U0102586

考 古 学 专 刊

甲种第三十二号

中 国 考 古 学

秦 汉 卷

中国社会科学院考古研究所　编著

中国社会科学出版社

2010

图书在版编目（CIP）数据

中国考古学·秦汉卷／刘庆柱，白云翔主编；中国社会科学院考古研究所编著．—北京：中国社会科学出版社，2010.7（2024.8重印）

中国考古学（九卷本）

ISBN 978 - 7 - 5004 - 8853 - 8

Ⅰ.①中…　Ⅱ.①刘…②白…③中…　Ⅲ.考古—研究—中国—秦汉时代　Ⅳ.①K87

中国版本图书馆 CIP 数据核字（2010）第 114363 号

出 版 人	赵剑英
责任编辑	郭　鹏
特约编辑	张　静
责任校对	林福国
责任印制	李寡寡

出　　版	中国社会科学出版社
社　　址	北京鼓楼西大街甲 158 号
邮　　编	100720
网　　址	http://www.csspw.cn
发 行 部	010 - 84083685
门 市 部	010 - 84029450
经　　销	新华书店及其他书店

印刷装订	北京君升印刷有限公司
版　　次	2010 年 7 月第 1 版
印　　次	2024 年 8 月第 6 次印刷

开　　本	787 × 1092　1/16
印　　张	66.75
插　　页	16
字　　数	1530 千字
定　　价	380.00 元

ARCHAEOLOGICAL MONOGRAPH SERIES
TYPE A   NO. 32

CHINESE ARCHAEOLOGY

Qin and Han

Edited by

The Institute of Archaeology
Chinese Academy of Social Sciences

China Social Sciences Press
Beijing
2010

《中国考古学》（九卷本）为

国家“九五”社会科学基金资助重点项目

中国社会科学院重点研究课题

“十五”国家重点图书规划项目

内 容 简 介

秦汉时期，自公元前 221 年秦始皇统一中国，历经秦代、西汉、新莽和东汉四个朝代，止于公元 220 年东汉王朝灭亡，前后历时 440 余年。这一历史时期，随着秦始皇统一六国，东周时期诸侯割据的局面终于结束，一个多民族统一的、以郡县制为基础的中央集权国家出现在世界的东方，中国历史进入一个全新的时代——帝国时代。秦王朝国祚短暂，但秦制汉承，公元前 206 年建立的西汉王朝以及后来的新莽、东汉王朝，继承和完善了秦王朝建立的一整套社会制度，发展了帝国时代的政治、经济、科学技术和文化，形成了以汉族为主体的中华民族，铸就了帝国时代历史的第一个发展高峰，并对后来中国历史的发展产生了直接的、极其深远和极其重要的影响。秦汉考古，正是围绕着这样一个伟大的时代、以这一时期的政治、经济、科学技术和文化等为对象而展开的，并且已经取得了丰硕的成果，为秦汉社会历史的复原和解读做出了巨大的贡献。

本书作为《中国考古学》（九卷本）中的一卷，其主要内容是对 20 世纪初以来秦汉时期的考古发现和研究成果进行系统的综合性论述。基于对历史考古学性质、任务和特点的认识，本卷坚持以辩证唯物主义和历史唯物主义为指导，强调以考古资料为基础并与文献记载有机结合，突出两个基本点：一是基本考古材料的梳理，一是从考古资料出发阐释秦汉社会历史的有关问题。由此，初步构建秦汉考古的学科体系，并尽可能反映秦汉考古的新成果、新进展。同时，本书从理论和实践的结合上，还就秦汉考古理论和实践的若干问题进行了阐述，就秦汉考古的主要研究课题进行了思考和展望。

本书适合研究历史、考古、文博和美术史的专业人员及广大考古爱好者阅读。

《中国考古学》总序

20世纪是考古学传入并诞生于中国的时代，是中国考古学的形成、发展和继续发展的时代。20世纪90年代中期，中国社会科学院考古研究所的领导和学者们，曾经就20世纪中国考古学的发现、研究及其在21世纪的进一步发展，进行过多次讨论，大家认为：中国社会科学院考古研究所及其前身——中国科学院考古研究所，是中国考古学学科历史发展的主要参与者、见证者。在世纪之交，中国社会科学院考古研究所作为当今中国国家级惟一的考古科研机构，将百年来考古学在中国的发展历史作一回顾、总结和研究，并对新世纪的中国考古学作一展望，是我们义不容辞的学术责任。基于上述考虑，1996年我们考古研究所审时度势，提出编著《中国考古学》计划，通过充分论证，这一计划先后被批准为国家社会科学基金项目和中国社会科学院重点课题项目，以及"十五"国家重点图书规划项目。

《中国考古学》各卷分别对不同时代中国考古学发展历程，进行了回顾、研究。从总体来看，20世纪以来的中国考古学发展，大致划分为近代考古学传入时期和中国考古学诞生时期、形成时期、发展时期与继续发展时期等几个阶段。

1. 近代考古学传入时期（19世纪后半叶至20世纪20年代）

19世纪后半叶至20世纪初，随着外国殖民者对中国的政治、经济侵略，文化渗透也接踵而来。这种文化渗透的表现之一，就是外国人到中国的"寻宝"活动。他们采取的形式大多是以探险队、考察队名义进行活动，其中欧美国家的探险队或考察队多在我国新疆、甘肃、内蒙古等西北地区活动，日本的探险队、考察队多在我国东北地区和台湾等地活动。上述活动，一方面使大量中国古代珍贵历史文物被劫掠到国外，另一方面考古学作为一门科学也随之传入中国。

这一时期近代考古学传入中国和"殷墟甲骨"、"汉晋简牍"、"敦煌文书"的重大发现，成为中国学术史从传统学术向近代学术转变、从传统史学向现代史学转变的重要契机；使从"层累地造成的中国史"走出的"疑古"学者们，看到了"释古"（历史文献与考古资料结合的"二重证据法"）、"考古"的科学曙光。考古学成为学术界倍加关注的新科学。

2. 中国考古学诞生时期（20世纪20年代至30年代）

从学术发展史来看，近代考古学传入中国促使中国传统的"金石学"发展为"古器物学"，继之"古器物学"又发展为考古学。

考古学在中国的诞生有着深层次的历史原因。辛亥革命推翻了清王朝，埋葬了两千多年的封建专制统治，1919 年的五四运动又给中国带来了科学与民主的思想，这为此前传入中国的考古学的诞生奠定了重要的思想基础。

从科学史来看，考古学是在近代科学发展的基础之上诞生的，更具体地说考古学的出现是近代地质学、生物学等自然科学发展的产物。在当时"科学救国"思想影响下，近代中国科学，尤以地质学、古生物学成就最为突出。由于地质学、古生物学与考古学学科之间的密切关系，当时已有一批在国外学有所成、在国内业绩卓著的中国地质学家、古生物学家，成为了最早涉足中国考古学的科学家；还有一批中国学者，虽然其学术背景不尽相同，但他们都积极投身中外合作考古活动或中国人独立主持的考古发掘。这些都为考古学在中国诞生创造了人才条件。同时，一些受聘于中国科研机构或政府管理部门的国外著名地质学家、古生物学家、考古学家等，通过与中国学者合作开展的田野考古工作，把西方考古学的方法和理论介绍、传播到中国，从而为考古学在中国的诞生创造了科学条件。

这一时期的考古发现众多，如旧石器时代北京周口店遗址的发掘和北京猿人头盖骨的发现，山西夏县西阴村、河南渑池仰韶村、山东历城龙山镇等史前遗址的发掘，河南安阳殷墟遗址的大规模勘探与发掘等。1928 年由中国国家学术机构负责、中国学者独立主持的河南安阳殷墟遗址的考古发掘，成为中国考古学诞生的标志。通过大量田野考古工作的开展，西方考古学中的地层学、类型学在中国考古学中得到运用和发展，一些自然科学技术在考古发掘和研究中得以应用。由于当时中国境内的不少考古工作采取了国际合作的方式，使刚刚在中国诞生的考古学获得了"跨越式"发展。

3. 中国考古学形成时期（20 世纪 30 年代至 40 年代）

20 世纪 20 年代考古学在中国诞生之后不久，中国学者就成为了本国考古学的主力军。这一时期开展的北京周口店遗址、河南安阳后冈遗址（小屯文化、龙山文化、仰韶文化三叠层遗址）、安阳殷墟宫庙基址和王陵区的大规模考古发掘，获得重大学术成果，为建立黄河中下游史前文化和早期国家的考古学文化框架奠定了基础。从学术的时空两方面来说，它们为中国考古学向早晚两方面的拓展和由中原向周边地区的发展，寻找到科学的支撑点。中国考古学家在安阳殷墟的长时期、大规模的成功的考古发掘，为东亚和东北亚地区古代都城遗址、大型建筑遗址的考古发掘，探索出一条成功经验。

中国考古学在其幼年时期取得的成果，成为中国马克思主义史学诞生的科学基础。马克思主义历史学家郭沫若，正是利用安阳殷墟考古资料和两周金文资料，完成了中国第一部马克思主义历史学著作《中国古代社会研究》。

4. 中国考古学的发展时期（20 世纪 50 年代至 70 年代）

1949 年新中国的成立，使中国考古学的发展面临极好的机遇。在以历史唯物主义和辩证唯物主义为基石的马克思主义指导下，中国考古学坚持以田野考古为基础，使学科得到健康发展。中央政府设立了专门的文物考古行政管理机构，成立了国家考古科研学术机构——中国科学院考古研究所（1977 年更名为中国社会科学院考古研究所），在北京大学设立了考古专业。中国科学院考古研究所、文化部文物局与北京大学应全国考古工作急需，联合举办了四届全国考古工作人员训练班，为新中国考古事业的发展提供人才保证。作为中国考古学学术园地的"三大杂志"——《考古》、《文物》开始创办，《考古学报》更名复刊，它们为中国考古学的发展提供了重要的学术平台。

全国各地的考古工作者主动配合国家大规模的基本建设，积极开展文物保护、考古勘探与发掘，积累了极为丰富的考古资料，为此后中国考古学学科时空框架的建立，考古学方法、理论的发展，奠定了坚实的科学基础。

这一时期旧石器时代的云南元谋人和陕西蓝田人等考古发现，使古代人类在中华大地上的活动历史上溯了百万年，活动地域大大扩展。新石器时代半坡遗址、姜寨遗址的发掘，丰富了仰韶文化内容，成为中国考古学史上史前聚落考古方法、理论的最早的成功探索；山东大汶口文化的发现，找到龙山文化源头；冀南、豫北的磁山—裴李岗文化，河南的庙底沟二期文化，山东的北辛文化、岳石文化的发现，使黄河中下游的新石器时代文化向早晚两方面延伸。长江下游河姆渡遗址、良渚遗址的发掘，引发了中国考古学文化多元理论认识上的飞跃。河南偃师二里头遗址、郑州二里冈遗址等中国早期国家都城遗址的考古勘察与发掘，使以殷墟遗址为代表的晚商文化以前的早商文化和夏文化，得以确认。春秋战国时代和秦汉至元明时代的都城、王陵的考古调查与发掘，连同先秦及新石器时代考古发现，再现了绵延数千年的中国古代文明，构建起了中国考古学学科的基本框架。

夏鼐领导的中国科学院考古研究所，率先积极、主动地将科学技术应用于考古学，其中尤以碳十四实验室的建立和年代学的成果最为突出，在体质人类学、古动物学等方面也取得了令人瞩目的成就。与此同时，考古学家与冶金、陶瓷、古植物学等方面的科学家合作，在古代遗存的物质结构分析、古代作物的研究等诸多方面多有收获。

十年"文化大革命"，使朝气蓬勃发展的新中国考古学受到严重挫折。但是，人类发展的历史往往是在遭到巨大的破坏之后，人们对过去认识得更深刻，对未来审视得更清晰，人类社会将出现更大、更快的进步。20世纪70年代后半叶的中国考古学，在学科建设、考古学方法和理论发展等诸多方面，为中国考古学其后的"起飞"准备了条件。

5. 中国考古学的继续发展时期（20世纪80年代至今）

20世纪70年代末80年代初，中国的改革开放带来了中国科学技术发展的春天，同样也吹响了中国考古学继续发展的号角。尊重科学，尊重人才，科学工作者的聪明、智慧和创造性得到空前的发挥，国家对科学研究的经济支持力度大大增强，国际科学文化合作与交流的良好环境已经出现。这一切为中国科学的发展，自然也包括为中国考古学的发展，提供了前所未有的历史机遇。

这一时期的重要考古发现主要有：在安徽、重庆、河北等地，早期旧石器时代文化发现了更多的石器出土地点，个别地点还出土了人骨化石。这使中国境内的旧石器时代可望上推到距今200万年左右。广西、湖南、江西、河北、北京等地的距今1万年左右的早期新石器时代文化的发现，使中国境内的早期新石器时代推进至距今10000～12000年。内蒙古敖汉旗兴隆洼、河南舞阳贾湖等新石器时代中期一些大型史前聚落遗址的发现或发掘，极大地丰富了对这一时期考古学文化的认识。辽宁、浙江、湖北、四川、安徽、河南、山西、湖南等地的新石器时代晚期聚落遗址、祭祀遗址或城址的考古勘察和发掘，对探索中华民族的多元考古学文化和中国古代文明形成有着重要意义。早期夏文化的探索，偃师商城遗址的发掘，四川三星堆遗址的发现，夏商周断代工程的开展等，使 20 世纪 80 年代、90 年代的"三代考古"学术成果异彩纷呈。秦汉至元明时期的考古发现，如帝王陵墓及陵寝建筑遗址、历代都城遗址、石窟寺与佛教寺院遗址、古代瓷窑遗址等勘察与发掘，使秦汉至元明时代的考古学内容更为充实，学科框架更为完整。这一时期中国境内周边地区广泛进行的考古勘察、发掘，使不少地方的考古学文化序列得以初步建立。一些周边省区已经建立了较完整的考古学文化谱系，学科框架得以基本构建。

20 世纪 80 年代以来，中国考古学家们在总结了半个多世纪考古工作的基础之上，在中国考古学学科框架、谱系基本建立起来的情况下，以考古学的地层学、类型学为基本方法，吸收国际考古学界的先进方法、理论，大规模地开展了聚落考古、城址考古、祭祀遗址群考古以及与经济活动密切相关的手工业遗址考古和古代大型建设工程遗址考古等。与此同时，考古学广泛利用现代自然科学技术，如多种测年手段的使用，DNA 遗传技术的应用，食性分析的探索，环境考古学的引进与创立，计算机技术在考古学研究中的普及等，这些又使田野考古发掘和研究更加"微化"、更加"细化"、更加"量化"、更加"深化"，也就是考古学的更加科学化、现代化。考古发掘与研究向"大"和"小"、"广"和"深"两极的发展，使考古学从宏观和微观两个方面，在科学研究的学术舞台上充分地确立了中国考古学的重要地位。

通过《中国考古学》对 20 世纪中国考古学发展的回顾、研究，使我们看到考古学百年来在中国的发生、发展，看到考古学在中国所取得的辉煌学术成就，看到年轻的中国考古学的发展为世界所倍加关注的现实。中国考古学已成为我国人文社会科学领域中最具影响力的学科之一。但是我们还应该看到，新世纪的中国考古学任重道远。本书进一步指出，中国考古学在 21 世纪要取得更大发展、进步，我们还必须全面、准确、科学地把握 21 世纪中国考古学的发展方向，必须明确新世纪我们的学术使命。

中国是世界上惟一的具有数千年延续不断的古代文明国家，中国有着丰富的历史文化遗产，已有的考古发现只是我国历史文化遗产中的很小的一部分，还有更多、更重要的考古工作等待着我们去开展。已经进行的考古工作在各地区的发展也不平衡，不同时代的考古学学科进展也不一样。至于自然科学技术在考古学中的应用方面，我们与世界发达国家的考古学相比，还有一定的差距。多年来，由于考古工作者把主要精力投入到配合国家大规模基本建设的考古发掘工作，相应的考古学理论、方法的研究也有待进一步加强。

加强中国考古学学科理论建设是目前及今后中国考古学学科继续发展的重要条件。学科的发生、发展是与学科理论建设密切相关的，学科成熟的前提是其理论的完备与彻底。学科在发展，学科理论也在发展，因而学科的成熟、理论的完备与彻底也都是相对而言的。学科的存在和发展，决定了学科理论的存在与不断发展。理论是对学科科学规律的探索，对学科过去而言是学科的科学总结，对学科未来而言是学科的科学假设。学科理论涉及学科的诸多方面问题，如人类起源的一元与多元问题，人类起源一元说与基于传统的地层学、类型学研究所形成的考古学文化的科学整合问题，古代文明形成、国家出现模式问题，早期国家功能问题，人类社会发展与环境关系问题，社会生产分工问题，考古学文化与血缘集团（血缘社会单位）、民族、国家关系问题等。

学科的发展离不开方法论的创新，所谓"工欲善其事，必先利其器"。考古学要不断发展，就要不断创新其学科"方法论"。地层学、类型学是近代考古学将当时的地质学、生物学学科基本方法"移植"过来的，一百年多年来，它们对于考古学的发展功不可没。但是，正如现代地质学、生物学的发展是伴随着碳十四、热释光、古地磁和DNA等现代科学技术的应用而获得进步一样，地质学、生物学的科学研究，如果至今仍然仅仅停留于使用地层学、类型学方法上，现代意义上的地质学、生物学则无从谈起。既然考古学的地层学、类型学是源于地质学、生物学的，那么借鉴现代地质学、生物学的发展经验，对于当今考古学的发展，学科方法的现代化、科学化、多样化同样是至为重要的。

21世纪，现代科学技术在考古学中的更加广泛应用，将使基于"考古学文化"提出的"相对"时空框架、谱系，加速向"绝对"的时空框架、谱系发展。诸如碳十四断代及AMS、古代树木年轮、古地磁法（PM）等断代技术，生物遗存分析和物理、化学对古代遗物的物种、物质成分的分析技术等，都使考古学资料的时空研究提高到更高的科学层次，其中不少是传统考古学方法所无法解决的。我们应看到各种自然科学技术在考古学中的应用所带来的考古学研究的革命性变化。考古学作为一门交叉学科、边缘学科，其进一步深入发展还必须加强与其他相关人文社会科学的结合。对于21世纪中国考古学而言，多学科结合、多种方法应用是新世纪中国考古学学科发展的基础和方向。

考古学文化主要以"特定类型的器物"——陶器与相关物质遗存所构成的"特定关系组合遗存"，体现人们的生产活动、物质生活。自然环境和地理是考古学文化形成、发展的主要条件和背景。马克思曾针对这种由于自然环境、条件的不同而导致的差异指出："不同的共同体，是在各自的自然环境内，发现不同的生产资料和不同的生活资料的。所以，它们的生产方式、生活方式和生成物是不同的。"（《资本论》第一卷，人民出版社，1957年）我国国土广大，各地自然环境、地理条件不同，有的差别很大。在这种背景下形成了各地不同的考古学文化。从这个角度来看，自然地理环境的多样性决定了考古学文化的多元性。因此，对于21世纪中国考古学而言，在考古学研究方法上必须更加关注环境与人的关系以及"人地关系"。

20世纪以后的中国考古学发展，还涉及许多考古学理论、方法问题，都是极具时代挑战性的，有的已在本书中进行了探讨。至于以田野考古为基础的中国考古学学科的自身发展，要做的工作就更多了，如学科在时空两方面都存在着一定的发展不平衡性问题，即不同地区的考古工作开展的不同，不同时代考古学研究的情况不同，等等，在本书的相关部分也会谈到，此处不再赘述。

《中国考古学》共设九卷，包括《绪论卷》、《旧石器时代卷》、《新石器时代卷》、《夏商卷》、《两周卷》、《秦汉卷》、《魏晋南北朝卷》、《隋唐卷》和《宋辽金元明卷》，各卷分之可独立成书，合之为一有机整体。参加撰写的学者多达五十多位，其中大多为中国社会科学院考古研究所的科研人员，同时我们还聘请一些所外专家，参与了本书的部分撰写工作。作为一项集体性项目，本书涉及全国的考古发现与研究，因此我们要求作者在现有的考古资料和研究成果基础之上，在撰写中要突出科学性、全面性、客观性，同时更要有创新性。鉴于考古学著作编写出版的复杂性和难度，我们专门设立了编辑出版工作组，协助编委会负责有关技术性和事务性工作，以求把本书编写出版为精品。尽管如此，对于这样一部几十人参与撰写，又涉及时代如此之长、地域如此之广、内容如此之泛、问题如此之复杂的庞大著作，其中的不足或错误是在所难免的，我们诚挚地希望得到大家的批评、指正。

　　《中国考古学》的编写出版，是在本书编委会的直接领导下进行的。在编写出版过程中，我所的老领导、老专家自始至终给予了我们亲切的关怀、热情的鼓励和悉心的指导，全国各地的考古、文博单位以及中国社会科学出版社给予了我们无私的帮助、大力的支持。在《中国考古学》付梓之际，我们向所有在本书编写出版期间，关心、支持、帮助过我们的同志们，向全国各相关兄弟单位的朋友们表示衷心感谢！

刘庆柱

2003 年 10 月 8 日

目　　录

《中国考古学》总序 ………………………………………………… 刘庆柱（1）

绪论 ……………………………………………………………………（1）
　　一　秦汉考古的历史回顾 ………………………………………（1）
　　二　秦汉考古理论与实践的若干问题 …………………………（16）
　　三　秦汉考古的主要课题及其展望 ……………………………（23）

第一章　秦代都城、行宫与直道 …………………………………（32）
　第一节　秦代都城遗址 …………………………………………（32）
　　一　秦咸阳城遗址 ………………………………………………（32）
　　二　"渭南"宫庙与上林苑遗址 ………………………………（47）
　　三　秦都咸阳的布局形制 ………………………………………（51）
　第二节　渤海湾西岸秦行宫遗址 ………………………………（55）
　　一　辽宁绥中秦行宫遗址 ………………………………………（55）
　　二　河北秦皇岛秦行宫遗址 ……………………………………（63）
　　三　渤海湾西岸秦代建筑遗址与秦汉碣石宫 …………………（67）
　第三节　秦直道 …………………………………………………（70）
　　一　秦直道的走向 ………………………………………………（71）
　　二　秦直道沿线的文化遗存 ……………………………………（71）
　　三　秦直道的修筑技术 …………………………………………（74）
　　四　秦直道的历史作用 …………………………………………（75）

第二章　秦始皇陵 …………………………………………………（76）
　第一节　秦始皇陵考古发现简史 ………………………………（76）
　第二节　秦始皇陵陵园遗址 ……………………………………（78）
　　一　封土和地宫 …………………………………………………（78）
　　二　陵园 …………………………………………………………（83）
　　三　陵寝建筑 ……………………………………………………（87）
　　四　地宫阻排水工程遗迹 ………………………………………（88）
　第三节　秦始皇陵陵邑遗址 ……………………………………（89）

第四节 秦始皇陵陵区的其他建筑遗址 ……………………………………… (90)

第五节 秦始皇陵陪葬坑 ……………………………………………………… (91)

　　一 陵园内的陪葬坑 ……………………………………………………… (91)

　　二 陵园外的陪葬坑 ……………………………………………………… (98)

　　三 秦始皇陵陪葬坑的布局和性质 ……………………………………… (103)

第六节 秦始皇陵陪葬墓及其相关秦代墓葬 ………………………………… (105)

　　一 陵园内的陪葬墓 ……………………………………………………… (105)

　　二 陵园外的秦代墓 ……………………………………………………… (106)

　　三 修陵人墓葬 …………………………………………………………… (107)

第三章 秦代官吏与平民墓葬 ……………………………………………… (110)

第一节 秦代墓葬的分布与分类 ……………………………………………… (110)

第二节 关中地区秦代墓葬 …………………………………………………… (112)

　　一 秦始皇陵周围的秦代墓 ……………………………………………… (112)

　　二 秦咸阳城附近的秦代墓 ……………………………………………… (116)

　　三 宝鸡的秦代墓 ………………………………………………………… (120)

　　四 大荔、耀县的秦代墓 ………………………………………………… (122)

第三节 关东地区秦代墓葬 …………………………………………………… (123)

　　一 河南的秦代墓 ………………………………………………………… (123)

　　二 山西的秦代墓 ………………………………………………………… (127)

第四节 江汉地区秦代墓葬 …………………………………………………… (128)

　　一 云梦的秦代墓 ………………………………………………………… (128)

　　二 鄂城的秦代墓 ………………………………………………………… (130)

　　三 襄樊和宜城的秦代墓 ………………………………………………… (131)

　　四 江陵的秦代墓 ………………………………………………………… (132)

　　五 宜昌的秦代墓 ………………………………………………………… (134)

　　六 湖南的秦代墓 ………………………………………………………… (135)

第五节 四川地区秦代墓葬 …………………………………………………… (136)

第六节 其他地区秦代墓葬 …………………………………………………… (141)

　　一 甘肃的秦代墓 ………………………………………………………… (141)

　　二 广东的秦代墓 ………………………………………………………… (142)

　　三 内蒙古的秦代墓 ……………………………………………………… (142)

第七节 秦代墓葬的考古学研究 ……………………………………………… (143)

　　一 秦人墓、秦墓与秦代墓 ……………………………………………… (143)

　　二 关于秦代墓的断代问题 ……………………………………………… (143)

　　三 战国晚期墓、秦代墓与西汉初期墓的发展序列关系 ……………… (146)

四　秦代墓葬所反映的秦代历史文化 ………………………………………………… (147)

第四章　秦各项统一措施 ………………………………………………………………… (149)

第一节　统一文字 …………………………………………………………………………… (149)

一　刻石文字 ……………………………………………………………………………… (149)

二　诏版文字 ……………………………………………………………………………… (150)

三　铜虎符文字 …………………………………………………………………………… (152)

四　玺印与封泥文字 ……………………………………………………………………… (152)

五　铜器铭文 ……………………………………………………………………………… (154)

六　简牍文字 ……………………………………………………………………………… (157)

七　其他器物上的文字 …………………………………………………………………… (158)

第二节　统一度量衡 ………………………………………………………………………… (160)

一　秦尺 …………………………………………………………………………………… (161)

二　秦量 …………………………………………………………………………………… (161)

三　秦权 …………………………………………………………………………………… (162)

第三节　统一货币 …………………………………………………………………………… (163)

一　秦半两钱 ……………………………………………………………………………… (163)

二　秦半两钱范 …………………………………………………………………………… (166)

第四节　有关秦代郡县制的考古发现 ……………………………………………………… (167)

第五节　秦统一措施的考古学研究 ………………………………………………………… (170)

第五章　汉代都城 ………………………………………………………………………… (174)

第一节　汉长安城遗址 ……………………………………………………………………… (174)

一　汉长安城营建史 ……………………………………………………………………… (174)

二　汉长安城考古发现简史 ……………………………………………………………… (176)

三　汉长安城的布局与结构 ……………………………………………………………… (179)

四　建章宫遗址与甘泉宫遗址 …………………………………………………………… (216)

五　上林苑遗址 …………………………………………………………………………… (218)

六　京师仓遗址及凤翔、新安西汉仓储遗址 …………………………………………… (220)

七　汉长安城遗址的考古学研究 ………………………………………………………… (223)

第二节　东汉洛阳城遗址 …………………………………………………………………… (228)

一　东汉洛阳城考古发现简史 …………………………………………………………… (229)

二　东汉洛阳城的形制与规模 …………………………………………………………… (230)

三　东汉洛阳城的城市布局 ……………………………………………………………… (232)

四　东汉洛阳城官属重要建筑 …………………………………………………………… (237)

第六章　秦汉地方城邑与长城 …………………………………………………………… (245)

第一节　秦汉郡县制的推行与地方城邑 …………………………………………………… (245)

一 秦汉郡县制的确立与城市建制 ……………………………………………… (245)

二 秦汉地方城邑 …………………………………………………………………… (246)

第二节 黄河中下游地区的城邑 ……………………………………………………… (246)

一 郡国城址 ………………………………………………………………………… (247)

二 县邑城址 ………………………………………………………………………… (256)

三 黄河中下游地区城邑的特点 …………………………………………………… (263)

第三节 长江中下游地区的城邑 ……………………………………………………… (264)

一 郡国城址 ………………………………………………………………………… (265)

二 县邑城址 ………………………………………………………………………… (266)

三 长江中下游地区城邑的特点 …………………………………………………… (270)

第四节 北方长城沿线地带的城邑 …………………………………………………… (271)

一 郡国城址 ………………………………………………………………………… (272)

二 县邑与属国城址 ………………………………………………………………… (276)

三 北方长城沿线地带城邑的特点 ………………………………………………… (281)

第五节 边远地区的城邑 ……………………………………………………………… (284)

一 西北地区 ………………………………………………………………………… (284)

二 东北地区 ………………………………………………………………………… (290)

三 西南地区 ………………………………………………………………………… (292)

四 福建与岭南地区 ………………………………………………………………… (292)

五 边远地区城邑的特点 …………………………………………………………… (296)

第六节 秦汉长城及西北地区的汉代烽燧 …………………………………………… (298)

一 秦汉长城的修筑 ………………………………………………………………… (298)

二 秦汉长城的考古调查 …………………………………………………………… (299)

三 西北地区的汉代烽燧 …………………………………………………………… (304)

第七章 汉代帝陵与王侯大墓 ……………………………………………………… (307)

第一节 西汉帝陵 ……………………………………………………………………… (307)

一 西汉帝陵考古发现简史 ………………………………………………………… (307)

二 西汉帝陵及陵园遗址 …………………………………………………………… (308)

三 西汉帝陵与皇后陵礼制建筑遗址 ……………………………………………… (316)

四 西汉帝陵及皇后陵陪葬坑 ……………………………………………………… (321)

五 西汉帝陵陪葬墓及其陪葬坑 …………………………………………………… (324)

六 西汉帝陵陵邑 …………………………………………………………………… (328)

第二节 东汉帝陵 ……………………………………………………………………… (331)

一 东汉帝陵的文献记载和考古发现 ……………………………………………… (331)

二 东汉帝陵的研究 ………………………………………………………………… (335)

　　　三　东汉帝陵考古的若干问题 ……………………………………………（338）

　　第三节　西汉诸侯王墓与列侯墓 ………………………………………………（339）

　　　一　西汉诸侯王墓 ………………………………………………………………（339）

　　　二　西汉列侯墓 …………………………………………………………………（365）

　　第四节　东汉诸侯王墓与列侯墓 ………………………………………………（372）

　　　一　东汉诸侯王墓 ………………………………………………………………（372）

　　　二　东汉列侯墓 …………………………………………………………………（377）

第八章　汉代官吏与平民墓葬 ……………………………………………………………（380）

　　第一节　关中地区汉墓 …………………………………………………………（380）

　　　一　关中地区汉墓的发现与研究简述 …………………………………………（380）

　　　二　关中地区汉墓的类型 ………………………………………………………（381）

　　　三　关中地区汉墓的分期 ………………………………………………………（382）

　　　四　关中地区汉墓的演变轨迹与区域特征 ……………………………………（389）

　　第二节　中原地区汉墓 …………………………………………………………（392）

　　　一　中原地区汉墓的发现与研究简述 …………………………………………（393）

　　　二　中原地区汉墓的分期及其演变 ……………………………………………（394）

　　　三　中原地区汉墓的区域特征及相关问题 ……………………………………（400）

　　第三节　幽燕地区汉墓 …………………………………………………………（402）

　　　一　幽燕地区汉墓的发现与研究简述 …………………………………………（402）

　　　二　幽燕地区汉墓的类型 ………………………………………………………（403）

　　　三　幽燕地区汉墓的分期及其演变 ……………………………………………（406）

　　　四　幽燕地区汉墓的区域特征及相关问题 ……………………………………（408）

　　第四节　北方长城地带汉墓 ……………………………………………………（409）

　　　一　河套平原汉墓 ………………………………………………………………（411）

　　　二　鄂尔多斯高原汉墓 …………………………………………………………（413）

　　　三　银川平原汉墓 ………………………………………………………………（415）

　　　四　陕北高原汉墓 ………………………………………………………………（415）

　　　五　雁代地区汉墓 ………………………………………………………………（418）

　　　六　北方长城地带汉墓的区域特征及相关问题 ………………………………（420）

　　第五节　东北地区汉墓 …………………………………………………………（422）

　　　一　辽西山地汉墓 ………………………………………………………………（423）

　　　二　辽西走廊汉墓 ………………………………………………………………（425）

　　　三　辽河平原汉墓 ………………………………………………………………（427）

　　　四　辽东半岛汉墓 ………………………………………………………………（429）

　　　五　东北地区汉墓的区域特征及相关问题 ……………………………………（432）

第六节　山东地区汉墓 ……………………………………………………（433）

　　一　山东地区汉墓的发现与研究简述 ……………………………（433）

　　二　山东地区汉墓的类型 …………………………………………（434）

　　三　山东地区汉墓的分期及其演变 ………………………………（437）

　　四　山东地区汉墓的区域特征 ……………………………………（441）

第七节　苏皖地区汉墓 ……………………………………………………（442）

　　一　苏皖地区汉墓的发现与研究简述 ……………………………（442）

　　二　苏皖地区汉墓的类型 …………………………………………（447）

　　三　苏皖地区汉墓的分期及其演变 ………………………………（447）

　　四　苏皖地区汉墓的区域特征 ……………………………………（452）

第八节　江汉地区汉墓 ……………………………………………………（453）

　　一　江汉地区汉墓的发现与研究简述 ……………………………（453）

　　二　江汉地区汉墓的分期 …………………………………………（455）

　　三　江汉地区汉墓的区域特征 ……………………………………（461）

第九节　湘鄂（江南）赣地区汉墓 ………………………………………（461）

　　一　湘鄂（江南）赣地区汉墓的发现与研究简述 ………………（461）

　　二　湘鄂（江南）赣地区汉墓的分期 ……………………………（464）

　　三　湘鄂（江南）赣地区汉墓的区域特征 ………………………（470）

第十节　东南地区汉墓 ……………………………………………………（470）

　　一　东南地区汉墓的发现与研究简述 ……………………………（471）

　　二　东南地区汉墓的分期 …………………………………………（473）

　　三　东南地区汉墓的区域特征及相关问题 ………………………（481）

第十一节　岭南地区汉墓 …………………………………………………（482）

　　一　岭南地区汉墓的发现与研究简述 ……………………………（482）

　　二　岭南地区汉墓的分期 …………………………………………（485）

　　三　岭南地区汉墓的区域特征及相关问题 ………………………（491）

第十二节　川渝地区汉墓 …………………………………………………（495）

　　一　川渝地区汉墓的类型 …………………………………………（496）

　　二　川渝地区汉墓的分期及其演变 ………………………………（499）

　　三　川渝地区汉墓的区域特征 ……………………………………（506）

第十三节　甘青宁地区汉墓 ………………………………………………（509）

　　一　甘青宁地区汉墓的发现与研究简述 …………………………（509）

　　二　甘青宁地区汉墓的分期及其演变 ……………………………（510）

　　三　甘青宁地区汉墓的相关问题 …………………………………（514）

第十四节　汉代壁画墓 ……………………………………………………（517）

一　汉代壁画墓的发现与研究简述 …………………………………… (517)

二　汉代壁画墓的分期 ……………………………………………… (520)

三　汉代壁画墓与汉代丧葬礼俗 …………………………………… (527)

第十五节　汉代画像石墓 ……………………………………………… (528)

一　汉代画像石墓的发现与研究简述 ……………………………… (528)

二　汉代画像石墓的分区及其特点 ………………………………… (529)

三　汉代画像石墓的分期 …………………………………………… (530)

四　汉代画像石墓的图像配置 ……………………………………… (534)

五　汉代画像石墓与汉代丧葬礼俗 ………………………………… (535)

第十六节　汉代画像砖墓 ……………………………………………… (536)

一　汉代画像砖墓的发现与研究简述 ……………………………… (536)

二　汉代画像砖墓的分期及其演变 ………………………………… (537)

三　汉代画像砖墓与汉代丧葬礼俗 ………………………………… (542)

第十七节　汉代刑徒墓 ………………………………………………… (543)

一　西汉阳陵附近的刑徒墓——钳徒墓 …………………………… (543)

二　东汉洛阳城南郊的东汉刑徒墓 ………………………………… (545)

第九章　秦汉时期的农业 ………………………………………………… (552)

第一节　秦汉农业考古发现与研究简述 ……………………………… (552)

第二节　秦汉时期的粮食作物 ………………………………………… (553)

一　粟 ………………………………………………………………… (554)

二　黍 ………………………………………………………………… (557)

三　麦 ………………………………………………………………… (558)

四　稻 ………………………………………………………………… (559)

五　菽 ………………………………………………………………… (561)

六　高粱 ……………………………………………………………… (562)

七　麻 ………………………………………………………………… (563)

第三节　秦汉时期的农耕工具与农耕技术 …………………………… (564)

一　土作农耕工具 …………………………………………………… (564)

二　耕犁与牛耕 ……………………………………………………… (572)

三　播种与田间管理 ………………………………………………… (577)

四　谷物的收获 ……………………………………………………… (581)

第四节　秦汉时期的粮食加工 ………………………………………… (582)

一　谷物的脱壳 ……………………………………………………… (582)

二　谷物的粉碎与制浆 ……………………………………………… (584)

第五节　秦汉时期的粮食贮藏 ………………………………………… (586)

一 仓储设施 ………………………………………………… (587)

二 官府粮仓 ………………………………………………… (591)

第六节 秦汉时期的农田水利与灌溉 …………………………… (593)

一 大型灌渠 ………………………………………………… (593)

二 陂塘 ……………………………………………………… (595)

三 水井 ……………………………………………………… (596)

四 提水工具 ………………………………………………… (599)

第七节 秦汉时期农业生产中的多种经营 ……………………… (600)

一 经济作物的种植 ………………………………………… (600)

二 园圃与果木的种植 ……………………………………… (601)

三 家畜及家禽的饲养 ……………………………………… (602)

四 水产养殖与捕捞 ………………………………………… (605)

五 野生动物的捕猎与饲养 ………………………………… (606)

第十章 秦汉时期的工商业 ………………………………………… (608)

第一节 秦汉铁器与铁器工业 …………………………………… (608)

一 秦汉铁器的发现与研究简述 …………………………… (608)

二 秦汉铁器的类型及其特点 ……………………………… (612)

三 秦汉铁器应用的扩展 …………………………………… (620)

四 秦汉铁工场址的发掘与研究 …………………………… (628)

五 秦汉时期的钢铁技术 …………………………………… (631)

六 秦汉时期铁器的生产经营 ……………………………… (636)

第二节 秦汉铜器与铜器制造业 ………………………………… (640)

一 秦汉铜器的发现与研究简述 …………………………… (640)

二 秦汉铜器类型概说 ……………………………………… (643)

三 秦汉铜日用器皿的类型及其演变 ……………………… (649)

四 秦汉铜镜的类型及其演变 ……………………………… (656)

五 秦汉铜器的制造与生产 ………………………………… (664)

六 秦汉铜器的时代特点及其历史地位 …………………… (671)

第三节 秦汉陶瓷器与陶瓷器烧造业 …………………………… (674)

一 秦汉陶器 ………………………………………………… (674)

二 秦汉瓷器 ………………………………………………… (680)

三 秦汉陶建筑材料 ………………………………………… (683)

四 秦汉陶瓷窑址与陶瓷器的生产 ………………………… (685)

第四节 秦汉漆器与漆器制造业 ………………………………… (690)

一 秦汉漆器的发现与研究简述 …………………………… (690)

二 秦汉漆器的器类及组合 ……………………………………………… (693)

三 秦汉漆器的制作与髹饰工艺 ………………………………………… (695)

四 秦汉漆器的生产与管理 ……………………………………………… (701)

五 秦汉漆器的使用等级与流通 ………………………………………… (709)

第五节 秦汉纺织品与纺织业 ……………………………………………… (709)

一 秦汉纺织品的种类 …………………………………………………… (711)

二 秦汉纺织技术与生产管理 …………………………………………… (717)

第六节 秦汉玉器与玉器加工工艺 ………………………………………… (720)

一 秦汉玉器的发现与研究简述 ………………………………………… (720)

二 秦代玉器 ……………………………………………………………… (723)

三 汉代玉器 ……………………………………………………………… (726)

四 汉代玉器的玉料与加工工艺 ………………………………………… (737)

第七节 汉代的纸与造纸 …………………………………………………… (739)

一 汉代纸的考古发现 …………………………………………………… (739)

二 造纸术的起源与汉代造纸 …………………………………………… (744)

第八节 秦汉货币与度量衡 ………………………………………………… (748)

一 秦代货币 ……………………………………………………………… (748)

二 汉代货币 ……………………………………………………………… (751)

三 秦代度量衡 …………………………………………………………… (758)

四 汉代度量衡 …………………………………………………………… (763)

第十一章 秦汉时期的简牍、帛书和铭刻 ……………………………… (770)

第一节 秦代简牍 …………………………………………………………… (770)

第二节 汉代简牍 …………………………………………………………… (779)

一 汉代简牍的考古发现 ………………………………………………… (779)

二 汉代简牍制度与简牍形制的考察 …………………………………… (786)

三 汉代简牍的整理与研究 ……………………………………………… (787)

第三节 汉代帛书 …………………………………………………………… (799)

一 六艺类 ………………………………………………………………… (800)

二 诸子类 ………………………………………………………………… (801)

三 兵书类 ………………………………………………………………… (801)

四 数术类 ………………………………………………………………… (801)

五 方术类 ………………………………………………………………… (803)

六 地图类 ………………………………………………………………… (804)

第四节 汉代骨签 …………………………………………………………… (805)

一 骨签的考古发现 ……………………………………………………… (805)

二　骨签的形制 …………………………………………………………… (806)

三　骨签刻文的内容 ………………………………………………………… (807)

四　骨签的时代 ……………………………………………………………… (811)

五　骨签的功能 ……………………………………………………………… (811)

第五节　秦汉时期的石刻及其他铭刻文字 ………………………………… (812)

一　秦汉石刻 ………………………………………………………………… (812)

二　秦汉陶文及砖瓦文字 …………………………………………………… (824)

三　秦汉玺印 ………………………………………………………………… (832)

第十二章　秦汉时期边远和少数族地区的考古学文化 …………………… (839)

第一节　东北地区 …………………………………………………………… (839)

一　松嫩平原 ………………………………………………………………… (840)

二　东辽河和辉发河流域 …………………………………………………… (842)

三　第二松花江中游地区 …………………………………………………… (843)

四　鸭绿江流域 ……………………………………………………………… (846)

五　长白山地北段及迤北地区 ……………………………………………… (847)

六　三江平原 ………………………………………………………………… (850)

第二节　北方草原地区 ……………………………………………………… (853)

一　两汉时期长城地带中段的匈奴遗存 …………………………………… (854)

二　西汉时期呼伦贝尔地区的游牧民遗存 ………………………………… (856)

三　东汉魏晋时期科尔沁地区的东部鲜卑遗存 …………………………… (858)

四　东汉时期呼伦贝尔地区的拓跋鲜卑遗存 ……………………………… (859)

五　东汉时期西拉木伦河北翼的鲜卑遗存 ………………………………… (862)

六　东汉晚期至魏晋时期阴山东段的鲜卑遗存 …………………………… (863)

第三节　新疆地区 …………………………………………………………… (866)

一　城址 ……………………………………………………………………… (867)

二　墓葬 ……………………………………………………………………… (874)

三　新疆地区与域外的文化互动 …………………………………………… (882)

四　汉王朝对新疆地区的经营及其历史影响 ……………………………… (884)

第四节　西南地区 …………………………………………………………… (886)

一　文献记载中的巴蜀与"西南夷" ……………………………………… (886)

二　巴蜀与"西南夷"地区秦汉时期的考古遗存 ………………………… (887)

三　"西南夷"地区融入汉文化系统的历史进程 ………………………… (900)

第十三章　秦汉时期的中外交流及同周边地区的联系 …………………… (905)

第一节　中国境内的考古发现与汉代丝绸之路 …………………………… (905)

一　丝绸之路的主要干线 …………………………………………………… (906)

二　中国境内发现的与丝绸之路相关的遗物 ···················· (909)

三　丝绸之路考古的若干问题 ······························· (928)

第二节　中亚、西亚及欧洲的考古发现与汉代丝绸之路 ··········· (929)

一　汉朝文物在中亚、西亚及欧洲的发现 ···················· (930)

二　中亚、西亚及欧洲发现的汉朝铜镜 ······················ (931)

三　中亚、西亚及欧洲出土汉朝铜镜与汉代丝绸之路 ············ (935)

第三节　蒙古—西伯利亚地区 ······························ (938)

一　蒙古—西伯利亚地区有关秦汉王朝与匈奴联系的考古发现 ···· (939)

二　蒙古—西伯利亚地区匈奴遗存中的秦汉文物 ·············· (943)

三　考古发现所见秦汉王朝与蒙古—西伯利亚地区的交流 ········ (953)

第四节　朝鲜半岛 ······································· (956)

一　朝鲜半岛北部的汉文化遗存 ··························· (957)

二　朝鲜半岛南部汉朝文物的考古发现 ······················ (969)

三　考古发现所见秦汉王朝与朝鲜半岛的联系 ················· (980)

第五节　日本列岛 ······································· (984)

一　日本列岛出土秦汉文物的弥生时代文化遗存 ··············· (985)

二　日本弥生时代文化遗存中的秦汉文物 ···················· (990)

三　考古发现所见秦汉王朝与弥生时代日本的交流 ············· (1004)

第六节　中南半岛 ······································· (1008)

一　中南半岛东北部的汉文化遗存 ························· (1009)

二　中南半岛发现的汉朝文物 ····························· (1013)

三　考古发现所见秦汉王朝与中南半岛的联系 ················· (1019)

徵引古籍目录 ·· (1025)

后记 ·· (1026)

插 图 目 录

第一章 秦代都城、行宫与直道

图1-1 秦咸阳城遗址位置图 ……………………………………………（33）

图1-2 秦咸阳宫城垣范围及建筑遗址分布图 …………………………（36）

图1-3 秦咸阳宫第一号宫殿遗址平面图 ………………………………（37）

图1-4 秦咸阳宫第二号宫殿遗址平面图 ………………………………（39）

图1-5 秦咸阳宫第三号宫殿长廊壁画 …………………………………（41）

图1-6 秦咸阳宫第三号宫殿遗址出土龙凤纹空心砖 …………………（42）

图1-7 西安相家巷遗址出土秦封泥 ……………………………………（49）

图1-8 渤海湾西岸秦汉建筑遗址分布示意图 …………………………（56）

图1-9 绥中石碑地秦汉建筑遗址平面图 ………………………………（57）

图1-10 绥中石碑地秦汉建筑遗址第Ⅲ区第1组建筑平面图 …………（58）

图1-11 绥中石碑地秦汉建筑遗址第Ⅲ区第2组建筑平面图 …………（59）

图1-12 绥中石碑地遗址出土秦代建筑构件 ……………………………（60）

图1-13 绥中石碑地遗址出土秦代瓦当 …………………………………（61）

图1-14 绥中黑山头秦汉建筑遗址平面图 ………………………………（62）

图1-15 秦皇岛横山秦汉建筑遗址房址平面、断面图 …………………（65）

图1-16 秦皇岛金山嘴遗址出土秦代瓦当 ………………………………（66）

图1-17 秦直道走向示意图 ………………………………………………（72）

第二章 秦始皇陵

图2-1 秦始皇陵陵区重要遗迹分布图 …………………………………（77）

图2-2 秦始皇陵陵园遗址平面图 ………………………………………（79）

图2-3 秦始皇陵陵园内、外城东门遗址平面图 ………………………（85）

图2-4 秦始皇陵陵园内、外城西门遗址平面图 ………………………（86）

图2-5 秦始皇陵陪葬坑K0002平面、断面图 …………………………（92）

图2-6 秦始皇陵陪葬坑K0006平面、断面图 …………………………（93）

图2-7 秦始皇陵铜车马坑位置及平面图 ………………………………（95）

图2-8 秦始皇陵兵马俑坑分布图 ………………………………………（99）

图2-9 秦始皇陵一号兵马俑坑平面图 …………………………………（100）

图2-10 秦始皇陵二号兵马俑坑平面图 …………………………………（101）

图 2-11　秦始皇陵三号兵马俑坑平面图 ……………………………………（102）
第三章　秦代官吏与平民墓葬
图 3-1　秦代墓葬分布示意图……………………………………………（111）
图 3-2　临潼上焦村秦代墓平面、剖视图…………………………………（113）
图 3-3　临潼上焦村秦代墓出土铜器………………………………………（114）
图 3-4　临潼上焦村秦代墓出土陶器………………………………………（115）
图 3-5　咸阳塔儿坡秦墓陶器分期图………………………………………（118）
图 3-6　陇县店子秦代墓陶器组合图………………………………………（121）
图 3-7　泌阳秦代墓 M3 平面图及部分出土器物…………………………（124）
图 3-8　三门峡火电厂秦代墓 M08137 与 M08139 平面、剖视图 ………（126）
图 3-9　云梦睡虎地秦代墓出土器物………………………………………（130）
图 3-10　荆州擂鼓台秦代墓出土器物 ……………………………………（134）
图 3-11　荆州擂鼓台秦代墓出土漆器 ……………………………………（135）
图 3-12　涪陵小田溪秦代墓出土器物（之一） …………………………（137）
图 3-12　涪陵小田溪秦代墓出土器物（之二） …………………………（139）
图 3-13　大邑五龙秦代墓出土器物 ………………………………………（140）
第四章　秦各项统一措施
图 4-1　西安碑林博物馆藏秦代峄山刻石…………………………………（150）
图 4-2　中国国家博物馆藏秦代琅邪刻石…………………………………（150）
图 4-3　中国国家博物馆藏秦代阳陵虎符…………………………………（152）
图 4-4　咸阳黄家沟秦代墓出土铜印………………………………………（153）
图 4-5　西安相家巷遗址出土秦封泥………………………………………（154）
图 4-6　秦始皇陵出土刻铭铜铍……………………………………………（155）
图 4-7　秦代刻铭铜戈及铭文………………………………………………（156）
图 4-8　宽甸东岗秦代窖藏出土二世元年铜戈及铭文……………………（157）
图 4-9　秦都咸阳出土秦陶文………………………………………………（158）
图 4-10　云梦睡虎地秦代墓葬出土漆器烙印、针刻文字 ………………（159）
图 4-11　始皇诏铜方升、陶量及铭文 ……………………………………（160）
图 4-12　始皇诏陶量及铭文 ………………………………………………（162）
图 4-13　始皇诏大騩铜权及铭文 …………………………………………（162）
图 4-14　始皇诏铁石权及铭文 ……………………………………………（162）
图 4-15　秦代墓葬出土半两钱 ……………………………………………（164）
第五章　汉代都城
图 5-1　汉长安城遗址平面图………………………………………………（177）
图 5-2　汉长安城西安门遗址平面、断面图………………………………（180）
图 5-3　汉长安城宣平门遗址平面图………………………………………（180）
图 5-4　汉长安城未央宫遗址勘探平面图…………………………………（184）

图 5-5　汉长安城未央宫西南角楼遗址平面图 ················ (184)

图 5-6　汉长安城未央宫前殿遗址勘探平面图 ················ (187)

图 5-7　汉长安城未央宫椒房殿遗址平面图 ·················· (189)

图 5-8　汉长安城未央宫少府（或其所辖官署）建筑遗址平面图 ··············· (192)

图 5-9　汉长安城未央宫中央官署建筑遗址平面、断面图 ·········· (193)

图 5-10　汉长安城长乐宫第四号建筑遗址平面、断面图 ········· (197)

图 5-11　汉长安城长乐宫凌室遗址平面图 ··················· (198)

图 5-12　汉长安城桂宫遗址平面图 ······················· (199)

图 5-13　汉长安城桂宫第二号建筑遗址平面图 ··············· (200)

图 5-14　汉长安城桂宫第三号建筑遗址平面、断面图 ·········· (201)

图 5-15　汉长安城武库遗址平面图 ······················· (203)

图 5-16　汉长安城武库第七号建筑遗址平面图 ··············· (204)

图 5-17　汉长安城西市及手工业作坊遗址分布示意图 ·········· (206)

图 5-18　汉长安城南郊礼制建筑遗址分布图 ················· (212)

图 5-19　"王莽九庙"建筑遗址群第三号宗庙建筑遗址平面图 ····· (214)

图 5-20　汉长安城社稷遗址平面图 ······················· (215)

图 5-21　汉长安城辟雍遗址平面图 ······················· (216)

图 5-22　汉昆明池遗址钻探平面图 ······················· (218)

图 5-23　华阴西汉京师仓遗址一号仓平面图 ················· (221)

图 5-24　凤翔西汉仓储建筑遗址平面图 ···················· (222)

图 5-25　新安汉函谷关仓储建筑遗址平面图 ················· (223)

图 5-26　汉魏洛阳城遗址平面图 ························· (231)

图 5-27　东汉洛阳城平面复原图 ························· (234)

图 5-28　东汉洛阳城南郊礼制建筑遗址分布图 ··············· (238)

图 5-29　汉魏洛阳城灵台遗址平面图 ····················· (239)

图 5-30　汉魏洛阳城太学遗址出土汉熹平石经残石 ··········· (242)

第六章　秦汉地方城邑与长城

图 6-1　临淄齐国故城遗址平面图 ························ (248)

图 6-2　夏县禹王城遗址平面图 ························· (250)

图 6-3　邯郸大北城遗址平面图 ························· (251)

图 6-4　曲阜鲁国故城汉城遗址平面图 ···················· (253)

图 6-5　章丘东平陵故城遗址平面图 ····················· (254)

图 6-6　高密城阴城遗址平面图 ························· (255)

图 6-7　洛阳汉河南县城遗址平面图 ····················· (257)

图 6-8　襄汾赵康古城遗址平面图 ························ (257)

图 6-9　临潼栎阳故城遗址平面图 ························ (259)

图 6-10　房山窦店古城遗址平面图 ······················ (260)

图 6-11　盱眙东阳故城遗址平面示意图 ……………………………………（261）

图 6-12　商水扶苏城遗址平面图 ……………………………………………（262）

图 6-13　云梦楚王城遗址平面图 ……………………………………………（265）

图 6-14　宜城楚皇城遗址平面图 ……………………………………………（266）

图 6-15　蕲春罗州古城遗址平面图 …………………………………………（267）

图 6-16　赤壁土城遗址平面图 ………………………………………………（269）

图 6-17　包头麻池古城遗址平面图 …………………………………………（273）

图 6-18　和林格尔土城子古城遗址平面图 …………………………………（274）

图 6-19　宁城外罗城古城遗址平面图 ………………………………………（275）

图 6-20　宝坻秦城遗址平面图 ………………………………………………（276）

图 6-21　托克托哈拉板申西古城遗址平面图 ………………………………（277）

图 6-22　托克托哈拉板申东古城遗址平面图 ………………………………（278）

图 6-23　呼和浩特美岱二十家子古城遗址平面图 …………………………（278）

图 6-24　呼和浩特塔布陀罗海古城遗址平面图 ……………………………（279）

图 6-25　卓资三道营古城遗址平面图 ………………………………………（280）

图 6-26　神木大保当古城遗址平面图 ………………………………………（281）

图 6-27　古代居延绿洲及汉居延县城位置图 ………………………………（285）

图 6-28　瓜州汉冥安县城遗址平面图 ………………………………………（286）

图 6-29　瓜州锁阳古城遗址平面图 …………………………………………（287）

图 6-30　若羌楼兰故城遗址平面图 …………………………………………（289）

图 6-31　于田圆沙古城遗址平面图 …………………………………………（290）

图 6-32　桓仁五女山城遗址示意图 …………………………………………（291）

图 6-33　集安国内城遗址平面图 ……………………………………………（292）

图 6-34　武夷山城村汉城遗址平面图 ………………………………………（293）

图 6-35　秦汉长城遗迹分布图 ………………………………………………（300）

第七章　汉代帝陵与王侯大墓

图 7-1　西汉帝陵分布图 ……………………………………………………（309）

图 7-2　西汉景帝阳陵陵区遗迹分布图 ……………………………………（313）

图 7-3　西汉宣帝杜陵陵园东门遗址平面图 ………………………………（314）

图 7-4　西汉景帝阳陵陵园南门遗址平面图 ………………………………（315）

图 7-5　西汉宣帝杜陵寝园遗址平面图 ……………………………………（317）

图 7-6　西汉孝宣王皇后陵寝殿遗址平面图 ………………………………（318）

图 7-7　西汉景帝阳陵"罗经石"遗址平面图 ……………………………（319）

图 7-8　西汉武帝茂陵陪葬坑分布图 ………………………………………（322）

图 7-9　西汉宣帝杜陵陵区遗迹分布图 ……………………………………（328）

图 7-10　西汉高祖长陵陵区遗迹分布示意图 ………………………………（329）

图 7-11　西汉惠帝安陵陵区遗迹分布图 ……………………………………（329）

图 7-12 西汉武帝茂陵陵区遗迹分布图 ·············· (330)
图 7-13 东汉帝陵分布图 ····························· (333)
图 7-14 西汉诸侯王墓平面图 ······················· (349)
图 7-15 西汉诸侯王墓平面图 ······················· (351)
图 7-16 西汉诸侯王墓平面图 ······················· (352)
图 7-17 山东地区西汉诸侯王墓平面、剖视图 ·········· (354)
图 7-18 永城保安山 1 号西汉墓平面、剖视图 ·········· (354)
图 7-19 永城保安山 2 号西汉墓平面、剖视图 ·········· (355)
图 7-20 徐州西汉楚王墓平面图 ····················· (356)
图 7-21 徐州北洞山西汉墓平面图 ··················· (357)
图 7-22 永城保安山西汉梁孝王寝园遗址平面图 ········ (360)
图 7-23 咸阳杨家湾 4 号西汉墓平面图 ··············· (369)
图 7-24 西汉列侯墓平面、剖视图 ··················· (370)
图 7-25 东汉诸侯王墓平面图 ······················· (374)
图 7-26 东汉诸侯王墓和列侯墓平面图 ··············· (375)

第八章 汉代官吏与平民墓葬

图 8-1 西安西北医疗设备厂汉墓 M92 平面、剖视图 ····· (383)
图 8-2 西安西北医疗设备厂汉墓 M92 出土陶器 ········ (384)
图 8-3 西安陕西交通学校汉墓 M246 平面、剖视图 ······ (385)
图 8-4 西安陕西交通学校汉墓 M246 出土陶器 ········· (386)
图 8-5 西安曲江春晓苑汉墓 M24 出土器物 ············ (387)
图 8-6 临潼东汉初平元年墓平面图 ·················· (388)
图 8-7 临潼东汉初平元年墓出土陶器 ················ (389)
图 8-8 洛阳烧沟汉墓 M184 平面、剖视图 ············· (396)
图 8-9 洛阳烧沟汉墓 M312 平面、剖视图 ············· (396)
图 8-10 洛阳烧沟汉墓 M102 平面图 ················· (397)
图 8-11 洛阳西郊汉墓 M3247 平面、剖视图 ··········· (398)
图 8-12 襄城茨沟东汉永建七年画像石墓平面图 ········ (400)
图 8-13 抚宁邴各庄汉墓 M3 平面、剖视图 ············ (405)
图 8-14 宝坻秦城汉代瓮棺墓 W12 平面图 ············ (406)
图 8-15 幽燕地区汉墓典型陶器分期图 ··············· (407)
图 8-16 包头召湾汉墓出土陶器 ····················· (412)
图 8-17 鄂尔多斯汉墓出土陶器 ····················· (414)
图 8-18 靖边张家圪汉墓 M3 出土彩绘陶器 ··········· (417)
图 8-19 朔县汉墓出土陶器 ························· (419)
图 8-20 长城地带汉墓出土具有地方文化因素的陶器 ···· (421)
图 8-21 朝阳袁台子汉墓出土陶器 ··················· (424)

图 8-22　锦州国和街汉墓出土陶器 ……………………………………………（426）

图 8-23　辽西地区东汉晚期至曹魏时期非汉文化因素墓葬及出土遗物 ………（427）

图 8-24　辽阳汉代石椁壁画墓平面图 ……………………………………………（430）

图 8-25　大连地区东汉中晚期至公孙氏时期墓葬平面图 ………………………（431）

图 8-26　山东地区汉墓平面图 ……………………………………………………（436）

图 8-27　山东地区西汉墓出土陶器 ………………………………………………（438）

图 8-28　山东地区东汉墓出土陶器 ………………………………………………（440）

图 8-29　苏皖地区汉墓平面、剖视图 ……………………………………………（448）

图 8-30　铜山汉墓出土陶器 ………………………………………………………（449）

图 8-31　芜湖贺家园汉墓 M1 出土滑石器 ………………………………………（450）

图 8-32　邗江姚庄汉墓 M102 出土铜器 …………………………………………（452）

图 8-33　随州孔家坡汉墓 M8 出土器物 …………………………………………（456）

图 8-34　荆州高台西汉墓出土器物 ………………………………………………（457）

图 8-35　资兴西汉墓出土陶器 ……………………………………………………（465）

图 8-36　长沙桐梓坡汉墓出土泥冥币 ……………………………………………（466）

图 8-37　溆浦马田坪汉墓出土滑石兽面 …………………………………………（468）

图 8-38　东南地区汉墓典型陶器演变图（之一） ………………………………（474）

图 8-38　东南地区汉墓典型陶器演变图（之二） ………………………………（475）

图 8-39　浙江地区汉墓平面、剖视图 ……………………………………………（477）

图 8-40　广州西汉早期墓出土陶器 ………………………………………………（487）

图 8-41　合浦西汉晚期墓出土铜器 ………………………………………………（490）

图 8-42　广州汉墓主要陶器演变图（之一） ……………………………………（492）

图 8-42　广州汉墓主要陶器演变图（之二） ……………………………………（493）

图 8-43　成都凤凰山汉墓 M1 平面、剖视图 ……………………………………（497）

图 8-44　成都天迴山 3 号东汉崖墓平面、剖视图 ………………………………（500）

图 8-45　三台紫金湾东汉画像崖墓 M3 平面、剖视、仰视图 …………………（501）

图 8-46　川渝地区西汉早期墓出土陶器 …………………………………………（502）

图 8-47　川渝地区东汉中晚期墓出土陶俑及陶模型器 …………………………（505）

图 8-48　大通上孙家寨汉墓乙 M6 平面、剖视图 ………………………………（512）

图 8-49　同心县倒墩子汉墓 M10 平面、剖视图 ………………………………（516）

图 8-50　武威雷台东汉墓出土斧车 ………………………………………………（516）

图 8-51　洛阳烧沟汉墓 M61 结构图 ……………………………………………（521）

图 8-52　洛阳西汉卜千秋墓壁画 …………………………………………………（522）

图 8-53　和林格尔小板申东汉墓壁画 ……………………………………………（525）

图 8-54　望都所药村东汉墓壁画 …………………………………………………（526）

图 8-55　安平逯家庄东汉墓壁画 …………………………………………………（526）

图 8-56　汉代画像石墓平面图 ……………………………………………………（530）

图 8-57　神木大保当汉墓 M16 墓门画像组合图 ……………………………………（533）
图 8-58　乐山麻浩 1 号东汉崖墓平面、剖视图 ………………………………………（534）
图 8-59　郑州九洲城汉墓 M2 平面、剖视图 …………………………………………（537）
图 8-60　淄博徐家村西汉画像砖椁墓 M39 平面、剖视图及空心砖 …………………（538）
图 8-61　新野樊集汉墓 M39 平面、立面、剖视图及门楣画像砖 ……………………（540）
图 8-62　新繁清白乡汉画像砖墓平面图 ………………………………………………（542）
图 8-63　西汉景帝阳陵钳徒墓出土铁刑具 ……………………………………………（544）
图 8-64　东汉洛阳城南郊刑徒墓地平面图 ……………………………………………（546）
图 8-65　东汉洛阳城南郊刑徒墓地排列情形 …………………………………………（547）
图 8-66　东汉洛阳城南郊刑徒墓地出土刑徒砖 ………………………………………（549）

第九章　秦汉时期的农业
图 9-1　汉代陶仓模型及其墨书 ………………………………………………………（556）
图 9-2　江陵凤凰山西汉墓出土陶仓（M167：42）内的稻穗 ………………………（560）
图 9-3　秦汉铁铲 ………………………………………………………………………（566）
图 9-4　秦汉锸及持锸俑 ………………………………………………………………（567）
图 9-5　汉代持耒与持耜图像 …………………………………………………………（568）
图 9-6　汉代铁镢及持镢图像 …………………………………………………………（570）
图 9-7　汉代铁锄及持锄图像 …………………………………………………………（571）
图 9-8　汉代铁犁 ………………………………………………………………………（573）
图 9-9　荥阳刘庄村出土汉代铁犁铧与犁镜 …………………………………………（574）
图 9-10　汉代农耕图像 …………………………………………………………………（575）
图 9-11　汉代耧铧与耧播图像 …………………………………………………………（578）
图 9-12　泰安大汶口汉画像石墓农夫持锄中耕图像 …………………………………（579）
图 9-13　秦汉镰刀 ………………………………………………………………………（580）
图 9-14　汉代陶踏碓与风车模型 ………………………………………………………（583）
图 9-15　四川彭山出土汉代舂米画像砖 ………………………………………………（584）
图 9-16　汉代石磨及水磨复原 …………………………………………………………（585）
图 9-17　汉代陶仓廪模型 ………………………………………………………………（588）
图 9-18　汉代仓楼模型 …………………………………………………………………（590）
图 9-19　汉代大型仓房 …………………………………………………………………（591）
图 9-20　汉代水井 ………………………………………………………………………（598）
图 9-21　汉代提水工具 …………………………………………………………………（599）
图 9-22　沂南汉画像石墓捕鱼图像 ……………………………………………………（606）

第十章　秦汉时期的工商业
图 10-1　秦汉铁工具 ……………………………………………………………………（613）
图 10-2　秦汉铁剑 ………………………………………………………………………（614）
图 10-3　秦汉铁刀 ………………………………………………………………………（615）

图 10-4　秦汉铁兵器 ·· （616）

图 10-5　秦汉铁车马机具 ·· （617）

图 10-6　秦汉铁家用器具 ·· （619）

图 10-7　榆树老河深墓地出土汉代铁器 ······················ （625）

图 10-8　武夷山城村汉城遗址出土铁器 ······················ （626）

图 10-9　江川李家山墓地出土汉代铁器 ······················ （627）

图 10-10　汉代铧冠铸造工艺流程示意图 ······················ （633）

图 10-11　汉代马衔叠铸工艺示意图 ··························· （634）

图 10-12　汉代铁官铭文 ··· （638）

图 10-13　秦代铜日用器皿 ·· （653）

图 10-14　巢湖放王岗 1 号墓出土西汉中期铜日用器皿 ······ （654）

图 10-15　芜湖贺家园汉墓出土西汉晚期铜日用器皿 ········· （655）

图 10-16　广州汉墓出土东汉晚期铜日用器皿 ················ （656）

图 10-17　秦代铜镜 ··· （658）

图 10-18　西汉早期铜镜 ··· （659）

图 10-19　西汉中期铜镜 ··· （660）

图 10-20　西汉晚期铜镜 ··· （662）

图 10-21　新莽时期铜镜 ··· （663）

图 10-22　东汉早期铜镜 ··· （663）

图 10-23　东汉中晚期铜镜 ·· （665）

图 10-24　满城汉墓出土铜博山炉 ······························ （669）

图 10-25　汉代铜灯 ··· （673）

图 10-26　秦汉陶壶 ··· （675）

图 10-27　洛阳烧沟汉墓出土陶器 ······························ （677）

图 10-28　汉代陶俑和陶楼 ·· （678）

图 10-29　汉代瓦当和空心砖 ····································· （684）

图 10-30　秦汉陶窑址平面、断面、剖视图 ··················· （688）

图 10-31　汉长安城遗址出土陶俑范 ··························· （689）

图 10-32　云梦睡虎地秦代墓出土漆器 ························ （694）

图 10-33　西汉早期漆器 ··· （696）

图 10-34　西汉中晚期漆器 ·· （697）

图 10-35　乐浪彩箧冢出土东汉漆器 ··························· （698）

图 10-36　汉代广汉郡工官漆器 ·································· （702）

图 10-37　汉代考工漆器 ··· （704）

图 10-38　汉代供工漆器 ··· （705）

图 10-39　汉代织物组织结构示意图 ··························· （712）

图 10-40　马王堆 1 号汉墓出土丝织品纹样 ··················· （714）

图 10 - 41　汉画像石上的织机图像 ……………………………………………… (718)
图 10 - 42　汉代印花纱套印工艺示意图 ………………………………………… (719)
图 10 - 43　秦代玉器 ……………………………………………………………… (724)
图 10 - 44　西汉早期玉器 ………………………………………………………… (727)
图 10 - 45　西汉中期玉器 ………………………………………………………… (728)
图 10 - 46　西汉晚期玉器 ………………………………………………………… (729)
图 10 - 47　东汉玉器 ……………………………………………………………… (730)
图 10 - 48　汉代的纸 ……………………………………………………………… (742)
图 10 - 49　秦代半两钱 …………………………………………………………… (749)
图 10 - 50　汉代半两钱 …………………………………………………………… (752)
图 10 - 51　汉代钱币 ……………………………………………………………… (754)
图 10 - 52　汉代钱范 ……………………………………………………………… (755)
图 10 - 53　秦代量器与衡器 ……………………………………………………… (761)
图 10 - 54　汉代度量衡器 ………………………………………………………… (766)

第十一章　秦汉简牍、帛书和铭刻

图 11 - 1　睡虎地秦墓竹简 ……………………………………………………… (772)
图 11 - 2　居延汉简 ……………………………………………………………… (780)
图 11 - 3　武威汉简 ……………………………………………………………… (782)
图 11 - 4　马王堆汉墓帛书 ……………………………………………………… (802)
图 11 - 5　汉长安城未央宫遗址出土骨签 ……………………………………… (807)
图 11 - 6　天津武清出土东汉延熹八年鲜于璜碑 ……………………………… (819)
图 11 - 7　偃师南蔡庄东汉墓出土建宁二年肥致碑 …………………………… (820)
图 11 - 8　汉魏洛阳城太学遗址出土汉熹平石经《尚书》残石 ……………… (821)
图 11 - 9　秦始皇陵修陵人墓 79CM14 出土瓦文 ……………………………… (824)
图 11 - 10　东汉洛阳城南郊刑徒墓出土刑徒砖铭 ……………………………… (831)
图 11 - 11　西汉南越王墓出土印章 ……………………………………………… (837)

第十二章　秦汉时期边远和少数族地区的考古学文化

图 12 - 1　东北地区秦汉时期文化遗存分布示意图 …………………………… (840)
图 12 - 2　平洋文化和"庆华遗存"遗物 ……………………………………… (841)
图 12 - 3　西丰西岔沟墓地和东辽彩岚墓地出土遗物 ………………………… (843)
图 12 - 4　泡子沿类型遗物 ……………………………………………………… (844)
图 12 - 5　榆树老河深中层墓葬平面、断面图 ………………………………… (845)
图 12 - 6　团结文化陶器 ………………………………………………………… (848)
图 12 - 7　东康类型遗物 ………………………………………………………… (849)
图 12 - 8　东兴文化陶器 ………………………………………………………… (850)
图 12 - 9　桥南文化陶器 ………………………………………………………… (850)
图 12 - 10　双鸭山市滚兔岭遗址遗迹分布图 …………………………………… (851)

图 12-11 双鸭山市滚兔岭遗址 F7 平面、断面图 ……………………………… (852)

图 12-12 双鸭山市滚兔岭遗址出土陶器 ……………………………………… (852)

图 12-13 北方草原地区秦汉时期文化遗存分布示意图 ……………………… (854)

图 12-14 长城地带中段西汉至东汉早中期匈奴文化遗物 …………………… (856)

图 12-15 呼伦贝尔地区西汉时期游牧民遗物 ………………………………… (857)

图 12-16 科尔沁地区东汉魏晋时期东部鲜卑遗物 …………………………… (858)

图 12-17 呼伦贝尔地区东汉时期拓跋鲜卑墓平面、剖视图 ………………… (860)

图 12-18 呼伦贝尔地区东汉时期拓跋鲜卑遗物 ……………………………… (861)

图 12-19 西拉木伦河北翼东汉时期鲜卑遗物 ………………………………… (863)

图 12-20 阴山东段东汉晚期至魏晋时期鲜卑遗物 …………………………… (865)

图 12-21 新疆地区秦汉时期遗迹分布示意图 ………………………………… (867)

图 12-22 尉犁营盘遗址平面图 ………………………………………………… (869)

图 12-23 若羌楼兰 LE 古城平面图 …………………………………………… (871)

图 12-24 吐鲁番交河沟北墓地出土遗物 ……………………………………… (874)

图 12-25 和静察吾呼沟三号墓地 M4 平面、断面图 ………………………… (875)

图 12-26 和静察吾呼沟三号墓地出土器物 …………………………………… (876)

图 12-27 尉犁营盘墓地 M7 平面、剖视图及部分出土器物 ………………… (877)

图 12-28 若羌楼兰平台墓地 MB1 平面图及部分出土器物 ………………… (878)

图 12-29 且末加瓦艾日克墓地 M6 平面、断面图 …………………………… (879)

图 12-30 民丰尼雅 95MNⅠ号墓地 M3 与 M8 平面、立面、剖视图 ……… (880)

图 12-31 于田圆沙古城及墓葬出土遗物 ……………………………………… (880)

图 12-32 洛浦山普拉墓葬平面、剖视图及出土器物 ………………………… (881)

图 12-33 昆明羊甫头墓地出土滇文化青铜器 ………………………………… (891)

图 12-34 茂县石棺葬墓地 BM4 平面、断面图 ……………………………… (892)

图 12-35 "石棺葬文化"陶器比较图 ………………………………………… (893)

图 12-36 大石墓文化墓葬平面、立面、剖视图 ……………………………… (895)

图 12-37 赫章可乐乙类墓出土器物 …………………………………………… (897)

图 12-38 威宁中水汉墓出土铜器 ……………………………………………… (898)

图 12-39 安顺宁谷汉代遗址出土瓦当 ………………………………………… (899)

图 12-40 兴义万屯汉墓 M8 平面、剖视图 …………………………………… (900)

图 12-41 郫县出土东汉王孝渊墓碑 …………………………………………… (902)

图 12-42 成都跃进村墓地出土东汉陶神兽座（之一） ……………………… (903)

图 12-42 成都跃进村墓地出土东汉陶神兽座（之二） ……………………… (904)

第十三章 秦汉时期的中外交流及同周边地区的联系

图 13-1 秦汉时期丝绸之路路线示意图 ……………………………………… (907)

图 13-2 中国境内秦汉时期外来遗物出土地点分布示意图 ………………… (910)

图 13-3 中国出土水滴纹凸瓣银（铜）盒 …………………………………… (918)

图 13 - 4　青海大通上孙家寨汉晋墓出土银壶（乙 M3∶43）……………………（921）

图 13 - 5　新疆尉犁营盘墓地 M15 出土对兽树纹双面罽 ………………………（924）

图 13 - 6　中国出土带铭文铜饼与铅饼 …………………………………………（927）

图 13 - 7　中亚及欧洲发现汉朝铜镜出土地点分布示意图 ………………………（932）

图 13 - 8　中亚及欧洲出土汉朝铜镜 ……………………………………………（933）

图 13 - 9　蒙古—西伯利亚地区有关城址与墓葬分布示意图 ……………………（940）

图 13 - 10　俄罗斯阿巴坎宫殿建筑基址出土遗物 ………………………………（941）

图 13 - 11　俄罗斯外贝加尔地区匈奴墓出土五铢钱 ……………………………（944）

图 13 - 12　蒙古—西伯利亚地区出土汉朝铜镜 …………………………………（946）

图 13 - 13　蒙古—西伯利亚地区出土汉朝铜器皿 ………………………………（948）

图 13 - 14　俄罗斯伊沃尔加城址出土汉朝铁器 …………………………………（949）

图 13 - 15　蒙古国出土汉朝玉器 ………………………………………………（950）

图 13 - 16　蒙古国诺因乌拉 6 号墓出土汉朝漆耳杯 ……………………………（951）

图 13 - 17　蒙古国诺因乌拉墓地出土汉朝织锦纹样 ……………………………（952）

图 13 - 18　朝鲜半岛北部汉文化遗存分布示意图 ………………………………（958）

图 13 - 19　朝鲜平壤市土城里土城址平面图 ……………………………………（960）

图 13 - 20　朝鲜平壤地区木椁墓平面、剖视图 …………………………………（961）

图 13 - 21　朝鲜平壤地区砖室墓平面、剖视图 …………………………………（963）

图 13 - 22　朝鲜平壤市土城里土城址出土瓦当 …………………………………（964）

图 13 - 23　朝鲜平壤市土城里土城址出土汉朝钱币与钱范 ……………………（964）

图 13 - 24　朝鲜平壤地区出土汉朝印章与封泥 …………………………………（965）

图 13 - 25　朝鲜平壤地区出土汉朝铜器皿 ………………………………………（966）

图 13 - 26　朝鲜半岛南部出土秦汉文物的三韩时代遗址分布示意图 …………（970）

图 13 - 27　韩国出土汉朝钱币 …………………………………………………（973）

图 13 - 28　韩国出土汉朝铜镜 …………………………………………………（975）

图 13 - 29　韩国金海市良洞里出土汉朝方格博局纹铜镜 ………………………（977）

图 13 - 30　韩国金海市良洞里 322 号墓出土汉朝铜鼎 …………………………（977）

图 13 - 31　韩国出土汉朝铁器 …………………………………………………（978）

图 13 - 32　日本出土秦汉文物的弥生时代遗址分布示意图（之一）……………（986）

图 13 - 32　日本出土秦汉文物的弥生时代遗址分布示意图（之二）……………（987）

图 13 - 33　日本福冈市志贺岛出土“汉委奴国王”金印 …………………………（990）

图 13 - 34　日本出土汉朝钱币 …………………………………………………（992）

图 13 - 35　日本出土汉朝铜镜 …………………………………………………（995）

图 13 - 36　日本出土汉朝铜镜 …………………………………………………（996）

图 13 - 37　日本出土汉朝铁空首斧 ……………………………………………（999）

图 13 - 38　日本出土汉朝铜器 …………………………………………………（1002）

图 13 - 39　日本福冈县三云南小路 1 号墓出土汉朝玻璃璧 ……………………（1003）

图 13－40　中南半岛汉文化遗存及汉朝文物出土地点分布示意图 …………………（1010）

图 13－41　越南河内古螺城平面示意图及出土瓦当 …………………………（1011）

图 13－42　越南清化砖室墓出土汉朝钱币 …………………………………（1014）

图 13－43　越南出土汉朝铜镜 ………………………………………………（1016）

图 13－44　越南清化砖室墓出土汉朝铜器皿 ………………………………（1018）

图 13－45　越南富寿省嘎乡汉式墓出土汉朝铜樽 …………………………（1018）

图 13－46　越南义安省瓦格乡遗址出土汉朝铜弩机 ………………………（1019）

图 版 目 录

1 秦宫殿遗址

2 秦咸阳城出土的遗物和壁画

3 秦始皇陵一号兵马俑坑

4 秦始皇陵铜车马坑出土的铜车马

5 秦始皇陵陪葬坑出土的铜禽鸟

6 龙山里耶城址出土的秦代简牍

7 秦汉长城遗迹

8 汉长安城城墙遗迹和城门遗址

9 汉长安城未央宫椒房殿遗址

10 汉长安城宫殿建筑遗址

11 汉长安城中央官署遗址出土的汉代骨签和西安相家巷遗址出土的秦封泥

12 东汉洛阳城遗址

13 西汉宣帝杜陵遗址

14 西汉景帝阳陵出土的陶俑

15 满城西汉中山靖王刘胜墓出土的金缕玉衣

16 章丘洛庄汉墓

17 汉代壁画墓壁画

18 中江塔梁子3号东汉崖墓壁画

19 汉代农业遗存

20 满城西汉中山靖王刘胜夫妇墓出土的铜器

21 汉代铜镜和镜范

22 汉墓出土的陶瓷器

23 长沙马王堆1号汉墓出土的漆器

24 汉墓出土的漆器和漆棺

25 汉墓出土的玉器

26 汉墓出土的纺织品

27 敦煌汉代悬泉置遗址出土的阳朔二年《传车簿》木简

28 汉代匈奴文化遗物

29 新疆地区出土的汉代遗存

30　晋宁石寨山西汉墓出土的滇文化青铜器
31　秦汉时期中外文化交流遗存
32　秦汉时期中外文化交流遗存

1-1 阿房宫前殿遗址（由西南向东北摄）

1-2 咸阳宫第一号宫殿遗址（由西北向东南摄）

1 秦宫殿遗址

2-1 长陵车站"窖藏"出土的铜人头像（82XYCLJC7∶96）

2-2 长陵车站"窖藏"出土的秦始皇二十六年铜诏版（61XYCLJC3∶17）

2-3 咸阳宫第三号宫殿遗址长廊东壁第四间中组壁画（局部）

2 秦咸阳城出土的遗物和壁画

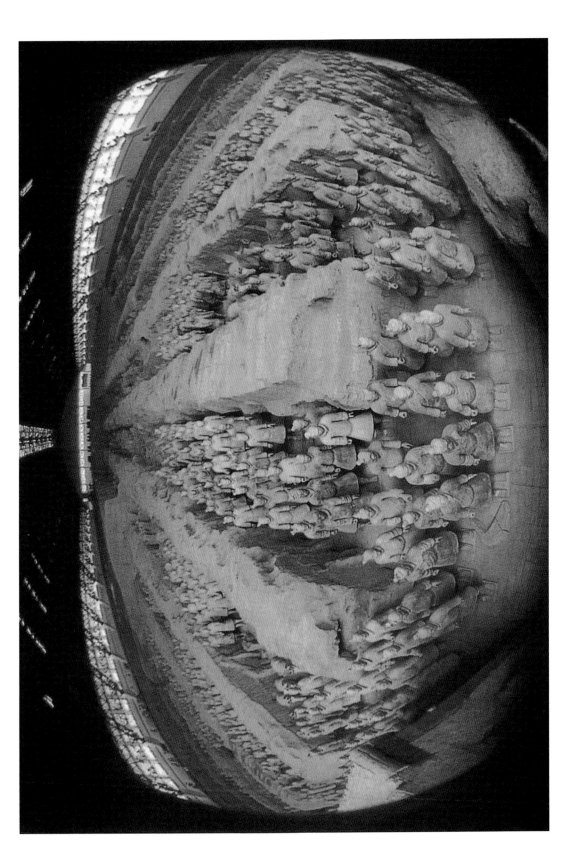

3　秦始皇陵一号兵马俑坑（由东向西摄）

4-1　一号铜车马

4-2　二号铜车马

4　秦始皇陵铜车马坑出土的铜车马

5-1 铜鹤（K0007 I：26）

5-2 K0007 I 区出土的铜雁

5 秦始皇陵陪葬坑出土的铜禽鸟

6 龙山里耶城址出土的秦代简牍（左.J1⑨3 中.J1⑨2 右.J1⑨4）

7-1　固阳秦长城遗迹

7-2　敦煌汉长城遗迹

7　秦汉长城遗迹

8-1　霸城门北侧城墙遗迹（由西南向东北摄）

8-2　直城门遗址（由西南向东北摄）

8　汉长安城城墙遗迹和城门遗址

9　汉长安城未央宫椒房殿遗址（由北向南摄）

10-1　未央宫少府（或其所辖官署）遗址（由西北向东南摄）

10-2　桂宫第二号建筑遗址南院殿堂

10　汉长安城宫殿建筑遗址

11-1 骨签（未央宫
3：04587）

11-2 骨签（未央宫
3：05710）

11-3 骨签（未央宫
3：02824）

11-4 骨签（未央宫
3：13944）

11-5 骨签（未央宫
3：07103）

11-6 "大官丞印"封泥
（相家巷T2：14）

11-7 "宫司空丞"封泥
（相家巷T2：12）

11-8 "御府丞印"封泥
（相家巷T2：19）

11-9 "阴都船丞"封泥
（相家巷T2：20）

11-10 "阳都船丞"封泥
（相家巷T2：17）

11-11 "禁苑右监"封泥
（相家巷T2：15）

11 汉长安城中央官署遗址出土的骨签和西安相家巷遗址出土的秦封泥

12-1　东汉洛阳城东北角城墙遗迹（由西向东摄）

12-2　东汉洛阳城南郊灵台遗址（由北向南摄）

12　东汉洛阳城遗址

13-1　便殿遗址（由东南向西北摄）

13-2　陵园东门门道遗迹（由西向东摄）

13　西汉宣帝杜陵遗址

14-3 陪葬墓园出土的塑衣式
踞坐拱手俑

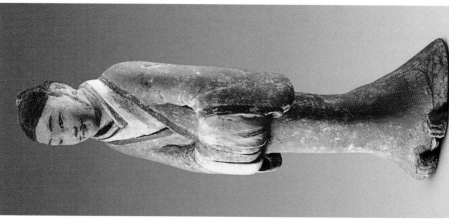

14-2 陪葬墓园出土的塑衣式
彩绘侍俑

14-1 南区20号陪葬坑出土的铠甲武士俑

14　西汉景帝阳陵出土的陶俑

15　满城西汉中山靖王刘胜墓出土的金缕玉衣（1：5173）

16-1　14号陪葬坑出土的铜编钟和石编磬（由东向西摄）

16-2　11号陪葬坑出土的1号木车辕、衡及马骨（由东向西摄）

16　章丘洛庄汉墓

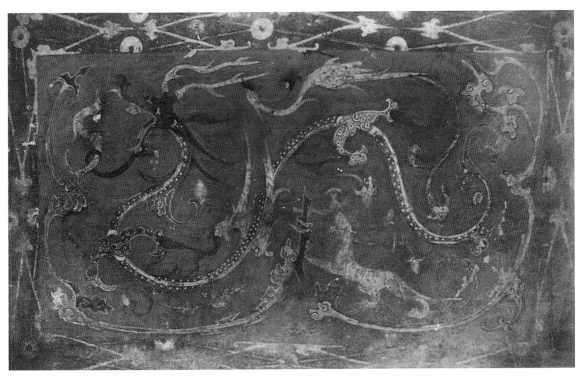

17-1　永城柿园西汉墓主室顶部壁画（局部）

17-2　密县打虎亭2号东汉墓中室东段北壁上部壁画（局部）

17　汉代壁画墓壁画

18-1　三室左耳室第一幅（局部）

18-2　三室左耳室第五幅（局部）

18　中江塔梁子3号东汉崖墓壁画

19-1　西汉景帝阳陵陪葬墓园出土的
　　　盛有粮食的陶罐

19-2　长沙出土的东汉彩釉陶鸡埘

19-3　峨眉双福乡出土的东汉石田塘模型

19　汉代农业遗存

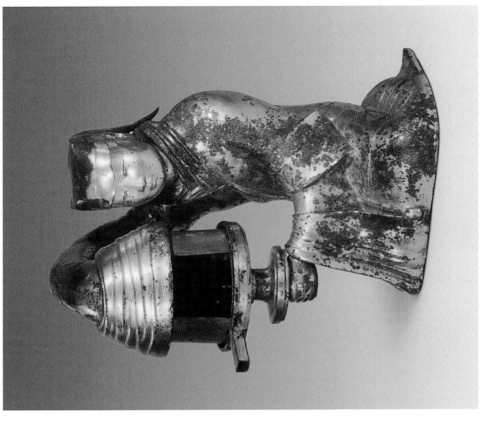

20-2　铜长信宫灯（2：4035）

20-1　铜壶（1：5019）

20　满城西汉中山靖王刘胜夫妇墓出土的铜器

21-2 临淄齐国故城出土的草叶纹铜镜陶铸范（SLQJF：78）

21-1 临淄西汉齐王墓随葬器物坑出土的
长方形铜镜（K5：19）

21 汉代铜镜和镜范

22-1　徐州西汉墓出土的原始瓷瓿

22-2　贵港东湖新村1号东汉墓出土的青瓷碗

22　汉墓出土的陶瓷器

23-1　彩绘漆盘、漆卮、漆杯及漆案（382号）

23-2　双层九子彩绘漆奁（443号）

23　长沙马王堆1号汉墓出土的漆器

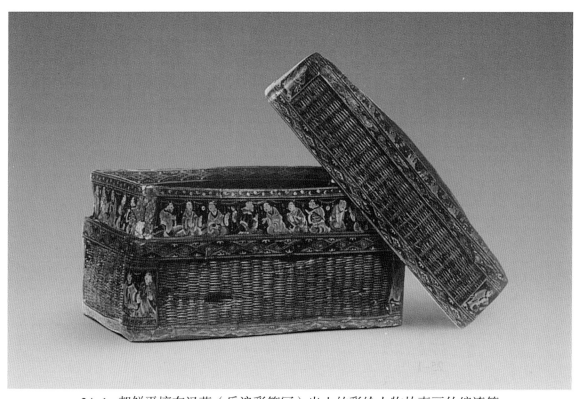

24-1　朝鲜平壤东汉墓（乐浪彩箧冢）出土的彩绘人物故事画竹编漆笥

24-2　长沙马王堆1号汉墓出土的彩绘漆棺

24　汉墓出土的漆器和漆棺

25-1　广州西汉南越王赵眜墓出土的玉角形杯（D44）

25-2　西汉元帝渭陵附近出土的玉仙人奔马

25　汉墓出土的玉器

26-1　长沙马王堆1号汉墓出土的素纱禅衣（329-5号）

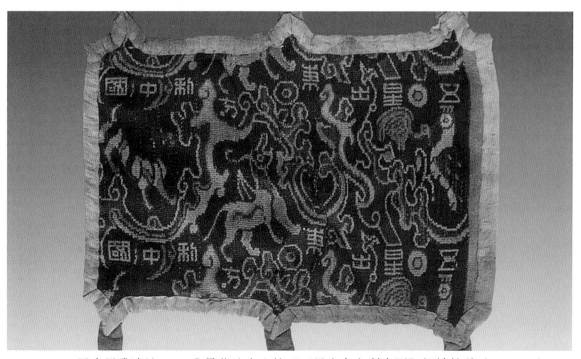

26-2　民丰尼雅遗址95MNⅠ号墓地出土的"五星出东方利中国"织锦护臂（M8：15）

26　汉墓出土的纺织品

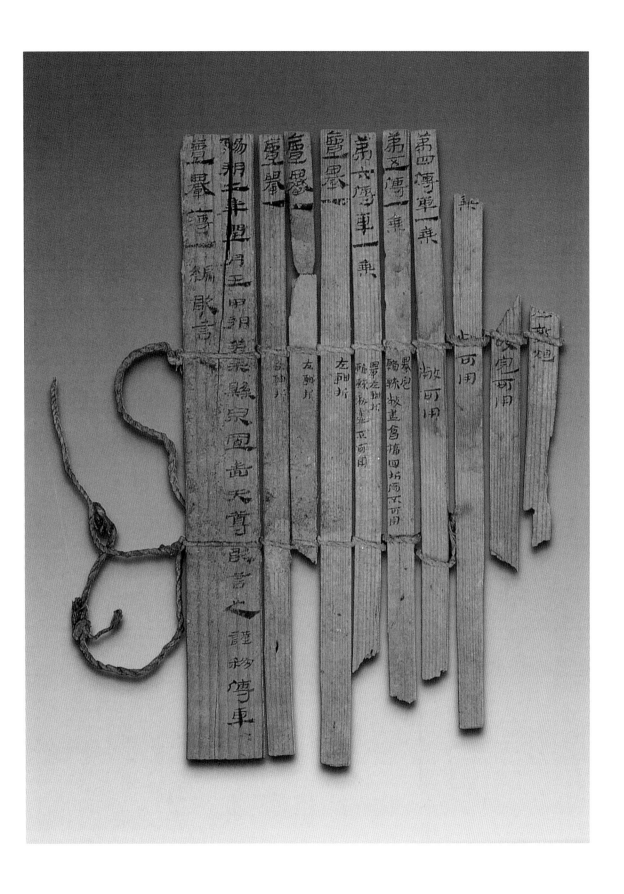

27　敦煌汉代悬泉置遗址出土的阳朔二年《传车簿》木简（Ⅰ90DXT0208②：1～10）

28-1　同心县倒墩子匈奴墓出土的
　　　对龙纹青铜带饰

28-2　同心县倒墩子匈奴墓出土的
　　　骑士捉俘纹青铜带饰

28-3　准格尔旗西沟畔墓地出土
　　　的金玉玛瑙饰品

28　汉代匈奴文化遗物

29-1　巴音郭楞州博格达沁古城黑圪垯墓地出土的辟邪纹金带扣

29-2　吐鲁番交河故城沟北墓地M16全景（由西向东摄）

29　新疆地区出土的汉代遗存

30-1　盘舞形鎏金铜扣饰
　　（M13∶38）

30-2　M1出土的杀人祭
　　祀场面铜贮贝器

30　晋宁石寨山西汉墓出土的滇文化青铜器

31-1 贵县南斗村东汉墓M1出土的玻璃托盏

31-2 广州西汉南越王赵眜墓出土的银盒（D2）

31 秦汉时期中外文化交流遗存

32-2 洛浦县山普拉墓地出土的蜻蜓眼玻璃珠
和玛瑙串珠（92LSⅡM6：110）

32-1 洛浦县山普拉墓地出土的人首马身纹
和 武 士 像 毛 织 物

32-3 民丰尼雅东汉墓M1出土的印花棉布

32 秦汉时期中外文化交流遗存

绪　　论

秦汉考古，即秦汉时期的考古，是中国考古学的重要组成部分。

秦汉时期，始于公元前 221 年秦始皇统一中国，历经秦代、西汉、新莽和东汉四个朝代，止于公元 220 年东汉王朝灭亡，前后历时 440 余年。这一历史时期，随着秦始皇统一六国，东周时期诸侯割据的局面终于结束，一个多民族统一的、以郡县制为基础的中央集权国家出现在世界的东方，中国历史进入一个全新的时代——帝国时代。秦王朝国祚短暂，但秦制汉承，公元前 206 年建立的西汉王朝以及后来的新莽、东汉王朝，继承和完善了秦王朝建立的一整套社会制度，发展了帝国时代的政治、经济、科学技术和文化，形成了以汉族为主体的中华民族，铸就了帝国时代历史的第一个发展高峰，并对后来中国历史的发展产生了直接的、极其深远和极其重要的影响。秦汉考古，正是围绕着这样一个伟大的时代、以这一时期的政治、经济、科学技术和文化等为对象而展开的，并且已经取得了丰硕的成果，为秦汉社会历史的复原和解读作出了巨大的贡献。

一　秦汉考古的历史回顾

中国传统的地理方志学和金石学，涉及秦汉时代物质文化资料十分丰富，如北魏郦道元的《水经注》和唐代李吉甫的《元和郡县图志》等，都曾对秦汉时期的古城、墓葬以及碑刻等有所记述，为秦汉考古留下了珍贵的史料。北宋至明清时期形成和发展的金石学，对大量秦汉时期的遗物及铭刻进行了著录和考证，包括铜器及其铭文、碑刻和汉画像石等，而清乾隆年间翁方纲的《两汉金石记》，则开专门著录秦汉铜器铭刻之先河。就真正科学意义上的秦汉考古学而言，发端于 20 世纪初。然而，近百年来尤其是新中国成立之后的半个多世纪以来秦汉考古的诸多重大发现，奠定了秦汉考古学在整个中国考古学的重要学科地位，在国内外学术界产生了重大学术影响。

（一）秦汉考古的发端（19 世纪末至 1949 年）

在我国，以田野调查和发掘为基础的近代考古学，是 19 世纪末 20 世纪初伴随着西学东渐之风从欧洲传入我国并逐步形成的。秦汉时期的考古发现，也可追溯到这一时期。19世纪末至 20 世纪初，不少外国的探险队在我国西北地区的探险活动中，曾对不少秦汉时期的遗址进行了盗掘和采集。1900~1901 年，英属印度政府派遣英籍匈牙利人 A. 斯坦因率考察队进入我国西北地区，对新疆的尼雅遗址进行发掘；1905~1909 年间，日本人鸟居龙藏等在辽东半岛等东北地区的考古调查和发掘，其中包括秦汉时期的遗存；1906~1910年间，日本人足立喜六对秦始皇陵和西汉十一陵进行了踏查，并对其封土进行了简单的实测；1906～1907 年，A. 斯坦因等对敦煌附近汉代烽燧遗址的考察，并首次发现汉简 705 枚；1907 年，法国人 E. E. 沙畹对陕西地区汉唐陵墓、四川地区汉阙以及山东碑刻的调查；1910 年，日本人滨田耕作对旅顺刁家屯等地汉墓进行发掘；1913～1915 年间，A. 斯坦因等对敦煌、酒泉和额济纳河流域汉代烽燧遗址的调查和发掘，并在敦煌和酒泉附近发现汉简 168 枚；1920 年，日本人八木奘三郎对辽阳汉代壁画墓的调查。上述探险和考察活动，既有秦汉时期重要遗迹、遗物的发现和记录，但同时也对其造成了相当大的破坏；在考察过程中虽然也采用了某些具有近代考古学一般特征的发掘、记录手段和研究的方法，但与科学意义上的秦汉考古学还存在着一定的距离。

我国学者进行或参与的秦汉考古活动，除 1924 年马衡前往洛阳汉魏故城南郊出土汉魏石经残石的太学遗址进行的调查外，1927 年开始的"中瑞中国西北科学考察团"在居延一带的考察，可以视为秦汉考古的肇始。西北科学考察团在西北考察期间，于 1930 年在今内蒙古自治区额济纳旗和甘肃省金塔县的额济纳河（今弱水）流域调查发掘汉代烽燧遗址 100 多个地点，并在其中 30 多个地点采集到汉简 10200 枚以及汉代毛笔等珍贵文物，对于汉代西北边塞以及汉代社会历史的研究具有极其重要的价值。由此，真正拉开了秦汉考古的序幕。

20 世纪 20 年代后期至 40 年代中国境内的秦汉考古，除上述西北科学考察团的活动外，主要由两大部分组成。一部分是日本学者在东北以及华北地区的考古调查和发掘，如 1928 年旅顺老铁山麓汉墓和牧羊城汉代城址的发掘，1931 年大连营城子汉墓的发掘，1941 年河北万安北沙城汉墓的发掘，1942 年山西阳高古城堡汉墓的发掘，1943 年山东曲阜汉鲁灵光殿遗址的发掘等。另一部分是我国学术机构及其学者的考古调查和发掘，主要有 1930 年河北怀安县四圪塔坡汉墓的发现，1933 年山东滕县大型汉画像石墓的发掘，1934～1935 年陕西宝鸡斗鸡台沟东区 24 座秦汉墓的发掘，1939 年重庆沙坪坝汉代画像石棺墓的清理以及附近崖墓和石阙的调查，1941～1942 年四川彭山汉代崖墓的调查和发掘，1944～1945 年间汉代阳关、玉门关以及长城和烽燧遗址的考察，1946 年河北邯郸附近汉代"玉衣墓"的清理等。上述中外学者的考古活动尽管不够系统，但发现并记录了一批珍贵的秦汉时期的考古资料，并且已经初步具备了近代考古学的性质，为后来秦汉考古的真正形成奠定了基础。

就 20 世纪前叶有关秦汉时期的考古研究来看，除了在发掘报告中就有关遗迹和出土遗物进行一些考订外，主要还是金石学传统的延续，研究的领域集中在以下两个方面。

一个方面是秦汉铜器及其铭文的著录和研究。铜器及其铭文的著录和研究，始终是金石学的一个重要领域，但往往侧重于商周彝器。进入 20 世纪以后，专门著录秦汉铜器及其铭文的著作增多，如容庚 1931 年的《秦汉金文录》八卷，是为此前秦汉铜器铭文著录之集大成者；1935 年出版的《金文续编》，是第一部汇集秦汉铜器铭文的字书。同时，铜镜作为铜器的一个门类更多地受到关注，先后出版了专门著录铜镜的著作，如 1916 年罗振玉的《古镜图录》、1941 年梁上椿的《岩窟藏镜》等，都收录大量秦汉时期的铜镜。

另一个方面是秦汉石刻的著录和研究。早在北宋时期，秦汉石刻就已经进入金石学家的视野。就秦汉碑石而言，马衡、吴宝炜序《集拓新出土汉魏石经残字》和罗振玉的《汉熹平残字集录》等，著录了汉魏洛阳城南郊太学遗址出土的汉魏石经残石。就汉画像石而言，清乾嘉年间，山东嘉祥东汉武氏祠的画像受到金石学家的高度关注，出版了一批著作。进入 20 世纪以后，中外学者继续进行汉画像石的收集和研究，一批论著先后问世，如 1913 年 E. E. 沙畹的法文著作《中国西部考古记》，1916 年关野贞的日文著作《中国山东汉代坟墓的装饰》，30 年代中国学者关百益的《南阳汉画像石》和孙文青的《南阳汉画像汇存》，1936 年容庚的《汉武梁祠画像和图录》，1943 年林仰山（F. S. Drake）的英文著述《汉代画像石》等。这一阶段的汉画像石研究，仍然侧重于榜题的考释、对照文献对画像内容进行考证等，但同时也开始了就雕刻技法、建筑形制或者将画像石置于历史背景之中进行考察的尝试。

（二）秦汉考古的形成和初步发展（1949～1965 年）

新中国成立之后，随着我国整个考古学事业进入蓬勃发展的时期，秦汉考古作为一个学科迅速形成，并获得了初步发展。

就田野考古工作来说，一方面是基本建设过程中的抢救性考古发掘，另一方面是以学术研究为重点的主动性考古调查、勘探和发掘。

随着全国各地大规模经济建设的进行，基本建设过程中的抢救性考古发掘，成为田野考古的主要任务，秦汉时期的田野考古在这样的背景下迅速展开。1950 年辉县发掘中发现汉墓 27 座；1951 年，在辽阳北郊清理汉魏时期的壁画墓 3 座；1952 年，徐州市郊的茅村发现一座东汉熹平四年（公元 175 年）的画像石墓。尤其重要的是，1951～1952 年在长沙市郊发掘两汉墓葬 72 座，1952～1953 年在洛阳烧沟一带发掘汉墓 225 座，后采用近代考古学的方法，对发掘资料进行了科学的整理，先后于 1957 年出版了《长沙发掘报告》、1959 年出版了《洛阳烧沟汉墓》，表明秦汉墓葬的考古发掘和整理走上了近代考古学的轨道，成为秦汉考古学形成的重要标志之一。

主动性考古调查、勘探和发掘，是从秦汉城址开始的。1956 年，在经济建设高潮和文物保护的严峻形势下，为了科学地处理基本建设与文物保护的关系，并发展我国的考古学事业，中国科学院考古研究所组成汉长安城工作队进驻西安汉长安城址，开始对其进行全面的田野考古。当年，对汉长安城址进行全面勘探，究明了城址的总体形制和城墙范围；1957～1958 年，又先后发掘霸城门遗址、西安门遗址、直城门遗址和宣平门遗址，了解了汉长安城城门的形制和结构；1961～1962 年，又对城内主要道路的布局和结构、长乐宫、未央宫、桂宫遗址以及城西的建章宫遗址的范围进行了初步的考古勘探。与此同时，1956～1960 年，对基建过程中发现的汉长安城南郊汉代礼制建筑遗址进行了全面发掘，成为我国考古学史上首次发掘的古代社稷和宗庙建筑遗址。汉长安城的田野考古，从工作伊始就有明确的学术目的和具体的技术路线，工作过程中结合实际运用近代考古学的理论和方法，取得了丰硕的学术成果，成为秦汉考古学形成的另一个重要标志。

50 年代至 60 年代中期，田野考古主要集中在墓葬、城址及聚落遗址、手工业生产遗存三个方面。

墓葬的发掘主要是基本建设过程中的抢救性发掘，分布范围广，数量大，类型多样。

除上述墓葬外，重要的发掘还有西安灞桥西汉墓、潼关吊桥东汉杨氏墓群，洛阳西郊西汉晚期壁画墓、洛阳西郊汉代官吏与平民墓葬、陕县刘家渠汉墓、密县打虎亭东汉大墓，平陆枣园村汉壁画墓、望都东汉壁画墓、定县北庄东汉中山简王墓，扎赉诺尔东汉时期少数族墓地，西丰县西岔沟墓地，沂南大型汉画像石墓、安丘董家村东汉大型画像石墓，广州市区及近郊的汉墓，贵县汉墓，晋宁石寨山滇文化墓地、祥云大波那木椁铜棺墓，巴县冬笋坝和宝轮院一带西汉初期的船棺葬，武威磨咀子西汉墓群及简牍，伊犁地区昭苏县境内汉代乌孙人的土墩墓，以及1962年秦始皇陵、汉武帝茂陵的调查和咸阳杨家湾汉高祖长陵陪葬墓俑坑的清理等。此外，1955年香港李郑屋村发现了香港惟一的一座东汉墓。

城址和聚落遗址的勘探和发掘，除汉长安城外，还有1954年汉魏洛阳城的考察及1962～1965年的大规模勘探、1964年城南东汉刑徒墓地的发掘，1954年洛阳东汉河南县城遗址的发掘，1955年辽阳三道壕西汉村落遗址的发掘，1958年武夷山城村汉城遗址的发掘，1962～1964年间秦都咸阳城和秦汉栎阳城遗址的调查和试掘，1964年临淄齐国故城遗址的全面勘探和重点发掘，以及秦汉长城和长城沿线城址、新疆尼雅遗址的调查等。

手工业生产遗存的田野考古，主要是围绕着冶铁和冶铜遗址展开的。冶铁遗址方面主要有1958～1959年巩县铁生沟西汉冶铁遗址、1959～1960年南阳瓦房庄汉代冶铁遗址的大规模发掘，1965年郑州古荥镇汉代冶铁遗址的调查和试掘；铜矿及冶铜遗址方面主要有1953年承德铜矿和炼铜遗址的调查，1958～1961年间运城洞沟铜矿遗址的调查，以及1958年西安北郊新莽钱范窑址的清理等。1962年《巩县铁生沟》的出版，标志着秦汉钢铁技术以及手工业生产的考古学研究迈开了坚实的步伐。

上述田野考古及其收获，极大地丰富了秦汉时期的考古资料，反映了秦汉田野考古在全国各地的迅速扩展、向各个研究领域的迅速拓展，有力地推动了秦汉考古的形成和发展。

随着各地田野考古的进行和新资料的发现，各种专题研究和综合研究也相继展开。这一时期的研究，除了各有关发掘报告就其发掘资料及相关问题的研究外，可以归纳为以下六个方面。

一是围绕着考古调查和发掘的城址与墓葬的年代和性质等基本问题进行研究，如汉长安城南郊礼制建筑的结构、性质及其相关问题的讨论，武夷山城村汉城年代的讨论；望都汉墓的年代及其墓主人的讨论，汉潼亭弘农杨氏墓群研究，扎赉诺尔墓地、西丰西岔沟墓地、晋宁石寨山墓地、祥云大波那木椁铜棺墓等族属及年代的探讨等。

二是就出土遗物进行的各种专门研究，主要涉及秦汉货币和度量衡，西汉宫殿和官署的瓦当，西汉"滇王之印"，汉代的铁器及相关问题，有关陶器、铜器和骨器的定名及其用途，湖南东汉墓出土的陶建筑模型明器，新疆发现的汉代丝织品等。

三是围绕考古发现的文字和图像资料的考释与研究。关于居延汉简和武威汉简的整理与研究，除了大量的论文外，《居延汉简甲编》和《武威汉简》两书，是这一时期最重要的简牍著作。关于汉石经的研究，马衡遗作《汉石经概述》（《考古学报》第10册，1955年）和马衡遗著《汉石经集存》（科学出版社，1957年），是汉石经发现和研究的集成性论著。此外，还涉及陶器上的戳印和书写文字、秦汉印章、铜镜铭文、望都汉墓壁画题字等的考释，西安三桥高窑村西汉铜器群铭文的考释及其讨论等。关于图像资料的研究，主要有洛阳汉墓壁画及其星象图、望都汉墓壁画、沂南汉画像石、石寨山铜器上的人物图像等的考释，以及陕北汉画像石、徐州汉画像石、四川汉代画像砖的收集和整理等。

四是现代科学技术的应用，如洛阳汉墓出土稻谷的植物学鉴定，汉代铁器的金相学分析，石寨山出土铜器的化学成分分析等。

五是基于考古资料并结合有关的科技分析和鉴定以及文献记载对某些历史问题进行探讨，如西安灞桥西汉纸及造纸术的起源，汉代的粮食和农业生产工具，云南冶铁业产生年代问题的讨论，汉代东北地区的疆域、居延边塞与防御组织等的研究。

六是关于秦汉考古的综合研究，如关于汉代物质文化的概述，《新中国的考古收获》（文物出版社，1961 年）中对新中国成立十年间的秦汉考古发现的系统梳理和秦汉社会经济、政治、科技和文化的考古学阐释等。

此外，《洛阳烧沟汉墓》发掘报告，充分利用考古类型学的方法，对墓葬形制、随葬品的组合以及钱币、铜镜等随葬品进行了细致的分期和编年，将烧沟 225 座西汉中期至东汉晚期的墓葬分为六期，建立了中原地区汉墓的年代学标尺，为后来中原地区乃至全国汉墓的断代产生了深远的影响。

上述不少研究都是开创性的研究，并且研究的方法大多是采用近代考古学的方法、根据考古资料并结合文献记载进行的，无论是在研究领域的广阔性、研究方法的科学性，还是研究的深度上，都不同于并远远超越了传统的金石学，成为秦汉考古学形成和初步发展的又一个重要标志。

（三）秦汉考古的中断与恢复（1966～1978 年）

正当秦汉考古形成后即将迎来蓬勃发展之时，1966 年"文化大革命"的爆发，使中国考古学的发展出现了暂时的停滞和中断，秦汉考古也不例外。然而，由于基本建设过程中重要文化遗存的发现而受到党和国家领导人的重视，秦汉时期的田野考古在动荡中开始恢复。这种恢复，是从满城汉墓的发掘开始的。

1968 年春，河北满城县城西郊陵山的基建施工中发现一座古墓（满城 1 号墓），遵照周恩来总理批示和中国科学院郭沫若院长的安排，中国科学院考古研究所和河北省文物工作队对其进行发掘，同时对相邻的 2 号墓也进行了清理，发掘证明是西汉中山王刘胜及其夫人窦绾的陵墓。两墓凿山而建，规模宏大，出土文物多达 9000 余件，其中不乏金缕玉衣之类的稀世珍宝，又是未遭盗扰的汉代诸侯王陵的首次发掘，受到国内外的高度关注。以此为契机，秦汉时期重要墓葬的发掘在各地陆续展开。1969 年，甘肃武威雷台汉晋墓葬得到清理，出土了著名的铜"马踏飞燕"等一批重要文物。1970 年，陕西咸阳杨家湾汉高祖长陵陪葬墓（即"杨家湾汉墓"）开始发掘；山东曲阜九龙山一带发掘 4 座汉代鲁恭王一系的西汉大型崖墓。1971 年，河北清理了安平逯家庄东汉壁画墓，广西发掘了合浦望牛岭西汉木椁墓。

应当指出的是，1968～1971 年的秦汉考古乃至中国考古学研究都无法正常开展，秦汉时期的田野考古调查和发掘也为数不多，但就是这些为数不多的田野考古发现却获得了一大批珍贵的资料，为后来的秦汉考古研究提供了重要条件，为秦汉考古的全面恢复拉开了序幕，甚至对整个中考古学的恢复产生了直接的影响。1972 年《考古》、《考古学报》和《文物》三大杂志的复刊，以及吉林大学、山东大学、南京大学三所高校历史系考古专业的设立，标志着全国的考古工作逐步恢复，秦汉考古也由此进入全面恢复的阶段。

1972～1978 年秦汉时期的田野考古，同样是以基本建设中的抢救性考古发掘和主动性考古发掘这两种形式展开的。前者主要是发掘和清理各种类型的墓葬；而后者主要集中在城址及聚落、秦始皇陵园的勘探和发掘等方面，并且比较有计划、有系统。

秦汉城址及聚落的田野考古全面恢复并不断取得进展。秦都咸阳城在 60 年代调查和试掘的基础上，重点进行城址的全面勘探，并大面积发掘多座大型宫殿遗址，首次发现了古代宫室壁画，同时清理一批小型秦墓。汉长安城重点对武库遗址进行大规模发掘，使之成为我国考古发掘的第一座古代武库建筑遗址；同时，发掘了长乐宫第一号建筑遗址。东汉洛阳城，主要对城南汉晋灵台、明堂、辟雍遗址进行发掘。曲阜鲁国故城的勘探中，在其西南部发现一座汉代城址，通过勘探和试掘，证明是始建于西汉晚期的汉代鲁国都城和鲁县县城。甘肃额济纳河流域的汉代烽燧遗址于 1972 年再度进行大规模勘察，其中，破城子的甲渠候官、甲渠第四燧和肩水金官三处遗址进行了发掘，新获木简 23000 余枚。

秦汉墓葬的田野考古在全面恢复的基础上取得一系列重大收获，其中秦始皇陵兵马俑坑和长沙马王堆汉墓作为 20 世纪的重大考古发现而享誉世界考古界。秦始皇陵园遗址的考古，随着 1974 年初春兵马俑的发现而正式拉开了帷幕，随之对 1 号兵马俑坑进行了发掘；此后，又先后发现 2 号坑和 3 号坑并进行了试掘，还发现了未建成的 4 号坑；在陵园东侧探明马厩坑 80 座，并对其中的 31 座进行了发掘；同时，对陵园遗址进行了全面勘探，并发掘了陵园内外的部分建筑基址、陪葬墓、修陵人墓葬以及其他陪葬坑和相关遗址。其他地区的秦代墓葬的发掘也取得重要收获，如云梦睡虎地发掘 147 座秦汉墓，其中的 11 号墓出土记有秦始皇时期法律等内容的竹简 1100 余枚，4 号墓出土有作为秦人家信的木牍。这一时期还开展了西汉帝陵的田野考古调查。汉代诸侯王和列侯陵墓先后发掘多座，如长沙马王堆汉墓——西汉长沙国丞相、轪侯利仓及其家人的墓葬，首次发现了汉代软体女尸，1973 年出版的《长沙马王堆一号汉墓》成为这一时期惟一的一部秦汉考古发掘报告；长沙陡壁山西汉长沙王后曹嬅墓，长沙象鼻嘴长沙王墓；北京大葆台西汉广阳王及其王后墓，首次发现了保存较为完整的"黄肠题凑"；石家庄小沿村西汉赵王张耳"黄肠题凑"墓；出土金缕玉衣、马蹄金、麟趾金和大批炭化竹简等珍贵文物的定县八角廊中山怀王刘修墓；阜阳双古堆西汉汝阴侯墓，出土《苍颉篇》、《诗经》、《周易》等竹简及其他重要文物。汉代官吏和平民墓葬的发掘，主要有洛阳烧沟附近的西汉晚期卜千秋壁画墓、唐河县新店新莽始建国天凤五年（公元 18 年）冯君孺人墓，和林格尔"使持节乌桓校尉"东汉晚期壁画墓，武清东汉延熹八年（公元 165 年）雁门太守鲜于璜墓，出土《孙子兵法》、《孙膑兵法》和汉武帝《元光元年历谱》等珍贵竹简的临沂银雀山西汉墓，出土记述田租、赋税等内容的竹、木简牍的江陵凤凰山西汉墓，亳县东汉曹操宗族墓地，贵县罗泊湾西汉木椁墓，赫章可乐秦汉时期的墓地，出土一批医药简牍的武威旱滩坡东汉早期墓，大通上孙家寨汉晋墓地等。

其他重要的考古发掘还有：郑州古荥镇汉代冶铁遗址，温县汉代烘范窑址，上虞县帐子山东汉晚期龙窑遗迹，广州市区的秦汉造船工场遗址等。

随着田野考古的逐步恢复和一批重要考古发现的面世，秦汉考古研究也逐步恢复。1972~1978 年的秦汉考古研究，主要是此前各方面研究的继续。当时的一些研究虽然或多或少地受到了"以阶级斗争为纲"的影响，但不少领域取得了新的进展，尤其是在秦汉简牍、帛书和帛画、科技史研究等方面，70 年代中期前后形成了高潮，取得了丰硕的成果。

关于城址和墓葬之年代、性质及其相关问题的研究，随着秦都咸阳全面勘探的进行和多处宫殿遗址的发掘，学术界就咸阳城的形制和布局、出土瓦当等建筑材料，以及一号宫殿建筑遗址的复原等进行了研究。基于秦始皇陵兵马俑坑和杨家湾汉墓兵马俑坑的发掘，关于秦代军阵、兵器和汉代骑兵等的研究相继展开。围绕着汉代王侯陵墓的发现，就相关问题展开研究和讨论，如关于马王堆汉墓的年代、墓主人、棺椁制度、用鼎制度、尸体防腐、保存条件及其出土各类遗物的研究和讨论，关于大葆台汉墓"黄肠题凑"等相关棺椁制度的探讨等。

关于出土遗物的专门研究，主要有秦汉兵器和甲胄、秦汉货币和度量衡的研究；汉代金缕玉衣、印章以及瑟等汉代乐器的研究；济源西汉墓出土"陶都树"的考察等。夏鼐关于我国出土的汉代蚀花肉红石髓珠的研究，开辟了根据出土外来遗物研究秦汉时期中外文化交流的新领域。

关于出土文字和图像资料的考释和研究，主要是围绕新发现进行的。如云梦睡虎地秦简、江陵凤凰山汉简、银雀山汉墓竹简等秦汉简牍的考释和相关问题的研究，先后有大量论文和多部报告及专著问世；满城汉墓出土铜壶上的鸟虫书、漆盘铭文的研究及其讨论；马王堆汉墓出土帛书和帛画的研究及其讨论。此外，还有银雀山汉墓出土漆器铭文、江陵凤凰山汉墓出土墨书文字、东汉洛阳城南郊刑徒墓砖、汉代铁器铭文的考释以及相关问题的研究等。在图像研究方面，主要有洛阳西汉卜千秋墓壁画、和林格尔汉墓壁画等内容、绘画艺术及其相关问题的考释和研究；各地出土汉画像石的题材、内容、雕刻技法及其所反映的社会生活的探讨等。

关于现代科学技术在秦汉考古学的应用，这一时期在研究的广度和深度上都有所扩展与深化。如马王堆汉墓发现之后，多种科技手段迅速介入，对女尸的防腐、动植物遗存、棺椁的木材等进行了多学科的鉴定和研究。此外，还有连云港西汉霍贺墓出土谷物的鉴定，广州秦汉造船场遗址出土木材、渑池等地出土汉代铁器的检测等。

关于社会历史问题的考古学探讨，主要集中在秦汉时期的社会政治和科技史等方面。如秦始皇各项统一措施、汉王朝在新疆的经略和经济建设、汉代云南和中原地区的联系、西汉滇池地区的社会形态等的考古学阐释；汉代铁农具、牛耕等农业生产技术，钢铁等冶金技术，蚕、桑、丝绸以及纺织技术，汉代古纸和造纸术，医疗器具及医学，壁画中的天象图和出土天文仪器所反映的天文学等科技史问题的考古学研究等均取得较大进展。此外，还有马王堆汉墓出土漆器所见汉代漆器产地以及生产和流通、汉代南海海上交通等问题的探讨，以及秦郑国渠、灵渠和汉代都江堰的调查研究。

（四）秦汉考古的全面发展（1979～2000年）

1978年12月中国共产党十一届三中全会的召开，标志着我国开始进入改革开放的新的历史时期，全国的科学文化事业迎来了新的春天。在这样的历史大背景之下，中国考古学进入一个全面发展的新时期。秦汉考古亦然。

这一时期的田野考古，主动性发掘在全国各地进一步展开，并且更为有计划、有系统；基本建设过程中的抢救性发掘，数量逐渐增多，规模愈来愈大。因之，秦汉时期的田野考古收获可谓连年"大丰产"，仅从以下所述之重要的田野考古及其收获即可见一斑。

城址和聚落考古勘探和发掘方面，以秦都咸阳和汉长安城为重点的都城考古在继续，并且获得重大进展。秦都咸阳第一号和第三号宫殿遗址周围建筑遗址的勘探、第三号宫殿遗址东部以及第二号宫殿遗址的发掘等，都取得重要收获，同时发掘了秦咸阳城西郊的塔儿坡、任家咀和黄家沟三处大型秦墓墓地，调查发现大量陶窑址和水井等遗迹。汉长安城的田野考古，一方面是对未央宫遗址、桂宫遗址进行全面的考古调查、勘探和试掘，并以此为基础进行大规模考古发掘，同时，对北宫、长乐宫遗址以及城西建章宫双凤阙遗址等进行考古勘探和试掘；另一方面是对东市和西市遗址、城内手工业作坊遗址、高庙遗址、横桥遗址、横门遗址等进行考古勘探和试掘。上述田野考古，无论其规模还是深度，都达到了前所未有的程度，由此对汉长安城的了解和认识更加深入、更加系统和全面。东汉洛阳城的考古，在完成了南郊汉晋时期的明堂遗址的大规模发掘之后，通过对城垣的试掘和解剖，初步究明了该城始建于西周，后经东周和秦代扩建，历经东汉、曹魏直至北魏的修缮和扩建过程；在城的东南郊发现了大型瓦窑遗址，在城西发掘了一座东汉墓园。秦汉时期行宫的考古，发现并发掘了北戴河金山嘴一带的秦代建筑群遗址、辽宁绥中姜女坟以石碑地遗址为中心的秦汉碣石宫遗址。

与此同时，各地有关秦汉地方城址以及相关建筑遗址的勘察和发掘也不断取得进展。临潼秦汉栎阳故城、神木大保当城址的全面勘探和试掘，基本究明了各自的始建和沿用年代及其形制和布局。武夷山城村汉城进行了全面勘探并进行重点发掘，大致究明了城址的形制和布局。广州西汉南越国宫城遗址的发现和宫苑遗址的发掘，成为西汉南越国考古的重大突破。兴安县秦城遗址七里圩王城的勘探和发掘，基本究明其年代、结构及其性质。华阴京师仓遗址，是秦汉粮仓遗址的首次大规模发掘。新安县盐东村汉代仓库遗址的发掘，对于汉代函谷关及黄河漕运的研究具有重要价值。敦煌汉代悬泉置遗址的大规模发掘，出土汉简25000余枚等一批重要资料。敦煌一带河西汉代障塞烽燧遗址再次进行全面调查，获得大量新的资料和认识。这一时期新发现或进行考古勘探、试掘的城址还有：陕西韩城夏阳故城，山西夏县禹王城，北京良乡窦店古城，天津静海县西钓台古城、宝坻县秦城遗址，辽宁朝阳袁台子古城、凌源安杖子古城，吉林通化白安山城、赤柏松古城、集安国内城，江西大余县寨上古城，广东五华县华城狮雄山建筑遗址、澄海县龟山建筑遗址、乐昌县洲仔秦汉城堡遗址，四川荥经严道古城、广汉县汉代"雒城"遗址，云南保山市龙王塘东汉建筑遗址，宁夏盐池张家场古城、贺兰暖泉古城，青海尕海古城、向阳北古城、支东拉加古城、多八古城。新疆罗布泊地区以楼兰古城为重点的四次考古调查和发掘、民丰尼雅遗址的大规模考察，都取得重要成果。

秦汉帝陵的田野考古取得重要进展。秦始皇陵园的田野考古持续进行，一方面是新发现一批陪葬坑并对其中一部分进行了发掘，如彩绘铜车马坑、石铠甲坑、陶百戏俑坑等；另一方面，对地宫、陵园、陵寝建筑等进行勘探和重点发掘，进一步深化了对秦始皇陵园的认识。西安南郊汉宣帝杜陵陵园遗址的全面勘探和多处重点遗址的发掘，对于了解西汉帝陵的陵园布局和结构等具有重要意义。汉景帝阳陵的田野考古自 1990 年全面展开，对陵园建筑遗址进行全面勘探和测绘，探明了由 5000 余座各类墓葬组成的陪葬墓园，并发掘了南区的部分陪葬坑、帝陵南阙门遗址、罗经石遗址、陪葬墓园的一批中小型陪葬墓等，初步掌握了陵园的整体结构和形制布局。汉武帝茂陵 1 号冢 1 号陪葬坑的发掘，出土大量刻铭铜器等重要文物。

王侯陵墓又有不少新发现。永城芒砀山西汉梁国王陵区的全面勘察，梁孝王墓前陵寝建筑、柿园汉墓等的发掘取得重要成果。山东地区先后发掘了长清双乳山西汉济北王墓、章丘洛庄汉墓陪葬坑及祭祀坑、临淄窝托村西汉齐王墓的 5 个陪葬坑、金岭镇东汉齐王墓等。徐州先后发掘了小龟山、北洞山、驮篮山、狮子山楚王陵及其兵马俑坑，以及簸箕山宛朐侯刘埶墓。扬州一带发掘了神居山、甘泉等广陵王陵。长沙望城坡长沙国某一代王后"渔阳"墓、永州西汉泉陵侯夫妇墓，都有大批精美的漆器出土；沅陵虎溪山沅陵侯吴阳墓，出土竹简约千枚以及一批漆器。广州西汉南越王赵眜陵墓的发掘，揭开了西汉南越国考古新的一页。

秦汉官吏和平民墓葬的发掘遍布于全国各地，数量众多，收获丰硕。择其要而言，在天水市放马滩发掘秦墓 13 座和汉墓 1 座，除发现有竹简外，1 号秦墓出土木板地图 7 幅，1 号汉墓出土了纸质地图残片。在汉长安城郊区，先后发掘汉墓 2000 余座，其中不乏西安交通大学西汉壁画墓之类的重要发现；在神木大保当发掘东汉画像石墓 24 座，是陕北汉画像石墓的一次集中发现。在洛阳金谷园和偃师杏园村等地，又发掘汉代壁画墓多座。在山西朔县，发掘秦至东汉晚期的墓葬 2000 余座，出土铜雁鱼灯、"成山宫"行灯等一批重要文物。在山东临淄辛店乙烯生活区，发掘汉墓 1700 余座。在江苏东海县尹湾发掘的西汉师饶家族墓地，出土竹简 157 枚等。安徽天长三角圩汉墓、巢湖放王岗汉墓的发掘，都获得一批珍贵资料。上海福泉山发掘汉墓 96 座，是上海地区汉墓的首次集中发现。湖北云梦龙岗秦墓、江陵王家台秦墓和江陵张家山、毛家园汉墓等的发掘，出土大批竹简、木牍和漆器。三峡水库的建设过程中，在数十个地点发掘两汉墓葬数百座。四川绵阳双包山汉墓的发掘，发现了经脉漆雕木人等一批重要漆器。贵州赫章可乐墓地第四次发掘的战国至西汉时期的墓葬 111 座，为古夜郎文化及其演变的研究提供了新的资料。在云南曲靖八塔台，发掘战国至西汉墓葬 220 余座；晋宁石寨山、江川李家山墓地的多次发掘，又发现一些西汉时期的墓葬；昆明市羊甫头墓地 520 余座两汉时期墓葬的发掘，对于滇文化以及滇池地区文化变迁的研究具有重要意义。山西右玉县善家堡鲜卑族墓地、宁夏同心县倒墩子汉代匈奴墓、内蒙古准格尔旗西沟畔和东胜补洞沟汉代匈奴墓地的发掘，为汉代匈奴、鲜卑文化的研究提供了重要资料。新疆尼雅贵族墓葬、尉犁县营盘墓地 100 余座墓葬的发掘及其收获，对于汉晋西域考古以及中西文化交流的研究具有极其重要的价值。

秦汉手工业生产遗存的田野考古，主要有澄城县坡头村西汉铸钱遗址的清理，户县西汉锺官铸钱遗址的考察，西平酒店汉代冶铁遗址的调查，重庆中坝汉代龙窑遗址的发掘，西昌东坪村汉代冶铜铸钱遗址的调查和试掘等。此外，还有陕西蒲城县汉代龙首渠遗迹的调查等。

随着田野考古在全国各地的大规模进行，秦汉考古研究出现了空前的繁荣。围绕着一系列的重要考古新发现及 20 世纪 50～70 年代的田野考古收获，各方面的研究全面展开并逐步走向深入，不少方面还形成了研究的高潮。

关于秦汉城市的考古研究，秦都咸阳主要围绕着咸阳城的形制及其相关问题、阿房宫、秦咸阳宫三号宫殿及其壁画、咸阳宫和咸阳制陶业等问题进行。汉长安城的形制和布局，是研究和争论的重要问题之一，杨宽、刘庆柱等先后著文进行研究并展开讨论；另有不少学者就其形制及其成因、宫城和市里等问题进行探讨；黄展岳、王恩田等就南郊礼制建筑的性质和定名等进行了讨论。甘泉宫是在秦林光宫基础上扩建而成的西汉最重要的"四大宫城"（即未央宫、长乐宫、建章宫、甘泉宫）之一，在考古调查和勘探的基础上，对其地望、沿革和结构等展开了讨论。关于东汉洛阳城，主要论及其形制、南郊灵台及其相关问题等。秦汉碣石宫的发现及相关问题的研究逐步展开。秦汉时期的地方城邑中，有关武夷山城村汉城的年代、性质、族属及相关问题的讨论最为集中。

关于秦汉帝陵及王侯陵墓考古研究，基于秦始皇陵园田野考古的一系列新发现，从地宫、封土、陵园、陵寝建筑、防洪设施、陪葬坑、陪葬墓到各种出土遗物的研究全面展开，综合性研究成果有王学理的《秦始皇陵研究》（上海人民出版社，1994 年）等。西汉帝陵成为研究的热点之一，既有关于西汉帝陵及帝陵制度的综合研究，如刘庆柱等的《西汉十一陵》（陕西人民出版社，1987 年），就西汉帝陵进行了系统的考察和梳理；又有大量有关帝陵制度的专题研究，如帝陵的形制、帝陵的昭穆制度、长陵的建制、傅太后陵的位置等。随着一批诸侯王墓的被发现，诸侯王墓的葬制、墓葬类型及其特点等的研究相继展开，如外藏椁、"黄肠题凑"葬制、车马随葬、回廊葬制等的讨论，黄展岳的《汉代诸侯王墓论述》（《考古学报》1998 年第 1 期）是一篇综合性研究论文。王侯陵墓的年代及其墓主人也是学术界关注和讨论的重要问题之一，主要涉及北京大葆台汉墓、长清双乳山汉墓、徐州诸楚王陵、长沙马王堆 3 号墓、长沙象鼻嘴 1 号墓、陡壁山长沙王墓等。

关于秦汉官吏与平民墓葬的研究，主要涉及墓葬年代以及墓主人问题，如内蒙古和林格尔壁画墓、武威雷台汉墓、云梦龙岗 6 号秦墓、江陵张家山汉墓、乐山麻浩 1 号崖墓等。其他的研究主要有汉代墓葬形制的演变、中原地区崖洞墓、四川及南方地区崖墓研究，以及各地汉墓的地域性综合研究等。黄晓芬的《汉墓的考古学研究》（岳麓书社，2003 年），就包括帝王陵墓在内的汉代墓葬的各主要问题进行了系统的考察。

关于出土遗物的研究，秦汉瓦当、陶器、铜器、兵器、印章、封泥等的研究依然在继续，并取得诸多成果，这里不再详述。值得关注的是，随着秦俑坑和秦始皇陵其他陪葬坑陶俑发现的增多，关于秦代陶俑的研究从类型、服饰、色彩到制作技术以及相关问题的研究迅速展开，并且出现了所谓的"秦俑学"，袁仲一的《秦始皇陵兵马俑研究》（文物出版社，1990 年）可谓代表性成果。汉代玉器的研究逐步受到重视，并取得长足进展。围绕着广州西汉南越王墓出土的铜器、铁器、印花凸版等，学术界进行了一系列研究。汉代铁甲胄的清理和复原研究取得多项重要成果。

关于出土文字资料和图像资料的考释和研究，择其要者而言，主要有汉长安城未央宫出土骨签的考释及其相关问题研究，满城汉墓出土铜壶上鸟篆书的讨论，东汉洛阳城南郊新出土熹平石经的发现和研究，汉代瓦当文字的考释等。简牍的考释和研究方兴未艾，主要是围绕着云梦秦简、居延汉简、武威汉简、敦煌汉简、定县八角廊汉墓竹简、临沂银雀山竹简、阜阳汉简、连云港尹湾汉简、江陵张家山汉简、马王堆汉墓竹简和上孙家寨汉简等进行的，《居延汉简甲乙编》、《居延新简》、《银雀山汉墓竹简》、《尹湾汉墓简牍》等大型简牍研究报告相继问世，一个以地下出土简牍和帛书为研究对象的研究领域"简帛学"开始形成，并呈现出逐渐从考古学中独立出来的趋势。陈梦家的《汉简缀述》（中华书局，1980年），是这一时期面世的汉简研究的一部力作。图像资料的考释和研究，主要集中在马王堆汉墓出土的帛书《驻军图》和帛画、晋宁石寨山出土铜器上人物及屋宇雕像的考释等方面。汉画像石的研究依然集中在画像题材、内容、榜题、雕刻技法、分期、地区特点以及反映的社会历史问题等方面，综合性研究成果有信立祥的《汉代画像石综合研究》（文物出版社，2000年）等；不少地区就当地出土的画像石资料进行整理并编写成书，成为汉画像石研究的一项重要基础性工作。

科学技术在秦汉考古中的应用日渐广泛，多学科综合研究逐步形成，成为这一时期秦汉考古全面发展的特征之一。现代科技应用的领域主要涉及金属器、玉石器、骨制品、陶制品、玻璃器、丝织品、颜料、动植物遗骸的鉴定和分析，人骨的体质人类学研究，环境遥感在城址考古中的应用等。举例说来，对秦都咸阳出土的砖瓦、壁画等进行了测试和分析。秦始皇陵园的考古中，大量应用了各种现代科技手段，从地宫的物探、地宫含汞量的探测到陶俑彩绘的成分分析、各种铜制品的成分分析、石甲胄之石质的鉴定和产地调查及其制作模拟实验，都取得了可喜的成果。汉长安城未央宫和武库发掘出土的铁器、兽骨以及骨签材质等进行了鉴定和分析。满城汉墓出土的金属器、玉器、兽类骨骼、朴树籽、花椒以及木材树种等进行了多学科的鉴定和综合研究。广州西汉南越王墓从出土的各种金属器、玉器、玻璃器、人骨、动植物遗骸、药物、丝织品到构筑墓室的石料等，都进行了鉴定和多学科研究。体质人类学的研究主要涉及东汉洛阳城南郊刑徒墓地人骨、贵县罗泊湾西汉墓殉葬人骨、大通上孙家寨匈奴人骨，以及临淄汉代人骨与西日本弥生时代人骨的比较研究等。

根据考古发现探讨社会历史问题的研究，涉及内容广泛。其中，研究和讨论较多的问题有：渤海湾西岸汉代的海侵问题，汉代的粮食、粮食计量和贮藏、农耕技术和农业生产，汉代的军队编制，汉代的道教和早期佛教问题等。纺织品和纺织技术的研究依然受到重视，马王堆汉墓的丝织品、新疆发现的汉晋丝织品及其工艺等都有所研究。天文学的研究出现一个高潮，《中国古代天文文物图集》（文物出版社，1980年）及其姊妹篇《中国古代天文文物论集》（文物出版社，1989年），就秦汉时期的天文文物以及天文学的发展进行了整理和研究。边远地区秦汉时期文化的研究全面展开，内容涉及北方的匈奴文化、闽江流域的汉代文化、西南地区的滇文化等。中外文化交流的研究，以东亚各地之间的交流研究为主，如日本都城起源与中国古代都城的关系，汉代钱币、"倭奴国王"金印在日本的发现及其相关问题，中国古代铁器锻鎏技法的东传日本及其意义、铁器及冶铁术向朝鲜半岛的传播等。

随着田野考古资料的积累和各方面研究的展开，秦汉考古的综合研究出现了新的局面。《新中国的考古发现和研究》（文物出版社，1984 年），对秦汉考古发现和研究成果进行了全面的梳理和总结。李学勤的《东周与秦代文明》（文物出版社，1984 年）和王学理等的《秦物质文化史》（三秦出版社，1994 年），对秦代社会生活及物质文化的主要方面进行系统的论述。王仲殊的《汉代考古学概说》（中华书局，1984 年），围绕着汉代都城、农业、漆器、铜器、铁器、陶器和墓葬等进行了系统的研究；孙机的《汉代物质文化资料图说》（文物出版社，1991 年），对汉代物质文化的各个方面分门别类地进行了研究和解说。《中国大百科全书·考古学》（中国大百科全书出版社，1986 年），对秦汉考古的主要问题进行了简明而又系统的阐述。《中华人民共和国重大考古发现》（文物出版社，1999 年），也包括秦汉时期重要考古发现的简要介绍。

值得注意的是，这一时期许多重要的考古发掘及时进行整理并出版了报告，如秦始皇陵兵马俑坑及铜车马、汉长安城未央宫、汉宣帝杜陵陵园遗址、西安龙首原汉墓、永城西汉梁国王陵与寝园，广州西汉南越王墓等。与此同时，50～70 年代考古发掘的一大批考古资料经整理后发表和出版，如《云梦睡虎地秦墓》、《广州汉墓》、《满城汉墓发掘报告》、《北京大葆台汉墓》、《陕县东周秦汉墓》等，成为这一时期秦汉考古全面发展的另一个重要标志。

（五）秦汉考古发展的新阶段（2001 年以后）

新世纪到来之际，随着我国改革开放的不断深入、社会主义市场经济的初步建立、社会经济的高速发展和社会主义文化建设事业新高潮的出现，我国的考古事业进入一个新的发展阶段。在这样的社会和学术背景之下，秦汉考古一方面继续沿着 20 世纪末的发展趋势前进，另一方面也出现了一些新的时代特点。

就田野考古而言，一是随着三峡水库建设、南水北调等一系列大型国家基本建设工程和各地基本建设的持续高涨，基建过程中的抢救性考古发掘任务日益繁重，成为田野考古的主战场。二是基于上述原因，以及对考古发掘和文化遗产保护关系的理解，主动性考古发掘数量骤减，除了个别大遗址发掘之外几乎停滞，但有些基建过程中的重要发现后来转向系统的主动性发掘，至为可喜。三是为配合大遗址保护工程的实施，对有些重点遗址进行"保护性发掘"。正是在这样的形势下，秦汉时期的田野考古不断取得新的收获。

秦汉城址的田野考古方面，秦阿房宫前殿遗址的勘探和发掘，从考古学上证明其并没有建成。汉长安城遗址的重点转移到长乐宫的研究上，在对长乐宫遗址进行全面、系统的考古调查和勘探的基础上，先后对第二号至第六号建筑遗址进行大规模发掘。另外，为配合文化遗产保护工程，对直城门进行了全面发掘。与此同时，汉长安城的田野考古开始向上林苑以及昆明池遗址的调查、勘探和试掘扩展，汉长安城西郊发掘了一处汉代桥梁遗址。东汉洛阳城内东部发现一处大型东汉冶铁遗址，对于研究洛阳城内的手工业生产提供了重要线索。湘西里耶古城的发现，尤其是 1 号井中 37000 余枚秦代简牍的出土，可谓新世纪以来最为重要的秦汉考古大发现。广州西汉南越国宫城遗址连年发掘，发掘出宫殿建筑基址、水井以及汉简 100 余枚，同时还在宫城以南发掘了一处同时期的木构水闸遗址。内黄三杨庄汉代田宅遗存的发掘，清理出未经扰动的宅院以及农田遗迹，成为汉代聚落考古的重大突破。甘肃礼县鸾亭山汉代祭祀遗址的发掘，是汉代祭天遗存的首次发现。其他重要收获还有：凤翔西汉汧河码头仓储建筑遗址的发掘，长沙走马楼 8 号井西汉简牍的发现等。此外，秦直道沿线的踏查和试掘，为今后进一步深入研究奠定了基础。2007 年启动的"长城资源调查项目"在秦汉长城考古方面已经取得积极的成果。

秦汉帝陵及王侯陵墓的田野考古方面，秦始皇陵园的考古勘探和发掘继续进行，并逐步扩展、走向深入；先后发掘了埋葬木车和陶俑的 K0006、葬有青铜水禽的 K0007、山任村秦代陶窑遗址及其范围内乱葬人骨 121 具、内城和外城的城墙等遗迹。西汉帝陵的考古勘探全面展开，其中尤以汉武帝茂陵、汉昭帝平陵、汉成帝延陵、汉平帝康陵等学术进展较大。洛阳邙山陵墓群的调查和勘测，极大地促进了东汉帝陵陵寝制度的考古学研究。王侯陵墓及皇室贵族墓的重要发现还有：西安枣园大型西汉墓，永城芒砀山汉代礼制建筑遗址，章丘危山汉代济南国王陵陪葬坑、青州香山汉墓陪葬坑，六安双墩西汉六安王陵，长沙望城风蓬岭西汉长沙国王后墓等。

秦汉官吏和平民墓葬的田野考古遍及全国各地，有些发掘规模巨大，如西安北郊张家堡汉代墓群发掘汉墓 440 余座，山东费县西毕城村发掘汉墓 1000 余座，湘西里耶古城附近的清水坪墓地和大板墓地发掘汉墓 325 座。其中不乏重要发现，如日照海曲发掘的 90 余座汉墓，保存完好，出土一大批铜器、玉石器、漆木器、丝织品以及简牍等珍贵资料。其他重要的收获还有：西安理工大学西汉壁画墓、曲江西汉壁画墓、定边郝滩东汉壁画墓、靖边东汉壁画墓、靖边老坟梁汉代墓地的大规模发掘及东汉壁画墓的发现，洛阳尹屯新莽壁画墓，山东胶州赵家庄汉代"土墩式封土墓"的发掘，浙江安吉五福汉初大型木椁墓，云梦睡虎地 77 号西汉墓以及简牍、荆州谢家桥 1 号汉墓及大量丝织品的发现，四川郫江流域汉代石刻彩绘壁画崖墓的调查和清理，甘肃成县尖川西汉墓地以及漆器的出土、永昌水泉子汉墓的发掘以及漆器和汉简的发现等。汉代画像石墓又有不少新发现，其中不乏重要者，如天津蓟县小毛庄东汉画像石墓、河南南阳陈棚村汉代彩绘画像石墓等。

其他方面的田野考古，主要有山东临淄齐国故城汉代铸镜作坊址的调查，连云港孔望山东汉道教遗址群的系统调查和重点发掘，湖南桑植朱家台铸铁遗址、广州海福寺汉代窑场遗址的发掘等，都取得了重要成果。

秦汉时期的考古研究呈现出大繁荣的局面，并且出现不少新的特点，突出表现在研究领域的拓展、研究的逐步深入和系统等方面。2004 年以来，连续召开的"汉代考古与汉文化"系列性国际学术研讨会，对秦汉考古的繁荣发展产生了积极的推动作用。

关于秦汉城址的研究，汉长安城的研究继续走向深入，围绕汉长安城形制和布局以及南郊礼制建筑的讨论仍然在继续，同时研究的内容还涉及汉长安城的中轴线、朝向、与自然地理的关系、城门、宫殿附属地下建筑、宫殿建筑的室内装饰、建章宫东阙及宫阙、宫城的池苑、市场、手工业生产等问题，以及秦都咸阳和汉长安城的关系及其比较研究等。关于东汉洛阳城，主要有南郊礼制建筑等相关问题的研究。刘庆柱和李毓芳的《汉长安城》（文物出版社，2003年）、段鹏琦的《汉魏洛阳故城》（文物出版社，2009年），分别就西汉长安城和东汉洛阳城的考古发现和研究进行了综合性论述。关于秦汉时期的地方城址，主要是各地秦汉城址的区域性综述和研究，如陕西、北京、广西等地秦汉城址的综述，以及围绕里耶古城的相关研究。与之相关联，还有关于古代都城选址和规划中的风水意象，汉代昆明池、武库、高台建筑的研究，以及疏勒河流域汉代长城的考察和研究等。

关于秦汉墓葬的研究，就帝陵的研究而言，主要有关于秦始皇帝陵地宫中的水银、地宫阻水系统、封土形态、外藏系统等的研究，秦始皇陵园K0007陪葬坑性质的探讨，陵园范围的探索，以及秦始皇陵新出土铜兵器和陶百戏俑彩绘纹饰的考察；关于西汉帝陵，主要有关于西汉帝陵的建设理念、西汉帝陵的昭穆制度、汉阳陵丛葬坑的性质、汉阳陵帝陵外藏坑的性质、汉阳陵的"罗经石"遗址等问题的研究；此外还论及汉昭帝平陵、汉元帝渭陵、汉成帝昌陵等；东汉帝陵的探索有所进展。就王侯陵墓的研究而言，一方面集中于墓葬年代和墓主人的考订，如徐州北洞山、狮子山及徐州地区诸楚王陵的年代序列及其墓主人，永城芒砀山梁王诸陵，北京大葆台汉墓，长沙望城坡"渔阳"墓，长沙马王堆3号墓等；另一方面是关于其葬制的研究和讨论，如诸侯王墓的封土、墓道、朝向、棺椁制度、"黄肠题凑"葬制及其"便房"、车马殉葬制度、崖洞墓的建造技术、丧葬礼俗等。就官吏和平民墓葬的研究而言，主要涉及秦汉瓮棺葬的综合研究，关中地区汉墓的形制与分期，山东地区汉墓的类型及陶器的分期，三峡地区秦汉墓葬的分期，以及南匈奴墓葬研究等。与之相关联的研究，还涉及秦汉时期的庙祭与墓祭等问题。高崇文的《试论先秦两汉丧葬礼俗的演变》（《考古学报》2006年第4期）一文，对秦汉时期的丧葬礼俗及其演变进行了深入探讨。

关于出土遗物的研究，一方面是各类遗物个案研究的继续，如秦汉玉器、砖瓦等陶质建筑材料、铜镜，汉代陶俑、陶模型明器、錾刻花纹铜器、银器、装饰品，汉长安城出土的骨签、章丘洛庄汉墓的铜编钟、东汉的鎏金棺饰，滇文化的青铜贮贝器等。西南地区东汉时期流行的铜"摇钱树"多有讨论，讨论的内容除了"摇钱树"本身之外，还论及道教和早期佛教等精神文化的问题。另一方面是有关遗物的系统研究，如陈振裕关于秦汉漆器群、吴小平关于汉代青铜容器、申云艳关于秦汉瓦当的综合研究等。值得注意的是，这一时期有些关于出土遗物的研究已不再局限于其本身，而是由此出发进一步探讨社会历史等问题，并且取得积极进展。如白云翔在《先秦两汉铁器的考古学研究》（科学出版社，2005年）中，在对秦汉铁器进行系统的类型学研究的基础上，进而就秦汉时期的钢铁技术、铁器工业以及铁器的生产和流通等历史学问题进行了深入研究；洪石在《战国秦汉漆器研究》（文物出版社，2006年）中，在对秦汉漆器的类型、组合及分期等进行研究的基础上，就秦汉漆器的制作工艺、生产及其管理、使用等级及流通等进行了探讨。

关于出土文字和图像资料的研究，简牍的考释依然是一个热点，学界围绕新发现的里耶秦简以及云梦秦简、周家台秦简、张家山汉简、虎溪山汉简、八角廊汉墓竹简、银雀山竹简、悬泉汉简、居延汉简等进行考释并进行相关问题研究。骈宇骞、段书安编著的《二十世纪出土简帛综述》（文物出版社，2006 年）一书，系统梳理并简要说明了 20 世纪秦汉简牍和帛书的考古发现。汉长安城遗址相家巷一带秦封泥的发现，引起学术界高度关注，不少学者对其展开考释和研究。其他相关的研究还有：铜器铭文、漆器铭刻、双乳山汉墓麟趾金刻划符号、新莽封禅玉牒、中江塔梁子崖墓榜题等。徐正考的《汉代铜器铭文综合研究》（作家出版社，2007 年）等，对汉代铜器铭文分类进行考释并就铭文所反映的相关问题进行了系统研究。汉画像石的收集、整理和研究仍在继续，同时，有学者就洛阳尹屯壁画墓星象图、四川长宁东汉崖墓画像、早期佛像与西王母图像的联系等进行探讨。黄佩贤的《汉代墓室壁画研究》（文物出版社，2008 年），就汉代壁画墓的形制、分区、分期、壁画内容及其所反映的汉代丧葬文化等进行了系统的阐述。

关于现代科学技术的应用，一方面表现为科技方法和手段的应用更加广泛、更加多样，另一方面表现为多种科技方法的综合运用和多学科综合研究。举例说来：秦始皇陵园考古中，除了继续对出土遗物进行科技分析和鉴定外，还采用多种科技手段和方法对地宫、封土及其周围的地下遗迹进行了遥感与物探等地球物理学综合性探查；汉长安城桂宫的发掘和整理，先后对土壤中的植硅石、排水渠内的植物孢粉、出土动物骨骼的种属、木炭的树木种类、墙皮及炼渣等进行了多学科综合研究；西安地区两汉墓葬在发掘和整理过程中，采用多种分析方法对低温釉陶进行检测并就其釉色的成因及其演变进行探讨，对陶仓内的谷物遗存进行了植物学鉴定，对铁刀剑的漆木鞘进行了显微观察和制作工艺的复原研究，采用电子扫描显微镜和红外分光显微方法对金属棺饰内残留的木材和纤维制品进行材质鉴定等。通过现代科学技术的应用，获取大量的科学信息，有助于秦汉考古研究的进一步深入。同时也应当指出，有的科技方法应用于田野考古，还需要得到进一步的科学验证，基于"假设"基础之上的科学实验，只有得到证明才能成为科学。

值得注意的是，从田野考古出发，对出土遗物进行细致的考古学研究并采用现代科学技术进行多学科综合分析，进而就有关的社会经济生活进行探讨，取得了显著的进展。举例说来，陕西户县汉锺官铸钱遗址在多年考古调查的基础上，通过对出土陶钱范等进行考古学研究和科技分析，就汉代锺官铸钱及其钱币铸造工艺进行综合研究，取得了重要成果；中日学者通过对山东临淄齐国故城汉代铸镜作坊址的考古调查、铜镜陶范资料的收集和整理以及考古学和多种科技手段的综合研究，初步揭示了汉代铜镜的铸造工艺，进而就汉代临淄的铜镜铸造业及其铜镜的流通等进行探讨，成为汉代铜镜和手工业生产研究的重大突破。

关于社会历史问题的考古学探讨，主要涉及秦汉时期的度量衡、历法、农业生产、纺织技术、体育活动，汉代物质文化的统一性与多样性，汉代南北方之间的物质文化交流，楚、秦洞庭、黔中、苍梧诸郡县的建置和地望，汉晋佛教图像所见早期佛教的传播，从中国境内出土的外来文物探讨中外文化交流等。滕铭予根据墓葬资料对秦文化从封国向帝国的转变进行了系统考察；刘庆柱根据古代都城布局形制的变化对都城布局形制与社会形态的关系进行了深入研究。

关于秦汉考古的综合研究，主要是在中国考古学的世纪回顾和展望的学术背景下展开的。根据全国考古专家学者的评选结果编写的《二十世纪中国百项考古大发现》（中国社会科学出版社，2002 年）一书，包括秦汉考古重要发现的介绍和评述。赵化成、高崇文等的《秦汉考古》（文物出版社，2002 年）作为"20 世纪中国文物考古发现与研究丛书"之一，就秦汉考古的发现和研究进行了概要性的论述。

新世纪以来秦汉考古的突出特点之一，是考古发掘报告的大量出版。2001 年南京"全国考古工作汇报会"以来，国家文物局不断加大考古资料整理和考古报告编写出版的监督和支持力度。在这样的形势下，一批积压多年的考古资料终于得到整理并面世，如《西汉礼制建筑遗址》、《长沙马王堆二、三号汉墓》等；同时，一些重要的田野考古项目在发掘结束后及时进行整理并出版了报告，如《汉长安城桂宫》、《里耶发掘报告》、《西安东汉墓》等。短短的数年间，考古报告出版的数量已经远远超过了此前数十年的总和，从而为秦汉考古学的发展提供了丰富的资料基础，做出了重要贡献。

秦汉考古学作为中国考古学的一个分支学科，近百年来其发端、形成和发展的历史进程告诉我们：秦汉考古学是在中国考古学诞生并初步发展的大背景下形成的，是伴随着整个考古事业的进步而逐步发展并走向繁荣的；近代考古学理论和方法的运用，是秦汉考古学从传统的金石学脱离出来并成为一个科学的分支学科的理论基础；"新材料出新学问"，田野考古同样是秦汉考古的基础，也是秦汉考古发展和繁荣的源泉；现代科学技术的应用，不断推进着秦汉考古的科学化进程，是学科形成和发展的重要环节；各个领域、各种专题的深入研究，对于整个学科的发展和完善具有基础性的地位和作用；新材料的发现、新方法的应用、新领域的开辟、新视角的开拓、新命题的提出以及多学科的综合研究，是秦汉考古持续发展、走向未来的必然要求。

二　秦汉考古理论与实践的若干问题

秦汉考古的发生和发展走过了近百年的历史道路，已经取得了辉煌的成就，也积累了丰富的经验。在对秦汉考古进行系统的梳理和全面总结之际，就其理论和实践的基本问题进行探讨和说明，是必要的。

（一）关于秦汉考古的基本任务及其特点

秦汉考古属于历史考古学，而历史考古学有别于史前考古学的根本特征之一是出现了文字和文献记录。各种历史典籍对社会历史的各个方面都有着不同程度的记述，尤其是社会政治和经济制度、历史人物和事件，以及思想文化等，历史时期的社会结构、社会发展之大势等已经基本明了。因此，夏鼐等指出：史前考古学和历史考古学"两者的研究任务也有所不同。史前考古学承担了究明史前时代人类历史的全部责任，而历史考古学则可以与历史学分工合作，相辅相成，共同究明历史时代人类社会的历史"（《中国大百科全书·考古学》第 17 页，中国大百科全书出版社，1986 年）。正是基于这样的认识并结合历史考古学的实践，近年来笔者多次指出："历史考古学相对于史前考古学而言，具有两个最鲜明的特征：其一，是必须与文献记载相结合；其二，是主要任务和研究的重点发生转移，即转移到物质文化的研究、精神文化的物化研究和社会生活的具象化、实证化研究"（《探古求原》第 236 页，科学出版社，2007 年）。从文明史的角度讲，这里的"物质文化"

即"物质文明"，"精神文化"实际上是"精神文明"和"政治文明"的总称。

就秦汉时期而言，这一时期的历史文献已经相当丰富，无论正史、别史、杂史还是文学作品等，都对当时的社会历史有着各种各样的记述。正因为如此，秦汉时期的改朝换代乃至皇帝的更替、重大历史事件的年代等时空记载较为明确，相关的社会政治、经济、文化、历史活动与事件等多有涉及。但毋庸讳言，历史文献也有着其自身难以克服的缺陷，即编写者自身的时代与地位的局限性影响了历史文献的科学性。由于古代的历史学主要是为国家统治服务的，因而其大多重政治史、重制度史，而轻经济生活史和社会生活史；对于历史大人物和历史大事件的记述重彩浓墨，而对于人民大众及其生产和生活则轻描淡写；对当时的社会历史多宏观性、总体性和概括性的记述，而少微观性、具体性和个案性的描述等。况且，历史文献都是当时或后来人的著述，经过了撰写者人为的加工和取舍，被深深地打上了时代和撰写者的烙印。正因为如此，历史文献虽然丰富，但真正全面揭示秦汉时期的社会历史，秦汉考古学有着极为重要的作用和科学意义。因此，我们在研究的实践中，一方面，应当充分重视和利用历史文献，自觉地做好考古资料和文献资料的有机结合；另一方面，从历史考古学的性质、任务及其特点出发，根据考古资料、运用考古学的理论和方法以及相关学科的方法和手段，对秦汉时期的社会历史进行全面、系统的考古学研究，如城市及城市生活的研究，社会生产和商品流通的研究，科学和技术的研究，政治和经济制度的研究，埋葬制度及丧葬习俗的研究，社会意识和精神信仰的研究，中外之间和国内各地区之间文化交流的研究，人们衣、食、住、行等日常生活及行为方式的研究等。唯有如此，秦汉考古才能在秦汉社会历史和秦汉文明的全面揭示和深入研究中作出应有的贡献。

（二）关于秦汉考古的文化分期

考古学作为研究历史的一门科学，"时间"是其基轴之一，即任何时代、任何地区、任何问题的考古研究都离不开"时间"这个轴线，即考古学的断代、分期和编年问题。秦汉考古亦然。

前已述及，历史文献构建的秦汉时期的年代学框架，为秦汉考古的断代和分期提供了重要的基础和依据，但它并不能完全代替考古上的年代学研究。因为，王朝的更替与物质文化的变迁并不完全同步，而是有一个"时间差"；考古学的研究对象是实物资料，而实物资料除了其自身有明确的铭刻年代之外，无论遗迹还是遗物，都存在着一个考古学断代问题。实际上，考古学界始终在进行着秦汉考古断代和分期的实践。关于秦汉考古的断代问题，后文将会详细讨论，这里仅就秦汉考古的分期进行说明。

关于秦汉考古的分期，考古界已经进行了长期的探索，并且提出了许多有意义的认识，但又往往是因人而异，或因地而异，或因问题而异。从理论和实践的结合上看，秦汉考古的分期有两个基本的原则：一是以历史纪年为依据；二是从考古资料所反映的物质文化变迁的相对年代的实际出发。基于这样的认识，整个秦汉时期似可分为以下八个阶段。

秦代：公元前221年至公元前206年，即秦始皇统一中国到秦王子婴降汉、秦朝灭亡，前后仅15年。需要说明的是，秦代的物质文化虽有其时代特征，但与战国晚期相比变化并不明显，在无明确纪年的情况下，大多数考古资料难以将其明确断代为秦代，尤其是关中以外或非秦人文化遗存更是如此。因此，在实践中往往将其断代为"战国末年至秦代"。

西汉早期：公元前 206 年至公元前 141 年，即秦朝灭亡到汉景帝末年，前后计 60 余年。需要说明的是，一般情况下，秦代和西汉初年的考古资料同样难以明确区分，因此，在实践中一般将其断代为"秦末汉初"或"秦代至汉初"；同时，公元前 206 年至公元前 180 年的汉高祖、惠帝和高后时期的 20 余年间，一般又称之为"汉初"或"西汉初年"。

西汉中期：公元前 140 年至公元前 49 年，即汉武帝、昭帝和宣帝时期，前后 90 余年。需要说明的是，汉武帝元狩五年（公元前 118 年）铸行五铢钱，成为考古学断代的重要依据。因此，在考古实践中，一般把西汉中期的上限定在五铢钱始行之年，即公元前 118 年。同时，这一事件涉及的"货币官铸"连同其前后的独尊儒术、平定匈奴、开通丝绸之路、盐铁专营等重大事件，促成了"西汉中期"文化的形成，有别于西汉早期的重大文化差异。

西汉晚期：公元前 48 年至公元 8 年，即汉元帝至汉孺子婴时期，前后约 40 年。需要说明的是，汉元帝即位以后，西汉王朝为宦官和外戚所专权，社会逐渐动荡，王莽早在汉成帝时期开始专权，后于居摄元年（公元 6 年）成为"摄皇帝"，因此，在实践中往往将这一时期称为"西汉末年"或与后来的新莽时期合称为"西汉末年至新莽时期"。

新莽时期：公元 9 年至公元 24 年，即王莽建立新朝的始建国元年至新莽灭亡后刘玄的汉更始年间，前后约 15 年。新莽政权虽然短命，但王莽一系列的复古和改制活动在物质文化上有着明确的反映，钱币、印章、封泥和铜镜等时代特征明显，因此可以将其单独划分为一个阶段。

东汉早期：公元 25 年至公元 105 年，即汉光武帝刘秀建立东汉王朝、经明帝、章帝到汉和帝永元十七年（公元 105 年），共约 80 年。

东汉中期：公元 106 年至公元 189 年，即汉殇帝延平元年到汉灵帝中平六年，共 80 余年。

东汉晚期：公元 190 年至公元 220 年，即汉献帝初平元年至延康元年汉献帝被废、曹丕称帝，前后约 30 年。需要说明的是，黄巾起义及其失败后，东汉社会形成了军阀割据的局面，尤其是建安元年（公元 196 年）曹操胁迫汉献帝自洛阳迁许之后，东汉政权已经名存实亡。因此，这一时期又常称之为"东汉末年"或与后来的三国时期合称为"东汉末年至三国时期"。

应当指出的是，上述秦汉时期的考古学年代分期，各个阶段的年代上、下限并非完全绝对，在很多情况下只是一个相对的大致年代；边远地区与秦汉王朝的中心统治区也有所差别，如在岭南地区一般把秦汉时期的年代上限定在秦始皇三十三年（公元前 214 年）统一岭南设郡县之时，西汉早期和中期的年代界限划在汉武帝元鼎六年（公元前 111 年）平定南越国设九郡之年，并且把西汉早期称之为"西汉南越国时期"，这是当地秦汉时期社会历史发展进程的实际所决定的。

（三）关于秦汉考古的文化分区

考古学作为研究历史的一门科学，"空间"是其另一个基轴，即任何时代、任何地区、任何问题的考古研究都离不开"空间"这个基点。这就涉及到考古学的分区问题，秦汉考古亦然。

秦汉王朝建立的统一的中央集权帝国"海内为一"（《史记·货殖列传》），在广阔的疆域内有着全国统一的社会政治制度、经济制度和社会管理体系，因此，无论物质文化还是精神文化都表现出强烈的统一性特征。但与此同时，秦汉帝国又是一个在东周列国的基础上建立和扩展而成的多民族统一的国家，而秦汉帝国的广阔国土，自然地理环境多样，历史发展背景多异，其表现出的"文化"也就多不相同。对此，《汉书·地理志》进行了精辟论述，指出各地、各民族在自然地理环境、社会经济技术发展水平、文化传统与发展水平和风俗习惯等诸多方面都存在着明显的差异，及其物质文化、精神文化表现出的鲜明地域性特征。这些"和而不同"中的"不同"，使得秦汉考古研究中进行文化分区不仅成为可能，更是必要的。

就秦汉考古的文化分区而言，最根本的是根据各类考古资料所反映出的物质文化和精神文化的地域性差异进行综合性文化分区。也就是说，考古学文化分区实际上是不同考古学文化"空间"的自然地理环境不同而决定了不同考古学文化的存在，至于以后的趋同则是人类发展对于环境的反作用的结果。然而，不同类别的考古资料所表现出的区域范围及其特点并不尽相同，当今各地秦汉考古的发展并不平衡，不同领域的资料积累和研究程度也多有差别，因此，目前进行秦汉考古的综合性文化分区的条件还不成熟。相对而言，由于汉墓在各地几乎都有发现，资料最为丰富并且地域性比较明显，所以不少学者就汉墓进行了分区，如"六区说"，即：关中地区、三晋两周地区、长江中下游地区（包括江汉、四川盆地、长江和江淮）、山东北部及东部地区、北方地区（包括陕西、山西、河北中北部）和辽东地区；"十区说"，即以洛阳为中心的中原地区、关中地区、河西与青海东部地区、北方长城地带、东北及冀东和北京地区、山东和苏北及邻近地区、长江中游地区、长江下游（江南）地区、西南地区和两广地区。本书将汉代官吏和平民墓葬分为 13 个地区进行叙述，即：关中地区、中原地区、幽燕地区、北方长城地带、东北地区、山东地区、苏皖地区、江汉地区、湘鄂（江南）赣地区、东南地区、岭南地区、川渝地区和甘青宁地区。如果加上西南地区，实际上应当是 14 个地区，只是由于把这一地区的汉墓放到《秦汉时期边远和少数族地区的考古学文化·西南地区》一节中一并叙述而未单独列出来。

需要说明的是，本书关于汉墓分区的"十四区说"，主要根据在于汉墓的地区分布及其特征，同时充分参考了当时郡县以及十三州的行政区划、《史记·货殖列传》和《汉书·地理志》所载之文化地理划分，并适当地考虑到自然地理环境和当今的行政区划，也有便于各地汉墓叙述的考虑。因此，这只是一个阶段性的汉墓分区，随着资料的增多和研究的深入，将会进一步修正和完善。实际上，对汉墓进行分区研究是必需的，这是一方面。但另一方面，无论怎样进行分区、分为多少区以及如何表述，都不是绝对的，因为各相邻地区之间存在着紧密的联系和相互影响，各区的范围也会随着时代的变化而发生缩小和扩大等变化。另外，就整个秦汉考古的文化分区而言，还应包括边远和少数族聚居的东北地区、北方草原地区、新疆地区和西南地区等。

（四）关于考古地层学和类型学的应用

考古地层学和类型学，是近代考古学最基本的方法，是考古学"时空"研究的基本科学手段。考古地层学和类型学广泛应用于田野考古和各类室内研究，并且在不断完善。对此，这里似乎没有进行讨论的必要。但是，从各地实践的情况看，就考古类型学和考古地层学在秦汉考古中的应用进行探讨又是必需的和有益的。

地层学是地质学、考古学研究"时间"的科学钥匙。考古地层学最基本的功能有二：一是揭示遗址、遗迹或地层的堆积过程及其成因，二是判定遗迹之间、地层之间及其包含物的相对年代早晚关系。考古地层学在秦汉考古中的科学应用，对秦汉考古的形成和发展产生了极其重要的作用，也积累了宝贵的经验。譬如，湘西里耶古城1号井在发掘过程中，将其井内堆积分为18层，从而为判定该井的始建、使用和废弃年代以及埋藏过程提供了依据；秦阿房宫前殿遗址的勘探和发掘，根据前殿北墙的倒塌堆积、前殿南侧的路土以及其他遗迹现象，从考古学上判定其当时并未建成更未经火烧的历史事实；日照海曲和胶州赵家庄等地汉墓的发掘，首次在山东地区发现了"土墩式封土墓"及其埋藏过程，并为墓葬的分期和编年提供了地层学依据。但有的田野考古中也存在着忽视考古地层学应用的倾向，如对有的房址、水井、陶窑的操作坑、墓葬的封土等不进行分层发掘、不分层进行整理等。鉴于秦汉时期的遗址一般规模较大，又大多经后世的多次扰动，田野考古以及整理过程中，一方面，应注意整体的大面积揭露和观察，不为局部的复杂和混乱所干扰；另一方面，应特别注意分层发掘和记录，尤其是重要的遗迹更应分层发掘、分层记录和分层整理。只有这样，才能真正发挥考古地层学在秦汉考古研究中的作用。

类型学是生物学、考古学研究"空间"与"时间"的科学钥匙。考古类型学作为研究物品（包括遗迹和遗物）所具有共同并且显著"时空"特征的方法，最初是为解决年代学问题而产生的，但同时还主要用于研究物品的形态演化过程及其规律，以及不同类型之间的相互关系，进而探讨以人为主体的"文化交流"。秦汉时期由于有文献记载，出土遗物中不少有纪年或年代标示，考古类型学作为研究遗迹和遗物之年代的一种方法，与史前考古相比其作用有所弱化，这是一种客观存在，但并不意味着其功能的丧失，而是仍然具有不可替代的作用。譬如，洛阳烧沟汉墓的整理者对墓葬形制、钱币和铜镜等进行缜密的类型学研究，并结合有关的纪年资料进行编年，对后来汉墓及其出土遗物的断代产生了重要影响，被誉为汉墓的"年代学标尺"（尽管其中有些方面需要修正和完善）。这里需要强调的是，遗迹和遗物的形态及其变化除了年代学意义之外，其背后还蕴藏着极为丰富的历史文化信息，如用途，制作技术，制造者的生活和生产环境及其思想意识，使用者的身份、地位、使用场景以及心理因素，产地及其流通，交通路线以及商品和人群的移动等。譬如，通过低温釉陶和南方类型陶瓷器的类型学研究并结合其地域分布状况，可以窥见当时汉代物质文化的传播和南北方物质文化的交流；通过铜镜的类型学研究并结合其地域分布，可以了解其产地及其所反映的商品流通。因此，这里提出这一问题，旨在倡导秦汉考古中考古类型学的进一步应用，以推进秦汉考古研究不断走向深入。

这里还要强调指出的是，一方面，运用考古类型学的方法进行遗迹和遗物的断代、分期和编年，必须以考古地层学为基础，因为，一般说来，在年代学研究上地层学具有决定性意义；另一方面，进行遗迹和遗物的年代学研究，必须高度重视并充分利用纪年资料或有年代标示的资料，同时与考古地层学和考古类型学有机结合，这是历史考古学的特点所决定的。

（五）关于"历时性"与"共时性"以及"类比性"

社会历史文化的考古学研究，即根据考古资料、运用考古学方法并结合历史文献记载研究当时的社会历史和文化，是历史考古学的基本任务之一。秦汉考古也不例外。那么，在考古资料的梳理和社会历史文化的考古学研究中应当遵循什么样的原则，这是值得思考和探讨的一个大问题。因此，这里提出"历时性"、"共时性"和"类比性"三个原则。

任何一种事物，都是在不断变化着的。大到秦汉时期的整个社会历史，小到一种具体的文化遗迹和遗物，无不如此。因此，我们在各种问题的研究中，必须遵循"历时性"原则，即用变化着的、发展着的眼光去观察问题、分析问题。譬如，一座城址从始建、经过使用到废弃，有一个短则数十年、长则数百年的历史过程，而在这个过程中它是不断变化的，即使这种变化是局部的。我们今天考古发掘所揭露出来的大多是其废弃时或被后世扰动后的状况，况且我们所发掘的也仅仅是其一部分，因此，我们认识这个城址的结构和布局乃至某些遗迹，不仅应看到其废弃时的状况，还应充分考虑其始建、使用过程中的改建和扩建的情况，即用动态的眼光去观察和分析，才能对其获得更为全面的认识。又如，一种器物，从其出现到流行再到消失，也有一个或长或短的历史过程，而在这个过程中它从形态、装饰到制作技术和使用都是不断变化的，其流行区域也是有所变化的，那么，我们对它同样需要用动态的眼光去观察和分析。当然，由于资料的限制和学科发展的时代局限，我们还不可能就所有问题都进行"历时性"的说明，但"历时性"作为一种原则不宜忽视，至少应当避免把某一时段的东西作为整个秦汉时期的东西加以解释和描述。同时需要注意的是，如果某一事物不是从一个地区直接传播到另一个地区的关系，将不同地区的不同时期的东西联系起来对其发展演变进行"历时性"的观察和分析，是应当避免的。当然，如果把秦汉时期作为一个整体与其他时代相比较，则另当别论，但应把握其最典型、最有代表性的东西。

前已述及，秦汉时期的文化，无论物质文化还是精神文化都表现出强烈的统一性特征和明显的地域性特征，这就涉及"共时性"原则的问题。所谓"共时性"是指我们在研究统一性和地域性的过程当中，不同地域间的比较应当是同一时段的相互比较研究。我们说秦汉文明具有鲜明的自身特点和东方特征，是把秦汉时期作为一个整体跟世界上同时期的其他国家和地区进行比较得出的认识。就秦汉帝国内部来说，其统一性和地域性的研究，在某些情况下可以将其上下400多年作为一个整体进行比较和考察，但一般情况下应将其划分为若干阶段进行不同地域间同时段的比较研究，方可得出比较科学的结论，否则，就会失之大谬。譬如有的学者在研究汉代铜镜的地域性时，将一个地区以西汉为主的铜镜与另一地区以东汉为主的铜镜进行比较，其结论显然不符合历史实际，其根本原因就在于违背了"共时性"原则。这种现象应当高度警惕。

比较研究法是考古研究中最常用的方法之一，而这种方法最基本的原则是"类比性"。所谓"类比性"，就是同类方可进行比较。当然，类别的内涵和外延可以界定，但无论如何，比较的双方和多方必须同类。譬如，关于墓葬形制和结构的地域性，可以通过不同地区间墓葬的比较得出认识，但这种比较应当限定在同类别的墓葬之间，如王侯墓与王侯墓相比、平民墓与平民墓相比，而不宜将不同等级的墓葬进行比较；如果是研究同一区域内墓葬的等级差异，则应当是墓葬形制之间、棺椁制度之间、随葬品及其组合之间各自的比较，这就需要注意"共时性"问题。再譬如，关于汉代陶俑的地域性特点，在可能的条件下，应当是分别诸侯王、列侯墓出土的陶俑进行比较，而不是用帝陵的材料与王侯陵墓相比；如果是研究某一区域陶俑的等级差别，则可以进行不同等级墓葬出土陶俑的比较，但同样应注意"共时性"问题。其他方面亦如此，如官吏的房屋与农民的房屋不同，城市的房屋建筑与乡村的房屋建筑不同，主人的服饰与仆人的服饰不同等。总之，只有同类别的事物相比较，才能发现它们之间的联系和差别，才能得出比较正确的认识。

（六）关于边远和少数族地区的考古研究

秦汉时期的边远和少数族地区有两方面的含义：其一，是秦汉帝国统一辖区之内的边远和少数族聚居地区，大多是随着秦的统一和汉武帝时期的经略而进入秦汉王朝政治版图的，如"西南夷"地区、西域都护府地区等；其二，是今中国境内当时地处秦汉帝国统一辖区之外并与之邻接、同秦汉王朝有着密切联系的地区，如秦汉长城以北的匈奴、鲜卑、乌桓聚居区及其以北地区等，它们共同开创、构成和奠定了我国历史上统一的多民族国家初期的版图格局。

上述地区秦汉时期社会历史和文化的发展，表现出鲜明的自身特点。其一，是这些地区本部族社会历史和当地传统文化的发展和演变，或者是当地社会历史和传统文化的持续发展；或者是社会历史和文化随着汉文化的进入而发生突变，但其文化传统的某些方面依然在延续。其二，是这些地区同秦汉王朝和秦汉文化存在着密切的联系，或者随着当地汉郡县的设置成为汉王朝的一部分，成为多民族统一的大家庭的一员；或者同秦汉王朝存在着战争、和亲、贸易等多方面的联系，受到了秦汉文化的直接影响。其三，是由于它们地处秦汉王朝边远或周边地区的地理区位特点，这些地区的社会历史和文化同与之相邻的其他国家和地区存在着千丝万缕的联系，同时成为秦汉王朝对外交往的"前沿地带"。

正是由于这些边远和少数族地区所具有的上述特点，使得这些地区秦汉时期的考古学研究具有鲜明的自身特点。一方面，从研究的方法来看，应与秦汉王朝中心统治区域有所区别，即注意"原史时代考古"方法的应用。具体说来，东北和北方少数族地区、汉西域都护府设置之前的西北地区、汉郡县设置之前的"西南夷"地区等的土著文化，其历史文化遗存应当采用史前考古文化的方法进行命名并进行研究；对于能够确认其族属的文化遗存，可以其族属命名，如"滇文化"、"匈奴文化"、"鲜卑文化"等；但对于难以或无法确定其族属的文化遗存，还是以其首次发现地点命名为宜，如东北地区的"平洋文化"、"团结文化"、"滚兔岭文化",西南地区的"可乐文化"等。另一方面,从研究的视角看,一是要着眼于当地传统文化的发展和演变及其与"内地"先秦文化乃至史前文化的关系;二是要着眼于同秦汉王朝及秦汉文化的联系,或是秦汉文化的进入及其同土著文化的融合,或是秦汉文化的影响等;三是着眼于当地同与之相邻的其他国家和地区的联系,以及在秦汉时期中外交往中的地位和作用等。

这里需要特别指出的是,汉王朝在朝鲜半岛北部地区设有乐浪、玄菟、临屯、真番四郡,在中南半岛东北部地区设有交趾、九真、日南三郡。上述两地实际上是汉王朝的一部分,因此当地发现有大量的汉文化遗存。但是,基于当代国家疆域的考虑,朝鲜半岛北部和中南半岛东北部的汉文化遗存,本书将其放到《秦汉时期的中外交流及其同周边地区的联系》一章中叙述。

最后需要说明的是,关于秦汉考古理论和实践的有关问题,除上述六个方面之外,主要还有考古资料与文献资料如何有机结合的问题、现代科学技术的应用及多学科综合研究的问题等,而前者是历史考古学的一个共性问题,后者是整个现代考古学的一个基本问题,这里不再展开讨论,但在秦汉考古的实践中应当给予高度的重视。

三　秦汉考古的主要课题及其展望

秦汉考古经过近百年的发展历程,各个领域的研究相继展开,并且都程度不同地取得了进展,学科体系已经基本建立起来。本书正是对秦汉考古近百年来发展历程及其成就的全面梳理和阶段性总结。为了秦汉考古的长期繁荣发展和学科体系的不断完善,这里就主要课题加以论述并展望其今后的发展。

(一) 城市与聚落考古

城市和聚落,作为人们聚居的地方,是政治活动、文化活动和日常生活的主要空间,也是部分经济活动和军事活动的场所,遗留有丰富的历史文化遗存。因此,城市和聚落既是田野考古的主要对象,也是考古研究的基本内容之一。广义上说,城市是"聚落"的一种类型,但秦汉时期的人们对"聚落"已经有了城、邑、聚、落等不同类型的划分和区别,并且它们之间无论其结构、规模、形态还是内涵、功能等都明显有别,况且在现代汉语中狭义的"聚落"指的是"村落"。因此,将广义的"聚落"至少区分为城市和聚落两大类,更有利于秦汉"聚落"的解读。

需要指出的是,现代考古学上通常所说的聚落,是西方考古学关于"社会"的"单元",把遗存对象作为社会整体进行考古研究的理论和方法被视为"聚落考古学"。中国从史前时代先后进入王国、帝国时代,"社会"之"单元"由简单到复杂,从"聚"到"邑"再到"都",已经出现于先秦时代。秦汉时期的国家社会"单元",由"都"、"郡"、"县"、"乡"等城址与"聚"、"落"等民众群体居址,共同构成国家架构,形成国家的"金字塔",而都城是其"塔尖",郡治、县治城是其"塔身",聚、落为其"塔底"。因此,秦汉考古学研究既要重视"塔尖"的都城,又要重视"塔底"的聚、落,是它们共同构成秦汉王朝的社会历史形态。

1. 都城考古

都城作为一个国家之首都,是"聚落"的最高形态。尤其是在中央集权的政治体制之下,都城成为一个王朝的政治统治中心、经济管理中心、军事指挥中心和文化交流中心。在某种意义上说,它是当时整个社会和时代的缩影。因此,它无疑是城市考古乃至整个考古中的重中之重。如秦都咸阳城、西汉长安城和东汉洛阳城,通过长期的田野考古和研究,都取得了重要进展。

秦都咸阳城内战国晚期至秦代的宫殿建筑、手工业作坊、居民生活遗迹以及渭南上林苑、阿房宫等,都有大量发现并经过规模不等的发掘,对该城的诸多方面获得了深刻的认识,而秦咸阳城的范围、布局和结构等的进一步究明,是今后的首要任务。

汉长安城考古有计划、有系统,成果也最为显著,该城的布局、结构等已基本究明。今后的任务,一方面是城内长乐宫、北宫和明光宫等宫殿建筑,以东市和西市为中心的手工业作坊区和商业区,居民居住区等的勘探和发掘,进一步深化对城内布局和结构的认识;另一方面是城西建章宫、城郊手工业作坊、有关设施以及上林苑的勘探和研究,以真正解决与之相关的诸多问题。与秦和西汉都城相关联,关中及其他地区秦汉离宫和行宫的田野考古和研究也有待进一步展开。

东汉洛阳城经过长期的全面勘探和重点遗址的发掘,其基本结构大致明了,对重点遗址也有了一定的认识。由于该城在东汉以后又被曹魏、西晋和北魏等朝代长期使用,东汉洛阳城的田野考古和全面研究面临诸多实际困难。但是,在今后的田野考古中注意东汉遗存乃至线索的收集和确认,并对其进行细致的整理,东汉洛阳城的研究有望逐步取得进展。

2. 地方城邑考古

地方城邑是指都城之外各地的城邑。秦汉时期随着郡县制的推行,东周各诸侯国的都城以及其他城邑演变为秦的郡、县治城和汉代的郡、县、诸侯国、侯国治城以及列侯封邑、属国都尉治城等,同时又根据需要新修建一批郡、县治城等,从而形成了上自都城、下至县(道、邑、侯国)城的城市体系。

一般说来,秦汉时期的地方城邑,是其所在地的政治、经济和文化中心,以及军事指挥中心,数量众多,类型多样,对于秦汉社会历史和文化的研究具有重要意义。因此,地方城邑考古成为秦汉考古的又一个重点。迄今考古发现的秦汉城址有 620 余座,其中约300 座可以确认属于郡国城、县道城、帝王陵邑、列侯封邑以及属国都尉治城等,其余300 余座其性质尚难以确定。基于各地城址的调查和部分城址的发掘,目前对秦汉时期地方城邑的分布、类型、规模和布局结构等已经有了初步的认识。然而,秦汉时期的城址绝大多数只是进行过地面调查,经过一定规模发掘的城址为数甚少,因而直接影响到地方城邑研究的深入。今后秦汉时期的地方城邑考古,一是继续进行考古调查,进一步了解和掌握当时城邑的分布状况,因为迄今发现的城址即使与《汉书·地理志》所载 1500 余县相比在数量上还有相当差距;二是运用 GIS 地理信息系统,结合文献记载对某一地区的城址进行区域性系统调查,探求其分布、类型、规模及其与自然环境、经济活动、人口密度、交通等的关系,从而总结出规律性的认识;三是对不同地区、不同类型的某些重要城址进行大规模发掘，"解剖麻雀"，以求对其布局结构和内涵有较为全面和深入的认识。从学术研究的方法论角度来说，城址考古与其"伤其十指"不如"断其一指"。当然，重点城址的选择需要具有可操作性。

3. 聚落考古

秦汉时期的聚落，主要指的是一般性村落以及乡镇。聚落作为一般性居住和生产、生活的空间，广布各地，数量众多，并且其规模和结构多有差别，往往因地而异，对于当时基层社会结构和社会生活的考古学研究具有极其重要的意义。因为，"聚"、"落"是构成社会的"细胞"。迄今经过一定规模发掘的汉代聚落遗址主要有辽宁辽阳三道壕遗址、江苏高邮邵家沟遗址以及河南内黄三杨庄遗址等，都获取得了宝贵的资料和成果，但为数甚少。因此，今后一方面是加强聚落遗址的调查和勘探，力争有更多的发现；另一方面是对保存较好的聚落进行大规模发掘，深入了解其结构和内涵，力求对秦汉时期的聚落获得较为深刻的认识。

需要指出的是，秦汉时期是我国古代城市和聚落发展史上的一个极其重要的历史时期，以战国时期的城市与聚落为基础，开创了帝国时代城市和聚落的新格局。因此，就秦汉时期的城市和聚落的研究而言，着眼于它们在整个古代城市和聚落发展进程中的继承和变革，着眼于它们的兴衰、地理分布、内部空间结构等与自然地理环境变迁、文化传统与社会制度演变等之间的关系，对于深刻认识秦汉时期的城市和聚落的时代特点和历史地位，都具有重要意义。

（二）墓葬考古

墓葬作为人们埋葬死者的设施和实物遗留，是当时丧葬制度、丧葬礼仪、丧葬习俗以及丧葬活动考古学研究的基本对象。同时，墓葬又是人们"阳间"生活的一种反映和折射——尽管这种折射具有相当的"光曲率"和"哈哈镜"的效果，但无论如何它们从一个侧面反映了现实社会的方方面面。实际上，秦汉时期的考古资料绝大多数是墓葬资料，并且据以研究当时社会政治、经济、科技、文化等的资料也绝大部分来自于墓葬的发掘。因此，墓葬同样既是田野考古的主要对象，也是考古研究的基本内容之一。加之"墓葬"相对于"遗址"而言，其保存的"完整"性，在反映"社会"的"全面"性方面又是必须给予充分重视的。秦汉时期的墓葬在中央集权制之下，不同社会阶层的墓葬有着严格的等级规定，因此，秦汉墓葬的研究至少应分别帝陵、王侯陵墓、官吏与平民墓葬等不同的等级进行考察。

1. 帝陵考古

皇帝及其帝后陵墓，是秦汉墓葬的最高形态，规模大、结构复杂、内涵丰富，是长期以来学术界关注的重点。秦始皇陵园的考古已经取得了丰硕的成果，但距离真正究明其结构、布局和内涵还需要进行大量的田野考古，并以此为基础进行深入的研究。无论田野考古还是室内研究，都不能将视野局限在能够产生"轰动效应"的兵马俑坑及其他陪葬坑和地宫等方面。其实，自春秋战国时代以来，古代帝王陵墓的"地上"社会功能就越来越多，越来越突出，越来越重要。

西汉十一陵的考古比较系统，各陵的方位及其排列顺序基本得到确认，并且汉宣帝杜陵陵园和汉景帝阳陵陵园等进行了全面勘探和重点遗址的发掘，由此对西汉帝陵的主要特点及其演变已经有一个基本的认识。西汉诸帝陵之间存在着明显的差异，并且关于西汉帝陵制度的起源和演变、是否存在严格的昭穆制度、帝陵陵邑的文化内涵等诸多问题上仍然存在不同的意见，因此，通过继续对各陵园进行全面勘探和重点发掘，并以此为基础进行综合研究，关于西汉帝陵的认识将会逐步深化。

东汉帝陵是长期以来的一个学术"谜团"。20世纪80年代以来，尤其是近年来洛阳东汉帝陵的系统调查、钻探和相关遗迹的发掘，发现一些重要的遗迹和遗物，为东汉帝陵的研究提供了重要线索，并且有学者据此对相关问题提出了一些初步认识。随着洛阳一带东汉帝陵调查、勘探和相关发掘的逐步深入，以及各类资料的系统整理，关于东汉帝陵的分布、陵主的归属、陵墓结构及其特点、陵寝制度的变化及其内在原因等研究，有望获得较大进展。

需要指出的是，帝陵考古的重点不能热衷于其地宫的发掘，而是应着眼于整个陵园及其各种埋葬设施的调查、勘探和重点发掘，着眼于陵墓制度、文化内涵及其演变的深入研究。

2. 王侯陵墓考古

王侯陵墓作为诸侯王和列侯及其夫人的墓葬，是仅次于帝陵的高级墓葬形态，并且数量较多、类型多样、分布地域广，因此同样是长期以来秦汉墓葬考古的一个重点。迄今已发现西汉诸侯王墓（含王后墓）45座，分属18个王国；西汉列侯墓（含夫人墓）15座；西汉梁孝王寝园经过大规模考古发掘。同时，围绕着西汉王侯陵墓的各种专题研究也多有开展。据此，关于西汉王侯陵墓的陵园以及地面设施、墓室结构和形制、随葬制度和丧葬礼俗等，已经获得了基本的认识。相对而言，东汉王侯陵墓的发现较少，迄今得到确认的诸侯王墓8座，列侯墓3座，综合研究也相对比较薄弱，对于东汉王侯陵墓的主要方面还无法做出系统的说明。

汉代王侯陵墓研究的进一步深入，最基本的是田野考古及其资料的整理。从研究的层面上说，一方面有待于东汉诸侯王墓尤其是列侯墓的辨识。因为，东汉大型墓葬的发现并不少，只是由于大多盗扰严重而留存下来的资料有限，使得难以确认其是否属于列侯墓葬。实际上，通过细致的整理和系统的比较研究，有些墓葬的级别是可以得到确认的。另一方面，有待于王侯陵墓的各个方面的分类综合研究，如不同国别和不同地区间的比较研究、墓葬结构的历时性研究、随葬品以及陪葬制度的综合研究等。

3. 官吏与平民墓葬考古

秦汉时期的官吏和平民墓葬分布极为广泛，数量众多，并且其类型多种多样，同样是秦汉墓葬研究的重点领域。迄今已经发现的秦汉墓葬数以万计乃至十万计，有关各方面的研究也为数甚多、成果颇丰。据此，我们对秦汉时期的墓葬类型、丧葬习俗、时代特征及其演变、地域性特点等都已经有基本的认识，但秦汉墓葬研究仍然有着极为广阔的空间。

各地经过发掘并积累的秦汉墓葬资料甚多，但已经正式发表资料者还远远不够。因此，各地秦汉墓葬资料的整理和公布，是秦汉墓葬研究走向深入的基础。从研究的层面上说，一是各地墓葬的区域性研究，以尽快建立或完善当地秦汉墓葬的编年；二是各类墓葬的分类综合研究，如木椁墓、石椁墓、砖室墓、崖洞墓、画像石墓、画像砖墓等分类进行历时性研究，以探讨其发生、流行直至衰亡的历史过程和动因，以及各自的社会应用等；三是就墓葬的各个方面分类进行综合研究，如墓室结构、棺椁形态、随葬品及其组合等；四是丧葬习俗及其演变的研究，进而向丧葬过程及其场景的复原研究扩展。

需要指出的是，秦汉时期正处于我国古代墓葬结构的大转折时期，也是帝国时代丧葬制度的形成时期，从帝王陵墓到平民墓葬的等级秩序，墓葬结构由竖穴墓向洞室墓、由木椁墓向砖室墓转变，夫妻合葬由异穴合葬向同穴合葬转变，丧葬观念由重"礼"到重"俗"转变，墓葬的构造以及墓内装饰对后来的墓葬都产生了深远的影响。因此，无论帝王陵墓还是平民墓葬，着眼于秦汉时期丧葬制度和墓葬结构在整个古代墓葬发展史上的继承和变革进行研究，都是必要的。

（三）物质文明的研究

物质文明主要是指人类赖以生存的物质生活条件及其发展水平。它既是一个社会发展水平的"指示器"，更是一个社会得以存在和发展的物质基础。它涉及社会生产和社会生活的各个方面，大到一座城市、小到一件物品都有所反映和体现。作为根据实物资料研究古代社会历史的考古学，在物质文明的研究上具有独特的优势。即使在文献记载已经十分丰富的秦汉历史的研究中，物质文明的考古学研究仍然具有不可替代的地位和作用。正因为如此，秦汉考古在物质文明的研究上成果最为突出，城市、聚落和墓葬的研究如此，各种生产工具、生活器具、礼仪文化用品等的研究亦如此，并将不断深化和系统化。对此，这里不再展开讨论。物质文明的基础是社会生产，因此，这里主要就与社会生产有关的几个方面略作说明。

农业是古代社会最为重要的生产部门，尤其对于以农立国的古代中国来说更是如此。基于各地、各类相关资料的发现和研究并结合文献记载，关于秦汉时期农业的主要方面，如农作物的品种、农业生产工具、农业耕作技术、粮食的加工与贮藏、农田水利及其设施、农业生产中的多种经营等，大致可以做出概括性的说明。但是，目前所依据的资料大多出自墓葬，而墓葬资料有一定的局限性；即使如此，不少墓葬中与农业相关的资料，或者未注意收集，或者未经科学鉴定，如动植物遗骸等。因此，秦汉农业考古研究的深化，一方面有待于农业考古资料的收集及其科学鉴定，尤其是城址和聚落址的资料尤为重要；另一方面有待于农业考古各方面的分类综合研究。与之相关联，农田水利遗存的考古调查和研究，则亟待加强。同时，农业之于中国古代宗法社会、农业与其所派生的相应文化等，由"形而下"向"形而上"的考古学探索至关重要。

手工业生产是古代社会的另一个重要生产部门。手工业生产的考古学研究，也愈来愈受到学界的重视。正是基于各种手工业产品、手工业遗迹的发现和研究并结合技术史的研究成果和文献记载，目前对秦汉时期的铁器工业、铜器制造业、陶瓷烧造业、漆器加工业等已经能够做出大致的描述，甚至有些方面还比较深入。但总体来看，关于秦汉手工业生产的考古学研究，无论是田野考古还是综合研究，都与手工业生产在当时社会经济中所具有的地位和作用还很不相称，并且不同门类、不同地区的研究很不平衡。从学科建设的角度来看，加强手工业生产遗存的考古调查和发掘，深化纺织业、钱币铸造业、玉石器加工业等的系统研究，将各个门类的手工业生产作为一种产业就其原材料、生产设施、生产技术、生产过程、组织管理、产品乃至产品的流通和使用等作为一个系统进行研究，并将研究的领域逐步向制盐业、车船制造业、酿造业等生产门类扩展，都势在必行。

科学技术是第一生产力，与农业、手工业等的发展直接相关，是物质文明的重要载体和重要标志。古代科技的考古学研究作为物质文明研究的重要组成部分，自夏鼐开创这一领域的研究以来，长期受到关注并且取得了长足进展，尤其是在冶金、天文、医学、农学、造纸术等方面更为突出。进一步加强考古学和科技史学的合作，以田野考古以及考古资料的收集和整理为基础，大力开展多学科综合研究，对于秦汉时期物质文明的阐释将发挥重要的作用。

水利工程和交通工具、交通手段以及交通设施，无论将其作为古代的科学技术成就还是社会物质生活的一个方面，都是物质文明的重要组成部分。就水利工程而言，从都江堰、郑国渠、灵渠、龙首渠、白渠到三门峡漕运遗迹等，都进行过考察和研究，有待于进一步深化和系统化。秦汉时期的车马，以往多有研究并且取得不少成果，而对船只等其他陆路和水路交通工具还缺乏系统的考古学研究，需要逐步开展。就道路、桥梁及其相关设施而言，秦代的直道、汉代的敦煌悬泉置等都进行过不同程度的考察和研究并取得积极成果，但从交通考古的视角出发的系统研究明显缺乏并且有不少空白，如连接关中和巴蜀地区的褒斜道、自僰道（今四川宜宾）进入夜郎地区（今贵州西部）的五尺道，以及各地交通干道的桥梁、驿、置等设施，都有待于纳入考古学的视野进行考察和研究。

（四）精神文明的研究

精神文明作为人类社会在发展过程中创造的精神财富的统称，一般是指文学、艺术、教育、科学等，是人们思想意识、道德观念、宗教信仰、风俗习惯等精神生活的具体表现。古代人们的精神生活已经随着时间的脚步而消失，但它们不仅被历史文献所记述，并且以各种物质的形式为载体保留了下来，使得从考古学上根据实物资料对其进行"透物见人"的研究成为可能。正因为如此，精神文明的考古学研究成为考古学研究的重要组成部分。秦汉考古也不例外。

秦汉时期的400余年间，从秦始皇的"焚书坑儒"、汉初"黄老之学"的盛行到汉武帝的"罢黜百家、独尊儒术"，从秦始皇、汉武帝的长生不老思想到民间流行的鬼神观念，从谶纬之学的兴盛到对谶纬思想的批判，从道教的产生和流行到东汉时期佛教的传入等，社会思想和意识形态经历了一个多元、多变、激荡而又融合、趋同的历史过程，形成了以汉字、儒学、史学、文学艺术和多元宗教信仰为核心的精神文明。考古发现的秦汉时期的文献资料，无论简牍、帛书还是石刻，作为当时社会文献的实物遗存，对当时精神文明的诸多方面有着明确的记述，历来为学界所重视并进行了深入系统的研究，今后也将长期开展下去。就其他各类实物资料来说，同样包含着大量关于人们精神生活的内容。比如，各类墓葬资料，从墓葬结构、埋葬方式、随葬品到画像石、画像砖和壁画等，无不直接反映了当时人们的生死观念和丧葬习俗；各种图像资料，无论是壁画、画像石和画像砖，还是铜镜等各种器物的花纹，其本身就是一种艺术品或艺术表现形式自不待言，同时也都从一个侧面反映出当时人们的意识形态和思想观念，如神仙思想、西王母崇拜、长生不老的心理诉求、企求高官厚禄和渴望子孙繁昌的精神追求、忠君和孝悌的道德观念等；即使是一种普通的日用器具，从造型到装饰，也都直接反映出当时的艺术表现形式和表现手法、审美观念和精神追求，如各种人物和动物造型的铜灯、镇和博山炉等，都表现出现实主义和浪漫主义相统一的美学理念。

关于秦汉时期精神文明的物化研究，以往在有关考古遗迹和遗物的分类研究中多有涉及和探究，为进一步的综合研究奠定了基础。尤其是 20 世纪 90 年代以来，随着美术考古热潮的出现，汉代壁画、画像石和画像砖等图像资料以及陶俑等雕塑品的研究颇受学者们的青睐。从秦汉考古的学科发展趋势看，一方面是着眼于精神文明的不同方面、整合各类考古资料并结合文献记载等进行系统的研究，有望取得积极的成果，如近年来开展的关于西王母崇拜及其文化的研究等；另一方面，是充分借鉴和运用相关学科如文化人类学、社会学、美术史学、图像学等的理论、方法和成果进行考古学的综合性研究，秦汉精神文明的物化研究有望不断走向深入。需要指出的是，通过精神文明的物化研究，进而探讨精神文明发展的动因及其在当时社会发展中的作用及其规律，是这一研究的根本目标和最高境界。

（五）政治文明的研究

政治文明的核心是社会制度，在文化人类学中又称之为"社会组织"。这里的社会制度并非仅仅指社会组织，而是包括从政治制度、经济制度、各种法律和法规到社会生活规范在内的社会制度的总和。

秦汉时期，随着中央集权国家的建立，社会生活的各个领域出现了一系列具有帝国时代特征的制度和规定，形成了以皇权统治、官僚政治、郡县制为核心的政治体制，有关社会政治、社会经济、社会组织和社会生活的各种律令构成的法律体系，以及有关赋税、手工业和农业生产、货币铸行、商品流通等的一系列经济政策，构成秦汉时期的政治文明。对此，历史典籍和地下出土的文献资料有着详细的记载自不待言，而考古发现的其他实物资料也有着不同程度的反映，使得根据实物资料对秦汉时期的政治文明进行物化研究成为可能。举例说来，秦统一前后随葬青铜礼器的秦墓主要不再使用传统的秦式礼器，而是转而主要使用三晋两周地区的青铜礼器，表明其墓主人的地位和权力不是通过世袭的途径得到的，而是凭借个人的能力获得的，反映出因军功而获得爵位的新贵族已经成为统治集团的主要成员，而这一点也正是以地缘政治为基础的社会结构的一个突出特征；秦汉时期由都城、郡国治城和县邑等构成的城市网络，从一个侧面反映出当时的郡县制社会结构；西汉首都长安城内宫城占有突出地位，以及宫殿与宗庙的形制和布局，反映出随着由王国时代进入帝国时代，王权与皇权政治发生了巨大的历史变化；汉代帝陵及王侯陵墓的陵园、墓葬结构、陪葬制度、棺椁制度、殓具和随葬品及其演变等，都反映出当时郡国并行的政治架构和严格的等级制度；东汉中晚期，地方豪强的墓葬从形制、规模到随葬品都开始混同于诸侯王和列侯葬制，以及这一时期的墓葬中出土的坞堡类建筑模型等，都反映出当时大地主经济膨胀和豪强势力急剧扩张的社会状况；西汉阳陵和东汉洛阳城附近刑徒墓的发现，极大地推进了汉代刑徒制度的研究；南阳瓦房庄、巩县铁生沟等铁工场址及其出土遗物，成为汉武帝时期至东汉早期盐铁官营政策的实物写照；陕西户县汉锺官铸钱遗址以及其他秦汉时期钱币和钱币铸造遗存的发现，为研究秦汉时期钱币铸行政策及其变迁提供了珍贵的实物资料；各地发现的新莽时期的钱币、印章以及其他有关地名、职官等的铭刻资料，都是新莽政权"改制"的真实写照。

关于秦汉时期政治文明的考古资料十分丰富，以往已有不少研究并取得了重要成果。从秦汉考古学科发展的趋势看，一方面是着眼于政治文明的物化研究，对各类考古资料进行系统的梳理和阐释；另一方面，是着眼于政治文明的不同侧面，整合各种有关的考古资料对其进行全息的、系统的阐释。从考古学上来说，在政治文明的物化研究中，充分利用历史文献和出土文献及其研究成果是必不可少的，但如果把考古发现仅仅作为政治文明研究的"点缀"则是远远不够的。

（六）社会生活的研究

社会生活的内容广泛，既包括政治生活、经济生活、文化生活，更包括人们的衣、食、住、行等日常生活，强调的是人们的行为、活动及其动因、环境、条件、方式、形态和结果等。考古学上的一切实物资料，都是古代人们生产和生活的实物遗留，因此，上述关于城址、墓葬、物质文明、精神文明和政治文明的研究，实际上都包括或涉及社会生活的研究。这里提出社会生活的具象化和实证化研究，旨在强调从社会生活的角度发掘和梳理考古资料，对其各个方面进行具体的、形象的说明和阐释。同时，也是基于考古资料的具象性、实证性特征和历史考古学在整个历史科学中的独特优势的认识。

20 世纪 80 年代以来，我国历史学发展的特点和趋势之一，是社会史和社会生活史研究的广泛开展，社会生活的具体阐述、社会各阶层日常生活的研究受到关注并取得了长足进展。在这样的学术背景之下，社会生活的考古学研究也逐步展开并有所进展，但总体上看有待于进一步加强并使之不断深化和系统化。就秦汉时期来说，除了上面关于物质文明、精神文明和政治文明研究的讨论中已经论及之外，这里再强调以下四个方面的问题。

其一，商品流通的研究。秦汉时期，虽然政府长期采取"重农抑商"政策，并且汉武帝之后相当长一个时期实行"盐铁官营"，但就整个秦汉时期而言，贸易和商品流通相当发达，成为当时社会经济生活的一个重要组成部分。对此，以往不少研究有所涉及，但从商品流通的角度进行系统研究有待开展，譬如流通商品的种类、商品的流通方式和商品流向及其同自然地理环境、经济政策、交通和手工业生产的关系等，根据各地考古发现的各类遗物进行研究不仅是必要的，而且是可能的。

其二，中外交流的研究。我国同周边国家和地区的文化交流，虽然可以上溯到先秦时期甚至更早，但作为一个国家真正打开国门走向世界，却是从汉武帝时期张骞通西域开始的。尤其是随着"汉文化"的最终形成和汉王朝对周边地区的经营和交往，对周边国家和地区产生了直接的影响，并且在东亚地区形成了"汉文化圈"。根据中国境内出土的域外文物考察汉代丝绸之路和秦汉时期的中外交往与文化交流应继续进行的同时，广泛收集和系统整理国外有关的考古发现，全面地、双向地揭示秦汉时期的中外交往和文化交流以及东亚"汉文化圈"的形成，更是亟待开展。

其三，日常生活的研究。日常生活的内涵丰富，内容广泛，这里主要是指衣、食、住、行等最基本的内容。这也是社会生活具象化和实证化研究的基本任务之一。对于秦汉时期日常生活的不同侧面，以往都有所研究，但有待于进一步深化和系统化。一方面，就服饰、饮食、居住建筑、交通工具及设施等方面有关的考古资料分门别类地进行收集和整理并结合文献记载，力求对它们的内涵和形态、结构等做出尽可能具体的、形象的和系统的说明，进而探讨其时代特征、地域性差异、等级差异及其所蕴涵的精神文明和政治文明方面的东西。另一方面，就不同地域、不同社会阶层的日常生活的各个方面进行综合研究，深入揭示日常生活的地域性和等级性及其动因。因为，日常生活的衣、食、住、行等诸方面之间存在着密切的内在联系，无论是一定地域内还是一定的社会阶层内，无不如此。

其四，礼仪活动的研究。礼仪活动作为人们社会交往的有机组成部分，是人们社会生活的基本内容之一。尤其是秦汉时期在多民族统一的中央集权国家的社会条件下，形成了既有统一的等级规定、又有各地和各族特色并且相互影响的礼仪文化。上至朝觐皇帝、下至黎民百姓之间的交往，从人们出生之时的礼贺到人们逝去之后的丧葬仪式，礼仪无不蕴涵其中。对此，考古发现中也有所反映。譬如，壁画、画像砖和画像石等图像资料中，有许多反映出行、谒见、宴饮及其礼仪的内容；有些西汉墓葬的祭祀遗迹和东汉大型墓前堂中的祭奠遗存，都从一个侧面反映了在丧葬过程中或者之后的祭祀活动。对此，以往在关于丧葬制度、图像资料的研究中有所涉及，但有待于将其作为一个领域进行系统研究。

社会生活的具象化和实证化研究，不仅是考古学的基本任务之一，而且考古学具有独特的优势。但是，或许是由于社会生活的研究属于"小学"的观念的存在，使得这种研究长期未能得到应有的重视。实际上，社会生活研究的广泛开展，是学科发展的必然趋势之一，并且有着广阔的前景。秦汉考古是如此，整个历史考古学乃至整个考古学也是如此。

以上所述，是基于对历史考古学性质、任务和特点的理解并从秦汉考古的历史、现状和学科建设的实际出发，就秦汉考古的主要课题及其发展趋势提出的基本认识。最后需要说明的是，其一，上述六个方面的课题中，物质文明、精神文明、政治文明和社会生活的研究，都是以城址、墓葬以及其他遗存的田野考古为基础的，因此，加强田野考古以及田野考古资料的整理，是秦汉考古得以健康、可持续发展的基石，是一个长期而艰巨的任务；其二，物质文明、精神文明、政治文明和社会生活之间存在着密切的内在联系，因此，在研究的实践中，可以有所侧重，可以有着眼点的不同，但在思考问题、分析问题和认识问题上不能将它们割裂开来；其三，秦汉文化的强烈的统一性和浓厚的地域性，或者说文化的一致性和多样性，是秦汉物质文化和精神文化的基本时代特征，对此如何理解并进行阐释，既是一个重要的研究课题，更是审视和把握秦汉文化形成、发展和演变的两个基本视角，因此，各个方面的研究中充分重视和把握其统一性和地域性，是十分有益的。

第一章　秦代都城、行宫与直道

第一节　秦代都城遗址

从战国时代至秦代是中国历史上重要时期。这时王国时代已走到历史尽头，帝国时代踏上中国历史的舞台。秦咸阳城作为秦国和秦王朝的都城，是这一中国历史重大变化的政治平台，它是承载从王国到帝国历史发展的物化载体，它是那个时代历史的缩影。20世纪60年代以来的秦国与秦王朝的田野考古工作，其都城、宫城、宫殿、手工业作坊遗址与王陵区和一般墓葬区的考古发现，大量遗物的出土，已经揭开了秦都历史面纱，使我们越来越走近那个波澜壮阔的历史时代。

一　秦咸阳城遗址

（一）秦咸阳城营建史

咸阳为西周王朝都城丰镐二京的京畿之地，因其地处九嵕山之南、渭水之北，山南水北皆为"阳"，故名咸阳[1]。秦咸阳城遗址位于今陕西省咸阳市以东约15公里的窑店镇一带，南临渭河水、北依咸阳原（图1-1）。《史记·秦本纪》记载：孝公"十二年（公元前350年），作为咸阳，筑冀阙，秦徙都之"。秦国正式迁都咸阳在孝公十三年（公元前349年）[2]，当时首先进行的都城建设项目就是修建宫城、宫室[3]。在秦惠文王执政时期，秦咸阳城宫室进行了扩建，《汉书·五行志（下之上）》记载："惠文王初都咸阳，广大宫室，南邻渭，北临泾。"其后，历秦武王、昭王、庄襄王，至秦王政统一全国之前，秦都咸阳又从渭河北岸的咸阳城向渭河以南发展，营建各种设施，以适应社会发展对都城的要求。这些工程主要有兴乐宫、章台、诸庙、甘泉宫、上林苑等，形成了秦都咸阳的渭北咸阳城与"渭南"宫室苑囿的格局。

秦始皇统一全国，建立秦帝国，在这一历史大变化中，秦都咸阳进行了更大规模的扩建。《史记·秦始皇本纪》记载："秦每破诸侯，写放其宫室，作之咸阳北阪上，南临渭。自雍门以东至泾渭，殿屋复道，周阁相属。"继之在"渭南"大兴土木，相继兴建了信宫

---

[1]《三秦记》："咸阳，秦所都；在九嵕山南、渭水北，山水俱阳，故名咸阳。"引自刘庆柱辑注《三秦记辑注·关中记辑注》，三秦出版社，2006年。

[2]《史记·秦始皇本纪》：孝公"其十三年，始都咸阳"。

[3]《史记·商君列传》："居三年，作为筑冀阙宫廷于咸阳，秦自雍徙都之。"

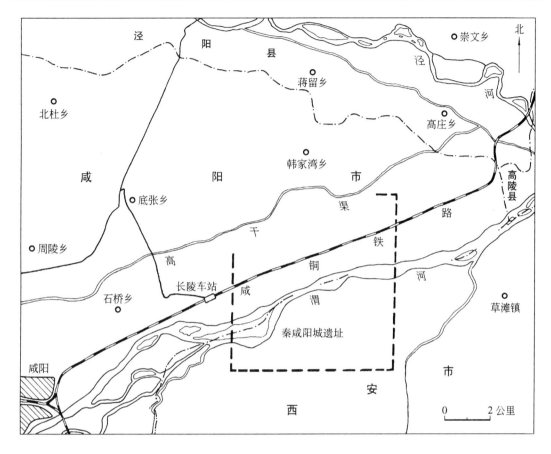

图 1-1 秦咸阳城遗址位置图

（极庙）、甘泉前殿[1]。由于秦始皇认为渭北秦咸阳城的发展空间不大，在其执政后期，准备将大朝正殿迁至渭南，于是在公元前 212 年动工兴建著名的阿房宫前殿[2]。由于阿房宫前殿有秦一代并未建成[3]，秦始皇"听事，群臣受决事，悉于咸阳宫"；直至秦二世仍以渭北秦咸阳城为其政治活动中心，他最后被逼自杀于望夷宫[4]。

（二）秦咸阳城考古发现简史

秦咸阳城遗址考古始于 20 世纪 50 年代末。1961～1966 年考古工作者在秦咸阳城遗址

---

[1]《史记·秦始皇本纪》：二十七年秦始皇"焉作信宫渭南，已更命信宫为极庙，象天极。自极庙道通郦山，作甘泉前殿。筑甬道，自咸阳属之"。

[2]《史记·秦始皇本纪》：三十五年"乃营作朝宫渭南上林苑中。先作前殿阿房，东西五百步，南北五十丈，上可以坐万人，下可以建五丈旗"。

[3]《史记·秦始皇本纪》："阿房宫未成；成，欲更择令名名之。"因有秦一代阿房宫未更名，故可以说阿房宫"未成"。

[4]《史记·秦始皇本纪》。

进行了考古调查、勘探，在此期间发现了 12 处建筑遗址、11 处排水道、70 多口水井、百余座灰坑和 1 座陶窑等遗存，并对个别建筑遗址进行试掘，发现了秦壁画残块、秦砖瓦建筑材料等。在长陵车站附近和滩毛村一带，发现了手工业作坊遗址、一般居址，清理了一些水井、排水道、陶窑和窖藏等遗存[1]。

　　秦咸阳城遗址的大规模考古工作始于 20 世纪 70 年代初。1973～1979 年进行秦咸阳城遗址考古调查、勘探，基本究明秦咸阳城遗址的布局，发现了秦咸阳宫宫城遗址，发掘了具有重要学术意义的秦咸阳宫第一号宫殿建筑遗址与秦咸阳宫第三号宫殿建筑遗址[2]。上述考古工作开启了中国古代高台宫殿建筑遗址考古工作的先河[3]，发现了迄今为止时代最早、保存最完整、面积最大的中国古代宫殿建筑壁画[4]。

　　1980～1990 年，考古工作者全面发掘了秦咸阳宫第二号宫殿建筑遗址，补充发掘了秦咸阳宫第三号宫殿建筑遗址，清理了残存的秦咸阳宫第四号宫殿建筑遗址；在宫殿区以西的聂家沟、胡家沟一带，发现了制陶（主要为砖瓦）、冶铜、铸铁的官府手工业遗址；在长陵车站附近发掘和清理了手工业遗址，出土了一些重要文物，如诏版、铜人头等[5]。

　　1974～1984 年，在秦咸阳城遗址以西的今摆家寨至毛王村一带，勘察了多处秦墓葬区。对其间烟王村附近的秦墓葬区，先后进行 4 次考古发掘，清理秦墓 128 座，出土各类器物 453 件[6]；1990 年在任家咀秦墓地发掘春秋时代至秦代墓葬 242 座，出土随葬器物957 件[7]；1995 年在塔儿坡秦墓地清理战国时代至秦代的秦墓 381 座，出土随葬器物1374 件[8]。

　　关于秦咸阳城遗址的地望，学术界意见不一。一说"由于渭河的冲刷，咸阳古城遗址已很难究寻"[9]；或谓"咸阳南靠渭水，因为渭水不断北移，故城遗址受到冲决，目前已看不到城址踪迹"[10]。另一说认为，秦咸阳城的宫城建于其南部，已被渭水冲没，现在仅

〔1〕　A. 陕西省社会科学院考古研究所渭水队：《秦都咸阳故城遗址的调查和试掘》，《考古》1962 年第
　　　　6 期。
　　　　B. 陕西省博物馆、文管会勘查小组：《秦都咸阳故城遗址发现的窑址和铜器》，《考古》1974 年第
　　　　1 期。
〔2〕　陕西省考古研究所：《秦都咸阳考古报告》，科学出版社，2004 年。
〔3〕　秦都咸阳考古工作站：《秦都咸阳第一号宫殿建筑遗址简报》，《文物》1976 年第 11 期。
〔4〕　咸阳市文管会、咸阳市博物馆、咸阳地区文管会：《秦都咸阳第三号宫殿建筑遗址发掘简报》，《考
　　　　古与文物》1980 年第 2 期。
〔5〕　A. 陕西省考古研究所：《秦都咸阳考古报告》，科学出版社，2004 年。
　　　　B. 秦都咸阳考古工作站陈国英：《咸阳长陵车站一带考古调查》，《考古与文物》1985 年第 3 期。
　　　　C. 秦都咸阳考古工作站：《秦咸阳古窑址调查与试掘简报》，《考古与文物》1986 年第 3 期。
〔6〕　A. 秦都咸阳考古队：《咸阳市黄家沟战国墓发掘简报》，《考古与文物》1982 年第 6 期。
　　　　B. 陕西省考古研究所：《秦都咸阳考古报告》，科学出版社，2004 年。
〔7〕　咸阳市文物考古研究所：《任家咀秦墓》，科学出版社，2005 年。
〔8〕　咸阳市文物考古研究所：《塔儿坡秦墓》，三秦出版社，1998 年。
〔9〕　武伯纶：《西安历史述略》，陕西人民出版社，1984 年。
〔10〕　杨宽：《中国古代都城制度史研究》第 101 页，上海古籍出版社，1993 年。

存作坊区和居民区[1]。还有一说认为，秦咸阳城只有宫城，而无郭城[2]。第四种观点认为，秦咸阳城既有宫城，又有郭城[3]。

秦咸阳城遗址的考古工作已开展四十多年，郭城城墙还未发现，但是已经发现战国时代中晚期和秦代大量宫殿建筑基址、手工业作坊遗址、居址和墓地[4]。结合历史文献记载与两千年来渭水的北移[5]，根据考古发现相关遗存，推断秦咸阳城遗址范围西起今长陵车站附近，东至柏家嘴村，北由成国渠故道，南到西安市草滩农场附近（即秦代渭河北岸，汉长安城遗址北约 3270 米附近），东西约 7200 米、南北约 6700 米[6]。

在秦咸阳城遗址范围内考古勘探发现的宫殿建筑遗址，以咸阳原上今聂家沟至姬家沟之间的遗址最为密集，宫殿建筑遗址群周围发现墙垣遗存，推断这里应为秦咸阳宫遗址。

在上述宫殿建筑遗址群墙垣之外的东、西面，勘探发现 26 座建筑遗址，它们分布在秦咸阳宫遗址西部的今胡家沟 1 处、聂家沟 6 处，秦咸阳宫遗址东部的今山家沟 6 处、柏家嘴 6 处（属于兰池宫遗址，该遗址以东的杨家湾村一带，为低洼地带，这里可能为"兰池"故址），秦咸阳宫遗址北 8 公里的今泾阳县蒋留乡余家堡 1 处（该遗址可能为望夷宫遗址），此外，在今姬家道沟、刘家沟、牛羊沟的北端和怡魏村、三义村各发现 1 处建筑遗址[7]。山家沟建筑遗址群中的姬家道沟以东、山家沟以西、刘家沟以北，有一组规模庞大的秦建筑遗址群，其范围东西 254 米，南北 246 米。

以宫殿建筑遗址群为中心，在其西部的今聂家沟一带发现制陶、冶铸等官府手工业遗址；在其东部的今杨家湾一带可能为"兰池"及"兰池宫"遗址所在地；在其西南部今长陵车站附近的滩毛村、长兴村、店上村等地，发现大量手工业作坊遗址。秦咸阳城遗址西部发现、发掘了大批秦墓。

（三）秦咸阳宫遗址
1. 秦咸阳宫遗址的勘探

在今咸阳市渭城区窑店镇以北的 13 号公路以东至姬家道沟以西，勘探发现了大面积

[1]　王丕忠：《秦咸阳宫位置推测及其他问题》，《中国史研究》1982 年第 4 期。

[2]　A．王学理：《秦都咸阳》，陕西人民出版社，1985 年。
　　　B．徐为民：《秦都城研究》，陕西人民教育出版社，2000 年。

[3]　刘庆柱：《秦都咸阳几个问题的初探》，《文物》1976 年第 11 期。

[4]　陕西省考古研究所：《秦都咸阳考古报告》，科学出版社，2004 年。

[5]　《史记·白起王翦列传》："秦王乃使人遣白起，不得留咸阳城中。武安君既行，出咸阳西门十里，至杜邮。"又，《史记·滑稽列传》："二世立，又欲漆其城，优旃曰：'善。主上虽无言，臣固将请之。漆城虽于百姓愁费，然佳哉！漆城荡荡，寇来不能上。即欲就之，易为漆耳，顾难为荫室。'"上述文献记载说明秦都咸阳的秦咸阳城之存在。关于渭水北移的情况，《汉书·文帝纪》苏林注：渭桥"在长安北三里"。考古勘探发现汉长安城横门遗址之外发现南北 1250 米道路遗迹，再北则为渭河故道。

[6]　刘庆柱：《论秦咸阳城布局形制及相关问题》，《古代都城与帝陵考古学研究》，科学出版社，2000 年。

[7]　陕西省考古研究所：《秦都咸阳考古报告》第 13 页，科学出版社，2004 年。

秦宫殿建筑遗址及其周围的墙垣遗迹，后者应为秦咸阳宫宫城墙垣（图1-2）。周围墙垣形成长方形城址，其中北墙长843米，南墙长902米，西墙长576米，东墙长426米，墙宽5.5～7.6米。现存夯土墙基厚4.6米，墙基距地表深1.4～2.2米。对墙垣的试掘表明，夯土墙基在秦文化层中，墙基之中包含有战国时代的板瓦、筒瓦残块，鬲、釜、盆、罐等陶器残片。据此，推断墙垣建于战国时代。在南墙垣与西墙垣各发现门址1座，南门宽7.2米，西门宽17～18米。

在宫城城址之内勘探发现有7处大型夯土建筑基址，按照其在城址之内分布位置，可以分为三区：西北区、中区和东北区。西北区在城址西北部，今十三号公路与牛羊沟之间，主要有第一、二、三、五号宫殿建筑遗址；中区有第四号宫殿建筑遗址，位于城址中部的牛羊沟村与赛家沟村东西之间，宫殿建筑遗址西南部地面之上曾分布有高台建筑基址，现已毁坏无存；东北区在城址东北部，为第六号宫殿建筑遗址，位于今赛家沟与姬家道沟之间，是城址中规模最大的遗址，其平面为方形，边长150米，遗址之上现存一高大夯土台，东西49米，南北34米，高5.8米，夯土厚达16米[1]。

上述城址的时代属于战国时代中晚期至秦代，位于秦都咸阳遗址中部地势较高的咸阳原之上。《三辅黄图》记载："始皇穷极奢侈，筑咸阳宫，因北陵营殿。""北陵"即咸阳城北部的高地，亦即咸阳原或称"北阪"之地。根据目前考古资料，在今13号路与姬家道沟之间的城址，推断应即文献记载的咸阳宫宫城遗址。

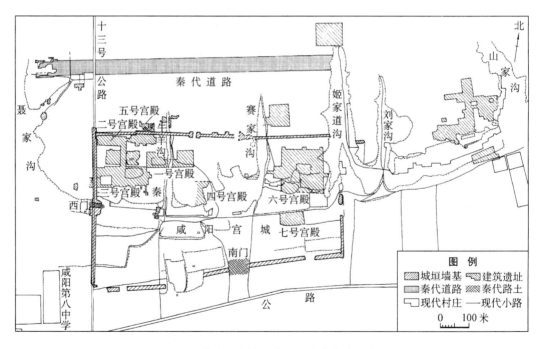

图1-2　秦咸阳宫城垣范围及建筑遗址分布图

〔1〕　陕西省考古研究所：《秦都咸阳考古报告》第10～12页，科学出版社，2004年。

2. 秦咸阳宫宫殿建筑遗址的考古发掘

为了究明秦咸阳宫遗址文化内涵，20 世纪 70～80 年代考古发掘了宫城遗址第一、二、三号宫殿建筑遗址，清理了第四号宫殿建筑遗址。

（1）咸阳宫第一号宫殿建筑遗址

咸阳宫第一号宫殿建筑遗址（以下简称"一号殿址"），位于今咸阳市窑店镇牛羊村以北约 200 米的咸阳原上，遗址被牛羊沟分割为东西两部分。勘探表明，一号殿址平面为"凹"字形，东西长 130 米，南北宽 45 米，中间凹进部分南北宽约 20 米（图 1-3）。该建筑为战国时代流行的高台建筑，已发掘部分为整体建筑基址的西半部，发掘面积 3100 平方米。台基遗址尚存，底部东西 60 米，南北 45 米，高 6 米。台面由西向东呈缓坡状，四周为陡坡。台基现存台面东西 31.1 米，南北 5.8～13.3 米。地基截面为锅底形，最深处约 5 米。

一号殿址以夯土高台为宫殿建筑的核心，不同建筑依高台而建（图版 1-2）。高台顶部为宫殿主体建筑——殿堂（F1），殿堂以东为过厅（F2），过厅以南为一居室（F3）。殿堂西为南北向坡道，出殿堂南门可登坡道，至殿堂西边高于殿堂地面的平台。平台西侧为坐西向东、南北排列的二居室（F4、F5）。F1～F5 在同一平面，高于一号殿址下层回廊地面 4.9 米。殿堂下部（即台基底部）的北、南、西三面分布有各种功能建筑，其外有回廊、散水。北面有东、西并列的两座大房屋（F7、F6），南面东西并列四室（F8～F11）。F6～F11 地面低于殿堂地面 3.94 米。宫殿建筑附近发现 4 处排水池、7 个窖穴。

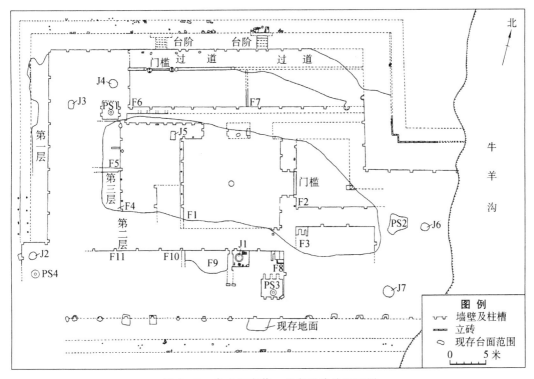

图 1-3　秦咸阳宫第一号宫殿遗址平面图

F1～F11. 宫室　J1～J7. 窖穴　PS1～PS4. 排水池

殿堂（F1）平面近方形，室内东西 13.4 米，南北 12 米。南、北各辟二门，东辟一门。殿堂中央置一都柱，四壁置壁柱，壁柱截面方形，边长 35 厘米。柱下置础石，础石均为天然砾石。地面涂朱，光滑、平整、坚硬，此即文献记载的"土被朱紫"[1]。

位于台基下部南面东端的 F8 是一座功能特殊的房屋建筑，其面阔 6.95 米，现存进深 5.7 米。素面方砖铺地，室内东北角设壁炉，西北角置窖穴，东南角有排水池。壁炉高 1.02 米，宽 1.2 米，纵深 1.1 米。炉顶呈"△"形，炉膛覆瓮形。炉身土坯砌筑，草泥抹壁，表面涂朱。窖穴口径 0.97 米、深 13.8 米。排水池东西 3.2 米，南北 2.7 米，深 0.4～0.7 米。池底铺瓦，排水池南、北壁架木 3 排，东西并列。池底接陶漏斗，其下与地下排水系统连接。这座房屋有可能是一号殿址中的"盥洗室"。

一号殿址考古发现窖穴 7 个，其底部均发现有动物骨骼。这些窖穴应为储存食品所用。根据窖穴的结构不同，可分三种类型：第一种，窖穴内壁砌置数量不等的陶井圈，底部无窖底盆；第二种，窖穴内壁无陶井圈，底部有窖底盆，窖壁两边有脚窝；第三种，窖穴内壁无陶井圈，底部亦无窖底盆，窖壁两边有脚窝。

一号殿址发现的 4 个排水池，分设于台基上部的西北部与东部，以及台基下部的南部与西南角。位于室外的排水池，用于建筑物排水；置于室内的排水池，用于盥洗排水。

一号殿址考古发掘遗迹表明，这是一处将各种不同的建筑单元统一于一个整体的高台宫殿建筑群，在使用功能、通道、采光、排水及结构诸多方面都作了合理的安排。建筑物平面主次有别，布局灵活自由，统一而不呆板。大小建筑均以高台为基础，分别位于台基上下，使其高低错落、参差有致。战国秦汉时代是中国建筑史上的重要阶段，这座大体量的多层楼阁式高台建筑遗址又是目前所知最有典型性、代表性的古代高台建筑物遗存，它把过去认为汉代建筑施工技术特点的许多方面提前到战国时代中期或秦代[2]。

关于一号殿址的性质，说法较多。有"冀阙"或宫门门阙说[3]、"咸阳之旁宫观二百七十"说[4]、"祭祀社稷场所"说[5]、咸阳宫宫殿说[6]等。

一号殿址不具备"门阙"或"门"的建筑功能，它与宫门门阙、"冀阙"不同。至于认为咸阳宫的宫殿建筑于渭河之滨[7]，一号殿址应为"咸阳之旁宫观二百七十"之一的

———————————

[1] A. 汉·张平子：《西京赋》，引自梁·萧统编《文选》第 42 页，中华书局，1977 年。

B.《三辅黄图》：秦都咸阳"离宫别馆，相望联属。木衣绨绣，土被朱紫，宫人不移，乐不改悬，穷年忘归，犹不能徧"。引自何清谷校注《三辅黄图校注》第 31 页，三秦出版社，2006 年。

[2] 秦都咸阳考古工作站：《秦都咸阳第一号宫殿建筑遗址简报》，《文物》1976 年第 11 期。

[3] A. 王学理：《秦都咸阳》，陕西人民出版社，1985 年。

B. 学理、采梁、梓林、洪春：《秦都咸阳发掘报道的若干补正意见》，《文物》1979 年第 2 期。

[4] 王丕忠：《秦咸阳宫位置推测及其他问题》，《中国史研究》1982 年第 2 期。

[5] 瑞宝：《秦咸阳宫一号建筑遗址分析》，《文物考古论集——咸阳市文物考古研究所成立十周年纪念》，三秦出版社，2000 年。

[6] 刘庆柱：《论秦咸阳城布局形制及其相关问题研究》，《古代都城与帝陵考古学研究》，科学出版社，2000 年。

[7] 王丕忠：《秦咸阳宫位置推测及其他问题》，《中国史研究》1982 年第 4 期。

说法，与秦都咸阳遗址考古调查资料相矛盾，也与文献记载的"因北陵营殿"相左[1]。秦咸阳城附近的"宫观二百七十"应在京畿之地，而不是在秦都咸阳的"北陵"之地或"咸阳原"上。一号殿址与已经发掘的西汉时代的社稷遗址布局结构进行对比，二者相去较远，一号殿址遗存也反映不出其"祭祀"功能。将其认定为秦咸阳城的祭祀性"社稷"建筑，是难于成立的。从一号殿址遗迹和遗物资料分析，它应属于当时流行的高台建筑，其布局形制说明该建筑可能为宫室一类建筑，但并非大朝正殿。

（2）秦咸阳宫第二号宫殿建筑遗址

秦咸阳宫第二号宫殿建筑遗址（以下简称"二号殿址"），位于宫城西北部，东南距一号殿址约 93 米。其建筑形制仍为高台宫殿建筑。二号殿址东西长 127 米，南北宽 32.8～45.5 米，其中西部较宽、东部较窄，遗址西北部有向西和向北的附属建筑，遗址东部有向南的附属建筑。二号殿址考古发掘面积 7004 平方米。主体建筑——殿堂（F4）位于二号殿址西部台基中央，殿堂平面方形，东西 19.8 米，南北 19.5 米，面积 386 平方米。在殿堂南北的台基回廊之上，各设置东西并列、对称分布的踏步两处。二号殿址的回廊遗迹保存尚好，南、北、西、东廊长分别为 86.5 米、116.35 米、22.25 米、93.22 米，回廊宽 2.7～3.9 米（图 1-4）。

在回廊和庭院地面发现有 18 处竖置陶管，计南廊 3 处、北廊 12 处、西廊 1 处、庭院 2 处。陶管皆单节宽沿和直口圆筒陶管，口径 17～19 厘米，长 67～69 厘米，陶管内发现未经扰动的木炭遗存。推测这些回廊中的陶管可能用于插放旗杆或其他木杆之类什物，这

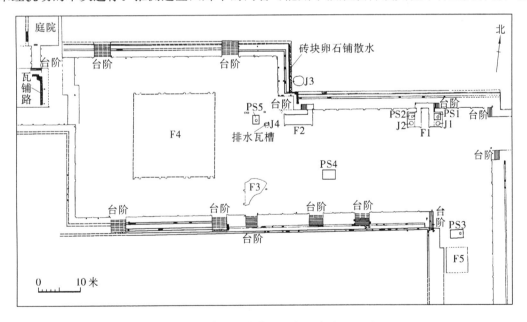

图 1-4 秦咸阳宫第二号宫殿遗址平面图
F1～F5.宫室 J1～J4.窖穴 PS1～PS5.排水池

---

〔1〕 何清谷校注：《三辅黄图校注》，三秦出版社，2006 年。

在咸阳宫其他宫殿建筑遗址考古发掘中所未见。二号殿址是秦咸阳宫宫城中已发掘的规模最大的宫殿建筑遗址，这里可能是宫城中处理政务活动的一处重要建筑[1]。

（3）秦咸阳宫第三号宫殿建筑遗址

秦咸阳宫第三号宫殿建筑遗址（简称"三号殿址"）在二号殿址南 73 米、一号殿址西南 10 米，其东北和北部分别与一、二号殿址相连，位于今咸阳市窑店镇牛羊村北部。三号殿址东西长 123 米，南北宽 60 米。主体建筑在三号殿址台基中央，台基之下四面筑房屋，室内地面涂朱。四面房屋之外置回廊，其外有散水。三号殿址西侧是一条南北向的长廊，长 32.4 米，宽 5 米。长廊东、西为坎墙，墙体夯筑，残高 0.2～1.08 米。东、西坎墙壁柱对称分布，东、西坎墙现存壁柱柱洞分别为 13 个与 9 个。长廊地面为青灰色，光滑、平整、坚硬。廊道北端有门槛槽，门槛槽外有房屋建筑，房屋辟门，门外置踏步。在这条南北向长廊东、西坎墙墙壁之上，首次发现的秦宫殿建筑壁画，内容丰富多彩。长廊南北 9 间，壁画按"间"之东、西壁为单元分布其上。

长廊南数第一、二间，东、西坎墙墙体已毁，未发现壁画。

第三间东、西坎墙墙壁底部保留极少壁画，为黑色几何形图案。

第四间东、西壁壁画均为车马图，东壁车马图保存完整，由三组车马组成，每组四马一车。车马北驶，构图位置由南向北一组高于一组。三组车马中南组四马为黑色，其余两组四马均为枣红色（图版 2-3）。在车马的两边有松树图案。西壁壁画残存车马图的马为黑色。

第五间东壁壁画为仪仗图，现存 11 人，仪仗图中部有 6 人，分为两组，每组 3 人。仪仗图上部两边各有 1 人与 4 人。11 人均为身着长袍，长袍颜色为绿、褐、红、黑、白等。西壁壁画仅存类似建筑物的图案。

第六间东壁壁画为 2 组车马图，南北排列，均南驶。马色为枣红色和黄色。西壁壁画为建筑图，内容包括南北二楼，建筑物内并有人物活动图。

第七间东壁壁画仅存一组车马图，马为黄色。车马南向。西壁壁画为麦穗图。

第八间东、西壁壁画均已剥落无存。

第九间东壁壁画为黑色麦穗图，西壁壁画无存。

上述壁画内容主要是车马图、仪仗图、建筑图和麦穗图。车马图中包括车马七组，每组四马一车，四马颜色相同，马有枣红、黑、黄三色，马作奔跑状。车马图方向由南向北。仪仗图存 11 人。建筑图以角楼为主体。东、西坎墙的壁画底部，均有红色、黑色和蓝色几何纹图案作为壁画的底边（图 1-5）。

该建筑遗址长廊东、西坎墙墙壁保存的长卷轴式壁画，是秦都咸阳考古的重要发现，也是中国古代宫殿建筑遗址考古中发现的时代最早、保存最好、规格最高的古代壁画[2]。三号殿址西侧长廊之外的其他部分，还出土壁画残块 162 件，在一、二号殿址亦有大量壁

〔1〕 秦都咸阳考古工作队：《秦咸阳宫第二号建筑遗址发掘简报》，《考古与文物》1986 年第 4 期。

〔2〕 咸阳市文管会、咸阳市博物馆、咸阳地区文管会：《秦都咸阳第三号宫殿建筑遗址发掘简报》，《考古与文物》1980 年第 2 期。

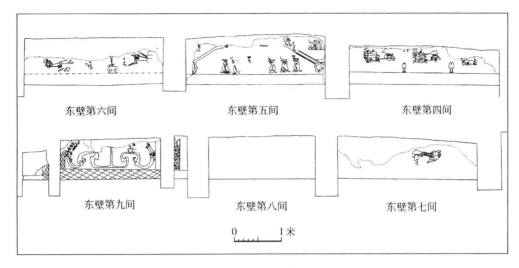

图 1-5 秦咸阳宫第三号宫殿长廊壁画（摹本）

画残块，一号殿址出土了 440 多块，二号殿址出土了 39 块[1]。这些壁画内容有人物、车骑、建筑、动物、植物（花卉）、神灵怪异、几何纹图案等。壁画的颜料主要是矿物质的，如朱砂、石绿、石黄、赭石等，颜色五彩缤纷、鲜艳夺目。壁画以蜃灰打底，再行线描，然后平涂设色，局部重点渲染并以墨线勾勒外部轮廓，从而突出需要表现的部位。中国古代建筑属于土木建筑，保存十分困难。关于中国古代宫室建筑壁画的记载，虽然历史久远，但是人们对古代宫室壁画发现较晚，秦咸阳宫遗址发现的壁画填补了这方面的空白，极大地丰富了中国美术史、中国古代建筑史的研究资料。

3. 秦咸阳宫建筑遗址出土遗物

考古发掘的秦咸阳宫三处大型建筑遗址出土遗物，主要包括砖、瓦、瓦当、丝绸等。

（1）砖

秦咸阳宫发掘的第一、二、三号建筑遗址出土的砖的形制、大小基本相同，应属同一时期的遗物。砖有铺地砖和空心砖。铺地砖均为泥质手制，多系青灰色，主要用于铺设廊道地面。不少铺地砖砖面饰有纹饰，纹饰种类有方格纹、平行线纹、太阳纹、圆圈与云朵纹、菱形格纹、回纹、绳纹、锯齿纹等，还有大量素面铺地砖。铺地砖有方形和长方形两种。长方形铺地砖大者长 52 厘米，宽 38 厘米，厚 4.1 厘米；小者长 44 厘米，宽 32 厘米，厚 3 厘米。方形铺地砖边长 39～37 厘米，厚 3.5 厘米。秦咸阳宫遗址出土的铺地砖比汉长安城遗址的铺地砖要宽大、厚重。

空心砖为泥质手制，多呈青灰色，长方形，中空，用于砌置建筑物的踏步。砖面有的素面或磨光，有的模印几何纹，有的阴刻龙纹、凤纹、四叶纹等动、植物纹多种，其中犹以龙凤纹空心砖最具特色，数量较多。龙纹有单龙绕壁纹、双龙交尾纹等（图 1-6）。空心砖个体很大，一般长 100～136 厘米，宽 33～38 厘米，高 16.5～18 厘米。

<hr />

[1] 陕西省考古研究所：《秦都咸阳考古报告》，科学出版社，2004 年。

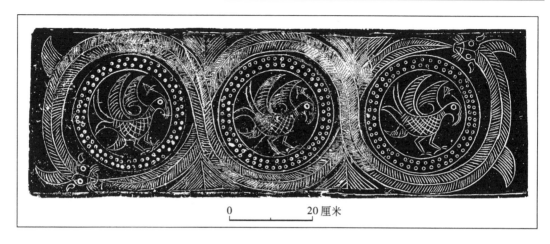

图 1-6　秦咸阳宫第三号宫殿遗址出土龙凤纹空心砖（拓本）

（2）瓦（板瓦和筒瓦）

瓦有板瓦和筒瓦，颜色青灰，质地坚硬，绳纹细密，个体硕大。板瓦为泥质手制，表、里均凹凸不平。表面多饰交错绳纹，也有斜直绳纹，中部有一至多道抹去绳纹而成的宽 5～13 厘米的带纹，板瓦前后两端各有 10 厘米宽抹去绳纹。与汉代板瓦绳纹相比，秦咸阳宫遗址出土板瓦绳纹较细，板瓦里面多为素面，但也有个别饰麻点纹。已发现的保存完整的板瓦长 56 厘米，板瓦前后端宽度不一，前端宽 42 厘米，后端宽 39 厘米，厚 1.4 厘米。

筒瓦为泥条盘制，表面饰细直绳纹，两端各有 10 厘米宽抹去绳纹，中部有数道抹去绳纹而形成的带纹，里面为涡点纹。筒瓦一般长 58～62 厘米，径 14～18 厘米，厚 0.85～1.5 厘米。

（3）瓦当

秦咸阳宫遗址出土瓦当陶质细密、夹砂较少。圆瓦当当面纹饰主要有动物纹、变形动物纹、植物纹、漩涡纹、葵纹、变形葵纹和云纹等，此外还有少量素面、夔纹、树木双兽纹、树木纹和山云纹半瓦当等。

动物纹瓦当，当面一般为四区间布局，其中饰以各种动物纹。有的每区间有一个动物纹，当面四区间内均为同一种动物；有的每界格内有一个动物纹，四界格内由四种动物纹组成；还有的每界格内有一对动物纹，每对均属同一种动物。

变形动物纹瓦当以云纹为瓦当的母体纹饰，或就其稍加变形，或辅以其他图案，构成动物纹饰，如蝉纹瓦当、兽面纹瓦当、飞鸟纹瓦当等。

植物纹瓦当当面纹饰有花朵纹、花蕾纹和四叶纹等。其中大多当面无界格，有的当面有"十"字界格。秦雍城、咸阳城和芷阳遗址均有发现。

漩涡纹瓦当是秦瓦当中最重要的瓦当种类之一，秦葵纹瓦当就是从这种瓦当发展而来。漩涡纹瓦当以秦雍城遗址发现数量、种类最多，秦咸阳城遗址也有少量发现。葵纹瓦当的葵纹实际上是写意的旋涡纹。以葵纹为基础发展出来的"变形葵纹"瓦当是秦咸阳城遗址中最具地方与时代特色的瓦当，它们大多出土于宫殿建筑遗址。

秦咸阳宫遗址出土瓦当说明，战国时代中期前后，秦瓦当发生了重大变化，主要表现是瓦当当面布局上的分区界格、当心圆的出现、云纹的形成并发展成秦瓦当的主要纹饰[1]。考古发掘的秦咸阳宫遗址，没有发现文字瓦当。

（4）丝绸

第一号宫殿建筑遗址出土的丝绸衣服，虽已炭化，经分析研究仍然使人们了解到战国时代晚期或秦代的丝绸发展水平。该遗址窖穴中出土的丝绸，质地细致，多为平纹。经研究，这批丝绸包括有平纹绢、绢地锁绣、锦和麻布。丝绸虽然炭化，但锦和绢的部分图案仍可识别，有的图案由几何纹与飞禽走兽组成的画面十分生动。丝绸可分辨出的衣服有单衣、夹衣和丝绵衣。

4. 秦咸阳宫建筑遗址出土陶文

秦咸阳宫第一、二、三、四号宫殿建筑遗址出土陶质建筑材料和其他陶器之上的陶文计681个，其中以印文占绝大多数，刻文很少。陶文以板瓦上的数量最多，筒瓦其次，砖和其他器物上的陶文数量最少。印文的陶文位置，一般在板瓦的里面（多在瓦沟唇部）、筒瓦的表面（多在瓦面尾部）、方形铺地砖的砖背、空心砖的正面中间或边角、陶器的表面。字体以小篆为主，有些陶文介于小篆与隶书之间，个别陶文为隶书。陶文中阴文、阳文俱有，但以前者占绝大多数（约占陶文总数的90％）。戳印的陶文主要有一字、二字、四字与六字之分，一字陶文如"贝"、"嘉"、"如"、"齐"、"得"、"童"、"弋"等；二字陶文如"左空"、"左贝"、"左嘉"、"左戎"、"左如"、"左禹"、"右角"、"右禾"、"右臧"、"右童"、"右齐"、"右得"、"左弋"、"右徒"、"右亭"等；四字陶文如"咸阳成申"、"咸邑如顷"、"咸原小婴"、"咸芮里喜"等。陶文的不同形式，一般反映出砖瓦的生产单位。一、二字陶文，大多为官营作坊产品；四字陶文一般为市亭或民营作坊产品，前者如四字中有"咸阳"、"咸阳亭"等陶文，后者如四字中有"里"之陶文等。秦咸阳宫遗址出土陶文属于官营者，其生产砖瓦的官府一般为少府所辖的左、右司空[2]。

（四）秦咸阳城手工业遗址

已考古发现的秦咸阳城手工业遗址主要包括制陶、冶铸和制骨遗址等，其中制陶遗址发现较多。这些遗址绝大部分分布在秦咸阳城的西部和西南部。秦咸阳城手工业分为中央、市府和民营三大系统，其产品各不相同，作坊分布地区也不一样。

考古发现中央官署管理的手工业遗址，主要有冶铸和制陶遗址，它们大多分布在宫殿遗址区西部，如其西侧今聂家沟附近发现了冶铸金属器的各种陶范，生产砖瓦的陶窑等[3]；在今胡家沟附近，发现了29座陶窑址，其东西成排、南北成行，布局规整、排列

---

[1]　刘庆柱、李毓芳：《秦瓦当概论》，《周秦文化研究》，陕西人民出版社，1998年。

[2]　A．陕西省考古研究所：《秦都咸阳考古报告》，科学出版社，2004年。

　　　B．刘庆柱、李毓芳：《秦都咸阳遗址陶文丛考》，《古文字论集》（考古与文物丛刊第三号），1983年。

[3]　刘庆柱：《秦都咸阳几个问题的初探》，《文物》1976年第11期。

有序，占地近 8000 平方米。作坊遗址范围之内出土的遗物有砖、瓦、龙纹空心砖等，砖瓦之上的戳印陶文有"古"、"周"等文字。从陶窑的布局、出土遗物的性质及陶文内容推测，该处手工业遗址应属于为宫廷供应砖瓦建筑材料的官办手工业作坊遗址[1]。根据秦咸阳宫第一、二、三号宫殿建筑遗址出土建筑材料的陶文统计，宫殿建筑用瓦的 92% 由中央官署主管的制陶机构提供，其中少府负责的制陶机构所提供的宫殿建筑材料占整个中央官署制陶机构的 90%，而少府所属的左、右司空又是负责生产砖瓦建筑材料的主要官署。

市府和民营手工业作坊，基本集聚于一处，它们主要分布在秦咸阳城的西南部，即今长陵车站附近。手工业生产以民营手工业为主，市府手工业所占比例不大，当时市府的职能大概主要是管理市亭工商业，自身生产是其次要任务。在遗址区内发现了许多陶窑、水井遗迹等。陶窑主要发现于秦咸阳城西南部的今仓张村一带，窑的形状以圆形为主，均系生土中挖成，为土壁窑。在今长陵车站附近发现的 81 口水井，水井井壁一般砌置陶井圈或板瓦片，水井底部大多有沙粒滤水层。水井三五成群地分布在手工业作坊遗址区内，其中大多应为手工业作坊生产用水井，有的水井也可能是居民的生活水井。作坊遗址出土遗物主要有盆、鬲、瓮、罐、茧形壶等陶器，相当多的陶器之上有陶文戳印，印文绝大多数为四个字的"咸□里□"（或释为"咸里□□"）与六个字的"咸亭□□□□"，陶文内容反映了陶器生产作坊的性质，它们应为民营或市府所辖作坊生产。

社会生产的专业化分工是衡量社会生产力发展水平的重要方面，秦咸阳城制陶业生产的专业化分工，主要表现在陶业产品的专业化生产上。当时制陶业产品主要是砖瓦和陶器两类，砖瓦生产集中在中央官署负责的制陶作坊中，市府和民营制陶业中的砖瓦产量相对来说很少。从秦咸阳宫第一、二、三号宫殿建筑遗址出土的有陶文砖瓦统计数字来看，市府制陶业产品占总数 4.4%，民营制陶业产品占总数 2.6%。考古资料反映出民营制陶业的产品主要是日用陶器和陶明器，也有少量砖瓦产品，民营制陶业的陶器占秦咸阳城遗址出土陶器的 97% 以上。就每个生产单位而言，中央官署、市府和民营制陶业中产品的专业化生产也是十分明显的。如在中央官署左、右司空的制陶业生产中，其砖瓦上的陶文就反映出产品的生产单位或生产者，同一种陶文见于两种产品之上的极少出现。有的陶文虽然陶文内容相同，但阴、阳文不一样，其产品种类也不同。如阳文的陶文"得"只见于筒瓦之上，而阴文的陶文"得"只见于板瓦之上。可见秦手工业的分工相当细密[2]。

在今长陵车站附近，1961 年、1962 年和 1982 年发现的三处"窖藏"，出土了丰富的遗物，它们对探讨秦咸阳城布局有着重要意义。

1961 年在长陵车站北部"窖藏"出土的铜器、铁器重逾千斤，有铜建筑构件、铜器装饰和诏版等，其中秦始皇二十六年（公元前 221 年）铜诏版（图版 2-2）最为重要，它是秦始皇统一国家度量衡的历史见证[3]。

〔1〕 陈国英：《秦都咸阳考古工作三十年》，《考古与文物》1988 年第 5、6 期合刊。

〔2〕 刘庆柱、李毓芳：《秦都咸阳遗址陶文丛考》，《古文字论集》（考古与文物丛刊第三号），1983 年。

〔3〕 陕西省社会科学院考古研究所渭水队：《秦都咸阳故城遗址的调查和试掘》，《考古》1962 年第 6 期。

1962年在长陵车站南部的"窖藏"出土铜器280余件和部分铜料。铜器有鉴、罐、鼎、盒等容器，矛、戈、镞、弩机等兵器，辖、盖弓帽等车器，带钩、铺首等。特别值得注意的是与上述遗物共出的140枚货币，其中除了三枚秦"半两"外，其余均为关东列国货币，如"安邑二釿"布、平首方肩方足小布、"齐法化"刀、"易"刀、尖首刀和蚁鼻钱等。这里还出土了重要的秦诏版3件[1]。

1982年在长陵车站西南部"窖藏"出土铜器320件，器物种类有车饰、兵器、构件、生产工具、生活器皿、装饰品、人头像（图版2-1）和1件诏版[2]。

上述长陵车站附近三处"窖藏"出土的5件秦代诏版，均系镶嵌在铜、铁权上，或钉在木量上的。这种带有诏版的权、量，应为市场上商人开展商业活动具有法律效力的必备用具。"窖藏"中出土的关东诸国货币，虽然种类有十余种，但每种货币数量不多，它们应是属于商业流通的货币，只因为"这些货币多残缺断裂、字文不清"，已不能再进入商业流通领域，所以持有者才将其集中起来。从三处"窖藏"遗物来看，它们既非珍贵藏品，又不属于待处理的垃圾。遗物种类较多，日用器物所占比例较大，还有不少器物零配件，这些都反映了"窖藏"遗物应是商人的商品、货币和经商用具。也就是说，今长陵车站附近不只是手工业作坊区和市民居址区，这里还有不少商业活动。

（五）秦咸阳城附近的墓地

秦孝公迁都咸阳，至秦王朝灭亡，其间一百多年间作为秦国和秦王朝都城，附近留下了大量秦人墓葬，其中有国王、贵族的陵墓，也有一般人的墓葬。在秦咸阳城西北部和远郊东南部分布有帝王陵区，在秦咸阳城西部分布有一般墓葬区。

1. 帝王陵区

（1）秦咸阳城西北部王陵区

根据文献记载，秦惠文王和秦悼武王葬于咸阳原上[3]。咸阳原上（周陵中学内）今传周文王陵和周武王陵应为秦王与其后妃合葬的陵墓。二墓封土均为覆斗形，南北相距约150米。秦王陵居南，封土底部边长97～98米，顶部边长36～44米，高14.5米。秦王后妃墓位北，封土底部边长66～68米，高17.7米。王陵与后妃陵均于陵墓四面各辟一墓道，二陵之外有围沟环绕，围沟南北长960米、东西宽630米，陵墓约居围沟中央。在上述秦王陵西南3800米，今咸阳渭城区周陵镇严家沟村北，勘探发现两组南北排列的传说汉成帝延陵陪葬墓，实际为战国时代晚期的又一组秦王与后妃陵墓，南边的王陵封土底部边长90～120米，封土残，仅存高2～5米。北边的后妃陵封土底部边长75～88米，顶部边长32～34米，高14.8米。二陵均为四面各置一墓道的"亚"字形墓。二陵之外置围沟，

---

〔1〕　陕西省博物馆、文管会勘查小组：《秦都咸阳故城遗址发现的窑址和铜器》，《考古》1974年第1期。

〔2〕　陈国英：《秦都咸阳考古工作三十年》，《考古与文物》1988年第5、6期合刊。

〔3〕　《史记·秦始皇本纪》之《正义》引《括地志》："秦惠文王陵在雍州咸阳县西北十四里。""秦悼武王陵在雍州咸阳县西十里。"《史记·秦本纪》之《集解》引《皇览》："秦武王冢在扶风安陵县西北毕陌中大冢是也。人以为周文王冢，非也。"周文王冢在杜中。

其东西宽 650 米，南北残长 992 米。二陵位于围沟之内东西居中位置。学术界一般认为上述两组秦王陵应为秦惠文王与秦悼武王及其后妃陵墓。具体的陵墓墓主人，还需今后进一步的考古工作究明。秦咸阳城西北部王陵的陵墓、陵园布局形制的基本究明，对探讨从秦雍城春秋秦公陵到战国晚期秦芷阳的秦东陵及秦始皇陵陵墓陵园布局形制发展变化研究具有着十分重要的学术意义[1]。

（2）芷阳王陵区（秦东陵）和郦山陵区

悼武王以后，秦国诸秦王陵均置于秦咸阳城东南部的骊山西麓，形成秦"东陵"陵区。在陵区之内已勘探发现多座大型陵园和"亚"字形大墓。根据目前研究认为，它们包括了秦国国王和太子的陵墓[2]。秦"东陵"陵区位于西安市临潼区韩峪乡的骊山西麓，南自洪庆沟，北至武家沟，陵区面积 24 平方公里。已考古发现大型陵园 4 座。一号陵园东西 4000 米，南北 1800 米，其中勘探发现"亚"字形墓 2 座、陪葬墓区 2 处和一些陵寝建筑遗址[3]。二号陵园在一号陵园东北 1500 米，陵园东西 500 米，南北 300 米，其中有"中"字形墓 1 座、"甲"字形墓 3 座、陪葬坑 1 个和建筑遗址 1 处[4]。三号陵园在一号陵园西北 1500 米，陵园面积 10 万平方米，其中发现"中"字形墓 1 座。四号陵园与一号陵园隔河相对，二陵相距 2500 米，陵园之中有"亚"字形墓 1 座、"甲"字形墓 2 座、小型陪葬墓群 1 组[5]。

秦始皇葬于骊山，广义讲也应属于"东陵"陵区。秦咸阳城的帝王陵墓分为两大陵区，这与都城本身的发展变化有着重要原因。惠文王和悼武王时，迁都咸阳不久，当时都城进行大规模宫室建设，重点在渭河北岸。当时都城建设的重心在"渭北"，因而那时的国王将其陵墓置于都城西北部的咸阳原上。从秦昭王开始，秦国统治者在都城建设中，大力向渭河以南扩展。都城重心的南移趋势，使秦国国君从长远考虑，在陵区安排上由"渭北"转移到渭河以南的秦芷阳，形成秦"东陵"。

2. 平民墓葬

秦咸阳城西郊的一般墓地分布在其西部，自西向东依次为塔儿坡、任家咀、黄家沟墓地。都城遗址附近一般平民墓地的研究，是探索都市市民社会历史的重要途径与内容。

（1）塔儿坡墓地

塔儿坡墓地位于咸阳市渭城区渭阳乡李家村北部，1995 年咸阳市文物考古研究所在此共清理战国晚期至秦代墓葬 381 座，其中竖穴墓 100 座，洞室墓 281 座。屈肢葬 268 座，占墓葬总数 73.04%；直肢葬 45 座，占墓葬总数 11.81%。墓地墓葬分布有规律，大多排列整齐，墓葬方向、形制基本一致，未见墓葬打破关系，当属邦族墓地。该墓地的时

〔1〕　A. 刘卫鹏、岳起：《咸阳塬上"秦陵"的发现和确认》，《文物》2008 年第 4 期。
　　　　B. 刘庆柱、李毓芳：《西汉十一陵》第 155 页，陕西人民出版社，1987 年。
〔2〕　骊山学会：《秦东陵探查初议》，《考古与文物》1987 年第 4 期。
〔3〕　陕西省考古研究所、临潼县文管会：《秦东陵第一号陵园勘查记》，《考古与文物》1987 年第 4 期。
〔4〕　陕西省考古研究所、临潼县文物管理委员会：《秦陵第二号陵园调查钻探简报》，《考古与文物》1990 年第 4 期。
〔5〕　陕西省考古研究所、临潼县文管会：《秦东陵第四号陵园勘查记》，《考古与文物》1990 年第 4 期。

代为战国时代晚期至秦代末年，与秦咸阳城的时代基本一致。墓葬的主人主要为外来人口，并非当地土著居民。墓主人的身份为秦咸阳城的一般平民[1]。

（2）任家咀墓地

任家咀墓地位于黄家沟墓地与塔儿坡墓地东西之间，该墓地墓葬时代，最早为春秋时代中期，下限到汉代，其间无时代缺环。1990 年咸阳市文物考古研究所对该墓地进行考古发掘，清理秦墓 242 座，其中春秋时代秦墓 24 座、战国时代秦墓 142 座、秦代墓葬 32 座、其他秦墓 44 座。这些秦墓之中，竖穴土坑墓有 231 座，洞室墓有 11 座。任家咀墓地的葬式，屈肢葬有 186 座，占墓葬总数 76.86%；直肢葬 8 座，占墓葬总数 3.31%。墓葬死者的头以向西为主。据此可以推断该墓地为秦人墓地。墓主人的身份应该是秦人的平民[2]。

（3）黄家沟墓地

黄家沟墓地是距秦咸阳城最近的一处墓地，墓地西自石桥乡摆旗寨，东至窑店镇毛王村，东西 4000 米，南北 3000 米，占地 120 万平方米。1975～1984 年进行了 4 次考古发掘，清理秦墓 125 座。上述墓葬之中，土坑竖穴墓 44 座，占墓葬总数 35.2%；洞室墓 81 座，占墓葬总数 64.8%；这些墓葬的葬式有直肢葬 59 座，占墓葬总数 47.2%；屈肢葬 55 座，占墓葬总数 44%。其中竖穴墓略少于洞室墓，竖穴墓中屈肢葬占 63%；洞室墓以仰身直肢葬为主，屈肢葬仅占 39%。黄家沟墓地秦墓时代从战国时代晚期至秦代，为一般平民墓地，墓主人可能为其附近的秦咸阳城手工业作坊区劳动者[3]。

二 "渭南"宫庙与上林苑遗址

"渭南"是秦都咸阳的特定地理概念，它是指与渭河以北与秦咸阳城南北相对的地区，其南至终南山以北，北到渭河南岸，东西略宽于秦咸阳城的东西范围。根据文献记载，"渭南"有秦国的"南宫"（甘泉宫）、"章台"、"诸庙"、阿房宫、上林苑等建筑[4]。"渭南"的建设应始于战国时代晚期。

（一）"渭南"宫庙遗址

1. "南宫"遗址

20 世纪 90 年代后期以来，在西安市未央区六村堡乡相家巷秦遗址出土了多枚"南宫郎丞"秦封泥[5]。《史记·秦始皇本纪》记载：秦王十年（公元前 237 年），"乃迎太后于雍而入咸阳，复居甘泉宫"。《集解》徐广曰："表云咸阳南宫也。"封泥之"南宫"即文献

---

[1] 咸阳市文物考古研究所：《塔儿坡秦墓》，三秦出版社，1998 年。

[2] 咸阳市文物考古研究所：《任家咀秦墓》，科学出版社，2005 年。

[3] 陕西省考古研究所：《秦都咸阳考古报告》第 575、580、664 页，科学出版社，2004 年。

[4] 《史记·秦始皇本纪》："诸庙及章台、上林皆在渭南。"又，"焉作信宫渭南，已更命信宫为极庙，象天极"。又，"乃营作朝宫（即阿房宫）渭南上林苑中"。

[5] 中国社会科学院考古研究所汉长安城工作队：《西安相家巷遗址秦封泥的发掘》，《考古学报》2001 年第 4 期。

记载的秦"甘泉"。《初学记》引《关中记》载："桂宫一名甘泉。"其故址应在汉长安城桂宫遗址附近，近年在桂宫遗址北部考古勘探发现，在西汉时代建筑遗址的地层堆积之下，叠压有秦的建筑堆积。秦始皇统一全国以后，又在秦甘泉宫修建了"甘泉前殿"[1]。此处在相家巷附近。

2."章台"遗址

"章台"是战国时代晚期秦都咸阳在"渭南"地区最重要的宫室建筑之一，其营建时间不晚于楚威王在位时间（公元前 339 年至公元前 329 年）[2]。当时"章台"曾是秦都咸阳作为秦国政治外交活动的重要场所，曾被关东诸国作为秦国政治的象征[3]。根据文献记载，"章台"遗址在汉长安城未央宫前殿遗址一带[4]。前殿遗址的考古试掘证明，在西汉时代前殿遗址之下，有战国时代晚期和秦代文化堆积，其中出土的砖、瓦、瓦当等遗物，与秦咸阳宫第一、二、三号建筑遗址出土的砖、瓦、瓦当等形制相同。相家巷秦遗址出土有"章厩"、"章厩丞印"封泥[5]，"章厩"为"章台"之厩的省称。

3."诸庙"及"社稷"遗址

秦都咸阳的"诸庙"在"渭南"。根据《史记·樗里子甘茂列传》记载："樗里子卒，葬于渭南章台之东。曰：'后百岁，是当有天子之宫夹我墓。'樗里子疾室在于昭王庙西渭南阴乡樗里，故俗谓之樗里子。至汉兴，长乐宫在其东，未央宫在其西，武库正直其墓。"樗里子疾之墓在汉长安城武库遗址之下，当时人们的墓地与居室一般距离不远，樗里子疾的居室当在武库遗址附近，昭王庙应西邻樗里子疾的居室，即在今汉长安城遗址东部或汉长乐宫遗址附近[6]。也有的学者提出，西安西北郊闫家村古代建筑遗址为秦都咸阳"渭南"的"诸庙"遗址之一[7]。

《史记·李斯列传》：秦"立社稷、修宗庙，以明主之贤"。《汉书·高帝纪》：汉王二年（公元前 205 年）"二月癸未，令民除秦社稷，立汉社稷"。《汉书·郊祀志》："至汉兴，礼仪稍定，已有官社，未立官稷"。《汉书·平帝纪》：元始三年（公元 3 年）王莽奏"立官稷"。《汉书·郊祀志》："遂于官社后立官稷"。西汉时代的都城官社和官稷遗址在长安城西南部，其东邻宗庙遗址。官社位北，官稷居南（偏西）。官社遗址东西

---

〔1〕《史记·秦始皇本纪》：秦始皇二十七年"作甘泉前殿"。

〔2〕《史记·苏秦列传》：苏秦游说楚威王，"今乃欲西面而事秦，则诸侯莫不西面而朝于章台之下矣"。

〔3〕 A.《史记·楚世家》："楚王至，则闭武关，遂与西至咸阳，朝章台，如蕃臣，不与亢礼。"

B.《史记·苏秦列传》：苏秦游说楚威王，"今乃欲西面而事秦，则诸侯莫不西面而朝于章台之下矣"。

C.《史记·廉颇蔺相如列传》："秦王坐章台见相如。"

〔4〕 刘庆柱、李毓芳：《秦都咸阳"渭南"宫台庙苑考》，《秦汉论集》，陕西人民出版社，1992 年。

〔5〕 中国社会科学院考古研究所汉长安城工作队：《西安相家巷遗址秦封泥的发掘》，《考古学报》2001 年第 4 期。

〔6〕 刘庆柱、李毓芳：《秦都咸阳"渭南"宫台庙苑考》，《秦汉论集》，陕西人民出版社，1992 年。

〔7〕 A. 聂新民：《秦始皇信宫考》，《秦陵秦俑研究动态》1991 年第 2 期。

B. 王学理：《咸阳帝都记》，三秦出版社，1999 年。

残长 240 米，南北宽 70 米，现存基址高 4.3 米，周置廊庑。从考古发掘资料分析，该建筑遗址始建于秦，汉初改建。该遗址北对汉未央宫前殿，即秦章台故址，再北与渭北的秦咸阳宫南北相对[1]。

4. "渭南"宫室遗址出土秦封泥

近年来在与秦咸阳城遗址南北相对的渭河南岸、汉长安城遗址西北部，即秦都咸阳"渭南"宫室遗址故地，多次出土秦封泥（图1-7；图版11-6～11），其数量多达几千计。这些秦封泥的内容十分丰富，极为重要，它们是研究秦文化、秦历史考古、秦都咸阳的宝贵资料。从已发表的材料来看，秦封泥中与官府相关内容有："右丞相印"、"祝印"、"太医丞印"、"都水丞印"、"郎中丞印"、"谒者之印"、"公车司马丞"、"中车府丞"、"骑马丞印"、"都厩"、"宫厩丞印"、"小厩丞印"、"章厩"、"章厩丞印"、"厩丞之印"、"左厩"、"右厩丞印"、"中厩"、"骑尉"、"骑邦尉印"、"宫司空印"、"太仓"、"大内丞印"、"少府"、"少府工官"、"少府工室"、"大官丞印"、"乐府丞印"、"左乐丞印"、"外乐"、"居室丞印"、"左司空印"、"御府丞印"、"永巷丞印"、"宦者丞印"、"中谒者"、"郡左邸印"、"郡右邸印"、"内官丞印"、"御羞"、"中羞"、"寺工丞玺"、"寺从丞印"、"寺车府印"、"武库丞印"、"上寝"、"尚浴府印"、"阳都船印"、"阴都船丞"、"泰匠丞印"、"大内丞印"、"私府丞印"、"私官丞印"、"中官丞印"、"中府丞印"、"内史之印"、"属邦之印"等。还有一些与秦都咸阳有关的封泥，如"杜南苑丞"、"禁苑右监"、"桑林丞印"、"南宫郎丞"、"北宫"、"咸阳丞印"、"咸阳工室"等[2]。

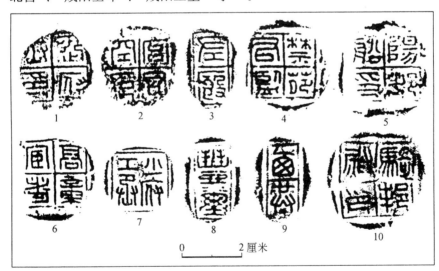

图1-7 西安相家巷遗址出土秦封泥（拓本）

1. 御府丞印（T2③:3） 2. 宫司空印（T2③:6） 3. 左厩（T2③:13） 4. 禁苑右监（T2③:15） 5. 阳都船印（T2③:22） 6. 高章宦者（T2③:27） 7. 少府工丞（T2③:28） 8. 丰玺（T2③:32） 9. 西共（T2③:39） 10. 骑邦尉印（T2③:43）

[1] 中国社会科学院考古研究所：《西汉礼制建筑遗址》第224页，文物出版社，2003年。

[2] A.刘庆柱、李毓芳：《西安相家巷遗址秦封泥考略》，《考古学报》2001年第4期。

（二）阿房宫前殿遗址

秦咸阳城建设随着秦王朝统一全国，都城加快了向"渭南"地区的发展。到了秦代晚期，秦始皇认为秦咸阳城"人多"而"宫廷小"，决定在"帝王之都"的西周都城丰镐故址东北部一带，兴建新的宫廷，于是"乃营作朝宫渭南上林苑中。先作前殿阿房……阿房宫未成；成，欲更择令名名之。作宫阿房，故天下谓之阿房宫。"[3]阿房宫前殿遗址在今西安市西郊三桥镇聚赵村与古城村一带，通过考古勘探、试掘，阿房宫前殿遗址已经基本究明[4]，遗址现存夯土建筑基址东西1270米、南北426米，基址夯土高出今地面最高处12米（图版1-1）。遗址现存地形呈北高南低。在阿房宫前殿遗址北边，勘探、发掘了"北墙"遗迹，墙顶覆瓦遗存已清理。前殿遗址南边未发现与墙有关的遗存。阿房宫前殿遗址的东、西两侧，已被现代村庄覆盖，据当地群众回忆，几十年前还有略高于地面的墙基遗存及大量瓦片堆积，这些遗迹应即阿房宫前殿遗址的东墙和西墙遗存。上述考古发现与文献记载的阿房宫东、西、北三面有墙，南面无墙的记载是一致的[5]。近年来的秦阿房宫前殿遗址考古究明，秦代对阿房宫前殿基址进行了大规模的营建，同时在前殿范围之内营筑了东、西、北墙。发掘的地层堆积揭示，在前殿遗址之上未发现秦代的砖瓦等建筑遗存，更未发现与火烧阿房宫相关的遗迹，这是因为当时阿房宫前殿地面以上的墙体和屋顶工程并未进行，也就是说秦末这里无殿可烧，长期以来所说的"火烧阿房宫"实际上是不存在的。至于《史记·秦始皇本纪》记载的阿房宫前殿"东西五百步，南北五十丈，上可以坐万人，下可以建五丈旗。周驰为阁道，自殿下直抵南山。表南山之巅以为阙。为复道，自阿房渡渭，属之咸阳，以象天极阁道绝汉抵营室也"，实际上是当时的规划。新的考古发现揭示的阿房宫前殿遗址情况，与文献记载阿房宫的工程进展是一致的[6]。

（三）秦上林苑遗址

秦都咸阳的重要特点是，在都城附近营建了上林苑[7]。阿房宫前殿就建于上林苑之

B. 中国社会科学院考古研究所汉长安城工作队：《西安相家巷遗址秦封泥的发掘》，《考古学报》2001年第4期。

C. 周晓陆、路东之：《秦封泥集》，三秦出版社，2000年。

[3]《史记·秦始皇本纪》。

[4] 中国社会科学院考古研究所、西安市文物保护考古所阿房宫考古工作队：《阿房宫前殿遗址的考古勘探与发掘》，《考古学报》2005年第2期。

[5] 宋·宋敏求：《长安志》："秦阿房一名阿城。在长安县西二十里。西、北、东三面有墙，南面无墙。"中华书局，1991年。

[6]《史记·秦始皇本纪》：秦始皇三十五年"先作前殿阿房……阿房宫未成；成，欲更择令名名之。作宫阿房，故天下谓之阿房宫"。秦始皇三十七年七月"崩于沙丘平台"。阿房宫建设工程停止，"罢其作者，覆土郦山"。因此，秦二世元年四月"复作阿房宫"。仅仅三个月后秦末农民大起义爆发，当时阿房宫工程正在进行之中，朝廷丞相、将军等提出"请止阿房宫作者"，也就是说这时阿房宫还在建设中。《汉书·五行志（下之上）》：秦二世"复起阿房，未成而亡"。

[7]《史记·秦始皇本纪》："诸庙及章台、上林皆在渭南。"

中，在对阿房宫前殿遗址开展考古勘察中，考古工作者对过去被学术界认为属于秦阿房宫的"秦始皇上天台"遗址、"磁石门遗址"、"烽火台遗址"等，进行了大规模的考古调查、勘探和试掘。

今传阿房宫的"秦始皇上天台"遗址，在阿房宫前殿遗址东北约 500 米的阿房村南部，遗址范围东西 400 米，南北 110 米。遗址中部偏西有一夯筑高台基址，台基东西 111 米，南北 74 米，高 15.2 米。高台建筑基址东、西、北三面为其附属建筑。东侧附属建筑遗址范围东西 85 米，南北 21 米；西侧附属建筑遗址范围东西 122 米，南北 15～23 米；北侧附属建筑遗址范围东西 240 米，南北 118～148 米[1]。

今传阿房宫"磁石门"遗址在阿房宫前殿遗址东北 2000 米，位于西安武警工程学院之内。该遗址是一座高台建筑基址，现存遗址范围南北 57.5 米，东西 48.3 米，遗址中部的高台基址现存南北 45 米，东西 26.6 米，高 1.5～2.4 米。勘探、试掘发现，该遗址不是门址，而是一座高台建筑遗址[2]。

在阿房宫前殿遗址西南 1200 米的今传阿房宫"烽火台"遗址，为一高台建筑遗址，现存台基东西 73.5 米，南北 48.7 米，高 3.6 米。在该高台建筑遗址以北 500 米，东北距阿房宫前殿遗址 1150 米，今纪阳寨村南又有一大型高台建筑基址，现存基址东西 250 米，南北 45 米，高 7 米[3]。

此外，在阿房宫前殿遗址以北 3800 米，西安市未央区后围寨村北勘探、试掘了一座高台建筑基址。基址底边东西 92 米，南北 84 米，高 7 米[4]。

上述五处遗址均为战国时代流行的高台建筑遗址，其建筑内容亦有承上启下的特点。考古试掘出土的砖、瓦、瓦当等建筑材料遗物，其时代上限为战国时代晚期，其中"上天台"遗址、"磁石门"遗址和后围寨遗址时代下限在西汉时代。这些建筑遗址在战国秦汉时代的秦咸阳城、汉长安城的秦汉上林苑之中，大量高台建筑遗址的发现，反映了秦汉上林苑之中宫馆建筑的特点。通过上述高台建筑遗址的时代判定，可以说秦上林苑基本建成时代应在战国时代晚期。

三　秦都咸阳的布局形制

（一）关于秦咸阳城的宫城与郭城

秦咸阳城遗址多年考古工作的开展，使人们对其布局形制有了更多认识。由于相关的田野考古工作还有待进一步深入，加之人们对一些文献记载理解也不尽相同，因此关于

---

〔1〕 中国社会科学院考古研究所、西安市文物保护考古所阿房宫考古队：《上林苑四号建筑遗址的勘探和发掘》，《考古学报》2007 年第 3 期。

〔2〕 中国社会科学院考古研究所、西安市文物保护考古所阿房宫考古工作队：《西安市上林苑遗址六号建筑的勘探和试掘》，《考古》2007 年第 11 期。

〔3〕 中国社会科学院考古研究所、西安市文物保护考古所阿房宫考古工作队：《西安市上林苑遗址一号、二号建筑发掘简报》，《考古》2006 年第 2 期。

〔4〕 中国社会科学院考古研究所、西安市文物保护考古所阿房宫考古工作队：《西安市上林苑遗址三号建筑及五号建筑排水管道遗迹的发掘》，《考古》2007 年第 3 期。

秦咸阳城布局形制，学术界还存在着不同观点。

战国时代各国都城均已构筑了郭城（或大城），如楚郢都、齐临淄故城、赵邯郸城、魏安邑城、郑韩故城、燕下都等。继秦而立的西汉王朝，其典章制度等多承秦制，西汉都城长安城亦置大城（长安城）和小城（未央宫宫城等）。文献记载秦咸阳城也有"城"与"城门"[1]。因此我们不能因为秦咸阳城遗址现在还未发现郭城（或大城）城墙遗迹，而否定秦咸阳城郭城或大城的存在。有的学者提出秦都咸阳只有宫城，没有郭城，这与中国古代都城发展史是相矛盾的，也与历史文献相左。当时的都城修筑城墙不只是为了防卫，国家出现以后，城的修筑还是等级、地位的象征，正如《吴越春秋》所载："筑城以卫君，造郭以守民。"

秦咸阳城遗址的田野考古工作说明，已发掘的牛羊村北咸阳原上的大型建筑遗址（第一、二、三号建筑遗址），其修建时代始于战国时代中期，它们应为秦咸阳宫的重要宫殿建筑遗址，在这些遗址周围勘探发现了宫城城墙遗迹。在宫城东、西两侧的一些大型建筑基址之中，发现了具有关东六国文化特点的遗物，这些建筑遗址可能与秦始皇统一六国后，在秦咸阳城仿照"六国宫室"修建的建筑遗址有关[2]。在宫殿区附近，有一些中央所辖官府手工业遗址，主要包括冶铜、铸造、砖瓦烧等。这些手工业作坊是直接服务于王室或皇室的。咸阳原秦宫殿区东部为秦"兰池"故址；咸阳城墓区与王陵区在咸阳城西部和西北部。咸阳原南部和西南部，南临渭水，主要分布有手工业作坊遗址和居民遗址。

上述秦咸阳城遗址考古发现说明，秦咸阳城的宫殿区安排在都城的高亢之地（高程400～420米），宫城居宫殿区中央（东西居中位置）。手工业作坊区和居民区邻近渭水（高程380～400米）。秦咸阳城的早期王陵区在都城西北部咸阳原的三道塬上（高程450米以上）。从考古发现的秦咸阳城遗址布局形制，可以看出秦咸阳宫被置于都城之内的地势最高处，控制了都城的制高点，确保了宫城之中的统治者安全。作为国家最高统治者的国王或皇帝，这种"居高"、"居中"也是其政治的、心理的要求。作为"若都邑"的王陵，置于咸阳原的三道塬上，也是国王的政治需要。手工业作坊安排在渭水之滨，与生产用水有关。秦咸阳城遗址布局形制，反映了战国时代都城设计理念[3]。

（二）秦都咸阳的"两宫制"

秦都咸阳出土的封泥资料有"南宫"、"北宫"。《史记·高祖本纪》张守节《正义》引《舆地志》："秦地已有南、北宫。"这里的"秦地"为秦"洛阳"。西安市未央区三桥镇相家巷新出土的秦封泥说明，秦咸阳亦置南宫、北宫。"南宫"与"北宫"是就其相对方

〔1〕　A.《史记·滑稽列传》："二世立，又欲漆其城。"
　　　B.《史记·白起王翦列传》："秦王乃使人遣白起，不得留咸阳城中。武安君既行，出咸阳西门十里至杜邮。"
〔2〕　《史记·秦始皇本纪》："秦每破诸侯，写放其宫室，作之咸阳北阪上。"
〔3〕　《管子·乘马篇》："凡立国都，非于大山之下，必于广川之上，高毋近旱而水用足，下毋近水而沟防省。因天材，就地利，故城郭不必中规矩，道路不必中准绳。"

位而言的，这种方位并没有什么高低之分。但是"南宫"与"北宫"的建筑功能不一样，其在都城中的作用也不相同。

秦都咸阳的"北宫"方位，学术界的观点还不一致。一为"渭南"说，一为"渭北"说。"渭南"说者认为，秦封泥出土地的相家巷遗址"正值西汉北宫遗址之北墙外，汉未央宫北部之北宫，或是继承了秦北宫而得名"[1]。汉长安城北宫遗址已经考古勘探究明，位于直城门大街以北、雍门大街以南，厨城门大街以东、安门大街以西。汉北宫北墙之外为今周家堡、曹家堡等村庄与秦封泥出土地相家巷东西相距约 1250 米。汉北宫之南是武库，也不是未央宫。北宫得名因其在汉长安城宫殿区北部，其东南为长乐宫、西南为未央宫。汉北宫不是继承秦北宫之名。将秦封泥出土地说成秦北宫是不对的，此地当为秦"南宫"故址所在。"北宫"是相对"南宫"而言的，"北宫"应在"南宫"以北。秦"南宫"在当时渭河南岸，秦"北宫"当在渭河以北。相家巷遗址出土的与秦"北宫"有关的秦封泥有"北宫"、"北宫弋丞"、"北宫工丞"、"北宫私丞"、"北宫宦丞"、"北宫斡丞"等。"弋"为"左弋"或"佐弋"省文，"工"为"工室"或"工官"省文，"私"为"私府"或"私官"省文，"宦"为"宦者"省文，"斡"为"斡官"省文。"左弋"、"工室"、"宦者"、"斡官"均为少府属官，"私官"、"私府"为皇后（或王后）之官署。少府、王后（或皇后）官署当在皇宫或王宫之中，秦封泥之"北宫"当为秦咸阳城之王宫或皇宫，亦即秦咸阳宫。咸阳宫是都城的宫城，即大朝正殿所在，一直作为秦咸阳城的政治中枢。

秦都咸阳在渭南有章台、甘泉宫（即南宫）等。章台曾经是战国时代晚期秦国都城外交活动的重要朝政之所，成为秦国外交活动中的国家象征。秦王政上台后，甘泉宫取代了章台在渭南的地位。甘泉宫安排了太后居住，使之成为"太后之宫"。因此甘泉宫与咸阳宫才有南、北宫之称。"南宫"不同于一般的宫室，秦始皇还在甘泉宫中修建了"前殿"。秦都咸阳的南宫和北宫，对西汉时代都城长安有着直接影响。汉长安城的长乐宫为太后之宫，未央宫为皇宫。二者东西并列，前者称东宫、后者称西宫。秦汉都城的"两宫制"也有不同，二宫方位不同是其一；其二是秦咸阳城的太后之宫（南宫）在都城之外，汉长安城的太后之宫在都城之中。秦汉都城的"两宫制"是初期中央集权封建帝国都城的布局特点之一。

（三）都城宫、庙分离的格局

先秦都城的宗庙一般在宫室区或宫城之中。如夏代都城河南偃师二里头遗址发掘的两座大型夯土建筑基址（F1 和 F2），东西相距 150 米，二者建筑形制、规模相近，它们均在"宫城"之中。一般认为，二者的功能不同，它们可能分别为宫殿与宗庙之类建筑。

偃师商城宫城之中发掘了多座大型夯土建筑基址，宫城东部由独立的院落组成，如四号宫殿、六号（五号）宫殿，每座院落北部均为一大型殿堂建筑基址。宫城西部为一座大型院落，其中由南北排列的几座大型殿堂组成，如三号（七号）、九号（二号）、八号宫殿。宫城之中东、西两部分的建筑布局不同，反映了其使用功能的区别。推测西部为宫殿

---

〔1〕　周晓陆、路东之：《秦封泥集》，三秦出版社，2000 年。

建筑，东部为宗庙建筑[1]。

20世纪30年代对殷墟遗址的宫室区进行了大规模考古发掘，从已获得的考古资料来看，作为宫殿区与宗庙、社稷建筑区在相邻的甲、乙、丙三区[2]。春秋时代中晚期的马家庄宫室建筑群遗址位于秦国都城雍城宫室区中，它们包括了宗庙与宫殿建筑遗址。凤翔马家庄第一号建筑遗址为王室宗庙建筑，第三号建筑遗址为王室朝寝建筑。作为宗庙遗址的凤翔马家庄第一号建筑遗址居东，属于朝寝宫殿建筑遗址的凤翔马家庄第三号建筑遗址位西，二者东西并列，相距约500米[3]。秦孝公迁都咸阳以后，宗庙开始在咸阳城南部的渭河南岸营建[4]，这在中国古代都城发展史上是个重要转折，它不只是宗庙位置的变化，宗庙作为"血缘政治"的象征，其更深层次的意义还在于，这种变化说明了"血缘政治"在国家政治生活中的地位变化。在秦咸阳城中，秦国统治者一改过去宗庙与宫殿"平起平坐"的局面，大朝正殿居于宫室区的中心地位，宗庙不但位居次要地位，而且离开了宫城或宫殿区，被安排在咸阳城之外的"渭南"地区。宗庙在都城之中位置的变化，成为秦咸阳城的重要特征之一，它充分反映了中央集权封建帝国的国家政治特点，对秦代以后都城布局形制影响甚为深远。

（四）秦都咸阳的池苑建筑

秦都咸阳"兰池"与"上林苑"的修建，对中国古代都城产生了重大、深远的影响。

1. "兰池"与秦咸阳城

"兰池"作为宫殿区的范围，营建于宫殿区东部，二者东西相连，形成统一的整体。《史记·秦始皇本纪》《正义》引《括地志》云："兰池陂即古之兰池，在咸阳县界。《秦记》云：'始皇都长安，引渭水为池，筑为蓬、瀛，刻石为鲸，长二百丈。'"秦都咸阳营建兰池与秦始皇二十八年（公元前219年）"东行郡县"有着密切关系。文献记载："徐市（福）等上书，言海中有三神山，名曰蓬莱、方丈、瀛洲，仙人居之。请得斋戒，与童男女求之。于是遣徐市（福）发童男女数千人，入海求仙人。"[5]秦都咸阳"兰池"的修建就是秦始皇要把"海"和"海中三神山"蓬莱、方丈、瀛洲同时置于都城之中。都城的这种设计思想，对秦代以后历代产生了深远影响，如汉代建章宫、唐代大明宫、元大都皇城的"太液池"（或称"蓬莱池"）等，均渊源于秦始皇以"海中神山"之意营建的"兰池"。

2. 秦上林苑与秦咸阳城

上林苑不在城中，上林苑在"渭南"，因此"渭南"应属于秦咸阳城之外。将"渭南"的秦建筑说成属于秦咸阳城中的建筑，进而视其为秦咸阳城统一的整体，似不准确。

---

〔1〕 杜金鹏、王学荣：《偃师商城考古新成果与夏商年代学研究》，《光明日报》1998年5月15日。

〔2〕 中国社会科学院考古研究所：《殷墟的发现与研究》，科学出版社，1995年。

〔3〕 A. 陕西省雍城考古队：《秦都雍城钻探试掘简报》，《考古与文物》1985年第2期。

　　 B. 陕西省雍城考古队：《凤翔马家庄一号建筑群遗址发掘简报》，《文物》1985年第2期。

〔4〕 《史记·秦始皇本纪》："诸庙及章台、上林皆在渭南。"

〔5〕 《史记·秦始皇本纪》。

文献记载中国古代都城附近设置苑囿时代很早，但就考古发现来看，秦都咸阳的上林苑是目前所了解的时代最早的都城苑囿。上林苑可能又称"禁苑"，秦封泥有"禁苑右监"，《文选·西京赋》："上林禁苑，跨谷弥阜"。秦禁苑还包括秦都咸阳附近的国家苑囿，如杜南苑（或为"杜南宜春苑"）、"东苑"等。"上林苑"和"禁苑"制度一直沿袭到中古时代，就是这一名称亦为后代所继承。如汉长安城的上林苑始承袭于秦，汉武帝时期继续沿用并进行了大规模扩建。东汉都城洛阳城亦置上林苑，为其皇家苑囿。隋洛阳城的皇家禁苑"会通苑"亦称"上林苑"。唐长安城的皇家苑囿则称"禁苑"。

第二节　渤海湾西岸秦行宫遗址

秦始皇统一六国之后，多次东巡，刻石颂功，并在所到之处建立行宫。据文献记载，当时行宫众多，"关中计宫三百，关外四百余"。秦始皇三十二年（公元前 215 年）曾东巡碣石，使燕人卢生求羡门、高誓，并刻碣石门。秦二世元年（公元前 209 年）春，在李斯陪同下东行郡县，北到碣石，南至会稽，尽刻始皇所立刻石，石旁著大臣从者名，以彰先帝成功盛德[1]。据《汉书·武帝纪》记载，元封元年（公元前 110 年），汉武帝"行自泰山，复东巡海上，至碣石"。三国时期曹操亦曾到过碣石，并留下著名的"东临碣石，以观沧海"诗句。长期以来，关于碣石的确切含义，历代注释各不相同；关于碣石的位置，学界亦是说法不一。

20 世纪 80 年代以来，在辽宁绥中县至河北秦皇岛市的沿海地区，发现多处规模宏大的秦汉建筑群基址（图 1-8），发掘表明，这些建筑基址应是渤海西岸的秦代行宫遗址，不仅为秦代渤海西岸行宫遗址的研究，而且也为上述问题的解决提供了新的资料。

一　辽宁绥中秦行宫遗址

秦汉建筑群基址位于辽宁省绥中县万家镇南"姜女石"附近的沿海岸线一带，由石碑地、止锚湾、黑山头、瓦子地、大金丝屯、周家南山等 6 处相互关联的秦汉建筑遗址组成，分布范围约 900 万平方米。"姜女石"得名于民间传说中的"孟姜女坟"，所谓"孟姜女坟"实际上是一组海中巨石，北距石碑地约 400 米。因此，学术界又将上述建筑群称为姜女石建筑遗址群。黑山头至大金丝屯 4 公里，止锚湾至黑山头 3.5 公里。其中石碑地、止锚湾、黑山头 3 处遗址面向大海，是该遗址的主体部分。止锚湾遗址被现代建筑所压，没有发掘；黑山头遗址被后期扰动，已做清理[2]；石碑地遗址保存最好，面积较大，地下夯土分布密集，是该遗址中最重要的一处[3]。发掘者认为，它们与秦始皇东巡的"碣

〔1〕《史记·秦始皇本纪》。

〔2〕 辽宁省文物考古研究所：《辽宁绥中县"姜女坟"秦汉建筑遗址发掘简报》，《文物》1986 年第8 期。

〔3〕 辽宁省文物考古研究所姜女石工作站：《辽宁绥中县"姜女石"秦汉建筑群址石碑地遗址的勘探与

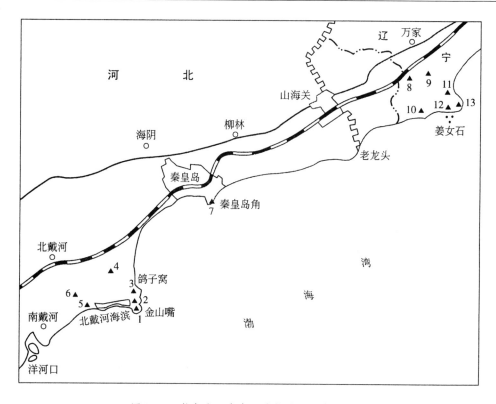

图 1-8　渤海湾西岸秦汉建筑遗址分布示意图

1.金山嘴遗址　2.横山遗址　3.人大专家疗养院遗址　4.石油疗养院遗址　5.剑秋路西侧遗址
6.联峰山中峰遗址　7.秦皇岛角遗址　8.大金丝屯遗址　9.周家南山遗址　10.黑山头遗址
11.杨家屯遗址　12.石碑地遗址　13.止锚湾遗址

石"有关，或者说就是秦始皇和汉武帝登临"碣石"的"碣石宫"遗址，因此，称之为"秦行宫遗址"。

（一）石碑地遗址

石碑地遗址位于万家镇墙子里村的海岸边，东西宽 500 米，南北长 600 米，总面积 30 万平方米（图 1-9）。其中心部位南北长约 500 米，东西宽约 300 米，地势较平坦，海拔高度在6.5～7.5米。其东、北、西三面为起伏平缓的农田，西北遥对连绵的燕山，南面是一望无际的渤海。遗址四周地势较低，两者高差近4米。

1993～1995 年，在该遗址的调查和试掘中，发掘者将整个遗址划分为 10 个区，而建筑遗迹主要集中于东南部的Ⅰ～Ⅶ区内。

从发掘地层看，遗址中有两期建筑堆积。第一期建筑基址分布范围广，布局规整，是

试掘》，《考古》1997 年第 10 期；《辽宁绥中县石碑地秦汉宫城遗址 1993～1995 年发掘简报》，《考古》1997 年第 10 期。

遗址中最主要的遗存。该期所有建筑均夯筑于原地表的下挖浅槽内，基础顶部基本平齐，基础间隙以沙土填平，而后垫红砂黏土形成城内外的地面。各单元建筑及院墙的墙体均建于夯土基础之上。通过出土建筑砖瓦看，应修建于秦代。

第二期遗存范围比一期小，仅分布在遗址的东南隅，是在一期建筑废弃以后，经人工平整修建的，其年代不晚于西汉中期。

1. 第一期遗存

（1）宫城形制

秦代宫城平面呈曲尺形，南北长496米，东西宽256～170米不等，城内为连续的夯土台基。墙基规整，配置有序，南北墙方向均为7度，总体设计应是一次完成的。从地层堆积状况看，原地表北高南低，东高西低。经夯垫后，宫内形成了从高到低的三级阶梯状建筑台面。中南部的大夯土台最高，为第三阶梯；周边南北宽约90米，东西长约180米的范围形成第二阶梯；向西、北、东三面直至城边为第一阶梯。每个层面先以沙土铺垫，再于其上

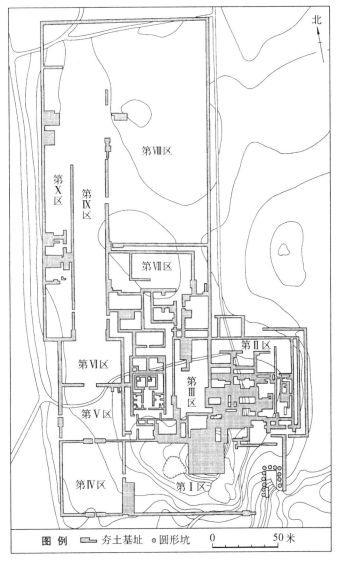

图 1-9　绥中石碑地秦汉建筑遗址平面图

加0.2～0.5米的黏土。各层面之上的建筑应有等级与功用上的差异。三级台面均高出宫城外地表，宫城外则依地势修筑倾斜状护坡或保持原有的平整地面并建有排水系统。

勘探有4处宫门：北墙1处、西墙1处、南墙2处，南墙偏西的一处与北门相对，且与几处内墙大门相通。门址两侧夯土墙基加宽，有大量烧土块、建筑构件等，推测其上应有建筑。从宫门构筑情况看，南侧应为其主要出入口，其他三面应有较小的侧门与角门。

（2）宫城内夯土基址

宫城东南部建筑基址密集，北部和西部较为稀疏。现分区加以介绍。

第Ⅰ区（SSⅠ）　位于宫城东南部，总面积18000平方米。总体平面呈长方形，四面环绕夯土墙基，东西最长约170米，南北宽约70米，面积近12500平方米。城内建筑基

础由 2 座夯土台基和 1 处由圆形土坑围成的建筑物组成。以 1 号建筑基址为中心，另两处建筑分列其前方东、西两侧。

1 号建筑基址（SSⅠJ1） 位于北部正中，平面呈方形，边长近 40 米；每层夯土厚度 10~15 厘米，总厚度约 8 米。

2 号建筑基址（SSⅠJ2） 位于宫城西南部，与西墙相连接，宽约 8 米，长约 30 米，夯土现存厚 1.3 米左右。从基槽和柱洞看，是一组面阔 5 间并带有阶梯状后廊的建筑。

3 号建筑基址（SSⅠJ3） 位于 1 号台基东南部。中心是一个长方形土坑，东西宽约 13 米，南北现存长约 25 米，现存深 1.3 米。坑四周有圆坑等距离分布，现存 12 个，间距 3 米，坑直径 2 米左右。

第Ⅱ区（SSⅡ） 位于第Ⅰ区北部，总面积 19800 平方米。本区内的建筑台基分布比较密集，可分辨出相对独立的单元集中于本区东部，东西长约 143 米，南北宽约 110 米。四周以墙基环绕，东部有三重墙，南、北各两重墙，西面为一重墙。主体建筑分东、西两大部分。东部以墙基、台基构成密集的夯土网带（SSⅡJ1）；西部仅见一夯土台基（SSⅡJ2）。

第Ⅲ区（SSⅢ） 位于第Ⅰ区北，第Ⅱ区西部，面积 5500 平方米。本区主体建筑基址连接成一个整体，分布在南北长约 110 米，东西宽约 45 米的范围内，面积约 5000 平方米。主体建筑基址从南向北可划分 5 组。第 1 组与第 5 组为墙基围成的长方形空间；其余 3 组中的每一组又分别由两个单元建筑的基础构成。

第 1 组建筑总体形状类"四合院"。主体建筑位于东部夯土台基上，已遭破坏。南部为第Ⅰ区北部高台建筑的后廊，西部廊门开在西北角，北部为一组具有"沐浴间"性质的建筑，中间为天井。这组建筑的西部、北部均为院落。南部东侧与第Ⅰ区北部偏西的建筑群相连接。从布局看，它是第Ⅰ区建筑的附属设施，带有东西两个房间（Ⅲ区 1 组 F1、Ⅲ区 1 组 F2）。这组建筑的北部为一个院落，院落的东南角有门与第 1 组建筑的主体建筑相通，北部正中也有门与第 2 组建筑相连（图1-10）。

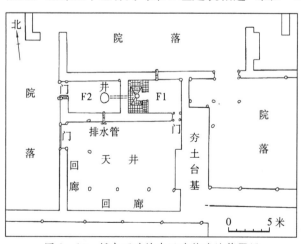

图 1-10 绥中石碑地秦汉建筑遗址第Ⅲ区第 1 组建筑平面图

第 2 组建筑采用南北中轴线对称的布局。主体建筑分布在东、西两侧，中间为面阔 7 间的东、西两道侧廊，廊间为通道，东、西两边的建筑基本对称。主体建筑建于较宽的夯土台上，廊、堂、室齐备。西南部有较宽阔的院落，院落间有穿墙而过的排水管道。院落西南角和东南角各有一房，房外有堂。这组建筑中间的廊及通道部分编号为第Ⅲ区第 2 组一单元，东部编为二单元，西部为三单元，两个单元以一单元为轴心对称布局，结构相似，主体建筑均面阔 3 间，有前堂、后廊及附属建筑（图 1-11）。

第 3 组建筑遗迹由东、西（第Ⅲ区第 3 组一单元、二单元）两个结构基本相似的部分组成。以一单元为例，由主体建筑及其前院组成。主体建筑位于北部，建于一夯土台上，发现 4 个柱洞，直径 13 厘米，门朝南，面阔 3 间。南部为院落，东墙有排水管穿墙而出。

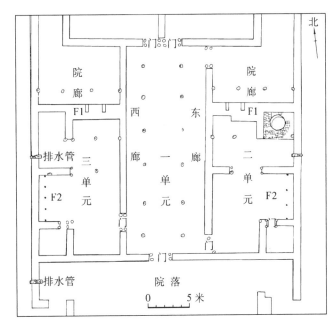

图 1-11 绥中石碑地秦汉建筑遗址第Ⅲ区第 2 组建筑平面图

第Ⅳ区（SSⅣ） 位于第Ⅰ区以西，北临第Ⅴ区，总面积 7700 平方米。本区内遗迹现象较少，有一个以夯土墙基围成的长方形空地，南、北墙各有一门。南墙长约 62 米，东墙长约 70 米，空地面积约 4300 平方米。2 个门处于南、北墙中间部位，门两侧夯土均加宽至 4 米，加宽部分长 9 米。

第Ⅴ区（SSⅤ） 位于第Ⅳ区以北、Ⅲ区以西，总面积 4000 平方米。本区内的遗迹较少，与第Ⅳ区基本相同，南墙长 62 米，东墙长 56 米，占地 3400 余平方米。西墙、北墙中部各有一个门，东、西两墙南部有对应的两处缺口。1992 年试掘了西墙缺口，发现有从城内向城外排水的管道及其上的建筑遗迹。

第Ⅵ区（SSⅥ） 位于第Ⅴ区以北、Ⅲ区以西，总面积 3200 平方米。区内遗迹现象较少，以夯土墙基围成一长方形空地，北墙有较大缺口与第Ⅸ区相通。

第Ⅶ区（SSⅦ） 位于第Ⅱ、Ⅲ、Ⅵ区以北，西临第Ⅸ区，总面积 12000 平方米。本区内夯土墙基分布较密集，南、北各两道横墙，东、西各一道纵墙，将其围成一个相对独立的单元。该单元东西长约 107 米，南北宽约 90 米，面积约 9700 平方米。建筑区可分成南、北两大部分。南半部从东向西可分成三个小建筑区域，每一区域又由东西墙分隔成南、北两部分。北半部从东向西亦可分成三个部分，中间较大，两边的较小，多为空地，建筑遗迹较少。

第Ⅷ区（SSⅧ） 位于第Ⅶ区以北，总面积 28600 平方米。本区内遗迹较少，有一个以夯土墙基围成的长方形空间，西墙不连贯，亦不规整，有缺口。本区地势较高，空间较大。仅在中部偏东处发现一长方形夯土台基，长近 11 米，宽 7.5 米，用途不详。

第Ⅸ区（SSⅨ） 位于第Ⅶ、Ⅷ区以西，西临第Ⅹ区。本区与相邻区域遗迹以缺口相通，并且处在南北一线城门通道上，无其他遗迹现象。

第Ⅹ区（SSⅩ） 位于城址西北部，东临Ⅸ区，南临Ⅵ区，总面积约 19200 平方米。区内有一个以夯土墙基围成的建筑单元，长约 315 米，宽约 35 米，面积约 10000 平方米。

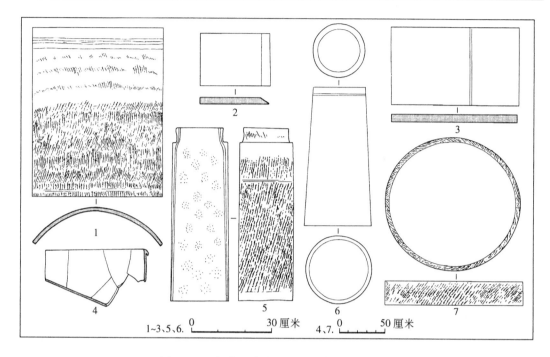

图 1-12　绥中石碑地遗址出土秦代建筑构件

1.板瓦（T1011③:2）　2.铺地砖（Ⅲ区1组 F1:1）　3.铺地砖（Ⅲ区1组 F1:2）　4.空心砖（T1111③:1）

5.筒瓦（T1011③:3）　6.排水管（Ⅲ区1组 F1:3）　7.井圈（Ⅲ区1组 F2:1）

东、西两道夯基之间有多块础石南北排成一线，其间有 5 个相对独立的夯土台基。

（3）出土遗物

宫城内出土的秦代建筑构件主要有陶筒瓦、板瓦、瓦当、铺地砖、空心砖、井圈、排水管以及础石等，少见生活用遗物。筒瓦和板瓦多为青灰色，质地坚硬，火候较高，色泽表里一致，少数呈黄褐色。瓦正面为绳纹，背面饰麻点纹。有些瓦片上还有戳印文字，如"京"、"直"、"登"等（图 1-12）。

瓦当的陶质、陶色与筒瓦、板瓦相同，形状分圆形、半圆形两种。瓦当大小不一，圆瓦当直径 17～22 厘米，半瓦当径长约 20 厘米，有夔纹大瓦当、涡贝纹瓦当、卷云纹瓦当等（图 1-13）。

2. 第二期遗存

根据调查及发掘材料，汉代建筑遗迹主要分布于遗址的中南部，即第Ⅰ区内，南北宽约 100 米，东西长约 180 米，总面积接近 1.8 万平方米。基本上沿用了秦代建筑基础，仅局部有所改变。目前揭露出其西门和回廊的西北角以及南部的一组建筑遗迹。因保存较差且揭露面积小，只能看出它是以秦代第Ⅰ区 1 号、2 号夯土台为中心建造的曲尺形建筑。

出土遗物有筒瓦、板瓦、瓦当等建筑构件。陶胎内多夹粗砂，质地疏松，多呈黄褐色，火候较低。瓦件正面以绳纹为主，其中粗绳纹较多。板瓦背面饰大、小菱格纹，方格纹，绳纹等，内侧有切口；筒瓦背面饰布纹为主，少量为素面，外侧有切口。瓦当均为圆

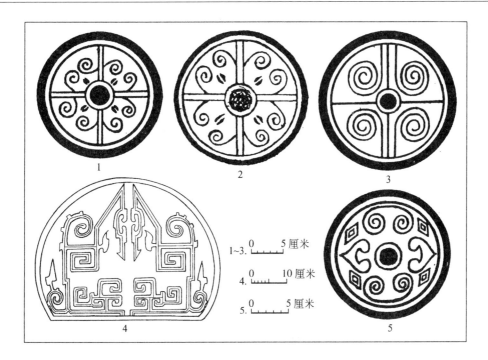

图 1-13　绥中石碑地遗址出土秦代瓦当

1.涡贝纹瓦当（T1212③:1，拓本）　2.涡贝纹瓦当（T1011③:1，拓本）　3.卷云纹瓦当（T0804③:1，拓本）　4.夔纹大瓦当（T0911③:1）　5.卷云加心形菱格纹瓦当（T1211③:1，拓本）

形，当面模印"千秋万岁"四字。

3. 遗址的年代

石碑地遗址第一期遗物中多见涡贝纹瓦当，在几乎所有墙基周围均有发现，它的流行年代在战国至汉代。综合比较其他遗址的资料，可将这组遗物的年代定为秦代。据此推断第一期城址最初建成年代在秦代。石碑地遗址第二期遗物出土"千秋万岁"文字瓦当，据其他材料比较，其年代不晚于西汉中期。这组遗物分布范围较小，所存在的第二期建筑有自己的城内地面，推测其建成当在汉代中期以前，系利用秦代的夯土台基重建而成。而附近其他几处遗址还没有见到这种时代性较强的文字瓦当。这或许表明，石碑地建筑群在汉代进行修缮使用时，其他遗址的建筑已不再使用。

（二）其他遗址

1. 黑山头遗址

黑山头遗址位于石碑地西 2 公里，是岸边突起的海岬。黑山头顶部平坦，南北长近100 米，东西宽 60 米。临海的南端略高，海拔 19 米。

遗址的文化堆积在清理前已被推掉 1～2 米，暴露于地表的有 60 多块础石以及陶井、空心砖、排水管道等。1984 年进行抢救性发掘，发现一组建筑基址。主体建筑位于山头南侧，方向为南偏西 10 度，建于一个长方形台基之上，台基现存东西 45 米，南北 25 米。北部边

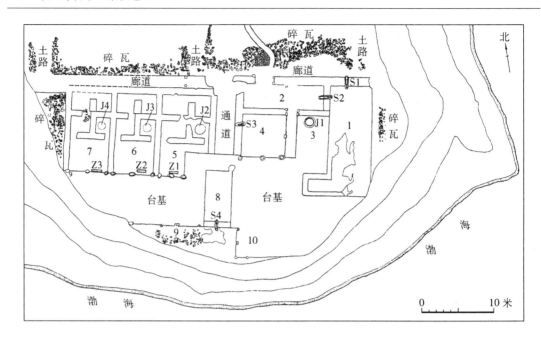

图1-14　绥中黑山头秦汉建筑遗址平面图
1～10.第一至第十单元　J1～J4.窖穴　Z1～Z3.空心砖　S1～S4.水管沟

缘是一条较宽的夯土带，宽1.1～1.5米。中部距地表0.32米以下发现6块础石，分三组成对分布，每对础石间距为东部0.5米，中部0.65米，西部0.75米，推测北部夯土带为走廊。在台基北侧还有一条斜坡路面，长7米，宽3～4米，当是道路。发掘者将清理的主体分为3组10个单元。北部东侧为第1组，西侧为第2组，南部为第3组（图1-14）。

第1组建筑可分为4个单元。第一单元位于东部，平面呈曲尺形。东西4.5米，南北15米。第二单元位于第一单元以西，第三、四单元以北，平面呈长方形，东西11米，南北3.5米，发现东、西、南三面墙基。南墙中部有一宽1.5米的缺口，四角各有一块础石。第三单元位于第一单元以西，第二单元以南，平面呈长方形，南北8米，西南角未闭合，北部有一眼由大型陶井圈接成的井，口径1.1米，深1.6米。第四单元位于第二单元以南，第三单元以西，平面呈正方形，边长6米。西、北两面有墙基，东、南两边有4块础石，西墙中部有一水管沟。第三、四单元之间是一条甬道。

第2组建筑呈长方形，东西20米，南北12米，东南角缺损。东、西两面有墙基，北边有一条宽1.5米的夯土带，南边有9个础石和3块空心砖。中间两道南北向墙基，将第二组建筑隔成3个单元。五至七单元南部各有3块础石和一块空心砖，北半部有一"土"字形墙基，将其分隔成4个小室，东南角的小室各有一口窖穴。在第1、2两组建筑之间有一条2.5米宽的通道。

第3组建筑由3个单元组成。第八单元位于中部，长方形，东西3.7米，南北6.7米。东、西、北面无墙基，南墙中部有一条水管道。第九、十单元破坏严重，各存4块础石。

遗址中出土遗物都是建筑构件，有筒瓦、板瓦、瓦当、空心砖、础石等。瓦大部分为绳纹灰陶；瓦当为圆形和半圆形云纹瓦当；长方形空心砖，一面饰菱格纹，与石碑地遗址第一期遗物基本相同。

2. 止锚湾遗址

止锚湾遗址位于石碑地东 1 公里，地势高阔，东、南两面临海。遗址位于海岸高地上，面积约 10000 平方米。发现有础石等建筑遗迹，地面有红烧土及空心砖、板瓦、筒瓦、涡贝纹大圆瓦当等遗物。在瓦片上发现与黑山头、石碑地特征相同的"乐"、"市"戳印文字。止锚湾遗址目前尚未全部清理发掘，但从探掘的初步迹象上看，是一处与黑山头、石碑地时代相同、有着相当规模的秦代建筑遗址。

3. 瓦子地遗址

瓦子地遗址位于石碑地北 1 公里，面积约 10 余万平方米，因地表分布较多的瓦片，故名。1993 年，对遗址进行了发掘，发现陶窑址 1 座，为秦代的一处烧瓦窑址[1]。在此也曾采集到有"乐"、"同"、"登"戳印文字的瓦片。

4. 周家南山遗址

周家南山遗址位于瓦子地遗址北 2 公里，面积约 20000 平方米，因地势较高，故称"南山"。中部有一隆起的山包，附近瓦片密集，采集到云纹瓦当。1999 年，在这里发掘出一些属于秦、汉两个时期的建筑遗迹与遗物。秦代建筑保存较差，仅存部分基础、零星的础石及散落的瓦件。其中一个建筑基础呈长方形，南北长约 20 米，东西宽约 15 米。汉代夯土台基打破秦代夯土基础，其范围没有扩大。在此发现的秦代遗物除建筑构件外，还有少量的生活用陶器残片，并发现三棱铁镞等兵器。发掘者认为，该遗址与石碑地行宫密切相关，但用途有所不同。

5. 大金丝屯遗址

大金丝屯遗址位于周家南山遗址西 2 公里，黑山头北 4 公里，山海关东北 8 公里。遗址东西 400 米，面积约 10 万平方米。中心区在村南，绳纹瓦甚多，采集到云纹圆瓦当和带"登"字戳印的瓦片。1998～1999 年勘探发掘，证明是一处大型的秦代窑场遗址。在高台处发掘烧瓦窑 5 组，每组由 4 个单室窑构成，两两相对，间距近 4 米，窑门分别面向东或西，5 组窑自南向北一字排开，间距 40 米左右。每座窑东西长 5 米以上，由窑室、窑床、火膛、窑门、烟道等组成，窑室为马蹄形，直径 3 米，窑门外设有操作间，窑前人工开挖的壕沟内堆积了许多废弃的筒瓦、板瓦及瓦当。从出土的瓦件及上面的戳印文字看，均与石碑地遗址的秦代建筑构件相同。据调查，在窑场东 200 米、西 100 米的范围内，曾多次发现类似的遗址，说明大金丝屯遗址是一个很大的秦代窑场。发掘者认为，如此规模的窑场应该是为满足石碑地等建筑群建筑需要而专门设立的。

二　河北秦皇岛秦行宫遗址

在今河北省境内发现两处秦代遗址，一处为秦皇岛市北戴河的金山嘴遗址群，一处为

---

[1] 辽宁省文物考古研究所姜女石工作站：《辽宁绥中县"姜女坟"秦汉建筑群址瓦子地遗址一号窑址》，《考古》1997 年第 10 期。

山海关区的石河口遗址群。这两处遗址群位于姜女坟建筑遗址群西南、沿渤海西岸，从遗址所处的位置看，可能都与行宫建筑有关。

（一）金山嘴秦代建筑群遗址

金山嘴是河北省秦皇岛市北戴河区伸入海中的一个高岗海岬，东、南、西三面环海，北与陆地相接，形成一个半岛。据调查，这里分布着较大范围的秦代建筑遗址，但由于破坏严重已所剩无几。目前所知主要有金山嘴、横山及横山北三处遗址，分布在以金山嘴为起点的南北轴线上，可统称为金山嘴秦代建筑群遗址[1]。另外，在滨海地带调查还发现联峰山中峰、剑秋路西侧、石油疗养院西侧、秦皇岛角等遗址，所出建筑构件与金山嘴建筑群遗址基本相同，年代也与之相当。

1. 横山遗址

横山遗址在金山嘴北约 300 米的横山上，面积约 20000 平方米，海拔 18.5 米，是金山嘴遗址群中惟一未遭严重破坏的遗址。自 20 世纪八九十年代以来，对该遗址进行了部分发掘，揭露出建筑遗迹 4 组，包括灶、水井、水管道、窖穴以及其他生活遗迹，发现了大量的板瓦、筒瓦、瓦当等建筑构件和少量的陶盆、甑、鉴、罐、瓮、茧形壶等生活器皿。发掘的建筑基址包括 A、B、C、D 四组计 14 个单元。

A 组位于发掘区的东部，由 1 个院落和 4 个单元组成。院落呈长方形，四周有夯土墙，东西 33 米，南北 114.5 米，宽 0.9～1 米。北墙有一处排水管道。院落自南向北分为四个单元，每个单元有 1、2 座房址，大部分房址呈长方形，房内设火灶。例如第一单元，由两处长方形的房基组成，平面呈曲尺形。F1 坐北面南，室内东西 17.2 米，南北 6.52 米，据础石分析，面阔 4 间。南墙西部有门道。东北角有灶 1 座。F2 坐东面西，四面有夯土墙，东西 8.15 米，南北 31 米，中部有隔墙一道，将之分成南、北两室，据础石分析，面阔各 3 间。北室东西 6.6 米，南北 13.9 米，室内周围有灶 6 座，隔墙西端有一门道。南室东西 6.6 米，南北 14.6 米，东南角有灶 1 座。西墙中间有一宽 10.5 米的豁口（图 1-15-A）。

B 组位于发掘区北部，A 组的西侧，由 1 座不规则的院落和 3 个单元组成。院落南高北低，倾斜度很大。北墙长 89.42 米，有两处排水管道。东墙长 74.3 米，南墙长 65.3 米。西墙不规则，全长 98.9 米，自南向北多有曲折。西墙上有一门道，宽 1.5 米。门北侧有一条排水管道。院内三个单元呈三角形分布。

第一单元位于院落南部，是其中最大的一座建筑。平面呈长方形，东西 51.5 米，南北 17.5 米，坐南面北，四面有墙，墙外有散水。中部隔墙将其分成东西两间大致相同的房屋。其中，F6 位于 F7 东侧，室内东西 23.12 米，南北 13.11 米，有东西向础石三排，

〔1〕 A. 河北省文物研究所、秦皇岛市文物管理处、北戴河区文物保管所：《金山嘴秦代建筑遗址发掘报告》，《文物春秋》1992 年增刊。

　　　B. 陈应祺：《秦皇岛市北戴河秦代行宫遗址》，《中国考古学年鉴（1987）》第 105～106 页，文物出版社，1988 年。

每排 4 块，行距约 4 米。北墙有斜坡门道，宽 1.4 米（图 1 - 15 - B）。

第二单元 F8 位于院落西北部。东西 15.65 米，南北 21.2 米，四周有瓦砾，推测是一长方形台式建筑。

第三单元 F9 位于院落东北部，为一圆形建筑，残存础石 19 块，以中部大础石为中心，外有两圈础石，内圈保存完整，共 10 块；外圈残存 8 块。外圈础石距离中心础石 2.8～2.9 米。

C 组位于发掘区南部，A 组的西侧，由一个院落和南、北两个单元组成。南部被现代建筑所压，仅存其他三面墙体。南部单元有两座建筑，其中，F10 位于本单元东部，为一台式建筑，残存础石 7 块，台前瓦砾堆积整齐。F11 为一长方形台式建筑，坐西朝东。发现南、北、西三墙，南、北墙保存较好，全长 11.98 米。西墙即 C 组西墙中部，长 21.78 米。室内东西 11.01 米、南北 19.89 米，残存础石 6 块。台前中部有空心砖踏步。

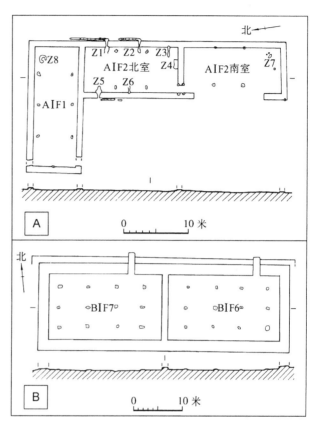

图 1 - 15　秦皇岛横山秦汉建筑遗址房址平面、断面图
A. A 组第一单元 AＩF1、F2　Z1～Z8. 灶
B. B 组第一单元 BＩF6、F7

北单元 F12 位于院落北部，平面呈长方形，坐北朝南，四面有墙，厚约 1 米。室内东西 30.4 米，南北 7.26 米。南墙中部有门，宽 3.18 米，四角各有一块础石。

D 组位于发掘区西南部，平面呈曲尺形，由 1 条通道和 5 个单元组成。外围四面有墙，构成一组独立的建筑。通道平面呈曲尺形，是连接 5 个单元的过道，总长 102.3 米，宽 4.48～6.75 米。5 个单元的门均面向通道，通道的门可能在南墙上，但已被破坏。每个单元均有一个小院落和 1～3 座房址。例如，第一单元有 1 个院落和 2 座建筑。院落长方形，四面有墙。南墙偏西处有一门道，宽约 3 米，门西侧有一条排水管道。F13 位于院落东部，为长方形台式建筑，坐东面西，有南、北、东三面墙。东墙 28.39 米，北墙、南墙均 7.04 米。室内东西 6.02 米，南北 26.43 米。残存础石 18 块，东墙础石较小，分布较密，西墙础石较大，分布较稀，间距较大。

横山遗址位于三处建筑遗址的中部，是一处相对独立的建筑群。四组建筑平面形状不同，A、C 两组呈长方形，B 组呈不规则形，D 组则采用曲尺形，填补了 B、C 两组留下的空间，使建筑布局紧凑，结构合理。布局采用不对称的组合方式，与中国古代建筑惯用的以中轴为主线、均衡对称分布的规划有所不同。A 组四座建筑南北依次排列，B 组 3 座建筑平面呈三角形分布，C组3座建筑分布在院落的三面，而D组则以完全不同的形式，用一条曲尺形的通道把5个单元建筑有机地组合在一起，使之浑然一体。这种布局反映了因地制宜的原则。总体布局上，建筑群内仍可看出主次之分。B组一单元的F6和F7连成一体，总长50多米，室内的础石较大；C组第一单元F11和D组第一单元F13在其南侧，均为带壁柱的台式建筑，前檐础石也较大。两座建筑相对而立，与B组一单元呈鼎足之势，所处位置在建筑群的中部，南北正对着金山嘴遗址的最高点。推测这三座建筑可能是该遗址群的主要建筑，它周围的房子大多依墙而建，结构较为简单，或许要低矮一些，从而形成高低错落，有主次之分的格局。各组建筑外围都环以院墙，使之成为独立的建筑。就单体建筑而言，形式可分为五类：有外堂内室的；四面有墙，前置一门的，有方形和长方形两种；带内、外室的；台式建筑，有长方形和曲尺形两种；圆形亭类建筑。在这些建筑基址上，多设有采自天然砾石的柱础石。院墙两侧和单体建筑周围均分布有瓦砾，表明院墙和单体建筑都覆有瓦顶。由此判断，该建筑可能是具有宫苑性质的建筑。

横山建筑遗址出土的遗物以建筑构件为大宗，生活用具极少。板瓦、筒瓦均为泥质灰陶，表面绳纹，背面饰麻点纹。板瓦一般长53～60厘米，筒瓦一般长47～54厘米。瓦当皆饰卷云纹，有大型圆瓦当、圆瓦当和半瓦当，大部分加饰贝纹。涡贝纹半瓦当、卷云纹加菱格纹圆瓦当、夔纹大瓦当及空心砖等，与咸阳秦代宫殿建筑及辽宁绥中县"姜女石"遗址出土的遗物相同。空心砖一面饰菱格纹，一面素面。有的瓦件上还有陶文戳记，如"同"、"八"、"閉"等。在一件陶鉴上，还刻有"建阳"二字。值得注意的是，具有秦文化特色的茧形壶在此也有发现，它与陕西凤翔高庄秦墓的同类物品相似。以上出土的遗物表明，横山遗址建筑群的营建年代应该在秦代。

2. 金山嘴遗址

金山嘴遗址面积约60000平方米，海拔24.4米。遗址尚未发掘，在此仅发现一组有大量隔墙的建筑群，附近采集的建筑遗物除一般的绳纹板瓦、筒瓦及涡贝纹瓦当外，还有少量的夔纹大瓦当、变形夔纹半瓦当和卷云纹半瓦当（图1-16）。1991年，与金山嘴遗址

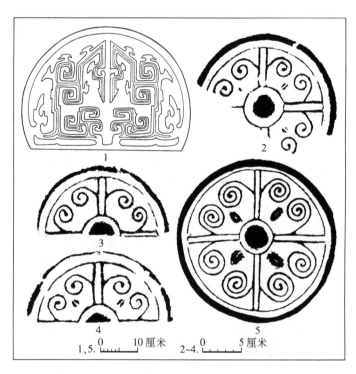

图1-16　秦皇岛金山嘴遗址出土秦代瓦当
1.夔纹大瓦当（采:01）　2.涡贝纹圆瓦当（T306②:11，拓本）　3.卷云纹半瓦当（T506③:4，拓本）　4.涡贝纹半瓦当（AⅠF1:12，拓本）
5.涡贝纹大圆瓦当（T604③:1，拓本）

同在一个区域内的联峰山中峰顶部，也发现了一处古代建筑遗址，东西约 20 米、南北 15 米，建筑面积约 300 平方米。在遗址最高处发现夯筑建筑基址，出土有云纹圆瓦当、空心砖、筒瓦，另外还有柱础及素面铺地砖等建筑遗物。联峰山中峰海拔 120 米，山麓与海岸毗连，也处在北戴河海滨东西 7.5 公里的中轴线上，为北戴河金山嘴地区秦代建筑遗址群的制高点。

3. 横山北部遗址

横山北部遗址在横山北约 500 米的高地上，面积与横山遗址相当，海拔 25.1 米。该遗址破坏严重，没有发掘，仅采集到菱形纹方砖等。

除上述三处之外，在北戴河剑秋路、石油疗养院西侧和秦皇岛市海港区东山秦皇岛角等地，也发现过这一时期的建筑遗迹。

（二）山海关区石河口遗址

石河口遗址[1]位于山海关城西南 4 公里，地形为突入海中的岬角或岛屿，又名"五花城"，相传因五城连环如花而得名。在此发现两处建筑群遗址。村东北有一濒河台地叫"城子里"，四周有方形的夯土墙，边长 300 米，高 1~6 米，应是宫墙建筑。地表有菱格几何纹空心砖、卷云纹圆瓦当和陶器残片等。石河口遗址处于金山嘴与石碑地遗址的中间位置，从调查得到的遗物判断是一处秦代的行宫遗址。

三　渤海湾西岸秦代建筑遗址与秦汉碣石宫

渤海西北沿岸的秦代建筑群从北到南大致可分为三组，分别为姜女石建筑群、石河口建筑群和金山嘴建筑群。三组遗址群都位于海滨岬角或岛屿上，分布在南北约 50 公里的区域内，都发现了各种房屋建筑及环绕其四周的墙垣，有的还有大型的夯筑台基。各建筑群出土的建筑材料大致相同，金山嘴建筑群与姜女石建筑群出土的瓦件上还有相同的戳印文字以及秦都咸阳所见的高浮雕夔纹巨型瓦当。这一切表明，三组建筑群应是秦代宫苑性质的建筑。《史记·秦始皇本纪》记载：秦始皇统一六国以后，大建行宫，"关中计宫三百，关外四百余"，渤海西岸的秦代建筑群遗址应是众多关外行宫中的一部分。

据文献记载，秦始皇、秦二世及汉武帝东巡海上，北至"碣石"，以期遇仙人及蓬莱诸神。此"碣石"在何处，向来是学术界争论的焦点。近年来，由于姜女石等秦代建筑群遗址的发现，使这一讨论更加热烈。目前学术界至少有五种意见：一是在昌黎碣石山[2]；二是北戴河金山嘴[3]；三是秦皇岛东山[4]；四是辽宁绥中县石碑地[5]；五是渤海西岸发

---

〔1〕　康群：《渝关考辨》，《辽海文物学刊》1988 年第 2 期。

〔2〕　谭其骧：《碣石考》，《学习与批判》1976 年第 2 期。

〔3〕　A. 冯君实：《"东临碣石"的碣石在哪里》，《吉林师大学报》1978 年第 4 期。
　　　B. 黄盛璋：《碣石考辨》，《文史哲》1979 年第 6 期。

〔4〕　明·詹荣纂修《山海关志》卷一："秦皇岛，城西南二十五里，又入一海里，或传秦始皇求仙驻跸于此。"引自《续修四库全书·史部·地理类》第 718 册，上海古籍出版社，2000 年。

〔5〕　A. 陈大为、王成生：《碣石考证》，《中国考古学会第六次年会论文集》，文物出版社，1987 年。

现的几处建筑群为一个整体，都称为碣石宫[6]。

文献中有关"碣石"的记载较多，但不同时期的文献所指代的对象并不一致，有时是指山脉，有时是指某一地域，有的则指具体的宫殿。如《尚书·禹贡》、《汉书·沟洫志》及《新唐书·地理志》[7]，将"碣石"与王屋、太行、恒山等名山并列，显而易见是冀州境内近海处的山脉名称。俞正燮指出："'夹右碣石，入于河'，则碣石不必正当河流，应在禹河入海处西北，抚宁、昌黎之说，与经文近。"[8]今昌黎的大碣石山和角山均为燕山余脉。大碣石山由大小近百座山峰组成，方圆数十里，跨昌黎、卢龙、抚宁三县界，主峰仙人台（俗称"娘娘台"）海拔695米。角山由北向南直达渤海岸边，一条石岭进入海中，凸起柱状石数块，由东向西，有红石砬子、姜女石、龙门礁等。大碣石山和角山均可能是《禹贡》中的"碣石"所在。

战国时，"碣石"也曾作为地域名称使用。如《战国策》："南有碣石、雁门之饶。"《玉海》解释说："碣石在海旁，雁门有盐泽，故云：碣石雁门之饶。"显然"碣石"在此时已是一个区域名称。据史籍记载，战国至秦汉时，由于碣石一带海域多有海市蜃楼的幻象发生，成为方士求仙的聚居地。战国时著名仙人如宋毋忌、羡门高等"为方仙道，形解销化"[9]，有神仙之风，因此，碣石一带就有了仙人居所的含义。齐阴阳家邹衍入燕，昭王给予他很高的礼遇，筑碣石宫以居，并亲往师之，始有"碣石宫"之名[10]。秦始皇、汉武帝东巡海上，游"碣石"，必然也建行宫，那么，秦汉时期的"碣石"也应当是一处行宫。汉以后的历代皇帝游"碣石"多是仿效秦皇汉武故事，所至已非其地，多与今河北昌黎大碣石山有关。

上述三组建筑群是否就是秦汉的碣石宫，或者哪一组建筑才是秦汉碣石宫？有人认为是姜女石建筑群，有人认为是金山嘴建筑群，也有人认为碣石宫是三处建筑群的总称。

从目前考古调查与发掘的情况看，石河口建筑群除发现宫墙之外，还没有更多的资料。就发现的重要遗物看，姜女石和金山嘴两遗址都发现有夔纹大瓦当；就地理位置而言，姜女石和金山嘴都相当好。金山嘴等三处建筑遗址分布在南北一条直线上，彼此相距

B. 华玉冰：《试论秦始皇东巡的"碣石"与"碣石宫"》，《考古》1997年第10期。

〔6〕　苏秉琦：《中国文明起源新探》第155、156页，三联书店，1999年。

〔7〕　A.《尚书·禹贡》："禹敷土，随山刊木，奠高山大川。冀州既载，壶口治梁及岐。既修太原，至于岳阳。覃怀底绩，至于衡漳，厥土惟白壤，厥赋惟上上错，厥田惟中中。恒卫既从，大陆既作，岛夷皮服，夹右碣石，入于河。""导岍及岐，至于荆山，逾于河。壶口雷首，至于太岳，底柱析城，至于王屋，太行恒山，至于碣石。"

B.《汉书·沟洫志》："昔大禹治水，山陵当路者毁之，故凿龙门，辟伊阙，析底柱，破碣石，坠断天地之性。"

C.《新唐书·地理志（三）》妫州妫川郡下云："东南五十里有居庸塞，东连卢龙（卢龙塞，即燕山山脉山脊），碣石，西属太行、常山（又名恒山），实天下之险。"

〔8〕　清·俞正燮：《癸巳类稿》，商务印书馆，1957年。

〔9〕　《史记·封禅书》。

〔10〕　《史记·孟子荀卿列传》。

不远，出土遗物相同，时代一致，可视为一个整体，是一处大型建筑群体的三处相对独立的建筑单元。横山遗址建筑结构比较简陋，墙面不加修饰，很多建筑依墙而建，部分建筑前檐无墙，室内无柱，有的门道狭窄，没有门柱，可能不是金山嘴建筑群体的主体部分。而金山嘴遗址所处位置最佳，面积最大，并出土秦代宫殿所特有的巨型夔纹瓦当，有可能是该建筑群的主体部分，应是当年秦始皇东巡时兴建的一处行宫遗址。但是金山嘴建筑群没有发现大夯土台基，发掘中也没有见到汉代遗物。因此，现在还没有充分的证据可以认定这里是秦汉时期的碣石宫。

姜女石建筑以石碑地为中心，西有黑山头，东有止锚湾，面对海中的"姜女石"，呈合抱之势。石碑地遗址曲尺形的秦代建筑群，有坚固的城墙所围绕，以南部的大夯土台为中心，城内形成"三级阶梯状"的建筑台面，建筑高低错落，布局疏密结合，建筑体量巨大，有完备的排水系统，城墙及城内建筑突出了安全保卫意识，而且出土秦代宫殿中所特有的夔纹大瓦当，因此，它不是一般的居室或官署，应是秦代的一处宫殿建筑遗址。虽然发现的大部分建筑用途还不明确，但有的建筑可以推测其功用，如城内东南角发现的由 12个直径巨大的基坑组成的建筑，发掘者推测可能与祭祀有关。Ⅲ区南部发现一组地面铺砖、具有全套排水设施的建筑，应属于"沐浴间"。位于Ⅰ区正中的 1 号建筑台基（SSⅠJ1），既是该组建筑中的主体建筑，也是全城的制高点，处于登临观海的最佳位置，对于理解这组建筑的功用十分重要。石碑地不但发现了巨型瓦当，而且还发现了汉代的文字瓦当，说明这处建筑至汉代仍然在使用。石碑地遗址正南海面上，矗立着三块礁石，即所谓的"姜女石"，石块立于海中的石山上，其中较高的一块高 18.4 米。每逢落潮，尚能看到方圆几十米的石山顶部。"姜女石"正对石碑地遗址南部的大夯土台，两者相距约 500 米。在距今海岸约 300 米左右的地方，有一条石甬道穿过东西向的礁石带，宽约 10 米，通往东、西方向的止锚湾和黑山头。这与文献中关于"碣石"的含义十分相近。东汉许慎《说文解字》说："碣，特立之石，东海有碣石山。"因此，从词义上看，高耸孤立于海旁的碑状石块均可称作"碣石"。据目前掌握的考古材料，"姜女石"地貌与"碣石"相似，又属秦代行宫性质的遗址，秦、汉两代在此遗址上均有建筑，与文献记载相吻合，所以有学者认为"姜女石"即"碣石"。石碑地遗址与"姜女石"既建于秦代的"碣石"区域内，又在宫前利用了"特立之石"——碣石，应即是"表碣石为阙"，石碑地宫殿名之为"碣石宫"有一定的道理[1]。

至于说三组建筑同为一个整体，均名碣石宫的说法，似乎不符合实际。因为三组建筑南北相距约 50 公里，以秦皇岛为中心，东北 30 多公里是石碑地秦宫遗址，西南 20 多公里是金山嘴秦宫遗址，各遗址之间相距较远，在如此大距离的范围内，不可能建筑一座宫殿建筑群。有学者认为它属于一体，应指它们在建筑时代及功能方面而言，并非指一个整体建筑。如果将三组建筑群作为一个整体的话，其规模将大大超出秦都咸阳，作为行宫这是不可能的。有人以阿房宫为据，认为秦始皇所建的阿房宫，覆压三百余里，规模宏大，气势非凡，那么碣石宫也可能是这种模式。近年来的钻探和试掘表明，阿房宫不仅没有建

---

[1]　华玉冰：《试论秦始皇东巡的"碣石"与"碣石宫"》，《考古》1997 年第 10 期。

成，而且其范围仅仅局限于现在的阿房宫前殿遗址附近[1]，贾谊在《阿房宫赋》中的描写仅仅是文学夸张。再者，各组建筑群内部功能也不一样，并非全部为宫殿建筑，如石碑地周围的瓦子地和大金丝屯两处遗址就是为烧制建筑材料的窑址。

总之，文献记载的"碣石"较多，年代从传说中的大禹治水到魏晋南北朝，其间或作为山名，或作为石名，或作为地名使用。所以要真正究明各个时期碣石的含义和位置，还需要对文献做更细致的梳理，最主要的是做大量的考古调查和发掘工作。

第三节　秦直道

秦直道是秦始皇统一全国以后，于秦始皇三十五年（公元前 212 年）令蒙恬率三十万大军兴建的，由于直道南起云阳（今陕西淳化县北），北至九原（今内蒙古包头市西），全长"千八百里"（合 742.5 公里），"直通之"，故名。它是连接中原与北方草原地区惟一的一条交通纽带，也是支援北方长城沿线地带军事防务的运输线，与长城共同构成秦朝北疆的防御体系。历史上，司马迁在跟随汉武帝出巡时曾对秦直道做过考察，并记录了它的起点和终点[2]。由于年代久远，现大部分路段埋没于草莽沙土之中，具体路径多模糊不清。

1974 年 7 月，内蒙古自治区考古工作者首先在伊克昭盟发现一段秦直道遗迹，从此揭开了秦直道调查的序幕。1975 年史念海对秦直道子午岭段做了实地考察，并研究和勾画了秦直道的大致走向[3]。1984 年 5 月，靳之林、孙相武对秦直道进行全程徒步考察，并刊布了考察情况[4]。1986 年 6 月，陕西省交通史编写办公室对陕西省境内的秦直道遗迹作了为期 23 天的实地考察，行程 1300 多公里[5]。1989 年 8～9 月，内蒙古交通厅对鄂尔多斯高原的秦直道遗迹，进行了为期 13 天的实地考察，取得了一定的成果[6]。此后，伊克昭盟文物工作站对鄂尔多斯境内的秦直道遗迹进行了全程科学调查。20 世纪 90 年代，甘肃省考古工作者又对直道全线进行了专题调查，涉及陕西、甘肃、内蒙古三省区，对直道的具体走向和沿途遗迹状况作了详细记录[7]。从 2006 年开始，陕西省考古研究院通过对秦直道沿线的踏查和试掘，又取得新的收获，为秦直道考古工作的深入开展奠定了基础，但调查资料至今未发表。

---

[1]　中国社会科学院考古研究所、西安市文物保护考古所阿房宫考古工作队：《阿房宫前殿遗址的考古勘探与发掘》，《考古学报》2005 年第 2 期。

[2]　《史记·蒙恬列传》。

[3]　史念海：《秦始皇直道遗迹的探索》，《文物》1975 年第 10 期。

[4]　孙相武：《秦直道调查记》，《文博》1988 年第 4 期。

[5]　王开：《"秦直道"新探》，《西北史地》1987 年第 2 期。

[6]　A. 张洪川：《内蒙古自治区境内秦直道遗迹考察纪实》，《内蒙古公路交通史资料选辑》第 14 期，1991 年。

　　　B. 鲍桐：《鄂尔多斯秦直道遗迹的考察与研究》，《包头教育学院学报》1990 年第 1 期。

[7]　甘肃省文物局：《秦直道考察》，兰州大学出版社，1996 年。

一　秦直道的走向

秦直道的南、北起迄点分别位于陕西省淳化县北梁武帝村的秦林光宫和内蒙古自治区包头市南的麻池古城，对此学术界基本无异议。南、北起迄点的确定，为探索秦直道的走向确立了基点。通过近三十年的调查，大体确定秦直道南段主要在子午岭主脉上通过，北段大部分通行于鄂尔多斯高原上，基本上是南北"直通之"。由于子午岭北段无遗迹可寻或所发现的古道时代难定，目前尚存在很大争论。鄂尔多斯高原上的直道受风沙侵蚀严重，不少地段已无踪迹可寻。

史念海认为，秦直道"由陕西淳化县北梁武帝村秦林光宫遗址北行，至子午岭上，循主脉北行，直到定边县南，再由此东北行，进入鄂尔多斯草原，过乌审旗北，经东胜县西南，在昭君坟附近渡过黄河，到达包头市西南秦九原郡治所"。后来的调查者基本支持这一观点，但具体行经路线仍稍有差别[1]。从南、北起迄点来看，上述线路在定边县南绕了一个大弯，并非南北"直通之"，因此，这一线路受到部分学者的怀疑。内蒙古交通厅秦直道遗迹考察组认为，秦直道至沮源关（兴隆关）后，不是向西北行，而是折由古道岭东北，经富县槐树庄西侧北去。而出沮源关沿子午岭西侧北去的一条古道，即西北至定边的古道，靳之林则认为是宋代路线。秦直道出子午岭后，由安塞进入陕西靖边、横山、榆林三县，由榆林城西北的马合乡进入内蒙古鄂尔多斯草原区[2]。

陕西省有关学者在对直道作了进一步的调查与考证后认为，陕西境内的秦直道由淳化，经旬邑、黄陵、富县、甘泉、志丹、安塞、靖边至榆林，由神木县西北角的昌鸡兔进入内蒙古自治区的伊金霍洛旗。此线大体上呈南北走向，路基为堑山或夯筑，路面南段宽10~20米，北部宽20~60米，靖边段局部最宽达160米[3]。

直道自陕西省神木县西北角的昌鸡兔进入内蒙古自治区伊金霍洛旗，大致行经台格苏木、红庆河乡和台吉召乡，在合同庙乡西北进入东胜市境内。经东胜漫赖乡二顷半村、海子湾村、柴登乡城梁村，经张家梁村北进入达拉特旗境内。在达拉特旗境内向北经青达门乡艾来五库沟东、豆家梁村东、林家塔村西，至高头窑乡吴四圪堵止。吴四圪堵以北是一片盐碱荒滩，难寻直道遗迹。直道大致在黄河南岸昭君坟附近过河，终止于秦九原郡治所在地，即今包头市西南麻池古城。

根据近年来陕西、内蒙古两省的考古调查结果，秦直道除部分地段有小的弯曲外，其他地段基本上是南北直线走向（图1-17）。

二　秦直道沿线的文化遗存

在秦直道途经路线，目前已发现许多秦汉城址，其中包括南部起点林光宫遗址、北部

〔1〕　A.甘肃省文物局：《秦直道考察》，兰州大学出版社，1996年。

　　　B.吴宏岐：《秦直道及其历史意义》，《陕西师范大学继续教育学报》2000年第1期。

〔2〕　卜昭文：《靳之林徒步考察秦直道记》，《瞭望》1984年第43期。

〔3〕　国家文物局：《中国文物地图集·陕西分册》第74、75页，西安地图出版社，1998年。

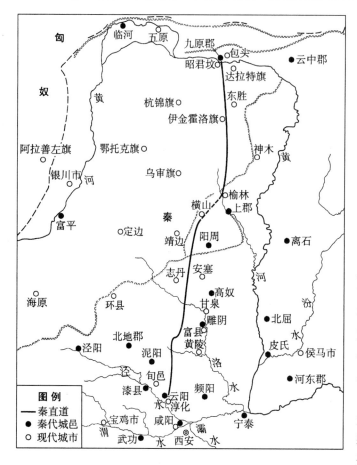

图 1-17　秦直道走向示意图

终点九原郡址以及位于直道中部的城梁古城等。这些城址与秦直道均有密切的关系。

秦直道的南部起点秦林光宫，西汉甘泉宫是在其旧址上兴建起来的。它是秦汉两代重要的离宫，每至盛夏，皇帝来此纳凉避暑并处理政务。其城址位于今陕西淳化县的梁武帝村，平面略呈长方形，宫城东、西、南、北宫墙分别为 880 米、890 米、1948 米、1950 米，周长 5668 米，面积约 148 万平方米。墙残高 1～5 米，西、南、北三面中部辟门，南门外有门阙台基一对。主体建筑前殿位于中心部位。宫城西南、西北各有角楼台基 1 座，城内东北部有圆形夯土台基 2 座，高 15～16 米，或为通天台遗址。台基周围发现有墙基、柱洞、门枢石、陶水管道等遗迹。城西南部发现陶窑十余座。宫内出土石熊、石鼓、空心砖、瓦当等，其中有汉代的"甘林"、"卫"、"长生未央"、"长毋相忘"等文字瓦当。

秦直道的北部终点九原郡治，原为战国时期赵国九原城，秦始皇三十五年（公元前 212 年）在此置九原郡，武帝元朔二年（公元前 127 年）改九原郡为五原郡，郡治未改。故城即位于今内蒙古自治区包头市以南的麻池古城，其北距阴山 35 公里，南距黄河 5 公里，有南、北两城，均近方形。南城偏东，北城东南角城墙与南城西北角城墙约有 300 米是连在一起的。北城南北 690 米，东西 720 米。南城南北 660 米，东西 640 米。从记载和城内的遗物看，北城即战国及秦代的九原城，南城是汉五原郡五原县城[1]。

由昭君坟至红庆河，南北长近 100 公里的道路旁，目前已发现 4 座古城遗址，都分布在由伊金霍洛旗红庆河镇至包头市郊麻池镇南北直线上。位于伊克昭盟东胜市西 31 公里处的城梁古城，方形，有大、小两城。大城边长 480 米，位于丘陵的顶部，海拔 1553 米，是附近地区的制高点。城内有秦汉时期的砖、瓦、瓦当、陶排水管等建筑构件和陶质器皿

〔1〕　包头市文物管理处、达茂旗文物管理所：《包头境内的战国秦汉长城与古城》，《内蒙古文物考古》2000 年第 1 期。

的残片等，还发现有陶窑等遗迹。早年曾出土过大量成捆的铜镞等（杆身已朽，只存铜镞），具有军事要塞的性质。城梁古城往西约 100 多米处，有一处"古路豁子"的直道豁口，宽约 50 米，两侧成缓坡状，中间的路面已被垦殖。由此向北有连续三个宽窄一致、间距不等的豁口，相连成串；向南有两个豁口。在前后约五公里之内，有连续五个方向相同、宽窄一致、间距不等的豁口，贯穿一气，应是"堑山埋谷"的遗存。

伊金霍洛旗政府所在地阿勒腾席热镇西稍偏南 11 公里处的掌岗图，是红庆河镇到麻池镇南北直线上的又一个制高点，海拔 1399 米。1986 年，因修筑乡间公路被推土机推出一段用鹅卵石铺垫的古路纵剖面，可能是秦直道遗迹。沟壑北面一截直道遗迹，路面呈拱形。向北倾斜度较大的一段路面，两侧的水土流失虽然很严重，但能看到宽约 50 米的原形。从掌岗图遗址看，秦直道的宽度和"古路豁子"的宽度基本一致。

红庆河，原名红城河，这里虽没有发现直道遗迹，但它和掌岗图遗址所在的红海子乡只隔公尼召乡，公尼召乡也有从掌岗图南来的秦直道遗迹。因此，这里应是直道必经之地。在红庆河乡政府北发现一座汉代古城遗址，目前还残留一段夯层清晰的土墙，高矮不一，低矮处只 0.3～0.4 米，稍高处 1～1.5 米。据说此城有三重城墙，内城为方形，边长约 100 米，上述土墙即是内城城墙。这里曾出土很多铜镞，应为古代一处重要的军事重镇和交通要道。

阳周故城位于陕西省子长县秦直道支线东侧约 2 公里，平面呈长方形，东西约 1500 米，南北约 1000 米。城墙夯筑，残高 1～4 米，夯层厚 7～9 厘米。城内出土秦代陶器及铜车马饰、铜镞等。据《史记·蒙恬列传》载，蒙恬曾在此驻兵，后被囚于此。

除秦直道本身及沿线的重要城址外，在秦直道经过的路段，还设有传递信号的众多烽燧及障城，在两山之间的地点设有关隘及兵站。烽燧依路段情况而设，一般在秦直道附近的高岗上，烽燧相互呼应。有的烽燧顶部至今保存着当年用于报警的燃料狼粪及灰烬。

淳化圪瘩山主峰位于秦直道西侧，有夯筑圆锥台 1 座，底径 9 米，高 4 米，主峰南坡和东坡分布 4 个平台，间距 10 米左右。在此出土大量砖瓦及铜弩机、带钩等，有人认为是一兵站性质的遗址。旬邑县石门关位于海拔 1855 米的石门山主峰东侧，两座山峰东西对峙，垭口处形成关隘，秦直道从中通过。黄陵县兴隆关烽燧位于秦直道北侧约 200 米，方锥台，底边残长 5 米，残高 0.8 米。富县寨子山发现秦汉城址 1 座，位于秦直道东侧，城址平面呈长方形，东西约 100 米，南北约 60 米，分内、外两城，均夯筑城墙，残高 0.5～2 米，宽 2～4 米。

甘肃省正宁县境内的调令关南侧大古山梁上，还首次发现了一处大型的秦代兵站遗址。该遗址北窄南宽，形似葫芦，总面积 7000 多平方米，东、西、南三面环沟，北面只有 30 米宽的出口紧贴直道，形成天然屯兵营地。在秦兵站两侧的秦直道附近，考古工作者还发现了瓦樽秦墓[1]。调令关处在秦直道与今正宁至铜川的十字形路口上，而正宁至铜川公路原来就是一条西至铜川、东至旬邑的古道，这条古道可能是秦直道的一条重要的军事供应线。

---

[1]《陕西发现秦代大型兵站遗址》，《中国文物报》1986 年 10 月 31 日。

　　秦直道附近还发现秦行宫遗址两处。一处位于陕西省志丹县永宁乡任窑子村秦直道西侧，东西宽 80 米，南北长 350 米，高出地面 15 米左右。夯筑土台，夯层厚 7～15 厘米不等。地表遗物十分丰富，有大量的云纹瓦当、板瓦、筒瓦、铺地方砖、回纹砖以及陶水管、水管弯头、柱础石和陶井圈等。陶井圈外饰绳纹，高 47 厘米，外径 91 厘米，内径 85 厘米，壁厚 3 厘米。另一处位于陕西省安塞县化子坪乡红花院，秦直道东侧 10 米处。遗址东西长 1000 米，南北宽 500 米，中间高，四周底，现存大量夯土台基。台基以坚实细密的夯土构成，夯土层厚 10～30 厘米不等，圆形夯窝，直径 6 厘米，夯台最高处可达 10 米。在遗址地表分布着大量的秦代筒瓦、板瓦、瓦当残片、回纹铺地方砖、几何纹条砖、空心砖、圆形陶水管等建筑构件和大量带有陶文的器物残片。板瓦、筒瓦外饰整齐的绳纹，内饰麻点纹或不规则的粗绳纹，制作规整。瓦当大部分为卷云纹。板瓦上有"宫"、"水"、"左"、"右"等陶文。此外，该遗址中央放置两块基石，一块为长方形，长 76 厘米，宽 70 厘米，厚 36 厘米；一块为圆形，直径 85 厘米，厚 35 厘米[1]。

　　秦直道沿线还出土了大量的遗物，有战国时期的铜触角式短剑、虎羊头带钩、车马饰及秦半两铜钱、铜镞、秦始皇二十六年（公元前 221 年）统一度量衡的铜诏版等，此外还有秦汉时期的粗绳纹陶板瓦、筒瓦、云纹瓦当以及后代的瓷片等。

三　秦直道的修筑技术

　　秦直道长达"千八百里"，沿途经过山岭、河谷等不同的地形环境，因此修建一条如此平直的道路，事先必然经过测量与规划。秦直道的修筑反映了中国古代在大地测绘、建筑规划、工程组织、劳动管理和行政效率等方面的历史性进步。

　　考古调查表明，施工过程中很好地利用了地形特点，做到了因地制宜、因形就势，不同地段使用不同的修筑方法，这一点同秦长城的修筑有共同之处。秦直道南段大多利用了子午岭的山脊稍加平整而成，在山坡地段将坡面挖削成直角直壁，上宽 5～6 米，壁高达 5～10 米不等，路基一般宽都在 10 米以上，最宽达 160 米。直道北段多数在沙土地上通过，因此路面需要堆土夯打，鄂尔多斯草原地区局部路基的剖面上，尚可看出夯打的痕迹，道路宽度较南部山区稍宽，一般为 10～50 米不等。

　　从伊金霍洛旗的掌岗图四队北至达拉特旗高头窑乡吴四圪堵村东，全长约 90 公里，秦直道沿 15 度左右的方向直线北行，绝无弯道。这一带多属丘陵地区，地势延绵起伏，高差较大，沟壑纵横。为减少道路的起伏高差，凡直道所经的丘陵脊部，绝大多数都进行了不同程度的开凿，豁口的宽度一般为 40～50 米。凡秦直道途经的丘陵间的鞍部，绝大多数都进行了不同程度的填垫，从保留在冲沟断壁上的路基断面可知，填充部分的路基底部最宽者约 60 米，顶部宽 30～40 米，残存最厚的垫土现今仍达 6 米以上。路基垫土多为就地取材，将开凿豁口所得红黏土及砂岩的混合物移至丘脊两侧的低凹处，或将坡脊上端的堆积移至下端逐层填实。部分连续低凹地段，由于开凿丘脊所得土方无法满足路基土方

---

〔1〕　A. 姬乃军：《陕北发现秦直道行宫遗址》，《中国文物报》1989 年 7 月 14 日。

　　　B. 杨宏明、谢妮娅：《安塞发现秦行宫遗址》，《中国文物报》1991 年 10 月 27 日。

的需求，便从附近的河床内运来沙石填垫路基。路基层层填垫的痕迹清晰可辨，虽未发现夯筑痕迹，但仍十分坚硬。如今秦直道所经之地，凡填充部分，在常年雨水的侵蚀下，绝大部分已被冲刷掉，形成较大的沟壑，但是断壁上却保留着较完整的路基断面。

有些特殊地段，由于秦直道遗迹已不存在，我们已很难了解当时的筑路技术。如吴四圪堵村以北与黄河以南的路段，要经过库布齐沙漠和黄河冲积平原，这一段秦直道已无迹可寻，当时是怎样通过的？乌兰木伦河是秦直道沿途所经最大的一条河流，河床宽达100米，深20米，秦直道在此惟一的通过方式是架桥，当时是用什么方式、什么材料来架桥的？这些问题都有待于今后的考古工作来解答。

四　秦直道的历史作用

从文献记载和目前见到的设置看，秦直道的修建主要是为了军事目的，是与秦代开疆拓土、北御匈奴以及移民戍边联系在一起的。《史记·秦始皇本纪》载：秦始皇三十三年（公元前214年），"西北斥逐匈奴。自榆中并河以东，属之阴山，以为（四）十四县，城河上为塞。又使蒙恬渡河取高阙、（阳）山、北假中，筑亭障以逐戎人。徙谪，实之初县"。除了修缮"河上"长城、移民实边、设置郡县之外，修筑一条新的交通道路，以便有效地沟通九原郡与都城咸阳的联系，成为秦帝国急需解决的一个重要问题。就在蒙恬初定河南地的次年，即秦始皇三十五年（公元前212年），直道的修筑就在蒙恬的监控下全面展开。秦直道的南部起点林光宫距都城咸阳仅六七十公里的路程，可以说直接与秦的决策中心相连；北部直达秦的九原郡治，已经深入到现在的黄河以北、阴山以南地带，这里是匈奴活动最频繁的地区。由于秦直道的修建，南北交通贯通，在物资和人员调动上十分迅速，而且沿途修建的烽燧、邮传设施也使信息传递十分快捷。公元前210年，秦始皇巡视东方，死于沙丘平台（今河北平乡），遗体即沿秦直道运抵秦都咸阳。之后，秦二世继续修筑直道，直至秦帝国灭亡。可以说，秦直道在防御匈奴进犯，维护国家的统一方面起到了重大作用。

秦帝国灭亡后，秦直道依然是中原汉王朝控制北方地区的重要通道。西汉时期几次对匈奴大的军事行动，多数是通过秦直道来完成的；汉代皇帝几次对北方地区的重要巡幸，也是经由秦直道来进行的。虽然东汉以后，随着中原王朝政治统治中心的东移，秦直道的功用有所减退，但这条南北大道，在维系中原地区与北方边陲地区的交往中一直发挥着十分重要的作用。因此，秦直道遗迹以及沿线的古城遗址，对于我们研究秦汉北方地区的历史，特别是交通通信史和民族关系史等方面，都具有非常重要的价值。

第二章　秦始皇陵

第一节　秦始皇陵考古发现简史

秦始皇陵是秦朝第一个皇帝秦始皇（嬴政）的陵墓。目前所见到的关于秦始皇陵最早的实地考察资料，是明代学者都穆的《骊山记》。秦始皇陵的近代科学调查始于 1906 年，日本学者足立喜六应清政府之聘，于 1906～1910 年在西安陕西高等学堂担任教习期间，对西安附近的古代遗迹进行了实地考察，回国后撰写了《长安史迹研究》，记述了秦始皇陵现状，有实测的陵墓封土主要数据[1]。20 世纪 20 年代中期，法国学者维克托·色伽兰也对秦始皇陵进行了调查[2]。

秦始皇陵的考古工作的正式开展，始于 1962 年陕西省文物管理委员会对秦始皇陵进行的考古调查、勘探[3]。秦始皇陵考古工作的全面启动，是以 1974 年秦始皇陵所在地附近农民在打井时发现秦兵马俑，由此引起有关方面的极大重视，考古工作者组队开始了秦始皇陵的全面、系统考古调查、勘探、发掘与研究工作[4]。20 世纪 70 年代后半叶，相继勘探了秦始皇陵第一、二、三号兵马俑陪葬坑和未建成的第四号陪葬坑（图 2-1），对第一号兵马俑坑进行了重点考古发掘[5]；1976 年发现了秦始皇陵陵园东南部上焦村的 98 座马厩坑及其西部的 18 座陪葬墓，并对其中 31 座马厩坑和 8 座陪葬墓进行了考古发掘[6]；

---

[1] ［日］足立喜六著，王双怀、淡懿诚、贾云译：《长安史迹研究》三秦出版社，2003 年。本书记载：
秦始皇陵"实测陵高约二十五丈有余。中部稍平坦，且有台阶；顶上广阔平坦。陵基略呈方形，东西约一千六百尺，南北一千七百尺。在陵基南七百尺及东西各三百五十尺的地方，残存着高约数尺的围墙。围墙与底基平行，呈长方形。其长度东西约二千三百尺，南北约二千七百尺，周长可达万尺。陵南与周垣的中央，有南门遗址，高达丈余，散布着很多瓦砾"。

[2] ［法］色伽兰著，冯承钧译：《中国西部考古记》第 74 页，中华书局，1955 年。

[3] 陕西省文物管理委员会：《秦始皇陵调查简报》，《考古》1962 年第 8 期。

[4] 陕西省考古研究所、秦始皇兵马俑博物馆：《秦始皇帝陵园考古报告（1999）》第 3 页，科学出版社，2000 年。

[5] A. 始皇陵秦俑坑考古发掘队：《临潼县秦俑坑试掘第一号简报》，《文物》1975 年第 11 期。
B. 始皇陵秦俑坑考古发掘队：《秦始皇陵东侧第二号兵马俑坑钻探试掘简报》，《文物》1978 年第 5 期。
C. 秦俑坑考古队：《秦始皇陵东侧第三号兵马俑坑清理简报》，《文物》1979 年第 12 期。

[6] A. 秦俑坑考古队：《秦始皇陵东侧马厩坑钻探清理简报》，《考古与文物》1980 年第 4 期。
B. 秦俑考古队：《临潼上焦村秦墓清理简报》，《考古与文物》1980 年第 2 期。

1977 年对陵园"便殿"[1]、内外城之间西部 31 座陪葬坑和 7 座葬仪坑及曲尺形马厩坑进行勘探与试掘[2]，勘察发现了陵区鱼池附近的建筑遗址[3]、郑庄石料加工场遗址[4]。其间，在秦始皇陵陵园内外还发现了一些陪葬墓或与秦始皇陵相关的墓葬，如姚池头、赵背户修陵人墓地的发现[5]，陵园内城东北部 33 座小型墓葬的发现。20 世纪七八十年代之交，秦始皇陵陵园之内的"寝殿"遗址、园寺吏舍遗址[6]、陵园门阙遗址的发现与发掘至关重要[7]。1980 年秦始皇陵铜车马的发现与清理，是秦始皇陵考古的重大收获[8]。

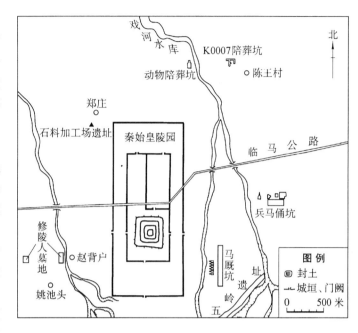

图 2-1　秦始皇陵陵区重要遗迹分布图

　　从 20 世纪 90 年代中期至今，秦始皇陵的考古工作主要包括：1995 年秦始皇陵陵园之内的陵寝建筑遗址发掘[9]，1996～1999年秦始皇陵陵园内外城之间东南部大型陪葬坑的发现与试掘（石铠甲坑）[10]，陵园之外东北部动物陪葬坑的发掘[11]，元件厂秦代修陵人墓地的发现[12]。2000 年以来，秦始皇陵陵园的考古勘察、试掘，取得了重要进展，陵园内外城西门及门阙遗址、外城南门遗址的位置与形制进一步究明，探究了陵园外城北门问题；在陵园南部和西南部及陵区东北部发现了内涵各异的 7 座陪葬坑，并对其中部分陪葬

〔1〕　赵康民：《秦始皇陵北二、三、四号建筑遗迹》，《文物》1979 年第 12 期。
〔2〕　秦俑坑考古队：《秦始皇陵园陪葬坑钻探清理简报》，《考古与文物》1982 年第 1 期。
〔3〕　始皇陵秦俑坑考古发掘队：《陕西临潼鱼池遗址调查简报》，《考古与文物》1983 年第 4 期。
〔4〕　秦俑坑考古队：《临潼郑庄秦石料加工场遗址调查简报》，《考古与文物》1981 年第 1 期。
〔5〕　始皇陵秦俑坑考古发掘队：《秦始皇陵西侧赵背户村秦刑徒墓》，《文物》1982 年第 3 期。
〔6〕　秦俑坑考古队：《始皇陵西侧骊山食官建筑遗址清理简报》，《文博》1987 年第 6 期。
〔7〕　袁仲一：《秦始皇陵考古纪要》，《考古与文物》1988 年第 5、6 期合刊。
〔8〕　秦始皇兵马俑博物馆、陕西省考古研究所：《秦始皇陵铜车马发掘报告》，文物出版社，1998 年。
〔9〕　张占民：《秦始皇陵北寝殿建筑群的发现和初步研究》，《考古文物研究》，三秦出版社，1996 年。
〔10〕　陕西省考古研究所、秦始皇兵马俑博物馆：《秦始皇帝陵园考古报告（1999）》，科学出版社，2000 年。
〔11〕　张占民：《秦陵之谜新探》第 83 页，陕西人民美术出版社，1998 年。
〔12〕　张占民、张涛：《秦陵三大发现之谜》，陕西旅游出版社，1999 年。

坑进行了考古试掘；考古调查了陵园东南部的五岭遗址，发现了陵园之中的帝陵封土附近的地下深层阻排水工程遗址[1]。近年来，以多学科结合的方法，对秦始皇陵地宫结构进行了探查，引起学术界的极大关注[2]。

秦始皇陵是中国第一个皇帝的陵墓，位于陕西省西安市东35公里，坐落在西安市临潼区宴寨乡。陵墓南倚骊山、北临渭水，史称"郦山"[3]，秦始皇陵陵园之中建筑遗址考古发现的一些有"丽山"陶文的陶器[4]，进一步证实了秦始皇陵原名"丽山"的说法[5]。秦始皇陵陵区范围东西与南北各约7.5公里，占地约56平方公里，其规模堪称中国古代帝陵之冠，1961年被国务院公布为第一批全国重点文物保护单位、1987年被联合国教科文卫组织列为世界文化遗产名录。秦始皇陵陵区包括陵园、陵墓、陵寝建筑、陵邑、陪葬坑、陪葬墓、殉葬墓、修陵人墓及其与秦始皇陵相关的防洪堤遗址、阻水与排水遗址、鱼池建筑遗址、石料加工场遗址等。

第二节　秦始皇陵陵园遗址

考古勘探与发掘资料揭示，秦始皇陵陵园由内城和外城组成，陵园之中包括了帝陵封土、地宫、陵园内外城城垣与门阙、陵寝建筑和阻水与排水设施，以及陵园之内的陪葬墓、陪葬坑等（图2-2）。

一　封土和地宫

（一）封土的勘察与研究

封土是秦始皇陵的地面之上核心建筑。秦始皇陵封土位于陵园内城南部中央，封土夯筑，形如方锥形台体，一般称为"覆斗形"。陵墓封土中部有两级缓坡状台阶，形成三层阶梯状封土。

关于秦始皇陵封土的规模，有多种说法。目前学术界一般认为秦始皇陵封土底部东西345米，南北350米，顶部东西24米，南北10.4米[6]。从现今秦始皇陵封土北边地

---

[1] 陕西省考古研究所、秦始皇兵马俑博物馆：《秦始皇帝陵园考古报告（2000）》，文物出版社，2006年。

[2] 《我国用高科技探测秦皇陵，解开地宫布局之谜》，《新京报》2003年11月28日。

[3] 《史记·秦始皇本纪》："始皇初即位，穿治郦山。"

[4] 袁仲一：《秦代陶文》第69～71页，三秦出版社，1987年。

[5] 赵康民：《秦始皇陵原名丽山》，《考古与文物》1980年第3期。"郦"、"骊"与"丽"通假，故"郦山"、"骊山"与"丽山"同。

[6] A.陕西省文物管理委员会：《秦始皇陵调查简报》，《考古》1962年第8期。

　　B.《中国大百科全书·考古学》"秦始皇陵"条记载：坟丘"底部方形，每边长约350米，现存高43米"，中国大百科全书出版社，1986年。

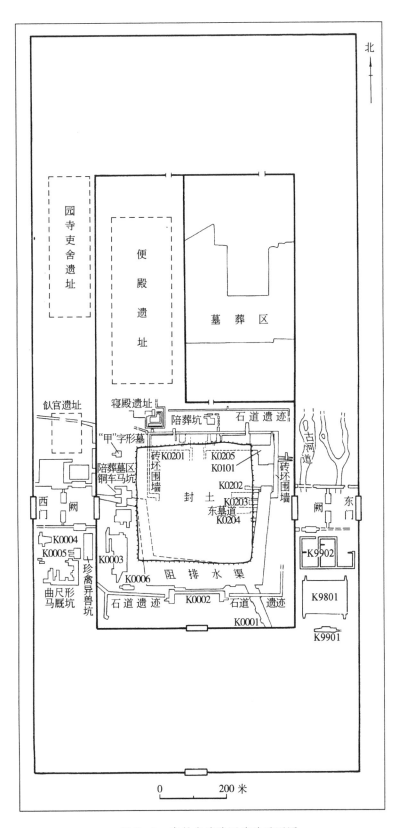

北

园寺吏舍遗址

便殿遗址

墓葬区

饮官遗址

寝殿遗址

陪葬坑 石道遗迹

古河道

"甲"字形墓

K0201 K0205

陪葬墓区 铜车马坑

砖坯围墙

K0101

封土

K0202

砖坯围墙

西门 阙

K0203

东墓道

K0204

东门 阙

K0004

K9902

K0005

K0003

K0006 阻排水渠

珍禽异兽坑

曲尺形 马厩坑

石道遗迹

K0002

石道 遗迹

K9801

K0001

K9901

0   200 米

图 2-2 秦始皇陵陵园遗址平面图

面测量，封土高为 35.5 米[7]。1988 年出版的《秦始皇陵兵马俑坑·一号坑发掘报告（1974～1984）》记载：秦始皇陵封土"经探测，原封土的底基近似方形，南北长 515 米，东西宽 485 米，周长 2000 米"。又载："因长期雨水的侵蚀和平整土地的切削，现存的封土南北长 350 米，东西宽 345 米，周长 1390 米，高 76 米。"2000 年出版的《秦始皇帝陵园考古报告（1999）》称：秦始皇陵"20 世纪初，封土的底边南北长 515 米，东西宽 485 米，周长 2000 米"。又称："因历年来水土流失及平整土地，1962 年测量的封土底边南北长 350 米、东西宽 345 米。"显然，这里所说的"20 世纪初"的秦始皇陵封土测量情况，即日本学者足立喜六当时调查秦始皇陵的数据[8]，后者称秦始皇陵"陵基略呈方形，东西约一千六百尺，南北一千七百尺"。帝陵封土底部折合今东西 533 米，南北 566 米。1962 年的测量数据来自陕西省文物管理委员会的勘测[9]。有的学者在最近发表的文章中指出：秦始皇陵的"原封土的底边南北向长 575 米，东西宽 485 米，周长 2000 米。历经两千多年的水土流失及多年来平整土地的破坏，现存封土南北长 350 米，东西宽 345 米，周长 1390 米"[10]。如果以上数据基本可靠的话，那么它们就与目前秦始皇陵陵园遗址的考古勘探资料存在着较大的矛盾。最新的考古钻探资料表明，秦始皇陵"陵园建成后内城南部的地貌基本上没有太大变化"，"秦陵原封土边沿一直延伸到东西内城城垣之下，其最薄处的厚度超过 3 米，从封土中心部位流失到边沿的封土厚度不到 1 米"[11]。据此来看，所谓"两千多年的水土流失及多年来平整土地的破坏"，对秦始皇陵封土规模的影响不是那样大的。因此，准确地勘测、究明秦始皇陵封土底部平面数据，是十分重要的学术任务。

关于秦始皇陵封土高度，目前考古测量的数据不一，从 35.5～77 米，有的学者还认为出现这一情况与测量基点不同有关。但是，根据文献记载秦始皇陵高五十丈[12]，约折合今 115 米。显然目前测量秦始皇陵封土的高度，从最低的 30 多米，到最高的 77 米，它们与历史文献记载的 115 米高度还是相差甚大[13]。也有的学者认为，可能由于两千多年

    C.《中国大百科全书·文物博物馆》"秦始皇陵"条记载：陵冢经实测"底边长 350 米，宽 345 米"，中国大百科全书出版社，1993 年。

[7] 刘占成：《秦始皇陵究竟有多高》，《秦陵秦俑研究动态》1998 年第 4 期。

[8] ［日］足立喜六著，王双怀、淡懿诚、贾云译：《长安史迹研究》第 74 页，三秦出版社，2003 年。

[9] 陕西省文物管理委员会：《秦始皇帝陵调查简报》，《考古》1962 年第 8 期。

[10] 段清波、孙伟刚：《秦始皇帝陵考古五年记》，《上海文博论丛》2004 年第 4 期。

[11] 陕西省考古研究所、秦始皇兵马俑博物馆：《秦始皇帝陵园考古报告（2000）》第 4、6 页，文物出版社，2006 年。

[12] 《汉书·楚元王传》："秦始皇帝葬于郦山之阿，下锢三泉，上崇山坟，其高五十余丈。"

[13] 陕西省考古研究所、秦始皇兵马俑博物馆：《秦始皇帝陵园考古报告（1999）》第 7 页及第 31 页注释 35，科学出版社，2000 年。上述注释中所引用的关于秦始皇陵封土高度的文献资料，折今高度：《汉书·楚元王传》为 115 米，《史记·秦始皇本纪》《集解》引《皇览》、《太平御览》引《皇览·冢墓记》均为 120.5 米，《水经注》为 14.5 米，《两京道里考》为 347.2 米，《太平御览》为 154.5 米，《长安史迹考》为 76 米，维克托·色伽兰的测量为 45.72 米，1962 年陕西省文物管理委员会测量为 43 米，北京大学考古教研室的《战国秦汉考古》为 71 米，秦陵在 1982 年的测量为 55.05 米。

来的水土流失，使原来秦始皇陵被冲掉了 70 多米高的封土。这种说法会遇到相关考古资料的挑战，如与秦始皇陵时代相近的西汉诸帝陵，其陵墓封土基本保存完好。西汉十一陵中，除汉武帝茂陵封土高 46.5 米之外，汉高祖长陵、汉景帝阳陵、汉昭帝平陵、汉宣帝杜陵、汉成帝延陵、汉哀帝义陵等陵墓封土高一般为 30 米左右[1]，与历史文献记载的西汉帝陵封土高度是一样的[2]。西汉诸帝陵与秦始皇陵均位于今西安市附近，两者处于基本相同的自然地理环境，西汉帝陵封土高度古今基本相近，秦始皇陵封土亦应如此。目前出现的秦始皇陵封土高度与文献记载的差距，显然与所谓"两千多年来的水土流失和平整土地破坏"无关。出现这种差异可能有两种情况，一是文献记载的失误，如有的学者认为《汉书·楚元王传》所记载的秦始皇陵封土高"五十丈"是"三十丈"[3] 或"十五丈"之误[4]；二是文献记载属实，但是文献记载的是当时建造秦始皇陵封土的规划数据[5]。关于这个问题，根据足立喜六 20 世纪初测量的秦始皇陵封土，其"陵基略呈方形，东西约一千六百尺（折合今约 533 米），南北一千七百尺（折合今约 566 米）"[6]。如果参照西汉时代帝陵封土的底部长度与高度比例推算[7]，秦始皇陵封土高度应在 115 米左右。目前出现的秦始皇陵封土高度与文献记载的差距，显然也不是文献记载的失误。应该说文献记载是属实的，不过当时记载的是秦始皇陵封土建造的规划数据，后来因为社会形势的突变[8]，规划数据中的封土高度无法实现了，但是作为"前期"工程的帝陵封土底部规模，还是按照原来的规划进行的。根据秦始皇陵封土底部的"未被"自然与人为破坏的规模，参照西汉帝陵封土的底部与高度比例，秦始皇陵封土的底部规模与文献记载其高"五十丈"之比，是与现存西汉帝陵封土底部规模与高度的比例情况是一致的。

　　但是，不管从哪个方面来说，秦始皇陵封土规模都是中国古代帝王陵墓中最大的。尽管文献记载"秦惠文、武、昭、孝、庄襄五王，皆大作丘陇"[9]。但是可能属于这"五王"的咸阳原上的秦惠文王、秦武王陵墓封土，高约仅十余米，底边长约 70～80 米[10]；

---

[1]　刘庆柱、李毓芳：《西汉十一陵》，陕西人民出版社，1987 年。

[2]　《续汉书·礼仪志（下）》注引《汉旧仪》：西汉帝陵"坟高十二丈，武帝坟高二十丈"。

[3]　王学理：《秦始皇陵研究》，上海人民出版社，1994 年。

[4]　刘占成：《秦始皇陵究竟有多高》，《秦陵秦俑研究动态》1998 年第 4 期。

[5]　A. 段清波、孙伟刚：《秦陵考古五年记》，《上海文博》2004 年第 12 期。

　　B. 杨东宇、段清波：《阿房宫概念与阿房宫考古》，《考古与文物》2006 年第 2 期。

　　C. 陕西省考古研究所、秦始皇兵马俑博物馆：《秦始皇帝陵园考古报告（2000）》第 4 页，文物出版社，2006 年。

[6]　[日] 足立喜六著，王双怀、淡懿诚、贾云译：《长安史迹研究》第 74 页，三秦出版社，2003 年。

[7]　如西汉前期的汉景帝阳陵，帝陵封土底部边长约 167 米，封土高 32 米，封土的高度与底部边长之比约为 1:5。

[8]　《汉书·楚元王传》："骊山之作未成，而周章百万之师至其下矣。"

[9]　《汉书·楚元王传》。

[10]　徐卫民认为："秦惠文王陵高 11.8 米，底边长 78 米，顶边长 48 米；悼武王陵……高 12.3 米，底边长 71 米，顶边长 14 米"（见徐卫民《秦公帝王陵园考》，《秦汉历史地理研究》，三秦出版社，2005 年）。

芷阳秦东陵的三座"亚"字形墓,应为史籍记载的昭襄王、孝文王和庄襄王的陵墓[1],其封土现存高也仅为2～4米左右[2]。赵王陵的五个陵台,封土高一般为10米左右[3]。燕下都16号墓,可能为王陵或王室重要成员墓葬,其封土高7米[4]。秦始皇陵封土之高大远远超过上述王陵。因此,秦始皇陵称"丽山",帝王陵墓称"山"始于秦始皇陵[5]。

(二)地宫的勘察

近年来秦始皇陵考古工作采用遥感和地球物理探测技术,特别是高光谱遥感考古应用于秦始皇陵地宫探测发现,秦始皇陵"地宫位于封土堆顶台及其周围以下,距离地平面35米深,东西长170米,南北宽145米,主体和墓室均呈矩形状。墓室位于地宫中央,高15米。"墓室东西约80米,南北约50米。在墓室周围置宫墙,宫墙夯筑,宫墙宽16～22米,高约30米。在夯筑宫墙内侧还发现了石质宫墙。探测者"发现墓室内没有进水,而且整个墓室也没有坍塌"。"这次探测结果,除了东、西各一条墓道外,其余则是一些陪葬坑。"新的探测,改变了原来考古勘探的结果,即"封土东边发现了5条墓道,封土西边、北边也各找到1条"[6]。上述勘探结果与原来提出的秦始皇陵地宫有较大出入,20世纪90年代末的钻探资料是:地宫北宫墙长392米,宽4米,高3～4米,东宫墙和西宫墙各长460米,宫墙以土坯砌筑。地宫四面辟门,东面有5条墓道,西、北、南面各有1条墓道[7]。鉴于新的遥感和地球物理探测技术,特别是高光谱遥感技术应用于田野考古刚刚开始,它还需要得到更多的田野考古的科学验证。因此,有关秦始皇陵地宫结构的究明,还需要进一步考古工作的开展。

关于秦始皇陵地宫深度,像其封土高度一样,争议颇多,差距很大。其中陈明(Min Che)、戴维·勒基(David Luckey)、罗纳的·罗(Ronald Rau)在《应用于考古学的非

〔1〕《史记·秦始皇本纪》:"昭襄王享国五十六年。葬芷阳。"又,"庄襄王享国三年。葬芷阳。"《史记·吕不韦列传》:"孝文王后曰华阳太后,与孝文王会葬寿陵。"陈直认为:"昭襄、孝文、庄襄三王皆葬芷阳"(见陈直《史记新证》第27页,天津人民出版社,1994年)。

〔2〕陕西省考古研究所、临潼县文管会:《秦东陵第一号陵园勘查记》,《考古与文物》1987年第4期。

〔3〕A. 邯郸市文物保管所:《河北邯郸市区古遗址调查简报》,《考古》1980年第2期。

　　B. 河北省文物管理处、邯郸市文物保管所:《赵都邯郸故城调查报告》,《考古学集刊》第4集,中国社会科学出版社,1984年。

〔4〕A. 河北省文化局文物工作队:《河北易县燕下都第十六号墓发掘》,《考古学报》1965年第2期。

　　B. 河北省文物研究所:《燕下都》,文物出版社,1996年。

〔5〕《水经注·渭水》:"秦名天子冢曰山,汉曰陵"。关于国君、国王墓称"陵"早在战国时代中期已开始,《史记·赵世家》:赵肃侯十五年"起寿陵"。《史记·秦始皇本纪》:惠文王"葬公陵"。悼武王"葬永陵"。

〔6〕《我国用高科技探测秦皇陵,解开地宫布局之谜》,《新京报》2003年11月28日。新公布的资料说:秦始皇陵"除了东、西各一条墓道外,其余则是一些陪葬坑"(见段清波、孙伟刚《秦始皇帝陵考古五年记》,《上海文博论丛》2004年第4期)。

〔7〕陕西省考古研究所、秦始皇兵马俑博物馆:《秦始皇帝陵园考古报告(1999)》第9页,科学出版社,2000年。

破坏性探测和层析 X 摄影学》文章中，推断秦始皇陵地宫深 500～1500 米[1]，显然这种推断与实际相差甚远。有的专家从水文学、地学方面提出地宫深度应在 40～50 米[2]，有的学者提出更为具体的深度数据为 48.9 米[3]，还有的工程地质学者认为地宫深度不会超过 26 米[4]，目前经过对秦始皇陵封土东南角地宫之下的考古勘探达到的最大深度是 24 米[5]，考古学者大多认为秦始皇陵地宫深度在 30 米左右[6]。

二　陵园

秦始皇陵称"丽山"，秦始皇陵陵园称"丽山园"[7]。1958 年秦始皇陵陵园外城以北附近，出土了秦代铜锺，锺铭"丽山园容十二斗三升重二钧十三斤八两"[8]，可为佐证。秦始皇陵四周夯筑围墙，形成陵园，陵园由内外城两重城组成（图 2-2）。

（一）陵园内城

内城呈南北向长方形，东西 580 米，南北 1355 米，周长 3870 米，墙基宽 8.4 米。以内城南垣为例，其墙体宽 3.5 米，南垣南北两侧分别建有廊房之类建筑，廊房之外有卵石散水，南垣内外的廊房及其卵石散水基础宽 4.68 米，南垣夯土基础总宽为 8.18 米。内城分为南、北二区，二区南北长分别为 670 米与 685 米，二区平面近方形。秦始皇陵封土位于内城南区中央，实际上西汉帝陵陵园平面形制，基本承袭了秦始皇陵陵园内城南区的特点。内城北区由东、西两部分组成。北区东部四面围有墙垣，其东墙和北墙分别为内城北墙与内城东墙一部分，西墙长 670 米，南墙长 330 米，墙宽各 8 米。北区西部南北长 670 米、东西宽 250 米。内城有 5 座城门遗址，即北墙辟有东、西并列的二门，东、西、南三面城墙各辟一门。内城东门为三个门道。内城北墙的二门分别与北区东西两部分相对，南门居南墙中央，东西二门约居内城南区中央，它们分别与秦始皇陵地宫东西墓道相对。内城北区东部南墙辟一门，该门南北连接南区与北区东部。

（二）陵园外城

内城之外又围筑夯土墙一周，形成陵园外城。内城居外城中央。外城亦为南北向的长

---

[1]　转引自邵友程《从水文地学看秦陵地宫深度》，《文博》1990 年第 5 期。

[2]　邵友程：《从水文地学看秦陵地宫深度》，《文博》1990 年第 5 期。

[3]　孙嘉春：《秦始皇陵之谜地学考辨》，《文博》1989 年第 5 期。

[4]　高维华、王丽玖：《秦始皇陵工程地质述评》，《文博》1990 年第 5 期。

[5]　陕西省考古研究所、秦始皇兵马俑博物馆：《秦始皇帝陵园考古报告（1999）》第 9 页，科学出版社，2000 年。

[6]　A. 袁仲一认为：地宫深 23～30 米（见袁仲一《秦始皇陵考古纪要》，《考古与文物》1988 年第 5、6 期合刊）。

　　B. 王学理认为：地宫深 33.18 米（见王学理《秦始皇陵研究》，上海人民出版社，1994 年）。

[7]　临潼县博物馆赵康民：《秦始皇陵原名丽山》，《考古与文物》1980 年第 3 期。

[8]　丁耀祖：《临潼县附近出土秦代铜器》，《文物》1965 年第 7 期。

方形，其东、西、南、北墙长分别为 2185.914 米、2188.378 米、976.186 米、971.112 米，外城周长 6321.590 米。外城墙基宽约 7.2 米，城墙内外侧的建筑遗物堆积说明，城墙两侧应有廊房一类建筑。外城东、西、南三面城门分别与内城东、西、南三面城门相对[1]。2000 年和 2001 年，考古工作者对外城北墙中部原来认为的北门遗址进行勘探与复探，"没有发现有关北门遗址的任何线索。在外城北垣断开处 18 米长的范围内也没有发现城垣加宽的迹象，且其尺寸与其他门址不合，说明此处不是北门遗址"[2]。上述考古发现对于秦始皇陵陵园"坐西朝东"说法，提供了支持。

秦始皇陵陵园与春秋时代以来传统的秦陵陵园筑造方式不同，它们主要表现在以下几方面：第一，陵园以墙垣围筑，不再以隍壕围之。在凤翔秦公陵园考古勘探发现了 13 座秦公陵园，其外隍、中隍和内隍均挖隍壕以为陵园[3]。秦东陵 4 座陵园，以天然壕沟和隍壕为陵园界线[4]，显然秦东陵是继承了秦公陵以隍壕为陵园的传统。从春秋时代到战国时代晚期，秦陵陵园沿袭着置隍壕的传统。但是战国时代晚期或秦代修筑的王陵（或相当于王陵级别的）陵园，已经出现夯筑墙垣，如在西安市长安区南郊神禾塬上考古发掘的一座秦代或战国时代晚期秦国的陵园遗址及陵墓[5]，"其兆沟、城墙围绕'亚'字形大墓，组成大型独立陵园"[6]。这种陵园形式可能是从春秋战国时代秦雍城和战国时代晚期秦东陵以"隍壕"为陵园发展而来的。至于秦始皇陵陵园只以夯筑墙垣为陵园的形式，虽然也会受到从秦雍城到秦东陵、再到长安神禾塬秦陵园形制发展的影响，但是改变秦陵以隍壕或墙垣与隍壕结合为陵园的传统形式，更可能主要应该是受到关东地区战国时代中晚期王陵陵园围筑城墙的影响。如属于魏国王陵的河南辉县固围村陵墓，墓地"中心隆起为

〔1〕 陕西省考古研究所、秦始皇兵马俑博物馆：《秦始皇帝陵园考古报告（1999）》第 10 页，科学出版社，2000 年。

〔2〕 陕西省考古研究所、秦始皇兵马俑博物馆：《秦始皇帝陵园考古报告（2000）》第 33、34 页，文物出版社，2006 年。

〔3〕 A. 陕西省雍城考古队韩伟：《凤翔秦公陵园钻探与试掘简报》，《文物》1983 年第 7 期。
   B. 陕西省雍城考古队：《凤翔秦公陵园第二次钻探简报》，《文物》1987 年第 5 期。

〔4〕 A. 陕西省考古研究所、临潼县文管会：《秦东陵第一号陵园勘察记》，《考古与文物》1987 年第 4 期。
   B. 陕西省考古研究所、临潼县文物管理委员会：《秦东陵第二号陵园调查钻探简报》，《考古与文物》1990 年第 4 期。
   C. 程学华：《秦东陵考察述略》，《秦陵秦俑研究动态》1992 年第 1 期。
   D. 王学理、尚志儒、呼林贵：《秦物质文化史》第 273～279 页，三秦出版社，1994 年。

〔5〕 该陵墓更可能是文献记载的秦代皇子陵墓——"皇子陵"。《三秦记》：（韦曲）"在皇子陂之西"。《三秦记辑注》注引《十道志》云："皇子陂因'秦葬皇子起冢陂北原上，故以为名。'《水经注·渭水》云：'皇子陂在樊川。'《太平寰宇记》卷二十五载：'皇子陂在启夏门南五十里，陂北原上有秦皇子冢，因以名之。隋文（帝）改为永安陂，周回九里。'"引自刘庆柱辑注《三秦记辑注·关中记辑注》，三秦出版社，2006 年。

〔6〕 张天恩、丁岩、侯宁彬：《陕西西安神禾塬战国秦陵园遗址》，《2006 中国重要考古发现》第 87～90 页，文物出版社，2007 年。

平台式高地，东西宽 150 米，南北长 135 米，形势（式）长方。这平台式高地，四边断崖，高出 2 米余。或有版筑存留，好像是一座城基，所以村人有'共城'的传说。实际它正是一个以岗坡为基地，微加人工建造的一座'回字式陵园'"[1]。中山国国王的𨟶墓，墓中出土了"兆域图"，其上注明了"内宫垣"和"中宫垣"[2]，说明中山国王陵陵园筑有墙垣。赵国邯郸故城西北 15 公里为赵王陵陵区，其中"三陵台"陵园围墙夯筑，陵园平面方形，边长约 500 米[3]。第二，秦始皇陵陵园由内外两重城垣组成，内外城的东、西、南门相对，陵园内、外城的东、西、南门又分别与帝陵地宫的东、西、南墓道相对，其上述规整布局为先秦时代王陵陵园所未见。第三，秦始皇陵封土位于秦始皇陵陵园内外城的东西居中位置，就秦始皇陵陵园内城而言，帝陵封土占据内城南半部，并居陵园内城南半部的中央位置，这开启了以后帝陵在陵园中央位置的先河。

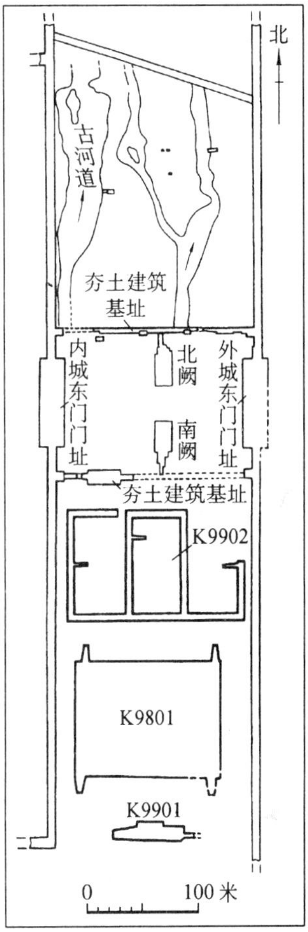

（三）内、外城门址与门阙

秦始皇陵陵园外城南门北距内城南门 420 米，门址东西 68 米，南北 22.8 米。内城南门址平面呈"中"字形，东西 65.4 米，南北 8～18.6 米，东西两端与城墙相连。门址中心夯土台基东西 45 米，南北 18.6 米，门的东西两侧有内外对称分布的廊房，廊房长 10 米，进深 3 米，其外又与长廊相连[4]。

图 2-3　秦始皇陵陵园内、外城东门遗址平面图

内、外城东门址的夯土台基平面形状均为南北向的长方形，前者长 77 米、宽 23 米，后者长 77 米、宽 22.4 米（图 2-3）。在内、外城东门南北两侧各有一东西向夯筑墙迹，形成东西 173 米，南北 113 米的封闭区域。内、外城东门址的南北两侧夯筑墙迹，分别在内、外城东门南北 22 米与 20 米。其中北侧墙迹长 136.6 米，宽 2.8～4.8 米。内、外城东门之间有东西向道路相连，约在内、外城东门东西居中位置，有二阙南北对称分布于东西向道路两侧。二阙形制、大小基本相同，平面均呈

〔1〕中国科学院考古研究所：《辉县发掘报告》，科学出版社，1956 年。

〔2〕河北省文物研究所：《𨟶墓——战国中山国国王之墓》，文物出版社，1995 年。

〔3〕A．河北省文管处、邯郸地区文保所、邯郸市文保所：《河北邯郸赵王陵》，《考古》1982 年第 6 期。

　　B．河北省文物管理处、邯郸市文物保管所：《赵都邯郸故城调查报告》，《考古学集刊》第 4 集，中国社会科学出版社，1984 年。

〔4〕陕西省考古研究所、秦始皇兵马俑博物馆：《秦始皇帝陵园考古报告（2000）》第 28 页，文物出版社，2006 年；《秦始皇帝陵园考古报告（1999）》第 42 页，科学出版社，2000 年。

图 2-4 秦始皇陵陵园内、外城西门遗址平面图

"凸"字形。北阙南北长 45.9 米，东西宽 4.6～14.6 米。南阙南北长 46.9 米，东西宽 3.2～15.3 米，二阙均为外面（即东侧）"三出阙"、里面（即西侧）"二出阙"[1]。

秦始皇陵陵园内、外城的西门形制与陵园内、外城东门基本相同。内、外城西门址平面均为长方形，内城西门长 77.4 米、宽 22.8 米，外城西门长 78.2 米、宽 22.8 米。外城西门东距内城西门 174 米（图 2-4）。在内、外城西门南北两侧各有一东西向夯筑墙迹及建筑遗迹，形成一东西 187 米、南北 118 米的封闭区域。内、外城西门址的南北两侧夯筑墙迹及建筑遗迹，分别在内、外城西门南北各 20.2 米与 20 米。"封闭区域"中部为东西向司马道，约在内、外城西门东西居中位置，有二阙南北对称分布于司马道南北两侧。二阙南北相距 29 米，二者形制、大小基本相同。以南阙为例，通长 46 米，主阙长 29.5 米，宽 15 米，自南向北的两个子阙分别长 8.5 米与 8 米，分别宽为 5 米与 8.5 米。在其中部的"甲"字形台基，为阙的主体建筑，长 34.5 米，宽 4.5～10 米[2]。

秦始皇陵陵园内、外城东西门之间发现的"阙"，是迄今考古发现最早的帝王陵园门阙。秦始皇陵陵园的门阙虽然设置于内外城东、西门之间，但是实际上应属于秦始皇陵陵园内城东、西阙。陵园门阙仅置于内城东、西门外，其他门外不见门阙设施，可能属于早期帝王陵墓陵园门阙特点，与其后的西汉时代帝陵陵园门阙制度有所不同。秦始皇陵陵园内城东、西门外置门阙，当然与帝陵陵园布局形制有关。而帝陵陵园布局形制又受都城、宫城布局形制的影响。考古发现西汉王朝都城长安城的东城门——宣平门、霸城门门外有"阙址"，文献记载长乐宫东、西宫门之外置阙（即长乐宫东阙与西阙）[3]，考古勘探发现未央宫东宫门外置"东阙"[4]。汉长安城都城、宫城设置门阙，应该与秦咸阳城、咸阳宫的门阙制度有着密切关系。它们反映了秦汉时代都城、宫城门阙制度上的"汉承秦制"特点。尽管我们的田野考古工作现在还未究明秦咸阳城与咸阳宫的都城、宫城门阙设置情况，但是至少秦咸阳宫有门阙是没问题的[5]，作为"陵墓若都邑"的秦始皇陵陵园门阙制度，也应该是受到前者影响的。

[1] 陕西省考古研究所、秦始皇兵马俑博物馆：《秦始皇帝陵园考古报告（1999）》第 36～42 页，科学出版社，2000 年。

[2] 陕西省考古研究所、秦始皇兵马俑博物馆：《秦始皇帝陵园考古报告（2000）》第 29～33 页，文物出版社，2006 年。

[3] 《汉书·宣帝纪》：五凤三年"三月辛丑，鸾凤又集长乐宫东阙中树上"。《汉书·刘屈氂传》：征和二年，戾太子"驱四市人凡数万众，至长乐西阙下，逢丞相军，合战五日"。

[4] 《汉书·高帝纪（下）》："萧何治未央宫，立东阙、北阙"。《汉书·五行志（上）》："文帝七年六月癸酉，未央宫东阙罘思灾。刘向以为东阙所以朝诸侯之门也，罘思在其外，诸侯之象也。"

[5] 《史记·秦本纪》：秦孝公"十二年，作为咸阳，筑冀阙，秦徙都之"。

三　陵寝建筑

在秦始皇陵陵园遗址之中，考古勘探发现了大量建筑遗址，其中有些建筑遗址进行了试掘或发掘。

在秦始皇陵陵园内城南区北部，考古发现的一处大型建筑遗址，南距陵墓封土53米，建筑遗址平面近方形，南北62米，东西57米。该建筑遗址"由主殿、侧殿、回廊、门道几部分组成。建材质料和结构比较考究"。主殿台基周施回廊，回廊宽3～5米。殿堂台阶由青石板铺装而成，地面铺装线雕菱形纹石块[1]。一般认为这是秦始皇陵陵园中的寝殿建筑遗址。但是从其现有的田野考古资料与建筑形制结构来看，还有许多学术问题并不清楚，需要开展更多田野考古工作去究明，从而确认该建筑遗址的具体建筑性质。

另一处建筑遗址位于陵园内城北区西部，南距秦始皇陵封土130～150米，由南、北两组建筑群组成。北组建筑群是由东西排列的四座建筑构成，其范围东西60米，南北70米。其中二号建筑保存较好，坐东面西，南北向长方形的半地下建筑，主体建筑东西3.4米，南北19米，面积64.4平方米。其余3座建筑保存甚差。该建筑遗址的建筑考究，室内地面坚硬、光滑，门道壁面贴砌青石板，遗址内出土大型夔纹瓦当等重要遗物[2]。一般认为北组建筑为便殿建筑遗址。南组建筑群遗址位于北组建筑群南2米，西与内城西墙相连，面积约4800平方米。由6座建筑构成，其中4号建筑是一座坐北朝南的四合院建筑，东西28米，南北14米，面积392平方米。四周有廊房设施，地面涂朱。5号建筑东西50米，南北20米，面积1000平方米。6号建筑东西80米，南北10米，面积800平方米。有的学者认为南组建筑亦为便殿建筑，也有人认为南组建筑属于寝殿建筑[3]。

陵园内城北部的上述建筑遗址功能与性质，根据考古资料推测，应属于秦始皇陵陵园的陵寝建筑遗址，但是具体是寝殿、便殿或其他什么性质的陵寝建筑遗址，仅据目前的历史文献与考古资料都还难以解决这些学术问题，有待今后对这些建筑遗址开展进一步的、较为全面的、系统的田野考古工作。

在秦始皇陵陵园内、外城西门之间以北地区，考古勘探发现一组建筑遗址，东西180米，南北200米。东房南北排列5间，每间面阔4米，进深4.5米。南房台基东西37米，南北4米。院子北部辟门，门道宽1米。院落中央置天井。在上述建筑遗址北部，1995年考古发掘的一组坐北朝南的建筑遗址，东西长31米，南北宽4米，面阔5间、进深4米。在该建筑遗址北部，1979年发现建筑遗址两座，其一坐东面西，南北长20米，东西宽5米，周置卵石散水；其二坐北朝南，东西长20米，南北宽4米。

---

〔1〕　陕西省考古研究所、秦始皇兵马俑博物馆：《秦始皇帝陵园考古报告（1999）》第11页，科学出版社，2000年。

〔2〕　临潼县博物馆：《秦始皇陵二、三、四号建筑遗址》，《文物》1979年第12期。

〔3〕　A. 陕西省考古研究所、秦始皇兵马俑博物馆：《秦始皇帝陵园考古报告（1999）》第11、12页，科学出版社，2000年。

　　　B. 张占民：《秦始皇陵北寝殿建筑群的发现与初步研究》，《考古文物研究》，三秦出版社，1996年。

　　以上几处建筑遗址出土的十数件饮食用陶器之上，有"丽山食官右"、"丽山飤官"、"丽山飤官左"、"骊山飤官右"陶文[1]，"飤"与"食"通假，"飤官"与"食官"相通。《汉书·百官公卿表（上）》载：太常属官有"诸庙寝园食官令长丞"。《续汉书·百官志》亦载："先帝陵，每陵食官令各一人"。据此推测，出土这些陶文陶器的遗址，可能为秦始皇陵陵园中的"食官"（或称"飤官"）建筑遗址。如果这一推测不误的话，这也是中国古代陵寝建筑遗址考古中，发现的时代最早的、也是惟一的食官建筑遗址。

　　秦汉时代的帝陵陵寝建筑主要包括寝园（寝殿和便殿）、食官、陵庙及园寺吏舍等，也有将门阙作为陵寝建筑的。帝陵陵庙之设当始于西汉时代，秦始皇陵的陵寝建筑中不包括陵庙。截至目前，秦始皇陵陵园的陵寝建筑遗址已经考古发掘多处，它们都在陵园之中，并均在陵园内外城的西部、西北部，其中内外城西部中间的建筑遗址，因为出土了为数不少的有"飤官"陶文陶器，基本可以推定该遗址为"食官"建筑遗址。但是内城西北部的陵寝建筑遗址，限于目前相关考古资料还比较缺乏，与以往已经获得的战国时代和西汉时代的陵寝建筑遗址考古资料进行对比研究，秦始皇陵陵园陵寝建筑遗址中还有不少问题，需要通过大量的、系统的田野考古工作去究明，现在将其认定为寝殿、便殿一类陵寝建筑遗址还缺少有力的科学资料支撑。

　　但是，秦始皇陵陵园的陵寝建筑安排在陵墓封土之旁的陵园之中，是中国古代帝王陵寝建筑制度的重大发展，并对后代产生了重要而深远的影响。当然，秦始皇陵陵园的陵寝建筑也反映其受到秦东陵陵园陵寝建筑的影响。在秦东陵第一号陵园之中发现了4处建筑遗址[2]，而在该陵园王陵封土之上未发现任何建筑遗存，有的学者推测秦东陵第一号陵园中的D1和D4两座建筑遗址可能为寝殿建筑遗址[3]。至于秦东陵对秦始皇陵的这种影响程度，还需要今后通过对二者陵寝建筑遗址开展进一步田野考古发掘工作，予以逐步揭示、深入研究。

四　地宫阻排水工程遗迹

　　秦始皇陵在骊山北麓，陵区与陵园地势南高北低、东南高西北低。为了阻止大量地下水和地表水对秦始皇陵地宫及陵园的冲击，在陵园内城之中，紧邻封土南边和东、西边南半部，修筑了陵园地下深层阻水渠，其平面呈"U"字形。阻水渠从封土东侧开始，向南至封土东南角，折向西至封土西南角，又北折，向北与排水渠相通。阻水渠总长778米，其中东部南北长238米，上口宽40～52米，北端深30.5米；南部东西长354米，上口宽84米，底宽9.4米，深约40米；西部南北长186米，上口宽24米，深23.5米。阻水渠下层为质地细密的青灰泥夯筑，上层为填土夯筑。封土东侧和南侧的阻水渠，隔断了封土东部、东南部和南部地下水对地宫的威胁。封土西侧阻水渠将封土西部的地下水隔断，并通过明井和暗渠将地下水排走。

---

〔1〕　袁仲一：《秦代陶文》第69、70页，三秦出版社，1987年。

〔2〕　陕西省考古研究所、临潼县文管会：《秦东陵第一号陵园勘查记》，《考古与文物》1987年第4期。

〔3〕　骊山学会：《秦东陵探查初议》，《考古与文物》1987年第4期。

为了确保秦始皇陵的安全，通过设置阻水渠隔断地下水对陵墓地宫的威胁，同时又开凿排水渠，疏导地下水。排水渠东端在封土西部，向西穿过陵园内城西门，沿内城西垣折向北，然后再折向西至外城西垣又向北延伸。目前已探明排水渠长 525 米，其中有明井 8 个、暗渠 7 处。明井最长者 74 米，口宽最大者 15～18 米，最深者 17.5～23 米，明井最短者 36 米，口宽最小者 2～5 米，最浅者 8～8.5 米。暗渠最长者 31 米，宽均为 1.5 米，最深者 20～21.5 米，一般深 10 米左右；暗渠最短者 7 米。一般来说，明井和暗渠距封土越近，规模越大、越深；反之则越小、越浅。有的学者认为这可能就是《史记·秦始皇本纪》记载的秦始皇陵"穿三泉"工程[1]。

第三节　秦始皇陵陵邑遗址

《史记·秦始皇本纪》载：秦王（嬴政）十六年（公元前 231 年）"置丽邑"。丽邑的修建是根据秦王修建陵墓的需要，嬴政"初即位，穿治郦山"[2]。关于秦丽邑的地望，文献记载汉高祖七年，在秦丽邑设置了"新丰县"[3]。考古调查发现新丰县故城在秦始皇陵以北 4 公里，即今临潼区代王乡刘家寨、沙河村一带，汉代新丰县故城遗址东西 600 米，南北 670 米，这里发现了大面积秦汉时代建筑遗址[4]，其中出土有"宫寺"、"宫□"、"频阳"、"寺婴"等陶文的秦代陶器[5]，这些陶器的陶文与秦始皇陵建筑遗址或陪葬坑出土陶器的陶文是一样的。在秦始皇陵陵寝建筑遗址之中出土陶器的陶文之中还有"丽邑"、"丽邑五升"、"丽邑九升"、"丽邑五斗崔"、"丽邑二升半八厨"等，这恰好说明"丽邑"与秦始皇陵的关系。"丽邑"是中国古代帝王陵墓中的第一座陵邑，故《后汉书·光武十王列传·东平宪王苍》记载："园邑之兴，始自强秦。"秦始皇三十五年（公元前 212 年）决定徙民三万家于"丽邑"[6]，一方面使之"以奉园陵"[7]，另一方面又可以加强中央对地方的控制，所谓"强干弱支"[8]。秦始皇开创的帝陵置陵邑、徙民于陵邑的做法，为西汉王朝所继承，并使之成为当时的一项重要制度，陵邑也在那时的国家社会政治、经济生活中发挥着十分重要的作用。

〔1〕　陕西省考古研究所、秦始皇兵马俑博物馆：《秦始皇帝陵园考古报告（2000）》第 24～28 页，文物出版社，2006 年。

〔2〕　《史记·秦始皇本纪》。

〔3〕　《汉书·地理志（上）》："新丰，骊山在南，故骊戎国。秦曰骊邑。高祖七年置。"

〔4〕　林泊：《陕西临潼汉新丰遗址调查》，《考古》1993 年第 10 期。

〔5〕　王学理：《秦始皇陵研究》第 3 页，上海人民出版社，1994 年。

〔6〕　《史记·秦始皇本纪》：秦始皇三十五年"徙三万家丽邑"。

〔7〕　《汉书·元帝纪》："徙郡国民以奉园陵。"

〔8〕　《汉书·地理志（下）》：徙民帝陵"盖亦以强干弱支，非独为奉山园也。"《汉书·陈汤传》：徙民"以强京师，衰弱诸侯"。

第四节 秦始皇陵陵区的其他建筑遗址

（一）鱼池建筑遗址

鱼池建筑遗址位于秦始皇陵北面，外城墙以北 1300 米。遗址范围东西 2000 米，南北 500 米，面积达百万平方米。遗址东北部是多处房屋建筑基址，四周有夯筑围墙，围墙东西 400 米，南北 200 米，残高 2~4 米。围墙内还有水管道、水井、灰坑等遗迹。遗址内出土遗物有板瓦、筒瓦、瓦当、花纹砖等建筑材料，铜刀、戈、矛、盂等铜器，铁斧、铧、铲、锄、刀、锸等铁器和半两钱货币等。砖瓦、陶器上发现了一些陶文，如"右司空率"、"大颠"、"大水"、"左右司空"、"北司"、"北易"、"船司空□"、"宫水"、"美阳工苍"、"新城义渠"、"新城邦"、"芷阳工癸"、"蓝田"、"临晋蓼"、"宜阳肆"、"郧阳具"、"频阳状"、"枸邑利瓦"、"西道"、"杜建"、"汧取"等[1]。根据上述陶文，推测"鱼池遗址"有负责陵墓修建工程的相关官署遗址，也有各地参与陵墓修建工程的人员。遗址内出土物时代为战国晚期至秦代。有的学者认为该遗址应是秦步寿宫故址，修建始皇陵时利用了原宫殿遗址，并进行了扩建修缮，作为修建陵墓时的官邸使用[2]。

（二）五岭防洪堤遗址

五岭防洪堤遗址位于秦始皇陵陵园东南部，呈西南至东北方向，西起大水沟，从陈家窑向东北过杨家村、李家村至杜家村，全长约 1700 米。在防洪堤东北部保存较好的地方，防洪堤宽 89.2 米，现存最高处 8.5 米。防洪堤为伴有砂石的土夯筑而成[3]，此工程是为阻挡骊山流下的洪水对陵园的冲击而修筑，历史文献对此也有记载[4]。

（三）石料加工场遗址

石料加工场遗址位于秦始皇陵陵园外城西北角西邻。遗址东西长 1500 米，南北宽 500 米，面积约 750000 平方米。遗址分为石料堆放和粗坯制作区、石料加工与成品生产区、石料加工场管理区。石料加工区内出土了石下水管道、石渗井盖、石门础、青石板等。另外还出土了铁锤、铁錾、铁铲及抬石用的铁钩等铁工具，以及铁钳、铁桎等刑具。刑具的出土，说明加工场的劳力中有刑徒存在[5]。

〔1〕 袁仲一：《秦代陶文》第 108、110、113、118、119 页，三秦出版社，1987 年。
〔2〕 A. 秦俑考古队：《陕西临潼鱼池遗址调查简报》，《考古与文物》1983 年第 4 期。
　　 B. 陕西省考古研究所、秦始皇兵马俑博物馆：《秦始皇帝陵园考古报告（1999）》第 13 页，科学出版社，2000 年。
〔3〕 陕西省考古研究所、秦始皇兵马俑博物馆：《秦始皇帝陵园考古报告（2000）》第 34、35 页，文物出版社，2006 年。
〔4〕《水经注·渭水》："水出骊山东北，本导源北流，后秦始皇葬于山北，水过而曲行，东注北转。"
〔5〕 A. 秦俑考古队：《临潼郑庄秦石料加工场遗址调查简报》，《考古与文物》1981 年第 1 期。

第五节　秦始皇陵陪葬坑

目前秦始皇陵陵区范围内考古发现陪葬坑 180 座，其中陵园内有 76 座，陵园外有 104 座[6]。这些陪葬坑形制不同、内涵有别、分布各异，有著名的兵马俑坑、铜车马坑，还有马厩坑、珍禽异兽坑、木车马坑、"文官俑"坑、出土石铠甲的陪葬坑、"百戏俑"坑等。

一　陵园内的陪葬坑

目前考古勘探已经了解的情况是：秦始皇陵陵园之内的陪葬坑，陵园内城和外城之中均有分布，但均发现于内外城的南半部，内外城之中的陪葬坑内容、规模有着较大区别。

（一）陵园内城之中的陪葬坑

1. 地宫北侧陪葬坑

地宫北侧共有 7 座陪葬坑。一号坑较大，坐南朝北，东西长 56 米，南北宽 35 米，深 8～10 米。坑南端与地宫北面通向地宫的通道相连，北宽 20 米、南宽 9 米。坑北端与斜坡门道相连，坑中部平面为正方形，边长 35 米。钻探发现坑底有铜车马的构件，如伞弓、策缀、鞍具等。一号坑的位置十分重要，它基本位于秦始皇陵地宫北墓道东侧，其北对内城北部东区南门。二号坑至七号坑呈曲尺形分布于一号坑的东侧与北侧，均为较小的竖穴坑，各陪葬坑面积在 24～158 平方米之间。考古勘探和发现遗物说明，一号坑可能与车马有关，其他陪葬坑的内涵还不清楚[7]。

2. 地宫南侧陪葬坑

地宫南侧共发现 3 座陪葬坑，编号分别为 K0001、K0002 和 K0006。

K0001 位于内城东南部，北临石道、南临内城南墙与东墙。

K0002 位于内城南门与帝陵封土南北居中和内城东西居中位置。平面呈"凹"字形，"凹"口朝南，东西长 194 米，南北宽 34～35.5 米，深 6.8～7.3 米（图 2-5）。东西各有一形制、大小基本相同的主室，二主室各有一斜坡门道，东西主室之间有一东西向通道连接。勘探发现陪葬坑中有动物骨骼、石质器物（可能为石铠甲）残片等遗物[8]。陪葬坑

B. 陕西省考古研究所、秦始皇兵马俑博物馆：《秦始皇帝陵园考古报告（1999）》第 13 页，科学出版社，2000 年。

[6] 陕西省考古研究所、秦始皇兵马俑博物馆：《秦始皇帝陵园考古报告（2000）》第 65 页，文物出版社，2006 年。

[7] 陕西省考古研究所、秦始皇兵马俑博物馆：《秦始皇帝陵园考古报告（1999）》第 15 页，科学出版社，2000 年。

[8] 陕西省考古研究所、秦始皇兵马俑博物馆：《秦始皇帝陵园考古报告（2000）》第 11、12 页，文物出版社，2006 年。

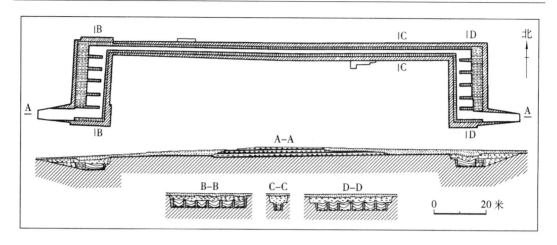

图 2-5 秦始皇陵陪葬坑 K0002 平面、断面图

两端有石道，K0002 以东 4.5 米有一东西长 168 米石道，东至内城东墙以西 26 米，石道北折，南北长 50 米；K0002 以西 8 米有一条东西长 135 米石道，然后石道分别折向西北 35 米与向南延伸 88 米。石道总长 476 米，宽 2～4 米，以未经加工的沙石砌筑，石道道面凹凸不平。上述石道与 K0002 东西横置于帝陵封土与内城南墙中间，它们可能象征着一定的礼仪。

　　K0006 位于帝陵封土以南 50 米，内城南墙以北 120 米，内城西墙以东 58 米。陪葬坑平面为东西向的"中"字形，东西长 47 米，南北宽 2.7～11.8 米，深 6.5 米，面积 144 平方米（图 2-6）。陪葬坑由斜坡道、前室和后室三部分组成。属于地下坑道式土木结构的陪葬坑。陪葬坑前室长 10.6 米，宽 4.05 米，其中出土 12 件陶俑及陶罐、铜钺、单辕双轮木车等。陶俑 12 个，除 12 号俑面朝西外，其余 11 个均面朝北。陶俑均头戴长冠，分为袖手俑和御手俑两类。袖手俑 8 个，高 1.85～1.9 米，头戴长冠，陶俑右侧腰带部悬挂着贴塑的削刀及砥石，左臂与躯干间有一椭圆形的斜孔。根据秦代爵位等级制度分析，上述陶俑头戴双版长冠，其爵位等级应在八级左右，属于秦之上爵。陶俑身上所挂削刀（刮削简牍用的书刀）、砥石（磨刀之具）均属文具，左臂处的斜孔应是起着插持成册简牍的作用。发掘者根据出土的头戴长冠陶俑及执铜钺的袖手俑，推测 K0006 中的陶俑应为象征文职人员执掌主管监狱与司法的廷尉[1]。

　　3. 地宫东侧陪葬坑

　　考古工作者在地宫东侧发现了 5 条墓道，在第二、三、四墓道前端各有一座陪葬坑，具体情况，有待今后考古工作的进行[2]。

〔1〕 陕西省考古研究所、秦始皇兵马俑博物馆：《秦始皇帝陵园考古报告（2000）》第 65～90 页，文物出版社，2006 年。

〔2〕 陕西省考古研究所、秦始皇兵马俑博物馆：《秦始皇帝陵园考古报告（1999）》第 17 页，科学出版社，2000 年。

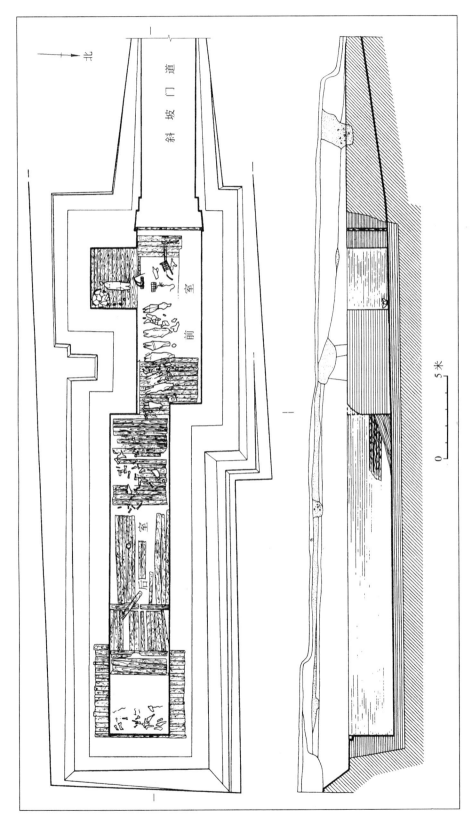

图 2－6　秦始皇陵陪葬坑 K0006 平面、断面图

4. 地宫西侧陪葬坑

地宫西侧发现 3 座陪葬坑。

一号坑（K0003）[1]，位于帝陵封土西南部，南距内城南墙 137 米，西距内城西墙 60 米，东距帝陵封土 7 米。陪葬坑坐南朝北，平面呈不规则长方形，南北长 157 米，东西宽 64 米。陪葬坑之内分为四区，勘探中发现了大量红色细泥陶片和动物骨骼，考古工作者据此认为该陪葬坑可能属于服务皇室或秦始皇帝的饮食机构[2]。

二号坑位于 K0003 陪葬坑北侧、内城西门南侧，坐北朝南。南北长 59 米（含门道），东西宽 42 米，深 8 米。南面斜坡门道长 19.8 米，宽 3～8 米。门道北与二号坑前廊相通[3]。

三号坑位于二号坑北面，平面呈东西向"巾"字形，是享誉国内外的铜车马坑[4]。坑东西、南北各为 55 米，距地表深 8 米（图 2-7）。与陵园内城西门东西相对，为陵墓西墓道前面的陪葬坑，三号坑分为四区。

考古工作者对三号坑进行了试掘，在三号坑四区发现有铜车马的构件及粗绳纹板瓦及细绳纹砖等建筑材料；在三号坑二区第三耳室发现一木椁内放置两乘东西向排列的髹漆彩绘木车马，面朝西；在三号坑二区第一耳室一大型木椁内，出土了东西向排列、面朝西的两乘彩绘铜车马，铜车马的大小相当于真车马的二分之一。其中一号铜车马为两服两骖所驾的"辂车"或立车，车马通长 2.25 米，通高 1.52 米，总重量为 1061 公斤。车为独辕双轮，辕前端架衡，其上缚两轭。四马两服两骖鞍具齐全。一号铜车马车舆低矮，四面无遮拦，车中立有高柄伞盖，御者站立，车上配有兵器，这应为文献中所载的"立车"，立车又名高车[5]（图版 4-1）。这种车在皇帝的车队中用以前导、保卫或征战。二号铜车马通长 3.17 米，通高 1.062 米，总重量 1241 公斤。车为独辕双轮，辕前端架衡，衡上有两轭。车前驾两服两骖。车舆呈纵长方形，分为前后两厢。前厢较小，内有踞坐铜御官俑 1 件。四马两服两骖鞍具齐全。二号铜车马出土的一条铜辔索末端有朱书："安车第一"四字。该车为秦的大型安车，上有车盖，车舆分前后厢，四周有遮屏，窗门俱备（图版 4-2）。一、二号铜车马属于秦始皇车架卤簿之属车，又称"副车"或"贰车"。

一号铜车马和二号铜车马结构复杂，由大量零部件组装而成，采用了铸接、焊接、铆接、套接、镶嵌、子母扣等多种工艺方法。两乘驷马铜车以白色为地，彩绘变体龙凤纹和几何纹图案。车马造型准确，形象逼真。

车舆制度是中国古代的重要制度，考古发现的车从商周至秦汉时代，数量众多，但是由于木车或明器车不易保存，给这方面的学术研究造成很多困难。秦始皇陵铜车马的考古

---

[1]《秦始皇帝陵园考古报告（1999）》第 16 页称其为"一号坑"，《秦始皇帝陵园考古报告（2000）》第 14～17 页称其为 K0003 陪葬坑。

[2] 陕西省考古研究所、秦始皇兵马俑博物馆：《秦始皇帝陵园考古报告（2000）》第 13～17 页，文物出版社，2006 年。

[3] 陕西省考古研究所、秦始皇兵马俑博物馆：《秦始皇帝陵园考古报告（1999）》第 16 页，科学出版社，2000 年。

[4] 秦始皇兵马俑博物馆、陕西省考古研究所：《秦始皇陵铜车马发掘报告》，文物出版社，1998 年。

[5]《晋书·舆服志》："倚乘者谓之立车，亦谓之高车。"

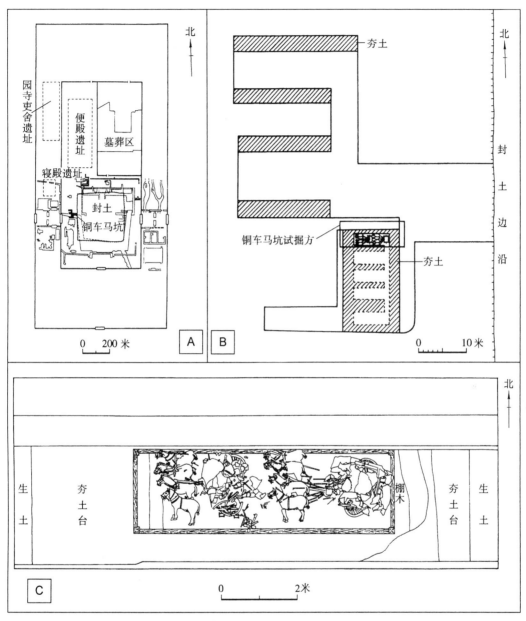

图 2-7 秦始皇陵铜车马坑位置及平面图
A.铜车马坑位置图 B.试掘方位置图 C.试掘方平面图

发现，因其等级高、保存好、比例准确、制作精湛，极大地促进了车舆制度的考古研究，诸如车舆名称、铜车的形制结构、鞁具及系驾内容、车舆及其中兵器使用方法等诸多学术问题研究得以突破[1]。

───────────

〔1〕 秦始皇兵马俑博物馆、陕西省考古研究所：《秦始皇陵铜车马发掘报告》，文物出版社，1998 年。

（二）陵园内外城之间的陪葬坑

秦始皇陵陵园内外城之间的陪葬坑，主要发现于内外城东、西两侧的东、西门以南，在内、外城的南北两侧尚未发现陪葬坑。

1. 陵园内外城之间西部的陪葬坑

内、外城之间西部发现陪葬坑51座，其中有曲尺形马厩坑1座、珍禽异兽坑17座、跽坐俑坑14座、葬仪坑16座、其他陪葬坑3座。

（1）曲尺形马厩坑　位于陵园内城西门以南，坑平面呈曲尺形。马厩坑是由东西向与南北向隧道以直角相接而成的地下建筑。东西向隧道长117米，宽6.8～8.4米；南北向隧道长84米，宽约9米。东西向的隧道北边沿自西向东向北面伸出3条平面形状各异的坑道，3条坑道分别长40米、31米和10米。南北向隧道的北端向西和向北伸出的部分构成了曲尺形平面。隧道中部西边沿向西伸出1条坑道，东西长12米，南北宽4～17米。

马厩坑所埋均为真马。在南北向隧道内置一盒状木椁，内葬3匹马为一组，马头向西，马均作跪卧状，其中一匹马口内还有一把铜刀。东西向隧道内除葬马外，还发现11件大型陶俑。这些陶俑均为站立俑，身着齐膝长襦，头戴高冠，双手在袖内相套。

东西向隧道向北伸出的3条坑道中，最东面一条坑道的北端发现一座长方形炉台，该炉台用砖坯砌成，炉长1.4米，宽0.9米，高0.6米。炉面正中有一圆形炉灶，炉口位于炉南壁正中，炉灶南8米之外，有大量被烧过的炭渣、灰烬。有人推测该炉是一座引火底炉，是一种焚烧陪葬坑葬仪所使用的[1]。从秦始皇陵陵区的陪葬坑情况来看，上述"焚烧陪葬坑"的情况不具有代表性，而且马厩坑的炉灶是否用于"焚烧"陪葬坑还需要进一步深入研究。

（2）珍禽异兽坑　17座珍禽异兽坑呈南北向"一"字形排列，位于陵园西门以南130米处。均为东西向长方形竖穴陪葬坑。已发掘的第32号瓦棺坑，东西长2.1米，南北宽1.3米，深2.4米。坑南、北壁有生土二层台，坑内有长方形瓦棺，棺内有1具兽骨及陶钵与铜环各1件。第38号坑东西长1.8米，宽1.25米，深2.1米。坑中瓦棺内亦有兽骨1具，陶钵及铜环各1件。瓦棺由盖和身两部分组成。

（3）跽坐俑坑　跽坐俑坑共发现14座，分别位于珍禽异兽坑东侧6座、西侧8座，均呈南北向排列。各俑坑均为长方形竖穴坑，一般东西长1.6～2米，南北宽1.2～1.97米，深1.8～3.6米。

14座跽坐俑坑与17座珍禽异兽坑形成一整体，一般认为这是死者灵魂的游猎场所[2]。

（4）葬仪坑　位于马厩坑以东和珍禽异兽坑的南侧，共16座，均为小型竖穴坑，分

〔1〕陕西省考古研究所、秦始皇兵马俑博物馆：《秦始皇帝陵园考古报告（1999）》第18页，科学出版社，2000年。

〔2〕陕西省考古研究所、秦始皇兵马俑博物馆：《秦始皇帝陵园考古报告（1999）》第18页，科学出版社，2000年。

为东、西两行排列。这 16 座小坑应为象征饲马用的葬仪坑[1]。

（5）其他陪葬坑　发现有双门道陪葬坑、K0004、K0005 等。

曲尺形马厩坑之北，有一座双门道朝西的陪葬坑。该坑主室东西长 22 米，南北宽 26.4 米，面积 700 平方米。坑内因烧毁严重，埋葬物不清[2]。

K0004 位于珍禽异兽坑以西、外城西门以南、曲尺形马厩坑以北，平面呈"十"字形，东西长 42.3 米，南北宽 39.2 米，由斜坡门道、隔墙、过洞、厢房、通道组成。陪葬坑中的 6 条隔墙将其分隔成 6 个过洞。出土遗物有动物骨骼、残陶俑及有彩绘痕迹朽木，据此推断 K0004 可能埋葬有陶俑、动物及彩绘木质器具[3]。

K0005 位于曲尺形马厩坑以西、K0004 以南，陪葬坑西半部遭水毁，残存部分平面为"U"形，仅存 2 个过洞。

2. 陵园内外城之间东部陪葬坑

陵园内、外城东司马道以南分布着 3 座大型陪葬坑，编号为 K9801、K9901、K9902；东司马道及其以北分布有 10 座小型陪葬坑，编号分别为 K9903～K9912[4]。

（1）K9801　位于陵园内、外城之间东南部，封土东南 200 米处，东距陵园外城东墙 25 米、西距内城东墙 26 米。该坑属于地下坑道式、多单元的土木结构建筑，平面长方形，东西长 130 米，南北宽 100 米，深 5～7 米。陪葬坑有四个斜坡门道，分别位于陪葬坑南边和北边的东、西两端。

陪葬坑内除东北部有南北向隔墙外，其余部分多为东西向隔墙与过洞。隔墙夯筑，宽 1 米，过洞宽 3～4 米。过洞底部平铺木板，顶部置棚木，棚木之上覆席，席上封土。

通过对 K9801 陪葬坑西南部 75 平方米的考古试掘，发现 87 领石甲，43 顶石胄，甲胄东西成行、南北成列。出土的铠甲中，除一领为马甲外，其余均为人甲。人甲甲片可分为长方形、方形、等腰梯形、鱼鳞形和不规则形。马甲的甲片可分为长方形、弧刃形、近方形等。

陪葬坑内试掘部分所出胄片可分为两大类，第一类表面有弧度，可分八种：圆形胄片、等腰梯形胄片、覆瓦形胄片、尖尾形胄片、靴形胄片、弧形胄片、近梯形胄片、倒置靴形胄片。第二类表面无弧度，可分为两种：圆形胄片，位于胄的顶部；等腰梯形胄片，位于胄侧各层。

上述石甲胄的甲片上都钻有数目不等的圆形或方形穿孔。甲片用铜丝通过穿孔编织在一起。已修复出的一顶石胄由 74 片石片组成，重 3.168 公斤。已复原出的一领石甲由 612

〔1〕陕西省考古研究所、秦始皇兵马俑博物馆：《秦始皇帝陵园考古报告（1999）》第 18、19 页，科学出版社，2000 年。

〔2〕陕西省考古研究所、秦始皇兵马俑博物馆：《秦始皇帝陵园考古报告（1999）》第 18 页，科学出版社，2000 年。

〔3〕陕西省考古研究所、秦始皇兵马俑博物馆：《秦始皇帝陵园考古报告（2000）》第 17、18 页，文物出版社，2006 年。

〔4〕陕西省考古研究所、秦始皇兵马俑博物馆：《秦始皇帝陵园考古报告（1999）》第 19 页，科学出版社，2000 年。

片石片组成，重 18 公斤。

此外，有的甲片上还刻有符号或文字、数字。符号为"个"、"伞"、"介"字形；数字为一、二、三、五、七、九、十、十一、十二、八十、九十等。文字有"工"字。

这批出土用铜丝编缀的石质甲胄是我国考古及世界考古学史上前所未见的考古发现，是过去从未了解的我国秦代石材加工遗存，是研究中国古代甲胄史的重要实物资料。

此外还出土了一些石质马缰构件、青铜车马器构件、铜锛、青铜镞和彩绘陶俑残块等。

发掘者根据 K9801 勘探、试掘中出土的部分遗物，初步认为该陪葬坑似象征武库一类建筑[1]。

（2）K9901　位于 K9801 南 35 米，平面呈"凸"字形，主室东西长 40 米，东、西端宽分别为 12.3 米与 16 米。坑东、西两端各有一斜坡门道。陪葬坑过洞的棚木上出土了一件大铜鼎，通高 61 厘米，重 212 公斤。陪葬坑内出土 11 件与真人同等大小的陶俑，均面向东，东西成行，南北 3 列。这些陶俑腰部着短裙，其余部分肢体裸露，其形体反映出他们在进行角抵表演。这些陶俑应是秦代宫廷娱乐百戏（杂技）活动中的"百戏俑"。棚木之上的大铜鼎，似为"百戏"之道具[2]。

（3）K9902　位于 K9801 以北 35 米处，陪葬坑平面呈"巨"字形，由 7 条坑道组成，坑道宽 6 米，东西长 38～153.4 米不等。通过钻探资料了解到，该坑内埋有小型动物骨骼[3]。

二　陵园外的陪葬坑

秦始皇陵陵园之外的陪葬坑主要分布于陵园东北部、东南部和东部，东北部为动物陪葬坑和 K0007 陪葬坑，东南部为上焦村马厩坑，东部为兵马俑坑。

（一）陵园东北部陪葬坑

1. 动物陪葬坑

该坑西南距陵园外城墙东北角 750 米。陪葬坑平面呈南北向"甲"字形，由主室和斜坡道组成。主室南北长 23.5 米，东西宽 10 米，深 6 米。该坑出土了陶俑头、腿、手、袍等残块，一件铁铤铜镞和秦半两铜币等。坑内大量出土物为动物骨头，计有近似于鹤的大鸟、鸡、猪、羊、狗、獾、鱼、鳖等[4]。

2. K0007 陪葬坑

K0007 位于动物陪葬坑以东，西南距陵园东北部 900 米。陪葬坑平面作"F"形，总

---

[1]　陕西省考古研究所、秦始皇兵马俑博物馆：《秦始皇帝陵园考古报告（1999）》第 48～104 页，科学出版社，2000 年。

[2]　陕西省考古研究所、秦始皇兵马俑博物馆：《秦始皇帝陵园考古报告（1999）》第 166～198 页，科学出版社，2000 年。

[3]　陕西省考古研究所、秦始皇兵马俑博物馆：《秦始皇帝陵园考古报告（1999）》第 20 页，科学出版社，2000 年。

[4]　陕西省考古研究所、秦始皇兵马俑博物馆：《秦始皇帝陵园考古报告（1999）》第 21 页，科学出版社，2000 年。

面积978平方米。由一条斜坡门道、两条南北向过洞和一条东西向过洞组成，属于地下坑道式土木结构建筑。陪葬坑分为三区：Ⅰ区位于陪葬坑北部，东西长60.2米，南北宽6～6.4米，面积为322平方米。其中出土了与实物等大的青铜禽类遗物46件，包括天鹅20件、鹤6件（图版5-1）、雁20件（图版5-2）。Ⅱ区位于陪葬坑南部居中，由斜坡门道和南北向过洞、厢房组成，其中出土陶俑15个。Ⅲ区位于陪葬坑东部，为一南北向过洞。

陪葬坑内出土的与真禽大小相同的青铜飞禽可分为大小两种：大者通长0.665米，躯干最大径0.2米，颈长0.4米；小者通长0.48米，躯干最大径0.17米。这些青铜禽类形态各异，有的仰首，有的缩颈，有的欲展翅，有的状如小憩。它们的出土是秦代考古中首次发现[1]。

青铜禽类的出土，说明了秦始皇陵陪葬坑的多样化，丰富了秦始皇陵的陪葬物品，对研究秦始皇陵的陪葬制度有重要意义，栩栩如生的青铜仙鹤为秦文化研究增添了新的考古资料。

（二）陵园东南部陪葬坑

上焦村马厩陪葬坑，位于陵园外城墙南部东侧，共98座，其分布范围南北1500米，东西400米。陪葬坑均为东西向，南北3行排列。所葬马均为真马活埋，马头面西，陶俑面东。陪葬坑分为跽坐俑坑、马坑、俑马同坑三种类型。

马厩坑内发现了喂马用的陶器，有的陶盆里放入了谷子和草等马饲料。马头的前面或马头两侧的壁龛内立有陶俑，陶俑前放了陶灯、铁镰或铁斧、铁锸等生活和生产工具。出土陶器上有陶文"中厩"、"宫厩"、"左厩"、"三厩"、"大厩"等，这些陶文表明该陪葬坑应为都城养马的厩苑[2]。

（三）兵马俑坑

兵马俑坑3座，还有1座可能作为陪葬兵马俑的"空坑"（图2-8）。兵马俑坑位于秦始皇陵墓东司马道的延长线以北，距陵墓封土1500米。

1. 一号兵马俑坑

一号兵马俑坑[3]东西向，平面呈长方形，东西230米，南北62米，距现在

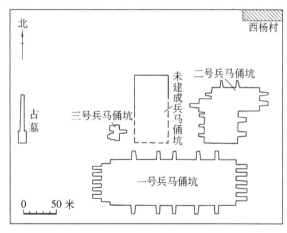

图2-8 秦始皇陵兵马俑坑分布图

〔1〕 A. 陕西省考古研究所、秦始皇兵马俑博物馆：《秦始皇帝陵园考古报告（2000）》第22页，文物出版社，2006年。

B. 国家文物局主编：《中国重要考古发现（2003）》第90～94页，文物出版社，2004年。

〔2〕 陕西省考古研究所、秦始皇兵马俑博物馆：《秦始皇帝陵园考古报告（1999）》第21页，科学出版社，2000年。

〔3〕 陕西省考古研究所、始皇陵秦俑坑考古发掘队：《秦始皇陵兵马俑坑一号坑发掘报告》，文物出版社，1988年。

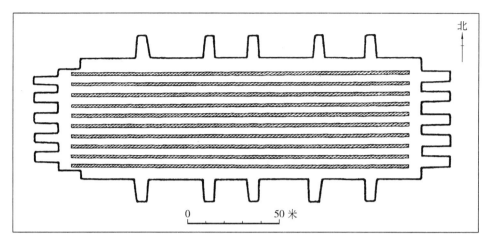

图 2-9 秦始皇陵一号兵马俑坑平面图

地表深 4.6～6.5 米，面积 14260 平方米。俑坑前后和两侧各有 5 条斜坡门道，坑门均被立木堵住、封死。俑坑内有东西向 10 条夯筑隔墙，墙宽 2 米，残高 0.75～2.4 米。隔墙将俑坑分为东西向 11 个过洞。南、北两边的过洞各宽 1.75 米，高 3.2 米。中部 9 个过洞各宽 3.2 米，高 3.2 米。11 个过洞底部均平铺青砖。过洞东、西侧各有 1 道南北向长廊，其长 57.25 米，宽 3.45 米。俑坑南、北壁有夯筑二层台。俑坑内隔墙、南北壁二层台上搭盖着南北向棚木，棚木上覆盖着席子，席子上面为夯筑封土（图 2-9）。

经过勘探与局部发掘，推断一号兵马俑坑内共埋藏与真人、真马大小相同的陶俑、陶马 6000 多件，木质战车 50 辆，驾车陶马 200 匹。现已发掘出陶俑 1700 余件，木质战车 22 辆，驾车陶马 88 匹。此外还发掘出土了车马器 646 件，陶模、陶拍、陶楔等制陶工具，半两钱、铜珠等铜器，铁锸、铁钩、铁斧、铁铲等铁工具。出土的兵器种类多、数量大，如剑、铍、戟、戈、弩机等青铜兵器 486 件，铜镞 280 束，零散铜镞数以万计，此外还出土铁铤铜镞 2 件、铁矛、铁镞各 1 件。

在已发掘的部位，陶俑和战车在俑坑内排列有序，四周似为前锋、后卫及翼卫。三列横队，每列 68 个兵士俑，204 个弓弩手组成前锋，其后又有 38 路纵队（图版3）。

2. 二号兵马俑坑

二号兵马俑坑[1]位于一号兵马俑坑东端北面 20 米，其平面为曲尺形，由斜坡门道和主室组成。俑坑东西 124 米，南北 98 米，面积 6000 平方米（图 2-10），距现在地表深 5 米。俑坑计有 9 条斜坡门道，分布在东、西、北三面，三面依次各有 4、3、2 条门道。俑坑主室内有东西向 18 条夯土隔梁，隔梁宽 2.2～3.2 米，18 条隔梁把俑坑主室分割成了 18 条东西向过洞。主室内布局可分成独立的 4 个单元。第一单元位于俑坑主室东北角，其由 4 条过洞及一周回廊组成，过洞宽 2.2 米，回廊宽 3.2 米；第二单元在俑坑主室的南部，由 8 条东西向过洞及其东、西两侧的南北向回廊组成，过洞宽 3.2 米，回廊宽 3.2 米；第

〔1〕 始皇陵秦俑坑考古发掘队：《秦始皇陵东侧第二号兵马俑坑钻探试掘简报》，《文物》1978 年第5期。

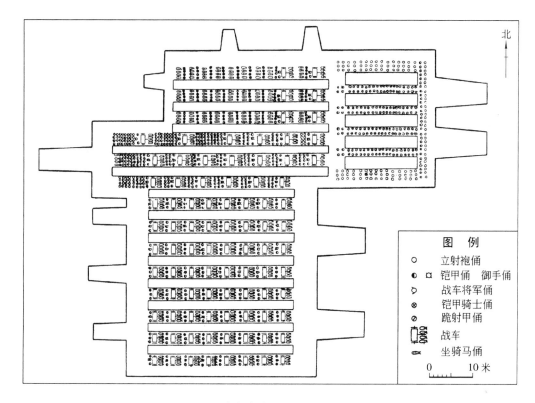

图 2-10 秦始皇陵二号兵马俑坑平面图

三单元在俑坑主室的中部，由 3 条东西向过洞及其西侧一南北向长廊组成，长廊宽 3.2 米；第四单元在俑坑主室的北部，由 3 条东西向过洞及其西侧一南北向长廊组成，长廊宽 3.2 米。俑坑内过洞和隔梁顶部搭盖棚木，棚木上面铺了一层席，其上有细腻坚硬的青灰泥，厚 0.02～0.1 米。青灰泥上面为填土，再上为现代耕土层。

二号俑坑内埋藏了木质战车 89 辆，驾车的陶马及车士（御手、车左、车右）俑、骑兵俑、步兵俑 2000 件，已发掘出土战车 11 乘、陶俑 160 件。战车和陶俑在俑坑主室内的分布为第一单元中回廊内为立射陶俑，过洞内为跪射俑，二者组成了弩兵；第二单元 8 个过洞中有战车 64 辆，每辆战车驾 4 匹马并配备 3 个车士俑，3 个俑均站于车后；第三单元中有战车、步兵、骑兵；第四单元中均为骑兵。陶俑、战车、陶马在俑坑中的排列，可能反映了秦代的各种兵种关系。

此外，二号兵马俑坑中还出土了大量兵器（包括铜镞、矛、钺、剑、铠甲）和车马器（衡饰、车辖、盖弓帽、铜环、马具和马饰品等）及铜锥、铜凿、铁铲、铁锸等工具。

3. 三号兵马俑坑

三号兵马俑坑[1]位于一号兵马俑坑西端北面 25 米，二号兵马俑坑西 120 米。三号兵马俑坑平面呈东西向"凹"字形，东西通长 17.6 米，南北宽 21.4 米，深 5.2～5.4 米。俑

---

〔1〕 秦俑坑考古队：《秦始皇陵东侧第三号兵马俑坑清理简报》，《文物》1979 年第 12 期。

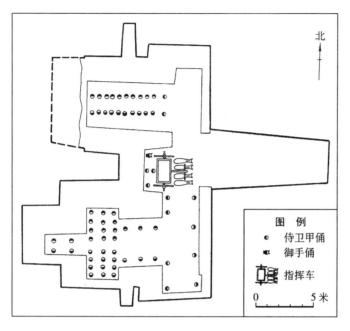

坑由一斜坡门道和主室组成（图2-11）。主室内地面全部为平铺青砖。三号兵马俑坑内平面布局可分为3个单元：第一单元在俑坑主室的南部，东西长14.4米；第二单元在俑坑主室的中部，东西长5.8米，南北宽3.9米。其东面为俑坑斜坡门道，二者相通；第三单元在俑坑主室的北部，东西长10.4米。

该坑出土陶俑68件，木质战车1辆，驾车的陶马4匹。战车出于俑坑主室内第二单元，从残存遗迹中可看出车舆为方形，前后进深1.08米，左右宽1米以上。车后有门，门两边栏杆呈梯形。车上有圆形华盖。

图例
⊙　侍卫甲俑
◻　御手俑
◻◻　指挥车

0 _____ 5 米

图 2-11　秦始皇陵三号兵马俑坑平面图

该车通体彩绘，这是与一、二号俑坑内出土战车不同之处。战车后面有高大武士俑4件，俑身高1.9米。三号兵马俑坑内出土步兵铠甲武士俑64件，俑在坑内排列为面对面相向而立之状。

此外，三号兵马俑坑内出土了兵器（铜殳、铜镞、铜标枪等）、生产工具（铜凿、大铁锤、小铁锤等）及铜车饰、带柄铜环、门楣饰品等。因三号坑内出土兵器以铜殳为主，故有人认为坑内武士俑为"持铜殳担任警戒职务的殳兵队"[1]。考虑到三号兵马俑坑的陶俑列队方式与一、二号兵马俑坑的不同，陪葬坑出土的战车为髹漆彩绘，车顶置华盖，乘员戴单卷长尾冠，鹿角及动物骨骼的出土，多数学者认为三号兵马俑坑是秦始皇陵东部兵马俑坑的"指挥部"或曰"军幕"，也有的学者认为三号兵马俑坑是"军祭的社宗"[2]。

4. 四号陪葬坑

四号陪葬坑位于一号兵马俑坑北侧，二、三号兵马俑坑之间，被认为是一座未竣工的陪葬坑，其南半部被水冲毁。陪葬坑北边长48米，深约4.8米。坑内未见夯土隔梁，坑底地面未见铺砖，坑顶未见棚木及填土，坑内未见陶俑、战车和陶马。由于四号陪葬坑与一、二、三号兵马俑坑深度相近，位于其间又无打破关系，它应属于秦始皇陵东部兵马俑坑的一部分，是一座没有建成的兵马俑坑，甚至认为四号陪葬坑是拟建的"中军"[3]。

〔1〕　陕西省考古研究所、秦始皇兵马俑博物馆：《秦始皇帝陵园考古报告（1999）》第23页，科学出版社，2000年。
〔2〕　张仲立：《秦俑三号坑性质刍论》，《文博》1990年第5期。
〔3〕　袁仲一：《秦兵马俑坑》第123、124页，文物出版社，2003年。

秦始皇陵一、二、三号兵马俑坑，包括步兵俑、骑兵俑和战车及各种兵器等。根据已经考古发掘的资料推断，3 座兵马俑坑总共约有武士俑（包括步兵俑和骑兵俑）7000 余件、战车 140 余辆、驾车陶马 560 匹、骑兵鞍马 116 匹、骑兵 116 件。其中考古发掘出土的步兵俑 1900 余件（一号坑 1700 余件、二号坑 160 件、三号坑 64 件）、战车 34 辆（一号坑 22 辆、二号坑 11 辆、三号坑 1 辆）。

步兵俑可分为军吏俑、轻装步兵俑和重装步兵俑 3 种。军吏俑共有 40 件，又可分为高级军吏俑、中级军吏俑和下级军吏俑。高级军吏俑只在二号坑出土了 1 件，陶俑身高 1.96 米，身着双层战袍，其外有形制特别的铠甲，头戴卷尾双冠，并留有长须，这应是一件少见的"将军俑"。中级和下级军吏俑均出土于一号坑，分别为 6 件与 33 件。轻装步兵俑出土 433 件，其中一号坑出土 397 件，二号坑出土 36 件。重装步兵俑 1300 余件均出土于一号坑。

骑兵俑与鞍马均出于二号坑，鞍马身长约 2 米，骑兵俑身高约 1.8 米。

三座兵马俑坑出土的 34 辆战车，可分为一般战车、指挥车、佐车和驷乘车 4 种。其中一般战车 9 辆，均出土于二号坑；指挥车分为高级官吏乘的指挥车和中级官吏乘的指挥车，前者出土 6 辆（一号坑 5 辆、二号坑 1 辆），后者出土 16 辆（均为一号坑出土）；佐车应有 6 辆，置于二号坑骑兵俑阵之前；驷乘车只有 1 辆，出土于三号坑。

从三座兵马俑坑出土的驾车陶马，一般身长 2.1 米，通首高 1.72 米。战车为木质、单辕、双轮、驾四马。战车一般车舆广 140 厘米，进深 110～120 厘米，轸高 30～40 厘米，曲辕长 350～396 厘米，直径 6～12 厘米，轴长 250 厘米，轨距 190 厘米，轮径 134～136 厘米，轮辐 30 根。秦始皇陵兵马俑坑出土的战车，相对商周以来的车辆比较，其车舆增大、车辕加长、轨距变小、车辐增多。

三座兵马俑坑共出土兵器 40000 余件，其中大部分为铜镞，另有铜剑、戈、矛、戟、铍、殳、钺、弓、弩等。铁兵器为数甚少，仅出土铁矛 1 件、镞 2 件、铁铤铜镞 4 件[1]。

俑坑内所出土陶俑、陶马均周身彩绘，以朱红二色、粉红二色、粉绿二色、粉蓝二色、赭色为主。

三　秦始皇陵陪葬坑的布局和性质

作为秦始皇陵外藏椁系统的陪葬坑，在中国古代帝王陵墓发展史上，从其规模、数量、种类等方面，均已达到顶峰，甚或可以说已成为了"空前绝后"。"陵墓若都邑"的理念在这里得到最为充分的体现。这一制度直接影响着西汉时代中期以前的帝陵外藏椁制度建设，汉景帝阳陵、汉武帝茂陵、汉昭帝平陵、汉宣帝杜陵、薄太后南陵等陪葬坑的考古发现，是其最好的证明。

秦始皇陵陪葬坑的布局，可以分为两个层次，即陵园外陪葬坑与陵园内陪葬坑。陵园外的陪葬坑，依据距离陵园远近分为两部分；陵园内陪葬坑，分为陵园内外城之间的陪葬坑与内城地宫四周的陪葬坑。

---

〔1〕　袁仲一：《秦兵马俑坑》，文物出版社，2003 年。

　　秦始皇陵陵园外陪葬坑主要有距离陵园较远的兵马俑坑与陵园附近的马厩坑与动物坑。

　　关于秦始皇陵兵马俑坑及其兵马俑的性质，长期以来学术界说法不一。兵马俑坑作为秦始皇陵陪葬坑，这是绝大多数学者的一致看法。但是关于这些兵马俑坑的性质问题，学术观点则有多种：其一为象征秦始皇的都城咸阳的卫戍部队，其二为象征为秦始皇送葬的军队，其三为"封"说，其四为"冥军"，其五为三种"卫军"[1]。第一种看法，目前"学者们一般同意它是守卫京城宿卫军的象征"[2]。如袁仲一提出："大型的兵马俑坑在秦始皇陵东侧，我认为似象征着屯驻在京师外边的宿卫军。"[3]这已成为现在秦始皇陵兵马俑坑研究的主流观点。持第二种看法的学者主要有黄展岳、杨泓和刘庆柱。1981年，黄展岳撰文提出，秦始皇陵兵马俑是送葬的俑群[4]。刘庆柱在1987年提出："汉代有军队送葬的习俗，如著名年轻将领霍去病死后，汉武帝就'发属国玄甲军阵自长安至茂陵'，为之送葬。霍光死时，汉宣帝'发材官轻车北军五校士军阵至茂陵以送其葬'。匈奴人金日磾死后，皇帝'送以轻车介士，军阵至茂陵'，为其送葬。张安世、王凤等人都享受了死后军队送葬之仪。东汉时代继承了以前的军队送葬习俗，如'发五营轻车骑士'为邓弘送葬；吴汉死去，'发北军五校、轻车、介士送葬'；耿秉去世，'假鼓吹，五营骑士三百余人送葬'；祭遵至葬，'介士军阵送葬'；梁商及葬，皇帝'赠轻车介士'送葬；杨赐下葬时，军队送葬队伍规模空前，当时'兰台令史十人发羽林轻车骑士，前后部鼓吹，又敕骠骑将军官属司空法驾，送至旧茔。'西汉时代的兵马俑陪葬于陵墓附近，应是承袭了秦代制度。回过头来看，我们认为秦始皇兵马俑的性质，也应该是送葬军士象征。"[5]杨泓在1997年指出：秦始皇陵的陶俑，"只不过是用于代替活的人马，用以模拟皇帝侍从及排列成送葬的军阵"[6]。1998年，黄展岳再次指出："兵马俑坑的设置应是军队列阵为始皇送葬的模拟。至于是否要排成实战军阵行列或带有宏伟的征战寓意，还有待于兵马俑的全面发掘以后才能作出比较具体的论断。军队列阵送葬，在《汉书》、《后汉书》中屡见不鲜，咸阳杨家湾汉墓（长陵陪葬墓）、汉景帝阳陵、徐州狮子山楚王墓都有实例发现，仅规模略小于秦陵兵马俑坑而已。汉承秦制，汉代军队列阵送葬制度当亦创始于秦，秦陵兵马俑坑的发现就是例证。"[7]正如以上所述，秦始皇陵兵马俑坑不是什么都城咸阳附近"宿卫军"的模拟，从汉承秦制的西汉时代大型墓葬附近陪葬坑——兵马俑坑的发现，以

〔1〕　袁仲一：《秦兵马俑坑》第125页，文物出版社，2003年。

〔2〕　陕西省考古研究所、秦始皇兵马俑博物馆：《秦始皇帝陵园考古报告（1999）》第22页，科学出版社，2000年。

〔3〕　袁仲一：《秦始皇陵东侧第二、三号俑坑军阵内容试探》，《中国考古学会第一次年会论文集（1979年）》，文物出版社，1980年。

〔4〕　黄展岳：《中国西安、洛阳汉唐墓的调查与发掘》，《考古》1981年第6期。

〔5〕　A. 刘庆柱、李毓芳：《西汉十一陵》第205、206页，陕西人民出版社，1987年。

　　　B. 〔中〕刘庆柱、李毓芳著，〔日〕来村多加史訳：《前漢皇帝陵の研究》第294、295頁，学生社，1991年。

〔6〕　杨泓：《美术考古半世纪》第309页，文物出版社，1997年。

〔7〕　黄展岳：《秦汉陵寝》，《文物》1998年第4期。

及《汉书》、《后汉书》等重要历史文献相关记载来看，秦始皇陵兵马俑坑的兵马俑应该是当时为秦始皇送葬军队的象征。

关于秦始皇陵兵马俑坑性质的学术讨论，实际上涉及历史学、考古学研究的方法论问题。对于遥远的古代历史而言，我们的研究必须以已有的科学成果为起点、支撑点，去探讨未知领域。所有科学研究都需要"假设"、"假说"，但是"假设"、"假说"的科学性，取决于其科学研究的"起点"是否准确、"支撑点"是否牢固。科学研究方法论的共识，是推进科学研究的前提条件。秦始皇陵兵马俑坑发现30多年来，对于其至关重要的兵马俑坑性质问题的讨论，一直没有明显的进展，应该主要归结于科学研究方法论的有待进一步加强。

秦始皇陵陵园东南部上焦村的98座马厩坑与陵园东北部的动物坑，似与都城的马厩、苑囿有关。

秦始皇陵陵园内外城之间的陪葬坑，主要是内外城东、西门南部的陪葬坑。内外城西门以南的陪葬坑有珍禽异兽坑、马厩坑和跽坐俑坑，其中的珍禽异兽坑与陵园之外东北部的动物坑不同之处在于，如果说后者似为都城苑囿之一部分的话，前者可能象征宫城之中苑囿的珍禽异兽。西门南部的马厩坑均以真马陪葬，陵园之外东南部上焦村马厩坑亦为真马陪葬，前者可能象征宫城马厩，后者似为都城马厩。内外城东门以南的陪葬坑有出土石铠甲的陪葬坑（K9801）、杂技俑坑（K9901），其中出土石铠甲的陪葬坑规模巨大，大量石铠甲可能象征当时秦国皇宫中的"卫戍部队"。如果这一推断不误，那么秦始皇陵陵园之外的兵马俑坑之兵马俑更可能是为秦始皇送葬的部队了。

内城之中的地宫四周的陪葬坑，在地宫北部与西部均发现了多与出行有关的车马坑。在地宫南部发现的文吏俑坑，发掘者认为应为"廷尉"机构象征，我们以为更有可能属于宫城之中的皇室官吏。

在以往的秦始皇陵陪葬坑研究中，对陪葬坑的位置似乎重视不够，这是需要特别注意的。一般来说，陪葬坑距离帝陵地宫越近，地位应该越重要，与墓主的关系越密切。

第六节　秦始皇陵陪葬墓及其相关秦代墓葬

秦始皇陵陵园内外发现421座陪葬墓及其相关秦代墓葬，其中秦始皇陵陵园内城之中有两处陪葬墓，一处在帝陵封土西北角，另一处在内城东北部。陵园内外城之间有陪葬墓2处，分别位于东、西内外城之间的东、西门北部。陵园之外的秦代墓葬有5处，即上焦村秦墓、兵马俑坑附近的"甲"字形墓和赵背户、姚池头与五纱厂的修陵人墓。

一　陵园内的陪葬墓

（一）陵园内城之中的陪葬墓

1. 秦始皇陵墓封土西北角陪葬墓

该墓位于陵墓封土西北方向35米处，其南80米处是"巾"字形铜车马坑，其西50米处是陵园内城西城墙。墓葬平面为"甲"字形，坐东朝西，为斜坡墓道的竖穴墓。墓道东西长 15.8 米，南北宽 3～3.5 米；墓室东西长 15.5 米，南北宽 14.5 米，深 6.2 米。墓室内有施红色漆皮的物品和木质结构遗物。考古工作者根据上述发现，认为该墓距秦始皇陵封土较近，位置特殊，推断墓主应是秦始皇的儿子公子高[1]。

2. 陵园内城东北部陪葬墓

秦始皇陵陵园内城东北部形成一个独立的小区。该区内共钻探出 33 座墓葬，大多坐北朝南，为南北向三行排列。这些墓葬深 1.3～10 米。墓葬形制有竖穴土坑墓 14 座、斜坡式墓道洞室墓 8 座、竖穴洞室墓 2 座和台阶式墓道土坑墓、斜坡式墓道土坑墓、台阶式墓道洞室墓各 3 座。这批陪葬墓深度一般 3～5 米，浅者 1.3 米，深者 10 米。

33 座陪葬墓自成一独立墓区，其南临秦始皇陵、西临主要陵寝建筑区，这些陪葬墓墓主人非同一般身份，考古工作者认为这批墓葬的主人应是秦始皇后宫从葬者[2]。

（二）陵园内外城之间的陪葬墓

1. 陵园内外城之间西部陪葬墓

陵园内外城之间的西门以北 30 米有一陪葬墓区，四周围绕夯筑土墙，形成墓园，东西 120 米，南北 60 米，面积 7200 平方米。墓园中间有一道南北向夯土墙将其分为东、西二区，东区面积近 4200 平方米，西区面积近 3000 平方米。西区南墙近西端辟一门，门道宽 16 米；东区北墙近东端辟一门，门道宽 12 米。钻探了解到墓园西区内没有墓葬或建筑遗址，东区内勘探发现 61 座墓葬，墓向多朝北或朝西，排列有序。其中竖穴墓有 53 座，面积最大的一座墓长 6.3 米，宽 3 米，深 2.6 米。斜坡墓道竖穴墓 8 座，斜坡道较短且墓道内口与墓室纵中轴线不在一条直线上。墓葬深度均在 3.8 米以内。因未发现陪葬墓埋葬后的遗迹或遗物，故考古工作者认定该群陪葬墓均是墓穴建成后未葬入死者的空墓[3]。

2. 陵园内外城之间东部陪葬墓

陵园内外城东门之间、司马道以北，勘探发现了 3 座陪葬墓，墓葬形制为竖穴土坑墓[4]。

二 陵园外的秦代墓

（一）上焦村秦代墓

上焦村秦代墓位于秦始皇陵陵园东南部，东临上焦村马厩坑，已发现秦代墓葬 18 座。墓葬均为东西向，南北排列，墓间隔 2～15 米。墓葬形制为带斜坡墓道的"甲"字形墓和

[1] 陕西省考古研究所、秦始皇兵马俑博物馆：《秦始皇帝陵园考古报告（1999）》第 25 页，科学出版社，2000 年。

[2] 陕西省考古研究所、秦始皇兵马俑博物馆：《秦始皇帝陵园考古报告（1999）》第 26 页，科学出版社，2000 年。

[3] 陕西省考古研究所、秦始皇兵马俑博物馆：《秦始皇帝陵园考古报告（1999）》第 26 页，科学出版社，2000 年。

[4] 陕西省考古研究所、秦始皇兵马俑博物馆：《秦始皇帝陵园考古报告（1999）》第 26 页，科学出版社，2000 年。

长方形竖穴土坑墓。"甲"字形墓 14 座，已发掘 8 座，其中 6 座墓的葬具为一棺一椁，2 座墓葬具为一椁无棺。8 座墓葬中有 1 座未见人骨架，7 座墓内各有 1 具人骨架，性别为 5 男和 2 女。发掘中发现全部人骨架各部分散放置。鉴于墓主人的埋葬情况，考古工作者认为墓主人是非正常死亡，应为被杀后所埋。已发掘的 8 座墓中（18 号墓未发现人骨架），除 17 号墓主人为 20 岁左右外，其余墓主人均为 30 岁左右。

该批墓葬中出土了金箔，银蟾蜍（上面刻有"少府"二字），铜印、铜带钩、铃、匜、策、镜、剑、釜、甑、鍪、勺及半两钱等，还出土了陶盆、仓、罐、蒜头壶、鼎、甑、瓮、钵、盒、豆、缶等陶器及残漆器、骨器等。

从这批墓葬的位置、棺椁保存情况、墓主人年龄、骨架各部分离的状况及墓葬中出土随葬品种类等情况来分析，墓葬主人可能是被秦二世所杀的秦始皇子女或宗室大臣陪葬于秦始皇陵[1]。

（二）兵马俑坑附近的秦代墓

在三号兵马俑坑西 150 米处有一座"甲"字形墓葬。经过钻探了解到，该墓坐南朝北，墓道长 52 米，宽 5.5～11 米。墓室南北长 17 米，东西宽 14 米，深 12 米。墓室四壁留有生土二层台。墓室底部有木灰[2]。该墓的具体情况，有待于今后考古发掘究明。

为去世帝王陪葬的葬仪，有着相当久远的历史。在安阳殷墟武官村大墓的北墓道东西两侧埋葬 41 人，其中东侧 17 人，多为男性；西侧 24 人，多为女性。死者均为全躯，有的有葬具及青铜礼器和兵器，还有的佩戴玉器。根据死者情况分析，这些人应为墓主人生前的亲信、侍从或姬妾[3]。从历史文献记载来看，陪葬墓的真正出现，应始于西周时代，《唐大诏令集》载："诸侯列葬，周文创陈其礼。"东周时代陪葬墓制度得到进一步发展，《史记·秦本纪》记载：秦缪公去世，"从死者百七十七人，秦之良臣子舆氏三人名曰奄息、仲行、针虎，亦在从死之中"。

秦始皇陵继承先秦时代王陵陪葬墓传统并有所发展，在陵园之中安排数十座陪葬墓。在陵园之外的东南部也发现、发掘了一些与秦始皇陵有关墓葬。西汉帝陵在秦始皇陵陪葬墓制度基础之上，又有了进一步发展，但是陪葬墓不再安排在陵园之中，而是置于陵园之外。这一陪葬墓制度为后代所承袭。

三　修陵人墓葬

秦始皇修建陵墓多年，所用劳力不计其数，他们因种种原因在修陵期间死后被就地埋葬。在秦始皇陵陵园西南部姚池头、东五小区和赵背户村发现了 3 处修陵者墓地。

---

[1]　陕西省考古研究所、秦始皇兵马俑博物馆：《秦始皇帝陵园考古报告（1999）》第 27 页，科学出版社，2000 年。

[2]　陕西省考古研究所、秦始皇兵马俑博物馆：《秦始皇帝陵园考古报告（1999）》第 28 页，科学出版社，2000 年。

[3]　郭宝钧：《一九五○年春殷墟发掘报告》，《中国考古学报》第五册，1951 年。

（一）姚池头村北墓地

姚池头村北墓地位于陵园外城西侧、姚池头村西北、赵背户村西部，由于过去平整土地的破坏，墓地遗存所余无几，只残存墓地之一角，残长 0.5 米，残宽 12 米。墓地残存处发现人骨架互相叠压数层，此外还曾发现过一些大型圆坑墓[1]。

（二）东五小区墓地

东五小区墓地位于姚池头村北墓地以西 2000 米，墓地范围东西 50 米，南北 80 米，共发现 220 座墓葬。通过钻探了解到该处墓地内葬具有三种：砖棺、瓦棺和木棺。个别墓里还发现了不少陶质随葬品[2]。

（三）赵背户村西墓地

赵背户村西墓地位于秦始皇陵封土西 1500 米，姚池头村北墓地东约 500 米。墓地东北部，钻探出墓葬 114 座，范围东西 45 米，南北 180 米，其中 32 座秦墓经过发掘清理，均为一般竖穴墓[3]。

墓穴在墓地中呈三行排列，西部两行墓向均为东西向，东部一行墓向为南北向。墓间距 0.2～1 米。还发现在有的大墓穴内包含了不少小墓穴，这些小墓之间有墙相隔，隔墙宽 0.1 米。

32 座墓内有 100 具人骨，从性别来讲，仅有 3 具为女性，其余 97 具人骨均为男性。从年龄上讲，2 具尸体为儿童（6～12 岁），其余 98 具为青年（20～30 岁）。

清理出的 100 具人骨中能辨认出的葬式分为四种：68 具人骨为侧身屈肢；10 具人骨为俯身屈肢；15 具人骨为仰身直肢。100 具人骨中有 94 具基本完整，死因不明；其余 6 具人骨中有的身、首异处，有的肢体残断，有的有刀伤痕迹，应是死于非命，可能是被杀后所埋。

清理的 32 座墓中发现陶文 26 件，其中戳印文 8 件，瓦文墓志刻文 18 件。戳印文有"宫眂"、"寺水"、"左水"、"延陵工□"、"左司空□"、"王"等。

出土的 18 件瓦文为 19 名死者（其中第 2 件瓦文上刻有二死者籍贯姓名）的墓志文，均为阴刻小篆，计 112 字。瓦文墓志的格式可分为四类：第一类 6 件，有地名和人名；第二类 2 件，有地名、爵名和人名；第三类 1 件，有地名、刑名和人名；第四类 8 件，分两种，第一种 2 件，刻有某地、某刑、某爵、某人，第二种 6 件，刻有某地、某刑或某地、某爵、某人。瓦文墓志中提到的县名有：东武、平阳、平阴、博昌、兰陵、赣榆、杨民、

---

〔1〕 陕西省考古研究所、秦始皇兵马俑博物馆：《秦始皇帝陵园考古报告（1999）》第 27 页，科学出版社，2000 年。

〔2〕 陕西省考古研究所、秦始皇兵马俑博物馆：《秦始皇帝陵园考古报告（1999）》第 27、28 页，科学出版社，2000 年。

〔3〕 始皇陵秦俑坑考古发掘队：《秦始皇陵西侧赵背户村秦刑徒墓》，《文物》1982 年第 3 期。

武德等，乡里名有"用里"、"便里"、"东间"、"北游"等。

　　清理的 32 座墓中多数没有随葬品，而在墓地上层发现了大量的筒瓦、板瓦、云纹瓦当及瓦当祖范（系一陶罐外面底部）和花纹砖（饰条带纹和条块纹）等建筑材料，还出土了一些铁质生产工具和陶器生活用具等，如锸、锛、錾、凿、锄、刀等铁器与钵、罐、瓮等陶器，此外出土了半两铜钱 43 枚。

　　现已发现的 3 处秦始皇陵的修陵人墓地，修陵人的身份有刑徒、居赀、服徭役者，还有官府与民间手工业作坊的工匠及管理者[1]。以刑徒修建帝陵，是秦汉时代流行的一种制度[2]。

　　《史记·秦始皇本纪》记载："始皇初即位，穿治郦山，及并天下，天下徒送诣七十余万人。"秦始皇陵修建时间之长、规模之大、用工之多，在中国古代帝王陵墓中是非常突出的，其中有相当部分修陵人由于各种各样原因，死于秦始皇陵修建之时，埋葬于修建帝陵的附近。因此修陵人墓葬的形制、大小、葬具、随葬品也有所不同。已经发现的秦始皇陵修陵人墓地均在秦始皇陵陵园西南部，这应该是按照严格的陵区规划安排的。与这些修陵人墓地对应的秦始皇陵陵园东南部，发现了上焦村 18 座秦墓与 98 座马厩坑。18 座秦墓中已发掘的墓葬说明，这批墓葬的墓主人应属于非正常死亡；与陵园中的大型马厩坑对比，上焦村马厩坑均为小型。

　　秦始皇陵的修陵人墓地安排在帝陵陵园附近或其西部，直接影响到后代帝陵的修陵人墓地安排。如西汉时代的景帝阳陵陵园西部、东距帝陵封土 1500 米处，就发现了阳陵修陵人的刑徒墓地[3]。

---

[1]　陕西省考古研究所、秦始皇兵马俑博物馆：《秦始皇帝陵园考古报告（1999）》第 28 页，科学出版社，2000 年。

[2]　A.《史记·秦始皇本纪》。

　　　B.《汉书·景帝纪》：中元四年"赦徒作阳陵者"。

　　　C.《汉书·成帝纪》：鸿嘉元年"行幸初陵，赦作徒"。

[3]　秦中行：《汉阳陵附近钳徒墓的发现》，《考古》1976 年第 12 期。

第三章　秦代官吏与平民墓葬

第一节　秦代墓葬的分布与分类

秦代的秦人墓，目前发现于关中、关东以及湖北、湖南、四川、广东、内蒙古、甘肃等广大地区（图 3-1）。追溯秦墓的发展史，它是伴随着秦人势力的扩展而遍及各地，上述秦墓的发现也说明了这一问题。比如，秦对巴蜀韩魏楚的统治政策一方面是军事上的打击和侵吞领土，另一方面为了长期占领并统治该地区，采取了一贯的迁徙政策，谋求文化习俗上的异化。据《华阳国志·蜀志》说：秦惠文王九年（公元前 329 年），秦灭巴蜀，因"戎伯尚强，乃移秦民万家实之"。《史记·秦本纪》载：惠文君"十三年（公元前 325 年）四月戊午，魏君为王，韩亦为王。使张仪伐取陕，出其人与魏"。秦昭襄王"二十一年（公元前 286 年），（司马）错攻魏河内。魏献安邑，秦出其人，募徙河东赐爵，赦罪人迁之。""二十六年（公元前 281 年），赦罪人迁之穰。""二十七年（公元前 280 年），错攻楚。赦罪人迁之南阳。""二十八年（公元前 279 年），大良造白起攻楚，取鄢、邓，赦罪人迁之。"《史记·秦始皇本纪》载：秦始皇九年（公元前 238 年），灭嫪毐叛乱后，"及其舍人，轻者为鬼薪。及夺爵迁蜀四千余家，家房陵"。边远的地区，需要大量的军队驻扎和管理，如和匈奴接壤之地，由蒙恬将三十万军驻守；岭南地区，"乃使尉屠睢发卒五十万，为五军，一军塞镡城之岭，一军守九疑之塞，一军处番禺之都，一军守南野之界，一军结余干之水，三年不解甲弛弩，使监禄无以转饷，又以卒凿渠而通粮道，以与越人战，杀西呕君译吁宋"[1]。所有这些文献记载，都可和秦墓的发现相印证。

通常讲，秦代疆域内秦人到达和生活的地点都可能发现秦墓。没有发现的区域，大概有着多种因素的制约，其中区域政权的稳定性是不可忽视的原因。比如，内蒙古中南部地区发现了大量西汉元帝至东汉光武帝时期的墓[2]，没有发现秦墓，"说明秦对这个地区的开发，虽有开创之功，然而，真正控制这个地区是在汉武帝以后"[3]。河北北部、辽宁绥中发现过秦代的三处重要遗迹，一是秦皇岛市金山嘴秦行宫遗址，二是绥中姜女坟秦汉行宫遗址，三是秦长城遗迹。但是这些地区都没有发现确认的秦墓，一种原因是考古发掘工

---

〔1〕《淮南子·人间训》。

〔2〕 内蒙古文物考古研究所魏坚：《内蒙古中南部汉代墓葬》，中国大百科全书出版社，1998 年。

〔3〕 徐苹芳：《内蒙古中南部汉代墓葬·序》，《内蒙古中南部汉代墓葬》，中国大百科全书出版社，1998 年。

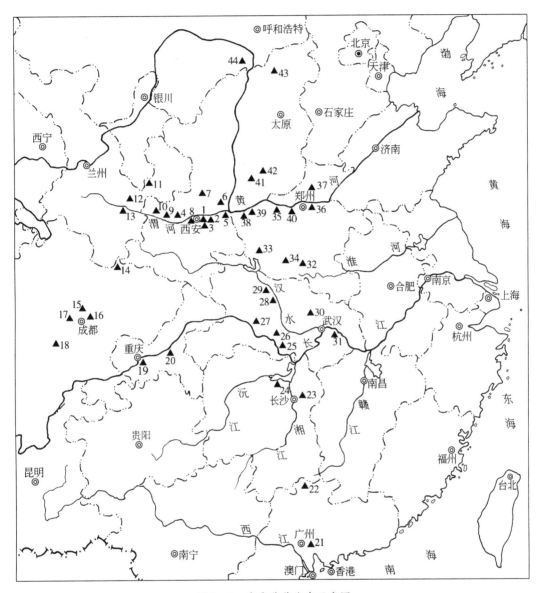

图 3-1　秦代墓葬分布示意图

1.西安北郊　2.秦始皇陵附近及临潼　3.西安南郊　4.陕西杨陵　5.陕西华县东阳　6.陕西大荔朝邑　7.陕西耀县　8.秦咸阳城附近（塔儿坡墓地、任家咀墓地）　9.陕西凤翔高庄　10.陕西陇县店子　11.甘肃平凉庙庄　12.甘肃秦安上袁家村　13.甘肃天水放马滩　14.四川青川郝家坪　15.四川什邡城关　16.成都东北郊　17.四川大邑五龙　18.四川荥经（城关、曾家沟）　19.四川巴县（今重庆巴南）冬笋坝　20.重庆涪陵小田溪　21.广州罗岗　22.广东乐昌对面山　23.湖南长沙　24.湖南益阳　25.湖北江陵（郢北村、扬家山）　26.湖北荆州（高台、岳山）　27.湖北宜昌北郊　28.湖北宜城（雷家坡、魏岗）　29.湖北襄樊（蔡坡、余岗、古城、王坡）　30.湖北云梦（睡虎地、大坟头、东郊龙岗、木匠坟）　31.湖北鄂城　32.河南泌阳　33.河南淅川　34.河南南阳　35.河南洛阳　36.郑州　37.河南新乡五陵村　38.河南陕县　39.河南三门峡（三里桥、司法局、刚玉砂厂、大岭路）　40.河南巩义站街　41.山西侯马乔村　42.山西曲沃（天马—曲村）　43.山西朔县　44.内蒙古准格尔旗广衍故城附近作做得还不够，第二种可能是因为当地埋葬习俗的持续性所致，而后者的可能性较大。

秦代墓的分类，按照随葬品的类别，可以分成五类。第一类是随葬青铜器墓，或共出仿铜陶器、日用陶器或其他小件等，如河南泌阳秦墓、甘肃庙庄秦墓、湖北宜城秦墓等；第二类是随葬仿铜陶礼器墓，或共出日用陶器等，如咸阳塔儿坡秦墓、新乡五陵村秦墓、江陵秦墓等；第三类是随葬实用铜器或漆器的墓，如四川的秦墓；第四类是随葬日用陶器或仿日用陶器的墓，如咸阳塔儿坡秦墓、陇县店子秦墓、内蒙古广衍城秦墓等；第五类是随葬少量小件饰品或无随葬品的墓，如秦陵的刑徒墓、郑州岗杜秦墓等。第一、二、四类墓多伴出漆器，不过数量上有差异。

按棺椁来分，可以分成四类。第一类是双棺一椁墓；第二类是一棺一椁（有砖椁和木椁之分）墓；第三类是单棺（或瓦棺）墓；第四类是无葬具墓。第一类墓较少，如江陵扬家山 135 号秦墓，第二类、三类的墓占有大多数，第四类墓都是小墓。

按墓葬形制来分，主要是竖穴土（岩）坑和洞室墓两种。竖穴式墓中又可以分成带墓道和没有墓道两种；洞室墓中可以分成斜坡和竖穴墓道两种形式。关中的秦洞室墓有"直线"、"垂直"和"平行"三种形式，即竖穴墓道的短边顺向穿洞和竖穴墓道长边的横向穿洞、平行穿洞，秦代主要盛行直线型洞室墓，且洞室墓流行的区域主要见于关中及关东，两地区洞室的早晚关系，值得进一步研究[1]。

按墓主身份来分，可以分成贫民墓（各小型墓群无随葬品或出土小的饰件的墓）和以上焦村秦刑徒墓、陇县店子墓群为代表的平民墓以及陕县后川墓群为代表的中小地主墓（含云梦 11 号墓、天水放马滩 1 号墓等），另外还有以涪陵小田溪墓葬为代表的贵族墓（含上焦村秦室公子大臣墓）等。

第二节　关中地区秦代墓葬

关中地区指的主要是以陕西中部为中心的区域，这里由于是秦人崛起和建国的旧地，相应发现的秦墓数量较多。但是，由于战国末年的秦墓、秦代的墓以及汉初的墓葬联系比较紧密，不易严格断代和划分时期，因此，关中秦代墓葬的确定，主要以秦始皇陵周围发现的秦代墓为标准，对简报、报告报道的秦墓材料进行检索和判定。

一　秦始皇陵周围的秦代墓

1976～1977 年，在临潼上焦村探出墓葬 17 座，对其中的 8 座进行了清理[2]。这些墓葬均为东西向，南北单行排列，间距 2～15 米，西距始皇陵园东外墙大约 350 米。8 座墓的形制都是带斜坡墓道的"甲"字形墓，根据墓室的情况，可区分为斜坡墓道方圹墓、斜

---

[1]　滕铭予认为：关东洞室墓的出现年代要早于关中（见滕铭予《关中秦墓研究》，《考古学报》1992年第 3 期）。

[2]　秦俑考古队：《临潼上焦村秦墓清理简报》，《考古与文物》1980 年第 2 期。

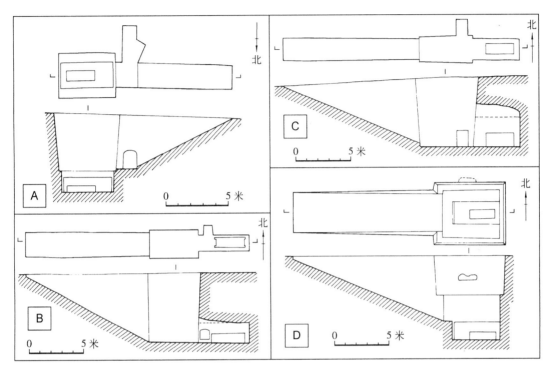

图 3-2　临潼上焦村秦代墓平面、剖视图
A. M17　B. M11　C. M18　D. M12

坡墓道方圹洞室墓两种形式（图 3-2）。这些墓都带有壁龛或耳室，葬具均为长方形盒状的棺椁，封门为立木状。葬式比较复杂，M18 未见骨骼，其余的四肢分离，有的上下颚骨错裂，M15 的头骨上还插有铜镞 1 枚，都属于非正常死亡。经鉴定，除 M17 的墓主为 20 岁左右的青年女子外，其余年龄在 30 岁左右。随葬器物有金、银、铜、铁、陶、玉、蚌、贝、骨、漆器及丝绸残迹等类，约 200 件，同时还出土有牛、羊、猪及飞禽类的骨骼。陶器组合情况，根据墓葬的随葬器物平面图和各类器物型式的墓葬编号，大体上有鼎、盒、蒜头壶、小陶瓮（应该称为缶）、釜、甑、豆、钵、罐的组合（M11）；也有缶、罐的组合（M18）；也有蒜头壶、罐的组合（M12）；也有釜、仓的组合（M16）。由于小陶瓮（缶）出土了 18 件，陶罐出土了 16 件，明显是以小陶瓮（缶）、罐的实用器组合为大宗（图 3-3、4）。随葬的 42 件铜器中时代特征较为突出的有翼形铁铤铜镞、鸭嘴形带钩、双环耳鍪、三弦钮镜等。其他出土的还有金箔条 4 件、银蟾蜍 1 件、完整的铁器 9 件以及残玉璜、玉璧等。关于墓葬的时代和墓主身份，简报中根据墓葬所在的位置、非正常死亡、器物刻文的小篆体、刻字中的"少府"为秦始皇设立的管理机构等因素，判断为秦始皇陵的陪葬墓，并推测是公元前 208 年春，秦二世与赵高杀死的秦始皇宗室或大臣。这一批秦代墓提供的信息是：第一，由于墓主身份级别较高，墓葬形制不但有斜坡墓道，而且有半圆木材制成的棺椁；第二，器物的组合中既有仿铜陶礼器的鼎、盒、壶组合，也有实用陶器的小陶瓮（缶）、罐等组合；第三，典型秦式器物特征在秦代的延续与变体，如

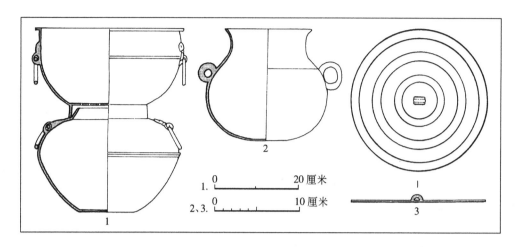

图 3-3　临潼上焦村秦代墓出土铜器
1.釜（M18:38A、B）　2.鍪（M18:38C）　3.镜（M11:35）

长颈圈足的陶蒜头壶、屋形陶仓、敞口折沿广肩的陶缶和敞口圆肩鼓腹的陶缶、双耳环
（一大一小）的铜鍪、三弦钮铜镜等；第四，M15 出土的一枚半两钱，直径为 2.5 厘米，
表明了秦代半两钱的使用并不是只限于直径在 3 厘米左右、"重如其文"的半两。

　　另外，在对秦始皇帝陵园的调查过程中，还分别在秦始皇陵封土西北方发现 1 座
"甲"字形墓，内城东区发现 33 座陪葬墓，西内、外城垣之间发现 61 座陪葬墓以及东内、
外城垣之间司马道以北发现 3 座竖穴土坑墓[1]。其中封土西北的"甲"字形墓坐东面西，
由斜坡墓道和长方形竖穴土圹两部分组成，墓室的东南北三壁有生土二层台，钻探时发现
色彩鲜艳的红色漆皮和板灰；在内城东区发现的 33 座陪葬墓，大多坐北面南，大致呈南
北向三行排列，其中竖穴土坑墓 14 座、竖穴洞室墓 2 座、台阶式墓道土坑墓 3 座、台阶
式墓道洞室墓 3 座、斜坡墓道土坑墓 3 座、斜坡墓道洞室墓 8 座；西内、外城垣之间的 61
座陪葬墓，方向多为北或西，排列基本有序，其中竖穴土坑墓 53 座、斜坡墓道土坑墓 8
座；东内、外城垣之间司马道以北的 3 座均为竖穴土坑墓。但是这些陵区内的墓葬，除了
上焦村秦墓经过发掘外，其余均只进行了钻探，因此实际情况并不详细。

　　1979～1980 年，在秦始皇陵西侧赵背户村发现了秦刑徒墓地[2]。墓地的范围很大，
在整个墓葬区东北隅 8100 平方米内，探出墓葬 114 座（含秦代以后的 10 座墓），清理了
42 座。墓葬形制均为竖穴土坑墓，大多为长方形，最大者如 M34，长 10.6 米，宽 1.1 米，
距现地表 1.2～1.7 米；最小者如 M10，长 0.8 米，宽 0.6 米，距现地表 0.2 米。有的大长
方坑内套挖有小长方坑，个别方坑内挖有圆坑。所有清理的墓葬中，除 M2 有用粗绳纹板
瓦砌成的长方形瓦棺外，其余各坑均无葬具，系直接埋入尸体。各墓坑共出土骨架 68 具，

〔1〕　陕西省考古研究所、秦始皇陵兵马俑博物馆：《秦始皇帝陵园考古报告（1999）》，科学出版社，
　　　　2000 年。
〔2〕　始皇陵秦俑坑考古发掘队：《秦始皇陵西侧赵背户村秦刑徒墓》，《文物》1982 年第 3 期。

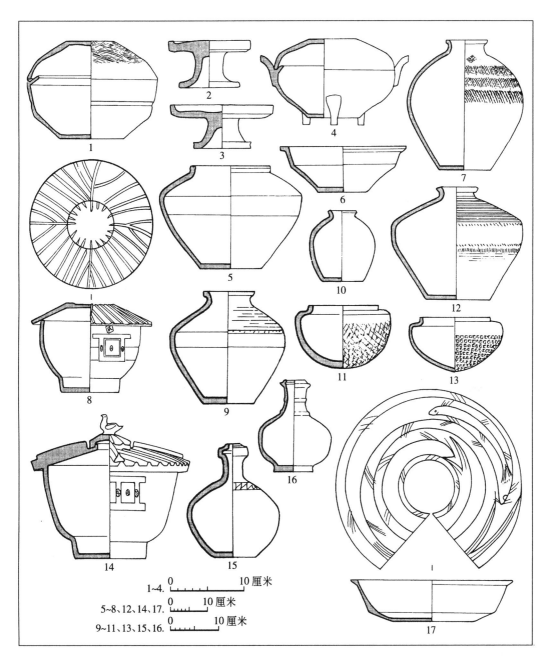

图3-4　临潼上焦村秦代墓出土陶器

1.盒（M11:11）　2.Ⅱ式豆（M11:06）　3.Ⅰ式豆（M11:15）　4.鼎（M11:38）　5.Ⅰ式罐（M18:03）　6.Ⅰ
式盆（M18:02）　7.Ⅱ式瓮（M11:03）　8.Ⅱ式瓮（M7:10）　9.Ⅱ式罐（M12:12）　10.Ⅲ式罐（M15:06）
11.Ⅰ式釜（M16:18）　12.Ⅰ式瓮（M18:04）　13.Ⅱ式釜（M11:16）　14.Ⅰ式仓（M16:19）　15.Ⅱ式蒜头壶
（M12:03）　16.Ⅰ式蒜头壶（M11:09）　17.Ⅱ式盆（M17:02）

或侧身屈肢，或俯身屈肢，或仰身屈肢，仰身直肢者仅4具。一个墓坑内埋有多具尸骨者，葬式不一。出土器物中，铁器有锸、锛、錾、凿、镰、锄、钏、刀、残剑、环等，铜器有半两钱、饰件，陶器有钵、罐、瓮以及釜、甑、盆的残片，骨器有刀，另有筒瓦、板瓦、瓦当及瓦当祖范出土。较为重要的是，陶器上有印记8种和瓦志刻文18件，涉及了秦的官府机构如"寺水"、"左水"、"左司空"，还有县名如"东武"、"平阳"、"平阴"、"博昌"、"兰陵"、"赣榆"等。通过瓦文查证，墓主是"居赀"（以服劳役来抵偿因罪而被罚令缴纳财物的犯人）服役的刑徒，墓地的上限是公元前221年，下限是公元前208年。对于秦墓断代而言，该墓群材料的重要性，一是佐证了屈肢葬在关中地区的秦代，仍然是一种约定俗成的葬式，尽管墓主不是秦人，却按秦地的葬俗处理；二是随葬的半两钱大小直径1.6～3.4厘米不等，与上焦村秦墓半两钱的含义相同；三是随葬使用了钵、罐、瓮等实用陶器，这些器物应当是秦代的典型器类；四是随葬中使用了大量铁器，大约和修建秦始皇陵园有关，但从侧面可以反映出秦代铁器的普遍使用状况，否则不会准许大量的铁器埋葬到刑徒墓中。

20世纪70年代以来，在秦始皇帝陵园附近范围内还发现了姚池头村北修陵人墓地和东五小区（五砂厂）修陵人墓地[1]。其中姚池头村北墓地已被平整土地破坏，从残墓一角看墓内人骨层层叠压，还发现过大型圆坑葬；而东五小区修陵人墓地东西宽50米、南北长80米，密集地排列着220座墓葬，葬具有砖棺、瓦棺、木棺三种，个别墓葬随葬有陶质随葬品。

除此之外，在临潼的刘庄、骊山北麓以及临潼县城东侧还曾经发现过三批秦的砖室墓[2]。关于这些砖室墓的年代下限，简报中将临潼县城东侧4座秦墓推测为秦代，但把刘庄的墓定在秦统一以前。仔细观察刘庄秦墓出土的器物和陶文，砖上的"宫濃"陶文（99件）与赵背户村刑徒墓出土印记"宫眛"一样；陶罐（实为缶）M1:05和上焦村的敞口圆肩鼓腹的陶缶相似，这种形式的缶流行于秦代至西汉早期；罐M19:02和上焦村的Ⅰ式罐相同。据此，一些墓的年代可能要晚至秦代。

二　秦咸阳城附近的秦代墓

1955年，陕西长安洪庆村发现2座秦墓[3]。其形制为长方竖穴墓道洞室，墓室较墓道为窄。M118仅出土1件陶釜，M86的墓室内放置一大瓮，瓮上扣合一盆，为瓮棺葬形式。据该墓照片，M118的陶釜，其口径远远小于肩径（凸肩），与下述的塔儿坡秦墓BⅣ

〔1〕　陕西省考古研究所、秦始皇陵兵马俑博物馆：《秦始皇帝陵园考古报告（1999）》，科学出版社，2000年。

〔2〕　A．陕西省考古研究所秦陵工作站、临潼县文物管理委员会：《陕西临潼刘庄战国墓地调查清理简报》，《考古与文物》1989年第5期。
　　　B．林泊：《临潼骊山北麓发现秦人砖椁墓》，《文博》1991年第6期。
　　　C．临潼县博物馆、临潼县文管会：《临潼县城东侧第一号秦墓清理简报》，《考古与文物》1993年第1期。

〔3〕　陕西省文物管理委员会：《陕西长安洪庆村秦汉墓第二次发掘简记》，《考古》1959年第12期。

釜相似，也同于凤翔高庄 M6 的釜，故推断为战国晚期至秦代。

1975～1977 年，咸阳市黄家沟清理 48 座战国墓[1]。根据简报中的墓葬登记表，M21、M34、M44、M50 的年代定在战国末至秦统一时期，秦统一时期的墓有 M38 和 M48 计 2 座。墓葬形制除 M48、M50 为竖穴土圹外，余均为墓道宽大于墓室宽的"直线形"洞室墓。葬式除 M21 为仰身屈肢外，余均为仰身直肢。出土的随葬品，秦代的两座墓差别较大，M38 为陶罐、陶纺轮和漆盒，M48 为陶罐、漆盒、铜带钩、铁刀、铜印、石印。发掘者认为，其"出土的陶文和铜印章具有较晚的特征，可能晚到秦"。另外，这 48 座墓中还有战国晚期墓 34 座，其中是否还有秦代的墓，值得推敲。比如，M49 的器物组合为陶罐和漆盒，同出的一面铜镜为变形夔纹（蟠螭纹），其样式已经和西汉早期的蟠螭纹风格接近，墓葬的下限也可能在秦代。

1975～1984 年，咸阳市窑店镇毛王乡西至石桥乡摆旗镇范围内先后四次清理中小型墓葬 125 座[2]，时代为战国中期至秦代。其中，秦代的墓葬有 37 座。墓葬形制为对端型洞室墓，壁龛开始大量出现；葬具以一棺为主，少量一棺一椁；葬式有直肢和屈肢两种。随葬陶器有两种基本组合，一种以鼎（B 型）、蒜头壶（A、B 型）、茧形壶（AⅡ式）、罐（AaⅣ式、AbⅢ式）、盒（A 型Ⅲ式、C 型）为基本组合，另一种以罐（AbⅢ式）、缶（BⅤ式）为基本组合。另外还伴有铜带钩、铜镜、铁刀、漆盒等。在该时期的墓葬中，"前期的陶盒大都被漆盒代替，前期的长颈壶被茧形壶和蒜头壶代替，陶罐继续沿用，其中 XYHJⅡM58 出土的大口罐与凤翔高庄秦墓第五期 M7 出土的大口罐相似"。该处墓地位于秦咸阳城以西约 3.8 公里，且整个墓地的范围较大，总面积约 12 平方公里，加之村民曾在平整耕地中发现有铁制脚镣、手铐等刑具，其中可能包含有刑徒墓葬。

1995 年，咸阳市塔儿坡一带的咸阳钢管钢绳厂清理秦墓 381 座，时代为战国晚期至秦统一时期[3]。查发掘报告的附录表，属于秦代的墓中，竖穴的墓有 M25086、M24088、M25126、M23145、M44204、M37337 等 6 座，洞室墓有 M12002、M13005、M28024、M18040、M28048、M18052、M27068、M25103、M15106、M24127、M43189、M33197、M48293、M38304、M38315、M38318、M37339、M32350、M22366、M46387 等 20 座，以瓮为棺的墓仅有 M36267 这 1 座。这些墓大多有龛，内置陶器。葬具分单棺和一椁一棺两种。葬式有屈肢和直肢之分，以屈肢为主。随葬品的组合有两种，一种是仿铜陶礼器鼎（AaⅣ、BaⅣ）、有盖盒（BaⅤ）、壶（AbⅣ、BaⅡ、BaⅢ）、小口大罐（AaⅣ），一种是日用的典型陶器凸肩釜（AⅣ、BⅣ）、有盖盒（BaⅤ）、无盖盒（AⅣ）。另外，还有蒜头壶（Ⅱ）、溜肩釜（BⅡ）、小罐（AⅡ、AⅢ、BaⅡ）、盆（AbⅢ、AbⅣ）、盂（AaⅢ、AaⅣ、BⅢ）、瓮（Ⅱ）、铜镜（B）、铜镞（B）、铜带钩、铜鐎、铁带钩（B）、铁锸、铁镰、铁剑、玉璧、蚌器等伴出。该墓群从战国晚期到秦代器物的变化特征（图 3-5）是："鼎体由扁变圆，腹由深变浅；有盖盒体由扁平变高且向圆的趋势发展，腹由浅

〔1〕　秦都咸阳考古队：《咸阳市黄家沟战国墓发掘简报》，《考古与文物》1982 年第 6 期。

〔2〕　陕西省考古研究所：《秦都咸阳考古报告》，科学出版社，2004 年。

〔3〕　咸阳市文物考古研究所：《塔儿坡秦墓》，三秦出版社，1998 年。

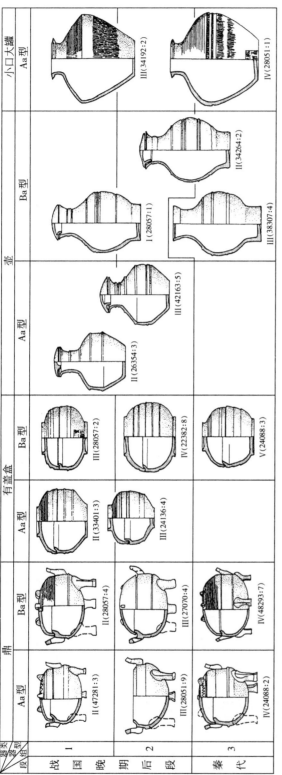

图 3－5　咸阳塔儿坡秦墓陶器分期图

（引自《塔儿坡秦墓》图一五一、图一五八）

变深；壶腹由扁变圆，形体由低矮渐趋高圆；小口大罐形体由瘦变肥，斜腹变圆腹，斜肩变溜肩；盆由浅腹变为深腹，口部逐渐趋侈直到侈口。"日用陶器"凸肩釜由深腹到浅腹，圜底到尖底；有盖盒形体由扁平到高深；无盖盒由浅腹变深腹，形体由瘦变肥；壶由瘦高变浑圆；茧形壶由肥圆变瘦长，再到蛋形"[1]。从整个墓地情况分析，该墓地的墓主大多是平民。关于塔儿坡秦墓年代的确定主要是依靠器物类型学提供的发展谱系建立起了相对年代，报告中对以上 27 座秦墓为秦代墓的推断基本准确。但是，其他没有确定年代的墓中是否还有秦代的墓，以及推论为战国晚期后段的墓中是否有秦代的墓，仍值得进一步研究。

1990 年，咸阳市渭城区渭阳镇任家咀发掘了 284 座墓葬，其中 242 座为秦墓[2]。这批墓葬时代从春秋中期至秦统一前后。其中属于秦统一前后的墓葬有 16 座。在这 16 座秦代墓中，竖穴墓 14 座（其中瓮棺葬 8 座），洞室墓 2 座（M32、M247）。竖穴墓中有 3 座墓有头龛（头坑或龛），用以放置随葬品，葬具以一棺或一棺一椁为主，葬式有直肢和屈肢两种。16 座秦统一前后的墓葬中有 7 座仿铜陶礼器墓，其随葬品组合以鼎（BⅢ式）、无耳壶（AⅢ式）、盒（AⅢ式、BⅢ式）为基本，伴出缶（Ⅲ式）、豆、罐、盆或有的只出其中两种。其余 9 座为日用陶器墓，随葬品较少，基本形不成组合。从战国晚期到秦统一前后仿铜陶礼器墓中出土器物有较为明显的演变，"B 型鼎、A 型和 B 型盒、无耳壶均由扁长变为高圆，缶肩由圆凸变弧，体变圆变瘦"[3]。通过对整个墓地墓葬形制及出土器物的分析，该处墓地的墓主应该是从春秋中期就生活在咸阳的原住居民中的平民，且应该是有专人管理的。

1998 年，西安北郊尤家庄村南西安文景苑住宅小区、西安辉恒公司以及村西的陕西省交通学校、北康村北的西安乐百氏食品有限公司和陕西中财印务有限公司等单位的征地范围内先后发掘了 123 座秦墓[4]。发掘者将这批秦墓分为五组四段，时代从战国晚期早段到秦末汉初。其中属于秦代墓葬有 43 座，墓葬形制有竖穴土坑和竖穴土洞两种形式，以竖穴土洞墓为主，还有 2 座瓮棺葬，部分有小龛；葬具有单棺和一棺一椁两种，以单棺为主；葬式有直肢和屈肢两类，屈肢略多。随葬品组合有两种，一是以仿铜陶礼器鼎、盒、壶、罐中的一种或几种或加上盂、缶、瓮、盆、鬲、灯、灶等，一种是日用陶器盂、罐、釜、盆、瓮、缶、灯、灶、盒、蒜头壶之中的二种、三种、或四种组成。发掘者认为这批秦墓的墓主大多数为平民，应是一处平民墓地。但是，发掘者将墓地第Ⅳ段认为是秦二世到西汉初年，将秦代短短 15 年的历史划分为两个阶段，是否过于细致，值得思考。

1989~2003 年，西安南郊茅坡光华胶鞋厂、邮电学院南区和潘家庄世家星城先后发掘清理 317 座秦墓[5]，年代从春秋晚期至西汉武帝以前。这批秦墓可以分为六期，其中

［1］　咸阳市文物考古研究所：《塔儿坡秦墓》，三秦出版社，1998 年。
［2］　咸阳市文物考古研究所：《任家咀秦墓》，科学出版社，2005 年。
［3］　咸阳市文物考古研究所：《任家咀秦墓》，科学出版社，2005 年。
［4］　陕西省考古研究所：《西安北郊秦墓》，三秦出版社，2006 年。
［5］　西安市文物保护考古所：《西安南郊秦墓》，陕西人民出版社，2004 年。

第五期的时代在秦昭襄王至秦亡，主要分布于潘家庄墓地，光华胶鞋厂和邮电学院也有部分墓葬属于此期。墓葬形制以直线式洞室墓为主；葬具主要是木棺；葬式有直肢和屈肢两种，其中潘家庄墓地以直肢葬为主，光华胶鞋厂和邮电学院则以屈肢葬为主。随葬品器物组合多为鼎、盒、蒜头壶、鍪、（釜）、缶（或小口罐）、瓮、大口罐、盆、钵组成。通过对这三处秦墓地墓葬形制和出土器物的分析，可知这三处墓地的墓主的身份应该是平民。同时，这三处墓地在形制、葬具、葬式及随葬品上也存在差别。通过对这些差别的分析可以看出，光华胶鞋厂秦墓的排列有序，而且很少有打破关系，年代从春秋晚期一直延续到秦代，直至汉初仍有使用，应当是本地的原住居民墓地，也是"杜县"的土著居民的墓地。邮电学院和潘家庄墓地的年代都集中在战国晚期至秦统一以后，说明它们是在秦迁都咸阳以后才形成的。但邮电学院秦墓以屈肢葬为主，出土陶器多属秦文化典型器物，出土的铜器等小件常有兵器；而潘家庄墓地秦墓则以直肢葬为主，出土器物中陶鍪、陶釜及以鼎、盒、壶为基本组合的仿铜礼器组合应该是受到巴蜀文化和三晋两周地区文化的影响，并且还出土了楚国金币和"南阳赵氏十斗"的陶文，因此墓主可能是从楚地南阳迁来的外来移民。综合上述可以看出，这三处墓地都位于秦时杜县范围内，因此，这三处墓地应是秦杜县的两处墓葬区。

另外，西安北郊大白杨[1]、西北林学院[2]、咸阳市杨陵区[3]、咸阳机场[4]、西安北郊永济电机厂[5]、西安南郊山门口[6]、咸阳泾阳宝丰寺[7]等地也清理了不少秦汉时期的墓葬，其中不乏秦代的墓葬。

三　宝鸡的秦代墓

1977年，陕西凤翔高庄发掘46座秦墓[8]。据统计表可知，10座秦代墓（第五期）的特征除M6为竖穴土坑外，余均为洞室墓，大都棺椁具备，葬式以直肢葬为主，出土了不少铜器、铁器和陶器。器物组合可见釜、瓮、罐、盆等陶器和鼎、钫、鍪、蒜头壶等铜器。其中，M33的双耳（一大一小）铜鍪与上焦村秦代墓出土器物相似，说明年代的相近。但是，属于战国晚期的M39出土了带圈足的茧形壶，而这种壶的出现一般认为是秦统一时期，那么同属于第四期（战国晚期）墓的年代就有探讨的余地。另外，战国晚期至秦代的M1、M6、M21、M32、M33、M45、M46等7座墓都出土了半两钱，M33竟然随葬了161枚，可谓数量众多。这些半两钱的直径，第四期的为2.7厘米；第五期的最大径

〔1〕　陕西省考古研究所：《西安北郊大白杨秦汉墓葬清理简报》，《考古与文物》1987年第2期。

〔2〕　咸阳市文管会：《西北林学院古墓清理简报》，《考古与文物》1992年第3期。

〔3〕　咸阳市文物考古研究所孙德润、贺雅宜：《咸阳市杨陵区秦、汉墓葬清理简报》，《考古与文物》1996年第2期。

〔4〕　马志军、孙铁山：《咸阳机场陵照导航台基建工地秦汉墓清理简报》，《考古与文物》1992年第2期。

〔5〕　孙铁山、种建荣：《西安北郊永济电机厂秦汉墓发掘简报》，《文博》2001年第5期。

〔6〕　王久刚：《西安南郊山门口战国秦墓清理简报》，《考古与文物》1994年第1期。

〔7〕　咸阳市文物考古研究所：《泾阳宝丰寺秦墓发掘简报》，《文博》2002年第5期。

〔8〕　雍城考古队吴镇烽、尚志儒：《陕西凤翔高庄秦墓地发掘简报》，《考古与文物》1981年第1期。

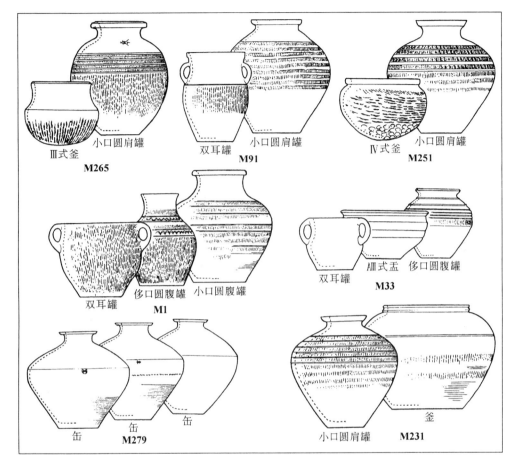

图 3-6　陇县店子秦代墓陶器组合图

为 2.65 厘米，最小者仅为 1.2 厘米。因此，发掘者认为这些带有毛茬的微型半两不是市场上流通的货币，应是一种随葬的冥钱。

1991 年，陇县店子村发掘 287 座古墓，其中秦墓 224 座[1]。属于秦代的墓有 54 座，墓葬形制长方竖穴、洞室均有，竖穴墓中使用二层台现象突出；墓向大多为东西方向，有 2 座呈南北向；葬式中 42 座为屈肢，直肢葬 9 座，其他形式 3 座；葬具一棺或一椁者 37 座，一棺一椁者 3 座，无葬具者 15 座。随葬的器物，秦统一时期已经不见了鼎、簋、壶（长耳）等仿铜陶礼器，主要以鬲（BIV、EIII）、釜（IV）、大口罐（IV）、盂或盆（AV、AVI）等实用陶器随葬，也可见双耳罐、单耳罐、小口圆肩罐、直口圆腹罐、小口圆腹罐、侈口圆腹罐、壶、缶、瓮等陶器（图 3-6）。墓主可能属于一般的平民。值得指出的是，这里的秦代墓不见其他地区秦代墓中经常出现的蒜头壶，而流行其他地区已经消退的鬲，说明了新型器物蒜头壶的使用不是由这里兴起，只是传统的习俗再延续，究其原因，

〔1〕　陕西省考古研究所：《陇县店子秦墓》，三秦出版社，1998 年。

一方面和墓主身份低下、贫穷有关，也可能存在薄葬简约的思想。同时，秦统一前后由于店子村所处的地理环境，少数民族习俗对该地区文化的影响因素也值得注意。

四　大荔、耀县的秦代墓

1974 年，陕西省大荔县朝邑发掘古墓 28 座[1]。其中，M108、M210 可能在战国末期或秦始皇初期，特点是墓葬不带小龛且洞室宽大。另外还有 M1 和 M202 被认定为西汉初期的墓，理由是 M1 出土了吕后时期的半两钱，随葬器物的形制大致和秦代的器物相似，即出土了陶茧形壶（圈足）、蒜头壶。但是 M108 和 M210 的材料中没有报道。如何判断其余墓葬中的秦代墓，依据成为关键。对照上焦村、塔儿坡秦代墓出土的器物，发现朝邑 M209 的 II 式釜同于塔儿坡凸肩 BIV 式釜，IV 式盆和上焦村 I 式盆相似。此外，M209 的陶盆和同墓地 M1 的接近。如果判断无误的话，M209 的下限年代可能为秦代。

1957 年，陕西省耀县清理古墓 6 座[2]。发掘者认为，M11 为战国末期，M4、M7、M8、M9 为西汉初期，另一座墓时代不明。首先要指出的是 M4、M7、M8 出土的半两钱，钱径为 3.2 厘米和 2.5 厘米两种，大直径"半两"的文字特征不像是汉代的八铢半两，而同于秦半两。其次，M7 出土的铜镜是三弦钮细旋纹镜，同于塔儿坡的 B 型镜。其三，对照出土器物造型可知，M8 的 II 式大口罐类同于上焦村 I 式罐，M8 的铁釜（肩部有双耳）和店子村秦代墓 M236、M279 出土的铁釜相同，M8 的带钩也同于店子村秦代墓 M5 的 A 型带钩。这样，原定为汉初的 4 座墓葬有可能上溯为秦代。概而言之，从墓形上看，4 座墓有竖穴墓和洞室墓之分；葬式有屈肢和直肢两种；随葬陶器的组合有釜、罐和鼎、壶、罐、釜、盘的不同；正是战国末期到西汉早期过渡的演变特征。

另外，位于华县东阳乡的东阳村和江凹村也发掘了一批墓葬，其中 39 座秦墓，年代从春秋晚期至战国晚期和秦代[3]。39 座秦墓中，属于秦代的墓葬有 7 座，墓葬形制为长方形竖穴墓，葬具以单棺为主，有的外加简单椁室，葬式则是屈肢。随葬品组合中不见仿铜陶礼器组合，主要是以鬲、盆（盂）、罐等和不同形式的罐、盆等器物相配组成的两种日用陶器组合。在这些属于秦代的墓葬中，不见传统的喇叭口罐，而多见大口罐和小口深腹罐；盆多为大侈口，折腹很深，鬲近无裆。分析墓葬形制、随葬品等可知，该处墓地的墓主应该是秦时居住于此地的普通平民和一些处于统治阶级集团与普通平民之间的中间阶级。东阳墓地秦墓是迄今关中地区发现的最东部的秦墓地，并且发现有秦代关中中部地区的秦墓中已经不见的陶鬲，还有一些随葬品具有关东地区该时期墓葬的特点，值得关注。

关中地区秦代墓的特点是：墓葬形制大体上有四种，即带斜坡墓道的竖穴土坑（洞室）墓、竖穴土坑墓、竖穴墓道洞室墓和砖室墓。葬具有一棺一椁、单棺、瓮棺和无棺之分；葬式是屈肢与直肢并存，直肢逐渐取代屈肢葬；随葬器物组合，可以分成铜器（鼎、

〔1〕　陕西省文管会、大荔县文化馆：《朝邑战国墓葬发掘简报》，《文物资料丛刊》第 2 辑，文物出版社，1978 年。

〔2〕　马建熙：《陕西耀县战国、西汉墓葬清理简报》，《考古》1959 年第 3 期。

〔3〕　陕西省考古研究所、秦始皇兵马俑博物馆：《华县东阳》，科学出版社，2006 年。

钫、鋚、蒜头壶等）、仿铜陶礼器（鼎、壶、盒等）和实用陶器（釜、瓮、罐、盆等）三种组合。同时，典型秦器比较盛行，小口广肩的陶缶、陶茧形壶、陶釜、铜蒜头壶、铜鋚、三弦钮细（四）旋纹镜等均有出土。

但是，由于墓主身份、地理经济环境乃至人群族属的差异，西安、咸阳、宝鸡、铜川地区的秦代墓又有不同的特点，如果将咸阳塔儿坡和陇县店子秦代墓做一比较，就会发现几个不同点。第一，两处虽然都是一般的平民墓，但塔儿坡的墓主多是非土著居民，而店子秦墓的墓主是秦国国人后裔；第二，两处秦代墓虽然都有使用日用陶器随葬的秦式墓葬特点，但店子秦墓更加忠实地继承了秦式陶器特点，如陶鬲的使用贯穿了春秋中期至秦代，塔儿坡秦墓却较多使用了陶盒及壶这些创新的"要素"；第三，两处秦代墓的屈肢葬都占大多数，但塔儿坡大部分使用了洞室墓，且有木板封门，而店子70％以上仍使用竖穴土坑葬；第四，两处秦代墓都使用了铁器随葬，但塔儿坡秦墓未见铁釜，相反店子有5件出土；第五，两处都未见青铜礼器随葬，但塔儿坡秦墓的铜带钩却随葬很多（共180件），店子秦墓较少（共15件）。究其原因，前三种的不同可能来自传统（店子）和时尚（塔儿坡）的区别，后两种的不同大概是两组人群对"事死如生"不同层面的追求所致。

第三节　关东地区秦代墓葬

关东地区，包括黄河中下游的豫、晋、冀、鲁等省区。这个地区发现的秦代墓，包含了秦代的秦人墓、秦系墓（含秦文化因素）和继承了旧地传统的"战国墓"。

一　河南的秦代墓

1954～1955 年，郑州岗杜清理了 47 座墓葬[1]。其中，出土陶茧形壶、碗（盒）的M111、M113、M137、M138、M139、M140 被推断为战国末年和西汉初年的墓。这六座墓有竖穴土坑墓，也有竖穴空心砖墓，铁带钩、铁铲、铁锛等铁器的出土较多。

1978 年冬，泌阳县发现了 4 座秦墓[2]。其中，M3 保存较好（图 3 - 7），竖穴土坑内有两椁室南北并列，椁室四周有厚 10～20 厘米的木炭层，木炭层之外有 30～60 厘米的青膏泥，其上为夯土填实。北椁室内安放棺木一具，长 2.1 米、宽 0.7 米、高 0.75 米；南椁室长 2.4 米、宽 1.4 米、高 1.24 米，内置的棺木与上述相同。虽然人骨已朽，但从漆盒的烙印文字"川（二）小妃"判断，M3 可能为一座夫妇合葬墓。出土随葬器物 42 件，铜器放置于木棺之前，漆器在右侧，玉器在棺内；南椁室的铜器组合为鼎、壶、蒜头壶、鋚、盘、匜、勺，北椁室的铜器组合与之相同。漆器类主要有圆盒、耳杯、舟、樽、方奁盖。玉器有璧、带钩。另外，还出土有木俑 4 件。因为 M3 出土的铜鼎上，有"二十八年""三十七年"等秦始皇时期的纪年，推测 M3 的年代在秦代末年或秦亡不久。1988 年，河

〔1〕　河南文物工作队第一队：《郑州岗杜附近古墓葬发掘简报》，《文物参考资料》1955 年第 10 期。

〔2〕　驻马店地区文管会、泌阳县文教局：《河南泌阳秦墓》，《文物》1980 年第 9 期。

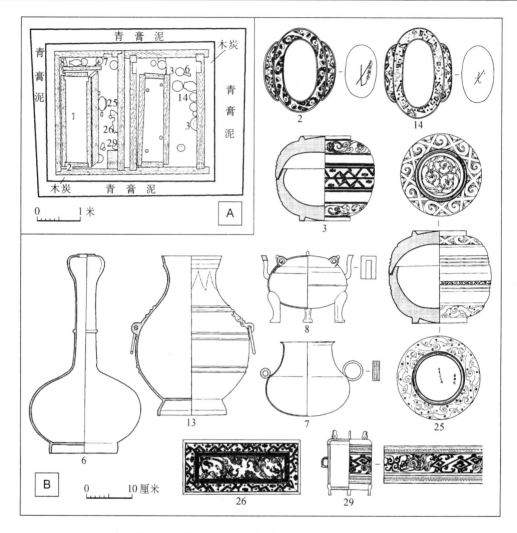

图 3-7　泌阳秦代墓 M3 平面图及部分出土器物

A. 平面图

B. 部分出土器物　2. 漆耳杯　3. 漆圆盒　6. 铜蒜头壶　7. 铜鍪　8. 铜鼎　13. 铜壶　14. 漆耳杯

25. 漆圆盒　26. 漆方奁盖　29. 漆樽

南泌阳又发现 1 座秦代墓[1]。该墓为长方竖穴土坑双棺合葬墓，南棺长 2.85 米、宽 1.9 米，北棺长 2.46 米、宽 1.55 米。南棺内的随葬品主要有铜鼎、铜钫、铜蒜头壶、铜盘、铜熏炉、铜镜、铜带钩、陶圭形器、玉带扣、玉印章和水银，北棺内有铜鼎、铜壶、铜蒜头壶、铜盘、铜勺、陶罐、漆盒和玉玦。

　　1981 年，淅川县马川村清理了 1 座秦代墓[2]。该墓为竖穴土坑，有生土二层台，死

〔1〕　河南省文物研究所、泌阳县文化馆：《河南泌阳县发现一座秦墓》，《华夏考古》1990 年第 4 期。

〔2〕　淅川县文管会：《淅川县马川秦墓发掘简报》，《中原文物》1982 年第 1 期。

者为仰身直肢，头向东；随葬器物有陶瓮、铜鼎、铜蒜头壶、铜甂、铜盘、铜鍪和铁器。由于铜鼎、铜蒜头壶、铜鍪的造型与泌阳秦墓的同类物相似，大致可以断定为秦代墓。

1956～1958 年，河南陕县发掘了 200 余座古墓，有 92 座属于战国晚期至西汉初期的秦墓[1]。1979 年，三门峡上村岭又清理了战国晚期至西汉初期的墓葬 26 座[2]。根据《史记·秦本纪》的记载，公元前 325 年至公元前 207 年，陕县（三门峡市）属于秦三川郡（公元前 249 年设立）的一部分，无论从时间、地望、墓葬特点的连续性，这两批墓葬中都一定包含了秦代的墓。这些墓葬的形制和结构分为竖穴土坑墓和洞室墓两种，土坑墓的二层台现象突出，洞室墓往往使用土坯封门。葬具都用木棺，也有使用木椁的墓。葬式以屈肢为主，直肢葬多见于秦末和汉初。随葬品的组合，以陶器为主的墓，多见釜、甂、罐、瓿，一些墓有壶、小壶、茧形壶、蒜头壶相配套；以铜器为主的墓，多见鼎、壶、钫、盘、甂、釜、勺、半两钱、铜镜等；有些墓还出土铁生活器（釜、勺、灯、带钩）、铁兵器（刀、剑、矛）、铁农具（锄、镢、凿、钎）；有些墓也出土漆器、铅车马器、玉器和骨蚌器。《陕县东周秦汉墓》认为：仅仅出土釜、甂、罐、瓿的墓葬年代在战国晚期，下限是秦代；伴出茧形壶、蒜头壶等典型秦器的墓葬年代，已经延至西汉初年，尤其是M3136 出土了高后六年（公元前 182 年）至文帝初年的“荚钱”（直径 1.1 厘米，重0.15～0.35 克），更加说明了墓葬的年代。

1988～1989 年，三门峡市三里桥清理了 67 座秦人墓[3]。1985 年和 1993 年，在该市的司法局和刚玉砂厂发掘了 76 座秦人墓[4]。1992 年，在该市的火电厂发掘了 8 座秦人墓[5]。三里桥的秦人墓葬，形制为竖穴土坑墓和洞室墓两大类，洞室墓的墓道宽都大于墓室宽，有 2 座墓是一个竖穴墓道左右开挖了两个墓室（M77、M96）；其葬式，仰身直肢多于屈肢。发掘者认为属于秦末汉初的 19 座墓，绝大多数未有随葬品（少数有一件装饰品带钩或铜环或玉璧）；属于西汉初期的 19 座洞室墓，出土的陶器组合为鼎、坛（缶）、罐、甂或罐、釜、盆、甂。不过，M59 出土了直径 3～3.2 厘米的秦半两，年代是否可以追溯到秦代，值得思考。司法局的 54 座秦人墓也是竖穴土坑墓和洞室墓两大类，葬具有单棺和一棺一椁之分，葬式主要是屈肢，随葬品有陶鬲、陶釜、陶盆、陶茧形壶、铜带钩、铜镞、半两钱等，年代为战国晚期。刚玉砂厂的 22 座墓除 1 座为竖穴土坑墓外，余皆为洞室墓，随葬品有陶鼎、壶、甂、盆、罐、釜、缶等，年代为西汉初期。其实，司法局 M133 出土了直径 3.2 厘米的半两钱，刚玉砂厂 M30 的半两钱直径为 2.9 厘米，从字体上看，都不是汉的“八铢半两”，尤其是刚玉砂厂陶器上的“陕亭”、“陕市”文字也见于上述的陕县及上村岭秦代前后的墓葬陶器上，因此，有些墓的年代应当为秦代。火电厂秦人墓形制较大，而且四组墓葬的四周有窄而浅的围墓沟，围墓沟宽 0.5～1.5 米、深 0.8～

[1]　中国社会科学院考古研究所：《陕县东周秦汉墓》，科学出版社，1994 年。
[2]　黄士斌：《上村岭秦墓和汉墓》，《中原文物》1981 年特刊。
[3]　三门峡市文物工作队：《三门峡市三里桥秦人墓发掘简报》，《华夏考古》1993 年第 4 期。
[4]　三门峡市文物工作队：《三门峡市司法局、刚玉砂厂秦人墓发掘简报》，《华夏考古》1993 年第 4 期。
[5]　三门峡市文物工作队：《三门峡市火电厂秦人墓发掘简报》，《华夏考古》1993 年第 4 期。

1.8米、周长40～65米，沟内填土疏松，有零星人骨、兽骨或完整马骨等出土。7座竖穴土坑墓的墓底往往设有生土二层台，有的二层台上随葬马骨或羊蹄骨（图3-8）。除M08137为单棺重椁外，余皆为单棺单椁。葬式多为仰身屈肢葬，少数为仰身直肢或侧身屈肢葬。一座竖穴墓道洞室墓，使用了二棺一椁，性别为一男一女，属夫妇合葬。八座墓出土青铜器较多，主要有鼎、蒜头壶、壶、鍪、盆、弦纹镜或凤鸟镜、带钩、铃、勺、镞、半两钱（直径2.3厘米、2.7厘米），铁器有釜、刀，陶器有缶、罐、盆、甑等。由于铜器的造型大多同于泌阳秦代墓的同类器，可以认为这批墓的年代在秦末汉初。

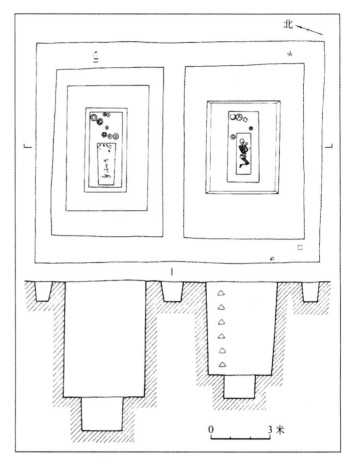

图3-8　三门峡火电厂秦代墓M08137与M08139平面、剖视图

1998年，洛阳于家营清理了6座秦墓[1]。都是竖穴墓道洞室墓，墓道宽大于墓室，墓室为平顶。葬式为仰身直肢，头南足北。随葬品仅见陶罐和碗，罐上戳印有"河亭"、"河市"的文字。发掘者认为大墓道小墓室的特点、随葬品在墓室前端土龛的位置以及罐、碗的陶器组合有别于战国晚期和西汉早期，故推断这六座墓的年代在秦代前后。

1985年，新乡五陵村发现战国两汉墓137座[2]。其中，属于战国末至西汉初期的墓葬有M14、M18等22座。墓葬形制主要是墓道宽于墓室的长方竖穴洞室墓，也有两者等宽的洞室墓。葬式除一座（M33）是仰身屈肢外，余均为仰身直肢葬。葬具大多已腐，可辨者为单棺。器物组合为陶鼎、盒、壶、钫、小壶、罐，战国中晚期流行的豆已经被盒所取代，钫、小壶都是新出现的器类，还有广肩罐（缶）、圜底罐（釜）、高领罐、马头和俑头也是代表该期墓葬特征的典型随葬品。另外，M35出土了1件三弦钮的素镜，M127出土了9枚半两钱，也说明了这些墓的年代在秦统一前后。

〔1〕　洛阳市第二文物工作队：《洛阳于家营秦墓发掘简报》，《文物》1998年第12期。
〔2〕　新乡市博物馆：《河南新乡五陵村战国两汉墓》，《考古学报》1990年第1期。

2000 年，南阳发现一批战国汉代及明清墓葬，其中 M76、M208 推断年代为秦代[1]。这两座墓葬均为南北向长方形竖穴土坑墓。M76 长 2.74 米、宽 1.4 米、深 3.04 米，随葬铜蒜头扁壶、铜鍪、铜鼎、三足圆形铁支架、铜镜、铜管、玉印章、铜带钩等，M208 出土铁鼎、铜鍪、铜蒜头扁壶、铜耳杯、铜镜、铜剑、玉环等器物。其中，铜鼎、铁鼎、铜蒜头扁壶、铜鍪等与湖北云梦秦墓出土的铜鼎、铁鼎、铜蒜头扁壶、铜鍪相同，出土玉印章印文的文字形体横平竖直、印面多出现界格等都是秦印的特点。据此，发掘者将这两座墓葬的年代定为秦代。

2003 年，巩义市站街镇清理了 6 座秦代墓[2]。均为长方形竖穴墓道洞室墓，大墓道、小墓室，部分墓有壁龛，葬具为木棺，葬式均为直肢葬，头北向。随葬品组合以陶壶为主，或加之陶釜、盂、盆、盒、钵、匜等的两种或三种，有些墓葬还出有铜镜、半两钱等。这批墓葬随葬的陶壶、盆、盂、匜等继承了中原地区战国末期的器物造型风格，但使用的大墓道则是秦人的遗风，不同于西汉初期的器物和墓葬结构，而且 M2 中出土的四叶纹铜镜具有战国时期铜镜的特征，M2、M6 中还各出土 1 枚半两钱，而 M6 出土的半两钱可能为铅质，与西安南郊秦墓出土的半两钱相似，因此推断这 6 座墓葬年代为秦代。

2001 年，三门峡市大岭路清理了一批秦汉墓葬，其中 M197、M198 为一组围墓沟墓[3]。墓葬形制为洞室墓，大墓道、小墓室，葬具为木棺，仰身直肢葬式。两座墓出土陶器有缶、罐、盆、甑和铜镜、铜鍪、铁釜等，均有秦代墓典型器物的特征，因此，发掘者将这一组墓葬的年代定在西汉早期值得商榷。

二　山西的秦代墓

1959 年和 1969 年，山西侯马乔村发现许多古墓[4]。其中，战国晚期至秦代的墓葬形制主要是长方竖穴土坑，也有洞室墓。葬式多为屈肢葬，使用棺椁者有之。M26、M27 周围有沟，沟内有殉人。后来直至 1996 年，侯马乔村墓地又先后数次进行发掘，清理了近 1000 座墓葬[5]，其中战国晚期至秦统一时期的墓葬有 200 多座。墓葬形制有竖穴土坑和洞室墓两种。葬式以屈肢葬为主，还有少量直肢和微屈肢。多数竖穴墓有木椁，洞室墓均有木棺。这批墓葬中还有 8 座围墓沟，其中 M626 沟内殉埋 4 人、M4238 沟内殉埋 1 人。

1979 年以后，天马—曲村遗址发现不少秦汉墓葬[6]。已经发掘的 94 座墓中，战国晚期至秦汉之际的墓葬形制有竖穴土坑墓和竖穴墓道洞室墓；葬具以一棺一椁为主；葬式多见仰身直肢葬，少数为屈肢葬；也发现有围墓沟现象，如 M6028、M6036、M6361 的周围

[1]　南阳市文物考古研究所：《河南南阳市拆迁办秦墓发掘简报》，《华夏考古》2005 年第 3 期。
[2]　郑州市文物考古研究所：《河南巩义站街秦墓发掘简报》，《文物》2006 年第 4 期。
[3]　三门峡市文物考古研究所：《三门峡大岭粮库围墓沟墓发掘简报》，《中原文物》2004 年第 6 期。
[4]　A. 山西省文物管理委员会、陕西省考古研究所：《侯马东周殉人墓》，《文物》1960 年第 8、9 期合刊。
　　B. 文物编辑委员会：《文物考古工作三十年》第 61 页，文物出版社，1980 年。
[5]　山西省考古研究所：《侯马乔村墓地（1959~1996）》，科学出版社，2004 年。
[6]　杨哲峰：《曲村秦汉墓葬分期》，《考古学研究（四）》，科学出版社，2000 年。

就有环绕沟。陶器组合有鼎、盒、壶、罐和鼎、盒、钫、茧形壶、瓢等，M6036 出土的陶鼎和陶盒上有戳印文字"平阳市府"。"平阳"或许是秦昭襄王二十一年（公元前 286 年）攻魏，魏献安邑之后所立的九县之一。这样，秦人墓以及秦文化因素在此出现与当时历史发展的事实相吻合。

1982～1986 年，山西省朔县发掘了秦汉墓葬 1285 座[1]。其中，秦至汉初的墓葬 7 座。墓葬形制均为规模小、结构简单的竖穴土坑墓，一种无椁，一种有椁。无椁的竖穴土坑墓有的有棺，有的无棺，M61 的壁龛内放置一陶釜；有椁的竖穴土坑墓，都有棺，椁室内分厢。葬式均为仰身直肢葬。随葬品较少，可见陶壶、陶罐、铜带钩、印章等。不论陶壶、陶罐的形制或是印文的风格（秦人私印），或是陶壶的戳印文"亭司市"（秦篆），都表明这些墓葬的年代为秦至西汉初期。另外，据《水经注》记载，马邑城（故城在朔县境内）始建于秦，这里发现秦代前后的墓葬并非偶然。

由于材料的限制，秦代墓的整体面貌尚不明了，但根据上述河南、山西地区秦代墓的发现，可以看出关东秦代墓有如下特点。

墓葬形制有竖穴土坑、洞室和空心砖三种。葬具以一椁和单棺为主，稍大的墓用一椁重棺，少数墓无棺。三门峡、天马—曲村和侯马乔村发现的围沟墓比较引人注目，可能和秦人旧地（雍城"西陵"、芷阳"东陵"）陵墓使用的隍壕传统有关。葬式中的仰身直肢占大多数，表明了传统秦俗的衰退或"屈肢"特有含义的消失。随葬品中虽然日用陶器釜、甑、罐、缶等的使用表明了秦俗的特点，但仿铜陶礼器鼎、盒、壶的组合仍占据了主流，这大概是秦人出关以后葬俗受到了当地传统文化影响所致。如果是稍大的墓，多随葬铜器，一方面表示墓主身份的差异，另一方面也显示出财力的不同。

第四节　江汉地区秦代墓葬

江汉地区的秦代墓，主要指汉水及长江中游地区发现的秦代墓葬，具体而言是湖北省和湖南省中北部地区发现的秦墓和延续至秦代的楚墓。

一　云梦的秦代墓

1975～1976 年，湖北省云梦县睡虎地发掘了 12 座秦墓[2]，其中，M9、M11～M14 为秦代的墓。这 5 座墓均为长方竖穴土坑墓，没有墓道，未见封土堆；墓向不尽相同，东西向 3 座（M9、M11、M14），南北向 2 座；墓坑上部填五花土，下部为青膏泥，个别五

〔1〕 平朔考古队：《山西朔县秦汉墓发掘简报》，《文物》1987 年第 6 期。
〔2〕 A.《云梦睡虎地秦墓》编写组：《云梦睡虎地秦墓》，文物出版社，1981 年。
　　　B. 孝感地区第二期亦工亦农文物考古训练班：《湖北云梦睡虎地十一号秦墓发掘简报》，《文物》1976 年第 6 期；湖北孝感地区第二期亦工亦农文物考古训练班：《湖北云梦睡虎地十一座秦墓发掘简报》，《文物》1976 年第 9 期。

花土与青膏泥之间填有青灰泥（M9、M11），填土均经夯筑；M12有生土二层台，M11和M9两座墓还有壁龛。各墓的葬具均为一棺一椁，棺椁结构主要采用平列、套榫、栓钉和扣接结合。M11的椁室上面横列10根底部削平的半圆形木椁盖板，其上横铺一层树皮，其下铺一层稻草，棺室在椁室的东部，内置长方盒状的木棺1具。各墓的人骨架大多已腐朽，M9可辨为仰身直肢葬。M11的骨架保存较好，葬式为仰身屈肢葬，死者为男性，年龄约40～45岁。随葬器物主要放置于头厢底板上与横隔板上，如M11的头厢底板上放置漆器、竹器和木器等，横隔板上放置铜器和陶器等。少数器物放在棺内，如M9的棺内放漆圆奁1件（内装木梳、木篦等梳妆用具）；M11的棺内放有毛笔、玉器、漆器等物，在人骨架的四周还有1100余枚竹简。另外，也发现一些和入葬时祭祀有关的迹象。如M11的椁盖板上有一具完整的牛头骨，M9靠近南壁的一个壁龛内殉一只羊等。根据随葬器物登记表，这5座秦代墓相比于战国晚期7座墓的漆器种类变化不大，主要是圆盒、双耳长盒、圆奁、扁壶、卮、耳杯等；铜器中除鼎、匜、鋈、带钩、镜等型式有所发展外，新增加了钫、蒜头壶、舟、剑、铃、璜等铜器，既与墓主身份、财力的大小有关系，也和本地区埋葬的习俗变化有关系；陶器新增加的器类是大口陶瓮、茧形壶、未施彩的壶、小陶壶，大部分是表现在时代发展的器物型式变化上，如瓮（Ⅱ式）、小陶罐（AⅡ式、BⅡ式）、盂（Ⅱ式）、甑（Ⅱ式）、釜（AⅡ式、BⅡ式）、鋈（Ⅱ式）等（图3-9）。由于M11出土《编年记》竹简中明确地记载了墓主"喜"死于秦始皇三十年（公元前217年），估计其下葬年代也与该年不远。墓主身份，除M11和M9为令史一类的低级官吏外，其余均相当于中小地主阶层。这一批秦代墓不但有确切的纪年墓存在，而且提供了战国至秦代墓葬文化演进的细微变化过程，对邻近地区的楚墓、秦墓乃至西汉初期墓研究都有标尺性的参考价值。

1977年，睡虎地又发掘了秦汉墓10座[1]。其中，秦代的墓有4座，为M31、M33、M34、M36。除M36呈南北向外，其余3座为东西向。墓葬形制、填土、葬具、随葬品位置和组合基本同于上述睡虎地秦墓，但表现战国晚期、秦代、西汉初期及西汉早期大约100余年之间该地区漆器、铜器、陶器的变化脉络更加清晰。

1978年，为了解睡虎地整个墓地的情况，在该地和附近的大坟头又发掘秦汉墓27座[2]。其中，属于秦代的墓有15座，余为战国秦墓和汉墓。墓葬形制与结构大体同上，葬具单棺与一棺一椁并重，明显可以看出使用一棺一椁墓的随葬品要多于单棺的墓，这大约和墓主身份有一定的关系，也许是中小地主或低级官吏与庶民之间的差异。

1989年和1991年，云梦县城东郊的龙岗清理了两批秦汉墓，其中秦代的墓10座[3]。墓葬形制都是竖穴土坑，单棺或一棺一椁，葬式以直肢为主，也有屈肢葬。陶器基本组合

〔1〕　云梦县文物工作组：《湖北云梦睡虎地秦汉墓发掘简报》，《考古》1981年第1期。
〔2〕　湖北省博物馆：《1978年云梦秦汉墓发掘报告》，《考古学报》1986年第4期。
〔3〕　湖北省文物考古研究所、孝感地区博物馆、云梦县博物馆：《云梦龙岗秦汉墓地第一次发掘简报》，《江汉考古》1990年第3期；《湖北云梦龙岗秦汉墓地第二次发掘简报》，《江汉考古》1993年第1期。

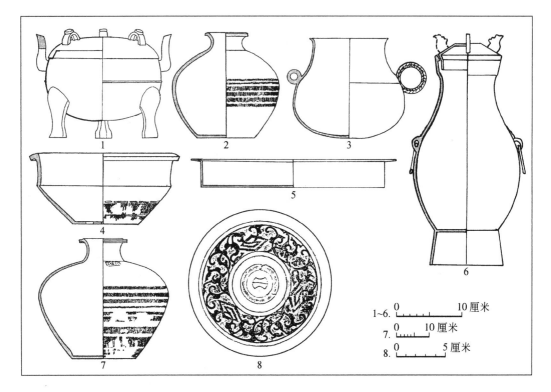

图 3-9　云梦睡虎地秦代墓出土器物

1.铜鼎（M11:54）　2.陶罐（M11:8）　3.铜鍪（M11:39）　4.陶甑（M11:30）　5.铜盘（M5:11）

6.铜钫（M11:45）　7.陶瓮（M11:41）　8.铜镜（M11:69）

为瓮、罐、盂、釜、甑，有的缺釜，有的少甑或盂。值得指出的是，M6 出土的竹简和木牍上，出现了"皇帝"的称谓，证明其墓葬的上限年代是秦统一之后，下限年代由于出土的瓮（纹饰在肩部）和西汉初期的瓮（纹饰在腹部）有别，并未晚至汉初，因此该墓又成为该地区秦汉墓地的一个断代标尺。

另外，在距睡虎地之北的木匠坟也发掘过两座秦代墓[1]。

二　鄂城的秦代墓

1958～1978 年间，鄂城的东南郊和西南郊清理楚墓 34 座[2]。其中，有钢铁厂 M1、M4、M21 等 14 座都属于秦汉之际或西汉初的楚墓。这些墓的基本组合是陶鼎、盒、壶（加钫或熏炉），墓葬形制均为竖穴土坑，墓口大于墓底，葬具为一棺一椁或单棺。陶鼎的变化是腹由深变浅，耳由直立到微外侈，足由高变矮而外撇；壶由假圈足到高圈足，腹部最大径接近肩部；盒由敛口圆腹圈底向平唇深腹平底发展。

〔1〕　云梦县博物馆：《云梦木匠坟秦墓发掘简报》，《江汉考古》1987 年第 4 期；《湖北云梦木匠坟秦墓》，《文物》1992 年第 1 期。

〔2〕　湖北省鄂城县博物馆：《鄂城楚墓》，《考古学报》1983 年第 2 期。

三　襄樊和宜城的秦代墓

1973～1974 年，湖北省襄阳蔡坡发掘 11 座战国墓[1]。发掘者认为，其中 M1 等 4 座为战国晚期至西汉初期的墓葬。这 4 座墓均是长方竖穴土坑墓，葬具已朽，葬式可辨 M2 为单人仰身直肢葬。随葬品置于头端或边室，出土有陶鼎、豆、盂、盒、双耳罐、圜底罐、平底壶、圈足壶和玉器等。

1976 年，在湖北宜城的雷家坡、魏岗发掘了古墓葬 11 座[2]，属于秦汉之际的墓葬 3 座。这 3 座墓均为竖穴土坑墓，埋葬较浅，打破了战国中期的墓葬。随葬品大多以铜器为主，如 LM7 随葬了铜鼎、钫、鍪、勺、戈、镈，铁釜，陶甑和玉器；LM3 出土了 1 件弦纹镜，近似于上焦村的铜镜；LM3 和 LM9 出土的半两钱，大者钱径 3 厘米，小者 2.8 厘米，不同于汉代的半两钱。根据《史记·秦本纪》记载，秦昭襄王"二十八年（公元前279 年），大良造白起攻楚，取鄢、邓，赦罪人迁之"。可推测这批秦人墓的年代上限不会超过秦昭襄王二十八年（公元前 279 年）。另外，从器物的特征分析，因为铜鼎（Ⅰ、Ⅱ式）、蒜头壶、壶等与泌阳秦墓的同类器相似，并综合考虑半两钱、铜镜的特点，这批墓葬的年代当在秦代或前后。

1982 年，宜城魏岗、雷家坡又清理了不少秦墓，见于报道的雷家坡 LM11、LM13[3]均为长方形土坑，葬具已朽。LM11 出土了陶盂、釜、钵、罐，LM13 出土了铁足铜鼎、铜壶、铜盘、铜匜、铜铃、蟠螭纹镜、半两钱（大、小两种，大者径 3.1 厘米），铁釜、陶罐、陶甑、陶瓶和漆木器。根据墓葬形制、器物组合和特征，LM11 的年代推断为战国末年至秦统一之际。LM13 出土的Ⅰ式陶罐在凤翔高庄、临潼上焦村、大荔朝邑等墓葬中找到同类物，大半两钱和云雷纹地的蟠螭纹镜都流行于秦代，故 LM13 定为秦代。

1988～1993 年，襄樊市余岗清理了战国至东汉的墓葬 20 座[4]，属于秦汉之际的墓有M51、M55、M57。这 3 座墓都是竖穴土坑墓，葬具一棺一椁或一棺，葬式不清，随葬陶器以釜、盂、瓮、罐等日用陶器为主，与龙岗秦汉墓的同类器相似，故定为秦汉之际。

1990～1991 年、1995～1996 年，襄阳古城清理了战国秦汉墓 44 座[5]。其中，属于秦统一六国至西汉初期的墓有 12 座，墓葬形制为长方竖穴土坑和长方竖穴岩坑两种。葬具有一棺一椁、一棺和一椁，以前者为多。可辨葬式者 5 座，其中 3 座为仰身直肢葬，1座为侧身屈肢，头向东南西北均有，以北向多见。随葬陶器全为日用陶器，基本为秦式组合。随葬品中，只有 M42、M47、M52 随葬 1～2 件铜或陶鍪，其他一般为陶鍪（扁壶）、盂（甑）、壶（罐）、釜（钵）的组合。由于Ⅱ式铜鍪和上述的云梦睡虎地Ⅱ式铜鍪相近，

[1]　湖北省博物馆：《襄阳蔡坡战国墓发掘报告》，《江汉考古》1985 年第 1 期。

[2]　楚皇城考古发掘队：《湖北宜城楚皇城战国秦汉墓》，《考古》1980 年第 2 期。

[3]　武汉大学历史系考古专业、宜城县博物馆：《宜城雷家坡秦墓发掘简报》，《江汉考古》1986 年第4 期。

[4]　襄樊市博物馆：《湖北襄樊市余岗战国至东汉墓葬发掘报告》，《考古学报》1996 年第 3 期。

[5]　湖北省文物考古研究所、襄樊市博物馆：《湖北襄樊郑家山战国秦汉墓》，《考古学报》1999 年第3 期。

铜扁壶与云梦睡虎地 M45：7 扁壶近似，M66 的铁釜和宜城雷家坡 LM13：10 雷同，由此得出它们的相对编年。

1996 年，襄樊余岗又清理了 32 座战国秦汉墓葬[1]。其中秦统一至秦汉之际的墓葬有 18 座。墓葬形制除 YM18 为长方形土坑洞室墓外其余均为长方形土坑竖穴墓，YM20、YM22 下部有青膏泥。葬具有一椁一棺或一棺。葬式均不可辨。随葬陶器为日用陶器罐、壶或豆或盂的组合，有的还有釜、盆、钵等。出土陶器中，B 型壶具有典型的秦文化风格，LM1 陶豆与襄樊郑家山 M44 陶豆相近，YM13 的釜与云梦龙岗 M12 出土陶釜相近，YM16 陶盆与咸阳机场陵照导航台基建工地所出 I 式盆相似，因此判断这 14 座墓葬的年代在秦统一至秦汉之际。

2000～2002 年，湖北省襄樊市襄阳区王坡墓地发掘清理 173 座东周秦汉墓葬[2]。其中，属于秦统一六国之后至秦朝灭亡的墓葬有 57 座，墓葬形制为长方形竖穴土坑墓，葬具一棺一椁或一棺，可辨葬式者均为仰身直肢葬，大多数南北向，其中以北向为主。随葬品中，铜器以鼎、钫组合为主，陶器则以仿铜陶礼器鼎、壶和罐、壶、盂、鍪等一至三种日用器组合为主。出土随葬品中，BⅡ式铜鼎、钫与云梦睡虎地 M11 铜鼎、钫一致，三角纹铜壶与云梦睡虎地 M3、襄樊郑家山 M17、河南泌阳 M5 出土铜壶形制相同，B 型铜镜与宜城雷家坡 LM13 出土铜镜一致，因而墓葬年代应在秦代。

四 江陵的秦代墓

1986 年，湖北荆州城的岳山发掘古墓 46 座，其中有秦墓 10 座[3]。这批秦墓都是长方竖穴木椁墓，无墓道。墓葬方向不一，东西向居多。椁盖板的周围，多填夯青灰泥。椁室均由盖板、墙板、底板、垫木组成。随葬品大部分置于椁室的前室，少数置于棺的一侧；主要是陶器，其次是漆器，铜器、铁器、玉器数量很少。典型的秦器可见双耳铁釜、弦纹（两周）铜镜、单耳铜鍪、半两钱等。另外，M36 出土了两件木牍，内容为《日书》。从器物组合情况和特征看，陶盂（Ⅱ、Ⅲ式）、甑（Ⅱ、Ⅲ式）、鍪（Ⅱ式）、釜（Ⅲ式）和云梦睡虎地 M11 的器物风格接近，其上限年代在秦统一之初，下限应在秦末。墓主身份属于秦朝的中下层官吏。

1990 年，江陵扬家山发现古墓葬 178 座，其中的 135 号秦墓保存完好[4]。该墓有封土，呈椭圆形，直径 30 米、高 4.5 米，但未经夯筑。墓坑为长方竖穴土坑，方向 290 度。墓坑填土为黄褐土、青灰泥，全部加夯。棺椁保存完好，椁室由垫木、底板、墙板、挡板、隔板、盖板组成，可以分成头厢、边厢、棺室三部分。棺室内置双重木棺，内棺中人骨架保存完好，呈仰身直肢状，头向西，经鉴定为男性。头厢中的随葬品主要放置礼器和

〔1〕 襄樊市博物馆：《襄樊余岗战国秦汉墓第二次发掘简报》，《江汉考古》2003 年第 2 期。
〔2〕 湖北省文物考古研究所、襄樊市考古队、襄阳区文物管理处：《襄阳王坡东周秦汉墓》，科学出版社，2005 年。
〔3〕 湖北省江陵县文物局、荆州地区博物馆：《江陵岳山秦汉墓》，《考古学报》2000 年第 4 期。
〔4〕 湖北省荆州地区博物馆：《江陵扬家山 135 号秦墓发掘简报》，《文物》1993 年第 8 期。

酒器，有漆耳杯、盒、盘，铜鼎、盂及戈等；边厢中的随葬品多置铜礼器和陶器、漆木器；棺内放置铜镜、漆奁、漆梳及拐杖等。由于出土的铜鼎、铜钫、陶小口瓮都和云梦 11 号墓的同类器物相同，漆器的造型乃至烙印文都在云梦秦墓中可以找到雷同品，因此，发掘者将该墓的年代推断为"白起拔郢（公元前 278 年）"至西汉初年。其实，因为存在与云梦 11 号秦代墓相同的器物，所以 135 号墓的年代更接近秦代或就是秦代墓。

1992 年，荆州高台发掘秦汉墓 44 座[1]。其中，M1 为秦代墓。该墓为长方竖穴土坑，有墓道，已残。坑底长宽比例为 1.3：1，属于宽坑形墓葬。坑内及椁室四周的填土为青灰色泥土，未加夯筑。葬具是一棺一椁，椁室内用隔板分成与棺室等宽的边厢，人骨已朽。随葬品有 38 件，主要有陶鼎、盒、壶、圜底罐、杯、豆、勺，铜钫、盆、带钩、镜、印章，玉璧，漆扁壶等。因为器物的造型既有战国晚期的风格，又与江陵凤凰山西汉早期墓的同类品相似，铜镜为勾连雷纹地夔龙纹，所以时代推断为秦代。

1993 年，江陵县郢北村清理了秦汉墓葬 16 座。其中，15 号墓出土了大批竹简[2]。该墓为长方竖穴土坑，方向 8 度。墓坑填土上部为黄褐土，下部为青灰泥，全部夯筑。墓坑底部放置一具长方形悬底木棺，棺内人骨保存较差，葬式不清。随葬品有陶釜、盂、小壶，木盒和竹简。从器物的特征分析，陶釜为秦式，盂和小壶为楚式，这种混合使用的状况，表明与"白起拔郢"年代（公元前 278 年）相去不远。但是，出土的简牍中有和云梦秦简相同的《效律》和《日书》，说明随葬这些简牍内容的墓葬年代又大体一致，因此该墓的年代定在战国晚期后段至秦代为妥。

1991 年，荆州市荆州区岳山村擂鼓台清理了两座墓葬[3]。两墓形制均为长方形竖穴土坑，有生土二层台，墓坑上部填黄褐色五花土，墓坑下部及椁室四周填青灰土。葬具均为一棺一椁，棺椁保存较好，M1 椁室为长方形，由盖板、墙板、挡板、底板及垫木组成，木棺为平底方棺；M2 椁室平面呈长方形，椁室左、右两侧各竖立 3 块长方体木柱以代替椁室墙板和挡板，两侧各 3 块长方体木柱，顶端分别放置纵向一块木板，在纵向木板上再横向放置 3 块木板以代替椁室盖板，没有底板及垫木。在两墓木棺的棺盖到棺底，发现有麻绳横向捆扎三道的痕迹，最后用木楔收紧绳索。随葬品有陶壶、盂、釜、鍪、瓿、瓮，铜镜、带钩，漆盒、奁、扁壶、耳杯盒、耳杯，木梳、木篦及木几等（图 3-10、11）。对比出土随葬品的形制，其中 M1 出土陶鍪与云梦睡虎地 M24 出土 I 式陶鍪相似，漆奁与云梦睡虎地 M11 漆奁相似，漆盒与云梦睡虎地 M9 漆盒相似；M2 出土 II 式陶盂与云梦龙岗秦汉墓地 M7 的 I 式陶盂相似，II 式陶釜也与云梦龙岗秦汉墓地 M4 出土 A 型 II 式陶釜相似。据此，发掘者认为这两座墓葬的年代应在秦统一后至西汉前期之间，并根据两墓出土器物的形式演变，进一步认为 M1 早于 M2，年代在秦统一之后至秦代末年之间，M2 的年代则应在秦代末年至西汉前期。

〔1〕　湖北省荆州博物馆：《荆州高台秦汉墓》，科学出版社，2000 年。
〔2〕　荆州地区博物馆：《江陵王家台 15 号秦墓》，《文物》1995 年第 1 期。
〔3〕　荆州市荆州区博物馆：《荆州擂鼓台秦墓发掘简报》，《江汉考古》2003 年第 2 期。

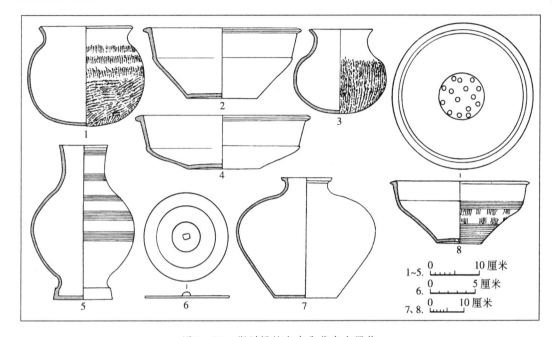

图 3-10　荆州擂鼓台秦代墓出土器物
1.陶釜（M2：10）　2.陶盂（M2：5）　3.陶鍪（M1：7）　4.陶盂（M1：4）　5.陶壶（M1：8）
6.铜镜（M1：12-1）　7.陶瓮（M1：3）　8.陶甑（M1：5）

五　宜昌的秦代墓

　　1971～1972 年，宜昌北郊的长江东岸黄柏河流经地区发掘战国两汉墓 43 座[1]。其中，战国晚期的 4 座墓（葛洲坝 M1、M2 和前坪 M23、M39）是竖穴土（岩）坑墓；葬具不清，葬式不明；随葬品陶器较少，如葛 M1 出土了铜鼎、铜壶和铜镜等，前 M23 出土了铁足铜鼎、铜壶、铜矛、铜镈、铜盘、铜镜，陶罐，铁锸、铁剑，石璧，玉璜等，前 M39 仅出土铜镞和铜带钩。由于秦昭王二十九年（公元前 278 年）白起攻战夷陵，这里属秦地，因此发掘者推测前 M23 和葛 M1 的墓都是参与灭巴、伐楚的秦军（可能是中下级军官）墓。另外，由于前 M23 出土的铁剑和石璧在长沙楚墓中都是战国末期出现的器类[2]，所以，其墓葬的下限年代也可能至秦代。西汉前期的 10 座墓（葛 M3、M4 和前 M8、M12、M24～M26、M28、M29、M36），墓葬形制基本上都是竖穴岩（土）坑墓；葬具大部分不明，个别有棺痕；葬式可辨者均为仰身直肢葬；随葬器物较少，一般出几件铜器或几件陶器；器物组合为仿铜陶礼器鼎、盒、壶或仅出鼎、蒜头壶之类的礼器，不出半两钱，铜镜都是蟠螭纹镜。如果和云梦秦墓比较，前 M25 的铜蒜头壶、铜鼎以及前 M28 的三菱形纹蟠螭纹镜都和云梦 M9、M11 的同类器近似，表明年代的一致性，说明这批西汉前期墓中可能包含了一部分秦代墓。

---

[1]　湖北省博物馆：《宜昌前坪战国两汉墓》，《考古学报》1976 年第 2 期。
[2]　湖南省博物馆：《长沙楚墓》，《考古学报》1959 年第 1 期。

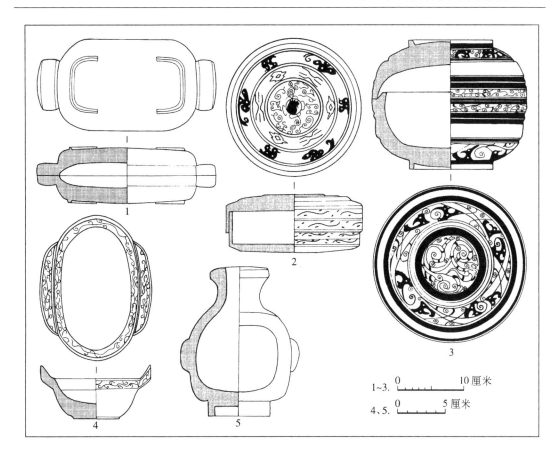

图 3-11　荆州擂鼓台秦代墓出土漆器

1.耳杯盒（M2∶4）　2.奁（M1∶12）　3.盒（M1∶6）　4.耳杯（M1∶13）　5.扁壶（M1∶1）

六　湖南的秦代墓

1957 年，湖南省长沙左家塘 1 号竖穴土坑木椁墓出土了不少器物[1]。陶器组合有鼎、盒、壶、勺等，铜器有矛、戈、素镜，还有玉璧、玉剑首和铁锄等。其中，铜戈上有"四年相邦吕不韦（造），寺工龙，丞□"等铭文。由此可知，"四年"为秦始皇四年（公元前 243 年），这样该墓葬的年代一定是在秦取长沙之后，即战国末年至秦代。

1979～1981 年，益阳市郊发掘楚墓 93 座[2]。以陶器鼎、敦、壶、钫或鼎、盒、壶、钫（均附加豆）为组合特征的天成坑 M22～M23、桃花崙 M8～M10，赫山镇 M40，羊午岭 M19、M20 等 8 座墓的年代为战国晚期；出土鼎、盒、壶的墓为战国末年，参照鄂城楚墓的情况，也许会晚至秦代。

〔1〕　湖南省文物管理委员会：《长沙左家塘秦代木椁墓清理简报》，《考古》1959 年第 9 期。
〔2〕　湖南省益阳地区文物工作队：《益阳楚墓》，《考古学报》1985 年第 1 期。

1952～1994 年间，长沙近郊发掘了楚墓 2048 座[1]，发掘报告将之分成四期九段，属于第四期战国晚期（约公元前 300 年至公元前 223 年）的墓有 909 座，战国晚期晚段（第九段）的代表墓例有 M1132、M1091、M1124 等。这一时期的墓都是小型墓，大中型墓甚少；陶器组合以鼎、敦、壶为主，但鼎、盒、壶组合的比例加大；有的墓使用了秦式镜随葬，即三弦钮凹面宽带纹镜。问题在于第九段楚墓的下限年代是否一定与楚灭国的年代（公元前 223 年）一致呢？显然不易绝对等同起来，因为长沙地区西汉时期使用楚制、楚俗埋葬情况仍有延续[2]，这里的秦代楚墓仍然值得进一步研究。

另外，在湖南的溆浦、汨罗等地也发现一些秦墓，有一些和秦代墓有关[3]。

上述地区墓葬，明显与关中及关东地区的特点不同，墓葬形制与战国楚墓有一脉相承的关系，棺椁制度也没有大的改观，即保留了旧有的分厢制度；陶瓮、罐、盂、釜或瓮、罐、盂、釜、甑等日用陶器的随葬风格以及铜蒜头壶、铜鍪的存在虽然表明了属于秦墓的性质，但陶鼎、敦、壶和鼎、盒、壶等的使用又表明了南方"楚俗"与北方"礼俗"的混合。从某种意义上讲，秦对江汉地区统一，伴随着人口的迁徙、流动和融合，表现于葬俗上，自然会出现混合的特点。

第五节　四川地区秦代墓葬

1954～1957 年，巴县的冬笋坝和广元市昭化宝轮院发掘了 97 座古墓[4]。其中，船棺葬第二期（秦举巴蜀至秦统一）的墓葬墓坑虽然仍使用狭长竖穴土坑，但船棺之内另有小棺，随葬品有陶釜、陶圜底罐和铜鍪、铜甑、铜釜、铜带钩和铁器等，冬笋坝 M42 还出土了 1 件弦纹镜。因此，第二期墓中可能有秦代的墓。另外，1995 年在宝轮院同一地点又发掘了 9 座该时期墓葬，其中 8 座为船棺葬。

1956 年，四川成都东北郊东山灌溉区北干渠清理 31 座西汉墓[5]。这些墓都是长方竖穴土坑，墓口与墓底大小相同，M18 的南北壁上有两个小龛。木椁墓 10 座（M15、M28 等），有棺者 31 座。随葬器物分陶器、铜器、铁器、漆器和玉石器等五类，共 433 件。发掘者认为，出土半两钱的 14 座墓和未出半两钱的 M2、M10、M25 都是西汉早期的墓。但从文中插图和照片看出，许多器物的造型喻示着年代可以上溯。如出土铜甑（双耳）及铜釜（双耳）的 M22、出土"桥梁币"（璜形器）的 M35 等的年代可能会更早一些。

〔1〕　湖南省博物馆、湖南省文物考古研究所、长沙市博物馆、长沙市文物考古研究所：《长沙楚墓》，文物出版社，2000 年。
〔2〕　湖南省博物馆、湖南省文物考古研究所、长沙市博物馆、长沙市文物考古研究所《从长沙秦和西汉早期墓看楚文化的延续和影响》，《长沙楚墓》第 552～558 页，文物出版社，2000 年。
〔3〕　高至喜：《论湖南秦墓》，《文博》1990 年第 1 期。
〔4〕　四川省博物馆：《四川船棺葬发掘报告》，文物出版社，1960 年。
〔5〕　四川省文物管理委员会：《成都东北郊西汉墓葬发掘简报》，《考古通讯》1958 年第 2 期。

1972 年，涪陵小田溪发掘 3 座战国时期的土坑墓[1]。其中，1 号墓出土了包括编钟、兵器在内的大量青铜器；2 号墓出土的青铜器当中，有一面镂空透雕式的双龙纹铜镜；3 号墓出土的青铜器，除了和 1 号、2 号墓相类同的生活用具如釜甑、鍪、错银铜盆、盒外，还出土了 3 件陶釜（图 3-12）和 1 件刻有铭文"武，廿六年，蜀守武造，东工师宦，丞业，工□"。发掘者将 3 座墓的年代定为战国时期，墓主有可能

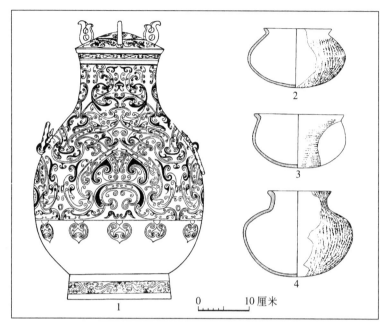

图 3-12　涪陵小田溪秦代墓出土器物（之一）
1.错银铜壶（M3：23）　2~4.陶釜（M3：25，M3：40，M3：36）

是巴的先王或上层统治者。但从纪年上分析，如果戈的纪年为秦昭王二十六年，即公元前 281 年；如果是秦始皇二十六年，即公元前 221 年。从器形分析，M3 的铜戈与秦兵马俑一号坑出土的戈类似；M3：25 的陶釜侈口、无领、肩径远远大于口径的特点已经是战国末年至西汉初期秦墓流行釜的风尚，因此，M3 的下限年代可能会至秦代。

1977 年，荥经县城关镇发现了 3 座秦汉墓[2]。墓葬均为长方竖穴土坑，无封土。墓内填土，上部是未经夯打的"黄褐色"五花土，下部是白膏泥，并包围了椁的四周。葬具都是一棺一椁，可以分出厢室。葬式不清，从少量碎头骨判断头向东。随葬器物以漆器为主，多置于足厢。M1 出土的漆器有圆盒、奁、耳杯、双耳长杯（盒）、扁壶；铜器有釜、鍪、桥形钮双弦纹镜；以及木梳、篦和炭精发簪。M2 出土的漆器有盒、耳杯、奁、匕等；铜器有釜、鍪和半两钱；陶器有瓮和罐。M3 仅出土了 1 件铜铃。由于 M1 出土的漆器风格造型与云梦睡虎地 1 号墓的同类器相似，漆器上朱书"王邦"的"邦"字在西汉初期避讳刘邦的名字而禁用，并且朱书"王邦"字迹之下、有刻划的"成亭"二字[3]，故 1 号墓的年代为战国晚期至秦代。但发掘者认为 M2 的漆器都是夹苎胎，且出土了八铢半两，

[1]　四川省博物馆、重庆市博物馆、涪陵县文化馆：《四川涪陵地区小田溪战国土坑墓清理简报》，《文物》1974 年第 5 期。

[2]　荥经古墓发掘小组：《四川荥经古城坪秦汉墓葬》，《文物资料丛刊》第 4 辑，文物出版社，1981 年。

[3]　四川省文管会、雅安地区文化馆、荥经县文化馆：《四川荥经曾家沟战国墓群第一、二次发掘》，《考古》1984 年第 12 期。参见该简报中的注释及图一○：3。

年代为西汉初期,仍可推敲。

1979~1980 年,青川县郝家坪发掘了 72 座战国墓[1]。按《简报》分析,M50 出土的一件木牍上记载了秦武王二年(公元前 309 年),王命左丞相甘茂更修田律之事,结合各墓出土的器物,初步推断以鼎、豆、壶组合为代表的青川 47 座早期墓年代相当于战国中期,以鼎、盒、壶组合为代表的 24 座晚期墓葬年代相当于战国晚期。但是,青川出土漆木器较多,可与云梦秦墓的漆木器相比较,如青川 M1 的漆扁壶与睡虎地 M6 的漆扁壶不但形制相似,连腹上黑地朱绘的对舞双凤的风格也相同;青川 M2 的双耳漆长盒与睡虎地 M9 的同类器物近似;青川 M2 的圆漆盒与睡虎地 M7 的圆盒接近;青川 M1 出土木俑、马俑的状态和睡虎地 M9 的情况相一致。这样,青川 M1、M2 的下限年代到秦统一以后可能性很大。从青川墓葬分布图来看,规律性比较强,大致早期的墓位于较高(西北)的地势,晚期的墓逐渐下排,而 M1、M2 就位于整个墓群的东南边缘的低矮之处。

1980 年底,涪陵小田溪又清理 4 座战国墓[2]。墓葬形制均为竖穴土坑,其中 M7 为狭长型圆角土坑墓,M4、M6 为长方形圆角土坑墓,M5 为方形圆角土坑墓。葬具为一棺一椁和一棺,从残存灰迹观察,M4、M5 应为漆棺。葬式不详。随葬品主要有陶釜、豆、壶、铜釜、釜甑、鍪、单耳罐、盆、缶、镜、壶、钺、刀、削、桥形饰,铁削,玉璜、玉龙佩、玉玦,琉璃珠,陶印等器物(图 3-13)。其中,三角云纹铜壶、双耳铜釜及双耳釜甑,均有明显的秦代器物特征,拱形钮二弦纹铜镜是秦代铜镜的典型形式。因此,原定为战国时期的这几座墓葬,应该是秦代墓葬。

1981~1982 年,荥经曾家沟清理了不少战国墓[3]。发掘者认为,报道的 6 座墓具有楚墓的结构特征,如使用白膏泥、Ⅱ型木椁内放置木棺等,都与湖北、湖南及四川青川、荥经的战国秦汉墓相同。墓穴长宽大多比例为 1.5∶1,坑内盛行二层台,器物置于头部龛状二层台上等特征,表明该墓群的年代要早于青川的战国中晚期墓,即春秋末至战国早期。但是,M16 出土的漆耳杯上刻划有规整的"成"字,与上述的荥经墓地发现的"成"字相似;M13 出土的Ⅲ式陶釜(口微侈、扁圆腹)也基本同于涪陵小田溪 M3 的釜;M13 的Ⅳ式陶罐(直口尖唇、短颈、直腹、平底)也见于上焦村秦墓。因此,这批墓葬中个别墓的年代下限可能会到战国中晚期甚至是秦代。

1984 年,大邑县五龙乡又清理 2 座秦代墓[4]。两座墓均为长方形竖穴土坑,墓壁及墓底均用青膏泥涂抹或铺垫。两墓均无葬具。墓向为东南—西北向。随葬品主要有陶罐、盆、釜、豆、壶,铜釜、釜甑、鍪、量、剑、矛、带钩、桥形饰、印章,半两钱和铁器等(图 3-14)。从随葬陶器、铜器的形制来看,出土的陶釜、铜釜甑等器物与四川

〔1〕 四川省博物馆、青川县文化馆:《青川县出土秦更修田律木牍——四川青川县战国墓发掘简报》,《文物》1982 年第 1 期。

〔2〕 四川省文物管理委员会、涪陵地区文化局:《四川涪陵小田溪四座战国墓》,《考古》1985 年第 1 期。

〔3〕 四川省文管会、雅安地区文化馆、荥经县文化馆:《四川荥经曾家沟战国墓群第一、二次发掘》,《考古》1984 年第 12 期。

〔4〕 四川省文管会、大邑县文化馆:《四川大邑县五龙乡土坑墓清理简报》,《考古》1987 年第 7 期。

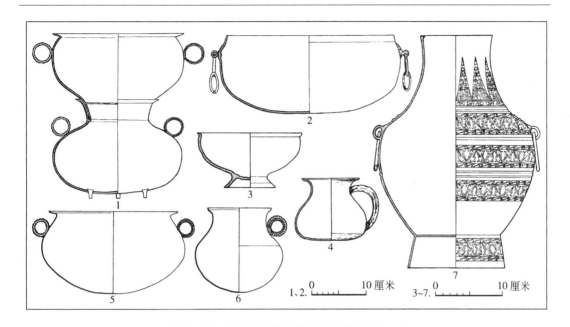

图 3-12　涪陵小田溪秦代墓出土器物（之二）

1.铜釜甑（M4：12）　2.铜缶（M6：1）　3.陶豆（M7：1）　4.铜单耳罐（M4：6）　5.铜釜（M5：21）

6.铜鍪（M4：9）　7.铜壶（M4：11）

昭化宝轮院、巴县冬笋坝出土同类器物相似，而铜胄顶、铜戈的形制也与涪陵小田溪出土同类器物基本相似，同时观察出土的半两钱，钱文字体修长，以小篆为体，特征与秦半两的特点相同。

1992～1993 年，郫县发掘清理 27 座战国至西汉时期墓葬[1]。其中秦代墓葬 6 座，形制为长方形竖穴土坑墓，一座有二层台，墓向多为东北—西南向。随葬品组合为陶釜形鼎、浅盘矮圈足豆、圜底釜、大口瓮、折腹钵、折腹盆等，与什邡城关 M20、M24 和大邑五龙 M19 所出同类器物相近；墓葬中出土的半两钱铸造精致，字体为小篆，"两"字上平画较长，中间两个"人"字上部竖笔较短，应该为秦半两。

1988～2002 年，什邡市城关墓地先后 23 次抢救性发掘清理战国秦汉时期的墓葬 98 座[2]。根据发掘者的分期，其中属于秦代的墓葬 5 座，墓葬形制为长方形土坑墓，墓坑形制较为规整，坑壁近直，墓口与墓底基本相等，墓坑拐角基本呈直角。5 座秦代墓中仅 1 座墓尚存人骨，可辨葬式为仰身直肢，头向东，面向上。随葬陶器以陶圜底罐、豆、釜或釜甑为基本组合，还同出有陶大口瓮、壶、小口瓮、鼎、平底罐及青铜矛、钺、戈、剑、半两等。其中Ⅱ式陶小口瓮的形制与湖北云梦木匠坟 M2 小口瓮相似，Ⅰ、Ⅱ式陶大

〔1〕　成都市文物考古研究所、郫县博物馆：《郫县风情园及花园别墅战国至西汉墓群发掘报告》，《成都考古发现（2002）》，科学出版社，2004 年。

〔2〕　四川省文物考古研究院、德阳市文物考古研究所、什邡市博物馆：《什邡城关战国秦汉墓地》，文物出版社，2006 年。

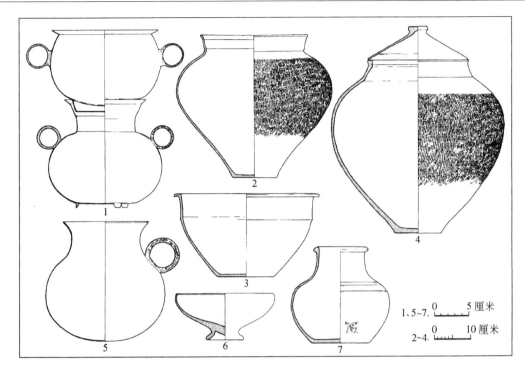

图 3-13　大邑五龙秦代墓出土器物

1.铜釜甑（M19:43）　2.陶罐（M18:15）　3.陶盆（M19:26）　4.陶罐（M19:24）

5.铜鍪（M18:9）　6.陶豆（M18:8）　7.陶罐（M19:25）

口瓮则与四川大邑五龙 M18、M19 的Ⅰ、Ⅱ式大口瓮相似，加之长方形土坑的墓葬形制以及随葬品中巴蜀式青铜兵器和工具数量较少的特点，年代应在秦代。另外，发掘者认为属于西汉早期的墓葬中，出土的陶器组合与秦代墓的组合基本相同，如 M60 出土陶圜底罐、豆、釜甑和平底罐，因此，这些划分到西汉早期的墓葬中或许还有属于秦代的墓葬。

其他可能为秦代的墓还有成都羊子山 172 号墓[1]、四川西部的"板岩葬"[2]、荥经同心村 M15[3] 等。

四川省发现的和秦代墓有关的墓葬材料不是很多，但仍可以看出区域特点：保持了四种风格，即巴蜀传统、秦人葬俗、中原礼制和楚文化因素。从地域分布看，涪陵为秦代巴郡辖地，成都、青川、荥经为蜀郡管辖。巴蜀文化的特征表现在器物上，主要为铜器和陶器，如铜鍪、釜甑、戈、矛、钺，陶小口圜底罐、大口短颈圆腹圜底釜、无把豆等，这些都可以在以上几处墓葬中找到。秦人葬俗是指秦据巴蜀以后，曾经向蜀地大量移民，青川墓葬中的蒜头扁壶就是一个例证。中原礼制因素，指的是棺椁制度和鼎、盒、壶的仿铜陶

〔1〕　四川省文物管理委员会：《成都羊子山 172 号墓发掘报告》，《考古学报》1956 年第 4 期。

〔2〕　四川省博物馆：《四川文物考古工作三十年》，《文物考古工作三十年》，文物出版社，1980 年。

〔3〕　四川省文物考古研究所、荥经严道古城遗址博物馆：《荥经县同心村巴蜀船棺葬发掘报告》，《四川考古报告集》，文物出版社，1998 年。

礼器随葬。楚文化的影响在于白膏泥的使用、棺椁分厢制度以及漆器的交流方面。后两种情况在涪陵及荥经的墓葬中都有表现。

第六节 其他地区秦代墓葬

一 甘肃的秦代墓

1974年，甘肃平凉县庙庄清理2座战国墓[1]。两座墓（M6、M7）都是竖穴土坑墓，由一长方形和一个略呈方形竖穴连成"凸"字形，墓口大于墓底，墓内填土经过夯打。凸出去的方坑位于东端，置车马；长方形的墓室位于西端，放置棺椁。M6为单椁双棺，椁长3.7米、宽2.1米、高1.3米，外棺长2.3米、残宽1米，内棺长2米、残宽0.9米，随葬品多被盗，幸存有铜鼎、铜壶、铜洗、铜匜、陶瓮、陶罐等。M7为一棺一椁，椁长3.2米、宽2米，棺长约2.1米、宽0.7~0.8米，随葬品有陶瓮、陶罐、陶壶及铜鼎、洗、灯、壶、镜、带钩及铁削等。另外，两座墓各出土一辆驾四马双轮独辕车，形制和结构与秦兵马俑坑出土的车制相同。由于M7出土的圆形小铜玺和陶壶上的方形戳印陶文是秦代通行的篆体，Ⅱ式铜鼎和凤翔高庄秦墓、云梦11号墓的铜鼎相同（双附耳、扁圆体、三矮蹄足、腹部有一道凸弦纹、盖上三环钮），Ⅱ式陶瓮（缶）和高庄秦墓的缶相似，因此这两座墓的年代为战国晚期至秦代。

1976年，秦安县上袁家村清理秦汉墓6座[2]。属于秦代的2座墓M6、M7，相距3米，M6为女性，M7为男性，可能是夫妇异穴合葬。M6的墓葬形制为"凸"字形的竖穴土坑墓，南端附葬车马，北端放置棺椁。值得注意的是车马坑正中的坑口下0.7米处，埋藏陶鼎3件、陶罐3件，其中一件鼎内有鸡骨架，可能和安葬仪式有关。车马坑内车制不清，殉马1匹，殉狗1只，并随葬牛、马、羊、头骨。椁室内棺椁已朽，随葬有陶罐、瓮、甑、盆、铜鼎、镜、带钩、半两钱（径3.2厘米、穿宽0.8厘米）、玺印，铁匕首和玉饰等。M7是一座带斜坡墓道的土坑墓，由墓道、前室和后室组成。前室附葬车马，后室放置棺椁，后室比前室高20厘米，墓道底也高出前室40厘米，墓道与前室交接处有一道门槽，当为门屏。墓道内殉葬羊头110只、牛头10只，比较少见。前室附葬一马一车和殉羊、殉狗；后室的木椁分成三个隔厢，即头厢、边厢和棺室，头厢放置铁钺形器、铜灯、鹿角、磨石等，边厢放置陶瓮、陶罐、陶盆、陶甑、铁锛等，棺室放置陶瓮、漆钵、铁剑、铁刀、铜镜、铜带钩、玉璜等。因为这2座墓出土的器物特征与临潼上焦村秦墓接近，又出土了秦半两和长胡三穿铜戈，所以墓葬的年代被推断为秦统一至秦二世时期。

1986年，天水市放马滩清理秦汉墓14座[3]。其中，秦墓13座。墓室均为圆角长方

[1] 甘肃省博物馆魏怀珩：《甘肃平凉庙庄的两座战国墓》，《考古与文物》1982年第5期。
[2] 甘肃省文物考古研究所：《甘肃秦安上袁家秦汉墓葬发掘》，《考古学报》1997年第1期。
[3] 甘肃省文物考古研究所、天水市北道区文化馆：《甘肃天水放马滩战国秦汉墓群的发掘》，《文物》1989年第2期。

形竖穴土坑，内填白膏泥和五花土。葬具有单棺和一棺一椁，棺底大多铺有竹席。骨架已经腐朽，葬式不清。出土器物共 400 余件，M1 最多有 30 余件，M7 只有 1 件，M2 无随葬品。陶器有釜、瓮、壶、罐、鍪，漆器有盘、耳杯、锺、樽、奁等，木器有枕、棒、尺、匕等，铜器有素面镜、带钩、饰件（璜形器）和半两钱，另有毛笔、算筹和木板画。因为 M1 出土了纪年竹简《墓主记》和《日书》，再加上陶器和铜器的特征，发掘者认为这批秦墓的年代在战国晚期至西汉初期。具体而言，M1 简文中有"八年八月己巳，邦丞赤敢谒御史……""三年……与司命史公孙强北出赵氏之北"等记载，证明 M1 的下葬年代可能为秦始皇八年之后（公元前 239 年）。M1 的墓主是一位曾经犯罪流放于放马滩的军人，生前在邦县做过基层官吏。其他的墓主身份，因随葬品数量相对于 M1 较少可能更低。

二　广东的秦代墓

1962 年，广州市东郊罗冈发现 2 座长方竖穴木椁墓[1]。M4 坑底铺垫白膏泥，棺具、人骨架全朽，随葬品有陶瓮、罐、壶、盒、釜、盘、鼎、小盒等和盘、奁、耳杯等漆器，另有铜戈、铜带钩出土。M3 与 M4 并排，一端相隔 0.6 米，另一端相连。随葬品陶器基本与 M4 相同，还出土了三弦钮螭纹铜镜和铜铃。这两座墓葬和广州一般西汉早期墓只有规模大小或随葬品多少的差别，至于墓葬形制及随葬陶器的类别、型式、花纹等，无不相同。但是，M4 中的铜戈上有"十四年属邦工□□载丞□□□"的刻文，和长沙左家塘的"四年相邦吕不韦戈"相同，可以断定其为秦王政十四年物，M4 的年代可能在秦末。M3 的墓葬结构、随葬器物都与 M4 相同，但墓葬的一壁与 M4 相叠，表明它是稍后埋葬，大概相当于西汉初年。

1987~1988 年，广东乐昌对面山发掘古墓葬 207 座，其中秦至西汉前期的墓 53 座[2]。其墓葬形制主要是带二层台的竖穴土坑墓、狭长形竖穴土坑墓、长方形竖穴土坑墓和带墓道的土坑墓。随葬的器物主要是铜鼎（Ac、BaⅡ、Bb、Bc 式）、铜剑、匕首（Ⅱ式）、铜矛（Aa、Bc、Bd、Be、Bf 式）、铜戈（B 式）、铜斧（B 式）、半两钱、铁锸和铁斧，陶器有瓮（BⅡ、CⅠ式）、瓿（BⅢ、CⅡ、D 式）、釜（AⅠ、BⅠ式）、鼎（CⅠ式）、罐（AⅡ、BⅠ、BⅡ式）、盒（AⅠ、BⅠ式）等。由于大部分器物和广州西汉前期墓的同类品相似，因此，墓葬的年代多数应属于汉初至武帝时期。秦代的墓应当和战国晚期流行器物的型式较接近，但没有公布详细的资料，有待研究。

三　内蒙古的秦代墓

1975~1976 年，内蒙古的准格尔旗广衍故城附近清理了一批古墓[3]。其中，八坰地梁 10 座，圪赖梁 8 座。这些墓葬都是长方竖穴土坑墓，墓口长 3.3~4.8 米、宽 2.3~3.6

〔1〕　广州市文物管理委员会：《广州东郊罗冈秦墓发掘简报》，《考古》1962 年第 8 期。

〔2〕　广东省文物考古研究所、乐昌市博物馆、韶关市博物馆：《广东乐昌市对面山东周秦汉墓》，《考古》2000 年第 6 期。

〔3〕　内蒙古语文历史研究所崔璿：《秦汉广衍故城及其附近的墓葬》，《文物》1977 年第 5 期。

米、深 1.9～4 米。墓坑内大多有二层台，二层台上有牛羊家畜骨骼，八垧地梁 M4 和圫赖梁 M8 设有壁龛。葬具均已朽，从板灰判断一般有木棺，少数有棺有椁，个别的如圫赖梁 M6 有一棺双椁。屈肢葬和直肢葬并存。随葬陶器一般放在死者头部、左侧或右侧二层台上，也有的置于棺椁之间或足部。陶器组合主要有瓮、釜、小罐或瓮、双耳夹砂罐、小罐；瓮、罐、盒、壶、釜；瓮、釜、灶等。发掘者认为这 18 座墓葬按照陶罐、釜、瓮的型式排列和半两钱、五铢钱、百乳镜的特点，划分为五期，从战国中晚期一直延续到西汉中期。也就是说第二期和第三期的 10 座墓都有可能和秦代墓有关。该时期陶器特点是：釜的最大腹径位于中间，有的带单耳或双耳；瓮的最大腹径在腹的中部偏上或肩腹之间圆折处。

广衍县城从战国秦惠文王十年（公元前 328 年）"魏纳上郡十五县"属秦，一直到秦亡，秦在此统治了 120 余年。广衍故城始建于何时，大概可以追溯至前 4 世纪末。古城附近发现的战国中晚期至西汉初期的 14 座墓，有 10 座使用了屈肢葬；还有，墓葬形制的二层台现象，随葬品中的小口陶瓮（缶）、陶釜等特点和实用器随葬的风格都同于关中秦墓。西汉早期至中期的墓葬中，仍然有较为舒展的屈肢葬和日常实用陶器的随葬，表明了秦人习俗的延续。

第七节　秦代墓葬的考古学研究

一　秦人墓、秦墓与秦代墓

秦人墓，指的是属于"秦族"或秦国人在关中及其他地区死亡后所埋葬的遗迹。它既存在于秦统一以前，也存在于秦统一以后，大约在西汉中晚期秦人文化完全汉化后，秦人的墓基本不复存在。

秦墓，指的是具有秦文化因素的墓葬。它既包含了秦人初创国家以后的墓，也包括秦人建国之前的墓葬；还包括受秦文化影响而采用秦人埋葬习俗的墓。它的存续时间，大体和秦人墓相同。

秦代墓，专指公元前 221 年秦始皇统一六国至公元前 206 年子婴出降或刘邦建立汉王朝之间的墓。它既包含这一时期的秦人墓、秦墓，也包括旧有六国灭亡之后在秦统一时期埋葬的墓。但是，六国的后裔进入秦朝以后，未必采用前两种墓的埋葬风格。正因为此，秦代的"六国墓"和战国晚期的六国墓区分起来十分困难。目前，见于报道的秦代墓大多和秦墓、秦人墓有关，也有一部分涉及了楚人的秦代墓，如鄂城及长沙等地的秦代楚人墓。

据以上不完全统计和甄别，可能属于秦代或前后的墓大约有 500 余座，但是，完全确认无误的秦代墓却寥寥无几。代表性的墓例主要有陕西临潼上焦村秦墓、河南泌阳秦墓、湖北云梦 M11 和龙岗 M6，这些墓可以作为断代的标尺。

二　关于秦代墓的断代问题

众所周知，葬制葬俗的传承性比较强，变化的步伐也不是完全以朝代的更替而迅速改观，加上秦王朝只有 15 年的历史，要严格区分出秦代墓比较困难。因此，20 世纪 70 年代以前几乎秦代的墓都被划分为战国晚期或西汉初期的时间段内，湖北云梦 M11 和河南泌阳纪年墓发现后，大家逐渐认识到了秦代墓与战国晚期、西汉初期墓的不同。即便如此，仍然不能对所有的（或大多数）秦代墓给予界定。因为在没有纪年的情况下，单纯依靠半两钱、铜镜、器物组合、典型秦器（蒜头壶、茧形壶）、墓葬形制、屈肢葬等任何一种因素来判断是否为秦代的墓，模糊系数都非常大，甚至可能出现偏差。

其一，半两钱的问题。据文献记载，秦惠文王二年（公元前 336 年）"初行钱"[1]。此"钱"经考古发现，证明是半两钱[2]。《汉书·食货志》说："秦兼天下，币为二等：黄金以溢为名，上币。铜钱质如周钱，文曰'半两'，重如其文。而珠玉龟贝银锡之属为器饰宝藏，不为币，然各随时而轻重无常。""汉兴，以为秦钱重难用，更令民铸荚钱。"高后时期，行八铢钱。"孝文五年，为钱益多而轻，乃更铸四铢钱，其文为'半两'。"至武帝元狩五年（公元前 118 年），销半两，更铸五铢，半两钱前后使用了 200 余年。过去认为秦统一货币，就是像统一度量衡一样将半两钱的大小、刻文规格化，达到"重如其文"。但是，考古发现的结果则不尽然，包括上焦村秦墓在内秦始皇陵一带出土的秦代半两钱，不论是大小和重量都不及战国时期的秦半两钱。尤其是凤翔高庄第五期秦墓发现了直径 1.2～2.7 厘米的半两钱，使得半两钱在墓葬中的断代作用更加趋于复杂化。有人提出凤翔高庄秦墓的第三、四、五期的年代应当重新划分，因为属于三期的 M24 也出土了高圈足的茧形壶，还有"四、五期的墓有一些共同特点：葬式清楚的均为仰身直肢葬；顺室的洞室墓，墓道宽度往往等于或小于洞室；器物组合鼎、盒、壶、钫、镂之类的陶礼器或者罐、盆之类日用器，不出实用陶釜；普遍随葬锸、刀、剑、釜、削、锯等铁器；一些墓葬半两钱的数量达百枚以上，很多钱径在 2 厘米以下。因此这些墓定在西汉早期是合适的"[3]。因为没有观摩实物，这个意见是对是错可以存疑。但是，仔细观察一下高庄第五期墓出土的半两钱，发现直径 2.35～2.45 厘米的半两钱制作比较规范，不论是穿边长（0.7 厘米、0.8 厘米较多），还是重量（2.5 克左右）都相对一致，尤其是"半两"的钱文特点（文字相对扁平、趋于方正）和西安龙首原西汉早期墓 M12、M39 等出土的"文帝半两"确实有比较明显的一致性[4]。诚如是，以高庄秦墓出土小半两钱为依据进行断代的关中秦墓，其分期就有了重新考虑的必要性。

其二，典型秦器的问题。按照云梦睡虎地 M11 出土情况，陶圈足茧形壶和铜长颈蒜头壶可以认为是秦代墓断代的标准器之一。但是，塔儿坡秦代墓就没有发现圈足茧形壶，全是圆腹圜底的茧形壶；塔儿坡和店子没有出土铜长颈蒜头壶，塔儿坡只是出土了 3 件陶蒜头壶，但并不都是长颈。很明显，陶蒜头壶模仿了青铜的壶。截至目前，一般认为 1979

〔1〕 《史记·秦始皇本纪》。
〔2〕 四川省博物馆：《四川船棺葬发掘报告》，文物出版社，1960 年。
〔3〕 王学理、梁云：《秦文化》第 91～92 页，文物出版社，2001 年。
〔4〕 西安市文物保护考古所韩保全、程林泉、韩国河：《西安龙首原汉墓·甲编》，西北大学出版社，1999 年。

年凤翔高庄秦墓出土的青铜短颈蒜头壶是最早的范例[1]，但是该墓的年代是否是战国晚期（昭襄王时期）存有疑问，尤其是上述的 1977 年高庄秦墓分期重新认识之后，短颈与长颈蒜头壶的年代并没有严格的早晚之分。能够佐证这一结论的是 1992 年山东临淄商王村战国晚期墓 M1 也出土了一件长颈的青铜蒜头壶[2]，发掘者考证 M1 的年代为公元前264 年至公元前 221 年，说明长颈蒜头壶的使用并不一定都在秦代。至于秦人为什么喜爱和制作这种奇特的壶类，尚没有合适的解释。铜鍪的使用，起源于巴蜀地区[3]，随着秦人据巴蜀、伐魏、攻楚，逐渐扩展于关东和江汉地区。严格地讲，它不是秦器。但是，双耳鍪的产生要晚于单耳鍪，且一大一小双耳鍪流行于秦代前后，可并不意味着单耳鍪不能在秦代使用，具体情况要具体分析。陶小口广肩缶也是秦墓中常见的器物，因为自铭为"缶"而得名，如凤翔八旗屯 M10 的陶缶有"杨氏缶容十斗"[4]，1977 年高庄 M47 的缶为"北园王氏缶容十斗"。秦缶的出名，也得益于《谏逐客书》中"夫击瓮叩缶，弹筝搏髀，而歌呼呜呜快耳者，真秦之声也"[5]。还有《史记·廉颇蔺相如列传》中"秦王为赵王击瓿"[6]的记载。有趣的是，西安龙首原西汉早期墓中没有发现蒜头壶之类的秦器，却大量出土了这种小口广肩秦缶。战国晚期至西汉中期缶的存在，说明上焦村秦代缶之断代作用也不可机械套用。

其三，秦镜的问题。关中上焦村秦代墓出土了凹弦纹的镜（三弦钮），陇县店子秦代墓 M93 出土了二周弦纹镜（弓形钮），塔儿坡秦代墓主要出土了素面镜、弦纹镜和卷云纹镜、羽状地纹镜，汉中的一座秦代墓出土了 1 件菱形夔龙纹（蟠螭）镜[7]，1998 年陕西省交通学校 SJXM66 和西安市明珠花园小区 MHYM8 战国晚期至秦代的墓出土了折叠式菱纹镜、四叶羽状地纹镜[8]。关东的陕县秦至汉初墓出土 10 余件铜镜，主要是弦纹镜、连弧镜和蟠螭纹（四叶、菱形或简化）镜，郑州岗杜、三门峡的秦代墓未出土铜镜，泌阳秦代墓只出土了 1 件连弧纹镜。江汉地区出土铜镜较多，主要有弦纹镜、菱形蟠螭纹镜和狩猎纹镜。由此可见，秦代江汉地区的铜镜基本是继承了楚镜的特点，关中及关东地区主要以素面和弦纹镜为主，也吸收了楚镜（如蟠螭纹、菱纹等）的特点。由于秦代镜的继承性较强，所以断代中不能成为绝对的依据，必须结合其他的特点综合判断。不过，《西京杂记》载：秦宫"有方镜，广四尺，高五尺九寸……秦始皇常以照宫人，胆张心动者则杀之"[9]。山东省临淄西汉早期齐王墓陪葬坑矩形铜镜（长 115.1 厘米，宽 57.7 厘米）出土

[1]　雍城考古工作队：《凤翔高庄战国秦墓发掘简报》，《文物》1980 年第 9 期。

[2]　临淄市博物馆、齐故城博物馆：《临淄商王墓地》第 23 页，齐鲁书社，1997 年。

[3]　宋治民：《战国秦汉考古》第 247 页，四川大学出版社，1993 年。

[4]　陕西省雍城考古队尚志儒、赵丛苍：《陕西凤翔八旗屯西沟道秦墓发掘简报》，《文博》1986 年第 3 期。

[5]　《史记·李斯列传》。

[6]　中华书局 1959 年校点本《史记》中此字为"瓿"，音同"缶"，但不是"缶"的繁体。此字用"瓿"较恰当。

[7]　何新成：《汉中扬家山秦墓发掘简报》，《文博》1985 年第 5 期。

[8]　程林泉、韩国河：《长安汉镜》第 32、34 页，陕西人民出版社，2002 年。

[9]　晋·葛洪：《西京杂记·咸阳宫异室》。引自何清谷校注《西京杂记》第 140 页，三秦出版社，2006 年。

以前[1]，曾怀疑大方镜存在的真实性，现在可以推测秦代宫室中也许使用过这种长方镜。

鉴于这些因素，秦代墓的界定成为东周秦汉考古中难以操作的问题，已经发表的墓葬资料中可以确定的秦代墓数量非常少。如果墓中没有确切的纪年出现，对秦代墓的判定，在年代上还是宽泛些为好，如秦代前后、战国末至秦代、秦末汉初等。

三　战国晚期墓、秦代墓与西汉初期墓的发展序列关系

秦朝短命，秦代墓难于区分。从另一方面看，秦代墓区分的"模糊状态"又成为研究战国晚期墓、秦代墓、西汉初期墓发展序列关系的绝好材料。下面对塔儿坡战国晚期墓、秦代墓和西安龙首原西汉早期墓组成的关中序列，洛阳中州路战国晚期[2]、陕县秦汉墓为代表的关东序列以及江陵楚墓、秦墓、汉代早期墓为代表的江汉序列进行列表分析（表3-1）。

表3-1　　　　　　　　　　　战国晚期至汉初秦墓序列表[1]

地区	时代	墓葬形制	封门	棺椁	葬式	陶器组合	铜器	铁器	漆木器
关中地区	战国晚期（塔儿坡）	A B	木板或无	Ⅰ Ⅱ	W T	凸肩釜、盒、壶、小罐、盆、茧形壶或鼎、盒、壶、罐	带钩、戈、镞、勺、削、素面镜、弦纹镜、卷云纹镜、羽状地纹镜、铃	带钩、剑、镰、锸、镞	
	秦代（塔儿坡）	A B	木板或无	Ⅰ Ⅱ	W T	凸肩釜、盒、壶或鼎、盒、壶、罐	鼎、壶、带钩、素面镜、弦纹镜、车马器	带钩、剑、刀	
	汉代早期（龙首原）	A B C	木板	Ⅰ Ⅱ Ⅲ	W2 T14 余不清	鼎、盒、钫、壶、仓、灶、罐、缶或组合缺壶	鼎、钫、壶、釜、甑(M132)及鍪、车马器、蟠螭纹镜、彩绘纹及草叶纹镜、铃	灯、刀、凿、锥、臼、钉、环、剑、带钩	
关东地区	战国晚期	B及平行式洞室墓		Ⅰ Ⅱ	W	鼎、盒、壶或配盘、杯、匜	剑		
	战国晚期至秦代	A B		Ⅰ Ⅱ	W T	釜、盆或配甑、罐、瓿		铁器	
	秦代至汉初	A B		Ⅰ Ⅱ	T	瓿、壶、茧形壶、蒜头壶及釜、盆、甑、罐、瓿	鼎、壶、钫、盘、甑、釜、勺、铜镜、半两钱、车马器	铁器	漆器
	汉代中期	A及空心砖墓、小砖墓		Ⅰ为主Ⅱ1座	T	甑、罐、瓿或鼎、钫、壶、瓿	带钩、镞、草叶纹镜、日光镜、五铢钱、车马器	刀、剑	

〔1〕　山东省临淄市博物馆：《西汉齐王墓随葬器物坑》，《考古学报》1985年第2期。
〔2〕　中国科学院考古研究所：《洛阳中州路》，科学出版社，1959年。

续表 3-1

地区	时代	墓葬形制	封门	棺椁	葬式	陶器组合	铜器	铁器	漆木器
江汉地区	战国晚期	B		Ⅰ Ⅱ 分厢	W T	鼎、敦、壶或鼎、盒、壶	鼎、敦(簋)、壶、盆、匜和兵器、带钩等		镇墓兽、虎座飞鸟、虎座鸟架鼓、俑、耳杯、盒,简牍
	秦代	B		Ⅰ Ⅱ Ⅲ 分厢	W T	鼎、盒、壶和釜、盂、甑、罐、瓮	鼎、钫、蒜头壶、釜、洗、鍪、卮和少量兵器、刀、半两等	釜	俑、耳杯、盒、盂、盘、简牍
	汉代早期	B		Ⅰ Ⅱ 分厢	T	仓、灶、罐、瓮或出土鼎、壶	镶壶、铞、勺、带钩、铜镜、钱币等		俑、耳杯、盒,简牍

① A．A 为竖穴墓道直线式或偏洞室墓，B 为竖穴土坑墓，C 为斜坡墓道洞室墓；Ⅰ 为单棺，Ⅱ 为一棺一椁，Ⅲ 为二棺一椁或一棺一椁一框架或一棺二椁；W 为屈肢葬，T 为直肢葬。

B．本表参考湖北省博物馆郭德维《试论江汉地区楚墓、秦墓、西汉前期墓的发展与演变》（《考古与文物》1983 年第 2 期）。

从上表可以看出，战国晚期至西汉早期三个地区的墓葬文化都存在继承、创新和融合的发展关系。关中及关东的洞室墓出现较早，传统的棺椁制度自然也受到了很大的破坏；屈肢葬三地区各有偏差，但西汉早期以后基本变为仰身直肢葬；仿铜陶礼器鼎、盒、壶的使用始于关东战国晚期，然后影响到关中及江汉地区；铜器的随葬都存在铜礼器、实用器或兵器向随葬日用小件铜器（镜、钱币等）的转变过程，尤其是汉文帝"不得以金银铜锡为饰"的法令实施后，丧葬一度趋向简约；漆器的随葬，战国及秦代关东及关中没有江汉地区突出，一方面和制作及使用的兴盛程度有关，也与北方地区不易保存的条件有关；木俑的随葬可能始于江汉地区，秦代至西汉早期影响到了关中的陶俑制作[1]。

四　秦代墓葬所反映的秦代历史文化

目前可明确判定为秦代的墓葬数量并不多，但却反映了秦代墓葬的基本特点及丰富的历史文化内涵，主要体现在以下几个方面。

第一，从动态的角度看秦代墓葬文化的发展。秦文化的发展是一个动态的过程，秦代的秦人墓葬吸收了楚文化（漆器）、周文化（仿铜陶礼器）、巴蜀文化（铜鍪）等诸多因素，关东六国乃至边远的秦朝疆域虽然烙有秦文化的痕迹，但它们自身仍然保持了东周时期原有的墓葬文化特点，这种现象一方面是因为秦朝短命、秦代文化未能广泛传播与发展所致；另一方面说明墓葬文化的滞后性。秦汉墓葬文化真正出现较为一统的局面始于汉武

[1]　韩国河：《陕西发现的汉代"裸体俑"综述》，《西北大学学报（哲学社会科学版）》1993 年第 1 期。

帝时期，秦代起到了承上启下的作用。

第二，从"事死如生"的观念看秦代墓葬文化的表现。"事死如生"的观念源于新石器时代，秦代的墓葬以秦始皇陵为首，表现出了对现实生活乃至神仙世界的极尽追求。一般秦代墓中，日用陶器和仿铜陶礼器或铜器的随葬代表了当时人们对"事死如生"不同层面的理解。

第三，从墓葬出土铁器看当时生产力的提高。战国晚期至汉初的中小型秦墓出土了很多铁农具、工具、兵器、生活用品等[1]，这种现象既说明了铁器的随葬不再局限于春秋时期的王侯和贵族墓，也反映出铁器本身普遍使用的状态，表明了生产力的提高。从丧葬观念分析，说明了当时人们对铁器重要性的认可，即与现实生活的密切关系和所谓"来世"的必需性。

第四，从丧葬文化的统一性到民族的趋同性。从大处着眼，尽管各个地区的墓葬在秦代有种种的差异，但是秦朝的建立，政治上的统一性，带动了秦疆域内文化的强烈震荡和传播，秦的墓葬文化（包括秦人吸收的周文化和六国制度）一度从关中流向四方，最终经过了各民族的认同、融合与发展，在汉代中期形成了较为一致的丧葬制度。

---

〔1〕 孔利宁：《秦冶铁业浅探》，《秦俑秦文化研究》，陕西人民出版社，2000年。

第四章　秦各项统一措施

第一节　统一文字

秦始皇二十六年（公元前 221 年）统一六国之后，采取了一系列巩固统一的措施，包括书同文字，统一货币和度量衡，以及划天下为三十六郡，将郡县制推行全国等。这些措施无疑对结束战国以来出现的分裂格局，巩固国家的统一，起到了重大作用，并对后代产生了深远的影响。

春秋战国时期，各国通过对正体文字（即西周金文）的改造，发展起来各种不同的俗体文字，即所谓"六国文字"。它们与原来的正体文字差别很大，导致了"言语异声，文字异形"的局面，严重阻碍了思想文化的交流。秦始皇统一天下，采纳李斯的建议，废除各国古文，"罢其不与秦文合者"，推行由李斯等人根据籀文改定的秦篆。李斯、赵高、胡毋敬分别用秦篆编写了《苍颉篇》、《爰历篇》、《博学篇》三书，作为推行秦篆的课本，实行"书同文字"的政策[1]。从目前发现的秦代文字资料看，秦文主要指由西周"金文"或称"籀文"（大篆）发展起来的"秦篆"，后人又用"小篆"称之，以与"大篆"相区别。同时，也应包括使用比较广泛的隶书。目前发现的秦统一文字，主要有刻石、诏书、器物铭文以及简牍等。

一　刻石文字

秦统一六国后，秦始皇巡行各地时所立的刻石文字，内容是称颂秦始皇的丰功圣德。刻石文辞为韵文，每句四字，前部分为秦始皇颂辞，后面附有秦二世诏书，但是原物几乎都已毁坏，只有《琅邪刻石》尚存残块。传世的有《峄山刻石》完整的摹刻本及《泰山刻石》残拓的摹刻本，其他只见于《史记·秦始皇本纪》的记载。刻石字体为小篆，相传是丞相李斯写的，是研究小篆的最好资料。

据记载，秦始皇曾于二十八年（公元前 219 年）至三十六年（公元前 211 年）五次出游，在峄山、泰山、之罘、琅邪台、东观、碣石、会稽刻石颂功。二十八年，秦始皇东行郡县，上峄山（今山东枣庄市峄城区），刻《峄山刻石》。同年，上泰山，禅梁父，刻《泰山刻石》。南登琅邪（今山东胶南县）作琅邪台，刻《琅邪刻石》。二十九年（公元前 218年），登之罘（今山东烟台市福山区），刻《之罘刻石》，又刻于东观，是为《东观刻石》。

---

[1]　汉·许慎：《说文解字·叙》，中华书局，1963 年。

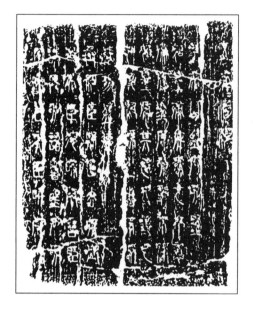 

图 4-1　西安碑林博物馆藏秦代峄山刻石（拓本）　图 4-2　中国国家博物馆藏秦代琅邪刻石（拓本）

三十二年（公元前 215 年），至碣石（今辽宁绥中），立碣石门，刻《碣石刻石》。三十七年（公元前 210 年），上会稽（今浙江绍兴），祭大禹，望于南海，刻《会稽刻石》。秦始皇通过对东方的巡视及留在各地的刻石，一方面歌功颂德，安抚东土，宣告全国统一；另一方面劝劳务本，申明法度，以安天下黔首。

《峄山刻石》是秦始皇东巡时所立的第一块刻石，为秦篆的代表作。笔画粗细一致，圆起圆收，从容平和，劲健有力，字体端庄严谨，疏密得当。在章法上行列整齐，规矩和谐。《峄山刻石》原石被毁，但留下了碑文。今天所见到的是宋代人根据五代南唐徐铉的摹本所刻（图 4-1），现藏在西安碑林博物馆。

《泰山刻石》摹刻本见于《绛帖》，大约出自宋刘跂《泰山秦篆谱》，存 146 字。据刘跂记载，石高不过五尺，形制不方不圆，四面宽狭不等，每一面上部都刻有文字[1]。清代以后，所能见到的《泰山刻石》秦二世诏残片仅存约 10 字，现藏泰安岱庙。

《琅邪刻石》已残裂，现藏国家博物馆。据清初拓本，仅存二世诏书 86 字。书体是典型的小篆，以曲笔为主，字体皆为长方，笔画粗细如一，显现雍容典雅之风格（图 4-2）。

二　诏版文字

秦诏版是秦代统一度量衡所颁发的皇帝诏书，有秦始皇二十六年（公元前 221 年）和秦二世元年（公元前 209 年）两种。秦统一后，把秦始皇二十六年（公元前 221 年）统一度量衡的诏书刻在铜版上，一般称为始皇诏版。该诏版共有 40 个字，其文为："廿六年，皇帝尽并兼天下诸侯，黔首大安，立号为皇帝，乃诏丞相状、绾，法度量则不壹歉疑者，

---

〔1〕　容庚：《秦始皇刻石考》，《燕京学报》第十七期，1935 年。

皆明壹之。"秦二世元年，在始皇诏版之外，又加刻了一条诏书，即二世诏版。该诏版共有 60 个字，其文为："元年，制诏丞相斯、去疾，法度量，尽始皇帝为之，皆有刻辞焉。今袭号，而刻辞不称始皇帝，其于久远也，如后嗣为之者，不称成功盛德，刻此诏。故刻左，使毋疑。"这些诏版多数镶嵌于铜、铁权上，在秦国故地关中以及齐、楚、燕、韩、赵、魏等国故地均发现大量带有诏版的铜、铁权[1]。在上述地区发现如此多的秦诏版，是秦代加强统一措施的反映。

另有一些铜诏版单独出土。1961～1982 年，秦都咸阳今陕西长陵火车站附近，发现 3 座金属器窖藏，出土 5 件铜诏版。1961 年出土始皇铜诏版 1 件，长方形，长 10 厘米，宽 6.5 厘米，厚 0.2 厘米。版面铭文清晰，自右而左竖书，6 行 40 个字。这是在秦咸阳城首次发现完整的秦始皇统一天下度量衡的诏版。1962 年，在另一座窖藏中又出土始皇铜诏版 3 件，都不完整，厚薄不等。1982 年，南侧的一座窖藏出土 1 件完整的二世元年铜诏版，长方形，四边有耳，长 12.6 厘米，宽 10.6 厘米，厚 3 厘米[2]。

甘肃庆阳地区镇原县秦直道上曾出土一件秦始皇铜诏版，长方形，长 10.6 厘米，宽 6.5 厘米，四角各有一钉孔[3]。

1963 年，山东邹县邾国故城出土 1 件二世诏版，长方形，长 9.9 厘米，宽 7 厘米，四角各有一钉孔[4]。从这些诏版的形状看，有的诏版有镶嵌所用的四耳或钉孔，应是镶嵌于权、量器物上的。

还有一种所谓的大字诏版，已发现 2 件残片。一件存于国家博物馆，高 11.2 厘米，宽 13.3 厘米，厚 0.3 厘米，上端半圆，径 6 厘米。诏书正面刻秦始皇二十六年（公元前 221 年）和二世元年（公元前 209 年）诏书。另一件见于《愙斋集古录》和《簠斋吉金录》中，背有二十六年诏版和阴文"丞相缩"等字，高 30 厘米，宽 65 厘米。有学者认为，两件大字诏版，文字均阴文反书，是用于铸造秦始皇诏书的铜范，所铸大字诏版悬之于国门或布之于郡县，即《逸周书·大聚解》中所说的武王"乃召昆吾冶而铭之金版"的金版，亦即国之典策[5]。

从所出诏版看，虽然内容和字数一致，但各诏版行数不一，字体也有一些差别，可知刻写时间或机构是不同的。从铜诏版字体看，其偏旁固定，笔画粗细均匀，有明显的弯曲，具有刻石文字线条圆转庄重的特点，属秦篆之列。但铜诏版字体略显方正，笔画稍露笔锋，与秦刻石文字相比风格稍异。这些嵌于度量衡器发往全国或悬之于国门及布之于郡县的诏版，在没有其他传播媒介的情况下，它们是最好的宣传载体，人们通过日常使用及进出城门所见，都可以知道皇帝的诏书，在宣传力度和广度上是非常大的。

---

[1] 国家计量总局、中国历史博物馆、故宫博物院：《中国古代度量衡图集》图一六九、一七一、一七二，文物出版社，1984 年。

[2] 陕西省考古研究所：《秦都咸阳考古报告》第 32、149、171、172、198 页，科学出版社，2004 年。

[3] 甘肃省文物局：《秦直道考察》第 41 页，兰州大学出版社，1996 年。

[4] 山东省博物馆：《山东省博物馆藏品选》，山东友谊出版社，1991 年。

[5] 史树青、许青松：《秦始皇二十六年诏书及其大字诏版》，《文物》1973 年第 12 期。

三　铜虎符文字

虎符是古代帝王授予臣属兵权和调动军队所用的凭证，最早出现于春秋战国时期，秦代继续使用。目前共发现3件秦虎符，即新郪虎符、杜虎符及阳陵虎符，前两件属战国遗物，只有阳陵虎符时代属秦代。虎符身上文字错金，字体与刻石及诏版文字相近。

阳陵虎符是秦始皇统一中国后颁发给阳陵驻守将领的兵符。用铜铸成，伏虎形，昂首前视，曲尾上翘[1]。长8.9厘米，宽2.1厘米，高3.4厘米。中分为二，左右两侧文字相同，各有错金铭文"甲兵之符，右在皇帝，左在阳陵"12个字。铭文为错金篆书，字体严谨浑厚，风格端庄，笔法圆转，与铜诏版文字相同（图4-3）。

军队是维护国家统一的重要保证。从出土的虎符看，皇帝直接掌握对全国军队的控制权和调配权。阳陵虎符同新郪虎符及杜虎符相比，称谓发生了变化，由原来的称"王"、称"君"，变成了"皇帝"；阳陵虎符仅12个字，省略了其他两件上"用兵五十人以上必会王符"以及紧急情况可以不会符的规定。这一变化，是使用过程中已经形成了共识不必加以强调，还是意味着皇帝对军队的控制更加严格，即50人以下或者即使有"燔燧之事"也要会符，现在还不得而知。

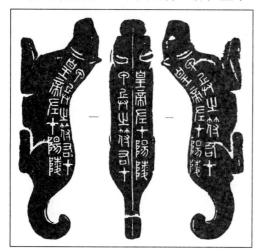

图4-3　中国国家博物馆藏秦代阳陵虎符（拓本）

四　玺印与封泥文字

战国时期玺印的使用已经比较普遍，但印文多与金文相似，文字的地方特点也比较明显。秦统一六国之后，对玺印的名称、质地、文字、印面构图及玺印制度进行了统一。秦始皇规定，皇帝所用的印章为"玺"，百官印章称"印"；不同职官用印的质地、印绶颜色也不一样，皇帝用"赤绶玉玺"，百官从高到低分别以紫、青、黑、黄四色相区别，质地也有金、银、铜之分。秦官印有大小两种，一种为方形，边长2.1～2.3厘米，即秦制一寸。一种为长方形，印面为方形的一半，一般为长2.4厘米，宽1.2厘米，多为低级官吏所用。印面均施界格，印文镌于格内。在过去的著录中，即有不少为秦印，如"修武库印"、"北私库印"、"左司空印"、"南宫尚浴"、"中行羞府"及"商库"等[2]。

除了官印之外，还发现一些私印。临潼上焦村秦墓出土30枚铜印章，印文为人名，即多属私印[3]。秦咸阳西部的黄家沟墓地出土8枚印章，有圆形印，也有长方形和方形

〔1〕　容庚：《秦金文录》卷一，第40页，北京国立中央研究院，1931年。
〔2〕　中国玺印篆刻全集编辑委员会：《中国玺印篆刻全集・玺印（上）》，上海书画出版社，1999年。
〔3〕　秦俑考古队：《临潼上焦村秦墓清理简报》，《考古与文物》1980年第2期。

印（图 4-4），其中有几枚方形印，印面无界格，时代应属秦代。另外，还有一枚长方形的玉印，印面有边栏，刻有白文"私"字[1]。无论官私，印文皆以凿刻为主，罕见铸印，字体为阴文小篆，笔势自然，风格近似秦诏版及权量文字，但也有不少是早期隶书或接近隶书的小篆。

印章打印在文书信札或其他物品之外的封泥上即留下封泥文字，一般简称为"封泥"。20 世纪 90 年代，西安相家巷陆续出土了 2000 余枚秦代封泥被民间所收藏，仅《秦封泥集》一书就收录 1360 余枚[2]。2000 年，又发掘出土比较完整或字迹清楚的封泥 325 枚，共 100 多种（图 4-5；图版 11-6～11）[3]。除此之外，在山东临淄、辽宁凌源也曾出土过一些秦封泥。现在所见秦封泥绝大多数为官印文字，保留了有关秦中央及地方职官的大量资料，也有极少数的私印，如司马歇、苏段等。这些封泥印文多为 4 个字，少数为 2 个字，个别为 3 个字。多数有田字或日字界格，也有不用界格的，内容为中央或地方职官，

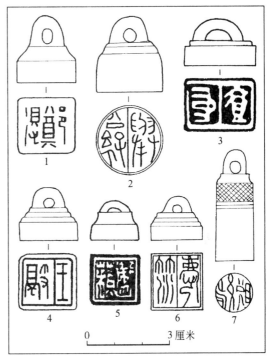

图 4-4 咸阳黄家沟秦代墓出土铜印

1."郑得"印（M70:2） 2."公孙举"印（M51:2）
3."中壹"印（M41:7） 4."王敨"印（M73:1）
5."苏建"印（M48:7） 6."范庆"印（M27:6）
7."姚脱"印（M32:2）

对于秦职官的研究具有重要意义。属于中央职官的，如丞相、左右丞相、尉、郎中丞、宗正、都水、永巷、公车司马、南宫、北宫、宫厩丞、泰仓丞、乐府丞、寺工、司空、谒者、御府、上林、武库、内史、属邦、咸阳亭等，其中许多职官也见于铜器、陶器刻铭中；属于地方职官的，如上郡、代、邯郸、高陵、临晋、襄城、建陵、兰干、洛都、西共、鲁、承、任城、济阴、般阳、卢、阳都、邓、蔡阳、芒、平舆、郢、陉山、成都、吴丞、巴等，这些地方官署，多数位于关中地区，也有不少是位于韩、赵、魏、中山、齐、鲁、楚等地区，而吴、巴等吴越和西南夷地区的文字资料在过去则很少见到。一些关东地区的封泥，如东海郡的"建陵丞印"、"游阳丞印"、"堂邑丞印"，琅邪郡的"阳都丞印"，

〔1〕 陕西省考古研究所：《秦都咸阳考古报告》第 653 页，科学出版社，2004 年。
〔2〕 A. 周晓陆、路东之、庞睿：《秦代封泥的重大发现——梦斋藏秦封泥的初步研究》，《考古与文物》1997 年第 1 期；《西安出土秦封泥补读》，《考古与文物》1998 年第 2 期。
　　　B. 周晓陆、路东之：《秦封泥集》第 88 页，三秦出版社，2000 年。
〔3〕 中国社会科学院考古研究所汉长安城工作队：《西安相家巷遗址秦封泥的发掘》，《考古学报》2001 年第 4 期。

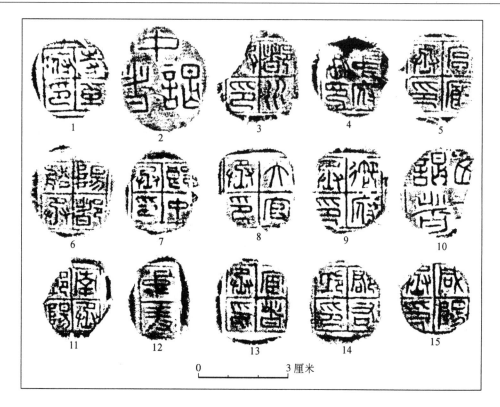

图4-5   西安相家巷遗址出土秦封泥（拓本）

1.寺车府印（T2③:88）   2.中谒者（T2③:90）   3.都水丞印（T2③:75）   4.中府丞印（T2③:66）   5.宫厩丞印（T2③:78）   6.阳都船丞（T2③:80）   7.郎中丞印（T2③:81）   8.大官丞印（T2③:82）   9.御府丞印（T2③:86）   10.西方谒者（T2③:87）   11.南阳郎丞（T2③:100）   12.中羞（T2③:101）   13.宦者丞印（T2③:107）   14.郡右邸印（T2③:109）   15.咸阳丞印（T2③:113）

济北郡的"般阳丞印"、"卢丞之印"等，年代应是比较明确的，在秦始皇二十六年（公元前 221 年）灭齐统一全国之后。封泥是信件公文及物品往来的印证，众多关东及边远地区的封泥出土于秦的渭南宫苑区，是秦代对这些地区行使行政统治的见证。

相家巷秦封泥的年代除少数可以上溯到战国晚期外，绝大部分为秦代遗物。有学者认为，封泥的字体与秦印风格吻合，实际为秦篆之一的"摹印篆"，文字受到秦篆的影响，又受到秦隶结体的影响，形体略呈方形，笔道开始破圆为方，有的笔画较直而略有波折[1]，但与秦简、大部分秦刻划陶文所表现的隶化的风貌有明显区别。

五   铜器铭文

铜器铭文主要分青铜器具和青铜兵器两大类。在此，青铜器具仅指度量衡器之外的容器及其他用具。青铜器具铭文所见较少，主要发现于秦都咸阳附近及秦始皇陵周围，如

---

〔1〕   周晓陆、路东之：《秦封泥集》第 19 页，三秦出版社，2000 年。

1959 年西安西郊围寨出土的秦王政二十一年（公元前 226 年）寺工车曹、1960 年秦始皇陵出土的"骊山园"缶、1966 年陕西塔儿坡出土的"修武府"温酒炉及二年寺工"北寝锺"[1]、1976 年秦始皇陵出土的青铜错金银"乐府"编钟及二号秦俑坑出土的二十一年寺工库钥等[2]，但时代均为秦代统一之前。

　　青铜兵器铭文发现较多，出土地点包括秦都城咸阳及其周围地区、秦始皇陵[3]，此外，在内蒙古、山西、河北、北京、辽宁、重庆、湖南、广东等地也有发现[4]。兵器铭文一般刻在戈的内部，矛的骹部，铍的柄、格及茎部，内容包括铸造年号、督造者、主持制造者、工名、丞名（图 4-6），有的还有武器存放地点等。铭文兵器的年代绝大多数铸造于秦统一之前，铸造于秦始皇二十六年（公元前 221 年）之后的较少，而且学术界存在秦昭王与秦始皇两个时期的不同意见。根据目前的研究，铸于二十六年之后的铭文兵器主要有 4 件，

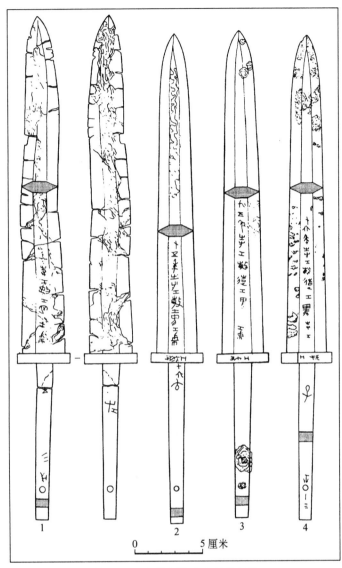

图 4-6　秦始皇陵出土刻铭铜铍
1."十〔五〕年寺工"铍（T20G9：0810）　2."十五年寺工"铍（T2G3：0463）
3."十五年寺工"铍（T2G3：0450）　4."十六年寺工"铍（T2G3：0448）

〔1〕　中国青铜器全集编辑委员会：《中国青铜器全集·秦汉卷》图一〇、一四、二四，文物出版社，1998 年。

〔2〕　A．陕西省博物馆：《介绍陕西省博物馆收藏的几件战国时期的秦器》，《文物》1966 年第 1 期。
　　　B．袁仲一：《秦代金文、陶文杂考三则》，《考古与文物》1982 年第 4 期。
　　　C．黄盛璋：《寺工新考》，《考古》1983 年第 9 期。

〔3〕　陕西省考古研究所秦始皇陵秦俑坑考古发掘队：《秦始皇陵兵马俑坑一号坑发掘报告（1974～1984)》，文物出版社，1988 年。

〔4〕　袁仲一：《秦中央督造的兵器刻辞综述》，《考古与文物》1984 年第 5 期。

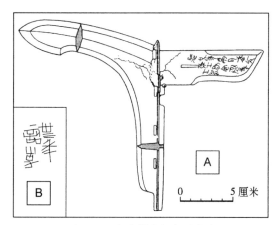

图 4-7　秦代刻铭铜戈及铭文

A. 涪陵小田溪秦代墓 M3 出土二十六年蜀守武戈

B. 英国牛津大学亚士摩兰博物馆藏三十三年诏吏戈铭文

（摹本）

即二十六年蜀守武戈、二十七年上郡守趞戈、三十三年诏吏戈、二世元年戈。

二十六年蜀守武戈，出土于四川（今重庆）涪陵小田溪 3 号墓，援长 12 厘米，胡长 16.4 厘米，内长 10 厘米（图 4-7-A）。援上扬，长胡四穿，内部一面有金属刻画极细的铭文"武，廿六年，蜀守武造，东工师宦，丞业，工□"[1]。

二十七年上郡守趞戈，藏故宫博物院，铭文："廿七年，上郡守趞造，漆工师遣，丞恢，工臣积。"有学者认为是秦始皇二十七年（公元前 220 年）[2]。

三十三年诏吏戈，现藏英国牛津大学亚士摩兰博物馆。长胡，三穿，内部有锋，通长 26.1 厘米（图 4-7-B）。内正面刻有两行 5 个字"卅三年诏吏"。三十三年，为秦始皇年号，即公元前 214 年[3]。

二世元年戈，1975 年发现于辽宁宽甸东岗山脚下一个秦代窖藏。长胡，三穿，直内一穿，援中有脊隆起，全长 26.5 厘米，内长 10 厘米，援长 16.5 厘米，胡长 16.5 厘米（图 4-8）。戈内和阑部有三处刻铭。内正面为"元年丞相斯造栎阳左工去疾工上□□"。内背面为"武库"二字。阑下为"石邑"二字[4]。石邑为地名，故地应在井陉山附近，即今石家庄市西南一带。宽甸县北部地区是战国时期燕国北部疆域。石邑戈的出土证明这一地区也是秦北部疆域和秦边防要塞地区。

二十六年陇西戈，1978 年出土于陕西宝鸡凤阁岭乡建河村一座洞穴墓中长胡三穿，直内一穿，援中起脊。援长 16.8 厘米，内长 9.5 厘米，阑长 16.2 厘米。内部一面刻有纤细的铭文："廿六年（丞）相守□□造，西工宰阎，工□。"背面刻"武库"二字[5]。有学者主张为秦始皇二十六年（公元前 221 年）所铸[6]，但根据戈的形制与刻铭体例看，应是秦昭王时所铸[7]。

秦代仍以青铜兵器为主，仅很少部分刻有铭文。从铸造年号看，绝大部分铸造于秦统

〔1〕　于豪亮：《四川涪陵的秦始皇二十六年铜戈》，《考古》1976 年第 1 期。

〔2〕　李学勤：《秦国文物的新认识》，《文物》1980 年第 9 期。

〔3〕　李学勤：《北京拣选青铜器的几件珍品》，《文物》1982 年第 9 期。

〔4〕　辽宁省博物馆许玉林、丹东市文化局王连春：《辽宁宽甸县发现秦石邑戈》，《考古与文物》1983 年第 3 期。

〔5〕　王红武、吴大焱：《陕西宝鸡凤阁岭公社出土一批秦代文物》，《文物》1980 年第 9 期。

〔6〕　A. 李学勤：《秦国文物的新认识》，《文物》1980 年第 9 期。

　　　B. 黄盛璋：《新出秦兵器铭刻新探》，《文博》1988 年第 6 期。

〔7〕　刘占成：《"陇西郡戈"考》，《考古与文物》1994 年第 4 期。

一之前，其中以秦王政时期的兵器最多，统一之后的兵器相对较少。这反映了统一之前兵器铸造量大，而完成统一之后兵器铸造量减少的事实。据《史记·秦始皇本纪》记载，秦始皇统一六国以后，"收天下之兵聚之咸阳，销锋铸镶，以为金人十二，以弱黔首之民"。目前，秦兵器发现的情况印证了这一史实。

中央督造者有"相邦吕不韦造"、"丞相斯造"、"属邦"、"寺工"、"诏吏"、"少府"等。从督造者的前后变化看，秦王政十年（公元前237年）以前，秦中央督造的兵器都由相邦（或属邦、丞相）督造，有相邦吕不韦、丞相启、丞相斯。自吕不

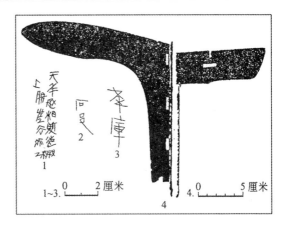

图4-8 宽甸东岗秦代窖藏出土
二世元年铜戈及铭文
1.内正面铭文（摹本） 2.阑下铭文（摹本）
3.内背面铭文（摹本） 4.二世元年戈（拓本）

韦罢相后至始皇三十七年（公元前210年），再未发现相邦督造的兵器，而代之以寺工及属邦、诏吏、少府。到了秦二世时，又恢复了丞相督造兵器的制度。自战国后期到秦统一，秦国先后有穰侯魏冉、文信侯吕不韦、赵高等擅权，一直存在着君权与相权的矛盾。督造者的变化反映了君权与相权势力消长的过程及秦始皇时期王权及皇权的强化[1]。

兵器刻铭都是用坚硬而锋利的金属刻划的，刻划潦草，线条纤细，文字大小参差，笔画直而生硬，缺少圆滑之感，有的还有缺笔和笔画之间互相错压的现象。与统一之前的兵器铭文相比，变化不大。从其字体看，仍属秦篆之列。

六 简牍文字

目前秦简的出土地共有8处，即湖北云梦睡虎地、龙岗、江陵扬家山、王家台、沙市周家台，湖南龙山里耶，四川青川赫家坪和甘肃天水放马滩。其中，除青川赫家坪秦简时代确切属于战国秦外，其他的年代上限为战国而下限至秦代。特别是龙山里耶秦简（图版6）数量达37000余枚，简文10余万字，是历年来出土秦简最多的一次。内容涉及行政设置、政治制度、司法文书、官吏任免、人口登记、田地开垦、租税登记、仓储物资、军备、道路里程、驿站邮传、私人书信、时间记录、医疗药方等方面。所记时间自秦王政二十五年（公元前222年）至秦二世二年（公元前208年），一年不少，可谓秦代帝国最为完整的县级政府档案[2]。

秦简一般写于经过刮削修整的竹木条上。里耶秦简以木简为主，最常见的简长23厘

─────────────

[1] A.袁仲一：《秦中央督造的兵器刻辞综述》，《考古与文物》1984年第5期。
　　B.张占民：《试论秦兵器铸造管理制度》，《文博》1985年第6期。
　　C.黄盛璋：《新出秦兵器铭刻新探》，《文博》1988年第6期；《寺工新考》，《考古》1983年第9期。
[2] 湖南省文物考古研究所：《里耶发掘报告》，岳麓书社，2006年。

米，约合秦代一尺。分有编绳和无编绳两种，编绳系书写后再编联。睡虎地秦简以竹简为主，有的长 23 厘米，有的长约 27 厘米。竹简上均有三角形契口，用于固定编绳。从残痕看，均由细绳分上、中、下三道将其编联成册。简文的书写方式多种多样，一般以毛笔竖行墨书。秦简书体为秦隶，字体清秀，虽然保存了小篆的字体结构，但书写用笔却不同，即变圆曲为方折，变弧形为直线，形成了独特的艺术风格。从出土的秦简看，自战国至秦代末年简文均是以隶书的形式出现的，这说明秦始皇罢不与秦文合者，是罢黜了其他国家的文字，而当时通行的秦文也并非仅指秦篆，秦隶也是当时大量使用的字体。

七　其他器物上的文字

（一）陶文

陶文可分两种，一种是以印章盖在陶器砖瓦上留下的戳印文字；另一种则是在陶器未干时写在上面的刻画文字，其中以第一种最为常见。

秦戳印陶文在战国中期以后流行，可能与秦献公七年（公元前 378 年）"初行为市"，加强对市场的监督管理有关。戳印陶文与封泥不同，印陶的印章一般为陶工自备，以陶质为多，专用于钤陶，很少他用。由于陶工地位低微，印陶多用于考核，不像官印代表权力受人重视，所以陶印传世极少。在陕西咸阳曾出土 4 方陶工的专用陶印，印文为"咸郦里

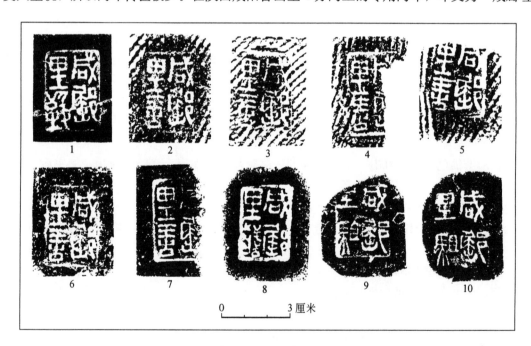

图 4-9　秦都咸阳出土秦陶文（拓本）

1."咸郦里致"（59T9H3：231）　2."咸郦里善"（62T15③：152）　3."咸郦里善"（62T15③：153）　4."咸郦里善"（62T16③：75）　5."咸郦里善"（62T15④：157）　6."咸郦里善"（62T16③：46）　7."咸郦里善"（62T13④：143）　8."咸郦里齰"（62T15④：21）　9."咸郦里驵"（63T18③：34）　10."咸郦里驵"（63T19H1：161）

□"、"咸郦里骄"、"咸郦里竭"、"咸□园相"[1]。戳印陶文主要出土于秦都咸阳和秦始皇陵遗址，印文主要为烧造砖瓦、陶器的官署或地名、作坊名和陶工名等（图4-9）。中央官府制陶作坊的印文，多见于宫殿及陵园建筑的砖瓦上，有左司空、右司空、大匠、宫水、北司等制陶管理机构名。徭役性官营制陶作坊的印文，有地名和陶工名。秦代民营制陶作坊的陶器也有印文，但与官营作坊的陶文有些差别，印文有四字式和六字式等，一般多为作坊所在地之亭名、里名以及制造者本人姓名，文字的排序不规则。带有"市"、"亭"戳印的多见于日用陶器，表明其为该市场出售的，已经市亭批准。戳印文字结构比较松散，具有秦篆风格，有些属于隶书。

　　刻划陶文比较少见。在秦始皇陵发现的陶锺、陶盆、陶盘上，刻有"丽邑二升半八厨"、"丽山飤官"及"东园"等小篆文字，其文字由于刻划原因，笔画显得稍直而生硬，但结构与书体仍属秦篆。

（二）漆器文字

　　漆器上烙印或刻划出的文字，都是篆文。如云梦睡虎地秦代墓葬出土的漆器上有烙印、漆书及针刻的"咸亭"、"许市"、"王"、"市"等文字（图4-10），烙印文字与玺印、封泥文字相近，而针刻文字则接近于铜兵器上的刻铭[2]。带有这些文字的漆器多出土于湖北、湖南地区，它们与秦都咸阳出土的带有"市"、"亭"文字的陶器性质相近，既体现秦代对各地漆器生产的管理情况，也反映了漆器的流通状况。

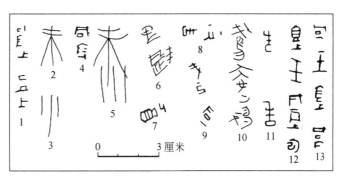

图4-10　云梦睡虎地秦代墓葬出土漆器烙印、针刻文字（摹本）
1.圆盒（M34:25）盖肩烙印　2.圆盒（M34:25）盖壁针刻　3.圆盒（M34:25）盖顶针刻　4.圆盒（M34:25）外壁烙印　5.圆盒（M34:25）外底针刻　6～9.圆盒（M39:23）外底烙印　10.椭圆奁（M33:8）外底针刻　11.椭圆奁（M33:8）外壁烙印　12.椭圆奁（M33:8）盖外壁烙印　13.椭圆奁（M33:8）外底烙印

（三）刑徒墓瓦志文

　　秦始皇陵刑徒墓刻于板瓦上的文字，为阴刻秦篆。文字内容分为四类：（1）有地名和人名；（2）有地名、爵名和人名；（3）有地名、刑名和人名；（4）有地名、刑名、爵名和人名。从赵背户村刑徒墓[3]出土的瓦志文来看，其年代上限应在秦代统一之后，下限至秦二世二年（公元前208年）。

---

〔1〕　李学勤：《秦国文物的新认识》，《文物》1980年第9期。
〔2〕　云梦县文物工作组：《湖北云梦睡虎地秦汉墓发掘简报》，《考古》1981年第1期。
〔3〕　始皇陵秦俑坑考古发掘队：《秦始皇陵西侧赵背户村秦刑徒墓》，《文物》1982年第3期。

第二节 统一度量衡

　　春秋战国时期，度量衡的使用范围扩大。从出土实物看，各诸侯国度量衡从器物形制到单位名称、量值以及管理制度都存在较大差异。三晋各国的容量单位为升、益、斗、斛；齐国为升、豆、区、釜、锺；秦国器物上只见升、斗，文献中还可见到桶、甬、斛等。重量单位秦国为石、斤、两、铢；魏国为斤、镒，东周铜器单位为寽、冢，银器单位为两、铢；中山为刀、石。进制也十分复杂，除 24 铢＝1 两、16 两＝1 斤、120 斤＝1 石外，东周的冢似为 100 进位为一寽，而中山的刀，似为 800 进位为一石。不仅如此，各个国家内部还存在着公制与私制的区别。如齐国，公量四升为豆，各自其四，以登于釜，十釜为锺。而陈氏家量则为四升为豆，五豆为区，五区为釜，十釜为锺。根据出土的陈氏"子禾子铜釜"、"陈纯铜釜"及"左关铜钶"计算，陈氏一釜约合 20500 毫升，而公量一釜约合 16400 毫升。同样的情况在楚国也存在。《淮南子·人间训》记载，白公胜"大斗斛以出，轻斤两以内"，采取了与齐国陈氏一样的手段争取民心。尽管存在以上情况，但是到了战国末期，随着经济交往的密切，以石、斤、两、铢为重量单位是各国的普遍趋势，并形成了一定的换算关系，如一寽相当于五斤，一镒相当于一斤半等[1]，秦、楚、赵、魏四国一斤的单位值均在 250 克左右。

　　在各诸侯国当中，秦国较早地统一了度量衡。公元前 356 年，商鞅对秦国度量衡制度进行了一次彻底改革。据《史记·商君列传》记载，商鞅"平斗桶权衡丈尺……居五年，秦人富强"。秦国的度量衡制，度以引、丈、尺、寸，量以斛、斗、升、合、

图 4-11　始皇诏铜方升、陶量及铭文
1、2.上海博物馆藏始皇二十六年诏铜方升及诏书铭文（拓本）　3～5.故宫博物院藏始皇二十六年诏陶量及"邹"字铭文（拓本）、诏书铭文（拓本）

〔1〕　丘光明：《试论战国衡制》，《考古》1982 年第 5 期。

龠，衡以石、均、斤、两、铢为单位，商鞅的度量衡改革，为秦始皇统一度量衡奠定了基础。商鞅方升是秦孝公十八年（公元前 344 年）商鞅任大良造时铸造的一件法定标准器，底部加刻的秦始皇二十六年（公元前 221 年）诏书，证明秦始皇统一度量衡时仍以此作为标准（图 4-11-1、2）。

一　秦尺

考古还没有发现秦尺实物，根据战国及西汉尺度大致可推测其长度。商鞅方升上刻的"爰积十六尊（寸）五分尊（寸）壹为升"，即以十六又五分之一立方寸的容积定为一升。经测量，方升容积为 202.15 立方厘米，那么，方升的单位容积即为：202.15÷16.2＝12.478 立方厘米/立方寸，折算战国秦一寸长：$\sqrt[3]{12.478}$＝2.32 厘米，一尺合 23.2 厘米。考古发现的西汉尺度约为 23～23.6 厘米，如河北满城 2 号汉墓出土的错金铁尺长 23.2 厘米，广西贵县罗泊湾 1 号墓出土的木尺长 23 厘米。据此推测秦代尺度约长 23.2 厘米左右，可能直接沿用了战国秦尺。

二　秦量

全国发现（包括过去金石图集所著录）的秦代量器及衡器上的权约 110 多件[1]。除了陕西西安、咸阳、礼泉、宝鸡和甘肃的秦安等秦国故地外，关东地区的山东邹县、诸城，江苏盱眙，河南禹县，山西右玉、左云，燕山以北地区的内蒙古敖汉旗四家子老虎山、赤峰三眼井、蜘蛛山、奈曼旗沙巴营子古城，河北围场县大兴永东台子及小锥山，东北地区的吉林等地也发现了秦的衡器及量器。这些器物上不少带有秦始皇统一度量衡的诏书和秦二世元年（公元前 209 年）诏书。铜量文字刻在量器外壁，均为秦篆。

秦代为统一全国量制，由官府颁发标准量器，其中也包括秦代统一后加刻诏书重新颁发的战国旧量。目前发现的秦量主要有铜量和陶量两种，铜量一般有柄，形状为方形或椭圆形，陶量多为圆桶形。按测定的容积数值折合，有一升、二升半（四分之一斗）、三分之一斗、半斗及一斗五等几种。量器出土于山东、江苏、湖北、内蒙古、辽宁、吉林等地，多数属于过去的公私旧藏，现存于全国各大博物馆中。据《积古斋钟鼎彝器款识》著录，浙江杭州也曾发现 1 件秦父子诏铜量[2]。

陶量文字有戳印和刻划两种。常见陶诏量用四字一印，连续印出秦始皇的诏文，但发现多为碎片。山东邹县出土 4 件完整的陶量，容积有半斗、一斗两种，直壁平底，为实用器。其中两件口沿上各有一"邹"字戳印，表明为邹地所造（图 4-11-3～5）。1963年，内蒙古昭乌达盟赤峰蜘蛛山出土 1 件陶量，广口，绳纹，圜底，壁两侧有对称穿孔，为两柄的残痕，外壁刻有始皇诏书。高 33.5 厘米，容量 3200 毫升（小米），约合秦一斛六斗（图 4-12）。

---

[1] A. 丘光明：《中国古代度量衡》第 86 页，商务印书馆，1996 年。

　　B. 详见本书第十章第八节《秦汉货币与度量衡》。

[2] 李洪甫、许健：《东海县出土秦父子诏铜量》，《文物》1984 年第 11 期。

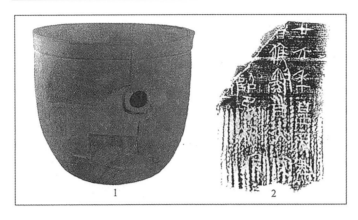

图 4-12　始皇诏陶量及铭文（拓本）
1.赤峰蜘蛛山出土始皇二十六年诏陶量　2.诏书铭文（拓本）

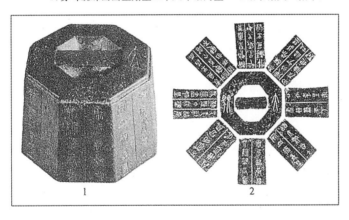

图 4-13　始皇诏大驲铜权及铭文（拓本）
1.南京博物院藏始皇二十六年诏大驲铜权　2.诏书铭文（拓本）

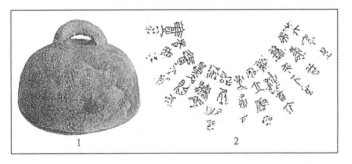

图 4-14　始皇诏铁石权及铭文（拓本）
1.赤峰三眼井出土始皇二十六年诏铁石权　2.诏书铭文（拓本）

三　秦权

秦权分铜权及铁权两种，是秦代统一后由官府颁发全国的标准衡器砝码。近年来出土的秦权不仅数量多，而且分布范围也很广，北至内蒙古的奈曼旗，南到江苏省的盱眙县，东达山东省的邹县，西抵甘肃省的秦安县，陕西、山西、河北等中心地区出土的更多。按计量分为石权、八斤权、一斤权三种。同量器一样，绝大部分秦权带有统一度量衡的诏书。

1964 年，西安西郊秦阿房宫遗址北部出土 1 件战国秦高奴铜石权，通高 17.2 厘米，底径 23.6 厘米，腹围 76 厘米，重 30.75 千克。正面铸阳文"三年，漆工熙，丞诎造，工隶臣牟。禾石，高奴"，另一面加刻始皇诏书、二世诏书及"高奴石"三字。高奴在今陕西延川县境内。此权自始铸至秦二世元年（公元前 209 年），经三次刻铭，长期作为标准器使用，反映了自战国秦至秦代统一一直保持统一的衡制。《说文》禾部："禾石，百二十斤也。"从出土的秦权证明，记载完全正确，据折算每斤合 256.3 克。

南京博物院收藏的大驲铜权，呈八角棱形，腹空，面径 8.6 厘米，底径 9.9 厘米，高 5.9 厘米，重 2.3 千克（图 4-13）。权身刻有始皇及二世诏书，各占四面。顶部有篆书阴文"大驲"二字。大驲为地名，在今河南密县东南三十五里的大驲山下。

1976 年，内蒙古昭乌达盟赤峰三眼井出土一件秦铁石权，底径 23.8 厘米，高 17.1 厘米，重 31.431 千克（图 4 - 14）。铸有始皇诏书 12 行，为凸起阳文[1]。

秦自商鞅变法以后，统治者对已确定的度量衡制度十分重视。秦王政初年，吕不韦执掌政权，为了"易关市，来商旅"，每年二月和八月，各校验度量衡一次。秦始皇统一天下后，立即统一全国度量衡。《史记·秦始皇本纪》云：二十六年，初并天下，即"一法度衡石丈尺。车同轨。书同文字"。公元前 219 年，秦始皇东巡山东所刻的《琅邪刻石》有"器械一量，同书文字。日月所照，舟舆所载。皆终其命"。将秦始皇及秦二世诏书刻在或铸在秦权及量器上，说明这些器具是国家法定器量。部分器物上还有器具所使用的地点名称，为提高该器具的精确性提供了保证。

第三节 统一货币

根据现有的资料，中国的金属铸币是从春秋后期开始出现的。战国时期各国普遍使用金属铸币，但货币形制及货币单位各异，主要有布、刀、金版、圆钱四种。楚国使用称量的金版，同时又以铜贝（"蚁鼻钱"）作为辅币。齐、燕主要使用刀币，货币单位为"化"。东周和三晋地区主要流通布币，有空首布、尖足布及方足布多种形态，三晋货币单位为"釿"、"寽"。秦国使用圆钱半两钱，以"两"为单位。至战国末期，尽管存在很大的差异，但由于交往的需要，各诸侯国在使用自己货币的同时，也使用或铸造经过本地化的其他国家的货币，如齐国有少量的圆形方孔的"賹化"钱，燕国也有少量布币，三晋地区也出现了圆钱及少量刀币，并有一种以"朱"为单位的圆首圆肩三穿圆足布等。这实际上反映出货币需要统一的社会要求。秦始皇二十六年（公元前 221 年）统一六国后，就顺应了这种客观要求，废除六国铸币，把货币分为二等，黄金为上币，以镒为单位；半两钱为下币，文曰半两；珠玉贝银锡不再充作货币，用法律形式将秦国的货币制度及货币形式推向全国[2]。

一 秦半两钱

据记载，秦国青铜铸币始于秦惠文王二年（公元前 336 年）[3]，名曰"半两"，重约八铢。秦始皇统一后即以此为下币，通行全国。但是，在通行过程中，由于铸造地点不一，铸造时间不同，半两钱的轻重、形制也有差别。自 20 世纪 50 年代以来，分别在关中地区、北方长城沿线地带及长江中下游地区发现了一定数量的秦代半两钱，为研究秦代货币统一及半两钱形制变化提供了实物资料[4]。

---

[1] 国家计量局、中国历史博物馆、故宫博物院：《中国古代度量衡图集》第 120 页，文物出版社，1984 年。

[2] 《史记·平准书》。

[3] 《史记·秦始皇本纪》。

[4] A. 朱活：《论秦始皇统一货币》，《文物》1974 年第 8 期。

秦都咸阳故城遗址发现 170 枚，其中，二号宫殿遗址出土 23 枚，62XYCLJC4 金属窖藏出土 3 枚，82XYCLJC7 金属窖藏出土 144 枚[5]。另外，滩毛村秦代陶窑遗址出土 3 枚。按大小可分 3 种类型：第一种钱径 2.3 厘米，穿边长 0.8 厘米；第二种钱径 2.8 厘米，穿边长 1 厘米；第三种钱径 3.1 厘米，穿边长 1 厘米。大者重 5.3 克；小者重 2.5 克[6]。

秦始皇陵周围的陵寝建筑、兵马俑坑及刑徒墓出土 600 余枚。其中，鱼池村一处大型建筑遗址出土 540 余枚，赵背户村刑徒墓葬 M29 出土 37 枚（图 4-15-14～16），郑庄石料加工场遗址出土 2 枚，二号兵马俑坑 T2 底部铺地砖上出土 1 枚，上焦村秦墓 M15 出土 1 枚。秦始皇陵出土的半两钱，钱径 2.23～3.4 厘米，穿边长 0.7～1.1 厘米，重 1.90～6.5 克不等[7]。

1977 年，秦都雍城凤翔高庄 8 座秦墓共出土半两钱 605 枚（包括部分冥钱）。其中，M6 和 M7 为夫妇并穴合葬墓，M6 出土半两钱 15 枚（图 4-15-1～13），M7 出土半两钱 200 余枚。钱径 1.15～3.20 厘米，穿边长 0.6～1.1 厘米，重 0.2～6.75 克。重 0.2 克和

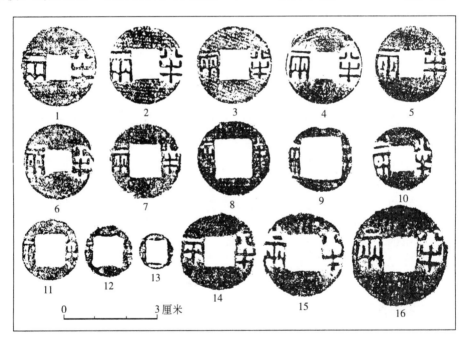

图 4-15　秦代墓葬出土半两钱（拓本）

1～13.凤翔高庄 M6 出土　14～16.临潼赵背户村 M29 出土

B. 吴荣曾：《从秦简看秦国商品货币关系发展状况》，《文物》1978 年第 5 期。

C. 蒋若是：《秦汉钱币研究》，中华书局，1997 年。

D. 吴镇烽：《半两钱及其相关的问题》，《陕西省考古学会第一届年会论文集》1983 年。

E. 详见本书第十章第八节《秦汉货币与度量衡》。

〔5〕陕西省考古研究所：《秦都咸阳考古报告》第 161、182、444 页，科学出版社，2004 年。

〔6〕陕西省博物馆、文管会勘查小组：《秦都咸阳故城遗址发现的窑址和铜器》，《考古》1974 年第 1 期。

〔7〕吴镇烽：《半两钱及其相关的问题》，《陕西省考古学会第一届年会论文集》1983 年。

0.3 克者，仅为秦制 0.3 铢和 0.4 铢。M6 出土的一枚重 6.75 克，为秦制 10.1 铢[1]。

1963 年，内蒙古赤峰蜘蛛山秦长城障塞遗址 T3 第二层出土半两钱 1 枚，方孔，无郭，钱径 2.7 厘米，重 3 克。第二层文化年代为战国末期到秦代[2]。

1975 年，内蒙古准格尔旗广衍故城附近发掘一批秦汉墓葬，其中八垧地梁 M2 出土半两钱 10 枚，无郭，周边不整齐。有 8 枚钱径 2.8～3.2 厘米，穿边长 0.7～0.9 厘米，重 4.5～7.9 克；有 2 枚钱径 2.75 厘米，重 3.4 克以下。该墓同出秦王政十二年戈，年代上限为战国晚期，下限至秦代[3]。

1976 年，内蒙古敖汉旗长城附近出土秦半两窖藏，属于秦始皇二十六年（公元前 221 年）筑长城时所埋，年代在秦统一之后[4]。

据已有的发现及其研究，文献记载的秦惠文王二年（公元前 336 年）"初行钱"，即是圆形方孔的半两钱。从四川青川和郫县战国墓等出土的战国秦半两看[5]，当时所铸钱径较大，一般在 3.1 厘米以上；钱体厚重，一般在 5.4 克以上；周边不太圆，无内外郭；钱文高挺，狭长而略具弧形；文字大篆气息较浓，"半"字下平画较短，"两"字往往无上平画，即使有亦较短，"两"字中间两个"人"字上部带有很长的竖笔；浇铸茬口较宽。从实测数据看，战国秦半两较大较重，一般直径在 1.1 秦寸以上，重量在六铢以上，以八铢左右的居多，个别较轻小。因此，推测秦惠文王"初行钱"时的半两钱一般应该是"径一寸二分"和"重如其文"。限于铸造技术等原因，故有超过一寸二分和十二铢者，也有不足者。按照一般规律，行用时间久了易出现减重现象，故秦惠文王以后，尤其是战国晚期后段铸造的大多是 8 铢左右，或者 8 铢以下。

秦始皇用以统一全国的正是这种秦半两。从上述几例半两钱标本的实测数据看，秦代半两钱直径中等，一般为 2.5～2.77 厘米，重量 2.5～3.35 克，重者达秦制 9 铢，轻者 3.4 铢，一般在 4～5 铢左右；周边较圆，个别出现外郭；钱文仍较高，但不如战国时高挺；文字为小篆，字体渐方，"半"字下平画及"两"字上平画较长，"两"字中间两个人字上部竖笔渐短，出现连山式；浇铸茬口较窄。秦代半两钱较战国时期的要轻小，一般直径为 0.9～1 秦寸，重量在 4～5 铢左右，但秦代半两的大小、轻重差别较大。有郭半两钱和榆荚钱也开始铸造。榆荚钱最初可能是当作冥钱，用以殉葬死者。凤翔高庄秦墓出土的 1 克以下的广穿半两钱，都应该是榆荚钱。

另外，从出土的秦代半两看，秦统一后，半两钱又可分为早、晚两期。早期出于秦墓者如湖北云梦睡虎地 23 号墓出土带郭半两。此钱虽然属异品，然工艺可代表秦初水平。内蒙古敖汉旗长城窖藏，其大小轻重虽不尽相同，但工艺水平如出一范。此二例无早晚秦

[1] 雍城考古队吴镇烽、尚志儒：《陕西凤翔高庄秦墓地发掘简报》，《考古与文物》1981 年第 1 期。
[2] 中国社会科学院考古研究所内蒙古工作队：《赤峰蜘蛛山遗址的发掘》，《考古学报》1979 年第 2 期。
[3] 内蒙古语文历史研究所崔璿：《秦汉广衍故城及其附近的墓葬》，《文物》1977 年第 5 期。
[4] 邵国田：《内蒙古敖汉旗出土秦半两》，《中国钱币》1988 年第 2 期。
[5] A. 四川省博物馆、青川县文化馆：《青川县出土秦更修田律木牍——四川青川县战国墓发掘简报》，《文物》1982 年第 1 期。
　B. 李复华：《四川郫县红光公社出土战国铜器》，《文物》1976 年第 10 期。

钱杂出，铸造工艺远胜于战国秦。其不同于战国秦半两者，一是钱轮圆净，钱面平整，无上凸下凹者；二是书体方折，字形规范而书法秀丽，笔画粗细布白均匀；三是穿孔方正，边缘整齐，且铸口较窄。此皆为战国秦半两所不及。

晚期即秦末半两，如秦始皇陵兵马俑坑、郑庄石料场、上焦村秦墓、鱼池村遗址、赵背户村刑徒墓共出土 600 多枚，其中除少数属于早期流传或私铸外，绝大多数当为秦末通用的官铸钱。从这些钱看，秦代晚期半两有逐渐缩小的趋势，其中钱径最大者 2.83 厘米，最小者 2.64 厘米，最重者 6.01 克，最轻者 2.30 克。再如蜘蛛山遗址的小型半两钱，皆无郭，一枚径 2.9 厘米，另两枚径 2.7 厘米。它们与秦始皇书陶文同出，同属秦统一后的半两钱。从铸造工艺与钱文上看，大体如秦初半两，钱面平整，净边圆轮，书体方折，笔画方正秀丽，其制作不整者，可能属于私铸。

二 秦半两钱范

秦代的半两钱范在陕西、安徽、四川等地均有发现。西安秦阿房宫遗址出土的一块半两铜钱范，为宽铸口，分流直铸式，范长 14.7 厘米，宽 8 厘米，厚 0.4 厘米，重 320 克，是一块铸钱所用的母范。范内有阴文钱模两排 6 枚，钱径 3.1~3.2 厘米，字体规整，笔画秀丽。"半"字下画与"两"字上画较短，"两"字内呈"人"字形。此种写法与湖北云梦睡虎地 23 号墓出土带郭秦半两及内蒙古敖汉旗窖藏出土的半两钱基本相同[1]。

1961 年，在滩毛村南秦代文化层中出土 1 块半两钱石范，长 14.5 厘米，残宽 9.5 厘米，厚 4 厘米。中间有浇槽，两侧有三行钱型，每行残留 8 枚，有支槽连接。

陕西临潼县韩峪乡王油房村秦芷阳宫手工作坊遗址出土的一件铜范模，圭首形，全长 30 厘米，上宽 10.2 厘米，下宽 10 厘米，厚 1.75 厘米。中心为浇道主流，主流两侧斜出支流，支流连接 14 枚钱模，钱径 2.7 厘米，穿边长 0.9 厘米，属大穿小半两钱型。它与秦始皇陵出土的半两钱比较，应属于秦代晚期，可能是秦始皇三十七年（公元前 210 年）"复行钱"时期之钱范[2]。

1980 年，安徽贵池县出土 2 件阴文半两钱铜范，大者 25 厘米，宽 15.7 厘米，四行铸槽，两边每行各 6 枚钱模，中间两行各有 5 枚钱模，中间两行顶端又加 1 枚钱模，共 23 枚。钱径 3 厘米，穿边长 0.7 厘米，属小穿大型半两钱[3]。

1980 年，四川高县出土一块砂岩质阴文半两钱范，为铸钱范模。长方形，长 25 厘米，宽 18.5 厘米，厚 5 厘米。阴刻钱模 7 行 28 枚，大铸口，分流直铸式，钱径 3 厘米，穿边长 0.7 厘米，亦属小穿大型半两钱。高县属汉犍为郡，是秦开发西南地区的遗物[4]。

秦半两钱不仅集中出土于秦的都城咸阳及秦始皇陵附近，而且还发现于长城附近的内蒙古赤峰蜘蛛山秦长城、准格尔旗广衍故城，湖北宜城楚皇城，安徽贵池县，四川高县等

---

[1] 蒋若是：《秦汉钱币研究》第 30 页图三，中华书局，1997 年。
[2] 张海云：《陕西临潼油王村发现秦"半两"铜母范》，《中国钱币》1987 年第 4 期。
[3] 卢茂村：《安徽省贵池县发现"秦半两"钱范》，《考古与文物》1994 年第 4 期。
[4] 何泽宇：《四川高县出土"半两"钱范母》，《考古》1982 年第 1 期。

地也有出土。这些现象与其他秦代器物的出土情况是一致的，说明秦代统一的各项措施是齐头并进的，而且从广度上看，已包括秦代的大部分疆域。

第四节　有关秦代郡县制的考古发现

春秋初期，楚、秦、晋、齐等国往往把兼并的土地或原有封邑及乡鄙改为县，直属国君或分封卿大夫。春秋后期，晋国推行县制，一些卿大夫在封地内也设县管理，县开始成为地方行政组织。郡在春秋末期最早出现在晋国，设在新得到的边地。当时郡比县大，但地位比县低。进入战国以后，各国已普遍设郡，随着边地的繁荣，人口增多，在郡下划分县，这样郡的地位就大于县，产生了郡、县两级地方组织。战国时期，各国设郡立县已十分普遍，实行封建与郡县结合的制度。

《史记·秦本纪》记载：秦孝公十二年（公元前 350 年），商鞅变法，"并诸小乡聚，集为大县"，凡四十一县。至秦惠文王后九年（公元前 316 年），秦起兵灭蜀，始以司马错为蜀郡守。自此以后，郡县遂成定制，且随着兼并战争的进行，秦国之郡县不断增加。这一过程始自秦惠文王，秦昭襄王、秦王政时达到高潮。在统一六国过程当中，往往占一地，即设一郡，而多数直接沿用各国原有的郡县，有的经过小范围的省并和调整。至秦始皇二十六年（公元前 221 年）统一全国以后，在推行郡县制还是分封制的问题上，朝廷内部曾发生了一场争论。以丞相绾等为首的一派主张新得燕、齐、楚地应分封诸王以填之。以廷尉李斯为首的一派认为，自周代以来，诸侯更相诛伐，天下苦战不休，就是因分封侯王所致。天下刚刚统一，应皆为郡县，不易分封置王。秦始皇采纳了李斯的意见，废封建为郡县，划天下为三十六郡，郡置守、尉、监，在全国推行郡县制。

关于三十六郡，按班固《汉书·地理志》所列，有河东、太原、上党、三川、东郡、颍川、南阳、南郡、九江、泗水、钜鹿、齐郡、琅邪、会稽、汉中、蜀郡、巴郡、陇西、北地、上郡、九原、云中、雁门、代郡、上谷、渔阳、右北平、辽西、辽东、南海、桂林、象郡、邯郸、砀郡、薛郡、长沙。钱穆认为，南海、桂林、象郡，置于始皇三十三年（公元前 214 年）。是年，蒙恬辟河南地四十余县，概以此置九原。以上四郡当不在三十六郡之列。《水经·漯水注》，秦王政二十一年（公元前 226 年）灭燕，以为广阳郡。《史记·楚世家》记载，王负刍五年（公元前 223 年），秦将王翦、蒙武破楚国，虏王负刍，灭楚，名为楚郡云，其事在始皇二十三四年。全祖望曰：楚郡即陈郡也。《史记·秦本纪》，昭襄王三十年（公元前 277 年），取巫郡及江南，为黔中郡。《史记·东越列传》，秦并天下，废闽越王无诸及东海王摇，以其地为闽中郡。据《史记·秦始皇本纪》，二十五年（公元前 222 年）王翦遂定荆江南地，降越君，置会稽郡，则闽中郡亦当在是年。增此以上四郡，则适符三十六郡之数[1]。

整个秦代究竟设有多少郡，目前学界尚无定论。从出土文物及有关的文献看，自战国

---

〔1〕　引自钱穆《古史地理论丛·秦三十六郡考》第 209、210 页，三联书店，2005 年。

至秦代灭亡，设郡数量当在五十郡以上。

见于《史记》、《汉书》等文献记载的有内史、汉中、巴郡、上郡、蜀郡、河东、陇西、南郡、黔中、南阳、北地、陶郡、三川、太原、上党，以上十五郡置于秦惠文王至庄襄王时期；东郡、河间、云中、颍川、河内、四川、邯郸、雁门、钜鹿、广阳、渔阳、砀郡、辽西、代郡、右北平、泗水、上谷、薛郡、九江、东海、陈郡、长沙、会稽、闽中、辽东、齐郡、琅邪、郭郡，以上二十八郡置于秦王政五年（公元前 242 年）至秦统一前后；桂林、象郡、南海三郡置于秦始皇三十三年（公元前 214 年）；九原郡置于秦始皇三十五年（公元前 212 年）。

考古发现的秦代文字资料，包括封泥、简牍、玺印、陶文、金文、石刻等，涉及秦之三十余郡。文献记载有之，又被出土资料证实的共有二十七郡：内史、上郡、陇西、三川、河内、东海、薛郡、南阳、汉中、蜀郡、东郡、河间、会稽、九江、衡山、砀郡、颍川、陈郡、赵郡、右北平、辽东、代郡、上党、河东、四川、齐郡、琅邪。有的只有辖县而不见郡名者，如内史、河内、东海、会稽、砀郡、颍川、陈郡、右北平、上党等。

文献没有载明为秦郡，但出土资料证明确实存在的共有五郡："即墨太守"、"济北太守"见于秦封泥，"洞庭郡"、"苍梧郡"、"庐江郡"见于里耶秦简。据此可确知，秦代曾置即墨、济北、洞庭、苍梧、庐江郡，洞庭或即长沙郡、即墨或即胶东郡之别称。

另外，秦封泥中既有"临淄司马"又有"齐中尉印"，既有"赵郡左田"又有"邯郸工丞"，可知临淄、邯郸当分别指代齐郡、赵郡。秦封泥中还有"泰山司空"、"淮阳弩丞"，或以为秦代已置泰山、淮阳郡，或以为亦是济北、陈郡之别称[1]。

据王国维所考，秦始皇灭齐之后，所设不只齐与琅邪二郡，还应有胶东、胶西、博阳、济北、城阳五郡[2]。除胶东、济北郡已证实存在外，其他三郡尚无实证（表 4-1）。

至于秦代的县城数量，更无确数，严耕望认为秦代全国有县约一千个[3]，现仅封泥与铜器铭文所见就多达百余县。

秦封泥及秦铜器铭文所见县一级的城有 110 多个，所涉及的范围，北至长城沿线边郡，南至长江以南直至浙江地区，西起甘肃、四川，东到山东的胶东半岛。除春秋、战国及秦代都城的雍、栎阳、咸阳等在封泥及青铜器刻铭中常见外，其他如内史辖县大致有频阳、重泉、宁秦、下邽、高陵、蓝田、杜、芷阳、云阳、废丘、鄠、美阳、临晋、怀德、郿、衙、戏、商、雍、栎阳、苪阳、白水、阳陵、寿陵等；上郡辖县约有洛都、翟道、定阳、广衍、中阳、武都、饶、廪丘、高奴、漆垣、平周等；右北平辖县有无终、白狼、廷陵、薋、广成、夕阳、昌城等；临淄郡或齐郡辖县有临淄、博昌、狄、东安平、乐安、蓼城、平寿、临朐、东牟等。其中有相当一部分原来不能确定是秦置或汉置，现据出土资料可知为秦置，如翟道、兰干、游阳、乐成、蔡阳、西成、南顿、女阳、阳安、高阳、白

---

〔1〕　A. 孙慰祖：《古封泥集成》第 10 页，上海书店出版社，1994 年。
　　　　B. 周晓陆、路东之：《秦封泥集》第 64 页，三秦出版社，2000 年。
〔2〕　王国维：《观堂集林·秦郡考》，中华书局，1959 年。
〔3〕　严耕望：《中国地方行政制度史》第 35 页，（台北）精华印书馆股份有限公司，1961 年。

表 4-1　　　　　　　　　　　　文献及出土文物所见秦郡

设郡时期	郡名	文献记载	出土文字资料	郡名	文献记载	出土文字资料
秦庄襄王时期至秦惠文王时期至	内史	有	有	汉中	有	有
	巴郡	有	无	上郡	有	有
	蜀郡	有	有	河东	有	有
	陇西	有	有	南郡	有	无
	黔中	有	无	南阳	有	有
	北地	有	无	陶郡	有	无
	三川	有	有	太原	有	无
	上党	有	有			
秦王政五年至秦统一前后	东郡	有	无	河间	有	有
	云中	有	无	颍川	有	有
	四川	有	有	邯郸（赵郡）	有	有
	雁门	有	无	钜鹿	有	无
	广阳	有	无	渔阳	有	无
	砀郡	有	无	辽西	有	无
	代郡	有	有	右北平	有	无
	泗水	有	无	上谷	有	无
	薛郡	有	有	九江	有	有
	东海	有	有	淮阳（陈郡）	有	有
	长沙	有	无	会稽	有	有
	闽中	有	无	辽东	有	有
	临淄（齐郡）	有	有	琅邪	有	有
	即墨（胶东）	无	有	济北（泰山）	无	有
	郯郡	有	无	河内	有	有
秦始皇三十三年后及不明年代者	桂林	有	无	象郡	有	无
	南海	有	无	衡山	有	有
	九原	有	无	苍梧	无	有
	洞庭	无	有	庐江郡	无	有

狼、廷陵、蒉、广成、夕阳、昌城、泉州、当城、梁邹、博城、乐陵、般阳、卢、钦、乐安、蓼城、平寿、临朐、东牟、都昌、下密、昌阳等[1]。里耶秦简反映了秦王政二十五年（公元前 222 年）至秦二世二年（公元前 208 年）湘、桂、川地区秦代郡县的设置情况，其中提到的地名有洞庭郡、苍梧郡、衡山郡、庐江郡、迁陵、临沅、酉阳、阳陵、弋阳、沅陵等数十处，对秦代郡县城市研究具有重要意义。

---

[1]　周伟洲：《新发现的秦封泥与秦代郡县制》，《西北大学学报（哲学社会科学版）》1997 年第 1 期。

第五节 秦统一措施的考古学研究

秦王朝是中国历史上第一个中央集权的帝国，它结束了长期分裂的政治局面实现了国家的统一，建立了中央集权的国家体制，实施了一系列巩固统一的措施，这些都对后代产生了深远的影响。所谓汉承秦制，百代宗秦，即表明秦王朝在中国历史上具有十分重要的开创意义。但是，秦代又是中国历史上最短命的王朝，它所实行的一系列政策措施，虽然《史记》、《汉书》等有所记载，但有的仅记大要，有的语焉不详，有的甚至与事实不符，总之，留给后人的信息非常有限，仅仅依靠文献记载无法揭示秦代历史的全貌。近半个世纪以来，以刻石、度量衡器、简牍、封泥、兵器刻辞、陶文等为代表的秦代文字资料的大量出土，极大地丰富了人们对秦代政治、经济、文化及社会生活等方面的认识。尤其难得的是，这些资料还反映了秦始皇巩固国家统一的措施，其中有的补历史记载之不足，有的则改变了以往人们的认识。

在统一文字方面，以前很多人把秦始皇"书同文字"笼统地说成是推行秦篆，也有人认为是采用了狱吏程邈创造的隶书。从出土的上述文字资料看，当时是秦篆与隶书并行，只是使用领域有所区别。篆书一般用于皇帝诏书、虎符、歌功颂德的刻石、钱币、官吏印章以及兵器刻铭等，而隶书则多见于简牍等。从目前仅存的少量刻石和出土的大量度量衡、玺印、封泥等资料看，经李斯等人的整理与规范，确定了秦篆各种偏旁符号的形体，减少了文字的图画成分；固定了各个偏旁符号在字体中的位置，改变了复杂多变的情况；每个字所用偏旁固定为一种，不能用其他的符号代替；每个字的笔数基本固定，形体整齐划一。秦篆的这些特点，也是现行汉字所具备的特点；秦篆所规定的这些原则，也是汉字遵守的原则。这些特点和原则，沿袭了两千多年，并未发生根本性变化。因此，秦始皇"书同文字"的主要含义乃是对汉字结构的规范，使汉字形体走向定型[1]。

如果仅把秦始皇"书同文字"看作推行秦篆，不仅不符合史实，而且也未讲到实质。因为秦篆仍未脱离篆体，书写依然不便，而且在很多场合大量使用隶书。据说，隶书是秦始皇时狱吏程邈所创。但从目前发现的情况看，隶书不仅在统一以前秦国即已使用，而且在其他国家也比较流行。战国时期秦国的"高奴权"的"奴"字，即左隶右篆。青川战国秦墓出土的两件木牍，记载秦武王二年（公元前309年）任命丞相甘茂更修田律的杂文，也是用隶书写成的。其实，隶书是篆书的"行书"，比篆书自由，少有拘束。因此，晋人卫恒《四体书势》说"隶书者，篆之捷也"，可能更接近史实[2]。至于说隶书为程邈所创，可能经其手加以规范定型，亦未尝可知。

云梦睡虎地11号墓墓主喜卒于秦始皇三十年（公元前217年），"书同文字"政策已

---

[1] 俞伟超、高明：《秦始皇统一度量衡和文字的历史功绩》，《文物》1973年第12期。

[2] 裘锡圭：《"书同文字"政策的实施及其失败——从出土文物看秦始皇统一全国文字的工作》，《江海学刊》1990年第4期。

经实施四年，但墓主仍然使用隶书。由此可见，当时并非禁用隶书，可能只在下级官吏及一般场合使用。像简牍文字中的法律条文、来往的日常公文以及日书等，都是写于简牍上的事务性文书，不仅数量多，而且也远非皇帝诏版、虎符等那样形式庄重。同时，隶书以毛笔书写，形式自由，快捷方便，适应办公时效性的要求。所以，《四体书势》说："秦既用篆，奏事繁多，篆字难成，即令隶人佐书，曰隶字。"看来，秦始皇罢其不与秦文合者，而秦文就有小篆和隶书两种。到汉初，篆书使用主要限于官府文书及度量衡器上，一般书写则越来越普遍地使用隶书。秦篆的使用价值不一定很大，但秦篆所创立的一些形体结构原则，一直沿袭下来。

从出土的度量衡器及其诏书看，秦代对统一度量衡是非常重视和严格的。目前发现的带有诏书的度量衡器数量多，出土地点遍及秦代版图。这些器物有不少是战国时期发行的，秦统一后继续使用，并且又重新做了校正并刻铭确认。从云梦秦简看，当时对度量衡的颁发、校验和监督非常严格。《工律》规定：凡度量衡器在发放时必须认真检验，检查是否符合标准。各县及工室的度量衡器由有关官府负责检验，每年至少校验一次，如果发现超过标准误差，对负责人或使用者要给予处罚。如北私府铜椭量，两侧外壁刻有秦始皇二十六年（公元前 221 年）诏书，秦二世元年（公元前 209 年）收回重新校验后，在外底加刻元年诏书，柄上刻"北私府"、"半斗"数字。《仓律》中，有关粮种的分配、粮仓建设、粮食征收、隶作者粮食定量、谷物去壳后出米的数量等都广泛使用量器。如关于隶作者食粮的规定："隶臣妾其从事公，隶臣月禾二石，隶妾一石半；其不从事，勿禀。小城旦隶臣作者，月禾一石半石；未能作者，月禾一石。小妾舂作者，月禾一石二斗半斗；未能作者，月禾一石。婴儿之无母者各半石；虽有母而与其母冗居者亦禀之，禾月半石。隶臣田者，以二月月禀二石半石，到九月尽而止其半石。舂，月一石半石。"关于粮种的种植规定："稻、麻亩用二斗大半斗，禾、麦亩一斗，黍、荅亩大半斗，菽亩半斗。"关于谷物去壳后出米的数量："粟一石六斗大半斗舂之为粝米一石，粝米一石为鑿米九斗，鑿米九斗为毇米八斗。"[1] 秦量器应用如此广泛，法律规定的如此精确，也就不难理解政府对于量器核定的如此严格了。

度量衡的统一，使全国形成一个统一的经济整体，促进了各地经济发展和商业交流，对加强国家的政治统一具有重要意义。同时，秦始皇统一度量衡制，对后世有着深远的影响，汉代的度量衡制，就承袭秦制，具体数字相差无几。汉代以后，计量标准虽不断增加，但单位名称和进位制度始终未变[2]。

由于秦代统一后的铸币仍为战国时期的半两钱，秦惠文王以来所铸半两钱仍然流通，因而，目前对秦代新铸半两钱的法定标准还不清楚。从出土的秦代半两钱分析，秦代对钱币的成色、大小和重量要求并不像度量衡那样严格。虽然当时钱币的面值仍为"半两"，也仅是以文示值而已，对于币材重量不再要求"重如其文"，实际重量约为五铢或六铢。

---

〔1〕　云梦秦简整理小组：《云梦秦简释文（二）》，《文物》1976 年第 7 期。
〔2〕　王世民：《秦始皇统一中国的历史作用——从考古学上看文字、度量衡和货币的统一》，《考古》1973 年第 6 期。

鉴于上述情况，加之铸造技术等原因，形成了秦代钱币"轻重无常"、"美恶杂之"的情形。故尔，云梦秦简《金布律》规定："官府受钱者，千钱一畚，以丞、令印印。钱善不善，杂实之……百姓市用钱，美恶杂之，勿敢异。"[1] 这里所说的"善"与"不善"、"美"与"恶"，除铸造技术造成的质量优劣以外，还应包括轻重、大小的差异。秦律规定官府收钱和百姓用钱时不准挑选，质量好坏、轻重大小不同的钱币一起流通。这说明秦代半两钱开始背离称量货币，它的流通信誉不是靠自身的标重，而是靠国家的法律来维护的，这在货币发展史上是一大进步。

关于秦代郡县数量，一直是学术界悬而未决的重大问题。《史记·秦始皇本纪》虽记有三十六郡之数，但并未载明具体是哪些郡。《史记集解》中所说的三十六郡，包括了秦始皇三十五年（公元前212年）所设的九原郡，但又不包括三十三年（公元前214年）所设的桂林、象郡、南海郡，显然是不对的。从记载判断，秦始皇统一后不久对秦国及六国原有的郡县做过一次较大的调整，以后随着疆域的拓展，又在南方和北方增设了一些郡县，这些当不在三十六郡之内。《旧唐书·地理志》言，秦并天下，裂地为四十九郡，也未列出各郡名称。王国维认为秦以水为德，以六为数，考证秦当有四十八郡[2]。王蘧常继承王国维之说，认为加上内史及《楚世家》中之楚郡，秦有四十九郡，并列出郡名，其中还包括齐地的胶西、博阳、城阳等郡[3]。秦代文字资料的出土，特别是西安相家巷秦封泥的出土，为这一难题的解决提供了很大帮助。目前，出土文字及文献资料中所见已有五十郡之多，其中既有战国时期的旧郡，也有秦代所设的新郡。但问题是如何将二者加以分辨，正确判断出秦代存在的郡。有学者认为，相家巷秦封泥的年代大多在秦始皇统一这一段时间，战国晚期的很少[4]。如果封泥年代可以确定为秦代的话，那么，封泥中所见郡县便大致可以认定为秦始皇调整以后的郡县了。

另外，从出土的秦简资料还可以看出秦始皇焚书坑儒的端倪。据《史记·秦始皇本纪》记载，秦始皇三十四年（公元前213年）规定："非秦记皆烧之。非博士官所职，天下敢有藏诗、书、百家语者，悉诣守、尉杂烧之。有敢偶语诗书者弃市……所不去者，医药卜筮种树之书。若欲有学法令，以吏为师。"[5] 关于这一项法令的具体执行情况，可以从出土的八批秦简中窥其一斑。这些秦简的内容以秦律为主，其次有日书、为吏之道、农书等，全然不见汉简中常见的诸子百家书及儒家经典。这一方面是秦以法治国传统的反映，另一方面不能不说与秦始皇焚书坑儒、以吏为师有很大的关系。

总之，考古发现与研究表明，秦始皇各项统一措施的实施是全面和深入的。所谓全面，它不仅包括了文字、货币、度量衡、郡县制以及与之相应的各项法律制度等各个方

〔1〕《工律》、《仓律》及《金布律》均见云梦秦简整理小组：《云梦秦简释文（二）》，《文物》1976年第7期。

〔2〕王国维：《观堂集林·秦郡考》，中华书局，1959年。

〔3〕王蘧常：《秦史·郡县考》，上海古籍出版社，2000年。

〔4〕周晓陆、路东之：《秦封泥集》第17页，三秦出版社，2000年。

〔5〕《史记·秦始皇本纪》。

面，而且这些措施是在当时秦帝国的整个疆域之内实行的。在东到辽东半岛、西到甘肃境内、北到长城沿线、南到岭南地区的广大地域，都发现了反映统一措施的实物资料。所谓深入，即指各项统一措施不仅对当时的政治、经济及社会生活产生了广泛的影响，而且对以后的国家政治、经济、文化等各方面都产生了深远的影响。在汉字的规范方面，秦代扭转了战国时期"言语异声，文字异形"的局面，为国家的统一及文化的传承与发展奠定了基础。这些措施之所以能达到这样的效果，原因大致有五：一是统一的中央集权制国家的建立是各项统一措施实行的前提。二是严格执行各项法律诏令是统一措施实行的保障。三是注重各项制度诏令的宣传，通过刻石、诏版、度量衡诏书等形式，使各项政策措施家喻户晓。四是顺应历史发展的潮流也是各项统一措施得以顺利推行的重要原因。从考古发现看，战国晚期各国的文字、货币、度量衡等已经出现了统一的趋势，郡县制也已在许多国家实施了较长的时间，通过变法运动各国已经建立了较完备的法律体系。特别是秦国，本来就是一个偏重法治的国家，各项法律早在商鞅变法之时就已确立，可以说许多制度早已深入人心，成为人们日常生活的一部分。统一以后的货币、度量衡，本身就是秦国原有的货币、度量衡。文字方面虽然做了一些删繁就简的规范化工作，但并没有太大的改变。五是各项统一措施的推行与秦始皇本人有着重大的关系，如郡县制的实施，如果不是秦始皇这样一位具有雄才大略、远见卓识的政治家，恐怕不会如此决断地推行全国。

总之，秦代考古为研究秦代短暂的历史提供了丰富的实物资料，为我们了解秦统一措施的有关细节问题提供了可能。但是，挖掘考古资料所提供的信息以及加强考古资料本身的断代，仍然是目前秦代考古所面临的重要任务。

第五章　汉代都城

第一节　汉长安城遗址

汉长安城是西汉王朝的首都，是西汉一代全国政治统治中心、经济管理中心、文化礼仪活动中心和军事指挥中心。自张骞通西域后，汉长安城又成为著名的国际城市，与西方历史名城罗马并称为古代世界的东、西方两个大都会。鉴于汉长安城在中国乃至世界古代历史上的重要影响，汉长安城遗址考古成为中国考古学的重要内容、中国古代都城考古的重要课题。半个多世纪以来，汉长安城遗址考古发掘与研究，获得一系列重大考古新发现，取得了丰硕的学术研究成果，推动了秦汉考古学、中国古代都城考古学的发展。

一　汉长安城营建史

公元前 202 年，刘邦采纳张良、娄敬等人建议，定都关中[1]。当时以秦王朝的离宫——兴乐宫为基础，修建了长乐宫作为临时皇宫[2]。公元前 200 年，长乐宫建成，刘邦从栎阳迁都长安[3]。与此同时，又修建了未央宫——前殿、东阙、北阙和武库、太仓等重点工程[4]。自公元前 198 年，经西汉一代，未央宫一直是西汉王朝的正式皇宫。

汉惠帝刘盈即位（公元前 194 年）后开始修筑长安城城墙。历时五年，至汉惠帝五年（公元前 190 年），长安城修筑竣工[5]。另外，高祖和惠帝执政时期修筑了东市、西市[6]

---

[1]　《史记·高祖本纪》：汉高祖五年"高祖欲长都雒阳，齐人刘敬说，及留侯劝上人都关中，高祖是日驾，入都关中"。

[2]　A.《汉书·高帝纪（下）》：高祖五年后九月"治长乐宫"。

　　B.《关中记》："长乐宫本秦之兴乐宫也。"引自刘庆柱辑注《三秦记辑注·关中记辑注》，三秦出版社，2006 年。

[3]　《史记·高祖本纪》：高祖七年二月"长乐宫成，丞相已下徙治长安"。

[4]　《汉书·高帝纪（下）》："萧何治未央宫，立东阙、北阙、前殿、武库、大仓。"

[5]　《汉书·惠帝纪》：惠帝元年"春正月，城长安"。惠帝"三年春，发长安六百里内男女十四万六千人城长安，三十日罢……六月，发诸侯王、列侯徒隶二万人城长安"。惠帝五年"春正月，复发长安六百里内男女十四万五千人城长安，三十日罢……九月长安城成"。

[6]　《汉书·惠帝纪》：惠帝六年"起长安西市"。据此推断，在此之前"西市"之东已有"市"。又，《史记·汉兴以来将相名臣年表》：汉高祖"六年立大市"。此"大市"或即"西市"之东的"市"，因西市之设，"大市"遂名"东市"。

和北宫[1]、社稷[2]、汉太上皇庙[3]、高庙等重要建筑[4]。西汉中期，汉武帝先后在秦上林苑基础之上扩建上林苑[5]、开凿漕渠[6]、昆明池[7]，营建了建章宫[8]，修筑桂宫和明光宫，扩建北宫[9]，在漕渠渠口修建了京师仓[10]，在汉长安城东、西的函谷关和与雍城附近分别建设了国家大型仓储建筑[11]，大规模扩建了皇室避暑胜地——甘泉宫[12]。西汉末年，王莽又在汉长安城南郊修建了规模庞大的宗庙、社稷、辟雍等礼制建筑[13]。东汉末年，董卓于公元190年焚毁洛阳宫室，迁都长安，仅仅五年后长安城又成废墟[14]。公元313年，晋怀帝去世，晋愍帝司马邺即位于长安[15]。公元319年，前赵刘曜在长安建都称帝[16]。公元350年，前秦苻健取代前赵，建都长安，前赵、前秦开创了长安城的新

[1] 《三辅黄图》：北宫"高帝时制度草创，孝武增修之"。引自何清谷校注《三辅黄图校注》，三秦出版社，2006年。

[2] A.《汉书·郊祀志（下）》："圣汉兴，礼仪稍定，已有官社，未立官稷。"
　　B. 中国社会科学院考古研究所：《西汉礼制建筑遗址》第224页，文物出版社，2003年。

[3] 《汉书·高帝纪（下）》：高祖六年"上尊太公曰太上皇"。又，高祖十年七月"太上皇崩，葬万年。赦栎阳囚死罪以下。八月，令诸侯王皆立太上皇庙于国都"。汉长安城中的太上皇庙亦当立于此时。又，高祖十二年四月崩，"五月丙寅，葬长陵。已下，皇太子群臣皆反至太上皇庙"。由此可见，太上皇庙建于太上皇去世之后，为高祖所建。

[4] 高庙应为汉惠帝所建。《汉书·惠帝纪》：高祖"十二年四月，高祖崩。五月丙寅，太子即皇帝位……令郡诸侯王立高庙"。

[5] 汉·扬雄《羽猎赋序》："武帝广开上林，东南至宜春、鼎湖、御宿、昆吾，旁南山，西至长杨、五柞，北绕黄山，滨渭而东，周袤数百里。"引自《文选》卷八，中华书局，1977年。

[6] 《汉书·沟洫志》：孝武元光之时，"令齐人水工徐伯表，发卒数万人穿漕渠，三岁而通"。

[7] 《汉书·武帝纪》：元狩三年"发谪吏穿昆明池"。

[8] 《汉书·武帝纪》：太初元年"二月，起建章宫"。

[9] A.《三辅黄图》："桂宫，汉武帝造。"引自何清谷校注《三辅黄图校注》，三秦出版社，2006年。
　　B.《汉书·武帝纪》：太初四年"秋，起明光宫"。
　　C.《三辅黄图》：北宫"高帝时草创，孝武增修之"。引自何清谷校注《三辅黄图校注》，三秦出版社，2006年。

[10] A.《汉书·王莽传（下）》：地皇四年"三虎郭钦、陈翚、成重收散卒，保京师仓"。
　　B. 陕西省考古研究所：《西汉京师仓》第57～59页，文物出版社，1990年。

[11] A. 陕西省考古研究所、宝鸡市考古工作队、凤翔县博物馆：《陕西凤翔县长青西汉汧河码头仓储建筑遗址》，《考古》2005年第7期。
　　B. 洛阳市第二文物工作队：《黄河小浪底盐东村汉函谷关仓库建筑遗址发掘简报》，《文物》2000年第10期。

[12] 何清谷校注：《三辅黄图校注》第163～164页，三秦出版社，2006年。

[13] 《汉书·王莽传（下）》：地皇元年王莽于"长安城南"，"起九庙"。《汉书·平帝纪》：元始三年王莽奏"立社稷"；元始四年王莽加安汉公，"奏立明堂辟雍"。

[14] 《后汉书·孝献帝纪》：初平元年二月"丁亥，迁都长安。董卓驱徙京师百姓悉西入关"。兴平二年"三月丙寅，李傕胁帝幸其营，焚宫室"。

[15] 《晋书·孝愍帝纪》："奉帝归于长安。"

[16] 《晋书·刘曜载记》：刘曜"徙都长安，起光世殿于前，紫光殿于后"。

形制[1]。公元 386 年，后秦姚苌据长安为都城[2]，至公元 417 年为东晋所灭[3]。公元 418 年，赫连勃勃以长安为"南都"[4]。公元 534 年，魏孝武帝在长安建都，是为西魏王朝[5]。公元 556 年，北周代西魏，仍都于长安[6]。公元 581 年，杨坚在长安建立隋王朝，第二年徙都于大兴城[7]。此后长安故城渐成废墟。

二　汉长安城考古发现简史

汉长安城遗址的考古工作，应始于 1906 年日本人足立喜六对汉长安城遗址的考古调查[8]。此后，中国学者也对汉长安城遗址进行了一些踏查工作，但是汉长安城遗址系统的、有计划的考古工作，还是从 1956 年开始的。1956 年中国科学院考古研究所（1977 年更名为中国社会科学院考古研究所）组成汉长安城工作队，对汉长安城遗址进行了长期的、系统的、大规模的、有计划的考古勘探和发掘，初步揭示了汉长安城的布局结构（图 5-1），一些重要的城门、宫殿、武库、官署、宗庙、社稷、辟雍、作坊遗址等进行了考古发掘，对上林苑及其昆明池遗址进行了考古勘探与试掘，一大批历史遗物被发现。20 世纪 80 年代以来，考古工作者还对京师仓遗址、陕西凤翔和河南新安的西汉时代国家仓储遗址、上林苑中一些宫馆建筑和桥梁遗址进行了考古发掘。都城京畿西汉帝陵的考古调查、勘探、试掘和汉景帝阳陵、汉宣帝杜陵陵园遗址的发掘[9]，汉长安城东郊与东南郊大型汉代墓地的清理[10]，使帝陵陵区和一般墓地与都城关系更为清晰，增进了对都城考古学文化的深入认识。

1956～1957 年开展了对汉长安城遗址的城门、城墙勘察。在此基础之上，考古发掘

[1]《晋书·苻健载记》：苻健"永和七年僭称天王、大单于……始缮宗庙社稷，置百官於长安……（永和）八年，健僭即皇帝位于太极前殿"。

[2]《晋书·姚苌载记》："以太元十一年苌僭即皇帝位于长安，大赦，改元曰建初，国号大秦，改长安曰常安。"

[3]《晋书·姚泓载记》。

[4]《资治通鉴》：晋恭帝元熙元年"群臣请都长安……乃于长安置南台"。

[5]《北史·魏本纪·孝武帝纪》：永熙三年"宇文泰迎帝于东阳，帝劳之，将士皆呼万岁，遂入长安，以雍州公廨为宫"。又，《北史·魏本纪·西魏文帝纪》："大统元年春正月戊申，皇帝即帝位于城（长安）西。"

[6]《周书·孝闵帝纪》："魏帝逊于大司马府。元年春正月辛丑，即天王位。柴燎告天，朝百官于路门。"

[7]《隋书·高祖纪》。

[8] [日] 足立喜六著，王双怀、淡懿诚、贾云译：《长安史迹研究》第 77～84 页，三秦出版社，2003 年。

[9] A. 刘庆柱、李毓芳：《西汉十一陵》，陕西人民出版社，1987 年。
　　B. 陕西省考古研究所：《汉阳陵》，重庆出版社，2001 年。
　　C. 中国社会科学院考古研究所：《汉杜陵陵园遗址》，科学出版社，1993 年。

[10] A. 西安市文物保护考古所韩保全、程林泉、韩国河：《西安龙首原汉墓》，西北大学出版社，1999 年。
　　B. 西安市文物保护考古所、郑州大学考古专业程林泉、韩国河、张翔宇：《长安汉墓》，陕西人民出版社，2004 年。

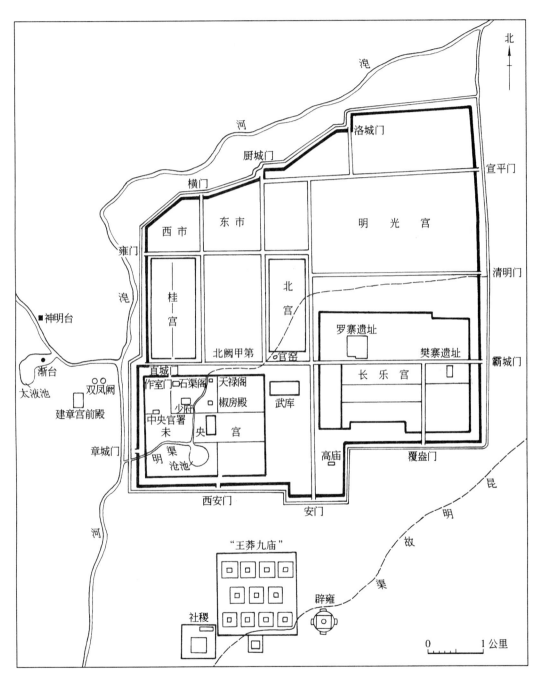

图5-1 汉长安城遗址平面图

了汉长安城西安门、霸城门、直城门和宣平门城门遗址[1]。1957～1960年，为了配合基本建设工程，对汉长安城南郊礼制建筑遗址中的宗庙、社稷、辟雍建筑遗址进行了大规模考古发掘[2]。20世纪60年代初，进行了汉长安城城内主要道路、未央宫、长乐宫、桂宫、建章宫的考古勘探，取得重大学术成果[3]。

20世纪70年代中期，广泛开展的农田基本建设使汉长安城武库遗址面临被破坏形势，1974～1978年对武库遗址进行了抢救性考古勘探、发掘[4]。20世纪80年代开展了未央宫遗址的全面考古工作：1980～1982年对未央宫前殿遗址进行了考古试掘，全面考古发掘了未央宫椒房殿遗址；1985～1986年对未央宫遗址开展了全面考古勘探；80年代后半叶，相继考古试掘了宫墙、宫门遗址，发掘了未央宫中央官署遗址、少府或其官署遗址、宫城西南角楼遗址[5]。

1987～1988年，考古勘探了长乐宫遗址、东市与西市遗址[6]。20世纪90年代前半叶，勘探、发掘了汉长安城的陶俑窑、砖瓦窑和冶铸、铸币遗址，其后又通过田野考古究明北宫地望和范围[7]。1997～2001年，进行了桂宫遗址的考古勘探和发掘[8]。2002年至今，汉长安城遗址考古工作重点转为长乐宫遗址，现在已经考古发掘了6座大型建筑遗址[9]。近年来又对汉长安城角楼遗址[10]、十六国至北朝时期建都于汉长安故城的都城遗址进行了考古勘探，初步揭示了西汉时代以后，汉长安故城作为都城的布局形制变化[11]。

[1] 王仲殊：《汉长安城考古工作的初步收获》，《考古通讯》1957年第5期；《汉长安城考古工作收获续记——宣平门的发掘》，《考古通讯》1958年第4期。

[2] 中国社会科学院考古研究所：《西汉礼制建筑遗址》，文物出版社，2003年。

[3] 中国科学院考古研究所资料室：《中国科学院考古研究所一九六一年田野工作的主要收获》，《考古》1962年第5期。

[4] 中国社会科学院考古研究所：《汉长安城武库》，文物出版社，2005年。

[5] 中国社会科学院考古研究所：《汉长安城未央宫（1980～1989年考古发掘报告）》，中国大百科全书出版社，1996年。

[6] 刘庆柱：《汉长安城》，《中国考古学年鉴（1986）》，文物出版社，1988年；《西安市汉长安城东市和西市遗址》，《中国考古学年鉴（1987）》，文物出版社，1988年。

[7] A. 中国社会科学院考古研究所汉长安城工作队：《汉长安城窑址发掘报告》，《考古学报》1994年第1期；《汉长安城23～27号窑址发掘简报》，《考古》1994年第11期；《1992年汉长安城冶铸遗址发掘简报》，《考古》1995年第9期；《1996年汉长安城冶铸遗址发掘简报》，《考古》1997年第7期；《汉长安城北宫的勘探及其南面砖瓦窑的发掘》，《考古》1996年第10期。

  B. 李毓芳：《汉长安城烘范窑和铸币遗址》，《中国考古学年鉴（1993）》，文物出版社，1995年。

[8] 中国社会科学院考古研究所、日本奈良国立文化财研究所：《汉长安城桂宫（1997～2001年考古发掘报告）》，文物出版社，2007年。

[9] 中国社会科学院考古研究所汉长安城工作队：《汉长安城长乐宫二号建筑遗址发掘报告》，《考古学报》2004年第1期；《汉长安城长乐宫发现凌室遗址》，《考古》2005年第9期；《西安市汉长安城长乐宫四号建筑遗址》，《考古》2006年第10期。

[10] 中国社会科学院考古研究所汉长安城工作队：《西安市汉长安城城墙西南角楼遗址的钻探与试掘》，《考古》2006年第10期。

[11] A. 刘庆柱、李毓芳：《汉长安城考古的回顾与瞻望》，《考古》2006年第10期。

21 世纪以来，还对汉长安城附近秦汉上林苑遗址、昆明池遗址进行了考古勘察与试掘[12]。

与汉长安城相关的"京师仓"遗址[13]、凤翔的西汉仓储遗址[14]、汉函谷关故址附近的西汉"仓储"遗址[15]、汉上林苑宫观和铸币与桥梁遗址[16]，属于都城"墓地"的汉长安城东郊"平民"墓地和汉长安城北部与东南部的帝陵等，近年来分别进行了考古勘探、发掘，取得重要学术成果[17]。

三　汉长安城的布局与结构

（一）城墙、角楼与城门遗址

汉长安城遗址位于陕西省西安市西北郊，即今未央区未央宫乡、汉城乡和六村堡乡辖区之内。根据近年来对汉长安城遗址的测绘资料，汉长安城城址平面近方形，周长 25014.83 米，总面积 34392202 平方米。城周夯筑城墙，东、西、南、北城墙长分别为 5916.95 米、4766.46 米、7453.03 米、6878.39 米[18]。城墙横剖面呈梯形，上窄下宽，城墙底部宽约 16 米，现存最高处在 10 米左右。城墙内外向上有收分，倾斜度各为 11 度。城墙为版

　　　　B. 刘振东：《西汉长安城的沿革与形制布局的变化》，《汉代考古与汉文化国际学术研讨会论文集》，齐鲁书社，2006 年。

〔12〕　A. 中国社会科学院考古研究所汉长安城工作队：《西安市汉唐昆明池遗址的钻探与试掘简报》，《考古》2006 年第 10 期。

　　　　B. 中国社会科学院考古研究所、西安市文物保护考古所阿房宫考古工作队：《西安市上林苑遗址一号、二号建筑发掘简报》，《考古》2006 年第 2 期。

　　　　C. 李毓芳、王自力：《西安秦汉上林苑四号、六号建筑遗址发掘》，《中国文物报》2007 年 7 月 6 日。

〔13〕　陕西省考古研究所：《西汉京师仓》，文物出版社，1990 年。

〔14〕　陕西省考古研究所、宝鸡市考古工作队、凤翔县博物馆：《陕西凤翔县长青西汉汧河码头仓储建筑遗址》，《考古》2005 年第 7 期。

〔15〕　洛阳市第二文物工作队：《黄河小浪底盐东村汉函谷关仓库建筑遗址发掘简报》，《文物》2000 年第 10 期。

〔16〕　A. 曹永斌：《蓝田县焦岱镇鼎出土的一批汉代瓦当》，《文博》1987 年第 5 期。

　　　　B. 李启良：《宋云石收藏的汉代瓦当》《考古与文物》1985 年第 4 期。

　　　　C. 刘合心：《长杨宫遗址出土的秦汉文物》，《文博》2004 年第 3 期。

　　　　D. 西安市文物保护修复中心：《汉锺官铸钱遗址》，科学出版社，2004 年。

〔17〕　A. 西安市文物保护考古所韩保全、程林泉、韩国河：《西安龙首原汉墓》，西北大学出版社，1999 年。

　　　　B. 西安市文物保护考古所、郑州大学考古专业程林泉、韩国河、张翔宇：《长安汉墓》，陕西人民出版社，2004 年。

　　　　C. 刘庆柱、李毓芳：《西汉十一陵》，陕西人民出版社，1987 年。

　　　　D. 中国社会科学院考古研究所：《汉杜陵陵园遗址》，科学出版社，1993 年。

　　　　E. 陕西省考古研究所：《汉阳陵》，重庆出版社，2001 年。

〔18〕　董鸿闻、刘起鹤、周建勋、张应虎、梅兴铨：《汉长安城遗址测绘研究获得的新信息》，《考古与文物》2000 年第 5 期。

筑夯土墙，夯土纯净，质地坚硬，夯层清晰，一般厚 7～8 厘米。城墙中的穿棍、穿绳和夹板痕迹明显。城墙分段夯筑，墙体错位排列（图版 8-1）。城墙外侧 20～30 米处，有宽 40～50 米、深约 3 米的城壕。

城墙四角有角楼，角楼均建筑在城墙四角外侧。东北角楼基址平面东西 36 米、南北 27.7 米，角楼基址南边和北边分别与东城墙、北城墙连接。登临角楼的通道设置于角楼内侧，通道为南北向，东邻东城墙，北端至北城墙，南北长 10.6 米、东西宽 4.9 米。西南角楼基址经钻探、试掘表明，角楼基址内侧与南城墙、西城墙内侧平直，东西 28 米、南北

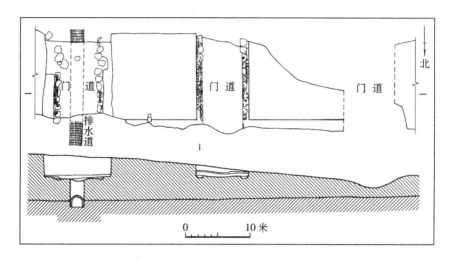

图 5-2　汉长安城西安门遗址平面、断面图

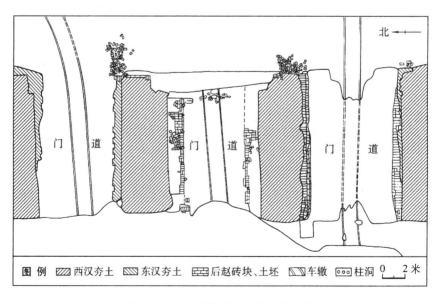

图例　▨ 西汉夯土　▨ 东汉夯土　▨ 后赵砖块、土坯　▨ 车辙　◦◦ 柱洞　　0　2 米

图 5-3　汉长安城宣平门遗址平面图

20米。基址外侧遗迹被破坏[1]。

长安城共有12座城门，每面3座城门，每座城门有3个门道，每个门道宽约8米，城门进深16米。12座城门大小不一，与长乐宫、未央宫相对的霸城门、覆盎门、西安门、章城门建筑宏伟、壮观，城门面阔约52米，城门门道隔墙各宽14米（图5-2）。其他城门宽约32.4米，城门门道隔墙各宽4米（图版8-2）。在汉长安城东面城门的宣平门、霸城门门址之外的两侧，有向外凸出的夯土基址。以宣平门为例，其门址外侧凸出的夯土基址，现存东西13.8米，南北11.7米，残高8.2米（图5-3）。属于汉长安城东城门的中间城门清明门，因门址保存不好，其门外两侧向外凸出的夯土基址已不复存在。在汉长安城南、北、西面的城门遗址，均未发现上述遗迹现象。

汉长安城城门结构基本相同，门道两旁分列众多础石及壁柱遗迹，门道两壁垂直，城门应为"骑楼式"建筑。各城门内侧还筑有房屋，应为守卫人员用房。

（二）道路遗迹与给排水遗址

汉长安城内的道路规整，有8座城门各有一条大街通入城内。8条大街长度不等，最长者达5500米（安门大街），最短者800米（洛城门大街）。大街笔直，或为东西向，或为南北向。其中东西向的宣平门大街、清明门大街、直城门大街、雍门大街和南北向的安门大街路面宽为45～56米，南北向的横门大街、厨城门大街路面宽约45米。道路的宽窄应与其使用功能密切相关。汉长安城的8条大街之上各有两条排水沟将每条大街分为平行的3股道，所谓"道有三涂"[2]，中股道宽约20米，两侧的两股道较窄。中股道即"中涂"或曰"驰道"，是专供皇帝行走的，其他官吏和平民只能走两边的道路。两条排水沟均为明沟，宽约0.9米，深约0.45米。道路路土厚为0.3～0.4米。在长安城内侧，有一周环城路，即文献中的"环涂"[3]，宽约35米。

宫城、市场之内的道路，一般宽10米左右，如未央宫中的道路一般宽8～12米，桂宫道路宽10.3～13米。长乐宫之内的道路比较宽，从霸城门通入城内的东西向道路宽约50米，长期以来人们仅仅将其视为长乐宫之内的干道，其实很可能汉惠帝营筑长安城墙、城门及修筑城内道路时，将其作为与直城门大街连通的同一条城内干道。如果这一推测可以成立的话，那么西汉中晚期的长乐宫与西汉前期是有所不同的，那时由于长乐宫的扩大，已经将其北部属于汉长安城的东西向大街，圈入宫城之中[4]。

汉长安城中与8座城门连接的8条大街，将城内分成11个区。由于8条大街或为东西向、或为南北向，因此11个区的平面形状大多为方形或长方形。以北城墙为界的4个

---

[1]　中国社会科学院考古研究所汉长安城工作队：《西安市汉长安城城墙西南角遗址的钻探与试掘》，《考古》2006年第10期。

[2]　《礼记·王制》。

[3]　《周礼·冬官·考工记·匠人》："经涂九轨，环涂七轨，野涂五轨。"

[4]　有的学者认为现在的长乐宫遗址中部东西向干道的宽大道路，与长乐宫废弃以后，人们在这里频繁活动众多有关（见刘振东、张建锋《西汉长乐宫遗址的发现与初步研究》，《考古》2006年第10期）。也有的学者认为，上述道路不是长乐宫之内的道路，它应为城内的主要干道；有的学者又认

区，由于北边城墙斜直或曲折，因而其平面呈不甚规则形状。上述 11 个区功能不尽相同，建筑内容也不一致。11 个区中，未央宫（包括武库）、长乐宫（包括太上皇庙、高庙和惠帝庙）、桂宫、北宫、明光宫（有的学者目前推测宣平门大街与清明门大街南北之间、安门大街以东这一范围，可能为明光宫遗址所在）、东市、西市各占 1 个区，里居占 4 个区。

都城给水工程主要是引发源于秦岭的沈水从章城门附近入城，至清明门附近流出汉长安城，此即史载"明渠"[5]。明渠是城内主要供水渠道。汉长安城地势西南高、东北低，考古勘探发现明渠的总体走向也是从西南向东北方向。明渠故道从章城门遗址向东约 800 米，进入前殿西南部的未央宫沧池，然后出沧池北部，向北经前殿、椒房殿和天禄阁西部，流出未央宫。再向北流至今北徐寨村附近，折向东流，经北宫遗址南部，进入长乐宫北部，向东从长乐宫东北部流出长乐宫与汉长安城。明渠故道一般宽 11～13 米、深 1.5～1.7 米。明渠流出汉长安城分为两支，一支注入城壕；另一支向东流入漕渠。

西汉中期，随着汉长安城的发展、扩大，都城用水量增加，为了保证都城供水，在汉长安城西南开凿了昆明池与揭水陂。根据文献记载，昆明池的开凿是为了训练水军伐粤与攻滇[6]，实际上昆明池在汉长安城给水与漕渠补水方面有着更为重要的作用。揭水陂位于今西安市三桥镇南，它发挥着水库的作用，一可储水，二可控制水流。

都城之内宫殿、官署、邸第、里居等生活用水，多以凿井给水。井有井台，其上铺砖。井壁一般上中部以券砖或扇形砖砌筑，下部置陶井圈。井的大小、深浅不尽相同。如未央宫椒房殿遗址水井井台平面方形，边长 3.5 米、井径 1.54 米、深 8.3 米；未央宫少府遗址的水井井台长 4 米、宽 3.3 米，井径 1.3 米、深 5 米；未央宫中央官署遗址水井井台长 1.5 米、宽 1.3 米，井径 0.85 米、深 7.1 米。上述水井多位于主要建筑的一隅，这是为了既方便用水，又不影响建筑群整体布局。

都城排水工程主要靠城内各大街两旁的路沟，它们与城墙或城门底部的涵洞、水道相连接，将污水排泄到城壕中去。城门或城墙之下用砖或石构筑了排水涵洞，如汉长安城西安门遗址考古发现，城门之下构筑的地下排水涵洞设施，以砖石砌筑，用砖券顶，涵洞宽 1.2～1.6 米、高约 1.4 米。城内大型排水渠一般为明渠，如桂宫遗址北部发现一条东西向排水渠，其东连横门大街西侧路沟，向西横穿桂宫，流至城西的城壕之中。排水渠为明渠，渠宽约 2 米、深约 1.5 米。在排水渠流经的宫殿建筑区内，由于都城排水设施规划和施工在前，为了保证宫殿建筑的整体布局，有些建筑要建于排水渠之上，这样排水渠就由明渠变为暗渠。如桂宫第三号建筑遗址的第七号房子之下，就有砖砌的地下排水渠道，渠

为长乐宫与明光宫分列其道路南北（见马先醒《汉代长安城之营筑及其形制》附图八：汉代长安城区划略图，《中国古代城市论集》第 51 页，台北简牍学会，1980 年；项秋华《汉西京长乐宫之建制与外戚干政》，《张晓峰先生八秩荣庆论文集》，台北简牍学会，1979 年；刘瑞《西汉长安城的朝向、轴线及布局思想》，《文史》2007 年第 2 辑，中华书局）。

[5] 《水经注·渭水》卷十九："飞渠引水入城，东为仓池。池在未央宫西……又东迳未央宫北，故渠出二宫（未央宫与桂宫）之间，谓之明渠也。又东历武库北……明渠又东迳汉高祖长乐宫北……故渠又东出城。"

[6] 《汉书·武帝纪》；《汉书·扬雄传》。

道内宽 0.9～1.12 米、高 0.88～1.12 米，渠壁以长条砖砌筑，顶部以子母砖券顶[1]。

城内各种宫殿、官署等建筑群中的排水设施，主要由地漏和排水管道组成。地漏一般发现于建筑群的一隅或天井（院子）中，大多位于地势较低处，便于雨水汇集。如未央宫中央官署遗址东院二号天井地漏位于天井西边；桂宫第二号宫殿建筑 A 区发现的地漏位于建筑群的东北部，B 区发现的地漏位于三号天井之中。地漏均为砖砌，大小不甚一致。如桂宫第二号宫殿建筑遗址 A 区地漏，口呈方形，边长 60 厘米；B 区地漏口近方形，长 34 厘米、宽 32 厘米。未央宫中央官署遗址东院二号院地漏，口呈长方形，长 80 厘米、宽 66 厘米。地漏结构也不尽相同，如未央宫中央官署遗址直接与五角形排水管道相连，桂宫第二号宫殿建筑遗址地漏则与附近砖砌排水道相连。

长安城建筑群中的排水管道多为五角形排水管道，也有少量圆形排水管道。五角形管道为陶质，表面施斜绳纹，管道截面为五角形，底平，上尖，中空，一般长 62～67 厘米、通高 40 厘米、底宽约 36～40 厘米、管道壁厚 6～7 厘米。根据建筑群之中排水量的多少，构筑规模大小不一的地下排水管道。如未央宫中央官署遗址东院二号天井西边的五角形排水管道设置了并列的两排。又如，在长乐宫之中发现了上下两层的五角形排水管道，其中下层并列三排五角形管道，平底在下，尖顶在上；上层并列两排五角形管道，平底在上，尖顶在下，上层水管道的尖顶插入下层水管道尖顶之间。这组五角形排水管道宽 1.32 米、高 0.75 米。

在建筑群的主体建筑之外，排水设施为露天排水渠或排水沟，有的建筑群内的排水管道排水口直接通至排水渠或排水沟内。如未央宫椒房殿遗址北部有一南北长 55 米的排水沟，其上口宽 0.9 米、底部宽 0.7 米、深 0.6 米，未央宫中央官署遗址的东院与西院之间有排水渠，渠口宽 3.2 米、底宽 1.3 米、深 0.8 米。

汉长安城给水排水设施的重要特点是，生活用水采取开渠引水，挖池蓄水，导渠输水，提高地下水位，凿井滤水、用水。汉长安城给水工程的渠、池等设施，与都城园林建设相统一，如沧池、昆明池、太液池等，它们既是"蓄水库"，又是风景优美的池苑。这些是汉长安城给水工程的重要特点。汉长安城排泄污水、雨水，在建筑群内地下化，全城排水渠网化，由宫城之内排到都城之内，由都城之内排到都城之外城壕之中，由城壕汇流至渭河。

（三）未央宫遗址

未央宫位于汉长安城西南部，这里是汉长安城范围之内地势最高的地方，高程 385～396 米。未央宫平面近方形，周围夯筑宫墙，墙宽 7～8 米，东西长 2250 米，南北宽 2150 米，周长 8800 米，面积 5 平方公里（图 5-4），占汉长安城面积的七分之一。未央宫周筑宫墙，墙基深 0.9～1.5 米，墙基与宫墙均宽 8 米，在宫墙遗迹附近发现的堆积中包含了不少汉代瓦片，推测原来宫墙顶部有"屋顶"一类防雨建筑设施。

未央宫东门和西门各发现两座，考古试掘的未央宫东墙北部宫门、北宫门和西墙北部宫

---

[1] 中国社会科学院考古研究所、日本奈良国立文化财研究所：《汉长安城桂宫（1996～2001 年考古发掘报告）》，文物出版社，2007 年。

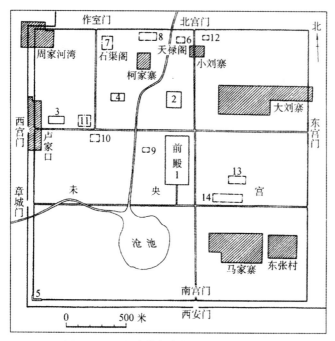

图5-4 汉长安城未央宫遗址勘探平面图

1.前殿建筑遗址 2.椒房殿建筑遗址 3.中央官署建筑遗址 4.少府
建筑遗址 5.宫城西南角楼建筑遗址 6.天禄阁建筑遗址 7.石渠阁
建筑遗址 8~14.第8~14号建筑遗址

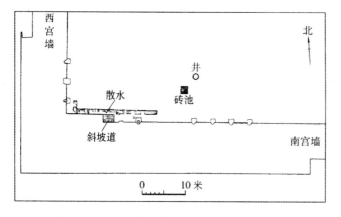

图5-5 汉长安城未央宫西南角楼遗址平面图

门,门道各宽约8米,门道进深与宫墙宽度相同。根据文献记载,未央宫有东阙、北阙。在东宫门之外,发现了"东阙"遗址,二阙基址南北相距150米,二阙基址东西长均为32米,二阙基址南北宽不同,北者宽18米、南者宽14米。勘探发现的"作室门"遗址,辟于未央宫北宫墙,东南距石渠阁遗址60米,其北对桂宫南宫门。南与宫城之内的南北向道路相连。"作室门"遗址门道路土宽12米。

未央宫四角有角楼。已考古发掘的未央宫西南角楼遗址,平面为"曲尺形",东西67.4米,南北31.5米(图5-5)。基址东部南北宽11.2~13.3米,南部东西宽10.5米,现存高0.3~0.6米。角楼北壁、东壁有壁柱遗迹。角楼基址北壁西部有斜坡道,其上铺砖。斜坡道自西向东坡,坡长2.7米,宽1.7米。坡度10度。角楼基址内转角有与之平行的曲尺形散水,东西长19.6米。南北长2.8米,散水宽0.88米。角楼遗址出土了矛、剑、弩机、镞、弹丸、铁甲片等兵器、武备。这些应为角楼卫兵的遗物。遗址出土了"卫"字瓦当,"卫"为"卫尉"省称,"卫尉"负责宫城的安全保卫。

"卫"字瓦当说明了该建筑具有的卫戍性质,以及角楼辖属"卫尉"物证[1]。

未央宫西南角楼的曲尺形平面形制,应是承袭了早期都城角楼的特点。如洛阳东周王

〔1〕 中国社会科学院考古研究所:《汉长安城未央宫(1980~1989年考古发掘报告》,中国大百科全书出版社,1996年。

城的西北角楼[1]、临淄齐国故城小城东北角建筑基址等[2]，均为曲尺形平面。平面为方形的角楼建筑，年代较晚，如唐大明宫宫城西南、西北和东北角楼遗址，其角楼夯土基址平面均为方形，边长约 15 米[3]。未央宫西南角楼的曲尺形建筑平面，与西汉时期许多重要皇室建筑的陵园或庙院等角隅建筑平面形制相近，如孝宣王皇后陵园东北角的建筑遗址[4]、汉长安城南郊礼制建筑的宗庙建筑遗址院落四隅和辟雍建筑遗址院落四隅建筑遗址等[5]，其建筑平面均为曲尺形。

　　未央宫内有贯通宫城的南北路一条、东西路两条。南北向道路宽 10～12 米，该道路连接南宫门与北宫门，南北路中部的西侧为前殿遗址。南北路出北宫门与"横门大街"连通，使未央宫前殿与横门大街上的东市和西市的市楼，形成"面朝后市"布局。西汉晚期，王莽在汉长安城南郊修建了礼制建筑群，未央宫南北路出南宫门的道路东部有宗庙建筑群、西部有社稷建筑群，使未央宫前殿与其东南部的宗庙建筑群、西南部的社稷建筑群，形成"左祖右社"格局。

　　未央宫中的两条东西向道路，分布在前殿遗址南北。前殿遗址北侧的东西向道路路土宽 8～12 米。前殿遗址南部的东西向道路，北距前殿遗址 150 米，路土宽 12 米。这条东西横贯未央宫的道路，西与章城门遗址相对，当即文献记载中的"路寝之路"[6]；向东出未央宫，在未央宫之外又延伸 230 米，道路南北两侧发现南北宽 3～5 米、东西长 50～230 米的夯土墙，这些或许为"甬道"的遗迹。

　　未央宫中的两条平行的横贯宫城的东西向道路，将未央宫分成南区、中区和北区三部分。南区东部有少量一般建筑，中部为前殿南部的"广场"，西部主要为沧池所在地。中区主要为前殿，前殿东西分列有一些宫室建筑。北区中部为椒房殿及其他后宫建筑群。北区西部有少府、中央官署及其他宫室建筑群；中部集中分布有中央或皇室的文化性建筑，如石渠阁、天禄阁、麒麟阁、承明殿等；东部有一些宫室建筑群与祭祀性建筑。

　　石渠阁建于西汉初年，是收藏国家档案和重要图书资料的机构[7]，还是一处皇室学术理论研讨中心[8]。石渠阁遗址在未央宫北墙以南 60 米，其夯土基址南北 100 米、东西 80 米。地面之上的夯土台基东西 20 米，南北 65 米，现存高 0.8 米。该遗址内曾出土"石渠千秋"文字瓦当[9]。

〔1〕　中国科学院考古研究所洛阳发掘队：《洛阳涧滨东周城址发掘报告》，《考古学报》1959 年第 2 期。

〔2〕　群力：《临淄齐国故城勘探纪要》，《文物》1972 年第 5 期。

〔3〕　中国科学院考古研究所：《唐长安大明宫》第 7 页，科学出版社，1959 年。

〔4〕　中国社会科学院考古研究所：《汉杜陵陵园遗址》第 63 页，科学出版社，1993 年。

〔5〕　中国社会科学院考古研究所：《西汉礼制建筑遗址》，文物出版社，2003 年。

〔6〕　《汉书·五行志（中之上）》："章城门通路寝之路。"

〔7〕　《三辅黄图》："石渠阁，萧何造，其下砻石为渠以导水，若今御沟，因为阁名。所藏入关所得秦之图籍；至于成帝，又于此藏秘书焉。"引自何清谷校注《三辅黄图校注》，三秦出版社，2006 年。

〔8〕　《汉书·刘向传》："会初立谷梁春秋，徵更生受谷梁，讲论五经于石渠。"又，《汉书·儒林传》："甘露中与五经诸儒杂论同异于石渠阁。"

〔9〕　陈直：《石渠阁王莽钱的背面范》，《考古通讯》1955 年第 2 期。

天禄阁主要存放国家档案,也藏有许多重要典籍[1]。据载这里曾出土"天禄阁"文字瓦当和有天鹿纹饰的瓦当[2]。天禄阁遗址位于石渠阁遗址以东 500 米,其夯土基址东西 55 米,南北 45 米。基址南边正中向南伸出的夯土基址南北 15 米、东西 25 米。地面之上的夯土台基边长 20 米,现存高约 7 米。

未央宫遗址西南部有沧池遗址[3],平面呈不规整的圆形,东西 400 米、南北 510 米,面积 20.4 万平方米。其地势低于周围地面 1～2.5 米。沧池是宫城之中的蓄水池,通过蓄水抬高沧池水位,将水输送到宫内和城内地势较高的地方。沧池之中营建有象征着"山"的"渐台",将"渐台"的"山"与"沧池"的"水"结合于一起的"山水"池苑,置于宫城之中,汉长安城未央宫开其先河,为以后历代都城之宫城池苑所沿袭。此前的秦咸阳城池苑——兰池,置于城外东邻,且仅仅有"水"无"山"[4];在郑州商城[5]、偃师商城宫城北部[6]发现的水池,池中亦无"山"。

1. 前殿遗址

前殿为皇宫大朝正殿,约位于未央宫中部,是未央宫及汉长安城中地势最高的地方,现存基址高出附近地面 0.6～15 米。基址南北 400 米,东西 200 米(图 5-6)。前殿基址之上自南向北排列着 3 座大型宫殿建筑遗址。每座宫殿殿堂南部均有一大型庭院。南部和中部宫殿之间的庭院有东西向长廊横贯其中,中部和北部宫殿的东西两侧列置了厢房或廊房建筑。南部宫殿建筑基址东西 79 米,南北 44 米,中部宫殿建筑基址东西 121 米,南北 72 米,北部宫殿建筑基址东西 118 米,南北 47 米。北部宫殿建筑基址以北 11 米的建筑址,或为"后阁"建筑基址,它高居于前殿台基的北端,东西长 143 米,南北宽 16 米。前殿基址之上的 3 座大型宫殿建筑基址,分别位于前殿基址的 3 个台面之上。3 个台面高差较大,中部比南部宫殿基址高 3.3 米,北部比中部宫殿基址高 8.1 米,后阁比北部宫殿基址高 3 米。文献记载的"宣室"、"宣室阁"、"后阁"、"非常室"建筑遗址等[7],就应

〔1〕《三辅黄图》:"天禄阁,藏典籍之所。《汉宫殿疏》云:'天禄、麒麟阁,萧何造,以藏秘书、处贤才也。'刘向于成帝之末,校书天禄阁,专精覃思。"引自何清谷校注《三辅黄图校注》,三秦出版社,2006 年。

〔2〕陈直:《汉书新证》第 433 页,天津人民出版社,1979 年。

〔3〕《汉书·邓通传》:文帝梦"觉而之渐台"。颜师古注:"未央殿西南有苍池,池中有渐台"。又,《水经注·渭水》:"飞渠引水入城,东为仓池,池在未央宫西,池中有渐台,汉兵起,王莽死于此云。"又《三辅黄图》:"沧池,在长安城中。《旧图》曰:'未央宫有沧池,言池水苍色,故曰沧池。'"引自何清谷校注《三辅黄图校注》,三秦出版社,2006 年。此处"仓"、"苍"、"沧"通假。

〔4〕陕西省考古研究所:《秦都咸阳考古报告》,科学出版社,2004 年。

〔5〕A. 河南省文物研究所:《1992 年度郑州商城宫殿区发掘收获》,《郑州商城考古新发现与研究(1985～1992)》,中州古籍出版社,1993 年。

　　B. 曾晓敏:《郑州商代石板蓄水池及相关问题》,《郑州商城考古新发现与研究(1985～1992)》,中州古籍出版社,1993 年。

〔6〕中国社会科学院考古研究所河南第二工作队:《河南偃师商城宫城池苑遗址》,《考古》2006 年第 6 期。

〔7〕A.《三辅黄图》:"宣室殿,未央前殿正室也。"引自何清谷校注《三辅黄图校注》,三秦出版社,2006 年。

在上述考古勘探发现的建筑遗址群之中。在前殿基址南边，约东西居中位置有一门址，东西宽 46 米，现存南北进深 26 米。此门址或为文献记载的前殿之"端门"[8]、王莽改名的"朱鸟门"遗址[9]。

前殿基址西南部和东北部分别进行了考古发掘。在前殿基址西南部发现 46 座房屋，房屋遗址群南北长 128 米、东西宽 13.8～15.4 米，其中南北排列的房屋 43 座，东西排列的房屋 3 座。从保存较好的房屋遗迹来看，有的为两间组成的"里外屋"形式，也有 3 间或 4 间一套的，大多为单间房屋形式。4 间房屋一组的一套，3 间房屋一组的五套，2 间房屋一组的二套，其余有 23 座房屋为单间。上述房屋面积小者（F11）仅 7 平方米，大者（F4）也不过 20 平方米。这些房屋平面大多为方形，长方形者较少。方形平面房屋主要分布在房屋建筑群中部、南部，长方形平面房屋主要在房屋建筑群北部。长方形房屋一般面积较大，推测多为库房或办公用房。方形平面房屋大多为里外屋形式，这类房屋可能是供办公或居住使用的。房屋遗址群出土遗物有：铁刀、铁锸、

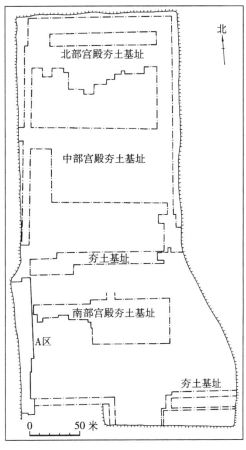

图 5-6 汉长安城未央宫前殿遗址勘探平面图

B.《汉书·王莽传（下）》：地皇四年，"莽避火宣室前殿，火辄随之"。

C.《汉书·东方朔传》：武帝"为窦太主置酒宣室"。

D.《汉书·刑法志》：宣帝"常幸宣室，斋居而决事"。如淳注："宣室，布政教之室也。"

E.《汉书·何武传》：宣帝"召见武等于宣室"。

F.《汉书·陈汤传》：成帝"召汤见宣室"。

G.《汉书·王嘉传》："举敦朴能直言，（成帝）召见宣室，对政事得失。"

H.《汉书·宣帝纪》：甘露四年冬十月"未央宫宣室阁火"。

I.《汉书·王莽传（下）》：地皇元年七月"见王路堂者，张於西厢及后阁更衣中，又以皇后被疾，临且去本就舍，妃妾在东永巷。壬午，列风毁王路西厢及后阁更衣中室"。

J.《汉书·五行志（下之上）》："成帝绥和二年八月庚申，郑通里男子王褒衣绛衣小冠，带剑入北司马门殿东门，上前殿，入非常室中。"如淳注：非常室为未央宫前殿之"殿上室名"。

〔8〕《资治通鉴》卷十三："代王（汉文帝）即夕入未央宫。有谒者十人持戟卫端门。"胡三省注："端门，未央宫前殿之正南门。"

〔9〕《汉书·王莽传（中）》：天凤三年"十月戊辰，王路朱鸟门鸣，昼夜不绝，崔发等曰：'虞帝辟四门，通四聪。门鸣者，明当修先圣之礼，招四方之士也。'于是令群臣皆贺，所举四行从朱鸟门入而对策焉"。

兵器、木简、陶博局等，其中首次于汉长安城遗址考古发现的 115 枚西汉时代宫廷木简至关重要。木简集中出土于 F13 和 F26 两座房屋遗址中。木简残长 13～15.6 厘米、宽 1～1.3 厘米，系墨书隶字，木简的文字内容涉及医药、人名、祥瑞、记事等。这些遗物反映出这批房屋的居住者的工作性质，他们可能与从事宫廷保卫、医疗和管理劳务等活动有关。但是，有的学者认为关于木简上的"医药"释文应为反映"祥瑞"的物品内容，若此则建筑性质被推测为储藏文书用房[1]。

前殿台基东北部建筑遗址，以南北向坡道为中心，坡道东西宽 5 米，已清理部分南北长 16 米，坡道呈南高北低的坡形。坡道附近还分布一些房屋遗址，这里应为进出前殿的通道之一。遗址之中出土的"卫"字瓦当，说明这组建筑的卫戍性质。

未央宫前殿遗址的考古试掘，在西汉时代早期地层之下发现有战国时代晚期和秦代建筑遗址堆积，其中出土的板瓦、筒瓦和瓦当等遗物，与秦咸阳宫宫殿建筑遗址出土的砖瓦相同，说明前殿基址在西汉时代之前曾有秦代与战国秦的建筑存在，前殿基址可能就是文献记载的秦章台[2]。前殿基址是在龙首山山丘之上而建[3]，在前殿基址之下发现了新石器时代仰韶文化的墓葬，出土了属于仰韶文化的彩陶陶器。秦汉时代，在龙首山兴建章台、前殿之时，仅于山丘周围进行了夯筑处理，作为基址的台面进行了夯筑。这种做法有着久远的历史，近年在山西柳林考古发现的商代夯土基址，就是"生土"为"心"，周边夯筑而成的[4]。

2. 椒房殿遗址

椒房殿遗址位于前殿基址以北 330 米，它是西汉一代皇后的宫殿建筑群。椒房殿由正殿、配殿和附属建筑组成。正殿基址东西 54.7 米，南北 29～32 米，殿堂周置回廊，四面回廊宽度不一，东、西、南、北回廊宽分别为 2～2.2 米、1.2 米、2.4 米、2.2 米（图 5-7；图版 9）。南回廊最宽与正殿坐北朝南方向有关。回廊之外置卵石散水。正殿南面设东、西并列二阶[5]，

---

〔1〕 邢义田先生认为：未央宫"前殿 A 区建筑遗址中出土的一一五枚木简涉及医药、人名及记事等方面"内容的释文，应为"灵芝、嘉禾、神龟等祥瑞的记录残简"。由此进一步推测"前殿西南角 A 区建筑也就不是供从事保卫和医疗等人员居住的地方，而可能是某种储藏文书之处"（见邢义田：《汉长安未央宫前殿遗址出土木简的性质》，《大陆杂志》第 100 卷第 6 期，2000 年）。

〔2〕 A.《史记·樗里子列传》："昭王七年，樗里子卒，葬于渭南章台之东。曰：'后百岁，是当有天子之宫夹我墓。'樗里子疾室在于昭王庙西渭南阴乡樗里，故俗谓之樗里子。至汉兴，长乐宫在其东，未央宫在其西，武库正直其墓。"又，《汉书·张敞传》："然敞无威仪，时罢朝会，过走马章台街，使御吏驱，自以便面拊马。"孟康注：章台街"在长安中。"章台街"因"章台"而得名。又，《汉书·五行志（中之上）》："章城门通路寝之路。"推测章城门得名于章台，未央宫前殿原为秦章台，故名与前殿连通的"通路寝之路"城门为"章城门"。

B. 刘庆柱、李毓芳：《秦都咸阳"渭南"宫台庙苑考》，《秦汉论集》，陕西人民出版社，1992 年。

〔3〕 《三辅黄图》："营未央宫，因龙首山以制前殿。"引自何清谷校注《三辅黄图校注》，三秦出版社，2006 年。又，《水经注·渭水》卷十九："高祖在关东，令萧何成未央宫，何斩龙首山而营之，山长六十余里，头临渭水，尾达樊川，头高二十丈，尾渐下，高五、六丈。土色赤而坚。云昔有黑龙从南山出饮渭水，其行道因山成迹。山即基阙，不假筑，高出长安城。"

〔4〕 《山西柳林高红商代夯土基址》，《2004 中国重要考古发现》第 57～60 页，文物出版社，2005 年。

〔5〕 原简报（中国社会科学院考古研究所汉城工作队：《汉长安城未央宫第二号遗址发掘简报》，《考古》

二阶东西相距23.6米。正殿东西两侧的南部，各置进出正殿的通道。正殿北部有一平面长方形的地下房屋，东西面阔 8.7米，南北进深 3.6 米。房屋北壁辟门和通道，通道南北长 5.7 米，东西宽1.25 米。房屋和通道地面低于现存正殿台基面 0.55米，推测低于原来正殿地面 2.5 米左右。

正殿北回廊之外为长方形庭院，东西长 43.7米，南北宽 12.2～13.6米。庭院四周置廊道，庭院中央为天井。天井东西41米，南北 7.7 米。天井东高西低，庭院排水地漏位于天井西北部，地漏口长 1.1 米，宽 1 米，地漏深 0.7 米。椒房殿正殿北

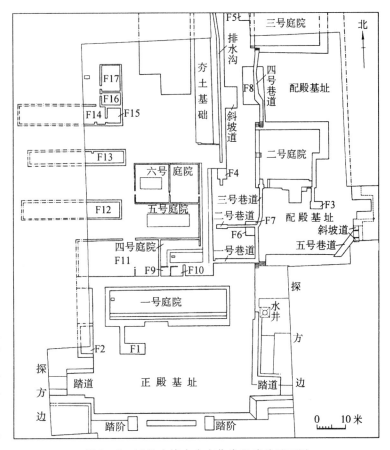

图 5-7 汉长安城未央宫椒房殿遗址平面图

部的地下建筑与大型庭院，在西汉时代的后妃宫殿中，是颇具特色的建筑形式。

配殿在正殿东北，其范围南北 86～87 米，东西 44.5～50 米，由南、北二殿组成，二殿之间和北殿北面各有一座庭院。配殿之内有 5 条巷道（实属地下通道）。

配殿的南殿基址东西 50 米，南北 32.5 米。南殿东部和南部各辟一踏道，前者规模较大，后者规模较小。东踏道为南殿的主要进出通道。南殿北部庭院平面近方形，东西22.3～26.8 米，南北 22.5～28 米，庭院四面置廊。庭院天井东西 19～21.6 米，南北 16.4 米。

配殿的北殿基址东西 43.5 米，南北 23.2 米，殿基北部庭院东西 27.7 米，南北 15.75米，庭院天井东西 23.2 米，南北 13.5 米。北殿属于配殿的后殿。椒房殿遗址中的巷道均分布于配殿遗址中，主要在配殿遗址西部，其中四条巷道在南殿遗址，一条巷道在北殿遗址。这些巷道在中国古代建筑遗址中罕见。巷道方向有东西向和南北向不同，巷道短者 13

米、长者 27 米,巷道宽度 0.9～1.6 米不等。一般巷道壁有土坯包砌,其外抹草泥,表面涂白灰。巷道地面以条砖铺置,踏步以空心砖砌筑。

附属建筑位于正殿北部、配殿西部,包括 3 座庭院、9 座房屋。庭院在东部,南北排列;房屋在西部,亦为南北排列,房屋多为长方形。

椒房殿遗址的考古发掘,首次揭示出汉代皇后宫殿建筑的形制特点:其正殿平面为长方形,正殿之内构筑有地下房屋,正殿北部有大型庭院,配殿建筑群中设置了地下巷道等。椒房殿遗址出土的大量砖、瓦、瓦当等建筑材料,其中以数量众多的瓦当尤为重要。出土的瓦当主要包括云纹瓦当和文字瓦当,二者各占出土瓦当的一半。文字瓦当有"长乐未央"、"长生无极"和"千秋万岁"三种,其中"长生无极"文字瓦当约占出土文字瓦当的三分之二。

3. 少府(或其所辖官署)建筑遗址

少府(或其所辖官署)建筑遗址位于未央宫前殿遗址西北 430 米,东距椒房殿遗址 350 米。少府(或其所辖官署)建筑遗址是目前已发掘的秦汉宫殿建筑遗址中保存较好的一座。该建筑遗址的主体建筑居中,两侧为附属建筑,南、北各置庭院。主体建筑由南、北殿堂组成(图 5-8)。

南殿堂面阔 7 间,进深 2 间,东西 48.6 米,南北 17.5 米。南殿堂坐北朝南,南边有东西排列的 6 个檐柱柱窝遗迹,柱窝间距各 7 米。殿堂之内南北居中位置,有东西排列的 6 个大型础石,础石间距各约 7 米,南与檐柱柱窝相对。础石置于础墩之上,础墩夯筑,表面包砌石板。殿堂地面置木质地板,地板之下构筑基槽,槽壁包砌石板。

北殿堂面阔 5 间,进深 2 间,东西 31 米,南北 12.9 米。北殿堂建筑布局结构与南殿堂基本相同,只是殿堂朝向相反,檐柱柱窝和殿堂中部的大型础石各 5 个。

北殿堂北部的庭院进行了全面发掘,庭院平面长方形,东西 54.4 米,南北 14.7 米。庭院北部为东西向廊道,已清理廊道东西长 76.8 米,廊道一般宽 2.8 米。

南殿堂东部发现的半地下仓储建筑遗址,上部东西 11.1 米,南北 8.6 米,底部东西 7.9 米,南北 5.7 米,深 1.4 米。其中出土了放置整齐的 1892 枚王莽货泉,清理发现了"汤官飲监章"封泥。在南殿东南部的南通道附属房屋建筑遗址中,出土了 54 枚"汤官飲监章"封泥。上述封泥是少府(或其所辖官署)建筑遗址的重要佐证。在少府(或其所辖官署)东北部的北通道东侧,有一水池遗迹,东西 15.5 米,勘探究明水池南北 50 米(已发掘部分水池南北 6～6.8 米),面积 775 平方米。池壁砌砖,池内发现大量螺壳。

主体建筑之一的北殿堂东西两侧各有一房屋,二者大小、形制基本相同。以殿堂西侧大型房屋为例,房屋遗址东西 11.35 米,南北 8.25 米。室内地面铺置地板,地板以下构筑基槽,基槽之中有垫石,南北、东西各 7 排,垫石长 36～39 厘米,宽 30～37 厘米,高 35 厘米。垫石置于砖垛之上,砖垛以条砖砌筑,上下六层,砖垛面与基槽面在同一平面。基槽地面铺方砖。通气道辟于房屋北墙基东、西端,东通气道长 5 米,宽 0.8 米,高 0.6 米,西通气道长 5.3 米,宽 1.1 米,高 0.6 米。通气道底部铺砖,东西壁砌砖。二通气道使房屋地板之下基槽中的空气能够对流,保持其空气新鲜、干燥(图版 10-1)。

　　少府（或其所辖官署）建筑是以大型殿堂为主体建筑，殿堂分成南、北二殿堂，主体建筑前有广场、后有庭院。主体建筑东西两侧有附属性建筑，南殿堂东西两侧的建筑应与公务活动有关，北殿堂东西两侧的建筑则与生活起居有关。再向东西两边发展的建筑，则属于少府（或其所辖官署）建筑中的公用性附属建筑，如通道、仓储、井池之类建筑及其相关设施等。该建筑群主次关系明显，主体建筑"居中"、"居前"。这与皇室建筑的主要建筑布局原则是一致的。建筑群的主要殿堂和房屋建筑地面均铺置木地板，这在以往古代建筑遗址发掘中较为少见。建筑群东北部的大面积水池，亦为过去考古发现的秦汉时代单体建筑群遗址中所少见。

4. 中央官署建筑遗址

　　未央宫西北部的中央官署建筑遗址，位于前殿遗址以西 850 米，未央宫西宫墙以东 110 米，其南 35 米为未央宫北部的东西向大道。

　　中央官署遗址是一座封闭式的大型院落建筑遗址，院落东西 133.8 米，南北 68.8 米（图 5 - 9）。院落周筑围墙，院落围墙内外有壁柱。院落之内，约东西居中位置有一南北向排水渠，将院落分成东、西两部分，简称东院与西院。

　　东院东西 57.2 米，南北 68.8 米。东院有北门和西门各 1 座，北门位于东院东北角，门外东侧有一小房屋，西侧有一水井。北门应为进出东院的"后门"。西门位于东院西南角，应为沟通东院与西院的门道。东院有南北两排房屋，二者间距 23.3 米，两排房屋各自南面均有天井与回廊。南北两排房屋均东西并列各 3 座，房屋平面一般为长方形，坐北朝南。南排房屋南部的天井东西长 35 米，南北宽 10.6 米。南北两排房屋之间的天井东西长 32 米，南北宽 11.2 米。

　　西院东西 73.2 米，南北 68.6 米。西院有东门和南门各 1 座，东门位于西院东南角，与东院西门隔排水渠东西相对。南门亦位于西院东南角，是西院主要通道，也是中央官署院落的主要门道，门道面阔 3.4 米，进深 2.4 米。南门之内有一小型房屋，当为南门"门房"一类建筑。西院之内也有南北两排房屋，二者间距 19.5 米。两排房屋之间是天井、回廊和亭子。南排房屋与院子之间为天井和回廊。南排房屋东西并列 3 座，均为坐北朝南。南排房屋之南的天井，东西 57 米，南北 6.1 米。北排房屋东西并列 4 座，亦为坐北朝南。在南北两排房屋之间东西并列 2 个天井，其宽均为 17.3 米，东天井长 20.2 米，西天井长 14.7 米。东西二天井之间为亭址，亭址东西 13.6 米，南北 17.3 米。

　　中央官署建筑遗址发现了完整而系统的排水设施，包括东院与西院之间的排水渠、天井之中的地漏和建筑群之内的地下排水管道。排水渠上口宽 3.2 米，底宽 1.3 米，渠深 0.8 米。地漏设在天井之内，地下排水管道与地漏连接。中央官署建筑遗址的排水设施遗迹说明，建筑群中的排水设施是在建筑施工之前统一进行设计，先进行地下排水设施的修建，然后再进行地面以上建筑的施工。

　　中央官署建筑遗址出土遗物比较丰富，按照质地可分为陶、石、铁、铜、骨等遗物。陶质遗物主要有砖、瓦、瓦当、五角形水道等建筑材料，陶盆、甑、盘等生活器皿，以及珠、饼、珠形器和弹丸等。石质遗物有石磨、磨石等。铁质遗物有直柄小刀、双挂钩、刷子柄等生活用具，铁锛、锤、铧冠、斧、铲等生产工具；戟、弩机、镞等武器。铜质遗物

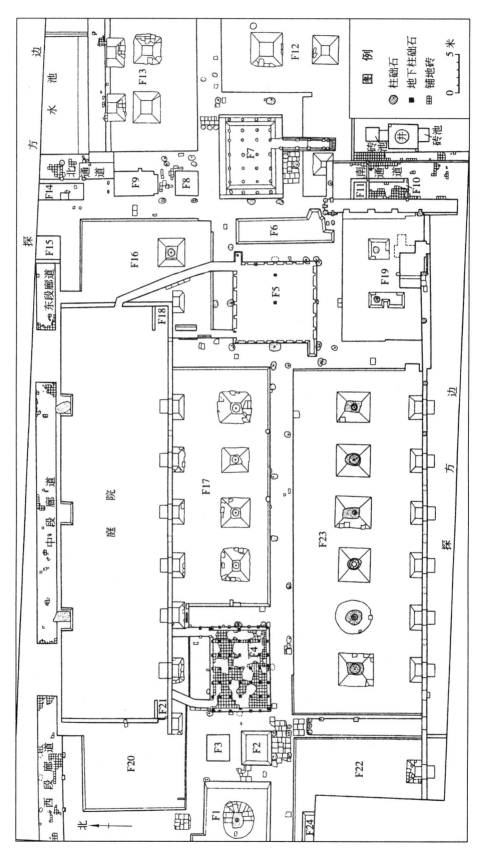

图 5－8　汉长安城未央宫少府（或其所辖官署）建筑遗址平面图

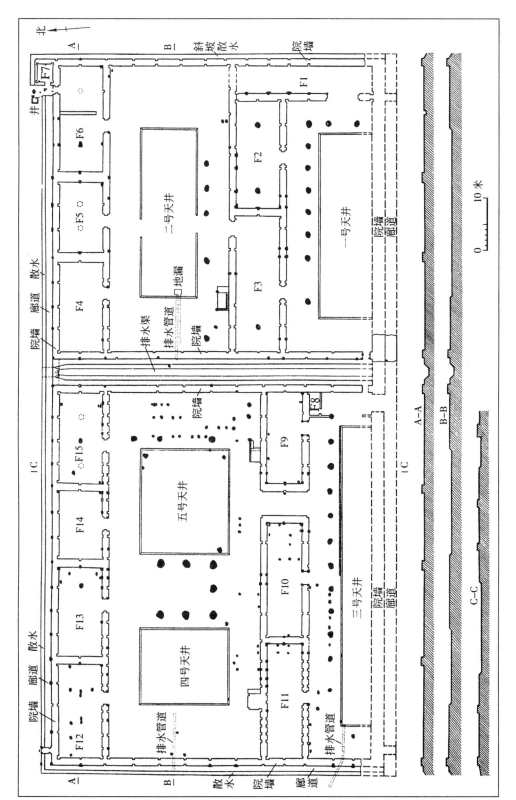

图 5－9 汉长安城未央宫中央官署建筑遗址平面、断面图

有生活用具、兵器和车马器等。骨质遗物主要是 57000 万多枚刻字骨签（图版 11-1~5）和 6000 多枚无字骨签，应为皇室或中央政府的档案，这是汉代考古的重大发现。

中央官署建筑遗址共有单体房屋 15 座，其中有两座房屋较小，即东院北门之外和西院南门之内的 2 座房屋，它们可能属于"传达室"一类的建筑。其余房屋规模较大，最大的房屋面积 215.04 平方米，最小的房屋面积也有 109.2 平方米。房屋的形制基本相同。上述房屋建筑遗址出土的遗物，主要为骨签。骨签均出土于房屋四周的墙基附近，它们原来可能放置于架子之上。中央官署建筑遗址出土的相关兵器说明，院落周围有严密的警卫防守，院落之内各个房屋门口亦戒备森严。这些均与该建筑遗址出土的约 60000 多枚骨签有着密切关系。

5. 关于未央宫的布局形制

汉高祖定都长安，始以秦之"渭南"离宫兴乐宫改建的长乐宫为临时皇宫，继之由西汉王朝开国著名政治家丞相萧何主持修建正式皇宫——未央宫。萧何在未央宫的建设规划上，是要体现出"天子以四海为家，非令壮丽亡以重威，且亡令后世有以加"[1]。考古发现的未央宫布局形制，也充分反映了萧何的上述皇宫建设理念。

汉长安城的地势是南高北低、西南高东北低，未央宫选址于汉长安城中地势最高的西南部。在汉代及其以前时代的中国古代都城之中，宫城的位置的确定，地势选择是其第一要素，宫城的方位则是第二位的。因此，秦汉及先秦时代宫城在都城之中的位置并不一致，在都城南部、西南部有之，如偃师商城、赵邯郸故城；在都城东北部、北部有之，如郑州商城、郑韩故城的西城。但是，宫城均位于都城之中地势最高的地方。汉代以后的都城之中的宫城，其选址，不只是地势要求居于都城最高的地方，其位置一般也要安排在都城的北部或西北部。如北魏洛阳城、邺城、隋唐两京、宋开封城、元大都与明清北京城等。

萧何主持规划、建造的未央宫，平面为方形。目前考古发现时代最早的方形平面的宫城遗址，为早商时代的河南偃师商城的宫城遗址，东周时代的曲阜鲁城、魏安邑城、周王城等的宫城平面亦均为方形。汉长安城未央宫继承了先秦时代以来宫城平面形制的传统。未央宫的方形平面不是单纯的建筑规划技术问题，它反映了国家统治者的崇尚理念和等级思想。除了未央宫的方形平面之外，考古发现西汉时代都城的宗庙、社稷、辟雍及都城附近的帝陵封土（时称"方上"）、地宫（时称"方中"）、陵园等皇室重要建筑，其平面均为方形，这折射出当时社会最高统治者的"崇方"信仰。汉长安城中，除了未央宫平面为方形之外，长乐宫、桂宫、北宫等"亚宫城"平面有的不甚规整，如长乐宫的南、北宫墙曲折不直；有的宫城平面为长方形，如桂宫、北宫均为南北向长方形。这应该是作为皇宫的未央宫与汉长安城中其他"亚宫城"（包括长乐宫、北宫、桂宫等）平面形制的重要区别，这种区别反映出同属皇室建筑的未央宫与"亚宫城"——长乐宫、北宫、桂宫的政治地位不同。由于帝国政治决定的不同"等级"建筑，都城之中的皇室建筑要比帝陵陵区建筑（包括皇帝与皇后的陵墓封土、陵园等）等级规格要求更为严格。

未央宫的主体建筑是大朝正殿——前殿，前殿基本位于宫城中央，前殿基址是未央宫

---

[1]　《汉书·高帝纪（下）》。

及汉长安城地势最高的地方。宫城之中的各种宫室建筑，均以前殿为中心，分布于前殿的北部或其东西两侧。未央宫布局可分为南、中、北三部分，它们分别由两条横贯宫城的东西向大街分隔开。南部西侧为沧池，东侧分布有大量建筑遗址，但是每座单体建筑的规模并不大。中部以前殿为中心，在其东西两侧已勘探发现了不少规模较大的建筑遗址。北部是皇宫中的后宫区。后宫区以北为文化设施区，后宫西北侧为少府及其官署区，后宫东北部有一些礼制建筑。

《尚书·大传》记载："九里之城，三里之宫。"汉长安城周长 25700 米，未央宫周长 8800 米，都城与宫城周长之比约 3：1，这是目前所知最早按此比例关系建造的都城与宫城。先秦时代按此比例关系营造的都城与宫城，至今还未发现。西汉时代以后，汉魏洛阳城承袭了汉长安城的郭城与宫城周长的比例关系。中世纪开始，都城与宫城周长比例关系发生了明显变化，即郭城变大、宫城变小。如唐长安城郭城与宫城周长之比为 4.3：1，隋唐洛阳城郭城与宫城周长之比为 4.9：1，北宋开封城（内城）与宫城周长之比为 5：1，明清北京城（内城）与宫城周长之比为 5.8：1[1]。中世纪都城与宫城周长之比的变化，说明都城随着经济生业、文化事业的不断发展，国家政权机构的不断增加，附属的服务范围、规模的相应扩展，都城人口的不断增长，致使都城空间扩大。

未央宫布局反映出宫城之内，总体设计以宫殿建筑群为主，主体宫殿建筑（大朝正殿——前殿）在宫城之中的位置居中、居前、居高，主要宫殿位居主体宫殿之后，辅助性宫殿建筑安排在主体宫殿和主要宫殿两侧。未央宫以前殿为基点进行规划，汉长安城又以未央宫为前提进行营筑。

（四）长乐宫遗址

长乐宫是在秦都咸阳"渭南"离宫——兴乐宫基础上修建起来的[2]。长乐宫位于长安城东南部，其遗址范围在今西安市未央宫乡和汉城乡的阁老门、唐寨、张家巷、罗寨、讲武殿、查寨、樊家寨和雷寨等村庄一带。长乐宫在未央宫之东，汉代又称长乐宫为"东宫"[3]。经考古勘探，长乐宫东、西、南、北宫墙长分别为 2280 米、2150 米、3280 米、3050 米，周长约 10760 米，面积约 6 平方公里，占汉长安城总面积的六分之一。东、西宫墙平直，南、北宫墙有曲折。

---

〔1〕 东汉洛阳城周长约 13000 米，宫城（南宫）周长 4600 米；北魏洛阳城（内城）周长 14345 米，宫城周长 4116 米；唐长安城周长 36700 米，宫城周长 8600 米；隋唐洛阳城周长 27516 米，宫城周长 5645 米；北宋开封城内城周长 12500 米，宫城周长 2500 米，明清北京城（内城）周长 20000 米，宫城周长 3440 米。

〔2〕 《三辅黄图》："长乐宫，本秦之兴乐宫也。高皇帝始居栎阳，七年长乐宫成，徙居长安城。《三辅旧事》、《宫殿疏》皆曰：'兴乐宫，秦始皇造，汉修饰之，周回二十里。'"引自何清谷校注《三辅黄图校注》，三秦出版社，2006 年。

〔3〕 《汉书·楚元王传》："依东宫之尊，假甥舅之亲，以为威重。"颜师古注："东宫，太后所居也。"又，清·王先谦《汉书补注》："胡注：汉制，太后率居长乐宫，在未央宫东，故曰东宫。"清光绪二十六年刊行。

长乐宫遗址之内现在已经考古勘探发现的主要道路 5 条，其中东西向 3 条、南北向 2 条。连接东、西宫门，横贯宫城的东西向大路和由南宫门向北至宫城东西大路的南北向大道最为重要。此外，北自横贯宫城东西大路，向南通至长乐宫之外的高庙的南北向道路，也是长乐宫中的重要道路。横贯宫城的东西大路，向东通至霸城门，向西通至安门大街并与直城门大街相对。该路宽 45～60 米，分为 3 股道。其形制与城内八街相同。如果据此将这条大路当作与城门相连的干路"大街"的话，那么长乐宫的形制、规模就有了不同时期的不同变化[1]。

横贯长乐宫的东西大路南北，勘探发现了大量建筑遗址，其中近年来对东西大路以北、长乐宫西北部的多处建筑遗址进行了考古发掘。

东西干路南部的勘探发现了三组大型建筑群，它们由东西并列的两条南北向道路将其分开，三组建筑群之间东西间距约 350 米。其中东部的建筑群规模最大，该建筑群遗址夯土基址东西宽 116 米，南北长 197 米，基址之上南北排列 3 座建筑。南面建筑东西 100 米，南北 56 米，其南边东西并列三阶；中间建筑东西 43 米，南北 35 米；北面建筑东西 97 米，南北 58 米。

东西向干路北部，其西面以宫室建筑为主，东面可能为文献记载的长乐宫池苑——"酒池"故址[2]。已发掘的长乐宫第一号建筑遗址位于西安市汉城乡罗寨村北，建筑遗址周筑围墙，形成院落，东西宽 420 米，南北长 550 米。院落南墙东西居中处外凸，似为南门遗迹。主体建筑位于院落北部中央，夯土台基平面长方形，东西 76.2 米，南北 29.5 米，台基周施回廊，廊外置卵石散水。台基南北各一条踏道[3]。长乐宫第二号建筑遗址位于罗寨村西北，东邻第一号建筑遗址。第二号建筑基址东西 45.3 米，南北 96 米。台基周施廊道与散水，台基北部为庭院、回廊与天井，台基之上有地下结构的房屋建筑 3 座，其中以 F1 最为重要，其主室东西 23.83 米，南北 10 米，地下部分表面铺砖，排列有分布密集的 27 个础石[4]。长乐宫第三号建筑遗址在第二号建筑遗址南部，东邻罗家寨。遗址夯土台基东西 38～66.8 米，南北 54.48～88.45 米，台基之上有两座地下建筑结构的房屋。一座平面为曲尺形，东西 32 米，南北 34 米。另一座平面为长条形，长 26 米，宽 4.7 米。长乐宫第四号建筑遗址位于第一号建筑遗址南部、罗家寨北部，主体建筑基址东西 79.4 米，已考古发掘的部分南北 27.4 米（图 5-10），其上亦分布有两座地下建筑结构的房屋[5]。长乐宫第五号建筑遗址可能属于"凌室"建筑的遗址[6]，位于罗家寨东北部，主体建筑东

〔1〕 刘庆柱、李毓芳：《汉长安城》第 108～110 页，文物出版社，2003 年。

〔2〕 《关中记》："长乐宫有鱼池台、酒池台，秦始皇造。"引自刘庆柱辑注《三秦记辑注·关中记辑注》，三秦出版社，2006 年。

〔3〕 李遇春：《汉长安城的发掘与研究》，《汉唐与边疆考古研究》第 1 辑，科学出版社，1994 年。

〔4〕 中国社会科学院考古研究所汉长安城工作队：《汉长安城长乐宫二号建筑遗址发掘报告》，《考古学报》2004 年第 1 期。

〔5〕 中国社会科学院考古研究所汉长安城工作队：《西安市汉长安城长乐宫四号建筑遗址》，《考古》2006 年第 10 期。

〔6〕 中国社会科学院考古研究所汉长安城工作队：《汉长安城长乐宫发现凌室遗址》，《考古》2005 年第 9 期。

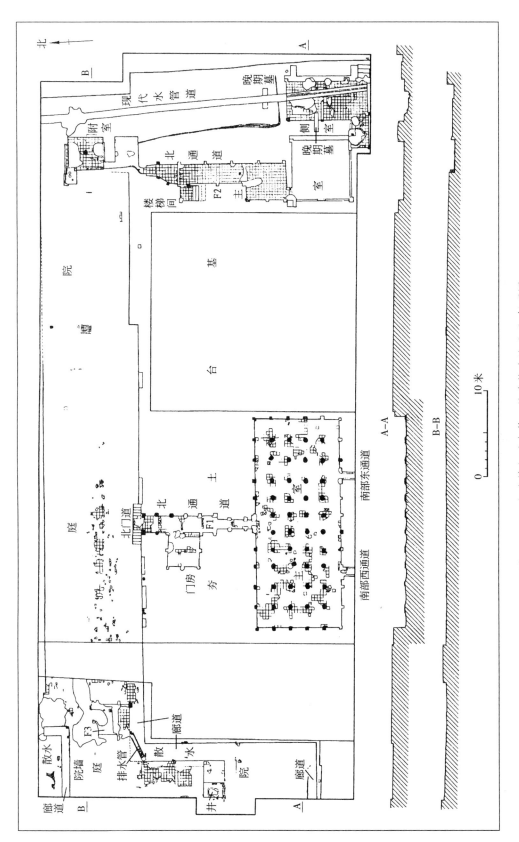

图 5-10 汉长安城长乐宫第四号建筑遗址平面、断面图

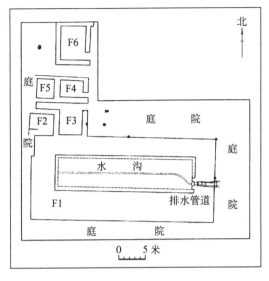

图5-11　汉长安城长乐宫凌室遗址平面图

西向长方形，室内东西长27米，南北宽6.7米，房屋的夯土墙体宽3.6～5.6米。在主体建筑的西北部还有一些附属建筑（图5-11）。长乐宫第六号建筑遗址南邻罗家寨，北为第四号建筑遗址，东南为第五号建筑遗址。主体建筑基址东西约120米，南北约50米，基址之上亦发现一些地下建筑结构的房屋遗迹[1]。

近年来，长乐宫遗址进行了大量考古勘探、发掘工作，获得了许多重要考古资料。但是，还有许多学术问题并不清楚，新的考古发现对不少传统学术观点提出了挑战。这一切都需要通过开展更多的田野考古工作，取得更为详尽的考古资料，以使长乐宫遗址考古研究更为深入。鉴于道路对于都城、宫城布局形制研究的重要性，作为长乐宫遗址中部的东西向道路的规格、形制与汉长安城遗址中的"八街"基本相同，以及汉长安城城墙修筑与城内道路建设均在长乐宫、未央宫建成以后进行的，西汉一代不同时期长乐宫布局形制可能有着较大变化。已经考古发现的长乐宫西北部的第一至六号建筑遗址，从出土的砖、瓦、瓦当等建筑材料来看，没有战国秦、秦代和秦汉之际的砖瓦等遗存，这与西汉初年由秦兴乐宫改建的长乐宫之时代似不一致。就目前长乐宫遗址范围的地形观察，其地势南高北低，长乐宫的主要宫室建筑应该首先置于南部。据此，有的学者认为，现在已经考古勘探究明的长乐宫宫城范围，实际上被霸城门与直城门之间的东西向大街分为南北两部分，南部为长乐宫，北部为明光宫[2]。已经考古发掘的霸城门遗址，其规模、形制与西安门相同，而与直城门遗址不同，前二者城门面阔52米，后者面阔32米。汉长安城的12座城门中，与宫城宫门相对的城门面阔52米，其他城门面阔32米。也就是说，已经考古发现的长乐宫宫城范围与霸城门形制规模是一致的。霸城门作为与长乐宫宫门相对的城门，显然与直城门情况不同，直城门大街将未央宫与桂宫分为南北二宫城。

与未央宫相比较，长乐宫遗址布局形制较为松散，这由于两方面原因造成的。其一，长乐宫是在秦咸阳城的离宫兴乐宫基础之上改建而成的，离宫"影响"的存在；其二，如果说长乐宫范围，曾经由南部扩展到北部，面积几乎增加了一倍，那么宫城之内建筑群就呈现出多点分布状况，这也可能与长乐宫作为西汉一代的"太后之宫"，太后、太太后并存有关。

（五）桂宫遗址

桂宫遗址位于今西安市未央区六村堡镇，其范围包括夹城堡、民娄村、黄家庄、铁锁村

〔1〕　刘振东、张建锋：《西汉长乐宫遗址的发现和初步研究》，《考古》2006年第10期。
〔2〕　刘瑞：《西汉长安城的朝向、轴线及布局思想》，《文史》2007年第2辑，中华书局。

和六村堡。桂宫遗址西为汉长安城西城墙，东临"横门大街"，与未央宫遗址南北相对，这与文献记载是一致的[1]。桂宫是汉武帝时修筑的后妃之宫[2]，桂宫遗址的考古勘探、发掘，证实了其时代属于西汉中晚期。经考古勘探，桂宫遗址平面呈长方形，南北 1840 米，东西 900 米，周长 5480 米，面积 1.66 平方公里（图 5-12）。桂宫的大型建筑遗址大多分布在宫城南部。已进行考古发掘的有桂宫第二号、三号和四号建筑遗址，桂宫第一号建筑遗址进行了考古勘探、试掘。

桂宫第一、二号建筑遗址，实际为一座大型宫殿建筑群遗址，它包括了南院的殿堂（桂宫第二号建筑遗址 A 区）、北院的后殿（桂宫第二号建筑遗址 B 区）及其北面的高台（桂宫第一号遗址）。其范围南北 200 米，东西 110 米（图 5-13）。南院东西 84 米，南北 56 米，面积 4704 平方米。殿堂位于南院中央，其殿基东西 51.1 米，南北 29 米（图版 10-2）。殿堂台基四壁有壁柱遗迹，其外置回廊与散水。殿堂南面设东西并列二阶为进出殿堂的通道，二阶对称分布。殿堂北部设东西并列二通道。殿堂东西两侧的南部亦各置一出入殿堂的通道。殿堂东部有一组地下建筑，由门道、"传达室"、通道和主室组成。殿堂北部有一座地下房屋，坐南朝北，

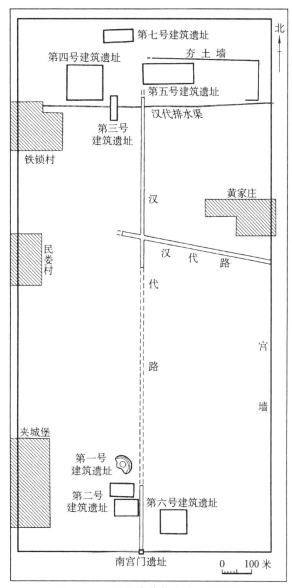

图 5-12 汉长安城桂宫遗址平面图

房屋东西面阔 6.95 米，南北进深 4.1 米，北墙辟门，置门道。正殿北部有东西并列两庭院，其平面均为长方形。庭院中央置天井。殿堂西南部有一些小院子和类似沐浴场所的设施。

---

[1]《汉书·成帝纪》：成帝为太子时"初居桂宫，上尝急召，太子出龙楼门，不敢绝驰道，西至直城门，得绝乃度，还入作室门"。龙楼门为桂宫南宫门，作室门为未央宫北宫墙上的掖门，作室门与龙楼门南北相对，也就是说未央宫与桂宫隔直城门大街南北相对。

[2]《三辅黄图》："桂宫，汉武帝造，周回十余里。"引自何清谷校注《三辅黄图校注》，三秦出版社，2006 年。

南院与北院南北相连，共用院墙，其上辟门，连通二院。北院建筑遗址范围东西84米，南北46米。北院中部为主体建筑，台基东西长77.5米，南北宽20~32米，台基之上有多座房屋。主体建筑南北各置3条进出通道。北院南部有东西并列3座庭院，均为中央置天井，周施回廊，廊外置散水。主体建筑北部东西并列2座庭院。

高台建筑基址在北院以北40米，现存高12米，底部东西54米，南北48米。高台基址北部和东部发现登台遗迹。

桂宫第四号建筑遗址位于桂宫西北部，其范围东西124米，南北120米。由东、西两

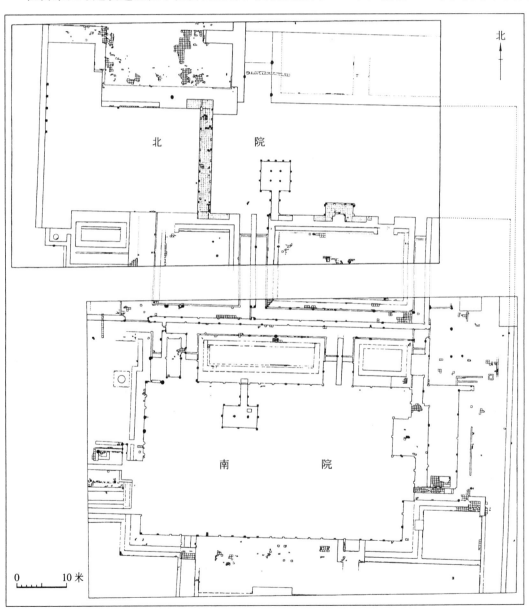

图 5-13　汉长安城桂宫第二号建筑遗址平面图

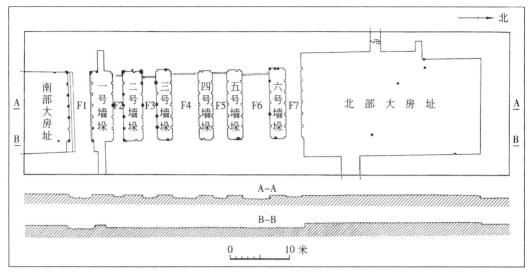

图 5-14 汉长安城桂宫第三号建筑遗址平面、断面图

组建筑组成，其间为南北向通道。西组建筑遗址范围东西 40 米，南北 95 米；东组建筑遗址范围东西 58 米，南北 103 米。每组建筑各包括殿堂、庭院和附属建筑等。该建筑遗址出土的王莽准备封禅泰山的仪具——"玉牒"，是研究古代帝王封禅泰山的重要考古资料。

仓储遗址即桂宫第三号建筑遗址，东西 24 米，南北 84 米。南北两端各有 1 座大房址，其间有南北排列的 7 座长条形平面房址（图 5-14）。7 座房址大小不一，面阔 1.7～4.66 米，进深 11.6～11.9 米，各房址间的隔墙厚达 2.5～3.28 米，壁柱密集。房址均坐东朝西，西边置门。7 座房址南北两端的大房址应为仓储建筑守卫者的居住、活动建筑。桂宫第三号建筑遗址考古发掘，填补了皇宫与后妃宫城这类建筑的空白[1]。

桂宫遗址是汉长安城遗址之中，经过较为系统考古勘探、发掘的后妃宫城遗址。桂宫宫城平面为南北向的长方形，大型宫殿建筑群分布在宫城中南部，尤以南部较多、较重要。桂宫正门为南宫门，即文献记载的"龙楼门"[2]。因此，桂宫的朝向应为坐北朝南。位于桂宫南部、与南宫门基本南北相对的第一、二号建筑遗址，为桂宫大型宫殿建筑群中的主体建筑。第二号建筑遗址的南院遗址中的殿堂，应为文献记载中的桂宫正殿——鸿宁殿[3]。作为正殿的殿堂，在南院居南、居中，寝居在殿堂之后的北院。由此可以看出，

〔1〕 中国社会科学院考古研究所、日本奈良国立文化财研究所：《汉长安城桂宫（1996～2001 年考古发掘报告）》，文物出版社，2007 年。

〔2〕 《汉书·成帝纪》：成帝为太子时"初居桂宫，上尝急召，太子出龙楼门，不敢绝驰道，西至直城门，得绝乃度，还入作室门"。作室门为未央宫北宫墙上的掖门，作室门与龙楼门南北相对（见中国社会科学院考古研究所《汉长安城未央宫（1980～1989 年考古发掘报告）》第 13、14 页，中国大百科全书出版社，1996 年）。

〔3〕 《汉书·哀帝纪》：建平三年正月"癸卯，帝太太后所居桂宫正殿火"。又，《汉书·五行志（上）》记载同一件事称"哀帝建平三年正月癸卯，桂宫鸿宁殿灾，帝祖母傅太后之所居也"。故桂宫正殿为鸿宁殿。

后妃宫城之中的正殿建筑群宫室的"前堂后室"、"前朝后寝"的布局。与第二号建筑遗址南北相连的第一号建筑遗址，属于"台苑"一类建筑，也就是文献记载桂宫之中的"土山"[1]。在这组建筑群之南与南宫门之间，有宫城之中的南北向干道相连，其间没有发现其他建筑遗址，在第一、二号建筑遗址群东西两侧和北部，发现大量建筑遗址。

（六）北宫遗址与明光宫遗址

文献记载北宫位于未央宫北部，与桂宫相邻，系汉高祖刘邦始建，汉武帝时增修[2]。北宫是供奉、祭祀神君的地方[3]，也是安排退居或废处后妃的宫城[4]，因此北宫成为汉长安城中因宫廷斗争失败，而被软禁的后妃居处[5]。

长期以来根据文献记载，推测北宫遗址在桂宫遗址东侧、未央宫遗址北侧，其北临雍门大街、南临直城门大街、西临横门大街、东临厨城门大街，但是在这一范围之内，经过长期考古调查、勘探，并未发现宫城遗迹。20世纪90年代中期，在上述范围以东，即雍门大街南35米、直城门大街北225米、安门大街西40米、厨城门大街东50米，发现1座西汉时代城址，其平面为南北向长方形，南北1710米，东西620米，周长4660米。发现者根据城址的出土遗物及其地望，推测这应是汉长安城之中的北宫遗址。宫城遗址南北各发现1座宫门，南宫门外的南北向大街直通直城门大街。北宫南面还发掘了一批汉初可能为建造未央宫、武库、北宫等而烧造砖瓦的窑址[6]。北宫始筑于西汉初年，北宫遗址的南北向长方形平面形制，显然与同时期营筑的未央宫平面形制不同，这反映了作为皇宫的未央宫与其他后妃宫城的区别。

文献记载明光宫建于西汉中期[7]。关于明光宫遗址的具体位置，多年来一直尚未究明。有的学者根据文献记载[8]，认为明光宫应位于汉长安城东北部，即安门大街以东、

---

〔1〕 《三辅黄图》："《关辅记》云：'桂宫在未央北，中有明光殿土山。'"引自何清谷校注《三辅黄图校注》，三秦出版社，2006年。此处所载的"明光殿土山"，应为"鸿宁殿土山"。

〔2〕 《三辅黄图》："北宫，在长安城中，近桂宫，俱在未央宫北。周回十里。高帝时制度草创，孝武增修之，中有前殿，广五十步，珠帘玉户如桂宫。"引自何清谷校注《三辅黄图校注》，三秦出版社，2006年。

〔3〕 《汉书·郊祀志（上）》："又置寿宫、北宫，张羽旗，设共具，以礼神君。"

〔4〕 《汉书·外戚传·孝惠张皇后传（上）》："独置孝惠皇后，废处北宫。"又，《汉书·孔光传》："时成帝母太皇太后自居长乐宫，而帝祖母定陶傅太后在国邸，有诏问丞相、大司空：'定陶共王宜当何居？'……大司空何武曰：'可居北宫。'"又，《汉书·平帝纪》："贬皇太后赵氏为孝成皇后，退居北宫。"

〔5〕 清·王先谦《汉书补注》："周寿昌曰，北宫废后所居。"清光绪二十六年刊行。

〔6〕 中国社会科学院考古研究所汉城工作队：《汉长安城北宫的勘探及其南面砖瓦窑的发掘》，《考古》1996年第10期。

〔7〕 《汉书·武帝纪》：太初四年"秋起明光宫"。

〔8〕 汉·班孟坚《西都赋》："自未央而连桂宫，北弥明光而亘长乐。"又，汉·张平子《西京赋》："阁道穹隆，属长乐与明光，径北通乎桂宫。"引自《文选》，中华书局，1977年。又，《三辅黄图》：明光宫"在长乐宫后，南与长乐宫相联属"。引自何清谷校注《三辅黄图校注》，三秦出版社，2006年。

清明门大街以北、宣平门大街以南[1]；也有的学者认为明光宫与北宫是一座宫城的两个名称[2]；还有的学者提出，明光宫应在清明门大街与霸城门和直城门东西向道路之间、汉长安城东城墙以西、安门大街以东，即现在一般认为的长乐宫遗址之中的东西向干道以北部分[3]。目前来看，这一学术问题的解决，需要进一步的田野考古工作的开展去究明。

（七）武库遗址

文献记载武库建于西汉初年[4]，位于汉长安城中南部的未央宫与长乐宫之间[5]。汉长安城武库建筑遗址，是目前惟一经过考古发掘的古代中央级"武库"遗址。武库周筑围墙形成院落，其平面为长方形，东西 710 米，南北 322 米，周长 2064 米。约于院落中部有一南北向隔墙，将院落分为东、西两座院子。东院东西 380 米、南北 322 米，西院东西 330 米、南北 322 米。东院东墙和南墙各辟一门，西院南墙东端辟门，东院与西院隔墙南端辟门。

武库之中有 7 座建筑，其中东院 4 座、西院 3 座。东院 4 座建筑分布于北部和西部各 1 座，南部东西并列 2 座。西院东、西、南面各 1 座建筑。7 座建筑平面均为长方形（图5-15）。

东院北部建筑遗址进行了考古发掘，该建筑遗址东西 197 米，南北 24.2 米，面阔 40 间、进深 3 间。建筑遗址中部有一南北向隔墙，将其分为大小相同的东西两部分，每部分各于其南墙辟东西并列二门。门旁有门卫用房。该建筑遗址出土大量兵器遗物，其中主要有铁剑、铁刀、铁矛、铁戟和铁铠甲等，还有铜戈、铜镞等。南部东侧建筑东西面阔 82 米，南北进深 30 米，这是武库 7 座建筑中规模最小的建筑；南部西侧建筑东西面阔 157 米，南北进深 25 米，该建筑中部有一南北向隔墙，将其分为东西两部分，每部分建筑的北墙之上各辟一门；西部建筑

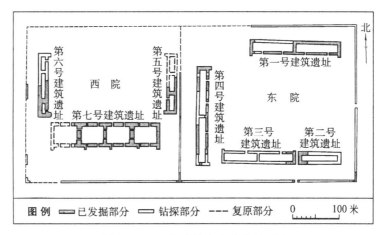

图 5-15 汉长安城武库遗址平面图

[1] 王仲殊：《汉代考古学概说》，中华书局，1984 年。

[2] 马先醒：《汉代长安城之营筑及其形制》附图八：汉代长安城区划略图，《中国古代城市论集》，台北简牍学会，1980 年。

[3] 刘瑞：《西汉长安城的朝向、轴线及布局思想》，《文史》2007 年第 7 期，中华书局。

[4] 《史记·高祖本纪》：高祖八年"萧丞相营作未央宫，立东阙、北阙、前殿、武库、太仓"。

[5] 《史记·樗里子列传》："昭王七年，樗里子卒，葬于渭南章台之东。曰：'后百岁，是当有天子之宫夹我墓。'樗里子疾室在于昭王庙西渭南阴乡樗里，故俗谓樗里子。至汉兴，长乐宫在其东，未央宫在其西，武库正直其墓。"

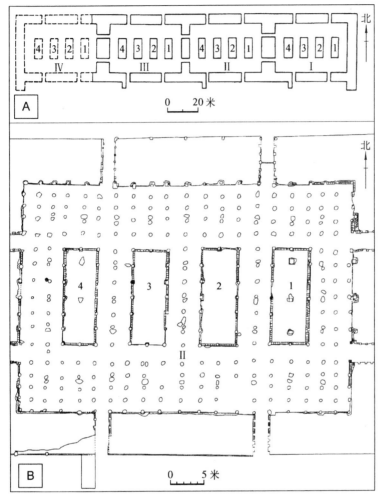

图 5-16 汉长安城武库第七号建筑遗址平面图
A.第七号建筑遗址平面图 Ⅰ~Ⅳ.房间 1~4.墙垛
B.Ⅱ号房间平面图 1~4.墙垛

南北面阔 205 米，东西进深 25 米，其中部有一东西向隔墙，将其分为南北两部分，每部分的东墙之上各辟二门。

西院东部建筑遗址南北面阔 128 米，东西进深 22 米，其中有南北并列二隔墙，将建筑分为南、中、北三部分。西部建筑南北面阔 128 米，东西进深 22 米，其中有南北并列二隔墙，将建筑分为南、中、北三部分，每部分东墙各辟一门。南部建筑是武库中规模最大的一座建筑物，进行了全面考古发掘，建筑遗址东西面阔 231 米，南北进深 45.7 米，其中 3 条南北向隔墙，将其分为 4 座大房屋，大小、形制基本相同。每座房屋东西 48.3~48.7 米，南北均为 32.7 米。每座房屋南北对称各开 2 个门道，门旁有门卫用房。南部建筑之中的每条隔墙之上，南北各辟一门。每座房屋之内有 4 条东西并列的南北向夯土墙垛，4 条墙垛间距基本相同，每条墙垛南北长 13.5~13.8 米，东西宽 5.2~5.4 米（图 5-16），墙垛四面分布有密集壁柱排列，这些墙垛遗迹可能与兵器架有关。房屋之内地面清理出分布整齐、密集的础石。该建筑遗址出土兵器数量很多，铁兵器主要有剑、刀、戟、矛、镞等，铜兵器主要是镞，但铜镞不及铁镞数量的十分之一。

武库院落属于坐北朝南的建筑，东院和西院的南门是各自的主要门道，其中西院南门更为重要。武库分为东院和西院，应系二者使用功能的不同。二院隔墙门道的宽大，反映了东院与西院往来活动的频繁。虽然武库院落总体朝向坐北朝南，但是其中 7 座建筑的朝向并不一致，如东院的 4 座建筑基本朝向院子中央。西院的 3 座建筑，东部和西部建筑均朝向院子中央，南部建筑虽然是坐北朝南方向，但其北面亦辟有与其南面位置相同、数量相等、规格一致的门址。因此，也可以理解此建筑又有朝向院子中央的设计安排。

考古发现揭示，武库建筑遗址形制有几个特点：第一，各建筑的正面"山墙"均向前延伸出 5 米，这应系为安全保卫人员使用而设置的。类似建筑形式在西汉时代宫殿和官署建筑遗址中也有考古发现，如未央宫中央官署建筑遗址院落南墙和北墙西端，各有一南北向短墙与之相连[1]；汉宣帝杜陵寝园南墙西端，亦有一南北向短墙与之相连[2]。第二，武库中各建筑的正面均置廊道。第三，各建筑的墙体宽厚是其与其他建筑的重要不同之处。

武库中建筑物包括兵器库和士兵兵营两种。兵器库较兵营的建筑规模大。由于建筑物用途不同，所以形制也不一样。就是同为储藏兵器的库房，由于存放兵器的种类不同，它们的结构也各具特色。又如一号建筑是存放铠甲的库房。武库出土的大量兵器，在兵器史研究上有着重要的学术意义[3]。

（八）市场遗址与手工业作坊遗址

1. 市场遗址

汉长安城的东市和西市是首都的主要市场。关于东市与西市的位置，根据历史文献记载，学术界有多种说法，如洛城门和横门外说[4]、洛城门内与横门外说[5]、杜门与横门外说等[6]，但是上述观点得不到田野考古资料的支撑。考古勘探、发掘资料说明，汉长安城的东市、西市均位于城内西北部，即雍门大街北侧、横门大街东西两边、汉长安城北城墙以南。东市和西市均周围筑墙，墙宽 5～6 米。东市范围东西 780 米，南北 650～700 米，西市范围东西 550 米，南北 420～480 米（图 5 - 17）。二市南、北、东、西各有二市门。市内各有两条东西和南北道路贯通，四条道路相交呈"井"字形[7]，这与汉代市井画像砖上"市"的图像相近[8]。

横门南 160 米、东市和西市之间，有一西汉时代建筑遗址群，其范围长、宽各约 300 米。主体建筑在建筑遗址群中央，东西 147 米，南北 56 米，此遗址可能是文献记载"长安市"的"当市楼"（"市楼"）或"当市观"遗址[9]。

---

[1] 中国社会科学院考古研究所：《汉长安城未央宫（1980～1989 年考古发掘报告)》第 48～55 页，中国大百科全书出版社，1996 年。

[2] 中国社会科学院考古研究所：《汉杜陵陵园遗址》第 24 页，科学出版社，1993 年。

[3] 中国社会科学院考古研究所：《汉长安城武库》，文物出版社，2005 年。

[4] 杨宽：《西汉长安布局结构的探讨》，《文博》1984 年创刊号。

[5] 马先醒：《汉代长安之营筑及其形制》，《中国古代城市论集》，台北简牍学会，1980 年。

[6] 孟凡人：《汉长安城形制布局中的几个问题》，《汉唐与边疆考古研究》第 1 辑，科学出版社，1994 年。

[7] 刘庆柱：《西安市汉长安城东市和西市遗址》，《中国考古学年鉴（1987)》，文物出版社，1988 年。

[8] 刘志远：《汉代市井考——说东汉市井画像砖》，《文物》1973 年第 3 期。

[9] 《太平御览》卷一九一引《宫阙记》："夹横桥大道南有当市观。"又，《三辅黄图》："当市楼有令署，

东市与西市比邻，在都城布局之中出现这种情况是因为二市的性质不同所致。《汉书·惠帝纪》卷二载：惠帝六年"起长安西市"。根据"西市"之名，在建西市之前，其东应有时代早于西市的市场，可能即汉高祖设立的"大市"[10]，因其时尚无"西市"，故"大市"不称"东市"。"西市"因建于大市之西而得名，原来的"大市"也因西市之建立，而更名东市。作为"大市"的东市，应该是"日昃百市，百族为主"。[11] 市场是城市人员集聚之地，古代官府"斩首示众"一般安排在"市"或其附近，因此秦汉时代又有"弃市"之称[12]。这也就是"刑人于市，与众弃之"[13]。西汉一代，汉长安城中"弃市"者，未见文献记载有在西市进行的，而在东市行刑者甚多，如晁错、吴章、刘

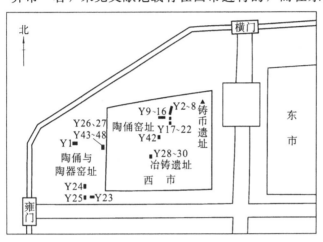

图 5-17　汉长安城西市及手工业作坊遗址分布示意图
Y1、23~27、43~48.陶俑与陶器窑址
Y2~22.陶俑窑址　Y28~30、42.烘范窑

屈牦、成方遂等[14]。可见西汉时代东市是都城之中最为繁华的市场。这也使东市造就出不少京师著名的商贾，如"东市贾万"[15]、"东市令"王好卿等[16]。在文献记载中，西汉时代京师的大商人，未见出于西市的，这可能与西市之内商业不甚发达有关。虽然西市不如东市商业发达，但其手工业则相当重要，田野考古资料说明，西市之中分布有大量官办手工业作坊[17]，西市以手工业生产为主，西市的大量手工业生产产品为皇室专用，如"裸体"陶俑、

以察商贾货财买卖贸易之事，三辅都尉掌之。"引自何清谷校注《三辅黄图校注》，三秦出版社，2006 年。

[10]《史记·汉兴以来将相名臣年表》：汉高祖六年"立大市"。

[11]《周礼·地官·司市》卷第十四。

[12]《史记·秦始皇本纪》：秦始皇三十四年"有敢偶语诗书者弃市"。又，《史记·淮南衡山列传》："长当弃市，臣请论如法。"

[13]《礼记·王制》。

[14]《汉书·晁错传》："乃使中尉召错，绐载行市。错衣朝衣斩东市。"《汉书·云敞传》：吴章"坐要斩，磔尸东市门"。《汉书·刘屈牦传》："有诏载屈牦厨车以徇，要斩东市。"《汉书·隽不疑传》：成方遂"坐诬罔不道，要斩东市"。

[15]《汉书·王尊传》。

[16]《汉书·货殖列传》。

[17] A. 中国社会科学院考古研究所汉城队：《汉长安城窑址发掘报告》，《考古学报》1994 年第 1 期；《1992 年汉长安城冶铸遗址发掘简报》，《考古》1995 年第 9 期；《1996 年汉长安城冶铸遗址发掘简报》，《考古》1997 年第 7 期。

B. 李毓芳：《汉长安城烘范窑和铸币遗址》，《中国考古学年鉴（1993）》，文物出版社，1995 年。

铸币范、与度量衡器相关的铸造产品等。据上所述可以看出，汉长安城中东市为商业中心，西市为官手工业中心。汉长安城市场形成东市与西市二市比邻的格局，反映了中国古代的帝国时代初期，都城市场商业与手工业的工商结合特点。

2. 手工业作坊遗址

汉长安城及其附近地区手工业遗址，自 20 世纪 50 年代中期以来多有发现[1]，主要集中于汉长安城西市遗址一带，此外，在汉长安城附近地区的东北部[2]、北部[3]、西部[4]、西南部也分别发现了一些西汉时期手工业遗址[5]。这些手工业遗址主要有烧造陶俑、砖瓦、陶器的陶窑遗址，冶铸遗址、铸币遗址等[6]。

（1）西市烧造陶俑官窑遗址

烧造陶俑官窑遗址发现于西市遗址东北部，即今西安市未央区六村堡镇相家巷村南部，已发掘的 21 座烧造陶俑官窑分为 3 组，其分布平面呈三角形，东北部有 7 座，西南部有 8 座，东南部有 6 座。21 座官窑形制、大小相近，陶窑均为半地穴式，一般由前室、火门、火膛、窑室和排烟设施（进烟口、烟道、排烟口）5 部分组成。陶俑官窑的发掘，进一步了解了火膛与窑室之间的隔火墙和窑室中的分火道隔墙结构，究明了当时陶俑烧造的俑体头下脚上的倒置装窑方法。官窑的产品均为形制、大小相同的陶俑。陶俑均为"裸体"、直立式，身高 55.5～60.5 厘米，陶俑体形细长、无臂。"裸体"陶俑作为随葬品使用时是着衣的，如汉宣帝杜陵第一号陪葬坑出土的"裸体"陶俑，于其腹部均发现铜带钩，这是陶俑原来身着帛衣使用的带钩[7]。汉景帝阳陵陪葬坑出土的"裸体"陶俑，身上已

〔1〕　A. 俞伟超：《汉长安城西北部勘查记》，《考古通讯》1956 年第 5 期。

　　B. 毕初：《汉长安城遗址发现裸体陶俑》，《文物》1985 年第 4 期。

　　C. 周苏平、王子今：《汉长安城西北区陶俑作坊遗址》，《文博》1985 年第 3 期。

　　D. 中国社会科学院考古研究所汉城工作队：《汉长安城 1 号窑址发掘简报》，《考古》1991 年第 1
　　期；《汉长安城 2～8 号窑址发掘简报》，《考古》1992 年第 2 期；《汉长安城窑址发掘报告》，《考
　　古学报》1994 年第 1 期；《汉长安城 23～27 号窑址发掘简报》，《考古》1994 年第 11 期；《1992
　　年汉长安城冶铸遗址发掘简报》，《考古》1995 年第 9 期。

　　E. 李毓芳：《汉长安城烘范窑和铸币遗址》，《中国考古学年鉴（1993）》，文物出版社，1995 年。

　　F. 中国社会科学院考古研究所汉城工作队：《1996 年汉长安城冶铸遗址发掘简报》，《考古》1997
　　年第 7 期。

　　G. 刘振东：《汉长安城新发现六座窑址》，《考古》2002 年第 11 期。

〔2〕　A. 刘致平：《西安西北郊古代建筑遗址勘查初记》，《文物参考资料》1957 年第 3 期。

　　B. 祈英涛：《西安的几处汉代建筑遗址》，《文物参考资料》1957 年第 5 期。

　　C. 唐金裕：《西安市北郊汉代砖瓦窑址》，《考古》1964 年第 4 期。

〔3〕　陈安利、马咏钟：《汉长安城遗址出土大型陶俑》，《文博》1989 年第 1 期。

〔4〕　俞伟超：《汉长安城西北部勘查记》，《考古通讯》1956 年第 5 期。

〔5〕　西安市文物保护修复中心：《汉锺官铸钱遗址》，科学出版社，2004 年。

〔6〕　白云翔：《汉长安城手工业生产遗存的考古学研究》，《汉长安城考古与汉文化》，科学出版社，
　　2008 年。

〔7〕　中国社会科学院考古研究所：《汉杜陵陵园遗址》第 86 页，科学出版社，1993 年。

腐朽的丝织品衣服仍依稀可辨[1]。"裸体"陶俑约出现于汉景帝时期，其下限不会超出西汉时代晚期。"裸体"陶俑的出现有一个发展过程，它们是从着衣陶俑到无臂陶，再到"裸体"陶俑。"裸体"、无臂陶俑的出现，应该是受到楚文化中木俑风格的影响。南方楚文化中的木俑分为着衣和彩绘木俑两类，二者在未着衣、彩绘之前，实际上是"裸体"、无臂木俑。楚文化中的无臂着衣木俑早在战国时代即已存在[2]，在湖北、湖南的西汉初期墓葬中仍大量作为陪葬品使用[3]。

关于西市烧造陶俑官窑的生产规模，根据这里发现的装满俑坯的两座窑计算，窑室每平方米装俑坯 102 个，21 座陶俑窑的窑室面积总计 84.2 平方米，一次可装俑坯 8638 个，其产品数量是相当可观的，这些官窑生产的"裸体"陶俑是可以满足西汉时期京畿地区帝陵和贵族大型墓葬的随葬需求[4]。

西市遗址官窑生产的"裸体"陶俑，应该是西汉时代专为皇室生产的随葬品。近年来，在西汉帝陵或一些高级贵族的陪葬坑或墓葬中，多有发现。如汉景帝阳陵、汉宣帝杜陵、汉昭帝平陵等西汉帝陵陪葬坑中出土了"裸体"陶俑，属于西汉时代贵族墓葬的西安新安机砖厂汉墓也发现了随葬的"裸体"陶俑[5]。

（2）西市的冶铸遗址

在西市遗址中部和南部，已清理出烘范窑址 4 座、铸范坑 3 个、废料坑 5 个、熔炉 1 座、水井 1 个。其中中部冶铸遗址清理烘范窑 1 座、铸范坑 3 个，烘范窑与铸范坑东西并列，3 个铸范坑东西排列。南部冶铸遗址的西面分布着 3 座烘范窑和 1 个废料坑；东面遗址主要有熔炉 1 座、废料坑 4 个和水井 1 个。烘范窑的大小、形制与陶俑窑基本相同，只是排烟设施差别较大。冶铸遗址出土遗物主要为叠铸范、范模、坩埚、鼓风管、陶饼等。叠铸范中可辨认的器形主要有：车辖范、六角钉范、带扣范、圆形环范、齿轮范、权范、器托范、镇器范、马衔范、车軎范、键栓范等[6]。上述叠铸范有的经过浇铸使用，有的未经使用。一般前者保存较差，后者保存较好。根据上述出土叠铸范推知，冶铸遗址的产品主要是车马器和日用器具。

---

[1]　陕西省考古研究所：《汉阳陵》第 8～10 页，重庆出版社，2001 年。

[2]　中国科学院考古研究所：《长沙发掘报告》第 60 页，科学出版社，1957 年。

[3]　A. 湖南省博物馆、中国科学院考古研究所：《长沙马王堆一号汉墓》，文物出版社，1973 年。
　　B. 长江流域第二期文物考古工作人员训练班：《湖北江陵凤凰山西汉墓发掘简报》，《文物》1974年第 6 期。
　　C. 湖北省博物馆：《1978 年云梦秦汉墓发掘报告》，《考古学报》1986 年第 4 期。

[4]　中国社会科学院考古研究所汉城工作队：《汉长安城窑址发掘报告》，《考古学报》1994 年第 1 期。

[5]　A. 陕西省考古研究所：《汉阳陵》，重庆出版社，2001 年。
　　B. 中国社会科学院考古研究所：《汉杜陵陵园遗址》，科学出版社，1993 年。
　　C. 咸阳市博物馆：《汉平陵调查简报》，《考古与文物》1992 年第 2 期。
　　D. 郑洪春：《陕西新安机砖厂汉初积炭墓发掘报告》，《考古与文物》1990 年第 4 期。

[6]　中国社会科学院考古研究所汉城工作队：《1992 年汉长安城冶铸遗址发掘简报》，《考古》1995 年第9 期；《1996 年汉长安城冶铸遗址发掘简报》，《考古》1997 年第 7 期。

　　过去在河南温县[1]、南阳[2]、巩县[3]、山西夏县[4]等地均曾发现过汉代叠铸范，其中有的地方还发现了烘范窑址，但其时代均属于东汉时期。汉长安城西市之中发现的大量叠铸范和4座烘范窑址，时代均为西汉中晚期，叠铸范所涉及的物品种类和烘范窑址数量都是最多的，加之发现于汉长安城西市遗址之中，则更具有特殊意义。

　　根据对西市遗址中冶铸遗址出土遗物研究，冶铸遗址的时代应为西汉中晚期。汉武帝为了加强中央统一帝国的权力，实行了国家对盐铁的专营[5]。汉长安城西市遗址的冶铸遗址，属于汉武帝盐铁专营政策实施以后的手工业遗址，因此它们似应属于官营冶铸遗址。

　　（3）铸币遗址

　　20世纪50年代以来，在汉长安城遗址西北部考古调查、勘探，多次发现与西汉时期铸币活动相关的铸范、范模、母范及大量陶质钱背范等遗物。20世纪90年代，又在这里的汉长安城西市遗址东北部，即今西安市未央区六村堡镇相家巷附近的铸币遗址进行了考古试掘，发现大量五铢钱砖雕范模，还发现了个别石雕范模，出土了大量陶质钱背范。这些五铢钱范模形制相近，周边有边缘，内做钱范。范首窄细装柄，中通总流，左右排一至三行，阳文正书凸起。间有题记，皆在总流左右，阳文反书，题记内容有纪年、编号、匠名等。纪年大多为"元凤"、"本始"、"甘露"等。带有题记纪年内容的五铢钱范模的出土，为五铢钱的年代断定提供了一批科学的资料[6]。根据上述考古发现，推测这里可能是一处中央政府设立的铸币作坊遗址。

　　至于相家巷铸币遗址具体属于什么机构管辖，目前说法不同。据传从汉长安城遗址曾征集到"六厩钱丞"、"六厩火丞"等封泥，推测这些封泥可能与上述相家巷铸币遗址考古发现的五铢钱范有关。有的学者认为，汉武帝时期实行铸钱由中央政府统一管理，具体负责机构为"上林三官"，"上林三官"包括"锺官"、"技巧"和"六厩"。在汉长安城遗址及其附近地区，目前共发现4处大型西汉时代铸币遗址，它们分别是陕西户县兆伦村、西安市长安区窝头寨村、西安市未央区三桥镇高低堡和好汉庙村、西安市未央区六村堡镇相家巷村西汉时代铸币遗址。兆伦村铸币遗址出土有"锺官前官始建国元年三月工常造"纪年铭记钱范和"锺官钱丞"封泥，一般认为兆伦村铸币遗址是上林三官之一的"锺官"遗址[7]；在汉长安城遗址西部的高低堡附近的铸币遗址，出土大量五铢钱范，有的钱范之上有"巧一"、"巧二"等铭记，"巧"为"技巧"省文，高低堡附近的铸币遗址应为上林

〔1〕　河南省博物馆：《汉代叠铸——温县烘范窑的发掘和研究》，文物出版社，1978年。

〔2〕　河南省文物研究所：《南阳北关瓦房庄汉代冶铁遗址发掘报告》，《华夏考古》1991年第1期。

〔3〕　河南省文化局文物工作队：《巩县铁生沟》，文物出版社，1962年。

〔4〕　山西省考古研究所：《山西夏县禹王城汉代铸铁遗址试掘简报》，《考古》1994年第8期。

〔5〕　《汉书·食货志（下）》："大农上盐铁丞孔仅、咸阳言：'山海，天地之藏，宜属少府，陛下弗私，以属大农佐赋。愿募民自给费，因官器作鬻盐，官与牢盆。浮食奇民欲擅斡山海之货，以致富羡，役利细民。其沮事之议，不可胜听。敢私铸铁器鬻盐者，钛左趾，没入其器物。郡不出铁者，置小铁官，使属在所县。'使仅、咸阳乘传举行天下盐铁，作官府，除故盐铁家富者为吏。"

〔6〕　李毓芳：《汉长安城烘范窑和铸币遗址》，《中国考古学年鉴（1993）》，文物出版社，1995年。

〔7〕　西安市文物保护修复中心：《汉锺官铸钱遗址》，科学出版社，2004年。

三官之一的"技巧"遗址；相家巷铸币遗址，可能就是上林三官之一的"六厩"遗址[1]。但是，与汉长安城遗址出土的"六厩钱丞"、"六厩火丞"同时，那里还出土了"技巧火丞"封泥，加之1962年陕西历史博物馆曾入藏一枚"技巧火丞"封泥，根据这种情况，现在还难以断定（或至少需要更多考古资料支撑其论断）相家巷附近的铸币作坊遗址就是"六厩"遗址。

（4）汉长安城西北部陶窑遗址和中部（即北宫南部）的砖瓦窑遗址

在汉长安城西北部和中部（即北宫南部）考古发现了烧造陶俑、陶器及砖瓦的窑址。

汉长安城西北部的西汉时期陶窑遗址，位于汉长安城西市遗址之外的西侧、西北侧，即今西安市六村堡东与东南一带。这类陶窑已经考古发掘了12座[2]，其形制、大小一般与烧造"裸体陶俑"的官窑相近，但是这些陶窑分布比较分散，更为重要的是其产品多样化，如窑址出土的塑衣式陶人物俑、动物俑（牛俑、羊俑、马俑、猪俑、禽鸟俑等）、陶器（陶盆、罐、瓮、盘、陶球等）、砖瓦建筑材料（砖、瓦、瓦当等）等。从上述这些陶窑的分布情况、出土遗物特点来看，推测这些窑址应为民营陶窑[3]。

汉长安城中部的西汉时期砖瓦窑，位于今西安市未央区未央宫乡讲武殿村附近，北宫遗址南部。已经考古发掘的11座砖瓦窑分为东西排列的3组，东西两组各4座窑址，中间一组3座窑址。3组窑址间距为15～18米，每组之内的各窑址间距0.8～1.5米。这批砖瓦窑窑室平面一般为椭圆形、单烟道，与长方形窑室、三烟道的汉代陶窑比较，参照过去在洛阳东周王城[4]、秦咸阳城[5]和汉长安城及其附近已考古发掘的陶窑[6]，北宫遗址南面的砖瓦窑，表现出更多西汉时代前期的陶窑形制特点。这里的砖瓦窑分布集中，排列有序，形制相同，大小相近，产品一样，时代一致。陶窑之中出土的板瓦、筒瓦有"大匠"陶文等。以往曾在秦代宫室、陵园和秦汉上林苑、甘泉宫遗址等处出土有"大匠"陶文戳印的砖瓦[7]，但在西汉中晚期建筑遗址中很少发现。砖瓦窑出土的"大匠"陶文戳印的砖瓦，说明这些窑址与"大匠"有关。"大匠"应为"将作大匠"省称，其职责是"掌治宫室"，即负责宫廷基建工程[8]。出土的砖瓦及其陶文与陶窑形制，均说明这批陶窑的时

〔1〕 党顺民、吴镇烽：《上林三官铸钱官署新解》，《远望集（下）》，陕西人民美术出版社，1998年。
〔2〕 A. 中国社会科学院考古研究所汉城工作队：《汉长安城1号窑址发掘简报》，《考古》1991年第1期；《汉长安城23～27号窑址发掘简报》，《考古》1994年第11期。
　　 B. 刘振东：《汉长安城新发现六座窑址》，《考古》2002年第11期。
〔3〕 中国社会科学院考古研究所汉城工作队：《汉长安城1号窑址发掘简报》，《考古》1991年第1期；《汉长安城23～27号陶窑发掘简报》，《考古》1994年第11期。
〔4〕 洛阳市文物工作队：《洛阳东周王城内的古窑址》，《考古与文物》1983年第3期。
〔5〕 秦都咸阳考古工作站：《秦都咸阳古窑址调查与试掘简报》，《考古与文物》1986年第3期。
〔6〕 A. 唐金裕：《西安市北郊汉代砖瓦窑址》，《考古》1964年第4期。
　　 B. 中国社会科学院考古研究所汉城队：《汉长安城窑址发掘报告》，《考古学报》1994年第1期。
〔7〕 A. 袁仲一：《秦代陶文》拓片第783、785、789、791，三秦出版社，1987年。
　　 B. 西安市文物管理委员会：《西安三桥镇高窑村出土的西汉铜器群》，《考古》1963年第2期。
〔8〕 《汉书·百官公卿表（上）》。

代为西汉初期的官窑[1]。这批烧造砖瓦的官窑，北临北宫，南临未央宫和武库，它们可能是专门为这些皇室建筑生产砖瓦建筑材料的，这种现象在古代大型建筑工程中是比较常见的，如唐大明宫含元殿遗址就考古发现了与含元殿遗址同期的砖瓦窑群[2]。

（九）礼制建筑遗址

礼制建筑是中国古代都城的重要组成部分，也是中国古代都城的重要特点之一。中国古代都城礼制建筑的发展，几乎与古代都城发展相始终。西汉时代是中国古代都城礼制建筑发展史上最为重要的时期，它上承先秦、下启魏晋与隋唐的都城礼制建筑的发展，奠定了近两千年来中国古代都城礼制建筑的基本格局与内涵。根据历史文献记载，可以基本确认的汉长安城礼制建筑有皇室的宗庙[3]、社稷、辟雍、明堂、灵台、太学[4]、圜丘（天郊）[5]及汉长安城附近的帝陵陵庙等[6]。20世纪50年代后期，考古工作者对汉长安城南郊礼制建筑（图5-18）中的"王莽九庙"、社稷和辟雍遗址进行了勘探和发掘。80年代进行了高庙遗址、杜陵陵庙遗址的考古调查、勘探，近年又考古发掘了汉景帝阳陵陵庙遗址。

1. 皇室宗庙遗址

汉高祖定都长安，首先建立的皇室宗庙是汉太上皇庙。文献记载，汉太上皇庙建于汉长安城之中，在香室街以南[7]。今本《三辅黄图》记载：太上皇庙"在酒池北"。根据《水经注·渭水》记载，汉长安城长乐宫东北部有酒池，由此推测，香室街可能就是汉长安城的清明门大街，太上皇庙在清明门大街以南，长乐宫以北。太上皇庙故址有待进一步考古勘察究明。

高庙是有汉一代最为重要的宗庙，为汉惠帝时所建。根据文献记载，高庙位于安门之

---

〔1〕　中国社会科学院考古研究所汉城工作队：《汉长安城北宫的勘探及其南面砖瓦窑的发掘》，《考古》1996年第10期。

〔2〕　中国社会科学院考古研究所西安唐城工作队：《唐大明宫含元殿遗址1995～1996年考古发掘报告》，《考古学报》1997年第3期。

〔3〕　汉长安城礼制建筑中的宗庙包括皇室的太上皇庙、高庙、惠帝庙、顾成庙、"王莽九庙"和西汉帝陵诸陵庙。

〔4〕　《汉书·王莽传（上）》："莽奏起明堂、辟雍、灵台、为学者筑舍万区，作市、常满仓，制度甚盛。"又，《史记·孝武本纪》之《集解》引《关中记》曰："明堂在长安城门外，杜门之西。"《关中记》又曰："汉太学、明堂皆在长安城南，安门之东、杜门之西。"上引《关中记》出自刘庆柱辑注《三秦记辑注·关中记辑注》，三秦出版社，2006年。又，《两京新记》："修真坊内有汉灵台，修真坊南为普宁坊，坊西街有汉太学余址，次东汉辟雍。"唐·韦述、杜宝著，辛德勇辑校《两京新记辑校·大业杂记》，三秦出版社，2006年。

〔5〕　《水经注·渭水》卷八：昆明故渠"南有汉故圜丘，成帝建始二年，罢雍五畤，始祀皇天上帝于长安南郊。应劭曰：'天郊在长安南，即此也。'"

〔6〕　刘庆柱、李毓芳：《西汉十一陵》，陕西人民出版社，1987年。

〔7〕　《史记·高祖本纪》之《正义》引《三辅黄图》曰："太上皇庙在长安城，香室南，冯翊府北。"

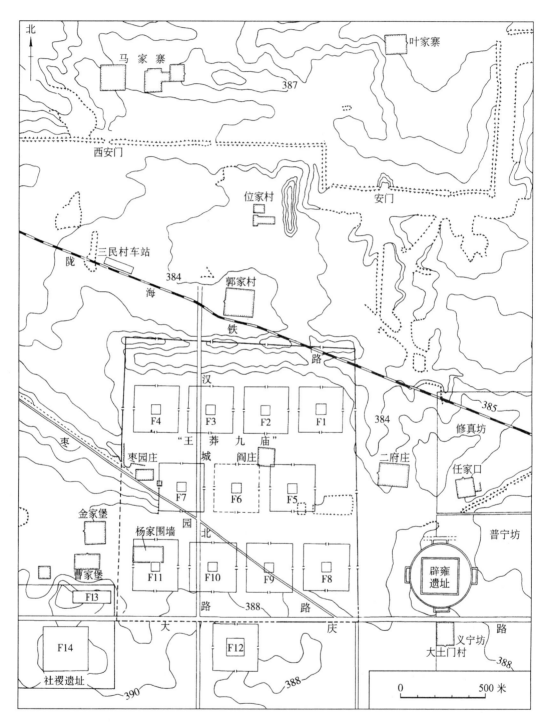

图 5-18 汉长安城南郊礼制建筑遗址分布图

内，安门大街以东、长乐宫西南部[1]。在今西安市未央区未央宫乡东叶村，这里地望与上述文献记载基本相近，此处考古勘探发现的西汉时期夯土建筑基址，东西 69 米，南北 34 米，该遗址可能为高庙故址。

文献记载汉惠帝庙位于高庙以西[2]，因此又称"西庙"，传世"西庙"文字瓦当可能为惠帝庙遗物[3]。

建于西汉早期的汉太上皇庙、高庙、汉惠帝庙均在汉长安城之内的未央宫东部，与其同时期的皇宫——未央宫位于上述宗庙西部。汉文帝时期，其宗庙——顾成庙已安排到汉长安城之外的南郊。这是一个非常重要的变化。

2. "王莽九庙"建筑遗址群

地皇元年（公元 20 年），王莽在汉长安城南郊修建"九庙"[4]。"王莽九庙"遗址位于西安市枣园庄、阁庄一带，恰在汉长安城安门和西安门南出的平行线之内，北距汉长安城南城墙 1200 米。"王莽九庙"建筑遗址群由 12 座建筑遗址组成，每座建筑遗址形制基本相同，其中一座建筑在建筑群南边，其外围筑夯土墙，形成方形院落，边长 280 米，中心建筑平面亦为方形，边长约 100 米。另外 11 座建筑遗址其外围筑一平面方形的大院子，院墙边长 1400 米，其南距另一座建筑院落 10 米，后者位于前者大院落南墙东西居中位置。大院落中的 11 座建筑遗址分为南北 3 排，中间一排有 3 座，南北两排各 4 座。

每座建筑遗址于其外周筑夯土墙，形成方形小院落，边长 270～280 米，每座小院落均由中心建筑、四门和院落四隅之内曲尺形建筑所组成。中心建筑边长 55 米（大院南侧的中心建筑边长 100 米），四面对称。夯土台基呈"亚"字形，残高 4.5 米。中间的称"太室"，四隅的称"夹室"。"太室"和"夹室"组成的 5 个室，象征木、火、土、金、水"五行"运转。太室边长 27.5 米，夹室边长 7.3 米。太室四面各有一个"厅堂"，厅堂右边有一厢房，左边有一堵隔墙，四堂之间有绕过四夹室的走廊相通。厅堂前面各对着 3 个方形土台。每个土台前面为一段砖路，中间的砖路正对四门门道。整个中心建筑环绕河卵石铺装的散水（图 5-19）。小院落每面中央各辟一门，四门中心点至中心建筑中心点各 135 米。门道长 13.6 米，宽 5.4 米，门道两侧为左右塾。院落四隅之内的曲尺形配房，应为守卫人员居室。

"王莽九庙"建筑遗址群内出土了土坯、板瓦、筒瓦、云纹瓦当、"四神"瓦当和

---

[1] 《汉书·叔孙通传》："惠帝为东朝长乐宫，及间往，数跸烦民，作复道，方筑武库南，通奏事，因请间，曰：'陛下何自筑复道高帝寝，衣冠月出游高庙？子孙奈何乘宗庙道上行哉！'"晋灼注："《黄图》：高庙在长安城门街东，寝在桂宫北。"

[2] 《关中记》："惠帝庙在高庙之西。"引自刘庆柱辑注《三秦记辑注·关中记辑注》，三秦出版社，2006 年。

[3] 《书道》卷三："第 201 页，有'西庙'瓦当疑为惠帝之物。"转引自何清谷校注《三辅黄图校注》第 362 页注（七），三秦出版社，2006 年。

[4] 《汉书·王莽传（下）》：地皇元年王莽在"长安城南"，"坏彻城西苑中建章、承光、包阳、大台、储元宫及平乐、当路、阳禄馆，凡十余所，取其材瓦，以起九庙"。

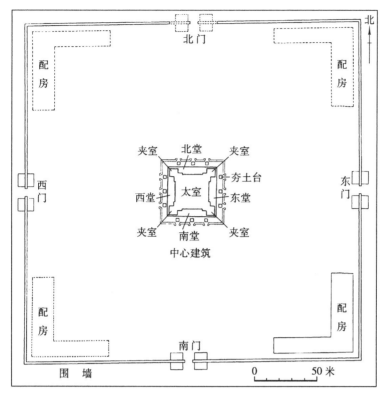

图5-19 "王莽九庙"建筑遗址群第三号宗庙建筑遗址平面图

"月牙形"瓦当等。"四神"瓦当分出四门,这与文献中"四神分司四方"的记载是一致的[1]。

"王莽九庙"建筑遗址群是中国古代宗庙中勘探和发掘的规模最大、形制最完整的一组宗庙建筑群,对研究汉代乃至中国古代宗庙制度有着重要学术价值。从出土遗物和建筑形式看,这组宗庙建筑群是西汉末年最高统治者的一组礼制建筑群,学术界一般认为这是文献记载中的"王莽九庙"。也有的学者认为,传统所说的"王莽九庙"应为西汉王朝的祖庙,"王莽九庙"应在汉长安城以东十三里的"轵道"以南[2];还有学者认为"王莽九庙"遗址中的"F12"应为"明堂"遗址[3]。

3. 社稷遗址

社稷遗址位于南郊礼制建筑群的最西部,包括官社和官稷遗址。西汉初年除秦社稷,立汉社稷,后来又增建了官社、官稷[4]。官社遗址位于汉长安城西南部,其夯土台基残高4.3米,东西残长240米,南北宽70米。主体建筑居中,周施廊庑。官社遗址始建于秦或汉初,西汉中期重修扩建,西汉末年废弃。官稷遗址现存两重围墙,平面均为方形,二者呈"回"字形平面,外围墙边长约600米,内围墙边长273米(图5-20)。内、外围墙四面中央各辟一门[5]。官稷始立于汉平帝元始三年[6]。上述社稷遗址是目前中国考古学发现的形制最完整、时代最早的社稷遗址。

〔1〕 中国社会科学院考古研究所:《西汉礼制建筑遗址》,文物出版社,2003年。
〔2〕 王恩田:《"王莽九庙"再议》,《考古与文物》1992年第4期。
〔3〕 姜波:《汉唐都城礼制建筑研究》第67页,文物出版社,2003年。
〔4〕 《汉书·郊祀志(下)》:王莽提出"'圣汉兴,礼仪稍定,已有官社,未立官稷。'遂于官社后立官稷"。臣瓒注:"高帝除秦社稷,立汉社稷,《礼》所谓太社也。时又立官社,配以夏禹,所谓王社也。见《汉祠令》。而未立官稷,至此始立之。"
〔5〕 中国社会科学院考古研究所:《西汉礼制建筑遗址》,文物出版社,2003年。
〔6〕 《汉书·平帝纪》:元始三年夏"立官稷及学官"。

西汉末年在汉长安城南郊修建的宗庙与
社稷，分列于未央宫前殿的东南部与西南
部，形成以未央宫前殿为中心的"左祖右
社"格局。虽然《周礼·考工记》已经记载
有都城"左祖右社"的布局，但是从考古学
得到证实的最早实例则是西汉末年的汉长安
城及其南郊的宗庙与社稷遗址，这在中国古
代都城发展史上有着极为重要的意义，并有
深远的影响。

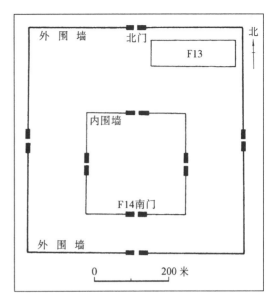

图 5-20　汉长安城社稷遗址平面图

4. 辟雍遗址

辟雍遗址位于"王莽九庙"建筑遗址群
东南，在今西安市西郊大土门村北。文献记
载，辟雍建于汉平帝时期[1]。辟雍遗址已
全面发掘，整个建筑遗址可分为中心建筑、
围墙、四门和围墙四隅的曲尺形建筑及其周
围的圜水沟。中心建筑最下面是方形土台，
土台边长约205~206米，残高10.6米。土台上部为圆形夯土台，直径62米。中心建筑置
于圆形夯土台之上，其平面为"亚"字形，边长约42米。中心建筑的中央为一方形夯台，
边长约16.8~17.4米，残高1.5米。夯台四周有东、西、南、北四堂，除北堂出抱厦四间
之外，其他三堂每面出抱厦8间，每边通长24米。中心建筑周筑围墙，围墙平面呈方形，
边长235米。围墙四边距中心建筑各96米，围墙顶部有板瓦覆盖，底部有防水护坡。围
墙每面正中辟1门，门道两侧置塾，二塾之外与廊和围墙相连。围墙外面围绕圜水沟，水
沟距东、西门各56.5米，距南、北门分别为54米与43米。圜水沟东西直径368米，南北
直径349米。圜水沟与围墙四门相对处又各围出一个长方形的小水沟，东、西两个小水沟
长90米，南、北两个小水沟长72米（图5-21）。

辟雍遗址内出土了空心砖、几何形花纹砖、板瓦、筒瓦、瓦当等西汉中晚期的建筑材
料，此外还出土了铁钉、铁刀、五铢钱等遗物，其中尤为重要的是遗址之中出土的大量素
面瓦当。西汉时代建筑遗址之中，曾经发现过素面瓦当，但是像辟雍遗址出土的绝大多数
瓦当均为素面圆瓦当，这在以前发掘的汉代建筑遗址中是绝无仅有的，这种现象应与辟雍
建筑的特殊建筑性质有关，它也说明素面瓦当还有着特殊"含义"。

汉长安城南郊考古发掘的辟雍遗址，是目前我国考古发现的时代最早的辟雍遗址[2]。

---

[1]　《汉书·礼乐志》："成帝以向（刘向）言下公卿议，会向病卒，丞相大司空奏请立辟雍。案行长安
　　城南，营表未作，遭成帝崩，群臣引以定谥。及王莽为宰衡，欲燿众庶，遂兴辟雍，因以篡位，海
　　内畔之。"《水经注·渭水》卷八：昆明故渠"东迳明堂南，旧引水为辟雍处，在鼎路门东南七里，
　　其制上圆下方，九宫十二室，四向五色堂"。
[2]　唐金裕：《西安西郊汉代建筑遗址发掘报告》，《考古学报》1959年第2期。

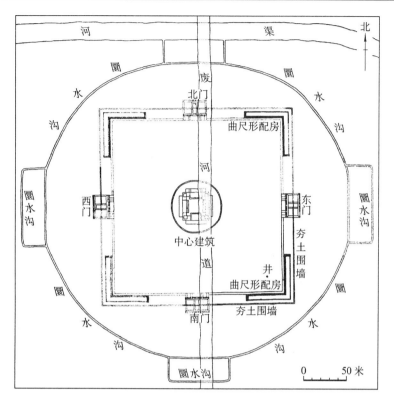

图 5-21　汉长安城辟雍遗址平面图

关于辟雍遗址的建筑性质,目前学术界还有不同看法,有的学者认为该遗址应该为西汉时代的明堂遗址[1],有的学者认为明堂与辟雍实为同一建筑[2]。

四　建章宫遗址与甘泉宫遗址

(一) 建章宫遗址

西汉中期,汉武帝于太初元年(公元前 104 年)在长安城西侧建造了"度比未央"、"千门万户"、规模宏大的建章宫。自汉武帝把建章宫作为皇宫使用,直到昭帝元凤二年(公元前 79 年)才"自建章宫徙未央宫"[3]。20 世纪 60 年代初期,曾经对建章宫遗址进行了考古勘探,究明宫城为东西长、南北短的长方形,东西 2130 米,南北 1240 米。80 年

---

[1]　许道龄、刘致平:《关于西安西郊发现的汉代建筑遗址是明堂或辟雍的讨论》,《考古》1959 年第 4 期。

[2]　A. 王世仁:《汉长安城南郊礼制建筑(大土门村遗址)原状的推测》,《考古》1963 年第 9 期。

　　B. 杨鸿勋:《从遗址看西汉长安明堂(辟雍)形制》,《建筑考古学论文集》,文物出版社,1987 年。

　　C. 刘庆柱、李毓芳:《汉长安城》,文物出版社,2003 年。

[3]　《汉书·郊祀志(下)》:"于是作建章宫,度为千门万户。前殿度高未央。"又,《汉书·昭帝纪》:元凤"二年夏四月,上自建章宫徙未央宫"。

代以来又对建章宫的门阙、前殿及太液池遗址等，开展了考古调查、勘探。建章宫"双凤阙"二阙址尚存，这是我国地面现存最早的古代宫阙基址，二阙址间距 53 米，保存较好的西阙址底径 17 米，现存高 11 米。建章宫前殿基址位于建章宫遗址中部偏西处，前殿基址南北 320 米，东西 200 米，基址北高南低，北部高于今地面 10 余米。太液池在前殿西北 450 米处，池平面呈曲尺形，东西 510 米，南北 450 米，面积 151600 平方米。池东北有渐台基址，现存东西 60 米，南北 40 米，残高 8 米。当时池岸边还有人工雕刻的石鲸。神明台是建章宫的一座重要建筑，该遗址位于建章宫遗址西北部，其夯土基址现存高 10 米，东西 52 米，南北 50 米[1]。

作为汉武帝和汉昭帝的皇宫，建章宫的前殿是其主体建筑。前殿坐北朝南、北高南低。建章宫北宫门和东宫门置双阙，宫城之内开凿了太液池，并于池中筑台。建章宫的上述建筑及布局，与未央宫是一致的。但是，建章宫太液池的设计、安排与定名，对汉代以后历代宫城的影响还是很大的。建章宫太液池取意为"大池"，象征大海。又于池中筑台，象征大海中的蓬莱、方丈、瀛洲等神山[2]。此后，唐长安城大明宫亦开太液池，池中置蓬莱岛；元大都在宫城西侧、皇城之内开太液池，池中筑瀛洲、琼华二岛。这些都是直接受到建章宫太液池的影响。

（二）甘泉宫遗址

甘泉宫是西汉都城长安及京畿地区四大宫城（未央宫、长乐宫、建章宫、甘泉宫）之一，它又是汉长安城的一座最大离宫。甘泉宫是在秦林光宫的基础上扩建而成，主要扩建工程完成于汉武帝时期。作为西汉都城长安重要组成部分的甘泉宫，系皇室避暑胜地。其建筑规模、形制依照皇宫。西汉皇帝，尤其是汉武帝，每年五月都要由长安北上到甘泉宫避暑，往往要到盛夏过后的八月，才回到长安。由此可见甘泉宫的地位绝非一般离宫别馆所能相比的[3]。甘泉宫遗址位于今陕西省淳化县城前头村、凉武帝村、董家村，其平面长方形，周筑宫墙，东、西、南、北宫墙长分别为 880 米、890 米、1948 米和 2150 米，宫墙墙基宽约 8 米、墙残高 1～4.5 米，宫城周长 5668 米（5.7 公里）。甘泉宫四角有角楼建筑，在宫城西南角、西北角外侧均发现圆形夯土台基，残高 2～4 米。甘泉宫西宫墙辟一门，门道位于宫城西南角北 260 米，门道宽 9.5 米。在甘泉宫遗址东北部还发现了东西并列的两处建筑遗迹，西面建筑基址底部径约 200 米，顶部径约 40 米，残高约 15 米；东面建筑基址底径 225 米，顶径 22 米，残高约 16 米。甘泉宫遗址内出土了大量的砖、瓦、瓦当等建筑材料。动物纹瓦当中的马纹瓦当、蟾蜍与玉兔纹瓦当等最具特色。文字瓦当中

---

〔1〕 刘庆柱、李毓芳：《汉长安城》第 186～189 页，文物出版社，2003 年。

〔2〕《汉书·郊祀志（下）》：建章宫"其北治大池，渐台高二十余丈，名曰泰液，池中有蓬莱、方丈、瀛洲、壶梁，象海中神山龟鱼之属"。

〔3〕《关中记》载："林光宫，一曰甘泉宫，秦所造。在今池阳县西北，故甘泉县甘泉山上，周回十余里。汉武帝建元中增广之，周回十九里一百二十步。有宫十二，台十一。武帝常以五月避暑于此，八月乃还。"引自刘庆柱辑注《三秦记辑注·关中记辑注》，三秦出版社，2006 年。

有"长生未央"、"长毋相忘"、"甘林"、"卫"字瓦当等，砖瓦上的"北司"、"甘居"、"居甘"陶文等[1]，其中"甘林"文字瓦当和"居甘"、"甘居"陶文，佐证了遗物出土地应为甘泉宫故址。

五　上林苑遗址

上林苑是汉长安城的皇家苑囿，它是在秦上林苑旧址的基础上营建的，这里有大量的皇室离宫别馆建筑。其范围西自周至县终南镇，东至蓝田县焦岱镇，北界一般在渭河以南，南到终南山北麓。《长安志》卷四引《关中记》载："上林苑门十二，中有苑三十六，宫十二，观二十五。"近年来对上林苑遗址的田野考古工作，主要是对一些宫观、

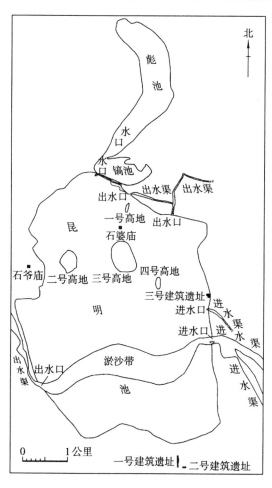

图 5-22　汉昆明池遗址钻探平面图

池苑遗址进行的考古调查、勘探和试掘，其中开展考古工作较多的有昆明池遗址、鼎湖延寿宫遗址、黄山宫遗址、长杨宫遗址等。此外，在上林苑遗址中还对两座桥梁遗址进行了发掘。

位于汉长安城西南8.5公里的昆明池遗址，在今西安市长安区斗门镇、石匣口村、万村和南丰村之间，其分布范围东西4.25公里，南北5.69公里，周长约17.6公里，面积16.6平方公里[2]。昆明池北连镐池与彪池，镐池遗址平面为东西向椭圆形，东西最长约1270米，南北最宽约580米，周长约3550米，面积0.5平方公里（图5-22）。镐池进水口在其西南角，亦即昆明池北侧的出水口。镐池西北角为其出水口，此亦为彪池进水口，镐池池水由此注入彪池。彪池平面不规则，东西最宽约700米，南北最长约2980米，周长约7850米，面积约1.81平方公里。彪池出水口在其北端，池水由此注入镐水。在昆明池遗址东岸发现进水渠2条，在西岸和北岸发现出水渠4条。在昆明池遗址南岸和东岸之上发现汉代建筑遗址3处，其中东岸之上的三号建筑遗址，位于万村西北，现存遗址

〔1〕　淳化县文化馆姚生民：《汉甘泉宫遗址勘察记》，《考古与文物》1980年第2期。

〔2〕　中国社会科学院考古研究所汉长安城工作队：《西安市汉唐昆明池遗址的钻探与试掘简报》，《考古》2006年第10期。

平面为曲尺形，东西 80 米，南北 75 米，该建筑遗址东面连岸，其余三面环水，属于台榭类建筑遗址，可能就是文献记载的昆明观，或称昆明东观、东观、东馆、豫章观、豫章台等[1]。此外，在昆明池遗址西岸的马营寨村调查发现一巨石，形似"石鲸"，或为文献所载的昆明池"石鲸"[2]。汉代昆明池的"牵牛"与"织女"二石像，现存于昆明池遗址附近的斗门镇和北常家庄[3]。

鼎湖延寿宫遗址位于上林苑遗址东南部，在今蓝田县焦岱镇南侧。遗址面积约 30000 平方米，发现宫殿基址 7 处及宫墙遗迹。遗址内出土了汉代素面和几何纹铺地砖，大量绳纹板瓦片和筒瓦片、瓦当等建筑材料。瓦当分云纹瓦当和文字瓦当两种，而文字瓦当 7 件，铭文全部为"鼎湖延寿宫"。秦封泥中有"鼎胡苑丞"，至于秦"鼎胡苑"是否为秦"鼎胡宫"之宫苑，以及汉"鼎胡宫"与秦"鼎胡苑"的关系，待进一步研究[4]。

黄山宫遗址位于兴平市东南约 10 公里的田阜乡侯村一带，遗址南临渭河，其范围东西 1000 米，南北 500 米，面积约 50 万平方米。该遗址出土有"横山"（即"黄山"）铭刻的西汉铜镫和"黄山"文字瓦当，还出土了一些巨大的云雷纹与夔凤纹遮朽[5]。上林苑中大部宫观建筑的具体位置有待今后的考古调查、发掘后确定。

另外在上林苑范围内，今户县坳子村东北和周至县竹园村附近，发现两处秦汉时代遗址，出土有大量板瓦、筒瓦及瓦当等秦汉时期建筑材料，特别是两处遗址出土有"禁圃"文字瓦当。"禁圃"作为官署，其职责一是向皇室提供瓜果、花木及其他离宫所需苑囿苗木与栽花植树等；二是对于苇圃、竹圃进行养护、培植繁育，以满足皇室和国家需要[6]。"禁圃"文字瓦当出土，说明出土地的两处遗址可能为"禁圃"官署遗址所在地。"禁圃"所辖的范围，大体应包括户县西北和周至县东北部地区。

禁圃遗址可能与著名的长杨宫遗址有着一定关系，长杨宫遗址位于陕西省周至县终南镇竹园头村西 50 米，遗址面积约 20 万平方米。遗址出土有秦汉时代的龙纹空心砖、变形葵纹瓦当及多种形式的云纹瓦当，还有属于"四神纹"的瓦当，这些均说明长杨宫可能为"秦宫汉葺"，并且该宫具有多种功能的特点[7]。

历年来在上林苑遗址出土了大量汉代重要遗物，如 20 世纪 60 年代在西安三桥镇高密

[1] 《汉书·天文志》：成帝河平"二年十二月壬申，太皇太后避时昆明东观"。

[2] 《三辅黄图》："《三辅故事》又曰：'池中有豫章台及石鲸，刻石为鲸鱼，长三丈。'"引自何清谷校注《三辅黄图校注》，三秦出版社，2006 年。

[3] 汉·班孟坚《西都赋》："左牵牛而右织女，似云汉之无涯。"又，汉·张平子《西京赋》："昆明灵沼，黑水玄沚。牵牛立其右，织女居其左。"引自《文选》，中华书局，1977 年。

[4] A.《蓝田上林苑故地发现鼎湖延寿宫遗址》，《人民日报》1988 年 11 月 30 日。

　　B. 曹永斌：《蓝田县焦岱镇出土的一批汉代瓦当》，《文博》1987 年第 5 期。

　　C. 周晓陆、路东之：《秦封泥集》第 216 页，三秦出版社，2000 年。

　　D. 傅嘉仪编著：《秦封泥汇考》第 146 页，上海书店出版社，2007 年。

[5] 陕西省考古研究所：《陕西兴平侯村遗址》，三秦出版社，2004 年。

[6] 张天恩：《"禁圃"瓦当及禁圃有关的问题》，《考古与文物》2001 年第 5 期。

[7] 刘合心：《长杨宫遗址出土的秦汉文物》，《文博》2004 年第 3 期。

村出土的一批汉代铜器，其铭文记载了它们均属汉代郡国给皇家上林苑的贡献之物或汉代宫廷从郡国及其离宫别馆征调的服用器具[1]。在汉上林苑故址发现的马蹄金和麟趾金应系宫廷遗物[2]。尤其值得重视的是在上林苑范围发现的多处汉代铸币遗址。

此外，考古工作者在西汉时代的都城京畿地区还发现了一些皇室宫观建筑遗址，如韩城市的汉代扶荔宫遗址、眉县的成山宫遗址、澄县的貌宫遗址等。扶荔宫遗址位于芝川镇南门外约 300 米韩渭公路的东侧，遗址范围东西长约 200 米，南北宽约 300 米。遗址内出土的文字瓦当中有"宫"、"船室"文字瓦当等，"夏阳扶荔宫令璧与天地无极"铭文砖发现，确认了该遗址是汉时扶荔宫故址[3]。成山宫遗址位于眉县第五村遗址内，出土了秦汉时代的几何纹铺地砖、空心砖、条砖、板瓦、筒瓦及瓦当等建筑材料。瓦当种类很多，其中有半圆瓦当、夔凤纹大半圆瓦当、云纹圆瓦当、文字瓦当等。文字瓦当中有"长乐未央"瓦当、"成山"瓦当[4]。貌宫位于澄县良周村，遗址东西长约 1000 米，南北宽 800 米，总面积约 80 万平方米。遗址中心区域有土沟环绕，长 650 米，宽 330 米。遗址中心区域分为东、西两部分。东部范围南北长 330 米，东西宽 180 米，西部面积是东部的两倍多。地面有多处瓦砾密集区。在北、西断崖处发现有道路遗迹。遗址内出土的"貌宫"文字瓦当，证明该遗址为"貌宫"遗址。貌宫应是皇帝祀汾阴后土祠的一处行宫，西汉末年随着对汾阴后土祠祭祀的放弃，貌宫作为行宫的作用也消失了[5]。

六 京师仓遗址及凤翔、新安西汉仓储遗址

（一）京师仓遗址[6]

为解决汉长安城用粮问题，汉武帝元光六年（公元前 129 年）开凿漕渠[7]，"引渭穿渠起长安，旁南山下，至河（黄河）三百余里"[8]。根据文献记载京师仓位于陕西华阴的渭河与黄河交汇处，即"渭口"[9]，也就是漕渠东端，即漕渠渠口，在今陕西省华阴县东 9 公里，北邻西泉店村，南为段家城、王家城村，西边近沙城村和沙坡村。遗址东北 2 公里的三河口村，即古代黄河、渭河、洛河汇流之处，村名亦当源于此。京师仓遗址西距汉长安城遗址 130 公里，该处一面依山，三面邻崖，是古代易守难攻的险要之地。同时，京师仓所处位置水路交通和陆路交通都十分方便。京师仓仓城依自然地势筑成，呈长方形，东西长 1120 米，南北宽 700 米，周长约 3330 米，面积为 78.4 万平方米（图 5-23）。仓

〔1〕 西安市文物管理委员会：《西安三桥镇高窑村出土的西汉铜器群》，《考古》1963 年第 2 期。

〔2〕 李正德、傅嘉仪、晁华山：《西安汉上林苑发现的马蹄金和麟趾金》，《文物》1977 年第 11 期。

〔3〕 陕西省文物管理委员会：《陕西韩城芝川汉扶荔宫遗址的发现》，《考古》1961 年第 3 期。

〔4〕 赵从苍、刘怀君：《陕西眉县成山宫遗址的调查》，《考古》1998 年第 6 期。

〔5〕 姜保莲、赵强：《陕西澄城县良周秦汉宫殿遗址调查简报》，《文博》1998 年第 4 期。

〔6〕 陕西省考古研究所：《西汉京师仓》，文物出版社，1990 年。

〔7〕 《汉书·武帝纪》。

〔8〕 《汉书·沟洫志》。

〔9〕 《汉书·王莽传（下）》："三虎郭钦、陈翚、成重收散卒，保京师仓。"颜师古注："京师仓在华阴灌北渭口也。"

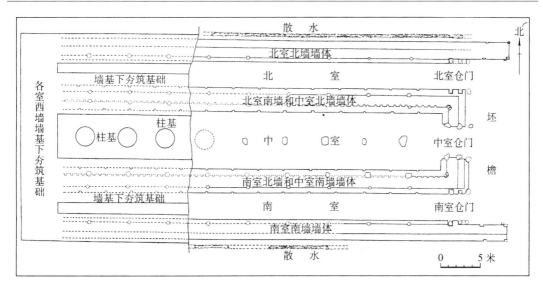

图 5-23　华阴西汉京师仓遗址一号仓平面图

城遗址之内共有 6 座粮仓遗址，位于仓城遗址内北部偏西。粮仓遗址外围有围墙遗迹。

一号仓位于仓城西北部，平面呈长方形，坐西朝东。东西长 62.5 米，南北宽 26.6 米，总面积为 1662.5 平方米。有两道东西向隔墙将一号仓分为南室、北室和中室三部分。二号仓位于一号仓中部南面，平面呈长方形，南北向，由东、西二室并列组成。三号仓位于一号仓西南面，平面呈长方形，南北向，由东室、西室和室外披檐组成。东室面阔 4.8 米，进深 9.6 米，面积 46.08 平方米。西室面阔 5.1 米，进深 9.5 米，面积 48.45 平方米。四号仓位于一号仓西南角外侧，平面呈长方形，南北向，由东室、西室和披檐组成。五号仓位于一号仓东北角外面，与六号仓相连。六号仓位于五号仓北面，与五号仓连接在一起，坐东朝西，平面呈长方形，东西长 15.35 米，南北宽 10.45 米，面积 160.4 平方米，由南室、北室、披檐组成。

一号仓建筑比较复杂，是一座大型木结构建筑。二、三、四号仓是半地下筑成的土木混合结构，适宜存放散装粮食或不同的粮食种类。五、六号仓是地面以上多层建筑，室内地面夯筑，并用火烘烤，非常坚硬，墙体厚重。这种仓楼结构复杂而又独特。从京师仓遗址的地理位置、仓城内各类建筑设施的布局结构来看，京师仓交通方便、功能多样，有利于防火、防盗、通风、牢固、防潮等物资储备的相关要求。

京师仓遗址出土遗物以砖、瓦、瓦当等建筑材料为主。砖的种类有长条砖、长方形砖、子母砖、空心砖等。瓦类中有板瓦和筒瓦。瓦当中以文字瓦当和云纹瓦当为主，文字瓦当中的"京师仓当"、"华仓"、"京师庾当"、"与华无极"、"与华相宜"瓦当 等，佐证了遗址为京师仓故址。此外遗址内还出土了陶量、陶罐、陶盂、陶盆、陶瓮、铁锄、铁凿、铁锸、铁锯条等生活用品与工具，铁剑、铁戈、铁刀、铁铤、铜镞等兵器，以及半两、五铢、布泉、货泉等货币。

根据地层关系和出土遗物断定，京师仓修建的年代是西汉中期武帝时期，废弃的年代应为东汉初年。通过发掘使我们了解到京师仓是一处规模宏大的古代粮仓建筑群遗址,京师仓由多组仓屋建筑组成,仓区周筑围墙,形成仓城。这是我国考古发现的规模最大、功能最齐全、设施最完备的西汉粮仓遗址。

(二)凤翔西汉仓储建筑遗址

仓储建筑遗址位于秦汉雍城遗址以西 15 公里,东距汉长安城遗址 170 公里,仓储建筑遗址东部 600 米和东南部 700 米分别为秦汉"蕲年宫"遗址和"羽阳宫"遗址。

仓储建筑遗址平面长方形,南北长 216 米,东西宽 33 米,由南北并列的 3 座库房组成,已经考古发掘的是中间的库房及其南北两边的隔墙,该库房南北长 72 米,东西宽 33 米(图 5-24)。库房南北墙基各有 2 条通风道,东西墙基各有 7 条通风道,通风道一般宽 0.7~0.8 米。库房地面有排列整齐的石块,其中小石块东西 14 行,南北 43 行,共 602 个,石块中心之间间距 1~1.3 米。在上述小石块之间,又有东西 2 行,南北 9 行础石,其础石东西间距 7.2 米,南北间距为 5.2 米或 8.2 米(后者为北部与中部础石间距)。小石块为支撑架设木地板的承重立木。仓储建筑遗址出土了西汉时代砖、瓦、瓦当、钱币、铁工具、铜镞、带钩等遗物。过去在凤翔曾采集过"百万石仓"汉代文字瓦当,发掘者据此并根据建筑遗址布局形制、出土遗物,认为这个建筑遗址应为西汉中央政府设在都城西部的粮食转运仓库[1]。

(三)新安汉函谷关仓储建筑遗址

汉函谷关仓储建筑遗址位于河南省新安县仓头乡盐东村,北距黄河 600 米,东距汉洛阳城 50 公里,西南距汉函谷关遗址 25 公里。仓储建筑遗址平面长方形,南北长 179 米,东西宽 35 米,墙宽 5.6~6.3 米(图 5-25)。仓储建筑之内两道东西向隔墙,将其分为南北排列的三座小库房。仓储建筑东西应各有通风道 18 条,南、北墙及两道隔墙各有通风道 2 条,通风道宽 0.8~1 米。仓储建筑地面残存小石块东西 13 行,南北 102 行,小石块南北行距 1.4 米,东西行距 1.5

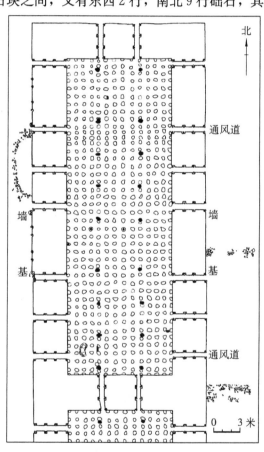

图 5-24 凤翔西汉仓储建筑遗址平面图

〔1〕 陕西省考古研究所、宝鸡市考古工作队、凤翔县博物馆:《陕西凤翔县长青西汉汧河码头仓储建筑遗址》,《考古》2005 年第 7 期。

米。仓储建筑之内有东西并列 2 行础石，行距 8.4
米，础石南北间距 4.2 米。

仓储建筑遗址西南 800 米发现汉代墓地，均为
汉代小型土洞墓。仓储建筑遗址东北 300 米，发现
汉代陶窑群。上述遗址出土了大量西汉时代遗物，
其中尤以"关"字瓦当最为重要。根据出土遗物和
建筑遗址形制，其时代应为西汉时代中晚期，属于
函谷关防御体系的仓储建筑遗址，具有贮藏、中转
漕运物资的功能，为"西汉时期国家管理的、为中
央政府服务的、带有军事防御性质的仓库建筑"[1]。

七　汉长安城遗址的考古学研究

（一）汉长安城形制反映的崇方思想

汉长安城及其皇宫未央宫平面近方形，这反映
了当时的崇方思想。崇方思想在都城规划中有着源
远流长的历史，河南偃师商城的宫城[2]、东周时代
的山东曲阜鲁国故城中的宫城[3]、楚都纪南城中的
宫城[4]、战国时期魏都安邑之宫城[5]、邯郸的赵王
城的宫城[6]平面均为近方形。成书于战国时代的
《考工记》载："匠人营国，方九里"，反映出营建都
城、宫城中的崇方思想，已达极致。

汉长安城和未央宫继承了先秦时代宫城崇方的传

[1] 洛阳市第二文物工作队：《黄河小浪底盐东村汉函谷关
　　仓库建筑遗址发掘简报》，《文物》2000 年第 10 期。
[2] 赵芝荃、徐殿魁：《偃师尸乡沟商代早期城址》，《中国
　　考古学会第五次年会论文集》，文物出版社，1988 年。
[3] 山东省文物考古研究所、山东省博物馆、济宁地区文
　　物组、曲阜县文管会：《曲阜鲁国故城》，齐鲁书社，
　　1982 年。
[4] 湖北省博物馆：《楚都纪南城的勘查与发掘（上）》，
　　《考古学报》1982 年第 3 期。
[5] A. 陶正刚、叶学明：《古魏城和禹王城调查简报》，
　　《文物》1962 年第 4、5 期合刊。
　　B. 中国社会科学院考古研究所山西工作队：《山西夏
　　　县禹王城调查》，《考古》1963 年第 9 期。
[6] 河北省文物管理处、邯郸市文物保管所：《赵都邯郸故
　　城调查报告》，《考古学集刊》第 4 集，中国社会科学
　　出版社，1984 年。

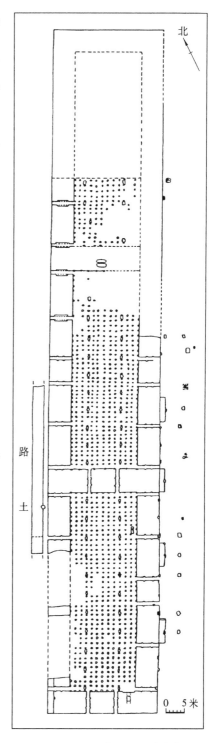

图 5-25　新安汉函谷关仓储
建筑遗址平面图

统做法。同时又对西汉时期各类重要皇室建筑产生了重要影响。如汉长安城南郊礼制建筑遗址中的"宗庙"、官稷、辟雍遗址的形制均反映了崇方思想[1]。

西汉帝陵的陵园、封土等平面形制，同样也反映了崇方思想，如汉高祖和吕后的长陵陵园平面方形，边长 780 米。汉景帝至汉平帝，帝陵与后陵陵园平面均为方形，前者边长410～430 米，后者一般边长 330 米。帝陵与后陵的陵墓封土的底部和顶部平面一般亦为方形[2]，因此帝陵封土又称"方上"，相对帝陵"方上"而言，帝陵的地宫又称"方中"。

汉长安城和未央宫平面形制中反映出的崇方思想，对后代产生了深远的影响。如汉魏洛阳城明堂遗址围墙东西 386 米，南北约 400 米，主体建筑的夯土基址平面东西 63 米，南北 64 米。灵台遗址围墙东西 200 米，南北 220 米，灵台主体建筑基址边长约 50 米[3]。由此看来，汉魏时期明堂、灵台等皇室建筑平面均为方形。

吴都建业的都城与宫城、东晋都城建康的大城及宫城平面均为方形[4]。隋唐长安城和北宋东京城的内城均略呈方形，前者东西 2820 米，南北 3335 米[5]；后者边长约 3200米[6]。位于内蒙古自治区宁城县的辽中京遗址，其宫城平面为方形，边长 1000 米[7]。元上都的外城、内城和宫城平面均为方形，边长分别为 2200 米、1400 米、570～620 米[8]。

（二）城门设置与结构

《周礼·考工记》载："匠人营国，方九里，旁三门。"先秦都城中，鲁国故城城门 11座，东、西、北门各 3 座，南门 2 座[9]。其城门数量与分布情况与《考工记》记载最接近。汉长安城是中国古代都城中时代最早的一座四面各置 3 座城门、全城共 12 座城门的都城。这种形制对以后历代都城城门设置产生了深远的影响。如东汉洛阳城共 12 座城门，其中东、西门各 3 座，南门 4 座，北门 2 座[10]。隋大兴城、唐长安城共有 13 座城门，其中东、南、西门各 3 座，北门 4 座[11]。元大都有 11 座城门，东、西、南门各 3 座，北门2 座[12]。东汉洛阳城、隋大兴城、唐长安城、元大都均为南北向轴线，轴线左右（即东西）或谓其旁，而它们的东、西城门各为 3 座，即应属于"旁三门"之制。这应该是受到

［1］ 中国社会科学院考古研究所：《西汉礼制建筑遗址》，文物出版社，2003 年。
［2］ 刘庆柱、李毓芳：《西汉十一陵》，陕西省人民出版社，1987 年。
［3］ 中国社会科学院考古研究所洛阳工作队：《汉魏洛阳城南郊的灵台遗址》，《考古》1978 年第 1 期。
［4］ 朱偰：《金陵古迹图考》，商务印书馆，1936 年。
［5］ 中国科学院考古研究所西安唐城发掘队：《唐代长安城考古记略》，《考古》1963 年第 11 期。
［6］ 河南省文物研究所：《河南考古四十年》，河南人民出版社，1994 年。
［7］ 辽中京发掘委员会：《辽中京城址发掘的重要收获》，《文物》1961 年第 9 期。
［8］ 张文芳：《元上都遗址》，《内蒙古考古》1994 年第 1 期。
［9］ 山东省文物考古研究所、山东省博物馆、济宁地区文物组、曲阜县文管会：《曲阜鲁国故城》，齐鲁书社，1982 年。
［10］ 王仲殊：《汉代考古学概说》，中华书局，1984 年。
［11］ 中国科学院考古研究所西安唐城发掘队：《唐长安城考古记略》，《考古》1963 年第 11 期。
［12］ 中国科学院考古研究所、北京市文物管理处元大都考古队：《元大都的勘察和发掘》，《考古》1972 年第 1 期。

汉长安城城门制度的影响所致。

班孟坚《西都赋》载："披三条之广路，立十二之通门。"张平子《西京赋》亦载："城郭之制，则旁开三门，参涂夷庭，方轨十二，街衢相径。"汉长安城的城门均为一门三道，与文献记载一致。西汉时代以前，虽然有的都城个别或部分城门有"一门三道"的，但是都城的所有城门均为"一门三道"的形制，在中国古代都城中汉长安城是出现最早的。此后，为历代都城所继承。东汉洛阳城每个城门有3个门道，洛阳城夏门的勘探证实了这一点[1]。魏晋洛阳城沿袭了东汉洛阳城城门形制，《洛阳伽蓝记》载：洛阳城"一门有三道，谓之九轨"。《河南志》卷二引《洛阳记》载："洛阳十二门，门有阁，闭中，开左右出入。"已进行考古发掘的东魏、北齐邺南城朱明门[2]、唐长安城含光门[3]、唐洛阳城应天门[4]，亦均为一门三道。以后宋、元、明、清各朝代。都城城门"一门三道"的制度一直未变。

（三）未央宫在都城布局上的重要地位

作为西汉一代的皇宫——未央宫在都城中所处的位置是相当重要的。未央宫选址于龙首山北麓，是汉长安城内地势最高的地方。未央宫东面有武库和长乐宫，北面有桂宫、北阙甲第、北宫和明光宫，西面为西城墙和建章宫，南面为南城墙及其外皇室礼制建筑群和上林苑。都城中的市里分布于未央宫的北部和东北部，它们与未央宫之间有桂宫、北阙甲第、北宫相隔。据此可以看出，未央宫选择在全城地势最高处，体现了其君临天下、至高无上的地位。为了保障未央宫的安全，宫城南面、西面毗邻高大城墙，其外又安排了皇室的礼制建筑群和上林苑等，形成南、西两面封闭区。东面和北面围以武库、后妃诸宫和达官显贵宅邸，作为未央宫与市里百姓的空间隔离带。上述布局安排，无疑使未央宫处于最佳安全环境和位置。

未央宫在汉长安城中位置的特点，对后代皇宫宫城在都城布局上的位置有很大影响，如曹魏邺城的宫城在都城最北部，其西邻铜雀园和王室库区及三台（冰井台、铜雀台、金虎台）；东为贵族官宦的居住区——戚里，南为中央政府官衙，把市里百姓与宫城区分隔开[5]。

隋唐长安城的宫城之南为皇城，北为西内苑，再北为皇室禁苑。太极宫和皇城东西分别为皇亲国戚、王公大臣们居住的诸坊。都城百姓居住各坊及东市、西市等均在皇城以南[6]。隋唐洛阳城的宫城位于都城西北隅，其南为皇城，东为含嘉仓城和东城，北为曜

[1] 中国科学院考古研究所洛阳工作队：《汉魏洛阳城初步勘查》，《考古》1973年第4期。

[2] 中国社会科学院考古研究所、河北省文物研究所邺城考古工作队：《河北临漳县邺南城朱明门遗址的发掘》，《考古》1996年第1期。

[3] 中国社会科学院考古研究所西安唐城工作队：《唐长安皇城含光门遗址发掘简报》，《考古》1987年第5期。

[4] A. 杨焕新：《洛阳隋唐宫城应天门东阙遗址》，《中国考古学年鉴（1991）》，文物出版社，1993年。

B. 洛阳市文物工作队：《隋唐东都应天门遗址发掘简报》，《中原文物》1988年第3期。

[5] 徐光冀：《曹魏邺城的平面复原研究》，《中国考古学论丛》，科学出版社，1993年。

[6] 中国科学院考古研究所西安唐城发掘队：《唐长安城考古记略》，《考古》1963年第11期。

仪城、圆璧城，西邻禁苑。市场和百姓诸坊在含嘉仓城、东城以东和皇城及洛水以南[1]。从上述情况可以看出，中国古代都城是帝国的政治中心，宫城是国家政治中枢，因而宫城在都城布局上占有突出地位。

（四）"面朝后市"的格局

西汉首都长安城的"朝"在未央宫，即大朝之地，皇帝办公之处。"市"即"东市"和"西市"。未央宫、东市和西市先后建筑于高祖和惠帝时期，属于统一规划的布局。未央宫和东市、西市分别在长安城西南和西北部，宫和市为南北向排列，即文献记载中的"面朝后市"。这种格局早在秦雍城的布局中已体现了出来。秦雍城的市场遗址在北城墙南300米，位于雍城北部。而市场遗址以南为秦公朝寝遗址，即为"面朝后市"[2]。汉长安城继承了"面朝后市"的格局，同时也对后代都城格局产生了深远影响。东汉洛阳城，虽然南宫和北宫早已有之，但在汉明帝永平三年（公元60年）营建北宫之前，作为皇宫使用的一直是南宫。光武帝立都洛阳开始，就住在南宫却非殿。建武十四年（公元38年）还在南宫建成前殿，即大朝正殿。汉洛阳城有三个市，即金市、南市和马市。其中，金市在城内，金市即大市，位于南宫西北部，因而潘岳《闲居赋》称其"面郊后市"。从北魏洛阳城开始，至明北京城[3]，都城中"面朝后市"的格局已不存在了。

（五）"前朝后寝"制度

"前朝后寝"制度在汉长安城未央宫和桂宫的勘察和发掘中反映比较明显[4]。

未央宫的核心建筑是前殿，它是皇宫的大朝之地。前殿居未央宫诸宫殿南面，其他重要宫殿大多分布在前殿以北或东西两侧。前殿由南向北分布着"广庭"、南殿、中殿、北殿、后阁及东、西厢建筑。如果前殿的"广庭"、南殿和中殿作为"朝"，前殿的北殿、后阁等则可视为"寝"。那么前殿这种布局配置就应为"前朝后寝"。

未央宫中，皇帝与皇后的寝宫也是前后排列，前殿在南面，皇后之宫——椒房殿位于前殿北330米。这种格局早在先秦时代已流行。汉代以后，这种皇帝正殿居南，皇后正殿居北的制度仍在沿用。

此外，考古发掘所见椒房殿和桂宫中的后妃宫殿的布局也反映了"前朝后寝"制度。

椒房殿南部为一长方形的大型宫殿基址，此殿应为椒房殿之正殿。正殿以北有配殿和厢房等，这应属于椒房殿的"燕寝"或"小寝"。可见皇后的宫殿建筑群布局中亦体现出"前朝后寝"的制度[5]。

---

〔1〕　中国科学院考古研究所洛阳发掘队：《隋唐东都城址的勘查和发掘》，《考古》1961年第3期。《"隋唐东都城址的勘查和发掘"续记》，《考古》1978年第6期。

〔2〕　《秦都雍城发现市场和街道遗址》，《人民日报》1986年5月21日。

〔3〕　除元大都因"复古"原因，都城追求"面朝后市"格局之外。

〔4〕　其他宫城遗址尚未考古究明。

〔5〕　中国社会科学院考古研究所：《汉长安城未央宫（1980～1989年考古发掘报告）》，中国大百科全书出版社，1996年。

　　桂宫二号建筑遗址，自南向北由南院、北院和夯筑高台三部分组成。南院置正殿，北院设寝室[1]。由此不难看出桂宫二号建筑遗址中的南院和北院实际反映了当时"前朝后寝"或"前堂后室"的布局结构。南院的殿堂居中，前置双阶，院落位后。北院的宫室处于南北布列的院落之间，地下通道纵穿宫室中央，这种松散、自由的布局，显然是与建筑物作为寝居有关。这说明"前朝后寝"、"前堂后室"不只限于帝居，包括后妃的重要宫室建筑亦遵此制。这一制度甚至影响民间，延续上千年。

（六）后妃宫殿建筑的特色
1. 地下建筑是后妃宫殿建筑中的一个重要特征

　　未央宫中的皇后之殿——椒房殿，其正殿北部设置地下房屋建筑，配殿遗址中有 5 条地下巷道（地下通道）[2]。

　　在汉武帝为后妃建造的桂宫内，地下建筑尤为复杂。桂宫二号建筑遗址的南院建筑群中，正殿东部有一南北向地下通道与地下室建筑，正殿北部偏西又有 1 座地下房屋建筑；北院建筑群中部的地下通道南北贯穿建筑群。在桂宫四号建筑遗址中有 2 座地下房屋，均位于东部建筑，呈东、西分布[3]。

　　在近年考古发掘的长乐宫几处建筑遗址中，也发现了地下建筑。如长乐宫二号建筑遗址的 F1、F2 和 F3，长乐宫四号建筑遗址的 F1 等[4]。

　　综上所述，后妃建筑中有着形形色色的地下建筑，推测这应当是为后妃及外戚政治活动的特殊需要而构筑的。

2. "长生无极"瓦当在后妃宫殿建筑中为主要文字瓦当

　　在我们发掘汉宣帝杜陵的陵寝建筑内，发现皇帝的陵园门阙、寝殿遗址出土的文字瓦当中，以"长乐未央"为大多数，而皇后陵园门阙、寝殿遗址出土的文字瓦当中，以"长生无极"为主[5]。

　　在未央宫的皇后宫殿——椒房殿遗址内出土的文字瓦当中，"长乐未央"瓦当出土 23 件，而"长生无极"瓦当 44 件，"长生无极"瓦当占出土文字瓦当中的大多数[6]。

　　在后妃的桂宫的二号建筑遗址中，南院出土的文字瓦当仍以"长生无极"为主。北院

〔1〕　中国社会科学院考古研究所、日本奈良国立文化财研究所：《汉长安城桂宫（1996～2001 年考古发掘报告）》，文物出版社，2007 年。
〔2〕　中国社会科学院考古研究所：《汉长安城未央宫（1980～1989 年考古发掘报告）》，中国大百科全书出版社，1996 年。
〔3〕　中国社会科学院考古研究所、日本奈良国立文化财研究所：《汉长安城桂宫（1996～2001 年考古发掘报告）》，文物出版社，2007 年。
〔4〕　中国社会科学院考古研究所汉长安城工作队：《汉长安城长乐宫二号建筑遗址发掘报告》，《考古学报》2004 年第 1 期；《西安市汉长安城长乐宫四号建筑遗址》，《考古》2006 年第 10 期。
〔5〕　中国社会科学院考古研究所：《汉杜陵陵园遗址》，科学出版社，1993 年。
〔6〕　中国社会科学院考古研究所：《汉长安城未央宫（1980～1989 年考古发掘报告）》，中国大百科全书出版社，1996 年。

建筑遗址出土的 13 件文字瓦当中,有"长生无极"瓦当 9 件。可以看出"长生无极"瓦当在文字瓦当中占大多数[1]。

据上所述,在皇室的宫殿建筑中,不但皇帝与皇后宫殿的规模、形制有着明显的不同,就是使用的文字瓦当也有很大区别。皇帝的宫殿建筑和陵寝建筑中文字瓦当以"长乐未央"为主,而在后妃的宫殿建筑和陵寝建筑中文字瓦当以"长生无极"为主。

(七)汉长安城的宫城与"亚宫城"

长安城中的皇室建筑以未央宫为皇宫,长乐宫为太后之宫,北宫、桂宫和明光宫为后妃之宫(或也曾作为太后之宫)。简而言之,未央宫作为都城之宫城的话,长乐宫、北宫、桂宫、明光宫均可视为"亚宫城"。这种布局反映了西汉王朝最高统治集团作为中国古代帝国时代初期的政治历史特点:中央集权的国家统治者,在他们刚刚踏上帝国时代政治舞台时,一方面要削弱"血缘政治"力量,另一方面又要加强"地缘政治"势力,"外戚"成了他们这时强化自身政治权利的对象、维持政权统治的重要支柱。汉长安城中未央宫和长乐宫两宫并立,后妃之宫桂宫、北宫和明光宫与未央宫并存,这些正是西汉一代皇室与外戚的多元联合、相互制约的政治统治格局在都城之内皇宫和其他诸宫城布局形制上的反映。随着帝国时代社会历史的发展,皇权加强,反映都城之中的宫城布局也发生了相应的变化。汉长安城的皇室建筑以皇宫为主,包括若干宫城的布局,到了魏晋洛阳城变成了单一的宫城。

第二节　东汉洛阳城遗址

东汉首都洛阳城,故址在今河南省洛阳市以东 15 公里处,地处洛阳市郊区与孟津、偃师二县(市)结合部。其位置居洛阳盆地中心,南临洛水,北倚邙山,地控交通要冲,自然景色壮丽秀美。

文献记载和实地勘察表明,早在西周时期,这里就形成了一座规模颇为可观的方形城址,其范围约与东汉洛阳城的中部区域相当。春秋时期,周敬王避王子朝乱迁都此城,名之曰成周,又称下都。时因故城狭小不受王都,晋率诸侯毁狄泉北扩其城。扩展后的城址,大小已与东汉洛阳城的北、中部城区无异。秦封吕不韦为洛阳十万户侯,并以此城为三川郡治,复将城址向南扩展,最终奠定了两汉洛阳城的基本形制和规模[2]。洛阳,作为这一历史名城的固定名称,也由此而彪炳史册。秦至西汉,洛阳城已是天下名都之一。刘邦初称帝,曾驻跸洛阳三月之久,意欲建都于此。后接受张良、娄敬等人建议,遂移驾关中,于长安城正式建都。

〔1〕　中国社会科学院考古研究所、日本奈良国立文化财研究所:《汉长安城桂宫(1996～2001 年考古发掘报告)》,文物出版社,2007 年。

〔2〕　中国社会科学院考古研究所洛阳汉魏城队:《汉魏洛阳故城城垣试掘》,《考古学报》1998 年第 3 期。

洛阳一名，乃城居洛水之阳之谓。但因汉为火德，忌水，故其时以洛为雒，称洛阳为"雒阳"。魏受汉禅，又因魏为土德，土得水而润，复改雒为洛，呼其为"洛阳"。此后，历代沿用洛阳一名，至今而不改。

一　东汉洛阳城考古发现简史

很久以来，人们对这一名城遗址似已十分陌生，故而清代洛阳县令龚崧林重修《洛阳县志》时，竟将城内著名的北魏永宁寺塔基指为汉质帝陵墓。直到 20 世纪 20～30 年代，由于城址范围内东周王陵和一批汉魏文物的相继发现，才重新引起国内外人士的关注。

当时，城内发现的汉魏文物，主要是汉魏石经残石和西晋辟雍碑。

汉魏石经残石的大量出土，始于 1922 年冬乡民采瓜蒌根偶获半截魏三体经碑等二石及日后古董商高价收购石经残字诱发的"刨字风"。在旷日持久的"刨字风"中，石经残石出土甚多，而且很快流散出去。太学石经的发现，当即引起一批国内学人的重视。他们主要致力于石经残石及其拓片的征集、整理与研究。更有一批学者，如马衡、徐森玉还亲赴洛阳考察。第一次是在 1923 年夏。至洛"始知所出二石之外，尚有碎石甚夥。辨其残字，不尽三体，亦有汉石经焉"。第二次是在 1924 年冬天。这次他们到了石经出土地点，"见所谓太学遗址者，已沦为丘墟，仅有碑趺十余，呈露于瓦砾丛中而已"，认定"故太学遗址在今洛水南岸碑楼庄、朱圪垱、大郊寨三村之间"。随之，即有依据新出土石经残字形成的各种著录相继问世，其中，首数马衡遗著《汉石经集存》。《汉石经集存》系新中国成立后出版，是总汉石经出土和研究之大成的重要著作。

西晋辟雍碑，1931 年春被东大郊村村民发现。当时关于辟雍碑的研究，最受世人重视的，当数顾廷龙的《"大晋龙兴皇帝三临辟雍皇太子又再莅之盛德隆熙之颂"跋》一文。

总之，在新中国成立之前，汉魏洛阳故城遗址一直处于无人管理、任人践踏、任人劫掠的状态。关注此城的学者针对出土文物开展的研究，仍属金石学的范畴。关于石经的论著确有不少真知灼见，马衡、徐森玉能亲临实地考察，实属难能可贵，然为条件局限，其所指太学遗址的方位，却明显失误。

新中国的建立，为文物考古事业开辟了美好的前景，都城考古也跨入了一个新时代。

1953 年，为配合洛阳市第一个基本建设高潮，著名考古学家裴文中、夏鼐率团来洛进行相关古遗址、古墓葬的考古调查和发掘。次年 4 月，发掘团成员阎文儒前往汉魏洛阳故城遗址考察，并在踏查的基础上绘制出中国人自己的第一张汉至晋代洛阳城址平面图，揭开了对该城址实施全面考古勘察和研究的序幕。

1961 年，汉魏洛阳故城遗址被国务院公布为第一批全国重点文物保护单位。次年，中国科学院考古研究所（即今中国社会科学院考古研究所）即组建专门考古队从事该城址的调查、发掘工作。这一举措，使这座名城遗址的勘察和研究，一开始便步入了科学、系统的正确轨道。回顾近五十年来勘察工作的具体进程，大体可以划分为三个阶段。

第一阶段：1962～1965 年。主要工作是，继承前人关于城址范围的认识，对城区及其周边区域实施大规模普探，重点探查城垣、城门、绕城阳渠、宫城、城内外主干道路以及包括东周王陵在内的重要建筑遗迹。初步摸清了该城的基本布局，重新测绘了城址平面图，为以后的勘察工作奠定了坚实基础。普探中，于城南之洛河故道南岸发现东汉刑徒墓地，并对中心区域做了发掘清理。

第二阶段：1972～1982 年。此时正处于刚刚恢复田野工作的时期。鉴于该城址在前此的近十年内仍在不断损坏，其中受损害最大的莫过于现在仍突出于地表的各种大型建筑遗址。为保证资料的完整性，遂将此类遗址确定为优先考察项目。在此期间，先后发掘了城南的辟雍、灵台、明堂、太学和城内的北魏永宁寺遗址；配合当地的农田水利建设，又清理了城内龙虎滩村北的一座北魏官府建筑和北魏宫城内的圆形建筑遗址。

第三阶段：1982 年至今。此时面临两项重大任务：一是改革开放形势下兴起的经济建设大潮，给遗址保护带来巨大冲击，配合基建任务大大加重；二是伴随学术研究的深入发展，一系列必须解决的新问题，诸如北魏确否修建外郭城，历代洛阳城的范围、布局方面有何差异，城市建设与周边地区的地形地貌水系有何关系等等提上议事日程。针对这种局面，考察工作采取了有计划发掘与配合基建协调安排、结合进行的方法，而将配合基建任务放在优先安排的位置。除主动开展北魏外郭城及水系勘探、城墙解剖、建春门和宫城阊阖门发掘、太极殿及金墉城试掘、洛河故道和周边地区地形地貌、关隘遗址调查外，还结合配合基建工程调查、发掘了北魏东外郭城的大型砖瓦窑场、西外郭城的大市和白马寺遗址，清理了以东汉墓园为代表的一大批汉魏墓。通过这些工作，使汉魏洛阳故城遗址的整体范围和形制最终得以确定，城址范围已达到东西、南北各约 10 公里，对历代城址沿革关系和基本布局，也有了较为清晰的认识[1]。

在此基础上，除发表大部分的简报、报告外，还写出了一系列的论文。

二　东汉洛阳城的形制与规模

东汉洛阳城，曾为其后的曹魏、西晋、北魏所沿用，故常称之为"汉魏洛阳城"。东汉洛阳城是一座四周建有高大城墙和深广护城河的封闭型城市。其城墙，系利用前代城墙墙体、经修整增筑而成，全部为素土夯筑，内外两侧俱无包砖痕迹。现存遗址上，除南城墙因后世洛水改道被冲毁而了无孑遗外，东、北、西三面城墙皆有墙体残存。保存最好的地段，如城东北隅，残墙体犹高出地面 6～7 米（图版 12-1）。据勘测，全城略呈不规则的南北长方形。东城墙残长约 3895 米，墙基宽约 14 米[2]；北城墙全长约 2523 米，墙基宽约 25 米；西城墙残长约 3500 米，墙基宽约 20 米[3]。若加上南城墙复原后的数字，城墙周长可达 13000 米，约合汉代三十一里，城内总面积约为 9.5 平方公里（图 5-26）。因其城自南至北的长度约为当时的九里，自东至西的宽度约为当时的六里，故而有文献称其为"九六城"[4]。绕城而在的护城河，古称阳渠，实为汉魏时期引谷水东注以解决洛阳城市用水问题这项巨

〔1〕　段鹏琦：《汉魏洛阳故城》，文物出版社，2009 年。

〔2〕　中国科学院考古研究所洛阳工作队：《汉魏洛阳城初步勘查》，《考古》1973 年第 4 期。

〔3〕　北城墙和西城墙的长度，系依据《考古》1973 年第 4 期刊出之汉魏洛阳城实测图量出，而非实测数据。

〔4〕　清·徐松辑，高敏点校：《河南志》，中华书局，1994 年。

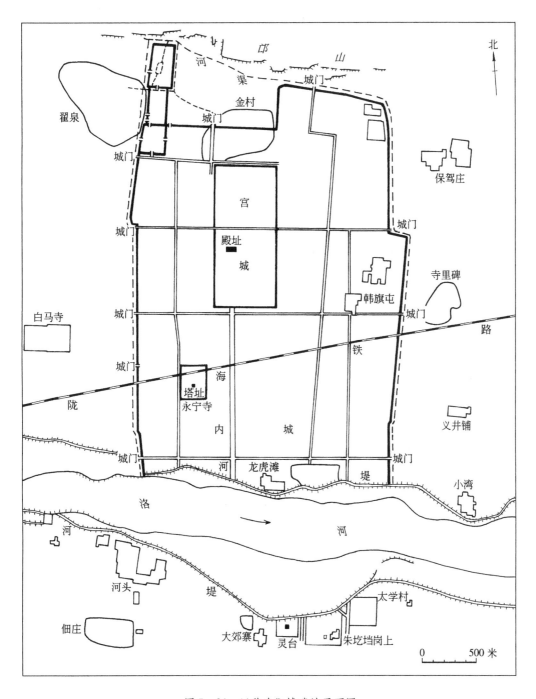

图 5-26　汉魏洛阳城遗址平面图

大水利工程的一个有机组成部分。护城河走向，均与城墙平行并保持一定距离，宽约18~40米，深度皆在3米以至4米以上[1]。

东汉洛阳城的现存诸城墙皆有几处曲折，迄无一面城墙作直线式，城之东北角也作弧形弯转而非直角，这应是此城整体形制的突出特点之一。实地勘察显示，东、西二城墙上的几处曲折，似同此城历史上的两次大规模扩展有直接关联[2]。但我们以为，并不能依此做出判断，认为这几处曲折的存在，系扩城时测量技术不精所致。这一现象的背后，当有更加深刻的历史根源和现实需要做依据。

从历史根源的角度看，迄今发现的春秋战国各诸侯国都城，大多以城墙故作曲折之状为特色，原因是这种做法有利于都城的防御。东汉洛阳城历史上的两次大规模扩建，适在春秋战国时期，城墙上出现几处曲折，理应反映了同样的时代特质。

从现实需要考虑，两汉时期之所以全盘承袭历史形成的旧城形制而不作大的改动，其主要原因，恐怕还是把城墙上的几处曲折视为都城的重要防御措施之一。关于这一点，我们不妨举出以下两项实物资料以为佐证。

其一，在汉魏洛阳城北城墙及西城墙北段的外侧，曾发现若干座马面遗址。马面的出现，无疑是为了增强防御能力[3]。它形象地表明，都城防御是当时最高统治者至为关心的现实问题。然而，据勘察，此城的马面最早出现于魏晋[4]，东汉洛阳城尚无此类设施。在这种情况下，最高统治者有意识地保留诸城墙上的几处固有曲折，继续发挥它有益于防御的功能，便是合乎情理的事情。

其二，在实地勘察中，于东、北、西三面城墙上共发现汉代城门门址8座。这8座门址中，竟有5座与城墙上的曲折部位有关。上东门和上西门，门址恰在城墙曲折部位的内缩一侧。耗门、广阳门和谷门，门址虽不正在城墙曲折部位，但与曲折部位的最大距离均不超过200米，城墙曲折部位对保证城门的安全，也是可以发挥积极作用的。

看来，东汉洛阳城的整体形制特征，既是对春秋战国以来历史传统的继承，也是由都城防御的实际需要所决定的。

三　东汉洛阳城的城市布局

众所周知，东汉洛阳城城址，曾为其后的曹魏、西晋、北魏三朝相沿使用，直至唐贞观年间才终遭废弃。基于这种特殊的历史条件，对其进行系统的考古勘察，难度之大，不言而喻。在1962年以来对整个汉魏洛阳城遗址的考古勘察中，相继发现了东汉洛阳城的城门、主干道路和一些大型建筑[5]，为复原城市布局提供了一些重要线索，但同主要依

〔1〕　中国科学院考古研究所洛阳工作队：《汉魏洛阳城初步勘查》，《考古》1973年第4期。
〔2〕　段鹏琦：《汉魏洛阳故城形制浅议》，《洛阳文物与考古——洛阳博物馆建馆四十周年纪念文集》，科学出版社，1999年。
〔3〕　中国科学院考古研究所洛阳工作队：《汉魏洛阳城初步勘查》，《考古》1973年第4期。
〔4〕　中国社会科学院考古研究所汉魏故城工作队：《洛阳汉魏故城北垣一号马面的发掘》，《考古》1986年第8期。
〔5〕　中国科学院考古研究所洛阳工作队：《汉魏洛阳城初步勘查》，《考古》1973年第4期。

据实物资料全面复原城市布局的要求，尚有很大差距。因此，以下关于东汉洛阳城城市布局的论述，只是根据已知有限实物资料结合文献记载做出的初步探索。

1. 城门和城内主干道路

就考古工作的现状而言，探讨东汉洛阳城城市布局的重要依据，应是业已发现的城门门址和城内外主干道路。

全面勘察汉魏洛阳城城址，在现存东、西、北三面城墙上共探出城门门址 10 座：东城墙 3 座，北城墙 2 座，西城墙 5 座。共发现贯通诸门址的主干道路 9 条：东西向横道 5 条，南北向纵道 4 条。依据 4 条南北向纵道的走向，不仅可以确知南城墙上应有门址 4 座，而且能够复原各门址的大体位置[1]。然而，这些门址和纵横道路，显然包含汉至北魏时期历代的全部城门门址和主干大道，或与北魏洛阳城的实际情况接近，与东汉洛阳城当有较大差异。欲求东汉洛阳城城门和主干道路的分布状况，尚需结合文献记载予以鉴别。

依文献记载，东汉洛阳城共有城门 12 座。对比种种文献的相关文字，似以《洛阳伽蓝记·序》的记载最为详尽。据已知，现已查明或得以复原确定的 14 座城门门址中，东城墙上的 3 座、北城墙上的 2 座、南城墙上的 4 座，以及西城墙上的南数第一和第四座门址，皆为汉至北魏历代相沿使用，惟其门名随时代而有所不同。如以北城墙上西边一门为起点按顺时针方向叙述，其汉代门名依次为夏门、谷门；上东门、中东门、耗门；开阳门、平城门（又称平门）、小苑门（即《河南志·后汉城阙宫殿古迹》所称"宣阳门"）、津门；广阳门、上西门。只有西城墙上的南数第二门即汉雍门，北魏时因其"斜出"被堵塞，而于旧门址以北辟地另建新门西阳门（此即西城墙上的南数第三座门址），以与东城墙上的南数第二门直对[2]。依勘察资料，汉雍门门址，位于广阳门北约 880 米处，较北魏西阳门偏南约 500 米[3]。较东城墙之南数第二门确实偏南了许多，北魏人称其斜出符合实际。

对汉魏洛阳城内外尤其是城内纵横大道的时代，尚未逐一分段做出鉴别。但鉴于东汉洛阳城的 12 座城门，除东墙上的耗门和上东门分别与西墙上的广阳门和上西门直对外，其余东、西或南、北城墙上的城门绝无直对者；并且惟一时代单纯的汉雍门大道，在城内的残存长度只有 50 余米，走向不斜，而呈正东西。由此可以想象，东汉洛阳城的主干道路，多数不是笔直地贯通全城，当有较多的丁字路口存在。这大概即是东汉洛阳城主干道路同北魏洛阳城的最大差异。《续汉书·百官志（四）》注引蔡质《汉仪》称："雒阳二十四街，街一亭"，或者正是在城内直通道路较少的前提下，将每两个路口限定的一段干道视为一街这种历史状况的真实写照。

《洛阳伽蓝记·序》有云，洛阳城门"门有三道，所谓九轨"。《太平御览》卷一九五引陆机《洛阳记》又说："宫门及城中大道皆分作三。中央御道，两边筑土墙，高四尺余，外分之。唯公卿尚书章服从中道，凡人皆从左右，左入右出。"由北魏建春门即汉上东门遗址的发掘看来，文献关于洛阳城门及道路的记载，应该是可信的。这座城门遗址，南北

〔1〕 中国科学院考古研究所洛阳工作队：《汉魏洛阳城初步勘查》，《考古》1973 年第 4 期。

〔2〕 《水经·谷水注》。

〔3〕 中国科学院考古研究所洛阳工作队：《汉魏洛阳城初步勘查》，《考古》1973 年第 4 期。

长 30 米，东西宽（即进深）约 12.5 米。门之南北两侧，横截城墙以为壁，其间布置两道东西向夯土隔墙，构成一门三洞的形制。各门洞大体同宽，约为 6 米。门洞内原皆有大道穿过，然因后世流水冲刷，中门洞道路已荡然无存，而南、北二门洞内，尚残存排叉柱、门槛石以及车辙的遗迹。在北门洞之北魏路土层下，还叠压着汉晋时期以砖石材料构筑的排水暗沟 1 条[1]。另据勘察，由城内通往此门的道路，宽达 35～51 米[2]。即使按最小的数字 35 米计，将路面分作三道，也完全是可行的。

以上分析，说明了这样一个基本事实：东汉洛阳城内，路面虽然宽广，且管理措施严密，但因丁字路口多，道路仍不那么畅达，交通也不算十分便利。这同样体现了一种时代特质。

2. 宫殿区

东汉洛阳城城市布局的主要特点之一，是与西汉长安城相比，宫殿区相对集中，形成南宫和北宫南北对峙的格局。

按《括地志》洛州洛阳县条引顾野王《舆地志》的说法，洛阳城"秦时已有南、北宫"。可见南、北宫对峙的格局并非肇始于两汉，而很可能是在历史上两次大规模扩建过程中逐渐形成的[3]。文献所谓汉代营建南、北宫，大约只是在故宫殿旧基上加以较大规模的扩充、重建而已。

东汉洛阳城南、北宫的遗址，至今尚未得到全面勘探和发掘，无由准确把握其形制和范围。20 世纪 80 年代初，曾有学者根据汉魏洛阳城道路网勘察资料和有关文献记载，对二宫的位置和范围做出复原研究（图 5-27），认为"在雒阳城的南部，中东门

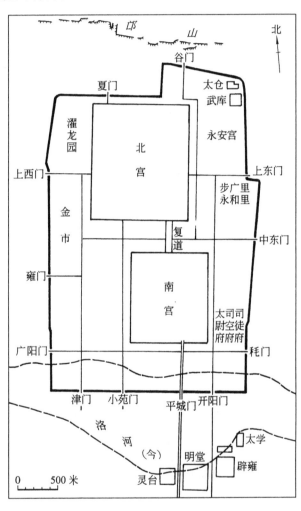

图 5-27 东汉洛阳城平面复原图

---

[1] 中国社会科学院考古研究所洛阳汉魏故城工作队：《汉魏洛阳城北魏建春门遗址的发掘》，《考古》1988 年第 9 期。

[2] 中国科学院考古研究所洛阳工作队：《汉魏洛阳城初步勘查》，《考古》1973 年第 4 期。

[3] 段鹏琦：《汉魏洛阳城的几个问题》，《中国考古学研究——夏鼐先生考古五十年纪念论文集》，文物出版社，1986 年。

大街之南，耗门—广阳门大街之北，开阳门大街之西，小苑门大街之东，有一片范围广大的长方形的区域，应该便是南宫的所在"。其范围应为南北长约 1300 米，东西宽约 1000 米，面积约 1.3 平方公里。"在雒阳城的北部，中东门大街之北，津门大街之东，谷门大街之西，有一片范围广大的长方形的区域，应该便是北宫之所在"。"它的位置在南宫之北，而略为偏西。"其范围应为南北长约 1500 米，东西宽约 1200 米，面积约 1.8 平方公里。并以为，南、北二宫间的距离，应为一里，而不是像文献所说的七里[1]。我们觉得，这项复原研究的意见，或许比较近乎实际。

理由有二：其一是，魏晋以及北魏的洛阳城，城市布局皆由东汉洛阳城脱胎而来，其性质当类似于后世的旧城改造，即使对前代城市建筑曾做出较多的改变，但在绝大多数城门位置不变的情况下，大的框架恐不会发生太大变动。因此，以汉魏洛阳城内主干道路的分布状况为基础，探索汉洛阳城南、北宫的位置和范围，研究方法是科学的。其二是，从文献记载看，后代洛阳的宫城应是在汉北宫的旧址上建造起来的，故将汉北宫置于后代宫城所在的位置，不会有什么大的问题。至于汉南宫之所在，同文献记载也毫无抵牾之处。《续汉书·百官志（四）》本注称："雒阳城十二门，其正南一门曰平城门，北（对）宫门，属卫尉。"刘昭注引《汉官秩》曰："平城门为宫门，不置候，置屯司马，秩千石。"《续汉书·百官志（二）》"宫掖门，每门司马一人，比千石"句，本注中更有"南宫南屯司马，主平城门"一语。说明南宫应在平城门内，且距城门还有一段距离。研究复原的南宫，其位置正与这一环境特征相符。其三是，迄今为止，在这一带发现的汉代建筑或道路遗迹，也无与复原研究的意见相矛盾者。1982 年秋加固洛河北堤，曾在城内靠河堤之龙虎滩村周围取土，致使村北及东、西两端的古遗址受到大面积破坏。其取土范围，正当耗门—广阳门大道南侧。村北取土现场，暴露出一些汉代建筑遗迹，计有小型房舍、水井、排水管道等，未见宫墙及大型建筑基址。唯在村东接近东城墙处，见有战国至西汉的大面积夯土暴露，但这里已明显不属于南宫的范围[2]。1994 年秋，配合 310 国道（原郑洛公路）汉魏洛阳城内段局部改线工程，曾对北魏铜驼街也即汉小苑门大道进行解剖，解剖沟开在复原研究拟定的南宫范围西侧。解剖沟东西长近百米，沟内从上到下清理出北魏到汉代层层叠压的路土及与道路相关的建筑遗迹，也未见宫墙及大型建筑基址[3]。这表明，北魏铜驼街实与汉小苑门大道的位置、走向基本一致，汉南宫西界，决然超不出这条南北大道而更在其西。

按照这项研究，汉洛阳城南、北宫的面积已达到 3.1 平方公里，如加上见于记载的永安宫、濯龙园等宫苑，则以南、北宫为主的宫殿区所占面积，肯定将超过全城面积的三分之一。因此可以这样说，宫殿区在东汉洛阳城所占比例，虽较汉长安城大大降低，但与此后的历代都城相比，仍然显得过于大了些。这也许正是东汉洛阳城的又一时代特质。

3. 东汉洛阳城内外宫殿区之外的其他建筑

如上所述，东汉洛阳城内，道路及宫殿区以外的地面，最多不到全城面积的三分之

---

〔1〕　王仲殊：《中国古代都城概说》，《考古》1982 年第 5 期。
〔2〕　中国社会科学院考古研究所洛阳汉魏故城工作队资料。
〔3〕　中国社会科学院考古研究所洛阳汉魏故城工作队资料。

二，又大量为各类官府以及太仓、武库、商市所占据，居民里坊大约不会很多，且多为达官贵人宅第。见于文献的此类内容甚少，多数仅存名号，有地望可考者，更是寥寥无几。现仅知，太尉府、司空府、司徒府位于开阳门内[1]；太仓、武库位于城内东北隅[2]；在北宫西南有洛阳三市之一的金市[3]；在上东门内大道南侧则有步广里和董卓宅所在之永和里[4]。此外，权臣梁冀在城内也有宅第。1962 年勘探城东北隅时，曾发现南、北两组大型建筑遗址。南侧一组建筑，整体近似方形，南北长约 199 米，东西宽约 142～186 米，四周建有夯筑围墙，中有聚集成组的夯土台基和独立的较大建筑基址。北侧一组建筑，包括东西相对的两座方形院落。居西一院，作南北长方形，长约 100 米，宽约 70 米；居东一院，整体作方形，长、宽各约 50 米。二院落四周皆有夯筑围墙，但其内涵却大相径庭。东院内未见任何建筑物；西院中则分布着至少 5 座大小有差的建筑台基。尤其引人注意者，是在东、西二院落之间，有一座叠压在汉代层下的大型东周墓[5]。《水经·谷水注》曾有"景王冢在洛阳太仓中"一语，所记现象正与此同。因此，这两组大型建筑遗址虽未清理发掘，单从其位置和地望即可做出初步判断，它们有可能就是武库和太仓。

据文献记载，当时在洛阳城周围，最高统治者同样精心营造了为数众多的宫、观、亭、苑，近城地带，更是各种重要礼制建筑的所在地和人口较为密集的居民区。重要礼制建筑如北郊兆域，明显位于城北；圜丘、灵台、明堂、辟雍，则在城南。著名的东汉太学，也在城南无疑。人口较为密集的居民区，至少有以下几处：位于城东北角的上商里，不啻为侥幸流传下来的居民里坊之一[6]；洛阳三市中金市以外的马市和南市，分别设于城东和城南[7]，市场之所在，也应是居民聚集的区域。另据《洛阳伽蓝记》卷四，城西之西阳门外三里御道南有汉明帝所立白马寺。西阳门外四里御道南有北魏洛阳大市，周回八里。"市（东）南有皇女台，汉大将军梁冀所造，犹高五丈余。""市西北有土山鱼池，亦冀之所造，即《汉书》所谓'采土筑山，十里九坂，以象二崤'者。"是为当时有名的私家园林。对城外这种种建筑遗迹，大多仅做过一般性地面调查，个别经过勘探或发掘，发现了一些值得注意的线索。据知，北魏建春门即汉上东门，门外历来为居民密集区，曾为"中朝牛马市"所在地，汉代马市或者也在此处[8]。汉代白马寺即今白马寺的前身，而梁冀所筑皇女台及私家园林，俱在今白马寺以西：皇女台约即 1987 年发掘之东汉墓园遗址[9]；其私家园林，依地形地貌看，则应在白马寺西北，今地名唤作瓦渣岗的高地及

〔1〕 清·徐松辑：《河南志》注引《古今注》，中华书局，1994 年。

〔2〕 清·徐松辑：《河南志》及所附《后汉京城图》，中华书局，1994 年。

〔3〕 A. 参见清·徐松辑《河南志》，中华书局，1994 年。
　　　B.《水经·谷水注》。

〔4〕 清·徐松辑：《河南志》及所附《后汉京城图》，中华书局，1994 年。

〔5〕 中国科学院考古研究所洛阳工作队：《汉魏洛阳城初步勘查》，《考古》1973 年第 4 期。

〔6〕 清·徐松辑：《河南志》，中华书局，1994 年。

〔7〕 清·徐松辑：《河南志》，中华书局，1994 年。

〔8〕 范祥雍校注：《洛阳伽蓝记校注》卷第二，上海古籍出版社，1978 年。

〔9〕 中国社会科学院考古研究所洛阳汉魏城队：《汉魏洛阳城西东汉墓园遗址》，《考古学报》1993 年第 3 期。

其以西地区[1]。北郊兆域，约在城北邙山上，地近北魏外郭城[2]。圜丘遗址，据说在城南之王圪垱村以南的伊河滩上，20世纪50年代基址犹在[3]，但70年代再去调查时，其处已是满眼黄沙，踪迹无存。南市故址因后世洛河泛滥、改道等原因，恐已难以寻觅，但灵台、明堂、辟雍、太学等遗址，却基本完整地保存下来。它们坐落于今洛河南岸的东西向带状高地上，自西至东一字排开。这几处大型建筑遗址俱已经过全面勘探和重点发掘。

历年来勘察实践显示，当时的手工业遗址主要分布于城外。但至今被清理的，几乎全是砖瓦窑址，只有个别窑址可能专烧陶质器皿。其他手工业遗址尚未被揭露。分散存在的砖瓦窑址，城周围屡见不鲜，而规模庞大的大型汉砖瓦窑场仅见城东的西罗洼村附近的一处。这处砖瓦窑场东西、南北各约数里，其间窑址且相当密集。已发掘的3座窑址，无一不是以煤为燃料，在一号窑内还整齐摆放着厚约1米的绳纹筒瓦瓦坯[4]。它显然是一座官营窑场，当属南甄官府统辖，产品主要用于营建官属建筑。

四 东汉洛阳城官属重要建筑

对东汉洛阳城的各种宫殿及其他官属宏伟建筑，文献曾有许多精彩描述。受考古资料限制，这里仅以灵台、明堂、辟雍、太学、官府为例（图5-28），概略叙述如次。

1. 灵台、明堂、辟雍遗址

灵台、明堂、辟雍，合称三雍。作为封建王朝的三大礼制建筑，其用途各不相同。灵台是天象观测场所，天子登灵台、观云物，"所以观天人之际、阴阳之会"。明堂乃天子祭天敬祖之所，最经常的活动，是在此宗祀五帝，而以先帝配。《东汉会要·礼二》载，汉明帝曾借举行祭祀而咏祉福、舞功德、颁时令、敕群后。辟雍为宣扬教化之地，天子率众朝臣于此行大射礼和养老礼，并祭奠孔子[5]。关于三者的用途，《后汉书集解·祭祀志中》引薛综注似乎说得更为简明扼要、确切明白，其曰："于之（上）班教曰明堂，大合乐飨射者辟雍，司历候节气者灵台。"对这三大礼制建筑，尤其是明堂、辟雍，是否为同一座建筑，应该是什么样的形制？历史上曾有过不少争论，争论的结果，往往是各执一词而莫衷一是。但从20世纪70年代所做考古调查、发掘看，在东汉时期，灵台、明堂、辟雍三者是分立的，而且建筑形式各具特色。

（1）灵台遗址

灵台遗址，确如文献所载位于平城门外大道西侧，地处今偃师市佃庄镇朱圪垱岗上村和大郊寨之间，北临今洛水南堤。遗址平面略呈方形，四周建有夯筑围墙。南墙及东、西二墙俱已探明，墙上各有门址；惟北墙不曾发现，或压在河堤之下。遗址现知范围，东西

---

[1] 中国社会科学院考古研究所洛阳汉魏故城工作队资料。

[2] 中国社会科学院考古研究所洛阳汉魏故城工作队资料。

[3] 蒙宿白先生见告。

[4] 中国社会科学院考古研究所洛阳汉魏城队：《汉魏洛阳城发现的东汉烧煤瓦窑遗址》，《考古》1997年第2期。

[5] 参见清·王先谦《后汉书集解·祭祀志（中）》，商务印书馆，1959年。

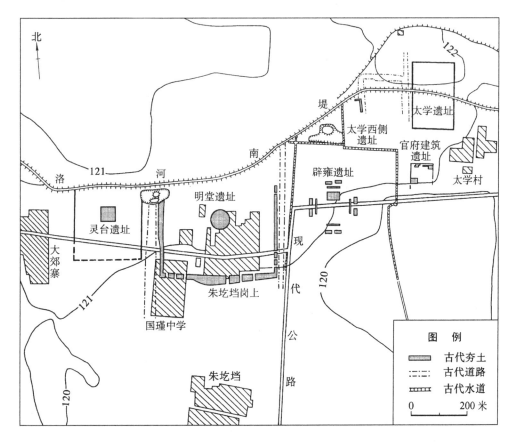

图 5-28　东汉洛阳城南郊礼制建筑遗址分布图

220 米，南北 200 米，面积约 44000 平方米。今犹突兀于地面的天象观测台基，为一方形夯筑高台，正处于遗址的中心部位。台基基部长、宽各约 50 米。其地面以上部分，因历代破坏已非原状，南北残长约 41 米余，东西残长约 31 米余，残高约 8 米余。顶部已塌毁成一椭圆形平面，南北长约 11.7 米，东西宽 8.5 米。台基四面各辟上下两层平台，平台上均有建筑遗迹；环绕下层平台，又有河卵石铺的散水（图 5-29；图版 12-2）。这些建筑遗迹，惟台基北面保存比较完整，其余各面均遭严重破坏[1]。

　　下层平台，仅北面尚有建筑遗迹残存：台面略与当时的地面取平，其南北宽度约为 2 米。居中部位有一坡道，由此可登上层平台。坡道宽约 5.7 米。两侧为回廊式建筑，东西各 5 间以上，每间面阔 2.5 米。回廊式建筑后壁，系就夯土台基切削而成，并于壁面挖出竖槽以立木柱。柱础石有大小两种，二者相间而置，大柱础石与上层平台上建筑的础石对

〔1〕　A. 中国社会科学院考古研究所洛阳工作队：《汉魏洛阳城南郊的灵台遗址》，《考古》1978 年第
　　　　1 期。
　　　　B. 中国社会科学院考古研究所：《汉魏洛阳灵台、明堂、辟雍与太学遗址——1962～1992 年考古
　　　　发掘报告》，文物出版社，2010 年。

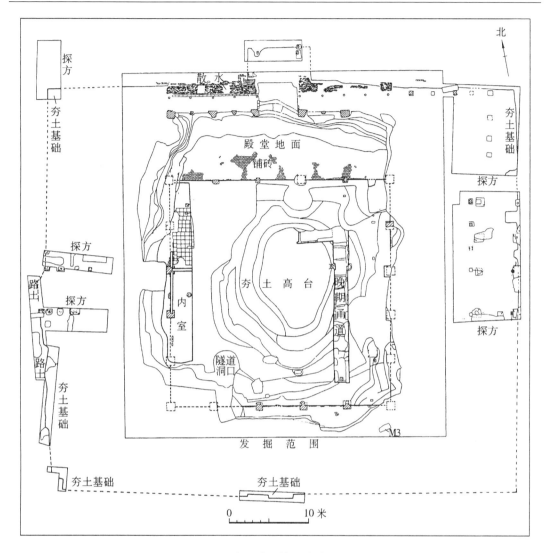

图 5-29 东汉洛阳城灵台遗址平面图

应。前壁仅有柱础（槽）残存，而与后壁大小相间而置的柱础石对应。此外，除南面破坏尤甚，其他各面在居中坡道部位外侧，还发现有门亭的遗迹。

上层平台，高出下层平台地面约 1.87 米，四面皆有建筑遗迹残存。每面总长应为 27 米，各有 5 间建筑，每间面阔约 5.5 米。平台的宽度（指从前缘到后壁的距离），因遗址保存不好不易取得准确数据，如以北面回廊后壁柱与上层建筑后壁柱之间的距离计算，约为 8.5 米。上层建筑后壁及立柱的做法与回廊相同，地面全部用长方形小砖铺砌。壁面涂抹草拌泥，并按方位施彩：南面朱红色，东面青色，西面白色；北面因被火焚，施彩情况不详，若依东、西、南三面施彩情况推断，当为黑色。这种现象的出现，应与其时崇尚四灵的风尚有关。

台基西面上层平台的建筑，还有一个不同于其他三面的显著特点，即在五间建筑的后面，又加辟五间进深约 2 米的内室。内室后壁，也系就夯土台基切削而成，但无立柱痕迹；前壁为土墙，此墙兼做前面五间建筑的后壁。内室中又有隔断土墙一堵，将其分作南、北二室。南室面阔三间，北室面阔二间，北室地面铺素方砖。目睹这种密闭型内室，很容易使人联想起《晋书·天文志》"作浑天仪于密室中"的"密室"。

现存台基顶部，既非原高，更不可能保持当初的形制。关于台基的原高，文献上有两种说法，一说高三丈[1]，一说高六丈[2]，以之折合成公制，则分别为 7.08 米和 14.16 米。前一种高度比现存残台基还低，显然有误；后一种高度，既大于现存台基，又与《洛阳伽蓝记》"基址虽颓，犹高五丈余"的记载接近，应该比较可信。关于台顶的形制，《五经通义》有言曰："灵台制度奈何？师说之，积土崇增，其高九仞，上平无屋。高九仞者，极阳之数；上平无屋，望气显著。"此语颇有道理。

我国古代天文学上的一个突出成就，即是对天象的周密观测。东汉灵台是当时全国最大的国家天台，有一个组织严密、分工明确的天象观测机构，代表着其时天文学发展的最高水平。灵台隶属于太史令。举世闻名的天文学家张衡，从永初二年（公元 115 年）至阳嘉二年（公元 133 年）曾先后两次出任太史令，任期共达十多年，直接领导着灵台的天象观测，灵台自然也是他从事科学实验的场所。由此可见，东汉灵台遗址的发现，无论对中国考古学或是天文学史研究都是一件大事。

（2）明堂遗址

东汉明堂，位于平城门外大道东侧，与灵台一东一西夹道相对。这座大型建筑遗址，全部湮埋于地下，今朱圪垱岗上村正坐落在遗址之上。据勘探，其平面略呈方形，四周建有夯筑围墙。东、西、南三面围墙墙基犹存，南墙长约 386 米，东、西墙已知长度将近 400 米。北墙基没有探到，或为今洛水南堤所压。围墙之内，中心部位为一平面呈圆形的建筑基址，直径 61～62 米。在圆形建筑基址中部，或因其处原建较高建筑而今已被削平的缘故，未发现任何建筑遗迹；但在其周围，曾清理出有规律排列的 20 多组方形大柱础槽和一些方形小柱础槽，槽内多已无柱础石残存，大柱础槽间并有底部铺黄沙的方形沙坑。在圆形夯土建筑基址边缘处，犹有原包砌青石被拆后留下的环状沟遗迹[3]。根据多年发掘汉魏洛阳城各类建筑所取得的认识，由于一些柱础槽内残存回填夯土中含有素面瓦片，表明它们和底部铺黄沙之沙坑一样，主要应是北魏时期的建筑遗迹，但此圆形建筑基址本身，夯土质地坚实、纯净，无疑为东汉至晋代明堂主体建筑的旧基。

由此不难看出，东汉以来明堂的基本形制，正与《水经·谷水注》"寻其基构，上圆下方"的描述相符。

（3）辟雍遗址

东汉辟雍，位于开阳门外大道东侧，隔道与明堂东西相对，地处今朱圪垱岗上村东。

[1]　清·徐松辑：《河南志》注引《汉宫阁疏》，中华书局，1994 年。

[2]　《水经·谷水注》。

[3]　中国社会科学院考古研究所：《汉魏洛阳灵台、明堂、辟雍与太学遗址——1962～1992 年考古发掘报告》，文物出版社，2010 年。

这一大型建筑遗址，也和明堂一样全部湮埋于地下。1931 年出土的西晋辟雍碑之碑身，即发现于此。

由勘探、发掘知[1]，遗址范围广大，大约 370 米见方。最外围为"环水"，整体略呈方形，惟南面呈不封闭形。"环水"之内，为一组布局规整的建筑基址：其中心，有一座建于较大夯筑基础上的长方形殿基，东西长 42 米余，南北宽 28 米余，残高 0.56 米。殿基表面破坏严重，大约比原高低了不少，柱网痕迹几无孑遗。殿基侧壁，局部残存贴壁方砖。围绕殿基基部，基础夯土面上普遍保存路土。路土上无辙痕，当为人行道路。在殿基南侧的基础夯土上，发现长方形土坑 1 处，坑底铺碎石片。坑西侧不远处，出土石碑座一方。碑座曾被翻动，出土时底面朝上。碑座诸侧面，线刻孔子及诸弟子坐像。经与辟雍碑碑身进行全面勘对，确认二者原属同一碑。当初辟雍碑的位置，似可由此认定。在中心殿基四面，各有一组建筑，每组皆由左右二阙和双阙内侧的门屏式构筑物组成。居南、东、西三面者，距中心殿基较远，居北面者，距中心殿基甚近。在中心殿基和北面门屏式构筑物之间，曾发现东西向土沟 1 条，沟宽不到 1.5 米。从土壁残痕及沟内出土物看，沟壁、沟底或曾砌砖。由铲探可知，此沟总长 61 米余，东、西两端封闭，并不与"环水"相通。

中心殿基南面的双阙和南、北两面的门屏式构筑物业已经过发掘。南面双阙和门屏式构筑物距中心殿基约 71 米，二者之间的距离约为 12 米。双阙仅存阙基，皆为东西向长方形夯土，东西各长 20 米左右，南北宽约 11 米余。二阙相距 14 米。门屏式构筑物为一东西向长墙，总长 43 米余，夹墙体立壁柱，顶部或施短椽覆瓦。长墙中段，有向南突出的东、西两条夯土，各长 4～5 米，其间距约为 14 米，这里或为结构简单的门址。自双阙间至门址处残存已被翻动的路土。中心殿基南面的一组建筑如此，其他三面的相应建筑亦应大体如是。应该特别说明的是，发掘中心殿基北面的门屏式构筑物时，曾在长墙中段清理出两座魏晋时期改建而成的方形房基和 1 条车辙痕迹明显的车道，但车道不曾越过土沟。这条车道的存在，与文献"车驾临辟雍从北门入"的记载一致。

对辟雍这一礼制建筑，文献记载甚多。说到它的形制特征，通常指为：中心殿基四周环水，水圆如璧，以象征教化流行；四面水上建桥，以节观者。今所见辟雍遗址，环水水源通过一条砖砌涵洞自北面到达遗址北部正中，然后向东、西两个方向分流，各流出 180 余米后折而向南，直到遗址以南，尚未显出转折闭合苗头。再南，因地势太低，地下水位过高，无法查明其确切走向。仅此已可确认，此辟雍遗址的环水确非圆形，建筑形制实与传统说法不同。另外，中心殿基北面的土沟，既不与"环水"相通，沟内又未发现淤土，当初或不曾经常流水，这也是耐人寻味的。

2. 太学遗址

东汉太学，创建于光武帝建武五年（公元 29 年），位于开阳门外大道东。关于东汉太学的范围，文献没有明确记载。仅知，因校舍积年毁坏，汉顺帝永建六年（公元 131 年）曾诏修太学，每年用作工徒 112000 人，阳嘉元年（公元 132 年）作毕，凡构造黉舍 240

[1] 中国社会科学院考古研究所：《汉魏洛阳灵台、明堂、辟雍与太学遗址——1962～1992 年考古发掘报告》，文物出版社，2010 年。

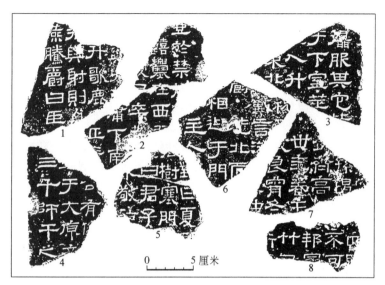

图5-30　汉魏洛阳城太学遗址出土汉熹平石经残石（拓本）

1.《仪礼·燕礼》经文（8011号）　2.《仪礼·特牲》经文（8009、8071号）
3.《仪礼·既夕》经文（8018号）　4.《鲁诗·南有嘉鱼》经文（8004号）
5.《论语·八佾》经文（8065、8025号）　6.《仪礼》校记（8001号）
7.《春秋·襄公》经文（8039号）　8.《鲁诗·鸿雁》经文（8030号）

房，1850室。还知道，校内有讲堂，长十丈，宽三丈。汉质帝时，生员达到三万余人。汉灵帝熹平四年（公元175年），诏诸儒正订六经文字，刻石立于太学门前（一说立于太学讲堂前）[1]，这就是后世所说的汉石经，又称熹平石经。

东汉太学遗址的确切范围今仍难以确定，但20世纪70年代曾在辟雍遗址东北方、今洛河南堤的南北两侧，发现魏晋以降的太学遗址。其平面呈长方形，东西150余米，南北约220米。在其南面曾清理出熹平石经残石（图5-30）150余块[2]。于遗址范围内勘探，发现一排排布列规整有序的长条形房舍，并发掘了其中的数座。据此可知，魏晋以降太学遗址处，应是东汉太学的主要部分，其长条形房舍，正是袭用了东汉太学诸生房舍的结构和形制。鉴于魏晋以降太学遗址的东西两侧，仍有一些长条形房舍基址发现，说明东汉太学的范围，要比魏晋以降太学大得多。

从较大面积的勘探资料看，长条形房舍应是太学建筑的主要类型。它们相互平行，排列密集，间距只有数米。一座长条形房舍，总长可达数十米，由十间甚至十数间组成，每间面阔3.6米左右，进深约4米。只有极个别建筑形制较为特殊。如在魏晋以降太学的中心区，曾清理了一座后来改造成面东的长条形房舍的建筑，其旧基，原呈面东的"匸"字形。最北端为河堤所压，边缘未能揭露出来，已揭露部分纵横各16～17米。这一建筑的性质，应与长条形房舍有所不同[3]。

据马衡《汉石经集存》前所出土的汉石经残字，约8000余字，当然，散落民间而不

〔1〕　参见清·王先谦《后汉书集解》之《孝顺孝冲孝质帝纪》、《光武帝纪》、《蔡邕传》等，商务印书馆，1959年。
〔2〕　中国社会科学院考古研究所洛阳工作队：《汉魏洛阳故城太学遗址新出土的汉石经残石》，《考古》1982年第4期。
〔3〕　中国社会科学院考古研究所：《汉魏洛阳灵台、明堂、辟雍与太学遗址——1962～1992年考古发掘报告》，文物出版社，2010年。

曾面世者，自不包括在此数之内。从总体上看，汉石经碑文字，皆只用一种书体——隶书。刻经所据经本，皆为汉代立于学官之今文经，计有诗、书、易、礼、春秋、公羊传、论语七种及校记。关于经碑的数目，学者们较为相信《后汉书·蔡邕传》注引《洛阳记》的记载，其碑总数为 46 枚。至于经碑的规格，学者们以为《西征记》和《水经注》的记载属实，为石长八尺，广四尺。经碑的排列形式，当如文献所载，"骈罗相接"、"表里刻之"，即各经自为起讫，每一经占若干碑，骈罗相接如堵墙，经文从第一碑起、讫于末一碑，又自末一碑之阴直至第一碑之阴止（此用马衡语）。参与建汉石经碑的学者，已能明确指出蔡邕等 25 人之多，实际上，恐还不止此数。

收集于民间的汉石经残石，据了解分别出自魏晋以降太学遗址的南侧、东侧和北侧。它们一般形体较大，混杂于北魏地层的瓦砾层、灰土层以至砖砌水池之中，显为被随意遗弃者。发掘所获汉石经残石的情况，据知，发掘地点位于太学村北围墙北侧，地当魏晋以降太学遗址东南、汉太学遗址南部，这里地下原是一处瓦砾堆积区。据发掘，此处地层可分为四层，最上层为现代耕土层，最下层为厚薄不一的夯土层，中间为红褐色土层和瓦砾层，有字石经残石和大量无字残石即出于这两层中。红褐色土层，厚 0.15～0.3 米，土质较硬，内含残素面方砖、长方砖、篮纹和绳纹板瓦碎片以及陶瓷残片，还有铁钉和五铢钱。此层有少量石经残石。叠于其下的瓦砾层，由碎砖瓦和石经残石构成，厚 0.1～0.2 米不等，包含物种类略同于红褐色土层，但瓦片和陶器片碎小而少棱角，堆放有较明显的层次，砖瓦间夹杂的地层土，硬度甚大，似为夯打所致，表面并有路土残迹。从包含物看，这两层形成的时间理应比较接近，大约属于同一时期的前后两次堆积。其年代，约当西晋至北魏迁洛以前。这些汉石经残石的存在状况表明，它们是被当作普通碎石片，同碎砖瓦一起用来垫地的。

3. 官府建筑遗址

这里所说的官府建筑遗址，1981 年勘探太学遗址时发现[1]，位于今佃庄镇太学村西，北对魏晋以降太学，西与辟雍为邻。似不见于文献记载。遗址处地势高隆，南端早年已被破坏，现存部分略呈长方形，东西长约 78 米，南北残长 67 米。东、北、西三面均有夯筑围墙残基，各宽 2～3 米，显为一处独立存在的院落。在此院落内，共探出夯土建筑基址 3 处：一处在东北隅；一处在北墙内侧中部偏西处；另一处在现存西墙内侧的最南部。

位于西墙内侧最南部的夯土建筑基址已经发掘。发掘表明，它实由南北相邻的两处建筑组成。南为殿堂，北为廊道，其间相距一米余。殿堂台基甚矮，高于地面仅 5～6 厘米，以 1 排长方砖拦边。其与西围墙的距离也为 1 米余。因遗址南部破坏过甚，殿堂台基南缘的位置难以断定，故而整体形制无法准确把握。由大面积揭露结合开探沟方式了解，台基东西全长为 20 米余，南北总长至少 18 米余。台基之上，中心部分夯土受损严重，未见任何与柱网相关的遗迹，但在周边部分，曾见到铺砖印痕并有柱础石或柱础槽残存。各础位皆距台基边缘 1 米余，以北面的柱础石（或柱础槽）保存最完整。在这里，共清理出大小

〔1〕　中国社会科学院考古研究所：《汉魏洛阳灵台、明堂、辟雍与太学遗址——1962～1992 年考古发掘报告》，文物出版社，2010 年。

柱础石（或柱础槽）9 个，系大、小两种础石相间而置，相邻两大础石的间距皆为 4.5 米，其间的小础石与大础石的间距均为 2.25 米。如以大柱础石为准，北面应为 4 间。这种置础方式，同灵台下层建筑之回廊后壁完全相同，而且在诸柱之间还曾清理出一条稍高于周边部分的土棱，这使人想到，此殿堂台基的中心部分，当初或许也是像灵台那样是一个夯筑高台。北面绝无登台基设施，西面边缘破坏太甚有无登台基设施无从查考，惟其东面确有一条登台基坡道。廊道的保存状况比殿堂要好。它呈东西向，西端与西围墙垂直相接，东端尚未清出尽头，已知长度为 24 米余，廊基宽 3.6 米。其南侧筑有夯土墙，壁面局部残存涂朱白灰墙皮；墙南并有砖铺散水。廊道表面普遍发现路土和排列规则的小型柱础石或柱础槽。柱础石（或柱础槽）共 5 对，说明此段廊道长已超过 4 间，每间面阔 4.5 米，进深约 1.4 米。

此二建筑的形式、结构，业已显示它有可能属于官府建筑，而更为有力的证据，则是发掘遗址所获绳纹筒瓦和板瓦上保留下来的戳印文字。据初步统计，在已拣出的附戳印瓦件中，印文与官府有关者共 32 件，其中印文为"南甄官瓦"者 7 件，仅为一"官"字者 25 件。此二建筑既为官府建筑，那么，整个院落无疑为一所官府。由其所在位置推测，此官府的职掌，当与辟雍或太学有内在联系。

第六章　秦汉地方城邑与长城

第一节　秦汉郡县制的推行与地方城邑

一　秦汉郡县制的确立与城市建制

同东周时期相比，秦汉时期城市制度的最大特点在于郡县制的确立。实际上，东周时期郡县就已经出现，但当时体制不完备，带有很强的区域性，各国在各自辖域内实行封建与郡县并行的体制。秦始皇二十六年（公元前 221 年）统一全国以后，废封建为郡县，划天下为三十六郡，在全国推行郡县制。除秦都咸阳外，东周时期各国的都城及其中小城邑变为秦帝国的郡县城，成为各级行政管理的中心，形成了从中央到地方的城市体系。

汉代继承秦代的郡县制，但与秦代不同的是，汉代实行郡国并行的制度，既有直接受中央政府控制的郡县，又有分封的诸侯王国。汉高祖初年为了巩固政权，先分封了七个异姓王，随后又陆续剪除代之以同姓王。当时天子拥有三河、东郡、颍川、南阳、西蜀和北部边郡共十五郡[1]，而诸侯国大致沿袭了战国时期形成的地域格局，诸侯王辖域广，权力大，对中央王朝来说是一个潜在的威胁。因此，从西汉初期至中期，中央王朝与诸侯王进行了长期的斗争，这实际上是分封制与郡县制较量的一种表现形式。随着斗争的发展，郡县的设置和诸侯国的变化都比较大。经过汉文帝、汉景帝、汉武帝三代努力，诸侯王的权力被大大削弱。至汉武帝时，诸侯国或仅领一郡，或仅得五六城，诸侯国对中央的威胁被彻底解除，中央领地也远远超出诸侯王。这时，虽然实行的仍然是郡国并行的制度，但分封制仅仅是郡县制的一种补充形式而已。据汉平帝时的统计，设郡 83 个，诸侯国 20 个，县邑总数 1314 个，道 32 个，侯国 241 个[2]。

东汉的郡县同西汉相比，有两个明显的变化。一是由于户口减少，郡国空虚，郡县数量有所减少。据汉顺帝时的统计，当时有郡国 105 个，县、邑、道、侯国 1180 个[3]。二是在州的建制上做了较大的变动，恢复西汉时期的州部，并有了固定治所，州一级的权力得到提高，至东汉末期，基本上实行州、郡、县三级管理的体制。州部分司隶校尉部、十二州刺史部和西域长史府，各王国、属国按郡制，邑、道、侯国等按县制。后来，州牧拥兵自重，成为当时重要的政治力量。

---

[1]《史记·汉兴以来诸侯王年表》。
[2]《汉书·地理志》。
[3]《续汉书·郡国志》。

汉代郡、国下辖县、邑、道、侯国。侯国地位与县相当，为功臣列侯或武帝"推恩令"从王国析出的小国以及所封先秦、殷、周后裔的食邑。道设在少数族聚居地区，从分布区域看，主要在西南和西北地区[1]。邑有三种，一为太后、公主所封汤沐之地；二为在帝陵附近所置的陵邑；三为祭祀地，如奉高邑。从记载看，县、道、侯国一般都筑城邑，城内设有官寺、市、里。乡、里是汉代的基层行政单位，有的乡也筑城。

另外，还有几种特殊的地方行政建制，如在边境归附少数族聚居地设立的属国，以属国都尉统之，采取"治民比郡"、"存其国号而属汉"的管理办法[2]，主要实行于东汉。见于记载的有：西汉的上郡龟兹属国都尉，东汉的辽东属国都尉、张掖属国都尉、居延属国都尉、广汉属国都尉、蜀郡属国都尉、犍为属国都尉等。陕西神木大保当古城推测为东汉龟兹属国都尉所在地。东汉在与周边部族聚居地相邻地区还设有校尉等，如护乌桓校尉、护羌校尉、护匈奴中郎将等。

二　秦汉地方城邑

地方城邑指秦汉时期的郡国城、县道城、帝王陵邑、列侯封邑及属国都尉城等，它们是郡国、县道等官署所在地，是当时所在区域内的政治文化中心，经济管理中心，有的还是军事指挥中心。目前发现的秦汉城址约有 620 余座，绝大多数为调查资料，做过考古发掘的较少。根据记载及考古资料，可以确定为郡国城、县道城、帝王陵邑、列侯封邑及属国都尉城的约有 300 多座，另有一半城址性质不明，其中一些规模较小的可能是乡里城或城堡等。

根据当时的行政区划，结合城址的形制，大致将秦汉城址分为黄河中下游地区、长江中下游地区、北方长城地带及边远地区四大区域。其中以黄河中下游地区分布最为集中，其次为长江中下游地区，边远地区较少。

这里所使用的地域概念，"黄河中下游地区"指南界淮河，北迄燕山，以黄河中下游为中心的区域，即秦岭—淮河一线以北至燕山山脉以南，有时也称之为"中原地区"；秦岭—淮河一线以南至岭南以北称之为"长江中下游地区"；长城沿线及其以南邻近地区称之为"北方长城沿线地带"；除此之外的其他地区称之为"边远地区"。有些现属一省之内的城址在秦汉时期属于两个不同区域，本书主要以秦汉时期的行政区划为准。

第二节　黄河中下游地区的城邑

秦汉时期，黄河中下游地区一般称为关中及关东（或山东）地区，属汉代的司隶校尉部和兖州、豫州、青州、徐州、冀州、并州刺史部南部，大致相当于今天的陕西、河南、江苏、安徽、山东大部，山西、河北中南部，天津、北京南部地区。秦汉时期，这一地区开发早，经济发达，人口稠密，王朝末季的战争也往往集中于此，因此城邑最为密集。在

---

〔1〕《续汉书·百官志》。
〔2〕《汉书·武帝纪》。

此范围内考古调查发现了大约 445 座秦汉城址，做过发掘的多数为秦汉时期沿用的战国列国都城，少数秦汉城址曾做过考古试掘。

一　郡国城址

目前考古发现的作为秦汉郡治的城址 14 座，即：陕西省高陵左冯翊故城（东汉左冯翊）；河南省武陟东张村古城（河内）、禹州阳翟故城（颍川）、平舆古城村古城（汝南）、南阳宛城（南阳）、开封陈留故城（陈留郡、国）；山西省夏县禹王城（河东）；山东省巨野昌邑故城（山阳）、郯城郯国故城（东海）、诸城古城子村古城（琅邪）、昌乐古城村古城（北海）、章丘东平陵城（济南郡、国）；河北省元氏古城村古城（常山郡、国）、临漳邺北城（魏郡）。

汉代诸侯国王城共 13 座，分别为河南商丘睢阳故城（梁国）、河北邯郸大北城（赵国）、献县乐成故城（河间国），山东临淄齐国故城（齐国）、曲阜鲁国故城汉城、莒县城关古城（城阳国）、长清卢县故城（济北国）、平度即墨故城（胶东国）、寿光剧县故城（西汉淄川国）、东平须城村古城（东平国）、高密城阴城（高密国），江苏泗阳凌城故城（泗水国）、扬州蜀岗古城（广陵国）。由于两汉郡国并行，部分城址时为诸侯国的国都，时为郡治所在地，或两者兼而有之。秦代实行郡县制，因此，上述汉代的郡国城，不少即是秦代的郡城，如赵郡邯郸、南阳郡宛城、齐郡临淄、琅邪郡琅邪、胶东郡即墨、城阳郡莒、东海郡郯等。由于秦代短命，这些城址当中留下的历史痕迹很少，非考古发掘难以分清其面貌。

（一）临淄齐国故城

临淄齐国故城位于山东临淄区齐都镇，是西周晚期至汉代齐国的都城[1]。自献公元年（公元前 859 年）由薄姑迁都临淄，至齐王建四十四年（公元前 221 年）秦灭齐，临淄作为姜齐与田齐的都城 600 余年。秦灭齐国后，在此设临淄郡（齐郡）。刘邦于高祖六年（公元前 201 年）封庶长子刘肥为齐王，都临淄。从悼惠王始，历哀王、文王、孝王、懿王、厉王等，先后皆治临淄。武帝元朔二年（公元前 127 年），除为郡，临淄成为郡治所在。西汉时期，临淄城"海岱之间一都会"，是"富冠海内"的"天下名都"。

临淄齐国故城东临淄河，西依系水，由大、小两城组成（图 6-1）。大城为南北长方形，东西约 4000 米，南北约 4500 米。东墙因紧靠淄河而曲折不齐。东、西两面以淄河、系水为护城河，南、北两面挖有护城壕。小城位于大城的西南，部分嵌入大城西南角，平面呈长方形，东西 1400 米，南北 2200 米，面积约 300 万平方米。两城总面积约 2000 万平方米。

大、小城共探出 11 座城门。其中小城城门 5 座：东、西、北门各 1 座，南门 2 座。大城城门 6 座：东、西门各 1 座，南、北门各 2 座。城墙上发现 4 处排水道口，其中大、小城西墙各 1 处，大城北墙 2 处。大、小城内还有贯穿全城的排水系统，与城墙上的排水道口相连。两城内探出 10 条交通干道：小城 3 条；大城 7 条，其中 2 条南北向干道纵贯

---

〔1〕　A. 山东省文物管理处：《山东临淄齐故城试掘简报》，《考古》1961 年第 6 期。

　　　B. 群力：《临淄齐国故城勘探纪要》，《文物》1972 年第 5 期。

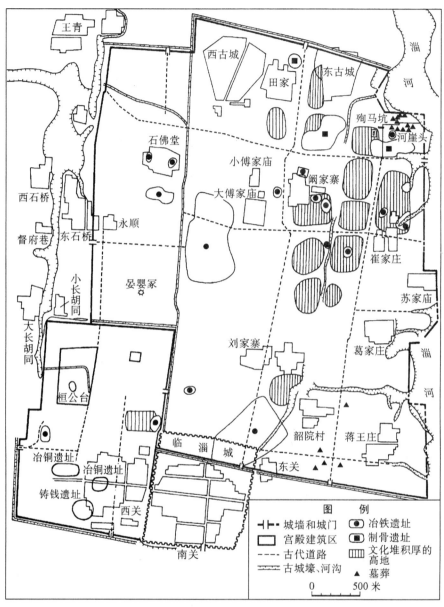

图 6-1 临淄齐国故城遗址平面图

全城。这些道路都与城门相通，将全城分成一个个近似方形的区域。

钻探和试掘表明，西周晚期的遗迹主要集中于大城东北部的阚家寨一带。自春秋早期，大城向南扩展至韶院村以北的地方。暗示韶院村北一带可能有春秋都城的南垣[1]。春秋时期的宫殿区可能位于大城东北部的阚家寨一带[2]。

---

〔1〕 张学海：《齐营丘、薄姑、临淄三都考》，《张学海考古论集》第 343 页，学苑出版社，1999 年。

〔2〕 许宏：《先秦城市考古学研究》第 100 页，北京燕山出版社，2000 年。

　　战国时，大城继续南扩，并于西南部又筑小城，形成今天所见的平面形制，但战国宫城已不在大城内，而是移到了小城之中，原来大城的宫城所在地成了冶铁、铸铜、制骨等手工业和市场区，成为士农工商的居住区。

　　小城是战国之后的宫殿区所在地，东、西城门道路以北，分布有大片的建筑基址，中心建筑在桓公台。该台现存东西 70 米，南北 86 米，高 14 米，文化堆积分上、下两层，下层为战国时期，上层属汉代。道路以南有铸币作坊和居址。

　　秦汉时期全部沿用了先秦的城市，大、小城内普遍存在秦汉时期的文化堆积。秦汉郡国的宫殿治所、一部分工商业区在小城，居民区、大部分手工业作坊和商业区都在大城。在刘家寨以南、韶院村以西，有一处面积约 40 万平方米的炼铁遗址，是发现的 6 处炼铁遗址中规模最大的，在此曾出土过汉代"齐铁官丞"、"齐采铁印"封泥，是汉代铁官的铸铁作坊。近年来，阚家寨南、石佛堂东南和苏家庙西发现西汉铜镜陶范近百块，这几处遗址集中于大城的中北部一带，研究者认为，这里是一处重要的铜镜铸造作坊遗址，说明临淄是汉代铜镜制造中心之一[1]。阚家寨村南一带曾出土成批的"半两"钱范，应是西汉时临淄的一处铸钱遗址。

　　位于大城东南部的刘家寨不断有汉代封泥出土，自清末民初以来，数量已达数百枚，有汉朝及齐国官印等[2]。王献唐据此认为，"汉代封泥之必在刘家寨者，逆度其地，当时殆为官署旧址……证以印方，又为国相郡守县令治事之所，不为王宫。且属西汉库藏，不属东汉"[3]。说明附近可能就是西汉时期的官署所在地。

　　汉武帝除齐国为齐郡，政治地位大为下降。东汉以后，临淄城的发展更趋衰微。

(二) 夏县禹王城

　　夏县禹王城位于山西省夏县禹王乡，传说夏禹曾居此，故俗称禹王城[4]。城址分大、中、小三部分（图 6-2）。在小城的东南角有一座禹王庙，下部为一夯土台，东西 65 米，南北 70 米，现高 9 米。夯土含有东周陶片。大城平面近似梯形，北窄南宽，方向 50 度，周长约 15500 米，总面积 1300 万平方米。城内文化堆积一般为战国时期，推测应为魏国前期的都城安邑城。

　　两汉时期遗存主要集中于中城和小城。中城在大城的西南部，略呈方形，总面积约 600 万平方米。中城西、南墙分别是大城西、南墙的一部分。北墙全长 1522 米，位置正处在小城北墙向西的延长线上，城墙残高 1～5 米，基宽 5.8 米，夯层厚 8～10 厘米。东墙只

〔1〕　A. 白云翔：《西汉时期日光大明草叶纹镜及其铸范的考察》，《考古》1999 年第 4 期。

　　　B. 中国社会科学院考古研究所、山东省文物考古研究所：《山东临淄齐国故城内汉代铸镜作坊遗址的调查》，《考古》2004 年第 4 期。

〔2〕　A. 王国维：《齐鲁封泥集存·序》，罗振玉辑《齐鲁封泥集存》，1913 年。

　　　B. 张龙海、张爱云：《山东淄博市临淄区齐国故城出土汉代封泥》，《考古》2006 年第 9 期。

〔3〕　王献唐：《临淄封泥文字》，山东省立图书馆，1936 年。

〔4〕　A. 陶正刚、叶学明：《古魏城和禹王古城调查简报》，《文物》1962 年第 4、5 期合刊。

　　　B. 中国科学院考古研究所山西工作队：《山西夏县禹王城调查》，《考古》1963 年第 9 期。

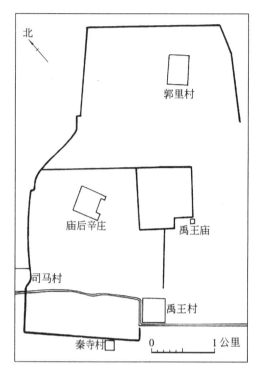

图 6-2　夏县禹王城遗址平面图

发现和小城南墙相接的一段，长 960 米，南端略向西折，基宽 8 米，夯层厚约 8 厘米。北墙自小城西北角向西，经庙后辛庄直达大城西墙交接处，大城和中城城墙被劈断。大城中断处北端外侧有补修加厚的夯土，此夯土与中城的夯土完全相同；内侧的夯土与大城夯土一致。因此推测，中城北墙在此劈开了大城的西墙，并在转角处进行加固。中城东墙自小城南墙 450 米处（从西南角向东）南行至禹王村北，约 80 米处，稍向西折，中断，此段长约 700 米。其夯土和禹王村西南转角处二次补筑的城墙相同。中城虽也有战国时代的遗物，但远不如汉代遗物丰富。中城原是大城的一部分，后来作为秦汉时期的河东郡治，并一直沿用到北魏，后迁移他处[1]。有人认为该城可能修筑于秦汉时期[2]，但推测可能是筑于汉而非秦。

小城在大城的中央，形状为长方形，缺东南角，周长约 3000 米，总面积约 75.4 万平方米。墙基宽 11～16.5 米。城墙保存尚好，现存高度一般在 3 米左右。四面城墙的长度分别为：东 495 米、西 930 米、南 990 米、北 855 米，四面城墙各有一个缺口，可能是原来的城门遗址。城内地势西高东低，城址比周围地面高出 1～4 米。地上布满战国和汉代遗物，地下文化堆积普遍厚 2～3 米，下层为战国时期，上层为汉代。小城可能是与大城同时建造的宫城，但现在还没有发现宫室建筑基址。1990 年在小城北部试掘，出土较多铸造铁农具的陶范和建筑材料，陶范上有“东三”铭文，陶器上有“安亭”二字，是西汉中晚期的一处铸铁遗址[3]。

（三）邯郸大北城

邯郸大北城位于河北邯郸市区的西半部和西南部。这里原为战国时期赵国的都城，大

〔1〕 《汉书·地理志（上）》“河东郡”条下曰“秦置”。又，《汉书地理志稽疑》卷一“河东郡”条下曰：“昭襄王二十一年置，汉因之。”见清·全祖望《汉书地理志稽疑》，商务印书馆，1936 年。又，《史记·高祖本纪》、《汉书·高帝纪》载：“汉三年，虏魏豹，遂定魏地，置河东郡。”又，《读史方舆纪要》卷四十一“安邑县”条下曰：“秦为安邑县，河东郡治焉。两汉及魏晋因之。”见清·顾祖禹《读史方舆纪要》第 1756 页，中华书局，1955 年。
〔2〕 许宏：《先秦城市考古学研究》第 98 页，北京燕山出版社，2000 年。
〔3〕 山西省考古研究所：《山西夏县禹王城汉代铸铁遗址试掘简报》，《考古》1994 年第 8 期。

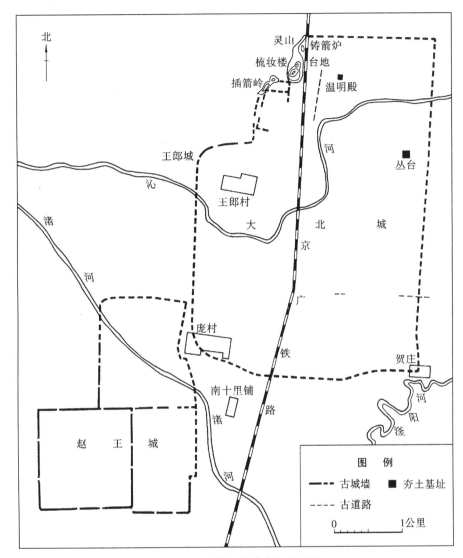

图 6-3　邯郸大北城遗址平面图

北城为郭城，其西南的三座品字形小城为宫城[1]。据记载，宫城在秦汉之际被毁[2]，秦汉时期的遗址都在大北城内。

1970～1972 年，对大北城进行了钻探。城墙呈不规则长方形，南北最长 4880 米，东西最宽 3240 米（图 6-3）。四面城墙分别为：东 4800 米、西 5604 米、南 3090 米、北

---

[1]　A. 邯郸市文物保管所：《河北邯郸市区古遗址调查简报》，《考古》1980 年第 2 期。

　　B. 河北省文物管理处、邯郸市文物保管所：《赵都邯郸故城调查报告》，《考古学集刊》第 4 集，中国社会科学出版社，1984 年。

[2]　据《史记·赵世家》记载，赵于敬侯元年迁都邯郸。又据《史记·张耳陈余列传》载，秦二世二年秦将章邯引兵入邯郸"皆徙其民河内，夷其城郭"。

1820 米，周长 15314 米，面积 1382.9 万平方米。城内地势西北高东南低，而且高差较大。西北部分地上残迹犹存，东南部城墙和城内遗迹均埋在地下 4～9 米深处。

1973 年，为了解西墙地下夯土基址与王郎城的关系，对大北城西墙地下墙与地面墙交接处进行解剖，发现大北城地下基址时代较早，为战国基址，王郎城原是大北城西墙的一部分，其上部尤其是东南部是东汉或汉以后增筑修建的。墙址附近发现有东汉墓，说明该墙修筑不久已荒芜成平民墓地了。

城内有丰富的战国汉代遗迹和遗物。大北城的西北角有一座小城，从钻探情况看，小城平面略呈梯形，上宽 290 米，下宽约 400 米，南北长约 700 米，西与"插箭岭"相连。遗址内多为战国至汉代的残瓦，在"插箭岭"东坡发现与王城相同的战国时代的排水槽。从地理位置和遗物看，"插箭岭"及其东侧的小城，应属战国时代的建筑，可能是当时的离宫或官署区，汉代全部或部分沿用。

大北城西北部的温明殿遗址，夯土台基东西 25.5 米，南北 30 米，地面以上高 2.1 米，基础距地表约 5 米，与汉代文化层相连，附近出土汉代砖瓦等遗物，可能是文献记载的汉赵王如意所建的温明殿[1]。温明殿西约 270 米处，发现一段南北长约 900 米的夯土墙，另一段东西长约 1280 米，与大北城东墙相交后向东延伸。经进一步钻探，东、西、南、北四面城墙分别长约 3036 米、3350 米、1900 米、2100 米，总面积约 640 万平方米。城址年代大约在西汉晚期到东汉时期[2]。

大北城西北的"铸箭炉"、"皇姑庙"、"梳妆楼"、"插箭岭"等遗址，紧靠城垣，并相互连接。地下有夯土基址，地表有战国及汉代的遗物。推测，战国时期为城墙基址，汉代沿用并修建了一些建筑物，东汉时期开始废弃。大北城的中部偏东，战国文化层较厚，最厚处可达 2 米，汉代文化层较薄。在此发现了战国、汉代的烧陶作坊址 5 处、铸铁作坊址 3 处和铸铜、制造骨器、石器作坊址各 1 处。此外，还有水井和汉代及其以后的墓葬。

从现有的资料看，这座战国、汉代的古城址文化堆积层很厚，反映了邯郸自春秋战国至汉代，都相当繁荣。据记载，秦王政十六年（公元前 231 年）在此设邯郸郡（赵郡），汉高祖四年（公元前 203 年）置赵国，汉景帝四年（公元前 153 年）复为邯郸郡。东汉仍为赵国。在大北城中部偏东南有东汉及东晋时代的墓葬，中部有唐至宋元时期的墓葬，说明从东汉开始大北城日渐衰落，由南向北缩小，西晋、南北朝更甚。曹操建都邺城后，邯郸的政治、经济地位逐渐被其代替，直接导致了大北城的衰落。

（四）曲阜鲁国故城汉城

曲阜鲁国故城汉城位于山东省曲阜市，是西周至汉代鲁国的都城。据《史记·鲁周公

[1] 清·李世昌等修纂：《邯郸县志》："邯郸宫在县西北里许，《舆地要览》以为汉赵王如意所建。光武帝破王郎居邯郸宫，昼卧温明殿，即此。"（台北）成文出版有限公司，1969 年。又，《隋书·五行志（上）》："齐后主武平四年……又起宫于邯郸，穷侈极丽。"齐后主所建邯郸宫可能也在汉赵王如意王宫中的温明殿旧址。

[2] 段宏振：《赵都邯郸城研究》第 125～126 页，文物出版社，2009 年。

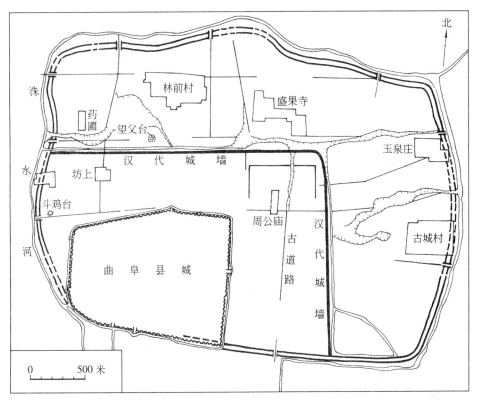

图6-4　曲阜鲁国故城汉城遗址平面图

世家》记载，鲁顷公二十四年（公元前249年），楚灭鲁设鲁县，县治即曲阜城。秦设薛郡，鲁县为薛郡治。楚汉相争，鲁县是最后归降刘邦的城市。汉景帝前元三年（公元前154年），封子刘余为鲁王，都鲁县。此后成为两汉诸侯王的都城和鲁县县城。

周代的鲁国故城平面呈不规则的长方形，除南墙较直外，其余三面均有弯曲，四角呈圆角。汉城位于周代鲁国故城内西南部，呈长方形，东西2500米，南北1500米，周长8410米。汉城西、南墙利用了鲁国故城的西、南墙的一部分，东、北墙是新筑的，宽约10米。东墙基本呈直线，全长1880米；北墙全长2560米，东西向（图6-4）。围绕东、北两墙有护城壕[1]。

汉城城墙上发现7座城门，东、南、北门各2座，西门1座。南门、西门沿用原鲁故城的城门。东南门距南城墙约450米，门址凸出，外口宽24米，门道长15米，两侧墙基宽10米。门道向外凸出的部分约5米见方，是属城门的一部分，还是与城门有关的建筑基址尚不确知。各门均有道路相通，门道两侧有石墙遗迹。

汉城大部分被现在的曲阜城所压，布局情况不明。仅知城内东北部有规模宏大的宫殿建筑群，从这里通往南东门的道路两侧分布着一些大型夯土基址，可能是官衙或贵族府第，其年代或为战国延续下来的，或为汉代新建的。周公庙建筑基址东西550米、南北

〔1〕　山东省文物考古研究所、山东省博物馆、济宁地区文物组、曲阜县文管会：《曲阜鲁国故城》，齐鲁书社，1982年。

500 米,在此发现两期建筑遗迹,上层建筑基址属两汉时期,下层属东周时期。发掘的一处上层建筑基址,面积约 400 平方米,从其上的堆积看,此建筑建于西汉后期,沿用至东汉,并毁于火灾。发掘者认为是汉灵光殿东面"廊庑别舍"的一部分。周公庙东南部的靶场、西南部的小北关等都存有战国和汉代的建筑堆积。

周公庙东北有一处冶铁遗址,时代属西汉时期,可能早至战国。曲阜县城北关一带亦有一处冶铁遗址,时代属战国至汉代。一般居住遗址分布在鲁城的西北角、林前村、盛果寺、坊上村、北关村、"斗鸡台"、颜林和古城村西等地,有的在汉城内,有的则在汉城外,如林前村和盛果寺遗址,是鲁城最大的居住区,即位于汉城之外。

关于汉城的建筑时代,发掘者根据北墙的解剖结果,认为年代不早于汉武帝以前,很可能是鲁恭王都[1],但有学者认为可上溯至战国[2]。

(五) 章丘东平陵故城

东平陵故城位于山东章丘市龙山镇[3]。平面呈正方形,边长约 1900 米,周长 7500 米,面积约 360 万平方米(图 6-5)。故城四面城墙保存较好,地面以上残存高度约 5 米,城墙宽 24 米,城基宽约 40 米。从断面观察,夯层清晰,厚 12～22 厘米。相传有城门 12 座,钻探表明,西城墙南段被古沟打破的缺口处,有宽 7.6 米、厚 1 米的路土,北城墙中部缺口处也发现宽 8 米、厚 1.3 米的路土,两处应是西南门及北门址。由于人为破坏,其他门址的位置未能确定。最近的钻探表明,12 座城门的说法没有根据[4]。

城内暴露的遗迹、遗物较为丰富。东北部俗称"殿基地"的地方,钻探到面积较大的夯土遗迹,此处曾出土过许多砖瓦建筑材料及构件,应为当时的官署区。在南北向古沟的西侧,南北约 200 米,东西约 210 米的范围内,地面上可见铁屑和炉渣,俗称"铁十里铺"。从沟的断崖观察,在距地表 0.85 米以下,有厚约 0.2～0.4 米的紫色土层,在此采集到铁器及铁范等遗物,有的器范上带有"大山二"、"阳丘"等铭文,应是当时的冶铁作坊区。城

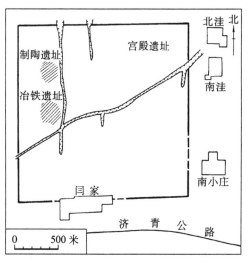

图 6-5 章丘东平陵故城遗址平面图

〔1〕 张学海:《齐鲁故城的基本格局和〈管子〉〈考工记〉的城建思想》,《张学海考古论集》,学苑出版社,1999 年。

〔2〕 许宏:《曲阜鲁国故城之再研究》,《先秦城市考古学研究》,北京燕山出版社,2000 年。

〔3〕 山东省文物考古研究所:《山东章丘市汉东平陵故城遗址调查》,《考古学集刊》第 11 集,中国大百科全书出版社,1997 年。

〔4〕 郑同修、胡常春、马前伟:《东平陵城与济南国》,《汉代考古与汉文化国际学术研讨会论文集》,齐鲁书社,2006 年。

内西北部，南北向古沟的西侧，有制陶作坊遗址。此外，城内还出土战国和西汉时期的钱币和钱范。

城内采集到的遗物多属两汉时期，少量属战国晚期。因此，东平陵城时代应属战国至汉代，是东周齐国的平陵邑，汉代济南郡治东平陵县故址。史载东平陵西汉时置县，汉文帝十六年（公元前164年）建济南国，封齐悼惠王子辟光为王，始为王都，辟光谋反国除，仍置济南郡，东汉复置济南国。曹操曾任济南相，汉以后复称平陵，晋济南郡移治历城，东平陵城遂废。

从调查资料看，当时这里冶铁业十分发达，产品以农具、手工工具为主，其次是兵器、日用器皿和车马器。据《汉书·地理志》记载，汉政府在此设有工官、铁官和服官，是全国重要的手工业城市。

（六）高密城阴城

城阴城位于山东高密县西南，地处潍河中游，两面环水，两面为小平原[1]。城址为长方形，东西1950米，南北1850米，总面积360万平方米（图6-6）。

发现城门6座，古道路4条。除南墙3个门外，其他三面各1个门。当地人称南中门为"武朝门"，门宽16米，地面铺砖；两小门门道宽12米。南中门距左、右小门均500米，门外有1段现存50米的甬道基址，东西宽4米，铺长方形花砖和素面砖。花砖路面为汉代铺设，长条素面砖为后期修补。东门位于东城墙中部偏南，距南城墙750米，门道距护城壕15米。北门门道宽10米，长14米，距护城壕30米。1号道路东西向，连通东、西门，全长2000米，路面宽12米。其他3条道路南北向，2号道路北通北门，南与1号路相接呈"T"形，全长1250米。3、4号道路分别与南墙两小门相通，北与1号道路相接，各长750米，路面宽12米。这些道路的时代均为西汉时期。

城址中部和南部发现建筑基址较多，以1号路以南，3、4号路之间文化堆积最丰富。其中南门周围文化层厚3米左右，地面有大量的西汉瓦片、瓦当，从这些现象看，可能是门阙之类的建筑遗存，并有被火烧的痕迹。基址底部的铺地砖向北延伸至宫殿区内，向南伸出城外至南城壕。宫殿建筑群的夯土基址位于南中门北50米及1号路以南、3号路西侧、4号路东侧，这里是全城的最高处。居住区主要分布在城内东南及东北部。在东南区钻探发现11处基址和一些红烧土面、居住面及路土，基址大部分在古道路和城门周围，交通便利，而且规

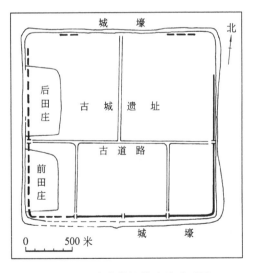

图6-6　高密城阴城遗址平面图

〔1〕 李储森：《山东高密城阴城调查简报》，《考古与文物》1991年第5期。

模大，遗迹丰富，可能是城内的一个重要居住区。1 号路北侧，东西 1800 米，南北 1000 米范围内，是城内最大的居住区，发现房址 13 处，大都位于 1、2 号路两侧，基址周围大都有开阔的路土，时代与南部相同。

城址西南部发现冶铁遗址 1 处，有大小不等的夯土基址，可能是与作坊有关的建筑，根据出土遗物推断，这里主要是两汉时期的冶铁遗址。城址中部偏西发现铸铜遗址 1 处，在此曾发现大量的五铢钱、货布、货泉、大布黄千和汉半两钱石范，此外还有齐法化、齐之法化、铜剑、铜戈及铜块等，从出土遗物判断，时代约为战国至汉代时期。城址北部及西北部文化层较浅。

从战国半瓦当、齐刀币以及城墙下部的夯土看，城阴城筑于战国，结合文献，该城为战国齐之高密，是齐国一处重要城市。楚汉战争期间属齐国，楚将龙且与汉将韩信曾在此决战[1]，但并非如有的文献所载为龙且所筑。实际上，在此之前城池早已存在了。据记载，秦代曾在此设胶西郡，西汉文帝时设胶西国，宣帝更名为高密国。建武十三年（公元 37 年）省高密国，以其县属北海郡。或以为秦时属琅邪郡，高祖五年（公元前 198 年）由琅邪郡析置为胶西郡[2]。现在所发现的遗迹大部分属西汉前期，这应是此城最为繁荣的时期，出土的王莽钱币说明城址的年代一直延续到西汉末至东汉初。

二　县邑城址

县邑城址指郡国首县之外的一般县城、陵邑、侯国城等。目前黄河中下游地区发现此类秦汉城址约计 250 余座。

（一）洛阳汉河南县城

汉河南县城位于河南省洛阳市西郊小屯村[3]。20 世纪 50 年代，在城址中部进行了小规模的发掘。城址平面近方形，东西 1460 米，南北 1400 米，周长约 5720 米（图 6-7）。方向北偏西 5 度。东、南、北三面较平直，西墙靠近涧水，稍曲折。城墙基宽 6.3 米左右，夯层 6～10 厘米，夯窝直径约 5 厘米。城址内发现多处排水设施。西北部发现一条南北向大道，宽 15.34 米，已清理出长 80 米的一段。路土分五层，其上有车辙痕迹。这条大道是向北出城的交通要道。

城址中部发现房址、仓囷、水井等西汉遗迹。其中一处房址长、宽各 10.3 米，房址内出土带有"河南"、"河亭"的陶片和"雒阳丞印"封泥。在房址东 3 米处有两个灰坑，出土西汉封泥 20 余枚，其中有"河南太守章"、"史守印信"及"雒阳丞印"等。推测当

---

[1]　《史记·淮阴侯列传》："齐王田广以郦生卖己，乃亨之，而走高密，使使之楚请救。韩信已定临菑，遂东追广至高密西。楚亦使龙且将，号称二十万，救齐。齐王广、龙且并军与信战……信使人决壅囊，水大至。龙且军大半不得渡，即急击，杀龙且。龙且水东军散走，齐王广亡去。"

[2]　周振鹤：《汉书地理志汇释》第 462 页，安徽教育出版社，2006 年。

[3]　A. 郭宝钧：《洛阳古城勘察简报》，《考古通讯》1955 年第 1 期。

　　B. 考古研究所洛阳发掘队：《一九五四年秋季洛阳西郊发掘简报》，《考古通讯》1955 年第 5 期。

　　C. 郭宝钧：《洛阳西郊汉代居住遗迹》，《考古通讯》1956 年第 1 期。

时的官署可能在此附近。

在城址西南部发现房基一处，揭露出一段东西宽 1.3 米的夯土墙，墙的南北两侧各有 10 个开间，开间长宽各约 3.5 米。夯土墙东端转角处有南北并列的三条下水管道。这组建筑可能是东汉时期的官署。有学者推测，两汉官署似乎有所变化，西汉时位于城中部，东汉时迁往城西南部[1]。城内偏东北发现了东汉时期的房屋、粮仓、古井、古水道等遗迹，应是当时的居民区。

城址东南部及远离县城的瀍河东岸发现了汉代窑址，在火膛中发现了用煤的痕迹。城址中南部有一处汉代的冶铁遗址和一座烘范炉，出土大量的红烧土、炉渣和大型炉壁残块以及上千块陶范。

汉河南县城的前身是西周王城，平王东迁洛阳后，王城成为东周的都城。春秋末年，周王室发生王子朝之乱，敬王东迁"成周"后，王城日渐衰落，到战国早期已缩小到原来王城中西部的一小片地区，并改称为"河南"。秦灭东、西两周之后，在其地域内设置三川郡，河南是其七县之一[2]，汉代和魏晋时期因之[3]。

（二）襄汾赵康古城

赵康古城位于山西襄汾县赵康镇东[4]。平面近长方形，周长约 8480 余米，面积 500 万平方米（图 6-8）。城外有护城壕。城内北部正中有一座小城址，平面近方形，约 100 万平方米，残存的南城垣，当地俗称"金殿

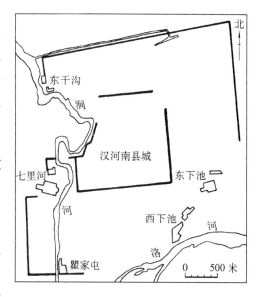

图 6-7　洛阳汉河南县城遗址平面图

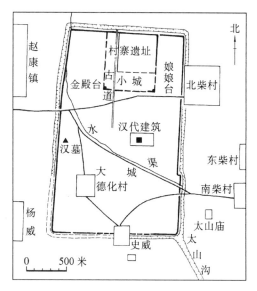

图 6-8　襄汾赵康古城遗址平面图

[1]　张继海：《汉代城市社会》第 170 页，社会科学文献出版社，2006 年。
[2]　《史记·周本纪》。
[3]　《汉书·地理志（上）》："河南郡，故秦三川郡，高帝更名……县二十二。"又，《太平寰宇记》："河南，故郏鄏地……秦灭，汉为县，属河南郡，后汉也为河南县，历魏、晋及后魏皆理于今苑城东北隅，后周大象二年移于故洛阳城西，隋大业二年又移于今洛阳城内宽政坊，即今理所也。"
[4]　山西省文物管理委员会侯马工作站：《山西襄汾赵康附近古城址调查》，《考古》1963 年第 10 期。

台"、"娘娘台"。

大城南城墙全长约 1650 米，墙基宽 11 米。有两个缺口，缺口中间有路土，应是两座城门遗迹。南墙有依城而筑连在一起的夯土台，长约 105 米，凸出城墙 1.5 米，台南侧堆积有汉代瓦砾。北城墙全长约 1530 米，有城门址 1 处，应为北门，有道路向南延伸。东城墙全长约 2600 米，没有发现城门痕迹，护城壕宽 40 米。西城墙全长约 2700 米，在赵康镇东南，有一宽约 20 米的缺口，是否为城门址尚不可确知。城内地形北高南低，形成层层台地，高差达 10 米，有一条道路自北城门向南延伸千余米，中部和南部有汉代建筑基址和墓葬。城墙的东南角和西南角上，各有一汉代瓦砾堆积，应是有关城防的两座建筑遗存。德化村附近，城墙内侧曾发现有东汉墓。

小城位于大城北部的正中，依大城北墙而建，呈长方形，东墙 770 米，南墙 700 米，北墙 660 米，西墙地上已无遗迹。大城北城门与小城南墙的缺口遥相呼应。小城墙夯土呈浅褐色，夯层厚约 6 厘米，小圆形夯窝，夯土含东周瓦片，也有西汉瓦片。城内地势比城外高，上面是汉代文化层，下部是东周文化层。

关于古城的时代，从调查资料看，城内有东周和汉代的文化堆积，上限可能早到春秋时期，下限到汉代。调查者认为可能是晋之"聚"、"故绛都"，西汉初年的临汾县故城[1]。

(三) 临潼栎阳故城

临潼栎阳故城位于陕西省临潼县武屯镇关庄和玉宝屯一带，石川河流经故城北部和东部。城址附近地面平坦，河渠纵横，地上已无遗迹可寻。1964 年对城址进行过勘探，1980～1981 年，又进一步勘探和试掘[2]，探明西、南城墙和 3 处城门址，发现秦汉道路 13 条，秦汉建筑遗址、一般居址和手工业作坊 15 处（图 6-9）。

南城墙残长 1640 米，宽 6 米。西城墙残长 1420 米，宽 8～16 米不等。东、北城墙尚未找到，可能被河流冲毁。根据城内发现的道路走向和长度推测，东城墙位置在孝泉刘家村—金指王村南北土壕附近，北城墙可能在华刘村、西党村、东党村和孝泉刘家村一带。故城大致为长方形，东西约 2500 米，南北约 1600 米。13 条道路中，6 条是秦汉两代一直使用的，7 条仅为汉代使用。有 3 条东西向的干道横贯全城，东西城墙应各辟 3 座城门。3 条南北向大道，其中 2 条分别通至北城墙，北城墙相应辟有北门 2 座；另一条通过南门，门址位于南城墙西起三分之一处，从位置推测，南城墙也可能有两座城门。发掘和勘探的南门和西门门址，城门形制为一个门道，宽约 6 米，城门附近有的有建筑居址。

大型建筑遗址在故城的中部，手工业作坊分布在城内东北和东南部，一般居址比较分散，有的与手工业作坊相杂处。

文献记载秦孝公陵在故城东北郊，汉高祖太上皇陵在北郊[3]，太上皇陵以东为汉代

〔1〕《史记·晋世家》：献公八年"乃使尽杀诸公子，而城聚都之，命曰绛，始都绛"。

〔2〕中国社会科学院考古研究所栎阳发掘队：《秦汉栎阳城遗址的勘探和试掘》，《考古学报》1985 年第3 期。

〔3〕《汉书·高帝纪》颜师古注引《三辅黄图》："太上皇崩，葬其北原。"

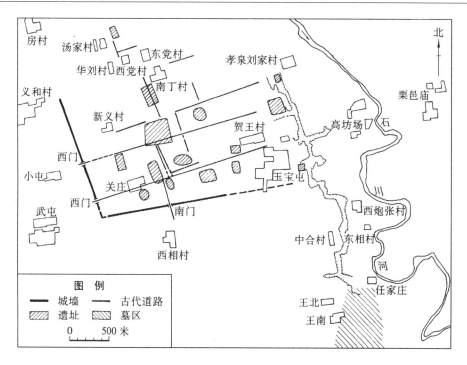

图 6-9　临潼栎阳故城遗址平面图

贵族墓区，东南郊则为秦汉时期的平民墓地。

　　勘探及试掘资料表明，栎阳故城上迄战国，历经秦代、西汉、新莽，下至东汉。战国时期，栎阳城曾为秦国都城和商贾云集的经济中心。楚汉战争时，项羽三分关中，又曾作为塞王司马欣的都城。汉高祖二年（公元前 205 年），刘邦进军关中，司马欣、董翳相继投降，刘邦一度以栎阳为临时都城，让"太子守栎阳，诸侯子在关中者，皆集栎阳以为卫"。至高祖七年（公元前 200 年），长乐宫建成，才从栎阳徙都长安[1]，后析栎阳置万年，治栎阳城中。东汉建武二年（公元 26 年），封景丹为栎阳侯，废栎阳县入万年县[2]，秦汉栎阳城逐渐废弃。

（四）咸阳长陵邑

　　长陵邑位于陕西咸阳市渭城区韩家湾乡怡魏村，南距长陵 350 米[3]。汉高祖设，高后六年（公元前 182 年）修筑城墙。

　　1976 年调查，城址平面呈长方形，南、北、西三面有墙，东面无墙，与史载相合[4]。

〔1〕《汉书·高帝纪》。
〔2〕《续汉书·郡国志》。
〔3〕刘庆柱、李毓芳：《西汉诸陵调查与研究》，《中国古代都城与帝陵考古学研究》，科学出版社，2000 年。
〔4〕《关中记》："长陵城有南、北、西三面，东面无城。"引自刘庆柱辑注《关中记辑注》，三秦出版社，2006 年。

南墙部分利用陵园北墙，长 1245 米，墙基宽 9 米；北墙长 1300 米，西墙长 2200 米，墙宽均 7~9 米，残高 2~6 米，夯层厚 6~8 厘米。三墙各辟一门，南、北门相对，西门居西墙中央。门道皆有路土遗迹，路土宽约 5 米。陵邑内有大面积的汉代建筑遗址和砖瓦，有齐地风格的树木双兽纹瓦当，与高祖"徙齐诸田"于长陵相印证。陵邑东北部有大面积的汉代墓葬区。文献记载，陵邑盛时有 50000 多户，近 18 万人口；西汉末年遭受严重破坏，人口"十不存一"；东汉"永初元年（公元 107 年）羌戎作虐，至光和，领户不盈四千"，三国时废。

（五）房山窦店古城

窦店古城原称"芦村城址"，后改称"窦店古城"，位于北京市房山区窦店乡大石河东岸[1]。1957~1962 年，曾先后三次对城址进行调查[2]，1986~1990 年，再次详细勘察，并利用现存城墙的取土豁口做了小面积试掘。

窦店古城（大城）平面近方形，有内外两道城墙，外面一道城墙东西约 1230 米，南北约 960 米，周长 4500 米，面积 128 万平方米（图 6-10）。里面一道城墙东西约 1100 米，南北约 860 米。两墙间距 16.9~19.5 米。解剖得知，内墙宽约 14.9~16 米，外墙宽约 18~20.3 米。东城墙内外墙之间还探出一条古道路。城西墙临河，方向为 15 度，北部被河道冲毁，南部残长 830 米。南墙基本为正东西方向，全长约 1230 米。东墙基本为正南北向，复原长度为 1040 米。北墙因大石河改道和人为破坏，已荡然无存。现已探出大城的西、南、东三面城墙各有 1 门，中间有路沟相通。据试掘判断，大城外侧城墙年代约为三国两晋时期，内城墙年代约为战国至汉代时期。

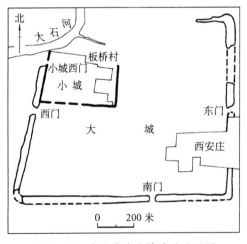

图 6-10 房山窦店古城遗址平面图

城内外地表已被普遍下削 1~2 米，所剩遗迹不多。据了解，在西安庄西方圆 40~50 米的范围内，常出土铁块、残铁器、红烧土，还有"土炼炉"痕迹，推测是一处冶铁遗址。由此向北数十米，出土过铜渣、铜钱等，附近高地上曾挖出千余块一面带绳纹的方砖和一小罐重约十余斤的铜钱，可能是一处铸铜遗址。城外东北部的六合庄南断崖处发现灰土层，残存砖砌六边形水道，采集遗物多属战国晚期至汉代。城外西南修公路时曾发现多座汉代砖室墓。

城的西北部有一小城，系北魏时期所筑。小城西南角向北 225 米处有一个宽 30 米的豁口，

---

〔1〕 北京市文物研究所拒马河考古队：《北京市窦店古城调查与试掘报告》，《考古》1992 年第 8 期。

〔2〕 A. 冯秉其、唐云明：《河北省房山县古城址调查》，《文物》1959 年第 1 期。

　　 B. 刘之光、周桓：《北京市周口店区窦店土城调查》，《文物》1959 年第 9 期。

　　 C. 北京市文物工作队：《北京房山县考古调查简报》，《考古》1963 年第 3 期。

似为小城西门。若以此作为西墙的中部，则小城西墙原长近 450 米，而现残长 292 米。南墙全长430～440 米，西端与大城西墙内墙相衔接，地下部分残宽 7 米。钻探表明，小城西墙基底叠压在大城内墙西汉夯土之上，夯层含有大量灰屑、烧土粒及战国至汉代陶片。

试掘者认为，窦店古城（大城）始建于战国早期，废弃于北朝时期，应是战国时期燕国的中都，汉代涿郡良乡县城故址。小城建于大城废弃之后，兴建的确切年代应在北魏时期，北魏作为良乡县治，直到五代的后唐移治于今日良乡镇[1]。

（六）盱眙东阳故城

东阳故城位于江苏盱眙县东阳乡，城址保存比较完整[2]。

现存城墙为并列的东、西两城，东城西墙即西城东墙。两城略呈方形，正南北向。东城保存较好，东、南城墙尚存，西、北城墙各存一段，东墙838 米，南墙933 米，面积 77 万平方米（图6-11）。西城破坏严重，地上只存南墙和东、西墙的一部分，西城南墙 862 米，东墙 838 米，面积 72 万平方米。东城略大于西城，两城面积合计约 150 万平方米。城墙夯筑，夯层厚约 20 厘米。城

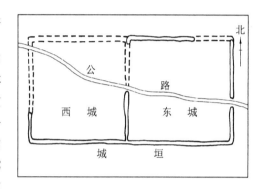

图 6-11 盱眙东阳故城遗址平面示意图

墙一般宽 20 米，城外未见护城壕痕迹。东城东墙发现一个缺口，可能是当时的城门所在。

东阳故城属县级城市，官署设在东城西北隅。在此出土秦始皇二十六年（公元前 221年）诏书铜权、半两钱、五铢钱和秦汉砖瓦，东城南墙墙基下采集到铜蚁鼻钱，说明东阳城的上限不超过战国末期，很可能是在战国居址上兴建的，下限不晚于西汉晚期。据《史记》、《汉书》记载，秦末，这里曾发生"东阳少年杀其令"，"强立（陈）婴为长，县中从者得二万人"的历史事件。东阳故城是秦东阳县治，西汉时为临淮郡东阳县。西汉后期及东汉时，东阳隶属过下邳国、广陵郡、临淮郡。

（七）临潼新丰故城

新丰故城位于陕西省临潼县新丰镇沙河村南[3]。城址位于渭河平原的二级台地上，地势平坦，交通方便，是关中地区东通中原的必经之地，战略位置十分重要，汉初鸿门宴就发生在这里。

故城平面略作长方形，东西 600 米，南北 670 米。南城墙地面夯土长达 500 余米，高

〔1〕《旧唐书·地理志》："良乡，汉县，属涿郡，至隋不改。"又，《太平寰宇记》卷六十九"良乡县"条："在燕为中都，汉良乡县属涿郡。"
〔2〕尤振尧：《秦汉东阳城考古发现与有关问题的探析》，《中国考古学会第五次年会论文集》，文物出版社，1988 年。
〔3〕林泊：《陕西临潼汉新丰遗址调查》，《考古》1993 年第 10 期。

2～3.5米。从内侧看，自西南角向东有150米的原墙体，墙基宽7米，夯层厚8～12厘米，夯窝径7～12厘米；墙外有1条深2～3.5米，宽12米的沟，应为原来的城壕。南城墙中夹杂秦代砖瓦块，且有完整的半瓦当。

城墙西南角以东150米处的南城墙下，距地表0.78米处发现一排五角形排水管道，排水管左右两边各有宽7.5米的缺口。由此向北，探得一条南北向街道，长约300米。街道以西、南城墙以北150米的范围内，地面到处散见秦代砖瓦残块，采集到筒瓦、板瓦等，有的带"左水"、"频阳"、"左司径瓦"等戳印。钻探表明，该处应是一处秦代大型建筑群基址。

城内西半部，还有一处建筑群，由于耕种和平整土地，南北界限已不清，但从断崖上可清楚地看出，东西长100米左右的地段有厚约1米的瓦砾堆积层，几乎全为汉代砖瓦碎片。这一区域曾采集到汉代铁铤、铜镞、铁削等，推测这里是汉代的建筑区。

该古城的位置大体与汉新丰城相符，因此一般认为是汉新丰故城，亦即秦之骊邑[1]。汉新丰是汉初刘邦为其父修建的府邸，同时置县，修建时完全按刘邦故里沛之丰邑的形制[2]，并于汉高祖十年（公元前197年）太上皇崩后，正式更名为新丰。

（八）商水扶苏城

扶苏城位于河南商水县扶苏村[3]。由内、外两城组成，外城东西800米，南北500米（图6-12）。北城墙走向为一直线，东、西墙的北半段与北墙垂直，南半段依汝水流向而曲折，墙基宽20米，外壁基本垂直，内壁呈台阶状。内城坐落在外城中北部，平面呈方形，东、西墙分别距外城东、西城墙各270米，北墙利用外城的北墙，边长约250米，东墙内壁也呈台阶状。

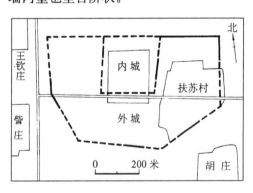

图6-12　商水扶苏城遗址平面图

内、外城墙的土色一致，夯土层厚度及夯窝特点相同，应是同时所筑。城内地面散布战国秦汉时期的砖瓦。内城东南角表层，采集印有"扶苏司工"陶器底4件。城内发现陶水管道多处，顺城墙走向，有的在城角等处通过城墙流入城外河道中。城内西北部有战国铸铁遗址1处，西汉砖瓦窑6座，汉至宋墓多座。

汝水故道从西北向东南流经西城墙外。外城南墙即依河道流向修建。城外东南150米处，有相传"扶苏墓"，墓东南有大面积的汉代建

〔1〕《汉书·地理志（上）》：新丰，"秦曰骊邑"。又，《史记·高祖本纪》："汉高祖十年……更名骊邑曰新丰。"又，《水经注·渭水》："新丰县故城东三里有坂……谓之鸿门。"又，《史记·高祖本纪》正义引《括地志》云："新丰故城在雍州新丰县西南四里。"
〔2〕《汉书·地理志（上）》注引应劭曰："太上皇思东归，于是改筑城寺街里以象丰。"
〔3〕商水县文物管理委员会：《河南商水县战国城址调查记》，《考古》1983年第9期。

筑，墓西出土过楚国蚁鼻钱，墓北 200 米处，相传有"蒙恬墓"一座，已被毁。探沟中发现，现代表层下即战国秦汉时期的文化堆积，其中以建筑砖瓦最多，还有残陶器等。

根据城墙构筑特点以及出土砖瓦、陶器、陶文等，可以初步断定此城墙筑于战国晚期。《汉书·地理志》记载，西汉颍川及汝南均有阳城县，从地望推测，似为汝南郡之阳城。因陈涉起兵时，诈称公子扶苏，故传为"扶苏城"。《太平寰宇记》卷十六载："扶苏城在商水县西南二十五里。"陈涉从起兵到败亡时间短暂，因此，所谓"涉筑此城"不可信。

三 黄河中下游地区城邑的特点

黄河中下游地区秦汉时期的城址不仅发现数量多，而且有着鲜明的地域特点。

第一，以沿用战国旧城为主，秦汉新建城邑发现较少。根据调查资料所做的粗略统计，沿用旧城或旧址重建者约 120 余座，仅标明为汉代城址的约 130 余座。130 座城址中可能存在两种情况：一是秦汉时期新建的城址；二是沿用战国旧城或旧址重建，而调查时没有发现战国遗存。因此，随着今后考古工作的展开和深入，沿用旧城的比例肯定还会增加。调查资料表明，战国时期绝大多数中小城邑被全面沿用，战国名城除少数几座在战争中被破坏以外，其他大都被秦汉时期所沿用，但往往仅用其一部分或在旧城内新建小城。之所以如此，可能是由于战争中遭受了巨大破坏，秦始皇统一以后，又受到"堕名城"政策的影响而进一步被摧残。另外，中央集权制建立以后，一般也不允许地方城邑规模超过都城。西汉初年，汉高祖"令天下县邑城"，可能更多地重修了以前的旧城，当然也新建了一批新城，但数量并不多。

第二，在城址规模、总数及单位面积内城址的数量方面，黄河中下游地区都大于其他地区。从全国来看，规模巨大的城址主要分布于山东、山西、河北、陕西和河南等省，这些地区作为当时的政治中心，也是经济最发达的地方，关乎国家财政的冶铁、煮盐等产业主要集中于此，丝织及漆器手工业也不逊于其他地区。

山东临淄齐国故城、山西夏县禹王城、河南商丘睢阳城、河北邯郸大北城等面积都在1000 万平方米以上，另有约 30 座城址的面积在 300～1000 万平方米之间。这些城址约有四分之三为一般县城，四分之一为郡国首府。一般县邑城面积多在 25 万平方米以上，特别是边长在 500 米左右的方形城址占较大的比例，它们多数是西汉时期新建的，也有部分是沿用东周旧城。

目前，这一地区发现的城址约占全国发现总数的一半以上，这一比例稍高于历史上该地区的城邑比例。据《汉书·地理志》及《续汉书·郡国志》记载，西汉末期，司隶、豫、冀、兖、徐、青州的郡县城 731 座，约占全国郡县城总数的 43%；东汉时期，该地区郡县城 512 座，占全国郡县城总数的 43.3%。从单位面积计算，该地区每万平方公里的郡县城数量最高，基本都在 10 座以上，西汉时期的青州最高，达 22 座以上。

第三，长方形及方形城邑是这一地区的主要类型。在已发现的 445 座城址中，平面形制有长方形、方形、不规则形、刀形、梯形及椭圆形等，其中长方形、方形城址约 175座，约占城址总数的 40%。实际上，由于地形地貌的原因，筑城时，人们要求方整的愿望不得不服从于当地的地形，因此，绝对规整的城址并不太多。一般情况，形制比较规整的城址多分布于平原地区，不规整的城址多分布于山间河岸地带。

第四，两城并存的形制虽然存在，但数量不多，而且仅存在于较大的城址，其中以大、小城相套者居多，约占城址总数的5%左右，个别为东西毗邻或南北相接的形制，这种城址多数是东周时期的列国都城。秦汉时期出现了在旧城内新建小城，或将旧城一分为二，仅用其一的情况。个别两城制的城址是秦汉以后另建新城形成的。

第五，一般城址多为每面设一座城门，但沿用的战国都城，由于面积大，城门较多，有的一面多达三座城门，但总数都不超过12座。面积在300万平方米以上的城址，一般每面设2、3座城门；小于300万平方米的城址，每面设两座或一座；如果是长方形的城址，较长的两面城墙设两座，较短的两面则各设一座；面积在100万平方米以下的城址，一般一面设一座。门址之间的距离在300～600米之间，大约相当于当时的一里或一里半的距离。从发掘和钻探的情况看，秦汉时期城门宽度并不一致，有的宽6米左右，当为1个门道；有的缺口宽约20米左右，但并未发现多个门道。总的来说，秦汉时期，除都城外目前还未见到有12城门、且"旁三门"的城市，其中应具有礼制等级因素的制约。

第六，城市布局与城门的设置、城内道路的走向有直接关系。一般对应的城门之间应有道路相连，城址大，城门多，道路自然就多。道路将城内划分为官署区、居民区、手工业作坊及市场区等不同的功能区。官署区一般居城内中部或城内地势较高的地方，它们靠近交通便利之处，距手工业和商业区较近。有大、小城的，小城一般为官署所在地，大城安排居民区和手工业作坊及市场区。手工业作坊一般位于城内靠近河流的地方，便于取水与排水，也便于水上运输。市场一般邻近手工业作坊区和居民区。总的来看，城邑具有较强的政治、经济、文化管理功能，但军事功能似乎有所削弱，远非战国及边城显著。

第七，目前发现的汉代城址，绝大多数建于西汉，明确建于东汉的很少。不仅如此，有些西汉时期仍在使用的城邑，到了东汉时期却荒废了，有的城内或城墙变成了墓地。这表明，西汉处于中国古代城市的发展时期。西汉时期，社会稳定，经济发展，商品交换比较发达，不仅出现了许多名城大都、商品物流中心，而且一般城邑也出现了繁荣的局面。东汉时期，尤其是东汉中后期，政治混乱，自然灾害频繁，经济总量远不及西汉，特别是自给自足的庄园经济，大大减缓了城市的发展进程。

第三节　长江中下游地区的城邑

春秋战国时期，长江中下游地区属吴楚之地，后来秦的势力由西向东逐渐到达此地。秦始皇统一六国之后，在此设立南郡、衡山、九江、会稽、长沙、黔中诸郡。汉代大致属荆州及扬州刺史部大部，相当于今天的湖南、湖北、江西、浙江等地及陕西、河南、安徽、江苏诸省南部。秦汉时期，长江中下游地区的经济发达程度略低于黄河中下游地区，城市密度及城市规模均无法与黄河中下游地区相比。目前在此区域共发现近百座秦汉城址，约占全国发现秦汉城址总量的18%左右。

一　郡国城址

目前发现的郡国城址主要有安徽寿县寿春故城（秦汉九江郡治）、荆州郢城（南郡治郢县）、鼎城索县故城（汉武陵郡治）、云梦楚王城（秦安陆县、汉江夏郡治）、湖南长沙楚城（汉长沙国、郡治临湘城）等。

云梦楚王城，位于湖北云梦城关[1]。城址近似刀形，东西最长 2050 米，南北最宽 1200 米（图 6-13），现东、南、北三面尚有高出地表 2～4 米的夯土墙，城址中部有 1 条南北贯通的城墙，将其分为东、西两部分。现东城址大部分为农田，保存较好，西城全部压在今云梦县城的下面。

北墙长 1880 米，南墙可分两段：东段长 1050 米，西段长 850 米，东墙长 850 米，西墙长 900 米，中墙长 1100 米。城墙基宽 35 米，夯层厚 15～20 厘米。城墙内外均有护坡，护坡内缓外陡，紧贴城墙，斜层夯筑。北边的护城壕保存较好，南护城壕直通涢水，现存护城壕的宽度 30～35 米，深 2～5 米。北城门尚能辨认，北护城壕中有长 30 米，宽 5 米的台基，浸泡在河水中，可能是北城门通向城外的吊桥台墩。城址四角均有高台建筑，惟东北角保存较好，圆形，高出城内外约 6 米。

调查和试掘表明，该城址的建造最早不过战国中期，最晚不过战国晚期。中墙的建筑年代在西汉初期，大约此时，楚王城被一分为二，西半部继续沿用，东半部则被废弃，成

图 6-13　云梦楚王城遗址平面图

〔1〕　A. 孝感地区博物馆：《湖北孝感地区两处古城遗址调查简报》，《考古》1991 年第 1 期。

B. 湖北省文物考古研究所、孝感地区博物馆、云梦县博物馆：《'92 云梦楚王城发掘简报》，《文物》1994 年第 4 期。

为东汉、唐宋墓葬区。西城的废弃时间当在东汉早期或稍早。城址最下层为东周文化层，其上依次为秦汉层、东汉及东汉之后文化层。城址四周分布着许多战国时期楚墓和秦汉时期的墓葬，如珍珠坡楚国墓地、睡虎地和龙岗秦墓、大坟头和木匠坟西汉墓地等，著名的睡虎地及龙岗秦简就出土于该城的西城墙及南城墙外不远处。这些墓地为我们认识楚王城的建筑和沿用情况提供了依据。

据考证，该城应是楚之安陆城，秦及汉初之安陆县，武帝元狩元年、二年（公元前122年、公元前121年）相继废除衡山、淮南、江都三国，并将各侯国的诸郡辖区作了调整，割衡山郡西部和南郡东部数县置江夏郡，以安陆城为江夏郡治。西汉末年郡治移至西陵[1]。

二　县邑城址

目前长江中下游地区发现的城址可以确定为县邑城的大致有40余座，形制比较清楚的有湖北宜城楚皇城、蕲春罗州古城、孝感草店坊古城、湖南湘西里耶古城、江西泰和白口古城等。

（一）宜城楚皇城

宜城楚皇城在湖北宜城东南7.5公里，东去汉水6公里，北溯襄樊，南望荆州。白起引水灌鄢的百里长渠，一直通达城西。这里是古代荆州通襄阳、南阳而达中原的交通要道。

楚皇城内至今仍保存着一些古代遗迹，如紫禁城、烽火台、散金坡、跑马堤、金银冢等[2]。楚皇城东北部较高，其余均为平地。城墙比较完整，全为土筑，现存城墙底宽24～30米，高2～4米不等。除东墙不甚齐整外，整个城址平面略呈长方形，方向约为20度。东、西、南、北四墙分别长2000米、1800米、1500米、1080米，周长6380米，面积220万平方米（图6-14）。

城墙每边有两处缺口，称大、小城门。除小东门钻探发现路土外，其余因被水所淹不能钻探。此外，东城墙南端还有一处宽60余米的大缺口，传为白起引水灌城的出水口。城墙四角显著凸起，除西北角破坏外，其余保存尚好。西南角较低，海拔58.2米，东南角最高，海拔63.2米。

城址东北部高出的一块台地，传称为"金城"、"紫禁城"或"小皇城"。金城东、南、西三面城墙为新筑，北墙利用外城城墙，面积

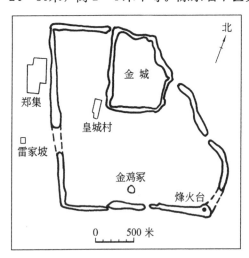

图6-14　宜城楚皇城遗址平面图

〔1〕　黄盛璋：《云梦秦墓两封家信中有关历史地理的问题》，《文物》1980年第8期。
〔2〕　A. 湖北省文物管理委员会：《湖北宜城"楚皇城"遗址调查》，《考古》1965年第8期。
　　　B. 楚皇城考古发掘队：《湖北宜城楚皇城勘查简报》，《考古》1980年第2期。

38000 平方米。从断面观察，金城墙基较外城墙宽大，城墙夯层厚薄不一，夯径 10 厘米左右，夯土层内有绳纹瓦片、几何纹砖。南部偏东有一高坡，因经常出土"郢爯"或"鄂爯"，故称散金坡或晒金坡。

城址南部有一座较大的土冢，传为"金银冢"或"金鸡冢"，一说是"昭王冢"。经钻探证实为一青砖墓，应是大城荒废后的汉代墓葬，据《水经注》推测，可能是东汉末南阳太守秦颉之墓。"金鸡"似为"秦颉"两字的讹变。

大城城墙夯土中未见秦汉以后的遗物，当是战国所筑，而城内出土的遗物，有的早到春秋以前。因此，城址的年代，上溯至春秋战国，下续到秦汉以至更晚。金城地表两汉遗物极多，时代比大城要晚，可能是大城废弃后修筑的，与大城并非同时代的遗存。根据文献记载，宜城楚皇城是春秋时鄢的都邑所在，后来并于楚，楚昭王避吴难曾一度迁都于此，故称鄢郢。鄢地秦汉时属南郡，汉惠帝三年（公元前 192 年）更名为宜城[1]，楚皇城亦即宜城故城，又称故襄城。城址内出土了"汉夷邑君"铜印，也证明该城为汉代宜城无疑。据《晋书·地理志》及《宜城县志》云，建安十三年（公元 208 年），魏武得荆州，分南郡编县以北置治宜城，后徙治襄阳县，宜城当废于此时。这与考古所得的情况也是一致的。

（二）蕲春罗州古城

罗州古城位于湖北省蕲春县漕河镇西北 2.5 公里的蕲水南岸，京九铁路的北侧。城址南面为冲积平原，其他三面为连绵的山冈丘陵[2]。城址呈不规则的圆角长方形，中轴线走向约为 20 度。发现两重城墙，第一重为汉代城墙，第二重为唐宋城墙，唐宋城将汉城包在其中。

汉代城墙平面呈不规则的方形，总面积 15 万平方米，不少地方至今还存有城墙遗迹，高者达 5 米（图 6-15）。城墙之上都有宋代加工的遗迹。东墙较直，长 263 米，宽 7～8 米，高 4～5 米。东南墙交角为 120 度。南墙全长 450 米，宽 7 米，分三段，东西两段稍向外拐出。西墙长 349 米，分南北两段，两段交接处有一宽 18 米的缺口，疑为城门址。北墙全长 314 米，分东西两段，两段交接处有一宽 30 米的缺口，应是北城门址。钻探发现其他两面也各有一门址。城外有城壕，一般距城墙 5～10 米，宽 16～30 米。西部城壕较宽，在近西门处，有水道通往蕲河。

据文献记载，蕲春在西周时期为蕲国，东周时期属楚，秦属南郡。西汉高帝时置蕲春县，

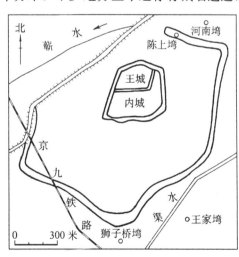

图 6-15　蕲春罗州古城遗址平面图

〔1〕《汉书·地理志（上）》："南郡宜城，故鄢，惠帝三年更名。"
〔2〕黄冈市博物馆、湖北省文物考古研究所、湖北省京九铁路考古队：《罗州城与汉墓》，科学出版社，2000 年。

属江夏郡。东汉建武二十三年（公元 47 年）徙封强弩大将军陈俊子陈浮为蕲春侯。三国两晋时期，郡、州、县废置不一，至南北朝的北齐时置齐昌郡，后称罗州。

（三）龙山里耶古城

里耶古城位于湖南省湘西自治州龙山县里耶镇的酉水北岸，地处武陵山脉的心腹地带。古城东部相当大的一部分已被酉水冲毁[1]。

城址现存部分呈长方形，南、西、北三面环绕护城壕，城隅略带弧形。从护城壕外缘计算，城址南北 210.4 米，东西残长 103～107 米，残存面积约 20000 平方米。通过对南、北城墙的解剖，初步认定有两个建筑和使用时期：第一期为战国中期，首次筑城和开掘护城壕，秦代继续使用；第二期为西汉早期，在原城基之上加筑城墙，并疏浚护城壕。根据北城墙的解剖，一期城墙基宽 26.5 米，现存高 3.7 米，城墙外侧与护城河相连，护城壕宽 15 米，深约 6.5 米。二期城墙略向外加宽，护城壕变窄，在城墙与护城壕之间新拓环城道路，并在局部地段砌有高约 1 米左右的卵石护城坡。护城壕里的水源应来自城西北的溪口河，目前尚可见到宽约 40 米的古河道。

西城门、西门道位于里耶古城址的西部。西城门位于西墙中部偏南，呈喇叭形，宽 8.5～12 米。发掘区内，西门道南北长 20 米，东西宽 10 米。门道路面以下为战国城墙夯土，上为汉代城址废弃后的堆积。从地层看，第一次筑城时，该处无旱道，现在所发现的西城门和西门道，是西汉时在战国城墙上开凿的。从发现的情况看，此处可能有桥。南城壕延伸到城南门的位置，有一条旱道贯穿城外，南城壕在此中止。由此推测，旱道入城的这一位置即为南城门所在。

城内堆积可分战国中晚期、秦代、西汉和东汉以后四期。从已揭露的遗存看，战国和秦代的古城结构变化不大，城墙、主干道以及水塘是前后沿用的，但在建筑布局上变化较大，尤其战国、秦代有数量较多的水井。目前已发现不下六口，并保存有相当规模的井台遗迹。在 4 号房址发现的水井 J1 中，出土秦代简牍约 37000 余枚，简文 10 余万字，内容极为丰富。

目前已揭露的汉代城址的遗存，比较清楚地了解到汉代城址布局情况。在城址的中心部位，发现一条东西向大道 L1，高于两侧地面约 0.5 米，宽约 13 米，路面还有车辙痕迹。路西端与城址西门相连，东端与连通南城门的南北大道 L2 垂直相交。城墙外有环城道路 L11。南、北城墙内侧与 L1 之间，分布着大量的房屋遗迹，其中 4 号房址有排列整齐的柱洞 76 个，没有发现墙基，可能属于干栏式建筑。北护城河东端两侧有两个对称的大柱洞，推测可能是吊桥一类的遗迹。

发掘资料证明，里耶古城在战国时期就已经存在，水井中出土的秦代简牍，证明它是秦代的一座县级城市。城墙的解剖也说明，汉代对该城做过二次修筑，因此可以肯定，里耶城经过了战国中晚期、秦代、汉代三个不同时期。发掘者认为它是秦代的迁陵县城，是秦王朝设在武陵山区的一个偏远小城。而水井出土的秦代简牍，为研究秦代县级城市的政

---

[1]　湖南省文物考古研究所：《里耶发掘报告》，岳麓书社，2006 年。

治、经济等方面的管理情况提
供了可靠的资料。

（四）赤壁土城

赤壁土城位于湖北省赤壁
市新店镇土城村蟠河北岸。由
战国时期的大城及西汉时期的
小城组成，小城位于大城的西
南部，面积是大城的五分之一
（图 6 - 16）。小城的西墙沿用
了大城的西墙南段，南墙叠压
于大城南墙西段。大城地面略
高于小城地面[1]。

战国城墙呈南北向长方形，
四面城墙较直，四角呈切角，
与纪南城形制相同。经勘探实
测，城墙东西 762 米，南北
978 米，周长 3265 米，面积约
74.5 万平方米。

西汉城址呈南北向长方形，
四壁较直，东西 366 米，南北
415 米，周长 1449 米，面积 15
万平方米。西墙高出地面 2 米
左右，西北角、东南角高出地

图 6 - 16 赤壁土城遗址平面图

面近 5 米。城址周围有一周护城壕，并紧临城墙之下。西、南壕利用战国旧壕，东、北壕
为新开挖的。四面城墙上各发现一个缺口，除南墙缺口偏东外，其他基本上处在城墙中
部，可能是其四座城门址。在北门西侧还发现一条通向护城壕的排水沟。城门遗迹长 20～
22 米，西门、北门较宽，各宽 10 米、12 米；其他两门较窄，宽约 6 米。城门两侧的拐角
都呈直角。城内发现 6 座夯土建筑基址。其中，位于城址中心的台基最大，东西长 63 米，
南北宽 36 米，高 1.2 米。在此发现的灰坑中有西汉铁器及铁渣，可能与铸铁手工业有关。

战国城和汉代城的护城壕都与蟠河相通，由蟠河可进入黄盖湖，再由黄盖湖进入长
江。战国城南墙外中段有一座控制经蟠河与南护城壕进出的堡垒，现存台基东西 70 米，
南北 40 米，高达 10 米。

从出土资料看，大城的时代从战国早期直至战国晚期，应是楚国的一处地方城邑。小

---

〔1〕 湖北省文物考古研究所、咸宁市博物馆、赤壁市博物馆：《赤壁土城——战国西汉城址墓地调查勘
　　探发掘报告》，科学出版社，2004 年。

城时代从西汉早期沿用至西汉晚期，修筑小城时破坏了大城西城门的一部分，说明此时已不再使用大城。小城可能是一座西汉的县城。

三 长江中下游地区城邑的特点

自新石器时代晚期，长江中下游地区即出现了城址，且数量较多。但进入夏、商、周三代之后，城址却发现很少，目前所知仅湖北盘龙城、四川广汉三星堆等少数几座。春秋战国时期，这里主要为吴、楚等国的故地，现在发现的一部分是其旧城，另有相当一部分为汉代新建。这些城址多数集中于湖南、湖北、安徽等地，特别是一些规模较大的城址，一般分布在靠近黄河中下游地区的安徽、湖北等地。虽然城墙的筑造方法与中原相似，但由于地理及人文环境不同，城邑形制也有自己的特点。

第一，一部分中小城邑直接利用了战国旧城或对旧城改建。据调查资料所做的初步统计，沿用旧城或旧址重建者约 39 座，只见汉代遗存者约 59 座。后者也可能包括一部分沿用旧城或旧城改建者，而调查时没有被发现。即使如此，前者与后者的比例仍小于黄河中下游地区，这说明该地区汉代新建城邑的数量增幅较大。究其原因，应与汉代加大对长江中下游地区的开发力度有关，同时也与东汉后期黄河中下游地区战乱频繁导致北方人口大量南迁有关。

第二，城址规模一般不大。中央集权制建立以后，地方城邑的规模基本上是根据其政治地位决定的。所以，一般说来，县邑城规模要小于郡国城。大型城邑面积在 100 万平方米以上的，大部分为郡国首府，其中一部分利用了战国时期的小城，另一部分则是在大城基础上重建一城，规模大为缩小。如云梦楚王城，战国时为楚国重要城市之一，被司马迁称之为当时的一个大都会[1]。大约于西汉时大城被一分为二，东半部废弃，仅用西半部，作为江夏郡之安陆县。宜城楚皇城曾一度为战国时楚国都城，面积达 220 万平方米，西汉时大城被废，仅在北部新筑一小城作为宜城县城，面积不足原来大城的五分之一。

中型城邑面积一般在 10～100 万平方米，此类城址约 42 座，约占这一地区城址总数的 42%，其中已知为县邑城的约有 40 座，说明这一规模的城址一般是作为县城使用的。建于汉代的城址面积最大不超过 50 万平方米，一般在 20 万平方米左右。

小型城邑面积在 10 万平方米以下，此类城址约有一半作为县城使用。湖南发现此类城址 16 座，初步考证为县城或侯城的就有 8 座。如里耶古城残存面积约 20000 平方米，是战国晚期至秦汉时期的迁陵县城。平江昌县故城，方形，边长仅为 150 米，考证为东汉熹平年间所置昌县。此类城址在黄河中下游地区一部分为军事城堡，另一部分可能为县以下的乡里、聚落，作为县城的情况十分罕见；而在长江中下游地区有一半以上作为县城或侯国城邑。

第三，城址总数及单位面积城址数量，明显小于黄河中下游地区。目前这一地区发现的城址仅占全国发现总数的六分之一左右。据《汉书·地理志》及《续汉书·郡国志》所做的统计，西汉末，荆州、扬州、益州的面积之和占全国的 58.9%，而郡县城只占全国的 22.5%[2]。若按单位面积计算，荆州、扬州每万平方公里内只有一到两座郡县城，属全国

---

[1] 《史记·货殖列传》。

[2] 周长山：《汉代城市研究》第 20 页，人民出版社，2001 年。

城邑数最低的地区。

第四，在发现的城址中，长方形城址占绝大多数，但同中原地区相比，不规则形偏多，这应与南方山地地形有很大的关系。与黄河中下游地区不同的是，这里多为水乡，城市多靠近河道而建，有的城墙直接跨河而建，这样不仅有利于解决城内的用水、排水问题，便于水上运输，而且与城墙结合增强了城的军事防御功能。在城市设计中，除了陆地上的城门以外，水上城门也比北方普遍。不但如此，在城门出护城河的地方，还设有吊桥之类的交通设施。

在这一地区发现 12 座城址有大、小两城或并列的两城。大城一般为居民区、手工业及商业区，城墙外设有护城壕，城墙转角处和城门上建有城楼。小城为官署区，一般位于大城内一角或中北部。马王堆 3 号墓出土的帛书所描绘的一座子城，周长仅 102 米，城内只有官舍而没有居民区，城门上建有二层门楼，东北和西南建有角楼。城中部应有主要建筑，靠近南墙有"□侍舍"、"丞侍舍"、"□史侍舍"、"佐史侍舍"等官吏居住之所，除主要建筑及城楼用瓦盖外，其他仍然为"营盖"，即草屋顶。南城门上还设有悬门，研究者均以为是城门处悬吊的闸门[1]。

第五，秦汉时期，长江中下游地区既不是政治中心区，经济发达程度也无法与黄河中下游地区相比。虽然这里开发较早，自然条件优越，但一直以来，经济总量相对较小。因此，司马迁称："楚越之地，地广人希，饭稻羹鱼，或火耕而水耨，果隋蠃蛤，不待贾而足，地埶饶食，无饥馑之患，以故呰窳偷生，无积聚而多贫。是故江淮以南，无冻饿之人，亦无千金之家。"[2] 手工业方面，铁器工业已是当时社会的主要产业，产铁及铸铁的地方经济相对发达，但长江中下游地区除地处汉水流域的南阳郡铁器铸造业发达以外，其他郡县均以铸铜和漆器制造业为主。在汉代，铜器生产已经不占主导地位，在很多领域铜器被漆器和铁器所替代，铜器产品主要集中于铜镜、带钩、熏炉及其他日常生活用品。长江中下游地区是漆器的主要产地，但制造的漆器比之蜀郡和广汉郡则略逊一筹。另外，从人口及自然环境看，这里人口少，居住分散，山地多，平原少，发展大城市受到限制。据记载，这一地区万户以上的县城寥寥可数。据汉制，大县置令，小县置长，而"荆、扬江南七郡，唯有临湘、南昌、吴三县令"[3]。自东汉后期，由于北方战乱，经济遭受破坏，北方人口大量南迁，全国人口格局发生了变化，荆州、扬州人口较西汉时有大幅度增长，由此揭开了长江中下游地区经济发展的序幕。

第四节　北方长城沿线地带的城邑

北方长城沿线地带，是指秦汉长城中段沿线及其邻近地区，西界大致起自宁夏西北边

---

[1]　傅熹年：《记顾铁符先生复原的马王堆三号墓帛书中的小城图》，《文物》1996 年第 6 期。
[2]　《史记·货殖列传》。
[3]　汉·应劭：《汉官仪》，见《续修四库全书·史部·职官类》第 746 册，上海古籍出版社，2000 年。

境的贺兰山脉，南抵黄河，由宁夏中卫向东到陕西定边、靖边一线；东界大致以辽宁西部的医巫闾山脉为界，南到燕山山脉[1]。相当于今内蒙古中南部，宁夏、陕西、山西、河北北部，辽宁西南部地区。长城沿线地带是农业与牧业两种不同生产生活方式的交汇区，战国以前这里曾生活着羌、戎翟、林胡、楼烦、东胡等种族。战国时期，秦、赵、燕等国势力逐渐北扩，并在此设郡管理。秦始皇统一全国后，派蒙恬北击匈奴，将阴山以北至黄河以南的广大地区纳入秦帝国的版图，在黄河北岸新设了九原郡。秦王朝灭亡后，中原战乱，匈奴又乘机进入黄河以南地区。至汉武帝时，派大将军卫青、骠骑将军霍去病等多次北击匈奴，又重新控制了这一区域。汉代在这一地区设有朔方、五原（秦九原）、云中、西河、定襄、雁门、代郡、上谷、渔阳、右北平、辽西等郡，大致属朔方、并州北部，幽州大部。另外，为便于论述，今辽宁省中南部地区即汉辽东郡境内长城沿线的城址，这里一并叙述。

这一地带发现城址 140 座，其中，只有天津宝坻秦城、蓟县无终县故城、和林格尔土城子古城及宁城县黑城外罗城古城做过一些发掘工作，其他均为调查资料。

一　郡国城址

目前发现的城址中，初步判定曾作为郡城的有内蒙古包尔陶勒盖古城（朔方郡治）、包头麻池古城（五原郡治）、托克托县古城村古城（云中郡治）、和林县土城子古城（定襄郡治）、杭锦旗霍洛柴登古城（西河郡治）、辽宁宁城县黑城外罗城古城（右北平郡治）、朝阳召都巴古城（西汉辽西郡治）、新宾县永陵镇汉代城址（汉玄菟郡），河北怀来大古城（上谷郡治）等 9 座城址。

（一）磴口包尔陶勒盖古城

包尔陶勒盖古城又称麻弥图古城或陶升井古城，在内蒙古磴口县城西北 30 公里的陶升井，是一座大小相套、有两重城垣的古城[2]。内城呈方形，边长 180 米，位于外城的西北隅，城垣大部分被流沙掩盖，遗址西墙残长 150 米，北墙残长约 100 米。南面有 1 处城门缺口，西北角有 1 个高约 4～5 米的土丘，似是与城墙建筑有关的防御性建筑遗迹。内城外东北和西南部各发现 1 道长约 100 米的残垣，应是外城的遗迹，大致范围为东西740 米，南北 560 米。城内发现有绳纹板瓦、筒瓦、卷云纹和几何纹瓦当，还有铁铤、铜镞和钱币。出土的钱币有汉武帝到宣平前后的五铢钱、王莽时期的大泉五十，但无东汉钱币，说明城址年代应为西汉时期。该城为汉朔方郡三封县城，建于元狩三年（公元前 120年）。亦有人认为是朔方西部都尉治汉窳浑县城[3]。《元和郡县志》记载，三封为朔方郡治，然武帝元朔二年（公元前 127 年）收河南地，置朔方郡，郡治应在朔方县，即今之内蒙古乌拉特前旗东南。

〔1〕　白云翔：《先秦两汉铁器的考古学研究》第 124 页，科学出版社，2005 年。
〔2〕　侯仁之、俞伟超：《乌兰布和沙漠的考古发现和地理环境的变迁》，《考古》1973 年第 2 期。
〔3〕　张海斌：《高阙、鸡鹿塞及相关问题的再考察》，《内蒙古文物考古》2000 年第 1 期。

（二）包头麻池古城

麻池古城位于内蒙古包头市南郊麻池乡[1]。分南、北两城，呈南北相接的斜"吕"字形（图6-17）。北城东西720米，南北690米；南城东西640米，南北660米。北城北墙中段和南城西墙、南墙中段各有宽15米的城门。两城的西南角都向内曲折，可能是被昆都仑河冲毁后而改筑的。两城的城墙保存较好，南城的城墙基宽约4米，最高处达7～8米，夯层厚10～15厘米，夯土墙上带有夹棍孔；北城城墙残高2米，宽约3米，夯层厚9厘米。北城南部近中有3个夯土台基，呈"品"字形分布，北面的两个东、西相对，相距72米，位置与城门大体呼应，其中，靠东侧的夯土台底径33.6米，高4米，西侧的夯土台底径32米，高4.5米。南部夯土台居

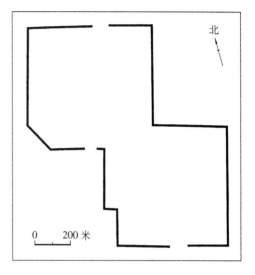

图6-17　包头麻池古城遗址平面图

二台连线中点之南174米，疑为城门建筑遗址。三个台基附近发现筒瓦和板瓦残片。

古城内除砖瓦陶片外，常有五铢钱、铁甲片、铁铲和铜镞等出土。有人认为麻池古城是汉稠阳县城，有人认为是临沃县城[2]。《水经注·河水》记载：河水"又东径九原县故城南"，并说九原县"西北接对一城，盖五原县之故城也"。麻池古城与《水经注》所记相符。考古调查表明，麻池古城的北城修建比南城早，因此，有学者认为北城是战国时期赵国九原城，秦始皇三十五年（公元前212年）置九原郡，汉初入匈奴，武帝元朔二年（公元前127年）置五原郡，北城也是汉五原郡郡治；南城则是汉五原郡五原县城。

（三）和林格尔土城子古城

和林格尔土城子古城在内蒙古和林格尔县城北10公里，呼和浩特市南40公里[3]。今宝贝河即古之金河流经城址西南，古城东及河西南岸为一组黄土小山。该城处于土默特川平原南部进入山口的要冲地带。现在城址东侧的南北公路，是呼和浩特市通往和林格尔县和清水河县的必经之路，也是古代连接阴山南北与中原的大道，即汉代之定襄道，隋唐之单于道。

该城址保存较好，现地面上还可以清晰地看出城墙遗迹。城址平面呈不规则多边形，东西1550米，南北2250米，由南、北、中三个不同时期的城址构成（图6-18）。北城东

〔1〕　包头市文物管理处、达茂旗文物管理所：《包头境内的战国秦汉长城与古城》，《内蒙古文物考古》2000年第1期。

〔2〕　李逸友：《论内蒙古文物考古》，《内蒙古文物考古文集》第一辑，中国大百科全书出版社，1994年。

〔3〕　内蒙古自治区文物工作队：《和林格尔县土城子试掘纪要》，《文物》1961年第9期；《内蒙古和林格尔县土城子古城发掘报告》，《考古学集刊》第6集，中国社会科学出版社，1989年。

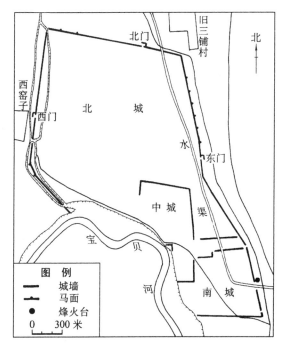

图 6-18　和林格尔土城子古城遗址平面图

西 1400 米，南北 1450 米，建在汉魏文化层之上，为隋唐所筑。中城叠压在南城的西北隅及北城的南墙中段之上，始建于五代，辽、金、元三代沿用。

南城位于整个古城的东南部，西南大部分被河水冲毁，现只存东半部，平面略呈长方形。其东南隅向东南斜出，东北角被北城的东南隅打破，西北隅又被中城的东南部叠压。南北 535 米，东西残长 505 米。城墙平均宽度 14 米，夯层厚约 15 厘米。发掘者根据叠压和出土器物判断，南城建于第一期，东汉以后到西晋时期曾对城墙进行了修筑，北魏初期沿用。

南城城墙内侧，紧靠城墙基边，发现排列整齐的圆形土坑，压于增修城墙之下，它们应与汉城时代一致，属于当时的一种防御性设施，或当时城防戍卒临时栖息的地方。在东墙外发现一条与城墙同时的路面，但城墙上是否有城门不知。北墙居中位置，从地面上看也有凸出的迹象，但上层大部分已遭到破坏。城内东南部发现大面积的建筑遗迹，其中一处东西 40 米，南北 33 米的建筑遗址，中部有一条东西向的道路。道路西北部有一个陶窑遗址和圆形土坑，时代较早；道路以南有房址、窑址和水沟等，时代可能稍晚。出土遗物有铁铤铜镞、甲片、矛等武器，铁铲、锸、镰、斧等工具，刀币、半两、五铢等钱币，以及大量的陶器。

根据文献和方志记载，南城初建于战国，属云中郡，汉高祖十一年（公元前 196 年）分云中郡东部置定襄郡，此为定襄郡治成乐县所在地[1]；魏晋到北魏，鲜卑族拓跋部建都于此，名"盛乐"，史称北都。

（四）宁城外罗城古城

罗城古城位于辽宁宁城县西南 60 公里处，与昭乌达盟和河北省毗邻[2]。城址共有大、中、小三城，一般称大城为外罗城，中城为黑城，小城为花城（图 6-19）。花城在外罗城和黑城北墙外偏西处，平面呈南北长方形，东西残存约 200 米，南北约 280 米，是

---

〔1〕《汉书·高帝纪》。

〔2〕 A. 冯永谦、姜念思：《宁城县黑城古城址调查》，《考古》1982 年第 2 期。

　　 B. 李文信：《西汉右北平郡郡治平刚考——宁城县黑城大队古城址》，《辽宁省考古、博物馆学会成立大会会刊》，1981 年。

战国时燕国修筑的一座军事防御城堡。黑城位于外罗城北部，平面为长方形，东西 810 米，南北 540 米。城内遗物有战国至汉的陶瓦片，也有辽金以至宋元遗物，为辽代劝农县、元代富峪驿、明代富峪卫。

外罗城最大，平面为东西长方形。实测东西 1800 米，南北 800 米，方向南偏西 10 度。西墙南段和东墙北段保存较好，其他地段只能看出形迹。南墙西段基宽 10.7 米，存高 1.5 米；墙基外部地面较平，15 米处开始低洼，呈壕沟状，应是护城壕遗迹。南墙东段和东墙南段城墙被

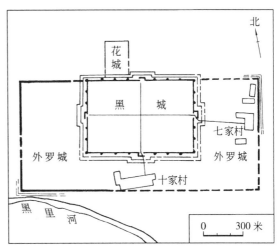

图 6-19　宁城外罗城古城遗址平面图

河水冲毁。东墙北段直到东北城角仍清晰可见，倒塌后墙宽达 15 米，高出地表仍有 1.6 米；墙外有护城壕遗迹。北城墙东部不明晰，中间部分被黑城城墙借用，已压在墙基底部，西部存留墙基，城墙夯土较纯，不含遗物，夯层厚 8 厘米。因有的城墙不存，有的为后世城墙所借用，仅凭调查已不能确知城门位置和数量，估计当有南、北两门，西墙是否有门尚不可知，但可肯定东墙无门。

外罗城内遗物分布极广，陶瓦片数量很多，尤其中部更为集中。1976 年，外罗城中部偏西南发现一处大型钱范作坊遗址，出土"明"字刀、半两、五铢、大布黄千、货泉、小泉直一等[1]。在钱范作坊附近出土有"渔阳太守章"、"白狼之丞"、"卫多"封泥及"假司马印"、"□门□印"、"韩贵私印"、"部曲将印"等铜印，黑城东城墙夯土中还发现"宜官"石印 1 枚。

外罗城是秦、西汉至新莽时期利用花城所占据的重要地理位置新建的一座城址。城址内出土的遗物和新莽钱范作坊遗址，说明城址的时代上起战国，下至新莽。发掘者认为是西汉右北平郡治（平刚县治）。据《史记·匈奴列传》记载，燕北筑长城，设上谷、渔阳、右北平、辽西、辽东五郡，秦汉因之。五郡之中，右北平郡居中，是燕山北口的天然门户，为古代通往漠北的三条重要通路之一。关于建郡时间，据考证约在公元前 299 年以后的三五年内[2]。又据《汉书·地理志》所载，西汉时，右北平郡领县十六，治于平刚，东汉时，地入北族，郡治移至土垠。文献记载与外罗城所出遗物的年代基本相符。

（五）宝坻秦城

宝坻秦城位于天津宝坻县石桥乡辛务屯村南。古城尚存东、北城墙和南城墙东段，西

---

〔1〕　昭乌达盟文物工作站、宁城县文化馆：《辽宁宁城县黑城古城王莽钱范作坊遗址的发现》，《文物》
　　　1977 年第 12 期。
〔2〕　李文信：《中国北部长城沿革考》，《社会科学辑刊》1979 年创刊号。

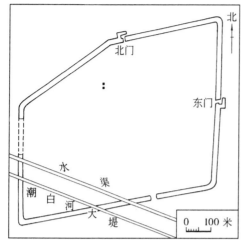

图 6-20　宝坻秦城遗址平面图

南角已在潮白河河床内，西墙已被夷平[1]。1977 年进行了钻探，1989~1990 年解剖了四面城墙的断面及两处城门。

城址平面呈不规则四边形，北墙 910 米，中间呈磬折状，东段 462 米，西段 448 米；东墙 658 米，高 5 米，顶部有一道夯筑的土埂；南墙 820 米；西墙 474 米。城址总面积近 50 万平方米（图 6-20）。城内地面北高南低，平均高差 1.6 米，文化堆积主要分布在城内北半部，南半部遗物少，基本无文化层。

城墙四面开门，均位于城墙的中部。经试掘清理，东门宽 3 米，门口路面下为夯土，门口外建有瓮城。瓮城墙从东门南侧的东城墙接出，呈曲尺形，东西长 26 米，然后北折 42 米，北段和主城墙之间为出口，宽 7 米。瓮城内部略呈正方形，东西 14 米，南北 15 米，地面经夯打。瓮城内和门口两侧城墙上出土大量筒瓦、板瓦和双龙纹半瓦当残片，表明当时城门口墙上应有建筑。北门宽 3.4 米，形制与东门略同。

在城内中部偏西北的高地上，发现两处房址。F1 长方形，东西 16.1 米，南北 7 米。F2 位于 F1 正北 9 米处，残长东西 12 米，南北 10.5 米，呈不规则长方形。二者南北相邻，夯筑方法相同，皆出土灰陶细绳纹筒瓦、板瓦和双兽纹半瓦当，应是同时期的一组建筑基址。F1 还被 4 座汉墓打破。

从城墙解剖和城内出土的器物看，宝坻秦城建造于赵灭中山和乐毅居齐以后至燕国灭亡以前这段时间，即公元前 284 年至公元前 221 年之间。发掘者考证为燕国所置右北平郡，年代大体在公元前 270 年前后。秦王政二十一年（公元前 226 年）攻下燕的蓟都，二十二年（公元前 225 年）设右北平郡，沿用该城作为郡治。秦灭六国后，将右北平郡治迁至无终，该城遂被废弃。城内发现的西汉墓葬打破战国时期的房址（F1），说明该城在西汉时期已经成为一般聚落或墓地。

二　县邑与属国城址

秦代设在长城沿线地带的县城数量至今不清楚，仅知秦始皇曾在黄河沿岸筑 44 座县城。西汉时北方边境有十三郡之多，辖县近 200 个。东汉大体与西汉相同，但由于边防线内移，人口较西汉时减少，因此，有的县城被放弃或省并[2]。目前发现的可初步定为县

〔1〕　天津市历史博物馆考古部、宝坻县文化馆：《宝坻秦城遗址试掘报告》，《考古学报》2001 年第 1 期。
〔2〕　汉·应劭在《汉官仪》中说："世祖中兴，海内人民可得而数，裁十二三。边陲萧条，靡有孑遗，郛塞破坏，亭队绝灭。"又，建武二十一年光武帝说："今边无人而设吏治之，难如春秋素王矣。"引自《续修四库全书·史部·职官类》第 746 册，上海古籍出版社，2000 年。

邑与属国城的城址近 40 座（首县除外），大致分布于现在的内蒙古中西部、辽宁西南部和陕西北部地区。

（一）磴口补隆淖古城

补隆淖古城又称河拐子古城，在今内蒙古磴口东北 18 公里，东距黄河 7 公里[1]。1957 年调查时，古城的南部被沙漠掩埋，仅残存西南角。根据暴露的城墙测定，南墙 615 米，东墙 653 米，西、北墙大部分被流沙湮没。据西、北城墙的交角看，城址呈长方形。东墙和南墙正中各有一缺口，应为城门址。西墙虽为流沙掩盖，但在与东城门相对的地方有一高出地面的沙土丘，似为西城墙的城门。城墙为黄土筑成，宽约 10～15 米，残高 0.5～3 米。

城内地面遗迹、遗物比较丰富。城中偏南有两个大土台，均东西 160 米，南北 100 米，南北相对。城中央有一长方形土台，在东西 54 米、南北 30 米的范围内散布着大量的砖瓦，可能是城中的官署建筑遗址。古城的西南隅，发现密密麻麻的残铁甲片、铁铤、铜镞和五铢钱等，似为兵器库遗址。城中偏西北，有一处遗址略高于周围地面，遗存极为丰富，有残铁器、残刀、铁铤、残铜镞、铜币、灰烬、炉渣等，应是一处与制造兵器有关的作坊遗址。

城址西、南、北三面为墓葬区，墓葬均为砖砌，年代与城址相同，应是城内居民的墓葬。研究者认为这里是汉临戎县故城。朔方郡开拓于元朔二年（公元前 127 年），元朔三年开始建筑临戎县城，这是朔方郡最早有城墙的县城，因此朔方郡初创时，郡治曾设在此地，郦道元说它是"旧朔方郡治"。由于黄河河道向东迁移，古城现位于黄河以西。

（二）托克托哈拉板申西古城与东古城

两处古城位于内蒙古托克托县城北偏西 2 公里，大黑河下游冲积地带[2]。两城相距约 1 公里，均位于古代沙陵湖东岸的白渠水之北。

西古城平面形制不规则，西墙长约 450 米，东北角凸出一隅；东墙残长 200 米，其南半段向内折约 30 米；东南角已被河水冲毁，南墙残存西半段，约 300 米。古城东西宽约 450 米（图 6-21）。城内文化堆积上层为建筑遗存，有秦代的简化动物纹瓦当，下层为战国时期的文化层。《史记·赵世家》记载，赵武灵王二十六年（公元前 300 年）"攘地北至燕代，西至云中、九原"，从此，赵文化伸入到阴山以南地带。从城内的秦代

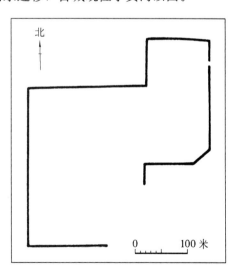

图 6-21　托克托哈拉板申西古城遗址平面图

〔1〕　侯仁之、俞伟超：《乌兰布和沙漠的考古发现和地理环境的变迁》，《考古》1973 年第 2 期。
〔2〕　李逸友：《北方考古研究（一）》第 49、50 页，中州古籍出版社，1994 年。

建筑遗址看，该城至晚应为秦代所筑。《史记·匈奴列传》载，秦灭六国后，秦始皇使蒙恬将数十万之众，北击匈奴，悉收河南地，因河为塞，筑四十四县城临河，徙戍以充之[1]。该城就在黄河故道附近，应是四十四县城之一。

东古城位于西古城的东北部，地势高出西古城约4米。城墙全用黄沙土夯筑而成，平面呈方形，边长约525米（图6-22）。城的东北隅筑有一方形小城，边长约220米，小城东墙和北墙利用了大城城墙一部分，西墙正中有一门址。城内文化堆积较厚，特别是小城内地面砖瓦相当丰富。城内经常有铜镞、钱币和印章等出土，印章有西汉的"侯劲"印和东汉的"云中丞印"以及带有"日千羊"、"益光"吉祥语的套印。

由于西古城位于冲积平川上，受沙陵湖水和大黑河水侵害严重，为避免河水冲刷之灾，西汉另择新址建筑了东古城，东汉时沿用。有人考证，现在的大黑河就是文献中的荒干水和芒干水，白渠水即宝贝河[2]，哈拉板申东古城就是汉代的沙陵县城[3]。

（三）呼和浩特美岱二十家子古城

该古城在内蒙古呼和浩特市郊二十家子西滩村东，东南距呼和浩特45公里[4]。美岱古城四面环山，大黑河上游东支经城北汇流西去，城南是一片平原，城西出谷口即是呼和浩特以东的平原起点。在古代，这里是阴山以南的重要通道，也是发展农牧业的场所。

古城分内、外两城，外城近方形，边长约580米；内城也呈方形，边长380米（图6-23）。内城位于外城的西南部，内城的西、南城墙与外城共用，平面近"回"字形。除

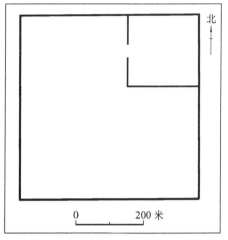

图6-22　托克托哈拉板申东古城遗址平面图

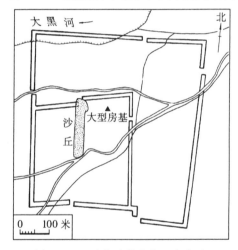

图6-23　呼和浩特美岱二十家子
古城遗址平面图

---

〔1〕《史记·匈奴列传》：秦始皇三十三年（公元前214年），"又使蒙恬渡河，取高阙、（阳）山、北假中，筑亭障以逐戎人。徙谪，实之初县"。

〔2〕陈国灿：《大黑河诸水沿革考辨》，《内蒙古大学学报（社会科学版）》1964年第2期。

〔3〕《汉书·地理志（上）》："白渠水出塞外，西至沙陵入河。"又，《水经注》在"河水屈而流，白渠注之"条下注云："水出塞外，西径定襄武进故城北……白渠水西北径成乐北……又西北径沙陵县故城南……其水西注沙陵湖。"

〔4〕内蒙古自治区文物工作队：《1959年呼和浩特郊区美岱古城发掘简报》，《文物》1961年第9期。

外城北墙被河水冲毁外，大部分保存较好，现仍高出地面 4～5 米。外城四面有门，但并不对称。

内城发现了官署、仓储、窖穴、窑址和冶铁遗址。内城东北角发现一处大型房基，东西 9.35 米、南北 37.25 米。房基地面全部用河卵石铺砌，有两行排列整齐的柱洞。该建筑面阔 8 间，进深 3 间，有一个南门，东西各有 2 个侧门，南面正中发现一条向外延伸的路面。房址恰好位于小城北部，全城的中部地区，可能是官署所在。

1960 年，在古城外西北角，出土了 1 具完整的铁甲[1]。此外，小城中还出土铜镞、弩机、铁戟、铁甲片、半两钱和"安陶丞印"、"定襄丞印"、"平城丞印"、"武进丞印"等封泥。

根据发掘资料，可将城内遗存分为早、中、晚三期。早期有少量战国时期的遗物，说明战国时期已有人在此活动；中期约相当于汉武帝到宣帝时期；晚期出土小半两钱和五铢钱，但不见王莽钱，大致在西汉元、成、哀、平诸帝时期。该城的建筑年代应在西汉时期，据出土的封泥推测，可能是定襄郡安陶县城，也有人认为是武皋县城。

（四）呼和浩特塔布陀罗海古城

塔布陀罗海古城位于内蒙古呼和浩特市东北 15 公里，大青山脚下[2]。城址近方形，有大、小两城，正南北向（图 6-24）。大城东西 850 米，南北 900 米，现存城墙高约 6～7 米。南墙正中有一个缺口，可能是城门，其他三面未发现城门迹象。小城位于大城北部正中，边长 250 米，小城南、北墙距大城南、北墙分别为 420 米和 250 米。地面遗物主要集中于小城和大城南部，小城似是官署所在地，全城中最讲究的建筑都集中于此。大城南部也有些大建筑，主要是民居或兵营。城内出土的遗物均为西汉，年代上限在文帝时期[3]，可能是西汉云中郡武泉县故址。东汉初年北方边境防线内移，该城遂荒废。

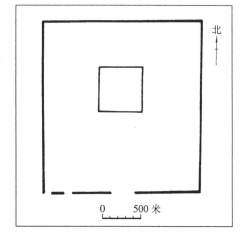

图 6-24　呼和浩特塔布陀罗海古城遗址平面图

（五）卓资三道营古城

三道营古城位于内蒙古卓资县三道营乡东南约 4 公里的土城村北，又称土城村古城[4]。1987 年曾做过全面调查，古城（图 6-25）北面的大黑

〔1〕　内蒙古自治区文物工作队：《呼和浩特二十家子古城出土的西汉铁甲》，《考古》1975 年第 4 期。
〔2〕　A. 吴荣曾：《内蒙古呼和浩特东郊塔布秃村汉城遗址调查》，《考古》1961 年第 4 期。
　　　B. 李逸友：《内蒙古古代城址的考古研究》，《中国考古学会第八次年会论文集》，文物出版社，1996 年。
〔3〕　吴荣曾：《内蒙古呼和浩特塔布秃村汉城遗址调查补记》，《考古》1961 年第 6 期。
〔4〕　A. 张郁：《卓资县土城村古城遗址》，《内蒙古文物资料选辑》，内蒙古人民出版社，1964 年。

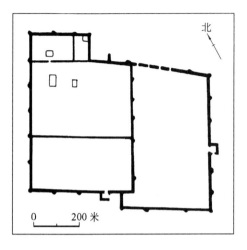

图6-25　卓资三道营古城遗址平面图

山南麓有战国赵长城，在古城东约1公里处向南延伸，至古城东南山顶终止。古城分东、西两城，东城约为唐以后增筑。

西城可分为南、北两部分。西城四面城墙分别长：东570米、西690米、南480米、北580米，城墙宽8～12米，残高5～8米，夯层厚8～12厘米。四面均有马面，平面多为长方形，长宽约8.5～13.8米，间距约70～120米不等，马面夯土的土质和夯层均与城墙一致。南墙的东段设一座城门，带瓮城，瓮城平面基本为正方形，东西30米，南北29米。门道置于东侧，宽12.4米。西北角楼和西南角楼平面呈圆角方形，东西5米，南北8米，高出现存城墙1～1.5米。西城南墙向北230米处筑有一道土墙，将西城分为南、北两部分。因破坏严重，门道位置已无法确定。

遗迹现象仅发现于西城北部。其中一处面积较大的院落遗址，中间用墙隔成东、西两个院落，东院面积较小，东西70米，南北110米，西院面积较大，东西210米，南北110米。东、西院落内各发现1处建筑基址。西城中部偏北处有两个高台建筑基址，面积分别为50米×30米、32米×22米，高出地面约1米。西城北部暴露大量砖瓦陶片，征集到半两和唐宋钱币，并采集到多枚三翼圆铤铜镞。

从西城地表暴露的遗物看，三道营古城年代应为战国至西汉时期。它位于战国时赵国北境，秦属云中郡，西汉为定襄郡所辖，初步推断为西汉定襄郡之武要县故城。

（六）神木大保当古城

该古城位于陕西神木县大保当镇任家伙场村附近，东距大保当镇约1公里[5]。1987年发现，1996年在城址附近清理了24座汉代墓葬，1998年又对城址进行了全面的调查勘探和试掘。

城址以野鸡河为界分为南北两部分，北部地势略高，平缓，沙丘遍布；南部地势较低，沙丘较少。钻探表明，城址平面呈五边形，由西、北、东南、东北和南面五面城墙组成（图6-26）。已经确认的北城墙、西城墙分别长510米、410米，北城墙宽约3.8米。西城墙近中部有一个宽3～4米的缺口，可能与城门有关。西城墙外约22米处，发现一条与其平行的壕沟，宽4.5米，深约4米。

城内西北部有当时居民烧制生活陶器及建筑材料的制陶作坊区；西城墙内侧有相当密集的建筑基址，在此发现大量的建筑材料、陶器和铁箭头等；北城墙内侧约80米处，发

B.李兴盛：《内蒙古卓资县三道营古城调查》，《考古》1992年第5期。

〔5〕陕西省考古研究所、榆林市文物管理委员会办公室：《神木大保当——汉代城址与墓葬考古报告》，科学出版社，2001年。

现一处大型建筑基址，平面呈长方形，由两条宽窄不等的夯土墙和一座房基组成，规模宏大，防御体系严密，其墙体坚硬程度和厚度不亚于城墙。从它距城墙的距离、平面形状及规模分析，它很可能是当时的官署。另外，城址中部的野鸡河左岸，还发现汉代的水井。野鸡河作为附近惟一一条河流，是当时主要的生活水源。

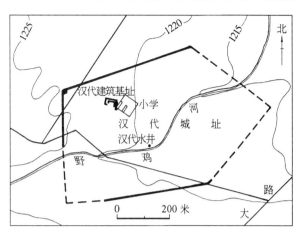

图 6-26　神木大保当古城遗址平面图

　　大保当城址的外围，自西南到东南的广大区域，分布着多处汉墓群。从城内及汉墓出土的遗物和钱币看，大保当城址的上限可到西汉晚期，而废弃时间在东汉中晚期，可能是汉代所设的上郡属国治龟兹县城。城内的居民来自政府招募或迁徙的实边人员，同时也有内附的少数族[1]。

　　和林格尔东汉壁画墓中有"行上郡属国都尉所治土军城府舍"的榜题，说明当时上郡属国已由龟兹县迁至土军（今山西石楼）。《后汉书·南匈奴列传》记：永和五年（公元140年）秋，南匈奴左部句龙吾斯等立句龙王车纽为单于，东引乌桓，西连羌戎等少数族，数万人攻破京兆虎牙营，杀死上郡都尉及军司马，汉朝政府不得不徙西河治离石，上郡治夏阳，朔方治五原。在这种情况下，上郡属国也就无法再在龟兹存在下去了，所以上郡属国都尉迁治土军，时间大概在公元140年前后。这可能是导致该城址废弃的直接原因。同时气候干燥，沙漠化程度加重，也是古城被放弃的原因之一。

三　北方长城沿线地带城邑的特点

　　北方长城沿线地带的城邑一般称之为边城。所谓边城，广义上是指位于秦汉边境地区的城邑[2]；狭义上，则专指位于长城沿线地带具有较强军事性质的城邑，包括郡县城、属国及都尉或校尉治所等。秦汉王朝面临的最大威胁来自北方地区的匈奴族，因此，文献中所提到的边城，也多是指后者而言。由于秦汉时期边防线经常变化，有时中原势力到达长城以北，有时匈奴深入长城以南，所以，长城沿线地带的缘边郡县，一般说来应属边城之列。从长城、边城及障城的关系看，长城是第一道防线，障城和烽燧是长城的辅助设施，它们共同防护着分布于长城之内的边城。边城一般呈带状分布在长城南侧，多筑于河流沿岸、交通方便、适于耕作的平原地区。边城是长城防线的后盾，从人员和粮草方面为长城防线提供支持。障城规模一般小于边城，不在边城之列[3]。

〔1〕　孙周勇：《大保当汉代聚落的考古学观察》，《文博》1999年第6期。

〔2〕　《汉书·严助传》："不习南方地形者，多以越为人众兵强，能难边城……边城守候诚谨，越人有入伐材者，辄收捕，焚其积聚，虽百越，奈边城何！"

〔3〕　《汉书·匈奴传（下）》："夫边城不选守境武略之臣，修障燧备塞之具，历长戟劲弩之械，恃吾所以

北方民族以游牧为生，不筑城郭[4]，长城沿线地带城邑无疑是中原民族所筑，它与内地城市具有较大的一致性，如城墙夯筑，布局方正等等。但是，由于地处农牧文化的交接地带，处于中原民族与北方游牧民族交流、对撞的前沿地区，因此，同黄河中下游和长江中下游地区的城市相比，又具有自己的特点。

第一，军事防御功能突出。边城中最早出现了瓮城、角楼、马面等防御设施，而这些设施在同期中原城邑中极少见到。瓮城在内蒙古中西部的一些障城中比较盛行。通过天津宝坻秦城的发掘，证明瓮城的出现时代不晚于秦代[5]。内蒙古、陕西发现的城址，带有马面的较多，如内蒙古卓资县三道营古城、陕西佳县柳树会古城等[6]。在中原地区，魏晋以后马面才流行起来[7]，西汉之前很少见到；而在长城沿线地带，马面的出现至迟不晚于西汉[8]。除较大的城址四面各有一门外，一般城址只开一门。城门多开在南城墙或东城墙上，这可能也是为了防御的需要。

永建五年（公元130年），梁商给马续书中说："中国安宁，忘战日久。良骑野合，交锋接矢，决胜当时，戎狄之所长，而中国之所短也。强弩乘城，坚营固守，以待其衰，中国之所长，而戎狄之所短也。"[9]为了加强防御，边城中的铜镞、弩机、戈、铁甲、铁蒺藜等兵器和军事防护设备成为最常见的遗物，在美岱二十家子古城、东胜城梁村古城还发现完整的铁甲及成捆的铁铤铜镞。晁错在《言守边备塞疏》中还提到，在高城深堑中设有蔺石、渠答、虎落等[10]，这些在敦煌的烽燧遗址中也有发现[11]。

第二，城址规模小。边城一般比黄河中下游和长江中下游等地区城邑要小的多，除个别作为郡治面积超过50万平方米以外，一般县城面积多在25万平方米以下。而中原地区面积在50万平方米以上的城址占所发现城址总数的36％。经济不发达，人口稀少，又处于军事冲突地区，应是造成边城面积普遍小于黄河中下游和长江中下游等地区城邑的主要原因。

第三，盛行大、小城的布局。长城沿线地带城邑的平面形制有回字形、品字形、吕字形、曲尺形、目字形等，其中以回字形的数量最多。回字形布局除见于两汉都城及秦汉时期沿用的战国名城之外，黄河中下游和长江中下游地区其他城址中发现不多，但在边城当

待边寇而务赋敛于民。"

[4] 《史记·平津侯主父列传》："李斯谏曰：'不可。夫匈奴无城郭之居，委积之守，迁徙鸟举，难得而制也。'"

[5] 天津市历史博物馆考古部、宝坻县文化馆：《宝坻秦城遗址试掘报告》，《考古学报》2001年第1期。

[6] 国家文物局：《中国文物地图集·陕西分册（下）》第664页，西安地图出版社，1998年。

[7] 中国社会科学院考古研究所汉魏故城工作队：《洛阳汉魏故城北垣一号马面的发掘》，《考古》1986年第8期。

[8] A. 李兴盛：《内蒙古卓资县三道营古城调查》，《考古》1992年第5期。

B. 陈永志、江岩：《榆林镇陶卜齐古城调查简报》，《内蒙古文物考古》1996年第1、2期。

[9] 《后汉书·南匈奴列传》。

[10] 《汉书·晁错传》："遣将吏发卒以治塞，甚大惠也。然令远方之卒守塞，一岁而更，不知胡人之能，不如选常居者，家室田作，且以备之。以便为之高城深堑，具蔺石，布渠答，复一城其内，城间百五十步。要害之处，通川之道，调立城邑，毋下千家，为中周虎落。"

[11] 甘肃省博物馆、敦煌县文化馆：《敦煌马圈湾汉代烽燧遗址发掘简报》，《文物》1981年第10期。

中，这种布局却十分常见，约占城址总数的14％。大、小城的布局分两种形制：一种是小城位于大城的中部，如呼和浩特市的塔布陀罗海古城。另一种是小城位于大城的一隅，小城有两面城墙与大城共用，如呼和浩特美岱二十家子古城。大、小城布局的盛行，大概与汉文帝时晁错"复为一城其内"的建议有关[1]。大城中的小城一般是太守郡国都尉府或县衙官署所在地，在小城与大城之间，是居民区、军队营房、手工业区等。美岱二十家子古城的小城东北角的房址，处于整个大城的中部，可能就是官署所在。准格尔旗广衍故城东部，大小城之间有一片手工业区，从遗物看为铸造兵器的作坊。神木大保当古城官署位于城内北部。城内西北部是制陶区，西部是居住区。边郡地区，军事冲突频繁，官署的安全就显得尤为重要。大保当的小城城墙厚度不亚于大城，即充分说明了这一点。边城中较多的大、小城布局，是边境地区激烈军事冲突的一种反映。

第四，城邑的建筑时代比较明确，秦汉时期所建城址比例大于中原地区。从城址中的文化遗存判断，其建置可分四种情况。

第一种是沿用战国时期的旧城，此类发现较少，仅30多座，一般位于缘边郡县偏南地区。文献中记载，北方边郡多为秦置，但郡名、郡治是新置还是旧因，记载不清。种种迹象表明，秦代可能较多地因袭了燕、赵、魏北方边郡旧城，关于这一点，今后考古工作可能会提供更多的资料。

第二种是在战国旧城附近另筑新城。辽宁黑城古城中的外罗城，即是在战国时燕国所筑花城的南部所建的一座大城，作为秦汉右北平郡治。

第三种是秦代建置的。《史记·秦始皇本纪》记载，始皇帝使蒙恬将兵击胡，悉收河南地，因河为塞，临河筑四十四县城。秦代虽然在其他地区实施堕坏城郭的措施来巩固中央集权，但在长城沿线地带，特别是黄河岸边却建筑了许多新城，用于抵御匈奴，巩固边防，如准格尔旗广衍故城、托克托哈拉板申西古城、清水河县的拐子上古城等。

第四种是汉代新建的，城内只有汉代的地层和遗物，没有更早的文化遗存。此类城址约有110座，占城址总数的70％以上。它们一般位于缘边郡县偏北地区，特别是汉代新拓之地。边城的建设过程与两汉相始终，特别是汉文帝至汉武帝时期应是边城建设的高峰期[2]。西汉末到东汉时期也建了一些边城，如神木大保当古城，但此类城址发现较少。

第五，城邑数量多，人口少。据统计，长城沿线地带城邑数量占全国发现秦汉城址总数的22.5％。从《汉书·地理志》及《续汉书·郡国志》记载看，幽州、并州、凉州、交州的县城数量比其他各州都多。西汉时北方二十一郡有县城343座，占全国县城总数的五分之一以上；东汉时，这一地区县城数与人口数都有所下降，但县城数仍占全国县城总数的29％，而人口仅占全国人口总数的8.6％。即使按该地区全部人口计算，每座城市也不

〔1〕　A. 黄展岳：《秦汉长城遗迹的调查》，《新中国的考古发现和研究》，文物出版社，1984年。
　　　　B. 李逸友：《内蒙古古代城址的考古研究》，《中国考古学会第八次年会论文集》，文物出版社，1996年。
〔2〕　《汉书·武帝纪》：元朔二年（公元前127年）"遣将军卫青、李息出云中，至高阙，遂西至符离，获首虏数千级。收河南地，置朔方、五原郡……募民徙朔方十万口"。

足 20000 人，其中，凉州每城仅约合 4000 人。这个比例不仅不能与黄河中下游地区相比，而且与长江中下游地区相比也相差较大，人少城多现象十分明显。按人口与城邑数量之比推测，长城地带的居民（包括农业人口和一部分内附的部族），可能主要是居于城邑内，耕种及屯田主要集中于城邑周围地区。

从发现和记载看，中原地区的城市数量、城址面积和人口是成正比的，人口多，郡县城的数量就多，城址面积就大一些，反之亦然，比较符合"其民稠则减，稀则旷"的规律。但边境地区的边城，城市与人口数量显然与此相悖。之所以如此，是因为城邑多少不是由人口，而是由军事需要来决定的，不是有了人口再建城邑，而是建了城邑再迁徙人口，是纯粹的政治和军事行为。这是边城与中原城市的最大差异之处。

第五节　边远地区的城邑

边远地区主要指中国西北、东北、西南及东南沿海地区。秦汉时期，这些地区多为少数族聚居区，城邑的出现，一般说来，是秦汉政治经略与文化传播的结果。

一　西北地区

西北地区主要包括甘肃省的河西走廊、青海东部地区及位于新疆境内的原西域诸部。

（一）河西走廊

河西走廊位于今甘肃省西北部祁连山以北、合黎山和龙首山以南、乌鞘岭以西，东西长约 1000 公里，南北宽约 100～200 公里。这里自古以来就是东西交通要道。西汉之前，此地居住着月氏、乌孙等族，并经常受制于匈奴。西汉元狩二年（公元前 121 年）匈奴浑邪王杀休屠王降汉，汉政府置五属国以处之。至汉武帝元鼎六年（公元前 111 年）置酒泉郡，不久又由酒泉分置张掖、敦煌郡，并修筑自令居（今永登县）至酒泉的塞垣。至汉宣帝地节二年（公元前 68 年）、三年间，由张掖东部又置武威郡[1]，即所谓河西四郡，它们均属汉代凉州刺史部。在设郡同时，汉朝政府还迁移内地人到此，利用高山雪水发展灌溉农业，在成串绿洲上建立城堡，作为经营西域的联络线[2]。目前调查发现 25 座汉代城址，但均未发掘。

1. 汉居延县城

汉居延城位于河西走廊以北的居延泽[3]。这里是古代漠北少数族进入河西等地重要通道，也是汉朝割断匈奴与羌族联系的防务重地。汉武帝驱逐匈奴以后，在此设居延县，属张掖郡，并沿弱水建塞垣设烽障[4]。东汉安帝时，曾将居延改为居延属国，安置迁来

[1]　周振鹤：《汉书地理志汇释》第 355 页，安徽教育出版社，2006 年。
[2]　《汉书·武帝纪》：元鼎六年（公元前 111 年）秋，"乃分武威、酒泉地置张掖、敦煌郡，徙民以实之。"
[3]　李并成：《汉居延县城新考》，《考古》1998 年第 5 期。
[4]　《史记·大宛列传》：太初三年（公元前 102 年）"置居延、休屠以卫酒泉。"

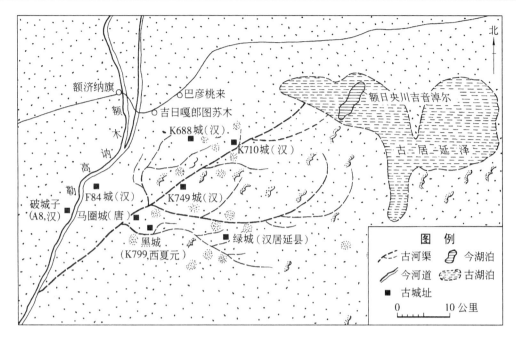

图 6-27　古代居延绿洲及汉居延县城位置图

的少数族部落。建安末年，在居延设立西海郡，其城称西海城。关于居延城的地望，学术界还存在较大分歧，或认为破城子东北的 K710 汉代城址为居延城[1]。近来有学者调查后认为，过去俗称的绿城才是居延县城[2]。

绿城在居延古绿洲的腹地，位于西夏至元代黑城遗址东南 14 公里处。城址平面略呈方形，周长 1205 米，墙基宽 3.5 米（图 6-27）。城墙夯筑，夯层厚 11～14 厘米。北墙东部开门，有瓮城。城内西部有一座喇嘛塔，南墙内侧有一渠道穿城而过。城内文化层堆积分上、下两层，上层为西夏至元代，下层为汉晋时期。该城始建于汉代，一直沿用到元代。

从文献记载和出土的汉简判断，绿城符合居延城的地望条件。《汉书·地理志》记载："居延，居延泽在东北，古文以为流沙。都尉治。莽曰居成。"汉居延县位于今黑河下游内蒙古额济纳旗域内，古居延泽在其东北，考古发现的绿城即处古居延泽的东南方向。绿城坐落在一片大面积的古垦区中，河道密布，建筑遗址集中。绿城西北距破城子 31 公里，距离与汉简中所记相合，其东北 70 里（唐里）处又恰为居延泽洼地，而且，该城又是居延古绿洲中面积最大、惟一符合汉代县城规模的汉代城址。

2. 瓜州汉冥安县城

汉冥安县城位于甘肃省瓜州县桥子乡南坝村东南[3]。有新、老两城，均出土汉代陶片、铁器、五铢钱等。老城方向正南北，近方形，城四周高，中间低，现有 20 余条水沟

〔1〕　陈梦家：《汉居延考》，《汉简缀述》，中华书局，1980 年。
〔2〕　李并成：《汉居延县城新考》，《考古》1998 年第 5 期。
〔3〕　甘肃省文物局：《疏勒河流域汉代长城考察报告》第 86～88 页，文物出版社，2001 年。

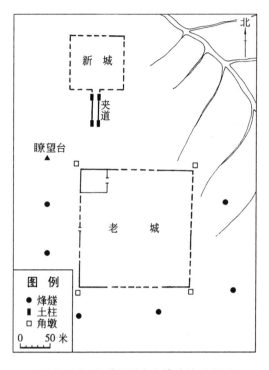

图 6-28　瓜州汉冥安县城遗址平面图

冲向城内洼地。四面城墙东 560 米、西 535 米、南 525 米、北 550 米（图 6-28）。西墙正中设一城门，宽 6.5 米。城内西北角地势较高，有一小城，东西 60 米，南北 75 米。城门向东开。城墙四角各有一墩台，似为守城的瞭望台。在城址四周 200～500 米的范围内，分布着 6 座烽燧。城址东、南为广阔的戈壁，分布着许多汉魏时期的墓葬。城址东、南两侧还有古代的农灌渠 4 条，是汉晋军屯及民耕时开凿的。从城址四周环境、地貌看，当时，这里是祁连山北坡防御南羌的军事重镇，同时又是汉晋时期十分发达的军事屯田区。

由于老城地势低洼，易被洪水冲淹。后来为避水患，在老城西北约 1500 米处，另建新城。新城地势较高，方形，边长 110 米。南墙中部开一门，门的东西两侧各有一土墩，两土墩外侧有一道夹道墙，向南延伸 89 米。这种结构非常独特，其他城址中不见。《汉书·地理志》载："冥安，南籍端水出南羌中，西北入其泽，溉民田。"唐《元和郡县志》晋昌县条亦载："本汉冥安县，属敦煌郡，因县界冥水为名。晋元康中改属晋昌都郡。"考察者认为此城即汉代的敦煌郡冥安县。

3. 瓜州锁阳古城

锁阳古城位于甘肃省瓜州县桥子乡南坝村南约 8 公里，当地俗称"瓜州"、"若峪城"、"锁阳城"。该城作为丝绸之路上介于酒泉与敦煌之间的一座边城，西通伊吾、北庭，南通青海，临近沙漠，古代疏勒河和榆林河流经该地[1]。

古城分内、外两城（图 6-29）。内城东西 565 米，南北 468.7 米，四面城墙东 493.6 米、西 516 米、南 457.3 米、北 536 米，面积 28 万平方米。城的中部有一隔墙，把内城分为东、西两部分。城墙夯筑，基宽 7.5 米，顶宽 4.6 米，残高 10 米。四角各有一角墩，其中西北角角墩保存完好，系用沙土夹杂胡杨、红柳层层夯筑而成，现高 18 米。角墩东、西均有拱门。内城三面有门，南、西墙各 1 个，北墙 2 个，均设瓮城。城墙四周有 24 个马面，马面之上筑有敌台（已毁）。

东城较小，是古代官府衙署驻地；西城较大，是市井和百姓居住场所。西城内残留圆形土台 21 座，周围有倒塌的土筑围墙、房屋及其他遗址。

〔1〕　A. 甘肃省文物局：《疏勒河流域汉代长城考察报告》第 97 页，文物出版社，2001 年。

　　　B. 李旭东：《丝路风沙中的锁阳城》，《中国文物报》1996 年 7 月 21 日。

关于该城的建筑年代，众说不一。有人认为城的始建年代早于隋唐，内城可能建于汉、魏，为汉代冥安县故城，东城建于隋唐[1]。也有人认为，该城为东汉冥安县城，汉武帝元鼎六年（公元前 111 年）所设冥安县应位于老师兔绿洲的中心。东汉初年，由于东巴兔山水量减少，老师兔绿洲开始萎缩，才将冥安县移到冥泽以南的冥水南岸，即锁阳故城[2]。从东汉到宋元，锁阳城一直是瓜州地区的政治、经济、军事及宗教文化中心。

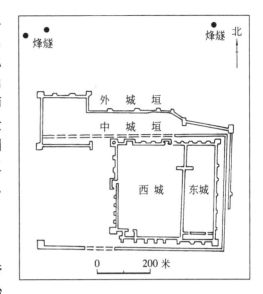

图 6-29　瓜州锁阳古城遗址平面图

（二）青海东部地区

青海东部地区的居民主要是羌族。汉武帝时，汉朝势力扩展到湟水下游地区。汉昭帝始元六年（公元前 81 年），取天水、陇西、张掖郡各两县置金城郡。汉宣帝神爵二年（公元前 60 年），赵充国平定羌乱，屯田河湟地区，将金城郡属县扩大为十三县。至此，青海东部被正式纳入中央政权的郡县体制之中。西汉末年，王莽派人诱使游牧于青海湖一带的卑禾羌献地臣服，以其地置西海郡，下辖环湖五县，汉代势力伸展到青海湖沿岸。今海晏县朵海古城、刚察县北向阳古城、兴海县支冬加拉古城、共和县曹多隆古城就是这一时期修建的。东汉时期匈奴分裂，南匈奴归附汉王朝，北匈奴远徙，羌人势力壮大，成为汉王朝的主要威胁，曾多次迫使汉朝政府将西北边郡内迁。东汉建安年间置西平郡（今西宁），成为湟水流域的政治、经济和文化中心。目前，在河湟谷地及青海湖东、北部地区发现汉代城址 12 座。

海晏三角城，位于青海省海晏县青海湖东北的金银滩上。古城近方形，保存完整[3]。东西 650 米，南北 600 米，城墙残存最高 4 米，四面各有一门。城内还隐约可以看出隆起的墙壁构成三个方形或长方形的小区。在布局上有一条中轴线，中轴线的东北部为一平坦的广场，西南部为隆起的房屋基址。广场可能是用于圈养马匹和操练军队的场所。城中曾采集到"海西"字样的残瓦当一块。地面上还暴露一块长方形花岗岩碑座和一件花岗岩雕成的石虎，座前刻有"西海郡始建国工河南"铭文。城内还曾发现过五铢钱陶范，五铢、半两、货布、货泉、大泉五十、崇宁重宝、圣宋元宝等货币，也有汉代的云纹瓦当和唐代莲花纹瓦当残片，说明城址沿用时间很长。根据石虎的铭文，可以断定城址是汉代末年王莽辅政时所设的西海郡故址。东汉永元年间也曾一度在此设县，后废弃。由于它处于经柴达木盆地进入新疆的路线上，因此，一直沿用到唐宋时期。

〔1〕　李并成：《汉敦煌郡冥安、渊泉二县城址考》，《社科纵横》1991 年第 2 期。
〔2〕　吴礽骧：《河西汉塞调查与研究》第 9 页，文物出版社，2005 年。
〔3〕　安志敏：《青海的古代文化》，《考古》1959 年第 7 期。

（三）西域地区

西域是对位于中国新疆昆仑山以北、天山以南、阳关和玉门关以西、葱岭以东广大地区的总称。秦汉时期，这里有很多少数族政权。据记载，汉武帝派张骞通西域时有三十六国，宣帝置西域都护府时有四十四国，总户数约 22 万，人口达 124 万。至西汉哀平年间，又自相分割为五十五国。

为了加强同西域各国的联系，汉武帝曾两次派遣张骞出使西域，打通了东西交通的路线。汉宣帝神爵二年（公元前 60 年），为保护东西交通，又设西域都护府，总管西域事务，治所在乌垒城。王莽时，西域与内地的联系中断，匈奴势力乘虚而入。东汉明帝永平十六年（公元 73 年），窦固击败北匈奴，恢复了与西域的政治联系。汉明帝派班超经营西域，东汉对西域的管辖得到加强。

西域地域广大，地理条件不同，有的地区宜于农耕，有的地区则适宜放牧。从事农耕的民族建有城郭宫室，从事游牧的民族，逐水草迁徙，称为行国。其中一些小国，虽有都城，但其故址已难稽考。据《汉书·西域传》记载：小宛国治圩零城，戎卢国治卑品城，渠勒国治鞬都城，皮山国治皮山城，单桓国治单桓城，但皆未知其所在。据文献考证，大致知其方位者（表 6-1）有鄯善、且末等国的国都[1]。

上述城址有的沿用时间较长，可确定为汉代城址的仅有楼兰故城、圆沙古城、疏勒故城和乌垒故城等四座。

1. 若羌楼兰故城

楼兰故城位于新疆维吾尔自治区巴音郭楞盟自治州若羌县境内的罗布泊西北岸[2]。

城址平面呈不规则方形，东墙约 333.5 米，南墙 329 米，西墙和北墙各长 327 米，总面积 10.8 万平方米（图 6-30）。城墙夯筑，夯层中夹杂芦苇和红柳枝。四面城墙中部

表 6-1　　　　　　　　　西域诸国都城位置表

国 都	今地点	国 都	今地点
鄯善国都扞泥城	若羌楼兰故城	尉犁国都尉犁城	库尔勒市东北
且末国都城且末城	且末县	姑墨国都南城	阿克苏县
精绝国都精绝城	民丰县北尼雅河下游	焉耆都员渠城	焉耆县
扞弥国都扞弥城	于田县	车师前王国都交河城	吐鲁番西
于阗国都西城	和田县	高昌壁	吐鲁番
无雷国都卢城	塔什库尔干塔克自治县	温宿国都温宿	温宿县？乌什县？
莎车国都莎车城	莎车县	龟兹国都延城	库车县
疏勒国都疏勒城	喀什市	渠犁国都渠犁城	博斯腾湖东南

---

[1]　史念海：《中国古都和文化》，中华书局，1998 年。

[2]　新疆楼兰考古队：《楼兰城郊古墓群发掘简报》、《楼兰古城址调查与试掘简报》，《文物》1988 年第 7 期。

各有缺口，似为城门。西城墙缺口两侧还有两个凸出的土台，可能是城门的附属建筑。城市布局以古水道为界分为东北、西南两个区。水道由西北角向东南角斜穿城内，并与城外的水道相连。从水道比较平直的走向看，应为人工开凿。东北区遗迹较少，主要有佛塔和一些房屋遗迹。西南区的三间房遗址东西 12.5 米，南北 8.5 米，面积 106.25 平方米，是古城中惟一用土坯垒筑的建筑遗址。三间房遗址西 35 米处有一垃圾堆，出土了大量的木简和纸文书，据此推测，三间房遗址可能是官署遗址。西南部还有一些房屋遗址，房屋矮小，出土遗物为基本的生活用具，有漆器、五铢钱、木梳等汉人的日用品，故推断此处为土著和汉族居民的杂居区。

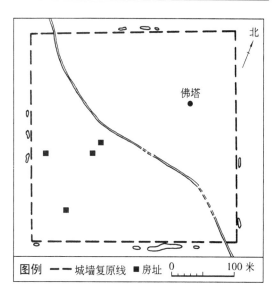

图 6-30　若羌楼兰故城遗址平面图

　　城址内发现的最为珍贵的遗物为汉文、佉卢文文书及木简。汉文文书的内容主要是当地行政机构和驻军的各项公文及公私往来信件，年代最早的纪年文书是魏嘉平四年（公元 252 年）。佉卢文文书的内容主要有审理案件、买卖土地契约和公私信件，反映了楼兰的驻军、农业生产、水利与生活方面的信息，为认识和研究楼兰古城提供了实物资料。此外，还发现有丝毛织品、五铢钱、玉髓质和琉璃质饰珠、海贝、珊瑚等，揭示了早期丝绸之路上贸易中继城市的特点。古城大宅院采集的门槛朽木经碳十四测定，其建筑年代可上溯至东汉前期，在古城东北发掘的墓葬年代可早至西汉晚期至东汉初期。人骨测定表明，楼兰居民的种族组成以欧洲人种的地中海东支类型为主，个别为蒙古人种[1]。

　　楼兰是西汉时期的西域三十六国之一，据《史记·大宛列传》记载："楼兰、姑师邑有城郭，临盐泽。"盐泽即位于古城西北的罗布泊。楼兰是闻名世界的古代丝绸之路上的重要交通枢纽，作为亚洲腹地的交通要道和军事要塞，在中西文化交流中起过重要的作用。据《汉书·西域传》记载，至王莽天凤四年（公元 17 年），楼兰更名鄯善，治在扜泥城，公元 3 世纪后逐渐退出历史舞台。

2. 于田圆沙古城

　　该城位于新疆于田县城北 230 公里处塔克拉玛干沙漠的中心[2]。古城几乎被沙丘覆盖，仅见少量已干枯的胡杨、柳树根。城西是宽大的克里雅河老河床。

　　圆沙古城为不规则形，墙体大多不直。因水冲或风蚀作用，转角处的城墙大都不存。

---

〔1〕　新疆楼兰考古队：《楼兰城郊古墓群发掘简报》，《文物》1988 年第 7 期。

〔2〕　新疆文物考古研究所、法国科学研究中心 315 所中法克里雅河考古队：《新疆克里雅河流域考古调查概述》，《考古》1998 年第 12 期。

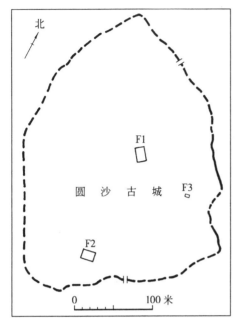

图 6-31 于田圆沙古城遗址平面图

经实测，城周长约 995 米，东西最宽 270 米，南北最长 330 米（图 6-31）。其中残存的城墙长度为 473 米，顶宽 3~4 米，高 3~4 米，最高处达 11 米。城墙以两排竖插的胡杨棍夹着纵向铺垫的柳枝、芦苇筑成，两侧用淤泥、畜粪堆积成护坡。南墙中部和东墙北段各有一城门，南门规模较大，保存也较完好。城门两侧都有两排立柱，形成门道，南门的门框和胡杨木门板尚存。

城内大部分被流沙覆盖，暴露的 6 处建筑遗迹也因风蚀作用仅存立柱基部，高不足半米。地表的遗物主要是陶器、石器、铜铁小件和料珠等。城内发现许多动物骨骼，说明畜牧渔猎在经济生活中占有重要地位。另外还有麦、粟等谷物，以及一些加工谷物的石磨盘，城周围有较为密集的灌溉渠道，表明农业经济也占有重要地位。

经碳十四测定，其年代在西汉前后，结合出土物分析，这座古城的年代上限应不晚于西汉时期。据文献记载，西汉时期，这里应是扜弥国的范围。古城之外分布着多处墓葬，人骨特征属高加索人种。

二 东北地区

东北地区主要指秦汉长城以北的黑龙江、吉林、辽宁西北部和内蒙古东北部地区。秦汉时期，这里是东胡、乌桓、夫余、肃慎、高句丽等少数族的聚居区。汉武帝东却濊貊略定朝鲜，在此设玄菟、乐浪郡[1]，汉文化随之迅速扩展。两汉之际，随着鲜卑、高句丽的兴起，汉朝势力有所削弱。建于公元前 37 年的高句丽政权，是这一地区势力最强的少数族政权，至公元 668 年被唐所灭，历时 700 余年。在此发现的城址绝大多数为高句丽城址，也有少数汉代郡县故城。据统计，总数约有 120 余座，规模较大的山城近百座[2]。除此之外，在黑龙江、吉林还发现三座规模较小的秦汉城址，其性质不明，可能是当时向北延伸的据点。

---

[1] 《后汉书·东夷列传》：武帝"以高句骊为县，使属玄菟，赐鼓吹伎人"。又，《汉书·地理志》："玄菟、乐浪，武帝时置，皆朝鲜、濊貊、句骊蛮夷。"
[2] A. 李殿福：《高句丽丸都山城》，《文物》1982 年第 6 期。
　　B. 李殿福、孙玉良：《高句丽的都城》，《博物馆研究》1990 年第 1 期。
　　C. 陈大为：《辽宁高句丽山城初探》，《中国考古学会第五次年会论文集》，文物出版社，1988 年；《辽宁高句丽山城再探》，《北方文物》1995 年第 3 期。
　　D. 王绵厚：《高句丽古城研究》，文物出版社，2002 年。
　　E. 魏存成：《高句丽遗迹》，文物出版社，2002 年。

（一）桓仁五女山城

五女山城位于辽宁省桓仁县城东北 8.5 公里浑江左岸的五女山上，是高句丽初期的都城[1]。山城占据了整个山峰的顶部，东西约 300 米，南北约 1000 米（图 6-32）。西、南、北三面以悬崖为障，只有东侧和东南侧山势稍缓，故在半山腰砌石城墙。城墙外壁以楔形石压缝叠筑，内壁用扁条石和碎石叠压填平。东墙的南段设有东门，门址两侧的城墙向外作半圆形弯曲，形成 4 米宽的缺口作为城门瓮城。南墙与东墙相接处也有一缺口，似为南门。西侧悬崖有一处天然的豁口，为西门，悬崖附近有一石砌的蓄水池，俗称"天池"，长约 14 米，宽约 6 米，深约 2 米。池旁还有一石砌水井。山顶东南角为一天然平台，俗称"点将台"，即瞭望台。

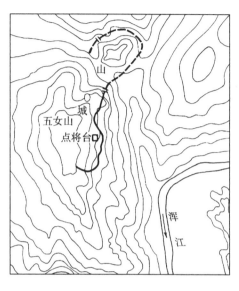

图 6-32　桓仁五女山城遗址示意图

1986 年在城内西部发掘，发现了平铺石板的地面和础石，出土一批石器、陶瓷器、铁器、铜器、玉器和货币。其中货币有半两、五铢、货泉、开元通宝、乾元重宝及大量的宋代钱币。陶器有相当于汉代的高句丽早期的红褐陶竖耳罐、横耳直腹罐、陶壶等。在五女山山城附近的浑江中上游还发现了高句丽早期的墓葬，其中位于山顶的大型积石墓，平地筑石台，多无墓室，积石为封，具有高句丽早期墓葬的特征，为推证五女山城是高句丽初期都城提供了重要旁证。

（二）集安国内城

国内城位于吉林省集安市区，从琉璃明王定都于此，至长寿王迁都平壤，高句丽以此为都长达 400 余年。该城位于鸭绿江右岸，对岸即为今朝鲜。城址平面略呈方形[2]，方向 155 度。东、西、南、北四面城墙分别长 554.7 米、664.6 米、751.5 米、715.2 米，周长 2686 米（图6-33）。城墙以石砌成，四周有马面 14 个，每个马面大体长 8~10 米，宽 6~8 米，高度与城墙相当。城墙西北角、西南角和东北角有向外凸出的方台，方台上原建有角楼。城墙东北角呈弧形，弧形转角两端各有 1 个马面，相距 40 米。原设 6 座城门，南、北各 1 座，东、西各 2 座，均建有瓮城。城外西临通沟河，南侧有一小溪，东、北原有宽约 10 米的护城壕。城内中部偏北处曾出土东晋"太宁四年"（公元 326 年）的铭文瓦当和大量的覆盆形柱础，应是宫室建筑遗址。经调查试掘，国内城在石筑城墙之前曾为土

[1]　A. 陈大为：《桓仁县考古调查发掘简报》，《考古》1960 年第 1 期。
　　　B. 梁志龙：《桓仁地区高句丽城址概述》，《博物馆研究》1992 年第 1 期。
[2]　集安县文物保管所：《集安高句丽国内城址的调查与试掘》，《文物》1984 年第 1 期。

城，土城墙中出土石斧、石刀等战国至秦汉遗物，说明该城是在战国秦汉土城的基础上建起来的。

三　西南地区

西南地区主要包括今云南、贵州、四川三省及重庆市，属汉代益州刺史部。四川盆地开发较早，与中原联系密切，经济相对发达，秦惠王时期即纳入其版图，在此置汉中、蜀郡、巴郡。云贵高原及川西高原等地开发较晚，经济相对落后，有夜郎、滇、邛都、嶲、昆明、徙、筰都、冉駹、白马等西南夷，他们或有邑聚，或为游牧。秦代曾在此修筑道路略置官吏。自汉武帝建元六年（公元前 135 年）开始，先

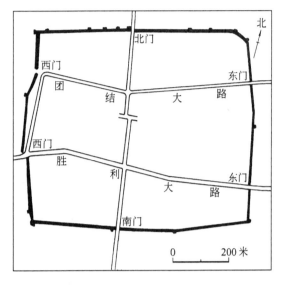

图 6-33　集安国内城遗址平面图

后在此设置犍为、牂牁、越嶲、沈黎、汶山、益州郡[1]。后来，沈黎及汶山郡省入蜀郡。目前在此仅发现 5 座汉代城址，较大的有四川广汉雒城（东汉广汉）、云南宝山诸葛营古城（东汉永昌）、重庆云阳旧县坪古城（汉朐忍县）等。

云阳旧县坪古城，位于重庆市云阳旧县坪。古城为汉晋六朝时期的朐忍县城故址，面积约 100 万平方米[2]。2003 年发掘了一处汉代大型夯土台基，台基上有改建的六朝衙署建筑。遗址北部清理出一段夯筑城墙，残长约 40 米，宽 6～7 米，存高不足 1 米，筑于汉代，六朝时增筑。在遗址东南部清理出一条道路，残长约 70 米，宽约 2 米，为石板修筑的阶梯式路面，建于汉代，六朝时期进行过修整，是朐忍城衙署连接峡江的惟一通道。发掘表明，六朝时期的城市布局在汉朐忍城的基础上有所扩充，但城市道路与城墙未见明显变化。与中原常见的秦汉城址不同，峡江地区的汉代城址与东北地区一些山城的构筑相似，即主要凭借天堑，只在地势低处筑墙，人为修筑与自然地势浑然一体。城内曾出土带有"朐"字刻款的汉代陶钵、"□君"封泥、记事木牍及朐忍令景云碑，证明此为朐忍县城所在。史载朐忍于北周武帝天和三年（公元 568 年）迁治汤口，改为云安，旧县坪古城当即衰落和萧条。在六朝层位之上普遍堆积两层纯净红土，说明县治迁出后不久曾发生两次大范围、大规模的滑坡，最终导致汉晋朐忍城湮没地下。

四　福建与岭南地区

岭南地区及福建包括广东、广西、福建地区。两广地区在汉代属交趾刺史部，福建本

---

〔1〕《史记·西南夷列传》。

〔2〕 王洪峰：《七年考古发掘确认云阳旧县坪遗址为两汉至六朝时期朐忍城故址所在》，《中国文物报》2006 年 3 月 24 日。

属扬州刺史部，因皆属百越，所以放在一起介绍。岭南地区开发较晚，秦始皇统一中原以后，发兵 50 万，经过三年战争统一了岭南，设置了桂林、南海、象郡。秦末汉初，赵佗乘中原战乱之际，断绝与中原的交通，吞并了桂林、象郡，自立为南越武王。汉武帝元鼎六年（公元前 111 年），汉朝平定南越吕嘉之乱，南越国灭亡。汉王朝在此设置了儋耳、珠崖、南海、苍梧等九郡，使之正式成为汉王朝直接管辖的行政区域。

福建属闽越之地。闽越王无诸及东海王摇，皆为越王句践之后。秦始皇统一中国后，废为君长，以其地为闽中郡。在秦末战争中，无诸及摇率越佐汉攻楚有功，汉高祖五年（公元前 202 年），复立无诸为闽越王，王闽中故地，都东冶。汉惠帝三年（公元前 192 年），立闽君摇为东海王，都东瓯。至汉武帝建元六年（公元前 135 年），闽越王郢发兵击南越，被其弟余善所杀，汉立无诸孙丑为越繇王，又立余善为东越王。至元封元年（公元前 110 年）余善反叛被杀，汉武帝迁其民至江淮间，东越地遂虚。

这一地区发现 15 座秦汉城址，其中福州冶城（闽越国）、武夷山城村汉城（东越国）和广州番禺城（南越国）为当时的诸侯王城，后两城所做考古工作较多，以武夷山城村汉城形制最为清楚。

（一）武夷山城村汉城

城村汉城位于福建省武夷山市兴田镇城村西南[1]。古城址附近是山间盆地，周围群山环抱。崇阳溪环绕古城址西北、北面和东面，溪水与古城相距约 150～1000 米。城址建筑在起伏的丘陵上，西高东低，逶迤而下。东面比较开阔，是崇阳溪的冲积平原。

城址的城墙依山势而筑，全部为夯土筑成，平面呈不规则长方形，东西 550 米，南北 860 米，周长 2896 米，面积约 48 万平方米（图6-34）。城墙

图 6-34 武夷山城村汉城遗址平面图

〔1〕 福建博物院、福建闽越王城博物馆：《武夷山城村汉城遗址发掘报告（1980～1996）》，福建人民出版社，2004 年。

基宽 15~21 米，顶宽 4~8 米，残高 4~7 米。整个城址形状呈东南—西北方向。城外除部分地段，均有护城壕，宽 6~10 米，深 5 米左右。大部分城墙随形就势建在高冈和低丘之上，而且墙基一般在高冈和低丘外部边缘，从城内看城墙并不高，但从城外看则显得比较高大，加之城外有壕沟和溪谷环绕，起到了较好的防御作用。

城西南角的乌龟山烽火台遗址，高出周围约 60 米，是全城西南部的制高点。西北角也有一处夯土台基，高出城墙约 8 米，是城址西北部的制高点。

西墙南段和东墙南段各有一座城门，分别处于南半部王殿垅两端，门内铺河卵石面与城内主干道相通。东城门门道宽 22 米，长 18 米。东城门门道两侧，现存南北两个门墩台址，分别与南北两端的城墙相接。南、北门卫房均为长方形，在北门卫房台基西侧还出土了成捆的箭镞。东城门只有一个门道，宽 4.5 米，长 9.2 米。门道两侧有南、北两排柱础，在门道附近发现一个铁门臼座，表明东门已经采用开闭式大门。南城墙和东城墙北段亦各有一座城门。北城墙完全夯筑在高低起伏的山冈上，没有发现城门遗迹。另外，东墙和西墙分别发现 2 处和 1 处水门遗址。

此城建在一座小山丘上，城内地形较复杂，道路系统不规则。钻探发现 5 条石子道路，与城门或大型建筑群相通。其中东西向道路 2 条，南北向道路 3 条。1 号石子道为城内北部的主要干道，位于北部马道岗南坡，水桶垅北侧，东西向，残长约 300 米。4 号石子道位于中部南胡坪南侧，连接东、西城门和宫殿区，是横贯城址的最主要东西干道，探明长度 720 米，城内路宽 10 米，路基铺黄土，其上为小河卵石。

城内发现多处大型建筑基址，主要分布在中部高胡坪、南部大岗头、西部下寺岗、北部马道岗及东城门南北岗等处。其中高胡坪建筑遗迹最密集，应是城中的宫殿建筑区。按高胡坪的地形分南、北两处建筑群。高胡南坪建筑群规模最大，台基东西约 200 米，南北约 100 米，面积达 20000 平方米，其东、南、北三面边沿比较明显，台地分两级，高出周围地面约 7 米。在台基上发现甲、乙两组建筑，两组建筑之间由一道隔墙分开。甲组建筑已经发掘，台面东西约 120 米，南北约 79.2 米，是一组由东、西大门，侧门、门房，前庭后院，主、侧殿堂，东、西天井，东、西厢、廊房、后房等组成的封闭式大型宫殿建筑群，该建筑群以主殿（F1）为中轴，大致左右对称。其南大门靠近 4 号大道，其他三面均有门道、廊庑与周围的大型建筑群相通。乙组建筑群基址位于甲组基址西侧，基址东西约 90 米，南北约 80 米，略低于甲组基址 1 米。从钻探的情况分析，乙组建筑群可能与甲组建筑群相似；从地形观察，可以分为南、北两部分，北部略高于南部 0.4 米，东西约 90 米，南北约 42 米，呈长方形，应是殿堂基址。

东城门外的北岗 1 号建筑为一座封闭的宫室庭院建筑，由三个前后封闭的单体建筑串联而成。2 号建筑与 1 号建筑东西并列，是一座以长方形的露天台基为主体，以东部和南部廊庑、殿堂为附属建筑的遗址。发掘者认为是庙坛遗址。

从试掘看，城内建筑明显效仿中原秦汉建筑形制，尤其是城内出土的建筑材料、铁器、"河内工官"铜弩机等，都与中原地区十分一致。但城址在选择地形和形状方面与中原多数城址相比有一定的差别。除小城堡外，中原城址一般选择地势平坦地区，形状也多求方正，但该城建在山丘地带，城墙修筑在蜿蜒起伏的小山脊上，很不规整，城内道路也因此受到影响，除 4 号石子道较平直外，其他道路短且有起伏。另外，城中开凿有河道，而且城中的东西干道与水道相邻。这种布局与东周吴、越的城市一脉相承。从现存的状况看，城东门应是全城的正门，门外建有宫庙建筑。

城外的门前园、瓮仲巷、赵屠圩、元宝山、黄瓜山、福林岗等均有汉代居住遗址。城村后山有制陶作坊 1 处，元宝山可能为一处汉代铸铁作坊。墓葬区已发现福林岗和渡头村两处。

城墙中出土的陶片、陶钵与城内出土物是一致的，城的建筑年代与城内的建筑遗存同时或稍晚。关于古城的年代和性质，学术界至今仍有争论[1]。目前大多数学者主张，城址的年代在西汉前期，上限不会早于汉高祖五年（公元前 202 年），下限为汉武帝元封元年（公元前 110 年）[2]。汉初可能是闽越一处军事据点，汉武帝立余善为东越王后，成为其王都。元封元年冬，余善被杀，东越灭亡，徙其民处江淮间，东越地遂虚[3]。但城址的发掘者认为，目前发现的城址应是"闽王城"的宫城，城外的高山溪流构成了其自然的郭城。从城内发掘的建筑基址、城墙及北岗 1 号、2 号建筑看，整个城市被大火毁坏。

（二）广州番禺城

番禺城为秦代南海尉任嚣始建，后被赵佗用作南越国都城[4]，是目前已知岭南最早出现的城市[5]。因其处广州市中心，形制已经不清楚。1975 年，发掘秦代的"造船遗址"时，在儿童公园东南的广州市文化局大院内发现了一条呈东北—西南走向的南越国时期的

---

〔1〕　A. 陈直：《福建崇安城村汉城遗址时代的推测》，《考古》1961 年第 4 期。

　　　B. 吴春明：《崇安汉城的年代及族属》，《考古》1988 年第 12 期。

　　　C. 杨琮：《论崇安城村汉城的年代和性质》，《考古》1990 年第 10 期。

　　　D. 林忠干：《崇安汉城遗址年代与性质初探》，《考古》1990 年第 12 期。

〔2〕　A. 黄展岳：《闽越东冶汉冶县的治所问题》，《冶城历史与福州城市考古论文选》，海风出版社，1999 年。

　　　B. 卢兆荫：《关于闽越历史的若干问题》，《冶城历史与福州城市考古论文选》，海风出版社，1999 年。

〔3〕　《史记·东越列传》。

〔4〕　《史记·南越列传》："番禺负山险，阻南海，东西数千里，颇有中国人相辅，此亦一州之主也，可以立国。"又，《汉书·地理志》"南海郡"条班固自注："秦置。秦败，尉佗王此地。"

〔5〕　A. 广州市文物管理委员会、中国社会科学院考古研究所、广东省博物馆：《西汉南越王墓》，文物出版社，1991 年。

　　　B. 广州市文物考古研究所、南越王宫博物馆筹建办公室：《广州南越国宫署遗址——1995～1997 年发掘简报》，《文物》2000 年第 9 期。

　　　C. 中国社会科学院考古研究所、广州市文物考古研究所、南越王宫博物馆筹建处：《广州南越国宫署遗址 2000 年发掘报告》，《考古学报》2002 年第 2 期。

　　　D. 广州市文物考古研究所、中国社会科学院考古研究所、南越王宫博物馆筹建处：《广州市南越国宫署遗址西汉木简发掘简报》，《考古》2006 年第 3 期；《广州市南越国宫署遗址 2003 年发掘简报》，《考古》2007 年第 3 期。

　　　E. 南越王宫博物馆筹建处、广州市文物考古研究所：《南越宫苑遗址 ——1995～1997 年考古发掘报告》，文物出版社，2008 年。

铺砖道路，番禺城初露端倪。1988 年，在儿童公园西南方，新大新公司基建工地又发现了一处南越国时期的铺砖地面。上述发现将人们寻找番禺城宫殿区的目光吸引到了位于今广州市中心的儿童公园附近。

自 1995 年至今，儿童公园附近不断取得重大考古发现，先后发现了南越国时期的御苑、殿址及木简等重要遗迹遗物。1995 年，在儿童公园东侧的广州市长话分局发现了大型石筑蓄水池；1997 年，在儿童公园南侧的市文化局院内发现了御苑曲渠遗迹；2000 年，在儿童公园内发现了 1 号、2 号宫殿遗址。2004 年 11 月至 2005 年 1 月，在曲流石渠西北约 15 米处发现了一座南越国时期的水井（J264），井中出土百余枚南越国木简。1 号宫殿为台基建筑，台基东西长 30.2 米，南北宽 14.4 米，面积 434.88 平方米，台基上有础石，四周有砖砌包边，外侧有宽约 1.5 米的砖石散水，东、西两侧还有通往大殿的通道。2 号殿址位于 1 号宫殿遗址的西南，建筑形式与 1 号殿址相同，并发现有"华音宫"文字标记的陶器残片。结合以往发现的水池、御苑及新大新公司地下的铺砖地面等情况推测，南越国宫殿区的主体部分可能在御苑曲渠的西部和西北部，分布范围包括今北京路新大新公司附近地区。

2 号殿址出土的"华音宫"及南越王宫出土的"未央"等文字资料表明，番禺城很可能仿照了西汉长安城的布局，甚至宫殿名称都与长安城相同。在今广州市忠佑大街城隍庙以西、中山四路和五路以北、广东省财政厅以南到吉祥路以东，这一范围可能是南越国都城的宫城——长乐宫所在地。番禺城南墙大约在上述"造船场遗址"南约 300 米，即广州市第一工人文化宫大礼堂东侧；西墙大约在"造船场遗址"的西边；北墙与宋代子城的北界相近，约在今东风路以南；东墙宋时为盐仓，当在今之旧仓巷处。连接四边城墙，平面近方形，周长约 5000 米，面积约 160 万平方米[1]。

五　边远地区城邑的特点

边远地区的秦汉古城大致可分两类，一类是汉人在上述地区所建的城邑，此类城址在发现的城址中占绝大多数，如河西走廊、青海东部、岭南、西南地区及高句丽的平地城等；另一类是少数族所建的城邑，此类城址发现较少，如高句丽山城、西域地区的部分古城等。这些城址大致有以下几个特点。

第一，边远地区的城址面积一般较小。无论是汉人所建还是少数族所建，城市规模均不大。在发现的约 65 座城址中，面积超过 50 万平方米的仅有 8 座，其中以四川广汉雒城最大，面积约 432 万平方米，其次是广州的番禺城，推测面积约 160 万平方米，其他一般在 20 万平方米左右，有很大一部分面积不足 10 万平方米。广汉雒城是目前发现的西南地区惟一一座面积超过 400 万平方米的城址，这与它地处天府之国、农业手工业发达，又很少受到战乱影响有关，其丝织、漆器、金银器产品不仅供应皇室，而且销往全国各地。

第二，两类城邑的建筑方法及形制不同。汉人所建城邑一般为夯土城，平面以方形或长方形布局为主，城内以街道区分出官署区、居民区、手工业作坊区等不同的功能区。少

---

[1]　刘庆柱：《汉代城址的考古发现与研究》，《远望集》，陕西人民美术出版社，1998 年。

数族城邑多数随形就势，城墙不追求方正，平面多不规则。在建筑材料的选用上，高句丽山城多用石块垒砌或土石混砌，西域部分城址则用沙土和芦苇或红柳枝交互叠筑。

高句丽山城一切设施都是围绕战争而配置，城墙的拐角处和制高点多有用于瞭望的高台，有的高台之上可能还建有角楼之类的建筑。中、后期山城的城墙外侧往往修筑马面。山城子山城城墙内侧还设有女墙和可能用来存放"滚石雷"的石柱。一座山城开数座城门，个别小型山城仅设 1 座城门。城门位于山势比较平缓、便于出入的一面。由于城门处于地势较低的地方，因此，多在城门一侧设有水门。水门处有的修筑水坝或涵洞。重要城门多筑有瓮城。城内也不像中原地区的城市那样讲究里坊、街道和市井布局，除少数官署、寺庙外，居址大多以半地穴式和地上石构建筑简易居宅为主。城内一般都建有蓄水池、水井、水坝等设施，有的还发现仓库、冶铁址等仓储及生产遗迹，目的是为了在战争状态下确保水源及其他供应。不少山城内外都修有环城道路，有的城外还有城壕、城墙和小型环城、卫城。

高句丽城邑的最大特点是平地城与山城相结合，构成相互依存的防御体系。高句丽占据汉代的郡县以后，为了加强防御，往往在平地城周围或一侧另建山城，以备战时之用。如桓仁五女山城与下城子古城隔浑江相望，二者相距仅 10 公里；平郭城本是汉县城，属平地城，离其不远就有盖州青石岭山城；丹东叆河尖古城本是西汉的安平县城[1]，公元 3 世纪高句丽占据后，为保护平地城而修建的宽甸虎山山城，即所谓的"泊汋城"，并将之包括在内。山城直接来源于东胡、濊貊族以石筑城墙和"石垣聚落"的传统，并受西辽河和大凌河流域夏家店下层文化和夏家店上层文化的"高山型石城"的影响。《三国志》载：高句丽"多大山深谷，无原泽"，构成了修筑山城的条件。文献记载"高句丽城雉依山"，一遇战事，"耕夫释耒，并皆入堡"[2]。平地城与山城功能不同，前者侧重于日常生活居住，后者侧重于战争时期防守，二者相互依存，互为犄角之势，形成共同的防御体系[3]。

第三，边远地区的城邑不少具有边城性质。河西走廊地区的城址，实际上是西北地区的边城，它与北方长城沿线地带的城址在布局与设施上都有相同的地方，如多数城址有大、小两城，多数设有一座城门，城门外有瓮城，城角有角楼，城墙设马面，有的城址外围还设有烽燧等。

第四，青海地区的古城出现较晚。西汉中期以后首先出现在湟水中下游，然后向西扩展到青海湖地区，向南延伸到黄河两岸。城墙均夯土筑成，规模一般较小，少量城址有郭城。郭城平面布局不太规整，基本根据地形特点修筑，墙体建筑比较简单潦草，用砂石泥土草草筑就。

第五，边远地区的城址，即使是少数族所建的城邑也受到中原地区的影响。如高句丽的平地城，多数本来就是西汉王朝在当地建筑的郡县城，被高句丽占据以后，经过改造成为其城邑，有的甚至将原来的夯土墙改建成石墙。对于这种情况，《三国史记》有

〔1〕　曹汛：《叆河尖古城和汉安平瓦当》，《考古》1980 年第 6 期。

〔2〕　《册府元龟》卷九百八十五。

〔3〕　王绵厚：《高句丽古城研究》第 172 页，文物出版社，2002 年。

所记载[1]。南越王都城番禺城不仅形制与中原相同，而且，宫苑建筑都与中原相似，有学者甚至认为，其蓝图可能直接仿照了西汉长安城。福建武夷山城村汉城为闽越国都城，其宫室城邑制度多模仿中原，而且建筑材料与中原也基本一致。西域城址一般位于东西交通要道，附近或城内有河流通过，是当时的绿洲地带。张骞通西域以后，汉政府在此设西域都护府和戊己校尉，负责管理西域诸国事务，并在此屯田，加之汉使与商旅往来频繁，因此，自然受到汉文化的影响。据《汉书·西域传》载：宣帝时，乌孙公主女来京学习，后嫁与龟兹王，并和龟兹王一起数来朝贺，乐汉衣服制度，归其国，治宫室，作徼道周卫，出入传呼，撞钟鼓，如汉家仪。

第六节　秦汉长城及西北地区的汉代烽燧

一　秦汉长城的修筑

秦汉长城主要修筑于秦始皇和汉武帝时期，除此之外，只见西汉宣帝在武威、东汉光武帝在代郡和中山筑亭障起烽燧的记载，但规模都较小。秦始皇统一六国以后五年，即秦始皇三十二年（公元前 215 年），派蒙恬将三十万之众，北逐戎狄，收复河南地，因险制塞，修筑了西起临洮东至辽东的长城[2]。现在看来，蒙恬主要是维修了原秦、赵、燕长城，仅在局部地段进行新建，将三国长城连接起来。从秦始皇三十三年至三十七年（公元前 214 年至公元前 210 年），为了巩固新的占领地区，又在今甘肃兰州的榆中县一带修建长城，与由洮水而来的长城相连。同时，为加强防务，在沿河地带还修建了 44 座县城，在高阙、阳山、北假一带修筑了亭障[3]。

汉长城的修建包括两项工程，一是重修秦长城，继续使用，同时也对燕长城东段进行了修缮；二是在长城外增设复线——"外城"，并建边城、障城、烽台。西汉初年，由于国力所限，刘邦称帝的第二年（公元前 201 年）曾下令"缮治河上塞"，以秦长城作为防线，并一直沿用到汉武帝初年。大规模的修筑长城主要在汉武帝元朔二年（公元前 127年）以后，从元朔二年至太初四年（公元前 101 年），在对匈奴进行军事打击的同时，曾 4次修筑长城。元朔二年，卫青击败楼烦、白羊王，收复河南地，筑朔方郡，修复蒙恬在阴山所筑长城，在沿线增筑障塞[4]。元狩二年（公元前 121 年），霍去病在祁连山与匈奴浑邪王、休屠王作战，浑邪王降汉，河西全为汉朝所据。元鼎六年（公元前 111 年），为巩固河西走廊，汉武帝修筑了由令居（今甘肃永登县）至酒泉的长城[5]。元鼎六年至元封

[1]《三国史记·高句丽本传》："东明圣王十年冬十一月，王命扶尉猒伐北沃沮，灭之，以其地为城邑。"（韩国）景仁文化社，1995 年。

[2]《史记·蒙恬列传》。

[3]《史记·秦始皇本纪》；《史记·蒙恬列传》。

[4]《史记·匈奴列传》。

[5]《汉书·张骞传》。

元年（公元前 111 年至公元前 110 年），赵破奴击姑师，虏楼兰王，又修筑了由酒泉至玉门关的长城[1]。太初元年至四年（公元前 104 年至公元前 101 年），李广利伐大宛，西域震惧，多遣使来贡，修筑了由玉门关至新疆罗布泊的长城[2]。

二　秦汉长城的考古调查

秦汉长城的调查始于 20 世纪初期，当时调查的对象主要是新疆、甘肃及内蒙古西部地区的汉代长城、烽燧、城障等。20 世纪 70 年代之后，长城沿线各省、市、自治区相继对不同时期的长城进行了调查。甘肃、内蒙古、宁夏、河北及辽宁等地对秦汉长城的调查，基本弄清了其分布、走向及建筑技术。秦代长城不少地段沿用了战国时代的秦、赵、燕长城，其中秦始皇令蒙恬修建的长城主要在今内蒙古西部，向东至河北围场与燕长城相衔接。汉代长城在内蒙古及其以东地段，主要修复了秦代长城，行经路线与秦代长城相近，只是局部地区稍有不同。但汉长城的西段，已深入到内蒙古西部额济纳旗以及甘肃河西走廊地区，新疆天山南北也有汉代烽燧发现。

（一）秦代长城

调查与研究表明，秦代长城在中国境内主要经过现在的甘肃、宁夏、内蒙古、河北、辽宁等省，其东段进入今朝鲜境内（图 6-35）。

20 世纪 80 年代，有学者对秦代利用的秦昭王长城进行了实地考察，发现其西起今甘肃临洮三十里墩的洮河边上，东经"长城岭"、沿川子、尧甸，进入渭源县境，再经庆平、七圣，过渭源县城北，进入陇西县之德兴、福星，过"长城梁"至云田、渭阳、和平，然后进入通渭县境之榜罗，再经文树、第三铺、北城、寺子，从董家沟进入静宁县境之田堡[3]，由陆家湾折而向北，经红寺、雷爷山、高界、原安，从李堡进入宁夏西吉之王民[4]，再由将台、红花穿滴滴沟，经吴庄、郭庄至海堡。从海堡分内外两道长城：一道从海堡向北绕乔窑，过清水河至沙窝；另一道从海堡向东南，过清水河至沙窝。两道在沙窝合并后，进入固原县东山，经河川、城阳、长城塬至草滩、麻花垴，进入甘肃镇原县之城墙湾[5]，经甘川、寺坪、安家河，至三岔之周家店入环县。自演武、何坪绕环县县城北，至长城塬、刘阳湾而入华池县，从艾蒿掌、吊墩岭至梨树掌，进入陕西省吴旗县境[6]。从庙沟乡至长官庙、三道川，过洛河至石柏湾、薛岔，进入志丹县之黄草垴，转而向北，经李家畔再入吴旗县境，从小元始进入靖边县[7]。秦长城从靖边进入榆林，在

〔1〕《史记·大宛列传》。

〔2〕《汉书·西域传》。

〔3〕 甘肃省定西地区文化局长城考察组：《定西地区战国秦长城遗迹考察记》，《文物》1987 年第 7 期。

〔4〕 陈守实：《甘肃境内秦长城遗迹调查及考证》，《西北史地》1984 年第 2 期。

〔5〕 宁夏回族自治区博物馆、固原县文物工作站：《宁夏境内战国、秦、汉长城遗迹》，《中国长城遗迹调查报告集》，文物出版社，1981 年。

〔6〕 李红雄：《甘肃庆阳地区境内长城调查与探索》，《考古与文物》1990 年第 6 期。

〔7〕 延安地区文物普查队：《延安地区战国秦长城考察简报》，《考古与文物》1990 年第 6 期。

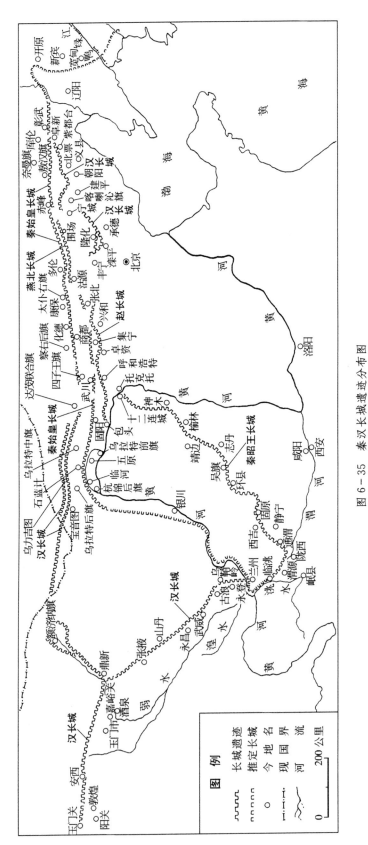

图 6-35 秦汉长城遗迹分布图

榆林境内明长城之西北侧尚有遗迹，从红石桥乡井界村至巴拉素镇乔家茆，长约 12.5 公里[1]。据此推测，这道长城是从榆林进入神木县境的。从神木进入内蒙古伊金霍洛旗，向东北方向延伸，经准格尔旗西部，至东胜市辛家梁中断，又在库布其沙漠北缘出现，自达拉特旗王二窑子村向北偏东方向延伸，至准格尔旗十二连城西的沙漠中消失。这道长城在秦始皇统一后仍沿用，属秦长城之西段[2]。

秦始皇三十三年（公元前 214 年）兴建的西起临洮的长城，目前尚未发现其遗迹，或以为扼黄河之险而未筑长城[3]，或以为已陷流沙之中[4]，其具体的行经路线尚不清楚。

秦代长城由内蒙古的狼山、查石太山至大青山北麓，经乌拉特前旗、固阳县，再经武川县南部穿越大青山至呼和浩特北郊与赵长城衔接。包头市固阳县境内大青山北麓的秦长城（图版7-1）与大青山南麓的赵长城相距 50 多公里。从呼和浩特东行利用了一段赵长城以后，在卓资县西部另筑墙体，自灰腾梁西南部向南则利用东西横亘的大山险阻防守，再东行伸入河北尚义、张北、沽源，至河北省丰宁县森辕图村南与燕北外长城相接，再东全是利用燕北外长城，经丰宁、围场，至赤峰市、敖汉旗、奈曼旗，再东行至库伦旗西南伸入辽宁阜新市境内。在围场大兴永东台子、小锥山、赤峰三眼井、蜘蛛山、敖汉旗老虎山、奈曼旗沙巴营子等地都曾发现秦代的城址及带有秦始皇诏书的铁权或陶量[5]。内蒙古境内的长城东西约 1400 公里，其中秦代兴筑的长城长约 600 公里。沿线分布有障址，所见烽燧址为汉代沿用时加筑的。

阜新以东的秦长城走向目前尚不清楚，有人认为秦代沿用了燕国的赤北长城，其走向是由阜新东行，经过彰武、新民、法库、开原与铁岭一带，越过辽河继续东进，经清原、新宾、桓仁、宽甸，过鸭绿江直到朝鲜境内[6]。1981 年，在浑河北岸沈阳—抚顺地区发现了 20 多座汉代烽燧，虽无城墙，但烽燧逶迤约 35 公里，它们与其他汉代长城烽燧相近，且与河北、内蒙古昭乌达盟、辽西几道长城烽燧东西连接。因此，调查者推测，燕、秦、汉三代长城在辽东不只一道，而是几道，并对秦汉长城经开原之说提出了疑义[7]。1985 年，辽阳老城东郊沙陀子村秦昭王四十年（公元前 267 年）上郡戈[8]及辽宁宽甸秦代窖藏中二世元年（公元前 209 年）戈的出土[9]，或可证明这一地区为秦代的北部疆域

〔1〕 戴尚志、刘合心：《榆林市境内新发现一段秦汉长城遗址》，《文博》1993 年第 2 期。
〔2〕 徐苹芳：《考古学上所见的秦汉遗迹》，《探古求原》，科学出版社，2007 年。
〔3〕 张维华：《中国长城建置考（上编）》，中华书局，1979 年。
〔4〕 史念海：《黄河中游战国及秦时诸长城遗迹的探索》，《中国长城遗迹调查报告集》，文物出版社，1981 年。
〔5〕 中国社会科学院考古研究所：《新中国的考古发现和研究》第 402 页，文物出版社，1984 年。
〔6〕 冯永谦：《北方史地研究》第 15 页，中州古籍出版社，1994 年。
〔7〕 孙守道：《汉代辽东长城列燧遗迹考——兼论辽东郡三部都尉治及若干近塞县的定点问题》，《辽宁省文物学刊》1992 年第 2 期。
〔8〕 邹宝库：《释辽阳出土的一件秦戈铭文》，《考古》1992 年第 8 期。
〔9〕 辽宁省博物馆许玉林、丹东市文化局王连春：《辽宁宽甸县发现秦石邑戈》，《考古与文物》1983 年第 3 期。

和边防要塞。1984 年，在朝鲜境内大宁江东岸发现了长达 120 公里的长城[1]，可能是燕北长城或秦长城最东的地段。

秦始皇长城按构筑特点大致可分为西段、北段（中段）和东段。西段由甘肃临洮经榆中（今兰州），沿黄河直达阴山之下，到包头以西的九原。甘肃境内的长城一般以黄土版筑而成，有的地方利用冲沟断崖，外削内堙，据险设防。沿线障城多设在河谷台地上，尤其以两河交汇的地方居多。在河岸、山坡陡险地段，只有烽火台而未见明显的长城遗迹，可能为因险制塞。

北段由包头以西的九原，北依阴山，经固阳北部的西斗铺、银号、大庙、武川南部的南乌不浪，察右中旗，顺大青山西麓而东行，跨越黄旗海北岸，到内蒙古兴和县境内。因敌情、地形和任务等不同，各地段的构筑情况也不相同。在骑兵便于机动进攻的主要地段，墙体一般较厚、较高，顶部较宽，便于守军在墙体上机动作战，并筑有较多的敌台。在山地或有天然屏障的地方，则反之，墙体仅起障碍和屏蔽作用。凡高原、草地、山坡等平坦地形，易于取土的地方，一律采取夯土版筑。凡高山峻岭、无法取土的地方，一律采取石块砌筑。在两山夹峙的山口，则采用土石混筑。

东段自内蒙古化德县往东经河北康保县南，内蒙古太仆寺旗、多伦县南，河北丰宁、围场县北，内蒙古赤峰市北及奈曼旗、库伦旗南境，至辽宁阜新市北。这段长城或沿用战国燕长城，或新筑。河北围场到内蒙古昭乌达盟地区的秦长城，全长 350 多公里，其筑造方法有三种，一是石筑，墙体呈梯形，宽度一般在 2～3 米之间，最宽处不过 4 米；二是土筑，墙体遗迹宽约 5～6 米，有的地段土、石并用，即山上用石筑，山下用土筑；三是利用天然屏障，不筑墙。

（二）汉代长城

从西汉初年直到汉武帝元朔年间，以维持秦时边塞为主，防御重点主要在秦陇西、北地、九原郡之北假、河南地。为了加强西部防守，汉武帝还放弃了上谷郡之什辟县造阳地，并在燕、秦长城南面另筑长城，使东部防线稍向南移。此时，原属右北平郡的长城，西端自河北承德，经隆化进入内蒙古宁城县，东北行经喀喇沁旗，再伸入辽宁建平县境内，长约 120 公里。现在河北承德、隆化、滦平、丰宁都发现了汉代烽燧[2]。在宁城县西北部还分出一条支线，先向西北行再折向东北与主线相合，长约 15 公里。墙体均用土夯筑，沿线分布有障城 5 座、烽燧址 77 座。

关于汉武帝时期放弃造阳后所筑长城，或以为是利用了"燕南长城"，这道长城在今围场、赤峰、建平，南移 25～50 公里，东过北票后又与阜新的燕秦长城汇合在一起[3]；

〔1〕［朝］孙永钟著，顾宇宁译：《关于大宁江畔的古长城》，《博物馆研究》1990 年第 1 期。

〔2〕A. 郑绍宗：《河北省战国、秦、汉时期古长城主城障遗址》，《中国长城遗迹调查报告集》，文物出版社，1981 年。

　　B. 邓宝学：《建国以来朝阳地区考古收获》，《辽宁省考古、博物馆学会成立大会会刊》，1981 年。

〔3〕冯永谦：《北方史地研究》第 17 页，中州古籍出版社，1994 年。

或以为是汉代新筑的，是从河北承德，入昭盟宁城，沿老哈河向东经黑城子，至辽宁建平的一段长城[1]。

汉长城在辽宁省境内沿用了燕长城，在这一地区发现很多战国、汉代遗存，特别是一些汉代城址，如宁城外罗城古城、奈曼沙巴营子古城、新宾永陵镇古城、丹东瑷河上尖村古城等[2]，应是西汉"复修辽东故塞，至沮水为界"时的遗存[3]。大宁江东岸发现的长城，即是燕长城和汉代长城的东部起点。由于汉唐文献中记载的"沮水"因时而异，两汉时为朝鲜之清川江，隋唐时为朝鲜之大同江，于是有人认为在大同江北海岸入海[4]，有人认为在大宁江入海[5]。实际上，《史记·朝鲜列传》所言沮水，应为古百济国北部的清川江。大宁江的入海口位于清川江入海口之北，两者相近，所以，文献记载从沮水入海亦不算误。认为汉长城由清川江继续向南直达大同江并由此入海，目前还缺乏考古方面的证据。

汉武帝时在五原郡外兴筑的外长城，现存两道，称北线和南线。大部分为土筑墙体，基宽 3～5 米，残高 0.5～3 米，南北相距 5～50 公里。北线，东南端起点在武川县后石背图村山顶，向西北横贯阴山北面的草原地带，经达尔罕茂明安联合旗、乌拉特中旗，至乌特拉后旗西北部伸入蒙古国境内，全长 527 公里；沿线有障城 3 座，武川县城内有少量烽燧址。后筑的南线，东南端起点在武川县陶勒盖村北山顶，向西北横贯阴山北面的草原地带，经固阳县、达尔罕茂明安联合旗、乌特拉中旗，至乌特拉后旗西北部伸入蒙古国境内，再西行与居延塞相接，全长约 482 公里；沿线现存障城 10 座，在乌特拉后旗境内有少量烽燧址。

汉武帝时，在居延海附近修筑的张掖郡北面的外长城，通称居延塞或居延边塞。主线自额济纳河东北部向西行，再折向西南行至居延海西南方向时，与自居延海东南向西南方向延伸的支线汇合，再沿弱水（额济纳河）向西南延伸，进入甘肃金塔县境内，全长约 250 公里。其中只在中间地段有墙体和烽燧，长约 100 公里，其余地段均为列燧。居延区域内有城、障、亭、塞址 10 余座，烽燧址 130 余处。

内蒙古境内汉代长城遗址总长约 2800 公里，其中汉代修筑的墙体和列燧的总长度约 1600 公里。墙体基本上用土夯筑，基宽 3～5 米，残高 0.3～3 米。只有乌特拉中旗境内的部分外长城用石块垒砌，固阳县境内外长城南线的部分墙体用土石混筑[6]。

汉武帝元鼎六年（公元前 111 年）修筑的由令居至玉门关的长城，东起今甘肃永登县（兰州市河口更接近黄河北岸但无塞垣遗迹），西至敦煌榆树泉以西，北经金塔、金关沿黑河进入今内蒙古的额济纳旗与居延塞相接。沿途经天祝藏族自治县，过乌鞘岭，向西经古浪县和武威市境，过石羊河，入永昌县境，折向西北，入山丹县境，沿黑河北岸至临泽县和高台县，从酒泉市向北沿弱水至鼎新，与居延塞相接。再向西则经金塔县至嘉峪关市，

〔1〕　李庆发、张克举：《辽宁西部汉代长城调查报告》，《北方文物》1987 年第 2 期。
〔2〕　冯永谦：《北方史地研究》第 16 页，中州古籍出版社，1994 年。
〔3〕　中国社会科学院考古研究所：《新中国的考古发现和研究》第 402 页，文物出版社，1984 年。
〔4〕　A. 冯永谦：《北方史地研究》第 13 页，中州古籍出版社，1994 年。
　　　 B. 董耀会：《秦始皇长城研究》，《瓦合集——长城研究文论》，科学出版社，2004 年。
〔5〕　顾铭学、南昌龙：《战国时期燕朝关系的再探讨》，《社会科学战线》1990 年第 1 期。
〔6〕　国家文物局：《中国文物地图集·内蒙古分册》第 93 页，西安地图出版社，2003 年。

沿疏勒河两岸，抵安西，在敦煌市分南、北两道，北道经玉门关，南道经阳关，在玉门都尉大煎都候官修障汇合，然后向西至今哈拉齐，再转西北，越过三陇沙，进入西域都护辖区（图版7-2）。这条防线主要目的是为了阻遏匈奴南下，维护中原通往西域的驿道安全。敦煌以东属于敦煌郡下的玉门都尉、中部都尉和宜禾都尉，酒泉郡下为西部都尉、北部都尉和东部都尉；敦煌玉门关以西之亭障，仍由敦煌郡玉门都尉管辖[1]。由于这道防线全部从河西走廊地区通过，因此又被称为河西汉塞[2]。其结构大致可分为三种类型，酒泉以东乌鞘岭以西的塞防结构以堑壕为主；酒泉以西以堑壕和墙垣相结合，普遍设置"天田"，有"悬索"、"虎落"等防御性结构，还广泛利用自然地形以为屏障；汉塞的要冲之处多置关隘，重要的有玉门关、阳关、肩水金关、悬索关等，汉之玉门关遗址在小方盘城，汉之阳关遗址在南湖，两关之间只存烽台，而无长城遗迹[3]。

由敦煌至三陇沙（今库姆塔格沙漠），再沿库鲁克塔格山麓和孔雀河北岸至库尔勒，为汉代出玉门关经楼兰至龟兹的大道，太初年间，沿线筑有烽燧，但没有堑壕及塞垣。

三 西北地区的汉代烽燧

长城不是一道孤立的城墙，而是以墙为主，与城、障、亭、烽燧组成的综合防御体系。障城和烽台为军事设施，前者屯兵，后者报警。内蒙古和甘肃等地曾调查或发掘了一批重要的障城、烽燧遗址，如敦煌的小方盘城、乌兰布和哈隆格乃山口的鸡鹿塞、潮格旗的朝鲁库伦石城、乌拉特前旗的增龙昌、固阳的三元成古城、敦煌马圈湾烽燧遗址、额济纳旗的甲渠候官遗址和甲渠第四烽燧遗址、肩水金关及"地湾城"遗址。上述遗址的发掘及出土的汉简等文物，为认识汉代烽燧建筑的形制提供了考古资料。

破城子是甲渠候官治所，位于额济纳旗南24公里。1930～1931年，曾出土5000余枚汉简和大量其他遗物。1974年，又在此发掘了障坞、烽台和坞东灰堆各1处。障坞位于东北—西南走向烽燧线东侧300米的戈壁上，系候官驻地。障坞毗邻，障在坞西北隅，为土坯构筑的方形城堡，每边长23.3米，墙厚4～4.5米，残高4.6米，收分明显。障顶东北角残存窄土楞，似为女墙。下层有两间房屋。障门设在东南角，已毁。门内西侧有登临障顶的台阶式踏步；东侧堆放整齐的河卵石，当为防备攻城之用。

坞比障大一倍，坞墙夯土筑成，厚1.8～2米，残高0.9米左右。东墙辟一门，残存排叉柱、地栿和门枢等，门外有一曲壁，类似瓮城。坞四周3米以内的地面埋设四排尖木桩，木桩完整者高33厘米，间距70厘米，作三角形排列，即文献中所说的"中周虎落"，或居延简文中所说的"彊落"。在尖木桩上的堆积中，发现多件"Ⅱ"字形木器，从出土情况和器物特征分析，应是安装在坞顶女墙（或雉堞）上用于射击或窥视敌情的"转射"。坞内东北隅也有登临坞顶的踏步。障、坞内部有房屋37间，均为夯土墙，草泥地，应是甲渠候官和吏卒的住室。最大的一间是甲渠候官住室，出土《塞上烽火品约》、《甲渠候请罪》和建武初

〔1〕 陈梦家：《玉门关与玉门县》，《考古》1965年第9期。

〔2〕 吴礽骧：《河西汉塞调查与研究》第183页，文物出版社，2005年。

〔3〕 王辉：《20世纪甘肃考古的回顾与展望》，《考古》2003年第6期。

《劾状》等简册。在一间档案室还出土 900 枚木简，时代自王莽天凤到东汉建武年间。

坞南 50 米处有烽台 1 座，夯土筑造，方锥体，台基每边长 5 米。附近有备燃的积薪和作为信号用的桔槔遗迹。

甲渠候官遗址出土的汉简近 8000 枚，据此分析，甲渠候官的创建，至迟不晚于汉武帝末年，汉昭帝和汉宣帝时期屯戍活动兴盛。障的焚毁约在王莽末年，后来作为瞭望、燃烽的地方。边疆的屯戍活动至东汉建武八年（公元 32 年）停止。

甲渠候官第四燧遗址位于甲渠候官南 5 公里许，与候官相距 3 个烽台。烽台较大，残高 3.4 米，方锥体，夯土筑成。台基每边长 8 米左右。西南角有带烟囱的灶塘，应是发布信号升"烟"的装置。台南有坞，长 21 米，宽 15.2 米。坞内有住房 5 间，坞门向东。坞外三面也发现残毁的木转射和虎落尖木桩。

肩水金关（A32）位于甘肃金塔县双城乡东北 34.6 公里的黑河东岸 100 米处，是肩水候官所属的一座烽塞关城。金关四周有土墙，发掘的一小段北关墙，墙宽 2.8 米。关门是关城的主要建筑，位于北墙内侧。门道宽 5 米，两侧有左、右对峙的门阙，各长 6.5 米，宽 5 米，墙最厚 1.12 米，基部砌一层土坯，上部夯土筑成。门前发现烧残的地栿、垫木、门枢、门臼等大门构件。从门道两侧的木柱推测，两门阙之上原应有门楼建筑。西阙内有台阶式踏步通往阙顶。关门内外和阙柱外侧，排列有正方形的虎落尖木桩。东西阙内均有汉简出土，最晚纪年为王莽地皇三年（公元 22 年）。

坞在关门的西南部，北墙长 36.5 米，南墙长 35.5 米，东墙长 24 米。东南角为敞开的坞门。墙内有障坞、烽台、住室、仓库、马厩等建筑。坞西南角残存烽燧和方堡，南北相连。烽燧底基长 7.7 米，宽 7.8 米，早期为夯土筑成，晚期包砌土坯。方堡近方形，长宽约 13 米，夯土筑成，墙宽 1.3 米。门窄小，内有迂回夹道，两侧分布住室、仓库等。堡内发现灶台及印章、砚、木刻偶像和汉成帝"永始三年诏书"等简册。燧、堡周围也分布有虎落尖木桩。

金关遗址出土 10000 多枚汉简及大量其他遗物。由于金关处在北通居延塞的咽喉要道，兼有关口、邮驿、候望等多种功能，因而在肩水候官防线上占有重要位置。

"地湾城"（A33）遗址位于双城乡东北 34 公里古河道汇入黑河河口的东南侧戈壁上，东北距金关约 600 米，西北距黑河约 700 米。遗址由障、坞组成。障呈方形，边长 21.6 米，建于一夯土台上，台基宽 7.5 米，高 0.2～0.6 米。障墙夯筑，基宽 6 米，顶宽 2.8～3.5 米，残高 7.9～8.2 米。障顶四周有夯筑女墙。东北角有一候望屋。障门西开，外宽 2.6 米，内宽 2.7 米，高 3.6 米，进深 5 米，自外向内呈坡状。障外北侧和东侧有虎落尖木桩各 4 排。

坞分早、晚两期，早期坞墙南与障城东南相连，坞北与障西北角相连。南墙长 69.5 米，北墙长 49 米，西墙长 71.8 米，东墙分南北两段，南段长 33 米，北段长 17.2 米。坞内建筑主要集中于障的南部。晚期坞墙南与障西南角相连，北与障西北角相连。南墙长 49 米，北墙长 49 米，西墙长 59 米，东墙北段长 17.2 米，南段长 20.2 米。坞门向南，门宽 2.7 米，门内两侧以土坯砌筑门墩，门内残留地栿、门框、门臼等。坞内建筑主要集中于障的东北角。早期坞墙外侧有虎落尖桩和梅花桩三排。晚期坞墙西侧也有零星虎落遗迹。

在北坞墙以北 20 米处，有一道夯筑墙，宽约 2 米，残长约 100 米，是否为第三道坞墙，尚有疑问。

从上述考古发现及对河西汉塞调查可知，障、坞、燧、关是西北地区汉代烽燧的主要配套设施，在没有塞垣或堑壕的地段，则成为塞防的主体设施。障是都尉府或候官治所。都尉府所驻的障城一般位于驿道上，与塞防保持一定距离。而候官所驻的障城均位于塞防沿线。障一般呈方形，边长 21～70 米不等，大小依地域和官府等级而不同。障内一角有登顶的台阶，有的障顶附有候望燧或候望屋，障内有房屋数间，它是汉塞沿线最严密的防御设施，也是边防最高级别官员的治所和居室。

坞为小障，多与障或燧组成一个完整的防御工事，规模随所驻之军事机构的等级而定。大者如肩水都尉府所驻的毛城遗址，面积为 184 米×155 米，超过障面积的两倍；小者如敦煌厌胡燧遗址，面积为 5.75 米×9.25 米。都尉府、候官署所驻的坞，均有女墙，女墙上隔一定距离嵌有"转射"、"深目"。门外有曲壁，四周设"虎落"，坞内沿坞墙四周有都尉府或候官署各掾属的公务房和住房，以及守卫戍卒的居室、马棚、畜圈等建筑。

位于塞内的烽燧，皆偏于坞的一侧，坞与燧连为一体，有狭长的门道，多设有双重门。位于塞外的烽燧，坞围于烽燧四周，坞顶上亦有女墙和"转射"等装置。驻有士吏、候长、候史等官员的坞，面积较大，坞内有 2～3 间居室。一般燧长所驻的坞有 1～3 间居室，仅容数人而已。居室内均有炉灶。有的燧还设有登燧夹道，内存烽火炬等。

燧在汉简中或称亭、隧、亭隧、亭障。汉代亭燧的上部结构为望楼，望楼四周的女墙，墙顶平砌，无雉堞或瞭望孔等设施。望楼一面开门，敞露无屋顶，部分烽燧上有半露的遮阳草篷，值勤戍卒可坐于篷内。

关是汉代边防设施的重要组成部分。敦煌郡设有玉门关、阳关，是中原通往西域的主要关口；张掖郡设有肩水金关、居延悬索关，是河西通往蒙古高原的主要关口之一。此外，武威郡属的休屠塞，张掖郡的氏池塞，亦应置有关隘，但目前我们既无文献和汉简资料可作依据，亦无地面遗迹可资佐证。

根据汉代烽火制度，信号有昼、夜之分，昼用烽、表、积薪、亭上烽；夜用炬火、积薪、离合炬火。烽、表是以赤缯制作的不燃的旗帜，由烽竿、鹿卢、烽索等构成，烽在坞内的"亭户前地"上升举，表在坞墙上升举。如遇紧急情况，即举"亭上烽"，亦即在烽燧望楼上燃放以芦苇、芨芨草等捆扎的"炬"。因此，在保存较好的烽燧望楼上，曾发现有苇炬和置于女墙上用于插苇炬的木杈。根据汉简《守御器簿》的记载，望楼内还应有存放火种的"垄灶"，但现已不见遗迹。夜间施放的炬火和紧急情况下施放的"离合炬火"，则是在坞顶的女墙后燃放苇炬。昼、夜兼有的"积薪"，是以芦苇、红柳枝、芨芨草等分层纵横交叉叠压的长方形或圆形柴堆，中插红柳棍，外涂泥皮或覆盖沙砾，以避风雨侵蚀[1]。

〔1〕 吴礽骧：《河西汉塞调查与研究》，文物出版社，2005 年。

第七章　汉代帝陵与王侯大墓

第一节　西汉帝陵

秦始皇陵作为帝国时代帝陵，开创了中国古代帝陵制度的新时代，由于秦代的短暂，以及陵制的初创，继秦而立的西汉时代诸帝陵，使秦代创立的帝陵陵制趋于完善，并对后代帝陵产生深远影响，多年来的西汉帝陵考古发现资料，揭示了西汉帝陵制度，而其又折射出西汉时代的重要历史。

一　西汉帝陵考古发现简史

关于西汉帝陵的研究，很早已经引起人们的关注。自汉代以后，不少历史地理文献记载了西汉帝陵，如《三辅黄图》、《三秦记》、《关中记》、《水经注》、《长安志》、《关中胜迹图志》等，其中尤以北魏郦道元《水经注》记述的西汉帝陵方位及其与周边关系最为详尽。至于对西汉帝陵的考古调查，则是随着近代考古学传入中国之后而出现的。日本学者足立喜六于 1906～1910 年，应聘在西安陕西高等学堂任教习期间，对西汉帝陵进行了考古调查和勘测。20 世纪 30 年代，在足立喜六撰写的《长安史迹研究》中介绍了上述内容。与足立喜六同时，日本学者关野贞、法国学者 E.E. 沙畹和 V. 色伽兰等，也对西汉帝陵进行了考古调查。1942～1943 年，由中央研究院历史语言研究所、中央博物馆筹备处等单位合组的西北史地考察团，调查了关中地区的西汉帝陵。此后，20 世纪 70 年代初，考古工作者开始了对西汉帝陵进行全面考古调查，1974 年发表了考古调查的初步成果[1]。20 世纪 60～70 年代，先后对一些帝陵及陪葬坑、陪葬墓、刑徒墓地进行了考古发掘[2]；20 世纪 70 年代末至 80 年代中期，西汉帝陵的考古调查、勘探与汉宣帝杜陵陵园遗址考古

---

[1]　咸阳地区文物管理委员会：《咸阳地区历史文物概况》第 27～42 页，陕西人民出版社，1974 年。

[2]　A.陕西省文物管理委员会、咸阳市博物馆：《陕西省咸阳市杨家湾出土大批西汉彩绘陶俑》，《文物》1966 年第 3 期。

　　B.王学理、吴镇烽：《西安任家坡汉陵从葬坑的发掘》，《考古》1976 年第 2 期。

　　C.茂陵文物保管所王志杰、陕西省博物馆朱捷元：《汉茂陵及其陪葬冢附近新发现的重要文物》，《文物》1976 年第 7 期。

　　D.陕西省文管会、陕西省博物馆、咸阳市博物馆杨家湾汉墓发掘小组：《咸阳杨家湾汉墓发掘简报》，《文物》1977 年第 10 期。

　　E.秦中行：《汉阳陵附近钳徒墓的发现》，《文物》1972 年第 7 期。

发掘工作，取得了重大进展[1]；20 世纪 90 年代以来的汉景帝阳陵考古发现[2]，促进了西汉帝陵的考古学研究。近年来开展的汉惠帝安陵、汉昭帝平陵、汉武帝茂陵等西汉帝陵的考古调查、勘探及试掘，又为西汉帝陵研究提供了新的资料[3]。

通过多年来的西汉帝陵考古工作，现在已经可以基本究明西汉帝陵的情况：西汉时代有 11 座帝陵，它们分成两大陵区，即咸阳原陵区和长安东南陵区，其中以咸阳原陵区为主。两大陵区均位于都城长安附近。每个皇帝及其皇后的陵墓又形成独立的大陵园，汉文帝霸陵及其后的帝陵大陵园之中，又包括有皇帝陵与皇后陵各自的陵墓封土及陵园。大陵园之中还有陪葬坑、寝殿与便殿组成的寝园、陵庙等，大陵园（之外）附近有帝陵的陪葬墓、刑徒墓、陵邑等。

二 西汉帝陵及陵园遗址

（一）西汉帝陵的分布

《周礼·春官·冢人》载："冢人掌公墓之地，辨其兆域而为之图。"东周时代的中山国国王𰯼墓曾出土一件兆域铜版[4]。尽管至今还未发现汉代的兆域图，但汉代及其以后的帝陵修建，应该继承了这种先秦制度是没问题的。类似中山国王陵"兆域图"功能的"图纸"，在汉代帝陵修建中可能也会有的。汉代学者郑玄在为《周礼·春官·冢人》兆域之图作注时称："图谓画其地形及丘垄所处而藏之者。谓未有死者之时，先画其地之形势，豫图出其丘垄之处。"

像西汉时代以前王朝的帝陵或王陵一般葬于都城、王城附近一样，西汉一代十一个皇帝均葬于都城长安附近。其实这种帝陵埋葬制度一直与中国古代社会相始终，目前考古究

〔1〕 A.杜葆仁：《西汉诸陵位置考》，《考古与文物》1980 年第 1 期。

　　B.刘庆柱、李毓芳：《西汉诸陵调查与研究》，《文物资料丛刊》第 6 辑，文物出版社，1982 年。

　　C.中国社会科学院考古研究所杜陵工作队：《1982～1983 年西汉杜陵的考古收获》，《考古》1984 年第 10 期。

　　D.刘庆柱、李毓芳：《西汉十一陵》，陕西人民出版社，1987 年。

　　E.中国社会科学院考古研究所杜陵工作队：《1984～1985 年西汉宣帝杜陵的考古工作收获》，《考古》1991 年第 12 期。

　　F.中国社会科学院考古研究所：《汉杜陵陵园遗址》，科学出版社，1993 年。

〔2〕 A.陕西省考古研究所阳陵考古队：《汉景帝阳陵南区从葬坑发掘第一号简报》，《文物》1992 年第 4 期；《汉景帝阳陵南区从葬坑发掘第二号简报》，《文物》1994 年第 6 期；《汉景帝阳陵考古新发现》，《文博》1999 年第 6 期。

　　B.陕西省考古研究所：《汉阳陵》，重庆出版社，2001 年。

　　C.焦南峰：《试论西汉帝陵的建设理念》，《考古》2007 年第 11 期。

〔3〕 A.陕西省考古研究所：《西汉安陵调查简报》，《考古与文物》2002 年第 4 期。

　　B.汉平陵考古队：《巨型动物陪葬少年天子——初探汉平陵丛葬坑》，《文物天地》2002 年第 1 期。

　　C.咸阳市文物考古研究所：《西汉昭帝平陵钻探调查简报》，《考古与文物》2007 年第 5 期；《汉武帝茂陵钻探调查简报》，《考古与文物》2007 年第 6 期。

〔4〕 河北文物研究所：《𰯼墓——战国中山国国王之墓》，文物出版社，1995 年。

明最早的王陵——商代王陵位于安阳西北岗商代都城殷墟北部,中国古代最后的两个王朝——明清王朝的帝陵(明十三陵和清东陵、清西陵)就在都城北京附近。

关于西汉时代各个帝陵的地望,根据历史文献记载,结合考古调查资料,学术界一般认为咸阳原上渭北陵区的西汉帝陵,自西向东依次为汉武帝茂陵、汉昭帝平陵、汉成帝延陵、汉平帝康陵、汉元帝渭陵、汉哀帝义陵、汉惠帝安陵、汉高祖长陵和汉景帝阳陵,东西绵延近百里。长安城东南陵区有汉文帝霸陵和汉宣帝杜陵[1]。但是清代所立西汉诸陵石碑标识和相关地方县志记载与此有所不同[2],近年也有学者对咸阳原上的西汉晚期的延陵、康陵、渭陵和义陵的地望排序提出不同看法[3]。

西汉十一陵分为两个陵区(图7-1),可能与古代的昭穆制度有关。昭穆制度被认为是礼制的核心内容,而丧葬礼仪是礼制的重要组成部分。当昭穆制度作为秦汉时代宗庙礼仪的基本制度时,"阳间"社会折射的"阴间"——墓葬,同样对于基本的礼仪制度也要执行,不过由于其墓葬(尤其是陵区、陵园)较宗庙"载体"的"庞大",昭穆制度在空间的反映方面,则表现的比较宽泛。汉代人认为:"父为昭,子为穆,孙复为昭,古之正礼也"[4]。西汉皇帝属于昭位者有高祖、景帝、昭帝、宣帝、成帝;属于穆位者有惠帝、

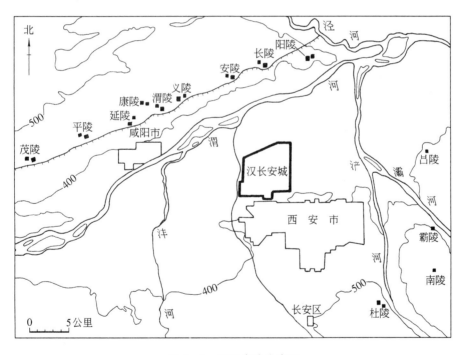

图7-1 西汉帝陵分布图

〔1〕 刘庆柱、李毓芳:《西汉十一陵》,陕西人民出版社,1987年。
〔2〕 A.清·毕沅:《关中胜迹图志》,三秦出版社,2004年。
    B.《咸阳县志》,清乾隆十六年(1751年)。
〔3〕 王建新:《西汉后四陵名位考察》,《古代文明》第2卷第304～327页,文物出版社,2003年。
〔4〕 《汉书·韦贤传》。

文帝、武帝、元帝、哀帝和平帝。从西汉帝陵分布中，可以看出，辈分相同者，因其昭穆
序位相同，帝位相连，死后不能葬在同一陵区。如惠帝和文帝皆为高祖之子，均属于穆
位。惠帝安陵在长陵之旁，文帝只能另辟陵区于渭河之南。辈分不同，属于隔辈者继位，
由于其昭穆序位相同，帝位相连，死后也不可能葬在同一陵区。如宣帝为昭帝堂孙，二帝
均为昭位，宣帝刘询继昭帝刘弗陵而为皇帝，因此宣帝不能在咸阳原陵区预建寿陵，而陵
址选在长安城东南的杜东原上。也有特例，哀帝和平帝俱为元帝庶孙，但王莽篡汉以后仍
把其女婿汉平帝康陵置于咸阳陵区，这可能是王莽故意违背西汉礼仪。

在咸阳原上的西汉陵区，可分为三个小陵区，即东部的西汉初期高祖长陵、惠帝安陵
和景帝阳陵陵区；西部的西汉中期武帝茂陵和昭帝平陵陵区；中部的西汉晚期元帝渭陵、
成帝延陵和哀帝义陵（包括平帝康陵）陵区。东部陵区以长陵为祖位，安陵位西，阳陵居
东，形成昭东穆西排列。西部陵区以茂陵和平陵为穆西昭东排列。由于文帝时在灞、渭汇
流的渭河北岸修建了祭祀神明的渭阳五庙，后来景帝又于长陵和渭阳五庙间筑阳陵，因此
在咸阳原上的西汉帝陵区不可能再向阳陵以东延伸。

关于西汉帝陵分布，也有学者认为它们与昭穆排序无关[1]，西汉时代“左昭右穆的
礼制已不通行”[2]。

西汉帝陵陵区（咸阳原陵区）分布范围东西达百里，这种规模在西汉时代以前帝王陵
中是不曾有过的。现在已究明的殷墟侯家庄发现的商王陵区共有 8 座王陵，其范围东西
450 米、南北 250 米[3]，这一面积不及西汉帝陵陵区中一座帝陵陵园的占地面积。帝陵陵
园、陵区的扩大，其主要原因有五：一是陵墓规模变大；二是陵寝建筑的大规模营建；三
是大量陪葬墓的安葬；四是众多陪葬坑的设置；五是陵邑的建设。西汉帝陵陵区、陵园的
扩大，基于帝国时代皇权的强化与突出，依托于社会经济的发展、国家支配能力的加强。

西汉前期的高祖长陵、惠帝安陵和景帝阳陵在西汉长安城正北，这种帝陵与都城南北
相对的方位设计，反映了当时设计者将帝陵与都城作为“阴阳二界”统一体的观念。

（二）西汉帝陵的封土与地宫

战国时代晚期，王陵的封土已出现规模明显变大，如齐临淄、赵邯郸、秦芷阳等地的
王陵，均有高大封土。战国时代王陵的高大封土出现，是因为受到古人“事死如事生，事
亡如事存”的影响[4]。王陵的封土形制则是受到当时盛行的高台宫殿建筑的影响[5]。封

---

〔1〕　A.时瑞宝：《西汉帝陵与昭穆之序》，《中原文物》1987 年第 1 期。
　　　　B.雷依群：《论西汉帝陵制度的几个问题》，《考古与文物》1998 年第 6 期。
　　　　C.焦南峰、马永赢：《西汉帝陵无昭穆制度论》，《文博》1999 年第 5 期。
　　　　D.黄展岳：《西汉陵墓研究中的两个问题》，《文物》2005 年第 4 期。
　　　　E.赵化成：《从商周“集中公墓制”到秦汉“独立陵园制”的演化轨迹》，《文物》2006 年第 7 期。
〔2〕　叶文宪：《西汉帝陵的朝向分布及其相关问题》，《文博》1988 年第 4 期。
〔3〕　中国社会科学院考古研究所：《殷墟的发现与研究》，科学出版社，1994 年。
〔4〕　《礼记·中庸》。
〔5〕　《吕氏春秋·安死》：“设阙庭，为宫室，造宾阼也若都邑。”

土规模反映了战国时代流行"宫室之量，器皿之度，棺椁之厚，丘封之大，此以大为贵也"[1]。秦始皇陵将古代陵墓"以大为贵"发展到极致。

西汉帝陵和皇后陵封土平面形制早期为长方形，也就是文献记载中的"坊"形[2]，如汉高祖长陵帝陵封土底部东西约159～160米、南北约126～129米，吕后陵封土东西150～155米、南北124～125米[3]；汉惠帝安陵帝陵封土东西170米、南北140米。大约从汉文帝以后，西汉一代的帝陵和皇后陵封土平面一般均为近方形，即"覆斗形"，也就是文献记载的"堂"形[4]，如：孝文窦皇后陵封土底部东西137米、南北143米；汉景帝阳陵帝陵封土边长167.5～168.5米，孝景王皇后陵封土151～157米[5]。西汉帝陵封土高一般为30米左右，也有个别超出常制的，如汉武帝帝陵封土高46.5米，汉惠帝、汉元帝和汉平帝的帝陵封土高25～26.6米[6]。

与皇帝合葬的皇后陵墓封土，其形状与帝陵封土基本相同，但是二者封土高度多不同，一般帝陵大于皇后陵封土。少数帝陵与皇后陵封土规模相近，如汉高祖长陵和吕后陵封土高分别为32.8米与30.7米。皇后陵墓的封土一般高25米左右，西汉晚期汉元帝至汉平帝的各皇后陵封土规模进一步变小[7]。

西汉帝陵的墓室称"方中"，未进行过考古发掘，从现已获得的汉太上皇陵、汉景帝阳陵（包括帝陵和皇后陵）、汉武帝帝陵、孝昭上官皇后陵、汉宣帝杜陵（包括帝陵和皇后陵）考古调查、勘探资料来看，帝陵与皇后陵的墓室四面居中位置各有一条墓道，西汉前期的帝陵四条墓道有明显主次之分，南、北、西三条墓道大小相近，东墓道大于上述三条墓道，应为主墓道。如汉太上皇陵的东墓道封土以外长82米，其余三条墓道封土以外长为31～34米[8]；汉景帝帝陵东西南北四个墓道长分别为69米、21米、17米和23.1米。西汉时代中晚期帝陵的4条墓道形制、大小基本相同，如：孝昭上官皇后陵（东部的陵）的东西南北四条墓道长分别为66米、76米、60米和51米[9]，汉宣帝帝陵的东西南北四个墓道封土以外长均为20米[10]。从目前已知考古资料来看，西汉帝陵继承了商代晚期以来王陵地宫设四条墓道、平面为"亚"字形墓的传统形制。

[1]　《礼记·礼器》。

[2]　《礼记·檀弓》："昔者夫子言之曰：吾见封之若堂者矣，见若坊者矣。"郑玄注："坊形旁杀平上而长。"

[3]　陕西省考古研究所：《西汉长陵、阳陵 GPS 测量简报》，《考古与文物》2006 年第 6 期。

[4]　《礼记·檀弓》："昔者夫子言之曰：吾见封之若堂者矣。"郑玄注："封筑土为垄堂形四方而高。"

[5]　陕西省考古研究所：《汉阳陵》，重庆出版社，2001 年。

[6]　刘庆柱、李毓芳：《西汉十一陵》，陕西人民出版社，1987 年。

[7]　刘庆柱、李毓芳：《西汉十一陵》，陕西人民出版社，1987 年。

[8]　中国社会科学院考古所栎阳发掘队：《秦汉栎阳城遗址的勘探和试掘》，《考古学报》1985 年第 3 期。

[9]　咸阳市文物考古研究所：《西汉昭帝平陵钻探调查简报》，《考古与文物》2007 年第 5 期。

[10]　中国社会科学院考古研究所：《汉杜陵陵园遗址》，科学出版社，1993 年。

（三）西汉帝陵陵园及门阙遗址

1. 西汉帝陵陵园

帝王陵墓设置陵园早已于战国时代出现，如河北平山县中山国国王𰡻墓出土"兆域图"铜版之上有陵园墙[1]，河南辉县固围村魏国王陵[2]、河北邯郸赵国王陵考古发现有陵园遗址[3]，秦国的凤翔秦公陵中陵园多以隍壕为界[4]，芷阳的秦王陵和临潼的秦始皇陵之陵园则筑墙为界[5]。西汉帝陵继承了秦始皇陵筑墙为界的做法。

西汉初年，沿袭了战国以来的传统，汉高祖长陵、汉惠帝安陵的皇帝和皇后的陵墓在同一个陵园之内。汉高祖长陵陵园平面为方形，边长 780 米，陵园四角置角楼，汉高祖陵墓在吕后陵墓西北 280 米。汉惠帝安陵陵园东西 940 米、南北 840 米，汉惠帝陵墓与孝惠张皇后陵墓东西相距 270 米。从汉文帝霸陵开始，皇帝与皇后的陵墓各自筑成一座陵园。孝文窦皇后陵园现在仍然保存；文献记载汉文帝霸陵陵园有东阙[6]，这个"东阙"如果是汉文帝帝陵陵园门阙，证明汉文帝时帝陵陵园与皇后陵园已经各自营筑陵园；如果是汉文帝霸陵的包括帝陵陵园和皇后陵园的"大陵园"东阙，更说明汉文帝时帝陵与皇后陵各自营筑陵园，并且于其外又筑"大陵园"将汉文帝帝陵陵园与孝文窦皇后陵园包于其中。20 世纪 80 年代中期，有的学者根据《汉书・外戚传》已经指出，在皇帝陵园和皇后陵墓陵园之外，还应存在包容帝、后二陵园的大陵园[7]。近年来西汉帝陵的考古勘探，已经证实了这一推断。如汉景帝阳陵陵园遗址考古勘探发现，陵园平面长方形，四面各有一门（图 7 - 2）。在此陵园之中有帝陵陵园、皇后陵园，还有陵庙建筑等礼制建筑和陪葬坑。阳陵陵园居中位置有东西向与南北向道路各一条，连至陵园四门。帝陵陵园约位于阳陵陵园居中位置，阳陵陵园四门与帝陵陵园四门相对，其间有道路相连。皇后陵园在帝陵陵园东北部。阳陵的陪葬墓主要分布在阳陵陵园之外的北部和东部，陵邑在阳陵东部陪葬墓区以东[8]。刑徒墓地在阳陵陵园之外的西北部，墓地面积约 80000 平方米[9]。

目前西汉时代诸帝陵陵园与皇后陵陵园的位置、形制，已经基本探明。帝陵与皇后陵陵园平面形制一般均为方形，陵园每面中央各辟一门。如阳陵、茂陵、平陵、杜陵、渭陵、延陵、义陵和康陵帝陵陵园，边长分别约为 418 米、430 米、370 米、433 米、400～410 米、382～400 米、420 米。皇后陵园形制与帝陵陵园基本相同，但皇后陵陵园规模一

[1] 河北文物研究所：《𰡻墓——战国中山国国王之墓》，文物出版社，1995 年。

[2] 中国科学院考古研究所：《辉县发掘报告》，科学出版社，1956 年。

[3] 河北省文物管理处、邯郸市文物保管所：《赵都邯郸故城调查报告》，《考古学集刊》第 4 集，中国社会科学出版社，1984 年。

[4] 韩伟、焦南锋：《秦都雍城考古发掘研究综述》，《考古与文物》1988 年第 5、6 期合刊。

[5] 陕西省考古研究所、临潼县文管会：《秦东陵第一号陵园堪察记》，《考古与文物》1989 年第 5 期。

[6] 《汉书・五行志（上）》：永始"四年……六月甲午，孝文霸陵园东阙南方灾。"

[7] 刘庆柱、李毓芳：《西汉十一陵》第 174、175 页，陕西人民出版社，1987 年。

[8] 焦南峰：《试论西汉帝陵的建设理念》，《考古》2007 年第 11 期。

[9] 秦中行：《汉阳陵附近钳徒墓的发现》，《考古》1976 年第 12 期。

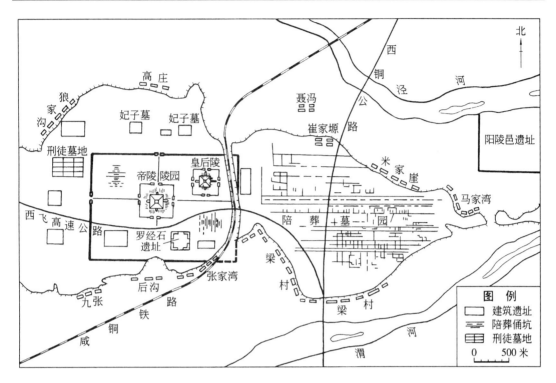

图 7-2　西汉景帝阳陵陵区遗迹分布图

般小于帝陵陵园。如：孝景王皇后、孝宣王皇后、孝元王皇后陵园，边长分别为 347～350 米、334～335 米、300 米等。也有个别皇后陵园规模较大者，如孝昭上官皇后陵园（东部陵园）边长 400 米。

2. 西汉帝陵、皇后陵陵园门阙遗址

帝陵、皇后陵陵园四门称"门"[1]、"司马门"或"阙"[2]，它们与各自陵墓的四条墓道相对。同一陵园中的四座"司马门"，其形制、大小基本相同。但帝陵与皇后陵陵园"司马门"的规模、结构有所不同，前者规模较大、结构较为复杂。从西汉帝陵陵区和陵园整体形制布局来看，虽然帝陵陵园四座司马门形制、大小基本相同，但还是有正门与一般门之分的，而正门应为东门。

西汉帝陵与皇后陵陵园"门阙"形制有二，一为"台门"、一为"阙门"[3]。已经考古发掘的汉宣帝帝陵陵园东门和北门、孝宣王皇后陵陵园东门、汉景帝帝陵陵园南门遗址，揭示出西汉帝陵与皇后陵陵园中的"台门"、"阙门"形制结构。两种门均为中央置门

〔1〕《汉书·王莽传（下）》：王莽"遣使坏渭陵、延陵园门罘罳，曰'勿使民复思也'。"
〔2〕《汉书·五行志（上）》：杜陵"园陵小于朝廷，阙在司马门中"。又，《汉书·五行志（上）》：永始 "四年……六月甲午，孝文霸陵园东阙南方灾。"
〔3〕刘庆柱、李毓芳：《关于西汉帝陵形制诸问题探讨》，《考古与文物》1985 年第 5 期；《汉宣帝杜陵陵寝建筑制度研究》，《中国考古学论丛》，科学出版社，1993 年。

道，门道两侧为左右塾。"台门"[1]与"阙门"主要不同之处在于："台门"二塾之外为"配廊"，"阙门"二塾之外为"阙台"。属于"同茔不同穴"的帝陵与皇后陵陵园，使用同一形制的"司马门"。

（1）帝陵、皇后陵陵园的"台门"遗址

西汉帝陵陵园"司马门"中，考古调查发现属于"台门"类型的有汉高祖长陵、汉惠帝安陵、孝文窦皇后陵、汉宣帝杜陵、汉平帝康陵陵园的司马门[2]。这类陵园司马门已经考古发掘的有汉宣帝杜陵的帝陵陵园东门和北门遗址，孝宣王皇后陵园东门遗址[3]。

汉宣帝帝陵陵园四门内侧，距陵墓封土边均为 120 米。四门大小、形制基本相同。门址面阔 82～84 米，进深 20～22 米。

汉宣帝帝陵陵园东门遗址保存较完好，东门面阔 84.24 米、进深 20.36 米，由门道、二塾和二配廊组成（图 7-3）。门道居门址中央，门道两侧为门庭，二塾分布于门道和门庭左右。二塾左右为二配廊，二塾与左右配廊前后置廊道、卵石散水。门道宽 13.2 米、长 17.4 米，地面铺素面方砖。门道居中置木门槛，将门道分为内、外两部分，二者大小、形制相同的。门槛左右为门墩，间距 6.3 米，二门墩形制、大小相同，均为一端与门槛相接，另一端与塾相连。二塾中部有一南北向的隔墙，将二塾分为内塾与外塾，此即文献记载的"一门四塾"。左右塾的内塾和外塾与左右配廊连接处各辟一门。门道两旁左右塾基址大小、形制相同，以右塾基址为例，东西 15.3 米、南北 9.75 米。左右塾四壁置壁柱，每塾计有壁柱 16 个。配廊长 26 米，宽 12.2 米。配廊中部有隔墙，长与配廊相同，墙体夯筑，宽 3.4 米。隔墙东、西壁各有 5 对壁柱。左右配廊的隔墙与陵园墙相接（图版 13-2）。

孝宣王皇后陵园东门遗址，是西汉帝陵之中惟一进行考古发掘的西汉时代皇后陵园司马门遗址。孝宣王皇后陵园东门面阔 67.8 米、进深 19.3 米，由门道、二塾和二配廊组成。门道宽 10.5 米、长 15.6 米。门道两侧各有一门墩与左右塾相连。二塾形制大小相同，以左塾为例，其夯土台基东西 13.65 米，南北 8.4 米。左、右塾四壁置壁柱，每塾计有壁柱

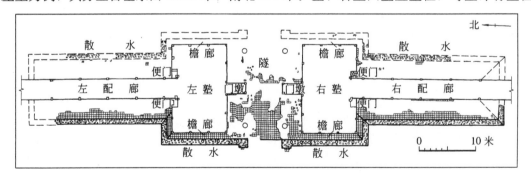

图 7-3　西汉宣帝杜陵陵园东门遗址平面图

〔1〕《礼记·礼器》："有以高为贵者……天子诸侯台门。"孔颖达《正义》云："两边筑阙为基，基上起屋，曰台门。"

〔2〕刘庆柱、李毓芳：《关于西汉帝陵形制诸问题探讨》，《考古与文物》1985 年第 5 期。

〔3〕中国社会科学院考古研究所：《汉杜陵陵园遗址》，科学出版社，1993 年。

16 个。二塾前后置廊，其形制、大小相同。左右塾分别与左右配廊相连，左右配廊对称
分布于左右塾两边。左右配廊大小、形制相同。以左配廊为例，长 19.5 米、宽 7 米，配
廊中部（东西居中）有隔墙，隔墙宽 3.2 米。隔墙将配廊分为内外两部分，内外廊形制、
大小相同，各宽 1.9 米。左右配廊的隔墙各有 6 对壁柱，对称分布于隔墙东、西壁。左右
配廊的隔墙与陵园墙相接。

从汉宣帝帝陵与皇后陵陵园东门遗址对比研究可以发现，它们之间的主要不同之处
是：帝陵陵园东门的门道、门道与左右塾之间、配廊地面均铺置素面方砖，皇后陵园的相
同部位地面则均未铺砖，只是经过夯筑处理。帝陵陵园东门左右塾和配廊廊道之外置卵石
散水，而皇后陵陵园东门的相同部位则均不见卵石散水。在建筑材料使用上，以础石与瓦
当区别最突出。帝陵陵园东门左右塾壁柱础石面高于檐廊地面，础石面加工细致、光洁如
玉，形成"明础"；皇后陵陵园东门左右塾壁柱为暗础。帝陵陵园东门遗址出土瓦当主要
为"长乐未央"文字瓦当，"长生无极"文字瓦当和云纹瓦当所占比例甚少；皇后陵园东
门遗址出土瓦当以"长生无极"文字瓦当为主。从帝陵陵园与皇后陵陵园司马门的门道、
塾和配廊规模对比可以看出，前者远大于后者。

（2）帝陵陵园的"阙门"遗址

西汉帝陵陵园"司马门"中的"阙门"类型有汉景帝阳陵、汉武帝茂陵、汉昭帝平
陵、汉元帝渭陵、汉成帝延陵和汉哀帝义陵的帝陵和皇后陵陵园司马门[1]，这类陵园司
马门已经考古发掘的只有汉景帝帝陵陵园南门遗址。

阳陵帝陵陵园南门遗址，北距帝陵封土东边 120 米。门阙由内向外对称分布有塾、主
阙台、副阙台，二塾之间为门道（图7-4）。门阙面阔 131.5 米、进深 25.2 米。塾平面长
方形，南北 19.8 米、东西 10.7 米。主阙台东西 27.5 米、南北 8.2 米，残高 6.12 米。主阙
台台面南北居中位置，东西排列 5 个柱洞。副阙台东西 19 米、南北 4 米，残高 0.4～4.3
米。主阙台、副阙台均为夯筑台基，台壁涂朱。塾、主阙台、副阙台南北置廊及散水[2]。

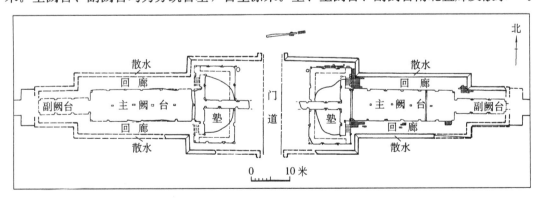

图 7-4　西汉景帝阳陵陵园南门遗址平面图

〔1〕　刘庆柱、李毓芳：《关于西汉帝陵形制诸问题探讨》，《考古与文物》1985 年第 5 期。
〔2〕　焦南峰：《西汉帝陵考古发掘研究的历史及收获》，《西部考古》（第一辑）第 289～303 页，三秦出
　　　版社，2006 年。

三　西汉帝陵与皇后陵礼制建筑遗址

西汉帝陵和皇后陵的礼制建筑主要包括寝殿和便殿组成的寝园及陵庙，此外还有食官等建筑。目前已经考古发掘的有寝园（寝殿、便殿）、陵庙遗址，关于"食官"建筑遗址还不清楚。经过考古勘探、调查，在一些西汉帝陵附近，还发现了规模宏大的建筑遗址，它们有可能与帝陵、皇后陵礼制建筑有关。

（一）西汉帝陵、皇后陵寝园遗址

文献记载，西汉时代的帝王陵及皇后陵、王后陵均置"寝园"[1]，有的寝园遗址在近年来的考古工作中已被发现，如汉宣帝杜陵的帝陵、皇后陵寝园遗址，河南永城梁孝王陵寝园遗址等[2]。寝园是以寝殿为主体建筑，包括便殿的一组建筑群。建筑群周围构筑夯土墙。西汉帝陵和皇后陵各自设置寝园。关于寝园在陵区的位置，西汉初年的帝陵寝殿建于陵园之内、陵墓之旁，《续汉书·祭祀志（下）》载："秦始出寝，起于墓侧，汉因而弗改。"如汉高祖长陵陵园勘探发现有大面积建筑遗址，这些建筑遗址中可能包括有长陵寝园的寝殿、便殿遗址，大多分布在陵园北部，这与秦始皇陵园中的陵寝建筑遗址位置基本相同，后者大多发现于陵园及封土西北部[3]。约从汉文帝霸陵开始，寝殿（或寝）移到帝陵陵园与皇后陵陵园之外，但仍在包括帝陵陵园与皇后陵陵园的"大陵园"之中。这主要是因为帝陵陵园与皇后陵陵园之中安置了大量陪葬坑，如汉景帝阳陵的帝陵、皇后陵陵园之中的数以几十计的陪葬坑和规模宏大的地宫，已经占满陵园，包括寝殿和便殿建筑的寝园不可能再建于陵园之中，而只能建于帝陵、皇后陵陵园之旁。已经进行考古调查、勘探和发掘的汉宣帝帝陵寝园遗址、孝宣王皇后陵寝园遗址和可能为阳陵陵寝建筑的遗址，多分布于帝陵、皇后陵陵园之外的东南部和西南部。

从考古发掘的汉宣帝帝陵与孝宣王皇后陵寝园资料来看，寝园中的寝殿居西、便殿位东。寝殿平面呈长方形。帝陵寝殿南北各置三阶，东西两侧辟门；皇后陵寝殿南面置一阶，北面设两阶，东西两侧辟门。便殿之内有多种使用功能的建筑设施，包括了庭院、居室、收藏主要物品的房屋、小型殿堂等。

1. 西汉帝陵寝园遗址

1983 年对汉宣帝帝陵寝园遗址进行了全面考古勘探和发掘。寝园遗址位于帝陵陵园东南部，其范围东西 174 米、南北 120 米，面积 20880 平方米（图 7-5）。寝园四周围筑夯墙，其北墙即帝陵陵园南司马门以东的南墙，寝园东墙与陵园东墙南北相连。寝园南墙

[1]　《汉书·韦贤传》："昭灵后、武哀王、昭哀后、孝文太后、孝昭太后、卫思后、戾太子、戾后各有寝园，与诸帝合，凡三十所。"

[2]　A. 中国社会科学院考古研究所：《汉杜陵陵园遗址》，科学出版社，1993 年。
　　　B. 河南省文物研究所：《永城西汉梁国王陵与寝园》，中州古籍出版社，1996 年。

[3]　陕西省考古研究所、秦始皇兵马俑博物馆：《秦始皇帝陵园考古报告（1999）》，科学出版社，2000 年。

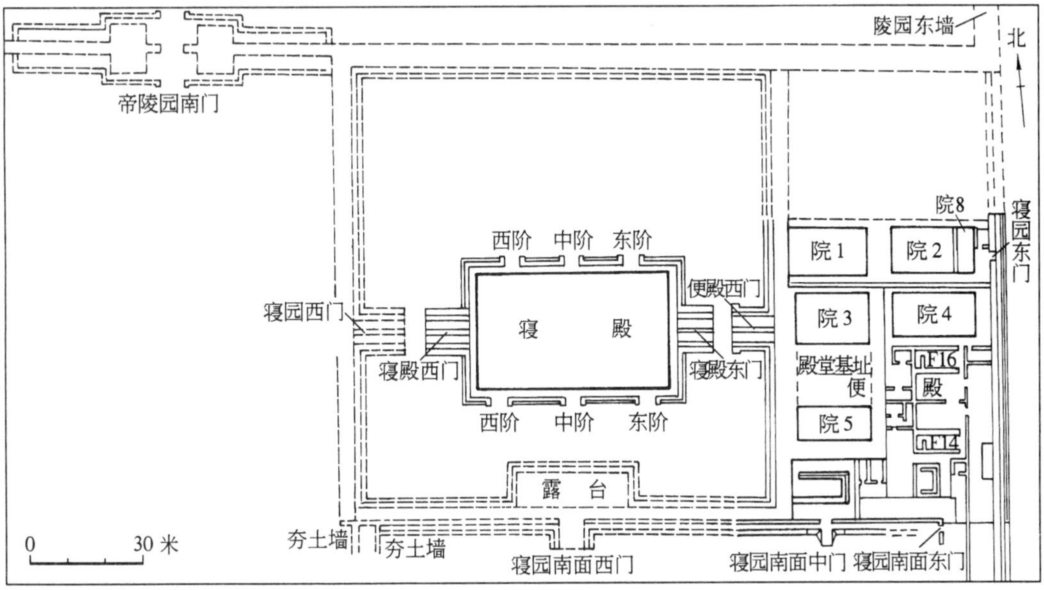

图 7-5 西汉宣帝杜陵寝园遗址平面图

外侧有檐廊和卵石散水。寝园有东、西门各一座，南门三座。

（1）寝殿遗址

寝殿自成一组建筑，形成一座大院落，范围东西 116 米、南北 120 米，东、西、南面各置一门。东、西二门形制、大小基本相同。以东门为例，面阔 12.75 米、进深 11.5 米。门址由门道及其两边的檐廊和散水组成。门道中间置东西向夯土墙，将门道分为南、北二通道。二通道各长 11.1 米，宽 2.95 米。二通道西端各置一门。寝殿院落南门即寝园南面西门，面阔 10.8 米、进深 7.2 米，门道宽 6.8 米。

寝殿殿堂位于其院落中部偏南，东西 74.3 米、南北 37.5 米。殿堂台基四壁有壁柱，四周设置回廊，廊外围绕卵石散水。

寝殿殿堂四面辟门，东、西二门对称分布于寝殿东西两边，二者形制、大小基本相同。以西门为例，门址面阔 12.25 米、进深 10.53 米。门址由门道、南北檐廊及其散水组成。寝殿南、北各有三座门，可称东阶、中阶和西阶。三阶形制、大小相同。每阶面阔 4 米，进深 1.75 米。

（2）便殿遗址

便殿东、南、北三面围筑夯墙，西面置廊，范围东西 73.5 米、南北 120 米。便殿南、北二墙利用了寝园南、北墙的东段；东墙利用寝园东墙，西与寝殿院落相连。便殿东、西、南三面置门，其东门即寝园东门；西门即寝殿院落东门；南面有二门，即寝园南面中门和东门（图版 13-1）。

便殿由堂、室和院子三组建筑群组成，殿堂、室两组建筑群并列于院子建筑群南部，其间有夯土墙和廊道相隔。便殿中的建筑物主要是殿堂和室，殿堂又是便殿中的主体建筑物。

以殿堂为主的建筑群位于便殿建筑群西部，其范围南北 58.2 米、东西 29.1 米。这组建筑包括殿堂和院子（编号为三、五、六号院）、房屋一套两间（编号 F1 和 F2）及Ⅲ号庭院以及西、南门各一座。

室的房屋建筑群位于殿堂基址东南面，范围南北 58.2 米、东西 31.4 米。它们主要包括三套房屋、三座院子和三座庭院。在其中的三座房子内，各发现一个窖穴，窖穴堆积之内有牛、羊、猪、鳖、水禽等动物骨头。

院落建筑群分布在便殿北部，包括三座院子（编号为一、二、八号院）以及一间房子（F8）和一座庭院（Ⅴ号庭院）。其范围东西 53.2 米，南北 12.3 米。

便殿建筑群中有完整的排水系统，院子中有天井，天井低处置地漏，地漏与地下砖砌排水道或五角形排水管道相连。

2. 西汉皇后陵寝园遗址

1984 年考古发掘的孝宣王皇后陵寝园遗址，位于王皇后陵园西南，范围东西 129 米、南北 86 米。寝园北墙利用了王皇后陵园南墙西段（即陵园南门以西），寝园东、西、南面各辟一门。

寝殿遗址范围东西 90 米、南北 86 米（图 7-6）。寝殿院落西墙即寝园西墙，南、北二墙利用了寝园南、北二墙的西段；寝殿院落东面为廊。寝殿院落于东、西、南三面置门，西、南二门即寝园的西、南门，东门形制、大小与寝园西门相同，二者对称分布于寝殿院落东、西两边。

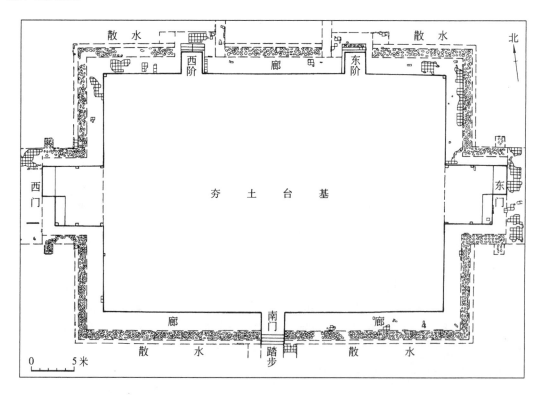

图 7-6　西汉孝宣王皇后陵寝殿遗址平面图

寝殿殿堂东西 54 米、南北 35.2 米，中部殿堂台基东西 39.6 米、南北 27.16 米。寝殿四周置廊，廊外置散水。寝殿四面辟门，东、西、南面各一门，北面有二门。东、西门对称分布于寝殿东、西两边，二者大小、形制相近。以东门为例，面阔 13.3 米、进深 7.15 米，门道宽 6.8 米，门道分为南、北二通道。门道两边对称分布着檐廊与散水。寝殿南门位于南面中央，面阔 2.6 米、进深 3.5 米，其与寝园南门相对。寝殿北门有二，东西并列。

便殿遗址范围东西 42 米，南北 72.5 米。便殿院落东墙即寝园东墙，南、北墙即寝园南、北墙的东段；便殿院落与寝殿院落以南北向廊作为分界。便殿院落西门与东门，即寝殿院落与寝园东门。便殿院落之内的建筑均为中、小房屋和小型庭院，以及连接上述建筑的廊道，这些建筑大多分布在寝殿院落东南部。

（二）西汉帝陵陵庙遗址

文献记载西汉帝陵陵庙有汉高祖长陵"原庙"、汉景帝阳陵"德阳宫"（即景帝庙）、汉武帝茂陵"龙渊宫"（即武帝庙）、汉昭帝平陵"徘徊庙"、汉宣帝杜陵"乐游庙"、汉元帝渭陵"长寿庙"等[1]，目前西汉帝陵陵庙遗址经过考古调查、试掘或发掘的只有汉宣帝杜陵和汉景帝阳陵的陵庙遗址。

1984 年，在汉宣帝帝陵东北 400 米处，考古勘探发现一处夯土基址，其高出附近地面 1～3 米，基址范围东西 73 米、南北 70 米。通过试掘，在西汉时代地层中出土了不少龙、凤纹空心砖。遗址西侧勘探发现一条南北向汉代道路，其东邻夯土基址，向南通至杜陵陵园东墙和东司马门之外，再南至杜陵寝园与王皇后陵寝园。根据基址平面形制、规格和出土属于"四神"内容的青龙纹、朱雀纹空心砖，推测该遗址为宣帝杜陵的陵庙遗址[2]。

在景帝陵东南约 300 米（与阳陵陵园相距 130 米），有一编号为阳陵第二号建筑遗址，又称"罗经石"遗址。该遗址已进行了全面考古发掘[3]。遗址平面方形，边长 260 米（图 7-7）。周筑围墙，围墙四面中央各辟一门，四门形制基本相同，门址面阔 56

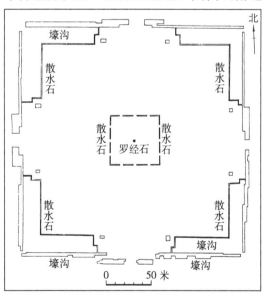

图 7-7　西汉景帝阳陵"罗经石"遗址平面图

〔1〕《汉书·文帝纪》如淳注："景帝庙号德阳，武帝庙号龙渊，昭帝庙号徘徊，宣帝庙号乐游，元帝庙号长寿，成帝庙号阳池。"
〔2〕中国社会科学院考古研究所：《汉杜陵陵园遗址》，科学出版社，1993 年。
〔3〕A. 汉阳陵博物苑：《汉阳陵博物苑》第 56 页，文物出版社，2006 年。
　　B. 陕西省考古研究所：《汉阳陵》第 4、5 页，重庆出版社，2001 年。

米、进深 22 米。门道两侧各有一口渗水井。围墙之内，四角各有一座曲尺形建筑，其外置卵石散水。围墙之外发现有与之基本平行的壕沟，后者年代早于围墙，该建筑修筑围墙后，原来的壕沟即废弃。壕沟四面中央与门相通处有通道。围墙之内中央为主体建筑，现存一夯台基址，高于周围地面 5.3 米。基址平面方形，边长 53.7 米。每面有 3 个门址，东、西、南、北四门的空心砖纹饰分别为龙纹、虎纹、朱雀纹和玄武纹。主体建筑周施回廊和散水，遗址发现的主体建筑四面的铺地砖、墙壁等，均按照东、西、南、北方位的不同，而分别涂有代表不同方位的青、红、白、黑颜色。二号遗址除了出土大量砖瓦建筑材料之外，还出土了成组的玉璧与玉圭等礼器，其放置为玉璧居中，玉圭围绕玉璧，玉圭上部朝向玉璧。从该建筑遗址的建筑形制、规模及其出土的四神纹瓦当来看，均与汉长安城南郊礼制建筑中的宗庙建筑遗址相近，它应为汉景帝阳陵的陵庙建筑遗址，亦即"德阳宫"遗址[1]。

（三）西汉帝陵的其他礼制建筑遗址

在西汉帝陵的考古调查、勘探中，还发现了一些重要建筑遗址，它们大多位于帝陵、皇后陵或其陵园附近。对照已经考古究明的汉宣帝帝陵、皇后陵寝园（包括寝殿和便殿）和阳陵陵庙建筑遗址情况，根据这些新发现的建筑遗址位置、形制等，推测它们可能与帝陵礼制建筑有关。这些发现有：汉高祖长陵的帝陵北 130 米、吕后陵北 350 米、吕后陵南（陵园南墙以北 30 米）发现的三处大型建筑遗址[2]；在茂陵帝陵陵园之外西北部、东南部各发现一处大型建筑遗址，前者南北长 243 米、东西宽 154 米，后者范围东西 550 米、南北 260 米[3]；汉昭帝平陵发现了五处建筑遗址：其中帝陵（西部的陵）陵园之外北部东西并列两处，东者东西 190 米、南北 320 米，西者东西 100～130 米、南北 270 米，在帝陵陵园之外西南部的建筑遗址东西 110 米、南北 140 米；皇后陵（东部的陵）陵园之外北部东西并列两处建筑遗址，东者东西 40 米、南北 90 米，西者东西 210 米、南北 206 米[4]。此外，在汉元帝帝陵陵园北部发现的大型建筑遗址，出土了一些重要的西汉时代玉器，被认为是渭陵的重要礼制建筑[5]。

在汉阳陵帝陵西南约 450 米处，考古勘探发现的阳陵第一号建筑遗址，东西 320 米、南北 210 米，建筑群外围壕沟，其内筑院墙，院墙之内为主体建筑。在一号遗址东南部进行了考古试掘，发现了墙基、柱础、庭园等建筑遗迹，出土了大量砖瓦等建筑材料。还有一个重要的发现，就是在一段南北向长数十米的墙基之下，出土了 230 余件塑衣式粉彩绘陶俑和动物俑，彩绘陶俑中有舞女俑、奏乐俑等，这可能是一组伎乐活动的记录，为进一步探讨建筑物的性质提供了重要资料[6]。

---

〔1〕　《汉书·景帝纪》："中元四年春三月，起德阳宫。"臣瓒注："是景帝庙也。帝自作之，讳不言庙，故言宫。《西京故事》云景帝庙为德阳。"
〔2〕　刘庆柱、李毓芳：《西汉十一陵》，陕西人民出版社，1987 年。
〔3〕　咸阳市文物考古研究所：《汉武帝茂陵钻探调查简报》，《考古与文物》2007 年第 6 期。
〔4〕　咸阳市文物考古研究所：《西汉昭帝平陵钻探调查简报》，《考古与文物》2007 年第 5 期。
〔5〕　刘庆柱、李毓芳：《西汉十一陵》，陕西人民出版社，1987 年。
〔6〕　汉阳陵考古陈列馆：《汉阳陵陈列馆》第 76 页，文物出版社，2004 年。

四　西汉帝陵及皇后陵陪葬坑

西汉时代帝陵及皇后陵一般均置陪葬坑。这一制度源远流长，上溯商周时代的大型墓葬附近的车马坑、祭祀坑（包括器物祭祀坑、动物祭祀坑及殉兽坑）等，实际上它们与秦汉时代帝王陵墓的陪葬坑意义基本相同。陪葬坑与"地宫"（即墓室）是西汉帝陵的"地下"主要组成部分：即"外藏"与"正藏"，"外藏"即"外藏椁"，"外藏椁"以"具"为计量单位[1]。

（一）西汉帝陵陵园与"大陵园"之中的陪葬坑

目前绝大多数西汉帝陵已经发现了数量多少不一的陪葬坑，已经勘探、发掘陪葬坑的有汉太上皇陵、景帝阳陵、武帝茂陵、昭帝平陵和宣帝杜陵等，其中以景帝阳陵、武帝茂陵陪葬坑勘探、发掘工作开展的最多。

在汉高祖之前的汉太上皇陵发现的2个陪葬坑，分别位于太上皇陵主墓道——东墓道南、北两侧，平面均为长方形、南北向[2]。应属于西汉时代最早的、具有帝陵陪葬坑性质的遗存。

汉景帝阳陵是西汉帝陵之中，发现、发掘陪葬坑数量最多的[3]。它们有的在帝陵陵园之内，有的在阳陵陵园（大陵园）之中。

帝陵陵园之中的陪葬坑，目前考古发现86个，其中东、西、南、北四侧分别为21个、20个、19个、21个，陵园东北部5个。帝陵封土东西两侧的陪葬坑均为东西向分布，南北两侧陪葬坑均为南北向分布。陪葬坑与封土距离一般约为10米，各陪葬坑之间距离为2~7米，一般为4米。陪葬坑长度不一，最长者逾百米，最短者有4米；陪葬坑宽3~4米，一般约为3.5米；坑口至坑底深约3米，陪葬坑距今地表深5~11米。坑内主要出土物为骑兵俑、步兵俑等武士俑和羊、狗、猪、鸡、牛、马等动物模型俑（图版14-1），上述大量动物俑可能与当时人们的"三牲"、"五牲"、"六畜"有关，属于礼仪的祭祀性遗存。

帝陵封土东侧陪葬坑在东墓道南侧有11个、北侧有10个，已考古发掘的陪葬坑11个。陪葬坑出土了"宗正之印"银印，"仓印"、"甘泉仓印"、"大官之印"、"内官丞印"、"左府之印"、"右府"、"宦者丞印"、"长乐宫车"、"永巷丞印"、"徒府"、"西府"、"山府"、"东织寝官"铜印和"大官丞印"、"导官令印"、"东织令印"封泥，这些是研究陪葬坑性质的重要资料。

阳陵陵园（大陵园）之中的帝陵东南500米、孝景王皇后陵西南300米处发现24个陪葬坑，其分布范围东西320米，南北300米。这些陪葬坑均为南北向，平面为长条形或

---

〔1〕《汉书·霍光传》：霍光去世，皇帝"赐金钱、缯絮，绣被百领，衣五十箧，璧珠玑玉衣，梓宫、便房、黄肠题凑各一具，枞木外藏椁十五具"。服虔注："在正藏外，婢妾藏也。或曰厨厩之属也"。

〔2〕中国社会科学院考古所栎阳发掘队：《秦汉栎阳城遗址的勘探和试掘》，《考古学报》1985年第3期。

〔3〕A. 陕西省考古研究所：《汉阳陵》，重庆出版社，2001年。

　　B. 焦南峰：《汉阳陵从葬坑初探》，《文物》2006年第7期。

　　C. 陕西省考古研究所汉陵考古队：《中国汉阳陵彩俑》，陕西旅游出版社，1992年。

"K"字形。24个陪葬坑东西排列14行，行距20米。每行少者1个陪葬坑，多者6个陪葬坑。陪葬坑长25.3～291米，宽一般4米，最宽者10.5米，深7～8米。陪葬坑均为地下隧道式木框架结构。坑体为竖式，坑道两端部分为斜坡。坑底铺横木板，坑两侧壁下设纵向地栿，上立方柱，柱间镶枋板，顶架枋木。两侧枋上横铺密桁，形成隧道。棚木之上铺席，席上覆土。这里经过发掘和部分清理的有15个陪葬坑，出土了大量彩绘武士俑、各式兵器及武备，连同这些陪葬坑中出土的"车骑将军"、"军大右仓"、"军武库丞"、"军武库兵"、"军武库器"、"左府"等印章，说明这些陪葬坑性质可能与军事相关。

　　阳陵陵园（大陵园）西北部、帝陵西北500米发现的陪葬坑群，其陪葬坑数量、形制、排列、占地面积均与上述帝陵东南部的陪葬坑群相同[1]。

　　已发现的茂陵陪葬坑[2]分布在帝陵陵园之内和帝陵陵园之外的西部、西南部和东北部（图7-8）。

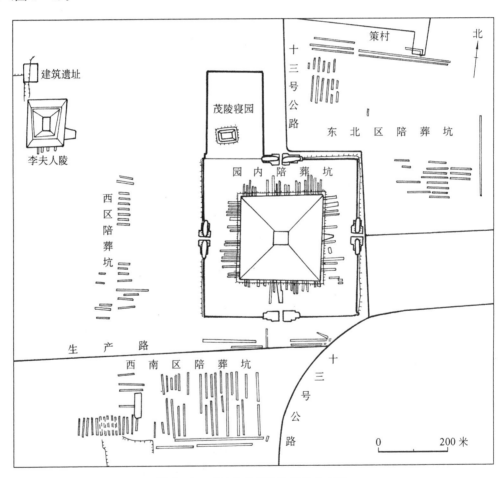

图7-8　西汉武帝茂陵陪葬坑分布图

〔1〕　焦南峰：《汉阳陵从葬坑初探》，《文物》2006年第7期。

〔2〕　咸阳市文物考古研究所：《汉武帝茂陵钻探调查简报》，《考古与文物》2007年第6期。

帝陵陵园之内的陪葬坑已发现 63 个，分布在帝陵封土四周。其中封土东、西、南、北四面分别为 13 个、17 个、14 个和 19 个，陪葬坑在封土外的长度一般为 14～64 米、宽 3～7 米。

帝陵陵园之外的陪葬坑共勘探发现 115 个，可分为西部、西南部和东北部三区。西部陪葬坑区位于帝陵陵园以西 200 米，已发现 22 个陪葬坑，均为东西向南北平行排列，间距 9～12 米。22 个陪葬坑对称分列于帝陵陵园西司马道南北两侧，南北间距 108 米，其中北侧 9 个、南侧 13 个。陪葬坑一般长 31～42 米（其中最长者 91.5 米）、宽 3 米。西南部陪葬坑区主要分布在帝陵陵园南司马道西部，已勘探发现 56 个陪葬坑，以南北向排列为主，其中最大的陪葬坑长 242 米、宽 2～5.5 米。东北部陪葬坑区的陪葬坑分为两组，一组在帝陵陵园东司马道以北，勘探发现 16 个陪葬坑，均为东西向南北排列；另一组在帝陵陵园北司马道以东，勘探发现 21 个陪葬坑，一般为南北向东西排列，该组北部的陪葬坑为东西向南北排列。

分布在帝陵陵园之中的陪葬坑，均在四条墓道两侧，陪葬坑方向均与墓道方向一致。帝陵陵园之外的陪葬坑，多在帝陵陵园司马道附近，陪葬坑的方向基本与其附近司马道方向一致。

《汉书·贡禹传》记载：武帝死时，"昭帝幼弱，霍光专事，不知礼正，妄藏金钱财物，鸟兽鱼鳖牛马虎豹生禽，凡百九十物，尽瘞藏之……昭帝晏驾，光复行之"。可见平陵的随葬物品应是非常丰富的。目前已经勘探发现，平陵陪葬坑与景帝阳陵和武帝茂陵陪葬坑一样，分为帝陵陵园之内和帝陵陵园周围陪葬坑，帝陵陵园之内陪葬坑也是围绕封土四周分布，陪葬坑与其附近墓道方向是一致的[1]。帝陵陵园和皇后陵园之外已发现陪葬坑 26 个，其中帝陵陵园（西陵园）之外西部和西南部发现 5 个陪葬坑，一般长 5～14 米、宽 4～7 米[2]。

目前汉宣帝杜陵考古发现陪葬坑 5 个，其中 4 个在帝陵陵园之外北部，1 个在帝陵陵园之外西南部，除帝陵北一号陪葬坑平面为方形外，其他均为长方形，方向有东西向与南北向两种。其中 2 个陪葬坑（K1 和 K4）进行了考古发掘。一号陪葬坑位于帝陵以北 520 米。坑室为平面近方形的竖穴，其东西 12.04 米，南北 10.4 米，坑深约 8 米。坑室之内分为主室和车室，主室之内又分为中厢和东、南、西、北四个边厢。四号陪葬坑在一号陪葬坑西 130 米，这是一个附斜坡坑道的长方形竖穴陪葬坑。坑室平面长方形，长 8.46～8.7 米，宽 4.2 米，深 4.4 米。坑内出土"大仓"半通铜印章。

由以上帝陵的陪葬坑可以看出，西汉初期到中晚期帝陵陪葬坑的数量，从多到少，目前以景帝陵、武帝陵陪葬坑数量较多，规模较大。

通过景帝阳陵和宣帝杜陵的陪葬坑对比可以看出，不同时期帝陵陪葬坑中陪葬品不尽相同，景帝阳陵有较多的武士俑，大量陪葬牲畜陶俑，如羊、豕、犬俑等；宣帝杜陵武士俑甚少，仅有一些或为侍卫一类俑。这反映出西汉时代前期西汉帝陵陪葬坑中，还保留着更多一些先秦时代以"五牲"、"太牢"等为祭祀内容的丧葬礼仪。

---

〔1〕　岳起、刘卫鹏：《由平陵建制谈西汉帝陵制度的几个问题》，《考古与文物》2007 年第 5 期。
〔2〕　咸阳市文物考古研究所：《西汉昭帝平陵钻探调查简报》，《考古与文物》2007 年第 5 期。

（二）西汉皇后陵陪葬坑

近年来考古勘探、发掘的皇后陵（或皇太后陵）的陪葬坑有昭灵皇后陵、薄太后陵、孝文窦皇后陵、孝景王皇后陵、孝昭上官皇后陵等。

薄太后南陵位于西安市灞桥区狄寨乡张李村的白鹿原上。南陵陪葬坑在其封土西北200米，分布在陵园西墙之外。已发掘20个陪葬坑，陪葬物有犀牛、熊猫、马、羊、狗、猫等动物[1]，还有陶俑、陶罐等。值得注意的是，在陪葬坑的砌筑框栏的条砖之上有"东园"陶文。

在孝文窦皇后陵以西1000米发现一组陪葬坑[2]，在4620平方米范围内，共发掘47个陪葬坑。陪葬坑出土有彩绘陶俑、陶罐和马、羊、猪、狗、鹅、鹤及谷物等。

孝景王皇后陵陪葬坑分布于皇后陵陵园之内的封土四周，已发现28个陪葬坑，封土四周陪葬坑与四面墓道方向一致。封土东西侧陪葬坑各7个，南北侧陪葬坑分别为6个和8个。

孝昭上官皇后陵（东部的陵）陪葬坑发现21个，分布在皇后陵园（东部陵园）南部和西南部，范围东西450米、南北300～400米。陪葬坑平面为长条形，一般长10～40米、宽4～7米[3]。

五　西汉帝陵陪葬墓及其陪葬坑

西汉帝陵一般都有陪葬墓，这是在商周以来君王的臣妾、亲信为其殉葬或陪葬的基础上发展而来的。安阳殷墟武官村大墓的北墓道二层台东西两侧，葬41人，其中东侧17人，多为男性，西侧24人，多为女性。这些死者均为全躯，有的有棺，并随葬有鼎、瓤、爵、簋、卣、刀、戈、镞等青铜礼器和兵器，还有佩饰的玉器。从死者埋葬的情况分析，他们应为墓主人生前的亲信、侍从或姬妾[4]。《唐大诏令集》卷六十三记载："诸侯列葬，周文创陈其礼。"如太公望封于山东营丘，但其死后就陪葬在文王陵附近。春秋时代，君王陪葬制度进一步发展。《史记·秦本纪》记载：秦穆公死后葬于雍，"从死者百七十七人，秦之良臣子舆氏三人曰奄息、仲行、针虎，亦在从死之中"。

西汉帝陵的陪葬墓多、规模大，皇帝为陪葬者在帝陵陵区另辟茔地，墓上筑高大封土，冢旁或建有礼制建筑，这些不同于先秦时代王陵的殉葬或陪葬者。

（一）汉高祖长陵陪葬墓及其陪葬坑

长陵陪葬墓在陵区以东，目前保存封土的陪葬墓有63座。它们大多成组分布，各组

---

〔1〕陕西省考古研究所王学理：《汉南陵从葬坑的初步清理——兼谈大熊猫头骨及犀牛骨骼出土的有关问题》，《文物》1981年第11期。

〔2〕王学理、吴镇烽：《西安任家坡汉从葬坑的发掘》，《考古》1976年第2期。

〔3〕A. 咸阳市文物考古研究所：《西汉昭帝平陵钻探调查简报》，《考古与文物》2007年第5期。

B. 汉平陵考古队：《巨型动物陪葬少年天子——初探汉平陵从葬坑》，《文物天地》2002年第1期。

〔4〕郭宝钧：《一九五○年春殷墟发掘报告》，《中国考古学报》第五册，1951年。

中的陪葬墓又南北或东西并列成对，成对的陪葬墓多为"同茔不同穴"的夫妻合葬墓。陪葬墓的封土形制有覆斗形、圆丘形和"山形"。根据文献记载，长陵陪葬墓主人大多是当时朝廷的达官显贵、豪门巨富。在这些陪葬墓附近有的还发现了规模宏大的陪葬坑。属于长陵陪葬墓的杨家湾汉墓，是西汉帝陵之中目前惟一经过全面考古发掘的陪葬墓。

杨家湾汉墓包括南北排列的两座墓，编号为四号墓和五号墓。

四号墓由封土、墓道（包括墓门、中庭）、墓室（后堂）三部分组成。墓道平面呈曲尺形，宽 6～23 米，全长约 100 米。墓室周围和棺椁上下均有积炭，外廓用大量枋木重叠而成方形椁室。就整个墓葬结构而言，颇似一座有过道（南墓道）、中庭（西墓道）、后室（墓室）并有三个楼层组成的大型宅第建筑。

五号墓在四号墓北 26 米，墓上有覆斗形封土。墓坑平面为曲尺形，总长 82 米。墓室葬具为一棺一椁。椁与棺两侧，形成南、北厢。北厢置玉器、鸭蛋壶等。南厢置钟、磬之类。墓室内出土遗物还有玉衣片、玉璜、玉璧等。

四号墓发现陪葬坑 7 个，其中放置有用具、鸭蛋壶（内有稻谷）、陶仓（仓内有谷子、黄米、小麦、豆类等粮食）、日用陶器，还有祭祀坑（有两辆彩绘漆车、漆厢、漆盒、漆盘及马、牛、羊、猪、狗骨骼等）、车马等。在四号墓南 70 米，有陪葬坑 11 个，出土了骑兵俑 583 件，步兵俑 1965 件，盾牌模型 410 件，鎏金车马饰件 1110 多件。陶俑为五列四行排列，前三列六坑为骑兵俑，后二列四坑为步兵俑。这批陶俑数量之多，配套之全，步伍之整齐为汉代考古中所少见[1]。

（二）汉惠帝安陵陪葬墓及其陪葬坑

在汉惠帝安陵东北部，安陵陪葬墓区北，编号第 11 号陪葬墓的墓室上口一周，有一平面方形的陪葬沟[2]，沟南北 19 米，东西 21 米，沟内宽 0.54 米，沟两壁砌砖，顶置棚木。已清理南沟 9 米长，沟内陶俑六行，武士俑、陶羊、陶牛、陶猪等分行排列，陶羊居中，陶猪、陶牛分列在东西两侧。这种陶羊、陶牛和陶豕的陪葬组合，可能与"太牢"祭祀礼仪有关。

（三）汉景帝阳陵陪葬墓

阳陵陪葬墓[3]主要有两处，它们分布在陵区的北部与东部，其中以后者更为重要。北部陪葬墓区在帝陵以北 600 米，主要有两座大型陪葬墓。二墓均为东西向中字形大墓，其封土各自外围湟壕，湟壕平面为方形，边长 170 米，形成各自的墓园，其中又各有 12 个陪葬坑。

东部陪葬墓区在帝陵陵园东司马门百米以外，东西排列在东司马门道南北两面。东司马道东西长约 3500 米，南北宽约 110 米。陪葬墓区位于帝陵以东 1100 米处，东至高陵县马家湾乡米家崖村。其范围东西长 2350 米、南北宽 1500 米，面积约 3.5 平方公里。考古

〔1〕　陕西省文物管理委员会、咸阳市博物馆：《陕西省咸阳市杨家湾出土大批西汉彩绘俑》，《文物》1966 年第 3 期；《咸阳杨家湾汉墓发掘简报》，《文物》1977 年第 10 期。
〔2〕　咸阳市博物馆：《汉安陵的勘查及其陪葬墓中的彩绘陶俑》，《考古》1981 年第 5 期。
〔3〕　国家文物局主编：《1999 年中国重要考古发现》第 85～90 页，文物出版社，2001 年。

勘探表明，东部陪葬墓区东、西各有一条南北向壕沟，作为其东西界限。已探明西边壕沟南北长 440 米、东西宽约 8 米，深 6.2 米；东边壕沟南北长 570 米、东西宽约 40 米，深约 10 米。帝陵陵园东司马道东西横贯其间，西至帝陵陵园东司马门，东至阳陵邑。在这一范围之内，东司马道南北两侧勘探发现排列有序的汉代墓园 200 余座，墓园平面多为方形，少数为长方形。墓园之间以壕沟分隔，已勘探发现东西向壕沟 22 条，南北向壕沟百余条。墓园分布东西成排、南北成行，陪葬墓区平面形成棋盘格状。墓园之内有数量多少不等的陪葬墓和陪葬坑。东部陪葬墓区的各墓园之中勘探发现墓葬约有万余座，已经考古发掘 2000 余座，出土文物逾万件（图版14-2、3）。

根据东部陪葬墓区的墓园布局、墓葬形制及墓葬出土遗物分析，这里的墓园年代不尽相同，可分为早、中、晚三个时期。

早期墓园有 30 座，位于司马道的南北两侧，各有两排，总面积 26 万平方米。靠近司马道的一侧多无壕沟，共发掘汉墓 60 座，以竖穴土洞墓、斜坡墓道土洞墓为主。墓园平面多为长方形，每座墓园面积一般约 4200～13000 平方米，个别大者面积 51875 平方米，小者面积 420 平方米。有的墓园之中还有建筑遗址，它们可能与墓园的祭祀活动有关。每个墓园之内有 1～5 座墓，其中的主墓均为甲字形，墓葬旁边一般有陪葬坑。东司马道的南北两侧墓园中的主墓墓道均朝向司马道。墓园之间发现东西向壕沟 8 条，壕沟一般宽6～8 米，最宽 30 米，深一般为 12.5 米，最深约 16 米。早期墓园的特点是距离司马道近，墓园规模大，壕沟宽而深，墓圹较大，排列有序，墓主级别较高。

中期墓园位于早期墓园的南北两侧，与早期墓园约有 10 米间隔。墓园平面多为方形，边长 50～70 米。墓园门道宽 5～25 米，多朝北辟门。个别墓园之中发现建筑遗址。这一时期墓园壕沟宽约 2.8～7.6 米，大多宽为 2～4 米，深约 3.2～6 米。各墓园中的墓葬以小型和中型墓葬居多。墓园中的墓葬数量多少不一，多者百余座，少者十几座。中期墓园时代约在西汉中晚期。

晚期墓园位于中期墓园南北两侧，与中期墓园有 10 米的间隔距离。墓园平面有方形和长方形，各个墓园大小不等，多数墓园边长在 50～70 米，门道宽约 3 米，门的朝向不一。墓园之间的壕沟宽约 1.8～4 米，深 2.8～3.2 米。这一时期的墓园之中的墓葬数量较多，方向不一，排列无规律。晚期墓园的年代从西汉晚期到东汉中期。

从以上早、中、晚三个时期的墓园来看，早期墓园中的主墓应为阳陵陪葬墓，中期墓园和晚期墓园，则应为与陪葬墓墓主人有血缘关系的家族墓地[1]。

（四）汉武帝茂陵陪葬墓及其陪葬坑

茂陵陪葬墓[2]已发现有 19 座，主要分布于帝陵陵园东部，其中以陵园东司马道两侧

〔1〕　陕西省考古研究所：《汉阳陵》第 5、6 页，重庆出版社，2001 年。

〔2〕　A. 咸阳市文物考古研究所：《汉武帝茂陵钻探调查简报》，《考古与文物》2007 年第 6 期。

　　　 B. 咸阳地区文管会、茂陵博物馆：《陕西茂陵一号无名冢一号从葬坑的发掘》，《文物》1982 年第 9 期。

最多，尤其是司马道南侧更多。司马道南部有 12 座陪葬墓，基本为东西向排列，各陪葬墓墓道以南向为主；司马道北部有 7 座陪葬墓，墓道以北向为多，卫青、霍去病的墓葬均在这里。在卫青墓东北部、霍去病墓西部各发现 1 个陪葬坑。显然，茂陵陪葬墓是以帝陵陵园东司马道为轴线，陪葬墓分列其南北两侧、东西排列。在陵园东司马道南侧的一座陪葬墓周围勘探发现了 38 个陪葬坑，其中清理的一个陪葬坑出土了 230 件器物，发现了大量实用的铜器、铁器、漆器、铅器等，还有鎏金铜马和鎏金银竹节铜熏炉等。

（五）汉昭帝平陵陪葬墓

平陵陪葬墓主要分布于陵区东部和北部，已发现 9 座陪葬墓，一般墓道长 20～60 米，墓道多为东向。此外在平陵西部与南部还有一些属于平陵的陪葬墓[1]。

（六）汉宣帝杜陵陪葬墓

根据考古调查，汉宣帝杜陵陪葬墓现在保存封土的有 62 座，已被平掉封土的陪葬墓 45 座，这些陪葬墓主要分布在杜陵东南部与东北部，其中以东南部陪葬墓最为重要（图7-9）。

东南部陪葬墓中，现存封土者 24 座，目前已无封土者 29 座，杜陵陪葬墓中的大型陪葬墓多在这里。陪葬墓分布范围东西 1200 米，南北 700 米。东北部陪葬墓中，现存封土者 38 座，目前已无封土者 16 座。陪葬墓分布范围东西 1100 米，南北 2100 米。陪葬墓或几座聚集一起，或数座排列成行，许多陪葬墓结对排列，它们大多应为夫妻合葬墓，其中东西并列的陪葬墓多于南北排列陪葬墓。属于东西并列陪葬墓的茔域和封土规模，一般大于南北并列陪葬墓。东西并列陪葬墓较南北并列陪葬墓距离帝陵、皇后陵较近。距离帝陵、皇后陵越近的陪葬墓规模越大，反之陪葬墓规模越小。成对的陪葬墓中，东西并列者，西边的墓大于东边的墓；南北排列者，南边的墓大于北边的墓[2]。

（七）其他西汉帝陵陪葬墓

在汉元帝帝陵东北 800 米有 18 座、帝陵南 500 米有 5 座保存封土的墓葬，它们应属于渭陵陪葬墓。汉成帝帝陵以东 1500 米，有 7 座可能属于延陵的陪葬墓。汉哀帝义陵陪葬墓分布在帝陵附近，已发现 15 座陪葬墓，其中帝陵东北部 3 座、南部 5 座、西部 4 座，此外帝陵东部、北部和西南部各 1 座[3]。

西汉帝陵陪葬墓分布有一定规律，从目前保留封土的陪葬墓来看，它们大多分布在帝陵以东，也有的在帝陵以北。分布在帝陵以东的陪葬墓，位于东司马道南北两侧，以南侧的陪葬墓数量较多。陵区中陪葬墓的这种布局，可能反映其仿照都城长安之中的宫城与达官显贵宅第方位关系。

〔1〕　咸阳市文物考古研究所：《西汉昭帝平陵钻探调查简报》，《考古与文物》2007 年第 5 期。
〔2〕　中国社会科学院考古研究所：《汉杜陵陵园遗址》，科学出版社，1993 年。
〔3〕　刘庆柱、李毓芳：《西汉十一陵》，陕西人民出版社，1987 年。

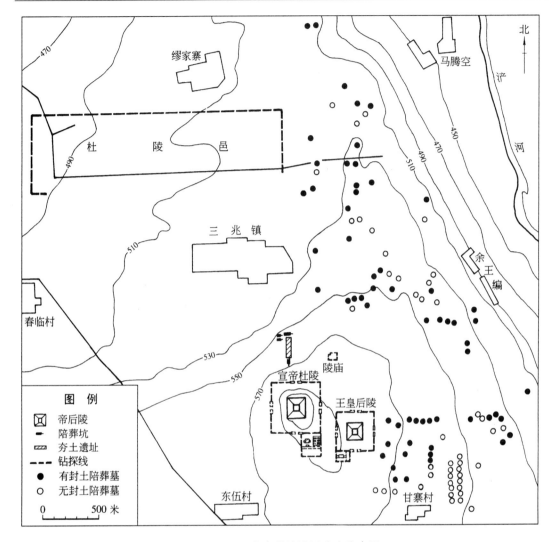

图 7-9　西汉宣帝杜陵陵区遗迹分布图

　　从西汉帝陵陪葬墓分布位置可以发现，距离帝陵、皇后陵越近的陪葬墓，其封土规模越大，结合相应文献记载其墓主人地位越高，这在长陵、安陵、阳陵、茂陵和杜陵的陪葬墓中都可以明显看出。西汉帝陵陪葬墓分布位置，承袭了先秦时代的有关制度，《周礼》载："凡诸侯居左右以前，卿、大夫、士居后，各以其族。""凡有功者居前。"[1]

六　西汉帝陵陵邑

　　"园邑之兴，始自疆秦。"[2] 西汉时代自汉高祖长陵至汉宣帝杜陵，帝陵均置陵邑。

〔1〕《十三经注疏》。

〔2〕《后汉书·东平宪王苍传》。

现已基本究明的帝陵陵邑有汉
高祖长陵陵邑、汉惠帝安陵陵
邑、汉景帝阳陵陵邑、汉武帝
茂陵陵邑、汉昭帝平陵陵邑、
汉宣帝杜陵陵邑。

汉高祖长陵陵邑在长陵陵
园以北，陵园北墙是陵邑南墙
的一部分。长陵邑东西 2200
米、南北 1245 米，陵邑面积
2.739 平方公里（图 7 - 10）。
长陵邑未发现东墙，在西汉帝
陵诸陵邑中是很特别的。

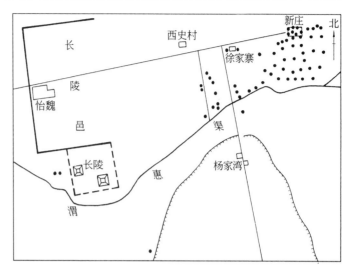

图 7 - 10　西汉高祖长陵陵区遗迹分布示意图

汉惠帝安陵陵邑在帝陵封
土以北 600 米，帝陵陵园北墙即
陵邑南墙中间部分。陵邑平面为
倒置"凸"字形，北墙东西长
1586 米，东墙北段南北长 500
米、南段南北长 235 米，南墙东
西长 940 米，陵邑面积 1.139 平
方公里（图 7 - 11）。城墙宽约
6～10 米。陵邑北墙之外 1 米发
现壕沟遗址，壕沟宽 5 米、深
2 米。在陵邑北墙与东墙北段
中部分别发现门址一处[1]。

阳陵陵邑在阳陵陵区东端，
陵邑范围东西 4500 米、南北
1000 米，面积 4.5 平方公里。
阳陵陵邑周筑城墙，其外置城
壕。陵邑之中有东西向道路 11
条、南北向道路 31 条。陵邑内
东西向的干道宽 62 米，将陵邑

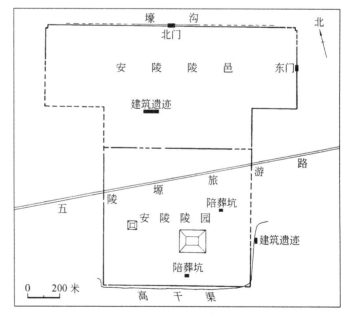

图 7 - 11　西汉惠帝安陵陵区遗迹分布图

分为南北两部分，北部为官署区，南部为居民区。不同方向的道路相交形成了 200 余个方
形或长方形空间，它们可能是陵邑中的"里"。阳陵邑遗址出土了"阳陵令印"封泥、"阳
陵泾乡"文字瓦当等遗物，它们佐证了阳陵陵邑的地望[2]。

〔1〕　陕西省考古研究所：《西汉安陵调查简报》，《考古与文物》2004 年第 4 期。
〔2〕　A. 汉阳陵考古陈列馆：《汉阳陵考古陈列馆》第 128、129 页，文物出版社，2004 年。

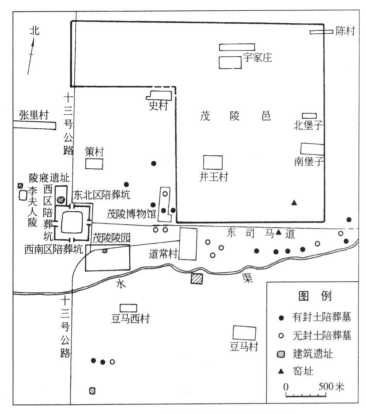

图7-12 西汉武帝茂陵陵区遗迹分布图

最近考古勘探发现，茂陵陵邑位于茂陵东北部。在茂陵的帝陵封土以东1100米，有一平面呈曲尺形的空间，周置沟渠，渠宽3～8米、深4米。茂陵陵邑面积约5.5395平方公里（图7-12）。发现者认为这就是文献记载的茂陵陵邑。茂陵陵邑南边在帝陵陵园东司马道北侧，茂陵陵邑南部与东司马道南侧的茂陵陪葬墓相对。茂陵陵邑西边的南部与茂陵陪葬墓——霍去病墓、卫青墓等相邻[3]。

汉昭帝平陵陵邑在平陵东北部，陵邑四面筑墙，墙宽4～10米，陵邑范围东西2400米、南北3100米，平陵邑面积7.44平方公里[4]。

汉宣帝杜陵陵邑在杜陵西北部，陵邑周筑城墙，东西长2250米、南北宽约500米，陵邑面积1.125平方公里。

西汉初年的长陵陵邑、安陵陵邑和西汉时代中晚期的平陵陵邑、杜陵陵邑均位于各自帝陵陵园（大陵园）的北部，阳陵陵邑、茂陵陵邑位于各自帝陵陵园（大陵园）的东部。西汉帝陵陵邑的分布位置，集中体现出西汉帝陵以都城长安为"蓝图"进行规划的理念。西汉时代的帝陵陵邑，一是为了供奉陵园；二是迁徙关东大族、达官巨富，削弱地方势力，强化中央集权统治；三是由于西汉时代皇帝"予作寿陵"，通过"随帝徙陵"，突出当政皇帝的权威。基于上述原因，当时对于"徙陵"者的政治、财产有着很高的严格要求，能够迁徙到陵邑之中的人多为达官显贵。西汉时代汉长安城中，以"北第"、"东第"为官僚贵族居住区，"北第"在未央宫北部，"东第"在都城东部[5]。"徙

B. 焦南峰：《试论西汉帝陵的建设理念》，《考古》2007年第11期。

[3] 咸阳市文物考古研究所：《汉武帝茂陵钻探调查简报》，《考古与文物》2007年第6期。

[4] 咸阳市文物考古研究所：《西汉昭帝平陵钻探调查简报》，《考古与文物》2007年第5期。

[5] A. 《汉书·夏侯婴传》："惠帝及高后德婴之脱孝惠、鲁元于下邑间也，乃赐婴北第第一。"颜师古注："北第者，近北阙之第，婴最第一也。"

B. 《汉书·司马相如传（下）》："故有刓符之封，析圭而爵，位为通侯，居列东第。"颜师古注："东第，甲宅也。居帝城之东，故曰东第也。"

陵"的达官显贵住地的陵邑，安排在帝陵北部与东部，正是仿照都城"北第"、"东第"的布局方位。

第二节 东汉帝陵

东汉自刘秀建国，到汉献帝禅位于曹丕，共196年，历光武帝、明帝、章帝、和帝、殇帝、安帝、顺帝、冲帝、质帝、桓帝、灵帝、献帝等14位皇帝，两位少帝被废，因此只修建有12处帝陵。其中汉献帝禅陵位于河南省焦作，其余11座均在洛阳附近。关于东汉帝陵，史书多有记载，但并不统一，且存在一些讹误之处，因此东汉帝陵的考古工作与研究就显得十分重要。

一 东汉帝陵的文献记载和考古发现

关于东汉帝陵，东汉末期的《东观汉记》、《古今注》中已有叙述，《三国志》、《后汉书》等文献中亦有相关记载，唐代章怀太子李贤为《后汉书》作注时又进行了较多补充，之后各代虽均有研究，但多沿用早期记载。新中国成立之始，洛阳邙山一带的考古工作大多是围绕基本建设展开，一直到20世纪80年代之后，针对东汉帝陵的调查才逐渐增多。进入21世纪，由于文物保护工作和学术研究的深入，有关东汉帝陵考古钻探和相关遗存的发掘工作得以展开，研究成果也不断涌现。

（一）关于东汉帝陵的文献记载

东汉末年成书的《东观汉记》中记载了桓帝之前的八个帝陵的名称。南朝时，宋人范晔根据《东观汉记》的记载，在《后汉书》里补齐了十二陵的名称。《后汉书》中还有较多关于诸陵及葬制、葬俗等的记载，如《后汉书·显宗孝明帝纪》载："葬光武皇帝于原陵"。《续汉书·五行志》载："阳嘉元年（公元132年），恭陵庑灾"等等。特别是《续汉书·礼仪志》记载了较多相关的丧葬制度和礼仪，如陪葬、合葬礼制、墓圹、棺椁、随葬品及上陵之礼等等，对我们今天研究东汉帝陵有较大的帮助。《三国志》中亦有汉献帝禅陵的记载，如《三国志·魏书·明帝纪》裴松之注引《献帝传》载青龙二年（公元234年）"八月壬申，葬于山阳国，陵曰禅陵，置园邑"。另外还有朱超石游历邙原，见光武坟上杏树所结之杏甚美的记载[1]。西晋皇甫谧撰写的《帝王世纪》中关于各个东汉帝陵的大小、方位等有简略记载。其中载汉魏洛阳故城西北15～20里有五陵：光武帝原陵、安帝恭陵、顺帝宪陵、冲帝怀陵和灵帝文陵；故城东南30～48里有六陵：明帝显节陵、章帝敬陵、和帝慎陵、殇帝康陵、质帝静陵和桓帝宣陵，对洛阳东汉帝陵的分区研究有较大参考价值。《续汉书·礼仪志》刘昭注引所用《古今注》中列举了诸帝陵的陵园规模。另

---

〔1〕 晋·朱超石《与兄书》："登北邙远眺，众美都尽。光武坟边杏甚美，今奉送其核。"引自清·严可均辑《全晋文》卷一六七，商务印书馆，1999年。

外还有许多的诗赋都提到了邙山的东汉帝陵,最著名的是张载的《七哀诗》和张协的《登北邙山赋》等,从中可以判断当时人们对邙山东汉帝陵的位置以及毁废状况是有一定了解的。唐代李贤为《后汉书》作注时,引《古今注》、《帝王世纪》等的记述,对东汉帝陵的大小、高度、距离等有较多的描述,如"原陵方三百二十步,高六丈。在临平亭东南,去洛阳十五里"。"显节陵方三百步,高八丈。其地故富寿亭也。西北去洛阳三十七里"等等。唐代以后,东汉帝陵渐渐不为人们所知。宋元时期仍有一些关于东汉帝陵的记载,典型的如徐天麟的《东汉会要》,多引《帝王世纪》,对东汉帝陵的相对位置和距离进行了描述。但一些关于东汉帝陵地望的文献开始出现错误,如光武帝的原陵被定在远离邙山而又邻近黄河岸边铁谢村的"刘秀坟"。宋至明代的正史文献有关东汉帝陵的记述基本以李贤所注《后汉书》为绳。至清代,洛阳知县龚崧林勘察了洛阳附近的古代墓冢,确定了汉魏陵墓的位置,并在陵前立碑,划定了陵域范围。但由于没有做详细的考证,龚崧林考订的邙山十一陵存在很多问题甚至是错误。1933 年王广庆考察了邙山东汉帝陵,考察的情况记录在《洛阳访古记》一文中,虽多沿用旧说,但他也对《后汉书》李贤注和《帝王世纪》等早期文献提出了质疑。

　　总的看来,我国古代关于东汉帝陵的文献并不多,比较可信的主要有《后汉书》、《东观汉记》、《续汉书》、《后汉纪》等。这些文献关于陵园建设、陵寝制度、祭祀礼仪、陪葬制度等内容的记载相对较多,而关于帝陵位置的记述则较为简略。可以说文献资料对于我们今天研究东汉帝陵来讲非常重要,但确实是很简略,因此关于东汉帝陵的考古调查、勘探等田野考古工作的开展就显得十分迫切。

(二) 东汉帝陵的考古调查、勘探和发掘

　　新中国成立后,针对东汉帝陵的调查工作并不是很多,但随着调查的深入和考古发掘的开展,东汉帝陵的分布 (图 7-13) 与轮廓特征逐渐清晰起来。如对洛阳帝陵的调查[1],1981 年对邙山地区的陵墓调查[2],1982 年对洛阳帝陵的调查[3],1984 年的文物普查[4]等。2003~2005 年对东汉帝陵的系统踏查,就墓葬的分布、方位、规格、夯层情况、外貌及现状等均进行了详细记录,发现了一些重要的遗迹和遗物,对东汉帝陵的进一步研究有重要参考价值[5]。2003 年 10 月至 2007 年 6 月[6],对洛阳邙山陵墓群进行的文物普查,规模较大,获得了邙山古墓冢及相关遗迹、遗址的位置、数量等基础资料,全面了解了邙山古墓冢的规模及保护状况等。在普查的过程中还针对性地对一些墓冢的封土、墓道、陵寝建筑等进行了钻探,对东汉帝陵的保护和研究有着极为重要的意义。另外,有多位学者

〔1〕 黄展岳:《中国西安、洛阳汉唐陵墓的调查与发掘》,《考古》1981 年第 6 期。

〔2〕 陈长安:《洛阳邙山东汉陵试探》,《中原文物》1982 年第 3 期。

〔3〕 杨宽、刘根良、太田有子、高木智见:《秦汉陵墓考察》,《复旦大学学报 (社会科学版)》1982 年第 6 期。

〔4〕 李南可:《从东汉"建宁"、"熹平"两块黄肠石看灵帝文陵》,《文物》1961 年第 10 期。

〔5〕 韩国河:《东汉帝陵踏查记》,《考古与文物》2005 年第 3 期。

〔6〕 洛阳市第二文物工作队:《洛阳邙山陵墓群的文物普查》,《文物》2007 年第 10 期。

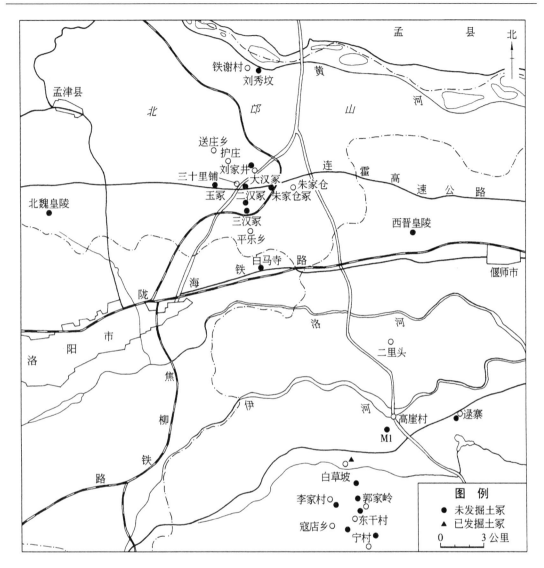

图 7-13　东汉帝陵分布图

也分别对东汉帝陵进行过调查，并有相关的研究成果发表[1]，对东汉帝陵的研究均有借鉴意义。

　　2004～2006 年，先后对偃师市高崖村东汉墓冢、孟津县三十里铺村附近的大汉冢及东山头村东南的玉冢进行了考古钻探。通过对高崖村东汉墓的调查、钻探和试掘，初步掌握了高龙镇高崖村冢墓群的分布与地层堆积情况，特别是 M1 封土的周边地层，以及近现代的破坏情况；基本确定了高龙镇高崖村南 M1 的原封土范围，现存封土高度，墓道长度、宽度和深度，并证实 M1 的封土底边平面大致是圆形的。另外，找到了与 M1 相近的

〔1〕　A. 黄明兰：《东汉光武帝刘秀原陵浅探》，《中州古今》1982 年第 2 期。

　　　　B. 王竹林、赵振华：《东汉南兆域皇陵初步研究》，《古代文明》第 4 卷，文物出版社，2005 年。

M8 的墓道，并钻探了它们的长度、宽度和深度，确定了墓道的开口层位。通过地层及出土遗物，基本确定了该处墓葬的年代，推测高崖村南 M1 可能和质帝的静陵或桓帝的宣陵有关系[1]。通过对大汉冢封土及地表遗迹等进行的调查和钻探，发现这座墓冢封土直径130 米，高 19 米，封土西侧发现 3 座规格很高的陪葬墓冢，封土的南侧、东侧发现了 2 处规模巨大的建筑遗址，其中一处面积达 2100 平方米。大汉冢的东北方向还发现一片面积大约 20 万平方米的建筑遗址群，估计是陵庙遗址[2]。通过钻探，对该墓的年代及墓主有了新的认识，初步认为该墓可能为光武帝刘秀的原陵[3]。位于孟津县东山头村东南玉冢进行的重点钻探表明，该冢直径 94 米，属帝陵级墓冢。陵园的东面垣墙和垣壕已经找到，在墓冢东南 200 米处还发现一处约 10000 平方米的建筑遗址。该墓处于东汉陵区和北魏陵区的结合点上，其钻探结果对解决邙山东汉和北魏陵墓的布局至关重要[4]。另外，对位于孟津县境内的其他一些东汉墓冢进行的钻探表明，这些墓葬的封土平面均为圆形，有长方形斜坡墓道，M2～M925、M926、M927 为砖石结构，由墓道、甬道和前后室等组成；M2～M771、M772 为砖室墓，由墓道、甬道和墓室等组成。墓葬的年代为东汉前期或稍晚。这些墓葬的钻探对研究东汉帝陵的陪葬墓有借鉴意义[5]。

2006～2007 年，为配合国家重点工程郑州－西安客运专线铁路的建设，对洛南东汉陵区的部分区域进行了调查、钻探和发掘，发现帝陵陵园遗址一处，大型陪葬墓园遗址一处，另外还发掘了部分东汉墓葬[6]。东汉帝陵陵园遗址位于偃师市庞庄镇白草坡村附近，调查发现一座大型封土墓（已被夷平），根据钻探情况，原始封土平面为圆形，直径 125 米，墓道宽 10 米，与已知的东汉帝陵如大汉冢的规模相当，符合东汉帝陵的记载。陵园遗址位于该墓东北约 100 米，是一处外围构筑夯土垣墙的建筑遗址群，南北长 380 米、东西宽 330米，面积约 12.5 万平方米。建筑遗址群外围夯土垣墙宽 3.4 米，内部发现纵横交错的夯土墙基、基础和人工沟渠，可以确定此处是一个帝陵陵寝建筑遗址。经抢救性发掘，还发现有道路、粮窖等遗迹，出土有陶、铜、铁、石等质地器物，陶质建筑材料多，有云纹瓦当、绳纹板瓦、筒瓦、素面条形砖等。根据出土器物等分析，陵园遗址的年代大约属东汉中晚期。再

〔1〕 郑州大学历史学院考古系、洛阳市第二文物工作队、偃师市文物管理委员会：《偃师市高崖村东汉墓（陵）冢钻探、试掘简报》，《中原文物》2006 年第 3 期。

〔2〕 A. 洛阳市第二文物工作队：《洛阳邙山陵墓群的文物普查》，《文物》2007 年第 10 期。

B. 洛阳市第二文物工作队严辉：《邙山东汉帝陵地望的探索之路》，《中国文物报》2006 年 11 月 3 日。

〔3〕 A. 洛阳市第二文物工作队严辉：《邙山东汉帝陵地望的探索之路》，《中国文物报》2006 年 11 月 3 日。

B. 洛阳市第二文物工作队严辉、洛阳市山陕会馆文保所慕鹏：《"陂池"——东汉帝陵封土的新形制》，《中国文物报》2006 年 10 月 20 日。

〔4〕 洛阳市第二文物工作队：《洛阳邙山陵墓群的文物普查》，《文物》2007 年第 10 期。

〔5〕 洛阳市第二文物工作队：《洛阳邙山陵墓群的文物普查》，《文物》2007 年第 10 期。

〔6〕 A. 洛阳市第二文物工作队、偃师市文物管理委员会：《偃师白草坡东汉帝陵陵园遗址》，《文物》2007 年第 10 期。

B. 史家珍、严辉、李继鹏：《洛阳偃师发现东汉帝陵陵园和陪葬墓园遗址》，《中国文物报》2007 年 10 月 26 日。

结合遗迹的主要特征，本次发掘的区域可能就是陵园内的园省。陪葬墓园遗址位于高龙镇阁楼村西 0.5 公里，西南距白草坡帝陵陵园遗址 2.5 公里。平面为长方形，南北长 455 米、东西宽 340 米，面积 15.4 万平方米。遗址外围开挖闭合形环沟，内部包含封土墓 7 座，封土直径 28~65 米不等。遗址东南部还发现有大面积的建筑堆积，长、宽各约 80 米。墓园遗址位于帝陵陵区陪葬墓群的范围内，其陪葬性质明显。两处遗址的发现和发掘使我们对洛南东汉陵区有了一个全新的认识，对于研究东汉帝王的陵寝制度等有着重要的意义。

另外，在东汉帝陵分布区内众多墓葬的发现、发掘及相关遗迹、遗物的发现，也对研究东汉帝陵有较大帮助。其中遗迹如汉魏洛阳故城西墓园遗址[1]；墓葬如孟津送庄汉墓[2]、洛阳机车厂、商业局、杨文铁路编组站东汉墓[3]、东关殉人墓[4]及邙山朱家仓三座大型东汉墓[5]等；遗物如张禹碑[6]，"建宁"、"熹平"刻铭黄肠石[7]等的发现。众多墓葬、遗迹、遗物的发现为东汉帝陵的研究提供了丰富的实物资料。

二　东汉帝陵的研究

由于东汉帝陵的考古工作较少，相应研究也不多。关于东汉帝陵的研究状况，有学者曾做过相关归纳，但主要是对帝陵地望研究的回顾[8]。总的来看，目前多以文献为主要参考资料，并辅以相关调查，对东汉帝陵及相关问题进行探讨。20 世纪的后半叶，学者们就分布概况、帝陵的具体方位等探讨较多。近年来，随着考古工作的不断深入，关于东汉帝陵的其他问题如封土、陵寝制度等的探讨和研究开始逐渐展开。比较而言，对陵墓的分布、陵主的归属、墓葬形制等进行的探讨较多，并在研究中对其他相关问题提出了许多新的见解和认识。

（一）综合性研究

目前，关于东汉帝陵的综合性研究较少，其中，有学者对东汉帝陵特别是葬制方面有所探讨，上陵之礼的推行、宗庙制度的改革、陵寝规模的扩大等说明东汉是陵寝制度的确立时期[9]；或对相关研究有所概括[10]；或对邙山陵墓群的历史和现状、相关考古调查与勘测情况进行总结，并对陵墓的分布和部分墓葬的归属有所探讨[11]。也有学者在调查的

〔1〕　中国社会科学院考古研究所洛阳汉魏城队：《汉魏洛阳城西东汉墓园遗址》，《考古学报》1993 年第 3 期。
〔2〕　郭建邦：《河南孟津送庄汉黄肠石墓》，《文物资料丛刊》第 4 辑，文物出版社，1981 年。
〔3〕　洛阳市文物工作队：《洛阳发掘的四座东汉玉衣墓》，《考古与文物》1999 年第 1 期。
〔4〕　余抚危、贺官保：《洛阳东关东汉殉人墓》，《文物》1973 年第 2 期。
〔5〕　郭培育、王利彬：《洛阳朱家仓汉墓群考古取得重要收获》，《中国文物报》2004 年 7 月 21 日。
〔6〕　王竹林、赵振华：《张禹碑与东汉皇陵》，《古代文明研究通讯》第 23 期，2004 年 12 月。
〔7〕　李南可：《从东汉"建宁"、"熹平"两块黄肠石看灵帝文陵》，《文物》1961 年第 10 期。
〔8〕　洛阳市第二文物工作队严辉：《邙山东汉帝陵地望的探索之路》，《中国文物报》2006 年 11 月 3 日。
〔9〕　杨宽：《中国古代陵寝制度史》，上海古籍出版社，1985 年。
〔10〕　赵化成、高崇文：《秦汉考古》，文物出版社，2002 年。
〔11〕　洛阳市第二文物工作队严辉：《邙山东汉帝陵地望的探索之路》，《中国文物报》2006 年 11 月 3 日。

基础上对东汉帝陵陵区分布的原因、与陵主相关的信息、"西陵"的含义及墓主归属方面进行了探讨[1]，进而又对东汉陵寝制度的组成要素包括封土、地宫、外藏系统、陵寝建筑、"行马"垣墙、帝王帝后合葬制度、石刻像生制度、陪葬制度、上陵制度等进行了论述，对东汉陵墓的分布、东汉陵寝的组成要素及与西汉陵寝的主要不同等进行了归纳和推论，并对相关问题进行了探讨[2]，使我们对东汉帝陵有了一个较为全面的认识。

（二）陵墓的分布

陵墓分布方面，有学者对邙山东汉五陵的位置进行了考证[3]，认为"刘秀坟"非原陵，原陵、恭陵、文陵呈三足鼎立之势，原陵居北，恭、文二陵居南。有学者根据《帝王世纪》的记载，将东汉帝陵分成洛阳东南、西北两个陵区，东南区七陵，西北区五陵，冲帝的怀陵被分到了东南区[4]，值得商榷。也有学者排出了六陵的分布[5]。最近有学者对南、北两个陵区的陵墓分布情况进行了描述，尤其是北五陵的分布，认为大汉冢为原陵，刘家井大冢为文陵，二汉冢为宪陵，三汉冢为怀陵，而玉冢可能为恭陵[6]；或者在对东汉帝陵调查的基础上，对陵区墓葬的数量和保存状况进行了总结，对东汉帝陵的分布及方位进行了探讨，对于陵区分布的原因也提出了自己的见解和看法，并就部分陵墓的墓主归属作了相关推测[7]。以上研究虽有所分歧，但基本上区分出汉魏洛阳城的西北（孟津县境内）陵区有五座陵，即光武帝原陵、安帝恭陵、顺帝宪陵、冲帝怀陵和灵帝文陵；汉魏洛阳城的东南（偃师市境内）陵区有六座陵，即明帝显节陵、章帝敬陵、和帝慎陵、殇帝康陵、质帝静陵和桓帝宣陵，即"南六北五"的分布情况。

（三）陵主的归属

陵主的归属方面，探讨和研究较多。具体而言，原来一直认为原陵是铁谢村的刘秀坟，而且也有学者坚持这一观点[8]，但随着近年来考古调查的深入，有较多学者开始对这一看法提出质疑。有人认为原陵应是刘家井大墓[9]；有人认为是位于洛阳老城东北十里的蟠龙冢[10]；

〔1〕 韩国河：《东汉帝陵踏查记》，《考古与文物》2005 年第 3 期。
〔2〕 韩国河：《东汉帝陵有关问题的探讨》，《考古与文物》2007 年第 5 期。
〔3〕 陈长安：《洛阳邙山东汉陵试探》，《中原文物》1982 年第 3 期。
〔4〕 杨宽、刘根良、太田有子、高木智见：《秦汉陵墓考察》，《复旦大学学报（社会科学版）》1982 年第 6 期。
〔5〕 王竹林、赵振华：《东汉南兆域皇陵初步研究》，《古代文明》（第 4 卷），文物出版社，2005 年。
〔6〕 洛阳市第二文物工作队严辉：《邙山东汉帝陵地望的探索之路》，《中国文物报》2006 年 11 月 3 日。
〔7〕 韩国河：《东汉帝陵踏查记》，《考古与文物》2005 年第 3 期。
〔8〕 杨宽、刘根良、太田有子、高木智见：《秦汉陵墓考察》，《复旦大学学报（社会科学版）》1982 年第 6 期。
〔9〕 陈长安：《洛阳邙山东汉陵试探》，《中原文物》1982 年第 3 期。
〔10〕 黄明兰：《东汉光武帝刘秀原陵浅探》，《中州古今》1982 年第 2 期。

或依据北魏宋灵妃墓志的记载，认为大汉冢当为光武帝原陵[1]；或根据对大汉冢的考古调查亦认为原陵应是大汉冢。关于明帝节陵，有学者认为是偃师市寇店镇李家村西南大墓[2]。章帝敬陵，清代龚崧林考证应是位于三十里铺附近的二汉冢，有学者认为是偃师市庞村镇白草坡村南大墓[3]。和帝慎陵，清代龚崧林考证应是位于三十里铺附近的三汉冢，有学者认为它位于偃师市高龙镇阎楼村西北，彭店寨东[4]；也有学者认为它位于偃师市郭家岭一带[5]。殇帝康陵，有学者认为位于偃师市高龙镇高崖村西南[6]，也有学者认为它位于偃师市大口乡周寨村南[7]。安帝恭陵，有学者认为应是位于三十里铺附近的大汉冢[8]，有学者认为应为玉冢[9]。顺帝宪陵，一般认为应是位于三十里铺附近的二汉冢。冲帝怀陵，大多认为应是位于三十里铺附近的三汉冢，也有学者认为是护庄村西南大墓[10]。质帝静陵，有学者认为位于偃师市高龙镇逯寨村西南[11]，也有学者认为它位于偃师市高龙镇高崖村西[12]。桓帝宣陵，有学者认为位于偃师市大口乡周寨村正南[13]，也有学者认为它位于偃师市高龙镇逯寨村西南[14]。灵帝文陵，有学者认为是三汉冢[15]，有学者认为是护驾庄大冢[16]，也

〔1〕　宫大中：《邙山北魏墓志初探》，《中原文物》1981 年特刊，"河南省考古学会论文选集"。

〔2〕　王竹林、赵振华：《东汉南兆域皇陵初步研究》，《古代文明》（第 4 卷），文物出版社，2005 年。

〔3〕　王竹林、赵振华：《东汉南兆域皇陵初步研究》，《古代文明》（第 4 卷），文物出版社，2005 年。

〔4〕　王竹林、赵振华：《东汉南兆域皇陵初步研究》，《古代文明》（第 4 卷），文物出版社，2005 年。

〔5〕　韩国河：《东汉帝陵有关问题的探讨》，《考古与文物》2007 年第 5 期。

〔6〕　王竹林、赵振华：《东汉南兆域皇陵初步研究》，《古代文明》（第 4 卷），文物出版社，2005 年。

〔7〕　韩国河：《东汉帝陵踏查记》，《考古与文物》2005 年第 3 期；《东汉帝陵有关问题的探讨》，《考古与文物》2007 年第 5 期。

〔8〕　A. 杨宽、刘根良、太田有子、高木智见：《秦汉陵墓考察》，《复旦大学学报（社会科学版）》1982 年第 6 期。

　　　B. 李南可：《从东汉"建宁"、"熹平"两块黄肠石看灵帝文陵》，《文物》1961 年第 10 期。

　　　C. 陈长安：《洛阳邙山东汉陵试探》，《中原文物》1982 年第 3 期。

　　　D. 韩国河：《东汉帝陵踏查记》，《考古与文物》2005 年第 3 期；《东汉帝陵有关问题的探讨》，《考古与文物》2007 年第 5 期。

〔9〕　洛阳市第二文物工作队严辉：《邙山东汉帝陵地望的探索之路》，《中国文物报》2006 年 11 月 3 日。

〔10〕　陈长安：《洛阳邙山东汉陵试探》，《中原文物》1982 年第 3 期。

〔11〕　王竹林、赵振华：《东汉南兆域皇陵初步研究》，《古代文明》（第 4 卷），文物出版社，2005 年。

〔12〕　A. 韩国河：《东汉帝陵踏查记》，《考古与文物》2005 年第 3 期。

　　　B. 郑州大学历史学院考古系、洛阳市第二文物工作队、偃师市文物管理委员会：《偃师市高崖村东汉墓（陵）冢钻探、试掘简报》，《中原文物》2006 年第 3 期。

　　　C. 韩国河：《东汉帝陵有关问题的探讨》，《考古与文物》2007 年第 5 期。

〔13〕　王竹林、赵振华：《东汉南兆域皇陵初步研究》，《古代文明》（第 4 卷），文物出版社，2005 年。

〔14〕　韩国河：《东汉帝陵踏查记》，《考古与文物》2005 年第 3 期；《东汉帝陵有关问题的探讨》，《考古与文物》2007 年第 5 期。

〔15〕　杨宽、刘根良、太田有子、高木智见：《秦汉陵墓考察》，《复旦大学学报（社会科学版）》1982 年第 6 期。

〔16〕　陈长安：《洛阳邙山东汉陵试探》，《中原文物》1982 年第 3 期。

有学者认为是刘家井大墓[1]。总的看来，关于东汉帝陵陵主的研究推测较多，还基本没有形成统一的看法，许多观点值得商榷，都有待于进一步的考古调查发掘和深入研究来解决。

（四）陵墓的形制

关于东汉帝陵的形制，有学者认为："从目前所发掘的东汉诸侯王墓看，东汉帝陵已经不使用'黄肠题凑'木结构墓，而是以'黄肠石'代替'黄肠木'。"[2] 也有学者认为东汉帝陵的封土大小情况与文献记载相符，形状为圆形，并有多层台阶环绕；地宫方面，改四出墓道为单一南向斜坡墓道，为砖石结构的洞室墓（多室）；外藏系统衰落，基本不见陪葬坑，而是被耳室、前室代替；帝、后可能合葬于一墓之中[3]。具体到帝陵的封土，有学者指出："根据我们田野调查的结果可以肯定地回答东汉帝陵封土的平面是圆形的，其外观形制是一种类似馒头或者小山丘的形状。"进而结合对《后汉书·光武帝纪》所载"无为山陵，陂池栽令流水而已"的解释后认为"新的形式摈弃了传统的定式，是在模仿自然界中的小山丘，那么势必要去掉原来墓冢边缘的棱角，墓冢的平面也就开始由方形向圆形转化，圆形的帝陵封土也就这样悄然产生了"[4]。或认为，光武帝"无为山陵"就是"为山陵"，章帝所谓"无得起坟"就是"得起坟"之义，说明光武帝的原陵和孝明帝的显节陵在地面上都建有山陵和坟丘。关于东汉帝陵封土的形制，"可谓之圆丘形"，而"山陵陂池"就是指陵墓周围向下倾斜之坡[5]。

在关于东汉帝陵的其他问题方面，有对东汉陵寝制度的变制原因做的探讨[6]，有关于东汉帝陵及其神道石像的叙述[7]，有对张禹碑及东汉帝陵[8]的研究，这些都对东汉帝陵的研究有较大的帮助。

三 东汉帝陵考古的若干问题

东汉帝陵的考古和研究工作开展的较少，但已经取得了一定成果。

（1）洛阳东汉十一陵的分布基本廓清。汉魏洛阳城的西北（孟津县境内）陵区有五座陵，汉魏洛阳城的东南（偃师市境内）陵区有六座陵，对于形成这种分布的原因也有较为

---

[1] A. 李南可：《从东汉"建宁"、"熹平"两块黄肠石看灵帝文陵》，《文物》1961年第10期。
   B. 洛阳市第二文物工作队严辉：《邙山东汉帝陵地望的探索之路》，《中国文物报》2006年11月3日。
[2] 赵化成、高崇文：《秦汉考古》，文物出版社，2002年。
[3] 韩国河：《东汉帝陵有关问题的探讨》，《考古与文物》2007年第5期。
[4] 洛阳市第二文物工作队严辉、洛阳市山陕会馆文保所慕鹏：《"陂池"——东汉帝陵封土的新形制》，《中国文物报》2006年10月20日。
[5] 蔡运章：《东汉帝陵封土考辨》，《中国文物报》2007年10月19日。
[6] 韓國河：《洛陽東漢陵寢制度概述及變制原因探析》，《中國史研究》第52辑，（韓國）中國史研究会，2008年。
[7] 宫大中：《东汉帝陵及其神道石像》，《洛阳美术史迹》第133页，湖北美术出版社，1991年。
[8] 王竹林、赵振华：《张禹碑与东汉皇陵》，《古代文明研究通讯》第23期，2004年12月。

合理的解释。问题是每位皇帝的陵位虽有较为明确的倾向性意见，但都不确定。

（2）墓葬形制和陵寝建筑等方面的研究有较大突破，对东汉陵寝制度有了新的认识。对墓葬形制有较明确的认识，即有单一墓道，南向，封土圆形，基本为帝、后同陵合葬等等。陵寝建筑方面，随着考古发掘、钻探和勘测的日渐深入，对于这些方面的认识逐步加深。

（3）通过相关的考古调查和试掘，并结合相关研究，可知东汉帝陵为砖石结构的多室墓葬形制，突出了南北"一"字状的家族聚葬形式；传统的昭穆制度没有体现；墓上的封土也由方形改成圆形；墓葬为单一墓道且南向，基本为夫妻同陵合葬；有较多的陪葬墓，但基本不见陪葬坑等外藏系统；陵寝建筑位于封土的东侧或南侧，逐渐改垣墙为行马；上陵制度逐步确立。突出的问题是东汉帝陵陵寝建筑的布局、构成元素及规模等还不太清楚。

（4）与西汉帝陵相比较，东汉陵寝发生了重大的变化，不论是墓葬形制或是陵寝建筑，两者之间都有着明显的差异，其中的原因值得进一步探究。

总的来看，关于东汉帝陵的考古发现与研究虽然取得了一定的成果和收获，但相对于整个古代陵寝制度的研究来讲还有许多的不足和亟待解决的问题，而这些问题的解决必须依靠进一步的田野考古和研究。

第三节　西汉诸侯王墓与列侯墓

汉兴，立二等之爵，大封诸侯王、列侯，开创了两汉分封王侯之制。诸侯王、列侯生前高居尊位，死后大治冢茔，众多遗留至今的诸侯王、列侯墓成为汉代考古发掘、研究的重要对象。

一　西汉诸侯王墓

诸侯王墓是规模仅次于皇帝陵的大型墓，其数量较多，分布地域较广，部分进行过考古工作，其中有的全面发掘，有的部分发掘，有的只做过调查（表7-1）。1968年发掘了河北满城1号墓、2号墓，第一次发现保存完好的诸侯王崖洞墓[1]；20世纪70年代发掘了北京大葆台汉墓[2]、河北石家庄小沿村汉墓[3]、山东曲阜九龙山汉墓[4]、湖南长沙陡壁山汉墓[5]和象鼻嘴1号墓[6]等，其中1974年发掘的大葆台1号墓首次发现形制清楚的黄肠题凑葬具；80年代发掘了江苏徐州的多座楚王墓以及广州南越王墓[7]等，其中，

〔1〕　中国社会科学院考古研究所、河北省文物管理处：《满城汉墓发掘报告》，文物出版社，1980年。
〔2〕　大葆台汉墓发掘组：《北京大葆台汉墓》，文物出版社，1989年。
〔3〕　石家庄市图书馆文物考古小组：《河北石家庄市北郊西汉墓发掘简报》，《考古》1980年第1期。
〔4〕　山东省博物馆：《曲阜九龙山汉墓发掘简报》，《文物》1972年第5期。
〔5〕　长沙市文化局文物组：《长沙咸家湖西汉曹𡠗墓》，《文物》1979年第3期。
〔6〕　湖南省博物馆：《长沙象鼻嘴一号西汉墓》，《考古学报》1981年第1期。
〔7〕　广州市文物管理委员会、中国社会科学院考古研究所、广东省博物馆：《西汉南越王墓》，文物出版社，1991年。

表 7 - 1   西汉诸侯王墓简表①

序号	墓葬名称	墓葬形制	随葬品	年代与墓主
1	北京大葆台1号墓	异穴合葬 一条墓道的竖穴土坑黄肠题凑墓，坐北向南。墓主着玉衣。墓道内筑木椁室，葬3辆车、13匹马	有铜、铁、铅、银、陶、玉石、骨、角、牙、漆木器及丝织品800余件	元帝初元四年（公元前45年）广阳王刘建
2	北京大葆台2号墓	位于1号墓之西。一条墓道的竖穴土坑黄肠题凑墓，坐北向南。坑口长17.7、宽11.75米。墓室焚于大火。墓道内葬车3辆，马10匹	多被盗	与1号墓接近广阳王刘建之妻
3	河北满城1号墓	异穴合葬 一条墓道的崖洞墓，坐西朝东。由墓道、甬道、南北耳室、前室、后室和回廊组成。墓主着金缕玉衣	二墓保存完好，共出土铜、铁、金银、陶、玉石、漆器及丝织品4200多件	武帝元鼎四年（公元前113年）中山靖王刘胜
4	河北满城2号墓	异穴合葬 位于1号墓之北，相距120米。墓室平面布局与1号墓大同小异，只是后室位于前室之南，后室外不设回廊。墓主着金缕玉衣，用镶玉漆棺		与1号墓接近中山靖王刘胜之妻窦绾
5	河北定县40号墓	一条墓道的竖穴土坑黄肠题凑墓。通长约61米，墓坑长31、宽12.9米。似用题凑木围成了前后两部分，互不相通，各自独立。前面部分隔成三间，放置随葬品，有车3辆、马13匹及大量鎏金车马器；后面部分题凑墙内设椁和棺室，其间为回廊。棺室内陈五层套棺。墓主着金缕玉衣，用九窍塞	棺室内放置铜器、漆器、丝织品、书写用具和竹简等。墓主周身摆放铜镜、剑、弩机、铁剑、削、金饼40块、马蹄金2块、麟趾金1块和大量玉器	宣帝五凤三年（公元前55年）中山怀王刘修
6	河北石家庄小沿村汉墓	南、北两条墓道的竖穴土坑黄肠题凑墓。题凑用木板围成，题凑内似置二棺一椁	有少量铜器、陶器和玉器，其中有1枚印文"长耳"铜印	高帝五年（公元前202年）赵景王张耳；墓主有争议②
7	河北获鹿高庄1号墓	异穴合葬 东、西两条墓道的竖穴土坑木椁墓。总长95.4米。墓坑口长35.3、宽32.2～33.8米。坑底筑木椁，木椁外垒砌石材形成石椁。墓圹四周设9个器物厢外藏椁，内置3辆实用车、14匹马、9辆明器车和木俑、木马、木船模型等。该墓之北另有2号墓	外藏椁内还出土大量铜、铁、银、陶、玉、石和漆器以及铜、铁车马器。铜器、银器有刻铭，如"五官"、"常山"、"常山食官"、"常食中般"、"宦者铜般""廿九年"等	武帝元鼎三年（公元前114年）常山宪王刘舜

序号	墓葬名称	墓葬形制	随葬品	年代与墓主
8	河北献县 36 号墓	异穴合葬 竖穴土坑木椁墓，由墓道、耳室和墓室组成。墓道朝东，长 50 余米，内部积沙。耳室位于墓道南侧近墓室处，内置木厢，盛 18 件釉陶壶和一堆鸡骨。墓室土圹近方形，边长 10.2～14.4 米。木椁结构复杂，内置三重棺，外部用青膏泥填塞，再外积炭积沙。该墓之南另有一墓，规模更大，二墓同在一个坟丘下	有铜器、金饼、陶器和玉器等。玉器种类颇多，有礼玉璧、葬玉耳鼻塞和装饰用玉环、瑗、璜、心形佩、舞人、觿、璲、带钩、串珠、瑞兽等	西汉早期 某代河间王后
9	山东昌乐 东圈 1 号墓	异穴合葬 崖洞墓。由竖井式墓道（下部为甬道）、南室、北室及四个侧室组成。该墓之西 20 米另有一座 2 号墓	有鎏金铜器、铁器、陶器和玉器。文字资料有铜灯盘铭文"菑川"、封泥"菑川后府"等	西汉中期 某代菑川王后
10	山东临淄 窝托村汉墓	两条墓道的"中"字形竖穴土坑墓。墓坑口长约 42 米，宽约 41 米。在北墓道西侧和南墓道两侧发现 5 个竖穴土坑木椁室陪葬坑。1 号坑主要放置生活用具；2 号坑为殉狗坑，共殉狗 30 只；3 号坑和 5 号坑陈铜铁兵器；4 号坑为车马坑，共葬 3 辆大车、1 辆小车、13 匹马和 2 只狗	5 个陪葬坑出土器物 12100 余件，其中刻铭铜器、银器共 53 件。刻铭中常见"齐大官"、"齐食官"、"大官北宫"、"南宫鼎"等	文帝元年（公元前 179 年）齐哀王刘襄
11	山东章丘 洛庄汉墓	两条墓道的"中"字形竖穴土坑墓，东墓道为主墓道。在墓葬周围共发现各种陪葬坑和祭祀坑 36 个	22 座祭祀坑主要出土动物遗骸、俑、陶器、漆器。14 座陪葬坑各有一定的内涵，如马坑、犬坑、车马坑、兵器坑、食物坑（动物坑）和乐器坑等，出土大量金、铜、陶、石、骨、木器以及"吕内史印"、"吕大官印"、"吕大行印"封泥和大量铜器铭文	高后二年（公元前 186 年）吕王吕台
12	山东章丘 危山汉墓	一条墓道的竖穴石坑墓。墓周围分布有陪葬坑	1 号陪葬坑出土 4 套陶车马和步兵俑、骑兵俑；2 号陪葬坑出土 1 套陶车马和一些陶俑，另外还有 11 个木厢	景帝前元三年（公元前 154 年）济南王刘辟光

序号	墓葬名称	墓葬形制	随葬品	年代与墓主
13	山东长清双乳山 1 号墓	异穴合葬 一条墓道的竖穴石坑木椁墓。坐南向北。在墓道南部靠近墓室处用木板围成一椁室，内置真车马、车马器和冥器车马器。椁室内陈三棺二椁。在该墓之西为 2 号墓，相距 42.3 米	保存完好。椁室内出土大量铜器、金饼、陶器、玉器、漆器和家畜家禽等。另有一辆单辕彩绘漆车模型，约为真车的二分之一	武帝后元二年（公元前 87 年）末代济北王刘宽；墓主有争议③
14	山东巨野红土山汉墓	一条墓道的竖穴石坑木椁墓。坐西向东。墓道长 60.5 米，内埋 1 车 4 马。墓室分前后室，前室长 4 米、宽 4.7 米，内置随葬品。后室长 5.64 米、宽 4.7 米，陈一棺一椁。墓室顶部棚以木材，上面平铺四层石块。另外，墓道和墓室填土以及封土中还铺设三层石块	出土大批铜铁兵器、刻铭铜器、陶器、玉器和漆器	武帝后元二年（公元前 87 年）昌邑哀王刘髆
15～18	山东曲阜九龙山 2～5 号墓	坐北向南，东西并列。四墓形制相似，只是墓室数量不同。由墓道（带二耳室）、甬道（带二耳室）、前室（有四侧室，5 号墓无前室）、后室（即 5 号墓主室。4 号、5 号墓设二侧室）和壁龛（2 号墓无）组成	共出土铜器、铁器、金银饰品、陶器、玉石器 1900 余件，能表明墓主身份的有银缕玉衣、实用车马、"宫中行乐钱"、"王未央"、"王庆忌"铜印以及"王陵塞石"刻文等	西汉中晚期鲁王及王后（3 号墓主为孝王刘庆忌）；墓主有争议④
19	河南永城保安山 1 号墓	异穴合葬 崖洞墓。朝东。全长 96.45 米，由墓道及两对耳室、主室及 6 个侧室、回廊及 4 个角室组成。墓内面积 612 平方米，容积 1367 立方米	早年被盗，墓室内空无一物	景帝中元六年（公元前 144 年）梁孝王刘武
20	河南永城保安山 2 号墓	异穴合葬 位于 1 号墓之北，相距 200 米。崖洞墓。全长 210.5 米，设东、西墓道及前室和后室，后室周围凿有回廊。墓道、甬道、前室及回廊共设耳室、侧室 34 个。墓室面积 1600 平方米，容积 6500 立方米。墓外设二陪葬坑	有铜器、铁器、陶器和玉石器。玉衣片只存一片。1 号陪葬坑出土实用鎏金铜车马饰、兵器、玉器等两千余件，其中有"梁后园"铜印 1 枚；2 号陪葬坑出土大量明器铜车马器	武帝元朔年间梁孝王刘武之妻李后；墓主有争议⑤
21	河南永城柿园汉墓	异穴合葬 位于保安山 1 号墓东南，相距 150 米。墓道向西。由墓道、甬道、主室和 8 个侧室组成，全长 95.7 米，面积 383.55 平方米，容积 1738 立方米。该墓独特之处是主室壁施彩色壁画，内容有四神、仙草和云气纹等	有铜兵器、鎏金鎏银铜车马饰、陶俑、玉片、石片等万余件，钱币万余斤	西汉早期某代梁王

序号	墓葬名称	墓葬形制	随葬品	年代与墓主
22	河南永城夫子山 1 号墓	异穴合葬 崖洞墓。墓道向东。在墓东南约 150 米处有一陪葬坑	有金狮头、羊头形饰、鎏金铜车马器、陶俑、玉衣片等。陪葬坑出土铜钫、壶、甀、釜、鍪、盆、勺、灯等（征集）	西汉中期 某代梁王
23	河南永城夫子山 2 号墓	异穴合葬 位于 1 号墓之北，相距约 100 米。崖洞墓。墓道向东，设南北耳室，墓室分前室和后室，后室设 5 个侧室。在墓东约 50 米处有一陪葬坑	陪葬坑出土大量鎏金铜车马器和 1 件象牙马衔镳	西汉中期 某代梁王后
24	河南永城铁角山 2 号墓	异穴合葬 崖洞墓。墓道向东，设南北耳室。墓东约 50 米处有一陪葬坑。2 号墓之南另有 1 号墓，二墓封土相距 20 米	陪葬坑出土大量鎏金、鎏银铜车马器，还有铁质、骨质车马器（征集）	西汉中期 某代梁王后
25	河南永城南山 1 号墓	异穴合葬 崖洞墓。墓道向东，西接甬道，甬道西接墓室，墓室设 6 个侧室。在墓东南约 57 米处有一陪葬坑。1 号墓之北另有 2 号墓，相距约 30 米	陪葬坑出土铜锺、铜壶各 1 件，五铢钱 2 枚	西汉中期 某代梁王
26	河南永城黄土山 2 号墓	异穴合葬 崖洞墓。墓道向北。墓室分前室和后室，前室设东西侧室。2 号墓之南另有 1 号墓，相距约 20 米	后室出土较多实用铜器、铜明器和大量五铢钱，还有陶器和玉器等	西汉中期 某代梁王后
27	河南永城窑山 1 号墓	异穴合葬 一条墓道的竖穴石坑石室墓，墓道向东	金缕玉衣片 300 枚、玉璧 9 件以及玉环、铜钫、铜剑、骨饰等	西汉晚期 某代梁王
28	河南永城窑山 2 号墓	位于 1 号墓北侧，二墓相距 20 米。一条墓道的竖穴石坑石室墓，墓道向东	铜、陶、漆器（银箍）、玉衣片（55 枚）、玉器（37 件璧等），乐器（铜瑟枘）等	西汉晚期 某代梁王后
29	河南永城僖山 1 号墓	异穴合葬 一条墓道的竖穴石坑石室墓，墓道向东	金缕玉衣片 1000 多枚、璧、圭、钺、戈、舞人、蝉、鸽、猪等玉器、珍珠玛瑙饰等	西汉晚期 某代梁王
30	河南永城僖山 2 号墓	位于 1 号墓之西，二墓相距 50 米。一条墓道的竖穴石坑石室墓，墓道向西	铜、铁、陶器、玉衣片、璧、璜等玉器、水晶饰、玛瑙饰等	西汉晚期 某代梁王后

序号	墓葬名称	墓葬形制	随葬品	年代与墓主
31	江苏徐州狮子山汉墓	崖洞墓。墓道向南。全长 117 米，由墓道、甬道、前室、后室组成。墓道分外墓道和内墓道。内墓道上部开凿天井，下部两侧设耳室 3 个。甬道两侧有耳室 6 个。前室东半部似为棺床。墓主着金缕玉衣，用镶玉漆棺。墓外设兵马俑陪葬坑	有铜、铁兵器、容器、金银器、陶器、玉器共 2000 余件，尤以铜钱、官印、玉器和封泥数量多，墓中还有 3 个殉人	西汉早期（公元前 175 年至公元前 154 年）楚夷王刘郢客或楚王刘戊；墓主有争议⑥
32、33	江苏徐州驮篮山 1 号、2 号墓	异穴合葬 崖洞墓。墓道向南，东西并列，相距 130 米。1 号墓在西面，总长 53.74 米，由墓道、甬道（带 6 个耳室）、前室（带 5 个侧室）和后室组成。2 号墓总长 51.6 米，形制略同于 1 号墓，惟前室设 3 个侧室	二墓有随葬品千余件	西汉早期某代楚王与王后
34	江苏徐州北洞山汉墓	崖洞墓。墓道向南。总长 77.3 米，由墓道、主体墓室和附属墓室组成。墓道两侧设两个土墩、七个壁龛和两个耳室。主体墓室包括甬道（带二耳室）、前室和后室（带二厕间）。附属墓室共 11 间，位于墓道东侧	有铜、铁、金、陶、玉、漆木器。其中金缕玉鳞甲状衣片及"楚宫司丞"、"楚御府印"、"楚武库印"、"楚邸"等铜印章是判定墓主身份的实物资料	武帝元光六年（公元前 129 年）楚安王刘道
35、36	徐州龟山 2 号墓	异穴合葬 崖洞墓。墓道向西。是南北并列的两座墓。南墓总长约 83 米，由墓道、甬道（附 3 耳室）、前室（附 3 侧室）和后室（附 2 侧室）组成；北墓总长 83.5 米，由墓道、甬道（附 1 耳室）、前室（附 2 侧室）和后室组成。二墓墓室之间设门相通	多被盗。南墓后室的西侧室内出土一枚印文"刘注"龟钮银印	武帝元鼎元年（公元前 116 年）楚襄王刘注（南墓）及其妻
37	江苏徐州石桥 1 号墓	异穴合葬 崖洞墓。墓道向西。总长 61 米，由墓道、甬道（附 1 耳室）、前室（附 2 侧室）和后室（附 2 侧室）组成	传 1 号墓曾出土铜器、玉衣片等遗物	西汉中期某代楚王
38	江苏徐州石桥 2 号墓	异穴合葬 崖洞墓。墓道向西。位于 1 号墓之北，相距 10 米。墓道已毁，由甬道和一主室组成	有铜、铁、陶、玉、漆器 167 件，铜器上有"明光宫"、"王后家"刻铭，漆器上朱书"中宫"	西汉中期某代楚王后

序号	墓葬名称	墓葬形制	随葬品	年代与墓主
39	江苏泗阳大青墩汉墓	异穴合葬 一条墓道的竖穴土坑木椁墓。墓道向南。墓室南北长 9.6 米、宽 8.8 米。主椁室的东、西、南三面另设木椁放置随葬品。椁板上有"王宅"、"泗水王冢"等刻铭。墓道西侧有一陪葬坑	有铜、铁、陶、玉、漆、木器数百件，其中木俑、木马等动物俑数量多，颇具特色	西汉某代泗水王
40	江苏高邮天山 1 号墓	异穴合葬 一条墓道的竖穴石坑黄肠题凑墓。墓道向南。墓坑底部题凑墙体内置椁和双层棺室。椁与外层棺室间为内回廊，回廊内隔成若干小间，房间木门上漆书"食官内户"、"中府内户"等文字。板材上还见"广陵船官"刻文。里层棺室内前面为前室，后面置二层套棺。题凑墙体外另筑外回廊	出土木器数量较多，其次还有铜器、玉器等	宣帝五凤四年（公元前 54 年）广陵厉王刘胥
41	江苏高邮天山 2 号墓	异穴合葬 一条墓道的竖穴石坑黄肠题凑墓。墓道向南，与 1 号墓东西并列。形制与 1 号墓略同，但题凑墙体外无外回廊，南题凑墙到墓道处设木椁室，内放车马器。墓主着金缕玉衣	有"广陵私府"封泥和"六十二年八月戊戌"墨书木楬，是确定墓主的重要资料	与 1 号墓接近广陵厉王刘胥之妻
42	湖南长沙象鼻嘴 1 号墓	一条墓道的竖穴石坑黄肠题凑墓。墓道向西。墓道东端两侧放置"偶人"。墓坑口长 20.55 米、宽 18.5～18.9 米。坑底由外向内依次为题凑墙体、外椁、内椁、棺室和三重套棺。外椁与内椁、内椁与棺室间构成二层回廊。内、外椁门间为前室	多为陶器，还有少量玉器和漆器	西汉早期某代长沙王
43	湖南长沙陡壁山汉墓	一条墓道的竖穴石坑黄肠题凑墓。墓道向西。墓道东端两侧放置"偶人"。现存墓坑口长 12.8 米、宽 10 米。坑底构筑题凑墙体，墙体内置椁、棺室和前室。椁与棺室间为回廊，回廊内隔成若干小间。棺室内空间狭小，仅容套棺	有铜、铁、陶、玉、石、漆木器 300 余件。其中有三枚印章，二枚文曰"曹㜆"，一枚文为"妾㜆"。另有"长沙后丞"封泥	西汉早期某代长沙王后曹㜆

续表 7-1

序号	墓葬名称	墓葬形制	随葬品	年代与墓主
44	湖南长沙望城坡1号墓	一条墓道的竖穴石坑黄肠题凑墓。墓道向西。墓道东端两侧放置"偶人"。通长37米、宽15.98米。坑底题凑墙体内设椁,椁内设前室和棺室。椁与棺室间为回廊,回廊内隔成若干小间。棺房内陈套棺。墓旁发现了三个陪葬坑	有铜、铁、金、银、陶、玉、琉璃、漆、竹木、骨器2000余件。文字资料有"长沙后府"、"长沙库丞"封泥、"渔阳家"铭漆器等	西汉早期某代长沙王后"渔阳"
45	广州南越王墓	一条墓道的竖穴石坑石室墓。墓道向南。由墓道、前室及东西耳室、主室及东西北三侧室组成。大部分墓室是在石坑底部用石块构筑而成,只有东西耳室是掏掘洞室,再用石块在洞室内垒砌。主室内陈一棺一椁。墓主着丝缕玉衣	保存完好。有大量铜、铁、金、银、陶、玉石、象牙、漆木竹器和丝织品等。"文帝行玺"龙钮金印和"赵眜"覆斗钮玉印等文字资料是判定墓主的主要证据	武帝时期第二代南越王赵眜

① 除本表所列之外,只经过调查,或虽经发掘但资料公布较少的诸侯王、王后墓还有:

A. 北京老山汉墓,参见王鑫、程利《北京市石景山区老山汉墓》,《中国考古学年鉴(2001)》第104页,文物出版社,2002年。

B. 河南永城铁角山1号墓、南山2号墓、黄土山1号墓,参见河南省文物考古研究所《永城西汉梁国王陵与寝园》,中州古籍出版社,1996年;河南省商丘市文物管理委员会、河南省文物考古研究所、河南省永城市文物管理委员会《芒砀山西汉梁王墓地》,文物出版社,2001年。

C. 安徽六安双墩1号墓,参见汪景辉、杨立新《安徽六安双墩1号汉墓》,《2006中国重要考古发现》,文物出版社,2007年。

D. 江苏徐州楚王山1号墓、卧牛山1号墓,参见梁勇《从西汉楚王墓的建筑结构看楚王墓的排列顺序》,《文物》2001年第10期。

E. 南洞山1号墓、2号墓,参见周学鹰《徐州汉墓建筑——中国汉代楚(彭城)国墓葬建筑考》,中国建筑工业出版社,2001年。

F. 湖南长沙望城风篷岭汉墓,参见何旭红、黄朴华、何佳《湖南长沙望城风篷岭西汉长沙国王后墓》,《2006中国重要考古发现》,文物出版社,2007年。

② 孙贯文、赵超:《由出土印章看两处墓葬的墓主等问题》,《考古》1981年第4期。

③ 黄展岳:《汉代诸侯王墓论述》,《考古学报》1998年第1期。

④ 孙贯文、赵超:《由出土印章看两处墓葬的墓主等问题》,《考古》1981年第4期。

⑤ 刘振东、谭青枝:《关于河南永城保安山二号墓墓主问题》,《考古与文物》2001年第4期。

⑥ 徐州狮子山、驮篮山和北洞山楚王墓墓主所属尚存争议,参见宋治民《狮子山西汉楚王陵的两个问题》,《考古与文物》2000年第1期;黄盛璋《徐州狮子山楚王墓墓主与出土印章问题》,《考古》2000年第9期;耿建军《试析徐州西汉楚王墓出土官印及封泥的性质》,《考古》2000年第9期;梁勇《从西汉楚王墓的建筑结构看楚王墓的排列顺序》,《文物》2001年第10期;韦正《江苏徐州市狮子山西汉墓墓主的再认识》,《考古》2002年第9期;孟强《从随葬品谈徐州狮子山汉墓的墓主问题》,《考古》2006年第9期;梁勇《徐州狮子山楚王墓出土印章与墓主问题的再认识》,《考古》2006年第9期。

1983 年发掘的广州西汉南越王墓十分重要；90 年代发掘了河南永城的多座梁王墓以及山东长清双乳山 1 号墓[1]等，其中 1995 年发掘的双乳山 1 号墓保存完好，可作为竖穴木椁墓的代表。诸侯王墓考古资料公布的情况也不同。经过全面或部分发掘且资料公布较多，年代及墓主身份较清楚的西汉诸侯王、王后墓有 45 座，分属 18 个王国：广阳、中山、赵、常山、河间、菑川、齐、吕、济南、济北、昌邑、鲁、梁、楚、泗水、广陵、长沙和南越，分布在北京市和河北、山东、河南、江苏、湖南、广东等省。王墓中以梁国和楚国发现最多，但有的墓仅做过调查；北京老山汉墓、安徽六安汉墓等王墓虽然经过全面发掘，但相关考古报告、简报尚未公布，这里均不收录。因此，西汉王墓发现的实际数量比这里统计的要多。

对于王墓的研究，是伴随着一系列考古发现逐步展开并走向深入的。首先，对墓葬年代和墓主进行研究；其次，随着考古资料的不断积累，出现了专题研究，如黄肠题凑葬制研究[2]、玉衣使用制度研究[3]、车马殉葬制度研究[4]、地面建制以及墓葬外藏椁制度研究[5]等。近年来，一方面加强了王墓的综合性研究[6]；另一方面研究更加细化、深入[7]，王墓研究成为汉代考古学研究中的一个热点。

（一）墓葬形制

诸侯王墓从修建方法上区分为竖穴土石坑墓和横穴崖洞墓两大类。竖穴土石坑墓又依据坑底墓室材质与筑造方法的差异，区分为木椁墓、黄肠题凑墓和石室墓。

1. 竖穴木椁墓

竖穴木椁墓凿山为圹或掘土成坑，在坑底构筑木椁室。多带一条斜坡墓道（山东巨野红土山汉墓为平底墓道），有的带两条斜坡墓道。已发现 8 座，墓室清楚的有 4 座，即河

---

[1] 山东大学考古系、山东省文物局、长清县文化局：《山东长清县双乳山一号汉墓发掘简报》，《考古》1997 年第 3 期。

[2] A. 单先进：《西汉"黄肠题凑"葬制初探》，《中国考古学会第三次年会论文集》，文物出版社，1984 年。

　　B. 刘德增：《也谈汉代"黄肠题凑"葬制》，《考古》1987 年第 4 期。

　　C. 鲁琪：《试谈大葆台西汉墓的"梓宫"、"便房"、"黄肠题凑"》，《文物》1977 年第 6 期。

　　D. 黄展岳：《释"便房"》，《中国文物报》1993 年 6 月 20 日。

[3] 卢兆荫：《试论两汉的玉衣》，《考古》1981 年第 1 期；《再论两汉的玉衣》，《文物》1989 年第 10 期。

[4] A. 高崇文：《西汉诸侯王墓车马殉葬制度探讨》，《文物》1992 年第 2 期。

　　B. 郑滦明：《西汉诸侯王墓所见的车马殉葬制度》，《考古》2002 年第 1 期。

[5] A. 李如森：《汉代"外藏椁"的起源与演变》，《考古》1997 年第 12 期。

　　B. 刘振东：《中国古代陵墓中的外藏椁——汉代王侯墓制研究之二》，《考古与文物》1999 年第 4 期。

[6] 黄展岳：《汉代诸侯王墓论述》，《考古学报》1998 年第 1 期。

[7] 刘瑞：《西汉诸侯王陵墓制度三题》，《汉代考古与汉文化国际学术研讨会论文集》，齐鲁书社，2006 年。

北献县 36 号墓[1]、河北获鹿高庄 1 号墓[2]、山东长清双乳山 1 号墓[3]和巨野红土山汉墓[4]。山东章丘洛庄汉墓[5]（图版 16）、危山汉墓[6]和临淄窝托村汉墓[7]的墓室尚未发掘；江苏泗阳大青墩汉墓[8]虽经发掘，但墓室报道不清楚。此外，湖南长沙 401 号汉墓规模较大，并出土有金饼、木车模型、"杨主家般"铭漆盘等遗物，墓西南侧还有长沙王后墓[9]，该墓墓主是否为长沙王还有待于新资料的验证。现以长清双乳山 1 号墓为例简述如下。

长清双乳山 1 号墓为一条墓道的竖穴石坑木椁墓，坐南向北，由墓道和墓室组成（图 7-14-A）。墓道长 60 米、深 18 米，两侧设高、宽各 14 米的二层台。在墓道南部靠近墓室处用木板围成长 31.55 米的椁室。椁室中部偏南设一横挡板，将椁室一分为二，北部放置真马 1 匹和冥器车马器，南部陈放大车 3 辆、小车 1 辆、马 7 匹、鹿 2 只，鎏金或错金银车马器种类齐全，工艺精良。在墓道与墓室连接处的两侧凿出高 11 米和 12 米的双阙。墓室长 25 米、宽 24.3 米、深 5 米，底部高出墓道底 13 米。椁室位居墓室北部中央，长 10.6 米、宽 9.3 米，底部低于墓室底 17 米，总深达 22 米。椁室内陈三棺二椁。椁室内出土大量铜器、金饼、陶器、玉器、漆器和家畜家禽等，玉器中的覆面和枕尤为精美。另有一辆单辕彩绘漆车模型，约为真车的二分之一。发掘者推测墓主是卒于武帝后元二年（公元前 87 年）的末代济北王刘宽[10]。

2. 竖穴黄肠题凑墓

黄肠题凑墓由一条或两条斜坡墓道连接土石墓坑组成。其构造是在墓坑底部用加工规整的木枋叠置围成长方框形墙体，然后在墙体内外构筑环绕墙体的木椁，再于墙体内的木椁里建造前室和棺房，棺房内陈套棺。棺房与木椁间往往形成回廊。这种用大量木材营造复杂结构墓室的形制称为黄肠题凑葬制。《汉书·霍光传》曰："赐……梓宫、便房、黄肠题凑各一具，枞木外藏椁十五具。"注引苏林曰："以柏木黄心致累棺外，故曰黄肠。木头皆内向，故曰题凑。"考古发掘所见墓葬实例与文献记载的黄肠题凑葬制相符。黄肠题凑葬制不单是指用木枋垒成的长方框形墙体——"黄肠题凑"，同时还包括"梓宫"、"便房"和"枞木外藏椁"等葬具，是一种葬制的总括，"黄肠题凑"是其中不可缺少的主要葬具之一。

[1]　河北省文物研究所、沧州市文物管理处、献县文物管理所：《献县第 36 号汉墓发掘报告》，《河北省考古文集》，东方出版社，1998 年。
[2]　河北省文物研究所、鹿泉市文物保管所：《高庄汉墓》，科学出版社，2006 年。
[3]　山东大学考古系、山东省文物局、长清县文化局：《山东长清县双乳山一号汉墓发掘简报》，《考古》1997 年第 3 期。
[4]　山东省菏泽地区汉墓发掘小组：《巨野红土山西汉墓》，《考古学报》1983 年第 4 期。
[5]　济南市考古研究所、山东大学考古系、山东省文物考古研究所、章丘市博物馆：《山东章丘市洛庄汉墓陪葬坑的清理》，《考古》2004 年第 8 期。
[6]　王守功：《危山汉墓——第五处用兵马俑陪葬的王陵》，《文物天地》2004 年第 2 期。
[7]　山东省淄博市博物馆：《西汉齐王墓随葬器物坑》，《考古学报》1985 年第 2 期。
[8]　张金萍、张蔚星：《大胆抽象与拙朴的汉代木雕——西汉泗水国王陵出土》，《文物天地》2004 年第 1 期。
[9]　中国科学院考古研究所：《长沙发掘报告》，文物出版社，1957 年。
[10]　任相宏：《双乳山一号汉墓墓主考略》，《考古》1997 年第 3 期。

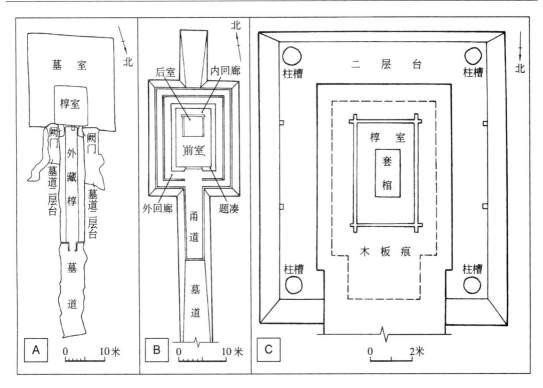

图 7-14　西汉诸侯王墓平面图
A.长清双乳山 1 号墓　B.北京大葆台 1 号墓　C.石家庄小沿村汉墓

　　形制清楚的黄肠题凑墓共有 9 座：北京大葆台 1 号墓、2 号墓[1]，河北定县 40 号墓[2]、石家庄小沿村汉墓[3]，江苏高邮天山 1 号墓、2 号墓[4]，湖南长沙象鼻嘴 1 号墓[5]、陡壁山汉墓[6]、望城坡 1 号墓[7]。此外，北京老山汉墓、河北定县三盘山汉墓[8]、定州 137 号墓[9]和安徽六安汉墓等也是黄肠题凑墓，但报道简略，形制不明。现以北京大葆台 1 号墓、石家庄小沿村汉墓和长沙象鼻嘴 1 号墓为例做一简述。

　　（1）北京大葆台 1 号墓　为一条斜坡墓道的竖穴土坑墓，坐北向南。墓坑口长 26.8 米、

〔1〕　大葆台汉墓发掘组：《北京大葆台汉墓》，文物出版社，1989 年。
〔2〕　A．河北省文物研究所：《河北定县 40 号汉墓发掘简报》，《文物》1981 年第 8 期。
　　　　B．河北省博物馆、文物管理处、中共定县县委宣传部、定县博物馆：《定县 40 号汉墓出土的金缕玉衣》，《文物》1976 年第 7 期。
〔3〕　石家庄市图书馆文物考古小组：《河北石家庄市北郊西汉墓发掘简报》，《考古》1980 年第 1 期。
〔4〕　梁白泉：《高邮天山一号汉墓发掘侧记》，《文博通讯》第 32 期。
〔5〕　湖南省博物馆：《长沙象鼻嘴一号西汉墓》，《考古学报》1981 年第 1 期。
〔6〕　长沙市文化局文物组：《长沙咸家湖西汉曹𡢃墓》，《文物》1979 年第 3 期。
〔7〕　曹砚农、宋少华：《长沙发掘西汉长沙王室墓》，《中国文物报》1993 年 8 月 22 日。
〔8〕　文物编辑委员会：《文物考古工作三十年》，文物出版社，1979 年。
〔9〕　樊书海、李恩佳：《定州 137 号汉墓》，《中国考古学年鉴（1997）》第 96 页，文物出版社，1999 年。

宽 21.2 米（图 7-14-B）。坑底题凑墙体之内设前室和棺室，题凑墙与棺室、前室间为内回廊，棺室内陈二棺二椁。墓主着玉衣。题凑墙外建二层外回廊，在对应墓道的位置设过道。墓道内筑木椁室，陈放 3 辆车、13 匹马。随葬品有铜、铁、铅、银、陶、玉石、骨、角、牙、漆木器及丝织品 800 余件。墓主推定为卒于元帝初元四年（公元前 45 年）的广阳王刘建。

（2）石家庄小沿村汉墓　有南、北两条斜坡墓道。墓坑口长 14.5 米、宽 12.4 米，设二层台，东西台面上分布对称柱洞。坑底建题凑和棺椁（图 7-14-C）。题凑用木板围成，在东南角题凑木上发现"王"字标记。题凑内似置二棺一椁。随葬品存有少量铜器、陶器和玉器，其中"长耳"铜印是确定墓主的重要物证，发掘者据此认为墓主是卒于公元前 202 年的赵景王张耳。

（3）象鼻嘴 1 号墓　位于长沙湘江西岸咸家湖畔的小山丘上，是一条斜坡墓道的竖穴石坑墓，墓向西，墓道东端两侧放置"偶人"。墓坑口长 20.55 米、宽 18.5～18.9 米，向下设二级台阶（图 7-15-A）。坑底构建极为复杂的棺椁结构：由外向内依次为题凑墙体、外椁、内椁、棺室和三重套棺。外椁与内椁、内椁与棺室间构成二层回廊，回廊内隔成若干小间。内、外椁门间用枋木铺成整个木结构中地面最高的前室，前室之前通过道，其后连棺室，左右通回廊。随葬品多为陶器，还有少量玉器和漆器。墓主推定为西汉早期某代长沙王。

3. 竖穴石室墓

竖穴石室墓由一条斜坡墓道连接石墓坑组成，墓室以石块筑砌。共有 5 座：河南永城窑山 1 号墓、2 号墓，僖山 1 号墓、2 号墓[1]和广州南越王墓[2]。现以永城窑山 2 号墓和广州南越王墓为例说明。

（1）永城窑山 2 号墓　坐西朝东，为单室墓。墓室的南北两壁用石条垒砌，顶部用长条形石块搭扣成两面坡式。墓道用塞石封堵（图 7-15-B）。所用石材上有 20 余处刻字。墓室内出土玉衣片、玉璧、玉璜等玉器，另有小件铜器、铜饰、银饰和釉陶器等。墓主应为西汉晚期某代梁王后。

（2）广州南越王墓　坐北向南，由墓道、前室及东西耳室、主室及东、西、北侧室组成（图 7-16-A）。墓道与前室、前室与主室间共设二道石门，其他各室设木门。大部分墓室是在石坑底部用石块构筑而成，只有东、西耳室是掏掘洞室，再用石块在洞室内垒砌。主室内陈一棺一椁。墓主着丝缕玉衣，周身置大量精美玉器、玉具铁剑，棺外散布铜兵器、铁兵器、漆屏风和铜、玉灯具。北侧室内堆满铜器、铁器、陶器和漆器，器内盛各种动物骨头，还出土"泰官"封泥。东侧室葬殉人 4 具，都有葬具，佩戴组玉饰并各自拥有大量随葬品，由出土印章知道她们的身份为右夫人赵蓝（"右夫人玺"、"赵蓝"）、左夫

〔1〕 A. 河南省文物考古研究所：《永城西汉梁国王陵与寝园》，中州古籍出版社，1996 年。
　　 B. 河南省商丘市文物管理委员会、河南省文物考古研究所、河南省永城市文物管理委员会：《芒砀山西汉梁王墓地》，文物出版社，2001 年。
〔2〕 广州市文物管理委员会、中国社会科学院考古研究所、广东省博物馆：《西汉南越王墓》，文物出版社，1991 年。

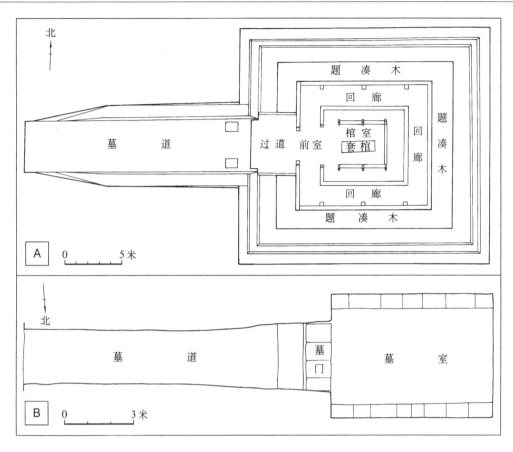

图 7-15 西汉诸侯王墓平面图
A. 长沙象鼻嘴 1 号墓　B. 永城窑山 2 号墓

人（"左夫人印"）、泰夫人（"泰夫人印"）和另一夫人（"□夫人印"）。西侧室藏大量动物骨骼，并有殉人 7 具，佩"景巷令印"。前室放木车，有殉人 1 具。东耳室出土大量乐器和宴饮用具，也有殉人 1 具。西耳室出土器物最丰，有铜、陶生活用器，铜、铁兵器、工具，金银器皿、玉石器，象牙器，漆木竹器，丝织品和印章封泥等。此外，墓道内还有两处放置随葬品和殉人。发掘者主要依出土"文帝行玺"龙钮金印和"赵眜"覆斗钮玉印，并参照文献，断定墓主为卒于武帝时期的第二代南越王赵眜。该墓是少数未盗王墓之一，也是岭南地区规模最大的汉墓。它形制清楚，随葬品丰富，为研究西汉南越国的历史提供了重要实物资料。

4. 横穴崖洞墓

崖洞墓是指在山体腹部开凿出的横穴洞室墓，一般带一条露天墓道，只有河南永城保安山 2 号墓有两条墓道，而山东昌乐东圈汉墓的墓道作竖井式。墓道多用石块堵塞，河北满城汉墓用铁水灌注砖、坯墙的封门方法较为特殊。墓道或甬道两侧往往开凿出成双成对的耳室。墓室工程浩大，主要墓室一般有两个，即前室和后室，前、后室还附设数量不等的侧室，有的在后室周围凿出回廊。墓室刻意模仿地面宫室建筑：地面布置完整的排水渠道、渗井；墙壁先处理平整，再涂漆或朱砂，有的还彩绘壁画；顶部除平顶外，还有拱形

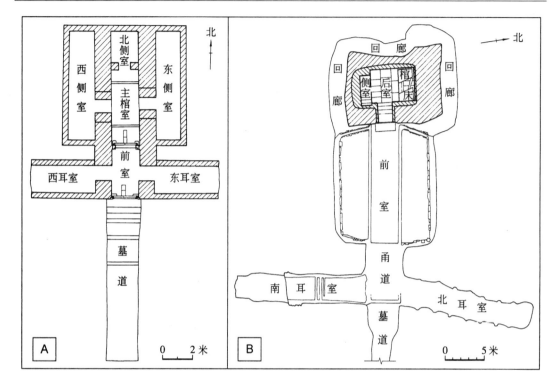

图7-16　西汉诸侯王墓平面图
A.广州南越王墓　B.满城1号墓

顶、穹隆顶、两面坡顶、四面坡顶和盝顶；有的墓还在主要墓室内搭建木构瓦顶房屋或用石板构建石屋；除安放墓主棺椁的主要墓室外，还分门别类设有车马房、厨房、兵器库、钱币库等，更有在厨房附近凿水井、凌室，在后室旁附设浴室、厕所，在墓门前墓道两侧凿出双阙，陈列侍卫、仪仗俑的做法。

　　资料公布较多的崖洞墓共有23座，其中中山国2座：河北满城1号墓、2号墓[1]；菑川国1座：山东昌乐东圈1号墓[2]；鲁国4座：山东曲阜九龙山2～5号墓[3]；梁国8座：河南永城保安山1号墓、2号墓，柿园汉墓，夫子山1号墓、2号墓，铁角山2号墓，南山1号墓，黄土山2号墓[4]；楚国8座：江苏徐州狮子山汉墓[5]，驮篮山1号墓、2号

〔1〕　中国社会科学院考古研究所、河北省文物管理处：《满城汉墓发掘报告》，文物出版社，1980年。
〔2〕　潍坊市博物馆、昌乐县文管所：《山东昌乐县东圈汉墓》，《考古》1993年第6期。
〔3〕　山东省博物馆：《曲阜九龙山汉墓发掘简报》，《文物》1972年第5期。
〔4〕　A. 河南省文物考古研究所：《永城西汉梁国王陵与寝园》，中州古籍出版社，1996年。
　　　　B. 河南省商丘市文物管理委员会、河南省文物考古研究所、河南省永城市文物管理委员会：《芒砀山西汉梁王墓地》，文物出版社，2001年。
〔5〕　A. 狮子山楚王陵考古发掘队：《徐州狮子山西汉楚王陵发掘简报》，《文物》1998年第8期。
　　　　B. 韦正、李虎仁、邹厚本：《江苏徐州市狮子山西汉墓的发掘与收获》，《考古》1998年第8期。
　　　　C. 徐州博物馆：《徐州狮子山兵马俑坑第一次发掘简报》，《文物》1986年第12期。

墓[1]，北洞山汉墓[2]，龟山 2 号墓南墓、北墓[3]，石桥 1 号墓、2 号墓[4]。这些墓分布在河北、山东、河南和江苏相互比邻的几个省。

诸侯王较早使用崖洞墓埋葬形式的是梁国和楚国。梁国已知年代最早的崖洞墓是梁孝王墓。梁孝王刘武于文帝十二年（公元前 168 年）由淮阳王徙为梁王，在景帝时为王十二年，卒于景帝中元六年（公元前 144 年），其墓应在此前基本凿成。梁孝王墓规模宏大，开凿工程需相当长的时间，所以有可能在文帝时已着手修建。楚国第一代刘姓王是楚元王刘交，卒于文帝元年（公元前 179 年），有研究者认为徐州楚王山 1 号墓是楚元王刘交墓[5]。但该墓尚未正式发掘，所以其墓主以暂缓确定为宜。楚国第二代刘姓王是楚夷王刘郢客，文帝二年（公元前 178 年）继位，文帝五年（公元前 175 年）卒。关于刘郢客墓的所属虽然还存在争议，此墓时代属于西汉早期，目前来看这应是已知最早的西汉诸侯王崖洞墓。

关于其他诸侯王崖洞墓情况，下面按中山国、菑川国、鲁国、梁国和楚国的顺序，举例说明如下。

（1）中山国 满城 1 号墓、2 号墓居陵山主峰东坡，坐西朝东，南北并列，相距 120 米。1 号墓在南，全长 51.7 米，容积约 2700 立方米。由墓道、甬道、南耳室、北耳室、前室、后室和回廊组成。后室位于前室之西，内部隔出一间侧室（图 7-16-B）。2 号墓全长 49.7 米，容积 3000 立方米。墓室平面布局与 1 号墓大同小异，只是后室位于前室之南，后室外不设回廊。两墓耳室、甬道摆放实用马车和储藏食物的陶器，前室置帷帐和各种质地的器物，后室陈棺椁，棺椁周围散布珠玉珍宝。墓主所着金缕玉衣系首次发掘出土成套完整的玉衣（图版 15）。2 号墓的镶玉漆棺也是首次发现。两墓均是地下文物宝库，共出土铜、铁、金、银、陶、玉石、漆器及丝织品 4200 多件，其中不乏精品，如 2 号墓出土的"长信宫"灯，1 号墓出土的错金铜博山炉、错金银铜鸟篆文壶、鎏金铜蟠龙纹壶、鎏金银镶嵌乳钉纹铜壶等。形制完整的铁铠甲和帷帐也是首次出土。此外，有些器物对自然科学史的研究有重要价值，如医用金银针、铜盒，计时用铜漏壶，度量用铁尺等。1 号墓墓主着金缕玉衣，出土铜器铭文、封泥多见"中山"国名，表明是西汉中山王墓；铜器、漆器铭文中纪年都在 20 年以上，对照《汉书·诸侯王表》认定墓主是卒于汉武帝元鼎四年（公元前 113 年）的中山靖王刘胜。2 号墓墓主也着金缕玉衣，铜器铭文、封泥文字也见"中山"国名，据此断定应是 1 号墓的异穴合葬墓，墓主是刘胜之妻，由出土铜印知其名为"窦绾"，字"君须"。

（2）菑川国 昌乐东圈 1 号墓形制特殊，由竖井式墓道（下部为甬道）、南室、北室

[1] 邱永生、徐旭：《徐州市驮篮山西汉墓》，《中国考古学年鉴（1991）》，文物出版社，1992 年。

[2] 徐州博物馆、南京大学历史学系考古专业：《徐州北洞山西汉楚王墓》，文物出版社，2003 年。

[3] A. 南京博物院、铜山县文化馆：《铜山龟山二号西汉崖洞墓》，《考古学报》1985 年第 1 期。

B. 南京博物院尤振尧：《〈铜山龟山二号西汉崖洞墓〉一文的重要补充》，《考古学报》1985 年第 3 期。

C. 徐州博物馆：《江苏铜山县龟山二号西汉崖洞墓材料的再补充》，《考古》1997 年第 2 期。

[4] A. 徐州博物馆：《徐州石桥汉墓清理报告》，《文物》1984 年第 11 期。

B. 孟强：《徐州东洞山三号汉墓的发掘及对东洞山汉墓的再认识》，《东南文化》2003 年第 7 期。

[5] 耿建军：《试析徐州西汉楚王墓出土官印及封泥的性质》，《考古》2000 年第 9 期。

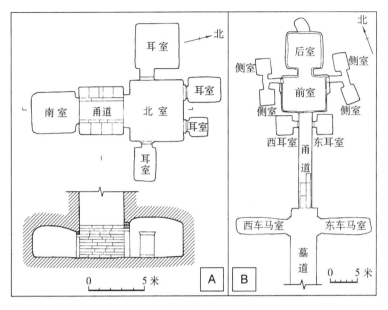

图 7-17 山东地区西汉诸侯王墓平面、剖视图
A.昌乐东圈 1 号墓平面、剖视图 B.曲阜九龙山 3 号墓平面图

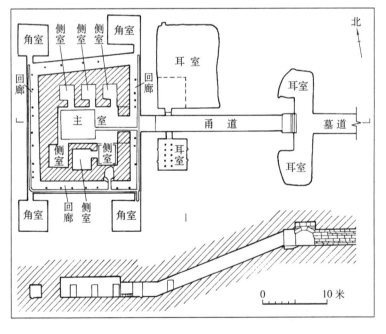

图 7-18 永城保安山 1 号西汉墓平面、剖视图

及四个侧室组成（图 7-17-A）。出土鎏金铜器、铁器、陶器和玉器。据铜灯盘上铭文"菑川宦谒右般北宫豆元年五月造第十五"、封泥"菑川后府"等文字材料，综合随葬品的时代特征，推断墓主为西汉中期某代菑川王后。

（3）鲁国 曲阜九龙山 2～5 号墓，共 4 座，墓向南，东西并列。2 号墓全长 64.9 米，容积 2600 立方米。3 号墓最大，全长 72.1 米，容积 2900 立方米（图 7-17-B）。4 号墓全长 70.3 米，容积 2800 立方米。5 号墓最小，全长 53.5 米，容积 2100 立方米。四墓形制相似，只是墓室数量不同。由墓道（带二耳室）、甬道（带二耳室）、前室（有四侧室，5 号墓无前室）、后室（即 5 号墓主室。4 号墓、5 号墓设二侧室）和壁龛（2 号墓无）组成。四墓出土铜器、铁器、金银饰品、陶器、玉石器 1900 余件。据墓葬的形制规模和随葬的银缕玉衣、实用车马、"宫中行乐钱"、"王未央"铜

印、"王陵塞石"刻文等资料推断，墓主为西汉中晚期的鲁王及王后。发掘者依所出"王庆忌"铜印推断 3 号墓墓主为鲁孝王刘庆忌。

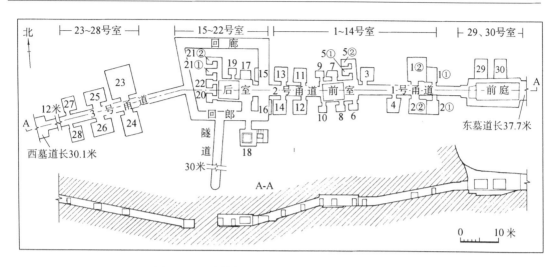

图 7-19　永城保安山 2 号西汉墓平面、剖视图

（4）梁国　除资料公布较多的 8 座墓外，铁角山 1 号墓、南山 2 号墓和黄土山 1 号墓[1]也都是崖洞墓，墓主应为梁王或王后。其中，以保安山 1 号墓、2 号墓规模最大。

保安山 1 号墓、2 号墓各居保安山一峰，南北并列，相距 200 米，墓向东。1 号墓全长 96.45 米，由墓道及两对耳室、主室及 6 个侧室、回廊及四个角室组成（图 7-18）。墓内面积 612 平方米，容积 1367 立方米。早年被盗，墓室内空无一物，只在墓道口底部出土 20 余枚"货泉"钱币，为了解被盗时间提供了重要物证。

保安山 2 号墓全长 210.5 米，设东、西两条墓道，从墓室布局上看，东墓道应是主墓道。前室和后室是主要墓室，后室周围凿有回廊。墓道、甬道、前室及回廊共设耳室、侧室 34 个（图 7-19）。较为特别的是在东墓道西端设前庭，在回廊南部开凿隧道。墓室总面积 1600 平方米，总容积达 6500 立方米。墓道、甬道、前庭塞石、墓室封门石板、墓室门扉等处的刻字及墓室壁上的朱书文字对研究墓葬年代、墓室性质用途、墓主所属等有重要作用。随葬品有铜器、铁器、陶器和玉石器。玉衣片只存 1 片。墓外设二陪葬坑。1 号坑出土实用鎏金铜车马器、兵器、玉器等 2000 余件，其中有"梁后园"铜印 1 枚。2 号坑出土大量铜车马明器。该墓是迄今发现规模最大、形制最复杂的崖洞墓。发掘者认为 1 号墓是梁孝王墓，2 号墓是梁孝王妻李后墓。

（5）楚国　除资料公布较多的 8 座墓外，楚王山汉墓（2 座）、南洞山汉墓（2 座）和卧牛山汉墓（1 座）也多是大型崖洞墓[2]，墓主有可能是楚王或王后。现以狮子山、北洞山、龟山 2 号墓为例简述如下。

狮子山汉墓坐北向南，全长 117 米，由墓道、甬道、前室、后室组成（图 7-20-A）。墓道分外墓道和内墓道。外墓道有一陪葬墓，出土"食官监印"等遗物 40 余件。内墓道

〔1〕　河南省商丘市文物管理委员会、河南省文物考古研究所、河南省永城市文物管理委员会：《芒砀山西汉梁王墓地》，文物出版社，2001 年。

〔2〕　梁勇：《从西汉楚王墓的建筑结构看楚王墓的排列顺序》，《文物》2001 年第 10 期。

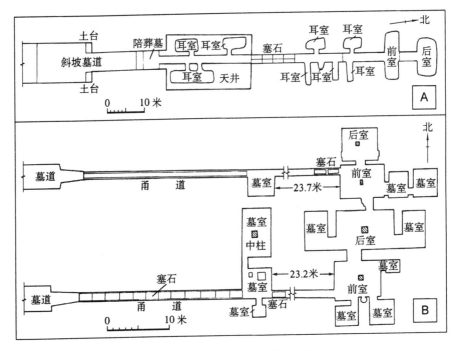

图 7-20 徐州西汉楚王墓平面图
A. 狮子山汉墓　B. 龟山 2 号汉墓

上部开凿天井，下部两侧设耳室 3 个。甬道两侧凿出耳室 6 个。前室东半部稍高，似为棺床，出土玉鼻塞和人骨。墓主着金缕玉衣，用镶玉漆棺。该墓部分墓室凿制精致，部分墓室凿制粗糙，显系未竣工的工程。内墓道上方开凿天井的做法为西汉崖洞墓首见。随葬品丰富，有铜器、铁器、金银器、陶器、玉器共 2000 余件，尤以铜钱、官印、玉器和封泥数量多，价值高。墓中还有 3 具殉人。墓外设兵马俑陪葬坑的做法，在西汉王墓中系首次发现。发掘者推测墓主是卒于文帝前元五年（公元前 175 年）的第二代楚王夷王刘郢客或自杀于景帝前元三年（公元前 154 年）的第三代楚王刘戊。

北洞山汉墓坐北向南，总长 77.3 米，由墓道、主体墓室和附属墓室组成。墓道两侧设 2 个土墩、7 个壁龛和 2 个耳室。主体墓室包括甬道（带 2 个耳室）、前室和后室（带 2 个厕间）。附属墓室共 11 间，位于墓道东侧，低于主体墓室，设 12 级台阶与墓道相通（图 7-21）。附属墓室采用在竖穴石坑内建筑石室的方法，与横穴式洞室的主体墓室不同。这种将整座墓分成主体与附属两部分、分别采用两种不同方法建造的王墓为首次发现。随葬品有铜、铁、金、陶、玉、漆木器等，其中金缕玉衣片及"楚宫司丞"、"楚御府印"、"楚武库印"、"楚邸"等铜印章是判定墓主身份的实物资料。发掘者认为墓主是卒于武帝元光六年（公元前 129 年）的第五代楚王安王刘道。

龟山 2 号汉墓坐东向西，由南北并列的双墓道、双甬道及两组墓室组成，应是南北并列的两座墓（图 7-20-B）。两墓道相距 14 米，墓室之间设一壶形门相通。南墓通长约 83 米，由墓道、甬道（附 3 个耳室）、前室（附 3 个侧室）和后室（附 2 个侧室）组成；北

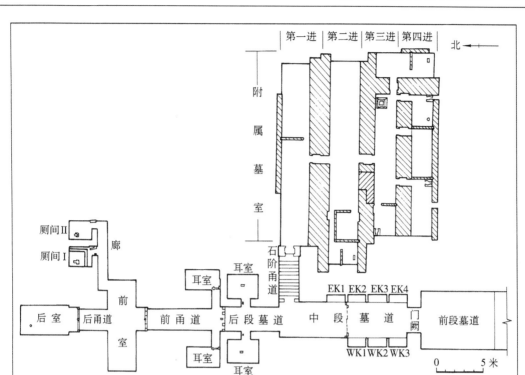

图 7-21　徐州北洞山西汉墓平面图

墓总长 83.5 米，由墓道、甬道（附 1 个耳室）、前室（附 2 个侧室）和后室组成。两墓前后室均南北向设置，与墓道方向不一致。随葬品多被盗。在南墓后室的西侧室内出土一枚"刘注"龟钮银印，据此确定南墓墓主为卒于武帝元鼎元年（公元前 116 年）的第六代楚王襄王刘注。北墓为刘注之妻墓。

（二）丧葬制度综论

汉代诸侯王墓称陵，《续汉书·礼仪志》中有记载。曲阜九龙山 3 号墓封堵墓道的石块上有"王陵塞石广四尺"的刻铭。

西汉王墓一般分布在王都附近的土原或山丘上，墓室深挖于地下或开凿于山中，坟丘高积于墓上或山顶。王墓大多还在墓外安排数量不等的陪葬坑。坟丘外围绕垣墙形成墓园，墓园内设置礼制建筑。王墓周围还多分布陪葬墓。西汉王墓一般采用王、后异穴合葬的形式，在规模上一般王墓大于王后墓。

1. 地面建制

一座完整的王墓分为地上和地下两部分。地上部分包括坟丘、墓园、礼制建筑和陪葬墓等内容[1]。

---

〔1〕　刘振东：《汉代诸侯王、列侯墓的地面建制——汉代王、侯墓制研究之一》，《汉唐与边疆考古研究》第一辑，文物出版社，1994 年。

（1）坟丘　汉代丧葬礼制对坟丘的高度有严格规定，墓主身份不同，坟丘高度也不一样。古代文献对汉代诸侯王墓坟丘高度缺载，从诸侯王的身份等级看，其坟丘高度应低于皇帝陵而高于列侯墓。《汉旧仪》载西汉帝陵"坟高十二丈。武帝坟高二十丈"[1]。考古调查西汉诸帝陵的坟丘高度在 30 米左右，武帝茂陵坟丘高 46.5 米，与文献记载基本相符。《周礼·春官·冢人》郑注曰："汉律曰列侯坟高四丈，关内侯以下至庶人各有差。"考古调查西汉列侯坟丘高度与上述记载也基本一致。因此，诸侯王墓坟丘高度应在四丈至十二丈之间。

西汉王墓分竖穴土石坑墓和横穴崖洞墓两种形式。竖穴土坑墓多选择坡地建造，坟丘以黄土版筑而成，底部多呈圆形或椭圆形，底径 40～250 米，现存高度一般是 12～16 米，如石家庄小沿村汉墓坟丘高 15 米，定县 40 号墓坟丘高 16 米。还有更高的，如临淄窝托村汉墓坟丘高 24 米。营建于山丘顶部的竖穴石坑墓也有高大的坟丘，如永城窑山 1 号墓坟丘高约 10 米，巨野红土山汉墓坟丘高 10.2 米。可见，保存较好的西汉王墓，坟丘一般都高于列侯墓的四丈（约折合 9.2 米）而低于皇帝陵的十二丈（约折合 27.7 米），与前面依文献记载所作的分析一致。

开凿于山体中的崖洞墓，上部是高耸的山顶，形如巨大的坟丘。有的崖洞墓还在山顶上夯筑封土，如永城诸梁王墓，徐州狮子山、北洞山楚王墓等。

有的王墓坟丘呈覆斗形，如章丘洛庄汉墓、永城保安山 2 号墓和夫子山 1 号墓等。少数诸侯王墓采用皇帝之制的覆斗形坟丘，可能是得自皇帝的恩赐。

（2）墓园　西汉帝陵设陵园，王墓也设墓园。墓园环绕坟丘四周，多用黄土夯筑而成。

定县 40 号墓的坟丘周围有夯土围墙，平面长方形，南北长 145 米、东西宽 127 米、墙基宽约 11 米。这种平面为长方形的夯土墙墓园可能是坡地王墓墓园的一般形制。永城保安山 1 号墓、2 号墓和柿园汉墓的外围发现夯土围墙，将保安山的大部分地区包围了起来，平面呈不规则长方形，南墙和北墙残长 400 余米，东墙断续长约 900 米，西墙已毁。在东墙上发现门址 1 座，门道南北宽 4 米，地面铺方形石块。该墓园的规模大于皇帝陵园，主要原因大概是受到地形的影响，保安山上崎岖不平，不宜筑墙，所以只好将墙筑在山下平坦的地方。

徐州石桥 1 号、2 号崖洞墓所在山体的顶部有南北长 60 米、东西宽 30 米比较平坦的地面，周围残存有断续的石墙。石墙以石块垒砌，仅存基础部分，西北角保存较好，残长 1.9 米、宽 1.5 米、残高 0.7 米。由此可知，位于高大山丘中的崖洞墓，可能在山顶平坦的地方用石块垒砌石墙墓园。

（3）礼制建筑　西汉皇帝陵园附近分布有礼制建筑，"同制京师"的诸侯国王墓也不例外。

石家庄小沿村汉墓西 50 米处，地面散布较多秦汉砖瓦；满城汉墓所处山丘的顶部也可见到西汉砖瓦残块，表明那里原来有建筑存在。在墓顶或墓侧发现砖瓦等建筑材料的情况还见于永城保安山 2 号墓、窑山 1 号墓、铁角山 2 号墓和徐州狮子山汉墓。迄今发现规模最大、保存最好的王墓建筑遗址位于保安山墓园内。该遗址坐落在保安山 1 号墓东北方

---

[1]　清·孙星衍等辑，周天游点校：《汉官六种》，中华书局，1990 年。

较高的一级阶地上，坐北向南，平面呈长方形，南北长 110 米、东西宽 60 米。四周夯筑围墙，南面和东面各辟一门，南门应为正门。南门外有一小广场，门内分为南、北两区，有门道相通。南区以东西 22.2 米、南北 16.4 米的大殿为中心，其外围以庭院和回廊；北区以庭院为中心，东、南、北三面环绕大小不等、形制各异的堂、室类建筑（图7-22）。出土板瓦、筒瓦上有"孝园"戳印。发掘者推测该建筑遗址是保安山 1 号墓寝园遗址。

西汉帝陵附近的礼制建筑主要有寝、庙两种，它们性质不同，作用也不一样。王墓附近发现的建筑遗存也可能分属于寝和庙，其区别应与建筑所处墓顶或墓侧的位置有关。

（4）陪葬墓 像西汉帝陵一样，王墓附近也分布着数量不等的陪葬墓。距满城汉墓不远的山坡上有 18 座小坟丘，上圆下方，长宽各 10～20 米，残高 3～5 米，它们就是陵山中山王墓的陪葬墓。永城梁王墓和徐州楚王墓附近也发现有陪葬墓。保安山 2 号墓的西北有 3 号墓，保安山 1 号墓的东、西方和柿园汉墓的南、东南、东北方分布有一些小型墓，其中保安山 3 号墓出土有金缕玉衣片和玉鼻塞、玉握等物，表明墓主具有一定的身份。徐州北洞山汉墓以北的后楼山汉墓群应是它的陪葬墓，其中 1 号墓和 5 号墓出土玉面罩、玉枕，4 号墓墓主着银缕玉衣，具有较高的身份[1]。这些陪葬墓的墓主身份可能有多种，如王的嫔妃、家族成员、王国的官吏等。

2. 墓葬形制

（1）形制的演变 西汉王墓形制多样。竖穴木椁墓是先秦贵族普遍使用的墓葬形制，西汉早中期王墓继续沿用，是王墓的主要形制之一。章丘洛庄和临淄窝托村西汉早期墓还保留着双墓道"中"字形、墓外设多个陪葬坑的传统平面布局。西汉晚期以后，王墓已不再使用木椁墓的形制。

黄肠题凑墓虽在汉初就出现，并一直延续到西汉晚期偏早，但在王墓形制中并不占主导地位。西汉初年的石家庄小沿村汉墓也保留着传统的"中"字形平面布局。长沙地区的三座黄肠题凑墓，在墓道近墓室处的两侧放置"偶人"，在内棺底板上铺透雕苓床以及内回廊隔间的做法，显然是受到了楚墓传统的影响。黄肠题凑墓的出现可能与西汉新的丧葬礼制的制定与实施有关，它本为皇帝之制，之所以没有在王墓中形成主导形制，可能与使用该葬制需得到皇帝的恩赐有关。从黄肠题凑墓的考古发现看，它们大多位于西汉分封诸侯国的边远地区，如北方的中山国、广阳国，东南方的六安国、广陵国和南方的长沙国等，皇帝赐给这些诸侯国王高级别的葬制，可能是从政治上进行笼络的一种策略。西汉黄肠题凑葬制对东汉砖石题凑葬制有着直接的影响。

竖穴石室墓可能是竖穴木椁墓与横穴崖洞墓相结合的一种形式，以竖穴木椁墓的形式达到横穴崖洞墓"因山为藏"的目的，这在广州南越王墓上表现明显。该墓主体采用竖穴墓的形式（两耳室采用掏洞的形式），但平面布局与立体空间类似崖洞墓。永城梁国的 4 座竖穴石室墓，可能是西汉晚期梁国国力变弱背景下的产物。

---

〔1〕 A. 徐州博物馆：《徐州后楼山西汉墓发掘报告》，《文物》1993 年第 4 期。

 B. 徐州博物馆、南京大学历史学系考古专业：《徐州北洞山西汉楚王墓》第 175 页，文物出版社，2003 年。

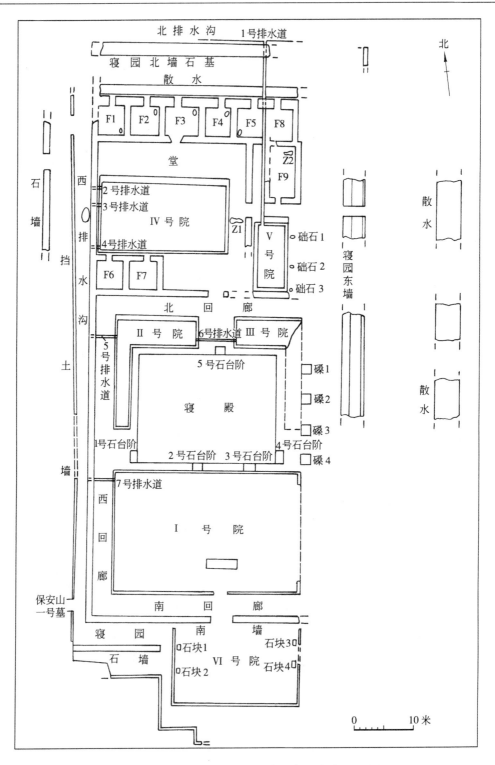

图 7-22　永城保安山西汉梁孝王寝园遗址平面图

崖洞墓是西汉新兴的一种墓葬形制，它摆脱了传统竖穴木椁墓的平面布局和立体结构，适应"事死如生"丧葬观念和墓室宅第化的实际需要，在山体中开凿出空间立体化、建筑式样及装饰和功用宅第化的庞大墓室群，并且在用棺制度和衣衾制度上比竖穴木椁墓和"黄肠题凑"墓更彻底地与传统决裂，开创了新的墓葬形制。崖洞墓在西汉早期一出现，就很快流行起来，成为多个王国，如鲁国、梁国和楚国王墓的主要形制。在西汉的不同时期，崖洞墓的形制也不太一样。西汉早期，梁国、楚国国大力强，崖洞墓规模巨大，墓室众多、凿制规整；墓道宽而长，墓葬的总体平面布局呈现出复杂化倾向。如永城保安山 2 号墓设两条墓道，并且不在一条直线上；墓室布局较自由，基本不对称。又如徐州狮子山汉墓内墓道上设天井、北洞山汉墓主体墓室之外另设附属墓室等做法在崖洞墓中都是仅有的发现。到了西汉中晚期，崖洞墓规模减小，墓室减少，凿制也较粗糙，有的墓还在洞室内建造瓦木建筑；墓道变短，甬道变长，墓葬的总体平面布局如满城、曲阜九龙山、徐州龟山 2 号和石桥汉墓等，一般由墓道、甬道（附设耳室）和前后墓室（附设侧室）组成，布局比较规整、简洁。至于像满城 1 号墓和永城保安山 1 号墓、2 号墓设回廊的做法，可能体现出地域上的差别。

综上所述，西汉王墓采用木椁墓是沿用传统的墓葬形制，而石室墓是在崖洞墓影响下出现的竖穴墓系统的一种新形式。黄肠题凑墓和崖洞墓是新出现的两种形制，前者比后者出现得早，后者比前者消亡得晚，两者在墓室布局、结构、发展演变上自成体系，崖洞墓中出现回廊可能是受到黄肠题凑葬制的影响。黄肠题凑葬制比较稳定，崖洞墓西汉早期与中晚期相比，布局形制变化较大。

（2）黄肠题凑葬制 黄肠题凑葬制本为天子之制，诸侯王和朝中重臣能够享用者大概都是得自皇帝的恩赐。

黄肠题凑墓虽沿用竖穴系统墓制，但与传统的棺椁构造完全不同，是西汉兴起后适应新礼制而出现的全新葬制。据文献记载，先秦墓葬中已出现"题凑"之制，"题凑"之制与黄肠题凑葬制虽然存在一些联系，但有着本质的区别，黄肠题凑葬制赋予了"题凑"之制以全新的内容[1]。自西汉黄肠题凑墓发现以来，研究者对"黄肠题凑"、"便房"、"梓宫"和"外藏椁"等问题展开了全面探讨[2]。

由文献记载参照墓葬实例，"黄肠题凑"最易辨识。长沙望城坡 1 号墓垒砌墙体的枋木上就有自名"题凑"的刻文。已知最早的"黄肠题凑"见于石家庄小沿村汉墓，如果该墓确系张耳之墓，表明"黄肠题凑"在汉初就出现在王墓中。

黄肠题凑墓的题凑形制与棺椁结构在不同时期有不同特征。汉初以石家庄小沿村汉墓为例，题凑墙用木板构建，平面呈"凸"字形；题凑墙内棺椁结构简单，保留着先秦木椁

〔1〕 刘振东：《题凑与黄肠题凑》，《新世纪的中国考古学——王仲殊先生八十华诞纪念论文集》，科学出版社，2005 年。

〔2〕 A. 单先进：《西汉"黄肠题凑"葬制初探》，《中国考古学会第三次年会论文集》，文物出版社，1984 年。

B. 刘德增：《也谈汉代"黄肠题凑"葬制》，《考古》1987 年第 4 期。

墓棺椁形制的特征；题凑墙与内部的木椁不留通道或门，构成封闭的空间，表现出较原始的特征。文景时期，黄肠题凑墓的题凑墙已用枋木，但多采用平铺垒叠、不设榫卯的方法。长沙陡壁山汉墓的题凑木层数不多，题凑墙高度低于木椁高度；陡壁山和望城坡1号墓的题凑墙与棺椁仍构成封闭的空间；棺椁结构也显简单。这些特征表现出形制上的原始。同时，望城坡1号墓的题凑墙高度已超过木椁；象鼻嘴1号墓的题凑平面虽呈"凸"字形，但题凑与二层木椁均设通道或门，已形成开放的空间；题凑墙内棺椁结构已很复杂。这些特征又表明该时期题凑已渐趋成熟。西汉中晚期，黄肠题凑墓的题凑已渐成规制。北京大葆台1号墓题凑墙的顶端用压边木加固，高邮天山汉墓的题凑木四面出阴阳榫，使与上下左右的题凑木互相嵌合，全部题凑木还被安置于一个框架式结构中；题凑墙高度均与木椁相同；不仅题凑墙内设内回廊，题凑墙外还设外回廊，并且构成开放的空间；更有如天山汉墓的题凑木两端横截面中心嵌入一小方木块，用以象征"柏木黄心"。

黄肠题凑墓对建筑用料的材质有严格要求。所谓"黄肠"就是指题凑木要用柏木的黄心。已知黄肠题凑墓中，除有的墓材质不清外，可以确认材质为柏木的题凑木为数甚少[1]。

"便房"是黄肠题凑墓中一套重要的葬具。按照文献记载黄肠题凑墓中各葬具的安置顺序，它应居"黄肠题凑"和"梓宫"之间。研究者对"便房"在墓中位置的看法分歧最大，或认为"便房"是墓中的前室[2]，或认为棺室即"便房"[3]，或认为内椁与棺房总称为"便房"[4]，或认为"便房"是指围绕棺房的那层内回廊[5]。一般黄肠题凑墓在题凑墙体之内设一层或二层椁，椁内建棺室和前室，棺室内陈套棺。或可认为，棺室、前室与题凑墙之间的空间即是"便房"，一般表现为环绕棺室和前室的一层或二层回廊，回廊内多被隔成若干小间。

"梓宫"居"黄肠题凑"的中央，研究者多认为棺房内陈放的套棺为"梓宫"。在黄肠题凑墓中，棺室是陈棺之所，与棺有着不可分割的联系。前室位于棺室前方，多与棺室相通，有的直接相连（北京大葆台1号墓）或即为一体（高邮天山1号墓）；前室内陈各种器具，其服务的对象即后面躺卧棺中的墓主人。由此看来，前室与棺室有着直接、密切的关系。考虑到黄肠题凑墓中前室与棺室的地面往往比其他部分高敞，或可认为"梓宫"是包括了棺室和前室的一套葬具。高邮天山1号墓的棺室特殊，共有两层，均属"梓宫"。文献中"梓棺"、"梓宫"的区别或即在于"梓棺"是指单棺或套棺，而"梓宫"则包括了

[1] 何旭红：《"黄肠题凑"制与"题凑"制——对汉代"黄肠题凑"葬制的新认识》，《湖南省博物馆馆刊》第4辑，岳麓书社，2007年。

[2] 鲁琪：《试谈大葆台西汉墓的"梓宫"、"便房"、"黄肠题凑"》，《文物》1977年第6期。

[3] 黄展岳：《释"便房"》，《中国文物报》1993年6月20日。

[4] A. 单先进：《西汉"黄肠题凑"葬制初探》，《中国考古学会第三次年会论文集》，文物出版社，1984年。

B. 刘德增：《也谈汉代"黄肠题凑"葬制》，《考古》1987年第4期。

[5] 俞伟超：《汉代诸侯王与列侯墓葬的形制分析——兼论"周制"、"汉制"与"晋制"的三阶段性》，《中国考古学会第一次年会论文集》，文物出版社，1979年。

墓中的棺室和前室。

《汉书·霍光传》颜师古注引服虔曰：外藏椁"在正藏外，婢妾藏也。或曰厨厩之属也"。可见黄肠题凑墓中有"正藏"和"外藏椁"的区分。从霍光受赐葬具的顺序看，由内及外为"梓宫"、"便房"和"黄肠题凑"，再外为"外藏椁"。"外藏"之意，正暗示出前述"梓宫"、"便房"、"黄肠题凑"为"正藏"。"外藏椁"的位置既然在"正藏"外，也就是说它应在题凑墙外，题凑墙内不应有"外藏椁"。正如《汉书·霍光传》刘敞注："以次言之，先亲身者衣被，次梓宫、次便房、次题凑、次外藏"[1]。在黄肠题凑墓中，位于中央的棺房和前室（"梓宫"）设门与其外围的回廊（"便房"）连通，再与"黄肠题凑"共同构成一个相互关联的整体，即为"正藏"。"外藏椁"设在题凑墙外，如高邮天山1号墓和北京大葆台1号墓题凑墙外的外回廊、墓道内的木椁室等。长沙陡壁山汉墓与象鼻嘴1号墓之间的1个陪葬坑，望城坡1号墓旁的3个陪葬坑也属于"外藏椁"。

（3）正藏与外藏椁　外藏椁的概念虽然出自黄肠题凑墓，在其他形制的墓葬中也存在。如传统的木椁墓，棺或套棺居墓室中心，棺外置椁，由棺椁构成多重封闭的空间即为正藏，这是墓葬的主体部分。外藏椁是相对于正藏存在的，它位于墓葬正藏之外，是正藏的附属部分。它或位于墓圹内的棺椁之外，或位于墓道中，有的还被安置在墓外。

外藏椁起源于殷商贵族大墓的殉人棺和车马殉葬坑，从春秋中晚期开始出现了单独的器物坑[2]。秦汉时期，这种器物坑外藏椁非常流行。在西汉诸侯王木椁墓中，如献县36号墓耳室内的木椁箱，长清双乳山1号墓墓道内的木椁室，巨野红土山汉墓墓道内放置的车马，临淄窝托村和章丘洛庄汉墓墓道两侧所设的器物坑，泗阳大青墩汉墓主椁室以外的木椁以及墓外的一个器物坑，获鹿高庄1号墓周围的器物坑，章丘危山汉墓附近的陪葬坑等，都属于墓葬的外藏椁。黄肠题凑墓正藏与外藏椁的情况已如前述。

石室墓虽属竖穴墓系统，但墓内结构与崖洞墓有相似之处。它们一般都有一个或两个主要墓室，有两个主室的，后室陈棺，前室布置各种器具，有的墓后室周围设回廊。前室和后室还附设侧室。墓道或甬道两侧设耳室，用于储藏食品、宴饮用品，放置车马、偶人。从石室墓和崖洞墓的结构布局、各墓室的功能可以看出，前、后二室设门相通，前室直接为后室服务，关系密切，前、后室以及与之直接相连的侧室、回廊等构成墓葬的正藏；墓道、甬道两侧的耳室属于外藏椁。以满城1号墓为例，正藏包括前室、后室（带一侧室）和回廊，两个耳室是外藏椁。墓外的陪葬坑也属于外藏椁，如永城多座梁王墓外的陪葬坑等。

王墓外藏椁的基本内容，正如服虔所说，有"婢妾"，有"厨厩"。随着社会的发展进步，汉代用真人殉葬的恶俗只发现于个别王墓中，如广州南越王墓和徐州狮子山汉墓。活人殉葬被禁止后，替代他们的是各种质地的俑，其中以陶俑随葬最普遍。因为陶俑是活人

〔1〕　清·王先谦：《汉书补注》，上海古籍出版社，2008年。
〔2〕　A. 李如森：《汉代"外藏椁"的起源与演变》，《考古》1997年第12期。
　　　B. 刘振东：《中国古代陵墓中的外藏椁——汉代王、侯墓制研究之二》，《考古与文物》1999年第4期。

殉葬的替代品，活人的身份各种各样，所以陶俑的形象也各有不同。章丘危山汉墓、徐州狮子山汉墓外的兵马俑坑外藏椁，陶俑着甲持兵骑马，排列成整齐的队伍。徐州北洞山汉墓内的陶俑，放置位置不同，代表的身份也不一样：如墓道两侧7个小龛中出土的222件彩绘陶俑佩长剑、背箭箙，可能象征楚国王宫的仪卫；附属建筑5号室内的陶俑与铜编钟、石磬、陶瑟同出，身份当为乐伎舞女；附属建筑6～11号室象征厨房，这里陶俑的身份应是在厨房劳作的杂役。因此，外藏椁中的"婢妾之属"，是指为墓主服务的所有人（俑）的总括。

关于"厨"，在西汉王墓中有发现，如徐州北洞山汉墓附属建筑6～11号室内建造有砖灶、水井、粮仓，出土有炊器陶釜、甑，动物骨骼（肉食），炭化谷物和陶俑等，构成一组象征厨房的建筑。当然，并非所有墓葬外藏椁中的"厨"都如此逼真，大多数情况是用其中的几项内容起到象征的作用，如随葬陶灶、储粮罐、酒壶、水缸、动物或动物俑、蒸煮煎烤器具、饮食器具等。

关于"厩"，在西汉王墓中表现为车、马或车马器具。如长清双乳山1号墓在墓道椁室内放置大车3辆、小车1辆、马8匹、鹿2只；广州南越王墓在墓道与前室中各置一辆漆木车模型；北京大葆台1号墓墓道椁室内置彩绘朱轮马车3辆、马13匹；满城1号墓甬道内陈放车2辆、马5匹，南耳室放置车4辆、马11匹；陵山2号墓北耳室放置车4辆、马13匹等等。

东汉人服虔对墓葬外藏椁的解释具有高度概括性，它只是列举了外藏椁最主要的几项内容。从已见王墓外藏椁的情况看，大到军队（兵马俑坑）、小到武库、钱库、丝织品库等，内容丰富，基本上包罗了衣、食、住、行、用的各个方面，是墓主生前奢华生活的真实反映。

3. 随葬制度

已发掘的西汉王墓绝大多数被不同程度地盗掘过，只有满城1号墓、2号墓，广州西汉南越王墓和长清双乳山1号墓未被盗掘。未被盗王墓的随葬品非常丰富，即使被盗的王墓，多数仍不乏珍贵精美的随葬品。王墓随葬品中除了一般汉墓常见的陶器、小件铜器和铁器外，还有一些贵重的大型铜器、鎏金铜器、金器、银器和玉器等。铜器和鎏金铜器大量随葬是王墓的显著特征之一，汉代高度发达的鎏金技术主要用于各种装饰配件上，如盖弓帽等车马器，铺首衔环等棺饰，漆器扣饰、附件以及牌饰等。王墓出土金银制品虽然较少且多为小件饰品，但金银本为贵重之物，是墓主尊贵身份的象征。另外，王墓中还出土大量精美的玉器和绿松石、珍珠、玛瑙、琥珀、玻璃等珍稀物品。王墓中出土的铜器、漆器铭文、印章、封泥等文字资料，是判定墓主身份的直接依据，也是王墓随葬品的重要特征之一。

（1）车马殉葬 以实用车马殉葬是西汉诸侯王墓与其他大型墓相区别的重要特征之一。王墓殉葬真车马始于西汉早期，流行于西汉中期和晚期前段，大约在西汉晚期后段被此前已长期使用的真车马器和车马明器取代。一般殉车3辆，如北京大葆台1号墓、2号墓，定县40号墓，满城2号墓，获鹿高庄1号墓，长清双乳山1号墓和曲阜九龙山4座墓等；有的墓还同时殉小车1辆，如满城2号墓和长清双乳山1号墓等；也有如满城1号墓殉车6辆的例子。据研究，入殉西汉王墓的3辆车应是载送衣冠到墓穴的魂车，相当于先秦丧葬时使用的乘车、道车与槁车[1]。也有研究者持不同看法，认为西汉王墓所殉 3 辆车是王青盖车（安车）、戎车（或猎车）和辒车[2]。

（2）玉衣殓服　玉衣是汉代皇帝和贵族死后穿着的一种特殊殓服，在王侯墓中多有发现。据研究，汉代的玉衣起源于先秦贵族墓中覆盖在死者脸部的缀玉面幕和身上穿着的缀玉衣服[3]。关于玉衣的使用制度，按《续汉书·礼仪志》的记载，皇帝用金缕玉衣，诸侯王、初封的列侯、贵人、公主用银缕玉衣，大贵人、长公主用铜缕玉衣。就考古发现的玉衣资料看，西汉时期在玉衣使用上尚未形成严格的等级制度，诸侯王和列侯也可使用金缕玉衣。到了东汉，正如文献所载已形成了按身份使用不同缕质的制度，诸侯王和始封列侯用银缕玉衣。文献缺载嗣位的列侯、诸侯王及列侯的妻子用铜缕玉衣。还有一些使用铜缕玉衣的墓，墓主可能是大贵人、长公主等皇族。至于考古发现的鎏金铜缕玉衣，有人认为相当于银缕玉衣[4]，也有人认为是金缕玉衣的代用品[5]。此外，文献记载某些达官显贵死后还可受赐使用玉衣。

二　西汉列侯墓

列侯是仅次于诸侯王的第二等爵位，西汉初年开始分封，一直延续到东汉末。列侯墓制是汉代丧葬礼制的重要组成部分，是研究汉代墓葬等级制度的重要一环。

研究列侯墓与研究诸侯王墓一样，首先得加以识别。少数墓内出土印章、封泥、漆器、铜器铭文等文字资料，可确定墓主为某代侯。有的墓中出土玉衣殓服，参照墓的地望、坟丘高度、随葬品特征并佐以文献记载，也可推定墓主身份。关于西汉列侯墓的研究，多集中在年代和墓主方面，在对汉代王侯墓地面建制和玉衣殓服的研究中也涉及西汉列侯墓。

迄今能够基本认定的西汉列侯、列侯夫人墓共 15 座，其中西汉早期墓 12 座，西汉中期墓 1 座，西汉晚期墓 2 座。它们分别为河北邢台南郊汉墓[6]；陕西咸阳杨家湾 4 号墓、5 号墓[7]；西安新安机砖厂汉墓[8]；四川绵阳双包山 2 号墓[9]；山东济南腊山汉墓[10]；

〔1〕　高崇文：《西汉诸侯王墓车马殉葬制度探讨》，《文物》1992 年第 2 期。

〔2〕　郑滦明：《西汉诸侯王墓所见的车马殉葬制度》，《考古》2002 年第 1 期。

〔3〕　卢兆荫：《试论两汉的玉衣》，《考古》1981 年第 1 期；《再论两汉的玉衣》，《文物》1989 年第 10 期。

〔4〕　史为：《关于"金缕玉衣"的资料简介》，《考古》1972 年第 2 期。

〔5〕　黄展岳：《汉代诸侯王墓论述》，《考古学报》1998 年第 1 期。

〔6〕　河北省文物管理处：《河北邢台南郊西汉墓》，《考古》1980 年第 5 期。

〔7〕　A. 陕西省文管会、陕西省博物馆、咸阳市博物馆杨家湾汉墓发掘小组：《咸阳杨家湾汉墓发掘简报》，《文物》1977 年第 10 期。

　　　B. 陕西省文物管理委员会、咸阳市博物馆：《陕西省咸阳市杨家湾出土大批西汉彩绘陶俑》，《文物》1966 年第 3 期。

〔8〕　郑洪春：《陕西新安机砖厂汉初积炭墓发掘报告》，《考古与文物》1990 年第 4 期。

〔9〕　四川省文物考古研究院、绵阳博物馆：《绵阳双包山汉墓》，文物出版社，2006 年。

〔10〕　济南市考古研究所：《济南市腊山汉墓发掘简报》，《考古》2004 年第 8 期。

安徽阜阳双古堆1号墓、2号墓[1]；江苏徐州簸箕山3号墓[2]；湖南长沙马王堆1号墓、2号墓、3号墓[3]，沅陵虎溪山1号墓[4]，永州鹞子岭1号墓、2号墓[5]。其中徐州簸箕山3号墓，长沙马王堆1号墓、3号墓和沅陵虎溪山1号墓保存完好。这些墓涉及的侯国有南曲侯、绛侯或条侯、汝阴侯、宛朐侯、轪侯、沅陵侯和泉陵侯等，分布在河北、陕西、四川、山东、安徽、江苏和湖南等省（表7-2）。另外，河北隆尧汉墓出土金缕玉衣片230余片，多数雕刻纹饰并镶贴金箔，推测墓主可能是西汉中晚期的某代象氏侯[6]。山东阳谷吴楼一号墓是一座规模较大的砖室墓，南北全长12.06米，东西最宽9.56米，有并列的两个墓室，墓室四周围绕回廊。随葬品有铜、铁、铅、陶、石、骨器和钱币等。推测墓主可能是西汉晚期的某代阳平侯夫妇[7]。

表7-2   西汉列侯墓简表①

序号	地点	墓葬形制	随葬品	时代与墓主
1	河北邢台南郊汉墓	由墓道和砖砌墓室组成，坐西向东	有铜、铁、陶、玉石器等30余件，包括金缕玉衣片和1枚"刘迁"龟钮铜印	宣帝甘露三年（公元前51年）南曲炀侯刘迁
2	陕西咸阳杨家湾4号墓	异穴合葬 由曲尺形斜坡墓道（向南）和墓室组成。墓坑内外共设陪葬器物坑18个，其中墓道内5个，墓外13个	陪葬坑中有车坑，粮食、车马坑，陶器坑，铜器坑和兵马俑坑。另有200多片银缕玉衣片	文景时期 绛侯周勃或条侯周亚夫夫妇
3	陕西咸阳杨家湾5号墓	异穴合葬 位于4号墓以北26米，与4号墓形制相同，墓道方向相反。葬具为一棺一椁。棺椁周围积炭。棺椁间置随葬品	有铜、铁、陶、玉器和钱币等，最能说明墓主身份的是202片银缕玉衣片	

[1] 安徽省文物工作队、阜阳地区博物馆、阜阳县文化局：《阜阳双古堆西汉汝阴侯墓发掘简报》，《文物》1978年第8期。

[2] 徐州博物馆：《徐州西汉宛朐侯刘埶墓》，《文物》1997年第2期。

[3] A. 湖南省博物馆、湖南省文物考古研究所：《长沙马王堆二、三号汉墓·第一卷·田野考古发掘报告》，文物出版社，2004年。
　　B. 湖南省博物馆、中国科学院考古研究所：《长沙马王堆一号汉墓》，文物出版社，1973年。

[4] 湖南省文物考古研究所、怀化市文物处、沅陵县博物馆：《沅陵虎溪山一号汉墓发掘简报》，《文物》2003年第1期。

[5] 湖南省文物考古研究所、永州市芝山区文物管理所：《湖南永州市鹞子岭二号西汉墓》，《考古》2001年第4期。

[6] 隆尧县文物保管所：《河北隆尧县出土刻花贴金玉片》，《文物》1992年第4期。

[7] 聊城市文物管理委员会：《山东阳谷县吴楼一号汉墓的发掘》，《考古》1999年第11期。

序号	地点	墓葬形制	随葬品	时代与墓主
4	陕西西安新安机砖厂汉墓	由斜坡墓道（向北）、器物厢和墓室组成。器物厢内放骑马俑、立俑、陶牛和车器等。墓坑内置椁室，椁室四周积炭。椁室内置棺室，棺室内陈棺，椁室与棺室间形成边厢（3 个头厢、2 个边厢、3 个足厢）	有铜、铁、釉陶、陶、石、漆木器和铜钱等，最具特色的是一批陶俑，有裸体骑马俑、裸体男女立俑、形体特征如裸体立俑的着衣立俑、着衣俑、牛、羊、猪、鸡和鸽等。文字资料有"利成家丞"封泥	西汉早期列侯级别
5	四川绵阳双包山 2 号墓	由斜坡墓道和墓室（前室、后室）组成。墓圹内建木椁室，椁室四周填青灰色膏泥。前室隔成五厢，放置随葬品，后室陈棺。前、后室间设门相通	有铜、铁、银、陶、玉、竹、漆木器和钱币等千余件，以漆木器最具特色，如漆马、漆车、经脉漆雕木人、木俑、木牛、木灶等。还有银缕玉衣片	西汉早期列侯级别
6	山东济南腊山汉墓	由墓道和墓室组成，平面呈曲尺形，墓道向南，墓室东西向。墓室分成前室和后室。前室放置 3 个木椁箱，后室陈棺椁	有铜、铁、陶、玉、漆器以及"傅嬺"水晶印章、"妾嬺"玛瑙印章和"夫人私府"封泥等 70 余件	西汉早期某列侯夫人傅嬺
7	安徽阜阳双古堆 1 号墓	异穴合葬 由墓道（向南）和墓室组成。墓口南北长 9.2 米，东西宽 7.65 米。椁室外积炭，椁室内置一道椁板，分椁室为头厢和棺室两部分。棺室内置棺床，其上陈棺。头厢与棺椁间放置随葬品	有铜、铁、铅、金银、陶、石、漆木器和钱币等共 206 件。重要的有二十八宿圆盘、六壬栻盘、太乙九宫占盘等漆器以及竹简（有《苍颉篇》、《诗经》、《刑德》等）	文帝十五年（公元前 165 年）第二代汝阴侯夏侯灶
8	安徽阜阳双古堆 2 号墓	异穴合葬 形制布局与 1 号墓相同。墓口南北长 23.5 米，东西宽 13 米	有铜、银、陶、漆器等计 64 件，其中重要的是漆器和铜器铭文"女阴侯"和"女阴家丞"封泥	与 1 号墓接近夏侯灶之妻
9	江苏徐州簸箕山 3 号墓	竖穴石坑，葬具似一棺一椁。在墓底东西二壁各掏挖一浅龛，盛放随葬品。在墓西北 28 米处设一陪葬器物坑	保存完好，有铜、铁、金、银、陶、玉石、骨器等 100 件（组），其中有 1 枚"宛朐侯埶"龟钮金印。陪葬坑出土男女陶俑 25 件	景帝时期宛朐侯刘艺
10	湖南长沙马王堆 1 号墓	异穴合葬 由斜坡墓道（向北）和墓室组成。墓坑底部构筑椁室。椁室内设棺室，棺室内陈四层套棺。棺室、椁室间为东、西、南、北 4 个边厢	保存完好，有竹简、帛画、丝织品、漆器、木俑、竹木器等，另有小件铜器、锡器、陶器和角器等，共千余件。文字资料有"轪侯家丞"封泥、"轪侯家"漆器铭文等	文帝前元十二年（公元前 168 年）以后数年轪侯利仓之妻"辛追"

续表 7-2

序号	地点	墓葬形制	随葬品	时代与墓主
11	湖南长沙马王堆2号墓	位于1号墓之西。由斜坡墓道（向北）和墓室组成。墓坑呈椭圆形，坑口大径11.23米，小径8.9米。椁室外积炭和白、黄膏泥。葬具为二椁二棺	以漆器为主，还有铜器、银器、陶器、玉器和玳瑁器等，其中最重要的是三枚印章："利仓"盝顶玉印、"轪侯之印"龟钮铜印和"长沙丞相"龟钮鎏金铜印	吕后二年（公元前186年）长沙国丞相、轪侯利仓
12	湖南长沙马王堆3号墓	位于1号墓之南。由斜坡墓道（向北）和墓室组成。墓坑口南北长16.3米，东西宽15.45米。墓坑壁设三层台阶。椁室外积炭和青膏泥。椁室内设棺室，棺室内陈三层套棺。棺室、椁室间为东、西、南、北四个边厢	保存完好，有千余件，主要有帛画（4幅）、帛书（《周易》、《老子》等50种，地图2幅）、简牍（610支，内容分遣策和医书两部分）、竹木器（兵器、乐器、木博具1套、竹笥52个）、漆器（319件，有的器物上朱书"轪侯家"等文字）、木俑（106件）和丝织品，另有小件铜、铁、陶、角器等	文帝前元十二年（公元前168年）第二代轪侯利豨的兄弟；有认为是轪侯利豨[②]
13	湖南沅陵虎溪山1号墓	异穴合葬由墓道（向东）、南北耳室和墓室组成，墓室由主椁室和南北两列外藏椁室组成，主椁室又分成头厢、南北边厢和棺室。墓主藏套棺内。该墓南侧不到20米处另有2号墓	保存完好，有铜、陶、玉、滑石和漆木器以及丝织品、竹简等1500余件（套）。文字资料有漆器铭文"沅五十三"等、"吴阳"玉印和1336枚（段）竹简	文帝后元二年（公元前162年）第一代沅陵侯吴阳
14	湖南永州鹞子岭1号墓	由墓道（向西）和墓室组成	有铜兵器等。文字资料有朱书铭文"泉陵家官"	西汉晚期泉陵倾侯刘庆
15	湖南永州鹞子岭2号墓	在1号墓之南。由墓道（向西）和墓室组成，墓室内建椁室，椁室内分成前庭、棺室和南北外藏室	有金、铜、陶、玉、料和漆木器等。6件漆器上共有铭文373字	略晚于1号墓泉陵倾侯刘庆之妻

① 西汉列侯墓除本表所列之外，还有：

　A. 河北隆尧汉墓墓主可能是西汉中晚期的某代象氏侯，参见隆尧县文物保管所《河北隆尧县出土刻花贴金玉片》，《文物》1992年第4期。

　B. 山东阳谷吴楼1号墓墓主可能是西汉晚期的某代阳平侯夫妇，参见聊城市文物管理委员会《山东阳谷县吴楼一号汉墓的发掘》，《考古》1999年第11期。

② A. 傅举有：《汉代列侯的家吏——兼谈马王堆三号墓墓主》，《文物》1999年第1期。

　B. 陈松长：《马王堆三号墓主的再认识》，《文物》2003年第8期。

（一）墓葬形制

西汉列侯墓除一座砖室墓外，均为带一条墓道的竖穴土石坑木椁墓。

1. 木椁墓

木椁墓墓室用木材构筑。现以咸阳杨家湾 4 号墓、徐州簸箕山 3 号墓、长沙马王堆 1 号墓和沅陵虎溪山 1 号墓为例，简述如下。

（1）咸阳杨家湾 4 号墓 由曲尺形斜坡墓道（向南）和墓室组成，墓道和墓室壁设多层台阶，原来建有极其复杂的木构建筑（图 7 - 23）。墓室底部东西长 10.57～11.01 米，南北宽 8～8.75 米。墓室内积炭，棺椁形制不清。墓坑内外共设陪葬器物坑 18 个，其中墓道内 5 个，墓外 13 个。陪葬坑分类放置器物，如有车坑（K7）、粮食、车马坑（K4～K6 等），陶

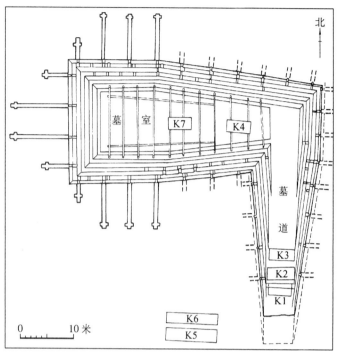

图 7 - 23　咸阳杨家湾 4 号西汉墓平面图

器坑（K1～K3）、铜器坑和兵马俑坑（10 个，6 个放置骑马俑，共有 580 多件；4 个放置立俑，约有 2000 件）。最能说明墓主身份的遗物是墓室内出土了 200 多片银缕玉衣片。推测墓主为绛侯周勃或条侯周亚夫。

（2）徐州簸箕山 3 号墓　为竖穴石坑墓，不设斜坡墓道。墓口南北长 3.6 米，东西宽 2.6 米。墓底东西二壁各掏挖一浅龛，盛放随葬品。葬具似一棺一椁。在墓西北 28 米处设一陪葬器物坑，南北长 7 米，东西宽 1.1 米。墓室随葬品 100 件（组），有铜、铁、金、银、陶、玉石、骨器等。陪葬坑出土男女陶俑 25 件。据墓主腰部佩带的篆书"宛朐侯埶"龟钮金印知墓主为宛朐侯刘埶。史载刘埶因参与"七国之乱"被免或被诛杀。

（3）长沙马王堆 1 号墓　由斜坡墓道（向北）和墓室组成（图 7 - 24 - A）。墓道两壁设有二层台。墓坑口南北长 19.5 米，东西宽 17.8 米。墓坑壁设四层台阶。墓坑底部构筑椁室，椁室外积炭和白膏泥。椁室内设棺室，棺室内陈四层套棺。棺室、椁室间为东、西、南、北四个边厢。墓主为一女性，尸体保存甚好。随葬品千余件，主要有竹简（312 支，内容为遣策）、帛画（1 幅）、丝织品（有绢、纱、绮、罗绮、锦、绦、组带、印花纱、刺绣等）、漆器（184 件，有的器物上朱书、墨书"轪侯家"等文字，也有戳记文字）、木俑（162 件）、竹木器（竹竿、竹竿律、竹篓、竹夹、竹扇、竹熏罩、竹箸、竹席，木瑟、木杖、木璧、木梳、木笥、木犀角、木象牙，48 个竹笥盛放衣物、丝织品、食品、草药和明器等），另有小件铜器、锡器、陶器和角器等。据墓中出土"轪侯家丞"封泥、"轪侯家"漆器铭文，参考与之并列的 2 号墓墓主为长沙国丞相、轪侯利仓，推测该墓墓主为利仓之妻，可能卒于文帝初元十二年（公元前 168 年）以后数年。

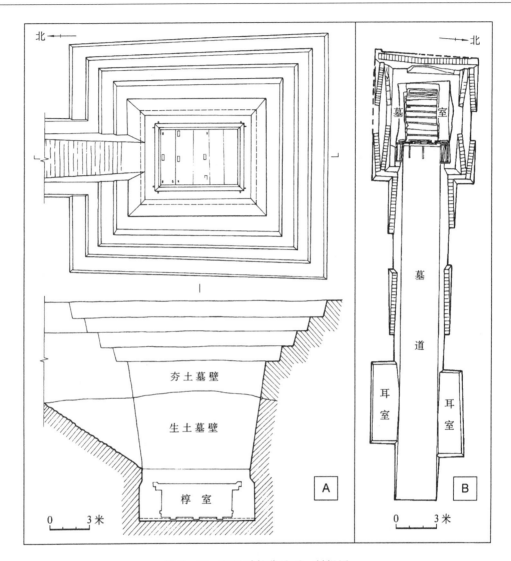

图 7-24　西汉列侯墓平面、剖视图
A. 长沙马王堆 1 号墓平面、剖视图　B. 沅陵虎溪山 1 号墓平面图

（4）沅陵虎溪山 1 号墓　由斜坡墓道（向东）、南北耳室和墓室组成（图 7-24-B）。墓室由主椁室和南北两列外藏椁室组成，主椁室又分成头厢、南北边厢和棺室。墓主葬于二层套棺内。三厢、内棺、外藏椁室和耳室内出土铜、陶、玉、滑石和漆木器以及丝织品、竹简等 1500 余件（套）。文字资料有漆器铭文"沅五十三"等，"吴阳"玉印和 1336枚（段）竹简（内容有黄簿、《日书》和《美食方》三种）。墓主是卒于文帝后元二年（公元前 162 年）的第一代沅陵侯吴阳。在该墓南侧不到 20 米处另有一座 2 号墓。

2. 砖室墓

砖室墓只有邢台南郊汉墓 1 座。由墓道（朝东）和墓室组成，墓室四壁砖砌，顶盖木板，东西长 7.05 米，南北宽 2.85 米。随葬品有铜、铁、陶、玉石器等 30 余件。据出土的金缕玉衣片和阴刻"刘迁"龟钮铜印并参照文献记载，确定墓主为卒于宣帝甘露三年（公元前 51 年）的南曲炀侯刘迁。

（二）丧葬制度综论

西汉列侯墓多分布在侯国都城附近地势较高的地方，有的分布在西汉皇帝陵附近，属于帝陵的陪葬墓。西汉列侯墓一般采用夫妇异穴合葬的形式。

1. 地面建制

包括坟丘、墓园、墓侧建筑、石雕像等内容。

（1）坟丘　《周礼·春官·冢人》郑注曰："汉律曰列侯坟高四丈，关内侯以下至庶人各有差。"列侯墓坟丘高 4 丈，以汉一尺 23.1 厘米计算，4 丈约合 9.24 米。从已知列侯墓资料看，除个别墓葬（阜阳双古堆汉墓）外，坟丘高度均在 8 米以内。考虑到列侯墓坟丘长期受自然力量的侵蚀，其原始高度与文献记载应基本一致。

列侯墓的坟丘夯筑而成，底部多呈圆形或椭圆形。咸阳杨家湾 5 号墓坟丘作覆斗形，应是陪葬高祖长陵时受赐享用。也有如冠军侯霍去病墓坟丘形似祁连山、长平侯卫青墓坟丘形似庐山的特例。

（2）墓园　文献记载列侯墓设置墓园，如《汉书·董贤传》："又令将作为贤起冢茔义陵旁……外为徼道，周垣数里，门阙罘罳甚盛。"但至今还没有考古发现的实例。

（3）墓侧建筑　西汉列侯墓旁立有享堂类建筑。济南腊山汉墓的早期盗洞内发现大量云纹瓦当、绳纹板瓦、筒瓦和花纹砖等遗物，推测是用墓侧建筑倒塌废弃后的建筑材料填塞盗洞所形成。

（4）石雕像　武帝茂陵的陪葬墓——霍去病墓周围分布着一些石雕像，有象、牛、马、鱼、猪、虎、羊、人熊相斗、马踏匈奴等形象，这在西汉列侯墓中属特例。

2. 墓葬形制

西汉列侯墓主要采用传统的竖穴木椁墓形制，西汉中期虽然出现砖砌墓室，但墓室顶部却用木板覆盖，形制仍类似于木椁墓。

西汉列侯墓在正藏外也设置外藏椁，如西安新安机砖厂汉墓墓道内的器物厢、咸阳杨家湾 4 号墓墓道内的 5 个器物坑和墓外的 13 个器物坑、徐州簸箕山 3 号墓墓外的陶俑坑等都属于墓葬的外藏椁。

3. 随葬品与玉衣殓服

西汉列侯墓的随葬品也很丰富，但与王墓相比，大型铜器、鎏金铜器和大型玉器较少，金银器也主要是一些小件饰品。阜阳双古堆汉墓、长沙马王堆汉墓、沅陵虎溪山 1 号墓和绵阳双包山 2 号墓均出土大量漆木器，这是南方列侯墓随葬品的一大特色，其中保存下来的大量竹木简牍是重要的原始文献资料。

玉衣殓服在西汉列侯墓中没有普遍使用，部分列侯墓可能像马王堆 1 号墓仍沿用先秦时期的衣衾之制。使用玉衣的除邢台南郊汉墓为金缕外，咸阳杨家湾 4 号墓、5 号墓和绵阳双包山 2 号墓均为银缕。

第四节　东汉诸侯王墓与列侯墓

东汉继承了西汉分封诸侯王和列侯的制度。东汉诸侯王、列侯的埋葬制度与西汉有着继承与发展的内在联系。

一　东汉诸侯王墓

东汉诸侯王墓考古发现的数量与分布范围均不及西汉（表7-3）。见于报道的有8座：河北定县北庄汉墓[1]、定县43号墓[2]，山东临淄金岭镇1号墓[3]、济宁肖王庄1号墓[4]、济宁普育小学汉墓[5]，河南淮阳北关1号墓[6]，江苏徐州土山汉墓[7]、邗江甘泉

表7-3　　　　　　　　　　　　　　东汉诸侯王墓简表

序号	地点	墓葬形制	随葬品	年代与墓主
1	河北定县北庄汉墓	同穴合葬 用砖石砌成。坐北朝南。由墓道、东耳室、前室、后室与环绕后室的回廊组成。前室与后室、回廊设门相通。墓室外周砌石墙，顶部平铺三层石块	出土铜、铁、玉石器400余件，有两套鎏金铜缕玉衣。文字资料有：玉片背面墨书"中山"、陶釜刻文"大官釜"、铜弩机刻铭"建武卅二年"以及石块刻文、墨书等	和帝永元二年（公元90年）中山简王刘焉及其妻
2	河北定县北庄43号墓	同穴合葬 坐北向南。由墓道、甬道、东西耳室、前室和并列的二后室组成	有铜、铁、金银、陶、玉、骨器千余件。后室发现银缕玉衣和铜缕石衣各1套，表明墓主有2人	灵帝熹平三年（公元174年）中山穆王刘畅夫妇
3	山东临淄金岭镇1号墓	墓向南。由墓道、甬道、东西耳室、前室、后室和后室三面的回廊构成。墓圹南北长23.6、宽17.4米。墓室主体以砖砌筑，唯甬道、前室、后室及回廊内侧平铺青石板一周	有铜、铁、陶、玉石器百余件。玉器有璧、环、璜、剑璏、剑格、剑首、塞、佩、银缕玉衣片等，多残；其他还有珐琅珰、五铢钱、画像石、金箔和丝织品朽迹等	明帝永平十三年（公元70年）齐炀王刘石

[1]　河北省文化局文物工作队：《河北定县北庄汉墓发掘报告》，《考古学报》1964年第2期。

[2]　定县博物馆：《河北定县43号汉墓发掘简报》，《文物》1973年第11期。

[3]　山东省文物考古研究所：《山东临淄金岭镇一号汉墓》，《考古学报》1999年第1期。

[4]　济宁市文物管理局：《山东济宁市肖王庄一号汉墓的发掘》，《考古学集刊》第12集，中国大百科全书出版社，1999年。

[5]　济宁市博物馆：《山东济宁发现一座东汉墓》，《考古》1994年第2期。

[6]　周口地区文物工作队、淮阳县博物馆：《河南淮阳北关一号汉墓发掘简报》，《文物》1991年第4期。

[7]　《徐州土山东汉墓清理简报》，《文博通讯》第15期。

续表 7-3

序号	地点	墓葬形制	随葬品	年代与墓主
4	山东济宁普育小学汉墓	坐西向东。东西 6.18 米，南北 8.08 米。由墓道、前室、南北侧室、后室与后室三面的回廊构成。整个墓室用石灰岩石材构筑	有铜、陶、玉石、骨器百余件，钱币 350 枚，重要的是铜缕玉衣片	东汉晚期桓灵之际任城王刘博或刘㐲之妻
5	山东济宁肖王庄 1 号墓	坐北朝南。由墓道、南北耳室、甬道、前室、后室与围绕前、后室的回廊构成。回廊外围绕一周石墙。墓室南北 15.89 米，东西 15.9 米，高 8.35 米	有铜、陶、玉石器等。墓主着银缕玉衣。4000 余块石材中 782 块上有刻铭或朱书	和帝永元十三年（公元 101 年）任城孝王刘尚
6	河南淮阳北关 1 号墓	异穴合葬 用砖石砌成。坐西向东。由墓道、甬道、南北耳室、前室、后室和回廊组成。在 1 号墓的北侧同冢之下还有一座墓	石器最具特色，石仓楼上还雕刻画像。另有铜器、陶器和玉器等。墓主着银缕玉衣	安帝延光三年（公元 124 年）陈顷王刘崇
7	江苏徐州土山汉墓	用砖石合砌而成，由墓道、甬道、前室和后室组成	墓主着银缕玉衣	东汉中晚期某代彭城王
8	江苏邗江甘泉 2 号墓	同穴合葬 墓室建于地面之上的封土堆内，坐北向南，由前室、并列的二后室和回廊组成	有铜、铁、银、陶瓷、玻璃、漆器及金、玉、玛瑙、琥珀、珍珠、绿松石、琉璃饰品。铜雁足灯上有"山阳邸"、"建武廿八年造"铭文。"广陵王玺"龟钮金印	明帝永平十年（公元 67 年）广陵思王刘荆夫妇

2 号墓[1]。涉及的王国有中山、齐、任城、陈、彭城和广陵，分布在河北、山东、河南和江苏等省。

关于东汉诸侯王墓的研究，在对汉代诸侯王墓的综合研究以及王侯墓地面建制和玉衣殓服的研究中均有涉及，此外，也有对某一地域汉代诸侯王墓（包括东汉诸侯王墓）进行的研究[2]。

（一）墓葬形制

东汉王墓都是一条墓道的竖穴土坑砖石墓，墓室大多用砖和石材构筑而成，也有只用

---

〔1〕 南京博物院：《江苏邗江甘泉二号汉墓》，《文物》1981 年第 11 期。

〔2〕 A. 张启龙：《山东地区汉代诸侯王墓略论》，《汉代考古与汉文化国际学术研讨会论文集》，齐鲁书社，2006 年。

B. 田立振、解华英：《试论济宁地区的两汉诸侯王墓——兼谈汉代诸侯王葬制》，《汉代考古与汉文化国际学术研讨会论文集》，齐鲁书社，2006 年。

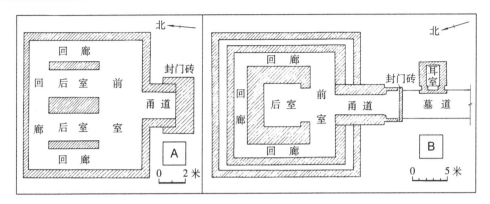

图 7-25　东汉诸侯王墓平面图
A.邗江甘泉 2 号墓　B.定县北庄汉墓

砖或石材砌筑墓室的。一般墓道或甬道附设 1、2 个耳室，墓室分前室和后室，有的为两个并列的后室。墓室周围大多环绕回廊，有的墓在回廊外围砌石墙。现以邗江甘泉 2 号墓、定县北庄汉墓、淮阳北关 1 号墓和济宁普育小学汉墓为例，说明如下。

（1）邗江甘泉 2 号墓　墓室建于地面之上的封土堆内，坐北向南，由前室、并列的二后室和回廊组成（图 7-25-A）。后室两端无门无墙，直接通前室和回廊。随葬品散布前室、后室和回廊中，有铜、铁、银、陶瓷、玻璃、漆器及金、玉、玛瑙、琥珀、珍珠、绿松石、琉璃饰品等。由铜雁足灯上"山阳邸"、"建武廿八年造"铭推定墓主为自杀于东汉明帝永平十年（公元 67 年）的广陵思王刘荆。该推断为采集到的龟钮"广陵王玺"金印所证实。该墓有并列的二后室，应是夫妇同穴合葬墓。

（2）定县北庄汉墓　用砖石砌成，坐北朝南，由墓道、东耳室、前室、后室与环绕后室的回廊组成（图 7-25-B）。前室与后室、回廊设门相通。墓室外周砌石墙，顶部平铺三层石块。耳室内放置陶质饮食器具。墓室内出土铜、铁、玉石器 400 余件，有两套鎏金铜缕玉衣。从玉片背面墨书"中山"、陶釜刻文"大官釜"、铜弩机刻铭"建武卅二年"以及石块刻文、墨书等文字资料综合分析，认定墓主为卒于东汉和帝永元二年（公元 90 年）的中山简王刘焉及其妻。

（3）淮阳北关 1 号墓　用砖石砌成，坐西向东，由墓道、甬道、南北耳室、前室、后室和回廊组成。回廊围绕整个墓室，内设 7 个小室。各室有甬道、券门相通（图 7-26-A）。随葬品中石器最具特色，石仓楼上还雕刻画像。另有铜器、陶器和玉器等。从墓葬规模、形制布局、随葬银缕玉衣、回廊壁砖上模印"安君寿壁"等情况分析，墓主应是卒于东汉安帝延光三年（公元 124 年）的陈顷王刘崇。在同冢之下的 1 号墓北侧还有一座墓，墓主应是刘崇之妻。

（4）济宁普育小学汉墓　用石材构筑而成，坐西向东，由墓道、前室、南北侧室、后室与围绕后室三面的回廊构成。整个墓室，除门与铺地石外，石材面上都阴线刻、浅浮雕或镶嵌各种花纹，如连弧纹、垂幛纹、菱形纹、水波纹、几何纹和星象图等。出土铜、陶、玉石、骨器百余件，钱币 350 枚，另有铁器、漆器残片等，其中重要的是铜缕玉衣

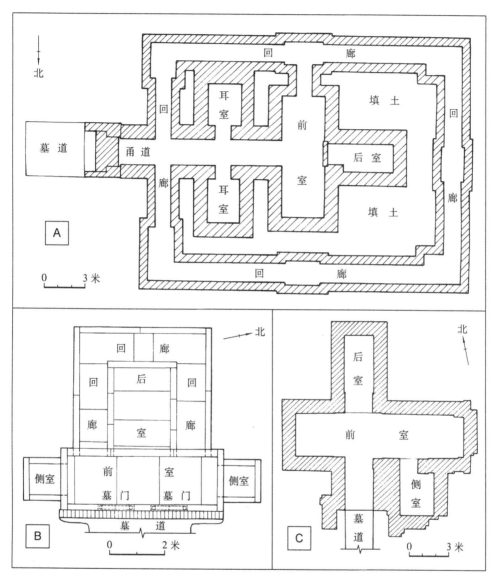

图 7-26 东汉诸侯王墓和列侯墓平面图
A.淮阳北关1号墓 B.济宁普育小学汉墓 C.洛阳白马寺汉墓

片。发掘者认为墓主是东汉晚期桓灵之际的任城王刘博之妻或刘佗之妻（图 7-26-B）。

（二）丧葬制度综论

东汉王墓并穴合葬与同穴合葬并存。临淄金岭镇 1 号墓、济宁肖王庄 1 号墓、淮阳北关 1 号墓、徐州土山汉墓和济宁普育小学汉墓都只有一个后室且只出土一套玉衣，尤其是在淮阳北关 1 号墓的北侧同冢之下还有一座墓，显然属于并穴合葬。邗江甘泉 2 号墓和定县 43 号墓设有并列的两个后室，定县 43 号墓和定县北庄汉墓还都出土两套玉衣，表明这三座墓属同穴合葬。

1. 地面建制

东汉王墓中除 3 座墓的坟丘不存或没有报道外，其他 5 座墓坟丘的情况是：定县北庄汉墓坟丘长宽各 40 米，高 20 米；定县 43 号墓坟丘底径 40 米，高 12 米；临淄金岭镇 1 号墓坟丘略呈圆台状，底径 35.4～37.2 米，高 10.75 米；济宁肖王庄 1 号墓坟丘底径约 60 米，高约 11 米；邗江甘泉 2 号墓坟丘直径 60 米，高约 13 米。从总体情况看，5 座墓的坟丘高度分别为 20、12、10.75、11 和 13 米，都在 10 米以上。由此说明，东汉王墓坟丘的高度与西汉王墓基本一致，即在列侯墓与帝陵坟丘高度之间，这从一个侧面说明西汉、东汉丧葬制度的一致性和连贯性。

已知的东汉王墓没有发现墓园遗迹。东汉帝陵在陵园设置上改垣墙为"行马"，东汉王墓是否模仿了帝陵的陵园形制，值得关注。

文献记载东汉王墓附近有庙类建筑，如《后汉书·东海恭王疆传》曰："将作大匠留起陵庙。"但至今还没有考古发现的实例。

2. 墓葬形制

（1）形制特征 东汉诸侯王墓完全抛弃了西汉木椁墓和崖洞墓的形制，适应时代发展变化，在继承西汉竖穴墓形式、崖洞墓平面布局与空间结构的石室墓的基础上，受到黄肠题凑墓的影响，形成了带回廊的前后室砖石结构墓，这是东汉王墓的基本形制和重要特征。当然，到了东汉中晚期，土地兼并加剧，大地主庄园经济发达，封建礼制遭到一定程度的破坏，反映在墓制上，有的地方官吏墓中也出现了回廊。

（2）砖石题凑 东汉王墓中设置回廊，应是继承了西汉黄肠题凑墓和崖洞墓的回廊形制。以定县北庄汉墓为例，墓室布局结构颇似黄肠题凑墓，也有"梓宫"（后室）、"便房"（回廊）、题凑墙体（石墙）和"外藏椁"（耳室），不同的是前室相对独立了出来。在这座墓里，黄肠石代替了黄肠木，木题凑墙体变成了石题凑墙体，题凑墙内外的木质"梓宫"、"便房"和"外藏椁"都变成了砖室。虽然多数墓没有像该墓在回廊外围另建石题凑墙，但这些墓回廊外侧的砖墙或石墙也可起到象征题凑墙的作用。

（3）正藏与外藏椁 东汉诸侯王砖石室墓的平面布局与崖洞墓相似，一般都有前、后两个主要墓室，后室陈棺，前室放置各种器具；有的前室附设侧室，后室周围设回廊。墓道或甬道两侧设耳室，用于储藏食品，放置车马与偶人。从墓的结构布局及各墓室的功能来看，前、后二室设门相通，前室直接为后室服务，关系十分密切，因此，前、后墓室及与之相连通的侧室、回廊等构成墓葬的正藏，墓道、甬道两侧的耳室属于外藏椁。如临淄金岭镇一号墓的前室、后室和回廊为正藏，甬道两侧的耳室为外藏椁。

3. 随葬品与玉衣殓服

东汉 8 座诸侯王墓均遭盗掘，因此难以了解随葬品的全貌。东汉王墓已不用真车真马殉葬，而代之以模型车马，故而小件鎏金车马器具较为常见，也有鎏金铜容器、砚盒、博山炉等生活用器。定县 43 号墓还有造型别致的各种金饰等。银制品有盒、碗及各种饰品。东汉王墓还流行随葬模型明器，如陶楼房、仓、米碓、风车、井、灶、圈厕、猪、鸡、狗以及石井、猪、羊、鸡等。王墓中还出土了一些文字资料，如邗江甘泉 2 号墓的有铭铜雁足灯、"广陵王玺"龟钮金印；定县北庄汉墓的背面有墨书文字玉衣片、刻文陶釜、有铭铜弩机、刻文、墨书石块；淮阳北关1号墓的模印文字砖等。

东汉诸侯王墓普遍使用玉衣殓服。定县43号墓、临淄金岭镇1号墓、济宁肖王庄1号墓、淮阳北关1号墓、徐州土山汉墓等5座墓的墓主身穿银缕玉衣，其身份为诸侯王；济宁普育小学汉墓墓主着铜缕玉衣，定县43号墓另有一墓主着铜缕石衣，她们的身份应为王后。比较特殊的是定县北庄汉墓和邗江甘泉2号墓，前者出土了两件鎏金铜缕玉衣，或认为鎏金铜缕相当于银缕，或认为鎏金铜缕是金缕的代用品；后者没有出土玉衣，一般认为与墓主自杀身亡的背景有关。总之，东汉王墓出土玉衣殓服的状况，与文献记载按墓主身份使用玉衣缕质的制度是基本一致的。

二　东汉列侯墓

墓主身份比较清楚的东汉列侯级别的墓葬有3座：河南洛阳白马寺汉墓[1]，安徽亳县董园村1号墓、2号墓[2]。另有一些墓虽然出土玉衣片或石衣片，但墓主身份还不能确定，将这些墓列表附于文后（表7-4）。

表7-4　　　　　　　　　　东汉玉衣墓简表

序号	地点	墓葬形制	随葬品	年代与墓主
1	江苏睢宁刘楼汉墓①	砖室墓。墓道东南向。由甬道（附二耳室）、前室和后室组成。南北长11.9米，宽6米	铜、铁、铅、陶器等。铜缕玉衣片130余片，银缕玉衣片2片	东汉前期
2	河北石家庄北郊汉墓②	砖室墓。墓道南向。由墓道、甬道（附二耳室）、前室和后室组成	铜、陶、玉石器和钱币等。铜缕玉衣片76片	东汉前期
3	河北蠡县汉墓③	砖室墓。墓道南向。由墓道、前室（附二侧室）、中室（附一侧室）和后室组成。连墓道南北长32.55米，宽11.6米。封土高7.9米	铜、铁、金、银、陶、骨、玉石、珍珠、漆器等。铜车马器多鎏金。铜缕汉白玉衣片222片	东汉中期某代蠡吾侯
4	山东东平王陵山汉墓④	砖石室墓。墓道南向。由墓道、前室（附二侧室）和后室组成。长7.82米，宽7.48米。后室陈二棺	铜、陶、玉器、象牙尺和钱币等。铜缕汉白玉衣片1647片	东汉中晚期东平宪王家族
5	江苏睢宁九女墩汉墓⑤	砖石室墓。墓道南向。由墓道、前室（附二侧室）、中室和后室组成。长15米，宽11.5米。所用石材上雕刻画像	铜、铁、银、锡、陶、玉、琉璃、骨器和钱币等。玉器有璧、猪和229片铜缕玉衣片	东汉晚期

[1]　中国社会科学院考古研究所洛阳汉魏城队：《汉魏洛阳城西东汉墓园遗址》，《考古学报》1993年第3期。
[2]　安徽省亳县博物馆：《亳县曹操宗族墓葬》，《文物》1978年第8期。

续表 7 - 4

序号	地点	墓葬形制	随葬品	年代与墓主
6	河南洛阳西关汉墓⑥	砖室墓。墓道南向。由墓道、甬道、前室（附一侧室）和后室组成。后室陈二棺	铜、铁、陶、玉石器和钱币等。鎏金铜缕汉白玉衣片、石衣片 1100 余片	东汉晚期
7	河南洛阳东花坛机车厂1 号墓⑦	砖室墓。墓道南向。由墓道、甬道、前室（附一侧室）和后室组成	金、银、陶、玉器等。鎏金铜缕汉白玉衣片近千片	东汉晚期
8	河南洛阳东花坛机车厂346 号墓⑧	砖室墓。墓道南向。由墓道、甬道、前室（附一侧室）和后室组成。封土高 6.8 米	铜、铁、银、铅、陶、玉石器等。鎏金铜缕玉衣片完整的 750 片	东汉晚期
9	河南洛阳东北郊575 号墓⑨	砖室墓。墓道东向。由墓道、甬道、前室（附二侧室）和后室组成	银缕、鎏金铜缕玉衣片 530 余片	东汉晚期
10	江苏徐州拉犁山1 号墓⑩	石室墓。墓道北向。由前室（附二侧室）、二中室（附二侧室）、后室和回廊（附一耳室）组成。全长 14.9 米，最宽处 10 米。封土高 5.1 米	铜、铁、金银、玉石、陶、骨、琥珀、水晶器和钱币等。铜缕玉衣片 500 余片	东汉时期
11	山东邹城庙东村汉墓⑪	砖室墓。墓道南向。由墓道（附左右耳室）和双主室组成。封土高 9.5 米	银缕玉衣片	东汉晚期某代高平侯
12	山东济南长清大觉寺2 号墓⑫	砖石室墓。墓道南向。由墓道、前室（附二侧室）、中室和后室组成。全长 47 米，最宽 14 米	铜、铁、金银、陶、玉石器和钱币 110 余件。有铜缕玉衣片 1000 余片，应属两套玉衣	东汉晚期

① 睢文、南波：《江苏睢宁县刘楼东汉墓清理简报》，《文物资料丛刊》第 4 辑，文物出版社，1980 年。

② 石家庄市文物保管所：《石家庄北郊东汉墓》，《考古》1984 年第 9 期。

③ 河北省文物研究所：《蠡县汉墓发掘记要》，《文物》1983 年第 6 期。

④ 山东省博物馆：《山东东平王陵山汉墓清理简报》，《考古》1966 年第 4 期。

⑤ 李鉴昭：《江苏睢宁九女墩汉墓清理简报》，《考古通讯》1955 年第 2 期。

⑥ 洛阳市文物工作队：《洛阳发掘的四座东汉玉衣墓》，《考古与文物》1999 年第 1 期。

⑦ 洛阳市文物工作队：《洛阳发掘的四座东汉玉衣墓》，《考古与文物》1999 年第 1 期。

⑧ 洛阳市文物工作队：《洛阳发掘的四座东汉玉衣墓》，《考古与文物》1999 年第 1 期。

⑨ 洛阳市文物工作队：《洛阳发掘的四座东汉玉衣墓》，《考古与文物》1999 年第 1 期。

⑩ A. 李银德：《徐州市屯里拉犁山东汉石室墓》，《中国考古学年鉴（1986）》，文物出版社，1988 年。

　　B. 王恺：《徐州市屯里村东汉石室墓》，《中国考古学年鉴（1987）》，文物出版社，1988 年。

⑪ 《山东邹城市郭里镇庙东村东汉砖墓》，《中国文物报》1998 年 2 月 4 日。

⑫ 济南市考古研究所、长清区文物管理所：《济南市长清区大觉寺村一、二号汉墓清理简报》，《考古》2004 年第 8 期。

（一）墓葬形制

东汉列侯墓以砖石砌筑墓室，一般由墓道、甬道和 2、3 个墓室组成。

（1）洛阳白马寺汉墓 为砖室墓，由斜坡墓道（向南）、横前室（附一侧室）和后室组成（图 7-26-C）。墓室南北长 12 米，东西宽 11.7 米。前室与侧室盛放各种随葬品，有铜、铁、陶、玉器和钱币等，多是小件或残件器物。后室陈放棺木。墓的年代为东汉晚期。墓中出土玉片可能是玉衣片，加之墓葬规模颇大，说明墓主为列侯级别。

（2）亳县董园村 1 号墓 为砖室墓，由墓道（向东）、前室、中室和后室（附二侧室）组成。墓长 13 米，宽 10.4 米。墓室壁上彩绘壁画。出土文字资料有阳文印字砖、阴文刻字砖等。随葬品中有银缕玉衣、铜缕玉衣各一套，另有铜、铁、金、银、青瓷、陶、玉石、牙、玻璃器等。墓的年代为东汉晚期（桓帝延熹年间），墓主当为列侯。该墓是亳县曹氏宗族墓之一。

（3）亳县董园村 2 号墓 大部分墓室以石砌筑，耳室砖砌。由甬道（向东）、前室（附二侧室）、中室（附二侧室）和后室组成。墓长 15.3 米，宽 10.2 米。甬道石壁阴线刻人物像；石门里外刻铺首衔环，门边刻龙虎，石额上刻凤、鹿、羽人；前、中、后室石壁上绘有壁画。随葬品被洗劫一空，但留下了数百片银缕玉衣片，由此推测墓主为列侯级别。墓的年代为东汉晚期。该墓也是亳县曹氏宗族墓之一。

（二）地面建制

东汉列侯级墓葬地面有坟丘，坟丘外设置墓园。如洛阳白马寺汉墓墓园以黄土夯筑垣墙，平面呈长方形，南、北二垣各长约 190 米，东、西二垣各长约 135 米。周垣墙基部宽 2.5～4 米，墙体部宽 1.2～1.3 米。墓园四角筑有小房，用于守卫。

墓侧建筑也只有洛阳白马寺汉墓一例。该墓墓侧建筑位于墓园的东部，是一个建筑群，分布范围东西 90 米，南北约 70 余米。建筑群的整体布局为：四周有宽 1 米的夯土院墙；院墙内又南北向夯筑两道 1 米宽的隔墙，将院内分成东西毗邻的三个院落，每个院落内建有殿堂廊舍；院墙外还有附属建筑。1 号院西邻墓园主人墓，院内 1 号殿基规模最大，应是该建筑群的主体建筑。1 号殿基东西宽 28 米，南北残长 12.5～22 米，四周设多处踏道或慢道，外围为铺砖廊道和卵石散水。

第八章 汉代官吏与平民墓葬

第一节 关中地区汉墓

"关中"作为一个历史地理概念，其范围学界认识不尽相同，或以函谷关以西、陇关以东为关中，或以居"四关"之中而得名。本书以大多数学者公认的函谷关以西、陇山以东、秦岭以北、黄土高原以南这一狭长区域作为关中地区，包括今天的西安市及宝鸡、咸阳、渭南三地市的部分区县。关中地区在中国古代文明发展史上具有极其重要的地位，周、秦、汉、唐定都关中，这里成为帝都之乡。西汉一代，关中地区成为全国经济最繁荣、文化最发达的地区。两汉之际，受战乱重创，人口锐减，经济萧条。东汉时期，统治者高度重视关中地区的发展，至东汉后期这里又呈现出一片繁荣局面。

一 关中地区汉墓的发现与研究简述

关中地区在两汉时期的重要地位，使得这一地区不仅有西汉帝陵及其陪葬墓等高级贵族官吏墓葬，而且分布有大量两汉时期的一般官吏和平民墓葬。关中地区汉墓[1]的考古发现，可以上溯到 20 世纪二三十年代[2]。新中国成立后，汉代墓葬的发现与日俱增，尤其是近些年来，随着城镇等基础建设的迅猛发展，配合基建工程清理的两汉墓葬达数万座，已经公布的墓葬资料也达千余座。据不完全统计，西安地区已出版汉墓报告 7 部[3]，发表汉墓报告、简报 70 余篇[4]，咸阳已发表汉墓报告、简报 30 余篇；宝鸡地区发表汉墓报告、简报 10 余篇；渭南发表汉墓报告、简报 10 余篇。

关中地区汉墓资料的不断丰富和资料的逐步发表，为这一地区汉墓的系统研究奠定了

---

[1] 这里指"官吏和平民墓葬"，帝陵和王侯大墓另见其他章节。

[2] [日]足立喜六著，杨炼译：《长安史迹考》，商务印书馆，1935 年。

[3] A. 西安市文物保护考古所：《西安龙首原汉墓》，西北大学出版社，1999 年。

B. 西安市文物保护考古所、郑州大学考古专业：《长安汉墓》，陕西人民出版社，2004 年。

C. 陕西省考古研究所、西安交通大学：《西安交通大学西汉壁画墓》，西安交通大学出版社，1991 年。

D. 陕西省考古研究所：《白鹿原汉墓》，三秦出版社，2003 年。

E. 陕西省考古研究所：《高陵张家卜秦汉唐墓》，三秦出版社，2004 年。

F. 陕西省考古研究院：《西安郑王村西汉墓》，三秦出版社，2008 年。

G. 西安市文物保护考古所程林泉、张翔宇、张小丽、王久刚：《西安东汉墓》，文物出版社，2009 年。

[4] 鉴于已经发表的汉墓简报数量众多，此处不一一注出。其他地区亦然。

基础，相关研究也逐步展开，并且已经取得了丰硕成果。《西安龙首原汉墓》、《长安汉墓》、《白鹿原汉墓》和《西安东汉墓》这四部汉墓考古报告，基本确立了关中墓葬的发展谱系；有不少学者对关中地区汉墓进行过全面和系统的研究[1]，另有学者就汉墓的分布、墓葬结构、墓葬壁画等进行了多角度、多层次的专题研究[2]。

二 关中地区汉墓的类型

（一）墓葬类型

关中地区汉墓类型多样，有以竖穴土圹作墓室者，亦有在土圹底部开凿土洞作墓室者。以竖穴土圹作墓室者分带墓道和无墓道两种，墓道有竖穴和斜坡之分；洞室墓有土洞和砖室之别。

1. 竖穴土坑墓

两汉时期，广泛使用竖穴墓，等级较高者常有斜坡墓道，帝陵墓圹有四个墓道，高级官吏墓葬有两条墓道，但以一条墓道者多见，亦有少数墓道为竖穴者；墓圹底部多置木棺椁，也有在底部砌筑砖室或石室者。无墓道的土坑墓墓主身份要低于有墓道者。墓圹有宽大与狭长之分。宽大者墓壁多有收分或带二层台，有的一侧带耳室，也有少数头部或足部开凿头龛或足龛；狭长者墓壁多竖直，有的在墓圹底部用条砖或空心砖砌筑椁室。

2. 土洞墓

土洞墓贯穿于两汉时期，墓道有竖井和斜坡两种。竖井土洞墓，有的墓道宽于墓室，墓道多有收分或二层台，墓室狭小，平顶或拱顶近平，仅能容棺，部分墓道一侧有耳室。有的墓道与墓室等宽或窄于墓室，墓室狭长，壁面多竖直，墓室多为拱形顶，部分为砖铺棺床或砖铺地。斜坡墓道土洞墓，墓道为长斜坡，有的墓道与墓室之间有过洞、天井或甬道，墓室有单室和多室之分。单室者平面多为长方形，拱形顶，也有的为方形穹隆顶。多室墓以前、后室布局者居多，也有的无后室而置左、右侧室，前室略呈方形，多为穹隆顶，也有少数拱形顶，后室、侧室多为拱形顶。

3. 空心砖墓

空心砖墓，即以空心砖砌筑墓室。关中地区空心砖墓发现不多，主要分布在咸阳市附近。墓道有竖穴和斜坡两种，墓室也有平顶和两面坡顶之别。

---

[1] A. 韩国河：《关中汉墓的研究》，西北大学硕士学位论文，1989 年。

　　B. 盛之翰：《关中地区西汉中小型墓葬研究》，吉林大学硕士学位论文，2004 年。

　　C. 肖健一：《长安城郊中小型西汉墓研究》，西北大学博士学位论文，2007 年。

[2] A. 侯宁彬：《陕西汉墓形制试析》，《远望集（下册）》第 552～563 页，陕西人民美术出版社，1998 年；《西安地区汉代墓葬的分布》，《考古与文物》2004 年第 5 期；《秦汉墓葬天井述略》，《古代文明第 4 卷》第 158～162 页，文物出版社，2005 年。

　　B. 韩国河、程林泉：《关中西汉早期中小型墓析论》，《考古与文物》1992 年第 6 期。

　　C. 程林泉、张翔宇：《西安地区西汉中小型汉墓形制浅析》，《西安考古研究》，陕西人民出版社，2004 年；《关中地区汉代壁画墓浅析》，《考古与文物》2006 年第 3 期。

　　D. 呼林贵：《关中两汉小型墓简论》，《文博》1989 年第 1 期。

4. 砖室墓

砖室墓，由条砖、楔形砖或子母砖等砌筑墓室，形制与土洞墓较为相似，墓道有竖井和斜坡两种，竖井墓道多为狭长方形，壁面竖直，墓道与墓室等宽或窄于墓室，部分墓道与墓室之间有甬道，墓室多为单室，平面也多为长方形，墓顶有条砖和子母砖两种起券形式。斜坡墓道砖室墓，形制较多，部分墓道与墓室之间有天井、过洞或甬道，也有的在墓道之上有二层台。墓室有单室和多室之分。单室墓平面多呈长方形，条砖或子母砖券顶，也有方形穹隆顶。多室墓以前、后室布局为多，部分有侧室，前室略呈方形，多为穹隆顶，也有少数为拱形券顶；后室或侧室多为拱形券顶，有的前后室均为穹隆顶，部分规模较大的墓有前、中、后三室。

（二）墓室结构

主要指砖室墓的砌筑方式，包括砌壁、券顶、铺地、封门等。

砌壁，多为长条砖垒砌，砌壁方式主要有以下几种。（1）顺向平砖错缝，最为流行，中小型墓多为单层砖，规模较大者双层或多层。（2）顺向侧立错缝，与（1）类砌法不同之处是把条砖侧立放置。（3）竖立砌壁，多与（1）类砌法混合使用。（4）斜向侧立砌壁，壁面砖纹呈"人"字形。（5）混合砌法，以（1）、（2）类砌法结合者最多。

券顶，券顶砖主要有条砖（包括楔形砖）和子母砖，也有个别为扇形砖。券顶方式可分为并列券和纵连券两大类。并列券，即前、后由若干排砖组成，每排之间有通缝，依据砖的放置方式不同又可分为几种：顺向立券、顺向平券、横向平券、纵连券。穹隆顶的做法主要有两种，一种是四壁条砖错缝向上内收，由平砖逐渐转变为立砖，这种做法四角各有一条缝线。另一种作法是四壁条砖对缝向上内收，由平砖逐渐转变为立砖，这种做法除四角的缝线外，每侧又有若干"人"字形缝线。大多数墓葬是多种券顶方式混合使用。

铺地，铺地砖主要为长条砖，也有少数为子母砖或方砖。砖铺地的方式大体可分为三大类，即对缝平铺、错缝平铺和"人"字形平铺。

封门，无论是土洞墓还是砖室墓均有封门，主要有木板封门、土坯封门、条砖封门等几种。规模较大的墓常常有多重封门，每重封门的结构、材料也不尽相同，即使是单层封门，也可能有二至三种砌法。另外还有利用空心砖或石板封门的。

（三）葬具与葬式

葬具主要有木椁、木棺、陶棺、砖棺和瓮棺等几种。规模较大、等级较高的墓常有木椁。"井"字形椁中间为棺室，两侧有边厢，前后有头厢、足厢。箱式椁，棺直接置于椁内。成年人墓葬多用木棺，陶棺多用于未成年人，有的未成年人或极贫困者，棺用条砖砌成。也有不用任何葬具的，如帝陵附近发现的刑徒墓。婴幼儿多用大陶瓮作葬具，即瓮棺，陶瓮多为残器。葬式，以仰身直肢为主，也有少数为下肢微屈或侧身屈肢。

三　关中地区汉墓的分期

已有不少学者做过关中地区汉墓的分期，并取得了一些重要成果。根据墓葬形制、随葬品组合及器形变化，结合铜镜、铜钱的研究成果，关中地区汉代墓葬可分为七期。

第一期　西汉早期（汉初至武帝前期）。主要流行竖井土洞墓，竖穴土坑墓、斜坡墓道土洞墓也占有一定比例。竖井土洞墓以墓道宽于墓室者为主，墓道与墓室等宽或窄于墓室者也占一定比例。竖穴土坑墓一般较为宽大，墓壁多有收分或二层台。斜坡墓道土洞墓是一种新墓型，部分墓道与墓室之间有天井、过洞。洞室墓墓门多用木板封堵。随葬品组合主要为仿铜陶礼器，器形有鼎、盒、钫（壶）和罐、仓、灶等生活明器，等级较高的墓葬还经常随葬人物俑、乐器、车马

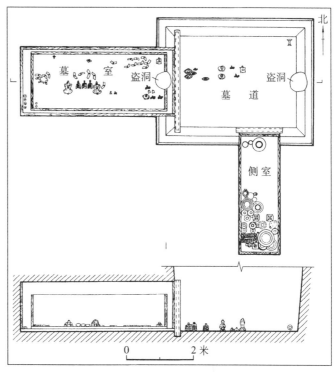

图 8-1　西安西北医疗设备厂汉墓 M92 平面、剖视图

器等。鼎，整体扁椭圆形，浅鼓腹，尖圜底，矮蹄形足，浅钵形盖。盒，或为深腹小平底碗形或为浅腹大平底盆形。生活明器中凹唇罐、双唇罐、房形仓、方形仓、小口广肩缶最具特征，部分墓葬还出土茧形壶等具有秦文化特征的器物。装饰纹样，彩绘非常发达，彩色主要有红、白、青、绿等，以红、白两色最为流行，装饰纹样多为云气纹。出土钱币均为半两钱。如西北医疗设备厂 M92[1]，竖井土洞墓，墓道宽于墓室，一侧有侧室，墓室平顶，内置两椁一棺，木板封门。随葬品主要置于侧室及墓室内棺椁之间（图 8-1）。出土器物 112 件，其中陶器 83 件，有鼎、盒、壶、小壶、钫、镂、罐以及甬钟、钮钟、磬等明器（图 8-2）；铜器 29 件，有瑟弦枘、柿蒂纹铜棺饰及半两钱等。

第二期　西汉中期（汉武帝元狩五年至宣帝前段）。仍以土洞墓为主，土坑墓数量较早期减少，斜坡墓道洞室墓较早期流行。竖井土洞墓中墓道宽于墓室者较少，墓道与墓室等宽或窄于墓室者较为流行，墓室流行拱形顶。斜坡墓道洞室墓中墓道与墓室之间有天井、过洞者增多。墓室以木板和土坯封门为主，也有少数条砖封门者。随葬品组合与第一期基本相同，仿铜陶礼器鼎、盒、钫（壶）形制上变化不大。鼎，最大径在子母口内侧，圜底，矮蹄形足。盒，多为浅腹大平底盆形。壶，多圈足，折曲不明显或无折曲。生活明器与第一期相比有较大变化，房形陶仓不见，新出现陶樽和圆腹囷形仓。樽，深腹，蹄形足（部分足面模印兽面），无盖或钵形盖。双唇罐和马蹄形灶较为流行。装饰方面，彩绘

〔1〕　西安市文物保护考古所：《西安龙首原汉墓》第 112 页，西北大学出版社，1999 年。

图 8-2 西安西北医疗设备厂汉墓 M92 出土陶器
1.鼎 2、3.凹唇罐 4.盘 5.灯 6.鼎 7.镟 8.甑 9.盘 10.盒 11.盆 12.钫
13.钵 14.房仓 15.灶 16.壶 17.缶

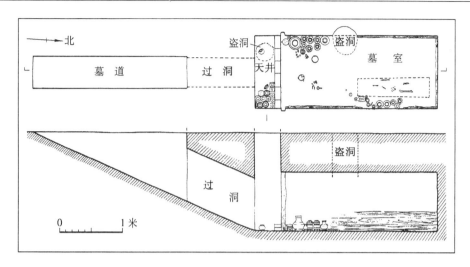

图 8-3　西安陕西交通学校汉墓 M246 平面、剖视图

不如早期发达，复色彩绘少见，多为单色尤以红彩最多，釉陶器、半釉硬陶器开始出现。钱币多为五铢钱，"五"字竖划较直或缓曲，竖画近乎平行者不见。如陕西交通学校 M246[1]，斜坡墓道土洞墓，墓道与墓室之间有过洞、天井（图 8-3），出土有陶鼎、盒、壶、钫、罐、樽、方形仓、圆腹仓、马蹄形灶、熏炉（图 8-4）以及铜镜、五铢钱等。

　　第三期　西汉中后期（汉宣帝后期至元帝时期）。主要流行竖井土洞墓和斜坡墓道土洞墓，新出现用条砖或空心砖砌筑的砖室墓。空心砖墓室多为平顶，小砖墓中有条砖砌壁券顶者，也有条砖砌壁子母砖券顶者。墓室多为单室，也有个别为前、后室。砖室墓的墓壁多为平砖顺向错缝平砌，条砖或子母砖顺向立砖对缝券顶，条砖横向或竖向错缝平铺地。木板封门和土坯封门多见，条砖封门多于中期。随葬品的仿铜陶礼器中，钫多以壶代替，壶多为矮假圈足，腹较圆。盒多为圈足。樽足多兽面或兽形，部分有博山形盖。双唇罐、圆腹囷形仓、马蹄形灶与中期基本相同。陶器装饰方面变化较大，红褐釉和酱黄釉装饰较为发达，彩绘衰退。出土钱币多为五铢钱，"五"字竖画或较直，或缓曲，或末端竖直近乎平行，也有两端略外展呈炮弹形者。如西安方新村开发公司 1998M31[2]，竖穴土洞墓，墓道与墓室等宽，土坯封门。出土釉陶鼎、盒、壶、双唇罐、樽、仓、灶、小陶甑等。

　　第四期　西汉晚期至新莽时期（汉成帝至新莽时期）。流行竖井墓道或斜坡墓道洞室墓。墓室以单室为主，多呈纵长方形，一般较为高敞宽大，少数墓道与墓室之间有短甬道相连。砖室墓较为流行，墓壁多为条砖顺向错缝平砌，条砖或子母砖顺向对缝券顶，铺地形式多样。封门以条砖封门为主，另有少量土坯封门，木板封门者较少。器物组合方面，礼器组合变化较大。首先陶礼器组合多不完整，无鼎或盒，壶的数量增多，但已不具备礼器的意义。器形方面也有较大变化，鼎多为深腹圜底，兽形或人形足，盖面多模印各种图

〔1〕　西安市文物保护考古所、郑州大学考古专业：《长安汉墓》第 551 页，陕西人民出版社，2004 年。
〔2〕　西安市文物保护考古所、郑州大学考古专业：《长安汉墓》第 167 页，陕西人民出版社，2004 年。

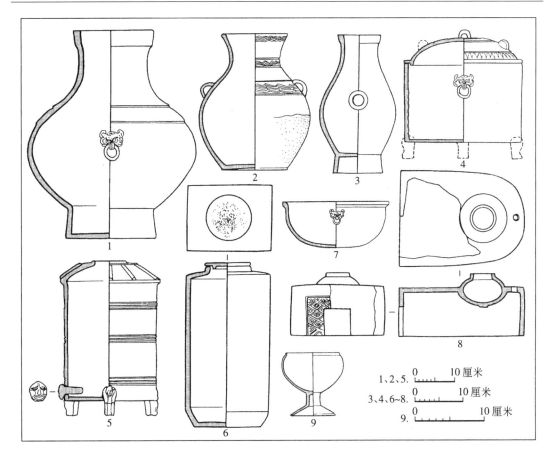

图8-4 西安陕西交通学校汉墓 M246 出土陶器

1.釉陶壶 2.釉陶壶 3.钫 4.樽 5.圆腹仓 6.方形仓 7.盆 8.灶 9.熏炉

案；盒多为深腹，圈足或假圈足，盖较浅，盖面亦模印各种图案；壶均为假圈足，最大径在肩部，肩部多模印一周山峦、动物图案。生活明器也有较大变化。罐以矮领圆唇者多见，肩部多模印动物、云气等图案；樽，兽形足，博山式盖，腹部模印一周山峦、动物图案；仓肩部出檐较长，肩上模印放射状板瓦；灶形制变化不大，灶面出现模印的炊具、食物等图案，新出现带足灶。陶器装饰，流行青绿釉或墨绿釉，釉层较厚，富有光泽，酱黄釉和彩绘少见。五铢钱形式多样，“五”字竖画或较直、或缓曲、或末端竖直近乎平行，也有的竖画两端略外展呈炮弹形者。新莽钱种类繁多，有大泉五十、小泉直一、货泉等。如西安西北医疗设备厂 1988M1[1]，墓葬形制为竖穴墓道砖室墓，条砖砌壁，子母砖券顶，条砖横向封门，出土器物有釉陶鼎、盒、壶、罐、樽、灯、熏炉、仓、釜、甑以及昭明镜、五铢钱等。

第五期 东汉早期（汉光武帝时期）。主要流行斜坡墓道洞室墓，竖井墓道者少见。

---

〔1〕 西安市文物保护考古所、郑州大学考古专业：《长安汉墓》第 1 页，陕西人民出版社，2004 年。

墓道与墓室之间多有甬道相连。墓室多为纵长方形单室墓，开始流行前、后室墓，三室、多室墓也开始出现。砖室墓结构多样，墓壁除顺向错缝平砌之外，还出现顺向侧立砌法和竖立砌法。墓顶出现顺向或横向平砖对缝券砌法。砖铺地除错缝平铺之外，流行斜铺呈"人"字形地面。封门以条砖顺向砌筑为主，条砖横向者也占一定比例，其他封门形式较少。随葬品中，以生活明器壶、罐、仓、灶、樽等为主，鼎、盒、壶仿铜陶礼器组合不见，新出现镇墓陶瓶、陶井等器类。壶，短束颈，圆腹或略扁，假圈足。罐，有小口束颈和大口矮领两种。仓，肩出檐，肩上有四至六道竖向凸棱，三足或平底。灶，釜灶连体的二釜或单釜灶较为流行，新出现釜灶分体的单釜灶。樽，无盖，腹较深，三足。井，半圆提梁式井架，圆筒腹。装饰方面，彩绘少见，釉陶较为流行，多为青绿色，釉层较薄，大多无光泽，绳纹大量流行，多饰于陶罐之上。钱币主要有五铢钱和新莽钱，五铢钱"五"、"铢"二字较为宽大，"朱"头有的方折，有的圆折。如西安曲江春晓苑 M24[1]，墓葬形制为斜坡墓道洞室墓，由墓道和墓室组成；墓室条砖顺向错缝平砌，拱形顶不用砖券，条砖顺向斜侧立"人"字形封门；双人合葬墓。随葬品主要置于墓室前部，出土釉陶壶、陶仓、陶灶、陶甋、陶井、陶灯、铜盆、带钩各1件，陶罐3件，五铢钱19枚（图8-5）。

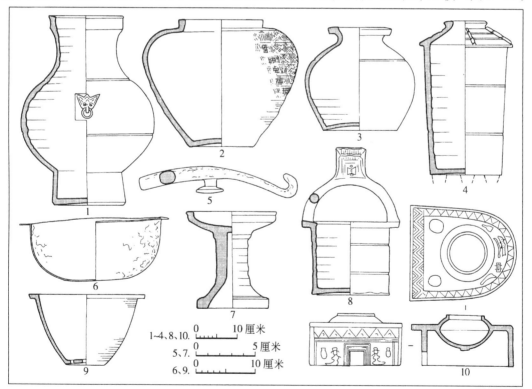

图8-5　西安曲江春晓苑汉墓 M24 出土器物

1.陶壶　2、3.陶罐　4.陶仓　5.铜带钩　6.铜盆　7.陶灯　8.陶井　9.陶甋　10.陶灶

[1]　西安市文物保护考古所程林泉、韩国河、张小丽、王久刚：《西安东汉墓》第558页，文物出版社，2009年。

第六期 东汉中期（汉明帝至质帝）。以斜坡墓道多室墓为主，并且以前、后室者为多。部分前室两侧有耳室或侧室，前室多为穹隆顶，后室、侧室多为拱形顶。墓道与墓室之间大部分有甬道相连。墓室结构较为多样，有土洞墓、砖室墓，亦有土洞与砖室混合结构的墓葬。砖室墓的砌筑方式多种多样，墓壁条砖平砌或立砌；顶有各种形式的并列券，也有纵连券；铺地砖有横向、顺向、斜向错缝平铺多种，也有"人"字形或不规则者。封门以条砖顺向斜侧立呈"人"字形为主，也有条砖顺向、横向平砌者。随葬品中除壶、罐、仓、灶、樽、瓶之外，新出现案、盘、碗、耳杯墓内祭奠器及猪、狗、鸡等家禽家畜俑。壶，有粗直颈者，有细长颈者，均为扁圆腹，高假圈足。罐，大口矮领绳纹罐较为流行，小口束颈罐中出现扁腹大平底者。仓肩部出檐不明显或不出檐，筒腹上粗下细，三足或平底。流行釜、灶分离的单釜灶。流行三足浅腹樽，出现平底无足樽。新出现梯形井架和仿木结构的井。陶器的装饰方面无多大变化。如户县朱家堡阳嘉二年 M1[1]，墓葬形制为斜坡墓道砖室墓，墓室由前、后两室组成，前室方形穹隆顶，后室拱形券顶。出土陶器有双系壶、瓮、灶、甑、熏炉、井、方盒、案、魁、碗、盘、勺、耳环、灯、猪、狗、鸡、釉陶灶、朱书镇墓瓶等，此外还出土素面镜、四叶纹镜、五铢钱及货泉等。朱书镇墓瓶上有阳嘉二年（公元 133 年）的纪年。

第七期 东汉晚期（汉桓帝至献帝）。以斜坡墓道多室墓为主，三室及多室开始流行。布局形式更加多样，以前、后室布局为主，也有的在主室两侧开侧室，或主室四角开棺室，墓道与墓室之间多有甬道，前室与后室或侧室之间亦有带甬道者。砖室砌筑方式多样。随葬器组合与第六期基本相同，只是某些器形有所变化。仓多为平底罐形，圆肩或折肩，部分肩上有三道凸棱。壶，长颈或短束颈，腹极扁，多无铺首，高假圈足或多棱高圈足。樽多平底，器身变小。井身圆腹，或束腰或呈梯形，新出现方形井身和四面坡形井亭。开始流行乐舞俑、杂耍俑、劳作俑等人物俑，开始兴起陶仓楼。如临潼初平元年（公元 190 年）墓[2]，斜坡墓道多室砖墓，墓室由前、后和侧室组成，前室为穹隆顶，后室及侧室为拱形券顶。条砖封门（图 8-6）。出土陶器有双系壶、瓮、陶灶、甑、熏炉、瓶、井、方盒、案、魁、碗、盘、勺、耳杯、灯、猪、狗、鸡、釉陶灶（图 8-7），还出土有变形四叶纹铜镜、素面铜镜、五铢钱、货泉等。

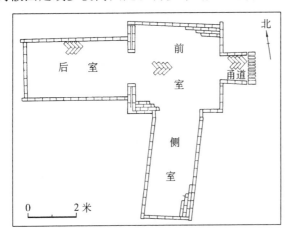

图 8-6 临潼东汉初平元年墓平面图

〔1〕 陕西省考古研究所祁振西：《陕西户县的两座汉墓》，《考古与文物》1980 年创刊号。
〔2〕 林泊、李德仁：《临潼发现汉初平元年墓》，《文博》1989 年第 1 期。

图8-7　临潼东汉初平元年墓出土陶器

1.案　2.熏炉　3.案　4.方盆　5.灯　6.耳杯　7.甗　8.勺　9.灶　10.朱书镇墓瓶

11.盆　12.双系壶　13.魁　14.灶

四　关中地区汉墓的演变轨迹与区域特征

两汉四百余年，社会生活和思想信仰不断地发展变化，作为反映现实生活和思想观念的墓葬也随之而变化。关中地区作为两汉时期一个特殊的地理区域，其丧葬文化的面貌与变化既反映汉文化发展的一般规律，又表现出了明显的区域特征。

（一）墓葬演变轨迹

墓葬的演变主要表现在墓葬形制与随葬品组合及器形特征两个方面。

墓葬形制方面，西汉早期主要为竖穴土坑墓和土洞墓，竖穴土坑墓大部分较为宽大，墓壁有收分或二层台，底部置木棺椁。土洞墓以竖井墓道为主，墓道较为宽大，壁面有收分或二层台，表现出了对战国晚期秦人洞室墓的继承，但也有新的变化，如墓道远不如秦墓宽大，部分仅是上口较宽，墓底略宽于墓室或与墓室等宽，已经出现了墓道与墓室等宽或窄于墓室的新墓型。斜坡墓道土洞墓也是西汉早期新出现的墓型，墓门均用木板封堵。西汉中期，竖穴墓墓圹一般较为狭长，墓壁收分不明显，二层台少见；洞室墓仍以竖井土洞墓为主，以墓道等于或窄于墓室者多见，墓道壁面大多无收分；斜坡墓道土洞墓较早期流行，形式也更为多样，墓门多为木板封堵，开始流行土坯封门，也有少数砖封门者。西汉中后期，出现以条砖或空心砖砌筑墓室的砖室墓，空心砖墓均为平顶，封门基本同于中期，砖封门增多。西汉晚期至新莽时期，墓葬形制无多大变化，少数墓葬出现甬道；砖室墓更为流行，有条砖券顶，也有子母砖券顶；空心砖墓出现两坡顶；竖穴墓中也有在墓圹底部用砖砌筑墓室的；砖封门极其流行。东汉早期，竖穴墓少见，以斜坡墓道洞室墓为主，墓道与墓室之间多有甬道，墓室仍以单室墓为主，前、后室墓开始流行，前室多穹隆顶，后室多为拱形顶。砖室墓的砌筑方式更加多样化，单砖侧立或直立壁较为流行，券顶中各种形式的并列券开始出现。封门绝大多数为条砖顺向封砌，多为侧立"人"字形砌法。东汉中期和晚期，斜坡墓道砖室墓逐渐占主导地位，有两室者，以前、后室布局为主，有的在主室两侧开侧室，有的在主室四角开棺室，有的在前室两侧开假券门。规模大者有前、中、后三室。砖室砌筑方式多样，封门仍以条砖为主。

随葬品组合，西汉早期为鼎、盒、钫（壶）等仿铜陶礼器和罐、房形仓、方形仓、灶、缶等模型明器，部分墓葬还出土蒜头壶、茧形壶等。西汉中期，组合与早期基本相同，仿铜陶礼器部分器形有所变化，流行浅腹圜底鼎。浅腹尖底鼎不见，盒均为浅腹盆形，壶圈足折曲状不明显。生活明器中新出现樽，早期的房形仓、茧形壶不见，缶和方形仓不如早期流行，出现圆腹筒形仓；早期的凹唇罐少见，流行双唇罐。西汉中后期，仿铜陶礼器中钫不再流行，多以壶代之。壶多假圈足，出现深腹鼎、圈足盒。生活明器无多大变化。装饰方面变化较大，彩绘减少，酱黄和红褐釉陶增多。西汉晚至新莽时期，仿铜陶礼器组合多不完整，钫不见，壶数量增多，鼎、盒常缺省，鼎、盒的器盖上和壶肩部多模印动物图案。生活明器器类上无多大变化。器形变化明显，罐肩部多有模印图案。樽多为兽形足且腹饰图案。仓出檐较长，肩饰密集板瓦棱。灶面多模印有炊具、食品等。装饰方面，器表多施墨绿釉，部分器物多饰山峦、奔兽图案。东汉早期，仿铜陶礼器不见，生活明器以壶、罐、仓、灶等为主，新出现陶井，镇墓瓶开始流行。器形方面，西汉时期流行的双唇罐、圆唇罐不见。出现大口矮领罐，器形较大，腹多饰竖绳纹。小口束颈罐也与西汉时期不同。壶多为短束颈，腹较圆或扁圆，肩部无模印图案。灶多为单釜马蹄形，新出现釜灶分体的单釜灶。东汉中期，除生活明器之外，新出现案、碗、耳杯、盘、勺等墓内祭奠器和猪、狗、鸡等家禽家畜俑。器形方面，壶，颈变长，腹更扁，足增高。仓，肩多出檐不明显或不出檐，大部分有三足。灶多为单釜，釜灶分体。井，新出现梯形井架和"井"字形井沿。东汉晚期，器物组合与中期相比变化不大，仍以生活明器、墓内祭奠器、家禽家畜俑和镇墓器为主。器类方面新出现三足鼎形器。器形方面，壶新出现多棱高圈足。仓多为筒腹罐形，折肩或圆肩，平底。樽多平底无足。

（二）区域特征

关中地区汉代墓葬与其他地区汉墓相比有着明显的区域特征，同时又与其他地区有着千丝万缕的联系。

墓葬形制方面，洞室墓流行时间早，形制多样。西汉早期洞室墓已占主导地位，不仅有竖井土洞墓，还出现了斜坡墓道土洞墓，部分墓道与墓室之间还有过洞、天井，至东汉时期竖井墓道几乎被斜坡墓道代替。周邻地区洞室墓的出现与流行要晚于关中地区，形制也不如关中地区多样。长江以南的四川、两湖、江浙及关中以东的安徽、山东等地，洞室墓的出现大体在西汉晚期或新莽时期。甘肃、青海、内蒙古、山西等地，洞室墓的出现也在西汉中、后期。中原地区洞室墓的出现较早，但形式较为单一，多为竖井洞室墓，斜坡墓道洞室到东汉中、晚期方才流行。不过，中原地区竖井墓道中一端带台阶墓道在关中地区也较为少见。关中地区洞室墓甬道的流行晚于中原地区，中原地区甬道大致流行于西汉晚期，关中地区基本上是在新莽时期以后。关中地区前、后室墓出现较早，大体在西汉晚期偏早阶段，但其流行则相对较晚，基本上是在东汉中期以后。中原地区多室墓大体出现于西汉晚期，但在新莽时期已非常流行。东汉时期关中地区的墓葬形制比中原地区简单，如中原地区的横堂墓、抛物线顶墓在关中地区很少见到。墓室结构方面，关中地区少见空心砖墓，目前仅在咸阳附近发现数十座，而中原地区空心砖墓非常发达。关中地区西汉晚期流行的子母砖券顶在中原地区非常少见。构筑材料方面，关中地区较为单纯，除土洞墓和砖室墓之外，其他材料少见，尤其是石材的使用很少，其他地区除使用砖之外，石材的使用较多，如山东、皖北、豫东的石椁墓、石室墓及砖石混合结构的墓葬，关中地区很少见到。关中地区墓室装饰不如其他地区发达，关中地区发现的汉代壁画墓、画像石墓仅6座，以洛阳为中心的中原地区发现壁画墓多达20余座，另外还有大量的画像砖墓。在其他地区还发现大量的画像石墓和画像砖墓。关中地区一些规模较大、等级较高的墓葬在墓圹回填过程中的积沙、积石现象也极具地方特色。

随葬品组合方面，关中地区也有较强的地域特征。与中原地区相比，仿铜陶礼器组合消亡的时间和仓、灶类生活明器出现的时间均较早。关中地区仿铜陶礼器组合的消亡基本是在新莽以后，中原地区则在东汉早期以后。关中地区仓、灶生活明器在西汉早期已非常普及，而中原地区的普及则在西汉中期以后。井这类生活明器在关中地区出现较晚，基本是在东汉早期，其流行则在东汉中、晚期，中原地区的陶井则出现于西汉晚期。关中地区案、耳杯、勺等墓内祭奠器的出现在东汉中期，中原地区这类组合在东汉早期。关中地区西汉早期墓中多出土带有秦文化因素的缶、茧形壶、蒜头壶等，而中原地区则相对较少，中原地区西汉早期随葬的俑头（马头）则不见于关中地区。

器形方面也有很大差异。仓，关中地区有房形仓、方形仓，圆腹仓多为囷形、折肩或出檐，肩上多有凸棱或板瓦棱，而中原地区的仓则多为圆肩筒形仓。灶，关中地区以前方后圆的马蹄形为主，西汉时期带二至三釜，多为釜灶连体；东汉时期多单釜，釜灶分体。中原地区的灶多为长方形，西汉时期火眼较少，釜、灶分体制作，东汉时期多为釜灶连体制作。樽，关中地区陶樽出现于西汉中期，略早于中原地区，西汉晚期博山式盖、腹部装饰浅浮雕图案的釉陶樽不见于中原地区。关中地区的陶井形式简单，多为圆筒腹，半圆形架，不见中原地区常见的井栏。中原地区常见的猪圈厕所、仓楼、水榭等模型明器，关中地区少见。关中地区的镇墓瓶多为侈口，束颈，折肩，长筒形腹，小平底，与中原地区小口，束颈，扁圆腹，大平底不同。

关中地区西汉墓葬继承了大量秦文化因素，如墓葬形制以洞室墓为主，墓葬方向西向占主导地位，随葬器物中有陶缶、茧形壶、蒜头壶等。同时，也吸收了诸多楚文化的因素，如竖穴土坑中的多台阶，棺椁中多椁厢形式，西汉早期的方形陶灶、（釉）陶金饼、豆青釉原始瓷器（壶、瓿），陶器的彩绘也是仿楚地漆器的装饰纹样。也有两种文化因素的结合形式，如洞室墓的土洞木椁墓。土洞墓在秦文化中多为低级官吏和平民墓葬，一般有棺无椁，西汉早中期一些级别稍高的官吏开始使用洞室墓，促成了土洞木椁墓的形成。斜坡墓道洞室墓也是秦、楚两种文化因素融合的产物。关中地区战国、秦代大型墓均为斜坡墓道土坑墓，小型墓葬多为竖穴土洞墓，战国时期楚墓则均为土坑墓，斜坡墓道的使用不限于大型墓葬，中小型墓葬也有带斜坡墓道者。所以，关中地区西汉早、中期的斜坡墓道土洞也很可能是这两种文化融合的结果。

西汉时期，作为京畿之地的关中地区表现出了对周邻地区强劲的辐射力，如关中地区汉墓典型的马蹄形陶灶在中原地区、江汉地区、甘青地区和陕北、内蒙古等地均有发现，尤其是对甘青和内蒙古等地影响最大；同时也表现出对其他地区汉文化的排斥，如中原地区西汉中后期流行的空心砖墓、西汉晚期墓葬中流行的长方形灶、陶水井等在关中地区就较为少见。东汉时期，由于政治中心的东迁，关中地区汉文化对周邻地区的影响减弱，同时受其他地区尤其是受中原地区汉文化的影响，如关中地区小口、折肩、筒腹镇墓瓶在中原地区不见，而具有中原地区特征的小口扁腹大平底镇墓瓶在关中地区多有发现；关中地区的马蹄形单釜灶在中原地区不见，而具有中原地区特征的长方形灶在关中地区时有发现等。

第二节　中原地区汉墓

在豫西、晋南、冀南地区发掘的大批汉代墓葬，其墓葬形制、随葬品组合乃至时代特征，颇为一致；它们的分布，以洛阳为中心，东至山东西境，西迄三门峡，北抵石家庄—太原一线，南至南阳。按《汉书・地理志》和《续汉书・郡国志》所记两汉时期的行政区划，这一地区包括：司隶部的"三河"（河南郡、河东郡、河内郡）及弘农郡东部，豫州刺史部的颍川郡和汝南郡，兖州刺史部的陈留郡、淮阳国，并州刺史部的上党郡，冀州刺史部的魏郡、赵国、巨鹿郡、常山郡（常山国）南部，荆州刺史部的南阳郡等，而尤以

"三河"地区为核心。在郡国更替频繁的两汉时期，这一地区与关中一样，是行政隶属关系最为明确、与中央政权关系最为稳定的地区[1]。因之，中原地区汉代墓葬在形制与埋葬习俗上趋于一致，是有其历史背景的。

需要说明的是，洛阳以西的三门峡地区，汉武帝元鼎三年（公元前 114 年）析置弘农郡，终西汉一代，地望上近洛阳远长安，社会风俗则是近长安而远洛阳；东汉时期，弘农郡、河南尹同属司隶校尉部，加之东汉都洛阳，风俗始与洛阳趋于一致，这在埋葬习俗方面也得到了较为明确的体现。

一　中原地区汉墓的发现与研究简述

中原地区发现的汉代墓葬数量甚多，按墓主身份等级包括：帝陵、诸侯王墓、中下层官吏墓、普通平民墓、刑徒墓等；按墓葬形制和构筑方法又可分为竖穴土坑墓、土洞墓、砖室墓（包括空心砖墓和小砖墓）等；按埋葬方式可分为单人葬、夫妻合葬和家族合葬墓。此外壁画墓、画像石墓、画像砖墓在中原地区也多有发现。

中原地区发现的高等级汉代墓葬，除东汉帝陵、两汉诸侯王陵（已有专门章节叙述）之外，身份较高、可能为王侯及其宗室的墓葬还有河北卢龙范庄西汉墓[2]、石家庄柳辛庄东汉墓[3]等。

中原地区已经发掘的壁画墓主要有：洛阳地区以卜千秋西汉壁画墓、金谷园新莽时期壁画墓为代表的壁画墓 12 座[4]；郑州密县打虎亭 2 号东汉壁画墓[5]；河南荥阳苌村壁画墓[6]，河北望都一、二号壁画墓[7]；河北蠡县城西东汉墓[8]；河北安平逯家庄东汉安平王墓[9]等。

中原地区画像石、画像砖墓在河南南阳、唐河、邓州、襄城、禹州、密县、永城、夏邑、浚县等诸多地区都有发现，而尤以南阳地区最为集中，时代从西汉中期一直延续到东汉晚期。典型墓葬如唐河新店冯君孺人墓、唐河针织厂一号墓、襄城茨沟永建七年（公元132 年）墓、密县打虎亭汉墓等[10]。

中原地区的汉代官吏与平民墓葬，以洛阳、三门峡、南阳、济源、安阳、石家庄等地

[1]　A. 周振鹤：《西汉政区地理》第 7～20 页、129～134 页，人民出版社，1987 年。
　　　B. 李晓杰：《东汉政区地理》第 7～19 页，山东教育出版社，1999 年。
[2]　河北省文物研究所：《河北省近十年的文物考古工作》，《文物考古工作十年（1979～1989）》，文物出版社，1990 年。
[3]　石家庄市文物保管所：《石家庄北郊东汉墓》，《考古》1984 年第 9 期。
[4]　洛阳市第二文物工作队：《洛阳汉墓壁画》，文物出版社，1996 年。
[5]　河南省文物研究所：《密县打虎亭汉墓》，文物出版社，1993 年。
[6]　郑州市文物考古研究所、荥阳市文物保护管理所：《河南荥阳苌村汉代壁画墓调查》，《文物》1996 年第 3 期。
[7]　北京历史博物馆、河北省文物管理委员会：《望都汉墓壁画》，中国古典艺术出版社，1955 年。
[8]　河北省文物研究所：《蠡县汉墓发掘记要》，《文物》1983 年第 6 期。
[9]　河北省文物管理处：《河北省三十年来的考古工作》，《文物考古工作三十年（1949～1979）》第 47 页，文物出版社，1979 年。
[10]　孙广清：《河南汉代画像石的分布与区域类型》，《华夏考古》1991 年第 3 期。

发现为多，而尤以洛阳地区最为集中。新中国成立以来，洛阳地区汉墓的主要发掘成果有：1952～1953 年烧沟附近钻探出汉墓 519 座、发掘 225 座；1953～1955 年在中州路（西工段）和汉河南县城城垣附近发掘 50 座；1954 年在涧西周山发掘 81 座；1955 年涧西16 工区等处发掘 70 座；1957～1958 年在金谷园和七里河发掘 217 座；1957～1959 年在烧沟等地发掘 200 余座；1984 年在偃师杏园发掘 27 座；1984～1986 年在烧沟以东发掘 23座；此外，已经发掘但未发表资料的还有 2000 余座[1]。

其他地区比较集中的汉墓资料有：1956 年配合黄河水库工程在陕县刘家渠发掘汉墓46 座[2]；1956～1958 年在陕县后川村发掘的秦汉墓葬 127 座和湖滨区发掘的汉墓 5座[3]，1957 年在河南禹县白沙发掘的汉墓 277 座[4]；1957 年在河南泌阳板桥发掘的汉墓23 座[5]等。20 世纪 80 年代以来配合城市建设和南水北调等基建工程又有大批汉代墓葬被发掘，但发掘报告尚在整理中。

二 中原地区汉墓的分期及其演变

1959 年出版的《洛阳烧沟汉墓》[6]（以下简称《烧沟》）公布了 225 座汉墓的发掘资料，运用类型学方法对墓葬形制、随葬品特点与组合进行了系统研究，将 225 座汉墓分为六期，并确定了各期的大致年代[7]。自此以后，各地汉墓的分期与断代，多以《烧沟》的分期为标尺[8]。中原地区汉代墓葬的分期与断代，可以在《烧沟》分期的基础上，以纪年墓葬和纪年事件为依据，参考钱币、铜镜等随葬品的分期与断代研究成果来进行。迄今为止，中原地区发现的纪年汉墓如下（不含诸侯王墓）。

（1）南阳唐河新莽画像石墓[9]，新莽始建国天凤五年（公元 18 年）；（2）烧沟东 M2[10]，

〔1〕 A. 朱亮：《新中国建立以来洛阳秦汉魏晋北朝考古的发现与研究》，《洛阳考古四十年——一九九二年洛阳考古学术研讨会论文集》第 30 页，科学出版社，1996 年。
　　B. 中国社会科学院考古研究所洛阳唐城队《1984 至 1986 年洛阳市区汉晋墓发掘简报》，《考古学集刊》第 7 集，科学出版社，1991 年。
〔2〕 黄河水库考古工作队：《河南陕县刘家渠汉墓》，《考古学报》1965 年第 1 期。
〔3〕 中国社会科学院考古研究所：《陕县东周秦汉墓》，科学出版社，1994 年。
〔4〕 河南省文化局文物工作队：《河南禹县白沙汉墓发掘报告》，《考古学报》1959 年第 1 期。
〔5〕 河南省文化局文物工作队：《河南泌阳板桥古墓葬及古井的发掘》，《考古学报》1958 年第 4 期。
〔6〕 洛阳区考古发掘队：《洛阳烧沟汉墓》，科学出版社，1959 年。
〔7〕 洛阳区考古发掘队：《洛阳烧沟汉墓》，科学出版社，1959 年。
〔8〕 自《烧沟》发表以后，历年的发掘不断补充新的汉墓材料，但分期断代的研究，多未脱《烧沟》之窠臼。惟一的突破是《满城汉墓》发掘报告的整理出版。后者确认《烧沟》所谓的"武帝五铢"，即"五"字中间两笔稍弯曲的"五铢"，在卒于武帝元鼎四年的中山靖王刘胜墓中也有出现，而《烧沟》断言武帝五铢"五"字中间两笔是直的，这一说法显然有误。
〔9〕 南阳地区文化局考古队、南阳市博物馆：《唐河县新店发现一座有纪年的汉画像石墓》，《河南文博通讯》1978 年第 3 期。
〔10〕 中国社会科学院考古研究所洛阳唐城队：《1984 至 1986 年洛阳市区汉晋墓发掘简报》，《考古学集刊》第 7 集，科学出版社，1991 年。

东汉安帝延光元年（公元 122 年）；（3）河南襄城茨沟汉画像石墓[1]，东汉顺帝永建七年（公元 132 年）；（4）洛阳李屯东汉墓[2]，东汉桓帝元嘉二年（公元 152 年）；（5）安阳南乐宋耿洛 M1[3]，东汉桓帝延熹三年（公元 160 年）；（6）洛阳唐寺门 M1[4]，东汉桓帝永康元年（公元 167 年）；（7）烧沟 M1037，东汉灵帝建宁三年（公元 170 年）；（8）南阳李相公庄画像石墓[5]，东汉灵帝建宁三年（公元 170 年）；（9）河北安平逯家庄东汉墓[6]，东汉灵帝熹平五年（公元 176 年）；（10）洛阳东汉王当墓[7]，东汉灵帝光和二年（公元 179 年）；（11）望都二号墓[8]，东汉灵帝光和五年（公元 182 年）；（12）烧沟 M147，东汉献帝初平元年（公元 190 年）。

另外，密县打虎亭 M1 或为东汉弘农太守张德（伯雅）之墓[9]，下葬年代约在东汉中晚期。烧沟 M114 或为东汉廷尉郭躬之墓，卒年为东汉和帝永元六年（公元 94 年）。

秦汉时期，钱币在墓葬中大为流行，而不同钱币的铸行年代，为判定墓葬的年代提供了重要线索（尤其是埋葬年代的上限）。两汉时期有关钱币的纪年事件主要有：秦统一至汉武帝元狩四年（公元前 119 年），行半两钱；汉武帝元狩五年（公元前 118 年），始铸五铢钱；新莽时期，铸行新莽钱币；东汉建武十六年（公元 40 年），始行东汉五铢钱；东汉灵帝中平三年（公元 186 年），铸"四出五铢"。同时，出土或传世的纪年铭钱范，也使汉代五铢钱的分期趋于规范。

基于纪年铭铜镜和纪年铭钱范所确立的汉代铜镜与钱币的分期断代研究成果，对汉墓的分期断代也有重要参考价值。《汉三国六朝纪年镜图说》收录的纪年铭铜镜有王莽居摄元年（公元 6 年）、始建国天凤二年（公元 15 年）、东汉永平七年（公元 60 年）、元兴元年（公元 105 年）、熹平元年（公元 172 年）、熹平二年（公元 173 年）、中平六年（公元 189 年）等多例[10]。由此确立的汉代铜镜断代研究成果，相对而言具备较强的说服力。

《烧沟》将 225 座汉墓分为六期，时代自西汉中期迄于汉末。西汉早期的墓葬，在涧西周山和邙山南麓也有发现[11]。这里在《烧沟》分期的基础上，依据纪年墓葬和汉代钱币铸行的纪年事件，参考汉代铜钱、铜镜的分期研究成果，按照墓葬形制和随葬品组合的情况，把以洛阳地区为代表的中原地区汉墓分为七期。

第一期　西汉早期（汉高祖至武帝元狩五年）。墓葬形制为单棺空心砖或土洞墓，

〔1〕河南省文化局文物工作队：《河南襄城茨沟汉画像石墓》，《考古学报》1964 年第 1 期。
〔2〕洛阳市文物工作队：《洛阳李屯东汉元嘉二年墓发掘简报》，《考古与文物》1997 年第 2 期。
〔3〕安阳地区文管会、南乐县文化馆：《南乐宋耿洛一号墓发掘简报》，《中原文物》1981 年第 2 期。
〔4〕洛阳市文物工作队：《洛阳唐寺门两座汉墓发掘简报》，《中原文物》1984 年第 3 期。
〔5〕南阳市博物馆：《南阳发现东汉许阿瞿墓志画像石》，《文物》1974 年第 8 期。
〔6〕河北省文化局文博组：《安平彩色壁画汉墓》，《光明日报》1972 年 6 月 22 日。
〔7〕洛阳博物馆：《洛阳东汉光和二年王当墓发掘简报》，《文物》1980 年第 6 期。
〔8〕河北省文化局文物工作队：《望都二号汉墓》，文物出版社，1959 年。
〔9〕河南省文物研究所：《密县打虎亭汉墓》，文物出版社，1993 年。
〔10〕梅原末治：《漢三国六朝紀年鏡図説》，桑名文星堂，1943 年。
〔11〕翟维才：《洛阳市文管会配合防洪工程清理出 2700 余件文物》，《文物参考资料》1955 年第 8 期。

墓室平顶，与流行土坑竖穴墓和屈肢葬的战国墓葬有明显区别。随葬品组合以鼎、敦（盒）、壶为主，间或出陶俑头和铅质车马明器。墓中出有半两钱。

第二期 西汉中期（约当汉武帝元狩五年至宣帝时期），又可分早、晚两段。早段墓葬形制仍为平顶单棺空心砖墓或土洞墓，随葬陶器组合仍以鼎、敦（盒）、壶为主，有陶俑头及铅质车马明器，铜镜流行草叶纹镜和星云纹镜，西汉五铢钱开始在墓中出现。典型墓葬如烧沟 M184，平顶单棺

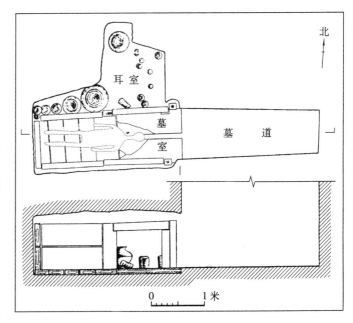

图 8-8 洛阳烧沟汉墓 M184 平面、剖视图

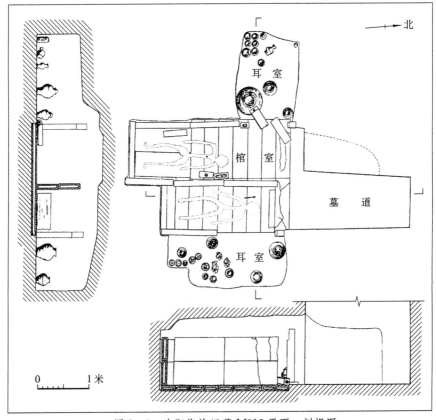

图 8-9 洛阳烧沟汉墓 M312 平面、剖视图

空心砖墓，墓室一侧凿出耳室置随葬品（图8-8），墓中有陶罐、仓、瓮等，死者头部右侧有五铢钱3枚。晚段出现了双棺葬。陶器新出现仓、灶一类的组合，铜镜新出现了日光镜、昭明镜。西汉五铢钱在墓中大为流行。烧沟M312，平顶双棺空心砖墓（图8-9），两棺室因开凿的时间有先后而长短不一（或称"两次造"墓）；随葬品有陶壶、罐、仓、盆、瓮、碗、五铢钱、小铁刀等。烧沟M2，平顶双棺空心砖墓，棺室因系同时营建，故二棺室等长；随葬陶器有鼎、敦、壶、罐、仓、灶等，铜器有洗、带钩、星云纹镜；铁器有剑、刀等，另出铅车饰1组，并有木器腐朽之痕迹。该墓出土五铢钱多至175枚，这在西汉中期算是不少的。从第二期汉墓可以明显看出汉代合葬制度发展的轨迹：即由单棺墓发展成"两次造"双棺墓，再发展成一次筑成的双棺墓。夫妻合葬的形式，由并穴合葬发展成同穴合葬。

　　第三期　西汉晚期（汉元帝至王莽居摄时期）。墓葬形制多为梯形顶空心砖墓，或小砖券顶的弧顶墓，也有土洞墓。耳室形制发达，多有呈"T"形者，或多至四耳室者，分置车马器、仓厨明器。合葬习俗大为流行。陶井开始与仓、灶成为固定的陶模型明器组合。铜镜仍以昭明镜、日光镜为主，间或也有四螭纹镜、铜华镜等。如烧沟M102，拱顶双棺空心砖墓，有4个耳室（图8-10）；随葬陶器有鼎、敦、壶、罐、仓、灶、瓮等，另有

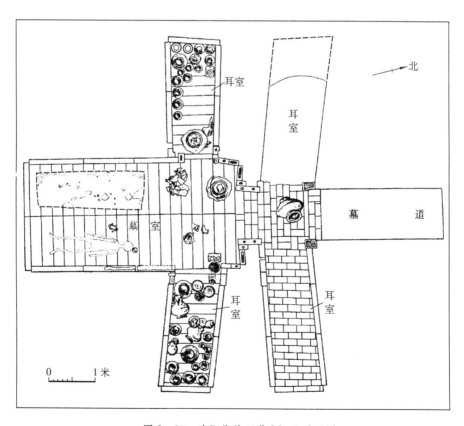

图8-10　洛阳烧沟汉墓M102平面图

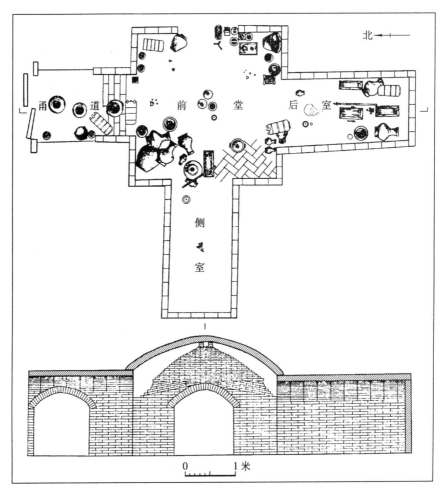

图 8-11　洛阳西郊汉墓 M3247 平面、剖视图

铜洗、剑饰、五铢钱，漆盒等。烧沟 M82，弧顶双棺小砖墓，两耳室呈"T"形；随葬陶器有井，并有釉陶壶出现；铜镜有日光镜、变形四螭纹镜各1件。另有五铢钱和残铜车饰等。

　　第四期　新莽时期（新莽始建国至地皇年间）。流行小砖券单穹隆顶的"前堂后室"墓，前室为方形，穹隆顶，为墓中设奠的场所；后室长方形，弧形券顶，置棺木。陶仓、灶、井几成必备的陶器组合而取代了鼎、敦（盒）、壶之属的位置。在墓的前室常常有陶案、盘、耳杯一类用于墓中设奠的陈设。新出铜镜有四神博局镜、几何纹博局镜、神兽镜、连弧纹镜等。新莽钱币在墓中出现。如洛阳西郊 M3247，由墓道、前堂、后室、侧室组成，前堂东壁留出耳室门道（图 8-11）。前堂方形，穹隆顶，后室与侧室均作弧形顶。后室、侧室各置一棺。随葬陶器有鼎、敦、壶、仓、灶、井、瓮、罐、樽、盆、方盒、甑、博山炉等，铜镜3面，分别为日光镜、博局镜、四乳镜。钱币主要为西汉五铢钱，有王莽时期的大泉五十和货泉各1枚。河南南阳唐河新店冯君孺人墓，为新莽时期画像石墓，墓内刻有"郁平大尹冯君孺人始建国天凤五年十月十七日癸巳葬，千岁不发"的石刻题记[1]，此墓可作为年代准确的新莽时期墓葬。

第五期　东汉早期（汉光武帝至和帝时期）。墓葬形制仍为单穹隆顶的"前堂后室"墓，但有的墓开始出现竖井式附阶梯的墓道。随葬品中陶鼎、敦（盒）、壶的组合形式已不复存在；新出云雷纹连弧纹镜；东汉五铢钱在墓中大量出现，伴出新莽钱。如烧沟 M21，单穹隆顶前堂后室墓，竖井式附阶梯的墓道，出土器物有博局镜和四乳镜，西汉五铢钱 5 枚，新莽"大泉五十"1 枚，东汉五铢钱多至 293 枚。

第六期　东汉中期（汉殇帝至质帝时期）。出现带斜坡墓道的双穹隆顶墓和"前堂横列"墓。家禽、家畜和奴仆俑、伎乐俑常见；铜镜新出现尚方镜、夔凤镜和长宜子孙镜等；钱币以东汉五铢多见；有的墓开始出现青绿釉陶（瓷）器。如烧沟东 M24[2]，墓葬形制为西汉晚期常见的弧顶小砖墓，却出有"延光元年"（公元 122 年）朱书纪年陶罐。随葬品组合体现了东汉中期墓葬的特点，陶器组合分四类：一为壶、罐之属；二为仓、灶、井之属；三为案、杯、盘之属；四为鸡、鸭、鹅、狗、猪圈之属。另外，墓中还出土有东汉五铢、货泉、铁镜、车马器饰等。洛阳西郊 M10016，有斜坡墓道，长 7.44 米。墓室由前后甬道、前堂、后室、东西耳室组成；前堂与后室均近方形，顶部作四面结顶的穹隆顶；棺木一具置于后室正中。随葬品中无陶鼎、敦之属，却有尚方镜、东汉五铢钱、青釉壶等，时代特征明显。河南襄城茨沟永建七年（公元 132 年）画像石墓[3]，由封土、墓道、墓门、甬道、横前堂、后室及 2 个侧室、1 个耳室组成（图 8-12）。地表有椭圆形封土，墓道为斜坡式，长 9.4 米。墓室为砖石混合结构，布局较为复杂，横前堂之前有长长的甬道，甬道左右各有 1 个侧室；后室近方形；横前堂、后室及两个侧室均为穹隆顶。前堂北壁有"永建七年"（公元 132 年）朱书题记，年代确凿。此墓布局复杂，反映了东汉中期家族合葬制在南阳地区的流行。

第七期　东汉晚期（汉桓帝至献帝时期）。除了双穹隆顶墓以外，流行带墓道的"前堂横列"墓，常有 2 个或多个后室、侧室，家族合葬的现象日渐流行。书写镇墓文的扁腹大平底陶罐成为该期墓葬的典型器物；新出铜镜有位至三公镜、人物画像镜、四凤镜、三兽镜等，还出现了铁镜；铜钱中剪轮五铢、缠环五铢、"四出"五铢多见，并大量出现质陋轻薄的东汉五铢钱，还出现了铁钱和铅、锡冥币。如烧沟 M147，模仿双穹隆顶砖室墓，为"抛物线形顶土洞墓"，墓中出"初平元年"（公元 190 年）陶罐，可作为此期的代表性墓葬。烧沟 M1035，墓门前有长达近 17 米的斜坡墓道，墓室横前堂之后有 2 个后室，葬棺木 6 具。此墓虽已被盗，但出土器物仍很丰富，除前述四类陶器组合之外，还有铁工具、铁镜、东汉五铢、半两钱、新莽钱、铁钱等。烧沟 M1037，墓葬形制与 M1035 相同，该墓出"建宁三年"纪年罐，可作为本期的典型墓。

［1］　南阳地区文化局考古队、南阳市博物馆：《唐河县新店发现一座有纪年的汉画像石墓》，《河南文博通讯》1978 年第 3 期。

［2］　中国社会科学院考古研究所洛阳唐城队：《1984 至 1986 年洛阳市区汉晋墓发掘简报》，《考古学集刊》第 7 集，科学出版社，1991 年。

［3］　河南省文化局文物工作队：《河南襄城茨沟汉画像石墓》，《考古学报》1964 年第 1 期。

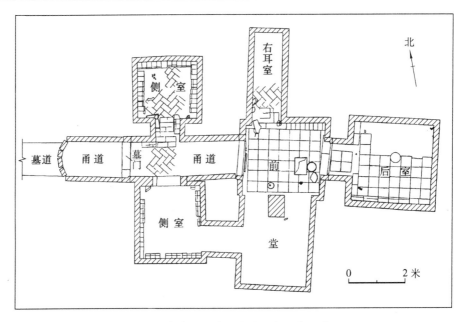

图 8-12　襄城茨沟东汉永建七年画像石墓平面图

总括洛阳地区汉墓的发展演变，可看出以下演变轨迹。

（1）墓室由单室→前堂后室→多室发展，反映了单人葬→夫妻合葬→家族合葬的发展趋势。（2）墓室结构由简单到复杂发展，墓室高度渐次增高，满足了合葬和墓中设奠的丧葬习俗的需要。（3）陶器组合在两汉时期有比较明显的变化。西汉早中期，沿袭了战国以来的鼎、敦（盒）、壶为主的组合方式，西汉中晚期出现仓、灶、井一类的模型明器组合，新莽前后出现案、盘、耳杯一类用于墓中祭奠的陈设，东汉中期家禽、家畜、奴仆俑、伎乐俑开始在墓中流行。随葬品组合的变化，表明周秦以来的重视礼制的葬俗，正逐步为西汉中期以来重视世俗生活的观念所取代。

三　中原地区汉墓的区域特征及相关问题

中原地区汉墓形制的渊源，主要有二。其一，是本地区战国以来的葬制，空心砖墓便是最为典型的特征。战国以来，空心砖墓便在郑韩地区出现并流行，而在其他地区极为少见，洛阳汉代空心砖墓显然是承袭战国时期韩国空心砖墓而来[1]。其二，是秦墓的制度，竖穴洞室墓便是明显的体现。洛阳地区在春秋战国时期，普遍流行竖穴土坑墓，洞室墓的出现，是秦据河南、陕县以后出现的，甚至还伴出茧形壶等典型的秦人器物。伴随着洞室墓的出现，竖穴土坑墓常见的屈肢葬也被仰身直肢葬所取代，二者几乎是同步的。除了中原古制和秦人制度之外，秦汉时期在社会政治、经济、文化领域广泛发挥影响的"楚制"，在洛阳汉墓中几乎不见踪影，这是值得推敲的现象。

---

〔1〕 瓯燕：《洛阳汉墓之管见》，《洛阳考古四十年——一九九二年洛阳考古学术研讨会论文集》，科学出版社，1996 年。

关于人殉，到了西汉时期，墓葬中已经绝少见到。西汉早中期墓葬中，常常可以见到陶俑头（木质的俑身和四肢已经朽去），正是以陶俑取代人殉的证据。但是，1971 年洛阳东关发现的一座东汉晚期墓，在甬道的夯土层中，竟然发现了殉人的遗骸，而且殉人数目多至 10 具[1]。联想到东汉晚期多人合葬的墓中，常见到葬具与随葬品相差悬殊的实例，有的骨架没有棺木，随葬品也极少，而且被置于侧室中，很可能也是殉葬的奴仆媵妾之属[2]。由此观之，则东汉晚期殉葬的习俗又有死灰复燃的迹象。

《荀子·礼论》谓"事死如事生，事亡如事存"。在这种丧葬观念的支配下，"厚资多藏，器用如生人"的情况在洛阳汉墓中得到了充分的体现。西汉成帝永始四年（公元前 13 年）、东汉光武帝建武七年（公元 31 年）、明帝永平十二年（公元 69 年）、章帝建初二年（公元 77 年）、和帝永元十一年（公元 99 年）、安帝永初元年（公元 107 年）都曾颁布禁止厚葬的诏令，但从发掘的资料来看，是禁者自禁，行者自行，"丰资重隧"成为普遍仿效的潮流。

厚葬的流行，使得洛阳汉墓为研究当时的社会生活提供了丰富的实物资料。比如，汉墓出土陶仓，往往书有"大豆万石"、"粟万石"、"稻种万石"、"大麦万石"等文字，仓、壶、罐等器物中还往往有粟、稻、大豆、黍、稷、薏米等实物，这对了解当时人们的食物资源是很有价值的。出土的陶灶上，各种炊具一应俱全，甚至还在灶台上模印出腊肉、羊头、龟鳖之类的食物，为研究汉代饮食提供了生动的写照。兵器、农具、日用工具（甚至包括剪刀、锤子之类）也是汉墓中常出之物，为研究古代兵器和农业提供了大量的实物资料，特别是济源泗涧沟汉墓还出土了颇为少见的陶风车、米碓模型[3]。东汉墓中较多出现的伎乐俑，是研究汉代音乐、舞蹈史的重要资料。新莽前后出现的案、盘、耳杯一类用于墓中祭奠的陈设，特别是"始祭肉"一类的陶文和镇墓文（解除文）的发现，为研究当时人们的思想信仰无疑具有一定的参考价值。

中原地区汉代墓葬中，有不少具有较高的身份等级，典型者如密县打虎亭汉墓（汉弘农太守张伯雅墓）、洛阳辛店"匈奴归汉君"墓[4]等。此外，历年来洛阳地区还出土了一批玉衣墓，如孟津东汉黄肠石铜缕玉衣墓[5]、洛阳东关东汉殉人玉衣墓[6]、主干线商业局 M4904、机车工厂 M1、机车工厂 C5M346、杨文铁路编组站 C10M575[7]等。这一类的墓葬，论者多以为墓主人的身份属于二千石官吏，抑或贵为列侯。

---

[1]　余扶危、贺官保：《洛阳东关东汉殉人墓》，《文物》1973 年第 2 期。

[2]　典型的例子如西安曲江净水厂 M18，该墓葬 8 人，其中 6～8 号骨架置前室和北侧室，无棺木，随葬品简单，而 8 号骨架无随葬品，推测三人身份为奴仆之属（见韩国河《秦汉魏晋丧葬制度研究》第 232～235 页，陕西人民出版社，1999 年）。

[3]　河南省博物馆：《济源泗涧沟三座汉墓的发掘》，《文物》1973 年第 2 期。

[4]　洛阳市第二文物工作队、中国科学技术大学科技史与科技考古系：《洛阳辛店东汉墓发现"匈奴归汉君"铜印》，《文物》2003 年第 9 期。

[5]　郭建邦：《河南孟津宋庄汉黄肠石墓》，《文物资料丛刊》第 4 辑，文物出版社，1984 年。

[6]　余扶危、贺官保：《洛阳东关东汉殉人墓》，《文物》1973 年第 2 期。

[7]　洛阳市文物工作队：《洛阳发掘的四座东汉玉衣墓》，《考古与文物》1999 年第 1 期。

除了烧沟汉墓所表现的中、小地主阶层的墓葬以外，汉代贫民和刑徒的墓葬在洛阳等地也有发现。1955 年在洛阳涧西发掘的 70 余座小型汉墓[1]，除了葬小孩的陶棺葬、瓮棺葬以外，多为随葬品贫乏的小型砖室墓或土洞墓，发掘者推测墓主多为当时的贫民阶层。1964 年东汉洛阳城南发掘了东汉刑徒墓 522 座[2]，刑徒骨骼上尚能看到刀痕，墓中随葬品绝少见到。发掘出土的刑徒砖铭所见刑名共有 4 种："髡钳"、"完城旦"、"鬼新（薪）"、"司寇"。据砖铭所记年代，这批刑徒墓的时代约当东汉永初元年（公元 107 年）至永宁二年（公元 121 年）。

中原地区汉墓的考古学研究，20 世纪 50 年代由于《烧沟》的整理出版取得了重要成果，但此后的几十年，却一直停留在《烧沟》的水平上。事实上，汉代是中国古代丧葬制度发生重大转折的时期，夫妻合葬、墓中设奠、家族合葬都在这一时期出现或形成制度，丧葬观念上也发生重大转变，即由重"礼"转变为重"俗"，与现实生活相关的随葬品和壁画题材在墓中日渐流行。但中原地区汉墓的研究，在这些领域显然都不够深入。至于通过墓葬材料来研究汉代的社会生活与精神世界，学界的研究仍然任重而道远。

第三节　幽燕地区汉墓

幽燕地区在狭义上是指北起燕山山脉，南至易水流域，西自太行山余脉，东达大海的区域，由于该地区自古即处于北方、中原、海岱三大古文化区域的交汇地带，并依托自然地理上的山隔水临，成为一个独立的文化单元。广义的幽燕地区是综合地理因素、战国秦汉历史行政区划传承沿革因素和文化因素，将狭义地理单元上的幽燕核心区域扩展开来，主要是指汉代涿郡、广阳郡（国）、上谷郡、渔阳郡、右北平郡等五郡（国）。此外，虽然代郡在建武十三年（公元 37 年）才由并州划归幽州，并同时分割渤海归冀州，但两郡文化传承特点一直与幽州刺史部其他郡（国）有很大的相似性，因而同其他五郡同属汉代幽州刺史部核心地区。这样，广义幽燕地区范围相当于今北起燕山、长城沿线，南至河北保定、阜城、山东乐陵、无棣一线，西自太行山余脉，东达大海的区域。

一　幽燕地区汉墓的发现与研究简述

幽燕地区迄今共发现汉墓 1236 座，其中，以简报或报告形式详细报道的共有 397 座（王侯大墓除外）[3]；此外，在历年的《中国考古学年鉴》中还公布了一批经过科学田野

---

[1]　河南省文化局文物工作队：《一九九五年洛阳涧西区小型汉墓发掘报告》，《考古学报》1959 年第 2 期。

[2]　中国科学院考古研究所洛阳工作队：《东汉洛阳城南郊的刑徒墓地》，《考古》1972 年第 4 期。

[3]　已经公布的幽燕地区墓葬资料较多，择其要者如下。

　　　A. 北京市文物工作队：《北京怀柔城北东周秦汉墓葬》，《考古》1962 年第 5 期；《北京昌平白浮村汉、唐、元墓葬发掘》，《考古》1963 年第 3 期；《北京平谷县西柏店和唐庄子汉墓发掘简报》，

发掘但资料尚在整理中的汉墓资料 800 多座。随着幽燕地区汉墓材料的日益丰富，相关研究也逐步展开。有学者将河北地区汉墓分为土坑墓、木椁墓、砖椁墓、石椁墓、土洞墓、崖洞墓和砖室墓七大类，并对各类墓的墓主地位进行了分析[4]。另有研究者对河北发掘出土的汉代模型明器进行了分析，将其分为冀西北、冀东北、冀中和冀南四个区域，并且认为河北地区陶灶随葬之风是受京畿地区影响的结果[5]。上述研究所分析的墓葬资料，在范围上与幽燕地区有很大程度的重合，因而对于认识幽燕地区的汉代墓葬具有借鉴意义。另外，有学者在研究秦汉瓮棺葬时论及了幽燕地区瓮棺葬的特征，指出京津冀与辽东地区的瓮棺葬特征相似，同属于燕文化区[6]；有学者在对中国东北地区汉墓进行研究时将其与幽燕部分地区进行了比较，认为两地同属于"汉墓幽州文化区"，并且认为在西汉初期北京就是幽州分布区的中心[7]；有学者在关于幽燕地区秦汉时期文化的考古学综合研究中，也对这一地区的汉墓进行了详细的梳理和分析[8]。

二　幽燕地区汉墓的类型

根据墓葬构筑方式的不同，结合平面形制与棺椁制度差异，可以将幽燕地区秦汉墓葬分为：竖穴土坑墓、土洞墓、砖椁墓、砖室墓和瓮棺葬墓五大类。

（一）竖穴土坑墓

竖穴土坑墓是各地汉墓常见的类型。幽燕地区在西汉时期最为流行，东汉以后砖结构

《考古》1962 年第 5 期；《北京昌平史家桥汉墓发掘》，《考古》1963 年第 3 期；《北京昌平半截塔东周和秦汉墓》，《考古》1963 年第 3 期；《北京顺义县临河村东汉墓发掘简报》，《考古》1977 年第 6 期；《北京东郊三台山东汉墓发掘简报》，《北京文物与考古》1983 年第 1 辑。

B. 天津市历史博物馆考古部、宝坻县文化馆：《宝邸秦城遗址试掘报告》，《考古学报》2001 年第 1 期。

C. 河北省文物研究所：《燕下都遗址内的秦汉墓葬》，《河北考古文集（二）》，北京燕山出版社，2001 年；《安平东汉壁画墓发掘简报》，《文物春秋》1989 年创刊号；《河北省考古文集》，东方出版社，1998 年。

D. 张秀夫：《河北平泉县杨杖子村发现汉墓》，《文物》1987 年第 9 期。

E. 河北省文物研究所：《蠡县汉墓发掘记要》，《文物》1983 年第 6 期。

F. 河北省文物研究所、张家口地区文化局：《河北阳原西城南关东汉墓》，《文物》1990 年第 5 期。

G. 衡水地区文物管理所：《河北景县大代庄东汉壁画墓》，《文物春秋》1995 年第 1 期。

H. 德州地区文物组、宁津县文化局：《山东宁津县庞家寺汉墓》，《文物资料丛刊》第 4 辑，文物出版社，1981 年。

[4]　穆朝娜：《河北汉墓形制初论》，《河北考古文集（二）》，北京燕山出版社，2001 年。

[5]　胡金华、张亚丽：《河北汉墓出土的陶灶概述》，《河北考古文集（二）》，北京燕山出版社，2001 年。

[6]　白云翔：《战国秦汉时期瓮棺葬研究》，《考古学报》2001 年第 3 期。

[7]　郑君雷：《论"西汉墓幽州分布区"》，《考古与文物》2005 年第 6 期。

[8]　孙波：《幽燕地区秦汉考古学文化研究》，中国社会科学院研究生院硕士学位论文，2006 年。

墓逐步占据主流，竖穴土坑墓退居次要位置。其平面形制有两种。一种为长方形竖穴土圹结构，无墓道。有单人葬也有双人葬。有的单人葬无棺椁葬具，但有随葬品，如燕下都D6T53②M21，随葬品有陶罐1件、瓮2件、盘1件、釜1件，铜带钩1件、铁削1件。多数单人葬墓为单棺，随葬器物置于头部棺的北端，如燕下D6T31②M8，随葬器物置于头部棺的北端，有陶壶3件、瓮1件、马10件、俑3件、盒2件，铜带钩1件、半两钱1枚。双人葬墓又分同穴合葬墓和异穴合葬墓两种情况。同穴合葬墓平面呈长方形，两棺并列，随葬品通常置于头厢或头部位置，如宝坻秦汉城遗址M9，头厢放置随葬器物5件，均为罐。异穴合葬墓的墓坑平面近正方形，坑内并排挖成两个长方形的小坑，小坑四边有二层台，中间有一矮墙做隔梁，如北京怀柔M61、M62，其中M61随葬品有陶鼎、瓮、壶、豆、盒，铜带钩，铁刀，骨管，漆器，铁环首刀；M62有随葬品陶鼎、瓮、壶、钵，漆器。另一种是带墓道的竖穴土坑墓，主要见于大型墓葬，其棺椁类型主要有两种，一种是"间隔型"木椁墓（即厢型椁内用木板分成若干空间），如卢龙县范庄汉墓，内外椁之间的两边各一边厢置放随葬品，有漆器、玉印、铜镜、梳子，铁、铜剑各1柄，铠甲、弩机、铜镞、弹丸，仿铜陶礼器七鼎五簋及壶、盆、瓿等；另一种是厢式木椁墓（即在墓圹内以木材构筑椁底和四壁，然后放入棺和随葬品），如河北省平泉县杨杖子村汉墓，随葬品有陶罐、瓮、尊；铜器盉、桶形器、冒顶、镜，漆器奁，五铢钱等。诸侯王墓则采用黄肠题凑木椁，如北京大葆台汉墓等。

（二）土洞墓

土洞墓是指横向掏挖洞穴的一种墓葬形制。砖室墓实际上亦属于这种类型，但因其结构较为复杂并用砖砌筑，故单独分为一类。这里的土洞墓专指棺木直接置于洞室内的墓葬。根据墓道形制的不同，又可分为三种类型。

竖井式墓道土洞墓，平面呈凸字形，先挖长方形竖井墓道，而后向旁边挖洞作墓室，如河北阳原三汾沟M5，随葬品有陶罐、灶、壶，铜镜、镞、带钩，铁臿、镊子等；或为刀把形平面，即墓道呈梯形竖井状，然后向旁边掏洞作墓室，如北京怀柔M110，随葬品有陶瓮、豆、盒、壶、鼎，铁剑、环首刀，铜镜、铟、刷柄，木梳，玉珠等。

斜坡式墓道土洞墓，构建方式与竖井式墓道墓相同，只不过墓道为斜坡式，其平面形制有三种：第一种为凸字形结构墓，即斜坡墓道位于墓室一端的中部，如河北阳原三汾沟M6；第二种为刀把形结构墓，即斜坡墓道位于墓室一边，如昌平史家桥M43，随葬品有陶壶4件、鼎2件、豆1件、瓮2件、罐2件，残铁器1件；第三种为"T"字形墓，只有一座，即阳原三汾沟M9，向西、北各掏一洞，分别作主、侧室，墓室有椁板构架，椁内并列两棺，北男南女，随葬品有陶罐12件、壶56件、甑1件、灶2件、熏炉1件，铜釜1件、镜5件、带钩6件、铃1件、刷2件、铺首25件、环2件、印3件、五铢钱21枚、桶形器5件、车马饰件7件、盖弓帽24件、当卢3件，铁锸5件、削8件、镊子5件、锯1件，玉器眼盖2件、耳瑱2件、鼻塞2件、玉1件，木梳、篦各1件，漆器奁2件、耳杯1件，及大量丝织品等。

阶梯式墓道土洞墓，仅发现1座（即阳原三汾沟M3），南北向，向南掏洞作墓室。墓

道长 11.9 米，共 19 个阶梯。墓
内发现有柱洞和棺椁，系男女
合葬，随葬品有陶壶 8 件、罐 2
件，铜带钩 1 件、铁削 2 件、
钉 1 件。

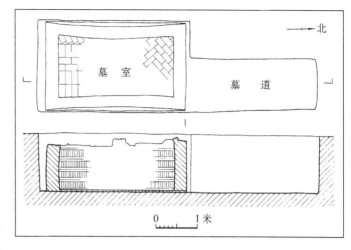

（三）砖椁墓

亦称砖圹墓，其特点是在
坑壁三面或四面砌筑砖壁，底
部铺砖，由顶部入葬，无墓门。
数量不多，有单人葬，如河北
任丘 M4；也有二人葬，如河北
任丘 M3。

图 8-13 抚宁邴各庄汉墓 M3 平面、剖视图

（四）砖室墓

砖室墓是指在挖好的土圹内用各类砖（包括空心砖、长条砖、楔形砖）等砌墙、起券
及铺底的一种墓葬建筑形式。分为单室墓、双室墓和多室墓三种。单室砖墓形制结构一般
比较简单，多数为单人葬。如河北抚宁邴各庄 M3，为单墓道单室土坑砖墓；墓砖为灰色
长方形绳纹砖，墓向北，墓道为直壁土圹，无铺砖（图 8-13）；墓室顶部已遭破坏，推测
为穹隆顶，墓底铺砖采用丁字形和人字形两种铺法；出土随葬品有陶灯 1 件、壶 2 件。也
有少数单室墓为多人葬墓，如河北徐水防陵村 2 号汉墓，南北向，平面呈长方形，墓道向
南，墓内散乱 3 具人骨架，随葬品较为丰富。双室葬墓结构稍复杂，或为双墓道无甬道双
室墓，如河北任丘 M2，随葬品有陶壶、瓮各 1 件、罐 4 件；或为单墓道无甬道双室墓，
如北京怀柔城北 M48，随葬品有陶方盒、罐、壶、圆头仓、灶、瓮等；或为有墓道和甬道
墓的，如河北玉田大李庄村汉墓。多室墓，指有 3 个以上墓室，且墓道、甬道皆具备的墓
葬，如河北抚宁县邴各庄 M1，为三墓道十室土坑砖室墓，三条墓道皆北向，按所在位置
称东、中、西墓道，整座墓以中墓道为南北中轴线，东西基本对称；三条墓道皆为陡坡
状，墓道与墓室之间有甬道相通；随葬品丰富。

（五）壁画墓

壁画墓是指在墓门或墓室内施彩、绘画的墓葬，幽燕地区仅发现 2 座，皆为砖室结构。
其中河北景县大代庄壁画墓的壁画位于各墓室及甬道，图案主要有菱形纹、卷草纹和星象
图，墓葬早年被盗，残存遗物主要有陶壶、缸、碗、钵、盆、案、奁、勺、熏炉、楼、仓、井、
灯、磨、猪圈、猪、狗、鸡等。安平县逯家庄壁画墓图像结构比较复杂，内容为表现墓主仕途
的主要经历和宴饮场景。由于曾被严重破坏，随葬品所剩不多，有五铢钱 11 枚，青釉双耳瓷
瓶，铜器熏炉盖，镏金铺首及漆器扣饰等，铁镜，陶罐、盘、耳杯、狗、灶、勺、方案、承盘、方
扁壶、奁等。

（六）瓮棺墓

即用瓮、罐、盆、釜等较大陶容器为葬具并埋于地下的一种埋葬形式，主要用于儿童葬。按葬具数目可分为三种情况。（1）两器瓮棺，即由两件陶器套接或对接组合成瓮棺，主要有：釜釜组合，发现较多，如宝坻秦城 W12（图8-14）；釜罐组合，仅见凌源安杖子 M2，为一儿童俯身葬；瓮瓮组合，如昌平白浮村的5座瓮棺葬。（2）三器瓮棺，即由三件陶器套接或对接组合成瓮棺，主要有：三釜组合，如昌平史家桥 M48 以三件夹砂红陶釜合为两节；二釜一盆组合，如宝坻秦城 W19、W43；二釜一钵组合，如宝坻秦城

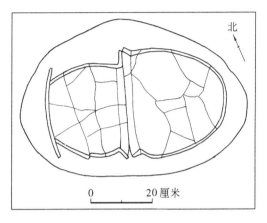

图8-14　宝坻秦城汉代瓮棺墓 W12 平面图

W46。（3）四器组合，即由四件陶器套接或对接组合成瓮棺，目前发现有两种：瓮甑组合，如昌平史家桥 M16；四釜组合，如宝坻秦城 W32。这些瓮棺葬一般没有随葬品，从埋葬地点上看主要有墓葬区内埋葬（如北京昌平、怀柔墓葬）、废弃城址内埋葬（如宝坻秦城内墓葬）和专门的瓮棺葬区（如滦县新韩庄战国汉代瓮棺葬丛葬墓群）三种形式，均为儿童墓。

三　幽燕地区汉墓的分期及其演变

地层打破关系和纪年墓是进行墓葬断代的理想标尺，但目前所见幽燕地区汉代墓葬缺乏有打破关系的资料，有文字等纪年相对清楚的随葬品的墓葬数量也不多，因而这里主要根据墓葬的形制、典型器物（图8-15）特征发展变化及随葬品组合，将该地区汉墓大致分为五期。

第一期　西汉早期（即汉高祖至景帝时期）。墓葬形制主要为长方形竖穴土坑墓。大型土坑墓为"间隔型"木椁墓，中小型墓葬以单人葬为主。有少量夫妻合葬墓，形制为异穴合葬。墓向大多为正南北向或近南北向（正北稍偏东或西15度）。随葬品均放置在头部或头厢中。器物组合多为以陶罐为代表的日用器组合，少数为罐与矮圈足壶的组合。瓮棺葬为釜釜组合。大型墓的棺椁结构和边厢结构为典型的楚制特征，随葬品中七鼎五簋的仿铜礼器组合也显示出其受先秦礼制影响较深。中小型墓葬中，史家桥汉墓出土高领罐与当地战国晚期罐有相当一致性。

第二期　西汉中期（即汉武帝至宣帝时期）。仍以竖穴土坑墓为主，但出现了土洞墓和砖椁墓，并且土洞墓成为阳原、怀安等地区主流墓葬形制。土坑墓中夫妻合葬墓数量增多，除原有的异穴合葬墓之外还出现了同穴合葬墓。竖穴土坑墓基本上仍是南北向；葬式均为仰身直肢；随葬品以陶兽蹄形鼎、壶、盒为代表的仿铜陶礼器加陶罐为代表的日用陶器组合为主，怀安汉墓中出现模型明器三眼方形灶。洞室墓墓道基本是竖井式，北京地区的土洞墓平面形制呈刀把形，方向及随葬品组合与土坑竖穴墓一致；阳原地区的洞室墓方

向为东西向，随葬品为以陶平底壶、罐为代表的日用陶器加铜盆、釜等为代表的日用铜器组合，少数墓葬中出现模型明器灶。砖椁墓的随葬品常见日用陶器壶和罐，以圜底为特征。瓮棺葬多为釜盆组合和瓮瓮组合。

　　第三期　西汉晚期与新莽时期（即汉元帝至新莽时期）。墓葬形制趋于多样化，除原有的竖穴土坑墓、土洞墓和砖椁墓之外出现砖室墓。竖穴土坑墓中单人葬仍为南北向仰身直肢葬；双人葬均为异穴葬，东西向，其中葬式清晰者均为左屈肢右直肢；随葬品组合为陶鼎、壶为代表的仿铜陶礼器加小平底圆腹罐为代表的日用陶器组合。土洞墓多为斜坡式墓道结构，葬式为仰身直肢，方向以南北向居多；随葬品以陶矮颈鼓腹假圈足壶、罐和日用铜器为主要组合，少数墓葬中有模型明器灶。砖室墓数量不多，集中于京津及附近地区，且均为单人葬，随葬品组合与该地区的竖穴土坑墓一致。

　　第四期　东汉早期（即汉光武帝至和帝时期）。相对于其他时期这一阶段幽燕地区汉墓数量发现较少，只有少数竖穴土坑墓和2座单室砖墓及1座双室壁画墓，随葬器物有陶假圈足壶、大平底罐等日用陶

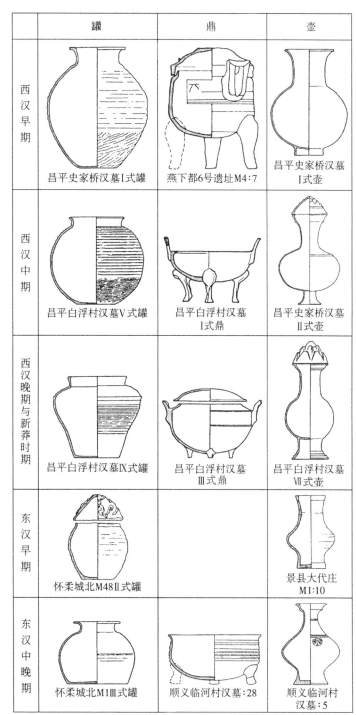

器和陶仓、井等模型明器，徐水防陵村2号墓随葬有相当数量的铜器和车马饰件。

图8-15　幽燕地区汉墓典型陶器分期图

　　第五期　东汉中晚期（即汉殇帝至献帝时期）。这一时期墓葬的区域差异变小，形制

统一,砖室墓占据绝对主流,且由单室向双室乃至多室结构转变,壁画墓表现内容生活化,随葬品组合中除日用陶器、日用铜器之外出现了陶仓、灶、井、楼等大量模型明器及人俑和家禽类动物俑,尤其是仿铜釉陶器在许多大型东汉墓中出现。

根据上述分期,大致可以看到幽燕地区汉墓的变化轨迹。西汉早期,墓葬形制基本为长方形竖穴土坑墓;随葬品方面,多数小型墓为单件陶罐,少数为陶罐、壶组合,陶鼎较少见,大型墓有七鼎五簋等典型先秦礼器组合。西汉中期,出现土洞墓和砖椁墓;随葬品以仿铜陶礼器和日用陶器组合为主,陶模型明器开始出现。西汉晚期至新莽时期,土坑墓数量减少,砖室墓出现;随葬品组合主要是以鼎、壶为代表的仿铜陶礼器加上小平底圆腹罐为代表的日用陶器组合。东汉早期,出现壁画墓,但壁画内容比较简单;随葬品主要是日用陶器和陶模型明器。东汉中晚期,砖室墓流行,壁画墓的壁画内容趋于生活化;随葬品中陶模型明器增多,种类多样。就随葬品陶器而言,陶罐、鼎、壶的演变轨迹较为清晰。

四 幽燕地区汉墓的区域特征及相关问题

幽燕地区两汉墓葬中,墓向可辨者有198座,其中159座为南北向,占可统计数量的80%,可见墓葬以南北向为主,但同时又存在明显的地域差异,阳原、怀安等幽燕西部区域墓葬以东西向为主,而其他区域几乎全部为南北向或近南北向。从葬式看,目前所见葬式清晰者共123座,其中仰身直肢者119座,占可统计数量的96%,而侧身屈肢的4座墓葬均为新莽时期的合葬墓。幽燕地区原为战国燕统治区,战国燕墓南北向墓葬所占比例在90%以上,葬式"以仰身直肢葬占优势,屈肢葬仅在战国早、中期有少量存在"[1]。因而,幽燕地区汉墓朝向与葬式概与继承了东周燕文化有关。

这种继承关系在随葬品特征与组合上亦有表现,比如西汉早期陶小口罐、壶均与战国晚期相似,但这种继承各地并不平衡。以京、津为中心的中区,是幽燕地区文化的核心地带,也是战国时燕国控制的中心区域,汉代初期在考古学文化上对燕文化的继承比其他地区表现得更为强烈,主要表现为:竖穴土坑墓使用广泛且延续时间较长,土洞墓数量极少且有自己的特点等;随葬品以仿铜陶礼器和日用陶器为主,陶圈足壶发达,陶模型明器出现较晚,直到东汉才出现;砖室墓比其他区域出现得要早。反观以阳原、怀安为中心的西区,墓葬形制以土洞墓占主流,似更多地受到了秦文化的影响,而受燕文化影响较小;西区墓葬朝向西汉时期以东西向为主,西汉末期出现南北朝向墓葬;西汉时期随葬品组合中不见鼎类,壶均为平底,模型明器灶出现的时间要比京津为核心的中区早。以抚宁、滦县为中心的东区,墓葬形制与随葬品类型与中区有很强的一致性。

总体上来看,作为一个文化区域存在的幽燕地区因其地理单元、行政区划和文化传统上的独立性,汉代墓葬的共性是主要的。西汉中期开始出现砖扩墓,并在新莽时期向砖室墓转化。东汉时期各地墓葬形式较为统一,均以砖室墓为主。幽燕地区目前尚未发现空心砖墓,墓葬用砖均为长26~30厘米、宽13~15厘米、厚5~7厘米的小型砖。从砖室墓演化看,明显经历了由单室到双室再到多室的过程,宅第化特征也愈益明显。壁画墓的内

---

〔1〕 中国社会科学院考古研究所:《中国考古学·两周卷》第340页,中国社会科学出版社,2004年。

容由简单的几何纹图形到写实的复杂生活场景，显示出由简到繁的发展过程。

汉代初期首先在秦故地的关中地区墓葬中随葬的明器陶灶，其实是承袭秦文化的风尚。从形制演变上说，河南与关中地区的灶经历了从圆头灶向方头灶的转变过程。幽燕地区由于灶类出现较晚，这一特征表现不明显。从地域上看幽燕地区目前最早发现陶灶的地区为西部的阳原、怀安一带，随后向其他地区延伸，似乎受地缘因素影响，并且西部区域灶的器形较为简单，京津地区东汉晚期灶上出现浮雕甚至屏风。

从幽燕地区与周邻地区汉墓的比较上看，东北地区的朝阳和锦州地区与幽燕东区接壤，根据三个地区汉墓中的一些共性因素，有学者将其同归入"幽州刺史部汉文化区"。从墓葬形制和部分随葬品看确实有一定共性，但从器物类型上看，还是存在较大差异：从器物组合上说，幽燕地区西汉早期墓葬当中极少存在陶鼎，而朝阳、锦州均有发现；幽燕地区西汉中期以后的鼎耳多为长耳、外撇，锦州地区的早期鼎长耳但多竖直，中期鼎耳很短；朝阳地区的蒜头壶在幽燕地区没有发现；锦州地区的陶器器身很多饰有几何花纹，幽燕地区多素面或绳纹。山东地区西汉早期以竖穴土坑墓为主，但与幽燕地区东区接壤的鲁北地区"间隔型"木椁不发达，反映出两地的明显差异。山东地区西汉中期兴起砖室墓，且迅速发展，幽燕地区要迟缓得多。以邯郸为代表的冀南地区墓葬形制、随葬品组合和墓向方面与幽燕地区中区有很强的一致性。山西地区西汉早期以竖穴墓土坑为主，西汉早期后段出现了土洞墓，幽燕地区西区由于与其邻近，土洞墓的出现和发展似乎受其影响，但山西地区的双墓道土洞墓并不见于幽燕地区。

从幽燕地区与汉代两京地区汉墓的比较上看，关中地区墓葬形制多样，以洞室墓为主，但竖穴木椁墓延续到西汉中期，西汉中期起洞室墓出现斜坡式墓道，而幽燕地区直到西汉晚期才出现。随葬品方面，关中地区西汉早期开始有仓、灶明器随葬，而幽燕地区直到西汉中期才在西区有零星随葬，且为方头灶，而关中多为圆形。仓类模型明器在幽燕地区直到东汉才出现。洛阳地区西汉早期即出现洞室墓，随葬品组合为仿铜陶礼器和陶罐，幽燕地区此时为竖穴土坑墓，随葬品不见仿铜陶礼器类；西汉中晚期洛阳地区空心砖墓发达，随葬品新出现模型明器，并且到了晚期占据主流，而这两者均为幽燕地区所不具有；东汉中期洛阳地区模型明器出现家禽类随葬，幽燕地区与之趋于一致。

通过上述分析可以看出，相较于其他地区，尤其是汉代两京地区，幽燕地区汉墓有相当的滞后性，且有些葬式葬俗一直未曾经历。但由于汉代政治上的统一带动的文化上的同一性，幽燕地区汉墓发展经历了由形制相对单一到多样性的过程，随葬品也由继承先秦的礼器组合向生活用器和模型明器的转变。到东汉中晚期，幽燕地区汉墓已经和周邻及两京地区基本趋同。

第四节　北方长城地带汉墓

考古学上习惯称谓的北方长城地带大体包括今天内蒙古东南部、河北北部、山西北部、陕西北部、内蒙古中南部、宁夏北部和甘肃东北部。这一地带从生态地理的角度来说是"农牧交错带",从族群和文化地理方面可以理解为中原农业社会与北方游牧社会共同构建的"内陆边疆"。

北方长城地带汉代遗存的考古调查发掘,始于20世纪30年代[1]。新中国成立以后田野工作迅速开展起来,20世纪50年代至20世纪70年代在内蒙古包头市郊、乌拉特前旗公庙子、临河市黄羊木头、鄂托克旗、广衍故城,宁夏银川市平吉堡、吴忠市关马湖,山西山阴县广武、浑源县毕村,河北怀安县耿家屯等地有过许多汉墓的调查发掘。其中,20世纪70年代初发掘的和林格尔东汉壁画墓是汉代考古的重要发现,对于汉代壁画艺术和北方民族关系史有着重要价值。80年代以来,内蒙古包头市郊、杭锦旗乌兰陶勒盖、凉城县北营子、和林格尔城子,宁夏盐池县张家场和宛记沟、吴忠市韩桥、灵武县横城,陕西定边县郝滩、靖边县张家圪、甘泉县鳖盖峁,山西广灵县北关,河北阳原县三汾沟等地有大量汉墓发现。其中,80年代山西朔县汉墓的发掘[2],建立起长城地带汉墓分期研究的参考标尺。90年代内蒙古中南部汉代墓葬的发掘与研究[3],是在汉匈关系的历史背景下将内蒙古中南部汉墓作为整体考察的初步尝试。2000年以来见有关于鄂尔多斯高原汉墓、张家口地区汉墓研究,以及在这一地区汉墓中识别南匈奴遗存的专题论文[4]。陕北高原画像石墓的专题著录和研究始自50年代[5],其后的研究视角仍然集中在艺术史方面。在北方长城地带的汉代考古学研究中,汉代城塞和北方游牧遗存的成果相对突出,汉墓研究比较薄弱,尤其是缺乏关于长城地带汉墓的整体性认识[6]。

汉匈关系是北方长城地带秦汉时期历史背景的主线索。秦代名将蒙恬北击匈奴略取"河南地"以后,秦帝国的版图推进到阴山南麓,汉初匈奴占领内蒙古中南部和银川平原,雁代地区也时常遭受寇扰。汉武帝以后,西汉王朝比较稳固地控制住长城地带。宣帝时呼韩邪内附,其后昭君出塞,北边安定。王莽至东汉初年,汉匈矛盾再度激化,卢芳割据势力在此活动。汉光武帝时期东汉政府重新控制这一地区,南匈奴随而附汉,乌桓也入居塞内,北边诸郡出现汉民与南匈奴、乌桓杂居的状况。东汉中后期鲜卑入主草原,南匈奴和乌桓叛附无常,北方长城地带陷于动荡,边郡内徙,至东汉末年大部沦弃为牧地。

〔1〕 日本学者江上波夫、水野清一等20世纪30～40年代在长城地带调查著录战国秦汉遗存,1946年以东亚考古学会名义出版《萬安北沙城——蒙疆萬安縣北沙城及び懷安漢墓》;1990年以东方考古学会名义出版《陽高古城堡——中国山西省陽高縣古城堡漢墓》。

〔2〕 平朔考古队:《山西朔县秦汉墓发掘简报》,《文物》1987年第6期。

〔3〕 内蒙古文物考古研究所魏坚:《内蒙古中南部汉代墓葬》,中国大百科全书出版社,1998年。本节关于河套平原和鄂尔多斯高原汉墓的基本材料和基础认识均出自该书,不再逐一出注。

〔4〕 A. 蒋璐:《内蒙古鄂尔多斯地区汉墓》,《边疆考古研究》第5辑,科学出版社,2006年;《张家口地区两处汉代墓地相关问题探讨》,《文物春秋》2007年第1期。

　　　B. 张海斌:《试论中国境内东汉时期匈奴墓葬及相关问题》,《内蒙古文物考古》2000年第1期。

　　　C. 杜林渊:《南匈奴墓葬初步研究》,《考古》2007年第4期。

〔5〕 陕西省博物馆、陕西省文物管理委员会:《陕北东汉画像石刻选集》,文物出版社,1959年。

〔6〕 近年有对北方长城地带汉墓进行综合研究的学位论文(见蒋璐《中国北方地区汉墓研究》,吉林大学博士学位论文,2008年)。

本节所述北方长城地带的汉墓，根据自然地理和历史背景，分为河套平原、鄂尔多斯高原、银川平原、陕北高原和雁代地区五部分论述。

一　河套平原汉墓

河套平原在两汉时期大致属于朔方、五原、云中和定襄郡的范围，是北方边塞的前沿地带，巴彦淖尔、包头和呼和浩特地区均有汉墓发现。

巴彦淖尔汉墓分布在临河市、五原县、乌拉特前旗、磴口县等地，以磴口县陶生井[1]、纳林套海、沙金套海、包尔陶勒盖和补隆淖墓地最集中。西汉中期至东汉初期有土坑木椁墓、木椁砖壁墓和砖室墓三类，绝大多数为长方形单室墓，带斜坡或斜坡阶梯墓道，多为夫妻合葬。木椁砖壁墓一般在椁外四壁和椁顶、椁底砌砖，木椁三壁以方木平放垒砌，墓门一侧排立木柱。砖室墓基本为纵向并列式券顶，有些墓以大砖砌筑墓室并以大梯形砖砌出横券顶。乌拉特前旗公庙子砖室墓由斜坡墓道、甬道、前后主室和六个耳室组成，时代为东汉晚期[2]。巴彦淖尔汉墓出土的陶扁壶、陶鸮壶很有特点；陶仓房和陶灶上模印持戟武士或烧火人物，伞式盖圆筒或四面坡盖方筒的陶仓也富有地域特色。巴彦淖尔汉墓见有在棺底或棺内铺草木灰的习俗。

包头汉墓以包头南郊最集中，其中召湾墓地从西汉中期延续至东汉晚期，有土洞墓、土坑木椁墓、木椁砖壁墓、砖洞墓、砖室墓几类。土洞墓以斜坡或斜坡阶梯的长方形直洞室居多，有的带耳室或设前堂。土坑木椁墓的坑壁往往填塞陶瓦片。召湾M51是由双出斜坡墓道和两椁室组成的大型并穴土坑木椁墓，覆有圆丘状封土；甲椁室埋葬较深，由棺室和两侧室组成，平面呈"凸"字形，西侧室多出车马明器；乙椁室居东，内置棺，东壁有彩绘车马图，陶器主要出自乙室。砖室墓一般有长斜坡墓道，有长方形单室、横前室、主室穹隆顶带耳室和中轴线布局的前中后三室穹隆顶等形制。东汉后期的召湾M91、观音庙M1、张龙圪旦M1等墓出有石屋、石碑、石雕等石制品以及画像砖散件。包头汉墓的彩绘陶器有一定数量（图8-16），召湾、召潭等墓地有随葬羊、牛、马、猪骨骼的情况[3]。

呼和浩特市郊[4]、托克托县、和林格尔县等地见有西汉中期至东汉前中期的土坑墓、土坑木椁墓和砖室墓，东汉晚期的砖室墓有的绘壁画。和林格尔壁画墓[5]的前中后三室呈中轴线布局，由57幅画面组成46组内容，面积达百余平方米，表现墓主从举孝廉至任西河长史、繁阳县令、护乌桓校尉的仕宦生涯和宁城幕府图、出行图等场面，还有牧牛

---

[1]　A. 内蒙古文物工作队：《内蒙古磴口县陶生井附近的古城古墓调查清理简报》，《考古》1965年第7期。

　　　B. 侯仁之、俞伟超：《乌兰布和沙漠的考古发现和地理环境的变迁》，《考古》1973年第2期。

[2]　李逸友：《乌拉特前旗公庙子汉墓》，《文物参考资料》1954年第4期。

[3]　张海斌：《包头汉墓若干问题略论》，《内蒙古文物考古》2000年第1期；《包头汉墓的分期》，《内蒙古文物考古文集》第三辑，科学出版社，2004年。

[4]　内蒙古博物馆：《内蒙古呼和浩特市郊格尔图汉墓》，《文物》1997年第4期。

[5]　内蒙古自治区博物馆文物工作队：《和林格尔汉墓壁画》，文物出版社，1978年。

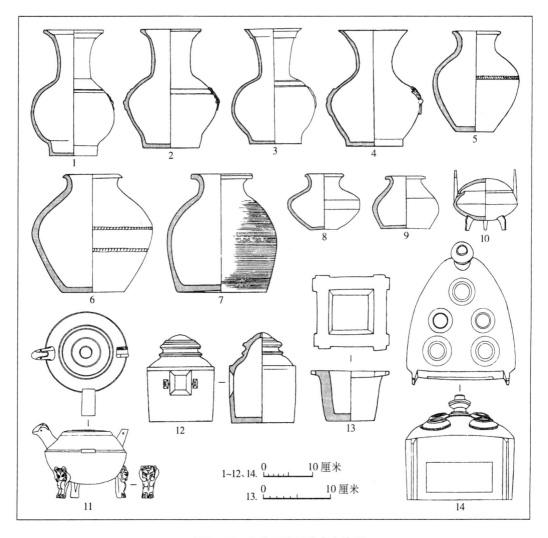

图 8-16 包头召湾汉墓出土陶器

1.壶（M59:17） 2.壶（M77:1） 3.壶（M59:18） 4.壶（M89:1） 5.罐（M79:1） 6.罐（M73:4）
7.罐（M74:1） 8.罐（M84:4） 9.罐（M73:3） 10.釉陶鼎（M77:9） 11.镳壶（M89:2） 12.釉陶仓
（M77:7） 13.井（M59:5） 14.灶（M77:2）

图、牧马图以及圣贤弟子、历史故事和神话传说等内容。托克托县闵氏墓[1]仅残存车马图和庖厨图等画面。

河套平原汉墓大致可以分为五期。西汉中期见有土坑墓、土洞墓、土坑木椁墓和木椁砖壁墓，以各种陶罐为基本组合，土坑木椁墓常出钟、鼎、壶、钫等铜器。西汉晚期汉墓数量最多，出现小砖墓和木椁壁画墓，多为夫妻合葬，以壶、罐、井、灶为陶器基本组合。西汉末年至东汉初年汉墓数量减少，出现横前室带耳室或以大梯形砖砌出横券顶的砖

〔1〕 罗福颐：《内蒙古自治区托克托县新发现的汉墓壁画》，《文物参考资料》1956 年第 9 期。

室墓，随葬器物与西汉晚期相似。东汉前期汉墓集中在包头地区，见有方形墓室带耳室或小龛的土洞墓和穹隆顶砖室墓，多为夫妻合葬，陶器基本组合为罐、井、灶，出现土洞壁画墓。东汉后期流行穹隆顶的前中后三室砖室墓，见有砖室壁画墓，有丛葬现象，出土罐、案、耳杯、樽等陶器和仓、井、灶、人物俑、家禽家畜俑、房屋楼榭等陶模型明器。

河套平原汉墓以包头和呼和浩特地区发现最多，从西汉中期至东汉中后期未曾中断，形制和出土器物等级也较高，显现出其地域的重要性。西汉晚期的包头下窝尔吐壕 M6 以十字隔墙将木椁分为四室。巴彦淖尔地区的砖壁木椁墓、陶扁壶、陶鸮壶和伞式盖陶仓等陶器以及棺底或棺内铺草木灰的习俗显示出与包头、呼和浩特地区的不同。

二　鄂尔多斯高原汉墓

鄂尔多斯高原汉城分布比较密集，汉城附近往往有大量汉墓发现，以广衍故城[1]、杭锦旗乌兰陶勒盖墓地[2]、鄂托克前旗三段地墓地、乌海市新地墓地和鄂托克旗凤凰山壁画墓比较重要。

墓葬形制见有土坑墓、土坑木椁墓、土洞墓、砖洞墓、岩洞墓、砖室墓等。土坑木椁墓一般有斜坡墓道，椁壁用方木或圆木垒筑，椁顶以圆木或半圆木平搭，有的椁顶或四周积炭或封白膏泥。长斜坡墓道土洞墓占绝大多数，主要是拱形顶的直洞室，也有偏洞室，有些带耳室或设前堂，有些设壁龛，以砖、瓦、木头、石块封门，个别有木椁，还见有仅在墓底铺砖的情况。竖井墓道土洞墓有直洞室和偏洞室两种，竖井与洞室间排立分隔圆木。砖洞墓和岩洞墓亦是长斜坡墓道的直洞室。三段地墓地的砖洞墓平面呈长方形或梯形，用砖砌筑墓壁和券顶，少数墓顶为圆木或方木平搭。凤凰山墓地的岩洞墓开凿在红砂岩层上，平面多呈长方形，一般呈硬山式顶。砖室墓发现不多，由墓道、甬道、前室、后室和数个耳室组成，主室均为穹隆顶，耳室为穹隆顶或券顶。

西汉前期汉墓数量很少，见有竖井墓道的土洞墓，陶器有鼎、罐、釜、甑等，新地墓地的屈肢葬当受到了秦文化影响。西汉中期见有竖井或斜坡墓道土洞墓，夫妻合葬，陶器有壶、罐、灶、瓮等。西汉晚期见有土坑墓、斜坡墓道土洞墓和砖洞墓，均为单人葬，陶器主要有鼎、罐、壶、瓮、魁、仓、井、灶、方炉、博山炉等。王莽至东汉初期墓例较多，见有土坑竖穴木椁墓、斜坡墓道土洞墓、砖洞墓和岩洞墓，陶器与此前大体相同，弧腹罐、鼓肩罐、扁腹罐、盘口壶、喇叭口壶等陶器的演变线索比较清楚（图 8-17），也出有黄釉陶器。铜器主要是车马器、镜和钱币，铁器有釜、刀、剑等，漆器有盘和耳杯。广衍故城八响地和壕赖梁墓地发掘的 18 座土坑墓绝大多数设置生土二层台，个别有壁龛，分为从战国至西汉中期的五期，大半为屈肢葬，显示出秦文化的深刻影响。

鄂尔多斯高原两汉时期大致属于朔方、西河、上郡范围，高原东北部的准格尔旗西沟畔和东胜县补洞沟发现过匈奴墓地。三段地墓地的陶扁壶和以马头骨、牛头骨、羊骨、猪

〔1〕 A. 内蒙古语文历史研究所崔璿：《秦汉广衍故城及其附近的墓葬》，《文物》1977 年第 5 期。
　　B. 李逸友：《内蒙古西部地区的匈奴和汉代文物》，《文物参考资料》1957 年第 4 期。
〔2〕 伊克昭盟文物工作站：《杭锦旗乌兰陶勒盖汉墓发掘报告》，《内蒙古文物考古》1991 年第 1 期。

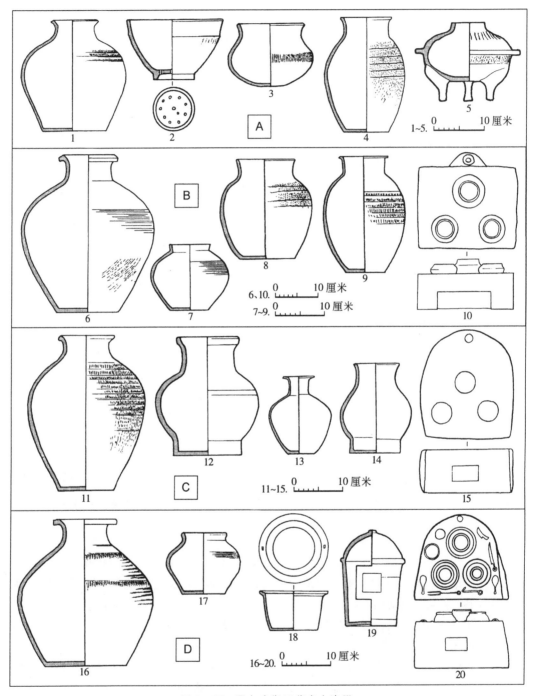

图 8-17 鄂尔多斯汉墓出土陶器

A.西汉前期 1.罐（M7:1） 2.甑（M7:3） 3.釜（M1:4） 4.罐（M7:8） 5.鼎（M7:10）

B.西汉中期 6.罐（M11:5） 7.罐（M11:9） 8.罐（M10:2） 9.罐（M2:5） 10.灶（M2:7）

C.西汉晚期 11.罐（M6:2） 12.壶（M5:2） 13.壶（M6:1） 14.壶（M5:6） 15.灶（M5:3）

D.新莽至东汉初期 16.罐（M4:2） 17.罐（M4:4） 18.井（M4:7） 19.仓（M4:3） 20.灶（M4:10）

骨殉牲的习俗以及新地墓地随葬桦树皮器的现象，应该是北方游牧文化的影响。鼓盖小口圆筒陶仓和小口折肩圆筒陶仓颇有特色。

三　银川平原汉墓

银川平原在汉武帝以后属于北地郡，处于汉朝与匈奴的拉锯地带，经王莽时期开发初具规模。正式发表的汉墓材料比较零散，初步统计不足百座，大都为中小型汉墓，集中在银川至吴忠一线，主要包括吴忠市韩桥墓地和关马湖墓地、灵武市横城墓地以及银川平吉堡汉墓[1]。

汉墓类型主要有土坑木椁墓、土洞墓、砖室墓三类。土洞墓有竖井墓道偏洞室和斜坡墓道直洞室两种，后者一般为长方形拱券顶，数量较多。砖室墓出现在西汉末年，单室或前后双室，有些在前室一侧或两侧带耳室，前室一般为四隅券进式穹隆顶或小平顶，后室和耳室券顶。另外，中卫市张家山发现过汉代石室墓群。

银川平原缺乏西汉中期以前的汉墓材料，大体分为三期。西汉晚期的平吉堡墓为土坑木椁墓，出有釉陶壶、盒、钫、樽、博山炉、仓和灰陶罐、灶、鸮壶，以及铜车马器、木动物俑和漆器等；韩桥M2为斜坡墓道土洞墓。西汉末年至东汉前期以韩桥M9、关马湖M27、横城M19为代表，东汉中晚期以韩桥M17、关马湖M29为代表，见有单室砖室墓、前后双室砖室墓或斜坡墓道土洞墓，出有陶罐、壶、瓮、樽、鼎、耳杯、盘、盆、釜、灯、磨、灶、仓、井、楼阁、人物俑、家禽家畜俑、陶车马器、陶头盔、铜车马器、铜弩机、铜镜、铜印等器物，彩绘陶和绿釉陶也有一定数量。关马湖M29前室四壁的券门两侧有仿木结构的斗拱模型，地面残存绳纹瓦片、云纹瓦当和筒瓦，等级较高。

银川平原汉墓见有一些特殊葬俗。平吉堡墓人骨架下铺竹席，席下有厚丝织物，上撒金箔片。横城墓地双棺多颠倒置放，M19墓室底部四角以芦席围成圆角，并用芦席裹棺。横城和韩桥墓地还发现棺内或棺底铺草木灰的现象。银川平原汉墓出土陶鸮壶、伞式盖圆筒和鼓盖小口圆筒陶仓，陶灶亦模印烧火人物，表现出与巴彦淖尔和鄂尔多斯汉墓的联系。陶壶、陶罐的波浪纹饰则是匈奴文化因素的影响。

四　陕北高原汉墓

陕北高原汉时属上郡，汉武帝击破匈奴以后的社会局势比较稳定。安帝永初二年（公元108年）羌人袭扰陕北，东汉政府加强了对这一地区的经略，顺帝永和五年（公元140年）为避羌乱，郡治南迁。陕北高原西汉墓材料发表很少，东汉画像石墓本章另有专节论述。

---

〔1〕　A. 姚蔚玲：《略论宁夏两汉墓葬》，《考古与文物》2002年第1期。
　　　B. 宁夏文物考古所：《吴忠市韩桥汉墓发掘简报》、《灵武横城汉墓发掘简报》，《宁夏考古文集》，
　　　　　宁夏人民出版社，1994年。
　　　C. 宁夏博物馆、关马湖汉墓发掘组：《宁夏吴忠县关马湖汉墓》，《考古与文物》1984年第3期。
　　　D. 宁夏回族自治区博物馆：《银川附近的汉墓和唐墓》，《文物》1978年第8期。

宁夏东北隅的盐池至陕西定边、靖边、榆林、神木一线位于鄂尔多斯高原与陕北高原的交界地带，盐池汉墓的面貌与鄂尔多斯高原相似。盐池张家场墓地[1]多见斜坡墓道土洞墓，长方形拱券顶直洞室，有的残存木椁。简报介绍的砖室墓、石室墓和土坯室墓似可称为砖洞墓、石洞墓和土坯洞墓。张家场墓地见有埋葬时往棺上撒盐镇邪的迹象，有的棺底用白礓石垫高1米，有的棺底铺草木灰，出有罐、壶、鼎、盘、扁壶、魁、博山炉、仓、灶等陶器，并出有大牲畜骨骼，大多数墓葬年代在西汉晚期。盐池宛记沟墓地[2]年代约在两汉之际，长斜坡墓道直洞室墓以外，还见有斜坡墓道与竖穴间掏有过洞的土坑墓，以及斜坡墓道直洞室接竖穴土圹的形制，出有铜礼器和铜车马器，陶扁壶、鼓盖小口圆筒陶仓、肩双耳圆筒陶仓表现出与鄂尔多斯高原的密切联系。

陕西靖边张家坬M3[3]为斜坡墓道的直洞室土洞墓，出土鼎、盒、壶、钫、樽、罐、盆、盘、灯、熏炉、灶、仓、踞坐俑和陶扁壶等一组彩绘陶器（图8-18），年代在西汉中期。简报称为"囷"的陶仓，小口，折肩，深腹直壁，平底，榆林地区比较常见，与鄂尔多斯汉墓的小口折肩圆筒陶仓相似。陕西甘泉墓地M6[4]等西汉早期墓均为竖井墓道直洞室，出有茧形壶、钫、罐、釜等陶器；M8木椁隔出头厢和边厢，出有钫、鼎、壶、罐、甑等陶器，部分陶器有彩绘，属西汉中期；M1前室穹隆顶，后室券顶，属东汉中期。甘泉墓地显示出与关中地区秦文化传统的较密切联系。此外，陕北高原的安塞县、黄陵县、黄龙县等地也有汉墓发现。

陕北高原的绥德、米脂、榆林等地汉画像石墓比较集中，一般为砖石混合结构的前后双室墓，有些在前室一侧或两侧带耳室。画像石墓往往遭到破坏，出有少量壶、罐、盆等陶器和井、灶等模型明器，以石灶最有地方特点。陕北画像石墓题材包括社会生产生活、神话传说、历史故事和装饰图案等，反映了汉代长城地带的历史背景和陕北高原的社会形势，其繁荣时段在和帝永元至安帝永初年间，顺帝以后基本消失。绥德四十里铺画像石墓"大高平令郭夫人室宅"的榜题似可说明与山东画像石的某些联系[5]。墓主姓名前均不刻官职，推测为有爵无官的中小地主兼牧主，牛耕、嘉禾、放牧、狩猎等画面反映出边塞地区农牧兴旺的勃勃生机。1999年发掘的神木大保当墓地[6]半数以上为画像石墓，从中可以见到陕北高原文化因素在内附匈奴汉化过程中产生的影响。另外，陕西定边县郝滩发现

[1] 宁夏文物考古研究所、宁夏盐池县文体科：《宁夏盐池县张家场汉墓》，《文物》1988年第9期。

[2] 宁夏文物考古研究所、盐池县博物馆：《盐池县宛记沟汉墓发掘简报》，《宁夏考古文集》，宁夏人民出版社，1994年。

[3] 陕西省文物考古研究所、榆林市文物考古研究所：《陕西靖边县张家坬西汉墓发掘简报》，《考古与文物》2006年第4期。

[4] 陕西省考古研究所、延安地区文管会、甘泉县文管所：《西延铁路甘泉段汉唐墓清理简报》，《考古与文物》1995年第3期。

[5] 陈根远：《再谈陕北东汉画像石的来源问题》，《碑林集刊》第11辑，陕西人民美术出版社，2006年。

[6] 陕西省考古研究所、榆林市文物管理委员会办公室：《神木大保当——汉代城址与墓葬考古报告》，科学出版社，2001年。

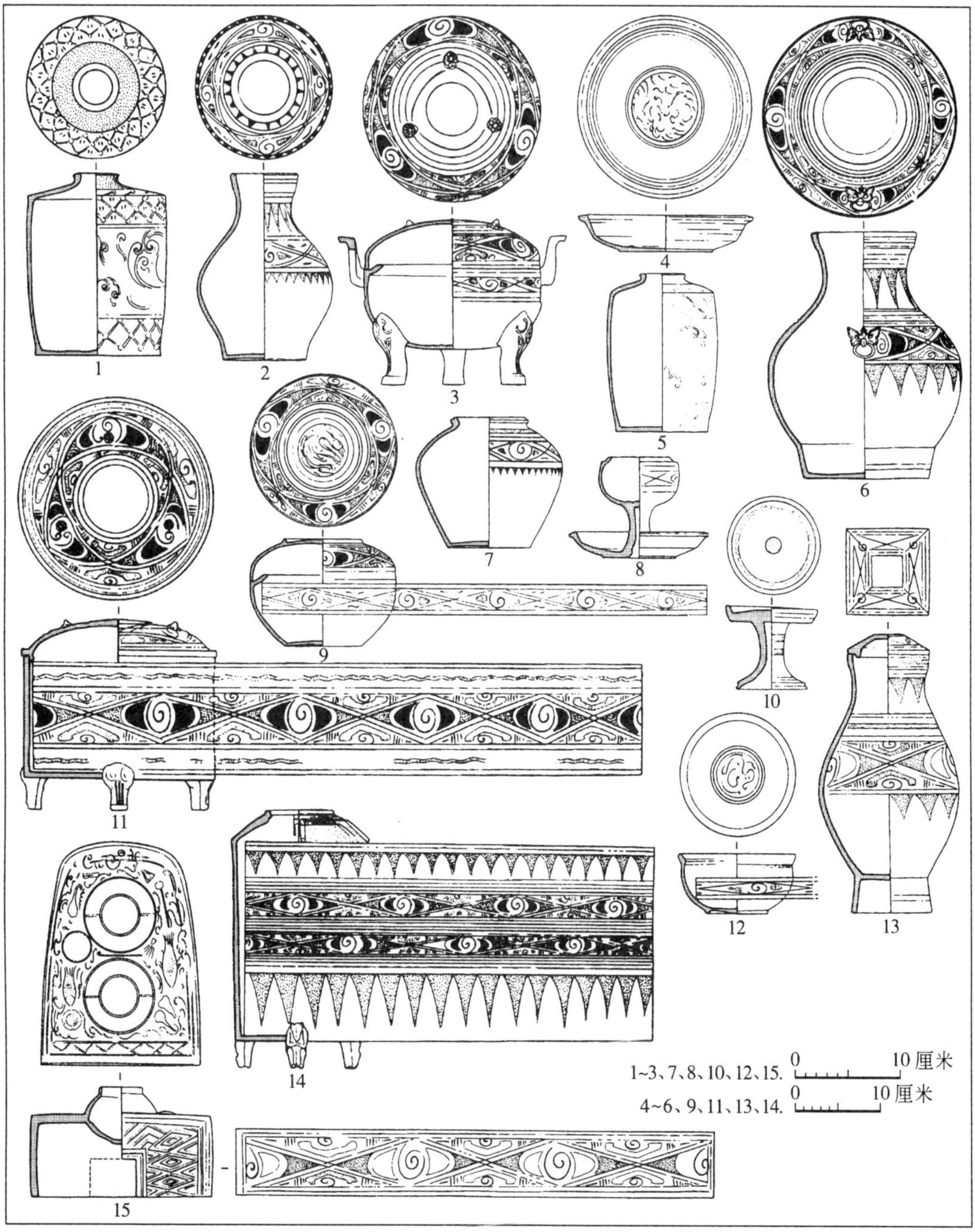

图 8-18　靖边张家圪汉墓 M3 出土彩绘陶器

1.仓（M3:20）　2.壶（M3:11）　3.鼎（M3:17）　4.盘（M3:28）　5.仓（M3:8）　6.壶（M3:26）　7.罐
（M3:24）　8.熏炉（M3:3）　9.盒（M3:25）　10.灯（M3:15）　11.樽（M3:2）　12.盆（M3:14）　13.钫
（M3:27）　14.仓（M3:10）　15.灶（M3:4）

东汉壁画墓[1]，庭院图、农作图、狩猎图和西王母饮乐图保存完整，星宿图也显示出东汉时期的天文学水平。

总体而言，陕北高原大部分地区与关中地区汉墓较具相似性，彩绘陶器和画像石墓较多则是当地特点。只有北部边缘地带的汉墓与鄂尔多斯高原存在较大相似性，但是从绥德苏家圪坨画像石墓[2]陶罐上的波浪纹饰以及绥德黄家塔画像石墓[3]的匈奴式陶罐也可以见到北方长城地带文化因素在陕北高原的流布。

五　雁代地区汉墓

以山西雁北地区为中心，东抵河北省张家口地区的怀安、阳原、蔚县一线，北至内蒙古自治区集宁市的凉城和察右前旗一线，大致属于汉代雁门郡、代郡和定襄郡辖地。山西朔县在秦汉时期属于雁门郡马邑县，是边塞军事重镇，此地发掘秦汉墓近1300座，自秦至东汉晚期自成发展序列，并且具有强烈的地方特色，反映出雁代地区汉墓的基本情况。

秦至西汉初期墓[4]数量极少，见有土坑墓和土坑木椁墓，木椁墓有的分隔出棺室和头厢。一般只出壶、罐、釜等陶器一至三件。西汉前期前段墓见有少量仰身屈肢葬，陶器一般为三五件，以壶、罐占多数；后段墓数量剧增，以土坑墓和土坑木椁墓为主，出现竖井墓道土洞墓、偏洞室和直洞室。直洞室墓均无木椁，有些带双耳室或前堂，出有壶、罐、盒、钵、盘等陶器。

西汉中期汉墓数量较多，前期各型墓继续流行，竖井墓道的直洞室墓增加，出现斜坡墓道的土坑木椁墓。绝大多数为仰身直肢葬。陶器以壶、罐、盒、鼎、瓿、钵为主，壶、盒、鼎、瓿等陶器多施彩绘（图8-19）。锺、钫、鼎、铞、镶壶、洗、灯、熏炉等成组铜器增多，较大型墓一般有杯、盘、案等漆器。以成组铜器为主的器物组合见于有头厢的木椁墓；以壶、罐等陶器为主的器物组合多见于无墓道的土坑木椁墓和竖井墓道的直洞室墓，一般不足10件，壶多以3件成套，有些墓无随葬品。西汉晚期墓数量亦大，以竖井墓道直洞室墓和斜坡墓道土坑木椁墓占多数，出现斜坡墓道的直洞室墓，有的墓道开有拱顶过洞和天井；陶器组合基本同于西汉中期，出现灶，陶器多施彩绘；大件铜器逐渐衰退。朔县5M1[5]为大型土坑木椁墓，由斜坡墓道、木构甬道和椁室组成，前部椁壁以木柱排立，后部椁壁以横木叠墙，十字隔墙将木椁分为四室，各室有门相通。

西汉末年至东汉初期汉墓数量很大，流行斜坡墓道土坑木椁墓和竖井或斜坡墓道直洞

---

〔1〕　陕西省考古研究所、榆林市文物管理委员会：《陕西定边县郝滩发现东汉壁画墓》，《考古与文物》2004年第5期。

〔2〕　绥德县博物馆：《陕西绥德汉画像石墓》，《文物》1983年第5期。

〔3〕　戴应新、魏遂志：《陕西绥德黄家塔东汉画像石墓群发掘简报》，《考古与文物》1988年第5期。

〔4〕　有学者认为此期墓最早为战国晚期，国别为赵（见黄盛璋《朔县战国秦汉墓若干文物与墓葬断代问题》，《文物》1994年第5期）。

〔5〕　山西省平朔考古队：《山西省朔县西汉木椁墓发掘简报》，《考古》1988年第5期。

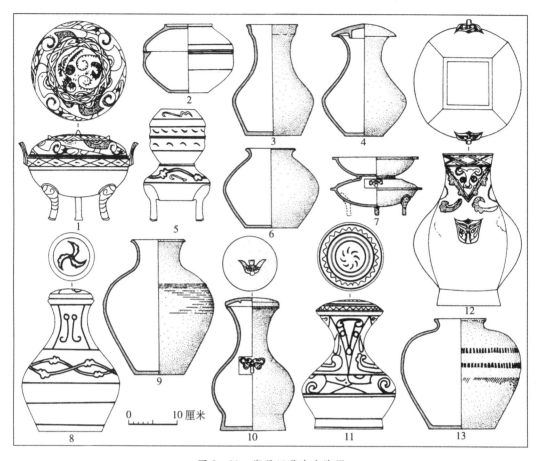

图 8-19　朔县汉墓出土陶器

1.鼎（3M69：1）　2.盒（6M16：3）　3.壶（6M131：4）　4.壶（6M133：8）　5.瓢（9M21：9）

6.罐（9M67：11）　7.瓢（6M12：6）　8.壶（9M20：1）　9.壶（6M15：1）　10.壶（8M37：2）

11.壶（3M63：4）　12.钫（6M16：6）　13.罐（9M21：2）

室墓，出现单室小砖券墓，较大型木椁墓往往积石、积瓦、积炭。朔县 2M5 为双竖井墓道双墓室的土洞墓。朔县 GM116 为对称斜坡墓道的土洞墓，北墓道为斜坡式，南墓道有拱顶过洞和天井。陶器以壶、罐、盒、鼎、钵、瓢、灶为主，出现盘、熏炉、井和釉陶器，彩绘陶趋于衰退，铜器趋于小型化，大中型墓出有漆器。在随葬器物组合方面，大型土坑竖穴木椁墓以陶器为主，壶、钫、鼎、灯、炉等成组铜器为辅，陶壶多以 7 件或 5 件成套。其他汉墓亦以陶器为主，陶壶以 5 件或 3 件成套出现。

东汉中晚期墓数量锐减，均为砖室墓，见有单室、前后双室、前后双室带左右耳室等形制，其中前后双室墓的前室为穹隆顶，后室券顶，其他均为穹隆顶；出有壶、罐、钵、碗、盆、尊、方奁、耳杯、盘、案、魁、勺、井、灶等陶器和少量绿釉陶。

山西浑源毕村 M1 和 M2[1] 均是土坑木椁墓，M1 椁室四周积沙积石，为驻县官吏的

────────────────

〔1〕　山西省文物工作委员会、雁北行政公署文化局、大同市博物馆：《山西浑源毕村西汉木椁墓》，《文

夫妇合葬墓；M2出有铁甲片和铜弩机，墓主为武职官吏。这两座墓均出成组青铜器，年代在西汉中期。张家口地区西部边缘的阳原三汾沟、阳原北关、怀安耿家屯等地汉墓[2]面貌与朔县相似。西汉晚期的三汾沟墓地以斜坡墓道和竖井墓道土洞墓为主，陶器多为壶、罐组合，洞室木椁墓的边壁也有排立木柱的情况。乌兰察布地区汉墓发现较少，西汉中期的呼和乌素墓地以土坑墓为主，也有竖井墓道土洞墓和砖室墓，有木棺，单人葬，出有壶、罐等陶器。西汉晚期的凉城县北营子墓地[3]绝大多数为斜坡墓道土洞墓，不足半数有木棺或木椁，多为夫妻合葬，陶器以壶、罐为主，仓、井、灶等陶模型明器也较多，有些陶器彩绘。

雁代地区汉墓的边塞特点不及内蒙古中南部强烈，山西广灵北关墓地[4]东汉中晚期陶盆上的"田收万石"戳印反映出当地农业经济的繁荣景象。雁代地区汉墓见有少量北方游牧文化因素，如朔县墓地出有波浪纹陶罐和动物纹铜牌饰，三汾沟墓地也见有波浪纹陶罐和匈奴风格的方形铁带扣。

六　北方长城地带汉墓的区域特征及相关问题

北方长城地带汉墓分布区的基本地域可以确定在河套平原、鄂尔多斯高原、银川平原和雁代地区，陕北高原整体上与北方长城地带疏远，其北部边缘附属于鄂尔多斯高原。分布区内暂可划分四个区块，雁代地区为东区，以包头至呼和浩特一线为轴心的河套平原为北区，西区包括巴彦淖尔地区的黄河转曲一带和银川平原，南区为鄂尔多斯高原中南部和陕北高原的北部边缘。这一地区的汉墓整体上可以划分为秦至西汉初年、西汉前期、西汉中期、西汉晚期、两汉之际至东汉初期、东汉中晚期计六期。雁代地区汉墓期别序列较完整。其他地区均未见秦至西汉初年材料，汉墓发现集中在西汉中期至东汉初期。鄂尔多斯高原见有少量西汉前期墓，银川平原缺乏西汉早中期材料，河套平原东汉中晚期汉墓材料比较丰富。

汉墓形制主要包括土坑木椁墓、土洞墓和砖室墓三类。西汉中期至东汉初期以斜坡或斜坡阶梯墓道的直洞室土洞墓最为常见，有些设置木椁。砖洞墓、岩洞墓、石洞墓等可以理解为土洞墓的特殊形式。西汉晚期，东区和北区比较流行椁外积炭、积瓦、积陶片的土坑木椁墓。砖室墓大致出现在西汉末年，以北区发现最多，规模也比较宏大。砖壁木椁墓集中发现于西汉晚期的巴彦淖尔地区，可以视作土坑木椁墓的特殊类型而与砖室墓明确区别。陶壶和陶罐是长城地带汉墓最重要的器类（图8-20），陶罐以弧腹罐、

物》1980年第6期。

〔2〕　A.河北省文物研究所、张家口地区文化局：《河北阳原三汾沟汉墓群发掘报告》，《文物》1990年第1期。

　　　B.河北省文物研究所：《河北阳原县北关汉墓发掘简报》，《考古》1990年第4期。

　　　C.《河北怀安耿家屯清理了两座西汉墓葬》，《文物参考资料》1954年第12期。

〔3〕　内蒙古文物考古研究所、乌兰察布盟文物工作站：《凉城县北营子汉墓发掘简报》，《内蒙古文物考古》1991年第1期。

〔4〕　大同市考古研究所：《山西广灵北关汉墓发掘简报》，《文物》2001年第7期。

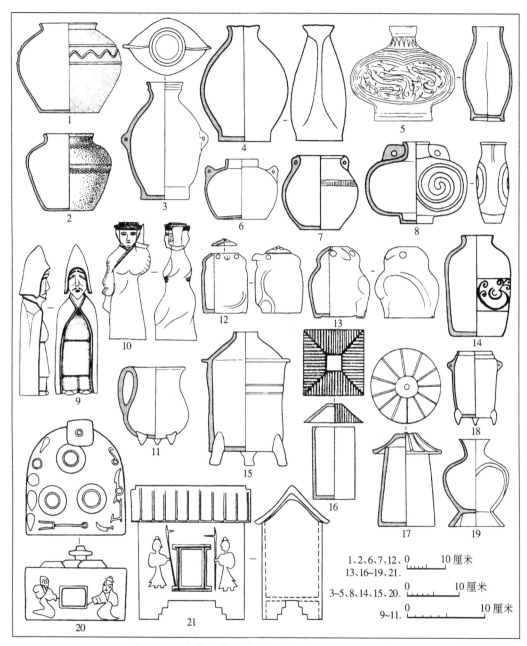

图 8-20 长城地带汉墓出土具有地方文化因素的陶器

1、2.波浪纹罐（朔县 9M67：9、绥德县苏家圪坨画像石墓出土） 3~5.扁壶（盐池县张家场 M8：7、鄂托克前旗三段地 M7：9、靖边县张家坬 M3：13） 6.肩双耳罐（朔县 GM233：6） 7.颈双耳罐（磴口县补隆淖 M14：3） 8.扁壶（磴口县纳林套海 M27：22） 9、10.男俑（鄂托克前旗三段地 M6：1、包头召湾 M84：5） 11.三足罐（鄂托克前旗三段地 M6：4） 12、13.鸮壶（磴口县纳林套海 M21：314、磴口县纳林套海 M26：3） 14.小口折肩圆筒仓（鄂托克前旗三段地 M13：2） 15.鼓盖小口圆筒仓（盐池县张家场 M8：8） 16.四面坡盖方筒仓（磴口县沙金套海 M32：4） 17.伞式盖圆筒仓（磴口县包尔陶勒盖 M19：4） 18.肩双耳圆筒仓（盐池县宛记沟 M1：19） 19.扁壶（广灵县北关 M96：9） 20.灶（磴口县包尔陶勒盖 M19：12） 21.仓房（磴口县沙金套海 M16：8）

鼓腹罐和扁腹罐为主，陶壶以平底为特点。东区以陶壶为主，南区以陶罐为主；西区和南区陶仓出现比例较高；东区和北区西汉中期常见成组铜器。长城地带汉墓比较多见彩绘陶器。

　　长城地带汉墓在葬俗方面表现出边塞地区的特点。例如鄂尔多斯高原和雁代地区见有在竖井墓道与偏洞室间排立分隔圆木的情况，巴彦淖尔地区、银川平原和宁夏盐池汉墓棺底或棺内铺草木灰，包头汉墓、鄂尔多斯汉墓和盐池汉墓见有殉牲，盐池墓地往棺上撒盐镇邪，新地墓地许多陶器底部凿小圆孔。陶扁壶是长城地带汉墓颇具地域特色的陶器，陶罐、陶壶的波浪纹饰则属于北方游牧族群的文化因素。包头汉墓木椁外填塞的"单于和亲"、"单于天降"、"四夷尽服"瓦当是汉匈关系的生动写照。和林格尔壁画墓"宁城幕府图"绘有鲜卑和乌桓髡头人物，凤凰山壁画上的双鬟垂发人物以及包头汉墓出土的两鬟垂发头顶结髻的男女俑表现的可能是匈奴人物[1]。此外，有些学者认为长城地带汉墓中包括南匈奴遗存。

　　从中原农业社会和北方游牧社会互动的角度观察，长城地带的重心在内蒙古中南部的河套平原和鄂尔多斯高原。汉王朝实行实边屯戍的政策，武帝曾经"徙关东贫民处所夺匈奴河南地新秦中以实之"[2]，又在上郡、朔方郡、西河郡、河西郡"开田官，斥塞卒六十万人戍田之"[3]，这一地区得以迅速开发，宣帝以来"数世不见烟火之警，人民炽盛，牛马布野"[4]，僻远的银川平原东汉时已经是"沃野千里，谷稼殷积"[5]，成为中原移民的新家园和内附游牧族群的侨居地。长城地带汉墓的文化面貌与中原相似的根本原因，在于移民和军卒来自内地。根据现有材料，东区和北区汉墓更具共性，西区和南区汉墓则有较多相同特点。陕北高原北部边缘以外的大部地区只是偶见长城地带的文化因素，整体上与长城地带汉墓分布区面貌差别较大。

第五节　东北地区汉墓

　　东北地区汉墓主要发现于秦汉长城障塞以南的辽宁省境内，东至沈阳至抚顺间的西汉长城墩台线，东南抵鸭绿江右岸宽甸一带的燕汉长城，大体上以赤峰至秦皇岛一线为其西界。汉代在这一地域设置辽西、辽东等郡，是汉王朝直接统治的区域，汉墓分布较为密集[6]。

　　东北地区汉墓的发现和研究起步较早。新中国成立前主要由日本人进行，集中在辽宁

〔1〕　马利清：《关于匈奴人种的考古学和人类学研究》，《中央民族大学学报》2007年第4期。

〔2〕　《汉书·匈奴传（上）》。

〔3〕　《史记·平准书》。

〔4〕　《汉书·匈奴传（下）》。

〔5〕　《后汉书·西羌传》。

〔6〕　郑君雷：《中国东北地区汉墓研究》，吉林大学博士学位论文，1997年。本节关于东北汉墓的认识均出自该文，不另出注。东北汉墓材料庞杂，限于篇幅，酌情出注。

旅顺、大连、辽阳一带[1]，中国学者在吉林市郊、辽阳、沈阳等地也有调查发掘[2]。此外，1909 年起日本人对乐浪汉墓的考古工作[3]与东北汉墓研究密切相关，可以视为汉墓研究的肇端。新中国成立至"文化大革命"以前，东北地区汉墓的调查发掘扩展到朝阳、锦州、沈阳、本溪等地，辽阳壁画墓群的一些材料也陆续发表。另外，1963～1965 年中朝联合考古队曾经发掘旅顺尹家村和沈阳郑家洼子的汉墓。截止 1964 年，辽宁地区发掘的汉魏晋墓总数已在 1300 座以上[4]，其中绝大多数属于汉墓，但是资料大多未发表，系统的考古学研究也近乎空白。"文化大革命"结束迄今，汉墓发掘在数量上少于前一个阶段，但是资料刊布显著增加，不过研究性著述仍然较少。

东北地区汉墓向北分布到吉林市郊一带[5]。帽儿山墓地曾发掘过近百座汉代墓葬[6]，大体分为小型土坑墓、大型土坑木椁墓和平地土石混封墓三种形制，出有陶器、漆器、铁兵器、铜镜、动物纹金牌饰、织锦以及铁农具、工具和铜、铁马具。不过吉林市郊属于汉代夫余地境，且绝大多数材料尚未发表，因此暂不讨论。本节将东北汉墓依辽西山地、辽西走廊、辽河平原和辽东半岛四个地区分别叙述。

一　辽西山地汉墓

秦汉长城以南的老哈河上游和大、小凌河流域，大致属于秦汉右北平和辽西郡地。这一地区发现过秦军遗留的三晋铜戈和秦代陶量、铁权，西汉遗存也较密集。两汉之际汉朝郡县向南收缩，大凌河以北的汉城基本弃守，至东汉中晚期出现乌桓、鲜卑与汉民杂处的局面。辽西山地汉墓集中分布在以朝阳市为中心的大凌河上游地区，绝大多数为西汉墓，以朝阳袁台子墓地[7]发表的 49 座墓最丰富，朝阳县腰而营子、喀左县三台子[8]、凌源县安杖子[9]、建平县二十家子等地也有汉墓发现。

西汉前期土坑墓和土坑木椁墓占绝大多数，均为单人葬。陶礼器墓以袁台子 M119 等墓为代表（图 8-21-A），零散出有鼎、豆、壶、盒等陶器。日用陶器墓以袁台子 M62 为代表，一般随葬陶罐。西汉中后期出现前后双室的土坑墓，如袁台子 M11 前室较小，不

〔1〕日本学者八木奘三郎、三宅俊成、原田淑人、滨田耕作等的工作成果主要见于日文《东洋学报》、《满洲学报》、《考古学杂志》等刊物及以东亚考古学会名义出版的《牧羊城》、《营城子》、《南山里》等专刊。

〔2〕李文信：《李文信考古文集》，辽宁人民出版社，1992 年。

〔3〕王培新：《乐浪文化——以墓葬为中心的考古学研究》，科学出版社，2007 年。

〔4〕孙守道：《论辽南汉魏晋墓葬制之发展演变》，《辽海文物学刊》1989 年第 1 期。

〔5〕A. 李文信：《吉林市附近之史迹及遗物》，《李文信考古文集》，辽宁人民出版社，1992 年。
　　B. 吉林市博物馆：《吉林帽儿山汉代木椁墓》，《辽海文物学刊》1988 年第 2 期。

〔6〕刘景文：《吉林市郊帽儿山古墓群》，《中国考古学年鉴（1990）》，文物出版社，1991 年；《吉林市帽儿山古墓群》，《中国考古学年鉴（1991）》，文物出版社，1992 年。

〔7〕辽宁省博物馆文物队：《辽宁朝阳袁台子西汉墓 1979 年发掘简报》，《文物》1990 年第 2 期。

〔8〕金殿士：《辽宁省喀左县三台子乡发现西汉墓葬》，《文物》1960 年第 10 期。

〔9〕辽宁省文物考古研究所：《辽宁凌源安杖子古城址发掘报告》，《考古学报》1996 年第 2 期。

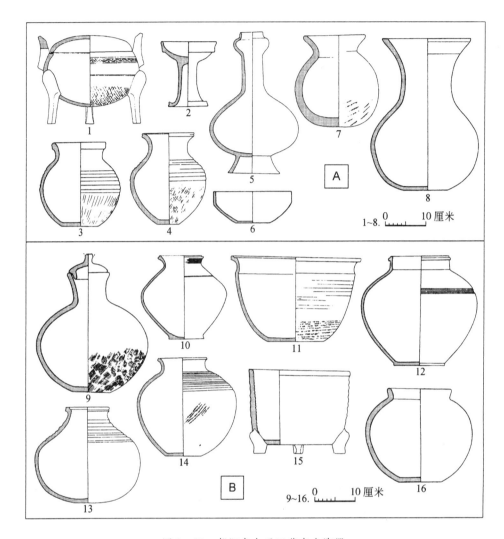

图 8-21 朝阳袁台子汉墓出土陶器

A.西汉前期 1.鼎（M119:2） 2.豆（M52:2） 3.罐（M52:1） 4.罐（M62:2） 5.蒜头壶
（M119:1） 6.盘（M48:3） 7.罐（M48:5） 8.壶（M48:1）

B.西汉中后期 9.壶（M7:9） 10.罐（M7:6） 11.盆（M23:8） 12.罐（M11:9） 13.罐
（M23:10） 14.罐（M23:7） 15.樽（M23:3） 16.罐（M11:7）

设墓道，平面呈"凸"字形；流行夫妻合葬，随葬陶器主要是罐、盆、盘，同时有陶尊、陶灶、铁凿、铁镢等器物（图 8-21-B）。凌源安杖子还发现西汉前期的石椁墓，袁台子墓地也有西汉中后期的石椁墓，均是以石块叠砌墓壁，平面长方形或略呈方形。此外，喀左三台子和凌源安杖子发掘过西汉瓮棺墓。袁台子 M52 木椁虽然未直接隔出头厢，但是留出头厢位置放置器物。袁台子墓地见有屈肢葬式和陶蒜头壶，应该是秦文化的影响，还存在随葬猪、牛骨的情况。辽西山地西汉前期墓的演化线索与战国燕墓一脉相承，陶鼎和束颈陶罐的形制与河北易县一带的西汉前期墓相似，西汉中后期陶器也与幽燕地区存在共性。

　　两汉之际汉墓发现很少，朝阳徐台子石椁墓[1]随葬陶罐；喀左黄道营子发现3座长方形拱顶砖室墓，破坏严重，出有陶罐、铜镜、剪轮五铢钱等极少器物。迄至东汉中晚期，东汉政权虽有可能在某种程度上继续控制这一地区，但是社会经济已经呈现衰退状况。东汉晚期的义县保安寺墓[2]和喀左县老爷庙墓[3]均为石椁结构，前者出有鲜卑墓习见的金银头饰和金鹿牌饰，器表磨光的红褐色手制陶器与轮制的汉式泥质灰陶罐、壶共出；后者出有汉式陶瓮和陶罐，陶罐兼施篮纹和波浪纹。北票下喇嘛沟砖室墓[4]随葬汉式铜镜和罐、瓿、井、灶等汉式陶器，陶罐兼施波浪纹、绳纹和几何纹，年代约在汉魏之际。这几座墓文化因素比较复杂，石椁结构和陶罐上的波浪纹饰当是北方游牧民的文化因素。

二　辽西走廊汉墓

　　战国燕控制辽西走廊之前，当地的土著文化属于凌河类型。锦西台集屯有燕城和战国晚期燕墓发现。这一地区尚未见有秦代遗存报导，不过辽西走廊西端的河北秦皇岛至辽宁绥中海岸发现大型秦代行宫遗址。辽西走廊西汉前期属于燕王领地，西汉中后期约当辽西郡东部地，东汉安帝以后今锦州地区一带设置辽东属国。辽西走廊汉墓材料集中在锦州市区[5]，包括国和街、中央马路、南京路、丰乐街等地点；绥中县、兴城市等地也有发现。据调查，锦县的大凌河左岸有大量汉墓群分布。

　　锦州市区汉墓绝大多数属于西汉时期。锦州市区国和街墓地年代在西汉前期，均为土坑墓，以M3、M10为代表的陶礼器墓零散出有鼎或壶，年代略晚一些的M7、M8等墓出有鼎、壶、罐、盘。以M13为代表的日用陶器墓仅出有陶罐。锦州国和街西汉前期墓鼎、壶、罐等陶器的形制（图8-22）与河北易县一带颇相似。

　　西汉中后期基本为土坑墓，偶见石椁墓，单人葬为主。中央马路M9、丰乐街M3、南京路M24等墓零散出有鼎、壶、盒、罐等陶器；中央马路M13、南京路M25、云飞路M8、女儿街M6等墓鼎、壶等陶礼器数量锐减，出现�、樽、釜、仓等陶器。锦州市区西汉中后期汉墓还出有蛋形壶、盒、圜底罐、折肩罐等陶器。从西汉中后期开始，辽西走廊汉墓继续受到幽燕地区文化因素的影响，弧腹鼎、无耳鼎、折腹鼎、折肩罐和盖罐的形制与北京一带相似。但是辽西走廊汉墓陶壶数量锐减，�、樽、釜等陶器则是辽东半岛西汉中后期出现的器类，发展轨迹开始与辽东半岛接近。

　　锦州市区的这些汉墓大多在土坑墓坑底的贝壳层上直接放置尸体或木棺，有的直接用贝壳填埋尸体，有的在坑底贝壳层上构筑木椁，木椁与坑壁间填以贝壳；或者在石椁墓的石壁外填充贝壳，习惯上称为"贝壳墓"或"积贝墓"。

〔1〕田立坤、万欣、李国学：《朝阳十二台营子附近的汉墓》，《北方文物》1990年第3期。
〔2〕刘谦：《辽宁义县保安寺发现的古代墓葬》，《考古》1963年第1期。
〔3〕李国学、万欣：《辽宁喀左老爷庙石室墓发掘简报》，《北方文物》1993年第1期。
〔4〕董高：《北票县下喇嘛沟发现一座晋墓》，《辽宁文物》1980年第1期。
〔5〕A．吴鹏：《锦州国和街汉代贝墓发掘简报》，《辽海文物学刊》1992年第1期。
　　B．刘谦：《辽宁锦州汉代贝壳墓》，《考古》1990年第8期。

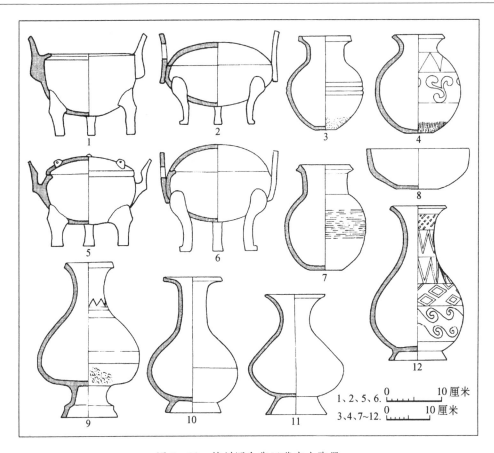

图 8-22 锦州国和街汉墓出土陶器

1.鼎（采集） 2.豆（M3:4） 3.罐（M1:1） 4.罐（M7:1） 5.鼎（M8:3） 6.鼎（M10:3）
7.罐（M13:1） 8.盘（M1:5） 9.壶（采集） 10.壶（M12:2） 11.壶（M10:1） 12.壶（M9:1）

　　东汉安帝时分辽西、辽东郡地设置辽东属国以安置内附乌桓，曹魏复置以监领内附鲜卑。锦县昌盛墓[1]以石板支筑，由前廊、后廊、棺室和耳室组成，平面略呈"工"字形，汉式陶器以外，陶罐饰有波浪纹，陶壶颈下有一周凸棱且肩部饰网格状磨光暗纹（图 8-23），有学者认为这类陶壶属于辽西汉魏墓的乌桓文化因素[2]。该墓以儿童和青年作人殉，墓主当非汉族。锦县西网汉墓[3]为券顶单室砖墓，砌筑尸床和明器台，陶器组合为樽、奁、耳杯、方案、灶、井、甑、盆、盘、罐等，属于典型的汉墓。这两座墓均在汉魏之际，说明在辽东属国境内并存着乌桓、鲜卑和汉民两种不同系统的墓葬，此点对研究汉代属国建置的居民构成很有帮助。

〔1〕　傅俊山：《辽宁锦县右卫乡昌盛汉墓清理简报》，《北方文物》1987 年第 4 期。
〔2〕　田立坤：《论辽西汉魏墓的乌桓文化因素》，《中国考古学跨世纪的回顾与前瞻》，科学出版社，2000年。
〔3〕　傅俊山：《锦县西网汉墓发掘简报》，《辽宁文物》1981 年第 2 期。

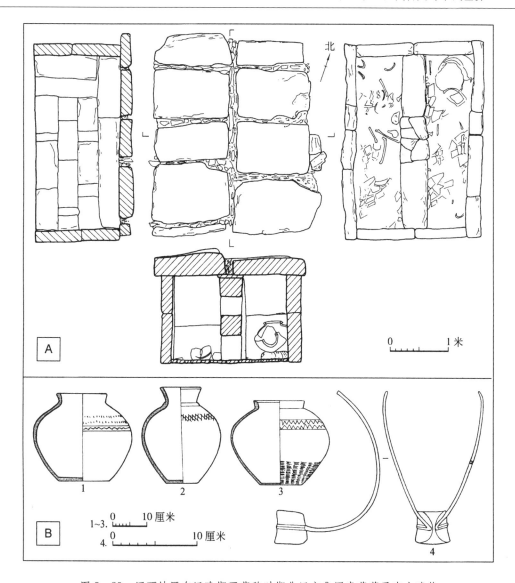

图 8-23　辽西地区东汉晚期至曹魏时期非汉文化因素墓葬及出土遗物

A. 喀左县老爷庙石椁墓平面、剖视图

B. 出土遗物　1. 陶罐（锦县昌盛石室墓出土）　2. 陶壶（锦县昌盛石室墓出土）　3. 陶罐（喀左县老爷庙石椁墓出土）　4. 银饰（义县保安寺墓出土）

三　辽河平原汉墓

战国中期秦开破东胡，"燕亦筑长城，自造阳至襄平，置上谷、渔阳、右北平、辽西、辽东郡以拒胡"[1]，辽东郡治襄平即今辽阳旧城。秦汉以迄魏晋，辽东郡堪称东北南部首

〔1〕《史记·匈奴列传（上）》。

郡,以郡治襄平为中心的辽河平原秦汉遗存相当丰富,辽阳北郊三道壕发现过西汉村落遗址[1]。汉末曹魏时期公孙氏割据辽东,其时中原战乱,而辽河平原的社会经济继续繁荣。

太子河流域的辽阳一带和浑河流域的沈阳一带,发掘汉墓数量很多,但是发表的材料比较零散。其中辽阳市三道壕、唐户屯、南雪梅、鹅房、桑园子等地材料比较丰富[2],沈阳市的伯官屯[3]、上伯官[4]、沈州路[5]和抚顺市小甲邦[6]、抚顺县刘尔屯[7]、鞍山市沙河东地等地均有清理发掘工作。据调查,辽中县茨榆坨偏堡子、台安县城子岗等地有汉墓分布。

西汉前期的鹅房 M1 和 M13、三道壕 M1 均为土坑墓,鼎、壶、盒等彩绘陶礼器制作规整,形制与河北易县、北京一带的战国晚期燕墓和西汉前期汉墓相似。西汉前期的日用陶器墓以抚顺刘尔屯 M2 为代表,土坑墓,有木棺,出有陶壶、罐,其中斜颈陶壶是源自山东半岛的文化因素。沈阳郑家洼子发现过西汉前期的瓮棺葬。西汉中后期在抚顺刘尔屯发现有土坑木椁墓和长方形砖室墓,出现夫妻合葬,随葬罐、盆、盘、耳杯、长颈瓶、簞等陶器,刘尔屯 M3 陶壶、罐的形制与辽东半岛相似。鹅房发现过分成上下两格的木椁,棺置上格,明器置下格。在抚顺莲花堡战国至汉初遗址,土著式陶器与中原式陶器、农具、货币同出[8],但西汉前期的辽河平原汉墓中一般不见土著文化因素。

两汉之际至公孙氏时期主要有石椁墓和砖室墓两种形制。以唐户屯墓地为代表的一类石椁墓用石块叠砌墓壁,顶盖以石板平铺。此类石椁墓以长方形单室墓为多,复杂些的则是丁字形、工字形或十字形,也有少数双室和多室墓;有的置尸床、明器台或明器板;有的室内以两三根方形石柱支撑,墓壁用石灰勾缝。以辽阳壁画墓群为代表的一类石椁墓用比较规整的石板支筑墓壁、顶底铺盖石板,设石板棺室或尸床,往往立石柱分割墓室,上置石栌斗承托石梁,大型墓有数个正门、侧门或后门。更复杂些的石椁墓以比较规整的石板支筑出前廊、后廊、回廊和数目不等的耳室和棺室,平面一般略呈"T"字形、"凸"字形、"工"字形或倒"T"字形。砖室墓报道的不多,单室墓平面一般呈长方形,形制清楚的墓例均为券顶,也有平面略呈"凸"字形的前后双室砖墓。

两汉之际至东汉前期墓见有辽阳唐户屯 M62、沈阳上伯官 M2、辽阳青年大街 M8、抚顺小甲邦 M1 等墓例,出有长颈瓶、瓶、方奁、樽、簞、耳杯、灯、盆、瓮、甑、釜、仓、井、灶等陶器。辽阳壁画墓群以外,东汉中后期至公孙氏时期还见有抚顺小甲邦 M2

---

[1] 东北博物馆:《辽阳三道壕西汉村落遗址》,《考古学报》1957 年第 1 期。

[2] A. 文信:《东北文物工作队一九五四年工作简报》,《文物参考资料》1955 年第 3 期。

B. 沈欣:《辽阳唐户屯一带的汉墓》,《考古通讯》1955 年第 4 期。

C. 王来柱:《辽阳青年大街发现的两座汉墓》,《辽宁考古文集》,辽宁民族出版社,2003 年。

[3] 沈阳市文物工作组:《沈阳伯官屯汉魏墓葬》,《考古》1964 年第 11 期。

[4] 俭俊岩:《沈阳上伯官汉墓清理报告》,《辽海文物学刊》1991 年第 2 期。

[5] 沈阳市文物考古研究所李龙彬:《辽宁沈阳沈州路东汉墓发掘简报》,《北方文物》2004 年第 3 期。

[6] 抚顺市博物馆:《抚顺小甲邦东汉墓》,《辽海文物学刊》1992 年第 1 期。

[7] 抚顺市博物馆:《辽宁抚顺县刘尔屯西汉墓》,《考古》1983 年第 11 期。

[8] 王增新:《辽宁抚顺市莲花堡遗址发掘简报》,《考古》1964 年第 6 期。

和 M3、沈阳伯官屯 M2、沈阳沈州路 M2 等墓例，陶器种类更丰富，出有鼎、箅、耳杯、卮、魁、勺、圆奁、方奁、椭奁、圆案、方案、长颈瓶、灯、熏炉、罐、盆、甑、扁壶、方炉、仓、井、灶等陶器。东汉中后期以后的大中型汉魏墓流行设置尸床和用砖砌出明器台、器物厢或器物坑。尸床有砖砌和石砌两种，有些尸床上铺撒白灰放置尸体；或者铺盖苇席，两侧压以砾石；有些尸床与石棺、砖棺结合使用，少数墓仍然在尸床上使用木棺。

　　东汉中后期以迄魏晋，辽阳地区流行石椁壁画墓[1]，以公孙氏时期数量最多。东门里墓约在东汉中后期，是时代较早的一座。公孙氏时期的大型墓例有辽阳北园 M1、棒台子 M1 等，中小型墓例有辽阳棒台子 M2、南雪梅 M1、北园 M2、鹅房 M1 等。辽阳石椁壁画墓的形制结构（图 8-24）有可能受到中原和山东地区东汉砖石壁画墓和画像石墓的影响。壁画内容包括车骑出行、乐舞百戏、家居宴饮、庖厨、楼阁仓廪等，但是未见农耕、桑园、放牧、射猎等生产活动的场面，也没有历史故事和神话传说方面的内容，缺乏宣扬儒家伦理道德的古代圣贤、忠臣义士、孝子烈女题材。从辽阳汉魏壁画中可以见到中原地区的礼仪典制对于东北地区的影响更加深入，也是辽阳社会生活繁荣场面的生动写照。

　　辽河平原两汉之际至东汉中后期的汉墓面貌整体上与辽东半岛相似。从现有材料看，辽河平原两汉之际汉墓的陶器种类不如辽东半岛同期汉墓丰富，土坑墓结束也比较晚，亦未见花纹砖墓和砖室壁画墓，而石椁墓数量很大，有着自身特点。

四　辽东半岛汉墓

　　辽东半岛在战国中晚期已经纳入燕地。汉初的新金县后元台石椁墓出土魏"启封"戈，庄河县出土赵"春平侯"剑，当与秦军的征伐戍卫有关。新金张店汉城附近出土西汉"麟趾金"。辽东半岛汉墓比较集中地分布在碧流河以西，尤其是半岛南端的旅大地区最丰富。

　　西汉前期均为土坑墓或土坑木椁墓，单人葬。陶礼器墓以大连营城子 M19、尹家村 M762、新金花儿山 M1 等墓例[2]为代表，零散出有鼎、壶、盒；日用陶器墓以旅顺牧羊

〔1〕　A. 李文信：《辽阳北园壁画古墓记略》，《李文信考古文集》，辽宁人民出版社，1992 年；《辽阳发现的三座壁画古墓》，《文物参考资料》1955 年第 5 期。
　　B. 东北博物馆：《辽阳三道壕两座壁画墓的清理工作简报》，《文物参考资料》1955 年第 12 期。
　　C. 冯永谦、韩宝兴、刘忠诚，辽阳博物馆邹宝库、柳川、肖世星：《辽阳旧城东门里东汉壁画墓发掘报告》，《文物》1985 年第 6 期。
　　D. 王增新：《辽宁辽阳县南雪梅村壁画墓及石墓》，《考古》1960 年第 1 期；《辽阳市棒台子二号壁画墓》，《考古》1960 年第 1 期。
　　E. 刘未：《辽阳汉魏晋壁画墓研究》，《边疆考古研究》第 2 辑，科学出版社，2004 年。
　　F. 新中国成立前日本学者曾经发掘迎水寺、南林子和玉皇庙等壁画墓。
〔2〕　A. 于临祥：《营城子贝墓》，《考古学报》1958 年第 4 期。
　　B. 刘俊勇：《大连尹家村、刁家村汉墓发掘简报》，《大连文物》1990 年第 2 期。
　　C. 旅顺博物馆、新金县文化馆：《辽宁新金县花儿山汉代贝墓第一次发掘》，《文物资料丛刊》第 4 辑，文物出版社，1981 年。

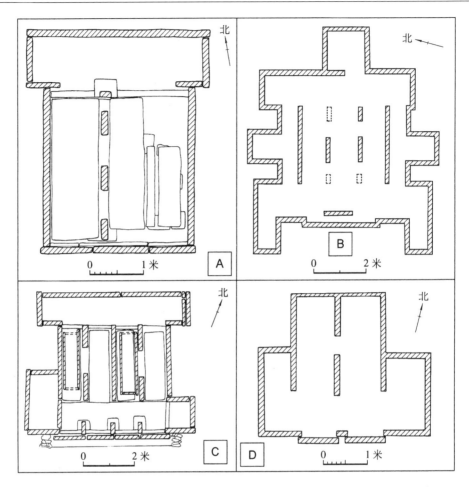

图 8-24 辽阳汉代石椁壁画墓平面图
A.东门里墓 B.北园 M1 C.棒台子 M2 D.车骑墓

城 M7 和大潘家 M2 等墓例[1]为代表，陶器组合一般为罐、盆、盘，偶见陶豆。其中，竹节颈陶壶具有浓厚的地方特色，亦见于乐浪汉墓。西汉中后期的新金花儿山 M7、新金马山墓、旅顺李家沟 M20、大连营城子 M8 等墓例[2]均为土坑木椁墓，有的设置墓道或前后双室，开始流行夫妻合葬。受山东半岛影响，出现壶、樽、笥、耳杯、魁、灯、熏炉、方炉等陶器和井、灶、家畜俑等模型明器，汉墓面貌较西汉前期发生明显变化，开始与中原地区趋于一致。

两汉之际至东汉前期墓见有大连营城子 M10、前牧城驿 M802、牧城驿东坟、盖县九

---

〔1〕 A. 原田淑人：《牧羊城》，（日本）東亞考古学会，1931 年。

B. 刘俊勇：《辽宁大连大潘家村西汉墓》，《考古》1995 年第 7 期。

〔2〕 A. 新金县文化馆：《辽宁新金县马山汉代贝墓》，《文物资料丛刊》第 4 辑，文物出版社，1981 年。

B. 于临祥：《旅顺李家沟西汉贝墓》，《考古》1965 年第 3 期。

垅地 M2[1] 等墓例，均为单室或前后双室砖室墓，个别带耳室，穹隆顶居多，亦有券顶或木结构顶盖；出现椭圆奁、圆炉、圆案等陶器以及仓、房屋和人物俑等陶制模型明器。营城子 M10 等墓出有成套铜车马具，种类有衔、镳、当卢、辖、圆筒、辕承、泡饰等。

东汉中后期墓见有旅顺南山里 M2、大连营城子 M2、金州董家沟 M10、盖县九垅地 M1、瓦房店马圈子 M2 等墓例，公孙氏时期墓见有盖县东达营 M1、盖县九垅地 M3、金州董家沟 M7、旅顺南山里 M4 等墓例[2]。陶器种类丰富，圆奁、椭圆奁、方奁、灯、甑、俎、方炉等陶器和仓、井、灶、房屋、家畜俑、人物俑等陶模型明器数量很多。汉墓形制有砖室墓和石椁墓两类，流行家族丛葬。单室砖墓平面一般呈长方形或略呈方形，也有的呈长梯形、弧方形、"凸"字形等，有的设置甬道。双室砖墓平面呈"日"字形、"凸"字形、"吕"字形或 L 形。旅顺刁家屯发现过四室环通的砖室墓，大连营城子发现过主室内有套室的五室墓。石椁墓一般仿砖结构，用规整的石板平铺砌筑墓壁，穹隆顶，设置墓道。前后双室的石椁墓数量较多，平面略呈"日"字形或"T"字形，有些设置尸床，大连营城子和金州马圈子发现过三室石椁墓和五室石椁墓（图 8-25）。盖县九垅地 M1 出有

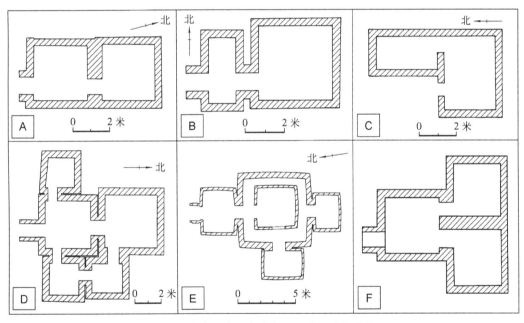

图 8-25　大连地区东汉中晚期至公孙氏时期墓葬平面图
A. 南山里 M2（砖室墓）　B. 东达营 M1（砖室墓）　C. 九垅地 M5（砖室墓）　D. 刁家屯五室墓（砖室墓）
E. 营城子 M2（砖室墓）　F. 营城子 M52（石椁墓）

〔1〕 A. 旅顺博物馆：《辽宁大连前牧城驿东汉墓》，《考古》1986 年第 5 期。
　　 B. 濱田耕作：《南山裡》，（日本）東亞考古学会，1933 年。
　　 C. 许玉林：《辽宁盖县东汉墓》，《文物》1993 年第 4 期。
〔2〕 A. 大连市马圈子汉魏晋墓地考古队：《辽宁瓦房店市马圈子汉魏晋墓地发掘》，《考古》1993 年第 1 期。
　　 B. 三宅俊成：《関東州董家溝古墳調査報告書》，《滿洲學報》第七册，1944 年。

东汉顺帝"永和五年"（公元 140 年）纪年铭砖，砖室内置方形木椁，椁内并列两个木棺，是东北汉墓使用木椁的最晚墓例。

东汉中后期和公孙氏时期碧流河西南的渤海沿岸流行花纹砖墓[1]。花纹砖规格不一，有方砖、条砖、楔砖、子母砖等，花纹多数阳纹模印在砖的侧面和端面上，主要是圆圈、同心圆、菱形、叶脉、网格等几何纹饰，其他有动物纹饰、人物头像、钱币图案、文字、狩猎场面等。花纹砖主要砌筑墓室，有些与绳纹砖或者石板混合使用。

积贝墓是辽东半岛沿海地区很有特色的墓葬形制。包括在土坑墓的木椁外填充贝壳、在砖室墓和石椁墓的砖壁或石壁外填充贝壳、以贝壳和砖石混筑墓壁等情况。有学者推断单椁室的木椁积贝墓流行在战国晚期至东汉，双椁室的木椁积贝墓流行在西汉，设置墓道的木椁积贝墓流行在西汉中晚期，贝石积贝墓和贝砖积贝墓流行在西汉晚期，并且认为积贝墓起源于庙岛群岛，影响到山东半岛北岸、辽东半岛南端和辽东湾北岸[2]。

两汉之际以后，辽东半岛汉墓的文化面貌和发展趋势与中原地区基本相同，地域特点主要表现在墓葬形制方面：迟至两汉之际出现砖室墓，沿海地带流行积贝墓，东汉中后期以后存在相当数量的石椁墓。两汉之际以后的辽东半岛汉墓继续保持与包括山东半岛在内的东南沿海地区的文化联系，舟形灶、虎子等陶器当是自东南沿海传入的文化因素。营城子 M2 是一座砖室壁画墓[3]，操蛇神怪和门卒持桃符祛凶的壁画题材可能属于南方地区的文化因素。

五　东北地区汉墓的区域特征及相关问题

由于战国燕文化的共同历史背景，东北地区西汉前期汉墓普遍存在战国燕文化因素，文化面貌与河北易县和北京一带存在着明显共性，尤其辽西山地和辽西走廊表现得更为明显。辽东半岛汉墓自西汉中后期以后一直受到山东半岛的强烈影响，其文化因素对辽河平原和辽西走廊也产生影响。尤其是东汉以后，辽东半岛和辽河平原汉墓的整体面貌和发展线索具有比较明显的共性，据此可以将东北汉墓进一步划分为包括辽西山地、辽西走廊的辽西区和包括辽东半岛、辽河平原的辽东区。

东北地区汉墓可以划分为西汉前期、西汉中后期、两汉之际、东汉前期、东汉中后期和汉末曹魏六期。在辽西山地，两汉之际汉朝郡县在游牧族群的压力下向南收缩，东汉墓很少发现。辽西走廊由于墓例缺乏，期别序列也有缺环。辽东半岛和辽河平原汉墓材料丰富，期别序列完整，而且有大量壁画墓的发现，显示出辽东郡在东北南部地区的重要地位。

东北地区汉墓见有土坑墓、砖室墓、石椁墓、瓮棺葬、瓦棺葬几种形制。砖室墓出现在两汉之际；石椁墓数量很多，包括石块叠砌墓壁、石板支筑墓壁和石板平铺砌筑墓壁几种情况。瓮棺葬在辽东区有较多发现，葬具常见陶大口釜、小口釜、圜底小口瓮，以及一

〔1〕　许玉林：《辽南地区花纹砖墓和花纹砖》，《考古》1987 年第 9 期。

〔2〕　白云翔：《汉代积贝墓研究》，《刘敦愿先生纪念文集》，山东大学出版社，1998 年。

〔3〕　森修：《营城子——前牧城驿付近の汉代壁画砖墓》，（日本）东亚考古学会，1934 年。

定数量的敞口盆和特制筒形瓮,辽阳三道壕等地的丛葬墓地尤其具有特色[1]。瓦棺墓用大瓦围成棺具,用于埋葬儿童,仅见于辽东半岛,数量较少。积贝墓的贝壳或者相当于填土,或者建材主体是土圹、砖、石,与墓葬形制无涉,因此可以归入土坑墓、砖室墓、石椁墓等分类概念之中。东北地区汉墓的棺椁制度不是很清楚,木椁主要使用在西汉,绝大部分设置于土坑墓中,发表墓例尚无在椁内分隔出各厢以及多重棺椁的报导。

东北汉墓陶器种类和形制与中原地区基本相同。青铜容器数量较少,出土或征集到铜盂、锅、盘、扁壶、提梁壶、提梁卣、博山炉、勺、镲、盆、釜等。漆器保存不佳,可辨器类有樽、盒、盘、耳杯、方壶、案等,胎骨有夹纻胎和木胎两种。武器数量较少,见有铁长刀、矛,铜戈、矛、剑、环首刀,以及骨镞等。农工具亦少,均铁制,见有镰、镢、锛、凿、锥等。此外,东北地区汉墓还出土一些私印、文书用具和舆服杂具。西汉中后期的旅顺李家沟 M20 出土的陶壶、镲、樽上绘有弯曲的条绳状朱红色彩道,其中一件陶壶上并题有"系赤"二字,表示的是"朱索",属于驱邪法物[2]。不过东北地区汉墓中并未发现与早期道教思想有关的买地券、镇墓瓶、镇墓兽、铅人一类器物。

东北地区南部的辽宁一带作为汉王朝统治区域的一部分,汉墓发现数量多,分布密集,其基本面貌和演化轨迹与京津唐地区的汉墓和朝鲜半岛西北部地区的汉墓具有相当共性,从大的范围上看,可以归并为"汉墓幽州分布区"[3]。东北地区汉墓虽然存在边陲郡县的特点,但是整体面貌与中原基本相同。

第六节 山东地区汉墓

山东地区汉墓是指今天山东行政区划内发现的两汉时期的墓葬。数十年来,山东地区发现了数以千计的汉代墓葬,这些发掘资料和已有的研究成果[4]为我们今天对山东两汉墓葬进行综合研究奠定了基础。

一 山东地区汉墓的发现与研究简述

20 世纪上半叶,山东地区只有零星的汉墓经过科学发掘。50 年代以来,随着新中国经济建设的飞速发展,大批的汉墓被发现、发掘。据不完全统计,山东地区清理、发掘的汉墓累计达 8000 座以上。如此众多的墓葬,除了十余座诸侯王(后)墓和零散的画像石

---

[1] 白云翔:《战国秦汉时期瓮棺葬研究》,《考古学报》2001 年第 3 期。

[2] 王育成:《洛阳延光元年朱书陶罐考释》,《中原文物》1993 年第 1 期。

[3] 郑君雷:《论"西汉墓幽州分布区"》,《考古与文物》2005 年第 6 期。

[4] A. 郑同修、杨爱国:《山东汉代墓葬形制初论》,《华夏考古》1996 年第 4 期;《山东汉代墓葬出土陶器的初步研究》,《考古学报》2003 年第 3 期。

    B. 山东省文物考古研究所:《山东 20 世纪的考古发现和研究》第 446~509 页,科学出版社,2005 年。

墓外，主要清理于汉代墓地，其中发掘墓葬在百座以上的墓地有：潍坊后埠下、寿光三元孙、淄博徐家村、淄博辛店乙烯生活区、滕州东小宫、滕州东郑庄、曲阜柴峪、兖州徐家营、平阴西山、费县西毕城等，仅淄博辛店乙烯生活区发掘的汉墓就有 2000 座之多，费县西毕城墓地发掘的汉墓也在 1700 座以上。在山东地区，已发现的汉墓的分布地域几乎遍及全省，就已发掘的情况看，以临沂、枣庄、济宁、济南、淄博等地较为集中。就时代而言，已发掘的汉墓中以西汉中晚期为多。

山东地区的汉墓发现数量可观，但发表的资料有限，研究相对薄弱，现有的研究成果主要集中在对西汉诸侯王墓的研究和画像石墓的研究上。

二 山东地区汉墓的类型

根据墓室构筑材料的不同，或构筑地点、构筑方式的差别，可以把山东地区汉墓的形制分为四大类：土（岩）坑墓、崖洞墓[1]、砖室墓（含砖石合建墓）和石室墓，各类墓葬的形制、结构因时因地不同，又有差异。因此，四类墓葬又可再细分为若干型。

（一）土（岩）坑墓

此类墓葬发现数量最多，分布地域最广，多是一些中小型单室墓葬。由于地理条件的不同，一些位于山地的墓葬凿岩石为坑，如临沂金雀山、银雀山，济南无影山等地的部分墓葬即属此类。岩坑墓与土坑墓的构筑形制、结构相同，故而并为一类。根据墓葬平面形状的不同，可以把这类墓分为四型[2]：甲字形、曲尺形、长方形和不规则形土坑竖穴。

甲字形土（岩）坑竖穴墓，墓室多为长方形，墓道皆呈斜坡状。如沂水荆山西汉墓[3]、五莲张家仲崮西汉墓[4]、平度界山 2 号西汉墓[5]，其中后者为岩坑竖穴墓。

曲尺形土坑竖穴墓，较为少见。斜坡墓道位于墓口一侧，墓室呈长方形，用土墙分成前后室，前室放随葬品，后室置棺椁。如济南腊山 M1[6]。

长方形土坑竖穴墓，一般为中小型墓，墓圹长度多在 2～4 米之间，宽 1～3 米不等，浅者不足 1 米，深者达 15 米。这一型墓有的有二层台或壁龛，个别墓在头端挖一相当于头厢的小龛放置随葬品，如茌平南陈庄 M14[7]。泰沂山以南的土坑（或岩坑）竖穴墓中常见用石椁做葬具者，有的石椁上刻有内容繁简不一的图像，这类墓葬被学者归入画像石

〔1〕 迄今所见山东地区的崖洞墓都是西汉诸侯王（后）墓，已见本书第七章第三节《西汉诸侯王墓与列侯墓》，此处从略。

〔2〕 目前仅见淄博窝托村齐王墓和章丘洛庄吕王墓为"中"字形墓，详见本书第七章第三节《西汉诸侯王墓与列侯墓》。

〔3〕 沂水县文物管理站：《山东沂水县荆山西汉墓》，《文物》1985 年第 5 期。

〔4〕 潍坊市博物馆、五莲县图书馆：《山东五莲张家仲崮汉墓》，《文物》1987 年第 9 期。

〔5〕 青岛市文物局、平度市博物馆：《山东青岛市平度界山汉墓的发掘》，《考古》2005 年第 6 期。

〔6〕 济南市考古研究所：《济南市腊山汉墓发掘简报》，《考古》2004 年第 8 期。

〔7〕 山东大学历史系考古专业、聊城地区文化局、茌平县图书馆：《山东省茌平县南陈庄遗址发掘简报》，《考古》1985 年第 4 期。

墓中研究[1]，如济宁师专石椁墓[2]和枣庄小山石椁墓[3]。

不规则形土坑墓，有圆角长方形或近似圆形两种。墓坑浅而狭窄，多为埋葬幼儿的瓮棺葬。此类墓葬见于泗水尹家城和章丘宁家埠等地[4]。

（二）砖室墓

山东地区的砖室墓除了纯用砖砌筑的外，有部分墓葬是用砖、石两种材料建筑而成，其中石材多用于墓门和各墓室的门。砖室墓多属大、中型墓，多分作数量不等的室，顶为券顶或穹隆顶，都有墓门。这类墓多见于东汉时期，分布地域广，形制复杂多变。根据墓室的多寡和平面布局的差异，可以将其分为五型：前后两室墓，前中后三室墓，四室墓，带回廊的前后室墓[5]，隔山式多室墓。

两室墓，墓室主体由前后相连的两个主室组成，部分墓葬的前室一侧或两侧建有耳室。如东平王陵山墓[6]、滨州汲家湾墓[7]和泰安旧县村[8]、莒县沈刘庄[9]、章丘普集镇[10]等地发掘的画像石墓。

三室墓，墓室主体由前、中、后3个主室相连而成，主室两侧建有数量不等的耳室。墓室皆直壁，墓室之间除以门洞相连外，有的墓以甬道相接。如平原王韩村墓[11]和济南青龙山[12]、章丘黄土崖[13]、淄博张庄[14]等地发掘的画像石墓（图8-26-A）。

四室墓，墓室主体由前、前中、后中和后室4个主室组成，主室两侧建有数量不等的耳室。墓室间以甬道相连。如宁津庞家寺墓[15]。

隔山式多室墓，平面呈"＋＋"形，数量不等的主室和耳室组成左右并列的近于两座

[1]　详见本章第十五节《汉代画像石墓》。

[2]　济宁市博物馆：《山东济宁师专西汉墓群清理简报》，《文物》1992年第9期。

[3]　枣庄市文物管理委员会办公室、枣庄市博物馆：《山东枣庄小山西汉画像石墓》，《文物》1997年第12期。

[4]　A. 山东大学历史系考古专业教研室：《泗水尹家城》，文物出版社，1990年。

　　　B. 济青公路文物考古队宁家埠分队：《章丘宁家埠遗址发掘报告》，《济青高级公路章丘工段考古发掘报告集》，齐鲁书社，1993年。

[5]　迄今所见山东地区的该型墓都是东汉诸侯王墓，已见第七章第四节《东汉诸侯王墓与列侯墓》，此处从略。

[6]　山东省博物馆：《山东东平王陵山汉墓清理简报》，《考古》1966年第4期。

[7]　郭世云、吴鸿禧、李功业：《山东滨州市汲家湾发现汉墓》，《文物》1990年第2期。

[8]　泰安市文物管理局：《山东泰安县旧县村汉画像石墓》，《考古》1988年第4期。

[9]　苏兆庆、张安礼：《山东莒县沈刘庄汉画像石墓》，《考古》1988年第9期。

[10]　王思礼：《山东章丘县普集镇汉墓清理简报》，《考古通讯》1955年第6期。

[11]　平原县图书馆：《山东平原王韩村汉墓》，《文物资料丛刊》第10辑，文物出版社，1987年。

[12]　济南市文化局文物处：《山东济南青龙山汉画像石壁画墓》，《考古》1989年第11期。

[13]　章丘市博物馆：《山东章丘市黄土崖东汉画像石墓》，《考古》1996年第10期。

[14]　淄博市博物馆：《山东淄博张庄东汉画像石墓》，《考古》1986年第8期。

[15]　德州地区文物组、宁津县文化局：《山东宁津县庞家寺汉墓》，《文物资料丛刊》第4辑，文物出版社，1981年。

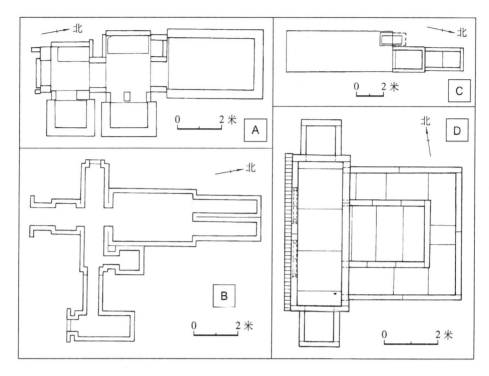

图 8-26　山东地区汉墓平面图

A.济南青龙山墓（砖室）　B.无棣车站村墓（砖室）　C.梁山柏木山墓（石室）　D.济宁普育小学墓（石室）

墓的形式，各有墓门，左右两部分之间以砖砌的过道相连（图 8-26-B）。如禹城车站墓[1]和无棣车站村墓[2]。

（三）石室墓

石室墓的主体部分用石料建成，都有墓门。这类墓葬流行于东汉时期，且多是画像石墓。依据墓室布局的差异和数量的多少，可将其分为三型：前后两室墓，带回廊的石室墓，前中后三室墓。

两室墓，平面呈长方形或凸字形，墓门与棺室间数对应，前室一侧或两侧建有数量不等的耳室。后室多为单间（图 8-26-C），也有以石墙将其分隔为并列的两间或三间者。如嘉祥范式墓[3]、梁山柏木山墓[4]、滕县柴胡店墓地[5]和枣庄渴口墓地[6]的部分墓葬。

带回廊的石室墓，墓葬主体建筑除主室外，绕后室建有回廊形阁室，平面呈回字形。

〔1〕　山东省文物管理委员会：《禹城汉墓清理简报》，《文物参考资料》1955 年第 6 期。

〔2〕　郭世云：《山东无棣清理一座东汉墓》，《考古》1992 年第 9 期。

〔3〕　嘉祥文化馆：《嘉祥发现的东汉范式墓》，《文物》1972 年第 5 期。

〔4〕　苏文锦：《山东梁山柏木山的一座东汉墓》，《考古》1964 年第 9 期。

〔5〕　山东省博物馆：《山东滕县柴胡店汉墓》，《考古》1963 年第 8 期。

〔6〕　山东省枣庄市博物馆：《山东枣庄市渴口汉墓》，《考古学集刊》第 14 集，文物出版社，2004 年。

主室一般为前、后两室，个别墓是前、中、后三室，有的墓在前室两侧建有耳室（图 8 - 26 - D）。如平阴新屯 M1[1]、济宁普育小学墓[2]、嘉祥武氏墓地 M1 和 M2[3]。

前中后三室墓，墓葬由前、中、后 3 个主室和数量不等的耳室组成。此型墓主要见于东汉晚期，多是画像石墓，如沂南北寨村墓[4]、安丘董家庄墓[5]、平邑东埠阴墓[6]、平阴孟庄墓[7]、东阿邓庙墓[8]等。

三　山东地区汉墓的分期及其演变

山东地区汉墓随葬品中最具时代特点和分期意义的是数量最多的陶器。山东汉墓出土的陶器，属西汉时期的居多，东汉时期相对较少。常见陶器主要有：鼎、盒、壶、罐、钫、盘、瓮、盆、甗、匜、钵、釜、案、耳杯、奁、樽、魁、镳盉、熏炉、器座、灯、仓、灶、井、磨、楼、屋、厕所、猪圈，以及人物俑、鸡、鸭、狗类动物俑等四十余种。陶器主要为泥质灰陶，有少量泥质红陶、夹细砂白陶，釉陶也占有较大比例，其胎质一般为红陶，器表施黄、褐、绿色釉。另外，还有少量的漆衣陶、印纹硬陶。西汉时期彩绘流行，多施于鼎、盒、壶等器物表面，一般用红、黄、褐、黑诸色绘制云气纹、带状纹、波浪纹、兽面纹及各类几何形图案，纹饰繁缛。东汉陶器彩绘较少，主要在模型明器和奠器表面施彩，纹饰亦较为简单，多为单彩，以红彩居多。

山东地区汉墓出土的 40 余种陶器中，具有分期意义的主要是数量较多、可资比较的鼎、盒、壶、罐、钫、瓮、盘、洗、灶、井等 10 余种陶器。如鼎的基本演化规律是腹由深到浅；附耳由规整的长方形到圜状，附耳短小至消失。从鼎的总体造型看，早期的多较规整，造型优美；晚期的鼎制作一般较粗糙。盒发展变化的脉络主要表现为口由高子口形成内敛的子母口相扣，变为子母口不明显，再发展为直口、敞口，腹由深变浅，底由小到大[9]。

通过对山东汉墓出土典型陶器的型式分析和对典型墓葬随葬陶器组合的考察，以及对墓葬形制演变的探讨，我们将山东汉墓分为前后相连的六期。

第一期　西汉早期（公元前 206 年至公元前 141 年），即秦灭亡至汉景帝末年。

本期流行传统的土坑竖穴墓，葬具以木椁和木棺为主，出现少量的石椁。陶器基本组合是鼎、盒、壶、罐（图 8 - 27 - A），这种组合是战国墓葬随葬陶器的延续，同出的钱币

〔1〕　济南市文化局文物处、平阴县博物馆筹建处：《山东平阴新屯汉画像石墓》，《考古》1988 年第 11
　　　期。
〔2〕　济宁市博物馆：《山东济宁发现一座东汉墓》，《考古》1994 年第 2 期。
〔3〕　蒋英炬、吴文祺：《汉代武氏墓群石刻研究》，山东美术出版社，1995 年。
〔4〕　南京博物院、山东省文物管理处：《沂南古画像石墓发掘报告》，文化部文物管理局，1956 年。
〔5〕　安丘县文化局、安丘县博物馆：《安丘董家庄汉画像石墓》，济南出版社，1992 年。
〔6〕　平邑县文物管理站：《山东平邑东埠阴汉代画像石墓》，《考古》1990 年第 9 期。
〔7〕　济南市文化局文物处、平阴县博物馆：《山东平阴孟庄东汉画像石墓》，《文物》2002 年第 2 期。
〔8〕　陈昆麟、孙淮生、刘玉新、杨燕、李付兴、吴明新：《山东东阿县邓庙汉画像石墓》，《考古》2007
　　　年第 3 期。
〔9〕　郑同修、杨爱国：《山东汉代墓葬出土陶器的初步研究》，《考古学报》2003 年第 3 期。

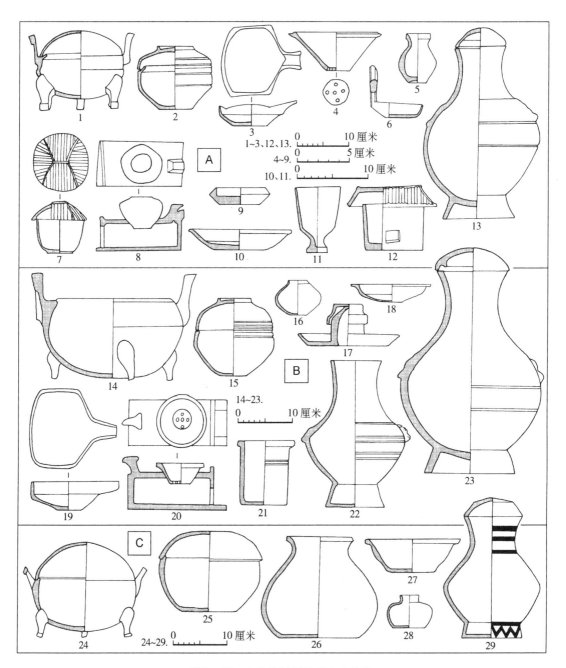

图 8-27　山东地区西汉墓出土陶器

A.滕州东小宫汉墓出土　1.鼎（M331：4）　2.盒（M331：22）　3.匜（M331：2）　4.甑（M331：17）　5.罐
　　（M331：13）　6.勺（M331：1）　7.仓（M331：12）　8.灶（M331：21）　9.盘形器（M331：20）　10.盘
　　（M331：10）　11.杯（M331：16）　12.仓（M331：23）　13.壶（M331：6）

B.枣庄小山汉墓出土　14.鼎（M2：6）　15.盒（M2：7）　16.罐（M2：16）　17.磨（M2：8）　18.盘（M2：4）
　　19.匜（M2：10）　20.灶（M2：14）　21.井（M2：13）　22.壶（M2：3）　23.壶（M2：1）

C.枣庄临山汉墓出土　24.鼎（M2：5）　25.盒（M2：9）　26.罐（M2：4）　27.盆（M2：7）　28.罐（M2：6）
　　29.壶（M2：8）

皆为半两，伴出铜镜者都是三弦桥形钮的蟠螭纹、凤云纹等早期镜式。典型墓葬有曲阜赵家村墓[1]、临沂银雀山 M3、M4[2]、临沂金雀山 M31[3]、滕州东小宫 M331[4] 等。

第二期　西汉中期（公元前 140 年至公元前 49 年），即汉武帝至宣帝时期。

继续流行土坑墓，属于这一时期的诸侯王墓多是崖洞墓和岩坑墓。葬具中石椁的数量有所增加，石椁上有的刻有画像，出现用小砖砌筑的砖椁。随葬品中鼎、盒、壶陶器组合已不完整（图 8-27-B），多见五铢钱，流行草叶纹镜、日光镜和星云纹镜。典型墓葬有济宁潘庙 M15、M16、M54、M20、M47[5]、临沂庆云山 M2[6]、枣庄小山 M1、M2、M3，济宁师专 M15、M16，临沂金雀山 M13、M14、M11，寿光三元孙 M140、M103[7]，青州戴家楼 M95、M69[8] 等。

第三期　西汉晚期（公元前 48 年至公元 8 年），即汉元帝至孺子婴时期。

仍然流行土坑墓，葬具中石椁和砖椁的数量大增。石椁上的图像内容比中期丰富。出现石室墓。随葬品中传统的陶礼器减少（图 8-27-C），制作也更加粗率，釉陶器出现，仓、灶、井、圈等模型明器数量增多，铜镜中常见日光连弧纹镜。典型墓葬有济宁潘庙 M6、M24，济宁师专 M10、M11，枣庄临山 M1、M2[9]，临沂银雀山 M6、金雀山 M10，沂水西水旺庄 M2[10]，苍山小北山 M3[11]，青州戴家楼 M23，平阴新屯 M2、M1[12]、茌平南陈 M2 等。

第四期　新莽时期（公元 9～24 年），即王莽建立新朝的始建国元年至新莽灭亡后刘玄的汉更始年间。

本期墓型和随葬品与前期相差不大（图 8-28-A），主要特点是本期墓葬多出土新莽钱币。典型墓葬有济宁师专 M5、枣庄临山 M8、滕州东小宫 M324、滕州官桥车站村 M7[13] 等。

第五期　东汉早期（公元 25～105 年），即光武帝至和帝时期。

[1]　中国科学院考古研究所山东工作队、曲阜县文物管理委员会：《山东曲阜考古调查试掘简报》，《考古》1965 年第 12 期。

[2]　山东省博物馆、临沂文物组：《临沂银雀山四座西汉墓葬》，《考古》1975 年第 6 期。

[3]　临沂市博物馆：《山东临沂金雀山周氏墓群发掘简报》，《文物》1984 年第 11 期。

[4]　山东省文物考古研究所、滕州市博物馆：《山东滕州市东小宫周代、两汉墓地》，《考古》2000 年第 10 期。

[5]　国家文物局考古领队培训班：《山东济宁郊区潘庙汉代墓地》，《文物》1991 年第 12 期。

[6]　临沂市博物馆：《临沂的西汉瓮棺、砖棺、石棺墓》，《文物》1988 年第 10 期。

[7]　山东省文物考古研究所：《山东寿光县三元孙墓地发掘报告》，《华夏考古》1996 年第 2 期。

[8]　山东省文物考古研究所：《山东青州市戴家楼战国西汉墓》，《考古》1995 年第 12 期。

[9]　枣庄市文物管理委员会、枣庄市博物馆：《山东枣庄市临山汉墓发掘简报》，《考古》2003 年第 11 期。

[10]　马玺伦、刘一俊、孔繁刚：《山东沂水县西水旺庄汉墓》，《考古》1990 年第 9 期。

[11]　林茂法、金爱民：《山东苍山县发现汉代石棺墓》，《考古》1992 年第 6 期。

[12]　济南市文化局文物处、平阴县博物馆筹建处：《山东平阴新屯画像石墓》，《考古》1988 年第 11 期。

[13]　山东省文物考古研究所鲁中南考古队、滕州市博物馆：《山东滕州市官桥车站村汉墓》，《考古》1999 年第 4 期。

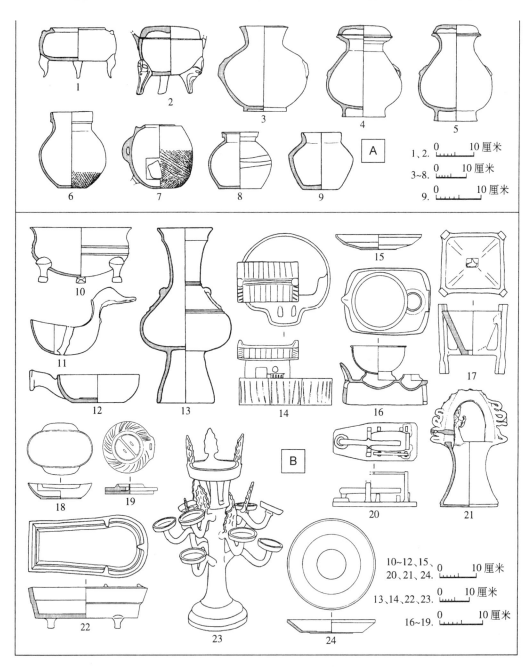

图 8-28　山东地区东汉墓出土陶器

A. 滕州东小宫汉墓出土　1. 鼎（M324:6）　2. 鼎（M324:33）　3. 壶（M324:1）　4. 壶（M324:29）　5. 壶
（M324:30）　6. 罐（M324:31）　7. 鼎（M324:12）　8. 罐（M324:16）　9. 罐（M324:9）

B. 济南青龙山汉墓出土　10. 鼎（M1:37）　11. 勺（M1:127）　12. 魁（M1:43）　13. 壶（M1:23）　14. 猪圈
（M1:95）　15. 盘（M1:110）　16. 灶（M1:75）　17. 磨架（M1:54）　18. 耳杯（M1:1）　19. 磨（M1:80）
20. 碓（M1:92）　21. 井（M1:86）　22. 炉（M1:52）　23. 连枝灯（M1:3）　24. 盘（M1:33）

在继续流行土坑墓的同时，出现砖室墓，主要是前后两室的中小型墓。葬具中木椁基本不用，砖椁和石椁仍大量存在。随葬品中，陶礼器消失，原来作为礼器的壶这时功能发生了变化，成为普通的实用器，釉陶器和模型明器数量大增，新出现了长方盒等器类，五铢钱中出现东汉新铸的品类。铜镜多是四乳四螭镜。典型墓葬有东平王陵山墓[1]，临淄商王 M27[2]，青州凤凰台 M105[3] 等。

第六期　东汉中晚期（公元 106～220 年），即殇帝至献帝时期。

本期土坑墓都是小型墓，大中型墓为形态各异的砖室墓和石室墓，画像石墓流行。葬具中，各种材质的椁已基本不用，仅用木棺。随葬品中奠器和模型明器数量大增（图 8-28-B），后者的种类也明显增多，绿釉陶器流行。钱币中常见剪轮五铢和延环五铢，母钱多为东汉五铢。典型墓葬有宁津庞家寺墓，泰安旧县村墓，临淄商王 M65，章丘黄土崖 M1，济南青龙山 M1，济宁普育小学墓，梁山馈馈台 M1，莒县沈刘庄墓等。

以上六期之间陶器的组合方式及造型特征既有联系，又有差别。新莽是西汉传统的最后时期，之后，整个墓葬随葬陶器的器类及造型风格为之一变。西汉时期的仿铜、漆器的盒、钫等带有礼器色彩的器物几近消失，新出现了长方盒、樽、奁、案、勺等祭奠用器；西汉时期出现的仓、灶、井、猪圈等模型明器大为流行；鸡、犬、猪等动物形象广泛出现。东汉时期流行的绿釉陶器和西汉时期的黄釉陶、褐釉陶不仅釉色不同，器类也不尽一致。

四　山东地区汉墓的区域特征

通过对山东地区汉墓的分析，我们发现山东虽是两汉中央政府控制的重要地区，但与周边地区比较，本地区的埋葬习俗仍有一些自身的特点。这些特点首先表现为砖室墓和石室墓出现时间较晚，直到西汉晚期才出现；东汉中晚期画像石墓流行，数量居全国首位；在葬具上，西汉中、晚期流行的砖椁和石椁很有特色，其中的砖椁不同于郑州、洛阳等地的空心砖椁，而是用小块实心砖砌筑，画像砖墓只有个别发现；画像石椁的数量相当可观，分布区域以泰沂以南为主，鲁北和胶东地区也有个别发现；在随葬品上，陶礼器一直沿用到西汉晚期，模型明器在西汉时期只在少数墓中出现，种类和数量都较少，到东汉时期，随葬品已与河南地区无别。

不仅如此，由于山东地域广阔，在这一大的范围内，山东地区的西汉墓虽然多是土（岩）坑竖穴墓，也呈现出一定的区域差别。山东地区西汉墓可大致划分为三区：泰沂山以南的鲁南区，主要是临沂、泰安、枣庄、济宁、菏泽等所辖市县，北到平阴、沂水一线；泰沂山以北的鲁北区，主要是潍坊、淄博、滨州、济南、德州、聊城等所辖市县；潍河以东地区的胶东区，主要是青岛、烟台、威海等所辖市县，南到五莲、诸城。

鲁南区西汉墓，葬具中石椁极为盛行，有少量的砖椁和瓮棺，与苏北、豫东、皖北的

---

〔1〕　山东省博物馆：《山东东平王陵山汉墓清理简报》，《考古》1966 年第 4 期。

〔2〕　淄博市博物馆、齐故城博物馆：《临淄商王墓地》，齐鲁书社，1997 年。

〔3〕　山东省文物考古研究所、山东大学历史系考古教研室、青州市博物馆：《青州市凤凰台遗址发掘》，《海岱考古》第一辑，山东大学出版社，1989 年。

石椁墓共同构成石椁墓流行区。墓中流行器物厢的做法，随葬陶器多置于器物厢内，少见壁龛。单个墓葬随葬陶器的数量上多于其他两区，器物的基本组合为鼎、盒、壶、罐，有的墓还有钫。陶器继承了战国以来仿铜陶礼器上施以彩绘的风格。另外，临沂银雀山 M4 等西汉墓中出土的茧形壶、漆衣陶器独具特色。模型明器仓、灶、井在西汉早期即已出现。釉陶在西汉中期出现，多施于壶、鼎等器。

鲁北区的西汉墓，葬具中除木椁外，多是砖椁，石椁少见。墓中盛行二层台的做法，壁龛流行。陶器多置于人架足端或头端的二层台上，有的置于棺内，有壁龛者则置于壁龛内，另有少数墓葬在墓室一侧用砖砌筑一小器物厢放置陶器。绝大多数墓葬随葬陶器数量较少，组合简单，一般仅一二件，多者也不过三四件。多数墓葬随葬陶器仅有陶罐或陶壶，器类单调，罐、壶很少有共存现象。本地区出土较多的侈口、束颈、扁腹、高圈足的彩绘壶为这一地区独有的一类明器。墓中很少随葬铜钱。

胶东区发表的汉墓资料较少，葬具既有木椁，也有石椁和砖椁。从出土陶器的情况来看，威海大天东的两座墓葬及荣成梁南庄 M2 出土陶器数量较多，其他墓葬出土陶器则组合简单，器类单调，只有壶、罐等少量器类，罐、壶同出现象较少。本区陶器以釉陶为主。

山东地区的西汉墓不同小区之间既有联系，也存在不同。由于自然地理联系疏远程度的不同及来自不同文化传统的影响，山东地区的汉墓陶器与周边地区相比，联系的广度和深度也不一致。西汉时期，山东鲁南地区与苏北地区陶器的关系最为密切，鲁北地区与冀南地区也有较密切的联系，而整个山东地区汉墓陶器与皖北、中原地区却存在较大的差别。新莽之后，山东地区汉墓陶器渐趋一致，同时与周边地区的同期陶器多有一致性。换言之，联系的范围进一步扩大，与中原大体一致，差别只在细节方面。

第七节　苏皖地区汉墓

苏皖地区汉墓是指今天江苏和安徽两省行政区划内发现的两汉时期的墓葬。已经发掘并发表资料的情况表明，这一地区的汉墓虽然与西边的河南、北边的山东有共同之处，但其自身特点，尤其是西汉墓的自身特点仍然较为明显。

一　苏皖地区汉墓的发现与研究简述

苏皖地区的汉墓主要发现于新中国成立以后，尤其是 20 世纪 80 年代以来，在大型基本建设工地中频有发现。两省发现的汉墓在时代上以西汉居多。

江苏地区的汉墓集中发现在扬州和徐州两市及所辖市县，其他地区也有少量发现，江南地区则更少[1]。扬州地区的汉墓集中在扬州[2]、江都[3]、邗江[4]、仪征[5]；徐州地区的

---

〔1〕 邹厚本主编：《江苏考古五十年》第 204～240 页，南京出版社，2000 年。

〔2〕 A.南京博物院、扬州市博物馆：《江苏扬州七里甸汉代木椁墓》，《考古》1962 年第 8 期。

汉墓发现于徐州市（含铜山县）[6]、沛县[7]、邳县[8]、睢宁[9]、新沂[10]；其他发现汉墓

　　B.扬州博物馆：《扬州东风砖瓦厂汉代木椁墓群》，《考古》1980年第5期；《扬州东风砖瓦厂八、九号汉墓清理简报》，《考古》1982年第3期；《扬州市郊发现两座新莽时期墓》，《考古》1986年第11期；《扬州平山养殖场汉墓清理简报》，《文物》1987年第1期。

　　C.扬州市博物馆：《扬州西汉"妾莫书"木椁墓》，《文物》1980年第12期。

　　D.江苏省扬州博物馆：《扬州地区农科所汉代墓葬群清理简报》，《文物资料丛刊》第9辑，文物出版社，1985年。

〔3〕屠思华：《江都凤凰河西汉木椁墓的清理》，《考古通讯》1956年第2期；《江苏凤凰河汉、隋、宋、明墓的清理》，《考古通讯》1958年第2期。

〔4〕A.扬州博物馆、邗江县文化馆：《扬州邗江县胡场汉墓》，《文物》1980年第3期。

　　B.扬州博物馆、邗江县图书馆：《江苏邗江胡场五号墓》，《文物》1981年第11期。

　　C.南京博物院：《江苏邗江甘泉东汉墓清理简况》，《文物资料丛刊》第4辑，文物出版社，1981年。

　　D.扬州博物馆：《江苏邗江姚庄101号西汉墓》，《文物》1988年第2期；《江苏邗江县甘泉老虎墩汉墓》，《文物》1991年第10期；《江苏邗江县姚庄102号汉墓》，《考古》2000年第4期。

　　E.扬州博物馆、邗江县图书馆：《江苏邗江县杨寿乡宝女墩新莽墓》，《文物》1991年第10期。

〔5〕A.南京博物院：《江苏仪征石碑村汉代木椁墓》，《考古》1966年第1期；《江苏仪征烟袋山汉墓》，《考古学报》1987年第4期。

　　B.扬州博物馆：《江苏仪征胥浦101号西汉墓》，《文物》1987年第1期。

　　C.南京博物院、仪征博物馆筹备办公室：《仪征张集团山西汉墓》，《考古学报》1992年第4期。

〔6〕A.王献唐：《徐州市区的茅村汉墓群》，《文物参考资料》1953年第1期。

　　B.信立祥：《汉画像石的分区与分期研究》，《考古类型学的理论与实践》第234～306页，文物出版社，1989年。

　　C.王德庆：《江苏铜山安乐乡周庄村发现汉墓》，《考古通讯》1957年第1期；《江苏铜山东汉墓清理简报》，《考古通讯》1957年第4期。

　　D.南京博物院：《徐州贾汪古墓清理简报》，《考古》1960年第3期；《徐州茅村画像石墓》，《考古》1980年第4期；《徐州青山泉白集东汉画像石墓》，《考古》1981年第2期。

　　E.葛治功：《徐州黄山陇发现汉代壁画墓》，《文物》1961年第1期。

　　F.江苏省文物管理委员会、南京博物院：《江苏徐州、铜山五座汉墓清理简报》，《考古》1964年第10期；《江苏徐州十里铺汉画像石墓》，《考古》1966年第2期。

　　G.江山秀：《江苏省铜山县江山西汉墓清理简报》，《文物资料丛刊》第1辑，文物出版社，1977年。

　　H.徐州博物馆：《江苏徐州子房山西汉墓清理简报》，《文物资料丛刊》第4辑，文物出版社，1981年；《徐州市韩山东汉墓发掘简报》，《文物》1990年第9期；《徐州绣球山西汉墓清理简报》，《东南文化》1992年第3、4期合刊；《徐州后楼山西汉墓发掘简报》，《文物》1993年第4期；《江苏徐州九里山汉墓发掘简报》，《考古》1994年第12期；《江苏徐州市九里山二号汉墓》，《考古》2004年第9期；《江苏徐州市清理五座汉画像石墓》，《考古》1996年第3期；《江苏徐州市米山汉墓》，《考古》1996年第4期；《徐州韩山西汉墓》，《文物》1997年第2期；《徐州东甸子西汉墓》，《文物》1999年第12期；《江苏铜山县凤凰山西汉墓》，《考古》2004年第5期；《徐州碧螺山五号西汉墓》，《文物》2005年第2期；《江苏徐州顾山西汉墓》，《考古》2005

的市县有：连云港[11]、东海[12]、盱眙[13]、泗洪[14]、涟水[15]、盐城[16]、姜堰[17]、泰州[18]、南京[19]、高淳[20]、丹阳[21]、溧水[22]、无锡[23]、吴县[24]、苏州[25]等。

安徽发现汉墓的地区分布较广，与江苏邻近的地区，如天长[26]、萧县[27]等地较为集

年第 12 期；《江苏徐州市后楼山八号西汉墓》，《考古》2006 年第 4 期。

  I. 徐州市博物馆：《江苏铜山县荆山汉墓发掘简报》，《考古》1992 年第 12 期；《江苏铜山县班井村东汉墓》，《考古》1997 年第 5 期。

[7] 徐州市博物馆、沛县文化馆：《江苏沛县栖山汉画像石墓清理简报》，《考古学集刊》第 2 集，中国社会科学出版社，1982 年。

[8] A. 南京博物院：《江苏邳县刘林遗址的汉墓》，《考古》1965 年第 11 期。

  B. 南京博物院、邳县文化馆：《东汉彭城相缪宇墓》，《文物》1984 年第 8 期；《江苏邳县白山故子两座东汉画像石墓》，《文物》1986 年第 5 期。

[9] 李鉴昭：《江苏睢宁九女墩汉墓清理简报》，《考古通讯》1955 年第 2 期。

[10] 新沂市博物馆：《江苏新沂市乱墩汉墓群Ⅰ号墩发掘简报》，《东南文化》2003 年第 3 期。

[11] A. 南京博物院、连云港市博物馆：《海州西汉霍贺墓清理简报》，《考古》1974 年第 3 期。

  B. 南波：《江苏连云港市海州西汉侍其繇墓》，《考古》1975 年第 3 期。

  C. 李洪甫：《江苏连云港花果山的两座汉墓》，《考古》1982 年第 5 期；《连云港市锦屏山汉画像石墓》，《考古》1983 年第 10 期。

[12] A. 南京博物院：《昌梨水库汉墓群发掘简报》，《文物参考资料》1957 年第 12 期。

  B. 连云港市博物馆：《江苏东海县尹湾汉墓群发掘简报》，《文物》1996 年第 8 期。

[13] A. 南京博物院：《江苏盱眙东阳汉墓》，《考古》1979 年第 5 期。

  B. 南京博物院、淮阴博物馆、盱眙县博物馆：《盱眙小云山六七号西汉墓发掘报告》，《东南文化》2002 年第 11 期。

  C. 盱眙县博物馆：《江苏东阳小云山一号汉墓》，《文物》2004 年第 5 期。

[14] 南京博物院、泗洪县图书馆：《江苏泗洪重岗汉画像石墓》，《考古》1986 年第 7 期。

[15] 南京博物院：《江苏涟水三里墩西汉墓》，《考古》1973 年第 2 期。

[16] 江苏省文物管理委员会、南京博物院：《江苏盐城三羊墩汉墓清理报告》，《考古》1964 年第 8 期。

[17] 姜堰市文物管理委员会办公室：《姜堰市官庄南华汉墓发掘报告》，《东南文化》2002 年第 5 期。

[18] 江苏省博物馆、泰州县博物馆：《江苏泰州新庄汉墓》，《考古》1962 年第 10 期。

[19] A. 倪振逵：《南京鼓楼附近发现东汉木椁墓》，《考古通讯》1956 年第 5 期。

  B. 葛家瑾：《南京栖霞山及其附近汉墓清理简报》，《考古》1959 年第 1 期。

  C. 王文辉：《南京邱家山汉墓》，《考古》1963 年第 8 期。

  D. 南京市博物馆：《南京市郊五座汉墓发掘简报》，《东南文化》1992 年第 6 期。

[20] A. 镇江博物馆：《江苏省高淳县东汉画像砖墓》，《文物》1983 年第 4 期。

  B. 南京市博物馆：《江苏高淳固城东汉画像砖墓》，《考古》1989 年第 5 期。

[21] 镇江市博物馆、丹阳县文化馆：《江苏丹阳东汉墓》，《考古》1978 年第 3 期。

[22] 溧水县图书馆吴大林：《江苏溧水出土东汉画像砖》，《文物》1983 年第 11 期。

[23] A. 朱江：《无锡壁山庄发现汉墓》，《考古通讯》1955 年第 4 期；《无锡汉至六朝墓葬清理纪要》，《考古通讯》1955 年第 6 期。

  B. 王德庆：《江苏无锡汉墓清理记》，《考古通讯》1957 年第 3 期。

中。另外，舒城[28]、霍山[29]、六安[30]、涡阳[31]、定远[32]、淮南[33]、和县[34]、宿州[35]、潜山[36]、桐城[37]、无为[38]、寿县[39]、亳县[40]、合肥[41]、凤台[42]、固镇[43]、五河[44]、灵

[24]　吴县文物管理委员会张志新：《江苏吴县窑墩汉墓》，《文物》1985 年第 4 期。

[25]　苏州博物馆：《苏州市娄葑公社团结大队天宝墩二十七号汉墓清理简报》，《文物资料丛刊》第 9 辑，文物出版社，1985 年；《苏州虎丘乡汉墓发掘简报》，《东南文化》2003 年第 5 期；《苏州冠鑫公司工地东汉墓的清理》，《东南文化》2003 年第 7 期。

[26]　A. 安徽省文物工作队：《安徽天长县汉墓的发掘》，《考古》1979 年第 4 期。

　　　B. 安徽省文物考古研究所、天长县文物管理所：《安徽省天长县杨村汉墓》，《东南文化》1992 年第 6 期。

　　　C. 安徽省文物考古研究所、天长县文物管理所：《安徽天长县三角圩战国西汉墓出土文物》，《文物》1993 年第 9 期。

　　　D. 天长市文物管理所、天长市博物馆：《安徽天长西汉墓发掘简报》，《文物》2006 年第 11 期。

[27]　A. 安徽省文物考古研究所：《安徽萧县张村汉墓发掘简报》，《江汉考古》2000 年第 3 期。

　　　B. 安徽省文物考古研究所、安徽省萧县博物馆：《萧县汉墓》，文物出版社，2008 年。

[28]　A. 安徽省文物考古研究所、舒城县文物管理所：《安徽舒城县秦家桥西汉墓》，《考古》1996 年第 10 期。

　　　B. 舒城县文物管理所：《舒城范店东汉墓》，《文物研究》第 13 辑，黄山书社，2001 年。

[29]　安徽省文物考古研究所、霍山县文物管理所：《安徽霍山县西汉木椁墓》，《文物》1991 年第 9 期。

[30]　A. 梁乃忠：《六安市九里沟 4 号西汉墓》，《文物研究》第 11 辑，黄山书社，1998 年。

　　　B. 六安市文物管理所：《六安城东 324 号西汉木椁墓发掘清理简报》，《文物研究》第 12 辑，黄山书社，1999 年；《六安市九里沟 64 号西汉墓发掘简报》，《文物研究》第 13 辑，黄山书社，2001 年。

　　　C. 安徽省文物考古研究所、六安市文物管理所：《六安市 312 国道墓葬清理报告》，《文物研究》第 13 辑，黄山书社，2001 年；《安徽六安市九里沟两座西汉墓》，《考古》2002 年第 2 期。

[31]　刘海超、杨玉彬：《安徽涡阳稽山汉代崖墓》，《文物》2003 年第 9 期。

[32]　A. 安徽省文物管理委员会：《定远县坝王庄古画像石墓》，《文物》1959 年第 12 期。

　　　B. 安徽省文物考古研究所：《安徽定远谷堆王九座汉墓的发掘》，《考古》1985 年第 5 期。

　　　C. 安徽省文物考古研究所、滁州市文物管理所、定远县文物管理所：《定远红山西汉墓》，《文物研究》第 13 辑，黄山书社，2001 年。

[33]　A. 淮南市文化局：《安徽省淮南市刘家古堆汉墓发掘简报》，《文物资料丛刊》第 4 辑，文物出版社，1981 年；《安徽淮南市二十店庙台孜汉墓》，《文物资料丛刊》第 4 辑，文物出版社，1981 年。

　　　B. 淮南市博物馆：《淮南市双孤堆西汉墓清理简报》，《文物研究》第 12 辑，黄山书社，1999 年。

[34]　安徽省博物馆：《安徽和县城北西汉木椁墓》，《文物资料丛刊》第 1 辑，文物出版社，1977 年。

[35]　A. 王步毅：《安徽宿县褚兰汉画像石墓》，《考古学报》1993 年第 4 期。

　　　B. 安徽省文物考古研究所、宿州市文物管理所：《安徽宿州市骑路埇堆汉墓发掘简报》，《华夏考古》2002 年第 1 期。

[36]　安徽省文物考古研究所、潜山县文物管理所：《安徽潜山彭岭战国西汉墓》，《考古学报》2006 年第 2 期。

璧[45]、庐江[46]、广德[47]、霍邱[48]、芜湖[49]、繁昌[50]、歙县[51]等市县也有发现。

苏皖地区官吏与平民墓葬的研究主要集中在画像石墓、墓葬形制、葬具构造和材质、墓中出土的一些特殊随葬品如釉陶器、简牍、玻璃衣片等方面。

———————————

〔37〕 安徽省文物考古研究所：《安徽桐城杨山嘴东汉墓的清理》，《考古》1985 年第 9 期。

〔38〕 无为县文物管理所：《安徽无为县甘露村西汉墓的清理》，《考古》2005 年第 5 期。

〔39〕 A. 安徽省文化局文物工作队、寿县博物馆：《安徽寿县茶庵马家古堆东汉墓》，《考古》1966 年第 3 期。

　　　B. 寿县文管所、寿县博物馆：《安徽寿县东津柏家台两座汉墓的清理》，《江汉考古》1992 年第 4 期。

〔40〕 A. 亳县博物馆：《亳县凤凰台一号汉墓清理简报》，《考古》1974 年第 3 期。

　　　B. 安徽省亳县博物馆：《亳县曹操宗族墓葬》，《文物》1978 年第 8 期。

　　　C. 亳州市博物馆：《安徽亳州市发现一座曹操宗族墓》，《考古》1988 年第 1 期。

〔41〕 A. 安徽省博物馆清理小组：《安徽合肥东郊古砖墓清理简报》，《考古通讯》1957 年第 1 期。

　　　B. 马人权：《安徽合肥汉墓清理》，《考古》1959 年第 3 期。

　　　C. 葛介屏：《肥东、霍邱县发现汉墓》，《文物》1959 年第 10 期。

　　　D. 王业友：《合肥东汉墓出土漆器等文物》，《文物》1960 年第 1 期。

　　　E. 吴兴汉、袁南征、谢少石：《合肥市环城公园东汉墓》，《文物研究》第 5 辑，黄山书社，1989 年。

〔42〕 A. 王西河、秦克非、王光辉：《安徽凤台县新莽时期墓葬》，《考古》1992 年第 11 期。

　　　B. 刘锋：《凤台峡山口汉墓清理简报》，《文物研究》第 11 辑，黄山书社，1998 年。

〔43〕 A. 蔡文静、胡悦：《固镇县濠城西汉墓清理简报》，《文物研究》第 11 辑，黄山书社，1998 年。

　　　B. 周群：《固镇渡口村十二座砖室墓清理简报》，《文物研究》第 11 辑，黄山书社，1998 年。

　　　C. 安徽省文物考古研究所、固镇县文物管理所：《固镇县濠城东汉石室墓》，《文物研究》第 13 辑，黄山书社，2001 年。

〔44〕 A. 胡欣民：《五河县清理两座东汉墓》，《文物研究》第 6 辑，黄山书社，1990 年。

　　　B. 安徽省文物考古研究所、五河县文物管理所：《五河县金岗古墓群清理简报》，《东南文化》2004 年第 4 期。

　　　C. 安徽省文物考古研究所、五河县文物管理所：《五河县金岗古墓群清理简报》，《东南文化》2004 年第 4 期。

〔45〕 安徽省文物考古研究所、灵璧县文物管理所：《灵璧县大李墓群发掘简报》，《文物研究》第 12 辑，黄山书社，1999 年。

〔46〕 安徽省文物考古研究所：《庐江县金牛镇叶屯汉墓发掘报告》，《文物研究》第 12 辑，黄山书社，1999 年。

〔47〕 刘政：《广德县独山西汉木椁墓清理简报》，《文物研究》第 11 辑，黄山书社，1998 年。

〔48〕 安徽省文物考古研究所：《霍邱县三桥古墓葬》，《东南文化》2005 年第 2 期。

〔49〕 安徽省文物工作队、芜湖市文化局：《芜湖市贺家园西汉墓》，《考古学报》1983 年第 3 期。

〔50〕 繁昌县文物管理所：《繁昌县竹山汉墓清理简报》，《文物研究》第 13 辑，黄山书社，2001 年。

〔51〕 杨鸠霞：《安徽歙县西村东汉墓》，《考古》1995 年第 11 期。

二　苏皖地区汉墓的类型

苏皖地区汉墓的形制与邻近的山东地区多有雷同，可分为五大类：土（岩）坑墓、岩坑洞室墓、崖洞墓、砖室墓（含砖石合建墓）和石室墓，其中流行于徐州地区的岩坑洞室墓颇有地域特色。

岩坑洞室墓常见于江苏徐州地区，其他地区少见，而安徽涡阳县石弓公社稽山两座西汉墓即是少有的例子。与徐州常见的西汉楚王崖洞墓不同，岩坑洞室墓是竖井式墓道，墓道填土中多夹有石块和石板以防盗。墓道底部向侧面开凿墓室，因此，也与岩坑竖穴墓不同，故单列一类。铜山县茅村镇洞山村后楼山 M8 竖井墓道中夹有两层石块和三层石板，岩坑底向一侧开凿外室和内室两室（图 8-29-A）。

不规则形竖穴土坑墓中较特殊的一例是江苏仪征市龙河乡丁冲村烟袋山西汉墓。该墓虽然竖穴是土坑墓，但平面形状却是"甲"字形，竖出的部分是椁室，横长的部分置外藏椁（图 8-29-C），规模也非那些瓮棺或瓦棺墓可比，比常见的长方形土坑竖穴木椁墓还多一个外藏椁。

另外，苏皖地区还有一种少见的单室砖墓，主室平面通常为长方形，有的墓在一侧设一侧室，安徽凤台县白塘乡殷家岗新莽时期墓平面呈前窄后宽的梯形（图 8-29-B），比较少见。

三　苏皖地区汉墓的分期及其演变

苏皖地区的汉墓出土的随葬品有陶器、漆木器、玉器、铜器、铁器、铅器、丝织品等，以陶器和漆木器为大宗，时代上以西汉时期居多。其中陶器的常见器形有鼎、盒、壶、罐、钫、盘、匜、豆、茧形壶、勺、盆、洗、瓶、瓮、耳杯、杯、卮、樽、魁、釜、甑、熏炉、仓、灶、井、磨、楼、俑、猪圈、家禽、家畜等。陶器中有的外表施彩绘，彩绘之下常施黑衣，彩绘纹饰多为云气纹，与漆木器相类，但要简化得多。陶器除常见的灰陶外，釉陶（硬釉陶又被称作原始瓷器）占了相当比例。釉陶的器类虽与灰陶相近，但器形和器表装饰多有自身特点。苏皖地区汉墓中的漆木器主要见于江苏扬州和安徽皖中地区的西汉墓中。木器最常见的是木俑。漆器常见器形有樽、案、盘、匜、托盘、盒、盆、匕、耳杯、卮、勺、碗、奁、砚盒、枕、面罩、几、笥、六博盘等，其中面罩是扬州地区较有特色的丧葬用品。这些漆器多为夹纻胎，少数为木胎。器表多施黑、红二彩，或黑地红绘，或红地黑绘。纹饰多为云气纹，其间或插绘奇禽异兽和神怪人物形象。

通过对苏皖地区汉墓出土典型陶器形制与组合的考察，我们可以将苏皖地区的汉墓分作六期。

第一期　西汉早期（公元前 206 年至公元前 141 年），即秦灭亡至汉景帝末年。

这一时期流行的墓葬形制为土坑竖穴墓，徐州的低山地区还流行岩坑竖穴墓和岩坑洞室墓；葬具多为一椁一棺或一棺；随葬品中的陶器组合常见者为鼎、盒、壶、罐、钫，延续了战国晚期仿铜陶礼器组合，但出现了仓、灶、井等模型明器，部分墓葬的陶器表面施彩绘。具有秦文化特点的茧形壶也是这一时期常见的陶器。釉陶器出现数量较多，形制也

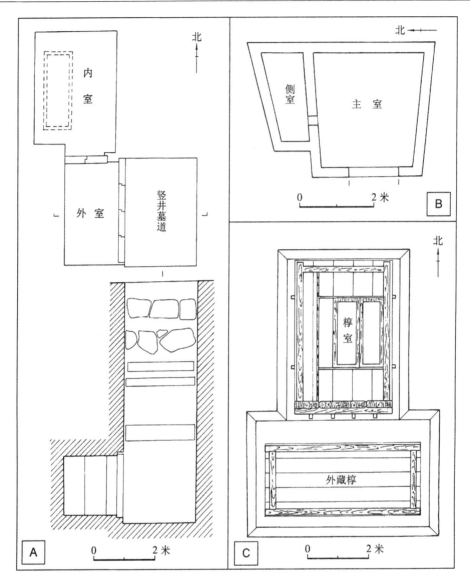

图 8-29　苏皖地区汉墓平面、剖视图
A.铜山后楼山 M8　B.凤台殷家岗墓　C.仪征烟袋山墓

多是仿铜陶礼器。扬州及附近地区的墓葬中流行用漆器随葬，这一时期的漆器多为木胎。典型墓葬有江苏江都县凤凰河西汉墓、南京邱家山 M2、仪征张集乡团山 4 座西汉墓、铜山县洞山村后楼山墓、徐州子房山 3 座西汉墓、徐州绣球山 2 座岩坑洞室墓、铜山县茅村镇洞山村后楼山 M8、铜山县拾屯乡天齐村米山 4 座西汉墓、徐州奎山区韩山墓，安徽六安市九里沟 M176 和 M177、六安市九里沟村 M4 和 M64、六安城东经济开发区 M324、无为县襄安镇甘露村 4 座西汉墓、潜山县彭岭墓地的部分墓葬、宿州市骑路塪堆 3 座西汉墓。

铜山县天齐村米山 M4 发掘前地表有高约 1 米的封土堆；岩坑竖穴呈长方形，墓口东西长 2.55、南北宽 1.85 米、深 5.2 米，墓口石壁缺失处用石块垒砌；墓室四周有一宽 0.2 米的夯土台，台上置 4 块石板覆盖墓室。该墓未被盗，除玉蝉、弩机和镞外，其他 21 件随葬品集中置于南侧偏西部，器物多比较完整。其中陶器有鼎、壶、钫、茧形壶、盆、盉、匜、球、俑等（图 8-30）；铜器有镜、弩机、勺、带扣、环等。

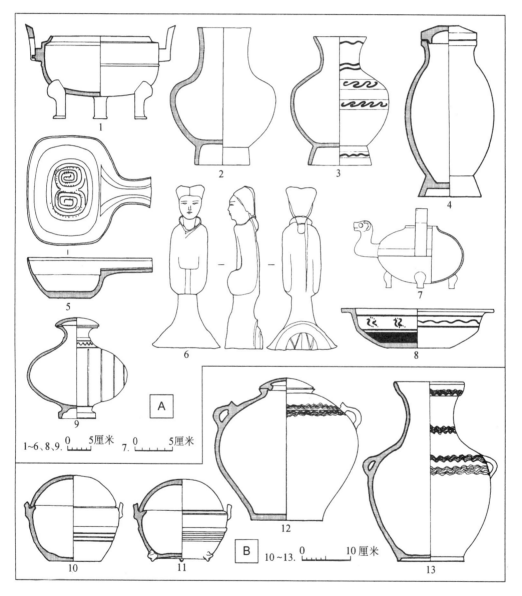

图 8-30　铜山汉墓出土陶器
A.米山汉墓出土　1.鼎（M4：12）　2.壶（M1：13）　3.壶（M1：14）　4.钫（M1：17）　5.匜（M4：14）
　　6.女俑（M4：6）　7.镳壶（M4：16）　8.盆（M4：20）　9.茧形壶（M4：18）
B.荆山汉墓出土　10.鼎（荆山墓：28）　11.鼎（荆山墓：21）　12.瓿（荆山墓：23）　13.壶（荆山墓：27）

第二期　西汉中期（公元前140年至公元前49年），即汉武帝至宣帝时期。

这一时期土坑竖穴木椁墓继续流行，徐州地区的岩坑竖穴墓和岩坑洞室墓也在继续使用。随葬品方面，一些墓中还在使用传统的仿铜陶礼器，但器形发生了变化。与上一期最大的变化是出现了五铢钱，铜镜中出现了具时代特点的日光镜和昭明镜。典型墓葬有江苏邗江胡场宣帝本始四年（公元前70年）王奉世夫妇墓、邗江胡场M1、仪征丁冲村烟袋山墓、铜山县桥北头村荆山墓、铜山县焦山村凤凰山M1、铜山县刘楼村九里山2座墓、徐州石桥村碧螺山M5、安徽霍山三星村墓、天长三角圩桓平夫妇墓、天长市纪庄村墓。碧螺山M5中随葬的瓦顶木结构建筑，是楚王陵中常见的遗迹，但在汉代中小型墓中极为罕见。

铜山县桥北头村荆山墓为岩坑洞室墓，未经盗扰。墓室内随葬五铢钱、铁剑、铜镜、铁环等，小龛内随葬陶器37件，灰陶组合为鼎、盒、壶、钫、罐、盆、磨、匜、井、灶、仓、猪圈等，釉陶器有鼎、壶、瓿。

第三期　西汉晚期（公元前48年至公元8年），即汉元帝至孺子婴时期。

本期土（岩）坑竖穴木椁墓在部分地区还在继续使用，一些墓葬中的随葬品以漆木器和青铜器为主，陶器较少，如邗江县甘泉乡姚庄村M101，约250件随葬品中，漆器131

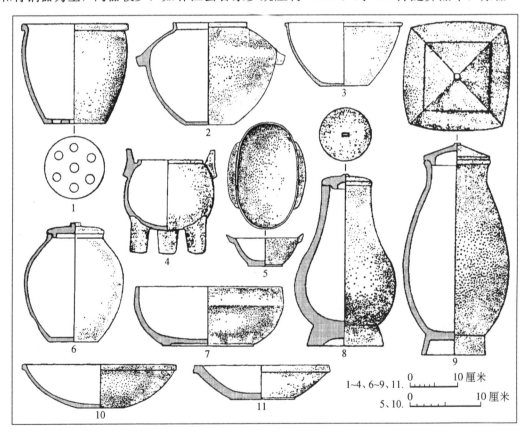

图8-31　芜湖贺家园汉墓M1出土滑石器

1.甑（M1:42-2）　2.釜（M1:41-1）　3.盆（M1:44）　4.鼎（M1:42）　5.耳杯（M1:47）　6.罐（M1:40）
7.洗（M1:43）　8.壶（M1:38）　9.钫（M1:39）　10.钵（M1:45）　11.碗（M1:46）

件，竹木器 54 件，金属器 56 件，陶器仅 5 件。与此同时，在徐州地区和安徽萧县等地画像石椁墓出现，如徐州利国镇墓山石椁墓。这一时期墓葬出土的陶器中，釉陶所占比例比以前有明显增加。仿铜陶礼器很少使用，使用陶礼器的墓，组合也不完整。有的墓出土有成组的滑石器（图 8-31）。属于本期的典型墓葬除上述墓葬外，还有江苏东海县尹湾村元延三年（公元前 10 年）师饶墓、仪征胥浦公社佐安村元始五年（公元 5 年）墓、连云港市海州区网疃庄侍其繇夫妇墓、连云港海州网疃庄霍贺墓、盱眙东阳汉墓、邗江县甘泉公社老山村"妾莫书"墓、盐城三羊墩 1 号墓，安徽芜湖市贺家园 3 座西汉墓。其中师饶墓因保存完好，出土近 40000 字的简牍受到学术界的广泛关注。

第四期 新莽时期（公元 9～24 年），即王莽建立新朝的始建国元年至新莽灭亡后刘玄的汉更始年间。

这一时期竖穴土坑墓依然存在，出现了小砖券墓，规模比较小；徐州地区石椁墓继续沿用。随葬品中的仿铜陶礼器已不再使用，实用器类的瓿、盅、壶、罐等成为主流，扬州地区的墓葬中还有大量随葬漆木器者，墓中随葬铜器的数量往往也比陶器多。本期墓葬的一个显著特点是一般随葬有新莽钱。典型墓葬有江苏扬州东风砖瓦厂 M1～M9，扬州平山养殖场 M4、M6，扬州蜀冈村 M5，邗江县李岗村宝女墩墓和姚庄村 M102，徐州茅村乡檀山村墓，泗洪重岗画像石墓，连云港市锦屏山桃花涧画像石椁墓，安徽天长县北冈村 M5 和 M7，凤台县白塘乡殷家岗墓。

邗江县姚庄村 M102 为竖穴土坑墓，葬具为一棺一椁，夫妇合葬，棺内底铺五铢钱。男棺内随葬有金饼、铁剑、玉蝉、漆面罩和玉猪等，女棺内随葬金银贴箔彩绘漆面罩、印章、玉猪、错金刀币、大泉五十、小泉直一、铁剑、玉串饰、铜阳燧和木刻人面像等。头厢内随葬铜匜和漆耳杯等器物。足厢内随葬铜鼎、钫、染炉，铁提梁卣、炉，漆盘、奁等。东边厢空无一物。西边厢内随葬漆案和铜壶、沐盆、盉等（图 8-32）。

第五期 东汉早期（公元 25～105 年），即光武帝至和帝时期。

本期的墓葬形制较为复杂，此前的土坑竖穴墓仍然存在，葬具中的木椁和石椁也在继续使用，同时出现了砖室墓和石室墓，墓葬形制和随葬品的地区差别日渐消失。作为典型墓葬，江苏邗江县甘泉镇 M1 为前有甬道的单室砖墓，早年被盗，内出"建武二十八年"（公元 52 年）铜灯。丹阳县瓜渚大队宗头山墓，墓内出土"永元十三年"（公元 101 年）带钩，年代可能距此不远。睢宁县刘楼东汉砖室墓为前、中、后三室，内出银缕玉衣和铜缕玉衣片，虽然死者为 6 岁左右的儿童，但应与东汉下邳国王室有关。此外，还有新沂市乱墩汉墓群 I 号墩中的部分石椁墓。

第六期 东汉中晚期（公元 106～220 年），即殇帝至献帝时期。

本期流行砖室墓和石室墓，尤其是画像石墓。由于墓葬多被盗，随葬品组合情况不明。残存陶器有罐、碗、三足盘、盂、耳杯、盘、勺、魁、案、灯、博山炉、六博盘、虎子、灶、磨、俑、楼、圈、家禽等，其中模型明器占很大比例。这一时期一些画像石墓内的纪年题记为判定墓葬的年代提供了可靠证据。典型墓葬有安徽亳州曹操宗族墓地中的元宝坑建宁三年（公元 170 年）墓、宿县褚兰镇墓山孜建宁四年（公元 171 年）胡元壬墓、五河县孙平村墓、五河县大方行村金岗墓群中的 14 座小型砖墓、淮南市九里大队刘家古

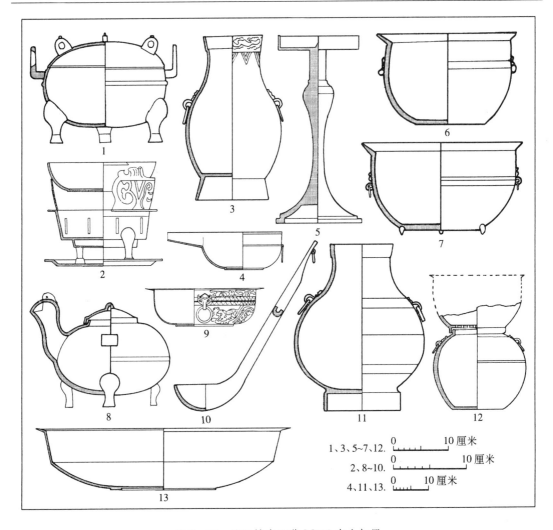

图 8-32　邗江姚庄汉墓 M102 出土铜器

1.鼎（M102：61）　2.染炉（M102：51）　3.钫（M102：52）　4.匝（M102：84）　5.灯（M102：75）　6.釜（M102：66）
7.釜（M102：64）　8.盉（M102：73）　9.盆（M102：74）　10.勺（M102：60）　11.壶（M102：69）　12.釜甑
（M102：49）　13.沐盆（M102：71）

堆墓、合肥三里街 3 座砖墓，江苏邳州青龙山元嘉元年（公元 151 年）缪宇墓，江苏高淳
县固城镇画像砖墓、徐州十里铺画像石墓、铜山县班村画像石墓、泰州新庄砖室墓等。

四　苏皖地区汉墓的区域特征

将苏皖地区的汉墓与相邻地区的汉墓相较，其特点主要表现在如下几个方面。

扬州及与之比邻的安徽天长县，还有安徽的霍山县等地的西汉墓在形制上流行土坑竖
穴墓，葬具多为一棺一椁，少数为双棺一椁或仅一棺，随葬品中漆木器数量较多，且保存
状况较好。漆器多为夹纻胎，表面多用朱绘云气纹，有的在云气间插飞禽走兽。其中最有

特色的器物是漆面罩。这一习俗一直延续到新莽前后。

苏皖北部与山东相邻的地区，从连云港经徐州到淮北在西汉时期流行石椁墓[1]，石椁板上多有图像；东汉时期则流行画像石墓，墓室结构虽与山东相近，图像内容和雕刻技法却有自身特点，图像内容多与社会生活、神仙祥瑞有关，历史故事罕见，雕刻技法多用浅浮雕。

苏皖地区一些汉墓上发现有墓垣建筑，从西汉到东汉都发现有这样的现象。西汉墓如徐州东甸子墓，东汉墓如江苏邳州缪宇墓。东汉时期的个别墓葬还有地上祠堂与地下墓室共存的现象，如江苏铜山白集墓、洪楼墓和安徽宿县褚兰镇墓山孜胡元壬墓等。这些现象的存在为我们研究当时官吏与平民墓地的布局与祭祀礼俗提供了宝贵的第一手资料。

第八节　江汉地区汉墓

一　江汉地区汉墓的发现与研究简述

江汉地区指长江中游和汉水中、下游地区，即今湖北省境内的大部分辖地。迄今为止，江汉地区已发掘两汉时期的墓葬 800 余座，其中西汉墓葬 600 余座，东汉墓葬 150 余座。主要分布在鄂西北的郧阳、襄樊、随州、宜城，鄂西的荆州、宜昌、秭归、巴东，鄂东的蕲春、新洲等地，较重要的地点有房县松嘴、老河口柴店岗、百花山[2]，襄樊擂鼓台、余岗、岘山、郑家山、高庄、许家岗、彭岗、卞营、真武山、王坡[3]，随

---

〔1〕 石椁墓虽然流行于这一地区，但分布却远远超出此范围，在南京附近也发现有西汉时期的石椁墓，如南京高家山 2 号墓（见葛家瑾《南京栖霞山及其附近汉墓清理简报》，《考古》1959 年第 1 期）。另外，有人认为江苏汉墓除徐州可单列一区外，其他地区可视为一个区域（见汪维寅、汪俊明《江苏西汉墓葬二题》，《东南文化》2005 年第 2 期）。

〔2〕 A. 湖北省文物考古研究所、郧阳地区博物馆、房县博物馆：《1986～1987 年湖北房县松嘴战国两汉墓发掘报告》，《考古学报》1992 年第 2 期；《湖北房县松嘴战国两汉墓地第三、四次发掘报告》，《考古学报》1998 年第 2 期。

B. 老河口市博物馆：《湖北老河口市柴店岗两汉墓葬》，《考古》2001 年第 7 期；《老河口市百花山西汉墓清理简报》，《江汉考古》1996 年第 3 期。

〔3〕 A. 襄阳地区博物馆：《湖北襄阳擂鼓台一号墓发掘简报》，《考古》1982 年第 2 期。

B. 襄樊市博物馆：《湖北襄樊市余岗战国至东汉墓葬发掘报告》，《考古学报》1996 年第 3 期；《湖北襄樊市岘山汉墓清理简报》，《考古》1996 年第 5 期。

C. 湖北省文物考古研究所、襄樊市博物馆：《湖北襄樊郑家山战国秦汉墓》，《考古学报》1999 年第 3 期。

D. 湖北省文物考古研究所：《襄樊市真武山西汉墓葬》，《江汉考古》1993 年第 4 期。

E. 襄樊市考古队：《襄樊市高庄墓群发掘报告》，《江汉考古》1999 年第 4 期；《襄樊市高庄墓群第三次发掘简报》，《江汉考古》2006 年第 1 期；《襄樊王寨许家岗墓群发掘》，《江汉考古》1999 年第 4 期；《襄樊彭岗汉墓群发掘简报》，《江汉考古》2000 年第 2 期；《襄樊团山卞营墓地第二次发掘》，《江汉考古》2000 年第 2 期；《襄樊余岗战国秦汉墓第二次发掘简报》，《江汉考古》2003 年第 2 期。

州孔家坡[4]，宜城楚皇城[5]，宜昌前坪、葛洲坝[6]，秭归庙坪[7]，巴东西瀼口[8]，当阳岱家山[9]，云梦睡虎地和大坟头[10]，荆州凤凰山、张家山、高台、瓦坟园、岳山、毛家园、松柏、谢家桥[11]，蕲春茅家山、鳜鱼嘴、陈家大地、付家山、对面山、鼓儿山、草林山[12]，新洲辛冲[13]，黄州汪家冲等[14]。已有研究多集中在对本地区西汉早期墓葬的分期、分类[15]。随着考古工作的发展，对秦墓与西汉早期墓葬的区分以及西汉墓的年代

F. 湖北省文物考古研究所、襄樊市考古队、襄阳区文物管理处：《襄阳王坡东周秦汉墓》，科学出版社，2005 年。

[4] 湖北省文物考古研究所、随州市考古队：《随州孔家坡汉墓简牍》，文物出版社，2006 年。

[5] 楚皇城考古发掘队：《湖北宜城楚皇城战国秦汉墓》，《考古》1980 年第 2 期。

[6] A. 湖北省博物馆：《宜昌前坪战国两汉墓》，《考古学报》1976 年第 2 期。

B. 宜昌地区博物馆：《1978 年宜昌前坪汉墓发掘简报》，《考古》1985 年第 5 期。

C. 长江流域第二期文物考古工作人员训练班：《1973 年宜昌前坪古墓清理简报》，《葛洲坝工程文物考古成果汇编》，武汉大学出版社，1990 年。

[7] 湖北省文物事业管理局、湖北省三峡工程移民局：《秭归庙坪》，科学出版社，2003 年。

[8] 广西壮族自治区文物工作队：《巴东县西瀼口古墓葬 2000 年发掘简报》，《江汉考古》2002 年第 1 期。

[9] 湖北省宜昌博物馆：《当阳岱家山楚汉墓》，科学出版社，2006 年。

[10] A. 湖北省博物馆：《云梦大坟头一号汉墓》，《文物资料丛刊》第 4 辑，文物出版社，1981 年；《1978 年云梦秦汉墓发掘报告》，《考古学报》1986 年第 4 期。

B. 湖北省文物考古研究所、云梦县博物馆：《湖北云梦睡虎地 M77 发掘简报》，《江汉考古》2008 年第 4 期。

[11] A. 长江流域第二期文物考古工作人员训练班：《湖北江陵凤凰山西汉墓发掘简报》，《文物》1974 年第 6 期。

B. 凤凰山一六七号汉墓发掘整理小组：《江陵凤凰山一六七号汉墓发掘简报》，《文物》1976 年第 10 期。

C. 湖北省文物考古研究所：《江陵凤凰山一六八号汉墓》，《考古学报》1993 年第 4 期。

D. 荆州地区博物馆：《江陵张家山三座汉墓出土大批竹简》，《文物》1985 年第 1 期；《江陵张家山两座汉墓出土大批竹简》，《文物》1992 年第 9 期；《荆州高台秦汉墓》，科学出版社，2000 年；《湖北荆沙市瓦坟园西汉墓发掘简报》，《考古》1995 年第 11 期。

E. 湖北省江陵县文物局、荆州博物馆：《江陵岳山秦汉墓》，《考古学报》2000 年第 4 期。

F. 杨定爱：《江陵县毛家园 1 号汉墓》，《中国考古学年鉴（1987）》，文物出版社，1988 年。

G. 荆州博物馆：《湖北荆州纪南松柏汉墓发掘简报》，《文物》2008 年第 4 期；《湖北荆州谢家桥一号墓发掘简报》，《文物》2009 年第 4 期。

[12] 黄冈市博物馆、湖北省文物考古研究所、湖北省京九铁路考古队：《罗州城与汉墓》，科学出版社，2000 年。

[13] 武汉市博物馆、新洲县文管所：《1992 年辛冲汉墓群发掘简报》，《江汉考古》1996 年第 4 期。

[14] 湖北省文物考古研究所、黄冈市博物馆、黄州博物馆：《湖北黄州汪家冲西汉墓群》，《江汉考古》1998 年第 2 期。

[15] A. 湖北省博物馆郭德维：《试论江汉地区楚墓、秦墓、西汉早期墓的发展与演变》，《考古与文物》1983 年第 2 期。

及文化因素分析等方面的认识不断深入。

二 江汉地区汉墓的分期

（一）西汉早期

本期墓葬中 10 座墓有明确纪年。荆州张家山 M247 下葬年代在高后二年（公元前 186 年）稍后，M336 葬于汉文帝前元七年（公元前 173 年）后不久；高台 M18 葬于汉文帝前元七年（公元前 173 年）；凤凰山 M168 下葬于汉文帝前元十三年（公元前 167 年），M9 下葬于汉文帝前元十六年（公元前 164 年）稍后，M10 下葬于汉景帝前元四年（公元前 153 年）；毛家园 M1 葬于汉文帝前元十二年（公元前 168 年）；谢家桥 M1 葬于吕后五年（公元前 184 年）；睡虎地 M77 下葬年代在汉文帝后元七年（公元前 157 年）稍后；随州孔家坡 M8 葬于汉景帝后元二年（公元前 142 年）。它们是本期墓葬断代的重要依据。

墓坑以土坑竖穴为主，在丘陵山地有少量的岩坑竖穴。个别墓葬有封土，有的带墓道。襄阳擂鼓台 M1 的填土中夹有两层石块，与"积石"相似。还有少数墓葬有"积炭"，如郧县的 M216[16]。有少数墓葬有生土二层台，如巴东西瀼口 M9。多数地点的墓葬棺椁已腐朽不存。荆州等地墓葬的葬具大多保存较好，有二棺一椁、一棺一椁和单棺三类。揭去椁盖板后的椁室平面呈"Ⅱ"形，其外一般填白膏泥；椁室内部一般分隔成头厢、边厢和棺室，少数大墓还有两个边厢或另有脚厢，如江陵高台 M5；棺室与各室之间有门、窗相通。蕲春的西汉墓葬具保存不好，据痕迹判断，部分墓葬的椁室内有左、右边厢而无头厢。棺室内皆置一棺。江陵凤凰山 M167 保存有完整的棺饰，由两层绣绢、锦做成的棺罩和一件方格竹帘组成。对照《礼记·丧大记》关于"饰棺"的记载可知，前者称作"荒帷"，后者称作"池"，是先秦葬俗的遗留[17]。谢家桥 M1 也有相似的棺饰。并穴埋葬时有发现，如江陵凤凰山 M167 与 M168、M8 与 M9，房县松嘴 M71 与 M72、M77 与 M78 等。

随葬器物主要有陶器、铜器和漆木器。常见陶器分作三组，陶礼器是鼎、盒、壶或钫，少数墓葬有豆，如高台 M18。这个时期的陶器组合与战国晚期一脉相承，但在器形上已产生变化。日用器有小口瓮、罐、釜、甑、盂，高台 M5 有漆衣彩绘陶瓮。模型器有圆锥顶仓和筒形仓、似船形的双眼灶和曲尺形灶（图 8-33）。少数墓葬出陶茧形壶，与战国晚期秦人墓有密切的关联。江陵地区汉文帝、景帝时期墓葬多出日用陶器瓮、罐、釜、甑、盂和圆锥顶仓、曲尺形灶，仅个别墓有陶礼器（图 8-34）。前坪部分墓葬也有相似的情况。

铜器数量少，有的墓则随葬单个或成组的礼器，如鼎、钫、蒜头壶、镶壶、罍等。有

　　B. 陈平：《浅谈江汉地区战国秦汉墓的分期和秦墓的识别问题》，《江汉考古》1983 年第 3 期。

　　C. 陈耀均、阎频：《江陵张家山汉墓的年代及相关问题》，《考古》1985 年第 12 期。

　　D. 陈振裕：《湖北西汉墓初析》，《文博》1988 年第 2 期。

[16] 中国社会科学院考古研究所湖北工作队：《湖北郧县东周西汉墓》，《考古学集刊》第 6 集，中国社会科学出版社，1989 年。

[17] 吉林大学历史系考古专业七三级工农兵学员纪烈敏、张柏忠、陈雍：《凤凰山一六七号墓所见汉初地主阶级丧葬礼俗》，《文物》1976 年第 10 期。

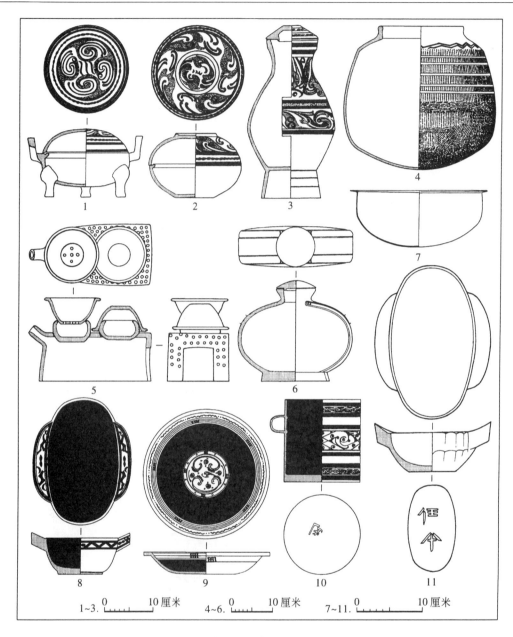

图 8-33 随州孔家坡汉墓 M8 出土器物

1.陶鼎（M8：12） 2.陶盒（M8：22） 3.陶钫（M8：5） 4.陶瓮（M8：23） 5.陶灶（M8：3） 6.漆扁壶（M8：8）

7.铜盂（M8：28） 8.漆耳杯（M8：39） 9.漆盘（M8：25） 10.漆卮（M8：43） 11.漆耳杯（M8：32）

的墓只随葬日用器，如镜、钳、鏊等。铜镜纹饰多见连弧纹、四叶纹、夔龙纹，有的以勾连雷纹、蟠螭纹作地纹，呈现战国晚期的风格。蒜头壶是秦人墓的典型器物，时代特征明显。铜钱皆为半两。前坪 M7 有鄎禹、麟趾金各 1 件。

漆木器的保存状况依墓葬所在地土质和埋深而有不同，以江陵、云梦及附近地区为最

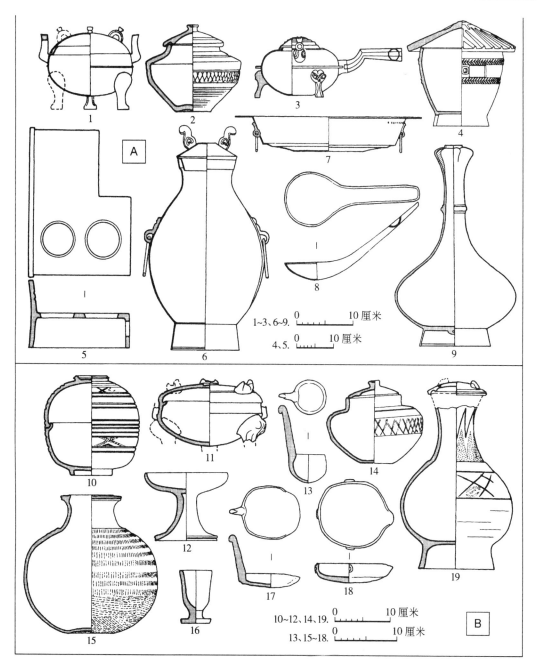

图8-34　荆州高台西汉墓出土器物

A. M5出土　1.铜鼎（M5:4）　2.陶矮领罐（M5:17）　3.铜鐎壶（M5:9）　4.陶仓（M5:22）　5.陶灶
　　（M5:20）　6.铜钫（M5:2）　7.铜盆（M5:13）　8.铜勺（M5:11）　9.铜蒜头壶（M5:6）

B. M18出土　10.陶盒（M18:13）　11.陶鼎（M18:17）　12.陶豆（M18:6）　13.陶斗（M18:20）　14.陶矮
　　领罐（M18:5）　15.陶圜底罐（M18:2）　16.陶杯（M18:14）　17.陶勺（M18:9）　18.陶匜（M18:25）
　　19.陶壶（M18:16）

好。在小型墓葬中不多见，数量也少。在较大墓葬的随葬品中占有很大比例，如荆州凤凰山 M168 有漆器 165 件、木器 95 件，占全部随葬品 563 件的 46％；高台 M2 有漆木器 205 件，占全部随葬品的 88％。主要器形有耳杯、盂、壶、扁壶、盘、盒、卮、奁、樽、方平盘。大多制作精致，色彩鲜艳。纹饰以各种云气纹、草叶纹为多见，间有飞禽、走兽，并有少量的针刻纹饰。模型器有象征奴、婢的木俑和车、船、牛、马等。江陵凤凰山汉墓出土的部分漆器上有烙印文字，可知它们产自广汉郡成都市府管辖的作坊[1]。房县松嘴 M52 的耳杯上书"房陵"，是汉代房县之名。

在荆州凤凰山、毛家园、张家山、高台、谢家桥、肖家草场[2]，云梦大坟头、睡虎地，随州孔家坡等处的西汉早期墓中都有简牍出土。除常见的遣册、"告地书"外，还有历谱、日书和各种文书、簿册，较重要的有：凤凰山 M10 的乡里文书、簿册；张家山 M247 的《二年律令》、《奏谳书》、《脉书》、《引书》、《盖庐》、《算数书》；张家山 M336 的《功令》、《盗跖》、汉律；睡虎地 M77 的日书，"质日"，《算术》、书籍、法律、司法文书、簿籍；松柏 M1 的各种簿册、律文摘抄、公文等。它们对于汉初社会、科学、法律制度及思想史的研究有极珍贵的价值。

丝织品以凤凰山 M167 和谢家桥 M1 的发现为大宗。前者棺内有 1 件残破的衣衾包裹，内含多种丝织品。在一个竹笥内存有 35 卷织物。凤凰山 M168 存有麻衣、裙和鞋，还保留有一具男尸，其外形、内脏及各种软组织保存较好，可能是深埋、密封和棺液的防腐作用所致[3]。

从墓中出土文字资料可知，荆州凤凰山 M10、M168 墓主人生前爵位是五大夫（汉爵第九级），毛家园 M1 是官大夫（汉爵第六级），高台 M18 是"关内侯寡"（汉爵第二十级）。其中凤凰山 M10 墓主张偃曾任里正，孔家坡 M8 墓主曾任库啬夫，其余墓主皆未有明确资料反映其身份。西汉初年获得爵位的主要途径是军功、功劳、赐予和"入粟拜爵"，拥有爵位甚至高爵者众多。综观本期墓葬，财富已成为墓葬大、小和随葬品多寡的首要决定因素，爵位则居次。

（二）西汉中期

墓葬本期墓坑仍以土坑竖穴为主，有少量岩坑竖穴，少数墓有墓道，房县松嘴和蕲春傅家山有个别墓葬的墓道偏于墓坑一侧，状如刀柄。蕲春傅家山 M5、M7 墓坑底部有排水沟，内填碎石。偶见殉人之例，如房县松嘴 M73 的二层台上有人骨架一具，随葬有陶瓮、整和一串五铢钱。松嘴 M70 的填土中有陶灶、瓮、井和五铢钱，似为丧仪祭奠遗存。本期墓葬的葬具仍是木椁、木棺，以一棺一椁和单棺为多。开始出现在同一椁室内并置二棺，如高台 M28。此墓椁室长 4.32 米，宽 2.74 米，高 1.80 米，头厢中部以薄板分隔，棺室内置双棺。人骨架零散不全，有可能是迁葬。一般墓葬的椁室结构及布局与早期相同。

随葬品仍以陶器和漆木器为主。常见的陶器有三类：礼器、日用器和模型器。陶礼器

[1] 俞伟超、李家浩：《马王堆一号汉墓出土漆器制地诸问题》，《考古》1975 年第 6 期。
[2] 湖北省荆州市周梁玉桥遗址博物馆：《关沮秦汉墓简牍》，中华书局，2001 年。
[3] 湖北省西汉古尸研究小组：《江陵凤凰山一六八号汉墓西汉古尸研究》，文物出版社，1982 年。

有鼎、盒、壶，日用器有罐、釜、瓮、鏊，模型器有双眼长形灶和曲尺形灶。房县松嘴墓地兼有以上三类陶器；蕲春汉墓则以仿铜陶礼器为主，并有一定数量的拍印方格纹硬陶罐；荆州高台汉墓则以日用陶器为主，偶有硬陶罐。铜容器数量很少，铜镜较为常见，纹样有规矩草叶纹、四乳草叶纹、星云纹及重圈连珠纹，出现"见日之光，天下大明"、"心思君王，常乐未央"等铭文。货币有半两和五铢钱，蕲春汉墓还有泥质五铢钱。荆州的墓葬中随葬品仍以漆木器为多，如高台 M28 有 130 余件。器形有耳杯、圆盘、方平盘、盒、奁、盂、卮及车、马、俑等。纹饰以鱼、凤鸟、云气和神兽为多，以漆绘为主，间有针刻。部分漆器上有针刻、烙印、漆书文字。高台 M2 漆器上烙印的"成市草"与江陵凤凰山汉墓、马王堆汉墓漆器相同，是产地标志。漆器上的"李"字则可能是工匠或物主之姓。高台 M28 规模较大，随葬品丰富，显示墓主人有相当强的经济实力。

（三）西汉晚期与新莽时期

这一时期墓葬墓坑仍以土坑竖穴为多，丘陵、山地多岩坑。有的墓道偏于墓坑一侧，状如刀柄，如当阳岱家山 M12、M19、M21 等。有的墓坑底部有排水沟。有的在靠近底部处的三周或四周设有二层台。并穴合葬墓时有发现。荆州瓦坟园有 4 座墓，两两并列，墓道方向一致，可能是家族墓地，从西汉延续到东汉早期。葬具除木椁、木棺外，开始出现木、砖混合结构的椁室。瓦坟园 M3 是在墓坑内先砌砖椁，再于其中垒建木椁。毛家园 M5 在椁底板的一端铺砖加长，棺床置于三排砖垫上[1]。一些较大的椁室内部采用分层结构。瓦坟园 M4 椁室结构复杂，可作为代表。该墓椁内分前、后、中、侧四室。前、后室设有较矮的垫木，其上铺设木板。后室和后侧室架有立柱，其上铺设木板，分为上、下两层，有楼梯相通。中室并置彩绘双棺。其他各室与中室皆有门、窗相通。荆州以外地区的本期墓葬葬具大多保存不好。在鄂西北的襄樊、枣阳等地开始出现砖室墓，一般分作前、后室或为单室。三峡地区有石块垒砌的单室券顶墓，如秭归柳林溪 M4[2]。流行合葬，有部分二次葬。

随葬陶器以实用器为主，器形有瓮、罐等。少量是明器和印纹硬陶。部分墓葬有陶礼器，器类有鼎、盒、壶，但多配置不全。模型器增多，有带盖圆仓和直筒形仓、长方形灶、敞口平底形井及猪圈、鸡、狗模型。釉陶器的数量逐渐增多。铜器数量偏少，多配置不全，器类有鼎、钫、壶、甂、鏊、熏、盉等。货币流行五铢钱、剪轮五铢和新莽钱币大泉五十、小泉直一、大布黄千等。瓦坟园出土的 968 枚五铢钱分成两串，用棕绳贯穿。漆木器的种类大致与中期相同，纹样以单线勾勒为多，渐趋简化。耳杯的两耳间距较窄，呈窄长形。瓦坟园 M4 棺床底板上阴刻"王□□市郾君□官"，文中的"郾"是距墓地西边不远的郾城，是一座汉代城址。墓主生前或在郾城居住。

（四）东汉早期

本期墓葬墓坑仍以土坑竖穴为多，丘陵、山地多岩坑。砖室墓流行，有少量砖石混合

---

[1] 湖北省文物考古研究所：《纪南城毛家园新莽东汉墓》，《江汉考古》1994 年第 4 期。

[2] 国务院三峡工程建设委员会办公室、国家文物局：《秭归柳林溪》，科学出版社，2003 年。

结构墓，在山区有石条砌成的墓室[1]。小型单室券顶墓居多，有的带甬道或墓道，平面分别呈长方形、凸字形。墓道位于墓坑一侧的墓葬增多。墓壁四周多用侧面压印几何纹、钱纹的砖垒砌。偶有在墓室中顺纵向砌砖分隔成左、右室，如当阳岱山 M18 和丹江口市肖川 M3[2]。多室墓以双室墓最多。一般作前、后室布置。襄樊市杜甫巷 M2 前室横长，后室分为并列的三室[3]。枣阳车架厂 M3 的后室内有两个并列棺室，各设一门通向前室。棺室的三面之外有回廊。两个棺室和两侧回廊各自起券，后室共有 4 个券顶[4]。其他多室墓有前、后室与耳室，前、后室与双耳室两种。仍有少量土坑木椁墓和砖木混合结构墓。前者以江陵瓦坟园 M1 最大，椁内分前、后、侧室；后者以襄阳王坡 M173 较大，是木椁与砖砌甬道相结合。蕲春陈家大地多砖木混合结构的单室墓，四周与底部砌砖，用木板盖顶、封门。葬具大多数保存不好。

随葬品以陶器为主。陶礼器鼎、壶还有零星出现。日用器有罐、瓮、奁等。模型器有仓、灶、井、磨、猪圈、家畜、家禽等。有少量的硬陶罐和青瓷器罐。釉陶器增多。铜器数量偏少，散见于不同的墓中，多薄胎，器类有鼎、壶、镝、镳壶、甑、熏、灯、车马器。铜镜纹饰有四乳禽兽纹、规矩纹及圈带状铭文，云雷连弧纹及简化规矩纹出现。少数墓葬有耳杯、盘等漆器，陈家大山 M4 的一件漆盘口沿有铜釦，外底上漆书"大官"。货币有五铢、大泉五十、大布黄千、契刀五百等。

（五）东汉中晚期

东汉中晚期砖室墓流行，有少量砖石混合结构墓。小型单室墓占多数，墓坑和墓室结构与早期相同。多室墓增加并扩大，出现由甬道、前后室、左侧室、右耳室组成的五室墓，如蕲春陈家大地 M18；由甬道、前后室、左右室及双耳室组成的七室墓，如对面山 M1。葬具多数仅存残痕。多室墓中一般是有两具或更多的棺。单室墓一般只葬一棺。三峡地区多石室墓，以平面呈凸字形为常见，如巴东孔包 M1、M2、M3 皆是石室券顶结构，用小块条石垒砌，以黄泥抹缝[5]。在三峡地区，多人合葬普遍存在。据对遗留牙齿的鉴定，孔包 M1、M2、M3 分别葬有 4 人、5 人和 3 人[6]。当阳岱家山 M59 墓砖铭"永和元年造"。

随葬品以陶器居多，陶礼器少见，器类有鼎、壶等。日用器常见罐、瓮、灯。模型器有俑、仓、灶、猪圈，各种家畜、家禽增多。一些较大的墓葬出土陶楼。釉陶流行，以黄、酱褐色为多。在罗州城，本期东汉墓中硬陶器增多。青瓷器增多，有四系罐、碗、水盂、奁等。铜器数量很少。铜镜较多，有浮雕式神兽镜、兽首镜。有少量玉石器发现。蕲春东汉

〔1〕 宜昌地区博物馆、秭归屈原纪念馆：《秭归卜庄河古墓发掘简报》，《江汉考古》1991 年第 4 期。

〔2〕 湖北省博物馆、丹江口市博物馆：《丹江口市肖川战国两汉墓葬》，《江汉考古》1988 年第 4 期。

〔3〕 襄樊市博物馆：《襄樊杜甫巷东汉、唐墓》，《江汉考古》2000 年第 2 期。

〔4〕 枣阳市博物馆：《枣阳市车架厂古墓清理简报》，《江汉考古》1994 年第 4 期。

〔5〕 中山大学人类学系、湖北省文物局三峡办：《湖北省巴东县孔包汉墓发掘报告》，《四川文物》2003 年第 6 期。

〔6〕 李法军：《湖北省巴东县孔包汉墓人骨鉴定》，《四川文物》2003 年第 6 期。

墓中出土的石砚较多，鳡鱼嘴 M8 的砚盖是鸟形钮，背面有"五铢"二字。三峡地区墓葬多见陶瓮、罐；各类小型饰物，如料珠、铜环、琉璃耳珰等。货币有五铢、货泉等。

在鄂西北和鄂西部分墓葬中发现过少量画像石和画像砖[1]，多为东汉中晚期。画像石多见于砖室墓的门和门框，内容有人物、青龙、白虎。空心画像砖内容有仙人驾车、门阙与门首吏等。半月东汉墓画像砖共 24 块，内容有双阙、车马出行、乐舞对弈、乐舞杂耍、宴饮、百兽、羽人神兽等。当阳岱家山 M74 墓砖的侧面有模制的狩猎纹。

三 江汉地区汉墓的区域特征

本区两汉墓葬有明显的地域特征。西汉早、中期墓葬的葬具多承袭楚墓习俗，以木椁为主，晚期少数墓葬出现木砖混合结构椁室。受豫西南汉墓的影响，鄂西北的襄樊、枣阳等地开始出现砖室墓。不见洛阳等地西汉时期流行的土洞墓、空心砖墓。随葬品以各种陶器为主。荆州一带的西汉早期墓中，除少数墓出楚式陶礼器外，多见日用陶器、漆木器和模型器仓、曲尺形灶。汉水中、下游的汉墓多出陶礼器鼎、盒、钫或壶，钫、壶不同出，器表多有彩绘花纹。这种陶礼器的组合当源自中原地区汉墓。墓葬中的船形两眼灶、圆锥形盖圆仓、鏊等都是来自秦墓的影响。西汉中期荆州及附近地区墓葬的随葬陶器仍以日用器为主，其他地区以陶礼器为主，长方形双眼灶取代船形双眼灶流行，江南汉墓中常见的硬陶罐开始出现。西汉晚期开始出现猪圈、家畜、家禽等，釉陶器增多。东汉时期，江汉地区墓葬的文化面貌与中原地区十分接近，只是木椁墓仍见于早期部分墓葬，延续时间要比中原地区长许多。汉水下游与鄂东地区墓葬出土数量较多的硬釉陶罐、四系青瓷罐和干栏式仓，呈现长江下游和江南墓葬文化的影响。

第九节　湘鄂（江南）赣地区汉墓

一 湘鄂（江南）赣地区汉墓的发现与研究简述

湖北省的长江以南和湖南、江西两省，是汉墓集中分布的地区之一。20 世纪 50 年代，中国科学院考古研究所在长沙发掘了一批汉墓。此后，湖南省文物部门又在各地发掘了大量的两汉墓葬，仅在长沙市发掘的西汉墓葬已超过 2000 余座。据已公布的资料，这

---

〔1〕 A. 李元魁、毛在善：《随县唐镇发现带壁画宋墓及东汉石室墓》，《文物》1960 年第 1 期。

B. 湖北省文物管理委员会：《湖北随县唐镇汉魏墓葬清理》，《考古》1966 年第 2 期。

C. 卢德佩：《湖北当阳市郑家大坡东汉画像石墓》，《考古》1999 年第 1 期。

D. 沈宜扬：《湖北当阳市刘家冢子东汉画像石墓发掘简报》，《文物资料丛刊》第 1 辑，文物出版社，1977 年。

E. 陈振裕、杨权喜：《当阳沮河下游一九七二年考古调查简报》，《江汉考古》1982 年第 1 期。

F. 杨柳：《湖北老河口市出土汉代空心画像砖》，《考古》1996 年第 3 期。

G. 黄道华：《枝江姚家港出土的东汉画像砖》，《江汉考古》1991 年第 12 期。

H. 宜昌地区博物馆、当阳市博物馆：《湖北当阳半月东汉墓发掘简报》，《文物》1991 年第 12 期。

些墓葬主要分布在湘江、资水、沅水、澧水流域，以常德[1]、津市[2]、桃源[3]、益阳[4]、大庸[5]、桑植[6]、永顺[7]、保靖[8]、古丈[9]、泸溪[10]、溆浦[11]、靖州[12]、汨罗[13]、长沙[14]，湘乡[15]、衡阳[16]、耒阳[17]、资兴[18]等地较为重要。已有的研究主要

[1] A. 常德地区文物工作队、常德县文化馆：《湖南常德县清理西汉墓》，《考古》1987年第5期。

B. 湖南省文物考古研究所：《湖南常德德山西汉墓发掘报告》，《湖南考古辑刊》第7辑，岳麓书社，1999年。

C. 湖南省博物馆：《湖南常德东汉墓》，《考古学集刊》第1集，中国社会科学出版社，1981年；《湖南常德南坪东汉"酉阳长"墓》，《考古》1980年第4期。

D. 常德市博物馆：《湖南常德南坪"汉寿左尉"墓清理简报》，《江汉考古》2004年第4期。

[2] A. 常德市文物工作队、津市市文物管理所：《津市肖家湖十七号汉墓》，《湖南考古辑刊》第6辑，岳麓书社，1994年。

B. 津市市文物管理所：《津市市新洲豹鸣村东汉墓》，《湖南考古2002（下）》，岳麓书社，2004年；《湖南津市花山寺战国西汉墓清理简报》，《江汉考古》2006年第1期。

[3] A. 湖南省文物考古研究所：《桃源县狮子山汉墓发掘报告》，《湖南考古辑刊》第5辑，岳麓书社，1989年。

B. 常德市文物工作队：《湖南桃源县二里岗战国西汉墓葬发掘报告》，《江汉考古》1995年第2期。

[4] A. 湖南省博物馆、益阳县文化馆：《湖南益阳战国两汉墓》，《考古学报》1981年第4期。

B. 益阳地区文物工作队：《益阳羊舞岭战国东汉墓清理简报》，《湖南考古辑刊》第2辑，岳麓书社，1984年。

[5] 湖南省文物考古研究所、湘西自治州文物工作队、大庸市文物管理所：《1986～1987年大庸城区西汉墓发掘报告》，《湖南考古辑刊》第5辑，岳麓书社，1989年。

[6] 桑植县文物管理所：《湖南桑植朱家台西汉墓》，《江汉考古》1995年第4期。

[7] 永顺县文物管理所：《永顺县王村战国两汉墓清理简报》，《湖南考古2002（下）》，岳麓书社，2004年。

[8] A. 湘西土家族苗族自治州文物工作队：《湖南保靖粟家坨西汉墓发掘简报》，《考古》1985年第9期。

B. 湘西自治州文物管理处、保靖县文物管理所：《保靖四方城战国、汉代墓葬发掘报告》，《湖南考古2002（上）》，岳麓书社，2004年；《湖南保靖黄连古墓葬发掘报告》，《湖南考古2002（上）》，岳麓书社，2004年。

[9] 湘西自治州文物管理处、古丈县文物管理所：《古丈县白鹤湾战国西汉墓发掘报告》，《湖南考古2002（上）》，岳麓书社，2004年。

[10] 湘西自治州文物管理处、泸溪县文管所：《泸溪桐木垅战国、汉墓发掘报告》，《湖南考古2002（上）》，岳麓书社，2004年。

[11] A. 湖南省博物馆、怀化地区文物工作队：《湖南溆浦马田坪战国西汉墓发掘报告》，《湖南考古辑刊》第2辑，岳麓书社，1984年。

B. 湖南省博物馆：《湖南溆浦马田坪战国、西汉墓》，《文物资料丛刊》第10辑，文物出版社，1987年。

C. 溆浦县文化局：《溆浦江口战国西汉墓》，《湖南考古辑刊》第3辑，岳麓书社，1984年。

D. 怀化地区文物工作队、溆浦县文物管理所：《1990年湖南溆浦大江口战国西汉墓发掘简报》，《考古》1994年第1期。

集中在湖南汉墓的年代与分期[19]，同时也有对墓葬出土滑石器、玉器、印章等的专门研究[20]。

湖北江南地区已发掘的汉墓不多，较重要地点是长阳天池口和陈家沱[21]。江西汉墓的发掘主要集中在赣北，重要地点有南昌[22]、德安[23]、高安[24]、宜春等[25]，其他地区有零星分布。

　　E. 怀化地区文物工作队：《湖南怀化西汉墓》，《文物》1988 年第 10 期。

　　F. 怀化市文物事业管理处：《湖南溆浦县茅坪坳战国西汉墓》，《考古》1999 年第 8 期。

[12]　怀化地区文物管理处、靖州县文物管理所：《湖南靖州团结村战国西汉墓》，《考古》1998 年第 5 期。

[13]　湖南省博物馆：《汨罗县东周、秦、西汉、南朝墓发掘简报》，《湖南考古辑刊》第 3 辑，岳麓出版社，1986 年。

[14]　A. 中国科学院考古研究所：《长沙发掘报告》，科学出版社，1957 年。

　　B. 李正光、彭青野：《长沙沙湖桥一带古墓发掘报告》，《考古学报》1957 年第 4 期。

　　C. 湖南省博物馆：《长沙南郊砂子塘汉墓》，《考古》1965 年第 3 期；《长沙汤家岭西汉墓清理报告》，《考古》1966 年第 4 期；《长沙杨家山 304 号汉墓清理简报》，《考古学集刊》第 1 集，中国社会科学出版社，1981 年；《长沙金塘坡东汉墓发掘简报》，《考古》1979 年第 5 期。

　　D. 长沙市文物工作队：《长沙西郊桐梓坡汉墓》，《考古学报》1986 年第 1 期。

[15]　湘乡县博物馆：《湖南湘乡可心亭汉墓》，《考古》1966 年第 5 期。

[16]　A. 衡阳市博物馆：《衡阳市苗圃五马归槽茅坪古墓发掘简报》，《考古》1984 年第 10 期；《衡阳县赤石新莽墓》，《湖南考古辑刊》第 7 辑，岳麓书社，1999 年；《湖南衡阳县赤石天门山西汉墓发掘简报》，《江汉考古》2005 年第 4 期。

　　B. 衡阳市文物工作队：《湖南衡阳市凤凰山东汉墓发掘简报》，《考古》1993 年第 3 期；《湖南衡阳荆田村发现东汉墓》，《考古》1991 年第 10 期。

　　C. 周世荣：《湖南古墓与古窑址》第三、四章，岳麓书社，2004 年。

　　D. 湖南省博物馆：《湖南衡阳县道子坪东汉墓发掘简报》，《文物》1981 年第 12 期。

[17]　A. 湖南省文物管理委员会：《湖南耒阳东汉墓清理简报》，《考古通讯》1956 年第 4 期。

　　B. 衡阳市博物馆：《湖南耒阳市东汉墓发掘报告》，《考古学集刊》第 13 集，中国大百科全书出版社，2000 年。

[18]　A. 湖南省博物馆、湖南省文物考古研究所：《湖南资兴西汉墓》，《考古学报》1995 年第 4 期。

　　B. 湖南省博物馆：《湖南资兴东汉墓》，《考古学报》1984 年第 1 期。

[19]　相关研究散见于多篇考古报告中，此仅择要列举研究论文。

　　A. 高至喜：《湖南古代墓葬概论》，《文物》1960 年第 3 期。

　　B. 宋少华：《试论长沙西汉中小型墓葬的分期》，《湖南考古辑刊》第 2 辑，岳麓书社，1984 年；《西汉长沙国（临湘）中小型墓葬分期概论》，《考古耕耘录》，岳麓书社，1999 年。

　　C. 谭远辉：《湘西北地区西汉墓葬概论》，《考古耕耘录》，岳麓书社，1999 年。

[20]　A. 李利人：《湖南战国两汉时期的滑石器》，《湖南考古辑刊》第 5 辑，岳麓书社，1989 年。

　　B. 喻燕姣：《略论湖南出土的汉代玉器》，《湖南考古 2002（下）》，岳麓书社，2004 年。

　　C. 周世荣：《长沙出土西汉印章及其有关问题研究》，《考古》1978 年第 4 期。

[21]　湖北省清江隔河岩考古队、湖北省文物考古研究所：《清江考古》，科学出版社，2004 年。

[22]　A. 江西省文物管理委员会：《江西的汉墓与六朝墓》，《考古学报》1957 年第 1 期；《江西南昌青云谱汉墓》，《考古》1960 年第 10 期；《江西南昌老福山西汉木椁墓》，《考古》1965 年第 6 期。

二　湘鄂（江南）赣地区汉墓的分期

（一）西汉早期

西汉早期部分墓葬存有封土，夯筑，多作圆包或椭圆体。在资兴墓地，前者见于无墓道墓，后者是有墓道墓。少数墓有斜坡墓道，长沙桐梓坡墓地仅6座墓有墓道，占6.3%。墓坑皆为长方形土坑竖穴，少数墓葬有二层台。长沙有少数狭长形墓穴设放置器物的龛。资兴有个别墓坑作正方形，如M70。填土多五花土，少数较大的墓葬填白膏泥，个别有"积炭"。葬具大多不存，仅少数墓葬残留部分椁板，底板多直置。部分墓坑底部有两条横向的沟，用于放置木椁底板下的垫木。据此，资兴墓地有椁室墓占23.8%。常德、大庸、津市、桃源的本期墓葬多无垫木。椁室平面布置只能根据随葬品的分布位置来推测，除棺室外，放置随葬品的"厢"分别有单厢、二厢、三厢、四厢。并穴合葬在长沙地区较多见，如桐梓坡有28座，占46%。

陶器是主要的随葬品。陶礼器普遍出现，完整组合是鼎、盒、壶、钫，部分墓葬只有其中的一、二件，少数墓有豆。鼎作细高脚、器身呈扁盒状，保留有一些战国晚期的风格。日用陶器有罐、坛、釜、甑、熏炉等。其中，大口广肩直腹罐、高领罐、釜、甑、鍪等应是受到秦文化的影响出现的器种。小口溜肩深腹罐常见，有些墓中随葬有多件。普遍出现有压印纹的硬陶罐、坛。湘南资兴墓地的陶器组合有两类，一类是陶礼器鼎、盒、壶，不出钫（图8-35-A）；另一类是日用陶器和纺轮，不出陶礼器，属土著越族习俗。铜器仅见于少数墓葬，有鼎、鍪、扁壶。铜镜有四山纹镜、蟠螭纹镜、草叶纹镜和重环纹镜、连弧纹镜。滑石璧普遍出现，尤以湘西汉墓多见，有的墓出土多件。铁器多小件，如削刀、锛。漆器大多保存不好，器形有耳杯、盘、盒等。资兴墓地常见"半两"铜钱，不出泥冥币，M70出铁半两钱。长沙等地墓中常出泥冥币，有半两、金饼，还有各种泥版，其上文字分别是"郢爰"（也称郢版）、"两"（也称两版）、"千金千两"、"千金"等（图8-36），有些墓出土数量很多。偶有泥半两与郢版同出。郢版与两版一般不共存于同一墓中，郢版可能出现较早[26]。根据张家山汉简《二年律令》的《钱律》和《津关令》可知[27]，高后二年（公元前186年），西汉政府对货币的铸造、流通制定了一系列法律，以半

　　B. 江西省博物馆：《南昌东郊西汉墓》，《考古学报》1976年第2期；《江西南昌地区东汉墓》，《考古》1981年第5期。

　　C. 江西省文物工作队、南昌市博物馆：《南昌市京家山汉墓》，《考古》1989年第8期。

[23]　江西省文物考古研究所、江西省德安县博物馆：《江西德安九冈岭汉墓群》，《南方文物》1998年第3期。

[24]　江西省文物考古研究所、江西省高安市博物馆：《江西高安碧落山西汉墓》，《南方文物》2002年第2期。

[25]　江西省文物考古研究所、宜春市博物馆：《江西宜春下浦坝上古墓群发掘报告》，《江西文物》1991年第2期。

[26]　A. 王毓铨：《我国古代货币的起源和发展》，科学出版社，1957年。

　　B. 安志敏：《金版与金饼——楚汉金币及其有关问题》，《考古学报》1973年第2期。

[27]　张家山二四七号汉墓竹简整理小组：《张家山汉墓竹简（二四七号墓）》（释文修订本），文物出版社，2006年。

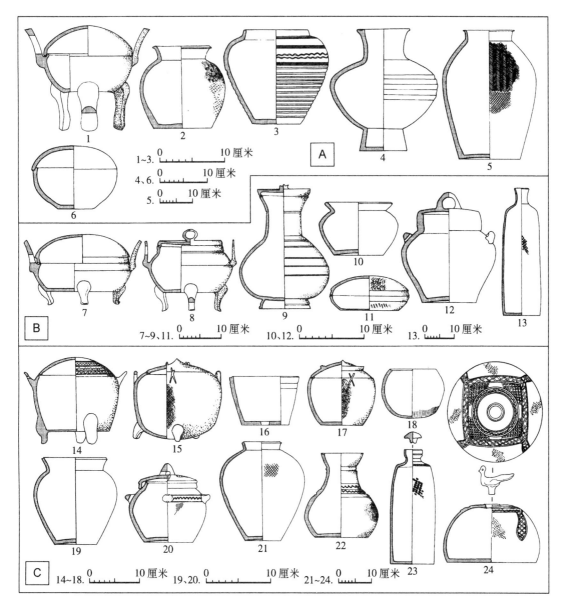

图 8－35 资兴西汉墓出土陶器

A．西汉早期 1.鼎（M4：3） 2.敞口罐（M4：8） 3.短颈罐（M4：10） 4.壶（M4：6） 5.坛（M43：30）
6.盒（M4：2）

B．西汉中期 7.鼎（M89：17） 8.鼎（M89：16） 9.壶（M8：20） 10.敞口罐（M479：28） 11.盒（M160：32）
12.双耳罐（M244：6） 13.小口瓶（M122：2）

C．西汉晚期 14.鼎（M92：38） 15.鼎（M73：41） 16.甑（M6：3） 17.盒（M73：39） 18.釜（M73：37）
19.敞口罐（M19：18） 20.四耳罐（M395：23） 21.坛（M2：25） 22.壶（M148：19） 23.瓶（M239：6）
24.贮酒器（M239：44）

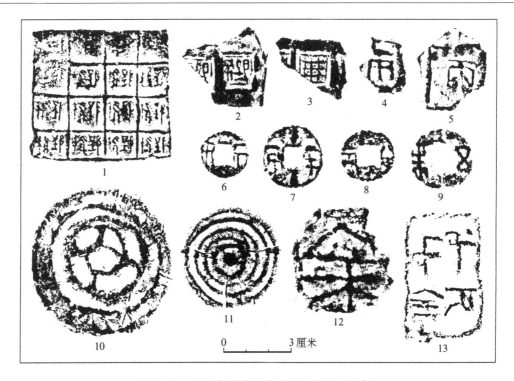

图8-36 长沙桐梓坡汉墓出土泥冥币（拓本）

1、2."郢禹"版（茶9：17、58：56） 3.无字版（23：17） 4、5."两"版（茶4：31、31：16） 6~8."半两"
（24：7、47：8、58：26） 9."五铢"（茶15：11） 10、11.泥锭（M15：10、12：24） 12、13.泥金版（39：3、13：21）

两钱为统一货币，"为伪金者，黥为城旦春"。这可能是两版消失的真正原因。湖南省博物
馆藏有多枚于长沙西汉早期墓出土的石印，其中的县、道令、长、尉印，皆为方形，如
"临湘令印"、"临沅令印"、"冷道尉印"、"酉阳长印"等，是仿吏员印（也称通官印，二
百石以上官吏印）的明器。另有"茶陵"印作长方形，应是仿官署印（也称半通印，百石
以下官吏共用之印）的明器。

（二）西汉中期

本期墓葬墓坑以长方形土坑竖穴为主，部分墓坑加长。有少量墓坑作头端宽、脚端窄
的楔形，见于保靖黄连和资兴。少数墓有二层台。有墓道的墓葬数量明显增多，斜坡墓道
仍常见。个别墓的墓道位于墓坑短边的一侧，作刀把状，如古丈白鹤M4。有少数墓道作
阶梯式。资兴有多座墓的墓道末端设有"平台"，可能是两室墓的过渡形态。木质葬具多
已腐朽，部分墓葬存有椁底板下的垫木，有横置和直置两种。在长沙、资兴、南昌等地有
前后两室的墓。资兴此类墓的数量较多，多前室略窄，后室较宽。两室底部或平，或前室
高于后室。南昌永M14前、后室等宽，四周和墓底有积炭，底部设排水沟。单室墓的随
葬品多放置在墓室的一侧或两侧。两室墓的随葬品一般前室较多，后室较少。棺皆置于后
室。资兴M223棺底下排列铜五铢钱。有少量并穴合葬墓。出现少数同穴合葬墓，如资兴

M30，双棺置于后室，一具棺下铺铜五铢钱，另一具棺下铺河沙。

长沙等地墓葬的完整陶礼器组合仍是鼎、盒、壶、钫；日用器有罐、硬陶坛、熏炉，新出长方形陶灶。早期的大口广肩直腹罐、高领罐、瓮等已消失。出现火候高、质地坚硬的越式釉陶器，有鼎、盒、壶、瓠壶、樽等。资兴早期汉墓的两类陶器组合，仍见于本期，但有多型鼎、盒、壶同时出现，新出五联罐、圜底釜等南越墓中常见的器物（图 8-35-B）。少数墓出铜器，器形有鼎、壶、钫、鉴、盆等。铜镜与中原地区趋于一致，胎体增厚，多半球钮，流行草叶纹、星云纹等，常见铭文有"见日之光，长毋相忘"、"内清质以昭明，光辉象夫日月……"资兴墓地普遍随葬铁器，如环首刀、柄刀、矛、釜、釜架等。长沙和湘西墓葬中常见滑石璧。普遍出铜五铢钱。冥币见于长沙等地的墓葬，有五铢、金饼。

（三）西汉晚期至新莽时期

这一时期的墓葬墓坑仍以长方形竖穴为主，宽坑墓增多。墓道有斜坡式和阶梯式，普遍加长，与墓坑底部距离缩短，有的阶梯式墓道延伸至墓底。部分墓坑有二层台。部分规模较大的墓葬出现排水沟，多是挖在墓底中部的一条直沟，内填河卵石，如长沙汤家岭M1、溆浦马田坪 M33。长沙识字岭 M327 设有结构复杂的排水沟，在墓道底部和墓坑四周、中腰挖有沟道，内填河卵石。单室墓的数量仍占多数。两室墓比例增加。开始出现三室墓，平面布局有前、中、后三室的顺次排列，也有左、右两前室与后室呈倒"品"字布置。现存葬具皆木质，大多保存不好。随着二室、三室墓的出现，葬具形状、结构也与传统木椁迥异。长沙伍家岭 M203 是三室墓，椁室上部朽烂，仅存椁底板。墓坑底部有两根纵向放置的垫木，前室是近方形的木构浅穴，分隔为左右两个小室，放置随葬品。上盖置于垫木上，与另外两室的椁底板相平。南昌老福山汉墓木椁周壁用半圆木垒成，长方形椁分隔成前、后室，又各分成 3 个小室。资兴墓地带墓道的墓和作前后布置的两室墓占绝大多数。本期的同穴合葬墓增多。

长沙等地墓葬仍流行陶礼器，完整的组合是鼎、盒、壶、钫，部分墓仅出其中一二件。有的陶礼器饰银衣压纹。常德德山汉墓出有 11 件原始青瓷鼎，较为少见。日用器有罐、坛、硬陶罐、博山炉等。开始出现模型器，主要有仓、井、灶、屋等。资兴墓地出陶礼器鼎、盒、壶的墓占绝大多数，异形器增多，出日用陶器和纺轮的墓仅有数座（图 8-35-C）。铜容器多见于较大的墓，有鼎、壶、钫、洗、簋、博山炉、灯、镜等。一些规模较大的墓出有多件铜器，如长沙汤家岭 M1 出有 101 件铜器，器铭有"张端君酒钌一"、"端君五斗壶一只"等，"张端"可能是墓主姓名。新见规矩四神镜。有铭铜镜增多，铭文中有"日光"、"昭明"、"铜华"、"尚方作镜"等词语。长沙杨家山 M304 有两面鎏金铜镜。铁器有剑、矛、环首刀、斧、凹口锄等。在规模较大的墓中随葬许多漆器，有耳杯、盘、盒、奁等，个别墓出木车、船。湘西墓葬的滑石器种类和数量都有增加。溆浦马田坪墓地出土的滑石器有鼎、壶、钫、盒、镜、灶、井、博山炉、璧等，还有制作精巧的各式兽面（图8-37）。铜钱除五铢外，还有王莽时期的货泉、大泉五十、大布黄千。在长沙等地继续流行泥五铢。

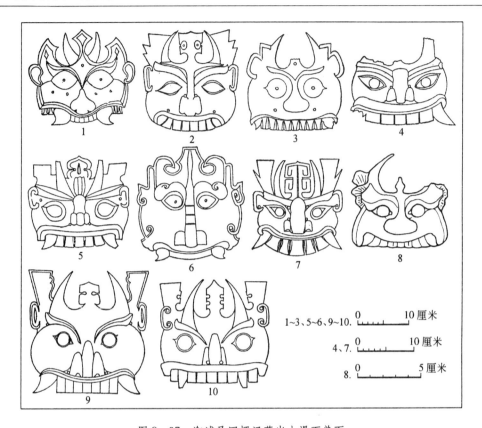

图 8-37 溆浦马田坪汉墓出土滑石兽面

1. M23:10 2. M49:1 3. M78:1 4. M82:1 5. M5:2 6. M94:2 7. M81:2 8. M110:1
9. M23:1 10. M66:6

（四）东汉早期

东汉早期的墓葬湘南流行土坑竖穴墓，多数有封土，作圆包状。部分墓葬的封土顺墓道方向伸出，呈长条状。多数墓有墓道，资兴墓地皆是斜坡式，耒阳墓地皆为阶梯式。单室墓数量较多，部分墓葬底部有放置垫木的沟槽，以横向居多，纵向较少，推知原来是有木椁。有的墓坑底部设有排水沟。随葬品大多置于墓室的前半部或两侧。有少量的前、后室墓，资兴 M123 的后室呈前窄后宽的楔形。湘南以外地区流行砖室墓，一般有封土，但多保存不好。单室券顶墓数量较少。带甬道的前后室墓数量较多，平面布置作凸字形或中字形。凸字形如常德南坪 M4，前后室同宽，仅在墓室中部靠前处稍加分隔。中字形如郴州奎马岭 M2，甬道与后室同宽，皆券顶；中室左右凸出，穹隆顶；前室放置随葬品，后室置棺。葬具皆腐朽。

湘南墓葬的陶器数量最多，资兴墓地平均每墓有 20 件以上，耒阳墓地有的墓多达 52 件。泥质灰陶火候高，多为硬陶，作日用器。有少量釉陶器。泥质红陶火候较低，多作礼器、模型器。陶礼器仍流行，多数墓出鼎、盒、壶，部分墓有两组完整的礼器，有的墓组合不全。日用器有侈口罐、广口平底罐、有盖双系、四系罐、筒形罐、坛、盘、碗、杯等，模型器有灶、井、仓、屋、三足釜、博山炉等。与耒阳墓地相比，资兴墓地出完整组合陶礼器的墓数量较多，常出陶纺轮。湘北、湘中墓葬一般不出完整组合的陶礼器，仅有其中的一、二件。日用器有罐、碗、杯等，有部分硬陶。铜容器有鐎、洗、釜、碗、盆、盘、奁等，资兴 M123 的提梁壶通体雕刻有精细花纹，颇具地方特色。铜镜有昭明镜、日光镜、规矩四神镜，以后者较多。铁器有剑、矛、刀、环首刀、釜、釜架等。资兴墓地铁器数量较他处为多，尤以环首刀居首，几乎每墓皆备。滑石壁多见于资兴以外地区的墓葬。铜钱有五铢、货泉、大泉五十。

（五）东汉中期

东汉中期湘南墓葬仍流行土坑竖穴墓，单室墓占绝大多数，资兴墓地 57 座墓中，仅一座是前后室墓。多有墓道，分斜坡和阶梯式。开始出现少量的砖室墓，资兴墓地仅两座砖室墓。耒阳 91 座墓中，砖室墓只有 9 座。其他地区继续流行砖室墓。有单室、两室墓和三室墓。长阳陈家沱 M2 是单室墓，出"永初五年四月造"墓砖。资兴 M314 的甬道、前室和两个并列的后室各自起券，此类布局应是二人合葬墓。此墓墓砖上有"阳嘉二年造……"，同年墓砖也见于郴州 M7。葬具皆腐朽。

湘南地区仍流行陶礼器，器形有鼎、壶，有的墓仅出其中一件。盒基本消失，仅见于资兴墓地的少数墓葬。日用器种类大体同早期，但器形已有变化。模型器新增猪圈、鸡埘和猪、狗、马、鸡、鸭等。部分规模较大的墓出铜容器和兵器，如资兴 M214 有铜釜，弩机、矛镦、剑、环首刀。铜镜有简化规矩纹镜、禽纹镜、连弧纹镜等。铜钱有五铢、货泉、大泉五十。津市豹鸣村汉墓出土 1 枚龟钮滑石印，阴文"索尉之印"；常德 73 南坪 M1 出 1 枚石印，阴文"酉阳长印"，皆为明器。

（六）东汉晚期

东汉晚期湘南资兴墓地仍以单室土坑竖穴墓为多，只有 8 座砖室墓，占 26.7%。在耒阳墓地，砖室墓已取代土坑竖穴墓。其他地区继续流行砖室墓。砖室墓分单室、二室、三室和多室，部分墓有耳室。资兴有少量单室墓平面作"刀"形，如 M499。常德南坪 M10 有六室，是由两座大小相同、左右平列的中字形墓从中室连通而成。东 M1 有八室，是多人合葬墓。

随葬品仍以陶器为主。湘南资兴、耒阳墓地随葬陶器的种类和数量大减，皆不及中期的一半。陶鼎除见于资兴个别墓外，在其他地区已完全消失，常见陶器以日用器较多，有侈口罐、坛、釜、碗等。资兴墓地早、中期多见的广口平底罐、有盖双系、四系罐、筒形罐等已消失，出现青瓷器，有高足杯、碗。模型器的猪圈及各种动物种类和数量都有减少。铜器多小型，有耳杯、碗、刀等。铜镜有连弧纹镜、夔纹镜、禽纹镜、浮雕式兽纹镜等。铜钱有五铢、剪轮五铢、磨郭五铢等。常德东 M1 有两枚滑石印，盝顶，阴文"酉阳丞印"、"索左尉印"，属明器。东 M10 有一枚桥形钮铜印，阴文"临湘右尉"，属吏员印。据《续汉书·百官志五》"尉大县二人，小县一人"，可知秩级在县令、长之下。

赣州狮子岭有一座画像砖墓[1]，单室，墓壁皆用长 30.5 厘米，宽 22.5 厘米，厚 7 厘米的画像砖砌成，墓底亦部分采用此砖铺设。画像在砖的宽面，共两幅，皆以墓主为题，一幅似在府邸，另一幅是出行。

三　湘鄂（江南）赣地区汉墓的区域特征

本区汉墓有明显的地域特点。西汉墓的葬具以木椁为多。早期形制与江汉地区相同，中期出现作前后布局的两室墓，斜坡墓道加长，湘南以外地区逐渐流行阶梯式墓道。晚期两室墓数量增加，出现三室墓，平面布局多样。湘北、湘中在东汉早期已流行砖室墓，湘南则迟至东汉中期才出现少量砖室墓，直至晚期土坑竖穴墓仍占多数。从西汉早期开始，陶礼器鼎、盒、钫或壶的组合就成为主要的随葬品。到西汉晚期，湘北、湘中地区已很少有完整的组合。在湘南地区，则延续到东汉中、晚期才完全消失。湘南汉墓的日用陶器有明显的越族特点，陶纺轮、铁器的种类和数量都远多于其他地区。湘西、湘中多出滑石器，湘南则少见。赣北西汉墓的陶器风格与湘南资兴墓地相近，青瓷器数量较多。长沙及附近地区西汉墓出土泥质冥币，是独特的文化现象，同时也反映西汉早期币制的混乱。根据高后二年（公元前 186 年）颁行的《二年律令·钱律》可知[2]，西汉政府对货币的铸造、流通制定了一系列严峻的法律，禁止私自铸钱。长沙虽属诸侯国，也须执行中央政府的法律，以半两铜钱为法定货币。因此，"郢版"和"两版"存在的年代下限似不会超过汉文帝时期。湘北、湘中地区汉墓的文化面貌与江汉地区接近，但也有相异之处，如西汉时期的两室、三室墓和滑石器都不见于后地。湘南资兴汉墓的日用陶器的种类、器形不少与广州汉墓相似，如三足盒、瓮等，越族文化色彩鲜明。从西汉中期开始，越式风格的陶器在长沙汉墓中出现，其影响扩张至湘中一带。

第十节　东南地区汉墓

东南地区包括今浙江、福建和上海两省一市，先秦时期初为越国故地。秦时，分属闽中郡、会稽郡和鄣郡。秦末，闽中郡在战争中废止。汉高祖登基后，将会稽郡和鄣郡地域纳入汉朝版图，这一地区进入诸侯王国与郡县制并行的历史时期。此后，今浙江境域长期分属于鄣郡和会稽郡两郡。汉武帝元封二年（公元前 109 年），鄣郡更名丹阳郡，直属中央政府。元封五年（公元前 106 年），汉武帝置刺史部十三州。会稽、丹阳属扬州刺史部。东汉永建四年（公元 129 年），分会稽郡为会稽、吴郡，设会稽郡治于山阴，钱塘江南岸出现第一个郡级行政中心。东汉后期改刺史为州牧，会稽、吴、丹阳三郡属扬州。

今浙南地区（椒江、瓯江流域）为越族一支的东瓯人居住，其首领摇因佐汉反楚有

---

〔1〕　赣州市博物馆薛翘、张嗣介：《赣州发现汉代画像砖墓》，《江西历史文物》1981 年第 3 期。

〔2〕　张家山二四七号汉墓竹简整理小组：《张家山汉墓竹简（二四七号墓）》（释文修订本），文物出版社，2006 年。

功，汉惠帝三年（公元前 192 年），被封为东海王，建都东瓯，成为汉初的外诸侯王之一。汉武帝平定东越后，"攘却胡、越，开地斥境"，东瓯、闽越之地纳入中央政权控制之下，隶属会稽郡。会稽郡地域广大，面积为汉郡国之冠。但因汉武帝采取人口外移政策，导致这里人口稀少，县级行政区划建十分缓慢。西汉 200 年间，只在沿海增设回浦县，东汉，在初平三年（公元 192 年）以前的 100 多年间，也只增设了永宁县。

一　东南地区汉墓的发现与研究简述

东南地区汉墓的考古工作，最早可追溯至第二次世界大战时期日本人在杭州古荡发掘的一座东汉墓，并发表有发掘报告。新中国成立后，由于底子薄、起步晚，这一地区的汉墓发掘在经历了一段稚嫩过程后逐步走向成熟，并得到蓬勃发展。1953 年，为配合浙江大学建设，在杭州老和山发掘了近百座汉墓。当时对墓葬的数量是以一堆（组）陶器为一座进行统计的，尚未有寻找墓边的意识，墓葬既无编号亦无形制图。1954 年和 1955 年，为配合杭州饭店和绍兴中庄与下庄的公路建设，分别在杭州葛岭和绍兴漓渚发掘了数十座汉墓，虽已开始对墓葬和随葬品进行编号，并首次编写了考古发掘报告[1]，但能找出墓葬坑壁的水平尚局限于部分打破生土层的墓葬。1955 年 11 月至翌年 1 月，为配合宁波火车站的建设，先后在祖关山、老龙湾一带发掘了 127 座古墓葬，其中各类不同形制的汉墓占四分之三。此次发掘中，已能在海相沉积土中找出墓边。发掘后，通过对墓葬的系统分类和随葬品的型式排比，将西汉中期至东汉末年的墓葬划分出四个不同的期别。可惜因种种原因使报告只停留在初稿阶段，而后以短讯的形式作了极为简单的报道[2]。1983 年萧山城南和杭州古荡的发掘中，在棺椁已腐朽殆尽的墓中剥剔出了木椁内外不同的填土以及墓室底部的垫木沟槽，为在木椁腐朽的情况下对土坑墓和土坑木椁墓的界定确立了科学的依据[3]。1986 年，在配合浙江大学邵逸夫科学馆的发掘中，通过对墓内填土的辨析，清理了较多墓向一致、墓穴并列且存在打破关系的土坑并穴合葬墓。在确立了汉墓新类型的同时，反映出当时埋葬习俗的多样化。1987 年湖州杨家埠汉墓的发掘[4]，采用了以墩为单位的方式，分清了同一土墩内墓葬开口层位的不同，从地层学角度树立了汉墓分期的标尺。发掘表明，当地分布密集的土墩普遍系汉代人工营造的墓地，这种人工堆筑土台再挖坑建墓以及同族和同宗埋葬的习俗，在当地具有悠久的历史，并具有浓郁的乡土特征。自 20 世纪 90 年代开始，福建的考古工作者对武夷山汉城周围的闽越国墓葬进行了系统的发掘[5]，成为东南地区为数不多的主动发掘项目之一。这种以研究课题为目的的发掘，标志着对这

[1]　A. 金祖明：《浙江省文管会清理了杭州的十几座汉墓》，《文物参考资料》1955 年第 2 期。
　　　B. 浙江省文物管理委员会：《绍兴漓渚的汉墓》，《考古学报》1957 年第 1 期。
[2]　赵人俊：《宁波地区发掘的古墓葬和文化遗址》，《文物参考资料》1956 年第 4 期。
[3]　A. 浙江省文物考古研究所：《杭州地区汉、六朝墓发掘简报》，《东南文化》1989 年第 2 期。
　　　B. 胡继根：《浙江汉墓中"熟土二层台"现象分析》，《东南文化》1989 年第 2 期。
[4]　浙江省文物考古研究所、湖州市博物馆：《浙江省湖州市杨家埠古墓发掘报告》，《浙江省文物考古研究所学刊》第七辑，杭州出版社，2005 年。
[5]　A. 福建博物院、福建闽越王城博物馆：《武夷山城村汉城遗址发掘报告（1980—1996）》，福建人民

一地区汉墓考古的认识，已从以遗物断代为主要目标逐步转入为以划分考古区系类型学为目的的考古学文化范畴。

在研究方面，由于 20 世纪 50 年代之前墓葬常被盗掘，故对所出土的青瓷器和铜镜早已有一些著录[6]。20 世纪 50 年代之后，对于这一地区的汉墓研究，除发掘简报、报告和一些综合性的论著有所涉及外，姚仲源撰写的《浙江汉、六朝古墓概述》[7]、黎毓馨撰写的《论长江下游地区两汉吴西晋墓葬的分期》[8]，通过对墓葬形制和随葬品的综合研究，初步建立了浙江地区乃至长江下游两汉时期墓葬分期的编年序列。

配合基本建设进行发掘，是我国考古工作的首要任务，而基本建设的数量多少、规模大小又导致了各地考古发现、发掘的不平衡性。从已发表的资料表明，东南地区发现的汉墓多在经济发达或较为发达的市县，并以浙江宁绍和杭嘉湖平原及金衢盆地、上海青浦、福建武夷山一带最为密集。其中规模较大的墓地有浙江杭州老和山[9]，绍兴漓渚[10]，上虞严村、牛头山、驮山、后头山[11]，嵊州剡山[12]，宁波祖关山和老龙湾[13]，湖州杨家埠[14]，安吉良朋[15]，龙游东华山[16]，

出版社，2004 年。

　　B. 杨琮：《武夷山发现西汉闽越国贵族墓葬》，《中国文物报》2003 年 8 月 20 日。

〔6〕　A. 陈万里：《瓷器与浙江》，中华书局，1946 年；

　　B. 梅原末治：《绍兴古镜聚英》，桑名文星堂，1939 年。

〔7〕　姚仲源：《浙江汉、六朝古墓概述》，《中国考古学会第三次年会论文集》，文物出版社，1981 年。

〔8〕　黎毓馨：《论长江下游地区两汉吴西晋墓葬的分期》，《浙江省文物考古研究所学刊》，长征出版社，1997 年。

〔9〕　A. 金祖明：《浙江省文管会清理了杭州的十几座汉墓》，《文物参考资料》1955 年第 2 期。

　　B. 浙江省文物考古研究所：《杭州地区汉、六朝墓发掘简报》，《东南文化》1989 年第 2 期；《浙江省杭州市老和山汉墓发掘报告》，《浙江省文物考古研究所学刊》第七辑，杭州出版社，2005 年。

〔10〕　A. 王士伦、朱伯谦：《浙江绍兴漓渚考古简报》，《考古通讯》1955 年第 5 期。

　　B. 浙江省文物管理委员会：《绍兴漓渚的汉墓》，《考古学报》1957 年第 1 期；《浙江绍兴漓渚东汉墓发掘简报》，《考古通讯》1957 年第 2 期；《浙江绍兴漓渚古墓葬发掘简报》，《考古通讯》1958 年第 12 期。

〔11〕　A. 浙江省文物考古研究所、上虞县文物管理所：《浙江上虞凤凰山古墓葬发掘报告》，《浙江省文物考古研究所学刊·建所十周年纪念（1980—1990）》，科学出版社，1993 年。

　　B. 浙江省文物考古研究所：《上虞牛头山古墓葬发掘》、《上虞驮山古墓葬发掘》、《上虞驿亭谢家岸后头山古墓葬发掘》，《沪杭甬高速公路考古报告》，文物出版社，2002 年。

〔12〕　张恒：《浙江嵊州市剡山汉墓》，《东南文化》2004 年第 2 期。

〔13〕　赵人俊：《宁波地区发掘的古墓葬和古文化遗址》，《文物参考资料》1956 年第 4 期。

〔14〕　A. 浙江省文物考古研究所：《浙江湖州市方家山第三号墩汉墓》，《考古》2002 年第 1 期。

　　B. 胡继根：《浙江省湖州市杨家埠古墓发掘报告》，《浙江省文物考古研究所学刊》第七辑，杭州出版社，2005 年。

〔15〕　安吉县博物馆：《浙江安吉县上马山西汉墓的发掘》，《考古》1996 年第 7 期。

〔16〕　A. 朱土生：《浙江龙游县东华山汉墓》，《考古》1993 年第 4 期。

　　B. 沈岳明：《龙游县仪冢山汉墓群》，《中国考古学年鉴（1990）》，文物出版社，1991 年。

上海青浦福泉山[1]，福建武夷山城村[2]等。迄今为止，已发表的汉墓资料约700座，而尚未发表的数量则远大于此。许多重要材料尚未整理和发表。这些丰富的材料，为划分汉墓的发展谱系打下了坚实的基础。

二　东南地区汉墓的分期

东南地区两汉时期的墓葬，在墓地的选择上有利用自然地貌和建造人造土墩两类。第一类或构建于山之阳坡，或散布于山丘顶部，面向开阔地带，所处位置的相对高度在5～20米之间。第二类则在平地上人工堆筑土墩，而后在土墩上挖坑建墓，随着墓葬的增多，土墩不断的加以增高或扩大。如湖州杨家埠墓地中的3号墩，长30米，宽14米，高约2米，墩内共有19座汉墓，分为上下两层，排列有序。

墓内棺椁普遍腐朽殆尽。在野外工作中，将这一地区墓底有垫木沟槽、四壁有熟土二层台（木椁外填土）的墓葬确定为土坑木椁墓。墓葬形制和随葬品（图8-38）也有明显的时代变化。

（一）西汉早期

此时期以浙江的椒江流域为分界线，以北为汉政府统治下的属地，以南则分属闽越和东瓯两国。两地的墓葬亦可分为两个类型。

北部地区以土坑木椁墓为主，并有一定数量的土坑墓。其中浙江安吉一带的墓葬上部筑有封土，最大者直径达17.4米，高2.1米。墓坑深4米左右。墓内填土普遍分上下两层，上层为五花土，下层则填以厚达1米以上的青膏泥。墓室平面呈长方形，个别偏大者带有斜坡式墓道。墓内用厚重的枋木构成椁室，木椁长3米，宽2米以上，椁盖板上分别盖有厚2厘米的薄板和一层篾席，底板下两端垫有粗重的枕木。椁内用厚约20厘米的木板分隔出棺室和边厢。棺木表面髹漆，内红外黑，外束缚三道丝质棺束。棺椁采用榫卯结构拼合，棺盖与棺之间用木质的元宝榫镶嵌。其中五福M1[3]木椁外正对墓道处设有木胎泥塑偶人，椁内分棺厢、头厢、边厢和脚厢。而浙江余姚老虎山、剡山和上海青浦福泉山等地，墓的规模较小，一般长2.2～2.6米，宽1.5～2.2米，个别较大的墓坑深2.95米，长4.72～6.2米，宽3米左右。墓内填土已不加用青膏泥，密封程度的减弱和江南多雨潮湿，使墓内葬具腐朽殆尽。各墓均为单棺。从浙江嵊州剡山和上海青浦福泉山墓地中残存的尸体骨骸观之，葬式均系仰身直肢。随葬品以陶质的仿铜礼器豆、钫、鼎、盒、瓿、匜口壶、罐为基本组合，伴出有蟠螭纹和蟠虺四乳铜镜、半两钱。其中安吉良朋和余姚老虎山两地的墓葬年代可到西汉初期，墓内出有大量漆木质地的日常生活用器，如奁、盘、

[1]　王正书：《上海福泉山西汉墓群发掘》，《考古》1988年第8期。

[2]　A. 福建博物院、福建闽越王城博物馆：《武夷山城村汉城遗址发掘报告（1980～1996）》，福建人民出版社，2004年。

　　B. 杨琮：《武夷山发现西汉闽越国贵族墓葬》，《中国文物报》2003年8月20日。

[3]　浙江省文物考古研究所、安吉县博物馆：《浙江安吉五福楚墓》，《文物》2007年第7期。

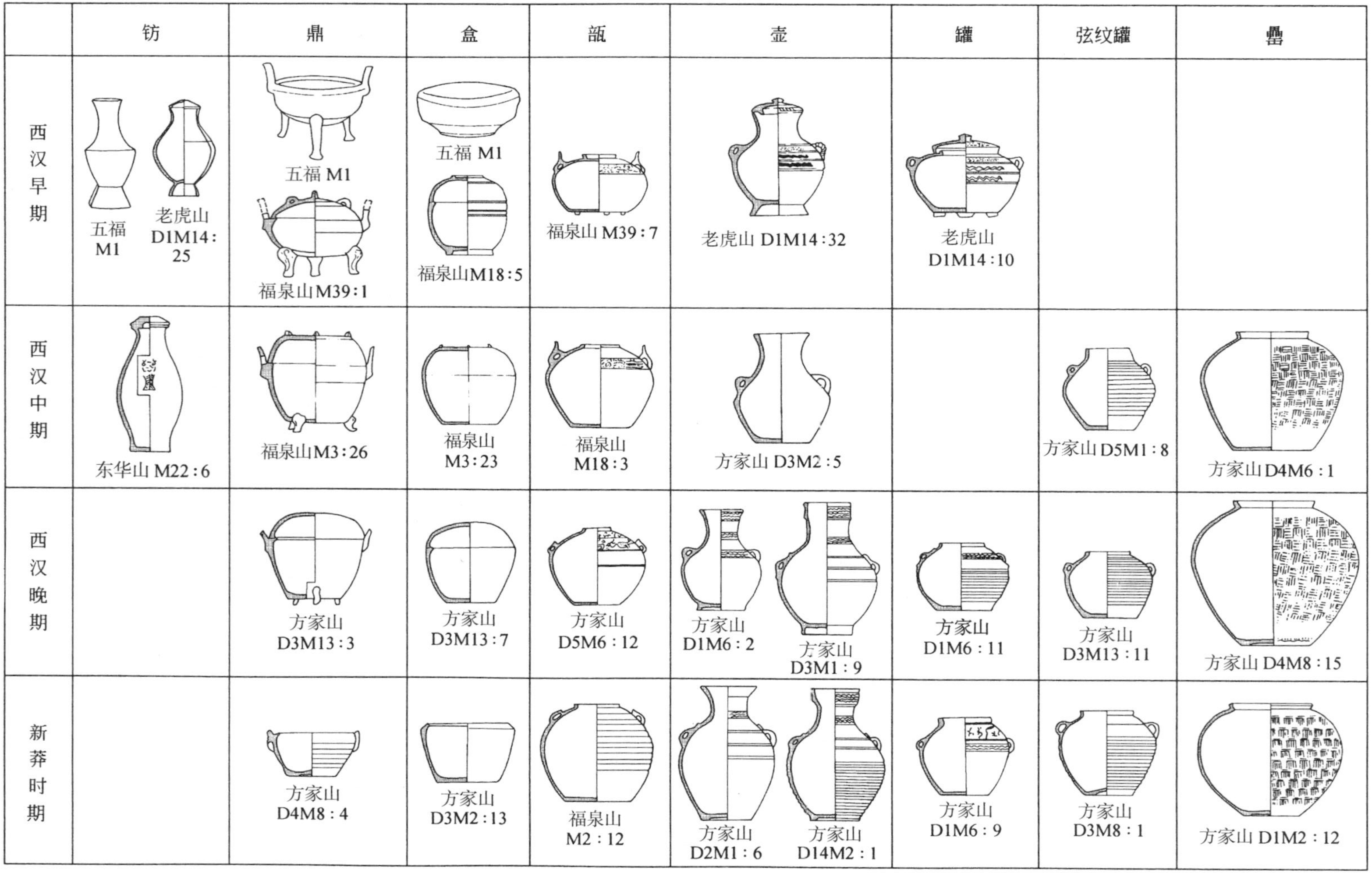

	罍	弦纹罐	罐	壶	瓿	盒	鼎	钫
西汉早期			老虎山D1M14:10	老虎山D1M14:32	福泉山M39:7	五福M1 福泉山M18:5	五福M1 福泉山M39:1	老虎山D1M14:25 五福M1
西汉中期	方家山D4M6:1	方家山D5M1:8		方家山D3M2:5	福泉山M18:3	福泉山M3:23	福泉山M3:26	东华山M22:6
西汉晚期	方家山D4M8:15	方家山D3M13:11	方家山D1M6:11	方家山D3M1:9 方家山D1M6:2	方家山D5M6:12	方家山D3M13:7	方家山D3M13:3	
新莽时期	方家山D1M2:12	方家山D3M8:1	方家山D1M6:9	方家山D14M2:1 方家山D2M1:6	福泉山M2:12	方家山D3M2:13	方家山D4M8:4	

图8-38 东南地区汉墓典型陶器演变图（之一）

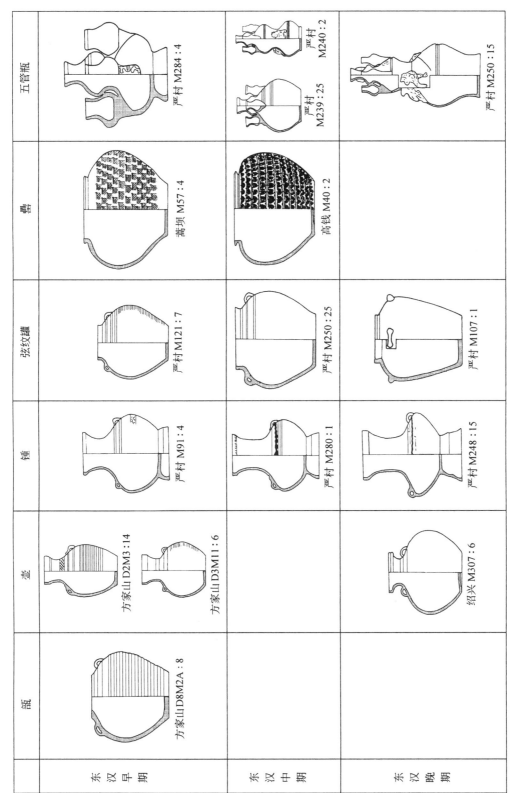

图 8-38 东南地区汉墓典型陶器演变图(之二)

	瓿	壶	锺	弦纹罐	罍	五管瓶
东汉早期	方家山D8M2A:8	方家山D2M3:14 方家山D3M11:6	严村M91:4	严村M121:7	嵩坝M57:4	严村M284:4
东汉中期			严村M280:1	严村M250:25	高钱M40:2	严村M240:2 严村M239:25
东汉晚期		绍兴M307:6	严村M248:15	严村M107:1		严村M250:15

盒、卮、耳杯、案、凭几、瑟、六博、虎子、坐便架等，并有一定数量的彩绘泥质灰陶器、少量青铜兵器及个别战国晚期常见的印纹陶罐。嵊州剡山和青浦福泉山两地的墓内则不见漆木器和彩绘陶器，但仿铜礼器中高温釉陶的比例增大，其年代应在西汉早期。陶器的造型普遍宽矮，腹部略显扁鼓。其中豆作浅盘，高直把，扁平座；钫由折腹、高圈足转为鼓腹、矮圈足；鼎耳远高于口沿，浅圈底下列 3 个较高的蹄足；鼎盖饰环钮，外侧环绕 3 个鸟形堆纹；盒从腹壁折收、假圈足向腹壁微弧、矮圈足过渡，覆碗形盖的捉钮呈圈足状；瓿作直口、扁圆腹，铺首上端高于口沿，底端附 3 个扁平瓦足；侈口壶双耳粗壮，个别装饰成绚索状，圆球形腹，高圈足；罐为敛口，鼓腹，底由三足向平底发展。此阶段的典型墓葬有安吉五福 M1[1]、余姚老虎山 D1M14 和 M10[2]、嵊州剡山 M28、M56 和青浦福泉山 M18、M24[3]。

　　南部地区的墓葬主要分布于福建武夷山城村、邵武两地和浙江温岭塘山一带。所出的墓葬有贵族和平民两个不同的等级，整体风格与北部地区迥然不同。其中福建牛山 M1 和浙江塘山 M1 分别为闽越和东瓯两国贵族墓的代表，其中塘山 M1 墓外有一座陪葬器物坑，墓葬规模颇大，长 15 米，宽 7 米左右，上部覆盖高达数米的长方形覆斗状封土，墓室带有斜坡式墓道，平面呈"甲"字形。墓内所设的木椁分为前后两室，其中牛头山 M1 的椁室总长 9.6 米，前椁呈长方形，后椁剖面为"人"字形，外侧四周填塞木炭，这种椁室结构与浙江绍兴印山越王墓[4]完全一致。而福建城村福林岗、渡头村[5]、邵武 95SDM29[6] 等墓和浙江温岭塘山 M2[7] 则是两地小墓的代表。墓葬均为长方形竖穴土坑结构，以福林岗 M1 为例，墓长 3.16 米，宽 1.2 米，残深 0.4 米，底面铺设一层卵石，中部有一条垫木沟槽。除塘山 M1 出有仿青铜器的陶质乐器錞于、镈、磬和原始瓷碗及铁斧外，大、小墓中的随葬品区别主要表现在数量的多寡。其质地以硬陶为主，泥质陶为辅。器物的基本组合为日用的瓿壶、瓮、扁腹罐（瓿）、弧腹罐。其中瓿壶为小口，折腹，平底，半环耳上部多粘贴两端上翘圆曲的堆纹，稍早的颈部作较短的喇叭形，晚的则为细长颈；瓮的个体较大，高度和腹径分别在 35 厘米和 45 厘米以上，敞口，平底，有斜宽肩、扁鼓腹和窄圆肩、圆弧腹之分，通体拍印斜方格纹；扁腹罐器身宽矮，斜宽肩，扁折腹，大平底；弧腹罐的口径和底径十分接近，口微敛，腹部稍向外弧，平底，通体拍印小方格纹，肩部施数道绳纹。

〔1〕 浙江省文物考古研究所、安吉县博物馆：《浙江安吉五福楚墓》，《文物》2007 年第 7 期。

〔2〕 浙江省文物考古研究所：《余姚老虎山一号墩发掘》，《沪杭甬高速公路考古报告》，文物出版社，2002 年。

〔3〕 王正书：《上海福泉山西汉墓群发掘》，《考古》1988 年第 8 期。

〔4〕 浙江省文物考古研究所、绍兴县文物保护管理所：《印山越王陵》，文物出版社，2002 年。

〔5〕 福建博物院、福建闽越王城博物馆：《武夷山城村汉城遗址发掘报告（1980～1996）》，福建人民出版社，2004 年。

〔6〕 林公务：《邵武斗米山的汉唐遗存》，《福建文博》2002 年第 1 期。

〔7〕 浙江省文物考古研究所、温岭市文化广电新闻出版局：《浙江温岭塘山发现西汉东瓯国墓葬》，《东南文化》2007 年第 3 期。

（二）西汉中期

随着闽越、东瓯两国的消亡和内迁，福建境内和浙江南部经历了长期的萧条状态。迄今为止，南部地区所发表的汉墓资料寥若晨星。

墓葬仍以土坑木椁墓为主，土坑墓较少。新出现了带墓道的凸字形木椁墓。个别墓上残存有 1 米以上的封土。墓室长 2.5～4 米，宽 1.5～2.8 米，深 2～2.6 米。个别偏大者长 7 米，宽 3.8、深 3.1 米。平面以长方形为主，出现个别方形和长条形。墓坑四壁呈垂直状，个别的开口略大，底部较平坦。木椁墓底前后各有一条横向的垫木沟槽，个别墓的椁室四周铺垫一层卵石作为排水设施，并与墓外的排水暗沟相通。墓内以单棺占主导地位，新出现了少量同穴合葬墓和较多的并穴合葬墓。同穴合葬有双棺或三棺之分，墓内棺木的摆放有并列和前后之别。并穴合葬墓系先后两次挖坑建造而成，墓内填土各自不同，两墓接合处的两端多存在因打破关系而形成的错角。墓的方向一致，长短不一，底面普遍高低不同，两墓各有一套随葬器物（图 8-39-A），如杭州老和山 M68 与 M69[1]。棺椁普遍髹漆并使用铁钉，其中木椁用"S"形钉横向打入，棺盖与棺之间用蚂蟥攀钉人。随葬品以高温釉陶占主流，硬陶的数量大大增加，漆器仅有零星发现。陶器基本组合中的豆已消

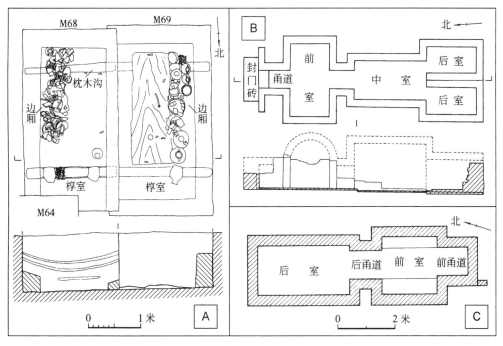

图 8-39　浙江地区汉墓平面、剖视图

A.杭州老和山汉墓 M68 与 M69 平面、剖视图　B.奉化白杜汉熹平四年墓平面、剖视图
C.湖州窑墩头东汉墓平面图

〔1〕　浙江省文物考古研究所：《浙江省杭州市老和山汉墓发掘报告》，《浙江省文物考古研究所学刊》第七辑，杭州出版社，2005 年。

失，钫、鼎、盒、瓿、匜口壶、蟠螭纹镜则继续盛行。在绍兴地区的少数墓葬中饰米字纹、麻布纹的印纹陶坛仍有所见。新出现了弦纹罐、罍、灶和星云纹镜、五铢钱；部分中型墓葬中伴出大量明器和冥币，如香熏、耳杯、麟趾金、泥五铢以及房屋、灶、井、猪舍、马、牛、羊、狗、等模型；铜、铁兵器的数量和种类有所增加，有弩机、矛、剑、刀等。陶器的造型显得浑圆而有扩张感，器腹逐渐加深。其中钫的体形瘦长、腹部两侧出现铺首衔环耳；鼎耳端高度有所降低，底部趋平，三足缩短，盖面鸟形堆纹被三角形乳钉所代替；盒的腹壁缓缓斜收，盖顶的圈足形捉钮逐渐被小乳钉所替代；瓿的肩部宽阔，铺首上端略高于口沿；匜口壶圈足减低，耳上端多贴有铺首。新出现一种介于匜口和盘口之间的口型；弦纹罐为直口，颈与肩之间无明显的交接线，弦纹粗犷而呈内凹的弧形；罍的器身高大，最大者高达 60 余厘米，敞口高领，通体拍印编织纹。此期的典型墓葬有浙江义乌汉墓[1]、龙游东华山 79M22[2]、湖州方家山 D3M27 和 M25[3]、安吉上马山 M10、M11[4]；上海福泉山 M36 和 M40[5]。

（三）西汉晚期

西汉晚期的墓葬竖穴土坑木椁墓仍占主流，平面以长方形为主，少量为近方形和凸字形。长方形墓一般长 2.2～3.8 米，宽 1.1～2.4 米。近方形墓规模偏大，长 5.8 米，宽 4.9 米，深 3.2 米。凸字形墓均带斜坡或阶梯式墓道，个别墓中有掏洞式壁龛和排水设施。如杭 M49[6]，在墓室与墓道交界处的一侧掏有一个高 0.84 米，宽 0.9 米，进深 0.64 米的洞式壁龛，龛内放置随葬品 10 余件。在葬式方面，长方形墓普遍为单棺，近方形和凸字形墓则往往是同穴合葬。随葬品仍以仿铜礼器为基本组合，但钫已消失，鼎和盒的数量有所减少，弦纹罐和罍的数量大增。新出现筒形罐、泡菜罐等。灶、釜、甑、井等明器随葬十分普遍，个别墓中仍有麟趾金、泥五铢等冥币发现。日常生活所用的铜器如铜、洗、耳杯、釜、甑、镰斗、带钩等，主要见于部分中型墓。铜镜的种类增多，星云纹镜继续流行，新出现了连珠纹多乳镜、昭明镜、日光镜、四乳四虺镜。铜、铁兵器的随葬已十分普遍，种类有戟、矛、剑、刀、削等。漆器数量较少，且基本腐朽，器形以奁为多。出现了一定数量的化妆和装饰物品，如石黛板、研黛器、绿松石管、网坠形器、玛瑙管等。陶器的造型趋长而不失丰满，腹部普遍圆鼓，部分瓿、壶肩部出现刻划的多头鸟纹。鼎和盒的数量进一步减少。鼎耳仅略高于口沿，腹壁趋向斜直，三足低矮；盒的腹壁斜直，盖面乳钉消失，耳上部堆贴横向 S 形纹和菱角纹；瓿的铺首低于口沿；壶已有敞口和盘口之分，前者由圈足转向卧足，后者为高圈足，且口壁陡直；弦纹罐呈直口、匜口和翻沿口三种亚

〔1〕　浙江省文物管理委员会汪济英、牟永抗：《浙江义乌发现西汉墓》，《考古》1965 年第 3 期。
〔2〕　崔成实：《衢州市东华山汉墓发掘简报》，《浙江省文物考古研究所学刊》，文物出版社，1981 年。
〔3〕　浙江省文物考古研究所：《浙江湖州市方家山第三号墩汉墓》，《考古》2002 年第 1 期。
〔4〕　安吉县博物馆：《浙江安吉县上马山西汉墓的发掘》，《考古》1996 年第 7 期。
〔5〕　王正书：《上海福泉山西汉墓群发掘》，《考古》1988 年第 8 期。
〔6〕　浙江省文物考古研究所：《杭州地区汉、六朝墓发掘简报》，《东南文化》1989 年第 2 期。

型并列发展，口与肩的交界分明，器腹圆鼓，弦纹较粗而呈平凸的城垛状；罍的造型和纹饰与上期基本相同，但个体有所减小。此期的典型墓葬有湖州方家山 D3M26[1]、龙游东华山 87M12[2]，杭州古荡 M49[3]、上海福泉山 M25[4]。

（四）新莽时期

此时土坑木椁墓继续流行，但数量有所减少。在浙江的绍兴地区开始出现一种以平砖替代木板砌筑椁室的砖椁墓，如上虞羊山 M3[5]。墓的规模普遍较小，平面为长方形，墓坑内用小平砖构建椁室，结构为单砖错缝平铺。砖椁顶部盖木板，底部铺一层双砖纵横相隔的平砖。并穴合葬和同穴合葬墓数量减少。随葬品组合中的仿铜礼器逐渐被日用的瓿、敞口壶、盘口壶、弦纹罐、罍所替代，鼎、盒十分少见。灶、井等明器继续盛行。西汉五铢仍然流行，麟趾金、泥五铢亦有所见，新出现大泉五十、大布黄千、货布等王莽钱币。铜器仅见少量洗和带钩。铜、铁兵器仍较为常见。昭明镜和日光镜继续流行，新出现了四神博局镜。装饰用品以石黛板、研黛器、料珠为多。陶器的个体趋向矮小，腹部普遍外弧，并出现密集的弦纹。鼎、盒的器壁斜直，其中鼎耳与器口紧贴；瓿的铺首端贴近器壁；敞口壶口沿进一步外侈而呈喇叭口形；盘口壶内口变浅，口壁外斜，圈足消失而成为卧足；弦纹罐中的直口型数量锐减，翻沿口有所增多，弦纹细密而弧凸；罍的个体趋小，敞口带领的类型逐渐被敛口宽弧沿所替代，通体拍印梳状纹。此期典型墓葬有萧山 M21[6]、杨家埠 D2M3[7]、龙游东华山 89M28[8]、上虞羊山 M3[9]。

（五）东汉早期

这一时期可细分为早、晚两个阶段。早段土坑砖椁墓十分盛行，仍有少量的土坑木椁墓。墓葬平面仍以长方形为主，少量为凸字形。墓室上部筑有封土，如鄞县 M37[10]，封土高 2.7 米，直径 10 米，表面覆盖一层护土石，封土顶部放置一件泥质陶灯盏。墓室带有斜坡式墓道，深 2.73 米，长 3.65 米，宽 3.46 米。随葬品以陶瓿、敞口壶、盘口壶、弦

〔1〕　浙江省文物考古研究所：《浙江湖州市方家山第三号墩汉墓》，《考古》2002 年第 1 期。

〔2〕　龙游县文物管理委员会朱土生：《浙江龙游县东华山 12 号汉墓》，《考古》1990 年第 4 期。

〔3〕　浙江省文物考古研究所：《杭州地区汉、六朝墓发掘简报》，《东南文化》1989 年第 2 期。

〔4〕　王正书：《上海福泉山西汉墓群发掘》，《考古》1988 年第 8 期。

〔5〕　浙江省文物考古研究所彭云：《上虞羊山古墓群发掘》，《沪杭甬高速公路考古报告》，文物出版社，2002 年。

〔6〕　浙江省文物考古研究所：《杭州地区汉、六朝墓发掘简报》，《东南文化》1989 年第 2 期。

〔7〕　浙江省文物考古研究所、湖州市博物馆：《浙江省湖州市杨家埠古墓发掘报告》，《浙江省文物考古研究所学刊》第七辑，杭州出版社，2005 年。

〔8〕　龙游县文物管理委员会朱土生：《浙江龙游县东华山 12 号汉墓》，《考古》1990 年第 4 期。

〔9〕　浙江省文物考古研究所彭云：《上虞羊山古墓群发掘》，《沪杭甬高速公路考古报告》，文物出版社，2002 年。

〔10〕　浙江省文物考古研究所、南京大学历史系考古专业：《浙江省鄞县高钱古墓发掘报告》，《浙江省文物考古研究所学刊》第七辑，杭州出版社，2005 年。

纹罐、罍为基本组合。仿铜礼器逐渐绝迹，陶质冥器、铜和铁兵器、化妆和装饰品仍较多见。陶器造型渐趋矮胖，其中瓿的铺首紧贴器壁而形似弦纹罐；壶类产品逐渐改为平底，耳上端的横向 S 形纹和菱角纹消失；弦纹罐以翻沿口为主，直口型消失、侈口型减少。该段的典型墓葬为鄞县高钱 M37、上虞凤凰山 M88[1]。

到晚段，土坑木椁墓基本绝迹，土坑砖椁墓过渡为券顶砖室墓。平面形状有长方形、凸字形和刀形三类，其中凸字形和刀形均带有较短的甬道，前者甬道位于墓室前端中央，后者则位于一侧。墓壁从单砖错缝平铺逐渐演变为三层平砖间隔一层竖砖，铺底砖由双砖纵横相隔转向单砖斜铺，并呈人字形结构。墓底排水沟开始出现并逐渐增多。棺木置于墓室后部，至迟到章帝时出现棺床。棺床均高于前室，前端普遍以一排竖砖为界和前室隔开，也有的在墓室中部紧挨左右墓壁叠置竖砖作为门道。随葬品以硬陶为主，高温釉陶基本消失，新出现了少量的低温釉陶。器物的基本组合有很大的变化，除罍继续流行外，早段中的瓿、敞口壶和盘口壶消失，弦纹罐数量锐减，新出现了锺和五管瓶。陶质明器、铁兵器仍有所见。铜镜以博局镜为多，亦有少量的神兽镜。个别中型墓中随葬有铜壶、樽、碗、博山炉、镰斗等生活用具。陶器的造型较为丰满，腹部由圆弧趋向扁鼓。其中弦纹罐合并为单一的束口型，通体密集的弦纹改为仅在肩部划两道弦纹；罍多为敛口、出现个别的直口，纹饰由梳状纹演变为斜方格纹；锺作圆鼓腹、矮圈足；五管瓶器身低矮、高圈足。此段的典型墓葬有淳安 SEM28 和 SEM12[2]、驮山 M30 和 M22 及 M31[3]。

（六）东汉中期

东汉中期土坑砖椁墓基本消失，长方形和凸字形券顶砖室墓盛行。较早阶段以单一的券顶结构为主，墓壁的砌筑结构和铺底砖的排列形式与早期相同。较晚阶段新出现少量平面近方形、穹隆顶墓室一侧带耳室的单室墓，前室横列、横券顶、后室并列的多室墓，砖石混筑、前堂设有石榻的画像石墓。随葬品以低温釉陶为主，并有少量的硬陶，其中杭州湾以南地区首先出现青瓷，并向四周扩展。器物的基本组合为束口罐、罍、锺、五管瓶，并伴出有陶瓷质地的香熏、盆、碗、盘、簋、碟、托盘、耳杯、熏、灶、甑、虎子。器物的造型趋向瘦长，其中罍为直口，宽平沿，纹饰由斜方格纹发展为窗帘纹；锺的腹部趋扁，圈足增高；五管瓶的器身逐渐增高，上下出现堆塑的小鸟和熊形蹲兽，圈足过渡成平底并演变为假圈足。此期的典型墓葬为上虞蒿坝永初三年（公元 109 年）墓[4]、奉化白杜熹平四年（公元 175 年）墓[5]

〔1〕 浙江省文物考古研究所、上虞县文物管理所：《浙江上虞凤凰山古墓葬发掘报告》，《浙江省文物考古研究所学刊·建所十周年纪念（1980～1990）》，科学出版社，1993 年。

〔2〕 新安江水库考古工作队：《浙江淳安古墓发掘》，《考古》1959 年第 9 期。

〔3〕 浙江省文物考古研究所黎毓馨：《上虞驮山古墓葬发掘》，《沪杭甬高速公路考古报告》，文物出版社，2002 年。

〔4〕 吴玉贤：《浙江上虞蒿坝东汉永初三年墓》，《文物》1983 年第 6 期。

〔5〕 奉化县文管会王利华、宁波市文管会林士民：《奉化白杜汉熹平四年墓清理简报》，《浙江省文物考古研究所学刊》，文物出版社，1981 年。

（图 3 - 39 - B）、德清凤凰山 M1 和 M2[1]。

（七）东汉晚期

东汉晚期结构单一的券顶砖室墓继续盛行，画像石墓仍有所见。随葬品以青瓷占主流，基本组合仅有罐、罍和五管瓶，锺已消失，代之而起的是一种新出现的盘口壶。铜镜中新出现浮雕的神兽镜。器物的造型变化不大，其中罐腹加深、耳多作横系；罍上出现菱形填线纹；五管瓶的器身增高，堆塑增多；新出现的盘口壶为浅盘口、短颈、圆鼓腹、内凹底。此期的典型墓葬有鄞县沙堰 M3[2]，绍兴 M305、M307[3]，湖州窑墩头汉墓[4]（图 8 - 39 - C）。

三　东南地区汉墓的区域特征及相关问题

总体而言，东南地区汉墓的区域特征及其演变主要表现在以下两个方面。

一是墓葬的文化面貌由多元走向统一。西汉早期由于当地古越文化的延续和外来的楚文化渗透，使这一时期的汉墓在不同的区域呈现出不同的风格。其中钱塘江以北地区的汉墓，均具有浓郁的楚文化色彩，尤其是西汉初期，这种色彩表现得更为鲜明和强烈。如安吉良朋一带的墓葬，在葬制上采用了木椁分厢的楚人制度，随葬品以精致的木胎漆器和木俑为主，陶器质地以泥质陶为主，外表饰有各种彩绘。而钱塘江以南的汉墓，则既有楚文化的影响，又有越文化的因素。如随葬品中有少量的彩绘陶器，基本组合为陶质仿铜礼器。但器物的质地却以高温釉陶为主，这种制品明显是从越国时期盛行的原始瓷继承、发展而来。同时，在余姚、嵊州和龙游等地的一些墓葬中，直到东汉时期墓葬中仍然可见一些具有明显越文化面貌的器物，如拍印米字纹或麻布纹的印纹陶坛、罐、钵等，体现了山越族的遗风。自椒江流域以南，则完全是越族文化的传承和延续。如小型墓葬的底面铺设卵石，大型墓葬中人字形结构的木椁，随葬品基本组合为日用的瓿壶、瓮、扁腹罐（瓿）、弧腹罐。自西汉中期以后，这一地区的墓葬面貌逐渐趋向统一，融入于汉族文化之中。

二是北部与长江下游地区一致，南部与广东地区相同。东南地区北部区域汉墓的演变与长江下游地区的汉墓变化过程基本相同。在墓葬形制方面经历了竖穴土坑木椁墓→竖穴土坑砖椁墓→结构较为简单的券顶砖室墓→结构较为复杂的券顶或穹隆顶多室墓，与此相应的器物组合也经历了以高温釉陶质地的仿铜礼器为主，伴出少量简单的灶、井类冥器→以硬陶质地的生活用器为主，冥器种类增多→以低温釉陶质地的冥器为主的变化过程。南部区域尽管墓葬不多，但以瓿壶、瓮、罐为基本组合的越族器物已可表明与广州等地的汉墓具有基本相同的文化特征。

---

〔1〕　浙江省文物管理委员会牟永抗、胡文虎：《浙江省德清县凤凰山画像石墓发掘简报》，《浙江省文物考古研究所学刊》第七辑，杭州出版社，2005 年。

〔2〕　施祖青：《鄞县宝幢乡沙堰村几座东汉、晋墓》，《东南文化》1993 年第 2 期。

〔3〕　绍兴市文物管理委员会：《绍兴狮子山东汉墓》，《考古》1984 年第 9 期。

〔4〕　湖州市博物馆：《浙江湖州窑墩头古墓清理简报》，《东南文化》1993 年第 1 期。

第十一节 岭南地区汉墓

"岭南"一词，早见于《史记·货殖列传》[1]，泛指五岭以南地区。秦王政二十三年（公元前214年），始设桂林、象郡和南海，是为"岭南三郡"[2]，其范围约当今广东、广西大部、香港、澳门、海南以及越南北部。西汉早期，岭南多为地方割据政权南越国所控制，及至元鼎六年（公元前111年）武帝平定南越后，把原地析置为南海、郁林、苍梧、交趾、合浦、九真、日南、珠崖、儋耳九郡，元帝时，珠崖、儋耳遭罢弃，其余各郡建制在东汉均得以延续。由于历史、地理上的相似，使得岭南汉墓在出土遗物及其反映的埋葬习俗上也呈现出较大的一致性。这里的岭南专指广东、广西、海南及港澳地区。

一 岭南地区汉墓的发现与研究简述

岭南汉墓主要分布在南海、郁林、苍梧、合浦四郡治所在地——今广东广州、广西合浦、贵港和梧州一带。通往岭南的"新道"[3]，或沿湘江，过湘桂低谷，进入广西全州、兴安，或从湖南道县、江华过萌渚岭隘口，到达广西贺州（原贺县）、钟山，或从湖南郴州入广东韶关、乐昌，这几路沿线均有较多汉墓发现，其余20多个市县及香港等地亦见一定数量分布，但以东汉墓为主，规模一般不大。

新中国成立以来，汉墓的发掘大致分为三个阶段：一是新中国成立至1965年。其间，贵县（现贵港市港北区）于1954～1956年清理古墓400余座，绝大部分为汉墓[4]；1953～1960年广州发掘汉墓408座[5]；1955年发掘的李郑屋汉墓，填补了香港汉代考古的空白[6]。二是1966～1976年。合浦望牛岭大型木椁墓[7]、徐闻东汉墓[8]、平乐银山岭墓葬[9]、贵县罗泊湾M1[10]等均是这一阶段重要的发现。三是1977年以来的发掘，多是配合基建的抢救性发掘。主要有海南军屯坡和番岭坡瓮棺墓[11]、贺县金钟M1[12]、深

---

〔1〕 《史记·货殖列传》："山东食海盐，山西食盐卤，领南、沙北固往往出盐，大体如此矣。""领"通"岭（嶺）"，如《汉书·严助传》："舆轿而隃领，拖舟而入水。"

〔2〕 《晋书·地理志（下）》："汉初，以岭南三郡及长沙、豫章封吴芮为长沙王。"

〔3〕 秦始皇三十四年修筑，这些道路被称为"新道"（见《史记·南越列传》）。

〔4〕 广西省文物管理委员会：《广西贵县汉墓的清理》，《考古学报》1957年第1期。

〔5〕 广州市文物管理委员会、广州市博物馆：《广州汉墓》，文物出版社，1981年。

〔6〕 白云翔：《香港李郑屋汉墓的发现及其意义》，《考古》1997年第6期。

〔7〕 广西壮族自治区文物考古写作小组：《广西合浦西汉木椁墓》，《考古》1972年第5期。

〔8〕 广东省博物馆：《广东徐闻东汉墓——兼论汉代徐闻的地理位置和海上交通》，《考古》1977年第4期。

〔9〕 广西壮族自治区文物工作队：《平乐银山岭战国墓》，《考古学报》1978年第2期；《平乐银山岭汉墓》，《考古学报》1978年第4期。

〔10〕 广西壮族自治区博物馆：《广西贵县罗泊湾汉墓》，文物出版社，1988年。

〔11〕 曾广亿：《海南岛东汉瓮棺墓发掘考略》，《广东文博通讯》1979年第10期。

〔12〕 广西壮族自治区文物工作队、广西贺县文物管理所：《广西贺县金钟一号汉墓》，《考古》1986年第3期。

圳红花园汉墓[1]、广州西村凤凰岗 M1[2]、合浦文昌塔墓地[3]、乐昌市对面山墓地[4]、广州市农林东路南越国"人"字顶木椁墓[5]及合浦风门岭汉墓[6]等。其中，1987 年发掘的文昌塔墓地和对面山墓地的规模较大，分别为 208 座和 168 座。截止到 2007 年年底，岭南地区发掘的汉墓已超 3000 座，其中广西约 2000 座，广东 1000 多座，除广州南越王墓[7]外，其余均可归属为官吏与平民墓。

以此展开的研究，历年以资料整理和编写报告的基础研究为主，除上文提及重要发现的著述外，广州[8]、佛山[9]、南海[10]、番禺[11]、韶关[12]、博罗[13]、德庆[14]及贵港[15]、

---

[1] 广东省博物馆、深圳博物馆：《深圳市南头红花园汉墓发掘简报》，《文物》1990 年第 11 期。

[2] 广州市文物管理委员会：《广州西村凤凰岗西汉发掘简报》，《广州文物考古文集》，文物出版社，1998 年。

[3] A. 广西文物考古研究所，1987 年发掘资料。
B. 广西文物考古研究所、合浦县博物馆：《2005 年合浦县文昌塔汉墓发掘报告》，《广西考古文集》第三辑，文物出版社，2007 年。

[4] 广东省文物考古研究所、乐昌市博物馆、韶关市博物馆：《广东乐昌市对面山东周秦汉墓》，《考古》2000 年第 6 期。

[5] 广州市文物考古研究所：《广州市农林东路南越国"人"字顶木椁墓》，《羊城考古发现与研究（一）》，文物出版社，2005 年。

[6] 广西壮族自治区文物工作队、合浦县博物馆：《合浦风门岭汉墓——2003～2005 年发掘报告》，科学出版社，2006 年。

[7] 广州市文物管理委员会、中国社会科学院考古研究所、广东省博物馆：《西汉南越王墓》，文物出版社，1991 年。

[8] A. 广东省博物馆：《广州沙河顶发现一座东汉墓》，《考古》1986 年第 12 期。
B. 广州市文物考古研究所：《广州西村凤凰岗西汉墓发掘简报》、《广州狮带岗西汉土坑墓发掘简报》、《广州沙河顶汉墓发掘简报》、《广州黄花岗东汉砖室墓发掘简报》、《广州市先烈南路大宝岗汉墓发掘简报》、《广州东山梅花村八号墓发掘简报》，《广州文物考古集》，文物出版社，1998 年；《广州市先烈南路汉唐南朝墓》、《广州市永福路汉唐墓葬发掘简报》，《羊城考古发现与研究（一）》，文物出版社，2005 年。

[9] 广东省文物管理委员会徐恒彬：《广东佛山市郊澜石东汉墓发掘报告》，《考古》1964 年第 9 期。

[10] 广东省博物馆曾广亿：《广东南海汉墓发掘简报》，《文物资料丛刊》第 4 辑，文物出版社，1981 年。

[11] A. 广州市文物考古研究所：《番禺小围谷鸟山文头岗东汉墓》，《羊城考古发现与研究（一）》，文物出版社，2005 年。
B. 广州市文物考古研究所、广州市番禺区文管会办公室：《番禺汉墓》，科学出版社，2006 年。

[12] 杨豪：《广东韶关西河汉墓发掘》，《考古学集刊》第 1 集，中国社会科学出版社，1981 年。

[13] 广东省文物考古研究所：《博罗横岭山》，科学出版社，2005 年。

[14] 杨耀林、谭永业：《广东德庆汉墓出土一件陶船模型》，《文物》1983 年第 10 期。

[15] 广西壮族自治区文物工作队：《广西贵县汉墓的清理》，《考古学报》1957 年第 1 期；《广西贵县风流岭三十一号西汉墓清理简报》，《考古》1984 年第 1 期；《广西贵县北郊汉墓》，《考古》1985 年第 3 期；《广西贵港市马鞍岭东汉墓》，《考古》2002 年第 3 期；《广西贵港深钉岭汉墓发掘报告》，《考古学报》2006 年第 1 期。

合浦[1]、梧州[2]、昭平[3]、柳州[4]、贺县[5]、钟山[6]、兴安[7]、西林[8]等地还有墓葬资料以报告或专刊的形式发表，粤东的澄海、普宁、揭阳也有发现的述介[9]。汉墓较为集中的墓地多建立起初步的年代分期序列，对于当地汉墓的演变发展规律有了基本了解。但一些早年发掘的墓葬，以简报或简讯公布居多，内容简略；另外还有相当数量未能及时整理发表，这些都给岭南汉墓的全面研究带来了不小的困难。

自 20 世纪 80 年代起，随着发掘资料的丰富，汉墓的分期断代研究也逐渐深入，一批原定为战国墓的年代被重新认识或引发讨论，如有学者认为，银山岭的 110 座战国墓与广州、贺县的西汉早期墓形制相同，出土器物也基本一致，年代应属南越王国前期；田东锅盖岭[10]出土的铜鼓和一字格剑与石寨山 I 类、II 类滇墓所出同型式，年代应改定为西汉[11]。肇庆松山[12]随葬铜器中虽保存有较早的中原器物，但其出土的提筒和各种陶器又同于广州秦墓和西汉早期墓，应为南越国时期墓葬[13]。广东四会高地园[14]、广宁铜

〔1〕　A. 广西壮族自治区文物工作队、合浦县博物馆：《广西合浦县母猪岭东汉墓》，《考古》1998 年第 5 期；《广西合浦九只岭东汉墓》，《考古》2003 年第 10 期；《合浦县凸鬼岭汉墓发掘简报》，《广西考古文集》，文物出版社，2004 年。

　　　　B. 广西壮族自治区文物工作队：《广西合浦县堂排汉墓发掘简报》，《文物资料丛刊》第 4 辑，文物出版社，1981 年；《广西北海市盘子岭东汉墓》，《考古》1998 年第 11 期；《广西合浦县禁山七星堆东汉墓葬》，《考古》2004 年第 4 期。

　　　　C. 广西壮族自治区博物馆、合浦县博物馆：《广西合浦县凸鬼岭清理两座汉墓》，《考古》1986 年第 9 期。

　　　　D. 合浦县博物馆：《广西合浦县丰门岭 10 号墓发掘简报》，《考古》1995 年第 3 期；《广西合浦县母猪岭汉墓的发掘》，《考古》2007 年第 2 期。

〔2〕　梧州市博物馆：《广西梧州市鹤头山东汉墓》，《文物资料丛刊》第 4 辑，文物出版社，1981 年；《广西梧州市近年出土的一批汉代文物》，《文物》1977 年第 2 期。另外，梧州的资料多未发表，据了解，自 1958 年以来在市区周围共发掘墓葬 300 多座，出土文物 6000 多件。

〔3〕　广西壮族自治区博物馆、昭平县文物管理所：《广西昭平东汉墓》，《考古学报》1989 年第 2 期。

〔4〕　柳州市博物馆：《广西柳州市九头村一号汉墓》，《文物》1984 年第 4 期；《柳州市郊东汉墓》，《考古》1985 年第 9 期。

〔5〕　广西壮族自治区文物工作队、贺县文化局：《广西贺县河东高寨西汉墓》，《文物资料丛刊》第 4 辑，文物出版社，1981 年。

〔6〕　广西壮族自治区文物工作队、钟山县博物馆：《广西钟山县张屋东汉墓》，《考古》1998 年第 11 期。

〔7〕　广西壮族自治区文物工作队、兴安县博物馆：《兴安石马坪汉墓》、《兴安界首汉晋墓的清理》、《广西考古文集》，文物出版社，2004 年。

〔8〕　广西壮族自治区文物工作队：《广西西林普驮铜鼓墓葬》，《文物》1978 年第 9 期。

〔9〕　广东省文物考古研究所、汕头市文物管理委员会、澄海市博物馆：《澄海龟山汉代遗址》，广东人民出版社，1997 年。

〔10〕广西壮族自治区文物工作队：《广西田东发现战国墓葬》，《考古》1979 年第 6 期。

〔11〕A. 黄展岳：《论两广出土的先秦青铜器》，《考古学报》1986 年第 4 期。

　　　　B. 李龙章：《广西右江流域战国秦汉墓研究》，《考古学报》2004 年第 3 期。

〔12〕广东省博物馆、肇庆市文化局发掘小组：《广东肇庆市北岭松山古墓发掘简报》，《文物》1974 年第 11 期。

〔13〕李龙章：《湖南两广青铜时代越墓研究》，《考古学报》1995 年第 3 期。

〔14〕何纪生：《广东发现的几座东周墓葬》，《考古》1985 年第 4 期。

鼓岗[1]的部分墓葬和广西武鸣安等秧山[2]也被重新定为"秦汉之际"或"西汉早期"[3]。此外，个别汉墓较为明显的断代错误，也在其后的报告中得以纠正[4]。

相对于平民墓，官吏墓尤其是大型墓葬的墓主身份，研究者多较关注。如出土"左夫人"玉印的贺县金钟 M1，其墓主为"南越国侯王及其配偶"的观点在许多论著中被引用并加以阐述[5]。又如罗泊湾汉墓，报告认为 M1 墓主是中原人，曾为桂林郡守或郡尉，M2 墓主为南越国派驻本地的相当于王侯一级官吏的配偶。有学者根据史料及墓葬形制、人殉制度等提出不同意见，认为 M1 墓主应是受南越王赵佗册封的当地土著首领——西瓯君，M2 墓主应是 M1 墓主的夫人，也有可能是稍后于 M1 墓主的嗣位西瓯君的夫人[6]。其他专题研究涉及广泛，包括玻璃器[7]、铜镜[8]、印绶制度[9]、錾刻花纹铜器[10]、仿铜陶礼器[11]、灯具[12]等方面，一些学者还力图从已有的考古资料复原本地区历史[13]。

二　岭南地区汉墓的分期

岭南汉墓的分期多以广州汉墓为参照。广州汉墓分布集中，年代序列完整，在 20 世纪 50～60 年代考古发掘的基础上，根据墓葬形制和主要陶器的演变等划分为五期，其中西汉墓分前、中、后三期，东汉墓分前、后二期[14]。近年，虽有学者对西汉前期墓的断

〔1〕 广东省博物馆：《广东广宁县铜鼓岗战国墓》，《考古学集刊》第 1 集，中国社会科学出版社，1981 年。

〔2〕 广西壮族自治区文物工作队、南宁市文物管理委员会、武鸣县文物管理所：《广西武鸣马头安等秧山战国墓群发掘简报》，《文物》1988 年第 12 期。

〔3〕 李龙章：《湖南两广青铜时代越墓研究》，《考古学报》1995 年第 3 期。

〔4〕 如合浦风门岭 M10 为东汉中晚期的穹隆顶合券顶砖室墓。简报对出土陶器和铜钱作了不恰当的比对，从而把年代定为东汉早期（见广西壮族自治区文物工作队、合浦县博物馆《合浦风门岭汉墓——2003～2005 年发掘报告》第七章，科学出版社，2006 年）。

〔5〕 吴凌云：《南越国玺印与印文》，《考古发现的南越国玺印与印文》，广州市文化局，2005 年。

〔6〕 黄展岳：《关于贵县罗泊湾汉墓的墓主问题》，《南方民族考古》第二辑，四川科技出版社，1990 年。

〔7〕 A. 黄启善：《广西古代玻璃制品的发现及其研究》，《考古》1988 年第 3 期；《广西发现汉代的玻璃器》，《文物》1992 年第 4 期。

　　B. 冯永驱：《广州发现的汉代玻璃器》，《广州文物考古集》，广州出版社，2003 年。

〔8〕 全洪：《南越国铜镜论述》，《考古学报》1998 年第 3 期。

〔9〕 萧亢达：《汉代印绶制度与随葬官印问题》，《广州文物考古文集》，文物出版社，1998 年。

〔10〕 蒋廷瑜：《汉代錾刻花纹铜器研究》，《考古学报》2002 年第 3 期。

〔11〕 朱海仁：《岭南汉墓的仿铜陶礼器的考察》，《华南考古》第 1 辑，文物出版社，2004 年。

〔12〕 熊昭明：《广西汉代出土灯具研究》，《广西民族研究》2002 年第 2 期。

〔13〕 A. 蒋廷瑜：《西林铜鼓墓与汉代句町国》，《考古》1982 年第 2 期。

　　B. 麦英豪、黎金：《二千年前岭南人的衣食住行——考古发现纵横谈》，《广东文物》2001 年第 2 期。

〔14〕 广州市文物管理委员会、广州市博物馆：《广州汉墓》，文物出版社，1981 年。下文涉及广州汉墓未注明者，均出自该书。

代及分期提出异议[1]，但《广州汉墓》仍不失为指导岭南地区秦汉考古的重要论著。本文亦循广州汉墓的分期，为与岭北其他地区统一起见，把岭南汉墓分为秦代和西汉早期、西汉中期、西汉晚期和新莽时期、东汉早期、东汉中晚期。

(一) 秦代和西汉早期

本期年代从秦始皇统一岭南的战争起（公元前 219 年），下限至汉元鼎六年（公元前 111 年）武帝平定南越，前后延续 108 年。又以文、景期间为界划为两段，即南越国的前期和后期。

广州区庄罗岗木椁墓、西村石头岗木椁墓因出秦纪年铜戈或铜扁壶、铜鍪等秦文化典型遗物，被认为是秦墓[2]。也有学者根据平乐银山岭 M4 出土的铜戈，推测为秦墓[3]。不过，秦平岭南及经略岭南的时间前后仅十七八年，无论从墓葬形制还是从出土的陶器都很难与西汉早期区分开来。

西汉早期墓主要集中在广州，乐昌、贺县、贵县、平乐和梧州等地也有较多发现，总数在 500 座以上。广州华侨新村蚬壳岗、玉子岗仅见本期墓葬，从其规模和出土遗物看，应是南越国官吏的专用墓地。本期大中型墓葬以竖穴木椁墓为主，部分带墓道，椁室的结构有井椁式和封门式两种，广州汉墓出现椁室分层的类型。大型墓葬分前后室，随葬器物多，且见较多的铜、铁兵器和玉器，部分还有金印、玉印或铜印等随葬。一些高等级的官吏墓，形制特殊，如罗泊湾 M1，椁内分隔多厢，在椁底置 7 个殉人棺，在墓道旁设车马坑；农林东路木椁墓的椁顶作两坡"人"字形。其余为竖穴土坑墓，有长方形窄坑收底和长方形直坑两种，部分带生土或熟土二层台，一般规模较小，随葬物简，并以陶器为主，不少墓葬的底部设腰坑或铺小卵石，可能与墓主人的族别有关。这期主要为单葬，但间以矮隔墙的异穴合葬墓也已出现。

出土陶器以硬陶为主，釉陶占一定比例，纹饰以印纹和刻划纹为主，构图基本上为几何形，器形基本组合多为瓮、罐，南越国后期普遍出现鼎、盒、壶、钫、熏炉等汉文化的"礼器"或器物，但有相当一部分的器形如瓮、罐、瓿、双耳罐、三足罐（联罐）、小盒、三足盒、提筒等带浓厚的地方色彩（图 8-40）。一些接近西汉中期的墓葬出现了灶、井之类的模型明器。超过半数有铜器随葬，种类包括容器、兵器、车饰、乐器、工具及生活用具、鎏金铜俑等。铜镜有素镜、山字纹镜、变形兽纹镜、龙纹镜、龙凤纹镜、连弧纹镜、蟠螭纹镜、蟠螭铭文镜、四叶纹、草叶纹镜，其中前七类铜镜在长沙战国和西汉初年墓中常见，应属前期器物，而出后三类铜镜的墓，年代当属南越国后期。极少数墓葬出土秦半

---

[1] 李龙章认为：《广州汉墓》对西汉前期墓的断代及分期与实际情况有较大出入，应予修正（见李龙章《南越国出土陶器与两广战国秦汉遗存年代序列》，《华南考古》第 1 辑，文物出版社，2004 年）。

[2] A. 广州市文物管理委员会：《广州东郊罗岗秦墓发掘简报》，《考古》1962 年第 8 期。

B. 广州市文化局、广州市地方志办公室、广州市文物考古研究所：《广州文物志》，广州出版社，2000 年。

[3] 蓝日勇：《广西战国至汉初越人墓葬的发展与演变》，《广西民族研究》1988 年第 1 期。

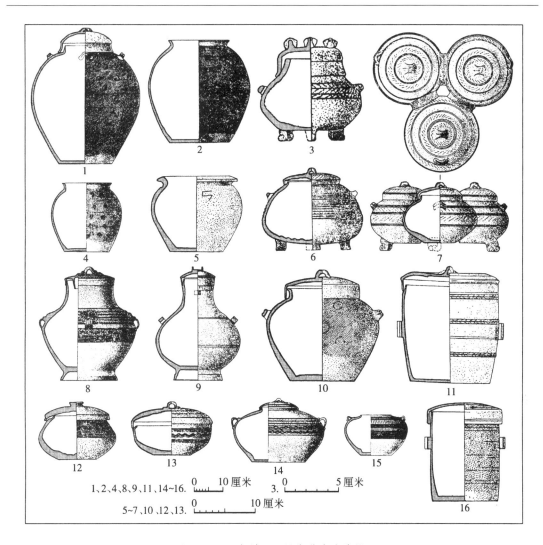

图 8 - 40　广州西汉早期墓出土陶器

1. 四耳瓮（1180：83）　2. 瓮（1088：1）　3. 三足罐（1177：33）　4. 罐（1173：24）　5. 罐（1097：6）　6. 三足罐
（1148：31）　7. 三联罐（1164：33）　8. 壶（1095：6）　9. 壶（1173：34）　10. 双耳罐（1180：100）　11. 提筒
（1181：49）　12. 小盒（1077：13）　13. 小盒（1121：9）　14. 瓶（1065：2）　15. 瓶（1076：15）　16. 提筒（1180：50）

两和汉初半两。铁器开始普遍出现，以兵器和工具类为主，其他金、银、铅金属器很少。
玉器和滑石器的种类则较多，漆木器仅在个别墓葬中得到保存，仿玉璧的琉璃璧、玛瑙
印、水晶玦等在广州汉墓中有零星发现。本期代表性墓例有广州汉墓 M1094 等。

（二）西汉中期

本期年代上限为汉武帝元封元年（公元前 110 年），下限可以划在元、成之际，前后
约 80 年。

本期汉墓数量较少，规模多不大，随葬品也不丰富，应与平定南越国的战争对经济影

响有关。相对于广东汉墓，本期的广西汉墓更少，除贵港深钉岭 M31、合浦风门岭 M27
等少数几座外，贺县金钟 M1 和贵县风流岭 M31 也应属本期[1]，这两座同为夫妻同穴合
葬墓，是本期规模较大的墓葬。

土坑墓仍占一定比例，但长方形窄坑收底墓消失，均为长方形直坑墓，鲜见生土或熟
土二层台。竖穴木椁墓均带墓道，以木柱封门，风流岭 M31 等还是在墓道一侧置车马坑，
双层分室墓开始在广州汉墓中流行。本期同穴合葬墓盛行，有些墓道留有再次开掘的痕
迹，表明已形成先后入葬的合葬风俗。两广汉墓开始出现较大的分野，广州发展较早，汉
墓自成体系，虽受外来文化的持续影响，地方特色仍较浓厚，不见墓道一侧置车马坑等明
显源自中原的外藏椁形式，而普遍代之以椁室分层的空间设置，并一直沿用到东汉晚期。

陶器的组合与前期相比，变化发展极为明显，主要有四：一是作为"礼制"象征的仿
铜陶礼器鼎、盒、壶、钫一组大为消减，这是周秦礼制的弱化和岭南地区融入大一统汉文
化的体现；二是屋、仓、井、灶等模型明器较前期普遍；三是地区特色的器形几乎消失，
仅瓿、三足盒见于个别墓中；四是刻划纹饰趋向简朴，不若前期纤巧繁缛。

在较多铜器随葬的大墓中，铜、铁兵器都很少，应是"（铁器）在汉平南越以后出现
过短暂的停滞"[2] 所致，滑石器则较前期有较大的增加，滑石璧几乎取代玉璧随葬。仅
极个别墓发现五铢钱，五铢钱的出现是本期墓葬断代上与前期划界的标志之一。本期铜镜
更普遍的是昭明镜和日光镜，尤以昭明镜为主。这两种新型的镜，平窄缘，钮座为圆座或
连珠纹座，一般认为是武帝以后才出现。出土的两件木船模型是研究岭南西汉时期交通的
重要资料，各种水晶、玛瑙、琉璃、琥珀等质料的串饰及托灯陶俑等的出现，说明了岭南
地区的对外贸易已具一定的规模。风流岭 M31 可为本期典型墓例。

（三）西汉晚期和新莽时期

本期年代上限紧接西汉中期，下限至建武初年，前后约 50 年。

本期墓葬在合浦、广州、贵港等地均有较多发现，总量大大超出前期，在一定程度上
折射出"昭宣中兴"后的繁荣。广州汉墓有单室的竖穴木椁墓和有墓道竖穴分室木椁墓
（双层分室、双层横前堂），其中竖穴木椁墓与双层分室都是沿袭西汉中期而来，但双层横
前堂的椁室结构，显然是在双层分室基础上的扩展，建筑规模和结构手法上都要比西汉中
期的宏伟和复杂得多。广西未见双层分室或双层横前堂的汉墓类型，多为带墓道的竖穴木
椁墓，大型墓葬常用膏泥密封等防腐措施，带耳室或在墓道底端设外藏椁。合浦进入了一
个鼎盛时期，表现为大墓众多，随葬品丰富，但滞后因素显见，沿用异穴夫妻合葬墓，未
见同穴合葬的类型。

陶器的组合与西汉中期基本相同，有个别器形消失，但又有新的器形出现。广州汉墓

---

[1] 金钟 M1 的年代报告定为西汉早期，风流岭 M31 则笼统为西汉，但夫妻同穴合葬墓在各地的出现
一般为西汉中期，由此，我们认为两广西汉中期墓数量少的另一个原因可能为分期断代的标尺出现
偏差。

[2] 白云翔：《先秦两汉铁器的考古学研究》，科学出版社，2005 年。

中陶钫已消失，折唇外反、腹部长圆的瓮明显减少，为新出现的四耳展唇罐所更代。长颈壶、簋、三足釜及陶塑家禽家畜是在这期始见的，特别是西汉晚期墓几乎都有陶制模型明器随葬，比西汉中期更为普遍。在陶器的型式方面亦有所变化，如提筒、温酒樽、盆、魁、井、仓、屋等都有新型式出现，例如，陶仓正面增加了围廊，干栏式陶屋上层由横长方形演变为曲尺形。

平民墓出土的铜、铁器较少，有半数墓葬出钱币，有五铢和大泉五十。铜镜中日光镜、昭明镜与西汉中期的相同，但镜体较小，此外还有四虺纹镜、四兽镜和兽纹镜等。大型官吏墓随葬仍以铜器为主，从出土"九真府"铭文陶提筒等推测为现越南境内九真郡太守的望牛岭 M1 及风门岭 M26 等，铜器均占出土遗物的大部分，其中的凤灯、铜牛、三足盘等，錾刻花纹纤巧精致，美观异常（图 8-41）。本期代表性墓葬有合浦风门岭 M26 等。

（四）东汉早期

本期年代上限在建武初年，下限在建初之前，约 50 年时间。

本期墓葬的分布范围已趋广泛，岭南地区 20 多个市县有发现。带墓道的竖穴木椁墓还相当流行，约占这期墓数的四分之三，边远地带还在沿用竖穴土坑墓。砖室墓也开始出现，但多为小型砖墓。广州西汉后期墓所见的三种墓型在当地仍存在，仅数量上稍减，表明两者紧密衔接；新出现"假双层"分室的木椁墓，且占有主要位置。这种"假双层"，棺室的后部没有造出双层，只是椁内后室比前室高出一个台阶。此外，在广州、平乐、梧州、贵县、合浦一带，普遍出现一种从木椁墓向砖室墓过渡的墓葬类型，墓底或墓壁用砖，有的仅砌封门，可称之为砖木合构墓。

陶器的器形与西汉晚期基本相同，型式组合与西汉晚期大体相同，但广州汉墓中瓮、五联罐和瓿已消失，鼎、长颈壶、卮、魁、灶、屋六种则有所变化，出现了由两单层房子组合成的曲尺式陶屋及楼阁式陶屋等；出土铜器不多，有碗、盆、削、虎子等；有过半数的墓有铜镜随葬，规矩四灵镜、规矩鸟兽纹镜出现，出规矩镜的八座墓都有钱币同出，钱币有五铢、大泉五十和货泉三种。相对而言，本期的合浦汉墓，陶瓮、五联罐等仍是常见，出土铜器也较丰富，如砖木合构的合浦九只岭 M5，出土釜、壶、提梁壶、熏炉、鼎、杯、盘、三足盘、灯、樽、镜等近 20 件铜器。

1990 年发掘的合浦黄泥岗 M1 是本期官吏墓的代表，出土"宜子孙日益昌"出廓玉璧、母子玉带钩、水晶串饰、错金纹铜剑、铜仓等大批精美器物。墓中出土的滑石"徐闻令印"及龟钮"陈褒"铜印各 1 枚，墓主人当为"陈褒"，生前曾为合浦郡徐闻县的县令。

（五）东汉中晚期

本期年代上限以建初为界，下限到东汉末年，前后 140 余年。

墓葬的数量发现最多，总数超过 1000 座，岭南近 30 个市县及香港九龙半岛等地均有出现，但多已于早年被盗掘。广州汉墓有 4 座墓的墓砖上有纪年铭文，即建初元年（公元 76 年；M5041）、建初五年（公元 80 年；M5060）、永元九年（公元 97 年；M5065）、建宁三年（公元 170 年；M5068）。广西也发现有纪年铭文墓砖或器物，如兴安石马坪 M20

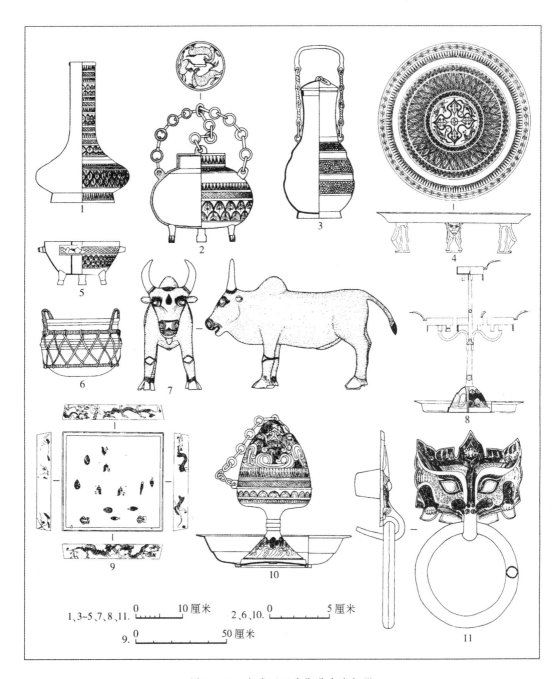

图 8-41 合浦西汉晚期墓出土铜器

1.长颈壶（风门岭 M26：89） 2.三足小壶（风门岭 M26：105） 3.B 型提梁壶（风门岭 M26：126） 4.三足盘（望牛岭 M1 出土） 5.格盒（风门岭 M26：21） 6.藤编吊桶（风门岭 M26：150） 7.牛（风门岭 M26：2） 8.五枝灯（风门岭 M26：38） 9.池塘（风门岭 M26：7-2） 10.熏炉（风门岭 M26：128） 11.铺首（风门岭 M26：4）

"永平十六年作"铭文墓砖，灵山县"熹平元年"和"熹平八年"墓砖[1]，梧州旺步 M2 "章和三年"款铜碗等，为本期墓的断代提供了可靠依据。

本期岭南汉墓呈现多元化，形制杂芜，多以砖室墓为主，竖穴土坑墓、竖穴木椁墓还在延续使用，且新出现石室墓、砖石合构墓和瓮棺墓等类型。砖室墓有直券顶砖室墓、横直券顶砖室墓、穹隆顶合券顶砖室墓三大类。穹隆顶合券顶砖室墓有前、后室双穹隆顶，也有双后室作直券顶并列的类型。合浦风门岭 M1，前室为横券顶，中室为穹隆顶，后室为直券顶，应是糅合横直券顶砖室墓与穹隆顶合券顶砖室墓的类型。一些晚期墓，如番禺汉墓 M26、北海（合浦）盘子岭 M20 等出现侧室，墓道变短或消失。在广州汉墓中，穹隆顶砖室墓约占本期砖室墓的三分之二，包括上述四座纪年墓，这就更确切地说明，这种结构方式，在广州地区是从东汉中叶开始流行的。本期广西钟山、昭平、富川、蒙山、平乐、恭城[2]一带流行石室墓；徐闻也出现一种砖石合构墓，盖顶平或起券，均规模小、结构简单、随葬品也少，应属平民墓墓葬；海南等地出现瓮棺墓，出土的四系陶罐下腹斜直较高，风格接近广州东汉后期墓所见，其年代应属东汉中晚期，是主要埋葬夭折小孩的一种墓葬形式。

以纪年墓所出的陶器作标尺，与东汉前期的比较，本期的陶器形式有较大的演变。例如，双耳直身罐在东汉前期基本上是身如圆筒，这期约有一半演变成上小下大、腹壁斜直类型，此外，器身较扁、中部有凸棱、全身施刻划纹的三足釜，三合式陶屋，附有水缸的灶，重檐仓和城堡等都在建初元年（公元 76 年）、建初五年（公元 80 年）墓中出现，这些类型为东汉前期所未见。本期出土铜器数量减少，器物外形、纹饰简单朴实，远没有前期精致，透出岭南青铜文化衰落的明显迹象。出土的钱币有大泉五十、货泉和布泉等三种，五铢的朱字上头两竖外撇，朱字高出金字，此外，出现了剪郭五铢。所出铜镜种类较多，大致有鸟兽纹镜、规矩四灵镜、规矩鸟兽纹或几何纹镜、简化规矩纹镜、鸟纹镜、圆珠纹、四兽纹、云雷纹镜、圆雕纹镜等。以番禺汉墓 M11 为代表的穹隆顶合券顶砖室墓，这个时期流行于珠江三角洲地区。

以上着重论述岭南五期汉墓的各期特征。我们再从广州汉墓中择几种主要的陶器，合为图表（图 8-42），以比较其演变发展的关系。

三　岭南地区汉墓的区域特征及相关问题

（一）地域特征

岭南的竖穴土坑墓延续时间很长，地处边远的钟山、平乐、昭平、乐昌等，至东汉时期仍以土坑墓为主，而木椁墓的使用也贯穿两汉时期。广州西汉中期和后期的木椁墓，仿生人的居处布局：前端为前室，为长方形或横长方形；后端上层为棺室，下层是器物室，东汉前期简化为"假双层分室墓"。东汉前期合浦等地的砖木合构墓也应是较有特色的墓葬类型。出土的陶器多为硬陶，纹饰以几何印纹和刻划纹为主，器形基本组合基本为瓮、

〔1〕　王永链：《广西灵山县发现东汉纪年砖》，《考古》2002 年第 9 期。
〔2〕　俸艳：《广西恭城县牛路头发现一座东汉石室墓》，《考古》1998 年第 1 期。

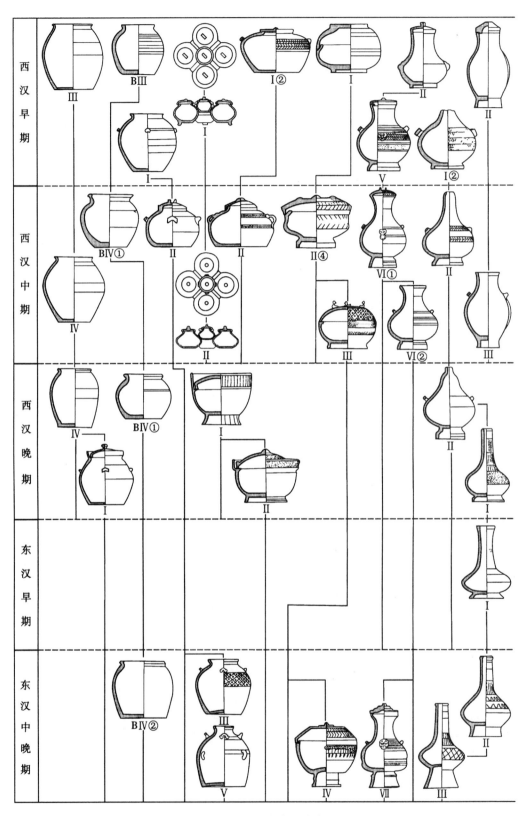

西
汉
早
期

西
汉
中
期

西
汉
晚
期

东
汉
早
期

东
汉
中
晚
期

图 8-42　广州汉墓主要陶器演变图（之一）

（本图引自《广州汉墓》图二八四）

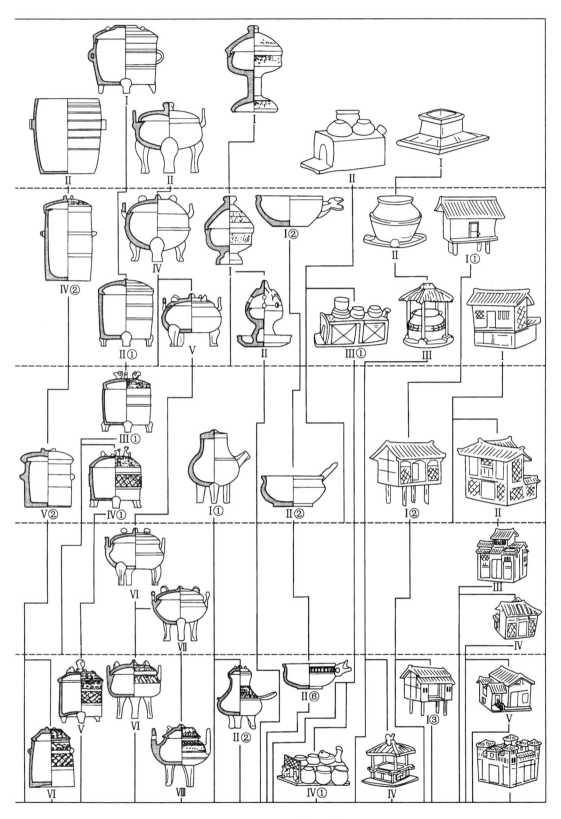

图 8-42 广州汉墓主要陶器演变图（之二）

（本图引自《广州汉墓》图二八四）

罐、壶等，有相当一部分器形带有浓厚的地方色彩，无论胎质、造型、施釉、纹饰、陶文、印记等方面都异于中原。青铜器中最具地域特点的应是铜鼓这种打击乐器，在贵县罗泊湾 M1、田东锅盖岭、西林铜西等都有发现。此外，岭南的合浦、广州等地汉墓出土大量与海上丝绸之路有关的文物，如琉璃、琥珀、玛瑙、肉红石髓、水晶、绿松石、金花球、炭化龙脑香料、胡人俑等，这些器物中有的直接从东南亚、西亚、罗马等地舶来，有的使用了海外原料或技术，有的运用胡人或原产非洲、南亚等地的狮子作为创作母题，金饼则可能为用于对外贸易的大额货币，从而印证了《汉书·地理志》的有关记载[1]。

另一个明显特征是岭南地区内部发展很不均衡，从汉墓的形制、随葬品的多寡及种类可窥一斑。广州作为南越国都城和南海郡郡治，人口稠密，墓葬分布密集，贺州、梧州、贵港等在先秦时期起就通过五岭通道与岭北建立了密切联系，发展也较为充分，而合浦开发较晚，发展相对滞后，但依赖通畅的内河和海外交通等优越条件，西汉中期起逐渐繁荣，这些地区出现一些规模较大的墓地，官吏墓发现较多，随葬品也非常丰富。而钟山县张屋村、乐昌前面山等由于地处边远，均不见各地东汉时期的砖室墓，墓底设腰坑习俗还在沿用，随葬品中不见西汉中期以来两广各地盛行的井、仓、灶、屋等模型明器和各种质料的佩饰品。广大的右江流域，至今仍没有汉墓发现。

（二）与邻近地区的联系

贺县河东高寨 M4 出土的陶蒜头壶和 B 型釜，与西安南郊秦墓[2]所出极为相似，一些墓葬还出土秦纪年铜戈或铜扁壶、铜鍪等遗物，秦文化的影响是显而易见的。带斜坡或台阶的竖穴墓室，填以木炭防潮的做法，椁室内分隔头厢、边厢、棺室，底部置腰坑，墓道一侧设车马坑或位于墓道底端设外藏椁等，常见于中原地区的商周和战国墓葬，西汉早中期，以仿铜陶礼器为代表的中原器物在岭南地区广泛出现，从而导致了越文化发生变化。出土的青铜器和玉器等，从出现的时间和型式来看，也多与中原有渊源关系。在受强大的中原文化持续影响的同时，岭南也在与周边地区密切交往，受其影响，汉墓明显反映出包括楚、闽越、滇等在内的文化因素。

首先是楚文化因素。在邻近地区中，楚文化对岭南影响最大，许多中原文化也经由楚地融合后逐渐传入。楚墓在构多层棺椁、在椁外周充填青、白膏泥以加强埋葬设施的密封、防腐性能等方面较其他区域更胜一筹[3]，这些都明显地影响了岭南地区的汉墓风格。罗泊湾 M1 造墓时先挖出墓坑的下半部，再用版筑法夯出地面的上半部分，这种做法也见于长沙马王堆汉墓[4]。广州西汉早期墓所出的漆器、木俑与长沙战国和西汉早期的漆木器的特点类同，山字纹铜镜等与"楚式镜"的类型和纹饰特点亦几乎一致。

---

[1] 《汉书·地理志（下）》："自日南障塞、徐闻、合浦船行可五月，有都元国……有译长，属黄门，与应募者俱入海市明珠、璧流离、奇石异物，赍黄金、杂缯而往。"

[2] 西安市文物保护考古所：《西安南郊秦墓》，陕西人民出版社，2004 年。

[3] 湖南省博物馆：《长沙楚墓》，《考古学报》1959 年第 1 期。

[4] 何介钧、张维明：《马王堆汉墓》，文物出版社，1982 年。

其次，是闽越文化因素。闽越的势力范围在今福建省，秦时置闽中郡。闽越与南越同为传统的百越范围，几何印纹硬陶从新石器晚期起就一直沿用，至汉代，仍是两地包括崇安城村汉城[1]等遗存在内的主要陶器类型，这说明了闽越与南越一脉相承的关系。广州市农林东路南越国"人"字顶木椁墓，与福建武夷山城村闽越王室墓[2]、浙江绍兴印山越王陵[3]相似，椁室顶部为仿房屋的两面坡，这种形式，应是西汉早期百越地区最高等级的墓葬形式之一。

最后，是滇文化因素。西林普驮铜鼓墓是以铜鼓作为葬具的"二次葬"，出土的包括葬具和随葬品共 400 余件器物中，许多与广西的其他发现不同，倒与接壤的云贵地区西汉前期墓较多相似，出土的铜鼓分属石寨山型和冷水冲型，出土的羊角钮钟、铜牌饰等多见于云南青铜文化，出土的玉玦、玉管、玉环等，从器形、颜色到玉质都与云南晋宁石寨山西汉墓[4]非常接近，前述田东锅盖岭出土的铜鼓和一字格剑与石寨山Ⅰ、Ⅱ类滇墓地所出同型式，说明滇文化从桂西进入，并向东延伸其影响。

至于石室墓和瓮棺墓与其他文化的关系还需进一步考察。石室墓出现在西汉晚期，主要盛行于东汉一代，其分布以山东到江苏北部、河南到湖北北部、陕西北部和山西西部、四川中部为最多[5]。恭城、徐闻等多处出现的石室墓，墓葬结构与上述地区发现颇有相似，可能存在一定的联系。至于瓮棺墓，较早见于西安半坡等新石器时代遗址中，战国秦汉时期广泛发现于黄河中下游及辽东地区[6]，至于它们是否与海南瓮棺墓有关联，目前还不明了。

第十二节　川渝地区汉墓

川渝地区指现在的四川省和重庆市，但根据自然地理区划，则主要可分为西部的川西高原和东部的四川盆地及周围山地等两部分。川西高原属于青藏高原文化区，四川盆地及周边山地在汉代主要属于汉文化区。本节的汉墓不包括青藏高原文化区的民族墓葬。

迄今为止这一地区汉墓发现的数量很多，仅崖墓就有 30000 多座，已清理发掘的各类汉墓达 1000 座以上。从地域上看，崖墓主要发现于四川盆地内，其他类型的墓葬以川西平原一带和重庆东部三峡库区为多。曾有人对川渝地区东汉墓进行过初步的系统探讨[7]。这些汉墓的发掘、整理和研究，为我们探讨川渝地区汉墓提供了可靠的依据。

〔1〕　福建省博物馆：《崇安城村汉城探掘简报》，《文物》1985 年第 11 期。
〔2〕　杨琮：《武夷山发现西汉闽越国贵族墓葬》，《中国文物报》2003 年 8 月 20 日。
〔3〕　浙江省文物考古研究所、绍兴县文物保护管理所：《印山越王陵》，文物出版社，2002 年。
〔4〕　云南省博物馆：《云南晋宁石寨山古墓群发掘报告》，文物出版社，1959 年。
〔5〕　《中国大百科全书·考古学》，中国大百科全书出版社，1986 年。
〔6〕　白云翔：《战国秦汉时期瓮棺葬研究》，《考古学报》2001 年第 3 期。
〔7〕　罗二虎：《四川崖墓的初步研究》，《考古学报》1988 年第 2 期；《四川汉代砖石室墓的初步研究》，
　　　《考古学报》2001 年第 4 期。

一　川渝地区汉墓的类型

川渝地区汉墓的形式多样，主要可以分为竖穴墓和横穴墓两类：竖穴墓有土坑墓、土坑木椁墓、岩坑墓、岩坑木椁墓、土坑木板墓、砖台墓、石台墓等；横穴墓有砖室墓、石室墓、崖墓等。

（一）土坑木椁墓

川渝地区的竖穴土坑墓出现很早，而土坑木椁墓在战国时期也已经出现，在西汉时期木椁墓更是成为最主要的墓葬形式之一。这种墓葬主要分布在四川盆地的范围之内。虽然木椁墓受到中原地区的强烈影响，但与同时期中原地区的木椁墓相比，它又显示出一定的自身地域特征。可以细分为单层木椁墓和双层木椁墓两种。

1. 单层木椁墓

这种木椁墓的特点是木椁为单层。其中重要的有四川绵阳双包山 2 号墓[1]，这是一座西汉早中期之际的大型木椁墓，墓主身份可能为列侯。带斜坡墓道，木椁全长 18.8 米，宽 6.5～10.5 米。椁室由前堂和后寝两部分构成，前堂保留了战国时期以来的分厢形式，除了中室为前堂的主体部分之外，两侧各有两个侧室（边厢）。前堂与后寝之间还设有门。整个椁室由大型枋木建造，其中前堂都是单层枋木构筑，而后寝则为三层枋木构筑，应该是三重木椁的残留形式。该墓虽然被盗，仍出土有上千件随葬品。现存的遗物以漆木器为主，达 600 余件，另有陶器、铜器、铁器、玉器和青瓷器等。随葬品根据其功能分室放置：前堂的中室、西室主要放置漆马、漆骑马俑和漆车等组成的车马出行仪仗行列，气势雄伟，还有大量木侍俑，在中室还出土有箭箙、弓、弩机等；东前室放置数量众多厩内圈养的牛、马，以及木井、臼和铁生产工具等；东后室为仓库，放置有数量众多的储藏架和陶容器、漆器和编钟、编磬等生活、礼乐用品；后寝出土有墓主的银缕玉衣、各种生活用品的漆器、陶器，以及陶编钟、陶编磬、陶俑、陶房屋模型、泥金饼、半两钱等。

2. 双层木椁墓

双层木椁墓的特点是木椁分上下两层，主要分布在川西平原一带，具有较浓郁的地方特点。成都凤凰山 1 号墓[2]是一座年代约为西汉早期后段至西汉中期的双层木椁墓（图 8 - 43）。该墓上层椁室内有 2 具独木棺，应为夫妻合葬，还随葬有漆器、陶器和铜镜等日常生活用品。下层椁室仅高 0.5 米，被分隔为 4 个厢室，中间二室面积较大，主要随葬大量装有各种粮食、瓜果、食品的髹漆陶器、竹笥和藤笥等，象征仓库。两侧的厢室很小，西厢室内仅放置一堆铜四铢半两钱，东厢室内仅放置有 1 件铁斤。四川新都五龙墓是一座新莽时期双层木椁墓[3]。该墓的木椁外四周和盖板上有一层白膏泥保护，椁底无白膏泥，

〔1〕　四川省文物考古研究院、绵阳博物馆：《绵阳双包山汉墓》，文物出版社，2006 年。

〔2〕　徐鹏章：《成都凤凰山西汉木椁墓》，《考古》1991 年第 5 期。

〔3〕　成都市文物考古研究所、新都县文物管理所：《四川新都县三河镇五龙村汉代木椁墓发掘简报》，《成都考古发现（2000）》，科学出版社，2002 年。

但铺有一层很薄的熟土。盖板上还撒有铜五铢和货泉等钱币。在椁内的中东部为上下两层，用木墩和木板搭建而成，西部有一砖砌的矮墙。椁内有4具木棺，都放置在上层以及砖砌的矮墙上。这4具木棺中有3具为平面长方形独木棺，1具为平面梯形拼木棺。随葬品主要放置在木椁的下层，另有少量的放置在木棺内。虽然该墓被盗，但仍出土有陶器、铁兵器和工具、铜钱，以及大量腐朽的漆器和木器等。

（二）岩坑墓与岩坑木椁墓

这类墓主要分布在重庆东部一带的长江及其支流沿岸。其特点是有意识地将墓坑开凿在山岩中，但形制结构与竖穴土坑墓大体相同。在坑底普遍有熟土二层台，也有的利用山岩开凿二层台。重庆云阳李家坝10号墓是一座秦代至西汉初年的小型岩坑木椁墓[1]。该墓位于小山顶部，背靠高山而面河。在山岩上面还残存有部分封土。岩坑的平面为长方形。在坑口东侧的山岩面上凿有排水沟。墓坑上半部有利用山岩凿成的二层台，在坑底有两根支垫木椁的垫木，在南壁西侧还有一小龛。从板灰痕迹观察原葬具应为一棺一椁，安葬时可能在椁内撒有一层朱砂粉末。随葬品有铜鼎、钫、鍪、陶罐、鼎、盒、钫、豆、勺、匏勺等，另外还有作为扣器的漆器残件。该墓的随葬品中明显可以见到楚文化、秦文化的因素。

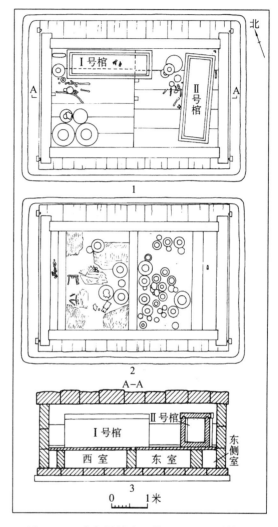

图 8-43 成都凤凰山汉墓 M1 平面、剖视图
1.木椁上层平面图 2.木椁下层平面图 3.木椁剖视图

（三）土坑木板墓

这类墓主要分布在川西平原及相邻地区，其特点是在竖穴土坑墓的底部垫有木板，然后在木板上直接放置尸体和随葬品。四川绵竹清道墓是西汉早期的木板墓[2]，为两座墓同穴合葬在一个竖穴土坑内，每座墓都是用3块大木板并排铺垫而成，木板下还垫有10厘米

[1]　四川大学历史文化学院考古系、云阳县文物管理所：《云阳李家坝10号岩坑墓发掘报告》，《重庆库区考古报告集·1997卷》，科学出版社，2001年。

[2]　四川省博物馆、绵竹县文化馆：《四川绵竹县西汉木板墓发掘简报》，《考古》1983年第4期。

厚的白膏泥。木板上直接放置尸体和随葬品，然后填以沙土。随葬品主要有陶罐、釜、豆、盆，铜鍪、舟、勺、带钩、印章、剑、刀、矛镦、半两钱等。成都紫荆路 10 号墓是一座西汉晚期至新莽时期的木板墓[1]，在长方形竖穴墓坑的底部置有木板，然后在木板上直接放置尸体和随葬品。随葬品有陶罐、壶、仓、案和耳杯，铜罐、五铢钱，银环，铁剑等。

（四）砖台墓与石台墓

这类墓主要分布在重庆东部一带的长江及其支流沿岸。主要特点是在竖穴土坑的底部用砖或石板铺成一棺台，然后直接将棺和随葬品放置在棺台上。重庆丰都汇南 18 号墓是一座新莽时期的近方形土坑砖台墓[2]，带斜坡墓道，墓坑中部有一大砖台，根据板灰痕迹推测原有 2 具木棺，还有大量随葬品。在墓道与墓坑之间还有一小砖台，其上也放置少量随葬品。墓道与墓室之间用石块封门。汇南 26 号墓是一座东汉早期的方形土坑石台墓[3]。土坑下部有熟土二层台，坑底用不规则的石板铺成石台，大量随葬品集中放置台上东南部和西部。

（五）砖室墓

本地区的砖室墓在东汉时期分布十分广泛，除了川西高原之外，在整个川渝地区几乎都有分布。墓穴结构和平面形式多样，顶部都是券顶，根据正室的多寡可分为单室墓、前后双重室墓、前中后三重室墓等。砖室墓绝大多数都是全部用花纹砖砌筑，其中有少数墓在墓穴内还镶嵌有画像砖，还有极少数的墓在墓门或墓室内壁等部位用石材构筑，并在石材上凿刻有画像。成都曾家包 2 号画像砖墓是一座东汉晚期的大中型双重室墓[4]，有画像石门，甬道短，前后室都比较高大。在甬道和前室的两侧共镶嵌有画像砖 20 块。墓葬被盗，仅残存少量陶器、铜器和青瓷器等。四川新繁清白乡画像砖墓是一座东汉晚期的大型三重室墓[5]，共 8 个墓室。该墓为双前室，墓门和甬道在北前室，中后室为三室并列。整个墓室壁上共镶嵌有 54 块画像砖，分布在所有 8 个墓室内，主要内容有西王母仙境、日月神、门前迎谒、车马出行等。墓内残存的随葬品有陶器、铜器和铁器等。

（六）石室墓

石室墓主要分布在重庆和川南地区的长江沿岸和长江以南的乌江流域，时代都是东汉

〔1〕 王方、王仲雄：《成都高新区紫荆路汉墓发掘简报》，《成都考古发现（2000）》，科学出版社，2002年。

〔2〕 四川省文物考古研究所、丰都县文管所：《丰都汇南墓群发掘报告》，《重庆库区考古报告集·1998卷》，科学出版社，2003 年。

〔3〕 四川省文物考古研究所、丰都县文管所：《丰都汇南墓群发掘报告》，《重庆库区考古报告集·1998卷》，科学出版社，2003 年。

〔4〕 刘志远遗作：《成都昭觉寺汉画像砖墓》，《考古》1984 年第 1 期。

〔5〕 四川省文物管理委员会：《四川新繁清白乡东汉画像砖墓清理简报》，《文物参考资料》1956 年第6 期。

时期。墓穴一般都是用加工规整的条石砌成，墓室和甬道的顶部都为券顶结构。根据正室的多寡可分为单室墓、前后双重室墓、前中后三重室墓等。墓穴内常有排水沟等设施，有的墓葬还设有棺床。石室墓形制结构与砖室墓大体相同。重庆合川皇坟堡画像石室墓是一座规模较大的东汉末年三重室墓[1]，前后室纵列，中室横列。墓内共有石刻画像13幅，分布在前室、中室和后室的门上，内容有青龙白虎、卧羊、仙人、吹箫人物、龙虎衔璧力士图、凤鸟铺首、季札赠剑、荆轲刺秦王、鸟衔鱼等。根据残痕推测原墓内有朱漆木棺，并残存有陶器、陶模型器、石摇钱树座等随葬品。

（七）崖墓

崖墓是一种在山岩上横向开凿墓穴的墓葬形式，大约在西汉晚期至新莽时期出现，东汉时期盛行。其分布十分广泛，在整个四川盆地及周边，以及凉山州、三峡地区、陕西南部、贵州北部、云南东北部等地区都有，其中以四川盆地最为盛行，现存的崖墓总数至少在30000座以上。崖墓的结构复杂，平面形式比砖室墓更加丰富多样，根据正室的多寡主要可以分为单室墓、双重室墓、三重室墓、多重室墓，此外还有侧厅墓、前堂后穴墓以及崖洞砖室墓等。其中前堂后穴墓的前堂是不封闭的，可以视为一种特殊形式的石室祠堂。崖洞砖室墓是在崖墓内再用砖砌筑墓室。大型崖墓有的可达20个以上的墓室，规模十分宏大。在墓穴内常有一些利用山岩开凿并与墓穴一体的附属设施，如灶台案龛、壁龛、排水沟、崖棺、棺台等。在一部分崖墓中还有雕刻装饰，可以分为建筑雕刻和石刻画像两类。建筑雕刻主要有仿地面木结构建筑的斗拱、立柱、框架式墙面、直棂窗、瓦当式屋檐、藻井式顶棚等，其大小比例也与真实的地面建筑相仿。石刻画像的雕刻形式多样，有阴线刻、平面浅浮雕、弧面浅浮雕、高浮雕、半立雕等；题材涉及广泛，主要有表现神仙仙境、墓主升仙、墓主生活（仙境生活）、历史人物故事、生殖崇拜、驱鬼镇墓、吉祥等方面的内容。也发现有壁画崖墓。崖墓中所反映的葬俗与砖室墓、石室墓中所反映的葬俗基本是一致的，所使用的葬具和随葬品也与砖室墓、石室墓的大体相同。成都天迴山3号墓是一座东汉晚期的大型侧室式崖墓[2]，共有8个墓室，北一室中部有一个利用山岩凿成的巨大八棱柱支撑墓顶。墓内发现有瓦棺、画像石棺、崖棺等共13具，因此推测这应是一座数代人的家族合葬墓（图8-44）。四川三台紫金湾3号墓是一座东汉晚期的三重室画像崖墓[3]，共有7个墓室（图8-45），在墓内的壁面和顶部满布有建筑雕刻装饰，另外还有少量的石刻画像。

二　川渝地区汉墓的分期及其演变

川渝地区汉墓根据墓葬自身发展变化的特点可以分为西汉早期、西汉中晚期、新莽时期至东汉早期、东汉中晚期等几个阶段。

[1]　重庆市博物馆、合川县文化馆田野考古工作小组：《合川东汉画像石墓》，《文物》1977年第2期。
[2]　刘志远：《成都天迴山崖墓清理记》，《考古学报》1958年第1期。
[3]　孙华、郑定理、何志国：《三台县郪江崖墓》，《四川考古报告集》，文物出版社，1998年。

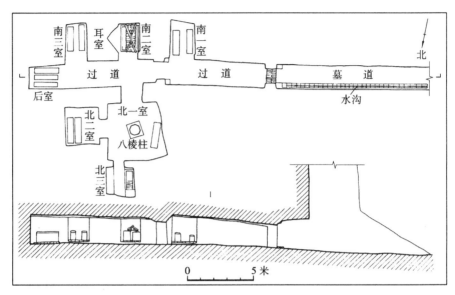

图 8-44　成都天迥山 3 号东汉崖墓平面、剖视图

（一）西汉早期

西汉早期墓葬的形式多样，主要有土坑墓、木板墓、土坑木椁墓、岩坑墓、岩坑木椁墓。竖穴土坑或岩坑的平面基本都呈长方形。随葬品以陶器和铜器为主，另有一定数量的铁器、漆器等。出土的随葬品可分为两类：一类是本地土著文化，基本沿袭战国晚期和秦代巴蜀文化的风格，陶器主要有圜底罐、豆、釜、平底罐、甋、瓮（图 8-46-A），铜器有鍪、釜、甀、柳叶形剑、矛、钺、巴蜀图形印章等；另一类是外来的中原文化系统风格，陶器主要有鼎、盒、壶、罐等（图 8-46-B），铜器有鼎、钫、蒜头壶、戈、带钩、镜、汉字印章、秦和八铢半两钱等。此外，铁器有鍪、剑、斧、锸、犁、镰，漆器有盘、盒、奁等。本期随葬品中的中原文化系统因素的来源也比较复杂，有秦文化、楚文化和中原文化等多种因素。

本期具有代表性的墓地或墓葬有四川什邡城关墓地[1]、绵竹清道木板墓、四川荥经古城坪 2 号木椁墓[2]、四川越西华阳土坑墓[3]、重庆巴县冬笋坝墓地[4]、重庆涪陵点易土坑墓[5]、重庆忠县崖脚墓地 BM17 土坑木椁墓[6]、云阳李家坝 10 号岩坑木椁墓[7]等。

〔1〕 四川省文物考古研究院、德阳市文物考古研究所、什邡市博物馆：《什邡城关战国秦汉墓地》，文物出版社，2006 年。

〔2〕 荥经古墓发掘小组：《四川荥经古城坪秦汉墓葬》，《文物资料丛刊》第 4 辑，文物出版社，1981 年。

〔3〕 四川凉山彝族自治州博物馆、越西县文化馆：《四川越西华阳村发现蜀文物》，《文物资料丛刊》第 7 辑，文物出版社，1983 年。

〔4〕 四川省博物馆：《四川船棺葬发掘报告》，文物出版社，1960 年。

〔5〕 四川省文物管理委员会、涪陵县文化馆：《四川涪陵西汉土坑墓发掘简报》，《考古》1984 年第 4 期。

〔6〕 北京大学考古文博学院三峡考古队、重庆市忠县文物管理所：《忠县崖脚墓地发掘报告》，《重庆库区考古报告集·1998 卷》，科学出版社，2003 年。

〔7〕 四川大学历史文化学院考古系、云阳县文物管理所：《云阳李家坝 10 号岩坑墓发掘报告》，《重庆库

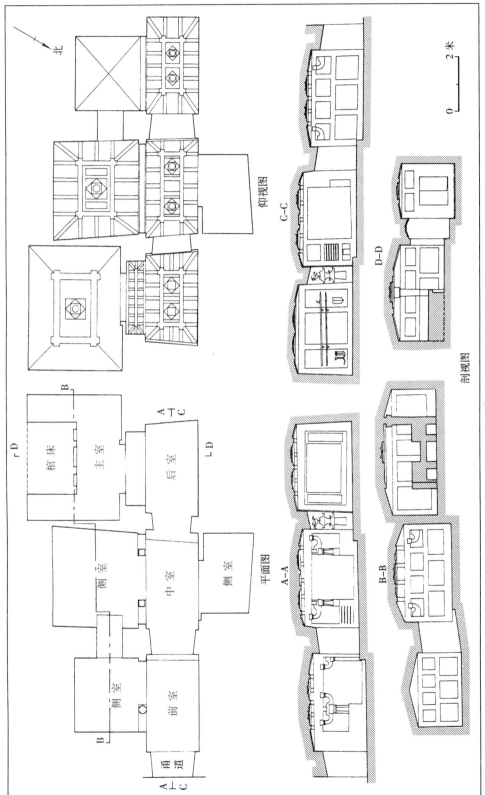

北

棺床　主室

侧室　中室　侧室

侧室　前室

甬道

平面图

A-A

B-B

C-C

D-D

剖视图

仰视图

0　　2　米

图 8-45　三台紫金湾东汉画像崖墓 M3 平面、剖视、仰视图

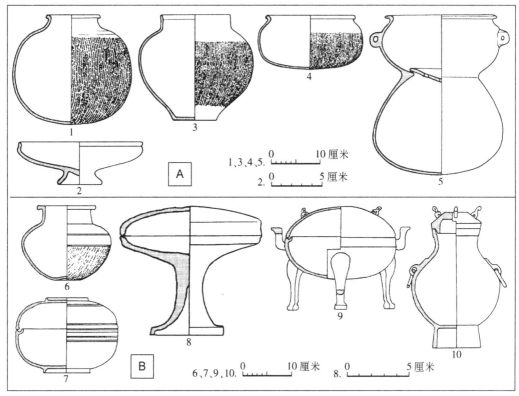

图8-46　川渝地区西汉早期墓出土陶器

A.土著文化陶器　1.圜底罐（什邡城关墓地 M21:11）　2.豆（什邡城关墓地 M84:8）　3.瓮（什邡城关墓地 M84:6）　4.釜（什邡城关墓地 M84:4）　5.甑（什邡城关墓地 M21:11）

B.非土著文化陶器　6.罐（云阳李家坝 M10:14）　7.盒（云阳李家坝 M10:15）　8.豆（云阳李家坝 M10:10）　9.鼎（云阳李家坝 M10:12）　10.钫（云阳李家坝 M10:2）

（二）西汉中晚期

西汉中晚期墓葬形式主要有土坑墓、木板墓、土坑木椁墓、岩坑墓、岩坑木椁墓。土坑或岩坑的平面多呈长方形，但也有部分近方形。在木椁墓中出现了木椁分上下双层的情况，并有大型木椁墓。从保存较好的木棺观察基本都为独木棺。随葬品中陶器主要有鼎、盒、壶、平底罐、圜底罐、钵、釜、甑、瓮，还出现仓、灶、井、侍俑等。铜器有鍪、釜、甑、鼎、盒、壶、洗、盘、耳杯、奁、熏炉、马、带钩、镜、车马器、汉字印章等。铁器有剑、斧、锸、镰，漆器有耳杯、案、盘、盒、奁等。本期的随葬品基本都呈现出汉文化特征，巴蜀文化因素已经消失殆尽。

本期具有代表性的墓地或墓葬有绵阳双包山墓地、成都凤凰山木椁墓、成都石羊场木椁墓[8]、四川大邑吴墩子土坑墓[9]、重庆临江支路墓地[10]、忠县崖脚 BM10 土坑木椁

区考古报告集·1997卷》，科学出版社，2001年。

〔8〕　四川省文物管理委员会胡昌钰：《成都石羊场西汉木椁墓》，《考古与文物》1983年第2期。

墓[11]、四川巫山麦沱墓地[12]等。

（三）新莽时期至东汉早期

这一时期的墓葬形式尤其多样，除了前期已有的土坑墓、土坑木椁墓、木板墓、岩坑墓、岩坑木椁墓之外，又新出现土坑砖石台墓、砖室墓、崖墓等。其中土坑或岩坑墓多为近方形，到东汉早期竖穴墓已经大为减少并逐渐消失。砖室墓和崖墓在新莽时期主要发现于川西地区，东汉早期时分布更加广泛。砖室墓为无甬道和带甬道的小型单室墓，墓室的长度一般在 3 米以内。券顶用扇形砖、子母榫扇形砖和子母榫楔形砖。墓砖在新莽时期基本均为素面，到东汉早期基本上都是菱形花纹砖。有的墓室地面用砖砌成中间高两侧稍低的排水设施，并出现墓室地砖下铺砾石散水的排水设施。崖墓为中小型的带甬道单室墓，墓室长方形，平顶或弧顶，有排水沟。葬具仍多为独木棺式的木棺，也有少量为不使用铁钉的板式木棺。陶器的基本组合为罐、钵、釜、甑、壶，另外还有瓮、耳杯、案、盘、仓、灶、井、鸡、狗、猪、马、侍俑、牵马俑、抚琴俑、舞俑、房、水田等模型器，但陶俑矮小，一般高约 20 厘米。铁器有剑、削刀、釜等。铜器有壶、釜、洗、镳壶、镜、带钩、西汉五铢钱和新莽时期钱币，另有私印和冥器印章。马与牵马俑的出现较有时代特点。此外，陶、铜、漆器的耳杯、案、盘、箸、勺等一套完整的墓中祭奠用具也引人注目。

本期代表性墓葬有四川新都五龙木椁墓[13]、重庆忠县崖脚 AM3、BM22 土坑木椁墓、丰都汇南 18 号土坑砖台墓、汇南 26 号土坑石台墓、云阳李家坝 37 号岩坑墓[14]、巫山麦沱墓地 M47 砖室墓[15]、成都凤凰山砖室墓[16]、重庆相国寺砖室墓[17]、新都马家山 5 号崖墓[18]等。

---

[9] 宋治民、王有鹏：《大邑县西汉土坑墓》，《文物》1981 年第 12 期。

[10] 重庆市博物馆：《重庆市临江支路西汉墓》，《考古》1986 年第 3 期。

[11] 北京大学考古文博学院三峡考古队、重庆市忠县文物管理所：《忠县崖脚墓地发掘报告》，《重庆库区考古报告集·1998 卷》，科学出版社，2003 年。

[12] 湖南省文物考古研究所、巫山县文物管理所：《巫山麦沱汉墓群发掘报告》，《重庆库区考古报告集·1997 卷》，科学出版社，2001 年。

[13] 成都市文物考古研究所、新都县文物管理所：《四川新都县三河镇五龙村汉代木椁墓发掘简报》，《成都考古发现（2000）》，科学出版社，2002 年。

[14] 四川大学历史文化学院考古系、云阳县文物管理所：《云阳李家坝 37 号岩坑墓发掘报告》，《重庆库区考古报告集·1997 卷》，科学出版社，2001 年。

[15] 重庆市文化局、湖南省文物考古研究所、巫山县文物管理所：《巫山麦沱古墓群第二次发掘报告》，《重庆库区考古报告集·1998 卷》，科学出版社，2003 年。

[16] 成都市博物馆刘雨茂：《成都凤凰山发现一座汉代砖室墓》，《文物》1992 年第 1 期。

[17] 沈仲常：《重庆江北相国寺的东汉砖墓》，《文物参考资料》1955 年第 3 期。

[18] 四川省博物馆、新都县文管所：《新都县马家山崖墓发掘简报》，《文物资料丛刊》第 9 辑，文物出版社，1985 年。

（四）东汉中晚期

这一时期墓葬发现的数量多，其中又以崖墓数量为最多。除了砖室墓和崖墓之外，新出现石室墓，但数量不多。有的大型墓在地面墓域中还出现石阙、墓碑和石兽等。

砖室、石室墓除了中小型的单室墓之外，也出现大中型的双重室墓、三重室墓。重庆和川东北地区仍流行用子母榫扇形砖和子母榫楔形砖券顶，但川西地区却基本都用无子母榫的楔形砖券顶。部分墓穴券顶外还砌一至数层护墙砖以加固并保护墓穴，并出现石墓门。墓穴内附属设施增多，新出现排水沟、棺台、壁龛等。砖室墓基本上都是用花纹砖筑墓。

崖墓出现双重室墓、三重室墓、多重室墓、侧厅墓、前堂后穴墓。规模普遍变大，有的大型墓的墓穴可长达约 40 米。到东汉晚期规模更大，前堂后穴墓的后穴最多的可达 7 个，共 20 多个墓室。墓穴内附属设施增多，有灶台案龛、壁龛、崖棺、棺台、排水沟等。

画像装饰在本期出现并流行，有镶嵌在砖室墓壁上的画像砖，还有石室墓画像、崖墓石刻画像、石棺画像、石阙画像和石墓碑画像等，其中以崖墓石刻画像的数量最多，并在部分崖墓内还装饰有仿木结构建筑雕刻。此外，东汉晚期还出现了崖墓壁画。有的一墓就有很多画像，如新都清白乡墓就达 54 块画像砖，每个墓室都有。画像石的雕刻手法在东汉中期时基本都为阴线刻、浅浮雕和高浮雕，到东汉晚期时雕刻手法新出现局部透雕和半立雕等。画像内容涉及广泛，有神仙仙境与升仙、墓主生活（社会生活）、生殖崇拜、驱鬼镇墓等类。到东汉晚期画像在墓内布局的统一性和整体性都很强，并出现了格式化倾向。画像的构图合理，造型生动，达到了川渝地区汉代画像艺术的顶峰。

葬具中新出现瓦棺、石棺，其中瓦棺在川西地区为最主要的葬具。石棺大多都是仿木棺形式，个别石棺完全模仿地面建筑的房屋形式，并在一端还设有石门。木棺在东汉晚期出现用铁钉合缝的。

陶器的基本组合为罐、钵、釜、甑、壶。釉陶多为黄绿色和褐色。有少量带系罐、碗等青瓷器。陶模型明器种类增多，可分为人物、动物、其他模型器等三组。人物俑有侍俑、坐俑、抚琴、抚耳歌唱、舞蹈、牵马、庖厨、持刀挎盾、持箕铲、提壶、说书、提袋持便面、吹箫、西王母、长舌镇墓等俑和镇墓兽等，动物模型有鸡、狗、猪、马、鸭等，其他模型器有仓、灶、井、房屋、畜栏、碓房、车、水田、池塘、摇钱树座等（图 8-47）。东汉晚期时开始流行石雕刻模型器。本期的人物俑和其他模型器高大、生动、精美，有的人物和马高达 1 米以上。摇钱树盛行。铜器有釜、洗、壶、镜、带钩等。钱币有五铢、剪轮五铢、大泉五十、货泉等。

本期具有代表性的墓地和墓葬有新繁清白乡画像砖室墓[1]、成都曾家包画像砖室墓[2]、

---

[1]　四川省文物管理委员会：《四川新繁清白乡东汉画像砖墓清理简报》，《文物参考资料》1956 年第 6 期。

[2]　成都市文物管理处：《四川成都曾家包东汉画像砖石墓》，《文物》1981 年第 10 期。

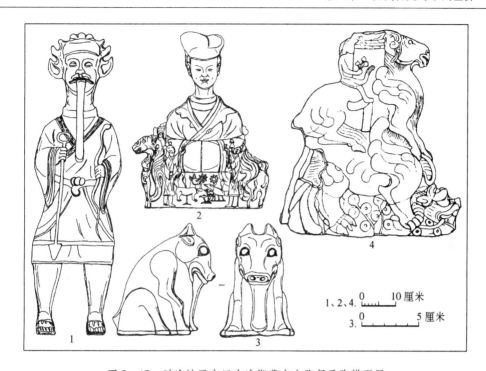

图 8-47 川渝地区东汉中晚期墓出土陶俑及陶模型器

1.镇墓俑（巫山麦沱 M47∶27） 2.西王母俑（巫山麦沱 M47∶61） 3.镇墓兽（巫山麦沱 M47∶78）

4.摇钱树座（彭山崖墓 M550∶24）

成都扬子山一号画像砖石室墓[1]、合川皇坟堡画像石室墓[2]、丰都汇南墓地[3]、成都天
迥山崖墓[4]、四川长宁七个洞画像崖墓群[5]、三台紫金湾 3 号画像崖墓[6]、绵阳何家山
崖墓[7]、四川中江塔梁子 3 号壁画崖墓[8]等。

综上所述，川渝地区汉墓总的演变趋势是，从西汉早期至西汉中晚期原土著文化在逐
渐消失，并融入到汉文化的埋葬制度中。从新莽时期开始至东汉晚期，川渝地区在汉文化
范畴内新的区域性特点又开始出现，并逐渐加强，到东汉晚期时这种区域特点尤为显著。

〔1〕 于豪亮：《记成都扬子山一号墓》，《文物参考资料》1955 年第 9 期。

〔2〕 重庆市物馆、合川县文化馆田野考古工作小组：《合川东汉画像石墓》，《文物》1977 年第 2 期。

〔3〕 四川省文物管理委员会、四川省文物考古研究所、丰都县文物管理所：《丰都县汇南两汉—六朝墓
发掘简报》，《四川文物》1996 年增刊。

〔4〕 刘志远：《成都天迥山崖墓清理记》，《考古学报》1958 年第 1 期。

〔5〕 罗二虎：《长宁七个洞崖墓群汉画像研究》，《考古学报》2005 年第 3 期。

〔6〕 孙华、郑定理、何志国：《三台县郪江崖墓》，《四川考古报告集》，文物出版社，1998 年。

〔7〕 绵阳博物馆何志国：《四川绵阳何家山 1 号东汉崖墓清理简报》、《四川绵阳何家山 2 号东汉崖墓清
理简报》，《文物》1991 年 3 期。

〔8〕 四川省文物考古研究所、德阳市文物考古研究所、中江县文物保护管理所：《四川中江塔梁子崖墓
发掘简报》，《文物》2004 年第 9 期。

三 川渝地区汉墓的区域特征

川渝地区从商周时期以来，一直是文化比较发达的地区，拥有深厚的文化底蕴，虽然公元前316年秦灭巴蜀以后，这一地区的文化逐渐融入了中原文化系统的范畴，但始终仍保持着一些有别于中原和其他地区的自身特点。

（一）墓域

根据北魏郦道元的《水经注》有关记载可知[1]，东汉时中原地区的墓域除了坟丘之外，大体有祠堂、石阙、石碑、石兽、石人等，墓域四周还有墙垣。根据墓域不同，这些设施各有增减。从川渝地区现存的这些地面墓域设施的情况观察，东汉时期其较高级别官僚的墓域也常有石阙、石碑、石兽，可能还有石人，例如四川雅安高颐阙从墓阙到坟丘的直线距离约80米，在墓域内，除了石阙之外，还有石碑和石兽，墓主高颐生前官位至郡太守[2]。在崖墓中还发现石室祠堂。

（二）墓葬形式

川渝地区汉墓的形式始终有两类，一类为中原文化系统的墓葬形式，如单层木椁墓、砖室墓、石室墓等；另一类为在中原文化系统墓葬影响下出现的具有本地区特点的墓葬形式，如双层木椁墓、木板墓、砖台墓、石台墓、崖墓等。

在西汉中晚期的木椁墓中，有部分为双层木椁，这应该是当地流行的干栏式建筑居室在埋葬习俗中的反映，在中原地区不见，但在岭南地区汉墓中却可见到。两地区最早出现的双层木椁墓年代都约为西汉中期[3]，这应该是两地间文化交流的结果。

木板墓、砖台墓、石台墓的共同特点是都在土坑底部铺垫一层木板或砖石，然后直接安放死者和随葬品等。前者分布在以成都为中心的川西平原一带，后两者分布在重庆东部长江沿岸一带。这种墓葬形式在其他地区汉墓中尚未见到。

崖墓是本地区东汉时期最为盛行的墓葬形式，在同时期的其他地区汉墓中不见[4]。这种墓葬适宜本地区的自然地理环境，并构成了川渝地区汉墓的一个特点。由于川西地区是当时西南地域文化区的中心[5]，因此崖墓这种墓葬形式对这一地域文化区内的其他一

---

[1] 《水经注・洧水》："（绥水）东南流迳汉弘农太守张伯雅墓，茔域四周，垒石为垣，隅阿相降，列于绥水之阴；庚门表二石阙，夹对石兽于阙下。冢前有石庙，列植三碑，碑云：德字伯雅，河南密人也。碑侧树两石人，有数石柱及诸石兽矣。旧引绥水，南入茔域而为池沼，沼在丑地，皆蟾蜍吐水，石隍承溜。池之南，又建石楼。石庙前又翼列诸兽。"

[2] 重庆市文化局、重庆市博物馆：《四川汉代石阙》第31页，文物出版社，1992年。

[3] 如成都凤凰山墓的年代为西汉中期的前段，广州皇帝冈墓也为西汉中期（见广州市文物管理委员会《广州皇帝冈西汉木椁墓发掘简报》，《考古通讯》1957年第4期）。

[4] 在北方某些地区发现有少量西汉时期的崖墓，墓主主要都属于分封王和王室成员，其埋葬制度与川渝地区崖墓存在较大的差别。

[5] 罗二虎：《秦汉时代的中国西南》，天地出版社，2000年。

些地区也产生了影响，除了川渝地区之外，在云南东北部、贵州北部、湖北西部和陕西南部也都发现有汉代崖墓。

（三）墓穴与墓葬结构

汉代时流行的丧葬观念是"深埋厚藏"，所以中原地区一般都将墓穴开凿在距地表较深处。但川渝地区气候卑湿，地下水位高，因此砖石室墓的墓穴普遍营建在地平面左右的高度上，这与中原地区的情况存在明显差异。与此相应，川渝地区的坟丘普遍较为高大，墓穴内也非常注重排水防潮设施。崖墓更是直接开凿在山崖、冈丘上。

在砖石室墓的结构方面，川渝地区与中原地区的最大差别在于砖室墓、石室墓从早到晚墓室都是券拱顶，中原地区却从券拱顶逐渐发展到四角攒尖式顶。这种差别可能与当时各地区间地面建筑结构存在的差异有一定的关系。

（四）葬具

西汉时期川渝地区多使用独木棺，这与中原地区不同。东汉时期川渝地区的葬具除了木棺之外还有瓦棺、石棺和崖棺。

瓦棺的造型为仿木棺形式，棺底常有孔，当为流尸水之用。在中原地区，瓦棺主要见于一些小墓中，其墓主的身份为少有资产的平民，而且也不是普遍使用。川渝地区的瓦棺在大、中、小型墓和画像砖墓中都广为流行。《华阳国志·蜀志》记载当时蜀地是"居给人足，以富相尚，故工商致结驷连骑，豪族服王侯美衣，婚嫁设太牢之厨膳，归女有百两之徒车，送葬必高坟瓦椁，祭奠而羊豕牺牲"[1]。显然，当时川渝地区使用瓦棺是一种厚葬的象征。

石棺不见于其他地区的汉墓中。棺身表面常有画像，形制多仿木棺，少数仿地面房屋建筑形式。根据四川新都县新益东汉砖室墓出土石棺上的铭文可知当时被称为"金棺"，无疑这也是一种作为厚葬使用的葬具。石棺的制作费工，发现的数量也远少于木棺、瓦棺等，其使用者的社会地位显然普遍较高，并在家族中可能是较为特殊者。

从墓葬中出土葬具数量多少变化可以看出，川渝地区在西汉中晚期已经盛行夫妻合葬，家族合葬兴起于新莽时期，在东汉中晚期尤为盛行。如成都天迥山3号东汉晚期崖墓共发现13具棺，除了一具画像石棺和一具崖棺之外都是瓦棺，这些棺多是两具成对地分别放置在各个墓室内，应为夫妻。

（五）随葬品

川渝地区汉墓的随葬品种类非常丰富，可以分为一般生活用具、象征财产的明器、钱币、武器和生产用具、个人随身物品、神仙仙境与升仙、生殖崇拜、驱鬼镇墓、尸体保护、食物、衣物等类。这些随葬品多是入葬时随葬的，但也有部分是再次入葬时专为祭奠所置。在墓内放置何种随葬品、放置位置和具体组合情况都是某种特定丧葬观念和葬俗的反映。

---

[1]　晋·常璩撰，刘琳校注：《华阳国志校注》第225页，巴蜀书社，1984年。

　　根据少数未被盗墓葬的情况，可以归纳出随葬品在墓内放置位置大体可分为三部分。

　　棺内的随葬品：可分为衣裘、个人随身用品等两组。衣裘是专为死者装殓之用的，而后者则多为死者生前的用品。汉人礼俗是人死后必用衣裘装殓尸体。《汉书·龚胜传》记载"衣周于身，棺周于衣"。《汉书·原涉传》也载"具记衣被棺木"。川渝地区汉墓中，在棺的底部有时还能见到丝、麻织物的残片，但已难以分辨何者为衣何者为裘了。在个人随身用品中，性别的区分比较明确，男性棺内主要随葬刀、剑、削刀等，女性则是项饰、钗、笄、镯、指环等各种装饰品。此外，在棺内还随葬大量钱币和小辟邪。钱币是为死者在另一个世界继续享用，而小辟邪则可能为生前在腰间悬挂之物，盛行于东汉至魏晋时期。

　　棺周围的随葬品：主要为陶、铜容器和模型明器。这些容器在下葬时内装有各种粮食和食物，而模型明器以各种家内侍俑为多。这部分随葬品多为与日常生活密切相关之物。

　　墓室前部和墓门周围的随葬品种类丰富，东汉时期常见的有以下几组：（1）耳杯、案、盘、箸、勺（瓢）等一套供墓主宴饮的器具；（2）在宴饮器具的附近，常有抚琴、舞蹈、抚耳歌乐等与宴饮相关的舞乐俑；（3）厨房器具和庖厨俑；（4）摇钱树、马与牵马俑、车等与升仙相关的模型器，马、牵马俑和车朝向墓门；（5）房屋、水田池塘、仓、井、家畜、家禽等与墓主生前资财、庄园相关的模型器；（6）镇墓俑、镇墓兽、守犬、武士俑、持刀挎盾俑等镇墓驱鬼的模型器，在墓门附近。

　　在东汉时期随葬品中有两种较为特殊，一种是摇钱树，一种是长舌镇墓俑。摇钱树是一种冥器，树座为陶质，树干和树枝都是铜质，有的表面还鎏金。在摇钱树上除了有方孔圆钱之外，还有内容丰富的各种图像，总体来说这种摇钱树的性质与祈望能让墓主升仙有关。摇钱树的分布十分广泛，以川渝地区为中心，在东汉时期的西南地域文化区中都有发现。长舌镇墓俑主要在东汉后期流行，可分为两种，一种为人物形象，常见一手操蛇；另一种为动物形象。这种长舌形象的镇墓兽在东周时期的楚墓中常有发现，两者在观念上可能有一定的联系。

（六）特殊葬俗

　　在墓底和棺底还可常见撒有一层朱砂或云母片，当与辟邪和升仙有关。此外，在东汉晚期的墓葬中还有一种特殊葬俗，如新都清白乡画像墓的中后室后壁外，放有一个小陶罐，内装有鸡骨和云母片等；再如四川大邑马王坟1号建安元年砖室墓，在墓门外置有一个陶罐，内放有云母片；在马王坟2号砖室墓的墓门外约1米处有5件形制大小基本相同的陶罐，呈弧形排列[1]。在宋代陆游的《藏丹洞记》中也记载有类似的发现："……石室屹立，室之前有瓦（缶），贮丹砂、云母、奇石，或灿然类黄金，盖金丹之余也。"[2] 这些均非一般的随葬品，而应是当时早期道教的道巫在丧葬活动中留下的遗迹和遗物。因为，云母、丹砂和硫铁矿石等都可以作为道士炼丹的原料，因此这类带有巫术性的活动，其目的可能与使墓主升仙有关。

---

〔1〕 丁祖春：《四川大邑县马王坟汉墓》，《考古》1980 年第 1 期。

〔2〕 转引自《嘉定府志·方舆志·古迹》"藏丹洞"条，清同治三年刻本。

第十三节　甘青宁地区汉墓

甘青宁（指宁夏南部）地区秦有陇西郡，两汉时期设置凉州刺史部，领有敦煌、酒泉、张掖、武威、金城、陇西、安定、北地、汉阳、武都诸郡，其范围包括今甘肃全境、青海东部（青海湖以东湟水流域）和宁夏南部。战国秦汉时期，这一地区多民族杂居，河西地区本大月氏所居，后为匈奴所占；河湟地区本是羌人传统聚居地，后来逐渐有月氏、匈奴等族渐次迁入。汉武帝时期，对外采取北击匈奴、西连月氏（大月氏）的政策，在解除匈奴之患以后，一方面大规模向河西地区移民屯垦，另一方面在安定、北地等地置属国，招抚归附的匈奴、羌胡等，最终将河西、湟中、安定等地纳入汉帝国的版图。

从墓葬考古发掘的情况来看，这一地区秦汉时期墓葬充分体现了民族杂居和文化融合的特点。从丧葬习俗到墓葬形制再到随葬品组合，可以明显地看到本地土著传统与中原汉文化二者之间的进退与消长，总体上反映了本地土著传统逐渐被汉文化传统所取代的趋势。

一　甘青宁地区汉墓的发现与研究简述

甘青宁地区秦汉遗迹的考古工作始于 20 世纪早期西方探险家对中国河西走廊、新疆地区的考古探险活动。40 年代中瑞西北科学考察团及随后前中央研究院组织的西北科学考察活动，也曾对河西地区的秦汉遗迹作过考古调查与试掘。大体而言，1949 年以前甘青地区涉及秦汉时期遗迹的考古活动，主要是汉晋时期长城、烽燧与关塞遗址的调查，遗物的研究则多专注于秦汉简牍。1949 年以后，随着平整土地、城市扩建和兰新铁路等重大工程项目的开展，当地考古机构开始系统发掘包括秦汉墓葬在内的各种古代遗址与墓葬，取得重要成果。

从历年来的发掘情况看，甘青宁地区的秦汉墓主要集中在河西走廊的武威－酒泉－敦煌一线、青海东部的河湟地区、宁夏南部的固原－同心地区。见诸报道、资料相对集中的墓葬材料有：1959 年甘肃武威磨咀子发掘的汉墓 31 座[1]；1984～1985 年在武威韩左乡五坝山发掘汉墓 120 余座[2]；1973～1981 年青海大通上孙家寨墓地发掘的汉墓 182 座[3]；1985 年宁夏同心县倒墩子发掘的汉代匈奴墓葬 27 座[4]；1986 年甘肃天水放马滩

---

[1]　甘肃省博物馆：《甘肃武威磨咀子汉墓发掘》，《考古》1960 年第 9 期。

[2]　甘肃省文物考古研究所：《甘肃省文物考古工作十年》，《文物考古工作十年（1979～1989）》，文物出版社，1991 年。

[3]　青海省文物考古研究所：《上孙家寨汉晋墓》，文物出版社，1993 年。

[4]　宁夏回族自治区博物馆、同心县文管所、中国社会科学院考古研究所宁夏考古组：《宁夏同心县倒墩子汉代匈奴墓地发掘简报》，《考古》1987 年第 1 期；《宁夏同心倒墩子匈奴墓地》，《考古学报》1988 年第 3 期。

发掘的秦汉墓葬 14 座（主要为战国晚期秦墓）[1]；1999 年宁夏固原发掘的汉墓 5 座[2]；2002 年西宁陶家寨发掘的汉晋墓 46 座[3]等。

甘青宁地区秦汉时期墓葬曾有许多重要考古发现引人瞩目，如 1969 年武威雷台东汉墓出土的铜奔马（或称"马踏飞燕"、"马踏飞隼"等）[4]、青海大通上孙家寨乙 M1 出土的"汉匈奴归义亲汉长"铜印[5]、武威磨咀子 18 号汉墓出土的"王杖十简"[6]，等等。其中，"马踏飞燕"作为中国旅游的标志，已经成为家喻户晓的艺术形象。

与其他地区相比较，甘青地区汉墓的研究，显得薄弱。就分期断代而言，除青海上孙家寨汉晋墓地曾作过系统研究以外，其他地点所发现的墓葬虽时有报道，但系统研究成果仍然少见。墓葬出土遗物的研究，则以居延、敦煌、武威、天水等地出土的汉晋简牍与地图为大宗[7]，有关汉晋时期乐舞的画像与随葬品的研究，也曾受到一些学者的关注[8]。

二　甘青宁地区汉墓的分期及其演变

历年来发掘的汉墓数量已相当可观，但系统公布发掘材料的仍只有青海上孙家寨墓地以及西宁陶家寨汉墓。这里以上孙家寨墓地为基础，按照墓葬形制、陶器组合、钱币和铜镜的年代特征，比照关中和中原地区汉代墓葬的研究成果，将甘青宁地区汉墓作如下分期与断代。

第一期　西汉早期。以天水放马滩 M5 为代表。该墓墓室为圆角长方形竖穴土坑，长3.7 米，宽 1.8 米，深 1.5 米。墓室填白膏泥和五花土，葬具为一棺一椁。随葬器物有陶瓮、陶壶、漆耳杯、木梳、木篦等。此墓最为引人注目的发现是出纸质地图 1 幅，纸面平整光滑，用细黑线绘出山川、道路等，与马王堆汉墓所出地图近似。放马滩秦汉墓地共发现墓葬 100 余座，发掘 14 座，其中有 13 座为战国秦墓，M1 的年代据出土竹简断代为秦始皇八年（公元前 239 年）；M5 是惟一的一座汉墓，发掘者认为此墓出土器物特点与陕西、湖北云梦等地的西汉早期墓类似，故推测此墓的年代在西汉文景时期。

第二期　西汉中期。墓葬形制主要有竖穴土坑墓和土洞墓，有的竖穴墓和土洞墓还内置木椁。葬式方面，汉式的仰身直肢一次葬和土著羌人的二次葬并存。陶器组合兼有汉式

〔1〕　甘肃省文物考古研究所、天水市北道区文化馆：《甘肃天水放马滩战国秦汉墓群的发掘》，《文物》
　　　1989 年第 2 期。
〔2〕　固原博物馆：《宁夏固原城西汉墓》，《考古学报》2004 年第 2 期。
〔3〕　青海省文物考古研究所：《青海省西宁市陶家寨汉墓 2002 年发掘简报》，《东亚古物（B 卷）》第 311
　　　页，文物出版社，2007 年。
〔4〕　甘肃省博物馆：《武威雷台东汉墓》，《考古学报》1974 年第 2 期。
〔5〕　青海省文物考古研究所：《上孙家寨汉晋墓》，文物出版社，1993 年。
〔6〕　A. 甘肃省博物馆：《甘肃武威磨咀子汉墓发掘》，《考古》1960 年第 9 期。
　　　B. 考古研究所编辑室：《武威磨咀子汉墓出土王杖十简释文》，《考古》1960 年第 9 期。
　　　C. 郭沫若：《武威"王杖十简"商兑》，《考古学报》1965 年第 2 期。
〔7〕　A. 甘肃省文物工作队、甘肃省博物馆：《汉简研究文集》，甘肃人民出版社，1984 年。
　　　B. 甘肃省文物考古研究所：《甘肃省文物考古工作十年》，《文物考古工作十年（1979～1989）》，文
　　　　物出版社，1991 年。
〔8〕　萧亢达：《汉代乐舞百戏艺术研究》，文物出版社，1991 年。

的罐形器和土著传统的夹砂陶器（炊器），部分墓葬出土有钱币和铜镜。如上孙家寨 M146 出西汉四铢半两和西汉五铢钱各 1 枚；上孙家寨 M148 出西汉五铢 2 枚；M157 出土西汉五铢 1 枚；上孙家寨 M132 出四乳四螭铜镜 1 枚。举例说明如下。

上孙家寨 M154，长方形竖穴土坑墓，坑长 3.78 米，宽 1.62 米，深 1.86 米，墓室内置木棺，葬式为仰身直肢葬（一次葬）。随葬品有陶罐、细颈罐，漆器，石砚，铁器（残）等，另有少量动物骨骼。

上孙家寨 M126，有斜坡墓道，土洞墓室在墓道尽头，墓门方形，墓室长 3.14 米，宽 1.54 米。墓室内置双棺，女性仰身直肢，男性仰身屈肢。男性棺前有陶小口罐 1 件，动物骨骼一堆，棺内有五铢钱，西北角有铜带钩；女性棺前有陶鼓腹罐 2 件，棺内有铜镜 1 枚，置于头部西侧。

上孙家寨 M135，斜坡墓道长 7.36 米，墓室平面呈圆角长方形，长 4 米，宽 2.40 米，高 3 米。墓室内构筑木椁，椁室长 3.60 米，宽 2.04 米，高 0.92 米。椁室内置双棺，葬式均为仰身直肢葬。随葬品陈设于椁室前端，男女各有 1 套随葬品。东棺前有陶鼓腹罐 2 件、陶盆 1 件和狗骨；西棺前有陶罐、鼓腹罐、带孔罐各 1 件。另有铜釜 1 件和动物骨头一堆置于两棺前中央位置。

宁夏固原城西 M3，长方形竖穴土坑木椁墓，墓室长 4.7 米，宽 2.2 米，深距地表 7.4 米。墓室内搭构木椁，椁室长 4.7 米，宽 2.1 米，高 2.4 米。随葬品有陶壶、罐、甑、砚等；石器有研磨石、朱砂石；铜器有锺、钫、盘、盆、樽、剑饰、盖弓帽等；铁器有镇、环首刀、锥、镞、锤、环等；另发现有成串五铢钱共计 86 枚，置于墓主胸前。发掘者据出土五铢钱和铜锺、钫的器形特征，推断其年代在西汉中期[1]。

第三期　西汉晚期至新莽时期。本期出现砖室墓和砖木混合结构椁室墓，前者包括并列券顶墓、纵连券顶墓和单穹隆顶墓。这一时期的墓葬有单人葬、双人葬和三人以上多人合葬墓，一次葬和二次葬的情况都有。陶器组合中出现陶灶一类的模型明器。钱币除了西汉五铢钱前外，还有新莽钱币出土，包括大泉五十、货布和大布黄千等（如上孙家寨 M122）。铜镜有昭明镜（上孙家寨 M112）、四乳四螭镜（上孙家寨 M115、M168）、博局纹镜（上孙家寨 M50、M109）三类。举例说明如下。

上孙家寨 M104，为单室券顶墓，墓道长 9.30 米，墓室长 4.50 米，宽 1.76 米，高 1.50 米，墓室顶部用小砖并列券顶，底部有"人"字形铺地砖。此墓为双人合葬墓，墓室东棺为男性，仰身直肢葬；墓室南端有一女性，骨架散乱，为二次葬。骨架上压一子母砖。随葬品有陶灶、甑、盆、碗各 1 件，置放于墓室东北角。

上孙家寨 M111，单穹隆顶砖室墓，墓道长 6.68 米，墓室前有甬道，券顶。墓室平面近方形，四壁略有弧度，顶部为穹隆顶，墓室长 3.0 米，宽 2.8 米，高 3.3 米。墓室内有女性骨架一具，仰身直肢葬，人骨架头前及股骨下有灰砖各 1 块，墓室东侧有陶罐 1 件，墓主头前有一堆动物骨骼。

第四期　东汉早中期。墓葬形式出现前堂后室墓，包括双券顶墓和一券顶一穹隆顶

---

[1]　固原博物馆：《宁夏固原城西汉墓》，《考古学报》2004 年第 2 期。

墓。一般而言，夫妻合葬墓双棺多置于后室，随葬品多陈设在前室，反映墓中设奠葬俗的盛行。随葬陶器中，仓、灶、井等模型明器日渐流行，并开始出现釉陶器。钱币新出现新莽钱币和东汉五铢钱。铜镜主要有四乳四螭镜（如上孙家寨 M9、M91）和博局纹镜（如上孙家寨乙 M12），另外上孙家寨 M69 还出土八乳钱纹镜 1 枚，有"□□（长宜）子孙"铭文，可看作东汉墓葬的代表。举例说明如下。

上孙家寨乙 M12，双券顶前堂后室墓，墓室前有墓道与甬道，前后室均为券顶，前室长 2.94 米，宽 2.06 米，高 1.8 米，后室长 2.4 米，宽 1.54 米，高 1.4 米。此墓为双人合葬墓，双棺置于后室，随葬品主要放置于前室，因墓室进水确切情形已不可考。随葬品有木马，陶小口罐、罐、双耳罐、灶、五铢钱等，博局纹镜 1 枚置于女性头侧。

上孙家寨 M53，前室穹隆顶后室券顶墓，墓道长 12.7 米，前室近方形，穹隆顶，长 2.85、宽 2.88 米，高 3.14 米，后室长方形，券顶，长 2.75 米，宽 1.82 米，高 1.56 米。此墓为 4 人合葬墓，后室置双棺，为二次葬；前室也有两棺，但棺木已散乱，葬式不明。随葬品多在前室，有陶罐、双耳罐、壶、灶、甑，砖臼，釉陶尊、炉、灯、碟，漆器、漆器铜釦，残铜器，金箔，绿松石饰，铜镞，石砚，玉鼻塞，琉璃耳珰，料珠，五铢钱等。

第五期　东汉晚期。流行家族式合葬墓。为满足家族式合葬，出现双穹隆顶墓，有的还有前、中、后三个墓室或多个侧室墓室。釉陶器较为常见（如上孙家寨乙 M6），铜镜新出有"龙虎镜"（如上孙家寨乙 M6、上孙家寨 M35）。举例说明如下。

上孙家寨乙 M6，双穹隆顶墓，由封土、墓道、墓门、甬道、前后墓室等组成（图 8-48）。墓道全长达 31.5 米。墓门之内和前后墓室之间有甬道。前室穹隆顶，长 4.4 米、

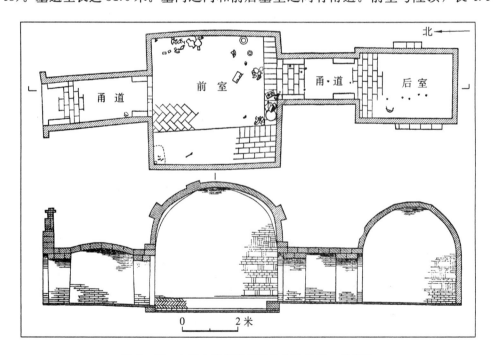

图 8-48　大通上孙家寨汉墓乙 M6 平面、剖视图

宽 4.40 米，高 4.2 米，前室西侧有砖砌的棺床。后室亦为穹隆顶，长 3.3 米，宽 2.25 米，高 3.22 米。墓内随葬品因盗扰失去原来的位置，陶器有陶罐、鼓腹罐、灶、碗、盆、盅等；釉陶器有壶、瓿、樽、案、碟、灯、井等；铜器有瓿、镜、弩机、五铢钱等；其他还有漆木器、银指环、铁棺钉、绿松石饰、玛瑙饰、琥珀、砖臼、雕砖、谷物残骸、山羊骨骼等。引人注目的是，此墓为 16 人合葬，人骨架均已凌乱，经鉴定为成年男女各 7 具、儿童 2 具，估计应该是家族合葬墓。

上孙家寨乙 M8，双穹隆顶附两侧室墓，由封土、墓道、墓门、甬道、前后室和两侧室组成。地表原有封土，墓道长 13.45 米，墓门之内和前后室之间有甬道，前室近方形，长 4 米，宽 3.85 米，顶部为穹隆顶，已塌陷，高度不详；后室亦近方形，穹隆顶，长 3.24 米，宽 3.42 米，高 3.27 米。前室东西两侧各有一侧室。此墓为 12 人合葬墓，前后室及侧室均发现有骨架，后室 2 具；前室 6 具；西侧室 2 具，系成年男女同葬一棺；东侧室 2 具，南女各一，为二次葬。此墓虽经盗掘，仍出土不少随葬品：陶器有壶、罐、鼓腹罐、双耳罐、小口罐、灶、盆、碗、瓿、仓、井、灯、插座等；釉陶器有壶、灶、博山炉等；铜器有刀、弩机、摇钱树、漆器釦饰等；铁器有铧、刀、棺钉等，此外还有金指环、玉璏、煤精饰、玛瑙饰、砖臼、印章、五铢钱等。

武威雷台汉墓，由封土、墓道、甬道、前中后三室和 3 个侧室组成。地表封土基部为方形，边长约 40 米，封土残高约 6 米。墓道长度在 8.5 米以上（未全部清理），壁面残留有壁画图案。墓门之内和前、中、后室之间有甬道相连，前、中、后室均为穹隆顶，顶部正中嵌方砖 1 块，用红、白、黑三色彩绘莲花藻井；3 个侧室均为四角攒尖顶。前室长 3.06 米，宽 3.56 米，高 3.26 米；中室长 3.62 米，宽 4.56 米，高 4.50 米；后室长 3.40 米，宽 2.78 米，高 2.45 米。此墓虽经盗扰，仍出土有随葬品 231 件之多，有著名的"马踏飞燕"、成组的铜车马（斧车、轺车、辇车等），以及金器、银印、玉石器、琥珀等。发掘者据墓中铜马上"守左骑千人张掖长"铭文，认为张掖县的建制和"左骑千人"官职，并见于《续汉书·郡国志》，特别是"左骑千人"一官仅见于东汉，再联系墓中出土有汉灵帝中平三年铸造的"四出五铢"，推测此墓的时代为东汉晚期，墓主为东汉时期"张□将军"，身份应该是二千石[1]。

总体而言，按照墓葬形制、随葬品组合和钱币、铜镜的变化，可以看出甘青宁地区汉墓有着清晰的发展演变轨迹。葬俗方面，西汉中期土著的二次葬和汉式的仰身直肢葬并存，西汉晚期以后汉式葬俗逐渐取代了土著葬俗；埋葬的人数，早期流行单人葬，西汉中期至东汉早期，夫妻合葬日渐流行，东汉晚期开始出现家族式合葬。伴随着葬制和葬俗的变化，墓葬形制与规模、随葬品组合也发生变化。西汉早中期流行竖穴土坑墓和土洞墓，

---

[1]　甘肃省博物馆：《武威雷台东汉墓》，《考古学报》1974 年第 2 期。需要说明的是，此墓的年代和"马踏飞燕"的命名，学术界仍有争议。有人主张墓葬年代为西晋时期，也有人主张应该定名为"马踏飞隼"（见孙机《武威出土的铜奔马不是汉代文物》，《光明日报》2003 年 4 月 29 日；周本雄《武威雷台东汉铜奔马三题》，《考古》1988 年第 5 期；曹定云《武威雷台奔马铜雕应为"天马逮乌"》，《光明日报》2003 年 8 月 5 日）。

身份较高者还在墓室中构建椁室。西汉晚期至新莽时期，伴随着墓中设奠习俗的流行和砖室墓的出现，出现夫妻合葬的前堂后室墓，前室为满足墓中设奠的需要，筑成穹隆顶，使墓室空间和高度增加。东汉中晚期出现家族合葬的多室墓，各墓室都采用穹隆顶，以满足不同家族成员的埋葬和祭奠的需求。随葬品方面，西汉中期以陶壶、罐为基本的汉式陶器组合和以夹砂陶器（主要为炊器）为特征的土著陶器组合在墓中并存；西汉晚期以后，汉式陶器组合逐步取代土著陶器组合，并出现仓、灶、井等模型明器。

三　甘青宁地区汉墓的相关问题

秦汉时期，甘青宁地区是多民族聚居地。河西走廊敦煌－酒泉－武威一线，本是大月氏的领地，后为匈奴所占；青海湖以东的河湟地区，本是羌族聚居地，后来月氏、卢水胡、匈奴等逐渐迁入；宁夏中南部，历来便是胡汉分野之地，秦汉时期二者之间的争夺可谓更甚。影响甘青地区种族大规模迁移的历史事件最著者有三：其一，秦时，冒顿单于击败大月氏，匈奴势力控制河西地区，迫使大月氏向西、向南迁移。其二，汉武帝时，"骠骑将军霍去病击败匈奴，取河西地，开湟中，于是月氏来降，与汉人错居"。其三，汉武帝元狩二年，"匈奴昆邪王杀休屠王，并将其众合四万余人来降，置五属国处之"[1]，匈奴的归附，延及汉宣帝五凤三年（公元前55年），"置西河、北地属国，以处匈奴降者"[2]。这一系列事件的结果是，汉、匈相继大规模迁入河西、湟中、安定等地区，汉帝国最终将这一地区纳入其政治版图。汉、匈民族进入上述地区以后，与当地的羌、月氏、卢水胡等各族杂处、融合。

甘青地区汉墓编年体系的确立，主要依靠具有年代特征的汉人或汉化以后的羌人、月氏、匈奴人的墓葬材料，通过与邻近地区汉代墓葬的类比，作出年代学的判断。需要说明的是，时至今日，甘青宁地区很多少数民族墓葬，因为没有可靠的文字材料，其族属、年代的判别仍存在一定的困难。

从青海上孙家寨汉晋墓地的材料来看，该地区在秦汉以前为羌族聚居地，其考古学文化面貌主要表现卡约—唐汪文化的遗址与墓葬。汉人与匈奴进入这一地区以后，可以看到羌人、汉人、匈奴人不同丧葬习俗的融合。从葬俗上看，羌人的二次葬和汉人仰身直肢一次葬同时存在，羌人的夹砂陶器（主要是炊器）与以罐、壶组合为代表的汉式陶器并存，而"汉匈奴归义亲汉长"铜印的出土，更鲜明地表明了匈奴文化确已进入河湟地区。这种文化的融合，随着两汉政府在河西、湟中地区大力推广屯田，使得汉文化的影响日见深远，降及东汉，可以明显感觉到汉文化逐步取代当地土著文化而成为主流，土著少数民族习俗的遗迹几乎很难觉察到。

目前可以确认为汉代匈奴贵族墓地的是宁夏同心县倒墩子墓地[3]。1985年在这里发

---

[1] 《汉书·武帝纪》。

[2] 《汉书·宣帝纪》。

[3] A.宁夏回族自治区博物馆、同心县文管所、中国社会科学院考古研究所宁夏考古组：《宁夏同心县倒墩子汉代匈奴墓地发掘简报》，《考古》1987年第1期。

掘清理的 27 座匈奴墓葬，包括竖穴土坑墓 20 座、偏洞室墓 6 座和石椁墓（小孩墓）1 座。土坑墓多为单人葬，使用木棺，头端一般有小龛，随葬品有陶罐、铜带饰、五铢钱、海贝、珠饰等。偏洞室墓形制很特殊，以倒墩子 M10 为例，墓道为长方形竖井式，墓道壁上挖有小龛，在墓道底部一侧挖出长方形洞室作为墓室，内置棺木，墓室底部低于墓道底 0.21 米，用木板封门（图 8 - 49）。墓道底部殉葬有 2 个牛头和 11 个羊头，羊头两侧还放置有 1 对蹄子。死者两耳下发现有 1 对金耳环和粉白色的珊瑚耳饰，另外还发现有珠饰、海贝、铜刀、铜环、铜铃、铁刀、五铢钱等。发掘者推测墓主人身份应该比较高。这里出土的陶罐是典型的匈奴式陶罐，与内蒙古伊克昭盟准格尔旗西沟畔[4]、东胜县补洞沟[5]以及苏联外贝加尔伊尔莫瓦、德列斯堆等地发现的汉代匈奴墓地所出品完全相同。这里出土的透雕铜带饰，在苏联外贝加尔伊尔莫瓦、德列斯堆等地也有发现。联系《汉书·武帝纪》、《汉书·宣帝纪》有关匈奴内附、汉政府在安定郡等地"置五属国处之"的文献来看，这批墓葬应该是西汉时期归附西汉帝国的匈奴人墓地。

迄今为之，甘青宁地区秦汉考古研究，学术界大多集中关注汉晋简牍与烽燧制度方面。事实上甘青宁地区秦汉时期墓葬族属的判别、中原与西北边陲地区的交往、甘青宁地区与欧亚腹地文明的交往都是非常重要的课题。青海大通上孙家寨乙 M1 出土的"汉匈奴归义亲汉长"铜印，显然应该是东汉政府颁发给匈奴部族首领的，确凿无误地让我们看到了匈奴人墓葬的特点[6]。青海上孙家寨乙 M3 出土的 1 件银壶，口、腹、底部有三条错金纹带，腹壁锤有一圈花瓣图案，酷似忍冬纹，是公元 3 世纪时期安息制品，隐约折射出甘青地区与亚欧大陆腹地的文化交流[7]。

"礼失求诸野"，河西地区考古材料对于中原汉文化礼仪制度的研究同样具有重要意义。武威磨咀子汉墓出土的"王杖十简"，记录了汉成帝建始二年（公元前 31 年）行"养老"之事的诏令，不仅使得见诸文献记载的汉代养老制度得到真实的展示，而且还补了文献中不载汉成帝行"养老"制度之阙[8]。武威雷台东汉墓出土的保存完好的铜仪仗俑和由斧车（图 8 - 50）、辂车、辇车、大车、牛车等组成的仪仗车队，对研究汉晋时期的舆服制度无疑是难得的实物资料[9]。

B. 宁夏回族自治区博物馆、同心县文管所中国社会科学院考古研究所宁夏考古组：《宁夏同心倒墩子匈奴墓地》，《考古学报》1988 年第 3 期。

[4]　伊克昭盟文物站、内蒙古文物工作队：《西沟畔汉代匈奴墓地调查记》，《内蒙古文物考古》创刊号，1981 年第 1 期。

[5]　伊盟文物工作站：《伊克昭盟补洞沟匈奴墓清理简报》，《内蒙古文物考古》（创刊号），（1981 年）。

[6]　青海省文物考古研究所：《上孙家寨汉晋墓》，文物出版社，1993 年。

[7]　青海省文物考古研究所：《上孙家寨汉晋墓》第 160、220 页，文物出版社，1993 年。

[8]　A. 甘肃省博物馆：《甘肃武威磨咀子汉墓发掘》，《考古》1960 年第 9 期。

B. 考古研究所编辑室：《武威磨咀子汉墓出土王杖十简释文》，《考古》1960 年第 9 期。

C. 郭沫若：《武威"王杖十简"商兑》，《考古学报》1965 年第 2 期。

[9]　甘肃省博物馆：《武威雷台东汉墓》，《考古学报》1974 年第 2 期。

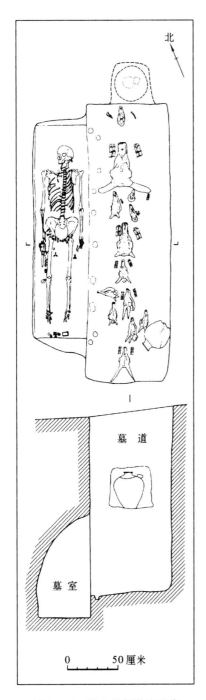

图 8-49 同心县倒墩子汉墓
M10 平面、剖视图

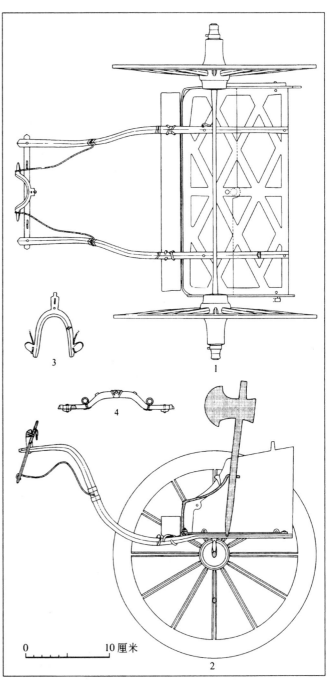

图 8-50 武威雷台东汉墓出土斧车
1.仰视图 2.纵剖视图 3.轭 4.衡

第十四节　汉代壁画墓

壁画墓一般是指在墓室内壁（有时也包括墓门和墓道等部位）以色彩绘制图像的墓葬[1]。壁画墓从西汉中期开始出现，西汉晚期在一些地区流行开来，到东汉时期形成了中国壁画墓历史上的第一个高峰。汉代壁画墓是考古学和美术史研究的重要课题，其历史和艺术价值引起了学术界广泛的重视。

一　汉代壁画墓的发现与研究简述

汉代人绘制墓室壁画的史实曾见于文献记载[2]，而汉代壁画墓的考古调查和发掘则开始于20世纪初。从1919年至第二次世界大战期间，日本人先后对辽宁辽阳迎水寺墓[3]、金县营城子墓[4]、辽阳南林子墓[5]、辽阳北园1号墓[6]、辽阳棒台子1号墓[7]进行了发掘。约在1916年，洛阳"八里台"[8]墓被盗，一组绘有壁画的空心砖后为美国波士顿美术馆收藏[9]。1927年，另一组带壁画的空心砖在英国展出，后为大英博物馆收藏[10]。

新中国成立后，考古工作者先后发掘了一批汉代壁画墓，其中20世纪50年代发掘清理的有河北望都所药村1号、2号墓[11]、山东梁山后银山墓[12]、内蒙古托克托古城墓[13]、

---

[1]　此处"壁画"一词取其狭义，仅指以色彩绘制的壁画，以与画像石、画像砖相区别。广义的"壁画"有时还包括用浮雕及其他造型或工艺手段在建筑壁面上制作的图像。

[2]　《后汉书·赵岐传》："（岐）自为寿藏，图季札、子产、晏婴、叔向四像居宾位，又自画其像居主位，皆为赞颂。"

[3]　八木奘三郎：《辽阳発見の壁画古墳》，《東洋学報》第11卷第1号，1921年。

[4]　内藤寬、森修：《營城子——前牧城驛付近の漢代壁画磚墓》，刀江書社，1934年。

[5]　原田淑人：《遼陽南林子の壁画古墳》，《国華》第53編第4册，1943年。

[6]　李文信：《辽阳北园壁画古墓记略》，《国立沈阳博物馆筹备委员会汇刊》第1期，1947年。

[7]　李文信：《辽阳发现的三座壁画古墓》，《文物参考资料》1955年第5期。

[8]　洛阳一带并无"八里台"的地名，据考该墓出土地当在今洛阳老城以西。（见黄明兰、郭引强《洛阳汉墓壁画》第9页，文物出版社，1996年。）

[9]　Tomita，Kojiro (1938)，*Portfolio of Chinese Paintings in the Museum*：*Han to Sung Periods*. Cambridge，Mass. ：Harvard University Press. pp. 1-8.

[10]　［德］倪克鲁（Lukas Nickel）著，贺西林译：《大英博物馆收藏的一组汉代壁画》，《考古与文物》2004年第5期。

[11]　A. 北京历史博物馆、河北文物管理委员会：《望都汉墓壁画》，中国古典艺术出版社，1955年。
　　　B. 河北省文化局文物工作队：《望都二号汉墓》，文物出版社，1959年。

[12]　关天相、冀刚：《梁山汉墓》，《文物参考资料》1955年第5期。

[13]　罗福颐：《内蒙古自治区托克托县新发现的汉墓壁画》，《文物参考资料》1956年第9期。

河南洛阳烧沟 61 号墓[1]、辽阳南雪梅村 1 号墓[2]、江苏徐州黄山陇墓[3]、山西平陆枣园村墓[4]、辽阳北园 2 号墓[5]等；60 年代发掘清理的有河南密县打虎亭 2 号墓[6]、密县后士郭 1 号、2 号、3 号墓[7]等；70 年代发掘清理的有河北安平逯家庄墓[8]、陕西千阳墓[9]、内蒙古和林格尔新店子小板申墓[10]、辽阳三道壕 3 号墓[11]、安徽亳县董园村 1 号、2 号墓[12]、辽阳鹅房 1 号墓[13]、洛阳烧沟卜千秋墓[14]、洛阳金谷园新莽墓[15]等；80 年代清理的有洛阳西工唐宫路玻璃厂墓[16]、辽阳旧城东门里墓[17]、陕西咸阳龚家湾墓[18]、河南偃师杏园村墓[19]、洛阳新安铁塔山墓[20]、甘肃武威韩佐五坝山墓[21]、陕西西安南郊曲江池 1 号墓[22]、山东济南青龙山墓[23]、辽阳北园 3 号墓[24]、西安交通大学附属小学墓[25]、洛阳北郊石油站墓[26]、山西夏县王村墓[27]、武威磨咀子墓[28]、河南永城柿园墓[29]、河北景县大代庄墓[30]、洛阳金谷园东汉墓[31]、河北阜城桑庄墓[32]等；

〔1〕　河南省文化局文物工作队：《洛阳西汉壁画墓发掘报告》，《考古学报》1964 年第 2 期。

〔2〕　王增新：《辽宁辽阳县南雪梅村壁画墓及石墓》，《考古》1960 年第 1 期。

〔3〕　葛治功：《徐州黄山陇发现汉代壁画墓》，《文物》1961 年第 1 期。

〔4〕　山西省文物管理委员会：《山西平陆枣园村壁画汉墓》，《考古》1959 年第 9 期。

〔5〕　辽阳市文物管理所：《辽阳发现三座壁画墓》，《考古》1980 年第 1 期。

〔6〕　河南省文物研究所：《密县打虎亭汉墓》第 192～332 页，文物出版社，1993 年。

〔7〕　A. 河南省文物研究所：《密县后士郭汉画像石墓发掘报告》，《华夏考古》1987 年第 2 期。

　　　B. 安金槐：《河南密县后士郭三号汉墓调查记》，《华夏考古》1994 年第 3 期。

〔8〕　河北省文物研究所：《安平东汉壁画墓》，文物出版社，1990 年。

〔9〕　宝鸡市博物馆、千阳县文化馆：《陕西省千阳县汉墓发掘简报》，《考古》1975 年第 3 期。

〔10〕　内蒙古自治区博物馆文物工作队：《和林格尔汉墓壁画》，文物出版社，1978 年。

〔11〕　辽阳市文物管理所：《辽阳发现三座壁画墓》，《考古》1980 年第 1 期。

〔12〕　安徽省亳县博物馆：《亳县曹操宗族墓葬》，《文物》1978 年第 8 期。

〔13〕　辽阳市文物管理所：《辽阳发现三座壁画墓》，《考古》1980 年第 1 期。

〔14〕　洛阳博物馆：《洛阳西汉卜千秋壁画墓发掘简报》，《文物》1977 年第 6 期。

〔15〕　洛阳博物馆：《洛阳金谷园新莽时期壁画墓》，《文物资料丛刊》第 9 辑，文物出版社，1985 年。

〔16〕　洛阳市文物工作队：《洛阳西工东汉壁画墓》，《中原文物》1982 年第 3 期。

〔17〕　辽宁省博物馆冯永谦、韩宝兴、刘忠诚、辽阳博物馆邹宝库、柳川、肖世星：《辽阳旧城东门里东汉壁画墓发掘报告》，《文物》1985 年第 6 期。

〔18〕　孙德润、贺雅宜：《龚家湾一号墓葬清理简报》，《考古与文物》1987 第 1 期。

〔19〕　中国社会科学院考古研究所：《杏园东汉壁画墓》，辽宁美术出版社，1995 年。

〔20〕　洛阳市文物工作队：《洛阳新安县铁塔山汉墓发掘报告》，《文物》2002 年第 5 期。

〔21〕　何双全：《武威县韩佐五坝山汉墓群》，《中国考古学年鉴（1985）》，文物出版社，1985 年。

〔22〕　徐进、张蕴：《西安南郊曲江池汉唐墓葬清理简报》，《考古与文物》1987 年第 6 期。

〔23〕　济南市文化局文物处：《山东济南青龙山汉画像石壁画墓》，《考古》1989 年第 11 期。

〔24〕　中国美术全集编辑委员会：《中国美术全集·绘画编 12·墓室壁画》图版 28、29 说明，文物出版社，1989 年。

〔25〕　陕西省考古研究所、西安交通大学：《西安交通大学西汉壁画墓》，西安交通大学出版社，1991 年。

〔26〕　洛阳市文物工作队：《河南洛阳北郊东汉壁画墓》，《考古》1991 年第 8 期。

90 年代清理的有洛阳东郊机车工厂墓[33]、洛阳朱村墓[34]、洛阳西工 3850 号墓[35]、洛阳浅井头墓[36]、偃师辛村墓[37]、内蒙古鄂托克凤凰山 1 号墓、内蒙古包头召湾 51 号墓、包头张龙圪旦墓[38]、四川民乐八挂营 1 号、2 号、3 号墓[39]、河南荥阳苌村墓[40]、山西永济上村墓[41]等。2000 年以来发现和清理的墓葬有陕西旬邑百子村墓[42]、洛阳新安里河村墓[43]、内蒙古鄂尔多斯巴音格尔村两座墓葬[44]、四川中江塔梁子 3 号墓[45]、四川三台柏林坡 1 号墓[46]、洛阳尹屯壁画墓[47]、陕西定边郝滩四十里铺 1 号墓[48]、西安理工大学墓[49]、陕西靖边杨桥畔墓[50]、山东东平物资局 1 号、12 号、13 号墓[51]、西安曲江翠竹园 1 号墓[52]和靖边杨桥畔老坟梁 42 号、119 号墓[53]等。

[27]　山西省考古研究所、运城地区文化局、夏县文化局博物馆：《山西夏县王村东汉壁画墓》，《文物》1994 年第 8 期。

[28]　党寿山：《甘肃武威磨咀子发现一座东汉壁画墓》，《考古》1995 年第 11 期。

[29]　阎根齐主编：《芒砀山西汉梁王墓地》第 81～247 页，文物出版社，2001 年。

[30]　衡水地区文物管理所：《河北景县大代庄东汉壁画墓》，《文物春秋》1995 年第 1 期。

[31]　洛阳古墓博物馆：《洛阳古墓博物馆》第 28 页，朝花出版社，1987 年。

[32]　河北省文物研究所：《河北阜城桑庄东汉墓发掘报告》，《文物》1990 年第 1 期。

[33]　洛阳市文物工作队：《洛阳机车工厂东汉壁画墓》，《文物》1992 年第 3 期。

[34]　洛阳市第二文物工作队：《洛阳市朱村东汉壁画墓发掘简报》，《文物》1992 年第 12 期。

[35]　洛阳市文物工作队：《河南洛阳市第 3850 号东汉墓》，《考古》1997 年第 8 期。

[36]　洛阳市第二文物工作队：《洛阳浅井头西汉壁画墓发掘简报》，《文物》1993 年第 5 期。

[37]　洛阳市第二文物工作队：《洛阳偃师县新莽壁画墓清理简报》，《文物》1992 年第 12 期。

[38]　内蒙古文物考古研究所魏坚：《内蒙古中南部汉代墓葬》第 161～175、203～214、266～274 页，中国大百科全书出版社，1998 年。

[39]　施爱民、卢晔：《民乐清理汉代壁画墓》，《中国文物报》1993 年 5 月 30 日。

[40]　郑州市文物考古研究所、荥阳市文物保护管理所：《河南荥阳苌村汉代壁画墓调查》，《文物》1996 年第 3 期。

[41]　运城行署文化局、永济市博物馆：《山西永济上村东汉壁画墓清理简报》，《文物季刊》1997 年第 2 期。

[42]　Greiff，S. und Yin Shenping（2002），*Das Grab des Bin Wang：Wandmalereien der Östlichen Han-Zeit in China*. Mainz：Verlag des Römisch-Germanischen Zentralmuseum；Wiesbaden：Harrassowitz in Kommission.

[43]　沈天鹰：《洛阳出土一批汉代壁画空心砖》，《文物》2005 年第 3 期。

[44]　杨泽蒙、王大方：《内蒙古中南部发现汉代壁画墓》，《中国文物报》2001 年 12 月 7 日。

[45]　国家文物局主编：《2002 中国重要考古发现》第 87～92 页，文物出版社，2003 年。

[46]　四川省文物考古研究所、绵阳市文物管理局、三台县文物管理所：《四川三台郪江崖墓群柏林坡 1 号墓发掘简报》，《文物》2005 年第 9 期。

[47]　国家文物局主编：《2003 中国重要考古发现》第 99～103 页，文物出版社，2004 年。

[48]　陕西省考古研究所、榆林市文物管理委员会：《陕西定边郝滩发现东汉壁画墓》，《考古与文物》2004 年第 5 期。

以上见于报道的汉代壁画墓超过 70 座。此外，在辽阳玉皇庙[54]、广东广州南越王赵眜墓[55]等墓葬内还发现一些简单的彩绘花纹，暂不统计在内。至于原来作为东汉墓例报道的甘肃酒泉下河清 1 号墓[56]，实际上应属魏晋时期，也不包括在内。

上述发现受到了学术界广泛的关注，有关研究主要包括以下几个方面：

第一，综合研究。研究者综合分析汉代壁画墓在时代和地域上的联系与差别，或集中探讨一个区域内壁画墓的特征，或注重分析壁画墓与其他墓葬的关系，使得壁画墓的讨论纳入考古学的轨道，也为壁画图像的研究奠定了较为扎实的基础[57]。近年来，有的美术史研究者也注意从这一角度研究汉代壁画墓[58]。

第二，壁画图像研究。在内容方面，学者们多结合文献对壁画主题加以考证；在形式方面，则多采用美术史风格分析的方法论述其艺术价值。但是，有的文章忽视考古材料本身的属性，简单地将这类性质特殊的绘画扩大为"汉代绘画"的概念；也有的研究孤立地考证图像，而忽视了图像之间的关系，以及壁画和墓葬结构、随葬品的联系，结论缺少说服力。

第三，其他方面。有的研究以壁画图像与文献材料结合，探索物质文化史、天文史和历史地理等方面的问题，还有研究者利用壁画材料，讨论汉代人的丧葬和生死观念，以及其他社会历史和精神文化方面的问题，试图将考古学的研究与文化史、社会史的研究进一步结合起来，这都是值得进一步深入的新方向。

二　汉代壁画墓的分期

已发现的汉代壁画墓分布很不均衡，计有河北 6 座、山西 3 座、内蒙古 6 座、辽宁 11 座、江苏 1 座、安徽 2 座、山东 5 座、河南 24 座、四川 5 座、陕西 11 座、甘肃 2 座，由于

〔49〕 西安市文物保护考古所：《西安理工大学西汉壁画墓发掘简报》，《文物》2006 年第 5 期。

〔50〕 陕西省考古研究院、榆林市文物研究所、靖边县文物管理办公室：《陕西靖边东汉壁画墓》，《文物》2009 年第 2 期。

〔51〕 谢治秀主编：《辉煌三十年——山东考古成就巡礼》第 178～181 页，科学出版社，2008 年。

〔52〕 西安市文物保护考古所：《西安曲江翠竹园西汉壁画墓发掘简报》，《文物》2010 年第 1 期。

〔53〕 国家文物局主编：《2008 中国重要考古发现》第 116～119 页，文物出版社，2009 年。

〔54〕 冈崎敬：《安岳三号坟の研究》，《史渊》第 93 辑，1964 年。

〔55〕 广州市文物管理委员会、中国社会科学院考古研究所、广东省博物馆：《西汉南越王墓》第 28 页，文物出版社，1991 年。

〔56〕 甘肃省文物管理委员会：《酒泉下河清第 1 号墓和第 18 号墓发掘简报》，《文物》1959 年第 10 期。

〔57〕 A．汤池：《汉魏南北朝的墓室壁画》，《中国美术全集·绘画编 12·墓室壁画》第 9～15 页，文物出版社，1989 年。

　　 B．杨泓：《汉代的壁画墓》，《新中国的考古发现和研究》第 447～451 页，文物出版社，1984 年。

　　 C．黄佩贤：《汉代墓室壁画研究》，文物出版社，2008 年。

〔58〕 A．贺西林：《古墓丹青——汉代墓室壁画的发现与研究》，陕西人民美术出版社，2001 年。

　　 B．贺西林、李清泉：《永生之维——中国墓室壁画史》第 9～60 页，高等教育出版社，2009 年。

材料的局限，尚难以进行分区研究。但墓葬形制和壁画内容前后变化较为明显，大致可分为西汉中晚期、新莽至东汉早期、东汉中晚期三个阶段。

（一）西汉中晚期

目前所见年代最早的汉代壁画墓为永城柿园墓，根据出土钱币判断，其年代约在公元前136至公元前118年间，发掘者推测墓主为梁共王刘买。该墓是依山开凿的崖墓，由墓道、甬道、主室、巷道和8个侧室组成，全长95.7米。主室顶部绘巨龙，周围绘虎、怪兽、凤鸟、仙山和灵芝等（图版17-1），南壁上部可见仙山、朱雀、豹、灵芝等，西壁仅存部分边饰。该墓为探讨墓葬壁画的起源提供了重要线索[1]。

大约从昭、宣帝时期开始，壁画墓数量大大增多，主要集中在洛阳和西安一带，即西汉司隶部河南郡和京兆尹。洛阳地区的墓葬为中型墓，由墓道、主室和耳室组成，主室用大型空心砖构筑，代表性的墓葬有烧沟卜千秋墓、浅井头墓、烧沟61号墓（图8-51）等。卜千秋墓和烧沟61号墓主室中间设隔墙，分为前后两段，顶部左右为斜坡，中央为平脊。主室前部两侧有T形耳室。卜千秋墓门额上绘人面鸟，主室脊顶绘伏羲女娲、日月、持节仙人、双龙、枭羊、凤、虎，以及墓主夫妇乘龙凤拜见西王母的场景（图8-52），主室后壁绘驱邪的方相氏。墓内出土"卜千秋"

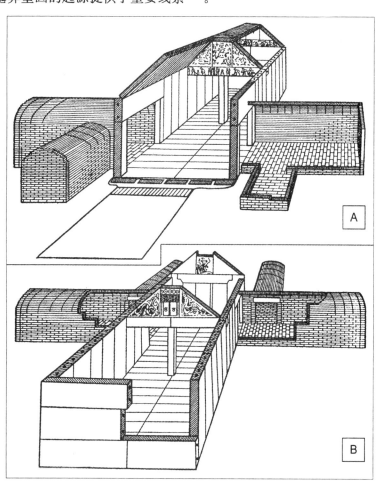

图8-51　洛阳烧沟汉墓M61结构图
1.由东向西透视图　2.由西向东透视图

---

[1]　郑岩：《关于墓葬壁画起源问题的思考——以河南永城柿园汉墓为中心》，《故宫博物院院刊》2005年第3期。

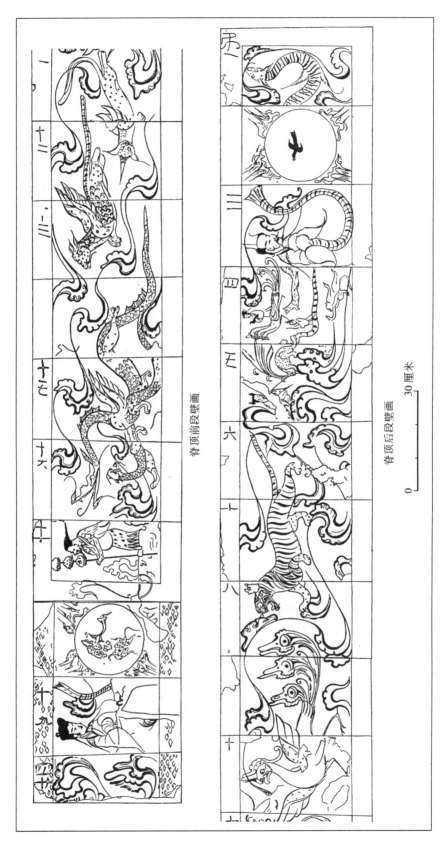

脊顶前段壁画

脊顶后段壁画

0 — 30厘米

图 8-52 洛阳西汉卜千秋墓壁画（摹本）

名章。浅井头墓由墓道、墓室和耳室组成，东耳室为 T 字形，相对的西壁筑有门，但未开出耳室。其脊顶壁画与卜千秋墓壁画大同小异，但不见墓主形象。烧沟 61 号墓年代约在元、成帝之间，该墓壁画除表现吉祥和辟邪的内容外，还在隔墙横梁上绘"二桃杀三士"，这是最早出现在墓葬壁画中的历史故事题材。其脊顶绘日月、流云、星象，虽属示意性质，但已反映出对于星宫的初步认识[1]。西安地区代表性的墓葬有西安理工大学墓、西安曲江翠竹园 1 号墓和西安交通大学附属小学墓等。这些墓葬均为小砖构筑的单室墓，附有左、右侧室。西安理工大学墓的壁画有宴饮、狩猎等内容，其人马形体较小，画面色彩艳丽，用笔精微。曲江翠竹园 1 号墓绘门吏、婢女、怀抱婴儿的妇人，以及一具带彩绘图案的屏风，其人物形体高大，表现出与理工大学墓壁画不同的风格。星象题材在西安交大附小墓有了新的表现，其主室顶部和正壁上部绘云气、鹤、鹿等，日、月分列于室顶南北，围绕在周围的两重巨大的圆圈内绘四神和二十八宿，星宿的位置和方向基本准确。这些发现或可说明京兆畿地区的西汉壁画在艺术上也具有相当高的水平。

此外，根据发掘者的意见，靖边杨桥畔老坟梁 42 号、119 号墓和包头召湾 51 号墓也属于这一时期。

（二）新莽至东汉早期

新莽前后的壁画墓有偃师辛村墓、洛阳金谷园新莽墓、洛阳尹屯墓、咸阳龚家湾 1 号墓、千阳墓等，分别属于西汉时期的司隶部河南郡、京兆尹。东汉早期壁画墓的分布范围进一步扩大，有洛阳新安铁塔山墓、洛阳北郊石油站墓、平陆枣园村墓、梁山后银山墓、金县营城子墓、鄂托克凤凰山 1 号墓和鄂尔多斯巴音格尔村两座墓葬等，所在区域包括东汉司隶校尉部的河南尹、京兆尹、河东郡，兖州刺史部的东平国，幽州刺史部的辽东郡和朔方刺史部的上郡等。

西汉晚期与新莽之际的辛村墓仍以空心砖构筑，显示出与洛阳西汉晚期壁画墓的联系，其墓室由两道隔门分为前中后三部分，结构更为复杂。除了隔墙门额正面绘兽面、伏羲女娲、西王母、凤鸟等题材外，墓室四壁开始出现门吏、庖厨、六博、百戏、宴饮等表现生活场面的题材。

在更多新莽前后到东汉早期的壁画墓中，砌筑墓室所用的空心砖逐步为小砖所取代，主室多为券顶，少数为砖石混筑。这时期壁画题材范围进一步扩大，如枣园墓四壁有牛耕、马车等新内容。

石油站墓由甬道、前室与西耳室、中室与东西耳室、后室组成。甬道两壁和中室四壁绘门吏，中室顶部四坡分别绘伏羲、女娲、仙人驾龙车、仙人驾鹿车。铁塔山墓由甬道和墓室组成，墓门两侧绘门吏，墓室正壁绘墓主正面坐像，两侧各有一侍女。右壁绘车马出行，左壁绘一罐，顶部绘天象，壁画风格较为粗率。

后银山墓坐北朝南，由前室和并列的三个棺室组成。前室顶部为日月和流云，西南两壁分为上下两栏，西壁上栏绘车马出行、伏羲和飞鸟。南壁上栏绘"都亭"，亭西侧绘捧

---

[1]　夏鼐：《洛阳西汉壁画墓中的星象图》，《考古学和科技史》第 51～62 页，科学出版社，1979 年。

盾亭长，东侧绘"曲成侯驿"等人物，下栏绘有"怒太"榜题的门吏。东壁绘大树，树下有"子元"等九人的像，人像上部绘女娲。

（三）东汉中晚期

东汉中晚期的壁画墓数量大增，分布地域更为扩大，主要有洛阳唐宫路玻璃厂墓、洛阳东郊机车工厂墓、洛阳朱村墓、洛阳西工第 3850 号墓、偃师杏园村墓、荥阳苌村墓、密县打虎亭 2 号墓、密县后士郭 1 号墓、后士郭 3 号墓、旬邑百子村墓、定边四十里铺 1 号墓、夏县王村墓、永济上村墓、望都所药村 1 号墓、所药村 2 号墓、安平逯家庄墓、景县大代庄墓、济南青龙山墓、徐州黄山陇墓、辽阳迎水寺墓、南林子墓、北园 1 号墓、棒台子 1 号墓、旧城东门里墓、托克托县古城村墓、和林格尔小板申墓、包头张龙圪旦墓、中江塔梁子 3 号墓、三台柏林坡 1 号墓和东平物资局 1 号墓等。其所在地域相当于东汉司隶校尉部的河南尹、河东郡、右扶风，冀州刺史部的渤海郡、中山国、安平国，兖州刺史部的济北国，徐州刺史部的彭城国，幽州刺史部的辽东郡，并州刺史部的云中郡、上郡，益州刺史部的广汉郡，以及兖州刺史部的东平国等。

这些墓葬表现出一定的地域性特征，中原地区大多为砖室墓，少数为砖石混筑，在辽阳地区流行石板墓，四川所见则为崖墓。这些墓葬规模差异较大，砖室墓中的大型墓往往由三至四进墓室及众多的耳室组成，小型墓为单室。墓内壁画题材更为丰富，墓顶继续绘天象，墓壁所描绘的车马出行、宴饮庖厨、乐舞百戏、庄园建筑及仆役们的生产活动等，有的可能是对于墓主生前真实经历的再现，有的则可能夸张地描绘想象中死者在死后世界的"生活"。还有的墓葬绘有各种历史故事、祥瑞，或绘有墓主及其属吏肖像，表现出不同的风尚和观念。这些大型墓的墓主可能为两千石的官吏或有同样实力的富豪。

小板申墓有三个主室，前室附设左、右耳室，中室设右耳室。从甬道开始，经前室四壁、前中室之间的通道两侧，一直到中室，所绘壁画描绘了城池（图 8-53）、粮仓、府舍、署吏和车马行列，并写有大量的榜题，包括"举孝廉"、"郎"、"西河长史"、"行上郡属国都尉"、"繁阳令"、"使持节护乌桓校尉"、"使君从繁阳迁度关时"、"宁城"等，可能是对墓主生前仕途经历的表现。前室顶部描绘了各种仙人瑞兽。中室西壁至北壁绘有燕居、乐舞百戏、宴饮、祥瑞，以及孔子见老子、列女孝子等历史故事。后室壁画主要描绘了农桑、畜牧和各种手工业活动，表现庄园内的生产状况。后室顶部绘有四神。前室与中室所附耳室内也绘有庖厨、谷仓和各种农牧活动。与之类似的还有荥阳苌村墓，该墓前室西、南壁等处绘规模宏大的车马出行，题记有"郎中时车"、"供北陵令时车"、"长水校尉时车"、"巴郡太守时车"、"济阴太守时车"、"齐相时车"等，似同样表现墓主官位升迁的经历。这种车马出行壁画比较典型的还有偃师杏园村墓，其前室四壁的车马出行画像依次衔接长达 12 米，包括九乘安车和墓主、属吏等 70 个人物，规模宏大。

与这几座墓中壁画的题材有所不同，所药村 1 号墓不见车马出行的题材，这座砖室墓由墓道、前室及其东西耳室、中室及其东西侧室、后室及北小龛组成。前室四壁和前中室之间的通道两侧上栏绘属吏，下栏绘祥瑞，大多有榜题（图 8-54）。前室南壁墓门两侧分别绘拥彗的"寺门卒"和执盾的"门亭长"，左壁自南至北绘 11 人，榜题分别为"仁恕

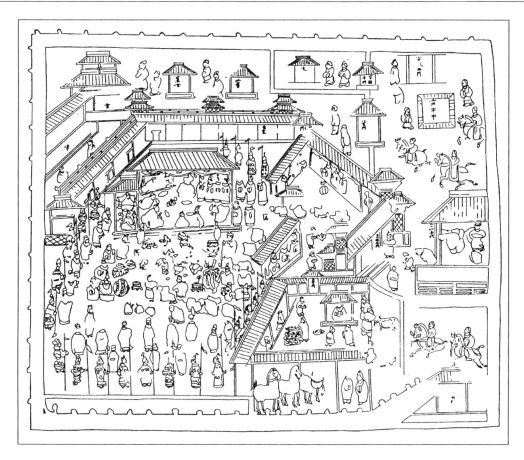

图 8-53　和林格尔小板申东汉墓壁画（摹本）

掾"、"贼曹"、"辟车伍佰八人"、"门下小史"，右壁自南至北绘 6 人，榜题分别为"□□
掾"、"捶鼓掾"、"门下史"、"门下贼曹"、"门下游徼"、"门下功曹"等，北壁通道两侧分
别绘"主簿"、"主记史"，通道左壁绘"小史"、"勉□谢史"，右壁为"侍阁"、"白事吏"。
根据这些属吏的形象可以推测墓主生前具有二千石以上的官秩。

　　逯家庄墓综合运用车马出行和属吏两类题材来表现墓主身份。该墓由四进墓室和若干
侧室、小龛组成，中室四壁绘有大量车骑及步行之类的导从仪仗和主车组成的出行行列，
前室右侧室绘门吏、侍卫和坐在室内的属吏。中室右侧室以南壁墓主执便面正面端坐在帐
内的大幅画像为中心，绘属吏拜见和乐舞场面，北壁绘带有望楼的庄园（图 8-55）。墓内
有熹平五年（公元 176 年）的题记。

　　打虎亭 2 号墓壁画有大量男女侍者的形象。该墓由前、中、后三室和南、东、北 3 个
耳室组成。中室壁画为彩绘，前室甬道、前室、中室甬道两侧壁、耳室甬道和耳室内的壁
画则为墨绘。前室东西两壁、中室甬道两侧壁、中室各壁的下部绘有形体高大的男女侍
者，各室和甬道的顶部则绘有藻井、云气和祥禽瑞兽等。中室东段壁面上部绘有车马行
列、筹备各种物品的侍者、宴饮乐舞百戏场面（图版 17-2）。中室东壁上部绘众多的仙人

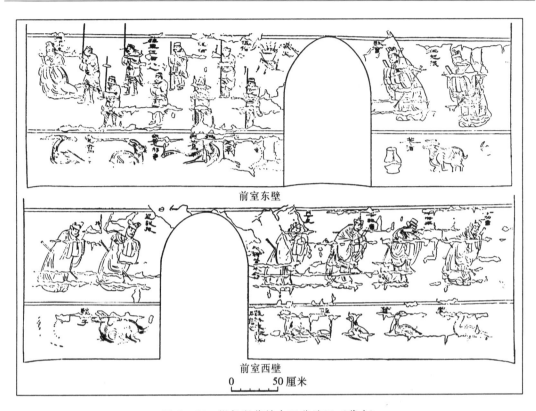

前室东壁

前室西壁

0   50厘米

图 8-54　望都所药村东汉墓壁画（摹本）

0   1米

图 8-55　安平逯家庄东汉墓壁画（摹本）

聚集于海岛中生出的几棵大树上。南耳室描绘马厩中的车马，东耳室绘庖厨内容，北耳室绘准备各种物品的侍者。值得注意的是，与该墓结构几乎完全相同的1号墓装饰画像石，画像石的布局、内容、风格与2号墓壁画基本一致，这两座墓是研究画像石和壁画关系的重要材料。

辽阳地区的壁画墓均用石板和石条构筑，流行多人合葬，较大的墓葬可能为家族合葬。北园1号墓、棒台子1号墓、南林子墓、迎水寺墓等为带回廊的大型石室墓，棺室多达3、4个，有1~5个耳室。这些墓葬的壁画题材多见墓主画像、庖厨、百戏、楼阁、车马出行、门卒、守门犬、日月云气等，题材与中原汉墓壁画联系密切。有的墓由于埋葬多人而绘制多幅墓主像。东汉末年中原陷于战乱之后，辽阳地区局势比较稳定，至魏晋时期，壁画墓在继承传统的基础上继续发展，成为联系北朝壁画墓的一个重要纽带。

柏林坡1号墓综合运用建筑、雕刻和绘画等多种艺术手法，构建起一座规模宏大、结构复杂的崖墓，除了墓内仿木建筑构件石雕和一些画像石上涂有朱红、靛蓝和白等色彩外，还有彩绘宴享图和墓主像等，显示出画像石和彩绘壁画之间密切的联系。根据朱书题记可知，墓主姓名为"齐光"，葬于元初四年（公元117年）。

三　汉代壁画墓与汉代丧葬礼俗

壁画墓产生和流行的原因是多方面的，一方面，绘制壁画的做法可能有着文化传统和宗教信仰等方面的原因，与灵魂不灭的观念相关；另一方面，"举孝廉"制度的负面影响、社会风气的腐化都起到了推波助澜的作用。

壁画墓的特殊性主要体现于墓内丰富的画像，这些画像予人以直观的视觉感受，保存了大量历史信息，可与文献材料彼此补充、印证，具有多方面的学术价值。但同时也必须认识到这些图像材料的特性和局限。总的说来，壁画是墓葬的组成部分，绘制者和丧家的主观意愿并不是要向人们展现这些绘画作品的艺术魅力，而是将它们看作对死者的奉献，所以，这些壁画更多地体现了丧葬的需要，是丧葬习俗和观念的直接反映。

西汉时期的壁画以表现天上或仙界的景象为主，晚期出现了历史故事题材。这些内容所包含的思想是以墓葬建筑或随葬品难以表达的，这些色彩缤纷的图像扩展了墓葬在时间和空间上的象征意义，反映了人们对于死后世界新的认识。东汉以后的壁画题材进一步拓展，将墓主生前的经历、墓主在死后世界的"生活"进行了叙事性的表现。在这些画像中，儒家学说、神仙思想，乃至早期佛教、道教的某些观念，也都留下了明显的印记。

尽管壁画墓的数量较为可观，但是与各类汉墓的总数相比所占比例却并不大，壁画墓在建筑形制方面的特点也不明显，与分布区域集中、地域特征明显的画像石墓和画像砖墓相比，壁画墓的分布更为分散，在同一时代和地域，是否使用壁画似乎也没有明显的规律。除极为个别的发现外[1]，其墓主基本不见高于两千石的官吏，因此，壁画墓的流行可能并没有受到官方制度的控制。同时，壁画墓也不是某种单一的思想或宗教的产物。因此，各地和各个时期画像的内容与风格彼此差异较大，所反映的观念也十分芜杂，在研究

---

〔1〕 目前所知墓主身份最高的壁画墓是永城柿园梁王墓，安徽亳县董园村2号墓有壁画残迹，同时出土有玉衣片，墓主为可能列侯一级。但是，这几座墓葬应属特例，墓中壁画并无制度方面的意义。

中需要进行具体的分析。也正因为如此，我们可以从这些图像资料中，获得文献所无法提供的更多新鲜的历史信息。此外，汉墓壁画的发现在一定程度上弥补了汉代绘画实物资料的不足，也使得传统上以卷轴画为中心的中国绘画史的视野扩展到不同材质、不同社会层面的绘画作品。这些壁画所显示出的人们在艺术上丰富的想象力和创造力，同样是值得研究的重要课题。

第十五节　汉代画像石墓

画像石可以说是一种石刻绘画，这种造型艺术，按成型技术来说，应属雕刻；依其整体艺术形态而言，实似绘画，故习称为画像石[1]。画像石出现于汉代，后代仍在延续，但分布地域和发现数量，以及内容丰富程度皆无法与汉代相比，故对画像石的研究主要是对汉代画像石的研究。

汉代画像石墓，是指汉代用画像石建造石椁和墓室，或在崖墓洞室内外雕刻图像的墓葬。这些墓葬虽然用石数量不等，但石材上多刻有内容繁简不一的图像。因在全国有数量可观的发现，且分布范围广大，可能与一定的丧葬礼俗有关，早已引起学人的高度重视，故单列一节述之。

一　汉代画像石墓的发现与研究简述

宋人沈括在《梦溪笔谈》卷十九中提到朱鲔墓中的画像石，米芾在《画史·唐画》中提到朱浮墓中的画像石，这是古代文献中对画像石墓最早的记载。和沈括、米芾同时代的金石学家以至于清代的金石学家都是以零散的石块或拓片来记录画像石，直到1933年，中央研究院历史语言研究所在山东滕县发掘了一座汉画像石墓（传称"曹王墓"），是第一次对汉代画像石墓的正规发掘[2]。此后在抗日战争时期，中央研究院和中国营造学社的一些学者，又对四川彭山、乐山、重庆等地的汉代崖墓及画像石棺、石阙作过一些调查和发掘[3]。

新中国成立后，随着经济建设和文物考古事业的发展，汉代画像石墓的发现和研究工作取得了显著成绩。1954年，对山东沂南北寨村大型汉代画像石墓的发掘，正式揭开了对汉代画像石墓进行大规模考古发掘的序幕，其较系统、翔实的发掘报告[4]，推动了汉代画像石墓发掘和研究工作的开展。

从20世纪50年代初到60年代中期，在山东、苏北，河南南阳，陕北绥德，四川的

---

〔1〕　俞伟超：《中国画像石概论》，《中国画像石全集》第1卷，第3页，山东美术出版社，2000年。

〔2〕　此次发掘资料大多遗失（见董作宾《山东滕县曹王墓汉画像残石》，《大陆杂志》第21卷第12期，台北，1960年）。

〔3〕　A. 常任侠：《巴县沙坪坝出土之棺画研究》，《金陵学报》第8卷第1、2期合刊，1938年；《沙坪坝出土之石棺画像研究》，《说文月刊》第1卷，1943年11月。

　　　B. 南京博物院：《四川彭山汉代崖墓》，文物出版社，1991年。

〔4〕　南京博物院、山东省文物管理处：《沂南古画像石墓发掘报告》，文化部文物管理局，1956年。

重庆、成都等地区，都相继发现和发掘了大批的汉代画像石墓，为认识和划分汉代画像石墓的主要分布区域提供了实据。进入 70 年代晚期以后，对汉代画像石墓的发现与研究有了更大的进展。除在上述各个地区有大量新的发现和发掘外，在其地域上又有扩展，使得对汉代画像石墓的地域分布及其面貌有了新的更充分的认识。70 年代末以来的考古发现，使认识汉代画像石墓的时间范围也提前了，这主要是在山东、苏北与河南南阳这两个汉代画像石墓分布的中心区域，都相继发现了属于西汉时期的早期画像石墓。

汉代画像石墓的研究，开始主要是对沂南北寨村画像石墓等的个案分析，综合研究开始于 20 世纪 80 年代中期以后，主要是对画像石墓的形制、分期和画像配置的研究[1]。

二　汉代画像石墓的分区及其特点

从全国范围历年发现和出土的汉代画像石地点来看，在东至海滨，西到四川、甘肃，南抵浙江、云南，北达榆林、包头，这一广阔地域内都散布着汉代画像石遗存，其中主要是画像石墓。但是，汉代画像石墓在各地的分布是很不平衡的，就已有的资料和认识，汉代画像石墓主要集中分布于四个大的区域。

一是山东、苏北、皖北、豫东区。其分布大致以鲁南的济宁、枣庄、临沂地区和苏北徐州地区为中心，范围包括了山东、江苏两省黄、淮之间的大部分地区以及皖北、豫东地区，东至海滨，西到豫东商丘一带，北到胶东半岛及黄河以北也有少量发现。主要地点有山东的临沂、枣庄、济宁、泰安、济南、淄博和潍坊等市及其下辖县市，江苏的徐州和连云港等市及其下辖县市，安徽的萧县、宿州（原宿县）、淮北、亳州（原亳县）、定远，河南的永城、夏邑等市县。这是汉代画像石墓分布面积最广的一个区域。

二是豫南、鄂北区。其分布以南阳为中心，东到唐河、桐柏，北到叶县、襄城，南抵长江北岸的当阳、随州（原随县）一带。主要地点有河南省的南阳、唐河、邓州（原邓县）、桐柏、新野、社旗、方城、襄城，湖北省的当阳、随州等市县。这是汉代画像石墓分布与发现较集中的一个区域。

三是陕北、晋西北区。主要分布在两省隔黄河相邻的北部地区。陕北汉代画像石以绥德、米脂较多，北到榆林，东沿黄河的神木、吴堡、清涧，西至子洲、横山等县市，也都有汉代画像石墓遗存。晋西北地区汉代画像石墓分布在三川河流域，主要地点有离石、中阳、柳林等县。

四是四川、滇北区。多集中分布于嘉陵江和岷江流域，主要地点有重庆、合川、成都、彭山、乐山以及云南的昭通等地。

除上述四个大的区域以外，在河南的新密、洛阳，陕西的彬县（原邠县），江苏的镇江，浙江的海宁，贵州的金沙，河北的满城，北京，天津，以及内蒙古包头等地，也发现了少量的汉代画像石墓，它们的发现扩大了汉代画像石的分布范围。这些画像石多是东汉中晚期的作品，且受到画像石主要分布区的明显影响，但由于其离主要分布区距离较远，

---

[1]　信立祥：《汉画像石的分区与分期研究》，《考古类型学的理论与实践》，文物出版社，1989 年。信立祥在《汉代画像石综合研究》（文物出版社，2000 年）一书中对此研究成果进行了重大修改。

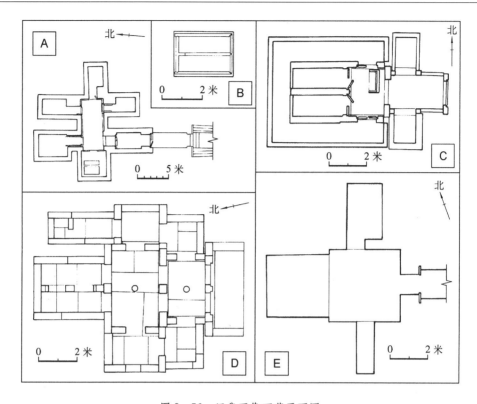

图 8-56　汉代画像石墓平面图

A.密县打虎亭 1 号墓　B.泗洪重岗墓　C.唐河新店墓　D.沂南北寨村墓　E.神木大保当 M24

又比较孤立，故难以归入某一主要分布区。散布在各地的画像石墓，能看出墓葬形制的绝大多数为砖石合建墓，个别为石仿砖的单室券顶墓，如新密后士郭 1 号墓和 2 号墓[1]为前后室加耳室砖石合建墓；新密打虎亭 1 号墓（图 8-56-A）和 2 号墓[2]为大型多室砖石合建墓。

三　汉代画像石墓的分期

根据现有资料，我们把汉代画像石墓分为三期：西汉时期、新莽至东汉早期和东汉中晚期。

（一）西汉时期

西汉时期的画像石墓主要包括山东、苏北、皖北和豫东地区发现的画像石椁墓[3]，河南南阳地区发现少量西汉中晚期的画像石室墓和砖石合建墓[4]。

石椁墓均为长方形匣状，四壁由前后挡板和左右侧板四块石板扣合而成，再用数块石

〔1〕　河南省文物研究所：《密县后士郭汉画像石墓发掘报告》，《华夏考古》1987 年第 2 期。
〔2〕　河南省文物研究所：《密县打虎亭汉墓》，文物出版社，1993 年。
〔3〕　杨爱国、郑同修：《山东、苏北、皖北、豫东区汉画像石墓形制》，《刘敦愿先生纪念文集》第 438～449 页，山东大学出版社，1998 年。
〔4〕　南阳汉画馆：《南阳汉代画像石墓》，河南美术出版社，1998 年。

板铺底或作盖板，其整体形状和木椁相似。这种画像石椁墓主要分布在苏、鲁、豫、皖交界地区，西汉文景帝时期开始出现，流行于西汉晚期至西汉末年。石椁墓的形制和画像石雕刻技法、内容的整体面貌，都显示出它的早期特征，属于汉代画像石的滥觞阶段。南阳地区画像石墓的形制虽然比山东、苏北、皖北和豫东区的石椁墓复杂，如平面为回字形的南阳杨官寺画像石墓[1]，但画像内容并不比石椁墓丰富，雕刻技法也相近。

（二）新莽至东汉早期

这一时期山东等地的石椁墓仍在延续，结构变得较复杂，如江苏泗洪重岗墓[2]（图8-56-B）和山东曲阜东安汉里石椁墓[3]。与此同时，平面为前后两室的洞室墓成为画像石墓的主要形制。南阳地区的画像石墓在西汉的基础上继续发展，其中唐河县的画像石墓多为"回"字形。最受人们关注的是唐河新店新莽天凤五年（公元18年）墓[4]。该墓为砖石结构，除具回廊式结构外，还有前大门、南北耳室、中大门等（图8-56-C）。墓内有图像35幅、题记10幅，图像多刻在墓门、主室、侧室的门上和主室、侧室的壁间。

南阳地区汉代画像石墓此时得到很大发展，发现墓葬的数量比西汉时期有明显增多，虽然多是砖石合建墓，墓室规模多属中型，平面布局却富于变化。由于石材主要用于门和过梁部位，就形成了画像皆在这些位置的共同特点。题材内容多是车骑出行、门吏、侍仆、乐舞百戏、阉牛、斗兽、仙人戏龙、青龙铺首衔环、朱雀铺首衔环、白虎铺首衔环、日月星宿等。雕刻技法以凿纹地浅浮雕为主，个别部位用阴线刻和透雕技法表现。唐河新店郁平大尹冯孺久墓的发现说明，大约在王莽前后，画像石墓已为二千石的官员所使用，换言之，使用画像石的人的身份和社会地位比西汉晚期有所提高，这就为画像石墓的进一步发展创造了有利条件。西汉时期即已出现的涂彩现象依然存在。本期的画像石比西汉时期内容更加丰富，形象生动活泼，线条更流畅。

（三）东汉中晚期

前述汉代画像石墓的四大分布区在本期形成，为了更清楚地描述本期画像石墓的区域特点，现按四区分别简述之。

东汉中晚期，尤其是东汉晚期，是山东、苏北、皖北、豫东区汉代画像石墓的大发展期，分布区域迅速扩大，山东半岛和黄河以北地区出现汉代画像石墓；画像石墓数量猛增，目前所见汉代画像石墓，半数以上属于本期，并且出现了像枣庄渴口那样的画像石墓地[5]。这些墓葬以前、后室（有的有耳室）中型墓为主，有前、中、后三重主室，同时

〔1〕 河南省文化局文物工作队：《河南南阳杨官寺汉代画像石墓发掘报告》，《考古学报》1963年第1期。
〔2〕 南京博物院、泗洪县图书馆：《江苏泗洪重岗汉画像石墓》，《考古》1986年第7期。
〔3〕 蒋英炬：《略论曲阜"东安汉里画像"石》，《考古》1985年第12期。
〔4〕 南阳地区文物队、南阳博物馆：《唐河汉郁平大尹冯君孺人画像石墓》，《考古学报》1980年第2期。
〔5〕 山东省枣庄市博物馆：《山东枣庄市渴口汉墓》，《考古学集刊》第14集，文物出版社，2004年。

附设数量不等的耳室或侧室的大型多室墓比以前有了明显的增加,如沂南北寨村、安丘董家庄、平阴孟庄[1]等地的画像石墓(图 8-56-D)。就装饰部位而言,在墓门和前室继续受到重视的同时,后室和大型墓的中室也有了画像。本期画像石墓中有几座有纪年,对研究画像石的分期断代和地域特点有重要意义[2]。它们是山东泗水南陈村汉安元年(公元142 年)墓[3]、苍山城前村元嘉元年(公元 151 年)墓[4],江苏邳州尤村元嘉元年(公元 151 年)缪宇墓[5],山东曲阜徐家村延熹元年(公元 158 年)墓[6],河南浚县姚厂村延熹三年(公元 160 年)墓[7],安徽宿县褚兰镇墓山孜建宁四年(公元 171 年)胡元壬墓[8],江苏徐州茅村熹平四年(公元 175 年)墓[9],安徽濉溪古城光和五年(公元 182 年)墓[10]等。

南阳、鄂北区,本期画像石墓发现的数量比前期相对减少,墓室结构与前期相仿,只是多了几座大型多室墓,但墓里的画像石数量却变少了,如襄城茨沟永建七年(公元 132 年)墓为砖石合建大型多室墓,由甬道、前室和左右耳室、中室和左右耳室、后室组成。该墓规模虽大,却只有 5 块画像石[11]。

陕北、晋西北区画像石墓有一个由陕北东传晋西北的过程,东迁的时间在公元 140 年前后。本区画像石在东汉早期只在绥德园子沟等地发现个别门楣、门柱和门扉石[12],其主要部分属东汉中晚期,其中,陕北的多属中期,晋西北的多属晚期。画像石墓主要是砖石合建墓,如陕西绥德黄家塔[13]和神木大保当汉代墓地的画像石墓[14],也有石仿砖室墓,如陕西绥德苏家圪坨画像石墓[15]。本区画像石墓的特点主要表现为墓室多为前后室墓,如陕西神木大保当 M24(图 8-56-E);画像石主要位于墓门部位的门楣、立柱、门扉上,只有个别墓的墓壁有画像石;由于当地石材都是砂页岩,限制了画像石的雕刻,画像多用

[1] 济南市文化局文物处、平阴县博物馆:《山东平阴孟庄东汉画像石墓》,《文物》2002 年第 2 期。

[2] 杨爱国:《幽明两界——纪年汉代画像石研究》,陕西人民美术出版社,2006 年。

[3] 泗水县文管所:《山东泗水南陈东汉画像石墓》,《考古》1995 年第 5 期。

[4] 山东省博物馆、苍山县文化馆:《山东苍山元嘉元年画像石墓》,《考古》1975 年第 2 期。

[5] 南京博物院、邳县文化馆:《东汉彭城相缪宇墓》,《文物》1984 年第 8 期。

[6] 山东省博物馆、山东省文物考古研究所:《山东汉画像石选集》,齐鲁书社,1982 年。

[7] 高同根:《简述浚县东汉画像石的雕像艺术》,《中原文物》1986 年第 1 期。

[8] 王步毅:《安徽宿县褚兰汉画像石墓》,《考古学报》1993 年第 4 期。

[9] A. 王献唐:《徐州市区的茅村汉墓群》,《文物参考资料》1953 年第 1 期。

    B. 江苏省文物管理委员会:《江苏徐州汉画像石》,科学出版社,1959 年。

    C. 信立祥:《汉画像石的分区与分期研究》,《考古类型学的理论与实践》,文物出版社,1989 年。

[10] 宫希成:《濉溪县古城汉墓》,《中国考古学年鉴(1993)》,文物出版社,1995 年。

[11] 河南省文化局文物工作队:《河南襄城茨沟汉画像石墓》,《考古学报》1964 年第 1 期。

[12] 陕西省博物馆、陕西省文管会:《陕北东汉画像石选集》图 70、118、119,文物出版社,1958 年。

[13] 李林:《陕西绥德县黄家塔汉代画像石墓群》,《考古学集刊》第 14 集,文物出版社,2004 年。

[14] 陕西省考古研究所、榆林市文物管理委员会办公室:《神木大保当汉代城址与墓葬考古报告》,科学出版社,2001 年。

[15] 绥德县博物馆:《陕西绥德汉画像石墓》,《文物》1983 年第 5 期。

图 8-57　神木大保当汉墓 M16 墓门画像组合图

剔地平面线刻技法，且很少雕刻细部，细部内容由色彩来代替；画像在雕刻前经精心设计，门楣和立柱上花纹、界栏连成一体（图 8-57）；题材内容中放牧牛羊的场面在其他地区也很少见到；陕北的石仿砖室墓更是独具特色。

四川、重庆、滇北区，画像石墓在东汉早期仅有个别发现，如乐山青神大芸坳建初元年（公元 76 年）76 号崖墓。画像石墓集中见于东汉中晚期，建筑形式主要是崖墓[1]，其中最著名的是乐山麻浩 1 号墓[2]，该墓不仅结构复杂（图 8-58），墓中的画像数量在崖墓中也是多的。近年新发现的中江塔梁子崖墓[3]中既有彩绘壁画，又有雕刻图像，颇有特色（图版 18）。三台郪江崖墓群柏林坡 1 号墓[4]中也刻有数量可观的图像。除崖墓外，还有

〔1〕　唐长寿：《岷江流域汉画像崖墓分期及其他》，《中原文物》1993 年第 2 期。

〔2〕　乐山市文化局：《四川乐山麻浩一号崖墓》，《考古》1990 年第 2 期。

〔3〕　四川省文物考古研究所、德阳市文物考古研究所、中江县文物保护管理所：《四川中江塔梁子崖墓发掘简报》，《文物》2004 年第 9 期。

〔4〕　四川省文物考古研究院、绵阳市文物管理局、三台县文物管理所：《四川三台郪江崖墓群柏林坡 1

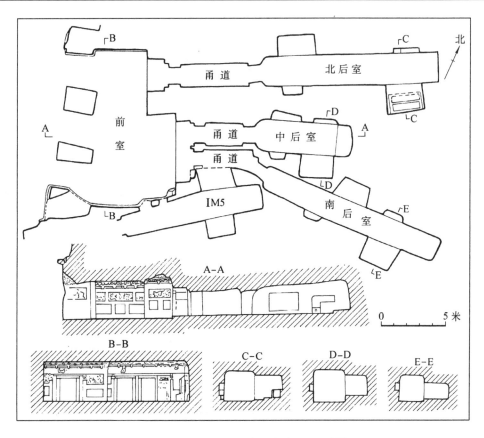

图 8-58　乐山麻浩 1 号东汉崖墓平面、剖视图

少量的洞室墓，如成都扬子山 1 号墓[5]、成都曾家包 1 号墓和 2 号墓[6]、重庆江北龙溪乡墓[7]、合川濮湖墓[8]。前三座是画像石和画像砖合建墓，后二座是画像石室墓。本区域画像石墓的主要特点为刻有画像的崖墓和画像石与画像砖合建墓仅在本区域的出现；墓中画像内容较少；由于本区域多为砂岩，画像多用剔地浅浮雕和高浮雕的方法刻出；画像中多见代表建筑的斗拱、立柱等。

四　汉代画像石墓的图像配置

除石椁墓以外，画像石墓图像配置大致可以分作如下四个类型。

第一类，不仅题材内容，雕刻技法也和墓室建筑关系密切，如山东沂南北寨村墓。东汉人对这一类型的图像布局也有说法，这就是经常为学者称引的山东苍山城前村墓画像石

号墓发掘简报》，《文物》2005 年第 9 期。

〔5〕　于豪亮：《记成都扬子山 1 号墓》，《文物参考资料》1955 年第 9 期。

〔6〕　成都市文物管理处：《四川成都曾家包东汉画像砖石墓》，《文物》1981 年第 10 期。

〔7〕　陈丽琼：《四川江北发现汉墓石刻》，《考古通讯》1958 年第 8 期。

〔8〕　重庆市博物馆、合川县文化馆田野考古工作小组：《合川东汉画像石墓》，《文物》1977 年第 2 期。

题记。它从后室后壁（后当）开始，经后室（室）、耳室（便坐），到前室（堂）对图像布局进行了描述。

第二类，内容较为丰富，装饰面积也较大，但题材内容、雕刻技法与墓室结构之间的联系却不密切，如山东安丘董家庄墓[1]。

第三类，图像较少，内容简单，位置安排较随意。如山东枣庄南常墓[2]。

第四类，仅见于砖石合建画像石墓。有两种情况，一种是装饰内容较少，但在墓内有多次相近的重复，尤其是位于门部的图像，如山东章丘黄土崖砖厂墓[3]。另一种是仅墓门部位的门楣、左右立柱和左右门扉用画像石，如山东淄博张庄墓[4]和陕北、晋西北的画像石墓。

从以上的分析，可以看出，画像石墓的图像内容所追求的中心思想是一致，至少是相近的，但表达思想的方式，图像内容的选择和配置则有一定区别，不同的人可以用不同的方式。更何况画像石的使用并无制度限制，虽然也要受到时代的影响，人们对题材内容的选择及布局却有很大的自由。

五　汉代画像石墓与汉代丧葬礼俗

画像石墓是汉代较为流行的一种装饰墓葬，其数量远在画像砖墓和壁画墓之上，且有一定的区域特点。它盛行于东汉时期，除四川地区以外，大部分地区在东汉末年即衰落。画像石墓的形制有石椁墓、砖石合建墓、石室墓、石仿砖室墓和崖墓等，每一类又可分成若干型。画像石墓的图像及其配置以其特有的方式反映了汉代人的宇宙观念、生死观念和丧葬礼俗。

用图像装饰棺椁和墓室，在汉代画像石出现之前就已经产生了，它极有可能是事死如生观念的产物。现有资料显示，在新石器时代晚期，人们就开始装饰自己的居室了，这一习俗延续至今未衰。对墓室进行装饰则要晚得多，今天可以看到的资料中，河南安阳大司空村东南殷代晚期墓地的 116 号墓是一座甲字形土坑竖穴墓，靠墓室处的墓道留有五级台阶，在近墓室的三级台阶上，留有朱、黑彩绘痕迹，图案已不能辨认[5]。山东滕州前掌大 4 号商墓内发现有壁画残迹，惜残毁过甚，内容已不可知[6]。这是目前已知的年代较早的墓室建筑装饰。经过两周时期缓慢发展，到两汉时期，用壁画、画像砖和画像石装饰墓室之风盛行一时。

用画像装饰石椁、石棺和墓室还表明，人们对自身价值的认识比此前更加肯定，同时又要延续对祖先崇拜的传统，还要借死者为活人服务，于是就用明器和图像来代替实物随

[1] 安丘县文化局、安丘县博物馆：《安丘董家庄汉画像石墓》，济南出版社，1992 年。
[2] 枣庄市文物管理站：《山东枣庄南常汉画像石墓》，《考古与文物》1986 年第 1 期。
[3] 章丘市博物馆：《山东章丘市黄土崖东汉画像石墓》，《考古》1996 年第 10 期。
[4] 淄博市博物馆：《山东淄博张庄东汉画像石墓》，《考古》1986 年第 8 期。
[5] 中国社会科学院考古研究所：《殷墟发掘报告（1958～1961）》第 203 页，文物出版社，1987 年。
[6] 中国社会科学院考古研究所山东工作队：《滕州前掌大商代墓葬》，《考古学报》1992 年第 3 期。

葬，这样一来，墓里随葬的东西少了，但整个墓室中包含的内容却比从前更加丰富了，一些装饰内容丰富的墓葬，如山东沂南北寨村墓、河南新密打虎亭墓等，几乎把当时人们能够想到的死后生活所需要的一切都表现出来了。但如果从纯经济的角度来看，这样做要比商周时期大量随葬实用铜器要节约得多。因此，不能不说用图像和明器代替实物随葬是非常实用主义的做法。

总之，大量使用明器随葬，用壁画、画像砖和画像石装饰墓室，表明汉代人们的思想观念尤其是生死观念与此前相比发生了重大变化，并由此带来了丧葬礼俗上的变化，这些变化不是在汉代突然发生的，但却是在汉代迅速发展和普及的。

第十六节　汉代画像砖墓

画像砖是模印或刻划有图像和花纹的砖，主要用于嵌砌、装饰墓葬。画像砖并不是汉代才出现的，最晚在战国时期就出现了。1907 年陕西凤翔彪角镇出土 30 多块战国时期秦国的画像砖，其中一块为西北大学收藏[1]。1996 年河南郑州南阳路北仓中街发掘的 11 号和 12 号战国墓的空心砖上也有树和虎的画像[2]。画像砖在汉代以后依然存在，最为人知的就是南朝墓葬中的模印拼镶画像砖。不过，人们关心最多、研究成果最丰的还是汉代画像砖，几乎成为汉代考古的一个研究领域。

一　汉代画像砖墓的发现与研究简述

清光绪三年（公元 1877 年）四川新繁县出土一批画像砖，是目前所知最早发现的汉代画像砖[3]。但在新中国建立前，汉代画像砖虽时有发现，除了少数内容精美者为收藏家所购外，并未引起人们足够的重视。新中国建立以后，数量众多的汉代画像砖在各地相继出土，除了大量零散发现外，经科学发掘的汉代画像砖数量也很可观，这就大大提高了汉代画像砖的研究价值。

汉代画像砖墓主要集中分布在河南和四川两省，山东、江苏、陕西、山西、甘肃、湖北、江西、贵州、云南、广西、内蒙古等省区也有少量或个别发现。

20 世纪 80 年代以来，学者们对汉代画像砖墓的形制、分区与分期，汉代画像砖的题材内容及其反映的汉代社会生活、雕刻技法和艺术特点等都作了有益的探讨，取得了一定的成绩[4]。

---

[1]　贾麦明：《西北大学收藏一方秦画像砖》，《考古与文物》1987 年第 1 期。

[2]　郑州市文物考古研究所：《郑州市两处战国墓发掘报告》，《中原文物》1997 年第 3 期。

[3]　高文：《四川汉代画像砖》第 1 页，上海人民美术出版社，1987 年。

[4]　A. 刘志远、余德章、刘文杰：《四川汉代画像砖与汉代社会》，文物出版社，1983 年。

　　B. 蒋英炬、杨爱国：《汉代画像石与画像砖》，文物出版社，2001 年。

　　C. 袁曙光：《四川汉画像砖的分区与分期》，《四川文物》2002 年第 4 期。

二　汉代画像砖墓的分期及其演变

汉代画像砖多用于墓室建筑，少数为砖椁和砖棺，另外也有一定数量的画像砖用于宫殿等建筑的贴墙砖、铺地砖和踏步砖，但用于宫殿等建筑的画像砖不是本节要讨论的内容。

画像砖墓只是墓室局部用画像砖，或在门部，或嵌于壁上，尚未发现全用画像砖砌筑的墓。各墓所用画像砖的数量不等，少则二三块，多则数十块。

汉代画像砖有空心和实心两种，除河南新野樊集画像砖墓群中个别墓是两种砖结合使用外，多是分别使用。据此，可以把汉代画像砖墓分为空心画像砖墓和实心画像砖墓两种，两种墓流行的区域和时期有所不同。

整个两汉时期都有画像砖墓发现，根据现有资料，可以将其分为三期：西汉早中期、西汉晚期至王莽时期和东汉时期。

（一）西汉早中期

西汉早中期的画像砖墓主要发现于河南省郑州和洛阳地区，都是单室空心砖墓，墓顶有平顶和人字顶之分，从墓葬形制看，显然是由战国时期的画像砖椁墓发展而来。图像为小模反复印制。其中郑州地区的画像砖墓图像排列比较密集，一块画像砖上常常表现多个主题。洛阳地区的画像砖墓，图像排列比较疏朗，一砖表现一个主题。这一时期画像砖的题材内容除了大量的几何纹图案外，主要有武士、格斗、轺车出行、狩猎、龙、鸟、虎、马、璧、树等内容。

郑州九洲城 2 号墓[1]为西汉早期的画像砖墓，单室人字顶，外形与砖椁相类，但有门可以启闭（图 8 - 59）。四壁空心砖正、背两面均有图像，边框用绳纹、连续曲折纹、菱形纹各一周作装饰图案，中间主题部分印有朱雀和佩剑武士。

郑州乾元北街墓为西汉中期的画像砖墓，四壁平直，平底。洞内使用大小不等的空心砖砌成长方形墓室，顶用空心砖横列平盖。砖上图像为变形鸟纹、虎纹、树纹、持械格斗、轺车从骑、山中

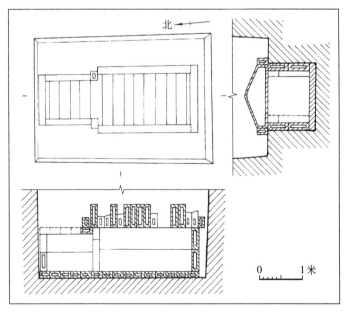

图 8-59　郑州九洲城汉墓 M2 平面、剖视图

〔1〕　郑州市文物考古研究所：《郑州市九洲城西汉墓的发掘》，《中原文物》1997 年第 3 期。

狩猎，以及同心圆乳钉纹、菱形纹、几何波折纹等[1]。

河南宜阳牌窑墓为西汉中期的画像砖墓，由墓道、甬道和墓室组成，甬道用空心砖砌成，顶平盖。墓室砌建于弧顶形土洞内，平面呈长方形，底部用砖平铺，东、西两壁内侧有彩色画像砖，砖上书写"西北上，西北下，东北上，东南上，东南下"等红色字迹表示其位置。整个北壁图像外侧施彩，内侧无彩。北壁上用两块直角三角形空心构成山脊，上接人字顶。在墓室中安置17块彩色画像砖；东、西两壁各4块，北山墙下部2块，两山脊各2块，门楣1块，门框2块。东、西两壁画像砖的内容是马、树、虎；北山墙下部画像砖的内容主要也是马、树、虎，只是下层砖上多了一双飞雁；两山脊三角形画像砖上都是一条飞腾的青龙，右侧青龙上骑一仙人，左手举剑，右手持盾；门楣画像砖上是7对飞雁；门框画像砖上是璧[2]。

山东淄博市临淄区徐家村

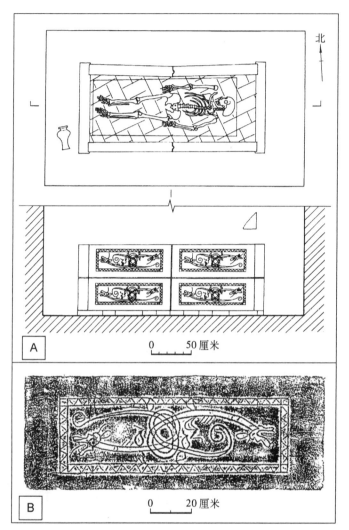

图 8-60　淄博徐家村西汉画像砖椁墓 M39 平面、
剖视图及空心砖（拓本）

A.画像砖椁墓平面、剖视图　B.空心砖（拓本）

古墓地发掘的 41 座竖穴土坑汉墓中，39 号墓是一座空心画像砖椁墓（图 8-60）。该墓墓坑四壁上下垂直，形制规整，墓长 3.4 米，宽 2 米，深 6.2 米。砖椁底部用小砖平铺，然后四周用 12 块空心砖侧立砌筑，结合部为凹槽榫口结合，结构十分规整。空心砖长 1.16 米，宽 0.46 米，厚 0.13 米，侧面有模印的双龙纹。墓中仅随葬陶壶 1 件。发掘者推测墓葬的时代为西汉早中期[3]。这样的空心画像砖椁墓不仅临淄地区少见，在山东也极为罕见。

[1]　郑州市博物馆：《郑州市乾元北街空心画像砖墓》，《中原文物》1985 年第 1 期。
[2]　洛阳地区文管会：《宜阳县牌窑西汉画像砖墓清理简报》，《中原文物》1985 年第 4 期。
[3]　山东淄博市临淄区文化旅游局：《山东淄博市临淄徐家村战国西汉墓的发掘》，《考古》2006 年第 1 期。

(二) 西汉晚期至王莽时期

西汉晚期，画像砖墓有了迅速发展，分布区域由原来主要限于郑州、洛阳地区扩大到河南的南阳、周口和山东的济宁等地区，其中河南新野樊集墓地的发掘，为研究汉代画像砖墓的地域特点和时代特征提供了重要资料。这里的画像砖墓主要是西汉晚期，时代相对集中，除了个别画像砖位于墓室隔墙上外，绝大多数画像砖处于门楣和门柱的位置；既有空心砖，也有实心砖；图像为大模翻印，一砖表现一个主题[1]。西汉晚期画像砖的题材内容较前期有了明显增加，新出现了乐舞百戏、骑射、建筑、铺首衔环和五铢钱等图像；艺术水平有了长足的进步，出现了一砖一模的整模画像砖，图像更为高大，线条更加流畅，物像隆起更高；墓葬形制也比从前大为丰富，有空心砖椁墓、平顶单室空心砖墓、人字顶单室空心砖墓、梯形顶单室空心砖墓、券顶单室空心砖墓、主室加耳室空心砖墓、梯形顶单室实心砖墓、券顶单室实心砖墓、双间并列实心砖墓、三间并列实心砖墓等。

山东金乡徐庙村 1 号墓为平顶砖椁墓，四壁用砖，顶为木盖。南壁和西壁为画像砖，南壁画像砖的图像有对称的白虎、楼阙人物、武士、舞蹈、马术、兽、虫、龙和双雀等；西壁画像砖的图像有楼阙人物、建鼓舞、持戟武士、双鱼、双雀、回纹、菱形回纹、璧带纹[2]。

郑州新通桥墓所用空心砖，除封门砖和铺地砖为素面外，墓顶的凹腰形脊砖和长条形砖的内外两面，印有各种几何图案，门楣砖、门扉砖、前后两壁上部的梯形、南北两壁砖和后壁砖的内外两面，以及门框砖和门侧壁砖的内、外、侧三面，除几何图案外，还印有各种精美的图像，其中门扉砖和后壁上部的梯形砖面上的图像题材尤为丰富。每组图像的印模大小不同，依其形制可分为竖长方形、横长方形和方形三种。画像内容有：阙门建筑、人物、车马、狩猎、驯兽、击刺、禽兽和神仙等[3]。

河南新密周岗墓整个墓室用 155 块各种不同形制的空心砖构筑而成，其中门框砖、五角梯形砖、墓顶脊砖、墓顶斜坡砖等是依据营建墓室的需要而特制的。构成墓门的几种空心砖的正、背两面，模印有各种图像，特别是门扉、门框和门楣砖上的图像题材较为丰富，内容有门阙、铺首衔环、执彗门卫、执戟门卫、执盾小吏、轺车出行、人逐鸟、虎猪斗、鹤衔鱼、人物、鱼以及常青树、变形莲花纹等图案[4]。

郑州南仓西街 2 号墓由墓道、墓室和耳室三部分组成。墓壁所用空心砖的内、外面或两侧大都饰有方圆百乳纹、三角纹、变形龙纹、五铢钱纹和朱雀纹等图案。墓内有画像空心砖 9 块，一般在空心砖的两面或三面印有图像。门楣砖北面图像为凤阙、骑射、轺车出行、奏乐、鸮和鸿雁。东门柱砖东面图像为轺车出行、射虎和朱雀；北面图像为斗虎；西面图像为斗虎、轺车出行、射虎和朱雀。东门扉北面有 40 余幅图像，内容为双阙卫士、

〔1〕 A. 河南省南阳地区文物研究所：《新野樊集汉画像砖墓》，《考古学报》1990 年第 4 期。
   　B. 南阳文物研究所：《南阳汉代画像砖》，文物出版社，1990 年。
〔2〕 山东省济宁市文物处：《山东金乡县发现汉代画像砖墓》，《考古》1989 年第 12 期。
〔3〕 郑州市博物馆：《郑州新通桥汉代画像空心砖墓》，《文物》1972 年第 10 期。
〔4〕 赵清：《河南密县周岗汉画像砖墓》，《华夏考古》1995 年第 4 期。

常青树、铺首衔环、轺车出行、骑射、长袖舞、建鼓舞、奏乐、鸮和鸿雁；南面有20余幅图像，内容为凤阙、轺车出行、鸮、骑射、长袖舞、铺首衔环、五铢钱、奏乐、鸿雁和建鼓舞。西门扉北面有20余幅图像，内容为连续朱雀纹、凤阙、长袖舞、轺车出行、骑射、鸮、铺首衔环、建鼓舞和奏乐；南面中部饰朱雀纹、方圆百乳纹、围以连续常青树纹。西门柱东面有14幅图像，内容为斗虎、轺车出行和射虎；西面有10余幅图像，内容与东面相同。耳室门楣上面13幅图像皆为斗虎图像；西面有13幅图像，上7幅为斗虎图，下6幅为轺车出行。耳室北门柱西面数幅图像皆为斗虎图；南面12幅图像除第七幅为射虎图外，余皆为斗虎图；东面有12幅图像，内容为斗虎、轺车出行和射虎。耳室南门柱已残，东面图像为斗虎和轺车出行。墓室西壁中部砖西面图像为长袖舞、建鼓舞、凤阙、骑射、奏乐、轺车出行、铺首衔环和鸮[1]。

　　河南新野樊集39号墓为双间并列画像砖墓（图8-61），5块实心画像砖构成门楣和立柱，墓壁用小砖砌筑，墓顶用子母砖发券。两块门楣砖内容相同，都是平索戏车过桥；

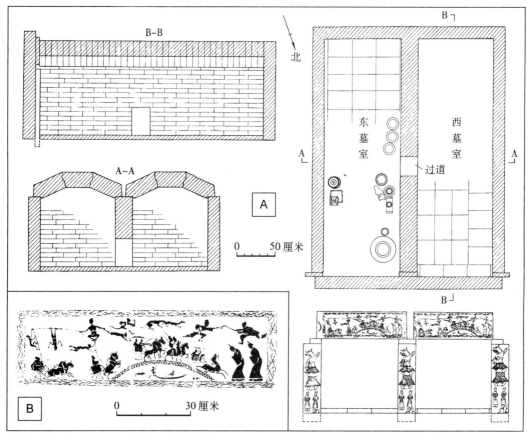

图8-61　新野樊集汉墓M39平面、立面、剖视图及门楣画像砖（拓本）
A.平面、立面及剖视图　B.门楣画像砖（拓本）

〔1〕　河南省文物研究所：《郑州市南仓西街两座汉墓的发掘》，《华夏考古》1989年第4期。

3 块立柱砖内容相同，都是凤阙下立两位门卫。像 39 号墓这样，门楣砖和立柱砖分别为同模翻制的现象在樊集墓地的画像砖中常见。

（三）东汉时期

从东汉早期开始，空心画像砖墓消失，实心画像砖墓流行，这是一个重大变化。东汉时期的画像砖墓属于东汉早期的只有个别墓葬，但江西出现了画像砖墓[1]，表明其分布区域有所扩大。到东汉中晚期，画像砖的分布区域进一步扩大，四川和江苏[2]等出现画像砖墓，四川的发展尤为迅速，出土了大量的画像砖。据统计，全四川有二十多个县的五十多个地点发现汉代画像砖，相对集中在以成都为中心的三个地区[3]，另在云南、贵州、广西等地也有少量发现；墓葬规模加大，单室墓数量减少，同时出现了多室墓，不仅如此，在一些崖墓中还发现了画像砖，如彭山崖墓[4]；和汉代画像石一样，画像砖的艺术水平发展到高峰，浮雕形象占了绝大多数，一砖一模，一砖一图，主题鲜明。本期画像砖墓可以河南淅川下寺墓[5]、四川新都胡家墩永元元年（公元 89 年）墓[6]、新都马家墓[7]、成都扬子山 1 号画像砖石墓[8]、扬子山 2 号墓[9]、扬子山 10 号墓[10]、成都金堂光明墓[11]、成都昭觉寺墓[12]、成都站东乡青杠包 3 号墓[13]、成都曾家包画像砖石墓[14]、四川新繁清白乡墓[15]等为代表，其中一些墓葬早年曾遭破坏，结构已不清晰。

成都曾家包 2 号墓为砖石合建的券顶墓，由墓道、甬道、前室和双间后室组成。画像石位于墓门部位。门额刻朱雀；东门扉正面刻卧鹿和男女侍者，背面刻守卫武库图；西门扉正面刻卧鹿和男女侍者，背面刻朱雀，下立执刀和拥彗的人物；东立柱刻青龙衔系璧；西立柱刻白虎衔系璧。甬道和前室两壁嵌有 20 块近方形画像砖，排列顺序是：甬道东壁为日月，西壁为阙；前室东壁自墓门向后依次为帷车、小车、骑吹、丸剑起舞、宴饮起

[1] 于都县博物馆万幼楠：《江西于都发现汉画像砖墓》，《文物》1988 年第 3 期。
[2] A. 镇江博物馆：《江苏省高淳县东汉画像砖墓》，《文物》1983 年第 4 期。
　　B. 南京市博物馆：《江苏高淳固城东汉画像砖墓》，《考古》1989 年第 5 期。
[3] 袁曙光：《四川汉画像砖的分区与分期》，《四川文物》2002 年第 4 期。
[4] 帅希彭：《彭山近年出土的汉代画像砖》，《四川文物》1991 年第 2 期。
[5] 淅川县文管会李松：《淅川县下寺汉画像砖墓》，《中原文物》1982 年第 1 期。
[6] 张德全：《新都县发现汉代纪年砖画像砖墓》，《四川文物》1988 年第 4 期。
[7] 四川省博物馆：《四川新都县发现一批画像砖》，《文物》1980 年第 2 期。
[8] 于豪亮：《记成都扬子山一号墓》，《文物参考资料》1955 年第 9 期。
[9] 重庆市博物馆：《重庆市博物馆藏四川汉代画像选集》，文物出版社，1957 年。
[10] 冯汉骥：《四川的画像砖墓及画像砖》，《文物》1961 年第 11 期。
[11] 成都市文物管理处李恩雄：《成都市出土东汉画像砖》，《考古与文物》1982 年第 1 期。
[12] 刘志远遗作：《成都昭觉寺汉画像砖墓》，《考古》1984 年第 1 期。
[13] 徐鹏章：《成都站东乡汉墓清理记》，《考古通讯》1956 年第 1 期。
[14] 成都市文物管理处：《四川成都曾家包东汉画像砖石墓》，《文物》1981 年第 10 期。
[15] 四川省文物管理委员会：《四川新繁清白乡东汉画像砖墓清理简报》，《文物参考资料》1956 年第 6 期。

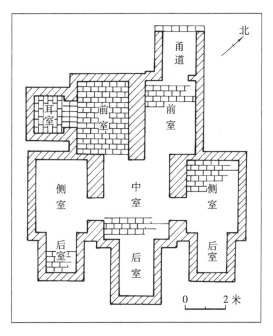

图 8-62　新繁清白乡汉画像砖墓平面图

舞、六博、庭院、盐场；西壁为凤阙、市井、帷车、宴集、弋射、收获、骈车、庭院、馈赂、盐井。甬道东西壁和前室东西壁画像砖位置对称，非常醒目。

成都昭觉寺墓为前后室券顶墓，后室较前室略宽，前、后室之间的铺地砖上横砌一排砖，以示相隔，未设室门；墓室内壁上起第 6 层砖上砌有高 42 厘米、宽 48 厘米、厚 6.5 厘米的画像砖，整个墓室共用画像砖 23 块；画面布局是：墓道至前室右壁为车马出行、仪仗队伍，左壁为宾主见礼、宴饮、伎乐、弋射、收获和盐井等，后壁为西王母和日月神。

新繁清白墓为多室墓。该墓右前室前有甬道，左、右前室不通，中室 3 间左右并列，分别接 3 个后室（图 8-62）。墓室用花纹砖和画像砖砌成，8 个墓室共砌画像砖 54 块。东前室左、右两壁第 6～10 层砖间嵌画像砖各 6 块，室前门里的券顶上嵌有羽人画像砖 2 块，其下西侧亦嵌有画像砖 1 块；西前室东壁第 6～10 层砖间嵌画像砖 6 块，北壁第 13 层砖以上中央嵌有西王母和日月神画像砖 3 块；中室中间两壁前端第 6～10 层砖间各嵌有画像砖 2 块；中后室东西两壁第 6～10 层砖间嵌有画像砖各 4 块，北壁第 16 层砖的中部嵌有和西前室北壁内容相同的画像砖 3 块；西后室东、西两壁第 4～8 层砖间各嵌有画像砖 3 块。嵌在墓室墙壁下部的画像砖内容仅有车骑、单阙和双骑等 3 种，其中尤以车骑数量最多，砖嵌的位置也没有一定规则。

综观迄今发现的汉代画像砖墓，可以看出，西汉时期以河南的郑州、洛阳等地较为集中，多是空心大砖墓，图像多用小模印制而成。东汉时期，分布区域发生了很大变化，郑州、洛阳等地基本不再使用画像砖建墓，南阳地区在西汉晚期至东汉早期使用了一段时间，而四川的成都平原成为汉代画像砖的主要分布区；空心画像砖渐趋消失，实心方砖、长方砖和长条砖流行；图像多是一模一砖，且多是翻模制作，以浅浮雕和阳线为主要表现手法，真正代表画像砖艺术水平的是河南南阳和四川出土的画像砖。

三　汉代画像砖墓与汉代丧葬礼俗

汉代画像砖墓虽然分布空间上缺少联系，很难看出各地画像砖墓之间的传承关系，较为完整的画像砖墓发现也较少，但还是在一定程度上反映了当时的丧葬习俗。

在汉代的壁画墓和画像石墓中都有一定数量的大型墓，画像砖墓则都是中小型墓，虽然也有个别的多室墓，如四川新繁清白乡墓，但规模无法与大型壁画墓或画像石墓相比，墓上未存高大土冢，墓中也未见质量很高的随葬品，据此可以推定，墓主身份应是下级官吏或富裕平民。

河南新野樊集和四川成都扬子山两处画像砖墓地的发现，为研究汉代画像砖墓的区域特征提供了十分难得的资料。扬子山墓地的资料虽然未能集中发表，但从已经零散发表的资料看，其中有一定数量的画像砖墓则是无疑。1985 年以后的数年里，樊集吊窑古墓地先后共清理 47 座汉墓，其中 37 座是画像砖墓，墓向四个方向都有，表明该墓不是经过统一规划的同一家族的墓地，其中相对集中，且方向相同的墓葬可能属于同一家族，37 座画像砖墓的形制结构虽略有不同，但画像砖所在部位则大体一致，即主要用于墓门部位的门楣和立柱，个别墓葬的双间墓室隔墙上也用画像砖，如 M40。从画像砖的形制特征和图像风格看，该墓地的画像砖很可能来自同一家砖窑，说明这家画像砖窑在当地占领了市场，所烧的画像砖得到当地人的普遍青睐。

成都扬子山 1 号画像砖石墓和成都曾家包 1 号、2 号画像砖石墓的发现向人们揭示了这样的现象，在从众的心态流行的同时，也有标新立异者，他们不仅用砖石两种材料建筑墓室，还用画像砖和画像石同时装饰墓室，显示了与众不同的特点。

虽然经过科学发掘的汉代墓葬中，画像砖墓所占比例有限，但从各地博物馆历年来收藏的散存画像砖看，当年画像砖墓还是有一定数量的，数量众多的画像砖就需要专门烧制画像砖的窑，画像砖烧成后，卖给需要的丧家。另外，数量可观的同模图像在不同墓葬甚至在相邻的地区出现，也说明画像砖在当时已成为一种商品，而且是一种价格相对低廉的商品，不被社会上层所青睐，甚至社会中层也不是十分看好，主要是供社会下层用来造墓，以满足他们的愿望。

第十七节　汉代刑徒墓

刑徒，是秦汉历史上一个重要的社会问题，历来为学术界所关注。

汉代刑徒的悲惨遭遇，近似于奴隶社会的奴隶，除没入锺官等官府手工业或屯田、戍边之外，经常被调发某地从事筑城、造墓、修建大型水利工程等繁重劳役。有关文献中，曾留下诸多从全国各地狱所调发刑徒到司隶校尉、将作大匠等所辖工地服役的记录，劳役项目有替帝王贵族修建陵墓、宫苑、府第，更有筑城、治水挖河、开凿栈道、修路架桥、冶铁采铜、造瓦、伐木、漕运等等。因此，关于汉代刑徒的墓葬，也是汉代考古学中一个必须注意的问题。汉代刑徒墓，在西汉阳陵附近即有出土；东汉时期的刑徒墓地，则在洛阳城南故洛水南岸发现。

一　西汉阳陵附近的刑徒墓——钳徒墓

西汉阳陵是汉景帝的坟墓，位于咸阳市后沟村北。1972 年春，九张大队村民修水库时，在阳陵西北 1.5 公里的地方，挖出了大量带刑具的骨架[1]。据当地群众反映，新中国

---

[1]　秦中行：《汉阳陵附近钳徒墓的发现》，《文物》1972 年第 7 期。

成立前，这种带刑具的骨架已有发现。新中国成立以后，耕地时偶尔被铧尖带出个别刑具，但均未引起重视。此次修水库中，除发现上述骨架外，在一坑内尚有用一铁杠系于两副骨架背后埋葬的。

水库区在咸阳、泾阳交界的渭惠渠南岸上狼沟村南，在施工过程中共挖出 29 座刑徒墓，有 35 副骨架。经勘探，墓地实际范围约有 80000 平方米。墓葬排列无序，葬式不一，墓坑多呈长方形或不规则形状。现以 1 号、2 号墓为例予以说明。

1 号墓为长方形土坑。坑口压在汉代文化层之下。墓坑残长 1.7 米，宽 1.29 米，深 0.75 米。内葬一人，仰身直肢，身首异处，头在左腿外侧，颈上有钳，翘端向下。可能死于斩刑。

2 号墓西距 1 号墓 20 米，为不规则长形土坑。坑口压在汉代文化层之下。墓坑东部已残。东西残长 5 米、南北宽 0.2～2.56 米、深 0.4～1.6 米。埋葬 6 人。1～4 号人骨架在上层，5 号、6 号人骨架在下层。1 号骨架，在墓坑西北，仰身直肢，面向北，颈上有钳。2 号骨架，靠近墓坑南壁，头在下，脚在上，身躯屈曲成倒"之"字，脚上有钛，仍套在小腿骨上。3 号骨架，在墓坑东南，头向东，面向南，仰身直肢，嘴大张。4 号骨架，在 3 号骨架之北，头向东，面向南，骨盆以下肢体与躯干脱节，腿骨附近有一钛，可能系腰斩后埋葬。5 号骨架，仅存头骨及颈椎骨，其余已破坏。头骨在坑东的底部，头向西。6 号骨架，压在 3 号、4 号骨架之下，头向东，面向北，侧身直肢。这 6 副骨架均无棺椁及随葬品。

从两墓死者身上所带刑具看，可判断为髡钳刑徒墓。此墓群所发现的钳，有两种形式。一种是圆形，另一种是有与圆形圈成直角的铁杆，称为翘。钳径 17～24 厘米，重约 1150～1600 克。翘长 29.5～34 厘米。钛分为马蹄形和圆形两种。直径 9.5 厘米，重 820～1100 克（图 8-63）。

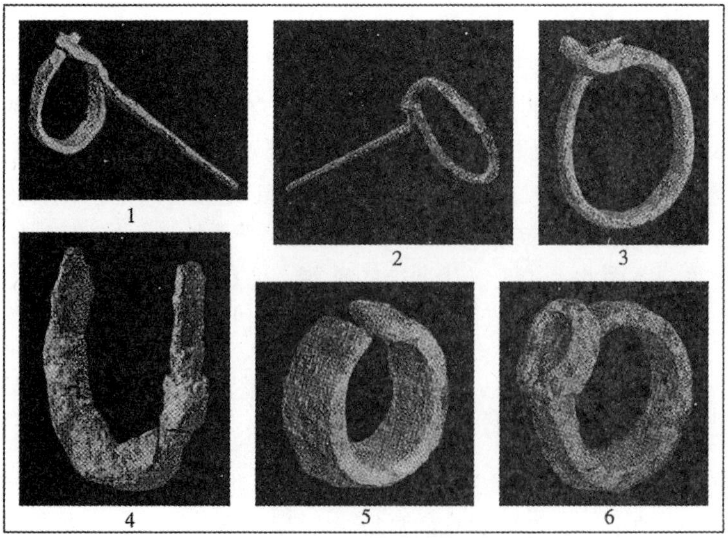

阳陵范围包括景帝与王皇后两座陵园，占地共达 350 余亩。陵园范围内，除了当时地面上有许多建筑外，仅以景帝墓的覆斗形封土堆来说，就达 30 余万立方米的土方。汉代帝王陵墓多为刑徒营建，《史记·景帝本纪》、《汉书·景帝纪》就有"免徒隶作阳陵者"和"赦徒作阳陵者死罪"等记载。这批刑徒墓距阳陵极近，且压在汉文化层之下，填土中亦有汉瓦残

图 8-63　西汉景帝阳陵钳徒墓出土铁刑具
1～3.钳　4～6.钛

片。因此，判断这批墓的死者，可能就是原来修建阳陵的刑徒。

这批刑徒有的是被杀后埋葬的，而大部分是在繁重的劳役摧残下死去的。埋葬无序，既未发现棺具又无随葬品，甚至连刑具都没除去，更别说没有刻写姓名的刑徒砖了。可见其非人的待遇。

二　东汉洛阳城南郊的东汉刑徒墓

东汉刑徒墓，和西汉阳陵附近的刑徒墓，稍有不同，它们都有各自的墓圹和薄木棺材，墓内经常放置刻写身份、姓名的刻文砖[1]。

墓内的刻文砖，习称刑徒砖。早在清光绪三十三年（公元 1907 年）即有出土，1909年《神州国光集》第七集首先发表了刑徒砖的拓本。端方曾收集到刑徒砖 200 余块，将其中的 133 块编入《陶斋藏砖记》。1915 年罗振玉编《恒农冢墓遗文》，双钩摹印刑徒砖 31块；1917 年编《恒农砖录》，复汇录刑徒砖铭文 231 块。关于刑徒墓砖的出土地点，或听信古董商信口雌黄，说是出于河南灵宝，但《神州国光集》已说是"洛中"出土，范寿铭《循园古冢遗文跋尾》卷一直称系"洛阳出土"[2]。1958 年 2 月 4 日《光明日报》登载了黄盛璋的《洛阳发现汉代刑徒集体坟场》，河南省文化局文物工作第二队得知在汉魏洛阳城南、今偃师市佃庄镇西大郊村西出土刑徒砖的消息并派员前往调查，于同年在《考古通讯》上发表了有关报道[3]，作铭（夏鼐）先生为《考古通讯》所发报道写了编者按，才使刑徒砖出土地点这一多少年的悬案，初步得到澄清和确认。

1964 年，中国科学院考古研究所对东汉洛阳城南郊的刑徒墓地重新进行了调查并开展了大规模发掘，从而获得了关于东汉刑徒墓和刑徒砖的较为全面而深刻的认识[4]。

这次调查确认，此刑徒墓地，位于汉洛阳城南、故洛河南岸的一片高地上。北距汉至晋代洛阳城南垣约 2.5 公里。在汉代，此处应是较为荒僻的所在。现存刑徒墓地东西、南北各约 250 米和 200 米，总面积超过 50000 平方米。已发掘部分在墓地中部，包括一个面积 40 米×40 米的区域和其东的两条东西向探沟，总发掘面积计约 2000 多平方米。共清理出刑徒墓 522 座（图 8-64），出土刑徒砖 820 余块。

这批刑徒墓，都是窄小的长方形竖穴土坑墓，绝大部分为南北向，极个别为东西向。墓坑长度一般在 1.8～2.3 米之间，宽度约 0.4～0.5 米；墓都很浅，最深的也不超过 1 米。墓内遗留有棺钉和板灰痕迹。绝大多数墓内没有任何随葬品，少数死者身上放有五铢钱，一般只放 1 或 2 枚，最多的一例为 9 枚；有二三座墓各放 1 件制作粗糙的釉陶碗或小陶罐；在一座女性墓里，发现 1 件小银圈。此外墓中最常见的遗物，即为刑徒砖。通常每座墓放刑徒砖两块，一块发现于骨架上身，另一块发现于骨架下身，二砖之刻文，详略明显不同，估计它们原是下棺后放置于棺盖之上的；也有一墓只放一块或一块不放者。有的墓

〔1〕　段鹏琦：《汉魏洛阳故城》，文物出版社，2009 年。
〔2〕　中国社会科学院考古研究所洛阳工作队：《东汉洛阳城南郊的刑徒墓地》，《考古》1972 年第 4 期。
〔3〕　黄士斌：《汉魏洛阳城刑徒坟场调查记》，《考古通讯》1958 年第 6 期。
〔4〕　中国社会科学院考古研究所洛阳工作队：《东汉洛阳城南郊的刑徒墓地》，《考古》1972 年第 4 期。

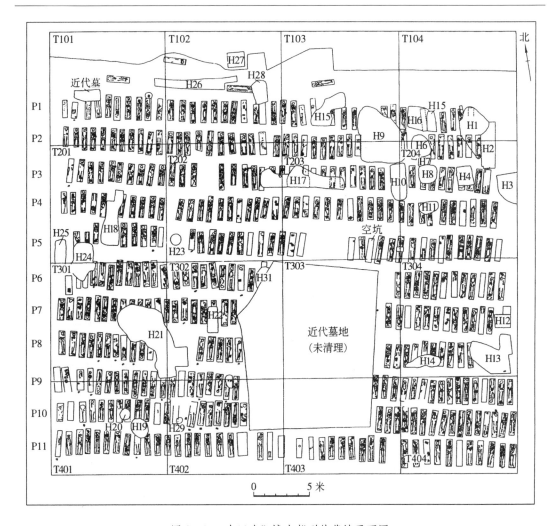

图 8-64　东汉洛阳城南郊刑徒墓地平面图

中发现多块墓砖，砖的位置零乱，推测其中除属于死者本人的一或二块外，其余应是他人的旧墓砖。这种现象的出现，当是后死者利用旧墓坑埋葬或将扰动翻出之旧墓砖随意掷入新墓的结果。在墓地中还发现过一些空墓坑，个别空墓坑中尚遗有墓砖。造成空坑的原因，是迁葬抑或是被破坏，受资料局限，难以明确判断。

　　在发掘区中，墓葬排列密集且井然有序（图 8-65）。在前述面积 40 米×40 米的区域内，除 4 座东西向墓外，共发现南北向墓 399 座。自南至北排为 11 排，每排有墓 26～42座。排间距为 0.5～1 米，排内墓间距一般为 0.2～0.4 米，最密集处才 0.1～0.15 米。结合出土刑徒砖刻文的纪年分析，墓地内墓葬的排列同刑徒死亡时间的先后有密切关系。依墓砖判断，整个墓地的墓葬分布似可分为东、西两区。东区以现已发掘之第二条探沟为代表，在此清理出刑徒墓一排 78 座，起自永初元年（公元 107 年）四月二十日，终于同年七月十六日，按时间顺序自东而西依次埋葬。西区以 40 米×40 米的区域和第一条探沟

图 8-65　东汉洛阳城南郊刑徒墓地排列情形

为代表，共清理出刑徒墓 11 排 435 座（不含东西向墓），起自元初六年（公元 119 年）五月二十八日，终于永宁元年（公元 120 年）年底或次年年初，按时间顺序自南而北布排，排内则自西至东依次埋葬。东半部墓葬的年代显然早于西半部。总的看，这批刑徒墓的年代皆属东汉安帝时期，前后差距不到 14 年。

从刑徒墓砖刻文显示的日期知道，大体上是刑徒死后即行埋葬，似乎是每天一次，但也存在将数日间死亡的刑徒集聚起来一次埋葬者，故而在按时间顺序埋葬的墓列中，时而出现墓砖刻文的日子早晚错乱的现象。错乱部分的时间范围约在 3～4 天之间。由于埋葬时草率从事，以至有将刻文砖弄混者。

发掘过程中，还发现有的刑徒入葬没有几年，墓葬即被挖开，骨架被扰乱，墓坑被用来埋葬新死的刑徒。

墓内骨架大多保存得比较完整。根据对其中 422 具刑徒骨骸所做的鉴定，在能够分辨性别的 397 例中，属于男性或可能是男性的 390 例，占两性总数的 98.2%；属于女性或可能是女性的仅 7 例，才占两性总数的 1.8%。可见，这批刑徒墓基本上是一组男性墓葬。也就是说，在此服刑的刑徒绝大部分为男性。值得注意的是，这批骨骼中，有相当数量个体之粗壮程度（特别表现在肢骨上）超越通常男性的一般水平。据此推测，这些刑徒生前可能曾长期从事大强度的体力劳动。从死亡年龄分析，刑徒骨骸中，除 3 例不足 3 岁的幼婴外，其余个体的年龄变化幅度大致在 13～50 岁之间。据 330 例可估计年龄之个体统计，其累计年龄总和为 9959.5 岁，平均死亡年龄仅 30.18 岁。平均死亡年龄如此之低，当与刑徒中存在较多非正常死亡现象有关。从死亡的年龄段看，除去不可能属于刑徒的婴儿，18 岁以下的青少年只有 13 例，其余皆为成年犯人；在成年犯人中，没有记录到 55 岁以上的老年个体。因而可以说，这是一组死于青、壮年和中年的刑徒，其死亡年龄高峰在 25～34 岁之间的壮年阶段（占 49.5%），次为青年阶段（占 21.3%）和中年阶段（占 22.8%），后两个年龄段的比例比较接近。

研究者还对刑徒骨骸进行了病理和创伤鉴定[1]。在具备鉴定条件的全部 422 例个体上，观察到各种病理标本 89 例，创伤标本 31 例。病理观察辨认出的病变骨骼显示，其中以患各种齿病者居多，少数患有类风湿性关节炎、骨膜炎以及头骨生长畸形等。31 例创伤标本，除两例长骨骨折可能是间接暴力引起外，其余 29 例均为直接暴力所致。此所谓直接暴力，系指用各种器械（含锐器和钝器）所砍击者。这些由直接暴力造成的骨骼创伤，创口多数为穿孔性骨折，并伴有粉碎性骨折和个别凹陷性骨折。有些受创程度较轻，仅在骨表面留下创壁平整的凹沟或线状浅沟。损伤部位绝大部分在头部，其余散见于其他体骨上。根据对创伤实例的综合分析，鉴定者归纳出以下三个特点。

第一，90% 以上的创伤发生在头骨部位，头盖骨部分受创者 21 例，下颌骨受创者 3 例，面部受创者 1 例（面骨受创例数少的原因，可能因面骨更易碎失而受创骨殖大多未保存下来）。在受创的标本中，将近 60% 的创口出现在额骨部分，其次多见于顶骨。

第二，受创个体中，大部分存在多处创口，创口最多的一例，其肱骨和胫骨上所见到的砍创痕迹竟多达二十八九处。

第三，锐器伤多于钝器伤，前者 23 例，后者仅 9 例。锐器伤中，轻重程度不等的砍创共 20 例，刺伤 5 例。在锐器和钝器所造成的两类创伤中，有许多是属于致命的穿孔性骨折和粉碎性骨折。在这类创伤的创口周缘没有骨组织修复痕迹。

依据上述现象判断，这些受创伤个体的死亡原因显然是属于"他杀"，而且多数是在受创后即刻就死亡的。前文曾经指出，这批死者平均死亡年龄如此之低，当与刑徒中存在较多非正常死亡现象有关，这些骨骼创伤标本更进一步向我们表明，许多刑徒在服刑期间惨遭杀害，应是非正常死亡的重要原因之一。需要说明的是，这里所说的，只是暴力致伤累及骨组织的那一部分，不包括因要害部位的软组织器官受创而毙命者。如将后者估计在内，刑徒在服刑期间非正常死亡的比例，恐怕还要大出许多。

刑徒砖刻文的常见格式，可划分为 7 种（图 8-66）：一是仅刻姓名；二是于姓名之上加刻"无任"或"五任"二字；三是于姓名之上加刻郡县名；四是于姓名之上依次刻郡县名、刑名；五是于姓名之上依次刻"无任"或"五任"、郡县名、刑名；六是依次刻"无任"或"五任"、郡县名、刑名、姓名、死亡日期；七是依次刻部属、"无任"或"五任"、郡县名或狱名、刑名、姓名、死亡日期，并注明"死在此下"。其中第七种应是按照当时的规格所填写之标准格式，其他则是这种标准格式的简化。第一至三种刻文砖多

---

[1] 潘其凤、韩康信：《洛阳东汉刑徒墓人骨鉴定》，《考古》1988 年第 3 期。

图 8-66　东汉洛阳城南郊刑徒墓地出土刑徒砖
1. P8M7：1　2. P7M14：1A　3. P7M14：1C　4. P5M13：1　5. T2M77：1

与第七种刻文砖同出于一墓，说明简化格式的出现，可能是为了简便、省工或受残砖大小局限的结果。

在以上标准格式之外，还发现有附记"代刑"、"勉刑"、"官不负"、"寄葬"、"第×茏"等特殊说明文字者。

比较居延汉简田卒名籍册的款式知道，这些刑徒砖的刻文，大约是录自刑徒死亡登记册，而不是刑徒的名籍。

刑徒砖刻文中部属名，一般写作"左部"、"右部"，有时省为"左"、"右"，显然是管理刑徒役作的专门机构。或以为"左部"、"右部"即将作大匠所属之"左校"、"右校"，但也有不同看法。持不同看法者认为，东汉时所谓的部，是指刑徒役作的作部，是刑徒役作机构的一种泛称。东汉初年省官并职，左、右校也在汰减之列，迟至安帝延光三年（公元 124 年）才有左、右校建置。这批刑徒砖差不多皆为建光元年（公元 121 年）以前刻成，时尚无左校、右校，刻文中的左部、右部便不可能是左校、右校的简称[1]。

刑徒砖刻文中的"无任"或"五任"，是用于服役刑徒的专有名词。关于这两个名词的解释，有人以为，无任"当作因罪免官、无职可任解，在墓砖上表示为官犯，与民犯有所区别。但无任一名词，其中尚包含两种性质，一种轻者为禁锢家中……一种重者更应调服役。"[2] 也有人认为，无任之任，"应作'保任'解。""'无任'一词，在古代法律上，系指无人作保之意……因为无法取保的罪人必须戴上刑具服劳役。"[3] 张政烺先生依据《资治通鉴》卷159引《隋书·刑法志》胡三省注文认为，五任，是指有技能的刑徒；无任是没有技能可供任使的刑徒，服劳役时要戴刑具[4]。

刑徒砖刻文中的郡县名，20世纪50年代调查者曾以为是刑徒的籍贯，但发掘出土的刑徒砖，此项中既有刻郡县名者，又有刻"少府若卢"者，而后者无疑为狱名，证明将郡县名理解为刑徒籍贯与史实牴牾，正确的理解应该是，那些郡县名也像"少府若卢"一样，是刑徒输作洛阳以前所在郡县狱所的名字。据统计，这批刑徒砖刻文中的狱所，包括了司隶、豫、冀、兖、徐、青、荆、扬、并等九州所辖之三十九郡国（占当时全国郡国数的三分之一强）、一百六十七个县。除益、凉、幽、交四州外，中原和长江中、下游各州郡都有刑徒被征调到洛阳来服役，最远的来自扬州会稽山阴（今浙江绍兴）。一个非常突出的事实是，在820余块刑徒砖中，刻有专门鞫治官吏之"少府若卢"狱名者，只有4例，不足全数的0.5％，且有3块为旧刑徒砖。这表明，已发掘之522座墓的死者，只有一人是从"少府若卢"狱中解来的。因此可以说，在洛阳服役的这批刑徒中，犯罪官吏微乎其微。

刑徒砖所见刑名，有髡钳、完城旦、鬼新（薪）、司寇四种。按照汉律，髡钳为五岁刑，完城旦为四岁刑，鬼薪为三岁刑，司寇为二岁刑。在273例记有刑名的刑徒砖中，髡钳占56％，完城旦占33％，此二者占全数的90％弱；鬼薪和司寇，分别占7.4％和3.6％。

汉代法律和秦代法律一样，对女犯规定了与男犯相应的刑名和刑期，只是在服役时，实际从事的工种有所不同。在这批刑徒墓所葬死者中，也有为数不多的妇女，但墓砖刻文皆未标出刑名，身份不易确认。以常理推测，她们或者是女刑徒，或者是被株连拘系的刑徒亲属。

除此之外，研究者还对前述刑徒砖刻文中所见"代刑"、"勉刑"、"官不负"、"寄葬"、"第×芜"等特殊说明文字，分别做出了考证或解释。发掘者认为，第×芜，"不是指埋葬的坑位而言，可能是指左校或右校管辖下的刑徒的编制组织。"官不负一词，有时单用，有时与寄葬连用。官不负，"为汉代考课公文中之常用语，又作'不以为负'，可能是指某刑徒的死亡和埋葬，官方不负任何责任"；如与寄葬一词连用，应是将"官方不负任何责任"的死者寄埋在刑徒墓地内的意思。代刑，即以某人代替某人来服劳役。如M11-39:1

〔1〕 吴荣曾：《汉刑徒砖志杂释》，《考古》1977年第3期。

〔2〕 陈直：《古器物文字丛考》，《考古》1963年第2期。

〔3〕 于豪亮：《居延汉简校释》，《考古》1964年第3期。

〔4〕 张政烺：《秦汉刑徒的考古资料》，《北京大学学报（哲学与社会科学版）》1958年第3期。

刻文为"五任南阳鲁阳鬼新胡生代路次元初六年闰月十四日死",即是胡生代替路次服役的例子。代刑的存在说明,官吏和有钱有势者,是可以借此逃避刑罚的。在这批刑徒砖中,注明由某人代替某人者,共4例,其中1例未标明其人为"五任"或"无任",其余3例均标明为"五任",此点曾引起人们的关注。关于"勉刑"一词的含义,发掘者注意到这样一个事实,即这批刑徒砖中,刻文注明"勉刑"者,共6例,有2例未标明其人为"五任"或"无任",其余4人均标明为"无任"。无任的刑徒在服劳役或解送途中都要戴刑具,如因某种原因不戴刑具时,则需特别予以注明,这就是上述刑徒砖刻文注出"勉刑"二字的来历。依此理解,此"勉刑"即"免刑"。在居延汉简中,这种"免刑"徒被称为"施刑士"或"施刑",《汉书》和《后汉书》均称其为"弛刑"。这种"免刑"或"施(弛)刑"徒虽不戴刑具,但身份仍为刑徒。对此,有学者也持不同看法,指出"或认为免刑即弛刑,恐未必是。免刑、弛刑在汉代是两个不同的法律用语,故其含义也各不相涉。"[1]

所出刑徒砖,都是利用残断大长方砖块或废旧小长方砖,文字阴刻在砖的正面和背面,有一些甚至是用旧刑徒砖划去旧刻文字而于另一面重新刻文,也有个别砖只有朱书文字而未予镌刻者。刻文均为隶书体,自上而下、自右而左竖行写刻。行笔较为自由、流畅,毫无板滞意味,堪称为碑刻、简牍之外又一批珍贵东汉书法资料。

这些刑徒墓和上千块刑徒砖的发现,为刑徒问题研究增添了一大批内容丰富而翔实的实物资料,学术价值之高,不言而喻。鉴于洛阳城南郊刑徒墓地傍东汉洛阳城而建,且文献上又见有用"徒"修太学、津城门内大阿母宅第等记事,推测洛阳城南郊墓地的刑徒应同洛阳城的各项城市建设有着更加密切的关系。

---

[1]　吴荣曾:《汉刑徒砖志杂释》,《考古》1977年第3期。

第九章　秦汉时期的农业

第一节　秦汉农业考古发现与研究简述

恩格斯说："农业是整个古代世界的决定性的生产部门"[1]，秦汉时期亦然。我国古代农业在一万多年前出现以后，经过新石器时代和夏、商和西周时期数千年的发展，到东周时期走上了以精耕细作为主要特征的传统农业的发展道路[2]。秦汉时期，在春秋战国时期的基础上，随着多民族统一的中央集权帝国的建立和秦汉王朝发展农业生产措施的推行，传统农业技术趋于成熟，农业生产进一步迅速发展，形成了我国历史上农业生产的又一个新的高潮。

秦汉时期农业的考古发现和研究，始于 20 世纪 50 年代[3]。以洛阳汉河南县城[4]、辽阳三道壕遗址[5]、洛阳烧沟汉墓[6]、长沙汉墓[7]、山西平陆枣园壁画墓[8]等为代表的

---

〔1〕　恩格斯：《家庭、私有制和国家的起源》第 146 页，人民出版社，1972 年。

〔2〕　陈文华：《中国古代农业科技史图谱》第 119 页，农业出版社，1991 年。

〔3〕　20 世纪 50 年代以前，也曾发现有关汉代农业的资料，但尚未进入农业考古研究的视野，如 1931 年发掘的大连营城子汉墓出土有陶猪、狗和方形粮仓等（见森修、内藤寛《營城子——前牧城驛付近の漢代壁畫甎墓》，（日本）東亞考古学会，1934 年）；1941 年万安北沙城汉墓发掘出土的动物骨骼（出土于 5 号墓附近的竖穴）中，经鉴定有猪、羊、牛、马等家畜（见水野清一《萬安北沙城》第 115 页，（日本）東亞考古学会，1946 年）。

〔4〕　A.郭宝钧、马得志、张云鹏、周永珍：《一九五四年春洛阳西郊发掘报告》，《考古学报》1956 年第 2 期。这次发掘出土的有关农业的资料有铁镰刀、石臼等。

　　　B.郭宝钧：《洛阳西郊汉代居住遗迹》，《考古通讯》1956 年第 1 期。这次（1955 年春）发掘清理出的有关汉代农业的资料有方形粮仓，圆形粮囷，铁犁铧、锄、铲、镰刀，石磨、臼、杵等。

　　　C.黄展岳：《一九五五年春洛阳汉河南县城东区发掘报告》，《考古学报》1956 年第 4 期。这次（1955 年春）发掘出土有方形粮仓，圆形粮囷，铁犁铧、锄、铲、镰刀，石磨、臼、杵等有关汉代农业的资料。

〔5〕　东北博物馆：《辽阳三道壕西汉村落遗址》，《考古学报》1957 年第 1 期。该遗址发现的有关汉代农业的资料有大量的铁农具以及陶磨、家畜圈等。

〔6〕　洛阳区考古发掘队：《洛阳烧沟汉墓》，科学出版社，1959 年。烧沟汉墓中有关农业的发现有各种铁质农具，稻谷、粟、黍、粱、大豆、麻等农作物遗骸，陶器上有关谷物的文字以及磨、臼、仓、猪圈等模型明器。

汉代城址、聚落和墓葬中汉代农作物、农业生产工具、农耕图像以及有关模型明器等的发现及其研究[9]，真正拉开了秦汉农业考古的帷幕。秦汉考古中有关农业生产的资料，比先秦时期更为丰富多彩。农业生产工具和农作物遗骸大量发现的同时，有关秦汉时期农业的资料还有画像石、画像砖、壁画等图像资料[10]，简牍、铭刻、陶器文字等文字资料，以及模型明器等实物资料。这些农业考古资料，成为研究秦汉农业不可或缺的重要实物资料。随着有关秦汉农业考古发现的日益增多和考古学的发展，考古学界对各种农业考古资料的整理和分析以及结合文献记载对秦汉时期农业生产的研究逐步展开。1978 年长沙马王堆 1 号汉墓出土动植物遗骸的科学鉴定及其综合研究[11]，标志着秦汉农业考古研究进入到一个新的阶段。尤其是 1981 年《农业考古》杂志创刊以后，秦汉农业的考古研究更是空前繁荣，并取得了长足进展[12]。同时，农史学家在秦汉农业的研究中，也越来越关注有关的考古发现，更多地吸收农业考古的研究成果[13]。秦汉农业考古资料的大量发现和研究，从不同侧面揭示了当时农业技术的发展水平和农业生产的状况。

第二节　秦汉时期的粮食作物

我国古代农作物的栽培，自 10000 多年前出现栽培稻、8000 年前出现栽培黍和粟之后，

---

[7]　中国科学院考古研究所：《长沙发掘报告》，科学出版社，1957 年。这批墓葬中有关汉代农业的发现有持锸木俑、持耒木俑以及陶仓等。

[8]　山西省文物管理委员会：《山西平陆枣园村壁画汉墓》，《考古》1959 年第 9 期。该墓的壁画中有牛耕图、耧播图等图像，并出土有釉陶仓以及仓内谷物等。

[9]　20 世纪 50 年代有关秦汉农业考古研究的主要成果参见如下论著。

A.李文信：《古代的铁农具》，《文物参考资料》1954 年第 9 期。

B.黄展岳：《近年出土的战国两汉铁器》，《考古学报》1957 年第 3 期。

C.中尾佐助：《河南省洛阳汉墓出土的稻米》，《考古学报》1957 年第 4 期。

[10]　A.中国农业博物馆：《中国古代耕织图》，中国农业出版社，1995 年；《汉代农业画像砖石》，中国农业出版社，1996 年。

B.王伟：《汉画与汉代农业》，《中国汉画学会第十届年会论文集》，湖北人民出版社，2006 年。

[11]　湖南农学院、中国科学院植物研究所：《长沙马王堆 1 号汉墓出土动植物标本的研究·农产品鉴定报告》，文物出版社，1978 年。本章凡涉及马王堆 1 号汉墓出土植物遗存的鉴定资料均据此，不另注出。

[12]　A.有关秦汉农业考古的专题和个案研究成果，主要可参见《农业考古》。

B.有关农业考古的通论性著作中，秦汉时期的农业也是重点内容之一，主要可参见：陈文华《中国古代农业科技史图谱》，农业出版社，1991 年；《中国农业考古图录》，江西科技出版社，1994 年；《中国古代农业文明史》，江西科技出版社，2005 年。

[13]　A.梁家勉主编：《中国农业科学技术史稿》，农业出版社，1989 年。

B.宋树友主编：《中华农器图谱》，中国农业出版社，2001 年。

C.张波、樊志民主编：《中国农业通史·战国秦汉卷》，中国农业出版社，2007 年。

经过数千年的发展，到秦汉时期不仅品种丰富，而且在生产实践中选定某些适合当地条件的农作物作为主要的粮食作物[1]进行种植，形成以种"五谷"[2]为主的比较稳定的粮食种植传统。秦汉时期考古发现中有关粮食作物的资料，主要有两大类：一类是文字资料，如简牍、陶器上的文字等；另一类是粮食作物的实物遗存（图版19-1）。此外，有的画像石和农田模型明器上也可见到粮食作物的形象。根据这些发现并结合文献记载，可知当时的主要粮食作物有粟（稷）、黍、麦、菽、稻、麻、高粱等，与《氾胜之书》所说的"九谷"[3]大致相同。

一 粟

粟，非黏性的小米，俗称为"谷子"，又称为"禾"、"稷"等[4]。粟为百谷之长，是黄河中下游地区主要的粮食作物，又往往作为各种粮食和谷物的统称或代称[5]。

就考古发现来看，咸阳马泉西汉晚期墓[6]墓道的四个陶瓮中，发现有谷子；咸阳杨

---

〔1〕 按照农学界关于现代农艺作物的分类，谷类作物、豆类作物和薯类作物属于粮食作物，而其他类别的作物属于经济作物。大麻虽然属于纤维作物，但大麻籽也可供食用，在古代也属于粮食作物。参见梁家勉主编《中国农业科学技术史稿》第55页，农业出版社，1989年。

〔2〕 "五谷"一语最早见于《论语·微子》："四体不勤，五谷不分。"汉代儒家对五谷的注释不尽相同。如《周礼·天官·疾医》郑玄注："五谷，麻、黍、稷、麦、豆也"；而《周礼·夏官·职方氏》郑玄注：五谷为"黍、稷、菽、麦、稻"。长沙马王堆汉墓出土的遣册和粮食遗骸表明，汉代的五谷一般是黍、粟、麦、菽、稻（见湖南省博物馆、中国科学院考古研究所《长沙马王堆一号汉墓（上）》第142页，文物出版社，1973年）。现代学者认为，"实际上，五谷是几种主要粮食的泛称，随着时代和地区的不同，所包括的作物也有所变化，这些作物在粮食生产中的地位也不一样"（见陈文华《中国古代农业科技史图谱》第127页，农业出版社，1991年）。陕西咸阳汉景帝阳陵南区第17号丛葬坑等出土的粮食主要有麦、粟、黍、菽（见陕西省考古研究所汉陵考古队《汉景帝阳陵南区丛葬坑发掘第一号简报》，《文物》1992年第4期；陕西省考古研究所《汉阳陵》第8页，重庆出版社，2001年）；西安三兆村3号西汉墓出土釉陶仓上的粮食名称表明，当时关中地区主要的五种粮食作物分别为黍、粟、大麦、大豆、麻（见西安市文物保护考古所、郑州大学考古专业程林泉、韩国河、张翔宇《长安汉墓（上）》第819页，陕西人民出版社，2004年）。

〔3〕 《氾胜之书》以禾、黍、秫、稻、小麦、大麦、大豆、小豆、麻为"九谷"（见石声汉《氾胜之书今释》第9页，科学出版社，1956年）。本章凡引用《氾胜之书》的记述，均引自石声汉的《氾胜之书今释》（科学出版社，1956年），不另注。

〔4〕 关于稷是粟（Setaria italica〔L.〕Beauv.）还是黍（Panicum miliaceum L.）的问题，是农学界长期争论的问题之一，至今尚未有定论。古农史学家游修龄认为："在北魏以前，两汉西晋的注释家都释稷为粟，并无分歧"；黍和粟是两个不同"属"的植物，"但二者在栽培条件的需求方面非常相似，地理分布也很一致"，所以古文献中常常"黍稷"连称。他根据黍和稷的植物分类及性状特征、有关的文献记载并结合考古发现，论证"稷即粟"（见浙江农业大学农史研究室游修龄《论黍和稷》，《农业考古》1984年第2期）。笔者以为是，故从之。另外，在汉代，粟还往往被作为黍和粟的统称。

〔5〕 《汉书·食货志（上）》："粟者，王之大用，政之本务。"

〔6〕 咸阳市博物馆：《陕西咸阳马泉西汉墓》，《考古》1979年第2期。本章凡涉及马泉西汉墓的资料均据此，不另注。

家湾 4 号墓[1] 3 号器物坑的陶仓内盛放有小米。西安三兆村 3 号西汉墓[2]出土的釉陶仓（M3∶2）上墨书"粟一京"，而仓内所盛谷物经鉴定为粟[3]；西安白鹿原西汉早期的 95 号墓[4]出土的陶仓（M95∶10）上粉书有"白粟粟"。洛阳烧沟汉墓[5]出土的陶仓中，大多盛放有谷物，而粟是最为常见的一种，如 113 号和 1009 号墓出土的陶壶中，盛放的小米保存较完好；M1035∶41 陶瓮，出土时装满粟壳。烧沟汉墓出土的陶仓上，有的写有"粟万石"等文字，洛阳五女冢 267 号新莽墓[6]的陶仓上墨书有"粟万石"等（图 9-1-1），新安铁门镇 15 号西汉墓[7]陶仓（M15∶12）上写有"粟"字。黄河中下游地区出土粟的实物遗存的地点还有：河南洛阳西北郊 81 号西汉晚期墓[8]、辉县中心路 1 号西汉晚期墓[9]、北京大葆台汉墓[10]、山东临沂金雀山 1 号西汉墓[11]等。另外，居延汉简记述的粮食出入中，粟是最为常见的粮食品种[12]。陕西米脂县官庄村东汉中期牛文明画像石墓[13]门框画像石的上部刻绘 12 株谷物图像，谷穗硕长下垂，显然是即将成熟的粟。与此相似的粟的图像（参见图 9-10-3），还见于陕西绥德东汉中期的王得元画像石墓[14]。

需要指出的是，秦汉时期粟的遗骸的发现并非仅限于黄河中下游地区，而是在长江中

---

[1] 陕西省文管会、博物馆、咸阳市博物馆杨家湾汉墓发掘小组：《咸阳杨家湾汉墓发掘简报》，《文物》1977 年第 10 期。本章凡涉及杨家湾汉墓的资料均据此，不另注。

[2] 西安市文物保护考古所、郑州大学考古专业程林泉、韩国河、张翔宇：《长安汉墓（上）》第 725 页，陕西人民出版社，2004 年。本章凡涉及三兆村汉墓的资料均据此，不另注。

[3] 赵志军：《西安地区两汉墓葬出土陶仓内植物遗存的鉴定和分析》，《西安东汉墓（下）》第 1083 页，文物出版社，2009 年。本章有关西安地区汉墓出土谷物的鉴定资料，除注明者外均据此，不另注。

[4] 陕西省考古研究所：《白鹿原汉墓》第 101 页，三秦出版社，2003 年。发掘者认为，"白粟粟"即"小米"。本章凡涉及白鹿原汉墓的资料均据此，不另注。

[5] 洛阳区考古发掘队：《洛阳烧沟汉墓》第 112、113、101、109 页，科学出版社，1959 年。本章凡涉及烧沟汉墓的资料均据此，不另注。

[6] 洛阳市第二文物工作队：《洛阳五女冢 267 号新莽墓发掘简报》，《文物》1996 年第 7 期。陶仓上的其他粮食文字还有"小麦万石"、"大豆万石"、"大麦万石"、"麻"、"粱粟"等。

[7] 河南省文化局文物工作队：《河南新安铁门镇西汉墓葬发掘报告》，《考古学报》1959 年第 2 期。本章凡涉及铁门镇西汉墓的资料均据此，不另注。

[8] 贺官保：《洛阳老城西北郊 81 号汉墓》，《考古》1964 年第 8 期。

[9] 新乡地区文管会、辉县百泉文管所：《辉县地方铁路饭店工地汉墓发掘简报》，《中原文物》1986 年第 2 期。

[10] 大葆台汉墓发掘组、中国社会科学院考古研究所：《北京大葆台汉墓》第 62、73 页，文物出版社，1989 年。

[11] 临沂文物组：《山东临沂金雀山一号墓发掘简报》，《考古学集刊》第 1 集，中国社会科学出版社，1981 年。

[12] 谢桂华、李均明、朱国炤：《居延汉简释文合校》，文物出版社，1987 年。本章凡涉及居延汉简的资料，除注明者外均据此，不另注。

[13] 陕西省博物馆、陕西省文管会：《米脂东汉画像石墓发掘简报》，《文物》1972 年第 3 期。

[14] 陕西省博物馆、陕西省文管会：《陕北东汉画像石刻选集》第 24～25 页，文物出版社，1958 年。

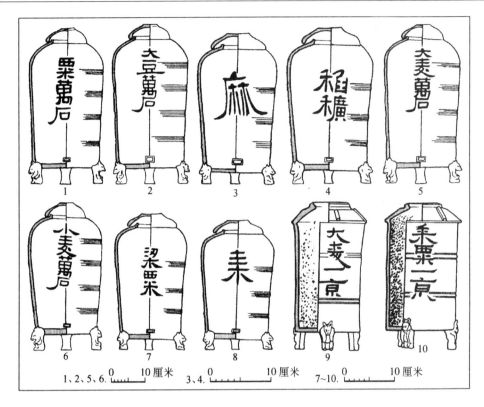

图 9-1　汉代陶仓模型及其墨书

1.洛阳五女冢 M267：66　2.洛阳五女冢 M267：63　3.洛阳五女冢 M267：62　4.洛阳五女冢 M267：60
5.洛阳五女冢 M267：67　6.洛阳五女冢 M267：5　7.洛阳五女冢 M267：58　8.洛阳五女冢 M267：57
9.西安三兆村 M3：3　10.西安三兆村 M3：1

下游地区乃至北到吉林、西到新疆、南至广西和广东的广阔地域内都有发现[1]，如新疆民丰尼雅遗址[2]，江苏扬州胡场西汉墓[3]，湖北云梦睡虎地 11 号秦墓[4]、江陵凤凰山西汉初年的 168 号墓[5]，湖南长沙马王堆 1 号汉墓[6]，四川汶川县萝葡砦西汉前期石棺墓[7]，

〔1〕　黄展岳：《汉代人的饮食生活》，《农业考古》1982 年第 1 期。

〔2〕　新疆维吾尔自治区博物馆考古队：《新疆民丰大沙漠中的古代遗址》，《考古》1961 年第 3 期。

〔3〕　扬州博物馆、邗江县文化馆：《扬州邗江县胡场汉墓》，《文物》1980 年第 3 期。

〔4〕　云梦睡虎地秦墓编写组：《云梦睡虎地秦墓》第 61 页，文物出版社，1981 年。本章凡涉及睡虎地秦墓的资料均据此，不另注。

〔5〕　湖北省文物考古研究所：《江陵凤凰山一六八号汉墓》，《考古学报》1993 年第 4 期。本章凡涉及凤凰山 168 号汉墓的资料均据此，不另注。

〔6〕　湖南省博物馆、中国科学院考古研究所：《长沙马王堆一号汉墓（上）》第 112～118、126、130～155 页，文物出版社，1973 年。本章凡涉及马王堆 1 号汉墓的实物和文字资料，除注明者外均据此，不另注。

〔7〕　冯汉骥、童恩正：《岷江上游的石棺葬》，《考古学报》1973 年第 5 期。

广西贵县罗泊湾 1 号西汉墓[1]等。另外，广州番禺 10 号和 12 号汉墓[2]中出土有谷子。当然，江南和华南地区发现的粟究竟是当地种植还是从北方运去，尚不明了，但从江陵秦汉墓的发现来看，当时的江汉地区是种植黍的。如云梦睡虎地秦简[3]《田律》中有"雨为澍，及秀粟，辄以书言澍稼、秀粟……"等关于种植粟的规定；《仓律》中关于"计禾，别黄、白、青"等，反映出粟有黄、白、青等不同的品种。江陵凤凰山 10 号西汉墓[4]出土的田租账简牍中，有"粲秫粟米八斗"、"粲粟二斗"等记述；江陵凤凰山 167 号西汉初年墓[5]的头厢出土 5 个小绢袋，以绢带束口并缚有木牌，其中 2 件绢袋（M167：60、M167：62）的木牌上分别写有"粲秫二石"、"粲粺米二石"，而袋内装有粟谷。总之，粟是秦汉时期广泛种植、广为食用的一种粮食作物，并且有许多不同的品种，各地还有着不同的称谓。

二 黍

黍，黏性的小米，又称作"穄"、"秬"、"秫"、"糜子"、"黍子"、"黄米"等。其栽培条件和地理分布与粟相近，但比粟生长期短且更耐旱耐瘠薄，同样是黄河中下游地区的主要粮食作物之一。

据考古发现，咸阳马泉西汉晚期墓的两个陶瓮（MQM：8、MQM：9）中发现有糜子；咸阳杨家湾西汉早期的 4 号墓 3 号器物坑的陶仓内盛放有黄米；宝鸡金河砖场东汉初年墓[6]出土的一件陶仓中盛放有糜子。西安白鹿原西汉早期 95 号墓[7]出土的陶仓上粉书"黍粟"；西安三兆村西汉晚期 3 号墓出土的陶仓上墨书"黍粟一京"（图 9－1－10），而仓内所盛谷物经鉴定为黍。洛阳烧沟汉墓出土的陶仓中，黍是最常见的盛放物之一；烧沟汉墓出土的陶仓上，有的写有"黍万石"、"黍米万石"等，有的陶壶上也写有"黍米"

---

[1] 广西壮族自治区博物馆：《广西贵县罗泊湾汉墓》第 87 页图版四五：2，文物出版社，1988 年。本章凡涉及罗泊湾汉墓的资料均据此，不另注。

[2] 广州市文物考古研究所、广州市番禺区文管会办公室：《番禺汉墓》第 341 页，科学出版社，2006 年。本章凡涉及番禺汉墓的资料均据此，不另注。

[3] 睡虎地秦墓竹简整理小组：《睡虎地秦墓竹简》第 19 页，文物出版社，1990 年。本章凡涉及睡虎地秦简的资料均据此，不另注。

[4] A.长江流域第二期文物考古工作人员训练班：《湖北江陵凤凰山西汉墓发掘简报》，《文物》1974 年第 6 期。本章凡涉及江陵凤凰山 10 号西汉墓的资料，除注明者外均据此，不另注。
　　B.黄盛璋：《江陵凤凰山汉墓简牍及其在历史地理研究上的价值》，《文物》1974 年第 6 期。

[5] A.凤凰山一六七号汉墓发掘整理小组：《江陵凤凰山一六七号汉墓发掘简报》表三，《文物》1976 年第 10 期。本章凡涉及江陵凤凰山 167 号墓的资料均据此，不另注。
　　B.《尔雅·释草》："粢、稷，名秫。"郭璞注："今江东人呼粟为粢。"可见，粟在当时还被称之为"粢"、"秫"、"白粟粟"等。

[6] 宝鸡市博物馆王红武：《宝鸡市金河砖瓦厂汉墓》，《文物资料丛刊》第 4 辑，文物出版社，1981 年。

[7] 陕西省考古研究所：《白鹿原汉墓》第 101 页，三秦出版社，2003 年。

等。洛阳西北郊 81 号汉墓[1]出土的陶仓上墨书有"黍"，有的陶仓内盛有黍。新安铁门镇 15 号西汉墓的陶仓（M15：3）上写有"黍"字。另外，黍或黍米是居延汉简中常见的粮食品种之一。

　　秦汉时期的黍，除黄河中下游地区之外，在新疆、四川、江苏、湖南以及广东等地也有所发现，如江苏扬州胡场 5 号西汉墓[2]、连云港西汉霍贺墓[3]，长沙马王堆 1 号汉墓，广州 1134 号西汉前期墓[4]等。长江流域和华南地区汉墓中出土的黍，是产自当地还是来自北方尚不清楚，但江汉地区是种植黍的。如云梦睡虎地秦简《仓律》中，记有"程禾、黍□□□□以书言年"等。从目前的考古发现看，无论发现的地点还是发现的数量，黍的资料都比粟要少，这或许从一个侧面说明当时黍的种植区域及种植量要比粟小。

三　麦

　　麦，包括小麦、大麦和燕麦。小麦又称作"冬麦"、"宿麦"等。我国小麦的种植，可以上溯到距今 4000 年前后的新石器时代末期，到战国时期在黄河下游地区已经形成一定的规模。秦汉时期，随着农田水利的发展和防旱保墒耕作技术的进步，尤其是石转磨的推广，促进了麦类粮食种植的进一步发展。

　　就考古发现来看，秦都咸阳第三号宫殿建筑廊道的第八间东壁和第六间西壁绘有麦穗图[5]。咸阳杨家湾西汉早期的 4 号墓 3 号器物坑的陶仓中装有小麦；咸阳马泉西汉晚期墓墓道发现的陶瓮中，有的装有大麦（MQM：1）。西安白鹿原西汉早期 95 号墓出土的陶仓上分别粉书"大麦"和"小麦"；西安三兆村西汉晚期 3 号墓出土的陶仓上墨书"大麦一京"（图 9-1-9），而仓内所盛谷物经鉴定为大麦；三北村 4 号墓出土陶仓内装有小麦；洛阳五女冢 267 号墓出土的陶仓上墨书"小麦万石"、"大麦万石"（图 9-1-5、6）等。洛阳烧沟汉墓出土的陶仓中，分别写有"麦万石"、"大麦万石"、"小麦万石"等；洛阳西北郊 81 号西汉墓[6]、新安铁门镇西汉墓的陶仓上都写有"麦"字。秦汉时期的麦类作物主要发现于黄河中下游地区，但在其他地区也有发现。在居延汉简的记述中，麦是出入和食用最常见的粮食品种之一[7]；新疆民丰尼雅遗址出土了东汉麦粒和一根较完整的麦穗[8]。这些都说

---

[1]　贺官保：《洛阳老城西北郊 81 号汉墓》，《考古》1964 年第 8 期。

[2]　扬州博物馆、邗江县图书馆：《江苏邗江胡场五号汉墓》，《文物》1981 年第 11 期。

[3]　A. 南京博物院、连云港市博物馆：《海州西汉霍贺墓清理简报》，《考古》1974 年第 3 期。
　　B. 刘亮：《关于西汉霍贺墓出土稷的鉴定》，《考古》1978 年第 2 期。该文将霍贺墓出土的谷物"鉴定为稷（Panicnm miliaceum L.）"。根据其拉丁文名称可知，是黍不是稷（粟）。

[4]　广州市文物管理委员会、广州市博物馆：《广州汉墓》第 93、180 页，文物出版社，1981 年。本章凡涉及广州汉墓的资料，除注明者外均据此，不另注。

[5]　刘庆柱：《秦都咸阳第三号宫殿建筑遗址壁画考释》，《人文杂志》1980 年第 6 期。

[6]　贺官保：《洛阳老城西北郊 81 号汉墓》，《考古》1964 年第 8 期。

[7]　陈公柔、徐苹芳：《大湾出土的西汉田卒簿籍》，《考古》1963 年第 3 期。

[8]　A. 史树青：《谈新疆民丰尼雅遗址》，《文物》1962 年第 7、8 期合刊。
　　B. 新疆维吾尔自治区博物馆考古队：《新疆民丰大沙漠中的古代遗址》，《考古》1961 年第 3 期。

明随着汉通西域和西北边郡屯田的开展，麦的种植也达到了一定规模。

值得注意的是，云梦睡虎地秦简《仓律》中有规定粮食种子的用量为"禾、麦亩一斗"的记述；江陵凤凰山 10 号汉墓出土的记田租的 7 号竹简上记有"其一斗大半当麦"，同出记谷物的 8 号竹简上记有"麦七□"等[1]；江苏连云港市东海县尹湾 6 号汉墓[2]出土《集簿》木牍中记有"□种宿麦十万七千三百［八］十□顷多前九百二十顷八十二亩"。在长江流域及其以南地区，扬州邗江甘泉西汉晚期的"妾莫书"木椁墓[3]出土陶罐和灶的周围发现有小麦；长沙马王堆 1 号汉墓曾出土了小麦穗、小麦和大麦粒[4]，出土麻袋所系竹牌上写有"麦种"。

各地麦类遗存及其相关的发现表明，在汉朝政府的大力倡导之下[5]，麦类的种植确实获得相当普遍的推广，在北方地区小麦成为仅次于粟的主要粮食作物。正因为如此，汉代儒家对"五谷"的解释中都包含了麦。

四　稻

稻的栽培和种植，在我国有着上万年的历史，一直是长江流域及其以南地区主要的粮食作物。

秦汉时期稻谷的实物遗存，在不少地区都有发现，尤其是在长江流域及其以南地区更是常见。1972 年在湖北云梦大坟头 1 号西汉初年墓[6]边厢 51 号竹笥的漆笥里盛放有稻谷，据鉴定为籼稻。江陵凤凰山 167 号西汉墓出土的一件陶仓中，有 4 束稻穗卷放其中，每束 10 穗左右，色泽鲜艳，穗、颖、茎、叶外形保存完好，颗粒饱满，稻粒已炭化，经鉴定为典型的粳稻，可能是一种中晚粳稻（图 9 - 2），其单位产量大致是现代产量的一半[7]。江淮流域及其以南地区发现稻谷遗存的地点还有：安徽寿县马家古堆东汉墓[8]，湖北江陵凤凰山 8 号和 9 号西汉墓[9]、云梦睡虎地 11 号秦墓，江苏扬州邗江甘泉西汉晚

〔1〕　裘锡圭：《湖北江陵凤凰山十号汉墓出土简牍考释》，《文物》1974 年第 7 期。

〔2〕　连云港市博物馆：《江苏东海县尹湾汉墓发掘简报》，《文物》1996 年第 8 期；《尹湾汉墓简牍释文选》，《文物》1996 年第 8 期。

〔3〕　扬州市博物馆：《扬州西汉"妾莫书"木椁墓》，《文物》1980 年第 12 期。

〔4〕　据此研究者认为，"西汉初期麦类作物在长江地区已有相当的发展"（见湖南农学院、中国科学院植物研究所《长沙马王堆 1 号汉墓出土动植物标本的研究·农产品鉴定报告》，文物出版社，1978年）。

〔5〕　《汉书·食货志（上）》：董仲舒上书汉武帝，"圣人于五谷最重麦与禾也……愿陛下幸诏大司农，使关中民益种宿麦，令毋后时"。

〔6〕　湖北省博物馆：《云梦大坟头一号汉墓》，《文物资料丛刊》第 4 辑第 7、11、15 页，文物出版社，1981 年。

〔7〕　浙江农业大学游修龄：《西汉古稻小析》，《农业考古》1981 年第 2 期。

〔8〕　安徽省文化局文物工作队、寿县博物馆：《安徽寿县茶庵马家古堆东汉墓》，《考古》1966 年第 3 期。马家古堆 3 号墓的前室发现稻谷遗迹 3 处。

〔9〕　长江流域第二期文物考古工作人员训练班：《湖北江陵凤凰山西汉墓发掘简报》，《文物》1974 年第 6 期。

图9-2　江陵凤凰山西汉墓出土陶仓
（M167：42）内的稻穗

期的"妾莫书"木椁墓[1]、扬州胡场 1 号和 5 号西汉墓[2]，成都凤凰山西汉中期木椁墓[3]，广西合浦县堂排 2 号西汉墓[4]、贵县罗泊湾 1 号西汉墓，广东番禺汉墓、广州 4029 号东汉前期墓，以及江西[5]、贵州[6]等地。

在黄河流域及其以北地区，秦汉时期的稻谷遗存也有不少发现，如陕西宝鸡北郊金河砖场东汉初年墓[7]（粳稻）、咸阳杨家湾 4 号墓 1 号陪葬坑、西安石油学院 22 号墓和理工大学 3 号墓，河南洛阳烧沟汉墓（其中，M82：59 陶仓中的稻谷，经鉴定其粒型接近印度型稻[8]，也有人认为属于粳稻[9]）、洛阳西北郊 81 号汉墓[10]、辉县中心路 1 号西汉晚期墓[11]，江苏徐州奎山西汉墓[12]（经测量，粒型长宽之比平均为 2.43，为粳稻），山东荣成梁南庄 2 号西汉墓[13]椁室的铜器上及其周围的大量稻壳，北京黄土岗出土的粳稻[14]等。洛阳西北郊 81 号汉墓出土陶仓上墨书有"稻米"、"白米"；洛阳五女冢 267 号墓出土陶仓上墨书"稻穰"（图 9-1-4）。据文献记载，东汉初年渔阳太守张堪曾在狐奴县（今北京市顺义县东北 15 公里）一带引潮白河水种植水稻[15]，与幽州宜种稻的记载也吻合[16]。很

[1]　扬州市博物馆：《扬州西汉"妾莫书"木椁墓》，《文物》1980 年第 12 期。
[2]　扬州博物馆、邗江县文化馆：《扬州邗江县胡场汉墓》，《文物》1980 年第 3 期。
[3]　徐鹏章：《成都凤凰山西汉木椁墓》，《考古》1991 年第 5 期。
[4]　广西壮族自治区文物工作队：《广西合浦堂排汉墓发掘简报》，《文物资料丛刊》第 4 辑，文物出版社，1981 年。
[5]　江西省博物馆保管部李恒贤：《江西省博物馆馆藏农业科技文物目录》，《农业考古》1981 年第 1 期。
[6]　贵州省博物馆考古组、贵州省赫章县文化馆：《赫章可乐发掘报告》，《考古学报》1986 年第 2 期。
[7]　宝鸡市博物馆王红武：《宝鸡市金河砖瓦厂汉墓》，《文物资料丛刊》第 4 辑第 237 页，文物出版社，1981 年。
[8]　中尾佐助：《河南省洛阳汉墓出土的稻米》，《考古学报》1957 年第 4 期。
[9]　丁颖：《江汉平原新石器时代红烧土中的稻谷壳考察》，《考古学报》1959 年第 4 期。
[10]　贺官保：《洛阳老城西北郊 81 号汉墓》，《考古》1964 年第 8 期。
[11]　新乡地区文管会、辉县百泉文管所：《辉县地方铁路饭店工地汉墓发掘简报》，《中原文物》1986 年第 2 期。
[12]　徐州博物馆：《江苏徐州奎山西汉墓》，《考古》1974 年第 2 期。
[13]　烟台市文物管理委员会：《山东荣成梁南庄汉墓发掘简报》，《考古》1994 年第 12 期。
[14]　陈文华：《漢代における長江流域の水稻栽培と農具の完成》，《中国の稻作起源》第 212 頁，六興出版，1989 年。
[15]　《后汉书·张堪传》：张堪"乃于狐奴开稻田八千余顷，劝民耕种，以致殷富。百姓歌曰：'桑无附枝，麦稻两岐。张君为政，乐不可支。'"
[16]　《汉书·地理志（上）》："幽州……谷宜三种。"颜师古注曰："黍、稷、稻。"

显然，秦汉时期水稻不仅是长江流域的主要粮食作物，并且其种植区域迅速扩展，向南扩展到岭南地区，向西南扩展到云贵高原[1]，向北扩展到黄河流域以北乃至北纬40度线一带，并且在淮河以北、秦岭以东形成了关中平原、河内平原、伊洛河流域、黄淮平原等北方主要水稻种植区[2]。

考古发现还表明，秦汉时期水稻的品种多样，并各有其名称。云梦睡虎地秦简《仓律》中，有"稻后禾熟，计稻后年。已获上数，别粲、穤（糯）、秙（黏）稻"等记述。江陵凤凰山167号西汉墓的头厢出土的5个小绢袋中，有3个绢袋盛有稻谷，其束口绢带绑缚的木牌上分别写有"稻糯米二石"、"稻糒二石"、"稻粺二石"。长沙马王堆1号墓出土的遣策简中，记有："稻白秫二石布囊二"、"稻白鲜米二石布囊二"、"稻米白秫五石布囊"等；出土麻袋所系竹牌上，写有"稻白秫米一石"[3]；随葬于西边厢麻布袋中装有大量稻谷，出土时稻谷壳保存完好，呈灰白色，其形态经鉴定有4种类型，包括籼稻、粳稻、黏稻、糯稻等品种。无论简牍的记述还是稻谷遗骸的鉴定，都说明当时水稻品种相当丰富。总体上看，考古发现的汉代水稻中粳稻多于籼稻，并且北方出土的大多是粳稻，而籼稻则发现于长江流域及其以南地区且大多属于东汉，或许反映出东汉以后籼稻在南方地区获得了较大发展[4]。

五 菽

菽即豆类作物，品种多样，但一般特指"大豆"[5]，或称之为"黍豆"，是秦汉时期重要的粮食作物之一，西汉农学家氾胜之曾呼吁发展大豆生产[6]。

就考古发现来看，西安三兆村3号墓出土的陶仓（M3：4）上墨书有"大豆一京"，而仓内所盛植物经鉴定为大豆；西安西柞20号墓，西安石油学院22号墓以及曲春16号墓均出土有小豆；西安白鹿原95号汉墓出土的陶仓（M95：29）上粉书"黍豆"；咸阳杨家湾4号汉墓3号陪葬坑中随葬有豆类。洛阳烧沟汉墓出土的陶仓上，有的写有"大豆万石"、"小豆万石"等；洛阳西北郊81号汉墓出土的陶仓上墨书有"豆"字；洛阳五女冢267号墓出土陶仓上墨书"大豆万石"（图9-1-2）。云梦睡虎地秦简《仓律》记有："种……黍、荅亩大半斗，叔（菽）亩半斗"等用量的记述。但是，大豆的实物遗骸发现较少。汉景帝阳陵丛葬坑出土的粮食中有菽[7]。长沙马王堆1号汉墓曾出土大豆和赤

[1] 菅谷文则：《中国大陸水田稲作の拡張についての素描》，《人间文化》，日本滋贺县立大学人间文化学部，1996年。

[2] 张波、樊志民主编：《中国农业通史·战国秦汉卷》第174～176页，中国农业出版社，2007年。

[3] 发掘整理者认为，"稻白秫"指黏稻。

[4] 江西省社会科学院历史研究所、江西省中国农业考古研究中心陈文华：《中国汉代长江流域的水稻栽培和有关农具的成就》，《农业考古》1987年第1期。

[5] 《广雅·释草》："大豆，菽也。"引自三国魏·张辑撰，清·王念孙疏证《广雅疏证》卷十（上），凤凰出版社，2000年。

[6] 《氾胜之书》："大豆保岁易为，宜古之所以备凶年也。"

[7] 陕西省考古研究所：《汉阳陵》第8页，重庆出版社，2001年。

豆,而遣策简文中记有"菽"。广西梧州大圹 3 号东汉墓的铜碗内装有豆类[1]。贵州赫章可乐 153 号"西南夷"墓葬[2]的铜鼓内发现有大豆,年代为西汉晚期。出土豆类遗存的地点还有:敦煌马圈湾汉代烽燧遗址[3]发现的豌豆;广东番禺 12 号汉墓出土的豆子等。

秦汉时期的大豆发现较少,可能与当时的丧葬习俗有关,但也从一个侧面反映出大豆的种植没有稻、麦、粟等那样普遍。

六 高粱

高粱又称为"粱"、"秫"、"粱秫"、"蜀秫"、"蜀黍"等[4]。秦汉时期是否有高粱的栽培,当时的文献记载不甚明确,因而成为农史学界长期争论的一个问题[5]。实际上,考古发现表明,我国高粱的种植至少可以上溯到距今 3000 年以前的青铜时代乃至史前时期,如陕西长武碾子坡遗址[6]发现了先周时期的高粱,辽宁大连大嘴子青铜时代遗址出土了距今 3000 年前的高粱[7]。

秦汉时期,高粱的种植得到进一步的扩展。辽阳三道壕西汉村落遗址[8]第 1 号居住址发现有成堆的被火烧过的炭化高粱。汉长安城南郊礼制建筑遗址[9]的发掘中,发现了带有高粱秆编扎排架痕迹的墙皮。咸阳杨家湾 1 号汉墓墓道随葬的陶仓中也发现有高粱[10];咸阳马泉西汉墓墓道的陶瓮中,有两个盛放有高粱。山西平陆西延汉墓出土的陶罐中盛有高粱米[11]。洛阳西北郊 81 号汉墓出土的陶仓中,有一件盛有高粱,而有一件陶壶上墨书有"粱米"。洛阳五女冢 267 号墓出土陶仓上墨书"粱粟"(图 9-1-7)。洛阳烧沟汉墓出土的陶仓中,有的写有"粱米万石"等;而陶仓内的炭化植物籽粒,经鉴定确认为高粱[12]。居延汉简中所记之"粱米"[13],应当是加工去皮后的

〔1〕 梧州市博物馆:《广西梧州市近年来出土的一批汉代文物》,《文物》1977 年第 2 期。

〔2〕 贵州省博物馆考古组、贵州省赫章县文化馆:《赫章可乐发掘报告》,《考古学报》1986 年第 2 期。

〔3〕 甘肃省文物考古研究所:《敦煌马圈湾汉代烽燧遗址发掘报告》,《敦煌汉简释文》第 295 页,甘肃人民出版社,1991 年。

〔4〕 中国社会科学院考古研究所西安研究室李毓芳:《浅谈我国高粱的栽培时代》,《农业考古》1986 年第 1 期。

〔5〕 范毓周:《关于中国古代的高粱栽培问题》,《中国农史》1997 年第 4 期。

〔6〕 A.中国社会科学院考古研究所泾渭工作队:《陕西长武碾子坡先周文化遗址发掘记略》,《考古学集刊》第 6 集第 134 页,图版拾伍:6,中国社会科学出版社,1989 年。

B.中国社会科学院考古研究所:《南邠州·碾子坡》第 85、202 页,世界图书出版公司,2007 年。

〔7〕 旅顺博物馆刘俊勇:《辽宁大连大嘴子稻谷、高粱的发现与研究》,《农业考古》1992 年第 3 期。

〔8〕 东北博物馆:《辽阳三道壕西汉村落遗址》,《考古学报》1957 年第 1 期第 121 页,图版伍:10。

〔9〕 唐金裕:《西安西郊汉代建筑遗址发掘报告》,《考古学报》1959 年第 2 期。

〔10〕 中国社会科学院考古研究所西安研究室李毓芳:《浅谈我国高粱的栽培时代》,《农业考古》1986 年第 1 期。

〔11〕 平陆县博物馆卫斯:《山西平陆出土的汉代农作物》,《农业考古》1984 年第 1 期。

〔12〕 陈文华:《农业考古》第 54 页,文物出版社,2002 年。

〔13〕 居延汉简 226·1:"出粱米五斗二升"(见谢桂华、李均明、朱国炤《居延汉简释文合校(上册)》第 364 页,文物出版社,1987 年)。

高粱米[1]。秦汉时期的高粱，在长江流域及其以南地区也有所发现，如江苏扬州胡场西汉墓[2]发现有高粱；广州4013号东汉前期墓出土陶提筒内的粮食，经鉴定为高粱。很显然，秦汉时期不仅有高粱的种植，而且已经成为当时主要的粮食作物之一。

七　麻

麻，又被称为"大麻"，其雄株秸秆的表皮可用作纺织原材料，而雌株所产麻籽则是一种古老的食粮。秦汉时期麻籽仍然被作为粮食，因此当时仍被列为九谷之一，不过在粮食作物中已经不再占有重要的地位。

据考古发现，西安三兆村3号墓出土的陶仓（M3：5）上墨书有"麻一京"，指的应是麻籽一仓，而仓内植物经鉴定确有麻籽。烧沟汉墓出土陶仓上，有的写有"麻万石"等；新安铁门镇15号汉墓出土的陶仓（M15：1）、洛阳五女冢267号墓出土陶仓上均写有"麻"字（图9-1-3）。云梦睡虎地秦简《仓律》记有："种：稻、麻亩用二斗大半斗"等种子用量的记述。秦汉时期麻籽的实物也有发现，如长沙马王堆1号汉墓的遣策简文中记有"麻种一石布囊一"，而西边厢的麻袋中装有麻籽；广西贵县罗泊湾1号汉墓出土的植物籽实中也有麻籽。

考古发现的秦汉时期的农作物遗存中，除了上述主要粮食作物之外，还有其他一些经常用作食粮的作物，如青稞[3]、芋[4]、薏苡米[5]等；汉代图像资料中有关于当时种芋的画像[6]；西汉时期的农书《氾胜之书》也有关于"九谷"及芋等栽培方法的记述。

考古发现的植物籽实及有关的文字资料[7]表明，秦汉时期的粮食作物主要是粟、黍、麦、稻、菽、粱以及麻等，已经形成了我国古代的粮食作物传统，并且各种主要粮食作物都是多品种共存。但是，由于各地自然地理环境的不同，各地种植农作物的种类具有明显的地域差异[8]。据鉴定，西安地区23座西汉中期至东汉中期墓葬出土的45件陶仓内的植物中，粟占44％、黍占29％、大豆占11％，从一个侧面说明当时关中地区以种植粟、黍和大豆为主。正如有的学者所指出的，"当时黄河中下游地区以种植大、小麦为

〔1〕沈志忠：《先秦两汉粱秫考》，《中国农史》1999年第2期。

〔2〕扬州博物馆、邗江县文化馆：《扬州邗江县胡场汉墓》，《文物》1980年第3期。

〔3〕青稞曾发现于咸阳马泉西汉墓、敦煌马圈湾（见甘肃省博物馆、敦煌县文化馆《敦煌马圈湾汉代烽燧遗址发掘简报》，《汉简研究文集》第505页，甘肃人民出版社，1984年）、民丰尼雅遗址等地。

〔4〕芋曾发现于马王堆1号汉墓、贵县罗泊湾1号西汉墓等地。

〔5〕薏苡米曾出土于咸阳马泉西汉墓，西安三兆村4号墓、雁湖16号墓，洛阳西北郊81号汉墓、烧沟11号汉墓等地。

〔6〕刘文杰：《汉代的种芋画像实物与古代种芋略考》，《四川文物》1985年第4期。

〔7〕《睡虎地秦墓竹简·仓律》关于粮食种类的记载有：稻、麻、禾（粟）、麦、黍、菽等（见睡虎地秦墓竹简整理小组《睡虎地秦墓竹简》第29页，文物出版社，1990年）。

〔8〕《汉书·地理志（上）》载：扬州，谷宜稻；荆州，谷宜与扬州同；豫州，其谷宜五种（颜师古注曰："黍、稷、菽、麦、稻"）；青州，谷宜稻、麦；兖州，谷宜四种（颜师古注曰："黍、稷、稻、麦"）；雍州，谷宜黍、稷；幽州，谷宜三种（颜师古注曰："黍、稷、稻"）；冀州，谷宜黍、稷；并州，谷宜五种。

最多，其次是粳稻、黍、粟；北方草原地区以种植荞麦、高粱为主；西北高原地区以种植黍、粟为主；长江流域及其以南地区，以种植水稻为最多。这种因地理气候的差异而形成的几个不同作物区，至迟在西汉时期就已经形成了"[1]。同时，各地出土的粮食作物籽实如果能够确认均产自当地[2]，那么可以认为，北方地区主要种植粟、黍、麦、菽、粱的同时，不少地区还种植水稻，并且多为粳稻；长江流域及其以南地区以种植水稻为主的同时，也存在粟、黍、麦、菽、粱等旱地作物的种植[3]。

第三节　秦汉时期的农耕工具与农耕技术

农耕工具与农耕技术直接相关，并且是农耕技术和农业发展水平的重要指示器。有关秦汉农业的考古发现中，最为常见、为数最多的实物资料是农耕工具。需要说明的是，这里所说的农耕工具，是就狭义的农具而言，主要指的是从开垦整理土地到谷物收割所使用的器具。秦汉时期农耕工具的突出特点之一，是它的铁器化，即土作农耕工具作用于劳动对象的主体部分是用钢铁制作的。秦汉时期农耕工具的铁器化，是伴随着当时铁器工业的全面发展而实现的[4]。

农耕技术，包括土地加工与整理、播种、田间管理和谷物收获等一系列环节，与农耕工具的发展水平密切相关。秦汉时期在农耕技术上的重大进步之一，是汉代出现并推广的"代田法"和"区田法"[5]，《汉书·食货志》和《氾胜之书》中分别有所记载，但尚未发现有关的考古资料。考古学上所反映的主要是土地整理、播种、田间管理和谷物的收获等方面[6]。

一　土作农耕工具

农耕工具中除收割工具外，大都与农业生产中的土作活动相关。同时，古代生产工具一器多用的现象普遍存在，并且考古发现的农耕工具大都是器具的刃部而不是其完整的整器。因此，农耕工具中除了农业耕作的专用器具——如耕犁、耧铧以及收割工具之外的其他用于各种土作的多用途农耕工具，这里归类为"土作农耕工具"。它们既是农业耕作中

---

[1]　中国社会科学院考古研究所黄展岳：《汉代人的饮食生活》，《农业考古》1982年第1期。

[2]　目前考古发现的秦汉时期的粮食作物遗存大都出土于大中型的墓葬之中，而秦汉时期又存在着粮食的远距离运输和交换，因此，墓葬中出土的粮食作物一般说来大多是产自当地，但也不排除来自其他地方的可能性。

[3]　有学者认为："长沙等地汉代的粮食作物大致是以旱地作物为主，或者旱地作物与水稻各半"（见湖南省博物馆周世荣《从马王堆出土古文字看汉代农业科学》，《农业考古》1983年第1期）。但实际上更多的考古发现表明，秦汉时期的南方地区还是以种植水稻为主。

[4]　白云翔：《先秦两汉铁器的考古学研究》第289页，科学出版社，2005年。

[5]　梁家勉主编：《中国农业科学技术史稿》第206～212页，农业出版社，1989年。

[6]　陈文华：《从出土文物看汉代农业生产技术》，《文物》1985年第8期。

的常用工具，又用于其他类型的土木作业。考古发现的秦汉时期的土作农耕工具几乎都是铁器，并且种类齐全，形制多样，常见的有铲、锸、耒、耜、镢、锄等。

（一）铲

铲作为一种土作农耕工具，其出现可以上溯到新石器时代初期的石铲，商代西周时期有青铜铲，春秋晚期出现了铁铲。铲的称谓始于汉代，《说文》中收录有"铲"字，但又被称之为"钱"、"划"、"镈"[1]。其基本形制是长方形或梯形铲身的上部中央有一竖銎，使用时竖向安装木柄。铲用途广泛，用于农耕主要是起土、翻土、点种和中耕除草等[2]。

考古发现的秦汉铁铲，大致可分为四种型式[3]，即长銎铲、短銎铲、长体铲和板状铲等（图9-3）。其中，长銎铲发现较少，仅见于赫章可乐西汉晚期墓[4]；短銎铲最为常见，各地都有所发现，有圆肩、垂肩、斜肩等不同形式[5]；长体铲发现有一定数量，曾发现于章丘东平陵城[6]等地；板状铲系用铁板锻制而成，形态多样，曾发现于秦都咸阳[7]、天长三角圩汉墓[8]和广州南越王墓[9]等地。

（二）锸

锸，汉代又写作"臿"或"楈"[10]，又称作"锹"[11]、"㭖"[12] 等。其主要用途是起

---

〔1〕　孙机：《汉代物质文化资料图说》第8页，文物出版社，1991年。

〔2〕　汉·刘熙《释名·释用器》："镈亦锄田器……迫地去草也。"引自清·王先谦《释名疏证补》卷七，上海古籍出版社，1984年。又，《齐民要术·耕田》引刘宋·何承天《纂文》："养苗之道，锄不如耨，耨不如划。划柄长三尺，刃广二寸，以划地除草"。引自石声汉《齐民要术今释》第1页，科学出版社，1957年。

〔3〕　本节关于秦汉铁农耕工具的分类，均参见白云翔《先秦两汉铁器的考古学研究》第186～205页（科学出版社，2005年），不另注。

〔4〕　贵州省博物馆、贵州省赫章县文化馆：《赫章可乐发掘报告》1986年第2期。

〔5〕　A.陕西省考古研究所：《陇县店子秦墓》第109页图八一：6，三秦出版社，1998年。
　　　B.河北省文物管理处：《磁县下潘汪遗址发掘报告》，《考古学报》1975年第1期。
　　　C.江西省文物管理委员会：《江西修水出土战国青铜乐器和汉代铁器》，《考古》1965年第6期。

〔6〕　山东省文物考古研究所：《山东章丘市汉东平陵故城遗址调查》，《考古学集刊》第11集，中国大百科全书出版社，1997年。

〔7〕　秦都咸阳考古工作站：《秦咸阳宫第二号建筑遗址发掘简报》，《考古与文物》1986年第4期。

〔8〕　安徽省文物考古研究所、天长县文物管理所：《安徽天长县三角圩战国西汉墓出土文物》，《文物》1993年第9期。

〔9〕　广州市文物管理委员会、中国社会科学院考古研究所、广东省博物馆：《西汉南越王墓》第104页，图七〇：7，文物出版社，1991年。

〔10〕　贵县罗泊湾汉墓出土木牍和凤凰山167号汉墓遣策简文（见吉林大学历史系考古专业赴纪南城开门办学小分队《凤凰山一六七号汉墓遣策考释》，《文物》1976年第10期）的"锸"字写作"楈"。

〔11〕　《史记·秦始皇本纪》："禹凿龙门……身自持筑臿"。张守节《正义》："臿，锹也。"

〔12〕　《汉书·沟洫志》记述关中居民歌颂白公渠称："举臿为云，决渠为雨。"颜师古注："臿，㭖也，所以开渠者也。"

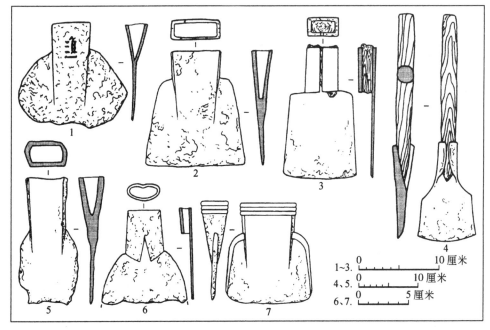

图 9-3　秦汉铁铲

1. 修水横山 BB：3　2. 陇县店子 M279：10　3. 广州南越王墓 C：145-15　4. 天长三角圩 M1：192-2
5. 章丘东平陵故城 DPL：0162　6. 秦咸阳宫二号遗址 XYP2：B12　7. 磁县下潘汪 T32R：1

土和掘土[1]，在农田耕作、兴修水利和土木建筑中广泛使用。完整的耜由木柄、作为耜身的木叶和铁口组成，如长沙马王堆 3 号汉墓墓坑填土中出土一件完整的耜，圆柱形柄，耜身木叶扁平[2]，上刻有"X"字形，"凹"字形铁口，全长 139.5 厘米，木叶长 46.5 厘米，铁口刃宽 13.1 厘米、高 11 厘米（图 9-4-13）；江陵凤凰山 167 号汉墓[3]遣策简十五记："大奴一人持耜"，随葬品中有一件持耜男俑，耜以墨绘铁口，形制与马王堆 3 号墓出土铁口耜相同；长沙 203 号西汉后期墓出土有木俑手持的木耜[4]；四川峨眉县同兴村汉墓出土一件石持耜俑[5]，清楚地表现出耜的结构（图 9-4-12）。

　　考古发现的耜一般是耜的铁口部分，主要有两种形制（图 9-4），即直口耜（"一"字形耜）和凹口耜。直口耜正视为横长方形，侧视为等腰三角形，顶部中空成长方形銎以纳

[1] 汉·刘熙《释名·释用器》："臿，插也，插地起土也。"引自清·王先谦《释名疏证补》卷七，上海古籍出版社，1984 年。又，汉·王充《论衡·率性篇》："以镤臿凿地。"

[2] 湖南省博物馆、中国科学院考古研究所：《长沙马王堆二、三号汉墓发掘简报》，《文物》1974 年第 7 期图版肆：1。

[3] 吉林大学历史系考古专业赴纪南城开门办学小分队：《凤凰山一六七号汉墓遣策考释》，《文物》1976 年第 10 期。

[4] 中国科学院考古研究所：《长沙发掘报告》第 125 页，图版捌捌：2、3，科学出版社，1957 年。

[5] 四川省博物馆、峨眉县文管所：《四川峨眉县发现东汉石俑》，《文物资料丛刊》第 4 辑第 239 页，文物出版社，1981 年。

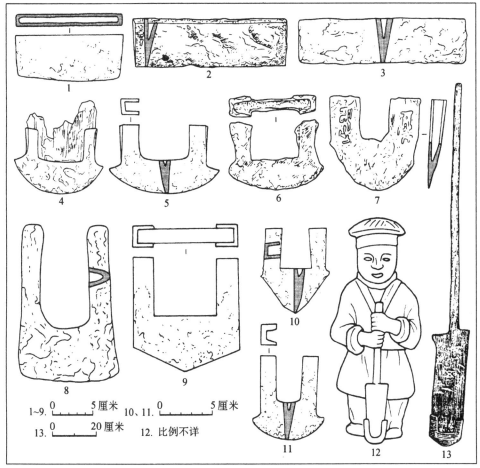

图 9-4　秦汉锸及持锸俑

1～3.铁直口锸（临淄金岭镇 M1：4、洛阳烧沟 M183：01、陇县店子 M192：20）　4～11.铁凹口锸（广州南越王墓 B：41、合浦堂排 M2B：5、广州汉墓 M1005：18、西昌东坪村 DP87C：03、巩县铁生沟 TSG：C2、蓝田鹿原寨 CB：01、资兴汉墓 M211：1、临淄齐王墓 K4：01）　12.石持锸俑（峨眉同兴村汉墓出土）　13.铁口木锸（长沙马王堆 M3：01）

木叶，刃口平直，在不少地方有所出土，但大多属于秦和西汉时期[1]。凹口锸，正视为"凹"字形，侧视近似等腰三角形，顶部中空成凹字形銎以纳木叶，发现数量多，地域分布广，形态多样，其平面形制大致可以分为三种：一种是平面呈方形或长方形，銎部与刃部大致等宽；另一种是刃部明显宽于銎部；再一种是刃部窄于銎部，略呈倒梯形。至于其刃口形状，则有直刃、三角形、舌形、弧形刃角外展等多种[2]。

[1]　A.陕西省考古研究所：《陇县店子秦墓》第 109 页图八一：6，三秦出版社，1998 年。
　　　B.山东省文物考古研究所：《山东临淄金岭镇一号东汉墓》图二○：3，《考古学报》1999 年第 1 期。
[2]　A.陕西省博物馆、文物管理委员会：《陕西省发现的汉代铁铧和䥯土》，《文物》1966 年第 1 期。
　　　B.刘世旭、张正宁：《四川西昌市东坪村汉代炼铜遗址的调查》，《考古》1990 年第 12 期。

需要指出的是，考古发现的铁直口锸和凹口锸，它们大多是锸的刃口，但有的实际上可能用作耒、耜以及锄的铁刃口。

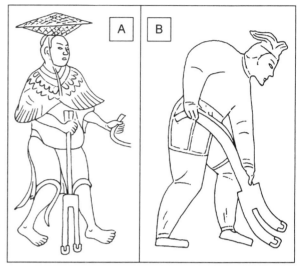

图9-5 汉代持耒与持耜图像（摹本）
A.铜山小李庄汉画像石墓持耒图像
B.嘉祥武梁祠画像石持耜图像

（三）耒

耒指的是一种前头分为两叉的木制的土作工具，有时又称为"两头锸"或"双齿锸"。木耒出现于新石器时代，战国晚期木耒的两叉头端开始出现铁口[3]，秦汉时期一般是铁口木耒，常用于农田耕作[4]。长沙203号西汉后期墓出土有木俑手持的木耒模型明器，江苏铜山县苗山小李庄汉墓出土画像石[5]上的神农执耒图像（图9-5-A），以及陕西勉县老道寺汉墓出土的持耒俑[6]等，清楚地表现出当时铁口木耒的形制和结构。考古发现的耒，大多只是耒的铁口。其形制与铁凹口锸相近，只是形体较小，一般宽在5厘米左右，大者宽也不过8厘米，在长沙沙湖桥A40号西汉墓填土[7]、江西修水[8]等地都有所发现。

（四）耜

耜的结构与耒相似，前头分为两叉，但耜柄和耜体形成一定的夹角或各自向相反的方向弯曲[9]。江陵凤凰山167号汉墓出土4件木俑所持的木耜明器[10]，耜头长9.7厘米，

C.河南省文化局文物工作队：《巩县铁生沟》第31页，文物出版社，1962年。

D.广西壮族自治区文物工作队：《广西合浦县堂排汉墓发掘简报》，《文物资料丛刊》第4辑第51页，文物出版社，1981年。

E.湖南省博物馆、湖南省文物考古研究所：《湖南资兴西汉墓》，《考古学报》1995年第4期。

[3] 湖北省博物馆江陵纪南城工作站：《一九七九年纪南城古井发掘简报》图九：7，《文物》1980年第10期。

[4] 《淮南子·主术训》："一人蹠耒而耕，不过十亩。"又，《盐铁论·国疾》："秉耒抱耜，躬耕身织者寡。"

[5] A.江苏省文物管理委员会办公室：《江苏徐州汉画像石》图版26，图31，科学出版社，1959年。

B.中国农业博物馆：《汉代农业画像砖石》第20页，中国农业出版社，1996年。

[6] 郭清华：《陕西勉县老道寺四号汉墓发掘简报》图三：4，《考古与文物》1982年第2期。

[7] 李正光、彭青野：《长沙沙湖桥一带古墓发掘报告》，《考古学报》1957年第4期第55页，图版柒：6。该器高7.2厘米，宽6.4～8.8厘米，原报告称之为"铲"，不妥。

[8] 江西省文物管理委员会：《江西修水出土战国青铜乐器和汉代铁器》，《考古》1965年第6期。

[9] 关于耜的形制，有不少学者作过考证，如四川大系历史系徐中舒的《耒耜考》（《农业考古》1983年第1期）。孙机认为"耜应为曲柄"（见孙机《汉代物质文化资料图说》第3页，文物出版社，1991年），笔者以为是。

[10] 張緒球：《江陵凤凰山前漢墓出土の稻》，《東アジアの稻作起源と古代稻作文化》第148页，日本

分为两叉，形成两齿，其端部用墨绘出铁口；耙头基部有一竖孔用以安装木柄，木柄残长16厘米，近柄首的部分弯曲，耙柄与耙头的夹角为135度。此类木耙还发现于凤凰山168号墓等地。山东嘉祥武梁祠画像石[11]上的神农执耙图像（图9-5-B），形象地描绘出耙的形制结构和使用方法。考古发现的耙，大多是耙的铁口，其形制与铁凹口锸相似，大小与耒的铁口相近，不宜区分。

（五）镢

镢在汉代又写作"钁"，是一种多用途的土作工具[12]。镢与铲、锸等所不同的是横向装柄，即柄的方向与镢体大体垂直，并且使用时是向后翻土。江陵西汉墓发现的持镢木俑[13]、四川省渠县蒲家湾石阙画像石[14]上的执镢人物图像（图9-6-B）等，都表现了当时镢的整体结构。汉画像石中也常见农夫荷镢的图像[15]。

考古发现的镢，大都是其铁制的镢头部分，主要有三类（图9-6-A），即竖銎镢、横銎镢、多齿镢。竖銎镢，又称之为"条形镢"，器体厚重，长方形器身，竖銎，使用时装有矩尺形曲柄。其中，大多为封闭型銎[16]，少量为C形銎[17]。横銎镢，又称之为"孔镢"，镢头上部有方向与刃口方向垂直的横向銎，使用时装有直柄；下部为扁薄的镢身，形态多样[18]。多齿镢，结构与横銎镢相同，但镢身由两个或多个齿组成，有双齿镢、三齿镢、五齿镢等不同形式[19]。

（六）锄

锄在汉代又写作"鉏"，主要用途是中耕除草、间苗和松土[20]，但同时也可用于其

佐賀大学，1995年。

[11] 蒋英炬、吴文祺：《汉代武氏墓群石刻研究》第153页，山东美术出版社，1995年。

[12] 汉·许慎《说文解字·金部》："钁，大鉏（锄）也。"中华书局，1963年。又，《淮南子·精神训》："今夫徭者，举钁臿……"

[13] 陈文华：《中国古代农业科技史图谱》第186页图14-37，农业出版社，1991年。

[14] 中国农业博物馆：《汉代农业画像砖石》第36页，中国农业出版社，1996年。

[15] 刘培桂、郑建芳、王彦：《邹城出土东汉画像石》，《文物》1994年第6期。

[16] A. 长江水利委员会：《宜昌路家河》第99页，科学出版社，2002年。
　　B. 山东省淄博市博物馆：《西汉齐王墓随葬器物坑》，《考古学报》1985年第2期。

[17] 张家界市文物工作队：《湖南桑植朱家台汉代铁器铸造作坊遗址发掘报告》，《考古学报》2003年第3期。

[18] A. 郑州市文物考古研究所、巩义市文物保护管理所：《河南巩义市新华小区汉墓发掘简报》，《华夏考古》2001年第4期。
　　B. 河南省文物研究所：《南阳北关瓦房庄汉代冶铁遗址发掘报告》，《华夏考古》1991年第1期。

[19] A. 山东省文物考古研究所：《山东章丘市汉东平陵故城遗址调查》，《考古学集刊》第11集第171页，中国大百科全书出版社，1997年。
　　B. 福建博物院、福建闽越王城博物馆：《武夷山城村汉城遗址发掘报告（1980～1996）》第307页，福建人民出版社，2004年。

[20] 汉·刘熙《释名·释用器》："锄，助也，去秽助苗长也。"引自清·王先谦《释名疏证补》卷七，上海古籍出版社，1984年。又，汉·许慎《说文解字·金部》："鉏，立薅所用也。"中华书局，1963年。

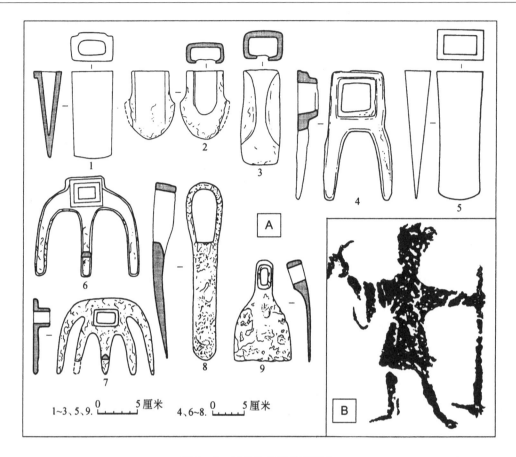

图 9-6 汉代铁镢及持镢图像

A. 铁镢 1～3.竖銎镢（宜昌路家河 T9⑤：1、桑植朱家台 MWT92：9、朱家台 MWT93：5） 4.二
齿镢（章丘东平陵故城 DPL：0219） 5.竖銎镢（临淄齐王墓 K1：01） 6.三齿镢（章丘东平陵故
城 DPL：0244） 7.五齿镢（武夷山城村汉城 T312：1） 8、9.横銎镢（南阳瓦房庄 T1①A：151、
巩义新华 M1：110）

B. 渠县蒲家湾石阙画像石持镢图像（拓本）

他的土木作业。其装柄方式与镢相似，即横向装柄，但体较轻薄且一般刃部较宽。山东
泰安大汶口[1]、河南南阳七里园[2]汉画像石上的农夫执锄中耕图像（图 9-7-B）和江
陵凤凰山 167 号汉墓出土的两件持锄男俑所持的锄[3]，清楚地反映出当时锄的结构和
使用情形。

考古发现的锄大多是铁锄头，其形态多样，主要有六角锄、板状锄、细茎锄和曲柄锄

〔1〕 山东省博物馆、山东省文物考古研究所：《山东汉画像石选集》图 471，齐鲁书社，1982 年。

〔2〕 中国农业博物馆：《汉代农业画像砖石》第 30 页图 A13，中国农业出版社，1996 年。

〔3〕 張緒球：《江陵凤凰山前漢墓出土の稲》，《東アジアの稲作起源と古代稲作文化》第 148 页，日本
佐賀大学，1995 年。

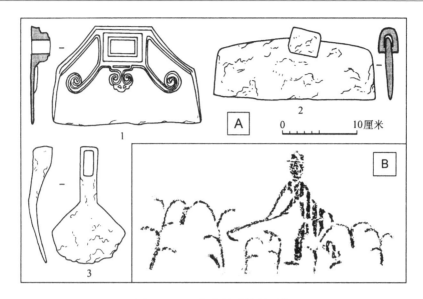

图 9 - 7　汉代铁锄及持锄图像

A. 铁锄　1. 六角锄（长武丁家 DJ∶7）　2. 板状锄（汉杜陵遗址ⅤT4∶2）　3. 细茎
锄（江陵马眼桥 MYQ∶298）

B. 南阳七里园汉画像石墓持锄农夫图像（拓本）

等（图 9 - 7 - A）。六角锄，锄体平面呈六角形，横銎，多见于秦和西汉前期[1]。板状锄，扁平板状，形制多样，无銎[2]。细茎锄，板状锄体，横銎，銎部细长[3]。曲柄锄，锄身为扁薄的梯形或扇形，背部连一曲柄，柄后端有銎以装木柄，出现于东汉时期，山东枣庄滕楼村[4]、湖北枣阳[5]等地有所发现，四川乐山洋子湾东汉崖墓石刻[6]上有执曲柄锄的人物图像。

　　考古发现表明，秦汉时期土作农耕工具铁器化的实现，大大增强了土地的开垦和土地的加工能力，极大地提高了劳动生产率[7]，成为秦汉时期精耕细作农耕技术模式形成和农业生产发展的重要物质基础。正如《盐铁论·禁耕》所记：“铁器者，农夫之死生也。”但需要指出的是，秦汉时期铁制土作农耕工具普及的同时，也还存在某些其他材质的农具。如长沙咸家湖西汉中期的曹嬛墓填土中曾出土一件木锸，长约 73.5 厘米[8]，应当是当时木制农具依然存在的一种反映。另外，秦和西汉时期铁农具在中原地区基本普及的同

〔1〕　刘庆柱：《陕西长武出土汉代铁器》，《考古与文物》1982 年第 1 期。

〔2〕　中国社会科学院考古研究所：《汉杜陵陵园遗址》第 50 页，科学出版社，1993 年。

〔3〕　江陵文物局：《江陵太湖港古遗址与墓葬调查清理简报》，《江汉考古》1988 年第 2 期。

〔4〕　山东枣庄市博物馆文光：《山东枣庄市出土的古代铁农具》，《农业考古》1987 年第 2 期。

〔5〕　江西省中国农业考古研究中心陈文华、张忠宽：《中国古代农业考古资料索引（二）》，《农业考古》1982 年第 1 期；《中国古代农业科技史图谱》第 187 页图 14 - 43，农业出版社，1991 年。

〔6〕　闻宥：《四川汉代画像选集》第六十三图，群联出版社，1955 年。

〔7〕　闵宗殿：《两汉农具及其在中国农具史上的地位》，《中国农史》1996 年第 2 期。

〔8〕　长沙市文化局文物组：《长沙咸家湖曹嬛墓》图三七∶3，《文物》1979 年第 3 期。

时，边远地区还在较多地使用青铜农具。如云南晋宁石寨山西汉时期的滇人墓中出土有青铜犁、锄、铲、镰等大量青铜农具[1]，而尚未见铁农具，说明西汉时期的滇人使用的农具仍然主要是青铜制品。从目前的考古发现看，边远地区土作农耕工具的铁器化进程，到东汉时期才逐步完成。

二　耕犁与牛耕

犁耕在我国有着悠久的历史和传统。耕犁的出现可能在新石器时代晚期，牛耕的历史可以上溯到商代[2]。战国时期铁犁出现，牛耕获得初步发展。秦汉时期铁犁广泛使用，耕犁逐步定型，牛耕趋于普及，成为当时农业发展的另一个重要标志，也是我国古代传统农业走向成熟的重要标志。

（一）耕犁

秦汉时期的耕犁主要由铁制的犁头和木制的犁架构成，一般所说的铁犁实际上指的是铁制犁头。铁犁一般由犁铧、铧冠和犁镜三部分组成。

犁铧，是犁的入土部件，具有发土、挤压、碎土、翻土等功能。目前所见年代最早的铁犁铧是陕西临潼鱼池遗址发现的秦代铁犁铧[3]。秦汉时期的铁犁铧形制相近，即平面大致呈三角形，背面平或略外弧，正面鼓起，横断面呈等腰三角形或近似菱形，前部为舌形或三角形刃，但大小不一，可以分为大、中、小三种（图9-8-3~7）。大型犁铧，长、宽均在30厘米以上，最大者达40厘米左右。如辽阳三道壕出土的西汉铁犁铧[4]，长40厘米、宽42厘米、高13厘米。这种大型犁铧在吉林集安[5]、河北满城[6]、兴隆[7]、山东藤县[8]、陕西[9]、新疆[10]、福建[11]等地多有发现。如此大的铁犁，耕地深度可达15厘米以上，需用两头大牲畜才能牵引[12]。中型犁铧，长、宽均在20~30厘米之间，如临

〔1〕　云南省博物馆：《云南晋宁石寨山古墓群发掘报告》第20~29页，文物出版社，1959年。

〔2〕　王星光：《中国耕犁研究》，《中国经济史研究文集》，新华出版社，2004年。

〔3〕　始皇陵秦俑坑考古发掘队：《陕西临潼鱼池遗址调查简报》图六：2，《考古与文物》1983年第4期。

〔4〕　A.东北博物馆：《辽阳三道壕西汉村落遗址》，《考古学报》1957年第1期。
　　　B.宋树友主编：《中华农器图谱》第一卷第155页，农业出版社，2001年。

〔5〕　吉林省文物工作队庞志国、王国范：《吉林省汉代农业考古概述》，《农业考古》1983年第2期。

〔6〕　中国社会科学院考古研究所、河北省文物管理处：《满城汉墓发掘报告》第281页，图一八八：1，文物出版社，1980年。本章凡涉及满城汉墓的资料，除注明者外均据此，不另注。

〔7〕　河北省兴隆县文物保管所李秀英：《兴隆县发现汉代铁犁铧》，《农业考古》1987年第1期。

〔8〕　庄冬明：《藤县长城村发现汉代铁农具十余件》，《文物参考资料》1958年第3期。

〔9〕　A.陕西省博物馆、文物管理委员会：《陕西省发现的汉代铁铧和铧土》，《文物》1966年第1期。
　　　B.郭德发：《渭南市田市镇出土汉代铁器》，《考古与文物》1986年第3期。

〔10〕　王炳华：《新疆犁耕的起源和发展》，《丝绸之路考古研究》第290页，新疆人民出版社，1993年。

〔11〕　福建省文物管理委员会：《福建崇安城村汉城遗址试掘》，《考古》1960年第10期。

〔12〕　张传玺：《西汉大铁犁研究》，《北京大学学报（哲学社会科学版）》1985年第1期；《两汉铁犁影响我国古代农业两千年》，《光明日报》2002年5月21日。

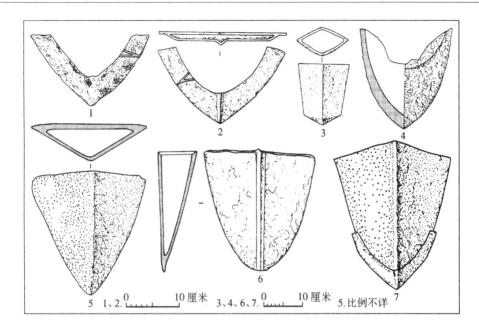

图 9 - 8　汉代铁犁

1、2.铧冠（洛阳烧沟 M1018：03、汉阳陵遗址 K22：4）　3～6.犁铧（蓝田鹿原寨 CB：02、临潼
鱼池遗址出土、滕县长城村 CHCC：01、满城汉墓 M2：01）　7.带冠犁铧（陇县高楼村 GLC：01）

潼鱼池遗址出土的铁犁铧，长 27 厘米、宽 24.7 厘米。小型犁铧，长、宽均在 20 厘米以
下，在陕西蓝田[1]、宝鸡[2]、永寿[3]等关中地区多有发现。犁铧大小的不同，与木犁的
结构相适应，既因应畜力大小的不同，又因应不同作业的需要[4]。

　　铧冠，是套装在犁铧前端的铁刃（图 9 - 8 - 1、2）。整器呈"V"字形，两翼外侧为
刃，内侧为銎口以套接铧体，翼展宽一般在 20 厘米左右，各地多有发现[5]，而河南渑池
铁器窖藏[6]一次就出土 1101 件。这种铧冠一般是套接在铁犁铧上的，如陕西陇县高楼村
曾出土刃部套接铧冠的铁犁铧[7]，但有些铁铧冠可能是套接在木质犁铧上使用的。铁铧
冠出现于战国晚期，秦汉时期普及。它的出现和使用，是铁犁的一大进步。铧冠刃口锐
利，易于入土，不仅可以对犁铧起保护作用，并且可随时更换。

　　犁镜，又称为"犁壁"、"鐴土"、"犁盆"等。安装在犁铧上部，与犁铧构成不连续曲

〔1〕　陕西省博物馆、文物管理委员会：《陕西省发现的汉代铁铧和鐴土》，《文物》1966 年第 1 期。
〔2〕　中国历史博物馆：《简明中国历史图册》第 4 册第 73 页，天津人民美术出版社，1979 年。
〔3〕　中国社会科学院考古研究所刘庆柱：《陕西永寿出土的汉代铁农具》图三：四，《农业考古》1982
　　　年第 1 期。
〔4〕　大型和中型犁铧分别需要两头和一头牲畜牵引，而小型犁铧有可能用于畜力牵引的耘锄。
〔5〕　陕西省考古研究所汉陵考古队：《汉景帝阳陵南区丛葬坑发掘第二号简报》，《文物》1994 年第6期。
〔6〕　渑池县文化馆、河南省博物馆：《渑池县发现的古代窖藏铁器》，《文物》1976 年第 8 期。原报告称
　　　之为"犁铧"。
〔7〕　陕西省博物馆、文物管理委员会：《陕西省发现的汉代铁铧和鐴土》，《文物》1966 年第 1 期。

面，具有挤压破碎土壤和翻土的功能[1]。考古发现的秦汉铁犁镜，大致分为两类（图9-9）：一类是两侧对称的马鞍形，耕地时向两侧翻土；另一类是菱形或缺角方形等，耕地时向一侧翻土。这两类犁镜在河南荥阳县刘庄村[2]、陕西礼泉王相村[3]等地均有发现。犁镜的出现，是耕犁发展史上的

图9-9 荥阳刘庄村出土汉代铁犁铧与犁镜
1.刘庄村：277、274 2.刘庄村：279

重大进步[4]，尤其是单侧翻土的犁镜的出现，耕地时不仅可以将地面杂草翻转埋入土中当作肥料，兼有杀虫作用，而且能够使耕过的土地田面平整。

秦汉时期的犁属于单辕犁，其木制犁架主要是由犁稍、犁床、犁辕和犁箭等组成的直辕犁，并且基本定型。犁稍是犁架后部的立木，上端用于把扶，中部安装犁辕，下部安装犁床；犁床中部竖向安装犁箭，用以调节深浅；犁床前端套装犁铧。木犁的实物未见遗存，但考古发现的模型明器和画像砖石以及壁画中的有关图像资料表明，秦汉时期的直辕犁有长辕犁和短辕犁两种，前者用二牛牵引，后者可用一牛牵引，但都是单辕。江苏省睢宁县双沟出土画像石[5]上的牛耕图中的长辕犁，二牛牵引，犁架上设有犁箭，犁床和犁稍由一根曲木制成，两者区分不明显（图9-10-1）。陕西绥德出土汉画像石[6]中的长辕犁，则是犁床与犁稍组合而成（图9-10-2）。这种长辕犁的图像，还发现于山东邹城、江苏泗洪等地[7]。短辕犁的结构与长辕犁相近，只是犁辕较短，且用一牛牵引。陕西省绥德县永元十二年（公元100年）王得元墓画像石[8]和横山县党岔出土画像石[9]上牛耕图（图9-10-3）中的耕犁、甘肃威武磨咀子48号汉墓出土的木牛犁模型[10]等，都属于一牛牵引的短辕犁。短辕犁的具体系驾方式尚不甚明了，但它由于犁辕短且用一头牲畜牵引，

[1] 方庄猷：《战国以来中国步犁发展问题试探》，《考古》1964年第7期。
[2] 郑州市博物馆：《郑州近年发现的窖藏铜、铁器》，《考古学集刊》第1集，图版叁叁：2、3，中国社会科学出版社，1981年。
[3] 陕西省博物馆、文物管理委员会：《陕西省发现的汉代铁铧和鐴土》，《文物》1966年第1期图版叁。
[4] 犁镜的出现年代，文献记载是在战国时期（参见刘仙洲《中国古代农业机械发明史》第16页，科学出版社，1963年），但考古发现中未见，目前所见最早的犁镜属于西汉。
[5] A.江苏省文物管理委员会：《江苏徐州汉画像石》第12页图81，科学出版社，1959年。
　　B.徐州市博物馆：《论徐州汉画像石》图六，《文物》1980年第2期。
[6] 李林、康兰英、赵力光：《陕北汉代画像石》第187页图554，陕西人民出版社，1995年。
[7] 中国农业博物馆：《汉代农业画像砖石》图A4～A8，中国农业出版社，1996年。
[8] 陕西省博物馆、陕西省文官会：《陕北东汉画像石刻选集》第24、25页，文物出版社，1958年。
[9] 康兰英：《陕北东汉画像石综述》，《中国汉画研究》第二卷第234页图22，广西师范大学出版社，2006年。
[10] 甘肃省博物馆：《武威磨咀子三座汉墓发掘简报》图二三，《文物》1972年第12期。

所以便于山地耕作。秦汉时期长辕犁和短辕犁并存，一方面反映出不同地区适应不同的耕地条件所使用的耕犁的类型不同，另一方面则可能与各地耕犁发展的不平衡有关。至于汉代是否已经出现了双辕犁[1]，有待于更进一步的研究和考古资料的证明。

（二）牛耕

从各地出土的画像资料和模型明器资料可以看到，秦汉时期主要以牛作为耕犁的牵引畜力，并且有二牛抬杠和一牛挽犁之分，因此称之为"牛耕"。但在西汉时期，已经出现了用马挽犁的马耕。《盐铁

图 9-10　汉代农耕图像（拓本）
1.睢宁双沟画像石墓出土　2.绥德画像石墓出土　3.绥德王得元墓出土
4.滕县黄家岭画像石墓出土

论·未通》有"农夫以马耕载"之语；《盐铁论·散不足》又说：马"行则服轭，止则就犁"。山东滕县黄家岭出土东汉画像石的耕作图中[2]，耕犁由一牛一马牵引（图9-10-4），说明当时马耕确实存在，只不过不如牛耕普遍。

这里需要略作说明的是"二牛三人耦犁"的问题。汉武帝为了实行耕战政策，于征和四年（公元前89年）任用赵过为搜粟都尉，在关中地区推行代田法时曾推广耦犁。《汉书·食货志（上）》载："亩五顷，用耦犁，二牛三人。"关于二牛三人之耦犁的结构和使用，有多种解释[3]。"二牛"为二牛合驾一犁，已为画像资料所证实，即"二牛抬杠"的驾犁方式。但是，目前所见的汉代牛耕图像，几乎都是一人扶犁的"二牛一人"形式；"二牛二人"的牛耕图像仅见于江苏省泗洪县重岗的画像石[4]，犁后有一人扶犁，犁前有一人牵牛；"二牛三人"的牛耕图像仅见于山东金乡香城堌堆的汉画像石[5]，牛前一人双

[1]　A.方壮猷：《战国以来中国步犁发展问题试探》，《考古》1964年第7期。
　　　B.王星光：《中国耕犁研究》，《中国经济史研究文集》，新华出版社，2004年。
[2]　山东省博物馆、山东省文物考古研究所：《山东汉画像石选集》图345，齐鲁书社，1982年。
[3]　张振新：《汉代的牛耕》，《文物》1977年第8期。
[4]　中国农业博物馆：《汉代农业画像砖石》第21页图A4，中国农业出版社，1996年。
[5]　山东石刻艺术博物馆：《山东鄄城、成武、金乡石刻调查》图一六，《考古》1996年第6期。

手执系牵牛，右侧牛后一人执鞭赶牛，犁后一人扶犁。于是，关于"三人"的解释，或解释为"用两牛，两人牵之，一人将耕"[1]；或解释为"一人在前边牵牛，一人在辕头一侧控制犁辕，一人在后边扶犁"[2]；或解释为"一人扶犁，一人牵牛、一人压辕"[3]；或解释为"一人扶犁，一人牵牛倒进，一人执鞭赶牛"[4]。或可认为，西汉时期存在的二牛三人之耦犁形式，可能是一人牵牛、一人掌犁或压犁、一人扶犁，但随着耕犁结构的改进和驾犁耕地技术的成熟，到东汉时期一般不再需要牵牛人和掌辕或压辕之人，于是形成了二牛一人之耦犁。汉代牛耕图像中罕见"二牛三人"并非完全是对牵牛和掌辕之人的省略，而是牛耕技术进步的一种反映。因为，目前所发现的牛耕图像和模型明器资料大多属于东汉时期，它们所反映的主要是东汉时的情形。当时不仅流行"二牛一人"的牛耕，而且还出现了"一牛一人"的牛耕[5]。

秦汉时期随着牛耕的推广，更注重对土地的加工，其技术也更为进步。在整地的过程中，翻土、耕地之后的一道工序，是打碎土块，平整田面，称之为"摩田"[6]。这样既防止土中水分过快地蒸发，又可以改善土壤的结构，有利于庄稼的生长。秦汉时期在继续沿用战国时期出现的长柄木榔头——櫌进行碎土的同时[7]，还发明了牛拉的"耱"，即在一圆形横木的中间伸出一长辕呈丁字形，用牛拖拉，将翻耕过的土地耱平。山东滕县黄家岭出土的东汉农耕画像石上[8]，在牛耕的后面，有一农夫正在驱赶一牛引耱耱地（参见图9-10-4），形象地描绘了当时耱的结构以及与犁耕配套使用的情形。

考古发现的实物和图像资料表明，秦汉时期的耕犁和牛耕发展到了前所未有的高度，并对后世产生了深远的影响[9]，主要表现在三个方面：一是犁头的铁器化，即犁铧、铧冠、犁镜全部为铁制；二是耕犁的定型化，即由犁稍、犁床、犁辕和犁箭组成直辕犁架，犁头因耕地的需要和畜力的大小有不同类型，犁镜则有单侧翻土的菱形犁镜和两侧翻土的马鞍形犁镜；三是牛耕技术的推广和普及，不仅在黄河中下游地区有大量铁犁的发现，并且在西北边郡[10]

[1] 东汉·崔寔《政论》："今辽东耕犁，辕长四尺，回转相妨，既用两牛，两人牵之，一人将耕……"引自严可均校辑《全上古三代秦汉三国六朝文·全后汉文》卷四十六，中华书局，1958年。
[2] 宋兆麟：《西汉时期农业技术的发展——二牛三人耦犁的推广和改进》，《考古》1976年第1期。
[3] 徐州师范大学郭世玉：《淮海地区牛耕画像石与汉代耦犁二牛三人问题的探讨》，《农业考古》2004年第3期。
[4] 山东石刻艺术博物馆：《山东鄄城、成武、金乡石刻调查》，《考古》1996年第6期。
[5] 陕西绥德县永元十二年墓画像石上的牛耕图，是目前所见年代最早的"一牛一人"犁耕方式的图像资料（见陕西省博物馆、陕西省文管会《陕北东汉画像石刻选集》第24～25页图15，文物出版社，1958年）；广东发现有东汉时期的"一牛一人"牛耕模型（见广东省文物管理委员会《广东佛山市郊澜石东汉墓发掘报告》，《考古》1964年第9期）。
[6] 《氾胜之书》："凡麦田，常以五月耕……谨摩平以待种时。"
[7] 汉代的木櫌，在新疆民丰尼雅遗址曾有发现（见史树青《谈新疆民丰尼雅遗址》，《文物》1962年第7、8期合刊）。
[8] 山东省博物馆、山东省文物考古研究所：《山东汉画像石选集》图345，齐鲁书社，1982年。
[9] 张传玺：《两汉铁犁影响我国古代农业两千年》，《光明日报》2002年5月21日。
[10] 大湾出土的汉简中记有牛籍，说明当时居延一带也采用牛耕（见沈元《居延汉简牛籍校释》，《考

和东北边陲以及史称"地广人稀，饭稻羹鱼，或火耕而水耨"[11]的江南乃至岭南、西南地区也有铁犁和耕犁模型、牛耕画像的发现[12]，表明经过汉武帝时期和东汉前期两次大规模的推广[13]，到东汉后期铁犁和牛耕已普及到全国各地。牛耕作为先进的农耕技术在汉代向边远地区的推广，与汉王朝的劝农制度、铁官制度以及边疆政策密切相关[14]。当然，牛耕的普及程度各地并不平衡，如海南岛等地区尚未出现牛耕[15]；牛耕的普及也并不意味着其他耕作方式完全退出历史舞台，实际上，秦汉时期耒耕和耜耕在山区依然普遍存在，"火耕水耨"依然流行于华南地区[16]，只不过已经不占主导地位而已。

三　播种与田间管理

（一）播种

秦汉时期的播种方式有三种，即撒播、点播和条播，在汉代画像砖石和壁画等图像资料中都有所反映。

撒播和点播都是一种古老的播种方式。四川德阳县柏隆出土的一块画像砖上[17]，右侧四人挥动钹镰用力向下芟草拨土，其后面有一农夫和一小孩各执圆形容器，挥手撒播种子。四川彭县出土的一块画像砖上，左侧一人持锄翻地松土，对面有二人右手执点种棒在田中插洞，左手在点播种子[18]，形象地反映了当时点播的情形。

条播有两种，一种是手播，一种是耧播。手播，是用犁铧破土开沟、将种子撒到沟里再覆之以土的播种方式。绥德出土的牛耕播种画像石上[19]，一农夫前面扶犁耕地，后面跟随一少年随塪播种，就是当时手播的具体写照（参见图 9-10-2）。耧播，即用耧车播种。据文献记载，耧车播种技术出现于汉武帝时期[20]。山西平陆县枣园村新莽时期的

古》1962 年第 8 期第 426 页）。

[11]　《史记·货殖列传》。

[12]　A.广东省博物馆徐恒彬：《汉代广东农业生产初探》，《农业考古》1981 年第 2 期。
　　　B.罗二虎：《秦汉时代的中国西南》第 119 页，天地出版社，2000 年。

[13]　杨振红：《两汉时期铁犁和牛耕的推广》，《农业考古》1988 年第 1 期。

[14]　黄富成：《试论政府作为与汉代农业技术的传播》，《农业考古》2008 年第 1 期。

[15]　广东省考古研究所朱非素：《考古发现及汉代广东农业管见》，《农业考古》1998 年第 3 期。

[16]　黄展岳：《汉代南方牛耕和火耕水耨》，《中国考古学论丛》第 371 页，科学出版社，1993 年。

[17]　高文：《四川汉代画像砖》图一，上海人民美术出版社，1987 年。

[18]　四川省博物馆余德章、刘文杰：《记四川有关农业方面的汉代画像砖》图二，《农业考古》1983 年第 1 期。

[19]　李林、康兰英、赵力光：《陕北汉代画像石》第 187 页图 554，陕西人民出版社，1995 年。

[20]　A.东汉·崔寔《政论》："武帝以赵过为搜粟都尉，教民耕殖。其法三犁共一牛，一人将之，下种、挽耧，皆取备焉，日种一顷。"引自严可均校辑《全上古三代秦汉三国六朝文·全后汉文》卷四十六，中华书局，1958 年。又，北魏·贾思勰《齐民要术·耕田》引东汉崔寔《政论》贾思勰案："三犁共一牛，若今三脚耧矣。"引自石声汉《齐民要术今释》第 13 页，科学出版社，1957 年。
　　　B.日本学者认为，汉代三辅地区流行的播种用的三脚耧是经由中亚绿洲诸国引进或改良的巴比伦犁，而东汉辽东地区的耕犁是经由哈萨克草原的萨尔马泰人和蒙古草原的鲜卑人传入或改进的巴

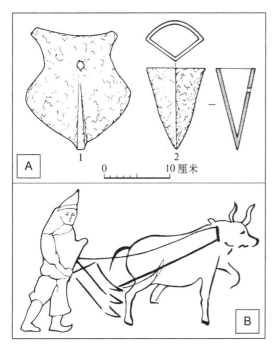

图 9-11 汉代耧铧与耧播图像
A.铁耧铧 1.渭南田市镇出土 2.永寿西村出土
B.平陆枣园村壁画墓耧播图像（摹本）

墓葬[21]壁画中，绘有一牛驾三脚耧进行播种的场面，"耧斗下的三足尚可看见"（图 9-11-B）。至于耧车使用的耧铧，在辽宁、北京、河南、陕西等地多有发现（图 9-11-A）。1984 年渭南田市镇一次发现铁耧铧 8 件[22]，均系铸造品，双翼，束腰，尖头，顶部为竖銎，长 16.7～17 厘米、翼展 15.7～16 厘米、脊高 9 厘米。渑池发现的铁耧铧[23]与渭南所出大致相同。陕西永寿西村出土的 5 件是另外一种形制，整器呈细长的三角形，长 11.7 厘米、銎部宽 6.8 厘米[24]。耧犁的发明和使用，将开沟与播种结合在一起，极大地提高了播种的效率和水平，使播种技术发展到一个新的阶段。

关于水稻的栽培，西汉以前是撒播，东汉时期出现育秧移栽技术，称之为"别稻"[25]。根据各地出土模型明器中的水田模型分析，汉代的稻田有三种类型，即大区划水田、小区划水田和梯田[26]。四川等地发现的东汉水田模型以及画像砖上的水田中，刻划着整齐的禾苗形象；广东佛山澜石东汉墓[27]、番禺沙头 16 号东汉墓出土的陶水田模型上，都塑有农夫插秧的形象。这些都证明至迟到东汉晚期，南方已经推行水稻育秧移栽，标志着水稻栽培技术的重大进步。

（二）田间管理

我国古代传统农业的一个突出特点，是精耕细作[28]。秦汉时期非常重视田间管理，其

尔干型（见古贺登《三辅の三型と遼東の耕型》，《東西文化交流史》第 75 頁，雄山閣，1975 年），但均缺乏考古学和文献上的证据。

[21] 山西省文物管理委员会：《山西平陆枣园村壁画汉墓》，《考古》1959 年第 9 期。

[22] 郭德发：《渭南市田市镇出土汉代铁器》图一：7，《考古与文物》1986 年第 3 期。

[23] 渑池县文化馆、河南省博物馆：《渑池县发现的古代窖藏铁器》图三：4，《文物》1976 年第 8 期。

[24] 中国社会科学院考古研究所刘庆柱：《陕西永寿出土的汉代铁农具》图二，《农业考古》1982 年第 1 期。

[25] 东汉·崔寔《四民月令》：五月，"可别种稻及蓝，尽夏至后二十日止"。引自严可均校辑《全上古三代秦汉三国六朝文·全后汉文》卷四十七，中华书局，1958 年。

[26] 罗二虎：《汉代模型明器中的水田类型》，《考古》2003 年第 4 期。

[27] 广东省文物管理委员会：《广东佛山市郊澜石东汉墓发掘报告》，《考古》1964 年第 9 期。

[28] 汉·王充《论衡·率性篇》："深耕细锄，厚加粪壤，勉致人功，以助地力。"

中主要包括中耕除草、施肥和灌溉[1]。

　　中耕作为田间管理的重要环节，不仅可以松土除草，还具有间苗的作用。当时田间管理的农具，如前所述已经普遍使用铁器，如中耕除草的锄和铲，以及以掘土、起土为主并兼及其他作业的锸和镢等。河南南阳市七里园乡出土画像石上的中耕除草图，田间长满齐腰高的庄稼，一农夫手持长柄锄在中耕除草[2]。山东泰安大汶口出土东汉画像石[3]上的锄

图 9-12　泰安大汶口汉画像石墓农夫
持锄中耕图像（摹本）

草图中，刻有一农夫在随风摇曳的禾稼田里执锄中耕（图9-12），清楚地表现出当时锄的结构和中耕的情形。水稻田的中耕除草，考古资料也有所反映。如四川新都县出土的薅秧画像砖[4]，表现了农夫在水田中薅秧的情景；四川峨眉县东汉砖室墓出土的石刻水塘水田模型[5]中，雕刻有农夫赤脚在稻田中用双手薅秧的情景。这反映出当时在使用农具中耕除草的同时，有的地方还直接用双手薅秧。可见，东汉时期无论北方旱作农业区还是南方稻作农业区，都是非常重视中耕除草的。

　　施肥同样是田间管理的重要环节。西汉农书《氾胜之书》提出："凡耕之本，在于趋时，和土，务粪、泽，早锄早获"，并具体记述了基肥、种肥、追肥等技术。有关秦汉时期具体施肥的考古资料尚未发现，但大量有关积肥的考古发现，从一个侧面说明了当时对施肥的重视。如广州汉墓出土的大量陶房屋模型，屋内设有厕所，后院通常作为猪圈，或者以后院的侧屋辟作厕所和畜圈，以积聚人粪尿与厩肥以肥田。至于各种各样的陶猪圈模型以及猪圈和厕所结合在一起的陶溷厕[6]，全国各地汉墓，尤其是东汉墓中更是经常发现[7]。山东藤县龙阳店出土的画像石[8]上，刻有一农夫在一拴于树上的马的后面持箕用

〔1〕　详见下文关于农田水利的论述。

〔2〕　中国农业博物馆：《汉代农业画像砖石》第 28 页图 A13，中国农业出版社，1996 年。

〔3〕　A.山东省文物考古研究所蒋英炬：《略论山东汉画像石的农耕图像》图八，《农业考古》1981 年第
　　　2 期。
　　　B.山东省博物馆、山东省文物考古研究所：《山东汉画像石选集》图 471，齐鲁书社，1982 年。

〔4〕　A.四川省博物馆：《四川新都县发现一批画像砖》图二，《文物》1980 年第 2 期。
　　　B.高文：《四川汉代画像砖》图二，上海人民美术出版社，1987 年。

〔5〕　四川省博物馆沈仲常：《东汉石刻水塘水田图像略说——兼谈我国古代中耕积肥的历史》，《农业考
　　　古》1981 年第 2 期。

〔6〕　陕西旬阳县博物馆张沛：《陕西旬阳出土的汉代陶溷厕》，《农业考古》1988 年第 2 期。

〔7〕　李如森：《汉代模型明器与禽畜人俑综述》，《考古学集刊》第 12 集，中国大百科全书出版社，1999
　　　年。

〔8〕　山东省博物馆、山东省文物考古研究所：《山东汉画像石选集》图 256，齐鲁书社，1982 年。

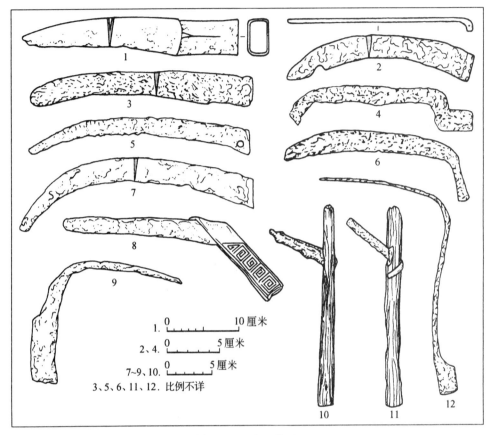

图9-13 秦汉镰刀

1~3.铁锋刃镰（成都龙泉驿 M5：5、鹤壁鹿楼 T4①：1、临潼赵背户 ZH79C：6） 4、5.铁齿刃镰
（广州汉墓 M1117：5、寿县安丰塘 AFT：05） 6、7.铁锋刃镰（西安洪庆村 HQC：01、西汉杜陵遗
址 MⅡT4：2） 8.铜骹铁刃镰（江川李家山 M3：57） 9.铁锋刃镰（大邑五龙 M18：16） 10、11.木
柄铁镰（民丰尼雅 NY95M4：17、尼雅遗址采集） 12.铁锋刃镰（新繁牧马山 MMS：B10）

小锄捡拾马粪的图像。这种捡拾马粪的图像，在陕西米脂[1]、绥德等地的画像石[2]上时
常可见。江苏睢宁县双沟出土的牛耕画像石上[3]，田畴边刻有运送堆肥的牛车图像（参
见图9-10-1）。四川峨眉县双福乡同兴村东汉墓出土的东汉石刻水塘水田模型[4]，在待
耕的农田中刻有两堆堆肥（图版19-3），可能是耕作中使用堆积肥作底肥的一种表现[5]。

〔1〕 榆林市文管会、米脂县博物馆：《米脂县官庄村东汉画像石墓清理简报》图8，《中国汉画研究》第
二卷，广西师范大学出版社，2006年。
〔2〕 中国农业博物馆：《汉代农业画像砖石》第34~39页，中国农业出版社，1996年。
〔3〕 徐州市博物馆：《论徐州汉画像石》图六，《文物》1980年第2期。
〔4〕 四川省博物馆、峨眉县文管所：《四川峨眉县发现东汉石俑》，《文物资料丛刊》第4辑第241页，
1981年。
〔5〕 沈仲常：《东汉石刻水塘水田图像略说——兼谈我国古代中耕积肥的历史》，《农业考古》1981年第2期。

这些积肥和施肥的形象资料，反映出当时对积肥和施肥的重视和利用。

四　谷物的收获

谷物的收割，是农业耕作的最后一个环节，也是时间性很强的一项农耕作业，正如《氾胜之书》所说："获不可不速，常以急疾为务。"因此，收割工具和收获技术的改进自古受到人们的高度重视。

秦汉时期的收割工具，主要是各种形制的镰刀，另有少量的铚刀。考古发现的大都是其刀头部分，并且绝大多数为铁质。铁镰刀按其刃部结构可分为锋刃镰和齿刃镰两类。锋刃镰的刃口为扁薄锋利的线形，是一种最为常见的形态，就其整体结构而言又包括三种：一种是条形镰（图 9-13-2、3、7），即扁平长条形，柄端向一侧卷曲成栏，主要发现于北方地区[1]，而新疆民丰尼雅遗址出土的木柄镰刀[2]，则反映出这种镰的装柄方式（图 9-13-10、11）；另一种是带骹镰（图 9-13-1），即柄端有横骹，用时安装曲柄，目前仅发现于成都一带[3]；再一种是矩尺形镰（图 9-13-6、9、12），即整体呈矩尺形，柄端有与刃部大致垂直的骹，用时安装直柄，主要发现于西南地区[4]。齿刃镰的刃口呈锯齿形，发现较少，主要有两种形制（图 9-13-4、5）：一种是扁平长条形[5]，另一种是带骹弓形[6]。铁铚刀，又称之为"爪镰"和"掐刀"，扁平板状，一般呈长方形或半月形，靠近背部有一孔或两孔，数量较少，云南呈贡石碑村西汉晚期墓[7]、广州南越王墓[8]等地有所发现。

需要指出的是，镰刀和铚刀在秦代基本实现铁器化之后，有些边远地区仍使用青铜制品，如晋宁石寨山西汉时期墓葬出土有铜镰刀[9]，江川李家山[10]发现有西汉后期的铜骹

〔1〕　A.鹤壁市文物工作队：《鹤壁鹿楼冶铁遗址》第 48 页，中州古籍出版社，1994 年。
　　　　B.始皇陵秦俑坑考古发掘队：《秦始皇陵西侧赵背户村秦刑徒墓》，《文物》1982 年第 3 期。
　　　　C.中国社会科学院考古研究所：《汉杜陵陵园遗址》第 23 页，科学出版社，1993 年。
〔2〕　A.新疆文物考古研究所吕恩国：《尼雅 95 墓地 4 号墓发掘简报》，《新疆文物》1999 年第 2 期。
　　　　B.孟池：《从新疆历史文物看汉代在西域的政治措施和经济建设》，《文物》1975 年第 7 期。
〔3〕　成都市文物考古研究所、龙泉驿区文物管理所：《成都龙泉驿区北干道木椁墓群发掘简报》，《文物》2000 年第 8 期。
〔4〕　A.李文信：《古代的铁农具》，《文物参考资料》1954 年第 9 期。
　　　　B.四川省博物馆：《四川牧马山灌溉渠古墓清理简报》，《考古》1959 年第 8 期。对于牧马山出土的这种细长柄矩尺形镰，有学者认为是"铍镰"，主要用于刈草。
　　　　C.四川省文管会、大邑县文化馆：《四川大邑县五龙乡土坑墓清理简报》，《考古》1987 年第 7 期。
〔5〕　殷涤非：《安徽省寿县安丰塘发现汉代闸坝工程遗址》，《文物》1960 年第 1 期。
〔6〕　广州市文物管理委员会、广州市博物馆：《广州汉墓》第 162 页，文物出版社，1981 年。
〔7〕　昆明市文物管理委员会：《云南呈贡石碑村古墓葬第二次清理简报》，《考古》1984 年第 3 期。
〔8〕　广州市文物管理委员会、中国社会科学院考古研究所、广东省博物馆：《西汉南越王墓》第 104 页，文物出版社，1991 年。
〔9〕　云南省博物馆：《晋宁石寨山古墓群发掘报告》第 23 页，文物出版社，1959 年。
〔10〕　云南省博物馆：《云南江川李家山古墓葬发掘报告》，《考古学报》1975 年第 2 期。

铁刃镰（图 9-13-8），呈贡县石碑村西汉墓葬、呈贡天子庙西汉前期墓[1]等地出土有铜铚刀，反映出秦汉时期各地收割工具发展的不平衡性。

秦汉时期的谷物收获方式，主要有两种：一种是用镰刀收割；另一种是用铚刀掐穗。陕西绥德县延家岔村出土画像石上的收获图，画面的大部分刻绘谷穗硕长下垂的谷子，右侧一农夫头戴便帽、身着长衣，手持镰刀正欲收割[2]，应当是北方地区谷物收获的一种描绘。成都市郊出土画像砖上的收获图，画面中部整齐成行的稻丛中有三人俯身弯腰，似用铚在掐割稻穗；右侧有两人挥舞铍镰，芟割稻秸[3]。

第四节　秦汉时期的粮食加工

粮食加工与农业生产密切相关，尤其以小农和地主经济为基础的秦汉时期更是如此，因为粮食加工大都是由农户进行的。粮食加工主要包括脱粒、脱壳、去秕糠、磨粉与制浆等一系列加工活动。其中，谷物脱粒用连枷，文献中有所记载[4]，但尚未发现相关的考古资料。考古发现的主要是与脱壳、去秕糠、磨粉和制浆等相关的工具及其使用情况的资料。

一　谷物的脱壳

秦汉时期最流行的谷物脱壳工具之一是杵和臼。臼为石臼或木臼，杵为木杵[5]。洛阳烧沟汉墓曾出土两件石臼的模型明器，整体呈圆柱形，上部略大，中心凹下成臼窝。其中 M133:69，高 9.2 厘米、直径 7~8.5 厘米，臼窝直径 4.9 厘米、深 4.3 厘米。类似的石臼，在各地都有所发现。广州汉墓出土的 M3031:37 陶杵臼模型，臼作长方形，中部下凹，两端高起，当中各有一圆窝，附有陶杵。江苏泗洪重岗出土的一块谷物加工画像砖上[6]，左下方刻绘一亚腰形臼，一妇女持杵用力春捣。广州汉墓出土的 M4011:5 陶住宅模型，房屋平面呈曲尺形，位于前部的横长方形堂屋正中平置一臼，臼旁有两人持杵对臼而春，另有一人在其旁持箕作簸米状，表现了杵臼春米的情形。

杵臼制作简单，使用方便，但用杵臼春米，劳动强度大、效率低。汉代发明了利用杠杆原理和人体部分重力的踏碓，将用手举杵改为用足踏杠杆以举杵。踏碓，"因延力借身重以践碓，而利十倍"[7]。因为是用足踏，故又名"践碓"。踏碓的模型明器，在东汉墓

〔1〕　昆明市文物管理委员会：《呈贡天子庙滇墓》，《考古学报》1985 年第 4 期。
〔2〕　李林、康兰英、赵力光：《陕北汉代画像石》第 187 页图 555，陕西人民出版社，1995 年。
〔3〕　高文：《四川汉代画像砖》图四，上海人民美术出版社，1987 年。
〔4〕　汉·刘熙《释名·释用器》："枷，加也，加杖于柄头以挞穗而出其穀也。"引自清·王先谦《释名疏证补》卷七，上海古籍出版社，1984 年。
〔5〕　汉·许慎《说文解字·臼部》："臼，春也。古者掘地为臼，其后穿木石象形，中米也。"中华书局，1963 年。
〔6〕　尤振尧、周晓陆：《泗洪重岗汉代农业画像石刻研究》，《农业考古》1994 年第 2 期。
〔7〕　《桓子新论·离事篇》。引自严可均校辑《全上古三代秦汉三国六朝文·全后汉文》卷十五，中华书局，1958 年。

葬中常有发现。如北京顺义临河村东汉墓出土一件绿釉踏碓模型[1]，碓杵形体硕大，踏碓左右两侧有栏杆以便靠扶，前后两人共踏一碓（图9-14-2）。四川新都出土的舂米画像砖上[2]，左侧下方有两踏碓，臼石嵌于地下，碓的后侧有支架，农

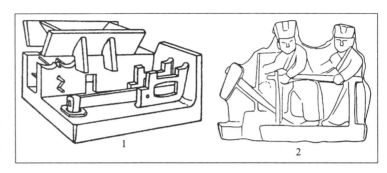

图9-14 汉代陶踏碓与风车模型
1.陶踏碓与风车模型（洛阳东关汉墓出土） 2.陶踏碓模型（顺义临河村汉墓出土）

夫手扶支架并将一脚站立于支架上，另一脚踏碓舂米。考古发现表明，东汉时期踏碓已相当普遍，并且其结构也有所差异。另据文献记载，西汉末年还发明了利用畜力的杵臼和利用水力的"水碓"[3]，但尚无相关的考古发现。

汉代出现的另一种新型谷物脱壳器具是砻，其工作原理及其结构与磨大致相同[4]。由于用竹木制作，实物难以保存下来，但从画像中可以见到其形象。江苏泗洪重岗出土的一块东汉画像石，画面左上方刻绘一砻，砻身分为上、下两扇，下部为承接谷米的承盘；顶部有容谷物的漏斗，谷物通过漏斗均匀地流入砻中；上扇一侧装有拐木和连接把手的长木撑架，撑架末端安装一横木，一农夫双手握横木弓步前推后曳，使砻扇旋转[5]。这种砻的出现，表明当时已将曲轴原理应用到了谷物加工器械上。

无论用杵臼还是用碓、砻进行谷物脱壳，脱壳后还应簸去秕糠。簸去秕糠，最简单的方式是用簸箕簸扬[6]，这在广州汉墓出土的陶住宅模型中可以见到。为了提高簸扬谷物的效率，汉代发明了飏扇和风车[7]。四川新都、彭山等地出土的舂米画像砖上，右侧画面是：右面一人横负圆筐向下倾倒粮食，对面一人手持两长方形飏扇，弓步作扇谷状（图9-15）。四川双流牧马山汉墓出土的一件陶俑，双手所执也是这种长方形飏扇[8]。根据上

〔1〕 北京市文物管理处：《北京顺义临河村东汉墓发掘简报》图四，《考古》1977年第6期。
〔2〕 高文：《四川汉代画像砖》图一九，上海人民美术出版社，1987年。
〔3〕 《桓子新论·离事篇》："杵臼又复设机关，用驴、骡牛马及役水而舂，其利乃且百倍。"引自严可均校辑《全上古三代秦汉三国六朝文·全后汉文》卷十五，中华书局，1958年。
〔4〕 明·徐光启《农政全书·农器图谱（三）》："砻，礲谷器，所以去谷壳也。淮人谓之砻，江浙之间亦谓砻。编竹作围，内贮泥土，状如小磨。仍以竹木排为密齿，破谷不致损米。就用拐木，窍贯砻上掉轴以绳悬檩上。"中华书局，1956年。
〔5〕 尤振尧、周晓陆：《泗洪重岗汉代农业画像石刻研究》，《农业考古》1994年第2期。
〔6〕 汉·王充《论衡·量知篇》："舂之于臼，簸其秕糠。"
〔7〕 关于飏扇，汉代文献中无明确的记载，而北宋王安石的《农具诗》中有《飏扇》诗，因此过去有人认为飏扇是北宋时发明的，但考古发现表明，至迟在东汉已经出现飏扇。
〔8〕 四川省博物馆：《四川牧马山灌溉渠古墓清理简报》，《考古》1959年第8期图版六。该陶俑原报告定为持铡刀俑，经孙机考证为飏扇，笔者以为是。

图 9-15 四川彭山出土汉代舂米画像砖

述发现可知，飏扇为长方形，或为竹编，其长边一侧上下设轴，使用时下轴插入地下，上轴用手把握，两扇并用，转动生风以风扬谷物。

汉代发明的另一种簸扬谷物的器具是风车。风车又称为扇车，《急就篇》："碓硙扇隤舂簸扬。"颜师古注："扇，扇车也。"[1] 河南济源泗涧沟新莽时期的墓葬出土一件陶踏碓风车模型[2]，是目前所见年代最早的风车实物资料。山东临淄金岭镇 1 号东汉前期墓出土的陶踏碓与风车模型，风车位于踏碓右侧，长方形风厢，上部有一方形漏斗供装填粮食使用，风厢的前部两侧壁上各有一对称的圆形曲柄轴孔[3]。洛阳东关东汉晚期墓[4]出土的一件陶踏碓与风车模型，结构清晰，风厢呈长方形，其顶部为斗状进粮口，风厢左端两壁上有圆形曲轴孔（图 9-14-1）。这些发现表明，东汉时期风车在黄河中下游地区已经较多使用，并且其细部结构也有所差别。

二 谷物的粉碎与制浆

关于谷物的粉碎和制浆技术，秦汉时期的发展主要表现为石磨的推广应用。据文献记载，石磨发明于春秋时期[5]，但尚未得到考古学的证明。陕西临潼秦汉栎阳城址发现一件石磨[6]，仅存下扇，砂岩制成，厚 8 厘米、直径 55.5 厘米。中部隆起，高出边沿约 2.45 厘米，中央有边长 3 厘米的方形竖孔，中置铁磨芯轴。磨芯轴周围 10 厘米之外凿枣核形小窝为磨齿，磨齿长 2.5 厘米、最宽处 2 厘米，按同心圆方式排列，共 7 排。其年代或可定为战国末期或秦代，是目前所知年代最早的石磨。临潼郑庄石料加工场发现的一件秦代石磨[7]，与栎阳石磨相似，厚 7 厘米、直径 54 厘米，磨芯轴孔边长 5 厘米，芯轴周

[1] 汉·史游：《急就篇》第 236 页，《丛书集成初编》第 1052 册，中华书局，1985 年。
[2] A.河南省博物馆：《济源泗涧沟三座汉墓的发掘》，《文物》1973 年第 2 期第 55 页，封三。
　　B.关于出土陶风车模型的济源泗涧沟 M8 和 M24 的年代，原简报定为新莽时期，但也有学者认为，其年代应改定为东汉早期（见陈彦堂《河南济源泗涧沟三座汉墓年代诸问题再探讨》，《汉代考古与汉文化国际学术研讨会论文集》第 305 页，齐鲁书社，2006 年）。
[3] 山东省文物考古研究所：《山东临淄金岭镇一号东汉墓》图一四，1，《考古学报》1999 年第 1 期。
[4] 余扶危、贺官保：《洛阳东关东汉殉人墓》图四，《文物》1973 年第 2 期。
[5] 汉·许慎《说文解字·石部》："硙，磨也……古者公输班作硙。"中华书局，1963 年。
[6] 陕西省文物管理委员会：《秦都栎阳遗址初步勘探记》，《文物》1966 年第 1 期。
[7] 秦俑坑考古队：《临潼郑庄秦石料加工场遗址调查简报》图四：3，《考古与文物》1981 年第 1 期。

围 20 厘米之外凿磨齿，作同心圆排列，共 4 排。由此看来，石磨可能出现于战国晚期，秦代已有一定程度的使用[1]。汉代有关磨的考古资料，主要有石磨实物和陶磨模型两类。汉代磨的考古发现表明，新莽时期磨的使用已经扩展到北起辽东、南到长江中下游的广阔地域[2]；到东汉时期，在一些地区已经开始了踏

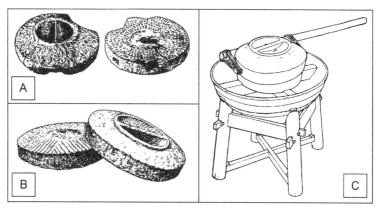

图 9-16　汉代石磨及水磨复原
A. 石磨（洛阳汉河南县城遗址出土）　B. 石磨（内黄三杨庄田宅遗址出土）
C. 水磨（满城汉墓 M1:3001、M1:3002）复原图

碓、风车和石磨的配套使用，如山西芮城县城南村东汉墓出土的釉陶磨坊模型中，安装有踏碓、风车和陶磨各 1 件[3]，反映了这些粮食加工工具配套使用的情景。

秦汉时期的石磨，根据其磨齿的变化大致可以分为三型。Ⅰ型，按同心圆排列的枣核形（图 9-16-A），曾发现于临潼秦汉栎阳城、临潼郑庄石料加工厂、西安汉长安城[4]、洛阳汉河南县城[5]等地。这是磨齿的最初形态，易于凿制，但其弱点是不易于谷物粉碎后从磨中流出。Ⅱ型，辐射状沟槽形，或斜线形。洛阳烧沟 58 号西汉晚期墓出土石磨的磨齿为斜线形；安徽寿县茶庵马家古堆 1 号东汉墓出土陶磨[6]、湖北随县塔儿塆东汉墓[7]出土石磨的磨齿均为辐射状沟槽形。此型磨齿虽克服了Ⅰ型磨齿的弱点，但粉碎的谷物从磨中流出过快，不易将谷物磨成细粉。Ⅲ型，为错向排列的沟槽形（图 9-16-B），如河南内黄三杨庄西汉晚期田宅遗址出土的石磨[8]、安徽寿县茶庵马家古堆 3 号东汉墓出土的陶磨，其磨齿均为错向八沟槽状斜齿。此型磨齿克服了上述两型磨齿的弱点。当然，也有的磨是两种类型的磨齿并用，以相互弥补其不足。如河南南阳英庄东汉画

〔1〕　李发林：《古代旋转磨试探》，《农业考古》1986 年第 2 期。
〔2〕　A. 东北博物馆：《辽阳三道壕西汉村落遗址》，《考古学报》1957 年第 1 期。据发掘者称，该遗址出土的磨为陶磨。
　　　B. 扬州博物馆：《扬州东风砖瓦厂汉代木椁墓群》，《考古》1980 年第 5 期。
〔3〕　山西省芮城县博物馆赵家有、李天影：《山西芮城出土风扇车模型》，《农业考古》1988 年第 2 期。
〔4〕　王仲殊：《汉代考古学概说》第 35 页图三八，中华书局，1984 年。
〔5〕　A. 黄展岳：《一九五五年春洛阳汉河南县城东区发掘报告》，《考古学报》1956 年第 4 期。
　　　B. 中国社会科学院考古研究所：《新中国的考古收获》第 77 页图三九，文物出版社，1961 年。
〔6〕　安徽省文化局文物工作队、寿县博物馆：《安徽寿县茶庵马家古堆东汉墓》，《考古》1966 年第 3 期。
〔7〕　湖北省文物管理委员会：《湖北随县塔儿塆古城岗发现汉墓》，《考古》1966 年第 3 期。
〔8〕　刘海旺、朱汝生：《河南内黄三杨庄汉代田宅遗存》，《2005 中国重要考古发现》，文物出版社，2006 年。

像石墓[1]出土的一件陶磨，其上扇为同心圆排列的Ⅰ型麻点状磨齿，而下扇则是辐射状Ⅱ型沟槽形磨齿。可以看出，汉代石磨之磨齿的演进，经历了由同心圆排列的枣核形演变为辐射状沟槽形、进而演化成错向沟槽状斜齿的演进过程。至于Ⅱ型和Ⅲ型磨齿同时并存，或许是为了满足不同的加工需求。

就石磨的功能而言，秦汉时期主要有旱磨和水磨两种类型。旱磨用于谷物的粉碎和磨粉，较为常见。旱磨分上、下两扇，上扇顶部有两孔，一般作半圆形，向下缩小成椭圆形小孔，谷物从孔中流入磨齿间。上扇一侧有卯孔，安装磨杠。前述洛阳汉河南县城、内黄三杨庄等地出土的石磨均为此类。水磨用于磨浆，其结构与旱磨相似，但磨下或有漏斗，或有盛接浆的容器。河北满城刘胜墓出土一套水磨，由石磨和铜漏斗组成。石磨高18厘米、直径54厘米，上、下扇磨齿均为按同心圆排列的枣核形，上扇的两侧有两个安装磨杠的卯孔。石磨放在一铜漏斗内，漏斗口径94.5厘米，底部漏孔直径29厘米，漏斗内壁有四个支爪以安放木架承托石磨。据复原研究[2]，该磨使用时放在一个木架上，木架下面放一容器盛接浆液（图9-16-C）。北京平谷县西柏店1号东汉墓出土的陶磨[3]，架设在一个方形台的十字架上，磨台下装有漏斗。徐州十里铺东汉墓出土的陶磨[4]，磨盘下附有承槽盘，盘的一侧近底部有椭圆形漏孔。水磨的陶模型还见于安徽亳县马园村2号墓[5]等地。至于秦汉时期推磨的动力，除了人力推磨之外，有可能还出现了畜力拉磨，如满城刘胜墓北耳室石磨的南侧，发现马骨架一具，"可能是用于推磨的牲畜的遗骸"。

石磨的推广应用，不仅极大地提高了粮食加工效率，更为重要的是可以将麦、粟等谷物磨成面粉，将豆类谷物磨成浆，从而使饮食习惯从粒食发展为面食与粒食并行，引发了粮食加工、食品制作技术的一系列变革。同时，随着谷物粉碎磨粉以及磨浆技术的进步，使小麦成为人们喜爱的粮食，大豆用以加工成豆腐[6]，从而促进了这两种作物的推广种植。另外，秦汉时期踏碓、风车和石磨等粮食加工机具的成熟，使我国古代粮食加工机具和技术传统基本形成，而这种传统历时近两千年而不衰，直至延续到近代。

第五节　秦汉时期的粮食贮藏

在以小农经济和地主经济为基础的农业社会，粮食的贮藏与农业生产存在着密切的联系。农家和地主需要粮食贮藏，中央和地方各级政府也都需要大量的粮食储备，云梦睡虎

[1]　南阳地区文物工作队、南阳县文化馆：《河南南阳县英庄汉画像石墓》，《文物》1984年第3期。

[2]　中国社会科学院考古研究所卢兆荫、张孝光：《满城汉墓农器刍议》图六，《农业考古》1982年第1期。

[3]　北京市文物工作队：《北京平谷县西柏店和唐庄子汉墓发掘简报》图五：1，《考古》1962年第5期。

[4]　江苏省文物管理委员会、南京博物院：《江苏徐州十里铺汉画像石墓》图一〇：3，《考古》1966年第2期。

[5]　安徽省亳县博物馆：《亳县曹操宗族墓葬》图一三，《文物》1978年第8期。

[6]　江西省社会科学院陈文华：《豆腐起源于何时》，《农业考古》1991年第1期。

地秦墓出土竹简《秦律十八种》中，有专门记载粮仓法律规定的《仓律》。秦汉时期粮食的贮藏受到上自官府、下至农户的广泛重视，从而形成了符合不同需要、适应各地特点的粮食贮藏设施和技术。

一　仓储设施

秦汉时期粮食的贮藏，是根据粮食的不同种类而分仓进行贮藏的[1]。当时的粮食贮藏设施，主要有地上仓廪和地下仓窖两大类[2]，并且都有不少考古发现，初步揭示了当时的粮食贮藏设施及其贮藏状况。

（一）地上仓廪

考古发现的地上仓廪资料，主要是墓葬中随葬的陶（或石质）的圆形囷、方形仓、干栏式仓囷、仓楼和大型仓房等的模型明器，以及画像砖、画像石和壁画中的仓廪图像资料。

圆形囷，即圆形仓，汉代称之为“囷”[3]。临潼上焦村 7 号秦墓出土的圆形陶囷（M7:10）[4]，圆屋形，攒尖式顶，底部收缩如圈足，当为台基，腹部有长方形小仓门，仓门上阴刻一“囷”字，通高 22.5 厘米（图 9-17-3）。西安东郊汉墓中出土的陶囷[5]，顶部书写有“白米囷”、“小麦囷”等字样。江陵凤凰山 167 号汉墓出土遣策之 42 号简上记有“囷一枚”，而随葬品中恰有一件陶圆形囷，顶部作圆形攒尖顶，顶上立一振翅小鸟，仓身作圆筒形，上部有一方形窗，底部有两个对称的方形缺口，仓中盛放 4 束稻穗（参见图 9-2）。秦汉墓葬中大量出土有陶圆形囷模型明器，并且种类多样，如西安白鹿原 94 座两汉时期墓葬中，有 30 座墓出土陶圆形囷计 89 件，被分为五型七式；《长安汉墓》报告的长安近郊 139 座西汉中期至新莽时期的墓葬中，出土陶圆形囷计 279 件，被分为三型七式；洛阳烧沟 225 座汉墓中，有 145 座墓出土陶圆形囷计 983 件，分为四型七式。总地说来，秦汉时期的陶圆形囷大致可分为两种类型：一种是圆顶房屋型，下部为一台基，台基上建仓，顶部为攒尖草顶或瓦顶，如临潼上焦村秦墓、江陵凤凰山汉墓、荆州高台汉墓[6]等地所出者即为此型；另一种是圆筒带盖型，有盖或无盖，平底无足或平底三足，如西安白鹿原汉墓、西安范南村 170 号汉墓[7]、洛阳烧沟汉墓等地所出即为此型（参见图 9-1）。从各地出土的这种陶囷模型观察，其仓体有的为土木结构，也有的是竹木编织的轻体结构。这种圆形囷，应当是当时农户及中小地主常用的储粮设施。

---

〔1〕　张锴生：《汉代粮仓初探》，《中原文物》1986 年第 1 期。

〔2〕　禚振西、杜葆仁：《论秦汉时期的仓》，《考古与文物》1982 年第 6 期。

〔3〕　《吕氏春秋·仲秋纪》：“穿窦窌，修囷仓。”高诱注：“圆曰囷，方曰仓。”

〔4〕　秦俑考古队：《临潼上焦村秦墓清理简报》图七：15，《考古与文物》1980 年第 2 期。

〔5〕　程学华：《西安市东郊汉墓中发现的带字陶仓》，《考古》1963 年第 4 期。

〔6〕　湖北省荆州博物馆：《荆州高台秦汉墓》第 86 页，科学出版社，2000 年。该墓地 44 座秦汉墓中有 11 座墓出土陶仓计 11 件。

〔7〕　西安市文物保护考古所韩保全、程林泉、韩国河：《西安龙首原汉墓》第 172 页，西北大学出版社，1999 年。

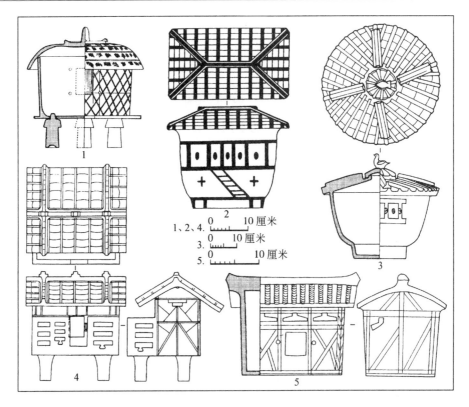

图 9-17　汉代陶仓廪模型

1.干栏式圆形囷（广州汉墓 M4039∶18）　2.方形仓（西安龙首原范南村 M51∶1）　3.圆形囷
（临潼上焦村 M7∶10）　4.干栏式方形仓（合浦风门岭 M24B∶2）　5.方形仓（番禺汉墓 M15∶28）

　　方形仓，汉代称之为"仓"或"廪"[1]，可能还称之为"京"[2]。方形仓的陶模型明器，在秦汉墓葬中多有出土。西安龙首原 42 座西汉早期墓出土陶仓计 17 件，其中 12 件为方形仓[3]。其结构大致相同，呈长方形，下部为连体长方形座，四面坡式深檐仓顶，正面用红彩绘出仓门、木梯以及"十"字形通风孔，通高 30 厘米左右（图 9-17-2）。与之相似的陶仓在西安白鹿原 95 号汉墓、汉景帝阳陵的陪葬墓园[4]、河南渑池秦汉墓等地

〔1〕《荀子·荣辱篇》："余刀布，有囷窌。"扬倞注曰："囷，廪也。圆曰囷，方曰廪。"

〔2〕汉·许慎《说文解字·囗部》："囷，廪之圜者，从禾在囗中。圆谓之囷，方谓之京。"中华书局，1963 年。但值得注意的是，西安三兆村 3 号汉墓出土的 5 件圆形陶仓模型明器上，分别墨书"黍粟一京"、"粟一京"、"大麦一京"、"大豆一京"、"麻一京"，说明当时圆形仓有时也可称之为"京"。因此，有学者认为"大囷亦名京"（见孙机《汉代物质文化资料图说》第 207 页，文物出版社，1991 年）；或认为"京"是干栏式仓和囷的总称（见呼林贵《古代仓名考》，《农业考古》1985 年第 1 期）。

〔3〕西安市文物保护考古所韩保全、程林泉、韩国河：《西安龙首原汉墓》第 79、226 页，西北大学出版社，1999 年。

〔4〕陕西省考古研究所：《汉阳陵》第 10 页，图一一一、一一二，重庆出版社，2001 年。

也多有发现；咸阳杨家湾汉墓 4 号墓的 2 号和 3 号陪葬坑中出土这种方形仓 60 件，但其底部无矮座但有四个小矮足。它们反映出西汉时期关中及附近地区粮仓的结构：台基或矮足以防潮，气孔以通风，深檐以防雨。南方地区发现的方形仓在结构上有所不同，如广州番禺汉墓出土的陶仓（M15:28）平面呈长方形，悬山式瓦顶，正面居中有一高出底座的方形门，房檐下及两侧山墙上开有通气孔（图 9 - 17 - 5）。这种长方形仓在岭南地区多有发现，有的还在仓房前设廊，如合浦风门岭 27 号墓出土的陶仓等[1]，当与防雨有关。这种方形仓，也是当时农户和中小地主常用的储粮设施之一。

干栏式仓囷，上部为仓房，下部用立柱支撑，包括圆形囷和方形仓两种。广州东汉前期墓出土的 II 型陶囷，仓体为圆形，平底，下方有柱桩支撑，仓顶盖面上刻绘出栉齿纹四周，显示出顶盖系用稻草编扎；仓体周壁刻划菱形线纹，表示它是竹席木柱等轻体结构（图 9 - 17 - 1）。广西合浦风门岭 23 号西汉墓出土的滑石仓（M23B:80），平面呈方形，四面坡式屋顶，下部有四根立柱支撑，仓门开在正面中部。风门岭 24 号东汉墓出土的长方形陶仓（M24B:2）[2]，前面有横廊，后部为仓室，两面坡式悬山顶，下部有四根立柱支撑；仓门开在正面居中，高出底座，门两侧有通气孔，仓室内发现有厚 5 厘米的炭化稻谷（图 9 - 17 - 4）。广西梧州大圹 1 号东汉墓发现一件四柱支撑的铜仓模型[3]，仓内盛有谷物。这种干栏式仓囷主要发现于江南和华南地区，四川出土汉画像砖[4]上也常可见到其形象（参见图 9 - 15），主要是适应当地多雨潮湿的自然环境。

仓楼，指用于粮食贮藏的楼房式建筑。仓楼的模型明器，汉代墓葬中常有发现，并且形制多样。如天津武清东汉中期的鲜于璜墓[5]出土的陶仓楼，平面作长方形，面阔三间，立面作倒梯形，四面坡式顶，前坡设平顶天窗三个。正面以凸棱表现门架与楼道结构，上部设有门窗和"阳台"平座栏杆；下部正中设一方形出粮口，左右为斜坡楼道；右侧楼道上有一陶塑人物，作负粮登梯入仓状。通高 90 厘米（图 9 - 18 - 2）。陕西勉县老道寺 1 号墓出土的陶仓楼[6]，悬山式顶，三开间，上、下两层各开一门，一层正面设有楼梯。河南焦作东汉中期墓出土一件彩绘陶仓楼[7]，楼高 4 层，通高 134 厘米；第一层正面线刻出檐柱，上部设四个方形洞窗；第二层正面有两个方形洞窗，并有挑出的栏杆；第三层正面设两个门洞，四面有瓦顶；第四层正面有一方形洞窗，洞窗内坐一人物，楼顶为四面坡式瓦顶；楼前有围墙形成院落，两墙角做出阙楼，前墙正中设一门，门外有一人物背负粮

〔1〕　广西壮族自治区文物工作队、合浦县博物馆：《合浦风门岭汉墓》第 11 页，科学出版社，2006 年。

〔2〕　广西壮族自治区文物工作队、合浦县博物馆：《合浦风门岭汉墓》第 37、97 页，科学出版社，2006 年。

〔3〕　梧州市博物馆：《广西梧州市近年来出土的一批汉代文物》图版叁：3，《文物》1977 年第 2 期。

〔4〕　A. 高文：《四川汉代画像砖》图一八，上海人民美术出版社，1987 年。
　　　B. 刘振宇：《成都怡汉轩密藏汉画像砖精选》，《中国汉画研究》第一卷第 2 页，彩图 2，广西师范大学出版社，2004 年。

〔5〕　天津市文物管理处考古队：《武清东汉鲜于璜墓》，《考古学报》1982 年第 3 期。

〔6〕　郭清华：《陕西勉县老道寺汉墓》图一一，《考古》1985 年第 5 期。

〔7〕　杨焕成：《河南焦作东汉墓出土彩绘陶仓楼》，《文物》1974 年第 2 期。

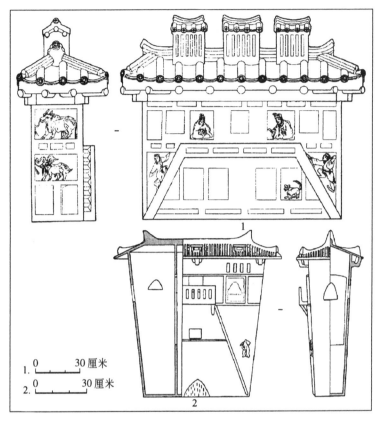

图 9-18 汉代仓楼模型
1.石仓楼（淮阳北关 1 号墓出土） 2.陶仓楼（武清鲜于璜墓出土）

袋作入院状，院内有一条狗。南阳王寨东汉墓出土的陶仓楼[1]，由三层构成，仓楼两侧和正面有可供登楼的楼梯，两面坡式瓦顶，楼顶设有两个阙楼状通气窗。河南淮阳北关 1 号东汉墓出土的石仓楼[2]，面阔 1.47 米，高 1.2 米，楼身、楼顶各用一块青石雕刻而成，楼身两层，楼顶设有三个阙楼状通气窗，楼前接有平台和楼梯，壁面刻有画像，重约 2 吨，是迄今所见体量最大、制作最精良的仓楼模型（图 9-18-1）。这种体量大、结构复杂的仓楼，显然非一般农户和中小地主所能拥有，而应当是大地主庄园贮藏谷物的设施。

大型仓房，是指大型单檐或重檐式仓廪建筑，主要见于汉画像石和壁画，考古发掘中也发现有相关的遗迹。山东沂南画像石中的场院收粮庖厨画像[3]，画面最左侧刻绘一重檐式大型仓房，仓房面阔五间，下层开两门，上层开两个方形窗以及通气窗，两层之间设简单的平座，下层门前有台阶，仓底高出地面以防潮（图 9-19-B)，由此可以看到当时地主庄园的谷物贮藏状况。实际上，这种大型仓房也是当时官仓的主要粮仓类型。如西汉京师仓、凤翔汧河码头西汉仓储遗址发现的仓房，以及内蒙古和林格尔东汉壁画墓中所绘的"繁阳县仓"、"护乌桓校尉幕府谷仓"等，都属于这种大型仓房类型。

（二）地下仓窖

地下仓窖是指挖建于地下或半地下的仓窖，汉代又称之为"窌"[4]。地下仓窖，在洛

[1] 南阳市博物馆：《南阳县王寨汉画像石墓》，《中原文物》1982 年第 1 期。
[2] 周口地区文物工作队、淮阳县博物馆：《河南淮阳北关一号汉墓发掘简报》，《文物》1991 年第 4 期。
[3] 曾昭燏、蒋宝庚、黎忠义：《沂南古画像石墓发掘报告》图版 104，文化部文物管理局，1956 年。
[4] 汉·许慎《说文解字·穴部》："窌，窖也。窖，地藏也。"中华书局，1963 年。又，《吕氏春秋·仲秋纪》："穿窦窌，修囷仓。"高诱注："穿窌所以盛谷也。"

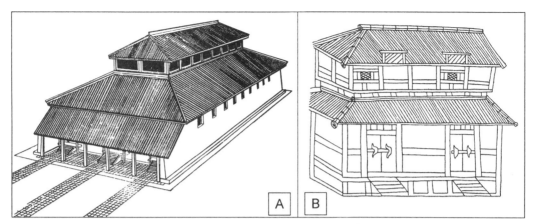

图 9-19　汉代大型仓房
A.华阴京师仓 1 号仓复原图　B.沂南画像石墓重檐式仓房图（摹本）

阳西郊汉河南县城东区发现 8 座[1]，均为半地穴式，其上部结构不明，下部形制结构主要有三种：一种是土圆囷，竖穴土壁、土底；另一种是砖砌圆囷，周壁用砖砌筑，土底，中央多有一柱础石以立柱支撑盖顶；再一种砖砌方仓，平面呈方形，四壁用砖砌筑，土底。这种半地穴式仓窖，应当是当时城内居民常用的一种储粮设施[2]。普通聚落的居民，也常以地下仓窖作为储粮设施[3]。1971～1976 年，在洛阳汉河南县城南墙外南北长 400 米、东西宽 300 米的范围内发现战国至秦的地下粮仓 74 座[4]，东西、南北成行成排，已经发掘的 3 座，均为竖穴土坑结构，圆形，口大底小，一般直径 10 米左右，深 10 米左右，周壁修整光滑，底部筑有防水和防潮层并铺有木板和谷糠。另外，在洛阳西郊六一三宿舍区钻探发现东汉仓窖 20 余座[5]，并对其中的一座进行了发掘。这种大型仓窖群，显然是官府经营的粮仓，显示出官府粮仓的结构和规模。

二　官府粮仓

秦汉时期的中央和地方政府在都城和地方都建有粮仓，如秦代的敖仓[6]、成都

〔1〕　黄展岳：《一九五五年春洛阳汉河南县城东区发掘报告》，《考古学报》1956 年第 4 期。

〔2〕　据研究，汉代城市居民中有不少是农民，尤其是县城（见张继海《汉代城市社会》第 190～208 页，社科文献出版社，2006 年）；洛阳汉河南县城中心偏东地区是以农民、手工业者为主体的居住区（见黄展岳《一九五五年春洛阳汉河南县城东区发掘报告》，《考古学报》1956 年第 4 期）。

〔3〕　辽阳三道壕西汉村落遗址发现的附属于房屋建筑的窖穴（见东北博物馆《辽阳三道壕西汉村落遗址》，《考古学报》1957 年第 1 期），以及江苏高邮邵家沟东汉村落遗址发现的地窖遗迹（见江苏省文物管理委员会《江苏高邮邵家沟汉代遗址的清理》，《考古》1960 年第 10 期），有的可能是用作粮窖。

〔4〕　洛阳博物馆：《洛阳战国粮仓试掘纪略》，《文物》1981 年第 11 期。

〔5〕　河南洛阳市文物工作队余扶危、叶万松：《我国古代地下储粮之研究（中）》，《农业考古》1983 年第 1 期。

〔6〕　《史记·郦生列传》：高祖三年，郦生因曰："夫敖仓，天下转输久矣，臣闻其下迺有藏粟甚多。"张守节《正义》："秦始皇时置仓于敖山上，故名之曰敖仓也。"

旧仓[1]，两汉都城的太仓[2]，以及西汉的细柳仓、嘉仓[3]、敖仓[4]、河南仓[5]等。其储粮设施除地下仓窖外，更常见的是地上建筑的大型仓房设施，并且往往建有大型的仓城。

太仓是中央政府设在都城内的粮仓。西汉都城长安城的太仓，在考古学上尚未得到确认。东汉首都洛阳城的太仓，已初步得到确认。汉魏洛阳城的考古勘探中，在东汉洛阳城东北隅发现了一处大型建筑遗址，包括2个东西相对的夯筑墙垣围成的方形庭院遗址，其中西院长100米，宽70米，院内发现5座大小不等的夯筑台基，其正中一座主体建筑呈长方形，长57米、宽17米；东院是一座四面由夯筑墙垣围成的长、宽各50米的封闭型建筑。发掘者认为，这组建筑是汉晋时期的太仓遗址[6]。

考古发现的汉朝中央政府的粮仓或仓储遗存，还有地处陕西华阴县砲峪乡渭河南岸的西汉京师仓遗址[7]，凤翔县西汉汧河码头仓储遗址[8]，以及河南新安县仓头乡盐东村西汉大型仓库遗址[9]等[10]。考古发掘和研究表明，京师仓作为西汉中央政府的中转储运粮仓，夯筑城垣的仓城，仓区建有围墙，以利于安全护卫；仓房建筑大小、结构不同，形式多样，以储存不同种类的粮食；仓房墙体厚重，不仅可以承受散装粮食所形成的侧压力，保证坚固耐用，而且减少室外温度变化的影响，使仓内保持相对稳定的温度和湿度；高大的房顶，覆瓦的屋面，夯筑地面、烘烤地面和架空地板，以及仓外的排水设施等，都有利于通风、防雨和防潮（图9-19-A）；生活区和仓区既同在仓城内，又严格区分开来，既利于管理，也有利于防火安全，反映出汉代中央政府的仓城建筑、储粮技术和管理，都达到了前所未有的水平。凤翔西汉汧河码头仓储遗址，则是"西汉中央政府设在关中西部的一个转运站，其目的是将在这一带征集的粮食运抵长安"。新安仓头乡盐东村西汉大型仓库

---

[1]　《后汉书·公孙述传》："成都郭外有秦时旧仓，述改名曰白帝仓。"

[2]　A.《史记·高祖本纪》：高祖八年"萧丞相营作未央宫，立东阙、北阙、前殿、武库、太仓"。又，《史记·平准书》：汉武帝即位之初，"太仓之粟陈陈相因，充溢露积于外，至腐败不可食"。

　　　B.《续汉书·百官志（三）》："太仓令一人，六白石。"又，《后汉书·坚镡传》：坚镡与朱鲔有"大战武库下"，李贤注引《洛阳记》曰："建始殿东有太仓，仓东有武库。"

[3]　《三辅黄图》："在长安西、渭水北，古徼西有细柳仓。城东有嘉仓。"引自何清谷校注《三辅黄图校注》第408页，三秦出版社，2006年。

[4]　《汉书·惠帝纪》：惠帝六年"起长安西市，修敖仓"。又，《汉书·地理志》："河南郡……敖仓在荥阳。"

[5]　《史记·汲黯传》："持节发河南仓粟以赈贫民。"

[6]　中国科学院考古研究所洛阳工作队：《汉魏洛阳城初步勘察》，《考古》1973年第4期。

[7]　陕西省考古研究所：《西汉京师仓》，文物出版社，1990年。

[8]　A.陕西省考古研究所：《陕西凤翔西汉汧河码头仓储建筑遗址》，《2004中国重要考古发现》，文物出版社，2005年。

　　　B.陕西省考古研究所、宝鸡市考古工作队、凤翔县博物馆：《陕西凤翔县长青西汉汧河码头仓储建筑遗址》，《考古》2005年第7期。

[9]　洛阳市第二文物工作队：《晋豫黄河古栈道漕运及建筑遗迹》，《1998中国重要考古发现》，文物出版社，1999年；《黄河小浪底盐东村汉函谷关仓库建筑遗址发掘简报》，《文物》2000年第10期。

[10]　详见本书第五章第一节《京师仓遗址及凤翔、新安西汉仓储遗址》。

遗址，作为函谷关体系中与黄河漕运配套的国家仓库遗址，具有贮藏、中转漕运物资的功能。

关于地方政府的粮仓，汉代图像资料中可以见到。如内蒙古和林格尔东汉墓壁画墓的前室西壁，绘有两座仓房[1]，均为重檐式大型仓房建筑，榜题分别为"繁阳县仓"和"护乌桓校尉幕府谷仓"，从一个侧面反映出地方政府设置粮仓及其仓房建筑的情景。

第六节　秦汉时期的农田水利与灌溉

农田水利是促进农业发展的重要条件，秦汉政府都重视兴修水利工程。秦汉时期的农田水利和灌溉设施主要有大型灌渠、陂塘、水井以及提水工具等。

一　大型灌渠

秦统一六国前修建的都江堰、郑国渠、漳水渠等继续发挥灌溉作用。郑国渠大坝中段曾发现有秦至西汉早期的五角形陶水管道[2]，说明郑国渠在西汉修建白渠之前一直在使用。四川灌县（今都江堰市）城西都江堰渠首鱼嘴附近发现有东汉建宁元年（公元 168 年）李冰石像[3]。据石像上的题记可知，立像人为"总治水之工"的都水掾尹龙、长陈壹；将石像立于水中，既有镇水的意义，更有作为"水则"用作测量水位的标志[4]。这说明东汉时期这里设有专门管理水利工程的官吏，都江堰仍发挥着重要作用。

秦统一六国以后，于秦始皇二十八年（公元前 219 年）在今广西兴安县开凿的灵渠，沟通南流的漓江和北流的湘江，其主要目的虽然在于漕运，以便转运粮草南下，进军岭南，但附近农田也得到灌溉之利[5]。

西汉时期高度重视农田水利[6]，农田水利建设出现新的高潮，在今陕西、河南、山西、安徽、山东等地都修建了水利工程，在西北屯田地区也进行了较大规模的农田水利建设[7]，全国形成了 34 个大中型灌区[8]。仅在关中地区，就修建了著名的六辅渠、白渠、

---

〔1〕　内蒙古自治区文物考古研究所：《和林格尔汉墓壁画》第 14、28 页，文物出版社，1978 年。本章凡涉及和林格尔壁画墓的资料均据此，不另注。

〔2〕　王兆麟：《陕西发现秦代郑国渠拦河坝和水库遗址》，《农业考古》1987 年第 2 期。

〔3〕　四川省灌县文教局：《都江堰出土东汉李冰石像》，《文物》1974 年第 7 期图版拾捌。

〔4〕　王文才：《东汉李冰石像与都江堰"水则"》，《文物》1974 年第 7 期。

〔5〕　A.广西壮族自治区博物馆蒋廷瑜：《论灵渠的灌溉作用》，《农业考古》1987 年第 1 期。

　　　B.张波、樊志民主编：《中国农业通史·战国秦汉卷》第 140 页，中国农业出版社，2007 年。

〔6〕　《汉书·沟洫志》：汉武帝强调，"农，天下之本也。泉流灌浸，所以育五谷也……故为通沟渎，蓄陂泽，所以备旱也"。

〔7〕　《史记·河渠书》："自是之后，用事者争言水利。朔方、西河、河西、酒泉皆引河及川谷以溉田；而关中辅渠、灵轵引堵水；汝南、九江引淮；东海引钜定；泰山下引汶水；皆穿渠为溉田，各万余顷。佗小渠披山通道者，不可胜言。"

〔8〕　彭曦：《初论战国秦汉两次水利建设高潮》，《农业考古》1986 年第 1 期。

龙首渠、灵轵渠、成国渠等大型水利工程[1]。

龙首渠，是汉武帝时期修建的"自徵引洛水至商颜山下"的一项引洛灌溉工程[2]。经考古调查，在今陕西省澄城县和蒲城县发现了龙首渠渠首遗址及井渠[3]。调查表明，"龙首渠自今澄城县北头村附近引洛水入渠，南流十余里，越过大峪河，进入永丰境内"。由河城塬到温汤的缓坡地带为第一段井渠，总长约 2600 米；由王武至大荔县义井为商颜山的山脊地带，为第二段井渠，总长约 4300 米。在第一段井渠，调查发现竖井 7 个，竖井间距 11～224 米不等。其中，1 号井南距出水口 260 米，直径约 1.26 米；7 号井北距进水口 260 米，直径约 1.24 米，深 27.8 米。竖井中出土有汉代的板瓦、筒瓦、瓦当及日用陶器残片。井渠，是依照渠道走向，相距不远开凿竖井，井下相通，连接成暗渠，即《史记·河渠书》所载："岸善崩，乃凿井，深者四十余丈。往往为井，井下相通行水……井渠之生自此始。"这种井渠，避免了渠岸陡深易于塌方之弊，在当时是一种先进的施工技术，说明早在汉武帝时期就开创了后来隧道竖井施工方法的先河，其工程技术对后来水利工程的建设产生了重要影响[4]。

白渠，兴建于汉武帝太始二年（公元前 95 年），主要是"穿渠引泾水，首起谷口（今泾阳县西北），尾入栎阳（今高陵县东北），注渭中，袤二百里，溉田四千五百余顷"[5]。建成后民得其利，以歌谣颂之[6]。经考古调查，汉代白渠渠首遗址位于战国秦郑国渠以北的泾水上游，即今陕西省泾阳县西北的谷口一带。渠首一段长 300 余米为井渠，现在呈西北－东南向排列着 7 个岩石坑，坑间距离为 32～80 米不等。岩石坑上圆下方，直径约 3 米。第一坑以西为泾河岸，岸下有暗渠露头，进水口下距今泾河水面约 3 米；第七坑以东 12 米处接明渠。明渠断面口大底小呈倒梯形，口宽 18.5 米、底宽 13.5 米、深 5.5 米，向东不远通入郑国渠故道[7]。白渠渠首井渠遗址的发现，表明修建龙首渠时发明的井渠法在汉代得到了推广应用。

随着汉王朝对边疆地区的开拓和对西域的经营，中原地区先进的水利工程技术也传到了边远地区，尤其是在西北地区"出现了河套、河西、河湟和西域四个大的灌溉农区"[8]。据大湾出土的西汉田卒簿籍记载，一次参加修筑水渠工程的人就达 1500 人之多[9]。在居延地区南部的 F179 附近有不少田渠遗迹；伊肯河东岸 107 号和 108 号烽燧之间有引自伊肯河的灌渠遗迹，宽达 24 米；在额济纳河流域的老高苏木遗址上，有一条宽

〔1〕　《汉书·沟洫志》。

〔2〕　《史记·河渠书》；《汉书·沟洫志》。

〔3〕　张瑞岑、高强：《陕西蒲城永丰发现汉龙首渠遗址》，《文物》1981 年第 1 期。

〔4〕　徐象平：《试论西汉龙首渠工程技术及其在我国水利史上的地位》，《农业考古》1991 年第 3 期。

〔5〕　《汉书·沟洫志》。

〔6〕　《汉书·沟洫志》："田于何所？池阳、谷口。郑国在前，白渠起后。举臿为云，决渠为雨。泾水一石，其泥数斗。且溉且粪，长我禾黍。衣食京师，亿万之口。"

〔7〕　秦中行：《秦郑国渠渠首遗址调查记》图四，《文物》1974 年第 7 期。

〔8〕　张波、樊志民主编：《中国农业通史·战国秦汉卷》第 144 页，中国农业出版社，2007 年。

〔9〕　陈公柔、徐苹芳：《大湾出土的西汉田卒簿籍》，《考古》1963 年第 3 期。

约 2 米的西南—东北向水渠遗迹，穿过整个遗址中心[1]。在新疆地区，轮台县东南克孜尔河畔柯可确尔汉代古城附近的红泥滩上，仍可见到汉代沟渠的遗迹[2]；库车地区的沙雅县、新和县境内发现一处宽约 6 米、长约 100 公里的古渠道遗址[3]，当地人称之为"汉人渠"，渠旁曾发现有汉代五铢钱及陶片，可能是汉代屯田时所兴建，并一直沿用到唐代；若羌县米兰古堡附近发现的古代灌渠[4]，与古米兰河相连，干渠全长 8.5 公里，渠身宽 10～12 米、高 3～10 米，大型支渠 7 条，总长 28.4 公里，灌溉面积 17000 多亩，推测是汉代伊循屯田的遗迹。在西南地区，也曾修筑水利工程灌溉农田[5]。无论考古发现还是文献记载都表明，秦汉时期边远地区的农田水利事业获得了迅速的发展。

二　陂塘

陂塘是秦汉时期常见的农田水利设施之一。汉代在修建一系列大型水利工程的同时，还根据各地自然环境的特点和农业生产的需要，在丘陵山地和南方地区因地制宜地大量兴建陂塘坝堰等中小型水利设施，及至"小渠及陂山通道者，不可胜言也"[6]，还在九江郡设有"陂官"和"湖官"[7]。

在江淮流域，两汉时期曾大量修建陂塘[8]。安徽寿县安丰塘发现的东汉时期的坝堰遗址[9]，筑在一条泄水沟的上面，用草和土相间叠筑而成，并用纵横排列有序的木桩加固。坝堰遗址中出土有"都水官"铭大铁锤、铁权、铁镢、铁铲、铁锯、竹筐等水工和土木工具，以及半两钱、五铢钱、大泉五十等秦汉时期的钱币。据推测，这一工程是由当时寿春所属的九江郡组织修建的，并与汉章帝时庐江太守王景的"墕流法"有关。

南阳盆地在两汉时期也大兴水利工程建设[10]，构成纵横交错的水利灌溉网，目前已发现了多处当时修建的水利工程遗址，如地处邓县韩凹村一带的六门堰遗址，系汉平帝时期修建的湍河截流工程，其渠首和一段干渠遗迹尚存；邓县陈桥村一带的钳卢陂，作为六门堰下游二十九陂中最大的一座蓄水工程，有一段长 4.2 公里的长堤遗迹仍可辨认；南阳城东在白河上筑坝引水的马渡堰[11]，其分水闸、陂堰遗迹依然可见。

〔1〕　甘肃文物考古所唐晓军：《河西走廊农业考古概述》，《农业考古》1994 年第 1 期。
〔2〕　孟池：《从新疆历史文物看汉代在西域的政治措施和经济建设》，《文物》1975 年第 7 期。
〔3〕　黄文弼：《塔里木盆地考古记》第 25 页，科学出版社，1958 年。
〔4〕　新疆考古研究所王炳华：《新疆农业考古概述》，《农业考古》1983 年第 1 期。
〔5〕　《后汉书·西南夷列传》：新莽时期，益州郡"以广汉文齐为太守，造起陂池，开通灌溉，垦田二千余顷"。
〔6〕　《汉书·沟洫志》。
〔7〕　《汉书·地理志》。
〔8〕　A.万桃涛：《东汉时期南方农业生产的发展》，《农业考古》1993 年第 3 期。
　　　B.李修松：《两汉时期淮河流域农业生产述论》，《农业考古》1999 年第 1 期。
〔9〕　殷涤非：《安徽省寿县安丰塘发现汉代闸坝工程遗址》，《文物》1960 年第 1 期。
〔10〕　张民服：《河南古代农田水利灌溉事业》，《中国经济史研究文集》，新华出版社，2004 年。
〔11〕　河南省南阳市博物馆李桂阁：《从出土文物看两汉南阳地区的农业》，《农业考古》2001 年第 3 期。

在四川盆地，继续利用都江堰及其他相关水利设施的同时，还曾先后开凿湔江引内江水、修建灌渠引郫江水、开渠建陂池堰塘引绵水灌溉农田等多处水利工程[1]。

关于汉代的小型陂塘，在长江流域、岭南地区、云贵高原以及陕西和河南的南部等地发现的各种模型明器，从一个侧面反映了当时陂塘的形态及其使用状况。考古发现的汉代陂池模型，主要有两类。一类是稻田陂池，如陕西汉中市黄家坡东汉早期墓出土的一件陂池稻田模型，整体呈长方形[2]，长 60 厘米、宽 37 厘米、深 6.5～10 厘米，中间横隔一坝，一侧为陂池，一侧为稻田。水坝面向陂池的一侧作弧形外鼓，以便将水的压力向水坝两端传递，减小水坝中段的压力，从而增加水坝的抗压能力。坝中部安装闸门，闸墩和闸槽合为一体，出水洞口呈拱形，推测闸门为提升式平板闸门，升降启闭闸门可以控制水量。陂池底部塑有鱼、鳖、螺、菱角等。稻田由"十"字形田埂分隔为四块，正对闸门的田埂与闸门断开，表示水出闸门后可以向田埂两侧的田地分流。该模型两侧边沿由陂池向稻田逐渐降低，末端又稍稍增高，水坝低于两侧的边沿，表现的是在山谷中筑坝蓄水成陂池、坝外经过人工平整辟为稻田的景象。类似的长方形陂池稻田模型明器，在陕西勉县老道寺 2 号东汉墓[3]、贵州赫章可乐东汉墓[4]等地多有发现；而云南大理市下关东汉墓[5]、云南呈贡和通海东汉墓[6]、贵州兴仁东汉墓[7]等地出土的陂池稻田模型，则整体呈圆形。另一类是单一的陂池，在陕西南郑县等地有所发现[8]，形制较为简单，呈方形或长方形，池内塑出水生动物和植物，底部有水孔。根据各地发现的陂池模型可知，汉代常见的稻田引水灌溉方式有以下两种[9]：一种是先从稻田的一边将塘水引入，然后从稻田的另一边将水导出并引入另一块稻田，再通过第二块稻田将水引入第三块稻田；另一种是先将塘水引入稻田的水沟中，然后再从水沟中将水分别引入田中，称之为"沟灌"。

三 水井

秦汉时期在利用地表水进行农田灌溉的同时，还重视凿井利用地下水进行农田灌溉，尤其是在地表水源不甚丰富而难以充分利用的地区更是如此。有关秦汉时期水井的考古发现，主要有水井遗迹和陶水井模型明器两大类。

水井遗迹在各地都有所发现，其结构常见有五种。第一种是土井，即在土中挖井、井壁不另行加固，如山东章丘宁家埠遗址[10]发现的汉代水井等。第二种是木井，即井壁用

[1] 罗二虎：《秦汉时代的中国西南》第 111 页，天地出版社，2000 年。
[2] 秦中行：《记汉中出土的汉代陂池模型》图二，《文物》1976 年第 3 期。
[3] 郭清华：《陕西勉县老道寺汉墓》，《考古》1985 年第 5 期图版叁：3。
[4] 贵州省博物馆考古组、贵州省赫章县文化馆：《赫章可乐发掘报告》，《考古学报》1986 年第 2 期。
[5] 大理州文物管理所：《云南大理市下关城北东汉纪年墓》图五：3，《考古》1997 年第 4 期。
[6] 云南省博物馆肖明华：《陂池水田模型与汉魏时期云南的农业》，《农业考古》1994 年第 1 期。
[7] 贵州省文物考古研究所赵小帆：《贵州出土的汉代陂塘水田模型》，《农业考古》2003 年第 3 期。
[8] 汉中市博物馆郭荣章：《汉代的陂池》，《考古与文物》1991 年第 5 期。
[9] 陈文华：《农业考古》第 134 页，文物出版社，2002 年。
[10] 山东省文物考古研究所：《章丘宁家埠遗址发掘报告》，《济青高级公路章丘工段考古发掘报告集》

木料构筑，如辽阳三道壕遗址[11]2号居住址出土的2号井，圆形井体，下部用木头构筑成方形井壁；3号居住址中也发现有2座相邻的方形木井；5号居住址发现的木井，木井壁外侧填以河卵石。第三种是陶井，即用陶井圈构成井壁，如汉长安城南郊礼制建筑遗址的西南部发现6座陶井[12]；安徽寿县发现的西汉井[13]，井壁用14节井圈叠砌而成，每节井圈的上下口沿均有五道凹槽以供相互扣合，井圈与外土壁之间有11厘米的空隙，填沙以涵蓄地下水；北京宣武门一带[14]、辽阳三道壕遗址、上海金山县戚家墩遗址[15]等地都发现有西汉时期的陶井。第四种是砖石井，即井壁用砖或石垒砌而成，其平面形状一般呈圆形，但也有的呈多角形，如河南泌阳板桥遗址发现的东汉砖井[16]，井壁用52层弧形子母砖叠砌；河南登封阳城遗址发现的汉代水井[17]，深7米，圆形，井壁用石块砌成；江苏盐城市区发现的东汉砖井[18]，井壁用青灰色弧形砖和条形砖相间叠砌，井深3.8米，井底铺木板（图9-20-B）。第五种，井体上部用砖砌筑，下部使用陶井圈，是砖井和陶井的一种结合形态，如汉长安城未央宫遗址发现的水井[19]，深8.3米，其中上部7米用券砖砌筑，下部0.85米置放4节陶井圈（图9-20-A）；辽阳三道壕等地也有发现。除此之外，还发现有一些结构特殊的井，如秦咸阳城发现的CLSJ2和CLSJ59[20]，下部置放陶井圈，上部用板瓦陶器残片砌筑；CLSJ50，下部置放陶井圈，上部用变形筒瓦砌筑。至于汉代的陶水井模型，在各地都有大量发现，井体形制均为圆形，但存在着有无井底和井栏、井台或圆或方等诸多方面的差异。这些差异，或许是各地水井形制和结构之地域性特点的一种反映。

从各地考古发现看，秦汉时期的水井主要应当是用于生活用水，但同时也用于生产用水和农田的灌溉，尤其是园圃的浇灌。北京复兴门外有的地方6平方米范围内就有4座水井[21]；天津蓟县大安宅村遗址不大的范围内发现汉代水井11座[22]；在山东烟台市牟平区

第82页，齐鲁书社，1993年。

[11]　东北博物馆：《辽阳三道壕西汉村落遗址》，《考古学报》1957年第1期。

[12]　中国社会科学院考古研究所：《西汉礼制建筑遗址》第136页，科学出版社，2003年。

[13]　吴兴汉：《寿县东门外发现西汉水井及西晋墓》，《文物》1963年第7期。

[14]　A.苏天钧：《十年来北京市所发现的重要古代墓葬和遗址》，《考古》1959年第3期。

　　　B.北京市文管处：《北京地区的古瓦井》，《文物》1972年第2期。

[15]　上海市文物保管委员会：《上海市金山县戚家墩遗址发掘简报》，《考古》1973年第1期。

[16]　河南省文化局文物工作队：《河南泌阳板桥古墓葬及古井的发掘》，《考古学报》1958年第4期。

[17]　河南省文物研究所、中国历史博物馆考古部：《登封王城岗与阳城》第315页，文物出版社，1992年。

[18]　盐城市文物管理委员会办公室、盐城市博物馆：《江苏盐城市建军中路东汉至明代水井的清理》图二，《考古》2001年第11期。

[19]　中国社会科学院考古研究所：《汉长安城未央宫》第194页，中国大百科全书出版社，1996年。

[20]　陕西省考古研究所：《秦都咸阳考古报告》第34～43页，科学出版社，2004年。

[21]　北京市文物管理处：《北京地区的古瓦井》，《文物》1972年第2期。

[22]　梅鹏云、姜佰国、盛立双：《蓟县大安宅商周、战国、汉唐及辽至明代遗址》，《中国考古学年鉴（2001）》第106页，文物出版社，2002年。

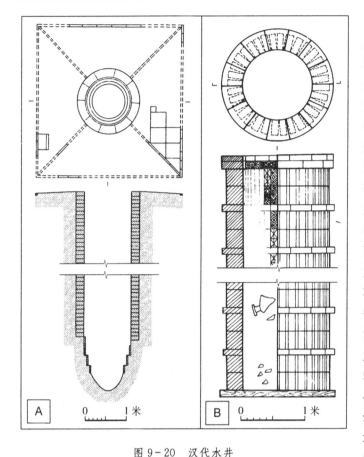

图9-20　汉代水井
A.汉长安城未央宫椒房殿正殿庭院砖砌加陶井圈水井平面、断面图
B.盐城建军路砖砌水井 SJ：1平面、剖视图

的一处战国至汉代的遗址，不足10000平方米的范围内就清理水井60座[1]，包括土井、砖井和石井；河南遂平县小寨汉代村落遗址发现六排与道路平行的水井群计28座[2]，包括陶井16座、砖井5座和土井7座；安徽寿县不到140米的狭长地带就发现有9座井等。这种水井密集分布的情况，应当是当时集中供水的一种反映。河南南阳白河镇双铺村及白河滩上发现汉代井群[3]，但"附近没有发现大的建筑基址、墓葬等，疑为灌溉用井"。洛阳烧沟汉墓中与陶水井模型共出的水槽模型，平面呈凸字形，较窄的一端底部有一穿孔，与近代农村灌园井旁的水槽相似。河南泌阳的东汉砖井旁还发现有与此相连的陶水管道，洛阳汉河南县城东区的水井[4]西侧有与之相连的砖砌水道设施，它们显然与灌溉有关。河南淮阳县于庄西汉墓出土陶庄园模型[5]中的园圃，其中央有一水井，水井右侧为水浇地，有一水沟将井水引入沟两边的菜地中，更是当时用井水灌溉的形象写照。居延汉简127·6记载，"第十三隧长贤，□井水五十步，深二丈五，立泉二尺五，上可治田度给吏卒◇"[6]。这虽然反映的是河西地区水井的情况，但也从一个侧面说明内地的水井同样可用于灌溉。

〔1〕　张凌波：《牟平发掘古文化遗址获重要成果》，《中国文物报》1999年9月12日。
〔2〕　河南省文物研究所：《河南遂平县小寨汉代村落遗址水井群》，《考古与文物》1986年第5期。
〔3〕　河南省南阳市博物馆李桂阁：《南阳地区汉代陶井及相关问题》，《农业考古》2003年第1期。
〔4〕　黄展岳：《一九五五年春洛阳汉河南县城东区发掘报告》，《考古学报》1956年第4期。
〔5〕　周口地区文化局文物科、淮阳太昊陵文物保管所：《淮阳于庄汉墓发掘简报》，《中原文物》1983年第1期。
〔6〕　谢桂华、李均明、朱国炤：《居延汉简释文合校（上）》第208页，文物出版社，1987年。

四　提水工具

无论是利用井水还是低处的地表水，无论是进行灌溉还是汲取生活用水，都离不开提水工具。秦汉时期，除了最为简单的抱瓶汲水外，常见的提水机具主要有辘轳和桔槔。

辘轳，出现于战国时期，秦汉时期普遍使用。汉代墓葬中，经常出土有带辘轳的陶水井模型。如洛阳烧沟M59A∶42，井栏上架设支架，支架上装有滑轮，滑轮上缠绕绳索，绳索两端各吊一水斗（图9-21-A）。用辘轳提水的图像，常见于各地的画像石[1]。如山东嘉祥宋山村出土的汲水庖厨画像石[2]中，画面右侧绘一井，横跨井上有一梯形支架，支架横木上装有滑轮，滑轮上绕有绳索，其一端系一水罐吊入井中，另一端为井旁人物所拽，正在汲水，另有一人在抱罐送水。

桔槔出现于春秋时期，秦汉时期广泛使用，可用于从井中或河中提水。嘉祥县宋山村出土的汲水庖厨画像石[3]中，水井旁竖立一支架，支架上系一横担的活动杠杆，杠杆一端捆缚一重物，另一端系绳，绳端系一水罐吊入井中，井旁一人在拽绳汲水（图9-21-B）。考古发现的辘轳和桔槔的资料，大都与庖厨有关，但形象地表现了用辘轳和桔槔从井中提水的情形。

另据文献记载，东汉末年毕岚曾发明了"翻车"、"渴乌"以引水[4]，是古代提水机具的一大发明，但尚未得到考古学的证明，并且只是到了三国时期才用于灌溉[5]。无论如何，辘轳和桔槔等提水机具的广泛使用，反映出当时农田水利灌溉的发展和进步，成为秦汉时期农业生产发展的另一个重要标志。

图9-21　汉代提水工具
A.陶水井及辘轳模型（洛阳烧沟M59A∶42）
B.嘉祥宋山村汉画像石墓桔槔汲水图像（摹本）

〔1〕　诸城县博物馆任日新：《山东诸城汉墓画像石》图七，《文物》1981年第10期。
〔2〕　嘉祥县武氏祠文管所：《山东嘉祥宋山发现汉画像石》，《文物》1979年第9期第4页第五石。
〔3〕　中国农业博物馆：《汉代农业画像砖石》第119页图C9，中国农业出版社，1996年。
〔4〕　《后汉书·张让传》：又使掖庭令毕岚"又作翻车渴乌，施于桥西，用洒南北郊路，以省百姓洒道之费"。注曰："翻车，设机车以引水。渴乌，为曲筒，以气引水上也。"
〔5〕　《三国志·魏书·方技传》"杜夔"条裴松之注曰："时有扶风马钧，巧思绝世……居京师，城内有地，可以为园，患无水以灌之，乃作翻车，令童儿转之，而灌水自复，更入更出，其巧百倍于常。"

第七节 秦汉时期农业生产中的多种经营

秦汉时期的经济区主要有三种类型，即"以谷物种植为主的农业区，以饲养牲畜为主的畜牧业区，以经营农、牧两业的半农半牧区"[1]，而农业区占据了秦汉疆域的绝大部分，在当时的社会经济中发挥了支撑作用。因此，这里所说的多种经营，主要是指秦汉时期农业经济区的多种经营。

所谓多种经营，是指广义的农业生产中粮食作物种植之外的其他农业生产活动，包括经济作物的栽培、园圃和林木的种植、家畜的饲养、水产养殖及捕捞等，当时得到大力提倡[2]。它们在秦汉时期的考古发现中都有所反映。

一 经济作物的种植

经济作物，主要是指粮食作物之外的纤维作物、油料作物、染料作物、饲料作物和糖料作物等。

大豆属于"五谷"之一，但同时也是重要的油料作物，考古发现的大豆遗存，前已述及。麻属于"九谷"之一，但同时又是重要的纤维作物；《氾胜之书》[3]、《四民月令》[4]都有关于种麻的记述；内蒙古和林格尔东汉壁画墓后室南壁的庄园图，绘有沤麻池及渍沤的场景，旁证了"五原土宜麻枲"[5]的记载；麻类织物的众多考古发现，可佐证秦汉时期麻的大量种植。

桑树，用以养蚕，是蚕丝业的基础，汉代文献中往往"桑麻"并称[6]，或"农桑"连称[7]，《氾胜之书》记述了种桑的方法。河南内黄三杨庄西汉晚期田宅遗址的3号宅院正房后面发现两排树木遗迹，据残存树叶判断主要是桑树[8]。内蒙古和林格尔东汉壁画墓后室南壁的庄园图中，描绘出廊舍的周围有成片的桑林以及四个女子正在采桑的情景。

[1] 杨振红：《论汉代的人口、耕地与基本经济区》，《陕西历史博物馆馆刊》第6辑第91页，陕西人民教育出版社，1999年。
[2] 《汉书·食货志（上）》："还庐树桑，菜茹有畦，瓜瓠果蓏，殖于疆易，鸡豚狗彘毋失其时。"
[3] 纤维用麻为"雄麻"，汉代称之为"枲"。《氾胜之书》称："夏至后二十日沤枲，枲和如丝。"
[4] 东汉·崔寔《四民月令》：夏至"先后各五日，可种牡麻"。注曰："牡麻青白，有华无实，好肥理，头锐而轻浮，一名为枲也。"引自严可均校辑《全上古三代秦汉三国六朝文·全后汉文》卷四十七，中华书局，1958年。
[5] 《后汉书·崔寔传》。
[6] A.《史记·货殖列传》："齐带山海，膏壤千里，宜桑麻。"又，"齐、鲁千亩桑麻。"
    B.《淮南子·主术训》：教民"滋植桑麻"。
[7] 东汉·崔寔在《政论》中评论时弊时称：今"农桑勤而利薄"。引自严可均校辑《全上古三代秦汉三国六朝文·全后汉文》卷四十六，中华书局，1958年。
[8] 刘海旺、朱汝生：《河南内黄三杨庄汉代田宅遗存》，《2005中国重要考古发现》，文物出版社，2006年。

汉代画像砖石和壁画等图像资料显示出，当时的桑树有"树桑"和"地桑"两种[1]。大量丝织品的发现，更可证当时桑蚕业的发达。

作为油料作物，豆类在秦汉时期广为栽培，前文已详述。苏子、胡麻的种植，《氾胜之书》中有所记载。咸阳杨家湾 4 号汉墓 3 号陪葬坑出土的植物遗存中有油菜籽[2]。满城 2 号墓的北耳室（车马房）中出土有朴树籽，而朴树籽中富含油脂，也可用作饲料。桐树籽可以榨油，桐油多用于点灯照明，四川成都和新都出土的画像砖[3]上，描绘有女子在房前屋后的桐树林中采桐的情景，是西南地区盛产桐油的一种反映。居延汉简中，有关于油料作物葵和饲料作物胡豆的记述[4]。

花椒是常用的辛辣香料，河北满城 1 号墓（铜枕内）、江陵凤凰山 167 号和 168 号墓（竹器内）、长沙马王堆 3 号墓[5]、广西贵县罗泊湾汉墓等地出土有花椒。

总之，考古发现和文献记载都表明，秦汉时期经济作物的种植是非常发达的。

二 园圃与果木的种植

园圃和果木的种植，是农业生产的重要组成部分，秦汉时期已经是种类繁多，有各种蔬菜、瓜果、果木等。

关于秦汉时期的蔬菜，多有考古发现说明。瓠，今又称作"葫芦"，既可食用，又可制作盛器，《氾胜之书》有关于瓠的种植方法及其经济价值的记载。江陵凤凰山 168 号西汉墓出土一个完整的葫芦，贵县罗泊湾 1 号汉墓出土一件葫芦瓢。据居延汉简记述，当地种植的蔬菜有韭、葱、芥菜、葵、姜、薯蓣、蔓菁和芸薹等[6]。山东临沂金雀山 1 号西汉墓发现有芹菜[7]。扬州邗江西汉"妾莫书"墓出土有菠菜、雍菜等。马王堆 1 号汉墓出土有冬葵、芥菜、姜、莲藕等蔬菜。

就瓜果而言，北京大葆台汉墓[8]、山东临沂金雀山汉墓[9]、江苏连云港海州西汉墓[10]等地出土有板栗、枣等果核。洛阳五女冢 267 号墓出土陶仓上墨书"枣"字（参见

[1] 夏鼐：《我国古代蚕、桑、丝、绸的历史》，《考古》1972 年第 2 期。

[2] 陕西省文管会、博物馆、咸阳市博物馆杨家湾汉墓发掘小组：《咸阳杨家湾汉墓发掘简报》，《文物》1977 年第 10 期。

[3] 高文：《四川汉代画像砖》图七、八，上海人民美术出版社，1987 年。

[4] 甘肃省文物考古所何双全：《居延汉简所见汉代农作物小考》，《农业考古》1986 年第 2 期。

[5] 湖南省博物馆、中国科学院考古研究所：《长沙马王堆二、三号汉墓发掘简报》，《文物》1974 年第 7 期。

[6] 徐元邦：《居延简反映的蔬菜及其相关问题》，《庆祝苏秉琦考古五十五年论文集》第 482 页，文物出版社，1989 年。

[7] 临沂文物组：《山东临沂金雀山一号墓发掘简报》，《考古学集刊》第 1 集，中国社会科学出版社，1981 年。

[8] 大葆台汉墓发掘组、中国社会科学院考古研究所：《北京大葆台汉墓》第 62、73 页，文物出版社，1989 年。

[9] 临沂市博物馆：《山东临沂金雀山九座汉代墓葬》，《文物》1989 年第 1 期。

[10] 南波：《江苏连云港市海州西汉侍其繇墓》，《考古》1975 年第 3 期。

图 9-1-8）。扬州胡场 5 号西汉墓[1]发现有西瓜籽、甜瓜籽、梅子和枣等。云梦睡虎地
11 号秦墓中出土有大枣和桃。云梦大坟头 1 号西汉早期墓[2]的遣策木牍上，记有"瓜
□□"、"李一□"，而该墓西边厢 51 号竹笥内出土的瓜子和果核，经鉴定为"甜瓜籽"和
"李子核"。江陵凤凰山 167 号西汉墓出土的植物遗存中有板栗、梅子、李子等；凤凰山
168 号西汉墓则出土有杏、桃、梅子、枇杷、李子等瓜果。长沙砂子塘 1 号西汉墓[3]出土
的木封泥匣上，墨书有柑橘等瓜果名称。马王堆 1 号汉墓出土的植物遗存中，经鉴定有甜
瓜、大枣、梨、梅子、杨梅等瓜果；3 号墓出土有枣、香橙、梨、柿子、梅子和菱角等的
实物或果核[4]。湖南保靖县黄连 18 号西汉中期墓出土的铜鍪中发现有桃核[5]。广西合浦
堂排 2 号西汉墓[6]出土铜锅（M2B:18）内盛放有荔枝，其果壳和果核保存完好；同墓的
小铜盒（M2A:26）内盛有杨梅。贵县罗泊湾两座汉墓出土的植物遗存中，经鉴定有黄
瓜、香瓜、冬瓜、番木瓜、橘子、李子、梅子、杨梅、橄榄、仁面、罗浮栲、广东含笑、
金银花、姜等。梧州大圹 3 号东汉墓[7]中发现有柑橘和橙子的种子。成都凤凰山西汉木
椁墓[8]随葬有板栗、桃等。四川什邡城关 67 号墓[9]随葬有核桃。

各地墓葬出土的这些瓜果和蔬菜遗存中，有的可能是采集的野生植物，但更多的应当
是人工栽培和种植的。

果木的种植，往往因地而异[10]。就考古发现来看，北方地区常见枣、栗子等[11]，而
杨梅、荔枝、橘子等则仅发现于南方地区，从一个侧面反映出当时各地瓜果种植的差异。

三 家畜及家禽的饲养

家畜及家禽的饲养是秦汉时期一种重要的经济活动，并且各地适宜饲养的禽畜种类有

[1] 扬州博物馆、邗江县图书馆：《江苏邗江胡场五号汉墓》，《文物》1981 年第 11 期。
[2] 湖北省博物馆：《云梦大坟头一号汉墓》，《文物资料丛刊》第 4 辑第 15 页，文物出版社，1981
年。
[3] 湖南省博物馆：《长沙砂子塘西汉墓发掘简报》，《文物》1963 年第 2 期。
[4] 湖南省博物馆、中国科学院考古研究所：《长沙马王堆二、三号汉墓发掘简报》，《文物》1974 年第
7 期。
[5] 湘西自治州文物管理处、保靖县文物管理所：《湖南保靖黄连古墓葬发掘报告》，《湖南考古·2002》
第 244 页，岳麓书社，2004 年。
[6] 广西壮族自治区文物工作队：《广西合浦堂排汉墓发掘简报》，《文物资料丛刊》第 4 辑第 53 页，文
物出版社，1981 年。
[7] 梧州市博物馆：《广西梧州市近年来出土的一批汉代文物》，《文物》1977 年第 2 期。
[8] 成都市博物馆徐鹏章：《四川成都凤凰山出土的西汉炭化水稻及有关遗物》，《农业考古》1998 年第
3 期。
[9] 四川省文物考古研究院、德阳市文物考古研究所、什邡市博物馆：《什邡城关战国秦汉墓地》第 24
页，文物出版社，2006 年。
[10] 《史记·货殖列传》："安邑千树枣；燕、秦千树栗；蜀、汉、江陵千树橘；淮北、常山以南，河、
济之间千树萩；陈、夏千亩漆；齐、鲁千亩桑麻；渭川千亩竹。"
[11] 《汉书·地理志（下）》："上谷至辽东……有鱼盐枣栗之饶。"

所不同[1]。

　　"六畜"之中，马常用作交通之骑乘，且为骑兵作战所必不可少，又是最常用的拉车畜力，被视为"国之大用"[2]。马的饲养受到政府的高度重视自不待言[3]，并且采取多种措施鼓励百姓养马[4]，养马业十分兴盛[5]。秦始皇陵园兵马俑坑、汉景帝阳陵东侧丛葬坑、徐州狮子山楚王陵兵马俑坑以及各地两汉诸侯王陵中大量陶马、木马的随葬，是当时养马业兴盛的一种直接反映。牛耕离不开牛，牛又是牵引牛车的畜力，并且可以用于肉食，自然受到农家和地主的重视。云梦睡虎地秦简中有关于饲养牛、马之法律规定的《厩苑律》[6]。张家山 247 号西汉墓出土的《田律》竹简中，有关于伤害马、牛而受罚的记述[7]。居延汉简记载候长礼忠的家资中，包括"用马五匹直二万"、"服牛二六千"的记录。内蒙古和林格尔汉墓壁画中的"牧马图"和"牧牛图"[8]，陕北东汉画像石中的"牧场图"等[9]，都表现了当时北方半农半牧区放牧牛马的状况，是当时西北边郡"马牛放纵，蓄积布野"[10] 的一种反映。

　　其他的家畜和家禽，更多的是提供肉食以及禽蛋[11]，为农业区的广大农家和地主所普遍饲养。从考古发现来看，墓葬中用家畜家禽俑随葬始于西汉初年，此后逐渐增多[12]。

---

[1]　《汉书·地理志（上）》载：扬州，畜宜鸟兽；荆州，畜宜与扬州同；豫州，畜宜六擾（颜师古注曰："马、牛、羊、豕、犬、鸡也"）；青州，其畜宜鸡、狗；兖州，其畜宜六擾（颜师古注曰："马、牛、羊、豕、犬、鸡"）；雍州，畜宜牛、马；幽州，畜宜四擾（颜师古注曰："马、牛、羊、豕"）；冀州，畜宜牛、羊；并州，畜宜五擾（颜师古注曰："马、牛、羊、犬、豕"）。

[2]　《后汉书·马援传》："马者，甲兵之本，国之大用。安宁则以别尊卑之序，有变则以济远近之难。"

[3]　农史学家认为，"秦汉养马业成为畜牧业的主干，主要是官营"（见张波、樊志民主编《中国农业通史·战国秦汉卷》第 269 页，中国农业出版社，2007 年）。

[4]　南京师范大学文学院安忠义：《汉代的养马业及对马种的改良》，《农业考古》2006 年第 4 期。

[5]　《汉书·食货志（下）》：汉武帝时期，"天子为伐胡故，盛养马，马之往来食长安者数万匹"。

[6]　睡虎地秦简的《仓律》中还称："畜鸡离仓。用犬者，畜犬期足。猪、鸡之息子不用者，卖之。"

[7]　《张家山汉简·田律》："诸马牛到所，皆毋敢穿，穿穿及及置它机能害人、马牛者，虽未有杀伤也，耐为隶臣妾。杀伤马牛，与盗同法"（见张家山二四七号汉墓竹简整理小组《张家山汉墓竹简（二四七号墓）》第 167 页，文物出版社，2001 年）。

[8]　该墓前室北耳室东壁还绘有"牧羊图"。

[9]　康兰英：《陕北东汉画像石综述》，《中国汉画研究》第二卷第 233 页，广西师范大学出版社，2006 年。

[10]　《盐铁论·西域》：大夫曰"募人田畜以广用，长城以南，滨塞之郡，马牛放纵，蓄积布野"。引自汉·桑弘羊撰、王利器校注《盐铁论校注》第 499 页，中华书局，1992 年。

[11]　江陵凤凰山 167 号汉墓第 72 号遗策简记有"卵笭（？）一枚"，同出的竹笼内盛有鸡蛋 8 个；凤凰山 168 号汉墓第 11 号简记有"卵盛三合"，第 16 号简为"卵小检（奁）"，随葬有盛放鸡蛋的竹器；马王堆 1 号汉墓的竹笥内盛有鸡蛋；山东章丘市洛庄汉墓 4 号陪葬坑中出土陶禽类模型的同时，还发现一厢鸡蛋（见济南市考古研究所、山东大学考古系、山东省文物考古研究所、章丘市博物馆《山东章丘市洛庄汉墓陪葬坑的清理》，《考古》2004 年第 8 期）。

[12]　李如森：《汉代模型明器与禽畜人俑综述》，《考古学集刊》第 12 集，中国大百科全书出版社，1999 年。

汉景帝阳陵南区 21 号丛葬坑和东区 13 号丛葬坑[1]出土大量陶家畜家禽俑，主要有牛、猪、羊（包括山羊和绵羊）、狗、鸡等。汉长安城东郊 139 座西汉墓中，出土陶马、牛、羊、猪俑计 31 件[2]。马王堆 1 号西汉墓[3]出土遣策竹简中，对马、牛、羊、鸡、犬、豕等"六畜"均有记述，而出土的动物遗骸中，经鉴定有黄牛、家猪、家犬、家鸡和绵羊等；3 号墓的竹笥中发现有猪、牛、羊、狗、兔、鸡、鸭的骨骼以及鸡蛋等。成都凤凰山西汉木椁墓[4]随葬陶罐内的动物骨骼，经鉴定有牛、猪、狗、鸡、兔等。广州西汉南越王墓出土的动物遗存中，经鉴定有家猪、鸡、山羊、黄牛等。辽阳三道壕西汉村落遗址发现有猪圈遗迹。西汉早期，墓葬中开始出现禽畜圈模型，如西安白鹿原 95 号墓[5]随葬有陶猪圈 1 件，其年代为西汉早期，年代下限在汉武帝元狩五年之前；西汉中期以后逐渐增多，如河南济源泗涧沟两座西汉晚期墓 M8、M24 中[6]，出土陶马、牛、羊、猪、狗、鸡、鹅计 18 件的同时，还各出土陶猪圈 1 件。安徽芜湖 1 号汉墓中[7]，出土陶猪圈和羊圈各 1 件，年代为西汉晚期。东汉墓葬中，禽畜俑和禽畜圈的随葬更为普遍（图版 19-2），如洛阳烧沟汉墓、山东宁津县庞家寺东汉墓[8]、四川峨眉县同兴村东汉墓等地出土的禽畜俑；湖南衡阳豪头山东汉墓[9]出土有陶鸡埘；广东佛山市郊澜石 1 号东汉墓[10]中随葬陶羊、牛和鸡的同时，同出陶屋后院的墙外，有一立俑正在喂养牲畜；广州沙河顶一座东汉后期墓[11]中出土陶牛、羊、猪、狗、鸡、鸭计 10 件，同时还出土陶牛圈 1 件，圈内有 5 头牛和饲牛者 2 人；广州 118 座东汉墓中，出土陶牛 48 件、羊 22 件、猪 27 件、狗 12 件、鸡 30 件、鸭 29 件、鹅 18 件等家畜家禽俑计 190 件，而同出的陶屋和院落模型中，其后院往往有养猪的圈，房前屋后则常见狗、鸡等禽畜。据有的学者统计，汉代农业区（今 14 个省区）出土陶家畜家禽模型的 115 座汉墓中，出土频率最高的是猪，其次是狗和

[1] A.陕西省考古研究所汉陵考古队：《汉景帝阳陵南区丛葬坑发掘第二号简报》，《文物》1994 年第 6 期。

　　B.陕西省考古研究所：《汉阳陵》第 10 页，图一九至二二，重庆出版社，2001 年。

[2] 西安市文物保护考古所、郑州大学考古专业程林泉、韩国河、张翔宇：《长安汉墓》第 779 页，陕西人民出版社，2004 年。

[3] 湖南省博物馆、中国科学院考古研究所：《长沙马王堆二、三号汉墓发掘简报》，《文物》1974 年第 7 期。

[4] 徐鹏章：《成都凤凰山西汉木椁墓》，《考古》1991 年第 5 期。

[5] 呼林贵、侯宁彬、李恭：《西北国棉五厂 95 号墓发掘简报》，《考古与文物》1991 年第 4 期。

[6] 河南省博物馆：《济源泗涧沟三座汉墓的发掘》，《文物》1973 年第 2 期。泗涧沟 8 号墓出土的陶猪圈，圈内有母猪 1 头、仔猪 2 头，并有饲猪童俑 1 人。

[7] 安徽省文物工作队、芜湖市文化局：《芜湖市贺家园西汉墓》，《考古学报》1983 年第 3 期。

[8] 德州地区文物组、宁津县文化局：《山东宁津县庞家寺汉墓》，《文物资料丛刊》第 4 辑，文物出版社，1981 年。

[9] 张欣如：《湖南衡阳豪头山发现东汉永元十四年墓》，《文物》1977 年第 2 期。

[10] 广东省博物馆：《广东佛山市郊澜石东汉墓清理简报》，《文物资料丛刊》第 4 辑第 98 页，文物出版社，1981 年。

[11] 广东省博物馆：《广州沙河顶发现一座东汉墓》，《考古》1986 年第 12 期。

鸡，较少的是鸭、牛和羊，认为当时一个农家的家畜家禽饲养结构是"一两只猪、三两只鸡、再加一条狗"[1]。另有学者统计，四川和重庆地区出土陶家畜家禽模型的99座汉墓中，最为常见的是鸡，然后依次是狗、猪、马、鸭、牛、羊、鹅；而陕西、河南、河北、北京、江苏、湖北、湖南和广东等地的57座汉墓中，最为常见的是狗，然后依次是鸡、猪、鸭、羊、牛和鹅等[2]。这从一个侧面反映出，各地饲养的家畜和家禽既有共性，又有地区性差异。总的来说，当时家畜和家禽的饲养非常普遍，并且饲养的畜禽主要是狗、猪、牛、羊和鸡、鸭、鹅等。至于当时家畜和家禽的饲养方式，一般是以农家为单位，进行圈养或圈养与放养相结合。

四　水产养殖与捕捞

水产养殖及捕捞，也是秦汉时期多种经营的一个重要方面[3]，并且形成了楚越地区、关中及中原地区、巴蜀地区等主要的淡水渔业区[4]，尤其在南方地区更是兴盛[5]。

当时淡水养殖的方法主要有陂塘养殖、专用池塘养殖和稻田养殖等。西汉上林苑昆明池中曾经养鱼并上市贩卖[6]。居延汉简中有关于当时从居延海捕鱼并进行贩卖的记载[7]。洛阳五女冢267号墓的耳杯中发现有鱼骨[8]。北京大葆台1号墓随葬有鲤鱼。江陵凤凰山167号汉墓第66号简文为"固鱼一枚"，随葬的竹器内发现有鱼骨。马王堆1号汉墓出土有鲤鱼、鲫鱼、刺鳊、银鮈、鳡鱼、鳜鱼等淡水鱼；马王堆3号汉墓的竹笥中也发现有鱼骨。广州西汉南越王墓出土的动物遗骸中包括：鲤科鱼类、鳖类等淡水生物，耳螺、笋光螺和河蚬等淡水—半咸水生物，青蚶、楔形斧蛤、龟等海生动物。

关于当时水产捕捞，汉代画像石上多有反映。徐州睢宁九女墩东汉墓出土的一块画像石[9]上雕刻一座石桥，桥下有渔人捕鱼，一人作撒网状，一船已满载鲜鱼。类似的捕鱼图像（图9-22），还见于山东沂南[10]、河南南阳英庄[11]等地的汉画像石。四川东汉墓经常出土有表现水产养殖和捕捞的水塘模型[12]，如峨眉县同兴村汉墓出土的石质田塘

〔1〕　朱天舒：《试析汉陶家禽家畜模型》，《考古与文物》1996年第1期。

〔2〕　成都博物馆姜世碧：《四川汉陶家畜家禽模型试析》，《农业考古》2003年第3期。

〔3〕　江西省博物馆邱锋：《中国淡水渔业史话》，《农业考古》1982年第1期。

〔4〕　湖南省博物馆傅举有：《汉代渔业简述》，《农业考古》1994年第3期。

〔5〕　《史记·货殖列传》："楚越之地……果隋蠃蛤。"张守节《正义》："楚、越水乡，足螺鱼鳖，民多采捕积聚，種畳包裹，煮而食之。"

〔6〕　《西京杂记·武帝作昆明池》："武帝作昆明池……因而于上游戏养鱼，鱼给诸陵庙祭祀，余付长安市卖之。"引自晋·葛洪辑、周天游校注《西京杂记》第5页，三秦出版社，2006年。

〔7〕　徐元邦：《居延简反映的蔬菜及其相关问题》，《庆祝苏秉琦考古五十五年论文集》，文物出版社，1989年。

〔8〕　洛阳市第二文物工作队：《洛阳五女冢267号新莽墓发掘简报》，《文物》1996年第7期。

〔9〕　江苏省文物管理委员会：《江苏徐州汉画像石》第6页，图23，科学出版社，1959年。

〔10〕　曾昭燏、蒋宝庚、黎忠义：《沂南古画像石墓发掘报告》拓片第1幅，文化部文物管理局，1956年。

〔11〕　南阳地区文物工作队、南阳县文化馆：《河南南阳县英庄汉画像石墓》，《文物》1984年第3期。

〔12〕　刘志远：《考古材料所见汉代的四川农业》，《文物》1979年第12期。

图 9-22 沂南汉画像石墓捕鱼图像（拓本）

模型[1]，水塘的进水口处有一小池，池口上拦一鱼篓，水塘中雕刻有小船、莲蓬、鸭子、鱼、泥鳅、甲鱼、螃蟹、螺蛳等，是当时人们养殖和捕捞的形象写照（图版 19-3）。广州西汉南越国宫城御苑遗址的曲流石渠中发现数以百计的龟鳖残骸，说明"当时南越王在御苑饲养龟鳖，也许是观赏与食用并举的"[2]。

五 野生动物的捕猎与饲养

考古发现表明，秦汉时期还存在着野生动物的捕猎和饲养[3]。汉代画像砖、画像石以及陶器纹样中，常见狩猎的场面[4]。河北满城汉墓的陶壶和陶瓮中发现有大量的鼠类骨骼，经鉴定有社鼠、褐家鼠、大仓鼠、岩松鼠等，发掘者认为可能是作为食品随葬的。北京大葆台汉墓出土有猪、鸡等家养禽畜遗骸的同时，还同出有猫、兔、鸿雁、天鹅、雉等野生动物的遗骸[5]。长沙马王堆 1 号汉墓出土的动物遗骸中除家养动物外，还有梅花鹿、华南兔、鹤、雁、竹鸡、野鸭、鸳鸯、环颈雉、斑鸠、鸮、喜鹊、麻雀等十余种；3 号墓[6]出土有鹿、雁、鹤、雉等的骨骼。广州西汉南越王墓出土有竹鼠、禾花雀、大象等的遗骸。

上述各地发现的野生动物遗骸，当时大多可能是为了食用[7]，但也有的是在苑囿中

---

[1] 四川省博物馆、峨眉县文管所：《四川峨眉县发现东汉石俑》，《文物资料丛刊》第 4 辑第 241 页，文物出版社，1981 年。

[2] 广州市文化局：《广州秦汉考古三大发现·南越国宫署御苑遗迹》第 58～77 页，广州出版社，1999 年。

[3] 湖南省博物馆周世荣：《从马王堆出土古文字看汉代农业科学》，《农业考古》1983 年第 1 期。

[4] A.高文：《四川汉代画像砖》，上海人民美术出版社，1987 年。
　　B.薛文灿、刘松根：《河南新郑汉代画像砖》，上海书画出版社，1993 年。
　　C.西安市文物保护考古所、郑州大学考古专业程林泉、韩国河、张翔宇：《长安汉墓》第 784 页，陕西人民出版社，2004 年。

[5] 大葆台汉墓发掘组、中国社会科学院考古研究所：《北京大葆台汉墓》第 122 页，文物出版社，1989 年。

[6] 湖南省博物馆、中国科学院考古研究所：《长沙马王堆二、三号汉墓发掘简报》，《文物》1974 年第 7 期。

[7] 高耀亭：《马王堆一号汉墓随葬品中供食用的兽类》，《文物》1973 年第 9 期。

饲养以供观赏。西安白鹿原西汉南陵丛葬坑[1]出土了大熊猫头骨和犀牛的骨骼。秦始皇陵园K007的I区过洞内的南、北两侧，放置有青铜铸造的天鹅、鹤和鸿雁等水禽计46件[2]。这些都是当时宫廷中饲养并驯化水禽以供娱乐的真实写照，而云梦睡虎地秦简《田律》还有关于禁苑中饲养动物的规定。

总之，秦汉时期虽然尚未明确提出"狭义的农业"和"广义的农业"的概念，但已经出现了这种意识[3]，并且在实际生产中广泛进行。在秦汉时期的农业经济区，各地以种植粮食作物为主导，同时因地制宜大力开展经济作物和瓜果蔬菜的种植、家畜家禽的饲养、水产的养殖和捕捞等，成为我国古代传统农业全面成熟的一个重要标志。

---

〔1〕　陕西省考古研究所王学理：《汉南陵丛葬坑的初步清理——兼谈大熊猫头骨及犀牛骨骼出土的有关问题》，《文物》1981年第11期。

〔2〕　陕西省考古研究院、秦始皇兵马俑博物馆：《秦始皇帝陵园考古报告（2001～2003）》第161、331页，文物出版社，2007年。

〔3〕　《汉书·食货志（上）》："辟土殖谷曰农"，说的是狭义的农业；《淮南子·主术训》："教民养育六畜，以时种树，务修田畴，滋植桑麻，肥硗高下，各因其宜。丘陵阪险不生五谷者，以树竹木。春伐枯槁，夏取果蓏，秋畜疏食，冬伐薪蒸，以为民资"，指的是广义的农业。

第十章 秦汉时期的工商业

第一节 秦汉铁器与铁器工业

秦汉时期作为中国古代铁器和铁器工业发展的第二个高峰时期，各种铁器、冶铁遗址及相关遗存的发现和研究，揭示了当时铁器的类型、铁器应用的扩展、钢铁技术的进步，以及铁器的生产经营和流通状况。

一 秦汉铁器的发现与研究简述

秦汉时期的铁器引起学术界的关注，是 20 世纪初叶在"西学东渐"的背景下伴随着近代学术的兴起而出现的，如章炳麟的《铜器铁器变迁考》[1]、章鸿钊的《中国铜器铁器时代沿革考》[2] 等，都曾论及秦汉时期的铁器及其应用。

（一）秦汉铁器的考古发现

秦汉铁器的考古发现，大致始于 20 世纪 30 年代，如 1931 年旅顺营城子前牧城驿附近东汉墓中铁器的发现[3]，1935 年宝鸡斗鸡台汉墓中铁锯的出土[4]，以及 1941 年河北万安北沙城西汉墓[5]和 1942 年阳高古城堡西汉墓[6]中各种铁器的出土等。上述铁器在考古报告中进行了详细的记述，但尚未进行研究和讨论。

秦汉铁器的大量发现，是从 20 世纪 50 年代伴随着田野考古在各地的广泛开展而开始的[7]，

〔1〕 章炳麟：《铜器铁器变迁考》，《华国月刊》第 2 期（1925 年）第 5 册。
〔2〕 章鸿钊：《石雅·附录·中国铜器铁器时代沿革考（下编）》第 21 页，1927 年。
〔3〕 森修：《營城子——前牧城驛付近の漢代壁画磚墓》第 28 页，（日本）東亞考古学会，1934 年。
〔4〕 苏秉琦：《斗鸡台沟东区墓葬》第 228 页，国立北平研究院史学研究所，1948 年。
〔5〕 水野清一、岡崎卯一：《萬安県北沙城漢墓発掘》，《萬安北沙城》第 45 页，（日本）東亞考古学会，1946 年。
〔6〕 小野勝年、日比野丈夫：《陽高古城堡——中国山西省陽高県古城堡漢墓》第 80～84 页，六興出版，1990 年。
〔7〕 为节省篇幅，有关著名遗址和墓葬的发掘报告，如汉长安城未央宫、桂宫、武库，辽阳三道壕，巩县铁生沟、南阳瓦房庄、郑州古荥镇、满城汉墓、广州南越王墓、临淄西汉齐王墓随葬器物坑、洛阳烧沟汉墓等，本节一般只一次作注，后文不再重复作注。

如 1951～1952 年长沙东北郊西汉墓中铁刀、剑的出土[1]，1952～1953 年洛阳烧沟汉墓中306 件铁器的发现[2]，1955 年辽阳三道壕西汉村落遗址 260 余件铁器的发现[3]等。此后，秦汉铁器的发现与日俱增，尤其是随着河南巩县铁生沟、南阳瓦房庄等汉代铁器工场址的发现和发掘，不仅铁器的数量大增，更为重要的是为研究当时铁器的生产提供了珍贵的资料。综合起来看，秦汉铁器主要发现于以下四类遗迹。

铁工场址是集中出土铁器的一类遗址，出土铁器不仅种类多、数量大，而且大多是铁工场的产品，或是铁工场使用的器具，对于研究当时铁器的制造和使用最为重要。

城址和聚落址是铁器集中出土的另一类遗址。譬如，在汉长安城遗址，武库第 1 号和第 7 号遗址[4]出土铁剑、短剑、短刀、长刀、矛、戟等兵器 72 件以及铁镞 1131 件，另有大量铁铠甲片以及工具和生活器具；未央宫遗址[5]出土铁兵器、工具和生活器具计 868件；桂宫遗址[6]发现各种铁器 40 件以上；位于城西北隅西市的铁工场址[7]也发现有铁器。武夷山（原崇安县）城村汉城遗址[8]，1958 年以来的多次发掘中，先后在城内和城外近郊的多处遗址中出土铁工具、兵器、生活用具等多达 300 余件，有些具有鲜明的地方特色。其他铁器的集中发现还有：广西兴安县秦城遗址七里圩王城城址[9]，辽阳市三道壕西汉村落遗址，敦煌汉代悬泉置遗址[10]等。这些城址和聚落址出土的铁器不仅种类多，而且都是实用器具，为研究当时铁器使用状况提供了可靠的实物依据。

铁器窖藏，数量并不甚多，但却集中发现有大量铁器。1975 年发现的河南镇平县尧庄村窖藏[11]，在一个大陶瓮内盛有锤范以及其他铁工具计 83 件，并用一件铁錾封盖，其年代为东汉中后期。1974 年发现于河南渑池县火车站南侧的渑池窖藏[12]，出土铁器计4195 件，其中包括各种铁范、生产工具、兵器和日用器具以及铁料等，其年代可能晚到

[1] 中国科学院考古研究所：《长沙发掘报告》第 119 页，科学出版社，1957 年。
[2] 洛阳区考古发掘队：《洛阳烧沟汉墓》第 188～199 页，科学出版社，1959 年。
[3] 东北博物馆：《辽阳三道壕西汉村落遗址》，《考古学报》1957 年第 1 期。
[4] 中国社会科学院考古研究所：《汉长安城武库》第 80～109 页，文物出版社，2005 年。
[5] 中国社会科学院考古研究所：《汉长安城未央宫——1980～1989 年考古发掘报告》，中国大百科全书出版社，1996 年。
[6] 中国社会科学院考古研究所、日本奈良国立文化财研究所：《汉长安城桂宫——1996～2001 年考古发掘报告》，文物出版社，2007 年。
[7] 中国社会科学院考古研究所汉城工作队：《1992 年汉长安城冶铸遗址发掘简报》，《考古》1995 年第 9 期。
[8] A.福建省文物管理委员会：《福建崇安城村汉城遗址试掘》，《考古》1960 年第 10 期。
  B.福建博物院、福建闽越王城博物馆：《武夷山城村汉城遗址发掘报告（1980～1996）》第 300～340 页，福建人民出版社，2004 年。
  C.杨琮：《闽越国文化》第 287～303 页，福建人民出版社，2000 年。
[9] 广西壮族自治区文物工作队、兴安县博物馆：《广西兴安县秦城遗址七里圩王城城址的勘探与发掘》，《考古》1998 年第 11 期。
[10] 甘肃省文物考古研究所：《甘肃敦煌汉代悬泉置遗址发掘简报》，《文物》2000 年第 5 期。
[11] 河南省文物研究所、镇平县文化馆：《河南镇平出土的汉代窖藏铁范和铁器》，《考古》1982 年第 3 期。
[12] 渑池县文化馆、河南省博物馆：《渑池县发现的古代窖藏铁器》，《文物》1976 年第 8 期。

魏晋时期，但铁器大多为东汉时器。1972 年发现的山东莱芜亓省庄西汉窖藏[1]，出土铧冠范、铲范、耙范、镰刀范和空首斧范等铁铸范 22 件，以及铧冠等铁器，其中包括白口铸铁、灰口铸铁和麻口铸铁制品，其年代为西汉前期。其他重要的铁器窖藏还有新莽时期的江西省修水县横山窖藏[2]，东汉晚期的河南禹县朱坡村窖藏[3]、郑州刘胡垌窖藏[4]等。上述铁器窖藏，无论是属于铁工场的铁料窖藏还是日常生活中的铁器窖藏，出土铁器种类繁多，对于了解当时的铁器类型及其结构颇为有益。

以墓葬为主的各种埋葬设施，无论是帝王陵墓还是官吏和平民墓葬，无论是地下的埋葬部分还是地上的建筑基址，都普遍发现有铁器，并且铁器的出土数量和种类也在各种遗迹中为最多。帝王陵园及其陪葬坑，如秦始皇陵园及其陪葬坑[5]、汉景帝阳陵陵园及其附属设施[6]、汉杜陵陵园及其附属设施[7]、永城芒砀山西汉梁王陵园及其附属设施[8]、满城汉墓[9]、临淄西汉齐王墓随葬器物坑[10]，以及广州西汉南越王墓[11]等；官吏与平民墓葬，如陇县店子秦墓[12]、咸阳市塔儿坡秦墓[13]、西安市北郊龙首原汉墓[14]、洛阳烧沟汉墓、湖南省资兴汉墓[15]、广州汉墓[16]、广西平乐县银山岭汉墓[17]、贵州赫章可乐墓地[18]、吉

[1] 山东省博物馆：《山东省莱芜县西汉农具铁范》，《文物》1977 年第 7 期。

[2] 江西省文物管理委员会：《江西修水出土战国青铜乐器和汉代铁器》，《考古》1965 年第 6 期。

[3] 河南省文化局文物工作队：《河南禹县出土一批汉代文物》，《考古》1965 年第 12 期。

[4] 郑州市文物工作队：《郑州市郊区刘胡垌发现窖藏铜铁器》，《中原文物》1986 年第 4 期。

[5] 详见后文有关注释。

[6] A.秦中行：《汉阳陵附近钳徒墓的发现》，《文物》1972 年第 7 期。
　　B.陕西省考古研究所汉陵考古队：《汉景帝阳陵南区从葬坑发掘第一号简报》，《文物》1992 年第 4 期；《汉景帝阳陵南区从葬坑发掘第二号简报》，《文物》1994 年第 6 期。

[7] 中国社会科学院考古研究所：《汉杜陵陵园遗址》，科学出版社，1993 年。

[8] A.河南省文物考古研究所：《永城西汉梁国王陵与寝园》，中州古籍出版社，1996 年。
　　B.河南省商丘市文物管理委员会、河南省文物考古研究所、河南永城市文物管理委员会：《芒砀山西汉梁王墓地》第 58～205 页，文物出版社，2001 年。

[9] 中国社会科学院考古研究所、河北省文物管理处：《满城汉墓发掘报告》，文物出版社，1980 年。

[10] 山东省淄博市博物馆：《西汉齐王墓随葬器物坑》，《考古学报》1985 年第 2 期。

[11] 广州市文物管理委员会、中国社会科学院考古研究所、广东省博物馆：《西汉南越王墓》，文物出版社，1991 年。

[12] 陕西省考古研究所：《陇县店子秦墓》第 109 页，三秦出版社，1998 年。

[13] 咸阳市文物考古研究所：《塔儿坡秦墓》第 164～167 页，三秦出版社，1998 年。

[14] 西安市文物保护考古所韩保全、程林泉、韩国河：《西安龙首原汉墓》，西北大学出版社，1999 年。

[15] A.湖南省博物馆、湖南省文物考古研究所：《湖南资兴西汉墓》，《考古学报》1995 年第 4 期。
　　B.湖南省博物馆：《湖南资兴东汉墓》，《考古学报》1984 年第 1 期。

[16] 广州市文物管理委员会、广州市博物馆：《广州汉墓》，文物出版社，1981 年。

[17] 广西壮族自治区文物工作队：《平乐银山岭战国墓》，《考古学报》1978 年第 2 期；《平乐银山岭汉墓》，《考古学报》1978 年第 4 期。

[18] A.贵州省博物馆考古组、贵州省赫章县文化馆：《赫章可乐发掘报告》，《考古学报》1986 年第 2 期。
　　B.贵州省文物考古研究所：《赫章可乐二○○○年发掘报告》，文物出版社，2008 年。

林省榆树县老河深墓地[1]等。各种埋葬设施出土的铁器，一般年代比较明确，对于铁器的年代学研究具有重要的参考意义。

(二) 秦汉铁器的研究

20世纪50年代以来，随着铁器发现的日益增多，尤其是铁工场址调查和发掘的进行，有关秦汉铁器、钢铁技术及铁器工业的研究逐步展开，并且取得了丰硕的成果。除了中国古代铁器和钢铁技术的通论性著作[2]外，迄今的研究大致可以分为三类。

其一，是铁器的考古学研究。主要有铁器类型、功能、年代、应用等相关问题的讨论[3]，某一地区铁器的考察[4]，兵器研究[5]，铠甲的复原研究[6]，以及铁器与文化交流的探讨[7]等。

其二，是铁器的冶金学以及钢铁技术的研究。自20世纪50年代末开始秦汉铁器的冶金学研究以来[8]，冶金史学界大量开展了铁器的科学分析和检测，并发表了检测报告[9]。以此为基础并结合铁工场址的发掘，秦汉时期钢铁技术的研究全面展开，取得了一系列重要成果[10]。

[1] 吉林省文物考古研究所：《榆树老河深》，文物出版社，1987年。

[2] A.北京钢铁学院：《中国冶金简史》，科学出版社，1978年。
B.杨宽：《中国古代冶铁技术发展史》，上海人民出版社，1982年。
C.韩汝玢、柯俊主编：《中国科学技术史·矿冶卷》第446～810页，科学出版社，2007年。

[3] A.黄展岳：《近年出土的战国两汉铁器》，《考古学报》1957年第3期。
B.曾庸：《汉代的铁制工具》，《文物》1959年第1期。
C.李京华：《汉代的铁钩镶与铁钺戟》，《文物》1965年第2期。
D.全洪：《试论东汉魏晋南北朝时期的铁镜》，《考古》1994年第12期。
E.李龙章：《西汉南越王墓"越式大铁鼎"考辨》，《考古》2000年第1期。

[4] A.李家瑞：《两汉时代云南的铁器》，《文物》1962年第3期。
B.宋世坤：《贵州早期铁器研究》，《考古》1992年第3期。
C.黄展岳：《南越国出土铁器的初步考察》，《考古》1996年3期。

[5] A.杨泓：《汉代兵器综论》，《中国历史博物馆馆刊》总第12期（1989年）。
B.孙机：《略论百炼钢刀剑及相关问题》，《文物》1990年第1期。
C.钟少异：《汉式铁剑综论》，《考古学报》1998年第1期。

[6] 详见后文有关注释。

[7] A.云翔：《战国秦汉和日本弥生时代的锻銎铁器》，《考古》1993年第5期。
B.王巍：《东亚地区古代铁器及冶铁术的传播和交流》，中国社会科学出版社，1999年。

[8] 华觉明、杨根、刘恩珠：《战国两汉铁器的金相学考查初步报告》，《考古学报》1960年第1期。

[9] 有关铁器的科学分析检测报告甚多，大多作为考古报告的附录发表，不一一列出。见于报刊者如北京钢铁学院金属材料系中心化验室《河南渑池窖藏铁器检验报告》，《文物》1976年第8期。

[10] A.李众：《中国封建社会前期钢铁冶炼技术发展的探讨》，《考古学报》1975年第2期。
B.北京钢铁学院李众《从渑池铁器看我国古代冶金技术的成就》，《文物》1976年第8期。
C.河南省博物馆、石景山钢铁公司炼铁厂、《中国冶金史》编写组：《河南汉代冶铁技术初探》，《考古学报》1978年第1期。

其三，是铁器及铁器工业的综合研究。根据考古发现的铁器和铁工场址，结合冶金学研究成果和文献记载，就秦汉时期的铁器、钢铁技术和铁器工业或进行概述[11]，或进行系统的研究[12]。

二　秦汉铁器的类型及其特点

秦汉时期的铁器种类繁多，大致可分为生产工具、兵器武备、车马机具、日用器具、钱币与度量衡器、杂用器具等六类。

（一）生产工具

生产工具的数量居秦汉铁器之首，并且种类多，主要包括加工工具、土作农耕器具、矿冶器具等。

加工工具，是指用于林木砍伐、木工作业、金属加工、石材开采及加工的各种加工工具（图 10-1）。主要有空首斧、板状斧、横銎斧、锛、凿、凿形器、扁铲、铲刀、刨刀、锯、锤、砧、钳子、钻头、冲牙、錾、锉、刮刀、刻刀、削刀、砍刀、小刀、环首锥等。根据其斧身的差异，空首斧又有条形斧、梯形斧、双肩斧和扇形斧等不同形制；横銎斧有条形斧、梯形斧、扇形斧、靴形斧和双銎斧等多种。凿可分为三型：A 型，銎口呈方形或梯形；B 型，銎口呈圆形；C型，弧刃凿。锯的形制多样，根据其结构的不同可分为手锯、架锯、弧形锯条等多种，而手锯又可分为装柄手锯、带柄手锯和夹背手锯等。锤可分为四棱锤、圆柱锤、椭圆锤和锥顶锤等。削刀主要有二型：A 型，弯体削刀，数量较少；B 型，直体削刀，较为常见。

土作农耕器具，是指用于各种土作工程、农耕作业以及渔猎等生产活动的铁工。既可用于土作又可用于农耕的工具有竖銎镢、横銎镢、多齿镢、直口锸、凹口锸、铲、六角锄等，而耥锄、犁铧、耧铧、镰刀、铚刀等则主要用于农耕活动[13]。专门用于土作工程的，主要有夯锤和抹泥板。

矿冶器具，是指专门或者主要用于矿山开采、金属冶铸和制造活动的铁器。目前所见主要是各种铸范，如锤范、铧冠范、铲范、直口锸范、六角锄范、多齿耙范、镰刀范和空首斧范等，尤以锤范和铧冠范最为多见，另外还发现有制造耳杯用的模具等[14]。

（二）兵器武备

兵器武备也是秦汉铁器的主要组成部分，主要有剑、长刀、短刀、矛、戟、铍等格斗

D.《中国冶金史》编写组：《从古荥遗址看汉代生铁冶炼技术》，《文物》1978 年第 2 期。

E. 李京华：《中国古代冶金技术研究》第 53～122 页，中州古籍出版社，1994 年。

F. 华觉明：《中国古代金属技术》，大象出版社，1999 年。

[11]　王仲殊：《汉代考古学概说》第 65～73 页，中华书局，1984 年。

[12]　白云翔：《先秦两汉铁器的考古学研究》第 149～351 页，科学出版社，2005 年。

[13]　详见本书第九章《秦汉时期的农业》。

[14]　山东省文物考古研究所：《山东章丘市汉东平陵故城遗址调查》，《考古学集刊》第 11 集，中国大百科全书出版社，1997 年。

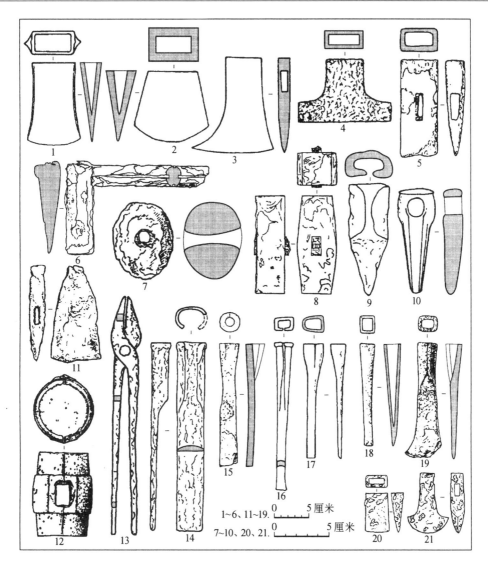

图 10-1　秦汉铁工具

1、2. 空首斧（南京陆营 M1：B15、兴安七里圩 QLW91T5：15）　3. 横銎斧（安阳梯家口村 M49：13）　4. 空首斧（武夷山城村汉城 T129：30）　5、6. 横銎斧（西安三爻村 M13：31、洛阳烧沟 M1035：105A）　7、8. 锤（洛阳烧沟 M1009A：06、广州南越王墓 C：154-2）　9. 凿形器（桑植朱家台 CYT95：16）　10. 锤（鹿泉高庄 M1：716）　11. 横銎斧（洛阳烧沟 M160：068）　12. 锤（镇平尧庄 H1：39）　13. 钳子（章丘东平陵故城 DPL：0263）　14. 凿形器（武夷山城村汉城 T210：B1）　15~18. 凿（南阳瓦房庄 T4①A：96、天长三角圩 M1：192-10、广州南越王墓 C：145-36、南阳瓦房庄 T9①A：56）　19. 扁铲（南阳瓦房庄 T39①A：26）　20. 空首斧（西汉杜陵陵园遗址 K1：71）　21. 横銎斧（西汉杜陵陵园遗址 K1：25）

兵器，镞等远射兵器，以及甲、胄等防护装备。

　　格斗兵器中，剑的数量较多，剑体结构大致相同，但形制多样（图 10-2），根据其长短可分为通长 70 厘米以上的长剑、通长 40~70 厘米的中长剑、通长 30 厘米左右的短剑。

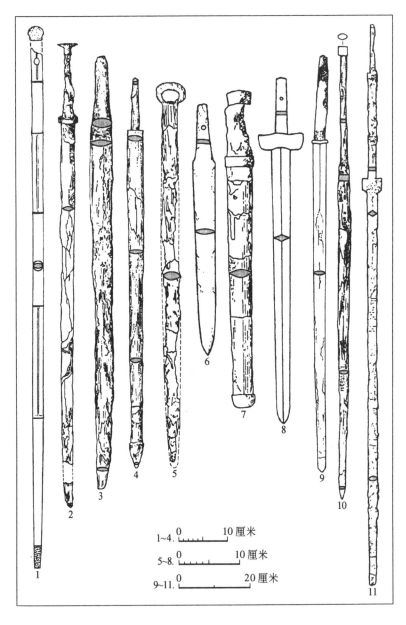

图 10-2　秦汉铁剑

1～4. 长剑

（满城汉墓 M1：5110、

洛阳烧沟 M1017：1、

广州汉墓 1168：3、

广州汉墓 M1069：34）

5～8. 中长剑

（东胜补洞沟 M3：1、

资兴汉墓 M84：9、

洛阳烧沟 M71：1、

资兴汉墓 M154：1）

9～11. 长剑

（满城汉墓 M1：5106、

广州汉墓 M1095：10、

广州南越王墓 D：134）

1～4.　0　　　10 厘米

5～8.　0　　　10 厘米

9～11.　0　　　　　　20 厘米

长剑以窄体短柄剑和窄体长茎剑为主，另外还发现有杖式剑[1]。中长剑大多是窄体扁茎剑，但发现有少量的环首剑[2]。另外在西南地区还发现有西汉时期的铜柄铁剑[3]。长刀

〔1〕　中国社会科学院考古研究所、河北省文物管理处：《满城汉墓发掘报告》第 105 页，文物出版社，1980 年。

〔2〕　伊克昭盟文物工作站：《补洞沟匈奴墓葬》，《鄂尔多斯式青铜器》第 398 页，文物出版社，1986 年。

〔3〕　A. 云南省博物馆：《云南江川县李家山古墓群发掘报告》，《考古学报》1975 年第 2 期。

是一种新兴的兵器，长70～110厘米，根据其柄部结构的差异可分为环首长刀和装柄长刀两种（图10-3-1～4），而环首长刀有的刀柄与刀身等宽，有的刀柄窄于刀身。短刀一般长70厘米以下，主要有环首短刀和装柄短刀两种（图10-3-5～8）。矛可分为五型（图10-4-1～5、7～10、14、15）：A型，矛身为长三角形；B型，矛身扁平细长；C型，矛身呈桂叶形；D型，异形矛，包括

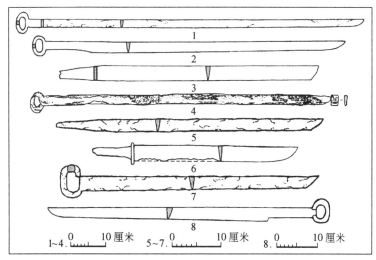

图10-3　秦汉铁刀

1～4.长刀（资兴汉墓M335：9、资兴汉墓M209：24、资兴汉墓M185：1、洛阳烧沟M47：8B）　5～8.短刀（资兴汉墓M29：19、资兴汉墓M94：6、资兴汉墓M463：1、新乡火电厂M23：1）

三棱形、四棱形和方銎矛；E型，长柄矛。戟有四种（图10-4-6、11～13），即三叉戟、卜形戟、钩戟和钺戟。铍的形制似剑，但装柄及其用法如矛[4]。另外还有钩镶[5]、铩[6]、杖[7]、矩形器[8]、镖[9]以及镦等兵器部件。

　　远射兵器主要有镞，常见的形制有三棱镞、三翼镞、双刃镞、铲头双刃镞和圆锥镞等。其他还发现有少量的弩机[10]、箭囊[11]、弓敝[12]等。

————————

B.云南省文物考古研究所、玉溪市文物管理所、江川县文化局：《云南江川李家山古墓群第二次发掘》，《考古》2001年第12期。

C.贵州省博物馆考古组、贵州省赫章县文化馆：《赫章可乐发掘报告》，《考古学报》1986年第2期。

D.贵州省文物考古研究所：《赫章可乐二〇〇〇年发掘报告》，文物出版社，2008年。

[4]　《汉书·高惠高后文功臣表》颜师古注："长铗，长刃兵也，为刀而剑形。《史记》作'长铍'，铍亦刀耳"。

[5]　徐昭峰：《铁钩镶浅议》，《考古与文物》2002年增刊《汉唐考古》。

[6]　A.汉·许慎《说文解字·金部》："铩，铍有镡者"，中华书局，1963年。

　　B.中国社会科学院考古研究所西安唐城工作队：《西安北郊龙首村西汉墓发掘简报》，《考古》2002年第5期。

[7]　山东省淄博市博物馆：《西汉齐王墓随葬器物坑》，《考古学报》1985年第2期。

[8]　广西壮族自治区博物馆：《广西贵县罗泊湾汉墓》第52页，文物出版社，1988年。

[9]　黑龙江省文物考古研究所：《黑龙江省双鸭山市滚兔岭遗址发掘报告》，《北方文物》1997年第2期。

[10]　中国社会科学院考古研究所：《汉长安城未央宫——1980～1989年考古发掘报告》，中国大百科全书出版社，1996年。

[11]　吉林省文物考古研究所：《榆树老河深》，文物出版社，1987年。

[12]　中国社会科学院考古研究所、河北省文物管理处：《满城汉墓发掘报告》第105页，文物出版社，1980年。

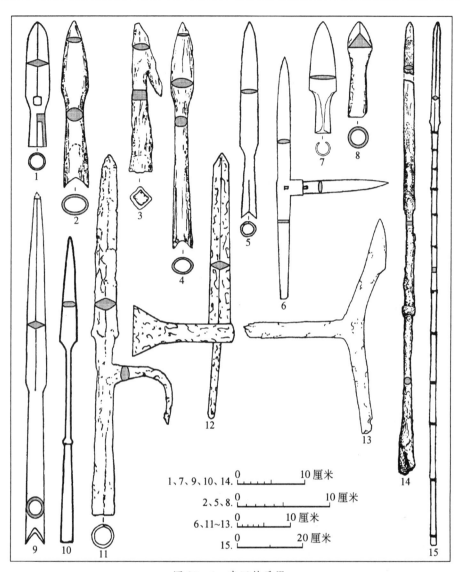

图 10-4　秦汉铁兵器

1~5.矛（资兴汉墓 M36:4、广州汉墓 M1156:1、广州汉墓 M1041:37、广州汉墓 M1135:2、资兴汉墓
M251:32）　6.戟（资兴汉墓 M107:6）　7~10.矛（资兴汉墓 M294:2、章丘东平陵故城 DPL:0231、资
兴汉墓 M163:21、天长三角圩 M1:147）　11~13.戟（汉长安城武库遗址 W7:3:1、新乡玉门村 M1:22、
广州南越王墓 D:127-2）　14、15.矛（满城汉墓 M1:5012、资兴汉墓 M257:7）

　　防护装备有铠甲和胄，各地诸侯王墓和大型墓葬中常有发现，但出土时大多散乱，
经过清理复原的有临淄齐王墓甲和胄[1]、西安北郊龙首村西汉墓的鱼鳞甲和胄[2]、广

─────────────

〔1〕　山东省淄博市博物馆、临淄区文管所、中国社会科学院考古研究所技术室：《西汉齐王铁甲胄的复
　　　原》，《考古》1987 年第 11 期。
〔2〕　白荣金：《西安北郊汉墓出土铁甲胄的复原》，《考古》1998 年第 3 期。

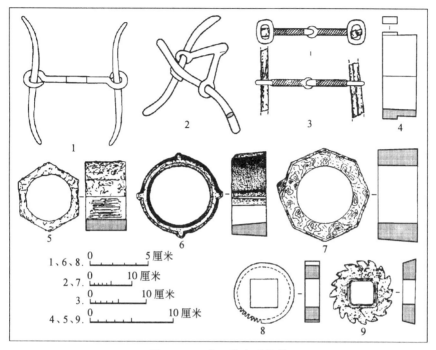

图 10-5　秦汉铁车马机具

1~3.马衔与马镳（永城柿园 SM1：1532、广州南越王墓 C：241、临淄齐王墓 K4：21-13）

4~7.车钏（临淄齐王墓 K4：18、西安龙首村 M2：79、镇平姚庄 H1：35、汉长安城桂宫遗址
T1③：23）　8.正齿轮（长武丁家 DJ：10）　9.棘轮（镇平尧庄 H1：37）

州南越王墓的轻型铁甲[1]、满城 1 号墓的铠甲[2]、呼和浩特二十家子汉代古城的铠甲[3]等。

（三）车马机具

车马机具主要有车船部件、马具和马饰，以及古典机械的零部件等。

车器中最为常见的是车钏、车锏、车軎、车辖、车辕等。其中，车钏分为三型（图 10-5-4~7）：A 型，圆筒形，外侧带凸榫；B 型，内径圆形，外呈六角形，常称之为"六角承"；C 型，内径圆形，外呈八角形，较为少见。其他车器还发现有车辀饰、车铃、车饰、车垫、车軙、车盖的盖弓、拱形支架、带扣、方策、板状器、钩形器、长方形活轴器、T 形器、凸形板状轴饰、销钉、环等。

马具以马衔和马镳最为常见（图 10-5-1~3）。马衔可分为四型：A 型，两节直棍

〔1〕　中国社会科学院考古研究所技术室、广州市文物管理委员会：《西汉南越王墓出土铁铠甲的复原》，《西汉南越王墓》第 380 页，文物出版社，1991 年。

〔2〕　中国社会科学院考古研究所技术室：《铁铠甲的复原》，《满城汉墓发掘报告》，文物出版社，1980 年。

〔3〕　白荣金：《呼和浩特出土汉代铁甲研究》，《文物》1999 年第 2 期。

衔；B型，两节麻花衔；C型，单节直棍衔；D型，三节套连衔。马镳主要有弯体镳和直体镳两种。其他马具还发现有当卢、马面饰、烙马印等。

古典机具发现有棘轮、正齿轮[1]和轴等（图10-5-8、9）。

（四）日用器具

日用器具是指日常生活中使用的各种器具，种类繁多，可以大致分为日用器皿、家用器具、梳妆用具、装饰用品等四类。

日用器皿主要是各种"容器"，以及少量相关用具，包括炊煮器、饮食器和盛储器等，其形态特点与同类铜器略同。炊煮器占日用器皿之大宗，常见的有鼎、釜、鍪、锅、镬以及与炊煮相关的三足架等。鼎，主要有矮足无耳鼎、矮足立耳鼎、蹄形足附耳鼎和蹄足环耳鼎。釜最为常见，包括双耳釜、无耳釜和带鍪釜三种，而各种釜又可分为若干型式。鍪较少，有单耳鍪和双耳鍪两种，而双耳鍪又有两环耳大小对称的鍪和两环耳一大一小不对称的鍪。镬为北方长城地带特有的一种炊器[2]，或立耳、平底，或立耳、圈足，或无耳、圈足。锅，大多是双耳锅。三足架，用于釜、鍪、锅等炊具的支撑，主要发现于关中和长江流域及其以南地区[3]，具有鲜明的地方特色。其他炊煮用器具还有鏊子[4]、叉子[5]等。饮食器具较为少见，发现有勺和筷子。盛储器比炊煮器要少得多，发现有少量的罐、提梁罐、壶、盆、盘、舟形器等，其中的盆和盘也可用作盥洗器。

家用器具指日常生活中使用的器皿之外的其他器具，种类多样，最为常见的有炉、火盆、灯和镇等。炉的形制大致可分为方炉和圆炉两种（图10-6），方炉以长方形、四足并带铺首衔环和提梁的炉为常见；圆炉形制多样，最常见的是盆形三足炉，或在炉下有盛灰盘。火盆有方形和圆形两种，不同于炉之处在于其壁和底部无镂孔。灯的形制和结构多样，主要有豆形灯、行灯、提灯、多枝灯等型式以及灯架。镇一般做成蜷曲的虎、豹、熊、龟、蛇、羊头等动物形象。其他家用器具还有博山炉[6]、烛台[7]、熨斗[8]、锁[9]、

---

[1] 刘庆柱：《陕西长武出土汉代铁器》，《考古与文物》1982年第1期。

[2] 卜扬武、程玺：《内蒙古地区铜（铁）镬的发现及初步研究》，《内蒙古文物考古》1995年第1、2期合刊。

[3] A.岳洪彬、唐际根：《中国古代的铁三足架》，《南方文物》1996年第4期。
　　B.佐佐木正治：《三足架与拨镰——四川早期铁器的特殊性和古蜀民的汉化过程》，《四川文物》2003年第6期。

[4] 河南省文物研究所、镇平县文化馆：《河南镇平出土的汉代窖藏铁范和铁器》，《考古》1982年第3期。

[5] 广州市文物管理委员会、中国社会科学院考古研究所、广东省博物馆：《西汉南越王墓》第293页，文物出版社，1991年。

[6] 湖南省博物馆：《长沙柳家大山古墓葬清理简报》，《文物》1960年第3期。

[7] 贵州省博物馆考古组、贵州省赫章县文化馆：《赫章可乐发掘报告》，《考古学报》1986年第2期。

[8] 济南市文化局文物处：《山东济南青龙山汉画像石壁画墓》，《考古》1989年第11期。

[9] 临潼县博物馆赵康民：《西安洪庆堡出土汉憨儒乡遗物》，《考古与文物》1984年第6期。

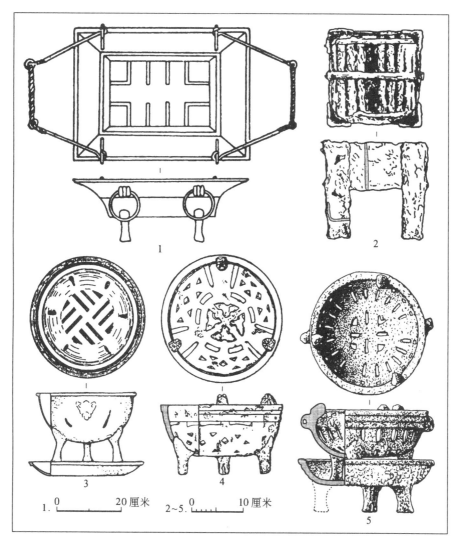

图 10－6　秦汉铁家用器具

1、2.方炉（临淄齐王墓 K1：55、洛阳烧沟 M632：219）　3～5.圆炉（洛阳金谷园

M1：60、郑州刘胡垌 LHT：2、禹县朱坡村 ZPC：1）

火铲[1]、夹子[2]、灶[3]等，但发现较少。此外，一般用于药物加工的杵臼[4]，纺织缝纫用的剪刀、针、纺轮等，亦可归入家用器具。

〔1〕　赵康民：《秦始皇陵北二、三、四号建筑遗迹》，《文物》1979 年第 12 期。

〔2〕　中国社会科学院考古研究所、河北省文物管理处：《满城汉墓发掘报告》第 105 页，文物出版社，1980 年。

〔3〕　三门峡市文物工作队：《三门峡市立交桥西汉墓发掘简报》，《华夏考古》1994 年第 1 期。

〔4〕　A.南京博物院：《江苏仪征石碑村汉代木椁墓》，《考古》1966 年第 1 期。

　　　　B.咸阳市文管会、咸阳市博物馆：《咸阳市空心砖汉墓清理简报》，《考古》1982 年第 3 期。

梳妆用具发现有镜子、镊子、发剪、耳勺等，除镜子有一定数量[1]、镊子稍常见外，其他均较少。

装饰用品发现有带钩、带扣、带饰等。

（五）钱币与度量衡器

铁钱币出土数量和发现地点都较少，种类有半两、五铢、货泉、大布黄千、大泉五十以及无文钱等，其年代从西汉早期到东汉晚期，是汉代铜币铸行制度实施过程中的一种"怪胎"[2]。

铁度量衡器发现有权[3]和尺，铁量器尚无发现。权的数量较多，是当时常用的衡器，其大小和重量因其标称值的不同而不同，多为石权和斤权；就其形制来说，主要有半球形、圆台形和瓜棱形三种。尺发现较少[4]。

（六）杂用器具

所谓杂用器具，是指上述各类器具之外的铁制品，如刑具，丧葬用的压胜牌、买地券，折页、钉、钩类小件杂器，建筑构件，器具部件，以及那些用途不甚明了的铁制品，其种类繁多，形制多样。刑具有颈钳和脚镣两种。颈钳或是钳环用铁条弯折呈 U 字形，两端圆穿内插入棒状钳销[5]；或是钳环呈圆形，有的带有与钳体垂直的铁杆[6]。脚镣一般是由桎环和索链构成[7]；有的桎环作圆形和 U 字形，但无铁制索链[8]。另外，还发现有铁鞭[9]。

三　秦汉铁器应用的扩展

秦汉时期铁器随着铁器工业的迅猛发展，在战国晚期初步普及的基础上，铁器的应用进一步扩展，主要表现在铁器普及程度的进一步提高和铁器应用地域的进一步扩大两个方面。

〔1〕　全洪：《试论东汉魏晋南北朝时期的铁镜》，《考古》1994 年第 12 期。
〔2〕　白云翔：《秦汉时期的铁钱币和度量衡器概论》，《二十一世纪的中国考古学——庆祝佟柱臣先生八十五华诞学术文集》第 706 页，文物出版社，2006 年。
〔3〕　这里所说的权，既包括用于杆秤的秤砣，也包括用于天平的砝码。
〔4〕　A.中国社会科学院考古研究所、河北省文物管理处：《满城汉墓发掘报告》第 277 页，文物出版社，1980 年。
　　　B.湖南省博物馆、益阳县文化馆：《湖南益阳战国两汉墓》，《考古学报》1981 年第 4 期。
〔5〕　秦俑坑考古队：《临潼郑庄秦石料加工场遗址调查简报》，《考古与文物》1981 年第 1 期。
〔6〕　秦中行：《汉阳陵附近钳徒墓的发现》，《文物》1972 年第 7 期。
〔7〕　秦俑坑考古队：《临潼郑庄秦石料加工场遗址调查简报》，《考古与文物》1981 年第 1 期。
〔8〕　秦中行：《汉阳陵附近钳徒墓的发现》，《文物》1972 年第 7 期。
〔9〕　郑州市文物考古研究所、巩义市文物保护管理所：《河南巩义市新华小区汉墓发掘简报》，《华夏考古》2001 年第 4 期。

（一）铁器应用的进一步普及

铁器在社会生活的各个领域进一步的普及过程，主要表现在新型铁器的出现、铁器类型的增多和铁器使用量的增加等方面。这一进程大致可以分为四个阶段。

秦代和西汉早期，即秦王朝建立至汉武帝初年，约当公元前 221 年至公元前 119 年前后。战国晚期已经出现的铁器类型继续流行的同时，手工业生产工具中出现大量的专业工具，同类工具中的不同类型迅速增多。铁锉出现，并且有单面、双面、半圆形等多种不同的形态；铁锯也开始用于青铜器的切割加工作业[1]；专门用于掏挖作业的铲具、用于木作中刮刨作业的刨刀、专门用于雕刻的刻刀等加工工具出现。锻銎技法被广泛应用于斧、锛、凿、铲等竖銎铁工具的制作，各种锻銎铁器大量涌现，从而大大促进了冶铁业尚未兴起或发展迟缓的地区带銎铁器的制作和使用。弯体削刀趋于消失而直体削刀迅速流行，尤其是刀身与刀柄等宽的削刀逐步成为最常见的形态[2]。形制和用途多样的砍刀出现并逐渐增多。横銎镢的制作技术随着从铸造转变为锻造，其形态更加多样，结构更趋合理。大型犁铧应用于农田耕作。作为谷物收割和刈草工具，背部有凸棱的铸制的铁镰刀和铚刀趋于消失，而大小有别、形态有异的各种锻制的扁平条形镰刀迅速流行，并且出现了带銎铁镰，尤其是矩尺形镰刀的出现更是镰刀形制结构的一大进步。长剑迅速发展为主战常用兵器，铁甲胄等防护装备大量增加，长柄矛、铍、铩等新型兵器产生，表明铁兵器武备开始逐步脱离青铜兵器窠臼的束缚。车马器中新出现了车軎、车辖、车铃和拱形支架等，六角形釭成为流行样式。日用器具中，釜类炊器的型式出现多样化，应用地域迅速扩展，并出现了长颈无耳罐、杵臼、三足架、方炉、圆炉、镇等日用器具，显示出铁器在日常生活领域的进一步普及。铁钱币和度量衡器的出现，成为商品流通领域铁制品应用的开始。另外，铁制模型明器开始出现[3]。至此，可以说铁器的应用已经扩展到了社会生活的各个领域。

西汉中期至新莽时期，即汉武帝元狩五年实行盐铁官营至王莽新朝灭亡，约当公元前 118 年至公元 23 年前后。随着盐铁官营的实行，铁器工业进入到政府专营时期。铁器中各种加工工具继续向专门化方向发展，如架锯、用于特种作业的弧形锯、多齿钻头等出现。横銎斧出现，开始逐步取代空首斧而迅速流行开来，并逐步发展出条形、梯形、扇形和靴形等不同的形式。锤的形态更加多样化，如出现了锥状锤。直口锸逐步减少的同时，凹口锸数量增加，流行地域扩大，形制更加多样化，表明凹口锸形器的功用已不仅仅限于锸、耒、耜和锄的铁刃，而是还用于耘锄等畜力农耕具的铁刃。出现了锻造的斜肩铲和长体铲。铸造的六角锄趋于消失，而出现了结构更加简单合理的耨锄——细茎锄，直柄锄开始逐步向曲柄锄过渡。犁铧在西汉晚期出现了快速发展，形制有别、大小不一的各种铧大量涌现，并且出现了适应不同需要的不同形制的鐴土（犁镜），播种的耧车开始使用铁制耧

[1]　云翔：《试论中国古代的锯（下）》，《考古与文物》1986 年第 4 期。
[2]　洛阳烧沟汉墓出土铁削刀计 98 件，其中弯体削刀 9 件，直体削刀 89 件。
[3]　陕西省考古研究所汉陵考古队：《汉景帝阳陵南区从葬坑发掘第一号简报》，《文物》1992 年第 4 期；《汉景帝阳陵南区从葬坑发掘第二号简报》，《文物》1994 年第 6 期。

铧。兵器武备中长刀、短刀等新型兵器产生并迅速成为主战兵器，既是为了适应战争和格斗形式变化的需要，也标志着铁兵器基本从青铜兵器的窠臼中脱离出来走上了独立发展的道路；剑形刺和钩形援相结合的钩戟出现。车马器中出现了八角形钉和正齿轮等。铁器在日常生活中的应用程度进一步提高，壶、双耳锅、提梁罐、灶、博山炉、烛台、锁具、筷子、剪刀、耳勺等新型日用器具出现，度量衡器中出现了铁尺，表明铁器更多地走进百姓日常生活之中。另外，从西汉中期开始，铁金属开始直接用于建筑施工[1]。这一时期，铁器在社会生活各个领域的应用迅速得到普及。

东汉早期，即东汉王朝建立至汉章帝末年，约当公元25～88年。这一时期铁器的发展，仍然是在盐铁官营的大背景下进行的，主要表现为铁器基本普及之后的继续发展。西汉时期已有的铁器类型得到推广，如铁长刀发展成为主战格斗兵器。同时又出现了一些新的器类和新的器具型式，如铁钳发展出多种不同的形制和结构，日用器具中出现了盆、盘等盛储器以及铁轴纺轮等，梳妆用具中出现了铁镜[2]。更为重要的是，社会生活各个领域中各种铁器的使用量都在不断增加。

东汉中晚期，即汉和帝即位至东汉灭亡，约当公元88～220年前后。在汉和帝即位宣布废盐铁官营、铁器工业出现自由发展的历史条件下，原有铁器类型进一步得到丰富和完善；同时，又出现了钺戟、钩镶等新型兵器，日用器具中增添了錾子、提灯、多枝灯、熨斗等器类。这些新出现的器具，其中有的是仿自同类青铜制品，如多枝灯、熨斗等；但有的却是铁制品所创新的器类和器形，如钩镶、錾子等。这正是铁器完全普及、铁器工业自由发展之后铁器继续发展所出现的必然现象。

秦汉时期铁器的迅速普及，还表现在铁器使用数量的逐渐增多上，并且不同领域中铁器普及的进程有所差异。秦始皇陵园及其陪葬坑[3]的发掘表明，当秦代之时，铁制生产工具广泛应用的同时，兵器中仍然是青铜兵器占主导地位。从西汉初年的临淄齐王墓随葬器物坑（葬于公元前179年前后）出土遗物来看，生产工具均为铁制品，铁兵器多于铜兵器，车马器中铜制品多于铁制品，日用器具中除一件方炉为铁制品外余皆为铜器、陶器和银制品，说明当时铁兵器的应用在迅速增加，但铁日用器具的使用依然较少。满城汉墓（葬于汉武帝元鼎四年即公元前113年及其稍后）的出土遗物中，生产工具完全是铁器，铁兵器多于铜兵器，车马器中铜器多于铁器，铁日用器具的种类和数量都明显增多，说明西汉中期铁兵器已经成为实战中的主要兵器，日常生活中铁器的使用迅速增加。汉长安城未央宫，毁于西汉末年的战火，1980～1989年发掘出土的金属遗物中，生产工具均为铁器，兵器武备除弩机外均为铁器，说明新莽时期的实战铁兵中铁器已经取代了铜器。大量

---

[1] 中国社会科学院考古研究所、河北省文物管理处：《满城汉墓发掘报告》第218页，文物出版社，1980年。

[2] 迄今所见汉代铁镜中，以邗江甘泉2号墓出土的铁镜为最早，该墓墓主人为卒于汉明帝永平十年（公元67年）的东汉广陵王刘荆（见南京博物院《江苏邗江甘泉二号汉墓》，《文物》1981年第11期）。

[3] 陕西省考古研究所、始皇陵秦俑坑考古发掘队：《秦始皇陵兵马俑坑一号坑发掘报告（1974～1984）》第243～303页，文物出版社，1988年。

的考古发现表明，秦汉时期铁器种类不断增多的同时，生产工具和兵器经历了一个铁器数量逐渐增多和铜器数量逐渐减少的互为消长的过程：社会生产领域铁器取代铜器大致是在秦代，军事活动中铁器取代铜器大约在西汉末年，而日常生活领域则是铁制品与铜制品以及其他材质的器具长期并存。

（二）铁器应用地域的扩展

铁器应用地域的进一步扩大，尤其是"中原系统"[1] 铁器及钢铁技术向边远地区的迅速扩展，是秦汉时期铁器发展的一个重要的标志。

新疆地区铁器的出现可能会早到公元前 13 世纪[2]，但可以准确断代为秦和西汉时期的铁器发现较少，而年代为东汉或汉晋时期的铁器多有发现。其铁器类型，主要是短剑和镞等兵器，镰刀、各种小刀等工具，带扣、耳饰等装饰用品，以及马具等小件铁器；大型工具发现有鹤嘴斧、空首斧、铲和犁铧等，但大型兵器及容器尚未见到。从铁器类型及其形态结构观察，各种小件铁器具有浓郁的当地文化特色，明显是当地先秦铁器传统的延续和发展；空首斧和铲等大型铁工具为中原地区所常见，"舌形犁铧"更是与关中地区的同类器相同而可能是西汉后期在这一地区屯田的汉朝士卒传入的[3]。可以说，两汉时期是新疆地区铁器化进程中的一个大转折时期，当地原有的铁器传统在继续，同时开始输入中原地区的铁器，尤其是迅速吸收中原地区的铁器冶铸技术，从而完成了从"不知铸铁器"[4] 到"能铸冶"[5] 的历史性跨越。

新疆以东、关中以西的广阔地区，铁器的发展主要表现为中原系统铁器的迅速扩展。宁夏固原[6]、青海大通县上孙家寨[7]、敦煌汉代悬泉置遗址等地出土的铁器中，虽有少数具有西北地方特色，但大多属于中原系统铁器，如直口锸、铧冠、圆柱锤、削刀、釜、镇等。东汉时期，这一地区铁器已普遍使用。

北方长城地带秦汉时期的墓葬遗存大致可分为两类，一类是汉文化遗存；另一类是少数族的文化遗存。宁夏同心县李家套子东汉早期匈奴墓[8]、同心县倒墩子匈奴墓[9]、盐

〔1〕　白云翔：《中国古代冶金术起源的考古学观察》，《中国考古学与瑞典考古学——第一届中瑞考古学论坛文集》第 48 页，科学出版社，2006 年。

〔2〕　白云翔：《中国的早期铁器与冶铁的起源》，《桃李成蹊集——庆祝安志敏先生八十寿辰》第 298 页，香港中文大学中国考古艺术研究中心，2004 年。

〔3〕　《汉书·西域传（上）》："乌孙国，大昆莫治赤谷城……汉复遣长罗侯（常）惠将三校屯赤谷。"

〔4〕　《史记·大宛列传》："自大宛以西至安息……其地皆无丝漆，不知铸铁器。"

〔5〕　《汉书·西域传（下）》："龟兹国……能铸冶，有铅。"

〔6〕　宁夏固原博物馆：《宁夏固原汉墓发掘简报》，《华夏考古》1995 年第 2 期。

〔7〕　青海省文物考古研究所：《上孙家寨汉晋墓》，文物出版社，1993 年。

〔8〕　宁夏文物考古研究所、同心县文管所：《宁夏同心县李家套子匈奴墓清理简报》，《考古与文物》1988 年第 3 期。

〔9〕　宁夏文物考古研究所、中国社会科学院考古研究所、同心县文物管理所：《宁夏同心倒墩子匈奴墓地》，《考古学报》1988 年第 3 期。该墓地大量随葬西汉五铢钱，发掘者认为："漆器和铁器也显然来自中原地区"。

池张家场汉墓[1]出土的铁器中，虽然有的具有当地特色，但大多是属于中原系统的铁器，如空首斧、釜、豆形灯等。在阴山南麓河套平原和鄂尔多斯高原，准格尔旗西沟畔汉代匈奴墓及其居址[2]、东胜县补洞沟汉代匈奴墓[3]等少数族遗存出土的铁器中，空首斧、鼎等明显属于中原系统铁器；环首中长剑、三翼镞、平刃镞、锸以及带饰、马面饰等，则具有鲜明的地域特色。这一地区汉文化遗存非常丰富，既有大量的秦汉古城址，更有大量的墓葬，出土的铁器几乎均属于中原系统。北方长城地带东端的燕山山地及其以北的邻近地区，早在战国晚期中原系统铁器就随着燕国势力的进入并设置郡县而开始了制作和使用，而凌源安杖子古城址[4]、锦西小荒地秦汉古城址[5]等地的发现都表明，这一地区秦汉时期铁器的发展与中原地区大致同步。北方长城地带东部及其以北至大兴安岭的广阔区域，发现有西汉晚期至东汉时期以墓葬为主的早期鲜卑文化遗存，而山西右玉县善家堡墓地[6]、察右后旗三道湾墓地[7]、满洲里市扎赉诺尔墓地[8]等地出土的铁器中，空首斧、铲、锄板、环首长刀和矛等明显具有中原铁器的特征；而铁锸、短剑、双刃尖锋镞和双翼镞等则具有浓郁的北方草原特点。很显然，这一地区的鲜卑人在制作使用具有本地区文化特色的铁器的同时，随着同中原地区接触和交流的增加，越来越多地受到中原汉文化的影响[9]，中原系统铁器也随之陆续传入。

　　东北地区秦汉时期铁器的发展，其北部和南部仍然表现出不同的态势。黑龙江中游地区、三江平原地区和牡丹江流域，铁器的出现和使用大致在公元前后，铁器大多是具有地方特色的铁刀、矛、镞、马具以及铠甲等，但在东宁县团结遗址和海林市东兴遗址[10]则发现有铁镰刀等中原系统的铁器。在广阔的松嫩平原，吉林榆树县老河深129座西汉末东

[1] 宁夏文物考古研究所、宁夏盐池县文体科：《宁夏盐池县张家场汉墓》，《文物》1988年第9期。该墓地的墓葬结构及其随葬品均为汉式，其西南约1公里处尚存汉代北地郡昫衍县（东汉初年废）故城址。

[2] 伊克昭盟文物工作站：《西沟畔汉代匈奴墓》，《鄂尔多斯式青铜器》第375页，文物出版社，1986年。

[3] 伊克昭盟文物工作站：《补洞沟匈奴墓葬》，《鄂尔多斯式青铜器》第394页，文物出版社，1986年。

[4] 辽宁省文物考古研究所：《辽宁凌源安杖子古城址发掘报告》，《考古学报》1996年第2期。

[5] 吉林大学考古学系、辽宁省文物考古研究所：《辽宁锦西市邰集屯小荒地秦汉古城址试掘简报》，《考古学集刊》第11集，中国大百科全书出版社，1997年。

[6] 王克林、宁立新、孙春林、胡生：《山西省右玉县善家堡墓地》，《文物季刊》1992年第4期。

[7] 乌兰察布博物馆：《察右后旗三道湾墓地》，《内蒙古文物考古文集》第一辑，中国大百科全书出版社，1994年。

[8] 内蒙古文物考古研究所：《扎赉诺尔古墓群1986年清理发掘报告》，《内蒙古文物考古文集》第一辑，中国大百科全书出版社，1994年。

[9] 乔梁：《内蒙古中部的早期鲜卑遗存》，《青果集——吉林大学考古系建系十周年纪念文集》第304页，知识出版社，1998年。

[10] 黑龙江省文物考古研究所、吉林大学考古学系：《黑龙江海林市东兴遗址发掘简报》，《考古》1996年第10期。

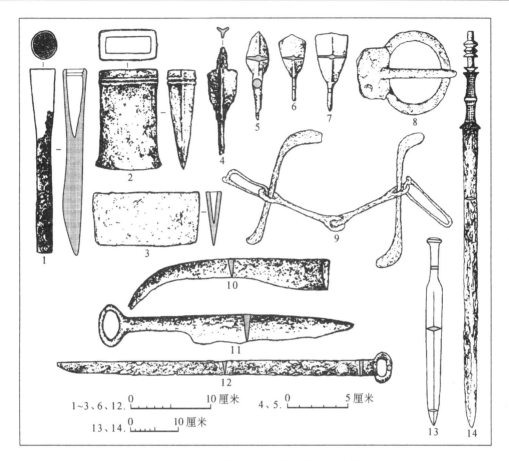

图 10-7　榆树老河深墓地出土汉代铁器

1.凿（M41：8）　2.空首斧（M41：6）　3.直口锸（M106：16）　4～7.镞（M67：51、M67：56-1、
M105：24-6、M56：59）　8.带扣（M14：8）　9.马衔与马镳（M56：93）　10.镰刀（M56：16）
11.削刀（M54：19）　12.短刀（M45：17）　13.短剑（M15：6）　14.铜柄铁剑（M115：9）

汉初年的鲜卑墓葬[1]出土的 540 多件铁器中，铸造的空首斧、凿、竖銎镢、直口锸和车軎（图 10-7）等显然是输入的中原系统铁器，但铜柄铁剑、铲头镞、三翼镞、箭囊和马具等，都属于具有当地特色的锻造品，有可能是从中原地区传入铁料在当地加工制作的。可以认为，大致在西汉时期，中原系统铁器已经扩展到松花江和牡丹江流域。东北地区南部秦汉时期铁器的发展，主要表现为中原系统铁器的大量传入和使用。这从吉林东丰县大架山遗址[2]、长白县干沟子积石墓地[3]、辽阳三道壕西汉村落遗址等地出土的铁器可得到证明。

〔1〕　吉林省文物考古研究所：《榆树老河深》，文物出版社，1987 年。
〔2〕　吉林省文物考古研究所：《吉林省文物考古五十年》，《新中国考古五十年》，文物出版社，1999 年。
　　　该文认为大架山遗址上层和宝山遗址上层的年代为战国晚期至西汉时期的同时，提供的碳十四测年
　　　数据为距今 1976 年，约当两汉之际。
〔3〕　吉林省文物考古研究所：《吉林长白县干沟子墓地发掘简报》，《考古》2003 年第 8 期。

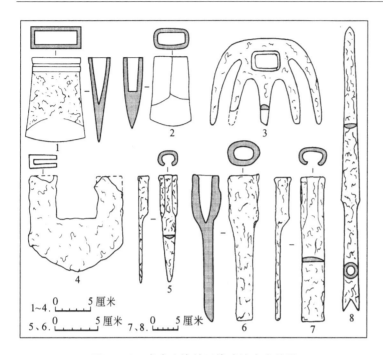

东南沿海的福建地区，先秦时期是否出现铁器尚在探索之中，但进入秦汉以后，这里不仅出现了铁器，而且发展速度相当迅速。武夷山城村汉城遗址发掘出土的铁器[1]，总体上属于中原系统，但又具有明显的自身特点（图10-8），如空首斧、锛、竖銎镢、五齿镢、凹口锸、犁铧和削刀等，应当是从中原地区输入的；各种锻銎铁器，如闭合型銎锻銎铁斧、锛和凿，尤其是C形銎锻銎铁凿形器等，都有鲜明的地方特点，应当是采用发生于中原地区的锻銎技法在当地制造的。

图 10-8 武夷山城村汉城遗址出土铁器
1、2.空首斧（T234：27、T311：4） 3.五齿镢（T312：B11） 4.凹口锸
（T29：3） 5.凿形器（T312：2） 6.凿（T24：1） 7.凿形器
（T287：35） 8.矛（T194：13）

岭南地区传入中原系统铁器可早到战国晚期，但就整个岭南地区而言，铁器的制作和使用是伴随着秦始皇统一六国后发大军平定岭南设置郡县而发生的。广州秦汉造船工场址[2]、广西贵县罗泊湾汉墓[3]、广州南越王墓以及其他城址和墓葬出土的铁器可大致分为两类：一类是形态结构和制作技法与中原地区铁器相同的铁器，如凹口锸、锤、长剑、中长剑、戟、铍、鼎和釜等，显然是直接从中原地区、尤其是江南地区传入的；另一类是与中原地区铁器形态近似但结构上有别而具有当地特点的铁器，如锻銎铁锛、凿、铲刀、铲等，应当是模仿中原地区同类铁器、采用发生于中原地区的锻銎技法在当地制造的。

"西南夷"地区的云贵高原一带，在战国晚期出现铁器的基础上经历了一个由渐变到突变的发展过程。在江川李家山墓地[4]，随葬品呈现出铁制和铜铁复合制兵器及生产工具不断增多、铜兵器和生产工具逐步减少的趋势，尤其是从西汉中期开始，铁制品和铜铁

〔1〕 杨琮：《闽越国文化》第 287～303 页，福建人民出版社，2000 年。
〔2〕 广州市文物管理处、中山大学考古专业 75 届工农兵学员：《广州秦汉造船工场遗址试掘》，《文物》1977 年第 4 期。关于广州秦汉造船工场址的性质虽然有争论，但不影响其铁器的年代。
〔3〕 广西壮族自治区博物馆：《广西贵县罗泊湾汉墓》，文物出版社，1988 年。
〔4〕 A.云南省博物馆：《云南江川李家山古墓群发掘报告》，《考古学报》1975 年第 2 期。
     B.云南省文物考古研究所、玉溪市文物管理所、江川县文化局：《云南江川县李家山古墓群第二次发掘》，《考古》2001 年第 12 期。

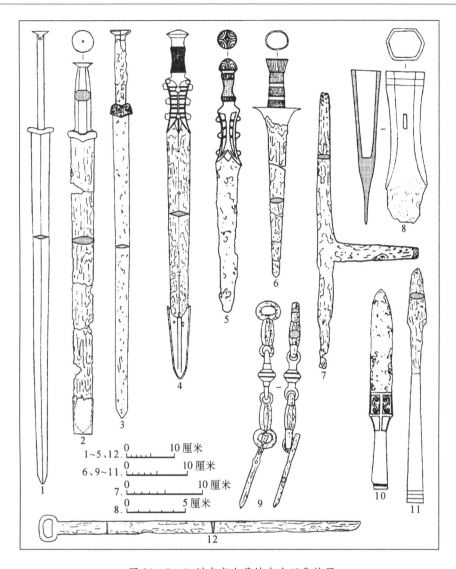

图 10 - 9　江川李家山墓地出土汉代铁器

1.长剑（M27：18）　2.铜柄铁剑（M3：20）　3.长剑（M51：229）　4～6.铜柄铁剑（M26：14、
M57：29-1、M3：19）　7.戟（M3：26）　8.铜銎铁斧（M26：29）　9.马衔与马镳（M26：10）
10、11.铜骹铁矛（M47：247-13、M26：16）　12.短刀（M26：15）

复合制品呈现出骤然增多之势。这种趋势，在晋宁石寨山、呈贡石碑村、安宁太极山等墓地同样有所反映。很显然，滇池地区铁器的出现虽然可以上溯到战国晚期，但真正较多地使用是从西汉中期开始的。铁器的类型及形态特征则明显反映出当地铁器传统延续和中原系统铁器传入的历史特点，如李家山等地出土的多种型式的铜柄铁剑、铜骹铁矛、铜銎铁斧、铜柄铁锥等都具有浓郁的地域特色，而全铁制长剑、环首短刀、戟和环首削刀等显然是从中原地区传入的（图 10 - 9）。进入东汉以后，具有当地特色的铜铁复合制品日渐消失，而代之以全铁制品，尤其是中原系统铁器广为流行。贵州地区秦汉时期铁器的发展，从贵州西部古夜郎地区的考古发现可见一斑。赫章可乐、威宁中水[1]，以及贵州中部清镇和平坝[2]等地墓葬的发掘表明，西汉早期是具有浓郁地方文化特色的铜柄铁剑等铁器与具有中原系统铁器特征的全铁制品共存；西汉中期以后，铜铁复合制品趋于消失而代之以全铁制品；西汉晚期以后，这里的铁器虽然也具有某些地方特色，但已经基本上中原系统化。

四　秦汉铁工场址的发掘与研究

秦汉时期的铁工场址，迄今已发现 30 余处，分布于北起辽宁、南到湖南，东起山东、西至新疆的广阔地域内[3]。这些铁工场址除少数是战国延续至汉代的以外，大多为两汉时期的遗存。其中有不少经过大规模考古发掘和研究，这里择要简述如下。

(一) 巩县铁生沟遗址

位于河南省巩县（今巩义市）西南 29 公里的铁生沟村南侧台地上，遗址东西长 180 米、南北宽约 120 米，面积约 21600 平方米[4]。遗址四面有低山丘陵，盛产铁矿，并有丰富的森林和煤矿等燃料资源。遗址北依山坡，南侧有坞罗河流经。1958 年发现，1958～1959 年间进行两次大规模发掘，发掘面积 2000 平方米，1980 年又对部分遗址进行了重新发掘。冶炼场西南 3 公里的罗汉寺村和东北方青龙山麓的罗泉村、北庄村，发现有当时采矿的矿井、巷道等采矿遗迹。遗址北半部有一处矿石加工场。发掘清理出的遗迹有炼炉 8 座、锻炉 1 座、炒钢炉 1 座、脱碳退火炉 1 座、烘范窑 11 座、多用途长方形排窑 5 座、废铁坑 8 个、配料池 1 个、房基 4 座；出土铁器及铁料 200 件、陶器 233 件、熔炉耐火材料 39 块、铁范 1 件、浇口铁 3 件、少量泥范、鼓风管 8 件，以及各种耐火材料残块和建筑材料等 1000 多件[5]。出土铁器中包括铁竖銮镢 11 件、铲 26 件以及锤、凿、锛、双齿镢、锄、犁铧、刀等生产工具 92 件，钩、钉、釜等生活用具 32 件，剑和镞各 1 件以及其他铁器，有的铁铧和铲上铸有"河三"铭文。

根据地层堆积及出土遗物，可知铁生沟冶铁遗址的年代为西汉中期至东汉早期，是河南郡铁官所辖的第 3 号铁工场。经对 73 件出土铁器的金相分析，发现有共晶白口铁、亚共晶白口铁、过共晶白口铁、灰口铁、麻口铁、脱碳铸铁、韧性铸铁、铸铁脱碳钢和炒钢锻打件等[6]。该遗址作为我国首次大规模发掘的古代铁工场址，发掘清理出多种类型的

〔1〕　贵州省博物馆考古组、威宁县文化局：《威宁中水汉墓》，《考古学报》1981 年第 2 期。

〔2〕　贵州省博物馆：《贵州清镇平坝汉墓发掘报告》，《考古学报》1959 年第 1 期。

〔3〕　白云翔：《先秦两汉铁器的考古学研究》第 388～397 页，附表 1，科学出版社，2005 年。

〔4〕　河南省文化局文物工作队：《巩县铁生沟》，文物出版社，1962 年。

〔5〕　关于铁生沟遗址出土遗迹和遗物的种类及数量，1962 年出版的《巩县铁生沟》与 1985 年发表的《巩县铁生沟汉代冶铸遗址再探讨》多有不同，这里以后者的记述为准。

〔6〕　A. 《中国冶金史》编写组、河南省博物馆：《关于"河三"遗址的铁器分析》，《河南文博通讯》1980 年第 4 期。

　　　B. 赵青云、李京华、韩汝玢、邱亮辉、柯俊：《巩县铁生沟汉代冶铸遗址再探讨》，《考古学报》1985 年第 2 期。

炉基遗迹和烘范窑，同时还发现有矿石加工场和附近山麓的采矿场，并出土大量铁器，表明这里是一处西汉时期以生铁冶炼为主、兼及铁器铸造和锻造加工的大型铁工场。经考古学者和冶金史学者合作进行的深入研究[1]，铁生沟遗址的生产过程基本得到复原，其基本流程是：采矿→矿石加工→炼铁→铸造→脱碳退火或炼铁→铸锭→炒钢→锻造，大致代表了西汉中晚期铁官所营铁工场的一般形态。

（二）南阳瓦房庄遗址

位于河南省南阳市北关瓦房庄西北，面积 28000 平方米。1954 年发现，1959～1960 年进行两次大规模发掘，发掘面积 4864 平方米（其中包括铸铜遗址 900 平方米）。发掘清理出的汉代冶炼遗存[2]分为西汉和东汉两个时期。其中西汉遗存有炼铁炉基址 4 座、水井 9 座、水池 3 座和勺形坑 1 座，以及废旧铁料、耐火砖、炉渣、铸范和鼓风管残块等；出土铁器 83 件，包括铧冠 2 件、凹口锸 10 件、竖銎镢 7 件、铲 3 件、锛 8 件、空首斧 27 件以及车马机具、兵器和日用器具等。东汉遗存有熔铁炉炉基 5 座及其相关遗物、炒钢炉 1 座、锻铁炉 8 座、水井 2 座、烧土槽 4 个及各种坑穴；出土大量废铁料，铸造工具、车马机具和日用器具的各种陶范和陶模 602 件；出土的 1106 件铁器中，包括铧冠 154 件、犁铧 6 件、凹口锸 109 件、竖銎镢 71 件、锛 21 件以及铁范、浇口铁和其他生产工具、车马机具、兵器和日用器具等。经对出土铁器中的 24 件取样分析鉴定，发现其中有白口铸铁、灰口铸铁、韧性铸铁、铸铁脱碳制品和炒钢以及块炼铁等。有的铧冠范模上有"阳一"字样的铭文。

瓦房庄遗址的发掘表明，这里是一处始于西汉初年止于东汉晚期的大型铁工场，是南阳郡铁官所辖的第 1 号铁工场，主要以废旧铁器为原料铸造和锻造铁器。瓦房庄作为继铁生沟之后大规模发掘的又一处汉代铁工场址，较为系统地揭示了汉代铁器冶铸和锻造加工的工艺过程和技术水平。

（三）郑州古荥镇遗址

位于河南省郑州市西北 20 余公里处的古荥镇，地当汉代荥阳县城西墙外侧，北依邙山。遗址南北长 400 米，东西宽 300 米，面积 12 万平方米[3]。1965 年和 1966 年做过调查和试掘，1975 年发掘 1700 平方米。发掘清理出炼铁炉 2 座、炉前坑 1 处、坑内堆积的大积铁块 9 块、矿石堆 1 处、多用途窑 13 座以及水井、水池、四角柱坑、船形坑等，出土大量炉渣、耐火砖、鼓风管残块、饼形燃料块、铸造各种铁范用的陶范模以及铁器 318 件，铁器包括铲 112 件、锸 18 件、竖銎镢 21 件、锛 39 件以及凿、犁铧、铧冠、双齿镬、

〔1〕　赵青云、李京华、韩汝玢、邱亮辉、柯俊：《巩县铁生沟汉代冶铸遗址再探讨》，《考古学报》1985 年第 2 期。
〔2〕　A. 河南省文化局文物工作队：《南阳汉代铁工厂发掘简报》，《文物》1960 年第 1 期。
　　　 B. 河南省文物研究所：《南阳北关瓦房庄汉代冶铁遗址发掘报告》，《华夏考古》1991 年第 1 期。
〔3〕　郑州市博物馆：《郑州古荥镇汉代冶铁遗址发掘简报》，《文物》1978 年第 2 期。

钎、棘轮、矛和其他铁器等，同时还发现铜钱币、日用陶器及砖瓦等。部分陶范模和铁器上有"河一"铭文。

根据出土遗物，可知其年代为西汉中晚期至东汉时期，是河南郡铁官所辖的第1号铁工场，其产品主要是生铁铸造的农具和工具、铁范以及梯形铁板。该遗址发现的炼铁炉，其容积复原为50立方米，是目前所知古代最大的炼铁炉。遗址中各种遗迹和遗物的发现，较为系统地揭示了当时的工场布局、筑炉技术和炼铁工艺等，表明公元2世纪前后中国的生铁冶炼和加工工艺已经大致达到了西方17世纪的水平[1]。

（四）温县汉代烘范窑址

位于河南省温县西招贤乡西招贤村西北台地上，地当温县故城北城墙中段之外侧。遗址面积约10000平方米[2]，地表散布有汉代陶片、铁渣、炉砖、红烧土和陶范残块。1975年前后，这里发掘清理出一座保存较为完好的烘范窑，窑室内井然有序地摆放着尚未浇铸的成套陶叠铸范500余套，其铸件种类有16类计36种器形，主要是车马机具以及权等的铸范。同时发现有日用陶器、铁渣堆2处以及铁条等遗物。

考古调查和发掘表明，这里是一处汉代铸铁工场址。温县烘范窑址出土的叠铸范数以百计，保存完好，为研究古代叠铸技术的形成和发展提供了可靠的实物资料。这些叠铸范的综合研究，极大地深化了对汉代叠铸技术及其工艺的认识。

（五）桑植朱家台遗址

位于湖南省桑植县县城西侧澧水西岸一个面积约2平方公里、当地称之为朱家台的台地上。1992～1995年，先后在朱家台的朱家大田和菜园田发掘清理2处铸铁遗址[3]，两地点南北相距约150米。菜园田遗址发掘面积约150平方米，清理出炉基墩台2处、熔铁炉1座以及水井、水池和灰坑等遗迹；出土有铁坩埚2件，泥质斧范和镢范，凹口锸、锻銎镢、竖銎镢、锛、斧和直口锸、刀、锤、矛、剑、镞等铁器64件，以及砖瓦等建筑材料和日用陶器等。朱家大田遗址发掘面积700平方米，清理出炉基墩台2处以及水井、水塘、石板路等遗迹；出土铁坩埚2件，泥质镢范和石质刀范，凹口锸、竖銎镢、锻銎镢、斧、锛、刀、铲、矛和削刀等铁器31件，以及日用陶器等。

根据出土遗物分析，两遗址的年代相同，约当西汉晚期至东汉早期，同属于一个熔化铁料铸造铁器的铁工场。今朱家台一带为汉代武陵郡充县县治所在，推测朱家台铸铁遗址可能是充县所属的铁工场。朱家台铸铁遗址是长江以南地区迄今发现的惟一的一处汉代铁工场址，并且其铸造设备、技术以及产品都具有独特的风格，对于汉代江南地区铁器铸造

〔1〕《中国冶金史》编写组：《从古荥遗址看汉代生铁冶炼技术》，《文物》1978年第2期。
〔2〕河南省博物馆、《中国冶金史》编写组：《汉代叠铸——温县烘范窑的发掘与研究》，文物出版社，1978年。
〔3〕张家界市文物工作队：《湖南桑植朱家台汉代铁器铸造作坊遗址发掘报告》，《考古学报》2003年第3期。

工艺和铁器生产的研究具有重要价值。

除上述铁工场址外，其他经过考古调查和发掘的重要铁工场址还有：山东滕县薛城汉代冶铁遗址[1]，陕西韩城县芝川镇冶铁遗址[2]，河南鲁山县望城岗冶铁遗址[3]，鹤壁鹿楼冶铁遗址[4]，泌阳县下河湾冶铁遗址[5]，山西夏县禹王城汉代铸铁遗址[6]，以及江苏徐州利国驿汉代冶铁遗址[7]等。

五　秦汉时期的钢铁技术

根据铁工场址的发掘、铁器的发现及其冶金学研究的成果，这里简述秦汉时期的钢铁技术及其发展水平。

铁矿的开采是钢铁生产的第一步。巩县铁生沟冶铁工场址附近，发现多处汉代采矿场遗迹。铁生沟冶炼场东北约 4 公里的青龙山南麓的罗泉村采矿场，开采矿石的巷道宽 3 米左右，巷道内堆积有碎石渣和黏土并出土一件铁镢；北庄村采矿场，发现有圆形和方形的采矿竖井，以及采矿人居住的窑洞。方形矿井长 1 米、宽 0.9 米，矿井口以下 10 米左右发现有沿矿床平行掘进的遗迹；圆形矿井直径 1.03 米，现存深度 2.8 米，井壁残留开掘时遗留的镢痕，附近还发现有宽约 3 米的古代采矿的斜坡状巷道，出土遗物的形制与铁生沟冶炼场出土的同类器具相同。铁生沟冶炼场西南约 3 公里处嵩山山麓的罗汉寺村附近也发现有汉代的斜坡状采矿巷道[8]。冶炼场和采矿区的铁矿石的成分分析表明，铁生沟冶炼场的赤铁矿石和褐铁矿石分别来自嵩山北麓的采矿场和青龙山南麓的采矿场[9]。此外，徐州利国驿铁工场址附近的垌山山顶发现采矿场遗迹 2 处[10]。铁生沟及利国驿汉代采矿遗迹的发现表明，当时的采矿曾根据矿床的不同采用了多种不同的方法：采用竖井技术可以掘进至矿床的中央或旁侧，以开采高质量的矿石；采用斜井技术可以开采缓倾斜矿床，并

〔1〕　李步青：《山东滕县发现铁范》，《考古》1960 年第 7 期。

〔2〕　陕西省考古研究所华仓考古队：《韩城芝川镇汉代冶铁遗址调查简报》，《考古与文物》1983 年第 4 期。

〔3〕　A.河南省文物研究所、中国冶金史研究室：《河南省五县古代铁矿冶遗址调查》，《华夏考古》1992 年第 1 期。

　　　B.河南省文物考古研究所、鲁山县文物管理委员会：《河南鲁山望城岗汉代冶铁遗址一号炉发掘简报》，《华夏考古》2002 年第 1 期。

〔4〕　A.河南省文化局文物工作队：《河南鹤壁市汉代冶铁遗址》，《考古》1963 年第 10 期。

　　　B.鹤壁市文物工作队：《鹤壁鹿楼冶铁遗址》第 44～48 页，中州古籍出版社，1994 年。

〔5〕　河南省文物考古研究所：《河南泌阳县下河湾冶铁遗址调查报告》，《华夏考古》2009 年第 4 期。

〔6〕　山西省考古研究所：《山西夏县禹王城汉代铸铁遗址试掘简报》，《考古》1994 年第 8 期。

〔7〕　南京博物院：《利国驿古代炼铁炉的调查及清理》，《文物》1960 年第 4 期。

〔8〕　《山海经·中山山经》："少室之山……其上多玉，其下多铁。"引自袁珂校注《山海经校注》，上海古籍出版社，1980 年。少室山即嵩山的西部，在今登封县西北，铁生沟附近的嵩山山麓即当此地。因此，嵩山山麓铁矿的开采，应始于战国时期。

〔9〕　河南省文化局文物工作队：《巩县铁生沟》第 6 页，文物出版社，1962 年。

〔10〕　南京博物院：《利国驿古代炼铁炉的调查及清理》，《文物》1960 年第 4 期。

可依山势向内凿井采掘；对于地表浅层夹在岩石层中的铁矿，则采用露天开采的方法；开采的矿石就近设冶炼场进行冶炼。矿石的采掘普遍使用铁工具，凿岩的同时，还采用"火爆法"破岩[1]。据《汉书·地理志》等记载，汉武帝实行盐铁官营之时，在铁产地设置铁官，并且"郡不出铁者，置小铁官"[2]，共在40个郡国设置铁官计49处，分布于今12个省区[3]。实际上，当时的铁矿石开采场至少在50处以上[4]。

铁矿石开采之后到进行冶炼，还需进行矿石的粉碎和筛选。巩县铁生沟铁工场址北半部有一处专门的矿石加工场，发现有倾倒废弃矿石粉末的窖坑、加工矿石的铁锤和石砧等，而7号炼炉近旁的矿石堆的矿石粒度一般在3厘米左右。郑州古荥镇铁工场址2号炼炉北侧发现有一处约60立方米的矿石堆积，并出土有粉碎矿石的铁锤、石砧和石夯等工具，矿石粒度一般为2～5厘米。据此可知，铁矿石的粉碎和筛选，从西汉开始已经成为冶铁工场中一道独立的工序[5]。

秦汉时期冶铁的燃料依然主要是木炭，而在冶炼过程中加入少量石灰石作助熔剂，则是汉代冶铁技术进步的标志之一。郑州古荥镇炉渣的取样化验结果表明，炉渣系熔化温度低、流动性良好的低碱度酸性渣，其碱度（指炉渣成分中氧化钙与二氧化硅的比值）为0.5左右，表明配料中曾加入适当数量的石灰石作碱性助熔剂，并且客观上也起到了脱硫的作用[6]。铁生沟铁工场址石灰和石灰石的发现，以及徐州利国驿铁工场址出土炉渣的成分分析，都证明在炼铁过程中加入石灰石作助熔剂以降低炉渣熔化温度并提高铁水流动性的方法，在汉代已经广泛应用。

耐火材料的应用，在汉代也获得重大进展。铁生沟铁工场址发现的耐火材料，有用于炼炉内壁的耐火草拌泥、用于炉底的耐火土，以及用耐火黏土并羼有石英石和绿色岩石颗粒制成的各种耐火砖，耐火砖的耐火度在1240℃～1330℃之间。耐火黏土中加入石英石砂粒的耐火材料，在南阳瓦房庄铁工场址等地也有发现。耐火材料的改进，为炼炉和熔炉的建造尤其是炉温的提高提供了条件。

冶炼生铁的炼铁炉，在铁生沟、古荥镇、鹤壁鹿楼、利国驿等汉代铁工场址都有发现。炼铁炉为竖炉结构，其炉基或残迹已发现30多座，大致可分为圆形（或椭圆形）和方形（或长方形）两种，并以前者为多。铁生沟遗址发现的两座长方形炼铁炉，其建造方法是先在地下用掺有煤和石英砂粒的黑色耐火材料夯筑，周围再用红色黏土夯筑出面积较大的方形或长方形炉基；6座圆形炼铁炉，其建造方法与共存的长方形炼铁炉相同。这种圆形炼铁炉在鹤壁鹿楼冶铁遗址发现13座，炉缸内径长2.4～3米、宽2.2～2.4米，在当时属于中型炼炉。古荥镇发现炼炉炉基2座，东西并列，间隔14.5米。其中1号炉炉缸长

〔1〕 卢本珊：《中国古代金属矿和煤矿开采工程技术史·金属矿编》第151页，山西教育出版社，2007年。
〔2〕 《汉书·食货志（下）》："大农上盐铁丞孔仅、咸阳言：'郡不出铁者，置小铁官，使属在所县。'"
〔3〕 夏湘蓉、李仲均、王根元：《中国古代矿业开发史》第45页，地质出版社，1980年。
〔4〕 白云翔：《先秦两汉铁器的考古学研究》第325页，科学出版社，2005年。
〔5〕 北京钢铁学院：《中国冶金简史》第97页，科学出版社，1978年。
〔6〕 《中国冶金史》编写组：《从古荥遗址看汉代生铁冶炼技术》，《文物》1978年第2期。

径为 4 米、短径为 2.7 米，实测面积 8.48 平方米。经复原，该炉高约 6 米，有效容积约 50 立方米，日产量在 1000 公斤左右，是迄今发掘出土的古代容积最大的炼铁炉，也是世界上最古老最大的高炉[1]。

铁器铸造过程中熔化生铁或废旧铁料的熔铁炉，在巩县铁生沟、汉长安城西市[2]、南阳瓦房庄等铸铁遗址都有发现。铁生沟的熔铁炉是建造在地面上的竖炉，用耐火砖砌筑而成，复原内径平均为 1 米、外径约 1.3 米。南阳瓦房庄发现的熔铁炉基，有圆形、方形、长方形以及不规则形多种。上述熔铁炉，代表了汉代熔铁炉的一般结构和形态。桑植朱家台铸铁遗址发现的熔铁炉，由炉基墩台、炉体和鼓风管道组成，炉体小，结构简单，是汉代熔铁炉的另一种形态，从一个方面揭示了冶铁业不发达地区小型制铁作坊中熔铁炉的结构以及铸铁工艺。

铁器的铸造技术，主要采用陶范和铁范工艺，是战国时期铸造技术的继承和发展，而石范铸造已基本被淘汰。铸造铁器的陶铸范和铸模，普遍发现于各冶铁和铸铁工场址。南阳瓦房庄出土的陶模和陶范及其研究表明[3]，当时铸造铁铧冠等铁器的工艺流程是：用 6 件陶铸模——上模、下模和芯模铸造 3 件铁范，再用 3 件铁范——阳范、阴范和范芯铸造 1 件铁器（图 10-10），而陶范则直接用于铁器的铸造。

铁范铸造技术的发展，主要表现为该技术应用范围的扩大、应用地域的扩展和铁范材质的改进上。迄今所知，汉代铁范在河

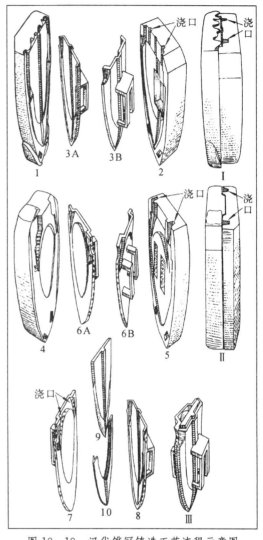

图 10-10　汉代铧冠铸造工艺流程示意图
Ⅰ.上内模与上外模合模　1.上内模　2.上外模　3A.阳范内面　3B.阳范外面
Ⅱ.下内模与下外模合模　4.下内模　5.下外模　6A.阴范内面　6B.阴范外面
Ⅲ.阳范和阴范与范芯合范　7.阴范　8.阳范　9.范芯　10.铧冠铸件

〔1〕　首都钢铁公司刘云彩：《中国古代高炉的起源和演变》，《文物》1978 年第 2 期。
〔2〕　中国社会科学院考古研究所汉城工作队：《1992 年汉长安城冶铸遗址发掘简报》，《考古》1995 年第 9 期。
〔3〕　河南省文物研究所：《南阳北关瓦房庄汉代冶铁遗址发掘报告》图三〇、图四〇，《华夏考古》1991 年第 1 期。

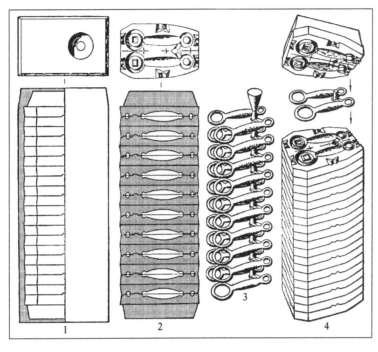

图 10-11　汉代马衔叠铸工艺示意图

1.叠铸范外部结构俯视及剖视　2.范片俯视及合厢后内部结构剖视

3.铸件　4.叠铸范与铸件关系示意

北、河南、山东等地的 8 个地点已发现约 300 余件，主要有锤范、铧冠范、铲范等生产工具范以及镞范，另外还有板材范，其中既有双合范，又有多合范，表明到东汉时期铁范铸造已经成为各地普遍采用的一种工艺，同时铁范铸造工艺也取得新的进步。关于铁范的金属结构，经过金相鉴定的巩县铁生沟、南阳瓦房庄、镇平尧庄窖藏、渑池窖藏以及满城汉墓出土的铁范，均为灰口铸铁件，说明西汉时期灰口铁出现之后很快用于铁范的铸造，成为铁范铸造技术的一项重大发展。因为灰口铸铁热稳定性能好、收缩率小，比白口铸铁更适合铸范的性能要求。

陶范铸造技术的进步，主要表现为陶范叠铸技术和烘范技术的成熟和推广应用。我国古代的立式陶范叠铸技术最早产生于战国时期[1]，到汉代走向成熟。汉代的叠铸陶范在巩县铁生沟、南阳瓦房庄、温县烘范窑、汉长安城西市铸铁遗址等地多有发现，主要是各种车马器的铸范。经对温县烘范窑出土叠铸范进行实验研究[2]，其工艺流程已经得到复原，即范和范芯的制作→叠铸范的合厢与装配→叠铸范的干燥和烘烤→浇铸。以马衔范为例，10 层一套的一组叠铸范一次可铸造铁马衔 20 节（图 10-11）。烘范技术也出现于战国晚期，汉代的烘范窑在各地多有发现，结构大致相近。其中，尤以温县烘范窑保存较好，结构最为清楚。温县烘范窑建造在一个长方形土坑中，呈东西方向，由方形窑道（坑状操作场地）、拱形窑门、梯形火膛、方形窑室和 3 个方形烟囱等组成，通长 7.4 米、宽 3 米。窑道西南角有一供上下的台阶，窑室底部铺砖，四壁用土坯砌筑，窑顶可能为拱形。该窑以木炭或木柴为燃料，发掘时窑室内放置有尚未浇铸的叠铸范 500 多套，可见其生产规模之大。

---

〔1〕　华觉明：《中国古代金属技术》第 390 页，大象出版社，1999 年。

〔2〕　河南省博物馆、《中国冶金史》编写组：《汉代叠铸——温县烘范窑的发掘与研究》第 8 页图 10，文物出版社，1978 年。

各种秦汉铁器的冶金学研究表明，秦汉时期的钢铁冶炼技术和热处理工艺都在不断取得进步和创新。

其一，战国时期已经形成的块炼铁、块炼渗碳钢、共晶白口铸铁、脱碳铸铁、韧性铸铁、铸铁脱碳钢、熟铁等钢铁冶炼技术的继续发展和推广。如满城汉墓出土的铁铲M2：003和镢M1：4397，经鉴定属于铁素体－珠光体韧性铸铁；南阳瓦房庄和渑池窖藏铁器中，均有白芯韧性铸铁和黑芯韧性铸铁两种；北京大葆台西汉墓的环首刀[1]、郑州东史马村出土的6件东汉剪刀[2]等，经鉴定都是由铸铁脱碳成钢后经锻造制成的。

其二，西汉中期灰口铸铁和麻口铸铁的出现。经鉴定，满城汉墓出土的锄内范M2：3118、镢内范M2：4073以及车锏M1：2046等为灰口铸铁，铁犁铧M2：01属于麻口铸铁[3]，而这种灰口铁和麻口铁在巩县铁生沟、渑池窖藏出土的铁器中均有发现，表明早在公元前2世纪已经能够冶炼灰口铸铁和麻口铸铁，成为当时炼铁技术的一大进步[4]。

其三，百炼钢工艺和炒钢工艺的形成。百炼钢工艺的萌芽可以追溯到战国晚期，满城汉墓出土的刘胜佩剑M1：5105、钢剑M1：4249和错金书刀M1：5197等，经鉴定都是利用块炼铁经过反复锻打渗碳使之成钢的制品，已经具有百炼钢的雏形。此后，随着炒钢技术的发明，百炼钢终于出现。所谓炒钢，是指将生铁炒成熟铁或钢的制钢工艺。巩县铁生沟、南阳瓦房庄和河南方城汉代冶铁遗址[5]等地均发现有炒钢炉，其结构都大致相同。巩县铁生沟和南阳瓦房庄遗址出土的铁器中，经鉴定发现了炒钢锻打制品。用这种炒制的钢材为原料，经反复加热折叠锻打，即可生产出百炼钢制品。江苏徐州段山东汉早期墓出土的"建初二年蜀郡西工官王愔造五十湅□□□孙剑□"（建初二年即公元77年）铭长剑[6]、山东苍山纸坊村出土的东汉中期的"永初六年五月丙午造卅湅大刀吉羊"（永初六年即公元112年）铭长刀[7]，以及陕西扶风官务村东汉初期墓出土的钢剑[8]，经鉴定均系用含碳量较高的炒钢为原料反复加热锻打而成[9]，并且苍山永初六年长刀的刃口部分

〔1〕　北京钢铁学院《中国冶金史》编写组：《大葆台汉墓铁器金相检查报告》，《北京大葆台汉墓》第125页，文物出版社，1989年。

〔2〕　韩汝玢、于晓兴：《郑州东史马东汉剪刀与铸铁脱碳钢》，《中原文物》1983年特刊。

〔3〕　北京钢铁学院金相实验室：《满城汉墓部分金属器的金相分析报告》第369页，《满城汉墓发掘报告》，文物出版社，1980年。

〔4〕　灰口铸铁的出现，是炼铁生产的一大飞跃，"低硅灰口铁的生产是铸铁史上的一项奇迹"（见北京钢铁学院李众《从渑池铁器看我国古代冶金技术的成就》，《文物》1976年第8期第59页）。因为其成分中含有片状石墨、断口为灰白色的灰口铸铁流动性好，宜于铸造结构复杂的铸件，同时具有热稳定性能好、收缩率小的特点，宜于铸造铁范。

〔5〕　北京钢铁学院：《中国冶金简史》第108页，科学出版社，1978年。

〔6〕　徐州博物馆：《徐州发现东汉建初二年五十湅钢剑》，《文物》1979年第7期。

〔7〕　临沂文物组刘心健、苍山文化馆陈自经：《山东苍山发现东汉永初纪年铁刀》，《文物》1974年第12期。

〔8〕　路迪民：《扶风汉代钢剑的科技分析》，《考古与文物》1999年第3期。

〔9〕　汉代"湅"、"练"、"炼"相同，常见于古代金属兵器铭文。"卅湅"、"五十湅"都是一种工艺标准，指的是锻打次数。

经过局部淬火处理[1]。它们的出土，证明东汉早期百炼钢工艺已经成熟，同时表明我国当时的炼钢技术达到了当时世界上最先进的水平。

其四，钢铁热处理技术的进一步发展。考古发现的铁器中，辽阳三道壕铁剑 SDHJD：15、满城汉墓出土的钢剑 M1：4249、刘胜佩剑 M1：5105、错金书刀 M1：5197 等，经金相鉴定，其刃部都发现有淬火热处理所形成的马氏体组织，表明它们采用了局部淬火工艺。这说明战国晚期出现的淬火工艺，在西汉时期得到了普遍应用。满城汉墓出土的刘胜佩剑和错金书刀，刀剑基体是含碳量 0.1％～0.2％左右的低碳钢，而表面有含碳量高达 0.6％～0.8％左右的高碳层，显然是表面渗碳的结果，表明西汉时期新出现了表面渗碳这种新的热处理工艺。

六　秦汉时期铁器的生产经营

秦汉时期的 400 余年间，铁器生产的经营管理和流通随着国家财政经济政策的调整而发生过较大的变化，大致经历了秦和西汉前期、西汉中期至东汉早期、东汉中晚期三个阶段。

(一) 秦和西汉早期铁器的生产经营

指汉武帝实行盐铁官营之前，即秦和西汉早期（公元前 221 年至公元前 119 年）。秦王朝在经济上继续贯彻商鞅变法以来秦国一贯实行的"重农抑商"政策，鼓励农业和手工业生产活动，抑制和打击商业等非生产活动；同时"收山泽之税"[2]，即设立盐铁市官收取盐业和铁业税，并设立铁官以掌管官营铁器工业。西汉初年，汉王朝采取"与民休息"的政策，经济上"轻徭薄赋"，奖励农耕；对于制盐业和冶铁业，则"弛山泽之禁"[3]，任其郡国和个人经营[4]，国家设官进行管理和收税。在这样的经济大环境之下，铁器工业继续沿着战国晚期以来铁器生产官营和私营并存的道路向前发展，郡国和私营铁器工业进一步繁荣。铁器工业的布局，也依然像战国晚期那样，铁矿附近开设冶铁工场，如鹤壁鹿楼铁工场、莱芜亓省庄铁工场等；而更多的铁器冶铸工场和加工制造场则分布于城郊或城内，如章丘东平陵故城、曲阜鲁国故城等。其中，不少铁工场是战国时期铁工场的延续。值得注意的是，莱芜亓省庄出土的西汉早期铁铸范中[5]，铧冠范上有阴文"山"字或"氾"字，镰刀范上有阳文"李"字，铲范上有阴文"山"字等，可能是铁工场主的姓氏，说明当时私营铁工场开始使用产品标识，是私营铁器工业发展的一种产物。

秦和西汉早期的铁器工业虽然是官营和私营并存，但铁器的生产和销售大都掌握在少数富商豪强手中，并且其规模巨大。史载，西汉初年的私营铁工场，大量吸收流民进行生

[1]　韩汝玢、柯俊主编：《中国科学技术史·矿冶卷》第 619 页，科学出版社，2007 年。
[2]　《盐铁论·非鞅篇》。
[3]　《史记·货殖列传》："汉兴，海内为一，开关梁，弛山泽之禁，是以富商大贾周流天下……"
[4]　《盐铁论·错币篇》："文帝之时，纵民得铸钱、冶铁、煮盐。"
[5]　山东省博物馆：《山东省莱芜县西汉农具铁范》，《文物》1977 年第 7 期。

产，其规模大者可达千余人[1]，并且不少私营冶铁业主因经营冶铁业而暴富[2]。至于当时铁器的流通，由北方长城地带的东端和东北地区南部、东南沿海的武夷山城村汉城和岭南地区秦和西汉南越国时期大量中原地区所产铁器的发现可见一斑；而中原地区的不同地区之间，铁器的大量流通更可以想见。

（二）西汉中期至东汉早期铁器的生产经营

指汉武帝元狩五年（公元前118年）至汉章帝末年（公元88年）的西汉中期至东汉早期的盐铁官营时期[3]。汉武帝元狩五年（公元前118年）实施盐铁官营政策，将煮盐和冶铁之事收归政府管理，在全国重要产铁地区设置大铁官，主鼓铸；严禁私自铸铁、煮盐，"敢私铸铁器鬻盐者，钛左趾，没入其器物。郡不出铁者，置小铁官"[4]，销熔旧器铸新器；全国40个郡国设铁官49处[5]，管理铁器的生产和专卖等事宜。基于汉代铁工场址和带铭铁器（图10-12）、铸范、铸模等的考古发现和研究，西汉铁官中有20余个郡国的铁官得到确认[6]。同时，关于当时铁器的生产经营和铁器工业体系可以得出如下认识。

其一，西汉40个重要产铁地区的郡国设有49处大铁官，但各铁官的规模大小不一，可大致分为三类：即特大铁官郡，如河东郡、河南郡、南阳郡等，一般有三个以上的铁工场；大铁官郡，如弘农郡、河内郡、山阳郡、临淮郡、东莱郡、济南郡等，一般拥有两个铁工场；准大铁官郡，如渔阳郡、蜀郡、中山国等，一般只有一个铁工场[7]。

其二，各地铁官一般有其自己的产品标识。拥有多处铁工场的铁官，各铁工场分别编号，以其所属郡国名的简称和编号作为其产品标识。如河南郡铁官至少有三处铁工场，分别以"河一"、"河二"、"河三"等作为其产品标识；蜀郡铁官以"蜀郡"或"蜀郡成都"作为其产品标识；中山国铁官以"中山"为其产品标识等。

其三，当时的铁工场可以大致分为综合性和专门性两类。巩县铁生沟作为河南郡第三号铁工场，集采矿、冶炼、熔铁铸造、铸铁脱碳、制钢、锻造铁器等于一体，是汉代综合

---

[1] 《盐铁论·复古篇》：桑弘羊说，"往者，豪强大家，得管山海之利，采铁石鼓铸，煮海为盐。一家聚众，或至千余人，大抵尽收放流人民也，远去乡里，弃坟墓，依倚大家。聚深山穷泽之中，成奸伪之业，遂朋党之权，其轻为非亦大矣"。

[2] 《史记·货殖列传》：蜀郡卓氏，"即铁山鼓铸，运筹策，倾滇蜀之民，富至僮千人，田池射猎之乐，拟于人君"；临邛的程郑，"亦冶铸，贾椎髻之民，富埒卓氏"；宛之孔氏，"大鼓铸……家致富数千金，故南阳行贾尽法孔氏之雍容"；鲁地之曹氏和邴氏，"以铁冶起，富至巨万"。

[3] 据《汉书》记载，这一时期的约200年间，虽有汉昭帝始元六年的盐铁之议、汉元帝初元五年的罢盐铁官、汉元帝永光三年又"复盐铁官"以及王莽始建国二年的"初设六筦之令，命县官酤酒，卖盐、铁器，铸钱"等，铁器工业的国家专营和禁止私营有张有弛，但盐铁官营的基本政策未曾根本改变。

[4] 《汉书·食货志（下）》。

[5] 《汉书·地理志》。

[6] 白云翔：《先秦两汉铁器的考古学研究》第340～345页，科学出版社，2005年。

[7] 李京华：《新发现的三件汉铁官铭器小考》，《考古》1999年第10期。

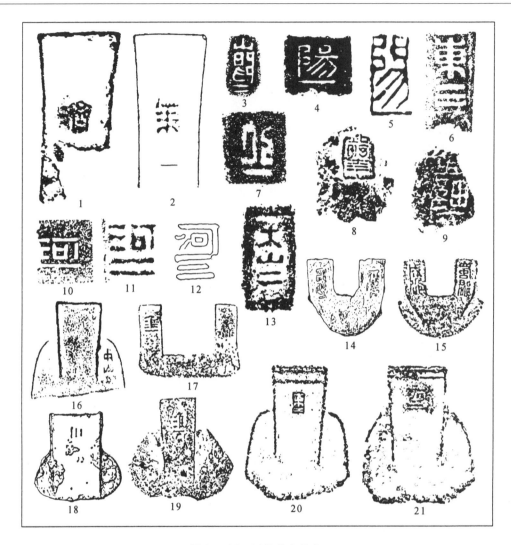

图 10-12 汉代铁官铭文

1."济"铭铁竖銎镢（沂水南张庄出土） 2."莱一"铭铁竖銎镢（威海桥头镇出土） 3.铲陶范"山阳二"铭（滕县薛城皇殿岗冶铁遗址出土） 4.车钉陶模"阳一"铭（南阳瓦房庄 T21A：1） 5.铧冠陶模"阳一"铭（鲁山望城岗冶铁遗址出土） 6.铲陶范"东三"铭（夏县禹王城铸铁遗址出土） 7.铲陶范"弘一"铭（新安上孤灯 H1：1-1）8、9.陶范"钜野二"铭（滕县薛城皇殿岗冶铁遗址出土） 10.陶模"河一"铭（郑州古荥镇冶铁遗址出土） 11.铁铧冠"河二"铭（陇县高楼村出土） 12.铁器"河三"铭（巩县铁生沟冶铁遗址出土） 13.锤铁范"大山二"铭（章丘东平陵城出土） 14."蜀郡"铭铁凹口锸（西昌东坪村炼铜遗址出土） 15."蜀郡成都"铭铁凹口锸（鲁甸汉墓出土） 16."中山"铭铁铲（《汉金文录》收录） 17."淮一"铭铁凹口锸（修水横山出土） 18."川"字铭铁铲（长葛石固汉墓出土） 19."淮一"铭铁铲（修水横山出土） 20."东二"铭铁铲（陇县高楼村出土） 21."河二"铭铁铲（陇县高楼村出土）（比例不等；除 12 为摹本外，余皆为拓本）

性铁工场的代表。郑州古荥镇作为河南郡第一号铁工场，同样是从冶炼、制模、翻铸铁范到铸造铁器，进行一条龙式的冶炼和铁器生产。另一类是以生产某一类产品的专门性铁工场。如新安上孤灯村铁工场，以铸造土作农耕具为主；郑州古荥镇则可能是当时的一处铁范生产基地[1]。

其四，当时全国铁工场的实际数量，要数倍乃至十数倍于史书所载铁官的数量。一方面，文献记载设有一处铁官的郡县，迄今已经发现的铁工场不止一处，如河内郡、南阳郡等境内均发现多处铁工场址。另一方面，文献未记载设有铁官的郡县，目前也发现有冶铁遗址。如定襄郡，未见设有铁官的记载，但在今内蒙古呼和浩特美岱古城发现有炼铁遗址[2]等。当时铁器工业的规模，有学者据此推算西汉后期常年有 70000 人的"钢铁大军"，钢铁年产量约为 4 万吨[3]。

至于盐铁官营之下从事铁器生产的劳动者，主要是卒徒[4]，以及少量的吏和佣工，各地铁官所用卒徒的数量因铁工场规模大小而多少不一，但一般都有百人、数百人之众[5]。

需要指出的是，在盐铁官营的政策之下，虽然政府严禁私人鼓铸，但私人冶铸实际上依然存在，有的地区甚至形成一定规模，如东汉初年耒阳铁器的私营即有相当的规模[6]。据此推测，当时各地的私营铁工场也应不在少数。

盐铁官营时期，铁器的流通主要是在政府调控下进行的。边远地区大量中原系统铁器的出土，表明它们来自中原各地。就中原地区来说，有铭铁器的出土反映出当时铁器的流通大致有三种情形：一是产铁郡国内部的流通；二是产铁郡国向不产铁郡县提供铁器；三是产铁郡国之间的流通。当然，上述三种情形往往是交叉存在的。据研究，当时南阳郡生产的铁器，既在中原地区流通，但更多的是调往南方和西南等非产铁地区[7]。

（三）东汉中晚期铁器的生产经营

盐铁官营的长期实行，一方面极大地促进了铁器工业的发展，但另一方面其弊端也日趋严重[8]。于是，汉和帝即位（公元 88 年）后，遂宣布废盐铁官营，罢盐铁之禁[9]。从此之后，铁器生产进入到自由经营阶段，铁器工业进入到自由发展时期。关于盐铁官营废

〔1〕《中国冶金史》编写组：《从古荥遗址看汉代生铁冶炼技术》，《文物》1978 年第 2 期。
〔2〕内蒙古自治区文物工作队：《1957 年以来内蒙古自治区古代文化遗址及墓葬的发现情况简报》，《文物》1961 年第 9 期。美岱古城系汉代定襄郡的一个县城，但并不能确定为成乐县城。
〔3〕彭曦：《战国秦汉铁业数量的比较》，《考古与文物》1993 年第 3 期。
〔4〕《盐铁论·复古篇》：大夫曰"卒徒衣食县官，作铸铁器，给用甚众，无妨于民"。又，《盐铁论·水旱篇》：大夫曰"卒徒工匠，以县官日作公事，财用饶，器用备"。贤良曰"今县官作铁器，多苦恶，用费不省，卒徒烦而力作不尽……卒徒作不中呈，时命助之"。
〔5〕《汉书·成帝纪》：阳朔三年"夏六月，颍川铁官徒申屠圣等百八十人杀长吏，盗库兵，自称将军，经历九郡"。又，永始三年"十二月，山阳铁官徒苏令等二百二十八人攻杀长吏，盗库兵，自称将军，经历郡国十九，杀东郡太守、汝南都尉"。
〔6〕《后汉书·卫飒传》：东汉初年，"耒阳县出铁石，他郡民庶常因依聚会，私为冶铸，遂招来亡命，多致奸盗。飒乃上起铁官，罢斥私铸岁所增五百余万"。
〔7〕李京华、陈长山：《南阳汉代冶铁》第 76 页图五五，中州古籍出版社，1995 年。
〔8〕《盐铁论·水旱篇》：贤良曰"县官鼓铸铁器，大抵多为大器，务应员程，不给民用"；铁器"善恶无所择。吏数不在，器难得"。
〔9〕《后汉书·和帝纪》：章和二年四月，"遗戒郡国罢盐铁之禁，纵民煮铸，入税县官如故事"。

罢之后铁器的生产经营状况,迄今的考古发现尚无法进行具体的说明,但可以了解当时铁器生产的某些侧面。西汉时期的许多重要铁工场,东汉中晚期仍继续进行生产。钢铁产品逐步规格化和系列化。一方面是不同地区和铁工场出产的器物具有相同的器形和规格,如渑池窖藏铁器中东汉晚期的空首斧,其铭文有"新安"、"陇右"等,表明其来自不同的产地,但其形制相同,甚至化学成分也相近[1],反映出当时对钢铁产品已经有某种统一的技术和规格要求。另一方面,是同类产品具有成套的规格系列,最典型的是六角形钉,如渑池铁器窖藏出土的六角形钉可分为 17 种规格,相邻两种规格的钉径相差均为 0.5 厘米[2]。铁器生产的商品化趋势增强,铁工场主姓氏、宣传产品优质的铭文随之在铁器上出现,如镇平尧庄铁器窖藏[3]出土铁钉上的"王氏大牢工(钉)作真倔中"等铭文,意思是王氏铁工场所生产的车钉坚固耐用、制作精良,直接反映出在冶铁私营的情况下铁器生产的商品化趋势的迅速增强。

至于东汉中晚期铁器的流通,也同样进入自由流通的时期,无论中原各地区之间还是中原地区和边远地区之间,铁器的流通更为自由而顺畅。渑池铁器窖藏出土的 400 余件铁器上的铭文,表明它们来自当时的渑池、新安、阳城(今河南登封)、夏阳(今陕西韩城)、绛邑(今山西曲沃)等地的铁工场。由此可见,当时铁器的流通范围之广,流通程度之高。

第二节 秦汉铜器与铜器制造业

秦汉时期,从考古学的时代划分来说,已经属于铁器时代的发达阶段,铜已经失去了它在青铜器时代居于文化中心的地位。但是,铜器在社会生活中仍然广泛使用,铜器制造业是当时重要的手工业生产部门并且具有相当大的规模,青铜艺术取得了新的成就,焕发出新的时代光彩。因此,秦汉铜器是中国古代文化中的重要组成部分,更是秦汉考古不可缺少的研究内容之一[4]。

一 秦汉铜器的发现与研究简述

秦汉时期的铜器,早在金石学发生之初就已进入金石学家的视野。对此,曾有学者作过综述[5],也有学者在有关的专题研究中加以回顾。总体上看,秦汉铜器的发现和研究大致经历了两个发展阶段,即金石学家的著录和近代考古学的研究。

---

[1] 北京钢铁学院金属材料系中心化验室:《河南渑池窖藏铁器检验报告》,《文物》1976 年第 8 期。

[2] 北京钢铁学院李众:《从渑池铁器看我国古代冶金技术的成就》,《文物》1976 年第 8 期。

[3] 河南省文物研究所、镇平县文化馆:《河南镇平出土的汉代窖藏铁范和铁器》,《考古》1982 年第 3 期。

[4] 秦汉王朝边远少数族地区发现的大量具有地域和民族特色的铜器,也是秦汉时期铜器的有机组成部分,但限于篇幅,这里一般略而不论,可参见本书第十二章《秦汉时期边远和少数族地区的考古学文化》。

[5] A.邓超:《汉代铜器的发现、著录与研究》,《秦汉考古》第 154~176 页,文物出版社,2002 年。
    B.后晓荣:《汉金文研究简史》,《陕西历史博物馆馆刊》第 10 辑,三秦出版社,2003 年。
    C.徐正考:《汉代铜器铭文综合研究》第 3 页,作家出版社,2007 年。

（一）秦汉铜器的收集与著录

秦汉铜器被后人所论及的历史，虽然最早有可能上溯到魏晋时期，但还谈不上是著录。北宋时期，随着金石学的兴起，秦汉铜器的收集和著录真正开始。如吕大临的《考古图》十卷中，第九、十卷为秦汉铜器，共收录秦汉铜器 67 件，每器摹刻图像，有铭文者摹刻铭文，同时记录器物的尺寸、重量、容量并作一定的考证，其出土地点及收藏者可考者也一并说明[1]，开秦汉铜器著录之先河。此后，其他集录铜器铭刻及碑刻的著作中，也收录有少量秦汉铜器的铭刻。北宋时期的金石学著作尽管其重点是商周彝器及其铭刻，并且收集和著录的秦汉铜器的数量有限，但却成为秦汉铜器著录的真正发端。

元明两代，金石学少有成就。到了清代，随着金石学的发展出现鼎盛，秦汉铜器的著录和研究也取得较大进展。如梁诗正等编纂的《西清古鉴》四十卷中，收录清代宫廷所藏唐代以前铜器 1528 件，其中秦汉铜器和镜鉴 373 件，其体例完全模仿《宣和博古图》，每器皆有器物图，并记录其尺寸、重量，附有铭文并加考释[2]。此后，其他集录和考释铜器铭文和碑刻的金石学著作中也收录有秦汉铜器或铜器铭文。

清末民国时期，金石学的研究进一步深入，秦汉铜器的著录和研究取得新的进展。尤其是 20 世纪初叶，秦汉铜器及其铭文的研究迈上一个新台阶。一方面，金石学著作中收录秦汉铜器及其铭文的传统在延续；另一方面，专门著录和研究秦汉铜器的著作在增多，并出现了专门收录秦汉铜器铭文文字的字书。如容庚的《秦汉金文录》八卷，收录秦汉铜器铭刻拓本 835 件，是为此前秦汉铜器铭刻著录的集大成者[3]；《金文续编》是第一部专门汇编秦汉铜器文字的字书[4]。

北宋以来秦汉铜器的金石学著录和研究，一方面记录和保存了一批数量可观的原始资料；另一方面在器物分类、用途及定名、铭文考释等方面为后来的考古学研究奠定了一定的基础。

（二）秦汉铜器的考古发现与研究

伴随着近代考古学在中国的兴起，秦汉铜器开始步入考古发现和研究的阶段。秦汉铜器的考古发现，最早可以上溯到 20 世纪初叶。在中国境内，1930 年河北怀安县四圪塔坡西汉墓[5]出土的铜博山炉、铞、镜、印章，1934～1935 年宝鸡斗鸡台沟东区秦汉墓[6]出土的铜鼎、

---

[1]　宋·吕大临：《考古图》，中华书局影印四库全书本，1987 年。

[2]　清·梁诗正等：《西清古鉴》，上海云华居庐缩小石印本，1926 年。

[3]　容庚：《秦汉金文录》，中央研究院历史语言研究所，1931 年石印本。

[4]　容庚：《金文续编》，上海商务印书馆，1935 年石印本。

[5]　A.张维华：《怀安汉墓发掘访问记》，《禹贡》第七卷（1937 年）第 8、9 期合刊。

　　　B.水野清一：《萬安县懷安漢墓調查記》，《萬安北沙城》第 79～113 页，（日本）東亞考古学会，1946 年。

[6]　苏秉琦：《斗鸡台沟东区墓葬》第 146～245 页，国立北平研究院史学研究所，1948 年；《宝鸡斗鸡台沟东区墓葬图说》图版叁陆至柒陆，中国科学院，1954 年。斗鸡台沟东区的秦汉墓，发掘报告中称之为"洞室墓时期"墓葬。

壶、钫、釜、甗、灯、镜、车马器和弩机，1941 年河北万安北沙城汉墓[1]出土的铜鼎、釜甗、锺、小壶、扁壶、钫、勺、镳壶、盘、铞、博山炉、镜，以及 1942 年山西阳高古城堡西汉墓[2]出土的铜壶、盆、铞、镳壶、鐎镂、熨斗、手炉、博山炉、灯、羊形镇、镜、戈、削刀、车马器等，是 20 世纪前半期秦汉铜器的主要发现。此外，朝鲜平壤一带的乐浪汉墓中，汉代铜器也多有发现。上述各地汉墓出土的铜器，各发掘报告中有所论述。

秦汉铜器的大量考古发现，是从 20 世纪 50 年代伴随着各地田野考古的迅速展开而开始的[3]。1951～1952 年，长沙东北郊 4 个地点发掘的 38 座西汉后期墓中[4]，出土铜器皿 16 件、铜镜 17 件以及车马器等 10 余件，是新中国成立后秦汉铜器的首次成批发现。1952～1953 年，洛阳烧沟一带发掘的 255 座西汉中期至东汉晚期的墓葬中[5]，出土铜镜 118 枚、洗 34 件、车马器以及其他铜器，发掘者关于铜镜的分期和断代，构建了汉代铜镜之类型和编年研究的基本框架。此后，秦汉铜器的考古发现与日俱增。

就秦汉铜器的出土状况来看，主要发现于埋葬设施和窖藏。帝陵和王侯大墓及其相关埋葬设施中往往有成批的发现，如秦始皇陵园陪葬坑，西汉帝陵陪葬坑，各地的两汉王侯墓葬及其陪葬坑；各级官吏和地主的大中型墓葬中，也有不少发现，如西安龙首原汉墓、安徽巢湖放王岗汉墓和北山头汉墓、广州汉墓、广西贵县罗泊湾汉墓、合浦风门岭汉墓、甘肃武威雷台东汉墓等。秦汉铜器窖藏的发现虽然不多，但铜器成批出土，非常重要，如1961 年西安三桥镇高窑村铜器窖藏一次出土汉代铜器 22 件，除一件铜锺外其余均有铭文[6]；1962 年山西右玉县大川村发现西汉铜器 9 件[7]，其中 5 件有铭文；秦都咸阳手工业作坊址的金属器窖藏中也发现有铜器[8]。

随着秦汉铜器考古发现的日益增多，各种专题研究和综合研究也逐步展开。综合起来看，大致可以分为五类。

一是铜器铭文的研究，包括文字考释、相关制度研究以及各种专题研究，是秦汉铜器研究的基本内容之一。秦汉铜器铭文研究的论文甚多，而《秦汉金文汇编》[9]、《汉代铜器铭文综合研究》和《汉代铜器铭文选释》[10]，可谓当今秦汉铜器铭文研究集大成之作。

---

[1] 水野清一、冈崎卯一：《萬安県北沙城漢墓発掘》，《萬安北沙城》第 1～49 页，（日本）東亞考古学会，1946 年。

[2] 小野勝年、日比野丈夫：《陽高古城堡——中国山西省陽高県古城堡漢墓》第 63～80 页，六興出版，1990 年。

[3] 为节省篇幅，有关著名遗址和墓葬的发掘报告，如秦始皇陵铜车马、兵马俑坑、满城汉墓、广州南越王墓、烧沟汉墓、广州汉墓等，本章一般只一次作注，后文不再重复作注。

[4] 中国科学院考古研究所：《长沙发掘报告》第 86～129 页，科学出版社，1957 年。

[5] 洛阳区考古发掘队：《洛阳烧沟汉墓》第 160～188 页，科学出版社，1959 年。

[6] 西安市文物管理委员会：《西安三桥镇高窑村出土的西汉铜器群》，《考古》1963 年第 2 期。

[7] 郭勇：《山西省右玉县出土的西汉铜器》，《文物》1963 年第 11 期。

[8] 陕西省考古研究所：《秦都咸阳考古报告》第 147～199 页，科学出版社，2004 年。

[9] 孙慰祖、徐谷甫：《秦汉金文汇编》，上海书店出版社，1997 年。

[10] 徐正考：《汉代铜器铭文综合研究》、《汉代铜器铭文选释》，作家出版社，2007 年。

二是铜器的器物学研究，包括铜器的类型、定名、功用、年代、流行地域、族属以及文化含义等的研究。此类专题研究成果颇丰，较系统者有汉代青铜容器的综合研究[1]。此外，《汉代物质文化资料图说》虽非汉代铜器的专门论著，但却是汉代铜器类型、定名、功能等最系统的研究[2]。

三是铜器的冶金学研究，包括铜器材料的金属学分析及制造工艺和技术的研究等。其中，秦始皇陵铜车马[3]、汉代铜镜[4]等制作工艺技术的研究较为深入。

四是铜器制造业之研究，即把铜器的制造和生产作为一种手工业进行较为系统的论述[5]，或对某一地区的铜器制造业进行论述，或就某一类铜器的制造和生产经营专门进行研究[6]。

五是铜器的综合研究，指从各个方面对秦汉铜器及其生产进行的研究和论述。重要者有汉代铜器及其生产的概要论述[7]，秦汉铜器时代特点、发展演变及相关问题的系统论述[8]等。

二　秦汉铜器类型概说

秦汉时期青铜器的种类繁多，可以说无所不有，但至今尚无系统的分类和编年研究。这里主要着眼于铜器的用途并结合其形制，同时考虑到铁器等的分类，将秦汉铜器初步分为以下八大类，即：手工工具、兵器武备、车马机具、日用器具、钱币与度量衡器、科学文化用品、丧葬宗教用品、杂品及部件等。

（一）手工工具

铜生产工具已经很少见到，迄今发现的大都是一些小型手工工具，其中有些用于生产活动，有些是日常生活中的小工具。如长安汉墓出土的铜锉[9]，陕西户县铸钱遗址发现的小工具[10]，满城1号墓出土的铜钻[11]，四川西昌发现的小铜锤[12]，广州汉墓出土的铜

[1] 吴小平：《汉代青铜容器的考古学研究》，岳麓书社，2005年。

[2] 孙机：《汉代物质文化资料图说》，文物出版社，1991年。

[3] 秦始皇兵马俑博物馆、陕西省考古研究所：《秦始皇陵铜车马发掘报告》，文物出版社，1998年。

[4] A.何堂坤：《中国古代铜镜的技术研究》，紫禁城出版社，1999年。
　　B.中国山东省文物考古研究所、日本奈良县立橿原考古学研究所：《山东省临淄齐国故城汉代镜范的考古学研究》，科学出版社，2007年。

[5] A.陈直：《两汉经济史料论丛·关于两汉手工业·铜器业》，陕西人民出版社，1980年。
　　B.宋治民：《汉代手工业·铜器铸造手工业》，巴蜀书社，1992年。

[6] 白云翔：《汉代临淄铜镜制造业的考古学研究》，《探古求原》第207页，科学出版社，2007年。

[7] 王仲殊：《汉代考古学概说·汉代铜器》第55页，中华书局，1984年。

[8] 俞伟超：《秦汉青铜器概论》，《中国青铜器全集·秦汉》第1页，文物出版社，1998年。

[9] 西安市文物保护考古所、郑州大学考古专业程林泉、韩国河、张翔宇：《长安汉墓》第815页，陕西人民出版社，2004年。

[10] 西安文物保护修复中心：《汉锺官铸钱遗址》第141页，科学出版社，2004年。

[11] 中国社会科学院考古研究所、河北省文物管理处：《满城汉墓发掘报告》第90页，文物出版社，1980年。原报告称之为"尖状器"。

[12] 西昌地区博物馆：《四川西昌发现货泉钱范和铜锭》，《考古》1977年第4期。

锛、小砍刀、用于垂线的铜坠[1]，广州南越王墓出土的铜夹背锯、铜锥以及印花凸版[2]等。环首削刀作为日常生活中广泛使用的一种多用途小工具，最为常见，但如果用作竹木简牍的修治，则也可归入文具之列。

（二）兵器武备

铜兵器武备主要有剑、短剑、铍、戟、戈、矛、金钩、弩机、承弓器、弓器托、镞，以及镦、镈、剑格等兵器部件，其种类及形制结构与战国晚期兵器大致相同。此外，还有少量的铜环首长刀[3]、铜铩[4]、漆木盾的铜构件[5]等。

秦汉时期，铜兵器经历了一个被铁兵器迅速取代的过程。常见兵器中，秦代仍然是铜兵器为主[6]，但西汉开始迅速发生变化。如秦始皇陵1号兵马俑坑[7]东端的5个探方内出土的兵器绝大多数是铜兵器；而山东临淄西汉齐王墓器物坑、永城芒砀山柿园汉墓和保安山2号墓1号陪葬坑[8]、满城汉墓、广州南越王墓等大型墓葬中兵器的发现，都充分反映了当时铜兵器迅速减少的趋势。就常见兵器而言，西汉中期，铜戟、矛、铍等已经很少见；西汉晚期，铜戈等趋于消失；到新莽时期，除铜弩机和兵器部件以及少量的铜剑外，铜兵器在中原地区已很少见到，只是在边远地区还有所发现。实际上，西汉中期及其以后，除铜弩机仍然多见并属于实战兵器外，铜戈、戟、矛、铍和铩等可能更多地具有仪卫兵器的性质，而铜剑和环首长刀等可能已经属于仪饰的"佩剑"和"佩刀"了。

（三）车马机具

铜车马器几乎包括了车、马之所有的金属部件和装饰，其中最为常见的有车軎、车辖、车釭、车铜、轴饰、辕头饰、车轵、衡帽、銮铃、盖弓帽、伞柄箍、泡钉等车器，当卢、马衔、马镳、带扣、泡饰等马具。此外，秦始皇陵1号兵马俑坑以及其他汉代诸侯王陵中，还出土一些其他类型的车马器。秦始皇陵铜车马的发掘和研究，极大地推进了秦汉时期车马器的研究。至于铜机具，主要发现有铜齿轮[9]等。

---

[1] 广州市文物管理委员会、广州市博物馆：《广州汉墓》第157、233页，文物出版社，1981年。

[2] 广州市文物管理委员会、中国社会科学院考古研究所、广东省博物馆：《西汉南越王墓》，文物出版社，1991年。

[3] 洛阳区考古发掘队：《洛阳烧沟汉墓》第184页，科学出版社，1959年。该墓地出土的铜环首刀虽然较轻薄，可能属于仪仗之类，但证明铜环首刀是当时兵器之一种。

[4] 河北省文化局文物工作队：《河北定县北庄汉墓发掘报告》，《考古学报》1964年第2期。

[5] A.山东省淄博市博物馆：《西汉齐王墓随葬器物坑》，《考古学报》1985年第2期。
B.安徽省文物考古研究所、巢湖市文物管理所：《巢湖汉墓》第138页，文物出版社，2007年。

[6] 王学理：《秦俑兵器刍论》，《考古与文物》1983年第4期。

[7] 陕西省考古研究所、始皇陵秦俑坑考古发掘队：《秦始皇陵兵马俑坑：一号坑发掘报告（1974～1984）》，文物出版社，1988年。

[8] 河南省商丘市文物管理委员会、河南省文物考古研究所、河南省永城市文物管理委员会：《芒砀山西汉梁王墓地》第217～220页，文物出版社，2001年。

[9] 扬州博物馆、邗江县图书馆：《江苏邗江县杨寿乡宝女墩新莽墓》，《文物》1991年第10期。

当时皇室成员及达官贵人乘用的车马，流行使用鎏金银的车马器，还有不少是错金银。应当指出的是，秦汉时期是铜车马器和铁车马器并用的时期，并且呈现出前者逐渐减少而后者逐渐增多的趋势，尤其是西汉中期以后，实用的大型车马器更是以铁制品为常见，墓葬中出土的铜车马器大多是模型车马上的小型饰件，属于明器，尤其到东汉时期更是如此。

（四）日用器具

日用器具是指日常生活中使用的各种器皿和器具，种类繁多，可细分为日用器皿、家用器具、梳妆用具、装饰用品等四类。

1. 日用器皿

指日常生活中使用的各种铜器皿，大致相当于一般铜器分类中的"铜容器"。

2. 家用器具

指日常生活中使用的除器皿之外的其他用具，也有学者将其分类为"日用杂器"。铜家用器具种类繁多，主要有炉具、灯具、熏炉、镇、承盘和案，以及其他一些小用具等。

炊煮和取暖用的铜炉具，发现不多，但形制多样。其中，颇具特色的是染炉[1]，流行于西汉时期，东汉时已少见。熏香用的熏炉，其形制也多样，最为常见的有豆形熏炉和博山炉两种[2]，此外还发现有各种动物造型的铜熏炉。照明用的灯具，有学者将其分为座灯、行灯和吊灯三大类，而座灯中又包括豆形灯、盘灯、杯形灯、卮形灯、各种动物形灯、人物顶灯、人物托灯和多枝灯等多种类型[3]，以前三种最为常见，而后四种最为精美。镇，多用于镇席，也用于镇书或镇纸，一般是 4 件一套，外形多做成各种动物形，个别的做成人物形象[4]。用于置放食器的承盘和案，也可归入家用器具之列。

除上述之外，还发现有一些其他的家庭生活用铜器具，如饮食用的箸、汲酒器、匙形四足姜礤；缝纫用的针、针筒和顶针，熨斗；温酒炉、温手炉；与照明有关的烛夹子；扫除用具畚箕，便溺用的虎子，用途不明的铲形器等。

3. 梳妆用具

指日常生活中梳洗化妆使用的各种用具和用品。其中，最为常见的是铜镜，其他比较常见的有刷子柄、眉笔杆等。刷子柄有两种，一种是用于清理梳篦的烟斗形刷柄，比较常见；另一种是用于理发的梳背形板刷柄，较为少见。描眉化妆用的眉笔杆，其形制犹如细长的毛笔杆，各地多有发现。

---

[1] A.宁立新、杨纯渊：《四神染炉考辨》，《北方文物》1988 年第 1 期。

　　B.黄盛璋：《染杯、染炉初考》，《文博》1994 年第 3 期。

　　C.孙机：《关于染器——答黄盛璋先生》，《文博》1995 年第 1 期。

[2] 中国社会科学院考古研究所、河北省文物管理处：《满城汉墓发掘报告》，文物出版社，1980 年。

[3] A.叶小燕：《战国秦汉的灯及有关问题》，《文物》1983 年第 7 期。

　　B.申云艳：《汉代铜灯的初步研究》，《汉代考古与汉文化国际学术研讨会论文集》第 340 页，齐鲁书社，2006 年。

[4] 孙机：《汉镇艺术》，《文物》1983 年第 6 期。

其他的梳妆用具，还发现有平面作马蹄形的铜梳[1]等。至于满城2号墓的铜朱雀衔环杯（M2：3032），出土时高足杯内尚存朱红色痕迹，推测可能是调脂用具，系汉代铜器中罕见的艺术珍品。

4. 装饰用品

装饰用品包括服饰中的铜饰品和人体装饰品。

服饰中的铜饰品以带具最为常见，包括带钩、带扣和带饰等[2]，其中又以带钩最为多见。铜带钩常见的有水禽形、兽面形、曲棒形、琵琶形[3]以及各种异形带钩。带扣和带饰是受到北方草原文化影响而出现的带具，带扣一般作前圆后方形或长方形；带饰，一般作长方形，又被称作"带头"[4]或"牌饰"，各地发现的铜牌饰的纹样大都具有北方草原文化风格[5]。

人体装饰品主要有头饰、手镯和指环等。头饰主要有发钗和发笄，发钗常见的是双股钗，也发现有三子钗；发笄一般作长条棒状。

（五）钱币与度量衡器

铜钱币，是秦汉时期最为基本的流通货币，主要有半两钱、三铢钱、五铢钱，以及新莽时期的错刀、契刀、大泉五十、小泉直一、货泉、货布等，其钱型除新莽时期的错刀、契刀、货布等外，均为圆形、方穿，但其钱文、大小、重量有别[6]。此外，还偶见有铜贝[7]。

秦汉时期的度量衡器，其质料有铜、铁、石、陶、牙、骨、竹、木质等[8]。这里仅就铜度量衡器作一简述[9]。

秦汉时期的长度单位主要有丈、尺、寸等。甘肃定西发现一件新莽时期的铜丈，是迄今所见惟一的一件秦汉时期的铜丈。铜尺发现稍多，一般在其尺面有寸的刻度，大多为东汉时器[10]。此外，与尺度相关的测量器具还有新莽时期的始建国铜卡尺[11]。

秦代容量单位沿用秦国商鞅变法时所订立的制度，即升、斗、斛，汉代又增加了合、

---

[1]　中国社会科学院考古研究所：《陕县东周秦汉墓》第144页，科学出版社，1994年。

[2]　王仁湘：《带钩概论》，《考古学报》1985年第3期；《带扣略论》，《考古》1986年第1期。

[3]　洛阳区考古发掘队：《洛阳烧沟汉墓》图八〇：6、7，科学出版社，1959年。

[4]　孙机：《汉代物质文化资料图说》第252页，文物出版社，1991年。

[5]　卢岩、单月英：《西汉墓葬出土的动物纹腰饰牌》，《考古与文物》2007年第4期。

[6]　A.蒋若是：《秦汉钱币研究》，中华书局，1992年。
　　B.详见本章第八节《秦汉货币与度量衡》。

[7]　安徽省亳县博物馆：《亳县曹操宗族墓葬》，《文物》1978年第8期。

[8]　详见本章第八节《秦汉货币与度量衡》。

[9]　本节所引铜度量衡器资料，除注明者外，均引自丘光明编著《中国历代度量衡考》（科学出版社，1992年）。

[10]　旬阳县博物馆：《陕西旬阳县出土的汉代铜尺和铜锤》，《考古与文物》1987年第2期。

[11]　A.刘东瑞：《世界上最早的游标量具——新莽铜卡尺》，《中国历史博物馆馆刊》第1期（1979年）。
　　B.白尚恕：《王莽卡尺的构造、用法以及在数理上的分析》，《中国历史博物馆馆刊》第3期（1981年）。
　　C.邱隆、丘光明：《关于新莽铜卡尺的定名与游标原理》，《中国历史博物馆馆刊》第3期（1981年）。

龠以及撮、圭（分）等。秦代的铜量器，以"商鞅铜方升"最为著名，考古发现的多为方升和椭量，均在其一端伸出一柄，器壁或底部刻有秦统一度量衡的诏文或秦父子诏[1]。新莽时期的"铜嘉量"最为著名，其他铜量器见有铜斛、斗、升、合、龠、撮、圭等。龠以下单位的小铜量器一般作小勺形，直柄，柄端环首或有圆穿，往往成套出土[2]或与成套的医药器具共出，当与药物的计量有关[3]。

秦汉时期的衡制单位有铢、两、斤、钧、石等五种，铜衡器发现最多的是各种权。秦代的铜权一般作带钮的半球形、柱形或瓜棱形，权体往往铭刻秦统一度量衡的诏文。汉代铜权主要有两种：一种是环权；另一种是半球形权。甘肃定西县秤钩驿还出土有新莽时期的铜衡杆及环权[4]。

此外，与秦代的度量衡直接相关的铜制品，是刻有秦始皇或秦二世统一度量衡诏书的铜诏版，其形状多为长方形，或镶嵌在铜、铁权上，或钉于量器上。

（六）科学文化用品

所谓科学文化用品，是指在社会政治、科学、文化活动中使用的铜制品。其中，玺印最为常见。

玺印既与政治生活密切相关，也是社会活动中的信物。秦汉时期的铜印，就其性质而言，有官印、私印之分，另外还有肖形印。官印多作方形，称之为"通官印"，其大小在西汉初年为2厘米见方，汉武帝之后逐渐增至2.3～2.5厘米见方，即所谓"方寸之印"；大小为方寸印之一半者，称之为"半通印"，多系低级官吏所用；印钮形制多样，常见的有龟钮、鼻钮、桥形钮等，龟钮系千石以上官员所用，而少数族和外国君长之印多用驼钮或蛇钮[5]。私印也有方形印和半通印，但一般比官印要小；印钮的形制多为鼻钮和桥形钮，也有的是侧面有贯通的长方形穿的"穿带印"；另外还发现有柱形印、"子母印"等。肖形印大多为圆形，也有的作长方形。印文均为阴文，即白文。

作为社会政治生活的用品，主要有铜符节。符节作为调兵和出使的凭信，种类多样。调兵作战之铜符一般做成虎形，故称之为"虎符"[6]。节是执行王命的凭信，铜节一般做成扁平板状，考古发现有虎节[7]。

---

[1]　A.李洪甫、许健：《东海县出土秦父子诏铜量》，《文物》1984年第11期。
　　　B.陈孟东：《陕西发现一件两诏秦椭量》，《文博》1987年第2期。
[2]　中国社会科学院考古研究所：《陕县东周秦汉墓》第184页，科学出版社，1994年。
[3]　中国社会科学院考古研究所、河北省文物管理处：《满城汉墓发掘报告》第76页，文物出版社，1980年。
[4]　傅振伦：《甘肃定西出土的新莽权衡》，《中国历史博物馆馆刊》第1期（1979年）。
[5]　罗福颐主编：《秦汉南北朝官印征存》，文物出版社，1987年。
[6]　A.王学理主编：《秦物质文化史》第170页，三秦出版社，1994年。
　　　B.孙机：《汉代物质文化资料图说》第152页，文物出版社，1991年。
[7]　广州市文物管理委员会、中国社会科学院考古研究所、广东省博物馆：《西汉南越王墓》第87页，文物出版社，1991年。

作为文化活动中的铜器，主要有各种铜乐器。秦汉时期的铜乐器主要有甬钟、钮钟、勾鑃、錞于、铎、钲、铃，以及乐器的铜构件等。西汉早期，成套的铜编钟仍有出土，但西汉中期以后已很少见到[1]。甬钟、钮钟、錞于等大多是单件或一两件出土。铜铎，形似甬钟但甬长且中空可装柄，有舌，摇动以发出声音。铜钲，其形亦似甬钟，但无舌，系打击乐器。铜铃多有发现，其用途多样，并不都是乐器，但洛庄汉墓14号陪葬坑的瑟旁出土的球形铜铃一组8件，是一种少见的乐器。瑟枘、琴轸以及轸钥等乐器部件在大型墓葬中常有发现。至于贵县罗泊湾1号墓出土的铜鼓、铜锣、羊角钮钟和筒形钮钟[2]，则是具有岭南地方特色的乐器。

体育和娱乐活动的铜用具，主要发现有六博盘[3]、骰子[4]和投壶[5]等。此外，满城2号墓还出土宫中行乐铜钱。

作为铜医药器具，上述计量器具中的小型权、量器等可用于药物的称量；杵臼则是主要用于药物研磨的器具[6]；另外还发现有药筒、过滤器等，而满城1号墓出土有成套的医药器具[7]。

作为铜天文仪器，发现有漏壶和圭表。漏壶用于计时[8]，满城1号墓出土的铜漏壶，是迄今经科学发掘出土并且有准确年代可考的漏壶。圭表用于测量日影，以定方位、测时间、划分季节等，目前仅发现1件[9]。

（七）丧葬宗教用品

铜丧葬用品是指专门用于丧葬的器具和物品，种类庞杂，主要有模型明器、装殓用品以及埋葬设施的部件等。

铜模型明器是铜丧葬用品之大宗，几乎涉及各种随葬品。车马及车马器最为常见，其种类和形制与实用器大致相同，并且制作精致，甚至鎏金银。秦始皇陵的两辆铜车马[10]，武威雷台汉墓[11]的铜马车、牛车、武士骑马俑、马俑、人物俑、马踏飞燕等，堪称铜模

〔1〕 A.济南市考古研究所、山东大学考古系、山东省文物考古研究所、章丘市博物馆：《山东章丘市洛庄汉墓陪葬坑的清理》，《考古》2004年第8期。

B.广州市文物管理委员会、中国社会科学院考古研究所、广东省博物馆：《西汉南越王墓》第89页，文物出版社，1991年。

〔2〕 广西壮族自治区博物馆：《广西贵县罗泊湾汉墓》第34页，文物出版社，1988年。

〔3〕 广西壮族自治区文物工作队：《广西西林县普驮铜鼓墓葬》，《文物》1978年第9期。

〔4〕 晓翔：《汉代骰子略说》，《文物天地》1986年第6期。

〔5〕 邓超：《西汉投壶考》，《北京大学研究生学志》2000年第3、4期合刊。

〔6〕 和中浚：《药用杵臼考》，《四川文物》1998年第6期。

〔7〕 钟依研：《西汉刘胜墓出土的医疗器具》，《考古》1972年第3期。

〔8〕 王振铎：《西汉计时器"铜漏"的发现及其有关问题》，《中国历史博物馆馆刊》第2期（1980年）。

〔9〕 南京博物院：《江苏仪征石碑村汉代木椁墓》，《考古》1966年第1期；《东汉铜圭表》，《考古》1977年第6期。

〔10〕 秦始皇兵马俑博物馆、陕西省考古研究所：《秦始皇陵铜车马发掘报告》，文物出版社，1998年。

〔11〕 甘肃省博物馆：《武威雷台汉墓》，《考古学报》1974年第2期。

型明器中的经典之作。动物模型中最为常见的是马，而秦始皇陵 K0007 发现青铜水禽 46
件（图版 5），可谓秦代铜器艺术的杰作[1]。合浦风门岭 26 号墓出土的铜动物、人物、房
屋、池塘等，是少见的铜模型明器[2]。此外，各种工具、兵器、日用器皿、家用器具、
度量衡器的模型明器也有所发现。

铜装殓用品，以铜枕最为典型。满城 1 号墓和 2 号墓各出土 1 件，均被置于玉衣头部
之下，应当是与玉衣配套使用的殓具。

至于埋葬设施的铜部件，最常见的是棺椁上的铺首衔环、鎏金铜棺饰[3]以及墓门上
的顶门器、载枢车上的铜轮、下葬用的铁架铜滑轮等。

考古发现的铜宗教迷信用品，也常常与丧葬活动有关，如辟兵符、镇墓兽、羽人等。
东汉时期，西南地区铜摇钱树流行[4]。

（八）杂用器具

杂用器具是指上述各类铜器之外的其他难以归类的杂品、其他器具上的铜部件和装饰
以及建筑构件等。

铜杂品的种类庞杂，并且大多用途不明。如满城汉墓出土的小铜人、小铜牛、小骑马
铜人以及铜祖类器具，广州南越王墓出土的阳燧等。

铜部件中最为常见的是各种漆木器上的铜部件，如包角、边栏、器釦、器钮、器
耳、把手、铺首、器足、器座，其他还有杖顶饰、花形悬猿钩、鸠杖首、鸡首杖、推滑
构件、折叠构件、合页、门轴、承托构件等，满城汉墓和广州南越王墓等地还出土有成
套的帐构[5]。

三　秦汉铜日用器皿的类型及其演变

关于日常生活中使用的铜器皿，有学者以汉式铜器为主就汉代青铜容器进行了综合研
究，将其分为中原系、西南系和岭南系三个系统，并论述了各系统的发展和演变[6]。这
里以前人的研究为基础[7]，简述其常见类型及其演变。

---

[1] 陕西省考古研究所、秦始皇兵马俑博物馆：《秦始皇帝陵园考古报告（2001~2003）》第 160~173
页，文物出版社，2007 年。

[2] 广西壮族自治区文物工作队、合浦县博物馆：《合浦风门岭汉墓——2003~2005 年发掘报告》第
53~80 页，科学出版社，2006 年。

[3] 重庆巫山县文物管理所、中国社会科学院考古研究所三峡工作队：《重庆巫山县东汉鎏金铜牌饰的
发现与研究》，《考古》1998 年第 12 期。

[4] 何志国：《汉魏摇钱树初步研究》，科学出版社，2007 年。

[5] A.易水：《帐和帐构——家具谈往之二》，《文物》1980 年第 4 期。

　　B.卢兆荫：《略论两汉魏晋的帷帐》，《考古》1984 年第 5 期。

[6] 吴小平：《汉代青铜容器的考古学研究》，岳麓书社，2005 年。

[7] 关于铜器的类型及演变，主要参考吴小平著《汉代青铜容器的考古学研究》（岳麓书社，2005 年）；
关于铜器的名称和用途，主要参考孙机著《汉代物质文化资料图说》（文物出版社，1991 年）。

（一）铜日用器皿的类型

秦汉时期的铜日用器皿，大致可以分为炊煮器、饮食器、盛储器和盥洗器等四类，而各类之间密切相关。

炊煮器，主要有鼎、釜、甑、鍪等，另外还有用于酒水加温的刁斗、鐎斗、鐎壶、锜等。鼎主要有两类：甲类鼎，扁圆腹，子母口内敛，有盖，双附耳，兽蹄足，流行于中原地区；乙类鼎，盆形或盘形腹，盘口或敛口，扁条状或锥状足，立耳或附耳，即所谓"越式鼎"，主要流行于江南及岭南地区。釜可分类四类：甲类，敛口，扁圆腹，圜底，具有秦文化特点；乙类，折沿，束颈，鼓腹，附大环耳，源自巴蜀文化；丙类，盘口，立耳，扁圆腹，源自越文化，流行于江南和岭南地区；丁类，高领，束颈，鼓腹，立耳，流行于西南夷地区。甑，有时也称为"甗"[1]。鍪一般为侈口，系秦代典型器之一[2]。刁斗，器身作釜形或铞形，一侧附有方銎形柄。鐎斗[3]，器身作圜底刁斗形，但底有三足，主要流行于东部沿海地区。鐎壶，器身作罐形，下有三足，肩部相邻的两侧分别为兽首流和柄。锜的器身也作罐形，下有较高的三足，腹一侧有长柄，但口部无流，系具有岭南地方特色的温酒器。作为炊煮器，还有汉长安城发现的"汽柱甑"[4]、满城1号墓出土的镬、贵县罗泊湾1号墓的带柄鍪，以及西汉中期出现的方耳平底锅[5]等。

饮食器主要有盒、碗、钵、铏、盘、卮、耳杯等。盒一般是子母口，扁圆腹，平底，矮圈足，腹两侧有铺首衔环，有盖，主要发现于岭南地区。碗为侈口或直口，平底或圜底，一般有矮圈足。钵的形制与碗相似，但底部无矮圈足，多发现于南方地区。铏一般器身作深腹盆形或碗形，底部有圈足，突出特征是腹两侧有铺首衔环，主要发现于长江流域。卮的特征是在器身上部一侧有一鋬耳[6]，主要有二型：A型，器身作筒形，平底并附三足，多有盖，流行于中原地区；B型，器身作碗形或钵形，底部多有圈足，一般无盖，主要流行于南方地区。耳杯的形制与同类漆木器相同。作为饮食器，还发现有类似碗的高足杯，食羹用的魁[7]，以及各种斗、勺、匕、匙等。

盛储器种类较多，主要有壶、锺、钫、提梁壶、蒜头壶、扁壶、鋞、樽、提筒和匏壶等。壶又称之为"圆壶"，最为常见。锺作为盛储器，实际上与壶是同形异名之器。钫的形制与壶相似，但以方口、方体、方圈足为特征，因而又被称之为"方壶"。提梁

---

〔1〕 孙机：《汉代物质文化资料图说》第332页，文物出版社，1991年。

〔2〕 陈文领博：《铜鍪研究》，《考古与文物》1994年第1期。

〔3〕 A.徐家珍：《"熨斗"、"鐎斗"、"刁斗"》，《文物参考资料》1958年第1期。

　　 B.张小东：《鐎斗考》，《故宫博物院院刊》1992年第2期。

〔4〕 中国社会科学院考古研究所汉长安城工作队：《汉长安城发现西汉窖藏铜器》，《考古》1985年第5期。该器原简报称之为"盆"。

〔5〕 广西壮族自治区文物工作队、合浦县博物馆：《合浦风门岭汉墓——2003～2005年发掘报告》第12页，科学出版社，2006年。这种双耳锅有时被称之为"双耳釜"。

〔6〕 王振铎：《论汉代饮食器中的卮和魁》，《文物》1964年第4期。

〔7〕 王振铎：《论汉代饮食器中的卮和魁》，《文物》1964年第4期。

壶，器体与圆壶相同，只是肩部两侧有耳并带提梁。蒜头壶，以其口部作蒜头形而得名[1]，系秦代典型铜器之一。扁壶，壶身作竖向扁平状，小口，肩部有环耳，长方形圈足。鋞是一种盛酒之器[2]，其特征是瘦长的筒形器身，下有三足，多带有提梁，流行于中原地区。樽是一种大型盛酒器[3]，三兽蹄足，腹部两侧有铺首衔环，主要有二型：A型，器身作筒形，以长江流域及其以南地区发现为多；B型，器身作深腹盆形，数量较少，主要发现于中原地区。鋞镂也是一种盛酒器，其形态似提梁壶，但颈粗短，圆鼓腹，圜底，底下有三足，主要流行于中原地区。提筒[4]和匏壶，是独具岭南地区特色的两种盛酒器。常见的铜盛储器还有盆。此外，还有一些少见的器皿，如罐[5]、提梁罐[6]、罍[7]、杯形壶[8]、动物形尊[9]，以及满城汉墓的链子壶、广州南越王墓的双耳三足瓿等。

　　盥洗器主要有匜、盘、盆、洗等[10]。匜，器身作平底钵形，平面呈圆角方形或椭圆形，一侧有流，相对的另一侧有铺首衔环。盘一般是敞口，折沿，浅腹，平底或圜底，但其大小差别较大。考古发现的盘，大多是饮食器，但有些铜盘则明显是盥洗沐浴用器，如徐州石桥西汉墓[11]出土的鎏金铜"赵姬沐盘"（M2:38）、长沙汤家岭西汉墓[12]出土的"张端君沐盘"等。盆一般是敞口，折沿，深腹，平底，有的腹部有铺首衔环。盆是一种多用途器皿，如"小盆"又称之为"铏"，主要用作盛储器[13]；有些铜盆无疑是盥洗沐浴用器，尤其是形体较大者，如满城1号墓出土的两件"常浴"铭铜盆（M1:4013、4020）及扬州宝女墩新莽墓[14]出土的沐盆（M104:8）等。需要指出的是，考古文献中常常将盘、盆类器皿称之为"洗"，并且有学者就"朱提"、"堂狼"铭铜洗做过专门研究[15]。但

〔1〕　李陈奇：《蒜头壶考略》，《文物》1985年第4期。
〔2〕　裘锡圭：《鋞与杨桓》，《文物》1987年第9期。
〔3〕　王振铎：《再论汉代酒樽》，《文物》1963年第11期。
〔4〕　黄展岳：《铜提筒考略》，《考古》1989年第9期。
〔5〕　湖北省文物考古研究所、襄樊市考古队、襄阳区文物管理处：《襄阳王坡东周秦汉墓》第163页，科学出版社，2005年。
〔6〕　定县博物馆：《河北定县43号汉墓发掘简报》，《文物》1973年第11期。该器原简报称之为"提梁桶"。
〔7〕　安徽省文物工作队、芜湖市文化局：《芜湖市贺家园西汉墓》，《考古学报》1983年第3期。
〔8〕　广西壮族自治区博物馆：《广西贵县罗泊湾汉墓》第34页，文物出版社，1988年。
〔9〕　A.南京博物院：《江苏涟水三里墩西汉墓》，《考古》1973年第2期。
　　　B.曹吟葵：《云南昭通县白泥井发现东汉墓》，《考古》1965年第2期。
〔10〕　铜盆、铏、洗等在实际生活中有些是用作盛储之器，但与盥洗器难以清楚地加以区分。这里一并将其作为盥洗器，主要是基于其形态的相似性。
〔11〕　徐州博物馆：《徐州石桥汉墓清理报告》，《文物》1984年第11期。
〔12〕　湖南省博物馆：《长沙汤家岭西汉墓清理报告》，《考古》1966年第4期。
〔13〕　中国社会科学院考古研究所、河北省文物管理处：《满城汉墓发掘报告》第57、250页，文物出版社，1980年。
〔14〕　扬州博物馆、邗江县图书馆：《江苏邗江县杨寿乡宝女墩新莽墓》，《文物》1991年第10期。
〔15〕　孙太初：《朱提堂狼铜洗考》，《云南青铜器论丛》，文物出版社，1981年。

据有的学者考证，汉代无洗，所谓的洗应当是"钅于"，属于盛酒器和饮器[1]。实际上，秦汉时期的盆、盘类铜器皿属于多用途之器，用作盥洗器或可称之为"洗"，并且鱼纹洗还常用作滕器[2]。

（二）铜日用器皿的演变

秦汉时期，作为古代青铜器大变革的时期，经历了一个由礼乐器向日常生活实用器迅速转化的过程。就铜器皿来说，一方面是传统器类的延续和演化；另一方面是新兴器类的大量出现和使用。

秦代主要是战国时期传统器类的延续，常见器皿有鼎、釜、鍪、甑、盒、耳杯、壶、钅于、提梁壶、蒜头壶、扁壶、匜、盘、盆和洗等，尤其以蒜头壶、扁壶、两耳一大一小的鍪等，具有典型的秦代特征。凤翔高庄秦代墓[3]、西安南郊潘家庄秦代墓[4]以及湖北襄阳王坡秦代墓[5]等出土的铜器（图10-13）大致反映了当时铜器皿的组合及其特征。

西汉早期，常见器皿及其形制与秦代大致相同。鍪、蒜头壶和扁壶等秦代典型器在西汉初年仍常见并且形制相同，但后来逐渐减少，鍪在西南地区一直流行，而扁壶直到东汉时期还偶尔可见。新出现了镶壶、锜、卮、鎜、樽、鎏镂等新兴器类。在岭南地区还曾流行提筒和匏壶，此后迅速消失。陕县后川村汉初墓、山东临淄齐王墓器物坑、巢湖北山头1号墓、宜昌前坪西汉早期墓[6]等均有出土。

西汉中期，鼎、盒、壶等传统器类依然存在，但其礼器功能已基本丧失。西汉早期出现的各种新兴器类继续流行的同时，新出现了"腰檐鼎"、盆形樽等新的器形，以及刁斗、双耳平底锅、铔、碗、钵等新兴器类。满城汉墓、长清双乳山1号墓[7]、广州西汉南越王墓、合浦风门岭27号墓、巢湖放王岗1号墓[8]等多有发现（图10-14）。

西汉晚期至新莽时期，常见器皿及其形制与西汉中期相仿，但传统器类中的匜等趋于消失，壶和提梁壶形成了细长颈、扁圆腹、高圈足的汉代风格，釜和甑以及新兴器类中的镶壶、锜、铔、盆形樽、鎏镂等进一步流行，同时又新出现了镶斗、双耳平底锅等新兴器类，以及碗形卮等新的器形。合浦风门岭26号墓、安徽芜湖贺家园西汉晚期墓等[9]均有集中发现（图10-15）。

[1] 孙机：《汉代物质文化资料图说》第259、326页，文物出版社，1991年。

[2] 郑同修：《汉晋鱼纹铜洗滕器说》，《东南文化》1996年第2期。

[3] 吴镇烽、尚志儒：《陕西凤翔高庄秦墓地发掘简报》，《考古与文物》1981年第1期。

[4] 西安市文物保护考古所：《西安南郊秦墓》第690页，陕西人民出版社，2004年。

[5] 湖北省文物考古研究所、襄樊市考古队、襄阳区文物管理处：《襄阳王坡东周秦汉墓》第155～164页，科学出版社，2005年。

[6] 湖北省博物馆：《宜昌前坪战国两汉墓》，《考古学报》1976年第2期。

[7] 山东大学考古系、山东省文物局、长清县文化局：《山东长清县双乳山一号汉墓发掘简报》，《考古》1997年第3期。

[8] 安徽省文物考古研究所、巢湖市文物管理所：《巢湖汉墓》第25～33页，文物出版社，2007年。

[9] 安徽省文物工作队、芜湖市文化局：《芜湖市贺家园西汉墓》，《考古学报》1983年第3期。

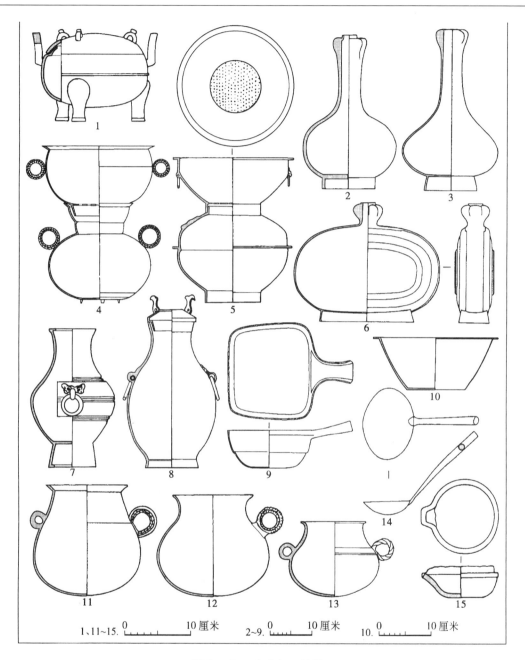

图 10-13　秦代铜日用器皿

1.鼎（凤翔高庄 M16：6）　2、3.蒜头壶（凤翔高庄 M46：11、襄阳王坡 M146：2）　4、5.釜与甑（西安南郊 M181：3、凤翔高庄 M46：10）　6.扁壶（襄阳王坡 M99：4）　7.壶（西安南郊 M150：3）　8.钫（凤翔高庄 M47：2）　9.匜（襄阳王坡 M146：3）　10.盆（凤翔高庄 M46：9）　11～13.鍪（西安南郊 M150：4、西安南郊 M200：3、凤翔高庄 M33：1）　14.勺（西安南郊 M158：3）　15.匜（襄阳王坡 M99：6）

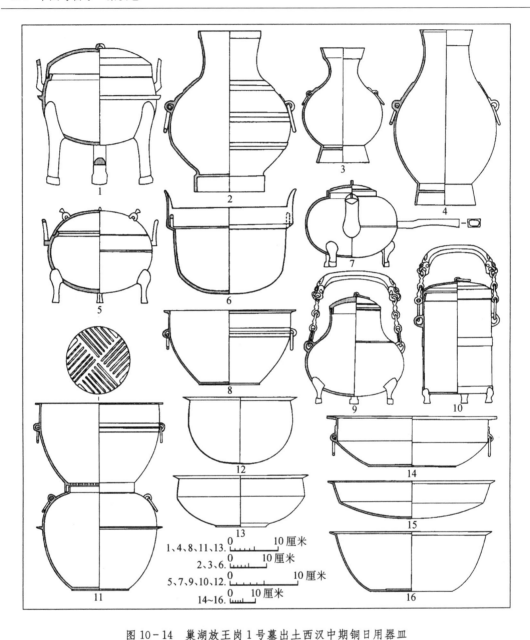

图 10-14　巢湖放王岗1号墓出土西汉中期铜日用器皿
1.鼎（M1:248）　2、3.壶（M1:206、M1:173）　4.钫（M1:215）　5.鼎（M1:183）　6.双
耳锅（M1:250）　7.镳壶（M1:254）　8.销（M1:225-2）　9.鋗镂（M1:253）　10.鋞
（M1:255）　11.釜与甑（M1:225）　12.钵（M1:190-1）　13~16.盆（M1:190-3、
M1:224、M1:178、M1:179）

东汉早期，铜器皿的器类和器形都发生了较大变化。传统器类中，鼎的数量迅速减少，盒、扁壶和钫等趋于消失，而釜和甑逐渐被铁制品所取代，壶和提梁壶等以矮胖为其时代特征；新兴器类中，鋗镂、鋞等不再见到，而锜则继续流行。

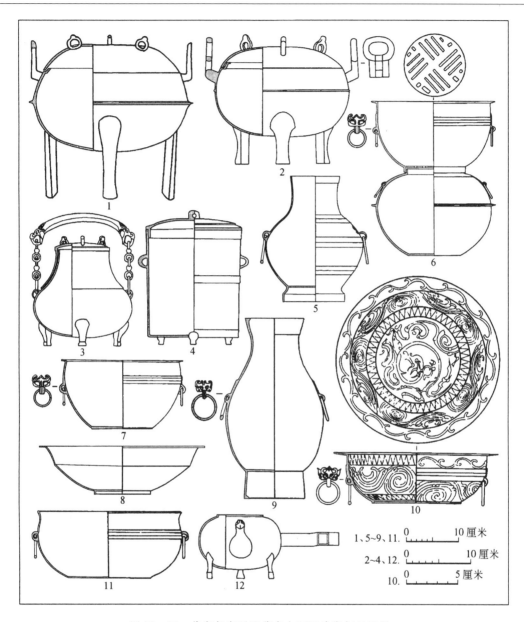

图 10-15　芜湖贺家园汉墓出土西汉晚期铜日用器皿

1、2.鼎（M3:8、M1:1）　3.錦镂（M1:7）　4.樽（M1:8）　5.壶（M1:6）　6.釜与甑（M2:1、3）　7.销（M2:4）　8.盆（M2:28）　9.钫（M3:18）　10.铝（M2:30）　11.盆（M3:5）　12.镳壶（M2:45）

　　东汉中晚期，铜器皿的器类与器形进一步变化，形成了与西汉时期完全不同的风貌。传统器类中，鼎偶尔见到，盒、匜等基本绝迹，壶、提梁壶等依然存在，新出现了高圈足的盘口壶、盘口提梁壶等新的器形，樽、洗等继续流行。秦汉新兴器类中，刁斗、镳斗、镳壶、铝、锜等继续流行（图 10-16）。

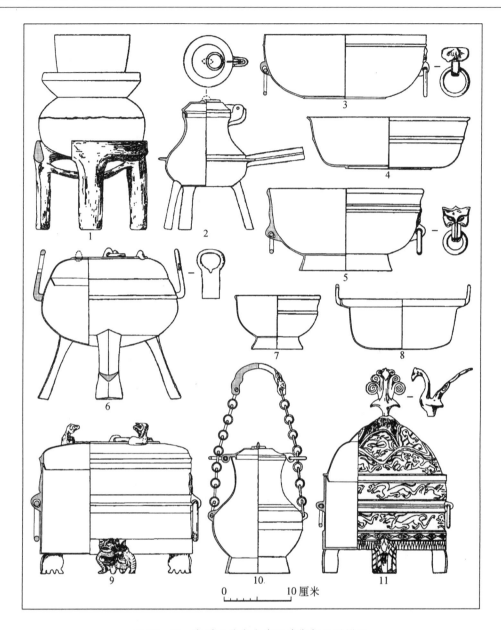

图 10-16　广州汉墓出土东汉晚期铜日用器皿

1.釜与甑（M5036:15）　2.锜（M5036:23）　3、4.盆（M5001:6、M5001:74）　5.钲（越秀山出土）
6.鼎（M5036:24）　7.碗（M5032:15）　8.双耳锅（M5036:14）　9.樽（M5003:52）　10.提梁壶
（M5036:45）　11.樽（M5054:22）

四　秦汉铜镜的类型及其演变

秦汉铜镜数量庞大，居历代铜镜之首，并且是秦汉考古发现中最为普遍、最为常见的一种铜制品，学术界研究成果甚丰[1]。就其形制而言，除个别为长方形外，绝大多数为"圆板形具钮镜"，即镜体为圆形，镜背居中有一镜钮，其变化主要表现在镜钮、镜缘的形制上。至于镜背的花纹以及铭文，则是丰富多彩、千变万化，形成若干不同的镜类和镜型，具有明显的时代特征。这里主要着眼于铜镜不同类型的出现年代及其流行年代，简要叙述其类型、特征及其演变。

秦代铜镜，主要是战国晚期镜类的延续，如素面镜、连弧纹镜、蟠螭纹镜、菱形纹镜、禽兽纹镜、凤鸟纹镜等，但同时出现了一些新的镜类及镜型，如卷云纹镜、夔龙纹镜、狩猎纹镜[2]、凤鸟纹镜、云雷地纹蟠螭连弧纹镜、不对称布局的蟠螭纹镜等[3]。就其风格而言，主要是战国镜的延续，而尚未形成特有的秦代风格。镜体多作平板状，镜缘较窄或不凸起，凸起者多作镜缘内侧作弧形内凹的"匕形缘"；镜钮常见三弦钮和桥形钮等；除弦纹镜和部分连弧纹镜外，主纹区花纹一般由地纹和主纹构成；流行镜类主要有素面镜、弦纹镜、连弧纹镜、蟠螭纹镜等（图10-17）。

西汉早期，是"战国式镜"向"汉式镜"的过渡时期。一方面，是战国晚期及秦代镜类和镜型的继续流行，如连弧纹镜、蟠螭纹镜、彩绘镜[4]等；另一方面，是具有汉镜特征的镜类和镜型的出现，如花叶纹镜[5]、草叶纹镜[6]。另外，蟠螭纹镜中出现了四乳蟠螭纹镜[7]、连弧蟠螭纹镜、博局蟠螭纹镜等。其总体特征在于：镜体一般有凸起的镜缘，"匕形缘"依然流行，但同时出现了缘面平直或略内斜的平缘、连弧纹缘；三弦钮、桥形钮依然存在，但开始出现伏兽钮、连峰钮、半球形钮；由地纹和主纹构成两层乃至三层花纹的铜镜依然存在，但更常见的是无地纹的单层花纹的铜镜；花纹的布局，传统的环绕式布局与新兴的四分式布局并存；有些铜镜开始出现铭文，铭文大多为"见日之光，天下大明"之类的四字句构成的铭文，也有四字句构成的十六字铭。最常见的流行镜类有蟠螭纹镜、草叶纹镜和花叶纹镜等（图10-18）。草叶纹镜和花叶纹镜的镜铭，一般是四字句构成的八字铭、十二字铭、十六字铭，如"见日之光，天下大阳"[8]，"与天无极，与美相

〔1〕　孔祥星、刘一曼：《中国古代铜镜》，文物出版社，1984年。

〔2〕　此镜类仅睡虎地9号墓发现1件（见湖北孝感地区第二期亦工亦农文物考古训练班《湖北云梦睡虎地十一座秦墓发掘简报》，《文物》1976年第9期第56页，图版壹，1）。该镜有学者认为是战国遗物。

〔3〕　马利清：《秦镜初探》，《考古与文物》2002年增刊《汉唐考古》。

〔4〕　西安市文物保护考古所韩保全、程林泉、韩国河：《西安龙首原汉墓》第147、174页，西北大学出版社，1999年。

〔5〕　西安市文物保护考古所韩保全、程林泉、韩国河：《西安龙首原汉墓》第154页，西北大学出版社，1999年。

〔6〕　中国社会科学院考古研究所：《陕县东周秦汉墓》第144页，图版八二，9，科学出版社，1994年。

〔7〕　西安市文物保护考古所韩保全、程林泉、韩国河：《西安龙首原汉墓》第74页，西北大学出版社，1999年。

〔8〕　淄博市博物馆、齐故城博物馆：《临淄商王墓地》第81页，图六三：1，齐鲁书社，1997年。

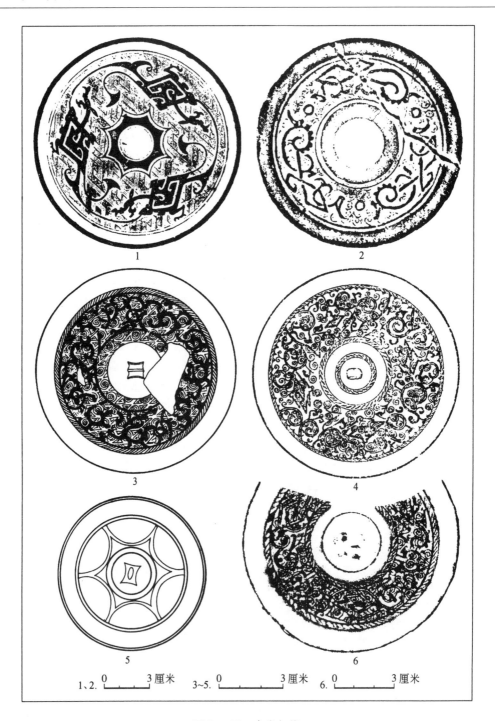

图 10-17　秦代铜镜

1、2.夔龙纹镜（荆州高台 M1:26，拓本；汉中杨家山 M3:25，拓本）　3、4.蟠螭纹镜（襄阳王坡 M32:4，拓本；
　　凤翔高庄 M46:3，拓本）　5.连弧纹镜（凤翔高庄 M33:15）　6.蟠螭纹镜（西安南郊 M119:16，拓本）

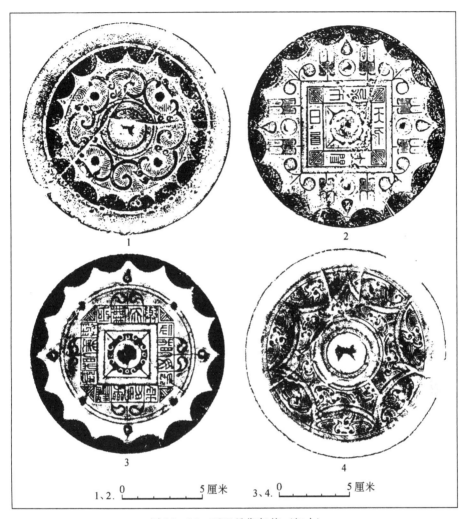

图 10-18　西汉早期铜镜（拓本）

1.蟠螭纹镜（临淄商王 M62：1）　2.草叶纹镜（临淄商王 M32：1）　3.花叶纹镜（西安龙首原
范南村 M54：8）　4.蟠螭纹镜（西安龙首原范南村 M48：9）

长，欢乐相志、长毋相忘"[1] 等；或三字句构成的十二字铭，如"日有熹，宜酒食，长贵富，乐毋事"[2] 等。另外，临淄西汉齐王墓随葬器物坑[3]还出土迄今所见惟一的一件汉代长方形铜镜（图版 21-1）。

西汉中期，铜镜的镜类和镜型发生明显的变化，也是"汉式镜"的真正形成时期。镜缘一般为宽平素缘，连弧纹缘常见，而匕形缘基本消失。三弦钮、桥形钮等基本消失，伏

〔1〕　西安市文物保护考古所韩保全、程林泉、韩国河：《西安龙首原汉墓》第 84 页，西北大学出版社，
　　　1999 年。
〔2〕　青岛市文物局、平度市博物馆：《山东青岛市平度界山汉墓的发掘》，《考古》2005 年第 6 期。
〔3〕　山东省淄博市博物馆：《西汉齐王墓随葬器物坑》，《考古学报》1985 年第 2 期。

兽钮、连峰钮以及蛙钮等继续存在，但最为流行的是半球形钮。钮座盛行，除圆形钮座外，柿蒂纹钮座、十二并蒂连珠纹钮座等也常见。地纹消失，镜背装饰几乎完全是单层花纹，主题纹饰简约、朴素，内向连弧纹带被广泛采用。镜背花纹布局分为两类，一类是严格对称于镜钮作四分式布局，另一类是环绕镜钮作带状布局。铭文迅速增多，有些铭文成为镜背装饰的主要内容，并且出现了铭文作环绕式布局的"铭带镜"。就镜类来说，西汉早期常见的连弧纹镜、蟠螭纹镜、彩绘镜等趋于消失；西汉早期出现的草叶纹镜、花叶纹镜等更为流行，并且镜型多样；汉武帝时期，星云纹镜、铭带镜[1]等新兴镜类出现并迅速流行开来，汉宣帝前后又出现了重圈铭带镜、四乳四虺纹镜等（图10-19）。其中，铭

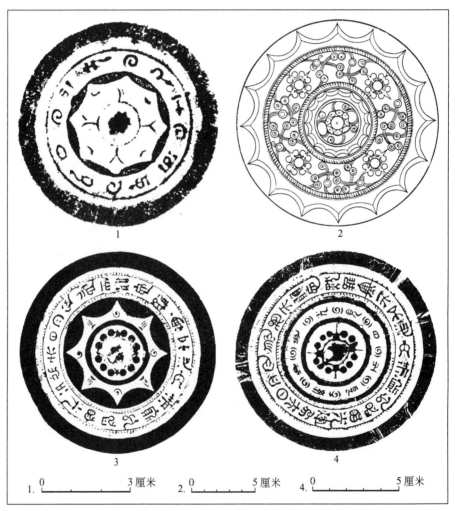

图 10-19　西汉中期铜镜

1.日光镜（西安龙首原范南村 M42:1，拓本）　2.星云纹镜（西安龙首原范南村 M95:24）　3.昭
明镜（西安龙首原范南村 M36:15，拓本）　4.重圈铭带镜（西安市政枣园 M15:5，拓本）

〔1〕　西安市文物保护考古所韩保全、程林泉、韩国河：《西安龙首原汉墓》第 67、209 页，西北大学出版

带镜又可分为若干镜型，如日光铭带镜（即"日光镜"），铭文带由"见日之光，天下大明"之类的八字铭和简单的符号组成；昭明铭带镜（即"昭明镜"），铭文带由"内清质以昭明，光辉象夫兮日月，心忽扬而愿忠，然雍塞而不泄"之类的铭文以及间隔符号构成；清白铭带镜（即"清白镜"），铭文带由"洁清白而事君，怨阴驩而弇明，焕玄锡之流泽，志疏远而日忘……"之类的铭文以及间隔符号组成；铜华铭带镜（即"铜华镜"），铭文带由"湅冶铜华清而明，以之为镜宜文章，延年益寿去不祥……"之类的铭文构成；日有熹铭带镜（即"日有熹镜"），铭文带由"日有熹，月有富，乐毋事，常得意……"之类的长铭文构成。上述各类镜型中，前两种日光镜和昭明镜一般较小，出现于汉武帝时期；后三种一般稍大，出现年代大约在汉昭帝、宣帝时期。

西汉晚期，主要是西汉中期镜类和镜型的延续，变化和创新不大，但流行镜类和镜型有所变化。草叶纹镜、花叶纹镜趋于消失，星云纹镜大为减少，新出现了四乳禽兽纹镜等。流行镜类主要有日光镜、昭明镜、清白镜、铜华镜、日有熹镜、重圈铭带镜、四乳四虺纹镜以及四乳禽兽纹镜等（图10-20）。

新莽时期，是秦汉铜镜发生较大变化的一个时期。镜钮大多仍然是半球形钮，但常见柿蒂纹钮座；镜缘装饰波折纹、锯齿纹、流云纹等纹样的"花纹缘"出现并迅速流行。以青龙、白虎、朱雀、玄武的四神图像为中心，形象各异的禽鸟、瑞兽等成为常见的主题纹样，并且四神、动物、禽鸟的造型更加形象化，构图精巧、生动活泼。铭文种类繁多，内容丰富，排列灵活；"尚方"、"王氏"、"朱氏"等作镜者铭、"纪年铭"以及宣传铜镜品质的"善铜"、"佳镜"等铭文出现。西汉晚期流行的镜类大多依然常见，同时也出现了一些新型镜类，如四乳四神镜、多乳鸟兽纹镜等[2]（图10-21）。尤其是以钮座周围的方格框、主纹区的博局纹以及花纹缘为特征的方格博局纹镜（即"方格规矩镜"）出现并迅速流行，成为这一时期的代表性镜类。方格博局纹镜又可分为四神博局纹镜、鸟兽博局纹镜、几何博局纹镜以及简化博局纹镜等多种镜型，其中尤以四神博局纹镜最具代表性。镜铭复杂多样，最常见的有两大类：一类是"尚方御镜大毋伤，巧工刻之成文章，左龙右虎辟不祥，朱鸟玄武顺阴阳，子孙备具居中央，长保二亲乐富昌，寿敝金石如侯王"，或者"尚方作镜真大好，上有仙人不知老，渴饮玉泉饥食枣，浮游天下敖四海，寿如金石为国保"之类；另一类是"新有善铜出丹阳，和以银锡清且明，左龙右虎主四彭，朱雀玄武顺阴阳"之类[3]。

东汉早期的铜镜，一方面是新莽时期镜类和镜型的继续流行，如各种方格博局纹镜、多乳鸟兽纹镜等，相应地，柿蒂钮座、花纹缘继续流行；另一方面，则是新型镜类的出

　　社，1999年。一般认为，日光铭带镜出现于西汉中期，但该报告根据龙首原42号墓中日光铭带镜与半两钱共出的情况，提出日光铭带镜出现于西汉早期。然而，就42号墓出土的陶器看，该墓断代在西汉中期为宜，因此，日光铭带镜的产生年代应该是西汉中期。

[2]　以往认为多乳鸟兽纹镜流行于东汉中晚期，但据西安地区出土的情况看，其出现大致是在新莽时期（见程林泉、韩国河《长安汉镜》第144页，陕西人民出版社，2002年）。

[3]　陈静：《汉长安地区博局纹镜及其相关问题研究》，《汉长安城考古与汉文化》第466页，科学出版社，2008年。

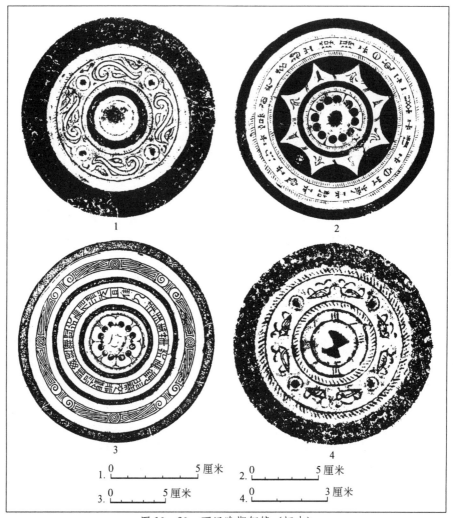

图 10-20　西汉晚期铜镜（拓本）

1.四乳四虺纹镜（西安电信局 M14：19）　2.清白镜（西安交通学校 M178：4）　3.铜华镜

（洛阳西郊 M3206：3）　4.四乳禽鸟纹镜（西安有色金属院 M1：15）

现，如连弧纹带镜、云雷连弧纹镜[1]等，相应地，蝙蝠形柿蒂钮座、宽大的连弧纹带、宽平素缘、向心式篆体四字铭等随之流行（图 10-22）。连弧纹带镜，以主纹区饰八内向连弧纹带、宽平素缘为突出特征，四柿蒂之间往往饰内向式铭文，如"长宜子孙"、"君宜高官"等。云雷连弧纹镜，钮座、镜缘一如连弧纹带镜，只是在内区的连弧纹带和镜缘之间饰一周云雷纹圈带，有的还在八连弧纹间饰以"寿如金石"之类的铭文，个别的还有"永平七年正月作"的纪年铭[2]。

〔1〕　云雷纹圈带的出现可以上溯至西汉中期（见程林泉、韩国河《长安汉镜》第 129 页，陕西人民出版社，2002 年），但云雷连弧纹镜的真正出现并流行应当是在东汉早期。

〔2〕　梅原末治：《漢三国六朝紀年鏡図説》，桑名文星堂，1942 年。

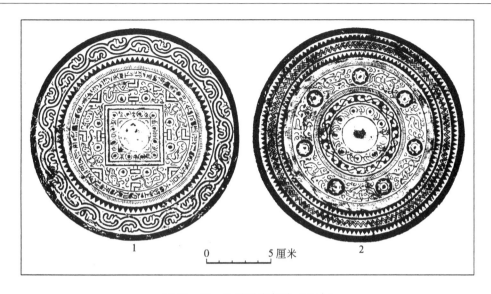

图 10-21　新莽时期铜镜（拓本）
1. 四神博局纹镜（西安乡企培训 M2∶2）　2. 七乳鸟兽纹镜（西安荣海小区 M2∶20）

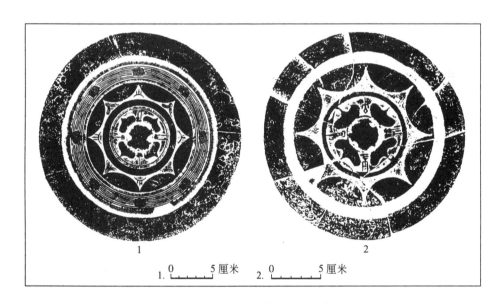

图 10-22　东汉早期铜镜（拓本）
1. 云雷连弧纹镜（西安石油学院 M35∶2）　2. 连弧纹带镜（西安雅荷花园 M147∶1）

　　东汉中期是汉代铜镜又一个大变化的时期。新莽时期出现的方格博局纹镜、多乳鸟兽纹镜等依然常见，东汉早期出现的连弧纹带镜、云雷连弧纹镜等更为流行。但与此同时，铜镜的镜类及其风格出现重大变化。镜体的大小因镜类之不同有明显差异，大者一般直径15 厘米以上，有的大至 20 厘米以上，如画像镜；小者一般在 10 厘米左右，如夔凤纹镜、龙虎纹镜、神兽镜等。半球形钮依然是主要的钮式，但明显变大，或大且高，或大而扁平。平缘继续流行，但出现了断面呈三角形的"斜缘"和"三角缘"。镜背花纹的布列，除了继续沿袭以镜钮为中心的环绕式、四分式、六分式等"心对称"布局之外，还出现了以镜体直径为轴线的"轴对称"式布局，以及重列式神兽镜为代表的"阶段式"布局手法，使镜背纹饰更为完整严谨，排列有序。主题纹样的表现手法，凸线条式的手法继续应用的同时，浮雕、高浮雕、平面减地浅浮雕等新的手法出现并广泛运用，使纹饰的视觉效果由线条式的平面变化为半立体状，开魏晋以后用浮雕手法表现铜镜纹饰之先河。东王公和西王母等神人形象、车马、歌舞、屋舍、历史人物、传说故事等图像成为镜背纹饰的主题，龙、虎、瑞兽等成为常见纹饰。神兽镜、画像镜的出现，标志着中国古代铜镜的发展进入到一个新阶段。铜镜铭文形成长、短两类，一类是"长宜子孙"、"君宜高官"、"位至三公"之类的短铭，常见于变形四叶纹镜、夔凤纹镜等镜类；另一类是"尚方作镜真大巧，上有仙人不知老，渴饮玉泉饥食枣，浮游天下敖四海"之类的长铭，常见于神兽镜、画像镜、方格博局纹镜等，并且镜铭中纪年铭、作镜者铭以及铸镜地铭增多。神兽镜和画像镜等在长江中下游地区出现并流行，与黄河流域连弧纹带镜、云雷连弧纹镜、变形四叶纹镜以及夔凤纹镜等的流行形成对照，表明以长江中下游为中心的南方铜镜系统和以黄河中下游为中心的北方铜镜系统正在形成。各种不同类型的变形四叶纹镜、神兽镜、画像镜、夔凤纹镜、龙虎纹镜、盘龙纹镜以及"君宜高官"四兽镜等是这一时期新出现并具有代表性的镜类（图10-23）。神兽镜采用浮雕手法表现各种神像、四神、龙虎等题材，根据其纹饰的布局方式又可分为重列式神兽镜（即"阶段式神兽镜"）、环绕式神兽镜（即"放射式神兽镜"）。画像镜，采用平面减地浅浮雕手法表现各种神像、历史人物、车骑、歌舞、龙虎、瑞兽等题材，根据其主题纹饰，可分为历史人物画像镜、神人车马画像镜、神人瑞兽画像镜、四神瑞兽画像镜等，主要流行于江浙一带等南方地区，北方地区偶有发现[1]。

　　东汉晚期的30年间（汉献帝时期），主要是东汉中期镜类及其风格的延续。此前出现的连弧纹带镜、云雷连弧纹镜等依然存在，甚至新莽时期出现的方格博局纹镜在岭南地区仍可见到，而东汉中期出现的各种变形四叶纹镜、神兽镜、画像镜、夔凤镜、龙虎纹镜更为流行，并且表现出明显的地域性差异。镜铭中，纪年铭、作镜者铭和铸镜地铭增多，尤其是神兽镜中建安纪年铭更是多见。根据镜铭可知，到东汉晚期形成了洛阳、丹阳、广汉、会稽、吴郡等多处铸镜中心，同时形成了南方铜镜系统和北方铜镜系统。

五　秦汉铜器的制造与生产

　　秦汉时期的铜器制造业作为当时重要的手工业生产之一，在技术上有所进步和创新，在生产上具有相当的规模。矿冶遗址和大量铜器的发现和研究，初步揭示了当时铜器制造、生产和流通的状况。

---

〔1〕　A.曹桂岑、耿青岩：《河南淇县发现一面东汉画像铜镜》，《文物》1980年第7期。该镜为历史人物画像镜。

　　　　B.洛阳博物馆：《洛阳出土铜镜》图57，文物出版社，1988年。该镜为神人车马（王公、王母）画像镜，出土于洛阳城北岳家村30号东汉墓。

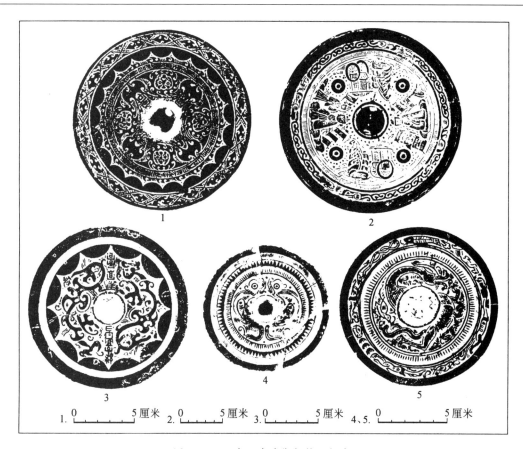

图 10-23　东汉中晚期铜镜（拓本）

1.变形四叶兽首镜（鄂城出土）　2.神人车马画像镜（绍兴出土）　3.直行铭文夔凤镜（洛阳烧沟 M120∶2）

4.龙虎纹镜（西安有色金属院 M4∶1）　5.盘龙纹镜（广州汉墓 M5052∶49）

（一）采矿与冶炼

秦汉时期铜矿开采和青铜冶炼有关的考古发现，目前限于两汉时期，主要有：1953 年河北承德西汉铜矿与炼铜遗址的调查[1]，1958～1961 年山西运城洞沟东汉铜矿遗址的调查[2]，1977～1978 年广西北流铜石岭汉代冶铜遗址的发掘[3]，1987 年安徽铜陵地区古代铜矿开采和冶炼遗址的调查和发掘[4]，1987 年四川西昌黄联镇东坪村炼铜遗址的调查[5]，湖北

〔1〕　罗平：《河北承德专区汉代矿冶遗址的调查》，《考古通讯》1957 年第 1 期。

〔2〕　安志敏、陈存洗：《山西运城洞沟的东汉铜矿和题记》，《考古》1962 年第 10 期。

〔3〕　广西壮族自治区文物工作队：《广西北流铜石岭汉代冶铜遗址的试掘》，《考古》1985 年第 5 期。

〔4〕　安徽省文物考古研究所、铜陵市文物管理所：《安徽铜陵市古代铜矿遗址调查》，《考古》1993 年第 6 期。

〔5〕　刘世旭、张正宁：《四川西昌市东坪村汉代炼铜遗址的调查》，《考古》1990 年第 12 期。调查者认为，该遗址是一处冶铜铸币遗址，但从出土遗物分析，它有可能是一处炼铜并铸造铜钱币母范及其他铜制品的工场址。

黄石铜绿山铜矿汉代采矿遗址的发掘[1]，以及安徽繁昌横山乡铜山汉代铜矿、湖北大冶黄牛山铜矿汉代采矿遗址、新疆库车汉代铜矿的调查[2]等。

河北承德的一处西汉铜矿与炼铜遗址，集采矿、选矿和冶炼于一体，由矿坑（由矿井、采矿场及其四周的坑道）、选矿场和冶炼工场等组成。矿井深达100余米，有宽广的采矿场。采矿场四周有坑道，由此将矿石运出并在井口附近进行选矿。矿井附近发现冶炼工场址4处，从发现的炉砖等遗物看，炼炉呈圆形。冶炼出来的成品有圆饼状铜锭，每锭重5～15公斤不等，铜锭上刻有"东六十"、"西五三"等字样，标示的是炼铜工场及其产品编号。据有的铜锭上的"二年"铭刻判断，其生产年代可能在汉武帝建立年号之前。

今安徽省铜陵地区，西汉时期属丹阳郡，当时设有铜官[3]。1987年调查发现的29处古代铜矿开采和冶炼遗址中，有汉代的采矿遗址4处、冶铜遗址9处[4]。其中，胡村遗址，同时发现有采矿的矿洞和炼铜遗址，炼铜遗址面积达20000平方米。经过考古清理的铜陵县金桥乡金牛洞采矿遗址[5]，在1号发掘地点清理出竖井2处、斜井4条和平巷3条，井巷中均有木支撑结构，其开采年代在西汉时期。另外，在古铜矿西南约80米处的金牛村，发现有大面积的炼铜炉渣堆积，表明当时铜矿开采后是就地进行冶炼的。据此并结合汉代铜镜上"善铜出丹阳"的铭文以及文献记载，可知丹阳的确是汉代一处重要的产铜地。

这些发现表明，汉代铜的冶炼一般是在铜采矿场附近进行的，而有的炼铜工场还兼及铜制品的铸造，如西昌东坪冶铸工场址。铜矿的开采，普遍采用铁工具凿岩采掘的方法，同时也采用"火爆法"破岩采掘；水平分层采矿法、方框支护充填采矿法、房柱采矿法和横撑支架采矿法等古代传统的采矿方法趋于成熟并广泛应用；以此为基础，"大型联合开拓系统"形成[6]。铜矿的开采和冶炼，有的为官府所控制，铜官的设置就是明证，但也有的是私人经营。如汉长安城西南近郊发现铜锭中，有一块上刻"汝南（郡）富波（县）宛里田戍卖"字样，说明其来自私营采矿冶炼场[7]。至于当时的铜产地，综合铜矿遗址、铜器铭文以及文献记载来看，除了汉丹阳郡（郡治在今安徽宣城）、河东郡（郡治在今山西夏县）、汝南郡富波县（今安徽阜南）以及今河北承德、广西北流外，还有汉越嶲郡邛都[8]

〔1〕　黄石市博物馆：《铜绿山古矿冶遗址》，文物出版社，1999年。

〔2〕　卢本珊：《中国古代金属矿和煤矿开采工程技术史·金属矿编》第146～147页，山西教育出版社，2007年。

〔3〕　《汉书·地理志（上）》："丹扬郡……有铜官。"王先谦《汉书补注》宋祁曰："丹扬当作丹阳。"引自清·王先谦《汉书补注》，中华书局，1983年。

〔4〕　安徽省文物考古研究所、铜陵市文物管理所：《安徽铜陵市古代铜矿遗址调查》，《考古》1993年第6期。

〔5〕　安徽省文物考古研究所、铜陵市文物管理所：《安徽铜陵金牛洞铜矿古采矿遗址清理简报》，《考古》1989年第10期。

〔6〕　卢本珊：《中国古代金属矿和煤矿开采工程技术史·金属矿编》第149～157页，山西教育出版社，2007年。

〔7〕　贺梓城：《西安汉城遗址附近发现汉代铜锭十块》，《文物参考资料》1956年第3期。

〔8〕　A.西昌地区博物馆：《四川西昌发现货泉钱范和铜锭》，《考古》1977年第4期。
　　　B.《汉书·地理志（上）》："邛都，南山出铜。"

（今四川西昌）、犍为郡[1]（郡治在今四川宜宾）及其所辖的朱提（今云南昭通）、堂狼（今云南巧家县）[2] 等地。

（二）铜器制造工艺技术

秦汉时期基本上是沿袭了战国时期的铜器制作工艺技术，但又有所发展和变化，而钱币和铜镜的铸造分别成为铜器制造业中相对独立的领域，在当时的铜器生产中占有重要的地位。

钱币铸造是秦汉时期的"三大手工业之一"，相关的遗迹和遗物多有发现。铸币遗物主要发现有各种钱范，按其质料可分为铜范、石范和陶范，并以陶范最为常见[3]。就其功能而言，各种钱范中都包括用于铸钱的铸范、用以铸造金属铸范的范模和用以翻制范模的母范[4]。与钱币铸造相关的遗址各地也多有发现，主要有：西安汉长安城西市铸币遗址[5]、汉长安城东北郊钱范窑址[6]、长安窝头寨钱范遗址[7]、户县汉锺官铸钱遗址[8]，澄城县坡头村西汉铸钱遗址[9]，河南邓县东汉铸钱遗址[10]，辽宁宁城[11]、甘肃环县[12] 的钱范作坊址等。秦汉时期的钱币铸造，一般认为秦和西汉早期多采用石范铸币，西汉中期趋向于用铜范和陶范合范铸造，新莽时期多采用陶范叠铸[13]。但陕西临潼秦朝芷阳宫遗址发现的一件铜半两钱范模表明，秦代也采用陶范铸钱[14]。户县汉代锺官铸钱工场是在秦代大型铜器冶铸工场的基础上发展而成的，汉武帝时期被指定为国家统一铸币工场，

[1] 1962 年四川彭山县双江发现铜锭 1 件，正面铸阳文"西顺郡□符则车山官"字样，侧面有重量及其编号，表明该铜锭系西顺郡官府冶炼场所产（见丁祖春《四川彭山县出土新莽西顺郡铜板》，《文物》1979 年第 11 期）。彭山县系西汉武阳县，属犍为郡。《汉书·地理志（上）》：犍为郡，"莽曰西顺"。

[2] 孙太初：《朱提堂狼铜洗考》，《云南青铜器论丛》，文物出版社，1981 年。

[3] 宋治民：《汉代手工业》第 57 页，巴蜀书社，1992 年。

[4] 铸造钱币所用之模具，一般统称为"钱范"，但其用途并不相同，可分为铸范（即严格意义上的钱范）、范模（有人称之为"母范"或"范母"）和母范（有人称之为"祖范"）三种（见白云翔《汉长安城手工业遗存的考古学研究》，《汉长安城考古与汉文化》第 148 页，科学出版社，2008 年）。

[5] 李毓芳：《汉长安城烘范窑和铸币遗址》，《中国考古学年鉴（1993）》，文物出版社，1995 年。

[6] A. 陕西省博物馆：《西安北郊新莽钱范窑址清理简报》，《文物》1959 年第 11 期。
B. 马骥、陈安利：《西安北郊发现新莽大泉五十钱范窑》，《文博》1987 年第 2 期。

[7] 陕西省博物馆、文管会考古调查组：《长安窝头寨汉代钱范遗址调查》，《考古》1972 年第 5 期。

[8] 西安市文物保护修复中心：《汉锺官铸钱遗址》，科学出版社，2004 年。

[9] 陕西省文管会、澄城县文化馆联合发掘队：《陕西坡头村西汉铸钱遗址发掘简报》，《考古》1982 年第 1 期。

[10] 金槐：《河南邓县发现一处汉代铸钱遗址》，《文物》1963 年第 12 期。

[11] 昭乌达盟文物工作站、宁城县文化馆：《辽宁宁城县黑城古城王莽钱范作坊遗址的发现》，《文物》1977 年第 12 期。

[12] 庆阳地区博物馆、环县博物馆：《甘肃环县发现一处汉代陶钱范遗址》，《考古》1991 年第 5 期。

[13] 华觉明：《中国古代金属技术》第 471、472 页，大象出版社，1999 年。

[14] 王学理主编：《秦物质文化史》第 31 页，三秦出版社，1994 年。该铜范模原称为"阳文铜钱范"。

一直延续到王莽时期。其铸币工艺，经历了"从早期叠范浇铸到上林三官统一铸币权后采用合范浇铸、再到王莽时期逐渐用叠铸完全代替了合范浇铸"的过程。户县锺官铸钱遗址的发掘和综合研究，初步究明了汉代铜钱的合范浇铸、叠铸的工艺技术及其特点。

铜镜铸造，是"两汉手工业重点之一"[1]。汉代铜镜有数以万计的发现和多方面的研究，但是关于汉代的铜镜铸造技术，以往虽有研究[2]却由于考古发现的缺乏而长期裹足不前。1997年以来，山东省临淄齐国故城内先后发现汉代镜范（图版21-2）96件以上并进行了综合研究[3]，调查并确认铸镜作坊址3处[4]。据此，初步揭示了汉代临淄双合范铸造铜镜的工艺技术及其生产经营状况[5]，使汉代铸镜研究取得突破性进展。

其他的铜器冶铸遗址虽有发现[6]，但缺乏有规模的发掘和深入研究。就铜器的成型工艺来看，主要采用的是范铸和捶揲锻造两种工艺。范铸作为当时最常用的铜器成型工艺，包括浑铸、合范铸造、分范合铸等多种工艺类型，其铸造工艺大致如战国时期。捶揲锻造技术，秦汉时期有所发展，常用于盆、盘之类薄壁器具的成型，如满城1号墓出土的铜瓹、"常浴"铜盆，广州南越王墓出土的盆、铞等均系捶揲制成。

秦汉时期铜器制造工艺技术的重要发展之一，是各种连接成型工艺的广泛应用。秦始皇陵出土的两辆铜车马，集中反映了当时高超的铜器制作工艺技术水平。每辆车马都有3000多个零部件，都是先将零部件铸造或捶揲成型，然后将其连接组装为一体，采用了铸接、焊接、铆接、插接、嵌接甚至粘接等多种连接成型工艺[7]。上述各种连接成型工艺，也广泛应用于其他铜器的制造上，并且往往多种工艺并用，如器钮、铺首衔环、灯身与灯座的连接、铜马各部分的连接固定[8]等。这种新兴装配工艺技术的应用，为造型和结构复杂的铜器的设计制造提供了技术保证，并提高了生产效率。

值得注意的是，秦始皇陵兵马俑坑出土的光亮如新的铜剑和镞，经检测分析，其表面经过了铬盐氧化处理[9]。这种铜镞在满城1号墓中也有发现。由此表明，为了增强铜兵器表面的抗腐蚀能力，秦汉时期发明了对铜器表面进行铬盐氧化处理的工艺。

〔1〕 陈直：《两汉经济史料论丛》第146页，陕西人民出版社，1980年。

〔2〕 何堂坤：《中国古代铜镜的技术研究》，紫禁城出版社，1999年。

〔3〕 中国山东省文物考古研究所、日本奈良县立橿原考古学研究所：《山东省临淄齐国故城汉代镜范的考古学研究》，科学出版社，2007年。

〔4〕 A.中国社会科学院考古研究所、山东省文物考古研究所：《山东临淄齐国故城内汉代铸镜作坊址的调查》，《考古》2004年第4期。

　　 B.王会田：《临淄齐国故城阚家寨铸镜作坊址调查》，《山东省临淄齐国故城汉代镜范的考古学研究》第260页，科学出版社，2007年。

〔5〕 白云翔：《汉代临淄铜镜制造业的考古学研究》，《探古求原》，科学出版社，2007年。

〔6〕 河南省文物考古研究所：《南阳市瓦房庄汉代制陶、铸铜遗址的发掘》，《华夏考古》1994年第1期。

〔7〕 秦始皇兵马俑博物馆、陕西省考古研究所：《秦始皇陵铜车马发掘报告》，文物出版社，1998年。

〔8〕 绵阳博物馆何志国：《四川绵阳何家山2号东汉崖墓清理简报》，《文物》1991年第3期。

〔9〕 陕西省考古研究所、始皇陵秦俑坑考古发掘队：《秦始皇陵兵马俑坑一号坑发掘报告（1974～1984)》第341～348页，文物出版社，1988年。

　　秦汉时期铜器的器表装饰出现了"两极分化"[1]，大多是素面无装饰，但有的则装饰华丽。就装饰工艺而言，同样主要是战国时期各种装饰工艺的延续，除了铸造出纹饰之外，常见的还有镶嵌、错金银、包金银、鎏金银、錾刻、透雕、镂空等（图10-24），并且有的铜器上多种装饰手段并用，如满城汉墓出土的乳钉纹壶（M1：5019；图版20-1）、朱雀衔环杯M2：3032，山西右玉县大川村出土的西汉晚期铜酒樽[2]，徐州东汉墓出土的鎏金兽形砚盒等。值得注意的是，从西汉武帝时期开始，以南方地区为中心兴起了一种錾刻花纹工艺，即在铸造成型的薄壁铜器的表面，用坚硬的金属工具錾刻出精细繁缛的几何纹样和动植物图案，装饰对象主要是日用器皿和家用器具，具有鲜明的时代和地域特色[3]。

　　铜器上的铭文（铜镜、钱币除外），其制作方法主要是铜器成型后镌刻或针刻而成。镌刻者，笔画粗重，字体较规整；针刻者，笔画纤细，字体多不规整，刻文潦草。铸造成

1.
0　　　　　5厘米
2.
0　　　　　5厘米

图 10-24　满城汉墓出土铜博山炉
1.错金铜博山炉（M1：5182）　2.鎏银铜博山炉（M2：3004）

---

〔1〕　杨菊华：《汉代青铜文化概述》，《中原文物》1998年第2期。
〔2〕　郭勇：《山西省右玉县出土的西汉铜器》，《文物》1963年第11期。
〔3〕　蒋廷瑜：《汉代錾刻花纹铜器研究》，《考古学报》2002年第3期。

型时一并铸出铭文者较为少见,并且主要见于铜洗底部等简短的铭文。另外还偶尔可见到铜器成型后用金银丝错出者。这与先秦时期铜器上的铭文多为铸造而明显有别。铭文的内容主要包括[1]:器物名称及大小、重量、容量,器物制作地、制作时间、制作数量及编号,"物勒工名"制度下制作铜器的官府手工业作坊、工官与工匠之名,铜器的制作者和使用者,制作时间、购买时间、转送时间、铭刻时间等纪年。

关于秦汉铜器的金属成分,多有个案分析检测并将其作为附录发表于各种考古报告之中,但尚无系统的综合研究。举例来说,秦始皇陵铜车马之铜部件的材料均为锡青铜,如2号车马为,铜82%～86%、锡6%～13.57%、铅约占1%,但不同铸件因其功能不同而合金成分也不同;户县锺官铸钱遗址出土的22枚五铢钱,都是铜、锡、铅三元合金,其平均含量分别是:铜80%、铅15%、锡5%;临淄齐国故城附近出土的两件西汉铜镜均为高锡青铜,其含量分别为[2]:铜71.32%和68.95%、锡24.53%和28.95%、铅2.7%和0.75%;而汉代铜镜金属含量的平均值为[3]:铜72.6%、锡22.9%、铅4.32%。总体上看,秦汉时期铜器中铜、锡、铅的含量,是根据不同器类的不同功能要求而配比的。

(三) 铜器的生产与流通

秦汉时期铜器的生产经营方式,除铸币[4]外史无明载,但根据考古发现的铜器,尤其是铜器上的铭文并结合文献记载可知,大致可以分为两种,即官府铜器作坊和私营铜器作坊。

官府铜器作坊,分属于中央政府和地方(包括诸侯国)政府。秦始皇陵兵马俑坑出土的"寺工"铭铜戈、矛、戟、铍、镦等兵器表明[5],秦朝中央政府由寺工主造兵器和车马器。根据铜器铭文并结合文献记载[6]可知,汉朝可以制造铜器的中央政府所属机构,有西汉的考工、上林、尚方、内者、锺官、供工、内官、寺工、右工,东汉的考工、尚方、虎贲官、大司农、书言府等[7]。汉朝地方官府的铜器作坊,分属于各地政府和诸侯国,而地方官府铜器作坊制造的铜器也多有发现。广州南越王墓出土的铜勾鑃一套8件(B96),器体的一面均有"文帝九年乐府工造"的铭文,证明西汉南越国的乐府拥有铸造

---

[1] 徐正考:《汉代铜器铭文综合研究》,作家出版社,2007年。

[2] 崔剑锋、吴小红:《临淄齐国故城汉代镜范和铜镜检测报告》,《山东省临淄齐国故城汉代镜范的考古学研究》,科学出版社,2007年。

[3] 该数据根据何堂坤的《中国古代铜镜的技术研究》(紫禁城出版社,1999年)第34页表1所列17件西汉早期至东汉早期铜镜的合金成分计算而成。

[4] 关于秦汉时期钱币铸行管理的演变,参见本章第八节《秦汉货币与度量衡》。

[5] 陕西省考古研究所、始皇陵秦俑坑考古发掘队:《秦始皇陵兵马俑坑一号坑发掘报告(1974～1984)》第254～274页,文物出版社,1988年。

[6] 《汉书·百官公卿表(上)》:西汉少府属官中有考工室、上林、尚方、内者,"武帝太初元年更名考工室为考工"(东汉时改属太仆)。颜师古注:"少府以养天子","尚方主作禁器物";臣瓒曰:"考工主作器械也。"又,《续汉书·百官志(二)》:太仆属官有"考工令一人",本注曰:"主作兵器弓弩刀铠之属,成则传执金吾入武库。"又,《续汉书·百官志(三)》本注曰:尚方"掌上手工作御刀剑诸好器物"。

[7] 徐正考:《汉代铜器铭文综合研究》第127页,作家出版社,2007年。

铜器的官府作坊。据"东海宫司空盘"还可知，西汉的东海国宫司空也制造铜器[1]。汉代有铭铜器的发现和研究表明，汉朝的中山、代、常山、赵、齐、楚、山阳等诸侯国，蜀郡、河东郡、河内郡、犍为郡等，以及其他有些侯国和县也都设有制造铜器的官府作坊，其产品主要是铜兵器和日用器具[2]。其中，兵器用于装备中央和地方的武装，而日用器具主要供应中央和郡国的统治者使用。

私营铜器生产，是秦汉时期铜器生产经营的另一种重要形式。考古发现的汉代铜器中，钱币和兵器主要是官府作坊所铸，铜镜绝大多数为私营作坊所造[3]，而其他铜器大多也是私营作坊生产的。因为，有的铜器上刻有制作者的姓氏，或刻有铜器的价钱，或刻有铜器购自何处等，证明它们应系私营作坊所制，并且汉代铜器的私人生产经营具有相当的规模。

关于铜器的流通和使用，汉代有铭铜器的发现与研究表明，就制作者和使用者的关系来说主要有以下情形：中央王朝所属工官制作、宫苑陵庙使用，中央王朝所属工官制作、列侯及官吏使用，地方工官制作、宫苑陵庙使用，地方工官制作、地方官吏及王侯使用，以及个人制作、个人及侯家使用等；就其流通方式而言，则主要有赏赐、贡奉、征调、赠送和转调等[4]。这当然是指官府铜器作坊的产品。至于私营作坊的产品，其流通方式则主要是买与卖。

六 秦汉铜器的时代特点及其历史地位

秦汉时期，随着社会历史由王国时代进入到帝国时代，物质文明由铁器时代的早期阶段发展到高度发达的阶段，铜器在社会生活中的地位和作用发生了根本性的变化，形成了全新的时代风貌和艺术特色。

其一，铜器功能的生活化。先秦时期青铜器的主体，是礼器、兵器、车马器以及工具，在政治生活、军事活动和社会生产中发挥着无可替代的作用，在很大程度上承担着"祀与戎"的功能。东周时期的铜器虽然已经开始"深入社会生活的各个领域"[5]，但各种日常生活中使用铜器则仅仅是一个开端。然而，秦汉时期随着铁器工业的高度发达和铁工具、铁兵器的广泛应用，铜生产工具迅速退出了历史舞台，铜兵器在西汉中期以后基本被铁兵器所取代而失去了昔日在实战中的辉煌，铜车马器也在与铁车马器的并行中逐渐减少。簋、簠、敦、豆、瓿等周代铜礼器中的重要器物不复存在；鼎、盒、壶、钫、盘、匜等青铜器皿虽然继续制造和使用，但已经不再是标示社会等级秩序的物质载体的礼器，其政治功能迅速丧失，从而演变为一般的日常生活用品。与此同时，先秦时期已经出现的日

---

〔1〕 徐正考：《汉代铜器铭文综合研究》第 25、127 页，作家出版社，2007 年。
〔2〕 A.宋治民：《汉代手工业》第 57～60 页，巴蜀书社，1992 年。
　　 B.徐正考：《汉代铜器铭文综合研究》第 123～127 页，作家出版社，2007 年。
〔3〕 白云翔：《汉代临淄铜镜制造业的考古学研究》，《探古求原》第 217、218 页，科学出版社，2007 年。
〔4〕 徐正考：《汉代铜器铭文综合研究》第 185～197 页，作家出版社，2007 年。
〔5〕 中国社会科学院考古研究所：《中国考古学·两周卷》第 414 页，中国社会科学出版社，2004 年。

常生活用器具进一步发展，同时新出现了许多新型的日常生活用器具，从计量器具、玺印到化妆器具，从日常家用器具到丧葬宗教迷信用品，可以说无所不有，铜器日益广泛地应用到社会日常生活的各个领域。即使铜器的造型和装饰，也从神秘的想象转化为现实生活的写照并为现实生活服务。总之，铜器在其功能上基本实现了生活化。

其二，铜器应用的平民化。先秦时期的青铜器尤其是礼器、兵器和车马器的拥有者和使用者，主要是各级统治者，在很大程度上是身份和地位的象征。但是到了秦汉时期，随着社会政治制度的变革、人们思想观念的变化、铜器作为礼器之功能的丧失和生活化进程的迅速推进，以及铜器生产规模的扩大，铜器的"贵族地位"急剧下降，铜器的使用逐步扩展到社会各阶层，迅速走向平民百姓。尽管大量精美的铜器仍然被皇室成员、贵族和各级官吏所享用，尽管穷苦百姓实际上也不具备使用铜器的条件和可能，但平民使用日用铜器具已经没有了制度上的障碍，尤其是大小地主和豪强更是成为铜器的重要使用者。大量官吏和平民墓葬中铜器的出土，铜镜在各类墓葬中的普遍发现，都是秦汉时期铜器平民化的明证。

其三，铜器风格上实用性与艺术性、现实主义与浪漫主义的高度统一。秦汉时期的铜器注重实用，大多造型简约、器表装饰素面无华，不再有周代铜器的那种凝重感，于是往往导致人们对秦汉时期青铜艺术已经走向衰落的误解。但实际上，秦汉时期铜器的"两极分化"，使得青铜艺术取得了新的成就，"以田园般的朴素和诚实的温情，表现了平易的风采和含蓄的魅力"。在造型方面，结构简单、实用的铜器大量存在的同时，结构复杂、造型精巧的铜器则成为新的时尚。譬如，秦始皇陵陪葬坑出土的铜车马，其结构之复杂，制作之精良，都达到了空前的水平；K007 出土的天鹅、丹顶鹤、鸿雁等铜水禽，仿照原大制作，形象各异，神态生动逼真，可谓秦代青铜艺术的杰作。合浦风门岭西汉墓出土的各种铜模型明器、武威雷台东汉墓出土的铜车马以及举世闻名的"马踏飞燕"等，既源于现实生活，又给予了高度的艺术夸张，充满了浪漫主义色彩。即使日用器具中常用的灯（图10-25；图版20-2）、镇、熏炉等，也无不设计出各种造型并加以装饰，既注重其使用功能的实现，又给予充分的艺术表现。在装饰方面，神秘、繁缛的纹样及其装饰不再见到，素面铜器大量流行，简朴成为时尚，但装饰精美华丽者依然常见，并且形成了鲜明的时代特色。各种人物、动物的雕像和纹样等，都力求表现得生动逼真；现实生活中的人物、动物、器具以及想象中的神人、瑞兽等成为常用的装饰题材，多姿多彩的云气纹、龙凤纹成为装饰纹样的流行色；錾刻纹铜器的纹样，其内容之复杂、结构之严谨、制作之精细，都令人叫绝；装饰手法更是丰富多彩，并且相互配合运用，相得益彰。实用性和现实主义是秦汉铜器的主体风格，但无论其造型还是装饰又都充满了理想主义和浪漫主义色彩，两者达到了高度的统一。

其四，铜器制作工艺的多样化。我国古代青铜工艺经过 1000 多年的发展，到战国时期达到了巅峰，古代青铜器制作的各种成型技术和装饰工艺均已出现并迅速走向成熟[1]。因此，作为战国青铜工艺技术的继承和延续，秦汉时期的铜器制作工艺技术表现出多种工艺技术并存、多种工艺技术并用的时代特征。如铸造成型与捶揲成型并存，采用各种连接

---

〔1〕 华觉明：《中国古代金属技术》第 164 页，大象出版社，1999 年。

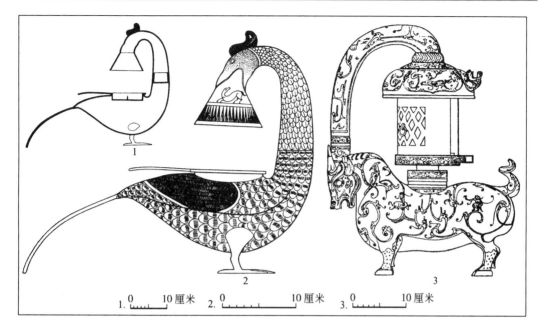

图 10-25　汉代铜灯
1、2.凤形灯（合浦望牛岭汉墓出土）　3.牛形灯（邘江甘泉汉墓出土）

技术将分别铸造的部件组装为一个复杂的整体；各种装饰工艺并存，并且同一件器物上透雕、镶嵌、错金银、鎏金银等多种工艺并用，或者在铸造成型的铜器上錾刻出细线纹样，或者在铜器上进行彩绘等。可以认为，秦汉时期的铜器制作工艺虽然没有大的创新，但并没有衰落。先秦时期多种成熟的青铜工艺的继承和灵活运用，为秦汉铜器的创新提供了技术支撑。

其五，铜器（钱币除外）生产经营的私营化及其产品的商品化趋势。先秦时期铜器的生产，主要为王室和官府所控制，到战国中期出现了铜器的私人生产经营。尽管秦汉时期官府和私人生产经营铜器的两大体系长期并存，尽管秦汉政府长期奉行发展官府手工业而抑制民间手工业的政策[1]，但就铜器制造业（铸币除外）来说，实际上是官府生产经营逐渐弱化和私人生产经营迅速强化，尤其是铜日用生活器具的生产经营更是主要掌握在私营者手中。当时的产铜之地甚多，但汉朝政府设置的铜官只有丹阳一处；官府作坊的产品不敷供应，于是中山王室到河东、洛阳等地的市场上购买铜锅等日用器具；为了扩大私营作坊及其产品的影响，西汉晚期以后铜器铭文中的制作者铭、宣传产品质量优良的“广告语”、冒用工官“尚方作”的铭文、迎合消费者心理的吉祥语以及铜器的价格铭文等逐渐增多。凡此种种，皆为私营铜器制造业发展之表现。也正因为如此，铜器的商品化进程也快速得以推进，在西汉中晚期已经达到了相当高的程度，东汉时期又获得进一步发展。

总之，秦汉时期的铜器虽然已经不再像青铜时代那样在社会历史文化的总体中占据主

---

〔1〕　蔡锋：《中国手工业经济通史·先秦秦汉卷》第 420～432 页，福建人民出版社，2005 年。

体地位，但它并没有衰落，而是取得了新的成就，形成了新的时代风貌，在社会生活中发挥着新的作用。然而，铁器以及漆木器的广泛应用，瓷器在东汉中期的真正出现及其迅速发展[1]，毕竟都对铜器的制作和使用形成了强烈的冲击，使得铜器在东汉以降迅速地走向衰落。秦汉时期的铜器，在整个中国古代青铜器发展进程中"渡过了最后的辉煌"[2]。

第三节　秦汉陶瓷器与陶瓷器烧造业

　　秦汉时期是我国陶瓷发展史上的一个重要时期，突出的成就是完美的陶塑和低温铅釉的发明。这一时期还完成了从原始瓷到瓷器的发展，为以后瓷器手工业的发展奠定了基础。陶塑虽在新石器时代已经出现，但秦汉时期的陶塑艺术，在思想性和艺术性方面都开创了新的境界，各地发现的秦汉时期的陶俑，以完美的艺术形式，深刻地揭示了各种人物的内心世界。秦汉制陶业比战国有很大发展，陶窑的结构亦有改进。大量秦汉陶瓷器和秦汉窑址的发现，为我们探讨秦汉陶瓷烧造业提供了重要资料。关于秦汉时期陶瓷器的研究，考古学者多从秦汉陶瓷器的种类、陶瓷窑址与陶瓷器生产方面进行研究，科技史学者则多从陶瓷烧造工艺等方面进行探讨，均取得不少优秀成果[3]。

一　秦汉陶器

　　秦代的历史只有15年，真正被确定为具有秦代标准特征的陶器，主要出土于关中地区的秦都咸阳和临潼秦始皇陵区周围秦俑坑与秦代墓葬内。其他地区的秦代陶器，除有确凿的文字依据与关中地区的秦代陶器相同者外，则较难划定。其中有些陶器形制和当地的战国晚期陶器相近，并且还常保留着当地战国晚期陶器的一些特点[4]。就陕西咸阳和临潼附近出土的秦代陶器来看，大部分是实用器，以泥质和砂质灰陶为多，也有一些红陶。器表除饰绳纹与弦纹外，也有一些彩绘陶器。战国时已盛行的秦国特有的茧形壶，秦代仍很流行。茧形壶以墓葬出土为主，少数出土于遗址中的水井、窖穴，也有部分是零散的采集品[5]。秦始皇陵西侧外的"丽山飤官"遗址[6]T7窖穴出土的茧形壶，为泥质灰陶，

〔1〕　中国硅酸盐学会：《中国陶瓷史》第127页，文物出版社，2004年。

〔2〕　俞伟超：《秦汉青铜器概论》，《中国青铜器全集·12·秦汉》第18页，文物出版社，1998年。

〔3〕　A.王仲殊：《汉代考古学概说》，中华书局，1984年。

　　　B.冯先铭：《中国陶瓷》，上海古籍出版社，1994年。

　　　C.刘庆柱、李毓芳：《汉长安城》，文物出版社，2003年。

　　　D.中国硅酸盐学会：《中国陶瓷史》，文物出版社，2004年。

　　　E.俞伟超：《汉代的"亭""市"陶文》，《文物》1963年第2期。

　　　F.李家治：《简论中国古代陶瓷科技发展史》，《建筑材料学报》第3卷第1期，2000年。

〔4〕　冯先铭：《中国陶瓷》第56页，上海古籍出版社，1994年。

〔5〕　杨哲峰：《茧形壶的类型、分布与分期试探》，《文物》2000年第8期。

〔6〕　秦始皇陵考古队：《秦始皇陵西侧"丽山飤官"建筑遗址清理简报》，《文博》1987年第6期。

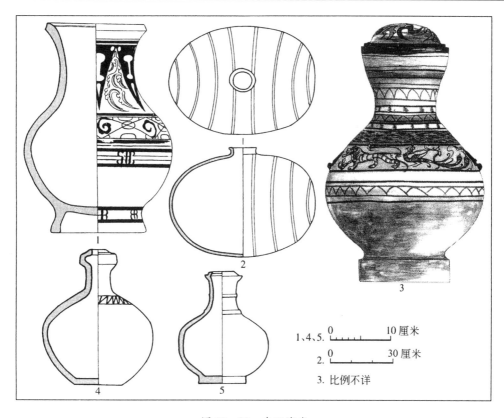

图 10 - 26　秦 汉 陶 壶

1.彩绘壶（满城汉墓 M1：3201）　2.茧形壶（秦始皇陵西遗址 T7 窖穴中出土）　3.彩绘壶（洛阳烧沟
M50：16）　4.蒜头壶（临潼上焦村 M12：03）　5.蒜头壶（临潼上焦村 M11：09）

胎质坚硬，腹部饰细线纹及环形带纹，高 57 厘米，腹长径 71 厘米，短径 56.5 厘米（图
10 - 26 - 2）。口部呈蒜头状的蒜头壶（图 10 - 26 - 4、5）亦是秦文化的典型器物，秦代很
流行，许多墓葬中都有出土[1]，以与陶鼎、盒的组合为常见。

　　随着汉代全国大一统局面的形成，各地陶器的种类与形制，大部分已趋于相同，但不
同地区也还保存一些地方特点。汉代陶器主要是各种饮食器、贮藏器等容器、生活用具，
以及专为随葬而制作的明器。因年代和地区的差异，器物的种类、形制、制法、纹饰及烧
成温度等都有所不同，大体上可分为灰陶、硬陶、釉陶三大类。陶俑及砖瓦等建筑材料也
是陶制品，下文将单独叙述。

　　灰陶是汉代最主要的陶系，在全国各地均有发现。汉代灰陶继承商周以来的传统而进
一步发展，在制作技术上达到了更高的水平。一般都呈青灰色，火候均匀，烧成温度约在
1000℃以上，质地坚实，大型器物普遍增多。由于不同种类的器物有不同的用途，在泥坯
的处理上有精粗之别，或掺砂或不掺砂，也由于氧化铁等含量的不同和烧成温度的高低及

〔1〕　西安市文物保护考古所：《西安南郊秦墓》第 724 页，陕西人民出版社，2004 年。

烧成气氛的差异，陶器的呈色也不一致，胎质的坚硬程度各有不同[1]。凡属圆形的容器，其坯胎多系轮制，形状规整，表面较光滑。除了随着陶轮的旋转而刻划的少许平行弦纹及一些局部的几何形划纹和印纹以外，基本上是素面的。西汉早期，少数容器如瓮、罐之类，偶尔还带有一些不甚明显的绳纹；西汉中期以后绳纹则基本上绝迹。有些灰陶器上绘有彩色花纹（图10-26-1），是在陶器烧成后才绘描的[2]，易脱落。如河南洛阳烧沟汉墓出土彩绘陶器近300件，其中以壶居多，此外还有案、奁、盒、碗等。彩绘壶彩色有红、赭、褐、绿、青、蓝、黄等色，从口到腹，分段绘描，通常以红色或黑色的线条作为组与组之间的分隔。M50：16，壶身彩绘有青龙、朱雀、白虎等，皆作奔腾状（图10-26-3）。在山东、安徽和湖北等地的汉墓[3]中都发现有涂有浓厚的黑色或褐色漆的灰陶，可以看出是模仿当时的漆器。如湖北云梦M1和M2西汉初年墓葬[4]中随葬的陶鼎里外均涂黑漆，鼎盖和腹部的黑漆地上用红褐色、黄色绘卷云纹、圆圈纹；陶盒器身与盖相扣合，盒里外均涂黑漆，在器身外部的黑漆地上用红褐色绘卷云纹、圆圈纹；陶钫器身外涂黑漆，用红褐色、黄色、蓝色在器壁上绘云气纹、变形鸟头纹、方条纹。战国时期流行的陶豆在西汉早期还偶有所见，但不久即消失。战国晚期开始出现的陶钫，盛行于西汉，东汉时已不见。茧形壶西汉早期仍较流行，西汉中期以后就极少见到。陶鼎（图10-27-1～4、6）和陶锺是汉代最常见的仿铜陶器，流行的时期甚长。其他容器如瓮、罐（图10-27-5、7～14）、盆、樽、盘、碗等，在整个汉代都大量存在，它们的形态随着年代的推移而演变。西汉前期少数带有绳纹的瓮、罐等尚有圜底的，从西汉中期以后，除了三足器和圈足器以外，几乎所有的器物都为平底。还有一些日常用具如案、灯、熏炉及扑满之类，既非饮食器，亦非一般的贮藏器，为前代所少见或未见。随着丧葬习俗的改变，汉代还盛行制作各种明器，种类甚多，数量很大，主要也属灰陶的系统。最初出现的是仓和灶，在秦代和西汉早期的墓中即有所见，但普遍流行则在西汉中期以后。其他如井、磨、猪圈、楼阁、碓房、农田和陂塘等模型，自西汉中期以后，相继出现，到了东汉种类和数量均增多。在汉代，有大量各式各样的陶俑用于随葬。

硬陶流行于长江以南，包括广东、广西、湖南、江西、福建、浙江及江苏南部等地区，由黏性较强的黏土制成。其胎质若细分，有泥质灰硬陶、泥质红硬陶和粗砂灰硬陶等。与灰陶相比，烧制火候更高，陶质更坚硬，故称硬陶。长江以南广大地区出土的硬陶是继承华南地区自新石器时代晚期以来的"几何印纹硬陶"的传统。一般圆形的容器，主要亦系轮制。器物的表面往往拍印着细密的方格纹，或刻划有水波纹、锯齿纹等。器物的

〔1〕　中国硅酸盐学会：《中国陶瓷史》第107页，文物出版社，2004年。
〔2〕　王仲殊：《汉代考古学概说》第76页，中华书局，1984年。
〔3〕　A.山东省博物馆、临沂文物组：《临沂银雀山四座西汉墓葬》，《考古》1975年第6期。
　　　B.安徽省文物工作队、阜阳地区博物馆、阜阳县文化局：《阜阳双古堆西汉汝阴侯墓发掘简报》，《文物》1978年第8期。
　　　C.湖北省博物馆、孝感地区文教局、云梦县文化馆汉墓发掘组：《湖北云梦西汉墓发掘简报》，《文物》1973年第9期。
〔4〕　云梦县文物工作组：《湖北云梦睡虎地秦汉墓发掘简报》，《考古》1981年第1期。

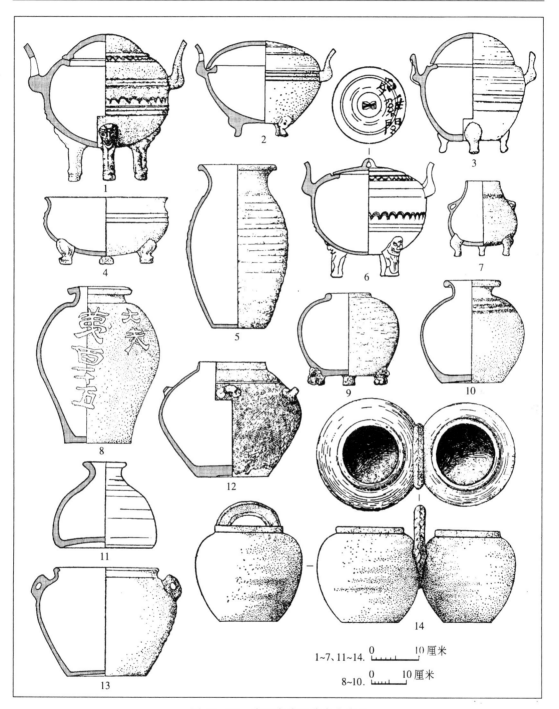

图 10-27　洛阳烧沟汉墓出土陶器

1.鼎（M136A∶36）　2.鼎（M125∶31）　3.鼎（M1034∶20）　4.鼎（M1037∶12）　5.罐（M1023∶28）

6.鼎（M136A∶35）　7.罐（M11∶24）　8.罐（M413∶1）　9.罐（M1027∶7）　10.罐（M146∶16）

11.罐（M147∶13）　12.罐（M147∶3）　13.罐（M144∶1）　14.罐（M8∶4）

种类多为瓮、罐、壶、盒、碗等容器。有些器物，如匏形壶、三足罐、四联罐或五联罐等，在形态上具有显著的地方特色。

低温铅釉陶制作的成功，是汉代制陶工艺的杰出成就之一。釉陶因釉药中含氧化铅，故称"铅釉"；由于主要流行于黄河流域和北方地区，所以也称"北方釉陶"。根据目前考古发现的材料，这种陶器在陕西关中地区首先出现，但在西汉武帝时期的墓葬中仍然极少发现。大约自西汉宣帝以后，铅釉技术开始获得比较快的发展，此时关东的河南等地也有了较多的发现。到了东汉时期，铅釉陶流行地域十分广阔，西至甘肃，北达长城地带，东到山东，南抵湖南、江西等地，均有出土。这种铅釉陶是以铅的化合物作为基本助熔剂，大约在700℃左右即开始熔融，因此是一种低温釉。主要呈色剂是氧化铜或氧化铁，烧成后呈棕黄色或绿色，釉面光彩照人。从目前考古发现看，釉陶基本上都是明器，这可能与它的低温烧成不宜实用有关。所见器物除了鼎、盒、壶、仓、灶、井及家畜圈舍之外，还有水碓、陶磨、作坊以及楼阁、池塘等各种模型明器。如河南灵宝张湾东汉墓[1]出土的陶楼（图10-28-2），高130厘米，通体施绿釉。铅釉陶的应用和推广，为后来各种不同

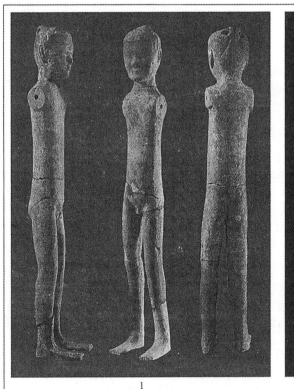

图10-28　汉代陶俑和陶楼
1.陶俑（西汉杜陵1号陪葬坑出土）　2.陶楼（灵宝张湾 M3：24）

〔1〕　河南省博物馆：《灵宝张湾汉墓》，《文物》1975年第11期。

色调的低温釉的出现奠定了基础。关于我国铅釉技术的发生问题，是陶瓷研究有待解决的课题之一。有人认为可能是受西亚的影响，"在汉朝时经由西域传来我国"[1]，也有学者认为中国的"铅釉是我国独立自创的"[2]。南方各地出土的硬陶上有的有一层薄釉，或黄或绿，颜色都很浅，烧成温度甚高，属于商周以来传统的青釉。西汉中晚期至东汉早期，有一种附有双耳的陶瓶，胎壁呈紫褐色，甚坚硬，颈部和肩部施较厚的绿釉，也属青釉系统。

陶俑作为随葬品，在春秋晚期的墓葬中已经开始使用。秦汉时期，使用陶俑随葬极为盛行。秦汉时期的陶俑，以临潼秦始皇陵秦俑坑所发现的兵马俑最为壮观，被誉为"世界第八大奇迹"。兵马俑陪葬坑位于秦始皇陵陵园东部，1974年发现，共计埋葬8000件陶质兵马俑。1号坑是以战车、步兵组成的长方形军阵坑道式建筑，有6000件兵马俑；2号坑是包括弩兵、车兵、步兵、骑兵的诸兵种混合军阵；3号坑是兵马俑坑群的指挥部。兵马俑与真人大小相同，栩栩如生，场面壮观。由于如实模拟人的体高，一般立像加上底托高近1.8米左右。由于形体高大，难于整模塑型，只有采取按身体不同部位分别制作，再套接、黏合成整体。虽然色彩多已脱落，但陶俑出土时有的还保留有彩绘遗痕，也有的色彩尚贴附于俑旁泥土之上，由此尚可窥知秦俑原施的色彩。在秦始皇陵的陪葬坑中还出土有百戏俑、文官俑、踞坐俑等。

汉初实行休养生息，所以汉陵陶俑虽然沿袭秦风，但形体尺寸已不再如实模拟真人大小。1966年在西安东郊白鹿原任家坡村汉文帝霸陵附近、窦皇后陵园西墙外从葬坑[3]中，出土彩绘女侍俑，姿态或坐或立，多放置于陶棺或砖栏内。表敷白色"胎衣"，后用黑褐、深绛、土黄、大红和粉白色绘以彩饰。1982年在西安三兆镇南西汉宣帝杜陵1号陪葬坑[4]中，出土31件男陶俑，俑头部和躯干分两半制作，前后范合成。陶俑为灰色陶质，俑体遍施白衣，然后其上再涂粉彩。陶俑身高55～65厘米（图10-28-1）。每个陶俑腰部都出铜带钩一个，可以推测陶俑原来身穿帛衣。从1990年起在咸阳正阳乡张家湾村西汉景帝阳陵从葬坑[5]中出土了大量骑兵俑、步兵俑、羊、狗、猪等各种动物俑，陶俑造型比例适度，体型匀称，刻画细致，工艺精湛，神态逼真，特别是陶俑的面部表情丰富多样，颇具个性，堪称艺术珍品。

除帝陵外，在帝陵近旁的陪葬墓及外地的侯王墓，有的也设有具有一定规模的随葬陶俑坑。1965年发现、1970～1976年发掘的咸阳杨家湾2座汉墓，位于高祖长陵的东部，

〔1〕　叶喆民：《中国古陶瓷科学浅说》第20页，轻工业出版社，1960年。

〔2〕　张福康、张志刚：《中国历代低温色釉的研究》，《硅酸盐学报》1980年第1期。

〔3〕　王学理、吴镇烽：《西安任家坡汉陵从葬坑的发掘》，《考古》1976年第2期。

〔4〕　A.中国社会科学院考古研究所杜陵工作队：《1982～1983年西汉杜陵的考古工作收获》，《考古》1984年第10期。

　　　B.中国社会科学院考古研究所：《汉杜陵陵园遗址》，科学出版社，1993年。

〔5〕　A.咸阳市博物馆：《汉景帝阳陵调查简报》，《考古与文物》1980年第1期。

　　　B.陕西省考古研究所汉陵考古队：《汉景帝阳陵南区从葬坑发掘第一号简报》，《文物》1992年第4期；《汉景帝阳陵南区从葬坑发掘第二号简报》，《文物》1994年第6期。

应是长陵的陪葬墓,墓主可能是周勃、周亚夫父子[1]。杨家湾汉墓及陪葬坑出土了3000多件彩绘兵马俑,为研究汉代军制、战阵、武器装备等情况提供了宝贵资料。1980年在咸阳白庙村南狼家沟西汉惠帝安陵的第11号陪葬墓的墓室上口四周,发现有随葬陶俑的长沟,出土有彩绘武士俑和陶牲畜模型[2]。1984年在江苏徐州狮子山西麓发现4座汉代俑坑,出土陶兵马俑2300余件,可能是西汉早期某代楚王的随葬品[3]。1986年徐州北洞山楚王墓出土430件彩绘陶俑,包括仪卫俑、侍俑和乐舞俑[4]。2002年在山东济南章丘危山发现汉代兵马俑陪葬坑,出土彩绘兵马俑100多件,墓主可能为西汉济南国王刘辟光[5]。西汉时的低级官吏和地主的墓中,有的也放置有陶俑,其内容与数量自然难与王侯相比,俑群的构成主要是家内奴婢[6]。

东汉帝陵陶俑的使用情况,因缺乏考古调查发掘资料,目前尚不清楚。20世纪50年代以来,在洛阳一带发掘了数量可观的东汉墓,从中我们可以一窥东汉陶俑的特点。如在烧沟东汉中期墓中较多地出现陶俑群,以墓23为例,陶俑均模制,先涂白粉为地,再以朱、黑、褐、绿等色彩绘;以伎乐为主,有坐姿乐队,以及踏鼓起舞的舞伎和弄丸、倒立的杂技表演者,还有服役的奴仆。各地的陶俑也具有一定的特色,如四川东汉墓中有在水田模型中穿短衣或赤膊、赤足劳作的陶俑,还经常出土成群的男仆女侍俑、乐舞俑,其中的说唱俑极为传神。

二　秦汉瓷器

瓷器生产的发展,在汉代是一个关键时期,大量考古材料证明,汉代已经在原始瓷的基础上生产出瓷器。

秦汉时期原始瓷器的制作,随着社会经济的发展而日趋繁盛,到西汉中晚期以后,原始瓷器不仅在浙江和苏南一带广为流行,而且在江西、湖南、湖北、陕西、河南、安徽、苏北等地的墓葬中也有发现(图版22-1)。秦汉时期的原始瓷与战国早、中期的原始瓷存在着较大的差别,胎土中含铁量比较高,所以在还原焰中烧成时,胎即呈现淡灰或灰的色调,在氧化焰中烧成时,胎则呈现砖红或土黄色。当时所用的釉料仍然是以铁作为着色剂的石灰釉,氧化钙的含量普遍较高,所以釉的高温黏度降低,流动性较大,有较好的透明

〔1〕　A.陕西省文物管理委员会、咸阳市博物馆:《陕西省咸阳市杨家湾出土大批西汉彩绘陶俑》,《文物》1966年第3期。

　　　B.陕西省文管会、博物馆、咸阳市博物馆杨家湾汉墓发掘小组:《咸阳杨家湾汉墓发掘简报》,《文物》1977年第10期。

〔2〕　咸阳市博物馆:《汉安陵的勘查及其陪葬墓中的彩绘陶俑》,《考古》1981年第5期。

〔3〕　徐州博物馆:《徐州狮子山兵马俑坑第一次发掘简报》,《文物》1986年第12期。

〔4〕　A.徐州博物馆、南京大学历史系考古专业:《徐州北洞山西汉墓发掘简报》,《文物》1988年第2期。

　　　B.徐州博物馆、南京大学历史学系考古专业:《徐州北洞山西汉楚王墓》,文物出版社,2003年。

〔5〕　王守功:《危山汉墓——第五处用兵马俑陪葬的王陵》,《文物天地》2004年第2期。

〔6〕　杨泓:《美术考古半世纪——中国美术考古发现史》第319页,文物出版社,1997年。

度，也容易形成蜡泪痕和聚釉现象。在东汉以前，施釉用刷釉法，并且只在器物的口、肩等局部施釉。东汉中期开始采取浸釉法，器物大半部上釉，只是近底处无釉，釉层增厚，而且胎釉的结合也大有改进，少见脱釉现象。器物的成型也一改战国时期拉坯成器、线割器底的作风，而普遍采用底、身分制，然后黏结成器的方法。秦和西汉早期原始瓷器的装饰比较简朴，一般器物上都只饰简单的弦纹或水波纹。到了西汉中期及以后，改用粘贴细扁的泥条，使之成为引人注目的凸弦纹，所饰的刻划花纹有水波、卷草、云气和人字纹等。1977 年在临潼秦始皇陵内城与外城之间的秦代房基中发现的原始青瓷盖罐上刻有阴文小篆"丽山飤官"等字样，当是秦代的原始青瓷无疑。青釉盖罐的盖作扁圆形，上有半环形钮，盖下有子口与器身密合。胎质细密坚硬，烧成温度较高，但含铁量较大，呈深灰色。盖面和器身外表均满施青褐色釉，釉层不够均匀，有聚釉现象。盖罐的廓线柔和，盖与器身的比例协调，体型的大小适度，是一种美观而又实用的储盛器。西汉早期的原始瓷器，所见产品有瓿、鼎、壶、敦、盒、锺和罐等。形制大都仿照当时的青铜礼器，器形大方端庄，鼎、敦、盒的盖面和上腹施青绿或黄褐色釉，制作比较精细。到了西汉中期，原始瓷器的面貌发生了一些变化，如鼎腹很深，足很矮，有的足已缩短到鼎底贴地。同时施釉的部位缩小，以至于完全不上釉。至西汉晚期，鼎、盒类逐渐消失，壶、瓿、罐、钫、奁、洗、盆、勺等类日常生活用器具急剧增多，生产更注重于实用，同时出现了牛、马、屋等明器。进入东汉以后，原始瓷的种类和纹饰都有所变化，西汉时期曾一度广泛流行的瓿和钫等器类，此时已不再生产，而罐类等日常生活用器的烧造量则在急速增长[1]。

　　瓷器的出现是汉代陶瓷手工业的重要突破。瓷和陶的差别在于它的外观坚实致密，多数为白色或略带灰色调，断面有玻璃态光泽，薄层微透光。在性能上具有较高的强度，气孔率和吸水率都非常小。在显微结构上则含有较多的玻璃相和一定量的莫来石晶体，残留石英细小圆钝。这些外观、性能和显微结构共同形成了瓷的特征[2]。在浙江宁波、上虞、慈溪、永嘉等地都发现了汉代瓷窑遗址；在河南洛阳[3]、河北安平[4]、安徽亳县[5]、湖南益阳[6]、湖北当阳[7]和江苏高邮[8]等东汉晚期墓葬和遗址中，都曾发现过青瓷制品，

〔1〕 中国硅酸盐学会：《中国陶瓷史》第 125 页，文物出版社，2004 年。

〔2〕 李家治：《古代中国陶瓷的科学技术——中国文化中的火凤凰》，《科技考古论丛》第二辑，中国科学技术大学出版社，2000 年。

〔3〕 中国科学院考古研究所：《洛阳中州路》，科学出版社，1959 年；《洛阳烧沟汉墓》，科学出版社，1959 年。

〔4〕 河北省文化局文博组：《安平彩色壁画汉墓》，《光明日报》1972 年 6 月 22 日。

〔5〕 A.亳县博物馆：《亳县凤凰台一号汉墓清理简报》，《考古》1974 年第 3 期。

　　 B.安徽省亳县博物馆：《亳县曹操宗族墓葬》，《文物》1978 年第 8 期。

〔6〕 周世荣：《湖南益阳市郊发现汉墓》，《考古》1959 年第 2 期。

〔7〕 沈宜扬：《湖北当阳刘家冢子东汉画像石墓发掘简报》，《文物资料丛刊》第 1 辑，文物出版社，1977 年。

〔8〕 江苏省文物管理委员会：《江苏高邮邵家沟汉代遗址的清理》，《考古》1960 年第 10 期。

这些有确凿年代可考的青瓷器的出现，证明我国青瓷的烧成不会迟于东汉晚期。

汉代瓷器是由原始瓷器发展而来的，是在原料粉碎和成型工具的改革、胎釉配制方法的改进、窑炉结构的进步、烧成技术的提高等条件下获得的，是我国古代劳动人民长期生产实践的结果。瓷器的出现，是我国陶瓷发展史上一个重要的里程碑，它给此后的魏晋南北朝瓷器制造业的空前发展奠定了坚实的基础。东汉瓷器的主要品种是青釉瓷（图版22-2），主要产地在今浙江的上虞、慈溪、宁波和永嘉一带。青釉瓷在我国南方烧制成功，首先应归功于南方盛产的瓷石。由于当时只用瓷石作为制胎原料，因而就形成了我国南方早期的石英—云母系高硅低铝质瓷的特色；其次则应归功于南方长期烧制印纹硬陶和原始瓷的成熟工艺[1]。

从绍兴、上虞一带发现的东汉中晚期青瓷器看，釉呈淡青色，器形主要是广口、扁圆腹、平底的四系罐。同样的四系罐在亳县东汉晚期的曹氏墓[2]中亦有发现，釉色光亮，质地纯净，说明当时青瓷器的制作技术已经相当成熟。青瓷的出现，是中国古代陶瓷史上的重要创新。据中国科学院上海硅酸盐研究所对浙江上虞小仙坛东汉瓷窑遗址出土青瓷片的分析，制瓷原料采用窑附近的瓷土矿，烧成温度已达 $1310\pm20℃$，釉料中含氧化钙15％以上，并在还原气氛中烧成[3]。釉呈较为纯正的青色，没有流釉现象。瓷胎的显微结构与近代瓷基本相同，说明东汉时我国已经比较成功地掌握了复杂的青瓷烧成技术。

刚从原始瓷演进而来的东汉晚期的瓷器，无论在造型技术和装饰风格等方面，都与原始瓷器有许多相似之处。此时常见的器形有碗、盏、盘、钵、盆、洗、壶、锺、罍、瓿等，此外还有少量的砚、唾壶及五联罐等。此时瓷器的装饰花纹仍为弦纹、水波纹和贴印铺首等几种，与原始青瓷的装饰手法无甚差异。

这一时期还发现了黑瓷。黑瓷的出现大大丰富了汉代瓷器手工业的内容。黑瓷在浙江发现较多，在湖北当阳[4]、安徽亳县[5]等地的汉代墓葬中也曾出土过黑釉瓷器，特别是在亳县元宝坑1号曹操宗族墓中发现黑釉和棕黄色釉的瓷片，该墓的墓砖上有"建宁三年（公元 170 年）"铭文，证明它的烧造时间应在东汉晚期。东汉的黑瓷是由酱色釉原始瓷发展而来的。这种黑釉制品的坯泥炼制不精，胎骨不及青釉制品细腻，器形也较为简单，以壶、罐、瓿等大件器物为多，也发现有碗、洗类器物。它们的造型和纹饰与青釉器基本相同。器表施釉一般不到底，器底和器壁近底处露出深紫的胎色。釉层厚薄不均，常常有一条条的蜡泪痕以及在器表的低凹处聚集着很厚的釉层。据测试，东汉黑瓷的烧成温度达 1240℃，瓷胎基本上不吸水，胎釉结合紧密，极少有脱釉现象，完全达到了瓷器的标准[6]。

〔1〕　李家治：《简论中国古代陶瓷科技发展史》，《建筑材料学报》第 3 卷第 1 期，2000 年。
〔2〕　安徽省亳县博物馆：《亳县曹操宗族墓葬》，《文物》1978 年第 8 期。
〔3〕　中国硅酸盐学会：《中国陶瓷史》第 127 页，文物出版社，2004 年。
〔4〕　沈宜扬：《湖北当阳刘家冢子东汉画像石墓发掘简报》，《文物资料丛刊》第 1 辑，文物出版社，1977 年。
〔5〕　A.亳县博物馆：《亳县凤凰台一号汉墓清理简报》，《考古》1974 年第 3 期。
　　　B.安徽省亳县博物馆：《亳县曹操宗族墓葬》，《文物》1978 年第 8 期。
〔6〕　朱伯谦、林士民：《我国黑瓷的起源及其影响》，《考古》1983 年第 12 期。

三　秦汉陶建筑材料

秦汉时期统治者利用国力大兴土木，广建宫苑。制砖和造瓦是秦汉陶业的一个重要方面，从出土的大量秦汉时期的建筑材料我们可以看出当年建筑的规模。秦汉时期陶建筑材料的生产，无论是生产规模和烧造技术，都比战国时期有了显著的扩大和进步。

砖的制法一般为模制，需加纹饰的砖再用纹模加印，然后入窑烧制。空心砖是战国时期中原地区劳动人们的一项创造，它被用作宫殿、官署或陵园建筑。秦代统一全国以后，尤其是西汉时期，这种空心砖的制作又有了新发展，在砖面上拍印出题材广泛、内容丰富、构图简练、形象生动、线条健劲的纹饰图样，使它不再是单纯的建筑材料，更进而成为富有艺术价值的陶质工艺品。秦代空心砖大多是长方形，作踏步用。纹饰有几何纹、龙纹、凤纹，也有素面。临潼和凤翔等地也曾发现过秦代的画像空心砖，砖面拍印骑马射猎和宴请宾客等场面。西汉是空心砖的极盛时期，在河南禹县白沙和洛阳烧沟等地发掘的大量西汉墓中，几乎有半数都是用这种空心砖建筑的。但是，在汉代空心砖的用途并未被推广，它的流行地区亦仍限于河南省及陕西省的中部、山西省的南部一带。除了大多数是长方形的以外，西汉的空心砖也有少数是三角形或长条状的，以便砌造墓门。砖面上的花纹是作为墓室的装饰而设计的，系用戳印逐个打印，纹样除几何纹以外，还有各种动物、植物以及人物、车马和房屋等[1]。在汉茂陵及其陪葬冢附近，曾发现有凤纹（图10-29-9）和龙虎纹长方形空心砖等[2]。龙虎纹空心砖正面中部为方格云纹及方格莲瓣纹组成的图案，周边饰线雕龙虎纹。长113厘米，宽35厘米，厚18.5厘米。到了东汉，空心砖衰落乃至绝迹。

秦汉时期，还发明了以长方形砖为主的小型砖。小型砖均为实心，呈长方形或正方形，长度一般为20～30多厘米，这里称之为"小型砖"，以区别于上述大型空心砖。在秦始皇陵出土的长方形砖，有规格大小不同的三种类型，砖面上均饰有细绳纹。汉代大量使用的是长方形砖，正方形砖基本上只用于铺地。为了符合建筑上的要求，砖的尺寸必须整齐划一。长方形砖的长、宽、厚都按一定的比例，一般来说，长与宽的比例是2:1，宽与厚多为4:1。小型砖一经出现，就被广泛使用，迅速普及到全国各地，用于建筑各种住房、粮仓、墓室、水井和涵洞等。到了东汉，用它们来筑造的砖室墓已普及到全国各地[3]。长方形砖以素面的为多，但也有不少印有花纹，纹样以几何图案为主。铺地用的正方形砖，则多在正面印几何图案。如在汉长安城出土的方砖纹饰又可分为方格纹、几何纹、菱形纹与涡纹等[4]。其中一种砖面纹饰为博局纹[5]，这种砖铺置地面上，还可作为

〔1〕　王仲殊：《汉代考古学概说》第80页，中华书局，1984年。

〔2〕　茂陵文物保管所王志杰、陕西省博物馆朱捷元：《汉茂陵及其陪葬冢附近新发现的重要文物》，《文物》1976年第7期。

〔3〕　王仲殊：《汉代考古学概说》第80页，中华书局，1984年。

〔4〕　刘庆柱、李毓芳：《汉长安城》，文物出版社，2003年。

〔5〕　中国社会科学院考古研究所汉城工作队：《汉长安城北宫的勘探及其南面砖瓦窑的发掘》，《考古》1996年第10期。

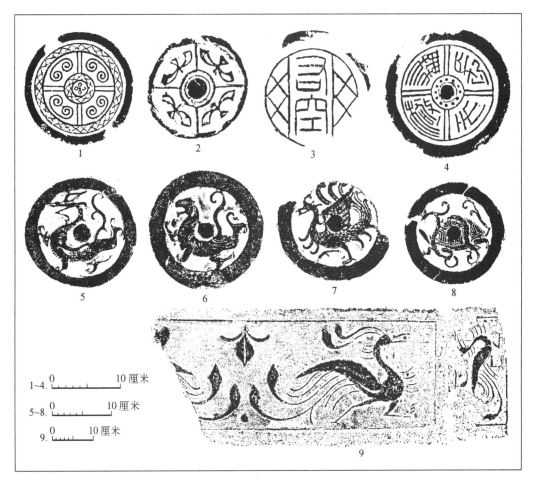

图 10-29　汉代瓦当和空心砖（拓本）

1.云纹瓦当（汉长安城桂宫 2 北：T1③：14）　2.动物纹瓦当（汉长安城桂宫 4：T1③：21）　3."右空"瓦当
（汉长安城桂宫 2 北：T8③：5）　4."长生无极"瓦当（汉长安城桂宫 2 北：T8③：9）　5.苍龙瓦当（汉长安
城南郊西汉礼制建筑遗址 F3 东门：5）　6.白虎瓦当（汉长安城南郊西汉礼制建筑遗址 F3 西门：10）　7.朱
雀瓦当（汉长安城南郊西汉礼制建筑遗址 F3 南门：4）　8.玄武瓦当（汉长安城南郊西汉礼制建筑遗址 F14
外北门②：2）　9.凤纹空心砖（西汉茂陵附近出土）

棋盘使用。此外，东汉时还有一种画像砖，砖面上印着各种有关社会生活和生产活动的图
纹，主要流行于四川，用于构筑并装饰墓室。

　　此外，秦汉时期还出现了五棱砖、曲尺形砖、楔形砖及子母砖等，形制比较特殊。五
棱砖可能用于屋脊，曲尺形砖用于屋角拐接，楔形砖和一端带榫、一端有卯的子母砖应是
用于构筑墓室的拱券部位。

　　秦汉时期瓦的制作和使用又得到了发展，制瓦的方法也有所改进。瓦有板瓦和筒瓦，
板瓦断面约为四分之一圆周，筒瓦断面为二分之一圆周。筒瓦前端有的有瓦当。板瓦、筒
瓦的制法是先用泥条盘筑法制成圆筒形坯，然后把圆筒形坯一剖为二便成筒瓦坯，一剖为

四便为板瓦坯，晾干后入窑烧制。

秦汉瓦当在全国大部分省区都有发现，分布地域之广、纹饰之繁、制作之精，达到了前所未有的高峰。总的来看，秦汉瓦当大致可分为三个阶段。

第一期，秦和西汉早期。这一时期素面瓦当减少，多为图案瓦当。瓦当以圆瓦当为主，还有少量半瓦当。在临潼秦始皇陵园遗址、辽宁绥中石碑地和河北秦皇岛金山嘴的秦行宫遗址等秦代建筑遗址中出土了不少能确定为秦代的瓦当，其他地区因秦代存在时间很短，在考古发掘中很难划出秦代地层，所以出土的瓦当只能大致定为秦或西汉初。从现有的考古材料看，秦代瓦当基本继承了战国晚期瓦当的样式，云纹和涡纹为各地区瓦当的主要纹饰。这一时期出现文字瓦当，但数量不多。秦和西汉早期的圆瓦当一般先模制当心，然后再在其上盘筑成圆筒体，用细绳（个别也有用竹刀）将圆筒体由上而下勒割，纵切成两半，至瓦当心背面，细绳再沿瓦当心背面与之平行向下割断筒体相连接部分。这种制法的瓦当，简称为"切当"。

第二期，西汉中晚期。这一时期的瓦当在全国大部分地区都有发现，瓦当使用很普遍，出土数量极大。素面瓦当数量更少，以图案瓦当（图10-29-1、2）为主，文字瓦当（图10-29-3、4）在陕西等地开始盛行。各地瓦当纹饰有趋同的趋势，均以云纹或涡纹为主，当心纹饰变化极为丰富。在汉长安城南郊礼制建筑遗址出土了青龙、白虎、朱雀、玄武"四神"纹瓦当（图10-29-5~8），纹饰精美，它们"可能属于王莽时期专门为礼制建筑制作的瓦当"[1]。西汉中晚期及以后的瓦当一般边轮与当心一次范成，然后再接瓦筒。这一时期瓦当当背多没有切割痕。

第三期，东汉时期。这一时期的瓦当使用地域更为广泛，在边远省区也多有发现。东汉时期瓦当各地基本上都是以当心为一大乳钉的云纹瓦当为主，文字瓦当较西汉时期数量减少，但使用地域扩大了。在边轮内饰一周栉齿纹带或短线纹带的瓦当在东汉时期较多。大约在东汉晚期洛阳地区出现一种边轮内饰一周锯齿纹带的瓦当，此种样式为魏晋时期广为采用，成为瓦当最为流行的装饰纹样[2]。

秦汉时期的陶质建筑材料除砖瓦，还有埋设于地下的陶质水管道及其他排水设备。汉长安城中许多重要建筑内的排水设施是陶质五角形水管道，如未央宫中央官署建筑的东院2号天井西边的五角形排水管道，表面饰斜绳纹，通高约40厘米[3]。

四　秦汉陶瓷窑址与陶瓷器的生产

秦汉陶窑遗址的发现，为我们了解秦汉时期的陶器生产提供了资料。总的来看，秦汉陶窑与战国陶窑相比，窑室的体积增大，火道加长，烟道的设计有了改善。

[1]　刘庆柱：《汉长安城遗址及其出土瓦当研究》，《古代都城与帝陵考古学研究》，科学出版社，2000年。

[2]　申云艳：《中国古代瓦当研究》第143、144页，文物出版社，2006年。

[3]　中国社会科学院考古研究所：《汉长安城未央宫1980～1989年考古发掘报告（下）》，中国大百科全书出版社，1996年。

　　秦代的陶窑与战国时代的陶窑相比，火膛和窑内容积显著增大，表明了此时陶窑装烧量的增长。在陕西咸阳[1]、临潼[2]和辽宁绥中[3]等地均曾发现秦代窑址。

　　咸阳东窑店乡共发现 14 座秦代窑址，形状为圆（椭圆）形或长方形。修筑方法皆为在生土上挖成窑室，部分窑壁涂抹草拌泥。其中圆形弧顶窑 12 座，是咸阳秦窑的主要形制。陶窑由窑门、火膛、窑床、窑室、烟道等部分组成。几乎全部烧造建筑材料，产品有板瓦、筒瓦、铺地砖、水管道、陶井圈等，应是提供给秦代宫廷建筑用的。在秦始皇陵园周围发现并清理了一批秦代窑址，这些窑址均由窑门、火膛、窑床、窑室、烟道以及火门前面的工作面组成（图 10-30-A）。窑室平面可分为方形、马蹄形、三角形几种，出土遗物有制陶工具、砖瓦及生活用器，这些窑址是为修建秦始皇陵而烧制建筑材料和生活器皿的陶窑。

　　"姜女石"秦汉建筑群址是秦始皇东巡所建的行宫之一，位于辽宁绥中沿海岸线一带，在该处发现一秦代窑址。窑址分窑门、火膛、窑床、烟道四个部分（图 10-30-B）。整个窑室平面略呈长方形，加上烟道部分南北总长 4.6 米。燃料直接在火膛内燃烧，通过自然风力，利用回火墙使热量能充分发挥。该窑出土遗物不多，多为板瓦残片，有少量筒瓦。该窑设计合理，工艺简单，科学实用，为研究秦代制陶业的发展水平提供了宝贵的材料。

　　汉代窑址发现得更多，在陕西咸阳[4]、澄城[5]、西安[6]，河南郑州[7]、洛阳[8]、新乡[9]、

[1] A. 陕西省博物馆、文管会勘察小组：《秦都咸阳故城遗址发现的窑址和铜器》，《考古》1974 年第 1 期。

　　B. 秦都咸阳考古工作站：《秦都咸阳古窑址调查与试掘简报》，《考古与文物》1986 年第 3 期。

　　C. 秦都咸阳考古工作站刘庆柱：《秦都咸阳几个问题的初探》，《文物》1976 年第 11 期。

[2] 秦俑考古队：《临潼县陈家沟遗址调查简记》，《考古与文物》1985 年第 1 期；《秦代陶窑遗址调查清理简报》，《考古与文物》1985 年第 5 期。

[3] 辽宁省文物考古研究所姜女石工作站：《辽宁绥中县"姜女石"秦汉建筑群址瓦子地遗址一号窑址》，《考古》1997 年第 10 期。

[4] A. 秦都咸阳考古工作站：《秦都咸阳古窑址调查与试掘简报》，《考古与文物》1986 年第 3 期。

　　B. 时瑞宝：《汉长陵邑清理瓦窑一座》，《考古与文物》1987 年第 1 期。

[5] 陕西省文管会、澄城县文化馆联合发掘队：《陕西坡头村西汉铸钱遗址发掘简报》，《考古》1982 年第 1 期。

[6] A. 陕西省博物馆：《西安北郊新莽钱范窑址清理简报》，《文物》1959 年第 11 期。

　　B. 唐金裕：《西安市北郊汉代砖瓦窑址》，《考古》1964 年第 4 期。

　　C. 中国社会科学院考古研究所汉城工作队：《汉长安城 1 号窑址发掘简报》，《考古》1991 年第 1 期；《汉长安城 2~8 号窑址发掘简报》，《考古》1992 年第 2 期；《汉长安城北宫的勘探及其南面砖瓦窑的发掘》，《考古》1996 年第 10 期。

[7] 郑州市博物馆：《郑州古荥镇汉代冶铁遗址发掘简报》，《文物》1978 年第 2 期。

[8] 洛阳市文物工作队：《洛阳东周王城内的古窑址》，《考古与文物》1983 年第 3 期；《洛阳市东郊东汉"对开式"砖瓦窑清理简报》，《中原文物》1985 年第 4 期。

[9] 新乡市文管会：《新乡北站区前郭柳村汉代窑址发掘》，《考古》1989 年第 5 期。

偃师[1]、温县[2]，河北武安[3]，内蒙古宁城[4]，贵州沿河[5]，四川武胜[6]，湖南常德[7]，湖北老河口[8]，浙江衢州[9]等地均有发现。

从各地窑址的发掘情况看，有的是用来烧造陶器的，有的是用来烧造砖瓦的，有的是用来烧造、烘烤钱范和器物范的，也有的是用来烧造陶俑的。汉代陶窑最常见的形式是由窑门、火膛、窑床、烟道以及窑门前面的工作面（前室）组成。汉代的陶业工匠对以往的陶窑做了相应的改进，即由一个烟道改为两个或三个，而排烟口则仍为一个，使两侧的烟火通路形成内向弯曲，汇集到中间的通路以后再排出窑外。这样，就把原先的中部一个孔洞进烟，改变成两侧的两个孔洞或者中部及左右两侧的三个孔洞同时进烟，从而解决了窑内温度分布不均的问题，提高了产品的烧成质量。汉代陶窑的燃料多用草和木柴，东汉时期有的陶窑开始使用煤作燃料。1988 年在偃师翟镇乡发掘 3 座东汉时期窑址（图10 - 30 - C），均以煤为燃料。

秦汉时期的陶业大致有三种不同的性质，即中央直接控制的陶业作坊、由地方经营的官府手工业以及私人经营的制陶作坊[10]。在秦都咸阳和秦始皇陵以及汉长安城等地出土的"左司"、"右司"、"宫疆"、"宫屯"、"宫水"以及"宗正"、"都司空"、"右空"等砖瓦铭文，表明当时的官府制陶由宗正属官都司空令及少府属官左右司空令管辖。这种中央直接控制的官府陶业尤以西汉武帝时为盛，东汉时期则归由少府属官尚方令主管[11]。中央官署制陶作坊烧造的砖瓦，凡属都司空管辖的，在人名前多冠以"都"字；凡属左右司空管辖的，在人名前冠以"左司空"、"左司"或"左"等字；凡属大匠管辖的，砖瓦上则有"大匠"、"匠"、"大"、"大瓦"等字。咸阳秦代遗址出土的"咸亭"、邯郸和武安汉代遗址出土陶器上的"邯亭"[12]，陕县汉墓出土陶罐上的"陕亭"、"陕市"[13]，洛阳东周王城内

[1]　A.北京大学历史系洛阳考古实习队：《河南偃师伊河南岸考古调查试掘报告》，《考古》1964 年第 11 期。

B.中国社会科学院考古研究所洛阳汉魏城队：《汉魏洛阳城发现的东汉烧煤瓦窑遗址》，《考古》1997 年第 2 期。

[2]　河南省博物馆、新乡地区博物馆、温县文化馆：《河南省温县汉代烘范窑发掘简报》，《文物》1976 年第 9 期。

[3]　河北省文物管理委员会：《河北武安县午汲古城中的窑址》，《考古》1959 年第 7 期。

[4]　昭乌达盟文物工作站、宁城县文化馆：《辽宁宁城县黑城古城王莽钱范作坊遗址的发现》，《文物》1977 年第 12 期。

[5]　贵州省博物馆考古队：《贵州沿河洪渡汉代窑址试掘》，《考古》1993 年第 9 期。

[6]　重庆博物馆陈丽琼：《四川武胜匡家坝汉代砖窑试掘记》，《考古与文物》1980 年第 2 期。

[7]　王永彪、潘能艳：《湖南常德市东汉砖窑遗址》，《考古》1997 年第 7 期。

[8]　老河口市博物馆：《老河口市柴店岗砖厂汉代窑址清理简报》，《江汉考古》2004 年第 4 期。

[9]　潘三古：《衢州发现汉代窑址》，《中国文物报》1990 年 9 月 13 日。

[10]　中国硅酸盐学会：《中国陶瓷史》第 107 页，文物出版社，2004 年。

[11]　陈直：《两汉经济史料论丛》第 169 页，陕西人民出版社，1958 年。

[12]　邯郸市文物保管所：《河北邯郸市区古遗址调查简报》，《考古》1980 年第 2 期。

[13]　黄河水库考古工作队：《1957 年河南陕县发掘简报》，《考古通讯》1958 年第 11 期。

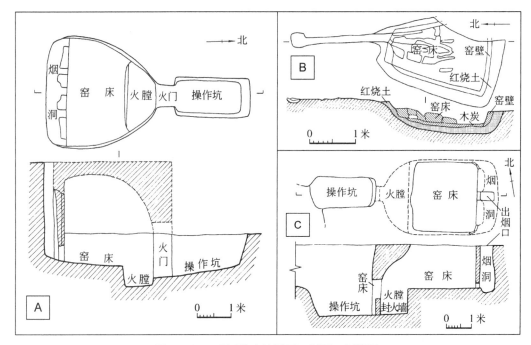

图 10-30 秦汉陶窑址平面、断面、剖视图
A.秦代陶窑址（秦始皇陵园 80 西 Y2）平面、剖视图 B.秦代陶窑址（绥中瓦子地遗址 1 号）平面、断面图
C.东汉陶窑址（汉魏洛阳城 89·207·Ⅸ区 T2Y1）平面、剖视图

西汉遗址出土的陶盆和陶碗上的"河亭"、"河市"[1] 等戳印陶文，则是地方官营手工制
陶作坊存在的例证[2]。至于私人经营的制陶作坊更加普遍，在陕西咸阳、西安等地经常
出土有亭名、里名、人名铭文的陶器，如秦始皇陵东侧马厩坑[3]中出土的陶罐上有"咸
亭富柳昌器"、咸阳附近出土陶片上有"咸亭沙寿□器"[4]，这种陶器应为私人作坊的产
品。在咸阳滩毛村南的渭河北岸发现的制陶作坊遗址内[5]，除了发现多座陶窑外，还发
现不少贮存陶器的窖穴，所有窖穴都堆放着倒置的陶器，以鬲、瓮居多，还有罐、釜、
盆、壶等，它们排列整齐，显然是预备出售的商品。

西汉时期的制陶业已有相当明显的分工，已经有专门烧造建筑材料、陶俑等的专业作
坊。在汉长安城北宫宫城遗址以南勘探发现近 20 座汉代砖瓦窑址，表明这里是汉长安城
内一处规模较大的砖瓦建筑材料生产场所。出土的"大匠"陶文戳记砖瓦反映出这些窑址

〔1〕 中国科学院考古研究所：《洛阳中州路》，科学出版社，1959 年。

〔2〕 俞伟超：《汉代的"亭""市"陶文》，《文物》1963 年第 2 期。

〔3〕 秦俑坑考古队：《秦始皇陵东侧马厩坑钻探清理简报》，《考古与文物》1980 年第 4 期。

〔4〕 陕西省社会科学院考古研究所渭水队：
《秦都咸阳故城遗址的调查和试掘》，《考古》1962 年第 6 期。

〔5〕 A.陕西省社会科学院考古研究所渭水队：《秦都咸阳故城遗址的调查和试掘》，《考古》1962 年第
6 期。

B.陕西省博物馆文管会勘查小组：《秦都咸阳故城遗址发现的窑址和铜器》，《考古》1974 年第1 期。

与"掌治宫室"[1]的"大匠"相关。已发掘的 11 座砖瓦窑址应为将作大匠管辖的"官窑"，其产品砖瓦可能用于北宫、未央宫和武库等皇室建筑的修造。

在汉长安城西北部发现了不少汉代陶俑窑遗址，可分为民窑和官窑，其中民窑是私人经营的制陶手工业生产作坊。这种窑址大多分布在西市遗址以外的西部和南部，烧造的陶俑品种很多，有人俑，也有动物俑。民窑址分布散乱，排列无序。这些民窑生产的陶俑应属于投放市场的商品，陶俑窑

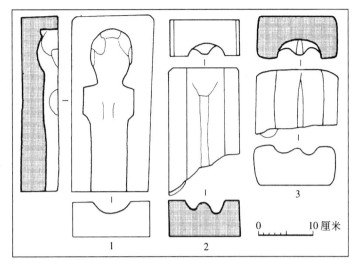

图 10-31　汉长安城遗址出土陶俑范
1. Y12:74　2. Y13:13　3. Y8:17

东部的东市可能就是其重要销售场所[2]。官窑址[3]在长安城西市遗址的东北部，已发掘的 21 座陶俑窑均为烧制裸体陶俑的陶窑（图 10-31），西汉京畿地区的帝陵和大型汉墓随葬的裸体陶俑，这里的官窑生产可以满足供应。

东汉时期生产原始瓷器的窑场遗址，在浙江宁波[4]、上虞和永嘉以及江苏的宜兴等地均有发现。尤其是上虞的窑场遗址多而集中，是当时原始瓷器的主要产地。关于汉代瓷窑址，目前在浙江省发现较多。在宁波、上虞、慈溪和永嘉等地先后发现了大批汉代瓷窑址，这些窑群，时间有早有晚，但又相互衔接，在发展顺序上存在着明显的连续性，为我们研究东汉中晚期原始瓷发展为瓷器的具体演进过程，探讨我国瓷器的发生和发展情况，提供了极为丰富的实物资料。

在上虞龙池庙后山、小仙坛、大陆岙、凤凰山、帐子山、畚箕岙、大园坪等地曾发现东汉时期的瓷窑址多处。瓷窑的结构都是龙窑形式，主要生产青瓷和黑瓷。在庙后山、大陆岙发现一批胎质较松、釉层薄、胎釉结合不紧密的原始瓷器。然而小仙坛、帐子山和畚箕岙等地的汉代瓷窑址已完全生产瓷器，各窑所产瓷器胎质细腻，呈灰白色，胎体已完全烧结，具有不吸水性，击之发出铿锵声。釉色呈青黄、纯青色。经科学检测，小仙坛瓷器的瓷胎和附近所产瓷石化学成分十分接近，烧成温度达 1300℃[5]，表明小仙坛窑址出土

〔1〕《汉书·百官公卿表（上）》。

〔2〕刘庆柱、李毓芳：《汉长安城》第 174 页，文物出版社，2003 年。

〔3〕中国社会科学院考古研究所汉城队：《汉长安城窑址发掘报告》，《考古学报》1994 年第 1 期。

〔4〕林士民：《浙江宁波汉代瓷窑调查》，《考古》1980 年第 4 期；《浙江宁波汉代窑址的勘察》，《考古》1986 年第 9 期。

〔5〕浙江省文物考古所、上虞县文化馆：《浙江上虞县发现的东汉瓷窑址》，《文物》1981 年第 10 期。

的青瓷器已达到瓷器生产的成熟阶段。考古发现表明，上虞地区东汉早中期的窑业生产，由原来的烧陶为主，同时也兼烧少量原始瓷器，随着时间的推移，陶器的数量逐渐下降，品种日益减少，而原始瓷的生产则由少到多，发展迅速，品种增多，质量提高，并终于取得了陶、瓷合烧中的主导地位。这种发展趋势，在稍晚的上虞窑址中进一步加强。在上虞大园坪发掘东汉龙窑两处，获取了大量瓷器标本。1 号龙窑窑底、窑壁用黏土抹成，具有良好的烧结面，从火膛、窑腔等部分考察，此地的龙窑较为成熟，有利于窑温的提高和分布均匀，可使窑温提高到 1300℃左右。窑炉结构的成熟，是瓷器得以诞生的最重要外因。2 号窑结构完整，窑长 4 米左右，尽管规模较小，但丰富了人们对东汉龙窑的认识。此次出土的大量器物标本中，器类十分丰富，有碗、钵、洗、锺、瓿、罍、虎子、托盘、五管瓶等，均为东汉晚期墓葬中常见的随葬器物，且多数产品具有瓷器光泽、胎釉结合紧密、瓷胎硬度强、吸水率低的特点。而这些特点足以说明这些器物具备成熟瓷器所有的物理特征，从而确证了今曹娥江中上游一带是中国成熟瓷器的诞生地[1]。

从考古发现看，东汉晚期宁波瓷器手工业也相当发达，说明我国瓷业在东汉时已经不限于个别地区个别瓷窑的生产了，制瓷工业已有相当的规模。同时各地墓葬中出土的东汉青釉、黑釉瓷器，在这些窑址中都可见到同类产品，证明浙江是汉代瓷业的主要产地。东汉晚期瓷器烧造已和陶器分开，瓷器单独焙烧，这反映了这时瓷器生产已经形成独立的手工业部门，就使得瓷器烧造技术和工艺进一步提高。由于瓷器比陶器坚固耐用，清洁美观，又比铜、漆、木等质地的器物造价低廉，而且原料分布广泛，各地都可以烧造，所以瓷器一经出现，就迅速地成为人们日常生活中十分普遍的用具，并对世界上其他国家产生了极为深远的影响。

第四节　秦汉漆器与漆器制造业

一　秦汉漆器的发现与研究简述

秦汉时期是中国漆工艺发展的一个高峰时期，它在中国漆艺发展史上起到了承前启后的作用。秦汉漆器基本上出于墓葬之中，在遗址中发现极少。秦汉时期的漆器，从目前的统计资料看，除西藏、青海、宁夏、海南、吉林、黑龙江、福建、台湾、天津及上海基本上还没有漆器出土外，其他各省、自治区、直辖市都有出土，但以南方地区特别是湖北、湖南、江苏地区出土的数量多，保存好；而北方地区出土的漆器数量较少，且保存状况不佳。秦汉漆器发现较早的实例为 1916 年日本学者在朝鲜古乐浪郡汉墓的发现[2]。20 世纪 40 年代日本学者在山西阳高[3]

[1]　刘慧、余炫：《上虞大园坪东汉窑址发掘证实曹娥江流域是中国成熟瓷器诞生地》，《浙江日报》2005 年 1 月 7 日。

[2]　朝鲜总督府：《古迹调查特别报告》第一册、第二册、第四册。转引自郑师许《漆器考》第 9 页，中华书局，1936 年。

[3]　小野胜年、日比野丈夫：《陽高古城堡——中国山西省陽高县古城堡漢墓》，六興出版，1990 年。

和河北怀安北沙城[1]发掘的汉墓，以及 1951～1952 年中国学者在长沙发掘的汉墓[2]中均有漆器出土。此后，各地陆续有漆器出土。出土漆器的秦汉墓葬，主要分布在湖北的云梦和荆州、湖南长沙、江苏的扬州和连云港、安徽的阜阳和天长等地，在山东临沂、广东广州、广西贵县、贵州清镇、甘肃武威、四川成都等地也有较多漆器出土。

　　对秦汉漆器的研究，基本上是随着考古发掘展开的。较早的研究主要是日本学者在 20 世纪 20～40 年代围绕着日本学者在朝鲜半岛汉乐浪郡汉墓清理出土的漆器进行的研究，中国学者要么翻译其资料和研究成果，要么利用他们的材料进行一些有限的研究，基本上为铭文和图案的研究[3]，这一时期也有学者根据文献记载，并佐以乐浪汉墓的发现，对漆料、汉代漆器的概况及夹纻胎骨进行初步的研究，由于当时考古发现有限，主要利用了文献的考证，而缺乏考古学的证据[4]，还有的记录了当时所见到的非科学发掘的长沙漆器[5]。此后，有学者根据当时漆器出土情况对汉代漆器进行综合研究[6]。自 20 世纪 70 年代至今，在一些墓葬中出土了大批保存较好的漆器，使秦汉漆器资料大为丰富，学者们对这些漆器研究的广度和深度都有所增强。其研究成果主要还有以下几个方面[7]：天然漆及其利用等问题的研究[8]、漆器胎骨的研究[9]、漆器造型研究[10]、髹漆文饰工艺研究[11]、不同风格漆器比较研究[12]、

[1]　水野清一、岡崎卯一：《萬安北沙城》，（日本）東亞考古学会，1946 年。
[2]　中国科学院考古研究所：《长沙发掘报告》，科学出版社，1957 年。
[3]　A.[日] 内藤虎次郎著，容庚译：《乐浪遗迹出土之漆器铭文》，《北京大学研究所国学门月刊》第一卷第一号，1926 年 10 月。
　　　B.容庚：《乐浪遗迹出土之漆器铭文考》，《北京大学研究所国学门月刊》第一卷第一号，1926 年 10 月。
　　　C.[日] 梅原末治著，刘敦滋译：《汉代漆器纪年铭文集录》，《考古社刊》第 6 期，1937 年 6 月。
　　　D.梅原末治：《支那汉代纪年铭漆器图说》，桑名文星堂，1944 年。
[4]　郑师许：《漆器考》，中华书局，1936 年。
[5]　商承祚：《长沙古物闻见记》，哈佛燕京学社印行，1939 年。
[6]　陈直：《两汉纺织漆器手工业》，《西北大学学报（人文科学版）》1957 年第 2 期。
[7]　下面所列的同类论文或著作按照发表的时间先后为序，依次列出。
[8]　熊松青：《略谈漆树及漆利用源流》，《四川文物》1996 年第 6 期。
[9]　A.索予明：《中国漆工艺研究论集·夹纻之法及其源流》，台北故宫博物院，1977 年。
　　　B.后德俊：《夹苎胎漆器出现的原因初析》，《中国文物报》1995 年 11 月 26 日。
[10]　张荣：《中华文物精品鉴赏丛书·漆器型制与装饰鉴赏》，中国致公出版社，1994 年。
[11]　A.李家浩：《江陵凤凰山八号汉墓"龟盾"漆画试探》，《文物》1974 年第 6 期。
　　　B.王世襄：《中国古代漆工杂述》，《文物》1979 年第 3 期。
　　　C.李正光：《长沙马王堆一号汉墓黑地彩绘棺的艺术成就》，《湖南考古辑刊》第 1 辑，岳麓书社，1982 年。
　　　D.沈福文：《中国漆艺美术史》，人民美术出版社，1992 年。
　　　E.李晶寰：《马王堆一号汉墓漆器的装饰艺术及文化内涵》，《考古与文物》1996 年第 3 期。
　　　F.王琥：《漆艺概要》，江苏美术出版社，1999 年。
　　　G.诸葛铠：《墨朱流韵：中国古代漆器艺术》，三联书店，2000 年。
[12]　A.李昭和：《"巴蜀"与"楚"漆器初探》，《中国考古学会第二次年会论文集》，文物出版社，1982 年。
　　　B.院文清：《楚与秦汉漆器的几个问题》，《江汉考古》1987 年第 1 期。
　　　C.逄振镐：《汉代山东出土漆器之比较研究》，《江汉考古》1988 年第 4 期。

个别地区漆器年代分期与分区研究[1]、关于漆器上文字的研究包括文字的考释及以此为基础的关于漆器产地、制造者等诸问题的研究[2]、漆艺术与漆工艺研究[3]、漆器价格的研究[4]、单个墓葬出土漆器群的研究[5]及某些漆器功能与民俗的研究[6]，秦汉漆器综述或综合研究一般局限于某个区域[7]，整体的综述和综合研究少见[8]。此外还有一些漆器

---

[1] 陈振裕：《试论湖北战国秦汉漆器的年代分期》，《江汉考古》1980 年第 2 期。

[2] A.卢兆荫：《关于满城汉墓漆盘铭文及其他》，《考古》1974 年第 1 期。

　　B.蒋英炬：《临沂银雀山西汉墓漆器铭文考释》，《考古》1975 年第 6 期。

　　C.《关于凤凰山一六八号汉墓座谈纪要·关于漆器问题》殷崇浩和俞伟超的发言，《文物》1975 年第 9 期。

　　D.俞伟超、李家浩：《马王堆一号汉墓出土漆器制地诸问题》，《马王堆汉墓研究》，湖南人民出版社，1979 年。此文是在俞伟超、李家浩《马王堆一号汉墓出土漆器制地诸问题——从成都市府作坊到蜀郡工官作坊的历史变化》（《考古》1975 年第 6 期）基础上修改而成。

　　E.宋治民：《汉代漆器制造手工业》，《四川大学学报》1982 年第 2 期。

　　F.方诗铭：《从出土文物看汉代“工官”的一些问题》，《上海博物馆集刊》第 2 期，上海古籍出版社，1982 年。

　　G.肖亢达：《云梦睡虎地秦墓漆器针刻铭记探析——兼谈秦代“亭”、“市”地方官营手工业》，《江汉考古》1984 年第 2 期。

　　H.孙斌来：《汝阴侯漆器的纪年和 M1 主人》，《文博》1987 年第 2 期。

　　I.陈振裕：《湖北战国秦汉漆器文字初探》，《古文字研究》第 17 辑，中华书局，1989 年。

　　J.蓝日勇、杨小菁：《广西贵县罗泊湾一号汉墓漆器铭文探析》，《江汉考古》1993 年第 3 期。收录于《广西博物馆建馆 60 周年论文集》，广西民族出版社，1993 年。

　　K.后德俊：《“洀”及“洀工”初论》，《文物》1993 年第 12 期。

　　L.符钰：《汉代漆器文字综述》，《湖南省博物馆四十周年论文集》，湖南教育出版社，1996 年。

　　M.周世荣：《汉代漆器铭文“洀工”考》，《考古》2004 年第 1 期。

　　N.孙机：《关于汉代漆器的几个问题》，《文物》2004 年第 12 期。

　　O.洪石：《战国秦汉时期漆器的生产与管理》，《考古学报》2005 年第 4 期。

[3] A.后德俊：《马王堆汉墓出土漆器与楚国漆工艺的关系》，《马王堆汉墓研究文集》，湖南出版社，1994 年。

　　B.王纪潮：《论战国秦汉漆器在中国艺术史上的地位》，《江汉考古》1995 年第 1 期。

[4] 余华青：《秦汉漆器价格考辨》，《中国史研究》1985 年第 4 期。

[5] 熊传新：《马王堆汉墓的漆器》，《马王堆汉墓研究》，湖南人民出版社，1979 年。

[6] 聂菲：《马王堆汉墓漆器与汉初长沙地区风俗习惯》，《马王堆汉墓研究文集》，湖南出版社，1994 年。

[7] A.陈振裕：《浅谈湖北出土的战国、秦、西汉漆器》，《文物天地》1985 年第 6 期。

　　B.张燕：《扬州漆器史》，江苏科学技术出版社，1995 年。

　　C.杨权喜：《湖北省出土的战国秦汉漆器》，《江汉考古》1995 年第 2 期。

　　D.周珣：《汉代江南漆器制造业初探》，《南方文物》1996 年第 3 期。

[8] A.金琦：《试谈古代漆器》，《南京博物院集刊》第 5 期，1982 年。

　　B.王仲殊：《汉代考古学概说》第 43～53 页“汉代漆器”，中华书局，1984 年。

　　C.《中国大百科全书·考古学》第 167～169 页“汉代漆器”，中国大百科全书出版社，1986 年。

　　D.李如森：《战国秦汉漆器综述》，《史学集刊》1987 年第 4 期。

图录中关于漆器的综述文章等[9]。

二　秦汉漆器的器类及组合

秦汉时期的漆器，用途广泛，涉及社会生活各个方面。根据其功能大体可分为八类。一是日常生活用器，包括饮食用器、居室用器、梳妆用器、唾器、溺器等。饮食用器如杯[10]、盘、厄等，居室用器如床、几、案、屏风、枕等，梳妆用器如妆奁、梳篦、镜等，唾器、溺器如虎子等。二是丧葬用器，如棺椁（图版 24 - 2）、面罩、俑等。三是兵器，如弓、矢箙、盾、兵器架等。四是乐器，如鼓、琴、瑟及击钟鼓的槌等。五是交通工具，如车舆、轮等。六是文娱用品，如六博盘、砚台、印章等。七是计量及天文仪器，如量器升、天文仪器式盘等。八是服饰，如纱帽、履等。从各类漆器的出土频率看，除丧葬用器的棺椁之外，出土最为频繁、数量也最多的是日常生活用器，而且在大小墓中均有出土，下面对其详加介绍。

出土较多日常生活用漆器的秦汉墓葬主要有以下几处。1975～1976 年发掘的湖北云梦睡虎地 12 座秦墓[11]，均出有漆器，包括盛、盂、具器、圆奁、椭圆奁、笥、凤形勺、匕、椑、厄、觯、杯等，其中杯最多。1975 年、1977 年发掘的湖北云梦睡虎地 10 座秦汉墓[12]中，有 8 座墓出有漆器，包括杯、盛、盂、具器、圆奁、椭圆奁、椑、厄、觯、笥、勺、匕等。1978 年发掘的湖北云梦睡虎地 27 座秦汉墓[13]中，有 9 座墓出有漆器，包括盛、盂、具器、笥、圆奁、椭圆奁、凤形勺、觯、椑、厄、杯、盘等，其中杯最多，圆奁次之，凤形勺、觯最少。1992 年发掘的湖北荆州高台 44 座秦汉墓[14]中，有 15 座墓出有

　　　E.张理萌：《汉代漆器初探》，《故宫博物院院刊》1989 年第 3 期。

　　　F.洪石：《战国秦汉漆器研究》，文物出版社，2006 年。

　　　G.陈振裕：《战国秦汉漆器群研究》，文物出版社，2007 年。

　　　H.洪石：《秦代漆器研究》，《里耶古城·秦简与秦文化研究——中国里耶古城·秦简与秦文化国际学术研讨会论文集》，科学出版社，2009 年。

〔9〕　A.左德承编绘：《云梦睡虎地出土秦汉漆器图录》，湖北美术出版社，1986 年。

　　　B.李正光编绘：《汉代漆器艺术》，文物出版社，1987 年。

　　　C.王世襄：《中国古代漆器》，文物出版社，1987 年。

　　　D.王世襄、朱家溍主编：《中国美术全集·工艺美术编 8·漆器》，文物出版社，1989 年。

　　　E.湖北省博物馆、香港中文大学文物馆：《湖北出土战国秦汉漆器》，（香港）灏彩制作有限公司，1994 年。

　　　F.陈振裕：《楚秦汉漆器艺术（湖北）》，湖北美术出版社，1996 年；《中国古代漆器造型纹饰》，湖北美术出版社，1999 年。

　　　G.陈振裕主编：《中国漆器全集 2·战国—秦》，福建美术出版社，1997 年。

　　　H.傅举有主编：《中国漆器全集 3·汉》，福建美术出版社，1998 年。

〔10〕　一些漆器的命名参见洪石《战国秦汉漆器研究》，文物出版社，2006 年。

〔11〕　《云梦睡虎地秦墓》编写组：《云梦睡虎地秦墓》，文物出版社，1981 年。

〔12〕　云梦县文物工作组：《湖北云梦睡虎地秦汉墓发掘简报》，《考古》1981 年第 1 期。

〔13〕　湖北省博物馆：《1978 年云梦秦汉墓发掘报告》，《考古学报》1986 年第 4 期。

〔14〕　湖北省荆州博物馆：《荆州高台秦汉墓》，科学出版社，2000 年。

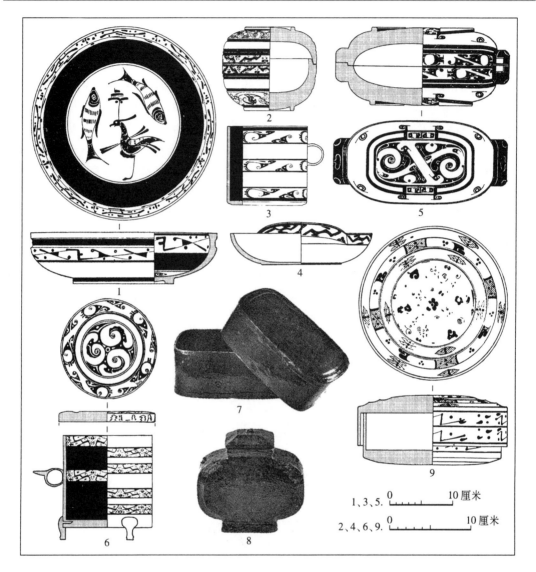

图 10-32　云梦睡虎地秦代墓出土漆器

1.盂（M11：16）　2.盛（M11：1）　3.卮（M11：10）　4.杯（M11：52）　5.具器（M9：51）
6.觯（M11：31）　7.笥（M11：13）　8.椑（M9：45）　9.圆奁（M11：69）

漆器，包括杯、具器、盛、盘、案（方平盘）、椑、盂、觯、卮、几、枕、匕、圆奁等。
1972 年发掘的湖北云梦大坟头西汉初年的 1 号墓[1]出有漆盘、杯、盂、盛、具器、椭圆
奁等。1975 年发掘的湖北江陵凤凰山西汉早期 168 号墓[2]出有漆盛、盂、匕、案（方平
盘）、盘、椑、杯、具器、卮、觯、圆奁、椭圆奁、匜、几等。1972 年发掘的湖南长沙马

〔1〕　湖北省博物馆：《云梦大坟头一号汉墓》，《文物资料丛刊》第 4 辑，文物出版社，1981 年。
〔2〕　湖北省文物考古研究所：《江陵凤凰山一六八号汉墓》，《考古学报》1993 年第 4 期。

王堆1号汉墓[1]，出土漆器达184件，包括鼎、钫、锺、盛、匕、卮、勺、杯、具器、盘、盂、案、匜、圆奁、几、屏风等（图版23）。1977年发掘的安徽阜阳双古堆西汉早期汝阴侯墓[2]，出土漆器多为布胎银釦器，器形有杯、盘、圆奁、卮等。1956～1958年和1958～1959年发掘的贵州清镇汉墓[3]，出土了几件有广汉郡、蜀郡工官刻铭的鎏金铜耳漆杯和鎏金铜釦漆盘。1988年发掘的江苏邗江县[4]姚庄汉墓M102[5]出有漆杯、盘、榼、圆奁等，重要的是出土了有广汉郡工官刻铭的铜釦榼和有考工刻铭的铜釦盘各1件。1985年发掘的江苏邗江县杨寿乡宝女墩新莽墓M104[6]出有漆案、盘、杯、盂等，特别是出土了有广汉郡工官和供工刻铭的鎏金铜釦盘，共3件。

秦代日常生活用漆器主要包括杯、具器、盛、圆奁、盂、盘、觯、卮、椑和筒（图10-32）；西汉早期日常生活用漆器的器类与秦代大致相同，但在器形上更为丰富，特别是盘，秦代极其少见，而在这一时期盘的数量和种类都很多（图10-33）；西汉中晚期，器类多同于西汉早期，但不见具器、盛、椑（图10-34）；东汉时期的漆器出土数量较少（图10-35），组合大致与西汉晚期相同。值得注意的是，出土的日常生活用漆器中没有可以作为炊器使用的器物，虽然在湖南长沙马王堆1号汉墓等墓葬中出有木胎漆鼎，但其是作为盛食器使用的。这种情况是合理的，因为漆器的物理性质决定其不能作为炊器使用。

漆器从战国至汉代，历经了几百年，一些传统器类，如豆、鼎、锺、钫、盛、匜及禁等"礼器"，虎座鸟架鼓等乐器及镇墓兽等丧葬用器，逐渐消失，到了西汉中晚期最终摒弃了战国漆器组合的传统，而以杯、盘、盂、樽、卮和用来放置这些物品的器具案及妆奁等日用器为固定组合，从而形成了汉代的漆器组合风格。

三　秦汉漆器的制作与髹饰工艺

（一）胎骨及制法

秦汉漆器胎骨主要有木胎、夹纻胎、布胎，还有少量竹胎、陶胎、金属胎及皮革胎等。秦汉漆器以木胎最多，不同的器形往往采用不同的制作方法。其制法有三：一是斫制，利用一木块或木板斫削出器形（包括刨、削、剜、凿等做法），如具器、杯、匜以及钫、匕、案等，一般比较厚重。二是旋制，取一大小适当的木块，旋出外壁和底部，而腹腔则可能是剜凿出来的。旋木胎漆器一般也比较厚重。鼎、盛、锺、盂、盘等属于这种制法。三是卷制，用于直壁器形，如樽、觯、卮、圆奁等。用薄木片卷成圆筒状器身，接口处用木钉钉接，底部是一块刨制的圆形平板，与器壁接合。夹纻胎，一般是在薄木胎上加

〔1〕湖南省博物馆、中国科学院考古研究所：《长沙马王堆一号汉墓》，文物出版社，1973年。
〔2〕安徽省文物工作队、阜阳地区博物馆、阜阳县文化局：《阜阳双古堆西汉汝阴侯墓发掘简报》，《文物》1978年第8期。
〔3〕A.贵州省博物馆：《贵州清镇平坝汉墓发掘报告》，《考古学报》1959年第1期。
　　B.贵州省文物管理委员会：《贵州清镇平坝汉至宋墓发掘简报》，《考古》1961年第4期。
〔4〕今扬州市。下同。
〔5〕扬州博物馆：《江苏邗江县姚庄102号汉墓》，《考古》2000年第4期。
〔6〕扬州博物馆、邗江县图书馆：《江苏邗江县杨寿乡宝女墩新莽墓》，《文物》1991年第10期。

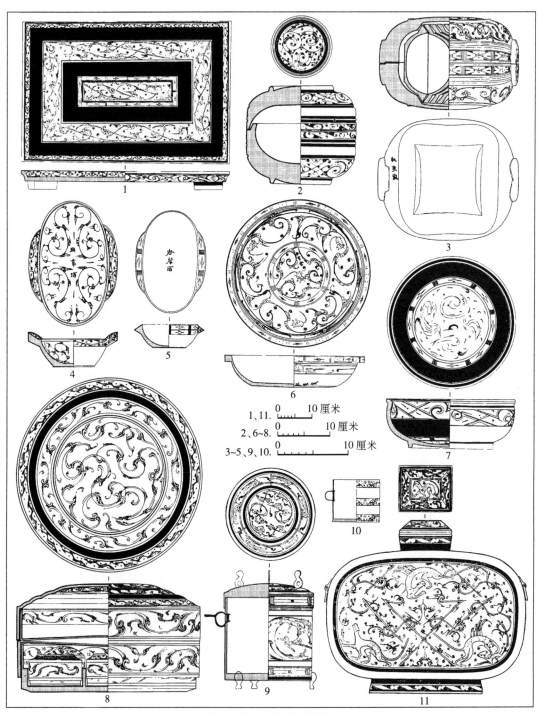

图 10-33　西汉早期漆器

1.案（长沙马王堆 M1：382）　2.盛（长沙马王堆 M1：70）　3.具器（长沙马王堆 M1：177）　4.杯（长沙马王堆 M1：156）

5.杯（长沙马王堆 M1：177-1）　6.盘（长沙马王堆 M1：128）　7.盂（长沙马王堆 M1：61）　8.圆奁（长沙马王堆

M1：443）　9.觯（江陵凤凰山 M168：224）　10.厄（长沙马王堆 M1：207）　11.椑（江陵凤凰山 M168：117）

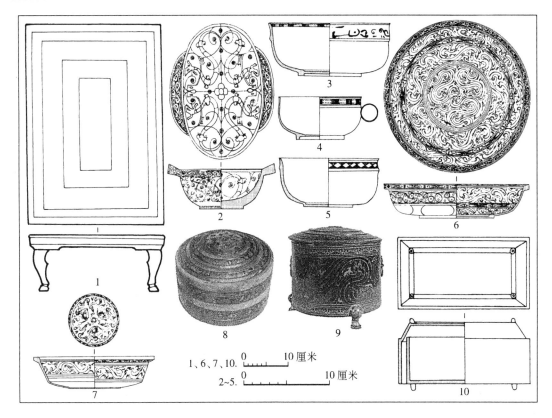

图 10 - 34　西汉中晚期漆器

1.案（仪征胥浦 M101：22）　2.杯（邗江姚庄 M101：162）　3.盂（邗江姚庄 M101：127）　4.卮（邗江姚庄
M101：50）　5.盂（邗江姚庄 M101：128）　6.盘（邗江姚庄 M101：108）　7.盘（邗江姚庄 M101：139）
8.圆奁（邗江姚庄 M101：190）　9.樽（邗江胡场 M1 出土）　10.笥（邗江姚庄 M101：194）

裱麻布，然后髹漆。布胎，其制作方法是先以木或泥做成器形，作为内胎，然后将麻布或
缯帛若干层，附于内胎上，等麻布或缯帛干实后去掉内胎，这种制法也就是"脱胎"，则
所存麻布或缯帛与原来器形的轮廓一样，仅稍大一些而已。明代黄成《髹饰录》杨明注有
"重布胎"，应与此相同。这里需要特别说明的是，长期以来，学术界一直存在着误解，就
是将夹纻胎和布胎（纻胎）混为一谈[1]。其实就如上文所解释的那样，二者是不同的[2]。

　　秦代漆器的胎骨多为木胎，但比战国时期的木胎要薄，制作方法要先进，少斫制挖
凿，多旋制和卷制，所以这一时期圈底器和圆筒形器大量增加。西汉早期，布胎漆器有

[1]　A.郑师许：《漆器考》第 19～28 页，中华书局，1936 年。
　　B.索予明：《中国漆工艺研究论集》第 83 页，台北故宫博物院，1977 年。
　　C.《中国大百科全书·考古学》第 106 页"东周漆器"及第 168 页"汉代漆器"，中国大百科全书出
　　　版社，1986 年。
　　D.后德俊：《夹纻胎漆器出现原因初析》，《中国文物报》1995 年 11 月 26 日。
[2]　洪石：《战国秦汉漆研究》，文物出版社，2006 年。

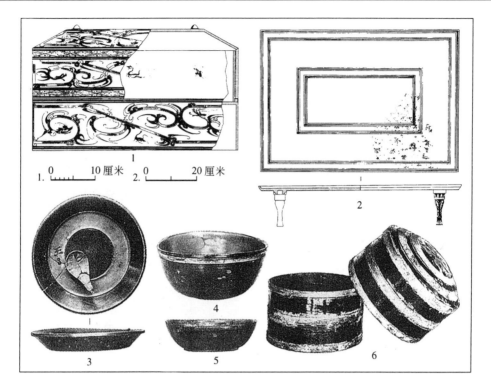

图 10-35 乐浪彩箧冢出土东汉漆器
1.箧 2.案 3.盘 4.盂 5.杯 6.圆奁

所增加。一些杯、盘、卮、奁的胎骨为布胎。这一时期陶胎漆器比较多见。西汉中晚期，很多漆器的胎骨为布胎。从用木块斫凿成器，到榫卯结合制作漆器，再到卷木胎以麻布用漆或胶黏合，再粘上底，最后到布胎漆器，是漆器制胎技术的一个不断发展、创新的过程，为一些漆器的轻巧、美观提供了技术支持。而多样化的胎骨适用于不同的器形，一般案、几、箧、盛、具器等大型器物用木胎或木胎夹纻，而妆奁、杯、盘等小型器物多用布胎。

（二）纹样绘法及内容

秦汉时期漆器纹样的绘制方法主要有八种，包括雕刻、漆绘、油彩、锥画、堆漆、填漆、戗金和描金银。雕刻是在胎体上雕刻花纹，然后再髹漆、彩绘。漆绘是用生漆制成的半透明漆加入某种颜料，描绘于已髹漆的器物上，可以是单色漆绘，也可以是多色彩绘，适用于深色花纹。一般是在黑漆地上以红、赭、灰绿等色漆绘，也有少量在红漆地上以黑色漆绘。色泽光亮，不易脱落。油彩是用朱砂或石绿等颜料调油，可能是桐油[1]，绘画于已髹漆的器物上，适用于浅色花纹的描绘。锥画是在已髹漆的器物上用针、锥等工具加

---

〔1〕 明·黄成《髹饰录》："油饰，即桐油调色也。"转引自王世襄《髹饰录解说》第 76 页，文物出版社，1983 年。

以刻画，因此多称之为针刻，"锥画"一名来源于湖南长沙马王堆 3 号汉墓出土的竹简，简文称之为"锥画"[1]。堆漆是用稠厚物质堆成花纹。填漆是在锥画线条内填漆。戗金是在锥画线条内填金粉。描金银即在器物上用金、银粉描绘花纹。

雕刻纹饰在战国时期的漆器上较多见，秦代以后很少见。秦代漆器上的纹样多为漆绘。西汉早期，漆器花纹的绘制方法中，漆绘占多数，其次为锥画，此外还有油彩技法、堆漆等。锥画是这一时期新兴的技法。油彩的使用主要见于湖南长沙马王堆 1 号汉墓出土的漆器，如该墓出土的奁、几、屏风等器物为油彩花纹，其中有的是在锥画纹中夹杂油彩。堆漆并不多见，湖南长沙马王堆 3 号汉墓[2]出土的彩绘云气纹盝顶长方形奁，花纹轮廓高出漆面，是用白色颜料勾成，可看作是堆漆的一种。西汉中晚期，漆器花纹的绘制方法更加多样，除了继续沿用前期的绘画技法外，新出现了填漆、戗金和描金银，但总体上仍以漆绘和锥画为主。这一时期漆器上的锥画纹非常精致，细如游丝，漆绘和锥画的结合更加巧妙，互相衬托，形成和谐的图案效果。描金银也比较常见，而且多与漆绘相结合，起到画龙点睛的作用。

秦汉时期漆器上的纹样内容比较丰富，主要包括动物纹、几何纹、自然景象、植物纹和人物故事纹。这些纹样基本上呈条带状分布在漆器上，一件器物的纹饰可由一些不同纹样内容的条带组成。有的漆器上的纹样还可分为主体纹饰和装饰纹饰两类。主体纹饰占纹饰面积的比例较大，常绘制在醒目的位置上，如樽、奁、卮等圆形器的外壁、案面、杯和盘的内底等部位；装饰纹饰多绘制于口沿，或以较窄的纹饰带绘制于主体纹饰带的上下、内外，用以衬托主体纹饰。

秦代和西汉早期，漆器上的纹样比较多见，纹样内容比较丰富。动物纹中的龙纹、凤纹比较多见，也有虎、鹿、鱼、鹤、犀牛等。几何纹样主要有菱形、直线、三角形、圆圈、点纹等。植物纹比较少见。自然景象的纹样很多，主要为云气纹、波折纹。人物故事纹稍多见。

西汉中晚期，漆器上的纹样比较常见，纹样内容更为丰富。动物纹中的龙纹和凤纹仍然比较多见，其他还有熊纹、虎纹等。几何纹样与前期大致相同。植物纹比较多见的是叶纹，多为四叶，也有三叶的，多为金属箔片，主要饰于器物的盖顶中心位置。自然景象的云气纹非常流行，多在云气纹中间以禽兽等动物纹。人物故事纹比较多见，有的还有羽人形象。

东汉时期，出土漆器的墓葬较少，主要是朝鲜平壤古乐浪郡的几座汉墓，如王盱墓和"彩箧冢"。从这些漆器可以看出，西汉中晚期流行的龙纹及云气纹间以禽兽纹继续流行，而这一时期最有特点的是在漆器上出现的人物故事图案，如"彩箧冢"出土的"彩箧"[3]，其上的漆画内容不同于前期的车马人物等图案，而是帝王孝子等图案，并且基本上在每个人物旁都有榜题（图版 24-1）。东汉时期的漆器上还出现了神仙画像内容。

---

[1] 中国科学院考古研究所、湖南省博物馆写作小组：《马王堆二、三号汉墓发掘的主要收获》，《考古》1975 年第 1 期。

[2] 湖南省博物馆、湖南省文物考古研究所：《长沙马王堆二、三号汉墓》，文物出版社，2004 年。

[3] 彩"箧"应称为"笥"。

秦代乃至于东汉时期，龙、凤纹一直是漆器图案的主题之一，说明自古以来龙和凤就是中华民族所尊崇的对象。东汉时期出现的将孝子、神仙等人物故事题材绘制于漆器上，是对这些人物的赞颂、宣扬和效仿，是当时社会意识形态的反映。

(三) 金属构件及装饰物

秦汉时期，较高级的漆器上多安装金属构件，施加在器物的不同部位上。金属主要为铜，其表面常鎏金。此外也有银质的金属构件，比较少见。金属构件主要是从实用的角度考虑，在漆器上施加金属耳、釦、钮、鋬、足、铺首衔环、包角等，使漆器更加坚固耐用。具体包括杯的耳，盘、奁等器物的釦[1]，樽、卮等器盖上的钮，樽、卮等器物的鋬，樽、奁、案等器物的足，樽、奁等器物盖、壁身上所安装的铺首衔环，以及案的包角等。秦汉时期漆器的装饰物，主要是为了使其更加美观，一般直接镶嵌在漆器上，有金属箔片、骨饰、玉片、蚌片、铜泡钉等，有的还在金属箔片上再镶嵌玛瑙、玉、水晶、琥珀、料器、珍珠、绿松石等作为装饰。

秦代漆器上的金属构件比较少见，主要施加在樽上。如湖北云梦睡虎地 M11 出土的樽，盖上原有三个铜钮（已失），口、腹、底部均有一道银釦，腹外还有一铜环形鋬，底有三个铜矮蹄足。

西汉早期，一些墓葬中出土了有金属构件的漆器。如湖北江陵凤凰山 M168 出土的樽，盖上有三个铜钮，外壁有一铜环形鋬，鋬穿透器壁，并以铜钉加栓，底部安有三个铜蹄足。值得注意的是，这一时期有的比较大型的墓葬却没有出土安有金属构件的漆器，如湖南长沙马王堆 1 号汉墓，该墓金属器也只出有铜镜 1 件，这可能与西汉文帝关于随葬"不得以金银铜锡为饰"的禁令有关[2]。这一时期，在有的漆器上还发现嵌玉装饰。

西汉中晚期，漆器上的金属构件比较常见，以蜀郡、广汉郡和考工、供工生产的釦器最为著名，如湖南永州鹞子岭 2 号墓[3]出土的杯 M2:77，为元延三年（公元前 10 年）广汉郡工官制造的鎏金铜耳杯。这一时期在高级漆器上镶嵌各种质料的装饰物大为流行，其中最为常见的是在漆器上镶嵌四叶、三叶形金属箔片，四叶形金属箔片施用的范围较广，在妆奁、筒、樽等器物的盖上、棺上及面罩上常见，三叶形金属箔片多施加在马蹄形梳篦奁的盖上。有的还在金属箔片上再镶嵌他物作进一步的装饰。有些漆器上既有釦，又嵌有金银箔，金银箔上还有镶嵌物，如安徽天长三角圩 M1[4]出土的马蹄形银釦奁。这一时期还发现有金、银镂带的漆器。如江苏邗江姚庄 M101[5]出土的金、银镂带七子妆奁。

[1] 《后汉书·皇后纪·和熹邓皇后》："其蜀、汉釦器九带佩刀，并不复调。"注："釦音口，以金银缘器也。""釦"多施加在盘、奁等器物的口部，也常常施加在妆奁、樽等器物的盖和身等部位。
[2] 湖南省博物馆、中国科学院考古研究所：《长沙马王堆一号汉墓（上）》第 158 页，文物出版社，1973 年。
[3] 湖南省文物考古研究所、永州市芝山区文物管理所：《湖南永州市鹞子岭二号西汉墓》，《考古》2001 年第 4 期。
[4] 安徽省文物工作队：《安徽天长县汉墓的发掘》，《考古》1979 年第 4 期。
[5] 扬州博物馆：《江苏邗江姚庄 101 号西汉墓》，《文物》1988 年第 2 期。

曹操《上杂物疏》中即有"银镂"漆器，如"纯银参镂带漆画书案一枚"、"银镂漆匣四枚"[1]。这种有金银镂带的漆器制作复杂，正如西汉蜀郡成都人扬雄在《蜀都赋》中所说"雕镂釦器，百伎千工"[2]。

四 秦汉漆器的生产与管理

秦汉时期，很多漆器上有烙印、刻画、漆书、盖或画印章等形式的文字。有的还集多种书写形式的文字于一体。从文字内容看，主要有制者标记和物主标记。其中的制者标记，为研究这一时期漆器的生产与管理情况[3]提供了宝贵材料。

（一）官营漆器的生产与管理

秦汉时期官营漆器的生产总体上说比较繁荣，出土漆器的铭文中就标示有多种生产部门。从中可以看出，当时从中央到地方均有专门制造漆器的官营生产部门。

1. 蜀郡和广汉郡的工官

（1）蜀郡、广汉郡工官的设置及官秩

考古材料与文献记载可以相互印证，蜀郡、广汉郡工官以制造釦器为主。目前考古发现的蜀郡、广汉郡工官制作的漆器（图 10-36），年代最早的为西汉昭帝始元二年（公元前 85 年），最晚的为东汉和帝永元十四年（公元 102 年），其间凡 187 年，基本上没有间断制作漆器。

蜀郡、广汉郡工官漆器铭文内容一般包括纪年、工官名、器名、容量、工名、官名等，但是工名与官名的排列顺序早晚有些不同。在宣帝元康四年（公元前 62 年）以前，广汉郡和蜀郡西工的漆器铭文中先列官名后列工名，至迟在河平二年（公元前 27 年）开始，则先列工名后列官名。铭文中大多包含"乘舆"二字，表明蜀郡、广汉郡工官制作的漆器应主要供御用。蜀郡和广汉郡的工官名称在王莽时期有变更，称"广汉郡工官"为"子同郡工官"，称"蜀郡西工"为"成都郡工官"。

蜀郡、广汉郡工官设"长"，其下还设有佐官"丞"，以及"护工卒史"、"掾"、"令史"、"啬夫"及"佐"等，在漆器铭文中这些官名均按官秩从高到低列出。其职能及隶属关系与其他工官大致相同，已有学者做过专门论证[4]。

蜀郡、广汉郡工官的官吏秩次在不同时期有所变化，主要是"护工卒史"与工官"令"、"长"之间的秩次变化。西汉昭帝始元二年（公元前 85 年）为长—丞—护工卒史—令史—啬夫—佐，宣帝元康四年（公元前 62 年）为护工卒史—长—丞—令史，成帝河平二年（公元前 27 年）为护工卒史—长—丞—掾，成帝阳朔二年（公元前 23 年）为护工卒

〔1〕 安徽亳县《曹操集》译注小组：《曹操集译注》第 190 页，中华书局，1979 年。
〔2〕 张震泽：《扬雄集校注》第 28 页，上海古籍出版社，1992 年。
〔3〕 洪石：《战国秦汉时期漆器的生产与管理》，《考古学报》2005 年第 4 期。
〔4〕 刘庆柱：《汉代骨签与汉代工官研究》，《陕西历史博物馆馆刊》第四辑，西北大学出版社，1997 年。收录于刘庆柱：《古代都城与帝陵考古学研究》，科学出版社，2000 年。

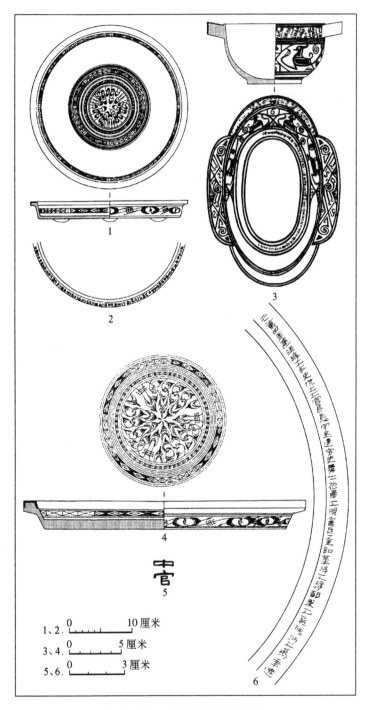

图 10-36 汉代广汉郡工官漆器

1、2. "建平五年"鎏金铜釦漆"旋"（永州鹞子岭 M2：66）及铭文（摹本）

3. "元延三年"鎏金铜耳杯（永州鹞子岭 M2：77） 4~6. "元康四年"鎏金铜釦盘（邗江宝女墩 M104：26）及铭文（摹本）

史—长—丞—掾—佐，成帝永始元年（公元前 16 年）以后至东汉为护工卒史—长—丞—掾—令史，其中王莽始建国、天凤时期，一些官名变更为护工史—宰—丞—掾—史—掌（大）尹等。其中"护工史"应即"护工卒史"，"史"应即"令史"。"宰"这里应指蜀郡、广汉郡工官"长"。至于"掌尹"或"掌大尹"确切何指，目前还难以确定。

根据上述分析可以看出，蜀郡、广汉郡工官的漆器铭文中，西汉昭帝始元二年（公元前 85 年），"护工卒史"还居于"长"、"丞"之后，而至迟在宣帝元康四年（公元前 62 年），"护工卒史"已位居"长"、"丞"之前。而来自骨签的材料表明，颍川郡工官中的"护工卒史"在西汉昭帝始元三年（公元前 84 年）就已位居"令"、"丞"之前[1]。"护工卒史"由列于工官"令"、"长"之后，变为列于其前，表明其地位的提高，反映了西汉时期工官管理的重大变化。"护工卒史"是郡守派到工官中的卒史，其地位的变化，反映了西汉初、中期工官为大司农管辖，西汉中、晚期郡国对工官的管理越来越强[2]。

（2）蜀郡、广汉郡工官漆器制作的内部分工

依蜀郡、广汉郡工官漆器上的铭文可知，其工匠按工种不同分为"素工"、"髹工"、"上工"、"铜耳黄涂工"或"铜釦黄涂工"、"画工"、"丹工"、"清工"、"造工"。"素工"是与制作木胎有关的工序。"髹工"是涂漆工。"上工"意同"漆工"，也是涂漆工。与"髹工"的差别是，"髹工"可能是初步涂漆，或者说是涂底漆，涂层较少；而"漆工"则是在"髹"的基础上再涂漆，或者说是涂面漆，涂层较多。"丹工"是涂丹漆之工。"画工"是绘纹之工。"铜耳黄涂工"是对杯的铜耳进行鎏金之工，而"铜釦黄涂工"则是对盘等的铜釦进行鎏金之工，二者鎏金的部位不同，工序性质是一致的。"清工"与"黄涂工"关系密切，可能是清理黄涂的多余部分之工。"造工"应负责最后收尾工作，完成这件漆器制作的最后生产任务，可能具体负责打磨、刻写铭文及清洗等项工作。

从蜀郡、广汉郡工官漆器铭文分析，在西汉成帝河平二年（公元前 27 年）以前，铭文中无"乘舆"字样，对于"工"的记述也很简略，可能其制造的并非"乘舆"漆器，也可能在此时"乘舆"漆器铭文的固定体例还没有形成。在河平二年（公元前 27 年）至东汉明帝永平十四年（公元 71 年）间，蜀郡、广汉郡工官制造的"乘舆"漆器铭文形成固定的格式，即纪年、工官名、"乘舆"、漆器名称及其容量等、工名及官名。从列出的工序中可以看出，蜀郡、广汉郡工官制造"乘舆"漆器的内部分工很细，在铭文中是按照工序依次列出的，一般为"素工"、"髹工"、"上（漆）工"、"黄涂工"、"画工"、"丹工"、"清工"、"造工"。其中有些工序根据所制造漆器的实际情况而有所缺省。这里不但刻有工名，而且还刻有官名，可见蜀郡、广汉郡工官漆器生产管理之严格。

2. 设在都城的考工、供工

根据《汉书·百官公卿表（上）》，"考工"原名"考工室"，为少府属官。西汉武帝太初元年（公元前 104 年）更名"考工室"为"考工"。东汉时"考工"为太仆属官。《续汉书·百官志（二）》载：太仆属官有"考工令一人，六百石"。注曰："主作兵器弓弩刀铠之属，成则传执金吾入武库，及主织绶诸杂工。左右丞各一人。"可见，考工设令，并有左、右二丞，主作兵器及织绶诸杂工。根据漆器上铭文"考工"（图 10-37）可知，"考工"也兼制漆器。"考工"设令，这也与出土漆器铭文称"令"相一致。

"供工"，有学者认为是专门制造和供应原材料工作[3]，也有学者认为"供工"可能即为"考工"，也可能是另一工官，但亦属少府管辖[4]。从出土漆器（图 10-38）铭文中可以看出，西汉元帝永光元年（公元前 43 年）和西汉成帝绥和元年（公元前 8 年），"考工"和"供工"同时出现在不同漆器的铭文中，证明"供工"并非"考工"。其实，从漆器铭文看，"供工"设令管理，与"考工"级别相同，其意待考。

---

〔1〕　刘庆柱：《汉代骨签与汉代工官研究》，《陕西历史博物馆馆刊》第四辑，西北大学出版社，1997年。

〔2〕　刘庆柱：《汉代骨签与汉代工官研究》，《陕西历史博物馆馆刊》第四辑，西北大学出版社，1997年。

〔3〕　沈福文：《中国漆艺美术史》第 60 页，人民美术出版社，1992 年。

〔4〕　《中国大百科全书·考古学》第 169 页"汉代漆器"，中国大百科全书出版社，1986 年。

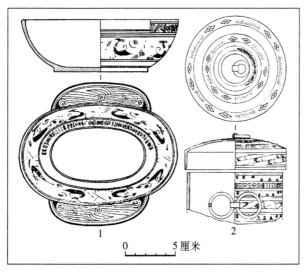

图 10-37 汉代考工漆器
1."绥和元年"鎏金铜耳漆杯（武威磨咀子 M62 出土）
2."绥和元年"锥画纹"辟耳樽"（永州鹞子岭 M2:61）

"考工"、"供工"铭文的基本体例与蜀郡、广汉郡工官河平二年（公元前 27 年）以后的漆器铭文体例大致相同，即刻写内容的顺序为：纪年、"考工"或"供工"名（"蜀郡西工"或"广汉郡工官"名）、工名、官名。只是蜀郡、广汉郡工官漆器铭文在工名之前还有"乘舆"、器名及其容量等内容。但是"考工"、"供工"如果制造的是"乘舆"漆器或"髹丹画"漆器，则在纪年之前即最前面加上"乘舆髹丹画"或"髹丹画"和器名及其容量等项内容，这与同时期蜀郡、广汉郡工官"乘舆"漆器铭文中，将其置于纪年和工官名之后的情况不同。

"考工"和"供工"漆器铭文中，官名是依秩次从低到高排列，按漆器纪年铭文的时间先后顺序，主要有以下几种情况：啬夫—右丞—令；护—啬夫—右丞—令—护工卒史；佐—啬夫—掾—右丞—令；护—啬夫—掾—右丞—令；护—佐—啬夫—掾—右丞—令；护—佐—啬夫—右丞—令；掾—右丞—令；令史—掾—右丞—令。官秩大致可排列为：护—佐—啬夫—令史—掾—右丞—令。当然这是官秩的顺序，就像上面列出的几种情况一样，各个时期"官"级的多少有所不同，有的最小到"护"，而有的最小到"令史"，但"右丞"和"令"始终存在。

"考工"和"供工"漆器铭文中的工名和官名，多见于蜀郡、广汉郡工官漆器铭文，其性质和作用基本相同，此不赘述。但也有一些不见或不同于蜀郡、广汉郡工官漆器铭文中的称谓。"考工"漆器铭文中均见"右丞"，这与文献记载"考工"有左、右二丞可相互印证。而"供工"漆器铭文中也均见"右丞"，可见"供工"与"考工"一样，也设有左、右二丞。"考工"、"供工"制造的"乘舆"漆器铭文中，在官职后加"臣"，然后才是官名，如"啬夫臣彭"等，这在蜀郡、广汉郡工官制造的"乘舆"漆器铭文中未见。此外，还有"护"，并非"护工卒史"的省称，因为在有的漆器铭文中，"护"与"护工卒史"并见。根据"护"列在"啬夫"、"佐"之前，其官秩应低于"啬夫"和"佐"。"考工"和"供工"漆器铭文中常有"主"和"省"。"主"应是"主持生产"之意，而"省"则是"监督"之意。"主"官最大到"掾"，而"右丞"和"令"为"省"官。这与蜀郡、广汉郡工官漆器铭文中均仅见"主"或仅见"省"[1] 的情况不同。

"考工"、"供工"均设令，而蜀郡、广汉郡工官设长，"考工"和"供工"设左、右

〔1〕 蜀郡、广汉郡工官制造的漆器铭文中有"省"的只发现一例，为乐浪古坟出土始建国天凤元年成都郡工官制造的漆盘铭文。

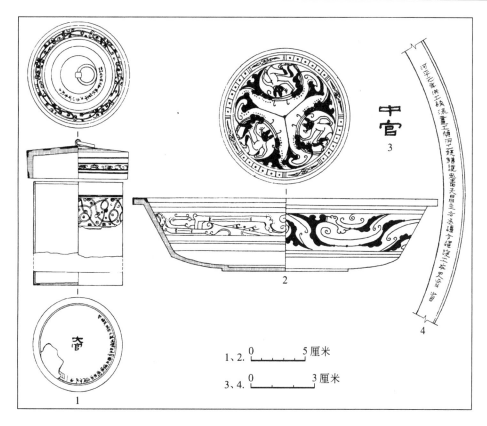

图 10-38　汉代供工漆器
1.“绥和元年”、“鸿嘉五年”鎏金铜釦漆卮（永州鹞子岭 M2：64）　2～4.“河平元年”鎏金铜釦漆盘
（邗江宝女墩 M104：28）及铭文（摹本）

二丞，而蜀郡、广汉郡工官仅见一丞，这些情况均说明“考工”、“供工”的规模要比蜀郡、广汉郡工官的规模大，但漆器的实际出土数量却大大少于蜀郡、广汉郡工官漆器的出土数量，这种情况反映了蜀郡、广汉郡工官是主作漆器，而“考工”、“供工”是兼作漆器的差别。“考工”、“供工”漆器中“乘舆”漆器数量占少数，而多数非“乘舆”漆器，说明其制造的漆器只有少部分供御用，而蜀郡、广汉郡工官漆器主要供御用。

　　“考工”和“供工”漆器铭文中记录的工名都比较简单，有一些只记录了部分工名，省略其他。有一些记录了一人兼多种工序的情况，如铭文中出现的“髹漆画工顺”等，而且还有很多漆器铭文中只记录一个“工”名，其中包括“髹丹画”、“金涂釦”的“乘舆”漆器，所以并不是因为工序少而分担工作的工匠少，很可能当时漆器生产部门中没有那么多的工匠进行详细的分工，而只能由一个工匠包揽全部的生产工序。这与同时期蜀郡、广汉郡工官漆器铭文所显示的内部细致的分工相比，反映了“考工”和“供工”漆器的生产规模和质量都要稍逊一筹。在实际出土遗物中，“考工”及“供工”制造的漆器与蜀郡、广汉郡工官制造的同类漆器风格是一致的，包括图案以及铭文的刻写位置都大致相同，应是以蜀郡、广汉郡工官漆器为效仿对象的。

3. 诸侯国内的生产部门

安徽阜阳双古堆西汉汝阴侯墓[1]出土漆器上烙印有"女（汝）阴"字样。《汉书·地理志（上）》载："女阴，故胡国。"属汝南郡，故城即今安徽阜阳市。双古堆1号墓的墓主可能是第二代汝阴侯夏侯灶，也有学者认为是第一代汝阴侯夏侯婴[2]。江苏仪征张集团山M1出土8件漆杯，杯底皆烙印"东阳"二字。张集团山M2、M3也出有"东阳"烙印漆器。《汉书·地理志（上）》清河郡下有"东阳，侯国"。这批"东阳"漆器应为"东阳"侯国生产的漆器[3]。两个侯国均为西汉初年分封，也都有自己的漆器生产部门。

汝阴侯国生产的漆器铭文较长，刻写内容包括"女阴侯"、器名及容量等、汝阴侯纪年、制造者。烙印内容为"女阴"。汝阴侯国的漆器上写明是"女阴库"制造，"库己"、"库襄"中的"己"和"襄"应为"女阴库"的官吏名，而"工年"、"工延"、"工意"、"工速"中的"年"、"延"、"意"、"速"应为工匠名。可见，"女阴库"负责汝阴侯国的漆器生产。从漆器铭文中可以看出，汝阴库的漆器生产从元年一直到十一年，基本上为连续生产，可见其应是一常设的漆器生产部门。汝阴侯国的漆器铭文只记录一个"工"名，而且多重复，不同者仅有四人。估计汝阴库的漆器生产规模并不大，产品数量也不多。而且汝阴侯国生产的漆器铭文中均标明"女阴侯"字样，如"女阴侯杯"、"女阴侯盂"等，可能汝阴库生产的漆器主要为汝阴侯家使用。

可见，西汉初年分封的一些诸侯王国有自己的漆器生产部门，有的还颇具规模，如汝阴侯国的漆器生产。与汉代皇帝有纪年、有生产"乘舆"漆器的部门即蜀郡、广汉郡工官和考工、供工一样，汝阴侯也有自己的纪年[4]及生产"女阴侯"漆器的部门即"女阴库"，这种状况反映出汉初诸侯王国的割据势力很强、"宫室百官同制京师"[5]的历史事实。

4. "市亭"、"市府"及"乡"

秦代一些漆器上常有烙印文字，如湖北云梦睡虎地秦墓出土漆器上有"咸亭"、"咸包"、"许市"、"郑亭"、"亭"、"亭上"、"素"、"包"等烙印文字；四川荥经古城坪M1[6]战国晚期至秦代墓出土漆盛上烙印"成亭"二字。西汉初年的湖北云梦大坟头M1出土漆器上烙印有"告"、"素"、"包"、"亭"、"亭上"等字；西汉早期的湖北江陵凤凰山M168、荆州高台M2出土的漆器上有烙印文字"成市草"、"成市素"、"成市饱"、"市府饱"；湖南长沙马王堆1号汉墓出土的漆器上有"成市草"、"成市饱"等烙印，此外还有"南乡□"[7]烙

---

〔1〕 安徽省文物工作队、阜阳地区博物馆、阜阳县文化局：《阜阳双古堆西汉汝阴侯墓发掘简报》，《文物》1978年第8期。

〔2〕 孙斌来：《汝阴侯漆器的纪年和M1主人》，《文博》1987年第2期。

〔3〕 发掘简报认为"东阳"指广陵郡东阳县，有"东阳"烙印的漆器为东阳县制品（见南京博物院、仪征博物馆筹备办公室《仪征张集团山西汉墓》，《考古学报》1992年第4期）。

〔4〕 孙斌来：《汝阴侯漆器的纪年和M1主人》，《文博》1987年第2期。

〔5〕 《汉书·诸侯王表》。

〔6〕 荥经古墓发掘小组：《四川荥经古城坪秦汉墓葬》，《文物资料丛刊》第4辑，文物出版社，1981年。

〔7〕 原发掘报告只释读了"南乡□"，其余文字的释读来自俞伟超、李家浩《马王堆一号汉墓出土漆器制地诸问题》，《马王堆汉墓研究》，湖南人民出版社，1979年。

印；山东临沂银雀山 M4[1] 出土漆器上烙印有"莒市"、"市府草"；广西贵县罗泊湾 M1 出土漆杯和漆盘底部烙印有"布山"、"市府草"等；广州汉墓 M1097[2] 出土的漆奁上烙印有"蕃禺"二字。

这些烙印文字中有一些与漆器生产工序有关，基本上可与其后的蜀郡、广汉郡工官漆器铭文相对应。如"上"与蜀郡、广汉郡工官漆器铭文中的"上工"之"上"同义，即"漆"；"包"为"麭"的假借字，与"髹工"之"髹"同义。"草"同"造"。"告"即"造"[3]，在蜀郡、广汉郡工官漆器铭文中常见。"素"与蜀郡、广汉郡工官漆器铭文中的"素工"之"素"同义。而其中的"成"应是"成都"的省称[4]，成都是汉代蜀郡治所，今四川成都；"咸"应为"咸阳"的省称；"莒市"之"莒"为西汉时期城阳国治所"莒"[5]，今山东莒县；"布山"，《汉书·地理志（下）》记载，郁林郡所辖的 12 个县，首县为布山，今广西桂平；"蕃禺"即番禺（今广州市），为汉初南越国的都城[6]；"许"可能为河南许昌；"郑"可能为河南新郑。

关于这些铭文中的"亭"、"市"、"市府"的含义，有研究者认为"亭"乃乡亭之亭，同时认为这是秦代亭啬夫兼管市务的例证[7]。其实，秦汉时代的"亭"，可为乡亭，又可为市亭[8]。"亭"、"市"、"市府"含义相通，"亭"指旗亭，即市楼的省称，均指某地之"市府"[9]。需要指出的是，目前出土的漆器仅有"市府"烙印的，其具体所指待考。

秦代带有"咸亭"或"咸"等铭文的漆器出土数量较多，品种也较丰富，反映了当时"咸亭"漆器生产具有一定的规模。此外，"成亭"及"成市"的漆器也较多，"成亭"漆器均出自四川，基本上为战国至秦代产品，而"成市"漆器为西汉早期产品。"咸亭"漆器在湖北云梦地区出土较多，江陵地区也有出土，而"成市"漆器在湖南长沙、湖北江陵均有出土，说明当时"咸亭"、"成市"的漆器流通很广。而"莒市"、"布山"及"蕃禺"漆器出土数量极少，仅一两例。

秦汉时期的漆器上还常见到"某乡"的烙印文字。如湖南长沙马王堆 3 号汉墓出土漆

[1]　山东省博物馆、临沂文物组：《临沂银雀山四座西汉墓葬》，《考古》1975 年第 6 期。

[2]　广州市文物管理委员会、广州市博物馆：《广州汉墓》，文物出版社，1981 年。

[3]　俞伟超、李家浩：《马王堆一号汉墓出土漆器制地诸问题》，《马王堆汉墓研究》，湖南人民出版社，1979 年。

[4]　俞伟超、李家浩：《马王堆一号汉墓出土漆器制地诸问题》，《马王堆汉墓研究》，湖南人民出版社，1979 年。

[5]　蒋英炬：《临沂银雀山西汉墓漆器铭文考释》，《考古》1975 年第 6 期。

[6]　蓝日勇、杨小菁：《广西贵县罗泊湾一号汉墓漆器铭文探析》，《江汉考古》1993 年第 3 期。

[7]　裘锡圭：《啬夫初探》，《云梦秦简研究》，中华书局，1981 年。

[8]　刘庆柱：《秦都咸阳遗址陶文丛考》，《考古与文物丛刊》1983 年第二号。收录于刘庆柱《古代都城与帝陵考古学研究》，科学出版社，2000 年。

[9]　A.俞伟超：《汉代的"亭""市"陶文》，《文物》1963 年第 2 期。

　　B.刘庆柱：《秦都咸阳遗址陶文丛考》，《考古与文物丛刊》1983 年第二号。收录于刘庆柱：《古代都城与帝陵考古学研究》，科学出版社，2000 年。

器上有"南乡□□"、"中乡□"等烙印[1];湖北云梦睡虎地 M39:11 漆杯外底有"中乡"烙印;湖北荆州萧家草场西汉初年的 M26[2] 出土 2 件漆杯的外底也烙印有"中乡"。有学者认为马王堆 3 号汉墓出土漆器上的"南乡□□"、"中乡□"为成都的乡[3]。而湖北江陵高台 18 号墓[4]出土木牍上的文字内容表明,江陵县下也有"中乡"。因而,"中乡"、"南乡"等漆器也可能为江陵县下的乡所制造。如果此说成立,则为在西汉时期湖北本地出产漆器提供了确凿证据。

(二) 民营漆器的生产与管理

很多秦汉时期的漆器上没有铭文,其中可能有民营漆器作坊的产品。当然也有一些有铭文的民营漆器出土,但其铭文都比较简单,所以对于其生产和管理情况只能了解一些大概情况。

秦代墓葬中出土的很多漆器没有"亭"、"市"等烙印,只刻画一些姓氏、里名及符号等,可能为民营漆器作坊产品。如湖北云梦睡虎地 M12:7,杯外底刻画"小男子□";云梦睡虎地 M11:29,杯外底刻画"大女子臧"等文字;云梦睡虎地 M13:22,杯外底刻画"左里漆界"字样。

西汉时期民营漆器有烙印标记者,如安徽霍山县西汉木椁墓 M3、M4[5]出土的漆杯,在耳背面均烙印"黄氏"印记,应为"黄氏"漆器作坊所做标记。这一时期民营漆器铭文也有刻写的,多比较简单,一般以纤细的线条将工匠的名字刻在最不明显的部位,名字前多加刻"工"字。江苏邗江姚庄 M102 出土的漆杯耳背面分别刻有"工野"、"工廷"等,杯的胎骨、图案基本相同,估计应是同一漆器作坊的工匠之名。这一时期在漆器上出现了印章形式的制造者标记。如江苏邗江胡场 M5[6]出土双层长方形漆笥及其内小笥均盖戳印"中氏"二字,同样的情况出现在江苏连云港市海州西汉侍其繇墓[7],该墓出土的漆奁底部及盖顶中心也均有黑色"中氏"印记,则"中氏"应是制作漆器工匠之姓名。这一时期民营漆器上也有用漆书文字标明制造年月的,如山西朔县 7M68[8]出土的残漆皮上有隶书文字"元延元年十月□□作"。

东汉时期出土的漆器虽然较少,但也发现有民营制造者标记,均为漆书文字。如乐浪王盱墓出土的漆盘,铭文为黄漆书"永平十二年蜀郡西工绛纻行三丸治千二百卢氏作宜子

[1] 俞伟超、李家浩:《马王堆一号汉墓出土漆器制地诸问题》,《马王堆汉墓研究》,湖南人民出版社,1979 年。

[2] 湖北省荆州市周梁玉桥遗址博物馆:《关沮秦汉墓清理简报》,《文物》1999 年第 6 期。

[3] 俞伟超、李家浩:《马王堆一号汉墓出土漆器制地诸问题》,《马王堆汉墓研究》,湖南人民出版社,1979 年。

[4] 湖北省荆州地区博物馆:《江陵高台 18 号墓发掘简报》,《文物》1993 年第 8 期。

[5] 安徽省文物考古研究所、霍山县文物管理所:《安徽霍山县西汉木椁墓》,《文物》1991 年第 9 期。

[6] 扬州博物馆、邗江县图书馆:《江苏邗江胡场五号汉墓》,《文物》1981 年第 11 期。

[7] 南波:《江苏连云港市海州西汉侍其繇墓》,《考古》1975 年第 3 期。

[8] 平朔考古队:《山西朔县秦汉墓发掘简报》,《文物》1987 年第 6 期。

孙牢",以及乐浪古坟出土的漆案上朱漆书铭文"永元十四年蜀郡西工造三丸行坚"等,可能均为官方监制、私人承做性质。

秦汉时期漆器,以蜀郡、广汉郡工官和考工、供工生产的"乘舆"漆器最为精致,其次是它们生产的其他漆器。而民营漆器的质量就差些,这一方面可能因为其生产技术低些,另一方面因其产品供应对象不是达官显贵,很可能是一般官吏和普通百姓。此时民营漆器生产可能也受官府的严格管理,如《太平御览》引《晋令》:"欲作漆器物卖者,各先移主吏者名,乃得作,皆当淳漆著布器。器成,以朱题年月姓名"[1]。

五 秦汉漆器的使用等级与流通

(一)漆器的使用等级

秦汉时期漆器的使用比较普遍,不同规格的墓葬中均出有漆器。根据对墓葬形制及墓主身份的考察发现,秦汉时期漆器的使用有等级差异,这与相关文献的记载也可相互印证。从胎骨上看,身份级别较高者使用的漆器有些为当时罕见的胎骨制成。从器类、器形上看,身份级别较高者使用漆器的种类比较多、造型比较奇特。从金属构件及装饰看,身份级别较高者使用漆器多加金属构件,其装饰也较华丽。从同类漆器出土的数量看,高级墓葬中出土漆器的数量也比较多。虽然漆器的精美程度和数量等取决于使用者的身份地位,但是也存在很多僭越的情况。另外,漆器的流通也会造成漆器的规格与所有者身份等级不相称的结果。

(二)漆器的流通

漆器是耐久器物,使用时间很长,为其广泛的流通提供了前提条件。漆器的流通很复杂,有很多途径,主要有贸易、进贡、赏赐、赠与及世代相传、战利品、人员迁徙携带等。对于不同身份的人,其得到漆器的途径也不尽相同。皇帝可以得到进贡的漆器;达官显贵等可以得到赏赐的御用漆器,还可以通过市买等手段获得漆器;而普通百姓可能主要通过市买来获得漆器。

第五节 秦汉纺织品与纺织业

秦汉时期是纺织业迅速发展、技术显著进步的历史阶段。考古发现的丝、毛、麻织品增多,分布地域也更广阔。

秦代纺织品的发现以陕西咸阳秦代宫殿遗址[2]中出土的绢、锦、绦、刺绣为最重要。西汉时期重要的发现有甘肃武威磨咀子48、62号汉墓[3]、河北满城汉墓[4]、湖南长沙马

---

[1]《太平御览》卷七五六。

[2] 秦都咸阳考古工作站:《秦都咸阳第一号宫殿建筑遗址简报》,《文物》1976年第11期。

[3] 甘肃省博物馆:《武威磨咀子三座汉墓发掘简报》,《文物》1972年第12期。

[4] 中国社会科学院考古研究所、河北省博物馆文物管理处:《满城汉墓发掘报告》,文物出版社,1980年。

王堆1号和3号汉墓[1]、北京大葆台汉墓[2]、湖北江陵凤凰山167、168号汉墓[3]、广东省广州南越王墓[4]。其中以马王堆1号汉墓出土的纺织品保存最好，衣袍、饰品超过30件，单幅丝织品有46件。南越王墓丝织品存量最大，惜多已炭化，尚可分析出织物的品种。凤凰山167号汉墓有较完整的丝质棺罩、存放在竹笥内的35卷丝织品和棺内残存的衣衾包裹。江苏高邮神居山2号墓出土有西汉中期的丝绣品[5]、河北阳原三汾沟M9有西汉晚期的绣品[6]，四川绵阳永兴双包山汉墓有丝织品残片[7]。东汉时期的纺织品集中发现于西北地区。自20世纪以来，在额济纳河流域的汉代烽燧遗址和罗布淖尔的楼兰遗址[11]、新疆民丰县尼雅遗址[12]、尉犁县营盘墓地[13]、洛浦县山普拉墓地[14]、若羌县高台墓地[15]，先后发现了许多丝、毛、麻织品，其中不少是汉代的遗物，部分可能晚至魏晋时期。此外，在内蒙古扎赍诺尔古墓[16]中发现过东汉的锦，江苏省连云港市尹湾汉墓[17]中有大幅的东汉绣品。

〔1〕 A.湖南省博物馆、中国科学院考古研究所：《长沙马王堆一号汉墓》，文物出版社，1973年。

B.湖南省博物馆、湖南省文物考古研究所：《长沙马王堆二、三号汉墓》，文物出版社，2004年。

〔2〕 大葆台汉墓发掘组：《北京大葆台汉墓》，文物出版社，1989年。

〔3〕 A.凤凰山一六七号汉墓发掘整理小组：《江陵凤凰山一六七号汉墓发掘简报》，《文物》1976年第10期。

B.湖北省文物考古研究所：《江陵凤凰山一六八号汉墓》，《考古学报》1993年第4期。

〔4〕 广州市文物管理委员会、中国社会科学院考古研究所、广东省博物馆：《西汉南越王墓》，文物出版社，1991年。

〔5〕 黎忠义：《绢地长寿绣残片纹样及色彩复原》，《东南文化》1996年第1期。

〔6〕 河北省文物研究所、张家口地区文化局：《河北阳原三汾沟汉墓群发掘报告》，《文物》1990年第1期。

〔7〕 A.四川省文物考古研究所、绵阳市博物馆：《绵阳永兴双包山二号西汉木椁墓发掘简报》，《文物》1996年第10期。

B.朱冰、曹红霞、夏秀丽、高来宝、杨俊霞：《四川永兴汉墓出土染色绢分析》，《中国科技史料》第24卷第2期（2003年）。

〔11〕 A.Sylwan, Vivi (1949), *Investigation of Silk from Edsen-gol and Lop-nor, and a Survey of Wool and Vegetable Materials*. Stockholm：[n. p.]

B.新疆楼兰考古队：《楼兰城郊古墓群发掘简报》，《文物》1988年第7期。

〔12〕 新疆文物考古研究所：《新疆民丰县尼雅遗址95MNI号墓地 M8发掘简报》，《文物》2000年第1期。

〔13〕 新疆文物考古研究所：《新疆尉犁县因半古墓调查》，《文物》1994年第10期；《新疆尉犁县营盘墓地15号墓发掘简报》，《文物》1999年第1期。

〔14〕 A.新疆维吾尔自治区博物馆：《洛浦县山普拉古墓发掘报告》，《新疆文物》1989年第2期。

B.新疆维吾尔自治区博物馆、新疆文物考古研究所：《中国新疆山普拉——古代于阗文明的揭示与研究》，新疆人民出版社，2001年。

〔15〕 武敏：《织绣》，（台北）幼师文化事业有限公司，1992年。

〔16〕 郑隆：《内蒙古扎赍诺尔古墓群调查记》，《文物》1961年第9期。

〔17〕 A.连云港市博物馆：《江苏东海县尹湾汉墓群发掘简报》，《文物》1996年第8期。

B.连云港市博物馆、东海县博物馆、中国文物研究所、中国社会科学院简帛中心：《尹湾汉墓简牍》，中华书局，1997年。

一　秦汉纺织品的种类

秦汉时期的纺织原料有丝、麻、毛三大类，所成织物也因此有别。

（一）丝织物

1. 绢

平纹织物，是考古发现丝织物中数量最多的品种。马王堆 1 号汉墓的 46 卷单幅丝织品中，绢占 22 幅，超过 50%，南越王墓的绢占全部丝织品的 80%。绢的细密程度不一，普通绢的经纬密度较小，多数绢每厘米的经线在 100 根以下，但纬线较粗。更精细的绢有数处发现。满城汉墓的细绢经纬密度达 200×90 根/平方厘米，南越王墓的细绢则高达 280×100 根/平方厘米、300×80 根/平方厘米、320×80 根/平方厘米。这些细绢组织紧密，表面光滑、细薄，是绢中的极品，并非一般人所能占有。为适应消费的要求，除素色绢外，还有染成各种颜色的绢，有的绢还作研光处理。

2. 缣

双丝平纹织物，用单经双纬交织而成，即《说文解字》所云"并丝缯也"。满城汉墓玉衣左裤筒内留存的缣质地细薄、平整，呈半透状，经纬密度为 75×(30×2) 根/平方厘米。由于纬线是双线并列，经线浮长增大，织物表面呈现纬向畦纹。另一件缣制品为马王堆 1 号汉墓的土珠囊（M1∶327 - 1），经纬密度为 72×(26×2)根/平方厘米，表面效果与满城汉墓的缣相同。

3. 纱

平纹方孔织物，又称"假纱"组织。织物的方孔较为疏朗，肉眼可见，经纬密度低于绢。与绢一样，纱的疏密程度相去甚远。磨咀子覆面 M62∶27 上的纱经纬密度为 66×40 根/平方厘米，M62∶30 的密度仅 16×13 根/平方厘米。南越王墓标本 S35 的密度为 48×44 根/平方厘米，经纬线均加拈，S、Z 向互用，拈度 3000～4000 次/米，孔洞清楚。目前所见最精细的纱是马王堆 1 号汉墓的素纱禅衣所用素纱，经纬密度是 62×62 根/平方厘米，每平方米重 12.7 克，全衣仅重 49 克（图版 26 - 1）。织造素纱所用原料纤度较细，反映当时蚕丝品种和生丝质量良好，缫纺和织制技术也达到了很高的水平。

4. 绉纱

经纬线均加强拈，织物表面起绉的纱，在文献中称为"縠"。南越王墓标本 S21 外观起绉，卷曲如泡沫状。经纬密度为 50×30 根/平方厘米，经线 Z、S 向并用，纬线 S 拈，拈度 3000 次/米。马王堆 3 号汉墓的 4 件绉纱经线密度为 34～64 根/厘米、纬线密度为 28～60根/厘米，拈度为 1400～2400 次/米。标本南 175 - 1 经纬线皆是 S 向拈。其他 3 件的经线是 Z、S 向并用，纬线分别是 Z 或 S 向拈。

5. 罗

绞经网孔状织物，无花纹者称素罗，提花者称花罗。因其有良好的透气性，是制作高档服饰的材料。在满城汉墓、马王堆 1 号汉墓、凤凰山 167 号墓、磨咀子 62 号墓、民丰尼雅遗址 1 号墓中皆有发现，都是花罗，经密 76～144 根/厘米，纬密 26～50 根/厘米。地

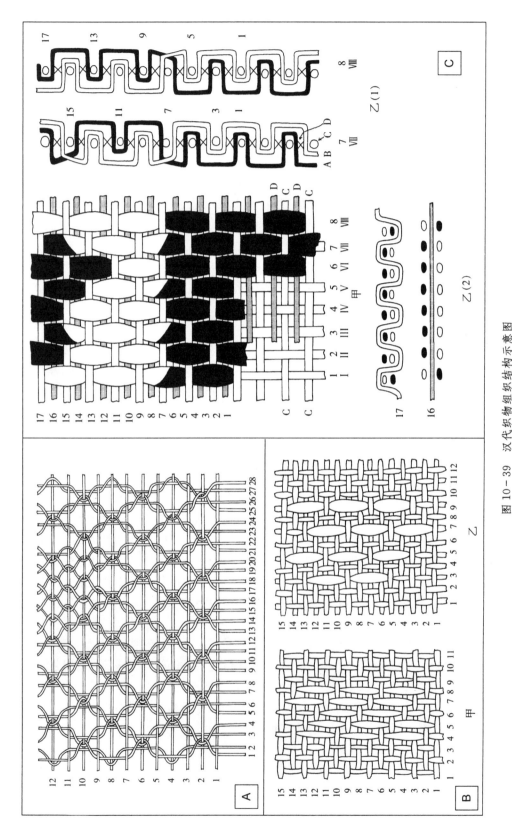

图 10-39 汉代织物组织结构示意图

A. 罗的组织示意图 B. 绮的组织示意图 甲. 殷代(至汉代)的文绮 乙. 汉绮特有的组织 乙. 汉绮 甲. 平面结构图 乙(1). 纵剖面 乙(2). 横剖面 C. 二色锦的组织示意图
(引自夏鼐 1963、1972、1985 年文)

纹皆为六边形大罗孔，四梭（纬）一个循环；花纹部分是小罗孔，二梭（纬）一个循环（图 10-39-A）磨咀子 62 号墓罗的地纹部分纠织点是三上二下，其他的罗皆为一上三下。花纹是广为流行的菱形，因两旁各有一个小的菱形，状如俯视耳杯，故又称为"杯纹"。这种四经绞罗的结构源自东周，与马山 1 号楚墓[1]所出罗相同。马王堆 1 号汉墓有用花罗制作的衣物 12 件，花纹相同，但内部结构的繁简略有差异。标本 340-2 的一个组织循环有经线 332 根，纬线 204 根，地经和纠经各二分之一，均为 116 根，两者相间排列。地经的 116 根中有 81 根系左右对称组织，需 41 个提升动作。其他 81 根地经系非对称性动作，需 116 个提升运动来控制。116 根纠经可统一控制。如此复杂的织造动作，需要有束综提花装置和纠经综相配合才行。

6. 绮

平纹地经斜纹起花织物，是单色提花织物。依夏鼐先生研究，汉代的绮有两种组织形式[2]：一种是花纹完全由经斜纹显示，或称"类似经斜纹组织"。花纹部分的经线组织点是三上一下，以浮线在平纹地上作阶梯式斜向排列来显示花纹。尼雅 1 号墓的菱纹绮和鸟兽葡萄纹绮属此类。另一种是平纹组织的经线与起花的经线作 1∶1 相间排列，花纹经也是三上一下（图 10-39-B）。此种组织的上源可追溯到战国时期，江陵马山 1 号楚墓的彩条纹绮即此类组织。尼雅出土的菱纹绮、马王堆 1 号汉墓的小菱形纹绮、3 号汉墓的对鸟菱纹绮（图 10-40-1）也可归入此类。以菱形格为花纹骨架、其间填充花草和动物的布局是汉代纹绮的特点。马王堆 3 号汉墓 3 件对鸟菱纹绮标本的经线密度是 98～115 根/厘米、纬线密度是 42～64 根/厘米。花纹经向长 1.56 厘米、纬向宽 1.2 厘米。由于花纹循环大，要使用有提花束综装置的提花织机才能织制。

7. 锦

重经提花织物，依每组经线的颜色不同分作二色锦和三色锦。

二色锦是以两根不同颜色的经线为一组，织制出两色的花纹，织物两面花纹相同，但颜色相异（图 10-39-C）马王堆 1 号汉墓的二色锦有隐花波纹孔雀锦，经纬密度分别为 118×48 根/平方厘米、112×45 根/平方厘米。后一种纹样与江陵凤凰山 167 号汉墓的凫纹锦相同，应如《急就篇》"春草鸡翘凫翁濯"所述，是凫在水中游戏的场面。马王堆 2 号、3 号汉墓皆有游豹纹锦（图 10-40-2）。3 号汉墓的夔龙纹锦花纹长 2.1 厘米、宽 2.3 厘米（图 10-40-3），比对鸟纹绮要大，织造技术也更复杂。东周时期流行的顺经线方向作条带布置花纹的作风此时仍有少部分保留，而顺纬线方向横贯全幅的花纹逐步增多。若羌县高台墓地的"续世锦"和尼雅出土的"世毋极锦宜二亲传子孙"锦皆以横贯通幅的波折纹为骨架，其间填充圆点和隶体汉字组成的吉祥语。

三色锦是以三根不同颜色的经线为一组织制的，花纹可表现三种颜色，背面则为杂色，比二色锦更厚实。西汉时期的三色锦纹样多是作散点式布置的小花纹，大的不过四五个单元图案，经向狭窄。马王堆 1 号汉墓的红青矩纹锦 M1∶35∶4∶9、香色地茱萸纹锦 M1∶440 等皆

〔1〕　湖北省荆州地区博物馆：《江陵马山一号楚墓》，文物出版社，1985 年。

〔2〕　夏鼐：《新疆新发现的古代丝织品——绮、锦和刺绣》，《考古学报》1963 年第 1 期。

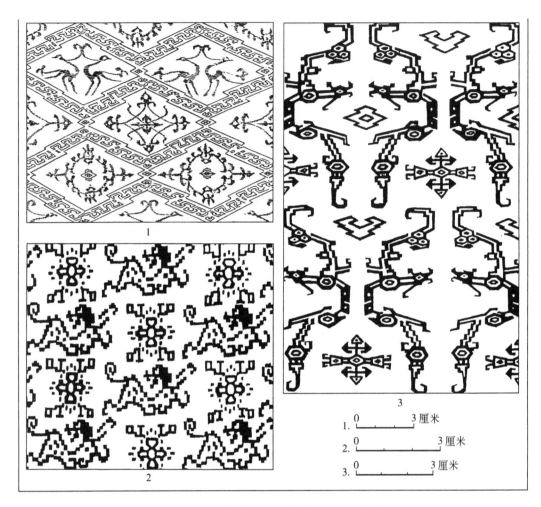

图 10-40 马王堆 1 号汉墓出土丝织品纹样

1.对鸟菱纹绮纹样（南 104-6） 2.游豹纹锦纹样（北 150③） 3.夔龙纹锦纹样（南 104-1）

如此。东汉时期，分区配色的方法在三色锦的织制上广泛运用，把全幅的花纹顺经线方向分作若干色段组合，配置不同颜色的经线，使花纹的颜色增至四五种。尼雅 1 号墓"万世如意"锦分作 12 个色区，每区有三色，除绛和白色外，第三色分别是绛紫、淡蓝、油绿等。完整的花纹有五种颜色，仍是按三色锦织制。经密 168 根/厘米，纬密 25～26 根/厘米。同墓所出的"延年益寿大宜子孙"锦的花纹也是采用分区配色的散色锦织成的。这类锦的纹样以云气、花草和动物为主题，构成变幻无穷的仙山云海，飞禽、猛兽穿行其间。纹样的勾边多用白色，常有吉祥语穿插在花纹之中。上述纹样似有取材于刺绣的倾向，楼兰曾出土过"韩仁绣文衣右子孙无极"锦[1]，说明此纹样源自绣品。这种倾向导致三色以上织锦的出现。在东汉、魏晋时期广为流行不分区配色的五色锦，如尼雅Ⅰ号墓地 M8

〔1〕 于志勇：《楼兰－尼雅地区出土汉晋文字织锦初探》，《中国历史文物》2003 年第 6 期。

出土的"五星出东方利中国"锦护臂（图版 26-2）是用蓝、绿、红、黄、白五色经线织制的，不分色区。经密 220 根/厘米、纬密 24 根/厘米。纹样经向循环 7.4 厘米。"元和元年"锦是 1998 年盗掘发现，后经实地确认出土地是 N14 西北部一区的古墓。"元和元年"即东汉章帝元和元年（公元 84 年），是目前发现惟一有纪年的锦。蓝地，白、绿、黄、红色花纹，经纬密度为 168×19 根/平方厘米[1]。

绒圈锦，又称起毛锦，是经线起花并起绒圈的重经组织织物。在满城汉墓、马王堆 1 号汉墓、磨咀子 62 号墓、凤凰山 167 号墓和南越王墓中都有发现。它们都是用四根经线为一组，与一组纬线交织，经线用二色或三色。地为深褐色，花纹以土黄、暗红、朱红色为主。纹样由菱形、曲尺形、三角形等小几何形组合而成。马王堆 1 号汉墓绒圈锦的表面有高约 0.7～0.8 毫米的绒圈。上海纺织科学研究院等研究者在分析织物结构后认为，绒圈是在织制时织入一根假纬，织成后再将其抽去形成的[2]。因起圈的需要，绒圈经不能与其他经线合用同一经轴，要另设经轴。马王堆 1 号汉墓 M1∶CN6-2 经密 176～224 根/厘米，按幅宽 50 厘米计算，经线总数达 8800～11200 根，其中四分之一是底经，由综架提沉。其余三种经线每厘米约 150 根，按花幅 13.7 厘米计算，须有 2055 根经线升降，要用提花束综控制，另加两片开口素综。

8. 编织物

手工编织物，包含组、漆纚纱、绦等，工艺各不相同。

组，也称纂组，是用经线交叉编结的。在满城汉墓、大葆台汉墓、马王堆汉墓、南越王墓均有发现。马王堆 1 号汉墓 M1∶443-5 黄色组带长 140.5 厘米，宽 10 厘米，用两组经线左右交叉编结。每组经线 60 根对折合股，一端开叉，另一端末则为环形，合股后的经线为 Z 向拈。编结成斜方格眼，易伸长。大葆台 1 号墓的组带（M1∶F-11）残长 5 厘米，宽约 1.2 厘米，正八边形网格。用 56 根经线合股成 28 根，分作两组后沿垂直方向交穿编结，一组为 13 根，另一组为 15 根。所成之组为复式结构，不易伸长。

漆纚纱是汉代流行的用作冠帽的材料。自唐代以来，误认为是方目纱。经对实物切片分析，方知是用生漆平涂于组上形成的，组一般是单式结构。磨咀子 49、62 号墓的漆纚纱较为粗疏。大葆台 1 号墓 M1∶F9 每平方厘米 18×18 孔，M1∶F10 每平方厘米 20×20 孔。马王堆 3 号汉墓出土一顶完整的漆纚纱冠，长 26 厘米，宽 15.5 厘米，高 17 厘米，孔隙均匀、通透。推测其制作过程是，先用组斜覆在冠的模型上定型、加嵌框线，然后反复涂刷生漆。

绦是带状编结物，多用作衣物的装饰。秦代的绦见于秦都咸阳第 1 号宫殿建筑遗址，据简报图一六分析，它应是一件菱格动物、几何纹绦，其构图与江陵马山 1 号楚墓龙凤纹绦十分相似，呈现先秦时期的作风。楚墓中的此类绦是用多色纬线在平纹地上显花，用作

---

[1]　于志勇：《楼兰—尼雅地区出土汉晋文字织锦初探》，《中国历史文物》2003 年第 6 期。"元和元年"锦资料存民丰县尼雅遗址出土文物陈列馆。

[2]　上海市纺织科学研究院、上海市丝绸工业公司文物研究组：《长沙马王堆一号汉墓出土纺织品的研究》，文物出版社，1980 年。

衣、袍的领、裾装饰。马王堆 1 号汉墓出土的千金绦宽 0.9 厘米，绦面花纹依纵向分作三区，纹样每 6 厘米长重复一次，明暗交替。中间横排"千金"二字。另外还有两种绦带，一种是简文称作"繡缓绦"；还一种是有鱼尾纹的筒状组带，用作捆扎尸体。

（二）刺绣品

秦汉绣品多用丝织物，主要有绢、罗、纱等，个别用锦。刺绣的针法大体沿袭战国时期的传统，以锁绣为主，兼用平针绣和打籽绣。马王堆 1 号、3 号汉墓的绣品是西汉时期的佳作，纹样有信期绣、长寿绣、乘云绣、方棋纹绣、茱萸纹绣、云纹绣等。前三种纹样都是以叉形花穗配流云为主题。方棋纹绣是在四方连续的方格内缀以圆点或瓜子点，茱萸纹绣则较为写实。它们都是西汉时期典型的花纹。多种绣线的精心配置，衬以适宜色彩的绣地，使绣品显得富丽堂皇或精巧、雅致。最著名的东汉绣品是尼雅遗址 1 号墓的蔓草纹绣和尹湾汉墓的卷云鸟兽纹绣。后者与马王堆 1 号、3 号汉墓的信期绣、长寿绣有许多相近之处。

（三）毛织物与麻织物

1. 毛织物

主要发现于新疆洛浦县山普拉的 01、02 号墓、民丰尼雅 1 号墓和若羌县楼兰故址的高台墓地。山普拉 01、02 号墓的年代是西汉晚期至魏晋时期[1]。高台墓地的年代大约是东汉时期，部分墓葬迟至魏晋时期（约公元 3 世纪）。毛织物的主要种类有纱罗、缂毛和双层双面织物。

纱罗毛织物是用四根经线左右分开、相互纠绞形成六边形孔眼，未纠经部分是平纹组织。织制时，每投入五根平织纬后投入一根纠经纬，类似二纠经罗。山普拉 01 号墓毛罗上衣的下摆是用菱格卷草纹毛罗制作的。

缂毛的织法与缂丝"通经回纬"相同，是在平纹组织中局部挖织出花纹。此类织物有花边、壁挂。山普拉 02 号墓的青绿地龙纹缂用天青、草绿、深棕、浅棕、橘红等八色毛线织成，同一纹样单位有五色至八色。经纬线较粗，经密 6～8 根/厘米，纬密 32～36 根/厘米。最著名的壁挂有两件：红地人面纹罽、人马纹罽，均出自山普拉 01 号墓。这两件罽上的图像与希腊神话中的人物、传说似乎有密切关系，可能来自西方[2]，或受到希腊文化的影响。

双层双面织物如山普拉 01 号墓的折枝葡萄纹双面罽，是以表经、表纬与里经、里纬各自交织成平纹。如表层经纬线交织出花纹，那么里层经纬线交织成地色。表、里两层组织的接结点位于花纹的边缘，按花纹的需要，表里层相互换色，形成两面颜色不同的花纹。经密 32～36 根/厘米，纬密 50～54 根/厘米，属精纺织物。

---

[1] 据《洛浦县山普拉古墓发掘报告》（《新疆文物》1989 年第 2 期）公布的碳十四测年结果，该墓地两期的年代：第一期距今 2295±75 年至距今约 2000 年之间；第二期距今 1960±80 年至 1715±100 年左右。即最迟在东汉末年至魏晋时期。

[2] 李安宁：《缂毛织品"武士像"研究》，《新疆艺术学院学报》2005 年第 3 期。

毛绣品在山普拉和尼雅均有发现，针法是锁绣，绣线是毛线。山普拉的绣品多是以经线编结的缂，花纹有四瓣式花朵和四叶蔓草纹，多作二方连续布置。

2. 麻织物

主要是麻布，见于马王堆 1 号汉墓、凤凰山 168 号墓、满城汉墓、贵县罗泊湾汉墓[1]、南越王墓。据鉴定可知，常用的麻纤维原料有苎麻、大麻、苘麻。罗泊湾 1 号墓的麻布经纬密度是 41×31 根/平方厘米，质地较细。马王堆 1 号汉墓 M1：N26 的经密是 32～38 根/厘米，纬密是 36～54 根/厘米，约合 21～23 升布，甚为细密。

二　秦汉纺织技术与生产管理

秦汉时期纺织技术的进步主要反映在织机的改进和印染工艺的发展。

（一）织机

尽管目前尚未发现当时织机的实物，但从留存的画像石和模型中仍可寻知其形状与基本结构。现有 18 块画像石上有织机的图像，山东 9 块、江苏 6 块、安徽 1 块、四川 3 块、吉林 1 块[2]。海外还有一件从国内流出的釉陶织机模型[3]。上述资料中的织机可归纳为两种类型：斜织机与腰机（图 10-41）。后者仅见于曾家包的画像砖。斜织机的机架由水平放置的底架和斜立于底架中、后部的斜机身组成。斜置的机身用于固定经面，与水平底架形成 50～60 度夹角。它的上端或直接依靠在后柱脚上，或由另一根着地的木杆撑住。釉陶织机模型的结构与此相同，斜机身的上端也固定在后柱脚上。经轴位于斜机身的顶端，可以转动，用于固定经线。布轴位于斜机身的下端。斜机身中部是"马头"，左右分列。水平机架下部有两块脚踏板。这是一种较为进步的织机，由双脚控制提综，双手用来投梭、打筘。它们是世界上最早出现的脚踏织机。画像石上织机的细部并不清楚，经多年研究，提出了几种不同的复原方案[4]，解决了斜织机的细部结构和传动、开口打纬、摇纬等问题。斜织机是平纹织机，从其结构推断，只能织制一般的缯帛及简单的小花纹织物，尚不能织制结构复杂的罗、绮、锦等。因此，国外有学者提出汉代的提花织物可能是在普通织机上用挑花棒织成花纹的[5]，即手工挑织的。此种说法存在的问题是，不能解释尼雅遗址 1 号墓的菱形纹绮存在的两根提花经线的全部缺失，以及战国时期马山 1 号楚墓的舞人动物纹锦存在的整匹织物于同一花纹位置出现错综的现象[6]。这种现象似乎提

〔1〕　广西壮族自治区博物馆：《广西贵县罗泊湾汉墓》，文物出版社，1988 年。
〔2〕　A.夏鼐：《我国古代蚕、桑、丝、绸的历史》，《考古》1972 年第 2 期。
　　　B.赵丰：《汉代踏板织机的复原研究》，《文物》1996 年第 5 期。
〔3〕　赵丰：《汉代踏板织机的复原研究》，《文物》1996 年第 5 期封底照片。
〔4〕　A.宋伯胤、黎忠义：《从汉画像石探索汉代织机构造》，《文物》1962 年第 3 期。
　　　B.夏鼐：《我国古代蚕、桑、丝、绸的历史》，《考古》1972 年第 2 期。
　　　C.赵丰：《汉代踏板织机的复原研究》，《文物》1996 年第 5 期。
〔5〕　夏鼐：《汉唐丝绸和丝绸之路》，《中国文明的起源》，文物出版社，1985 年。
〔6〕　A.湖北省荆州地区博物馆：《江陵马山一号楚墓》，文物出版社，1985 年。

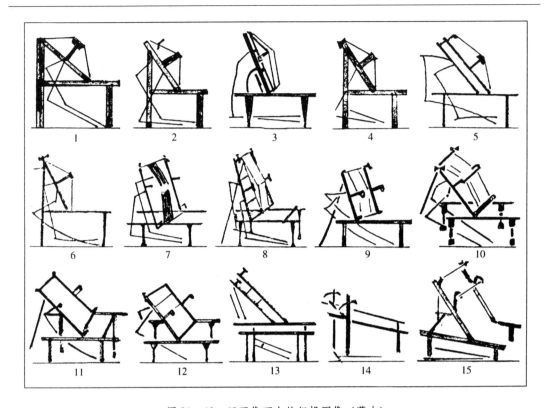

图 10-41 汉画像石上的织机图像（摹本）

1.滕县宏道院出土 2.滕县龙阳店出土 3.滕县龙阳店出土 4.滕县后台村出土 5.长清孝堂山出土 6.嘉祥武梁祠出土 7.宿县褚兰出土 8.铜山洪楼出土 9.新沂炮车出土 10.泗洪曹庄出土 11.沛县留城出土 12.徐州青山泉出土 13.邳县白山故子出土 14.成都曾家包出土 15.成都曾家包出土

示，自战国至秦汉时期，织造花纹复杂的绮、锦、罗等织物应当使用了有提花装置的织机，才可能出现此类始终一贯的织疵而得不到及时纠正。如果采用手工挑花织出花纹，一旦发现织疵可以方便地加以纠正，不致让织疵一贯始终。

（二）染色与印花技术

1. 染色与后整理

秦汉时期的丝、毛织物有丰富的色彩，反映当时染料的制取和染色技术的发展。根据对马王堆1号汉墓部分染色织物的分析得知，植物染料中的靛蓝取自蓝草，深红取自茜草，黄色取自栀子。矿物染料则有朱砂，所染之色为朱红。现存汉代朱红色织物大多是采用这种染料染色。马王堆汉墓和南越王墓的朱红绢、罗染色均匀，无色糨糊孔现象。朱砂染色工艺不同于植物染料的浸染，须先将朱砂研磨成很细的粉末，通过黏合剂将其附着于织物上。出土的朱红色织物虽在地下埋藏两千多年，但色泽仍然鲜艳、光亮，足见染色的

B.彭浩:《楚人的纺织与服饰》，湖北教育出版社，1996年。

稳定。有学者经模拟实验后提出，朱砂染色的黏合剂可能是干性油（熟桐油），以生鸡蛋作乳化剂[7]。

汉代织物中存留一种鲜亮的紫色，如马王堆1号汉墓的玫瑰紫地印花敷彩纱和大葆台汉墓的绛紫色绢绣地。它们是何种染料、如何染色，一直是悬而未决的疑问。通过实验得知，产自山东胶州湾的骨螺外膜下腮腺活体中的黄绿色分泌物可染出极难消退的紫色[8]。由此推测上述汉代织物上经久不褪的紫色或许由此得来。

秦汉时期已经有一些较为特别的织物后处理方法。南越王墓的云母绢在显微镜下可见丝纤维经碾压变薄，深灰色的云母粉末均匀分布。估计是把绢先浸入植物油中，待将干时撒上云母粉，再将其压入纤维中而得的。该墓所出的黑油绢是在织物表面涂上植物油，而获得防雨水的效能。缃纱则是在组的表面均匀涂上生漆后形成的，有挺括、形状稳定的特性。

2. 印花

汉代印花织物的实例有马王堆1号汉墓的印花敷彩纱、金银色印花纱，磨咀子48号墓的印花绢和南越王墓的印花纱。更重要的是在南越王墓中发现了两件青铜印花凸版，确证当时已经有了成熟的套色印花技术。印花敷彩纱是用印绘结合的方法作出花纹。先印出藤蔓灰色地纹，然后分别绘出朱红色须、墨色花蕊、黑灰色浪纹、银灰色"叶"和蓓蕾纹点、棕灰色"叶"和蓓蕾的苞片，最后用粉白色勾绘和加点。金银印花纱是用凸版（即阳纹版）套印的（图10-42），共使用三套印花版，依次印出银白色的纹样骨架（"个"字形方格）、白色主面纹（长六角形）和金色小圆点（叠山形）。这种依次套印的方法定位不够准确，易使印纹之间产生线条相叠压或疏密不匀的现象。这些实物的发现把我国印染工艺的出现时间大大提前，为以后的印花技术和文字印刷术的发展奠定了基础。

（三）生产管理

在秦汉时期纺织技术进步的基础上，生产规模不断扩大。民间种植桑麻、养蚕、纺织仍是家庭重要的经济支柱之一，也是纺织业发展的基础。《睡虎地秦墓竹简·法律答问》有"或盗采人桑叶，臧（赃）盈一钱，可（何）论？赀繇（徭）三旬"的规定[9]。张家山汉简《二年律令·户律》有按爵位高低授予数量不同的田、宅的规定，

图10-42　汉代印花纱套印工艺示意图

[7]　王㐨：《汉代织绣品朱砂染色工艺初探》，《十世纪前的丝绸之路和东西文化交流：沙漠路线考古乌鲁木齐国际讨论会》，新世纪出版社，1996年。

[8]　王㐨：《骨螺染色》，《王㐨与纺织考古》，（香港）艺纱堂/服饰出版，2001年。

[9]　睡虎地秦墓竹简整理小组：《法律答问释文注释》，《睡虎地秦墓竹简》，文物出版社，1990年。

无爵者也可授一定量的田、宅[1]。这些法律对保证农户的桑、麻种植、促进纺织业发展都有积极的作用。

由于社会需求和对外贸易、交往的不断扩大，丝织技术的发展水平比麻、毛纺织要高许多。家庭出产的织品多供自用，部分进入市场交易，换取现金或其他物品。《睡虎地秦墓竹简·金布律》："钱十一当一布。其出入钱以当金、布，以律。"因此，对入市织物的规格有明确的法律规定："布袤八尺，福（幅）广二尺五寸。布恶，其广袤不如式者，不行。"张家山汉简《二年律令·关市律》也有类似的规定。虽未见"钱十一当一布"的规定，但在《二年律令·盗律》中仍保留以十一为单位的处罚规定。丝织品，尤其是高档品的价值不菲，如江陵凤凰山 167 号墓竹笥签牌上书"缯笥合中缯直（值）二千万"，马王堆 3 号汉墓南 174 和 120 两笥的签牌上书"聂币千匹"。

汉代已经出现专业织丝者，如《西京杂记》卷一记："绫出钜鹿陈宝光家，宝光妻传其法。霍显召入其第，使作之。机用一百二十镊，六十日成一匹，匹直万钱。"《汉书·张汤传》："（张）安世尊为公侯，食邑万户，然身衣弋绨，夫人自纺绩，家童七百人，皆有手技作事，内治产业，累积纤微，是以能殖其货，富于大将军光。"他们的产品完全进入市场销售。两汉时期，中央政府设有织室。西汉政府设有齐三服官，东汉则设"冰纨、方空縠、吹纶絮"。它们承担皇室与官府所需丝织品的织造和服饰的生产，其中的工匠大多数应是从民间征发而来，许多高档的织物应出自他们之手。

第六节　秦汉玉器与玉器加工工艺

一　秦汉玉器的发现与研究简述

东周时期的秦国，地处西部边陲，与戎狄杂居。在迁都咸阳之前，与关东诸国处于相对隔绝状态，因而逐步发展为地域性较强的秦文化，玉器的造型、纹饰以及雕琢工艺也别具一格，学者称之为"秦式玉器"或"秦式玉雕"[2]。从目前发现的玉器资料考察，"秦式玉器"主要流行于春秋时期，战国时期已呈现衰落趋势，由于各诸侯国之间的交流日益频繁，玉器的雕琢技艺和艺术风格也逐渐趋于融合[3]。秦王朝建立后，政治上的统一，进一步促成了玉文化的一致性。

秦代国祚短暂，目前考古发掘出土的秦代玉器数量不多，主要出在陕西、甘肃、湖南、湖北、河南、河北、山东等地的秦墓以及与祭祀有关的秦代窖藏中。其中以西安北郊联志村和卢家口村两处战国晚期至秦代的祭祀坑所出的玉器最多。前者发现于 1971 年，

〔1〕 张家山二四七号汉墓竹简整理小组：《二年律令释文注释》，《张家山汉墓竹简（二四七号墓）》，文物出版社，2001 年。

〔2〕 杨建芳：《春秋秦式玉雕及其相关问题》，《中国古玉研究论文集》上册，（台北）众志美术出版社，2001 年。

〔3〕 刘云辉：《陕西出土东周玉器》第 3～38 页，文物出版社，2006 年。

出土玉圭、玉璋、玉璧、玉琮、玉璜、玉虎、玉觽、玉人等，共 85 件；后者发现于 1980 年，共出土玉器 100 多件，所出玉器的种类与前者基本相同[1]。战国晚期的秦国玉器与秦统一后的玉器，在艺术风格上变化不大，往往难以区分，秦代窖藏和秦墓出土的玉器，都存在此问题。

汉代是中国玉器发展史上的高峰期之一，汉代玉器主要出在诸侯王及其亲属的墓中。例如：江苏徐州狮子山楚王墓[2]、北洞山楚王墓[3]、铜山龟山 1 号汉墓[4]、徐州石桥楚王夫妇墓[5]、扬州"妾莫书"汉墓[6]，广东广州南越王赵眜墓[7]，河北满城中山王刘胜夫妇墓[8]、定县八角廊中山王刘修墓[9]、定县北庄中山王刘焉夫妇墓[10]、定县北陵头中山王刘畅夫妇墓[11]，山东长清双乳山济北王刘宽墓[12]、巨野红土山昌邑王刘髆墓[13]、曲阜九龙山鲁王墓[14]、河南永城僖山梁王墓[15]、永城窑山梁王夫妇墓[16]、淮阳北关陈王墓[17]，湖南长沙咸家湖曹𡢃墓[18]、长沙象鼻嘴 1 号汉墓[19]，以及北京大葆台广阳王夫妇墓[20]等。广州南越王墓所出的玉器数量最多，共 244 件（套）。徐州狮子山楚王墓也出土 200 多件玉器，而且多数玉器玉质精良。至于各地的中、小型汉墓，有的也出土玉器，但数量不多，精美的玉器很少。还有少数汉代玉器系出土于窖藏中，这些窖藏多数与祭祀仪式有关系。

[1] 刘云辉：《东周秦国玉器大观》，《中国玉文化玉学论丛（续编）》，紫禁城出版社，2004 年；《陕西出土东周玉器》第 31 页，文物出版社，2006 年。
[2] A.狮子山楚王陵考古发掘队：《徐州狮子山西汉楚王陵发掘简报》，《文物》1998 年第 8 期。
　　B.韦正、李虎仁、邹厚本：《江苏徐州市狮子山西汉墓的发掘与收获》，《考古》1998 年第 8 期。
[3] 徐州博物馆、南京大学历史学系考古专业：《徐州北洞山西汉楚王墓》，文物出版社，2003 年。
[4] 南京博物院：《铜山小龟山西汉崖洞墓》，《文物》1973 年第 4 期。该墓原未编号，后补编为"龟山 1 号墓"。
[5] 徐州博物馆：《徐州石桥汉墓清理报告》，《文物》1984 年第 11 期。
[6] 扬州市博物馆：《扬州西汉"妾莫书"木椁墓》，《文物》1980 年第 12 期。
[7] 广州市文物管理委员会、中国社会科学院考古研究所、广东省博物馆：《西汉南越王墓》，文物出版社，1991 年。
[8] 中国社会科学院考古研究所、河北省文物管理处：《满城汉墓发掘报告》，文物出版社，1980 年。
[9] 河北省文物研究所：《河北定县 40 号汉墓发掘简报》，《文物》1981 年第 8 期。
[10] 河北省文化局文物工作队：《河北定县北庄汉墓发掘报告》，《考古学报》1964 年第 2 期。
[11] 定县博物馆：《河北定县 43 号汉墓发掘简报》，《文物》1973 年第 11 期。
[12] 山东大学考古系、山东省文物局、长清县文化局：《山东长清县双乳山一号汉墓发掘简报》，《考古》1997 年第 3 期。
[13] 山东省菏泽地区汉墓发掘小组：《巨野红土山西汉墓》，《考古学报》1983 年第 4 期。
[14] 山东省博物馆：《曲阜九龙山汉墓发掘简报》，《文物》1972 年第 5 期。
[15] 河南省文物考古研究所：《永城西汉梁国王陵与寝园》第 13 页，中州古籍出版社，1996 年。
[16] 阎根齐：《芒砀山西汉梁王墓地》第 248～276 页，文物出版社，2001 年。
[17] 周口地区文物工作队、淮阳县博物馆：《河南淮阳北关一号汉墓发掘简报》，《文物》1991 年第4 期。
[18] 长沙市文化局文物组：《长沙咸家湖西汉曹𡢃墓》，《文物》1979 年第 3 期。
[19] 湖南省博物馆：《长沙象鼻嘴一号西汉墓》，《考古学报》1981 年第 1 期。
[20] 大葆台汉墓发掘组：《北京大葆台汉墓》，文物出版社，1989 年。

对秦汉玉器进行考古学研究，早在 20 世纪 40 年代就有重要著作发表。例如郭宝钧《古玉新诠》一文，主张研究玉器应以考古发掘出土的资料为依据，并将两汉的玉器单独列为一章进行分析研究[1]。从 20 世纪 60 年代开始，汉代玉器陆续有重要发现，因而引起学术界的重视，考古工作者也意识到研究玉器的重要性和必要性。关于汉代玉器的综合研究著作，主要发表于 80 年代初以后。其中最具代表性的是夏鼐《汉代的玉器——汉代玉器中传统的延续和变化》一文，该文从玉料来源、治玉技术、玉器分类、纹饰特征以及研究方法等方面进行概括性的论述，对研究汉代玉器具有指导意义[2]。杨伯达《汉代玉器艺术》一文，则从艺术渊源、功能分类、造型艺术、碾琢艺术、镶嵌艺术和发展趋势六个方面对汉玉艺术进行综合研究[3]。90 年代初杨伯达主编的六卷本《中国玉器全集》出版，卢兆荫主编其中的第 4 卷，在《秦·汉—南北朝玉器述要》一文中，较全面地论述了秦汉时期的玉器[4]。此后卢兆荫又陆续发表数篇有关秦及西汉玉器[5]、东汉魏晋南北朝玉器[6]，以及汉代玉文化的文章[7]，对秦汉玉器进行较全面、系统的阐述。还有古方对汉代玉器的分期、玉料产地及制作工艺等的研究[8]。

有关秦汉玉器的专题研究文章，数量较多，主要发表于 20 世纪 80 年代初期以后。卢兆荫先后发表了关于汉代礼仪用玉和丧葬用玉的研究文章[9]。麦英豪[10]、杨建芳[11]、王恺[12]、卢兆荫[13]、徐良玉[14]等分别对南越国以及楚国、梁国、广陵国等汉代诸侯王国的

[1] 郭宝钧：《古玉新诠》，《历史语言研究所集刊》第 20 本（下册），1949 年。
[2] 夏鼐：《汉代的玉器——汉代玉器中传统的延续和变化》，《考古学报》1983 年第 2 期。
[3] 杨伯达：《汉代玉器艺术》，《香港中文大学中国文化研究所学报》第十五卷，1984 年。
[4] 卢兆荫：《秦·汉—南北朝玉器述要》，《中国玉器全集》第 4 卷第 1～23 页，河北美术出版社，1993 年。
[5] 卢兆荫：《秦、西汉玉器概述》，《湖南省博物馆馆刊》第 3 辑，2006 年。
[6] 卢兆荫：《承前启后的东汉魏晋南北朝玉器》，《探古求原》，科学出版社，2007 年。
[7] 卢兆荫：《论玉文化在汉代的延续和发展》，《海峡两岸古玉学会议论文专辑·Ⅱ》，台湾大学理学院地质科学系印行，2001 年。后又转载于《中国历史文物》2004 年第 3 期。
[8] 古方：《汉代玉器的分期及有关问题的探讨》，《一剑集》，中国妇女出版社，1996 年。
[9] 卢兆荫：《略论汉代礼仪用玉的继承与发展》，《文物》1998 年第 3 期；《略论汉代丧葬用玉的发展与演变》，《东亚玉器》第二册，香港中文大学中国考古艺术研究中心，1998 年。
[10] 麦英豪：《汉玉大观——象岗南越王墓出土玉器概述》，《南越王墓玉器》第 39～56 页，（香港）两木出版社，1991 年。
[11] 杨建芳：《南越王墓玉器研究——南越式玉器的识别及相关问题》，《故宫文物月刊》第十二卷第九期，1992 年 12 月。
[12] 王恺：《浅说徐州狮子山楚王墓出土玉器》，《东亚玉器》第二册，香港中文大学中国考古艺术研究中心，1998 年。
[13] 卢兆荫：《关于徐州狮子山楚王墓玉器的若干问题》，《出土玉器鉴定与研究》，紫禁城出版社，2001 年；《简论西汉楚国玉器》，《新世纪的中国考古学——王仲殊先生八十华诞纪念论文集》，科学出版社，2005 年；《弥足珍贵的西汉楚王陵墓玉器》，《大汉楚王——徐州西汉楚王陵墓文物辑萃》，中国社会科学出版社，2005 年；《略论西汉梁国玉器》，《福建文博》1991 年第 1 期。
[14] 徐良玉：《论扬州汉墓出土玉器》，《汉广陵国玉器》第 8～16 页，文物出版社，2003 年。

玉器进行专题性的研究。至于对某一种汉代玉器进行研究的文章，数量很多，不胜枚举。其中对玉衣的研究，是较为突出的一例。夏鼐[1]、卢兆荫[2]、傅乐治[3]、那志良[4]、郑绍宗[5]、黄展岳[6]等都曾发表关于汉代玉衣的论著。

二　秦代玉器

战国时秦昭王（嬴则）得知赵国有楚和氏璧，"使人遗赵王书，愿以十五城请易璧"[7]。秦以前人们以金、玉为印，秦以来只有皇帝的印章才能用玉琢成，称为"玉玺"[8]。由此可见秦国有爱玉、崇玉的传统。秦始皇（嬴政）在统一关东六国之前，就收藏了昆山玉、和氏璧等贵重玉器[9]；统一全国后，在首都咸阳集聚了包括玉器在内的大量财宝。《西京杂记》卷三载，汉高祖（刘邦）初入咸阳宫，看到府库内"金玉珍宝"不计其数，最使人惊异的为高七尺五寸的青玉五枝灯，还有长二尺三寸的玉管。秦皇室贵族的玉器，在秦朝覆亡后分散落入起义军首领及富豪之家[10]。

根据考古发掘出土的资料，秦代玉器可以分为礼仪用玉、日常用玉、佩玉和玉剑饰四类。

礼仪用玉多数出土于具有祭祀坑性质的窖藏中，主要有圭、璋、璧、琮、琥、璜、觹等。这些玉器多数为素面，少数有简单的纹饰。上述西安北郊联志村祭祀坑所出的玉器中，圭、璋、璧、觹都是素面的；玉琮已简化为方形片状；玉璜有素面的，也有两端雕成兽头的双兽首玉璜。此外还有玉虎和玉人。玉虎为扁平片状，以阴线勾勒虎的头部及四肢，可能是《周礼》所载"六器"之一的"琥"。玉人也呈片状，具有头部和长条形身躯，用阴线刻出眉、眼、鼻、口以及象征的腰带；有男女之分，男玉人有发髻和胡须，发型与临潼秦俑相类似。西安北郊卢家口村祭祀坑出土的玉器，除圭、璋、璧、环、琮、璜、觹、玉虎、玉人外，还有玉猪。其中两件玉琮系用一块玉料雕成的，也可能是由一件玉琮一分为二琢成的；玉猪为片状，是用玉璧改制而成的，两面残存蒲格谷纹和部分双身动物纹[11]。这两处祭祀坑所出的玉器，应属礼仪用玉。此外，安徽寿县东淝河闸出土 1 件男

---

[1]　史为（夏鼐）：《关于"金缕玉衣"的资料简介》，《考古》1972 年第 2 期。

[2]　卢兆荫：《试论两汉的玉衣》，《考古》1981 年第 1 期；《再论两汉的玉衣》，《文物》1989 年第 10 期。

[3]　傅乐治：《谈玉匣》，《故宫文物月刊》第一卷第八期，1983 年 11 月。

[4]　那志良：《珠襦玉匣与金缕玉衣》，《故宫学术季刊》第二卷第二期，1984 年。

[5]　郑绍宗：《汉代玉匣葬服的使用及其演变》，《河北学刊》1985 年第 6 期。

[6]　黄展岳：《玉衣概说》，《故宫文物月刊》第十卷第四期，1992 年 7 月。

[7]　《史记·廉颇蔺相如列传》。

[8]　《史记·秦始皇本纪》："九年……长信侯嫪毐作乱而觉，矫王御玺"。《集解》引卫宏曰："秦以前，民皆以金玉为印，龙虎钮，唯其所好。秦以来，天子独以印称玺，又独以玉，群臣莫敢用。"

[9]　《史记·李斯列传》："今陛下致昆山之玉，有随、和之宝……此数宝者，秦不生一焉。"《正义》："卞和璧，始皇以为传国玺也。"

[10]　《史记·货殖列传》："秦之败也，豪杰皆争取金玉，而任氏独窖仓粟。楚汉相距荥阳也，民不得耕种，米石至万，而豪杰金玉尽归任氏，任氏以此起富。"

[11]　王长启：《从古代玉礼器的发展与衰落看西安市北郊出土的秦国玉器》（文中称"卢家口村"为"卢家寨村"），《出土玉器鉴定与研究》，紫禁城出版社，2001 年。

玉人[1]，甘肃礼县鸾亭山遗址出土男、女玉人各1件[2]，其形制与上述两处祭祀坑所出的玉人完全相同，也应属秦代的礼仪用玉。

1975年山东烟台芝罘岛阳主庙遗址出土两组玉器[3]，每组都由1件圭、1件璧和两件觿组成，玉圭和玉觿都是素面的，玉璧饰谷纹，并有涂朱痕迹。《史记·封禅书》记载，秦始皇东游海上，祭祀名山大川及八神，八神中"五曰阳主，祠之罘"，以玉圭等为祭品。这两组玉器可能是秦始皇登芝罘祭"阳主"时瘗埋的。山东荣成成山曾发现两组玉器，其中一组发现于1982年，由1件璧和2件圭组成，璧居中，圭置两侧；璧饰谷纹（图10-43-1），圭为素面[4]。同上书载："（秦始皇）行礼祠名山大川及八神……七曰日主，祠成山"。这组玉器可能是秦始皇祀成山"日主"后埋藏的。

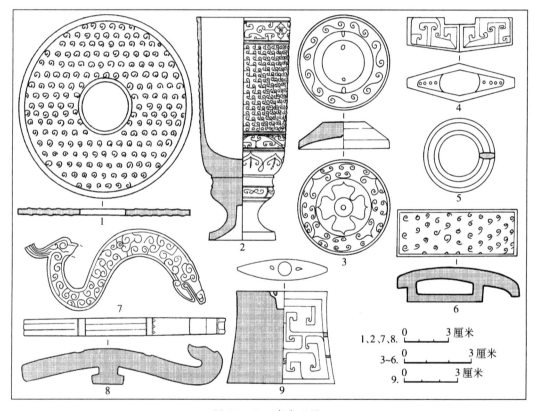

图10-43 秦代玉器

1.璧（荣成成山出土） 2.高足杯（阿房宫遗址出土） 3.剑首（西安潘家庄M154:1） 4.剑格（西安潘家庄M154:2）
5.环（西安潘家庄M165:1） 6.剑璏（西安潘家庄M189:1-1） 7.龙形佩（咸阳塔儿坡秦墓37337:1）
8.带钩（西安茅坡M15:1） 9.剑珌（西安潘家庄M154:3）

[1] 古方主编：《中国出土玉器全集》第6卷第100页，科学出版社，2005年。原文称"玉俑"。
[2] 古方主编：《中国出土玉器全集》第15卷第108、109页，科学出版社，2005年。原文误定为西汉时期。
[3] 烟台市博物馆：《烟台市芝罘岛发现一批文物》，《文物》1976年第8期。
[4] 王永波：《成山玉器与日主祭——兼论太阳神崇拜的有关问题》，《文物》1993年第1期。

秦墓中出土较多的礼仪用玉是玉璧，璧是《周礼·春官·大宗伯》所载"六瑞"和"六器"的组成部分，在玉礼器中占有重要的地位。秦代的玉璧，有素面的，也有雕琢纹饰的。纹饰有单一的谷纹，也有少数纹饰分为内外两区，内区为谷纹，外区为合首双身的夔龙纹。湖南长沙左家塘秦墓出土的一件谷纹玉璧，其侧边刻铭文"四百十七"四个字[1]，应是该器的编号。

日常用玉有玉杯、玉带钩等。西安西郊秦阿房宫遗址出土的青玉高足杯[2]，杯身饰谷纹，并加刻阴线勾连云纹，口部和下腹部饰柿蒂纹、云纹花纹带（图 10-43-2）。此杯雕琢精湛，纹饰纤细华丽，应属宫廷用玉。有的学者认为，此杯的时代属战国晚期[3]。秦墓出土的玉带钩，依据构造方法的不同可分为两类：一类是用整块玉料碾琢而成的带钩，钩部一般作禽首、兽首或龙首的形象。例如：湖北江陵岳山秦墓[4]出土的玉带钩，钩为禽首，钩身作四棱形；陕西凤翔八旗屯西沟道秦墓[5]出土的玉带钩，钩作兽首形；陕西长安茅坡村秦墓出土的玉带钩[6]，钩作龙首形，钩身为四棱形，正面琢出三道纵向凹槽、两道横向凹槽（图 10-43-8）。另一类带钩的钩体由多节玉块组成，首、尾作龙头或兽首形。例如河南泌阳秦墓[7]出土的玉带钩，由十节白玉组成，当中以金属扁条贯穿成器，首、尾均作龙头形，钩身饰勾连云纹。这类玉带钩结构较为复杂，钩身分节琢成，雕琢较为方便，以金属条贯穿成器，又比较牢固，其制作工艺比前一类带钩优越。

佩玉有环、瑗、玦、璜和龙形佩等类，都是佩带在人身上的玉饰。秦代继承战国的传统，也流行佩玉的习俗。考古工作中尚未发现秦代的成组玉佩，但环、璜、玦等无疑是当时常见的佩玉。陕西长安潘家庄世纪星城秦墓出土的玉环（图 10-43-5），有的是素面的[8]，有的横断面呈八边形[9]。玉璜在上述西安北郊两处祭祀坑中都有出土，联志村祭祀坑所出的素面玉璜和卢家口村祭祀坑所出的双兽首玉璜，璜的中部上方都有一圆孔，原来应为佩玉。《史记·项羽本纪》记载，在"鸿门宴"上，范增"举所佩玉玦"，以暗示项羽下决心杀刘邦。范增佩带的玉玦应为秦玉，玦可谐音表示"决心"或"决断"。咸阳塔

〔1〕　湖南省文物管理委员会：《长沙左家塘秦代木椁墓清理简报》，《考古》1959 年第 9 期。简报云铭文为"四百十一"，后经湖南省博物馆高至喜先生细心考察，认为铭文最后一字应为"七"字。

〔2〕　古方主编：《中国出土玉器全集》第 14 卷第 117 页，科学出版社，2005 年。

〔3〕　刘云辉：《陕西出土东周玉器》第 31 页，文物出版社、（台北）众志美术出版社，2006 年。

〔4〕　湖北省江陵县文物局、荆州地区博物馆：《江陵岳山秦汉墓》，《考古学报》2000 年第 4 期。

〔5〕　尚志儒、赵丛苍：《陕西凤翔八旗屯西沟道秦墓发掘报告》，《文博》1986 年第 3 期。

〔6〕　西安市文物保护考古所：《西安南郊秦墓》第 345 页；图一五一：6；彩版八：1；陕西人民出版社，2004 年。

〔7〕　驻马店地区文管会、泌阳县文教局：《河南泌阳秦墓》，《文物》1980 年第 9 期。

〔8〕　西安市文物保护考古所：《西安南郊秦墓》第 698 页；图一八七：1；彩版一三：10；陕西人民出版社，2004 年。

〔9〕　西安市文物保护考古所：《西安南郊秦墓》第 698 页；图一八七：2；彩版一三：9；彩版一四，1；陕西人民出版社，2004 年。

儿坡秦墓出土 1 件龙形玉佩[1]，龙身弯曲，两面饰谷纹，中部有一穿孔（图 10 - 43 - 7），也应是人身上的佩玉。

玉剑饰是安装在剑和剑鞘上的玉饰，包括：剑茎顶端的玉剑首，剑茎与剑身之间的玉剑格，剑鞘上用于穿带佩挂的玉剑璏和剑鞘末端的玉剑珌。江陵岳山秦墓出土两件玉剑首，其中一件正面的外区饰谷纹，内区饰卷云纹；背面正中有阴刻圆形沟槽[2]。长沙左家塘秦墓出土玉剑首、玉剑璏各 1 件，玉剑首的纹饰与岳山秦墓玉剑首基本相同，玉剑璏饰勾连谷纹[3]。从剑璏上黏附的铁锈考察，这两件玉器应是铁剑上的玉饰。长安潘家庄秦墓出土的一件玉剑璏（图 10 - 43 - 6），也饰谷纹[4]。另一座秦墓出土玉剑首、玉剑格、玉剑璏各 1 件，玉剑首（图 10 - 43 - 3）正面的中心略内凹，内区饰柿蒂纹，外区饰四叶卷云纹，背面中部凸起，周围琢饰勾连云纹；玉剑格（图 10 - 43 - 4）的两面都饰方折的勾连云纹；玉剑珌（图 10 - 43 - 9）的两面也饰方折的勾连云纹[5]。

目前考古发掘出土的秦代玉器，数量不多，工艺水平较高的作品寥寥无几。究其原因，似可归纳为如下三点：第一，秦统一全国前，地处西部边陲，与关东诸国相比，文化相对滞后，在玉器雕琢工艺方面缺乏优良传统。第二，秦代国祚短促，玉器手工业很难得到充分发展，也未能形成新的艺术风格。第三，现在见到的秦代玉器，主要出自中小型秦墓和秦代窖藏中。上述秦代玉器，除阿房宫遗址出土的青玉高足杯等个别器物外，绝大多数都不是宫廷用玉，不能代表秦代玉器的最高水平。对秦玉作全面、深入的评价，还有待于今后的考古发现和研究[6]。

三　汉代玉器

（一）汉代玉器的分期及其主要特点

20 世纪 50 年代以来，考古发掘出土的汉代玉器，种类和数量都很多。但由于玉器是具有收藏价值的珍贵物品，墓葬中出土的玉器有些可能是墓主生前的收藏品，所以墓葬的年代只是所出玉器年代的下限，因而汉墓中也可能出土先秦的玉器。这是对出土玉器进行分期断代时应该注意的问题。考古发掘出土的汉代玉器，根据其所出墓葬的年代，以及玉器的器类、造型和纹饰的差异等，可以分为四期。

第一期　西汉早期（高祖至景帝）的玉器

[1] 咸阳市文物考古研究所：《塔儿坡秦墓》第 172 页；图一三一：13；图版五：4；图版五九：4；三秦出版社，1998 年。
[2] 湖北省江陵县文物局、荆州地区博物馆：《江陵岳山秦汉墓》，《考古学报》2000 年第 4 期。
[3] 湖南省文物管理委员会：《长沙左家塘秦代木椁墓清理简报》，《考古》1959 年第 9 期。简报云玉剑璏"上刻变形云纹"，实为勾连谷纹。
[4] 西安市文物保护考古所：《西安南郊秦墓》第 698 页；图一八七：6；彩版一五：2；陕西人民出版社，2004 年。原报告称"饰卷云纹"。
[5] 西安市文物保护考古所：《西安南郊秦墓》第 698 页；图一八七：3、5、10；彩版一四：2、3、5；彩版一五：1；陕西人民出版社，2004 年。
[6] 卢兆荫：《秦、西汉玉器概述》，《湖南省博物馆馆刊》第 3 辑，2006 年。

第二期　西汉中期（武帝至宣帝）的玉器

第三期　西汉晚期（元帝至西汉末，包括新莽时期）的玉器

第四期　东汉时期的玉器

西汉早期的玉器（图10-44）处在从战国风格玉器向汉代风格玉器过渡的阶段。西汉初年主要承袭战国玉器的传统；文景时期新的艺术风格开始萌芽，形成先秦风格玉器与汉

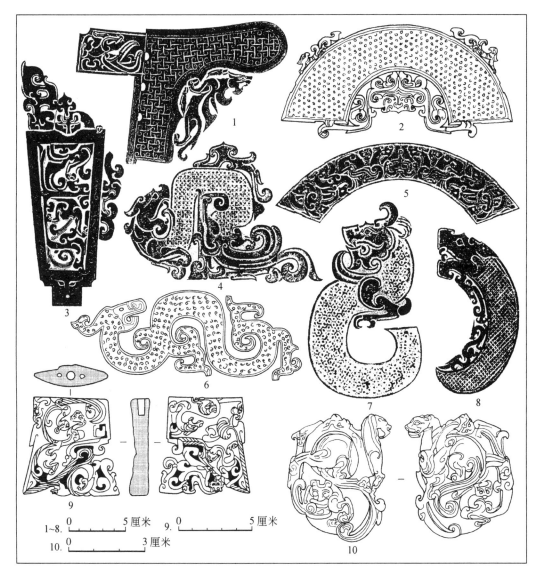

图10-44　西汉早期玉器

1.玉戈（徐州狮子山楚王墓 W4：6，拓本）　2.璜（徐州狮子山楚王墓甬道：264）　3.玉饰（徐州狮子山楚王墓甬道：228，拓本）　4.龙形佩（徐州狮子山楚王墓 W5：1，拓本）　5.璜（徐州狮子山楚王墓甬道：164，拓本）　6.龙形佩（徐州狮子山楚王墓 W5：14）　7.龙形佩（徐州狮子山楚王墓 W5：72，拓本）　8.冲牙（徐州狮子山楚王墓 W5：18，拓本）　9.剑珌（徐州北洞山楚王墓 6096）　10.镍形佩（徐州北洞山楚王墓 6093）

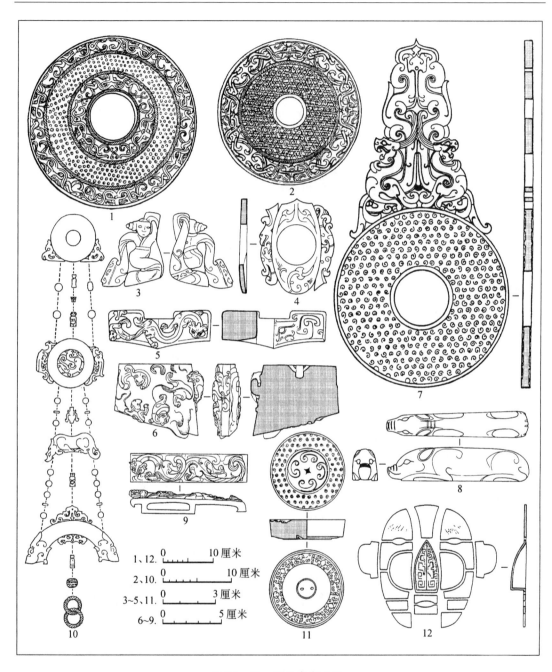

图 10-45 西汉中期玉器

1.璧（广州南越王墓 D∶49） 2.璧（满城 M2∶4158） 3.舞人（广州南越王墓 C137） 4.镙形佩（满城 M2∶4154）
5.剑格（广州南越王墓 C147-10） 6.剑珌（满城 M1∶5042-4） 7.璧（满城 M1∶5048） 8.猪（菏泽红土山 92）
9.剑璏（满城 M1∶5042-2） 10.组佩复原图（广州南越王墓出土） 11.剑首（广州南越王墓 C147-1）
12.覆面（长清双乳山 M1∶61）

代新风格的玉器同时存在的现象，而前者中有的还可能是前代遗留下来的旧玉。以徐州狮子山楚王墓所出玉器为例：玉璜在玉器中占主要地位，说明西周以来佩挂以玉璜为主体的多璜组佩的习俗在当时还相当流行；周缘有戚齿的玉璜（图 10－44－5）和外缘带透雕附饰的玉璜（图 10－44－2）具有战国玉器的风格；玉觽与玉冲牙（图 10－44－8）并存；龙形玉佩形式多样（图 10－44－4、6、7）；诸侯王殓以玉衣的制度已经出现。

　　西汉中期的玉器（图 10－45）已形成汉代新的艺术风格。多璜组佩已不甚流行；在玉器的器类、造型和纹饰方面均不见明显的战国风格。以满城中山王刘胜夫妇墓所出玉器为例：玉璜的数量明显减少；䪥形玉佩已定型，成为男女都可佩带的玉饰；发现保存完整的"金缕玉衣"（图版 15）和 4 件玉饰齐备的"玉具剑"。营建于武帝前期的广州南越王赵眜墓，虽然也属西汉中期的墓葬，但所出玉器中有不少在造型和纹饰上带有战国玉器的风格。这可能是由于南越国远离中原地区，因而存在"文化滞后"现象的缘故[1]。

　　西汉晚期的玉器（图 10－46）基本上承袭中期玉器的器类，但在造型和纹饰方面有所

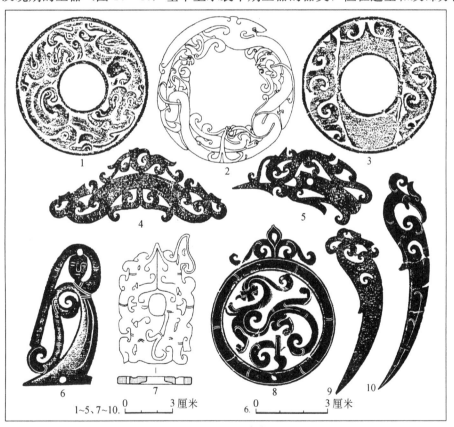

图 10－46　西汉晚期玉器

1.璧（北京大葆台 M1：95，拓本）　2.环（徐州石桥 M2：41）　3.璧（北京大葆台 M1：94，拓本）　4.佩（扬州"妾莫书"墓出土，拓本）　5.䪥形佩（扬州"妾莫书"墓出土，拓本）　6.舞人（北京大葆台 M2：5，拓本）　7.䪥形佩（徐州石桥M2：42）　8.佩（北京大葆台 M2：4，拓本）　9.觽（扬州"妾莫书"墓出土，拓本）　10.觽（北京大葆台 M2：3，拓本）

〔1〕　卢兆荫：《南越王墓玉器与满城汉墓玉器比较研究》，《考古与文物》1998 年第 1 期。

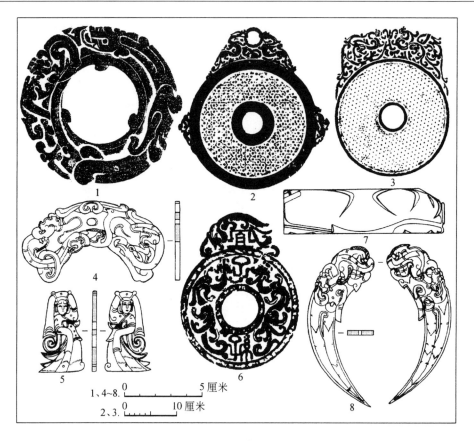

图 10－47　东汉玉器

1.环（邗江老虎墩汉墓出土，拓本）　2.璧（定县北陵头中山王墓出土，拓本）　3.璧（定县北庄中山王墓出土，
拓本）　4.璜（淮阳北关陈王墓出土）　5.舞人（淮阳北关陈王墓出土）　6.璧（邗江老虎墩汉墓出土，拓本）
7.猪（淮阳北关陈王墓出土）　8.觽（淮阳北关陈王墓出土）

变化。玉琀与玉握都已定型。偶尔出现以琉璃片代替玉片的玉衣。以扬州"妾莫书"汉墓
所出玉器为例：鞢形玉佩的器形与中期相比有较明显的变化（图 10－46－5）；玉舞人的造
型比中期更为优美；所出铜缕玉衣以琉璃片代替玉片，少数琉璃片模印蟠螭纹饰。

东汉时期的玉器（图 10－47）基本上继承西汉玉器的风格，但在种类和数量上都比
西汉减少，在造型和纹饰方面也有变化和发展。殓以玉衣的制度进一步完善，明确规定
了分级使用金缕、银缕、铜缕三种玉衣的等级制度。出现了用于辟邪的玉器以及带吉祥
语铭文的玉璧（图 10－47－6）。以定县中山王刘畅夫妇墓所出玉器为例：鞢形玉佩已由
竖置演变为横置，原简报称为"扇形玉饰"，实为鞢形玉佩；饰以透雕人物鸟兽纹的玉
座屏，是汉代玉雕中的杰作；墓中出土银缕玉衣和铜缕玉衣各一套，说明该墓为王和王
后的合葬墓。

（二）汉代玉器的种类

汉代的玉器，不仅数量多，而且器形多样，种类繁多。按其社会功能和用途的不同，

可以分为：礼仪用玉、丧葬用玉、日常用玉、装饰用玉、辟邪用玉、玉艺术品六大类。

1. 礼仪用玉

所谓礼仪，主要包括祭祀、朝聘以及其他礼仪性活动。礼仪活动中的用玉称为"礼玉"，按其不同功能又可分别称为"祭玉"或"瑞玉"。先秦的礼仪用玉，根据成书于战国时期的儒家经典《周礼》记载，主要是璧、琮、圭、璋、琥、璜六种玉器[1]。汉代在礼仪用玉方面部分继承先秦时期的用玉制度，在器类上趋于简化。汉代用于祭祀、朝聘等礼仪活动的玉器，主要是玉圭和玉璧。汉墓中偶然发现的玉琮，都是前代遗留下来的旧玉，并非当时的礼仪用玉。玉璋、玉琥也很少见。玉璜除少数与祭祀或丧葬仪式有关外，多数都是成组玉佩的组成部分，属于装饰用玉[2]。

在祭祀方面的用玉，可称为祭玉。根据文献记载，汉代皇室贵族在祭祀活动中广泛使用玉圭和玉璧。西汉时期皇帝祭祀"上帝宗庙"用玉圭[3]，祭祀诸祠也使用玉圭[4]。汉代继承先秦"以苍璧礼天"的习俗，皇帝祭天神泰一使用直径为六寸的玉璧[5]。祭黄河、汉水等大川及诸祠用玉璧、玉圭[6]。汉武帝时黄河决口，则投入玉璧、白马以祭水神[7]。东汉承袭西汉的用玉制度，皇帝祭祀天地时执玉圭、玉璧[8]。

在考古发掘中，也常发现用于祭祀的玉璧和玉圭。1979年山东荣成成山发现一组玉器，由1件玉璧、2件玉圭和1件玉璜组成，出土时璧居中，圭置两侧，璜在上方。研究者认为这组玉器应属汉武帝祠日的遗物[9]。陕西华阴华山曾出土9件西汉时期的玉璧[10]。《汉书·地理志（上）》记载，华阴有集灵宫，汉武帝所建。这些玉璧可能是集灵宫奠基时埋藏在地下的。西汉帝陵咸阳原陵区曾出土用于祭祀的玉圭、玉璧。例如昭帝平陵与上官皇后陵之间，曾发现东西向排列的成组玉器，每组由1件玉璧和7件或8件玉圭组成，璧在中间，圭环绕在璧的周围，圭首均朝向玉璧[11]。这些成组埋藏、排列有序的璧和圭，

[1]　《周礼·春官·大宗伯》："以玉作六瑞，以等邦国。王执镇圭，公执桓圭，侯执信圭，伯执躬圭，子执谷璧，男执蒲璧……以玉作六器，以礼天地四方。以苍璧礼天，以黄琮礼地，以青圭礼东方，以赤璋礼南方，以白琥礼西方，以玄璜礼北方。"

[2]　卢兆荫：《略论汉代礼仪用玉的继承与发展》，《文物》1998年第3期。

[3]　《史记·孝文本纪》："春，上曰：'朕获执牺牲珪币以事上帝宗庙，十四年于今，历日绵长，以不敏不明而久抚临天下，朕甚自愧。其广增诸祀埠场珪币……'"《汉书·文帝纪》所载基本相同。

[4]　《史记·封禅书》："及诸祠，各增广坛场，珪币俎豆以差加之。"

[5]　《史记·孝武本纪》："皇帝始郊见泰一云阳，有司奉瑄玉嘉牲荐飨。"《集解》引孟康曰："璧大六寸谓之瑄。"《索隐》："音宣，璧大六寸也。"

[6]　《史记·封禅书》："其河、湫、汉水加玉各二；及诸祠，各增广坛场，珪币俎豆以差加之。"《正义》："言二水祭时各加玉璧二枚。"

[7]　《史记·河渠书》："（汉武帝）自临决河，沉白马玉璧于河，令群臣从官自将军已下皆负薪寘决河。"《汉书·沟洫志》作"湛白马玉璧"。颜师古注："湛读曰沉。沉马及璧以礼水神也。"

[8]　《后汉书·显宗孝明帝纪》："朕以暗陋，奉承大业，亲执珪璧，恭祀天地。"

[9]　王永波：《成山玉器与日主祭——兼论太阳神崇拜的有关问题》，《文物》1993年第1期。

[10]　《陕西华阴华山出土9件西汉时期的玉璧》，《人民日报》1994年3月28日。

[11]　咸阳市博物馆：《汉平陵调查简报》，《考古与文物》1982年第4期。

显然与汉代帝陵的祭祀仪式有关系[1]。又如成帝延陵陵园南阙门遗址也曾出土排列整齐的玉圭[2]。上述陵区所出的玉圭和玉璧，器形很小，应是专为祭祀活动而制作的祭玉。此外，甘肃礼县鸾亭山遗址也出土 1 件西汉玉圭[3]，圭的下部有一圆孔，可能也与祭祀有关系。

在朝聘方面的用玉，可称为瑞玉。西汉时期以玉璧作为主要的瑞玉。皇帝招聘特殊人才用玉璧，例如汉武帝曾以"束帛加璧"迎申公[4]。玉璧又可作为馈赠、贡献的礼品。项羽与刘邦宴于鸿门，刘邦离席后托张良赠"白璧一双"给项羽[5]。汉文帝时南越王赵佗进献的物品中，第一项就是"白璧一双"[6]。可见用白玉琢成的璧属于珍贵礼品，往往是成双赠送或进献。东汉时期玉璧也是主要的瑞玉。皇帝纳聘皇后用玉璧[7]。《周礼·冬官考工记·玉人》载："谷圭七寸，天子以聘女。"汉代皇帝纳聘皇后，已不用谷圭，而改用谷璧。古时朝会，侯、伯执圭，子、男执璧。汉代每年正月朔旦朝贺，诸侯王、列侯等都执玉璧，不执玉圭[8]。按规定，诸侯王所执的玉璧是由少府发给的。汉章帝建初七年（公元 82 年），东平王刘苍正月朔旦入贺，少府卿阴就贵骄，少府主簿竟不按规定发给刘苍玉璧，因而刘苍的部属朱晖只好从主簿手中骗取玉璧交给刘苍[9]。

玉圭在汉代主要用于祭祀仪式，而它作为瑞玉的一些功能已被玉璧所代替，因而用途不如玉璧宽广。在考古发掘出土的资料中，玉圭的数量也比玉璧少得多。汉代的玉璧不仅数量多，而且纹饰也多种多样。除了传统的蒲纹、谷纹外，还流行分为内外两区的纹饰，一般内区为蒲纹或谷纹，外区为龙纹或凤鸟纹（图 10-45-2）。广州南越王墓出土的大型玉璧（图 10-45-1），璧面纹饰分为内、中、外三区，外区为合首双身龙纹，中区为蒲格涡纹，内区为合首双身龙纹或凤鸟纹。

此外，在少数汉代诸侯王墓中还发现玉雕的兵器，但种类和数量都很少。徐州狮子山楚王墓出土一件玉戈，戈的援、胡饰勾连云纹，戈内两面分别浮雕龙、凤纹，援、胡之间有透雕的螭虎纹附饰（图 10-44-1）。曲阜九龙山鲁王墓出土的一件玉戈，一面刻有纹饰，援的前部浮雕龙纹，中部饰谷纹，后部饰阴线花纹及浮雕夔龙纹。永城僖山梁王墓出

〔1〕 刘庆柱、李毓芳：《西汉十一陵》第 72 页，陕西人民出版社，1987 年。

〔2〕 古方主编：《中国出土玉器全集》第 14 卷第 123 页，科学出版社，2005 年。

〔3〕 古方主编：《中国出土玉器全集》第 15 卷第 107 页，科学出版社，2005 年。

〔4〕 《汉书·儒林传·申公》："武帝初即位……于是上使使束帛加璧，安车以蒲裹轮，驾驷迎申公，弟子二人乘轺传从。"《汉书·武帝纪》所载基本相同。

〔5〕 《史记·项羽本纪》。

〔6〕 《汉书·南粤传》。

〔7〕 《后汉书·皇后纪（下）》："（桓帝纳梁皇后）悉依孝惠皇帝纳后故事，聘黄金二万斤，纳采雁璧乘马束帛，一如旧典。"《集解》引惠栋曰《汉杂事》云："以黄金二万斤、马十二匹、元（玄）纁谷璧，以章典礼。"

〔8〕 《续汉书·礼仪志（中）》："每岁首正月，为大朝受贺……及贽，公、侯璧"。注引《决疑要注》曰："古者朝会皆执贽，侯、伯执圭，子、男执璧……汉魏粗依其制，正旦大会，诸侯执玉璧，荐以鹿皮"。《续汉书·百官志（五）》："（大夫）掌奉王使至京都，奉璧贺正月……列土、特进、朝侯贺正月执璧云。"

〔9〕 《后汉书·朱晖列传》。

土玉戈、玉钺各1件，玉戈饰勾连云纹，玉钺的銎部饰卷云纹。这些雕琢纹饰的玉戈、玉钺显然不是实用的武器，而是作为显示贵族身份的仪仗用器，也应属于礼仪用玉。

2. 丧葬用玉

汉代继承先秦儒家提倡的孝道思想，主张"事死如生"，因而厚葬之风盛行。同时汉代人迷信玉能保护尸体不朽，甚至认为死者口中含玉能使尸体千年不腐[1]。由于上述原因，玉器在汉代丧葬习俗中有较大的发展，葬玉在汉代玉器中占有重要的地位[2]。汉代的丧葬用玉主要有玉覆面、玉衣、玉九窍塞、玉琀、玉握和镶玉棺。

（1）玉覆面

汉代的玉覆面是从先秦的"幎目"发展来的。《仪礼·士丧礼》记载："幎目用缁，方尺二寸，赪里，著组系。"郑注："幎目，覆面者也。"周代贵族阶层所用的幎目，上面缝缀象征人脸五官的玉片，可称为"缀玉幎目"或"玉覆面"。

玉覆面在汉墓中发现不多，只在西汉中期以前的墓中偶有出土。徐州子房山汉墓[3]和后楼山汉墓[4]各出土一副玉覆面。这两副玉覆面经学者研究复原，称之为"玉面罩"[5]。子房山汉墓所出玉覆面的造型风格和制作方法与周代的缀玉幎目有明显的渊源关系。后楼山汉墓的玉覆面，复原后其轮廓很像人的脸部，但只具象征性的额、嘴、双耳及下垂的耳珰，其外形和制作方法与缀玉幎目有较大差异。山东长清双乳山济北王墓出土的一副玉覆面（图10-45-12），形制较为特殊。该覆面略作椭圆形，由17块玉片和1块玉鼻罩组成，五官俱全，鼻梁隆起，其形状与玉衣的脸盖相类似。

（2）玉衣

玉衣是汉代皇帝和高级贵族的殓服，在古文献中又称"玉匣"、"玉柙"或"玉椑"。它是汉代最具特色的葬玉，也是玉文化在汉代丧葬制度中进一步发展的产物。汉代的玉衣是从先秦时期的"缀玉衣服"发展来的，这种缀玉衣服应即《吕氏春秋》所载的"鳞施"[6]。从鳞施发展成为形制完备的玉衣，可能是在西汉文景时期。《西京杂记》卷一载，汉武帝的玉衣是用金缕编缀的，玉衣上雕镂蛟、龙、鸾、凤、龟、麟的形象，称为"蛟龙玉匣"。武帝的陵墓（茂陵）尚未发掘，他是否殓以"蛟龙玉匣"尚不得而知。

河北满城中山王刘胜和其妻窦绾的墓中各出土一套"金缕玉衣"（图版15），这是考古工作中第一次发现的保存完整、形制完备的汉代玉衣。这两套玉衣的外观和人体形状一样，可以分为头部、上衣、裤筒、手套和鞋五部分。各部分都由玉片组成，玉片之间用金丝加以编缀，所以称为"金缕玉衣"。西汉时期用于编缀玉衣玉片的除金缕外，还有银缕和铜缕，个别还有使用丝缕编缀的，可见当时尚未形成分级使用不同缕线玉衣的制度。到

〔1〕《汉书·杨王孙传》："口含玉石，欲化不得，郁为枯腊，千载之后，棺椁朽腐，乃得归土，就其真宅。"

〔2〕卢兆荫：《略论汉代丧葬用玉的发展与演变》，《东亚玉器》第二册，香港中文大学中国考古艺术研究中心，1998年。

〔3〕徐州博物馆：《江苏徐州子房山西汉墓清理简报》，《文物资料丛刊》第4辑，文物出版社，1981年。

〔4〕徐州博物馆：《徐州后楼山西汉墓发掘报告》，《文物》1993年第4期。

〔5〕李银德：《徐州出土西汉玉面罩的复原研究》，《文物》1993年第4期。

〔6〕《吕氏春秋·节丧篇》："国弥大，家弥富，葬弥厚，含珠鳞施。"

了东汉时期，才确立了分级使用金缕、银缕或铜缕玉衣的制度。据《续汉书·礼仪志（下）》记载，皇帝使用金缕玉衣，诸侯王、列侯始封、贵人、公主使用银缕玉衣，大贵人、长公主使用铜缕玉衣[1]。考古发掘出土的东汉玉衣资料，与文献记载相符[2]。

汉代皇室贵族以特制的玉衣作为殓服，除为了表示其特殊身份外，迷信玉衣能保护尸体长期不朽可能也是原因之一。《后汉书·刘玄刘盆子列传》记载："有玉匣殓者，率皆如生。"所载虽然不是事实，但也反映汉代人对玉衣确实存在迷信思想。殓以玉衣的制度一直延续到东汉末年。曹魏黄初三年（公元 222 年）魏文帝（曹丕）作《终制》，禁止使用"珠襦玉匣"[3]。玉衣从此被废除，考古发掘中迄今也未发现东汉以后的玉衣。

（3）玉九窍塞

所谓九窍，系指双眼、双耳、双鼻孔、口、肛门、阴茎或阴户。用于填塞或盖住九窍的玉制品，称为"玉九窍塞"。古人认为"金玉在九窍，则死人为之不朽"。汉代贵族死后使用玉九窍塞的目的，大概也是想保护死者的尸体不朽。

玉九窍塞往往出在使用玉衣作为殓服的墓中，属于汉代高级贵族丧葬习俗的用玉。例如中山王刘胜和其妻窦绾的墓中各出土一套玉九窍塞。刘胜的玉九窍塞，眼盖作圆角长方形；耳瑱略作八角锥台形；鼻塞为圆锥形体；口塞的主体略呈新月形，外侧有覆斗形凸起，内侧有三角形凸起；肛门塞作锥台形；阴茎罩盒为圆筒形，系用玉琮改制成的。玉九窍塞的制作工艺较为简朴，表面抛光，但未刻纹饰。窦绾的玉九窍塞也都是素面的。

（4）玉琀

玉琀是放置在死者口中的玉制品。西汉前期的玉琀，没有一定的造型。徐州奎山汉墓出土的玉琀作龙形[4]。徐州子房山 3 号墓出土的玉琀为透雕的变形玉龙。徐州米山汉墓[5]和后楼山汉墓所出的玉琀都作蝉形，但造型简朴。西汉中期以后流行蝉形玉琀，并逐渐定型。西汉后期和东汉的玉蝉，蝉体宽扁，双目突出，形象比较逼真。汉代为何流行以玉蝉作为口琀，有的学者认为，可能是汉代人看到蝉的生活史中，其幼虫在地下生活许多年后才钻出地面蜕变为成虫，口琀雕琢成蝉形，以象征死者灵魂的复活[6]。

（5）玉握

玉握亦称握玉，是死者手中所握的玉器。与玉琀的情况相似，玉握在西汉中期以前也较多样化。徐州后楼山汉墓出土的玉握为双龙首玉璜[7]。徐州奎山汉墓出土的玉握为玉

〔1〕《续汉书·礼仪志（下）》："登遐……金缕玉柙如故事。""诸侯王、列侯始封、贵人、公主薨，皆令赠印玺、玉柙银缕；大贵人、长公主铜缕。"

〔2〕卢兆荫：《试论两汉的玉衣》，《考古》1981 年第 1 期；《再论两汉的玉衣》，《文物》1989 年第 10 期。

〔3〕《三国志·魏书·文帝纪》："（黄初三年十月）作终制曰……饭含无以珠玉，无施珠襦玉匣，诸愚俗所为也。"

〔4〕徐州博物馆：《江苏徐州奎山西汉墓》，《考古》1974 年第 2 期。

〔5〕徐州博物馆：《江苏徐州市米山汉墓》，《考古》1996 年第 4 期。

〔6〕夏鼐：《汉代的玉器——汉代玉器中传统的延续和变化》，《考古学报》1983 年第 2 期。

〔7〕徐州博物馆：《徐州后楼山西汉墓发掘报告》，《文物》1993 年第 4 期。从两件玉璜出土时的位置判断，应为玉握。

猪，但只在轮廓上略作猪形。广州南越王墓出土的玉握为两件器形略有不同的龙形玉觿。满城中山王刘胜夫妇以璜形玉器作为玉握。西汉中期以后，盛行以玉猪作为握玉的习俗，这种习俗一直延续到南北朝时期。作为握玉的玉猪一般作卧伏状，表面琢磨光滑，以阴线刻饰细部，线条简练，而形象逼真（图10-45-8；图10-47-7）。

（6）镶玉棺

汉代的镶玉棺在考古发掘中发现不多。徐州狮子山楚王墓发现残存的棺板，一面髹漆，并绘有图案；另一面镶贴玉片、玉版，多数玉片、玉版已散乱。玉片有菱形、三角形、长方形等形状，有些玉片还粘连在一起，组成图案。部分玉版的表面刻有玉璧的图像，璧的纹饰分为内外两区，内区为蒲纹，外区为双身合首的龙纹。这些玉片、玉版原来应是镶嵌在棺木的表面。经徐州博物馆复原，成为一具镶玉棺。棺的表面除有意识留几处空白外，其余镶满玉片、玉版，学者称之为"玉棺"[1]。满城中山靖王王后窦绾墓也出土一具镶玉漆棺，棺的内壁镶满玉版，形成一具玉棺。"玉棺"一词，偶见于古文献。《后汉书·方术列传·王乔》记载，王乔为叶令时，"后天下玉棺于堂前，吏人推排，终不摇动。乔曰：'天帝独召我邪？'乃沐浴服饰寝其中，盖便立覆"。这节带神话色彩的记载，应是汉代人迷信玉棺能使死者灵魂升天思想的反映。同时，汉代人迷信玉能保护尸体不朽，葬以镶玉漆棺可能还与希冀保护尸体长期不朽有关系。

此外，在汉代皇室贵族的丧葬礼仪中，还有使用玉圭、玉璋和玉璧的礼俗。《续汉书·礼仪志（下）》记载，皇帝死后梓宫中安放"圭璋诸物"。在已发掘的汉墓中，玉圭和玉璋出土不多。徐州东甸子1号汉墓出土1件玉圭、2件玉璋[2]，墓中还发现玉衣残片，墓主应为楚王国贵族。陕西长安县茅坡村汉墓出土4件玉圭，从残存的纹饰可以看出，其中3件是由蒲纹夔龙纹玉璧改制而成，另1件是由谷纹夔龙纹玉璧改制而成[3]。满城中山王刘胜墓出土3件玉圭。江苏扬州邗江西湖胡场7号西汉墓出土2件玉圭[4]。巨野昌邑王刘髆墓出土1件玉圭。据报道，永城僖山梁王墓也出土青玉圭，但详细资料尚未发表。上述汉墓所出的玉圭、玉璋，应与贵族阶层的丧葬礼仪有关。

在一些葬以玉衣的汉代贵族墓中，死者的胸、背铺垫许多玉璧。中山王刘胜的前胸和后背共铺垫玉璧18块；王后窦绾的胸、背共放置玉璧15块。南越王赵眜的玉衣上面、里面和底下共铺垫玉璧19块。《周礼·春官·典瑞》载："疏璧琮以殓尸。"郑注："璧在背，琮在腹。"汉代贵族阶层在死者胸、背铺垫玉璧，应是先秦的遗制。

3. 日常用玉

汉代皇室贵族不仅在祭祀、丧葬等重大活动中大量使用玉器，而且在日常生活中也喜欢使用玉制的器皿和用品。考古发掘出土的汉代玉器皿有卮、耳杯、高足杯、角形杯和盒等。

〔1〕　李银德：《汉代的玉棺与镶玉漆棺》，《海峡两岸古玉学会议论文专辑·Ⅱ》，台湾大学理学院地质科学系印行，2001年。

〔2〕　徐州博物馆：《徐州东甸子西汉墓》，《文物》1999年第12期。

〔3〕　古方主编：《中国出土玉器全集》第14卷第124页，科学出版社，2005年。

〔4〕　扬州博物馆、天长市博物馆：《汉广陵国玉器》第64页，图版35，文物出版社，2003年。

徐州狮子山楚王墓出土一组玉饮食器皿，包括1件玉卮、1件玉耳杯和2件玉高足杯。安徽巢湖北山头汉墓出土1件玉盒和2件玉卮[1]，其中1件玉卮卮身满饰谷纹、勾连云纹；一侧为高浮雕的朱雀，嘴衔活环，站立在螭虎背上；另一侧为立兽环形耳，两边浮雕凤鸟纹；全器造型优美，工艺极为精湛。广西贵县罗泊湾1号汉墓[2]和广州南越王墓也都出土雕琢纹饰的玉高足杯。南越王墓的高足杯由杯身、杯托和承盘三部分组成，是这类玉杯中结构最为复杂者。该墓还出土玉盒和玉角形杯各1件。玉盒雕琢勾连云纹等纹饰，盒盖有桥纽活环，盒身下有小圈足。玉角形杯集阴刻、浅浮雕、高浮雕、圆雕等技法于一体，造型奇特，是汉代玉器中少见的珍品（图版25-1）。至于玉制的日常生活用品有玉枕、案、印章、杖首、砚滴、带钩等。

4. 装饰用玉

汉代玉制的装饰品，按其用途可以分为人身玉饰和器物玉饰两大类。

人身上的玉饰主要是佩玉。汉代继承先秦"君子必佩玉"的思想，中期以前仍然流行以玉璜为主体的组玉佩。徐州狮子山楚王墓盗洞和被盗掘的墓室中共出土玉璜97件，这些玉璜的组合关系已不可考，但多数应属楚王组玉佩中的佩玉，当无疑义。广州南越王墓出土11套组玉佩，墓主赵眜的组玉佩由32件多种质料的饰品组成，其中以玉饰品为主（图10-45-10）。西汉中期以后，以玉璜为主体的组玉佩已不盛行。汉代流行的佩玉主要有环、觽和韘形佩（图10-44-10；图10-45-4；图10-46-2、5、7、9、10；图10-47-8）。韘形佩又称鸡心佩或心形玉佩，是从先秦时期的玉韘演变来的佩玉，男女都可佩带。玉舞人则是汉代贵族妇女喜爱的佩玉，雕琢成"翘袖折腰"之舞姿。玉舞人一般为片状，广州南越王墓出土1件圆雕的玉舞人，十分罕见（图10-45-3）。大葆台2号汉墓出土的玉舞人，舞姿婀娜优美，应是广阳王王后的佩玉（图10-46-6）。淮阳北关陈王墓所出的玉舞人，头戴首饰，一袖高扬于头顶，一袖飘垂及地，细腰长裙，舞姿翩翩，是玉舞人中纹饰最为繁缛者（图10-47-5）。玉舞人不仅是优美的艺术品，而且也是研究汉代舞蹈艺术的重要实物资料。

装饰在器物上的玉饰，主要是玉剑饰，包括剑首、剑格、剑璏和剑珌（图10-44-9）。具备这四种玉饰的剑，称为"玉具剑"。玉具剑流行于汉代。《史记》《汉书》中都有关于玉具剑的记载。满城中山王刘胜墓出土的一把铁剑，是考古工作中首次发现的玉具剑，4件玉饰的纹饰主题皆为浮雕螭虎纹（图10-45-6、9）。汉墓中出土玉具剑和玉剑饰的数量最多者，为广州南越王墓（图10-45-5、11）。

5. 辟邪用玉

汉代的辟邪用玉，主要是刚卯和严卯。河北景县广川乡后村东汉墓出土一件玉刚卯[3]。江苏扬州邗江甘泉三墩东汉墓出土一件玉严卯[4]。安徽亳县凤凰台汉墓出土刚卯、严卯

[1] 安徽省文物局：《安徽省出土玉器精粹》，图一二四、一二九、一三○，（台北）众志美术出版社，2004年。

[2] 广西壮族自治区博物馆：《广西贵县罗泊湾汉墓》第54页，彩版八，图版二八：3；文物出版社，1988年。

[3] 古方主编：《中国出土玉器全集》第1卷第220页，科学出版社，2005年。

[4] 扬州博物馆、天长市博物馆：《汉广陵国玉器》第151页，图版127，文物出版社，2003年。

各一件，刚卯四面刻铭文 34 个字，严卯四面刻铭文 32 个字，铭文内容与《续汉书·舆服志》所载基本相同[1]。从铭文内容可以看出，刚卯、严卯是用于驱疫逐鬼的辟邪用玉。此外，圆雕的辟邪等动物形玉饰，可能也起辟邪的作用。

6. 玉艺术品

汉代圆雕的玉艺术品，虽然数量不多，但反映汉代玉器制作工艺的高度发展水平。汉元帝渭陵附近出土的玉俑头、玉仙人奔马（图版 25－2）、玉鹰、玉熊、玉辟邪等[2]，雕琢精细，造型生动逼真，应属宫廷艺术品。中山王刘胜墓出土的玉人，雕作王公凭几而坐的形象，底部阴刻铭文"维古玉人王公延十九年" 10 个字。从铭文内容考察，这件玉人既是艺术品，又是厌胜辟邪之物。中山王刘畅墓所出的玉座屏，由四块玉片组成，上、下层玉屏片透雕"东王公"、"西王母"以及人物、鸟兽和神话动物等形象，是罕见的汉代玉艺术品。

外缘有透雕附饰的玉璧，可能也是装饰用的艺术品。例如中山王刘胜墓出土的一件谷纹璧，外缘有透雕的双龙卷云纹附饰，纹样优美，工艺水平很高，是汉代玉璧中难得的珍品（图 10－45－7）。还有一些外缘有透雕附饰的玉璧，雕琢有吉祥语铭文，发掘出土的有"延年"[3]、"宜子孙"[4]（图 10－47－6）、"宜子孙日益昌"[5]吉祥语，传世的还有"长乐"、"益寿"等吉祥语。这类带吉祥语铭文的玉璧流行于东汉时期，也属优美的玉工艺品。

四　汉代玉器的玉料与加工工艺

汉代玉器高度发展的原因之一，是玉料的来源问题得到了较好的解决。根据汉代文献记载，当时玉料的产地主要有两处，即西域的于阗（今新疆和田地区）和都城长安附近的蓝田。《史记·大宛列传》和《汉书·西域传》都记载，于阗国"多玉石"。公元前 2 世纪，汉武帝（刘彻）派张骞通西域，此后新疆的和田玉源源不断地输入内地。和田玉是中国古代雕琢玉器的最好材料，其中被称为"羊脂玉"的白玉，更是玉料中的珍品。和田玉的大量输入，促进了汉代玉器制造业的进一步发展。其次是陕西的蓝田，当时也是玉的重要产地。《汉书·地理志（上）》有蓝田"出美玉"的记载。汉代文学作品中，也往往称蓝田玉为"美玉"或"珍玉"。其他如河南的南阳玉、辽宁的岫岩玉等，在汉代可能也已用于雕琢玉器。根据《尚书》、《尔雅》、《山海经》等古籍记载，中国许多地方都产玉（包括

[1]　A. 亳县博物馆：《亳县凤凰台一号汉墓清理简报》，《考古》1974 年第 3 期。

　　B. 古方主编：《中国出土玉器全集》第 6 卷第 154 页，科学出版社，2005 年。

[2]　A. 咸阳市博物馆李宏涛、王丕忠：《汉元帝渭陵调查记》，《考古与文物》1980 年创刊号。

　　B. 古方主编：《中国出土玉器全集》第 14 卷第 156、157、160、161、163、164 页，科学出版社，2005 年。

[3]　古方主编：《中国出土玉器全集》第 14 卷第 166 页，科学出版社，2005 年。

[4]　A. 青州市文物管理所魏振圣：《山东省青州市发现东汉大型出廓玉璧》，《文物》1988 年第 1 期。

　　B. 扬州博物馆：《江苏邗江县甘泉老虎墩汉墓》，《文物》1991 年第 10 期。

[5]　蒋廷瑜、彭书琳：《广西先秦两汉玉器略说》，《东亚玉器》第二册，香港中文大学中国考古艺术研究中心，1998 年。

"美石")。但由于目前对汉代玉器进行科学分析和比较研究的鉴定尚不多,所以许多玉器的玉料来源问题,还未能解决。

满城汉墓出土的玉衣碎片和其他一些玉器残片经过两次鉴定。第一次鉴定认为"是采自辽宁的岫岩地区"[1];第二次采用较新的检测方法,认为"玉衣之玉与新疆之和田玉,无论在矿物化学成分或物理性质上均完全相同,故推测玉衣之玉的产地可能是新疆和田"[2]。这个结论应该是可信的。广州南越王墓的玉器,经学者鉴定研究,认为部分玉料有就近取材的可能[3]。还有学者根据矿物鉴定,推测陕西兴平茂陵附近出土的西汉玉铺首系用蓝田玉料雕琢成的[4]。

关于汉代制作玉器的地点和机构,史书没有明确的记载,考古工作中迄今也未发现汉代玉器作坊的遗址。但从朝廷往往以玉衣赐给外戚宠臣的记载判断,玉衣应该是少府属官东园匠管辖的玉器作坊制作的。东园匠系"主作陵内器物"的机构,除玉衣外,应该还制作其他丧葬用玉[5]。有的学者认为,除葬玉外,其他玉器应是少府属官尚方管辖的玉器作坊制造的[6]。上述东园匠和尚方所属的玉器作坊都是中央朝廷的官营手工业作坊,是汉代玉器的主要制作机构。此外,有些诸侯王国应该也有玉器作坊。例如,以彭城(今江苏徐州)为首府的楚国,在汉初是九大同姓诸侯王国之一。楚国陵墓出土的玉器(包括玉衣在内),有些在造型、纹饰上具有独特的艺术风格,应是楚国玉器作坊制作的;徐州地区的汉墓中还曾出土制作玉器遗留下来的废料,这些墓葬的主人可能是楚国玉器作坊的玉工或其亲属。其他如梁国、中山国等较大的诸侯王国,以及属于地方政权的南越国、滇国等,可能也有自己的玉器制造业。

汉代基本上继承了战国时期的治玉技术,在琢玉工艺中应已使用铁制工具,因而大大提高了工艺技术水平。从满城汉墓玉衣玉片上遗留的加工痕迹,可以看出琢成一片玉片须经选料、锯片、钻孔、抛光等几道工序。锯片采用砂锯法。从痕迹观察,切割工具有圆片锯和直条锯两种,锯时加水加砂。钻孔也是采用砂钻法,有杆钻和管钻两种。抛光的技术也很高,推测当时可能使用了"砂轮"或"布轮"[7]。此外,汉墓中还出土一些玉与其他质料相结合的复合体玉器以及镶嵌玉片、玉饰的铜质器皿。这些器物的结构较为复杂,既牢固,又美观,应属汉代琢玉新工艺的产品。

---

[1] 国家地震局地质研究所杨杰:《满城汉墓部分玉器的分析鉴定》,《满城汉墓发掘报告》附录九,文物出版社,1980年。

[2] 张培善:《河北满城汉墓玉衣等的矿物研究》,《考古》1981年第1期。

[3] 闻广:《中国古玉地质考古学研究——西汉南越王墓玉器》,《文物》1991年第11期。

[4] 朱捷元:《茂陵发现的西汉四神纹玉铺首》,《考古》1986年第3期。

[5] 《汉书·百官公卿表(上)》:"少府……属官有尚书、符节、太医、太官、汤官、导官、乐府、若卢、考工室、左弋、居室、甘泉居室、左右司空、东织、西织、东园匠十六官令丞。"颜师古注:"东园匠,主作陵内器物者也。"

[6] 古方:《汉代玉器的分期及有关问题的探讨》,《一剑集》,中国妇女出版社,1996年。

[7] 中国社会科学院考古研究所技术室:《"金缕玉衣"的清理和复原》,《满城汉墓发掘报告》附录一,文物出版社,1980年。

总之，汉代的玉器是在继承先秦玉器优良传统的基础上发展起来的，在中国玉器发展史上起着承前启后的重要作用。一方面以礼仪用玉和丧葬用玉为主体的中国古典玉器，在汉代继续存在，而在丧葬用玉方面还有进一步的发展；另一方面用于装饰和鉴赏的玉雕艺术品也已达到相当高的水平[1]。中国古典玉器在汉代基本结束。隋唐以后的玉器，在造型、纹饰及其社会功能等方面都有明显的变化和发展，中国玉器进入一个新的时期。

第七节　汉代的纸与造纸

中国是造纸术的发祥地。那么，造纸术发明在何时？最古老的纸又是什么样子？诸如此类问题，长期以来为学术界所关注，更是近年来学术界的一个热门话题。现基于考古学上的发现成果，综合前人研究的基础，从古纸的考古发现和研究出发，结合纸文书的发现来探讨中国造纸术的起源与汉代古纸的发生、发展及其相关问题。

一　汉代纸的考古发现

20 世纪以来的考古发现表明，早在蔡伦之前的西汉时期，中国已创造出了麻类植物纤维纸。随着西北丝绸之路沿线考古工作的不断进展，在陕西、甘肃、新疆等地许多西汉遗址和墓葬中发现西汉不同时期制造的古纸（表 10 - 1），从而引起了造纸起源问题的大讨论。如果这些西汉纸成立的话，将把中国造纸术起源提前约 200 年。根据我国出土古纸的检测结果和文献记载，汉初所造的纸均为麻纸。实际上，从汉代到唐代千余年间，中国用纸以麻纸为大宗。自西汉到东汉造纸术的工艺水平得到提高，造纸原料来源日趋广泛。这些古纸不但都早于蔡伦纸，而且有些纸上还有墨迹字体，说明已用于文书的书写。从目前出土古纸的相对年代顺序，可以依次排列为：西汉早期的放马滩纸，西汉中期的罗布淖尔纸、灞桥纸、中颜村纸、马圈湾纸、悬泉纸，西汉晚期的金关纸等。另外，还有广州西汉南越王墓出土的古纸等[2]。

1986 年 6～9 月，甘肃天水放马滩西汉早期墓葬出土西汉文景时期（公元前 179 年至公元前 141 年）古纸，称"放马滩纸"，纸长 5.5 厘米，宽 2.6 厘米，造纸原料亦为麻类。该纸残片纸面平整光滑，纸上有用细墨线勾画的山川道路图形（图 10 - 48 - 1），是目前所发现的世界上最早的一张纸地图，也是目前发现的世界上最早的植物纤维纸[3]。

1933 年，黄文弼在新疆罗布淖尔西汉烽燧遗址中发现了一片西汉古纸白麻纸[4]，人们称之为"罗布淖尔纸"，属西汉中后期汉宣帝黄龙元年（公元前 49 年），长约 4 厘米，宽约

〔1〕　卢兆荫：《玉振金声——玉器·金银器考古学研究》，科学出版社，2007 年。

〔2〕　潘吉星：《关于象岗纸的分析鉴定报告》，《西汉南越王墓》，文物出版社，1990 年。

〔3〕　甘肃省文物考古研究所、日本每日新闻社：《中国木简古墓文物展》，1994 年。

〔4〕　黄文弼：《罗布淖尔考古记》图版 23；25，国立北平研究院史学研究所、中国西北科学考察团理事会印行，国立北京大学出版部承印，1948 年。

表 10-1　　　　　　　　　　　　汉代纸发现简表

古纸名称	出土地点	出土时间	材质	数量与尺寸	年代	备注
罗布淖尔纸①	新疆罗布淖尔西汉亭燧遗址	1933 年	麻纸	1 片；4×10 厘米	西汉中后期（公元前 74 年至公元前 49 年）	麻质，白色；19 世纪 30 年代毁于战火，未分析化验
灞桥纸②	陕西西安市灞桥西汉墓	1957 年	麻纸	88 片；较大者约 10×10 厘米	西汉中期（公元前 140 年至公元前 87 年）	以大麻、苎麻为原料，具有原始性，可称为早期原始麻纸
金关纸③	甘肃居延金关遗址	1973～1974 年	麻纸	2 片；21×19 厘米，11.5×9 厘米	西汉晚期（公元前 52 年至公元前 6 年）	一片白色，一片暗黄色
中颜纸④	陕西扶风县太白乡中颜村窖藏	1978 年	麻纸	1 片；报告中未注明尺寸	西汉中期（公元前 74 年至公元前 49 年）	
马圈湾纸⑤	甘肃敦煌马圈湾遗址	1979 年	麻纸	5 件 8 片；最大者 32×20 厘米	西汉中后期（公元前 65 年至公元前 5 年）	
放马滩纸⑥	甘肃天水市麦积区放马滩西汉墓	1986 年	麻纸	1 片；长 5.5 厘米、宽 2.6 厘米	西汉早期（公元前 180 年至公元前 141 年）	纸地图
悬泉纸⑦	甘肃敦煌悬泉置遗址	1990 年	麻纸	460 余片	西汉（公元前 74 年至公元前 49 年）东汉、西晋	纸文书数张
楼兰东汉纸⑧	新疆楼兰遗址	1901 年	薄麻纸	9×9 厘米	东汉末年	斯文赫定发现，两面书写有教诫诗文
敦煌纸⑨	甘肃敦煌附近的古长城烽燧遗址	1907 年	麻纸	粟特语信纸 9 件，汉文书 3 件	东汉（公元 21～150 年）	斯坦因发现，墨书黄色粟特语
额济纳纸⑩	内蒙古额济纳河东汉烽燧遗址	1942 年	麻纸		东汉永元年间（公元 89～104 年）	西北科学考察团发现，纸文书
民丰纸⑪	新疆民丰县东汉墓	1959 年	麻纸	1 卷	东汉	

续表 10-1

古纸名称	出土地点	出土时间	材质	数量与尺寸	年代	备注
旱滩坡纸[12]	甘肃武威旱滩坡东汉晚期墓	1974 年	麻纸	碎片；最大者约 5×5 厘米	东汉晚期	有墨书文字
伏龙坪纸[13]	甘肃兰州伏龙坪东汉墓	1978 年	麻纸		东汉	纸上墨书文字，字体介于楷隶间
营盘纸[14]	新疆尉犁营盘 66 号墓	1999 年	麻纸	1 件	汉晋（公元 2~5 世纪）	佉卢文

① 黄文弼：《罗布淖尔考古记》，国立北平研究院史学研究所、中国西北科学考察团理事会印行，国立北京大学出版社承印，1948 年。
② A. 田野：《陕西省灞桥发现西汉的纸》，《文物参考资料》1957 年第 7 期。
　　B. 潘吉星：《世界上最早的植物纤维纸》，《文物》1964 年第 11 期。
③ 甘肃居延考古队：《居延汉代遗址的发掘和新出土的简册文物》，《文物》1978 年第 1 期。
④ 潘吉星：《中国造纸技术史稿》，文物出版社，1979 年。
⑤ A. 甘肃省文物工作队、甘肃省博物馆：《汉简研究文集》，甘肃人民出版社，1984 年。
　　B. 甘肃省文物考古研究所：《敦煌汉简》，中华书局，1991 年。
⑥ 甘肃省文物考古研究所：《秦汉简牍论文集》，甘肃人民出版社，1989 年。
⑦ 甘肃省文物考古研究所：《甘肃敦煌汉代悬泉置遗址发掘简报》，《文物》2000 年第 5 期。
⑧ 王国维：《流沙坠简》，中华书局，1993 年。
⑨ ［英］斯坦因著，向达译：《斯坦因西域考古记》，上海中华书局，1936 年。
⑩ 阎文儒：《河西考古杂记》，《文物参考资料》1953 年第 12 期。
⑪ 新疆维吾尔自治区博物馆：《新疆民丰县北大沙漠中古遗址墓葬区东汉合葬墓清理简报》，《文物》1960 年第 6 期。
⑫ 武威县文管会党寿山：《甘肃省武威县旱滩坡东汉墓发现古纸》，《文物》1977 年第 1 期。
⑬ 资料待发表。
⑭ 松本伸之監修：《新シルクロード展》，産經新聞社，2005 年。

10 厘米，纸面存有麻筋。不幸的是，此纸毁于战火，而未能进行科学分析。1957 年 5 月 8 日，在陕西省西安市郊灞桥砖瓦厂工地古墓中又发现了成沓的古纸残片 88 片[1]，出土时古纸垫在三面铜镜下面。经考古学家考证，认为这一墓葬不会晚于汉武帝元狩五年（公元前 118 年），因此灞桥纸的年代也可大致确定在公元前 118 年以前。这个时间比蔡伦造纸的年代要早 200 多年。灞桥纸纸色暗黄，经化验分析，原料主要是麻，掺有少量苎麻。在显微镜下观察，纸中纤维长度 1 毫米左右，绝大部分纤维作不规则异向排列，有明显被切断、打溃的帚化纤维，说明在制造过程中经历过被切断、蒸煮、春捣及抄造等处理，质地还比较粗糙，表面也不够平滑[2]。1978 年，陕西扶风中颜村西汉窖藏出土古纸[3]，称"中颜村纸"，属西汉中期，纸内含有较多的麻类纤维束及未打散的麻绳头。1979 年，甘肃敦煌马圈湾汉代

[1] 田野：《陕西省灞桥发现西汉的纸》，《文物参考资料》1957 年第 7 期。
[2] 潘吉星：《世界上最早的植物纤维纸》，《文物》1964 年第 11 期；《关于造纸术的起源——中国古代造纸技术史专题研究之一》，《文物》1973 年第 9 期。
[3] 潘吉星：《中国造纸技术史稿》导言和第一章，文物出版社，1979 年。

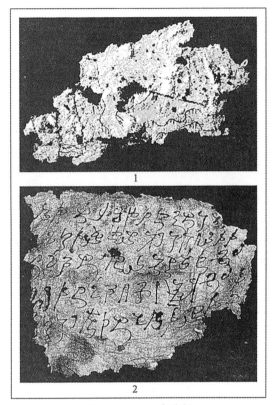

图 10-48　汉代的纸
1. 纸本地图和文字（天水放马滩西汉墓出土）
2. 佉卢文纸本文书（伊犁营盘 66 号墓出土）

烽燧出土古纸[1]，称"马圈湾纸"，属西汉中后期，纸面麻类纤维分布不匀。

1990～1992 年，在敦煌甜水井汉代悬泉置遗址出土的 460 余片纸文书残片和麻纸[2]，其中就有西汉武、昭帝时期的 3 件及西汉宣帝至成帝时期的 4 件纪年纸文书，成为目前中国考古发掘中发现古纸最多的地方。根据同时出土的简牍和地层分析，这些古纸的年代从西汉武帝、昭帝及宣、元、成帝至东汉初延续到西晋时期。古纸的颜色和质地也非常之多，有"黑色厚"、"黑色薄"、"褐色厚"、"白色薄"、"黄色厚"等 8 种。从残留在纸面上的残渣看，这些古纸主要用麻纤维制作，用于书写文书、信件及包裹物品。这些实物都有力地证明了中国早在西汉初期就发明了可用于书写和绘画的纸。

1973～1974 年，甘肃居延金关汉代亭燧故址出土了古纸[3]，称"居延纸"或"金关纸"，属西汉晚期，该纸内尚存麻筋及线头、麻布的残留物。

上述几批西汉纸比蔡伦所造之纸分别早约 300～100 年。总的看来，这些纸质地还较粗糙，结构也较为松散，制造技术明显处于比较原始的初级阶段。同中国古代的其他发明创造一样，造纸术并不只是蔡伦个人的发明创造，西汉植物纤维纸为蔡伦造纸打下了基础。蔡伦对造纸术进行了总结和改良，不仅扩大了造纸原料，改进了纸张质量，更重要的是，他对纸之推广普及，作出了重大贡献。

经过蔡伦对造纸技术的改进和推广，东汉造纸业日益发展，汉末出现了一些著名造纸工匠，其中，佼佼者当首推左伯，所造之纸称"左伯纸"[4]。东汉后期已较多地用纸书写

[1] A. 甘肃省博物馆、敦煌县文化馆：《敦煌马圈湾烽燧遗址发掘简报》，《汉简研究文集》，甘肃人民出版社，1984 年。
　　 B. 甘肃省文物考古研究所：《敦煌汉简（上、下）》，中华书局，1991 年。参见该书马圈湾烽燧遗址发掘报告的遗物部分。
[2] 甘肃省文物考古研究所：《甘肃敦煌汉代悬泉置遗址发掘简报》，《文物》2000 年第 5 期。
[3] A. 甘肃居延考古队：《居延汉代遗址的发掘和新出土的简册文物》，《文物》1978 年第 1 期。
　　 B. 甘肃省文物工作队、甘肃省博物馆：《汉简研究文集》，甘肃人民出版社，1984 年。
[4] 汉·赵岐等撰，清·张澍辑，陈晓捷注：《三辅决录·三辅故事·三辅旧事》，三秦出版社，2006 年；唐·张怀瓘撰《书断》，明嘉靖十五年郑氏宗文堂刻本（善本）。

文字，当时官府习惯用纸书写文告，库存颇多，有专人负责其事。如少府守宫令"主御纸笔墨，及尚书财用诸物及封泥"，尚书令右丞主管纸笔墨诸财用库藏[1]。《后汉书》等史书中亦屡见用纸抄录书状文稿的记载。

近百年来考古活动中曾多次发现东汉纸。1901 年，瑞典人斯文赫定在新疆楼兰遗址发现的东汉末年纸（公元 3 世纪初），上面写有诗文。1907 年，斯坦因又在甘肃敦煌附近的古长城烽燧遗址发现墨书黄色粟特语的东汉信纸 9 件，汉文书（公元 21～150 年）3 件[2]。1942 年，西北科学考察团在内蒙古额济纳河东汉烽燧遗址发现东汉永元年间（公元 89～104 年）纸，上面亦有文字。1959 年新疆民丰县东汉墓出土古纸[3]，表面黏附黑色物质，有无文字难以分辨。1974 年在甘肃武威旱滩坡东汉晚期墓出土带字纸[4]，文字用墨书写，多数因纸的破碎而笔画不全，清楚可识者有"青"、"贝"等字，经显微镜观测及化学测试，此纸甚薄，其厚度仅为 0.07 毫米，表面光滑，纤维组织紧凑而且均匀，是一种较好的纸[5]。1978 年在甘肃兰州伏龙坪东汉墓出土古纸，纸上墨书文字，字体在楷隶之间，字数较多，可辨识者有"妇悉履……奈何当奈何……"八字。1990～1992 年在敦煌甜水井汉代悬泉置遗址[6]出土的 460 余片纸文书残片和麻纸，其中就有东汉初期的纸文书。上述诸纸除"民丰纸"因污染严重一时难辨外，其他纸均写有字，或为诗文，或为信函，或记有其他内容。出土的实物也可以证明东汉时期已较多地用纸写字。1999 年，新疆尉犁县营盘 66 号墓出土汉晋（公元 2～5 世纪）时期纸本墨书文书 1 件[7]，文字属西北印度和中亚一带使用的伊朗系佉卢文（图 10-48-2）。

东汉、三国和西晋的墓葬中，不断出土竹简、木牍和帛书，表明当时还处在简帛与纸张并用阶段。简帛与纸张并用说明，一方面，当时纸的产量还不能完全满足人们的需要；另一方面，则是人们用简牍的习惯需要一个较长的过程才能改变。这种情况到了晋朝就已发生根本性的变化。由于晋代已能够造出大量洁白平滑而又方正的纸，人们就不再使用昂贵的缣帛和笨重的简牍来书写了。

以上考古发现证明，"西汉有纸，毫无可疑。不过西汉时纸较粗，而蔡伦所作更为精细耳"[8]。换句话说，考古发现有力地说明了，早在公元前 2 世纪的西汉初期我国已经有造纸技术，并且应用于包装、书写和绘图等领域，比东汉蔡伦造纸早两三百年，但这类纸还只是原始状态的植物纤维麻纸。到东汉和帝时期，蔡伦改进了造纸技术，提高了纸质，扩大了

〔1〕《续汉书·百官志（三）》。

〔2〕［英］斯坦因著，向达译：《斯坦因西域考古记》，中华书局，1946 年。

〔3〕新疆维吾尔自治区博物馆：《新疆民丰县北大沙漠中古遗址墓葬区东汉合葬墓清理简报》，《文物》1960 年第 6 期。

〔4〕武威县文管会党寿山：《甘肃省武威县旱滩坡东汉墓发现古纸》，《文物》1977 年第 1 期。

〔5〕潘吉星：《谈旱滩坡东汉墓出土的麻纸》，《文物》1977 年第 1 期。

〔6〕甘肃省文物考古研究所：《甘肃敦煌汉代悬泉置遗址发掘简报》《文物》2000 年第 5 期。

〔7〕松本伸之監修：《新シルクロード展——幻の都：楼蘭から永遠の都西安へ》图版 49，産経新聞社，2005 年。

〔8〕黄文弼：《罗布淖尔考古记》，国立北平研究院史学研究所、中国西北科学考察团理事会印行，国立北京大学出版部承印，1948 年。

造纸原料的来源，把树皮、破布、麻头和鱼网这些废弃物品都充分利用起来，降低了纸的成本，尤其是用树皮做原浆纸，为造纸业的发展开辟了广阔的途径，使简便易行、较为廉价的纸类广泛推广应用。蔡伦虽然不是纸的最早发明者，但他改进造纸技术，推广纸的使用，使书籍、文献资料的数量猛增，有力地促进了中华民族科学文化知识的传播，也促进了书法艺术的发展和汉字字体的变迁以及绘画艺术的发展[1]。另一方面，科学文化和图书事业的发展，又需要更多更好的纸张，从而推动了造纸技术的进步。纸还是我国另一项重大发明——印刷术出现所必需的物质前提。而且，1986 年天水放马滩西汉墓出土纸质地图，可以说这张新发现的西汉纸质地图是目前所知最早的纸张实物，同敦煌悬泉置等地发现的其他西汉古纸一道有力地证明了中国古代早在西汉初期就发明了可用于书写和绘画的纸张。

从表 10 - 1 可以看出，以上的考古发现，充分证明仅在大西北地区发现的西汉早期到晚期的纸已远非个案。而且，我国早期古纸尤其是西汉纸考古出土品几乎都属麻类植物纤维纸，即通常所称的麻纸。东汉人许慎的《说文解字》说："纸，絮，一苫也。从糸，氏声。"又，"絮，敝绵也"。稍后的东汉人服虔《通俗文》也称"方絮曰纸"。清代段玉裁在《说文解字注》中也认为最初的纸是以丝絮为原料的。但是，结合文献记载、大量考古发现实物、具体的科学实验及出土实物古纸化验检测和理论分析可知，这些文献记载的絮质丝纤维纸是缺乏科学根据的[2]，而上述考古科学发掘出土的麻纸才应当属于早期纸张的范畴。

二 造纸术的起源与汉代造纸

（一）造纸术的起源

造纸术是中国古代四大发明之一，在纸张发明之前的很长一段时间内，人类曾经采用过许多材料来写字记事。根据文献和实物资料，最早人们是采用结绳来记事的，遇事打个结，事毕解去。商周时代文字已经成熟，可还不曾有纸，我们的祖先就想出了各种记录文字的办法。起初是把文字镂刻在龟甲兽骨上，即所谓"甲骨文"刻辞文字，为我国现存最古老的书面文字记载。商代以降，又有在青铜器刻铸的彝器铭文，即"金文"或"钟鼎文"。春秋战国以后，又开始使用新的记载文字的材料——简牍和缣帛。把文字写在竹片或木片上，称竹简或木简，较宽厚的竹木片则叫"牍"。同时，有的也写于丝织制品的缣帛上。先秦时期，除以上记事材料外，还发现了刻于石头上的文字，比如著名的"石鼓文"。至此，我国古代的文字载体有陶器、甲骨、金石玉器、竹木简牍、绢帛、纸张等种

〔1〕 A.王菊华、李玉华：《从几种汉纸的分析鉴定试论我国造纸术的发明》，《文物》1980 年第 1 期；《二十世纪有关纸的考古发现不能否定蔡伦发明造纸术（1）》，《文物保护与考古科学》2002 年第 1 期；《二十世纪有关纸的考古发现不能否定蔡伦发明造纸术（2）》，《文物保护与考古科学》2002 年第 2 期；《关于"西汉植物纤维纸"的研究——20 世纪纸的考古发现无一能够否定蔡伦发明造纸术》，《中国造纸学会第十二届学术年会论文集（上）》，2005 年。
　　　 B.王菊华：《中国造纸原料纤维特性及显微图谱》，中国轻工业出版社，1999 年；《中国古代造纸工程技术史》，山西教育出版社，2006 年。
〔2〕 潘吉星：《中国造纸技术史稿》，文物出版社，1979 年；《中国科学技术史·造纸与印刷卷》，科学出版社，1998 年。

类。其中，甲骨、金、玉、石类由于本身坚硬笨重的局限性，不易书写阅读，不便传输和管理，所以不可能大量使用和流传。及至春秋战国时期以降，竹木简牍、缣帛成为主要的书写材料，而且两者并存，其中绢帛又是绘画用材。

但随着时间的推移，伴随着生产力的发展和社会的进步，人们不断地在寻找新的书写材料，最终发明了理想的书写材料，那就是纸。简牍厚重，缣帛昂贵，不能满足时代发展的要求。因此，自西汉始，易书易画、简单易行的纸张登上了历史舞台。两汉时期，以缣帛和简牍为主要书写材料，纸张则辅之，同时并用。西晋以降，随着造纸技术的进步和生产的扩大，以及社会需求的增加，纸张逐渐占据主要书画材料的位置，东晋中后期，纸张最终取代简牍缣帛而成为一种新的并长久使用的书画材料[1]。魏晋南北朝时期的文人也写就了不少歌咏纸张的诗文，如晋代的傅咸有《纸赋》[2]、南朝梁人肖绎有《咏纸》诗[3]等。另外，在不同的历史时期，绢帛、木板、纸张又是常见的绘画材料，在晋代出现优秀的纸张书画艺术作品也就不足为怪了。

关于造纸术的起源，古文献中存在着种种不尽一致的记载和解释。追根溯源，按照中国传统的说法，东汉蔡伦开始造纸。据《后汉书·宦者列传·蔡伦》记载，"自古书契多编以竹简，其用缣帛者谓之为纸。缣贵而简重，并不便于人。伦乃造意，用树肤、麻头及敝布、鱼网以为纸。元兴元年奏上之，帝善其能，自是莫不从用焉，故天下咸称'蔡侯纸'"。和蔡伦同时代的刘珍等人编著的《东观汉纪·蔡伦传》也有同类记载，说明是蔡伦于汉和帝元兴元年（公元105年）发明了纸。这是史籍关于发明造纸术的记载，也是历来认定纸在东汉时由蔡伦发明的惟一文献记载。三国时文字学家张揖也认为是蔡伦发明了造纸术。

但是，据《汉书·外戚传（下）·孝成赵皇后》云"武发箧中有裹药二枚，赫蹏书，曰'告伟能：努力饮此药，不可复入。女自知之'"。孟康注曰"蹏犹地也，染纸素令赤而书之，若今黄纸也。"应劭曰"赫蹏，薄小纸也。"又《三辅旧事》中记载有发生于汉武帝征和二年（公元前91年）这样一事，江充要害卫太子（戾太子刘据），因其高鼻，江充便教他见武帝时"当以纸蔽其鼻"。《汉书·司马相如传（上）》记载相如作《游猎赋》，帝令尚书给笔札。颜师古注曰"时未多用纸，故给札以书"。这又说明西汉时已使用纸张，但用量较少。唐代书画鉴赏家张怀瓘《书断》、宋代陈槱《负暄野录》中也述及西汉时期有造纸。宋代苏易简在《文房四谱·纸谱》中说："汉初已有幡纸代简……至后汉和帝元兴，中常侍蔡伦剉故布及渔网、树皮而作之弥工，如蒙恬以前已有笔之谓也。"[4] 据此，西汉时期已经有纸，而且已经有了可书写用纸。

东汉应劭《风俗通义》载光武帝"车驾徙都洛阳，载素、简、纸经凡二千辆"。《后汉

[1] 洪惠镇撰文说，中国画中以墨为主的胶性颜料和以水为稀释剂的材料系统，基本稳定，两千多年来没有太大变化。而在什么绘画材料上作画却有多次改革。约自战国帛画开始，至五代两宋绘画都以绢为主要材料，元代以降，绢被纸取代，纸张逐渐占据主要位置，绢成为次要材料（见洪惠镇《试论中国画的材料改革》，《美术观察》2001年第4期）。

[2] 引自《艺文类聚》卷五八。

[3] 引自《古今图书集成·理学编·字学典》卷一五三《纸部》。

[4] 引自《四库全书·子部·谱录》。

书·贾逵列传》载有章帝建初元年（公元 76 年）令贾逵选二十人教以《左氏传》，并"与简、纸经传各一通"。诸如此类文献记载，都要早于许慎《说文解字》的成书年代，也更早于《后汉书·宦者列传·蔡伦》所载蔡伦向和帝献纸的元兴元年（公元 105 年）。因此，可以说早在蔡伦发明造纸术之前的东汉早中期就已经有纸，而且用于包裹、书写等多方面。而且，自 20 世纪初开始，探险家和考古学者先后数次发现了西汉时期的大量实物残纸，将我国造纸术的开创年代上推了二三百年。客观地说，蔡伦应是改进造纸术和推广使用的代表人物，在我国造纸术发展史上占有相当重要的位置。

（二）汉代造纸

至少从战国起，中国人已从缫蚕茧丝过程中启示出漂絮造纸法，至西汉又扩大到漂麻絮的方法。东汉蔡伦发明了捣浆造纸法，使纸业走向社会化，捣浆法在中国造纸史上具有划时代的意义。由此可以断定：战国至西汉为漂絮造纸时期，而东汉至本世纪末为捣浆造纸时期[1]。西汉纸在前期阶段，它是由个人或群体做出了技术突破，发明了从雏形纸到能用于书写的麻纸。而蔡伦则总结前人的经验，利用皇家优越的物质技术条件，使造纸工艺成型化、定型化，造出了完全可以大范围推广的"蔡伦纸"。上述考古发现的部分汉代古纸经专家鉴定结果表明：古纸生产工艺大致经过麻絮纤维、剪切、化学提纯、春捶打浆、抄制成形湿纸、干燥等几道工序。

关于汉代造纸的问题，学术界一直存在着不少争论。中国造纸术起源于何时，长期间有两种不同意见。一种意见认为东汉蔡伦于公元 105 年所发明，主要依据文献记载；另一种意见主张蔡伦前的西汉已有纸，蔡伦是造纸术革新者，主要依据考古发现[2]。从大量的考古发现来看，在我国的新疆、甘肃、陕西等地陆续出土有汉代的古纸、纸文书以及纸质图画作品。

自 20 世纪初年开始，在新疆楼兰、罗布泊，内蒙古额济纳旗汉代亭燧遗址，甘肃敦煌汉代驿站烽燧遗址、敦煌藏经洞等地陆续发掘出土了一大批各类纸本文书和经卷，其中不乏遗存有两汉时期的精美作品。1990～1992 年在敦煌甜水井汉代悬泉置遗址[3]出土的460 余件麻纸中，有纸文书 10 件，其中西汉武帝、昭帝时期 3 件，西汉宣帝至成帝时期 4件，东汉初期 2 件，西晋 1 件，而西汉武帝时期的文书当为至今发现最早的纸本书物。这些残纸文书的发现，也证明了在西汉时期就已经并存着帛、竹、木、纸四种书写材料。

前述汉代古纸发现简表显示出，东汉古纸大多数有墨书文字，如旱滩坡纸、楼兰纸、敦煌纸、额济纳旗纸、伏龙坪纸、营盘纸等，所书内容有文书、书信、诗文等，书体多为隶书，亦有粟特文、佉卢文等文字。考古发现的两汉时期的纸本图画作品，当为西汉早期的放马滩纸本地图，也为目前所见最早的纸本图画作品。

从上述两汉时期手写纸本官私文书和图画作品来看，大体在西汉时期，纸张较多的属

---

[1] 杨巨中：《中国古代造纸法的渊源及蔡伦在造纸史上的地位》，《陕西师范大学学报（哲学社会科学版）》2001 年第 1 期。

[2] 潘吉星：《从考古发现和出土古纸的化验看造纸术起源》，《化学通报》1999 年第 1 期。

[3] 甘肃省文物考古研究所：《甘肃敦煌汉代悬泉置遗址发掘简报》，《文物》2000 年第 5 期。

于杂用，即用于包裹等，而自西汉中晚期、东汉时期开始，纸张逐渐应用于书画。另外，前述诸古纸实物的大量发现和所涉相关文献记载，一方面从一个侧面说明了纸类在当时人们生活中的使用；另一方面也反映出造纸技术的不断进步和发展，也佐证了我国早期纸画出现在魏晋时期是顺理成章的历史事实。

（三）对西汉古纸的讨论

由于受千百年来蔡伦造纸的传统概念所影响，学者们对考古新发现持各种怀疑态度是可以理解的，但历次重大的科学考古发掘事实确实纠正了许多文献谬误，当然造纸术的发明也不例外。

对于西汉有纸的说法主要来自考古发现，其判断依据概而论之，主要根据出土纸张的文书字体、地层学、同出遗物关系及木简文书纪年等。如罗布卓尔纸、悬泉纸、马圈湾纸、金关纸等即是。罗布淖尔古烽燧遗址出土的麻纸，依同时出土的西汉宣帝黄龙元年（公元前49年）木简推测此纸当为西汉故物。居延肩水金关烽塞关城遗址出土的两件大麻纤维古纸中，编号EJT1:011的一件的同出木简最晚年代是西汉宣帝甘露二年（公元前52年），编号EJT30:03的一件的出土地层属于哀帝建平（公元前6年至公元前3年）以前。马圈湾烽燧遗址T12出土纪年木简最早为西汉宣帝元康（公元前65年至公元前61年）、最晚为甘露年间（公元前53年至公元前50年），T10同出纪年木简多为西汉成帝、哀帝、平帝时期（公元前32年至公元5年），T9与T12:018出土古纸则为王莽时物（公元9～23年），即大部分古纸为西汉晚期遗物。悬泉置遗址出土的西汉至西晋时期古纸中，大部分为西汉中晚期遗物，西汉古纸出土于遗址第4、5层。依据同出简牍和地层来看，属早期的武帝、昭帝时期的古纸质地纸面大多粗而不平整，且墨书有药名，应为包裹药物用纸，而宣帝至成帝时期、东汉初期及少量西晋古纸大多质地细而密，厚薄均匀，表面光滑，有韧性，属文书用纸。诸如此类的考古出土品，在年代的推断上应是可信的，即在新疆罗布泊、敦煌等西北地区发现的西汉中晚期古纸是有充分依据的，也是忠实于考古实践和历史事实的。至于天水放马滩西汉早期古纸地图也是有科学依据的。

尤其是1990～1992年敦煌悬泉置遗址西汉至西晋纸的出土，又一次引起了学者们的深度关注。这批西汉古纸的发现，再一次引起了学者们对我国造纸术起源问题的大讨论，有些学者对这批古纸的年代问题产生了怀疑，纷纷撰文讨论。考古发掘报告公布之后，认为西汉并无造纸术的学者们撰文质疑；同时，认为西汉已有纸者，据理辩驳，一一陈述西汉古纸存在的各种理由[1]。从科学实验鉴定方面来看，科技史学家认为西汉古纸

---

[1] 认为西汉并无造纸术者，如陈淳《"西汉纸"的质疑》，《中国文物报》2002年7月17日；余贻骥《"西汉纸"不属真正纸，蔡伦造纸术不容推翻》，《科技日报》2004年7月15日；王菊华、李玉华《"西汉纸"不能否定蔡伦发明造纸术》，《社会科学报》2005年3月25日等。相反，认为西汉已有纸者，如罗西章《西汉有无纸，事实可说话》，《中国文物报》2002年7月3日；科技日报记者《"西汉纸不属真正纸"之说证据不足》，《科技日报》2004年7月24日；吴礽骧《关于"西汉纸"的几点看法》，《中国文物报》2002年10月25日；赵争耀、张哲浩《中国发明造纸蔡伦远非第一》，《科技日报》2004年6月15日等。

存在是成立的[1]。西北地区多次发现的古纸有一个共同的特点，这就是："经化验，证明这些古纸，确系麻纸，是有充分的科学依据的"[2]。

不管最终如何定论，应当尊重考古科学发现的事实。发掘者之所以认为部分纸是西汉纸，除了地层学和纸张本身及书体等理由外，其中一个关键的依据是同出遗物有明确纪年，即根据西汉纪年简牍来判断，如对罗布淖尔纸、居延纸、马圈湾纸、悬泉纸等时代上的界定，是完全遵循考古实践规律的成果。纸是中国古代四大发明之一，在考古界未发现纸以前的1700多年中，一直认为是东汉蔡伦发明纸，但西汉纸的相继发现，将中国纸的发明又提前了200多年，为蔡伦改进造纸工艺、制造更加适用的纸奠定了基础。西汉已有纸和蔡伦发明造纸术之说并不矛盾，它不仅证明了一项科学发明的过程，而且使蔡伦造纸说更加科学和合理[3]。造纸术是我国古代劳动人民集体智慧的结晶，东汉宦官蔡伦是我国造纸术改良和发展的杰出代表。他的成就扩大了造纸的原材料范围，可以用树皮、破布、旧渔网等麻制品作为原料；扩大了古代造纸的能力，提高了质量，降低了成本；也使造纸术从原来只是治麻求衣的生产劳作里一种附带工艺独立了出来，成为一种专门用于植物纤维打浆造纸的新产业和新技术。这是造纸术发展的一块里程碑。

第八节　秦汉货币与度量衡

一　秦代货币

《史记・秦始皇本纪》载秦惠文王二年（公元前336年）"初行钱"，是为秦国发行货币之始。秦发行的钱币为"半两"钱。半两钱的钱型以圆形方孔为样式，面值则以铭文记重的方式来标记。按《说文解字》："二十四铢为一两"，又《史记》"索隐"引《古今注》云："秦钱半两，径一寸二分，重十二铢"。以前的钱币学者，多以为"半两"钱发行于秦统一之后，其形制、大小、重量应该是"重如其文"。从考古发掘的实际情况来看，半两钱早在秦统一之前已经发行，其形制、大小、重量因时而有不同，与司马迁所谓"各随时而轻重无常"的说法颇相吻合。目前时代明确的战国秦半两钱考古实例是1980年四川青川县郝家坪50号墓[4]出土的7枚半两钱，与秦武王二年（公元前309年）纪年木牍同出。这七枚半两钱铸法原始，直径最大者3.21厘米，最小者2.7厘米，而3厘米以上者达6枚之多。钱之重量，最重者9.8克，最轻者仅2克，其余多在3.9～6.7克之间。钱文篆法古朴，字文凸起，"半"字下横与"两"字上横均较短。1962年陕西长安县首帕张堡窖藏出土的秦钱[5]

〔1〕　潘吉星：《中国科学技术史・造纸与印刷卷》，科学出版社，1998年。

〔2〕　潘吉星：《从考古发现看造纸起源》，《中国造纸》1985年第2期。

〔3〕　杨东晨、杨薇：《论中国纸发明和工艺改进的年代——兼论西汉初造纸者和东汉蔡伦改进造纸工艺的功绩》，《湖南城市学院学报》2003年第2期。

〔4〕　四川省博物馆、青川县文化馆：《青川县出土秦更修田律木牍——四川青川县战国墓发掘简报》，《文物》1982年第1期。

〔5〕　陆尊祥、路远：《首帕张堡窖藏秦钱清理报告》，《中国钱币》1987年第3期。

中，圆穿半两钱与方孔半两钱同出，前者形制更为古朴，时代或更早于青川郝家坪半两钱。类似的战国秦半两钱在陕西、四川、湖北还曾发现多例[1]。这就确证秦统一之前已颁行半两。秦始皇统一六国之后，推行度量统一政策的同时，对币制也进行了统一。

（一）秦代初期的"半两"

秦统一前后的半两钱，典型的考古材料有两例。一例是 1978 年湖北云梦睡虎地 23 号秦墓[2]（秦初墓葬）出土的秦半两钱 2 枚，其中一枚直径 3.11 厘米，穿边长 0.88 厘米，有内外郭，重 6.5 克；另一枚直径 3.21 厘米，穿边长 0.65 厘米，有外郭，重 6.8 克。2 枚半两钱铸造规整，钱文清晰，字体瘦长，"半"字二横笔近乎等长（图 10 - 49 - 9、10）。另一例是 1976 年内蒙古敖汉旗孟克河左岸发现的 9 枚秦半两[3]，钱径最大者 3.3 厘米，最小者 3.1 厘米，重量最大者 12.3 克，最小者 10.2 克。铸造规整，钱文风格与云梦睡虎地 23 号墓所出者相似。按《史记·秦始皇本纪》所记，秦占辽东在秦王政二十五年（公元前 222 年），置辽东郡在二十六年（公元前 221 年），敖汉旗孟克河左岸发现的秦半两钱币应该属于这一时期的遗物。湖北云梦和内蒙古敖汉旗发现的秦半两，钱径多在 3～3.2 厘米，铸造规整，论者多以为属于秦初的官铸钱。

（二）秦代晚期的"半两"

秦代晚期的半两钱，最为典型者当属秦始皇陵区出土的半两钱。此类铜钱材料[4]包

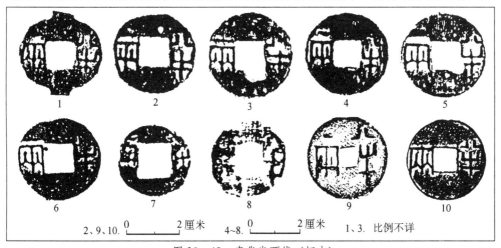

图 10 - 49 秦代半两钱（拓本）

1～3.临潼赵背户村秦始皇陵刑徒墓出土 4～6.临潼鱼池村遗址出土 7.临潼上焦村 M15：06
8.秦始皇陵一号兵马俑坑出土 9、10.云梦睡虎地秦墓出土 （均为 M23：7）

[1] A. 蒋若是：《秦汉半两钱系年举例》，《秦汉钱币研究》，中华书局，1997 年。
　　B. 吴镇烽：《半两钱及其有关问题》，《中国钱币论文集》，中国钱币学会，1985 年。
[2] 湖北省博物馆：《1978 年云梦秦汉墓发掘报告》，《考古学报》1986 年第 4 期。
[3] 邵国田：《内蒙古敖汉旗出土秦半两》，《中国钱币》1988 年第 2 期。
[4] 统计资料参阅蒋若是《秦汉半两钱系年举例》，《秦汉钱币研究》，中华书局，1997 年。

括：陪葬坑多枚、郑庄石料加工场 2 枚、一号兵马俑坑 1 枚（图 10 - 49 - 8）、上焦村 15 号秦墓 1 枚（图 10 - 49 - 7）、鱼池村 540 余枚（图 10 - 49 - 4～6）、赵背户村秦墓（墓 29、墓 32）40 枚（图 10 - 49 - 1～3）。从实测结果来看，秦始皇陵区出土的秦代晚期半两钱，钱径多近 2.7 厘米，轻重无常，而以 2.20～3.80 克居多（以鱼池村材料统计），由此可见，秦代晚期半两钱大小、重量均有明显减少的趋势。

（三）秦代半两钱范的发现

战国时期的秦半两钱范，在陕西凤翔东社村曾出土铜质铲形子范，属于所谓的"直流分铸式"钱范，范面有钱模 6 枚，直径 3.3～3.4 厘米，钱文粗犷，"半"字上部作"八"首，下部二画等齐；"两"字上画特短，内作双"人"字形。论者以为这是最早的战国秦的半两钱范[1]。时代稍晚的战国秦半两钱范还有 1982 年陕西岐山县亢家村征集的两件铜质铲形子范[2]，半两钱模直径 3.2 厘米，穿边长 0.8 厘米，钱文字画多取方折。

秦代的半两钱范，年代明确者有两例。1959 年陕西博物馆在秦阿房宫遗址区征集的铜质铲形范，钱模直径 3.1～3.2 厘米，穿边长 0.8 厘米，钱径大小与文字风格与前述云梦 23 号墓、敖汉旗窖藏所出秦初半两钱颇相类似，推测为秦初官铸钱范[3]。陕西临潼油王村出土的半两铜钱范[4]，是迄今发现的最早的长方圭首形"直流分铸式"铜范母，钱模共 14 枚，钱径 2.7 厘米，穿边长 0.9 厘米，钱径大小与钱文风格与秦始皇陵区所出半两钱类似，推测为秦代晚期的半两钱范。

其他可推断为秦代半两钱范的还有两例，即 1980 年安徽贵池县出土的铜范 2 件和 1980 年四川高县水江村征集的石范 1 件[5]。前者可能是秦代地方铸钱的遗物，后者可能与秦汉时期开发大西南有关。

（四）秦代的货币制度

币制的统一是秦统一六国之后一项重要的经济政策和统一措施。《史记·秦始皇本纪》载：秦始皇统一天下，"一法度、衡石、丈尺，车同轨，书同文字"。又据《史记·平准书》载，"及至秦，中一国之币为二等：黄金以镒名，为上币；铜钱识曰半两，重如其文，为下币"。秦半两钱属于记重货币，"重十二铢"。但是从考古实际的情况来看，战国至秦代初年的"半两"钱径多在 3 厘米以上，而秦代晚期钱径缩减为 2.7 厘米，钱之重量也相应减少。

秦律对货币的管理非常严格。云梦秦简《金布律》载："千钱一畚，以丞、令印印。

---

〔1〕 蒋若是：《秦汉半两钱范断代研究》，《秦汉钱币研究》，中华书局，1997 年。

〔2〕 岐山县博物馆：《岐山馆藏铜"半两"钱范》，《陕西金融（钱币专辑）》第 10 辑，1988 年。

〔3〕 师小群：《陕西省博物馆收藏的"半两"钱铜范》，《陕西金融（钱币专辑）》第 10 辑，1988 年。

〔4〕 张海云：《陕西临潼油王村发现秦"半两"铜母范》，《中国钱币》1987 年第 4 期。

〔5〕 A. 陕西省钱币学会：《关于安徽贵池县出土"半两"钱范的争论简介》，《陕西金融第 10 辑（钱币专辑）》，1988 年。

　　　B. 何泽宇：《四川高县出土"半两"钱范母》，《考古》1982 年第 1 期。

不盈千者，亦封印之。钱善不善，杂实之。出钱，献封丞、令，乃发用之"。《秦律·封诊式》还记载了禁止盗铸钱的典型案例。尽管如此，由于私铸钱泛滥，"百姓市用钱，美恶杂之，勿敢异"[1]。市场上的半两钱美恶混杂，故司马迁有秦钱"各随时而轻重无常"的说法。

钱重而贵是秦钱币值的基本特征。关于秦钱的币值，据秦始皇三十年云梦秦简《司空律》的记载，当时秦钱的币值为一石粟值三十钱。《金布律》则记载了当时布、衣的价钱：布广袤八尺，福（幅）广二尺五寸，值钱十一；对囚犯授衣，用粗麻十八斤、十四斤、十一斤者，分别值六十钱、四十六钱、三十六钱。

秦之货币在中国古代货币史上的意义在于：（1）在钱型方面确立了圆形方孔钱的形制，而这一钱型从此也成为中国历代金属货币的通制。（2）在币值方面采用铭文记重的方式，"识曰半两，重如其文"，这种方式为以后的五铢钱所沿用。（3）以黄金和"半两"铜钱作为货币之二等，确立了不同币值货币的等级，表明秦货币制度的完善。（4）从出土文献来看，秦代货币的流通与管理有严格的政策措施，强调国家对铸币的垄断，反对私铸，这在货币发展史上无疑是具有历史进步意义的。

二　汉代货币

汉代是中国货币发展史上的重要阶段。按照纪年墓出土钱币和纪年钱范的情况，参考史籍所载两汉时期钱币铸行的标志性事件，可以将两汉时期的钱币分为以下几种类型："半两"钱（包括八铢半两、四铢半两）、"三铢"钱、西汉五铢（分三期）、新莽货币和东汉五铢（分二期）。为了便于叙述，这里先将两汉时期钱币铸行的标志性事件列举如下：

汉高祖初年，承秦制用半两钱，"更令民铸钱"[2]。

高后二年（公元前186年），行八铢钱；六年，行五分钱[3]（均为"半两"钱）。

文帝五年（公元前175年），行四铢钱（"半两"钱），令民纵得自铸[4]。

汉武帝建元元年（公元前140年），铸"三铢"钱[5]。

建元五年（公元前136年），罢三铢钱，复行半两钱[6]。

元狩五年（公元前118年），令郡国铸五铢钱[7]。

元鼎三年（公元前114年），令"京师铸锺官赤侧（仄），一当五，赋官用非赤侧不得行"[8]。

---

[1]　睡虎地秦墓竹简整理小组：《睡虎地秦墓竹简》第35页，《秦律十八种·金布律》，文物出版社，1990年。
[2]　《汉书·食货志》。
[3]　《汉书·食货志》。
[4]　《汉书·食货志》。
[5]　《汉书·食货志》。
[6]　《汉书·食货志》。
[7]　《汉书·武帝纪》。
[8]　《汉书·食货志》。

元鼎五年（公元前 112 年），"悉禁郡国无铸钱，专令上林三官铸"[1]。

王莽时期（公元 6～14 年），铸行新莽货币，先后四次实施币制改革[2]。

汉光武帝建武十六年（公元 40 年），复行五铢钱[3]。

汉灵帝中平三年（公元 186 年），铸"四出五铢"[4]。

（一）西汉初年之半两钱（汉高祖至景帝）

西汉立国之初，承秦制用半两钱。目前可以确认为汉初纪年"半两"者有如下诸例。

1977 年安徽阜阳汉汝阴侯夏侯灶夫妇墓[5]出土的 33 枚半两钱。夏侯灶死于文帝十五年（公元前 165 年），墓中所出半两钱，大型者 1 枚，中型者 12 枚，小型者 20 枚。其中小型者钱径约 2.7 厘米。钱文"半"字二横等长，有的二横两端上翘（图 10 - 50 - 1～3），有别于秦"半两"，此类铜钱应属西汉半两[6]。1986 年徐州北洞山楚王墓[7]出土半两钱 50000 余枚，其中钱径 2.7 厘米，穿边长 0.9 厘米，钱文"半"字二横近乎等齐的"半两"钱，应属汉初半两。1963 年河南南阳东关外小庄村发现的西汉半两石质钱范[8]，为长方圭首形子范，上阴刻钱模两行 12 枚，钱径 2.8 厘米，穿边长 0.9 厘米。1983 年河北平泉县半截沟村发现的西汉半两铅质钱范[9]，为长方圭首形母范，上有阳文钱模两行 8 枚，钱径 2.65～2.75 厘米，穿边长 0.9～1 厘米。上述半两钱币和钱范，可能为高后二年（公元前 178 年）铸行的八铢"半两"钱的遗物。

1975 年湖北江陵凤凰山 168 号墓出土的 101 枚半两钱和称钱衡是探寻文帝四铢半两的可靠材料。此墓的年代为文帝十三年（公元前 167 年），

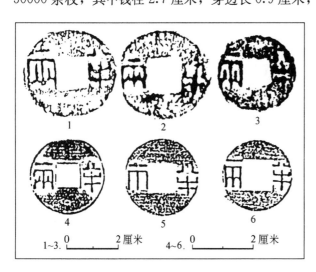

图 10 - 50　汉代半两钱（拓本）
1～3. 半两钱（阜阳双古堆西汉汝阴侯夏侯灶夫妇墓出土）
4～6. 文帝四铢半两钱（江陵凤凰山 168 号墓出土）

〔1〕《汉书·食货志》。

〔2〕《汉书·王莽传》。

〔3〕《后汉书·光武帝纪》。

〔4〕《后汉书·灵帝纪》。

〔5〕安徽省文物工作队、阜阳地区博物馆、阜阳县文化局：《阜阳双古堆西汉汝阴侯墓发掘简报》，《文物》1978 年第 8 期。

〔6〕蒋若是：《秦汉半两钱系年举例》，《秦汉钱币研究》，中华书局，1992 年。

〔7〕徐州博物馆、南京大学历史系考古专业：《徐州北洞山西汉墓发掘简报》，《文物》1988 年第 2 期。

〔8〕王儒林：《河南南阳市发现半两钱范》，《考古》1964 年第 6 期。

〔9〕张秀夫：《河北平泉的汉半两铅母范》，《中国钱币》1984 年第 4 期。

称钱衡包括衡杆和砝码，衡杆长 29.2 厘米，砝码重 10.75 克。衡杆的正、背、侧面有墨书文字："正为市阳户人婴家称钱衡，以钱为累，刻曰'四朱（铢）'，'两端□（累?）'。十敢择轻重衡，及弗用，劾论罚徭里家十日。□黄律。"[1] 按墨书，此器为称量四铢钱的法定称钱天平，而砝码重量以高奴禾铜石权核算，恰为四铢钱重的 4 倍。同出的 101 枚半两钱，多有外郭，钱径多为 2.3~2.5 厘米，穿边长 0.75~0.85 厘米，重约 2.6~3.2 克（图 10-50-4~6）。有学者认为，这就是《史记·平准书》所记"乃更铸四铢钱，其文曰半两"的文帝四铢钱的代表。1955 年徐州北洞山出土的半两钱范，为铜质长方形子范，上有钱模 4 排 28 枚，钱径 2.3 厘米，穿边长 0.8~0.9 厘米。1986 年在附近发现北洞山楚王墓[2]，发掘者推测此钱范与楚王墓中发现的四铢半两钱的铸造有关。

需要特别说明的是，秦末汉初各地在汉墓中大量发现所谓的"荚钱"，钱径有 2 厘米和 1.4 厘米两种[3]。1966 年咸阳博物馆曾征集在陕西咸阳窑店乡长兴村征集到三方钱范[4]，2 件为盘形铜母范，1 件为长方圭首形铜母范，前者钱径 2~2.3 厘米，后者钱径约 2 厘米，均应属于"荚钱"钱范。类似的"荚钱"钱范，在山东博兴和章丘也有发现，金石著录中也曾有收录[5]。

（二）汉武帝铸行的"三铢"钱

山东省博物馆等地收藏有"三铢"钱（图 10-51-1~5）。结合 1973 年山东莱芜铸钱遗址出土的"三铢"钱范来看，钱径 2.1~2.3 厘米，穿边长 0.7~0.9 厘米，重 2~2.1 克，"三铢"两字方正清晰，有学者认为这就是《汉书·武帝纪》所记建元元年"春二月，行三铢钱"的实物证据[6]。

（三）西汉"五铢"钱

自汉武帝元狩五年（公元前 118 年）"罢半两钱，行五铢钱"，直到唐高祖武德四年（公元 621 年）铸行"开元通宝"，五铢钱前后沿用达 739 年之久，成为中国古代铸行时间

---

[1] A. 纪南城凤凰山一六八号汉墓发掘整理组：《湖北江陵凤凰山一六八号汉墓发掘简报》，《文物》1975 年第 9 期。

B. 关于衡杆墨书释文，俞伟超、蒋若是、丘光明、晃华山均有释读，各家稍有出入。（参阅《关于凤凰山一六八号汉墓座谈纪要》俞伟超等人的发言，《文物》1975 年第 9 期；蒋若是《秦汉半两钱系年举例》，《秦汉钱币研究》，中华书局，1992 年；国家计量总局《中国古代度量衡图集》图版二零六，文物出版社，1981 年；西安市文物管理处晃华山《西汉称钱天平与砝码》，《文物》1977 年第 11 期）。

[2] 徐州博物馆、南京大学历史系考古专业：《徐州北洞山西汉墓发掘简报》，《文物》1988 年第 2 期。

[3] 蒋若是：《论"荚钱"》，《秦汉钱币研究》，中华书局，1992 年。

[4] 咸阳市博物馆：《咸阳市近年发现的一批秦汉遗物》，《考古》1973 年第 3 期。

[5] A. 李少南：《从博兴出土的钱范看西汉初货币铸行之混乱》，《山东金融研究·钱币专辑》，1987 年。

B. 朱活：《汉钱新探》，《古钱新探》，齐鲁书社，1984 年。

[6] A. 王其云：《莱芜市出土三铢钱范》，《中国钱币》1985 年第 2 期。

B. 蒋若是：《秦汉半两钱系年举例》，《秦汉钱币研究》，中华书局，1997 年。

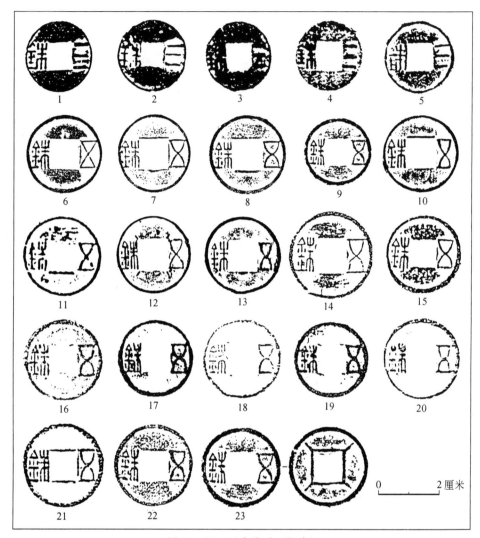

图 10-51　汉代钱币（拓本）

1、2."三铢"半两钱（山东省博物馆藏）　3、4."三铢"半两钱（青岛市博物馆藏）　5."三铢"半两钱（朱活先生所藏）　6~22.西汉五铢钱（满城汉墓出土）　23."四出五铢"钱正、背面（洛阳烧沟 M147 出土）

最为长久的一种货币。

　　西汉五铢钱的分期与断代，始于 1954 年的《洛阳烧沟汉墓》，当时曾依据墓葬型式和纪年钱范对五铢钱进行了断代研究[1]。以后由于纪年墓葬和纪年钱范的不断发现，特别是 1968 年河北满城中山靖王刘胜夫妇墓[2]、1979 年江苏邗江县胡场宣帝本始四年汉墓[3]的发掘，《洛阳烧沟汉墓》关于五铢钱的分期断代成果不断得到修正。

〔1〕　中国社会科学院考古研究所：《洛阳烧沟汉墓》第十章《钱币》，科学出版社，1959 年。

〔2〕　中国社会科学院考古研究所、河北省文物管理处：《满城汉墓发掘报告》，文物出版社，1980 年。

〔3〕　扬州博物馆、邗江县图书馆：《江苏邗江胡场五号汉墓》，《文物》1981 年第 11 期。

　　以《洛阳烧沟汉墓》为基础，按照纪年墓葬和纪年钱范的情况，可以将西汉五铢分为三期。

　　第一期：武帝元狩五年（公元前118年）至宣帝地节二年（公元前68年）。纪年墓材料主要有：满城汉墓（元鼎四年，公元前113年）出土五铢钱（图10-51-6～22）、江苏邗江胡场汉墓（本始四年，公元前70年）出土五铢钱；纪年钱范包括：西安附近出土的推测为上林三官钱范的武帝"官"、"巧"字铭钱范（图10-52-1），昭帝元凤四年（公元前77年）、六年（公元前75年）钱范，宣帝地节二年（公元前68年）钱范（图10-52-2）等[1]。以《烧沟》第一型五铢为例，此期五铢钱的钱型标准是：钱径2.5厘米，穿边长0.9厘米，重约3.5克。满城汉墓、邗江胡场汉墓所出五铢钱大小、轻重既有与此吻合的，也有存在一定差异者。钱文"五"字中间两笔较直，也有略带弯曲的，"铢"字金头有的作"△"形或"◇"形的。有学者还比照文献记载，将这一期的五铢钱细分为郡国五

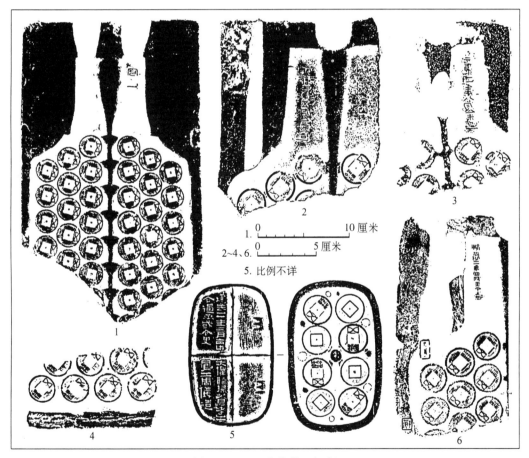

图10-52　汉代钱范（拓本）

1."官一"钱范（西安出土）　2."地节二年"钱范（西安出土）　3."元康二年"钱范（西安出土）　4.西汉钱陶范（西安出土）　5.建武十七年钱范（《古器物范图录》下卷8号）　6."神爵二年"钱范（西安出土）

[1]　蒋若是：《西汉五铢钱范断代研究》，《秦汉钱币研究》，中华书局，1997年。

铢、赤侧（仄）五铢、三官五铢[1]。

所谓"上林三官"历来受到钱币学界的关注。《汉书·食货志》载元鼎四年，"赤仄钱贱，民巧法用之，不便，又废。于是悉禁郡国毋铸钱，专令上林三官铸。钱既多，而令天下非三官钱不得行，诸郡国前所铸钱皆废销之，输入其铜三官"。按《汉书·百官表》，水衡都尉，武帝元鼎二年（公元前 115）初置，掌上林苑，属官有上林、均输、锺官、辩铜等九令丞。据陈直《汉书新证》考订，三官应为锺官、技巧、辩铜三令丞。考古所见"官"、"巧"字纪铭钱范当属上林三官铸钱遗物。近年来公布的锺官遗址考古报告[2]，确认锺官铸钱遗址面积达 100 万平方米，并发现较多的铸钱陶范、铜范等遗物，为了解当时的铸币情况提供了宝贵资料。

第二期：宣帝元康二年（公元前 64 年）至宣帝末。这一时期五铢钱的断代依据主要是纪年钱范，包括：宣帝元康二年（公元前 64 年）钱范（图 10 - 52 - 3），宣帝神爵二年（公元前 60 年）钱范（图 10 - 52 - 6），神爵四年（公元前 58 年）钱范等[3]。这一时期五铢钱的主要特点是：钱径 2.6 厘米，穿边长 0.9 厘米，铸工精美，铜色紫红，钱文锋棱清晰，"五"字两竖画完全平行。

第三期：元帝建昭五年（公元前 34 年）至王莽居摄二年（公元 7 年）。这一时期五铢钱的断代依据包括：元帝建昭五年（公元前 34 年）钱范和西安地区与新莽钱范同出的西汉晚期五铢钱范（图 10 - 52 - 4）等[4]。五铢钱钱文的变化是，字体加宽，"五"字竖笔相交的弯曲程度加大，且"五"字两竖画的下端向两侧分开，使得"五"字中间上下两部分形如两个对头的"炮弹"形。此期五铢钱的典型代表为江苏仪征胥浦元始五年（公元 5 年）墓出土的五铢钱。

（四）新莽货币

从王莽居摄二年（公元 7 年）到天凤元年（公元 14 年），王莽先后实施了四次货币改革，在新莽至东汉时期的墓葬中，新莽货币多有发现。按照出土情况和《汉书·食货志》、《汉书·王莽传》的记载，新莽货币可按时代作以下分类：

居摄二年：错刀（"一刀平五千"）、契刀（"契刀五百"）、大泉五十、五铢；

始建国元年："大泉五十"、"小钱直一"二品并行；

始建国二年：推行"宝货制"，把货币分为五物、六名、二十八品。考古所见有六名中的"钱货"与"布货"；

天凤元年："货泉"、"货布"二品并行（"大泉五十"与"货泉"同值，值一钱）。

---

[1] 蒋若是：《郡国、赤仄与三官五铢之考古学验证》，《秦汉钱币研究》，中华书局，1992 年。
[2] 陕西省考古研究所：《汉锺官铸钱遗址》，科学出版社，2004 年。
[3] A. 中国科学院考古研究所：《洛阳烧沟汉墓》，科学出版社，1959 年。
   B. 蒋若是：《西汉五铢钱范断代研究》，《秦汉钱币研究》，中华书局，1997 年。
[4] A. 武科武：《西汉最后的一种五铢钱范》，《陕西金融（钱币专辑）》第 7 辑，1987 年。
   B. 蒋若是：《西汉五铢钱类型集证》，《秦汉钱币研究》，中华书局，1997 年。

需要说明的是，洛阳、西安等地曾发现有属于新莽时期的"布泉"，制作精良。1965 年西安东关亦曾发现"布钱"范[1]，而类似的"布钱"范在南阳市博物馆也有收藏[2]。《汉书·王莽传》载："吏民出入，持布钱以副符传，不持者厨传勿舍，关津荷留。"一般认为，此类"布钱"流传不广，应该是《汉书·王莽传》所记的"符钱"，类似于"通行证"[3]。

（五）东汉"五铢"钱

按纪年墓葬和纪年钱范来看，东汉五铢可分两种类型，一为"建武五铢"，光武帝建武十六年（公元 40 年）始铸；一为"四出五铢"，灵帝中平三年（公元 186 年）铸行。

《后汉书·光武帝纪》载建武十六年（公元 40 年），"初，王莽乱后，货布杂用布帛金粟。是岁行五铢钱"。从纪年钱范和纪年墓葬出土的东汉五铢来看，自光武帝建武年间直至汉灵帝中平三年铸行"四出五铢"以前，五铢钱的形制没有太大的变化[4]。"建武五铢"的形制，可以从"建武十七年"纪年铭钱范（图 10 - 52 - 5）得到确认[5]。我们以东汉明帝永平十三年（公元 70 年）咸阳秦都古城 10 号汉墓出土五铢钱为例，概述其基本特点为：钱径 2.6 厘米，重 3～3.3 克。钱文"五"字竖画弯曲相交；"铢"字"金"头呈三角形，"朱"字上画圆折[6]。

《后汉书·灵帝纪》载中平三年（公元 186 年）"铸四出文钱"，此即钱币学界所称"四出五铢"钱（图 10 - 51 - 23）。这类铜钱在《洛阳烧沟汉墓》发掘报告中称定为第五型，其显著特点是背穿四角有四条斜出的线纹，即所谓的"四出"。实测钱径 2.55 厘米，穿边长 0.8 厘米，重 3.6 克[7]。

两汉时期的货币除了上述半两、五铢以及新莽货币以外，1980 年咸阳曾出土金五铢 1枚[8]、1987 年西安东郊东汉桓帝延熹九年（公元 116 年）"玉五铢" 1 枚[9]、洛阳烧沟汉墓中还曾发现铁五铢和铅五铢。此外，各地还曾发现一种用作"冥钱"的小五铢，以汉宣帝杜陵[10] 1 号陪葬坑所出者为代表，出土于陶俑腰腹之际，显然是与陶俑配套用于殉葬的。

按《汉书·武帝纪》的记载，武帝太始二年（公元前 95 年）曾"更黄金为麟趾、马蹄"。西安等地曾发现汉代"马蹄金"、"麟趾金"和圆形金饼[11]。可见汉代除了铜钱作为

---

〔1〕 蔡永华：《解放后西安附近发现的西汉、新莽钱范》，《考古》1978 年第 2 期。

〔2〕 蒋若是：《莽钱疏证》，《秦汉钱币研究》，中华书局，1992 年。

〔3〕 蒋若是：《莽钱疏证》，《秦汉钱币研究》，中华书局，1992 年。

〔4〕 东汉纪年墓出土五铢钱和纪年铭钱范统计资料，参阅蒋若是《东汉五铢钱》，《秦汉钱币研究》，中华书局，1997 年。

〔5〕 蒋若是：《东汉五铢钱》，《秦汉钱币研究》，中华书局，1997 年。

〔6〕 咸阳秦都考古工作站：《秦都咸阳汉墓清理简报》，《考古与文物》1986 年第 6 期。

〔7〕 中国社会科学院考古研究所：《洛阳烧沟汉墓》第十章"钱币"，科学出版社，1959 年。

〔8〕 图版见中国钱币学会编《中国钱币论文集》彩色插图，中国金融出版社，1985 年。

〔9〕 王育龙：《西安昆仑厂东汉墓清理记》，《考古与文物》1989 年第 2 期。

〔10〕 中国社会科学院考古研究所：《汉杜陵陵园遗址》，科学出版社，1993 年。

〔11〕 A．安志敏：《金版与金饼——楚汉金币及其有关问题》，《考古学报》1973 年第 2 期。

通货以外，黄金亦曾用作通货（或用于赏赐）。又按《汉书·食货志》的记载，汉代黄金与铜钱的比值为"黄金一斤值万钱"。

（六）两汉时期的货币制度

两汉时期是中国货币发展史上的重要时期。

首先，这一时期颁行的五铢钱钱型美观大方，且轻重适宜、携带方便，成为中国历史上通行时间最久的金属货币。《汉书·武帝纪》载元狩五年（公元前 118 年）"罢半两钱，行五铢钱"，自此直到唐高祖武德四年（公元 621 年）铸行"开元通宝"，五铢钱先后沿用达 739 年之久，足见其影响之深远。

其次，随着经济的发展，货币在经济生活中的地位越来越重要。按《汉书·食货志》的记载，到平帝元始年间，西汉政府铸行钱币已高达 280 亿万枚，可见货币已成为市场流通不可或缺的媒介。

第三，虽然两汉时期私铸、盗铸钱币之风一直未能禁绝，初期甚至得到国家的许可，但从总体上看，以武帝元鼎四年五铢钱"专令上林三官铸"事件为标志，钱币由中央专控统铸成为不可逆转的潮流。

第四，从币值来看，两汉时期开始尝试发行不同面值的货币，如汉武帝发行的赤仄五铢（与普通五铢钱的比值为"一当五"）和王莽发行的错刀（面值五千钱）、契刀（面值五百钱）、"大泉五十"（值小钱五十枚）、"货布"（面值当"货泉"二十五枚）等，都属于大面值的货币，它们的铸行，有利于货币在市场上的流通与换算，在币制上是有进步意义的。

需要说明的是，秦汉时期盗铸、私铸之风盛行，秦末汉初之所谓"荚钱"，以及两汉时期的磨郭钱、剪郭钱、绖环钱都是其证。从墓葬发现的情况来看，币制之乱，以两汉之际和东汉晚期为最甚，这与当时的政治动荡、经济混乱的史实是相符合的。

三 秦代度量衡

秦之度量衡改革，发端于秦孝公六年（公元前 356 年）开始的"商鞅变法"。孝公十年（公元前 352 年），卫鞅为大良造[12]。秦孝公十二年（公元前 350 年），商鞅开始第二次变法，"平斗桶、权衡、丈尺"是其重要改革内容[13]。与此同时，商鞅制作了一批制造精良的度量衡标准器颁行各地，现藏上海博物馆的"商鞅铜方升"即其中之一。依铭文记载，该器始铸于秦孝公十八年（公元前 344 年）。后加刻秦始皇二十六年（公元前 221 年）诏书，仍然作为标准量器颁行[14]。又，出土或传世的诸多两诏铜器，在同一件标准度量衡标准器上分别刻秦始皇二十六年（公元前 221 年）和秦二世元年（公元前 209 年）诏，

B. 李正德、傅嘉仪、晁华山：《西安汉上林苑发现的马蹄金和麟趾金》，《文物》1977 年第 11 期。

[12] 《史记·秦本纪》。

[13] 《史记·商鞅列传》。

[14] 国家计量总局：《中国古代度量衡图集》图版九八"始皇诏铜方升"，文物出版社，1981 年。

说明秦二世即位以后，又延续了秦始皇统一度量衡的制度[1]。要之，秦自孝公十二年（公元前 350 年）商鞅"平斗桶、权衡、丈尺"，至秦始皇二十六年（公元前 221 年）颁布诏令，再至秦二世元年（公元前 209 年）重申诏令，秦之度量衡制度可谓一贯如故，秦人自己也并无战国秦和秦代之划分，因之，我们应该将其作为一个整体来研究。

秦度量衡的考古学研究，主要包括：出土与传世的度量衡器，包括标准器和自铭尺寸、容积和重量的容器的研究；有关度量衡制度的出土文献的研究；以及相关文献记载的研究。新中国成立以来，随着"高奴禾石权"等度量衡器的出土和云梦睡虎地秦简的面世，秦度量衡制度的研究受到不少学者的重视[2]，其研究成果以《中国古代度量衡图集》[3]、《中国历代度量衡考》[4]、《计量史》[5] 等尤为重要。科学测量与试验方面，"商鞅铜方升"曾先后做过两次测量[6]。其他出土度量衡实物，也多有作精确测试者。这些试验和测量数据，为秦度量衡标准单位的研究提供了科学依据。

（一）秦代尺度

目前可以确认为战国秦或秦代的尺度实物，只有甘肃天水放马滩 1 号墓[7]出土的一件木质"度器"。这件"度器"全长 90.5 厘米，宽 3.2 厘米，厚 2 厘米，首尾均有羡（空白）。间刻 26 条线纹表示寸，每寸合 2.4 厘米，每 5 寸处用"×"表示。由此测算，每尺的单位值当为 24 厘米。放马滩 1 号墓下葬年代在秦王政八年冬或次年初（公元前 239 年至公元前 238 年），学界推测此墓所出"度器"可能是地形测量所用，而非日常用尺[8]。

目前秦尺度的标准多以传世的商鞅铜方升为据。商鞅铜方升自铭"十六寸五分寸一为升"（16.2 立方寸），堪称最早的"以度审容"标准器。由此可以精确测得商代每立方寸的标准值（合今 12.478 立方厘米）和每尺的标准值（合今 23.2 厘米）[9]。铜方升自铸造已历经约 2340 余年，考虑到当时的铸造水平和流传磨损，参考传洛阳金村古墓出土东周铜尺的数据（合 23.1 厘米）[10]，学界一般将秦尺的长度推定为 23.1 厘米。

〔1〕　国家计量总局：《中国古代度量衡图集》图版一零六至一零八，文物出版社，1981 年。

〔2〕　A. 唐兰：《"商鞅量"与"商鞅量尺"》，《唐兰先生金文论集》，紫禁城出版社，1995 年。

　　　B. 马承源：《商鞅方升和战国量制》，《文物》1972 年第 6 期。

　　　C. 商承祚：《秦权使用及辨伪》，《学术研究》1965 年第 3 期。

　　　D. 张勋燎：《杆秤的起源发展和秦权的使用方法》，《四川大学学报》1977 年第 3 期。

　　　E. 巫鸿：《秦权研究》，《故宫博物院院刊》，1979 年第 4 期。

〔3〕　国家计量总局：《中国古代度量衡图集》图版九八，文物出版社，1981 年。

〔4〕　丘光明：《中国历代度量衡考》，科学出版社，1992 年。

〔5〕　丘光明：《计量史》，湖南教育出版社，2002 年。

〔6〕　上海博物馆青铜器研究组：《商鞅方升容积测试》，《上海博物馆馆刊》第 1 辑，1981 年。

〔7〕　甘肃省文物考古研究所、天水市北道区文化馆：《甘肃天水放马滩战国秦汉墓群的发掘》，《文物》1989 年第 2 期。

〔8〕　丘光明：《计量史》第 195、196 页，湖南教育出版社，2002 年。

〔9〕　上海博物馆青铜器研究组：《商鞅方升容积测试》，《上海博物馆馆刊》第 1 辑，1981 年。

〔10〕　丘光明：《中国历代度量衡考》第 6 页，科学出版社，1992 年。

（二）秦代的量

据统计，迄今所见战国秦量器有 3 件，秦代量器 17 件，此外还有一批记容铜器[1]。其中，上海博物馆藏"商鞅铜方升"（图 10-53-1、2）的三面及底部有刻铭，左侧刻"十八年，齐率卿大夫众来聘，冬十二月乙酉，大良造鞅，爰积十六尊（寸）五分尊（寸）壹为升"，与柄相对的一侧刻"重泉"二字，底部刻秦始皇二十六年（公元前 221 年）颁发的统一度量衡诏书："廿六年，皇帝尽并兼天下诸侯，黔首大安，立号为皇帝，乃诏丞相状、绾，法度量则不壹歉疑者，皆明壹之"[2]。此器经测量，全长 18.7 厘米，内口径长 12.4774 厘米，宽 6.9742 厘米，深 2.323 厘米，测得其容积约为 202.15 立方厘米，如按自铭"十六寸五分一寸为升"折算，每升合今 202 立方厘米[3]。结合陕西礼泉出土的"北私府铜量"[4] 和云梦睡虎地秦墓出土的"陶量"[5] 等测算，学界推定战国秦每升的容量为 200 毫升。

出土的秦始皇诏铜量和两诏铜量，共计 17 件，剔除误差较大的两件，求得其平均值为 198.8 毫升，与商鞅铜方升十分接近。上海博物馆藏"始皇诏铜方升"，外壁一侧刻秦始皇二十六年（公元前 221 年）诏（内容如前所述），容积为 215.65 立方厘米[6]。上海博物馆藏"两诏铜椭量"（图 10-53-3、4），器外壁刻秦始皇二十六年（公元前 221 年）诏书四行（内容如前述）、二世元年（公元前 209 年）诏书七行。二世诏书全文如下："元年制诏丞相斯、去疾，法度量衡尽始皇帝为之，皆有刻辞焉。今袭号，而刻辞不称始皇帝，其余久远也，如后嗣为之者，不称成功盛德。刻此诏故刻左，勿使疑"[7]。实测此器容 650 毫升，推测为三分之一斗量，即云梦秦简《效律》中所谓的"叁"[8]。按三分之一斗量折算，每升容 195 毫升。此器说明秦量在斗、升之外，还有半斗、三分之一斗、四分之一斗等系列，以满足当时的实际需要。

按实测数据和标准量器铭文铭重折算，秦统一以后的单位量值与商鞅铜方升保持一致，即每升仍为 200 毫升。

（三）秦代权衡

秦权衡发现数量较多。其中可确认为战国秦的权衡仅 1 件，即"高奴禾石铜权"；属

---

[1] 统计情况参阅丘光明《秦国量器及记容铜器》，《计量史》表 3-20；"秦量一览表"，表 4-3，湖南教育出版社，2002 年。另参阅丘光明：《战国量（容）器一览表》、《秦代量器一览表》，均见《中国历代度量衡考》第 185、186、204、205 页，科学出版社，1992 年。

[2] 国家计量总局：《中国古代度量衡图集》图版八一"商鞅铜方升"，文物出版社，1981 年。

[3] 上海博物馆青铜器研究组：《商鞅方升容积测试》，《上海博物馆馆刊》第 1 辑，1981 年。

[4] 陈孟冬：《陕西发现一件两诏铜椭量》，《文博》1987 年第 2 期。

[5] 云梦县文化馆：《云梦睡虎地秦墓出土陶量——秦斗》，《文物》1978 年第 7 期。

[6] 国家计量总局：《中国古代度量衡图集》图版九八"始皇诏铜方升"，文物出版社，1981 年。

[7] 国家计量总局：《中国古代度量衡图集》图版一〇六"两诏铜椭量"，文物出版社，1981 年。

[8] 云梦秦简《效律》："半斗不正，少半升以上；叁不正，六分升以上……訾各一盾"（睡虎地秦墓竹简整理小组：《睡虎地秦墓竹简》，文物出版社，1990 年）。这里的"叁"即三分之一斗。

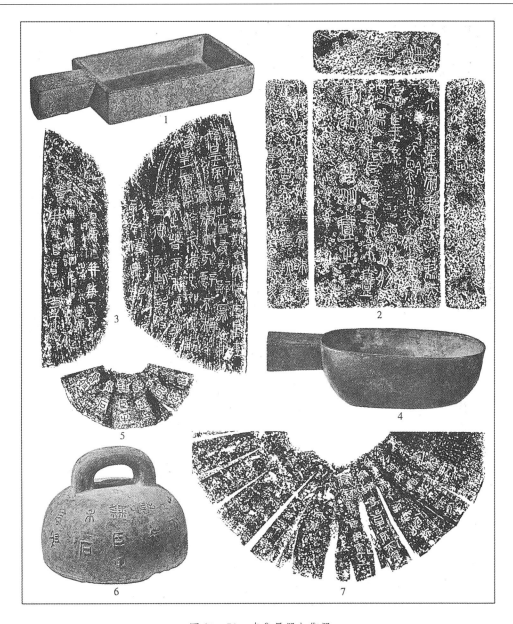

图 10-53　秦代量器与衡器

1、2.上海博物馆藏商鞅铜方升及铭文（拓本）　3、4.上海博物馆藏两诏铜椭量及铭文（拓本）

5～7.高窑村出土秦高奴禾石铜权及铭文（拓本）

于秦代的权 59 件，包括铜、铁、陶三种质地[1]。1964 年陕西西安阿房宫遗址出土的"高奴禾石铜权"（图 10-53-5～7），器外壁有铭文多处，一面铸阳文："三年，漆工𢾏、丞诎造，工隶臣牟。禾石，高奴。"另一面阴刻秦始皇二十六年统一度量衡诏书和"高奴石"

─────────────

〔1〕　统计数据参阅丘光明《秦权一览表》，《计量史》表 4-4，湖南教育出版社，2002 年。

三字，旁边再加刻秦二世元年诏书。此权自铭为"禾石"，按120斤折算，每斤合256克[1]。此权自战国秦始铸，三次铸刻铭文，长期作为标准器使用，说明自战国秦至秦统一、秦二世时期保持着统一的衡制。

陕西历史博物馆藏始皇诏铜权，权身为瓜棱形，棱间刻始皇诏书14行，实测重248克，此权轮廓清楚，文字清晰，为近年来所见保存最完好的一斤重铜权[2]。中国历史博物馆藏"两诏铜权"，传清末陕西宝鸡出土，权呈半球形，鼻钮，腹部中空，底部有圆孔，用铅封闭。权身刻秦始皇二十六年（公元前221年）诏书和二世元年（公元前209年）诏书，两诏之间夹刻不完整的秦始皇诏。底孔旁凿一"出"字。权重7573克，为一钧权（30斤），折算每斤合252.4克[3]。

关于秦权的单位量值，考虑到铁质、陶质秦权容易产生锈蚀、磨损，研究者先后以31件和35件铜质秦权两次测算其平均值，得每斤单位重量为252～253克[4]。

（四）秦代度量衡制度的特点

1. 自商鞅变法至秦末保持了度量衡标准的一贯性

秦孝公任命商鞅实施变法，统一度量衡成为变法的重要内容。商鞅采用当时已在东方各诸侯国通行的丈尺、升斗、斤两制，大力推行度量衡的统一。流传至今的商鞅铜方升正是商鞅推行度量衡统一的珍贵实物。从商鞅铜方升、高奴禾石铜权以及其他大量铭铸秦始皇二十六年（公元前221年）诏、秦二世元年（公元前209年）诏的度量衡器来看，自商鞅变法以后，秦度量衡制度一贯如故，有的标准器历百余岁仍沿用不变。

2. 完备的度量衡换算体系

秦在统一度量衡方面采用丈尺、升斗、斤两制，并确立了较为完善的单位进制。虽然目前尚未发现秦尺的实物，但从甘肃天水放马滩出土的"秦度"来看，尺、寸的刻度是清晰可读的，亦说明当时丈、尺、寸进位制的存在。

秦量单位有升、斗、桶（或作"甬"、"甬"，汉代作"斛"），十升为一斗，十斗为一桶。按照《墨子·杂守篇》和云梦秦简《仓律》、《传食律》等的记载，秦代还有将单位量值分为半（二分之一）、叁（三分之一）、四（四分之一）的做法，以满足日常生活习惯之所需。考之秦量，在斗量、升量之外，又有半斗量，推想当时还应该有三分之一斗量、四分之一斗量。

据《汉书·律历志》载，战国秦汉时期，权重推行铢、两、斤、钧、石五权之制[5]。

---

[1] 陕西省博物馆：《西安市西郊高窑村出土秦高奴铜石权》，《文物》1964年第9期。

[2] 丘光明：《计量史》第202页，湖南教育出版社，2002年。

[3] 国家计量总局：《中国古代度量衡图集》图版一七五"两诏铜权"，文物出版社，1981年。

[4] A. 丘光明：《秦代权衡总述》，《中国历代度量衡考》，科学出版社，1992年；《秦权单位量值的考订》，《计量史》，湖南教育出版社，2002年。

B. 巫鸿：《秦权研究》，《故宫博物院院刊》1979年第4期。

[5] 《汉书·律历志》："权者，铢、两、斤、钧、石也，所以称物平施知轻重也……二十四铢为两，十六两为斤，三十斤为钧，四钧为石。"

战国以来秦铜器和度量衡器上已有铢、两、斤、石的铭文，如高奴禾石铜权自铭"禾石"，1966 年陕西咸阳塔儿坡出土"私官铜鼎"自铭"十三斤八两十四朱"[1]，而"钧"在云梦秦简《效律》中也常有出现。可见，秦之五权，在战国时期已经形成。秦权衡的进位换算关系为：24 铢为一两，16 两为一斤，30 斤为一钧，4 钧（120 斤）为一石。

迄今所见的秦权，自铭重量者有半两、五斤、八斤、十六斤、石（一百二十斤），见诸著录者还有廿斤和廿四斤。若按重量折算，秦权中以一斤和石（一百二十斤）最为多见，其他还有二斤、五斤、八斤、九斤、十斤、二十斤、三十斤、六十斤、九十斤的[2]。

3. "以度审容"原则的确立

自《汉书·律历志》定黄钟累黍之法以后，黄钟、累黍与度量衡的起源，历来是学者们争论的焦点。按照这种说法，只要有了黄钟律管，便可以得到度、量、衡三个量的基本单位了。理论上虽是如此，但实际操作则是很难施行。

秦孝公十八年（公元前 344 年）铸造的"商鞅铜方升"可以看作是"以度审容"的最早例证。"商鞅铜方升"自铭"十六寸五分一寸为升"，据此可以测算出每立方寸的标准值合今 12.478 立方厘米，每尺的标准值合今 23.2 厘米。将度与量统一到相同的标准，在度量衡史上具有重要意义。

4. 度量衡标准的校验与"大进小出"之流弊

商鞅变法以来，秦推行度量衡统一的措施是严格的。这可以从传世文献和出土秦简中看得出来。云梦秦简《效律》规定："衡石不正，十六两以上，赀官啬夫一甲；不盈十六两到八两，赀一盾。甬不正，二升以上，赀一甲；不盈二升到一升，赀一盾。"[3] 可见当时对度量衡标准的校验是很严格的。《吕氏春秋·仲春纪》载："仲春之月……日夜分，则同度量，钧衡石，角斗桶，正权衡"，同书《仲秋纪》载："仲秋之月……日夜分，则一度量，平权衡，正钧石，齐斗桶"。可见，秦人甚至注意到气候、温度对度量衡标准器的影响，故规定在寒暑适宜、昼夜均等的春分日与秋分日校验度量衡标准器。

尽管如此，从出土的度量衡器来看，历代禁绝不止的"大进小出"现象在有秦一代也还是有的。例如，河北围场满族蒙古族自治县出土的 3 件铁质石权，其中两件底部加有圆形铸铁锭，两权折算每斤重 274 克、278 克；另一件铁权，底部也有可装铁锭的孔穴，铁锭可能遗失[4]。显然这 3 件铁权被有意加重，为官吏"大进小出"、盘剥百姓提供了方便。

四　汉代度量衡

汉代度量衡的研究，历来受到学者的重视。20 世纪前期，以新莽嘉量的考证为发端，

〔1〕　咸阳市博物馆：《陕西咸阳塔儿坡出土的铜器》，《文物》1975 年第 6 期。

〔2〕　丘光明：《秦权衡单位与标称值》，《计量史》，湖南教育出版社，2002 年。

〔3〕　睡虎地秦墓竹简整理小组：《睡虎地秦墓竹简》第 113～114 页，文物出版社，1978 年。

〔4〕　A. 围场县文管会石枢砚：《河北省围场县又发现两件秦代铁权》，《文物》1979 年第 12 期。

　　　B. 丘光明：《计量史》第 213 页，湖南教育出版社，2002 年。

不少学者搜求史料、考订史实，以探讨汉代度量衡的基本制度[1]。后来，又有学者从科学实验的角度，对新莽嘉量作精确测量，推断新莽度量的单位值，开启了通过科学实验研究汉代度量衡的先河[2]。及至1937年，《中国度量衡史》出版[3]。新中国成立以来，由于地下实物资料的不断出土，同时科学实验测量的手段也受到前所未有的重视，汉代度量衡的研究取得长足进展，《中国古代度量衡图集》[4] 和《中国历代度量衡考》[5] 即为标志性的成果。

汉代度量衡制度的研究，主要基于以下材料：一是出土或传世的度量衡器，如1927年甘肃定西出土的新莽铜丈和清宫旧藏新莽铜嘉量；二是记述汉代度量衡制度与史实的出土文献，如敦煌、居延出土汉简等；三是传世文献，代表之作为西汉晚期刘歆所著《三统律谱》，后收入《汉书·律历志》，成为集中保存汉代度量衡史料的重要著述。另外，《晋书·律历志》、《隋书·律历志》以及《唐六典》等后世文献中，也包含不少两汉度量衡制度的史料，亦可作参考；四是近现代基于出土度量衡器实物而作的科学实验与精确测量，为汉代度量衡制度的研究提供了可靠的科学依据。

（一）汉代尺度

两汉时期的尺子，按材质可分为铜尺、铁尺、木尺、竹尺、牙尺等。据统计，科学发掘出土的西汉尺子有10支、新莽时期的测量用具3件（套）、东汉时期的尺子85支[6]。

西汉时期的尺子，10支中有8支单位长度在23～23.2厘米之间，与秦尺（单位长度为23.1厘米）非常接近。按照平均值，同时考虑到埋藏条件和测量误差，可以推断西汉时期单位尺的长度为23.1厘米。河北满城2号汉墓出土的西汉错金铁尺，尺两面均有错金流云纹，尺星用错金小点表示，全尺分为10寸，其中一面的第三、五、七、九寸分别被刻分为三、五、七、九分线，殊为罕见。经过精密测试后取各寸平均值计算，单位长度为23.2厘米[7]。满城2号汉墓墓主为西汉中山靖王刘胜之妻窦绾，下葬年代为汉武帝太

[1] A. 王国维：《莽量考》，《学衡》1926年10月号；《新莽嘉量跋》，《观堂集林》，中华书局，2004年。

B. 罗福颐、唐兰：《新莽始建国元年铜方斗》，《故宫博物院院刊》1958年第1期。

C. 罗福颐：《传世历代古尺图录》，文物出版社，1957年。

D. 容庚：《汉金文录》，石印本，1931年。

E. 马衡：《新嘉量考释》，《故宫博物院年刊》，1936年。

F. 杨树达：《新莽嘉量跋》，《考古社刊》1936年第7期。

[2] 刘复：《新嘉量之校量及推算》，《辅仁学志》第1卷1期，1928年；《莽权价值之重新考订》，《历史语言研究所集刊》第三本，1933年。

[3] 吴承洛：《中国度量衡史》，商务印书馆，1937年。

[4] 国家计量总局：《中国古代度量衡图集》，文物出版社，1981年。

[5] 丘光明：《中国历代度量衡考》，科学出版社，1992年；《中国古代度量衡》，（台北）商务印书馆，1994年。

[6] 丘光明：《汉代尺度总述》，《中国历代度量衡考》，科学出版社，1992年。

[7] A. 中国社会科学院考古研究所：《满城汉墓发掘报告》，文物出版社，1980年。

B. 国家计量总局：《中国古代度量衡图集》彩版一、图版五，文物出版社，1981年。

初元年（公元前 104 年），该墓出土的西汉错金铁尺可作为西汉尺子的代表。

　　新莽时期的尺度可以依据传世的新莽铜卡尺和出土的新莽铜丈来测算，同时参考新莽嘉量的测算数据。1927 年甘肃定西秤钩驿出土的新莽铜丈（现藏台北故宫博物院），为新莽时代的标准铜丈。丈面有铭文两行 81 字，记述新莽推行统一度量衡政策之史实。此器出土后已弯曲、折断，其长、宽、厚的比例与《汉书·律历志》所记标准度器高一寸、广二寸、长一丈的比例正相吻合[1]。实测新莽铜丈的长度为 229.2 厘米[2]。1928 年，刘复通过对新莽铜嘉量（现藏台北故宫博物院）的测量，折算新莽尺长为 23.08865 厘米[3]。北京艺术博物馆藏新莽铜卡尺测算的尺长为 23.1 厘米。根据以上情况，学者推断新莽尺的单位长度为 23.1 厘米。

　　东汉时期的尺累计发现较多，尺单位长度多在 23～24 厘米之间，按实际测算的结果，推定东汉时期尺的单位长度为 23.5 厘米。1965 年江苏省仪征市石碑村东汉墓出土的铜圭表尺（图 10-54-10），为袖珍式圭表，是迄今所见最早的铜圭表尺，对于度量衡史和天文史的研究有重要价值。铜圭表尺正面一侧刻尺度，尺长十五寸，计 34.5 厘米，一尺约合 23 厘米[4]。1971 年湖南长沙子弹库 1 号墓出土的菱形纹铜尺，尺面等分为十寸，中间八寸铸菱形纹图案，实测折合每尺长度为 23.46 厘米[5]；1976 年安徽亳县元宝坑 1 号东汉墓出土牙尺 1 支，残长二寸许，尺面雕刻鸟兽纹和云纹，实测完整的一寸长度为 2.35 厘米，折合每尺 23.5 厘米。该墓墓砖刻有"建宁三年"（公元 170 年）字样，可作为年代准确的东汉尺子标本[6]。

（二）汉代的量

　　据统计，汉代量器累计发现 63 件。其中，年代准确且有标注容量铭文的量器 13 件，实测其重量后的平均值为 200.24 毫升。这些量器，属于所谓的官府标准量器，与著名的商鞅铜方升的标值（202 毫升）非常接近。此故，一般认为汉代容量的标准为每升约当今200 毫升[7]。

　　按照《汉书·律历志》的记述："量者，仑、合、升、斗、斛也，所以量多少也。本起于黄钟之仑，用度数审其容……合仑为合，十合为升，十升为斗，十斗为斛，而五量嘉矣"。台北故宫博物院藏新莽嘉量（图 10-54-1～7），可以看作是五量合一的标准器：中间圆柱体上为斛，下为斗；左侧所附为升；右侧所附上为合，下为仑。令人称奇的是此器的形制与刘歆在《汉书·律历志》中的表述几无二致："其上为斛，其下为斗，左耳为

〔1〕《汉书·律历志》："其法用铜，高一寸，广二寸，长一丈，而分、寸、尺、丈存焉。"
〔2〕 国家计量总局：《中国古代度量衡图集》图版九"新莽铜丈"，文物出版社，1981 年。
〔3〕 刘复：《新嘉量之校量及推算》，《辅仁学志》第 1 卷 1 期，1928 年。
〔4〕 A. 南京博物院：《江苏仪征石碑村汉代木椁墓》，《考古》1966 年第 1 期。
　　 B. 国家计量总局：《中国古代度量衡图集》图版二七"铜圭表尺"，文物出版社，1981 年。
〔5〕 国家计量总局：《中国古代度量衡图集》图版一〇，文物出版社，1981 年。
〔6〕 安徽省亳县博物馆：《亳县曹操宗族墓葬》，《文物》1978 年第 8 期。
〔7〕 丘光明：《汉代容量总述》，《中国历代度量衡考》，科学出版社，1992 年。

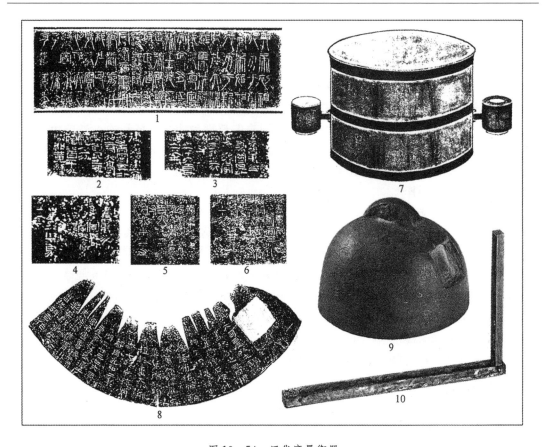

图 10-54　汉代度量衡器

1~7.台北故宫博物院藏新莽嘉量及铭文（拓本）　8、9.中国国家博物馆藏"光和大司农"铜权
及铭文（拓本）　10.仪征石碑村东汉墓出土铜圭表尺

升，右耳为合、仑"。器体有铭文 81 个字，与新莽铜丈相同。日本白鹤美术馆所藏"始建国铜升"，器体为圆形，有长柄，实测可容小米 198 毫升。此器的价值在于其铭文详细记述了当时"以度审容"的情形："律量升，方二寸八分而圜其外，庣旁四厘八豪，冥八寸一分，深二寸，积万六千二百分，容十合。始建国元年正月癸酉朔日制"[1]。

1956 年，河南陕县隋墓出土"始建国元年铜撮"，器壁铭文："律撮，方五分而圜其外，庣旁四豪，冥卅分五厘，深四分，积百六十二分，容四圭"，柄上刻铭文一行："始建国元年正月癸酉朔日制"[2]。实测容积为 2.07 立方厘米[3]。按此器与新莽嘉量等诸器，有人认为汉代容量分为圭、撮两个等级，四圭为一撮，五撮为一仑，这样，汉代容量可分圭、撮、仑、合、升、斗、斛七个等次。

需要说明的是，陕西、河南等地常常出土成组的小铜量，国家博物馆亦藏有自铭"大

[1]　丘光明：《中国历代度量衡考》第 223 页，科学出版社，1992 年。
[2]　黄河水库考古工作队：《1956 年河南陕县刘家渠汉唐墓葬发掘简报》，《考古通讯》1957 年第 4 期。
[3]　国家计量总局：《中国古代度量衡图集》图版一三一，文物出版社，1981 年。

半仑"（三分之二仑）铜量[1]，推测这些小铜量可能是为了便于计算、测量分数容积而特制的，往往成组出土。另外，汉代常常在鼎、钫等青铜容器上铭刻器物的自重和容量，其测算所得的单位量值，亦可以作为汉代量值的参考。

（三）汉代权衡

迄今所见西汉权 15 件。其中，有自重刻铭且保存完好的有 4 件，实测每斤的平均值为 247.5 克，约等于 248 克[2]；自铭"重斤十两"者 3 件：即国家博物馆藏官累铜权、上海博物馆藏官累铜权、旅顺博物馆藏官累铜权；自铭重"一斤"者 1 件，即北京大学考古文博学院藏"武库一斤"铜权。

新莽时期的权衡考古所见有环形权三组：1926 年甘肃定西秤钩驿出土"始建国元年铜权环"一组 5 件[3]、1981 年湖北枝江问安乡出土"始建国元年铜权环"一组 5 件[4]、1973 年成都天回乡汉墓出土一组 3 件[5]。按前两组"始建国元年"铜权环重量测算，新莽时期权衡单位重量为 238 克[6]。这一数据，与新莽嘉量（重二钧）测得的单位重量 226.66 克有一定的差距[7]。

迄今所见东汉时期的权 33 件，但多为铁权，非铜质标准器，且有不同程度的锈损。国家博物馆藏东汉铜权自铭"官平秤，□重一斤八两"，实重 332.3 克，折合每斤 222 克。故宫博物院藏东汉石权自铭"百一十斤"，实测折合每斤 218 克。学者据此暂推测东汉时期每斤权重为 220 克[8]。

（四）汉代度量衡的特点

1. 承袭了秦代以来的历史进程，继续在全国范围内推进度量衡的统一

汉承秦制，西汉建立以后，承袭了秦始皇统一度量衡以来的历史进程。按照《汉书·律历志》的记载，西汉中央政府规定专门的机构掌管全国度量衡制度：度，"职在内官，廷尉掌之"；量，"职在太仓，大司农掌之"；权衡，"职在大行，鸿胪掌之"。以量器为例，考古所见有建武十一年（公元 35 年）大司农铜斛、光和二年（公元 179 年）大司农铜斛、元初三年（公元 116 年）大司农铜斗、永平三年（公元 60 年）大司农铜合等标准器，足证《汉书·律历志》所记大司农掌量之事确凿有据。值得注意的是，考古发掘出土的汉代度量衡器的出土地点，除了河南、陕西等中原地区以外，还远及甘肃兰州、广西、

---

[1] 国家计量总局：《中国古代度量衡图集》图版一三〇，文物出版社，1981 年。
[2] A. 丘光明：《汉代权衡总述》，《中国历代度量衡考》，科学出版社，1992 年。
　　B. 国家计量总局：《中国古代度量衡图集》图版一九九至二〇二，文物出版社，1981 年。
[3] 傅正伦：《甘肃定西出土的新莽权衡》，《中国历史博物馆馆刊》总第 1 期，1979 年。
[4] 枝江县文化馆：《湖北枝江县出土王莽时期铜砝码》，《文物》1982 年第 1 期。
[5] 国家计量总局：《中国古代度量衡图集》图版二〇八，文物出版社，1981 年。
[6] 丘光明：《汉代权衡总述》，《中国历代度量衡考》，科学出版社，1992 年。
[7] 刘复：《新嘉量之校量及推算》，《辅仁学志》第 1 卷 1 期，1928 年。
[8] 丘光明：《汉代权衡总述》，《中国历代度量衡考》，科学出版社，1992 年。

辽宁、内蒙古等地，由此可见当时度量衡制度在全国的大力推行。同时，出土的汉代度量衡器，常见"市平"刻铭，说明其为市场之平准器，典型者如 1956 年成都市东山灌区出土的"汶江市平"铭铁权[1]。由此可见，汉代度量衡制度的统一，已经深入普通民众的社会生活之中。

需要提及的是，新莽时期是中国古代度量衡史上重要的发展阶段。出土或传世的新莽度量衡器为数众多，且大多制造精良，如新莽嘉量、新莽铜丈等，为研究中国古代度量衡史提供了珍贵实物，值得重视。

2. 确立了度量衡的测量基准与进位关系

关于测量基准，按照《汉书·律历志》的记载，汉代度、量、衡皆"本起于黄钟"，并可与黍之广、积、重相关联。这说明度量衡有了相同的测量基点，非常科学。以新莽嘉量为例，其刻铭明确记载了新莽嘉量的尺寸、容量，由此可以准确测算度和量之间的换算关系，这就是所谓的"以度审容"，在计量史上是一项突破。

《汉书·食货志》记"黄金方寸，而重一斤"；《续汉书·礼仪志》亦有"水一升，冬重十三两"的记载，由此可见，汉代还规定了容量和重量之间的比照关系。

为了推行标准，汉代认识到铜"不为燥湿寒暑变其节，不为风雨暴露改其形"（《汉书·律历志》）的优点，政府颁行的标准器多以铜为之，并充分考虑气候、温度对标准器的影响。这在光和大司农铜权铭文（图 10-54-8、9）中得到了验证，其铭曰："大司农以戊寅诏书，秋分之日，同度量、均衡石、升桶、正权概，特更为诸州作铜称，依黄钟律历、九章算术，以均长短、轻重、大小，用齐七政，令海内都同。光和二年闰月廿三日，大司农曹棱、丞淳于宫、右库曹掾朱音、史韩鸿造，青州乐安郡寿光金曹掾胡吉作"[2]。

关于度量衡的进位关系，《汉书·律历志》规定："一黍之广，度之九十分黄钟之长。一为一分，十分为寸，十寸为尺，十尺为丈，十丈为引，而五度审矣"。按照出土实物的测算结果，我们可以知道西汉一尺约 23.1 厘米，东汉一尺约为 23.5 厘米。

汉代量的进位关系为：四圭为一撮，五撮为一仑，"合仑为合，十合为升，十升为斗，十斗为斛，而五嘉量矣"。以出土实物实测汉代一升的容积为 200 毫升。

汉代权衡的进位关系为：一千二百黍重十二铢，二十四铢为两，十六两为斤，三十斤为钧，四钧为石。按考古实物测算当时每斤的单位重量，西汉时期为 248 克，新莽时期 238 克，东汉为 220 克。

3. 汉代度量衡制度仍然处于发展过程中

江苏省仪征出土的铜圭表尺，为袖珍式圭表，正面一侧刻尺度，尺长十五寸，计 34.5 厘米，一尺约合 23 厘米。这是迄今所见最早的铜圭表尺，对于度量衡史和天文史的研究有重要价值。此亦表明，汉代天文尺和常用尺的量值是统一的[3]。敦煌、居延汉简中有

〔1〕 张勋燎：《杆秤的起源发展和秦权的使用方法》，《四川大学学报》1977 年第 3 期。
〔2〕 国家计量总局：《中国古代度量衡图集》图版 209，文物出版社，1981 年。
〔3〕 A. 南京博物院：《江苏仪征石碑村汉代木椁墓》，《考古》1966 年第 1 期。
　　　B. 国家计量总局：《中国古代度量衡图集》图版二七，文物出版社，1981 年。

大石、小石的记载，是否反映汉代容量有大小制，目前还未有定论[1]。

一般以为，西汉时期的权衡，属于等臂的天平，所以一台天平往往要和成套的砝码（权衡）来组合使用。1926 年甘肃定西出土的成套铜衡杆和铜环权，包括扁平长方体的铜衡杆，以及成组的石权、二钧权、九斤权、六斤权和三斤权。铜衡杆居中处有穿孔，而权均作环状，可见当时称量物品，是以等臂的天平来进行的。东汉以后，杆秤与秤砣开始出现，交易时采用不等臂的天平来称重。杆秤的长处在于，等重的秤砣可以称量不同重量的物品，且只需要看秤杆上的秤星即可读出物品的重量，相对天平更加简便实用，这是权衡史上的重大变革。出土的东汉铁权，很难确认到底是权衡还是秤砣，这也使得确认东汉时期的标准重量变得困难，有待新的考古资料和进一步的研究。

---

[1] 高自强认为汉代有大小制（见高自强《汉代大小斛（石）问题》，《考古》1962 年第 2 期）但丘光明持否定态度（见丘光明《汉代容量总述》，《中国历代度量衡考》，科学出版社，1992 年）。

第十一章　秦汉时期的简牍、帛书和铭刻

第一节　秦代简牍

自晋代的"汲冢竹书"出土至 20 世纪 70 年代之间，我国陆续有战国至汉晋时期的大批简牍材料问世，但是明确属于秦代的简牍文书却一直没有发现过。直至 1975 年，湖北省的文物考古工作者在湖北省江陵市（今荆州市）云梦县睡虎地发掘清理 11 座秦墓时，在 11 号墓中发现了大量秦代竹简[1]，才填补了这一空白。以后，又陆续有 1979 年四川省青川县秦代木牍[2]、1986 年甘肃省天水市放马滩秦代竹简[3]、1986 年湖北省江陵县岳山秦代木牍[4]、1989 年湖北省云梦县龙岗秦代简牍[5]、1991 年湖北省江陵县扬家山秦简[6]、1993 年湖北省江陵县王家台秦简[7]、1993 年湖北省荆州市沙市周家台秦代简牍[8]、2002 年湖南省龙山县里耶秦代简牍[9]等重要发现。

这些发现，引起国内外学术界的热烈关注，并从多种角度对这些秦代简牍材料进行研究，对秦代社会、经济、法律、民俗、军事等历史状况予以探讨，取得了丰硕的成果。秦

---

[1] A. 睡虎地秦墓竹简整理小组：《睡虎地秦墓竹简》，文物出版社，1990 年。

　　B. 孝感地区第二期亦工亦农文物考古训练班：《湖北云梦睡虎地十一号秦墓发掘简报》，《文物》1976 年第 6 期。

[2] 四川省博物馆、青川县文化馆：《青川县出土秦更修田律木牍——四川青川县战国墓发掘简报》，《文物》1982 年第 1 期。

[3] 何双全：《天水放马滩秦简综述》，《文物》1989 年第 2 期。

[4] 湖北省江陵县文物局、荆州地区博物馆：《江陵岳山秦汉墓》，《考古学报》2000 年第 4 期。

[5] A. 湖北省文物考古研究所、孝感地区博物馆、云梦县博物馆：《云梦龙岗秦汉墓地第一次发掘简报》，《江汉考古》1990 年第 3 期；《云梦龙岗 6 号秦墓及出土简牍》，《考古学集刊》第 8 集，科学出版社，1994 年。

　　B. 梁柱、刘信芳：《云梦龙岗秦代简牍述略》，《简帛研究》第一辑，法律出版社，1993 年。

[6] A. 张绪球：《宜黄公路仙江段考古发掘工作取得重大收获》，《江汉考古》1992 年第 3 期。

　　B. 湖北省荆州地区博物馆：《江陵扬家山 135 号秦墓发掘简报》，《文物》1993 年第 8 期。

[7] 荆州地区博物馆：《江陵王家台 15 号秦墓》，《文物》1995 年第 1 期。

[8] A. 湖北省荆州市周梁玉桥遗址博物馆：《关沮秦汉墓清理简报》，《文物》1999 年第 6 期。

　　B. 荆州市周梁玉桥遗址博物馆：《关沮秦汉墓简牍》，中华书局，2001 年。

[9] 湖南省文物考古研究所、湘西土家族苗族自治州文物处、龙山县文物管理所：《湖南龙山里耶战国—秦代古城一号井发掘简报》，《文物》2003 年第 1 期。

代简牍的出土与研究，是中国考古学和简牍研究中的一个重大课题。

现存秦简中，最重要，数量也最多的是云梦睡虎地秦简。

出土秦简的睡虎地 11 号墓，位于云梦县城关西郊睡虎地山嘴上。这里分布着一批小型土坑木椁墓，其中有明确年代记载的有两座，即埋葬于秦昭王五十一年（公元前 256 年）的 7 号墓与埋葬于秦始皇三十年（公元前 217 年）的 11 号墓，通过这两座可作为断代标尺的墓葬，分析其他墓葬出土陶器组合与形制，可得出这批墓葬自战国延续到西汉早期的结论。

睡虎地 11 号墓的墓主，根据墓中出土简文可认定为秦代当地的一个狱吏，名喜。墓中出土的竹简文书应该是他生前使用的文籍，全部共 1155 枚（另有残片 80 片），出土时分为八组，分别堆放在棺内人骨架的头部、右侧、足部和腹部，除少数因积水浮动而散乱以及置于足部的竹简残断较多外，其余均保存完好。竹简整长 23.1～27.8 厘米，宽 0.5～0.8 厘米。简文为墨书，秦代隶书体，一般写于篾黄上，少数简为两面书写。字迹大部分清晰可辨。从竹简上残存的编绳痕迹判断，原简上有上、中、下三道编绳。出土时，编绳已朽，竹简顺序多已散乱。

云梦睡虎地秦简出土后，经过科学保护及认真整理，已经根据其内容将其大致分为十种文书，现简介于下。

（1）《编年纪》，原称为《大事记》，共 53 枚简，发现于墓主头下。这批简文按年代顺序记载了从秦昭王元年（公元前 306 年）至秦始皇三十年（公元前 217 年）之间秦统一六国的战事和历史大事，同时还记载了墓主"喜"的生平经历。根据《编年纪》中的记载，可以对证史书记载，弥补和校正《史记·六国年表》等文献。对于研究秦代的簿籍制度、兵役制度、地方官吏制度及历法、记时等，《编年纪》都是十分宝贵的资料。

（2）《语书》，原定名《南郡守腾文书》，后根据原简上的书题定名，共 14 枚简，发现于墓主腹部右手下面。前 8 简为南郡郡守（名腾）在秦王政二十年（公元前 227 年）颁发给下属各县、道官吏的文告。后 6 简是要各县书曹对吏员进行考核，区别良吏、恶吏的标准，可能是前 8 简文书的附件。

（3）《秦律十八种》，共 201 枚简，发现于墓主人骨架右侧。每条律文的末尾均有律名或律名的简称，经睡虎地秦墓竹简整理小组整理编排，共有《田律》、《厩苑律》、《仓律》、《金布律》、《关市》、《工律》、《工人程》、《均工》、《徭律》、《司空律》、《置吏律》、《效律》、《军爵律》、《传食律》、《行书》、《内史杂》、《尉杂》、《属邦》等十八种，故暂定名《秦律十八种》。这些简文并不是全部秦代法律，每种律文也不一定完全，可能是墓主根据实际需要摘录的，书写时间及这些法律的成文时间也有早有晚。

这些秦代法律条文涉及的内容非常广泛。《田律》、《厩苑律》是关于农田水利、山林保护和饲养牛马牲畜等方面的法律。它规定要及时上报降雨后农田受益面积和农作物遭受自然灾害的情况，禁止任意砍伐山林，禁止农民卖酒，按受田之数缴纳刍藁，奖励饲养牛马好的人，惩罚饲养牛马不良的人。《仓律》、《金布律》对国家粮食的贮存保管和发放、货币流通、市场交易等作了规定。《徭律》、《司空律》是关于徭役征发、工程兴建、刑徒监管的法律。《工律》、《工人程》、《均工》等是关于手工业管理的法律，详尽规定了新工训练、劳动力折算及器物生产标准化等制度。《置吏律》、《效律》、《军爵律》、《传食律》、

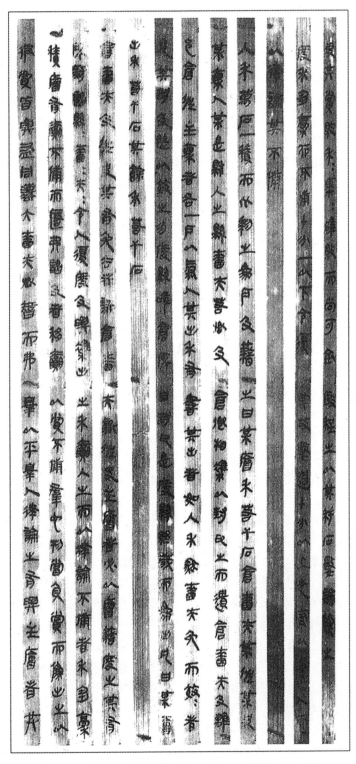

图 11-1 睡虎地秦墓竹简（自右向左：《效律》24～35）

《内史杂》等是关于官吏任免、军爵赏赐和官吏职务待遇方面的法律。

（4）《效律》，共60枚简（图 11-1），发现于墓主骨架腹部。根据原简上的书题定名。它和《秦律十八种》中的《效律》相似，但比之更加完整。其中详尽记载了核验县和都官物资账目的有关制度，对军需物资，如兵器、铠甲、皮革等规定尤为严格精细，甚至限定了度量衡误差的限度，反映出秦代法律的严密与完备。

（5）《秦律杂抄》，共42枚简，与《效律》同出于墓主腹部，从字体看可能是同一人抄录。这些简文的内容比较庞杂，有些条有律名，有些没有，大多是根据应用需要从秦律中摘出的片断，有些条在抄录时可能还作了简括及删节。根据竹简上存在的律名，可整理出《除吏律》、《游士律》、《除弟子律》、《中劳律》、《藏律》、《公车司马猎律》、《牛羊课》、《傅律》、《敦表律》、《捕盗律》、《戍律》等十一种。这批律文与《秦律十八种》中的律文并无重复，从而表明了秦代法律的庞大内容。

《秦律杂抄》中的许多律文与军事有关，关于军官任免、军队训练、战场纪律、后勤供应及赏罚奖惩等都有律条予以规定，对于研究秦代兵制具有极高价值，也反映出秦作为"尚首功之国"的军事立国性质。

（6）《法律答问》，共 210 枚简，发现于墓主颈部右侧。现存内容分 187 条，多以问答形式，对秦代法律的一些条文、术语及执法意图加以解释。这些问答所解释的主要属于刑法部分。据《晋书·刑法志》和《唐律疏议》等文献记载，商鞅时制定的秦法是以李悝的《法经》为蓝本，分为《盗》、《贼》、《囚》、《捕》、《杂》、《具》六篇。《法律答问》的简文内容范围，与这六篇大体相符。根据简文中有"公祠"等词语来推断，秦律中有些条文的形成可能早到商鞅时期，而解释部分则多形成于秦始皇时期。这些问答中引用很多既成案例，作为断案依据，还有一部分关于诉讼程序的说明，对于了解秦代的审判制度与诉讼制度具有重要意义。本篇应是地方官员断案时的工具书，不会是私人对法律的解释。它在当时，可能与律文一样具有一定法律效力。

（7）《封诊式》，共 98 枚简，出土于墓主头部右侧。全书标题《封诊式》写在最后一枚简的背面。简文共分 25 节，每节第一枚简首写有小标题。这批简文收录了对官吏审理案件的要求，即《治狱》、《讯狱》两节，其余部分都是对案件进行调查、检验、审讯等法律程序的文书程式，其中包括了各类案例，如盗牛马钱物、逃亡、躲避徭役、杀伤、不孝、惩治奴隶等。案例记载时间上至秦昭王四十一年（公元前 266 年），下限可至秦始皇时期。这些内容在当时主要供官吏学习，作为断案的参考资料。

（8）《为吏之道》，共 51 枚简，出土于墓主腹下，这篇文书分为上下五栏书写，当时是先把竹简编好，再划出横栏书写的。内容以宣传官吏的道德品质标准为主，强调正直修身，不少地方与《礼记》、《大戴礼记》、《说苑》等古代文献记载相近同。有人把它分为《为吏之道》、《从政之经》、《治事》、《口舌》及两条魏国法律佚文等几部分。它可能是供初学做吏的人学习的教材，兼有识字及品德教育之功用。文句多采用四字一句的格式，还附有与"相"相近的韵文八首，这些都表现出它的启蒙教材性质。高敏在研究中指出：《为吏之道》的内容是当时儒、法等学派思想融合一体的标志[1]。

（9）《日书》甲种，共 166 枚简，发现于墓主头部右侧。这批简的正、背面均写有文字，读时先读正面，后读背面。字体既小且密。内容复杂，主要为选择时日、趋吉避凶等方术手段，记载了日常生活中诸如娶妻、生子、出行、上官赴任、置室、起土、裁衣等时日的选择方法，可能是当时社会上流行的各种择日方法的汇编。

甲种《日书》包括《除》、《秦除》、《稷辰》、《玄戈》、《岁》、《星》、《啻》等 30 个章题，分 17 篇。它对研究古代数术这一重要的文化现象具有重大意义。《墨子》、《韩非子》、《史记》、《论衡》等古代著作中都曾提及时日选择，但其具体内容却无从查考。《日书》的出土，弥补了这一缺憾。

《日书》中关于记时的记载还可用于研究古代历法，尤其是楚国历法。它记载的楚国月名与秦国月名的对照资料，同长沙子弹库、楚帛书、曾侯乙墓竹简遣策一起成为楚国历法的宝贵实证。

（10）《日书》乙种，共 257 枚简，发现于墓主足部。最后一枚简上有《日书》字样，

---

[1]　高敏：《秦简〈为吏之道〉所反映的儒法融合思想》，《云梦秦简初探》，河南人民出版社，1979 年。

据以定名。其内容与《日书》甲种类似，有关禁忌的条目较多。

《日书》乙种成书的时间可能早于甲种，但残缺较严重。

除此之外，在云梦睡虎地 4 号秦墓还出土了两件木牍，均两面墨书，书体为秦代隶书。内容为士卒黑夫与惊二人写给家中的信。时间为秦王政二十四年（公元前 223 年）。这是我国现出土最早的两件家信实物[1]。

1970 年 2 月至 1980 年 7 月，四川省博物馆和青川县文化馆等单位对青川县城郊公社郝家坪的一批墓葬进行发掘，共清理墓葬 72 座，在其中的 50 号墓墓室边厢中出土两件木牍[2]。其中一枚长 46 厘米，宽 3.5 厘米，厚 0.5 厘米，文字已残渺，无法辨识。另一枚长 46 厘米，宽 2.5 厘米，厚 0.4 厘米，两面墨书文字，字迹较清晰，总计 121 字。研究者根据其内容确定为《秦武王二年王命左丞相更修田律》。

1986 年 4 月，甘肃省天水市放马滩地区林场职工在修建房舍时发现一座墓葬，从棺内取出一批竹简[3]。甘肃省文物考古研究所获悉后，于 6 月至 9 月对该地分布的墓葬进行了发掘，共清理墓葬 14 座。出土竹简的墓葬被定为 1 号墓，是一座长方形竖穴土洞墓，一棺一椁。竹简出土于墓主头部右上方，同出器物有算筹、毛笔、笔套等。根据墓中出土的茧形器、灰陶罐、瓮、釜等器物形制，墓葬结构、葬式，竹简的书体与内容等方面，判定它为秦始皇八年九月后下葬的秦代墓葬。

竹简出土时被卷为一捆，经清理，共有简 460 枚。根据内容与简的不同大小，可分为《日书》甲种，《日书》乙种与《墓主记》三类文书。

《日书》甲种，共 73 枚竹简。简长 27.5 厘米，宽 0.7 厘米，厚 0.2 厘米，有三道编绳，排列整齐，字迹完整。整理者根据其大部分简天地头粘有深蓝色纺织物残片推测，原来编成册后曾用纺织物装裱两头。

《日书》的内容与湖北云梦睡虎地秦简《日书》相近，为选择时日的数术著作。原文无篇题，整理者根据其内容分为以下 8 章。

月建：记录正月至十二月每月的建除十二辰和它们与十二地支相配的次序。通过研究，表明秦统一前使用的是夏历，《月建》一章仍然沿用着夏历的建除顺序。

建除：记载十二辰内容，讲述建除十二辰每一辰日是吉是凶，可以或不可以做某种事。

亡者：以天干地支和十二生肖相配为序，记述 22 种亡者逃离的方向、性别、吉凶、能否捕获等内容。

吉凶：专门讲述每日中六个时刻与四方的吉凶情况。

择行日：是专门给出行者选择时日的内容。

男女日：是将十二地支记日的 11 天（除子日外）分为男日、女日，并注明男、女日各自宜做的事情。

---

[1]　黄盛璋：《云梦秦墓两封家信中有关历史地理的问题》，《文物》1980 年第 8 期。

[2]　四川省博物馆、青川县文化馆：《青川县出土秦更修田律木牍——四川青川县战国墓发掘简报》，《文物》1982 年第 1 期。

[3]　何双全：《天水放马滩秦简综述》《文物》1989 年第 2 期。

生子：专门讲述一天中哪些时刻生男孩，哪些时刻生女孩。

禁忌：按照干支纪日叙述各种禁止、忌讳之事，如某日禁忌动土修建、攻战、穿衣等。

《日书》乙种简文比甲种短，前一部分内容与甲种相同，可能是甲种的一个抄本。全文尚未公布。被整理者称为《墓主记》的简文，经研究为一则志怪故事，与《搜神记》等书的一些内容相似[1]。

1986 年 9～10 月，湖北省江陵县文物局与荆州地区博物馆在江陵县岳山发掘 46 座古墓[2]，其中 10 座是秦墓，在编号为 36 号的秦墓中出土秦代木牍 2 枚。

1989 年 10～12 月，湖北省文物考古工作者在云梦县龙岗配合基建进行发掘，共清理了 9 座秦汉墓葬，其中 M6 的时代被确定为秦代末年，在这座墓葬中出土了 1 件木牍与 150 余枚竹简[3]，这是秦代简牍文书的又一次重要发现。

M6 为小型长方形土坑竖穴木椁墓，一棺一椁，竹简出土于棺内底部，保存较差，墨书简文，是成熟的秦隶书体。由于竹简残断较严重，又没有注明篇名，给拼合及考释工作带来了较大困难。在梁柱、刘信芳整理的《云梦龙岗秦简》发表了简牍照片和释文后，又有中国文物研究所与湖北省文物考古研究所再整理的《龙岗秦简》发表[4]。根据整理者的分类，认为这批简牍内容为秦统一后颁布的法律文书，据文辞内容大致分为 5 类，新定名为《禁苑》、《驰道》、《马牛羊课》、《田赢》、《其他》等。其中主要内容为有关皇帝禁苑（云梦、沙丘等地）的管理法律及有关土地租赁、抵押和偿付（即"假田"之法）的法律等。它与云梦睡虎地出土的秦代法律文书同属一类，但其内容在睡虎地秦简中大多未曾出现。

木牍出土于墓主尸骨腰部，正反两面墨书。内容是给死者免罪的判文，属于写给阴界官司的"冥判"。也有人认为它仍属于"告地策"一类的丧葬用文书[5]。根据"冥判"和墓主尸骨缺少腿以下部分的状况，推测墓主是生前犯罪受刑后被用来守苑围的。

1991 年，湖北省荆州地区博物馆在江陵县扬家山发掘了 135 号秦墓[6]，出土秦简 75 枚，主要记录墓中陪葬品，属于"遣策"。

1993 年，江陵县荆州镇郢北村王家台发现一批秦墓，经清理，在其中的 15 号秦墓中，出土了一批原置于棺内的简牍[7]，经研究后认为是秦国的简牍，其上限不超过公元前 278

[1]　李学勤：《简帛佚籍与学术史》，（台北）时报文化出版企业有限公司，1994 年。

[2]　湖北省江陵县文物局、荆州地区博物馆：《江陵岳山秦汉墓》，《考古学报》2000 年第 4 期。

[3]　A. 湖北省文物考古研究所、孝感地区博物馆、云梦县博物馆：《云梦龙岗秦汉墓地第一次发掘简报》，《江汉考古》1990 年第 3 期；《云梦龙岗 6 号秦墓及出土简牍》，《考古学集刊》第 8 集，科学出版社，1994 年。

　　　B. 梁柱、刘信芳：《云梦龙岗秦代简牍述略》，《简帛研究》第一辑，法律出版社，1993 年。

[4]　A. 梁柱、刘信芳：《云梦龙岗秦简》，科学出版社，1998 年。

　　　B. 中国文物研究所、湖北省文物考古研究所：《龙岗秦简》，中华书局，2001 年。

[5]　黄盛璋：《云梦龙岗 6 号秦墓木牍与告地策》，《中国文物报》1996 年 7 月 14 日。

[6]　A. 张绪球：《宜黄公路仙江段考古发掘工作取得重大收获》，《江汉考古》1992 年第 3 期。

　　　B. 湖北省荆州地区博物馆：《江陵扬家山 135 号秦墓发掘简报》，《文物》1993 年第 8 期。

[7]　荆州地区博物馆：《江陵王家台 15 号秦墓》，《文物》1995 年第 1 期。

年，即秦将白起拔郢以后，下限不晚于秦代。

这批简牍经整理，已清出 800 余枚，长度有 45 厘米、23 厘米两种，主要为抄录的书籍，包括《效律》、《日书》、《易占》等内容。其中《效律》与睡虎地秦墓竹简中的《效律》大致相同，《日书》中收有建除、梦占、日忌、病、门等篇节，《易占》则是对易卦卦名的记载与解说，另外，还发现有一些记录自然界异变及其所预示国家灾祥的简牍，类似后代史书中的《五行志》，尚未能定名。

1993 年，湖北省荆州市周梁玉桥遗址博物馆在沙市周家台发掘了 30 号秦墓，共出土秦代竹简 381 枚，木牍 1 枚[1]。其内容大致包括三部分：一是记录秦始皇三十四年（公元前 213 年）全年日干支与秦始皇三十六年（公元前 211 年）、三十七年（公元前 210 年）月朔日干支、月大小等的竹简与记录秦二世元年（公元前 209 年）朔日干支、月大小等内容的木牍。整理组定名为"历谱"。二是二十八宿占、五时段占、五行占等属于《日书》的内容。三是医药病方、祝由术、择吉去凶占卜和农事等杂书。

2002 年，湖南省文物考古研究所等部门在湖南省龙山县里耶镇发掘战国至秦代古城中的 1 号井时，出土大量秦代竹简，共计 36000 枚（段），还有封泥匣 200 多个、残封泥 10 余枚[2]。这些简应该是秦代末年当地官府随意丢弃的官署档案资料。其中包括各种政令、各级政府之间的来往公文、司法文书、吏员名簿、物资登记与转运的记录、里程书等。根据简文中有廿五年、卅七年、二世元年、二年等纪年，结合考古发掘中其他资料的时代特征可以确定这批简是秦始皇与秦二世时期的遗物。它们对于了解秦代湖南地区的政治状况，研究秦代的行政管理制度以及当时的历法、历史地理情况等专题都有非常重要的参考作用。

出土文字材料面世后，首先需要解决的是正确释读和编次复原的任务。由于睡虎地等地的秦简保存较好，出土时又对原简在墓中的位置和卷放层次作了科学记录，使释读复原的工作较顺利地迅速完成。1976 年，睡虎地秦简的释文便在《文物》上陆续发表，其时正值文化浩劫之中，社会科学禁区重重，仅考古学研究尚可进行，所以睡虎地秦简的公布，立即引起各方面的热烈关注，有关研究成果纷纷涌现。鉴于当时的政治形势，有关秦简的研究开始多集中在秦代政治、法律、阶级关系等方面，以后又延伸到土地制度等课题。近年来结合思想史、社会史的研究，对秦简中《日书》等数术书内容的研究形成了新的热点。

云梦睡虎地秦简中包含的内容最为丰富，《编年纪》中详细列举了秦统一六国时各次攻占城邑的地点与时间，既可以补充史书记载之不足，又可以订正《史记》等史书中的错误，为解决战国纪年这一问题提供了明确的资料。如《编年纪》中记有"五十二年王稽、张禄死"，即补充了史书中没有记载的范雎卒年（张禄即范雎）。同时由于王稽为范雎所推

[1] A. 湖北省荆州市周梁玉桥遗址博物馆：《关沮秦汉墓清理简报》，《文物》1999 年第 6 期。

　　B. 荆州市周梁玉桥遗址博物馆：《关沮秦汉墓简牍》，中华书局，2001 年。

[2] A. 湖南省文物考古研究所、湘西土家族苗族自治州文物处、龙山县文物管理所：《湖南龙山里耶战国—秦代古城一号井发掘简报》，《文物》2003 年第 1 期。

　　B. 湖南省文物考古研究所：《里耶发掘报告》，岳麓书社，2007 年。

荐，这条记载表明范雎由王稽犯罪而受株连，证实了秦代法律"任人而所不善者，各以其罪罪之"的存在。而《编年纪》中对秦昭王六年"攻新城"，秦昭王八年"新城归"，秦昭王廿四年"攻林"，秦昭王廿九年"攻安陆"，秦昭王卅三年"攻蔡、中阳"，秦昭王卅二年"攻启封"等记载都可以补充《史记·六国年表》等处的不足。

《编年记》中记载的"今元年，喜傅"，这条重要史料涉及到秦代的傅籍制度。《汉书·高帝纪》"萧何发关中老弱未傅者悉诣军"孟康注云："古者二十而傅，三年耕有一年储，故二十三而后役之。"颜师古注云："傅，著也。言著名籍，给公家徭役也。"根据云梦睡虎地秦简《秦律杂抄》中抄录的《傅律》正是记录有关户口登记与服役的法令这一实证，可以证明颜师古的解释是正确的。由此说明秦代具有完备的户口登记制度，到了法定年龄就要被编入服徭役的名簿，以供征用。

以往史学家多依据上引孟康注，判定秦代百姓自 23 岁开始服徭役。而从《编年纪》的记载中可以看出，墓主"喜"生于秦昭王四十五年（公元前 262 年）十二月，"傅"的时间为秦始皇元年（公元前 246 年），即"喜"在十五岁时开始服役。这一实物证据与《史记·白起列传》"发年十五以上悉诣长平，遮断赵救及粮食"，《汉书·高帝纪》"初为算赋"如淳注"《汉仪注》民年十五以上至五十六出赋钱"，《全后汉文》卷九十六班昭《为兄超求代疏》"妾窃闻古者十五受兵，六十还之"等文献证据相互印证，确认了秦代百姓服役的年限，有助于人们深入了解秦代严酷深重的徭役剥削状况[1]。

云梦睡虎地秦简中的法律文书占有较大比重，通过分析，《法律答问》中的部分律应该是秦孝公时商鞅确立的法令，而其他大部分是秦昭王年间至秦始皇初年修订的法律，有些可能还源于山东六国的法律。它们是我国现存的时代最早、具有完备系统的成文法典。尽管这些法律文书大多不是该律令的全文，但由于以往所见的中国古代法律仅限于唐律以下，这批法律文书的出土，大大推进了中国古代法制史的研究，有助于了解秦律和汉律的沿革关系，在世界法制史上也占有重要的地位。

云梦睡虎地秦简的法律文书内容十分庞杂，已经远远超出了李悝《法经》的范畴，从刑法至经济、政治、军事诸方面专项法律在这批文书中都有所反映。通过秦简法律文书的研究，可以了解秦代的司法官吏体系，其特点为行政官员与司法官员合为一体；还可以了解秦代刑罚的名称、等级与量刑办法，如秦代刑罚大体可分为死刑、肉刑、徒刑、笞刑、髡刑、耐刑、迁刑、赀刑、赎刑、废刑、谇刑、连坐、收刑等 13 大类，各类又分为轻重不等的若干等级，形成了一个名目繁多的残酷刑罚制度。

由秦律中还可以认识到当时的诉讼方式、阶级关系、土地制度等重大问题，尤以阶级关系与土地制度问题为研究者的讨论焦点。

秦简中提及的"隶臣妾"曾引起热烈的讨论，对其身份有奴隶、刑徒、处于官奴婢身份的刑徒等不同看法[2]，由于秦简中反映出"隶臣妾"有私人财产，还允许拥有一定的

〔1〕 高敏：《关于秦时服役者年龄问题的探讨》，《云梦秦简初探》，河南人民出版社，1979 年。

〔2〕 A. 高恒：《秦律中"隶臣妾"问题的探讨——兼批"四人帮"的法家"爱人民"的谬论》，《文物》
　　　1977 年第 7 期。

生产资料，对于役使"隶臣妾"致死者，还要追究法律责任，这些状况与完全没有人身自由的奴隶相比尚有一定差别，所以"隶臣妾"应该是一种服役刑徒的称呼[3]。"隶臣妾"等刑徒的大量存在，是秦代严酷法律统治下的结果。

以往学者多根据《汉书·食货志》中引用董仲舒的话："秦……用商鞅之法，改帝王之制，除井田，民得卖买，富者田连阡陌，贫者无立锥之地"，以此判断商鞅变法后，秦国实行土地私有制。而秦简中有关《田律》等法令却使人们开始重新探讨这一问题，有人提出了秦国国家以国家土地所有制为主，辅以地主土地所有制，另外国家还控制了大量官营土地，役使官奴隶耕作的新观点[4]。

由于以上专题的研究，必然影响到对商鞅变法的评价，所以秦简的出土也引起了对商鞅变法性质的评价及对"废井田"、"开阡陌"的理解等方面的不同意见讨论。有人认为商鞅变法是低级奴隶制向高级奴隶制的转变[5]，有人认为商鞅变法是一次奴隶制社会内部的改革。以往认为商鞅变法是废制奴隶制，确立封建生产关系的看法需要重新研究，起码秦简中的法律材料上是反映不出这一点的[6]。

青川秦简牍中的《田律》反映了秦武王时的土地制度，可以补充云梦睡虎地秦简的不足。通过它，可以深入了解秦国的田亩制度，对商鞅改革的内容也有了更明晰的认识。青川《田律》中明确规定了每亩二畛，修一陌道，每顷百亩，修一阡道的田地规划制度，说明商鞅改革了旧的地亩制度，但仍维护了以阡陌为田地疆界的制度，以利于生产力的发展，配合当时的授田制度和名田（即以个人名义占有田地）制度。

除睡虎地秦简中的《日书》甲、乙本以外，后来又陆续在甘肃天水放马滩秦墓、湖北江陵王家台秦墓等处发现了《日书》简牍。这些丰富的材料大多保存完整，字迹清晰，为研究秦代乃至战国时期秦、楚等地的民间宗教习俗、社会生活及术数、天文历法、医药等提供了极好的资料。

由于古人对世界认识的局限性，原始宗教与早期的科学技术往往混淆在一起，既反映了泛鬼神论的唯心主义思维，也反映了当时人们认识自然，利用自然的科学技术水平。《日书》这一类的数术著作就是最典型的代表。虽然《日书》这样的预测学占卜书一直传延到近代的种种《黄历》，源远流长，但是秦代的实物却都是两千年来首次得见。对它的

B. 林剑鸣：《隶臣妾辨》，《中国史研究》1980年第2期。

C. 高敏：《关于〈秦律〉中的"隶臣妾"问题质疑》，《云梦秦简初探》，河南人民出版社，1979年。

D. 王占通、栗劲：《"隶臣妾"是带有奴隶残余属性的刑徒》，《吉林大学社会科学学报》1984年第2期。

E. 杨剑虹：《"隶臣妾"简论》，《考古与文物》1983年第2期。

[3] 林剑鸣：《隶臣妾辨》，《中国史研究》1980年第2期。

[4] 吴树平：《秦代社会的阶级和阶级关系——读云梦秦简札记之一》，《文物》1977年第7期。

[5] 李裕民：《从云梦秦简看秦代的奴隶制》，《中国考古学会第一次年会论文集》，文物出版社，1979年。

[6] 中国社会科学院考古研究所：《新中国的考古发现和研究·秦汉考古的新发现》，文物出版社，1984年。

研究正日益深入，并正为宗教史、科技史、社会史诸方面的研究带来突破性的新认识[1]。

《日书》中涉及到大量天文历法的问题，例如其中有秦、楚月名的对比材料，通过对它的研究，可认识到秦、楚历法的异同，确认楚国历法中的月名，并且可借助于此解决战国时期楚国文字材料中的历法问题，如在湖北曾侯乙墓出土简牍的释读研究中就利用了睡虎地《日书》的这部分材料[2]。而《日书》乙种中记载的十二时辰，是中国古籍中关于使用十二辰记时的最早记载，改变了前人认为到东汉才流行十二时的看法[3]。《日书》中的十二生肖，也是现存的最早记载，可能是楚国的系统[4]。《日书·玄戈》一部分则将二十八宿的天文概念与十二地支、十二月对应起来，反映了当时人们的天象知识，也是秦、楚文化的融合成果。通过《日书》了解秦人的宗教信仰，进而了解秦代全国流行的宗教信仰，是研究的另一个热点。《日书》中对大量鬼神的敬畏与驱疫、占卜方法等都反映出秦人的宗教信仰是一个以自然神（如天、星宿、土地山川、动物等）为主体的多神崇拜体系。鬼神的世俗化，即认为人死为鬼，按照生人世界去构筑鬼神天地的思维模式在社会中十分普及。这种信仰造成了巫文化及后代道教巫术的流行，推动了阴阳五行与谶纬思想的发展。从而对认识秦汉古建筑与墓葬中的种种宗教思想产物（如墓葬建筑走向、建筑布局、四神纹饰的流行、墓中出现式盘与解除神瓶等驱疫解除用品）加深了理解。

对《日书》的研究还深入到有关秦代社会文化的各个方面，如经济、政治、婚姻、生育、交通等，对于深入了解秦代社会面貌起到了一定作用。有关它的研究正在不断深化，并引起国际学术界的重视，成为新的学术热点。

第二节　汉代简牍

汉代简牍的大规模发掘出土，是 20 世纪初中国考古学上的重大发现之一。迄今为止，在新疆、甘肃、青海、山东、河北、湖南、湖北、河南、江苏等地已经有数十次汉代简牍的发现。出土简牍累计近七万枚。这些汉代简牍的发现为汉代考古与汉代历史研究提供了极其丰富的材料，极大地推进了有关各专题的研究。现在对简牍的研究已经成为具有国际性的一个新学科，出现了"简牍学"的名称，随着新的出土材料不断问世，简牍研究也在不断深入，势必形成学术上的泱泱大国。

一　汉代简牍的考古发现

近代汉代简牍的出土发现，在初期几乎都是控制在西方各国的所谓"探险家"的手

[1]　A. 刘乐贤：《睡虎地秦简日书研究》，文津出版社，1994 年。

　　B. 王子今：《睡虎地秦简日书甲种疏证》，湖北教育出版社，2003 年。

　　C. 连劭名：《云梦秦简"诘"篇考述》，《考古学报》2002 年第 1 期。

[2]　湖北省博物馆：《曾侯乙墓》，文物出版社，1989 年。

[3]　陈梦家：《汉简年历表叙》，《汉简缀述》，中华书局，1980 年。

[4]　于豪亮：《秦简〈日书〉记时记月诸问题》，《云梦秦简研究》，中华书局，1981 年。

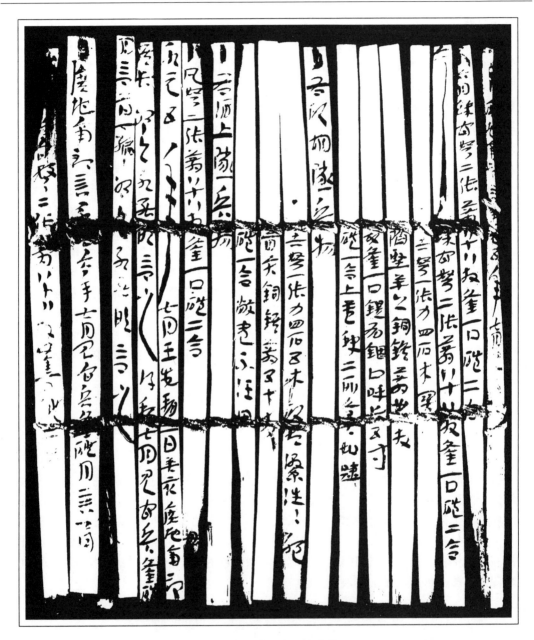

图 11-2 居延汉简（永元器物簿 1、2）

中，所获简牍也大多被劫至海外，正如陈寅恪先生谈及敦煌文书时所言，是"吾国学术之伤心史"。首先在我国西北地区发现简牍的是英籍匈牙利人 A. 斯坦因。他曾在新疆等地三次进行探险活动，于尼雅、楼兰、敦煌等地发现大量汉晋时期的汉文、佉卢文、粟特文等文字简牍。而后，瑞典人斯文赫定、俄国人科兹洛夫、日本大谷探险队等陆续在新疆、内蒙古等地发现了多批汉晋简牍。由于这些发现的材料及有关研究侧重于魏晋时期，故于《中国考古学·魏晋南北朝卷》中一并叙述。

中国学者首次在考古工作中发现简牍，是在 1927 年。当时由中国、瑞典合组的中国西北科学考察团团员黄文弼考察罗布淖尔（罗布泊）时，在默得沙尔获木牍 71 枚，上有黄龙、元延等年号，属西汉晚期。此地据考证为西域都护居卢訾仓故址。而后，又在额济纳河边一古堡中获得汉代竹简数枚，在吐鲁番城西的雅尔岩获得木牍数枚，在木扎特河畔的拜城和色尔佛洞获木版 10 枚，上为古代西域文字。这些材料及发现经过均发表在《罗布淖尔考古记》一书中。1930 年 4 月至 1931 年间，西北科学考察团在今甘肃省额济纳旗居延地区（东经 100～101°，北纬 41～42°）进行了科学发掘，发掘面积分为 60 区，出土简牍 463 坑，共计 11000 余枚（图 11-2）。这是 20 世纪初最重大的考古发现之一[1]。全部汉简于 1931 年 5 月底运至北京，由马衡、刘复等进行释读，而后傅振伦、傅明德、向达、贺昌群、余逊、劳干等人也参加了整理工作，抗日战争爆发后，这批简牍经海路运至香港，后又转至美国国会图书馆保存，现收藏于台北历史语言研究所。

1944 年春，中央博物院、中央研究院、北京大学文科研究所共同组织了西北科学考察团，沿斯坦因考察的河西线路进行调查。向达、夏鼐领队。考察中获简牍 48 枚。夏鼐于 1948 年《历史语言研究所集刊》19 本上发表《新获之敦煌汉简》一文，介绍了这批简牍。

1949 年以来，随着考古文物事业的发展，科学发掘出土的简牍数量与日俱增，即使将一次发现 10 枚简牍以下这样的零星出土除外，一次出土数十枚以上汉代简牍的重大发现也有 10 余次之多。其中很多都是震惊学界的重要资料。

1959 年 7 月，甘肃省博物馆在武威县城南杂木河西岸的磨咀子清理了一座单室土洞墓（后定为 6 号墓），8 月到 11 月又清理了另外 31 座土洞墓。在 6 号墓中出土了大量汉简[2]，经整理，总数为 504 枚，其中包括比较完整的九篇《仪礼》，一篇为竹简书写，八篇为木简书写；另附有部分"日忌"类的残简。在后来清理的 18 号墓中，出土缠在鸠杖上的 10 枚木简（图 11-3），内容为优待老人的汉代诏书，即著名的"王杖十简"。

1971 年 12 月，甘肃省博物馆在甘谷县渭阳公社十字通村北牛家山坪上清理一座汉墓，出土汉代木简 23 枚[3]，内容是东汉桓帝延熹年间宗正卿刘柜关于宗室事向皇帝上的奏书，它是以诏书形式颁发各州郡的。

1972 年 4 月，山东省博物馆和临沂文物组在临沂银雀山发掘 1、2 号汉墓，出土简经缀合共 4974 枚[4]。1 号墓边厢北端出土竹简 4942 枚，内容为《孙子兵法》、《孙膑兵法》、《六韬》、《尉缭子》、《管子》、《晏子春秋》及阴阳杂占等佚书。这是一批具有重要学术价值的宝贵文物。2 号墓边厢南端底部出土竹简 32 枚，为《汉武帝元光元年历谱》。

[1] 中国社会科学考古研究所：《居延汉简甲乙编》，中华书局，1980 年。

[2] A. 甘肃省博物馆：《甘肃武威磨咀子 6 号汉墓》，《考古》1960 年第 5 期；《甘肃武威磨咀子汉墓发掘》，《考古》1960 年第 9 期。

　　B. 甘肃省博物馆、中国科学院考古研究所：《武威汉简》，文物出版社，1964 年。

[3] 张学正：《甘谷汉简考释》，《汉简研究文集》，甘肃人民出版社，1983 年。

[4] A. 山东省博物馆、临沂文物组：《山东临沂西汉墓发现〈孙子兵法〉和〈孙膑兵法〉等竹简的简报》，《文物》1974 年第 2 期。

　　B. 银雀山汉墓竹简整理小组：《银雀山汉墓竹简》，文物出版社，1985 年。

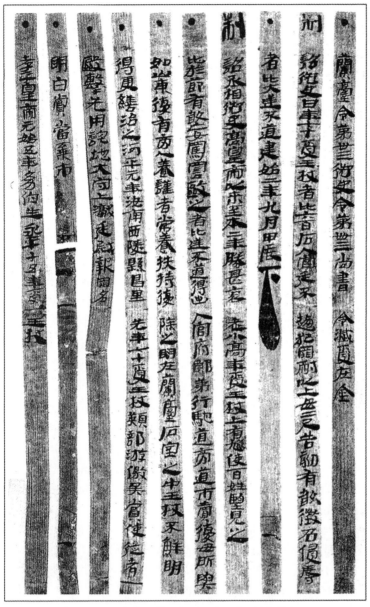

图 11-3　武威汉简（自右向左："王杖十简"）

1972 年，在甘肃省武威县旱滩坡发现了一座东汉墓，从墓主头顶的麻质袋囊中发现木简 92 枚[1]，内容大多为医药书。这批简文发表于《武威汉代医简》一书中。

1973 年，河北省文管处与定县博物馆在定县八角廊 40 号汉墓中的后东室内清理出大批简牍[2]。由于竹简多炭化成块，残损十分严重，给整理带来了很大困难。经整理者初步辨识，认为其中有《论语》、《文子》、《太公》、《六安王朝五凤二年正月起居记》、《日书》、肖望之等人的奏议和其他有关孔子及其弟子言论的记载。

1972 年至 1974 年初，湖南省博物馆与中国科学院考古研究所合作发掘了湖南长沙马王堆汉墓群，除出土了震惊世界的古尸、帛书画、丝织品及大量漆器、竹木器、陶器、青铜器等陪葬品以外，还在 1 号墓中发现了竹简 603 枚（内有木简 10 枚），

木牍 7 枚[3]。1 号墓的竹简均为墓主下葬时陪葬品的记录——"遣策"。在 3 号墓发现的竹简中，403 枚为遣策，200 枚为医书。医书可分为两卷，一卷和《黄帝内经》的内容相

〔1〕　甘肃省博物馆、武威县文化馆：《武威汉代医简》，文物出版社，1975 年。

〔2〕　河北省文物研究所：《河北定县 40 号汉墓发掘简报》，《文物》1981 年第 8 期。

〔3〕　湖南省博物馆、中国科学院考古研究所：《长沙马王堆一号汉墓》，文物出版社，1973 年；《长沙马王堆二、三号汉墓发掘简报》，《文物》1974 年第 7 期。

似，为对答式文体。木牍 7 枚，其中三枚记侍从与车骑数目，二枚记随葬食品与器皿，一枚记衣物，最后一枚记下葬日期与缄封者，根据上面"十二年二月乙巳朔"等记日与山东临沂汉墓出土的《元光元年历谱》相校，可确定其下葬时间为西汉文帝初元十二年二月。

1973 年，在湖北省光化县的 5 座西汉墓[1]中共出土简牍 30 枚，但因保存不好，仅在 5 枚上可以看到字迹，其内容可能也是遣策。

1973 年至 1974 年，甘肃省文化厅文物处、甘肃省博物馆等单位在额济纳河以南曾经出土过汉简的地区继续进行调查发掘，在破城子（即汉代张掖郡居延都尉甲渠候官所在地）、破城子南 3 公里的烽燧处（即甲渠候官第 4 燧）、金塔县天仓北 25 公里的城堡遗址（即张掖郡肩水都尉肩水金关城）等处发现两汉简牍共 19637 枚[2]。这批简牍绝大部分是木简，其中纪年简上最早的纪年是西汉昭帝始元（公元前 86 年至公元前 80 年）时期，最晚是西晋武帝太康四年（公元 283 年）。经整理，这批简牍中有以下重要资料：《甘露二年丞相御史律令》、《建武六年甲渠部吏毋作使属国秦胡卢水土民》、《大司农罪人入钱赎品》、《盐铁令品》、《建武初期残册》、《成帝永始三年诏书》、《居延都尉吏奉谷秩别令》、《甲渠候官〈言府书〉》、《军情简》、《塞上烽火品约》、《居延令移甲渠迁补牒》、《候吏广德坐罪行罚》、《斥免将军行塞所举燧长》、《验问候史无追逐器》、《米糒少簿》、《候长王褒劾状》、《候粟君所责寇恩事册》、《相利善剑刀》、《算术书》、《九九术》、《苍颉篇》、《急就篇》、《论语》、《干支表》、《历书》等。

1973 年至 1975 年，湖北省博物馆、江陵博物馆等在湖北江陵凤凰山陆续发掘了一批西汉早期的墓葬。其中 8 号墓出土简 175 枚，9 号墓出土竹简 80 枚、木牍 3 枚，10 号墓出土竹简 170 枚、木牍 6 枚，167 号墓中出土木简 74 枚，168 号墓中出土竹简 67 枚，169 号墓中出土简 55 枚[3]。这批简牍的主要内容为下葬时的"遣策"，如 8 号墓、9 号墓、167 号墓、168 号墓、169 号墓的竹、木简和 10 号墓的木牍 1 枚，均书写了遣策。这些遣策详细记载了各墓葬中的随葬品名目及数量，与出土情况基本相符。9 号墓中的 3 件残木牍，是西汉文帝十六年（公元前 164 年）时安陆守丞的文书断片。10 号墓中的简牍内，少数可能是与商业活动有关的账册，其余大部分是乡里文书，内容涉及田租、算赋、刍藁税、徭役、贷种实、乡里收支账目等。此外，168 号墓中有一件牍"告地策"，是模拟人间官司过所文书，写给阴世"地下丞"的，上面说明了墓主姓名、籍贯、身份和入葬时间等。

附带提及，168 号墓出土一件天平衡杆，上面记有有关权衡的律令，是研究西汉文帝

---

〔1〕　湖北省博物馆：《光化五座坟西汉墓》，《考古学报》1976 年第 2 期。

〔2〕　A. 甘肃居延考古队：《居延汉代遗址的发掘和新出土的简册文物》，《文物》1978 年第 1 期。

　　　B. 甘肃省文物考古研究所、甘肃省博物馆、文化部古文献研究室、中国社会科学院历史研究所：《居延新简》，文物出版社，1990 年。

〔3〕　A. 长江流域第二期文物考古工作人员训练班：《湖北江陵凤凰山西汉墓发掘简报》，《文物》1974 年第 6 期。

　　　B. 纪南城凤凰山一六八号汉墓发掘整理组：《湖北江陵凤凰山一六八号汉墓发掘简报》，《文物》1975 年第 9 期。

　　　C. 凤凰山一六七号汉墓发掘整理小组：《江陵凤凰山一六七号汉墓发掘简报》，《文物》1976 年第 10 期。

时财政、币制的重要资料[1]。

1976 年，在广西贵县化肥厂的扩建工程中发现一座汉墓[2]，出土木简 10 多枚、木牍 5 件。其中一枚木牍自书《从器志》，记载了随葬物品。另二枚记录农具名称，其中一枚上自称《东阳田器志》。

1977 年，嘉峪关市文物保管所在对酒泉西北的一座汉代烽燧遗址进行调查中，获得木简 93 枚[3]，内容为汉武帝遗诏、《苍颉篇》等。

1977 年，安徽省阜阳博物馆在清理双古堆一号汉墓时出土大量木简[4]。这批木简原置于墓椁的东边厢中，由于墓葬曾被盗掘，原存放简的漆笥已朽败，木简被挤压成一块，变色粘连，经多方设法揭取，得到大量断片，约 6000 余件，字迹基本清晰可见。现已初步辨识出其中包含 10 余种古代书籍，如《诗经》、《苍颉篇》、《周易》、《大事记》、《万物》、《行气》、《相狗经》、《刑德》、《日书》、《干支表》等。

1979 年，青海省大通县上孙家寨 115 号汉墓中出土了大批木简牍[5]，计残简达 400 片，内容有《孙子兵法》佚文与有关军事的各类律令文书，如部曲、操典、军队徽志、军功赏赐与刑罚等。也有人认为这些简牍是当时军法军令总汇的抄本。从出土器物判断这座墓葬属于西汉晚期。

1979 年，甘肃省博物馆在敦煌马圈湾汉代烽燧遗址发掘出木简 1217 枚。这批简牍大多为官府之间的往来文书，据有纪年的简牍来看，时间在西汉宣帝至新莽期间。种类包括诏书、奏书、檄、记、簿籍、爰书、契券、封检、楬、历书、占卜、算术书、方技书、文字书、私人信牍等[6]。

1980 年，江苏省扬州市博物馆等单位发掘了邗江县胡场的 5 号汉墓[7]，在木椁侧厢中出土 12 枚木牍，其中 6 枚存有文字，还有木楬 6 枚、封检 7 枚。木牍中有 1 枚广陵官司空告土主文书和 1 枚随葬器物志。

1981 年，甘肃省敦煌文化馆在酥油土汉代烽燧遗址采集到汉简 70 多枚，其内容为诏

〔1〕 华泉、钟志诚：《关于凤凰山一六八号汉墓天平衡杆文字的释读问题》，《文物》1977 年第 1 期。

〔2〕 广西壮族自治区文物工作队：《广西贵县罗泊湾一号墓发掘简报》，《文物》1978 年第 9 期。

〔3〕 嘉峪关市文物保管所：《玉门花海汉代烽燧遗址出土的简牍》，《汉简研究文集》，甘肃人民出版社，1983 年。

〔4〕 A. 安徽省文物工作队、阜阳地区博物馆、阜阳县文化局：《阜阳双古堆西汉汝阴侯墓发掘简报》，《文物》1978 第 8 期。

　　 B. 文物局古文献研究室、安徽阜阳地区博物馆阜阳汉简整理组：《阜阳汉简〈诗经〉》，《文物》1984 年第 8 期。

　　 C. 文化部古文献研究室、安徽阜阳地区博物馆阜阳汉简整理组：《阜阳汉简〈万物〉》，《文物》1988 年第 4 期。

　　 D. 韩自强：《阜阳汉简周易研究》，上海古籍出版社，2004 年。

〔5〕 A. 青海省文物考古工作队：《青海大通县上孙家寨——五号汉墓》，《文物》1981 年第 2 期。

　　 B. 朱国炤：《上孙家寨木简初探》，《文物》1981 年第 2 期。

〔6〕 吴礽骧：《敦煌汉简释文》，甘肃人民出版社，1991 年。

〔7〕 扬州博物馆、邗江县图书馆：《江苏邗江胡场五号汉墓》，《文物》1981 年第 11 期。

书、律令、日常屯戍簿册、军令、兵书、历谱和其他杂简，里面只有一枚简有纪年，为西汉昭帝始元七年（公元前 80 年）。1981 年，在武威磨咀子汉墓中出土木简 29 枚[1]。

1983 年 12 月至 1984 年 1 月，湖北省江陵博物馆在江陵县张家山的三座汉墓中发现了大批木简[2]，总计 1000 余枚，内容有《律书》、《奏谳书》、《盖庐》、《脉书》、《引书》、《算数书》、《日书》、《历谱》和遣策等。

1984 年，江苏省扬州市博物馆在仪征县胥浦清理了一座西汉墓[3]，出土竹简 17 枚、木牍 2 枚。内容是墓主的遗嘱文书和钱物账目等。其中遗嘱还是首次发现。

1984 年至 1987 年内，甘肃省甘谷渭阳、敦煌小方盘城、敦煌甜水井、金塔县地湾城等处陆续发现汉代简牍，其中金塔县地湾城的汉肩水候官遗址中出土最多，达 1000 余枚。其内容尚未公布[4]。

1987 年，湖南省张家界市的古人堤遗址发掘中出土一批简牍[5]，约 90 枚，上有东汉时期的纪年，内容包括汉律、医方、官府文书、书信、历日表与乘法表等。由于这些简牍是被随意抛弃的，残损严重，所以内容均不完整。

1990 年，甘肃省敦煌清水沟汉代烽燧遗址出土了一批汉简[6]，共包括有字简 41 枚，素简 21 枚，其中主要有一册《历谱》，共 27 枚木简，它是国内迄今最完整的一份太初历谱。

1990 年至 1992 年，甘肃省文物考古研究所在敦煌的汉代悬泉置遗址进行三次发掘，出土简牍 18790 枚[7]。该遗址包括坞、仓、厩和房屋、烽燧等建筑遗存，简牍主要出土于坞东南侧早期仓址上的堆积物与厕所中，包括大量的各级官方文书、律令、簿籍、符、传、过所、契约、信札、日书、历谱、医方等（图版 27），特别是大量的邮传文书，给研究汉代邮驿制度提供了重要的资料。

1992 年，湖北省沙市博物馆在沙市关沮乡发掘了萧家草场 26 号汉墓，出土竹简 35 枚[8]，主要内容是记录随葬品的遣策。

1993 年，江苏省东海县尹湾村发现一批汉墓[9]，连云港市博物馆在清理过程中，于 6 号墓发现竹简 133 枚（缀合后为 104 枚）、木牍 23 件，另外在 2 号墓中出土木牍遣策 1

[1] A. 吴礽骧：《敦煌汉简释文》，甘肃人民出版社，1991 年。
　　B. 敦煌县文化馆：《敦煌酥油土汉代烽遂遗址出土的木简》，《汉简研究文集》，甘肃人民出版社，1984 年。
[2] 荆州地区博物馆：《江陵张家山三座汉墓出土大批竹简》，《文物》1985 年第 1 期。
[3] 扬州博物馆：《江苏仪征胥浦 101 号西汉墓》，《文物》1987 年第 1 期。
[4] 甘肃省文物考古研究所：《甘肃省文物考古工作十年》，《文物考古工作十年》，文物出版社，1991 年。
[5] 湖南省文物考古研究所、中国文物研究所：《湖南张家界古人堤遗址出土简牍概述》，《中国历史文物》2003 年第 2 期。
[6] 敦煌市博物馆：《敦煌清水沟汉代烽燧遗址出土文物调查及汉简考释》，《简帛研究》第二辑，法律出版社，1996 年。
[7] A. 吴礽骧：《敦煌悬泉遗址简牍整理简介》，《敦煌研究》1999 年第 4 期。
　　B. 甘肃省文物考古研究所：《敦煌悬泉汉简内容概述》，《文物》2000 年第 5 期。
[8] 湖北荆州市周梁玉桥遗址博物馆：《关沮秦汉墓简牍》，中华书局，2001 年。
[9] 连云港市博物馆：《江苏东海县尹湾汉墓群发掘简报》，《文物》1996 年第 8 期。

件。这批简牍的内容主要为西汉末年东海郡的有关文书档案，经整理，大致包括集簿、东海郡属县乡吏员定簿、东海郡吏员除官升迁簿、东海郡吏员考绩簿、永始四年（公元前13年）武库兵车器集簿、礼钱簿、六甲阴阳书、元延元年（公元前12年）历谱、元延二年（公元前11年）起居记、行道吉凶、刑德行时、神乌赋与遣策等，以及木楬10件。

　　1999年，湖南省文物考古研究所和怀化市文物处、沅陵县博物馆在沅陵县虎溪发掘了一座西汉早期墓葬[1]，出土有竹简1336枚（段），根据保存有600多个简头推算，原来可能有完整竹简800枚以上。从初步整理中可以判断其内容有黄簿、日书、美食方等。

二　汉代简牍制度与简牍形制的考察

　　在造纸术产生之前，简牍曾经是我国主要的文字书写材料。从甲骨文、金文的"册"字形体可以看出，在商周时期已经使用简牍记事。在长达一千多年的简牍使用历史中，形成了一套完整的简册制度。近代以来大量秦汉简牍的出土，使对简牍使用方法与有关制度的研究得以深入，今天，我们已经对简牍的材料、书写工具、尺寸与定名，以及书写时的题记、刮修、符号、书体、编联等具体做法有了清楚的认识。

　　根据实物考察，最常用的简牍为长23厘米左右，宽1厘米，厚0.2～0.3厘米的竹、木条制成，其长度约相当于秦汉时的1尺，故称"尺牍"，一般可书写30～50个字。汉代简牍的长度与用途有着紧密的联系，皇帝的诏书用"尺一"简牍；抄录经典用二尺四寸的简牍，如1959年甘肃武威磨咀子6号汉墓出土的《仪礼》甲本，简长55.5厘米，《仪礼》乙本简长56.5厘米，与汉代二尺四寸相当；而记录法律的简牍，在汉代为三尺长，居延汉简中就有长67.8厘米（约合汉代三尺）的简牍，用以记录诏令目录。

　　比较简略的简牍（主要是木牍），可以削成多面体的形状，称作"觚"。在居延、敦煌及新疆各地出土的木觚有四面、六面、甚至七面者，如《居延汉简甲乙编》收入的第12·1号，甘肃酒泉花海汉代烽燧遗址出土的七面觚等[2]。

　　此外，还有较大型的木板，称作"方"。

　　用竹制简比较复杂，首先要削平竹节，杀青，然后修整平齐，编成册。编册时，先根据内容决定用简数量，然后在简边刻有楔口的地方用绳拴紧，编联起来。根据简牍的长短，采用二至五道编绳。在居延等地出土的简牍中，还有在简牍顶端钻一个孔，用一道编绳串联起来的现象，这可能仅用于木简。

　　将简牍编联成册，可以使用细麻绳、丝绳、革条等。晋人荀勖在《穆天子传序》中记载晋太康二年（公元281年）出土的汲冢竹书"皆竹简素丝编"《南齐书·文惠太子传》记载当时襄阳古冢出土的《考工记》为"竹简书青丝编"。至于《史记·孔子世家》中记述的孔子读《易》，"韦编三绝"的故事则更是人们所熟知的。现在出土的秦汉简牍，由于

〔1〕　湖南省文物考古研究所、怀化市文物处、沅陵县博物馆：《沅陵虎溪山一号汉墓发掘简报》，《文物》
　　　　2003年第1期。
〔2〕　嘉峪关市文物保管所：《玉门花海汉代烽遂遗址出土的简牍》，《汉简研究文集》，甘肃人民出版社，
　　　　1983年。

年代久远，编绳大多已朽烂，从在简上残留的痕迹来看，大部分是用麻绳联结起来的。如在居延出土的《汉永光二年》册书，就是用粗麻绳编结，湖北江陵凤凰山167号汉墓中的遣策，也保留有麻绳的痕迹。根据出土实物可以看出，古代一般是先编成简册，然后再书写，如睡虎地秦简《日书》、武威磨咀子汉简《仪礼》等，都在编绳部位留下了明显的空白，特别是武威磨咀子汉简《仪礼》乙本34简上，至简末穿绳处尚余一个字未写，为了避开编绳，便在绳下补了一个"为"字，有力地证实了先编后写的顺序[1]。

从出土简牍中，反映出当时每支简书写的文字数量根据简牍大小及每简书写行数有所不同，从二三十字至一二百字不等，一般的一尺简每支书写30字左右，二尺四寸简每支书写60字左右。尤其是抄写经籍的简册，书体工整，字数比较规范。

关于简牍的书体，王国维曾在《简牍检署考》中提出："上古简策书体，自用篆书，至汉晋以降策命之书亦无不用篆书……事大者用策，策，篆书；书小事者用木，木，隶书。"陈梦家在《由实物所见汉代简册制度》中总结，汉代书写简牍的字体有四种，一是篆书，用于高级的官府文书与仪典；二是隶书，用于中级的官方文书和一般经籍；三是草书，用于低级的官方文字和一般奏牍草稿；四是古文，为战国时六国文字及其遗绪。而从现在越来越多的出土简牍实物中看出，汉代主要使用的是隶书与草书，在边地，如居延等处，即使是皇帝诏书，也是隶书书写，没有事大事小的区分。公务文书账簿，为求方便快捷，更是多用草书而已[2]。

书写的工具主要是毛笔，墨与削刀。在秦汉墓葬中已经多次出土笔、墨、砚与刀的实物。削刀用于修改错字，即将简表面一层的字迹削去后再补写，在出土简牍中多处发现过这类削改的痕迹。

三 汉代简牍的整理与研究

简牍是汉代主要的书写材料，因此，现可见到的出土简牍中包含了极其丰富的内容，大致说来，可以分为书籍与文书簿籍两大部分，而每大部分中又包括若干类型。如书籍中包括经史典籍、字书、医书、方术书及实用科技书等，文书簿籍中可分为官方文书簿籍与私人文件书信等，包括官府文书、诏书、官府簿籍、法律、通行证件、契约、私人书信、名刺、告地状、遣策等等。可以说，汉代人日常使用的文字材料形式，在简牍中基本都有所反映。通过对这些材料的释读、整理、排比，结合文献记载及其他考古资料进行深入考证，可以更深入地认识汉代社会，对汉代的国家机构、政治、经济、文化、民俗、军事边防、法律、交通等方面进行专题研究。近一个世纪以来的简牍研究与史学研究表明，出土的汉代简牍研究已经极大地更新了对汉代的认识，起到了无可替代的重要作用。

迄今为止，在出土的汉代简牍中，已经清理出《仪礼》、《孙子兵法》、《孙膑兵法》、《六韬》、《尉缭子》、《管子》、《晏子春秋》、《墨子》、《文子》、《论语》、《诗经》、《周易》、《苍颉篇》等大量古代书籍，此外，还发现了很多已亡佚不存的古籍，如武威县旱滩坡出

---

〔1〕 甘肃省博物馆、中国科学院考古研究所：《武威汉简》，文物出版社，1964年。
〔2〕 陈梦家：《汉简缀述》，中华书局，1980年。

土的医书，定县八角廊出土的《太公书》、《儒家者言》、《哀公问五义》、《保傅传》、《日书》及《六安王朝五凤二年正月起居记》，阜阳市双古堆出土的《大事记》、《相狗经》、《刑德》、《万物》、《行气》等，江陵县张家山出土的《盖庐》、《脉书》、《引书》、《算数书》、《日书》等，居延地区出土的《相利善剑刀》、《算术书》、《九九术》等。这些重要的发现，对于丰富我国的古代文化遗产，校勘研究古代典籍，研究古代社会，都具有弥足珍贵的价值。对它们的复原、校释与考证工作，是出土简牍研究的一个重要方面。以下就几种主要的出土书籍及其研究整理情况加以介绍。

1959 年在甘肃省武威县磨咀子 6 号汉墓出土的《仪礼》简是近代第一次出土的古代经籍。6 号墓中有棺二具，为夫妇合葬，男棺在左，女棺在右，根据考古调查及墓中残存迹象，可推定出土简牍原顺置于男棺盖的前端。从墓室结构与出土器物形制判断，此墓葬属于王莽时期。6 号墓中出土的简牍中，有 469 枚简为《仪礼》的写本，共分三种不同的抄本。甲本 398 枚，字大简宽，共存《仪礼》中的七篇：《士相见之礼第三》、《服传第八》、《特牲第十》、《少牢第十一》、《有司第十二》、《燕礼第十三》、《泰射第十四》；乙本 37 枚，只包括《服传第八》一篇，与甲本的《服传第八》内容相同；丙本 34 枚，只有《丧服》经记一篇，与甲、乙本内容有异，名称亦不同（甲、乙本称《服传》，并作了删削）。综合三个抄本，共保存了汉代《仪礼》原文 27332 字。迄至《仪礼》简本出土前，我们所能见到的汉代典籍原貌，只有近代在洛阳太学遗址陆续出土的《熹平石经》残片，其中可见的《仪礼》原文仅数百字[1]。这批《仪礼》简的出土，对于了解汉代经籍原貌，分析汉代简册制度，研究汉代经学的演进，都具有珍贵的价值。

武威汉简《仪礼》首尾完整，次第可寻，为认识简册的削治、编联、缮写、题记、收卷、标号、削改、文字等具体制度提供了重要依据，为以后的简牍整理提供了模式。

最有意义的，是在 6 号墓中同时出土三个本子的《丧服》，它不仅对推断武威简本的年代与性质有重要作用，同时对研究《仪礼》一书如何形成今天所见的传本也有极大的启发。

西汉经学曾分为今文、古文两派，今文《仪礼》有过后仓的弟子戴德（后称大戴）、戴圣（后称小戴）、庆普三家。东汉时，"三家皆立博士"[2]。但是现存的《仪礼》注疏本，基本上是由东汉末年杂糅今、古文的经学大师郑玄整理作注，唐代贾公彦疏。所以，它是否反映了西汉三家的原本，至今尚无法辨别。

根据简本与今本或大、小戴本篇次的不同、文句的出入、字形的互异等特征，结合文献记载，可考定武威汉简《仪礼》应该是当时学官使用的庆氏本或后氏本。由于丙本《丧服》保存了完整未删、与今本相同的经文和记文，可以证实今本《仪礼》的经、记曾由郑玄以古经校小戴礼"取其于义长者顺者"[3]加以抉择，但仍保存了后氏礼的主要部分，同时可证实甲、乙本的《服传》在与丙本相同的祖本基础上加以删削并附上了传文，且说明当时曾经有过较早于经、记、传相结合前的经、记本。

---

〔1〕 马衡：《汉石经集存》392～470 号，科学出版社，1957 年。

〔2〕 《后汉书·儒林列传》。

〔3〕 唐·陆德明：《经典释文·叙录》，余姚卢氏刻本，清乾隆五十六年。

通过简中文字语句的研究，还可以推定它们的抄写时期，木简甲、乙本属于西汉晚期，约在汉成帝前后，丙本竹简要早于甲、乙本[1]。

1972年在山东省临沂县银雀山汉墓出土的《孙子兵法》、《孙膑兵法》等古代兵书，是震撼国内外学术界的重大发现。它为先秦、秦汉历史与军事学的研究，对中国古籍的校勘、探源及古文字研究，都提供了极为珍贵的资料。

据《史记·孙武吴起列传》记载，孙武与其后代孙膑各有兵法传世，《汉书·艺文志》中著录了《吴孙子》八十二篇、图九卷，《齐孙子（孙膑兵法）》八十九篇、图四卷。由于在《隋书·经籍志》中即已不见《齐孙子》存世，兼以《孙子》反映了战国时代的特征，所以后人多有怀疑孙武及其兵法的存在。而银雀山汉简中《孙子兵法》与《孙膑兵法》同墓出土，这就澄清了这一问题上的疑点，证实孙武、孙膑确实各有其人，汉代确实存在《吴孙子》与《齐孙子》两种兵书，确立了《孙子兵法》十三篇的兵书始祖地位。

银雀山出土的《孙子兵法》现在已整理出300余枚简，传世本中十三篇都有文字保存，而且其篇名与宋刻本《十一家注孙子》基本相同，《孙膑兵法》已整理出440余枚，约11000字，值得注意的是，其中的一些记载与《史记·魏世家》等文献记载有不同之处，如未提及齐、魏马陵之战，而记载庞涓于桂陵之战便已被俘[2]。

银雀山汉简中还清理出《晏子春秋》十六章，是由数百枚残简缀联成的102枚竹简，无篇题，散见于今本八篇中的十八章内[3]。其他如《六韬》、《尉缭子》等，均可以与现传本相互对校，纠正今本的不少错误，在内容上补充今本之不足。

1973年在河北省定县40号汉墓中出土的竹简《论语》[4]，保存下来接近今传本《论语》文字一半的文字内容，其中存有的篇目约占今传本《论语》的70％。这批《论语》简文的内容与今传本相比，具有不少的差异，在尾题中记录的章数与现存章数多有不符，分章也不一样。由于这批简文是现在可以见到的最古老的《论语》抄本，所以在《论语》的校勘与研究中具有重要的价值。

1977年安徽省阜阳县双古堆1号汉墓出土的《苍颉篇》[5]，是现存的最早古代字书，在居延等地发现的汉代简牍中，已见到有《苍颉篇》的内容，但年代均晚于此处，内容也较少。阜阳汉简中的《苍颉篇》存完整文字541个，包括李斯《苍颉篇》、赵高《爰历篇》与胡毋敬《博学篇》的内容，根据文中避秦始皇讳等特征，可推定其为未经汉代人修订过的原本。它在了解秦代字书的原貌及文字校勘等方面均有重要的参考价值。

[1] 甘肃省博物馆、中国科学院考古研究所：《武威汉简》，文物出版社，1964年。

[2] 银雀山汉墓竹简整理小组：《银雀山汉墓竹简（一）》，文物出版社，1985年。

[3] 骈宇骞：《晏子春秋校释》，书目文献出版社，1988年。

[4] 国家文物局古文献研究室、河北省博物馆、河北省文物研究所定县汉墓竹简整理组：《定县40号汉墓出土竹简简介》，《文物》1981年第8期。

[5] A. 文物局古文献研究室、安徽省阜阳地区博物馆阜阳汉简整理组：《阜阳汉简〈苍颉篇〉》，《文物》1983年第2期。

　　B. 胡平生、韩自强：《〈苍颉篇〉的初步研究》，《文物》1983年第2期。

同为阜阳双古堆汉墓中出土的《诗经》简[1]，共清理出残简 170 余枚，其文字中包括《诗经·国风》中的 65 首诗及《诗经·小雅》中的《鹿鸣》、《伐木》等篇章的内容。与现传世的《毛诗》比较，阜阳汉简《诗经》中存在大量异文，这些异文，是研究汉代初期语言文字的重要素材。阜阳汉简中的《周易》[2] 部分内容对于研究其古代传本的原貌也具有重要参考价值。

在出土简牍中发现的久已佚失的古代书籍，其价值更为可贵，也更为研究者们所关注，在古代政治、法律、经济和科学技术等方面的研究中都起到了推动作用。

甘肃省武威县旱滩坡出土的汉代医书共 92 枚简牍[3]，其中包括了内科、外科、妇科、五官科等方面的医方，还有一些有关针灸的记录。这里保存了 30 多个比较完整的医方，使用的草药近百味，并且详细记载了病名、病状、药物、剂量、制药方法、服药时间及各种不同的用药方式，此外，对一些针灸疗法的穴位与刺针的禁忌也作了介绍。这批古代医学的重要成果和实践经验是中国古代医学科学的珍贵宝藏。

与之互为补充的有湖北省江陵县张家山出土的木简《脉书》、《引书》[4] 等。《脉书》叙述人体的经脉作用，经脉走向与有关的病症，是中医经脉理论最早的记录之一。根据《史记·扁鹊仓公列传》记载，高后八年（公元前 180 年）时，临淄元里公乘阳庆"有古先道遗传黄帝、扁鹊之脉书，五色诊病，知人生死，决嫌疑，定可治，及药论书，甚精"。可知《脉书》是非常古老的中国传统医学理论著作。张家山《脉书》中记录了"凡阳脉十二，阴脉十，泰凡廿二脉，七十七病"。其叙述的疾病名称达 60 多种，涉及内、外、五官、妇、小儿、神经科等专科，充分反映了汉代人们对疾病的了解及通过阴阳经脉理论判断疾病成因的知识成果。

经脉理论是气功导引的基础，利用气功导引的运动方法进行保健养生，治疗疾病，是中国传统医学的一大成就。张家山出土的《引书》[5] 是西汉早期的一部最为全面系统的记录导引术的著作，它首先阐述一年四季的养生之道，而后记载了三十五个导引式的名称、动作要领与一些导引式对身体的功用。最后，叙述了一些用导引治疗疾病的方法，常见病的发病原因及预防方法。《引书》中对四十一个导引式作了文字解说，其中完整者三十七个，另有四个导引式由于字迹不清或竹简残断失去了名称。在阐述导引式对身体有关部位的功用时，列举了二十四个导引式，其中有十六个导引式与有解说的导引式不同。在

〔1〕　A. 文物局古文献研究室、安徽阜阳地区博物馆阜阳汉简整理组：《阜阳汉简〈诗经〉》，《文物》1984 年第 8 期。

　　　B. 胡平生、韩自强：《阜阳汉简〈诗经〉简论》，《文物》1984 年第 8 期；《阜阳汉简〈诗经〉研究》，上海古籍出版社，1988 年。

〔2〕　韩自强：《阜阳汉简周易研究》，上海古籍出版社，2004 年。

〔3〕　甘肃省博物馆：《武威汉代医简》，文物出版社，1975 年。

〔4〕　A. 江陵张家山汉简整理小组：《江陵张家山汉简〈脉书〉释文》，《文物》1989 年第 7 期。

　　　B. 高大伦：《张家山汉简〈脉书〉校释》，成都出版社，1992 年。

〔5〕　A. 张家山汉简整理组：《张家山汉简〈引书〉释文》，《文物》1990 年第 10 期。

　　　B. 彭浩：《张家山汉简〈引书〉初探》，《文物》1990 年第 10 期。

　　　C. 高大伦：《张家山汉简〈引书〉研究》，巴蜀书社，1995 年。

介绍应用导引治疗疾病时列举了其他五个导引式。这样，《引书》中共记载了五十七个导引式。运用导引术治疗的疾病共达四十一种，包括劳损、寒热等外科疾病，腹胀、喉痹、瘰疬等内科病症，目痛、耳聋等五官科病症，以及小便不畅、疝气等。

根据对《引书》的结构内容等方面的考察，这部汉简《引书》中存在拼凑成书的痕迹，如第一部分中"和阴阳"的内容，在《黄帝内经》中就有与之基本相同的词语及内容，第二部分记述导引方法中提到的部分导引术名称不见于第三、四部分作导引术治疗保健的内容，而第三、四部分中的一些导引术名也不见于第二部分。

由于以上分析以及《引书》中提及《老子》与彭祖之道，结合道家思想产生和发展的历史，可以推测《引书》的成书时间是战国中晚期。通过对《引书》与新发现的其他黄老著作，如马王堆汉墓帛书中《黄帝四经》等的研究，可以对现已失传，但在战国晚期到汉初十分兴盛的黄帝之学予以全面考察，了解这个曾经影响广泛的古代思想流派。

再如江陵县张家山汉墓出土的汉简《算数书》，是我国考古发现中首次出土的完整古代数学著作[1]。它里面收集了大量古代数学问题，现在已经清理出约 60 个小标题，有些以计算方法为标题，如《分乘》、《赠（增）减》、《相乘》、《合分》等，也有一些与古代的经济生活相关，如《里田》、《税田》、《金贾（价）》、《程禾》等。《算数书》中的一些内容与现存的中国最早的数学著作《九章算术》相当近似，如《少广》一章就是一个很好的例证。

以往学者对《九章算术》的成书时间有过几种不同的推测，如西汉中期、东汉初年等。而《算数书》的出土，则证明了《九章算术》有着时代更为久远的渊源，在它之前，有着种种流行于社会上的算数书。可能如魏晋间学者刘徽所言："按周公制礼而有九数，九数之流则九章是矣。"[2] 从而将中国古代数学的历史大大提前。它对于了解中国古代的科学技术发展水平具有重要的实证价值。

此外，如阜阳汉简中一些关于医药、卫生、物理、物性等内容的残简，整理组将其定名为《万物》[3]，这是一部类似近代专业辞典一类的知识性著作，整理者认为它可能是早期的"本草"、"方术"书，成书于战国或更早的春秋时期。它对于研究我国医药学史与自然科学史有着重大意义。

汉代简牍中，文书簿籍占有较大的比重，其涉及的范围也非常广泛，是汉简研究的重点。根据对甘肃居延、敦煌、武威，湖北江陵，江苏东海，湖南大庸以及其他地点出土的大量文书简牍进行释读与研究的结果，汉代文书簿籍简牍的内容对于汉代历史的研究具有极其重要的价值，可以深入到许多具体的历史学研究专题之中。几十年来，已发表了近千篇有关研究论文与数十种专门论著，在考古学及历史学、文字学等方面都取得了丰硕的研究成果。限于本书内容与篇幅，这里仅将涉及历史学诸多专题的主要研究成果概括地简介，而着重叙述有关考古专题的研究情况。

---

〔1〕　张家山汉墓竹简整理小组：《江陵张家山汉简概述》，《文物》1985 年第 1 期。

〔2〕　魏·刘徽：《九章算术注·序》，上海商务印书馆影印本，1936 年。

〔3〕　文化部古文献研究室、安徽阜阳地区博物馆阜阳汉简整理组：《阜阳汉简〈万物〉》，《文物》1988 年第 4 期。

对于简牍的研究，学术界在复原、释读、排比简牍文字内容的基础上，侧重于政治制度、经济、军事、地理、历法、社会风俗等方面的考证与探讨。这是由于出土的简牍中与之有关的材料占了绝大部分的缘故。特别是在出土简牍中占有较大比重的甘肃省居延、敦煌等处的汉简，以文书簿籍为主，对它们的研究，不仅清楚地勾画了汉代河西地区的社会面貌，而且对认识汉代社会的整体结构也有很大的作用。

通过居延等地出土的汉代官私文书首先可以了解到的，就是居延地区乃至河西四郡的边塞设置情况与防御组织。

利用汉简的出土地点，将全部居延汉简中有关防御设置的记录加以系统排比，可以恢复部分汉代居延地区的防御系统，以弥补历史文献中的不足。汉代北边诸郡，由于其边防上的重要地位，与内地各郡的官吏组织稍有不同。边郡太守除了管辖郡内各县民政外，还管辖两个或两个以上的部都尉，另外，郡境内还有属中央政府大司农、典属国等官衙的农都尉、属国都尉等，也各自有管辖范围。太守的府署，与内地一样，有阁下、诸曹等办事机构，另外有仓库。而各都尉也是开府治事的，同样设有阁下和诸曹，此外，还管辖有各部的候望系统（候、塞、部、燧）、屯兵系统（城尉、千人、司马），屯田系统（田官），军需系统（仓、库）和交通系统（关、驿、邮亭、置、传、厩）。交通系统也可能统由郡内管辖。太守兼管本郡内的屯兵，部都尉则主屯田与屯兵之事。张掖郡的两个部都尉，各守塞四五百里。凡百里塞设一候官，候官的长官为候。属员有丞、掾、令史、士吏、尉吏、候文书等。候与塞尉共同管辖下属诸部。部有候长、候史。部辖数燧。燧有燧长，率领燧史、助吏、吏、伍佰等士卒。以居延汉简中所见最多的甲渠候官为例，约辖20部、80燧，有吏员约100人，兵卒约300人。都尉所在之城设城尉，治所为城官，有城仓。都尉之下属城尉、千人与司马，均与候并列，而品秩或稍低，另外有田官为屯田官员。以上情况，均可以从居延汉简的文书记录中得到证明。它们详细地反映了张掖郡二都尉（居延都尉、肩水都尉）的结构与其所属，所关联的其他机构的分布位置，不同等级机构之间的隶属关系，各机构官吏的职别以及彼此隶属关系，使我们对汉代边郡的防御组织有了清楚的认识[1]。

通过简牍文书考证汉代的烽燧制度，是自20世纪初西北汉简问世后就有多位学者研究的重要课题，其中涉及烽燧的设置、职责与有关法令，烽火台的建筑形制、设备器具，烽燧的日常运作等诸多内容。尤其是在对居延地区（额济纳河流域）等地进行了考古调查的基础上，结合尚存的烽燧、塞墙遗迹分布情况与简牍记载等方面予以综合研究，使这一课题获得了可靠的成果。

在居延汉简中出现的燧名，已知者达250个以上，但这还不是当时完全的燧数。根据《内蒙古额济纳河流域考古报告》中的调查情况，在相当于汉代张掖郡7个候官塞的防线上，现存有174处汉代城障亭燧的遗址，其中烽台156处[2]。根据汉简中反映的情况，燧与燧之间相距为三至五里，如居延汉简中记录"登山燧"至"要虏燧"之间为五里，敦煌汉简中记录三燧十三里多，每两燧间的距离应为四里多，而现遗存的汉代烽燧台址实测距

〔1〕 陈梦家：《汉简所见居延边塞与防御组织》，《汉简缀述》，中华书局，1980年。
〔2〕 陈梦家：《汉简考述》，《汉简缀述》，中华书局，1980年。

离也与此相近。由此推测，在上述汉代张掖郡的防线上，应该分布着 300 处以上的烽燧。

出土汉简中列举了当时烽燧的职责，如：

"主亭沖候望、通烽火、备盗贼为职。"（456.4）

"……写移，疑虏有大众不去，欲并入为寇。檄到，循行部界中，严教吏卒警烽火，明天田，谨迹候望，禁止往来行者，定烽火，辈送便兵战斗具，毋为虏所辜椠，已先闻知，失亡重事，毋忽，如律令。"（278.7A 瓪）（参 273.33 即甲 1436，308.30 即甲 1646，308.18，273.19，273.29）

"……其令车骑惊试□候望，惊烽火，清塞下，毋……"（沙 172）

此外还有很多简牍都重复申明了类似的职责，证实汉代边防烽燧守卒主要职责为：候望，即监视边塞外的敌情动静；通烽火，即用烽烟和标志通报敌情；备盗贼与惊戒便兵，即防御入侵敌人与盗贼，消灭小股敌人；明天田，即修整边防上为留下敌情踪迹而设置的松软地带——"天田"；以及禁止往来行人等。

汉代关于烽燧的运作有明确的制度规定，这就是汉简中屡见的《烽火品》，举例如下。

"望见虏一人以上入塞，燔一责薪，举二蓬；夜二苣火。见十人以上在塞外，燔举如一人，须扬。望见虏五百人以上，若功亭障，燔一责薪，举三蓬，夜三苣火。不满二选千人以上，燔举如五百人同品。虏守亭障，燔举，昼举亭上蓬，夜举离合火，次亭遂和，燔举如品。"（马 42）（T22C）

"虏守亭障，不得燔积薪，昼举亭上烽一烟，夜举离合苣火，次亭燔积薪如品约。"（14.11）（甲 117）

"匈奴人入塞及金关以北　塞外亭燧见匈奴人，举烽燔积薪，五百人以上能（应作燔）举二（应作三）蓬。"（288.7）（甲 2409）

"燔三积薪……"（351.8＋351.6）

"……失亡母燔薪……"（351.2）

"……夜见匈奴人……"（351.5）

通过综合有关《烽火品》的简牍文书并加以整理，可以看出，汉代对烽燧报警的规定具体如下。

1～10 人入寇，燃一积薪，白天举二烽，夜晚举二火炬。

10～500 人近塞，燃一积薪，白天举二烽，须扬，夜晚举二火炬，须扬。

500～2000 人近塞和攻打亭障，燃一积薪，白天举三烽，夜晚举三火炬。敌人占领亭障，不得燃积薪，举亭上烽（一烟），夜晚举离合火炬。

1974 年在居延破城子 T44F16 房内出土了汉简《塞上烽火品约》册，共 17 枚简，其中 2 枚简下半段有火烧痕迹，其余保存完整。简册上没有纪年，根据房内共存物与地层关系综合分析，应该是新莽或东汉初年的遗物。这是一份完整的烽火制度，其内容如下。

"匈人奴昼入殄北塞，举二烽，□□烽一，燔一积薪。夜入，燔一积薪，举堠上离合苣火，毋绝至明。甲渠、三十井塞上和如品。（F16：1）

匈人奴昼甲渠河北塞，举二烽，燔一积薪。夜入，燔一积薪，举堠上二苣火，毋绝至明。殄北、三十井塞和如品。（F16：2）

匈奴人昼入甲渠河南道上塞，举二烽，堠上大表一，燔一积薪。夜入，燔一积薪，毋绝至明。殄北、三十井塞上和如品。(F16:3)

匈奴人昼入三十井降虏燧以东，举一烽，燔一积薪。夜入，燔一积薪，举堠上一苣火，毋绝至明。甲渠、殄北塞上和如品，(F16:4)

匈奴人昼入三十井侯远燧以东，举一烽，燔一积薪，堠上烟一。夜入，燔一积薪，举堠上一苣火，毋绝至明。甲渠、殄北塞上和如品。(F16:5)

匈奴人渡三十井县索关门外道上燧，天田失亡，举一烽，堠上大表一，燔一积薪，不失亡，毋燔薪，它如约。(F16:6)

匈奴人入三十井诚劈北燧县索关门以内，举烽燔薪如故。三十井县□、诚劈燧以南，举烽如品，毋燔薪。(F16:7)

匈奴人入殄北塞，举三烽，后复入甲渠部，累举亭上烽，后复入□三十井部，累举堠上直木烽。(F16:8)

匈奴人入塞，守亭障不得下燔〔积〕薪者，旁亭为举烽、燔薪、以次和如品。(F16:9)

塞上亭燧见匈奴人在塞外，各举部烽如品，毋燔薪。其误，亟下烽灭火，候尉吏以檄驰言府。(F16:10)

夜即闻匈奴人及马声，若日旦入时，见匈奴人在塞外，各举部烽，以次亭晦不和。夜入，举一苣火毋绝，尽□、夜灭火。(F16:11)

匈奴人入塞，候尉吏亟以檄言匈奴人以□□□都尉□□□，毋绝，如品。(F16:12)

匈奴人入塞，承塞中亭燧，举烽、燔薪□□□□烽火品约，官□□□举□□□□薪。(F16:13)

匈奴人即入塞，千骑以上，举烽，燔二积薪，其攻亭障坞壁田舍，举烽，燔三积薪，和如品。(F16:14)

县田官□入塞丞尉见烽火起，亟令吏民□□□□□□□部界中，民□□畜∅(F16:15)

匈奴人入塞，天大风，风及降雨，不具烽火者，亟传檄告，人走马驰□以急疾。(F16:16)

右塞上烽火品约。(F16:17)[1]

这一《烽火品约》更加详细地说明了汉代的烽火制度。由于烽火的施放方法在当时是军事机密，文献中不会记载，只有依靠汉简的发现才得以恢复其本来面貌。

结合汉简的记录与考古测量，可以了解汉代烽燧的建筑布局以及防御设备的配置状况。

汉简中有大量日常维修燧亭障的官方记录，其中反映出烽燧建筑的尺寸与布局，如：

"一人草涂□内屋上，广丈三尺五寸，长三丈，积四百五尺"（沙102）（成27）

"四人马矢涂□上内地，广七尺，长十丈四，积七百廿八尺，率人二百卅〔二〕尺□□〔七寸〕"（沙106）

"一人马矢涂亭户前地二百七十尺"（沙107）（成28）

"高四丈二尺，广丈六尺，积六百七十二尺，率人二百廿三尺〔五寸〕"（沙108）

〔1〕 A. 薛英群：《居延〈塞上烽火品约〉册》，《考古》1979年第4期。

　　 B. 徐苹芳：《居延、敦煌发现的〈塞上烽火品约〉——兼释汉代的烽火制度》，《考古》1979年第5期。

"二人削除亭东面，广丈四尺，高五丈二尺"（沙 111）（戍 29）

"户关二、楼叶四、木椎一、户戍二"（506.1）（甲 1951）

"外坞户下□，内坞户毋一□"（68.63）

"坞陛坏败不作治　户与戍不调利"（沙 433）（戍 30）T4B

"肩水戍亭二所，下广丈八尺"（54.23B）

"坞高丈四尺五寸，按高六尺，衔□高二尺五寸，任高二丈三尺"（175.19A）

类似的大量汉简记载，告诉我们：汉代的烽燧建成一座高台形，台下有四面封闭的房屋——坞。坞用来屯兵，存物，坞垣可高至汉制一丈四尺以上。亭台可高至四丈二尺以上，通过坞陛登上台。台上有候楼或候榜[1]，考古调查的实际情况与此近似。如阎文儒《河西考古杂记》与斯坦因《中国沙漠考古记》（*Ruins of Desert Cathay*）中记录敦煌西北的汉代烽燧遗址 T25，台基每面 7.6 米，高 7.6 米，台上屋四面各为 4.5 米，残高约 3.6米。门向南。小屋四周有土坯垒成的矮垣。阶梯在西边，尚残存梯子的栈孔[2]。

斯坦因调查的敦煌 T6B 遗址，根据这里发现的汉简记录，可以确定为汉代凌胡隧的所在。通过斯坦因所绘的 T6B 平面图与出土汉简记录，可以比较得出汉代烽火台的布局及尺度，大致如下。

亭，底部 6.4 米×6.4 米，12.11 米高（包括台基与上面的楼）。

东屋，内部面积为长 5.18 米，宽 3.65 米。

屋西面为一长方形的空地，约长 2.74 米，宽 0.61 米。

四面为内坞的墙，南与北各长 8.53 米，西面长 7.92 米，东面长 7 米。

甲渠和肩水是居延边塞防线上最重要的两个候官。它们的建筑规模比烽燧大出许多。1973～1974 年，甘肃省博物馆对甲渠候官遗址进行了系统的发掘，根据遗址情况与出土简册分析，甲渠候官的建成可能在王莽末年，不早于武帝晚期。其候官遗址四周为城障，由土坯筑成，厚 4～4.5 米，高 4.6 米，边长约 23.3 米。城障南边为方形的坞，长 47.5 米，宽 45.5米。坞内有房屋 37 间，东侧一组房间中有吏卒的住房、档案室及灶房等。坞南 50 米处另建一烽燧。坞的四周 3 米以内的地面上，还设有埋设的尖木桩，即"虎落"[3]等防御设施。

通过汉简的记录，借以恢复汉代防卫系统的具体建筑形制与分布状况，从而使我们对汉代西部边防的全貌有了清楚的认识。

关于汉代边防各烽燧使用的器具设备，汉简中有大量的具体记录。综合起来，有烽、表、烽竿、烽承索、烽索、鹿卢、灶、鼓、柝、出火具、薪苣等。

当时的一个烽燧上可能安置三具烽架。烽架由烽柱（烽竿），可以上下举动的横木，横木一端放置的烽或表，系在横木上牵引用的烽索，以及起落烽索的鹿卢等组成。

---

[1] 陈梦家：《汉代烽燧制度》，《汉简缀述》，中华书局，1980 年。又汉简中有"候楼不垂涂堥"（214.5）、"候榜不堪"（214.8）等文。

[2] A. 阎文儒：《河西考古杂记》，甘肃文化出版社，1999 年。
　　B. Stein, A. (1912), *Ruins of Desert Cathay*. London：Macmillan.

[3] 《汉书·晁错传》："为中周虎落"。郑玄注云："虎落者，外蕃也，若今时竹虎也。"

烽是把柴草置于笼内,点燃后,用烽架举起进行示警。而表据汉简所言,是用红、白色缯制成,悬挂起来,在白天示警。

鼓与柝显然是敲击出声响用以示警的器物。有人曾认为烽台上有灶,用以焚烟示警[1]。据考古调查,灶一般不在烽台上,应该是供炊事使用。至于焚烟用灶,现在还没有确凿的证据。

通过分析居延、敦煌等地出土的汉简内容,还可以对汉代的屯田制度、邮驿制度、政治地理(如敦煌的玉门都尉玉门候官所辖玉门关遗址)等问题进行深入探讨。

汉代屯田,是具有重大意义的军事经济措施。它由晁错创议,桑弘羊实施。居延地区的屯田,可能始于汉武帝太初三年(公元前102年)[2],敦煌地区的屯田至迟不晚于汉武帝元鼎四年(公元前107年)[3],当时,居延地区以军屯为主,敦煌地区则均系军屯。根据汉简中有关屯田的材料可知:汉代西北屯田包括三个并列的管理系统,其一即由大司农和郡太守双重领导的"农都尉"、"农令"、"农长"、"田令史"等田官系统。农都尉负责一郡屯田事,汉简中见有"张掖农都尉"、"居延农都尉"、"居延属国农部都尉"等。农都尉可设府,或称"农官,"如汉简"酒泉、张掖农官田卒"(E.P.T52:105)。农令为县一级的屯田长官,受农都尉管辖,汉简可见有"驿马农令"[4]等。农长管理一个屯田区,即汉简中记录的"部农"(273.9),根据所在方位,分为"左农左长"(E.P.T52:89)、"右农右长"(E.P.T53:76)、"右农后长"(E.P.T51:89)等。对于面积较小又远离大屯田区的零散屯田,则设田令史管理(E.P.T51:308)。

其二为屯田保安系统,由"护田校尉"、"劝农尉"、"游檄"、"农亭长"等各级官吏组成。见于汉简:

"二月戊寅、张掖太守福、库丞承熹并行丞事,敢告张掖农都尉、护田校尉府卒……"(甲11)

"□言:劝农尉、游檄部吏"(E.P.T48:75)

"……广地里王舒付居延农亭亭长延寿"(557.8)

其三为大司农直辖的"辟"田系统[5]。

关于屯田中的劳动者,有人根据汉简中的记载归纳为:(1)田卒、河渠卒,这是专事农业与水利的戍卒;(2)牧士,即放牧人;(3)戍卒家属;(4)刑徒;(5)燧卒与省卒,这是在守卫之外参加临时劳动的戍卒;(6)军屯佃客与佣工。这些来自多方面的劳动大军,包含了多种不同的生产关系,共同建设着河西地区的广阔边疆。

因此,汉简中也包括了大量有关经济的文字材料。有关研究涉及当时官吏的秩俸,士卒的廪食、衣物,河西地区的物价、上计制度、租佣关系、赋税赀算等。

---

[1] 劳干:《居延汉简·考释之部·考证二》,历史语言研究所,1960年。

[2] 陈直:《居延汉简综论》,《居延汉简研究》,天津古籍出版社,1986年。

[3] 徐乐尧、余贤杰:《西汉敦煌军屯的几个问题》,《西北师院学报》1985年第4期。

[4] 中国科学院考古研究所:《居延汉简甲编》2217号简,科学出版社,1959年。

[5] 薛英群:《居延汉简通论》第六章第十九节《屯田与屯田机构》,甘肃教育出版社,1991年。

如著名的居延 37.35 号简：“侯长觟得，广昌里，小奴二人直三万，用马五匹直二万，宅一区万。公乘礼忠年卅，大婢一人二万，牛车二两直四千，田五顷五万，轺车一乘直万，服牛二六千，凡眥直十五万。”[1] 这件简文中记录了一个典型的汉代中产人家的财产状况，反映出汉代对国民财产的登记上报制度，很多学者运用它来讨论西汉的社会性质。

又如通过对瓦因托尼地区出土汉简的整理，可了解到汉代更卒的廪食状况。研究表明，汉代更卒的食粮每月为三石三斗三升少，折合大石二石。这些官方发给的食粮以穈、粟、麦、糜为主，大概就是当地出产的主要农产品[2]。由居延地区大湾等地出土的田卒簿籍简，可以了解到汉代士卒衣物的主要类型与来源，田卒的身份与年龄、籍贯，农具与牛耕的情况，以及管理屯田的官吏情况等[3]。

汉简中有大量邮驿公事文书，反映出汉代严密完备的邮驿制度[4]。将记录邮书课与其他有关邮程的简文汇集编排起来，还可以说明燧与燧、部与部、候官与候官之间的交接与方向，有助于恢复边防系统的面貌。陈梦家在《汉简考述》一文中就曾作过邮程简的排比，推定了额济纳河两岸的邮站干线，指出这条贯穿南北、长 250 公里的邮路依次经过“殄北、居延、甲渠、卅井、广地、橐他、肩水”七个候官。根据 1974 年出土的《塞上烽火品约》等简牍材料，还可以了解到伊肯河南岸的边塞及居延北部的主干邮路[5]。新近发掘的悬泉置汉简、张家山汉简等材料中也有大量关于邮传的记载，极大地促进了对汉代邮驿制度的研究[6]。

结合居延、敦煌地区出土简牍所讨论的一个热点课题是汉代玉门关址所在。20 世纪初，沙畹在《敦煌木简》一书中提出了玉门关曾经西迁之说，王国维同意这一说法，而后劳干虽然又提出了对玉门关址的不同看法，但仍赞成西迁的观点。40 年代末以来，向达、夏鼐根据出土汉简等材料否定了沙畹等人的看法。夏鼐由 1944 年敦煌考察所获有“酒泉玉门都尉”内容的简牍提出汉代玉门关在小方盘城的意见。陈梦家也在考证汉简基础上得出了同样的结论[7]。1979 年，在上述小方盘城地点以西 11 公里的马圈湾烽燧遗址出土了1200 余枚汉简，根据其中的“诣官”簿籍等可以考定马圈湾遗址为当时玉门候官的治所，同时，根据其中的“出入关名籍”、“出入关致籍”、“出入关吏卒言廪给簿”等记录与出驿文书，还可以推测出西汉玉门关遗址位于马圈湾遗址西南约 0.6 公里的羊圈湾高地上[8]。当然，这些新看法还需要更多的考古资料予以佐证。

〔1〕　中国社会科学院考古研究所：《居延汉简甲乙编》37.35（乙图版叁贰），中华书局，1980 年。

〔2〕　陈公柔、徐苹芳：《瓦因托尼出土廪食简的整理与研究》，《文史》第 13 辑，中华书局，1982 年。

〔3〕　A. 陈公柔、徐苹芳：《大湾出土西汉田卒簿籍》，《考古》1963 年第 3 期。

　　　B. 陈直：《两汉经济史料论丛》，陕西人民出版社，1958 年。

〔4〕　A. 楼祖诒：《汉简邮驿资料例》，《文史》第 3 辑，中华书局，1963 年。

　　　B. 王子今：《秦汉交通史稿》，中共中央党校出版社，1994 年。

〔5〕　徐乐尧：《居延汉简所见的边亭》，《汉简研究文集》，甘肃人民出版社，1984 年。

〔6〕　A. 马楚坚：《中国古代的邮驿》，商务印书馆，1997 年。

　　　B. 高荣：《秦汉邮书管理制度初探》，《人文杂志》2002 年第 2 期。

〔7〕　陈梦家：《玉门关与玉门县》，《汉简缀述》，中华书局，1980 年。

〔8〕　吴礽骧：《玉门关与玉门关候》，《文物》1981 年第 10 期。

此外，汉简中还保存下一些汉代的年表、历谱等记年材料，由于它们记录的年、月、日、干支等比较完整，相对固定，将它们与《汉书》中记载的年、月、日序互相对照排比，互为补充，可以更完备、更正确地恢复汉代的历法与朔闰表，从而为历史记载奠定科学可靠的时间基础。

居延汉简的时代，大约集中于西汉武帝末年至东汉建武年间的 150 年内，与《汉书》记录的时代相同。汉简的记日法大致有以下几种。

（1）朔与当日用干支表示，如"大（太）始元年十二月辛丑朔戊午"，即十二月十八日，初一为辛丑。

（2）不记朔，当日用干支表示，如"大（太）始二年二月庚寅"，即二月二十一日。

（3）不用干支表示日，如"征和四年二月十五日"。

（4）用数字记年月日，并附干支记日，如"元康五年五月二日壬子"。

（5）用数字记年月日，并附朔日及当日干支，如"永元五年七月壬戌朔二日癸亥"。

通过汉简中类似上揭的大量记年，可以有效地核证与排列汉代的朔闰年表。在居延、敦煌、酒泉、武威、山东临沂、河北定县、安徽阜阳、湖北江陵等地还出土了大量历谱、干支表、起居记等汉代记时材料。可推定者有本始二年（公元前 72 年）、本始四年（公元前 70 年）、元康三年（公元前 63 年）、神爵元年（公元前 61 年）、神爵三年（公元前 59 年）、五凤元年（公元前 57 年）、永光五年（公元前 39 年）、鸿嘉四年（公元前 17 年）、永始四年（公元前 13 年）、建平二年（公元 5 年）、居摄元年（公元 6 年）、居摄三年（公元 8 年）、永元六年（公元 94 年）、永元十七年（公元 105 年）、永兴元年（公元 153 年）[1]，以及元光元年（公元前 134 年）、五凤二年（公元前 56 年）、元延元年（公元前 12 年）等年代的历谱、年表。

这些历谱除了记录年、月、日、干支、朔闰等历法外，还有反支、建除、忌日、八魁与节气、伏腊等有关吉凶禁忌与时令气候的记载。这对于全面了解汉代的历法、数术常识及社会风俗都具有重要的价值，尤其是有关日忌的《日书》一类文书，涉及古代思想史与社会史的研究，是近年来的研究热点。

在青海大通上孙家寨出土的汉简中有大量涉及军事制度的文书内容。它们可能就是当时的军法、军令之遗存。其中有汉代军功爵赏的制度，如"〔斩首捕〕虏以尺籍廿二（350）"、"……斩捕首虏二级，拜爵各一级；斩捕五级，拜爵（068、375）各二级；斩捕八级，拜爵各三级；不满数，赐钱级千。斩首捕虏，毋过人三级，拜爵皆毋过五大夫，必颇有主以验不从法状（356、243、340）"等；也有对违背军令的处罚命令，如"……行杀之；擅退者，后行杀之（063）"、"……矢前有还顾目北者，后行杀之，如杀适（敌）人，故以后禁前，是……（002、009）"；还有对古代军队编制的规定，如"曲千人各正其曲，成左右部……（325、307）"、"色别，什以肩章别，伍以肩左右别，士以肩章尾色别（374）"等[2]。

---

〔1〕 陈梦家：《汉简年历表叙》，《汉简缀述》，中华书局，1980 年。

〔2〕 A. 国家文物局古文献研究室、大通上孙家寨汉简整理小组：《大通上孙家寨汉简释文》，《文物》1981 年第 2 期。

B. 朱国炤：《上孙家寨木简初探》，《文物》1981 年第 2 期。

C. 李零：《青海大通县上孙家寨汉简性质小议》，《考古》1983 年第 6 期。

汉代的军法、军令多已失传，仅留存下一些零散的佚文，如《九朝律考》中收录的汉、魏军法、军令，其内容正是有关部曲编制、军阵部列与军功爵赏诛罚等，与大通上孙家寨汉简的残存内容相似。对这批汉简内容的研究，有助于全面了解汉代的军法、军令、军队编制状况，对法律史的研究也有重要的价值。

在山东、江苏、湖北、湖南等地的汉代墓葬中，多次出土了记录在简牍上的"遣策"、及"告地状"等文书材料。这些简牍材料对于了解墓葬的确切年代，认识汉代的丧葬礼俗、宗教思想都是十分有价值的参考资料，尤其是"遣策"中记录了随葬品的名称与数量，对墓葬清理工作与了解汉代的物质文明更为重要。

较典型的代表如 1973 年 12 月在湖南长沙马王堆 3 号墓[1]中出土的遣策，共为 410枚，出土于西边厢的西北角，其中详细记载了墓中随葬的物品名称与数量，包括车骑器物、乐舞用品、奴仆和侍从（俑），以及所持兵器、仪仗、乐器等。绝大多数记录可以见到墓中实物，与随葬品一一对应。特别是有三件木牍上记的侍从与车骑虽然没有实物对应，却可以与棺室东壁上帛画里的绘画形象予以对照。说明遣策上的物品无论是以何种形式表现，应该都能在墓葬中出现。这对于认识汉代丧葬制度、社会生活都颇有意义。

同样的情况又见于 1993 年江苏东海尹湾汉墓 2 号、6 号墓中出土的遣策与衣物疏[2]，除纺织品大多朽烂无法核对外，其他物品名称均可与墓中器物一一对应。此外，湖北江陵凤凰山汉墓、江苏连云港海州区南门西汉墓、广西贵县汉墓等处的遣策也有助于对丧葬制度的研究。

第三节　汉代帛书

帛书，指在纺织品上书写的古代文簿、书信、图册与书籍等古代文字材料。布帛曾经是古代中国主要的书写材料之一。但由于帛书材料相对昂贵，不如简牍使用普遍，兼以保存不易，现在能够见到的古代帛书比较少。除在长沙子弹库战国墓葬中出土过一批楚帛书之外，最重要的大宗发现就是长沙马王堆汉墓出土的西汉早期帛书。

1972 年至 1974 年，湖南省博物馆与中国科学院考古研究所共同发掘了长沙马王堆 1 号、2 号、3 号汉墓[3]。根据 3 号墓中出土的一件上有"十二年十二月乙巳朔戊辰"字样的木牍，

〔1〕　湖南省博物馆、中国科学院考古研究所：《长沙马王堆二、三号汉墓发掘简报》，《文物》1974 年第 7 期。

〔2〕　连云港市博物馆：《江苏东海县尹湾汉墓群发掘简报》，《文物》1996 年第 8 期。

〔3〕　A. 湖南省博物馆、中国科学院考古研究所：《长沙马王堆二、三号汉墓发掘简报》，《文物》1974 年第 7 期。

　　　B. 马王堆汉墓帛书整理小组：《马王堆汉墓帛书》，文物出版社，1974 年。

　　　C. 马王堆汉墓帛书整理小组：《马王堆汉墓帛书（叁）》，文物出版社，1983 年。

　　　D. 国家文物局古文献研究室：《马王堆汉墓帛书（壹）》，文物出版社，1980 年。

　　　E. 马王堆汉墓帛书整理小组：《马王堆汉墓帛书（肆）》，文物出版社，1985 年。

　　　F. 傅举有、陈松长：《马王堆汉墓文物》，湖南出版社，1992 年。

　　　G. 湖南省博物馆：《马王堆汉墓研究》，湖南人民出版社，1981 年。

可以推断该墓葬年代为汉文帝十二年（公元前 168 年）。墓主可能是轪侯利仓的儿子。

在 3 号墓东边厢内一个长方形盝顶盖的髹漆木匣中，发现了随葬的大批帛书。这是中国考古学历史上十分罕见的一次古代帛书的重要发现。匣中帛书的存放方式有两种，一种用通高 48 厘米的绢帛书写，逐层折叠成长 24 厘米，宽 10 厘米左右的长方形，因此出土时折缝处及其边缘已断损。另一种用通高 24 厘米的绢帛书写，用宽 2～3 厘米的木条为骨将帛幅卷起或相对折叠，出土时也已有严重的破损与粘连。帛书残片出土后经过科学保护与精心复原拼合，现基本上整理出书籍地图 28 种，计 12 万余字。这是一批极其丰富的古代典籍资料。通过它可以对古文字学、古代简册书籍制度、古代典籍与古代学术思想等专题进行深入研究。

帛书的形制与出土的汉代简册反映出的汉代简册制度相似。大部分帛书上在书写前用朱砂画出宽 0.7～0.8 厘米的细线界格，也有部分未划界格。用宽幅帛书写的每行可写 60～70 余字。用窄幅帛书写的每行 30 余字。凡有篇题的书都在末行的空白处写上篇题，有些还注明本篇字数。

由于帛书存在着残损，而且原来多无书名，整理时通过不断认识，结合内容，初步拟定了各种帛书的名称。并依照《汉书·艺文志》中的分类方法，分别归入六艺类、诸子类、兵书类、数术类、方术类与地图等。其主要内容大部分已经释文、缀合并加以注释，陆续在《文物》等刊物上发表，并汇编在《马王堆汉墓帛书（壹至肆）》、《马王堆汉墓文物》等著录中出版。现将已整理出的书籍情况简介于下。

一　六艺类

《周易》，以隶书写在高约 48 厘米的帛上，出土时已破碎，经缀合可看出有三大块，其内容包括《经》与《传》文六种，共存约 23300 字。对这批文字的篇章分析，存在着几种不同的看法，根据原书写的状况与文辞内容，可以将它分为上下卷，上卷包括易经经文（曾被称为六十四卦）与《二三子问》上下两篇。《二三子问》是孔子与他的门徒讨论卦、爻辞含义的问答记录，但未记弟子之名，这一篇章原无篇题，是整理者根据内容加上的；下卷包括《系辞》、《易之义》、《要》、《缪和》、《昭力》五篇传文。《要》、《缪和》、《昭力》原有篇题。这些传文中除《要》的部分文字与《系辞》的内容见于今本《周易》外，其余都是已佚失的古籍，主要记录孔子等人解释经义的论说、记事与传《易经》的经师言论等。根据这些内容分析，帛书《周易》可能是一个经过当时学者改编的传本，是一部自成体系的完整书籍[1]。

《春秋事语》，隶书，写在高约 24 厘米的帛上，存 97 行，约 2000 余个字，分为十六章，每章各记一事。所记史事，上起鲁隐公被杀，下至三家灭智氏。它不按国分开，也不按年代排列，重点在于记录历史人物的言行，可能是从《左传》摘录的作品。

《战国纵横家书》，书体在篆隶之间，写在高约 24 厘米的帛上，存 325 行，11000 多个字。在每一段（章）的起首用圆点分开，共分为二十七章。其中十一章的内容见于《战国策》与

---

〔1〕 李学勤：《帛书周易的几点研究》、《论帛书〈易传〉及〈系辞〉的年代》，《简帛佚籍与学术史》，（台北）时报文化出版企业有限公司，1994 年。

《史记》，文辞也很相近。另十六章主要是苏秦周游列国的游说内容，不见于现存古籍。

此外尚有《丧服图》一种，尚待整理。

二　诸子类

《老子》甲本与所附佚书四篇，书体在篆隶之间，写在高约 24 厘米的帛上，存 464 行，13000 余字。抄写中不避汉讳，应是刘邦称帝以前的抄本。这部分帛书原无篇题，某些段落起首用黑点标示开，但段落分合与现传本不尽相同。所附佚书无篇题，整理者据内容分为 4 篇，依次命名为《五行》、《九主》、《明君》、《德圣》。《五行》一篇原定名《刑德》，存 181 行，5400 余字，记录了思孟的五行学说，可能是《孟子外书》中的某一篇[1]。《九主》存 52 行，约 1500 余字，记录伊尹论九主的言论。《明君》存 48 行，约 1500 字，论述有关攻战防御的方法。《德圣》存 13 行，约 400 字，论述"五行"与德、圣、智的关系。

《老子》乙本（图 11 - 4）与《黄帝四经》，隶书，写在高约 48 厘米的帛上，存 152 行，16000 余字，原有篇题。这部分帛书中的文字避"邦"讳，应抄写于刘邦称帝后，晚于甲本。对比甲、乙本，在文字的书体、句型、虚词用法、假借字、古今字等方面均有明显的差别，可能是来源不同的两种古本。通过它们的互相勘校与同今本对校，可以更清楚地了解《老子》一书的本来面貌，对古籍整理研究工作与古代思想史研究具有宝贵的价值[2]。

《老子》乙本卷前抄写的《黄帝四经》，共存 174 行、11000 余字，可分为《经法》、《十六经》、《称》、《道原》四篇。其内容以"刑名"、"阴阳刑德"与道的论述为主，有许多段落采用黄帝君臣的问答形式。它抄写在《老子》前面，结合当时汉代社会上流行黄老之学的背景考虑，应该是黄老学说的重要组成部分——《汉书·艺文志》中著录的《黄帝四经》[3]。

三　兵书类

《刑德》三种，分称甲、乙、丙本。书体在篆隶之间，写在高约 48 厘米的帛上。其内容属兵阴阳家，通过阴阳对立变化的规律阐述用兵的道理，并附有几种式盘图。

四　数术类

包括以下几种书籍：《篆书阴阳五行》，包括有关数术的内容与式盘图、表等。《隶书阴阳五行》，内容一部分与《篆书阴阳五行》相似，一部分为兵阴阳家的论述。《五星占》，隶书，存 144 行，约 8000 字，是对星象与星占征兆的记录。占文部分有与中国最古老的星占书《甘氏》、《石氏》相同的文字，尤以与《甘氏》相同者居多。后面列出了经观察得出的从秦始皇元年（公元前 246 年）到汉文帝三年（公元前 177 年）共 70 年间岁星（木

[1] 庞朴：《帛书〈五行〉篇研究》，齐鲁书社，1980 年。
[2] 高明：《帛书老子校注》，中华书局，1996 年。
[3] 唐兰：《马王堆出土〈老子〉乙本卷前古佚书的研究——兼论其与汉初儒法斗争的关系》，《考古学报》1975 年第 1 期。

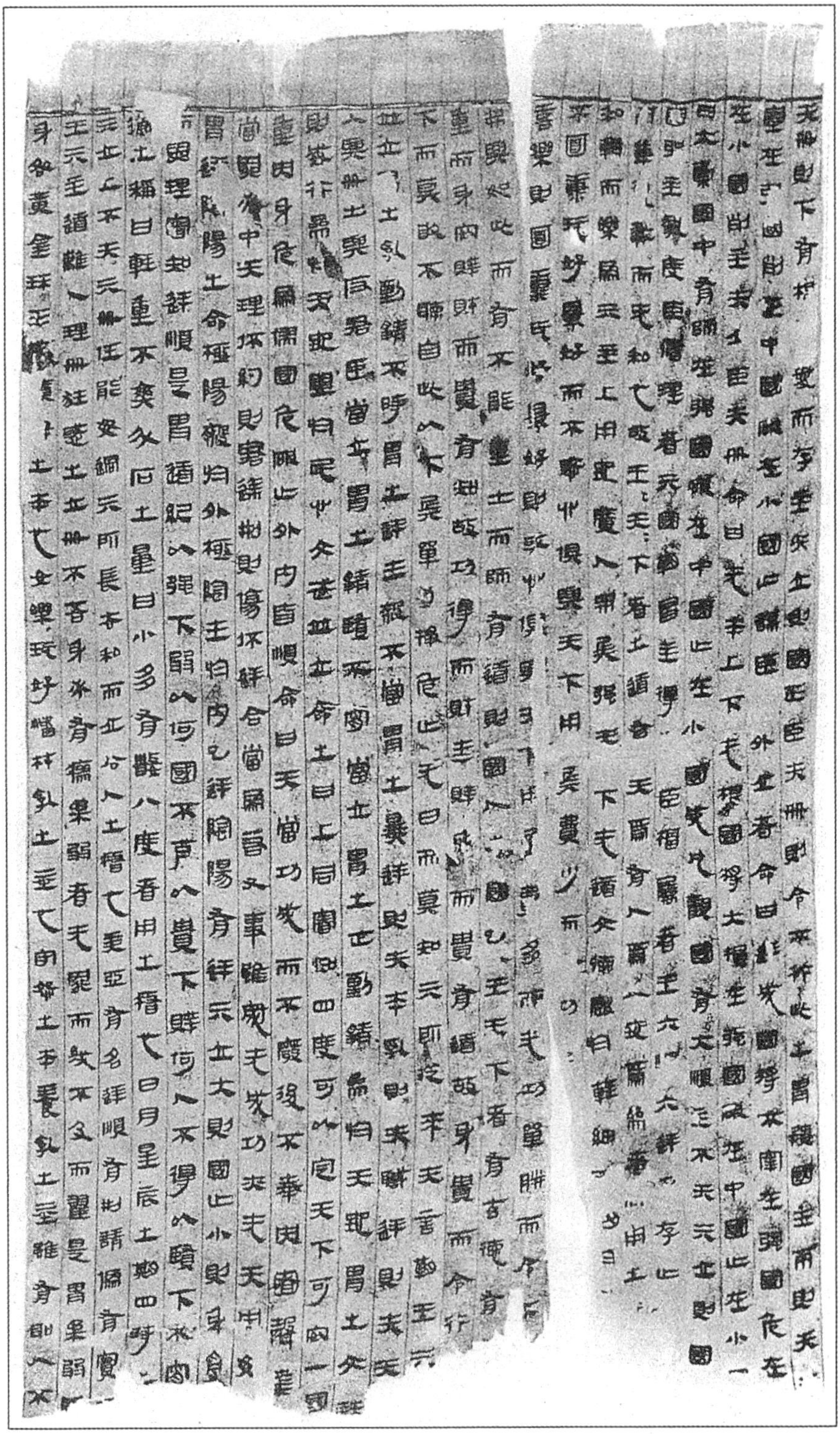

图 11－4　马王堆汉墓帛书（自右向左：《老子》乙本 24 上至 46 上）

星）、填星（土星）、太白（金星）在天穹中的运行位置，描述了这三颗行星在此会合周期内的动态。与汉代《淮南子·天文训》、《史记·天官书》中的有关记载相比，《五星占》早出30～90 年，而且所记数据更为精确。它的发现，在天文学史上具有极为重要的价值。《天文气象杂占》，书体在篆隶之间，现存占文 350 余条，分云、气、星、彗四方面。每条占文上有图形，由朱笔或墨笔绘制（也有用朱、墨两色绘制的），下面为名称、解释和占文等，通过分析特殊的天文气象景观对人事予以占卜。原件高约 48 厘米。长约 150 厘米，部分已残泐。《相马经》，隶书，存 77 行，约 5200 字，部分已残损。主要记述对马的头部与四肢的相法，其内容与《齐民要术》中记载的相马方法相比，出入较大，大部分内容为《齐民要术》中不载。此外，还有《出行占》、《木人占》、《筑城图》、《园寝图》4 种，以及尚待复原考证的 2 种佚书。以上各篇大多没有篇题，现用名称是整理者暂时拟定的。

五　方术类

有《五十二病方》及卷前抄写的《足臂十一脉灸经》、《阴阳十一脉灸经》甲本、《脉经》、《阴阳脉死候》等。这些篇名都是根据内容拟定的。原件写在高约 24 厘米的半幅帛上，出土时已断裂破损，估计全长约 430 厘米。现存文字中，《足臂十一脉灸经》存 34 行，《阴阳十一脉灸经》甲本存 37 行，《脉经》存 13 行，《阴阳脉死候》存 4 行，《五十二病方》存 459 行，满行约 32 字，共计约 17000 字。《导引图》与卷前抄写的《却谷食气》、《阴阳十一脉灸经》乙本。写于高约 48 厘米的帛上，全长约 140 厘米。原无篇题，根据内容定名。其主体《导引图》长约 100 厘米，为用朱、褐、蓝、黑四色绘成的运动群像。图像分为 4 排，每排 11 人，表现了 44 种不同的动作，旁边用墨书注明动作名称，有所治病名、模仿动物名与器械运动名等。《导引图》前的两种佚书，共存 26 行，约 1500 字。此外还有 3 卷帛书，抄录了有关养生保健和育儿养胎的内容，整理者分别定名为《养生方》、《杂疗方》、《胎产书》。

这批以医书为主的古代佚书，具有宝贵的历史价值。《足臂十一脉灸经》等经脉著作，论述了人体内十一条经脉的循行，所主病症与灸治方法。它反映了中医经脉理论的起源与发展过程，与现存《黄帝内经·灵枢·经脉篇》中的十二经脉理论相比，内容上存在较大差距，又缺少一条少厥阴脉，说明了它属于经脉理论尚未定型的早期阶段，其诊治方法早于《黄帝内经》、《脉经》等古医学著作中依据脉征判断疾病的方法。《导引图》与《却谷食气》等则是有关中国古代医疗科学中特有的导引（运动保健）与气功等医疗方法的宝贵记录。

《五十二病方》是根据书中分为五十二题而定名的，每题是治疗一类疾病的有关药方，少则一二方，多达二十余方。书中所见病名有 103 个，涉及内、外、儿、妇产、五官等各专科。治疗的方法以药物为主，有丸、汤、散剂等（汤、散虽在方中存在，但未提到汤、散的名称），也有灸、砭、割治手术等。书中明显缺乏五行学说与阴阳学说的影响，与传世医药书籍相比显得古朴原始，带有南方地区特色，是早于《黄帝内经》的作品。可以说是目前所发现的中国最古老的医书，反映出古代医学技术的伟大成就[1]。

〔1〕　马王堆汉墓帛书整理小组：《我国现已发现的最古医方》，《马王堆汉墓帛书·五十二病方》，文物出版社，1979 年。

六 地图类

包括《长沙国南部地形图》，用拼接的双幅帛绘成，为边长 96 厘米的正方形。

图上用线条绘制了今湖南省南部的潇水流域与邻近地区，比例约为十七万分之一至十九万分之一。绘图规范，有统一的图例，标记也有一定位置。与今地图比较，一些水道的流向走势相当接近，主区部分绘制尤为精确，说明当时已具有较高的绘图水平。

《驻军图》，用拼接的帛绘制，长 98 厘米，宽 78 厘米。图上用红、黑、田青三种颜色绘制了今湖南江华县沱江流域，比例约为八万分之一至十万分之一。与上图不同的是，《驻军图》上用浅色表示河流与山脉，用深色标志出驻军的营地与防区界线。这样大比例的实用地图，在中国与世界的地图发现史上，都可以列入最古老的地图之中，仅次于甘肃天水放马滩的秦代地图[1]。

由于这批帛书数量较大，抄写的时间也有先后区别。根据帛书的书体特征、文中的避讳情况、有关纪年等可协助断代，考定原件抄写的大致时间。《篆书阴阳五行》在内容中出现秦王政二十五年（公元前 222 年）的纪年，书体接近篆书，并夹有一些楚国写法的古文，可能是马王堆帛书中最早的一份抄本。其他大部分的抄写年代应在汉高祖时期至汉文帝初年之间。有人推测，《老子》乙本、《周易》、《相马经》、《五星占》、《刑德》乙本等帛书的字体都十分接近，可能由同一人抄写，《五星占》中有文帝三年的纪年，说明这批帛书抄于墓主下葬前不久[2]。

马王堆帛书出土以后，随着帛书资料陆续被整理公布出来，引发了一次又一次的研究热潮。学术界对这批帛书的文字释读、内容考证、其反映的社会历史背景、文化特色等方面作了广泛的探讨。其重点在于有关古代思想史的研究，有关医学史、科技史的研究与古代文化典籍的整理研究等方面。

《周易》与《老子》是中国古代哲学思想的重要代表作，历来是思想史研究上的重点。而对其文本的校订则是一切研究的基础。马王堆帛书《周易》与《老子》甲乙本的发现，使我们得以见到现存最原始的经本面貌。从而订正文字，深入理解它们的正确含义。通过勘校，证明传本皆有文字讹误，往往因一字之差造成根本性误解。如《老子》"无为而无不为"一句，已成为《老子》思想的代表性名言。但帛书《老子》甲乙本均作"无为而无以为"。这种传本中统一的讹误，如果没有马王堆帛书《老子》甲乙本的出土，是根本无法发现的[3]。又如帛书《周易》中，虽然经文中卦爻辞的文字与今传《周易》没有根本差别，但是六十四卦的排列顺序完全不同，体现了阴阳学说的哲理。证明今《周易·说卦》中的"天地定位"一章与"帝出于震"一章来源于不同时期。这些研究结果与对《系辞》的校勘以及对帛书《周易》所附的佚书的研究，都有助

〔1〕 何双全：《天水放马滩秦墓出土地图初探》，《文物》1989 年第 2 期。
〔2〕 李学勤：《论〈经法·大分〉及〈经·十大〉标题》，《简帛佚籍与学术史》，（台北）时报文化出版
    企业有限公司，1994 年。
〔3〕 高明：《帛书老子校注》，中华书局，1996 年。

于了解《周易》一书的形成与演变过程，认识孔子儒家思想与《周易》的哲学思想之间的密切关系[1]。

《老子》乙本前附着的《黄帝四经》，在认识汉代初期流行的黄老学说上具有更重要的意义。这批托名黄帝的作品，可能是在公元前 4 世纪的战国时期创作的，它强调了"刑名"、"刑德"等法治观点。这种刑名之说与老子的宁静无为思想结合而成为汉初曾占统治地位的黄老思想。上溯其源，可以见到战国时"本于黄老"的申不害、韩非等人的学说[2]。然而，由于黄帝学说的典籍全部亡佚，后人一直无法了解黄老之学的本来面目。马王堆帛书《黄帝四经》的出土，才揭开了这层迷雾，并带动了学术界的热烈讨论。

马王堆帛书《春秋事语》、《战国纵横家书》等大量古籍佚文，不仅对补充史实，加强有关历史研究富有价值，而且在了解古代学术源流，考辨古籍真伪，认识古代典籍的形成流传过程等方面都具有重要的参考价值。而马王堆帛书中有关医药、科技、数术等方面的内容，更是近年来学术研究的热点。

此外，1990 年在甘肃敦煌甜水井悬泉置遗址的发掘中还出土了一件西汉时期的帛书，是一件当时的民间私人书信。它在出土时是纵折三次、横折七次的方块，打开后长 23.2 厘米，宽 10.7 厘米。上面隶书书写 315 字，共 10 行。这是目前所能见到的保存最完整的汉代私人信件，通过其中的记载可以了解到汉代戍边军队中的军人生活[3]。

第四节　汉代骨签

一　骨签的考古发现

目前考古发现的汉代骨签，仅见于汉长安城的未央宫中央官署遗址（即未央宫第三号建筑遗址）[4]、武库遗址[5]和都城西南角遗址[6]。汉长安城遗址目前出土骨签 63883 件，其中武库遗址和都城西南角遗址共出土 33 件骨签，其余均出土于未央宫中央官署遗址。

---

[1] A. 张政烺：《帛书〈六十四卦〉跋》，《文物》1984 年第 3 期。
　　B. 于豪亮遗作：《帛书〈周易〉》，《文物》1984 年第 3 期。
　　C. 饶宗颐：《略论马王堆〈易经〉写本》，《古文字研究》第七辑，中华书局，1982 年。
　　D. 邓球柏：《帛书周易校释》，湖南人民出版社，1987 年。
　　E. 李学勤：《帛书〈周易〉的卦序卦位》，《简帛佚籍与学术史》，（台北）时报文化出版企业有限公司，1994 年。
[2] 《史记·老子韩非列传》："申子之学本于黄老而主刑名。""韩非者……喜刑名法术之学，而其归本于黄老。"
[3] 王冠英：《汉悬泉置遗址出土元与子方帛书信札考释》，《中国历史博物馆馆刊》1998 年第 1 期。
[4] 中国社会科学院考古研究所：《汉长安城未央宫》，中国大百科全书出版社，1996 年。
[5] 中国社会科学院考古研究所：《汉长安城武库》，文物出版社，2005 年。
[6] 中国社会科学院考古研究所汉长安城工作队：《西安市汉长安城城墙西南角遗址的钻探与试掘》，《考古》2006 年第 10 期。

汉长安城是西汉王朝的首都,未央宫是都城的皇宫,中央官署遗址位于未央宫西部偏北,为一大型封闭的院子,院子角部有防卫设施,通入院子的"门房"管理森严。院落东西居中位置有一南北向排水渠,将院落分为东院和西院。东院和西院之内,各有南北平行排列的两排房屋,两排房屋之南各有天井、回廊。东院和西院的南排房屋遗址发现的楼梯遗迹说明,这些房屋应为楼房。中央官署遗址之中的房屋排列整齐、形制相近、规模较大,除了"门房"、"传达室"一类建筑遗址之外,其他每座房屋遗址面积在 109～215 平方米之间。房屋遗址平面为长方形,一般于南面辟一门,只有 F3 和 F6 又各辟一北门。在 F3 北门两侧发现的一对铁戟,在中央官署遗址院落东墙与北墙护坡上发现的铁铠甲,以及在建筑遗址之中还发现的其他一些兵器等,反映了该建筑被严密防卫的情况。未央宫中央官署遗址不是兵器库房,它与汉长安城武库遗址的建筑结构、平面布局、墙体宽度、出土遗物明显不同。中央官署建筑遗址的平面布局说明,它也不是生活起居之处。中央官署遗址出土遗物主要为骨签,考古发现骨签 63850 件,其中刻字者 57482 件,其余为无字者。它们出土于各个房屋遗址的墙壁之旁,骨签原来可能放在靠墙的架子上。

汉长安城武库遗址亦为一大型院落遗址,其中部有一南北隔墙将大型院落分成东院和西院。东院北、南、西三面有四座大型建筑遗址,北面建筑遗址编号为第一号建筑遗址,由东西并列的二房组成;南面东西并列二、三号建筑遗址;西面的第四号建筑遗址由南北并列二房组成。西院的东、西、南部各有一建筑遗址,编号分别为第五、六、七号建筑遗址,上述两座建筑遗址均南北并列 3 座房屋。第七号建筑遗址东西并列 4 座房屋。上述 7 座建筑遗址平面均为长条形,房屋之内有的设置了"兵器架"(即"墙垛"),地面之上发现众多排列整齐的础石遗存。房屋墙体厚重,宽约 5～8 米。上述建筑遗址现象均说明该建筑遗址作为兵器库房的建筑特点。骨签仅发现于东院的第四号建筑遗址的北房之中,大多无刻文,有刻文骨签仅 31 件。

汉长安城西南角遗址出土 2 件骨签,刻字与无字各 1 件。这 2 件骨签是其他地方流散出来的,还是原来这里所有的,还需要进一步研究。

二　骨签的形制

骨签以动物骨骼制作而成,其中以牛骨为原料的占绝大多数。骨签的颜色以白色或黄白色者数量最多,此外还有一些灰色、黑色和褐色的骨签。后三种骨签的颜色,系因不同理化因素而形成的。西汉时代主要以竹简、木简和帛书为书写材料,而骨签是选用坚硬的动物骨头为刻文材料,其远比在竹简、木简和帛书上书写困难得多,加之骨签刻文细微,这又更加大了其难度。

骨签大小相近,一般长 5.8～7.2 厘米、宽 2.1～3.2 厘米、厚 0.2～0.4 厘米。骨签形制基本相同,均为长条形骨片,其上、下端加工成圆弧形,一般上端较尖。从骨签横截面观察,其正面微呈圆弧状,背面平。正面和背面均有竖向锯痕,背面的锯痕更显粗糙。骨签正面上部为磨光平面,长 3.5～4 厘米、宽 1.5～2 厘米,其上刻字,文字细小,近乎"微雕"。骨签中腰一侧有一半月形凹槽,其位置因不同种类的骨签而各异。一般骨签只有一行刻字者,其凹槽在骨签左侧;骨签有两行以上刻字者,其凹槽在骨签右侧,个别骨签也有例外者。骨签可能两个一对，每对骨签由半月形凹槽位置相反的两个骨签组成。两个骨签背面相对，以绳捆系，系绳通过骨签的半月形凹槽，这样使绳子不至于滑脱。每对骨签的大小、颜色、形制基本相同（但骨签半月形凹槽位置相反）。在发掘出土的骨签中，还发现了原来两个半月形凹槽位置相反的骨签系在一起的情况，如12736 号与 12737 号骨签、12739号与 12740 号骨签、12743 号与12744 号骨签等。

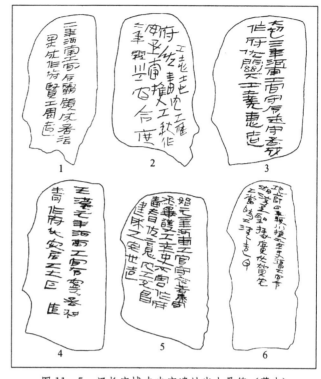

图 11-5　汉长安城未央宫遗址出土骨签（摹本）
1.3：01326　2.3：13099　3.3：11031　4.3：10826
5.3：09109　6.3：13355

三　骨签刻文的内容

汉长安城遗址出土骨签以未央宫中央官署遗址的数量占绝大多数（图 11-5；图版 11-1～5），现以未央宫中央官署遗址出土骨签为例，对骨签的刻文内容加以说明。

骨签的刻字内容，可以分为三类：第一类为物品、编号、数量、名称、规格等，这类骨签一般为一行字，个别也有两行字者，字数少者二三个字，多者七八个字。第二类为有河南工官、南阳工官和颍川工官文字内容的骨签，一般为 2～4 行字。第三类骨签刻文内容与中央官署或列侯有关，刻文 1～4 行字均有。

第一类刻文骨签，根据其刻文内容不同分为三种。

第一种，镞、弩兵器等刻文骨签，举例如下。

00761 号　服六石

14849 号　服力九石

14921 号　服弩力八石

09820 号　御六石

11901 号　御弋六石

07353 号　力六石七斤

03608 号　力五石三钧廿九斤

22564 号　力服六石

00997 号　力卌石

13142 号　大黄廿石

13547 号　大黄力卌石

00181 号　乘舆八石

40842 号　乘舆十二石燥

01223 号　乘舆燥六石

09448 号　乘舆力十一石

11620 号　乘舆御弋廿石

06962 号　射四百二步

05710 号　射三百六十步

第二种，甲乙丙丁代号和数量刻文骨签，举例如下。

12688 号　甲一

03507 号　甲三万三千卅九

00260 号　甲第千二百六十三

53042 号　乙八十四

01121 号　乙二万八百五十

00325 号　乙第二千四百四十九

00193 号　丙七十一

12925 号　丙四万九百九十六

54607 号　丁十六

07952 号　丁四万二千三百卌八

第三种，"第"字头的序列数字刻文骨签，举例如下。

14659 号　第二

41290 号　第五万三千四百□

第一类刻文骨签中，绝大多数为竖书一行字，也有极少数为两行字的，它们主要在第一类第二种刻文内容骨签中，举例如下。

13958 号　甲

　　　　　三百八十四

17271 号　乙

　　　　　三千四百

05445 号　丙四千五百五

　　　　　十八

12170 号　丁四千五

　　　　　百八十一

第二类刻文骨签，举例如下。

02824 号　元年河南工官令定丞

　　　　　文立作府地工易造

07103 号　始元二年南阳工官令捐丞

　　　　　护工卒史□作府啬夫

　　　　　政□昌工政工臣造甲

13944 号　始元五年颍川工官护工

　　　　　卒史春令狄丞福掾

　　　　　广作府啬夫凌□□

　　　　　审□工茂工同造

　　第三类，根据骨签刻文内容又可分为中央官署与列侯两种。

　　第一种，中央官署类骨签刻文内容，举例如下。

01008 号　永光三年光禄弩官

　　　　　郎中晏工定缮

08354 号　六年卫尉

　　　　　工猪缮

20216 号　□年太仆工饶缮

12460 号　五年右工室工陋更主

　　　　　丞乙□谈工渭造

　　　　　第九十三

24677 号　二千七十□寺工第八十五□

10683 号　六年内官

　　　　　第卌一

35501 号　若庐令顺库

　　　　　□□缮

　　第二种，列侯类刻文内容骨签，举例如下。

15079 号　五凤二年龙雒侯工□缮

　　在第三类刻文骨签中，其刻文结尾字绝大多数为"缮"字（个别此类骨签，刻文结尾为"造"字[1]），这与第二类刻文骨签不同。在第二类刻文骨签中，属于"河南工官"骨签刻文结尾绝大多数为"造"字[2]；"南阳工官"骨签刻文结尾"造"字之后，有的又多有"甲"、"乙"、"丙"、"丁"、"戊"等字；"颍川工官"骨签刻文结尾多为"造"字，也有在"造"字之后又有"甲"、"乙"、"丙"、"丁"等字的。有的学者认为"缮"与"造"的区别，在于前者有"装配或修理"之意[3]。汉长安城遗址出土骨签刻文有"缮"字者，绝大多数为"卫尉"、"光禄"、"太仆"、"考工"、"若庐"等中央官署的骨签。这种情况与汉代铜器铭文中出现的"缮"字基本一样，目前已知的元康高灯、元康雁足灯和居摄钟[4]、

[1] 刻文结尾为"造"字的骨签有：未央宫中央官署遗址出土 12460 号骨签："五年右工室工陋更主/丞乙□谈工渭造/第九十三"；18056 号骨签："□年卫尉/工婴豹造。"

[2] 有极个别的骨签刻文结尾为"缮"字，如：19357 号骨签："元年河南工官令谢丞种/定作府啬夫辅始工/成河南郡缮。"

[3] 吴荣曾：《西汉骨签中所见的工官》，《考古》2000 年第 9 期。

[4] 容庚：《汉金文录》卷三，历史语言研究所，1931 年。

五凤熨斗和昭台宫扁[1]、建始元年灯[2]等铜器，铭文中均有"缮"字，而这些铜器铭文中又均属中央官署的"考工"。当然，不是汉代铜器有"考工"铭文者，均有"缮"字，但是至今发现的有"缮"字的汉代铜器铭文均为"考工"所为。联系到汉长安城遗址出土骨签刻文中的"缮"字，均与"卫尉"、"光禄"、"考工"、"若庐"等机构相连，说明"缮"与"造"的使用可能也还与其相应的机构有关。

第三类的第一种刻字骨签，有的在刻文"缮"之后又有第一类第一种兵器等刻文，举例如下。

00495 号　永光三年光禄弩官郎中

晏工辅缮力六石

00359 号　神爵四年卫尉旅贲令铠丞

万年啬夫临工易缮

六石

还有在第三类第一种刻文结尾部分的"造"或官署之后，加第一类第三种的"第"字开头的序数，如 12460 号、24677 号、01514 号骨签等。还有的骨签刻文前数字，后为"第"字开头的序数，如 24677 号骨签。

此外，在汉长安城武库遗址出土的 31 件骨签中，其刻文内容类型有些不见于汉长安城未央宫中央官署遗址出土的骨签，举例如下。

4：T4③：1　鸿嘉元年考工制作工

寿王缮啬夫霸佐

咸主丞悙掾放省

4：T4③：11　元始□年武□工官……□

……掾林主……

……省

4：T4③：23　东平工官六十六

4：T4③：27　五年□内工□

4：T4③：15　梗榆力二百石

武库遗址出土的上述刻文骨签中，标本 4：T4③：1 的"考工"为少府属官，《汉书·百官公卿表》记载："武帝太初元年时改考工室为考工。"标本 4：T4③：23 的"东平工官"，应属西汉时代济南东平陵县所置工官；标本 4：T4③：27 的"□内工□"可能为西汉时代河内怀县工官，即"河内工官"。至于标本 4：T4③：11"武□工官"，有的将其释为"武威工官"[3]，但是已有文献记载与出土文物均未发现关于西汉时代的"武威工官"材料，这或许填补了以往学术空白，或许有待进一步推敲。

---

〔1〕　容庚：《汉金文录》卷四，历史语言研究所，1931 年。

〔2〕　阎宏斌：《宝鸡县博物馆收藏的西汉铜灯》，《考古与文物》1989 年第 2 期。

〔3〕　中国社会科学院考古研究所：《汉长安城武库》第 123 页，文物出版社，2005 年。

四　骨签的时代

骨签的时代，可以从两方面探讨。第一方面，根据骨签的出土地层来判断。未央宫中央官署遗址出土的骨签，均发现于该建筑遗址第三层，即西汉时代文化层。因此，骨签应属于西汉时代遗物。第二方面，骨签上大量有关年代刻文内容，其中刻文有的有年号，有的无年号。有年号刻文的，其最早者为武帝之"太初"。如 11031 号骨签刻文"太初三年河南工官守令□守丞成作府优关工尧惠造"。无年号骨签刻文的有：6562 号骨签刻文"十一年安□守□光已画伤工石造"、6784 号骨签刻文"一十年寺工"、5729 号骨签刻文"九年河南工官令定丞广缓作府棣工之造"、18962 号骨签刻文"九年河南工官令彭□□护工□作府啬夫冗工直富工□造"、35770 号骨签刻文"七年河南工官令定丞广元作府圣工调造"。根据历史文献记载，武帝"太初"之前的年号还有"元封"、"元鼎"、"元狩"、"元朔"、"元光"和"建元"6 个年号，其中每个年号各有 6 年。景帝"前元"有 7 年、"中元"有 6 年、"后元"有 3 年，文帝"前元"有 16 年、"后元"有 7 年，高后（吕雉）有 8 年，惠帝有 7 年，高祖有 12 年。无年号的七年纪年，有可能在景帝"前元"、文帝"前元"和"后元"、吕后、惠帝或高祖的纪年组中，最晚也不会晚于汉景帝"前元"七年；无年号的一十年纪年，有可能在文帝"前元"或高祖的纪年组中；无年号的九年纪年，有两个骨签，并且它们同为"河南工官令"，因此它们应属于两个纪年组。武帝太初之前的无年号纪年组中，含有"九年"纪年的只有文帝"前元"（其纪年为 16 年）与高祖纪年（其纪年为 12 年），上述两个刻文"九年河南工官令"的骨签，应分属于文帝"前元"与高祖时期的骨签。据上所述，中央官署遗址出土骨签时代的上限在西汉初年的高祖时期。

骨签的时代下限，未央宫中央官署遗址出土骨签中，刻文纪年最晚的骨签是 44394 号，刻文为汉元帝"建昭五年"（公元前 34 年）。武库遗址出土的骨签标本 4：T4③：11，其刻文纪年为"元始二年"，即公元 2 年。因此，可以断定汉长安城遗址出土骨签的时代下限在西汉末年。

五　骨签的功能

未央宫中央官署遗址出土骨签刻文，记载了河南工官、南阳工官、颍川工官向中央政府或皇室"供进之物"的具体内容、生产的管理机构和人员等。这些骨签应该是"三工官"向中央政府或皇室"供进之物"的文字记录资料。汉长安城遗址骨签几与西汉时代相始终，数以几万计的骨签集中有规律的放置于未央宫第三号建筑之中，显然是国家或皇室的有意收藏。不用竹木简、帛书写，选用坚硬动物骨头刻文，显然是为了使其较长时间保存。骨签刻文微小，便于更多的存放。这些都使骨签具有了"档案"性质。由于骨签出土于都城皇宫，内容与中央、皇室有着直接关系。它们应属于中央、皇室档案。

未央宫中央官署遗址出土骨签有刻文的，也有尚未刻文的。据此推测，骨签刻文应该是相关工官将物品送至都城后，中央官署的官吏所为。骨签刻文属于实用性书法，其年代为西汉，前后逾百年。过去汉代的刻文资料多为刻石，而汉代刻石又以东汉晚期刻石为主。西汉时代刻石目前存世不过十几件，字数不足四百。作为刻文的骨签，未央宫中央官署遗址出土 57482 件，字数多达数十万至近百万字，这对于西汉时期的书法研究是一批十分珍贵的考古资料。西汉时期是中国古代书法发展变化的关键时期，也是中国现代汉字的确定时期。这批骨签刻文，对于研究西汉时期书法笔法的演化，揭示"隶变"的过程，探讨中国汉字从古文字到今文字的变革，有着十分重要的学术意义。作为汉文化形成的主要载体——汉字，是我们研究汉文化的重要对象。

第五节　秦汉时期的石刻及其他铭刻文字

石刻是中国古代文化的一种重要载体，也是中国金石学的主要研究对象。虽然早在殷墟出土的石簋残件上已经出现了文字铭刻[1]，但是直至秦代为止，我们现在能够见到的文字石刻仅有秦石鼓文、诅楚文、中山国守丘刻石等寥寥几种，而且它们均无固定的形制，多依就天然岩石的形状，反映出它们的原始性。从现在所能见到的中国古代石刻形制发展状况分析，中国古代文字石刻的多种类型主要是在秦汉时期形成的。秦汉石刻，尤其是东汉石刻，是中国古代石刻发展史上的一个重要阶段。

一　秦汉石刻

现知的秦代石刻，主要是秦始皇巡游天下时所立的刻石，包括峄山、泰山、之罘、东观、琅琊、碣石、会稽等处。各石的铭文内容及立石经过，在《史记・秦始皇本纪》中有详细记录。经过历代风雨，秦代刻石现在几乎全部损毁，得以保存残片的仅有秦二世元年泰山刻辞、琅琊台刻石等。此外，还有一些刻在石权等器物上的秦代诏令，多为传世品。

对秦代石刻的研究，主要集中在秦始皇统一六国后巡游各地及其政治措施的历史研究与秦代文字形体研究等方面。尤其是秦代石刻文字，在中国古文字演变的过程中具有承上启下的珍贵参考资料价值，表明了从篆书、古文向隶书转变这一重要阶段。

西汉时期，石刻文字尚未得到广泛的运用。至 20 世纪 90 年代止，可以确定为西汉时期（包括新莽）的石刻仅有十余种，多为传世品，其中包括：

1957 年在陕西省兴平县茂陵发现的霍去病墓前石雕刻文"左司空"、"平原乐陵宿伯牙霍巨孟"两种。

清代道光年间在今河北省永年县发现的西汉文帝后元六年时的石刻"赵廿二年八月丙寅群臣上寿此石北"，为长方形条石。

1942 年在山东省曲阜县汉灵光殿遗址出土的西汉鲁国石刻"鲁六年九月所造北陛"、"六五乙"两种，刻于建筑石料块石上。

清代嘉庆十一年（1806 年）在江苏省江都甘泉山发现的西汉广陵国石刻"中殿第廿八"、"第百册"两种，同样刻于块石上。

相传清代道光年间在四川巴县出土的石刻"地节二年正月巴州民杨量买山值钱千百作

---

〔1〕　梁思永、高去寻：《侯家庄・1003 号大墓》，历史语言研究所，1967 年。

业示子孙永保其毋替"。原石已佚。

金代明昌二年（1191 年）重修曲阜孔庙时在鲁灵光殿基遗址西南发现的石刻"五凤二年鲁卅四年六月四日成"，刻于长方形石件上。

清代同治九年（1870 年）在山东发现的石刻"河平三年八月丁亥平邑□里廜孝禹"，为长方形圆首小碑形。

相传原在孔子墓前的西汉石刻"祝其卿坟坛居摄二年二月造"、"上谷府卿坟坛居摄二年二月造"，为长方形石件。

清代嘉庆二十二年（1817 年）在山东省邹县卧虎山发现的新莽石刻"始建国天凤三年二月十三日莱子侯为支人为封使者子食等用百余人后子孙毋坏败"，外形为长方形，上端微圆[1]。

1959 年在陕西西安汉长安南郊礼制建筑遗址群[2]的发掘中，清理出厅堂中的部分柱础遗存。这些柱础的侧面多半有题字，大部分是朱笔书写，内容有监工与隶徒的名字，以及吉祥语、数字等；少数为隶书阴刻，其中一块作"官工节碣周君长"。这些刻铭有助于对礼制建筑的时代判断。

1970 年在山东曲阜九龙山西汉鲁王墓[3]中出土有封堵甬道的巨型石材，上面刻有"王陵塞石广四尺"的铭文。

1977 年在河南省唐河县新莽墓[4]中出土的石刻"郁平大尹冯君孺人始建国天凤五年十月十七日癸巳葬千岁不发"，刻于画像石上。

1991 年，在江苏省连云港市的东西连岛上发现了可判定为西汉初年划定琅邪郡界时刻下的界域刻石[5]。它原刻于天然石块上，后崩裂下滑，现存文字中尚可辨识 40 余字，叙述了琅邪郡界的四至。

然而，在西汉时期的大型建筑中，可能已经普遍使用了石刻文字作标记。特别是 1992 年以来对河南永城芒砀山西汉梁国王陵、寝园[6]的考古发掘中发现了大量石刻铭记与陕西咸阳发掘的西汉济南王刘咸墓[7]中发现的题记为这一推测提供了有力的证据，说明官方建筑中使用石刻文字的情况。

根据勘察和考古资料，在梁国王陵区内的保安山一号墓（梁孝王墓）、二号墓（梁孝王后墓）、僖山一号墓、西黄土山一号墓等处[8]均发现了大量刻于塞石与墓室内壁石板上的文字。仅保安山二号墓中清理出的有铭塞石就有近 3000 件。这些塞石上的刻辞内容可以分为八大类。

〔1〕　徐森玉：《西汉石刻文字初探》，《文物》1964 年第 5 期。

〔2〕　考古研究所汉城发掘队：《汉长安城南郊礼制建筑遗址群发掘简报》，《考古》1960 年第 7 期。

〔3〕　山东省博物馆：《曲阜九龙山汉墓发掘简报》，《文物》1972 年第 5 期。

〔4〕　南阳地区文物队、南阳博物馆：《唐河汉郁平大尹冯君孺人画像石墓》，《考古学报》1980 年第 2 期。

〔5〕　连云港市文管会办公室、连云港市博物馆：《连云港市东连岛东海琅邪郡界域刻石调查报告》，《文物》2001 年第 8 期。

〔6〕　河南省文物考古研究所：《永城西汉梁国王陵与寝园》，中州古籍出版社，1996 年。

〔7〕　孙德润：《咸阳清理一汉代大型积沙石墓》，《中国文物报》1995 年 1 月 8 日。

〔8〕　河南省文物考古研究所：《永城西汉梁国王陵与寝园》，中州古籍出版社，1996 年。

第一类是表示塞石所在位置的序号刻字。与发掘时的编号情况对比，这些序号很有规律，极少错位现象，如前庭内第 7 层第 5 排的 10 块塞石，上面的刻字从南至北为"第八卅九"至"第八五十八"，恰为从下向上数的"第八"层，从西向东数的第 49 至 58 块塞石。其余依此类推。说明当初建陵时经过严密的测算与计划，具有科学性。

第二类为塞石的尺度刻字。例如"厚二尺广三尺袤六尺三寸"（131207 号石）、"厚尺四寸广三尺二寸长八尺三寸"（010202 号石）、"长五尺"（030607 号石）等。这批尺度刻字资料为研究西汉尺度提供了珍贵的实物资料。

第三类为干支纪时刻字，共发现 29 块。这类刻字一部分为干支，一部分在干支前冠以数字或某月，有些只有某月。例如："正月"（131207 号石）、"四月丙辰"（130108 号石）、"乙丑"（170101 号石）等。这些纪时刻字对了解陵墓施工的程序，研究汉代历法及推测陵墓建造的时间等都具有十分重要的价值。

第四类为石工的题名，数量较少，有"何徒王"（400402 号石）、"王佐"（070403 号石）、"佐婴工"（050401 号石）等。

第五类为宫室方位刻字。这些塞石一般较短、较厚，数量不多，内容如"西宫东北旁第一三、第一北"（040103 号石）、"东宫东北旁第三一"等。根据发掘情况可以得知，这些刻字是指示"西宫"（即墓葬后室）、"东宫"（即墓葬前室）与"旁"（即各侧室）的相对位置、排列顺序及塞石的序号。

第六类为施工次序刻字，共发现 10 块。这些塞石上除了刻有序号外，个别刻有刻度，但还刻有"始施南方"、"二施南方"、"四施南方"、"七施南方"等字样。应是指几次不同的施工次序。

第七类为墓葬建筑的尺度刻字，仅发现 1 块，位于前庭西南角，上刻"第二一第二广二丈九尺八寸长五丈七尺"系指前庭的长、宽。

第八类为意义不明的其他零星刻字。如"备"、"甲"、"里食错名"、"宋阳"、"猪"、"曹曈"等。这些刻字，有些可能是石工姓名，有些可能是地名。

除去刻辞以外，在墓壁和塞石上还发现了不少朱书文字，共约 300 余字。其内容也是记尺度、序号及纪时等。

这批建筑材料上的刻辞与朱书，不仅向我们展示了西汉大型建筑的组织与施工情况，显示了当时官府的严格管理制度，而且通过纪时刻辞，有助于断定墓葬的主人与建造时间。将纪时刻辞中干支排列有可能组合在一年的若干条选择出来，可得出两组，这两组相距时间应不会超过两年，符合这个条件的西汉年代可以从年历表中推寻出三组，三组年代的上限为公元前 140 年，下限为公元前 123 年（武帝建元元年至元朔六年），这就是该墓的营造时间范围。

近年，还在内蒙古阿拉善盟阿左旗发现了一处被判断为西汉武帝时期遗留下来的摩崖石刻[1]，共 200 余字，但由于风沙剥蚀，现仅可辨识约 100 字。

通过以上石刻实例，可以归纳出西汉时期（包括新莽）的石刻内容与形制上的大致变化

---

[1] 王大方：《阿拉善盟发现汉武帝时期石刻铭文》，《中国文物报》1994 年 9 月 18 日。

规律。在西汉早、中期，石刻主要是记录人物姓名、年月、建筑材料记号等简单的刻辞，尚属于"物勒工名"的性质，是战国、秦、汉时期官方法律要求在制造物上刻记标识的结果[1]。到了西汉中、晚期时出现了地界、符契一类的实用石刻。在西汉晚期和新莽时期，产生了坟坛、祠堂神位等丧葬用的石刻材料，而具有标志墓葬主人作用的墓中题记也在新莽时期出现。这些主要为日常实用制作的石刻，是东汉时逐渐形成的多种石刻类型的前身。

这一时期，各类石刻的固定形制尚未定型，一般是在建筑构件、雕刻及其他实用石件上随意镌刻文字。新出现的一些地界、坟坛、墓记等实用石刻，如麃孝禹刻石、莱子侯刻石等均采用在石面上刻划界格、模仿简牍文书形式的书写方式，表现出这时文字石刻还处于刚刚开始使用的原始阶段。

西汉新莽时期的这些石刻材料虽然数量有限，但仍具有较高的考古价值。刻于各种建筑石件上的铭文有助于了解西汉时期的官方制作制度，考察及确认有关建筑遗址。莱子侯刻石等地界契约是研究西汉土地、法律制度的重要资料。冯孺人刻石在中国古代墓志形成过程中的参考价值，麃孝禹刻石在中国古代碑类形成过程中的标本作用，都是其他时期的石刻材料所无法替代的。

进入东汉以后，石刻的应用范围日益扩大，各种固定形制的石刻种类逐渐形成，尤其是用于纪功表德、标志墓主、记事等方面的纪念性实用石刻的使用日益普及，现存数量比较大。近年以来，在考古发掘中，还有新的东汉石刻被陆续发现出来。

根据现存的东汉石刻形制及内容、用途，可以将数量庞大、形制多样的东汉石刻大致分为摩崖、碑、墓记、画像石题刻、建筑物刻铭等几大类型。

摩崖（包括在单独大石上刻写的碣）是利用天然的石崖或石块表面刻写铭文。石面或稍加修饰，或根本不作修饰。稍晚些时期的摩崖也有在石壁上凿刻出一个碑的外形平面后再刻写铭文。这种摩崖除了没有单独立石外，多与东汉碑的文体、形制相同。现在仍保存着的东汉摩崖有陕西省汉中市石门的建和二年（公元148年）司隶校尉杨孟文石门颂、甘肃省成县的建宁四年（公元171年）西峡颂等；碣有新疆巴里坤等地的永元元年（公元89年）任尚刻石、永和五年（公元140年）焕彩沟刻石等。这些石刻多为纪功纪事之作，例如汉中市石门内外的建和二年（公元148年）杨君石门颂称颂故司隶校尉杨君在永平四年（公元61年）凿通石门的功绩，再如永平六年（公元66年）都君开通褒斜道碑等褒斜道石门摩崖，叙述汉中太守都君役使广汉、蜀郡、巴郡刑徒2690人，经三年开凿，修通关中通往汉中、四川的交通要道褒斜道的巨大工程，还记录了用工数量及耗费的材料、钱粟，记载了东汉时期交通建设的重要资料。

碑是在东汉正式定形的石刻类型。近人统计，现可见到的有明确纪年的东汉碑（包括有拓本存世者）已达160余种。这些碑大都具有相近的固定形制，其主体——碑身为一件长方形的磨制石块，下设碑座（趺）。根据碑身上端的不同形状，可以区分为圆首（上端为弧形）、圭首（上端为三角形）与平首（上端为方形）等几种不同类型。

碑座（趺）大多为长方形条石制成，上刻凹槽以安放碑身。以后发展到刻成龟形的石

---

〔1〕 睡虎地秦墓竹简整理小组：《睡虎地秦墓竹简·秦律十八种·工律》，文物出版社，1990年。

龟趺，龟背上立碑身。

汉碑形制上的一个特点就是在碑身上往往凿刻有一个圆形的穿孔，习惯上称为"穿"。一般认为，穿来源于安置辘轳的圆孔。这表明碑最早的用途是作为辘轳架安置在墓葬旁用于下葬时牵引棺木，或者作为宗庙中拴系牺牲的石桩使用。《仪礼·聘礼》："东面，北上；上当碑，南陈。"注："宫必有碑，所以识日景，引阴阳也。凡碑引物者，宗庙则丽牲焉，以取毛血。其材，宫、庙以石，窆用木。"《礼记·檀弓下》："季康子之母死，公输若方小，敛，般请以机封……将从之。公肩假曰：不可，夫鲁有初，公室视丰碑，三家视桓楹。"郑注："丰碑，斫大木为之，形如石碑。于椁前后四角树之。穿中于间为鹿卢。下棺以绋绕，天子六绋四碑，前后各重鹿卢也。"

1986 年，在陕西凤翔秦公大墓[1]的发掘过程中，在墓道内发现有 4 件大型的木制辘轳架，经研究，认为它们就是上引文献中所说的丰碑，也就是东汉碑的先源。这批现在所能见到的最早的木碑实物，从考古学材料上可信地证实了中国古代碑的来源。

从先秦时期至东汉期间的碑是如何演变的？由于缺乏考古材料上的证据，还无法予以说明。从现存年代较早的东汉永元四年（公元 92 年）袁安碑的残存部分来看，它中部有穿，碑身为长方形，形制已经完全定形了。

西汉晚期以来，随着生产发展与大地主庄园经济的产生，社会财富不断兼并集中，奢靡挥霍的风气越演越烈。由此引发的厚葬习俗进一步改变了汉代墓葬制度，自西汉中晚期以来，砖室墓、石室墓等形制考究、耗资巨大的墓葬形式大量出现，直至影响到下级官吏及一般地主阶层，并且演化成画像石墓这样雕饰精美的大型石质墓葬。这种广泛运用石材的墓葬建筑形式可能极大地促进了石碑的产生、定型及普及。当然，促成碑这一石刻类型形成的因素是多方面的，如雕刻工具与技艺的日益完善，歌功颂德风气的兴起，外来文化的影响等，都会对东汉碑的形成起到一定作用。

碑是东汉使用得最广泛的一类石刻，根据其文字内容及用途，又可以进一步划分为以下几种，即功德碑、纪事碑、墓碑、经典书籍碑等。

功德碑主要记录称颂某一人物的德政、战功、善行等，一般树立在通衢大邑、官署及礼仪建筑附近等地点。在其碑阴或碑侧常刻写参与立碑的门生故吏等人物姓名与其所资助的钱数等。比较重要的汉代功德碑有永和二年（公元 137 年）裴岑纪功碑、中平二年（公元 185 年）曹全碑、中平三年（公元 186 年）张迁碑、光和四年（公元 181 年）三公山碑等。裴岑记功碑今存新疆维吾尔自治区博物馆，已裂为数块，原立于新疆巴里坤东南山达坂，清代中叶始被发现。这件碑记录了东汉敦煌太守裴岑率领郡兵三千征讨北匈奴呼衍王的重要史实。这是东汉中期汉朝对威胁西域地区的北匈奴所取得的一次重大胜利，使河西地区及西域保持了 13 年安定的局面。裴岑碑的记功铭文填补了古代史书记载的一个空白，具有较高的历史价值。曹全碑现存陕西西安碑林博物馆，原在明万历初年出土于陕西省郃阳县，已断为两截。它是曹全任东汉左冯翊郃县令时其属吏门下掾王敞等人所造。碑文中除记录了曹全在任职时赈恤百姓，施米舍药，修造城郭等美德仁政外，更有价值的是

〔1〕《秦公一号大墓墓室清理完毕》，《人民日报》1986 年 9 月 16 日。

记载了有关西域战事与黄巾起义等重要史实。曹全碑中记载曹全在建宁二年（公元 169
年）"举孝廉，除郎中，拜西域戊部司马。时疏勒国王和德，弑父篡位，不供职贡。君
兴师征讨……和德面缚归死，还师振旅"。这段历史在《后汉书·西域传》中也有所载，
但与此碑相比，在人名、官名、事实等方面均存在着显著的差异。如《后汉书·西域
传》作"戊己司马曹宽"，"疏勒王……季父和得"，"讨疏勒，攻桢中城，四十余日不能
下，引去"等。这些情况，都应该依照碑文予以订正。目前国外有不少关于西域的论著
都认为东汉对西域的控制在阳嘉年间以后便已逐渐丧失，贵霜帝国的势力扩张到葱岭以
东，控制了疏勒、于阗等地。而曹全碑中的史料则可以清楚地表明东汉王朝对西域的统
治一直维持到东汉末年。曹全碑中对东汉末年黄巾起义的记载也是在汉代文物中极为罕
见的。碑文中记录"张角起兵幽冀，兖豫荆扬，同时并动，而县民郭家等，复造逆乱，
燔烧城寺，万民骚扰，人里不安，三郡告急，羽檄仍至"，生动具体地反映了东汉末年农
民起义的壮阔景观。

纪事碑用来记录各种大小事件、诏令、官府文书、契约等。重要者如永兴元年（公元
153 年）孔庙置守庙百石卒史碑（又名《乙瑛碑》）、永寿二年（公元 156 年）鲁相韩敕造
孔庙礼器碑、延熹二年（公元 159 年）张景造土牛碑、建宁元年（公元 168 年）史晨飨孔
子庙碑、建宁二年（公元 169 年）史晨祀孔子奏铭、建初二年（公元 77 年）汉侍廷里父
老僤买田约束石券、四川郫县犀浦出土的残"簿书碑"等。

孔庙置守庙百石卒史碑上刻写了东汉鲁国相乙瑛在修孔庙后上奏，请求设置一名百石
卒史掌管礼器主持祭祀的往返公文，现存山东曲阜孔庙。韩敕造孔庙礼器碑也存放在山东
曲阜孔庙中，它是记载汉桓帝永寿二年（公元 156 年）时的鲁国相韩敕为孔庙制作祭祀用
的礼器，并修饰孔子宅庙的纪事碑。张景造土牛碑[1]于 1958 年在南阳南城门里出土，现
藏南阳汉碑亭。这件碑碑身四周都已残损，碑首可以隐约见到一些碑穿的痕迹，现存 1.25
米高、0.54 米宽的一段碑身。碑文内容是有关官府允许张景包修祭祀用的劝农土牛、土人
等偶像，从而免除世代劳役的一组文书。史晨飨孔庙碑刻于建宁元年（公元 168 年）。该
碑的另一面刻了建宁二年（公元 169 年）鲁相史晨祠孔庙奏铭。史晨飨孔庙碑是记录新任
鲁相史晨到官后来孔庙拜祭孔子的经过，而鲁相史晨祠孔庙奏铭则是刻写了史晨上书请求
依照祭祀社稷的规定用王家谷春秋祭祀孔子的奏折。这件碑也存放在曲阜孔庙。汉侍廷里
父老僤买田约束石券是 1977 年在河南偃师县郑瑶村出土的[2]。它是建初二年（公元 77
年）侍廷里父老僤[3] 25 人共同集资买田后定立的约束（管理）契约。其内容对于了解中
国古代民间结社（或称公社组织）的状况有重要参考意义。残"簿书碑"[4]是在 1966 年
出土的，它是在清理四川郫县犀浦附近的一座东汉残墓时被发现的。原碑已被改作成一扇

〔1〕郑杰祥：《南阳新出土的东汉张景造土牛碑》，《文物》1963 年第 11 期。

〔2〕洛阳地区行署文物处黄士斌：《河南偃师县发现汉代买田约束石券》，《文物》1982 年第 12 期。

〔3〕关于"僤"的名称与此段文字断句，俞伟超在《中国古代公社组织的考察》（文物出版社，1988 年）
　　一书中有不同的解释，认为"父老"不是"僤"的名称。

〔4〕谢雁翔：《四川郫县犀浦出土的东汉残碑》，《文物》1974 年第 4 期。

墓门，刻上了门吏画像。从残存文字中可以看出碑上记录了二十多户居民的田产情况，从8 亩至 260 亩不等。碑文中还记录了各户拥有奴婢、房舍、牛的价格。将它与简牍中存有的官府簿籍文书对比，十分相似，说明这是一件刻写当时官方簿籍的碑刻。

1983 年，在四川省昭觉县还曾发现 1 件刻有汉代"五曹诏书"的残碑，同时出土的还有 10 件石阙的残件[1]。碑上残存文字约 400 个，内容是记载东汉光和四年（公元 181 年）领方右户曹史张湛任命冯佑为安斯乡有秩，并且免除该地上诸、安斯两个乡的赋税。它对于了解汉代的官府行政制度与往来文书程式都有一定的参考价值。

墓碑则是树立在坟墓前，用来标明墓主，叙述死者生平业绩，歌颂其功德的碑石。在现存汉碑中，墓碑占有较大的比例。现存较早的袁安碑就是墓碑，它于 1930 年在河南偃师县发现，记述了东汉司徒袁安的生平事迹。说明墓碑是东汉碑刻中出现较早的类型。传世的较重要的汉代墓碑如汉安三年（公元 144 年）北海相景君碑、建和元年（公元 147 年）敦煌长史武斑碑、延熹元年（公元 158 年）郑固碑、延熹七年（公元 164 年）孔宙碑等。1973 年，在天津武清县出土了延熹八年（公元 165 年）汉故雁门太守鲜于璜碑[2]，是近百年来汉碑的一次重大发现。该碑保存完好，为圭首，下有长方形碑座，碑首阳面线刻青龙白虎图案，阴面线刻朱雀纹样（图 11-6）。碑文隶书，记叙了鲜于璜的生平仕历与家族世系，对了解东汉晚期北方地方官员的状况与北方世家的分布情况有一定参考价值。该石现存天津市历史博物馆。1991 年，在河南偃师县南蔡庄村汉墓中[3]发现了建宁二年（公元 169 年）肥致碑（图 11-7）。该石的形状、文体均与碑相同，只是形状较小，又埋施在墓中，有人也把它看作墓志，并不妥当。肥致是一个方士，曾被汉章帝召用。碑文中记述了肥致作法的神异现象，并记载了他借升仙为名，使信徒多人"食石脂"自杀的情况，对深入了解东汉晚期谶纬方术流行，政治腐败的社会状况有一定作用。

此外，在山西临猗、夏县等地清理汉墓时，都发现过一些汉碑的残块[4]。在河南许昌出土了汉平原相陈元残碑。甚至在一向没有发现过汉碑的内蒙古包头也出土了可以拼合一起的 3 块汉碑残石[5]。山东巨野出土过东汉"行事渡君碑"[6]。山东平度出土过光和四年（公元 181 年）"王舍人碑"[7]。山东济宁两城乡南簿村出土《汉南残碑》，有刻字残石 30 多块[8]。这些情况似乎表明，东汉时期在官员及中、上层人士的墓前树立碑石是比较普遍的习俗。

石经是将碑刻形式用于文化传播的一种新用途，在中国古代经籍的流传过程中起过重要的作用。东汉末年刊刻的汉石经是我国历史上最早的一部石经，在东汉石刻中占有重要

〔1〕 吉木布初、关荣华：《四川昭觉县发现东汉石表和石阙残石》，《考古》1987 年第 5 期。
〔2〕 天津市文物管理处考古队：《武清东汉鲜于璜墓》，《考古学报》1982 年第 3 期。
〔3〕 河南省偃师县文物管理委员会：《偃师县南蔡庄乡汉肥致墓发掘简报》，《文物》1992 年第 9 期。
〔4〕 山西省考古研究所：《山西碑碣》，山西人民出版社，1997 年。
〔5〕 魏坚：《内蒙古中南部汉代墓葬》，中国大百科全书出版社，1998 年。
〔6〕 徐玉立主编：《汉碑全集》，河南美术出版社，2006 年。
〔7〕 平度县博物馆：《汉王舍人碑》，齐鲁书社，1986 年。
〔8〕 枣庄市文物管理站李锦山、文光：《枣庄市发现东汉纪年残碑》，《文物》1983 年第 7 期。

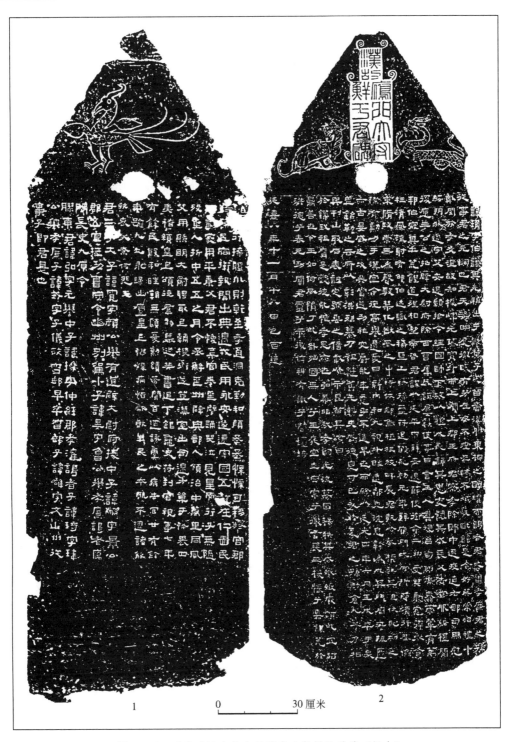

图 11-6　天津武清出土东汉延熹八年鲜于璜碑（拓本）

1. 碑阴　2. 碑阳

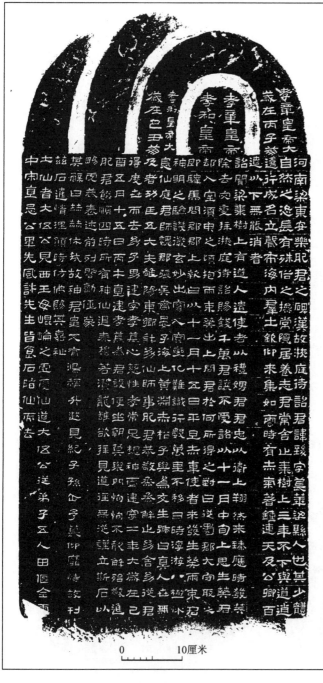

图 11-7　偃师南蔡庄东汉墓出土建宁二年肥致碑（拓本）

地位。汉代儒家今古文学派之间始终存在着尖锐的争议，经典文字上的差异是产生这种学派争议的主要原因之一。有鉴于此，汉灵帝诏令诸儒选定儒家经典正本，由著名学者蔡邕、李巡等人主持，对文字加以校订，刻在碑上，树立在东汉洛阳太学，作为标准。根据古代文献上的有关记载，王国维考证："汉一字石经为《周易》、《尚书》、《诗》、《仪礼》、《春秋》、《公羊传》、《论语》七种。"[1]

汉石经树立的地点汉太学遗址在今洛阳城东洛水南岸，汉魏故城开阳门外。1962 年以来，中国科学院考古研究所在这一带进行了大量调查和发掘，清理了辟雍等礼制建筑，并在辟雍以北的太学遗址发掘出一批石经残片（图 11-8）。

汉石经刊成后，经历了战乱的破坏与多次搬迁。根据文献记载，汉石经在汉末曾遭破坏，曹魏时曾加以修补，但至北魏时代一直保存于原地。东魏武定四年（公元 546 年），汉石经被移至邺城，据《隋书·经籍志》称："没于水者近半。"北周大象元年（公元 579 年）将石经移回洛阳，隋开皇六年（586 年）又运入长安。多次辗转，造成汉石经至唐代初年已经几乎毁坏殆尽。

〔1〕　王国维：《魏石经考》，《观堂集林》，中华书局，1959 年。

汉石经的残石，自宋代的金石著录《集古录目》、《金石录》、《隶释》等书中就有所记载，但均为传世收藏品。20世纪初，在洛阳偃师朱家坨㭹村一带出土了一些石经残石。这些残石多者数百字，少者仅几个字。近代以来的学者对汉石经做了大量的收集、复原工作。根据残石的字数、行数与正、背两面的刻写内容排列顺序，可以复原出当时各个碑石的刻写内容，各种经典的排列次序，各碑的顺序及大致位置等。

图 11-8　汉魏洛阳城太学遗址出土汉熹平石经《尚书》残石（拓本）
1.《皋陶谟》、《益稷》、《禹贡》经文（6874 号残石阳面）　2.《舜典》、《皋陶谟》、《益稷》校记（6278 号残石阴面）　3.《尧典》、《舜典》经文（6278 号残石阳面）

关于汉石经的总碑数，历代记录的数字不大一致。《西征记》称 40 石，《洛阳记》称 46 石，《洛阳伽蓝记》称 48 石，《北齐书·文宣帝纪》称 52 石。据考证，46 石的说法比较可信。从现可见到的残石可以得知，汉石经是正、背两面均刻写经文，先从各碑正面依次顺序刻写，至一部经文一半左右处再转向背面依次顺序刻写经文。

马衡《汉石经集存》中汇集了至 20 世纪 50 年代初为止所发现的汉石经残石，达 8000 余字。20 世纪 80 年代，又陆续有一些新的残石被发掘和介绍出来[1]。

墓记，是置于墓中的标记石刻。它一般记载死者的姓名、家世、生平事迹和卒日、葬期等，在使用目的与铭文内容等方面与后代正式定型的墓志很相近。但是由于它发现较少，并未形成单独的器形，兼以在汉代墓碑盛行而墓志并未定型的状况下不宜直接称其为墓志，这里沿用前人的称呼——墓记，以示与魏晋后正式定型的墓志有所区别。现在所知的东汉墓记有以下几种。

1929 年在河南洛阳东北郊王窑村出土的延平元年（公元 106 年）马姜墓记，今存石高46 厘米，宽 58.5 厘米，据郭玉堂《洛阳出土石刻时地记》记载，出土时因此石大，"剖取其刻字一端，而弃其余"。铭文约 200 字左右，共 15 行，无标题。由铭文可知马姜为东汉名臣马援之女，胶东侯第五子贾武仲之妻，明德皇后之姊，贾贵人之母。因属皇戚，"赐秘器"以葬。结合原出土地一带多次出土黄肠石的情况分析，这件墓记可能就直接刻在墓葬的黄肠石上。

---

[1]　许景元：《新出熹平石经〈尚书〉残石考略》，《考古学报》1981 年第 2 期。

1982 年在江苏邳县青龙山发现的元嘉元年（公元 151 年）缪宇墓[1]记，刻于墓后室石门上方的画像旁边，存铭文约 106 字，共 11 行。铭文记载了死者官职、姓名、仕历、卒日、葬期、并有一些颂词，与后代的墓志文体已经十分相似。但它是附刻在画像石旁，并未形成一件单独的石刻。

在发掘上述缪宇墓的同时，还在附近石桥上发现了被近人利用的一件东汉墓记——延熹八年（公元 165 年）缪纡墓记[2]。这件墓记刻于火成岩石条上，岩面粗粝，据铭文中提及"明堂"来看，它原来可能是一件墓上祠堂的构件。现存 232 字，共 17 行。1982 年山东高密发现孙仲隐墓志[3]，实际上也是类似的墓记。

以上列举的墓记均为附刻在建筑石材上，表现了它们的原始性。在东汉的墓葬中，还发现过多种附刻在建筑构件上的文字铭刻，特别是在大中型画像石墓中。这些文字内容多样，最常见的是刻写石材数目、尺寸、方位等的标记石刻，刻写官署名称、官职、地名、工匠名等的记名石刻，吉祥颂语和纪年石刻等。还有一些在纪年后附记死者姓名、身份、籍贯及墓室建造情况的较长铭刻题记，其内容及目的与墓记近似，但较简略，可能只是建造画像石墓时的一种标记。新中国成立以来，这种题记在考古发掘中多次被发现。如 1953 年在陕西绥德西山寺东汉画像石墓出土的"永元十二年四月八日王得元室宅"一铭，刻于主室后壁立石上[4]。1967 年在山东诸城凉台画像石墓中画像石上发现了"汉故汉阳太守青州北海高密都乡安持里孙琮字威石之郭藏"一铭[5]。1971 年在陕西米脂官庄村东汉墓[6]的主室壁上发现有"永初元年九月十六日牛文明千万岁室长利子孙"的石刻。1978 年在河南唐河新店村新莽画像石墓[7]中发现刻在主室中柱上的"郁平大尹冯君孺人始建国天凤五年十月十七日癸巳葬千岁不发"。1982 年在陕西绥德苏家圪坨东汉画像石墓[8]后室门中柱上发现刻铭"西河太守行长史事离石守长杨君孟元舍永元八年三月卅一日作"等。它们对于判定墓葬年代，了解汉代画像石墓产生与演变的过程具有明显的实证意义。需要注意的是，在考古发掘中，已发现有后代人利用东汉墓中的石材（画像石等）改建墓葬的情况。因此，不能仅凭石刻铭记草率断代，需要结合墓葬情况与随葬品综合分析，才能作出结论。

东汉时期，石刻文字还广泛地应用在建筑材料上，仍然保持着西汉鲁灵光殿石刻那样

〔1〕 南京博物院、邳县文化馆：《东汉彭城相缪宇墓》，《文物》1984 年第 8 期。
〔2〕 A. 李银德、陈永清：《东汉永寿元年徐州从事墓志》，《文物》1994 年第 8 期。该文将该墓记的年代定为永寿元年。
　　B. 周晓陆：《缪纡墓志读考》，《文物》1995 年第 4 期。该文称此石立于永寿元年后十年。根据铭记中记载，其夫人卒于乙巳七有闰月，据《二十史朔闰表》，延熹八年为闰七月。
〔3〕 李储森、张晓光、孙建华：《山东发现东汉墓志一方》，《文物》1998 年第 6 期。
〔4〕 陕西省博物馆、陕西省文管会：《陕北东汉画像石刻选集》，文物出版社，1958 年。
〔5〕 王恩田：《诸城凉台孙琮画像石墓考》，《文物》1985 年第 3 期。
〔6〕 陕西省博物馆、陕西省文管会：《米脂汉画像石墓发掘简报》，《文物》1972 年第 3 期。
〔7〕 南阳地区文物队、南阳博物馆：《唐河汉郁平大尹冯君孺人画像石墓》，《考古学报》1980 年第 2 期。
〔8〕 绥德县博物馆：《陕西绥德汉画像石墓》，《文物》1983 年第 5 期。

的标记作用。在近代东汉陵墓等大型遗址的发掘中，曾经有大量石材上的铭刻或墨写文字出土。如河北定县北庄汉墓，是一座以石材作为黄肠题凑的大型砖室墓。在使用的石材上，共发现 174 块有铭刻文字或墨书文字。这些文字的内容为进贡石材的县名和石工的籍贯、姓氏，有些还标有尺寸，仍属于"物勒工名"制度的产物。

根据题铭中标明"北平石"、"望都石"的石材占较大比例，可知建造定县北庄汉墓的石材主要由汉中山国北平、望都二县贡献。此外，还有中山国辖下卢奴等 9 个县与属于东平国、鲁国、梁国、常山郡、山阳郡、河东郡、河内郡等辖区内一些县的石工凿制的石材。由于东汉章帝时曾对中山国属下的部分县名加以更改，而这些石刻题记中仍使用更改前的县名，这就为判断墓葬的年代下限提供了主要证据[1]。

又如江苏徐州土山东汉彭城国王墓、河南孟津送庄东汉墓等处，也都发现过刻有铭文的墓石[2]。刻铭如"左湖石官工田阳治"等。部分石材刻有尺寸。

石阙是汉代一种重要的建筑形制。现在全国尚保存有 30 处以上的汉代石阙遗址，主要分布于四川、山东、河南等地，如四川雅安高颐阙、渠县冯焕阙、绵阳平阳府君阙，河南登封太室、少室、启母阙等。从其原来用途区分，一般包括庙阙与墓阙两种类型。

现存汉阙一般高 4～6 米，多由石块垒砌而成。阙上常分层雕刻有各种画像，并往往附刻有铭文。这些铭文有些是对画像加以说明的榜题，有些是阙的名称，有些是造阙人的姓名及造阙年月等。文辞均较简单，如河南登封太室阙的西阙南面阙身上篆书"中岳泰室阳城□……"北面阙身刻"元初五年四月阳城□长左冯翊万年吕常始造作此石阙"。又如山东莒南发现的汉代石阙[3]铭文为"元和二年正月六日孙仲阳□升物故行□□礼□作阙贾直万五千"，是一座墓阙的标记。

东汉时期的墓葬中，还出现有一种标识神道位置的石建筑——神道柱[4]。它具有底座、柱身、额、柱顶等几个部分，雕饰精致，外形美观。底座一般为方形，上有盘龙或盘兽形雕刻，柱身上刻成圆弧形直纹，上部有方额，柱顶为华盖形，并雕有立兽。20 世纪 60 年代初，在北京石景山发掘出 1 件"汉故幽州书佐秦君之神道"[5]，约建于东汉元兴元年（公元 105 年）。说明东汉时期，这种神道有过较为普遍的流行。神道柱的额上都刻有铭文，记录墓主的名氏官职等。

东汉时期各种建筑物石构件上的铭刻文字，虽然内容简单，但是从文字形体与内容上可以提供可靠的年代证明，尤其是有纪年的铭刻，对于考古发掘的时代考证具有重要的意义。在这些简略文字中透露出来的有关东汉官方工役制度、经济情况、地理区划等方面的信息，都可以为东汉历史考古的研究提供有价值的资料。

---

[1]　河北省文化局文物工作队：《河北定县北庄汉墓发掘报告》，《考古学报》1964 年第 2 期。

[2]　A.《银镂玉衣、铜盒砚、刻石》，《光明日报》1973 年 4 月 7 日。

　　B. 郭建邦：《河南孟津送庄汉黄肠石墓》，《文物资料丛刊》第 4 辑，文物出版社，1981 年。

[3]　刘心健、张鸣雪：《山东莒南发现汉代石阙》，《文物》1965 年第 5 期。

[4]　《后汉书·光武十王列传·中山简王焉》李贤注："墓前开道，建石柱以为标，谓之神道。"

[5]　北京市文物工作队：《北京西郊发现汉代石阙清理简报》，《文物》1964 年第 11 期。

二　秦汉陶文及砖瓦文字

　　自宋代以来，金石学者们已经对各地发现的秦汉陶文、砖文等铭刻材料进行了记录、收集、汇编及释读考证，保存下来数以百计的资料[1]。20 世纪内陆续开展的考古发掘工作，又发现大量新的陶文、砖文、瓦当文等铭刻材料。这些经过科学发掘或调查得来的材料，出土地点与地层关系比较明确，时代清楚，不仅为考古发掘本身提供了依据与研究线索，也是秦汉历史与中国古文字学研究的重要资料。

（一）秦代陶文及砖瓦文字

　　现在所见到的秦代陶文及砖瓦文字，主要出土于关中地区，如秦都咸阳遗址、长安阿房宫遗址、林光宫遗址、秦始皇陵遗址（图 11-9）、栎阳遗址等地[2]。此外，湖北云梦睡虎地秦墓[3]出土的陶罐上有印文"安陆市亭"，辽宁出土陶量上有秦代刻文"十六斗泰半斗"[4]，以及据记载在河南、山东、内蒙古等地出土的传世品秦代陶量器上刻、印的秦诏书等。

　　在陕西凤翔的秦都雍城遗址出土过上百件春秋、战国时期的秦陶文，多为刻文，内容为编号与刻划符号等，可能是烧造砖瓦的工人随意刻写的，

图 11-9　秦始皇陵修陵人墓 79CM14 出土瓦文（拓本）
1.M14K49：01　2.M14K32：03　3.M14K32：02
4.M14K53：01　5.M14K19：02　6.M14K52：01

〔1〕　A.吴大澂：《愙斋专瓦录》，西泠印社，1919 年。
　　　B.高鸿裁：《上匋室专瓦文捃》，拓本，北京大学图书馆藏。
　　　C.端方：《陶斋藏砖记》，自印本，1909 年。
　　　D.王振铎：《汉代圹砖集录》，燕京大学考古学社，1935 年。
　　　E.邹安：《专门名家・广仓砖录》，上海仓圣明智大学，1921 年。
　　　F.程敦：《秦汉瓦当文字》，横渠书院刻本，乾隆五十二年。
　　　G.罗振玉：《恒农冢墓遗文》，自刻本，1915 年。
〔2〕　袁仲一：《秦代陶文》，三秦出版社，1987 年。
〔3〕　孝感地区第二期亦工亦农文物考古训练班：《湖北云梦睡虎地十一号秦墓发掘简报》，《文物》1976年第 6 期。
〔4〕　中国社会科学院考古研究所内蒙古工作队：《赤峰蜘蛛山遗址的发掘》，《考古学报》1979 年第 2 期。

用于识别、统计数量。这些材料可以肯定是秦统一以前的器物，故不在此介绍。

　　而在咸阳、长安、始皇陵等地发现的陶文，多属于战国中晚期与秦统一以后。由于文字形体与体例上没有十分明显的区别，将它们的年代具体区分开来存在着一定的困难。所以，除去少量刻有明确年代的铭刻外，往往把这些材料放在一起研究。

　　陶文是刻写、捺印或书写在陶器表面的文字，多在制陶器坯时刻印。因此，它的内容主要与陶器的制作和使用有关，以陶器的制作地点、作坊名称、陶工名称及数量等为主，文字较少，概括性强，有一定的格式。此外，还有利用残砖瓦刻写死者名籍，用以标志墓葬的瓦文，刻印皇帝诏书的量器铭文，标明使用者名称的铭文，以及随手刻划的符号等几种类型。

　　各种类型的陶文例证如下。

　　（1）标明制陶情况：

　　记数量："四十"〔1〕、"咸五"〔2〕等。

　　记人名："宫得"〔3〕、"左禹"〔4〕、"右司空婴"〔5〕、"美阳工苍"〔6〕等。

　　记官署名："左司空"〔7〕、"大匠"〔8〕等。

　　记县邑名："蓝田"〔9〕、"蒲反（阪）"〔10〕、"咸阳亭久"〔11〕等。

　　标示民间制陶作坊产品："咸亭东里偅器"〔12〕、"咸商里若"〔13〕。

　　（2）标志墓葬用的瓦文："东武居赀上造庆忌"〔14〕、"博昌去疾"〔15〕、"杨民居赀武德公士契必"〔16〕。

〔1〕　秦兵马俑上刻文（T20G9∶85）（见袁仲一《秦代陶文》第175页，三秦出版社，1987年）。

〔2〕　秦兵马俑上刻文（T1G1∶8）（见袁仲一《秦代陶文》第205页，三秦出版社，1987年）。

〔3〕　秦兵马俑上刻文（T19G10∶43）（见袁仲一《秦代陶文》第230页，三秦出版社，1987年）。

〔4〕　板瓦印文，咸阳1号宫殿遗址出土（N01T28∶3）（见袁仲一《秦代陶文》第253页，三秦出版社，1987年）。

〔5〕　板瓦印文，始皇陵西侧内外城间遗址采集（见袁仲一《秦代陶文》第261页，三秦出版社，1987年）。

〔6〕　板瓦印文，始皇陵北鱼池遗址采集（见袁仲一《秦代陶文》第341页，三秦出版社，1987年）。

〔7〕　板瓦印文，始皇陵西建筑遗址出土（T2∶4）（见袁仲一《秦代陶文》第243页，三秦出版社，1987年）。

〔8〕　板瓦印文，始皇陵内城等地出土（见袁仲一《秦代陶文》第284页，三秦出版社，1987年）。

〔9〕　筒瓦印文，始皇陵北鱼池遗址出土（见袁仲一《秦代陶文》第345页，三秦出版社，1987年）。

〔10〕　板瓦印文，始皇陵西侧内外城间遗址出土（见袁仲一《秦代陶文》第350页，三秦出版社，1987年）。

〔11〕　陶器印文，咸阳毛王沟出土（见袁仲一《秦代陶文》第353页，三秦出版社，1987年）。

〔12〕　陶器印文，秦咸阳遗址出土（见袁仲一《秦代陶文》第367页，三秦出版社，1987年）。

〔13〕　陶器印文，秦咸阳遗址出土（见袁仲一《秦代陶文》第366页，三秦出版社，1987年）。

〔14〕　板瓦刻文，秦始皇陵西侧赵背户村修陵工人墓坑（19号）出土（见袁仲一《秦代陶文》第228页，三秦出版社，1987年）。

〔15〕　板瓦刻文，秦始皇陵西侧赵背户村修陵工人墓坑（70号）出土（见袁仲一《秦代陶文》第232页，三秦出版社，1987年）。

〔16〕　板瓦刻文，秦始皇陵西侧赵背户村修陵工人墓坑（32号）出土（见袁仲一《秦代陶文》第236页，三秦出版社，1987年）。

（3）刻写皇帝诏书的量器瓦文，这件诏书见于《史记·始皇本纪》与现存的秦权、秦铜量等器物上的诏版铭刻，瓦文多为残片，存有其中部分文字。如："廿六年皇帝……"[1]、"并兼天下诸侯"、"……为皇帝乃诏……"、"……相状绾法度量则不……"等。

（4）标明使用者（或所在宫邑）名称："左厩容八斗"[2]、"丽山飤官"[3]、"丽邑五升"[4]、"北园吕氏缶容十斗"[5]。

（5）其他刻划符号："壬"、"六"、"千千"、"个"[6]等。

以前，对秦代陶文的研究多注重于文字的释读考证方面。近年来，结合秦代遗址的考古发掘，学术界注意到陶文对遗址分析及研究秦代社会经济等方面所起的作用。如陕西省考古研究所在对咸阳长陵车站附近的长兴村、滩毛村和店上村等地的秦代遗址进行考古调查与试掘[7]时，曾清理一批窑址，发现大批陶器、制陶工具。通过分析这里出土的陶文，如"咸亭郦里黍器"、"咸郦里就"……这些具有明显民间手工业作坊特征的戳记，证明这里是秦代一个民间私人制陶作坊聚集的地区，从而反映出当时民间手工业的发展程度，说明秦代咸阳的手工业作坊有比较固定的集中聚居地。这种方式有利于官方的管理使用，也有利于生产者的专业化与商品的规范化，是中国古代社会生产方式中的一大特点。

在秦始皇陵遗址及咸阳等地出土的陶文中，有大量标志着秦代中央官署下辖制陶作坊和官营徭役性作坊的印记。经研究，它们主要反映以下几方面的问题。

从陶文中可见，秦代主管烧造砖瓦及陶器的官署有左司空、右司空、大匠、宫水、大水、左水、右水、北司、都船等。除了左司空、右司空、大匠、都船以外，其他均不见于文献记载。这些部门，参照文献记载，应该是属于少府、将作大将、中尉等中央官署管辖。左、右司空类的陶文在咸阳、秦始皇陵、阿房宫等处遗址都可以见到，数量也较多，说明左、右司空是秦代中央掌管烧造砖瓦用于宫室陵寝建筑的主要机构。而寺水、大水、左水、右水、宫水、北司和都船等陶文不见或罕见于咸阳遗址，主要出现在秦始皇陵遗址内，此外，在阿房宫、林光宫等遗址也有所发现。表明这些掌管砖瓦烧造的机构可能是在秦始皇时为了应付庞大建筑工程而新设置的。另一种可能就是在将作大匠、中尉等官署原

〔1〕周进：《新编全本季木藏陶》，中华书局，1998年。

〔2〕陶罐刻文，始皇陵马厩坑出土（见袁仲一《秦代陶文》第378页，三秦出版社，1987年）。

〔3〕陶罐刻文，始皇陵出土（见袁仲一《秦代陶文》第382页，三秦出版社，1987年）。

〔4〕陶罐刻文，始皇陵出土（见袁仲一《秦代陶文》第385页，三秦出版社，1987年）。

〔5〕陶缶刻文，凤翔高庄M47出土（见袁仲一《秦代陶文》第390页，三秦出版社，1987年）。

〔6〕均为陶罐刻文，秦始皇陵区出土（见袁仲一《秦代陶文》第398、401、402、410页，三秦出版社，1987年）。

〔7〕A. 陕西省社会科学院考古研究所渭水队：《秦都咸阳故城遗址的调查和试掘》，《考古》1962年第6期。

　　B. 陕西省考古研究所吴梓林：《秦都咸阳遗址新发现的陶文》，《文物》1964年第7期。

　　C. 秦都咸阳考古工作站刘庆柱：《秦都咸阳几个问题的初探》，《文物》1976年第11期。

　　D. 孙德润、毛富玉：《秦都咸阳出土陶文释读小议》，《考古与文物》1981年第1期。

　　E. 袁仲一：《秦民营制陶作坊的陶文》，《考古与文物》1981年第1期。

有的机构下添设作坊，将产品调给宫室陵寝建设使用。

秦代陶文中记录了一批生产工匠的名字，这些人从"右工师"、"都船工□"等陶文可以推测出他们的身份。这些署名者应该是负责指挥生产的工师，属于有经验的工匠。如《睡虎地秦墓竹简·秦律十八种》中的《均工》所载："新工初工事，一岁半红（功），其后岁赋红（功）与故等。工师善教之，故工一岁而成，新工二岁而成。"现在从陶文中见到的工匠名达一百余人，由此可以推想在工师指挥下的手工业劳动者该是多么庞大的一个队伍。

秦始皇陵遗址内出土的陶文内，有一批署明来自各郡县的工匠印记。这类陶文中最完整的是具有地名、人名和职名，如"美阳工苍"、"好畤工伙"等；有些省略了职名，如"杜建"、"芷阳葵"等；有些省略了人名及职名，如"蒲反（阪）"、"蓝田"等。

有研究者推测，这些陶文表明其制造者是官方从各地征发来的陶工，他们是以自由民的身份来此服徭役，在秦始皇陵等工地设置临时窑场。由于陶文中反映的县邑基本上是在原来的秦国地区，即今陕西、甘肃以及山西等地，它可能表现秦代对秦国原辖区与原六国辖区采取了不同的管理手段。尤其是文献记载秦始皇时修建阿房宫与骊山陵区使用了70余万刑徒，这些刑徒多是来自六国地区，临潼县赵背户村发现的刑徒墓瓦文也证实了这一点。至于瓦文中记载的人物都来自山东六国地区，更是有力的证据。这一问题的深入研究，可能对了解秦代社会的主要矛盾及秦代灭亡的原因有所裨益[1]。

此外，标有咸阳亭市及其他郡县亭市印记的陶文，对于了解秦代的市与亭、里这些行政制度，以及手工业的生产、管理状况，都具有重要的价值[2]。

在秦始皇陵遗址[3]内出土了一些刻写着器物使用部门名称的陶文，如"宫厩"、"中厩"、"丽山飤官"、"丽邑二升半、八厨"、"东园"……这些部门名称与考古发掘结合，有助于正确认识秦始皇陵区的建筑布局，了解秦代的陵寝制度与官制。例如，带有丽山飤官铭文的器物，绝大部分出土于秦始皇陵西侧的内外城垣之间的建筑遗址内，证明此处为丽山飤官的寺舍，位于寝殿之后，这与汉代诸帝陵中常见的布局是一致的。

临潼县赵背户村秦代工徒墓地[4]中出土了18件覆盖在尸骨上的瓦文，文字刻于与始皇陵建筑用瓦相同的残瓦上，书体为秦小篆，可以确定为秦代器物。这是迄今为止我国最早用来标志死者身份的志墓铭刻。它对于研究中国古代墓志与标志墓葬的风习是如何产生和发展的这一课题具有重要的意义。

由于该墓地埋葬的尸骨达数百人，而有瓦文者仅19人。有人推测这可能与身份的高低有关。分析瓦文中的人物，其中11人有爵（公士3人，上造2人，不更6人），从服役性质来看，其中10人为居赀，即以劳役抵偿罚款，另9人性质不明。所以，其中大部分人的身份高于平民，刑名又轻于大部分刑徒，这可能是给他们使用瓦文志墓的原因。也可

〔1〕　袁仲一：《秦代陶文》，三秦出版社，1987年。
〔2〕　袁仲一：《秦代的市、亭陶文》，《考古与文物》1980年创刊号。
〔3〕　A. 秦俑坑考古队：《秦始皇陵东侧马厩坑钻探清理简报》，《考古与文物》1980年第4期。
　　　　B. 赵康民：《秦始皇陵原名丽山》，《考古与文物》1980年第3期。
〔4〕　始皇陵秦俑坑考古发掘队：《秦始皇陵西侧赵背户村秦刑徒墓》，《文物》1982年第3期。

能是含有为归葬原籍做标志的用意。根据瓦文中刻的籍贯，这 19 人大多来自原山东六国，如属于三晋的东武、平阳、平阴，属于齐的博昌，属于楚的兰陵、邹、赣榆等，古人有归葬原籍族葬地的风习，给这些远方的工徒标明尸骨，可能具有这方面的用途。

（二）汉代陶文及砖瓦文字

汉代的陶文数量较大，种类也较多，在各地的汉代建筑遗址及墓葬等处都有发现。主要的类型有瓦当、文字砖、陶器书铭、刑徒砖铭、砖志等。

瓦当在中国古代建筑中出现的时间较早。现在已经发现有西周时期的建筑瓦当，如陕西扶风县召陈村发现的西周大型建筑遗址内[1]就出土有重环纹的半瓦当。在战国时期，瓦当在建筑中普遍使用，而且根据地区国别具有各自不同的纹饰风格，如燕国的半瓦当以饕餮纹为主，齐国的半瓦当以树木纹为主等。这时有少量瓦当上也模刻出文字，但是在瓦当上大量使用文字，则是进入西汉以后的事，而且也以西汉时期的瓦当文字最为丰富多样。

就现在所能采集到的汉代瓦当标本来看，汉代瓦当主要出土于陕西关中地区。此外，在河南、山东、山西、内蒙古、甘肃、青海、河北、辽宁、江苏、江西、福建、广东等地，也都有过汉代瓦当的出土发现。

汉代瓦当文字以圆形瓦当为主，一般围绕圆心，将瓦当平面用线纹分割成几个部分，每部分中刻写一字。文字以篆书为主，读法有顺序旋转与交叉等几种。最少的瓦当文字为每当 1 字，多的可以达到 12 字以上。其内容主要分成三种。

第一种是标识宫殿、官署或陵寝等建筑的名称，如在陕西凤翔雍城遗址出土的"蕲年宫当"、"橐泉宫当"、"棫阳"，在陕西淳化甘泉宫遗址出土的"甘林"，陕西宝鸡火车站附近出土的"羽阳万岁"、"羽阳千秋"，陕西蓝田出土的"鼎胡延寿宫"，陕西咸阳长陵内出土的"长陵东当"、"长陵西神"、"斋园"、"斋一宫当"、"斋园宫当"，陕西西安汉长安城遗址内出土的"右将"、"右空"、"都司空瓦"、"卫"、"宗正官当"、"左弋"、"上林"，陕西华阴县出土的"华仓"、"京师仓当"、"京师庚当"等。根据以前传世收藏的记录，在西安汉城遗址内及建章宫遗址内还出土过"折风阙当"、"骀汤万年"、"披香殿当"、"石渠千秋"、"天禄阁"、"梁宫"等宫殿官署的瓦当。这些瓦当每一种都是专供一个建筑使用的[2]。将它们与《三辅黄图》、《长安志》等古文献记载予以对照，可以有力地证明汉代的宫殿官署建筑制度，确认这些宫室的遗址所在。如蕲年宫是秦国时就兴建了的宫殿，关于它的所在，以前记录得并不清楚。《史记·秦始皇本纪》"将欲攻蕲年宫为乱"集解云："《地理志》蕲年宫在雍。"正义云："《括地志》云：'蕲年宫在岐州城西故城内。'"而根据调查，这种瓦当出土地在凤翔县长青乡孙家南头堡子壕遗址，从而纠正了过去的误解，确

〔1〕　陕西周原考古队：《陕西岐山凤雏村西周建筑基址发掘简报》，《文物》1979 年第 10 期。

〔2〕　A. 徐锡台、楼宇栋、魏效祖：《周秦汉瓦当》，文物出版社，1988 年。

　　　B. 陕西省考古研究所秦汉研究室：《新编秦汉瓦当图录》，三秦出版社，1987 年。

　　　C. 清·程敦：《秦汉瓦当文字》，横渠书院，清乾隆五十二年刻本。

认了这处秦汉宫殿遗址。

第二种是私人庄宅及坟墓建筑上使用的瓦当。如"李"、"马氏殿当"、"杨氏"、"殷氏冢当"、"巨杨冢当"、"冢上大当"、"冢当万岁"、"冢上瑞鸟"、"瑞冢"等[1]。

第三种是在汉代十分流行的吉语文字。这类文字瓦当使用的时间很长，流行的也非常广泛，如"长乐未央"、"千秋万岁"、"长生无极"等文字瓦当在全国多处都有所发现。发现的种类中以关中地区为最多，如"千秋万岁与天毋极"、"汉并天下"为西汉初年制作的瓦当；西汉中期以后，有"富贵延年"、"延年益寿"、"延年万岁"、"延寿长久"、"延寿万岁常与天久昌"、"长生未央"、"长乐未央"、"长乐万岁"、"千秋万世"、"千秋万岁"、"长生无极"、"常生无极"、"与天毋极"、"与地无极"、"与华无极"、"与华相宜"、"大富"、"永保富贵"、"永千宜富贵"、"富贵毋央"、"富贵万岁"、"八风寿存当"、"永奉无疆"、"亿年无疆"、"永受嘉福"、"利昌未央"、"大宜子孙"、"永保国阜"、"长生吉利"、"永寿昌"、"时序□□"、"与民世世天地相方永安中正"、"加气始降"、"道德顺序"、"屯泽流施"、"甲天下"等[2]。这些吉语文字瓦当，随着使用时间的早晚，瓦当与文字形体有一些细微的变化，读法也有所不同。如汉代初年至景帝时的瓦当文字严谨紧密；汉武帝至宣帝时的瓦当面积较大，边轮特别宽，文字也显得宽松疏放；汉元帝后的瓦当变小，文字圆润等。如将有确切层位关系或有其他标准器协助断代后的文字瓦当加以认真排比，有助于汉代遗址的断代工作。但限于条件，目前还无法做到过细的区分。然而，这些吉语瓦当由于使用广泛，而且大多仅限于汉代，对于确定汉代遗址（尤其是西汉遗址）具有重要的作用。如在内蒙古包头市郊发现的西汉晚期墓中，发现有"单于和亲"、"天降单于"、"四夷咸服"等文字瓦当[3]。证实了它们所在墓葬是在西汉与匈奴之间的关系得到缓和的西汉晚期建造的，反映出当时北方边境上短暂的和平安宁状态。又如福建崇安城村汉城遗址[4]，在城内建筑遗址中出土有云纹和"常乐万岁"瓦当。根据它们与其他出土遗物的共同分析结果，可以判定这里是一处西汉武帝元封元年（公元前110年）灭东海王余善后建立起来的戍卫城址[5]。再如辽宁丹东叆河尖村古城址[6]，1973年在城内出土1件圆瓦当，铭文为"安平乐未央"，使此城为汉代西安平县城址的推断得到了进一步的确认。青海海晏三角城汉西海郡故城遗址内发现的"西海安定元兴元年作当"瓦当铭文，对此城址

[1]　A. 徐锡台、楼宇栋、魏效祖：《周秦汉瓦当》，文物出版社，1988年。
　　　B. 陕西省考古研究所秦汉研究室：《新编秦汉瓦当图录》，三秦出版社，1987年。
　　　C. 清·程敦：《秦汉瓦当文字》，横渠书院，清乾隆五十二年。
[2]　A. 徐锡台、楼宇栋、魏效祖：《周秦汉瓦当》，文物出版社，1988年。
　　　B. 陕西省考古研究所秦汉研究室：《新编秦汉瓦当图录》，三秦出版社，1987年。
　　　C. 清·程敦：《秦汉瓦当文字》，横渠书院，清乾隆五十二年刻本。
[3]　A. 内蒙文物工作组：《一九五四年包头市西郊汉墓清理简报》，《文物参考资料》1955年第10期。
　　　B. 内蒙古文物工作队：《内蒙古文物资料选辑》，内蒙古人民出版社，1964年。
[4]　福建省文物管理委员会：《福建崇安城村汉城遗址试掘》，《考古》1960年第10期。
[5]　陈直：《福建崇安城村汉城遗址时代的推测》，《考古》1961年第4期。
[6]　辽宁省博物馆文物工作队：《概述辽宁省考古新收获》，《文物考古工作三十年》，文物出版社，1979年。

的名称及兴废设置过程也都是极好的证明材料[1]。

除汉代瓦当文字外，在出土的汉代板瓦、筒瓦、砖等建筑材料残件上还常发现有一些刻写或模印的文字。这些文字大多属于标明制作者与制作日期的套语，部分是建筑本身的名称，以及少数吉语，传世品中有大量据记载发现于长安、洛阳等地的砖瓦文字，如"左司空"、"十二年四月工雉，汉城"、"竟宁元年太岁在甲戌卢乡刘吉造"、"宗正官瓦元延元年"、"建平元年"、"都元始五年"、"居摄二年都司空"、"始建国天凤四年保城都司空"、"萧将军府"、"杨"等等[2]。近年清理汉长安城未央宫遗址[3]时，在被判定为中央官署遗址的范围内发现了板瓦上的印文"都建平三年"等。在判定为椒房殿遗址的范围内也出土了带有印文的板瓦、筒瓦。东汉以来，出现了模印在砖上（主要是墓砖上）的铭文，如"永平八年七月廿日作"、"建初七年八月十三日曹叔文作千万岁署舍命史后子孙贵昌□□未央大吉"[4]等。

在湖南长沙一带的东汉砖墓中，出土了不少铭文砖，文字以"长宜子孙"、"长乐未央"、"富贵"、"寿若泰山"等吉语为多，也有模印年号的[5]。砖侧模刻的文字、花纹，都砌在面向墓内的一侧，说明这些铭文花纹是有意为墓中装饰而模制的。

在福建崇安汉城遗址、广西兴安石马坪20号东汉墓[6]等边远地区的汉代遗迹中，也曾发现有纪年铭文或其他文字的汉代砖瓦，说明在砖瓦上刻印文字的风习在汉代十分普及，甚至影响到边疆地区。它们反映了汉代砖瓦制造业的盛大规模和高度的技术水平。

汉代刑徒砖是近代汉代考古上的一次重要发现。早在清代，已经有部分刑徒墓砖流入社会，被一些金石收藏家收藏和予以著录。如端方在《陶斋藏砖录》中收录了100余件刑徒砖，罗振玉在《恒农冢墓遗文》、《恒农专录》等书上收录了200多种刑徒砖铭等。但是当时并未能了解到刑徒砖的出土地点，有些根据传言的出土地点记载还存在错误。20世纪50年代中，在河南洛阳东南偃师县佃庄乡西大郊村一带又陆续出土了一些刑徒墓砖[7]。经调查，确定这里是刑徒墓地的所在地。1964年，中国科学院考古研究所在西大郊村西南发掘了522座刑徒墓[8]，共出土刑徒砖铭820余件（图11-10）。一般在每座墓中放置两块砖铭，也有放一块及放四五块的。放置两块以上砖铭的墓中，除刻死者姓名的砖外，还有刻其他人名的旧墓砖。砖铭中，有很多是利用旧刑徒砖的背面重新刻字的，有些还在旧砖铭上加刻数条粗线以表示作废，也有的就在原砖铭文上用粗笔划刻出新铭文。全部出土的刑徒砖铭都是利用残缺的废砖刻写成的。从砖铭上残存的颜色可以看出，制作

[1] A. 安志敏：《元兴元年瓦当补正》，《考古》1959年第11期。

　　B. 黄盛璋：《元兴元年瓦当与西海郡》，《考古》1961年第3期。

[2] 陈直：《秦汉瓦当概述》，《文物》1963年第11期。

[3] 中国社会科学院考古研究所：《汉长安城未央宫1980～1989年考古发掘报告》，中国大百科全书出版社，1996年。

[4] 宋·洪适：《隶续》卷一四，洪氏晦木庵刻本。

[5] 湖南文物考古队：《文物考古常识》，湖南人民出版社，1959年。

[6] 蒋廷瑜：《兴安县石马坪汉墓》，《中国考古学年鉴（1985）》，文物出版社，1987年。

[7] 黄士斌：《汉魏洛阳城刑徒坟场调查记》，《考古通讯》1958年第6期。

[8] 中国科学院考古研究所洛阳工作队：《东汉洛阳城南郊的刑徒墓地》，《考古》1972年第4期。

时是先用朱笔写上铭文，然后再刻写，有些砖铭在刻成后还在笔划中填朱。

刑徒砖铭的内容主要是标示死者。有些仅刻写死者姓名，有些在姓名前加刻"无任"或"五任"，有的加刻郡县名、刑名以及死亡日期，铭文最多的砖铭中除以上内容外，还刻有部属、狱名，并注明其尸体在此下。此外，在砖铭中还有附记"勉刑"、"官不负"或注明第某、第某笼等内容的。文例如下：

"卫奴"、"龚伯"。

"无任谢郎"、"五任冯少"。

"汝南成甫戴路"、"南阳宛陈便"。

"梁国下邑髡钳赵仲"。

"无任河南雒阳髡钳金陵"。

"无任河南雒阳髡钳陈巨元初六年闰月四日物故死"。

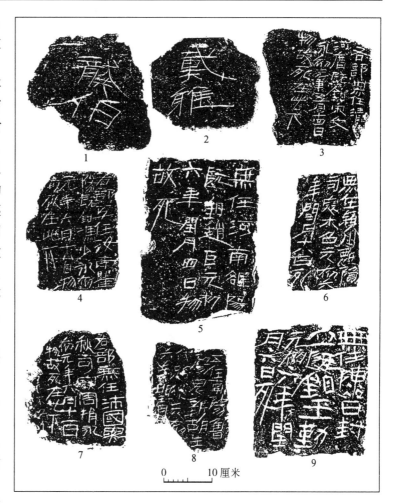

图 11-10　东汉洛阳城南郊刑徒墓出土刑徒砖铭（拓本）
1. M3-17:1　2. M3-26:1　3. T2M56:1　4. T2M21:2　5. M11-20:1
6. T1M9:2　7. T2M34:1　8. M11-39:1　9. M11-20:1

"右部无任少府若卢髡钳尹孝永初元年五月四日物故死在此下"。

"右部无任勉刑颍川颖阴鬼薪范雍不能去留官□致医永初元年六月廿五日物故死在此下"。

"右部无任沛国与秋司寇周捐永初元年六月十一日物故死在此下官不负"。

与居延发现的汉代田卒名籍册的格式相比，可知墓砖的铭文大约是抄自刑徒的死亡登记簿。砖铭中的"左部"、"右部"（亦有省略作"左"、"右"）应该是汉中央政府的将作大匠下属的"左校"、"右校"。

这批砖铭中记录的郡县名称，包括了司隶、豫、冀、兖、徐、青、荆、扬、并等九州所辖 39 个郡国中的 167 个县。此外，尚有 4 件刻有"少府若卢"狱名的砖铭。根据这处狱名推测，各砖铭上刻写的郡县名称可能也是指刑徒来自的郡县监狱，而不是刑徒的原籍。

在墓砖上见到的刑名有"髡钳"、"完城旦"、"鬼薪"、"司寇"四种。这些都是罚为输作的刑名，刑期依次为五年、四年、三年及二年。

全部砖铭中记录死亡日期的共 229 块，始自东汉和帝永元十五年（公元 103 年）四月三日，终于安帝延光四年（公元 125 年）十月二十二日，其中以永初元年（公元 107 年）五月至六月和元初六年（公元 119 年）闰五月的砖铭为最多。

此外，在制作砖瓦与使用砖瓦的建筑过程中，还产生了一些生产者随意刻划的铭文与记录数量、位置等内容的铭文。安徽亳县曹操宗族墓中出土的大量刻字砖就是一个代表。

1976 年至 1977 年 4 月清理的亳县曹操宗族墓[1]中，出土有大量刻写有文字的墓砖。这些文字砖主要出土于亳县城南郊的元宝坑一号墓与董园村一号墓。元宝坑一号墓中出土文字砖 145 块，其中阴文刻字砖 139 块，朱书字砖 6 块。董园村一号墓中出土文字砖 237 块，其中模印文字砖 80 块，刻字砖 154 块，画像砖 3 块。这些文字大多为造砖工人在砖坯上用细棒刻写的。使用的砖没有规律，以中、小条砖和楔形砖为主。在墓室中放置时也没有固定的位置，董园村一号墓的文字砖面上还泥有石灰或涂有彩绘。说明这些文字砖在墓葬中不起任何标识作用，与墓主没有直接联系。

由于有关墓葬中出土了银缕玉衣、铜缕玉衣及一批较贵重的随葬品，兼以从这批墓砖中发现了类似"会稽曹君"、"长水校尉曹炽字元盛"、"山阳太守曹勋遭疾不豫"、"为曹侯作壁"等字样的文字砖，为判断这批墓葬为东汉末年曹操宗族的墓群提供了有力的证据。

这批墓砖出土后曾引起了广泛关注，并曾对墓砖文字及其反映的内容作了多方面的考证与分析，如认为墓砖有墓志的性质，砖文反映了东汉末年的尖锐阶级矛盾，黄巾起义的准备，与倭人的关系等[2]。但是这些考证，除了有文字释读不确造成的误解外，还忽略了对这些墓砖的性质进行分析的必要性。从出土情况与文字内容来看，这些文字除了记录数量等有明确意义的专用刻辞外，大多是没有目的的随手刻划。它们只是建墓的材料。过高地看重它们的史料价值，硬性套用，很容易产生错误的结论[3]。这种情况在秦汉时期的陶文与砖瓦文字中时有发现，在有关分析研究中应引起注意。

三　秦汉玺印

在中国古代的文字铭刻材料中，玺印占有相当的比重。根据近年来的研究成果，使用玺印的时期可以早至西周，也有人认为商代已出现玺印。但是玺印的大规模流行，则是从

[1]　A. 安徽省亳县博物馆：《亳县曹操宗族墓葬》，《文物》1978 年第 8 期。
　　　B. 亳县博物馆：《安徽亳县发现一批汉代字砖和石刻》，《文物资料丛刊》第 2 辑，文物出版社，1978 年。该文中报道砖数略有出入，称元宝坑一号墓出土刻字砖 140 块，董园村一号墓出土文字砖 238 块。
[2]　A. 田昌五：《读曹操宗族墓砖刻辞》，《文物》1978 年第 8 期；《读〈对曹操宗族墓砖铭的一点看法〉有感》，《文物》1981 年第 12 期。
　　　B. 殷涤非：《对曹操宗族墓砖铭的一点看法》，《文物》1980 年第 7 期；《曹氏元墓 74 号砖铭补正》，《文物》1981 年第 12 期。
　　　C. 李灿：《略述曹氏元墓 74 号字砖》，《文物》1981 年第 12 期。
[3]　赵超：《论曹操宗族墓砖的性质及有关问题》，《考古与文物》1983 年第 4 期。

春秋时期开始。随着日益频繁的政治、经济活动，作为权力凭证与个人信物的玺印成为日常不可缺少的必需品。秦汉时期，私印的使用更加普遍，官印成为各级官员必备的身份证物，从贵族、官员到平民商贾都常在身上佩有玺印。这一点，从近代科学发掘的汉代墓葬中多出土有随葬的玺印这一事实上就可以充分反映出来。

除了玺印以外，在秦汉遗址中还出土有大量当时的封泥。它是当时封缄文书信函的用品。古代中国使用简牍书写文书信件。书写完毕后，在卷起来的简外加一封检（刻有横槽的木片），用绳子拴紧，在封检上的槽内加有一团湿黏土，趁其湿润时，用玺印捺上印文。这样，在邮寄中便起到了严密封缄，避免泄密的作用。这些使用过的封泥保存至今，印文尚清晰可辨，具有与玺印同样的价值。

现在可以见到的秦汉玺印，从内容上分类，可以分为官印、私名印、肖形印等几种；如果从用途上区分，又有实用品、明器的不同区别。

秦汉时期的官印已经具有了固定的形制与铭文体例，形成了一个比较明确的体系。

根据现有材料还不能把战国秦国与秦代（秦统一后）的官印完全区分开来，所以只能把现在可以见到的战国秦官印与秦代官印统称为秦官印来介绍。秦官印与西汉早期的官印极为接近，这可能是"汉承秦制"的结果。以前除去一些铭文字体书写的特征与印形制上的细微差别外，主要是根据印文本身内容上的秦代特征予以断代。在近代科学发掘的秦代墓葬中，几乎没有发现过秦代官印，所以，近代能推定为秦代官印的器物，基本上均为历代收藏的传世品。近年来在陕西西安相家巷遗址发现了一批秦封泥材料[1]，中国社会科学院考古研究所在此进行发掘，出土 325 枚较完整的秦官印封泥。并有遗址地层协助证明，可以与传世品互为补充。

现所见到的秦官印（封泥），大致分正方形与长方形两类。正方形官印印面边长一般为 2.2～2.4 厘米，部分较小者可至 1.8 厘米。长方形官印印面一般为长 2.3～2.4 厘米，宽 1.2～1.3 厘米，较小者可为长 1.8 厘米，宽 1.1 厘米。长方形的官印习称为"半通印"，用于低级官吏，一般为县尉品秩以下的吏员用印。

秦官印的钮式，一部分为坛钮，印背形成两层或更多层的平台，层叠如坛状。另一部分为瓦钮，印背平面上拱起一个较宽的瓦片形拱洞。瓦钮的形制在西汉前期比较流行，可能其在秦代开始使用的时间比起坛钮要晚一些。

秦官印均为白文（阴文）篆书刻写。其印文四周加刻方界格，使印面形成一个田字（或日字）形，这是秦印比较明显的特征之一。

这种加刻方界格的形制源于战国时期的官玺，尤其是楚国的官玺中，常见有类似的田字格印玺，如"中织室玺"[2]、"计官之玺"[3]、"大府"[4] 等。就现有材料看，田字格印

〔1〕　A. 周晓陆、路东之：《秦封泥集》，三秦出版社，2000 年。
　　　　B. 中国社会科学院考古研究所汉长安城工作队：《西安相家巷遗址秦封泥的发掘》，《考古学报》
　　　　2001 年第 4 期。
〔2〕　石志廉：《战国古玺考释十种》，《中国历史博物馆馆刊》1980 年第 2 期。
〔3〕　陈介祺：《十钟山房印举》卷一第七页，中国书店，1985 年。
〔4〕　黄浚：《尊古斋古钵集林》第一集第一卷，自刻本，1928 年。

在秦最为流行，也最为规整，一直到西汉前期仍有使用。

秦官印的读法中保存了一些战国古玺中的特殊读法。汉代以来的玺印，一般均为从右向左，从上向下依次识读。而古玺中却有从右上向左上，转左下，再转右下的旋转读法；从右上向左下，再读左上、右下的交叉读法，以及从左向右的读法等多样性的写读方法。这些特殊读法在秦官印中全都存在，是区分秦印的又一特征。

除去以上根据印章形制、书体等判断秦官印的方法以外，最根本的判断依据是秦官印铭文内容中的历史特点。例如秦国特有而在汉代便已废除的地名、官职、宫室名称等，就是断定一方官印是秦产物的最有力证据。像传世品"灃丘左尉"印，灃丘即废丘，古文字材料中灃、废二字通用。据《汉书·地理志（上）》"右扶风，槐里"颜师古注云："周曰犬丘，懿王都之，秦更名废丘，高祖三年更名。"又《史记·高祖本纪》："（高祖二年）引水灌废丘，废丘降，章邯自杀。更名废丘曰槐里。"由此可知灃丘必然是秦代使用的地名。再如"信宫车府"印，信宫为秦代宫室，见《史记·秦始皇本纪》"二十七年……作信宫渭南"。而西汉以长信宫为太后宫室，已不存在信宫的称呼[1]。

通过现存的秦官印，可以研究秦的行政官制与地理区划等有关课题。

汉代的官私印章存世数量较大。西汉早期，官印与秦代有相似之处，很多仍刻有田字格。大约在惠帝后逐渐定型为素面无格，无边框，仅用篆书阴刻，字体匀称方正。形制以正方形为主，边长在2～3厘米之间，即所谓"方寸之印"。也发现有相当数量的"半通印"，大小为正方形印的一半。以印文看，半通印除地方低级吏员的职名外，多为官府机构名称，如"器府"、"马府"、"仓印"、"库印"、"少内"、"保虎圈"等[2]，可能是专用于在官府器物上捺印的。

据文献记载，汉武帝时曾将官印的铭文从四字改为五字，并不称"印"而改称"章"。但是从现存实物中见到的这种官印大多为将军等军官印章。文职官员印中仅二千石级别的官员称章，如"琅邪相印章"、"合浦太守章"等[3]，千石以下官员均称"印"，并多为四字。

从印章铭文书体上看，西汉前期的官印文字笔画较细，字形显得圆润多变，西汉中期以后的官印铭文笔画粗，起笔收笔处都显得方正整齐，字形也变得方正谨严，很少见圆形的转折。王莽新朝时期的印章制作比较精美。由于采用古尺，形制较西汉印章略小，边长2.3厘米左右。印文多为五字或六字。书体整齐，但笔画略显纤细，不像西汉印章那样充满整个印面。由于王莽改制，采用了很多新的官爵名称，如称五等爵，有"子"、"男"等爵名，又如改县令为宰等，都是具有明显时代特征的，对于区分这一时期的官印极有参考价值。传世品标准器有"昌威德男家丞"、"蒙阴宰之印""新西国安千制外羌佰右小长"[4]等。

东汉时期的官印形制与西汉时期的官印相近，一般为2.5厘米见方。现存的东汉官印中，铸文较少，凿刻的印章增多，所以文字显得粗率，不如西汉官印（尤其是中后期官

〔1〕 赵超：《试谈几方秦代的田字格印及有关问题》，《考古与文物》1982年第6期。
〔2〕 罗福颐：《秦汉南北朝官印征存》，文物出版社，1987年。
〔3〕 罗福颐：《秦汉南北朝官印征存》，文物出版社，1987年。
〔4〕 罗福颐：《秦汉南北朝官印征存》，文物出版社，1987年。

印）的铭文书法谨严雄浑。但书体仍显得方正，笔画粗壮。根据其特有的地名、官名等，可以找出一些作为对照的标准器。如"征羌国丞"[1]，《后汉书·来歙传》云："建武十一年，以来歙有平羌陇之功，故改汝南之当阳县为征羌国。""鞞闺苑监"[2]，《后汉书·灵帝纪》云："光和三年，作罼圭、灵昆苑。"通过它们可以了解东汉印的特点。

两汉时期的官印钮制以龟钮、瓦钮与鼻钮为主，颁发给边疆少数民族官员的印章分别作驼钮、羊钮、蛇钮等，如青海出土的"汉匈奴归义亲汉长"印作驼钮[3]，"汉匈奴守善长"印作羊钮[4]，云南出土的"滇王之印"作蛇钮[5]等。

两汉时期官印的厚薄及钮式形状有一定的变化过程。汉代初期，以瓦钮、鼻钮为主，同时出现了蛇、鱼等形状的印钮雕刻。西汉惠帝至文景时期，印体较薄，龟钮、鼻钮成为官印的主要钮式。龟钮龟腿短，身体扁平，头部微突。鼻钮略圆，钮面较窄。武帝以后的西汉官印，以龟钮与瓦钮为主。龟钮龟身体较高，背部隆起，有六角形甲纹。瓦钮较薄，钮面宽大。王莽新朝时的钮式与西汉后期相同，但较精美。东汉中期以后，官印体加厚。龟钮的龟颈部加长，背部呈圆形隆起。瓦钮钮身增厚。这些特征对两汉印章的断代有一定参考作用。

汉印的质料来源多样，有金、银、铜、玉、石、木、玛瑙等，以铜质铸文的玺印最多见。石质印章刻文多较简劣，如湖南长沙月亮山 M25 出土的"陆梁尉印"，长沙汉墓出土的"长沙祝长"，湖南常德南坪出土的东汉"酉阳长印"等[6]，应该是专门为殉葬刻制的石明器印。同样，木质印章也应该是殉葬用的明器，如湖北江陵凤凰山 10 号西汉墓[7]出土的木穿带两面印"张伯、张偃"，湖南长沙马王堆 1 号西汉墓出土的"妾辛追"木印[8]等。金、银质地的印章较少见，多用于高级官员与帝王后妃的玺印，如陕西阳平关发现的东汉金印"朔宁王太后玺"[9]，江苏邗江县甘泉 2 号东汉墓[10]附近出土的金印"广陵王玺"，江苏邗江县甘泉西汉木椁墓[11]中出土的"妾莫书"银印，江苏连云港市海州西汉墓[12]中出土的"侍其繇"银印等。

汉代的一些高级官员印章还采用铜质鎏金的方式，如湖南长沙马王堆 2 号西汉墓[13]

[1]　罗福颐：《秦汉南北朝官印征存》，文物出版社，1987 年。
[2]　罗福颐：《秦汉南北朝官印征存》，文物出版社，1987 年。
[3]　青海省文物管理处考古队：《青海大通上孙家寨的匈奴墓》，《文物》1979 年第 4 期。
[4]　罗福颐：《古玺印概论》，文物出版社，1981 年。
[5]　云南博物馆：《云南晋宁石寨山古墓群发掘报告》，文物出版社，1959 年。
[6]　周世荣：《长沙出土西汉印章及其有关问题研究》，《考古》1978 年第 4 期。
[7]　长江流域第二期文物考古工作人员训练班：《湖北江陵凤凰山西汉墓发掘简报》，《文物》1974 年第 6 期。
[8]　周世荣：《长沙出土西汉印章及其有关问题研究》，《考古》1978 年第 4 期。
[9]　西南博物院杨啸谷、黄自敬：《陕西阳平关修筑宝成铁路中发现的"朔宁王太后"金印》，《文物参考资料》1955 年第 3 期。
[10]　南京博物院：《江苏邗江甘泉二号汉墓》，《文物》1981 年第 11 期。
[11]　扬州市博物馆：《扬州西汉"妾莫书"木椁墓》，《文物》1980 年第 12 期。
[12]　南波：《江苏连云港市海州西汉侍其繇墓》，《考古》1975 年第 3 期。
[13]　湖南省博物馆、中国科学院考古研究所：《长沙马王堆二、三号汉墓发掘简报》，《文物》1974 年第 7 期。

出土的铜质鎏金"长沙丞相"印与"轪侯之印",宁夏固原县出土的"伏波将军章"[1]等。根据研究,汉代的官印均由中央官署铸造颁发,免职后要予以上交,所以,在墓葬中出土的官印大多为复制品,并非实用官印。而在遗址中发现的官印则有可能是实用品。在两汉官印中,授予低级军官的"部曲将印"、"别部司马印"、"军曲候印"等比较常见,有些甚至成批作为窖藏埋存[2],它们的文字也较草率,多有凿刻文字,而非铸文。有人认为,这与战争中下级军官死伤较多,临时授职也多有关。

针对出土汉代官印所作的研究主要集中在印章铭文中反映出的官制与地理设置等方面。如湖南长沙地区自 20 世纪 50 年代以来出土了近百枚汉印,其中三分之一为官印,对这些官印中的地名、官名进行具体考释与综合研究,可以帮助我们了解到西汉时长沙王国的政治制度及经济文化等状况,以及当时这一地区历史地理的大概情况。像反映长沙郡国的官印"长沙丞相"、"轪侯之印"、"上沅渔监"、"宫丞之印"、"宫司空丞"、"长沙仆"、"御府长印"、"长沙顷庙"、"靖国长印"、"家丞"、"长沙祝长"、"长沙司马"、"长沙□长"等,就从行政、内宫、经济、祭祀等方面反映了长沙王国的官员设置情况。在长沙地区出土的十五枚县级令长尉丞印章,是西汉长沙国的行政系统可靠的证明。在长沙马王堆汉墓中出土的古地图上,记录了长沙王国的八个县,其中一半有出土汉印予以佐证。结合湖南考古学者的实地调查,找到了不少汉代县城的遗址。特别是对汉长沙国的疆域范围问题,通过出土官印也可以得到明确的解答,如常德出土的"长沙邔(邵)丞"石印,可证明长沙北界确实达到"波汉之阳",即汉水以北,拥有南郡的"邔县"。而长沙出土的"陆粮(梁)尉印"、"镡成令印"等石印,证明长沙南界已达武陵、桂林一带[3]。

继 1994 年徐州发掘西汉刘埶墓葬,出土"宛朐侯埶"龟钮金印后,又在狮子山汉楚王陵的发掘中集中出土了大批官印、封泥。据报道,共有铜印近 200 件,银印 5 件,封泥80 余件,其中包括"楚侯之印"、"楚中侯印"、"楚司马印"、"楚都尉印"、"楚中司空"等楚国王侯官员印以及楚国下属的"兰陵之印"、"僮令之印"、"文阳丞印"等印章和"下邳丞印"、"彭城丞印"、"萧邑之印"等封泥。如此大量的印章封泥集中出土于墓葬中,是前所未见的。鉴于印章大多已被砸坏,有人推测,出土印章可能属于收回待重铸的官印,也有可能是为了用以陪葬而砸坏的。这次发现对研究汉代的随葬制度及地方官吏制度具有重要的参考价值[4]。

---

[1] 宁夏博物馆钟侃:《宁夏固原县出土文物》,《文物》1978 年第 12 期。
[2] A. 贺官保、陈长安:《洛阳博物馆馆藏官印考》,《文物》1980 年第 12 期。
    B. 罗西章:《介绍一批陕西扶风出土的汉、魏铜印等文物》,《文物》1980 年第 12 期。
[3] 周世荣:《长沙出土西汉印章及其有关问题研究》,《考古》1978 年第 4 期;《从出土官印看汉长沙国的南北边界》,《考古》1995 年第 3 期。
[4] A. 王恺:《狮子山楚王陵出土印章和封泥对研究西汉楚国建制及封域的意义》,《文物》1998 年第 8 期。
    B. 赵平安:《对狮子山楚王陵所出印章封泥的再认识》,《文物》1999 年第 1 期。

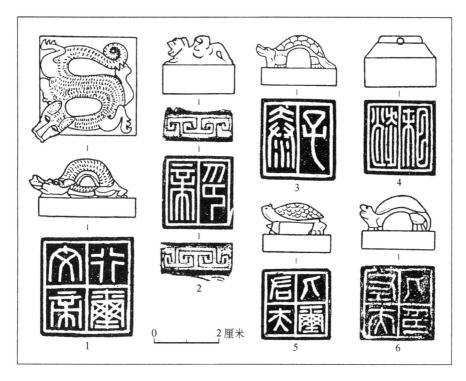

图 11－11　西汉南越王墓出土印章

1.“文帝行玺”金印（D79）及印文（钤本）　2.“帝印”玉印（D34）、纹饰（拓本）及印文（钤本）　3.“泰子”
金印（D81）及印文（钤本）　4.“赵眜”玉印（D33）及印文（钤本）　5.“右夫人玺”金印（E90）及印文（钤本）
6.“左夫人印”鎏金铜印（E45）及印文（钤本）

　　此外，还要提一下 1968 年在陕西咸阳韩家湾公社狼家沟发现的西汉玉玺“皇后之
玺”[1]。它是目前发现的最高规格的古代玺印。这方玉玺用优质玉料制作，正方形，螭虎
钮，印侧四周刻云纹，边长 2.8 厘米，高 2 厘米，重 33 克。根据其文字书体与印面布局，
多数学者认定它为文、景帝至西汉中后期的制品。它不仅与《汉旧仪》对皇后玺印的记载
相符，而且能澄清其记载中误作“金螭虎钮”的疑问。

　　两汉时期的私人名印使用得比较普遍，是汉墓常见随葬品之一，也是判断墓主身份的
重要依据。私人名印的形制丰富，有长方形、圆形、正方形、多边形，两面印、六面印、
套印等。其钮制以坛钮、鼻钮、覆斗钮为主，也有采用龟钮、瓦钮等其他形状的。私人名
印的铭文书体比官印活泼多变，除小篆外，还有缪篆与鸟篆，仍基本上为阴文刻铭。东汉
时期的私人名印印面镌刻更为新颖，有一半阴文、一半阳文的，有一字阴文、三字阳文
的，有在印文外添加图案纹样的。文字多精美严谨，具有很高的艺术价值。

　　根据考古发掘所见，印章多出土于墓主骨架腰部，当为平时系在腰带上携带使
用。在科学发掘的汉代墓葬中，私印常常起到为墓葬定名与断代的重要作用。如广州

〔1〕　秦波：《西汉皇后玉玺和甘露二年铜方炉的发现》，《文物》1973 年第 5 期。

南越王墓的发掘中，出土了一批重要的玺印（图11-11），其中墓主身上佩带的"文帝行玺"金印、"帝印"玉印，说明了他的国王身份，而"赵眜"私名玉印，证实了墓主为赵佗之后[1]。虽然"赵眜"与《史记·南越列传》等文献记载的南越文王"赵胡"不符，但这可能是文献传抄失误或一人二名等原因所造成。这件私名印不但有助于判断墓主身份，而且可以校正古代文献的记载。又如河北满城2号汉墓[2]出土的"窦绾"私印，也有助于墓主身份的判断。

---

〔1〕　广州市文物管理委员会、中国社会科学院考古研究所、广东省博物馆：《西汉南越王墓》，文物出版社，1991年。

〔2〕　中国科学院考古研究所满城发掘队：《满城汉墓发掘纪要》，《考古》1972年第1期。

第十二章　秦汉时期边远和少数族地区的考古学文化

第一节　东北地区

　　本节叙述的东北地区主要是指大兴安岭以东的中国境内，与今辽宁省、吉林省、黑龙江省的行政区划大体相当，但对俄罗斯滨海边区和朝鲜半岛西北部地区也有所涉及。秦汉时期，东北地区南部设置郡县；其他地区基本为少数族的活动区域，有些少数族与汉代郡县保持着政治、经济和文化联系。

　　东北地区的秦汉时期文化遗存以汉墓数量最大，主要分布在辽西和辽东两个区域内[1]，另行论述[2]。东北地区秦汉时期少数族文化遗存的考古工作，最初有日本学者对桓仁、集安一带汉代高句丽遗存进行的调查和著录[3]，但整体上是在新中国成立以后逐步开展起来的。20世纪50年代至70年代主要是田野发掘和资料整理，也有关于族属的讨论，其中西岔沟墓地、团结遗址和东康遗址是比较重要的发现。进入80年代以后，陆续有平洋墓地、泡子沿前山遗址、老河深墓地、滚兔岭遗址等重要发现，研究领域渐次拓宽，涉及主要遗存的分期断代、类型划分、分布范围确认、谱系源流分析和族属研究诸多方面[4]。

　　结合文化面貌、自然地理和族属的认识，这里将东北地区秦汉时期的少数族遗存划分为松嫩平原、第二松花江中游、东辽河和辉发河流域、鸭绿江流域、长白山地北段及迤北

---

[1]　郑君雷：《中国东北地区汉墓研究》，吉林大学博士学位论文，1997年。

[2]　详见本书第八章第五节《东北地区汉墓》。

[3]　鸟居龙藏、三上次男、池内宏、关野贞等人的工作主要见于以朝鲜总督府名义出版的《朝鲜古迹图谱》（第一册）和以日满文化协会名义出版的《通沟》。法国学者沙畹和中国学者金毓黻也有集安高句丽遗迹的调查著录。

[4]　本节参考的研究性著述如下。

　　A.张伟：《松嫩平原战国两汉时期文化遗存研究》，吉林大学硕士学位论文，2000年。

　　B.乔梁：《吉长地区西团山文化之后的几种古代遗存》，《辽海文物学刊》1993年第2期。

　　C.魏存成：《高句丽考古》，吉林大学出版社，1994年。

　　D.赵永军：《黑龙江东部地区汉魏时期文化遗存研究》，《边疆考古研究》第3辑，科学出版社，2004年。

　　E.林沄：《论团结文化》，《北方文物》1985年第1期。

　　F.谭英杰、孙秀仁、赵虹光、干志耿：《黑龙江区域考古学》，中国社会科学出版社，1991年。

　　G.李钟洙：《夫余文化研究》，吉林大学博士学位论文，2004年。

地区、三江平原（图 12-1）几个区域分别叙述。

一 松嫩平原

包括嫩江中下游和干流松花江上游两个小区，分别以平洋文化和"庆华遗存"为代表（图12-2）。

1984～1986 年在黑龙江泰来县平洋镇砖厂和战斗村两个地点发掘墓葬 118 座[1]，报告将其划分为春秋晚期、战国早期、战国中期和战国晚期四个阶段。根据红衣高颈陶壶、贝形铜泡、金耳饰等器物显示的线索，以砖厂 M107、M115 为代表的部分墓葬应属于西汉时期[2]。

平洋墓地以长方形土坑墓为主，有些设置墓道或二层台。多为二次葬，盛行异性成人与儿童同穴合葬，以马、狗、牛、猪的头、蹄殉牲相当普遍。陶器基本组合为壶和碗（钵），直颈壶、鸭形壶、大口深腹罐、浅裆鬲、小三足器、小支座很有特点。陶质有泥质黄褐陶、夹砂黑褐陶和细砂黄褐陶，纹饰有篦点纹、指甲

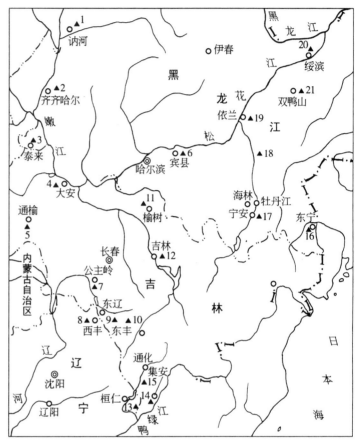

图 12-1 东北地区秦汉时期文化遗存分布示意图

1.讷河二克浅墓地 2.齐齐哈尔大道三家子墓地 3.泰来平洋墓地 4.大安后宝石墓地 5.通榆兴隆山墓 6.宾县庆华遗址 7.公主岭猴石墓 8.西丰西岔沟墓地 9.东辽石驿墓地 10.东丰大架山遗址 11.榆树老河深中层墓地 12.吉林市泡子沿前山遗址、东团山城、帽儿山遗址 13.桓仁五女山城 14.集安高句丽遗存 15.通化县赤柏松城址 16.东宁团结遗址 17.宁安东康遗址 18.海林东兴遗址 19.依兰桥南遗址 20.绥滨蜿蜒河遗址 21.双鸭山滚兔岭遗址

纹、锯齿纹、绳纹和红衣彩绘等。出有刀、矛、镞、锛等铜、铁武器和工具，骨器有镞、弓弭、鸣镝、锥、纺轮等，铜质带钩、耳环、牌饰、管饰以及各类石质管饰、珠饰亦多。

吉林省通榆县兴隆山墓[3]出有西汉五铢，黑龙江齐齐哈尔市三家子墓地[4]采集的铜

[1] 黑龙江省文物考古研究所：《平洋墓葬》，文物出版社，1990 年。

[2] 潘玲、林沄：《平洋墓葬的年代与文化性质》，《边疆考古研究》第 1 辑，科学出版社，2002 年。

[3] 中澍、相伟：《通榆县兴隆山鲜卑墓清理简报》，《黑龙江文物丛刊》1982 年第 3 期。

[4] 黑龙江省博物馆、齐齐哈尔市文管站：《齐齐哈尔市大道三家子墓葬清理》，《考古》1988 年第 12 期。

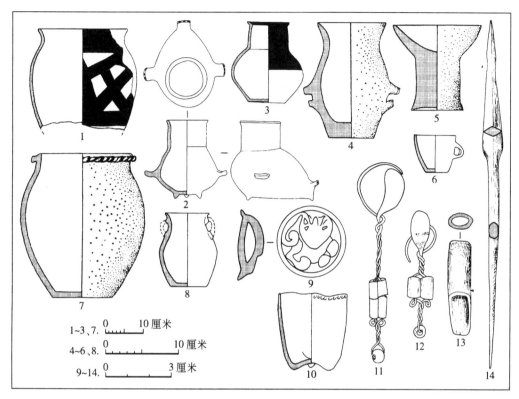

图 12-2　平洋文化和"庆华遗存"遗物

1.陶罐（庆华 T4②:20）　2.陶鸭形壶（兴隆山墓出土）　3.陶壶（平洋砖厂 M107:90）　4.陶罐（庆华 T3②:1）　5.陶豆（庆华 T4②:24）　6.陶杯（二克浅 M24:8）　7.陶罐（庆华 T4②:28）　8.陶罐（二克浅 M24:10）　9.铜泡饰（大道三家子采:80）　10.铜鬲（兴隆山墓出土）　11.金耳饰（兴隆山墓出土）　12.金耳饰（平洋砖厂 M107:228）　13.骨哨（平洋砖厂 M107:115）　14.骨镞（平洋砖厂 M107:5）

印和兽头纹铜、铁泡饰以及兽面纹铜带扣、带饰均是汉代风格，有些饰件与外贝加尔地区的匈奴遗物相似[1]；讷河市二克浅墓地 M24 为长方形土坑墓，殉葬狗头，陶罐和陶杯均为手制细砂黄褐陶；素面红衣，推断为汉代[2]。这类遗存通常归入平洋文化的范畴。

平洋文化的某些文化因素源自白金宝—汉书二期文化，其影响向西越过大兴安岭进入呼伦贝尔草原。根据近年认识，平洋墓葬最初被视为东胡遗存、拓跋鲜卑及其先世遗存以及兴隆山墓被视为鲜卑遗存的意见，均可再讨论。此外，吉林省大安县后宝石墓地[3]发现手制黄褐色夹砂陶片，从出土的铜马、铜鹿牌饰看，似受到草原游牧文化影响。

1985 年在黑龙江宾县发掘的庆华遗址[4]，地表为一座夯筑土城，周长约 500 米，略呈椭圆形。陶器均手制，泥条盘筑，夹砂黑褐陶或黄褐陶占大宗，以素面为主。器类有

〔1〕　潘玲：《伊沃尔加城址和墓地及相关匈奴考古问题研究》，科学出版社，2007 年。

〔2〕　安路、贾伟明：《黑龙江讷河二克浅墓地及其问题探讨》，《北方文物》1986 年第 2 期。

〔3〕　郭珉：《吉林大安县后宝石墓地调查》，《考古》1997 年第 2 期。

〔4〕　黑龙江省文物考古研究所：《黑龙江宾县庆华遗址发掘简报》，《考古》1988 年第 7 期。

壶、瓮、罐、豆、盆、碗、匜、甑、鬲等，有些陶器附有对称柱状耳或瘤状耳，以口部饰
附加堆纹的细砂素面灰陶罐和几何纹饰红色彩陶最具特色，还出有捏制的猪、马小陶塑。
见有刀、锥、锸等铁器和镞、锥、纺轮、梳等骨器。房址为方形半地穴式，居住面经过烧
烤。"庆华遗存"大致可以推定在战国晚期至东汉，夹砂褐陶瓮、鼓腹罐、高领罐、柱把
豆等陶器显示出与图们江—绥芬河流域团结文化存在交流。

二　东辽河和辉发河流域

东辽河和辉发河流域大体介于松辽分水岭和龙岗山脉之间，在地理位置上邻近秦汉辽
东边塞，其文化遗存以西岔沟墓地最具特色。

西岔沟墓地[1]位于辽宁西丰县，1956年清理发掘。据推算，应有墓葬450～500座，
分为中心墓区、东部墓区和西部墓区。经发掘的63座墓葬，为长方形土坑墓，单人葬，
墓向东南，头向西北，有木片、席片等葬具。许多墓出零散马牙，并发现放置马头骨的葬
坑。出土陶器、兵器、工具、马具、服饰等随葬器物上万件。墓地分为三期，主体年代相
当于武帝至宣帝阶段。

绝大多数陶器为红褐色、灰黑色的夹砂粗陶，部分是精致的红褐色砂质细陶，以素面为
主。高颈红陶壶、大口小底深腹的粗陶罐或把杯、夹砂陶鬲、双横耳的壶和罐、单横耳的注
壶、大口粗颈带耳长腹罐较有特点。亦有汉式绳纹、弦纹壶和罐。兵器以铁剑、环首铁刀、铁
矛、铜镞为主，数量很多，以触角式和长杆穿环式铜柄铁剑最具特色（图12-3）。铜牌饰有的
鎏金，有双马、双牛、双羊、双驼、犬马、犬鹿、鹰虎等纹饰和骑士出猎、骑士捉俘图案。
农工具以铁器为主，包括环首小刀、锥、斧、镢、锛、锄等。出有蟠螭纹镜、草叶纹镜、星
云镜、日光镜等汉式铜镜，有些用作护心镜。发现五铢钱、半两钱等货币，有些用作佩饰。

吉林东辽县石驿彩岚[2]、公主岭市猴石[3]等地有相似墓地发现，在西丰、东辽、辽源
一带还征集到许多同类文物，时代约在西汉中后期。对于这类遗存的族属，曾有匈奴或匈奴
部族集团、乌桓、夫余等意见。西岔沟墓地发现的高颈壶、横耳壶、罐、鬲等陶器与嫩江中
下游地区联系较密切，北方草原文化因素也较多，不宜视为匈奴、乌桓或夫余遗存。

东辽河流域西汉遗址往往与青铜遗址共存，并且数量不多。陶器中的大口斜颈壶当是
松嫩平原南下的文化因素，罐式豆和折沿罐则是当地文化因素。辉发河流域的东丰大架子
山遗址[4]出土的陶器分为两类：占据大宗的夹砂褐陶为手制，较粗糙，见有斜颈壶、圈
足豆、细把豆、罐、碗等，属于土著文化；饰绳纹的轮制夹砂灰陶、泥质灰陶和铁锤、铁
镢等则是汉式器物。东辽河流域和辉发河流域的这类西汉遗存文化内涵相似，被命名为
"大架山上层文化"[5]。

〔1〕　孙守道：《"匈奴西岔沟文化"古墓群的发现》，《文物》1960年第8、9期合刊。
〔2〕　刘升雁：《东辽县石驿公社古代墓群出土文物》，《博物馆研究》1983年第3期。
〔3〕　武保中：《吉林公主岭猴石古墓》，《北方文物》1989年第4期。
〔4〕　吉林省考古研究所、东丰县文化馆：《1985年吉林东丰县考古调查》，《考古》1988年第7期。
〔5〕　金旭东：《东辽河流域的若干种古文化遗存》，《考古》1992年第4期。

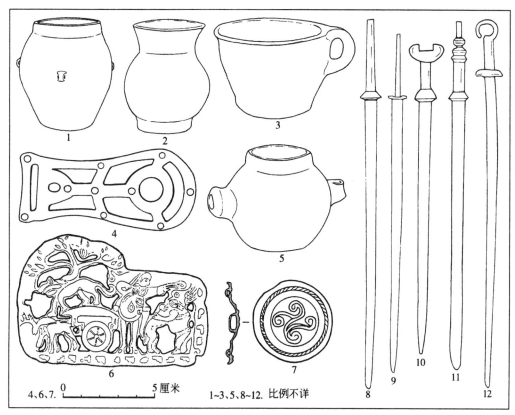

图 12-3　西丰西岔沟墓地和东辽彩岚墓地出土遗物

1.四耳陶罐（西岔沟出土）　2.陶壶（西岔沟）　3.陶把杯（西岔沟）　4.铜带扣（彩岚）　5.陶注壶（西岔沟）　6.骑士捉俘铜牌饰（西岔沟）　7.铜扣（彩岚）　8.铜柄铁剑（西岔沟）　9.木柄铁剑（西岔沟）　10.触角式铜柄铁剑（西岔沟）　11.长杆穿环式铜柄铁剑（西岔沟）　12.环首铁刀（西岔沟）

整体上看，东辽河和辉发河流域的西汉遗存源自当地青铜文化，在受到汉文化强烈冲击的同时，还见有松嫩平原和北方草原文化因素的影响。

三　第二松花江中游地区

东周时期的西团山文化以第二松花江中游的吉林地区为中心分布。西汉初年西团山文化衰落以后，这一地区出现泡子沿类型、汉陶遗存、田家坨子类型、黄鱼圈珠山 M1 等遗存，其中泡子沿类型分布最广泛且材料最丰富。

泡子沿类型以 1982 年发掘的吉林市泡子沿前山遗址[1]的上层遗存而得名，早在 20 世纪 60 年代即有发现[2]，分布范围大体与西团山文化重合。发现 4 座圆角长方形或椭圆形的半地穴房址。陶器多为红褐色夹砂粗陶，手制，常见泥圈套接，器壁厚重，大多素面，有的器表经打磨或刮削。流行横桥状耳和瘤状耳，以壶、罐、豆、钵为多。斜颈横耳鼓腹

<hr>

[1]　吉林市博物馆：《吉林市泡子沿前山遗址和墓葬》，《考古》1985 年第 6 期。
[2]　张忠培：《吉林市郊古代遗址的文化类型》，《吉林大学社会科学学报》1963 年第 1 期。

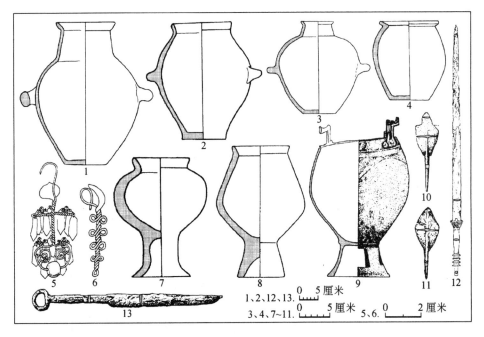

图 12-4　泡子沿类型遗物

1.陶壶（泡子沿前山 F3①：1）　2.陶罐（老河深 M19：1）　3.陶壶（老河深 M74：9）　4.陶罐（老河深 M104：2）
5.金耳饰（老河深 M1：7）　6.金耳饰（老河深 M56：6）　7.陶豆（老河深 M22：5）　8.陶豆（老河深 M115：28）
9.铜镀（老河深 M56：81）　10.铁镞（老河深 M2：44）　11.铁镞（老河深 M119：17）　12.铜柄铁剑（老河深 M41：15）　13.铁刀（老河深 M107：8）

壶、方唇折沿鼓腹罐和柱把豆是最有特点的陶器（图 12-4）。此类遗存在吉林市土城子遗址上层、永吉县乌拉街学古遗址中层和杨屯大海猛遗址中层也有发现，年代约在战国晚期至西汉。

　　榆树县老河深[1]中层墓葬是泡子沿类型的墓地，共计发掘 129 座。有位置突出的大型墓葬，排列颇有规律。均为口宽底窄的长方形土坑墓，半数以上是单人葬，男女异穴合葬也有相当数量。半数以上的墓发现木质葬具，有些木质葬具较特殊，没有盖板或底板，而以桦皮、苇席等遮挡；或者隔出头厢；或者棺外四角加插木柱以支撑椁架；有些木棺有轻度火烧的迹象（图 12-5）。有些墓填土中出有马牙，并发现埋葬马头的葬坑。陶器以壶、豆、罐、钵为主。铁兵器有剑、矛、刀、镞、盔胄等，铁工具有镰、锸、镢、凿等，出有铁、铜车马具和铜牌饰，铜牌饰有神兽纹、虎纹、鹿纹等图案，有的鎏金。其他见有铜镀、汉式铜镜以及各种金银耳饰和玉石珠饰。墓地年代约在西汉末年至东汉，关于其族属，曾有鲜卑和夫余两种意见。另外，在永吉县学古村亦曾发现相似西汉墓地[2]。

　　以泡子沿遗址上层遗存和老河深中层墓地为代表的泡子沿类型年代大致相当于两

〔1〕　吉林省文物考古研究所：《榆树老河深》，文物出版社，1987 年。
〔2〕　尹玉山：《吉林永吉学古汉墓清理简报》，《博物馆研究》1985 年第 1 期。

汉。《三国志·魏书·乌丸鲜卑东夷传》记载："夫余在长城之北，去玄菟千里，南与高句丽，东与挹娄，西与鲜卑接，北有弱水，方可二千里。户八万，其民土著，有宫室、仓库、牢狱。多山陵、广泽，于东夷之域最平敞。土地宜五谷，不生五果……其印文言濊王之印，国有故城名濊城，盖本濊貊之地，而夫余王其中，自谓亡人。"从时代、地望、文化面貌等方面考虑，许多学者认为泡子沿类型是汉魏时期立国于"濊城"的夫余遗存[1]。

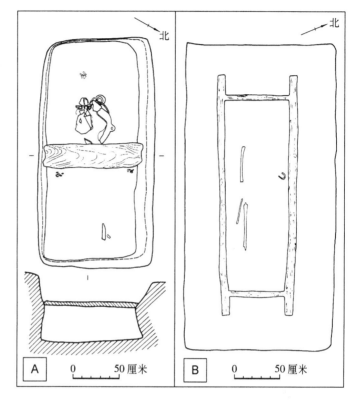

图 12-5　榆树老河深中层墓葬平面、断面图
A.M25 平面、断面图　B.M51 平面图

在吉林市郊集中分布的汉式陶器、汉式铁农具和汉式墓习惯上被称为"汉陶遗存"[4]。汉式陶器多为饰绳纹、弦纹和堆纹的泥质灰陶和泥质褐陶，轮制或模制，有罐、瓮、盆、钵、甑等；铁农具见有镢、锸、斧、镰等；吉林市郊龙潭山、帽儿山等地并有汉式墓发现[5]。"汉陶遗存"的年代在西汉，可能是夫余境内的汉人流民遗存，或者是夫余在汉文化强烈影响下有机吸收的汉文化因素。

吉林市郊的东团山山城建筑在山腰上，三道城垣均略呈椭圆形，土石混筑，东、北二门，东门有瓮城。在其东南缓坡台地上坐落有"南城子"城址，夯土城垣，圆形，南、北二门，周长约 1300 米，城外有护城沟堑，城内散布花纹砖和汉式陶瓮、罐、豆陶片以及粗褐陶的大瓮、环状横耳、豆柱把、甑残片[6]。东团山一带的丘陵地貌与文献记载的夫余地理环境相符，周围地区泡子沿类型和汉陶遗存分布密集，汉魏夫余的

〔1〕　A. 李殿福：《汉代夫余文化刍议》，《北方文物》1985 年第 3 期。
　　　　B. 刘景文、庞志国：《吉林榆树老河深墓葬群族属探讨》，《北方文物》1986 年第 1 期。
〔4〕　A. 康家兴：《吉林江北土城子附近古文化遗址及石棺墓》，《考古通讯》1955 年第 1 期。
　　　　B. 吉林省博物馆：《吉林江北土城子古文化遗址及石棺墓》，《考古学报》1957 年第 1 期。
〔5〕　A. 李文信：《吉林市附近之史迹及遗物》，《李文信考古文集》，辽宁人民出版社，1992 年。
　　　　B. 吉林市博物馆：《吉林帽儿山汉代木椁墓》，《辽海文物学刊》1988 年第 2 期。
〔6〕　武国勋：《夫余王城新考——前期夫余王城的发现》，《黑龙江文物丛刊》1983 年第 4 期。

"濊城"大致可以推断在这一带，其南的帽儿山墓地可能就是《后汉书·东夷列传》"夫余"条提及的"国之南山"。帽儿山墓地发掘过近百座汉代墓葬，绝大多数材料尚未发表，约略可分为小型土坑墓、大型土坑木椁墓和平地土石混封墓三种形制，随葬器物有陶器、漆器、铁兵器、铜镜、动物纹金牌饰、织锦以及铁农具、工具和铜、铁马具等[1]。此外，吉林市区龙潭山山城、蛟河县新街和福来东城址、九台市上河湾城堡群可能也与汉魏夫余有关。

以农安县田家坨子[2]F1 为代表的田家坨子类型与泡子沿类型有着密切联系，分布范围较小，年代约在战国晚期至汉代。舒兰县黄鱼圈珠山 M1 这类遗存则与东辽河和辉发河流域有联系，年代约在战国晚期至西汉。以农安县邢家店墓地[3]为代表、包括德惠市王家坨子墓地和北岭墓地的邢家店类型亦已进入西汉纪年[4]。后两类遗存与泡子沿类型差别较大，暂且不能确定文化性质和分布范围。

四　鸭绿江流域

由吉林省东南部的龙岗山、老岭和辽东山地组成的长白山地南段是汉代高句丽活动区，以辽宁桓仁县和吉林集安市为中心的浑江—鸭绿江流域分布有大量汉代高句丽遗存。

高句丽建国于公元前 37 年。一般认为，《好太王碑》和《三国史记·高句丽本纪》高句丽开国传说中提及的"忽本"或"卒本川"即今浑江，"沸流谷"或"沸流水"则是指浑江支流富尔江，桓仁县城附近的五女山城和下古城子两座城址当与高句丽早期都城有关[5]。五女山位于桓仁县城东北的浑江右岸，海拔 800 余米，自半山腰处突兀而起，形成高逾百米的峭壁，山顶较平坦。山城[6]平面呈不规则长方形，南北长约 1540 米，东西宽 350～550 米，仅在山势略缓的东侧和东南侧山腰处砌筑石墙。近年城内发掘的第三期遗存大体在两汉之际，发现有大型柱础式地面建筑和圆形、圆角长方形半地穴房址；陶器以手制夹砂灰褐陶为主，主要是罐、盆、杯，以竖桥耳的陶罐最有特点；还出土汉式铁镢、铁锸、西汉五铢钱和王莽货币。下古城子位于五女山西南十余公里，城址长方形，土筑，出有相当于五女山城第三期的竖耳陶罐，有可能是《魏书·高句丽传》提及的纥升骨城，尚未正式发掘。

《三国史记·地理志》记载："自朱蒙立都纥升骨城，历四十年，孺留王二十二年（公元 3 年），移都国内城。"《三国史记·高句丽本纪》记载：琉璃明王"二十二年（公元 3 年）冬十月，王迁都于国内，筑尉那岩城"。一般认为，集安市区城址就是"国内城"，城

〔1〕 刘景文：《吉林市郊帽儿山古墓群》，《中国考古学年鉴（1990）》，文物出版社，1991 年；《吉林市帽儿山古墓群》，《中国考古学年鉴（1991）》，文物出版社，1992 年。

〔2〕 A. 刘红宇：《试论田家坨子遗存有关问题》，《北方文物》1985 年第 1 期。

　　B. 吉林大学历史系考古专业：《吉林农安田家坨子遗址试掘简报》，《考古》1979 年第 2 期。

〔3〕 吉林省文物考古研究所：《吉林农安县邢家店北山墓葬发掘》，《考古》1989 年第 4 期。

〔4〕 金旭东：《试论邢家店类型及相关问题》，《博物馆研究》1993 年第 2 期。

〔5〕 魏存成：《高句丽初、中期的都城》，《北方文物》1985 年第 2 期。

〔6〕 辽宁省文物考古研究所：《五女山城》，文物出版社，2004 年。

西的山城子山城就是文献记载的"尉那岩城"和"丸都城"。集安市区城址[1]略呈方形，以规整的方形或长方形石块砌筑，设置马面和角楼。但是，2000年以来进行的大面积发掘并未能确定建筑年代，也未能对既往石城墙下叠压土城墙的认识提供证据。现有调查发掘也未发现山城子山城[2]的汉代遗存和建筑迹象，其现有格局的形成不会早于公元3世纪中叶。

积石墓是高句丽早期墓葬形制，但是正式发掘的汉代高句丽墓很少。在墓葬结构的逻辑演化线索上，无坛石圹墓上限在高句丽建国以前，方坛石圹墓上限最迟不晚于东汉初年，方坛阶梯石圹墓上限与方坛石圹墓大体同时，在这几类墓中出有半两钱、五铢钱、大泉五十、货泉等货币[3]。集安市下活龙墓地[4]的年代约为东汉，出有镰、锛、环首刀等汉式铁器。高句丽早期随葬陶器（下限约在魏晋）以夹砂褐陶为主，手制，见有四耳展沿壶、鼓腹罐、大口罐、双耳壶等[5]。与五女山城隔浑江相对的高丽墓子积石墓出土的罐、壶、杯等陶器当在汉代纪年范围[6]。

除桓仁、集安明确的汉代高句丽遗存以外，对其他汉代遗存的认识比较缺乏。有些学者以为在高句丽建国以前，这一地区属于西汉玄菟郡的范围。集安市出土赵"阳安君"剑[7]，长白县出土赵"蔺相如戈"[8]，或与秦军在辽东边塞的军事活动有关。吉林省通化县发现的赤柏松汉城[9]在坡台上夯筑，周长976米，形状也不规则，与东北地区燕、汉城址有别。城内采集有板瓦、筒瓦、瓦当等建筑构件和口沿、桥状耳、台状器底等陶片，有可能是汉民袭用的土著城址，调查者推断为西汉昭帝始元五年（公元前82年）"徙居句丽"阶段的玄菟郡属县上殷台；有些学者则推定为西盖马县。桓仁凤鸣墓、望江楼墓[10]已经进入西汉纪年，文化面貌与桓仁、集安的典型汉代高句丽墓不同。此外，通化市万发拨子遗址第四期遗存相当于两汉时期，文化内涵丰富，但材料尚未发表。

五　长白山地北段及迤北地区

吉林省东北部和黑龙江省东南部地区的张广才岭、老爷岭、太平岭、完达山及其间的

〔1〕吉林省文物考古研究所、集安市博物馆：《国内城》，文物出版社，2004年。
〔2〕吉林省文物考古研究所、集安市博物馆：《丸都山城》，文物出版社，2004年。
〔3〕A. 李殿福：《集安高句丽墓研究》，《考古学报》1980年第2期。
　　B. 方起东：《高句丽石墓的演进》，《博物馆研究》1985年第4期。
〔4〕耿铁华、林至德：《集安高句丽陶器的初步研究》，《文物》1984年第1期。
〔5〕集安县文物保管所：《集安县上、下活龙村高句丽古墓清理简报》，《文物》1984年第1期。
〔6〕A. 陈大为：《桓仁县考古调查发掘简报》，《考古》1960年第1期。
　　B. 辽宁省文物考古研究所、本溪市博物馆、桓仁县文物管理所：《辽宁桓仁县高丽墓子高句丽积石墓》，《考古》1998年第3期。
〔7〕集安县文物保管所：《吉林集安县发现赵国青铜短剑》，《考古》1982年第6期。
〔8〕长白朝鲜族自治县文物管理所：《吉林长白朝鲜族自治县发现蔺相如铜戈》，《考古》1998年第5期。
〔9〕邵春华、满承志、柳岚：《赤柏松汉城调查》，《博物馆研究》1987年第3期。
〔10〕梁志龙、王俊辉：《辽宁桓仁出土青铜遗物墓葬及相关问题》，《博物馆研究》1994年第2期。

平原河谷属于长白山地北段及迤北部分，可以划分为绥芬河—图们江流域和牡丹江中下游地区两个小区。

团结文化以黑龙江东宁县团结遗址下层[1]得名，主要遗址还包括东宁县大城子[2]、吉林珲春市一松亭[3]、汪清县百草沟新安闾上层[4]。这类遗存早在20世纪50年代即已发现，但是直到1977年团结遗址发掘以后才作为一支独立的考古学文化引起重视，最初被称为"大城子—团结类型"。同类遗存在俄罗斯滨海地区被称为"克罗乌诺夫卡文化"，在朝鲜东北部也有分布。团结—克罗乌诺夫卡文化基本分布在绥芬河流域、图们江流域及其滨海地带，年代约在公元前5世纪至公元1世纪。

团结文化的陶器以夹砂褐陶为主，次为泥质褐陶，火候不高，外表颜色斑驳，手制，多为泥圈套接，造型规整，绝大多数素面。流行小平底、圆柱状耳和小乳突状耳，以高圈足豆、柱把豆、圆柱耳深腹小底瓮、圆柱耳小底罐、多孔或单孔甑等最具特点（图12-6）。磨制石器有刀、斧、锛、镰、镞、矛等，铁器有斧、镰、锥等。俄罗斯境内遗址出有陶鼓风管、陶坩埚和猪、牛、狗、马骨骼。房址为长方形或方形半地穴式，密集有序，有些房址砌筑土或土石结构的曲尺形烟道——火墙式取暖设施。居住面和周壁经火烧烤，有的四壁镶有木板。小型房屋面积约30～50平方米，大型房屋面积近百平方米。

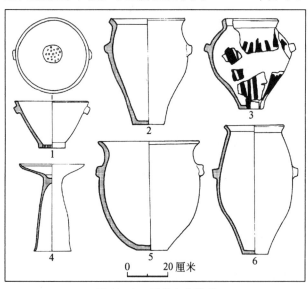

图12-6 团结文化陶器

1. 甑（一松亭T1:2:12） 2. 瓮（团结出土） 3. 瓮（团结出土）
4. 豆（大城子F1:20） 5. 瓮（团结出土） 6. 瓮（一松亭T1:2:11）

团结文化曾被视为挹娄或北沃沮遗存。《三国志·魏书·乌丸鲜卑东夷传》记载"东沃沮在高句丽盖马大山之东，滨大海而居。其地形东北狭，西南长，可千里。北与挹娄、夫余，南与濊貊接"，目前学术界倾向于团结—克罗乌诺夫卡文化属于沃沮遗存。西汉武帝时期设置的苍海郡、玄菟郡和昭帝时期乐浪郡东部都尉所属岭东七县包括有部分沃沮之地。

黑龙江省牡丹江中下游地区地理位置比较特殊，除当地固有文化因素以外，还是来自西北方向松嫩平原、东北方向三江平原和东南方向绥芬河—图们江流域文化因素交汇撞击的地带。

[1] 黑龙江省文物工作队、吉林大学历史系考古专业：《东宁团结遗址发掘报告》，1979年吉林省考古学会第一次年会资料。
[2] 黑龙江省博物馆：《黑龙江东宁大城子新石器时代居住址》，《考古》1979年第1期。
[3] 李云铎：《吉林珲春南团山、一松亭遗址调查》，《文物》1973年第8期。
[4] 王亚洲：《吉林汪清县百草沟遗址发掘简报》，《考古》1961年第8期。

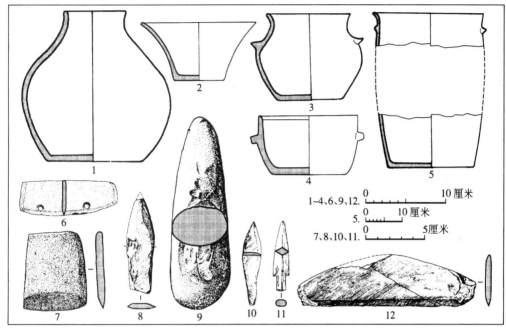

图 12-7　东康类型遗物

1. 陶罐（东康 F2：139）　2. 陶碗（东康 F2：165）　3. 陶罐（东康 T7：020）　4. 陶钵（东康 T7：039）

5. 陶瓮（东康 F2：149）　6. 石刀（东康 F2：025）　7. 石铧（东康 T2：003）　8. 石矛（东康 T2：004）

9. 石斧（东康 F2：108）　10. 骨镞（东康 F2：005）　11. 石镞（东康 F3：011）　12. 石镰（东康 F2：127）

　　这一地区最先发现的汉代遗存是以宁安市东康遗址[1]命名的东康类型，1964 年和 1973
年两次发掘，分布在牡丹江中游及其支流，主要还有宁安市大牡丹[2]、牛场[3]、东升[4]等遗
址。陶器包括瓮、罐、钵、碗、豆、壶、杯、盅等，陶质有夹砂和泥质两种，手制，火候较低，质
地疏松，以素面为主。流行钮状把手和乳钉状小钮，大型罐、瓮上有圆柱状把手。石器以磨制
为主，骨、角、蚌、牙制品较发达（图 12-7）。房址为半地穴式，居住面经火烧烤，其下铺有
一层白灰。东康类型年代相当于两汉时期，有可能属于当地柳庭洞类型的后续发展阶段，圈足
豆等类陶器显示出与团结文化的亲缘关系。也有些学者将其视为团结文化的牡丹江类型[5]。

　　20 世纪 90 年代以来，又确认出属于两汉时期的东兴文化和汉末魏晋的河口遗存。
以海林市东兴遗址[6]命名的东兴文化分布于牡丹江中下游地区，文化因素比较复杂。其

〔1〕　A. 黑龙江省博物馆：《东康原始社会遗址发掘报告》，《考古》1975 年第 3 期。

　　　B. 黑龙江省博物馆考古部、哈尔滨师范大学历史系：《宁安县东康遗址第二次发掘记》，《黑龙江文
　　　物丛刊》1983 年第 3 期。

〔2〕　黑龙江省博物馆：《黑龙江宁安大牡丹屯发掘报告》，《文物》1961 年第 10 期。

〔3〕　黑龙江省博物馆：《黑龙江宁安牛场新石器时代遗址清理》，《考古》1960 年第 4 期。

〔4〕　宁安县文物管理所：《黑龙江宁安县东升新石器时代遗址调查》，《考古》1977 年第 3 期。

〔5〕　杨志军：《牡丹江地区原始文化试论》，《黑龙江文物丛刊》1982 年第 3 期。

〔6〕　A. 黑龙江省文物考古研究所、吉林大学考古学系：《黑龙江海林市东兴遗址发掘简报》，《考古》1996

中角状把手罐和柱状耳罐分别代表着来自三江平原滚兔岭文化和绥芬河—图们江流域团结文化的因素，束颈鼓腹壶来自松嫩平原，而侈口鼓腹罐则是体现其自身特征的陶器（图12-8）。以海林市河口三期为代表的"河口遗存"[7]约在东汉末年至魏晋，可能是东康类型的地方性变体。以1997年发掘的依兰县桥南遗址[8]命名的桥南文化年代相当于战国至西汉，有些陶器（图12-9）与俄罗斯境内的扬科夫斯基文化相似，其中第二期遗存的年代约在公元前2世纪至公元前1世纪。这些新近识别出来的文化类型分布范围均比较狭小，对其文化性质的认识尚有局限，其中东兴文化和桥南文化的鼓腹无耳和鼓腹竖耳陶壶表现出与三江平原的联系。

六　三江平原

以松花江为界，可以将三江平原划分为北、南两个小区，分别发现蜿蜒河类型和滚兔岭文化。

蜿蜒河类型以1974年发掘的绥滨县蜿蜒河遗址下层而得名，同类遗址还有萝北县三马架、抚远县海青等，大体分布在黑龙江中游沿岸地区。同类遗存在俄罗斯境内被称为波尔采文化，分布在黑龙江中游以下直达海口的沿岸地带，南及滨海边区。

蜿蜒河类型的陶器以夹砂红褐陶居多，手制，陶质粗糙，火候不高。纹饰以方格纹、指捺纹、凹弦纹、波浪纹、附加堆纹最突出，也有素面陶和红衣陶。主要器形包括宽边附加堆纹盘口罐、敞口短颈方格纹罐、喇叭口碗、红衣壶等。发现有方形半地穴式房址。蜿蜒河类

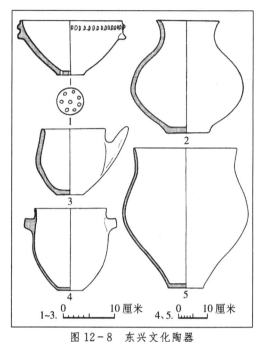

图12-8　东兴文化陶器
1.陶甑（东兴T16③:2）　2.陶壶（东兴F6:6）
3.陶罐（东兴F10:1）　4.陶罐（河口H1066:1）
5.陶瓮（振兴H154:10）

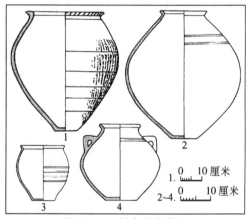

图12-9　桥南文化陶器
1.瓮（桥南F5:16）　2.罐（桥南F5:19）
3.罐（桥南T3③:17）　4.壶（桥南F5:18）

年第10期；《黑龙江省海林市三道河乡东兴遗址1994年考古发掘简报》，《北方文物》1996年第1期。

　B.黑龙江省文物考古研究所：《黑龙江省海林东兴遗址1992年试掘简报》，《北方文物》1996年第2期。

〔7〕黑龙江省文物考古研究所、吉林大学考古学系：《河口与振兴——牡丹江莲花水库发掘报告（一）》，科学出版社，2001年。

〔8〕李砚铁、刘晓东、王建军：《黑龙江省依兰县桥南遗址发掘及相关问题》，《北方文物》2000年第1期。

型的碳十四测年数据（树轮校正）为公元前90年至公元130年。波尔采文化的陶器与蜿蜒河类型相似，并且出有角状把手陶罐，铁器比较发达，有刀、剑、镞、锛、鱼钩、甲片等，发现有由三四十座房子组成的村落。波尔采文化的碳十四测年数据明显偏早，中国学者认为铁器相当发达的波尔采文化年代上限不会早于汉代，大体相当于汉晋时期[1]。

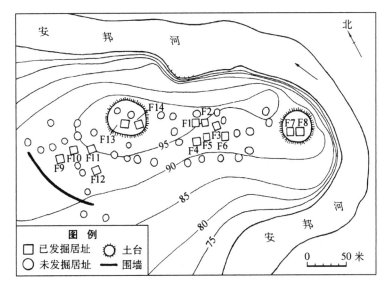

图12-10　双鸭山市滚兔岭遗址遗迹分布图

蜿蜒河类型—波尔采文化东滨大海，地理位置与《三国志·魏书·乌丸鲜卑东夷传》"挹娄在夫余东北千余里，滨大海，南与北沃沮接，未知其北所极"的记载相合。波尔采文化房址为半地穴式，住房中发现储藏的粟，存在家畜饲养业和纺织业，出有石镞，未见陶豆，均与《三国志》对挹娄"常穴居"、"有五谷、牛、马、麻布"，"俗好养猪"，"青石为镞"，"东夷饮食类皆用俎豆，唯挹娄不"的记载相符。因此有些学者提出蜿蜒河类型—波尔采文化属于挹娄遗存[2]。

以1984年发掘的双鸭山市滚兔岭遗址[3]得名的滚兔岭文化，大体分布于松花江以南的三江平原[4]。滚兔岭文化的城堡一般建筑在河流两岸的山岗上，分布很密集。大多呈圆形或椭圆形，不甚规整；有些选择在险要地势的最高处筑城，掘壕起墙为城垣，其内密布半地穴式房址（图12-10）。房址以圆角方形居多，面积数十以至逾百平方米不等，居住面经过烧烤，有些房址四壁有贴立木板的沟槽（图12-11）。许多城堡内外都有圆形地表坑。陶器见有小平底瓮、敞口碗、敛口深腹钵、高领壶、角状把手罐等，均为手制夹砂陶，呈灰褐、红褐等颜色，陶色斑驳，火候较高，素面为主（图12-12）。铁器有刀、凿、镞、甲片等，石器有斧、刀、矛、磨盘等。滚兔岭文化的碳十四测年数据（树轮校正）相当于两汉时期。1998～2002年在七星河流域展开汉魏遗址的大规模聚落考古调查和研究，

---

[1]　林沄：《肃慎、挹娄和沃沮》，《辽海文物学刊》1986年第1期。

[2]　林沄：《肃慎、挹娄和沃沮》，《辽海文物学刊》1986年第1期。

[3]　黑龙江省文物考古研究所：《黑龙江省双鸭山市滚兔岭遗址发掘报告》，《北方文物》1997年第2期。

[4]　A. 佳木斯市文管站：《佳木斯市郊山城遗址调查》，《黑龙江文物丛刊》1982年第3期。

　　B. 双鸭山市文管站：《双鸭山市部分地区考古调查》，《黑龙江文物丛刊》1982年第2期。

　　C. 黑龙江省文物考古研究所：《黑龙江省友谊县凤林城址1998年发掘简报》，《考古》2000年第11期。

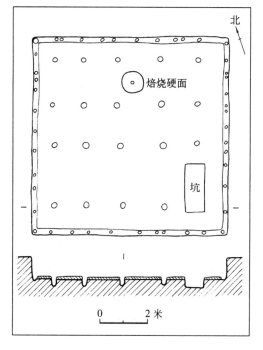

图 12-11　双鸭山市滚兔岭遗址 F7
平面、断面图

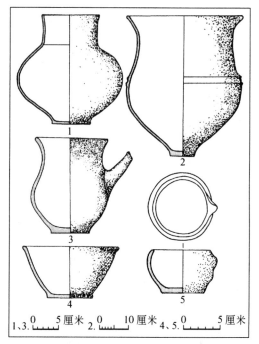

图 12-12　双鸭山市滚兔岭遗址出土陶器
1.壶（F1:23）2.瓮（F7:1）3.罐
（F6:4）4.碗（F1:3）5.匜（F6:1）

确认遗址 400 余处[1]，其中相当部分属于滚兔岭文化，已经区分出居住址、防御址、祭祀址、瞭望址和要塞址。

《后汉书·东夷列传》记载挹娄"土地多山险"，与波尔采文化—蜿蜒河类型主要分布在平原地区不尽相符。基于滚兔岭文化与波尔采文化—蜿蜒河类型陶器的某些共性，有些学者提出滚兔岭文化亦属于挹娄遗存[2]。

综合来看，东北地区秦汉时期的少数族遗存有些已经可以与夫余、高句丽、沃沮、挹娄联系，其中第二松花江中游的夫余遗存和鸭绿江流域的高句丽遗存显示出社会经济已有相当程度的发展。秦汉文化的整体扩展是引发东北秦汉时期民族分布和文化格局变迁的主线索，松嫩平原和草原游牧文化因素的推进和渗透也有一定影响。秦汉文化不但稳固地占据东北南部，文化因素还渗透到松嫩平原、第二松花江中游、鸭绿江流域以及东辽河、辉发河流域，引发土著文化连锁反应性地退却。松嫩平原的文化因素曾经南下东辽河、辉发河流域，甚至进抵鸭绿江流域，并且向东推进到三江平原。同时，在辽西凌河流域、东辽河流域、嫩江中下游地区还存在草原游牧文化因素的渗透。以上认识，与文献史料对于秦汉东北地区历史背景和族群地理的记载大体符合。

〔1〕　黑龙江省文物考古研究所：《七星河——三江平原古代遗址调查与勘测报告》，科学出版社，2004年。

〔2〕　贾伟明、魏国忠：《论挹娄的考古学文化》，《北方文物》1989 年第 3 期。

第二节　北方草原地区

北方草原地区的秦汉时期遗存[1]集中在内蒙古秦汉长城障塞内外至大兴安岭两侧，以鄂尔多斯高原、河套平原、阴山东段、西拉木伦河北翼、科尔沁沙地和呼伦贝尔草原发现最多，在其以北、以西的内蒙古高原也有分布（图12-13）。

北方草原地区秦汉时期的考古发掘和研究，最初有日本学者在长城地带进行过调查发掘[2]，大规模工作是在新中国成立以后。其中，内蒙古中南部秦汉长城、秦汉城址和汉墓的调查发掘始自20世纪50年代，大体同时，北方游牧民遗存的考古工作也开展起来。50年代至60年代相继发现二兰虎沟、扎赉诺尔、南杨家营子、完工等墓地，族属问题引起注意。70年代末至80年代前期，随着舍根、西沟畔、补洞沟、倒墩子等墓地的清理发掘，族属和文化内涵的研究逐渐深入。80年代中后期以来，续有六家子、北玛尼吐、拉布达林、三道湾等墓地的发掘，研究领域进一步拓宽。现今学术界对于主要墓地的断代、文化内涵和族属等问题已经有了初步一致的意见，尤其是对于汉代匈奴、东部鲜卑和拓跋鲜卑遗存的研究和认识比较充分。应该指出，蒙古国和俄罗斯外贝加尔地区也有汉代北方游牧民遗存的发现，其中匈奴考古工作可以追溯到19世纪末至20世纪前期，相关成果是研究中国北方草原地区汉代游牧民遗存的重要参考。

秦汉时期，北方草原主要生活着以东胡、匈奴、鲜卑、乌桓为代表的游牧民族，而内

〔1〕　本节参考的主要研究性著述如下。

　　A. 宿白：《东北、内蒙古地区的鲜卑遗迹——鲜卑遗迹辑录之一》，《文物》1977年第5期。

　　B. 李逸友：《扎赉诺尔古墓为拓跋鲜卑遗迹论》，《中国考古学会第一次年会论文集》，文物出版社，1980年。

　　C. 郭素新：《试论汉代匈奴文化的特征》，《内蒙古文物考古》1981年第1期。

　　D. 陈雍：《扎赉诺尔等五处墓葬陶器的比较研究》，《北方文物》1989年第2期。

　　E. 乌恩：《试论汉代匈奴与鲜卑遗址的区别》，《中国考古学会第六次年会论文集》，文物出版社，1990年。

　　F. 乌恩：《论匈奴考古研究中的几个问题》，《考古学报》1990年第4期。

　　G. 林沄：《关于中国的对匈奴族源的考古学研究》，《内蒙古文物考古》1993年第1、2期合刊。

　　H. 许永杰：《鲜卑遗存的考古学考察》，《北方文物》1993年第4期。

　　I. 乔梁：《内蒙古中部的早期鲜卑遗存》，《青果集》，知识出版社，1998年。

　　J. 郑君雷：《早期东部鲜卑与早期拓跋鲜卑族源关系概论》，《青果集》，知识出版社，1998年。

　　K. 乔梁：《鲜卑遗存的认定与研究》，《中国考古学的跨世纪反思》，商务印书馆（香港）有限公司，1999年。

　　L. 潘玲：《伊沃尔加城址和墓地及相关匈奴考古问题研究》，科学出版社，2007年。

　　M. 孙危：《鲜卑考古学文化研究》，科学出版社，2007年。

〔2〕　江上波夫、水野清一等人20世纪30年代在长城地带调查著录北方式青铜器，发掘万安北沙城和怀安汉墓，并发现百灵庙砂凹地墓地，以东亚考古学会名义出版《内蒙古·長城地带》和《萬安北沙城》。

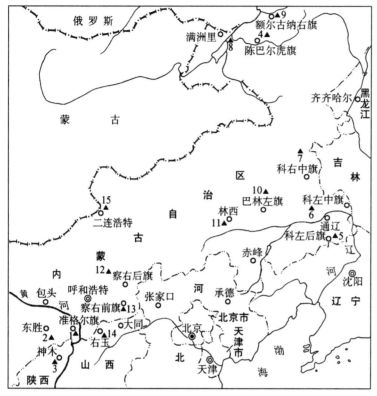

图 12-13 北方草原地区秦汉时期文化遗存分布示意图

1.准格尔旗西沟畔墓地　2.东胜市补洞沟墓地　3.神木县大保当墓地　4.陈巴尔虎旗完工墓地　5.科左后旗舍根墓地　6.科左中旗六家子墓地　7.科右中旗北玛尼吐墓地　8.满洲里市扎赉诺尔墓地　9.额尔古纳右旗拉布达林墓地　10.巴林左旗南杨家营子墓地　11.林西县苏泗汰墓　12.察右后旗二兰虎沟墓地　13.察右前旗下黑沟墓　14.右玉县善家堡墓地　15.二连浩特市盐池墓

蒙古中南部是汉人与北方游牧民接触的前沿地带。北方游牧民追逐水草，畜牧为生，弋猎为业，受自然环境和社会环境的影响很大，移动性较强。同时，学术界对于许多遗存的族属认识存有争议。关于内蒙古中南部的汉墓，另有论述[1]。这里拟结合时代和地域，将北方草原地区秦汉时期的少数族文化遗存划分为两汉时期长城地带中段的匈奴遗存、西汉时期呼伦贝尔地区的游牧民遗存、东汉魏晋时期科尔沁地区的东部鲜卑遗存、东汉时期呼伦贝尔地区的拓跋鲜卑遗存、东汉时期西拉木伦河北翼的拓跋鲜卑遗存、东汉晚期至魏晋阶段河套阴山地区的鲜卑遗存等分别叙述。

一 两汉时期长城地带中段的匈奴遗存

以阴山南麓山前地带和鄂尔多斯高原为中心，包括宁夏北部和陕西北部在内的秦汉长城地带南翼是汉代匈奴遗存的主要发现区。在杭锦旗、准格尔旗、和林格尔县、乌拉特中后联合旗和凉城县等地发现有桃红巴拉、阿鲁柴登、西沟畔、玉隆太、范家窑子、呼鲁斯太、毛庆沟、崞县窑子等十余处战国时期少数族墓地和遗址，是讨论匈奴族源的重要材料。秦至西汉中期，匈奴在这一地区几番进退。汉武帝击破匈奴以后，内附匈奴部众入居北边诸郡。在内蒙古伊克昭盟准格尔旗西沟畔[2]、东胜县补洞沟[3]、陕西神木大

---

〔1〕 见本书第八章第四节《北方长城地带汉墓》。

〔2〕 伊克昭盟文物站、内蒙古文物工作队：《西沟畔汉代匈奴墓地调查记》，《内蒙古文物考古》1981年创刊号。

〔3〕 伊盟文物工作站：《伊克昭盟补洞沟匈奴墓清理简报》，《内蒙古文物考古》1981年创刊号。

保当[1]以及更南的陕西铜川市枣庙[2]、长安县客省庄[3]等地发现有两汉时期的匈奴墓地。

西沟畔墓地 1980 年清理发掘 9 座长方形土坑墓，南北向，单人葬。M4 出有由云纹金片、金花片、金耳环、金鹿牌饰、水晶、玛瑙、盘角卧羊包金牌饰和卷云纹包金铁环等组成的头饰、耳坠、项饰、带饰（图版 28-3），颇具特色。陶器较少，见有罐、瓮、盆，均为泥质灰陶，轮制，纹饰见有磨光暗纹、波浪纹和马纹，有的刻划汉字。其他有铜马、铜扣、铜镞、铁刀、石佩等，未明确发现殉牲迹象。在这 9 座墓中，M6 等墓未报道随葬器物，M9 的陶罐是北朝形制，因此仅能将 M4、M5、M12 确定在汉代。其中 M4 根据玉佩和包金带具可以判断在西汉晚期至东汉前期，而 M5 和 M12 很可能是东汉墓[4]。

补洞沟墓地 1980 年清理 9 座长方形土坑墓，南北向，头向北或西北，其中 M1 为男女合葬，其余均为单人葬，仰身直肢，未发现葬具。出有小口鼓肩陶罐和大口小底陶罐，均为泥质灰陶或褐陶，轮制，饰有波浪纹、弦纹、磨光暗纹等。随葬器物包括鼎、釜、长剑、刀、镞、马具等铁器，博局纹镜、云纹牌饰、鸟纹牌饰、耳环等铜器，匙、簪等骨器。以马、牛、羊的头、蹄殉牲。墓地的年代约在西汉末年至东汉初期。

中国境内的匈奴墓集中在西汉至东汉早中期。以长方形土坑墓为主，南北向，仰身直肢单人葬，头向北，有些发现木棺。陶器种类简单，以小口鼓腹罐和小口鼓肩罐为主，肩部往往饰有弦纹或波浪纹，有的在接近器底的部位有直径约 1 厘米的小穿孔，均为轮制，有泥质褐陶和泥质灰陶两种。青铜器类常见刀、镞、铃、环、带扣和管状饰，铁器见有衔、带扣、刀、镞，金属牌饰、透雕铜环、石牌饰和各种珠饰颇多（图 12-14）。其中铜质、金质或鎏金铜质的带饰极具特色，绝大部分为透雕，图案包括各种动物、人物和几何纹样（图版 28-1、2）。透雕铜环经常成对发现，有些缀以串珠，用为带饰。以马、牛、羊的头、蹄殉牲比较普遍。从人骨材料分析，汉代匈奴的本体部族应当属于北亚蒙古人种[5]。

匈奴部族繁杂，各地匈奴墓的文化面貌有差别。中国境内匈奴墓与蒙古国诺音乌拉和俄罗斯外贝加尔地区伊里莫瓦、德列斯图依、伊沃尔加等地西汉晚期至东汉初期匈奴墓存在明显共性，但也有差别，如未见石堆等地面标志，也没有发现石板墓。由于地近汉代边塞，中国境内匈奴墓中出土的铜镜、织物、漆器、货币等汉式文物的种类和数量均超过漠北匈奴墓。

随着建武二十四年（公元 48 年）匈奴分裂为南、北两部，特别是永元三年（公元 91

[1] 陕西省文物考古研究所、榆林市文物管委会：《神木大保当——汉代城址与墓葬考古报告》，科学出版社，2001 年。

[2] 陕西省考古研究所：《陕西铜川枣庙秦墓发掘简报》，《考古与文物》1986 年第 2 期。

[3] 中国科学院考古研究所：《沣西发掘报告》，文物出版社，1962 年。

[4] 潘玲：《伊沃尔加城址和墓地及相关匈奴考古问题研究》，科学出版社，2007 年。

[5] A. 潘其风：《从颅骨资料看匈奴族的人种》，《中国考古学研究——夏鼐先生考古五十周年纪念论文集（二）》，科学出版社，1986 年。

　　B. 潘其风、韩康信：《内蒙古桃红巴拉古墓和青海大通匈奴墓人骨的研究》，《考古》1984 年第 4 期。

　　C. 朱泓：《人种学上的匈奴、鲜卑与契丹》，《北方文物》1994 年第 2 期。

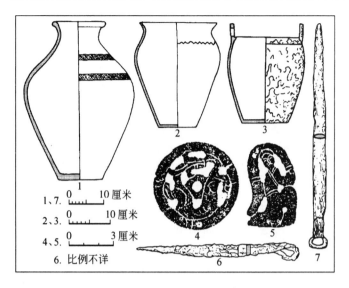

图 12-14 长城地带中段西汉至东汉早中期匈奴文化遗物

1.陶罐（补洞沟 M6：2） 2.陶罐（补洞沟 M1：1） 3.铁锼（补洞沟 M5：2） 4.虎纹石佩（西沟畔 M4：23·1，拓本） 5.舞人石佩（西沟畔 M4：21·1，拓本） 6.铁刀（西沟畔 M11：2） 7.铁剑（补洞沟 M3：1）

年)北单于西遁，匈奴离散，北方地区可以确定归属为东汉晚期匈奴的遗存数量甚少。从墓葬形制、画像石图案和大多数器物看，1999 年发掘的神木大保当墓地整体上属于汉墓系统。但是，小口鼓肩陶罐以及波浪纹饰与匈奴陶器相似，骨勺、骨筷、骨弓弭常见于外贝加尔和蒙古国东汉匈奴墓，有些墓以马、狗、狗獾的头骨殉牲，匈奴文化因素比较显著。人骨鉴定也显示出与北亚蒙古人种明显接近的特征[1]。大保当墓地年代约在东汉初年至东汉中晚期，附近城址也出有匈奴式陶罐，发掘者认为该城很可能是汉代上郡属国都尉治的龟兹县城，有些墓主可以推断为已经在很大程度上汉化的内附匈奴。青海大通上孙家寨墓[2]的葬俗已经彻底汉化，仅能够从"汉匈奴归义亲汉长"铜印判断墓主为匈奴族。

二 西汉时期呼伦贝尔地区的游牧民遗存

西汉时期呼伦贝尔地区的游牧民遗存主要包括内蒙古呼伦贝尔盟陈巴尔虎旗完工墓地[3]和鄂温克自治旗伊敏车站墓地[4]。

完工墓地先后发现 6 座墓，墓葬制度很有特点。1961 年在索木村清理 2 座土坑墓，南北方向，木椁制作粗糙。两墓共出有 20 余具人骨，仰身直肢，排列整齐，在椁盖上面发现牛头骨。1963 年清理的 M1 分为上、下两部分，上层墓坑（M1A）近似方形，底部铺木板和桦树皮；下层墓坑（M1B）为长方形，四壁和底部残存椁板痕迹。上层墓坑出有成年男女和儿童骨架 20 余具，绝大多数肢体分离，葬式各异；另有马、牛、狗等动物骨架 20 余具，人骨与兽骨杂乱相间，层层叠压。随葬各类器物 200 余件。陶器以夹砂灰色、褐色粗陶为主；多为素面，外表略加抹光，个别施红色陶衣，纹饰有篦点纹、波浪纹、斜方

[1] 韩康信、张君、赵灵霞：《陕西神木大保当汉墓人骨鉴定报告》，《神木大保当——汉代城址与墓葬考古报告》，科学出版社，2001 年。

[2] 青海省文物管理处考古队：《青海大通上孙家寨的匈奴墓》，《文物》1979 年第 4 期。

[3] A. 潘行荣：《内蒙古陈巴尔虎旗完工索木发现古墓葬》，《考古》1962 年第 11 期。

  B. 内蒙古文物自治区工作队：《内蒙古陈巴尔虎旗完工古墓清理简报》，《考古》1965 年第 6 期。

[4] 程道宏：《伊敏河地区的鲜卑墓》，《内蒙古文物考古》1982 年第 2 期。

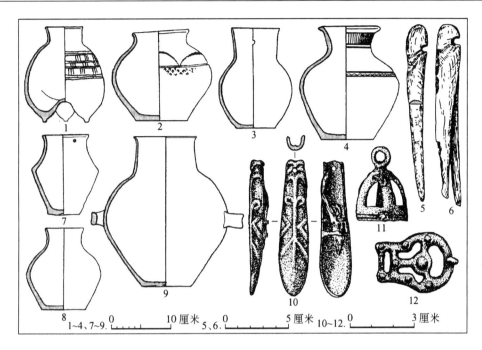

图 12 - 15　呼伦贝尔地区西汉时期游牧民遗物

1.陶鬲（完工 M1B：60）　2.陶罐（完工 M1B：71）　3.陶壶（完工 M1B：62）　4.陶壶（完工 M1B：61）　5.骨
弓弭（完工 M1B：48①）　6.骨弓弭（完工 M1B：47②）　7.陶罐（完工 M1B：77）　8.陶壶（完工 M1B：80）　9.陶
壶（完工 M1B：72）　10.铜带饰（完工 M2：18）　11.铜铃（完工 M3：12①）　12.铜带扣（完工 M2：21①）

格纹和研光暗纹等；种类包括鬲、短颈罐、束颈壶、直领壶、横耳壶、鸭形壶等（图 12 -
15）。其他随葬器物包括铜带饰、铜铃环、铁镞、铁刀、铁环、石刮削器、石镞、石璜、
骨镞、骨弓弭、骨鸣镝、漆器、桦树皮器皿以及各种玉石蚌贝饰品等。从鬲、横耳壶、鸭
形壶等陶器分析，完工墓地约在西汉中晚期。

　　伊敏车站墓地发现墓葬 10 余座，1979 年清理 4 座。均为土坑墓，以马、羊、狗的头、
蹄殉牲，出有横耳陶壶、银扣、铜扣、骨镞、海贝等器物，其中 M4 的夹砂横耳陶壶呈红
褐色，手制，火候较低。墓地年代亦在西汉时期，文化性质与完工墓地相似。

　　许多学者认为以完工墓地为代表的这类遗存与鲜卑有关，但这类遗存的墓葬形制、
丛葬制度、陶器种类等方面与以扎赉诺尔墓地为代表的东汉拓跋鲜卑遗存和以舍根墓地
为代表的东汉东部鲜卑遗存均有显著差别。此外，完工墓地人骨材料主要与东北亚蒙古人
种接近，可能含有某些北亚和东亚蒙古人种因素[1]，而目前经过鉴定的汉晋鲜卑人骨的
基本种系特征均属于北亚蒙古人种或者含有显著北亚蒙古人种成分。鬲、横耳壶、鸭形壶
等陶器则与嫩江中下游地区以平洋墓葬[2]为代表的平洋文化相似，当是源自大兴安岭以
东的文化因素。饰研光暗纹和波浪纹的陶罐、尾部开叉的骨镞和骨弓弭已经被指为匈奴文

---

〔1〕　潘其风、韩康信：《东汉北方草原游牧民族人骨的研究》，《考古学报》1982 年第 1 期。
〔2〕　黑龙江省文物考古研究所：《平洋墓葬》，文物出版社，1990 年。

化因素[1]。这类遗存文化因素比较复杂，不宜与鲜卑联系。

三 东汉魏晋时期科尔沁地区的东部鲜卑遗存

西汉初年匈奴冒顿单于击破东胡，东胡一支退保乌桓山，一支退保鲜卑山，各自以山名号。鲜卑游牧在乌桓北面，至东汉出现于史籍。在西辽河及其诸支流穿经的科尔沁沙地发现大量东汉及略晚时期东部鲜卑遗存，以1981年报道的内蒙古哲里木盟科左后旗舍根墓地[2]为代表。

舍根墓地均为东西向的石棺墓，一般长1.8～2米，宽0.6米左右，多数为单人葬，头向朝

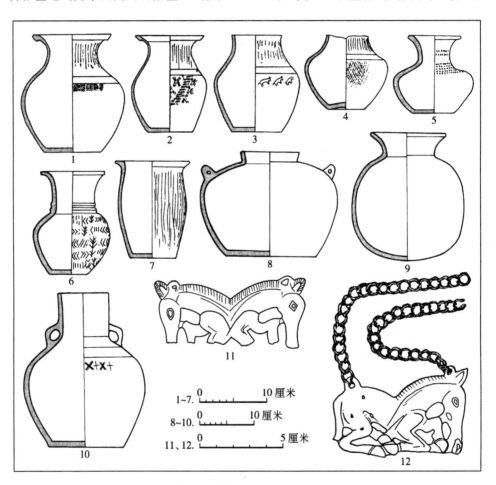

图 12-16 科尔沁地区东汉魏晋时期东部鲜卑遗物

1.陶壶（六家子:96） 2.陶壶（舍根:2042） 3.陶壶（六家子:102） 4.陶壶（舍根:2041） 5.陶壶（北玛尼吐 M14:1） 6.陶壶（北玛尼吐 M36:1） 7.陶罐（代钦他拉:153） 8.陶罐（六家子:83） 9.陶罐（六家子:90） 10.陶壶（六家子:87） 11.双马纹金牌饰（六家子:2） 12.马纹金牌饰（六家子:1）

〔1〕 潘玲:《伊沃尔加城址和墓地及相关匈奴考古问题研究》，科学出版社，2007年。
〔2〕 张柏忠:《哲里木盟发现的鲜卑遗存》，《文物》1981年第2期。

东。随葬陶器、马具、青铜管饰等。陶器以夹砂灰陶的侈口鼓腹罐、侈口弧腹罐和泥质灰陶的展沿舌唇壶为主，前者饰有竖向磨光暗条纹，用作炊器；后者轮制，饰有旋纹、重菱纹、篦点纹、马纹等，有的陶壶锯掉口沿或口沿残破，似与毁器习俗有关。其年代约在东汉时期。

以舍根墓地为代表的这类遗存在科尔沁沙地广泛分布，并且有一定时间跨度，统称为舍根文化，其早期阶段约在汉晋时期。继舍根墓地之后，陆续发现一批文化面貌相似的墓地，主要包括科左后旗新胜屯[1]、科左中旗六家子[2]、科右中旗北玛尼吐[3]等，年代约在东汉至西晋。这类遗存的文化特征可以概括为：土坑墓数量较多，石棺墓也有一定数量；墓葬平面多数为长方形，亦有前宽后窄的梯形；部分墓中发现木棺或木质葬具；多数墓成排分布；陶器以侈口弧腹罐、侈口鼓腹罐、展沿舌唇壶、侈口束颈壶等为主；动物纹金属牌饰有一定数量（图12-16）；殉牲不甚发达，种类见有羊距骨、狗头骨、牛腿骨等。

《后汉书·乌桓鲜卑列传》记载，鲜卑"以季春月大会于饶乐水上"，从东汉光武年间开始寇抄汉边。"饶乐水"即今西拉木伦河，以舍根墓地为代表的这类遗存在地望与时代上均与文献记载的汉代东部鲜卑相合。此外，这类遗存的侈口长腹罐、侈口鼓腹罐、侈口束颈壶等陶器与辽西地区三燕陶器具有比较明显的承袭关系，因此可以归属于东部鲜卑。其中年代约在东汉晚期至西晋的六家子墓地文化面貌与舍根等墓地有一定差别，有学者认为可能是源出南匈奴的东部鲜卑宇文部遗存[4]。目前尚未见有东汉时期科尔沁地区东部鲜卑的人骨鉴定材料，辽西地区魏晋时期东部鲜卑人骨的基本种系成分为北亚蒙古人种，在个别体质特征上也受到东亚蒙古人种的影响[5]，可为参考。

四　东汉时期呼伦贝尔地区的拓跋鲜卑遗存

据《魏书·帝纪·序纪》记载，拓跋鲜卑源出大鲜卑山，推寅皇帝时"南迁大泽"，诘汾皇帝时再次南迁"匈奴之故地"。一般认为，"南迁大泽"约在东汉初年，南迁"匈奴之故地"约在东汉末年。呼伦贝尔地区以满洲里市扎赉诺尔墓地[6]为代表的东汉遗存当与"大泽"时期的拓跋鲜卑有关。

扎赉诺尔墓地1959年发现墓葬300余座，其后又分四次发掘清理计50余

〔1〕　田立坤：《科左后旗新胜屯鲜卑墓地调查》，《文物》1997年第11期。

〔2〕　张柏忠：《内蒙古科左中旗六家子鲜卑墓群》，《考古》1989年第5期。

〔3〕　钱玉成、孟建仁：《科右中旗北玛尼吐鲜卑墓群》，《内蒙古文物考古文集》第一辑，中国大百科全书出版社，1994年。

〔4〕　田立坤：《三燕文化遗存的初步研究》，《辽海文物学刊》1991年第1期。

〔5〕　朱泓：《朝阳魏晋时期鲜卑墓葬人骨研究》，《辽海文物学刊》1996年第2期。

〔6〕　A．郑隆：《内蒙古扎赉诺尔古墓群调查记》，《文物》1961年第9期。

　　　B．内蒙古文物工作队：《内蒙古扎赉诺尔古墓群发掘简报》，《考古》1961年第12期。

　　　C．王成：《内蒙古扎赉诺尔圈河古墓清理简报》，《北方文物》1983年第3期。

　　　D．内蒙古文物考古研究所：《扎赉诺尔古墓群1986年清理发掘报告》，《内蒙古文物考古文集》第一辑，中国大百科全书出版社，1994年。

　　　E．陈凤山、白劲松：《内蒙古扎赉诺尔鲜卑墓》，《内蒙古文物考古》1994年第2期。

坑墓，墓向一般朝北。墓坑平面呈头端较宽、足端略窄的梯形，个别有二层台。绝大多数为仰身直肢单人葬。木棺大都略呈梯形，一般在四角插立木柱，其上榫接棺板；有些有盖无底，有的棺壁用桦树皮制作，有的棺底用树枝垫铺，有的纵侧棺板外加插木柱；木材未去皮，制作粗糙；有些在棺外四角再插立木柱，上置椁板形成椁架（图 12 - 17 - A）。殉牲很普遍，多为牛、马、羊的头、蹄骨和羊距骨。陶器以夹砂粗陶为主，亦有泥质灰陶，见有侈口弧腹罐、侈口鼓腹罐、敞口壶、颈双耳罐、尊、肩双耳罐、颈双耳壶等（图 12 - 18）。均为手制，多数素面，器表经打磨，隐约见有竖向刮磨的条痕，火候低。弓弭、鸣镝、镞、带扣等骨制品发达，桦树皮圆盒、桦树皮箭囊颇有特点。铁器包括剑、刀、矛、镞等。还有飞马纹、鹿纹、羊纹等青铜牌饰和铜镍，以及狩猎纹骨板、石牌饰、铜耳环、骨簪、琥珀珠等装饰品。从出土的四神博局纹铜镜和"如意"字款织锦残片判断，墓地年代在东汉时期。

与扎赉诺尔文化面貌相似的东汉墓地在呼伦贝尔一带的克尔伦河、伊敏河、海拉尔河、辉河、根河、额尔古纳河流域以及大兴安岭东侧的阿伦河流域均有发现[1]，主要包括额尔古纳右旗拉布达林（图 12 - 17 - B）[2] 和七卡[3]、鄂温克旗孟根楚鲁[4]、新

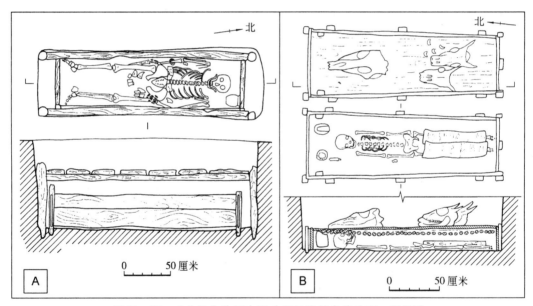

图 12-17　呼伦贝尔地区东汉时期拓跋鲜卑墓平面、剖视图

A.扎赉诺尔 M3002 平面、剖视图　B.拉布达林 M3 平面、剖视图

〔1〕 赵越：《游牧民族的历史摇篮——呼伦贝尔少数民族遗存简述》，《内蒙古文物考古》1991 年第1 期。

〔2〕 A. 赵越：《内蒙古额右旗拉布达林发现鲜卑墓》，《考古》1990 年第 10 期。

　　 B. 内蒙古文物考古研究所、呼伦贝尔盟文物管理站、额尔古纳右旗文物管理所：《额尔古纳右旗拉布达林鲜卑墓群发掘简报》，《内蒙古文物考古文集》第一辑，中国大百科全书出版社，1994年。

〔3〕 呼伦贝尔盟文物管理站、额尔古纳右旗文物管理所：《额尔古纳右旗七卡鲜卑墓清理简报》，《内蒙古文物考古文集》第二辑，中国大百科全书出版社，1997 年。

〔4〕 程道宏：《伊敏河地区的鲜卑墓》，《内蒙古文物考古》1982 年第 2 期。

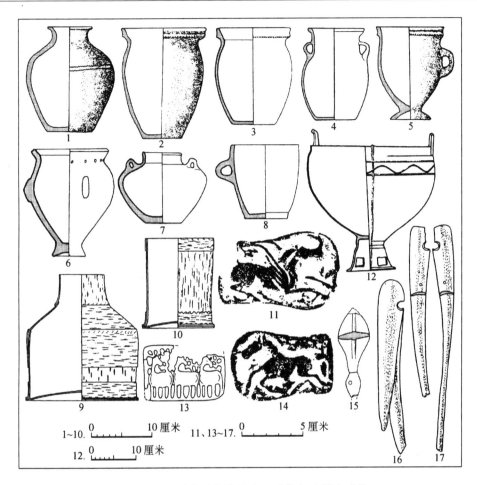

图 12-18　呼伦贝尔地区东汉时期拓跋鲜卑遗物

1.陶壶（扎赉诺尔 M23）　2.陶罐（扎赉诺尔 M28）　3.陶罐（扎赉诺尔 M3007：1）　4.陶罐（拉布达林 M2）
5.陶尊（扎赉诺尔 M10）　6.陶尊（扎赉诺尔出土）　7.陶罐（扎赉诺尔出土）　8.陶杯（拉布达林 M7）　9.桦树
皮罐（拉布达林 M5）　10.桦树皮筒（拉布达林 M13）　11.神兽纹铜牌饰（扎赉诺尔出土，拓本）　12.铜鍑（扎赉
诺尔 M3014：6）　13.鹿纹铜牌饰（扎赉诺尔 M3002：2）　14.马纹铜牌饰（扎赉诺尔出土，拓本）　15.铁镞（扎赉
诺尔出土）　16.骨弓弭（拉布达林出土）　17.骨弓弭（拉布达林出土）

巴尔虎左旗伊和乌拉[1]、海拉尔区团结村[2]等。关于扎赉诺尔墓地的族属，曾有鲜卑、
匈奴和拓跋鲜卑等意见，近年来对这类遗存的族属认识已经统一为拓跋鲜卑，其最有说
服力的三点证据在于：其一，1980 年大兴安岭北段嘎仙洞发现的北魏李敞刻石[3]可与

---

[1] 呼伦贝尔盟文物管理站：《新巴尔虎左旗伊和乌拉鲜卑墓》，《内蒙古文物考古文集》第二辑，中国
大百科全书出版社，1997 年。

[2] 内蒙古文物考古研究所：《呼伦贝尔市团结墓地》，《内蒙古地区鲜卑墓葬的发现与研究》，科学出版
社，2004 年。

[3] 米文平：《鲜卑石室的发现与初步研究》，《文物》1981 年第 2 期。

《魏书·礼志》和《魏书·乌洛侯传》的记载比照，尽管对嘎仙洞祝文反映的拓跋鲜卑起源和南迁史实仍有不同认识，但是至少可以确定拓跋鲜卑曾经在这一带活动过。其二，呼伦湖可与《魏书·帝纪·序纪》的"大泽"对应，是相对确定的地理坐标。其三，与匈奴墓比较，这类遗存与科尔沁地区东汉时期东部鲜卑墓和河套阴山地区东汉晚期至魏晋阶段鲜卑墓更具共性。

呼伦贝尔地区东汉时期拓跋鲜卑遗存的文化面貌可以概括为：均为土坑墓，绝大多数平面呈梯形；多数墓使用梯形木棺，有些棺外加插木柱置放椁板形成椁架；墓葬往往成排分布，绝大多数墓向朝北，部分墓偏西北。陶器以侈口弧腹罐、侈口鼓腹罐、束颈壶为主，圈足尊、颈双耳罐很有特点。北方式金属动物牌饰有一定数量；镞、弓弭、镰、簪、带扣等骨制品和罐、筒、箭囊、弓囊等桦树皮制品颇常见。殉牲非常普遍，见有牛、马、羊、狗、野猪、鹿、狍的头骨、蹄骨、腿骨、距骨以及鹿角等。从扎赉诺尔墓地的人骨材料可以分析出两种体质类型，即以扎 A 组为代表的北亚蒙古人种和以扎 B 组为代表的北亚蒙古人种与东北亚蒙古人种的混血类型[1]。

五　东汉时期西拉木伦河北翼的鲜卑遗存

大兴安岭南段东侧的西拉木伦河北翼地区发现巴林左旗南杨家营子[2]、林西县苏泗汰[3]等处可能是与拓跋鲜卑南迁"匈奴之故地"有关的遗迹。

南杨家营子墓地 1962 年发掘 20 座土坑墓，略呈长方形，方向正北，其中 8 座发现木质葬具，可以辨识的葬式都是仰身直肢。单人葬 9 座，双人葬 5 座，丛葬墓有 4 座。陶器以夹砂红褐陶为主，见有侈口弧腹罐、束颈罐、盘口壶等，均为手制，器胎较厚，外表多经过粗略刮磨，纹饰以刻压凹点纹为主。有少量泥质灰陶的展沿壶和小口壶，轮制。出有铁刀、铁斧、铁镞、铜铃、骨镞、骨弓弭、琉璃珠饰等（图 12 - 19）。以羊、狗、马、牛的头、腿殉牲，以羊腿最常见。遗址出有与墓地相似的夹砂红褐陶片、泥质灰陶片以及动物骨骼，兽骨和鸟类骨骼多数被烧过，大都被砸裂。南杨家营子墓地人骨的体质特征与北亚蒙古人种相近，也存在东亚或东北亚蒙古人种的因素[4]。1981 年，在苏泗汰发掘 1 座长方形土坑墓，有木质葬具痕迹，出有夹砂灰陶的侈口弧腹陶罐，其他随葬器物有金鹿牌饰、铜镂等。

拓跋鲜卑自"大泽"南移，"山谷高深，九难八阻，于是欲止。有神兽，其形似马，其声类牛，先行导引，历年乃出。始居匈奴之故地"[5]。南杨家营子墓地位居从"大泽"

〔1〕　朱泓：《从扎赉诺尔汉代居民体质差异探讨鲜卑族的人种构成》，《北方文物》1982 年第 2 期。

〔2〕　中国科学院考古研究所内蒙古工作队：《内蒙古巴林左旗南杨家营子的遗址和墓葬》，《考古》1964年第 1 期。

〔3〕　林西县文物管理所：《林西县苏泗汰鲜卑墓葬》，《内蒙古文物考古文集》第二辑，中国大百科全书出版社，1997 年。

〔4〕　朱泓：《察右后旗三道湾汉代鲜卑族颅骨的人种学研究》，《内蒙古文物考古文集》第二辑，中国大百科全书出版社，1997 年。

〔5〕　《魏书·帝纪·序纪》。

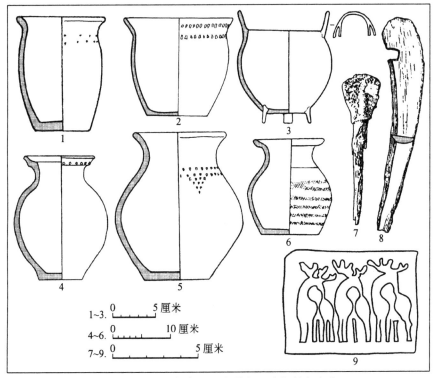

图 12-19　西拉木伦河北翼东汉时期鲜卑遗物

1.陶罐（南杨家营子 M3∶24）　2.陶罐（苏泗汰墓出土）　3.铜鍑（苏泗汰墓出土）　4.陶壶（南杨家营子
M15∶4）　5.陶壶（南杨家营子 M15∶5）　6.陶壶（南杨家营子 M3∶25）　7.铁镞（南杨家营子
M16∶16）　8.骨弓弭（南杨家营子 M19∶3）　9.鹿纹金牌饰（苏泗汰墓出土）

呼伦贝尔地区至"匈奴之故地"河套阴山地区的中间地带，文化面貌与呼伦贝尔地区的东
汉拓跋鲜卑遗存具有某些相似性，有些学者认为属于拓跋鲜卑南迁中途的遗存。不过扎赉
诺尔这类墓地未见丛葬现象，而且南杨家营墓地的展沿壶等陶器与科尔沁地区东汉时期的
东部鲜卑遗存相似，同时，其体质特征含有显示东亚蒙古人种性状的窄脸成分，因此其族
属和文化性质仍有进一步讨论的余地[1]。

六　东汉晚期至魏晋时期阴山东段的鲜卑遗存

以阴山东段为中心，北及乌兰察布高原，南抵大同盆地，东至土默川平原，集中分布着东
汉晚期至魏晋时期的北方游牧民墓地，主要包括内蒙古察右后旗三道湾[2]、二兰虎沟[3]、赵

〔1〕　郑君雷：《拓跋鲜卑早期历史的考古学研究》，吉林大学硕士学位论文，1993 年。
〔2〕　乌兰察布盟博物馆：《察右后旗三道湾墓地》，《内蒙古文物考古文集》第一辑，中国大百科全书出
　　　版社，1994 年。
〔3〕　A.李逸友：《内蒙古西部地区的匈奴和汉代文物》，《文物》1957 年第 4 期。
　　　B.郑隆、李逸友：《察右后旗二兰虎沟的古墓群》，《内蒙古文物资料选辑》，内蒙古人民出版社，
　　　1964 年。

家房[1]、达尔罕茂明安联合旗百灵庙砂凹地[2]、察右前旗下黑沟[3]、托克托县皮条沟[4]、商都县东大井[5]和山西右玉县善家堡[6]等地点。

三道湾墓地 1983 年和 1984 年发现墓葬 50 座。在已发掘的 25 座墓中，有 23 座为土坑墓，2 座为土坑竖穴偏洞室墓。发掘简报介绍墓葬平面为长方形，但是从例图看亦包括梯形在内。有 12 座墓发现木棺。墓向西北，多为仰身直肢单人葬。6 座墓中只有 1 座以羊头骨殉牲。陶器质地有夹砂陶和泥质陶两种，见有侈口弧腹罐、侈口鼓腹罐、肩双耳罐、假圈足壶、束颈壶、棱颈壶、大平底罐、立领罐、扁壶、圈足杯等，纹饰有戳点纹、凹弦纹、折线纹等。出有马纹、鹿纹、驼纹、网格纹、盘旋纹、柿蒂纹金、铜牌饰以及骨弓弭、骨牌饰、骨纺轮、骨锥和桦树皮制品。其他随葬器物包括铜带扣、铜铃、铜环、铁剑、铁矛、铁刀、铁斧、金带钩、金耳坠、漆器、丝织品、皮革、汉式铜镜、五铢钱以及玉石珠饰。三道湾墓地人骨的基本种系成分属于北亚蒙古人种，少数个体也受到东亚蒙古人种的影响[7]。

1952 年和 1954 年调查的二兰虎沟墓地，一般为长方形土坑墓，多为东西向仰身直肢葬，亦有乱葬坑。发掘简报归属于"匈奴文物"的陶器包括颈双耳红陶罐、粗砂红陶壶、粗砂灰褐陶三耳尊、粗砂红褐陶和灰褐陶尊、双耳小罐等，有些饰有"指点纹"或"粗点纹"。汉式陶器包括绳纹陶罐、灰陶壶、灰陶和磨光黑陶肩双耳罐等。出土的三鹿纹、双鹿纹、双龙纹、网格纹铜牌饰和角锥等器物富有特色，其他随葬器物包括铜镂、铁剑、铁镞、铜泡和汉式铜镜等。

善家堡墓地 1990 年发掘墓葬 23 座。墓葬分布密集，呈东北—西南方向有序排列。发掘简报介绍均为长方形土坑墓，但是从例图看其中也有梯形土坑墓。以单人葬最多，均未发现葬具，墓向一般偏于西北，见有仰身直肢、侧身直肢、侧身屈肢等葬式，有殉牲情况。陶器包括侈口弧腹罐、束颈壶、颈双耳罐、立领罐、碗、杯等，多为手制，火候较低；纹饰以篦点锥刺纹最常见，亦有附加堆纹、水波纹等，肩部附加四个对称鼻状长钮的侈口弧腹罐很有特点。出土铜器、铁器和骨、角制品数量较多，也见有金鹿、金马牌饰。

这批墓地一般为长方形土坑墓，亦有梯形土坑墓，偶见洞室墓，以单人葬为主。木棺不普遍，有些木棺呈梯形；殉牲也不普遍。金属牌饰、铜镂、铁镂、铜杯等器物比较常见，带扣、耳饰、腕饰、指环等装饰品颇流行。兵器以铁矛、铁剑、铁刀、铁镞为主；

[1]　盖山林：《内蒙古察右后旗赵家房村发现匈奴墓群》，《考古》1977 年第 2 期。

[2]　江上波夫：《内蒙古百靈廟砂凹地の古墳》，《アジア文化史研究·論考篇》，東京大学東洋文化研究所報告，1967 年。

[3]　郭治中、魏坚：《察右前旗下黑沟鲜卑墓及其文化性质初论》，《内蒙古文物考古文集》第一辑，中国大百科全书出版社，1994 年。

[4]　金学山：《内蒙古托克托县皮条沟发现三座鲜卑墓》，《考古》1991 年第 5 期。

[5]　内蒙古文物考古研究所：《商都县东大井墓地》，《内蒙古地区鲜卑墓葬的发现与研究》，科学出版社，2004 年。

[6]　王克林、宁立新、孙春林、胡生：《山西省右玉县善家堡墓地》，《文物季刊》1992 年第 4 期。

[7]　朱泓：《察右后旗三道湾汉代鲜卑族颅骨的人种学研究》，《内蒙古文物考古文集》第二辑，中国大百科全书出版社，1997 年。

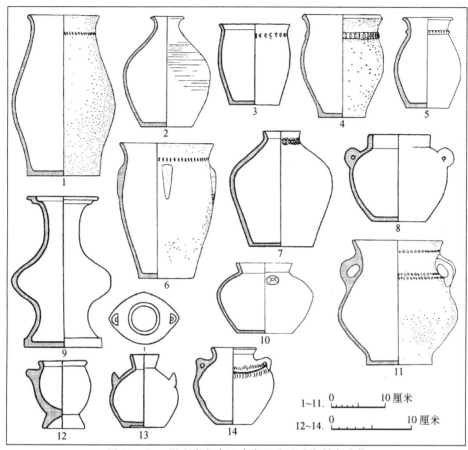

图 12-20　阴山东段东汉晚期至魏晋时期鲜卑遗物

1.陶罐（善家堡 M3：1）　2.陶壶（善家堡 M16：8）　3.陶罐（三道湾 M17：1）　4.陶罐（善家堡 M20：1）
5.陶罐（三道湾 M1：1）　6.陶罐（善家堡 M17：1）　7.陶罐（三道湾 M106：1）　8.陶罐（三道湾 M113：1）
9.陶壶（三道湾出土）　10.陶罐（赵家房出土）　11.陶罐（善家堡 M4：3）　12.陶杯（三道湾 M102：1）
13.陶壶（三道湾 M11：2）　14.陶罐（三道湾 M107：2）

骨、角制品发达，桦树皮制品也有一定数量。陶器以颈部饰戳印纹或按压纹的侈口罐和双耳罐最有特色，亦有部分泥质灰陶的汉式陶器（图 12-20）。关于其族属，二兰虎沟墓地有鲜卑、拓跋鲜卑和匈奴三种意见，赵家房墓地有鲜卑（包括乌桓）和匈奴两种意见，百灵庙、三道湾墓地被认为属于拓跋鲜卑，托克托墓地被认为属于鲜卑，下黑沟墓被认为有可能属于融于东部鲜卑的匈奴余种。在讨论族属时主要考虑鲜卑尤其是拓跋鲜卑，一方面在于文化面貌确与扎赉诺尔等墓地存在某些共性；另一方面还在于拓跋鲜卑南迁"匈奴故地"后在此发迹，建立北魏政权，显赫一时。另有学者认为这批墓地有可能属于"檀石槐迄轲比能阶段东部鲜卑遗迹"[1]。实际上，当时的民族背景相当复杂，汉人以外，至少还活动着南匈奴、东部鲜卑、拓跋鲜卑和乌桓四支北方游牧民。

[1]　乔梁：《内蒙古中部的早期鲜卑遗存》，《青果集》，知识出版社，1998 年。

从历史背景分析，桓灵时期檀石槐和曹魏时期轲比能的鲜卑联盟曾经引发出以东部鲜卑为中心的民族融合，鲜卑旗号得到包括拓跋部在内的种系各异的部族之认同。拓跋鲜卑逐渐强大以后，北方诸族中转而出现"拓跋鲜卑认同"的进程。因此这些墓地普遍存在早期东部鲜卑和早期拓跋鲜卑的文化因素，并且占有很大比例，但是其文化并非是从呼伦贝尔地区早期拓跋鲜卑或科尔沁地区早期东部鲜卑直线发展下来的，其来源并不单纯。三道湾墓地至少可以分析出早期拓跋鲜卑、早期东部鲜卑、匈奴和汉式四种文化因素[1]，而颈下饰有一匝凸棱的陶壶亦见于辽西地区汉魏墓，可能属于乌桓文化因素[2]。这种文化因素的混杂性在各墓地均不同程度存在，这些墓葬的形制结构、葬具、墓向、葬式、头向以及陶器种类、形制、质地、颜色、纹饰乃至殉牲情况均不统一。这种状况正是东汉晚期至魏晋阶段阴山东段地区复杂民族关系的真实反映。这批墓地未必能够一一确指为拓跋鲜卑、东部鲜卑或匈奴等族，暂且可以宽泛地称为鲜卑遗存。

20世纪80年代以来，学术界对于北方草原地区秦汉时期遗存的认识逐渐丰富和清晰，尤其以游牧民遗存的研究成果最为突出。前述内容以外，内蒙古二连浩特市[3]和锡林郭勒盟正蓝旗[4]也有东汉晚期鲜卑遗存发现，北方游牧民动物形牌饰见有专题研究[5]，西北草原汉代月氏遗存显露线索[6]。近年还见有结合文献史料和考古材料从文化人类学角度讨论汉代北方游牧民生态环境、迁移和驻营方式、畜种构成以及经济结构的研究文章[7]。基础性研究以外，北方草原地区秦汉时期的考古学研究需要注意游牧民对自然环境和社会环境的适应和协调，大兴安岭两麓、河套阴山、河西走廊一线游牧遗存比较集中，绝非偶然。秦汉文化与北方游牧文化在这条农牧交错地带的互动也应该引起重视。

第三节　新疆地区

以西汉政府经营新疆、正式开辟丝绸之路为界，秦汉时期的新疆大致分为前后两个阶

---

〔1〕 郑君雷：《察右后旗三道湾墓地文化因素分析》，《内蒙古文物考古》1999年第2期。

〔2〕 田立坤：《论辽西汉魏墓的乌桓文化因素》，《中国考古学跨世纪的回顾与前瞻》，科学出版社，2000年。

〔3〕 内蒙古自治区文物考古研究所：《二连浩特市盐池墓葬》，《内蒙古地区鲜卑墓葬的发现与研究》，科学出版社，2004年。

〔4〕 内蒙古文物考古研究所：《正蓝旗和日木图鲜卑遗存》，《内蒙古地区鲜卑墓葬的发现与研究》，科学出版社，2004年。

〔5〕 A. 乔梁：《中国北方动物饰牌研究》，《边疆考古研究》第1辑，科学出版社，2002年。

　　 B. 林沄：《鲜卑族的金、铜马形牌饰》，《边疆考古研究》第3辑，科学出版社，2004年。

　　 C. 潘玲：《矩形动物纹牌饰的相关问题研究》，《边疆考古研究》第3辑，科学出版社，2004年。

〔6〕 王建新：《中国西北草原地区古代游牧文化研究的新进展》，《周秦汉唐研究》第三辑，三秦出版社，2004年。

〔7〕 A. 王明珂：《匈奴的游牧经济：兼论游牧经济与游牧社会政治组织的关系》，《历史语言研究所集刊》第六十四本第一分册，1993年。

　　 B. 郑君雷：《关于游牧性质遗存的判定标准及其相关问题——以夏至战国时期北方长城地带为中心》，《边疆考古研究》第2辑，科学出版社，2004年。

段。前一阶段属于早期
铁器时代末期，后一阶
段则是汉代中央政府经
营新疆的时代。从生态
地理看，天山山脉把新
疆分为两大经济区：北
区以牧业为主；南区以
建立在绿洲灌溉农业基
础之上的农牧混合经济
为主，山麓河谷地区仍
为牧业。绿洲之间联系
松散，形成不同的文化
区域[1]。20世纪初，新
疆的考古工作主要是列
强的肆意挖掘，其中有
些发现属于秦汉时期。
中瑞西北考察团的工作
是一个重要的转折，中
国学者开始开展考古工
作。新中国成立以来，新
疆秦汉时期的考古工作
取得很多成就（图12-
21），但不够系统[2]。

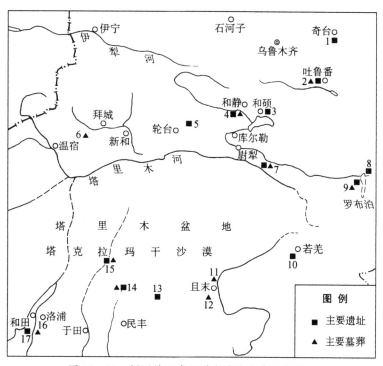

图12-21　新疆地区秦汉时期遗迹分布示意图

1.奇台县石城子古城　2.吐鲁番交河故城、沟北墓地和沟西墓地　3.和硕县曲惠古城　4.和静县七个星古城、北哈拉毛坦古城、察吾呼沟三号墓地　5.轮台县诸古城　6.温宿县包孜东墓地　7.尉犁县营盘故城及墓葬　8.罗布泊土垠遗址　9.楼兰诸古城及墓葬　10.若羌县且尔乞都克古城　11.且末县加瓦艾日克墓地　12.且末县扎滚鲁克墓地　13.民丰县安迪尔古城　14.民丰县尼雅遗址及墓葬　15.于田县圆沙古城及墓葬　16.洛浦县山普拉墓地　17.和田约特干遗址

一　城址

从《史记·大宛列传》等文献看，张骞出使西域以前，天山以南已经存在小规模的城郭；在牧业经济发达的北疆，城市的出现比较晚。新疆的城址大致可分为两类[3]：一类为方形；一类大致为圆形。汉代经营西域之前，新疆的城市布局和规划主要是受中亚的影响。比如圆城、多重城墙的城可能是中亚影响的结果[4]。之后开始受到汉文化的影响[5]。随着时代的演进，当地民族在吸收外来营养的基础上，有所创新。文献记载的三十六国基

[1]　［美］拉铁摩尔著，唐晓峰译：《中国的亚洲内陆边疆》第100~104页，江苏人民出版社，2005年。

[2]　孟凡人：《新疆考古学百年回顾与展望》，《新疆考古与史地论集》，科学出版社，2000年。

[3]　林梅村：《梳理丝绸之路的古国脉络》，《中国国家地理》2007年第11期。

[4]　林梅村：《楼兰——一个世纪之谜的解析》，中共中央党校出版社，1999年。

[5]　孟凡人：《楼兰新史》第39页，光明日报出版社，1990年。

本为寡民小国，其王城，多数只能算是聚落，尼雅遗址是典型的代表。这些遗址有的还没有发现，有的尚在寻找当中[1]。新疆城址虽然很多，城墙保存很好，但城内破坏十分严重，只有沙漠中的一些城址保存较好。由于缺乏充分的考古工作，现有的研究成果多是从历史地理学的角度进行讨论，所以关于这些城的年代、形制布局、性质和关系等问题众说纷纭[2]。从现有考古调查和相关发掘看，大部分城址的年代和性质很难确认，综述如下。

（一）吐鲁番盆地

吐鲁番盆地保存较好的古城有交河故城和高昌故城。交河城是车师前国的王都和西汉戊己校尉屯戍之地，始建年代可能为西汉。代表性的建筑技术为减地留墙、夯筑、土坯砌筑和开凿窑洞，夯筑和凿井技术为汉朝军队传入[3]。在考古发现中，属于汉代的遗物几乎没有，只有一些迹象表明车师前部灭亡之前交河城的使用区可能主要集中在交河台地的南部[4]。高昌故城始建于公元前1世纪，不过汉代的遗址尚不清楚。

（二）焉耆盆地

焉耆盆地在汉代主要有尉犁、焉耆和危须三个小国。学者对三个小国都城位置的看法并不一致，争议最大的是焉耆县城西南12公里的博格达沁古城。该城是焉耆盆地内建筑规模最大的古城遗址，平面大致呈长方形，周长3000多米。从发现的遗物看，博格达沁城时代可以早到汉代。有学者认为是汉焉耆国都员渠城[5]，或认为这应当是焉耆镇城之所在[6]，或认为此城是尉犁国都[7]；有学者认为库尔勒南6公里的夏勒哈墩古城可能是古尉犁国都城[8]；有学者认为七个星古城是尉犁国的都城，北哈拉毛坦古城是两汉到北魏的焉耆国都城"员渠城"[9]；或认为危须城可能是和硕县曲惠古城[10]。七个星古城位于七个星东南约1.5公里处，为椭圆形，内外两重城墙，城中间有一个土墩，内

[1] 比如且末古城遗址曾经被发现过，后来又消失在沙海中（见李肖《且末古城地望考》，《中国边疆史地研究》2001年第3期）。

[2] 余太山：《两汉魏晋南北朝正史西域传研究》，中华书局，2003年。

[3] A.李肖：《交河故城的形制布局》第272～274页，文物出版社，2003年。
　　B.王樾：《汉车师兜訾城考》，《西域研究》1999年第2期。

[4] 孟凡人：《交河故城形制布局特点研究》，《考古学报》2001年第4期。

[5] A.清·徐松：《西域水道记》卷二，中华书局，2005年。
　　B.[英]斯坦因著，向达译：《斯坦因西域考古记》第196页，中华书局，1936年。
　　C.韩翔：《焉耆国都、焉耆都督府治所与焉耆镇城——博格达沁古城调查》，《文物》1982年第4期。
　　D.陈戈：《焉耆、尉犁、危须都城考》，《西北史地》1985年第2期。

[6] 孟凡人：《尉犁城、焉耆都城及焉耆镇城的方位》，《新疆考古与史地论集》，科学出版社，2000年。

[7] 黄文弼：《塔里木盆地考古记》第7页，科学出版社，1958年。

[8] 陈戈：《焉耆、尉犁、危须都城考》，《西北史地》1985年第2期。

[9] 孟凡人：《尉犁城、焉耆都城及焉耆镇城的方位》，《新疆考古与史地论集》，科学出版社，2000年。

[10] 黄文弼：《塔里木盆地考古记》，科学出版社，1958年；《焉耆博斯腾湖周围三个古国考》，《西北史地论丛》，上海人民出版社，1981年。

城东、西开门，外城南、北、西有门[1]。北哈拉毛坦古城也是内外两重城墙，外城椭圆形，仅余夯筑痕迹。内城略近梯形，城墙土坯垒砌，个别部位加有卵石。从形制布局看，这两座城的时代应当较早。

焉耆盆地还有一些古城，但相关问题的解决需要考古发掘的证据。

（三）塔里木盆地北缘地区

此地区的营盘古城（图12-22）是库鲁克塔格山南麓古代交通要道上比较重要的一站，既是从楼兰到尉犁的中间站，也能由此通往焉耆盆地和吐鲁番。有学者认为圆形的营盘古城是《水经注·河水篇》记载的注宾城[2]；或认为营盘城是《史记》所记"山国"，《汉书》所记的"墨山国"的国都[3]。也有人认为墨山国应当在北边的库鲁克塔格山中[4]。

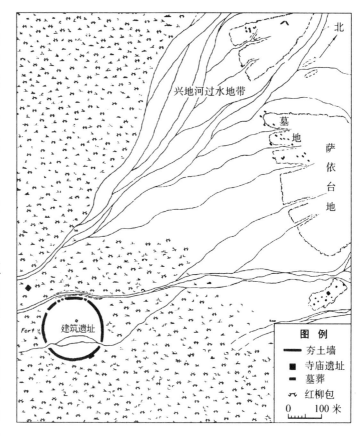

图 12-22　尉犁营盘遗址平面图

天山南麓的轮台一带是汉朝较早经营的地区。轮台地区最受瞩目的工作是寻找西汉在西域的早期政治中心——西域都护府所在的乌垒城，一般认为可能在轮台县策大雅公社[5]。

〔1〕 黄文弼：《新疆考古发掘报告（1957～1958）》，文物出版社，1983年。

〔2〕 A. 羊毅勇：《从考古资料看汉晋时期罗布淖尔地区与外界的交通》，《西北民族研究》1994年第2期。

　　B. 黄盛璋：《楼兰始都争论症结解难与LA城为西汉楼兰城新论证》，《吐鲁番学研究》2000年第1期。

〔3〕 A. 黄文弼：《汉西域诸国之分布及种族问题》，《黄文弼历史考古论集》，文物出版社，1989年。

　　B. 黄盛璋：《塔里木河下游聚落与楼兰古绿洲环境变迁》，《亚洲文明》第2集，安徽教育出版社，1992年。

　　C. 李文瑛：《营盘遗址相关历史地理学问题考证——从营盘遗址非"注宾城"谈起》，《文物》1999年第1期。

　　D. 林梅村：《墨山国贵族宝藏的重大发现》，《古道西风》，三联书店，2000年。

〔4〕 A. Stein, A. (1921), *Serindia.* Oxford: Clarendon Press. Vol. 1, p. 334.

　　B. 罗新：《墨山国之路》，《国学研究》第五卷，北京大学出版社，1998年。

〔5〕 黄文弼：《塔里木盆地考古记》第9页，科学出版社，1958年。

从 20 世纪 70 年代以来，考古工作者对这个地区的黑太沁、柯尤克沁（亦称奎玉克协尔城址）[1]、昭果特沁、卡克勃列克、炮台古城和阿格拉克城址等古城遗址做了勘察。有的城址曾见有汉代遗物，但最终确定西域都护府故址还需要明确的考古证据。

库车、沙雅和新和县分布着很多城址，一般是稍南沿塔里木河分布的古城比较早，而后渐渐选择北部地区。拜城县的古城多沿木扎特河分布。

喀什地区的托库孜萨来遗址位于巴楚县托库孜萨来山东南端。有学者根据古城出土的佉卢文提出此城年代可能早到汉代，是疏勒王国的盘陀城，曾经为疏勒王的都城[2]。

（四）塔里木盆地南缘地区

塔里木盆地南缘的罗布泊和若羌地区汉代时为楼兰、鄯善古国，是两汉王朝经营最多的地区。中外学者对这个地区的调查比较深入，对遗址的研究也多，但由于缺乏确凿的证据，所以分歧不小[3]。就楼兰、鄯善国都而言，有学者认为楼兰国最初的都城为土垠遗址西南不远的 LE 古城（图 12－23）[4]。西汉元凤四年（公元前 77 年），楼兰改国名为鄯善，迁都鄯善河（今若羌县车尔臣河）流域的扜泥城，即若羌县城南偏西 6 公里处发现的"且尔乞都克古城"[5]。有的学者认为楼兰国自始至终一直以这个扜泥城为都城[6]。不过仍有学者坚持最初流行的观点，即 LA 古城是鄯善都城扜泥城[7]。有学者则认为 LA 古城早期是楼兰国都，后期是西域长史治所[8]。其他一些古城也同样没有取得一致意见。有学者认为 LK 古城和 LA 古城可能是"楼兰之屯"的遗址[9]。有学者则认为 LA 古城应当

〔1〕 有学者认为这个古城是古仑头国都城（见黄文弼《塔里木盆地考古记》，科学出版社，1958 年）。

〔2〕 林梅村：《疏勒考古 90 年》，《文物天地》1990 年第 1、2 期合刊。

〔3〕 肖小勇：《楼兰鄯善考古研究综述》，《西域研究》2006 年第 4 期。

〔4〕 林梅村：《楼兰国始都考》，《汉唐西域与中国文明》第 279～289 页，文物出版社，1998 年。黄文弼最早推测楼兰都城约位于土垠遗址附近（见黄文弼《黄文弼历史考古论集》第 323 页，文物出版社，1989 年）。一些学者有不同意见，认为楼兰古城 LA 是当时西域长史的治所。LE 城是西域长史下的一个屯戍单位，在政治军事、城市职能上均依附于 LA 城，而非楼兰始都。LE 城的兴衰和 LA 城密切相连。两城灭亡的最下限是公元 5 世纪末叶（见黄盛璋《初论楼兰国始都楼兰城与 LE 城问题》，《文物》1996 年第 8 期；王守春《楼兰国都与罗布泊的历史地位》，《西域研究》1996 年第 4 期；苏北海《楼兰古道对汉朝统一西域及丝绸之路的重大贡献》，《西北史地》1996 年第 4 期）。

〔5〕 林梅村：《敦煌写本钢和泰藏卷所述帕德克城考》，《汉唐西域与中国文明》第 273～275 页，文物出版社，1998 年。

〔6〕 A. 余太山：《关于鄯善都城的位置》，《西北史地》1991 年第 2 期。
　　 B. 孟凡人：《论鄯善国都的方位》，《亚洲文明》第 2 集，安徽教育出版社，1992 年。

〔7〕 此说影响最大的是日本东京大学榎一雄［见 Enoki, K. (1961), "Yü-ni-ch'êng and the Site of Lou-lan", *Ural-Altaische Jahrbücher* 33：52-65 (1963), "The Location of the Capital of Lou-lan and the Date of the Kharosthi Documents". *Memoirs of the Research Department of the Toyo Bunko* 22：125-71]。

〔8〕 侯灿：《楼兰研究析疑》，《敦煌研究》2002 年第 1 期。

〔9〕 林梅村：《丝绸之路散记》第 90 页，人民美术出版社，2004 年。

是西域长史治所故址，也即简
牍所记"楼兰城"，LK 古城是
西汉伊循城故址，LL 古城则可
能是西汉伊循都尉府所在地，
西汉伊循屯田、东汉"楼兰之
屯"和索劢屯田大致就在这一
带[1]。但有学者认为唐代米兰
古城（七屯城）附近的汉代遗
存才可能是鄯善国的伊循城[2]。
　　1930 年在罗布淖尔北岸发
现、发掘并命名的土垠遗址的
年代和布局比较清楚。从地理
位置和建筑形制布局看，这个
遗址是古代楼兰道上一处非常
重要的军事和交通设施。所出
汉简显示遗址年代上起黄龙
（公元前 49 年），下迄元延年间
（公元前 12 年至公元前 9 年），
大致与西汉在盐泽一带开始列
亭至西汉绝西域之时相当[3]。
正值匈奴日逐王降汉之后，汉
都护权力强盛之时。有学者根

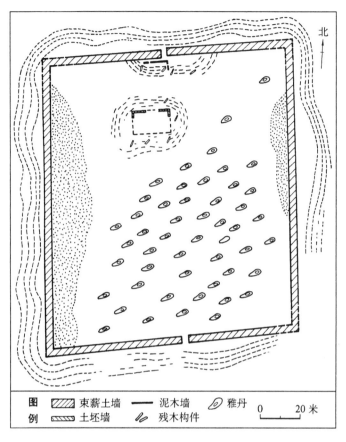

图 12-23　若羌楼兰 LE 古城平面图

据所出汉简等认为土垠遗址可能是西域都护府左部左曲候或后曲候的治所，而且是文献记
载的居卢訾仓[4]。关于居卢訾仓，还有学者认为故址是 LE 古城[5]。值得注意的是，《三
国志·魏书·乌丸鲜卑东夷传》注引《魏略·西戎传》记载："从玉门关西出，发都护井，
回三陇沙北头，经居卢仓，从沙西井转西北，过龙堆，到故楼兰，转西诣龟兹，至葱岭，
为中道。"可知居卢訾仓位于龙堆之东，而土垠遗址已经位于龙堆之西，所以有可能不是居
卢訾仓。学者曾推测穷塔格西边不远处发现的古代建筑遗址可能是居卢訾仓[6]。所以这个问

[1]　孟凡人：《楼兰新史》第 36～59、101～114 页，光明日报出版社，1990 年。
[2]　林梅村：《丝绸之路散记》第 86～91 页，人民美术出版社，2004 年。
[3]　黄文弼：《罗布淖尔考古记》，中国西北科学考察团丛刊之一，国立北京大学出版部，1948 年；《罗
　　布淖尔汉简考释》，《黄文弼历史考古论集》，文物出版社，1989 年；《罗布淖尔考古简记》，《黄文
　　弼历史考古论集》，文物出版社，1989 年。
[4]　孟凡人：《楼兰新史》第 60～83 页，光明日报出版社，1990 年。
[5]　中国科学院新疆分院罗布泊综合考察队：《罗布泊科学考察与研究》第 86～87 页，科学出版社，
　　1987 年。
[6]　黄文弼：《罗布淖尔汉简考释》，《黄文弼历史考古论集》，文物出版社，1989 年。

题尚待对龙堆以东地区的遗址调查后或可最终解决。

从上述诸学者的讨论看，关于 LA 古城和"且尔乞都克古城"性质的认识较为一致。前者被认为是西域长史治所故址，后者是鄯善国都。从文献所记地理位置看，楼兰国最初的都城的确应当在 LE 所在的地区寻找。其他古城则存在较大的分歧，尚需要考古材料进一步证明。

民丰县的安迪尔古城遗址曾采集到一件完好的手制带流罐，说明此城的使用期至少到西汉，而且同周围流行带流器的考古文化有密切关系。

民丰县尼雅遗址的考古工作做得比较系统[1]。遗址是一个长期发展起来的聚落群组，南北长约 10 公里，东西宽约 2 公里。其分布呈现小聚居大分散的特点。1991 年在 N37 居住遗址发现的鄯善王童格罗伽时期的纪年木简，年代可早到东汉末年献帝建安时期[2]。1993～1995 年中日尼雅合作考察中在 N3、N14、N26、N5 等地发现货泉、五铢钱等钱币、铜镜、汉锦等，相当部分聚落属于东汉时期。1995 年发掘清理的 95MNI 号墓地，经碳十四测定和遗物分析，部分墓葬年代早到东汉末[3]。1993 年在 N3 南部清理发掘的墓葬出土了一些早期的陶器，如折腹圈底钵、单耳带流平底罐、高领带流坠腹罐等，和塔里木盆地战国西汉的同类器物相似，证明尼雅遗址中存在西汉时期的文化遗存[4]。早期的尼雅遗址应当是汉代精绝国之所在，并且在汉王朝的有效管辖之下[5]。N14 是精绝王室的住地和治所，N12 和 N24 一带是精绝时期和尼雅鄯善早期中心区的重要重合部位[6]。东汉时精绝国成为鄯善的凯度多州，后受魏晋王朝的统辖。出土的佉卢文材料表明，这里曾经存在过相对完整的行政管理系统，社会分化和等级分层非常显著[7]，同周围"苏毗"[8]、"南羌"[9]等西北民族有很多关系。

〔1〕　A. 刘文锁：《尼雅考古简史》，《新疆文物》2003 年第 1 期。

　　　B. 中日共同尼雅遗迹学术考察队：《中日共同尼雅遗迹学术调查报告书》第一卷，株式会社法藏馆，1996 年；《中日共同尼雅遗迹学术调查报告书》第二卷第 6 页，中村印刷株式会社，1999 年。

〔2〕　林梅村：《尼雅新发现地鄯善王童格罗伽纪年文书考》，《西域考察与研究续集》，新疆人民出版社，1997 年。

〔3〕　于志勇：《尼雅遗址的考古发现与研究》，《新疆文物》1998 年第 1 期。

〔4〕　林梅村：《尼雅汉简中有关西汉与大月氏关系的重要史料》，《九州》第一册，中国环境科学出版社，1997 年。

〔5〕　A. Stein, A. (1907), *Ancient Khotan*. Oxford：Clarendon Press. Vols. 1 and 2.

　　　B. 王国维：《观堂集林》卷十七第 868、869 页，中华书局，1994 年。

　　　C. 林梅村：《汉代精绝国与尼雅遗址》，《文物》1996 年第 12 期。

〔6〕　A. ［英］A. 斯坦因著，巫新华等译：《西域考古图记》第一卷第 138、139 页，广西师范大学出版社，1998 年。

　　　B. 孟凡人：《尼雅 N14 遗迹的性质及相关问题》，《新疆考古与史地论集》，科学出版社，2000 年。

　　　C. 王冀青：《斯坦因第四次中亚考察所获汉文文书》，《敦煌吐鲁番研究》，北京大学出版社，1998 年。

〔7〕　林梅村：《沙海古卷——中国所出佉卢文书（初集）》，文物出版社，1988 年。

〔8〕　孟凡人：《楼兰鄯善简牍年代学研究》第 433～444 页，新疆人民出版社，1995 年。

〔9〕　于志勇：《新疆尼雅"五星出东方"彩锦织文初析》，《西域研究》1996 年第 3 期；《尼雅遗址的考古

　　和田地区很多遗址的时代应当能早到汉代。1994年中法考古队在克里雅河流域的尾闾三角洲发现圆沙古城，为不规则的四边形[10]。西墙中的木炭测年为距今2135±50年。城内采集的夹砂红陶带流罐与察吾呼文化相近，从发现的墓葬和陶器看，古城时代上限应不晚于西汉时期，可能是文献记载的"扜弥国"，由于不见东汉以后的遗物，古城可能在东汉或其后就已废弃。古城周围还发现有墓葬、灌溉渠道、麦、粟等农作物。此城的发现说明古代的塔里木盆地通过克里雅河及其沿线的聚落或古城，南北存在直接的联系[11]。

　　由此可以看到，新疆秦汉时期的聚落往往是在早期文化的基础上发展起来的，受水利工程技术能力落后的限制，秦汉时期丝路沿线的城市一般都在沙漠戈壁腹地傍水之处，北线多沿塔里木河，南线多在河流尾闾地区。聚落和城市后来的兴盛多与汉朝对西域的经营有关系。具体而言，位于交通线上的地区由于特殊的政治、军事价值，即使环境恶劣，由于得到汉朝的政治保护和实物馈赠，加上为丝路交通贸易提供保障获得的收益，也能相机发展起来（参见图12-21）。这些城或聚落基本属于小城寡民，规模很有限，有的经过规划，有的是自然发展。城市发展受到政治形势变化导致的交通路线变迁的影响，毁灭性的战争也是有的城市衰亡的原因。另外还受到自然生态恶化的威胁，如洪水、河流改道、盐碱化和干旱等[12]。

（五）北疆地区

　　秦汉时期，真正属于游牧民族自己的城只有乌孙在伊犁的"赤谷城"，其地望只有大致的推测[13]。

　　奇台县石城子有一座东汉时期的古城遗址，控扼通往吐鲁番盆地的谷道。古城东、南为峭壁深涧，西、北面筑夯土城垣。城址内出土过大量汉代文物。据地望和文献，论者多以为是曾设有汉朝官署的疏勒古城，是汉代自柳中过天山入金满途中的要站[14]。北疆是游牧民族生活的地方，也是中原王朝争夺控制草原的前哨和基地。巴里坤发现的汉永和二年（公元137年）碑、敦煌太守裴岑大败匈奴呼衍王纪功碑、汉永元五年（公元93年）任尚纪功碑集中体现了这一历史[15]。这一地区的城多建在地形险要，扼守交通要道的山

　　　　发现与研究》，《新疆文物》1998年第1期。

〔10〕　中法联合克里雅河考古队：《新疆克里雅河流域考古概述》，《考古》1998年第12期。

〔11〕　伊弟利斯·阿不都热苏勒、张玉忠：《1993年以来新疆克里雅河流域考古述略》，《西域研究》1997年第3期。

〔12〕　王守春：《塔里木盆地的古遗址与洪水》，《西域研究》2000年第3期；《历史上塔里木河下游的地区环境变迁和政治经济地位的变化》，《中国历史地理论丛》1996年第3期。

〔13〕　中国学者认为在特克斯河南岸地区，即夏塔与与清代的沙图阿满台和伊克哈布哈克卡伦三角地带附近（见孟凡人《乌孙的活动地域和赤谷城的方位》，《新疆考古与史地论集》，科学出版社，2000年）。日本学者认为赤谷城在纳伦河上游的东端（见［日］松田寿男，陈俊谋译《古代天山历史地理学的研究》，中央民族出版社，1987年；白鸟库吉《乌孙に就いての考》，《西域史研究（上）》，岩波书店，1981年）。

〔14〕　薛宗正：《务涂谷、金蒲、疏勒考》，《新疆文物》1988年第2期。

〔15〕　A. 马雍：《新疆巴里坤、哈密汉唐石刻丛考》，《西域史地文物丛考》，文物出版社，1990年。

　　　　B. 戴良佐：《东疆古碑巡礼》，《新疆文物》1988年第4期。

前高地，城池不大，随地势而建，主要为军事服务，往往随农牧斗争的形势变化而兴衰。

二　墓葬

关于新疆地区秦汉时期的墓葬，有学者曾对塔里木盆地发现的墓葬进行初步的研究，对墓葬形制、葬俗、随葬品中的文化因素以及分期作了总结[16]。也有学者对新疆区域文化特色鲜明、资料较丰富的楼兰、鄯善、吐鲁番地区和于阗地区作过较系统的研究[17]。

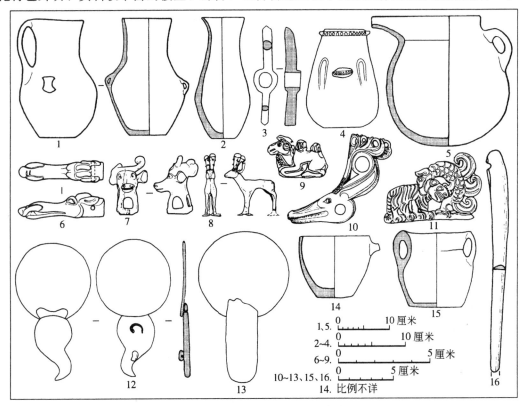

图 12-24　吐鲁番交河沟北墓地出土遗物

1.陶壶（M06：6）　2.陶壶（M16②：19）　3.铁鹤嘴锄（M16②：32）　4.陶壶（M16mc：1）　5.带流陶罐（M05：5）
6.铜狼头饰（M23：3）　7.银牛头饰（M16②：4）　8.金鹿饰（M16②：35）　9.金卧驼（M01：15）　10.骨雕鹿首
（M28：41）　11.怪鸟搏虎金饰牌（M01mb：1）　12.铜镜（M16②：93）　13.铁柄铜镜（M10：22）　14.陶钵
（M16②：4）　15.双耳陶罐（M16mb：1）　16.骨弓弭（M01mi：4）

　　C.郑渤秋：《任尚碑与任尚》，《新疆文物》1990 年第 4 期。

[16]　龚国强：《试论新疆塔里木盆地周缘汉晋时期墓葬》，《南京大学历史系考古专业成立三十周年纪念文集》，天津人民出版社，2002 年。

[17]　A.王樾：《吐鲁番盆地竖穴墓葬初探》，《吐鲁番学研究》2001 年第 1 期。

　　B.钟焓：《吐鲁番盆地汉代墓葬研究》，北京大学硕士学位论文，2002 年。

　　C.戴维：《鄯善地区汉晋墓葬与丝绸之路》，北京大学考古文博院硕士学位论文，2005 年。

　　D.肖小勇：《鄯善地区考古学文化与中西交流的关系》，中国社科院研究生院博士学位论文，2005 年。

　　E.张靖敏：《汉晋于阗文化的发展与演变》，北京大学考古文博院硕士学位论文，2007 年。

（一）吐鲁番盆地

1994 年，在与交河故城隔河相望的一号台地上发现了一处大型的古代墓地[1]。发掘的两组大墓在墓地南侧（图版 29-2），一座大墓的近旁发掘墓葬 28 座。墓地时代为汉代，其中土坯围墙偏室大墓在吐鲁番盆地现在可以追溯到鄯善洋海Ⅱ号墓地。有些器物（图 12-24-6～11）显示了同欧亚草原文化密切的关系[2]。类似的还有交河沟西墓地[3]的发现。就现有材料而论，这些遗存属于苏贝希文化[4]。除此之外，比如洋海Ⅲ号墓地[5]等发现时代也晚至秦汉。秦汉时期，以吐鲁番盆地为中心的周围地区是车（姑）师活跃的地区。因此这些发现可能是古代车师人的墓地，大墓可能和车师贵族或者更高层次人物有关系[6]。

（二）焉耆盆地

1962 年以来，在博格达沁古城东约 5 公里的"黑圪垯"古墓地陆续出土了汉代铜镜、包金铁剑、金带扣等文物（图版 29-1），金带扣可能为东汉王室所赐。1983～1984 年、1988 年考古人员先后两次清理了和静察吾呼沟三号墓地[7]，主要是竖穴偏洞室墓，时代为东汉前期，可能与匈奴有关（图 12-25、

图 12-25　和静察吾呼沟三号墓地 M4 平面、断面图

〔1〕　联合国教科文组织驻中国代表处、新疆文物事业管理局、新疆文物考古研究所：《交河故城——1993、1994 年度考古发掘报告》，东方出版社，1998 年。

〔2〕　Davis-Kimball, J. , Bashilov, V. A. *et al.* (1995), *Nomads of the Eurasian Steppes in the Early Iron Age*. Berkeley, Calif. ; Zinat Press. Figures on p. 108 and fig. 16. on p. 111.

〔3〕　新疆文物考古研究所：《交河沟西——1994～1996 年度考古发掘报告》，新疆人民出版社，2001 年。

〔4〕　刘学堂：《车师考古述略》，《吐鲁番学研究》2000 年第 1 期。

〔5〕　新疆文物考古研究所、吐鲁番地区文物局：《鄯善县洋海三号墓地发掘简报》，《新疆文物》2004 年第 1 期。

〔6〕　联合国教科文组织驻中国代表处、新疆文物事业管理局、新疆文物考古研究所：《交河故城——1993、1994 年度考古发掘报告》，东方出版社，1998 年。

〔7〕　A. 中国社会科学院考古研究所：《和静县察吾呼沟口三号墓地发掘简报》，《考古》1990 年第 10 期。
　　　B. 新疆文物考古研究所、和静县文化馆：《和静县察吾呼沟三号墓地发掘简报》，《新疆文物》1990 年第 1 期。

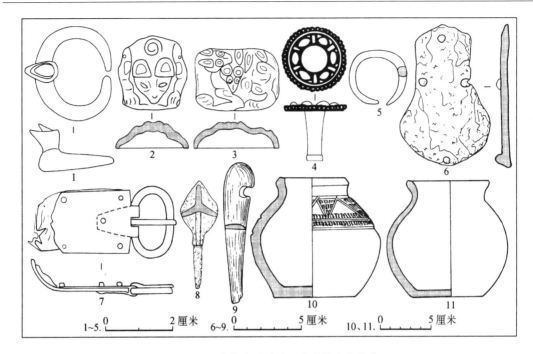

图 12-26　和静察吾呼沟三号墓地出土器物

1.铜带钩（M10：8）　2.金泡饰（M7：8）　3.金泡饰（M7：9）　4.金饰件（M7：6）　5.铜耳环（M12：4）
6.铁牌（M12：2）　7.铜带扣（M19：1）　8.铁镞（M9：4）　9.骨弓弭（M10：9）　10.陶罐（M15B：1）
11.陶罐（M18：1）

图 12-26）。《汉书·西域传》载："匈奴西边日逐王置僮仆都尉，使领西域，常居焉耆、危须、尉黎间，赋税诸国，取富给焉。"从文献看，焉耆盆地及今库尔勒地区是匈奴控制南疆最重要的一个行政驻地，察吾呼沟三号墓地的发现证明了匈奴在这个地区频繁的活动。

（三）塔里木盆地北缘地区

1989 年和 1995 年，考古工作者对孔雀河中游以北的营盘墓地进行了发掘[1]。部分墓葬（图12-27）时代为东汉晚期[2]。1978 年，库车苏巴什古城中发现并清理了 1 座汉代土坯砖室墓[3]，

---

〔1〕　A. 新疆文物考古研究所：《新疆尉犁县因半古墓调查》，《文物》1994 年第 10 期。
　　　B. 艾克拜尔：《1995 年尉犁县因半墓葬发掘收获》，《新疆文物》1996 年第 3 期。
〔2〕　A. 新疆文物考古研究所：《新疆尉犁县营盘墓地 15 号墓发掘简报》，《文物》1999 年第 1 期。
　　　B. 李文瑛、周金铃：《营盘墓葬考古收获及相关问题》，《新疆维吾尔自治区丝路考古珍品》，上海译文出版社，1998 年。
　　　C. 周金玲：《新疆尉犁县营盘古墓群考古述论》，《西域研究》1999 年第 3 期。
　　　D. 新疆文物考古研究所：《新疆尉犁县营盘墓地 1999 年发掘简报》，《考古》2002 年第 6 期。
〔3〕　新疆维吾尔自治区博物馆、库车县文管所：《库车昭厘西大寺塔葬墓清理简报》，《新疆文物》1987年第 1 期。

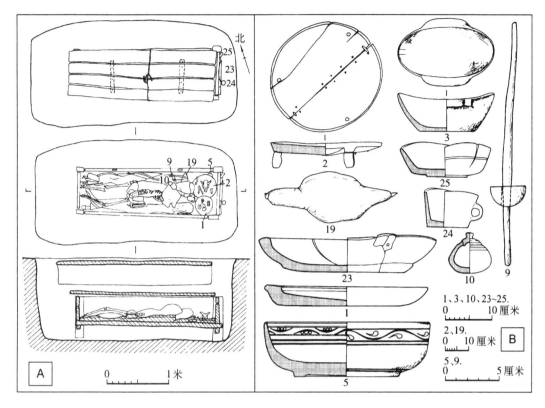

图 12-27　尉犁营盘墓地 M7 平面、剖视图及部分出土器物

A.平面、剖视图

B.部分出土器物　1.圆木盘　2.木几　3.漆耳杯　5.漆碗　9.木纺轮　10.木粉盒　19.绢枕　23.圆木盘
　　24.木杯　25.漆碗

木框架葬具。1993 年在阿合奇县库兰萨日克墓地[1]发掘的墓葬中，有些墓葬年代为战国到西汉。1985 年清理了温宿县包孜东墓地[2]，其中 M41 的年代估计为公元前后。石堆土坑墓、丛葬、骨架散乱、随葬带流器等葬俗和随葬品，都反映了东部克孜尔文化类型向这一地区的渗透。

（四）塔里木盆地南缘地区

楼兰地区发掘的墓葬不多。1979 年在老开屏发掘的一座墓葬[3]，至少葬 12 人，方形竖穴，有小的斜坡墓道，约东汉时期。1980 年，我国学者对斯坦因命名的"LC"墓地进行了清理，重新定名为"孤台墓地"。该墓地的墓葬形制为竖穴墓室，有八具尸体，仰身

〔1〕　新疆文物考古研究所：《阿合奇县库兰萨日克墓地发掘简报》，《新疆文物》1995 年第 2 期。

〔2〕　新疆维吾尔自治区博物馆、阿克苏文管所、温宿文化馆：《温宿县包孜东墓葬群的调查和发掘》，
　　　《新疆文物》1986 年第 2 期。

〔3〕　新疆考古研究所：《罗布淖尔地区东汉墓发掘及初步研究》，《新疆社会科学》1983 年第 1 期。

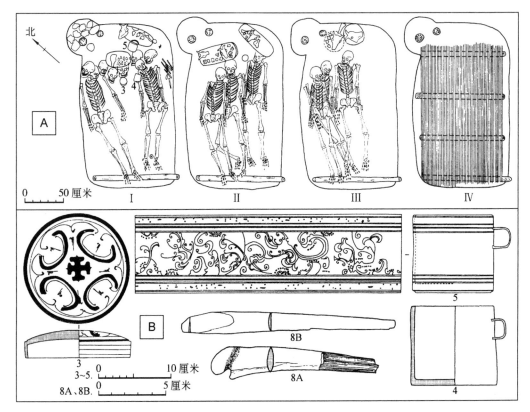

图 12-28 若羌楼兰平台墓地 MB1 平面图及部分出土器物

A.平面图　I.第一层人骨　II.第二层人骨　III.第三层人骨　IV.墓底

B.部分出土器物　3.漆器盖　4、5.漆杯　8A、8B.骨弓弭

直肢，四男四女，均系青壮年，随葬品具有东汉时期的特征，墓中木料的碳十四测定年代为距今 1880±85 年，证明此为东汉墓葬。考古人员还对楼兰古城东北约 2 公里的平台墓地的 7 座墓葬（图 12-28）进行了挖掘[1]，时代为西汉晚期到东汉初年。

扎滚鲁克一号墓地[2]位于且末绿洲的南面边缘的堆积阶地上。1928 年贝格曼曾在考纳沙尔发现 5 座墓葬，1985～1996 年间又先后发掘了该墓地。扎滚鲁克一号墓地第二期单墓道长方形竖穴墓葬是西汉时期，第三期墓葬主要是东汉末至晋。1997 年清理的车尔臣河边的加瓦艾日克墓地[3]，其中 M6 刀把式单墓道墓（图 12-29）的时代为东汉时期。以这些墓葬为代表的考古文化已经被称为"扎滚鲁克文化"。此文化最大的特点是大型刀把墓以及仰上身屈下肢的葬式，随葬夹砂黑皮陶器，器形以折肩钵、带流罐和双耳罐为

〔1〕 新疆楼兰考古队：《楼兰城郊古墓群发掘简报》，《文物》1988 年第 7 期。

〔2〕 新疆博物馆、巴州文管所、且末县文管所：《新疆且末扎滚鲁克一号墓地》，《新疆文物》1998 年第 4 期。

〔3〕 中国社会科学院考古研究所新疆队、新疆巴音郭楞蒙古自治州文管所：《新疆且末县加瓦艾日克墓地的发掘》，《考古》1997 年第 9 期。

主，其主体时代为两汉[1]。

尼雅遗址区西北为墓葬区。1959～1997年相继发掘了一些墓葬[2]。上层人物一般为夫妇合葬墓，箱形木棺，随葬品丰富。这些合葬墓材料表现了贵族上层人物的生活状况[3]。由于尼雅1995年发掘的M3所出覆盖于尸体身上的"王侯合昏千秋万岁宜子孙"锦和M8所出"五星出东方利中国"及"讨南羌"锦，加之采取特殊的夫妇合葬（图12-30），清楚地表明墓主是汉末魏晋时期当地的首领[4]。

---

[1]　北京大学考古文博学院戴维：《鄯善地区汉晋墓葬与丝绸之路》，《中国文物报》2005年9月23日。

[2]　A. 新疆维吾尔自治区博物馆：《新疆民丰北大沙漠中遗址墓葬区东汉合葬墓清理简报》，《文物》1960年第6期。

　　B. 新疆文物考古研究所王炳华：《尼雅'95一号墓地3号墓发掘报告》，《新疆文物》1999年第2期。

　　C. 李遇春：《尼雅遗址和东汉合葬墓》，《尼雅考古资料》，1988年。

　　D. 新疆文物考古研究所吕恩国：《尼雅'95墓地4号墓发掘简报》，《新疆文物》1999年第2期。

　　E. 新疆文物考古研究所：《尼雅遗址'95NMⅠ号墓地8号墓发掘简报》，《新疆文物》1999年第1期；《95年民丰尼雅遗址Ⅰ号墓地船棺墓发掘简报》，《新疆文物》1998年第2期。

　　F. 中日共同尼雅遗址学术考察队：《1997年度的调查成果和课题》，《中日共同尼雅遗迹学术调查报告书》第二卷（本文编），中村印刷株式会社，1999年。有学者认为1959年发掘的M001为魏晋时期，1995年发掘的M3有可能已到晋代（见孟凡人《论尼雅'59MNM001号墓地的年代》，《西域研究》1992年第4期；《尼雅59MNM001号墓的时代与新

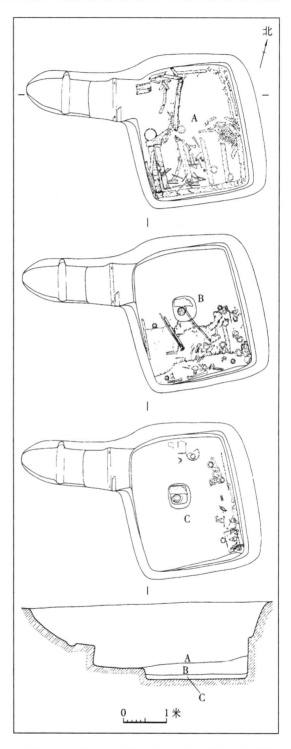

图12-29　且末加瓦艾日克墓地M6平面、断面图
A. 第1层　B. 第2层　C. 第3层

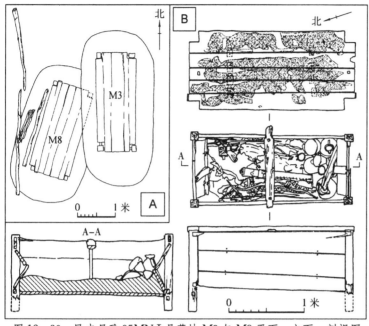

图 12-30 民丰尼雅 95MNⅠ号墓地 M3 与 M8 平面、立面、剖视图
A. M3、M8 平面图 B. M8 木棺平面、立面、剖视图

1994 年在克里雅河流域的尾闾三角洲发现了圆沙古城[5]。古城周围还有墓葬，从发现的器物（图12-31）看，和扎滚鲁克文化十分相近，有些因素和温宿包孜东 M41 中所出器物相似。1984 年发掘的和田洛浦县山普拉古墓[6]，墓葬地表无封土，墓葬形制有两类：一类为方形竖穴墓或长方形土坑棚架墓，大都为多人合葬；一类为长方形竖穴土坑墓，有多人葬和单人葬，有的有木棺葬具，木棺可分为圆木棺、半圆木

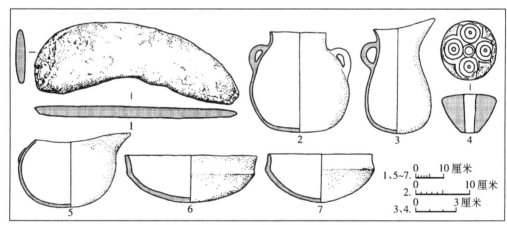

图 12-31 于田圆沙古城及墓葬出土遗物
1. 石镰（96DKC:65） 2. 双耳陶罐（96DKC:8） 3. 单耳带流陶罐（HM1:3） 4. 骨纺轮
（96DKF3:21） 5. 单耳带流陶壶（96DKC:51） 6. 折肩陶钵（DM5:1） 7. 折肩陶钵（DM12:1）

疆佉卢文资料年代的上限》、《尼雅 N14 遗迹的性质及相关问题》，《新疆考古与史地论集》，科学出版社，2000 年）。

〔3〕 新疆维吾尔自治区博物馆：《尼雅遗址的考古发现》，《新疆社会科学》1988 年第 4 期。

〔4〕 俞伟超：《尼雅'95MNⅠ号墓地 M3 与 M8 墓主身份试探》，《西域研究》2000 年第 3 期。

〔5〕 中法联合克里雅河考古队：《新疆克里雅河流域考古概述》，《新疆文物》1997 年第 4 期；又刊于《考古》1998 年第 12 期。

〔6〕 A. 新疆维吾尔自治区博物馆、新疆文物考古研究所：《中国新疆山普拉——古代于阗文明的揭示与

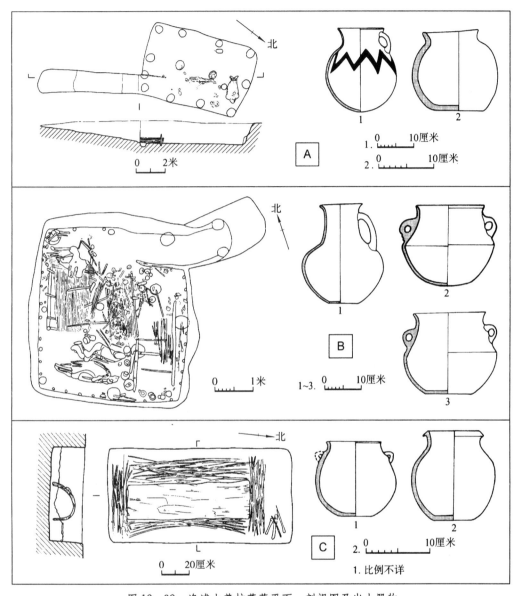

图 12-32 洛浦山普拉墓葬平面、剖视图及出土器物

A.92LSⅡM6 平面、剖视图 1.单耳彩陶罐（M6：311） 2.陶罐（M6：108）

B.92LSⅡM3 平面图 1.单耳陶壶（M3：142） 2.双耳陶罐（M3：67） 3.双耳陶罐（M3：79）

C.84LSⅠM06 平面、剖视图 1.双耳陶罐（M06：2） 2.陶罐（M06：5）

棺、木盆棺，用胡杨木刻挖而成，还有梯形或长方形木棺。葬式有仰身直肢、仰身屈肢、俯身直肢和侧身直肢。另在 M1 和 M16 两座墓旁各有一殉马坑。这批墓葬随葬文物（图

研究》，新疆人民出版社，2001 年。

B.新疆文物考古研究所：《洛浦县山普拉Ⅱ号墓地发掘简报》，《新疆文物》2000 年第 2 期。

12-32)异常丰富,部分墓葬属于秦汉时期。

莎车县喀群彩棺墓地位于昆仑山北麓的山前冲积台地上,1983年曾在此发掘墓葬3座,其中1座属于汉代[1]。

(五) 北疆地区

北疆地区秦汉时期的居民主要有月氏、塞人、乌孙和匈奴。这一地区的游牧民族一般和天山以南的人群关系密切,如交换产品、掠夺财富、直接统治等。大月氏、匈奴强盛时都曾控制过整个新疆。近年有学者指出文献所说的大月氏始居地应当在东疆巴里坤草原和博格达山北麓草原地区[2]。有学者在这一地区进行了考古调查,的确发现很多大规模的石构游牧民族遗迹,其中分布范围为15平方公里的遗址群尤为突出。主要遗迹有:近圆形石筑高台,方形、长方形石筑和石围建筑基址,圆形、方形、长方形石堆墓及岩画等[3]。其中可能有大月氏和匈奴的遗存。

伊犁地区新源铁木里克墓群、黑山头墓群、巩乃斯河畔71团场一连墓葬、特克斯县牧场墓群、察布查尔县索墩布拉克墓群、尼勒克县穷科克墓地和天山北石河子市南山牧场墓地这些遗存可以归为"索墩布拉克文化"。这个文化可能和塞人有密切的关系,晚期属于秦汉时期。从考古发现看,塞人早期的活动地域和影响范围可能比较大[4]。

从1961年开始,考古工作者先后三次在昭苏县的萨尔霍布和木札特草原发掘了一批土墩墓。根据现有墓葬资料,并参考有关地区的考古文化及文献记载,这些墓葬可能是乌孙留下的遗存,由此可以发现乌孙社会有不同阶层,经济既有少量农业,还有制陶、制毡、皮革、木器加工、金属冶炼等手工业。除了家庭手工业外,可能存在某种专业性的手工作坊[5]。

三　新疆地区与域外的文化互动

秦汉时期新疆的考古学文化大致可分为戈壁绿洲文化和山地草原文化,同时和邻近地区的文化存在着密切的联系,新疆土著文化、中国之外的古代文化、汉文化三者在不同的地域、时期和内容方面互动发展。

新疆的土著文化具有相对性,即周围外来人群和文化经过融合创新后,就成为土著文化。涉及日常生产生活的陶器、木器和毛织物等用品以及服饰、葬俗等是土著文化的主体,另外还有一些特殊的风俗习惯。传入新疆的有技术,也有以奢侈品为代表的实物传入,还有宗教等思想意识和艺术的传入,与思想意识传播相伴的是语言文字。

〔1〕 新疆博物馆、喀什地区文管所、莎车县文管所:《莎车县喀群彩棺墓发掘简报》,《新疆文物》1999年第2期。
〔2〕 林梅村:《祁连与昆仑》、《吐火罗人与龙部落》,《汉唐西域与中国文明》,文物出版社,1998年。
〔3〕 王建新:《中国西北草原地区古代游牧民族文化研究的新进展——古代月氏文化的考古学探索》,《周秦汉唐文化研究》2004年第3期。
〔4〕 王炳华:《古代新疆塞人历史钩沉》,《丝绸之路考古研究》,新疆人民出版社,1996年。
〔5〕 王明哲、王炳华:《乌孙研究》,新疆人民出版社,1983年。

新疆汉代的墓葬[1]中发现的棉织物，一般认为来自古代印度[2]。毛织物中，有三类技术或者是成品应当来自中亚、西亚，经过丝绸之路传入新疆。它们是栽绒织物、缀织物和含心纬二重织物，织物纹样风格也反映出外来的特点[3]。山普拉墓地出土的部分毛织物反映了同欧亚草原文化的密切关系[4]。有的织物显示了东西方多种文化因素，充分体现了土著文化对外来文化的融合创新，是土著文化相对性的具体体现。

中国发现的钠钙玻璃是舶来品，而铅钡玻璃则是本土生产。在新疆不但发现外来的玻璃制品，而且也发现内地生产输入的玻璃制品，如尼雅、山普拉、包孜东和营盘等墓地出土的玻璃器物，另外可能存在本地制造的玻璃[5]。

和阗汉佉二体钱是典型的中西、农牧文化合璧的例子，其铸造和流行，当在公元73年班超到于阗以后、公元3世纪末佉卢文不复通行以前[6]。它的形制、制造技术、其上的佉卢文是西方文化，马的形象是牧业文化的象征，骆驼的形象是绿洲贸易经济的体现，其上的汉字则是中原文化的因素。

由于亚历山大的东征，希腊文明得以传播至东方。如山普拉墓地出土毛裤，人首马身图像主题可能源自希腊神话，另外还有希腊典型的波浪形等装饰纹样以及神的形象[7]。营盘M15出土的红地对人兽树纹双面罽袍明显是希腊文化的产物，可能受大夏的影响。此外黄铜饰件、贴金面具可能是受西方文化的影响[8]。

语言文字是新疆外来文化中比较重要的方面[9]。公元2世纪末叶，贵霜官方文字之一佉卢文突然流行于塔里木盆地东南的鄯善王国，加之于阗发现的汉佉二体钱，因此有国外学者认为贵霜帝国曾经征服了塔里木盆地或派驻了移民团，在贵霜帝国的统辖下，以移民

[1]　新疆维吾尔自治区博物馆：《新疆民丰北大沙漠中古遗址墓葬区东汉合葬墓清理简报》，《文物》1960年第6期。

[2]　夏鼐：《中国文明的起源》第67页，文物出版社，1985年。

[3]　武敏：《织绣》，（台北）幼狮文化事业公司，1992年；《新疆近年出土毛织品研究》，《西域研究》1994年第1期；《从出土文物看唐代以前新疆纺织业的发展》，《西域研究》1996年第2期。

[4]　林梅村：《从考古发现看火祆教在中国的初传》，《汉唐西域与中国文明》，文物出版社，1998年。

[5]　A.安家瑶：《玻璃器史话》，中国大百科全书出版社，2000年。

　　B.干福熹等著：《中国古代玻璃技术的发展》，上海科学技术出版社，2005年。

　　C.干福熹主编：《丝绸之路上的古代玻璃研究》，复旦大学出版社，2007年。

　　D.赵德云：《西周至汉晋时期中国外来珠饰研究》，四川大学博士学位论文（2008年）。

　　E.林怡娴：《新疆尼雅遗址玻璃器的科学研究》，北京科技大学博士学位论文（2009年）。

[6]　A.夏鼐：《"和阗马钱"考》，《文物》1962年第7、8期合刊。

　　B.马雍：《西域史地文物丛考》，文物出版社，1989年。

[7]　林梅村：《汉代西域艺术中的希腊文化因素》，《九州学林》第1卷第2期，香港城市大学中国文化中心、复旦大学出版社，2003年；《丝绸之路考古十五讲》，北京大学出版社，2006年。

[8]　李文瑛、周金铃：《营盘墓葬考古收获及相关问题》，《新疆维吾尔自治区丝路考古珍品》，上海译文出版社，1998年。

[9]　林梅村：《丝绸之路上的古代语言概述》，《西域文明——考古、民族、语言和宗教新论》，东方出版社，1995年。

团为核心成立了鄯善第二王朝[1]。对此，有学者提出了反驳，认为真正的原因是贵霜帝国迦腻色伽末年发生内乱导致难民的东迁，从而把贵霜的犍陀罗语、犍陀罗艺术和佛教[2]等带到中国新疆甚至内地[3]。尽管如此，我们仍然不能忽视外来语言文字在西域社会中的作用，如楼兰鄯善这个时期的官方文件一般都使用佉卢文。

四　汉王朝对新疆地区的经营及其历史影响

汉通西域后，中原文化对新疆土著文化产生了广泛深刻的影响，成为西域文化中占主导地位的文化。汉王朝对西域的经营广泛深刻地影响了新疆，主要表现在以下几个方面。

政治上的影响尤为重要而深远。首先是西域各国"质子"于汉的制度[4]。另外，民丰县尼雅遗址发现的"司禾府印"[5]、"汉归义羌长"印、沙雅县发现的"常□之印"和"李崇之□"铜印是汉朝中央政府统治西域地区的考古证据。《汉书·西域传》云其王和管理人员："皆佩汉印绶，凡三百七十六人。"王莽时期的一些政策也对新疆产生了明显的影响，比如西域人取名方式的改变[6]。东汉继承西汉的制度，但往往加授某些官号，这一制度维持至东汉末年未改。汉代经营新疆以前，西域的交通是在长期经验积累下自然形成的。汉王朝出于政治军事等方面的考虑，大力建设西域的交通戍卫系统。在罗布淖尔北岸以及在焉耆至拜城之间，发现许多大小不等的汉代城垒及烽燧遗址，有些地方还能见到古代道路的痕迹。公元158年的《刘平国作关亭诵》刻石是当时汉朝在龟兹地区修筑亭垒的确证[7]。自古代若羌绿洲进入阿尔金山，沿河谷曾有军事性质的守御系统遗址，是丝路"南道"与交通阿尔金山的"羌中道"联系的孔道之一。伴随汉朝政治势力进入西域，兴起了颇具特色的戍边屯垦农业[8]。罗布淖尔北岸土垠遗址出土汉文木简内容大部分与屯田有关，对研究汉代在西域的屯田制度很有价值。甘肃省悬泉遗址发现汉简也反映了这一历史[9]。罗布泊北的孔雀河北岸，发现一道用柳条覆土筑成的大堤。楼兰城东郊还见有古代农田开垦的遗迹。米兰现存大规模的灌渠系统遗迹应当从汉代就开始经营[10]。凭借着强有力的政治、军事保障，依靠先进的水利灌溉技术，支撑汉朝统治西域的屯田得到了

〔1〕　長澤和俊：《樓兰王国》（増補版），德間書店，1988年。
〔2〕　学界一般同意佛教于东汉末年由陆路传入中国，所以新疆是必经之道。现在可以说明问题的考古材料，在新疆发现很少，被认为是鄯善都城的若羌且尔乞都克土坯城内有佛教建筑，其南不远有佛寺遗址，由于形制颇古，碳十四测年较早，可能是值得关注的材料（见孟凡人《楼兰新史》第210～213页，光明日报出版社，1990年）。
〔3〕　林梅村：《贵霜大月氏人流寓中国考》，《西域文明》，东方出版社，1995年。
〔4〕　陈金生、王希隆：《两汉边政中的质子述评》，《中国边疆史地研究》2008年第2期。
〔5〕　贾应逸：《司禾府印辨》，《新疆文物》1986年第1期。
〔6〕　贾丛江：《两汉时期西域人汉式姓名探微》，《西域研究》2006年第4期。
〔7〕　马雍：《〈汉龟兹左将军刘平国作亭诵〉集释考订》，《文物集刊》第2辑，文物出版社，1980年。
〔8〕　赵予征：《丝绸之路屯垦研究》第3～67页，新疆人民出版社，1996年。
〔9〕　张德芳：《从悬泉汉简看两汉西域屯田及其意义》，《敦煌研究》2001年第3期。
〔10〕　陈戈：《米兰古灌溉渠道及其相关的一些问题》，《楼兰文化研究论集》，新疆人民出版社，1995年。

很大的发展。

新疆发现了不少汉代的矿冶遗址。就冶铁而言，重要的例子有库车县库车河地区的一系列遗址、民丰县尼雅遗址和洛浦县阿其克山遗址。在库车、拜城发现很多炼铜遗址，有的遗址有汉代五铢钱共同出土，可以说明这些矿冶场所都是汉朝统一西域以后所兴办的[1]。汉宣帝和元帝以后，西域很多地区如若羌（今阿尔金山北麓）、鄯善、莎车（今叶尔羌）、姑墨、龟兹、山国（今库鲁克山一带）都有了冶铸业，能制造各种兵器了。这说明汉朝统治西域后，西域的冶铸水平和生产规模得到了很大的提高。

1973 年在奇台县石城子发现西汉初年的半两钱。罗布泊附近交通线上以及库车、焉耆、和田[2]、哈密等地发现大量汉代钱币，其中有西汉五铢、新莽货泉、大泉五十、东汉末的剪轮五铢。这一现象可能说明，尽管西域大部分地区内部贸易还实行以物易物，而在和内地的贸易中是使用汉代钱币作为交换媒介的。

民丰尼雅东汉墓中发现过中原的纸，而当时的书写材料，还是纸、木简并行，主要为木质简牍，到了汉魏之际，西域无疑已广泛用纸做书写材料了。西域的简牍制度深受中原影响，这套制度传入西域与屯戍边疆的戍卒有关，佉卢文牍的封牍方法与在敦煌汉简和罗布泊魏晋简牍中看到的封牍方法相同。汉以前新疆使用何种文字尚无考古学的证据。汉文简牍的发现证明，汉通西域之后，汉文曾作为当地官方的正式语言。随着汉语文的流行，汉文典籍也流传于西域地区。罗布泊西汉烽燧遗址中出土过《论语·公冶长》篇一简。罗布泊海头遗址发现约为东汉末年的《战国策》残卷及算术《九九术》残简。尼雅遗址发现 8 件王室贵胄互赠的木札，都是以精妙的汉隶、文雅的文辞写成，1993 年尼雅遗址 N14 发现"苍颉"篇残文[3]。

两汉王朝馈赠西域各国大量的丝绸等制品[4]。古楼兰地区的东汉丝织品数量和种类都是首见的[5]。随着丝织品大量传入，中原纺织技术和内地服装式样亦传入西域。除了丝织品外，内地流行的梳妆用具也为西域人民所喜爱。如各种漆器（耳杯、奁和木梳等）和铜镜等，这些在罗布泊、尼雅、焉耆、若羌等地均有发现[6]。罗布泊、尼雅两地发现用于切割和陈放肉食的木俎，尼雅遗址中还发现了木箸，说明中原地区特有的餐具早在汉晋时期即已传入西域。尼雅发现的桃和杏是我国内地最早培育成功的水果，汉晋时也传入了新疆。最重要的是汉代的建筑技术和建筑构件传入新疆。楼兰古城发现很多中原风格的建筑构件，比如斗拱的构件等[7]。史载下嫁乌孙的公主细君"自治宫室居"，说明汉式房屋和城市规划建设早就传入西域。

---

[1] 李肖：《古代龟兹地区矿冶遗址的考察与研究》，《新疆文物》2003 年第 3、4 期合刊。

[2] 买力克阿瓦提遗址 1977 年发现一口陶缸，通高 56 厘米，内盛西汉五铢钱，重约 45 公斤。埋藏时代不晚于西汉末年（见李遇春《新疆和田县买力克阿瓦提遗址的调查和试掘》，《文物》1981 年第 1 期）。

[3] A. 王国维：《流沙坠简》第 223～225 页，中华书局，1993 年。
　　B. 王樾：《略说尼雅发现的"苍颉篇"汉简》，《西域研究》1998 年第 4 期。

[4] 余英时著，邬文玲等译：《汉代贸易与扩张》，上海古籍出版社，2005 年。

[5] 夏鼐：《新疆新发现的古代丝织品——绮、锦和刺绣》，《考古学报》1963 年第 1 期。

[6] 东汉前期的孤台墓地所出漆器见新疆楼兰考古队《楼兰城郊古墓群发掘简报》，《文物》1988 年第 7 期。

[7] 新疆楼兰考古队：《楼兰古城址调查与试掘简报》，《文物》1988 年第 7 期。

西域人民除了思慕内地生活方式以外，应还包括礼俗和封建制度。有人认为尼雅古墓中男女衣物架是《礼记·内则》所记的"楎椸"，果如是，则深刻反映了汉文化在西域的影响[1]。罗布泊晚期墓葬及尼雅东汉墓死者面部已出现用羊毛织物做的"覆面"，可能是汉人葬仪影响所致。《汉书·西域传》记载龟兹王绛宾、莎车王延等采用中原的典章制度。

由此可以看出，汉通西域前，新疆虽然也受到周围外来文化的影响，但土著文化特色显著，其中牧业文化的比重较大。之后土著文化不断被东西方外来文化所充实提高，形成新的土著文化。在此过程中，两汉通过政治统治、政治馈赠、贸易、婚姻等途径，对西域进行积极的经营[2]，使西域获得巨大的发展，成为丝绸之路的重要组成部分，在东西方之间发挥了很好的桥梁作用。

第四节　西南地区

一　文献记载中的巴蜀与"西南夷"

我国的西南地区按现今的地理行政区划主要包括今四川省、重庆市、云南省、贵州省和西藏自治区在内。在秦汉时期，四川（含重庆）、云南、贵州的全境均属《史记》、《汉书》、《后汉书》、《华阳国志》等史籍所记载的古代巴蜀与"西南夷"故地。由于这一地区高山大河纵横，自然地理环境极为复杂多样，自古以来生活在这里的众多民族创造出了丰富多彩的历史文化。

古代巴蜀地区按照时下一般的认识，大体上以今成都平原为中心的川西平原为蜀，以今重庆为中心的川东地区为巴[3]。在其西北部和南部地区则分布着广大的"西南夷"各族。在记载古代西南地区民族分布情况的文献当中，以《史记·西南夷列传》为最早最详："西南夷君长以什数，夜郎最大；其西靡莫之属以什数，滇最大；自滇以北君长以什数，邛都最大。此皆魋结、耕田、有邑聚。其外西至同师以东，北至楪榆，名为嶲、昆明，皆编发，随畜迁徙，毋常处，毋君长，地方可数千里。自嶲以东北，君长以什数，徙、筰都最大；自筰以东北，君长以什数，冉駹最大。其俗或土著，或移徙，在蜀之西。自冉駹以东北，君长以什数，白马最大，皆氐类也。此皆巴蜀西南外蛮夷也。"长期以来，考古工作者一般认为，由于司马迁写作《史记》的年代甚早，上述记载又是在他亲临西南地区进行实地考察的基础上写成的，所以西南地区自青铜时代以来的考古学文化在一定程度上是可与《史记·西南夷列传》相互印证的[4]。

---

[1]　王炳华：《楎椸考——兼论汉代礼制在西域》，《西域研究》1999年第3期。对此，有学者持不同的意见（见郭建国《试析塔里木盆地南缘古墓出土的木祭器》，《新疆文物》1991年第4期）。

[2]　余英时著，邬文玲等译：《汉代贸易与扩张》，上海古籍出版社，2005年。

[3]　宋治民：《战国秦汉考古》第243页，四川大学出版社，1993年。

[4]　其中代表性的论著可参见如下文献。

从司马迁的记载中可以看出：其一，他是以巴蜀地区为中心，来记述其周边各少数族的；其二，这些少数族的民族习俗、社会经济生活以及其活动区域也各有其特点。据此还有学者进一步提出，这些少数族大体上可以划分为三种不同的经济文化类型：一类是"耕田有邑聚"的农耕文化类型，如夜郎、滇、邛都等；一类是"随畜迁徙"的游牧文化类型，如巂、昆明等；一类是农耕与游牧相杂，或可称之为半农半牧的类型，如徙、筰都、冉駹、白马等[5]。

关于对"巴蜀文化"的研究，考古材料较多，研究成果也相对较为丰富[6]，但从考古材料上考察"西南夷"的历史资料则很少。20 世纪初年，有关"西南夷"的考古发现还仅仅限于零星的报道[7]。1955～1958 年云南晋宁石寨山的三次发掘[8]，提供了有关"西南夷"历史的重要考古材料[9]，从而引起国内外学术界对这一区域考古发现的关注。20 世纪中后期以来，在"西南夷"地区不断取得新的考古发现，其中尤其以战国至秦汉时期的墓葬与遗物为多，在西南地区大部分民族历史中，它们大致相当于青铜时代的鼎盛时期[10]。这些资料的发现，为考古工作者联系文献资料深入探讨历史上"西南夷"各族的分布、迁徙及其经济、文化状况，提供了重要的线索和实物依据。

二 巴蜀与"西南夷"地区秦汉时期的考古遗存

（一）巴蜀地区

考古学上"巴蜀文化"这一概念，是基于 20 世纪 40 年代一些学者主要根据当时在上述地区发现的一些青铜器（其中尤其是青铜兵器）形制与纹饰都不同于中原地区、具有浓厚的地域特色而提出来的[11]。但真正从考古学的角度确认巴蜀文化，则主要依据近几十年来考古工作的成果。

巴、蜀与"西南夷"各族相比较，具有较高的文化发展水平，并已与中原文化有着密切的联系。在公元前 316 年秦灭巴蜀以前，主要处在青铜时代。秦灭巴蜀以后，在此设立郡县制[12]，巴蜀土著居民受到中原文化的强烈影响，原有的巴蜀文化的地方特点迅速消失，其整体的汉化程度开始远远高于"西南夷"区域内的其他各族。

巴蜀地区最具特色的"船棺葬"，在进入西汉以后已渐为消失，被中原地区传统的木

A. 童恩正：《近年来中国西南民族地区战国秦汉时代的考古发现及其研究》，《考古学报》1980 年第 4 期。

B. 宋治民：《战国秦汉考古》第 242～264 页，四川大学出版社，1993 年。

[5] 罗二虎：《秦汉时代的中国西南》第 14、15 页，天地出版社，2000 年。

[6] 宋治民：《蜀文化与巴文化》，四川大学出版社，1998 年。

[7] 中国社会科学院考古研究所：《新中国的考古发现和研究》第 487 页，文物出版社，1984 年。

[8] 云南省博物馆：《云南晋宁石寨山古墓群发掘报告》，文物出版社，1959 年。

[9] 冯汉骥：《云南晋宁石寨山出土文物的族属问题试探》，《考古》1961 年第 9 期。

[10] 童恩正：《中国西南民族地区战国秦汉时代的考古发现及其研究》，《考古学报》1980 年第 4 期。

[11] 卫聚贤：《巴蜀文化》，《说文月刊》第三卷第四期，1941 年。

[12] 《汉书·地理志（下）》："巴、蜀、广汉本南夷，秦并以为郡。"

板葬具和棺椁葬具所取代。巴蜀地区发现的汉墓数量很多，其中一部分墓葬可以确认其为中原文化系统，也可简称其为“汉式墓葬”或“汉系墓葬”，例如成都平原发现的凤凰山西汉中期墓[1]、重庆临江支路西汉中晚期墓群[2]，均为典型的汉系墓葬，有可能其墓主系中原迁移入巴蜀地区的贵族官僚。另一部分则是受到汉文化影响的原巴蜀文化系统墓葬，在这些土著民族墓葬中，我们可以观察到汉文化因素开始越来越渗透其中，并逐渐占主导地位。如四川省犍为县五联发现的巴蜀土坑墓[3]中，年代晚至西汉初年的几座墓葬中除出土巴蜀文化器物外，已经开始出现具有中原文化因素的陶盖豆等陶器。重庆市附近的巴县冬笋坝墓地[4]从战国一直持续使用到西汉末至东汉初年。其中，战国时期的墓葬以船棺葬作为葬具，随葬器物中外来因素很少，主要以巴蜀式的铜兵器和铜容器为主。但从西汉初、中期开始，在这个墓地中已出现了一种长方形和方形的土坑墓，随葬器物中巴蜀式器物大大减少，中原文化中流行的釜、甑等铁容器以及杯、案、盘、奁、钫等陶器数量大为增加，所反映出的文化面貌已与中原无异。类似的情况还见于近年来在四川省什邡市城关发掘的一处战国秦汉墓地[5]。这处墓地战国时期以巴蜀式的船棺葬占绝对多数，但到了西汉时期，占主导地位的墓葬形制已演变为土坑木椁墓和近方形的土坑墓；随葬器物中，战国中晚期以巴蜀式器物为主体，到了西汉中晚期，所出器物除个别在形制上还保留着晚期巴蜀文化的某些特征以外，汉式陶器已占主流。

　　从上述材料反映出，在秦灭巴蜀之后，秦汉时期的巴蜀土著文化已经逐渐与汉文化融为一体，成为西南夷区域内率先融入中原文化体系的一支。

　　巴蜀地区在东汉时期还发现一种将墓穴开凿在石质崖壁上的汉墓，即所谓“崖墓”，这类墓葬的石刻门楣、斗拱、画像石及浮雕、高浮雕的人像都具有浓厚的中原文化色彩，但画像石中的有些题材又具有强烈的地方性文化因素。过去曾有人认为这类墓葬属于这一地区少数族的墓葬，将其称为“蛮子洞”，后来经研究证明它们应该仍属于汉系墓葬，只是可能因地制宜，利用这一地区特殊的地理环境与营墓条件将中原系统的汉墓形制加以了变通与改造[6]，与当地少数族的遗存没有直接的关系。但是，从崖墓中一些不见于中原地区的文化特点来看，当中也可能一定程度地保留了原来巴蜀文化的某些因素。

（二）滇文化区

　　在“西南夷”区域中，文化发展水平与巴蜀文化区最相接近的是滇文化区。考古学意义上的滇文化，以云南省滇池一带的昆明盆地为其中心区域。

〔1〕　徐鹏章：《成都凤凰山西汉木椁墓》，《考古》1991 年第 5 期。

〔2〕　重庆市博物馆：《重庆市临江支路西汉墓》，《考古》1986 年第 3 期。

〔3〕　四川省博物馆：《四川省犍为县巴蜀土坑墓》，《考古》1983 年第 9 期。

〔4〕　四川省博物馆：《四川船棺葬发掘报告》，文物出版社，1960 年。

〔5〕　四川省文物考古研究所、什邡市文物保护管理所：《什邡市城关战国秦汉墓葬发掘报告》，《四川考古报告集》，文物出版社，1998 年。

〔6〕　A. 唐长寿：《乐山崖墓和彭山崖墓》第 129 页，成都电子科技大学出版社，1993 年。

　　　B. 参见本书第八章第十二节《川渝地区汉墓》。

滇文化中最重要的发现，首推云南晋宁石寨山墓地[1]。这处墓地建在极为狭小的石寨山山顶坡地的石缝之间，但却是一处滇国王族的墓地，其中6号墓出土一枚汉王朝所赐予的蛇形钮"滇王之印"金印。根据墓葬形制与随葬器物的特点，墓地的时代有意见认为可将其分为四期：第一期为战国时期；第二期为战国末至西汉初年；第三期为西汉中、晚期；第四期约当西汉末、东汉初[2]。也有意见将滇文化墓葬分为三期：第一期为战国后期至西汉前期；第二期为西汉中期至晚期；第三期为西汉晚期至东汉初期[3]。本书采用后一种分期意见。与晋宁石寨山具有相同文化面貌的，还有滇池附近的江川李家山[4]、安宁太极山[5]等处墓地。

从目前已知的考古材料来看，战国中、晚期到西汉初年是滇文化发展最为兴盛的时期。这个时期典型的滇文化器物以青铜器为主，其中以武器的数量和种类为最多，重要的有剑、戈、矛、钺等，还有不少的生产工具，如锄、斧、镰、锯等，最具地方民族特色的器物有尖头锄、粗茎剑、空首钺、鼓、贮贝器、干栏式房屋模型、动物透雕牌饰以及软玉或石髓制成的璧环状手镯和圆形扣饰（图版30）。

与巴蜀文化区相比较，滇文化开始受到中原文化的影响要稍晚一些，主要是在西汉中期以后。这个时期中原汉文化风格的随葬品大量出现，如铜钱币、镜、锤、洗、熏炉、漆器、弩机、带钩和玉璧等，并出现了中原汉墓中常见的陶明器。这表明自汉武帝通"西南夷"之后，滇的土著文化开始受到汉文化的强烈冲击。但是，滇文化中土著文化的因素，却一直持续到了东汉初期。例如，在滇文化第二期器物中，从内地输入或仿制内地制作的器物大量出现，流行铜车马饰、铜铁合制的兵器和工具。常见的有铜柄铁剑、铜鋬铁矛、方銎铜斧等，汉式的罐、釜、甑、洗、熏炉等明显增多，还出现了半两钱、五铢钱、汉式漆器、弩机以及铜镜等器物。在滇文化第三期墓中，地方民族色彩的器物近于绝迹，从内地输入的器物占绝对优势，开始流行陶明器随葬，一批铁制的锄、斧、长剑、环首刀取代了铜铁合制器物。

滇文化中的大型墓葬有使用木棺的痕迹，棺或椁上有覆盖用玛瑙、软玉、绿松石连缀成的"珠襦"的习俗，一墓之中，可出土数以百计的随葬器物。近年来在晋宁石寨山第五次清理发掘中出土的71号墓就是一个典型的例子[6]。该墓有明显的棺椁痕迹，随葬器物达224件（组），分三层有规律地放置：上层主要放置兵器，有铜剑、铜柄铁剑和金剑鞘等；中层则主要放置"珠襦"和各种铜扣饰，珠襦以大小各种珠子穿缀而成，质地有金、

[1]　云南省博物馆：《云南晋宁石寨山古墓群发掘报告》，文物出版社，1959年。
[2]　宋治民：《战国秦汉考古》第258页，四川大学出版社，1993年。
[3]　中国社会科学院考古研究所：《新中国的考古发现和研究》第488～489页，文物出版社，1984年。
[4]　云南省博物馆：《云南江川李家山古墓群发掘报告》，《考古学报》1975年第2期。
[5]　云南省文物工作队：《云南安宁太极山古墓葬清理报告》，《考古》1965年第9期。
[6]　A. 云南省文物考古研究所、昆明市文物管理委员会、晋宁县文物管理所：《云南晋宁石寨山第五次抢救性清理发掘简报》，《文物》1998年第6期。
　　　B. 云南省文物考古研究所、昆明市博物馆、晋宁县文物管理所：《晋宁石寨山——第五次发掘报告》，文物出版社，2009年。

玉、石和各类料珠；下层已达墓底，主要放置兵器及各种生产工具。值得注意的是，这些兵器和生产工具都是成对放置，显然具有某种特殊的含义。

滇文化青铜器中有一种"贮贝器"颇具特点，其顶部多铸有反映滇人社会生活的场景。据研究，其中有的可能反映了滇人的农业生产及与之相关的原始祭祀活动，如播种、报祭、祈年等；还有的场景中出现身着各类服饰的人物，通过对这些人物形象、衣饰装束的研究，对于分析滇王国内不同民族的成分及其来源有所帮助[1]。

20 世纪 70 年代，云南呈贡石碑村发掘古墓葬 170 座[2]，均系滇文化遗存。从出土器物组合的差异并结合墓葬之间的打破关系，这批墓葬可分为三期：第一、二期墓葬不出铁器，所出青铜器与江川李家山第一类墓基本一致，故第一期墓葬时代可定在春秋晚期至战国中期，第二期墓葬时代可定战国末至西汉初年；第三期墓葬与江川李家山第二类墓的时代相近，时代可大致定在西汉中、晚期。1979 年，该墓地的第二次发掘共清理墓葬 65 座[3]，可分为两期：第一期为西汉中期；第二期为西汉晚期至东汉早期。出土器物中既有大量属于滇文化系统的青铜兵器和青铜工具，在第二期墓葬中也随葬有大量五铢钱、环首铁刀、铜带钩等汉式器物，说明这个时期可能已有汉族移民迁入此地，墓地的文化属性开始复杂化。

近年来发掘的昆明羊甫头墓地[4]，可分为早、中、晚三期，其中包括早期的滇文化墓葬和晚期的汉式墓葬，时代从西汉至东汉。墓地中清理出的滇文化墓葬计 800 多座，出土随葬品近 4000 件。其中青铜器（图 12-33）的种类和形制与晋宁石寨山、江川李家山墓地相似，但陶器和漆木器的大量出土，则是迄今为止其他滇文化墓地中少见的。这批漆木器多髹黑漆作地，用红漆描纹，有的嵌有锡片或缠以藤条、麻线，主要系兵器和生产工具的柲，出土时多与青铜器同出。漆木器中有一种"祖形器"尤其引人注目。此类器物头部造型多为牛头、水鸟头、猴头、兔头、猪头等，还有一些为人头，其中一件为滇族贵妇的形象，这类器物显然具有某种生殖崇拜的寓意，为认识滇文化中的某些神秘礼仪与祭祀活动，提供了新的材料。

在羊甫头墓地中也发现 28 座汉式墓葬，时代为东汉时期。这批墓葬的形制可分为 A、B 两类：A 类为带有斜坡墓道的长方形竖穴土坑墓；B 类墓葬为无墓道的长方形竖穴土坑墓，葬具采用木棺椁，有的带有边厢与脚厢。随葬器物主要有汉式的铜器、陶器以及五铢钱、摇钱树、陶模型器等，与滇文化墓葬出土器物具有不同的面貌。与羊甫头墓地具有相同文化面貌的汉式墓葬还发现在滇池东岸的天子庙、小松山等地，这时的滇池区域已经成为东汉政权在云南地区的政治文化中心，所以这类汉式墓葬常常与早期的滇文化墓地重

〔1〕　冯汉骥：《云南晋宁石寨山出土铜器研究——若干主要人物活动图像试释》，《考古》1963 年第 6 期。

〔2〕　云南省博物馆文物工作队：《云南呈贡龙街石碑村古墓群发掘简报》，《文物资料丛刊》第 3 辑，文物出版社，1980 年。

〔3〕　昆明市文物管理委员会：《昆明呈贡石碑村古墓群第二次清理简报》，《考古》1984 年第 3 期。

〔4〕　云南省文物考古研究所、昆明市博物馆、官渡区博物馆：《昆明羊甫头墓地》，科学出版社，2005 年。

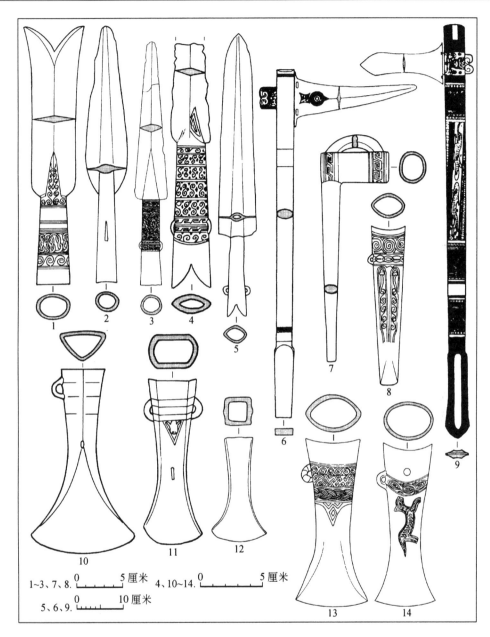

图 12-33　昆明羊甫头墓地出土滇文化青铜器

1.矛（M113：85）　2.矛（M20：1）　3.矛（M314：3）　4.矛（M403：1）　5.矛（M19：150）　6.漆木秘戈（M113：334）　7.啄（M101：35）　8.啄（M108：49）　9.漆木秘戈（M113：372-3）　10.斧（M10：20）　11.斧（M104：35）　12.斧（M462：4）　13.斧（M113：77-2）　14.斧（M197：19）

合，反映出两种文化的此消彼长。

滇东北地区东汉时期分布有崖墓，系在岩石上开凿的券顶洞室，有单室、前后室、多室墓等不同形制，墓门用石块加以封砌，出土器物与一般东汉土坑墓和砖室墓相同，但少见陶俑、水田和水塘模型等器物[1]。

此外，在云南昭通、曲靖、陆良、宜良、昆明、姚安等地还发现有一批东汉至南北朝时期的古墓葬[2]。这些墓葬多有高大的封土（当地多称为"梁堆"），墓室结构也演变为中原汉墓中普遍流行的形制，设有耳室、墓道、排水沟等，随葬品有陶鸡、狗、猪、仓、灶、井、水田与池塘模型，铁器常见长剑、环首刀等，说明这一时期当地与中原文化的联系更为密切，汉文化广为传播。

（三）川西高原与川西南地区

川西高原及川西南地区主要分布着石棺葬及大石墓，这是"西南夷"区域内不同于巴蜀、滇以农业生产经济为特征的其他一些古代民族集团的遗存。

川西高原是石棺葬分布较为密集的区域，早年在岷江上游的汶川、理县、茂汶一带曾有过发现[3]，后来陆续又经过较大规模的清理发掘[4]。石棺葬也被称之为"石板墓"、"板岩葬"，一般系用板岩打制成的长方形石板拼砌成长方形的石棺（图12-34），有的有底，有的无底，个别还砌成屋顶两面坡式的墓顶。出土器物中以大双耳陶罐最具特征（图12-35），此外多随葬青铜兵器和小件的装饰品，以及少量的铁器。有的墓中还出土有汉式钱币，如半两钱、汉五铢钱等，所以由此判断其流行的年代可能是从战国至西汉晚期。

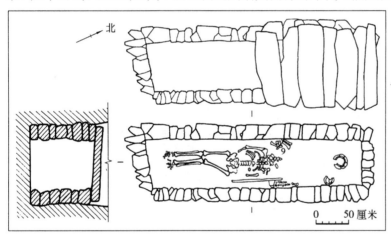

图12-34　茂县石棺葬墓地BM4平面、断面图

经过多年来的考古工作，现在已经基本清楚石棺葬的分布区域主要是沿西藏东部、川西高原以及滇西北高原呈南北走向的澜沧江、金沙江、大渡河、雅砻江、青衣江等所谓"六江"流域分布，主要的地点如西藏东部的芒康、贡觉[5]，甘孜藏族自治州的雅江、巴

---

[1]　云南省文物考古研究所：《云南省文物考古五十年》，《新中国考古五十年》，文物出版社，1999年。

[2]　云南省博物馆：《云南古代文化的发掘与研究》，《文物考古工作三十年》，文物出版社，1979年。

[3]　冯汉骥：《岷江上游的石棺葬文化》，成都《工商导报》1951年5月20日。

[4]　A. 冯汉骥、童恩正：《岷江上游的石棺葬》，《考古学报》1973年第2期。

　　　B. 四川省文管会、茂汶县文化馆：《四川茂汶羌族自治县石棺葬发掘报告》，《文物资料丛刊》第7辑，文物出版社，1983年。

[5]　西藏文管会文物普查队：《西藏贡觉县香贝石棺墓葬清理简报》，《考古与文物》1989年第6期。

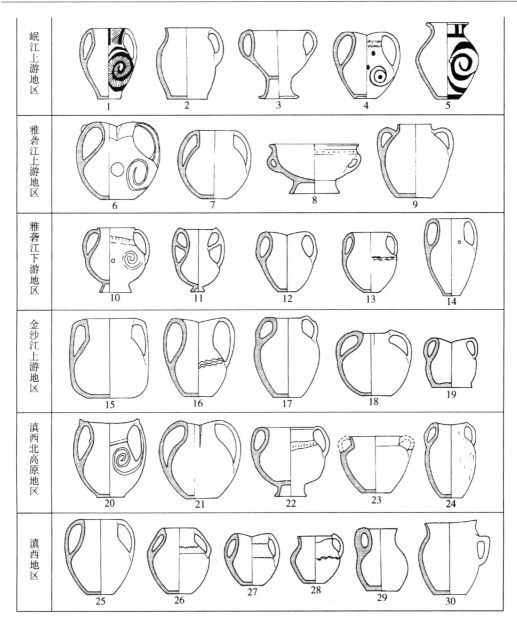

图 12-35　"石棺葬文化"陶器比较图

1.双耳罐（茂汶城关 DM12：2） 2.单耳罐（茂汶营盘山 M7：1） 3.篦（茂县牟托 M1：24） 4.双耳罐（理县佳山 Ⅲ M3：1） 5.无耳罐（茂县牟托 M1：62） 6.双耳罐（甘孜吉里龙 M6：11） 7.双耳罐（铲霍采集品） 8.篦（甘孜吉里龙 M7：1） 9.双耳罐（甘孜吉里龙 M6：5） 10.双耳罐（盐源毛家坝） 11.双耳罐（盐源毛家坝） 12.双耳罐（宁蒗大兴镇 M2：6） 13.双耳罐（宁蒗大兴镇 M5：1） 14.双耳罐（宁蒗大兴镇 M5：22） 15.双耳罐（中甸中布 M7：1） 16.双耳罐（丽江采集品） 17.双耳罐（巴塘 BZM6：1） 18.双耳罐（巴塘 BZM6：2） 19.双耳罐（丽江采集品） 20.双耳罐（德钦石底 014） 21.双耳罐（德钦纳古 M17：2） 22.双耳罐（德钦纳古 M14：1）23.双耳罐（德钦纳古 M18：2） 24.双耳罐（德钦纳古 M6：3） 25.双耳罐（剑川鳌凤山 M152：2） 26.双耳罐（剑川鳌凤山 M120：2） 27.双耳罐（剑川鳌凤山 M52：2） 28.单耳罐（剑川鳌凤山 M159：2） 29.单耳罐（剑川海门口 270） 30.单耳罐（剑川鳌凤山 M42：1）

塘[1]、雅安地区的宝兴[2]、石棉，铲霍的卡莎湖[3]，凉山彝族自治州的木里、盐源[4]，滇西北的德钦永芝、纳古[5]等。

由于石棺葬流行时间长，分布地域广，其文化内涵虽然有基本相同的一面，但各个小的区域内也仍还有其不同的特点。有学者注意到，岷江上游的石棺葬出土器物类型较多，制作也较精，受内地影响很深，但越是向西发展，文化越趋原始，地方特征更为显著[6]。还有学者注意到，"石棺葬文化"墓葬中最具特征的双大耳陶罐，从考古类型学的角度加以观察，其双耳的弧度曲线及其与罐口沿的连线在上述不同区域内有着明显的差别，反映出随着时代的不同和区域的不同，其文化面貌也有所变化[7]。除双大耳罐外，陶器中还流行单耳罐、长颈罐、杯、碗等，器形都很简单。一些墓葬中也随葬有大量青铜器和铁器，如铜剑、铜柄铁剑、铜戈、铜钺、铁矛、铁刀、铜盔、铜带钩，以及金银项饰、银臂甲、琉璃珠、半两钱等。

对石棺葬族属问题的研究，历来有不同的意见，大体上有氐羌说[8]、"戈基人"说，笮都夷、冉駹夷说[9]等几种主要的观点。由于对其族属的认识不同，持氐羌说者多主"北来说"，认为石棺葬最初起源于黄河上游的甘肃、青海一带，后来从南向北传播至四川、云南；持"戈基人"说者则认为石棺葬是氐羌族南下之前岷江上游原土著民的墓葬；而持后两种意见者则认为石棺葬当系"夷系"民族各支系的墓葬，不一定是从西北传入西南地区；有的学者还主张"南来说"，认为其传播路线是由南向北逐次推进。目前，对于这一问题的研究还难以作出最后的定论，有待于今后进一步的工作。今后工作最为重要的突破口，是需要搞清各地区石棺葬在考古学文化内涵上的异同点及其年代早晚关系，在此基础之上，才有可能结合文献记载，探讨其与该地区历史上的民族关系。

四川西南部凉山彝族自治州的安宁河流域一带分布着一种大石墓。历年来的调查表明，这类墓葬主要分布于冕宁、喜德、西昌、德昌和米易等县境内，另外在越西、普格也有分布[10]。大石墓的特点极为显著，系在地表上用巨石砌建墓葬，整体为长方形的石室，顶部、四壁都用长方形的巨石竖立为墓壁。墓内别无其他葬具，人骨直接堆置于

[1] 甘孜考古队：《四川巴塘、雅江的石板墓》，《考古》1981 年第 3 期。
[2] 宝兴县文化馆刘文成：《四川宝兴县的石棺墓》，《考古与文物》1983 年第 6 期。
[3] 四川省文物考古研究所、甘孜藏族自治州文化局：《四川铲霍卡莎湖石棺墓》，《考古学报》1991 年第 2 期。
[4] 凉山彝族地区联合考古队：《泸沽湖畔出土文物调查记》，《凉山彝族奴隶制研究》1978 年第 1 期。
[5] A．云南省博物馆文物工作队：《云南德钦永芝发现的古墓葬》，《考古》1975 年第 4 期。
    B．云南省博物馆文物工作队：《云南德钦县纳古石棺墓》，《考古》1983 年第 3 期。
[6] 童恩正：《近年来中国西南民族地区战国秦汉时代的考古发现及其研究》，《考古学报》1980 年第 4 期。
[7] 宋治民：《战国秦汉考古》第 253～254 页，四川大学出版社，1993 年。
[8] 童恩正：《近年来中国西南民族地区战国秦汉时代的考古发现及其研究》，《考古学报》1980 年第 4 期。
[9] 宋治民：《战国秦汉考古》第 253～254 页，四川大学出版社，1993 年。
[10] 凉山彝族自治州博物馆刘弘：《川西南大石墓与邛都七部》，《文物》1993 年第 3 期。

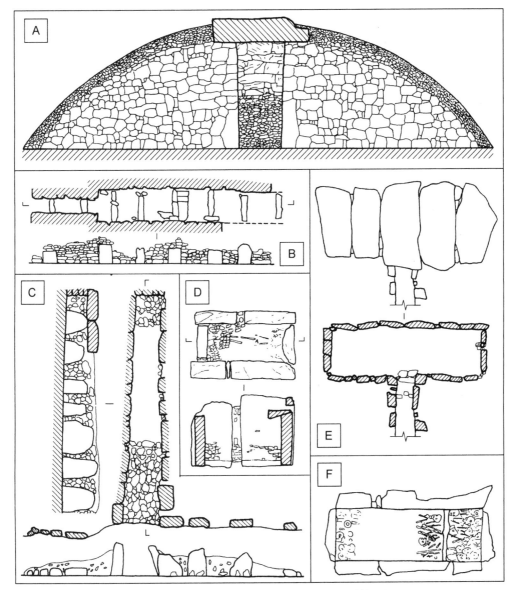

图 12-36　大石墓文化墓葬平面、立面、剖视图
A.西昌坝河堡子 M1 剖视图　B.西昌 1 号墓平面、立面图　C.西昌河西 M3 平面、立面、剖视图
D.云南且力 M6 平面、剖视图　E.喜德拉克 M1（平面图）　F.且力 M7（平面图）

墓底，均为二次葬，每墓入葬的人数可多达上百具（图 12-36）。大石墓的随葬器物一般放置在墓室后端或墓门内两侧，有石器、铜器、陶器、骨饰、玉饰等具有地方特点的器物，此外，还出土有铁器和文帝四铢半两、宣帝五铢钱等汉式钱币，个别墓中还出土有稻壳和稻草的痕迹，墓葬的延续时间可能较长，大致是在战国末到西汉后期这一范围之内[1]。

---

〔1〕　童恩正：《近年来中国西南民族地区战国秦汉时代的考古发现及其研究》，《考古学报》1980 年第 4 期。

大石墓最引人注目之处，其一是用巨石建墓，不同于上述石棺葬或石板墓的构建方式，而是一种典型的"大石文化"的遗存；其二是多人丛葬的习俗，无论男女老少共葬入一墓之中，所以为了多次葬入尸骨的便利，大石墓的前端即墓门不用巨石，而是用碎石垒砌、封闭。由此说明一座墓葬的建造可能要投入大量的人力、物力，必须有组织地进行。一墓建成之后，使用的时间可以很长，直到墓内无法容纳尸骨为止。这些特点足以表明，建造大石墓的民族系当地的一种主体民族，每墓葬人的死者很有可能属于同一氏族或家族的成员。

关于大石墓的族属，一般认为其可与《史记·西南夷列传》中所载的"耕田、有邑聚"的"邛都夷"相印证[1]。学者们注意到大石墓中多出发笄，证明当时的人们可能发式为"椎髻"，而文献记载邛都夷正为椎髻；大石墓中出有稻壳与稻草，也正与"耕田"相吻合。还有学者进一步注意到，大石墓主要分布于安宁河流域的七个区域内，与《华阳国志·蜀志》所记载的"邛之初有七部"，即有七个部落的情况相一致，可能也不是一种巧合[2]。

（四）贵州地区

贵州西北部的赫章县可乐与威宁县中水等地从20世纪50年代起，陆续发掘清理出一批相当于秦汉时代的墓葬，20世纪70年代对赫章可乐墓地做了较大规模的发掘[3]。这批墓葬可分为两类：一类为具有鲜明地方特色和民族特色的土著墓葬即原报告的"乙类墓"，另一类则为汉式墓葬即原报告的"甲类墓"。

赫章可乐墓地中的土著墓葬均为长方形竖穴土坑墓，绝大多数没有棺木的痕迹，根据墓葬结构可分为狭长方形土坑墓和长方形土坑墓两种类型。墓葬中的骨架大多腐朽，葬式不明，其中赫章可乐发现的20座墓葬葬俗特殊，其葬具系在墓坑底部放置铜鼓或铜釜，其内放置人头盖骨和牙齿、脚趾骨等，未见四肢与躯干。这种葬俗当地称为"套头葬"，具有独特的丧葬特点，为其他地区所不见。

赫章可乐墓中的随葬器物有铜器、铁器、陶器等（图12-37），但数量不丰，一般只有几件陶器，以及少量的青铜器、铁器、珠饰品；小墓及丛葬墓则多无随葬品。铜器中长条形的锄、直援无胡戈、双耳立于口沿之上的釜、牛头形的带钩、手镯、发钗等具有浓厚的地方特色。墓葬中出土的铜鼓上饰有竞渡纹，共六组，每组船上站立羽冠舞者。但另一方面，铜器中也出有与中原相同的铜弩机、镞、带钩、镜、五铢钱、汉人姓氏的铜印等物。随葬的陶器中发现有稻谷、大豆等农作物品种。赫章可乐墓地中这批土著墓葬的时代延续较长，其上限可能到战国晚期，下限相当于西汉晚期，多数墓葬的年代则为西汉早、中期。

---

[1] 宋治民：《战国秦汉考古》第256页，四川大学出版社，1993年。

[2] 凉山彝族自治州博物馆刘弘：《川西南大石墓与邛都七部》，《文物》1993年第3期。

[3] A. 贵州省博物馆考古组、贵州省赫章县文化馆：《赫章可乐发掘报告》，《考古学报》1986年第2期。

　　B. 贵州省博物馆考古组、威宁县文化局：《威宁中水汉墓》，《考古学报》1981年第2期。

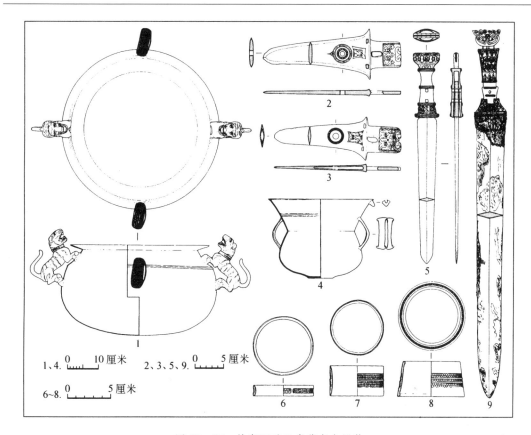

图 12-37　赫章可乐乙类墓出土器物

1.铜釜（M274：87）　2.铜戈（M318：1）　3.铜戈（M317：1）　4.铜釜（M277：1）　5.铜剑（M365：5）

6.铜手镯（M341：7）　7.铜手镯（M308：4）　8.铜手镯（M356：5）　9.铜柄铁剑（M67：2）

赫章可乐墓地中的汉式墓葬在墓葬形制与随葬器物方面均与土著墓葬具有明显区别，而与中原地区和成都平原等地汉墓基本相似，如地面多具有封土，墓葬采用砖室墓与竖穴土坑墓，随葬器物以汉式的陶器、铜器数量最多，其年代根据出土的铜镜、钱币等具有断代意义的器物可推定为西汉晚期至东汉时期。

近年来，对赫章可乐的土著民族墓地的再次发掘中，在五座墓葬中发现了以铜釜作为葬具的"套头葬"，较之过去发现的同类葬法而言，其形式更为多样。此外还有其他一些较为特殊的埋葬方式，如用铜洗盖于死者脸部，或用铜洗垫于死者头下、在死者头侧墓底插置铜戈等，更加丰富了认识这种土著文化的信息[1]。

威宁中水发掘出土的墓葬也均为土坑墓，墓葬结构可分为土坑竖穴墓和不规则的土坑墓两种，死者的埋藏方式也有两种：一种为单人葬；另一种为排葬和乱葬，其中有的身首异处。墓中出土遗物有陶器、铁器、玉石器等，陶器有高圈足镂孔单耳豆、单耳罐、碗、

〔1〕　贵州省文物考古研究所：《贵州赫章可乐夜郎时期墓葬》，《考古》2002 年第 7 期；《赫章可乐二○○○年发掘报告》，文物出版社，2008 年。

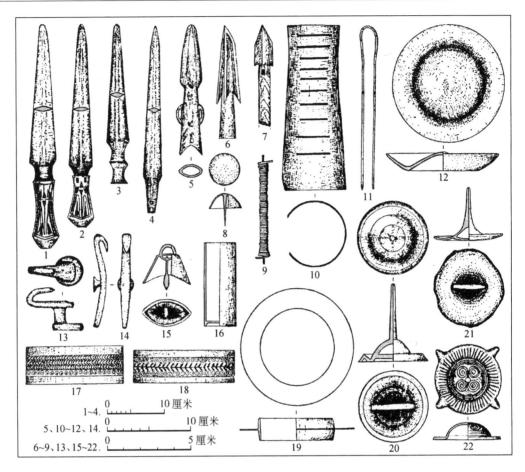

图 12-38 威宁中水汉墓出土铜器

1.剑（M34：1） 2.剑（M35：1） 3.剑（T19：6） 4.剑（M33：7） 5.矛（M49：2） 6.镞（M44：6：1）
7.镞（M44：6.2） 8.泡钉（M44：4） 9.发钗（M40：7） 10.臂甲（M43：1） 11.发钗（M41：2） 12.帽
饰（M40：6） 13.带钩（M29：7） 14.带钩（M42：6） 15.铃（M42：14） 16.管状器（M44：8） 17.手镯
（M33：1） 18.手镯（M42：7） 19.手镯（采集） 20.扣饰（M42：18） 21.扣饰（M28：2） 22.扣饰（M42：13）

杯、瓶等，还有较大件的双耳罐和盘，大多为平底器，多在器物上施以刻划纹饰或符号；
铜器中有戈、剑、弩机、釜、贮贝器以及发钗、扣饰、带钩、手镯等装饰品（图 12-38）；
铁器主要为兵器，种类有矛、剑、刀等。中水汉墓的年代以西汉中期为主，上限可早到战
国，下限可至东汉初年，其族属均系土著民族。中水 22 号墓中葬有一具男性青壮年尸骨，
腰间佩有蛇首空心茎无格剑，头上插有铜制的发钗，表明其系"椎髻"，与《史记·西南
夷列传》等史书所载"夜郎"民族的特点似相吻合[1]。

贵州土著墓葬中出土的这批青铜器与周邻地区文化有着密切的联系。其一，是与滇文
化之间的联系。上述长条形锄、直援无胡戈、一字形格铜剑、铜扣饰、铜鼓等，与云南晋

---

〔1〕 贵州省博物馆考古组、威宁县文化局：《威宁中水汉墓》，《考古学报》1981 年第 2 期。

宁石寨山、江川李家山出土的同类器物相似。因此，如果进一步联系到《史记·西南夷列传》、《汉书·西南夷列传》中将夜郎与滇归为一类的记载，以及贵州发现的这批墓葬的地望等因素加以考察，其为"夜郎文化"墓葬的可能性较大。其二，是与中原和巴蜀文化的关系。墓中出土的巴蜀式柳叶形铁剑，可能系巴蜀文化的影响；环柄铁刀、半两钱、五铢钱、日光镜、铜弩机、带钩等既

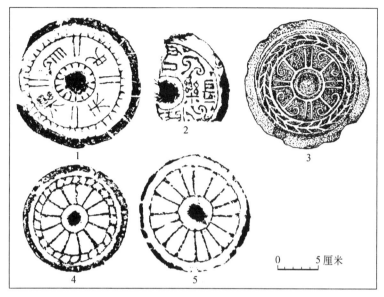

图 12-39　安顺宁谷汉代遗址出土瓦当（拓本）
1. "长乐未央"文字瓦当（T971⑤：3）　2. "长乐未央"文字瓦当（T971③：1）
3. 云纹瓦当（采集）　4. 车轮纹瓦当（T974④：1）　5. 车轮纹瓦当（T974④：2）

有可能直接来自中原地区，也有可能通过巴蜀地区传入。

贵州各地的秦汉时期的遗存除上述具有浓厚地方特色的土著民族墓葬之外，还包括大量墓主身份可能是汉郡县制体制下的大小官吏、汉族地主等统治阶级成员的墓葬，比较集中地分布在清镇、平坝、安顺一带，过去在配合当地基本建设工程当中做过较大规模的清理发掘[1]。这批汉墓的特点是采用中原地区汉族的埋葬制度，地面常有高大的封土，墓葬形制常见土坑、砖室、石室三种结构，在墓中随葬大量生活日用陶器、铜器和五铢钱等，从中还出土过西汉末年蜀郡、广汉郡制作的漆器，说明其与四川地区汉代文化有密切的联系。在赫章可乐、安顺宁谷、沿河洪渡等地还发现有两汉至魏晋南北朝时期的遗址，由于试掘面积很小，发现的遗迹现象很少，遗址中发现有绳纹瓦片、瓦当、残砖、陶片等遗物[2]。其中，安顺宁谷汉代遗址面积约 90000 平方米，出土遗物主要有房屋建筑中使用的筒瓦和板瓦、瓦当等（图 12-39），瓦当中有"长乐未央"的文字瓦当，此外还发现五铢钱、书写有汉字隶书的木牍等遗物[3]，表明其应为汉代大型的建筑群，有可能为汉代牂柯郡所在地。

到东汉晚期，贵州各地这些具有浓厚地方特色的土著墓葬基本消失。在夜郎故地主要流行汉式的砖室墓、石室墓以及崖墓，随葬器物为汉式的仓、灶、井、屋、鸡、狗、

〔1〕　A. 贵州省博物馆：《贵州清镇平坝汉墓发掘报告》，《考古学报》1959 年第 1 期。
　　　　B. 刘恩元：《安顺宁谷古墓》，《贵州文物》1983 年第 3、4 期合刊。
〔2〕　贵州省文物考古研究所：《贵州省考古五十年》，《新中国考古五十年》，文物出版社，1999 年。
〔3〕　贵州省文物考古研究所：《贵州安顺市宁谷汉代遗址与墓葬的发掘》，《考古》2004 年第 6 期。

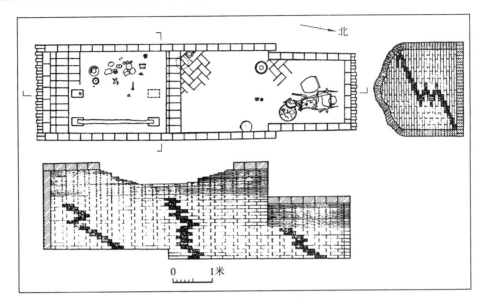

图 12-40　兴义万屯汉墓 M8 平面、剖视图

侍俑等陶质明器，以及陶釜、甑、壶、罐、碗等生活用具，表明西南夷时代的"夜郎文化"也和周边地区一样，融入中原文化的体系。贵州地区发现的东汉砖室墓以长方形单室墓为主，规模较大的则带有墓道或双室（图 12-40）、多室并列，砖室墓上的墓砖纹饰多饰有几何形图案，赫章、威宁一带的东汉墓砖上则常有车马、亭阙、乘骑等形象，与四川的东汉画像砖极为相似[1]。

三　"西南夷"地区融入汉文化系统的历史进程

通过上述巴蜀及"西南夷"地区考古遗存的发现与研究，我们可以观察到一个总的发展趋势，即随着秦、汉统一帝国的建立与发展，中原的物质文化与精神文化也随之传入到这些地区，使这些地区原有的土著文化因素或迟或早、或缓或速地以不同进程走向消亡。有学者认为[2]，巴蜀和"西南夷"地区土著文化的变迁大体上可以归纳为三种情况：一种是受到汉文化的影响之后，土著文化迅速发生变化，从文化并存走向文化融合，最终汇入汉文化之中，如巴蜀、滇、夜郎等；第二种情况是土著文化在汉文化的影响之下虽然也在开始发生变化，但在尚未融入汉文化之前便突然消失，其原因或有可能是由于某种政治或军事方面的突发事件，导致了土著居民的大规模迁徙或消亡而造成土著文化的崩溃，如川西南流行"大石墓"的民族集团；第三种情况是土著文化虽然在汉文化的影响下发生了很大的变化，但迄东汉末期为止，却始终基本上保持了本民族的特点，如四川西部青衣江上游地

〔1〕　贵州省博物馆：《"夜郎"故地上的探索——贵州省文物工作三十年》，《文物考古工作三十年》，文物出版社，1979 年。

〔2〕　罗二虎：《秦汉时代的中国西南》第 47 页，天地出版社，2000 年。

区宝兴县境内陇东的东汉墓群，随葬品中虽已出现一部分汉式器物，但仍大量采用该地区传统的石棺葬[1]。这种归纳应当说反映出了西南夷地区秦汉时代文化变迁的基本状况。

西南夷地区秦汉时代的这种文化变迁，受到来自中原地区先进文化与先进生产技术的影响，而传播中原文化的直接主体，可能主要是秦汉时期来自中原的各类移民。

以巴蜀地区为例，从秦灭巴蜀之后，便开始以国家力量强行向巴蜀地区进行大规模的移民。《华阳国志·蜀志》记载："周赧王元年，秦惠王封子通国为蜀侯，以陈壮为相。置巴郡。以张若为蜀国守。戎伯尚强，乃移秦民万家实之。"此时移民的目的，主要因为其时巴蜀土著王侯的力量还十分强大，不得不以移民的方式来强化秦对巴蜀地区的统治，削弱土著的势力。在秦始皇克定六国之后，"辄徙其豪侠于蜀，资我丰土"[2]，其目的已开始向经济开发转移。

至西汉中期汉武帝开西南夷，在秦的基础上也开始向巴蜀地区大量移民，如《史记·平准书》记载"当是时，汉通西南夷道……乃募豪民田南夷"，其目的是利用中原有实力者的先进生产技术来开发西南夷的农业。此外，在《史记》、《华阳国志》等史籍中，还有不少关于汉"徙豪杰"于蜀，迁罪人于蜀的记载，这些非正常身份的移民集团多为举族迁蜀，客观上也可能将其财富与技术带入到巴蜀地区。

这些移民集团最初被迁徙到巴蜀之后的落脚点，从一些考古材料反映出的线索来看，一开始并非在巴蜀最富裕的地区，而多在其边缘地带。如1966年在川西平原的郫县曾出土了一通东汉残碑[3]，为东汉豪杰王孝渊之墓碑（图12-41），碑文中明确指出，王孝渊为"汉徙豪杰，迁□□梁，建宅处业，汶山之阳"。汶山，即今岷山也。《史记·货殖列传》中所记的"卓氏"，属于以私人身份迁徙入蜀者，也是"乃求远迁，至之临邛"。临邛，即今四川邛崃。但是，在经过一定时期的发展，其后世具有一定的经济实力与社会地位之后，便开始从边缘地带向中心地区发展。最典型的例子可举出20世纪50年代初在成都近郊发现的一处汉代墓葬墓门门枋上的石刻文字[4]，其右枋上的文字为："唯吕氏之先，本丰沛吕氏子孙。吕禄、周吕侯。禄兄征过，徙蜀汶山□□□□□□□建成侯怠征过，徙蜀汶山□□东杜（社）造墓藏丘冢。作家以劝后生。工匠杨顺子孙……"可见这是一通内容涉及汉代吕后族人的墓葬石刻。进一步分析不难发现，吕后族人吕则与吕怠（台）因"征过"（即犯罪）而本被"徙蜀汶山"，但其后世的墓葬却已被埋葬在成都附近，足以说明这些徙入巴蜀地区的汉移民在经过实力的积聚之后，已经进入到原巴蜀文化区域内的主要城邑。成都、重庆等地发现的西汉时期大型木椁墓，极有可能也是这些中原移民中具有实力者的墓葬。

〔1〕　四川省文物管理委员会、宝兴县文化馆：《四川宝兴陇东东汉墓群》，《文物》1987年第10期。

〔2〕　晋·常璩著，刘琳校注：《华阳国志·蜀志》，巴蜀书社，1984年。

〔3〕　谢雁翔：《四川郫县犀浦出土的东汉残碑》，《文物》1974年第4期。

〔4〕　此石刻原收藏于四川省博物馆内，后经四川大学历史系张勋燎先生释文并作过深入研究（见张勋燎、袁曙光《四川省博物馆藏汉代吕后族人墓葬石刻文字及其相关问题》，《中国西南的古代交通与文化》，四川大学出版社，1994年）。

0 ———— 20厘米

图 12-41　郫县出土东汉王孝渊墓碑（拓本）

除了大规模的移民之外，秦汉时期在西南夷地区从政治制度上积极推行郡县制，而反映在生产力发展水平方面最为直接的证据，则是铁农具在西南夷地区的传入与普及。

西南夷地区铁农具的制作与使用，迄今为止仍然是秦汉时期西南地区考古研究中一个引起广泛关注的学术问题。西南夷地区铁农具开始使用的年代早晚不一，从上述各个区域的考古材料来看，巴蜀文化区域内至迟从秦末至西汉初年，已经发现较多的铁器。如岷江上游的理县佳山石棺葬中，在秦末至西汉初年的墓葬中已出土有铁工具、兵器以及镰、铚等铁农具[1]。同处岷江上游的茂县城关战国晚期至西汉前期的石棺葬墓地中，也出土有铁锄、铁锸等铁农具，其中的6号墓出土铁器多达16件[2]。滇文化区域内的云南晋宁石寨山、江川李家山、安宁太极山战国至西汉时期的墓地中虽均有铁器出土，但均为兵器和少量的工具，铁农具极少发现。贵州省和云南省东北部铁农具的使用年代也较早，这一地区约在战国晚期开始使用铁农具，至西汉前期墓葬中已较普遍地使用铁器，出现有镢、锸等铁农具，到西汉后期，铁农具的种类增加，新出现了铲、铧等[3]。川西南大石墓出土器物中，也出有少量的铁锸、

〔1〕 阿坝藏族自治州文物管理所、理县文化馆：《四川理县佳山石棺葬发掘清理报告》，《南方民族考古》第一辑，四川大学出版社，1987年。

〔2〕 四川省文管会、茂汶县文化馆：《四川茂汶羌族自治县石棺葬发掘报告》，《文物资料丛刊》第7辑，文物出版社，1983年。

〔3〕 A. 贵州省博物馆：《贵州考古十年》，《文物考古工作十年（1979～1989）》，文物出版社，1991年。

B. 宋世坤：《贵州早期铁器研究》，《考古》1992年第3期。

铁削、环首铁刀等铁器，到西汉时期墓葬中开始出现少量的铁农具[1]。

从上述情况分析，可能最早接受中原文化的影响开始使用铁农具的地区，是巴蜀地区。这一区域内发现的大量带有"蜀郡"字样的铁农具，反映出秦汉时代已经由政府所设的工官制造并推行铁农具。与巴蜀地区相邻近的西南夷各地，则可能通过巴蜀这一经济文化中心，或者直接由中原地区导入铁农具。

大量证据表明，铁器和铁农具的传入，与汉文化进入西南夷地区有着密切的关系。如从大石墓出土器物观察，出土的铁锸、铁削、铁环首刀等均为汉式铁器，且出土铁器的大石墓多伴出西汉文帝四铢半两、宣帝五铢和新莽大泉五十钱等，说明这些铁器都是伴随着汉文化传入的。而在此之前的大石墓中，则未见出有铁器[2]。铁器首先出现在巴蜀的边缘地带，可能与上文中分析的中原移民逐次从周边地带渗透、推进到中心区域的过程有关。到东汉后期以后，整个西南地区凡汉人居住区域和受汉文化影响较深的区域，铁农具已经成为十分重要的农业生产工具[3]。这个过程，恰好也同"西南夷"地区融入中原文化的进程相一致。铁农具的普及，大大促进了西南地区开垦、种植、收获等农业生产和水利事业的发展，加速了这一地区最终融入中原汉文化体系。

但是，在意识形态领域，巴蜀及其他"西南夷"地区固有的文化因素却仍然在相当长的一个时期内保持着它们的特点，并未因中原文化的影响而立即消失。四川出土汉代文物中，有许多具有神秘色彩的器物（图12-42、43），如带有龙虎座的西王母画像砖、三段式神兽镜、"天门"铜牌饰、摇钱树及树座等[4]，应当都是在巴蜀地区原始宗教信仰的基

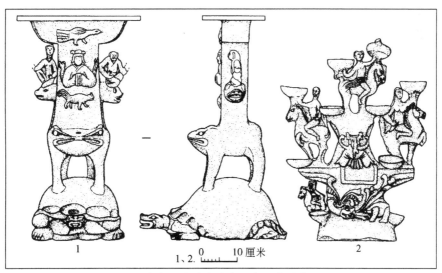

图12-42　成都跃进村墓地出土东汉陶神兽座（之一）
1.龟蛙斗拱座（M5：52）2.骑马人物灯座（M6：2）

[1]　罗开玉：《川西南与滇西大石墓试析》，《考古》1989年第12期。
[2]　凉山彝族自治州博物馆刘弘：《川西南大石墓与邛都七部》，《文物》1993年第3期。
[3]　罗二虎：《秦汉时代的中国西南》第121页，四川大学出版社，2000年。
[4]　霍巍：《四川何家山崖墓出土神兽镜及相关问题研究》，《考古》2000年第5期。

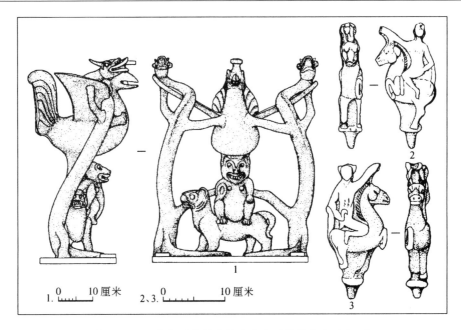

图 12-42　成都跃进村墓地出土东汉陶神兽座（之二）
1.虎熊龙凤座（M5:51）　2.骑马人物座（M5:21）　3.骑马人物座（M5:26）

础上，同时吸收中原文化的某些因素融合而成的。其中尤其具有西南地区古代神话特点的摇钱树，通常表现西王母崇拜系统的诸神灵、羽人、瑞兽等，其主尊一般为西王母，但也同时也还可见早期的佛像替代西王母像的现象[1]。四川成都青白江汉墓中发现的汉代陶神兽座上，饰有西王母、仙人骑天马以及与"升仙"与"仙界"有关的各种神灵动物，更是集中反映出四川地区汉代神仙思想与地域信仰的若干特点，这些材料对于研究我国早期佛教与早期道教图像的起源及其与巴蜀及西南夷地区原始宗教信仰之间的关系具有一定启发意义，已引起国内外学术界的广泛关注。

〔1〕　A.罗二虎：《中国陕西省出土摇钱树佛像考》，《龙谷大学佛教文化研究所纪要》第 32 号，1995 年。

　　B.霍巍：《中国西南地区摇钱树佛像的考古发现与考察》，《考古》2007 年第 3 期。

第十三章　秦汉时期的中外交流及同周边地区的联系

第一节　中国境内的考古发现与汉代丝绸之路

两汉时期是中外文化交流重要的开拓时代。古代中国与西方的陆路和海路交通格局，大致是在这个时期形成的。

汉武帝建元三年（公元前 138 年）、元狩四年（公元前 119 年），张骞两度出使西域，史称"凿空"。汉通西域主要是出于政治目的，但客观上促进了东西方的文化交流。应当指出的是，所谓"张骞通西域"是就官方使节活动而言的，而东西方的往来实际上在很早以前就已经开始了。从阿凡纳羡沃文化（Afanasievo Culture）开始，中国北方地区就与南西伯利亚存在往来。安德罗诺沃文化（Anderonovo Culture）的传播，卡拉苏克文化（Karasuk Culture）的产生，都显示早期东西方文化交流的广泛而深刻[1]。古代草原游牧民族的迁徙，无疑对东西方文化交流起了重要的作用[2]。20 世纪以前，主要依靠文献史料来研究丝绸之路。随着考古工作的发展，人们越来越重视实物资料所提供的信息。人们对于古代丝绸之路的认识，也随着考古工作的不断进展逐渐拓展、深化。

中国境内发现的外来遗物开始引起广泛的注意与 19 世纪末 20 世纪初外国探险家在中国西北的考察活动直接相关。瑞典的斯文赫定（Sven Hedin）、英国的斯坦因（A. Stein）、法国的伯希和（P. Pelliot）、德国的普鲁士中亚考察队、日本的大谷光瑞考察队，以及后来的中瑞西北科学考查团等[3]，在新疆楼兰、尼雅、库车、吐鲁番等地发现了大批珍贵文物。这批文物很多与中原文化面貌有所不同，带有较明显的中亚、西亚乃至地中海地区

---

〔1〕　［苏联］吉谢列夫著，莫润先译：《南西伯利亚古代史》（油印本），新疆社会科学院民族研究所，1981 年。

〔2〕　国际学术界在该领域已经积累了许多重要的成果。新近的一些研究可以参考如下文献。

　　A. Mallory, J. P. (1989), *In Search of the Indo-Europeans: Language, Archaeology, and Myth*. New York, N. Y.: Thames and Hudson.

　　B. Jettmar, K. (1981), "Cultures and Ethnic Groups West of China in the second and first Millennia BC". *Asian Perspectives* 24 (2): 145-62.

　　C. 林梅村：《吐火罗人的起源与迁徙》，《新疆文物》2002 年第 3、4 期合刊。

　　D. 徐文堪：《吐火罗人起源研究》，昆仑出版社，2005 年。

〔3〕　关于这些探险队活动的基本情况，可以参考以下文献。

的风格，又由于其中还包含大量古代中亚死文字写本，因此随即引起了国际学术界强烈的兴趣，吸引大批学者开展研究，从而使丝绸之路研究迅速成为国际学术界的一门显学，发表了大量关于丝绸之路考古发现与研究的论著。

夏鼐很早就注意到中国境内秦汉时代外来的器物。他所发表的关于古代纺织品、肉红石髓珠、铅饼等的研究论文，至今仍具有不可磨灭的学术价值[4]。日本学者冈崎敬在《东西交涉的考古学》一书中有专门的章节对中国境内发现的外国器物进行系统的讨论[5]。宿白撰写的《中国境内发现的中亚与西亚遗物》，按货币、饰物、金银器、织锦、玻璃器、其他遗物等六类，条举了一些重要的发现[6]。徐苹芳《考古学上所见中国境内的丝绸之路》一文则按地区辑录了中国境内发现的外国遗物[7]。孙机《建国以来西方古器物在我国的发现与研究》一文中，对中国境内发现的汉唐时代一些较典型的外来器物做了概要的讨论[8]。林梅村发表的一系列论著[9]，对于丝绸之路古遗物的研究有多方面的推进。特别是其近年出版的《丝绸之路考古十五讲》，更致力于建立宏观的丝绸之路考古框架体系[10]。一些专门领域的进展尤其值得关注。例如，中外文化交流重要的器类之一的玻璃，安家瑶是较早对考古发现的中国玻璃器进行系统研究的学者[11]。近年，随着考古发现的增多、科技检测手段的进步，无论是对中国本土制造，还是外来输入品的研究，越来越走向深入。

一　丝绸之路的主要干线

人们习惯将古代的东西方交往的通道称为丝绸之路。实际上，广义的丝绸之路并不仅限于传统意义上的绿洲之路。今天看来，丝绸之路包括陆路的绿洲之路、草原之路以及海上丝绸之路等三条大通道。东西方的人员、物资、文化正是经由这些通路不断地往来交流的。

结合古代文献和考古发现，大致可以勾勒出两汉时代东西方陆路、海路交通路线。在海陆主干线基础上，还各自派生出若干分支路线（图 13-1）。

A. Dabbs, J. A. (1963), *History of the Discovery and Exploration of Chinese Turkestan*. The Hague: Mouton.

B. ［英］彼得·霍普科克著，杨汉章译：《丝绸之路上的外国魔鬼》，甘肃人民出版社，1983 年。

C. 罗桂环：《中国西北科学考查团综论》，中国科学技术出版社，2009 年。

[4] 夏鼐关于这些方面的重要论文，大多收录于《夏鼐文集》（社会科学文献出版社，2000 年）。

[5] 冈崎敬：《增補東西交涉の考古学》，平凡社，1980 年。

[6] 宿白：《中国境内发现的中亚与西亚遗物》，《中国大百科全书·考古学》第 677～681 页，中国大百科全书出版社，1986 年。

[7] 徐苹芳：《考古学上所见中国境内的丝绸之路》，《燕京学报》新一期，北京大学出版社，1995 年。

[8] 孙机：《建国以来西方古器物在我国的发现与研究》，《文物》1999 年第 10 期。

[9] 林梅村：《西域文明——考古、民族、语言和宗教新论》，东方出版社，1995 年；《汉唐西域与中国文明》，文物出版社，1998 年；《古道西风——考古新发现所见中外文化交流》，三联书店，2000 年。

[10] A. 林梅村：《丝绸之路考古十五讲》，北京大学出版社，2006 年。

B. 陈凌：《中外文化交流考古的新尝试》，《北京大学学报（哲学社会科学版）》2007 年第 2 期。

[11] 安家瑶：《中国的早期玻璃器皿》，《考古学报》1984 年第 4 期。

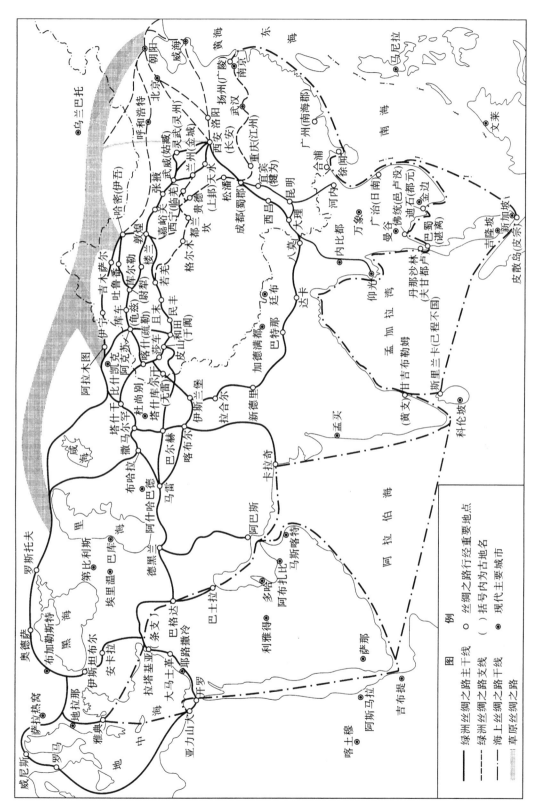

图 13-1 秦汉时期丝绸之路路线示意图

汉代东西方陆路绿洲之路的交通主要干线大致是：东起长安，西出陇西，经河西走廊到达敦煌。自敦煌分南、北两道。南道出阳关，沿塔里木盆地南缘，经于阗（今新疆和田）、皮山（今新疆皮山）、莎车（今新疆莎车），到达疏勒（今新疆喀什）；北道过白龙堆（今新疆罗布泊东北雅丹地区），抵楼兰（今新疆罗布泊西北岸），而后傍天山南麓，经焉耆（今新疆焉耆）、龟兹（今新疆库车），也到达疏勒。从疏勒西越葱岭至大夏（今阿富汗北部巴克特里亚 Bactria），或向西经大宛（今中亚费尔干纳 Fergana 盆地）再往南也可抵达大夏。从大宛往西经康居（今中亚阿姆河 Amu Darya/Oxus）与锡尔河（Syr Darya/Jaxartes）之间的索格底亚那 Sogdiana）前往奄蔡（今咸海以北）。从大夏往南可到身毒（今印度），向西经安息（伊朗帕提亚王朝）可至条支（今叙利亚一带）、黎轩（埃及亚历山大城Alexandria）。西汉晚期，汉戊己校尉曾一度想开辟从车师后国（今新疆吉木萨尔）经五船北直达玉门关的新道，以避白龙堆之厄，但由于车师后王的阻挠而未果。最晚到隋代，五船新道已经发展成为陆上交通的又一条大干道（即后来的北道），从玉门关，经伊吾（今新疆哈密）傍天山北麓西行，渡北流河水（碎叶川），最远可至拂菻（Prūm，即拜占庭帝国）。

相对而言，草原丝绸之路是比较宽泛的概念。这主要是因为：受欧亚大陆自然条件的限制，绿洲之路必须依傍山川、河流、定居点等特定的线路而行，而在广袤的草原地带，游牧民族逐水草而居，移动范围大，少有固定城邑，交通路线往往不易确定。目前所谓的草原之路，很大程度上是靠墓葬出土遗物串联起来的，也可以理解为东西方往来物品流布的范围。

随着航海技术的进步，汉代也渐次开辟了通过南海、印度洋航路与西方交往的海上通路。汉武帝元鼎六年（公元前 111 年）汉平南越，置南海等九郡。从日南（郡治在今越南广治 Quang Tri 附近）、徐闻（今广东徐闻附近）、合浦（今广西合浦东北）等港口出发，沿近海航行，经都元（今越南迪石 Rach Gia 一带）、邑卢没（今泰国古港佛统 Nakhon Pahtom）抵达谌离（今泰国巴蜀 Prachuap），再从陆路穿过克拉地峡到达夫甘都卢（今缅甸丹那沙林 Tenasserim），然后在印度洋换航至黄支（今印度甘吉布勒姆 Kanchipuram）。从黄支再往南经已程不国（今斯里兰卡），向东穿过马六甲海峡，经皮宗（今新加坡以西皮散岛 Pulau Pisang），即可返航归抵汉日南郡象林地界（今维州 Duy Xuyen 县南）。已程不国是当时汉使所到最远的地方[1]。汉顺帝永建六年（公元 131 年），叶调国（Yava-dvipa，今印尼爪哇岛）遣使进献。这表明东汉时期中国和印度洋的海上往来依然保持通畅。

为了打破安息的贸易垄断，大秦（即罗马帝国）一直致力于寻求直接连接中国的通道。汉桓帝延熹九年（公元 166 年），"大秦王安敦遣使自日南徼外献象牙、犀角、玳瑁"[2]。安敦当即罗马皇帝马可·奥勒留·安东尼（Marcus Aurelius Antoninus，公元

---

〔1〕《汉书·地理志（下）》。关于这些南海古地的位置，学界多有争议（见陈佳荣、谢方、陆峻岭《古代南海地名汇释》第 158、172～173、285、421、643～644、694～695、715 页各有关词条，中华书局，1986 年）。此处采用陈佳荣的意见（见陈佳荣《中外交通史》第 52～55 页，学津书店，1987 年）。

〔2〕《后汉书·西域传》。

161~180 年在位），而罗马使者则当是取道波斯湾或红海。这表明，从印度洋到太平洋的大航道已经打通，将当时世界上的汉和罗马两大帝国直接联系起来了。

日南等郡地近南海，"多犀、象、毒冒、珠玑、银、铜、果、布之凑，中国往商贾者多取富焉"。到东南亚的使者则"与应募者俱入海市明珠、璧流离、奇石异物，赍黄金、杂缯而往。所至国皆禀食为耦，蛮夷贾船，转送致之"[1]。凡此表明，与陆上丝绸之路相比，海上航路的开辟更多是出于商贸目的。

秦汉时期欧亚大陆的历史背景和欧亚交通路线，为理解域外发现的中国产品，以及中国境内发现的域外制品提供了必要的认知框架。

二　中国境内发现的与丝绸之路相关的遗物

古代民族、政权的分布情况和现代有很大不同。为了叙述方便，我们以现代国家疆域为准进行讨论。

经由丝绸之路输入的域外物产品类繁多[2]。中国境内发现的秦汉时期通过丝绸之路输入的遗物（图 13-2）主要包括玻璃制品、金银制品、纺织品、稀有矿石等几类，举其大略介绍如次。受域外影响的中国本土制品则不在论述之列。

（一）玻璃制品

玻璃最早出现在西亚两河流域，公元前 2500 年已经能够制造全玻璃质产品。公元前 16 世纪，美索不达米亚出现玻璃器皿制造技术，并迅速传播到叙利亚、塞浦路斯、埃及和爱琴海地区。美索不达米亚早期的玻璃是典型的钠钙硅酸盐玻璃。公元前 1000 年左右，玻璃制造技术通过地中海和克里特岛从西亚传至希腊。希腊古玻璃制造技术在公元前 4 世纪至公元前 2 世纪趋于成熟，为后来罗马、波斯玻璃技术的发展奠定了基础。罗马时期，玻璃技术有了重要飞跃，出现了吹制玻璃。随着罗马帝国势力的扩张，罗马玻璃制品也随之传播到世界各地[3]。

陕西宝鸡強国墓地西周墓、扶风北吕村西周墓等处出土的料珠表明，公元前 11 世纪中国玻璃制造技术已经萌芽，开始制造釉砂[4]。中原地区真正的玻璃制品产生于东周早期，为含碱钙硅酸盐玻璃。时代略晚的河南固始侯古堆 1 号墓（公元前 504 年）的蜻蜓眼式玻璃珠[5]、河南辉县战国早期墓中的吴王夫差（公元前 495 年至公元前 473 年）剑格上的蓝色玻璃[6]、湖北江陵望山 1 号楚墓越王勾践（公元前 496 年至公元前 464 年）剑格上

---

[1]　《续汉书·地理志（下）》。

[2]　［美］劳费尔著，林筠因译：《中国伊朗编》，商务印书馆，1964 年。

[3]　干福熹：《西方古代玻璃技术的发展》，《中国古代玻璃技术的发展》第 38~51 页，上海科学技术出版社，2005 年。

[4]　王世雄：《宝鸡、扶风出土的西周玻璃的鉴定与研究》，《中国古玻璃研究》第 131~137 页，中国建筑工业出版社，1984 年。

[5]　河南固始侯古堆一号墓发掘组：《河南固始侯古堆一号墓发掘简报》，《文物》1981 年第 1 期。

[6]　崔墨林：《吴王夫差剑的考究》，《中原文物》特刊，1981 年。

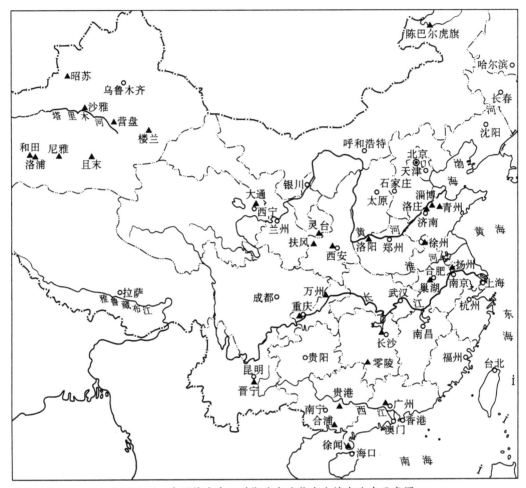

图 13-2　中国境内秦汉时期外来遗物出土地点分布示意图

的蓝色玻璃[1]等，均属此类。湖北随县曾侯乙墓的料珠[2]则属玻砂（frit），而非全玻璃态。最迟到战国中期，中原本土已经成功地利用氧化铅和氧化钡替代自然纯碱制造出铅钡玻璃，并且受青铜器制造技术影响，主要采用模压工艺。此后，中国玻璃制品主要是本土生产，但仍然通过种种途径输入域外产品。

　　由于使用的原材料和制作工艺均有所不同，因此中国和西方的玻璃制品大体可以据此加以区分。传入中国境内的外国玻璃制品可分为器皿和珠饰两大类。

1. 玻璃器皿

主要有杯、瓶、碗等器皿。

---

[1]　A. 湖北省文化局文物工作队：《湖北江陵三座楚墓出土大批重要文物》，《文物》1966 年第 5 期。
　　B. 陈振裕：《望山一号墓的年代与墓主》，《中国考古学会第一次年会论文集》第 229～236 页，文物出版社，1980 年。

[2]　湖北省博物馆：《曾侯乙墓》第 658 页，文物出版社，1989 年。

江苏邗江甘泉 2 号汉墓[1]（公元 67 年前后）出土 3 块搅胎玻璃钵残片，为紫红色与乳白色相间的透明体，外壁有模印辐射状凸棱纹。带此类纹饰的器形公元前后 1 世纪在地中海沿岸较流行，搅胎玻璃制造技术也是同时期罗马工匠常用的方法。残片成分分析显示为钠钙玻璃，氧化铝含量较高，属罗马玻璃[2]。

1987 年，洛阳东郊出土罗马玻璃瓶[3]，黄绿色半透明，高 13.6 厘米。卷沿直口，长颈垂腹，圈底内凹，从口沿至瓶底通体为螺旋状白色线纹，是公元 2 世纪典型的罗马吹制玻璃器。

1995 年，新疆尉犁营盘 9 号墓[4]出土 1 件玻璃杯，白黄色，半透明。喇叭口，平唇，下腹内收成平底，高 8.8 厘米。下腹部饰两周圆圈纹，每个圆圈为一个单独台面，表面略微内凹。上面一周 12 个，下面一周 7 个。

1996 年，新疆且末扎滚鲁克一号墓地[5] M49 出土 1 件淡绿色龟纹玻璃杯，吹制，透明度较好，高 6.8 厘米。斜直口，腹部自上而下磨琢加工了三排椭圆形龟甲纹，上、中两排各 13 个，下排 7 个。底部为磨制单圈纹。检测显示为钠钙玻璃。M49 为扎滚鲁克第三期墓葬，年代为东汉末至南北朝时期[6]。

抽样检测结果显示，汉至宋元时期，新疆地区发现的玻璃制品基本以钠钙玻璃为主。由于 K_2O、Ca 等成分具有明显特点，因此有学者倾向于认为一些玻璃是新疆本地生产的[7]。

广州横枝岗西汉中期 M2061[8] 共出土 3 件玻璃碗，深蓝色半透明，广口，圆腹，平底，唇下有凹形宽弦纹。口径 6 厘米，底径 4 厘米，壁厚 0.3 厘米，属罗马玻璃[9]。

1957 年，广西贵县南斗村东汉墓 M1 出土 1 套淡绿色玻璃托盏[10]，通高 9.2 厘米（图版 31 - 1）。贵县火车站东汉墓亦出土 1 件玻璃碗[11]。两者均属罗马玻璃[12]。

---

[1]　南京博物院：《江苏邗江甘泉二号汉墓》，《文物》1981 年第 11 期。

[2]　安家瑶：《中国的早期玻璃器皿》，《考古学报》1984 年第 4 期。

[3]　徐苹芳：《考古学上所见中国境内的丝绸之路》，《燕京学报》新一期，北京大学出版社，1995 年。

[4]　新疆文物考古研究所：《新疆尉犁县营盘墓地 1995 年发掘简报》，《文物》2002 年第 6 期。

[5]　新疆维吾尔自治区博物馆、巴州文管所、且末县文管所：《新疆且末扎滚鲁克一号墓地发掘报告》，《考古学报》2003 年第 1 期。

[6]　王博、鲁礼鹏：《扎滚鲁克和山普拉古墓出土古代玻璃概述》第 126～138 页，《丝绸之路上的古代玻璃研究》，复旦大学出版社，2007 年。

[7]　李青会、干福熹、张平、顾冬红、承焕生、徐永春：《新疆不同历史时期玻璃器的化学成分分析报告》，《丝绸之路上的古代玻璃研究》第 151～169 页，复旦大学出版社，2007 年。

[8]　广州市文物管理委员会、广州市博物馆：《广州汉墓（上）》第 239 页，文物出版社，1981 年。

[9]　A. 安家瑶：《中国的早期玻璃器皿》，《考古学报》1984 年第 4 期。
　　B. 宿白：《中国古代金银器和玻璃器》，《中国文物报》1992 年 5 月 3 日。

[10]　A. 广西壮族自治区文物管理委员会：《广西出土文物》图版 142、143，文物出版社，1978 年。
　　B. 广西壮族自治区文物管理委员会、广西壮族自治区文化厅：《广西文物珍品》第 191 页，图版 229，广西美术出版社，2002 年。

[11]　广西壮族自治区文物管理委员会：《广西出土文物》图版 142、143，文物出版社，1978 年。

[12]　A. 安家瑶：《中国的早期玻璃器皿》，《考古学报》1984 年第 4 期。
　　B. 关善明：《中国古代玻璃》第 49、50 页，香港中文大学文物馆，2001 年。

广西贵港和合浦两地汉墓共出土玻璃杯 12 件[1]，有高足托盏玻璃杯、高脚杯、圜底杯三种。透明或半透明，有吹制玻璃和模铸玻璃。经化学成分分析，其中 6 件是高钾低镁玻璃，另有 1 件为钾钙玻璃。玻璃盘 2 件，天蓝色，半透明。经对贵港汽车路 5 号东汉墓出土的玻璃盘进行测试，含氧化钾 16.8%、二氧化硅 77.7%，属于氧化钾/二氧化硅玻璃系统。

有学者认为，广西已发现的大多数是钾玻璃，并且造型、纹饰均与西方古玻璃有所区别，可能产于中国本土，甚至就是两广地区的地方产品[2]。尤其是所有汉代玻璃器皿都是高钾低镁玻璃[3]。随着南亚、东南亚早期钾玻璃及其生产制造遗址的发现，现已知公元前 2 世纪至公元 4 世纪，东起日本和朝鲜半岛，经中国到泰国、越南、印度尼西亚，一直延伸到南印度的广大地区都有钾硅酸盐玻璃[4]。因此，不能排除钾玻璃起源于南亚、东南亚的可能[5]，两广地区的钾玻璃也可能是亚洲其他地方生产的[6]。

《抱朴子》卷二《论仙》中称："外国作水精碗，实是合五种灰以作之，今交广多有得其法而铸作之者。"[7] 这个记载表明，至迟公元 3～4 世纪，我国已经知道钠钙玻璃的制作方法，并且在交广地区能够生产这种玻璃。两广地区出土的钠钙玻璃制品究竟哪些是从域外输入的，哪些是本地生产的，还有待于将来更进一步的检测研究。

---

[1] 黄启善：《广西古代玻璃的研究》，《中国南方古玻璃研究》，上海科学技术出版社，2003 年。

[2] A. 史美光、何欧里、周福征：《一批中国汉墓出土钾玻璃的研究》，《硅酸盐学报》第 14 卷第 3 期，1986 年。

B. Brill，R. H. (1993)，"Scientific Investigations of Ancient Asian Glass". In *Unesco Maritime Route of Silk Roads：Nara Symposium'91：Report.* pp. 70-9.

C. 黄启善：《广西古代玻璃制品的发现及其研究》，《考古》1988 年第 3 期。

D. 黄启善：《广西发现的汉代玻璃器》，《文物》1992 年第 9 期。

E. 黄启善：《广西古代玻璃的研究》，《中国南方古玻璃研究》，上海科学技术出版社，2003 年。

F. Haden, H. J. (1978)，"[Review of] Readings in Glass History. No. 8. Edited by Engle, Anita. Jerusalem：Phoenix Publications，1977". *Technology and Culture* 19 (3)：548-50.

G. 干福熹：《中国古代玻璃和古代丝绸之路》，《丝绸之路上的古代玻璃研究》第 1～29 页，复旦大学出版社，2007 年。

H. 广西壮族自治区文物工作队、合浦县博物馆：《合浦风门岭汉墓——2003～2005 年发掘报告》第 134 页，科学出版社，2006 年。

[3] 黄启善：《广西古代玻璃的研究》，《中国南方古玻璃研究》，上海科学技术出版社，2003 年。

[4] 罗伯特·布里尔：《抛砖引玉——2005 年上海国际玻璃考古"丝绸之路古玻璃"专题研讨会开幕词》，《丝绸之路上的古代玻璃研究》第 30～47 页，复旦大学出版社，2007 年。

[5] A. Brill，R. H. (1987)，"Chemical Analyses of Some Early Indian Glasses". In Bhardwaj, H. C. (ed)，XIV *International Congress on Glass*：1986 *New Delhi，India.* Calcutta：Indian Ceramic Society. pp. 1-27.

B. Lankton, J. and Dussubieux, L. (2006)，"Early Glass in Asian Maritime Trade：a Review and an Interpretation of Compositional Analyses". *Journal of Glass Studies* 48：121-44.

[6] A. 黄启善：《广西发现的汉代玻璃器》，《文物》1992 年第 9 期。

B. 关善明：《中国古代玻璃》第 50 页，香港中文大学文物馆，2001 年。

[7] 晋·葛洪著，王明校释：《抱朴子内篇校释（增订本）》第 22 页，中华书局，1985 年。

2. 普通玻璃珠

1993 年，尼雅'93A9 南部作坊遗址 1 号窑和 2 号炉周围发现散布着大量玻璃珠，发掘者推测为玻璃作坊遗址[1]。但对窑址结构和出土遗物情况进一步分析表明，这两处窑炉应非用于制造玻璃[2]。化学分析结果也表明，尼雅出土的玻璃制品主要来自于中亚、南亚和东南亚地区，少量是自西亚、罗马输入[3]。

新疆扎滚鲁克、山普拉等处也发现属于西方系统的钠钙玻璃珠。

且末扎滚鲁克一号、二号墓地属于第二、第三期的墓葬[4]中出土了相当数量的玻璃珠。属于第二期墓葬的一号墓地 M14 出土 3 颗蓝色算珠形玻璃珠，气泡较明显。扎滚鲁克一号墓地 M124、M147、M133 等 3 处墓葬中共出土蓝色玻璃珠 20 颗、白色玻璃珠 1 颗。二号墓地 M2 出土蓝色玻璃珠 3 颗、绿色玻璃珠 2 颗[5]。

洛浦山普拉墓地出土玻璃珠计 1367 颗（包含蜻蜓眼玻璃珠 27 颗、鎏金银玻璃珠 4 颗）。这些玻璃珠大多是作为项链、手链、耳坠上的饰件，有橘红、褐紫、赭黑、赭黄、蓝、绿、白、黑等颜色[6]。

青海地区至少有 8 个地点的汉墓中出土过玻璃饰件。大通上孙家寨汉墓出土 12 件玻璃样本分析表明，有 5 颗玻璃珠属钠钙玻璃，其中包含 2 颗装金箔玻璃珠。其中，M37 的玻璃珠碎片，算珠状，淡黄色，透明；M25 的玻璃珠，肝红色，不透明[7]。

广西合浦县风门岭汉墓 M23、M24、M26、M28 等出土大批玻璃珠，颜色以深蓝为主。抽样检测显示，这些玻璃珠均属钠钙玻璃[8]。

---

[1] A. 吉崎伸、近藤知子：《93A（N14）、93A10（N13）的调查》，《中日共同尼雅遗迹学术调查报告》第二卷文本编第 88～132 页，中村印刷株式会社，1999 年。

B. 北野信彦：《对尼雅遗址发现窑址的关联资料所作的化学分析》，《中日共同尼雅遗迹学术调查报告》第三卷文本编第 213～222 页，真阳社，2007 年。

C. 吉崎伸：《关于尼雅遗址'93A9（N14）南部作坊遗址群》，《中日共同尼雅遗迹学术调查报告》第三卷文本编第 165～174 页，真阳社，2007 年。

[2] 林怡娴：《新疆尼雅遗址玻璃器的科学研究》第 119～123 页，北京科技大学博士学位论文，2009 年。

[3] 林怡娴：《新疆尼雅遗址玻璃器的科学研究》第 171 页，北京科技大学博士学位论文，2009 年。

[4] A. 新疆维吾尔自治区博物馆、巴州文管所、且末县文管所：《新疆且末扎滚鲁克一号墓地发掘报告》，《考古学报》2003 年第 1 期。

B. 王博、鲁礼鹏：《扎滚鲁克和山普拉古墓出土古代玻璃概述》，《丝绸之路上的古代玻璃研究》第 126～138 页，复旦大学出版社，2007 年。

[5] A. 新疆维吾尔自治区博物馆、巴州文管所、且末县文管所：《新疆且末扎滚鲁克一号墓地发掘报告》，《考古学报》2003 年第 1 期。

B. 王博、鲁礼鹏：《扎滚鲁克和山普拉古墓出土古代玻璃概述》，《丝绸之路上的古代玻璃研究》第 126～138 页，复旦大学出版社，2007 年。

[6] 王博、鲁礼鹏：《扎滚鲁克和山普拉古墓出土古代玻璃概述》，《丝绸之路上的古代玻璃研究》第 126～138 页，复旦大学出版社，2007 年。

[7] 任晓燕：《浅淡青海发现的汉代玻璃器》，《丝绸之路上的古代玻璃研究》第 170～175 页，复旦大学出版社，2007 年。

重庆万州麻柳湾东汉墓葬也发现钠钙玻璃珠[9]，当来自中亚。《三国志·蜀书·后主传》裴松之注引《诸葛亮集》载后主建兴五年（公元 227 年）诏，称诸葛亮北伐时"凉州诸国王各遣月支、康居胡侯支富、康植等二十余人诣受节度"。可以推知，自东汉后期蜀地就通过羌中道（即后来的河南道）与西域的中亚居民有所往来[10]。在重庆地区发现东汉时代的外来遗物，或许就是通过这一途径输入的。

3. 蜻蜓眼玻璃珠

公元前 1000 年前后，地中海沿岸开始出现镶嵌玻璃珠，即在单色玻璃珠母体上嵌入一种或几种不同颜色的玻璃形成复合眼珠（compound eyebead），中国俗称"蜻蜓眼玻璃珠"。大约春秋末、战国初，中原突然开始出现蜻蜓眼玻璃珠。由于缺乏应有的发展历程，而且工艺、纹饰和化学成分都与西亚同类制品相似，因此中国早期蜻蜓眼玻璃珠当是自域外输入的。例如，河南固始侯古堆 1 号墓[11]蜻蜓眼珠检测显示为苏打玻璃，成分与西亚地区的制品基本一致，当属舶来品[12]。在镶嵌玻璃珠从西亚传到中原的过程中，古代游牧民族可能扮演了重要的角色[13]。战国中期以后，中国本土已经能够生产出精美的玻璃珠，本土制品迅速取代了外来输入品。但考古发现表明，较为边远的新疆地区，秦汉时代仍从境外输入蜻蜓眼玻璃珠。

新疆且末扎滚鲁克一号墓地[14]M14 中出土 3 颗蓝地算珠形蜻蜓眼，表面光滑。该墓属于扎滚鲁克第二期墓葬，年代为相当于春秋至西汉时期[15]。

扎滚鲁克一号墓地[16]M133 出土一颗蜻蜓眼玻璃珠，蓝地，不透明，可见气泡孔和黑色斑点。纵截面菱形，横截面圆形，纵向穿孔。珠面分布 8 颗椭圆形同心圆蜻蜓眼，眼纹分五层，由外而内分别为黄、深黄、红、白和黑五色[17]。

[8] 赵春燕：《合浦县风门岭汉墓出土玻璃珠的化学组成分析》，《合浦风门岭汉墓——2003～2005 年发掘报告》第 182～184 页，科学出版社，2006 年。

[9] 马波、冯小妮、高蒙河、干福熹、申世放：《重庆及周边地区古代玻璃研究》，《丝绸之路上的古代玻璃研究》第 235～242 页，复旦大学出版社，2007 年。

[10] 马雍：《东汉后期中亚人来华考》，《西域史地文物丛考》第 55～56 页，文物出版社，1990 年。

[11] 固始侯古堆一号墓发掘组：《河南固始侯古堆一号墓发掘简报》，《文物》1981 年第 1 期。

[12] 安家瑶：《镶嵌玻璃珠的传入及发展》，《十世纪前的丝绸之路和东西文化交流》第 351～367 页，新世界出版社，1996 年。

[13] 安家瑶：《镶嵌玻璃珠的传入及发展》，《十世纪前的丝绸之路和东西文化交流》第 351～367 页，新世界出版社，1996 年。

[14] 新疆维吾尔自治区博物馆、巴州文管所、且末县文管所：《新疆且末扎滚鲁克一号墓地发掘报告》，《考古学报》2003 年第 1 期。

[15] 王博、鲁礼鹏：《扎滚鲁克和山普拉古墓出土古代玻璃概述》，《丝绸之路上的古代玻璃研究》第 126～138 页，复旦大学出版社，2007 年。

[16] 新疆维吾尔自治区博物馆、巴州文管所、且末县文管所：《新疆且末扎滚鲁克一号墓地发掘报告》，《考古学报》2003 年第 1 期。

[17] 王博、鲁礼鹏：《扎滚鲁克和山普拉古墓出土古代玻璃概述》，《丝绸之路上的古代玻璃研究》第 126～138 页，图版 4，复旦大学出版社，2007 年。

洛浦山普拉墓地墓葬可分为早、晚两期：早期墓葬年代范围大约在距今 2005～1840 年之间，约当于西汉晚期至东汉早期；晚期墓葬年代范围大约在距今 1880～1615 年之间，约当于东汉早期至东晋时期[1]。属于早期墓葬的 84LSⅠM01、84LSⅠM02、84LSⅠM35、84LSⅠM42、84LSⅠM44、92LSⅡM6，属于晚期墓葬的 84LSⅠM45、84LSⅠM49 中共出土蜻蜓眼玻璃珠 27 颗，其地色有白、蓝、红三种（图版 32－2），工艺形态上有镶嵌式、叠堆式两种[2]。样本分析显示，这些蜻蜓眼玻璃珠属钠钙玻璃，含有较高的 Al_2O_3[3]。

汉晋时期，仍有西方钠钙镶嵌玻璃珠输入新疆地区，可能与当时该地区绿洲城邦的技术水平有关。

4. 装金箔玻璃珠

装金箔玻璃珠是在玻璃珠制作过程中加入金箔，有三种类型：第一种，在两层玻璃中夹入金（或银）箔，可称为夹金箔玻璃；第二种，在玻璃珠外镀一层金（或银）箔，可称为鎏金（或包金）玻璃；第三种，在空心玻璃内嵌入镀金（或银）小珠[4]。目前已知最早的装金箔玻璃珠实物属于公元前 3 世纪埃及托勒密王朝时代遗物[5]，最早产地应为地中海沿岸。随着罗马帝国的扩张和贸易发展，装金箔玻璃珠产品和制作工艺也随之在欧洲广为传布[6]。装金箔玻璃珠在中国境内也有发现。

广州游鱼岗西汉墓 M3012 出土 1 颗玻璃珠[7]，白色，六瓣圆瓜形，表面涂金。

青海大通上孙家寨汉墓出土 49 颗玻璃珠。其中，东汉时期的 M23 出土 1 颗玻璃珠，淡黄色，两层玻璃间夹有金箔，直径 1 厘米；东汉晚期墓葬 M5 出土 1 颗玻璃珠，淡黄色，半透明，表面包金，直径 0.3 厘米[8]。检测显示，这 2 颗金箔玻璃都是钠钙玻璃，成分特征和形态都接近印度同类标本，可能是从印度地区输入的[9]。

[1] 新疆维吾尔自治区博物馆、新疆文物考古研究所：《中国新疆山普拉——古代于阗文明的揭示与研究》第 42～43 页，新疆人民出版社，2001 年。

[2] 王博、鲁礼鹏：《扎滚鲁克和山普拉古墓出土古代玻璃概述》，《丝绸之路上的古代玻璃研究》第 126～138 页，复旦大学出版社，2007 年。

[3] 李青会、干福熹、张平、顾冬红、承焕生、徐永春：《新疆不同历史时期玻璃器的化学成分分析报告》，《丝绸之路上的古代玻璃研究》第 151～169 页，复旦大学出版社，2007 年。

[4] Beck, Horace C. (1928), "Classification and Nomenclature of Beads and Pendants". *Archaeologia* 77: 1-76.

[5] Guido, M. (1999), "Gold and Silver-in-glass Beads". In *The Glass Beads of Anglo-Saxon England c. AD 400-700: A Preliminary Visual Classification of the More Definitive and Diagnostic Types*. Rochester, N. Y.: Boydell Press. pp. 78-81.

[6] 安家瑶：《夹金箔层的玻璃珠》，《宿白先生八秩华诞纪念文集（上）》第 311 页，文物出版社，2002 年。

[7] 广州市文物管理委员会、广州市博物馆：《广州汉墓》第 292 页，文物出版社，1981 年。

[8] A. 青海省文物考古研究所：《上孙家寨汉晋墓》第 164、165 页，文物出版社，1993 年。
    B. 任晓燕：《浅淡青海发现的汉代玻璃器》，《丝绸之路上的古代玻璃研究》第 170～175 页，复旦大学出版社，2007 年。

[9] 史美光、周福征：《青海大通县出土汉代玻璃的研究》，《上孙家寨汉晋墓》第 250～254 页，文物出版社，1993 年。

洛浦山普拉墓地汉晋墓也出土鎏金、鎏银玻璃珠[1]。1号墓地M01出土1颗齿轮形玻璃珠，白色，鎏金，直径0.7厘米。2号墓地M6出土3颗扁圆形鎏金玻璃珠，其中2颗算珠形鎏银玻璃珠。测试显示，这些玻璃珠均属钠钙玻璃。

20世纪早期，在新疆楼兰、尼雅等处也发现同类玻璃珠，斯坦因称为镀金玻璃（Gilt Glass Bead）。其中有一些是二联珠、四联珠[2]。

内蒙古呼伦贝尔盟陈巴尔虎旗完工索木墓地汉代墓葬M2出土2颗玻璃珠，工艺风格与新疆山普拉墓地、尼雅墓地、青海大通上孙家寨墓地所出包金箔玻璃珠相似[3]。

从发现的地理分布情况来看，中国境内的装金箔玻璃珠可能是同时通过海路和陆路两条途径输入的。

5. 人面纹玻璃珠

新疆尉犁营盘汉晋墓[4]M45出土1颗人面纹玻璃珠。长径1.05厘米，短径0.8厘米，厚0.5厘米。中穿小孔，孔径0.09厘米。该珠由红、蓝、黑、白四色玻璃制成，正中为人面图像，四周作放射状纹样[5]。

这种人面纹珠流行于罗马时代[6]，营盘发现的这一件与埃及发现的公元1世纪的标本较为接近。有理由相信，营盘人面纹珠是从西方传入的。

6. 男性生殖器玻璃坠饰

尼雅N15曾发现1件男性生殖器造型的费昂斯（Faience）坠饰，深蓝色，高1.85厘米，宽1.14厘米，顶端环形钮，正面为男性生殖器造型，背面素面扁平。类似的饰件，在俄罗斯公元前1世纪至公元2世纪的墓葬中发现较多。中国境内，青海大通上孙家寨汉墓乙M9出土1件，长1.8厘米，宽1.5厘米[7]。斯坦因在新疆和田县吉亚发现过1件[8]，又在裕勒都斯收购1件[9]。

[1] 王博、鲁礼鹏：《扎滚鲁克和山普拉古墓出土古代玻璃概述》，《丝绸之路上的古代玻璃研究》第126～138页，复旦大学出版社，2007年。

[2] A. Stein, A. (1907), *Ancient Khotan*. Oxford：Clarendon Press. Vol. 1, p. 381 & 426；vol. 3, pl. 74.
B. Stein, A. (1928), *Innermost Asia*. Oxford：Clarendon Press. Vol. 4, pl. 23.
C. ［瑞典］贝格曼著，王安洪译：《新疆考古记》第208页，新疆人民出版社，1997年。

[3] 张平：《中国北方和西北的古代玻璃技术》，《中国古代玻璃技术的发展》第177页，上海科学技术出版社，2005年。

[4] 新疆文物考古研究所：《新疆尉犁营盘墓地1999年发掘简报》，《考古》2002年第6期。

[5] 李文瑛：《新疆营盘墓地出土的古玻璃器介绍》，《丝绸之路上的古代玻璃研究》第139～144页，图版15、16，复旦大学出版社，2007年。

[6] A. Beck, Horace C. (1928)，"Classification and Nomenclature of Beads and Pendants". *Archaeologia* 77：1-76.
B. Stern, E. M. and Schlick-Nolte, B. (1994), *Early Glass of the Ancient World*：1600 B. C. -A. D. 50：*Ernesto Wolf Collection*. Ostfildern：Verlag Gerd Hatje. p. 410.

[7] 青海省文物考古研究所：《上孙家寨汉晋墓》第165页，图九七，文物出版社，1993年。

[8] Stein, A. (1921), *Serindia*. Oxford：Clarendon Press. Vol. 5, fig. 4-pl. IV.

[9] Stein, A. (1928), *Innermost Asia*. Oxford：Clarendon Press. Vol. 2, fig. 825.

罗马时期，一度比较流行用这类造型坠饰作为辟邪物或护身符[1]。中国境内的费昂斯男性生殖器饰件可能是通过草原之路传入的。

(二) 金银制品
1. 多面金珠

焊珠工艺在乌尔第一王期时期已经出现，嗣后流行于古埃及、波斯等地。这种工艺随着亚历山大东征传入印度[2]。巴基斯坦北部咀叉始罗（Taxila）遗址发现的焊珠年代可至公元前 3 世纪至公元前 2 世纪[3]。河北定县 40 号汉墓[4]出土焊珠饰的马蹄金和五凤二年（公元前 54 年）简，表明至迟在公元前 1 世纪，焊珠制品已经出现在中国境内。和静察吾呼Ⅲ号墓地东汉前期 M8 出土宝石银戒指[5]，拜勒其尔 M201 出土镶石金坠饰[6]，也都采用了焊珠工艺。多面金珠的早期原型出现在古希腊迈锡尼文化遗址和瓦菲俄（Vapheio）墓葬中[7]。从目前发现的实物来看，多面金珠出现在中国境内不晚于东汉初年。

长沙五里牌东汉墓 M009[8]出土 1 件金珠饰，用 50 粒金砂分三圈粘聚而成。还有亚形饰，长 5 厘米，周围包以金皮，中间有六瓣花形，空隙处粘满小珠粒。多面金珠 11 件，其中 4 件以 12 个小金丝环相粘而成，环与环间的空隙处粘 3 颗小圆珠；另有 6 件，先制成小金球，再饰金丝弦纹，缀以珠饰；还有 1 件为镂空多角形[9]。

湖南零陵东门外东汉初期墓葬[10]出土过 1 件"镂空金珠"，也属多面金珠。

江苏邗江甘泉 2 号汉墓[11]出土 1 件多面金珠（简报称之为"空心金球"），直径 1.3 厘米，重 2.7 克。这件多面金珠系用 2 个较大和 12 个较小的金圈焊接成 24 个角的空心球，再于金圈相接的每个空隙处堆焊 4 颗小金珠，形成 24 个尖角。

广州东汉前期墓葬 M4013 出土 1 件十二面菱形镂空小金珠[12]，直径 1.4 厘米。各面

[1] 林怡娴：《新疆尼雅遗址玻璃器的科学研究》第 159～162 页，北京科技大学博士学位论文，2009 年。

[2] Maryon，Herbert(1949)，"Metal Working in the Ancient World". *American Journal of Archaeology* 53(2)：93-125.

[3] Marshall，J. H. (1951)，*Taxila*. Cambridge：University Press. Vol. 2, p. 18.

[4] 河北省文物研究所：《河北定县 40 号汉墓发掘简报》，《文物》1981 年第 8 期。

[5] 新疆维吾尔自治区文物事业管理局：《新疆文物古迹大观》第 173 页，新疆美术摄影出版社，1999 年。

[6] 新疆维吾尔自治区文物事业管理局：《新疆文物古迹大观》第 175 页，新疆美术摄影出版社，1999 年。

[7] Malleret，L. (1961)，"Les Dodécaèdres d'or du Site d'Oc-èo". *Artibus Asiae* 24 (3-4)：343-50.

[8] 湖南省博物馆：《长沙五里牌古墓葬清理简报》，《文物》1960 年第 3 期。

[9] 中国金银玻璃珐琅器全集编辑委员会：《中国金银玻璃珐琅器全集·金银器（一）》第 183 页图版 219，图版说明第 73 页，河北美术出版社，2004 年。

[10] 湖南省文物管理委员会：《湖南零陵东门外汉墓清理简报》，《考古通讯》1957 年第 1 期。

[11] 南京博物馆：《江苏邗江甘泉二号汉墓》，《文物》1981 年第 11 期。

[12] 广州市文物管理委员会、广州市博物馆：《广州汉墓》（下）图版一一四，文物出版社，1981 年。查《广州汉墓》（上）第 350 页及第 512 页《东汉前期墓葬器物登记表》，均未有该金饰的记录。

正中有一圆形穿孔，各角处凸起4颗圆珠。

广西合浦县风门岭东汉时期10号墓出土一串金串球手链，包含5颗多面金珠，长1～1.2厘米。由多个金圆圈焊接成空心金球，金圈空隙处焊接小金珠[1]。

两广地区还有一些汉墓中曾出土过"金花球"，由于资料未完整刊布，尚难判断是否亦属多面金珠。

中国境内发现的多面金珠，原本可能是作为项链饰件。它们大多发现于南方地区，类似的多面金珠在越南沃埃沃（Oc-èo）遗址、巴基斯坦呾叉始罗遗址都有发现。因而，中国境内发现的多面金珠可能是从南亚经海路输入的[2]。考虑到汉代中国已经掌握金银焊珠工艺，因此也不能完全排除中国生产的仿制品的可能。

2. 水滴纹凸瓣银盒

广州西汉南越王墓出土1件水滴纹凸瓣银盒[3]，银盒口径13厘米，通高11.1厘米，重572.6克（图13-3-2）。子母口，盖、身相合处边沿錾刻一匝镀金穗状纹；器身捶揲凸瓣纹。盖顶有两圈凹弦纹，盖上后来加装的三个钮饰已佚，残存加焊的凸榫。铜圈足和

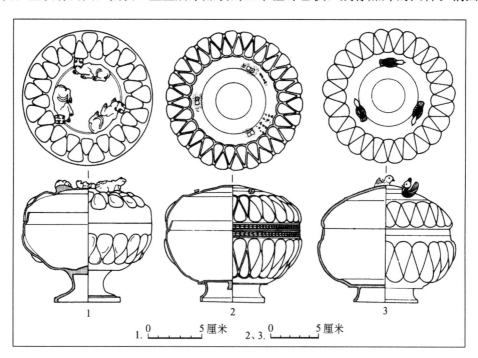

图13-3　中国出土水滴纹凸瓣银（铜）盒
1.银盒（山东临淄西汉齐王墓K1∶72）　2.银盒（广州西汉南越王墓D2）　3.铜盒（云南晋宁石寨山M11∶6）

[1] 广西壮族自治区文物管理委员会、广西壮族自治区文化厅：《广西文物珍品》第208页，图版246，广西美术出版社，2002年。

[2] 岑蕊：《试论东汉魏晋墓葬中的多面金珠用途及其源流》，《考古与文物》1990年第3期。

[3] 广州市文物管理委员会、中国社会科学院考古研究所、广东省博物馆：《西汉南越王墓（上）》第209、210页，文物出版社，1991年。

器底用焊接银桦加固。器盖、器底刻铭文（图版 31-2）。出土时，银盒内残存半盒药丸。经测定，盖钮的金属成分与墓葬西耳室所出银锭成分接近，而与银盒差异较大。这表明，银盒所使用的材料有不同的来源。广州南越王墓与银盒共出的还有产自非洲的象牙和产自红海沿岸的乳香。乳香可能是从南亚输入的[1]，银盒的传入也可能是如此[2]。

山东淄博市临淄西汉齐王墓随葬坑[3]出土 1 件水滴纹凸瓣银盒，高 11 厘米，口径 11.4 厘米（图 13-3-1）。子母口，器盖和盒身上捶揲出水滴状凸瓣纹。盖顶铆合三个铜兽钮，盒下铆合高圈足铜座，器盖内有铭文"木南"二字。该件银盒上的兽钮和圈足均为青铜质，显系后来加装。该墓随葬坑还同出 3 件鎏金银盘，器形简单，錾刻战国秦汉时代流行的云龙纹，显然是仿自青铜器的中国本土制品。与之相比，水滴纹凸瓣银盒具有显著的域外风格。其中一件银盘上刻有"三十三年"字样，秦汉时代年号多至三十三年的只有秦始皇一人，说明该银盘是秦始皇三十三年（公元前 214 年）前传入山东的[4]。此件凸瓣银盒也可能是在此之前输入的。

安徽巢湖北山头 1 号汉墓也出土 1 件凸瓣银盒[5]，子母口，喇叭形铜矮圈足。口径 11.8 厘米，通高 11.4 厘米。器形接近上述 2 件银盒，但盖上未加钮。器身捶揲凸瓣纹。盒顶铭文磨损无法辨识，盒底铭文"两十二□□朱十□两朱□"。

山东青州东高镇西辛战国墓出土 2 件水滴纹凸瓣银盒及 1 件银盘[6]，均带战国文字铭文。银盒盖上焊接三个小兽钮，盒身下焊接铜圈足。据推测，该墓年代在战国末至西汉初年，墓主为齐国贵族。这两件银盒的形制、工艺与目前已知的几件汉代银盒基本相同，说明至迟在战国末期这类制品已经传入中国境内，并被改装成为传统豆的样式。

1956～1957 年，云南晋宁石寨山约当西汉时期的墓葬 M11、M12 各出土 1 件水滴纹凸瓣铜盒[7]。青铜镀锡，表面呈水银色。两件铜盒形制大体相同，均为子母口，带盖，平底，圈足，鼓腹，盒身、盒盖上均捶揲出水滴纹凸瓣。M12 所出铜盒口径 13.4 厘米，通高 12.5 厘米。盖顶焊接三只豹。M11 所出铜盒略扁，盖顶焊接三只鸟（图 13-3-3）。这两件铜盒显然是仿水滴纹凸瓣银盒器形制成的。

---

〔1〕 徐苹芳：《考古学上所见中国境内的丝绸之路》，《燕京学报》新一期，北京大学出版社，1995 年。

〔2〕 A. 宿白：《中国古代金银器和玻璃器》，《中国文物报》1992 年 4 月 26 日。

　　 B. 林梅村：《中国与罗马的海上交通》，《汉唐西域与中国文明》，文物出版社，1998 年。

〔3〕 山东省淄博市博物馆：《西汉齐王墓随葬器物坑》，《考古学报》1985 年第 2 期。

〔4〕 饶宗颐：《从出土银器论中国与波斯、大秦早期之交通》，《华学》第五辑，中山大学出版社，2001 年。

〔5〕 A. 安徽省文物考古研究所、巢湖市文物管理所：《巢湖汉墓》第 105～107 页，文物出版社，2007 年。

　　 B. 中国金银玻璃珐琅器全集编辑委员会：《中国金银玻璃珐琅器全集·金银器（一）》，河北美术出版社，2004 年。

〔6〕 山东省文物考古研究所、青州市文物局：《山东青州西辛战国墓》，《2004 年中国重要考古发现》第 75～79 页，文物出版社，2005 年。

〔7〕 A. 云南省博物馆：《云南晋宁石寨山古墓群发掘报告》第 69 页，文物出版社，1959 年。

　　 B. 中国国家博物馆、云南省文化厅：《云南文明之光》第 195 页，中国社会科学出版社，2003 年。

就器形和工艺而言，中国境内发现的水滴纹凸瓣银盒显系舶来品。捶揲凸瓣纹工艺可以追溯到古波斯阿契美尼德王朝时代。因此，临淄、广州两处出土的凸瓣银盒系通过海上丝绸之路传入中国的伊朗安息王朝制品[1]。也有观点认为，石寨山出土的铜盒可能是通过滇缅线输入的[2]，但论证较单薄。综合各种因素来看，目前还不能排除石寨山的铜盒系外来工匠在中国境内制作的可能。

3. 其他遗物

（1）江苏邗江甘泉 2 号汉墓[3]还出土了多件异域风格的金饰件，包括泡形饰、亚形饰、品形饰、挂锁形饰、"王冠"形金圈、龙纹片饰、嵌水晶泡金圈等 12 件。

泡形饰 3 件，圆形鼓泡形，两端平齐。两面掐丝花瓣纹，两侧有孔相通。亚形饰 2件，两面正中均嵌绿松石。长 0.9 厘米，宽 0.8 厘米，重 2 克。品形饰 2 件，表面用小金珠焊接成重环纹。挂锁形饰 1 件。用一圆棒贯穿三个小算珠，算珠间有两小环可用于系挂。算珠表面嵌绿松石。"王冠"形金圈 1 件。重 2 克，系由一金片卷成如同指环大小的环形饰，上缘为八角形，表面有精细掐丝花纹，每个角上镶嵌绿松石等，形状近似欧洲古代王冠。龙形片饰 1 件，用小金珠焊接出眼、鼻、角、鳞等。嵌水晶泡金圈 1 件，直径1.3 厘米，重 2.3 克[4]。这些金饰品也可能是从海路输入的中亚或西亚制品。

邗江甘泉 2 号汉墓还出土 1 件盾形饰，一面有掐丝圈点花纹，一面有"宜子"二字。类似的饰件亦见于合肥西郊乌龟墩东汉墓[5]。虽然盾形饰上的小篆铭文表明它们应是在中国本土制造的，但饰件的工艺和造型却无疑受到中亚、西亚强烈的影响。由此观察，包括上述 12 件金饰，是否为外来工匠所作，还值得进一步研究。

（2）新疆昭苏夏塔波马土墩墓出土了镶红宝石金戒指、镶红宝石金面具、镶红玛瑙虎柄金杯、镶红宝石包金剑鞘和镶红宝石金罐等一批金器[6]。一般认为波马土墩墓系乌孙墓葬。从器形和工艺分析，这批金器当属中亚或西亚地区制品，通过草原路线输入的。

镶红宝石金戒指，戒面和戒环下部各镶一颗红宝石。戒面红宝石周围焊缀两圈细金珠，戒环下部红宝石周围焊缀一圈细金珠。戒身点焊细金珠组成三角纹。

镶红宝石金面具，高 17 厘米，宽 16.5 厘米，重 245.5 克。金面具用金片捶揲成形，左右两半焊接后用铆钉铆合。眼睛、眉毛、胡子处均原均镶嵌红宝石。络腮胡所镶每块红宝石周围均焊缀细金珠成心形外框。

〔1〕 孙机：《凸瓣纹银器与水波纹银器》，《中国圣火》第 139～155 页，辽宁教育出版社，1996 年。

〔2〕 周永卫：《南越王墓银盒舶来路线考》，《考古与文物》2004 年第 1 期。

〔3〕 南京博物馆：《江苏邗江甘泉二号汉墓》，《文物》1981 年第 11 期。

〔4〕 A. 南京博物馆：《江苏邗江甘泉二号汉墓》，《文物》1981 年第 11 期。
　　 B. 中国金银玻璃珐琅器全集编辑委员会：《中国金银玻璃珐琅器全集·金银器（一）》第 180 页图
　　　 版 216，图版说明第 72 页，河北美术出版社，2004 年。

〔5〕 中国金银玻璃珐琅器全集编辑委员会：《中国金银玻璃珐琅器全集·金银器（一）》第 181 页图版
　　 217，图版说明第 73 页，河北美术出版社，2004 年。

〔6〕 中国历史博物馆、新疆维吾尔自治区文物局：《天山古道东西风——新疆丝绸之路文物特展》第
　　 54、55、58 页，中国社会科学出版社，2002 年。

镶红宝石包金剑鞘，残长 21.4 厘米，重 66 克。剑鞘外包金系整块金箔制成，正面用细金珠点焊出三角、圆弧形状，内镶红宝石 24 颗。封边焊接并铆钉。

镶红玛瑙虎柄金杯，高 16 厘米，口径 8.8 厘米，重 725 克。敛口，沿外卷，鼓腹，焊接虎形柄。杯身内外通体模压出菱格，格有焊接椭圆形托座，内镶红玛瑙。口沿处有一周长方形小凹槽，内嵌宝石，其下点焊一周细金珠。器底呈凸起同心圆，圆周中心捶揲出八瓣花纹。

镶红宝石金罐，口径 7.2 厘米，通高 14.7 厘米，重 489 克。侈口，束颈，球形腹，焊接圈足。带盖，盖钮已佚，残存 4 个铆眼。环钮周围模压出 7 个半圆弧形棕榈纹，内镶水滴形宝石。盖沿有 25 格长条形凹槽，其内亦镶宝石。罐颈肩处焊接一匝锁绣纹；其下焊接 30 个圆形托座，内镶红宝石。再往下均匀环焊 14 个三叶形托座，共镶 42 颗红宝石。罐柄已佚，残存 4 个铆眼。圈足外沿焊接一匝细金珠。

波马土墩墓出土文物曾遭当地居民哄抢[1]，散失的文物当中可能还有其他外来金银制品。

（3）青海大通上孙家寨乙区 3 号墓[2]出土 1 件银壶。银质，口径 7 厘米，通高 16 厘米。直口，长颈，鼓腹，平底。壶身铆接环錾。口沿、腹部、底边各有一组错金纹饰。口沿为勾连纹，腹部为六朵花组成，底边饰三角纹（图13-4）。原报告将该墓列为第 6 期墓葬，时代在汉末魏晋初。从器形、纹饰和工艺上看，该银壶当是从中亚输入的[3]。

中国境内发现的还有一些具有欧亚草原风格的，有的可能是境外的游牧民族生产的，但也有的可能是中国境内游牧民族生产的。分析这类遗物的来源，应当十分慎重。

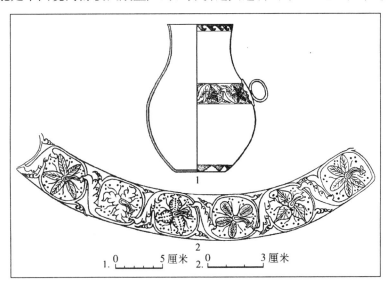

图 13-4　青海大通上孙家寨汉晋墓出土银壶（乙 M3∶43）
1.银壶　2.肩部错金纹饰展开图

〔1〕 安英新：《新疆伊犁昭苏县古墓出土金银器等珍贵文物》，《文物》1999 年第 9 期。

〔2〕 青海省文物考古研究所：《上孙家寨汉晋墓》，文物出版社，1993 年。

〔3〕 A．齐东方：《唐代金银器研究》第 252、253 页，中国社会科学出版社，1999 年。

B．陈凌：《突厥汗国考古与欧亚文化交流》第 72～76 页，北京大学博士学位论文，2006 年。

（三）纺织品

世界不同地区采用不同的纺织原材料，因而也形成不同的纺织技术。羊毛最早在近东作纺织原料，印度则主要以棉花作为纺织原料。20 世纪以来的考古发现表明，古代中国除了经由丝绸之路向外输出丝织品之外，还从中亚、西亚等地输入棉、毛织物。目前已知的外来纺织品主要发现于新疆。

1. 棉织物

新疆尼雅遗址一座夫妇合葬墓[1]出土白布裤、手帕等棉织物和两块蜡染白地蓝色棉布。墓葬中出土蝙蝠形柿蒂纹铜镜及"延年益寿大宜子孙"织锦等遗物表明墓葬年代为东汉。两块棉布组织为平纹，经密 18 根/厘米，纬密 13 根/厘米。一块棉布残存 80 厘米×50 厘米，印三角和圈点纹。另一块残存 89 厘米×48 厘米[2]，印小方块纹边框，左下角图案为一头带背光的丰腴女子手持丰饶角，表现的应为希腊丰产女神德墨忒尔（Demeter）。中部残存图案表现的内容应是古希腊英雄赫拉克勒斯（Heracles）"十二奇迹"之一的搏狮故事（图版 32-3）。蜡染、棉布均起源于印度。综合各种因素考虑，该墓出土的棉织物应当来自于贵霜统治下的犍陀罗地区[3]。

1983 年新疆洛浦山普拉 M01 也出土一块蓝地白花印花棉布，残长 11.5 厘米，幅宽41.2 厘米[4]，应亦来自犍陀罗地区。

2. 毛织物

新疆地区先秦以前的织物几乎都是毛织物，说明它们主要产于当地。但是，从先秦时代遗址和墓葬中出土的毛织物来看，纺织水平总体比较原始。因此，一些质地较佳的毛织物当是从外面输入的。秦汉时期，情况亦是如此[5]。

新疆出土的毛织物中，首推彩色显花的罽。新疆出土的罽按组织结构不同，可分为含心经纬二重纬显花的罽（weft backed and warp wadder weave）、缀罽、双面罽三类。第一类罽的组织结构受中国传统经显花夹纬经二重平纹的影响，但由于受西方毛织传统纬显花的局限，而将中国传统织锦的"夹纬"改为"心经（夹经）"[6]，如尼雅人兽葡萄纹罽。

缀罽（gilim）是通经断纬的组织结构，起源很早。这种毛织技术盛行于西亚。山普拉墓地出土的马人武士壁挂和大批绦带，是整体使用缀织法。楼兰、山普拉出土的一些女裙

---

〔1〕 新疆维吾尔自治区博物馆：《新疆民丰县北大沙漠中古遗址墓葬区东汉合葬墓清理简报》，《文物》1960 年第 6 期。

〔2〕 林梅村：《汉代西域艺术中的希腊文化因素》，《九州学林》第一卷第二期第 2～35 页，复旦大学出版社，2004 年。

〔3〕 A. 林梅村：《贵霜大月氏人流寓中国考》，《西域文明》第 51 页，文物出版社，1995 年。
　　 B. 夏鼐：《中国文明的起源》第 67 页，文物出版社，1985 年。

〔4〕 新疆维吾尔自治区文物事业管理局：《新疆文物古迹大观》第 87 页，图 0194，新疆美术摄影出版社，1999 年。

〔5〕 武敏：《新疆近年出土毛织品研究》，《西域研究》1994 年第 1 期。

〔6〕 武敏：《新疆近年出土毛织品研究》，《西域研究》1994 年第 1 期。

残片，则是嵌织于平纹、斜纹织物的局部。

洛浦山普拉 M01 出土"马人武士毛织物"[1]，原被裁为四块缝在裤上。左裤腿残长 102 厘米，织执矛人像；右裤腿残长 53.5 厘米，织人首马图案。残片拼合后为一幅壁挂（图版 32-1）。据碳十四测定，该墓葬年代为距今 2085±80 年（经树轮校正），约当于西汉晚期。人首马的题材来自古希腊神话，而执矛武士可能表示马其顿亚历山大大帝[2]。

山普拉墓地还出土一件绿地狩猎纹缀织裙边饰带[3]，长 59 厘米，宽 22 厘米，上织翼兽与骑马武士图案。

20 世纪初，英国学者 A. 斯坦因在新疆楼兰 LC 墓地发现过一件彩色缀织毛织物残片[4]，上面残存半幅人脸和双蛇杖图案。据之可以推断图案所表现的为古希腊神话赫尔墨斯（Hermes）。斯坦因将该墓年代断为公元前 1 世纪至公元 1 世纪。1980 年，新疆文物考古研究所楼兰队对同一座墓葬[5]进行彻底清理，发现汉武帝后期五铢钱、漆器和写有佉卢文的丝绸残片。经碳十四测定，其年代距今 1880±50 年，约当东汉。

楼兰出土"卍"字边几何纹缀罽、高台墓地东汉时期墓葬出土三叶花缀罽[6]、孤台墓地出土晕绢花卉缀罽[7]，也都是较为典型的西亚缀罽。

双面罽是双层平纹彩色起花的毛织物，表里两层经纬采用不同颜色，排列比例为1:1，织物正、反两面纹饰完全相同而色彩各异。尉犁县孔雀河南岸营盘古城附近东汉早期墓葬 M15 中发现一具带覆面的男尸[8]。男尸身着缀罽长袍，长 110 厘米，下摆宽 100 厘米，双袖展开长 185 厘米，袖口宽 15 厘米。交领，右衽。作为袍面的对兽树纹罽为双层双面罽。红、黄两色经纬按 1:1 排列平纹交织，织物正、反两面纹饰完全相同而色彩互异。经密 14 根×2 根/厘米，纬密 44 根×2 根/厘米。红地，黄色显花。图案每一区由上下六组以石榴树为轴，两两相对的人物、动物组成（图 13-5）。据《汉书·西域传》记载，营盘位于古代墨山国境内。这件长袍的图案带有较明显的罗马和波斯风格。

栽绒（pile weave）毛毯，楼兰、尼雅、山普拉、营盘都有出土。其中，一件为双面起绒，其余为单面起绒。结扣方法有奥狄斯扣（Ghiordes，又称"土耳其扣"，俗称"马蹄

[1]　A. 新疆维吾尔自治区博物馆：《洛浦山普拉古墓发掘报告》，《新疆文物》1989 年第 2 期。

　　　B. 新疆文物考古研究所：《洛浦县山普拉Ⅱ墓地发掘简报》，《新疆文物》2000 年第 2 期。

　　　C. 新疆维吾尔自治区博物馆、新疆文物考古研究所：《中国新疆山普拉——古代于阗文明的揭示与研究》第 188 页，图版 360，新疆人民出版社，2001 年。

[2]　林梅村：《汉代西域艺术中的希腊文化因素》，《九州学林》第一卷第二期第 2~35 页，复旦大学出版社，2004 年。

[3]　新疆维吾尔自治区文物事业管理局：《新疆文物古迹大观》第 87 页，图 0193，新疆美术摄影出版社，1999 年。

[4]　Stein, A. (1928), *Innermost Asia*. Oxford: Clarendon Press. Vol. 1, pp. 233-5.

[5]　新疆楼兰考古队：《楼兰城郊古墓群发掘简报》，《文物》1988 年第 7 期。

[6]　穆舜英主编：《中国新疆古代艺术》第 107 页，图版 265、266，新疆美术摄影出版社，1994 年。

[7]　新疆维吾尔自治区文物事业管理局：《新疆文物古迹大观》第 31 页，图 0022，新疆美术摄影出版社，1999 年。

[8]　新疆文物考古研究所：《尉犁县营盘 15 号墓发掘简报》，《新疆文物》1998 年第 2 期。

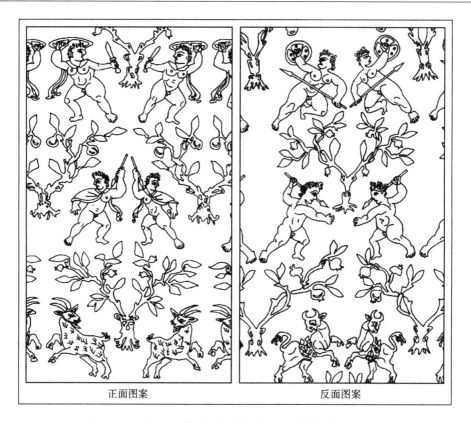

正面图案   反面图案

图 13-5 新疆尉犁营盘墓地 M15 出土对兽树纹双面罽

扣")、生纳扣（Senna，又称"波斯扣"，俗称"8 字扣"）、半环形扣等三种。不同的结扣方式反映了不同的产地，即分别来自于中亚、西亚。

尉犁营盘墓地[1]M15 出土一件狮纹毯，残长 312 厘米，宽 178 厘米。地经为单根，有白、棕两色羊毛线八股。地纬由七根白、棕混合毛线组成一道并股粗纬线。平织，单面栽绒，结生纳扣。上织伏卧雄狮图案。

洛浦山普拉Ⅰ号墓地 2 号殉马坑出土一件树叶纹马鞍毯，长 76 厘米，宽 74 厘米。平纹组织，采用奥狄斯扣，四角流苏。中心为菱格纹，内织树叶纹。外框用蓝色曲折线勾连大树叶图案[2]。

文献记载表明，两汉时期中国对于中亚、南亚次大陆、地中海沿岸等地区的纺织品情况已有相当认知[3]。《汉书·西域传》记载，罽宾"其民巧，雕文刻镂，治宫室，织罽，

〔1〕 新疆文物考古研究所：《尉犁县营盘 15 号墓发掘简报》，《新疆文物》1998 年第 2 期。
〔2〕 中国历史博物馆、新疆维吾尔自治区文物局：《天山古道东西风——新疆丝绸之路文物特展》第 128 页，中国社会科学出版社，2002 年。
〔3〕 A.［美〕劳费尔著，林筠因译：《中国伊朗编》第 321 页，商务印书馆，1964 年。
　　 B.马雍：《新疆佉卢文书中的 dosava 即"氍毹毛"考——兼论"渠搜"古地名》，《西域史地文物丛考》第 112～115 页，文物出版社，1990 年。

刺文绣，好治食"。《后汉书·西域传》称，大秦"刺金缕绣，织成金缕罽、杂色绫。作黄金涂、火浣布。又有细布，或言水羊氄，野蚕茧所作也"。又"天竺国……身毒有别城数百，城置长。别国数十，国置王。虽各小异，而俱以身毒为名，其时皆属月氏……有大秦珍物。又有细布、好毾㲪"。《太平御览》卷七〇八引班固《与弟超书》称"月支毾㲪，大小相杂，但细好而已"。班固这句话说明，东汉时期人们对中亚、西亚不同地区生产的毛织物已有相当的鉴别能力。显然，这是与域外纺织物通过各种途径源源不断输入中国境内密切相关的。《三辅黄图》卷三引《西京杂记》称西汉未央宫温室殿："规地以罽宾氍毹。"[1]《太平御览》卷三五八引《东观汉记》："景丹将兵诣上，上劳勉丹，出至城外兵所，下马坐鞍旃氍毹上，设酒肉。"《后汉书·张禹传》李贤注引《东观汉记》"和帝南巡祠园庙，张禹以太尉留守北宫，太官朝夕送食，赐阘登具物"[2]。《太平御览》卷七〇八引杜笃《边论》称"匈奴请降，氍毹罽褥，帐幔毡裘，积如丘山"。又"马融奏马贤于军中帐内施氍毹，士卒飘于风雪"。结合出土实物来看，汉代域外的纺织品主要是通过安息、贵霜以及匈奴治下的地区输入中国境内的。外来纺织品目前仅在新疆地区发现，当与新疆地理和气候因素较利于纺织品的保存有关。

（四）其他遗物

1. 钱币

贵霜铜币，1980 年发现于新疆楼兰古城[3]，直径 2.7 厘米，厚 0.3 厘米，重 16.3 克。钱币正面为国王立像，周缘有希腊文铭文，背面为手持三叉戟的骑骆驼神像。是贵霜王阎膏珍发行的钱币。

2. 蚀花肉红石髓珠

肉红石髓（Carnelian）又称光玉髓。蚀花肉红石髓珠是用化学制剂对肉红石髓进行浸蚀加工制作而成的饰件，公元前 2000 年以前已经出现。早期的制品以圆圈纹为主，从印度河流域到埃及、伊朗西部都有分布，并且都是从印度河流域制造并输出到各地的。蚀花肉红石髓很早就传入中国。淅川下寺春秋楚墓 M2 中曾经发现过一件[4]。中期蚀花肉红石髓制品以直线纹和十字纹为主，新疆和云南发现的蚀花肉红石髓[5]均属此类。

斯坦因在新疆和田地区发现过 5 颗[6]。Khot. 02. r，扁平方形，大小 1.6 厘米×1.45 厘米，厚 0.5 厘米。深红色，灰白色两层方格纹，中心为空心十字纹，对角穿孔。Khot. 02. q，已残，高 0.95 厘米，淡红色，白包交叉线纹，间以白点。Yo. 00125，圆形，橙红色，白色圆圈加直线纹，直径 1.25 厘米，高 0.95 厘米。Jiya. 005，扁豆形，残余四

〔1〕 何清谷校注：《三辅黄图校注》第 144 页，三秦出版社，1995 年。
〔2〕 东汉·刘珍等撰，吴树平校注：《东观汉纪校注》（下册）第 686 页，中州古籍出版社，1978 年。
〔3〕 新疆楼兰考古队：《楼兰古城址调查与试掘简报》，《文物》1988 年第 7 期。
〔4〕 河南省文物研究所：《淅川下寺春秋楚墓》图版七二：1，文物出版社，1991 年。
〔5〕 作铭：《我国出土的蚀花的肉红石髓珠》，《考古》1974 年第 6 期。
〔6〕 Stein, A. (1921), *Serindia*. Oxford: Clarendon Press. Vol. 1, pp. 100, 117, 122 & 127; Vol. 4, fig. IV.

分之一，长 1.9 厘米，直径 0.3～0.5 厘米，白色菱格纹。1913 年，斯坦因又在和阗发现 1 颗桶形肉红石髓珠[1]，已残，长 2.1 厘米，径 1.4 厘米，淡蜜色，白色对角线纹。

黄文弼在新疆沙雅西北裕勒都司巴克发现一颗蚀花肉红石髓珠[2]，灰色，直径 1 厘米，孔径 0.3 厘米，蚀刻八个方格纹，方格内为"卐"字符。黄文弼原误认为这件是胡粉绘的鸡血石，经夏鼐辨识确认为蚀花肉红石髓珠[3]。新疆出土的蚀花肉红石髓珠可能是随着佛教的东传而从犍陀罗地区输入的[4]。

云南石寨山 M13 出土一串肉红石髓珠，其中一颗为蚀花肉红石髓珠，橙红色，石质半透明。呈枣核状，长 3.2 厘米，中央部分直径 0.95 厘米，两端截平。上蚀刻四组十道平行线，中央两组各三道，两端各二道。类似的石珠亦见于呾叉始罗，但石寨山这颗纹饰过于简单，很可能是仿缠丝玛瑙的，是本地生产或是输入品还难以断言[5]。

广州西汉后期墓葬出土两颗蚀花肉红石髓珠，可能是从南亚输入的[6]。

重庆市区西汉中期墓葬[7]中出土两件蚀花石髓珠，可能也是通过上述的羌中道输入的。

3. 青金石

江苏徐州土山东汉墓出土一件兽形铜砚盒，通体鎏金，镶嵌红珊瑚和蓝宝石，包括青金石（Lapis lazuli）[8]，有学者推测其来自海路[9]。广东徐闻东汉墓[10]也出土有青金石珠。

青金石主要产于阿富汗巴达克山（Badakshan）地区，中国境内未发现有青金石矿。因此，中国境内发现的青金石制品当来自于阿富汗。

自中亚、西亚等地输入中国的矿物品种还有不少[11]，限于目前科技研究水平，还不能完全区分孰为国产，孰为输入品，故暂从略。

4. 铅饼

西安汉长安城遗址一件汉代陶罐内发现 13 枚带铭文铅饼[12]。陶罐上还盖有一枚素面

[1] Stein, A. (1928), *Innermost Asia*. Oxford: Clarendon Press. Vol. 1, p. 110; Vol. 4, fig. IV.
[2] 黄文弼：《塔里木盆地考古记》第 119～120 页，图版——二图 75，科学出版社，1958 年。
[3] 作铭：《我国出土的蚀花的肉红石髓珠》，《考古》1974 年第 6 期。
[4] 作铭：《我国出土的蚀花的肉红石髓珠》，《考古》1974 年第 6 期。
[5] 作铭：《我国出土的蚀花的肉红石髓珠》，《考古》1974 年第 6 期。
[6] 广州市文物管理委员会：《广州汉墓》上册第 477 页，下册图版四：1，图版九〇：3，文物出版社，1981 年。
[7] 龚廷万、庄燕和：《重庆市南岸区的两座西汉土坑墓》，《文物》1982 年第 7 期。
[8] A. 南京博物院：《徐州土山东汉墓清理简报》，《文博通讯》第 15 期，1977 年。
    B. 夏鼐：《无产阶级文化大革命期间出土文物展览简介》，《文物》1972 年第 1 期。
[9] 徐苹芳：《考古学上所见中国境内的丝绸之路》，《燕京学报》新一期第 330 页，北京大学出版社，1989 年。
[10] 广东省博物馆：《广东徐闻东汉墓——兼谈汉代徐闻的地理位置和海上交通》，《考古》1977 年第 4 期。
[11] A.［美］劳费尔著，林筠因译：《中国伊朗编》，商务印书馆，1964 年。
    B. 章鸿钊：《石雅》，百花文艺出版社，2010 年。
[12] A. 考古研究所资料室：《西安汉长安故址出土一批带铭文的铅饼》，《考古》1977 年第 6 期。
    B. 安志敏：《金版与金饼——楚、汉金币及其有关问题》，《考古学报》1973 年第 2 期。

无纹铅饼。铅饼直径 5.4～5.6 厘米，重约 139.6 克，凸面铸兽纹，凹铸一周疑似外国文字及两个方形戳记（图13-6-2）。经检测，铅饼有的含锡，有的不含锡，有的还带微量镍。陕西扶风姜塬大队村东（2 枚）[1]、甘肃灵台（274 枚）都出土过类似的铅饼[2]。国家博物馆收藏有此类铜饼（图 13-6-1）。根据铭文可以推断，这种类型的铅饼、铜饼系仿自公元 1～2 世纪安息钱币，并且是在中国境外生产的，年代相当于东汉末[3]。部分钱币学者则认为，这些铅饼即是汉武帝元狩四年（公元前 119 年）发行的"白金三品"[4]。这种观点值得重视，但铅饼上的文字如何解释仍值得进一步探讨。

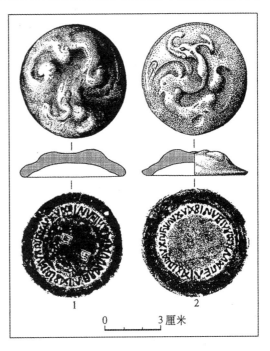

图 13-6　中国出土带铭文铜饼与铅饼

1. 中国国家博物馆藏铜饼及铭文（拓本）　2. 西安汉长安城遗址出土铅饼（西查寨:02）及铭文（拓本）

5. 鍮石

鍮石，即铜锌合金，俗称"黄铜"。最初是通过将铜和含锌的炉甘石放原炉中冶炼而得[5]。据三国张揖《埤苍》、慧琳《一切经音义》，鍮石出自外国[6]。

新疆尉犁营盘古城出土汉晋时代的铜环、铜手镯和铜戒指，成分测定为铜锌合金。可能是目前所知最早的传入中国境内的鍮石制品[7]。

---

[1] 罗西章：《扶风姜塬发现汉代外国铭文铅饼》，《考古》1976 年第 4 期。

[2] A. 灵台县博物馆：《甘肃灵台发现外国铭文铅饼》，《考古》1977 年第 6 期。
B. 甘肃省文物局编：《甘肃文物菁华》第 303 页，图版 318，文物出版社，2006 年。

[3] 作铭：《外国字铭文的汉代（?）铜饼》，《考古》1961 年第 5 期。

[4] A. 于放：《西汉"白金三品"学术研讨会纪要》，《中国钱币》2003 年第 4 期。
B. 王善卿：《铅饼≠白金三品》，《西安金融》2003 年第 8 期。
C. 李勇：《关于"白金三品"的几点补充看法》，《西安金融》2003 年第 12 期。
D. 周延龄：《西汉铅饼相关问题再探》，《西安金融》2004 年第 4 期。

[5] 化学发展简史编写组：《化学发展简史》第 30 页，科学出版社，1980 年。

[6] 唐·慧琳：《一切经音义》卷一五："鋈石者，金之类也。精于铜，次于金。上好者，与金相类，出外国也。"又同书卷六十引《埤苍》云："鍮石似金而非金。西戎蕃国药炼铜所成。"卷八九引《考声》云："鍮石似金，西国以铜铁杂合为之。"引自高楠顺次郎等编集《大正新修大藏经》第五十四册，（东京）大正一切经刊行会，1924～1934 年。

[7] A. 李文瑛：《鍮石——丝绸之路贸易中的重要商品》，《中国文物报》1997 年 12 月 28 日。
B. 林梅村：《鍮石入华考》，《古道西风——考古新发现所见中外文化交流》第 210～230 页，三联书店，2000 年。

6. 象牙

西汉南越王墓西耳室出土并排堆放的原支大象牙一捆，共 5 支。经检测为非洲象牙。同墓西耳室、东耳室、主棺室、东侧室、西侧室还出土多种象牙饰品[1]。如检测结果不误，那么这批象牙应是经地中海地区输入的。

7. 乳香

西汉南越王墓西耳室还出土一小堆乳香，重 21.22 克，原盛装在漆盒之中。《汉书·西域传》载大秦产苏合香；《太平御览》卷九八二引《广志》称，"苏合出大秦，或云苏合国。人采之，筌其汁以为香膏，卖滓与贾客"[2]。这种乳香原产于红海沿岸，当是自海路输入的。

三　丝绸之路考古的若干问题

两汉时期，丝绸之路东起长安，西达环地中海地区，北起南西伯利亚，南至马六甲海域。这片广大区域内，包括汉地、中亚绿洲、西亚、希腊、罗马、草原地带，以及南亚次大陆，都被囊括在内。从考古发现所反映的情况来看，文化交流的深度和广度远远超乎人们的想象。不同文化之间的交流与碰撞，极大丰富了世界古代历史的内涵，也产生了相当深远的影响。

丝绸之路的东方起点始于长安，主要是就长安作为西汉首都的角度而言的。实际上，根据已知的情况来看，通过丝绸之路输入中国境内的遗物分布范围相当广阔，自西北、北方地区，南及江、淮流域，以至两广云贵地区均有所发现。这从一定程度上反映出秦汉时期中外文化交流的繁盛，同时也说明丝绸之路的影响波及中国大部分区域。

值得注意的是，域外输入品相当大的部分是贵重物品，很多是出土于较高级别的墓葬或遗址中。这说明，它们是被当作奢侈品输入的。正因为如此，有些遗物在随葬之前就已经使用了相当长年代，可能是在战国或秦代就已经传入而沿用至汉代的。

这些遗物的输入，一方面是通过贸易的途径，另一方面是由于人员的往来迁徙而输入的。域外物品经由绿洲、草原、海上三条通道输入中国境内，输入的方式则是多种多样的。中国与草原的文化交流，既有边贸方式，还有战争；与绿洲地区的交流，主要以商贸形式为主；通过海路途径输入的物品，也是通过商贸的方式。除了商贸、战争之外，还伴随着各种形式的人员往来，甚至相当数量的移民。藉由宗教传播而输入的物品和文化艺术，也占有相当的比重。

东汉后期，包括来自安息、贵霜、康居等地的相当数量的中亚人迁居来华[3]。1924年前后，洛阳出土数块带有佉卢文题记的井栏石条。铭文明确提到"僧团"和"寺院"，年代大致为公元 170～190 年，即东汉灵、献二帝时期，应是东汉后期流寓洛阳的贵霜人

---

〔1〕广州市文物管理委员会、中国社会科学院考古研究所、广东省博物馆：《西汉南越王墓（上）》第 69、138～140、217、252、272 页，文物出版社，1991 年。

〔2〕[美] 劳费尔著，林筠因译：《中国伊朗编》第 282～285 页，商务印书馆，1964 年。

〔3〕马雍：《东汉后期中亚人来华考》，《西域史地文物丛考》第 46～59 页，文物出版社，1990 年。

留下的[1]。汉晋时期，除洛阳之外，中国境内其他地方也有贵霜人流寓[2]。有理由相信，秦汉时代还有更多的外国侨民、商旅来到中国从事商贸乃至定居[3]。

丝绸之路的开辟，不仅是物质的流动，还相应地带动了文化、技术的交流。域外的金银工艺、玻璃制造、毛纺织等技术也随着商品和人员流动传入中国境内。中国玻璃技术、金银掐丝工艺、缂丝等，都是在这样的背景下发生的。佛教东传是古代中外文化交流的一件大事。伴随着佛教传入而带来多方面影响，更是在日后产生了极其深远的影响。北方草原和西域的文化艺术题材对中原地区的影响尤为广泛。

应当注意到，古代文化交流的复杂性远远超出人们的想象。因此，在研究具体遗物的产地和输入路线时，态度应当十分审慎，充分地考虑到各种可能性。何种物品是自域外输入的，或者是中国本土仿造的，还是移居中国的外来工匠制作的，单纯依靠文献的推断和简单的器物形态比较，现在看来是不够完善的。考虑到古代文献记载的信息来源和古人认识的水平以及信息的不完整性，利用文献材料时，应当保持清醒的判断。比如，文献记载某地有某物，实际上只能说明该地区出产某物，而并不意味着某物为该地独有的特产。就输入的途径而言，有的物品可能是直接从产地输入的，有的则可能多方辗转（包括在境外和境内）而来，不能仅仅根据出土地点就匆遽地断言它们是经由陆路或海上传入的。在丝绸之路考古遗物研究中，科技考古将发挥越来越重要的作用。对于不同产地物品的成分、加工工艺的分析，将为研究物品的产地和传播路径提供更多的信息。

第二节　中亚、西亚及欧洲的考古发现与汉代丝绸之路

两汉时期作为中西文化交流的第一个高峰时期，随着公元前 2 世纪张骞"凿空"西域[4]以及东汉时期班超[5]等在西域地区的经营，汉王朝同西域诸国建立起政治和经济上的联系，形成了近代所称之"丝绸之路"。随着丝绸之路的开通，中亚西亚等地的各种物产不断越过葱岭东传到了中国，同时，以丝绸为代表的诸多汉朝物产也西传到中亚和西亚乃至遥远的欧洲。它们的发现，为从考古学上考察丝绸之路和中西文化交流提供了可靠的实物资料。外来文物在中国境内的发现及其所反映的中西交流已如上文所述，本节主要根据现有的资料就中亚和西亚[6]以及欧洲发现的汉朝文物及其所反映的相关问题略加论述。

---

[1]　林梅村：《洛阳所出佉卢文井栏题记——兼论东汉洛阳的僧团和佛寺》，《中国历史博物馆馆刊》第13、14 期合刊，1989 年。

[2]　林梅村：《贵霜大月氏人流寓中国考》，《西域文明》第 33～67 页，文物出版社，1995 年。

[3]　杨希枚：《论汉简及其他汉文献所载的黑色人》，《先秦文化史论集》第 969～988 页，中国社会科学出版社，1995 年。

[4]　《史记·大宛列传》。

[5]　《后汉书·班超列传》、《后汉书·西域传》。

[6]　中国的新疆一带，在地理区域划分上属于中亚，又是汉代的西域地区。但是，本节所论之中亚，不包括中国境内的部分地区，只限于中国境外的地区。

一 汉朝文物在中亚、西亚及欧洲的发现

中亚和西亚至东欧南部地区，汉朝文物多有发现。据现今掌握的资料，汉朝文物的出土地点有近20处，并且以中亚的费尔干纳盆地和里海至黑海一带较为集中。这里重点介绍以下两处墓地。

（一）蒂利亚山墓地

蒂利亚山墓地位于阿富汗北部的希比尔甘（Sibargan）[1]东北约5公里的蒂利亚山（Tillya Tepe，意译为"黄金之丘"），1978~1979年阿富汗和苏联学者在这里联合发掘墓葬6座。这批墓葬均为竖穴土坑木棺墓，墓坑长3米左右、宽1.5~1.8米。其中，5号墓的葬具可能是树干挖成的独木棺，其余5座墓均系用铁钉和铁箍加固的箱式木棺，葬式均为仰身直肢葬。随葬品极为丰富，出土黄金制品等遗物20000余件，包括斯基泰黄金制品、带翼裸体小男孩黄金饰件、裸体女性黄金雕像、手持长矛和盾牌的希腊女神雅典娜形象的徽章式金戒指、罗马金币、花瓣纹金钵等希腊—罗马艺术品，翼龙、带翼维纳斯雕像、玉石胸饰等大夏艺术品，带柄铜镜、印度钱币等印度文化遗物；来自汉朝的物品有2号墓、3号墓和4号墓的西汉铜镜各1件以及墓主人的丝绸服装等[2]。这批墓葬的年代约当公元前1世纪至公元1世纪间，可能是大月氏或贵霜初期的墓葬[3]。

（二）列别杰夫卡墓地

列别杰夫卡墓地位于哈萨克斯坦西北部的西哈萨克斯坦州卡拉托别区的列别杰夫卡村（Lebedevka），地当欧亚分界线的里海北岸乌拉尔河的一条支流附近，即面向里海的草原走廊地带，是控制里海北岸草原地带贸易通道的古代游牧民族的大型聚居地。该墓地由300多座墓葬组成，可分为8个墓区，1977~1979年间苏联科学院考古研究所和乌拉尔教育大学联合发掘88座[4]。这批墓葬分为两类，一类是小型竖穴土坑墓，另一类是小型洞

[1] Sibargan原译作席巴尔甘，按照中国地图出版社2002年版的《世界分国地图》，译为"希比尔甘"。

[2] 关于该墓地出土西汉铜镜的情况，樋口隆康的记述是2、3、4号墓各出土1件，梅村的记述是2、3、6号墓各出土1件，吴焯在有关文章中提到"六号墓腹上置一面铜镜"（见吴焯《西伯尔罕的宝藏及其在中亚史研究中的地位》，《考古与文物》1987年第4期），但苏联学者称6号墓出土一件带柄铜镜。对此，这里主要根据对此曾做过实地考察的樋口隆康的记述，并据此将中文报刊中的"6号墓出土镜"订正为"4号墓出土镜"。

[3] A.［苏联］V. I. サリアニディ著，［日］加藤九祚訳：《シルクロードの黄金遺宝——シバルガン王墓発掘記》，岩波書店，1988年。

　　B. 梅村：《大夏黄金宝藏的发现》，《文物天地》1991年第6期、1992年第1期。

　　C. 樋口隆康：《アフガニスタン——遺跡と秘宝：文明の十字路の五千年》第88~104页，日本放送出版协会，2003年。

　　D. Sarianidi, V. I. (2008), "Ancient Bactria's Golden Hoard". In Hiebert, F. T. *et al*. (eds), *Afghanistan: Hidden Treasures*. Washington, D. C.: National Geographic Society. pp. 211-93.

[4] 峰巍：《中国鏡出土のレベデフカ古墳》，《古代文化》第36卷第7号，1984年。

室墓。墓主一般头向北，少数头向西，近半数的人骨发现有头骨变形的现象。随葬品数量多，种类多样，常见有陶单把壶、铁勺、铜胸针、铜带柄镜形饰等，其中属于汉朝的文物有 5 号墓区 23 号墓堆 2 号墓出土的云雷连弧纹镜、39 号墓堆 2 号墓出土的方格博局纹镜各 1 件。墓葬的年代约当公元 2～3 世纪，属于萨尔马泰族的后期文化遗存。

就中亚西亚和东欧南部发现的汉朝文物来看，主要有丝绸、漆器和铜镜等。据有关论述可知[1]，乌兹别克斯坦费尔干纳附近的萨帕利山遗址（Sapally Tepe）的发掘中，在一座女性墓葬的人骨头部发现有产于中国的绢的残片，其年代可能在公元 2～3 世纪；费尔干纳盆地及其以北的纳伦河流域，也多处发现汉代的丝织品[2]；叙利亚沙漠中的帕尔米拉遗址（Palmyra），作为丝绸之路上的一个商队城市，这里发现有许多汉代绢的残片，有的上面还有汉字，其年代为公元前 1 世纪至公元 3 世纪。1938 年法国考古队在阿富汗喀布尔以北约 60 公里处的兴都库什山南麓发掘了一处大夏、贵霜王朝时代的都城遗址——贝格拉姆（Begram）城址，其中一处房址出土的各种珍宝中，发现有汉代的漆盘残片。但是，由于丝绸和漆器难以保存，加之考古资料所限，中亚和西亚以及欧洲发现的汉代丝织品和漆器的总体情况尚不甚明了，而目前发现最多的汉朝物产是随着使者和商队的往来而西传的铜镜。

二　中亚、西亚及欧洲发现的汉朝铜镜

中亚和西亚及欧洲发现的汉朝铜镜（图 13－7），主要有连弧纹铭带镜、四乳四虺纹镜、方格博局纹镜、云雷连弧纹镜和直行铭文夔凤镜等[3]。

连弧纹铭带镜，发现数量多，分布地域广。阿富汗蒂利亚山出土的 3 件汉镜，均为连弧纹铭带镜，其形制为半球形钮，连珠纹钮座，内区由内而外依次为栉齿纹带、凸带、八内向连弧纹带，外区为内外两圈栉齿纹带以及铭文组成的铭文圈带，素平缘稍宽。其中 2 号墓出土镜[4]，铭文 34 个字，释读为："心污结而抱愁，明知非而可久，□所不能已，君忘忘而矢志兮。爰使心央者，其不可尽行"，直径 17.8 厘米（图 13－8－1）；3 号墓出土镜的铭文为："洁清白而事君，窈而汙之夺明，光玄锡之流泽，恐日忘，美，不泄"，直径 16.5 厘米；4 号墓出土[5]的铭文为："洁白而事君，窈汙之夺明，汲玄锡之泽，恐疏远而日忘，美"，直径 16.6 厘米。乌兹别克斯坦孟察克山（Munchak-tepe）出土的铜镜[6]残片也为此类，直径 17.5 厘米，铭文为："日有熹……"塔什干博物馆收藏有一件当地出土

[1]　樋口隆康：《出土中国文物的西域遗迹》，《考古》1992 年第 12 期。

[2]　［俄］Ю. А. 扎德涅普罗夫斯基、Е. И. 鲁沃-莱斯尼琴科著，白云翔译：《中亚费尔干纳出土的汉式镜》，《考古与文物》1998 年第 3 期。

[3]　中亚、西亚等地出土的汉式镜主要包括两类：一类是在汉朝境内制作的铜镜，这里称之为"汉镜"、"汉代铜镜"或"汉朝铜镜"；另一类是在汉朝境外模仿汉镜制作的铜镜，这里称之为"仿汉镜"；未特别注明者即指汉王朝境内制作的铜镜。

[4]　李学勤：《阿富汗席巴尔甘出土的一面汉镜》，《文博》1992 年第 5 期。

[5]　樋口隆康：《出土中国文物的西域遗迹》，《考古》1992 年第 12 期。

[6]　樋口隆康：《古镜》第 113 页图 53，新潮社，1979 年。

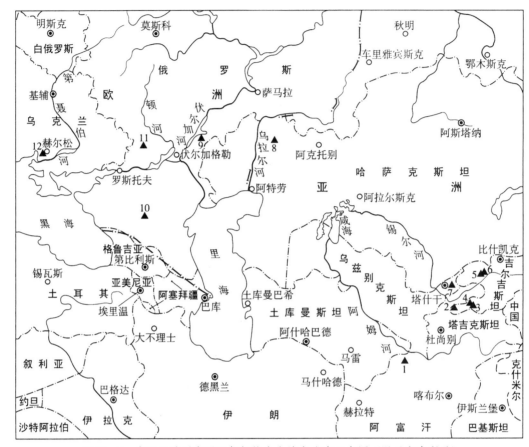

图 13-7　中亚及欧洲发现汉朝铜镜出土地点分布示意图（限于文中所及）

1. 蒂利亚山墓地（阿富汗）　2. 卡伊拉加奇墓地　3. 卡拉布拉克墓地　4. 托拉·塔什墓地　5. 杰尔·阿雷克墓地　6. 卡拉·特克梯尔墓地（以上为吉尔吉斯斯坦）　7. 塔什干市郊（乌兹别克斯坦）　8. 列别杰夫卡墓地（哈萨克斯坦）　9. 斯塔拉雅·保尔塔夫卡墓地 25 号墓区　10. 库林·雅尔 3 号墓地　11. 维诺古拉多夫墓地（以上为俄罗斯）　12. 赫尔松市郊（乌克兰）

的此类铜镜[1]，铭文为："内清质以昭明，光象夫日月，心忽穆而忠之，而不泄。"在东欧南部地区，连弧纹铭带镜多有发现，如俄罗斯西南部顿河流域的罗斯托夫附近的维诺古拉多夫古墓（Vinogradnij）和伏尔加河下游的斯塔拉雅·保尔塔夫卡墓地（Staraja Poltavka）25 号墓区 19 号墓各出土 1 件"见日之光"铭连弧纹铭带镜[2]，镜背纹样和铭文等大致相同。它们均属于顿河流域骑马民族萨尔马泰族的墓葬，其年代为公元前 1 世纪至公元 1 世纪[3]。其中，维诺古拉多夫古墓出土的 1 件，半球形钮，圆圈钮座，内区为八

〔1〕　A. 樋口隆康：《古鏡》第 112 頁图 52，新潮社，1979 年。

　　　B. 李学勤：《续论中国铜镜的传播》，《比较考古学随笔》第 64 页，广西师范大学出版社，1997 年。

〔2〕　村上恭通：《シベリア·中央アジアにおける漢代以前の鏡について》，《名古屋大学文学部研究論集·史学》第 39 号第 113 頁，1992 年。

〔3〕　A. 古代オリエント博物館：《南ロシア騎馬民族の遺宝展》第 89 頁，朝日新聞社，1991 年。

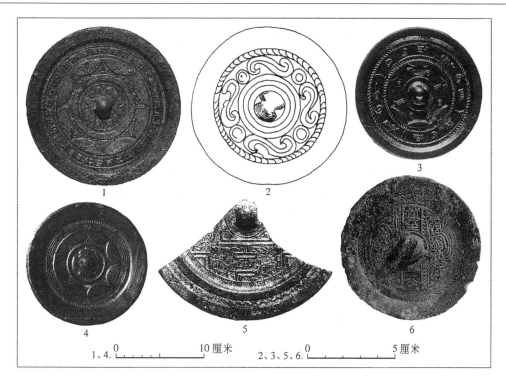

图 13-8　中亚及欧洲出土汉朝铜镜

1."君忘忘"连弧纹铭带镜（蒂利亚山 2 号墓出土）　2.四乳四虺纹镜（卡拉布拉克墓地出土）　3."见日之光"
连弧纹铭带镜（维诺古拉多夫墓地出土）　4.云雷连弧纹镜（库林·雅尔 3 号墓地出土）　5.方格博局纹镜（卡
伊拉加奇墓地出土）　6.直行铭文夔凤镜（杰尔·阿雷克墓地出土）

个内向连弧纹，其内侧装饰弧线"山"字纹和小乳钉；外区为铭文带，其内、外侧为栉齿
纹带，铭文为"见日之光，长毋相忘"；窄平素缘；直径 7.4 厘米（图 13-8-3）。斯塔拉
雅·保尔塔夫卡墓地 25 号墓区 19 号墓出土的 1 件铭文为"见日之光，天下大明"[4]。位
于黑海西北岸的泰米尔罕·斯拉附近出土的 1 件，半球形钮，小四叶钮座，内区为八个
内向连弧纹，外区为铭文带，铭文为"涷冶铜华清而明，以之为镜宜文章，延年益寿去
不羊（祥），千秋万岁长乐未央，［清］"，直径 19.8 厘米[5]。这是迄今所知出土汉镜最
西的地点。

四乳四虺纹镜：吉尔吉斯斯坦西南部巴特肯盆地的卡拉布拉克墓地（Kara-bulak）出
土 1 件（图 13-8-2），半球形钮，圆钮座，主纹区饰有 4 个圆座乳钉和 4 组 S 形变体虺
龙纹，虺龙纹外侧装饰有细小的禽兽等，其外侧一周栉齿纹带，宽平素缘，直径 8.8 厘

　　B.樋口隆康：《出土中国文物的西域遗迹》，《考古》1992 年第 12 期。

〔4〕　Guguev, V., Ravich, I. and Treister, M. (1991), "Han Mirrors and their Replicas in the Territory
　　of South and Eastern Europe". *Bulletin of the Metals Museum* 16：32-50.

〔5〕　村上恭通：《シベリア・中央アジアにおける漢代以前の鏡について》，《名古屋大学文学部研究論
　　集・史学》第 39 号第 115 頁，1992 年。

米。这种铜镜还发现于俄罗斯西南部顿河流域的科比亚科夫墓地（Kobjakovo）[1]、黑海北岸的赫尔松市郊[2]。

方格博局纹镜：吉尔吉斯斯坦西南部的卡伊拉加奇（Kairagach）出土残片1件，半球形钮，圆钮座，钮座周围有一双线方格框，主纹区装饰双线凹面TLV纹、圆座乳钉以及细线有角动物和枝蔓等，主纹区外侧为栉齿纹带，镜缘中部有一周双线波折纹带，复原直径11.8厘米（图13-8-5）。吉尔吉斯斯坦西北部的卡拉·特克梯尔墓地出土的此类镜残片，镜缘系装饰有流云纹带和锯齿纹带的花纹缘。哈萨克斯坦西部的列别杰夫卡5号墓地39号墓出土1件，保存完整，半球形钮，柿蒂钮座，主纹区布列八乳和TLV纹样，其间饰云涡纹，镜缘系装饰有锯齿纹带和双线波折纹带的花纹缘，直径11.3厘米[3]。

云雷连弧纹镜：吉尔吉斯斯坦西南部的卡拉布拉克墓地出土1件，圆钮较大，四叶钮座，四叶之间饰以小乳钉，环绕钮座有一周栉齿纹带和一周凸弦纹，内区为八内向连弧纹带，外区为两周栉齿纹带和一周由8个小乳钉以及弧线组成的云雷纹带，宽平素缘。列别杰夫卡5号墓区第23号墓堆2号墓出土1件，其纹样及其布局与卡拉布拉克出土镜基本相同，直径约12.8厘米[4]。俄罗斯西南部斯塔夫罗波尔附近的库林·雅尔（klin-yar）3号墓地出土1件，半球形钮，四叶钮座，四叶间饰有小圆圈，外侧一周凸带纹；内区为八个内向连弧纹，连弧纹间有"寿如金石佳且好兮"的铭文；外区为弧线和圆圈组成的云雷纹带，其外侧一周栉齿纹带；宽平素缘；直径14厘米（图13-8-4）。此类铜镜还发现于吉尔吉斯斯坦的卡拉·特克梯尔[5]、托拉·塔什（Tura-tash），以及乌兹别克斯坦的塔什干附近等地，直径8~15厘米不等。有的俄罗斯学者认为，此类铜镜属于仿制的汉式镜[6]，但实际上还是属于汉镜。因为，这样的云雷连弧纹镜在西安（西安RZZM1：16）等地曾有出土[7]，并且其特征基本相同。

直行铭文夔凤镜：吉尔吉斯斯坦西北部的杰尔·阿雷克（Dzhal-aryk）出土1件（图13-8-6），半球形钮，圆圈钮座，镜钮上下为直行铭文"位至三公"，铭文外侧为栉齿纹框，铭文框两侧为对称的图案化夔龙纹，主纹区外侧一周斜线栉齿纹带，宽平素缘，直径8厘米。

另外，据称哈萨克斯坦的突兹萨伊（Tuzusai）曾经出土一件"家常富贵"铭四乳八

[1] Guguev, V., Ravich, I. and Treister, M. (1991), "Han Mirrors and their Replicas in the Territory of South and Eastern Europe". *Bulletin of the Metals Museum* 16: 32-50.

[2] ［俄］Ю. А. 扎德涅普罗夫斯基、Е. И. 鲁沃-莱斯尼琴科著，白云翔译：《中亚费尔干纳出土的汉式镜》，《考古与文物》1998年第3期第89页。本节有关中亚费尔干纳盆地出土的汉镜资料除注明者外均据此，不另作注。

[3] 峰巍：《中国镜出土のレベデフカ古墳》，《古代文化》第36卷第7号，1984年。

[4] 峰巍：《中国镜出土のレベデフカ古墳》，《古代文化》第36卷第7号，1984年。

[5] 古代オリエント博物館：《南ロシア騎馬民族の遺宝展》第86页，朝日新聞社，1991年。

[6] ［俄］Ю. А. 扎德涅普罗夫斯基、Е. И. 鲁沃-莱斯尼琴科著，白云翔译：《中亚费尔干纳出土的汉式镜》，《考古与文物》1998年第3期。

[7] 程林泉、韩国河：《长安汉镜》第127页图三十六，5，陕西人民出版社，2002年。

禽鸟纹镜等[1]。

除上述汉镜外，在中亚和西亚以及欧洲还发现有较多当地仿制的汉式镜，其镜类主要有仿星云纹镜、仿博局纹镜、仿连弧纹镜以及重圈放射线纹镜等[2]。

关于中亚及欧洲地区出土汉镜的年代，可以根据中国境内汉代铜镜的发现和研究的成果做出判定[3]。连弧纹铭带镜出现于汉武帝时期，流行于西汉中期至新莽时期；但其中字体方正的"昭明"、"清白"、"铜华"、"日有熹"铭镜的出现年代稍晚，大致是在汉昭、宣帝时期，主要流行于西汉晚期，东汉早期以后消失；与蒂利亚山2号墓出土"君忘忘"铭大致相同的铜镜，曾发现于三门峡立交桥西汉墓[4]、山东曲阜花山90号墓及滕州丰山36号墓[5]，其年代均为西汉晚期。四乳四虺纹镜出现于汉宣、元帝时期，流行于西汉晚期及新莽时期[6]，有些地区延续至东汉早期。方格博局纹镜，是西汉晚期出现的一种镜类，流行于新莽至东汉早期，有些地区延续至东汉后期[7]；鉴于卡伊拉加奇出土镜与西安XDTM110∶25镜基本相同，卡拉·特克梯尔出土镜为流云纹花纹缘，并且两者均无铭文，可以认为前者的年代为西汉晚期，后者的年代为新莽时期；列别杰夫卡出土镜属于云涡纹博局纹镜，镜缘为装饰有锯齿纹带和双线波折纹带的花纹缘，其年代可能为新莽或东汉早期。云雷连弧纹镜的出现可以上溯到西汉中晚期，但其定型是在东汉早期，流行于东汉中晚期[8]；鉴于卡拉布拉克、列别杰夫卡以及库林·雅尔等地出土的云雷连弧纹镜均为半球形钮、四叶钮座，并且云雷纹较为简单且不甚清晰，属于长安汉镜的二类C型，可知其年代为东汉早期至晚期。直行铭文夔凤镜是东汉中晚期的镜类之一，与杰尔·阿雷克出土镜大致相同的铜镜，在洛阳西郊等地的东汉晚期墓[9]中曾有出土，据此可将其断代为东汉晚期。

三　中亚、西亚及欧洲出土汉朝铜镜与汉代丝绸之路

如前所述，中亚、西亚及欧洲发现的汉朝文物有丝绸、漆器、铜镜和钱币等，但其中

〔1〕　新井悟：《ユーラシア大陸鏡集成》，《博望》第7号第100页，2009年。图片资料承蒙日本明治大学新井悟先生示见。

〔2〕　[俄] Ю. А. 扎德涅普罗夫斯基、Е. И. 鲁沃-莱斯尼琴科著，白云翔译：《中亚费尔干纳出土的汉式镜》，《考古与文物》1998年第3期。

〔3〕　孔祥星、刘一曼：《中国古代铜镜》，文物出版社，1984年。

〔4〕　三门峡市文物工作队：《三门峡市立交桥西汉墓发掘简报》图九，《华夏考古》1994年第1期第20页。

〔5〕　李曰训：《试论山东出土的汉代铜镜》，《汉代考古与汉文化国际学术研讨会论文集》第365页，齐鲁书社，2006年。

〔6〕　韩国河、程林泉：《长安汉镜》第83页，陕西人民出版社，2002年。

〔7〕　陈静：《汉代长安地区博局纹镜及其相关问题研究》，《汉长安城考古与汉文化》第467页，科学出版社，2008年。

〔8〕　韓国河：《河南中小型漢墓出土銅鏡概論》，《鏡笵》第303页，八木书店，2009年。

〔9〕　中国科学院考古研究所洛阳发掘队：《洛阳西郊汉墓发掘报告》，《考古学报》1963年第2期第24页，图版柒，7。

数量较多、资料较为系统的是铜镜。因此，这里主要从出土铜镜所反映的丝绸之路的开辟及其路线略加论述。

上述中亚、西亚及东欧南部出土的汉镜及其年代学分析表明，除直行铭文夔凤镜是东汉晚期的铜镜外，其他镜类的年代大都集中在西汉中期的后半至东汉早期。也就是说，汉镜之大量传入中亚及欧洲南部地区，主要是在西汉中期后半至东汉早期。就其分布地域来看，主要集中在两个地区（参见图 13-7）：一个是费尔干纳盆地及其附近以及阿富汗西北部的希比尔甘一带，即中亚的东南部地区；另一个是自亚洲西北端的乌拉尔河流域（即哈萨克斯坦的列别杰夫卡）至东欧南部黑海西北岸（即俄罗斯的泰米尔罕·斯拉）的草原地带。中亚及欧洲南部出土汉镜的这种时代性和地域性，从一个侧面反映出汉代丝绸之路的开通以及汉王朝同西域诸国的交流。

中亚东南部地区的汉镜，是在张骞"凿空"西域的历史背景之下而传入的。张骞第一次出使西域，于汉武帝建元三年（公元前 138 年）出发，先是被匈奴扣留长达十余年之久，后来寻机逃脱到了大宛国，此后又先后到达康居、大月氏和大夏，最后于元朔三年（公元前 126 年）回到长安[1]。张骞这次出使西域所到之大宛国，地当今乌兹别克斯坦东北部的费尔干纳盆地；康居，地当今锡尔河与阿穆河之间的索格底亚那；大月氏，此时控制着阿穆河两岸的原大夏国的部分领土；大夏，位于今阿穆河流域[2]。上述中亚东南部各地，恰恰又是汉镜集中出土的地区之一，然而，这些地区发现的汉镜与张骞第一次出使西域似乎关系不大。因为，这些地区发现的汉镜，尚未见年代可早到张骞出使西域出发之时的；张骞从匈奴前往大宛国是寻机逃脱才实现的，而出逃之时是不可能携带大量物品的；张骞在大宛期间，并没有赠送给大宛国王许多礼物，只是许诺"诚得至，反汉，汉之赂遗王财物不可胜言"[3]。

汉镜之大量传入中亚各地，实际上是伴随着张骞再次通西域而发生的。张骞第二次出使西域，其主要目的是联络地处伊犁河流域的乌孙[4]，一方面是"断匈奴右臂"；另一方面是"既连乌孙，自其西大夏之属皆可招来而为外臣"[5]。汉武帝元狩四年（公元前 119年）或稍后，张骞率使团从长安出发，直奔乌孙。这次出使西域有两个特点：一是人多，并携带大量资财，即"将三百人，马各二匹，牛羊以万数，赍金币帛直数千巨万"；二是带有多名副使，联乌孙的同时还联系其他诸国，即"多持节副使，道可使，使遣之他旁国"[6]。张骞出使期间，"分遣副使使大宛、康居、大月氏、大夏、安息、身毒、于窴、扜罙及诸旁国"。元鼎二年（公元前 115 年）张骞归汉时，乌孙遣使数十人相送，"乌孙使

〔1〕《史记·大宛列传》。

〔2〕余太山：《两汉魏晋南北朝正史西域传要注》第 4～6 页，中华书局，2005 年。

〔3〕《史记·大宛列传》。

〔4〕《史记·大宛列传》："乌孙在大宛东北可二千里。"余太山认为：乌孙当时已迁至伊犁河、楚河流域（今哈萨克斯坦东南部），其王治当在纳伦河流域（见余太山《两汉魏晋南北朝正史西域传要注》第 11、13 页，中华书局，2005 年），即今吉尔吉斯斯坦境内。

〔5〕《史记·大宛列传》。

〔6〕《史记·大宛列传》。

既见汉人众富厚，归报其国，其国乃益重汉"。其后，"骞所遣使通大夏之属者皆颇与其人俱来，于是西北国始通于汉"[1]。由此，汉王朝建立起了同西域诸国的正式联系，此后往来不断。张骞第二次出使西域所携带大量"金币帛"中，推测应当包括铜镜；即使并非如此，三百人之众的使团中，作为随身物品携带的铜镜也当不在少数。随着使团出使乌孙及"诸旁国"，他们携带的铜镜传到了西域诸国；西域诸国使者来使汉朝[2]，也会将铜镜带回去。汉武帝时期出现的星云纹镜[3]、连弧纹铭带镜等汉镜传入中亚，正是在这样的历史背景之下发生的，时当公元前2世纪末叶。此后，随着汉王朝同中亚诸国之间的使者往来和贸易往来[4]，汉镜同其他汉朝物产一样源源不断地西传中亚，以至于"宛国饶汉物"[5]。至于新莽时期和东汉早期流行的方格博局纹镜、云雷连弧纹镜等传入中亚的时间，最有可能是在东汉早期，反映出东汉早期班超于汉明帝永平十六年（公元73年）出使西域以及后来长期经营西域的一个侧面[6]。

　　里海北岸的乌拉尔河流域至黑海北岸的草原地带，主要是游牧民族萨尔马泰人的活动区域。萨尔马泰人以西和以南是斯基泰，两者互有往来，并且其文化也多有相同之处。《史记》所载之奄蔡，就是萨尔马泰人东部的一支，其活动范围大致在咸海和里海以北[7]。在汉代西域的有关文献中，未见张骞第二次出使西域期间他的副使远至里海北岸的记载。但是，里海北岸伏尔加河下游的斯塔拉雅·保尔塔夫卡、黑海东北岸罗斯托夫附近的维诺古拉多夫等地出土的"见日之光"铭连弧纹铭带镜，以及黑海西北岸泰米尔罕·斯拉发现的"铜华"铭连弧纹铭带镜等表明，早在公元前1世纪前半的汉昭帝、宣帝时期，汉王朝就同遥远的里海北岸伏尔加河下游、黑海北岸顿河下游以及第聂伯河下游地区的游牧族古国建立了联系。同时值得注意的是，这种联系曾长期延续，顿河下游科比亚科夫墓地和黑海北岸的赫尔松市郊发现的西汉晚期的四乳四虺纹镜、里海北岸乌拉尔河流域的列别杰夫卡墓地和黑海东岸斯塔夫波尔附近库林·雅尔墓地出土的东汉时期的云雷连弧纹镜等，即可为证。至于上述里海至黑海地区汉朝铜镜的传入，可能有两条路线：一条路线可能是通过绿洲丝绸之路的"西北迂回支线"，即从大宛（费尔干纳盆地）出发向西，

<hr>

[1] 《史记·大宛列传》。

[2] 《汉书·张骞李广利传》："大宛诸国发使随汉使来……"

[3] 汉朝境内制作的星云纹镜在中亚尚无发现，但在乌兹别克斯坦东部的法尔哈茨特罗等地发现有当地仿制的星云纹镜（见［俄］Ю. А. 扎德涅普罗夫斯基、Е. И. 鲁沃-莱斯尼琴科著，白云翔译《中亚费尔干纳出土的汉式镜》，《考古与文物》1998年第3期第88页），说明星云纹镜是传入中亚的镜类之一，因为没有这种铜镜的传入便不会有仿制品。

[4] 《史记·大宛列传》：张骞凿空西域之后，"诸使外国一辈大者数百，少者百余人，人所赍操大放博望侯时。其后益习而衰少焉。汉率一岁中使多者十余，少者五六辈，远者八九岁，近者数岁而反"。又，汉武帝以后西汉王朝同西域诸国的往来，参见《汉书·西域传》。

[5] 《汉书·张骞李广利传》。

[6] 《后汉书·班超列传》。

[7] 《史记·大宛列传》："奄蔡在康居西北可二千里……临大泽，无崖，盖乃北海云。"余太山认为：大泽，指今咸海；北海，指咸海或里海（见余太山《两汉魏晋南北朝正史西域传要注》第14页，中华书局，2005年）。

再沿锡尔河低地向西北到达咸海,然后沿里海北岸的草原地带向西到达黑海地区乃至更远的地方;另一条路线可能是通过草原丝绸之路,即穿过河西走廊,经由哈密、吐鲁番、吉木萨尔、伊宁等地沿天山山脉北麓向西,再由塔拉斯向西北,沿咸海北岸和里海北岸的草原地带向西直至黑海北岸一带。

丝绸之路的开通,不仅仅是汉朝物产的西传,而是在汉朝物产西传过程中带去了汉文化。就铜镜而言,无论在中亚还是在黑海地区,发现有汉镜的同时还发现有当地制作的仿汉镜[1],并且仿汉镜的数量远远多于汉镜。仿汉镜中,既有与汉镜基本相同的仿制品,也有仿照汉镜的基本纹样、布局和结构再重新组合并加以改变的"像汉镜而又不是汉镜"的仿汉镜,还有采用汉镜的形制和结构但装饰纹样及其结构不见于汉镜的独创的圆板单钮镜。于是,当地传统的"带柄镜"与汉式"圆板单钮镜"同时并存,从一个侧面折射出汉文化的传播及其影响。

第三节　蒙古—西伯利亚地区

中国北方国境以北,是蒙古国和俄罗斯的西伯利亚地区。虽然在亚洲地理区划上将蒙古国划分为东亚而将西伯利亚作为北亚,但从自然地理环境、古代文化的区域性以及同我国古代文化的联系等方面考虑,本节将蒙古国和俄罗斯的西伯利亚地区[2]作为一个大的区域加以论述。

从考古发现来看,中国古代居民和文化跟北亚地区发生联系,大致可以上溯到公元前2000年前后。至迟在公元前1千年纪中叶,中国中原地区的物产就已经传播到了南西伯利亚地区,如南西伯利亚的巴泽雷克墓地5号墓出土有中国产的凤鸟纹丝绸刺绣[3]、6号墓出土有战国时期的羽状地纹四山纹铜镜[4],以及阿尔泰山西麓古墓、米努辛斯克盆地出土的四山纹铜镜等[5],其年代约当公元前5世纪至公元前3世纪。秦汉时期,这种联系和交流进一步增强。

战国时期的蒙古和南西伯利亚一带,主要是东胡和月氏等部族活动的地域。秦统一前

〔1〕 村上恭通:《シベリア·中央アジアにおける漢代以前の鏡について》,《名古屋大学文学部研究論集·史学》第39号第115頁,1992年。

〔2〕 简称"蒙古—西伯利亚地区";本节的"北亚"与之大致相当。

〔3〕 A. C. И. 鲁金科:《论中国与阿尔泰部落的古代关系》,《考古学报》1957年第2期。
B. M. П. 格利亚兹诺夫、O. И. 达维母、K. M. 斯卡朗:《阿尔泰巴泽雷克的五座古冢》,《考古》1960年第7期。

〔4〕 E. И. 鲁沃—莱斯尼琴科:《米努辛斯克盆地外来铜镜——关于南西伯利亚古代居民对外联系的问题》第37页,图版1,东方文化总编辑部,1975年(俄文,中国社会科学院考古研究所陈春生翻译)。

〔5〕 村上恭通:《シベリア·中央アジアにおける漢代以前の鏡について》,《名古屋大学文学部研究論集·史学》第39号第109頁,1992年。

后，仍然是"东胡强而月氏盛"[1]。秦汉之际，随着匈奴的迅速崛起和扩张，蒙古和南西伯利亚一带除了有丁零等部族活动之外，主要为匈奴人活动的地域。据文献记载，匈奴在强盛时期，其活动地域南起阴山，北到贝加尔湖，东至辽河，西达葱岭[2]。从考古学上看，俄罗斯的外贝加尔和蒙古都是匈奴文化遗存集中发现的地区[3]，因此在某种意义上，秦汉时期中国与蒙古—西伯利亚地区之间的联系和交流，实际上主要是秦汉王朝同匈奴之间的联系。关于秦汉与匈奴之间的关系，迄今虽未见专门的考古学研究，但有不少学者加以关注并有所论述[4]。

一　蒙古—西伯利亚地区有关秦汉王朝与匈奴联系的考古发现

秦汉时期匈奴文化遗存的考古发现始于19世纪末俄罗斯外贝加尔地区匈奴墓的发现。20世纪20年代以来，苏联（1991年以后的俄罗斯）、蒙古国以及其他国家的学者在蒙古国和俄罗斯的贝加尔地区发现了大量的匈奴墓葬和城址（图13-9），其中不少资料反映了秦汉王朝与匈奴的联系。择要介绍如下。

（一）阿巴坎宫殿建筑基址

阿巴坎宫殿建筑基址位于今俄罗斯南西伯利亚地区哈卡斯共和国首府阿巴坎市（Aba-kan）以南8公里处。1940年夏天在道路施工中发现，1941～1946年间进行了全面调查，并进行了考古发掘[5]。

该宫殿为台基式建筑，平面呈长方形，东西长约36米、东西宽约24米，由中央大殿和环绕四周的小房间组成。中央大殿呈方形，面积144平方米。大殿四周的小房间已发现15间，而基址东南隅的4间已毁坏无存，共计19间。其分布是：大殿北侧一排6间；东、西两侧均为两排4间；南侧为一排5间，而中间为一大间，似为厅堂。大殿南面有一门与厅堂相通，其余三面各有两门通往小房间，各小房间均设门以连通。墙壁为木骨泥墙结构，厚约2米，墙面装饰斜方格纹和之字纹的方形陶版。草拌泥地面，地面下有石块垒砌的火道连通室内的火炕。地面多处被烧成很厚的红烧土，当为放置火盆取暖的遗迹。根据殿址的平面结构和四周出土的板瓦、筒瓦以及瓦当等建筑材料复原研究，整个宫殿为四阿式重檐建筑，屋顶用瓦覆盖，房檐有圆形瓦当。出土遗物有陶器、铁器、铜制品、陶建筑构件等，包括南西伯利亚早期铁器时代塔施提克文化的遗物、匈奴文化陶器和汉文化遗

[1]　《史记·匈奴列传》。

[2]　《史记·匈奴列传》。

[3]　中国的北方草原地区也是匈奴文化遗存集中发现的地区之一，详见本书第十二章第二节《秦汉时期边远和少数族地区的考古学文化·北方草原地区》。

[4]　A.乌恩：《论匈奴考古研究中的几个问题》（第五节），《考古学报》1990年第4期。

　　B.潘玲：《伊沃尔加城址和墓地及相关匈奴考古问题研究》（第五章），科学出版社，2007年。

[5]　A.Л.А.叶芙秋霍娃、B.П.列瓦尚娃：《阿巴坎附近中国式宫殿的发掘》，《物质文化研究所简报》第12期，1946年（俄文，中国社会科学院考古研究所乌恩翻译）。

　　B.周连宽：《苏联南西伯利亚所发现的中国式宫殿遗址》，《考古学报》1956年第4期。

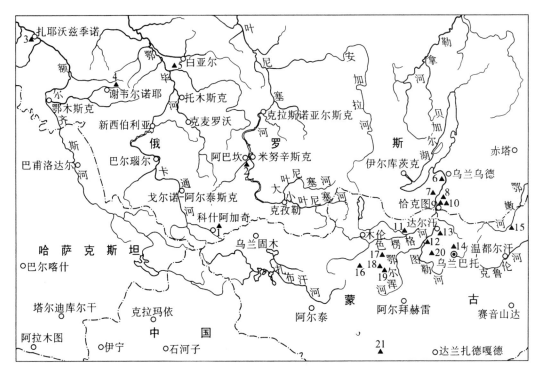

图 13-9　蒙古—西伯利亚地区有关城址与墓葬分布示意图（限于文中所及）

1.巴泽雷克　2.阿巴坎　3.伊斯梯雅库　4.玛尔科沃　5.原叶尼塞省　6.伊沃尔加　7.德列斯图依　8.切列姆霍
夫　9.伊里莫瓦山谷　10.苏吉　11.额金河Ⅰ号墓地　12.鄂尔浑图勒　13.达尔汗山　14.诺因乌拉　15.都尔利
格纳尔斯　16.高勒毛都　17.那伊玛托勒盖　18.呼都格托勒盖　19.苏勒碧乌拉　20.莫林托勒盖　21.台布希乌拉

物，而与汉文化有关的遗物中最引人瞩目的是圆瓦当、铜铺首和玉耳杯等（图 13-10）。瓦当四周有边轮，中央凸起，当面有竖向阳文反书汉字"天子千秋万岁常乐未央"，前四字居中，后六字分列左右。铺首为有角人面形象，张目、兽形双耳和双角、头顶为山字形鬃毛，锯齿獠牙，两侧为卷起的须发，高鼻衔环。它们都具有汉器风格，但并非汉朝境内所产，而是仿照汉器在当地制作的汉式器物[1]，与整个宫殿在当地建造而具有汉式风格是一样的。

关于该宫殿建筑基址的年代，中国学者认为建于新莽时期，即公元纪年前后。关于其性质和用途，苏联学者推测为汉武帝天汉二年（公元前 99 年）汉将李陵降匈奴后的宅邸；中国学者对此提出质疑，认为可能是王昭君的长女须卜居次云的居所。但无论如何，该宫

─────────────

[1]　关于该遗址出土的文字瓦当和铜铺首，以往多认为当地没有可能自行制造，"应该都是中国传去的"，但实际上并不尽然。瓦当的文字是汉字，风格是汉代的，但文字的内容、文字反书、10 个字竖向排列而当心凸起等，与中国境内出土的文字瓦当判然有别（见申云艳《中国古代瓦当研究》第 99～118 页，文物出版社，2006 年）。门扉使用铜铺首及其形制和结构，也是汉代的风格，但铺首所表现的形象在中国境内发现的汉代铺首所不见。因此，它们并非在汉朝境内制造而传去的汉器，而是汉人工匠仿照汉器在当地制作的，属于"汉式器"。

殿遗址为汉匈关系的研究提供了重要的实物资料。

（二）伊沃尔加城址与墓地

伊沃尔加（Ivolga）城址位于今俄罗斯外贝加尔地区布里亚特共和国乌兰乌德市西南 16 公里处，地处色楞格河古河道左岸的一个台地上，其北约 400 米有色楞格河的支流伊沃尔加河流过。该城址发现于 1928 年并作初步考察，1949 年和 20 世纪 60～90 年代多次进行发掘，发掘面积计约 7000 平方米[1]。

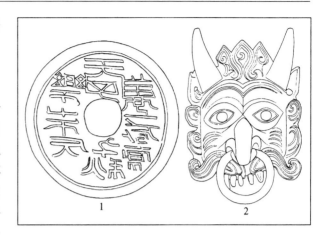

图 13－10　俄罗斯阿巴坎宫殿建筑基址出土遗物
1.文字瓦当　2.铜铺首衔环

该城址（"大城"）东部因河流冲刷而毁坏，平面形制为不规整的长方形，现存南北长 248 米，东西宽 194～216 米。城墙系由挖掘壕沟的土堆成的不高的土堤构成，土堤内外共四道，其间隔以壕沟，总宽 35～38 米，最外侧的城墙高出其内侧壕沟约 50 厘米。城墙顶部用石块加固，石砌墙顶呈带状分布，宽近 50 厘米。沿内侧城墙发现有柱洞遗迹，推测当时有沿其内侧分布的栅栏。南墙上发现有三个豁口，是否是城门尚未可知。城内发掘出大量的建筑遗迹，包括房址 54 座、不规则的取土坑、竖穴式窖穴、沟渠、水井以及冶铁的炼炉遗迹等。房址绝大多数为半地穴式，深 55～110 厘米不等，地面和墙壁涂敷以黏土；平面呈长方形，南向，多为 2.8 米×3.2 米的小型房屋，最大者长 6.85 米、宽 6.65 米；有的房址的南墙东端发现有门道，房内设有窖穴；一般房址东北角有石板砌成的灶，由灶沿北墙和西墙设有烟道并用作火墙；房顶由椽木、盖木层、涂泥层、小木棍和树枝条层、桦树皮和干草层以及最外面的草皮层构成。F9 是建于城址中部小土丘上的一座长方形地面建筑，长 13 米、宽 11.5 米，发掘者认为可能是城的管理者的居处。另外，"大城"以南约 100 米处，还有一处残存为方形的所谓"小城"，边长约 160 米，但城内未发现文化层堆积，据此被认为是牲畜圈或建造"大城"时使用的临时性城堡。"大城"内出土遗物丰富，有陶盆、罐、壶、瓮等陶器皿，骨角制生产工具、兵器、用具及装饰品，铁制生产工具、用具及箭镞和铠甲片，铜箭镞、带扣、马具、盆、镞、镜等青铜制品，以及耳杯等石制品等。其中，属于汉文化遗物的主要有铜镜、五铢钱、铜盆、铁生产工具、铠甲、石耳杯以及骨刷子柄等。

伊沃尔加墓地位于伊沃尔加城址东北约 400 米处，面积约 8000 平方米。1956 年发现，1956～1970 年间进行了全面发掘，共发掘墓葬 216 座，其中 30 座未经盗扰。墓葬结构绝大多数是圆角长方形竖穴土坑墓，另有少量的瓮棺葬和地表掩埋葬。竖穴土坑墓深 15～225 厘米不等，有的墓底两侧或四周有生土二层台。墓葬头向大多为北向或东北向，少量为东向。大多是单人葬，少量是两人或三人合葬，葬式绝大多数为仰身直肢葬。墓葬大多

〔1〕　潘玲：《伊沃尔加城址和墓地及相关匈奴考古问题研究》，科学出版社，2007 年。

有葬具，少量直接葬在土坑内或在地表掩埋。葬具类型多样，主要是木板制成的木棺，其次为简易的木椁，另有少量的椁内放置木棺、独木棺、石板棺和瓮棺等类型。随葬品不甚丰富，陶器一般一两件，最多7件，多放在死者头前或头厢内；头前或头厢内往往发现有绵羊、山羊、牛、猪、狗等家畜骨骼，有8座墓发现有漆器残片；腰部往往发现有带扣、带饰以及佩挂在腰间的兵器、工具以及生活用具等。陶器以各种形制的罐最为常见，另有少量的单耳大口罐、圈足罐、镟、盆等；带具以及佩挂物品主要有铁带扣、铜带扣、铜带饰、铜铃、铜多环钮小壶、海贝和仿海贝以及各种坠饰、铁带钩、五铢钱等；兵器和工具主要有箭囊、箭镞、弓弭，铁小刀、锥、短剑、钩等；另有铜镟1件、石小罐1件等。其中可以确认为汉文化遗物者有漆器、五铢钱、铁带钩和柱铤三棱镞等。

关于伊沃尔加城址和墓地的年代，最新的研究成果认为，其"年代范围在公元前3世纪末至公元前1世纪，年代主体在公元前2世纪末至公元前1世纪前期"。尽管伊沃尔加城址是一个地域性的生产聚落，墓地的被葬者主要是城中居住的农业和手工业者，与匈奴社会主体的居民构成并不相同，但城址和墓地是同时并存的，并且城址经过大规模发掘，墓地是首次全面揭露的匈奴墓地，而出土遗物中又包含多种汉文化器物，因此，它们在匈奴考古以及汉匈关系研究中具有重要的价值是不言而喻的。

（三）诺音乌拉墓地

诺音乌拉墓地位于蒙古国中央省巴特苏木布尔的诺因乌拉山（Noin-ula），地处色楞格河上游河畔，南距乌兰巴托约122公里。墓葬分布于苏珠克特、珠鲁木特和吉德吉尔特三个谷口，已发现墓葬200余座。1924～1925年苏联学者首次发掘8座大墓和4座小墓[1]，1927年和1954～1955年间蒙古国学者发掘墓葬17座（包括2座大墓）、祭坛9个，20世纪60年代又进行过发掘[2]。

这里的大型墓葬结构复杂，地表有方形坟丘，面积最大者35米×35米。墓室大致呈方形，长、宽一般在10米以上，四面有台阶；南面有斜坡式墓道，长10～22.5米。葬具为重椁单棺。墓底铺设圆木或枋木，其上四壁垒砌圆木以构建两重椁室，再用圆木盖顶。椁底铺有动物纹样的毛毡，椁壁张挂织物，内、外椁之间放置随葬品。椁内一侧放置木棺，有的木棺上覆盖有刺绣出动物和树木等纹样的毛毡或装饰金箔的丝织品，棺内也衬以丝织品；有的木棺表面用多种颜色漆绘花纹。木棺用松木板材组合而成，底板和顶板四周外凸呈檐状，其中12号墓的木棺长2.1米、宽0.77米、高0.85米。随葬品丰富，包括铜镟、车马器、木桌、动物纹牌饰等典型的匈奴文化遗物；来自安息、大夏和小亚细亚等地的毛织品；汉朝文物有铜灯、壶、镜，织有"仙境"、"皇"等汉字的织锦，"建平五年"（公元前2年）纪年铭漆耳杯等；墓内普遍随葬发辫，最多的一墓有85条。有些大墓的两侧发现有祭祀坑，坑内出土有木头灰烬以及少量畜骨、陶片、铁器和漆器残片等。普通墓葬为竖穴土坑墓，地表有圆形坟丘，直径13～17米。随葬品较少，或仅见陶器；或随葬

---

[1] 包括捷普楼霍夫发掘的第12号、24号墓。
[2] 梅原末治：《蒙古ノイン・ウラ発见の遗物》，東洋文庫，1960年。

有铁灯、马具、箭镞，铜镬、壶、铃，以及漆器和丝织品等，其中大量属于汉文化遗物。

关于墓地的年代，一般认为是公元前 1 世纪至公元 1 世纪。大型墓葬系匈奴单于或高级贵族之墓，随葬品丰富，来源多样，是匈奴社会和文化、汉匈关系以及东西方文化交流研究的珍贵实物资料。

（四）都尔利格纳尔斯墓地

都尔利格纳尔斯墓地位于蒙古国肯特省东北部巴彦阿德拉格苏木巴彦村以南缓坡丘陵的都尔利格纳尔斯（Duurlig Nars），地当鄂嫩河上游右岸。该墓地是蒙古国东部最大的一处匈奴墓地[1]，1991～1992 年日本学者调查确认匈奴墓 167 座[2]，坟丘大多为方形，少数为圆形，其中包括 6 座带墓道的大型墓葬。2006～2007 年，蒙古国和韩国学者联合发掘 3 座。其中，2 号墓是一座带墓道的大型墓葬，以饰有黄金装饰的木棺作为葬具，随葬有黑色漆木制马车、青铜容器、玉器、马具、漆器以及其他随葬品。3 号墓和 4 号墓为长方形竖穴土坑墓，出土有黄金带具、铜壶等。

出土遗物包括陶器、铜器、铁器、玉器、漆器、黄金制品以及玉石珠饰等。陶器主要是各种形制的罐和壶。铜器中有圈足双耳镬、高圈足带錾壶、盆、盘、行灯、镜、棍棒式权杖、小件车器和马具等。铁器主要是车器、马具、铁刀（铜环首）、箭镞等。玉器有玉璧、穿孔菱形玉片和璜形玉片等。漆器均为残迹。黄金制品主要有金花叶等棺饰、带具、嵌玉金饰、多面花球等。其中属于汉器者主要有铜盆、盘、行灯、镜，铁车軎、车钏，玉璧以及漆器等。根据其出土遗物，可知其年代约当西汉时期。

二　蒙古—西伯利亚地区匈奴遗存中的秦汉文物

蒙古—西伯利亚地区匈奴墓葬和城址出土遗物中，来自秦汉王朝的文物多见[3]。据已掌握的材料，发现秦汉文物的遗址和墓地除前述四处外，还有俄罗斯外贝加尔地区的德列斯图依墓地、切列姆霍夫墓地（Cheremukhovaia Pad）、伊里莫瓦山谷墓地（Il'movaya Pad）[4]、苏吉墓地；蒙古国色楞格省的鄂尔浑图勒（Orhon Tuul）匈奴墓[5]，达尔汗乌拉的达尔汗山（Darhan）墓地，布尔干省的额金河（Egiyn Gol，又译作"埃格河"）Ⅰ号墓

〔1〕 National Museum of Mongolia and National Museum of Korea（2009），*Xiongnu Tombs of Duurlig Nars*，Ulaanbaatar.

〔2〕 三宅俊彦、加藤真二：《关于蒙古国鄂嫩河中游地区的匈奴墓地调查》，《内蒙古文物考古》1996 年第 1、2 期合刊。

〔3〕 本节各遗址和墓地的资料除注明者外，均依据下述文献。
A. 乌恩：《论匈奴考古研究中的几个问题》，《考古学报》1990 年第 4 期。
B. 潘玲：《伊沃尔加城址和墓地及相关匈奴考古问题研究》，科学出版社，2007 年。
C. 单月英：《匈奴墓葬研究》，《考古学报》2009 年第 1 期。

〔4〕 臼杵勳：《モンゴルの匈奴墓》，《奈良国立文化財研究所創立 40 周年記念論文集：文化財論叢（Ⅱ）》第 773 頁，同朋舍，1995 年。

〔5〕 蒙古国色楞格省历史博物馆展出资料。

地，中央省的莫林托勒盖（Morin Tolgoi）墓地，后杭爱省的高勒毛都墓地（Gol Mod）[1]、那伊玛托勒盖墓地、苏勒碧乌拉墓地、呼都格托勒盖墓地[2]，前杭爱省的台布希乌拉墓地[3]；俄罗斯西西伯利亚地区额尔齐斯河流域的伊斯梯雅库、玛尔科沃（Markovol）I 号墓地，原叶尼塞省（Eniseiskaia）以及米努辛斯克盆地[4]等。出土的秦汉文物种类多样，大致可分为钱币、铜器、铁器、车马器、玉器、漆器、丝织品及其他汉朝文物。

（一）钱币

五铢钱，伊沃尔加墓地的 4 座墓葬共出土 5 枚，大多用作腰带上的坠饰。其中 34 号墓出土的一枚，"五"字交笔斜直，"朱"字旁的字头方折（图 13-11-5）；190 号墓出土的一枚，"五"字交叉的两笔较直略有弯曲（图 13-11-4），它们都明显具有汉武帝时期五铢钱的特征。另外，德列斯图依墓地共有 4 座墓出土计 7 枚（图 13-11-1～3、6～8）。其他墓地也多有发现。

货泉，苏勒碧乌拉 1 号墓出土 6 枚，形制特征相同，直径为 2.3 厘米，出土时用线绳穿系，并且方穿内有小木棒[5]。

（二）铜镜

铜镜发现地域广，出土数量多。虽然几乎都是残片，很少见到完整者，但可以断定它们属于汉镜，并且其年代也易于判定。主要有涡卷纹地连弧纹镜、

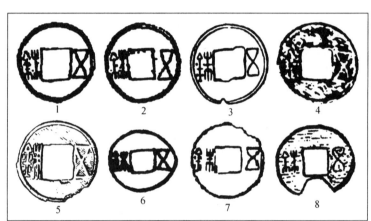

图 13-11　俄罗斯外贝加尔地区匈奴墓出土五铢钱
1～3.德列斯图依墓地出土　4.沃尔加 190 号墓出土　5.伊沃尔加 34 号墓出土　6～8.德列斯图依墓地出土　（1、2、4、6～8.拓本）

[1]　A. Desroches, Jean-Paul and André, Guilhem *et al*. （2007），*Mongolie，les Xiongnu de l'Arkhangaï*. Oulan-Bator：Admon（法文，中国社会科学院考古研究所金文馨翻译）。
　　B. 安纬、奚芷芳：《蒙古匈奴贵族墓地初步研究》，《考古学报》2009 年第 1 期。
[2]　中国内蒙古自治区文物考古研究所、蒙古国游牧文化研究国际学院、蒙古国国家博物馆：《蒙古国古代游牧民族文化遗存考古调查报告（2005～2006 年）》第 144、148 页，文物出版社，2008 年。
[3]　Э. А. 诺芙哥罗多娃：《蒙古的考古发现与古代史问题》，《考古学参考资料》第 1 集第 77 页，文物出版社，1978 年。
[4]　村上恭通：《シベリア·中央アジアにおける漢代以前の鏡について》，《名古屋大学文学部研究論集·史学》第 39 号第 105～110 頁，1992 年。本节有关铜镜的资料除注明者外均据此。
[5]　臼杵勳：《モンゴルの匈奴墓》，《奈良国立文化財研究所創立 40 周年記念論文集：文化財論叢（Ⅱ）》第 781 頁，図 6-2，同朋舍，1995 年。

花叶禽鸟纹镜、蟠螭纹镜、草叶纹镜、星云纹镜、四乳四虺纹镜、四乳四神镜、四乳鸟兽纹镜、多乳禽兽纹镜、连弧纹铭带镜、博局纹镜、云雷连弧纹镜、环状乳神兽镜等镜类。

涡卷纹地连弧纹镜，伊沃尔加 49 号房址出土残片 1 件，复原为匕形缘，涡卷纹地上饰六组内向连弧纹作为主纹，直径 16 厘米。此类铜镜流行于战国晚期，但西汉早期仍可见到[1]。类似的残片还发现于米努辛斯克盆地。

花叶禽鸟纹镜，伊沃尔加 57 号坑出土残片 1 件，复原为镜钮周围有一方格框、主纹区为花叶和四禽鸟的花叶纹镜，直径 12 厘米（图 13 - 12 - 14）。此类铜镜属于战国镜[2]，但下限可到西汉初年。

蟠螭纹镜，鄂毕河中游的原叶尼塞省发现残片 1 件，残存部分匕形缘、涡卷纹地蟠螭纹主纹以及圆圈钮座（图 13 - 12 - 15）。都尔利格纳尔斯 2 号墓出土残片 1 件，匕形缘，主纹区的蟠螭纹上饰一周凹弦纹以及乳钉（图 13 - 12 - 16）。此类铜镜的年代约当秦代至汉初。

草叶纹镜，伊沃尔加 41 号房址出土残片 1 件，复原为十六内向连弧纹缘的四乳草叶纹镜，直径 14.4 厘米。西西伯利亚的玛尔阔沃Ⅰ号墓地 8 号墓堆出土残片 1 件，镜钮四周有一方格框，框内残存铭文"思君王"，方格框外侧饰乳钉和草叶纹，复原直径 8.4 厘米（图 13 - 12 - 8）。此类铜镜流行于西汉早期至中期。

星云纹镜，伊沃尔加 10 号坑和 37 号房址各出土残片 1 件，仅残存部分镜缘，复原直径分别为 12 厘米和 8.2 厘米。此类铜镜出现于西汉中期，流行于西汉中晚期。

四乳四虺纹镜，伊里莫瓦 3 号墓出土 1 件，残存铜镜之大半（图 13 - 12 - 17）。额金河Ⅰ号墓地也出土残片 1 件。

四乳四神镜，伊里莫瓦 38 号墓出土 1 件，残存部分宽平镜缘、栉齿纹带、乳钉及白虎纹样（图 13 - 12 - 1）。

四乳禽兽纹镜，恩赫尔 85 号墓出土 1 件，残存部分宽平镜缘、栉齿纹带、乳钉及禽鸟纹样（图 13 - 12 - 12）。

多乳禽兽纹镜，诺因乌拉 25 号墓出土残片 1 件，铸造不精，主纹区在两周栉齿纹带之间饰连弧纹座乳钉，乳钉间饰禽鸟、瑞兽以及涡卷纹，镜缘饰减地连体变形鸟兽纹带和锯齿纹带，复原为七乳禽兽纹镜，直径 18.5 厘米（图 13 - 12 - 4）。其年代约当新莽时期前后。此类铜镜的残片，还发现于台布希乌拉 8 号墓等地。

连弧纹铭带镜，包括多种类型。"日光"连弧纹铭带镜，伊里莫瓦 3 号墓出土 1 件，残存部分镜缘、栉齿纹带、"见日之"铭文以及内向连弧纹带（图 13 - 12 - 10）；与之相近的残片还出土于苏吉墓地、额金河Ⅰ号墓地；米努辛斯克盆地发现的 1 件，铭文为"见日之光兮君令长毋相忘□"，直径 7.5 厘米。"昭明"连弧纹铭带镜，伊里莫瓦 51 号墓出土 1件，残存部分镜缘及其内侧的栉齿纹带、"而明"铭文、内向连弧纹带，直径 8 厘米（图

〔1〕　A. 湖北省博物馆：《光化五座坟西汉墓》，《考古学报》1976 年第 2 期。
　　　B. 湖北省荆州博物馆：《荆州高台秦汉墓》第 107 页，科学出版社，2000 年。
〔2〕　湖北省文物考古研究所、襄樊市考古队、襄阳区文物管理处：《襄阳王坡东周秦汉墓》第 168 页，科学出版社，2005 年。

图 13-12　蒙古—西伯利亚地区出土汉朝铜镜

1. 四乳四神镜（伊里莫瓦 38 号墓出土）　2. 博局纹镜（恩赫尔墓地出土）　3. 博局纹镜（莫林托勒盖墓地出土）
4. 多乳禽兽纹镜（诺因乌拉 25 号墓出土）　5. "清白"连弧纹铭带镜（台布希乌拉 7 号墓出土）　6. 连弧纹铭带镜（额金河 I 号墓地出土）　7. 博局纹镜（切列姆霍夫 15 号墓出土，拓本）　8. 草叶纹镜（玛尔阔沃 I 号墓地 8 号墓堆出土）　9. 连弧纹铭带镜（伊里莫瓦 51 号墓出土）　10. "日光"连弧纹铭带镜（伊里莫瓦 3 号墓出土）　11. 博局纹镜（额金河 I 号墓地出土）　12. 四乳禽兽纹镜（恩赫尔 85 号墓出土）　13. 博局纹镜（切列姆霍夫 2 号墓出土，拓本）　14. 花叶禽鸟纹镜（伊沃尔加 57 号坑出土）　15. 蟠螭纹镜（原叶尼塞省出土）　16. 蟠螭纹镜（都尔利格纳尔斯 2 号墓出土）　17. 四乳四虺纹镜（伊里莫瓦 3 号墓出土）　18. 云雷连弧纹镜（高勒毛都 1 号墓出土）　19. 博局纹镜（高勒毛都 25 号墓出土）

13-12-9）；这种铜镜及其残片还发现于恩赫尔 19 号墓、额金河 I 号墓地（图 13-12-6）、那伊玛托勒盖 21 号墓[1]、呼都格托勒盖 2 号墓[2]等地。"清白"连弧纹铭带镜，台布希乌拉 7

---

[1] 本资料由韩国中央博物馆安京淑提供，中国社会科学院研究生院考古系赵相勋翻译。

[2] 臼杵勳：《モンゴルの匈奴墓》，《奈良国立文化財研究所創立 40 周年記念論文集：文化財論叢（Ⅱ）》第 781 頁，図 5-1，同朋舍，1995 年。

布希乌拉 7 号墓出土残片 1 件，可以复原（图 13 - 12 - 5）。俄罗斯米努辛斯克盆地的别依斯克村发现残片 1 件[1]，镜缘饰流云纹带和锯齿纹带，主纹区饰栉齿纹带、铭文带和内向连弧纹带，铭文残存"去不祥与天无极"等。

博局纹镜，切列姆霍夫 15 号墓出土残片 1 件，残存部分饰双线锯齿纹的花纹缘、栉齿纹带、TLV 纹以及白虎纹样，复原为四神博局纹镜，直径 10.8 厘米（图 13 - 12 - 7）。与之相同的博局纹镜残片还发现于蒙古国的高勒毛都 20 号墓[2]、都尔利格纳尔斯 2 号墓等地。切列姆霍夫 2 号墓出土的残片 1 件，镜缘饰变体枝叶纹带，主纹区饰栉齿纹带、博局纹以及动物纹样，复原为四神博局纹镜，直径 12.2 厘米（图 13 - 12 - 13）。高勒毛都 25 号墓出土 1 件[3]，残存部分饰锯齿纹带的镜缘、栉齿纹带、博局纹及小乳钉等，复原为简化八乳博局纹镜（图 13 - 12 - 19）。恩赫尔墓地出土残片 1 件，镜缘饰两周锯齿纹带和一周波折纹带，其内侧饰栉齿纹带和铭文带，残留铭文"不知老渴饮玉泉"等（图 13 - 12 - 2）。切列姆霍夫 12 号墓出土的铜镜镜缘残片[4]，也应属于博局纹镜，复原直径 10.3 厘米。博局纹镜残片还发现于鄂尔浑图勒匈奴墓[5]、额金河 I 号墓地（图 13 - 12 - 11）、莫林托勒盖墓地（图 13 - 12 - 3）、那伊玛托勒盖 63 号墓，以及米努辛斯克盆地[6]等。

云雷连弧纹镜，高勒毛都 1 号墓出土残片 1 件，仅残存部分镜缘及其内侧的栉齿纹带和云雷纹带，复原直径 27.4 厘米（图 13 - 12 - 18）。此类铜镜还发现于西西伯利亚的伊斯梯雅库等地。

环状乳神兽镜，米努辛斯克盆地的沙拉博利诺村出土残片 1 件[7]，花纹缘，主纹区饰半圆枚、"日月天王"铭方枚、栉齿纹带等，可以复原。其年代为东汉晚期。

上述之外，铜镜残片还发现于色楞格省的达尔汗山等地。

（三）铜器皿

铜器皿常有发现，但大多残破，主要有鼎、盆、盘、釜、盂、行灯等。

鼎，高勒毛都 20 号墓[8]出土 1 件，已残，系高蹄足、双附耳的腰檐鼎。

[1] Е. И. 鲁沃-莱斯尼琴科：《米努辛斯克盆地外来铜镜——关于南西伯利亚古代居民对外联系的问题》第 38、39 页，图版 5，东方文化总编辑部，1975 年（俄文，陈春生翻译）。

[2] СН. 叶罗尼额尔德尼、J. 冈图拉嘎：《一座北匈奴墓的研究》，《考古学研究》第 26 卷第 9 期第 160 页，2008 年，（蒙文，中国社会科学院边疆史地研究中心阿拉腾奥其尔翻译）。

[3] 该器被日本学者村上恭通称之为"呼尼果拉墓地 25 号墓出土镜"。

[4] 该器吉林大学边疆考古研究中心潘玲称出自 12 号墓，而村上恭通称出自 38 号墓，这里从潘玲说。

[5] 蒙古国色楞格省历史博物馆展出资料。

[6] Е. И. 鲁沃-莱斯尼琴科：《米努辛斯克盆地外来铜镜——关于南西伯利亚古代居民对外联系的问题》第 39 页，图版 6、7，东方文化总编辑部，1975 年（俄文，陈春生翻译）。

[7] Е. И. 鲁沃-莱斯尼琴科：《米努辛斯克盆地外来铜镜——关于南西伯利亚古代居民对外联系的问题》第 40 页，图版 9，东方文化总编辑部，1975 年（俄文，陈春生翻译）。

[8] СН. 叶罗尼额尔德尼、J. 冈图拉嘎：《一座北匈奴墓的研究》，《考古学研究》第 26 卷第 9 期，2008 年（蒙文，阿拉腾奥其尔翻译）。

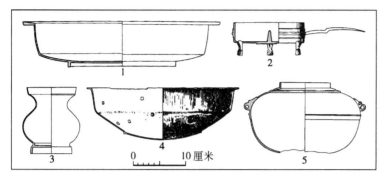

图 13-13　蒙古—西伯利亚
地区出土汉朝铜器皿
1.盘（诺因乌拉 25 号墓出土）
2.行灯（诺因乌拉 25 号墓出土）
3.盂（诺因乌拉 25 号墓出土）
4.盆（伊沃尔加 2 号房址出土）
5.釜（诺因乌拉 25 号墓出土）

盘，诺因乌拉 4 号、6 号、25 号墓均有出土，形制大致相同，但均已残破。其中 25 号墓出土的 1 件，器壁较薄，素面，折沿，直壁，平底，矮圈足，复原口径约 37 厘米，高约 8 厘米（图 13-13-1）。这种铜盘还发现于都尔利格纳尔斯 2 号墓等地。

盆，伊沃尔加 2 号房址出土 1 件，器壁薄而均匀，似为捶揲锻制而成。折沿，上腹直壁，下腹斜收，圜底，口径 30.5 厘米，高 9 厘米（图 13-13-4）。都尔利格纳尔斯 2 号墓出土 1 件，已破碎。

釜，诺因乌拉 25 号墓出土 2 件，器壁较薄，均残。其中一件，直口，圆肩，圆鼓腹，肩部有一对铺首，肩下有凸棱一周，底部残缺，复原口径约 9.5 厘米，最大腹径 21 厘米（图 13-13-5）。这种釜一般与甑配套使用。

盂，诺因乌拉 25 号墓出土 1 件，薄壁，略残，大口，束颈，鼓腹，大圈足，高约 11 厘米（图 13-13-3）。

行灯，诺因乌拉 25 号墓出土 1 件，三足浅盘状，直口，直壁，平底，底中央有凸起的锥状灯芯，外底附三蹄足，器壁中部一侧伸出一板状把手，盘径 13 厘米（图 13-13-2）。与之相同的行灯，还发现于都尔利格纳尔斯 2 号墓等地。

（四）铁器

匈奴文化遗存发现的铁器中，虽然有些不易确定是否属于汉器，但有些车马器以及下述之锸、镢、斧、镰刀、犁铧和铠甲等显然属于汉器。

锸，伊沃尔加城址出土 1 件，"凹"字形（图 13-14-3）。

镢，伊沃尔加城址有所发现，多残，器体略呈长方形，銎口也呈长方形。

镰刀，伊沃尔加城址出土有两种，一种大致呈直体长条形，柄端卷折；另一种前头内弯，柄端也向一侧卷折；长 16～21.5 厘米（图 13-14-1、2）。

犁铧，伊沃尔加 14 号房址出土 1 件，整器大致呈梯形，銎口也呈梯形，正、背面中部各有一钉孔，长 11 厘米、宽 8 厘米（图 13-14-4）。

铠甲片，伊沃尔加城址 49 号房址发现的甲片，略呈长方形，上缘平直，下缘呈圆角弧形，两侧及下缘各有两个穿孔，长约 3.3 厘米、宽约 3 厘米。尽管锈蚀严重，但就其形制而言，与汉长安城武库出土的Ⅱa 型甲片以及呼和浩特二十家子古城出土的Ⅹb 型甲片[1]基本相同。

---

[1]　白荣金、钟少异：《甲胄复原》第 221、238 页，大象出版社，2008 年。

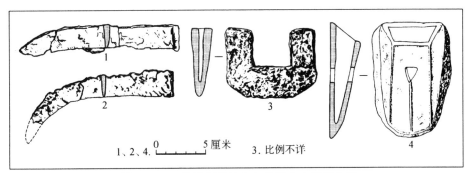

图13-14　俄罗斯伊沃尔加城址出土汉朝铁器
1、2.镰刀　3.凹口锸　4.犁铧

（五）车马器

车马器多有发现，包括铁制品和铜制品，故单列一类。主要的有车害、车钉、车锏、盖弓帽、当卢、马衔和马镳等，其他小件金属车马器以及难以确定为汉器者略而不述。

车害，诺因乌拉23号墓出土一对铜车害，圆筒状，内端呈喇叭状，中部有一凸棱，外端封闭隆起并伸出一扳手，通长约11厘米。与此相似者还发现于6号墓，以及高勒毛都20号墓等地。诺因乌拉34号墓出土一件铜车害，形体略小，内端呈圆盘状，其外侧装有铁辖；外端封闭隆起，其内侧有一周凸棱；表面鎏金。形制与之相近的车害还发现于都尔利格纳尔斯2号墓，但为铁制。

车钉，高勒毛都墓地出土的铁车钉，体呈圆筒形，一端向外伸出两个或三个凸起。

车锏，都尔利格纳尔斯2号墓出土有铁车锏，呈薄壁圆筒形。

盖弓帽，大多为铜制，结构大致相同，即圆筒形，顶部封闭，底端敞开以纳盖弓，中部一侧伸出一棘爪，但顶部形制多有差异。诺因乌拉墓地多有出土，并且漆木制盖弓尚有残留。如25号墓所出，顶部呈尖顶蘑菇形；12号墓所出，顶部呈算珠形；3号墓所出，顶部均为中央凸起的四叶花形；2号墓和37号墓所出，顶部均大致呈四叶花形，且均为鎏金；6号墓等也有出土。与诺因乌拉25号墓所出相同的盖弓帽，还发现于高勒毛都20号墓、都尔利格纳尔斯2号墓等地。它们无论其形制还是结构，均为汉代所常见。

当卢，诺因乌拉20号墓出土有铜当卢，平面呈尖头鞋底形，正面素面，背面上、下部各有两个竖向铁制鼻钮以供连接，长26厘米。与之形制相近的铁当卢，都尔利格纳尔斯2号墓等地也有出土。

马衔，诺因乌拉4号墓出土有铁衔，一端已残，两节直棍形，两端均呈圆环状，中间用连环套接，全长近20厘米。该墓地6号、29号墓也有出土。与之相同的铁衔，还发现于高勒毛都20号墓等地。

马镳，诺因乌拉4号墓出土有铁镳，两端均残，大致呈S形，中间较厚、有两孔，两端扁宽。该墓地6号、29号墓也有出土。

除上述之外，有的大型匈奴墓还出土有马车。如查拉姆7号墓出土马车2辆[1]，其

〔1〕　该资料由中国社会科学院考古研究所陈凌见告。

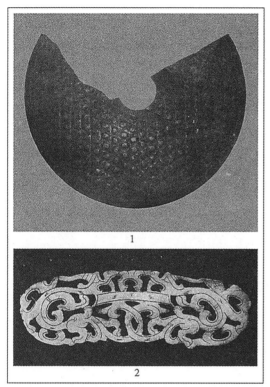

图13-15　蒙古国出土汉朝玉器
1.玉璧（都尔利格纳尔斯2号墓出土）
2.玉佩（诺因乌拉12号墓出土）

中一辆较为完整，带有内髹红漆的伞盖、车厢等，但无使用痕迹，可能是专门为随葬而特制的明器。

（六）玉器

玉器发现不多，且大多是装饰品，主要有玉佩、玉人、玉璧、玉璜以及其他装饰品等。

玉佩，诺因乌拉12号墓出土1件，由乳白色玉片透雕而成，透雕成龙首相对、龙尾缠绕的双龙形，细部加以线刻，表面光滑，横长11厘米、宽3.6厘米（图13-15-2）。与之相似的双龙玉佩饰曾发现于河北定县北陵头43号东汉墓[1]。

玉人，诺因乌拉23号墓出土1件，由薄玉片雕刻成戴冠、穿长袍的立姿人物形象，高6.6厘米。

玉璧，诺因乌拉1号墓木棺附近出土的29件玉器片中，包含玉璧1件。玉璧由带褐色晕斑的青白玉制成，素面，表面光滑，直径12.7厘米、好径4厘米、厚0.6厘米。都尔利格纳尔斯2号墓出土残片1件，青玉制成，系典型的西汉谷粒纹玉璧（图13-15-1）。

玉璜，诺因乌拉1号墓出土2件，由墨玉薄片加工而成，素面，表面光滑，形制大致相同。其中大的一件，横长24.2厘米、厚0.5厘米，上缘有3个穿孔，下缘有2个穿孔；小的一件，横长15.7厘米，上缘中部1个穿孔，下缘有2个穿孔。类似的玉璜残片，诺因乌拉6号墓也有出土。

上述之外，诺因乌拉墓地1号、4号墓等还出土周缘有数量不等的小穿孔的长方形、圆角梯形、椭圆形以及不规则形玉片，3号、25号墓出土有玉珠、玉管等装饰品；都尔利格纳尔斯2号墓出土边缘有小穿孔的璜形和菱形白色玉片，应为佩饰；高勒毛都I号墓地出土玉觿1件，绿色半透明，周缘及中央阴刻细线纹，顶端有2个并排的穿孔，其年代为东汉时期。

（七）漆器

漆器多有发现，但一般保存状况不佳。诺因乌拉墓地出土漆器最为丰富且保存较好，主要有耳杯、盘、奁、兽形尊等器类。

---

[1]　定县博物馆：《河北定县43号汉墓发掘简报》，《文物》1973年第11期。

耳杯，诺因乌拉 5 号、6 号、12 号、23 号墓等均有出土，计 8 件以上。其中 6 号墓出土的一件耳杯，木胎，长 16 厘米、宽 12 厘米、高约 5 厘米；通体髹黑漆，外壁黑漆之上主要用朱漆绘出圆圈涡纹带和凤鸟纹；双耳饰鎏金铜釦，矮圈足；外底朱书"上林"二字；圈足外侧针刻 17 个字的铭文："建平五年九月工王潭经画工获壶天武省"（图 13 - 16）。5 号墓出土耳杯，胎质、形制、大小及其花纹与 6 号墓耳杯相同，但双耳残缺；下腹部近圈足处针刻铭文 69 个字："建平五年蜀郡西工造乘舆髹〔丹〕画木黄耳杯容一升十六龠素工尊髹工褒上工寿铜耳黄涂工宗画工□〔丹〕工丰清工白造工□造护工卒史巡守长克丞骏掾丰守令史严主"。23 号墓出土耳杯 4 件，形制、纹样、大小均相同，木胎，长 13.3 厘米、高 4.2 厘米；通体髹黑褐色漆，其上漆绘出虺龙纹简化而成的草叶涡卷纹；外底刻有相同的符号，或为物主标记。

盘，诺因乌拉 6 号墓出土 1 件，已朽，仅残存属于同一漆盘的鎏金铜釦 2 个，复原口径为 20.6 厘米。

奁，诺因乌拉 12 号墓出土残漆圆奁盖 1 件，夹纻胎，器表髹黑漆；盖顶隆起，中央有四叶座装饰；盖体周围用金镂并用漆绘构成三周装饰纹带，纹样内容为车马、乘舆、人物以及怪兽、飞禽、云气、山林等，精致华美；内壁髹朱漆，其上用黑漆绘出纹样；复原口径约 21 厘米、高约 14 厘米。

兽形尊，诺因乌拉 6 号墓出土 1 件，用一整块木材刳制而成，整器呈伏卧状动物形，口部装有一木塞；素漆，内外均通体髹褐色漆，仅口沿部髹黑漆；高 16.2 厘米。器形犹如汉代的虎子，但背部没有提梁。

除上述之外，诺因乌拉 1 号墓出土有漆盒残片，6 号墓出土有嵌玉漆器残片等；伊沃尔加墓地至少有 8 座墓发现有耳杯等漆器的残片；伊里莫瓦墓地、德列斯图依墓地、切列姆霍夫墓地、高勒毛都墓地、台布希乌拉墓地[1]以及都尔利格纳尔斯 2 号墓等地也有发现。

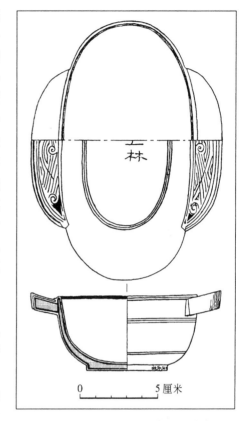

图 13 - 16　蒙古国诺因乌拉 6 号墓出土汉朝漆耳杯

（八）丝织品

丝织品在不少墓地都有发现，但多保存不佳，且报告不详。诺因乌拉墓地出土丝织品

---

〔1〕　乌恩：《论匈奴考古研究中的几个问题》，《考古学报》1990 年第 4 期。

种类丰富，数量多，简要介绍如下。

诺因乌拉墓地的大型墓中，均有丝织品出土。其中，既有出土于4号、6号、12号墓等用丝织品制作的冠帽、抹额、披肩、发辫袋、长袖上衣、袴、履、鞋垫、袜子等，又有张挂于椁室四壁上的丝织品。就丝织品的种类而言，主要有绢、织锦、绫、纱和刺绣等，其中尤以织锦数量多、种类多样。

山岳双禽树木纹锦，出土于12号墓，残长192厘米。平纹六重经组织，红色地，用白色、茶色和黄色丝线织出树木、双禽以及山岳等图案。

云气仙人纹锦，出土于1号墓，幅宽49.1厘米。平纹重经组织，用色线织出连续的云气纹和山岳纹，其间织出骑马仙人和有翼怪兽等图案，以及自左至右的汉字"新神灵广成寿万年"。6号墓出土的连袜袴也是用这种织锦缝制而成。

云气禽鸟纹锦，出土于6号墓，平纹三重经组织，用色线织出连续的波浪状云气山岳纹以及树木，山岳间织出上下相对的站立的禽鸟，以及分布于纹样之间的"……颂昌万岁宜子孙"等汉字（图13-17-2）。

云气兽纹锦，出土于1号、33号、47号、59号墓等，幅宽49.1厘米。平纹三重经组织，用色线织出连续的U字形云气纹，云气纹之间用不同的色线织出猿猴、狮子、虎、马等站立的动物图案，以及反复出现的"簍山"等字样（图13-17-1）。

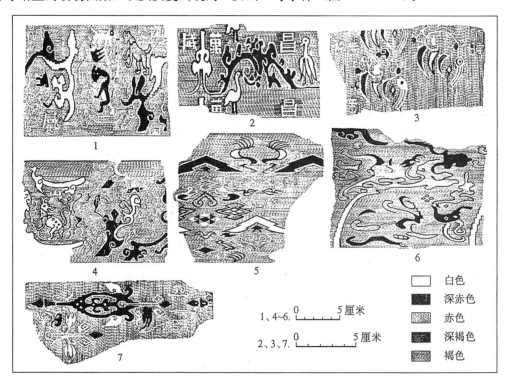

图13-17 蒙古国诺因乌拉墓地出土汉朝织锦纹样

1.云气兽纹锦 2.云气禽鸟纹锦 3.变体禽鸟纹锦 4.云气仙山兽纹锦 5.禽鸟菱形纹锦

6.流云禽兽纹锦 7.草叶花纹锦

云气仙山兽纹锦，出土于 1 号、39 号墓，平纹重经组织，用色线织出连续的涡卷云纹以及山岳，其间织出虎、狮子、犀牛等动物图案，图案之间重复织出"广山"字样（图 13-17-4）。

流云禽兽纹锦，出土 23 号墓，平纹三重经组织，用白、红、褐色丝线织出旋转的流云以及山岳，云气间织出展翅的立鸟和吞云吐雾的翼兽，充满梦幻的意境（图 13-17-6）。

变体禽鸟纹锦，出土于 6 号、90 号墓，平纹重经组织，在红地上用色线织成交互出现的花形变体展翅禽鸟纹和卷云形简化鸟首与鸟尾图案，图案单元之间织出"游成君时亏意"等字样（图 13-17-3）。

禽鸟菱形纹锦，出土于 6 号墓，平纹三重经组织，用白、红、褐色丝线织出各种各样的菱形纹样，菱形之间饰涡卷状云头纹，图案单元之间织出一对飞翔的长尾鸟（图 13-17-5）。

草叶花纹锦，6 号墓的发辫袋系由此制成。平纹重经组织，用色线织出上下连续的草叶、左右交互出现的变体花朵等图案（图 13-17-7）。

双鱼纹锦，出土于 6 号墓，平纹三重经组织，用色线织出纵向的双鱼，左右交错布置。

山形云雷纹锦，出土于 23 号墓，平纹重经组织，以红、白色交互为地，用浅褐色丝线织出几何形横向纹样带，纹样带由三角形山字纹、直线和云雷纹组成，纹样带竖长 2.5 厘米。

十字花纹锦，平纹重经组织，用色线织出纵向连续、左右交互排列的十字形花朵图案。

菱格纹锦，出土于 12 号墓，平纹重经组织，淡茶色地，用红色丝线织出斜向连续、左右交互排列的"田"字形菱格纹图案。

诺因乌拉墓地之外，俄罗斯外贝加尔地区的伊里莫瓦山谷匈奴墓[1]、德列斯图依墓地、切列姆霍夫墓地，蒙古国的达尔汗山墓地、高勒毛都墓地等也发现有丝织品残片[2]。

（九）其他遗物

除上述之外，蒙古—西伯利亚地区发现的匈奴文化遗存中还有其他种类的汉器，如伊沃尔加城址出土有骨制矩尺形刷子柄，伊沃尔加 88 号墓出土的三棱形铜镞，96 号墓出土的铁柱铤三翼镞；蒙古国南戈壁省的巴彦布拉格出土的铜弩机[3]等。就其形制和结构而言，它们无疑属于从汉朝传入的汉器。

三　考古发现所见秦汉王朝与蒙古—西伯利亚地区的联系

上述考古发现表明，秦汉文物广泛存在于蒙古—西伯利亚地区的匈奴文化遗存之中，而这些秦汉文物及相关遗存的发现，从考古学上揭示了秦汉王朝与匈奴广泛而又复杂的联系。

秦汉时期是匈奴由发展到壮大、由强盛到衰弱的时期。战国时期，燕、赵、秦三国北

---

〔1〕　梅原末治：《蒙古ノイン・ウラ発見の遺物》第 101 页，東洋文庫，1960 年。

〔2〕　乌恩：《论匈奴考古研究中的几个问题》，《考古学报》1990 年第 4 期。

〔3〕　蒙古国科学院考古研究所陈列室资料。

边于匈奴，但直到战国晚期，匈奴的势力尚处于发展之中[1]。秦统一六国之后，匈奴迫于蒙恬大军的打击曾一度北迁[2]。秦朝末年，冒顿单于即位之后大举扩张，先是东破东胡，后又"西击走月氏，南并楼烦、白羊河南王。悉复收秦所使蒙恬所夺匈奴地者"，南侵燕、代，"控弦之士三十余万"，并"尽服从北夷"。汉文帝初年，冒顿单于又大举西征，灭月氏，"定楼兰、乌孙、呼揭及其旁二十六国，皆以为匈奴，诸引弓之民，并为一家"[3]，达到了鼎盛。但经过汉武帝元朔、元狩年间（公元前 128 至公元前 117 年）汉军的大规模打击，加上其内部的纷争，匈奴逐渐由盛而转衰。汉宣帝五凤元年（公元前 57 年），匈奴五单于争立，最后分裂为东、西两部[4]。到了公元 1 世纪中叶的东汉初年，匈奴又分裂为南、北两部[5]。此后，南匈奴归附于汉，主要活动于西河、朔方、五原、云中、定襄、雁门、代郡一带，虽或降或叛，但节节南徙；北匈奴仍然时常侵犯汉边，但由于汉军、南匈奴以及鲜卑的打击加之内乱，一部或降汉或降鲜卑，最后余部西迁。秦汉王朝同匈奴的联系，正是在这样的背景下展开的。

争战与和亲，是秦汉王朝同匈奴关系的两大主题，并且两者交替进行。

争战，是在匈奴南侵、秦汉王朝守卫北疆的历史背景下发生的。从秦始皇派蒙恬率十万大军北击匈奴，直到东汉前期，双方屡屡发生战事。汉武帝元狩四年（公元前 119 年）匈奴王庭北迁之前[6]，大战不断；汉宣帝地节二年（公元前 68 年）"匈奴遂衰耗"、"匈奴不能为边寇，于是汉罢外城，以休百姓"[7]之前，大规模战事仍时有发生。匈奴南侵和汉匈的争战，一方面是匈奴自汉朝北疆掳掠大量的人员和财物[8]；另一方面是上至汉将、下至边民亡降匈奴[9]（匈奴将士降汉同样存在，此处略而不论），自西汉初年匈奴围马邑时汉将韩王信降匈奴开始，汉匈争战中汉将降匈奴者屡见不鲜[10]。匈奴不断地劫掠

---

[1] 《史记·匈奴列传》：燕将秦开破东胡时期，"冠带战国七，而三国边于匈奴。其后赵将李牧时，匈奴不敢入赵边"。

[2] 《史记·匈奴列传》：秦统一六国前后，"东胡强而月氏盛，匈奴单于曰头曼，头曼不胜秦，北徙"。

[3] 《史记·匈奴列传》。

[4] 《汉书·匈奴传（下）》。

[5] 《后汉书·光武帝纪》：建武二十四年"冬十月，匈奴薁鞬日逐王比自立为南单于，于是分为南、北匈奴"。又，《后汉书·南匈奴列传》：建武二十四年，"其冬，比自立为呼韩邪单于"。注引《东观记》曰："十二月癸丑，匈奴始分为南、北单于。"

[6] 《史记·匈奴列传》：元狩四年卫青、霍去病北渡大漠击匈奴大获全胜，"是后匈奴远遁，而幕南无王庭"。

[7] 《汉书·匈奴传（上）》。

[8] 《史记·匈奴列传》：汉文帝十四年匈奴大举南侵，"虏人民畜产甚多，遂至彭阳"；汉武帝元朔元年及其前后，匈奴多次入侵辽西、渔阳、雁门、代郡、定襄、上郡等地，杀掠吏民少则千余人，多则数千人。

[9] 《汉书·匈奴传（下）》：竟宁元年，郎中侯应上书曰："边人奴婢愁苦，欲亡者多……时有亡出塞者"。

[10] 《史记·匈奴列传》：汉高帝十二年，"燕王卢绾反，率其党数千人降匈奴"（《汉书·匈奴传（上）》："燕王卢绾复反，率其党且万人降匈奴"，与《史记》所载略有不同）；汉武帝天汉二年，汉将李陵战败而降匈奴，并且"单于乃贵陵，以其女妻之"；天汉四年，贰师将军李广利"并众降匈奴"。

财物，降匈奴者也带去财物，于是大量秦汉朝物产不断流入匈奴。匈奴文化遗址和墓葬出土的秦汉朝文物当中，有些应当是被劫掠或由降匈奴者带去的。尤其是秦代和秦汉之际的文物，更可能是这样流入的。同时，被掳掠和亡降匈奴的秦汉居民，在匈奴之地会利用原有的技术制作带有当地特点的秦汉式器具。这便是匈奴文化遗存中时常发现当地制作的秦汉式器物的原因之一。

和亲，作为汉匈关系的另一主题，是随着争战的胜负和双方内部形势的变化而发生的。西汉初年，汉高帝"白登之围"被解之后，"使刘敬结和亲之约"，汉匈和亲由此开始。两汉时期，汉匈和亲虽断断续续，但作为汉匈关系的主题之一则贯穿于始终[1]。汉元帝竟宁元年（公元前33年）王昭君出塞嫁作呼韩邪单于的宁胡阏氏[2]，更是尽人皆知的一段和亲佳话。和亲的过程中，使者往来不断自不待言，更重要的是随着和亲的进行，汉廷宗室公主及相关人员入居匈奴，尤其是大量的汉朝物产源源不断地被馈赠于匈奴[3]。西汉初年"高帝乃使刘敬奉宗室女公主为单于阏氏，岁奉匈奴絮缯酒米食物各有数"[4]，即为其肇始。汉廷赐予匈奴的物产，最初是"缯絮食物"[5]，后来其数量和种类都逐渐增多。如汉高后时期，始赐予车马[6]。汉文帝前元六年（公元前174年）和亲时所赐物品则有"服绣袷绮衣、绣袷长襦、锦袷袍各一，比余一，黄金饰具带一，黄金胥纰一，绣十匹，锦三十匹，赤绨、绿缯各四十匹"[7]。到了汉宣帝甘露三年（公元前51年）匈奴单于呼韩邪朝于甘泉宫，汉廷"赐以冠带衣裳，黄金玺盭绶，玉具剑，佩刀，弓一张，矢四发，棨戟十，安车一乘，鞍勒一具，马十五匹，黄金二十斤，钱二十万，衣被七十七袭，锦绣绮縠杂帛八千匹，絮六千斤"[8]。此后匈奴单于来朝，汉廷赐物又时有增加[9]。新

---

[1] 汉文帝时期时战时和；景帝时多和亲、少战事（《史记·匈奴列传》："孝景帝复与匈奴和亲，通关市，给遗匈奴，遣公主，如故约。终孝景时，时小入盗边，无大寇"）；汉武帝初年和亲依旧（《史记·匈奴列传》："明和亲约束，厚遇，通关市，饶给之。匈奴自单于以下皆亲汉，往来长城下"）；此后一直是时战时和。

[2] 《汉书·匈奴传（下）》："竟宁元年，单于复入朝……单于自言愿婿汉氏以自亲。元帝以后宫良家子王嫱字昭君赐单于……王昭君号宁胡阏氏。"又，《后汉书·南匈奴列传》。

[3] 伊瀬仙太郎：《漢匈奴交渉史の一考察——特に和親を中心として》，《東西文化交流史》第353頁，雄山閣，1975年。

[4] 《史记·匈奴列传》。

[5] 《史记·匈奴列传》："匈奴好汉缯絮食物。"又，汉武帝元封六年，乌维单于对汉使杨信曰，"故约，汉常遣翁主，给缯絮食物有品，以和亲"。

[6] 《汉书·匈奴传（上）》：高后令大谒者张泽报书单于曰，"窃有御车二乘，马二驷，以奉常驾"。

[7] 《史记·匈奴列传》。又，《汉书·匈奴传（上）》："服绣袷绮衣、长襦、锦袍各一，比疏一，黄金饰具带一，黄金犀毗一，绣十匹，锦二十匹，赤绨、绿缯各四十匹。"

[8] 《汉书·匈奴传（下）》。

[9] 《汉书·匈奴传（下）》：黄龙元年，"呼韩邪产于复入朝，礼赐如初，加衣百一十袭、锦帛九千匹、絮八千斤"。竟宁元年，"单于复入朝，礼赐如初，加衣服锦帛絮，皆倍于黄龙时"。河平四年单于入朝，"加赐锦绣缯帛二万匹，絮二万斤，它如竟宁时"。元寿二年，单于来朝，"加赐衣三百七十袭，锦绣缯帛三万匹，絮三万斤，它如河平时"。

莽时期，赐匈奴物产有增无减[1]。到了汉建武二十六年（公元 50 年），又增加了"安车羽盖、华藻驾驷"等[2]。从上述文献记载可知，当时汉廷赐予匈奴的物产，从食物、冠带衣裳、丝织品、日用器具、钱币到黄金、车马等，可谓无所不有，并且数量巨大。考古发现的匈奴遗址和墓葬中出土的各种汉朝文物，大多应为汉廷所赐之物，尤其是匈奴贵族墓中的汉朝器具，更是如此。前述匈奴文化遗存中的汉朝文物，其年代自西汉初年至东汉晚期，而尤以西汉中期至东汉早期为最多，从一个侧面反映出汉匈和亲的演变以及汉赐物产之种类和数量的变化。至于匈奴文化遗存中的汉式器物，则应当是入居匈奴的汉人工匠在当地制作的。不仅如此，汉人工匠还在匈奴建造了俄罗斯阿巴坎汉式宫殿以及其他的汉式建筑，蒙古国中央省的巴彦捷尔格勒高瓦坡遗址、蒙根莫里特遗址、南戈壁省的巴彦布拉格遗址等发现有汉式瓦当、绳纹瓦等[3]，可为佐证。

应当指出的是，秦汉王朝同匈奴的联系，除了上述争战与和亲之外，边关贸易也是汉匈交往的一个重要途径。据史载，早在汉景帝时期，汉匈和亲后便"通关市"。汉武帝初年，汉与匈奴"明和亲约束，厚遇，通关市，饶给之，匈奴自单于以下皆亲汉，往来长城下"[4]。后来即使匈奴绝和亲，但匈奴"尚乐关市，嗜汉财物，汉亦尚关市不绝以中之"[5]。直到东汉早期，还出现过匈奴"驱牛马万余头来与汉贾客交易"[6] 的盛况。汉匈长期的边关贸易，双方大量的物资交流，同样使大量的汉朝物产流入匈奴，并在汉匈交往中发挥了重要的作用。

总之，无论是争战还是和亲，抑或是边关贸易，秦汉王朝与匈奴之间密切而复杂的联系，一方面是大量秦汉朝物产的流入匈奴，另一方面是秦汉中原人的入居匈奴[7]。无论是秦汉物产的北传还是中原人的入居匈奴，都把先进的秦汉文化不断地传播到了遥远的漠北地区，匈奴居民的日常生产、生活以及埋葬习俗等，都不同程度地受到了秦汉文化的影响。蒙古—西伯利亚地区匈奴文化遗存中大量秦汉文物以及汉式建筑遗存等的发现，都成为秦汉王朝与蒙古—西伯利亚地区密切联系的实物见证。

第四节　朝鲜半岛

朝鲜半岛地处亚洲大陆东部，其北以鸭绿江和图们江为界与中国大陆相连，其西隔

---

[1]《汉书·匈奴传（下）》。

[2]《后汉书·南匈奴列传》：建武二十六年，"诏赐单于冠带、衣裳、黄金玺、盭绂绶，安车羽盖，华藻驾驷，宝剑弓箭，黑节三，驸马二，黄金，锦绣，缯布万匹，絮万斤，乐器鼓车，棨戟甲兵，饮食什器"。

[3] 蒙古国立历史博物馆展出资料。

[4]《史记·匈奴列传》。

[5]《史记·匈奴列传》。

[6]《后汉书·南匈奴列传》："元和元年，武威太守孟云上言北单于复愿与吏人合市，诏书听云遣驿使迎呼慰纳之。北单于乃遣大且渠伊莫訾王等，驱牛马万余头来与汉贾客交易。"

[7]《汉书·匈奴传（上）》：汉昭帝始元年间，"卫律为单于谋，'穿井筑城，治楼以藏谷，与秦人守之'。汉兵至，无奈我何。"师古注曰："秦时有人亡入匈奴者，今其子孙尚号秦人。"说明秦时已有人入居匈奴。

黄海与中国大陆相望。据史载，早在西周初年就有中原地区的人来到了半岛北部，建立了古朝鲜国[1]。战国晚期，燕昭王派秦开破东胡，置上谷、渔阳、右北平、辽西和辽东五郡[2]，其势力所及已达半岛西北部地区，并有不少燕、齐一带的居民移居到这里[3]。秦统一时期，半岛北部"属辽东郡外徼"[4]，半岛南部曾有秦人迁居至此[5]。两汉时期，半岛北部随着汉初卫满朝鲜的兴衰和后来汉朝在这里置郡设县，同汉朝中原地区的联系进入到一个新的阶段；半岛南部作为"三韩"之地，同汉王朝的联系进一步增强。对此，有学者从考古学上进行过系统的观察[6]，也有学者在相关研究中论及与内地的交流[7]。

一　朝鲜半岛北部的汉文化遗存

两汉时期的朝鲜半岛北部，先后经历了卫满朝鲜和汉置郡县两个阶段。西汉初年，燕人卫满率众迁往朝鲜自立为王，都王险（今平壤），并传国至孙右渠[8]。汉武帝元封三年（公元前108年），"灭朝鲜，分置乐浪、临屯、玄菟、真番四郡"[9]。此后汉置郡县虽多有废合、徙治等变动，但终其两汉时期，半岛北部始终处在汉郡县的管辖之下。因此，以今平壤一带为中心，半岛北部遗留有丰富的汉文化遗存，其分布范围南至黄海南道的载宁江中上游地区（图13-18）。

---

[1]《史记·周本纪》：殷纣王"昏乱暴虐滋甚，杀王子比干，囚箕子"。周武王"命召公释箕子之囚"。《后汉书·东夷列传》："昔武王封箕子于朝鲜……其后四十余世，至朝鲜侯准，自称王。"

[2]《史记·匈奴列传》。

[3] 朝鲜平安南道宁远郡温阳里、平安北道江界郡吉多洞等地点大量战国晚期的明刀币和布币的发现（见梅原末治、藤田亮策《朝鲜古文化綜鑑》第一卷第17～19页，養德社，1947年），朝鲜慈江道渭源郡龙渊洞、平安北道宁边郡细竹里等遗址大量战国晚期的明刀币、燕国系统的铁器等的发现（见白云翔《先秦两汉铁器的考古学研究》第366～370页，科学出版社，2005年），以及平安南道大同郡石岩里等地战国式铜剑的发现（见榧本杜人《朝鲜の考古学》第422页，同朋舍，1980年）等，均可为证。

[4]《史记·朝鲜列传》。

[5]《三国志·魏书·东夷传》。

[6] 白云翔：《汉代中国与朝鲜半岛关系的考古学观察》，《北方文物》2001年第4期。

[7] A. 李慧竹：《论汉王朝在朝鲜半岛的郡县统治与经略》（第四节《汉王朝在朝鲜半岛北部的经济文化影响》），山东大学硕士学位论文，2004年。
B. 王培新：《乐浪文化——以墓葬为中心的考古学研究》（第七章第三节《乐浪郡与内地的交流》），科学出版社，2007年。

[8]《史记·朝鲜列传》：汉惠帝元年前后，"燕王卢绾反，入匈奴，满亡命，聚党千余人，魋结蛮夷服而东走出塞，渡浿水，居秦故空地上下鄣，稍役属真番、朝鲜蛮夷及故燕、齐亡命者王之，都王险。"《后汉书·东夷列传》："汉初大乱，燕、齐、赵人往避地者数万口，而燕人卫满击破准而自王朝鲜，传国至孙右渠。"

[9]《后汉书·东夷列传》。又，《汉书·武帝纪》：元封三年"夏，朝鲜斩其王右渠降，以其地为乐浪、临屯、玄菟、真番郡"。

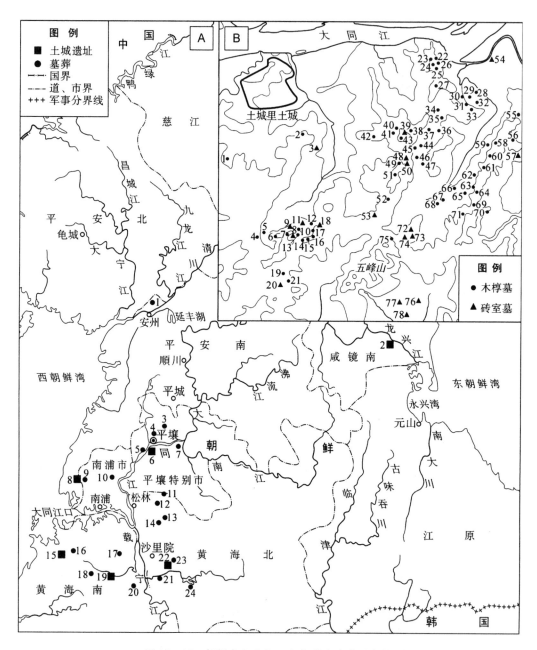

图 13-18 朝鲜半岛北部汉文化遗存分布示意图

A. 朝鲜半岛北部 1. 德星里墓葬 2. 所罗里土城 3. 龙秋里墓葬 4. 上里墓葬 5. 万景台墓葬 6. 土城里土城 7. 金滩里墓葬 8. 於乙洞土城 9. 葛城里甲墓 10. 台城里墓葬 11. 黑桥里墓葬 12. 金石里墓葬 13. 天柱里墓葬 14. 顺天里墓葬 15. 云城里土城 16. 冠山里墓葬 17. 伏狮里墓群 18. 楸陵里墓葬 19. 青山里土城 20. 富德里墓葬 21. 葛岘里墓葬 22. 智塔里土城 23. 松山里唐村墓葬 24. 金大里墓群

B. 平壤地区　1～3. 土城洞 1、3、2 号墓　4～15. 石岩里 219、215、212、9、204、255、257、253、260、206、201、200 号墓　16. 乐浪里 85 号墓　17～20. 石岩里 194、266、119、120 号墓　21. 南井里 116 号墓　22～26. 梧野里 22/23、18、23、20、19 号墓　27～37. 贞柏洞 4、10、2、1、11、12、3、5、6、8、9 号墓　38～41. 贞柏里 8、1、2、4 号墓　42. 土城洞 45 号墓　43. 贞柏里 3 号墓　44. 贞柏里 7 号墓　45～48. 贞柏里 13、17、19、151 号墓　49. 石岩里 20 号墓　50. 贞柏里 153 号墓　51～53. 石岩里 6、52、99 号墓　54. 梧野里 25 号墓　55. 贞柏洞 12 号墓　56、57. 将进里 30、45 号墓　58～65. 贞柏里 4、3、6、10、11、2、1、5 号墓　66～68. 贞柏里 59、122、127 号墓　69～71. 贞梧洞 8、7、9 号墓　72～74. 贞柏里 221、227、219 号墓　75～77. 南寺里 1、2、53 号墓　78. 道济里 50 号墓

（本图引自高久健二 1994 年文，本书略作修改）

（一）城址

这一时期的城址多发现于半岛的西北部地区，如平壤市土城里土城、平安南道温泉郡城岘里於乙洞土城、黄海北道凤山郡智塔里土城、黄海南道殷粟郡云城里土城、黄海南道信川郡青山里土城，只有咸镜南道永兴郡龙冈里所罗里土城地处东部地区。它们大多地处平原，坐落在便于眺望的不太高的丘陵上，规模不大，其平面形制或呈方形[1]，或呈不规则形。城墙的高度，随地势起伏而异，悬崖处高 3～4 米，平地处高 1.5～2 米，大抵在其南面设一门。城内散布有砖瓦、础石等建筑材料、以灰色绳纹陶为主的日用陶器残片，以及箭镞、削刀等。城址附近往往分布有同时期的墓葬乃至墓群[2]，其性质为汉郡县治城[3]。兹以平壤土城里土城为例说明如下。

平壤土城里土城，位于朝鲜平壤市南郊大同江南岸土城里的台地上。该城址最初于 1913 年日本学者关野贞等发现并调查[4]；1935～1937 年间，东京大学考古学研究室又进行三次调查和发掘，并发表了调查结果[5]；1945 年以后，当地学者又进行过多次调查，但未详细公布调查资料。20 世纪 80 年代，日本学者对 20 世纪 30 年代的调查资料进行了详细研究[6]。据 1913 年的调查得知，城址平面呈不规则形，东西长约 700 米，南北约 600 米，周长约 2400 米，面积约 310000 平方米（图 13 - 19）。西墙和东南角城垣保存较

[1] 关野贞、谷井济一、栗山俊一、小场恒吉、小川敬吉、野守健：《楽浪郡時代ノ遺跡（下）》图 890，朝鮮總督府，1925 年。城岘里於乙洞土城原称"葛城里於乙洞古城"，其平面形制近正方形，东西约 510 米、南北约 440 米；附近发现有"秥蝉碑"，据此推测该城为秥蝉县治址。

[2] [朝] 朝鲜社会科学院考古研究所编著，李云铎译：《朝鲜考古学概要》第 132 页，黑龙江省文物出版编辑室，1983 年。

[3] 关于各土城的性质，学术界根据其地望、考古发现并结合文献记载提出了如下认识：土城里土城为乐浪郡治，於乙洞土城为秥蝉县治，智塔里土城为带方郡治，云城里土城为列口县治，青山里土城可能为昭明县治，所罗里土城系东汉初年乐浪郡放弃的岭东七县中的某县治城（见王培新《乐浪文化——以墓葬为中心的考古学研究》第 132～138 页，科学出版社，2007 年）。

[4] 关野贞、谷井济一、栗山俊一、小场恒吉、小川敬吉、野守健：《楽浪郡時代ノ遺跡（下）》，朝鮮總督府，1925 年。

[5] 驹井和爱：《楽浪郡治址》，東京大学文学部，1964 年。

[6] 谷豊信：《楽浪土城址の発掘とその遺構——楽浪土城研究その1》，《東京大学文学部考古学研究室研究紀要》第 2 号第 129 页，1983 年。谷丰信关于乐浪土城的系列研究文章，分别载于该《研究紀要》第 3～5 号，1984～1986 年。

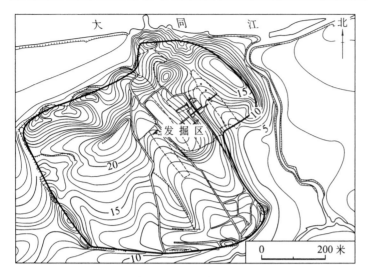

图 13-19 朝鲜平壤市土城里土城址平面图

（本图引自谷丰信 1983 年文）

好，南墙仅残留有痕迹，西南角的墙垣仍高耸地面，东墙利用自然丘陵堆筑而成，东北隅在地表以上几乎荡然无存。1935 年和 1937 年，日本学者在城内中央偏东部进行过发掘，清理出柱础石、甬路、水井和排水道等建筑遗迹，发现有大量遗物，如云纹瓦当，"乐浪礼官"、"乐浪富贵"、"千秋万岁"、"万岁"等文字瓦当，"乐浪太守章"、"乐浪大尹章"等印章，以及乐浪郡所辖朝鲜等二十三县的令、长、丞、尉等印

章的封泥，表明城内中部的台地可能是当时的官署建筑所在；台地西侧的 F 地点，分布有铸铜作坊址、玻璃作坊址[1]。更为重要的是，根据出土遗物并结合文献记载，可以确认该城址为乐浪郡治址，其年代为公元前 2 世纪至公元 3 世纪。

（二）墓葬

汉式墓葬，在半岛北部地区有着广泛的分布，而平壤地区及其以北的大同江下游地区、以南的载宁江流域尤为集中（参见图 13-18），仅平壤一带以乐浪郡治址为中心的地区已发现墓葬近 4000 座，并且经过了系统的研究[2]。就其结构而言，可分为土坑墓、木棺墓、木椁墓、砖椁墓、砖室墓以及瓮棺葬等。

1. 土坑墓

土坑墓指不使用葬具而将尸体直接葬入竖穴土圹内的墓葬类型。数量较少，墓圹平面一般呈长方形，有的墓坑头端设有二层台。随葬品较少，多为陶器，一般放置在头端。

2. 木棺墓

木棺墓指以木棺为葬具将尸体葬入竖穴土圹内的墓葬类型。数量较少，一棺者，墓圹平面呈长方形；二棺者，平面近似方形。随葬品较少，多为陶器，一般放置在头端棺外。

---

〔1〕 郑仁盛：《楽浪土城と青銅器製作》，《東京大學文學部考古學研究室研究紀要》第 16 号第 59 页，2001 年。

〔2〕 本节关于朝鲜半岛北部汉式墓的资料，除注明者外，均依据以下文献。

　A. 高久健二：《楽浪古墳文化研究》，韩国東亞大學校大學院史學科文學博士學位論文，1994 年（韩文，中国社会科学院研究生院考古系赵相勋翻译）。

　B. 王培新：《乐浪文化——以墓葬为中心的考古学研究》，科学出版社，2007 年。

3. 木椁墓

木椁墓指在竖穴土圹内（有的为石圹）用木材构筑木椁、木椁内放置木棺进行埋葬的墓葬类型。数量较多，是最为常见的一种墓葬类型。根据其棺椁的数量、结构、规模以及有无墓道等差异，可以划分出多种类型，并且经历了一个由单人单椁葬发展为同坟异椁合葬、进而演变为同坟同椁合葬的演变过程[1]。平壤土城洞4号墓，是一座典型的单人单椁墓；平壤贞柏洞3号墓，属于典型的同坟异穴异椁合葬墓[2]；石岩里219号墓（王根墓），墓坑大致呈方形，墓底先平铺一层石板然后铺木板构成椁底，墓坑四周距坑壁约40厘米立置石板、石板内侧用枋木构筑椁室，用木板盖顶，椁内东西并列放置木棺，木棺均为重棺，是一座具有一定地域特色的同坟同椁合葬墓（图13-20-A），其年代为公元前1世纪后半[3]。随葬品较多，一般放置在头前和两侧的棺椁之间以及棺内，其中既有汉朝的铜镜、车马器、漆器等汉文物，也有当地传统的细形铜剑、铜矛等。

木椁墓除上述常见的类型之外，平壤南井里116号墓（彩箧冢）是一座"题凑式"木椁墓。该墓由横长方形前堂和纵长方形后室组成，平面略呈"凸"字形，墓向南，其结构

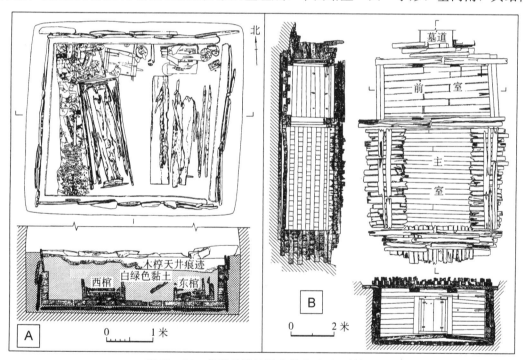

图13-20　朝鲜平壤地区木椁墓平面、剖视图
A.石岩里219号墓　B.南井里116号墓

〔1〕　高久健二：《楽浪墳墓の編年》，《考古学雑誌》第78卷4号，1992年。

〔2〕　［朝］朝鲜社会科学院考古研究所编著，李云铎译：《朝鲜考古学概要》第133页，黑龙江省文物出版社编辑室，1983年。

〔3〕　榧本杜人、中村春寿：《楽浪漢墓（第二册）・石巌里第二一九号墓発掘調査報告》，楽浪漢墓刊行会，1975年。

为：墓底铺两层枋木构成椁底，其上用枋木垒砌椁壁。前堂（前室）东西长 4.85 米，南北 2.22 米，四壁用两重枋木垒砌而成；其北壁也用作后室的南壁，居中开一门作为过道并设有木门；其南壁居中设墓门，墓门设两扇对开的木门扉，门外侧用枋木纵向垒砌封堵；东壁设衬板，西壁绘有壁画但已模糊不清，推测可能是出行图。后室（主室）东西宽 3.35 米、南北长 4.52 米，其东、西、北三面用长约 1.2 米的枋木纵横交错十二层叠置垒砌成椁壁，椁壁高约 2 米，顶部交错架铺三层枋木构成椁顶。后室内葬一外棺，外棺内放置三具内棺。随葬品主要置于前堂，后室的外棺与木椁之间的东、南侧也放置有随葬品。木椁四周及顶部用黏土填埋（图 13 - 20 - B）。其年代约当东汉后期，即公元 2 世纪后半[1]。这种墓葬虽然不属于典型的题凑木椁墓，但其椁室结构显然是吸收了题凑木椁的做法。

4. 砖椁墓

砖椁墓指用长方形实心砖砌筑椁室四壁及底部、葬入木棺后用木材封盖椁室的墓葬类型。数量很少。单人葬者，椁室平面呈长方形，如平壤贞柏洞 14 号墓；多人合葬者，椁室则近方形，如梧野里 25 号墓等。随葬品较少，多放置在头端的棺椁之间。

5. 砖室墓

砖室墓指用长方形实心砖（指"条形砖"，也包括"楔形砖"和"榫卯砖"）构筑墓室的墓葬类型，包括砖石混用构筑墓室者。一般设有墓室、墓门、甬道和墓道，属于"横穴式"墓葬。数量多，是常见的墓葬类型之一。墓砖一般长 30～33 厘米，宽 15～16.5 厘米，厚 5～6.5 厘米，多为素面，也有少量砖的一侧有模印花纹。墓室四壁平直，大多为前后双室墓，前室作横长方形，后室作纵长方形。如石岩里 120 号墓，墓向朝东，前室长 2.01 米，宽 3.37 米，残高 1.82 米；后室长 3.09 米，宽 2.03 米，残高 1.62 米，其东壁居中开门与前室相通，墓底左侧用砖砌出三道横梁，横梁上放置木棺一具；墓门设在前室东壁中央偏北处，外侧有砖砌短甬道，墓门及甬道顶部置楣石；墓顶结构因残破不明（图 13 - 21 - A）。土城洞 45 号墓，墓向朝东，前室大、后室小；前室长 3.44 米，宽 6.36 米；后室长 2.96 米，宽 2.16 米，其东壁偏南处设门通往前室；墓门设在前室东壁偏南处，外侧有短甬道，甬道顶部架盖石板；前后室均为穹隆顶（图 13 - 21 - B）。其年代均为东汉后期。

6. 瓮棺葬

瓮棺葬指用陶容器作为葬具的土坑墓，常见的葬具有陶瓮、釜、罐、盆、钵等，尤以大口瓮、圆腹圜底瓮最为常见。其中大多是日用陶器，有的可能是为了埋葬而专门烧制的葬具。瓮棺长 50～100 厘米，被葬者为儿童。多散布在土坑墓、木椁墓以及砖室墓的近旁，或与之混在一起，或在墓地中相对集中地分布。数量较多，但报道大多简略，其年代大多在公元前 1 世纪。

（三）文化遗物

朝鲜半岛北部这一时期的城址和墓葬中出土的遗物种类丰富，数量众多，尤其是乐浪一带的墓葬出土甚丰。就其文化性质而言，大致可以分为三类：第一类是在汉朝内地制作

---

〔1〕 小泉顯夫、沢俊一：《楽浪彩篋塚》（《楽浪古跡調查報告》·1），便利堂，1934 年。

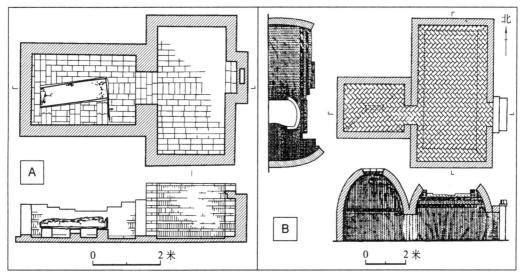

图 13-21　朝鲜平壤地区砖室墓平面、剖视图
A.石岩里 120 号墓　B.土城洞 45 号墓

而传入此地的所谓"汉器"；第二类是在当地制作但具有汉文化特征的所谓"汉式器"；第三类是具有当地文化传统或当地特色的遗物，如细形铜剑、细形铜矛，以及具有当地特色的车马器等。这里主要就前两类中的部分代表性遗物作简要介绍。

1. **陶器**

陶器发现于土城址和墓葬，数量最多，包括日用器和明器两类。

日用陶器分为夹砂陶和泥质陶两种。夹砂陶多呈褐色或灰褐色，胎土中羼杂较多的滑石和云母颗粒，器形主要是用作炊具的深腹罐，用作储藏器的瓮。泥质陶一般呈灰色或灰白色，素面或器腹饰绳纹，器形有鼓腹罐、壶、瓮、盆等，属于汉式器。

陶明器均为泥质陶，呈灰色或褐色，素面或饰彩绘。素面陶器有灶、釜、甑、樽、盆、盘、钵和杯等。彩绘陶仿自青铜器或漆器，常见有壶、樽、魁、案、盘、耳杯、奁、匣、博山炉等。它们同样属于汉式器。

2. **瓦当**

瓦当作为文化特色浓郁的建筑材料，多发现于城址中，尤其是平壤土城里土城址更是有较多的发现。这里发现的瓦当均为圆瓦当，根据其当面装饰可以分为两类：一类是文字瓦当，另一类是云纹瓦当。文字瓦当有"乐浪礼官"、"乐浪富贵"、"千秋万岁"和"万岁"等，文字为篆书，排列方式采取四分式和两分式（图 13-22-1～3）。云纹瓦当，其基本形制是圆形当心，用双线界格将当面分割成四等份，界格之间饰凸起的云纹（图 13-22-4～6）。根据云纹的形态可以划分为若干型式，但最常见的是圆形当心周围绕以凸线，主体纹饰为单体向心式卷云纹。无论文字瓦当还是云纹瓦当，都与汉长安城等地出土的汉代瓦当风格相同[1]，但在细部结构上又具有自己的特点，它们应当是汉朝工匠在当地设计制作的。

〔1〕　中国社会科学院考古研究所：《汉长安城未央宫——1980～1989年考古发掘报告》，中国大百科全

图 13-22 朝鲜平壤市土城里土城址出土瓦当

1."千秋万岁"瓦当 2."乐浪礼官"瓦当 3."乐浪富贵"瓦当 4～6.云纹瓦当

图 13-23 朝鲜平壤市土城里土城址出土汉朝钱币与钱范

1.半两钱 2、3.五铢钱 4.货泉 5.小泉直一 6.货泉 7.大泉五十 8.货布
9.半两钱石铸范 10.半两钱石范模

3. 钱币

钱币是乐浪一带的墓葬中较为常见的随葬品，少者随葬数枚，多者可达数十枚甚至更多。同时，在平壤土城里土城、凤山郡智塔里土城[2]等土城址也有发现。钱币的种类有半两钱、五铢钱、货泉、货布、大泉五十、小泉直一等（图13-23-1～8），而五铢钱包括西汉五铢和东汉五铢。另外，平壤土城里土城址[3]还发现有半两钱的石铸范和石范模（图13-23-9、10）。

4. 印章与封泥

印章在乐浪一带的大中型木

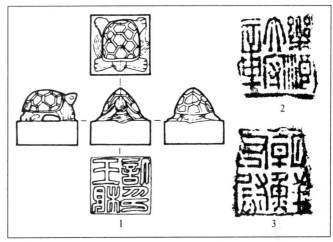

图13-24　朝鲜平壤地区出土汉朝印章与封泥
1.“王根信印”银印（石岩里219号墓出土）　2.“乐浪太守章”封泥（土城里土城址出土，拓本）　3.“朝鲜右尉”封泥（土城里土城址出土，拓本）

椁墓中常有出土，并且种类多样，有银印、铜印、玉印、木印等。石岩里219号墓出土龟钮银印、鼻钮铜印和木印各1件，其中龟钮银印的印面呈方形，篆书阴刻“王根信印”，通高1.61厘米，印面边长1.61厘米（图13-24-1）。贞柏洞2号墓出土银印2枚，印文分别为“夫租长印”、“高常贤印”。石岩里52号墓出土“王云”铜印；贞柏里127号墓出土的“乐浪太守掾王光之印”、“王光私印”木印，石岩里205号墓出土“五官掾王盱印”、“王盱印信”木印各1枚；石岩里9号墓出土“永寿康宁”玉印1枚等。

封泥在平壤土城里土城址多有发现，如“乐浪太守章”、“朝鲜右尉”、“乐浪大尹章”等（图13-24-2、3）。

5. 铜镜

铜镜数量多，在乐浪一带的墓葬中随葬较为普遍。据对150余座墓葬的统计，其中60座墓随葬有铜镜。铜镜的种类，主要有星云纹镜、连弧纹铭带镜、四乳四虺纹镜、方格博局纹镜、云雷连弧纹镜、多乳禽兽纹镜、神兽镜、画像镜、夔凤镜、龙虎纹镜等[4]，都是汉朝内地常见的镜类，其年代自西汉中期至东汉晚期[5]。另外，还发现少量铁镜。

6. 铜器皿

铜器皿在乐浪一带的大中型墓葬中较为常见，如石岩里219号墓（王根墓）随葬铜

书出版社，1996年。
〔2〕　金廷鹤：《韩国の考古学》第36页，河出書房新社，1972年。
〔3〕　梅原末治、藤田亮策：《朝鲜古文化綜鑑》第二卷第46页，图版第三六，養德社，1948年。
〔4〕　関野貞、谷井済一、栗山俊一、小場恒吉、小川敬吉、野守健：《楽浪郡時代ノ遺跡（下）》图1253～1334，朝鲜總督府，1925年。
〔5〕　岡村秀典：《楽浪漢墓出土の漢鏡》，《弥生人の見た楽浪文化》第58～62页，大阪府立弥生文化博物館，1993年。

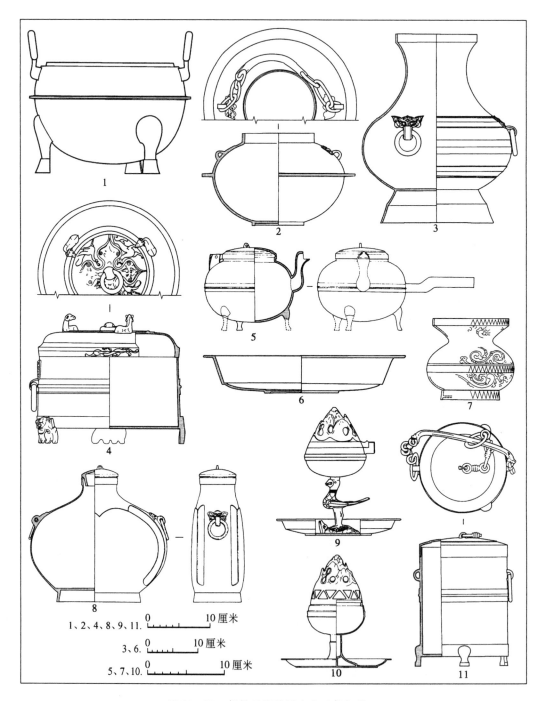

图 13-25 朝鲜平壤地区出土汉朝铜器皿

1.鼎（石岩里 9 号墓出土） 2.釜（石岩里 9 号墓出土） 3.锺（石岩里 9 号墓出土） 4.樽（石岩里 9 号墓出土）
5.鐎壶（石岩里 219 号墓出土） 6.洗（石岩里 9 号墓出土） 7.盂（石岩里 9 号墓出土） 8.扁壶（石岩里
219 号墓出土） 9.博山炉（石岩里 9 号墓出土） 10.博山炉（石岩里 219 号墓出土） 11.鋞（石岩里 9 号墓出土）

扁壶、镳壶、博山炉各 1 件，均放置在棺椁之间；石岩里 9 号墓出土有铜鼎、釜、樽、铚、锺、洗、盂、博山炉等[1]。平壤土城里土城址等也有发现[2]。铜器的种类多样，主要有鼎、釜、甑、镳斗、镳壶、镂等炊煮用器，碗、钵、盘、耳杯等饮食用器，扁壶、壶、钫、铚、樽、鋗镂等盛储器，盆、盘、洗、盂等盥洗器，以及灯、熏炉等家用器具等（图 13-25）。其中，除铜镂为北方草原地带所特有的炊器外，其他器类均与汉朝内地无异，当为汉器。

7. 铁器

铁器大致可分为兵器、工具和日用器具三类，多为汉器。

铁兵器较为常见，如石岩里 219 号墓西棺内出土铁长剑 1 件，棺椁之间出土铁短剑、戟各 1 件。铁兵器主要有铁长剑、短剑、环首刀、矛、铤、戟、镞、弩机等。其中，长剑最长者通长 120 厘米，大多有髹漆木剑鞘，而石岩里 9 号墓的铁长剑是剑鞘装有玉剑首、玉剑格和玉璏的所谓"玉具剑"。环首刀有长刀和短刀两种，长刀一般长 70~100 厘米，而石岩里 9 号墓成套出土环首长刀和短刀各 1 件，并均有漆木刀鞘[3]。

铁工具多出土于土坑墓、木棺墓、小型木椁墓以及土城址中，常见器类有竖銎镢、凹口锸、空首斧、锛、凿、锤、钳子和镰刀等，与汉朝内地铁器无异。

铁日用器具有铁镇、豆形灯、圈足臼和单耳罐形杯等。石岩里 219 号墓出土有虎形铁镇一组 4 件。有的臼带有双耳。至于带耳罐形杯，其器形为汉朝内地所少见，或许有特殊用途。

8. 车马器

乐浪一带的大中型木椁墓中多用拆卸的马车部件和马具随葬以象征车马，因而车马器多有发现。出土的车马器以金属构件和饰件为主，木质部件常见车伞盖及其盖柄。金属车马器有铁制、铜制（或铜制鎏金银）、银制品等，根据其文化属性大体可以分为两组：一组是汉器或汉式器；另一组是具有当地特色的青铜制品。大致说来，车軎、车盖等车器大多属于汉式器；而马衔、镳、当卢、带具等马具以及"乙字形铜器"、"笠形铜器"等车器则大多具有当地特色。在大中型木椁墓中，两组车马器往往共存伴出。

9. 漆器

漆器数量较多，大多出土于大中型木椁墓中，如石岩里 201 号墓出土漆器 30 余件[4]，石岩里 219 号墓出土漆器 54 件，石岩里 194 号墓出土 80 余件，贞柏里 127 号墓（王光墓）出土 84 件[5]。漆器种类多样，胎质有木胎、夹纻胎和竹胎等多种；髹漆工艺有单色

---

[1] 関野貞、谷井済一、栗山俊一、小場恒吉、小川敬吉、野守健：《楽浪郡時代ノ遺跡（上）》图 250～315，朝鮮總督府，1925 年。石岩里 9 号墓，又称为"大同江面第九号坟"。

[2] 梅原末治、藤田亮策：《朝鮮古文化綜鑑》第二卷第 16～24 頁，養德社，1948 年。

[3] 関野貞、谷井済一、栗山俊一、小場恒吉、小川敬吉、野守健：《楽浪郡時代ノ遺跡（上）》图 315，朝鮮總督府，1925 年。

[4] 小泉顯夫、沢俊一：《石巌里第二〇一号墳》，《楽浪彩篋塚》（《楽浪古跡調査報告》·1）第 83 頁，便利堂，1934 年。

[5] 小場恒吉、榧本亀次郎：《楽浪王光墓——貞柏里、南井里二古墳発掘調査報告》第 19 頁，朝鮮古跡研究会，1935 年。

髹漆、彩绘、釦器、镶嵌、锥画、帖纹等；器形主要有壶、樽、盆、勺、匕、碗、盒、耳杯、盘、案、奁、匣、箧、卷筒、几、栻盘等[1]。

这里出土的漆器，无论是器类、器形还是制作工艺，均与汉朝内地漆器无异，是在汉朝内地制作而传入的。根据其铭文来看，它们大多来自蜀郡工官和广汉郡工官，有的为考工、供工等工官作坊所产，也有的是民营漆器作坊的产品。

据统计，乐浪汉墓出土漆器中产自蜀郡工官者至少有 23 件，产自广汉郡工官者至少有 6 件[2]。如石岩里 194 号墓出土漆盘上有铭文"永始元年（公元前 16 年）蜀郡西工造乘舆髹丹画紵黄釦饭盘……"，贞柏里 200 号墓出土漆耳杯[3]上的铭文是"永平十一年（公元 68 年）蜀郡西工造乘舆夹紵量……"，平壤附近墓葬出土的另一件纪年漆盘[4]上有铭文"建平四年（公元前 3 年）蜀郡西工造乘舆髹丹画紵黄釦饭盘……"，可知它们均系蜀郡工官所产。石岩里 194 号墓所出漆扁壶上的铭文为"阳朔二年（公元前 23 年）广汉郡工官造乘舆髹丹画黄釦榼……"，乐浪王盱墓出土的漆耳杯的铭文为"建武二十一年（公元 45 年）广汉郡工官造乘舆髹丹木夹紵杯……"，石岩里 201 号墓耳杯[5]上有"元始四年（公元 4 年）广汉郡工官造乘舆肆画紵□杯……"的铭文，可见它们均系广汉郡工官所产。

考工和供工的产品也有不少，如贞柏里 17 号墓出土的耳杯中，一件上有铭文"永光元年（公元前 43 年）考工……"，另一件上有铭文"永光元年供工……"；石岩里 201 号墓出土漆盘上有"居摄三年（公元 8 年）考工虞造……"的铭文，耳杯上有"居摄三年供工服造……"的铭文；平壤附近墓葬出土的一件纪年漆耳杯上的铭文为"绥和元年（公元前 8 年）供工憙造……"[6]。由此可知，它们分别系设在汉朝都城的考工和供工作坊所产。至于贞柏里 127 号墓（王光墓）出土的底部有"长寿延年宜子孙"铭文的漆笥（M127：133），以及带有"宜子孙"、"大利"等宣扬产品优良或吉祥用语的铭文的漆器以及无铭文的漆器，大多应系民间作坊的产品。

10. 其他遗物

除上述遗物之外，其他汉器和汉式器还有许多。如平壤土城里土城发现的铜带钩、铜弩机等；石岩里 219 号墓出土有绢、帛等丝织品，铜弩机；石岩里 21 号墓、205 号墓、212 号和 214 号墓出土的丝织品衣物[7]；南井里 116 号墓（彩箧冢）、石岩里 9 号墓、石岩里 6 号墓等出土的石砚和石砚板；贞柏里 2 号墓出土的铜泥筒；南井里 116 号墓出土的银带钩、银簪、银手镯，纱帽，木简、木马等；石岩里 9 号墓出土的黄金带具、玉璧、七窍玉、玉具剑、铜弩机等；贞柏里 127 号墓（王光墓）出土的铁长剑，铜弩机、带钩、曲柄刷、板刷柄等。

[1] 梅原末治、藤田亮策：《朝鲜古文化综鉴》第二卷第 24～38 页，养德社，1948 年。

[2] 洪石：《战国秦汉漆器研究》第 106 页表二，文物出版社，2006 年。

[3] 梅原末治、藤田亮策：《朝鲜古文化综鉴》第二卷第 29 页，养德社，1948 年。

[4] 梅原末治、藤田亮策：《朝鲜古文化综鉴》第二卷第 24 页，养德社，1948 年。

[5] 小泉显夫、沢俊一：《石巌里第二〇一号坟》，《乐浪彩箧冢》（《乐浪古跡调查报告》·1）第 86 页，便利堂，1934 年。

[6] 梅原末治、藤田亮策：《朝鲜古文化综鉴》第二卷第 38 页，养德社，1948 年。

[7] 梅原末治、藤田亮策：《朝鲜古文化综鉴》第二卷第 63～67 页，养德社，1948 年。

二　朝鲜半岛南部汉朝文物的考古发现

两汉时期的朝鲜半岛南部，其社会历史正处于由氏族向国家演进的社会大变革时期。大约在公元前 1 世纪，半岛南部先后形成了三个早期国家，即西部的马韩、东北部的辰韩和东南部的弁韩[1]，故称之为"三韩时代"，又被称之为"原三国时代"[2]。在考古学上，属于"初期铁器时代"[3]。严格地说，三韩时代的年代大致为公元前 1 世纪至公元 3 世纪[4]，但为叙述方便，这里所说的三韩时代也包括了公元前 2 世纪前后的有关文化遗存。韩国这一时期的遗址和墓葬的有关考古发现，揭示了汉王朝同三韩地区的密切联系。

（一）出土汉朝文物的三韩时代文化遗存

三韩时代的文化遗存中，有不少遗址和墓葬出土有来自汉朝的文物（图 13 - 26）。现择要介绍如下。

1. 永川郡渔隐洞遗址

永川郡渔隐洞遗址位于庆尚北道永川郡渔隐洞，是一处初期铁器时代的遗址。1919年，当地居民在一断崖处偶然发现一组被雨水冲刷暴露出的遗物，出土时各遗物相互叠压在一起。1923 年日本学者经过调查，推测出土遗物的遗迹可能是一处墓葬，但未能得到确认。出土遗物计 120 余件，包括汉镜 3 件、仿制镜 12 件、铜钏 8 件、铜泡 92件、铜轮状饰 2 件，以及虎形带钩、马形带钩、铜马形饰、鹿头形饰等。汉镜中，有四乳四虺纹镜 1 件、"见日之光"铭连弧纹铭带镜 2 件[5]。这是半岛南部地区汉朝遗物的首次发现。

---

[1]《后汉书·东夷列传》："韩有三种：一曰马韩，二曰辰韩，三曰弁辰。马韩在西，其北与乐浪、南与倭接。辰韩在东，十有二国，其北与濊貊接。弁辰在辰韩之南，亦十有二国，其南亦与倭接"。其地理位置和范围大致是：马韩五十四国，地当今忠清南道和北道、全罗南道和北道以及京畿道一带；辰韩十二国，地当今庆尚南道和北道的洛东江以东地区；弁韩十二国，地当今庆尚南道和北道的洛东江以西、以南地区。

[2] 韩国学者金元龙将"三韩时期"又称为"原三国时代"，并认为青铜时代后期为铁器 I 期，原三国时代为铁器 II 期；原三国时代的开始年代为公元前后，其下限为公元 300 年左右（见［韩］金元龍著，［日］西谷正訳《韓国考古学概説》[増補改訂] 第 142 頁，六興出版，1984 年）。

[3] 关于韩国考古学的年代划分，金良善等认为：青铜时代分为前、后两期，其后期始于公元前 3 世纪，而铁器时代始于公元前 1 世纪前后（见金廷鶴《韓国の考古学》第 162 頁，河出書房新社，1972 年）；金元龙认为：青铜时代的后期实际上是初期铁器时代，青铜时代后期之末的公元前 100年前后铁器开始普及（见［韩］金元龍著，［日］西谷正訳《韓国考古学概説》[増補改訂] 第 141頁，六興出版，1984 年）。因此，韩国铁器时代开始的年代可以划定在公元前 3 世纪，并且一般可以将公元前 3 世纪至公元 3 世纪作为初期铁器时代。

[4] 过去一般认为三韩时代的上限在公元纪年前后，但从半岛南部的文化变迁来看，三韩时代的上限定在汉置乐浪四郡之后的公元前 100 年前后为宜，并且可以划分为前、后两期，即：公元前 1 世纪至公元 1 世纪为前期；公元 2～3 世纪为后期。

[5] 梅原末治、藤田亮策：《朝鮮古文化綜鑑》第一卷第 47～52 頁，養德社，1947 年。

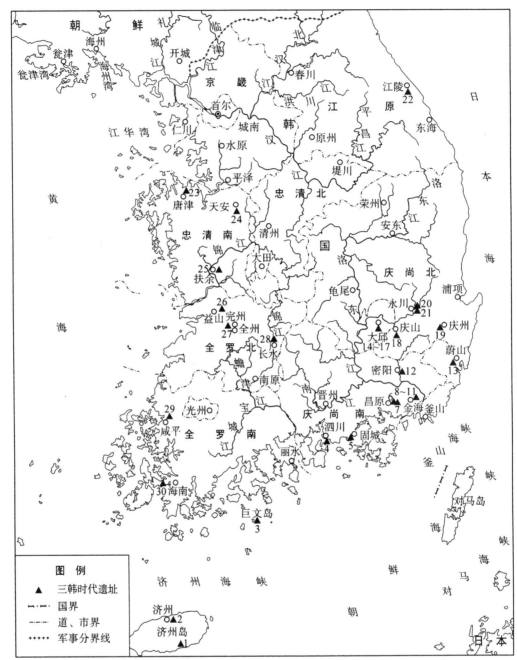

图 13-26 朝鲜半岛南部出土秦汉文物的三韩时代遗址分布示意图（限于文中所及）

1.济州岛锦城洞 2.济州岛山地港 3.丽水市巨文岛（全罗南道） 4.泗川市勒岛贝丘 5.固城郡东外洞贝丘 6.昌原市茶户里 7.昌原市城山贝丘 8.金海市大成洞 9.金海市会岘里贝丘 10.金海市良洞里 11.金海市内德里 12.密阳市校洞（以上9处为庆尚南道） 13.蔚山市下岱里 14.大邱市八达洞 15.大邱市飞山洞 16.大邱市池山洞 17.大邱市坪里洞 18.庆山市林堂洞 19.庆州市朝阳洞 20.永川郡渔隐洞 21.永川郡龙田里（以上4处为庆尚北道） 22.江陵市草堂洞（江原道） 23.唐津郡素素里 24.天安市清堂洞 25.扶余郡合松里（以上3处为忠清南道） 26.益山市平章里 27.完州郡葛洞 28.长水郡南阳里（以上3处为全罗北道） 29.咸平郡草浦里 30.海南郡谷里贝丘（以上2处为全罗南道）

2. 济州岛山地港遗址

济州岛山地港遗址位于济州岛北端的济州市健入洞山地港。1928 年在港口建设施工中，于东侧海岸的岩壁附近发现一组遗物计 21 件。其中，包括货泉 11 枚、大泉五十 2 枚、货布 1 枚、五铢钱 4 枚、汉镜残片 1 件，以及"见日之光"铭连弧纹铭带镜的仿制镜 1 件和铜剑格 1 件等，其钱币和汉镜均为西汉至新莽时期[1]。该遗址的性质尚不甚明了，推测有可能是窖藏或祭祀遗存。它地处中、日、韩之间海岛上的独特地理位置，对于考察当时东北亚各地之间的交流具有重要意义。

3. 昌原市茶户里墓地

昌原市茶户里墓地位于庆尚南道昌原市（原义昌郡）茶户里一带的丘陵上，是一处三韩时代前期的墓地。1980 年因被盗掘而发现，1987 年为配合道路建设工程进行了发掘，发掘清理出竖穴土坑木棺墓 70 余座[2]。根据墓葬结构及其大小被分为甲、乙、丙三类，以甲类墓规模最大，并且墓底有腰坑。其中，1 号墓为甲类墓，规模较大，年代较早，使用独木棺；墓圹长 2.8 米、宽 1 米、深 1.7 米，墓底有长 80 厘米、宽 60 厘米、深 20 厘米的腰坑；出土随葬品有铜兵器、铁兵器、带木柄的铁工具、弓箭、漆木器以及陶器等，其中可以确认为汉朝的文物有星云纹镜、五铢钱和铜带钩等；其年代为公元前 1 世纪后半，其墓主人被推测为弁韩的首领。该墓地的发掘，为研究弁韩的社会结构、经济发展水平及其对外交流都具有重要价值。

4. 金海市良洞里墓地

金海市良洞里墓地位于庆尚南道金海市良洞里，坐落在一个高约 90 米的丘陵的顶部及其斜坡上，是一处三韩时代（弁韩）至三国时代的大型墓地[3]。1969 年，这里发现了方格博局纹铜镜、T 形铜剑首、铁剑、铁矛等一组遗物，引起学术界注意。1984 年和 1990～1996 年，先后进行两次大规模发掘，发掘清理出木棺墓、木椁墓、瓮棺葬、石椁墓等墓葬计 579 座，其年代为公元前 2 世纪末至公元 5 世纪。其中，55 号木棺墓出土有锻造铁斧、铁镰、铁小刀、铁矛、铜仿汉镜、玻璃珠饰等，其年代为公元 2 世纪；162 号墓为大型木椁墓，是墓地中规模最大的墓葬之一，出土有汉朝铜镜 2 件、仿汉镜 8 件，以及铁釜、铁刀、铁镰、铁斧、铁剑等，其年代为公元 2 世纪后半，墓主人被推测为弁韩狗邪国的首领；322 号墓为木椁墓，出土一件带铭刻的铜鼎；318 号墓为木椁墓，出土有铁釜等。该墓地不仅揭示了弁韩—金官加耶墓葬的演变，而且显示出当时对外交流的盛况。

5. 大邱市八达洞遗址

大邱市八达洞遗址位于大邱广域市北区八达洞一带的丘陵末端，是一处三韩时代至三

---

[1] 梅原末治、藤田亮策：《朝鲜古文化綜鑑》第一卷第 57 页，養德社，1947 年。

[2] A. 李健茂：《義昌茶户里遺蹟發掘進展報告（Ⅰ～Ⅳ）》，《考古學誌》第 1、3、5、7 辑，韩国考古美術研究所，1989～1995 年。

B. 國立中央博物館：《茶户里》，2008 年。

[3] A. 金廷鹤：《韓国の考古学》第 130 頁圖 88，河出書房新社，1972 年。

B. 文化財研究所：《金海良洞里調查發掘報告書》，1989 年。

C. 大成洞古墳博物館：《金官伽耶的对外交流》第 52 頁，2005 年。

国时代的聚落遗址和墓地[1]。1992～1993 年间，发掘清理出三韩时代至三国时代的土坑墓 17 座、竖穴式石椁墓 3 座、横穴式石室墓 1 座；1996～1997 年间，发掘清理出青铜时代居住址 19 座、三韩时代的土坑墓和木棺墓 102 座、木椁墓 1 座、瓮棺葬 139 座、三国时代的墓葬 54 座等。其中，45 号墓为长方形独木棺墓，设有陪葬坑，坑内出土有铸造铁斧、铁矛等，其年代为公元前 1 世纪；2 号墓为圆角长方形木椁墓，出土有铁镰、铸造铁斧、铁矛等，其年代为公元 3 世纪。该遗址作为聚落和墓地共存的遗址，对于三韩时代的社会历史及对外交流的研究等都具有重要价值。

6. 庆山市林堂洞遗址

庆山市林堂洞遗址位于庆尚北道庆山市林堂洞和造永洞一带的丘陵上，是一处复合型遗址，包括三韩时代（辰韩）的环壕聚落址和墓葬，以及三国时代的土城址[2]。1982～1998 年间进行多次发掘，分为 5 个发掘区，共发掘清理三韩至李氏朝鲜时代的墓葬 1000 余座。三韩时代的墓葬有木棺墓、木椁墓、积石木椁墓和瓮棺葬等。其中，A-I-74 号墓、A-I-121 号墓、E-132 号墓等出土有五铢钱，A-I-122 号墓、E-58 和 E-138 号墓等出土有加工成小圆饼形的汉镜残片，其年代为公元前 1 世纪前后。该墓地的发掘，不仅揭示了三韩至李氏朝鲜时代墓葬制度的变迁，而且为研究三韩时代同汉文化的交流以及汉镜在当地的应用提供了重要资料。

7. 庆州市朝阳洞墓地

庆州市朝阳洞墓地位于庆尚北道庆州市朝阳洞的低丘陵上，是一处三韩（辰韩）至三国时代的墓地[3]。1979～1981 年进行发掘，共发掘清理木棺墓 26 座、木椁墓 13 座，瓮棺葬 20 座、石椁墓 8 座。其中，5 号墓为长方形竖穴木棺墓，年代最早，出土有铸造铁斧等遗物，其年代为公元前 1 世纪前半；38 号墓为圆角长方形竖穴木棺墓，出土有"见日之光"铭连弧纹铭带镜、重圈铭带镜、"昭明"铭连弧纹铭带镜、四乳镜等西汉铜镜，其年代为公元前 1 世纪后半。从这些出土遗物，可以看到当时辰韩的对外交流状况。

8. 完州郡葛洞墓地

完州郡葛洞墓地位于全罗北道完州郡盘桥里葛洞，坐落在一个高约 42 米的丘陵的南坡，是一处初期铁器时代的墓地[4]。2003 年，为配合道路建设工程进行了考古发掘，发掘面积 7200 平方米，共发掘清理墓葬 4 座、竖穴土坑 2 个、沟状遗迹 1 处。其中，1 号墓为土坑墓，出土细形铜剑、铜戈的石铸范等；2 号墓为木棺墓，出土有琉璃环、铁镰等；3 号墓为木椁墓，出土有铜镞、铁镰和铁斧等；4 号墓为独木棺墓，出土有铁斧等随葬品。墓地的年代为公元前 2 世纪至公元前 1 世纪。该墓地出土的铸造铁镰和铁斧，属于战国晚期和汉初燕地的典型铁器，反映了当时同汉文化的交流。

---

〔1〕 高久健二：《八達洞遺跡》，《東アジア考古学辞典》第 447 頁，東京堂出版，2007 年。

〔2〕 韓國土地公社、韓國文化財保護財團：《慶山林堂遺蹟》（Ⅰ～Ⅵ），1998 年。

〔3〕 A. 崔鍾圭：《慶州市朝陽洞遺跡発掘調査概要とその成果》，《古代文化》第 35 卷 8 号，1983 年。

　　 B. 国立慶州博物館：《慶州朝陽洞遺跡》，《國立慶州博物館》（日本語版）第 193 頁，通川文化社，1996 年。

〔4〕 湖南文化財研究院：《完州葛洞遺蹟》，2005 年。

（二）三韩时代文化遗存中的汉朝文物

半岛南部三韩时代文化遗存出土的汉朝文物，主要有钱币、铜镜、铜器、铁器以及其他文物等。

1. 钱币

钱币的发现地点不多，但分布范围较广。钱币的种类主要有半两钱、五铢钱、货泉、货布、大泉五十等。

半两钱，庆尚南道泗川市勒岛贝丘 C 区出土 4 枚[1]，直径 2.4 厘米（图 13-27-1、2）。

五铢钱，较为常见。昌原市茶户里出土 3 枚，均为西汉五铢（图 13-27-3～5），其中一枚为穿上横文五铢，直径 2.5 厘米，方穿边长 0.96 厘米，重 2.9 克，与洛阳烧沟的II型五铢相同；一枚铸造不精良，直径 2.55 厘米、方穿边长 1.3 厘米，重 3.25 克；另一枚为普通的五铢，铸造精良，钱文清晰，直径 2.5 厘米，方穿边长 0.93 厘米，重 3.8 克[2]。济州岛山地港出土 4 枚，均方穿无郭，直径 2.5～2.52 厘米，为西汉五铢。永川郡龙田里木椁墓[3]出土 3 枚，直径均为 2.6 厘米。五铢钱还发现于全罗南道丽水市巨文岛（980 枚）[4]、泗川市勒岛贝丘 C 区（1 枚）、昌原市城山贝丘（1 枚）[5]、庆山市林堂洞墓地（3 枚），江

图 13-27　韩国出土汉朝钱币

1、2. 半两钱（泗川市勒岛贝丘出土）　3～5. 五铢钱（昌原市茶户里出土）　6～9. 货泉
（济州岛山地港出土）　10. 大泉五十（济州岛山地港出土）　11. 货布（济州岛山地港出土）

[1]　大成洞古墳博物館：《金官伽耶的对外交流》第 45 頁，2005 年。

[2]　東京国立博物館：《伽耶文化展》第 24 頁，朝日新聞社，1992 年。

[3]　國立慶州博物館：《永川龍田里遺跡》第 51～53 頁，圖 22，2007 年。

[4]　A. 韓国国立中央博物館：《伽耶特別展》第 24 頁图 37，朝日新聞社，1991 年。

　　B. 武末純一：《三韓と倭の交流》，《国立歴史民俗博物館研究報告》第 151 集第 295 頁表 2，2009 年。

[5]　岡崎敬：《日本および韓国における貨泉・貨布および五銖錢について》，《森貞次郎博士古稀紀念古文化論集（上卷）》第 665 頁，1982 年。

原道江陵市草堂洞（2 枚）等地。其中，既有西汉五铢，又有东汉五铢。

货泉，济州岛山地港出土 11 枚（图 13-27-6～9），可分为四种：（1）正、背面均有穿郭，直径 2.27 厘米；（2）仅背面有穿郭，"泉"字较大，直径 2.24 厘米；（3）体薄，两面均无穿郭，直径 2.12 厘米；（4）钱文为反字，位置也与一般的货泉相反，即"货"在左、"泉"在右，直径 2.27 厘米。货泉还发现于济州岛北济州郡锦城洞（2 枚），全罗南道海南郡谷里贝丘（1 枚）[1]，庆尚南道金海市会岘里贝丘（1 枚）[2] 等地。

大泉五十，济州岛山地港出土 2 枚，其中完整的 1 枚，直径 2.73 厘米（图 13-27-10）。

货布，济州岛山地港出土 1 枚，长 5.7 厘米，宽 2.25 厘米（图 13-27-11）。

2. 铜镜

铜镜发现近 40 件，是三韩文化遗存中发现数量较多的一种汉朝文物，主要分布在半岛东南部的庆尚北道和庆尚南道一带。其种类主要有蟠螭纹镜、草叶纹镜、星云纹镜、连弧纹铭带镜、单圈铭带镜、四乳四铭镜、四乳四虺纹镜、多乳禽兽纹镜、四乳禽鸟纹镜、方格博局纹镜、连弧纹镜等。

蟠螭纹镜，全罗北道益山市平章里出土 1 件[3]，已残破成碎片，匕形缘，主纹区以细线涡卷纹为地纹，主纹为四组花叶纹和蟠螭纹，其外侧一周斜线栉齿纹带，复原直径 13.4 厘米，年代为三韩时代初期。此类铜镜在中国流行于战国晚期和西汉初年。

草叶纹镜，完整者尚未见到，但庆山市林堂洞 E-58 号墓出土的加工成小圆片的铜镜残片[4]，复原为"见日之光，常乐未央"铭四乳草叶纹镜。

星云纹镜，庆尚南道昌原市茶户里 1 号墓出土 1 件，连峰式钮，周围绕以十六内向连弧纹带，主纹区有四组连珠纹座乳钉，四乳之间为七乳钉组成的星云纹，十六内向连弧纹缘，其内侧一周斜向栉齿纹带，直径 12.8 厘米（图 13-28-1），年代为三韩时代前期。庆尚南道密阳市校洞 3 号木棺墓[5]出土 1 件，与茶户里 1 号墓所出大致相同，只是镜缘内侧无栉齿纹带，直径 10 厘米，年代为公元前 1 世纪。庆尚北道永川郡龙田里木棺墓[6]出土残片 1 件，年代为公元前 1 世纪。

连弧纹铭带镜，数量最多，类型多样。一般是圆钮，圆圈钮座，其外依次为内向连弧纹带、栉齿纹带、铭文、"田"字或涡卷纹等组成的铭文带、栉齿纹带，窄素缘，根据其铭文可分为多种类型。"见日之光，天下大明"铭镜，永川郡渔隐洞出土 2 件，直径分别

〔1〕 東潮、田中俊明：《韓国の古代遺跡·2·百済伽耶篇》第 43 頁，中央公論社，1989 年。

〔2〕 A. 榧本杜人：《金海貝塚の再檢討》，《朝鮮の考古学》第 64 頁，同朋舍，1980 年。
　　 B. 武末純一：《三韓と倭の交流》，《国立歴史民俗博物館研究報告》第 151 集第 295 頁表 2，2009 年。

〔3〕 A. 東潮、田中俊明：《韓国の古代遺跡·2·百済伽耶篇》第 41 頁，中央公論社，1989 年。
　　 B. 高倉洋彰：《韓国原三国時代の銅鏡》，《九州歴史資料館研究論集》第 14 集第 53 頁，1989 年。
　　 C. 國立中央博物館、國立光州博物館：《特別展：韓國的青銅文化》第 48 頁，汎友社，1992 年。

〔4〕 李陽洙：《韓半島出土汉镜的分布与流通》，《考古学誌》第 15 辑，韓國考古美術研究所，2006 年。

〔5〕 密陽大學校博物館：《密陽校洞遺蹟》第 48 頁，2004 年。

〔6〕 國立慶州博物館：《永川龍田里遺蹟》第 31 頁圖 12-1，2007 年。

图 13-28　韩国出土汉朝铜镜

1. 星云纹镜（昌原市茶户里 1 号墓出土）　2. "日光"连弧纹铭带镜（永川郡渔隐洞出土）　3. "日月"连弧纹铭带镜（大邱市池山洞出土）　4. "昭明"连弧纹铭带镜（密阳市校洞 17 号墓出土）　5. "日光"单圈铭带镜（庆州市朝阳洞 38 号墓出土）　6. "日光"单圈铭带镜（大邱市池山洞出土）　7. "家常贵富"四乳四铭镜（庆州市朝阳洞 38 号墓出土）　8. 四乳禽鸟纹镜（金海市良洞里 162 号墓出土）　9. 四乳四虺纹镜（大邱市坪里洞出土）

为 6.1 厘米和 6.7 厘米（图 13-28-2），年代为三韩时代前期；此外，还发现于大邱市池山洞[1]、庆州市朝阳洞 38 号木棺墓等地[2]。"见日之光，长毋（不）相忘"铭镜，大邱

[1]　國立中央博物館、國立光州博物館：《特別展：韓国的青銅文化》第 62 頁，汎友社，1992 年。

[2]　國立慶州博物館：《國立慶州博物館所藏鏡鑑資料集》第 19 頁，2007 年。

市池山洞出土 2 件，直径均为 6.9 厘米，年代为三韩时代前期[1]。"昭明"铭镜，密阳市校洞 17 号木棺墓出土 1 件，连珠纹钮座，铭文为"内清质以昭明，光辉象夫日月，心忽扬而愿忠，然雍塞而不泄"，直径 10.2 厘米（图 13-28-4）；庆州市朝阳洞 38 号木棺墓出土 1 件，铭文为"内清以昭明，光象夫日月，心不泄"，直径 8 厘米，年代为公元前 1 世纪。"内日月心忽而不泄"铭镜，仅大邱池山洞出土 1 件，直径 8.2 厘米（图 13-28-3），应当属于"昭明"镜之列。此外，这种铜镜的残片，还发现于庆州朝阳洞 38 号墓、庆山市林堂洞 E-138 号墓等地。

单圈铭带镜，庆州市朝阳洞 38 号木棺墓出土 1 件，圆钮，圆圈钮座，周围环绕一周凸带，素缘稍宽，铭文为"见日之光，长不相忘"，直径 6.5 厘米（图 13-28-5），年代为三韩时代前期。与之相同者，还发现于大邱市池山洞，直径 7.7 厘米（图 13-28-6）。

四乳四铭镜，庆州市朝阳洞 38 号木椁墓出土 1 件，圆钮，圆圈钮座，周围绕以八内向连弧纹带和栉齿纹带，主纹区为四个圆圈乳钉，其间饰"家常贵富"四字铭，窄素缘，直径 7.5 厘米（图 13-28-7），年代为公元前 1 世纪。

四乳四虺纹镜，大邱市坪里洞出土 1 件[2]，圆钮，周围绕以两周斜线栉齿纹带，主纹区为四乳和四虺纹，虺纹内外各有一小禽鸟，宽素缘，直径 10.6 厘米（图 13-28-9），年代为公元 1 世纪。此外，还发现于济州岛山地港、金海市会岘里贝丘、永川郡渔隐洞等地。

多乳禽兽纹镜，庆尚南道固城郡东外洞贝丘出土残片 1 件，双线波折纹花纹缘，直径 9.9 厘米。另外，金海市良洞里、金海市会岘里贝丘、金海市大成洞 2 号墓[3]出土的铜镜残片，可能也属于此镜类。

四乳禽鸟纹镜，金海市良洞里 162 号墓出土 1 件，圆钮，圆圈钮座，主纹区为四乳钉和四禽鸟，外侧一周栉齿纹带，宽素缘，直径 9 厘米（图 13-28-8），年代为公元 2 世纪。

方格博局纹镜，金海市良洞里出土 1 件[4]，圆钮，柿蒂纹钮座，周围绕以方格，方格内十二乳钉和十二支铭；内区花纹为八乳、TLV 纹、四神和禽兽纹，铭文带的内容为"尚方佳镜真大□，上有仙人不知老，渴饮玉泉饥食枣，浮游天下敖四海"，云气纹及锯齿纹带花纹缘，直径 20.2 厘米（图 13-29），年代为公元 1 世纪。金海市内德里 19 号木棺墓出土 1 件[5]，镜缘饰两周锯齿纹和一周双线波折纹，镜缘较宽，直径 12.1 厘米，年代为公元 1 世纪。金海大成洞 23 号墓出土 1 件[6]，钮座为 12 个小圆圈乳钉，波折纹和锯齿

〔1〕 高倉洋彰：《韓国原三国時代の銅鏡》，《九州歴史資料館研究論集》第 14 集第 53 頁，図 3-5，1989 年。
〔2〕 A．福岡県教育委員会：《邪馬台国への道のり》第 55 頁，NHK 福岡放送局，1993 年。
　　 B．国立慶州博物館編：《国立慶州博物館》（日本語版）第 17 頁，通川文化社，1988 年。
　　 C．國立中央博物館、國立光州博物館：《特別展：韓國的青銅文化》第 61 頁，汎友社，1992 年。
〔3〕 A．申敬澈、金宰佑：《金海大成洞古墳群（Ⅰ）》（概報）彩版 70，慶星大學校博物館，2000 年。
　　 B．韓國國立中央博物館：《楽浪古代文化》第 204 頁，圖版 208，首尔出版公司，2001 年。
〔4〕 高倉洋彰：《韓国原三国時代の銅鏡》，《九州歴史資料館研究論集》第 14 集第 53 頁，1989 年。
〔5〕 韓國國立中央博物館：《楽浪古代文化》第 203 頁，圖版 207-2，首尔出版公司，2001 年。
〔6〕 東京国立博物館：《伽耶文化展》第 33 頁，朝日新聞社，1992 年。

纹带花纹缘，直径16.5厘米，年代为公元3
世纪。这种铜镜的残片，还发现于庆尚南道
固城郡东外洞贝丘[1]等地。

连弧纹带镜，金海市良洞里162号墓出
土1件，半球形钮，圆钮座，周围绕以凸带和
八内向连弧纹带，宽素缘，直径11.7厘米，年
代为公元2世纪。另外，金海市大成洞14号
墓出土残片1件，为凸线连弧纹带镜，镜缘内
侧有一穿孔，说明破碎后曾穿孔另作他用[2]。

除上述汉镜之外，三韩时代的文化遗存
中还经常出土仿汉镜，主要有连弧纹镜系、
铭带镜系等[3]，这里略而不论。

3. 铜器皿

铜器皿仅发现有鼎。金海市良洞里322
号墓出土1件，长方形附耳，子母口，圆腹，
腹中部有凸棱一周，三蹄足（图13-30），口
沿下方刻有铭文"西□铜鼎，容一斗，并盖重
十一斤，第七"，口径17.4厘米，高21厘米，
年代为公元1世纪前后[4]。蔚山市下岱里23
号大型木椁墓出土1件[5]，长方形附耳较长
且弯曲，腹部有腰檐，三蹄足，通高49.8
厘米，其年代为公元2～3世纪。

4. 铁器

铁器是三韩时代的文化遗存中的常见遗
物，但大多为当地制造或者产地不易确定。其
中，能够确认是从汉朝境内传入的铁制品为数
甚少[6]，主要有铁空首斧、凿、锄板、镰刀、
剑、釜等。

空首斧，铸造品。完州郡葛洞4号墓出

图13-29　韩国金海市良洞里出土汉朝
方格博局纹铜镜（拓本）

图13-30　韩国金海市良洞里322号墓出土汉朝铜鼎

〔1〕　東京国立博物館：《伽耶文化展》第33頁，朝日新聞社，1992年。
〔2〕　申敬澈、金宰佑：《金海大成洞古墳群（Ⅰ）》（概報）彩版214，慶星大學校博物館，2000年。
〔3〕　後藤直：《弥生時代の倭・韓交渉——倭製青銅器の韓への移出》，《国立歴史民俗博物館研究報告》
　　　第151集第307頁，2009年。
〔4〕　李学勤：《韩国金海良洞里出土西汉铜鼎续考》，《文博》2002年第6期。
〔5〕　釜山大學校博物館：《蔚山下岱遺蹟——古墳（Ⅰ）》第165頁，圖版53，1997年。
〔6〕　判断是否属于汉朝铁器的依据主要有二：一是在形态上常见于汉文化遗存而少见于三韩地区；二是
　　　铸造品，或具有汉朝铁器特色的锻造品。

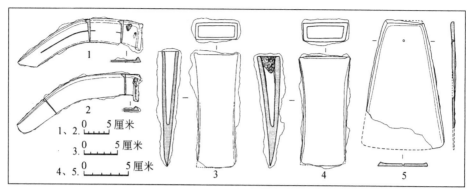

图 13-31　韩国出土汉朝铁器

1、2.镰刀（完州郡葛洞 M2：6、葛洞 M3：13）　3、4.空首斧（完州郡葛洞 M4：21、葛洞 M4：20）

5.锄板（密阳市校洞 M3：10）

土 2 件，长条形空首斧，刃部与銎部大致等宽，锈蚀严重。其中，M4：20，銎口略呈梯形，长 12.1 厘米，宽 5 厘米；M4：21，銎口呈长方形，长 16.8 厘米，宽 5.4 厘米（图 13-31-3、4）。这种铸造的条形空首斧，是战国和西汉时期常见的铁斧形态，也曾见于朝鲜龙渊洞出土的战国晚期铁器[1]。与之大致相同的铁斧，还发现于忠清南道唐津郡素素里，年代为公元前 2 世纪[2]；忠清南道扶余郡合松里，全罗北道长水郡南阳里 3 号墓和 4 号墓[3]，金海市大成洞 B 区[4]，年代均约当公元前 1 世纪。另外，京畿道加平郡大成里遗址[5]、庆尚南道咸安郡末山里 3 号墓[6]、金海市大成洞 45 号墓[7]等地出土的长方銎扇形刃铁斧，銎口下方有横向凸带，两侧有铸缝凸起，墓葬的年代为公元 2～3 世纪。

凿，铸造品。庆尚南道唐津郡素素里曾发现 1 件[8]，方銎，长 10 厘米。

锄板，铸造品，平面呈梯形，两侧及顶部边缘有凸沿，上部居中有一小穿孔。密阳市校洞 3 号木棺墓出土 1 件（M3：10），残长 15.4 厘米，宽 4.6～10.6 厘米，厚 0.4 厘米（图 13-31-5），年代为公元前 1 世纪。昌原市茶户里 61 号墓也出土 4 件。与之相同者，在中国曾发现于辽宁抚顺莲花堡[9]等地，年代为战国晚期至汉初；在朝鲜龙渊洞出土的

〔1〕　朝鲜半岛南部初期铁器时代的铁空首斧主要有两类：一类是双合范铸造的长方形銎口斧，另一类是单合范铸造的梯形銎口斧。后一类具有当地特色并为当地所产，而前一类则应当是传入品。

〔2〕　福冈県教育委员会：《邪馬台国への道のり》第 55 頁，NHK 福冈放送局，1993 年。

〔3〕　武末純一：《韓国の鋳造梯形铁斧》，《七隈史学》第 7 号第 13 頁，图 3，2006 年。

〔4〕　金一圭：《最近の調査成果から見た韓国鉄文化の展開》，《東アジアにおける鉄文化の起源と伝播に関する国際シソポジュム資料集》第 109 頁，图 2、3，北九州市自然史·歴史博物館，2007 年。

〔5〕　畿甸文化財研究院：《大成里遺蹟發掘調査約報告書》，2006 年。又，根据笔者 2009 年 2 月畿甸文化財研究院考察笔记，与之共出的还有铸造的凹口锸等。

〔6〕　慶南考古学研究所：《道項里－末山里遺蹟》第 150 頁，图 140—1，2000 年。

〔7〕　A．申敬澈、金宰佑：《金海大成洞古墳群（Ⅰ）》（概报），慶星大學校博物館，2000 年。

　　　B．大成洞古墳博物館：《金官伽耶の对外交流》第 52 頁，2005 年。

〔8〕　福冈県教育委员会：《邪馬台国への道のり》第 55 頁，NHK 福冈放送局，1993 年。

〔9〕　王增新：《辽宁抚顺市莲花堡遗址发掘简报》，《考古》1964 年第 6 期。

战国晚期铁器中也曾见到。

镰刀，铸造品，弯体，背部边缘向正面凸起，柄端有凸起的栏。宛州郡葛洞墓地出土2件，其中M2：6，长24.6厘米，宽4.4厘米；M3：13，长24.2厘米，宽4厘米（图13-31-1、2），其年代为公元前2世纪至公元前1世纪。这种铁镰刀是战国时期燕地铁镰刀的典型形态，流行于战国晚期至西汉初年，易县燕下都、抚顺莲花堡、桦甸西荒山屯等地多有出土，并且河北兴隆还发现了铸范[1]。

剑，蔚山市下岱里43号木椁墓出土3件中长剑，扁平细长茎，通长56.7～56.2厘米；41号木椁墓出土铁长剑1件，茎扁平细长，剑体窄长，残长83厘米[2]。它们与徐州段山东汉墓等地出土长茎剑基本相同[3]。

釜，铸造品。金海市良洞里318号墓出土1件，敛口，鼓腹，圜底已残，腹部有凸弦纹一周，残高21.5厘米；同墓地162号墓出土1件，直口，折沿，深腹，尖圜底，腹部有竖向铸缝，高23.5厘米[4]。

5. 其他遗物

除上述遗物外，还零星发现有其他一些汉朝遗物。

铜盖弓帽，大邱市飞山洞发现2件，长分别为8.5厘米和8.7厘米，其年代约当公元前1世纪[5]。

铜带钩，昌原市茶户里1号墓出土1件，钩首为兽面，横断面呈半圆形，长6厘米，宽1.59厘米。这种棒状铜带钩还发现于忠清北道天安市清堂洞20号墓等地[6]。

铜铃，昌原市茶户里1号墓出土1件，整器呈广口梯形，顶部一钮，口部内弧，有铃舌，通高4.1厘米。这种小铜铃还发现于庆尚北道永川郡龙田里、庆州市朝阳洞5号墓等地。

铜弩机，庆尚北道永川郡龙田里辰韩的木棺墓中出土鎏金铜弩机1件，长11厘米，高8.3厘米，年代为公元1世纪。

铜剑，圆首，柱形柄，柄上有两道圆箍。全罗北道宛州郡上林里发现26件[7]，均保存完好，其年代有可能早到公元前3世纪前后。全罗南道咸平郡草浦里发现的1件，剑锋已残，年代为公元前2世纪[8]。

玻璃环，宛州郡葛洞2号墓出土绿色玻璃环2件，其中M2：7-1，直径4.2厘米、孔径2.8厘米，厚0.3厘米，其化学成分为含硅57.1%、铅23.8%、钡8.7%；M2：7-2，直

[1] 郑绍宗：《热河兴隆发现的战国生产工具铸范》，《考古》1956年第1期。
[2] 釜山大學校博物館：《蔚山下岱遺蹟——古墳（Ⅰ）》第47、152页，1997年。
[3] 徐州博物馆：《徐州发现东汉建初二年五十湅钢剑》，《文物》1979年第7期。
[4] 韓國國立中央博物館：《樂浪古代文化》第204页，圖版214、215，首尔出版公司，2001年。
[5] 金廷鶴：《韓国の考古学》第129页，图版96，河出書房新社，1972年。
[6] 韓國國立中央博物館：《清堂洞——天安清堂洞遺蹟》第98页，圖36，1993年。
[7] ［韩］全容来著，［日］後藤直訳：《宛州上林里出土中国式銅剣に関して》，《古文化談叢》第9集第69页，1982年。
[8] 沈奉謹：《韓国の墓とクニ》，《東アジアと九州》第44～51页，学生社，1994年。

径 3.7 厘米，孔径 2.2 厘米，厚 0.3 厘米，其化学成分为含硅 52.3％、铅 21.7％、钡 16.2％。其成分具有我国东周秦汉时期铅钡硅酸盐玻璃的基本特征[1]。

三　考古发现所见秦汉王朝与朝鲜半岛的联系

上述朝鲜半岛各地的考古发现表明，无论是半岛北部还是半岛南部，都与秦汉王朝有着紧密的联系，有着广泛的文化交流。但是，这种联系和交流在半岛北部和半岛南部有着明显的不同。

（一）半岛北部与秦汉王朝的联系

半岛北部同中国内地之间的交流，可以上溯到先秦时期。尤其是从战国晚期开始，随着燕国辽东五郡的设置和中原居民的迁入，这种联系更为密切。这不仅见于文献记载，而且在考古学上也得到了证明。譬如，在半岛北部，除了前述慈江道龙渊洞和平安北道细竹里等地出土的战国晚期铁器和钱币外，平壤石岩里曾发现秦始皇"二十五年季上郡守"的纪年铭铜戈[2]，平安南道顺安郡[3]和黄海南道载宁郡狐山里[4]等地战国式柱形柄铜剑等的发现，便是证明。西汉王朝建立之后，先是"汉初大乱，燕、齐、赵人往避地者数万口，而燕人卫满击破准而自王朝鲜"[5]；后来是汉武帝元朔元年（公元前 128 年）"东夷薉君南闾等口二十八万人降，为苍海郡"[6]，但"数年乃罢"[7]；直到汉武帝元封三年（公元前 108 年）年设置乐浪四郡之后，以大同江流域为中心的半岛北部作为汉置郡县的地区，汉王朝开始了对这一地区的直接经营，汉文化在这里获得了迅速的扩展。

从考古学上看，郡治和县治均按照汉朝内地城的做法，土筑城垣，并采用砖瓦等作为重要建筑物的建筑材料。尽管 20 世纪 70 年代初平壤土城里土城"非乐浪郡治说"被朝鲜学者李淳镇提出以来在朝鲜流行至今，但至今"没有提出具体的证据及其说明"[8]，而该城址内"乐浪太守章"等封泥、"乐浪礼官"等文字瓦当、云纹瓦当、汉式砖瓦以及汉朝钱币等的发现，恰恰证明了它是乐浪郡治址，这已经成为当今中、日、韩三国学者的共识。其他土城遗址同样是汉朝建立的郡县治城。就墓葬而言，在汉初燕、齐等地居民迁入的历史背景之下[9]，

〔1〕 干福熹：《中国古代玻璃的化学成分演变及制造技术的起源》，《中国古代玻璃技术的发展》第 225 页，上海科学技术出版社，2005 年。

〔2〕 梅原末治、藤田亮策：《朝鲜古文化綜鑑》第一卷第 29 頁，图版第一二，養德社，1947 年。

〔3〕 榧本杜人：《金海貝塚の再検討》，《朝鲜の考古学》第 128 頁，同朋舍，1980 年。

〔4〕 ［韩］全容来著，［日］後藤直訳：《完州上林里出土中国式銅劍に関して》图 7，《古文化談叢》第 9 集第 79 頁，1982 年。

〔5〕 《后汉书·东夷列传》。

〔6〕 《汉书·武帝纪》。

〔7〕 《后汉书·东夷列传》。

〔8〕 鄭仁盛：《楽浪土城と青銅器製作》，《東京大学文学部考古学研究室研究紀要》第 16 号第 60 頁，2001 年。

〔9〕 《史记·朝鲜列传》：朝鲜王卫满"传子至孙右渠，所诱汉亡人滋多"。

当地原有的石构墓葬传统走向衰落而土坑墓、木棺墓和瓮棺葬随之兴起；随着汉郡县的设置，木椁墓、砖室墓等先后流行起来，并且其形制和结构与汉朝内地墓葬基本无异；随葬品除了某些具有当地传统的青铜兵器和车马器之外，大多是来自汉朝中原地区的铜器、漆器、铁器、钱币、印章、文具、玉器以及当地制作的汉式硬质陶器等，尤其是大中型木椁墓更是如此；汉朝官吏采用汉式葬制，而当地土著族的首领同样采用汉式墓葬，如平壤市贞柏洞1号墓虽然随葬具有当地特色的兵器、车马器和陶器等[1]，而出土的"夫租薉君"银印证明其墓主人为汉置夫租县地方薉族的首领[2]，但它同样是木棺墓。在经济活动中，使用汉朝钱币作为流通货币，而平壤土城里土城址半两钱石铸范和范模的发现，证明在汉武帝元狩五年（公元前118年）之前当地存在着半两钱的铸行[3]。在社会生活中，则普遍使用汉器和汉式器。很显然，在汉朝郡县统治之下，半岛北部地区虽然还保留了当地的某些文化传统，但汉文化已经成为这一地区的主流文化，并且以此为桥梁，对其邻近地区产生了直接的影响。

关于乐浪四郡一带同汉朝内地联系的通道，主要有"渤海水路"和"辽东陆路"两条路线，并且是以渤海水路为主[4]。汉武帝元封二年（公元前109年）秋遣大军征朝鲜讨伐右渠，就是兵发两路：一路是楼船将军杨仆率水军五万自齐跨越渤海，另一路是左将军荀彘率陆军南下鸭绿江，两路夹击王险城[5]。从考古学上看，半岛北部的汉代城址和墓葬，大都集中在平安南道及其以南以平壤为中心的大同江下游地区和载宁江流域，并且无论是城址、墓葬还是各种汉器中，除漆器大多是来自汉朝的南方外，其余均与汉朝京畿地区以及冀州、青州和幽州等地更为相近，反映出各地之间联系的紧密。终两汉一代，乐浪一带同内地的交往和联系，都是经由渤海水路和辽东陆路而实现的。

（二）半岛南部与秦汉王朝的交流

半岛南部与秦汉王朝的联系和交流，与半岛北部直接处于汉王朝的郡县统治之下完全不同。半岛南部同中国之间的交流，同样可以上溯到先秦时期，1975年全罗北道完州郡上林里一次性出土战国式铜剑26件，便是马韩地区早在青铜器时代同中国已经存在着某种联系的直接证据[6]。同时，据文献记载分析，秦时曾有中国居民迁居到半岛

---

[1]　金廷鹤：《韩国の考古学》第121～122页，图78，河出書房新社，1972年。

[2]　关于该银印的头两个字，过去一般隶定为"夫租"，应为史书所载之"沃沮"，是汉廷授予沃沮部族首领的印章。中国学者林沄认为"夫租"乃"夭租"之误（见林沄《"夭租丞印"封泥与"夭租薉君"银印考》，《林沄学术文集（二）》第182页，科学出版社，2008年）。

[3]　《汉书·食货志（下）》：汉高祖初年，承秦制用半两钱；高后二年，行八铢半两钱；文帝五年，"更铸四铢钱，其文为'半两'……使民放铸"。又，《汉书·武帝纪》：武帝建元五年，"罢三铢钱，行半两钱"。

[4]　"渤海水路"沟通内地与乐浪四郡的通道主要有二：一是从渤海湾沿岸出发，渡海穿越渤海海峡到达黄海的西朝鲜湾沿岸；二是从山东半岛及其以南的黄海沿岸出发，自山东半岛北端经由庙岛群岛渡海到达黄海的西朝鲜湾沿岸。

[5]　《史记·朝鲜列传》：元封二年"其秋，遣楼船将军杨仆从齐浮渤海，兵五万人；左将军荀彘出辽东，讨右渠"。

[6]　完州上林里出土的战国式铜剑属于楚系圆柱柄铜剑，流行于春秋晚期至战国晚期（见町田章《中国

南部[7]。但是，当时这种交流还很少，《史记》、《汉书》中尚未见到关于半岛南部的记述。然而到了两汉时期，随着半岛北部乐浪四郡的设置，三韩地区以乐浪四郡为桥梁同汉王朝建立起了联系，尤其是在当时东北亚各地联系和交流日趋兴盛的历史背景之下，三韩同汉王朝出现了广泛的文化交流。这种交流，主要表现在两个方面。

一方面是汉朝物产的传入，如上述三韩文化遗存中汉朝钱币、铜镜、铜器皿、铜兵器、铁器以及装饰品等。当然，汉朝物产传入三韩之后，其应用与在汉朝境内是有所不同的。举例来说，钱币显然不是作为流通货币使用的[8]，有些可能是用作装饰品，其性质犹如从西亚传入中国内地的萨珊银币等[9]，如济州岛锦城洞和山地港发现的货泉中，有的带有穿孔[10]，显然是作为装饰品使用的。汉镜出土数量多，分布地域广，其中凡出自墓葬者，均为木棺墓和木椁墓，并且有些与仿汉镜共存，而有的墓葬可能是部族首领之墓，如金海市良洞里162号大型木椁墓的墓主人被推测是弁韩狗邪国的首领，昌原市茶户里1号墓同样被推测是弁韩首领之墓，墓中出土的汉镜有可能是作为珍宝而葬入的；金海市大成洞出土的连弧纹带铜镜残片上有一小孔[11]，有可能是作为装饰品使用的；至于庆山市林堂洞A-I-122号墓、E-58和E-138号墓等出土的5件汉镜残片，均被加工成直径1~1.4厘米的小圆饼，其性质和用途有待于探讨。像金海市良洞里等地出土的铜鼎、大邱市飞山洞出土的铜盖弓帽等，同样也有其特定的性质和用途。另外需要说明的是，有些汉朝器物传入三韩地区之后，曾长期传世使用，如金海市大成洞出土的博局纹镜、多乳禽兽纹镜和凸线连弧纹带镜残片等，其本身的年代都不晚于公元2世纪末，但墓葬的年代则多为公元4世纪前后[12]。但无论如何，随着汉朝物产的传入，三韩居民开始逐步接受并吸收汉文化。以铜镜为例，当地传统的铜镜属于多钮几何纹镜，但在汉镜传入之后，原有的铜镜传统中断，不仅输入汉镜，而且开始了仿汉镜的制作和使用[13]。关于韩国三韩时代仿汉镜的产地尽管还存在着不同看法[14]，但大量仿汉镜的发现表明，汉式镜取代了原有

古代の銅剣》第218~257页，奈良文化财研究所，2006年）。关于其来源，一种意见认为由中国传入；另一种意见根据其铅同位素的测定结果，认为是在当地铸造的。笔者认为，即使这批铜剑是产于当地，也是来自中国的工匠所为。

[7] 《三国志·魏书·东夷传》："辰韩在马韩之东，其耆老传世，自言古之亡人避秦役来适韩国，马韩割其东界地与之。"

[8] 《后汉书·东夷列传》：辰韩"凡诸［贸］易，皆以铁为货"。又，《三国志·魏书·东夷传》"弁辰"条载："诸市买皆用铁，如中国用钱。"

[9] 孙莉：《萨珊银币在中国的分布及其功能》，《考古学报》2004年第1期。

[10] 韓國國立中央博物館：《楽浪古代文化》第215页，图225、226，首尔出版公司，2001年。

[11] 東京国立博物館：《伽耶文化展》第39页，图60，朝日新聞社，1992年。

[12] 申敬澈、金宰佑：《金海大成洞古墳群（Ⅰ）》（概報）彩版70、153、214，慶星大學校博物館，2000年。

[13] 沈奉謹：《三韓・原三国時代の銅鏡》，《卑弥呼の銅鏡百枚の謎——銅鏡の製作と分布》第6页，福岡県教育委員会，1991年。

[14] A.高倉洋彰：《韓国原三国時代の銅鏡》，《九州歴史資料館研究論集》第14集第53页，1989年。该文认为，三韩的仿汉镜（即"仿制镜"，下同）系当地所产。

的多钮几何纹镜传统是不争的史实。

另一方面是汉朝技术和文化的传入，如铁器的生产和使用，是在汉代铁器和冶铁技术的传入和直接影响下发生的；同样是在汉朝制陶技术的影响下，开始了泥质灰陶系陶器的制作和使用；木棺墓、木椁墓、瓮棺葬等埋葬方式的出现，同样是受到了汉代丧葬习俗的影响；甚至汉朝土筑城垣的筑城技术，也在一定程度上波及到三韩地区。但应当指出的是，三韩在受到这些技术和文化的影响之后，很快加以吸收和融合，形成了当地的特色。就铁器的制作和使用而言，仿照汉朝的长方形銎口的条形空首斧，设计制作出了梯形銎口的梯形空首斧；灵活运用锻銎技法，制作出椭圆形銎口和C形銎的空首斧；同时，大量制作特色鲜明的板状铁斧[15]。泥质灰陶系（即"瓦质土器"）的陶器制作技术源于汉文化，但器类和器形却是当地陶器传统的延续。就墓葬的形制结构来说，独木棺具有鲜明的地方特色；瓮棺葬是在汉朝儿童瓮棺葬的直接影响下出现的[16]，但三韩地区不仅用于埋葬儿童，而且开始用于成年人的丧葬，随之瓮棺大型化，甚至出现了直径1米左右、高达2米的大型瓮棺[17]。至于筑城技术，如果首尔市松坡区汉江东岸的风纳土城作为早期百济王城并且其筑城年代在公元前后能够得到确认[18]，那么，该城从选址、布局到土筑城垣技术等，无疑都吸收了汉朝的筑城技术[19]。

值得注意的是，迄今考古发现的三韩时代文化遗存中的汉朝文物，在地域分布上很不均衡，主要集中在韩国的东南部地区，即洛东江流域的今庆尚北道、大邱市、蔚山市、庆尚南道以及济州岛一带，约当史书所载之辰韩和弁韩地区；而地处西部的马韩地区，即今全罗南道、全罗北道以及忠清南道一带，则发现较少。这从一个侧面反映出当时三韩各古国与汉王朝之间联系的差异，并且有着复杂的历史背景。虽然有学者认为"马韩与汉四郡相邻，关系也最为密切"，但尚未得到考古学的支持。三韩之中，马韩最大并且北与乐浪相接，又西临黄海，与汉文化的交流本应最为广泛，但是，细读《后汉书·东夷列传》"三韩"条的记载可以看到这样的情况：马韩农业发达，但"无城郭"，"不知骑乘牛马"，

B. 田尻義了：《弥生時代小形仿製鏡の製作地》，《青丘学術論集》第22集第77頁，2003年。该文认为，三韩的仿汉镜是在倭地（日本）制作而传入的。

C. 南健太郎：《韓半島における小形仿製鏡の生産》，《韓半島の青銅器製作技術とアジアの古鏡》第251頁，韓國國立慶州博物館，2007年。该文认为，三韩的仿汉镜中一部分产于当地，一部分是自倭地传入。

[15] A. 王巍：《东亚地区古代铁器及冶铁术的传播与交流》第79页，中国社会科学出版社，1999年。

B. 白云翔：《先秦两汉铁器的考古学研究》第366页，科学出版社，2005年。

[16] 白云翔：《战国秦汉时期瓮棺葬研究》，《考古学报》2001年第3期。

[17] 宫本一夫：《中国の戦国漢代の甕棺墓と朝鮮半島の甕棺墓》，《考古論集——河瀬正利先生退官記念論文集》第1013頁，2004年。

[18] 李亨求：《汉城风纳洞百济王城之发现及其历史的认识》，《石璋如院士百岁祝寿论文集——考古、历史、文化》第75页，（台北）南天书局，2002年。

[19] 白雲翔：《中國漢代的城市與韓國的風納土城》，《風納洞百濟王城研究國際學術會議文集》第12頁，東洋考古學研究所，2003年。

"无长幼男女之别",社会经济和文化的发展相对迟缓。然而,辰韩的情况则大不相同:辰韩居民中有不少秦人后裔,即"辰韩,耆老自言秦之亡人,避苦役,适韩国,马韩割东界地与之……有城栅屋室";社会政治秩序相对发达,即"诸小别邑,各有渠率……";农业发达,"土地肥美,宜五谷,知桑蚕,作缣布。乘驾牛马。嫁娶以礼";冶铁业和对外贸易发达,"国出铁,濊、倭、马韩并从市之"[1]。总之,其社会经济和文化发展水平较高,并且与乐浪以及邻近古国有着密切的往来,从史书所载新莽地皇年间乐浪汉人户来等1500人到辰韩采伐林木而被扣押、后又在辰韩右渠率的帮助下返回乐浪的故事[2],可见辰韩与乐浪交往之一斑。而"弁辰与辰韩杂居,城郭衣服皆同"。正是上述三韩各国社会经济和文化发展的不平衡以及对外交流的差异,导致了各国与汉王朝交流的差异,这也正是汉朝文物多发现于辰韩和弁韩地区而马韩地区发现较少的历史背景。

就三韩文化遗存中的汉朝文物的年代来看,除半两钱、草叶纹镜和铸造铁镰等少量遗物早于汉武帝时期之外,其余均为汉置乐浪四郡以后的遗物,尤其是集中在西汉中期至东汉早期。这一方面反映出公元前1世纪至公元1世纪的西汉中期至东汉早期是三韩与汉王朝交流的兴盛时期,同时也反映出半岛北部汉朝乐浪四郡的设置对于汉王朝同半岛南部交流所发挥的桥梁作用和重要的推动作用。

关于三韩同汉王朝交流的路线,同样有两条:一条是陆上通道,即通过半岛北部的乐浪地区同辽东进而同汉王朝内地发生联系,输入汉朝物产,吸收汉文化,冶铁术、新型制陶术、以木椁墓和瓮棺葬为代表的墓葬制度等,都是经由这条通道传入的;另一条是海上通道,即经由半岛以南海上诸岛屿同汉朝黄海和渤海沿岸地区发生联系,巨文岛[3]、济州岛、海南半岛等岛屿上发现的汉朝钱币和汉镜等,就是沿着这条线路传入的。当然,上述两条线路中,陆上通道是主要的,而海上通道是次要的。

总之,秦汉时期尤其是两汉的400余年间,汉王朝同朝鲜半岛的交流,对于当地社会政治、经济和文化的发展都产生了重要而深远的历史影响。半岛北部由于汉王朝设置郡县并直接进行经略,以生产工具的铁器化为代表的社会经济获得迅速发展,社会政治实现了从早期国家到郡县制的历史性跨越;半岛南部同汉王朝的交往和文化的交流,促进了社会生产上铁器化进程的实现,对于三韩从氏族社会向国家社会的转折产生了"刺激、催化和加速的作用"[4]。

第五节 日本列岛

日本地处亚洲东部太平洋上,是一个由北海道、本州、四国和九州等四个大岛以及三

---

[1] 《三国志·魏书·东夷传》"弁辰"条载:"国出铁,韩、濊、倭皆从取之……又以供给二郡。"
[2] 曹魏·鱼豢撰,张鹏一辑:《魏略辑本·朝鲜》卷二十一,陕西文献征辑处,1924年。
[3] 地处半岛以南大海中的巨文岛,一处沉船遗迹中一次发现五铢钱980枚(见武末纯一《三韩と倭の交流》,《国立歴史民俗博物館研究報告》第151集第295頁表2,2009年)。
[4] 白云翔:《汉代中国与朝鲜半岛关系的考古学观察》,《北方文物》2001年第4期。

千多个小岛组成的群岛国家，西隔黄海和东海与中国大陆相望，是中国一衣带水的东方邻邦。从考古学上看，中日之间的文化交流有可能上溯至公元前 4000 年前甚至更早[1]，但中国大陆与日本列岛国家之间的交往和大规模交流，却是从中国的秦汉时期和日本的弥生时代开始的[2]。

日本的弥生时代，作为"弥生式土器文化时代"的简称，是继新石器时代的绳纹文化之后、古坟时代之前以制作使用弥生式陶器、出现铜器和铁器、普遍进行稻作农耕的时代，处于由氏族社会向国家阶段过渡的大转折时期。关于弥生时代的绝对年代，最传统的观点是公元前 3 世纪至公元 3 世纪，大致"与中国的汉代并行"[3]。但是，进入 21 世纪以来，日本学术界出现了将弥生时代的开始年代不断前移的倾向，有的学者甚至将其上推至公元前 9 世纪甚至是公元前 1000 年前后[4]。对此，赞成者有之[5]，反对者也有之[6]。按照日本学者关于弥生时代的定义[7]以及笔者本人的理解，弥生时代的绝对年代大致是在公元前 5 世纪至公元 3 世纪中叶，并且可以大致分为四个阶段，即：公元前 5 世纪为早期，公元前 4 世纪至公元前 3 世纪为前期，公元前 2 世纪至公元前 1 世纪为中期，公元 1 世纪至公元 3 世纪中叶为后期。

一　日本列岛出土秦汉文物的弥生时代文化遗存

弥生时代的遗址中，发现不少从中国传入的文物，尤其是在北九州地区更为集中（图 13-32）。这里选择有代表性的 6 处遗址略作介绍。

（一）长崎县原之辻遗址

长崎县原之辻遗址位于长崎县壹岐市芦边町至石田町一带，是一处弥生时代前期之末至古坟时代之初的大型环壕聚落遗址。早在 20 世纪初叶就已经发现，后来又做过调查，1993 年以来连续进行发掘。发掘表明，该聚落以台地为中心，周围有三重壕沟环绕，台地的最高处发现有大型干栏式建筑及其附属房屋建筑组成的政治和祭祀活动建筑遗迹；台地西侧的低地处发现建造有两道堤坝的船坞。遗物丰富，种类多样，尤其是大量从中国大陆和朝鲜半岛传入的遗物更引人注目。出土遗物中除大量陶器和石器外，还有铜镜、车马器、剑、镞、权等铜制品，货泉、大泉五十等钱币，铁斧等。根据考古发现并结合文献记

[1] 安志敏：《长江下游史前文化对海东的影响》，《考古》1984 年第 5 期。

[2] 蔡凤书：《古代中国与史前时代的日本——中日文化交流溯源》，《考古》1987 年第 11 期。

[3] 八幡一郎：《弥生时代》，《世界考古学事典（上）》第 1117 页，平凡社，1979 年。

[4] 春成秀爾、今村峯雄：《弥生時代の実年代》，学生社，2004 年。

[5] 町田章：《从考古学看文明的交流》，《考古》2004 年第 5 期。

[6] A．王仲殊：《从东亚石棚（支石墓）的年代说到日本弥生时代开始于何时的问题》，《考古》2004 年第 5 期。

　　B．岩永省三：《弥生時代開始年代再考》，《九州大学総合研究博物館研究報告》第 3 号，2005 年。

[7] 佐原眞編：《古代を考える稲・金属・戦争——弥生》第 1～18 頁，吉川弘文館，2002 年。

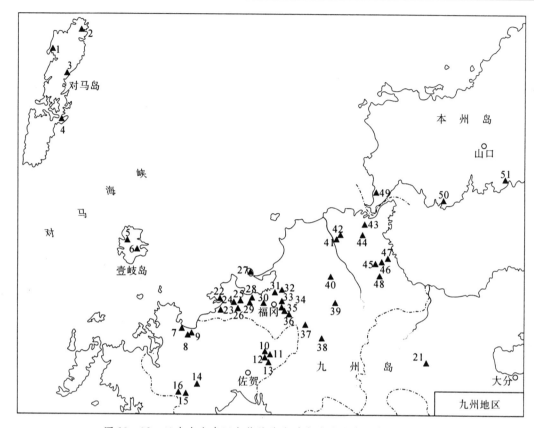

图 13-32　日本出土秦汉文物的弥生时代遗址分布示意图（之一）

1.对马市大将军山遗址　2.对马市塔之首遗址　3.对马市椎之浦遗址　4.对马市卡伽里（かがり）松鼻遗址　5.壹岐市卡拉卡米（カラカミ）遗址　6.壹岐市原之辻遗址（以上为长崎县）　7.唐津市樱马场遗址　8.唐津市田岛遗址　9.唐津市鹤崎遗址　10.神埼郡三津永田遗址　11.神埼郡二冢山遗址　12.神埼郡吉野里遗址　13.三养基郡上峰町坊所一本谷遗址　14.武雄市东宫裾遗址　15.武雄市祇园社遗址　16.武雄市桦岛山遗址（以上为佐贺县）　17.玉名市斋藤山遗址　18.宇土市冕遗址　19.菊池市外园遗址　20.菊池市神水遗址（以上为熊本县）　21.玖珠郡名草台石棺墓（大分县）　22.系岛郡御床松原遗址　23.系岛郡曲田遗址　24.前原市平原遗址　25.前原市三云南小路墓地　26.前原市井原鑓沟遗址　27.福冈市志贺岛　28.福冈市野方中原石棺墓　29.福冈市吉武樋渡墓地　30.福冈市丸尾台遗址　31.福冈市比惠遗址　32.糟屋郡酒殿遗址　33.大野城市仲岛遗址　34.春日市须玖冈本遗址群　35.春日市平若遗址　36.春日市立石遗址　37.朝仓郡东小田峰遗址　38.甘木市中寒水遗址　39.嘉麻市原田遗址　40.饭冢市立岩遗址　41.北九州市马场山遗址　42.北九州市中伏遗址　43.北九州市守恒遗址　44.北九州市长行遗址　45.京都郡上所田土坑墓　46.行桥市下神田遗址　47.行桥市前田山遗址　48.京都郡石坪遗址（以上为福冈县）　49.下关市地藏堂遗址　50.宇部市冲之山遗址　51.防府市井上山遗址（以上为山口县）

载推断，该遗址可能是《魏志·倭人传》[1] 所载"一支国"的中心性聚落（都邑）[2]。该

---

〔1〕　即《三国志·魏书·乌丸鲜卑东夷列传》的"倭人"条。

〔2〕　A.副岛和明日：《壹岐·原の辻遗跡について》，《考古学ジャーナル》第 376 号，1994 年。

　　　B.長崎县教育委员会：《発掘〈倭人伝〉——海の王都：壹岐·原の辻遗跡展》，2002 年。

　　　C.長崎县教育委员会：《原の辻遗跡》，2005 年。

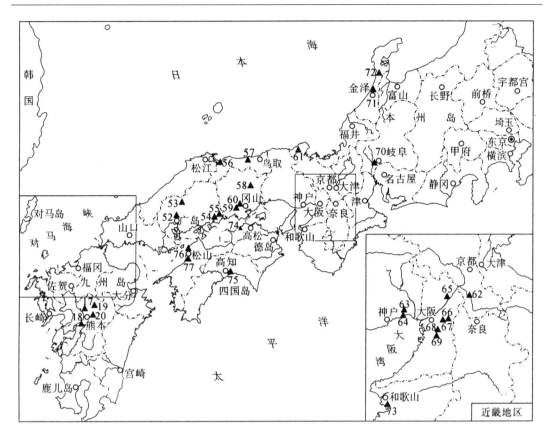

图 13-32　日本出土秦汉文物的弥生时代遗址分布示意图（之二）

52.广岛市池之内遗址　53.山县郡京野遗址　54.福山市本谷遗址　55.福山市神边御领遗址（以上为广岛县）
56.米子市青木遗址　57.鸟取市青谷上寺地遗址（以上为鸟取县）　58.津山市下道山遗址　59.总社市铸物师谷
1 号坟丘墓　60.冈山市高冢遗址（以上为冈山县）　61.京丹后市扇谷遗址　62.京田边市天神山遗址（以上为京
都府）　63.芦屋市会下山遗址　64.神户市森北町（以上为兵库县）　65.高槻市芥川遗址　66.东大阪市鬼虎川
遗址　67.东大阪市巨摩废寺遗址　68.八尾市龟井遗址　69.大阪市瓜破遗址（以上为大阪府）　70.岐阜市瑞龙
寺山遗址（岐阜县）　71.金泽市无量寺遗址　72.羽咋市次场遗址（以上为石川县）　73.和歌山市泷峰遗址（和
歌山县）　74.坂出市角山遗址（香川县）　75.高知市田村遗址（高知县）　76.松山市土坛原Ⅵ号遗址　77.松山
市文京遗址（以上为爱媛县）

遗址所在的壹岐岛，地处朝鲜半岛与日本九州岛之间的海上通道上，是从朝鲜半岛东南部入海经对马岛至九州岛的必经之路。该遗址的发掘及其成果，对于研究日本列岛与朝鲜半岛以及中国大陆的交流及其交通路线至为重要。

（二）福冈县平原遗址

福冈县平原遗址位于福冈县前原市有田字平原村，地当系岛平原中部南北延绵的舌状低丘陵北端的西坡，是一处由弥生前期之末至中期前半的聚落址和弥生时代后期至古坟时代前期的墓葬构成的遗址。1965 年发现并对 1 号墓（即"伊都国王墓"）等进行了发掘清理；1988～1999 年间，又进行了多次调查和发掘。前后共发掘坟丘墓 5 座及与之相关的土坑墓、木棺墓和瓮棺墓[1]，以及陶窑、作坊址、水沟等遗迹，其中属于弥生时代的坟丘墓有 3 座。1 号墓为规模最大的一座坟丘墓，其结构为"方形环壕墓"（即日文的"方形周沟墓"），环壕东西 13 米、南北 9.5 米，其东南角设有出入口。墓室为竖穴土圹结构，略偏于坟丘的东北部，东西 4.6 米、南北 3.5 米、深 0.45 米，墓底中央有长 3 米、宽 0.8 米的圜底木棺痕迹。墓室周围分布有大量小柱洞以及一个直径 65 厘米的大柱洞，当与举行丧葬仪式时的设施有关。随葬品丰富，棺内出土有大量玛瑙珠、玻璃珠和玻璃耳珰等；棺外出土有玻璃勾形饰（即日文的"勾玉"）、玻璃珠饰、环首铁长刀、汉式铜镜 40 件等；环壕内出土有铁工具、铁镞以及陶器残片等。该墓的年代为弥生时代后期后半，即公元200 年前后，被葬者为一女性，推测为伊都国"国王"之墓[2]。该遗址所在的系岛平原位于九州岛北端，面向玄界滩海湾，地处九州与朝鲜半岛交流的通道上，而 1 号墓又出土有大量汉式镜，对于研究伊都国的历史以及九州与东亚大陆之间的交流具有重要价值。

（三）福冈县三云南小路墓地

福冈县三云南小路墓地位于福冈县前原市系岛平原深处三云遗址群的南部，是一处弥生时代中期后半（公元前 1 世纪）的王墓墓地。最初发现于 1822 年，发现瓮棺墓 1 座（1号墓）。1974 年以后的考古调查和发掘中，在对 1 号墓进行确认和补充发掘的同时，又清理一座被盗掘过的瓮棺墓（2 号墓）。根据残存遗迹和瓮棺外随葬品的出土状况判断，两墓均由方形壕沟环绕，并且有东西直径 32 米、高 2 米左右的坟丘。其中，1 号墓出土西汉铜镜 35 件以及铜矛、鎏金铜四叶形饰、玻璃璧、玻璃勾形饰、玻璃管珠等，铜镜以直径17 厘米左右的大型连弧纹铭带"清白"镜为主，同时包括一件直径 27.1 厘米的彩绘镜。2号墓出土直径 12 厘米以下的小型西汉铜镜 22 件以及翡翠勾形饰、玻璃璧残片、玻璃勾形饰等。就其地望而言，该地约当《魏志·倭人传》所载伊都国的故地，据此推断该两墓应为伊都国"国王"之墓[3]。

（四）福冈县须玖冈本遗址群

福冈县须玖冈本遗址群位于福冈县春日市须玖一带，地处福冈平原南部的春日丘陵及其北侧的低台地上，是一处由须玖唐梨、须玖永田、须玖五反田、须玖坂本、须玖冈本等十多处遗址组成的大型遗址群。其分布范围南北 2400 米、东西 800 米，主要由弥生时代前期至古坟时代前期的文化遗存构成。最初于 1899 年在须玖冈本 D 地点的瓮棺墓中发现大量汉镜，引起学术界关注；1929 年对这里的瓮棺墓进行发掘。20 世纪 80 年代以来，先

---

[1] "瓮棺墓"译为中文应为"瓮棺葬"，但为了区别于中国的瓮棺葬，这里对日本的瓮棺葬采用日语的称谓"瓮棺墓"。

[2] 柳田康雄、角浩行：《平原遺跡》，前原市教育委員会，2000 年。

[3] A. 柳田康雄：《三雲遺跡·南小路地区編》，福岡県教育委員会，1985 年。
B. 高倉洋彰：《三雲南小路遺跡》，《日韓交涉の考古学·弥生時代篇》第 312 頁，六興出版，1991年。

后对各遗址进行了多次不同规模的发掘，取得重要成果。其中，须玖冈本 D 地点的瓮棺墓出土汉代铜镜约 30 件等珍贵文物，属于弥生中期后半（公元前 1 世纪）的"王墓"。位于遗址群北端的须玖唐梨遗址及其南侧的须玖坂本遗址和须玖永田遗址都发现有小型仿汉镜（日文文献中一般称之为"仿制镜"）、小铜铎、锸、矛等青铜器的石铸范，以及其他与青铜器冶铸相关的遗物和遗迹，可知是一处青铜器冶铸作坊址。在须玖五反田遗址，发现了弥生后期的玻璃作坊址，出土有炉址、铸范残片、玻璃碎片等；同时发掘了弥生中期前半的瓮棺墓、土坑墓、祭祀坑、住居址等。一系列的考古发现，显示出该遗址群具有须玖冈本 D 地点"王墓"以后至弥生后期"奴国"的中心性聚落的性质[1]，对于揭示弥生时代的社会生产、奴国的历史及其对外交流至为重要。

（五）福冈县立岩遗址群

福冈县立岩遗址群位于福冈县饭冢市立岩至川岛一带的丘陵及其附近，是一处由多个地点组成的弥生时代前期后半至后期的遗址群，其范围东西约 600 米，南北约 1000 米。1933 年首次发现瓮棺墓，1963 年和 1965 年又进行了发掘，并因在崛田遗址发现随葬有汉镜、贝钏、铁器等的瓮棺墓而闻名于世。在烧之正遗址发现有铜戈的铸范，下方遗址发现有铜剑铸范，立岩小学校里遗址发现有铁器加工遗迹。墓葬发现于崛田、夫妇石、龙王寺等 12 个地点，从弥生中期开始出现成人大型瓮棺墓，并且以大多用石板覆盖瓮棺为特征。崛田遗址发现的 10 号瓮棺墓，随葬 6 件西汉铜镜以及铜矛、铁剑等珍贵随葬品，可能是远贺川上游地区的一座首领墓葬；28 号墓、35 号墓、39 号墓也各随葬西汉铜镜 1 件；其年代均为弥生中期后半[2]。该遗址的瓮棺墓及其出土的汉镜，均系科学发掘所得，出土状况及共存物的年代清楚，对于研究汉镜东传日本及其同汉王朝的交流具有重要价值。

（六）佐贺县吉野里遗址

佐贺县吉野里遗址位于佐贺县神埼市的神埼町和吉野里町，地当脊振山南麓的丘陵上，是一处弥生时代前期之初至后期之末的大型墓地和聚落遗址，同时还分布有古坟时代初期的古坟群。1986 年以来的持续发掘表明，弥生前期之初在丘陵南端形成一个小型环壕聚落，后来扩大到 30000 平方米，到弥生中期发展成为 20 万平方米的大型环壕聚落。弥生中期，环壕以北出现了由大量的瓮棺墓组成的大型墓地，其中包括葬有当地首领的大型坟丘墓，而坟丘墓中有 14 座为瓮棺墓。进入弥生后期，进一步向北扩展，成为面积 40 万平方米的超大型聚落，并且出现了明显的分区：北内郭出现了用作首领居住或祭祀的大

---

[1]　A. 岛田贞彦、梅原末治：《筑前须玖史前遗迹的研究·须玖冈本発见の古镜に就いて》，临川书店，
　　　1930 年。

　　　B. 春日市教育委员会：《奴国の首都——须玖冈本遗跡》，吉川弘文馆，1994 年。

　　　C. 春日市教育委员会文化财课：《弥生时代の铸造工房跡——福冈县须玖坂本遗跡》，《考古学雑
　　　誌》第 86 卷第 4 号，2001 年。

[2]　A. 児岛隆人：《立岩——弥生国家の谜をとく巨大瓮棺遗跡群》，学生社，1969 年。

　　　B. 福冈县饭塚市立岩遗跡调查委员会：《立岩遗跡》，河出书房新社，1977 年。

型建筑；南内郭成为社会上层人物的居住区，并建有大规模的干栏式建筑仓库群；南、北内郭均设有外凸的部分，并且建有防御性的楼橹建筑。聚落的布局和结构，显示出它具有当地中心性聚落的性质，并且明显可以看到中国城郭建筑的影响。出土遗物极为丰富，其中汉朝文物有钱币、铜镜、铁器等[1]。该遗址是迄今弥生时代规模最大、经长期考古发掘而基本究明其形制结构的墓地和聚落遗址，并且发现有多种汉朝文物，对于弥生时代社会历史以及对外交流的研究，都具有重要意义。

二　日本弥生时代文化遗存中的秦汉文物

弥生时代文化遗存中的秦汉文物，主要有金印、钱币、铜镜、铁器以及其他文化遗物[2]，日本学术界一般将其同东亚大陆其他地区传入的物品一起称之为"舶载制品"或"大陆制品"。这里将从中国大陆传入的物品称之为"中国文物"、"秦汉文物"或"汉文物"等。

（一）金印

"汉委奴国王"金印，1784 年发现于日本筑前国那珂郡志贺岛村（今福冈县福冈市东区博多湾的志贺岛）[3]，1978 年交由福冈市博物馆收藏展出。该印为蛇钮，方形印台，印面边长 2.347 厘米，合汉代的一寸，通高 2.236 厘米，重 108 克。印面阴刻篆书"汉委奴国王"五字，一般释读为"汉·倭·奴国王"（图 13-33）。关于该印的出土地、真伪、印文的读法、性质等，日本学术界多有讨论[4]。1956 年云南晋宁石寨山 6 号墓出土与之相似的"滇王之印"蛇钮金印之后[5]，根据其特征并结合《后汉书·东夷列传》的记载[6]，该印被认定

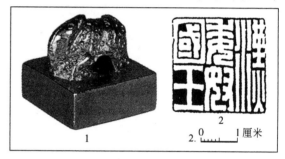

图 13-33　日本福冈市志贺岛出土"汉委奴国王"金印
1. 金印　2. 印文钤本

---

〔1〕　A. 佐賀県教育委員会：《〈魏志倭人傳〉の世界——吉野ケ里遺跡展》，朝日新聞西部本社，1989年。

　　　 B. 佐賀県教育委員会：《吉野ケ里》第 371～391 頁，吉川弘文館，1994 年。

　　　 C. 佐賀県教育委員会：《吉野ケ里遺跡》（平成 2 年度～平成 12 年度の発掘調査の概要），1997 年、2003 年、2004 年。

〔2〕　秦汉时代的文物在日本古坟时代及其以后的墓葬中也多有发现，尤其是铜镜和钱币，如新莽钱币在古坟时代至中世纪的遗存中均有发现（见高倉洋彰《王莽銭の流入と流通》，《九州歴史資料館研究論集》第 14 集第 11～19 頁，1989 年），但本节所述仅限于弥生时代文化遗存中的秦汉文物。

〔3〕　九州大学文学部考古学研究室：《志賀島》第 47～57 頁，1975 年。

〔4〕　後藤直：《"汉委奴国王"金印研究論》，《論争·学説：日本の考古学－第 4 卷－弥生時代》第 197～222頁，雄山閣，1986 年。

〔5〕　云南省博物馆：《云南晋宁石寨山古墓群发掘报告》第 113 页，文物出版社，1959 年。

〔6〕　《后汉书·东夷列传》："建武中元二年，倭奴国奉贡朝贺……光武赐以印绶。"

为东汉建武中元二年（公元 57 年）汉光武帝经来汉使者之手赐给奴国国王的金印[1]。

（二）钱币

汉朝钱币是弥生文化遗存中常见的汉朝文物之一，并且出土地点较多，分布范围较广，其种类主要有半两钱、五铢钱、货泉、大泉五十以及货布等[2]。

半两钱，发现较少，均为四铢半两。福冈县御床松原遗址 1 枚[3]，已残，复原直径 2.34 厘米，方穿边长 0.75 厘米，其年代为弥生后期前半或后半[4]，但也有学者认为可能是弥生中期后半[5]。山口县冲之山遗址 20 枚[6]，其中，6 枚直径 2.2 厘米，14 枚直径 2.4 厘米（图 13-34-9、10），其年代为弥生中期后半或后期之初。此外，福冈县新町遗址[7]、山口县武久浜遗址[8]等也有发现。

五铢钱，发现较少，多为西汉五铢。福冈县守恒遗址 1 枚[9]，直径 2.5 厘米、穿边长 0.9 厘米×0.95 厘米（图 13-34-6）。山口县冲之山遗址 96 枚，直径 2.55～2.6 厘米（图 13-34-7、8）。此外，福冈市元冈遗址[10]、大分县松崎遗址等也有发现，均出土于弥生中期后半或后期之初的遗存中。东汉五铢在兵库县宇山牧场 1 号墓出土 5 枚，其年代为弥生后期之末[11]。

货泉，发现较多，但有不少是出土于古坟时代甚至更晚的文化遗存中。据 1989 年的统计，弥生时代遗址中发现货泉的地点有 11 处，出土货泉计 16 枚。其中，8 处分布于九州及其邻近地区，其余 3 处分布于大阪府，即大阪市瓜破遗址、八尾市龟井遗址和东大阪市巨摩废寺遗址，其年代为弥生后期之初至弥生后期之末[12]。1990 年，冈山县高冢遗址

〔1〕 王仲殊：《说滇王之印与汉委奴国王印》，《考古》1959 年第 10 期。
〔2〕 寺沢薫：《弥生時代舶載製品の東方流入》，《考古学と移住・移動》第 182 頁，表 1，同志社大学考古学シリーズ刊行会，1985 年。本节所及日本弥生文化遗存出土的汉朝钱币资料，除注明者外均据此，不另作注。
〔3〕 福岡県教育委員会：《御床松原遺跡》第 144 頁，1983 年。
〔4〕 高倉洋彰：《王莽銭の流入と流通》，《九州歴史資料館研究論集》第 14 集第 7 頁，1989 年。关于出土该半两钱的地层的年代，有弥生后期前半、后半等不同认识。
〔5〕 武末純一：《三韓と倭の交流》，《国立歴史民俗博物館研究報告》第 151 集第 296 頁，2009 年。
〔6〕 小田富士雄：《山口県沖ノ山発見の漢代銅銭内蔵土器》，《古文化談叢》第 9 集第 159 頁，1982 年。
〔7〕 小田富士雄、韓炳三：《日韓交渉の考古学・弥生時代篇》図版 74，六興出版，1991 年。
〔8〕 寺沢薫：《考古資料から見た弥生時代の暦年代》，《考古資料大観》第 10 巻第 355 頁，小学館，2004 年。
〔9〕 福岡県教育委員会：《守恒遺跡》第 44 頁，1986 年。
〔10〕 岡部裕俊：《中国銭貨》，《倭人の海道——一支国と伊都国》第 27 頁，伊都歴史博物館，2007 年。
〔11〕 寺沢薫：《考古資料から見た弥生時代の暦年代》，《考古資料大観》第 10 巻第 356 頁，小学館，2004 年。
〔12〕 高倉洋彰：《王莽銭の流入と流通》，《九州歴史資料館研究論集》第 14 集第 26～27 頁，表 2，1989 年。

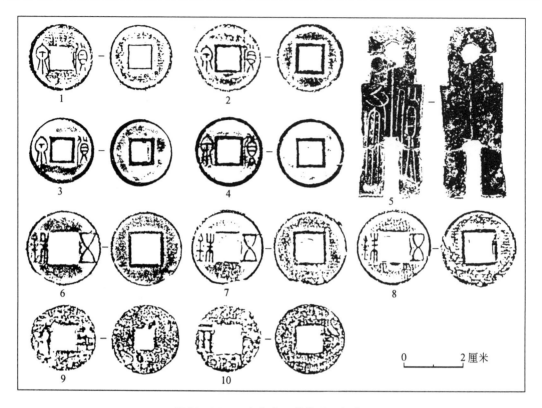

图 13-34　日本出土汉朝钱币（拓本）

1、2.货泉（福冈县御床松原遗址出土）　3、4.货泉（八尾市龟井遗址出土）　5.货布（福冈县仲岛遗址出土）
6.五铢钱（福冈县守恒遗址出土）　7、8.五铢钱（山口县冲之山遗址出土）　9、10.半两钱（山口县冲之山遗址出土）

出土 24 枚，年代为弥生后期之初[1]；1998 年，佐贺县吉野里遗址田一本松 I 区发现 1
枚，其年代为弥生中期[2]；2000 年，鸟取县青谷上寺地遗址出土 4 枚，年代为弥生后期
之初至古坟时代之初[3]；2001 年，长崎县壹岐岛车手遗址、原之辻遗址[4]各发现 1 枚，
年代为弥生中后期。此外，长崎县对马岛[5]、福冈县上罐子遗址[6]等也有发现。据实测，
新莽货泉直径 2.15～2.35 厘米，方穿边长 5.3～7 厘米，重 1.3～3.75 克。如福冈县御床
松原遗址出土的货泉[7]，方穿正面无郭，直径 2.2 厘米，穿边长 7.06 厘米×7.51 厘米，

[1]　平井泰男：《冈山市高塚遗迹出土の货泉》，《古代文化》第 42 卷第 7 号，1990 年。
[2]　佐贺县教育委员会：《吉野ケ里遗迹》（平成 8 年度～平成 10 年度の発掘调查の概要）第 48 页，2003 年。
[3]　鸟取县教育文化财团：《青谷上寺地遗迹・4》（本文编・1）第 255 页，2002 年。
[4]　塚原博：《各都道府县の动向・长崎县》，《日本考古学年报（2001 年度）》第 54 卷第 310～311 页，
　　日本考古学协会，2003 年。
[5]　武末纯一：《舶载青铜器について》，《对马》第 42 页，长崎县教育委员会，1974 年。
[6]　寺沢薰：《考古资料から见た弥生时代の历年代》，《考古资料大观》第 10 卷第 355 页，小学馆，
　　2004 年。
[7]　福冈县教育委员会：《御床松原遗迹》第 144 页，1983 年。

重 1.3 克（图 13-34-1、2）；八尾市龟井遗址[1]出土 1 枚，方穿两面有郭，直径 2.27 厘米，穿边长 5.3 厘米×5.6 厘米，重 3.75 克（图 13-34-3、4）。

大泉五十，壹岐岛原之辻遗址出土 1 枚[2]，年代为弥生后期。此外，还发现于福冈县黑崎遗址、熊本县宫地遗址等地[3]。

货布，见诸报道者有 2 例，但其年代多有疑问。福冈县仲岛遗址古坟时代的沟状遗迹中出土 1 枚[4]，高 5.6 厘米，上部宽 1.7 厘米、下部宽 2.3 厘米（图 13-34-5），据称是早期遗物的混入。长崎市城荣町护国神社内发现 1 枚[5]，下部残缺，年代不明。据称，在远离九州岛的冲绳县八重山诸岛中的竹富岛[6]也有货布的发现。

（三）铜镜

铜镜（这里指"汉镜"）是弥生时代遗址中发现地点最多、出土数量最多的一类汉朝文物，主要发现于九州北部地区，东达日本中部地区的岐阜县境内[7]，迄今已发现完整者约 250 件、铜镜残片约 270 件[8]。弥生时代遗址出土的汉镜包括西汉镜、新莽镜和东汉镜，主要有彩绘镜、四乳云雷纹镜、草叶纹镜、星云纹镜、连弧纹铭带镜、重圈铭带镜、单圈铭带镜、四乳四虺纹镜、博局纹镜、多乳禽兽纹镜、云雷连弧纹镜、连弧纹带镜、浅浮雕禽兽纹镜、四乳禽鸟纹镜、四叶夔凤镜、四叶兽首镜、直行铭文夔凤镜等[9]。

彩绘镜，福冈县三云南小路 1 号瓮棺墓出土 1 件，已残。三弦钮，镜钮周围环绕两周凸带，匕形缘，内区残留有朱、青、白色绘画痕迹，据此推断为彩绘镜，复原直径 27.3 厘米。

四乳云雷纹镜，三云南小路 1 号瓮棺墓出土 1 件，已残。小钮，十二连珠纹钮座，其外侧一周凸带，主纹区布列 4 个圆座乳钉，乳钉间饰云雷纹，匕形缘，直径 19.3 厘米。

[1]　大阪府教育委员会：《龟井》第 230 页，1982 年。

[2]　冈部裕俊：《中国钱货》，《倭人の海道——一支国と伊都国》第 26 页，伊都历史博物馆，2007 年。

[3]　钟ケ江贤二：《各都道府県の动向·福冈県》，《日本考古学年报（2003 年度）》第 56 卷第 337 页，日本考古学协会，2005 年。

[4]　福冈県教育委员会：《仲岛遗跡（Ⅲ）》第 32 页，图版 14-1，1983 年。

[5]　冈崎敬：《日本および韓国における貨泉·貨布および五铢銭について》，《森贞次郎博士古稀紀念古文化论集（上卷）》第 658 页，1982 年。

[6]　王仲殊：《论汉唐时代铜钱在边境及国外的流传——从开元通宝的出土看琉球与中国在历史上的关系》，《考古》1998 年第 12 期。

[7]　国立历史民俗博物館：《弥生·古坟时代遗跡出土镜デ一タ集成》，《国立历史民俗博物館研究报告》第 56 集，1994 年；《弥生·古坟时代遗跡出土镜デ一タ集成·补遗 1》，《国立历史民俗博物館研究报告》第 97 集，2002 年。

[8]　此由日本学者南健太郎统计并见告。据高仓洋彰的统计，截至 1990 年，计有 126 处弥生时代遗址出土铜镜计 323 件。

[9]　A. 高仓洋彰：《弥生时代の遗跡と汉镜》，《日本金属器出现期の研究》第 226～258 页，学生社，1990 年。

　　B. 小田富士雄、藤丸詔八郎、武末纯一：《弥生古镜を掘る》，北九州市立考古博物館，1991 年。

　　本节所及弥生时代汉镜的资料，除注明者外均据上述两种文献，不另作注。

草叶纹镜，福冈县须玖冈本 D 地点瓮棺墓出土 3 件[1]，均残，复原直径均约 23 厘米，有两种。一种是半球形钮，柿蒂钮座，四周有两重方格框，方格框外侧饰四角装饰云头纹的圆圈乳钉、四叠层草叶纹、枝叶花苞等，十六内向连弧纹缘。另一种是钮座周围饰十六内向连弧纹带，主纹区饰 4 个圆座乳钉，乳钉周围绕以云头纹，乳钉之间饰涡卷状云纹等，外侧一周十六内向连弧纹带，匕形缘，又可称之为"花叶镜"。

星云纹镜，须玖冈本 D 地点瓮棺墓出土 6 件，均残。连峰钮，镜钮周围绕以内向连弧纹带，主纹区饰 4 个乳钉，乳钉之间饰由多个小乳钉及其连线组成的星云纹，外侧一周栉齿纹带，十六内向连弧纹缘。此类铜镜还发现于三云南小路 2 号瓮棺墓、福冈县二日市峰瓮棺墓、福冈市吉武樋渡墓葬等地。

连弧纹铭带镜，出土数量多，主要发现于九州北部及其邻近地区。其基本特征是圆钮，钮座外侧环绕一周内向连弧纹带，主纹区由两周栉齿纹带以及铭文组成铭文带，窄平素缘，其铭文以及细部装饰多种多样。福冈县立岩 34 号瓮棺墓出土镜系"日光"铭镜，圆圈钮座，铭文带由"见日之光，天下大明"以及涡卷符号构成，直径 4.9 厘米（图 13 - 35 - 4）。与之大致相同者还发现于福冈市丸尾台等地。佐贺县吉野里 SJ2775 号瓮棺墓出土镜，铭文带由"久不相见，长毋相忘"及其字间的涡卷纹符号构成，直径 7.4 厘米[2]。佐贺县三津永田石盖瓮棺墓出土镜系"昭明"铭镜，铭文为"内清以昭明，光夫日之月□□"，字体方正，字间饰以"而"字，直径 9.5 厘米（图 13 - 35 - 5）。与之大致相同者还发现于长崎县峰村栉、福冈市下月隈宝满尾、佐贺县桦岛山等地。立岩 35 号瓮棺墓出土镜系"清白"铭镜，十二连珠纹钮座，其外侧环绕栉齿纹带和凸带各一周，铭文为："絜清白而事君，志汸之合明，伋玄锡而流泽，而恐疏而日忘，而美人，外承可兑，而永思而毋绝"，直径 18.05 厘米（图 13 - 35 - 6）。与之大致相同者及其残片还发现于立岩 10 号瓮棺墓、佐贺县二冢山 15 号瓮棺墓、三云南小路瓮棺墓、山口县地藏堂以及大阪市瓜破北遗址、神户市森北町遗址等。立岩 10 号瓮棺墓 1 号镜系"日有熹"铭镜，十二连珠纹钮座，其外侧环绕栉齿纹带和凸带各一周，铭文为："日有熹，月有富，乐毋事，常得美人会，竽瑟侍，贾市程，万物正，老复丁，死复生，醉不知，醒且星"，直径 15.6 厘米（图 13 - 35 - 1）。与之大致相同者还有立岩 10 号瓮棺墓 4 号镜等。

重圈铭带镜，圆钮，连珠纹钮座，主纹区有内、外两周铭文带，窄平素缘。立岩 10 号瓮棺墓 3 号镜，内铭带铭文为"内清质以昭明，光辉象夫日月，心忽扬而愿忠，然雍塞而不泄"；外铭带铭文为"絜清白而事君，窓汸驩之弇明，伋玄锡而流泽，忘疏远而日忘，怀糜美之穷暟，外承驩之可说，思夋佻之灵京，愿永思而毋绝"；直径 15.4 厘米（图 13 - 35 - 2）。此类铜

〔1〕 A. 梅原末治：《须玖冈本发见の古镜に就いて》，《筑前须玖史前遗迹の研究》第 79～115 页，临川书店，1930 年。

B. 冈村秀典：《须玖冈本王墓出土の中国镜》，《奴国の首都——须玖冈本遗迹》，吉川弘文馆，1994 年。

〔2〕 七田忠昭：《吉野ケ里遗迹》，《发掘された日本列岛·2005 新发见考古速报》第 24 页，朝日新闻社，2005 年。

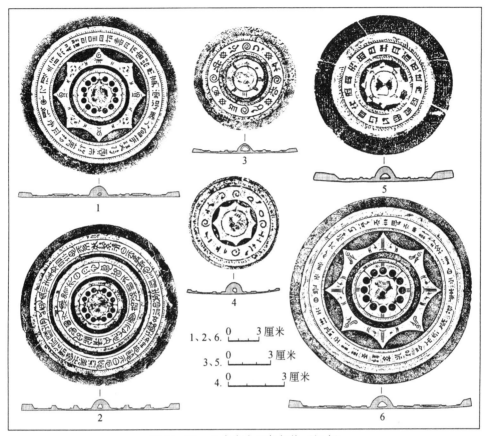

图 13-35　日本出土汉朝铜镜（拓本）

1."日有熹"连弧纹铭带镜（福冈县立岩 10 号瓮棺墓 1 号镜）　2."清白"重圈铭带镜（立岩 10 号瓮棺墓 3
号镜）　3."久不相见"单圈铭带镜（立岩 39 号瓮棺墓出土）　4."日光"连弧纹铭带镜（立岩 34 号瓮棺墓出土）
5."昭明"连弧纹铭带镜（佐贺县三津永田瓮棺墓出土）　6."清白"连弧纹铭带镜（立岩 35 号瓮棺墓出土）

镜还有立岩 10 号瓮棺墓 2 号镜、6 号镜，立岩 28 号瓮棺墓出土镜等，但铭文多有不同。

　　单圈铭带镜，圆钮，圆圈钮座，主纹区有一周铭文带，素缘稍宽。立岩 39 号瓮棺墓
出土镜，铭文为"久不相见，长毋相忘"，铭文间装饰"田"字和涡卷符号，直径 7.2 厘
米（图 13-35-3）。

　　四乳四虺纹镜，发现较少，多为残片。圆钮，主纹区内、外各饰一周栉齿纹带，其间
饰 4 个圆圈乳钉，乳钉间饰 S 形虺纹以及禽鸟纹，宽平素缘。福冈县平原 1 号坟丘墓 17
号镜，柿蒂钮座，钮座外绕以栉齿纹带和凸带，直径 16.5 厘米（图 13-36-5）。佐贺县
三津永田 115 号瓮棺墓出土 1 件，钮残，圆圈钮座，直径 9.2 厘米。这种铜镜的残片还发
现于福冈县中间市，佐贺县志波屋、屋雄市，冈山县铸物师谷，和歌山市泷峰遗址，石川
县次场遗址等地[1]。

────────────

〔1〕　藤丸詔八郎：《わが国出土の虺龍文鏡の様相》，（北九州市立博物館）《研究紀要》第 1 集第 38 頁，
　　　1994 年。

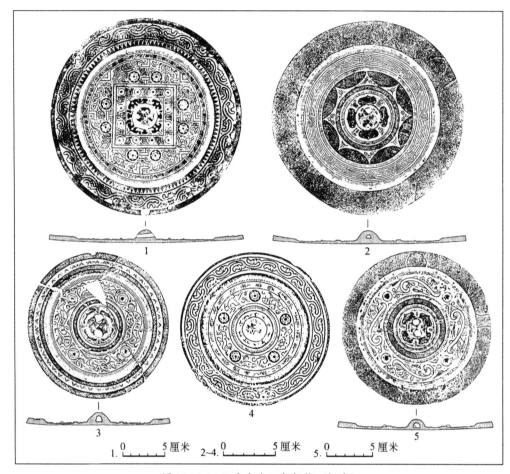

图 13-36　日本出土汉朝铜镜（拓本）

1.博局纹镜（佐贺县樱马场出土）　2.云雷连弧纹镜（福冈县平原 1 号墓 16 号镜）　3.多乳禽兽纹镜（佐贺县二冢山 9 号墓出土）　4.多乳禽兽纹镜（佐贺县三津永田 104 号瓮棺墓出土）　5.四乳四虺纹镜（福冈县平原 1 号墓 17 号镜）

　　博局纹镜，发现较多。佐贺县唐津市樱马场出土 2 件[1]，其中，一件为博局四神镜，半球形钮，柿蒂钮座，方格框内有十二乳钉和十二支铭，主纹区饰 8 个连弧纹座乳钉、TLV 纹、四神及动物纹样，外侧一周铭文带，铭文为"尚方作镜真大好，上有仙人不知老，渴饮玉泉饥食枣，浮游天下敖四海，徘徊名山采芝草，寿如金石为国保兮"，流云纹花纹缘，直径 23.3 厘米（图 13-36-1）；另一件为博局涡纹镜，半球形钮，圆圈钮座，四周环绕方格框，主纹区饰 8 个圆圈乳钉、TLV 纹以及涡卷纹，外侧一周铭文带，铭文为"上大山，见神人，食玉英，饮丰泉，驾交龙，乘浮云，长享宜"，宽平素缘，直径 15.4 厘米，较为少见。佐贺县神崎郡横山遗址出土 1 件，略残，铭文为"□□□□□巧，上有仙人不知老，□□玉泉饥食□"，锯齿纹带和波折纹带花纹缘，直径 17.5 厘米。须玖冈本 B 地点的瓮棺墓出土 1 件，在主纹区有与方格框平行的铭文带，铭文为"日有熹，月

―――――――――――

[1]　高橋徹：《櫻馬場遺跡および井原鑓溝遺跡の研究》，《古文化談叢》第 32 集第 53 页，1994 年。

有富，忧患乐，已未央……"，十分少见。博局纹镜及其残片还发现于长崎县对马岛塔之首 4 号石棺墓[1]、壹岐岛卡拉卡米（カラカミ）遗址[2]、壹岐岛车手遗址[3]，福冈县前原市井原鑓沟遗址[4]，佐贺县杵岛郡桦岛山石棺墓[5]，熊本县山鹿市大道遗址[6]、高知县高知市田村遗址、大阪府芥川遗址等地。至于福冈县平原 1 号坟丘墓出土的 32 件博局纹镜，据研究是在当地制作的"仿制镜"[7]。

多乳禽兽纹镜，发现较少。佐贺县三津永田 104 号瓮棺墓出土 1 件[8]，半球形钮，圆圈钮座，其外侧一周栉齿纹带，主纹区饰 5 个连弧纹带座乳钉，乳钉间饰四神及羽人纹样，外侧一周铭文带，流云纹花纹缘，直径 14.4 厘米（图 13-36-4）。佐贺县二冢山 29 号土坑墓出土 1 件，半球形钮，柿蒂钮座，四周环绕凸带和栉齿纹带，主纹区饰 4 个圆座乳钉，乳钉间交互布列龙、虎图案，波折纹带花纹缘，直径 14 厘米（图 13-36-3）。这种铜镜及其残片还发现于福冈县立石瓮棺墓、广岛县深安郡神边御领遗址[9]等地。

云雷连弧纹镜，发现较多。半球形钮，柿蒂钮座，其内侧有"长宜子孙"、"寿如金石"之类的铭文，四周环绕栉齿纹带、凸带，内区为内向连弧纹带及其内侧的装饰性符号，外区饰涡卷纹和弧线组成的云雷纹及其内、外侧的栉齿纹带，宽平素缘。福冈县平原 1 号坟丘墓 16 号镜，柿蒂纹间铭文为"长宜子孙"，直径 18.7 厘米（图 13-36-2）。佐贺县三养基郡上峰町坊所一本谷石棺墓出土 1 件，柿蒂纹之间的铭文为"长宜子孙"，直径 17 厘米。此类铜镜或其残片还发现于长崎县对马岛峰村石棺墓[10]、壹岐岛原之辻遗址[11]，福冈县采铜所宫原、前原市井原鑓沟遗址[12]，佐贺县二冢山、吉野里[13]、樱马场[14]，熊本县户坂，兵库县播磨町播磨大中，岐阜县瑞龙寺山遗址 A 地点[15]等地。至于福冈县平原 1 号

[1]　武末純一：《舶載青銅器について》，《対馬—浅茅湾とその周辺の考古学調査》第 6 表，長崎県教育委員会，1974 年。
[2]　武末純一：《カラカミ遺跡》，《日韓交渉の考古学・弥生時代篇》第 331 頁，六興出版，1991 年。
[3]　塚原博：《各都道府県の動向・長崎県》，《日本考古学年報（2001 年度）》第 54 巻第 310 頁，日本考古学協会，2003 年。
[4]　前原市教育委員会：《三雲・井原遺跡》第 99 頁，2006 年。
[5]　佐賀県立博物館：《古代九州の遺宝——鏡・玉・剣》第 30 頁，1979 年。
[6]　佐賀県立博物館：《古代九州の遺宝——鏡・玉・剣》第 72 頁，1979 年。
[7]　柳田康雄：《平原王墓出土銅鏡の観察総括》，《平原遺跡》第 115 頁，前原市教育委員会，2000 年。
[8]　金関丈夫、坪井清足、金関恕：《佐賀県三津永田遺跡》，《日本農耕文化の生成》（第一冊・本文篇）第 157 頁，東京堂，1971 年。
[9]　渡部明夫：《中国系青銅器：日本の大陸系青銅器（中・四国）》，《日韓交渉の考古学・弥生時代篇》第 147 頁，六興出版，1991 年。
[10]　武末純一：《舶載青銅器について》，《対馬》第 6 表，長崎県教育委員会，1974 年。
[11]　伊都歴史博物館：《倭人の海道——一支国と伊都国》第 18 頁，伊都歴史博物館，2007 年。
[12]　前原市教育委員会：《三雲・井原遺跡》第 87、100 頁，2006 年。
[13]　佐賀県教育委員会：《吉野ケ里》第 371～391 頁，吉川弘文館，1994 年。
[14]　仁田坂聡：《櫻馬場遺跡》，《発掘された日本列島・2008》第 41 頁，朝日新聞社，2008 年。
[15]　寺沢薫：《中国系青銅器：日本の大陸系青銅器・近畿以東》，《日韓交渉の考古学》第 149 頁，六

坟丘墓出土的 5 件直径达 46.5 厘米的超大型镜和 1 件"大宜子孙"铭镜，则是在当地制作的"仿制镜"。

　　连弧纹带镜，其纹样结构与云雷连弧纹镜雷同，只是没有外区的云雷纹带。福冈县前田山 I 区 9 号石棺墓出土 1 件，柿蒂纹之间的铭文为"长宜子孙"，直径 9.4 厘米。此类铜镜或其残片还发现于长崎县椎之浦 7 号石棺墓、广岛市池之内遗址等地。

　　浅浮雕禽兽纹镜，其纹样布局结构与多乳禽兽纹镜雷同，但主纹区的四乳之间采用浅浮雕手法表现禽兽纹，多为残片。福冈市野方中原 1 号石棺墓出土 1 件，大分县玖珠郡名草台石棺墓等地也有发现。

　　四乳禽鸟纹镜，主纹区饰四乳，四乳之间饰禽鸟纹。鸟取县米子市青木遗址 60 号房址出土 1 件；福冈县京都郡上所田土坑墓出土 1 件，镜缘近似三角形。

　　四叶夔凤镜，扁平圆钮或半球形钮，圆圈钮座，内区为变形四叶，四叶内侧有铭文，其外侧四叶之间饰变形夔凤纹，可分为两种。一种是"单夔镜"，如福冈县嘉穗郡原田 1 号石棺墓出土 1 件，四叶内侧有铭文"长宜子生"，其外侧四叶之间各饰一组鸟首形变形夔纹，外区为十二内向连弧纹带，素面平缘，直径 11 厘米。另一种是"双夔镜"，如福冈县须玖冈本 D 地点发现 1 件，扁平圆钮，圆圈钮座，内区饰变形四叶，四叶内有"位至三公"铭文，其外侧四叶之间饰两两相对的夔凤纹各一组，并饰有铭文"君宜固市"，外区为十六内向连弧纹带，窄平缘，直径 13.8 厘米[16]。此类铜镜还发现于长崎县上县郡大将军山石棺墓、福冈县嘉穗郡漆生石棺墓等地。

　　四叶兽首镜：福冈县粕屋郡酒殿石棺墓出土 1 件，已残，圆钮，圆圈钮座，主纹区为变形四叶，四叶内侧饰有铭文"位至三公"，四叶外侧各饰一组图案化兽首，十六内向连弧纹缘，直径 10.7 厘米。

　　直行铭文夔凤镜：镜钮上下有直行铭文，铭文两侧各饰一组平面雕式夔凤纹，素缘。北九州市马场山 41A 号土坑墓出土残片 1 件，镜缘内侧为十八内向连弧纹带。佐贺县三养基郡中原町町南遗址 103 号房址出土残片 1 件，镜缘内侧一周栉齿纹带。石川县金泽市无量寺 B 遗址出土残片 1 件，夔凤的头部饰有五铢钱图案，复原为素缘，镜缘内侧为十二内向连弧纹带。这种铜镜的残片还发现于福冈县京都郡石坪 2 号石棺墓等地。

　　上述从中国传入的汉镜之外，弥生时代中期后半以九州为中心开始了汉镜的仿制，即"仿制镜"的铸造[17]。对此这里略而不论。

　　興出版，1991 年。本节有关近畿以东地区汉镜的资料，除注明者外均据此，不另作注。

[16]　梅原末治：《須玖岡本発見の古鏡に就いて》，《筑前須玖史前遺跡の研究》第 85 頁第二三図，临川书店，1930 年。

[17]　A. 菅谷文則：《日本人と鏡》第 185 頁，同朋舍，1991 年。

　　　B. 高倉洋彰：《弥生時代小形仿製鏡について》，《考古学雑誌》第 70 卷 3 号，1985 年。

　　　C. 高倉洋彰：《弥生時代仿製鏡の製作地》，《季刊考古学》第 43 号，1993 年。

　　　D. 南健太郎：《弥生時代九州における漢鏡の流入と小形仿製鏡の生産》，《熊本大学社会文化研究》第 5 集第 193 頁，2007 年。

(四) 铁器

弥生时代是日本古代铁器从发生、发展到初步普及的时期，最初是铁器的传入以及再加工利用，后来是输入铁料进行铁器的生产，直到公元 3 世纪初的弥生后期之末才可能开始铁的冶炼[1]。考古发现的弥生铁器绝大多数为当地制造或从朝鲜半岛东南部输入，但其中也有少量根据其形态结构和金属特征可判断是来自中国大陆，主要有铁空首斧、凿、锸、刀、剑、矛等[2]。

空首斧，指铸造的长方形空首斧，其突出特征是长方形銎，銎口下方大多有两条凸带[3]，主要有两种。一种是銎部与刃部等宽或刃部略窄，体窄长，如福冈市比惠遗址出土 1 件，保存完整，长 15.2 厘米、銎部宽 8 厘米（图 13 - 37 - 3），经过脱碳处理，年代为弥生中期后半[4]。这种铁斧还发现于福冈县上之原遗址、庄原遗址、北九州市下裨田遗址（图 13 - 37 - 4），以及熊本县轰遗址、斋藤山遗址等，均系经过脱碳处理的铸造品；爱媛县大久保遗址、岛根县松江市西川津遗址、鸟取县青谷上寺地遗址[5]等地也有发现。

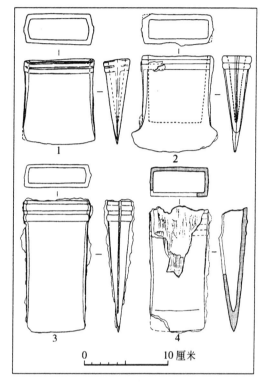

图 13 - 37　日本出土汉朝铁空首斧
1.佐贺县吉野里遗址出土　2.广岛县西愿寺遗址出土
3.福冈县比惠遗址出土　4.福冈县下裨田遗址出土

另一种是刃部略呈弧形外展并宽于銎部，体较短宽，如佐贺县吉野里遗址出土 3 件，其中 1 件保存完整，长 9.6 厘米、銎部宽 8 厘米（图 13 - 37 - 1），其年代为弥生后期[6]。这种

---

[1] 松井和幸：《日本古代の鉄器文化》第 149~155 頁，雄山閣，2001 年。

[2] 奥野正男：《鉄の古代史・弥生時代》，白水社，1991 年。本节论及的弥生时代的铁器资料，除注明者外均据此，不另作注。

[3] 日本弥生时代遗址出土的铸造铁斧中，还有一种以銎口呈梯形、斧体略呈亚腰状为特征的铁斧，一般认为是产自朝鲜半岛并传入日本列岛的，不在本节讨论之列。参见以下文献。

　　A. 川越哲志：《弥生時代の鋳造鉄斧をめぐって》，《考古学雑誌》第 65 巻第 4 号，1980 年。

　　B. 東潮：《東アジアにおける鉄斧の系譜》，《森貞次郎博士古稀紀念古文化論集（上巻）》第 511 頁，1982 年。

　　C. 武末純一：《韓国の鋳造梯形鉄斧——原三国時代を中心に》，《七隈史学》第 7 号，2006 年。

[4] 村上恭通：《倭人と鉄の考古学》第 58 頁，青木書店，1998 年。

[5] 春成秀爾：《弥生時代と鉄器》，《国立歴史民俗博物館研究報告》第 133 集第 190 頁，2006 年。

[6] 佐贺县教育委员会：《吉野ケ里》第 386 頁，図 3 - 62 - 531，吉川弘文館，1994 年。

铁斧还发现于福冈县北九州市中伏遗址、福冈县高岛遗址，长崎县原之辻遗址[1]，广岛县西愿寺遗址（图13-37-2）、京野遗址，鸟取县青谷上寺地遗址[2]等地，其年代为弥生中期之初至弥生后期之末。上述两种铁斧，无论其形态还是制造技术都与战国秦汉时期燕地的同类铁器无异[3]。

　　凿，山口县井上山遗址B区9号居址出土1件，方柱形，全长9.7厘米，其年代为弥生中期后半。与之相类似者，在中国发现于敖汉旗老虎山、抚顺莲花堡等地。

　　锸，指铸造的凹口锸和直口锸。福冈县上之原遗址出土凹口锸残片1件，残宽4.8厘米、高5.4厘米，年代为弥生前期之末；山口县山神遗址出土直口锸残片[4]。

　　环首刀，日本考古界称之为"素环刀"（即环首为素面的刀，以有别于环首带装饰者）。数量较多，主要发现于北九州及其邻近地区的弥生中期后半至弥生后期的墓葬中。其中，既有长20厘米左右的环首削刀，又有长达1米的环首长刀，可分别用作工具和兵器[5]。如福冈县前原市上町支石墓出土的环首直体刀长118.9厘米[6]，属于兵器；佐贺县吉野里遗址出土的铜环首铁削刀[7]，则明显是来自汉朝的小工具。关于其产地难以完全判定，一般认为是来自中国的"舶载品"[8]，但也有的学者认为有一部分为当地所产。就其形制而言，与汉代常见的环首削刀和环首长刀无异，并且其中有的无疑是汉朝的制品。公元4世纪的奈良东大寺山古坟"中平"年铭铁刀的发现，成为汉朝铁刀曾传入日本的佐证[9]。

　　剑，发现较多，主要发现于北九州地区弥生中期至后期的文化遗存中。大多较短，通长20～60厘米，属于短剑和中长剑类型，几乎不见长70厘米以上的长剑[10]。均为扁茎剑，但剑茎有长6厘米以上的长茎和长4厘米以下的短茎两种，并且以短茎剑最为常见。

---

[1]　西田健彦：《原の辻》，《発掘された日本列島·'95新発見考古速報》第32頁，朝日新聞社，1995年。

[2]　鳥取県教育文化財団：《青谷上寺地遺跡·4》（本文編·1）第235頁，2002年。

[3]　白云翔：《先秦两汉铁器的考古学研究》第55、163页，科学出版社，2005年。本节论及的战国秦汉时期的铁器，除注明者外均据此，不另作注。

[4]　川越哲志：《日本初期鉄器時代の鉄器》，《東アジアの古代鉄文化——その起源と伝播》第118頁，たたら研究会，1993年。

[5]　A．今尾文昭：《素環頭鉄刀考》，《考古学論考》（《橿原考古学研究所紀要》）第8集，1982年。
　　　B．児玉真一：《鉄製素環刀——集団墓出土資料を中心に》，《森貞次郎博士古稀紀念古文化論集（上卷）》第703頁，1982年。

[6]　佐原眞、金関恕編：《稲作の始まり》（《古代史発掘·4》）第111頁，講談社，1975年。

[7]　A．佐賀県教育委員会：《吉野ケ里遺跡》（平成2年度～平成7年度の発掘調査の概要）第21頁，図6-2，1997年。
　　　B．韓国国立中央博物館：《吉野ケ里——日本の中の古代韓国》第99頁，韓国国立中央博物館，2007年。

[8]　町田章：《環刀の系譜》，《奈良国立文化財研究論集》第3集第87頁，1976年。

[9]　金関恕：《古墳と王朝の歩み·東大寺山古墳の発掘》，《古墳と国家の成立ち》（《古代史発掘·6》）第88～97頁，1975年。奈良東大寺山古坟出土的"中平□年"铭铁刀，装有倭制青铜环首，古坟的年代为公元4世纪，但其刀身应当是汉灵帝中平年间（公元184～189年）在中国制作然后传入日本的，只不过传到日本以后由于某种原因换装了具有日本特色的带装饰的铜环首。

[10]　川越哲志：《弥生時代の鉄器文化》，雄山閣，1993年。

其中有的可能是当地所产，但大多应系输入品，并且有的可能是来自中国大陆，如佐贺县二冢山遗址出土的中长剑等[1]。

矛，数量较少，主要发现于北九州地区弥生中期后半至弥生后期的文化遗存中[2]。均为锻制品，其形制结构也是秦汉铁矛的常见形态，一般认为是由朝鲜半岛传入的，但不排除有些是来自中国大陆的可能性。

除上述之外，还发现有用传入铁器的废旧品及残片进行再加工制作而成的铁器。如大阪府鬼虎川遗址出土的弥生中期的铁凿、镞，其材质为铸铁脱碳钢；京都府扇谷遗址出土的弥生中期前半的斧状铁器，其材质为白口铸铁；兵库县会下山遗址出土的弥生后期后半的小型板状铁斧，其材质系白心韧性铸铁。这些铁器的原材料，应是传入铁器的废旧品。

（五）其他遗物

上述文化遗物之外，弥生时代文化遗存中出土的汉朝文物还有铜三翼镞、铜剑、铜盖弓帽、铜四叶形饰、玻璃璧等。

铜三翼镞，柱铤，三翼，形制大致相同。兵库县会下山遗址出土2件，其中一件长4.4厘米，另一件长3.9厘米（图13-38-10），其年代为弥生后期前半[3]。香川县角山遗址出土1件，长4.2厘米，其年代约为弥生后期的后半。此外，还发现于福冈县夜须町、川原遗址[4]，福冈市早良区库艾番瑙（クエゾノ）遗址[5]，以及春日市须玖坂本遗址B地点[6]等地。在中国，铜柱铤三翼镞流行至汉初，西汉中期之后基本被铁镞所取代。

铜剑，数量较少，主要发现于长崎县、福冈县、佐贺县等北九州地区，其类型有圆柱柄剑、扁柄剑和扁茎剑等[7]。福冈县中寒水遗址出土1件，剑首缺失，柱形柄，凹字形剑格，剑体较短，系残断后重新加工所致，残长19厘米，剑身宽3.7厘米，属于圆首柱形柄剑（图13-38-3）。佐贺县鹤崎遗址出土1件，圆形剑首，剑柄扁平，残长19.1厘米[8]，属于扁柄剑（图13-38-2）。福冈县立石遗址出土1件[9]，已残，扁茎有一圆穿，残长27.1厘米，剑身宽5.7厘米，属于扁茎剑（图13-38-1）。长崎县对马岛卡伽里

〔1〕 高倉洋彰：《初期鉄器の普及と画期》，《九州歷史資料館研究論集》第10集第40頁，1984年。
〔2〕 川越哲志：《日本初期鉄器時代の鉄器》，《東アジアの古代鉄文化——その起源と伝播》第122、143頁，たたら研究会，1993年。
〔3〕 森岡秀人：《会下山遺跡》，《弥生時代の青銅器とその共伴関係（Ⅲ）》第109頁，1986年。
〔4〕 奥野正男：《鉄の古代史·弥生時代》第252頁，白水社，1991年。
〔5〕 吉留秀敏、茂和男：《福岡市クエゾノ遺跡採集の中国製銅鏃について》，《古文化談叢》第31集第99頁，1992年。
〔6〕 佐藤浩司：《各都道府県の動向·福岡県》，《日本考古学年報（2002年度）》第55巻第330頁，日本考古学協会，2004年。
〔7〕 柳田康雄：《日本·朝鮮半島の中国式銅劍と実年代論》，《九州歷史資料館研究論集》第29集第1～48頁，2004年。本节所及日本出土中国铜剑的资料，除注明者外均据此，不另作注。
〔8〕 佐賀県立博物館：《古代九州の遺宝——鏡·玉·劍》第13頁，1979年。
〔9〕 日本学者柳田康雄认为，该器有可能是长柄铜铍，但其基部形态与战国铜铍有所不同，并且有可能

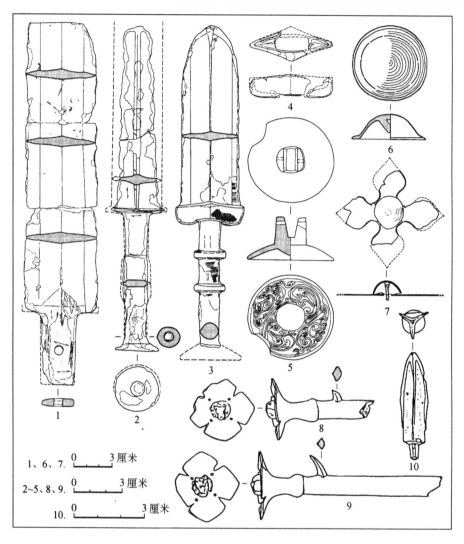

图 13-38　日本出土汉朝铜器

1. 剑（福冈县立石遗址出土）　2. 剑（佐贺县鹤崎遗址出土）　3. 剑（福冈县中寒水遗址出土）
4. 剑格（福冈县平若遗址出土）　5. 剑首（长崎县卡伽里松鼻遗址出土）　6. 泡（京都府天
神山1号房址出土）　7. 四叶形饰（福冈县三云南小路1号瓮棺墓出土）　8、9. 盖弓帽（山
口县地藏堂遗址出土）　10. 三翼镞（兵库县会下山遗址出土）

（かがり）松鼻遗址的石棺墓中出土圆形铜剑首1件[10]，外侧内凹，饰流云形涡卷纹，内
侧呈两足状并带穿孔，直径5厘米，通长2.65厘米（图13-38-5）。与之相同者，在中国

　　　是在北九州地区制作的（见柳田康雄《日本·朝鲜半岛の中国式铜剣と实年代论》，《九州历史资
料馆研究论集》第29集第17页，2004年）。
[10]　A. 正林护：《日本の古代遗迹·42·长崎》第91页，保育社，1989年。
　　　B. 长崎县教育委员会：《かがり松鼻遗跡》第10页，1988年。

曾发现于洛阳烧沟 1017 号墓[1]等地。福冈县春日市平若遗址出土凹字形铜剑格 1 件，长 5 厘米，宽 2 厘米，高 1.25 厘米（图 13-38-4），系扁茎剑的剑格。上述铜剑首和剑格，也有可能是铁剑的剑饰[2]。

　　鎏金铜盖弓帽，山口县下关市地藏堂石棺墓出土 2 件[3]，顶端呈四叶花瓣形，末端均残。其中一件顶端径 4 厘米，残长 11.6 厘米（图 13-38-8、9）。

　　鎏金铜四叶形饰，三云南小路 1 号墓出土 8 件。器体呈薄片十字形四叶状，中央有一穿孔并安插一个半球形泡钉。四叶最大径 7.8 厘米，叶片宽 2.3 厘米、厚 0.6～0.7 毫米，泡钉直径 2.1～2.3 厘米、高 1 厘米（图 13-38-7）。其用途，推测是木棺上的金属装饰，并且有可能是汉廷所赐[4]。

　　铜泡，半球形，背面有横梁。京都府田边町天神山遗址 1 号房址出土 1 件，直径 5.6 厘米、高 1.7 厘米（图 13-38-6），其年代为弥生后期之末[5]。此外，还发现于佐贺县布施里遗址、西山田二本松遗址和熊本县神水遗址等地[6]。

　　玻璃璧，三云南小路 1 号墓出土 8 件，均残[7]。一面饰谷粒纹，另一面为素面。其中，1 号璧残存约三分之一，直径 12.3 厘米、好径 3.8 厘米、厚 0.5 厘米（图 13-39）。这种玻璃璧残片还发现于三云南小路 2 号瓮棺墓、须玖冈本遗址 D 地点瓮棺墓、福冈县东小田峰瓮棺墓等大型瓮棺墓中。

　　除上述之外，还有长崎县佐护库比鲁（佐護クビル）遗址发现的折肩铜釜[8]，长崎县对马岛发现的广口小铜铃[9]，长崎县壹岐岛原之辻遗址的瓮棺墓出土的"蜻蜓眼"玻璃珠[10]等，应当是来自中国大陆。至于福冈县今川遗址出土的弥生前期前半

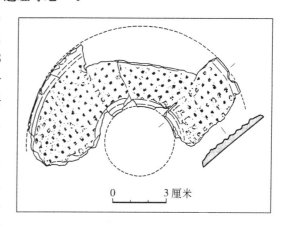

0　　　　3 厘米

图 13-39　日本福冈县三云南小路 1 号墓出土汉朝玻璃璧

〔1〕　洛阳区考古发掘队：《洛阳烧沟汉墓》第 191 页，图八五：10，科学出版社，1959 年。

〔2〕　钟少异：《汉式铁剑综论》，《考古学报》1998 年第 1 期。

〔3〕　山口县教育委员会：《褝田地藏堂》，《弥生时代の青铜器とその共伴関係（Ⅱ）》第 22 页，1986 年。

〔4〕　町田章：《三雲遺跡の金銅四葉座金具について》，《古文化談叢》第 20 集第 7 页，1988 年。

〔5〕　山田良三：《三山木出土の異形青銅器》，《日本古文化論考》第 285 页，吉川弘文館，1970 年。

〔6〕　小田富士雄、韓炳三：《日韓交渉の考古学·弥生時代篇》図版 78，六興出版，1991 年。

〔7〕　柳田康雄：《三雲遺跡·南小路地区編》第 28～30 页，福冈县教育委员会，1985 年。

〔8〕　樋口隆康編：《大陸文化と青銅器·弥生時代》《古代史発掘·5》第 21 页，講談社，1974 年。

〔9〕　佐賀県立博物館：《古代九州の遺宝——鏡·玉·劍》第 38、42 页，1979 年。

〔10〕　A. 朝日新聞社：《'94 古代史発掘総まくり·原の辻遺跡》，1994 年。
　　　　B. 原の辻遺跡調査事務所：《壹岐·原の辻遺跡》第 16 页，長崎県教育委員会，1995 年。

的双翼铜镞[1]，长崎县对马岛塔之首石棺墓[2]、福冈市吉武高木 110 号瓮棺墓、佐贺县宇木吉田 64 号瓮棺墓等地出土的弥生前期之末至弥生后期的圆环形铜钏，有学者认为可能来自中国大陆[3]，但不排除产于朝鲜半岛的可能性。

三　考古发现所见秦汉王朝与弥生时代日本的交流

中国史书中关于倭的记载，最早见于汉代[4]。但中国与日本列岛之间的交流，早在先秦时期就已经开始了。佐贺县唐津市菜畠遗址、福冈县博多区板付遗址等绳纹时代晚期之末的稻作遗存的发现表明，最初起源于中国南方的水稻种植在公元前 5 世纪之初甚至更早已经传到日本的九州地区[5]。目前，关于稻作传入日本的路线尚有华南路线、华中路线和华北路线等不同的认识[6]。山东临淄东周人骨与西日本弥生时代人骨的体质人类学比较研究表明，西日本的弥生人和"中国黄河流域青铜时代居民之间存在过相当密切的关系……弥生时代移民很可能源出于黄河流域青铜时代的某一部分人群"[7]，暗示出中国大陆北方地区的居民早在先秦时期就曾东渡到日本。就出土文物而言，福冈县今川遗址出土的弥生前期前半的双翼铜镞，如果可以确认为来自中国大陆，则说明早在公元前 4 世纪前后就有中国物产的流入，被认为是"中国系青铜器"传入日本的第一波[8]；1923 年冲绳县那霸市城岳贝丘（绳纹时代晚期）出土 1 枚战国晚期的明刀钱[9]，表明当时中国大陆物产确实已经东传到冲绳诸岛。

秦汉时期，中国大陆与日本列岛之间真正开始了大规模的交往，并且随着时间的推移，这种交往日趋繁盛。根据考古发现并结合文献记载来看，秦汉时期的中国与弥生时代日本的交流大致经历了三个阶段。

---

[1]　柳田康雄：《青銅器の創作と終焉》，《九州考古学》第 60 号，1986 年。

[2]　福岡県教育委員会：《邪馬台国への道のり》第 152 頁，アジア文明交流展実行委員会，1993 年。

[3]　高倉洋彰：《中国系青銅器：日本の大陸系青銅器·北部九州》，《日韓交渉の考古学·弥生時代篇》第 141 頁，六興出版，1991 年。

[4]　《汉书·地理志（下）》燕地条："乐浪海中有倭人，分为百余国，以岁时来献见云。"

[5]　高倉洋彰：《稲作受容期の対外交流》，《東アジアの稲作起源と古代稲作文化》第 277 頁，佐賀大学，1995 年。

[6]　A. 佐佐木高明：《稲作文化の成立と展開》，《弥生文化——日本文化の源流をさぐる》第 78 頁，大阪府立弥生文化博物館，1991 年。
　　　B. 下條信行：《稲の伝播と農業技術の発達》，《古代を考える稲·金属·戦争——弥生》第 20 頁，吉川弘文館，2002 年。关于稻作从中国传入日本的路线的各种观点，该书归纳为南方说、直接说、间接说和北方说。

[7]　张雅军：《日本人群的种族起源和演化》，《世界历史》2008 年第 5 期。

[8]　高倉洋彰：《中国系青銅器：日本の大陸系青銅器·北部九州》，《日韓交渉の考古学·弥生時代篇》第 141 頁，六興出版，1991 年。

[9]　高宮廣衛：《城嶽と明刀銭》，《東アジアの考古と歴史（上）》第 242 頁，同朋舍，1987 年。又，据高宫广卫称，20 世纪 90 年代末，在冲绳县志头村又新发现 1 枚明刀钱（见高宫廣衛《開元通宝から見た古代相当期の沖縄諸島》，《アジアの中の沖縄》第 31 頁，文進印刷株式会社，2000 年）。

　　秦代和西汉前期（汉武帝元封三年，即公元前 108 年置乐浪四郡之前）为第一个阶段，即公元前 3 世纪末至公元前 2 世纪末，约当弥生前期后半至弥生中期前半。关于秦王朝同日本列岛的联系，尚无可靠的考古发现能够说明。但据文献记载，秦始皇为求延年益寿之药，曾遣齐人方士徐福（徐巿）率童男童女入海求神药，而徐福等至亶洲不还[1]。尽管关于徐福入海求仙的出发港和具体滞留不回之地众说纷纭，但一般认为亶洲是日本的九州岛[2]，说明徐福或其所率众人之一部到达了日本的九州岛。于是，从九州到日本的本州地区，有 20 多处与徐福登陆有关的传说或“遗迹”，甚至出现了所谓的“徐福学”[3]。就考古发现来看，早在秦统一前后或西汉初年，“中国式”铜剑就曾传入北九州地区[4]；福冈县御床松原遗址和山口县冲之山遗址出土的半两钱，其文化遗存的年代虽然是弥生中期后半，但应当是五铢钱铸行（公元前 118 年）之前传入的；至于福冈县三云南小路瓮棺墓出土的彩绘镜、四乳云雷纹镜以及须玖冈本 D 地点瓮棺墓出土的草叶纹镜，都是西汉前期流行的镜类；熊本县斋藤山贝丘、福冈县石崎曲田遗址、下裨田遗址、北九州市长行遗址等出土的铁斧及其残片以及山口县山神遗址出土的铁直口锸等，虽然关于其年代有所争论[5]，但不晚于弥生中期之初仍是共识，可见它们是在公元前 2 世纪初之前传入的。值得注意的是，弥生前期后半和弥生中期前半文化遗存中发现的秦汉文物，就其地域分布来说，主要分布在九州北部地区以及与之邻近的山口县一带，并且出土地点数量有限；就其种类和数量而言，主要是钱币、铜镜、铜镞和铁器，并且数量也不多。这从一个侧面反映出，秦代和西汉前期中国大陆和日本列岛的交流主要局限于九州北部及其邻近地区，并且其规模和程度还有限。尽管“中国式”铜剑开始传入九州地区可能是在西汉初年甚至更早，三云南小路瓮棺墓的大型彩绘镜和须玖冈本 D 地点瓮棺墓的草叶纹镜等都早于汉武帝时期，但是否“伊都国的国王已经进入西汉王朝的册封体制之中”[6]，尚有待于更多的考古发现。

　　公元前 2 世纪末，随着汉王朝在朝鲜半岛北部设置乐浪、临屯、玄菟、真番四郡，汉王朝同日本列岛之间的交往日趋紧密，秦汉时期的中国与弥生时代日本的交流进入第二个阶段，直至公元前后。这一阶段约当西汉中晚期，即弥生时代的中期后半。从考古发现看，福冈县守恒遗址、大分县松崎遗址、山口县冲之山遗址等弥生中期后半的遗存中出土有西汉的五铢钱；西汉中晚期流行的星云纹镜、连弧纹铭带镜、重圈铭带镜、单圈铭带

[1]　《史记·秦始皇本纪》：秦始皇“于是遣徐巿（福）发童男女数千人，入海求仙人”。唐·张守节《正义》引《括地志》云：“亶洲在东海中，秦始皇使徐福将童男女入海求仙人，止在此洲，共数万家，至今洲上人有至会稽市易者。”又，《史记·淮南衡山列传》：“秦皇帝大说，遣振男女三千人，资之五谷种种百工而行。徐巿得平原广泽，止王不来。”

[2]　刘凤鸣：《山东半岛与东方海上丝绸之路》第 69 页，人民出版社，2007 年。

[3]　内藤大典编：《虹を見た》第 243 頁，海援社，1998 年。

[4]　柳田康雄：《日本·朝鮮半島の中国式銅劍と実年代論》，《九州歴史資料館研究論集》第 29 集第38 頁，2004 年。

[5]　春成秀爾：《炭素 14 年代と鉄器》，《弥生時代の実年代》第 148～160 頁，学生社，2004 年。

[6]　柳田康雄：《日本·朝鮮半島の中国式銅劍と実年代論》，《九州歴史資料館研究論集》第 29 集第38 頁，2004 年。

镜、四乳四虺纹镜等铜镜在福冈县须玖冈本、三云南小路、立岩崛田、佐贺县二冢山等弥生中期后半的大型瓮棺墓中有大量的发现；具有汉器特征的铁空首斧、凿、环首刀、剑等铁器在弥生中期后半的遗址中多有出土；铜盖弓帽、铜四叶形饰以及玻璃璧等汉器也传到了九州北部及山口地区。与前一阶段相比，这一时期发现的汉朝文物种类增多、数量大增，但出土地域并没有明显的扩大，依然主要分布在九州北部及其邻近地区。大阪市瓜破北遗址虽然发现有西汉时期的"清白"铭连弧纹铭带镜的残片，但其出土遗存的年代已经晚至弥生后期[1]，其传入的具体年代尚无法判定。因此，弥生中期即使有西汉铜镜传入近畿地区，也"只不过是一种偶然现象"[2]。很明显，这一时期大量汉朝物产传入日本尤其是九州地区，并且被社会上层视为"威信财"——身份和地位的象征的宝物[3]，是倭人"诸国"通过朝贡等方式同汉王朝建立起外交关系的结果，甚至有可能是西汉皇帝所赐[4]，其历史背景即《汉书·地理志》所载，"乐浪海中有倭人，分为百余国，以岁时来献见"，以及"东夷王渡大海奉国珍"[5]。当然，这一时期同西汉王朝建立外交关系的还主要限于九州"诸国"，而朝鲜半岛北部汉乐浪四郡的设置，成为汉倭外交、商贸和人员往来的重要桥梁和纽带，极大地推动了汉代中国与弥生时代日本的交流。

新莽至东汉末年，是秦汉时期的中国与弥生时代日本交流的第三个阶段，约当公元1世纪初至公元3世纪前半，即日本的弥生时代后期。这一时期弥生文化遗址中发现的汉朝文物，最为常见的是钱币和铜镜。钱币包括货泉、大泉五十、货布和五铢钱，其中货泉发现地域广、出土数量多，而东汉五铢仅有个别发现。铜镜包括四乳四虺纹镜、博局纹镜、多乳禽兽纹镜、云雷连弧纹镜、四叶夔凤镜、四叶兽首镜、直行铭文夔凤镜等，并且尤以博局纹镜和云雷连弧纹镜最为常见，占发现总数的60%以上。就其发现地域来看，九州及其邻近地区的地点和出土数量仍然最多，但与此同时，中国地区（"中国"地区指日本本州西部的冈山、广岛、山口、岛根、鸟取五县之地）、四国地区[6]、近畿乃至中部地区也有不少发现。如货泉除了在九州地区有较多发现外，广岛县、鸟取县、冈山县以及大阪府等地也有发现；铜镜同样是集中发现于九州地区，但爱媛县、高知县、广岛县、鸟取县、兵库县、神户市、大阪府、大阪市、和歌山县、岐阜县、石川县等地也有出土，尽管大多是铜镜的残片。值得注意的是，新莽钱币大多发现于小型墓葬和沿海地区的聚落遗址，说明新莽钱币传入日本之后，有的可能用作铸造青铜器的原料，有的可能是在对外贸易中作为等价物用于交换[7]；在九州地区，铜镜作为"威信财"依然大量随葬于大型墓葬之中，

---

〔1〕　寺沢薫：《瓜破遺跡》，《日韓交渉の考古学·弥生時代篇》第325頁，六興出版，1991年。

〔2〕　森岡秀人：《近畿地方における銅鏡の受容》，《季刊考古学》第43号，1993年。

〔3〕　高倉洋彰：《前漢鏡にあらわれた権威の象徴性》，《国立歴史民俗博物館研究報告》第55集第3頁，1993年。

〔4〕　高倉洋彰、車崎正彦：《弥生·古墳時代の鏡》，《季刊考古学》第43号，1993年。

〔5〕　《汉书·王莽传（中）》。

〔6〕　渡部明夫：《中国系青銅器：日本の大陸系青銅器（中·四国）》，《日韓交渉の考古学·弥生時代篇》第147頁，六興出版，1991年。

〔7〕　武末純一：《三韓と倭の交流》，《国立歴史民俗博物館研究報告》第151集第296頁，2009年。

但近畿及其邻近地区出土的铜镜除了岐阜县瑞龙寺山遗址出土的云雷连弧纹镜为完整器外，其余均为残片，并且有的经过多次打磨，有的带有穿孔，或出自小型墓葬或出自居住址，有可能是作为坠饰等装饰品使用的[1]。但无论如何，汉朝钱币和铜镜等在上述各地的发现表明，随着日本列岛各地区"诸国"之间联系的增强和交往的增多，汉朝物产迅速向四国地区、中国地区、近畿乃至中部地区等东方传播，其东界到达了岐阜县乃至石川县境内[2]。汉朝物产由九州向东传播的路线有多条，或者自九州岛西北海岸沿日本海向东到达近畿和中部地区，或者自九州岛东北海岸穿过濑户内海向东到达近畿地区，或者自九州岛东北海岸经由丰后水道南下然后沿四国岛南岸向东到达近畿地区。根据考古发现并结合文献记载可知，新莽东汉和弥生时代日本列岛的交往可谓高潮迭起。新莽政权与弥生后期"诸国"交往的情况未见文献记载，或许与新莽政权在中国史家的眼中不属于正统政权而未加记述有关[3]，而大量新莽钱币和新莽时期铜镜在西日本的出土，反映出当时的交往相当兴盛。东汉王朝建立之后，这种交往更为频繁，规模也更大。《后汉书·东夷列传》载："建武中元二年（公元57年），倭奴国奉贡朝贺，使人自称大夫……光武赐以印绶"[4]。这已被"汉委奴国王"金印的发现所证实。"安帝永初元年（公元107年），倭国王帅升等献生口百六十人，愿请见。"[5]大量东汉铜镜等汉朝物品，正是在倭人"诸国"被纳入汉朝册封体系之中的背景下传入的。弥生时代后期，西日本"诸国"大多先后直接或间接地同汉王朝建立了联系，"使驿通于汉者三十许国"[6]。

在秦汉王朝与弥生时代日本交往不断发展的历史背景之下，大量秦汉物产传入日本列岛的同时，秦汉文化主要以朝鲜半岛为通道迅速向日本列岛传播[7]。在社会生产和技术领域，稻作农耕获得进一步发展自不待言；铁器是最初输入铁器制成品，到弥生中期开始利用废旧铁器进行熔炼后再加工锻制成小型铁器，或输入铁料加工制作工具和兵器等铁器，到弥生后期之末开始了铁的冶炼[8]；铜器也是从最初输入铜器制品开始的，但弥生前期之末以后，九州地区开始逐步进行铜钏、"巴形器"、"仿制镜"、凹口锸、钲、矛、

---

〔1〕　A. 寺沢薫：《弥生時代舶載製品の東方流入》，《考古学と移住・移動》第204頁，同志社大学考古学シリーズ刊行会，1985年。

　　　B. 高倉洋彰：《弥生時代の遺跡と漢鏡》，《日本金属器出現期の研究》第246頁，学生社，1990年。

〔2〕　寺沢薫：《中国系青銅器：日本の大陸系青銅器・近畿以東》，《日韓交渉の考古学・弥生時代篇》第149頁，六興出版，1991年。

〔3〕　寺沢薫：《弥生時代舶載製品の東方流入》，《考古学と移住・移動》第210頁，同志社大学考古学シリーズ刊行会，1985年。

〔4〕　《后汉书·东夷列传》。又，《后汉书·光武帝纪（下）》：建武中元二年"东夷倭奴国王遣使奉献"。

〔5〕　《后汉书·东夷列传》。又，《后汉书·安帝纪》：永初元年"冬十月，倭国遣使奉献"。

〔6〕　《后汉书·东夷列传》："倭在韩东南大海中，依山岛为居，凡百余国。自武帝灭朝鲜，使驿通于汉者三十许国。"

〔7〕　大阪府立弥生文化博物館：《弥生文化——日本文化の源流をさぐる》，大阪府立弥生文化博物館，1991年。

〔8〕　川越哲志：《日本初期鉄器時代の鉄器》，《東アジアの古代鉄文化——その起源と伝播》第118頁，たたら研究会，1993年。

剑、戈等铜器的铸造，近畿地区开始进行铜铎的铸造[1]。在社会生活领域，吉野里遗址弥生后期环壕聚落的整体结构、南北郭设置外凸部分并建有楼橹、北内郭设有出入口等，反映出中国城郭建筑结构和布局的影响；支石墓、瓮棺墓、土坑木棺墓、方形环壕墓[2]等埋葬方式都直接或间接地受到了中国大陆文化的影响，尤其是"坟丘墓"更可能是在汉代"土墩式封土墓"的影响下产生的。要之，秦汉时期的中国与弥生时代日本的交往和文化交流，对于弥生时代社会经济和文化的发展、社会政治体系的变迁和演进，都产生了极大的推动作用。

关于秦汉时期的中国与弥生时代日本交流的路线，虽然不排除从长江下游的东海沿岸或者从山东半岛入海直接东渡日本列岛的可能性，但基于秦汉文物以九州北部地区的发现最为集中，并且随着时间的推移逐渐向中国地区、四国地区、近畿地区及中部地区等东方扩展的事实，其主要路线还是以朝鲜半岛为跳板、经由对马岛和壹岐岛跨越朝鲜海峡和对马海峡而到达九州岛，进而通过濑户内海通道到达四国岛和本州岛等地。当然，从朝鲜半岛东南端入海，越过朝鲜海峡登陆中国地区的日本海沿岸，进而到达近畿和中部地区的路线也是存在的，但它只是一条辅助的路线。至于朝鲜半岛与中国大陆之间联系的通道，虽然可能存在着从东海和黄海沿岸直接渡海到达朝鲜半岛的交流路线，存在着从辽东地区跨过鸭绿江到达朝鲜半岛北部的"辽东陆路"，但主要的通道是从渤海或黄海沿岸出发、穿越渤海海峡沿辽东半岛南部的黄海沿岸到达朝鲜半岛西海岸的"渤海水路"。

第六节　中南半岛

中南半岛地处亚洲东南部，与中国大陆山水相连，今分布有越南、老挝、柬埔寨、泰国、缅甸五国。中南半岛的西部向南延伸出马来半岛，其大部分属于马来西亚，南端为新加坡，北部的一部分属于泰国和缅甸。这里将其作为中南半岛的一部分一并叙述。

中国同中南半岛地区的文化联系，可以追溯到遥远的史前时代[3]，青铜时代继续保持和发展[4]。中国的青铜文化，对中南半岛北部地区青铜文化的起源和发展产生了直接

---

〔1〕　深澤芳樹：《弥生時代概説》，《日本の考古学》第 74、111～122 頁，小学館，2005 年。

〔2〕　俞偉超：《方形周溝墓》，《季刊考古学》第 54 号，1996 年。

〔3〕　起源于珠江三角洲地区的有肩石器在中南半岛地区的传播，证明了史前时代华南地区同中南半岛地区密切的文化联系（见傅宪国《论有段石锛和有肩石器》，《考古学报》1988 年第 1 期）。

〔4〕　青铜器时代靴形铜钺、铜鼓等在中国华南、西南和中南半岛地区的流行，证明了这些地区存在的文化联系；而 T 形断面的玉石环在华北至越南北部乃至马来半岛的广泛分布，则说明中南半岛同中国中原地区也存在着某种文化的交流。参见以下文献。

　　A. 童恩正：《试论早期铜鼓》，《考古学报》1983 年第 3 期；《再论早期铜鼓》，《中国铜鼓研究会第二次学术讨论会论文集》第 11 页，文物出版社，1986 年。

　　B. 汪宁生：《试论不对称形铜钺》，《考古》1985 年第 5 期。

　　C. 吉开将人：《论"T 字玉环"》，《南中国及邻近地区古文化研究》第 255 页，香港中文大学出版社，1994 年。

的影响[1]。秦统一时期，岭南地区随着秦郡县的设置而进入秦帝国的版图[2]。汉武帝时期平定南越后在岭南设置九郡，其中交趾、九真、日南三郡就设在中南半岛的东北部[3]（指越南北部及中部沿海一带）。由此，这一地区进入汉郡县的管辖之下。正因为如此，中南半岛东北部留下了丰富的汉文化遗存。同时，以岭南九郡尤其是中南半岛三郡为桥梁，汉王朝同中南半岛汉郡县之外的其他地区的联系也进一步增强。

一　中南半岛东北部的汉文化遗存

今越南北部及中部沿海一带的中南半岛东北部地区，随着汉王朝交趾、九真和日南三郡的设置，汉朝人、汉文化迅速进入，因此，这一地区发现有大量的汉式城址、汉式墓葬等文化遗存[4]（图 13 - 40）。譬如，越南北部的红河三角洲地区，发现有龙编城（Lung Khe；又称之为"隆溪城"；又被作为"赢陵城"Luy Lau）、古螺城（Co Loa）、麊泠城（Me Linh）、悁城（Quen）等城址[5]，其中古螺城经过多次考古发掘；在海阳省的玉乐（Ngoc Lac）[6]、清化省的邵阳（Thieu Duong）[7] 等地发现有汉式木椁墓，在北宁省顺城县月德（Nguyet Duc）一带[8]、清化省境内等集中发现有砖室墓；在清化省东山（DongSon）县的三寿（TamTho）发现了烧造印纹陶器的陶窑址[9]。然而，由于资料和

[1]　A. 横仓雅幸：《ヴェトナムにおける金属器文化の起源》，《考古学雑誌》第 80 卷第 3 号，1995 年。
　　B. 坂井隆、西村正雄、新田栄治：《東南アジアの考古学》第 84 頁，同成社，1998 年。

[2]　《史记·秦始皇本纪》：秦始皇三十三年，"略取陆梁地，为桂林、象郡、南海"。又，《史记·南越列传》："秦时已并天下，略定杨越，置桂林、南海、象郡"。

[3]　《汉书·地理志（下）》；《续汉书·郡国志（五）》。

[4]　本节有关越南的古文化遗址名和遗物出土地点一般不标出国别，其他国家的标出国别。本节有关越南考古文献的收集，承蒙日本早稻田大学山形真理子教授和东京大学中村亚希子的大力协助；越南地名和遗址名由中国社会科学院考古研究所范全迎审定。

[5]　西村昌也：《紅河デルタの城郭遺跡，Lung Khe 城址をめぐる新認識と問題》，《東南アジア——歴史と文化》第 30 号第 55 頁，2001 年。

[6]　西村昌也：《紅河デルタの城郭遺跡，Lung Khe 城址をめぐる新認識と問題》，《東南アジア——歴史と文化》第 30 号第 50 頁，2001 年。

[7]　俣寛司：《ベトナム「漢墓」の編年——ベトナム北部タインホア省出土資料を中心に》，《東南アジア考古学》第 27 号，2007 年。1961 年发掘汉式墓 18 座，包括土坑墓、木棺墓和木椁墓等，其年代为公元前 2 世纪末至公元 1 世纪初。

[8]　A. 西村昌也、グエン・ヴァン・ハオ：《バックニン省バイノイ磚室墓の緊急発掘》，《東南アジア考古学》第 25 号，2005 年。
　　B. 越南历史博物馆：《越南历史博物馆简介》（8），2007 年。
　　C. 越南北宁省博物馆 2007 年参观手记。
　　在北宁省顺城县月德一带分布有大量的汉式墓，如排奈（Bai Ne）砖室墓、1972 年发掘的东沾（Dong Chien）砖室墓、2001 年发掘的排内（Bai Noi）砖室墓（年代为公元 2 世纪后半），以及分布于龙编（Lung Khe）城址东南郊外的近百座砖室墓等。

[9]　宫本一夫、俣寛司：《ベトナム漢墓ヤンセ資料の再検討》，《国立歴史民俗博物館研究紀要》第 97 集第 124 頁，2002 年。

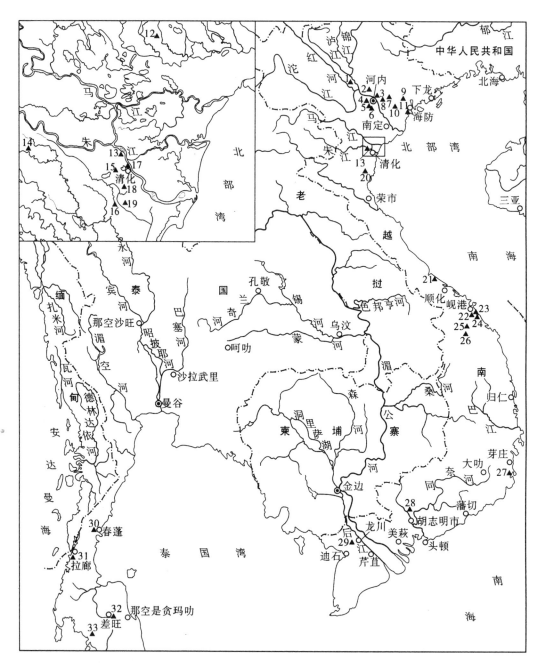

图 13-40　中南半岛汉文化遗存及汉朝文物出土地点分布示意图

1.富寿省嘎乡遗址　2.河内市麋冷城　3.河内市古螺城　4.河西省悁城　5.河西省春萝遗址　6.河西省富良遗址　7.北宁省龙编城　8.北宁省月德汉式墓　9.广宁省东潮砖室墓　10.海阳省玉乐汉式墓　11.海防市越溪遗址　12.清化省宾山砖室墓　13.清化省绍阳汉式墓　14.清化省蛮村砖室墓　15.清化省东作遗址　16.清化省三寿陶窑址　17.清化省东山遗址　18.清化省富谷砖室墓　19.清化省玉谙砖室墓　20.义安省瓦格乡遗址　21.广治省　22.广南省茶桥城址　23.广南省后社遗址　24.广南省来宜遗址　25.广南省孤都遗址　26.广南省平安遗址　27.庆和省和艳遗址　28.平阳省扶正遗址　29.安江省沃埃沃遗址（以上为越南）　30.尖喷府考沙凯遗址　31.拉廊府　32.那空是贪玛呐府差旺遗址　33.克拉比府关卢帕遗址（以上为泰国）

信息的限制，我们对这一地区的汉文化遗存尚缺乏全面、系统的了解。这里仅据所能掌握的资料，就有关汉文化遗存作简要的说明。

（一）河内古螺城遗址

古螺城（Co Loa）遗址位于越南首都河内东北郊外的东英县，是一处由内、中、外三重城垣以及护城壕构成的大型城郭遗址[1]。其内城呈方形，位于南部居中位置，周长1650 米，城垣高 5 米左右，宽 6～30 米；中城和外城呈不规则方形，中城周长 6500 米，城垣高 6～12 米，宽 10～20 米；外城周长 8000 米，城垣高 3～4 米，宽 12～20 米（图13-41-A）。关于古螺城的年代和性质，一说是公元前 257 年始建、后于公元前 2 世纪前半被西汉南越国所灭安阳王所居之城[2]；一说为东汉初年马援将军征讨交趾郡征氏姐妹反叛时所筑之城；一说是东汉交趾郡封溪县治所在。但无论如何，古螺城遗址与汉代交趾郡密切相关，并且该城的布局、结构和营建技术具有鲜明的汉代郡县治城的特点。

据实地考察得知，该城之内城的考古发掘中，曾发现有大量外表面饰有竖向绳纹的板瓦、筒瓦、云纹瓦当以及花纹砖等遗存[3]。其中，黄白色和黄褐色绳纹瓦，其材质、制

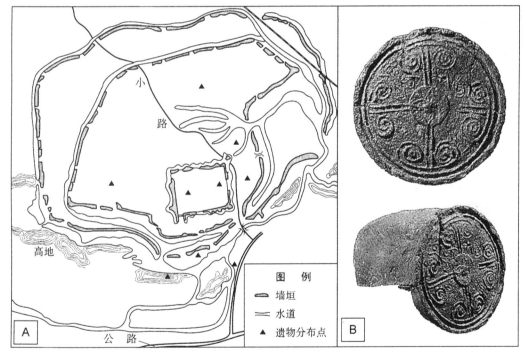

图 13-41　越南河内古螺城平面示意图及出土瓦当
A.遗址平面示意图　B.出土瓦当

图例
—— 墙垣
= 水道
▲ 遗物分布点

[1]　A. 越南历史博物馆：《越南历史博物馆陈列简介》，2007 年。
　　B. 山形真理子：《コローア遺跡》，《東アジア考古学辞典》第 207 页，東京堂出版，2007 年。
[2]　坂井隆、西村正雄、新田栄治：《東南アジアの考古学》第 116 頁，同成社，1998 年。
[3]　今村啓爾：《東南アジアにおける国家の形成》，《季刊考古学》第 66 号，1999 年。

作技术和纹样特征等与广州西汉南越国宫城遗址出土的板瓦和筒瓦非常相似；青灰色绳纹瓦，则具有两汉中原地区板瓦和筒瓦的特征；尤其是发掘出土的青灰色圆瓦当，有边轮，双线界格，当心似为网格纹，四区饰内向卷云纹，与汉长安城未央宫遗址（西南角楼5T1③：115）[1]、湖南里耶古城[2]出土的同类瓦当之纹样和风格基本相同[3]；在内城西南隅的殿上（Den Thuong）遗址[4]发掘出土的云纹瓦当（图13-41-B），总体上具有汉瓦当的风格，同时又具有当地特色，说明了它们与汉文化之间的内在联系。考古发掘中，还发现有大量三棱形铜镞[5]和铸造铜镞的石铸范，如1959年城址内"发现了一万多枚当地铸造的箭头（四分之三的箭头是刚刚铸出的，既没有去毛刺，也没有磨光）。这些箭头与同时代的中国箭头相比，一模一样，这更证明了这种亲缘关系"[6]。1982年在城内发现一处埋藏铜鼓的遗迹，铜鼓内装有铜锸、斧、矛等计144件，以及半两钱1枚。很显然，古螺城遗址与汉代交趾郡治有着密切的内在联系。

（二）清化砖室墓

清化砖室墓是指越南北部清化（Thanh Hoa）省境内发现的汉式砖室墓。1934～1940年间，瑞典学者奥罗夫·琼斯（Olov R. T. Janse）在清化省境内先后进行3次考古调查和发掘，发掘了玉谙（Ngoc Am）、宾山（Bim Son）、蛮村（Man Thon）、富谷（Phu Coc）等以公元2～3世纪的砖室墓为主的4个墓地，并发表了考古报告。20世纪90年代末，日本学者宫本一夫又对奥罗夫·琼斯的第三次发掘资料进行了调查和整理[7]。

奥罗夫·琼斯第三次发掘并经宫本一夫整理的16座墓中，除宾山15号墓外，其余均为带有封土的砖室墓。墓葬形制有长方形单室墓、长方形双室墓、长方形三室墓、横前堂＋长方形后室的双室墓等。出土遗物以陶器为主，包括釉陶和无釉陶两类。釉陶胎质细密，呈灰白色或灰褐色，器类主要有各种罐以及钵、碗、盘、鼎、锜、耳杯、虎子等；无釉陶器的胎质一般呈灰褐色或橙色，器类主要是瓮。陶模型明器主要有房屋、灶和池塘等。其他遗物有铜鼎、釜、双耳锅、碗、盘、盂、镜、灯座、扣饰、带钩，铜钱币、铁钱币，铁长剑、刀、戟、凿、斧、削刀、钉等铁器，金珠、坠饰，银指环、银器残片，玻璃

〔1〕　中国社会科学院考古研究所：《汉长安城未央宫——1980～1989年考古发掘报告》第32页图一九：3，中国大百科全书出版社，1996年。

〔2〕　湖南省文物考古研究所：《里耶发掘报告》第147页图一一二：3，岳麓书社，2007年。

〔3〕　越南河内古螺城2007年参观考察手记。

〔4〕　Pham Minh Huyen and Diep Dinh Hoa（2008），*Excavation at Den Thuong Site（Co Loa，Ha Noi）in 2005*，西汉南越国考古与汉文化国际学术研讨会论文。

〔5〕　Nguyen Giang Hai *et al.*（2002），*Catalogue for Vietnamese Archaeology. Volume 2，Metal Age.* Hanoi：The Gioi Publishers.

〔6〕　[法] 埃德蒙·索兰、让皮埃尔·卡伯内尔著，任友谅译：《印度支那半岛的史前文化》，《考古学参考资料（2）》第27页，文物出版社，1979年。

〔7〕　宫本一夫：《ベトナム漢墓ヤンセ資料の再検討》，《国立歴史民俗博物館研究紀要》第97集第123～191頁，2002年。本节有关清化砖室墓的资料均据此，不另作注。

珠，漆器残片等。如富谷 1 号墓出土有陶小罐、双耳罐、瓮、房屋模型、灯座、石砚板以及铜扣、五铢钱等。这批墓葬的年代为公元 2 世纪中叶至 3 世纪前半。今越南清化省一带，地当汉代九真郡的范围之内。这批墓葬的墓主人，据推测是郡县统治之下汉朝内地迁移至九真郡一带定居的汉人[1]。因此，清化砖室墓的资料，对于了解今越南北部汉郡县的设置及其文化的变迁，具有极其重要的意义。

二　中南半岛发现的汉朝文物

随着汉朝郡县在中南半岛东北部的设置和汉文化在中南半岛的扩展，大量汉朝物产传入这一地区，成为汉王朝同中南半岛联系的实物写照。汉朝文物在中南半岛尤其是东北部地区发现甚多，但囿于资料的限制，尚难以对其做出系统的说明。就目前所掌握的材料来看，中南半岛发现的汉朝文物主要有钱币、铜镜、铜器皿以及其他等。至于当地制作的汉式器物，如各种陶器、陶模型明器等，这里略而不论。

（一）钱币

钱币主要发现于中南半岛东北部汉郡县地区，尤其是各地汉式墓葬中多有发现，其种类有半两钱、五铢钱、货泉、大泉五十等。

前述清化砖室墓集中发现有汉朝钱币，如宾山 2、4、7、9、10 号墓，蛮村 1A、1B 号墓，玉谙 1 号墓，富谷 1 号墓等均出土有钱币。钱币的种类有五铢钱和无文钱两大类（图 13-42）。参照《洛阳烧沟汉墓》关于五铢钱型式的划分，蛮村 1A 号墓出土Ⅲ型五铢钱 4 枚，平均重 3.428 克，Ⅳ型五铢钱 3 枚，平均重 2.579 克；宾山 4 号墓出土Ⅳ型五铢钱 8 枚，平均重 2.19 克；宾山 7 号墓出土Ⅳ型五铢钱 3 枚，平均重 1.816 克。宾山 7 号墓出土无文钱 2 枚，平均重 2.713 克；宾山 10 号墓出土无文钱 2 枚，平均重 2.655 克。

另外，河西省富川县春萝（Xuan La）木棺墓发现有大泉五十和东汉五铢，富川县富良（Phu Luong）土坑墓出土有东汉五铢，其年代为公元 1 世纪前半[2]；海阳省玉乐（Ngoc Lac）3 座汉式木椁墓出土货泉 30 枚，其中 1 号墓 4 枚，2 号墓 26 枚[3]；清化省绍化县绍阳 2A、2B 组汉式墓出土有西汉五铢[4]；义安省义坛县瓦格乡（Lang Vac）遗址的一座东山文化墓葬中出土半两钱 2 枚，似为四铢半两[5]；广南省会安（Hoi An）一带

---

〔1〕 後藤均平：《二世紀の越南》，《史苑》第 31 卷第 2 号，1971 年。转引自山形真理子《ベトナム出土の漢・六朝系瓦》，《中国シルクロードの変遷》第 246 頁，雄山閣，2007 年。

〔2〕 西村昌也：《紅河デルタの城郭遺跡，Lung Khe 城址をめぐる新認識と問題》，《東南アジア——歴史と文化》第 30 号，2001 年。

〔3〕 今村啓爾：《紀元前 1 千年紀の東南アジアと中国の関係》，《東南アジア考古学》第 18 号第 6 頁，1998 年。

〔4〕 俵寛司：《ベトナム「漢墓」の編年——ベトナム北部タインホア省出土資料を中心に》，《東南アジア考古学》第 27 号，2007 年。

〔5〕 A. 今村啓爾：《ヴェトナム、ランヴァク遺跡の発掘調査について》，《東南アジア考古学会会報》第 11 号，1991 年。

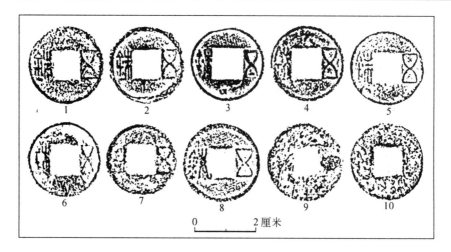

图 13-42 越南清化砖室墓出土汉朝钱币（拓本）

1～4.五铢钱（蛮村 1A 号墓出土）　5、8.五铢钱（宾山 4 号墓出土）　6、7.五铢钱
（宾山 7 号墓出土）　9、10.无文钱（宾山 7 号墓出土）

的后社（Hau Xa）遗址 II 号地点的沙荧文化瓮棺葬中发现有五铢钱和新莽钱币[6]；庆和省金兰市和艳（Hoa Diem）遗址 6 号瓮棺葬出土西汉五铢和东汉五铢各 1 枚[7]。

（二）铜镜

铜镜是中南半岛发现数量较多、分布地域广的一种汉朝文物，其种类主要有星云纹镜、连弧纹铭带镜、四乳四虺纹镜、博局纹镜、多乳禽兽纹镜、多乳禽鸟纹镜、四叶凤鸟纹镜、夔凤镜和盘龙镜等。

星云纹镜，广治省发现 2 件，其中一件为内向连弧纹缘的星云纹镜残片；另一件为圆钮，连峰钮座，主纹区有六个乳钉并用线条连接，内向连弧纹缘，直径 7 厘米，属于星云纹镜的简化形态[8]。这种铜镜在清化省绍阳 1 组 8 号、1 组 16 号汉式墓各出土 1 件[9]。

　　B. Nguyen Giang Hai and Trinh Sinh（2008），*Cultural Exchanges Between Han Culture and Dong Son Culture*，西汉南越国考古与汉文化国际学术研讨会论文。

[6]　A. Yamagata, M., Pham, D. and Bui, C.（2001），"Western Han Bronze Mirrors Recently Discovered in Central and Southern Viet Nam". *Bulletin of the Indo-Pacific Prehistory Association* 21：99-106（Melaka Papers, Vol. 5）.
　　B. 山形真理子：《ベトナムの甕棺葬》，《早稲田大学大学院文学研究科紀要》第 52 辑第 99 页，2006 年。

[7]　山形真理子：《環南シナ海先史時代の交流に関する基礎的研究》第 18 頁，図版 18-4，早稲田大学文学学術院，2008 年。

[8]　菅谷文則：《ベトナム中部出土の青銅鏡》，《亞洲考古学》第 1 卷第 53 頁，2003 年。本节有关越南广治省出土铜镜的资料，除注明者外均据此，不另作注。

[9]　俵寛司：《ベトナム「漢墓」の編年——ベトナム北部タインホア省出土資料を中心に》，《東南アジア考古学》第 27 号，2007 年。本节有关绍阳汉式墓出土汉镜资料，除注明者外均据此，不另作注。

连弧纹铭带镜，广南省桂山县（Que Son）平安（Binh Yen）遗址的沙荧（Sa Huynh）文化 7 号瓮棺葬出土"日光"镜 1 件，圆钮，内区一周内向连弧纹带，外区一周铭文带，铭文为"见日之光，天下大明"，字间装饰涡卷纹和"田"字符号，窄素缘，直径 6.9 厘米（图 13 - 43 - 2），其年代为公元前 1 世纪后半[1]。与之大致相同的铜镜，在越南还发现于清化省的绍阳（Thieu Duong）13 号、14 号汉式墓[2]、义安省义坛县（Nghe Dang）的瓦格乡（Lang Vac）东山文化遗址[3]、广南省会安河口附近的升平县来宜（Lai Nghi）遗址的沙荧文化瓮棺葬[4]等地。清化省绍阳 18 号汉式墓出土有"昭明"铭连弧纹铭带镜。泰国南部那空是贪玛叻府（洛坤）的差旺市（Chawang）也有发现有这种连弧纹铭带镜[5]。

四乳四虺纹镜，平阳省新渊县（Tan Uyen）扶正（Phu Chanh）遗址同奈文化时期的一个铜鼓中出土 1 件，埋葬时被有意识打碎成四块，与之共存的有铜斧、木剑、鹿角形木制品、残破的陶器以及稻米等植物遗骸，可见是一座"铜鼓葬"[6]。该镜为扁平半球形钮，圆圈钮座，钮座周围绕以栉齿纹带，主纹区饰四个圆圈乳钉，乳钉间各饰一个 S 形虺纹以及小禽鸟，宽平素缘，直径 10.6 厘米（图 13 - 43 - 1）。该镜作为典型的四乳四虺纹镜，属于长安汉镜中的 A 型四乳四虺纹镜，其出现年代在汉武帝后期，流行于西汉中晚期，约当公元前 1 世纪[7]。这种铜镜还发现于清化省绍阳 18 号汉式墓。

博局纹镜，广治省发现 1 件，方格框四角外侧各饰一个较大的乳钉，主纹区为 TLV 纹以及动物纹样，直径 14 厘米。清化省绍阳 3 组 17 号汉式墓出土 1 件，其年代为公元 1 世纪初；越南南部安江省的沃埃沃遗址（Oc-eo）也发现 1 件，其年代为公元 2 世纪后半[8]。

---

[1]　A. Yamagata, M., Pham, D. and Bui, C. (2001), "Western Han Bronze Mirrors Recently Discovered in Central and Southern Viet Nam". *Bulletin of the Indo-Pacific Prehistory Association* 21: 99-106 (Melaka Papers, Vol. 5).

　　B. Yamagata, M. (2006), "Inland Sa Huynh Culture along the Thu Bon River Valley in Central Vietnam". In *Uncovering Southeast Asia's Past*. Singapore: NUS Press. p. 175, fig. 17. 7. 该镜发现于 1997 年，是沙荧文化中汉代铜镜的首次发现。

[2]　山形真理子：《ベトナム出土の漢・六朝系瓦》，《中国シルクロードの変遷》第 247 页，雄山閣，2007 年。

[3]　量博満、今村啓爾：《ヴェトナム考古学の近況》，《東南アジア考古学会会報》第 10 号，1990 年。

[4]　山形真理子：《ベトナムの甕棺葬》，《早稲田大学大学院文学研究科紀要》第 52 輯第 99 页，2006 年；《ベトナム出土の漢・六朝系瓦》，《中国シルクロードの変遷》第 247 页，雄山閣，2007 年。

[5]　A. Sophit Peronnet：《东南亚汉式工艺品与最近泰国南部 Khao Sam Kaeo 出土遗物的关系》，西汉南越国考古与汉文化国际学术研讨会论文，2008 年。

　　B. Yamagata, M., Pham, D. and Bui, C. (2001), "Western Han Bronze Mirrors Recently Discovered in Central and Southern Viet Nam". *Bulletin of the Indo-Pacific Prehistory Association* 21: 99-106 (Melaka Papers, Vol. 5).

[6]　Yamagata, M., Pham, D. and Bui, C. (2001), "Western Han Bronze Mirrors Recently Discovered in Central and Southern Viet Nam". *Bulletin of the Indo-Pacific Prehistory Association* 21: 99-106 (Melaka Papers, Vol. 5).

[7]　程林泉、韩国河：《长安汉镜》第 82～84 页，陕西人民出版社，2002 年。

[8]　岡崎敬：《民族文化と東西文化の交流》，《世界考古学大系・8・南アジア》第 123 页，平凡社，1961 年。

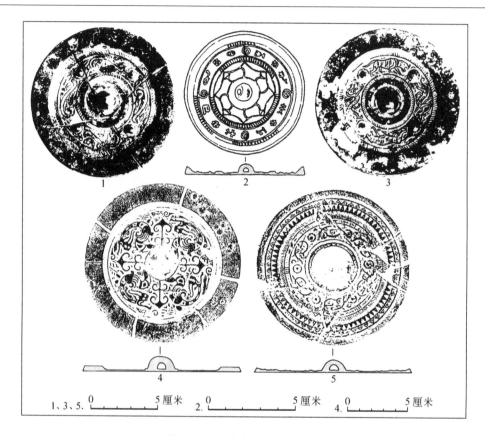

图 13-43 越南出土汉朝铜镜

1.四乳四虺纹镜（平阳省扶正"铜鼓葬"出土，拓本） 2."日光"铭连弧纹铭带镜（广南省平安 7 号瓮棺葬出土） 3.多乳禽兽纹镜（广南省维川孤都遗址瓮棺葬出土） 4.四叶凤鸟纹镜（清化省蛮村 1A 号墓出土，拓本） 5.多乳禽鸟纹镜（清化省蛮村 1B 号墓出土，拓本）

多乳禽兽纹镜，广南省维川县（Duy Xuyen）孤都（Go Dua）遗址的沙荧文化瓮棺葬[1]出土 1 件，圆钮，圆圈钮座，钮座以外环绕栉齿纹带和凸带，主纹区装饰有四个圆圈乳钉和线条式两龙两虎，以及外侧的栉齿纹带，宽平素缘，直径 10.4 厘米（图 13-43-3），其年代为公元 1 世纪。

多乳禽鸟纹镜，清化省蛮村 1B 号墓出土 1 件，圆钮较大，主纹区布列六个小乳钉，乳钉间各饰一禽鸟，锯齿纹和双线波折纹花纹缘，直径 11 厘米（图 13-43-5）。此类铜镜还发现于清化省的东作（Dong Tac）1 号汉式墓[2]，广治省曾发现一件四乳八禽鸟镜[3]。

---

〔1〕 Yamagata, M., Pham, D. and Bui, C. (2001), "Western Han Bronze Mirrors Recently Discovered in Central and Southern Viet Nam". *Bulletin of the Indo-Pacific Prehistory Association* 21：99-106 (Melaka Papers，Vol. 5).

〔2〕 水野清一编：《世界考古学大系·8·南アジア》图版 106，平凡社，1961 年。

〔3〕 菅谷文则：《ベトナム中部出土の青銅鏡》，《亞洲考古学》第 1 卷第 55 頁，2003 年。

四叶凤鸟纹镜，清化省蛮村 1A 号墓出土 1 件[1]，圆钮，变形四叶钮座，四叶之间各饰一左向凤鸟纹，宽平素缘，直径 13.2 厘米（图 13-43-4）。在汉代铜镜中，尚未见到与之相同者，但纹样布局类似的铜镜在湖南曾有发现[2]。

夔凤镜，安江省沃埃沃遗址发现 1 件，已残，残留铭文"主至"二字，复原直径 14.7 厘米，其年代为公元 2 世纪后半[3]。这种铜镜的残片还发现于泰国南部的关卢帕（Kuan look Pad）遗址以及拉廊府（Ranong）等地[4]。

盘龙镜，广治省发现 1 件，扁平大圆钮，栉齿纹带钮座，主纹区饰"三头式"盘龙，锯齿纹带和双线波折纹带花纹缘，直径 8.7 厘米。富寿省嘎乡（Lang Ca）东山文化遗址中发现的铜镜残片，也属于这种盘龙镜，其年代为公元 2 世纪[5]。

此外，越南还发现有龙虎镜[6]；越南中部广南省会安河口一带升平县来宜遗址的沙荧文化瓮棺葬[7]，泰国南部春蓬附近的考沙凯（Khao Sam Kaeo）遗址以及拉廊府等地[8]，也发现有汉朝铜镜及其残片。

（三）铜器皿

铜器皿大多发现于大中型汉式墓葬中，如清化省蛮村 1A 号墓、宾山 7 号墓等都有发现，器类主要有铜鼎、双耳锅、釜、铞、钲、碗、盘等。这里以清化砖室墓出土铜器为主略作说明。

鼎，蛮村 1A 号墓出土 1 件，附耳，耳上部呈环形，浅腹，扁平细长足，三足外撇，有盖，盖顶中央有一变形四叶座衔环。口径 19.8 厘米，通高 22.7 厘米（图 13-44-1）。这种铜鼎属于典型的越式鼎，广州 5036 号东汉后期墓等地曾有发现[9]，但耳下方有一周凸檐似乎具有当地的特色。

釜，蛮村 1A 号墓出土 1 件，大敞口，束颈，鼓腹，平底，肩部有对称的两个半环耳。口径 32.8 厘米，高 27.2 厘米（图 13-44-6）。

双耳锅，蛮村 1A 号墓出土 1 件，盘口，直腹，平底，口沿外侧附两个半环状耳，耳

---

[1] 日本学者宫本一夫将该镜称之为"单夔镜"。

[2] 湖南省博物馆：《湖南出土铜镜图录》第 151 页图 10，文物出版社，1960 年。

[3] 冈崎敬：《民族文化と東西文化の交流》，《世界考古学大系·8·南アジア》第 123 頁，平凡社，1961 年。

[4] Sophit Peronnet：《东南亚汉式工艺品与最近泰国南部 Khao Sam Kaeo 出土遗物的关系》，西汉南越国考古与汉文化国际学术研讨会论文，2008 年。

[5] 越南富寿省雄王博物馆 2007 年参观手记。

[6] 水野清一编：《世界考古学大系·8·南アジア》图版 104，平凡社，1961 年。

[7] 山形真理子：《ベトナムの甕棺葬》，《早稲田大学大学院文学研究科紀要》第 52 辑第 99 页，2006 年。

[8] Sophit Peronnet：《东南亚汉式工艺品与最近泰国南部 Khao Sam Kaeo 出土遗物的关系》，西汉南越国考古与汉文化国际学术研讨会论文，2008 年。

[9] 广州市文物管理委员会、广州市博物馆：《广州汉墓》第 436 页，文物出版社，1981 年。本节有关广州汉墓的资料，除注明者外均据此，不另作注。

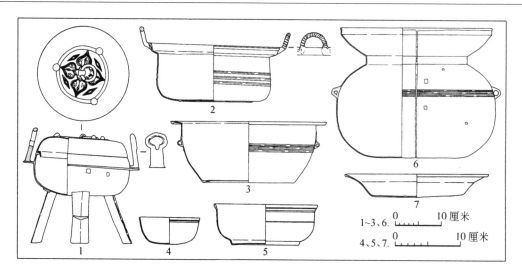

图 13-44 越南清化砖室墓出土汉朝铜器皿

1.鼎（蛮村 1A 号墓出土） 2.双耳锅（蛮村 1A 号墓出土） 3.锅（蛮村 1A 号墓出土） 4.碗（蛮村 1B 号墓出土） 5.钲（蛮村 1A 号墓出土） 6.釜（蛮村 1A 号墓出土） 7.盘（宾山 7 号墓出土）

做绳索状。口径 28 厘米，通高 11.9 厘米（图 13-44-2）。这种双耳锅在广州 5036 号东汉后期墓中曾有发现。

锅，蛮村 1A 号墓出土 1 件，直口，平折沿，弧腹，平底，腹部两侧各有一各半环耳，耳下方有三周凸弦纹，内底饰有双鱼纹。口径 33 厘米，高 14 厘米（图 13-44-3）。铜锅还发现于清化省拜尚（Bai Thuong）等地[1]。

钲，蛮村 1A 号墓出土 1 件，敞口，弧腹，假圈足，腹部有凸弦纹一周，内底饰五铢钱纹。口径 16 厘米，高 6 厘米（图 13-44-5）。

碗，蛮村 1B 号墓出土 1 件，敞口，斜直腹，圜底近平，口沿下有三周凹弦纹。口径 9.4 厘米，高 4 厘米（图 13-44-4）。

盘，宾山 7 号墓出土 1 件，敞口，斜腹，平底。口径 22.2 厘米，高 3.5 厘米（图 13-44-7）。

樽，富寿省嘎乡（Lang Ca）汉式墓发现 1 件[2]，筒形腹，腹部两侧各有一铺首衔环。平底，三个扁平板状兽形足。有盖，盖顶中央有一衔环钮，周围有三个禽鸟形钮。直径 23.5 厘

图 13-45 越南富寿省嘎乡汉式墓出土汉朝铜樽

[1] 吉開将人：《ドンソン系銅盂の研究》，《考古学雑誌》第 80 卷第 3 号，1995 年。

[2] A. Nguyen Anh Tuan *et al.* (eds. 2005), *Cổ vật Phú Thọ*, ［河内］：教育通讯出版社（越文）. p. 99.

B. Nguyen Giang Hai and Trinh Sinh (2008), *Cultural Exchanges Between Han Culture and Dong Son Culture*，西汉南越国考古与汉文化国际学术研讨会论文。

米，高 20.5 厘米（图 13-45）。与之大致相同的铜樽，在广宁省东潮（Dong Trieu）汉式墓中也有发现[1]。这种铜樽，是汉代一种常见的铜器皿，与富寿铜樽大致相同者，曾发现于江苏邗江姚庄 101 号墓[2]，其年代为公元前 1 世纪后半的西汉晚期。

上述之外，宾山 2 号墓出土有镳斗。清化省绍阳汉式墓出土有铜鼎、壶、镳壶、双耳釜、锜、樽、铜、盘、碗、行灯、博山炉等[3]。广南省升平县来宜遗址的土坑墓[4]、孤都遗址的瓮棺葬[5]等地也发现有汉朝铜器。

（四）其他遗物

中南半岛发现的汉朝遗物种类繁多，除上述钱币、铜镜和铜器皿外，还出土有其他铜制品、铁器和玉器等。

清化省曾发现过一枚"胥浦候印"铜印，方形，鱼钮，印面有田字格，阴刻"胥浦候印"四字，印面边长 2.4 厘米，高 1.57 厘米[6]。绍阳 7 号、15 号和 16 号汉式墓也出土有铜印。义安省瓦格乡东山文化遗址[7]中出土有铜弩机（图 13-46）。

图 13-46　越南义安省瓦格乡遗址出土汉朝铜弩机

清化砖室墓中，蛮村 1A 号墓出土有铁戟、空首斧、凿、刀等，宾山 4 号墓出土有铁削刀等。

清化省绍阳汉式墓还发现有玉璧。

三　考古发现所见秦汉王朝与中南半岛的联系

中国同中南半岛之间的文化联系和交流，早在青铜时代乃至史前时代就已经开始了。秦汉以前，中国物产已经开始传入中南半岛。如早商时期的牙璋[8]，西周至战国时期的

---

〔1〕越南广宁省博物馆 2007 年参观手记。

〔2〕扬州博物馆：《江苏邗江姚庄 101 号西汉墓》，《文物》1988 年第 2 期第 29 页，图版柒：3。

〔3〕俵寛司：《ベトナム「漢墓」の編年——ベトナム北部タインホア省出土資料を中心に》，《東南アジア考古学》第 27 号，2007 年。

〔4〕山形真理子：《ベトナムの甕棺葬》，《早稲田大学大学院文学研究科紀要》第 52 輯第 112 頁注(1)，2006 年。

〔5〕山形真理子：《ベトナムの甕棺葬》，《早稲田大学大学院文学研究科紀要》第 52 輯第 99 頁，2006 年。

〔6〕吉開将人：《南越史の研究》第 29～38 頁，東京大学博士学位論文，2000 年。该印现收藏于比利时的布鲁塞尔皇家美术历史博物馆。

〔7〕A. Ha Van Tan (1994), *Van Hoa Dong Son o Viet Nam* (The Dong Son Culture in Vietnam), Hanoi: Social Science Publishing House.

B. Nguyen Giang Hai *et al.* (2002), *Catalogue for Vietnamese Archaeology. Volume 2, Metal Age*. Hanoi: The Gioi Publishers.

〔8〕A. 饶宗颐：《由牙璋略论汉土传入越南的遗物》，《南中国及邻近地区古文化研究》第 1 页，香港中

铜戈等〔9〕，都曾传入越南北部地区；越南海防附近越溪（Viet Khe）发现的一座公元前 4
世纪的墓葬中出土有中国的青铜器，证明早在秦王朝在岭南设郡县之前，"中国的青铜器
就传入了越南"〔10〕。秦汉时期，随着秦王朝在岭南设置郡县和汉王朝在中南半岛东北部设
置郡县，中国同中南半岛东北部的联系进一步深化；同时，随着海上丝绸之路的逐步形
成，中国同中南半岛中西部的文化交流也进一步发展。

（一）秦汉王朝与中南半岛东北部的联系

在先秦时期文化交流的基础上，秦汉时期的中国与中南半岛东北部地区的联系，经历
了一个不断发展和深化的过程。这一历史进程，大致可以分为三个阶段。

第一阶段：秦和西汉早期，即汉武帝元鼎六年（公元前 111 年）在中南半岛东北部设
三郡之前，约当公元前 3 世纪末至公元前 2 世纪末。据文献记载，秦平百越后，在岭南置
桂林、南海、象三郡〔11〕。虽然由于《汉书·地理志（下）》"日南郡"条下班固注："故秦
象郡，武帝元鼎六年开，更名"，使得史学界长期存在着一种汉之日南郡即秦之象郡的更
名、秦版图之南端已达今越南中部的观点，但根据历史地理学的研究，"象郡自象郡，日
南自日南，两不相涉"〔12〕，秦岭南三郡的范围约当今两广全境及贵州东南隅，其南界并未
到达越南北部的红河流域。就考古发现来看，今越南北部并未发现明确属于秦朝的文
物〔13〕，也佐证了秦之岭南三郡并未南及今越南北部。秦亡汉兴，赵佗遂割据南海，"击并
桂林、象郡，自立为南越武王"〔14〕，在岭南建立了南越国，其地域与秦时三郡大致相当。
关于当时同今越南北部的联系，多有学者根据《史记·南越列传》注引《广州记》的记
载〔15〕，认为西汉南越国在武王时期于越南北部设立了交趾、九真二郡。但是，从考古发

　　　文大学出版社，1994 年。

　　　B. Ha Ven Tan (1994)，Yazhang in Viet Nam，《南中国及邻近地区古文化研究》第 451 页，香港
　　　中文大学出版社。

〔9〕　A. 松井千鹤子：《ベトナム北部出土の青銅戈》，《東南アジア——歴史と文化》第 11 号第 79 页，
　　　1982 年。

　　　B. 小林青樹：《東南アジアにおける銅戈の調査と研究》，《メコン流域における金属資源とその利
　　　用に関する考古学的研究》第 54 页，图 9-1～6，鹿児島大学法文学部，2006 年。

〔10〕［法］埃德蒙·索兰、让皮埃尔·卡伯内尔著，任友谅译：《印度支那半岛的史前文化》，《考古学参
　　　考资料》（2）第 27 页，文物出版社，1979 年。

〔11〕《史记·秦始皇本纪》：秦始皇"三十三年，发诸尝逋亡人、赘婿、贾人略取陆梁地，为桂林、象
　　　郡、南海，以适遣戍"。又，《史记·南越列传》："秦时已并天下，略定杨越，置桂林、南海、象
　　　郡，以谪徙民，与越杂处十三岁。"

〔12〕周振鹤：《西汉政区地理》第 181～203 页，人民出版社，1987 年；《汉书地理志汇释》第 439 页，
　　　安徽教育出版社，2006 年。

〔13〕今村啓爾：《紀元前 1 千年紀の東南アジアと中国の関係》，《東南アジア考古学》第 18 号第 5～7
　　　页，1998 年。

〔14〕《史记·南越列传》。

〔15〕《史记·南越列传》："高后崩……佗因此以兵威边，财物赂遗闽越、西瓯、骆，役属焉，东西万余

现来看，今越南北部尚未见到公元前 2 世纪后半之前的汉文化遗存，西汉早期的汉朝文物也少有发现，而当地的东山文化[16]尚处于繁荣时期。尽管越南北部的清化省曾发现有"胥浦候印"，但关于该印的年代尚有西汉南越国时期[17]和汉武帝平南越之后[18]等不同认识，对印文内容也有不同的解释。因此，西汉南越国时期已经在今越南北部设置郡县的观点，目前尚得不到考古学的证明，当时南越国对今越南北部地区很可能是"役属"而已。然而，西汉南越国时期，汉王朝同今越南北部的联系的确是更加紧密了。河内附近的古螺城内发现有半两钱，义安省瓦格乡遗址东山文化墓葬中出土了西汉早期的四铢半两钱，而东山文化代表性的青铜器——铜提筒，在两广以及云南地区有着广泛的发现。中国境内发现的铜提筒中，有的具有当地特色，有的则是典型的东山文化的器物[19]，如广州西汉南越王墓出土的铜提筒中，B59 号提筒有可能是来自越南北部的东山文化的器物[20]。"两广出土的铜提筒，有可能是受骆越人的影响而在本土仿制，也有可能通过贸易交换得来，或者是骆越首领以提筒盛放贡品进献于南越国皇帝的"[21]。或可认为，西汉南越国时期很可能尚未在今越南北部真正设置郡县，但已经建立起了直接的联系，各种形式的交流也进一步发展。正是这种直接的联系和交流，为后来汉王朝在这一地区设置郡县奠定了基础。

第二阶段：自汉置三郡至东汉光武帝建武十六年（公元 40 年）交趾郡征氏姐妹反叛，即西汉中期至东汉初年，约当公元前 2 世纪末至公元 1 世纪初。汉武帝元鼎六年（公元前 111 年）平定南越，随之在岭南设置儋耳、珠崖、南海、苍梧、郁林、合浦、交趾、九真、日南九郡[22]，中南半岛东北部地区随着交趾、九真、日南三郡的设置[23]而进入汉王朝郡县的直接管理之下。随之，汉人大量进入到这一地区，汉文化在这一地区得到迅速扩

里。"司马贞《索隐》注引："姚氏案：《广州记》云'交趾有骆田，仰潮水上下，人食其田，名为骆人。有骆王、骆侯，诸县自名为骆将，铜印青绶，即今之令长也。后蜀王子将兵讨骆侯，自称为安阳王，治封溪县。后南越王尉佗攻破安阳王，令二使典主交趾、九真二郡人。'寻此骆即瓯骆也。"

〔16〕东山（Dong Son）文化，是越南青铜时代至早期铁器时代的一种考古学文化，因 1924 年首次发现于清化省东山遗址而得名，以铜鼓、铜提筒等具有独特形制和纹饰的铜器为特征，主要分布于今越南北部，与中国岭南、云南地区以及东南亚地区的青铜文化有着广泛的联系，其年代约当公元前 3 世纪至公元 1 世纪。

〔17〕吉开将人：《南越史の研究》第 29～38 頁，東京大学博士学位論文，2000 年。

〔18〕李学勤：《秦封泥与秦印》，《西北大学学报（哲学社会科学版）》1997 年第 1 期。

〔19〕山形真理子：《ベトナム出土の漢・六朝系瓦》，《中国シルクロードの変遷》第 243 頁，雄山閣，2007 年。

〔20〕吉开将人：《副葬品が語るもの——東アジア世界のなかの南越文化》，《中国南越王の至宝》第 140 頁，每日新聞社，1996 年。

〔21〕黄展岳：《铜提筒考略》，《考古》1989 年第 9 期。

〔22〕《汉书·武帝纪》：元鼎六年，"遂定越地，以为南海、苍梧、郁林、合浦、交趾、九真、日南、珠崖、儋耳郡"。又，《汉书·西南夷两粤朝鲜传》"南粤"条载：元鼎六年冬，"南粤已平，遂以其地为儋耳、珠崖、南海、苍梧、郁林、合浦、交趾、九真、日南九郡"。有学者认为，汉武帝平南越置十郡，即包括象郡（见周振鹤《西汉政区地理》第 200～205 页，人民出版社，1984 年）。

〔23〕《汉书·地理志（下）》；《续汉书·郡国志（五）》。

展。正是在这样的历史背景之下，红河流域及其以南地区汉式城址大量出现，以布纹瓦、云纹瓦当等为代表的汉式建筑材料开始了在当地的制作和使用；九真郡郡治所在地的今清化省绍阳一带，在与南越国时期年代相当的东山文化墓葬之上，大量建造了年代为公元前1世纪初的汉式墓葬，东山文化的中心性聚落成为汉郡县的中心[1]。正是从这一时期开始，各种汉朝物产大量传入，如清化省绍阳汉式墓出土的西汉五铢，海阳省玉乐汉式墓出土的货泉，各地出土的星云纹镜、连弧纹铭带镜、四乳四虺纹镜和博局纹镜等汉朝铜镜，富寿、广宁等地发现的铜樽等。即使在汉郡县最南端的日南郡范围内的今越南中部沿海地带，西汉和新莽时期的钱币、铜镜等汉朝文物也有不少发现，如广南省后社遗址、庆和省和艳遗址发现的西汉五铢和新莽钱币，广治省、广南省境内发现的星云纹镜、连弧纹铭带镜等。尤其值得注意的是，这一地区汉式城址和汉式墓葬虽有发现但为数不多，而钱币、铜镜等多出土于沙茨文化瓮棺葬之中[2]。这或许表明，在日南郡这样的西汉王朝的边远郡县地区，虽然可能汉人的进入较少，政治管理比较薄弱，但汉朝物产仍然大量传入并被当地居民所接受，反映出汉文化的不断扩展。

第三阶段：东汉光武帝建武年间马援南征平定征氏姐妹反叛（公元43年）至东汉末年，即东汉时期，约当公元1世纪中叶至公元3世纪初。汉光武帝建武十六年（公元40年），交趾郡的征侧、征贰姐妹聚兵反叛汉郡县统治，合浦、九真、日南各郡也多有蛮夷起而响应，掳掠汉郡县“岭外六十余城”，征侧自立为王。建武十八年（公元42年），汉光武帝派马援率大军南征[3]。建武十九年（公元43年），马援大军最后平定征氏姐妹叛乱，并进击征侧余部都羊等，悉平岭南之地。此后，马援在当地进行了一系列政治、经济和文化方面的改革，如析西于县为封溪、望海二县；“所过辄为郡县治城郭，穿渠灌溉，以利其民。条奏越律与汉律驳者十余事，与越人申明旧制以约束之”[4]等。由此，这一地区汉王朝的经略进一步加强，汉文化的传播进一步扩展和深入。从考古学上来看，汉式墓大量增加，如北宁省、清化省等地集中分布有砖室墓；钱币、铜镜、铜器皿、铁器等汉朝物产大量传入，如钱币、铜镜等汉器在北起富寿省、南至庆和省的广阔地域内都有发现。与此同时，汉文化在当地逐步“扎根”，如清化省三寿陶窑址的发现以及广宁省、北宁省、清化省等地砖室墓中印纹陶器和陶仓、灶、井、房屋建筑等模型明器的随葬等[5]，表明汉式日用印纹陶器及丧葬用模型明器在当地的制作和使用；古螺城内大量三棱形铜镞

〔1〕　吉開将人：《歴史世界としての嶺南・北部ベトナム》，《東南アジア——歴史と文化》第31号第83頁，2002年。今清化省的绍阳（Thieu Duong）可能是九真郡的郡治所在。

〔2〕　沙茨（Sa Huynh）文化，是越南青铜器时代晚期至早期铁器时代的一种考古学文化，因1909年首次发现于广义省沙茨遗址的瓮棺葬墓地而得名，主要分布于越南中部沿海及河谷地带，以成人瓮棺葬（瓮棺以圜底筒形瓮和礼帽形瓮盖的组合最为典型）以及兽面形、有角玦形和玦形耳饰等为特征，其年代为公元前3世纪至公元1世纪。

〔3〕　《后汉书·光武帝纪（下）》。

〔4〕　《后汉书·马援列传》。

〔5〕　A. 越南历史博物馆：《越南历史博物馆陈列简介》（7），2007年。
　　　B. 广宁省博物馆2007年参观手记。

及其石铸范的发现，成为当地进行汉式铜兵器铸造的明证；以"华南系铜盉（铫）"为原型，在越南北部地区出现了"东山系铜盉（铫）"的制作和使用，并且公元 2 世纪初前后的交趾郡西于县有工匠进行汉式铜器的制作和买卖[1]。即使在汉郡县最南端的日南郡，汉文化的渗透也非常明显。日南郡最南端的象林县，其地望约当今越南中部的广南省一带。在广南省维川县（Duy Xuyen）秋盆河流域发现的茶桥（Tra Kieu）遗址，是一座汉式城址，平面大致呈方形，城垣东西约 1500 米，南北约 550 米，南墙残高约 3 米、底部宽约 33 米，其始建年代为公元 2 世纪前半，该城址的最下层出土有汉式的布纹瓦、砖和汉式印纹陶器[2]。在该遗址东南约 3.5 公里处的锦丘（Go Cam）遗址，其年代与茶桥遗址的最下层相同，出土遗物中包括大量的汉式布纹瓦以及压印五铢钱纹的陶器残片、铜剑格、三棱镞、环首削刀等各种汉式遗物。两地出土的汉式瓦，都是采用汉朝的样式和技术制作的[3]。东汉时期中南半岛的郡县统治和汉文化的扩展，还引发了当地文化的剧变。在越南北部，东山文化在公元 1 世纪走向衰亡[4]。在越南中部地区，汉郡县的设置以及马援南征等历史事件，对沙茔文化的社会产生了直接的影响，使之在公元 1 世纪发生了急剧的变化，促进了当地的社会复杂化进程[5]。

至于汉王朝内地与中南半岛三郡联系的交通路线主要有二：一条是陆路，即通过地处今广西地区的合浦郡和郁林郡进入交趾郡及其以南地区；另一条是海路，即通过南海海上通道，自南海郡、合浦郡到达交趾郡、九真郡以及日南郡。马援南征时水陆并举[6]，从一个侧面反映了当时汉朝内地与三郡联系的交通状况。

（二）秦汉王朝与中南半岛中西部的交流

中南半岛中西部地区，是指中南半岛汉郡县以外的广大地区以及马来半岛一带。先秦时期以及秦和西汉早期，中国同这一地区的文化交流尚不明了，但从西汉中期开始，中国同这一地区不仅出现了文化上的交流，而且随着时间的推移呈现出日益繁荣的态势。地处越南南方的平阳省新渊县扶正遗址出土的公元前 1 世纪末的四乳四虺纹镜、安江省沃埃沃

---

[1] 吉开将人：《ドンソン系铜盉の研究》，《考古学雑誌》第 80 卷第 3 号，1995 年。

[2] 山形真理子：《林邑建国期の考古学的様相——チャーキュウ遺跡の中国系遺物の問題を中心に》，《東南アジア考古学》第 17 号，1997 年。

[3] 山形真理子：《ベトナム出土の漢・六朝系瓦》，《中国シルクロードの変遷》第 250 页，雄山閣，2007 年。

[4] 法国学者认为："东山文化的下限，应划在马援将军镇压征氏姐妹起义的那一年，即公元 43 年。在东山遗址和邵阳遗址上层的东山文化层中，发现了火烧房屋的遗迹；从重叠的汉墓中出土的器物和墓葬的布局来看，这些墓葬具有典型的中国特征"（见［法国］埃德蒙·索兰、让皮埃尔·卡伯内尔著，任友谅译《印度支那半岛的史前文化》，《考古学参考资料（2）》第 25～26 页，文物出版社，1979 年）。

[5] 山形真理子：《ベトナム中部の国家形成期遺跡》，《季刊考古学》第 66 号第 70 页，1999 年。

[6] 《后汉书·光武帝纪（下）》：建武十八年，"遣伏波将军马援率楼船将军段志等击交趾贼征侧等"。又，《后汉书·马援列传》：马援南征，"缘海而进，随山刊道千余里"。"将楼船大小二千余艘，战士二万余人，进击九真贼征侧余党都羊等"。

遗址发现的公元2世纪后半的夔凤镜，以及泰国南部那空是贪玛叻府差旺遗址、克拉比府关卢帕遗址、尖喷府考沙凯遗址以及拉廊府等地出土的汉朝铜镜，从考古学上证明了这种交流的存在。至于汉代中国同中南半岛中西部地区的交流，主要是通过两条途径实现的。

途径之一，是以中南半岛东北部的汉郡县为桥梁进行交流，汉文化以此为基地向西、向南传播。越南南部扶正遗址发现的四乳四虺纹镜，虽然不排除沿南海贸易之路传入的可能性，但更有可能是沿同奈河河谷从日南郡一带传入的[1]。

途径之二，是通过南海海上通道进行人员的往来、物品的交换，以及文化上的交流。越南南方沃埃沃遗址以及泰国南部马来半岛上发现的汉镜，正是通过这条南海之路传去的，无疑是南海贸易的产物。这条南海海上通道，作为汉代"海上丝绸之路"的重要路段，在汉代中西交流中发挥了重要作用[2]。中南半岛南部沿海和马来半岛上汉朝文物的发现，从考古学上进一步证实了这条汉代中西海上交通路线的开辟及其盛况。

---

[1] 扶正遗址的汉镜，出自一座"铜鼓葬"中。铜鼓葬在越南南方罕见，并且作为其葬具的铜鼓是来自越南北方的东山文化。扶正遗址虽然远离汉日南郡辖境，但它地处同奈河支流的丐河河畔，而同奈河盆地作为越南南方惟一古代文化高度发达的地区，与越南北方的东山文化有着密切的交流，同奈河河谷是由越南中部通向越南南方的一条重要通道，汉镜和东山文化铜鼓有可能是经由这条通道传去的（见 Yamagata Mariko, Pham Duc Manh and Bui Chi Hoang（2001），Western Han Bronze Mirrors Recently Discovered in Central and Southern Vietnam, *Indo-Pacific Prehistory Association Bulletin* 21）。

[2] 详见本章第一节《中国境内的考古发现与汉代丝绸之路》。

徵引古籍目录

西汉·司马迁著：《史记》，中华书局点校本。

东汉·班固著：《汉书》，中华书局点校本。

南朝宋·范晔著：《后汉书》，中华书局点校本。

晋·陈寿著，南朝宋·裴松之注：《三国志》，中华书局点校本。

北宋·司马光编著，元·胡三省音注：《资治通鉴》，中华书局，2009年。

清·王先谦撰：《后汉书集解》，中华书局，1984年。

南宋·徐天麟撰：《西汉会要》，中华书局，1955年。

南宋·徐天麟撰：《东汉会要》，中华书局，1955年。

清·杨晨撰：《三国会要》，中华书局，1956年。

东汉·许慎撰，宋·徐铉校：《说文解字》，中华书局，2004年。

战国·吕不韦著，陈奇猷校释：《吕氏春秋新校释》，上海古籍出版社，2002年。

东汉·刘珍著，吴树平校注：《东观汉记校注》，中华书局，2008年。

清·孙星衍等辑，周天游点校：《汉官六种》，中华书局，1990年。

清·阮元校刻：《十三经注疏（附校勘记）》，中华书局，1980年。

国学整理社编：《诸子集成》，中华书局，1987年。

战国·屈原、宋玉撰，宋·朱熹集注：《楚辞集注》，上海古籍出版社，1979年。

王树民、沈长云点校，徐元诰集解：《国语集解》，中华书局，2002年。

西汉·刘向整理，何建章注释：《战国策》，中华书局，1990年。

梁·萧统编，唐·李善注：《文选》，中华书局，1997年。

北魏·郦道元著，陈桥驿校注：《水经注校证》，中华书局，2007年。

晋·常璩撰，刘琳校注：《华阳国志校注》，巴蜀书社，1984年。

北宋·宋敏求撰：《长安志》，中华书局，1991年。

清·徐松辑，高敏点校：《河南志》，中华书局，1994年。

北宋·李昉等编：《太平御览》，中华书局，1960年。

北宋·李昉等编：《文苑英华》，中华书局，1966年。

北宋·李昉等编：《太平广记》，中华书局，1961年。

北宋·王钦若等编：《册府元龟》，中华书局，1960年。

后　记

　　本书作为《中国考古学》（九卷本）中的一卷，其主要内容是对 20 世纪初以来秦汉时期的考古发现和研究成果进行综合性论述。基于对历史考古学性质、任务和特点的认识，本卷在编写的指导思想上，坚持以辩证唯物主义和历史唯物主义为指导，强调以考古资料为基础并与文献记载有机结合，突出两个基本点：一是基本考古材料的梳理，一是从考古资料出发阐释秦汉社会历史的有关问题。我们试图通过本卷的写作和论述，初步构建秦汉考古的学科体系，并尽可能反映秦汉考古的新成果、新进展。

　　这里有以下几点需要说明。其一，秦汉时期的考古发现和研究，涉及当时社会历史和文化的各个方面，但由于本卷的重点和篇幅所限，对于科学技术、文学艺术、宗教信仰、衣食住行以及制盐业、造船、交通等，除了有关章节有所涉及外，未设立专门的章节进行论述。其二，从考古发现和研究的实际出发，考虑到秦汉考古学科建设的需要，本卷在撰写过程中对于考古发现较多、研究较为深入的方面，更多地强调综合叙述，如各地区的汉代墓葬等；而对于考古发现较少、研究有待于深入的方面，则对其资料有较为详细的叙述，以补充其发现的不足并以此推进其研究，如秦代行宫遗址、秦汉时期边远和少数族地区的文化、中外交流以及同周边地区的联系等。其三，就本卷整体而言，力求结构上的严谨和体系上的统一，但是，由于不同地区、不同方面的考古发现和研究本身存在着较大的差异，并且又是多人执笔撰写，统稿过程中本着实事求是的原则，"力求大同、承认小异"，因此，不同章节之间力求结构统一的同时，保持了各自的特点和风格。另外，刑徒是汉代一种特殊的社会阶层，其身份及社会地位都与平民不同，但为了便于章节的划分，将《汉代刑徒墓》列为第八章的最后一节。

　　本卷的大部分初稿，先后完成于 1998～2006 年的九年间。2007 年开始，先后对初稿进行审读和修改以及插图的制作，有不少章节曾几易其稿。同时，对本卷的整体结构、章节划分以及内容和撰写要求等做了进一步调整，并补写了有关部分。统稿、定稿工作逐步进行，至 2009 年底基本完成。因此，本卷所引用资料和文献，一般截至 2008 年底；少量2009 年的重要成果，在定稿过程中有所补充，力求反映秦汉考古的最新进展。

　　本卷是众人协力完成的一项成果，各章节的撰写者如下（未注明所在单位者均为中国社会科学院考古研究所科研人员）。绪论，刘庆柱、白云翔。第一章第一节，刘庆柱、李毓芳；第二、三节，徐龙国。第二章，刘庆柱。第三章，韩国河（郑州大学历史学院）。第四章，徐龙国。第五章第一节，刘庆柱、李毓芳；第二节，段鹏琦。第六章，徐龙国。第七章第一节，刘庆柱、李毓芳；第二节，韩国河、刘尊志（南开大学历史学院）；第三、四节，刘振东。第八章第一节，张翔宇（西安市文物保护考古所）；第二、十三节，姜波；第三节，孙波（中国文物报社）；第四、五节，郑君雷（中山大学人类学系）；第六、七、十五、十六节，杨爱国（山东省石刻艺术博物馆）；第八、九节，彭浩（荆州博物馆）；第十节，胡继根（浙江省文物考古研究所）；第十一节，熊昭明（广西文物考古研究所）；第十二节，罗二虎（上海大学艺术研究所）；第十四节，郑岩（中央美术学院人文学院）；第十七节，段鹏琦。第九章，白云翔。第十章第一、二节，白云翔；第三节，申云艳（美国密歇根大学中国文化研究中心）；第四节，洪石；第五节，彭浩；第六节，卢兆荫；第七节，杨惠福（甘肃省文物局）、王元林（中国文化遗产研究院）；第八节，姜波。第十一章第一至三、五节，赵超；第四节，刘庆柱。第十二章第一、二节，郑君雷；第三节，郭物；第四节，霍巍（四川大学历史学院）。第十三章第一节，陈良伟、陈凌；第二至六节，白云翔。另外，在统稿、定稿和编辑过程中，徐龙国、杨勇、王方（中国社会科学院研究生院考古系）以及姜波、洪石、郭物、陈凌等先后协助主编和部分作者承担了大量资料核查、插图及图版说明的整理编写、校对以及其他事务性工作。

本卷在撰写和编辑出版过程中，本书编辑委员会的诸多委员给予关心和指导，考古研究所的领导给予大力支持，王仲殊、黄展岳、陈文华（江西省社会科学院）等先生审阅了部分章节并提出了宝贵意见，张静、李淼和张小颐（中国社会科学出版社）付出了大量的心血和辛勤的劳动，本书编辑出版工作组成员出色地完成了各方面的任务，考古研究所办公室、科研处、汉唐考古研究室、考古资料信息中心等部门的领导和同志们给予了积极的配合和协助。谨此一并表示衷心的感谢！

本卷图版承蒙各兄弟单位慨允使用，谨此致以诚挚的谢意！这些单位包括国家博物馆、北京大学考古文博学院、陕西省考古研究院、河南省文物考古研究所、河北省文物考古研究所、山东省文物考古研究所、南京博物院、湖北省文物考古研究所、湖南省文物考古研究所、广西文物考古研究所、云南省文物考古研究所、云南省博物馆、四川省文物考古研究院、宁夏文物考古研究所、甘肃省文物考古研究所、新疆文物考古研究所、西安市文物保护考古所、广州南越王墓博物馆、济南市考古所、淄博市博物馆等。

本卷的编写，断断续续历时近 15 年。虽经大家的共同努力，但仍有不少遗憾、疏漏、错讹、不当之处，尚祈各方赐教。

刘庆柱　白云翔

2009 年 12 月